제 2 판

상 표 법

Explanations and Cases

이 규 호 저

진 원 사

제2판 머리말

이 책의 초판을 2015년에 출간한 후 2년이 넘었다. 그 사이 상표법은 세 차례 개정되었고 상표 관련 판례도 다수 축적되었다. 특히 2016년 개정 상표법([시행 2016.9.1.] [법률 제14033호, 2016.2.29., 전부개정](이하 '2016년 상표법'이라 한다))은 전부개정인 관계로 조문의 배치, 숫자 및 내용 측면에서 광범위한 변화가 있었다. 따라서 이 책의 제2판을 준비하는데 상당한 시간과 노력이 소요되었음을 부인할 수 없다.

2016년 개정 상표법은 상표에 대한 국민들의 이해를 돕기 위하여 지나치게 복잡하고 제한적으로 규정되어 있는 상표의 정의(定義) 규정을 상표의 핵심적 의미와 그 대표적인 표현방식 위주로 간결하게 정비하고, 지리적 표시를 부정한 목적으로 출원하거나 저명한 타인의 상표를 사용하는 경우에 대하여도 상표등록을 받을 수 없는 상표 여부의 판단시기를 출원시로 하며, 상표의 불사용에 대한 사후관리를 강화하기 위하여 상표등록의 취소심판 제도를 정비하는 한편, 법 문장을 원칙적으로 한글로 적고, 어려운 용어를 쉬운 용어로 바꾸며, 길고 복잡한 문장을 간결하게 하는 등 국민이 법 문장을 이해하기 쉽게 정비하였다.

2016년 개정 상표법의 주요내용을 살펴보면 다음과 같다.

첫째, 상표를 자기의 상품 또는 서비스 등과 타인의 상품 또는 서비스 등을 식별하기 위하여 사용하는 표장(標章)으로 정의하고, 표장을 그 구성이나 표현방식에 상관없이 상품의 출처를 나타내기 위하여 사용하는 모든 표시로 정의하여, 상품의 식별력과 출처 표시 등 그 핵심적인 의미와 대표적인 표현방식 위주로 간결하게 정비하였다(상 제2조 제1항 제1호 및 제2호).

둘째, 특허청장 또는 특허심판원장은 상표등록의 출원공고에 대한 이의신청 이유 등의 보정기간 및 보정각하결정에 대한 심판의 청구기간 등을 당사자의 청구 또는 직권으로 30일 이내에서 한 차례 연장할 수 있도록 하였다(상 제17조 제1항).

셋째, 상표에 관한 절차를 밟은 자가 책임질 수 없는 사유로 인하여 거절결정에 대한 심판 등의 청구기간을 지키지 못한 경우에 그 절차를 추후에 보완할 수 있는 기간을 그 사유가 소멸한 날부터 2개월로 확대하였다(상 제19조).

넷째, 조약국 상표권자의 동의 없는 상표등록을 제한하는 출원인의 범위를 동업·고용 등 계약관계나 업무상 거래관계 또는 그 밖의 관계로 확대하였다(상 제34조 제1항 제21호).

다섯째, 지리적 표시를 부정한 목적으로 출원하거나 저명한 타인의 상표를 사용하는 경우에 대하여는 상표등록을 받을 수 없는 상표 여부의 판단시기를 출원 시로 하였다(상 제34조 제2항).

여섯째, 직권보정의 전부 또는 일부가 처음부터 없었던 것으로 보는 경우 이미 결정된 출원공고결정도 취소된 것으로 간주하도록 규정하였다(상 제59조 제4항).

일곱째, 이의신청에 대한 심사에서 당사자가 주장하지 아니한 이유에 대하여도 심사를 할 수 있는 판단주체를 심사관합의체로 명확히 하였다(상 제63조).

여덟째, 상표등록의 취소심판의 청구인 적격을 누구든지로 확대하고, 상표 불사용에 따른 취소심판의 심결이 확정되었을 경우 청구일로 소급하여 상표권이 소멸되도록 하였다(상 제119조 제6항·제7항).

그리고, 2017년 개정 상표법([시행 2017.9.22.] [법률 제14689호, 2017.3.21., 일부개정])은 벌금액을 국민권익위원회의 권고안 및 국회사무처 법제예규의 기준인 징역 1년당 1천만원의 비율로 개정함으로써 벌금형을 현실화하였다.

이 번 제2판은 2016년과 2017년에 개정된 상표법의 내용을 충실히 소개하고 지난 2년간 축적된 판례 등도 업데이트하였다. 그럼에도 불구하고, 필자의 눈에는 채워지지 않는 부분이 여전히 남아 있다. 이 책의 부족한 부분은 향후 상표법 전문가와 독자의 비판을 수용해 가면서 채워나가고자 하니 많은 비판과 따뜻한 격려를 부탁드린다.

그리고 이 책을 출간할 수 있도록 물심양면으로 도와주신 진원사 양진수 사장님께 진심으로 감사드린다.

2017년 11월

한강이 내려다보이는
중앙대학교 법학관 연구실에서
저자 이규호

머 리 말

2014년 7월부터 12월까지 필자는 모교인 Washington University School of Law(미국 미주리 주 세인트루이스 시 소재)에 방문학자(Visiting Scholar)로서 체류하게 되었다.

그간 특허법 및 저작권법 책은 이미 집필한 상태이지만, 상표법 교재는 일찍이 준비한 것에 비해 집필작업은 지지부진하였다. 그 와중에 2014년 후반기부터 1년간 필자가 연구년을 가지게 된 것은 상표법 교재 집필을 위해서는 좋은 기회였다.

미국 미주리주 세인트루이스 시에 거주하는 동안 Washington University School of Law의 Kevin Collins 교수님(지식재산권법 담당교수)와 Tove Klovning (사서 겸 강사)을 만나게 된 것은 큰 행운이었다. Collins 교수님은 당신 수업인 'Trademark and Unfair Competition Law'을 청강할 수 있는 기회를 제공하여 주시고, 필자에게 '지리적 표시(Geographical Indications)'에 대해 특강할 수 있는 기회도 주셨다. 필자의 친구인 Tove Klovning은 Washington University School of Law에서 사서로 근무하면서 'Legal Research and Writing' 과목을 가르치는 강사이기도 하다. Tove는 거의 격주로 필자에게 시간을 내어 개인교습으로 다양한 법학연구방법론을 가르쳐 주었다. 미국 세인트루이스에서 위 두 분을 만난 것은 필자에겐 대단한 행운이었다. 이러한 기회를 통해 이번에야 말로 상표법을 집필하지 않으면 힘들 것이라는 생각이 엄습하여 2014년 후반기부터 상표법 집필에 돌입하였다. 상표법 개정이 빈번하고 최근 몇 년 동안 상표관련 대법원 판결이 봇물처럼 선고되는 것을 보면 상표법의 중요도가 급상승하고 있다는 점을 느끼게 된다. 이러한 시대적 상황은 필자로 하여금 상표법 집필을 더욱 서두르게 하였다.

필자는 이 책을 통해 상표법의 개정 내용 및 최근 판례를 충실하게 소개하고자 하였다. 하지만, 필자의 학문적 역량이 부족하여 시작은 창대하였으나 끝은 미약하게 된 것은 아닌가 하는 후회가 밀려온다. 앞으로 더욱 정진하여 독자의 눈높이에 맞는 책을 집필할 수 있도록 노력할 것을 다짐한다.

그리고 이 책을 출간할 수 있도록 물심양면으로 도와주신 진원사 양진수 사장님께 진심으로 감사드리고, 이 책 본문의 교정 및 판례 정리를 힘껏 도와준 제자 박사과정생 최종모 군, 김혜선 양, 오혜민 양 및 석사과정생 서새남 양에게도 감사의 뜻을 전한다.

2015년 6월

한강이 내려다보이는
중앙대학교 법학관 연구실에서
저자 이규호

목 차

제1장 상표법 개요_ 15

제 2 장 상표법 기출문제 _ 1275

제1장 상표법 개요

Ⅰ. 우리 상표법상 허용되는 상표의 유형

(i) 상품상표, (ii) 서비스상표, (iii) 업무표장, (iv) 단체표장(지리적 표시 단체표장 포함), (v) 증명표장(지리적 표시 증명표장 포함)

Ⅱ. 상표의 구성요건

가. 상품상표

[1] **상품상표의 구성요건** : (i) 표장 사용의 대상이 '상품'일 것, (ii) '자타상품을 식별하기 위하여' 사용하는 것일 것, (iii) 표장의 '사용'에 해당할 것, (iv) '표장'이어야 한다.

[2] **상품의 정의** : '상품'이란 '그 자체가 교환가치를 가지고 독립된 상거래의 목적물이 되는 물품'[1) 내지 '운반가능한 유체물로서 반복하여 거래의 대상이 될 수 있는 것'[2)을 의미한다. 따라서 상품이 되기 위한 요건으로서 (i) 유체물이어야 하고(유체성), (ii) 운반 가능한 것이어야 하고(유통성), (iii) 반복거래가 가능한 것(계속성 및 거래성)이어야 한다.

나. 서비스상표

서비스상표의 구성요건 : (i) 표장 사용의 대상이 '서비스'일 것, (ii) '자타서비스를 식별하기 위하여' 사용하는 것일 것, (iii) 서비스에 관한 표장의 '사용'에 해당할 것, (iv) '표장'이어야 한다.

다. 업무표장의 구성요건

업무표장의 구성요건 : (i) '영리를 목적으로 하지 아니하는 업무를 하는 자'가 사용하는 표장일 것, (ii) 영리를 목적으로 하지 아니하는 업무를 하는 자가 '그 업무를 나타내기 위하여' 사용할 것, (iii) 표장의 '사용'에 해당할 것, (iv) '표장' 일 것을 그 구성요건으로 한다.

라. 단체표장의 구성요건

[1] **단체표장의 구성요건** : (i) 상품 또는 서비스, (ii) 상품을 생산·제조·가공·판매

하는 자 또는 서비스를 제공하는 자, (iii) 상품을 생산·제조·가공·판매하거나 서비스를 제공하는 자가 '공동으로 설립한 법인', (iv) 그 법인이 직접 사용하거나 그 소속 단체원에게 사용하게 하기 위한 표장

[2] 지리적 표시 단체표장의 경우, 상표법상 보호대상이 되는 지리적 표시의 구성요건 : (i) 상품의 (ii) 특정 품질·명성 또는 그 밖의 특성이 (iii) 본질적으로 특정지역에서 비롯된 경우에 (iv) 그 지역에서 생산·제조 또는 가공된 상품임을 나타내는 표시를 지리적 표시(상 제2조 제1항 제4호)라고 정의하므로, 그 구성요건은 (i) 상품, (ii) 특정 품질·명성 또는 그 밖의 특성, (iii) 본질적인 연관성, (iv) 상품의 지리적 원산지다.

마. 증명표장의 구성요건

증명표장의 구성요건은 (i) 상품, (ii) 상품의 '품질, 원산지, 생산방법 또는 그 밖의 특성', (iii) 상품의 품질, 원산지, 생산방법 또는 그 밖의 특성을 '증명하고 관리하는 것을 업으로 하는 자', (iv) 타인의 상품에 대하여 그 상품이 품질, 원산지, 생산방법 또는 그 밖의 특성을 충족한다는 것을 증명하는 데 사용하는 표장이다(상 제2조 제1항 제7호). 지리적 표시 증명표장의 구성요건은 (i) 지리적 표시를 증명하는 것을 업으로 하는 자, (ii) '타인의 상품에 대하여 그 상품이 정해진 지리적 특성을 충족한다는 것을 증명하는 데 사용하는 표장이다(상 제2조 제1항 제8호).

Ⅲ. 상표의 등록요건

1. 실체법적 요건 + 절차법적 요건

☞ 실체법적 요건 : 적극적 요건 + 소극적 요건

→ 적극적 요건 : (i) 자타상품식별의사 + (ii) 자타상품식별력을 가질 것(상 제33조 제1항 및 제2항) [예외 : 산지표시 내지 현저한 지리적 명칭이나 그 약어(略語) 또는 지도만으로 된 표장이 지리적표시 단체표장 내지 지리적 표시 증명표장인 경우(상 제33조 제3항 및 제2조 제4항)]

→ 소극적 요건 : 공익적 또는 사익적 견지에서 일정한 경우에 상표등록을 거절할 수 있도록 규정된 상표법상 부등록 사유가 존재하지 아니할 것(주로 상표법 제34조)

(1) 적극적 등록요건

[1] 식별력이 없는 상표(제33조 제1항) : 등록결정시 또는 거절결정시 기준

(i) 보통명칭으로 된 상표(거래계나 일반 수요자들을 기준), (ii) 관용표장 (동종업자들 사이), (iii) 기술적(記述的) 표장(상품의 산지, 품질, 원재료, 효능, 용도, 수량, 형상(포장의 형상을 포함), 가격, 생산방법, 가공방법, 사용방법 또는 시기를 보통으로 사용하는 방법으로 표시한 표장만으로 된 상표), (iv) 현저한 지리적 명칭, 그 약어 또는 지도만으로 된 상표, (v) 흔히 있는 명칭, (vi) 간단하고 흔히 있는 표장만으로 된 상표, (vii) 기타 자타 상품의 식별력이 없는 상표

[2] 사용에 의하여 식별력을 취득한 상표(등록결정시 또는 거절결정시를 기준)

(iii) 기술적(記述的) 표장(상품의 산지, 품질, 원재료, 효능, 용도, 수량, 형상 (포장의 형상을 포함), 가격, 생산방법, 가공방법, 사용방법 또는 시기를 보통으로 사용하는 방법으로 표시한 표장만으로 된 상표), (iv) 현저한 지리적 명칭, 그 약어 또는 지도만으로 된 상표, (v) 흔히 있는 명칭, (vi) 간단하고 흔히 있는 표장만으로 된 상표, (vii) 기타 자타 상품의 식별력이 없는 상표의 경우에는 사용에 의한 식별력 취득이 가능함.

(i) 보통명칭으로 된 상표(거래계나 일반 수요자들을 기준), (ii) 관용표장(동종업자들 사이)의 경우에는 사용에 의한 식별력 취득이 불가함.

- 상표법 제33조 제2항에 의하여 식별력을 취득하였더라도 이것이 타인의 등록상표와 동일 또는 유사하고 그 상표의 지정상품과 동일 또는 유사한 상품에 사용되는 상표라면 그 등록은 상표법 제34조 제1항 제7호의 규정에 의하여 등록할 수 없음

[3] 지리적 표시 단체표장 및 지리적 표시 증명표장의 등록요건

산지 (상 제33조 제1항 제3호) 또는 현저한 지리적 명칭이나 그 약어 또는 지도만으로 된 상표(상 제33조 제1항 제4호)에 해당하여 자타상품식별력이 없더라도 그 표장이 특정 상품에 대한 지리적 표시인 경우에는 그 지리적 표시를 사용한 상품을 지정상품으로 하여 지리적 표시 단체표장등록을 받을 수 있다(상 제33조 제3항). 이 규정은 지리적 표시 증명표장에도 적용된다(상 제2조 제4항).

(2) **소극적 등록요건**(상표법상 부등록사유) **및 그 판단시점**(상 제34조 제1항 각호 및 제2항)

○ 등록여부결정시 ⟹ 1. 국가의 국기(國旗) 및 국제기구의 기장(記章) 등으로서 다음 각 목의 어느 하나에 해당하는 상표

가. 대한민국의 국기, 국장(國章), 군기(軍旗), 훈장, 포장(褒章), 기장, 대한민국이나 공공기관의 감독용 또는 증명용 인장(印章)·기호와 동일·유사한 상표

나. 「공업소유권의 보호를 위한 파리 협약」(이하 "파리협약"이라 한다) 동맹국, 세계무역기구 회원국 또는 「상표법조약」 체약국(이하 이 항에서 "동맹국등"이라 한다)의 국기와 동일·유사한 상표

다. 국제적십자, 국제올림픽위원회 또는 저명(著名)한 국제기관의 명칭, 약칭, 표장과 동일·유사한 상표. 다만, 그 기관이 자기의 명칭, 약칭 또는 표장을 상표등록출원한 경우에는 상표등록을 받을 수 있다.

라. 파리협약 제6조의3에 따라 세계지식재산기구로부터 통지받아 특허청장이 지정한 동맹국등의 문장(紋章), 기(旗), 훈장, 포장 또는 기장이나 동맹국등이 가입한 정부 간 국제기구의 명칭, 약칭, 문장, 기, 훈장, 포장 또는 기장과 동일·유사한 상표. 다만, 그 동맹국등이 가입한 정부 간 국제기구가 자기의 명칭·약칭, 표장을 상표등록출원한 경우에는 상표등록을 받을 수 있다.

마. 파리협약 제6조의3에 따라 세계지식재산기구로부터 통지받아 특허청장이 지정한 동맹국등이나 그 공공기관의 감독용 또는 증명용 인장·기호와 동일·유사한 상표로서 그 인장 또는 기호가 사용되고 있는 상품과 동일·유사한 상품에 대하여 사용하는 상표

○ 등록여부결정시 ⟹ 2. 국가·인종·민족·공공단체·종교 또는 저명한 고인(故人)과의 관계를 거짓으로 표시하거나 이들을 비방 또는 모욕하거나 이들에 대한 평판을 나쁘게 할 우려가 있는 상표

○ 등록여부결정시 ⟹ 3. 국가·공공단체 또는 이들의 기관과 공익법인의 비영리 업무나 공익사업을 표시하는 표장으로서 저명한 것과 동일·유사한 상표. 다만, 그 국가 등이 자기의 표장을 상표등록출원한 경우에는 상표등록을 받을 수 있다.

○ 등록여부결정시 ⟹ 4. 상표 그 자체 또는 상표가 상품에 사용되는 경우 수요자에게 주는 의미와 내용 등이 일반인의 통상적인 도덕관념인 선량한 풍속에 어긋나는 등 공공의 질서를 해칠 우려가 있는 상표

○ 등록여부결정시 ⟹ 5. 정부가 개최하거나 정부의 승인을 받아 개최하는 박람회 또는 외국정부가 개최하거나 외국정부의 승인을 받아 개최하는 박람회의 상패·상장 또는 포장과 동일·유사한 표장이 있는 상표. 다만, 그 박람회에서 수상한 자가 그 수상한 상품에 관하여 상표의 일부로서 그 표장을 사용하는 경우에는 상표등록을 받을 수 있다.

○ 등록여부결정시 ⟹ 6. 저명한 타인의 성명·명칭 또는 상호·초상·서명·인장·아호(雅號)·예명(藝名)·필명(筆名) 또는 이들의 약칭을 포함하는 상표. 다만, 그 타인의 승낙을 받은 경우에는 상표등록을 받을 수 있다.

○ 등록여부결정시 ⟹ 7. 선출원(先出願)에 의한 타인의 등록상표(등록된 지리적 표시 단체표장은 제외한다)와 동일·유사한 상표로서 그 지정상품과 동일·유사한 상품에 사용하는 상표

○ 등록여부결정시 ⟹ 8. 선출원에 의한 타인의 등록된 지리적 표시 단체표장과 동일·유사한 상표로서 그 지정상품과 동일하다고 인식되어 있는 상품에 사용하는 상표 (동음이의어 지리적 표시 단체표장 상호 간에는 적용되지 않음)

○ 등록여부결정시 ⟹ 9. 타인의 상품을 표시하는 것이라고 수요자들에게 널리 인식되어 있는 상표(지리적 표시는 제외한다)와 동일·유사한 상표로서 그 타인의 상품과 동일·유사한 상품에 사용하는 상표

○ 등록여부결정시 ⟹ 10. 특정 지역의 상품을 표시하는 것이라고 수요자들에게 널리 인식되어 있는 타인의 지리적 표시와 동일·유사한 상표로서 그 지리적 표시를 사용하는 상품과 동일하다고 인정되어 있는 상품에 사용하는 상표 (동음이의어 지리적 표시 단체표장 상호 간에는 적용되지 않음)

○ 상표등록출원시(다만, 타인해당 여부 판단은 등록여부결정시) ⟹ 11. 수요자들에게 현저하게 인식되어 있는 타인의 상품이나 영업과 혼동을 일으키게 하거나 그 식별력 또는 명성을 손상시킬 염려가 있는 상표 (저명성: 해당 상표에 관한 거래자 및 수요자뿐만 아니라 이종상품이나 이종영업에 걸쳐 일반 수요자의 대부분에까지 알려질 것을 요함)

○ 등록여부결정시 ⟹ 12. 상품의 품질을 오인하게 하거나 수요자를 기만할 염려가 있는 상표

○ 상표등록출원시(다만, 특정인 해당 여부 판단은 등록여부결정시) ⟹ 13. 국내 또는 외국의 수요자들에게 특정인의 상품을 표시하는 것이라고 인식되어 있는 상표(지리적 표시는 제외한다)와 동일·유사한 상표로서 부당한 이익을 얻으려 하거나 그 특정인에게 손해를 입히려고 하는 등 부정한 목적으로 사용하는 상표

○ 상표등록출원시 ⟹ 14. 국내 또는 외국의 수요자들에게 특정 지역의 상품을

표시하는 것이라고 인식되어 있는 지리적 표시와 동일·유사한 상표로서 부당한 이익을 얻으려 하거나 그 지리적 표시의 정당한 사용자에게 손해를 입히려고 하는 등 부정한 목적으로 사용하는 상표

○ 등록여부결정시 ⟹ 15. 상표등록을 받으려는 상품 또는 그 상품의 포장의 기능을 확보하는 데 꼭 필요한(서비스의 경우에는 그 이용과 목적에 꼭 필요한 경우를 말한다) 입체적 형상, 색채, 색채의 조합, 소리 또는 냄새만으로 된 상표

○ 등록여부결정시 ⟹ 16. 세계무역기구 회원국 내의 포도주 또는 증류주의 산지에 관한 지리적 표시로서 구성되거나 그 지리적 표시를 포함하는 상표로서 포도주 또는 증류주에 사용하려는 상표. 다만, 지리적 표시의 정당한 사용자가 해당 상품을 지정상품으로 하여 제36조제5항에 따른 지리적 표시 단체표장등록출원을 한 경우에는 상표등록을 받을 수 있다.

○ 등록여부결정시 ⟹ 17. 「식물신품종 보호법」 제109조에 따라 등록된 품종명칭과 동일·유사한 상표로서 그 품종명칭과 동일·유사한 상품에 대하여 사용하는 상표

○ 등록여부결정시 ⟹ 18. 「농수산물 품질관리법」 제32조에 따라 등록된 타인의 지리적 표시와 동일·유사한 상표로서 그 지리적 표시를 사용하는 상품과 동일하다고 인정되는 상품에 사용하는 상표

○ 등록여부결정시 ⟹ 19. 대한민국이 외국과 양자간(兩者間) 또는 다자간(多者間)으로 체결하여 발효된 자유무역협정에 따라 보호하는 타인의 지리적 표시와 동일·유사한 상표 또는 그 지리적 표시로 구성되거나 그 지리적 표시를 포함하는 상표로서 지리적 표시를 사용하는 상품과 동일하다고 인정되는 상품에 사용하는 상표

○ 상표등록출원시(다만, 타인해당 여부 판단은 등록여부결정시) ⟹ 20. 동업·고용 등 계약관계나 업무상 거래관계 또는 그 밖의 관계를 통하여 타인이 사용하거나 사용을 준비 중인 상표임을 알면서 그 상표와 동일·유사한 상표를 동일·유사한 상품에 등록출원한 상표

○ 상표등록출원시(다만, 타인해당 여부 판단은 등록여부결정시) ⟹ 21. 조약당사국에 등록된 상표와 동일·유사한 상표로서 그 등록된 상표에 관한 권리를 가진 자와의 동업·고용 등 계약관계나 업무상 거래관계 또는 그 밖의 관계에 있거

나 있었던 자가 그 상표에 관한 권리를 가진 자의 동의를 받지 아니하고 그 상표의 지정상품과 동일·유사한 상품을 지정상품으로 하여 등록출원한 상표

☞ 상표의 부등록사유(상표법 제34조 제1항) 가운데 상표법 제34조 제1항 제6호부터 제10호까지 및 제16호에 해당하는 것을 사유로 하는 상표등록의 무효심판은 상표등록일부터 5년이 지난 후에는 청구할 수 없다(상 제122조 제1항).

Ⅳ. 상표권의 효력

1. 사용권 + 금지권

- 사용권: 등록상표를 지정상품에 독점배타적으로 사용할 수 있는 권리(유사상품이나 유사상표에는 미치지 않음)
- 금지권: 제3자가 상표권자의 등록상표와 동일 또는 유사한 상표를 지정상품과 동일 또는 유사한 상품에 사용하는 것을 금지할 수 있는 권리

제1절 브 랜 드

Ⅰ. 브랜드의 정의

[1] 실제적인(practical) 의미의 브랜드로서 기술적 의미의 브랜드 요소들과 여러 마케팅 활동의 결과로서 형성된 인지도, 이미지, 품질인식, 그리고 이에 따라 나타나는 고객충성도 등을 포괄하는 총체적 무형자산을 의미한다.

예 삼성의 경우 1998년부터 무형자산 위주의 경영을 개시(무형자산 중 가장 중점을 두어야 할 요소는 브랜드이다)

[2] 따라서 브랜드와 상품상표[서비스에 관한 상표(이하 '서비스상표'라 표시)도 포함]와는 밀접한 관계가 있지만, 브랜드가 통상적으로 상표보다는 포괄적인 개념이다.

[3] 즉 브랜드란 특정한 매도인의 제품 및 서비스를 식별하는데 사용되는 명칭·기호·디자인 또는 이들의 조합을 통칭하는 표현으로서 말로써 표현할 수 있는 것은 브랜드명, 말로써 표현할 수 없는 기호·디자인·레터링 등은 브랜드마크라 한다. 브랜드명, 브랜드마크 중 그 배타적 사용이 법적으로 보장되어 있는 것이 상품상표(서비스상표 등) 등이

1) 대법원 1999. 6. 25. 선고 98후58 판결; 대법원 2004. 5. 28. 선고 2002후123 판결.
2) 송영식·이상정·김병일, 앞의 책, 172면; 특허청, 앞의 책, 8면.

된다.

Ⅱ. 주요 브랜드의 연혁

1. 코카콜라

[1] 1886년 약국 운영을 하던 존 펨버튼(John Pemberton) 박사(1888년 사망)에 의해 제조되었다.

출처 : http://atonal.egloos.com/1116918 (최종접속일 : 2017년 2월 12일)

[2] 소다에 약재를 섞어 소화제 대신 판매한 것에서 유래되었다. 콜라의 잠재력을 높이 평가한 챈들러(Asa Griggs Candler)라는 사업가가 2300달러에 제조법을 사들이고 1893년 코카콜라를 상표명으로 등록하였다.

[3] **병 디자인** : Root Glass Company of Terre Haute(인디애나 주)가 어둠 속에서 인식될 수 있는 병 디자인 공모에서 당선되었다. 이 회사의 Alexander Samuelson과 Earl R. Dean이 코코아 콩과 강낭콩의 모양에서 힌트를 얻어 이 디자인을 개발하였다.

출처 : http://keetsa.com/blog/eco-friendly/coke-opens-full-scale-pet-recycling-plant/ (최종접속일 : 2017년 2월 12일)

[4] 1916년부터 이 컨투어(contour) 병을 생산하였다. 이는 1915년 Samuelson의 이름으로 특허 등록되었으나, 코카콜라 사가 이 특허를 구매한 후 상표로 등록하였다.

[5] **로고(필체)** : 코카콜라란 이름은 주성분인 코카 잎과 콜라 콩의 이름을 조합해서 만듬. 펨버튼 약국의 경리사원 프랭크 로빈슨(Frank Robinson)이 두 개의 C자를 절묘하게 배치시키고 독특한 스펜서체의 Coca-Cola라는 이름을 지어내었다.

2. 메르세데스 – 벤츠의 탄생

[1] 고트립 다임러(Gottlieb Daimler)은 1890년에, 칼 벤츠(Karl Benz)는 1883년에 각각 자신의 회사를 설립하였다. 처음에는 각각 자신의 이름을 따 벤츠와 다임러로 엔진과 자동차 회사로서의 품질과 혈동을 유지하였다.

[2] 이후 독일 만하임(Mannheim)에 위치한 벤츠 & 씨(Benz & Cie)라는 회사는 자신들의 이름을 브랜드로 계속 사용한 반면에 독일 칸슈타트(Cannstatt)시에 위치한 다임러자동차 회사(Daimler-Motoren-Geseelschaft)는 20세기부터 '메르세데스(Mercedes)'라는 완전히 새로운 이름을 사용하였다.

[3] **메르세데스**: '우아함'을 뜻하는 스페인어로서 니스(Nice)에 사는 오스트리아 출신의 사업가이자 다임러의 오스트리아 판매대리인인 에밀 옐리넥(Emil Jellinek)의 딸 이름이었다. 1900년 다임러가 신모델을 내놓자 옐리넥은 36대를 주문하면서 오스트리아, 헝가리, 프랑스, 미국의 독점 대리점 영업권을 가질 것을 요구하였고, 그 차에 자신의 딸 이름을 사용할 것을 요구하였다. 그 요구가 수용되어 이 후 다임러사의 모든 차에 메르세데스라는 이름을 썼고 1902년에는 상표로 사용하게 되었다.

[4] 1차 세계대전 후 독일에 불황이 닥치자 1926년에 다임러사와 벤츠사는 합병하게 되었다. 다임러 벤츠의 모든 상품에는 메르세데스 벤츠라는 이름이 붙었고 상표는 1916년부터 다임러사가 사용한 세 꼭지별로 결정되었다. 이는 육, 해, 공으로 뻗어나가겠다는 의지를 표현한 것이다.

3. 스타벅스

[1] 영어 교사 제리 볼드윈, 역사 교사 제브 시글, 작가 고든 바우커 등이 의기투합해 1971년 미국 시애틀에 첫 매장을 개설하였다.

[2] 1987년 하워드 슐츠 회장이 경영을 맡으면서 공격적인 마케팅과 매장 확대를 시작하였다.

출처: 대법원 2007.1.11. 선고 2005후926 판결 참조 (최종접속일: 2017년 2월 12일)

[3] **스타벅스 이름의 유래**: 허만 멜빌의 소설 '모비 딕'(1851년)에 나오는 고래잡이배 피쿼드(Pequod)호의 일등 항해사의 이름 '스타벅'에서 유래하였다. 소설에서 스타벅은 커피를

매우 좋아하는 것으로 나온다.

[4] 로고의 유래 : 그리스 신화에 나오는 사이렌(Siren)이라는 긴 머리의 인어다. 17세기 노르웨이 목판화를 참고로 제작한 것이다. 사이렌은 아름답고 달콤한 노랫소리로 지나가는 배의 선원들을 유혹해 죽게 하는 것으로 알려져 있는데, 이 로고는 지나가는 행인의 발걸음을 스타벅스로 유인하겠다는 의미다.

[5] 초창기에는 가슴과 꼬리가 선명한 인어였으나 나중에 긴 머리카락으로 가슴을 덮었다. 바탕색도 초창기엔 커피색이었으나 나중에 녹색으로 변경되었다.

출처 : http://news.mk.co.kr/newsRead.php?year=2011&no=47270 (최종접속일 : 2017년 2월 12일)

4. 브랜드 가치평가 및 브랜드 경영의 현황

가. 브랜드 가치평가

[1] 2001년부터 미국의 경제주간지인 '비즈니스 위크(Business Week)'와 브랜드 컨설팅 업체인 '인터브랜드사(Interbrand)'가 공동으로 '100대 글로벌 브랜드'를 선정해 발표하고 있다.

[2] 우리나라는 2000년부터 '산업정책연구원(IPS)'이 국내 기업 브랜드 가치를 평가하고 있다.

[3] 우리나라 기업 중 비즈니스 위크가 2016년에 발표한 글로벌 브랜드에 포함된 기업으로는 삼성(7위), 현대자동차(35위) 및 기아자동차(69위)가 있다.[3)]

[4] 2016년 비즈니스 위크가 조사한 세계 100대 브랜드 조사에서 애플 사가 1위를, 구글 사가 2위를, 코카콜라, 마이크로소프트, 토요타, IBM, 삼성, 아마존, 메르스데스 벤츠, GE가 각각 3위 내지 10위를 기록하였다.

[5] 2016년도 비즈니스위크에 의한 평가 : 애플(1위)의 브랜드 가치는 1781억 1900만 달러였다. 구글(2위)의 브랜드 가치는 1332억 5200만 달러, 코카콜라의 브랜드 가치는 731억 200만 달러, 마이크로소프트(4위)의 브랜드 가치는 727억 9500만 달러, 토요타(5위)의 브랜

3) http://interbrand.com/best-brands/best-global-brands/2016/ranking/(방문일자 : 2017년 2월 12일).

드 가치는 535억 8000만 달러, IBM (6위)의 브랜드 가치는 525억 달러, 삼성(7위)의 브랜드 가치는 518억 800만 달러, 아마존(8위)의 브랜드 가치는 503억 3800만 달러, 메르세데스 벤츠(9위)의 브랜드 가치는 434억 9000만 달러, GE(10위)의 브랜드 가치는 431억 3000만 달러였다.[4)]

[6] 2016년도 IPS에 의한 평가[5)] : 삼성전자(1위)의 브랜드 가치는 113,347,791,000,000원, 현대자동차(2위)의 브랜드 가치는 831,602,000,000원, LG전자(3위)의 브랜드 가치는 23,234,843,000,000원, 기아자동차(4위)의 브랜드 가치는 22,054,874,000,000원, GS칼텍스(5위)의 브랜드 가치는 13,456,013,000,000원이었다.

나. 브랜드 경영

[1] 에프킬라는 1998년 삼성제약을 인수한 한국존슨으로 297억원에 매각되었다.

[2] 질레트가 로케트 전기와 브랜드 사용권을 7년간 임대하면서 6,000만달러를 지급하였다.[6)]

[3] 2001년 롯데칠성이 CJ의 '솔의 눈'을 거액을 주고 매수하였다.

[4] 롯데칠성음료(주)가 두산(주)의 주류사업부문인 '두산주류 BG'를 5,030억원에 인수하는 계약을 2009년 1월 6일 체결하였다.[7)]

[5] 두산은 2006년 영국의 미쓰이밥콕(현 두산밥콕), 2007년 밥캣 등을 인수했다.[8)]

다. 글로벌 브랜드 선호 이유

LG경제연구원은 2005년 발표한 보고서에서 글로벌 시장조사기관인 'Research International'의 조사를 인용하여 글로벌 브랜드가 선호되는 세 가지 이유로 (i) 품질보증효과, (ii) 글로벌 브랜드 구매를 통한 세계인의 동질감(이상적 가치) 및 (iii)글로벌 기업에 대한 사회적 책임 기대를 들었다.[9)]

---

4) http://interbrand.com/best-brands/best-global-brands/2016/ranking/ (방문일자 : 2017년 2월 12일).
5) http://www.ips.or.kr/site/IPS/research/download/2016_IPS01.pdf (최종접속일 : 2017년 2월 10일).
6) http://www.gillette.co.kr/mod/cf/M3power_supernova30_2005.wmv (2005년 로케트전기는 질레트코리아와 공급계약을 연장하였다. 이는 5년간 295억 규모에 해당한다. 2007년 1월 로케트전기는 P&G(구질레트코리아)와 건전기 공급가격인상에 합의하였다. 이는 연간 15억 규모 손익개선효과가 있었다.).
7) http://cafe.naver.com/kjijon.cafe?iframe_url=/ArticleRead.nhn%3Farticleid=34971 & (최종방문일 : 2016년 12월 12일).
8) http://magazine.hankyung.com/business/apps/news?popup=0&nid=01&c1=1001&nkey=2011072700817000191&mode=sub_view (최종방문일 : 2016년 12월 11일).
9) 박천규, "글로벌 브랜드는 무엇이 다른가", 「주간경제」 846호, 2005년 8월 24일.

제 2 절 상표법의 목적

[1] 상표법 제1조: 상표를 보호함으로써 상표사용자의 업무상의 신용유지를 도모하여 산업발전에 이바지함과 아울러 수요자의 이익을 보호함을 목적으로 한다.

[2] 상표법의 목적은 (i) 상표의 보호, (ii) 상표사용자의 업무상 신용유지, (iii) 경업질서 유지를 비롯한 산업발전에의 이바지, (iv) 수요자의 이익 보호다.

제 3 절 상표법의 연혁

[1] 2000여년 전 고대 로마시대에 상표가 등장하였다.

[2] 고대 이집트시대의 발굴품이나 그리스, 로마시대의 도기 등에 보이는 도공표라고 하는 표지, 중세에 해양사고, 도난 등을 당했을 때 상품의 소유권을 입증하기 위해 붙여진 상인표 또는 소유표라고 하는 표지, 상품의 무게, 품질, 기술에 대한 책임소재를 확실히 하기 위한 책임표 또는 경찰표 등이 그러한 상표에 해당한다. 이는 외국간 거래시 출처 표시하고 품질을 유지하기 위한 것이었다.

[3] 프랑스: 프랑스에서는 1803년 공장제조장 및 작업장에 대한 법률을 제정하였다. 동법 제16조에서는 상표 도용을 사문서위조죄로 처벌하였다. 그리고 1857년에는 세계 최초의 상표법이라고 할 "사용주의 및 무심사주의를 내용으로 하는 제조표 및 상품표에 관한 법률"을 제정하였고, 그 법이 현행법인 "등록주의를 내용으로 하는 서비스표에 관한 법률(1964)"에 계승되었다.

[4] 영 국: 1862년 허위표시자에 대한 형벌중심의 "상품표법(The Merchandise Marks Act)"를 제정하였고, 1905년에는 이를 정비하여 "상표법"을 제정하였다. 그 이후 여러 차례 개정을 통해 사용주의, 심사주의, 공고제도를 채택한 현행 상표법(1938년)이 탄생하였다.

[5] 독 일: 1874년 상표보호법 제정, 1894년에 심사주의를 채택한 "상품표시의 보호법"으로 변경하였다가, 수 차례 개정을 거쳐 1936년 현행의 "상표법"이 탄생하였다. 1967년 전면개정 이후 현재에 이르고 있다.

[6] 미 국: 1870년 연방상표조례가 제정되었고, 수 차례 개정을 거쳐 1946년 사용주의를 채택한 현행법이 탄생하였다.

[7] 일 본: 1884년 상표조례가 제정된 후 1899년 상표조례를 상표법으로 개정하였고, 그 이후 수 차례 개정을 통해 현재에 이르고 있다.

[8] 우리나라 상표법: 1908년(순종2) 8월 12일 공포되고 동년 8월 16일에 시행된 내각고시 제4호에 의한 한국상표령(제198호)에서 비롯된다. 그 이후 1949년 11월 28일에 상표법이

법률 제71호로 제정되어 공포되었다. 1961년 12월 31일 특허법, 실용신안법, 의장법(현 디자인보호법)을 개별법으로 독립함과 아울러 상표법도 1963년 3월 5일 법률 제1295호로 개정하게 된 것이 현행법의 근간이다. 2011년에는 「대한민국과 유럽연합 및 그 회원국 간의 자유무역협정」(이하 '한-EU FTA'로 표시)의 합의사항을 반영하기 위하여 한-EU FTA에 따라 보호되는 타인의 지리적 표시와 동일하거나 유사한 상표의 등록을 거절하는 근거를 신설하고, 상표권 또는 전용사용권 침해행위에 대한 몰수 대상 품목에 침해물의 제작에 사용된 재료를 추가하는 한편, 추가등록된 지정상품에 대한 상표권의 존속기간을 명시하는 등 현행 제도의 운영상 나타난 일부 미비점을 개선·보완하는 개정을 하였다.[10] 2011년에는 상표법에서 제22조의2제3항 중 "「농산물품질관리법」 이나 「수산물품질관리법」"을 "「농수산물 품질관리법」"으로 하는 것으로 개정하였다.[11] 2011년 12월 개정 상표법[12]에서는 「대한민국과 미합중국 간의 자유무역협정(이하 "한미 FTA"로 표시)」의 합의사항을 반영하기 위하여 소리·냄새를 상표에 포함하고, 상품에 대한 정확한 품질정보를 제공할 수 있도록 증명표장제도를 도입하며, 전용사용권등록제도를 폐지하여 등록하지 아니한 전용사용권도 그 효력이 발생하도록 하고, 이 법에서 준용하던 「특허법」의 관련 조문들을 직접 이 법에 규정하여 국민들이 쉽게 이해할 수 있도록 하는 등 현행 제도의 운영상 나타난 일부 미비점을 개선·보완하는 한편, 여러 가지 내용이 한 문장 속에 뒤섞여 있어 내용을 파악하기 어렵거나 너무 길고 복잡한 문장을 간소화하거나 문장을 나누는 등 체계를 정비하였고, 아울러 법정손해배상제도(상 제67조의2 신설) 및 비밀유지명령제도(상 제92조의7 및 제92조의8)를 신설하였다. 2014년 개정된 상표법에서는 방송프로그램, 연예인 명칭 등을 무단으로 등록하여 정당한 권리자의 권리행사를 침해하는 등 신의칙에 반하는 상표를 거절할 수 있는 근거 조항을 신설하였고, 개인과 기업의 노력으로 저명해진 상표의 식별력을 약화시키는 유사상표등록을 방지하는 한편, 상표의 사용에 의한 식별력 인정요건을 완화하여 개인과 기업이 실제로 사용하고 있는 상표가 간단하거나 성질표시적인 상표라도 등록을 받을 수 있도록 하였다. 2014년 개정된 상표법의 주요내용으로서 (i) 상표의 사용에 의한 식별력 인정요건을 완화하였고(상 제33조 제2항), (iii) 수요자간에 현저하게 인식되어 있는 상표의 희석화 방지조항을 마련하였으며(상 제7조제1항제10호), (iii) 신의칙에 반하는 출원의 상표등록 방지 및 사용권 제한 규정을 신설하였다(상 제7조제1항제18호 및 제53조제2항 신설).[13]

---

10) [시행 2012. 1. 1] [법률 제10811호, 2011. 6.30, 일부개정].
11) [시행 2012. 7.22] [법률 제10885호, 2011. 7.21, 타법개정].
12) 일부개정 2011.12.2 법률 제11113호.
13) [시행 2014.6.11.] [법률 제12751호, 2014.6.11., 일부개정].

2016년 개정 상표법{[시행 2016.9.1.] [법률 제14033호, 2016.2.29., 전부개정](이하 '2016년 상표법'이라 한다)}은 상표에 대한 국민들의 이해를 돕기 위하여 지나치게 복잡하고 제한적으로 규정되어 있는 상표의 정의(定義) 규정을 상표의 핵심적 의미와 그 대표적인 표현방식 위주로 간결하게 정비하고, 지리적 표시를 부정한 목적으로 출원하거나 저명한 타인의 상표를 사용하는 경우에 대하여도 상표등록을 받을 수 없는 상표 여부의 판단시기를 출원 시로 하며, 상표의 불사용에 대한 사후관리를 강화하기 위하여 상표등록의 취소심판 제도를 정비하는 한편, 법 문장을 원칙적으로 한글로 적고, 어려운 용어를 쉬운 용어로 바꾸며, 길고 복잡한 문장을 간결하게 하는 등 국민이 법 문장을 이해하기 쉽게 정비하였다.

2016년 개정 상표법의 주요내용을 살펴보면 다음과 같다.

첫째, 상표를 자기의 상품 또는 서비스 등과 타인의 상품 또는 서비스 등을 식별하기 위하여 사용하는 표장(標章)으로 정의하고, 표장을 그 구성이나 표현방식에 상관없이 상품의 출처를 나타내기 위하여 사용하는 모든 표시로 정의하여, 상품의 식별력과 출처 표시 등 그 핵심적인 의미와 대표적인 표현방식 위주로 간결하게 정비하였다(상 제2조 제1항 제1호 및 제2호).

둘째, 특허청장 또는 특허심판원장은 상표등록의 출원공고에 대한 이의신청 이유 등의 보정기간 및 보정각하결정에 대한 심판의 청구기간 등을 당사자의 청구 또는 직권으로 30일 이내에서 한 차례 연장할 수 있도록 하였다(상 제17조 제1항).

셋째, 상표에 관한 절차를 밟은 자가 책임질 수 없는 사유로 인하여 거절결정에 대한 심판 등의 청구기간을 지키지 못한 경우에 그 절차를 추후에 보완할 수 있는 기간을 그 사유가 소멸한 날부터 2개월로 확대하였다(상 제19조).

넷째, 조약국 상표권자의 동의 없는 상표등록을 제한하는 출원인의 범위를 동업·고용 등 계약관계나 업무상 거래관계 또는 그 밖의 관계로 확대하였다(상 제34조 제1항 제21호).

다섯째, 지리적 표시를 부정한 목적으로 출원하거나 저명한 타인의 상표를 사용하는 경우에 대하여는 상표등록을 받을 수 없는 상표 여부의 판단시기를 출원 시로 하였다(상 제34조 제2항).

여섯째, 직권보정의 전부 또는 일부가 처음부터 없었던 것으로 보는 경우 이미 결정된 출원공고결정도 취소된 것으로 간주하도록 규정하였다(상 제59조 제4항).

일곱째, 이의신청에 대한 심사에서 당사자가 주장하지 아니한 이유에 대하여도 심사를 할 수 있는 판단주체를 심사관합의체로 명확히 하였다(상 제63조).

여덟째, 상표등록의 취소심판의 청구인 적격을 누구든지로 확대하고, 상표 불사용에 따른 취소심판의 심결이 확정되었을 경우 청구일로 소급하여 상표권이 소멸되도록 하였다(상 제119조제6항·제7항).

제 4 절 상표법상 보호대상 : 상표

Ⅰ. 식별표지로서 상표

1. 의 의

[1] 상표권은 표지를 객체로 하는 권리다.

[2] 표지는 식별력이 있는 것을 기초로 하고 있으나 창작은 보호의 대상이 아니다.

[3] 상표권은 상호권과 같은 표지권일 뿐이고, 저작권, 특허권, 실용신안권, 디자인권과 같은 창작권이 아니다.

[4] 상표법은 등록된 상표에 대해 독점적인 권리인 상표권을 부여하고 있다.

[5] 등록상표를 제3자가 무단으로 사용하는 자가 있을 경우에는 상표권자 등은 그 상표의 사용을 금지청구할 수 있고, 손해가 발생하면 손해배상을 청구할 수 있다.

[6] 상표에 대한 권리보호는 지식재산권법에 의한 상표보호와 경쟁법에 의한 상표보호로 나뉜다.

대법원 2013. 3. 28. 선고 2010다58261 판결【상표사용금지 등 (바) 파기환송】

【판시사항】

[1] 디자인이 될 수 있는 형상이나 모양이 상표로서 사용된 것으로 볼 수 있는 경우 및 그에 관한 판단 기준

[2] 2개 이상의 도형으로 이루어진 결합상표의 구성 부분 중 하나의 도형이 가지는 외관·호칭 및 관념에 의하여 상표의 유사 여부를 판단할 수 있는지 여부(원칙적 적극) 및 도형상표의 경우 상표의 유사 여부 판단 기준

【판결요지】

[1] 디자인과 상표는 배타적·선택적인 관계에 있는 것이 아니므로 디자인이 될 수 있는 형상이나 모양이라고 하더라도 그것이 상표의 본질적인 기능이라고 할 수 있는 자타 상품의 출처표시를 위하여 사용되는 것으로 볼 수 있는 경우에는 위 사용은 상표로서의 사용이라고 보아야 할 것이고, 그것이 상표로서 사용되고 있는지는 상품과의 관계, 당해 표장의 사용 태양(즉 상품 등에 표시된 위치, 크기 등), 등록상표의 주지저명성 그리고 사용자의 의도와 사용 경위 등을 종합하여 실제 거래계에서 표시된 표장이 상품의 식별표지로서 사용되고 있는지에 의하여 판단하여야 한다.

[2] 2개 이상의 도형으로 이루어진 결합상표는 각 구성 부분이 분리관찰되면 거래상 자연스럽지 못하다고 여겨질 정도로 불가분적으로 결합되어 있는 것이 아닌 한 구성 부분 중 하나의 도형이 가지는 외관·호칭 및 관념에 의하여 상표의 유사 여부를 판단할 수 있고, 도형상표의 경우 외관이 지배적인 인상을 남긴다 할 것이므로 외관이 동일·유사하여 양 상표를 다 같이 동종 상품에 사용하는 경우 일반 수요자에게 상품의 출처에 관하여 오인·혼동을 일으킬 염려가 있다면 양 상표는 유사하다고 보아야 한다.

【이 유】

상고이유를 본다.

1. 상고이유 제1, 4점에 관하여

디자인과 상표는 배타적·선택적인 관계에 있는 것이 아니므로 디자인이 될 수 있는 형상이나 모양이라고 하더라도 그것이 상표의 본질적인 기능이라고 할 수 있는 자타 상품의 출처표시를 위하여 사용되는 것으로 볼 수 있는 경우에는 위 사용은 상표로서의 사용이라고 보아야 할 것인바(대법원 2009. 5. 14. 선고 2009후665 판결 등 참조), 그것이 상표로서 사용되고 있는지는 상품과의 관계, 당해 표장의 사용 태양(즉 상품 등에 표시된 위치, 크기 등), 등록상표의 주지저명성 그리고 사용자의 의도와 사용 경위 등을 종합하여 실제 거래계에서 표시된 표장이 상품의 식별표지로서 사용되고 있는지에 의하여 판단하여야 한다(대법원 2012. 3. 29. 선고 2010다20044 판결 등 참조). 원심이 적법하게 채택한 증거들 및 기록에 의하면, ① 원심판시 원고 등록상표 1, 2, 4, 5[그 구성 및 등록번호는 각 ""(등록번호 1 생략), ""(등록번호 2 생략), ""(등록번호 3 생략), ""(등록번호 4 생략)와 같다. 이하 순서대로 1, 2, 4, 5를 붙여 '원고 등록상표 1'과 같은 방식으로 부른다] 및 그와 같은 유형의 표장들을 사용한 원고의 보타닉가든 제품은 1999년경부터 한미유나이티드 주식회사를 통하여 국내에 수입·판매되었고, 그때부터 2006년경까지 판매된 매출액이 약 552억 원 정도이며, 1998년부터 약 10여 년간 각종 잡지, 일간신문, 유명백화점 광고책자 등에서 약 120여 회, 공중파 TV방송으로 약 60여 회, 케이블 TV방송으로 약 7,000여 회 광고 등이 되었는데, 2006. 5. 8.자 중앙일보에는 '유럽 명품 도자기 여심 유혹'이라는 제목으로 "야생화, 과일, 나비, 벌 등 자연을 소재로 한 무늬로 유명한 포트메리온은 독특한 마크의 문양 때문에 인기를 얻고 있다. 꽃무늬가 그려진 보타닉가든과 과일이 그려진 포모나는 그림만 봐도 어느 회사 제품인지 알아차릴 정도란다. 230여 가지 모델이 있으며 수집용으로도 인기다."라는 내용의 기사가 게재되기도 한 사실, ② 원고 등록상표 1, 2는 꽃나무나 풀꽃을 잎과 함께 한두 송이를 꺾어 꽃을 중심으로 줄기와 잎을 그 아래로 배치하고 꽃이나 잎 주위에 나비나 잠자리를 2~4마리 배치하여 구성한 도형상표이고, 특히 원고 등록상표 5는 잎맥이 드러나는 세 갈래 잎 형상의 단위 구성요소인  가 와 같이 동일한 방향으로 연속적으로 배열됨으로써 전체적으로 세 갈래 잎이 일렬로 연결되어 원형을 이루는 도형상표로서 이전의 도자기그릇류에서 볼 수 없었던 독특한 문양의 상표인 사실, ③ 원고는 그릇 가운데의 문양을 여러 가지의 꽃 문양으로 다양하게 교체하고 테두리에는 원고 등록상표 5와 같은 나뭇잎 띠 문양을 배치하여 만든 보타닉가든 제품들을 국내에서 주로 판매하여 왔는데, 원심판시 피고 표장 1~4(그 구성은 각 "", "", "", ""와 같다. 이하 순서대로 1, 2, 3, 4를 붙여 '피고 표장 1'과 같은 방식으로 부른다) 제품들에도 원고의 보타닉가든 제품과 동일한 위치에 동일한 크기로 피고 표장 1~4의 나뭇잎 띠 문양과 꽃과 나비 등 문양이 배치되어 있는 사실, ④ 피고 표장 1~4 제품들은 2006년경과 2010년경 인터넷 쇼핑몰인 옥션(Auction), 인터파크, 지마켓(Gmarket)에서 '포트메리★스타일', '포트메리온 st 접시' 또는 '명품' 등으로 선전, 광고되고 판매되어 온 사실을 알 수 있다.

위 사실관계를 앞서 본 법리에 비추어 살펴보면, 도자기그릇에 표현된 디자인은 단순히 디자인으로서만 사용되는 것은 아니고 다른 상품과 구별하는 식별표지로서도 사용되는 것으로 보이고, 원고 등록상표 5와 같은 나뭇잎 띠 문양이나 원고 등록상표 4와 같이 테두리에 나뭇잎 띠 문양을 두르고 가운데에 꽃과 나비 등의 문양을 배치한 문양은 피고 표장 1~4가 사용된 2006년경에는 그 거래자와 수요자에게 현저하게 인식되었다고 할 것이며, 피고 표장 1~4는 원고 등록상표 4 또는 5와 같은 문양이 사용된 원고의 보타닉가든 제품과 거의 동일한 크기와 위치로 제품에 표현되어 있고, 피고 표장 1~4 제품들은 '포트메리온 st 접시' 또는 '명품' 등으로 광고되어 원고의 포트메리온 제품인 것처럼 판매되어 왔으므로, 피고 표장 1~4는 순전히 디자인이나 장식용으로 사용된 것이 아니라 상품의 출처표시를 위하여 사용된 것으로서 상표로서 사용되었다고 할 것이다.

그럼에도 원심은 접시 등 제품에 표현된 도형은 특별한 사정이 없는 한 디자인에 불과하다는 전제에서 상표의 유사 여부에 대하여 나아가 판단하지 아니한 채 피고 표장 1~4는 상표로서 사용된 것이 아니므로 원고 등록상표 1, 2, 4에 대한 상표권을 침해하지 않는다고 판단하였으니, 이러한 원심 판결에는 상표로서의 사용에 대한 법리를 오해하여 판결에 영향을 미친 위법이 있다. 이 점을 지적하는 이 부분 상고이유는 이유 있다.

2. 상고이유 제2점에 관하여

2개 이상의 도형으로 이루어진 결합상표는 각 구성 부분이 분리관찰되면 거래상 자연스럽지 못하다고 여겨질 정도로 불가분적으로 결합되어 있는 것이 아닌 한 그 구성 부분 중 하나의 도형이 가지는 외관·호칭 및 관념에 의하여 상표의 유사 여부를 판단할 수 있고(대법원 2004. 10. 15. 선고 2003후1871 판결 참조), 도형상표에 있어서는 그 외관이 지배적인 인상을 남긴다 할 것이므로 외관이 동일·유사하여 양 상표를 다 같이 동종 상품에 사용하는 경우 일반 수요자로 하여금 상품의 출처에 관하여 오인·혼동을 일으킬 염려가 있다면 양 상표는 유사하다고 보아야 한다(대법원 2000. 12. 26. 선고 98도2743 판결 참조).

원심 판결 이유에 의하면, 피고는 피고 표장 1~4를 그 형태대로만 제품에 사용하는 것이 아니라 제품이 접시일 경우에는 피고 표장 1~4 형태 그대로 사용하고, 제품이 대접이나 머그잔일 경우에는 상단 테두리에 나뭇잎 띠 문양을 배치하고, 그릇의 옆면에 꽃 문양을 배치하는 등 그릇의 모양에 따라 나뭇잎 띠 문양과 꽃 문양을 함께 또는 분리하여 배치하는 방식으로 사용하고 있는 사실을 알 수 있고, 원고 등록상표 5는 피고 표장 1~4가 사용된 2006년경에는 그 거래자와 수요자에게 현저하게 인식된 주지상표에 이르렀음은 앞서 본 바와 같다.

위 사실관계를 앞서 본 법리에 비추어 살펴보면, 피고 표장 1~4는 테두리의 나뭇잎 띠 문양만으로 분리관찰될 수 있다고 할 것이고, 피고 표장 1~4의 나뭇잎 띠 문양(그 테두리의 일부만을 크게 확대해 보면, 각 , , ,  와 같다)과 원고 등록상표 5(그 테두리의 일부만을 크게 확대해 보면, 와 같다)는 , 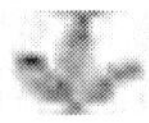와 같이 그 색채는 녹색 계열이고 그 잎맥이 드러나는 세 갈래 잎 형상의 단위 구성요소가 동일한 방향으로 연속적으로 배열됨으로써 전체적으로 세 갈래 잎이 일렬로 연결되어 원형을 이루고 있는 점에서 공통되는바, 피고 표장 1~4를 나뭇잎 띠 문양만으로 분리관찰하여 원고 등록상표 5와 이격적으로 대비할 때, 양 상표는 그 외관이 극히 유사하여 양 상표를 다 같이 동종 상품에 사용하는 경우 일반 수요자로 하여금 상품의 출처에 관하여 오인·혼동을 일으킬 염려가 있으므로 유사한 상표에 해당한다.

그럼에도 원심은 피고 표장 1~4가 나뭇잎 띠 문양만으로 분리관찰될 수 없다는 전제에서 피고 표장 1~4는 원고 등록상표 5와 유사하지 아니하여 원고 등록상표 5에 대한 상표권을 침해하지 않는다고 판단하였으니, 이러한 원심 판결에는 상표의 유사 여부 판단에 대한 법리를 오해하여 판결에 영향을 미친 위법이 있다. 이 점을 지적하는 이 부분 상고이유는 이유 있다.

3. 상고이유 제5점에 관하여

원심은, 인터넷 쇼핑몰에서 '포트메리온'이라는 문자로만 구성된 피고 표장 5를 표시하여 피고 표장 1~4 제품들을 판매한 자가 피고인지 다투어지는 이 사건에서, 갑 제4, 18호증(각 가지번호 포함)의 각 기재만으로는 인터넷 쇼핑몰에서 피고 표장 1~4 제품을 판매한 자가 피고라고 보기 어렵고 달리 이를 인정할 증거가 없다는 이유로, 피고가 원심판시 원고 등록상표 6(등록번호 5 생략) "포트메리온"에 대한 상표권을 침해하지 않았다는 취지로 판단하였다. 기록에 비추어 살펴보면, 원심의 이러한 사실인정과 판단은 정당한 것으로 수긍이 가고, 거기에 상고이유에서 지적하는 바와 같은 채증법칙 위반 등의 잘못이 있다고 볼 수 없다.

4. 결 론

그러므로 나머지 상고이유에 대한 판단을 생략한 채 원심 판결 중 피고 표장 1 내지 4에 관한 원고 패소 부분을 파기하고, 이 부분 사건을 다시 심리·판단하게 하기 위하여 원심법원으로 환송하며, 나머지 상고를 기각하기로 하여, 관여 대법관의 일치된 의견으로 주문과 같이 판결한다.

대법원 2013. 3. 14. **선고** 2010도15512 **판결【루이비똥 상표권 침해 등 사건】**

◇ 피고인 사용표장에 대해 피고인의 처가 디자인등록을, 피고인 사용표장을 구성하는 개별 도형들에 대해 피고인과 그의 처가 상표등록을 받은 사정이 있음에도, 피고인 사용표장의 사용행위가 타인의 등록상표에 대한 상표권침해 및 부정경쟁행위에 해당하는지 여부 ◇

1. 가. 디자인보호법 제45조 제1항은 '디자인권자·전용실시권자 또는 통상실시권자는 등록디자인이 그 디자인등록출원일 전에 출원된 타인의 등록상표를 이용하거나 디자인권이 그 디자인권의 디자인등록출원일 전에 출원된 타인의 상표권과 저촉되는 경우에는 그 상표권자의 허락을 얻지 아니하거나 제70조의 통상실시권 허여의 심판에 의하지 아니하고는 자기의 등록디자인을 업으로서 실시할 수 없다'고 규정하고 있으므로, 피고인 사용표장의 사용에 관하여 이 사건 등록상표의 상표권자인 피해자의 허락이 있었다거나 디자인보호법 제70조의 통상실시권 허여의 심판이 있었다는 사정이 없는 이 사건에서, 피고인의 처가 피고인 사용표장인 문양에 대해 디자인등록을 받아 피고인이 위 디자인권의 실시허락을 받고서 피고인 사용표장을 사용하였다고 볼 여지가 있다고 하더라도 이 점은 피고인의 처의 디자인등록출원일 전에 출원된 피해자의 이 사건 등록상표와의 관계에서 피고인 사용표장의 사용이 상표로서의 사용에 해당하여 상표권침해로 되는 데에 장애가 되지 못한다.

나. 부정경쟁방지법 제15조 제1항은 디자인보호법 등 다른 법률에 부정경쟁방지법 제2조 등과 다른 규정이 있는 경우에는 부정경쟁방지법의 규정을 적용하지 아니하고 다른 법률의 규정을 적용하도록 규정하고 있으나, 디자인보호법상 디자인은 물품의 형상·모양·색채 또는 이들을 결합한 것으로서 시각을 통하여 미감을 일으키게 하는 것이고(디자인보호법 제2조 제1호 참조), 디자인보호법의 입법목적은 이러한 디자인의 보호 및 이용을 도모함으로써 디자인의 창작을 장려하여 산업발전에 이바지함에 있는 것이므로(디자인보호법 제1조 참조), 디자인의 등록이 대상물품에 미감을 불러일으키는 자신의 디자인의 보호를 위한 것이 아니고, 국내에서 널리 인식되어 사용되고 있는 타인의 상품임을 표시한 표지와 동일 또는 유사한 디자인을 사용하여 일반 수요자로 하여금 타인의 상품과 혼동을 일으키게 하여 이익을 얻을 목적으로 형식상 디자인권을 취득하는 것이라면, 그 디자인의 등록출원 자체가 부정경쟁행위를 목적으로 하는 것으로서, 가사 권리행사의 외형을 갖추었다 하더라도 이는 디자인보호법을 악용하거나 남용한 것이 되어 디자인보호법에 의한 적법한 권리의 행사라고 인정할 수 없으니,

이러한 경우에는 부정경쟁방지법 제15조 제1항에 따라 같은 법 제2조의 적용이 배제된다고 할 수 없다.

2. 피고인 사용표장을 구성하는 개별 도형들의 사용이 아니라 위 개별 도형들이 조합된 피고인 사용표장 전체 형태의 사용에 대하여 상표권침해와 부정경쟁행위의 책임을 묻고 있는 이 사건에서, 위 개별 도형 각각의 상표권에 기초한 상표 사용권은 위와 같은 전체 형태의 피고인 사용표장에는 미치지 아니한다고 할 것이므로, 비록 피고인과 그의 처가 피고인 사용표장을 구성하는 개별 도형들에 대해 각각 나누어 상표등록을 받아 피고인이 피고인 사용표장을 구성하는 개별 도형들 중 일부에 대하여는 상표권을 보유하고 있고, 나머지 부분에 대하여는 그 상표권의 사용허락을 받고서 피고인 사용표장을 사용하였다고 볼 여지가 있다고 하더라도, 그러한 사정은 피고인 사용표장 전체 형태의 사용으로 인하여 이 사건 등록상표에 대한 상표권침해 및 부정경쟁행위가 성립하는 데 장애가 되지 못한다.

'루이비똥'사의 "" 상표(이 사건 등록상표)와 유사한 "" 문양의 피고인 사용표장에 대해 피고인의 처가 디자인등록을, 피고인 사용표장을 구성하는 개별 도형들에 대해 피고인과 그의 처가 상표등록을 받은 후 피고인 사용표장을 사용하여 가방, 지갑 등을 생산·판매하는 행위가 이 사건 등록상표에 대한 상표권침해 및 부정경쟁행위에 해당한다고 판단한 사안.

2. 표장과 상표보호제도의 의의

[1] 표장: 특정한 것을 표시하기 위한 부호나 휘장이다.

[2] 상표의 사전적 의미: 사업자가 자기 상품에 대하여 경쟁 업체의 것과 구별하기 위하여 사용하는 기호·문자·도형 따위의 일정한 표지를 뜻한다.

[3] 상표의 법적 의미: 상표법 제2조 제1항 제1호에 따르면, "상표"라 함은 자기의 상품(지리적 표시가 사용되는 상품의 경우를 제외하고는 서비스 또는 서비스의 제공에 관련된 물건을 포함한다. 이하 같다)과 타인의 상품을 식별하기 위하여 사용하는 표장(標章)으로서 기호, 문자, 도형, 소리, 냄새, 입체적 형상, 홀로그램·동작 또는 색채 등으로서 그 구성이나 표현방식에 상관없이 상품의 출처(出處)를 나타내기 위하여 사용하는 모든 표시를 포섭한다. 상표법 제2조 제1항 제1호의 소리상표 내지 냄새상표는 한미 FTA에 따른 이행입법의 결과물이다. 소리상표의 예로는 인텔의 효과음, MGM의 사자울음소리나 야후 광고의 야후 (소리)를 들 수 있고, 냄새상표의 예로는 레이저 프린터 토너의 "레몬향" 등을 들 수 있다. 그리고 EU의 경우에 상표는 그래픽으로 표현되거나 그래픽으로 재현될 가능성이 있어야 하므로 소리상표가 등록되지 못할 것 같은 경우에 전문가들은 소노그램(sonogram)이나 악보 등을 제출하여 등록할 수 있다. 현재 EU, 미국, 영국, 독일, 프랑스, 호주 등에서

이미 소리상표 및 냄새상표를 보호하고 있으며, 2006년 3월 채택된 상표관련 국제협약인 '싱가포르 조약(2009년 3월 발효)(우리나라의 경우, 2016년 4월 1일 이 협약에 가입하여 이 협약이 2016년 7월 1일 발효되었다)'에서도 비시각적인 상표 보호를 인정하고 있다.

Ⅱ. 상표법상 상표의 의의

1. 의 의

상표란 자기의 상품(지리적 표시가 사용되는 상품의 경우를 제외하고는 서비스 또는 서비스의 제공에 관련된 물건을 포함한다)과 타인의 상품을 식별하기 위하여 사용하는 표장을 뜻한다(상 제2조 제1항 제1호). 2016년 9월 1일 시행된 현행 상표법은 종전의 상표법과는 달리 특별히 상표 사용 주체를 명시하지 아니하였다. 왜냐 하면 "상품"이라는 의미를 통하여 상표가 영업상 행위를 위한 것임을 알 수 있기 때문이다. 그리고 서비스표를 상표와 별도로 구별하지 않고 서비스표를 상표로 일원화하여 정의하였다.

구 분	상 표 법 [시행 2016.4.28.] [법률 제13848호, 2016.1.27., 일부개정]	상 표 법 [시행 2016.9.1.] [법률 제14033호, 2016.2.29., 전부개정]
상표 및 표장의 정의	제2조(정의) ① 이 법에서 사용하는 용어의 뜻은 다음과 같다. 1. "상표"란 상품을 생산·가공 또는 판매하는 것을 업으로 영위하는 자가 자기의 업무에 관련된 상품을 타인의 상품과 식별되도록 하기 위하여 사용하는 다음 각 목의 어느 하나에 해당하는 것(이하"표장"이라 한다)을 말한다. 가. 기호·문자·도형, 입체적 형상 또는 이들을 결합하거나 이들에 색채를 결합한 것 나. 다른 것과 결합하지 아니한 색채 또는 색채의 조합, 홀로그램, 동작 또는 그 밖에 시각적으로 인식할 수 있는 것 다. 소리·냄새 등 시각적으로 인식할 수 없는 것 중 기호·문자·도형 또는 그 밖의 시각적인 방법으로 사실적(寫實的)으로 표현한 것	제2조(정의) ① 이 법에서 사용하는 용어의 뜻은 다음과 같다. 1. "상표"란 자기의 상품(지리적 표시가 사용되는 상품의 경우를 제외하고는 서비스 또는 서비스의 제공에 관련된 물건을 포함한다. 이하 같다)과 타인의 상품을 식별하기 위하여 사용하는 표장(標章)을 말한다. 2. "표장"이란 기호, 문자, 도형, 소리, 냄새, 입체적 형상, 홀로그램·동작 또는 색채 등으로서 그 구성이나 표현방식에 상관없이 상품의 출처(出處)를 나타내기 위하여 사용하는 모든 표시를 말한다.

2. 표 장

표장은 기호, 문자, 도형, 소리, 냄새, 입체적 형상, 홀로그램·동작 또는 색채 등으로서 그 구성이나 표현방식에 상관없이 상품(또는 서비스)의 출처(出處)를 나타내기 위하여 사용하는 모든 표시를 뜻한다(상 제2조 제1항 제2호).

3. 상품을 식별하기 위해 사용하는 표장

상표는 상품을 전제로 한다. '상품'이란 '그 자체가 교환가치를 가지고 독립된 상거래의 목적물이 되는 물품'[14] 내지 '운반가능한 유체물로서 반복하여 거래의 대상이 될 수 있는 것'[15]을 의미한다. 따라서 상품이 되기 위한 요건으로서 (i) 유체물이어야 하고(유체성), (ii) 운반 가능한 것이어야 하고(유통성), (iii) 반복거래가 가능한 것(계속성 및 거래성)이어야 한다. 따라서 상품의 선전광고나 판매촉진 또는 고객에 대한 서비스 제공 등의 목적으로 그 상품과 함께 또는 이와 별도로 고객에게 무상으로 배부되어 거래시장에서 유통될 가능성이 없는 이른바 '광고매체가 되는 물품'은 비록 그 물품에 상표가 표시되어 있다고 하더라도, 물품에 표시된 상표 이외의 다른 문자나 도형 등에 의하여 광고하고자 하는 상품의 출처표시로 사용된 것으로 인식할 수 있는 등의 특별한 사정이 없는 한, 그 자체가 교환가치를 가지고 독립된 상거래의 목적물이 되는 물품으로는 볼 수 없다.[16] 그리고 등록상표에 표시된 유리병에 든 '보리, 수수, 옥수수' 등이 판매용 물품이 아니라 대리점에서 거래되는 즉석 건조 건강식품을 이루는 일부 성분의 견본에 불과한 경우에는 성분의 구성 및 비율에 특징이 있는 그 즉석 건조 건강식품과 거래통념상 동일성의 범위 내에 있는 상품이 아니어서 상표법상 상품에 해당하지 않는다.[17] 전기, 열, 빛, 향기 및 권리와 같은 무체물, 운반가능성이 없는 부동산, 법적으로 거래가 금지되는 마약, 개인이 소장하고 있는 희귀한 골동품 등도 상표법상 상품에 해당하지 아니한다.[18] 하지만, 인터넷상 컴퓨터 네트워크를 통해 다운로드받을 수 있는 컴퓨터프로그램은 상표법상 상품으로 인정되고 있다.[19]

예컨대 양복, 자동차, 세탁기 등은 상품에 해당하나, 골동품, 전기, 빛, 열 등은 상품에 해당하지 아니한다. 다만, 산소, 천연가스 등을 통에 넣으면 상품이 될 수 있다. 무형의

---

14) 대법원 1999. 6. 25. 선고 98후58 판결; 대법원 2004. 5. 28. 선고 2002후123 판결.
15) 송영식·이상정·김병일, 「지적재산법(9정판)」, 세창출판사, 2008년, 172면; 특허청, 「조문별 상표법 해설」, 특허청 행정법무팀, 2007년, 8면.
16) 대법원 1999. 6. 25. 선고 98후58 판결.
17) 대법원 2004. 5. 28. 선고 2002후123 판결.
18) 특허법원 지적재산소송실무연구회, 「지적재산소송실무」, 박영사, 2010년, 480면.
19) 특허청, 앞의 책, 8면.

전자정보재도 직접거래가 되면서 컴퓨터프로그램이나 전자출판물도 다운로드가 가능하면 상품으로 볼 수 있을 것이다. 판례에 따르면, '상품'은 그 자체가 교환가치를 가지고 독립된 상거래의 목적물이 되는 물품을 의미하는 것으로 판시하고 있다.[20)]

4. 사용하는 표장

[1] 상표는 상품에 관하여 사용하는 것이다.

[2] **사용**: 상품 자체 또는 상품의 포장 등에 붙여서 사용하는 경우뿐만 아니라 상품을 표창하고 상품의 동일성을 나타내기 위하여 사용하는 모든 양태다. 다시 말해서 자타상품을 식별하기 위하여 표장을 사용하면 여기에서 말하는 '표장의 사용'에 해당한다. 한편 미국 연방상표법상 권리취득요건상 "사용"이란 개념은 '상품에 대한 상표의 부착'과 '해당 상품의 상업적 반포'를 의미한다.

[3] **현행 상표법상 입체상표의 사용**: 상표의 사용행위 정의 규정에 상품, 상품의 포장, 상품에 관한 광고·정가표·거래서류, 그 밖의 수단에 상표를 표시하는 행위에는 표장의 형상으로 상표를 표시하는 행위를 포함한다고 규정하고 있다(상 제2조 제2항 제1호 및 제1항 제11호).

대법원 2013. 1. 24. 선고 2011다18802 판결【상표권침해중지등】

【판시사항】

[1] 타인의 등록상표와 동일 또는 유사한 표장을 순전히 디자인적으로만 사용하여 상표의 사용으로 인식될 수 없는 경우 상표권 침해로 볼 수 있는지 여부(소극) 및 그것이 상표로서 사용되고 있는지 판단하는 기준

[2] 지정상품을 귀금속제 목걸이 등으로 하는 등록상표 ""의 상표권자인 甲 외국법인이 "" 형상을 사용하여 목걸이용 펜던트를 판매하는 乙 주식회사를 상대로 상표권 침해중지 등을 구한 사안에서, 甲 법인의 등록상표와 乙 회사 제품의 형상은 전체적으로 상품출처의 오인·혼동을 피할 수 있는 것이어서 유사하지 않고, 乙 회사 제품의 형상은 디자인으로만 사용된 것일 뿐 상품의 식별표지로 사용된 것이라고 볼 수 없다고 한 사례

【판결요지】

[1] 타인의 등록상표와 동일 또는 유사한 표장을 그 지정상품과 동일 또는 유사한 상품에

20) 대법원 2010. 9. 9. 선고 2010후1466 판결【권리범위확인(상)】; 대법원 1999. 6. 25. 선고 98후58 판결; 대법원 2004. 5. 28. 선고 2002후123 판결.

사용하면 타인의 상표권을 침해하는 행위가 되나, 타인의 등록상표와 동일 또는 유사한 표장을 이용한 경우라고 하더라도 그것이 상표의 본질적인 기능이라고 할 수 있는 출처표시를 위한 것이 아니라 순전히 디자인적으로만 사용되는 등으로 상표의 사용으로 인식될 수 없는 경우에는 등록상표의 상표권을 침해한 행위로 볼 수 없고, 그것이 상표로서 사용되고 있는지를 판단하기 위하여는, 상품과의 관계, 당해 표장의 사용태양, 등록상표의 주지저명성 그리고 사용자의 의도와 사용경위 등을 종합하여 실제 거래계에서 그 표시된 표장이 상품의 식별표지로서 사용되고 있는지를 종합하여 판단하여야 한다.

[2] 지정상품을 귀금속제 목걸이 등으로 하는 등록상표 ""의 상표권자인 甲 외국법인이 "" 형상을 사용하여 목걸이용 펜던트를 판매하는 乙 주식회사를 상대로 상표권 침해중지 등을 구한 사안에서, 甲 법인의 등록상표와 乙 회사 제품의 형상은 모두 강아지를 형상화한 도형으로서 '강아지'로 관념되고 '강아지 표'로 호칭될 수 있으나, 위 등록상표의 지정상품과 동일·유사한 상품에 관하여 강아지를 주제로 한 다양한 모양의 도형상표가 다수 등록되어 있는데, 수많은 종류의 유사 또는 상이한 형상을 통칭하는 용어에 의하여 호칭되고 관념되는 도형상표의 경우에 그 외관의 유사에 관계없이 호칭과 관념이 유사하다는 이유만으로 대비되는 양 상표가 전체적으로 유사한 상표라고 한다면 상표의 유사 범위가 지나치게 확대되어 제3자의 상표선택의 자유를 부당하게 제한하는 불합리한 결과를 가져오는 점 등에 비추어 볼 때, 통칭적인 호칭 및 관념이 유사하다는 점만으로 서로 유사하다고 단정할 수는 없으므로, 甲 법인의 등록상표와 乙 회사 제품의 형상은 전체적으로 상품출처의 오인·혼동을 피할 수 있는 것이어서 유사하지 않고, 한편 목걸이용 펜던트의 특성 및 위 상품을 둘러싼 거래실정, 甲 법인의 등록상표와 乙 회사 등록상표의 주지저명의 정도, 乙 회사의 의도와 乙 회사 제품의 제조·판매 형태 및 경위 등을 종합하여 살펴보면, 乙 회사 제품의 형상은 디자인으로만 사용된 것일 뿐 상품의 식별표지로 사용된 것이라고는 볼 수 없다고 한 사례.

대법원 2013. 2. 14. **선고** 2011**도**4645 **판결**

◇ 피고인이 판매목적으로 수입한 남방셔츠의 체크무늬가 상표로서 사용되었는지 여부 ◇

타인의 등록상표와 동일 또는 유사한 표장을 그 등록상표의 지정상품과 동일 또는 유사한 상품에 상표로서 사용하면 타인의 상표권을 침해하는 행위가 되고, 한편 타인의 등록상표와 동일 또는 유사한 표장을 이용하더라도 그것이 상품의 출처표시를 위한 것이 아니어서 상표의 사용으로 인식될 수 없는 경우에는 타인의 상표권을 침해한 것으로 볼 수 없다. 이때 그 표장이 상표로서 사용되었는지는 표장과 상품의 관계, 상품 등에 표시된 위치나 크기 등 당해 표장의 사용태양, 등록상표의 주지저명성 및 사용자의 의도와 사용경위 등을 종합하여 실제 거래계에서 그 표시된 표장이 상품의 식별표지로서 사용되고 있는지를 기준으로 판단하여야 한다.

또한 디자인과 상표는 배타적·선택적 관계에 있지 아니하므로, 디자인이 될 수 있는 형상이나 모양이라고 하더라도 그것이 상표의 본질적 기능인 자타상품의 출처표시로서 기능하는 경우에는 상표로서 사용된 것으로 보아야 한다.

피해자의 등록상표인 버버리 체크무늬와 유사한 이 사건 남방셔츠의 체크무늬는 비록 그 남방셔츠의 좌측 상단 호주머니와 목 뒤쪽 라벨에 피고인의 별도 상표가 표시되어 있다고 하더라도 상품의 출처를 표시하기 위하여 상표로 사용된 것으로 보아야 한다고 본 사안임.

5. 식별하기 위해 사용하는 표장

[1] 상표는 상표권자가 자신의 상품이나 제조품 등에 자신을 형상화하고자 사용하는 매개체다. 따라서 상표권자의 상표 사용에는 자기의 상품을 다른 업자의 상품과 식별하고자 하는 의도가 포함되어 있다고 할 수 있으며, 또한 상표의 요건으로서도 이러한 식별의사를 필요로 한다.

[2] 우리 상표법 : 객관적 식별력을 상표의 구성요건으로 요구하지 아니한다. “식별력”을 상표의 구성요건이 아니라 등록요건으로 두고 있다. 구 상표법(1990.1.13. 법률 제4210호로 전문 개정되기 전의 것)에서는 “이 법에서 상표라 함은 상품을 업으로써 생산·제조·가공·증명 또는 판매하는 자가 자기의 상품을 타업자의 상품과 식별시키기 위하여 사용하는 기호·문자·도형 또는 이들의 결합(이하 “표장”이라 한다)으로서 특별현저한 것을 말한다.”라고 규정하여 ‘특별현저성’을 상표의 구성요소 내지 성립요건으로 규정하고 있었다. 상표법 제2조 소정의 상표를 전제로 상표등록의 요건(상 제33조 제1항) 규정에서 식별력 관련 사항을 규정하고 다시 식별력을 갖춘 상표라 할지라도 일정 사유가 있는 상표에 대해서는 상표등록을 받을 수 없는 상표(상 제34조)규정을 두어 등록을 받을 수 없게 하고 있다.

Ⅲ. 상표의 분류 및 정리

1. 의 의

[1] 상표의 구성 : 상표는 원래 자타 상품을 식별하는 것이므로, 시각만으로 식별할 수 있는 것이 아니라 미각, 촉각, 청각 등의 방법으로 식별할 수 있다.

[2] 상표의 구성요소 : 각국의 기술수준과 그 기술의 정착정도, 문화, 종교 등에 의하여 정책적으로 결정된다.

[3] 상표분류방법 : (i) 구성에 의한 방법, (ii) 기능에 의한 방법, (iii) 목적에 의한 방법, (iv) 등록 유무에 의한 방법, (v) 법률에 의한 방법, (vi) 주체에 의한 방법, (vii) 전형적

상표와 비전형적인 상표, (viii) 전통적 상표와 비전통적인 상표, (ix) 새로운 상표와 기존상표 등으로 나눌 수 있다.

2. 구성요소에 의한 분류

☞ **현행 상표법 :** 자기의 상품(지리적 표시가 사용되는 상품의 경우를 제외하고는 서비스 또는 서비스의 제공에 관련된 물건을 포함한다. 이하 같다)과 타인의 상품을 식별하기 위하여 사용하는 표장으로서 기호, 문자, 도형, 소리, 냄새, 입체적 형상, 홀로그램·동작 또는 색채 등으로서 그 구성이나 표현방식에 상관없이 상품의 출처(出處)를 나타내기 위하여 사용하는 모든 표시를 보호한다(상 제2조 제1항 제1호 및 제2호). 아래에서 그 유형을 예시한다.

가. 문자상표

[1] 문 자 : 인간의 의사소통을 위한 시각적인 기호 체계를 뜻한다.

[2] 문자상표 : 문자로 구성된 상표를 의미한다.

예 두산, LG, 삼성, 현대, OB, KAL, IBM 등

[3] 문자는 국적이나 언어에 제한받지 않으며, 신조어일 필요는 없다. 따라서 인명이나 사물의 명칭, 지리적 명칭, 상호 또는 특정의 형용사나 표어적 어구만으로도 상표를 구성할 수 있다. 다만 입법정책적 이유로 지리적 명칭이나 상품의 품질, 성분, 재료 등을 기술한 것에 불과한 기술적 상표는 그 보호가 인정되지 않거나 제한된다.

나. 도형상표

[1] 도형 : 점·선·면·입체 또는 이들 집합으로 이루어진 것이다.

다. 기호상표

[1] 기 호 : 무슨 뜻을 나타내거나 적어 보이는 표로 대체로 문자나 도형을 간략히 한 것이다. 광의의 문자도 기호의 하나인 만큼 문자상표도 기호상표에 포함된다.

라. 입체상표

[1] 3차원적인 입체적 형상도 상표가 될 수 있다. 다만, 상표등록을 받으려는 상품 또는 그 상품의 포장의 기능을 확보하는 데 꼭 필요한(서비스의 경우에는 그 이용과 목적에 꼭 필요한 경우를 말한다) 입체적 형상만으로 되어 있는 상표는 등록을 받을 수 없다(상 제34조 제1항 제15호). 이 부등록사유의 적용은 상품 또는 상품 포장의 형상이 그 기능을 구현하는데 필수적이고 긴요한 것이어서 특정인에게 배타적인 권리를 부여하면 자유경쟁이 저해되

는 그러한 기능에 착안하여 판단한다.[21] 그리고 출원된 입체상표가 기능적인지 여부는 (i) 특허나 실용신안의 존재 여부, (ii) 유통과정의 편이성 및 사용의 효율성에 관한 광고 선전, (iii) 대체성(그 기능을 확보할 수 있는 대체적인 형상이 따로 존재하는지 여부) 및 (iv) 제조비용의 저렴성(상품 또는 포장의 형상을 해당 대체적인 입체적 형상으로 한 경우 동등한 또는 그 이하의 비용으로 생산할 수 있는지 여부)를 고려하여 판단한다.[22]

상품 또는 그 상품의 포장의 형상 등으로부터 발휘되는 실용적 이점으로 인하여 그 상품 등의 사용자에게 월등한 경쟁상의 우위를 제공한다거나 그러한 상품 또는 그 상품의 포장의 형상의 독점으로 인하여 거래업계의 경쟁을 부당하게 저해하는지의 여부를 종합적으로 고려하여 판단하여야 한다.[23] 상품 또는 그 상품의 포장이 채용하는 형상은 대체로 상품 또는 그 상품의 포장이 가지는 일정한 본래 기능을 수행하고 있는 것이 일반적이나, 이러한 상품 자체에서 비롯된 본래의 기능을 수행하는 동종의 상품일지라도 그 형상화나 디자인의 특성으로 인하여 상품 자체의 본래 기능을 넘어서 경쟁상 우월한 기능(실용적 이점)을 가져올 수 있다. 이 경우 상표법 제34조 제1항 제15호에 해당하는 기능성 여부를 판단함에 있어서 상품의 형상화나 디자인의 특성으로 인하여 상품 자체의 본래 기능을 넘어서 경쟁상 우월한 기능이 존재하는지의 여부를 판단하는 것으로 한다.

개별적인 형태를 분리하여 기능성 여부를 판단하는 것이 아니라 전체적인 형상이 기능적인지 여부를 기준으로 판단하므로 출원상표를 전체적으로 보아 기능성이 있다고 판단되면 일부 비기능적인 요소가 포함되어 있더라도 기능성이 있는 것으로 판단하여 심사하게 된다.[24]

입체상표가 기능적이지 않다는 것을 주장하는 자는 (i) 현재 관련 거래업계에서 유통되고 있거나 이용 가능한 다른 대체적인 형상의 존재를 증명하는 자료, (ii) 해당 상품의 형상과 대체적인 형상의 상품을 생산하는데 소요되는 제조·생산 비용의 차이 등을 증명할 수 있는 자료 등을 제출할 수 있다.[25]

한편, 이의신청을 통해 입체상표가 기능적이라고 주장하는 자는 (i) 해당 상품 또는 그 상품의 포장의 형상 등으로부터 발휘되는 기능과 밀접한 관련이 있는 특허권, 실용신안권(해당 권리의 존속여부는 불문한다)에 관한 정보, (ii) 광고 또는 선전 등을 통하여 해당 상품 또는 그 상품의 포장의 형상의 실용적 이점에 대하여 광고 또는 선전 등을 한 사실을

21) 상표심사기준(개정 2016. 8. 29, 시행 2016. 9. 1. 특허청 예규 제90호)(이하 '2016년 상표심사기준') 제5부 제15장 § 1.2.
22) 2016년 상표심사기준, 제5부 제15장 § 2.1.
23) 2016년 상표심사기준, 제5부 제15장 § 2.3.
24) 2016년 상표심사기준, 제5부 제15장 § 2.4.
25) 2016년 상표심사기준, 제5부 제15장 § 3.5.

증명하는 자료를 제출할 수 있다.[26)]

대법원 2015. 10. 15. 선고 2013다84568 판결【디자인권침해금지등】[공2015하,1646]

【판시사항】

[1] 상표법 제7조 제1항 제13호의 입법 취지 / 지정상품 또는 그 포장의 입체적 형상으로 된 상표가 상표법 제7조 제1항 제13호에 해당하는지 판단하는 기준

[2] 상표가 유사한지 판단하는 기준과 방법 및 입체적 형상으로 된 상표가 유사한지 판단하는 기준

[3] 심장혈관용 약제, 성기능장애 치료용 약제를 지정상품으로 하고 마름모 도형의 입체적 형상과 푸른색 계열의 색채를 결합하여 구성한 "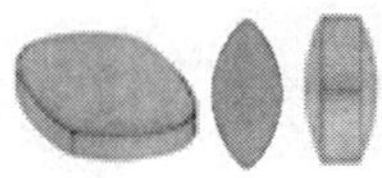" 표장으로 상표등록을 한 갑 외국법인 등이 "", "" 형태의 발기부전 치료용 약제를 생산·판매·광고하고 있는 을 주식회사를 상대로 상표권 침해금지 등을 구한 사안에서, 등록상표와 을 회사 제품들의 형태가 서로 동일 또는 유사하다고 볼 수 없다고 한 사례

【판결요지】

[1] 지정상품 또는 그 포장(이하 '상품 등'이라고 한다)의 기술적(기술적) 기능은 원칙적으로 특허법이 정하는 특허요건 또는 실용신안법이 정하는 실용신안등록요건을 구비한 때에 한하여 존속기간의 범위 내에서만 특허권 또는 실용신안권으로 보호받을 수 있는데, 그러한 기능을 확보하는 데 불가결한 입체적 형상에 대하여 식별력을 구비하였다는 이유로 상표권으로 보호하게 된다면, 상표권의 존속기간갱신등록을 통하여 입체적 형상에 불가결하게 구현되어 있는 기술적 기능에 대해서까지 영구적인 독점권을 허용하는 결과가 되어 특허제도 또는 실용신안제도(이하 '특허제도 등'이라고 한다)와 충돌하게 될 뿐만 아니라, 해당 상품 등이 가지는 특정한 기능, 효용 등을 발휘하기 위하여 경쟁자가 그러한 입체적 형상을 사용해야만 할 경쟁상의 필요가 있음에도 사용을 금지시킴으로써 자유로운 경쟁을 저해하는 부당한 결과를 초래하게 된다.

이에 1997. 8. 22. 법률 제5355호로 개정된 상표법은 상표의 한 가지로 입체적 형상으로 된 상표를 도입하면서, 특허제도 등과의 조화를 도모하고 경쟁자들의 자유롭고 효율적인 경쟁을 보장하기 위한 취지에서 제7조 제1항 제13호를 신설하여 상표등록을 받으려는 상품 등의 기능을 확보하는 데 불가결한 입체적 형상만으로 된 상표 등은 제6조의 식별력 요건을 충족하더라도 상표등록을 받을 수 없도록 하였다.

이러한 입법 취지에 비추어 보면, 상품 등의 입체적 형상으로 된 상표가 위 규정에

26) 2016년 상표심사기준, 제5부 제15장 § 3.6.

해당하는지는 그 상품 등이 거래되는 시장에서 유통되고 있거나 이용 가능한 대체적인 형상이 존재하는지, 대체적인 형상으로 상품을 생산하더라도 동등한 정도 또는 그 이하의 비용이 소요되는지, 입체적 형상으로부터 상품 등의 본래적인 기능을 넘어서는 기술적 우위가 발휘되지는 아니하는 것인지 등을 종합적으로 고려하여 판단하여야 한다.

[2] 상표의 유사 여부는 대비되는 상표를 외관, 호칭, 관념의 세 측면에서 객관적, 전체적, 이격적으로 관찰하여 거래상 오인·혼동의 염려가 있는지에 의하여 판단하여야 한다. 또한 상표의 유사 여부에 관한 판단은 두 개의 상표 자체를 나란히 놓고 대비하는 것이 아니라 때와 장소를 달리하여 두 개의 상표를 대하는 수요자가 상품 출처에 관하여 오인·혼동을 일으킬 우려가 있는지의 관점에서 이루어져야 하고, 두 개의 상표가 외관, 호칭, 관념에서 수요자에게 주는 인상, 기억, 연상 등을 전체적으로 종합할 때 상품의 출처에 관하여 오인·혼동을 일으킬 우려가 있는 경우에는 두 개의 상표는 서로 유사하다고 하여야 한다. 특히 입체적 형상으로 된 상표들에서는 외관이 주는 지배적 인상이 동일·유사하여 두 상표를 동일·유사한 상품에 다 같이 사용하는 경우 수요자에게 상품의 출처에 관하여 오인·혼동을 일으킬 우려가 있다면 두 상표는 유사하다고 보아야 하나, 그러한 우려가 인정되지 않는 경우에는 유사하다고 볼 수 없다.

[3] 심장혈관용 약제, 성기능장애 치료용 약제를 지정상품으로 하고 마름모 도형의 입체적 형상과 푸른색 계열의 색채를 결합하여 구성한 "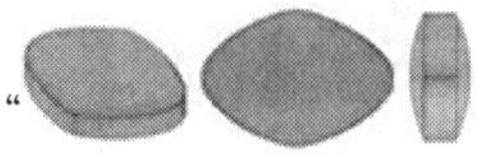" 표장으로 상표등록을 한 갑 외국법인 등이 "", "" 형태의 발기부전 치료용 약제를 생산·판매·광고하고 있는 을 주식회사를 상대로 상표권 침해금지 등을 구한 사안에서, 등록상표와 을 회사 제품들의 형태에 공통되는 부분이 있기는 하지만, 형태에 차이점도 존재할 뿐만 아니라, 전문의약품으로서 대부분 병원에서 의사의 처방에 따라 약사에 의하여 투약되고 있는 을 회사의 제품들은 포장과 제품 자체에 기재된 명칭, 을 회사의 문자상표 및 상호 등에 의하여 등록상표와 구별될 수 있으므로, 등록상표와 을 회사 제품들의 형태가 수요자에게 오인·혼동을 일으킬 우려가 있다고 하기는 어려워 서로 동일 또는 유사하다고 볼 수 없다고 한 사례.

【참조조문】

[1] 상표법 제2조 제1항 제1호 (가)목, 제6조 제2항, 제7조 제1항 제13호 [2] 상표법 제2조 제1항 제1호 (가)목, 제7조 제1항 제7호, 제66조 제1항 제1호 [3] 상표법 제2조 제1항 제1호 (가)목, 제66조 제1항 제1호

【참조판례】

[2] 대법원 2013. 3. 14. 선고 2010도15512 판결(공2013상, 692)
대법원 2014. 1. 23. 선고 2013후1900 판결

【전 문】

【원고, 피상고인】 화이자 프로덕츠 인크(Pfizer Products Inc.) 외 1인 (소송대리인 변호사 손지열 외 2인)

【피고, 상고인】 한미약품 주식회사 (소송대리인 법무법인(유한) 바른 외 1인)

【원심 판결】 서울고법 2013. 10. 17. 선고 2013나26816 판결

특허법원 2004. 5. 27. 선고 2003허6258 판결 【거절결정(상)】 상고

【판시사항】

[1] 상표법 제6조 제1항 제3호 규정의 취지와 기술적(技術的) 표장인지 여부에 대한 판단 기준

[2] 출원상표 “”가 상품의 형상을 보통의 방법으로 표시한 표장에 해당한다고 한 사례

[3] 외국에서 출원상표가 등록된 경우, 우리나라에서도 반드시 그 등록을 허용하여야 하는지 여부(소극)

【판결요지】

[1] 상표법 제6조 제1항 제3호 규정의 취지는 지정상품의 형상 등을 보통으로 사용하는 방법으로 표시한 표장만으로 된 상표는 상품의 특성을 기술하는 목적으로써 표시되어 있는 기술적(技術的) 표장이기 때문에 자타 상품을 식별하는 기능을 상실하는 경우가 많을 뿐만 아니라, 가사 상품 식별의 기능이 있는 경우라 하더라도 상품 거래상 누구나 필요한 표시이기에 어느 특정인에게만 독점적으로 사용시킨다는 것은 공익상으로 타당하지 않기 때문에 그 등록을 거절한다는 점에 있다 할 것이고, 어떤 상표가 지정상품의 형상 등을 보통으로 사용하는 방법으로 표시하는 표장만으로 된 상표인지의 여부는 그 상표가 지니고 있는 관념, 지정상품과의 관계, 거래사회의 실정 등을 감안하여 객관적으로 판단하여야 할 것인바, 여기에서의 상표는 단지 상품의 형상 등 기술적 표장만으로 된 상표는 물론이고 여기에 다른 식별력이 있는 문자, 기호, 도형 등이 결합되어 있다 하더라도 이들이 부수적 또는 보조적인 것에 불과하거나 또는 전체적으로 볼 때 성질 등 표시상표로 인식되는 상표도 포함된다.

[2] 출원상표 “”는 비록 그 지정상품인 기타 전체를 표장으로 하고 있지는 않으나 실제의 기타 헤드 자체를 그대로 입체적으로 표현하고 있는 표장으로서, 그 지정상품과 관련하여 보면 일반 수요자는 기타의 헤드 부분의 형상을 표현한 것임을 쉽게 인식할 수 있을 것이고 거래사회에서 당해 지정상품과 관련하여 동종의 상품으로

인식될 수 있는 입체적 형상에 해당한다고 할 것이어서 출원상표가 상품의 형상을 보통의 방법으로 표시한 표장에 해당한다고 한 사례.

[3] 출원상표가 독일과 캐나다 등에서 등록되었다 하더라도 상표의 특별현저성 유무 판단은 각 국의 법제, 거래 기타 일반사회의 실정 및 시대적 변천에 따라 독자적으로 할 수 있는 것이며, 우리나라 상표법상으로는 위와 같은 사정을 참작하여 그 등록적격의 여부를 결정하여야 할 것이므로 우리나라와 상표법제 및 일반 사회 실정을 달리하는 독일과 캐나다에서 출원상표가 등록되었다는 사유만으로는 우리나라에 있어서도 반드시 그 등록을 허용하여야 하는 이유가 될 수 없다.

[2] 입체상표로서의 구성 및 태양을 갖춘 것으로 인정되는 경우 :

예

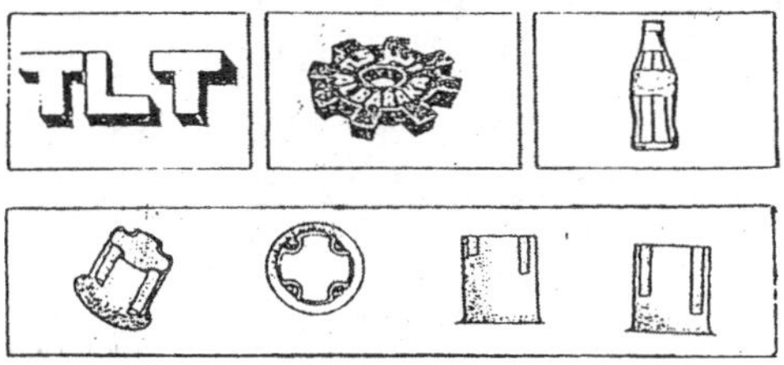

[3] 입체상표로서의 구성 및 태양을 갖춘 것으로 인정되지 않는 경우 :

① 3차원적으로 입체적 형상으로 기재되지 않는 경우

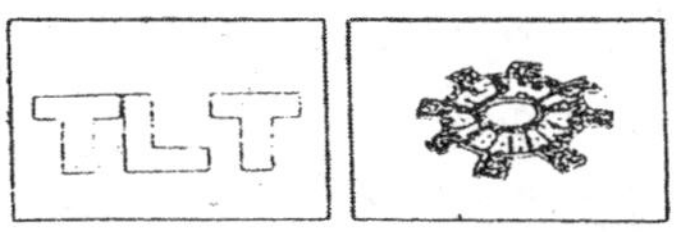

※ 두께 등 3차원적인 외관을 갖춘 것으로 입체적 형상을 표현하지 아니한 것

② 입체적 형상과 평면표장이 분리되어 기재된 경우

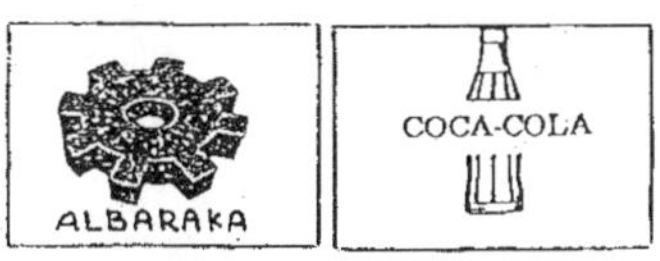

※ 평면표장이 입체적 형상의 표면에 또는 병행하여 부착되어 전체적으로 볼 때 3차원적인 외관을 갖춘 것으로 입체적 형상을 표현하지 아니한 것

③ 입체적 형상에 관한 견본을 2이상의 도면 또는 사진으로 제출한 경우 이들이 상호 불일치하는 경우

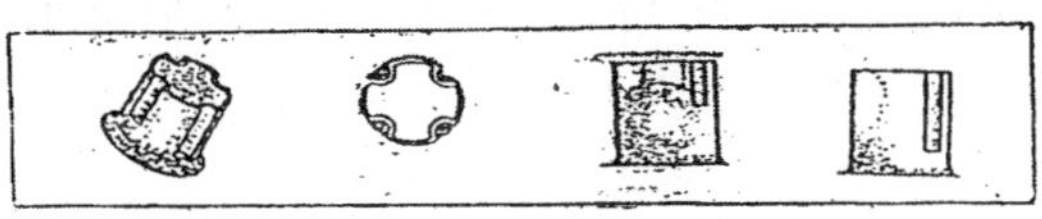

※ 각 도면 또는 사진에 표시된 입체적 형상, 도형, 문자, 색채 등이 상호간에 일치되지 아니한 것[27)]

대법원 2014. 10. 15. 선고 2012후3800 판결【거절결정(상) (자) 상고기각】
(몰펀 블록 입체서비스표 사건)

◇ 입체서비스표의 식별력 및 사용에 의한 식별력 취득 여부 판단기준 ◇

1. 상표법 제6조 제1항 제3호에 의하면 지정상품 또는 그 포장(이하 '상품 등'이라고 한다)의 형상을 보통으로 사용하는 방법으로 표시한 표장만으로 된 상표는 그 상표등록을 거절하도록 규정되어 있다. 그 규정의 취지는 위와 같은 표장은 상품의 특성을 기술하기 위하여 표시되어 있는 기술적 표장으로서 자타 상품을 식별하는 기능을 상실하는 경우가 많을 뿐만 아니라, 설령 상품 식별의 기능이 있는 경우라 하더라도 상품 거래상 누구에게나 필요한 표시이므로 어느 특정인에게만 독점적으로 사용시킨다는 것은 공익상으로 타당하지 아니하다는 데에 있다(대법원 2000. 2. 22. 선고 99후2549 판결, 대법원 2004. 6. 25. 선고 2002후710 판결 등 참조).

이러한 입법취지에 비추어 볼 때, 상품 등의 입체적 형상으로 된 상표의 경우에, 그 입체적 형상이 해당 지정상품이 거래되는 시장에서 그 상품 등의 통상적·기본적인 형태에 해당하거나, 거래사회에서 채용할 수 있는 범위 내에서 이를 변형한 형태에 불과하거나 또는 당해 상품 유형에 일반적으로 잘 알려진 장식적 형태를 단순히 도입하여 이루어진 형상으로서 그 상품의 장식 또는 외장(外裝)으로만 인식되는 데에 그칠 뿐, 이례적이거나 독특한 형태상의 특징을 가지고 있는 등으로 수요자가 상품의 출처표시로 인식할 수 있는 정도의 것이 아니라면, 위 규정의 '상품 등의 형상을 보통으로 사용하는 방법으로 표시한 표장만으로 된 상표'에 해당한다고 보아야 한다. 그리고 이러한 법리는 서비스의 제공에 관한 물건의 입체적 형상으로 된 서비스표에 대하여도 마찬가지로 적용된다(상표법 제2조 제3항).

마. 색채상표

[1] 색채는 본질적으로 출처표시로 기능하는 것이 아니므로 자타상품 식별력을 가지고 못한다. 따라서 색채만으로 된 상표로 등록받기 위해서는 지정상품과 관련하여 법 제33조 제2항에서 정하는 사용에 의한 식별력이 인정되어야 한다.[28)] 출원인이 사용에 의한 식별력을 입증하지 못하면 단일색채의 경우 간단하고 흔한 표장으로 판단하여 상표법 제33조 제1항제6호를 적용하고, 색채의 조합만으로 이루어진 경우 상표법 제33조제1항제6호 또

27) 상표심사기준(개정 2007. 7. 26 특허청 예규 제40호) 58-59면.
28) 2016년 상표심사기준, 제8부 제2장 § 1.4.

는 제7호를 적용하여 거절결정하도록 하고 있다. 그리고 색채만으로 된 상표가 지정상품의 품질이나 효능, 용도 등의 성질을 직접적으로 나타내는 경우에는 상표법 제33조제1항 제3호를 적용한다. 그리고 설사 자타상품식별력을 가지는 경우에 해당하더라도 상표법 제34조 제1항에 해당하는 경우에는 색채상표 등록을 받을 수 없다. 예컨대, 상표법 제34조 제1항 제15호에서는 商標登錄을 받고자 하는 商品 또는 그 商品의 포장의 기능을 확보하는데 불가결한 색채 또는 색채의 조합만으로 된 商標에 대해서는 등록을 받을 수 없도록 규정하고 있다. 상표법 제34조 제1항 제15호의 적용은 광고·선전 등을 통하여 그 實用的 利點이 알려진 상품 또는 商品包裝의 색채 또는 색채의 조합 등으로부터 발휘되는 기능에 착안하여 판단한다. 상품 또는 그 상품의 포장의 기능을 확보하는데 불가결한 색채 또는 색채의 조합만으로 된 상표는 비록 식별력이 인정(상표법 제33조 제2항에 의하여 식별력이 인정되는 경우에도 또한 같다)되는 경우라도 등록을 받을 수 없는 것으로 한다.[29)]

출원된 색채 또는 색채의 조합만으로 된 상표가 기능적인지 여부는 (i) 출원된 상표의 색채 또는 색채의 조합이 지정상품의 사용에 불가결하거나 일반적으로 사용되는 경우, (ii) 출원된 상표의 색채 또는 색채의 조합이 주는 미적 효과가 제품의 마케팅 등에 도움이 되는 경우, (iii) 지정상품의 특성으로 작용하는 특정 색채가 그 상품의 이용과 목적에 불가결하거나 상품의 가격이나 품질에 영향을 주는 경우를 고려하여 판단한다.[30)]

[2] 영국이나 미국: 2차적 의미의 식별력을 취득한 색채에 대해서는 상표로서 보호한다. Qualitex Co. v. Jacobson Products Co.사건[31)]에서 색채로만 구성된 표장이 유효하다고 판시한 사례다. 이 판결에서는 “색채가 2차적 의미를 취득하여 특정 브랜드를 인식하고 식별하며 출처를 표시하는 경우에는 색채로만 구성된 표장이 상표로 사용되는 것을 이론적으로 부정할 수 없다.”라고 판시하면서, 한편으로는 “상품의 특징이 그 상품의 이용 또는 목적에 필수적이거나 그 상품의 비용 또는 품질에 영향을 미치는 경우, 즉 그 특징의 독점적 이용으로 경쟁업자가 평판 이외의 관점에서 중대하게 불리하게 되는 경우에 일반적으로 상품의 특징은 기능적이고 상표로서 기능할 수 없다.”라고 하면서 기능성 이론을 제시하였다. 이 사안에서는 제조업자의 세탁물건조기의 녹색과 황색으로 구성된 프레스 패드가 유효한 상표라고 판시한 바 있다.[32)]

29) 2016년 상표심사기준, 제5부 제15장.

30) 상표심사기준(개정 2007. 7. 26 특허청 예규 제40호) 제27조(2016년 개정 상표법 제34조 제1항 제15호) 해석참고자료.

31) 514 U.S. 159 (1995).

32) Qualitex, 514 U.S. at 166.

특허법원 2004. 12. 24. 선고 2004허6118 판결 【거절결정(상)】 상고

【판시사항】

[1] 상표의 유사 여부 판단 기준 및 그 판단에 있어서 상표의 의미내용

[2] 색채서비스표에 해당하는지 여부의 판단 기준

[3] 지정상품이 2 이상인 출원상표의 일부 지정상품에 관하여 상표등록요건이 갖추어지지 아니한 경우 거절결정의 범위

[4] 출원서비스표 "PENTABREED"와 선등록서비스표 "펜 타"는 서로 유사하다고 한 사례

【판결요지】

[1] 상표는 언제나 반드시 그 구성부분 전체의 명칭이나 모양에 의하여 호칭, 관념되는 것이 아니라 각 구성부분을 분리하여 관찰하면 자연스럽지 못할 정도로 불가분적으로 결합되어 있지 아니하는 한 그 구성부분 중 일부만에 의하여 간략하게 호칭, 관념될 수도 있고, 하나의 상표에서 두 개 이상의 칭호나 관념을 생각할 수 있는 경우에 그 중 하나의 칭호·관념이 타인의 상표와 동일 또는 유사하다고 인정될 때에는 두 상표는 유사하다고 할 것이고, 한편 상표의 유사 여부를 판단함에 있어서 상표의 의미내용은 일반 수요자나 거래자를 기준으로 하여 그들이 상표를 보고 직관적으로 깨달을 수 있는 것이어야 하고, 심사숙고하거나 사전을 찾아보고서 비로소 그 뜻을 알 수 있는 것은 고려대상이 될 수 없다.

[2] 어떤 서비스표가 색채서비스표에 해당하는지 여부는 오로지 그 서비스표등록출원서에 첨부된 서비스표의 견본을 기준으로 판단하여야 할 것이고, 서비스표등록출원서에 색채서비스표라는 취지의 기재가 없다는 이유만으로 채색한 견본이 제출되었다고 하더라도 이를 색채서비스표가 아니라고 볼 수는 없다.

[3] 지정상품이 2 이상인 출원상표가 일부 지정상품에 관하여는 상표등록요건을 갖춘 것으로 인정되고 나머지 지정상품에 관하여는 상표등록요건을 갖추지 못한 것으로 인정되는 경우 그것이 보정절차를 통하여 지정상품에서 철회되는 등 보정되지 아니하는 한 전체 지정상품에 대한 출원에 대하여 하나의 거절결정을 할 수밖에 없다.

[4] 출원서비스표 "PENTABREED"는 'PENTA'와 'BREED'가 결합하여 이루어진 색채서비스표로서, 'PENTA' 부분으로 분리되어 그 발음인 '펜타'로 호칭될 경우에는 선등록서비스표 "펜 타"와 그 호칭이 동일하므로 양 서비스표는 전체적인 표장이 서로 유사하다고 한 사례.

[3] 외국의 색채상표 등록 예시:

(유럽공동체 : 제31336호)

상표에 대한 설명 : Lilac/purple, single colour as shown in the representation(제30류).

(유럽공동체 : 제1018779호)

상표에 대한 설명 : The trademark is a colour trademark, consisting of a combination of colours, namely ultramarine RAL 5002 and signal white RAL 9003. The colours are arranged alternately in strips of equal width(제29류, 제30류, 제33류).[33]

바. 결합상표

[1] 결합상표 : 이상의 상표 구성요소가 함께 결합되어진 상표다.

사. 홀로그램 상표

[1] 홀로그램 상표 : 홀로그래피에서 입체상을 재생하는 간섭줄무늬를 기록한 매체, 즉 문자 또는 도형적 요소에 3차원적 동작효과를 결합한 표장(예 비자카드상 새모양, 마스터카드의 지구모양)이다.

[2] 외국의 홀로그램상표 등록 예시:

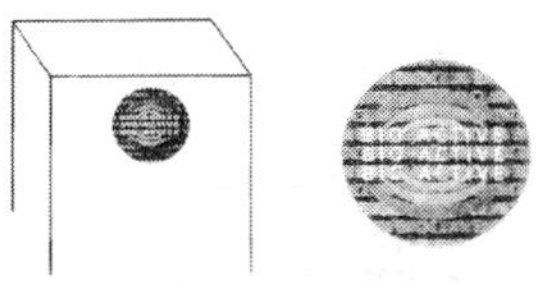
(유럽공동체 : 제1787456호)

(스위스 : IR 683 249)[34]

아. 동작상표

[1] 동작상표 : 일정한 시간의 흐름에 따라서 변화하는 일련의 그림이나 동적 이미지 등을 통하여 자타상품이나 서비스업을 식별하는 표장(예 인터넷 브라우저인 네스케이프의 로고)이다.

[2] 외국의 동작상표 등록 예시:

(유럽공동체 : 제1864610호)

---

33) 상표심사기준(개정 2007. 7. 26 특허청 예규 제40호), 59면.
34) 상표심사기준(개정 2007. 7. 26 특허청 예규 제40호), 60면.

(미국 : 제1975999호)[35)]

자. 소리상표 및 냄새상표

소리·냄새 등 비시각적인 표장이라 하더라도 기호·문자·도형 또는 그 밖의 방법을 통해 시각적으로 인식할 수 있도록 표현한 것은 상표의 범위에 추가하여 이 법에 따라 등록되고 보호될 수 있도록 하고 있다. 이는 한미 FTA 제18.2조 제1항을 국내법에 반영하기 위한 조문이다.[36)] 2012년 시행된 상표법[37)]에 따르면, 소리·냄새 등으로 된 상표의 상표등록출원 시 조약에 의한 우선권주장 등에 관한 특례와 관련하여 2011년 개정전 상표법 제20조 및 제21조를 적용할 때에 2012년 개정된 상표법[38)] 제2조 제1항 제1호 다목의 개정규정에 따른 소리·냄새 등으로 된 상표등록출원이 (i) 2011년 개정된 상표법[39)] 시행일 전에 2011년 개정이전 상표법 제20조에 따른 당사국에 상표등록출원을 한 후 2011년 개정된 상표법[40)] 시행일 이후 같은 조 제2항에 따라 대한민국에 상표등록출원한 경우, (ii) 2011년 개정된 상표법[41)] 시행일 전에 2011년 개정전 상표법 제21조 제1항 각 호의 어느 하나에 해당하는 박람회에 상품을 출품한 후 2011년 개정된 상표법[42)] 시행일 이후 같은 조에 따라 그 출품한 상품에 사용한 상표를 상표등록출원한 경우 다음 각 호의 어느 하나에 해당하면 그 상표등록출원은 2011년 개정전 상표법 제20조 및 제21조에도 불구하고 2011년 개정된 상표법[43)] 시행일에 출원한 것으로 본다[2011년 개정 상표법(법률 제11113호, 2011. 12. 2. 일부개정, 2012. 3. 15. 시행) 부칙 제6조]. 2016년 개정된 상표법[44)]에서는 제2조 제1항 제2호가 소리상표 및 냄새상표를 포섭하도록 규정하고 있다.

소리상표의 예로는 삼성전자주식회사(상품분류 : 09, 출원인 : 삼성전자주식회사, 출원(국제등록)번호 : 4020120044980, 출원(국제등록)일자 : 2012.07.13)의 효과음,[45)] 주식회사 엘지(상

35) 상표심사기준 (개정 2007. 7. 26 특허청 예규 제40호), 60면.

36) 한미 FTA 제18.2조 제1항에서는 "1. 어떠한 당사국도 등록의 요건으로 표지가 시각적으로 인식가능할 것을 요구할 수 없으며, 어떠한 당사국도 상표를 구성하는 표지가 소리 또는 냄새라는 이유만으로 상표의 등록을 거부할 수 없다."라고 규정하고 있다.

37) [시행 2012.3.15.] [법률 제11113호, 2011.12.2., 일부개정].

38) [시행 2012.3.15.] [법률 제11113호, 2011.12.2., 일부개정] .

39) [시행 2012.3.15.] [법률 제11113호, 2011.12.2., 일부개정].

40) [시행 2012.3.15.] [법률 제11113호, 2011.12.2., 일부개정].

41) [시행 2012.3.15.] [법률 제11113호, 2011.12.2., 일부개정].

42) [시행 2012.3.15.] [법률 제11113호, 2011.12.2., 일부개정].

43) [시행 2012.3.15.] [법률 제11113호, 2011.12.2., 일부개정].

44) [시행 2016.9.1.] [법률 제14033호, 2016.2.29., 전부개정].

품분류 : 32, 출원인 : 주식회사 엘지, 출원(국제등록)번호 : 4020120017891, 출원(국제등록)일자 : 2012.03.19)의 효과음,[46] 인텔 코오퍼레이션(상품분류 : 09, 출원인 : 인텔 코오퍼레이션, 출원(국제등록)번호 : 4020120033936, 출원(국제등록)일자 : 2012.05.25)의 효과음[47]을 들 수 있다.

냄새상표의 예로는 히사마쓰 세이야꾸 가부시키가이샤(상품분류 : 05, 출원인 : 히사미쓰 세이야꾸 가부시키가이샤, 출원(국제등록)번호 : 4020120059192, 출원(국제등록)일자 : 2012.09.19, 거절결정(일반)일자 : 2014.06.30)의 냄새상표를 들 수 있다. 이 냄새상표견본에 따르면, "이 냄새상표는 첨부된 냄새견본과 같이, 고농축 살리실산메틸(methyl salicylate 10wt%)과 멘톨(menthol 3wt%)의 혼합물에 의한 민트향으로 구성된다."라고 적고 있다.

차. 위치상표

위치상표란 개념은 독일에서 생겨났다. 독일 변호사들은 위치상표의 객체가 상품의 표지를 배열하거나 배치하는 특수한 유형이라고 인정한다. 표지만으로는 상표로서 등록될 수 없는 경우에 위치상표가 요구된다. 이러한 유형의 표지를 표장으로서 보호하기 위하여 이러한 개념이 생겨났다. 따라서 표지만으로 상표법상 보호받을 수 있다면 위치상표는 불필요하다.[48] 예컨대 "Coca Cola"란 표지는 상표법상 보호받기 위해서 특별한 배치를 필요로 하지 아니한다. 그리고 위치상표로서의 출원이 표지를 보호하는 유일한 방안인

45) 이 소리상표견본에 따르면, "이 소리상표는 첨부된 파일과 같이, 물결 소리를 채집하여 가공한 형태의 소리 조합으로, 3가지 동작으로 구성이 되어 있습니다. 즉, 1)물에 닿을 때 2)물을 휘저을 때 3) 물에서 뗄 때의 소리를 연속하여 조합한 것으로 구성되어 있습니다. 1) 물에 닿을 때의 소리는 명료한 느낌을 강화하기 위해 액체에 기포를 발생시키어 채집한 소리로 길이는 약 300ms이고, 2) 물을 휘저을 때 소리는 실제 물을 휘저을 때 나는 소리를 채집한 소리로 길이는 약 1000ms이며, 3) 물에서 뗄 때의 소리는 물을 수면 위에 떨어뜨릴 때 튀어 오르는 물방울 소리를 채집한 소리로 약 500ms의 길이로 구성되었으며, 이 소리상표는 전체적으로 '물결의 상호작용'의 특성을 반영하여 가공 제작된 것입니다."라고 설명하고 있다.

46) 이 소리상표견본에 따르면, "이 소리상표는 첨부된 파일 및 악보와 같이, A, A, G#, A, E, F#, D로 이루어지는 선율로 Bm7과 D의 코드톤을 사용하여, 기준음으로부터 8도 상행한 이후, 단2도 하행 및 단2도 상행을 하고, 4도 하행, 2도 상행 이후 3도 하행으로 이루어지는 선율이 약 4초간 연주되는 형태로 구성된다. 첫 마디는 반박을 쉬고, 이후 두 개의 A 음은 8분 음표로 연주되며, G#음은 16분 음표, 그 다음 A음은 16분음표와 4분 음표가 붙임줄로 연결되어 한 음으로 길게 연주하며, E 와 F#음은 8분 음표로 마지막 D음은 2 분음표로 연주된 후 2박자 쉬는 것으로 구성된다."라고 설명하고 있다.

47) 인텔 코오페레이션의 소리상표견본은 "이 소리상표는 첨부된 파일 및 악보에서와 같이 내림라 장조(D♭ major)의 4/4박자를 기본으로 하여, D♭, D♭, G♭, D♭, A♭으로 이루어진 음의 배열로 구성되어 있습니다. 첫번째 마디에서는 D♭이 4분음표의 길이로 연주된 후 각각 1박(4분쉼표) 및 1/2박(8분쉼표)의 길이로 쉬고, 다시 D♭이 8분음표의 길이로 연주되고, 이어 G♭과 D♭이 각각의 8분음표 길이로 연주되며, 두번째 마디는 A♭이 온음표의 길이로 연주되는 것을 그 구성으로 합니다."라고 한다.

48) http://oami.europa.eu/ows/rw/resource/documents/QPLUS/network/universities/memoire_version_oami.pdf(최종방문일 : 2017년 2월 1일).

경우에 납득이 된다. 독일법상 위치상표란 상품의 특정부분에 일정한 크기로 또는 상품의 일정비율로 배치된 표지 또는 상품을 배경으로 윤곽만을 드러낸 표지(예 특별한 대비)다.[49]

위치상표는 (i) 표지 (도형상표, 입체상표 등), (ii) 위치상표의 매개체(carrier), (iii) 매개체에서 상표의 위치로 구성된다.[50] 출원시 상표설명서에 구체적인 위치(또는 일정비율)를 기재하여야 한다.

곰인형의 오른쪽 귀의 버튼(그림 1)이 문제된 사안인데, 이 사안에서 독일특허청은 이 상표(상품류구분 제28류)를 등록하여 주었다.[51]

[그림 1]

그리고 미국 연방특허상표청은 아래의 [그림 2]를 등록해 주었다.

[그림 2] 미국 등록상표 제3236505호[52]

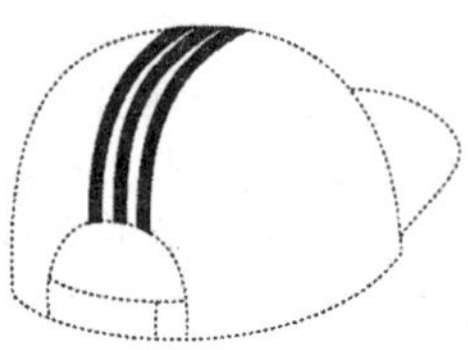

우리나라 대법원도 판례를 통하여 위치상표를 인정하였다.

아디다스악티엔게젤샤프트 사가 출원상표 ""를 출원하자 특허청 심사관이 출원상표가 2016년 개정 이전의 상표법 제6조 제1항 제3호, 제7호(현행 상표법 제33조 제1항

49) Id.

50) Sabine Link, Position Marks, 7th Liason Meeting on Trade Marks, http://www.google.co.kr/url?sa=t&rct=j&q=position%20mark&source=web&cd=2&ved=0CDYQFjAB&url=http%3A%2F%2Foami.europa.eu%2Fows%2Frw%2Fresource%2Fdocuments%2FOHIM%2Finstitutional%2FliaisonMeetings%2FTM_7%2F7LMtm-DE_item%252010%2520PositonsmarkeEN.ppt&ei=Vwu4Uc2MO8iViAf5iIGoAw&usg=AFQjCNH49IDccEvF91jpHEeV31bXzB8_IQ&bvm=bv.47810305,d.aGc&cad=rjt(최종방문일: 2017년 2월 1일).

51) Id.

52) 이덕재, 위치상표, 우리나라상표학회 조찬세미나(2013.1.29.) 발표자료, 13면.

제3호, 제7호)에 해당한다는 이유로 거절결정을 한 경우에 이 거절결정불복심판청구에 대한 특허심판원의 기각심결의 취소소송에서 우리나라 대법원 2012. 12. 20. 선고 2010후2339 전원합의체 판결은 상표법상 '기호·문자·도형 각각 또는 그 결합이 일정한 형상이나 모양을 이루고, 이러한 일정한 형상이나 모양이 지정상품의 특정 위치에 부착되는 것에 의하여 자타상품을 식별하게 되는 표장'라고 하여 위치상표의 개념을 정의하고 있다. 이에 따르면, 위치상표의 구성요건으로서 (i) 기호·문자·도형 각각 또는 그 결합이 일정한 형상이나 모양을 이루고, (ii) 이러한 일정한 형상이나 모양이 지정상품의 특정 위치에 부착되어야 하며, (iii) 지정상품에 일정한 형상이나 모양 등이 부착되는 특정 위치를 설명하기 위하여 지정상품의 형상을 표시하는 부분(매개체)을 필요로 하게 된다.[53]

우리나라 대법원은 매개체와 위치상표를 구별하는 기준을 제시하고 있다. 그 기준으로서 "표장의 전체적인 구성, 표장의 각 부분에 사용된 선의 종류, 지정상품의 종류 및 그 특성 등"을 고려하고 있다. 특히 "출원인이 심사과정 중에 특허청 심사관에게 위와 같은 의사를 의견제출통지에 대한 의견서 제출 등의 방법으로 밝힌 바가 있는지 등의 사정"도 고려요소로 판단하고 있다.

이는 위치상표가 자타상품식별력을 가지는지 여부를 판단하는 기준은 아니다. 이 판결은 상품에 관한 위치상표에 적용된 사례인데, 서비스에 관한 위치상표에도 적용될 것이다. 왜냐 하면, 2016년 개정된 상표법(2016. 2. 29. 개정, 2016. 9. 1. 시행, 법률 제14033호) 제2조 제1항 제2호 및 제1호에 따르면, '표장'이란 "기호, 문자, 도형, 소리, 냄새, 입체적 형상, 홀로그램, 동작 또는 색채 등으로서 그 구성이나 표현방식에 상관없이 상품의 출처를 나타내기 위하여 사용하는 모든 표시"라고 정의하고 여기에서 상품은 지리적 표시가 사용되는 상품의 경우를 제외하고는 서비스 또는 서비스의 제공에 관련된 물건을 포함하기 때문이다. 다만, 이 경우에는 (ii)의 요건에서 "지정서비스의 특정 위치"를 요구하기 어려우므로, 특정 매개체의 특정 위치로 보는 것이 타당하다.[54]

그리고 특정위치에 부착된 표장은 수요자의 입장에선 상표가 아니라 디자인적 요소로 보는 것이 통례이므로 위치상표로 등록받기 위해서는 상표법 제33조 제2항에서 정하는 사용에 의한 식별력을 취득하여야 한다.[55]

위치상표로 출원하는 경우 출원인은 출원서의 '상표 유형'란에 그 밖에 시각적으로

53) 김지현, "위치상표의 개념과 판단 기준: 대법원 2012. 12.20. 선고 2010후2339 전원합의체 판결", 「정보법 판례백선(II.」, 한국정보법학회, 박영사, 2016년, 119-125면.

54) 졸고, "위치상표에 관한 비교법적 연구", 「한중지식재산권제도의 입법동향」이란 대주제하에 차세대콘텐츠재산학회, 중국북경대학 법학원, 중국경한법률사무소, 중국 홍권지식재산권대리사무소 공동주최 국제학술대회(2013년 7월 5일, 장소: 중국 북경 북경대학 법학원), 77면.

55) 2016년 상표심사기준 제8부 제5장 § 3.1.

인식할 수 있는 상표로 표시하도록 되어 있다.[56)]

위치상표와 관련하여 「상표법에 관한 싱가포르 조약(Singapore Treaty on the Law of Trademarks; 이하 '싱가포르 조약'으로 표시)」[57)]을 언급할 필요가 있다. 2016년 9월 1일 시행된 개정 상표법 제2조 제1항 제1호 내지 제2호는 위치상표와 관련하여 싱가포르 조약을 충분히 수용하고 있다.

1994년 상표법조약을 마련한 이후, WIPO 회원국은 1998년 3월 특정 주제의 개별적 논의를 위하여 「상표, 산업디자인 및 지리적 표시 관련 법에 관한 세계지적재산권기구 상설위원회(WIPO Standing Committee on the Law of Trademarks, Industrial Designs and Geographical Indications; 이하 'SCT'로 표시)」를 설치하여 표장 등에 관하여 지속적으로 논의하기로 합의하였다. 제2차-제3차 SCT(1999년)에서 "주지상표 보호에 관한 공동권고안"을 마련하여 채택하였고, 제4차-제5차 SCT(2000년)에서 "상표 라이선스(license)에 관한 공동권고안"을 채택하였으며, 제6차-제7차(2001년)에서는 "인터넷에 의한 상표 및 표지에 관련된 산업재산권 보호에 관한 공동권고안"을 채택하였다.

이러한 논의를 진행하면서 회원국은 계속적으로 상표법조약에 빠져 있는 실체요건에 관한 규정 신설의 논의를 제기하면서, 인터넷 등의 정보통신매체의 등장에 따른 상표법조약의 개정을 서둘러야 한다는 점에 의견을 모았다.[58)] 이에 제8차 SCT(2002년 5월)를 계기로 하여 상표법조약의 개정논의를 시작하면서 제11차 SCT(2003년 11월)를 통하여 조약개정(안)의 대강을 확정하였다. 2004년 4월 제12차 SCT에서 조약(안) 마무리를 위한 논의 후 2004년-2005년 SCT회의에서 조약(안)의 최종적인 조율을 거쳐 2006년 3월 27일 싱가포르에서 개최된 외교회의를 통하여 조약으로 채택되었다. 싱가포르 조약[59)] 제3조 제5항에서는 "홀로그램 상표, 동작상표, 색채상표, 위치상표"란 표제하에 "표장을 홀로그램상표, 동작상표, 색채상표 또는 위치상표로 하는 취지의 기술(記述)을 출원서에 포함하는 경우에, 체약국은 그 국가의 법에서 정한 바대로 하나 이상의 표장견본과 표장에 관한 상세한 내용을 요구할 수 있다."라고 규정하고 있다.[60)] 싱가포르조약은 상표출원 및 상표등록에

56) 2016년 상표심사기준 제8부 제5장 § 2.1.

57) 체약국 정보는 http://www.wipo.int/treaties/en/ShowResults.jsp?lang=en&treaty_id=30(최종방문일 : 2017년 11월 5일).

58) 인터넷 등 정보통신매체의 이용은 명실상부하게 세계를 지구촌(global village)으로 바꾸어 놓았으며, 인간을 시간·공간의 제약에서 해방시켜 놓았다. 이러한 점은 상표법조약에 관한 국제적 논의를 위한 중요한 동기로 작용하게 되었다. 2000년에 채택된 특허법조약(Patent Law Treaty : PLT)은 상표법조약의 개정에 많은 영향을 끼쳤다. 특허법조약은 이러한 정보통신매체의 이용에 관한 내용을 적극적으로 수용하였다.

59) 체약국 정보는 http://www.wipo.int/treaties/en/ShowResults.jsp?lang=en&treaty_id=30(최종방문일 : 2017년 11월 5일).

60) http://www.wipo.int/edocs/mdocs/mdocs/en/tlt_r_dc/tlt_r_dc_30.pdf(최종방문일 : 2017년 11월 5일).

홀로그램 상표, 동작상표, 색채상표 및 위치상표, 그리고 비시각적인 표지(non-visible signs)로 이루어진 표장의 견본(reproduction)에 관한 기준 확정을 위하여 다자간 체계를 구축하였다. 이렇듯, 싱가포르 조약은 체약국이 새로운 유형의 상표를 채택할 의무는 없다고 언급하고 있지만, 위치상표를 비롯한 비전통적인 상표를 명시적으로 인정한 최초의 조약이다.[61)]

싱가포르 조약은 2006년 3월에 세계지식재산권기구의 후원으로 1994년 상표법 조약(Trademark Law Treaty : TLT)을 현 상표 실체법에 맞추어 개정한 것이다. 2017년 11월 5일 현재, 전세계적으로 46개국이 가입되어 있다. 호주의 경우, 2007년 3월 26일에 서명하였고 2008년 12월 16일 비준하였으며 2009년 3월 16일부터 시행하게 되었다. 중국의 경우, 2007년 1월 29일 서명하였다. 프랑스의 경우, 2006년 3월 28일에 서명, 2009년 8월 28일에 비준, 2009년 11월 28일 이래 시행하였다. 이태리의 경우, 2006년 3월 28일에 서명, 2010년 6월 21일에 비준, 2010년 9월 21일부터 시행하였다. 영국의 경우, 2006년 3월 28일에 서명, 2012년 3월 21일에 비준, 2012년 6월 21일부터 시행하였다. 미국의 경우, 2006년 3월 28일에 서명, 2008년 10월 1일에 비준, 2009년 3월 16일부터 시행하였다. 우리나라는 2016년 4월 1일 이 조약에 가입하였고, 우리나라에서 2016년 7월 1일 발효되었다.

대법원 2012. 12. 20. 선고 2010후2339 전원합의체 판결

【판시사항】

[1] 상표법상 '기호·문자·도형 각각 또는 그 결합이 일정한 형상이나 모양을 이루고, 이러한 일정한 형상이나 모양이 지정상품의 특정 위치에 부착되는 것에 의하여 자타상품을 식별하게 되는 표장'이 상표의 한 가지로서 인정될 수 있는지 여부(적극) 및 출원된 표장을 위치상표로 파악하는 판단 기준

[2] 갑 외국회사가 출원상표 ""를 출원하자 특허청 심사관이 출원상표가 상표법 제6조 제1항 제3호, 제7호에 해당한다는 이유로 거절결정을 한 사안에서, 위 출원상표는 세 개의 굵은 선이 지정상품의 특정 위치에 부착되는 것에 의하여 자타상품을 식별하게 되는 위치상표로서, 일점쇄선 부분은 출원상표의 표장 자체의 외형을 이루는 도형이 아니라고 보아야 하는데도 이와 달리 본 원심판결에 법리오해의 위법이 있다고 한 사례

【판결요지】

[1] 상표법상 상표의 정의 규정은 1949. 11. 28. 법률 제71호로 제정된 상표법 제1조

61) Kenneth L. Port, On Nontraditional Trademarks, 38 N. Ky. L. Rev. 1, 4(2011).

제1항에서부터 이 사건 출원상표에 대하여 적용되는 구 상표법(2011. 12. 2. 법률 제11113호로 개정되기 전의 것) 제2조 제1항 제1호에 이르기까지 여러 차례 개정되어 왔으나, '자기의 상품을 타인의 상품과 식별되도록 하기 위하여 사용하는 기호·문자·도형 또는 그 결합'을 상표로 보는 취지는 공통적으로 포함되어 있다. 이러한 상표의 정의 규정은 기호·문자·도형 또는 그 결합을 사용하여 시각적으로 인식할 수 있도록 구성하는 모든 형태의 표장을 상표의 범위로 포섭하고 있다고 할 것이다. 따라서 이러한 규정에 따르면, '기호·문자·도형 각각 또는 그 결합이 일정한 형상이나 모양을 이루고, 이러한 일정한 형상이나 모양이 지정상품의 특정 위치에 부착되는 것에 의하여 자타상품을 식별하게 되는 표장'도 상표의 한 가지로서 인정될 수 있다(이러한 표장을 이하 '위치상표'라고 한다). 위치상표에서는 지정상품에 일정한 형상이나 모양 등이 부착되는 특정 위치를 설명하기 위하여 지정상품의 형상을 표시하는 부분을 필요로 하게 된다. 이때 표장의 전체적인 구성, 표장의 각 부분에 사용된 선의 종류, 지정상품의 종류 및 그 특성 등에 비추어 출원인의 의사가 지정상품의 형상을 표시하는 부분에 대하여는 위와 같은 설명의 의미를 부여한 것뿐임을 쉽사리 알 수 있는 한 이 부분은 위치상표의 표장 자체의 외형을 이루는 도형이 아니라고 파악하여야 한다. 그에 있어서는 출원인이 심사과정 중에 특허청 심사관에게 위와 같은 의사를 의견제출통지에 대한 의견서 제출 등의 방법으로 밝힌 바가 있는지 등의 사정도 고려되어야 할 것이다. 한편 현재 우리나라에서 상표의 출원 및 그 심사의 과정에서 출원인이 위치상표라는 취지를 별도로 밝히는 상표설명서를 제출하는 절차 또는 위 지정상품의 형상 표시는 상표권이 행사되지 아니하는 부분임을 미리 밝히는 권리불요구절차 등에 관한 규정이 마련되어 있지 아니하다는 사유는 위와 같은 위치상표의 인정에 방해가 되지 아니한다고 할 것이다. 또한 위치상표는 비록 일정한 형상이나 모양 등이 그 자체로는 식별력을 가지지 아니하더라도 지정상품의 특정 위치에 부착되어 사용됨으로써 당해 상품에 대한 거래자 및 수요자 대다수에게 특정인의 상품을 표시하는 것으로 인식되기에 이르렀다면, 사용에 의한 식별력을 취득한 것으로 인정받아 상표로서 등록될 수 있다.

[2] 갑 외국회사가 출원상표 "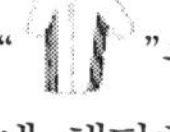"를 출원하자 특허청 심사관이 출원상표가 상표법 제6조 제1항 제3호, 제7호에 해당한다는 이유로 거절결정을 한 사안에서, 위 표장의 전체적인 구성 및 표장의 각 부분에 사용된 선의 종류, 지정상품의 종류 및 특성 등에 비추어 보면, 위 출원상표를 출원한 갑 회사의 의사는 지정상품의 형상을 표시하는 부분에 대하여는 세 개의 굵은 선이 부착되는 위치를 나타내기 위한 설명의 의미를 부여한 것뿐임을 쉽사리 알 수 있으므로, 위 출원상표는 세 개의 굵은 선이 지정상품의 옆구리에서 허리까지의 위치에 부착되는 것에 의하여 자타상품을 식별하게 되는 위치상표이고, 위 일점쇄선 부분은 출원상표의 표장 자체의 외형을 이루는 도형이 아니라고 봄이 상당한데도, 이와 달리 본 원심판결에 법리오해의 위법이 있다고 한 사례.

3. 기능에 의한 분류

가. 상품상표

(1) 의 의

[1] **상품상표**: 상품의 출처를 식별하는 것을 목적으로 하는 상표다.

예 나이키, 자동차의 소나타

[2] 우리 상표법은 상품상표 중에서 단일상표와 결합상표, 그리고 단체표장, 증명표장을 보호하고 있다.

예 단일표장-나이키, 결합상표-오뚜기의

(2) 단체표장

[1] **단체표장**: 상품을 생산·제조·가공·판매하거나 서비스를 제공하는 자가 공동으로 설립한 법인이 직접 사용하거나 그 소속 단체원에게 사용하게 하기 위한 표장이다(상 제2조 제1항 제3호).

[2] 단체표장은 영리성 여부에 따라 단체표장과 비영리 업무를 나타내는 업무표장으로 분류된다.

(3) 증명표장

[1] **증명표장**: 상품의 품질, 원산지, 생산방법 또는 그 밖의 특성을 증명하고 관리하는 것을 업(業)으로 하는 자가 타인의 상품에 대하여 그 상품이 품질, 원산지, 생산방법 또는 그 밖의 특성을 충족한다는 것을 증명하는 데 사용하는 표장을 말한다(상 제2조 제1항 제7호). "지리적 표시 증명표장"이란 지리적 표시를 증명하는 것을 업으로 하는 자가 타인의 상품에 대하여 그 상품이 정해진 지리적 특성을 충족한다는 것을 증명하는 데 사용하는 표장을 말한다(상 제2조 제1항 제8호). 이 증명표장제도는 한미 FTA 제18.2조 제2항 전문의 "각 당사국은 상표가 증명표장을 포함하도록 규정한다."라고 규정한 조문을 반영한 것이다. 이러한 증명표장에는 증명표장은 크게 원산지 증명표장, 규격(품질) 증명표장, 노동수행기구 증명표장으로 구분될 수 있다. 원산지 증명표장은 특정의 지리적 출처에서 기원하였음을 증명하는 표장으로서 그 예로는 미국 아이다호 주에서 생산되는 감자에 사용되는 증명표장 이 있다. 그리고 규격(품질) 증명표장은 품질·원재료·제조방법 등에 관한 소정의 기준을 충족하고 있음을 증명하는 표장으로서, 그 예로는 등이 있다. 노동수행기구 증명표장은 생산품 또는 서비스의

작업 또는 노동이 어떤 노동조합이나 기구의 소속원에 의하여 수행되었음을 표시하고 증명하는 표장으로서, 그 예로는 FARMWORKERS AFL-CIO UNION이 있다.

[2] 증명표장의 기능 : (i) 상표사용에서의 일반상표의 사용자는 상표등록주체이지만 증명상표의 사용자는 등록주체로부터 인증·증명 등을 받은 자라는 것을 밝히고, (ii) 일반상표와 달리 등록주체가 개인이나 생산·서비스 기업이 아니라 검사 측정 및 감독능력을 가진 조직체라는 것을 표시하며, (iii) 일정 수준이나 서비스 내용 등을 나타내는 것으로서 수요자에 대한 신뢰확보를 위한 기능을 수행한다.

[3] 증명표장의 유형으로는 (i) 상품 또는 서비스가 특정의 지리적 출처에서 기원하였음을 증명하는 것, (ii) 상품 또는 서비스가 품질, 원재료, 제조방법 등에 관한 소정기준을 충족하고 있음을 증명하는 것, (iii) 서비스제공자 또는 상품 제조업자가 특정기준을 충족하거나 특정협회 또는 동맹 회원임을 증명하는 것이 있다. 2016년 2월 29일 개정 이전의 상표법(법률 제13848호, 2016. 1. 27. 일부개정, 2016. 4. 28. 시행)에 따르면, "증명표장"이란 상품이나 서비스업의 품질, 원산지, 생산방법이나 그 밖의 특성의 증명을 업으로 하는 자가 상품의 생산·제조·가공 또는 판매를 업으로 하는 자의 상품이나 서비스업을 영위하는 자의 서비스업이 정하여진 품질, 원산지, 생산방법이나 그 밖의 특성을 충족하는 것을 증명하는 데 사용하게 하기 위한 표장이라고 정의하였다는 점(구 상표법 제2조 제1항 제4호)과 2016년 2월 29일 개정 상표법(법률 제14033호, 2016. 2. 29. 전부개정, 시행 2016. 9. 1. 시행) 제2조 제1항 제1호에서 상품의 개념에 서비스 또는 서비스의 제공에 관련된 물건도 포함한 점에서 비추어 볼 때, 증명표장은 서비스도 그 대상으로 하는 것이다. 다만, 지리적 표시 증명표장은 상품의 특정 품질·명성 또는 그 밖의 특성이 본질적으로 특정지역에서 비롯된 경우에 그 지역에서 '생산·제조 또는 가공'된 상품임을 나타내는 표시인 '지리적 표시'에만 적용된다는 점에서 서비스에는 적용되지 아니한다. 참고로 미국법상 증명표장 제도를 살펴보면 다음과 같다.

[4] 미국 연방상표법(Lanham Act) 제45조에서는 증명표장을 "증명표장권자 이외의 자에 의하여 사용되는 것으로 증명표장권자가 성실한 의도를 가지고 타인에게 사용하도록 하고 상품의 지역, 산지, 품질 기타 특성을 증명하거나 작업이나 노동의 특정의 단체에 의하여 수행되었음을 증명하기 위하여 사용되는 표장"이라고 정의하고 있다.[62] 증명표장의 목적은 허락 받은 이용자의 상품 또는 서비스가 일정한 특성을 가지고 있거나 일정한 자격 또는 기준을 충족한다는 사실을 구매자에게 알려주는 것이다. 증명표장은 단일의 상업적 출처나 이익의 출처를 나타내는 것이 아니다. 증명표장이 상품에 적용되거나 서비

62) 15 U.S.C. § 1127.

스와 관련된 사용되는 경우에 증명표장에 의해 전달되는 메시지는 그 상품이나 서비스가 인증자 또는 증명표장권자에 의하여 정해진 방식으로 상품제조자 내지 서비스제공자가 아닌 인증자 또는 증명표장권자에 의하여 조사, 검사 , 검증 또는 어떠한 방식으로 검토되었다는 사실이다. 증명표장으로서 분류되는 표장은 상품의 특징을 가지고 있다는 사실을 증명하고 증명표장권자는 스스로 사용할 수 없다는 두 가지 요건을 구비하여야 한다. 미국 연방상표법에 의해 미등록인 상태이더라도 판례법에 의해 보호되는 경우가 존재한다. 예컨대 Institute National Appellations v. Brown-Forman Corp. 사건[63]에서 상표심판원(Trademark Trial and Appeal Board)은 지리적 표시에 해당하는 'COGNAC'은 판례법에 의하여 보호되는 증명표장이라고 판단하였다. 'COGNAC'은 미국 소비자들에게 프랑스의 코냑 지방에서 기원한 브랜디의 명칭이고 다른 곳에서 생산된 브랜디와 관련된 명칭이 아니기에 보통명칭이 아니라고 보았고, 아울러 그 지방의 브랜디 생산업자들에 의해 장기간 사용되고 관리되어 왔기 때문에 증명표장에 해당하는 기준에도 부합한다고 판단하였다.

증명표장은 두 가지 점에서 상표와 구별된다. 첫째, 증명표장의 가장 중요한 특징은 그 권리자가 그것을 사용하지 아니한다는 점이다. 둘째, 증명표장은 상업적 출처를 표시하는 것이 아니고 특정인의 상품이나 서비스를 다른 사람의 그것과 구별하는 것이 아니라는 점이다.

증명표장은 증명표장권자에 의해 사용될 수 없다. 왜냐 하면 증명표장권자는 그 표장의 사용과 관련된 상품을 제조하거나 서비스를 이행하지 아니하기 때문이다. 증명표장은 그 표장권자의 허락을 얻어 그 표장권자 이외의 단체에 의해서만 사용될 수 있다. 증명표장권자는 인증된 상품 또는 서비스에 대한 타인의 증명표장 사용을 통제한다. 그러한 통제는 그 표장이 등록요건인 특징을 포함하거나 나타내는 상품 또는 서비스에만 적용된다는 사실 또는 인증자 또는 증명표장권자가 그 인증을 위하여 증명하거나 채택한 구체적인 등록요건을 충족하는 것을 보장하기 위한 조치를 취하는 것에 의해 이루어진다. 증명표장은 상품의 특성과 품질을 나타내고 그러한 상품이 특정한 기준을 충족하는 것을 확인한다는 측면에서 출처표시기능을 한다.[64] 다시 말하면, 증명표장은 상품의 질 뿐만 아니라 지리적 출처를 증명하기 위하여 사용된다. 그것은 증명표장이 상품이나 서비스의 질, 지역적 또는 기타 특징을 증명하기 위하여 사용되고[65] 상업적 출처를 가리키기 위한 것이 아니다.[66] 증명표장권자는 그 표장의 사용을 통제하여야 하고 등록요건인 기준을

63) 47 U.S.P.Q.2d 1875, 1884 (T.T.A.B. 1998).

64) Alexander Lindey and Michael Landau, 1A Lindey on Entertainment, Publ. & the Arts § 2:11.50 (3d ed. 2009).

65) Lanham Act § 45, 15 U.S.C. § 1127 (2000).

충족하는 자의 상품을 증명하는 것을 차별적으로 거절해서는 아니 된다.[67] 이것이 의미하는 바는 증명표장의 기준을 충족하는 단체는 증명표장을 사용할 수 있다는 것이다.

미국의 경험상 대부분의 경우에 증명표장으로서 지리적 명칭의 사용에 대한 통제를 행사하는 단체는 정부기관이거나 정부의 권한으로 운용되는 기구다. 예컨대 주정부기관인 아이다호 주 감자위원회(State of Idaho Potato Commission)은 아이다호 주에서 자란 감자에 대해 "IDAHO"란 증명표장을 가지고 있다.[68]

지리적 명칭이 증명표장으로 사용된 경우 두 가지 요소가 기본적인 관심사다. 첫째 그 명칭을 사용할 그 지역의 모든 사람의 자유를 유지하는 것이다. 둘째, 그 표장을 사용할 자격을 갖춘 모든 이들에게 해로운 표장을 남용하거나 불법적으로 사용하는 것이다. 일반적으로 말하자면, 사인은 이러한 목적을 만족스럽게 달성하기 위한 최선의 입장에 있지 않다. 특정 지역의 정부는 종종 그 지역의 명칭 사용을 통제할 당국이다. 정부는 직접적으로 또는 그 정부가 권한을 부여한 기구를 통하여 모든 사람의 권리를 보존하고 그 표장의 남용 또는 불법적인 사용을 막을 권한을 가진다.

증명표장으로서 지리적으로 기술적인(descriptive) 단어를 등록하기 위해서는 그 표장의 등록은 상표의 요건을 충족하여야 하나,[69] 그 표장이 상거래에 있어 식별력을 획득하였다는 사실을 증명할 필요는 없다.[70] 일반적으로 "1차적으로 지리적인 기술적 표장(primary geographically descriptive mark)"은 연방상표법 제2조(e)(2)에 따르면 등록이 불가능하다. 하지만 같은 법 제2조(f)에 따라 2차적 의미를 증명함으로써 등록할 수 있다. 하지만 같은 법 제2조(e)(2)에 따르면, "원산지 표시는 제4조에 따라 등록할 수 있다."[71] "원산지 표시(indications of regional origin)"란 단어는 그 지역 자체의 명칭에 제한되지 아니하고 그 표장이 원산지를 증명하기 위한 것인 한 그 지역의 명칭 및 기타 단어로 구성된 용어도 포함한다.[72] 그러한 의미에서 증명표장에 적용될 수 없는 등록거절이유 중 하나는 연방상표법 제2조(e)(2)의 기술적인 지리적 표시의 사유다.[73] 따라서 동일한 지역의 농민이 지역적 브랜드를 확립하고자 한다면 증명표장은 지역적 브랜드를 확립하는 유용한 법적 도구가

66) U.S. Patent & Trademark Office, Trademark Manual of Examining Procedure (4thed.2005)(이하 'TMEP'로 표시).

67) Lanham Act § 14(5), 15 U.S.C. § 1064(5).

68) U.S. Trademark No. 76,542,379 (filed Sept. 3, 2003).

69) J. Thomas McCarthy, 2 McCarthy on Trademarks and Unfair Competition §19.95 (4th ed. 2007).

70) U.S. Patent & Trademark Office, Trademark Manual of Examining Procedure § 1306.02 (4th ed. 2005).

71) Id.

72) Id.

73) Roquefort v. William Faehndrich, Inc., 303 F.2d 494 (2d Cir. 1962).

될 수 있다. 영농조합은 구체적인 지리적 영역 내의 농산물을 증명하기 위하여 증명표장을 사용할 수 있다.[74] 영농조합이 증명표장권자가 되어 그 표장을 사용함으로써 그 조합원의 제품을 광고하거나 홍보할 수 있지만,[75] 그 조합(cooperative)은 조합 자체의 상품이나 서비스를 구별하기 위하여 증명표장을 사용할 수 없다.[76] 더욱이, 영농조합에 속하는 농민이 자신의 식별력 있는 상품을 홍보하고 신용을 보호하기 위하여 그들의 상표로서 지리적 표시를 사용하고자 한다면 증명표장은 적합하지 아니한다.[77] 증명표장이 제품의 질 또는 지역적 산지를 증명하더라도 특정 제조업자와 같이 그 제품의 단일 상업적 출처로서 그 산지를 가리키는 것은 아니다.[78] 따라서 증명표장은 농민이 지역적 브랜드를 상표로서 사용하고자 한다면 그 지역적 브랜드를 확립하기에는 적절한 도구가 아니다.

증명표장에 대한 연방 등록출원은 미국연방특허상표청에 의해 심사된다. 첨부된 사용견본과 기록상 증거는 지리적 표시가 그것이 사용된 상품 또는 서비스의 지리적 출처를 나타내기 위한 증명표장으로서 사용되고 있는지 여부를 판단하기 위하여 검토된다. 이용가능한 기록 또는 그 밖의 증거가 무제의 구체적인 지리적 표시가 상품 또는 서비스의 보통명칭으로서 주된 중요성을 가지고 있다는 사실을 가리킨다면 등록은 거절될 것이다.[79] FONTINA란 용어는 그 지역 이외의 비인증 상품이 비인증 치즈를 나타내기 위하여 그 용어를 사용한 사실에 비추어 보아 지리적 출처를 가리키는 증명표장이라기 보다는 치즈의 종류를 나타내는 보통명칭이라고 판시한 바 있다.

지리적 표시의 사용이 인증자에 의해 통제되고 지리적 출처에 대한 인증자의 기준을 충족하는 상품이나 서비스에 국한한 경우에 그리고 구매자가 그 지리적 표시가 특정 지역에서 생산된 상품이나 제공된 서비스만을 가리키는 것으로 이해하는 경우에 그 표시는 지역적 증명표장으로서 기능한다.[80] COGNAC은 프랑스산 브랜디를 가리키는 지리적 표시라고 판시한 바 있다. 등록 이전에 미국 연방특허상표청은 출원인 증명표장의 사용에 대한 통제를 행사할 권한을 가지고 있지 않다는 사실을 인식하게 된 경우에 등록은 직권

74) U.S. Patent & Trademark Office, Trademark Manual of Examining Procedure § 1306.01 (4th ed. 2005).
75) Lanham Act § 14, 15 U.S.C. § 1064.
76) Lanham Act § 14, 15 U.S.C. § 1064(5)(B).
77) Daisuke Kojo, Comment, The Importance of the Geographic Origin of Agricultural Products: a Comparison of Japanese and American Approaches, 14 Mo. Envtl. L. & Pol'y Rev. 275, 307 (2007).
78) Lanham Act § 45, 15 U.S.C. § 1127.
79) In re Cooperative Produttori Latte E Fontina Valle D'Acosta, 230 U.S.P.Q. 131, 1986 WL 83578 (T.T.A.B. 1986).
80) Institute National Des Appellations d'Origine v. Brown-Forman Corp., 47 U.S.P.Q.2d 1875, 1998 WL 650076 (T.T.A.B. 1998).

으로 거절될 것이다.

인증자의 기준의 집행에 관해서는 정확성과 높은 기준을 유지하는데 가장 이해관계가 큰 당사자인 경쟁업자 및 소비자는 인증자가 요구된 질을 유지하도록 보장한다. 물론 미국 연방정부는 다양한 종류의 식품과 음료수에 대한 농업검사관을 두고 있으나 그것은 전혀 다른 것이다. 지리적 표시 증명표장의 보호와 관련해서는 영향을 받는 자들이 등록에 반대할 수 있거나 등록의 취소를 구할 수 있다.[81]

(4) 우리 상표법상 보호되지 않는 상품상표

(가) 연합상표

[1] 연합상표: 자기의 등록상표권과 유사한 범위에 속하는 상표의 등록을 허용하는 제도. 즉 상표권자가 원등록상표나 그와 유사한 상표를 지정상품 및 그와 유사한 상품에 두루 사용하기로 상표권등록을 한 상표다.

[2] 이 제도는 1997년 개정시 삭제되어 현재에는 없는 제도다.

(나) 등급상표

[1] 등급상표: 품질별 자체 등급을 설정하여 등급별로 상표화를 실시하는 것이다.

예 와인등급을 매기기 위하여 수확시의 품질과 품종을 라벨 위에 표시하는 것

참조판례 : 대법원 2003. 6. 13. 선고 2001다79068 판결【손해배상(지)】

【판시사항】

[1] 타인의 등록상표와 유사한 표장의 이용이 출처 표시를 위한 것이 아닌 경우, 상표권 침해로 볼 수 있는지 여부(소극)

[2] 영문자와 숫자를 병기한 표장을 방독면 정화통의 농도별 규격 및 등급표시로 사용한 것이어서 자타 상품의 식별표지로서 기능하는 상표의 사용으로 볼 수 없다고 판단한 사례

[3] 잡지사에 경쟁 회사에 관하여 타인이 작성한 자료를 제공한 행위만으로는 잡지사 및 기자와 공동으로 기사 게재에 의한 불법행위를 하였다고 보기 어렵다고 판단한 사례

【판결요지】

[1] 타인의 등록상표와 유사한 표장을 이용한 경우라고 하더라도 그것이 상표의 본질적인

81) 이규호, "지리적표시 단체표장과 지리적표시 증명표장의 보호에 관한 연구", 「경원법학」, 제2권 제3호, 2009년, 119-148면 참조.

기능이라고 할 수 있는 출처 표시를 위한 것이 아니어서 상표의 사용으로 인식될 수 없는 경우에는 등록상표의 상표권을 침해한 것이라고 할 수 없다.

[2] 방독마스크 제조, 판매 회사가 그 상호의 영문명칭의 첫 알파벳인 'S'와 방독마스크의 부품인 정화통을 의미하는 'CANISTER'의 약어인 'CA'를 합한 'SCA'라는 표시 옆에 농도별 등급표시에 해당하는 숫자를 병기하는 형식의 표장을 이용한 것은 방독마스크 정화통의 종류나 규격 내지 등급표시의 사용일 뿐 자타 상품의 식별표지로서 기능하는 상표의 사용으로 볼 수 없다고 판단한 사례.

[3] 잡지사에 경쟁 회사에 관하여 타인이 작성한 자료를 제공한 행위만으로는 잡지사 및 기자와 공동으로 기사 게재에 의한 불법행위를 하였다고 보기 어렵다고 판단한 사례.

(다) 방호표장

[1] 일본에서는 방호표장제도라고 하는 독자적인 제도를 신설하여 상품의 출처 혼동을 일으키는 범위를 확정하는 것과 동시에 비유사 상품에 대한 금지적 효과를 명확히 하였나. 방호표장의 등록요건은 (i) 방호하고자 하는 등록상표가 존재할 것(미등록주지상표로는 인정되지 아니할 것), (ii) 등록상표가 수요자 사이에 널리 인식되어 있을 것, (iii) 타인이 등록상표와 비유사 범위의 상품 내지 서비스에 대하여 사용한 경우에 출처혼동을 발생한 우려가 있을 것, (iv) 등록상표와 방호표장이 동일할 것이다.[82] 주지성의 정도에 대해서는 등록상표의 지정상품의 수요자에 주지이면 요건을 충족한 것으로 생각한다. 실제의 방호표장 등록례를 보더라도 고도의 주지성은 요구되지 아니한다.[83]

[2] 일본 상표법 제64조 제1항 및 제2항은 다음과 같이 규정하고 있다.

"제64조 ① 상표권자는 상품에 관한 등록상표가 자기의 업무에 관한 지정상품을 표시하는 것으로서 수요자 사이에 널리 인식되어 있는 경우에는 그 등록상품에 관한 지정상품 및 그와 유사한 상품 이외의 상품 또는 지정상품에 유사한 서비스 이외의 서비스에 대하여 타인이 등록상표의 사용에 의하여 그 상품 또는 서비스와 자기의 업무에 관한 지정상품사이에 혼동이 발생할 우려가 있는 때에는 그 우려가 있는 상품 또는 서비스에 대하여 그 등록상표와 동일한 표장에 대하여 방호표장등록을 받을 수 있다.

② 상표권자는 서비스에 관한 등록상표가 자기의 업무에 관한 지정서비스를 표시하는 것으로서 수요자 사이에 널리 인식되어 있는 경우에 있어 그 등록상표에 관한 지정서비스 및 그와 유사한 서비스 이외의 서비스 또는 지정서비스와 유사한 상품 이외의 상품에

82) 西村雅子, 商標法講義, 發明協會, 2010年, 237頁.
83) 上揭書, 237頁.

대하여 타인이 등록상표의 사용에 의하여 그 서비스 또는 상품과 자기의 업무에 관한 지정서비스 사이에 혼동이 발생할 우려가 있는 때에는 그 우려가 있는 서비스 또는 상품에 대하여 그 등록상표와 동일한 표장에 대하여 방호표장등록을 받을 수 있다."

나. 영업상표

[1] 영업상표: 영업을 기초로 하는 유기적 재산의 전체 또는 영업활동을 식별하기 위한 표시다. 이는 상품을 표시하는 것도 아니고, 서비스를 표시하는 것도 아니다.

[2] 기 능: 상호 또는 상호의 약칭으로 호칭되거나 社標로 사용되고 있는 상표로서 영업자가 제조·판매하는 모든 상품에 사용되고 영업자의 출처 외에 신용도 함께 나타내는 기능을 수행한다.

예 신세계, IBM, SONY, 린나이, 테팔, SK, LG, 한화 등

[3] 영업상표는 서비스상표[상표법 제2조 제1항 제1호에 의해 상품상표와 구별할 필요가 없는 것이 아니라 서비스상표의 사용은 상품상표의 사용과는 여전히 차별화되므로 서비스 상표와 상품상표를 구별할 필요가 있음], 업무표장, 상호상표, 사표 등으로 나뉜다.

(i) 서비스상표: 서비스업을 영위하는 자가 자기의 서비스를 타인의 서비스와 식별되도록 하기 위하여 사용하는 표장이다.

(ii) 업무표장: 영리를 목적으로 하지 아니하는 업무를 영위하는 자가 그 업무에 표상하기 위하여 사용하는 표장이다. 등록시 경영사실을 입증하는 증명서를 제출하여야 한다. 업무표장으로 등록하기 위한 실체적 요건은 i) 타인의 업무와 식별력을 갖출 것, ii) 부등록 사유(상표등록의 소극적 요건)에 해당되지 않을 것, iii) 자기의 업무표장이어야 할 것, iv) 비영리를 목적으로 할 것이다.

(iii) 상호상표: 상호가 상품표지로 사용되고 상표로서 등록요건을 갖추어 등록된 경우에는 법률상 상표이다.

(iv) 사 표: 기업의 표지로서 일반적으로는 기업의 전체적인 이미지를 표현하는 심볼마크 또는 영업표지다. 현재에는 회사의 심볼마크 또는 CI라는 표현으로 대체되어 사용되고 있다.[84]

예 SAMSUNG

4. 등록여부에 의한 분류

[1] 등록상표: 등록된 상표를 의미한다. 상표법에 의하여 독점배타적인 권리가 부여된다.

---

84) 이규호, 「지식재산권법강의」, 진원사, 2013년, 656면.

[2] 미등록상표 : 상표법상 독점배타적인 권리가 없으나 주지 상표인 경우에는 부정경쟁방지 및 영업비밀보호에 관한 법률에 의하여 보호된다.

대법원 2012. 12. 13. 선고 2011도6797 【상표법위반 (카) 파기환송】

◇ 판매 후 혼동이 부정경쟁방지 및 영업비밀보호에 관한 법률(이하 '부정경쟁방지법'이라 한다) 제2조 제1호 (가)목 소정의 혼동에 포함되는 지 여부(적극) ◇

부정경쟁방지법 제2조 제1호 (가)목 소정의 '타인의 상품과 혼동하게 하는 행위'에는 현실적으로 상품의 출처에 관한 혼동을 초래하는 행위뿐만 아니라 혼동을 초래할 우려가 있는 행위도 포함되며, 그에 해당하는지 여부는 상품표지의 주지성과 식별력의 정도, 표지의 유사 정도, 사용 태양, 상품의 유사 및 고객층의 중복 등으로 인한 경업・경합관계의 존부, 그리고 모방자의 악의(사용의도) 유무 등을 종합하여 판단하여야 한다. 따라서 비록 상품의 품질과 가격, 판매장소, 판매방법이나 광고 등 판매 당시의 구체적 사정 때문에 그 당시 구매자는 상품의 출처를 혼동하지 아니하였다고 하더라도, 구매자로부터 상품을 양수하거나 구매자가 지니고 있는 상품을 본 제3자가 그 상품에 부착된 상품표지 때문에 상품의 출처를 혼동할 우려가 있는 등 일반 수요자의 관점에서 상품의 출처에 관한 혼동의 우려가 있다면 그러한 상품표지를 사용하거나 그 상품표지를 사용한 상품을 판매하는 등의 행위는 부정경쟁방지법 제2조 제1호 (가)목 소정의 '타인의 상품과 혼동하게 하는 행위'에 해당한다.

대법원 2012. 5. 29. 선고 2010도6187 판결

【판시사항】

[1] '상품의 용기나 포장' 또는 '식별력이 없는 표지'가 부정경쟁방지 및 영업비밀보호에 관한 법률 제2조 제1호 (가)목에서 정한 '타인의 상품임을 표시한 표지(標識)'에 해당하기 위한 요건

[2] 부정경쟁방지 및 영업비밀보호에 관한 법률 제2조 제1호 (가)목에서 타인의 상품임을 표시한 표지가 '국내에 널리 인식되었다'는 의미와 판단 기준

【판결요지】

[1] 일반적으로 상품의 용기나 포장이 상품 출처를 표시하는 것은 아니나, 어떤 용기나 포장의 형상과 구조 또는 문양과 색상 등이 상품에 독특한 개성을 부여하는 수단으로 사용되고, 그것이 장기간 계속적, 독점적, 배타적으로 사용되거나 지속적인 선전광고 등에 의하여 그 형상과 구조 또는 색상 등이 갖는 차별적 특징이 거래자 또는 수요자에게 특정한 품질을 가지는 특정 출처의 상품임을 연상시킬 정도로 현저하게 개별화되기에 이른 경우에는 부정경쟁방지 및 영업비밀보호에 관한 법률(이하 '부정경쟁방지법'이라 한다) 제2조 제1호 (가)목에서 정한 "타인의 상품임을 표시한 표지(標識)"에 해당한다. 또한 상표법 제6조 제1항 제3호의 기술적 표장과 같이 일반적으로 식별력

이 없는 표지라도 그것이 오랫동안 사용됨으로써 거래자나 일반 수요자들이 어떤 특정인의 상품임을 표시하는 것으로 널리 알려져 인식하게 된 경우에는 부정경쟁방지법 제2조 제1호 (가)목에서 정한 "타인의 상품임을 표시한 표지(표지)"에 해당한다.

[2] 부정경쟁방지 및 영업비밀보호에 관한 법률 제2조 제1호 (가)목에서 타인의 상품임을 표시한 표지가 '국내에 널리 인식되었다'는 의미는 국내 전역에 걸쳐 모든 사람에게 주지되어 있음을 요하는 것이 아니고, 국내의 일정한 지역범위 안에서 거래자 또는 수요자들 사이에 알려진 정도로써 족하며, 널리 알려진 상표 등인지 여부는 사용기간, 방법, 태양, 사용량, 거래범위 등과 상품거래의 실정 및 사회통념상 객관적으로 널리 알려졌는지가 일응의 기준이 된다.

대법원 2012. 12. 13. **선고** 2011**도**6797 **판결 【상표법위반(변경된 죄명 : 부정경쟁방지및영업비밀보호에관한법률위반)】**

상품의 판매 당시 구매자는 그 출처를 혼동하지 않았으나 구매자로부터 상품을 양수하거나 구매자가 지니고 있는 상품을 본 제3자 등 일반 수요자의 관점에서 혼동할 우려가 있는 경우, 그러한 상품표지를 사용하거나 상품표지를 사용한 상품을 판매하는 등의 행위가 부정경쟁방지 및 영업비밀보호에 관한 법률 제2조 제1호 (가)목에서 정한 '타인의 상품과 혼동하게 하는 행위'에 해당하는지 여부(적극)

상품의 품질과 가격, 판매장소, 판매방법이나 광고 등 판매 당시의 구체적 사정 때문에 그 당시 구매자는 상품의 출처를 혼동하지 아니하였더라도, 구매자로부터 상품을 양수하거나 구매자가 지니고 있는 상품을 본 제3자가 상품에 부착된 상품표지 때문에 상품의 출처를 혼동할 우려가 있는 등 일반 수요자의 관점에서 상품의 출처에 관한 혼동의 우려가 있다면 그러한 상품표지를 사용하거나 상품표지를 사용한 상품을 판매하는 등의 행위는 부정경쟁방지 및 영업비밀보호에 관한 법률 제2조 제1호 (가)목, 제18조 제3항 제1호에서 정한 '타인의 상품과 혼동하게 하는 행위'에 해당한다.

대법원 2012. 3. 29. **선고** 2010**다**20044 **판결 【손해배상(기)】** [**공**2012**상**, 643]

【판시사항】

[1] 타인의 등록상표를 이용하였으나 출처표시를 위한 것이 아닌 경우 상표권 침해행위로 볼 수 있는지 여부(소극) 및 표시된 표장이 상표로서 사용되고 있는지에 관한 판단 기준

[2] 갑 주식회사로부터 국내에서 "HELLO KITTY" 캐릭터를 상품화할 수 있는 독점권을 부여받은 을 주식회사가 자신이 운영하는 홈페이지에 "HELLO KITTY" 캐릭터가 부착 또는 표시된 상품의 이미지 바로 아래에 있는 상품 이름 앞에 "대장금", "장금", "주몽"이라는 표장을 표시한 행위가 등록상표 "", "주 몽", ""의 상표권자인 병 방송사 등의 상표권을 침해하는 행위에 해당하는지 문제된 사안에서, 위 표장이 상표로서 사용되었다고 볼 수 없다고 한 사례

[3] 캐릭터가 상품화되어 부정경쟁방지 및 영업비밀보호에 관한 법률 제2조 제1호 (가)목

에 규정된 '국내에 널리 인식된 타인의 상품임을 표시한 표지'가 되기 위한 요건
[4] 상품형태가 부정경쟁방지 및 영업비밀보호에 관한 법률 제2조 제1호 (가)목에 규정된 '국내에 널리 인식된 타인의 상품임을 표시한 표지'로서 보호받기 위한 요건
[5] 부정경쟁방지 및 영업비밀보호에 관한 법률 제2조 제1호 (자)목에서 정한 '모방'의 의미 및 그 판단 기준
[6] 경쟁자가 상당한 노력과 투자에 의하여 구축한 성과물을 자신의 영업을 위하여 무단으로 이용함으로써 부당하게 이익을 얻고 경쟁자의 법률상 보호할 가치가 있는 이익을 침해한 경우, 민법상 불법행위에 해당하는지 여부(적극)
[7] 갑 주식회사가 자신이 운영하는 홈페이지에서 한국방송공사와 을 방송사가 방영한 "겨울연가", "황진이", "대장금", "주몽" 등 제호하에 위 드라마가 연상되는 의상, 소품, 모습, 배경 등으로 꾸민 "HELLO KITTY" 제품을 제조·판매한 사안에서, 갑 회사의 제조·판매 행위는 부정한 경쟁행위로서 민법상 불법행위에 해당한다고 한 사례

【판결요지】

[1] 타인의 등록상표를 그 지정상품과 동일 또는 유사한 상품에 사용하면 타인의 상표권을 침해하는 행위가 되나, 타인의 등록상표를 이용한 경우라고 하더라도 그것이 상표의 본질적인 기능이라고 할 수 있는 출처표시를 위한 것이 아니어서 상표의 사용으로 인식될 수 없는 경우에는 등록상표의 상표권을 침해한 행위로 볼 수 없고, 그것이 상표로서 사용되고 있는지는 상품과 관계, 당해 표장의 사용 태양(즉 상품 등에 표시된 위치, 크기 등), 등록상표의 주지저명성 그리고 사용자의 의도와 사용 경위 등을 종합하여 실제 거래계에서 표시된 표장이 상품의 식별표지로서 사용되고 있는지에 의하여 판단하여야 한다.
[2] 갑 주식회사로부터 국내에서 "HELLO KITTY" 캐릭터를 상품화할 수 있는 독점권을 부여받은 을 주식회사가 자신이 운영하는 홈페이지에 "HELLO KITTY" 캐릭터가 부착 또는 표시된 상품의 이미지 바로 아래에 있는 상품 이름 앞에 "대장금", "장금", "주몽"이라는 표장을 표시한 행위가 등록상표 " ", "주 몽", " "의 상표권자인 병 방송사 등의 상표권을 침해하는 행위에 해당하는지 문제된 사안에서, 위 표장의 사용 태양, 위 등록상표와 "HELLO KITTY" 표장의 주지저명의 정도, 을 회사의 의도와 위 표장의 사용 경위 등을 종합하면 전체적으로 을 회사가 홈페이지에서 광고·판매한 위 상품들의 출처가 갑 회사 또는 동일 상품화 사업을 영위하는 집단인 것으로 명확히 인식되고, "대장금" 등 표장은 상품에 부착 또는 표시된 "HELLO KITTY" 캐릭터가 병 방송사가 제작·방영한 드라마의 캐릭터로 알려진 '대장금', '주몽'을 형상화한 것임을 안내·설명하기 위한 것일 뿐 상품의 식별표지로서 사용되었다고는 볼 수 없으므로, "대장금" 등 표장이 상표로서 사용되었다고 볼 수 없다고 한 사례.
[3] 캐릭터가 상품화되어 부정경쟁방지 및 영업비밀보호에 관한 법률 제2조 제1호 (가)목에 규정된 '국내에 널리 인식된 타인의 상품임을 표시한 표지'가 되기 위해서는 캐릭터

자체가 국내에 널리 알려진 것만으로는 부족하고, 캐릭터에 대한 상품화 사업이 이루어지고 이에 대한 지속적인 선전, 광고 및 품질관리 등으로 캐릭터가 이를 상품화할 수 있는 권리를 가진 자의 상품표지이거나 상품화권자와 그로부터 상품화 계약에 따라 캐릭터사용허락을 받은 사용권자 및 재사용권자 등 캐릭터에 관한 상품화 사업을 영위하는 집단(group)의 상품표지로서 수요자들에게 널리 인식되어 있을 것을 요한다.

[4] 어떤 상품의 형태가 출처표시기능을 가지고 나아가 주지성까지 획득하는 경우에는 부정경쟁방지 및 영업비밀보호에 관한 법률 제2조 제1호 (가)목에 규정된 '국내에 널리 인식된 타인의 상품임을 표시한 표지'에 해당하여 같은 법에 의한 보호를 받을 수 있는데, 이를 위해서는 상품형태가 다른 유사상품과 비교하여 수요자의 감각에 강하게 호소하는 독특한 디자인적 특징을 가지고 있는 등 일반수요자가 일견하여 특정 영업주체의 상품이라는 것을 인식할 수 있는 정도의 식별력을 갖추고 있어야 하며, 나아가 당해 상품형태가 장기간에 걸쳐 특정 영업주체의 상품으로 계속적·독점적·배타적으로 사용되거나 또는 단기간이라도 강력한 선전·광고가 이루어짐으로써 상품형태가 갖는 차별적 특징이 거래자 또는 일반수요자에게 특정 출처의 상품임을 연상시킬 정도로 현저하게 개별화된 정도에 이르러야 한다.

[5] 부정경쟁방지 및 영업비밀보호에 관한 법률 제2조 제1호 (자)목은 부정경쟁행위의 한 유형으로서 타인이 제작한 상품의 형태를 모방한 상품을 양도·대여 또는 이를 위한 전시를 하거나 수입·수출하는 행위를 규정하고 있는데, 여기에서 '모방'이란 타인의 상품형태에 의거하여 이와 실질적으로 동일한 형태의 상품을 만들어 내는 것을 말하며, 형태에 변경이 있는 경우 실질적으로 동일한 형태의 상품에 해당하는지는 당해 변경의 내용·정도, 착상의 난이도, 변경에 의한 형태적 효과 등을 종합적으로 고려하여 판단하여야 한다.

[6] 경쟁자가 상당한 노력과 투자에 의하여 구축한 성과물을 상도덕이나 공정한 경쟁질서에 반하여 자신의 영업을 위하여 무단으로 이용함으로써 경쟁자의 노력과 투자에 편승하여 부당하게 이익을 얻고 경쟁자의 법률상 보호할 가치가 있는 이익을 침해하는 행위는 부정한 경쟁행위로서 민법상 불법행위에 해당한다.

[7] 갑 주식회사가 자신이 운영하는 홈페이지에서 한국방송공사와 을 방송사가 방영한 "겨울연가", "황진이", "대장금", "주몽" 등 제호하에 위 드라마가 연상되는 의상, 소품, 모습, 배경 등으로 꾸민 "HELLO KITTY" 제품을 제조·판매한 사안에서, 제반 사정에 비추어 갑 회사가 드라마를 이용한 상품화 사업 분야에서 경쟁자 관계에 있는 한국방송공사 등의 상당한 노력과 투자에 편승하여 각 드라마의 명성과 고객흡인력을 자신의 영업을 위하여 무단으로 이용하여 법률상 보호할 가치가 있는 한국방송공사 등의 해당 드라마에 관한 상품화 사업을 통한 영업상 이익을 침해하였다고 보아, 갑 회사의 제조·판매 행위는 부정한 경쟁행위로서 민법상 불법행위에 해당한다고 한 사례.

대법원 2011. 1. 13. 선고 2010도5994 판결【상표법위반】

【판시사항】

[1] 타인의 등록상표를 출처표시 외에 서적의 내용 등을 안내·설명하기 위하여 사용한

경우 상표권 침해로 볼 수 있는지 여부(소극) 및 그것이 상표로서 사용되고 있는지 여부의 판단 기준

[2] 피고인이 발행한 "빈틈없는 쓰기·어휘·어법 I" 학원 교재의 앞표지와 세로표지에 표시되어 있는 "EBS" 표장은, EBS 방송강의의 교재로 사용되었다는 교재의 내용 또는 용도를 안내·설명하기 위한 것일 뿐 그 출처를 표시하는 상표로 사용된 것이라고 할 수 없어 상표권 침해가 아니라고 본 원심판단을 수긍한 사례

[3] 원심이 피고인에 대한 상표법 위반의 공소사실을 부정경쟁방지 및 영업비밀보호에 관한 법률 위반으로 공소장 변경을 요구하지 아니하거나, 직권으로 위 부정경쟁방지 및 영업비밀보호에 관한 법률 위반죄의 성립 여부를 판단하지 않은 것이 위법하다는 검사의 상고이유 주장을 모두 배척한 사례

【판결요지】

[1] 타인의 등록상표를 그 지정상품과 동일 또는 유사한 상품에 사용하면 타인의 상표권을 침해하는 행위가 되나, 타인의 등록상표를 이용한 경우라고 하더라도 그것이 상표의 본질적인 기능이라고 할 수 있는 출처표시를 위한 것이 아니라 서적의 내용 등을 안내·설명하기 위하여 사용되는 등으로 상표의 사용으로 인식될 수 없는 경우에는 등록상표의 상표권을 침해한 행위로 볼 수 없고, 그것이 상표로서 사용되고 있는지 여부를 판단하기 위해서는, 상품과의 관계, 당해 표장의 사용 태양(즉 상품 등에 표시된 위치, 크기 등), 등록상표의 주지저명성 그리고 사용자의 의도와 사용경위 등을 종합하여 실제 거래계에서 그 표시된 표장이 상품의 식별표지로서 사용되고 있는지 여부를 종합하여 판단하여야 한다.

[2] 피고인이 한국교육개발원의 "EBS" 등록상표를 정당한 권한 없이 임의로 자신이 발행한 "빈틈 없는 쓰기·어휘·어법 I" 교재 표지에 부착하고 약 150부를 논술학원 수강생들에게 배포함으로써 타인의 상표권을 침해하였다는 내용으로 기소된 사안에서, 위 학원 교재의 앞표지와 세로표지에 위 등록상표와 동일한 "EBS" 표장이 그 지정상품과 동일한 상품에 표시되어 있으나 그와 함께 피고인이 운영하는 학원 이름과 학원의 주소, 인터넷 주소, 전화번호 등도 기재되어 있어서 그 출처가 피고인 또는 피고인이 운영하는 학원으로 명확히 인식되는 점, 교재의 내용을 이루는 쓰기·어휘·어법 문제와 그에 대한 해설 등은 피고인이 EBS에서 방송강의를 하면서 제작·사용한 것들로서 교재의 첫 페이지에 이를 명시하고 있는 점, 피고인도 위 교재가 EBS 방송강의의 교재로 사용되었음을 나타내어 자신이 운영하는 학원 수강생들에게만 배포할 의도로 "EBS" 표장을 사용한 점 등 제반 사정들을 고려할 때, 위 "EBS" 표장은 EBS 방송강의의 교재로 사용되었다는 교재의 내용 또는 용도를 안내·설명하기 위한 것일 뿐 그 출처를 표시하는 상표로 사용된 것이라고 할 수 없어 위 등록상표에 관한 상표권을 침해하였다고 할 수 없다는 이유로, 위 상표법 위반의 공소사실에 대하여 무죄를 선고한 원심판단을 수긍한 사례.

[3] 원심이 피고인에 대한 상표법 위반의 공소사실을 부정경쟁방지 및 영업비밀보호에 관한 법률 위반으로 공소장 변경을 요구하지 아니하거나, 직권으로 위 부정경쟁방지

및 영업비밀보호에 관한 법률 위반죄의 성립 여부를 판단하지 않은 것이 위법하다는 검사의 상고이유 주장을 모두 배척한 사례.

대법원 2006. 5. 25. 선고 2006도577 판결【부정경쟁방지및영업비밀보호에관한법률위반】

【판시사항】

[1] 간단하고 흔히 있는 표장만으로 구성된 상표라 하더라도 특정인의 영업을 표시하는 것으로 널리 인식된 경우, 부정경쟁방지 및 영업비밀보호에 관한 법률이 보호하는 영업표지에 해당하는지 여부(적극)

[2] 피고인이 자신의 등록상표 중 피해자의 상품 표지와 동일한 부분을 부각시키고 다른 부분에 대한 주의력을 약화시켜 부각된 부분만이 상표라고 직감되도록 한 경우, 소비자로 하여금 피해자의 상품과 혼동을 일으키게 하는 행위로서 부정경쟁행위에 해당한다고 한 사례

【판결요지】

[1] 비록 간단하고 흔히 있는 표장만으로 구성된 상표라 하더라도 그것이 오랫동안 사용됨으로써 거래자나 일반 수요자들이 어떤 특정인의 영업을 표시하는 것으로 널리 알려져 인식하게 된 경우에는 부정경쟁방지 및 영업비밀보호에 관한 법률이 보호하는 영업표지에 해당한다.

[2] 피고인이 자신의 등록상표 중 피해자의 상품 표지와 동일한 부분을 부각시키고 다른 부분에 대한 주의력을 약화시켜 부각된 부분만이 상표라고 직감되도록 한 경우, 소비자로 하여금 피해자의 상품과 혼동을 일으키게 하는 행위로서 부정경쟁행위에 해당한다고 한 사례.

대법원 2005. 5. 27. 선고 2004다60584 판결【손해배상(기)등】

【판시사항】

[1] 결합상표의 유사 여부 판단 기준

[2] '카바메이트(COVERMATE)' 및 '카바맥스(COVERMAX)' 상표는 등록상표인 '카바마크(COVERMARK)'와 전체적으로 외관 및 호칭이 유사한 상표라고 한 원심의 판단을 수긍한 사례

[3] 부정경쟁방지및영업비밀보호에관한법률 제2조 제1호에 정한 부정경쟁행위의 의미

[4] 자기의 상호를 보통으로 표시하는 방법으로 사용하더라도 상표권의 설정등록 후 부정경쟁의 목적으로 사용하는 경우, 부정경쟁방지및영업비밀보호에관한법률 제2조 제1호에 정한 부정경쟁행위를 구성하는지 여부(적극)

[5] 상표권침해금지가처분 신청사건에 관하여 지출한 변호사비용 중 일부를 상표권침해 및 부정경쟁행위와 상당인과관계에 있는 손해라고 한 원심의 판단을 수긍한 사례

【판결요지】

[1] 상표의 유사 여부를 판단함에 있어 문자와 문자 또는 문자와 도형이 결합된 상표의

경우에도 원칙적으로 상표의 구성 전체를 외관, 호칭, 관념 등의 점에서 전체적, 객관적, 이격적으로 관찰하여 거래상 일반 수요자나 거래자가 그 상품의 출처에 대하여 오인·혼동할 우려가 있는지의 여부에 의하여 판별되어야 하고, 그 구성 부분 중 일부만에 의하여 간략하게 호칭·관념될 수 있다고 보기 어렵거나 당해 상표가 실제 거래사회에서 전체로서만 사용되고 인식되어져 있어 일부분만으로 상표의 동일성을 인식하기 어려운 경우에는 분리관찰이 적당하지 않다.

[2] '카바메이트(COVERMATE)' 및 '카바맥스(COVERMAX)' 상표는 등록상표인 '카바마크(COVERMARK)'와 전체적으로 외관 및 호칭이 유사한 상표라고 한 원심의 판단을 수긍한 사례.

[3] 부정경쟁방지및영업비밀보호에관한법률 제2조 제1호 소정의 부정경쟁행위는 사실상 국내에 널리 인식된 타인의 성명, 상호, 상표, 상품의 용기, 포장 기타 타인의 상품임을 표시하는 표지와 동일 또는 유사한 것을 사용하거나 이러한 것을 사용한 상품을 판매 등을 하여 타인의 상품과 혼동을 일으키게 하거나 타인의 영업상의 시설 또는 활동과 혼동을 일으키게 하는 행위를 의미한다.

[4] 자기의 상호를 보통으로 표시하는 방법으로 사용하는 경우라 하더라도 상표권의 설정등록이 있은 후에 부정경쟁의 목적으로 사용하는 경우에는 부정경쟁방지및영업비밀보호에관한법률 제2조 제1호에 정한 부정경쟁행위를 구성한다.

[5] 수차에 걸쳐 상표권침해 등의 행위를 하지 않겠다는 각서나 사과문을 작성·교부한 이후에도 계속되는 침해행위에 대하여 제기한 상표권침해금지가처분 신청사건에 관하여 지출한 변호사비용은 위 침해행위로 인한 피해의 확대를 방지하기 위하여 부득이하게 지출한 비용으로서, 그 지출 경위 및 지급내역, 소송물의 가액 및 위임업무의 성격과 그 난이도 등을 고려하여 위 비용 중 일부를 위 상표권침해 및 부정경쟁행위와 상당인과관계에 있는 손해라고 한 원심의 판단을 수긍한 사례.

대법원 2003. 9. 26. 선고 2001다76861 판결【상표침해금지등】

【판시사항】

색종이 제품분야에서 "종이나라"라는 등록상표가 부정경쟁방지및영업비밀보호에관한법률 제2조의 '국내에 널리 인식된 상표·상품'에 해당한다고 한 사례

대법원 2000. 5. 12. 선고 98다49142 판결【상표사용금지】

【판시사항】

[1] 저명한 상품표지와 동일·유사한 상품표지를 사용하여 상품을 생산·판매하는 경우, 그 상품이 저명 상품표지의 상품과 다른 상품이더라도 구 부정경쟁방지법 제2조 제1호 소정의 부정경쟁행위에 해당하는지 여부(적극)

[2] 저명 상품표지에 해당하는지 여부의 판단 기준

[3] 지정상품이 구두인 '비제바노, VIGEVANO'를 요부로 하는 등록상표가 주지·저명성을 획득하였다고 보아 그와 동일·유사한 등록상표를 시계 제품에 사용하더라도 구 부정경쟁방지법 제2조 제1호 소정의 부정경쟁행위에 해당한다고 한 사례

[4] 상표권의 등록이 자신의 상품을 타인의 상품과 식별시킬 목적이 아니고 국내에서 널리 인식되어 사용되고 있는 타인의 상표와 동일·유사한 상표를 사용하여 타인의 상품과 혼동을 일으키게 하여 이익을 얻을 목적인 경우, 구 부정경쟁방지법 제15조의 적용 여부(소극)
[5] 구 상표법 제8조 제1항 제3호가 상품의 산지를 보통으로 사용하는 방법으로 표시한 표장만으로 된 상표를 상표 부등록 사유로 규정한 취지
[6] 상표 "비제바노"가 구두의 산지를 보통으로 사용하는 방법으로 표시된 표장만으로 된 상표에 해당하지 않는다고 한 사례
[7] 등록상표의 사용이 저명상표와 그 상품 출처에 혼동을 일으킬 우려가 있어 권리남용 또는 부정경쟁행위에 해당하는 경우, 저명상표권자에게 제품을 납품하여 판매한 사실이 있다거나 등록상표를 사용한 제품의 생산, 광고, 판매, 투자 등 각종 영업활동을 하였다고 하여도 부정경쟁행위의 중지를 구하는 저명상표권자의 청구가 권리남용 또는 독점규제및공정거래에관한법률 소정의 불공정거래행위에 해당하지 않는다고 한 사례
[8] 항소심에서 피고인수참가인이 소송에 인수참가하고 항소인인 피고가 소송에서 탈퇴하여 판결이유에서 원고의 피고인수참가인에 대한 청구에 관한 판단을 하여 이를 인용하면서도 주문에서 피고의 항소를 기각한다고 표시한 경우, 원고의 피고인수참가인에 대한 청구를 인용하는 주문으로 판결을 경정할 수 있는지 여부(적극)

【판결요지】

[1] 저명한 상품표지와 동일·유사한 상품표지를 사용하여 상품을 생산·판매하는 경우 비록 그 상품이 저명 상품표지의 상품과 다른 상품이라 하더라도, 한 기업이 여러 가지 이질적인 산업분야에 걸쳐 여러 가지 다른 상품을 생산·판매하는 것이 일반화된 현대의 산업구조에 비추어 일반 수요자들로서는 그 상품의 용도 및 판매거래의 상황 등에 따라 저명 상품표지의 소유자나 그와 특수관계에 있는 자에 의하여 그 상품이 생산·판매되는 것으로 인식하여 상품의 출처에 혼동을 일으킬 수가 있으므로, 구 부정경쟁방지법(1998. 12. 31. 법률 제5621호 부정경쟁방지및영업비밀보호에관한법률로 개정되기 전의 것) 제2조 제1호 소정의 부정경쟁행위에 해당한다.
[2] 이른바 저명 상품표지인가의 여부는 그 표지의 사용, 공급, 영업활동의 기간, 방법, 태양 및 거래범위 등과 그 거래실정 또는 사회통념상 객관적으로 널리 알려져 있느냐의 여부 등이 일응의 기준이 된다.
[3] 지정상품이 구두인 '비제바노, VIGEVANO'를 요부로 하는 등록상표가 주지·저명성을 획득하였다고 보아 그와 동일·유사한 등록상표를 시계 제품에 사용하더라도 구 부정경쟁방지법 제2조 제1호 소정의 부정경쟁행위에 해당한다고 한 사례.
[4] 구 부정경쟁방지법(1998. 12. 31. 법률 제5621호 부정경쟁방지및영업비밀보호에관한법률로 개정되기 전의 것) 제15조는 상표법 등 다른 법률에 부정경쟁방지법과 다른 규정이 있는 경우에는 부정경쟁방지법의 규정을 적용하지 아니하고 다른 법률의 규정을 적용하도록 규정하고 있으나, 상표권의 등록이 자기의 상품을 타인의 상품과 식별시킬

목적으로 한 것이 아니고 국내에서 널리 인식되어 사용되고 있는 타인의 상표와 동일·유사한 상표를 사용하여 일반 수요자로 하여금 타인의 상품과 혼동을 일으키게 하여 이익을 얻을 목적으로 형식상 상표권을 취득하는 것이라면 그 상표의 등록출원 자체가 부정경쟁행위를 목적으로 하는 것으로서, 가사 권리행사의 외형을 갖추었다 하더라도 이는 상표법을 악용하거나 남용한 것이 되어 상표법에 의한 적법한 권리의 행사라고 인정할 수 없으므로 이러한 경우에는 구 부정경쟁방지법 제15조의 적용이 배제된다.

[5] 구 상표법(1990. 1. 13. 법률 제4210호로 개정되기 전의 것) 제8조 제1항 제3호가 상품의 산지를 보통으로 사용하는 방법으로 표시한 표장만으로 된 상표는 등록을 받을 수 없도록 규정하고 있는 것은 이른바 상품의 산지가 통상 상품의 유통과정에서 필요한 표시이므로 누구라도 이를 사용할 필요가 있고 그 사용을 원하기 때문에 이를 특정인에게 독점 배타적으로 사용하게 할 수 없다는 공익상의 요청과 이와 같은 상표를 허용할 경우에는 타인의 동종 상품과의 관계에서 식별이 어려우므로 상품의 산지를 이른바 기술적 표장으로 보아 이를 상표로 사용하는 것을 허용할 수 없다는 데에 그 이유가 있다.

[6] 상표 "비제바노"가 구두의 산지를 보통으로 사용하는 방법으로 표시된 표장만으로된 상표에 해당하지 않는다고 한 사례.

[7] 등록상표의 사용이 저명상표와 그 상품 출처에 혼동을 일으킬 우려가 있어 권리남용 또는 부정경쟁행위에 해당하는 경우, 저명상표권자에게 제품을 납품하여 판매한 사실이 있다거나 등록상표를 사용한 제품의 생산, 광고, 판매, 투자 등 각종 영업활동을 하였다고 하여도 부정경쟁행위의 중지를 구하는 저명상표권자의 청구가 권리남용 또는 독점규제및공정거래에관한법률 제23조 제1항, 같은법시행령 제36조 제1항 [별표 1] 제8호 (라)목 소정의 불공정거래행위에 해당하지 않는다고 한 사례.

[8] 승계인이 소송에 인수참가하고 그 전 당사자가 소송에서 탈퇴한 경우, 전 당사자와 상대방 사이의 소송은 인수참가인과 상대방 사이의 소송이 되는 것이므로, 원고청구 인용의 제1심판결에 대하여 피고가 불복 항소한 후 피고인수참가인이 인수참가하고 피고가 소송에서 탈퇴하였다면 항소심으로서는 원고의 피고인수참가인에 대한 청구에 관하여 재판하여야 할 것인데, 항소심이 그 판결이유에서 원고의 피고인수참가인에 대한 청구에 관하여 판단을 하여 이를 인용하면서도 그 주문에서는 피고의 항소를 기각한다는 표시만을 하였다면, 이는 원고의 피고인수참가인에 대한 청구를 인용할 것을 잘못 표현한 것이 명백한 경우에 해당하므로 그 판결의 주문을 바로 잡는 판결경정을 하면 된다.

5. 사용주체에 따른 분류

가. 제 조 표

상품의 제조자가 자신이 생산하는 상품을 표시하는 상표로서 제조업자는 이를 통해 상품제조 출처를 밝힘으로써 소비자로 하여금 상품에 대한 출처를 밝힘으로써 소비자로 하여금 상품에 대한 신뢰를 가지게 하는데 상표의 대다수는 제조표이다.

나. 판 매 표

판매표란 판매업자가 자신이 판매하는 상품임을 표시하는 상표다.

다. 증 명 표

증명표란 상품의 품질검사를 행하는 영업자가 자신이 취급한 상품의 품질·성분 등을 보증하기 위하여 사용되는 표장이다.

6. 정 리

[1] 현행법상 사용되고 있는 상표로는 (i) 상품상표, (ii) 서비스상표, (iii) 단체표장, (iv) 업무표장, (v) 증명표장이 있다.

[2] **서비스상표**: 서비스를 제공하는 자가 자기의 서비스를 타인의 서비스와 식별되도록 하기 위하여 사용하는 표장(상 제2조 제1항 제1호)이다. 2016년 9월 1일 시행된 현행 상표법에서는 서비스표란 용어를 더 이상 사용하지 않으므로 '상표'란 용어로 일원화하여 사용하고 있다.

[3] **단체표장**: 상품을 생산·제조·가공·판매하거나 서비스를 제공하는 자가 공동으로 설립한 법인이 직접 사용하거나 그 소속 단체원에게 사용하게 하기 위한 표장(상 제2조 제1항 제3호)을 의미한다. 단체표장은 자본력과 영업신용도가 낮은 지방적 특산물을 생산하는 업자끼리 뭉쳐진 조합(축산물가공협동조합, 풍기인삼협동조합, 문구협동조합 등), 단체의 표장으로서 품질보증과 신용유지를 위하여 이들 단체의 표장을 내건 많은 선전광고를 통해 고객흡인력을 획득하는데 사용된다. 이는 품질보증의 기능, 중소기업의 신용확보, 고객흡인력 획득, 상품 및 서비스에 화체의 기능이 강하다는 특색을 가지고 있다. 단체표장 가운데 지리적 표시를 사용할 수 있는 상품을 생산·제조 또는 가공하는 자가 공동으로 설립한 법인이 직접 사용하거나 그 소속 단체원에게 사용하게 하기 위한 표장은 '지리적 표시 단체표장'이다(상 제2조 제1항 제6호). 여기에서 '지리적 표시'란 "상품의 특정 품질·명성 또는 그 밖의 특성이 본질적으로 특정지역에서 비롯된 경우에 그 지역에서 생산·제조 또는 가공된 상품임을 나타내는 표시"를 의미한다(상 제2조 제1항 제4호).

예 지방특산물(풍기 인삼, 대구 능금, 영광 굴비)을 공동으로 생산, 판매하는 업자 등이 설립한 법인이 직접 사용하거나 그 소속 단체원에게 사용하게 하기 위하여 단체가 정하는 내부규약에 따라 단체표장을 사용할 권리를 인정함으로써 수요자로 하여금 단체의 신용을 믿고 거래를 하도록 하는 것

[4] **업무표장**: 국내에서 영리를 목적으로 하지 아니하는 업무를 영위하는 자가 그 업무를 표상하기 위하여 사용하는 표장(상 제2조 제1항 제9호)을 의미한다.

예 공익법인, YMCA, YWCA, 보이스카웃, 걸스카웃, 올림픽조직위원회, 적십자 등

[5] **증명표장**: 상품의 품질, 원산지, 생산방법 또는 그 밖의 특성을 증명하고 관리하는 것을 업(業)으로 하는 자가 타인의 상품에 대하여 그 상품이 품질, 원산지, 생산방법 또는 그 밖의 특성을 충족한다는 것을 증명하는 데 사용하는 표장을 의미한다(상 제2조 제1항 제7호). "지리적 표시 증명표장"이란 지리적 표시를 증명하는 것을 업으로 하는 자가 타인의 상품에 대하여 그 상품이 정해진 지리적 특성을 충족한다는 것을 증명하는 데 사용하는 표장을 말한다(상 제2조 제1항 제8호).

7. 형성평가(Q & A)

1. 우리 현행 상표법이 허용하는 상표의 유형을 모두 고르시오.
   ① 소리상표 ② 냄새상표 ③ 증명표장 ④ 단체표장
2. 는 어떠한 유형의 표장인가?
   ① 증명표장 ② 문자상표 ③ 서비스표 ④ 단체표장 ⑤ 업무표장

Ⅳ. 새로운 유형의 상표

1. 냄새상표

[1] 미 국: 자수용 실 및 바느질용 실이 지닌 특징적 냄새에 대하여 사용에 의한 식별력을 인정하여 냄새상표등록을 허용하고 있다. 미국 상표심판 및 항소부(Trademark Trial and Appeal Board)은 향수나 코롱(cologne) 또는 향기있는 가정용품과 같은 특징을 가진 냄새있고 향수를 가진 생산품의 등록에 대해서는 적용되지 아니한다고 그 범위를 제한하고 있다. 원고는 자기의 냄새상표가 2차적 의미를 획득했다는 점과 피고의 상표가 판매에 있어서 혼동을 초래했다는 사실을 입증하여야 한다.

[2] 색채와는 달리 냄새는 인쇄매체나 TV를 통해 소비자에게 쉽게 전달되지 않고 냄새상표소유자나 등록자는 2차적 의미를 광고에 의해 발전시키고 입증하여야 하는 곤란이 존재한다. 또한 냄새상표의 침해에 관련한 냄새의 유사성 판단은 개개인의 다양함에 따라 그 냄새 판단의 동일성을 유지하기 어렵다는 문제점을 가진다.

[3] 상표법은 냄새 등 시각적으로 인식할 수 없는 것 중 그 구성이나 표현방식에 상관없이 상품의 출처를 나타내기 위하여 사용하는 모든 표시(상 제2조 제1항 제2호)를 보호함으로

써 냄새상표를 허용하고 있다.

2. 소리상표

[1] WTO/TRIPs 제15조 제1항: 상표는 자타 상품 및 서비스의 식별력을 가진 표지 또는 표지의 결합으로 구성된다. 성명, 문자, 숫자, 도형과 색채의 조합 및 이들의 결합은 상표로서 등록될 수 있다. …… 회원국은 시각적으로 인식될 수 있는 표지만을 등록요건으로 요구할 수 있다.

[2] WTO/TRIPs 제15조 제1항 마지막 문장은 1991년 10월에 브라질이 제기한 우려에 대한 해결책이다. WTO/TRIPs 협정은 최소한 기준을 규정하는 것이므로 제1항의 상표정의에 없는 소리상표나 냄새상표 등을 보호하는 것은 각 회원국의 자유인데, 소리상표가 유명해질 경우에는 유명상표 보호규정(이 협정 제16조 제2항 및 제3항)에 의해 소리상표를 소리상표의 보호를 인정하지 않는 국가에서도 인정해야만 하는 경우가 생길 수 있기 때문에 브라질은 우려한 것이었다.

[3] 미국 연방상표법(Lanham Act) 제45조, EU 상표규칙 제4조: 소리상표도 서비스표에 한해 등록시켜 주고 있고 악보를 제출할 수 있게 되어 사실상 악보에 의해 등록을 받을 수 있도록 하고 있다. 다만, 미국 현행 상표법은 시각적으로 상표를 표시하는 행위를 중심으로 상표의 "사용"을 규정하고 있기 때문에 상표의 시청각적인 표현은 "사용"에 해당하지 않아서 타인이 상표를 음성으로 표현하여 광고활동 등을 하여도 상표권침해가 되지 않는다고 해석하고 있다.

[4] 미 국: (1)일련의 음조 또는 음악적 기록, (2) 음악이 동반하는 단어들, (3) 단순히 구두로 사용되는 단어나 단어들을 소리상표로서 등록보호하고 있다.

[5] 한미 FTA: 한미 FTA 제18.2조 제1항은 "어떠한 당사국도 등록의 요건으로 표지가 시각적으로 인식가능할 것을 요구할 수 없으며, 어떠한 당사국도 상표를 구성하는 표지가 소리 또는 냄새라는 이유만으로 상표의 등록을 거부할 수 없다."라고 규정하고 있다.

[6] 상표법은 소리 등 시각적으로 인식할 수 없는 것 중 그 구성이나 표현방식에 상관없이 상품의 출처를 나타내기 위하여 사용하는 모든 표시(상 제2조 제1항 제2호)를 보호함으로써 소리상표를 허용하고 있다.

3. 전화번호표장(Phone Mark)

미국 특허상표청: 문자로 된 전화번호의 등록을 허용하고 있다.

예 714-750-RENT

4. 구 호(Slogan)

[1] 미국 연방상표법: 상표로서 기능하고 있는 슬로건의 등록을 허용하고 있다.

[2] 구호는 상표로서의 역할을 하나 대부분의 구호가 성질표시의 성격을 가지고 있으므로 등록되기 위해서는 사용에 의한 식별력을 증명하여야 한다.

예 Excedrin사의 "Extra Strength Pain Reliever"는 해열진통제 상표로 등록되어 있다.

V. 상표기능을 하는 유사한 표지제도와의 비교

1. 상 호

[1] 상 호: 상인의 영업활동에서 자신을 나타내는 명칭이다.

예 대웅제약 - 상호
우루사 - 상표

[2] 상호와 상표의 차이점:

상 호	상 표
상인의 명칭 즉 제조자·가공자나 판매자의 명칭	상품의 이름, 즉 자기의 상품과 타인의 상품을 용이하게 식별하기 위하여 상품에 부착된 이름
상법의 보호(상호를 상표로 등록하면 상표법에 의해서도 보호)	상표법의 보호
상호의 등기관청은 법원	등록관청은 특허청
일정한 지역적 범위 내 즉 등기된 서울특별시, 광역시, 시, 군에서 행정구역 단위로 효력이 미친다.	일단 등록되면 10년 동안 대한민국 어디에서나 독점배타적인 권리가 발생한다(단, 연장 가능).
상법은 국어주의를 취하고 있어 외국기업은 국내에 현지법인을 설립하는 경우에는 한글로 표기하고 괄호 속에 원어를 표기할 수 있다. 이러한 상호는 상인만이 사용할 수 있고, 상인이 아닌 자가 사용하는 것은 상호가 아니다.	

[3] 상호는 문자로만 구성되므로 문자상표의 경우에만 상표법과의 저촉문제가 발생한다. 미등기상호나 미등록상표는 부정경쟁방지 및 영업비밀보호에 관한 법률에서 다룰 수 있는 문제다.

2. 도메인 이름

가. 의 의

[1] 도메인 이름이란 인터넷에서 인터넷 프로토콜 주소를 사람이 기억하기 쉽도록 하기 위하여 만들어진 것이다. 도메인 이름은 인터넷주소자원에 관한 법률에 의하여 규율된다(인터넷주소자원에 관한 법률 제2조 제1호 나목). 이 법에 따르면, "인터넷주소관리기관"이란 인터넷주소의 할당·등록 등과 관련된 업무를 수행하는 「정보통신망 이용촉진 및 정보보호 등에 관한 법률」 제52조에 따른 한국인터넷진흥원(이하 "인터넷진흥원"이라 한다)과 인터넷진흥원으로부터 인터넷주소 관리업무를 위탁받은 법인 및 단체이다(동법 제2조 제3호 및 제9호). 도메인 이름은 인터넷상에서 데이터를 전송할 때, 송수신 컴퓨터의 위치를 우편번호처럼 쉽게 파악할 수 있도록 하기 위한 것으로서 상품 내지 서비스 등과 관련없이 등록이 가능하다.

나. 보호범위 및 효력

[1] 인터넷상 동일한 도메인 이름은 단 하나 밖에 없다. 도메인 이름은 독점적으로 사용할 수 있으나 유사한 도메인네임을 배척할 권리가 없다. 반면에 상표의 경우 국내에서만 보호되는 것이 원칙이고, 독점권과 동일 또는 유사한 상표의 등록을 금지시키는 배타권이 발생한다.

[2] 도메인 이름이 일반적인 상표등록요건을 갖추면 이를 상표로서 등록하여 보호받을 수 있다. 상품이나 서비스의 거래를 전제하지 않더라도 "인터넷 통신서비스"를 지정서비스로 하여 상표 등록을 할 수도 있으며, 상품이나 서비스를 거래대상으로 하는 경우에는 해당 웹사이트를 통하여 거래하고자 하는 상품이나 서비스를 지정하여 상표 등록을 하거나 "인터넷 통신을 통한 상품의 판매대행업, 판매알선업, 제공업, 거래업, 중개업 등"을 지정하여 상표 등록을 하여 보호받을 수 있다. 도메인 이름을 상품이나 서비스와 관련해 사용하지 아니하고 도메인 이름만을 등록하여 보유하고 있거나, 상품이나 서비스의 거래는 하지 않고 일반적 목적의 웹사이트만 운영한다면 상표의 사용으로 인정하기 어렵다. 즉 도메인 이름의 유사만으로 상표권의 침해가 인정되는 것은 아니다. 하지만 인터넷상 광고는 일반 광고와 달리 취급할 이유가 없는 바, 타인의 등록상표와 동일 또는 유사한 도메인 이름을 사용하는 것은 상표의 사용이며, 상표권의 침해를 구성할 수 있다.

다. 부정한 목적의 도메인이름등의 등록 등의 금지

인터넷주소자원에 관한 법률 제12조에 따르면, "① 누구든지 정당한 권원이 있는 자의 도메인이름등의 등록을 방해하거나 정당한 권원이 있는 자로부터 부당한 이득을 얻는 등 부정한 목적으로 도메인이름등을 등록·보유 또는 사용하여서는 아니 된다.

② 정당한 권원이 있는 자는 제1항을 위반하여 도메인이름등을 등록·보유 또는 사용한 자가 있으면 법원에 그 도메인이름등의 등록말소 또는 등록이전을 청구할 수 있다."라고 규정하고 있다. 아울러 부정경쟁방지 및 영업비밀보호에 관한 법률 제2조 제1호 아목에 따르면, 정당한 권원이 없는 자가 (i) 상표 등 표지에 대하여 정당한 권원이 있는 자 또는 제3자에게 판매하거나 대여할 목적, (ii) 정당한 권원이 있는 자의 도메인이름의 등록 및 사용을 방해할 목적, 또는 (iii) 그 밖에 상업적 이익을 얻을 목적 가운데 어느 하나의 목적으로 국내에 널리 인식된 타인의 성명, 상호, 상표, 그 밖의 표지와 동일하거나 유사한 도메인이름을 등록·보유·이전 또는 사용하는 행위를 부정경쟁행위로 규정하고 있다.

대법원 2017. 6. 29. **선고** 2016다216199 **판결【도메인 등록이전 청구의 소(자) 상고기각】(부정한 목적의 도메인이름 보유와 사용 사건)**

◇ 인터넷주소자원에 관한 법률 제12조의 '부정한 목적'을 판단하는 기준 시기 ◇

인터넷주소자원에 관한 법률(이하 '인터넷주소법'이라 한다) 제12조는 누구든지 정당한 권원이 있는 사람의 도메인이름의 등록을 방해하거나 정당한 권원이 있는 사람으로부터 부당한 이득을 얻는 등 부정한 목적으로 도메인이름을 등록·보유 또는 사용하지 못하도록 금지하고(제1항), 이를 위반하여 도메인이름을 등록·보유 또는 사용한 사람이 있으면 정당한 권원이 있는 사람이 법원에 그 도메인이름의 등록말소 또는 등록이전을 청구할 수 있도록 규정하고 있다(제2항).

여기서 '보유'란 등록된 도메인이름을 가지고 있는 것을 의미하며, '사용'은 등록된 도메인이름으로 인터넷에서 웹사이트를 개설하여 자기가 관리하는 컴퓨터 등 정보시스템의 식별기호로 이용하는 등 도메인이름의 등록·보유 후에 이를 실제로 이용하는 것을 의미한다. 이와 같이 인터넷주소법은 도메인이름의 '등록'과는 별도로 '보유 또는 사용' 행위를 금지의 대상으로 정하고 있으므로, 도메인이름의 등록에는 부정한 목적이 없었더라도 '보유 또는 사용'에 부정한 목적이 있다면 인터넷주소법 제12조에 의한 등록말소 또는 등록이전 청구가 가능하다고 해석되며, '보유 또는 사용' 행위에 대하여 부정한 목적이 있는지는 그와 같은 행위 시를 기준으로 판단함이 타당하다.

그리고 인터넷주소법에서 정한 부정한 목적이 있는 행위에는 정당한 권원이 있는 사람으로부터 부당한 이득을 얻는 행위 뿐 아니라 도메인이름의 등록을 방해하는 행위 등과 같이 부당한 이득과 직접 관련되지 아니하는 행위도 포함한다. 이러한 부정한 목적이 있는지의 여부는, 정당한 권원이 있는 사람의 성명·상호·상표·서비스표 그 밖의 표지(이하 '대상표지'라 한다)에 관한 인식도 또는 창작성의 정도, 도메인이름과 대상표지의 동일·유사성의 정도, 도메인이름을 등록·보유 또는 사용한 사람이 대상표지를 알고 있었는지의 여부, 도메인이름을 판매·대여하여 경제적 이익을 얻고자 한 전력이 있는지의 여부, 도메인이름에 의한 웹사이트의 개설 및 그 웹사이트의 실질적인 운영의 여부, 그 웹사이트상의 상품 또는 서비스업 등과 대상표지가 사용된 상품 또는 서비스업 등과의 동일·유사성 내지는 경제적 견련관계의 유무, 대상표지에 화체되어 있는 신용과 고객흡인력으로 인하여 인터넷 사용자들이 그 웹사이트로 유인되고 있는지의 여부, 그 밖에 도메인이름의 등록·보유 또는 사용을 둘러싼 제반 사정 등을 종합적으로 고려하여 판단하여야 하며(대법원 2013. 4. 26. 선고 2011다64836 판결 등 참조), 도메인이름의 '보유 또는 사용' 목적이 도메인이름을 판매·대여하여 경제적인 이득을 얻기 위한 것이 아니라는 이유만으로 부정한 목적이 부정된다고 단정할 수 없다.

☞ 피고가 원고의 국내에이전트가 된 후 원고의 제품을 소개하기 위하여 이 사건 도메인이름을 등록하여 사용하였으나 그 후 그 에이전트 계약이 종료되어 원고와는 경쟁업체가 되었음에도 이 사건 도메인이름을 피고의 웹사이트 주소로 계속 사용하면서 원고를 해외거래처라고 지칭함으로써 인터넷 사용자들에게 피고가 아직도 원고의 한국 공식대리점이라는 인상을 주어 혼동을 초래하고 그로 인하여 원고의 대리점 관리 및 판매 실적에도 영향을 미치는 등의 판시 사정들이 인정되며, 이러한 사정들을 종합하면 이 사건 도메인이름의 보유 및 사용에 관하여 피고에게 인터넷주소법 제12조의 '부정한 목적'을 인정할 수 있고, 피고가 이전에 이 사건 도메인이름을 판매·대여하여 경제적 이익을 얻고자 한 적이 없었다 하더라도 마찬가지라고 보아야 한다고 본 원심판단을 수긍한 사례

대법원 2013. 4. 26. 선고 2011다64836 판결 【도메인주소보유권 확인 등(라) 상고기각】 (K2 도메인이름 사건)

【판시사항】

인터넷주소자원에 관한 법률 제12조 제1항, 제2항의 취지 및 위 규정에 정한 '부정한 목적'이 있는지 여부의 판단기준

【판결요지】

인터넷주소자원에 관한 법률 제12조 제1항, 제2항은 정당한 권원이 있는 자의 도메인이름 등록을 방해하거나 정당한 권원이 있는 자로부터 부당한 이득을 얻는 등 부정한 목적으로 도메인이름을 등록·보유 또는 사용한 자가 있으면 정당한 권원이 있는 자가 법원에 그 도메인이름의 등록말소 또는 등록이전을 청구할 수 있도록 규정하고 있다. 위 규정의 취지는 원칙적으로 도메인이름은 선착순으로 자유롭게 등록할 수 있지만 그 중복 등록이 불가능함을 악용하여 부정한 목적으로 도메인이름을 선점하는 이른바 사이버스쿼팅(cybersquatting) 행위를 규제함으로써 정당한 권원이 있는 자의 도메인이름 등록 및 사용을 보장하고 인터넷 사용자들의 도메인이름에 대한 혼란을 방지하려는 데에 있다. 한편 위 규정에 정한 부정한 목적이 있는지 여부는 정당한 권원이 있는 자의 성명·상호·상표·서비스표 그 밖의 표지(이하 '대상표지'라고 한다)의 인식도 또는 창작성의 정도, 도메인이름과 대상표지의 동일·유사성의 정도, 도메인이름을 등록·보유 또는 사용한 자가 대상표지를 알고 있었는지 여부 및 도메인이름을 판매·대여하여 경제적 이익을 얻고자 한 전력이 있는지 여부, 도메인이름에 의한 웹사이트의 개설 및 그 웹사이트의 실질적인 운영 여부, 그 웹사이트상의 상품 또는 서비스업 등과 대상표지가 사용된 상품

또는 서비스업 등과의 동일·유사성 내지는 경제적 견련관계 유무, 대상표지에 화체되어 있는 신용과 고객흡인력으로 인하여 인터넷 사용자들이 그 웹사이트로 유인되고 있는지 여부, 그 밖에 도메인이름의 등록·보유 또는 사용을 둘러싼 제반사정 등을 종합적으로 고려하여 판단하여야 한다. 다만 도메인이름의 등록·보유 또는 사용에 정당한 권리나 이익을 가지고 있는 자에게는 특별한 사정이 없는 한 이와 같은 부정한 목적은 없는 것으로 보아야 할 것이다.

피고는 1972년경부터 '등산용품'에 관하여 'K2' 상표를 사용해 와 2004년 무렵에 위 상표는 주지성을 취득하였는데, 원고가 2000. 1. 28. 'k2.co.kr'이라는 도메인이름을 등록한 이래 현재까지 이를 보유해 오고 있는 것은, 자신의 별다른 이익은 없는 반면 정당한 권원이 있는 피고의 도메인이름 등록을 방해하는 등의 부정한 목적이 있다는 취지로 판단한 원심을 수긍한 사례.

라. 도메인이름 분쟁 유형

(1) 의 의

도메인이름 분쟁 유형으로는 (i) 도메인 이름을 등록만 하고 아무런 영업을 하지 않은 경우, (ii) 지정 상품과 비유사한 상품으로 영업을 한 경우, (iii) 지정상품과 동일하거나 유사한 상품으로 영업을 한 경우, (iv) 타인의 표지의 식별력이나 명성을 손상한 경우 등이 존재한다.

(2) 도메인이름을 등록만 하고 아무런 영업을 하지 않은 경우

등록인이 타인의 성명, 상호, 상표 등을 도메인 이름으로 등록만 하고 웹사이트도 개설하지 않고 있는 경우, 도메인 이름 등록후 웹사이트까지는 개설하였으나 웹사이트에 아무런 내용이 없는 경우(blank site), 도메인이름 등록후 웹사이트를 개설하여 영업이라고 볼 수 없는 단순한 정보제공만을 한 경우 등이 이에 해당한다. 이러한 유형들은 상표법상 규정하고 있는 상표의 사용행위로 볼 수 없으므로 상표권 침해행위가 될 수 없다. 부정경쟁 방지 및 영업비밀보호에 관한 법률[85] 제2조 제1호 아목은 2004년 1월 20일 개정[시행 2004. 7.21]을 통해 신설되었는데, 이 규정에 따르면 상표등 표지에 대하여 정당한 권한이 있는 자 등에게 판매·대여할 목적으로 널리 인식된 타인의 성명·상호·상표 그 밖의 표지와 동일하거나 유사한 도메인이름을 등록·보유·이전 또는 사용하는 행위를 부정경쟁행위로 보았다. 따라서 위 조문에 해당하는 경우에는 부정경쟁행위가 될 수 있다.

85) [시행 2004. 7.21] [법률 제7095호, 2004. 1.20, 일부개정].

(3) 지정 상품과 비유사한 상품으로 영업을 한 경우

등록인이 타인의 상표 등으로 구성된 도메인이름을 등록한 후 그 도메인이름에 따라 개설된 웹사이트에서 지정상품과 동일 또는 유사하지 않은 상품을 판매하는 등 상표권자 등의 영업과는 다른 영업을 하는 경우에는 상품의 출처에 대한 혼동가능성이 야기되지 않으므로 상표권자 등에 대해 직접적인 침해에 해당하지 않는다.

(4) 지정상품과 동일하거나 유사한 상품으로 영업을 한 경우

(i) 등록인이 상호, 상표 등 기타 타인의 표지로 구성된 도메인이름을 등록한 후 웹사이트를 개설하여 그 표지에 대한 정당한 권리자와 동일하거나 유사한 상품을 판매하는 등 영업행위를 한 경우, (ii) 타인의 표지로 된 도메인이름을 웹사이트 주소창에 입력하면 곧바로 자신이 개설한 다른 도메인 이름의 웹사이트로 이동하도록 하는 소위 포워딩 방식을 채택하여 지정상품과 동일하거나 유사한 상품으로 영업을 한 경우 등이 이에 해당한다. 이러한 웹사이트에서의 행위들은 상표의 광고적 사용행위 등에 해당하므로 상표의 사용에 해당한다.[86] 즉 상품의 출처에 관한 혼동이 발생함으로써 타인의 상표권 등이 침해된다. 웹사이트 상에서 상표권자 등의 상표나 상호까지 사용하였다면 상품의 출처에 관한 혼동은 심화되며 타인의 상표를 도메인이름으로 등록한 자가 타인의 상품과 동일하거나 유사한 상품들로 영업준비행위를 한 경우에도 영업행위를 한 경우와 마찬가지로 취급하여야 할 것이다.

(5) 타인의 표지의 식별력이나 명성을 손상한 경우

등록인이 타인의 성명, 상호, 상표 등을 도메인이름으로 등록한 후 웹사이트를 개설하여 그 식별력이나 명성을 손상하는 행위를 한 경우, 즉 도메인이름 등록인이 웹사이트 상에서 타인의 상표등을 비방하거나 타인의 상품보다 열등한 품질의 상품을 판매하는 등의 행위를 하는 것은 부정경쟁방지및영업비밀보호에관한법률 제2조 제1호 다목의 부정경쟁행위(식별력 손상행위)에 해당할 수 있다.

대법원 2004. 2. 13. 선고 2001다57709 판결【상표권침해및부정경쟁행위금지등】 (상표적 사용을 부정한 사례)

【판시사항】

[1] 도메인 이름의 중요 부분이 저명한 등록상표와 동일하지만 그 도메인 이름의 사용이 상표법에서 규정하는 상표권 침해행위에는 해당하지 아니한다고 한 사례

86) 서울고등법원 2000. 11. 15. 선고 99나61196 판결(chanel.co.kr 사건).

[2] 부정경쟁방지및영업비밀보호에관한법률 제2조 제1호 소정의 '사용'의 의미 및 도메인 이름의 양도 대가로 금원 등을 요구하는 행위가 같은 법 제2조 제1호 소정의 부정경쟁행위에 해당하는지 여부(소극)

【판결요지】

[1] 도메인 이름의 요부가 저명한 등록상표와 동일하기는 하나, 상표법에서 규정하는 상표권 침해행위가 되기 위해서는 타인의 등록상표와 동일한 상표를 그 지정상품과 유사한 상품에 사용하거나, 타인의 등록상표와 유사한 상표를 그 지정상품과 동일 또는 유사한 상품에 사용하는 행위가 있어야 하는데, 위 도메인 이름하에 운용되는 웹사이트에서 등록상표권의 지정상품과 동일 또는 유사한 상품을 취급하거나, 등록서비스표의 지정서비스업과 동일·유사한 영업을 취급한 사실이 전혀 없다면 위 웹사이트를 통해 등록상표권을 침해하였거나 침해할 우려가 있다고 볼 수 없고, 등록상표와 동일한 이름을 도메인 이름으로 사용한 것만으로는 상표법 제66조에서 규정하는 상표권 침해행위에 해당한다고 보기 어렵다고 한 사례.

[2] 부정경쟁방지및영업비밀보호에관한법률 제2조 제1호 (가)목의 상품주체 혼동행위에 해당하는 표지의 사용은 '상품에 관련된 일체의 사용행위'를, 같은 호 (나)목의 영업주체 혼동행위에 해당하는 표지의 사용은 '영업에 관련된 일체의 사용행위'를, 비상업적 사용을 그 적용대상에서 제외하고 있는 같은 호 (다)목의 식별력이나 명성 손상행위에 해당하는 표지의 사용은 '상업적 사용'을, 각 의미하는 것으로 해석하여야 할 것이고, 도메인 이름의 양도에 대한 대가로 금원 등을 요구하는 행위는 도메인 이름을 상품 또는 영업임을 표시하는 표지로 사용한 것이라고는 할 수 없어서, 같은 법 제2조 제1호 (가)목, (나)목의 혼동행위나 같은 호 (다)목 소정의 식별력 또는 명성의 손상행위에 해당하지 아니한다.

【이 유】

1. 사실관계

원심이 적법하게 채택한 증거에 의하면 다음과 같은 사실이 인정된다.

가. 원고는 자동차, 항공기 및 관련 부품(자동차 및 항공기 엔진)을 제조하여 "ROLLS-ROYCE"라는 상표로 판매하는 영국 내 법인으로서 "rolls-royce.com"과 "rolls-royce.net"를 인터넷 도메인 이름(인터넷상의 숫자로 된 주소에 해당하는 숫자·문자·기호 또는 이들의 결합을 의미하는바, 이하 '도메인 이름'이라고만 한다)으로 사용하고 있고, 피고는 1999. 6. 5. 삼진정밀이라는 상호로 사업자등록을 하고 있는 선정자 윤평완 명의로 한국전산원 산하 한국인터넷정보센터에 "rolls- royce.co.kr"이라는 도메인 이름(이하 '이 사건 도메인 이름'이라 한다)을 등록하고 이 사건 도메인 이름으로 된 웹사이트를 운영하고 있다.

나. 원고는, "ROLLS-ROYCE"라는 표장 또는 'ROLLS'와 'ROYCE'라는 문자 및 겹쳐진 'RR'로 구성된 표장에 관하여, 1980. 9. 26. 등록번호 제72034호(지정상품 : 승용차 등), 1981. 12. 17. 등록번호 제79412호(지정상품 : 내연기관 등)로 상표등록을, 1981.

1. 5. 등록번호 제2801호(기술대리인으로서의 조언업 및 기술원조업)와 제2804호(피스톤, 가스터어빈엔진 및 자동차를 포함한 내연기관의 수선업)로 각 서비스표 등록을 마쳤다(이하 'ROLLS-ROYCE'라는 원고의 등록상표 및 등록서비스표를 합쳐 '이 사건 상표'라고만 한다).

다. 이 사건 상표는 영어사전에도 '영국제 고급승용차'를 뜻하는 것으로 기재되어 있을 정도로 오랜 기간 동안 자동차 분야에서 독특한 디자인을 개발하고 우수한 품질의 제품을 생산·판매함으로써 세계적으로 유명한 업체로 성장한 원고의 영업 또는 그 상품을 지칭하는 표장으로서 외국에서는 물론 우리나라에서도 널리 알려져 있다.

라. 피고 등이 이 사건 도메인 이름으로 개설한 웹사이트(이하 '이 사건 웹사이트'라 한다)에는 "PROFILE", "항공기", "특허정보", "구매관련", "게시판"의 항목을 두고 있는데, "PROFILE" 항목에는 피고에 대한 간단한 약력을 기재해 놓았으며, "항공기", "특허정보", "구매관련" 항목에는 해당 항목에 관계되는 관련 사이트의 주소를 소개하고 해당 사이트로 이동할 수 있도록 링크시켜 놓았으나, 이른바 배너광고 등은 전혀 없을 뿐 아니라 모든 정보는 무료로 공개, 운용되고 있다.

2. 상고이유 제1점에 대한 판단

원심은, 이 사건 도메인 이름의 요부인 rolls-royce(이 사건 도메인 이름은 rolls- royce.co.kr이나 rolls-royce를 제외한 kr은 국가도메인으로서 우리나라를 뜻하고, co는 2단계 도메인으로서 기업 또는 상용기관을 뜻한다.)가 원고의 이 사건 상표와 동일하기는 하나, 상표법에서 규정하는 상표권 침해행위가 되기 위해서는 타인의 등록상표와 동일한 상표를 그 지정상품과 유사한 상품에 사용하거나, 타인의 등록상표와 유사한 상표를 그 지정상품과 동일 또는 유사한 상품에 사용하는 행위(상표법 제66조 제1호)가 있어야 하는데, 피고 등이 운용하는 이 사건 웹사이트에서 원고가 등록한 상표권의 지정상품과 동일 또는 유사한 상품을 취급하거나, 원고의 등록서비스표의 지정서비스업과 동일·유사한 영업을 취급한 사실이 전혀 없으므로 피고 등이 이 사건 웹사이트를 통해 원고의 이 사건 상표권을 침해하였거나 침해할 우려가 있다고 볼 수 없고{원고는 이 사건 상표를 도메인 이름으로 사용하는 행위는 상표법 제2조 제1항 제6호 (다)목에서 규정하는 '간판 또는 표찰에 상표를 전시 또는 반포하는 행위'에 해당한다고 주장하나, 인터넷상의 주소를 나타내는 도메인은 위 법조에서 말하는 간판 또는 표찰에 해당한다고 볼 수 없으므로 원고의 위 주장은 이유 없다}, 이 사건 상표와 동일한 이름을 도메인 이름으로 사용한 것만으로는 상표법 제66조에서 규정하는 상표권 침해행위에 해당한다고 보기 어려우며, 이 사건 웹사이트에서 취급하고 있는 항공기에 관한 내용도 단순히 항공회사를 소개하는 정도에 불과하므로 이로써 곧바로 원고의 영업을 침해할 우려가 있다고 볼 수도 없다는 취지로 판단하였다.

기록에 비추어 살펴보면, 원심의 위와 같은 인정과 판단은 정당하고 거기에 상고이유 제1점으로 지적하는 바와 같은 위법이 없다.

3. 상고이유 제2, 3점에 대한 판단

가. 원심의 판단

(1) 피고 등이 이 사건 상표와 동일한 문자를 이 사건 도메인으로 사용하는 것만으로는 이 사건 상표의 식별력이나 원고의 이 사건 상표권에 대한 사실상의 지배상태가 약화 또는 감소되었다고 단정하기 어렵고 달리 이를 인정할 증거가 없으므로 민법상의 재산권에 대한 준점유권이 침해되었다는 취지의 원고 주장은 이유 없다.

(2) 부정경쟁방지및영업비밀보호에관한법률(이하 '부정경쟁방지법'이라 한다) 제2조 제1호 (나)목, (다)목의 부정경쟁행위에서 말하는 '사용'이라 함은 그 규정 내용에 비추어 영리적인 사용만을 의미하는 것으로 보아야 할 것인데 피고 등이 이 사건 도메인 이름으로 운용하고 있는 웹사이트의 내용이 원고의 상호나 상표 등을 영리 또는 상업적으로 사용하고 있지 아니하므로 피고 등이 원고의 상호 또는 이 사건 상표와 동일한 문자를 이 사건 도메인 이름으로 사용하였다는 것만으로는 위 법률 제2조 제1호 (나)목에서 규정하는 영업주체 혼동의 위험이 있다고 보기 어렵고, 달리 피고 등이 부정경쟁행위인 상품주체 혼동행위 또는 영업주체 혼동행위를 하였다고 볼 증거가 없다.

(3) 원고는, 피고 등이 이 사건 도메인을 판매할 의도를 가지고 이 사건 도메인을 소위 무단점유(cybersquattering)하였고, 실제로 피고는 이 사건 도메인을 원고에게 양도하는 대가로 7년간의 영국유학 비용을 요구하거나 수십만 달러를 요구하고 있으므로 이는 금전적인 이익을 받아내기 위하여 타인의 상표를 먼저 등록한 경우와 같으므로 이러한 피고 등의 행위는 상표권 침해가 될 뿐 아니라 부정경쟁방지법에서 규정하는 영리적으로 사용한 경우에 해당한다고 주장하나, 갑 제8, 10, 12, 14, 16호증의 각 기재만으로는 피고 등이 이 사건 도메인을 판매하기 위해 무단점유하였다고 인정하기에 부족하고 달리 이를 인정할 증거가 없다.

나. 이 법원의 판단

부정경쟁방지법 제2조 제1호 (가)목의 상품주체 혼동행위에 해당하는 표지의 사용은 '상품에 관련된 일체의 사용행위'를, 같은 호 (나)목의 영업주체 혼동행위에 해당하는 표지의 사용은 '영업에 관련된 일체의 사용행위'를, 비상업적 사용을 그 적용대상에서 제외하고 있는 같은 호 (다)목의 식별력이나 명성 손상행위에 해당하는 표지의 사용은 '상업적 사용'을, 각 의미하는 것으로 해석하여야 할 것이고, 도메인 이름의 양도에 대한 대가로 금원 등을 요구하는 행위는 도메인 이름을 상품 또는 영업임을 표시하는 표지로 사용한 것이라고는 할 수 없어서, 피고 등의 행위가 부정경쟁방지법 제2조 제1호 (가)목, (나)목의 혼동행위나 같은 호 (다)목 소정의 식별력 또는 명성의 손상행위에 해당하지 아니하므로 , 원심 판시에 일부 미흡한 점이 있기는 하지만, 위와 같이 인정·판단한 것은 정당하고, 부정경쟁방지법 제2조 제1호의 사용이 '상품이나 영업과 관련 없는 일체의 사용행위'까지도 포함하는 것임을 전제로 하는 상고이유의 제2, 3점의 주장은 이유 없다.

4. 상고이유 제4점에 대한 판단

원심은, 상법 제23조 제1항은 "누구든지 부정한 목적으로 타인의 영업으로 오인할 수 있는 상호를 사용하지 못한다."고 규정하고 있고, 위에서 말하는 부정한 목적이란 "어느 명칭을 자기의 상호로 사용함으로써 일반인으로 하여금 자기의 영업을 그 명칭에 의하여 표시된 타인의 영업으로 오인시키려고 하는 의도"를 말하는데, 피고 등이 이 사건 도메인 이름을 영업상 이용한 사실을 인정할 증거가 없으므로 피고 등이 이 사건 도메인 이름을 사용한 행위는 상법에 규정된 원고의 상호권을 침해한 행위에 해당한다고 할 수 없다는 취지로 판단하였다.

기록에 의하면, 피고 등이 이 사건 도메인 이름을 자기의 상호로 사용하였음을 인정할 만한 증거가 없고, 피고 등이 원고에게 이 사건 도메인 이름의 양도에 대한 대가를 요구한 것이 도메인 이름을 상호 그 자체로 사용한 것에 해당하지 않으므로 원심의 위와 같은 인정·판단은 정당하고 거기에 상고이유 제4점으로 지적하는 바와 같은 위법이 없다.

5. 상고이유 제5점에 대한 판단

원심은, 피고 등이 원고에게 고통을 가하여 거액의 양도대금을 받을 목적으로 이 사건 도메인을 선점하였음을 인정할 만한 증거가 부족하므로 피고 등이 이 사건 도메인을 등록 보유하고 있는 것이 민법상 신의성실의 원칙에 위반되거나 권리남용에 해당한다고 할 수 없다는 취지로 판단하였다.

기록에 비추어 살펴보면, 원심의 위와 같은 인정·판단은 정당하고 거기에 상고이유 제5점으로 지적하는 바와 같은 위법이 없다.

6. 상고이유는 모두 받아들일 수 없다.

그러므로 상고를 기각하고, 상고비용은 패소자가 부담하기로 하여 관여 대법관의 일치된 의견으로 주문과 같이 판결한다.

대법원 2004. 5. 14. 선고 2002다13782 판결【상표권등침해금지청구의소】
(상표적 사용을 긍정한 사례)

【판시사항】

[1] 부정경쟁방지및영업비밀보호에관한법률 제4조에 의한 금지청구에 있어서 같은 법 제2조 제1호 (가)목, (다)목에서 정한 상품표지의 주지성 여부의 판단 시점(=사실심 변론종결시)

[2] 특정 도메인의 이름으로 웹사이트를 개설하여 제품을 판매하면서 그 웹사이트에서 취급하는 제품에 독자적인 상표를 부착하여 사용하는 경우, 그 도메인의 이름 자체가 상품의 출처표시로서 기능한다고 할 수 있는지 여부(소극)

[3] 부정경쟁방지및영업비밀보호에관한법률 제2조 제1호 (다)목에 규정된 '국내에 널리 인식된'이라는 용어와 '식별력의 손상'이라는 용어의 의미 및 저명한 상품표지가 타인에 의하여 영업표지로 사용되는 경우에도 '식별력의 손상'이 생기는지 여부(적극)

[4] 저명 상표인 'viagra'와 유사한 'viagra.co.kr'이라는 도메인 이름의 사용이 부정경쟁방지및영업비밀보호에관한법률 제2조 제1호 (가)목의 부정경쟁행위(상품주체혼동행위)에는 해당하지 아니하나, 같은 호 (다)목의 부정경쟁행위(식별력 손상행위)에는 해당한다고 한 사례

[5] 도메인의 이름 일부로 사용된 'viagra' 상표의 보유자는 자신의 명의로 '.kr' 도메인 이름을 등록할 적격이 있는지 여부에 관계없이 그 도메인 이름의 등록말소청구를 할 수 있다고 한 사례

【판결요지】

[1] 부정경쟁방지및영업비밀보호에관한법률 제4조에 의한 금지청구에 있어서 같은 법 제2조 제1호 (가)목 소정의 타인의 성명·상호·상표·상품의 용기·포장 기타 타인의 상품임을 표시한 표지가 국내에 널리 인식되었는지 여부는 사실심변론종결시를 기준으로 판단하여야 하며, 같은 법 제2조 제1호 (다)목의 경우에도 마찬가지이다.

[2] 도메인 이름은 원래 인터넷상에 서로 연결되어 존재하는 컴퓨터 및 통신장비가 인식하도록 만들어진 인터넷 프로토콜 주소(IP 주소)를 사람들이 인식·기억하기 쉽도록 숫자·문자·기호 또는 이들을 결합하여 만든 것으로, 상품이나 영업의 표지로서 사용할 목적으로 한 것이 아니었으므로, 특정한 도메인 이름으로 웹사이트를 개설하여 제품을 판매하는 영업을 하면서 그 웹사이트에서 취급하는 제품에 독자적인 상표를 부착·사용하고 있는 경우에는 특단의 사정이 없는 한 그 도메인 이름이 일반인들을 그 도메인 이름으로 운영하는 웹사이트로 유인하는 역할을 한다고 하더라도, 도메인 이름 자체가 곧바로 상품의 출처표시로서 기능한다고 할 수는 없다.

[3] 부정경쟁방지및영업비밀보호에관한법률 제2조 제1호 (다)목은 2001. 7. 10. 시행된 현행 부정경쟁방지및영업비밀보호에관한법률에 신설된 규정으로서, "(가)목 또는 (나)목의 규정에 의한 혼동을 하게 하는 행위 외에 비상업적 사용 등 대통령령이 정하는 정당한 사유 없이 국내에 널리 인식된 타인의 성명·상호·상표·상품의 용기·포장 그 밖에 타인의 상품 또는 영업임을 표시한 표지와 동일하거나 이와 유사한 것을 사용하거나 이러한 것을 사용한 상품을 판매·반포 또는 수입·수출하여 타인의 표지의 식별력이나 명성을 손상하게 하는 행위"를 부정경쟁행위로 규정하고 있는바, 위 규정의 입법 취지와 그 입법 과정에 비추어 볼 때, 위 규정에서 사용하고 있는 '국내에 널리 인식된'이라는 용어는 '주지의 정도를 넘어 저명 정도에 이른 것'을, '식별력의 손상'은 '특정한 표지가 상품표지나 영업표지로서의 출처표시 기능이 손상되는 것'을 의미하는 것으로 해석함이 상당하며, 이러한 식별력의 손상은 저명한 상품표지가 다른 사람에 의하여 영업표지로 사용되는 경우에도 생긴다.

[4] 저명 상표인 'viagra'와 유사한 'viagra.co.kr'이라는 도메인 이름의 사용이 부정경쟁방지및영업비밀보호에관한법률 제2조 제1호 (가)목의 부정경쟁행위(상품주체혼동행위)에는 해당하지 아니하나, 같은 호 (다)목의 부정경쟁행위(식별력 손상행위)에는 해당한다고 한 사례.

[5] 도메인의 이름 일부로 사용된 'viagra' 상표의 보유자는 자신의 명의로 '.kr' 도메인 이름을 등록할 적격이 있는지 여부에 관계없이 그 도메인 이름의 등록말소청구를 할 수 있다고 한 사례.

대법원 2011. 5. 26. **선고** 2009**다**15596 **판결 【손해배상(지)】**

【판시사항】

[1] 구 섭외사법 제13조에서 정한 '부당이득의 원인된 사실이 발생한 곳'의 의미(=이득이 발생한 곳)

[2] 대한민국에 주소를 둔 갑이 인터넷 도메인이름 "hpweb.com"을 등록·사용하던 중 미국 캘리포니아주에 본사를 둔 을 회사가 미국에 등록되어 있던 "hp"로 구성된 자신의 상표 등에 대한 권리가 침해되었다는 이유로 인터넷주소 분쟁해결기관에 분쟁조정신청을 하여 도메인이름 등록을 이전받자, 갑이 을 회사에 부당이득을 원인으로 도메인이름 반환을 구한 사안에서, 이전등록으로 이득이 발생한 곳은 을 회사 본사 소재지인 미국 캘리포니아주이므로, 부당이득 반환채권의 성립 및 효력에 관하여는 미국 캘리포니아주법이 준거법이 된다고 한 사례

[3] 대한민국에 주소를 둔 갑이 인터넷 도메인이름 "hpweb.com"을 등록·사용하던 중 미국에 본사를 둔 을 회사가 미국에 등록되어 있던 "hp"로 구성된 자신의 상표 등에 대한 권리가 침해되었다는 이유로 인터넷주소 분쟁해결기관에 분쟁조정신청을 하여 도메인이름 등록을 이전받자, 갑이 을 회사에 부당이득을 원인으로 도메인이름 반환을 구한 사안에서, 을 회사의 부당이득이 성립하는지를 판단하기 위해서는 을 회사에 도메인이름 사용금지를 구할 실체법적 권리가 있는지 먼저 살펴야 하는데, 이에 관하여는 구 섭외사법 규정에 따라 부당이득과는 별도로 준거법을 정해야 한다고 한 사례

[4] 대한민국에 주소를 둔 갑이 인터넷 도메인이름 "hpweb.com"을 등록·사용하는 것에 대하여 미국에 본사를 둔 을 회사가 미국에 등록되어 있던 "hp"로 구성된 자신의 상표에 대한 상표권이 침해되었다는 이유로 인터넷주소 분쟁해결기관에 분쟁조정신청을 하여 그 결정에 따라 도메인이름 등록을 이전받기 위한 전제로서, 을 회사에 도메인이름 사용금지를 구할 실체적 권리가 있는지 문제된 사안에서, 사용금지청구권에 대한 준거법은 구 섭외사법 제13조에 따라 불법행위인 상표권 침해행위가 행하여지고 권리 침해의 결과가 발생한 미국법이고, 미국법에 의할 때 갑의 행위는 위법하므로, 을 회사는 갑을 상대로 도메인이름 사용금지를 구할 실체법적 권리가 있다고 한 사례

[5] 대한민국에 주소를 둔 갑이 인터넷 도메인이름 "hpweb.com"을 등록하여 사용하던 중 미국에 본사를 둔 을 회사가 미국에 등록되어 있던 "hp"로 구성된 자신의 상표에 대한 상표권 침해를 이유로 인터넷주소 분쟁해결기관에 분쟁조정신청을 하여 도메인이름 등록을 이전받자, 갑이 을 회사에 부당이득을 원인으로 하여 도메인이름 반환을 구한 사안에서, 갑은 미국 연방법 및 캘리포니아주법상 부당이득을 원인으로 하여 을 회사에 도메인이름의 반환을 구할 수 없다고 한 사례

【판결요지】

[1] 구 섭외사법(2001. 4. 7. 법률 제6465호 국제사법으로 전부 개정되기 전의 것) 제13조에 의하면, 외국적 요소가 있는 섭외사건에서 부당이득으로 인하여 생긴 채권의 성립 및 효력은 원인된 사실이 발생한 곳의 법에 의하여야 하는데, 여기서 부당이득의

원인된 사실이 발생한 곳은 이득이 발생한 곳을 말한다.

[2] 대한민국에 주소를 둔 갑이 인터넷 도메인이름 "hpweb.com"을 등록하여 사용하던 중 미국 캘리포니아주에 본사를 둔 을 회사가 갑의 도메인이름 등록·사용으로 미국에 등록되어 있던 "hp"로 구성된 자신의 상표 등에 대한 권리가 침해되었음을 이유로 국제인터넷주소관리기구(The Internet Corporation for Assigned Names and Numbers, ICANN)의 '통일 도메인이름 분쟁해결정책(Uniform Domain Name Dispute Resolution Policy, UDRP)'에 따라 분쟁해결기관인 미국의 국가중재위원회(National Arbitration Forum)에 분쟁조정신청을 하여 도메인이름의 등록을 이전받자, 갑이 을 회사에 부당이득을 원인으로 하여 도메인이름 반환을 구한 사안에서, 이전등록에 의해 을 회사가 도메인이름에 관한 권리를 보유하게 됨으로써 이득이 발생한 곳은 을 회사 본사 소재지인 미국 캘리포니아주이므로, 부당이득반환채권의 성립 및 효력에 관하여는 미국 캘리포니아주법이 준거법이 된다고 한 사례.

[3] 대한민국에 주소를 둔 갑이 인터넷 도메인이름 "hpweb.com"을 등록하여 사용하던 중 미국에 본사를 둔 을 회사가 미국에 등록되어 있던 "hp"로 구성된 자신의 상표 등에 대한 권리 침해를 이유로 인터넷주소 분쟁해결기관에 분쟁조정신청을 하여 도메인이름 등록을 이전받자, 갑이 을 회사에 부당이득을 원인으로 하여 도메인이름 반환을 구한 사안에서, 도메인이름 이전등록 당시 을 회사에 도메인이름 사용금지를 구할 실체법적 권리가 인정되지 않는다면 비록 분쟁해결기관의 결정에 따른 이전등록이라 하더라도 그 이전은 법률상 원인이 없어 부당이득이 성립할 여지가 있으므로, 을 회사의 부당이득이 성립하는지를 판단하기 위해서는 을 회사에 도메인이름 사용금지를 구할 실체법적 권리가 있는지 먼저 살펴야 하는데, 이는 부당이득반환채권의 성립 및 효력과는 별개의 문제이므로, 이에 관하여는 구 섭외사법(2001. 4. 7. 법률 제6465호 국제사법으로 전부 개정되기 전의 것) 규정에 따라 부당이득과는 별도로 준거법을 정해야 한다고 한 사례.

[4] 대한민국에 주소를 둔 갑이 인터넷 도메인이름 "hpweb.com"을 등록·사용하는 것에 대하여 미국에 본사를 둔 을 회사가 미국에 등록되어 있던 "hp"로 구성된 자신의 상표에 대한 상표권이 침해되었다는 이유로 인터넷주소 분쟁해결기관에 분쟁조정신청을 하여 그 결정에 따라 도메인이름의 등록을 이전받기 위한 전제로서, 을 회사에 도메인이름 사용금지를 구할 실체적 권리가 있는지 문제된 사안에서, 사용금지청구권은 갑의 도메인이름 등록·사용행위가 을 회사의 상표권을 침해하는 불법행위임을 원인으로 하므로, 준거법은 구 섭외사법(2001. 4. 7. 법률 제6465호 국제사법으로 전부 개정되기 전의 것) 제13조에 따라 원인된 사실이 발생한 곳, 즉 상표권 침해행위가 행하여지고 권리 침해 결과가 발생한 미국법이고, 미국법에 의할 때 갑의 도메인이름 등록·사용행위는 사이버스쿼팅(cybersquatting) 방지에 관한 15 U.S.C. §1125(d)(1)(A)에 해당하는 것으로서 미국에 등록된 을 회사 상표권을 침해하는 위법한 행위이므로, 을 회사는 금지명령구제(injunctive relief)에 관한 15 U.S.C. §1116 규정에 의하여 갑을 상대로 도메인이름 사용금지를 구할 실체법적 권리가 있다고 한 사례.

[5] 대한민국에 주소를 둔 갑이 인터넷 도메인이름 "hpweb.com"을 등록하여 사용하던

중 미국에 본사를 둔 을 회사가 미국에 등록되어 있던 “hp”로 구성된 자신의 상표에 대한 상표권 침해를 이유로 인터넷주소 분쟁해결기관에 분쟁조정신청을 하여 도메인이름 등록을 이전받자, 갑이 을 회사에 부당이득을 원인으로 하여 도메인이름 반환을 구한 사안에서, 도메인이름 등록·사용은 미국 연방법상 15 U.S.C. §1125(d)(1)(A)에 해당하여 위법하므로, 갑은 15 U.S.C. §1116(2)(D)(ⅴ) 규정에 의하여 을 회사에 도메인이름 반환을 구할 수 없고, 미국 캘리포니아주법상 부당이득(Unjust Enrichment)은 타인의 손실로 인해 적절한 법적인 근거가 없는 부당한 이득을 얻는 경우에 성립하는데, 미국 연방법상 을 회사에 도메인이름 사용금지를 구할 실체적 권리가 인정되는 이상 도메인이름 등록이 갑에게서 을 회사에 이전된 것을 두고 적절한 법적 근거가 없는 부당한 것이라고도 볼 수 없으므로, 갑은 미국 캘리포니아주법상 부당이득을 원인으로 하여서도 을 회사에 도메인이름 반환을 청구할 수 없다고 한 사례.

대법원 2008. 9. 25. 선고 2006다51577 판결【한글인터넷주소사용중지등】

【판시사항】

[1] 도메인이름의 등록·사용을 상표법 제66조 제1항 제1호에 정한 상표권 침해방법인 ‘상표의 사용’으로 인정하기 위한 판단 기준
[2] 상표법 제51조 제1호에 정한 ‘상호를 보통으로 사용하는 방법으로 표시한다’는 것의 의미와 판단 기준
[3] 상표권을 침해하는 도메인이름의 이전등록을 명하는 것이 상표권 침해의 예방에 필요한 조치로서 상표법상 허용되는지 여부(소극)

【판결요지】

[1] 상표법 제66조 제1항 제1호에 정한 상표권 침해가 인정될 수 있으려면 ‘상표의 사용’이 전제되어야 할 것인데, 도메인이름의 등록사용의 경우에는 도메인이름의 사용태양 및 그 도메인이름으로 연결되는 웹사이트 화면의 표시 내용 등을 전체적으로 고려하여 거래통념상 상품의 출처를 표시하고 자기의 업무에 관계된 상품과 타인의 업무에 관계된 상품을 구별하는 식별표지로 기능하고 있을 때에는 ‘상표의 사용’으로 볼 수 있다.
[2] 상표법 제51조 제1항 제1호 본문에 의하면, 자기의 상호를 보통으로 사용하는 방법으로 표시하는 상표에 대하여는 그것이 상표권설정 등록이 있은 후 부정경쟁의 목적으로 사용하는 경우가 아닌 한 등록상표권의 효력이 미치지 아니하는바, 여기에서 ‘상호를 보통으로 사용하는 방법으로 표시한다’는 것은 상호를 독특한 글씨체나 색채, 도안화된 문자 등 특수한 태양으로 표시하는 등으로 특별한 식별력을 갖도록 함이 없이 표시하는 것을 의미할 뿐만 아니라, 일반 수요자가 그 표장을 보고 상호임을 인식할 수 있도록 표시하는 것을 전제로 한다. 그러므로 표장 자체가 특별한 식별력을 갖도록 표시되었는지 외에도 사용된 표장의 위치, 배열, 크기, 다른 문구와의 연결관계, 도형과 결합되어 사용되었는지 여부 등 실제 사용태양을 종합하여 거래통념상 자기의 상호를 보통으로 사용하는 방법으로 표시한 경우에 해당하는지 여부를 판단하여야

한다.

[3] 상표법 제65조 제2항의 '침해의 예방에 필요한 조치'에 상표권을 침해하는 도메인이름의 사용금지 또는 말소등록 등의 범위를 넘어서 도메인이름의 이전등록까지 포함된다고 볼 수 없다.

대법원 2008. 2. 1. 선고 2004다72457 판결【인터넷도메인사용금지등】
(ICANN 통일 도메인이름 분쟁해결정책 사건)

【판시사항】

[1] 국제인터넷주소관리기구(ICANN)의 통일 도메인이름 분쟁해결정책의 법적 성격 및 위 방침이 의무적 행정절차를 벗어나서 도메인이름 등록인과 제3자 사이의 실체적 권리관계를 구속하는 효력이 있는지 여부(소극)

[2] "CCF"와 관련된 상표·서비스표를 갖고 있는 외국의 갑금융회사가 외국의 유명 금융지주회사에 인수된 후, 을이 위 금융지주회사의 상호와 "CCF"를 결합하여 만든 도메인이름을 국제인터넷주소관리기구(ICANN)에 등록하자, 갑회사가 을을 상대로 ICANN의 통일 도메인이름 분쟁해결정책에 근거하여 위 도메인이름의 사용금지를 주장한 사안에서, 위 분쟁해결방침은 상표권자인 갑회사(제3자)와 도메인이름 등록인 을 사이의 실체적 권리관계를 규율하는 구속력이 없다고 판단한 사례

【판결요지】

[1] 국제인터넷주소관리기구(The Internet Corporation for Assigned Names and Numbers, ICANN)가 마련한 통일 도메인이름 분쟁해결정책(Uniform Domain Name Dispute Resolution Policy, UDRP)은 도메인이름 등록기관과 도메인이름 등록인 사이에 합의된 등록약관의 내용에 편입되어, 도메인이름 등록인과 상표 또는 서비스표에 관한 권리를 가진 자(제3자) 사이에 도메인이름을 둘러싸고 분쟁이 발생한 경우 그 등록의 유지·취소·이전 등에 관한 판단을 신속히 내려 등록행정의 적정성을 향상시키기 위한 등록기관의 행정절차에 관한 규정에 불과하고, 도메인이름 등록인과 제3자 사이에서는 위 분쟁해결방침이 상표 등에 관한 권리와 도메인이름의 등록·사용 등에 관한 실체적 권리관계를 규율하는 구속력을 가지는 것이 아니므로, 제3자는 의무적 행정절차를 벗어나서 위 분쟁해결방침이 정한 요건에 의하여 도메인이름의 사용금지를 도메인이름 등록인에게 직접 청구할 수 있는 실체적 권리가 없다. 따라서 도메인이름에 관한 소송을 심리·판단하는 법원은 위 분쟁해결방침에 의할 것이 아니라 당해 사건에 적용 가능한 법률에 의하여 당해 사건을 심리·판단하여야 한다.

[2] "CCF"와 관련된 상표·서비스표를 갖고 있는 외국의 갑금융회사가 외국의 유명 금융지주회사에 인수된 후, 을이 위 금융지주회사의 상호와 "CCF"를 결합하여 만든 도메인이름을 국제인터넷주소관리기구(ICANN)에 등록하자, 갑회사가 을을 상대로 ICANN의 통일 도메인이름 분쟁해결정책에 근거하여 국제분쟁조정기관에 위 도메인이름을 자신에게 이전하도록 명하여 줄 것을 요구하는 취지의 의무적 행정절차의 개시신청을 하였고, 이에 도메인이름 등록인 을이 갑회사를 상대로 위 도메인이름의 사용금지를

구할 권리가 없음의 확인을 구한 사안에서, 위 분쟁해결방침은 상표권자인 갑회사(제3자)와 도메인이름 등록인 을 사이의 실체적 권리관계를 규율하는 구속력이 없으므로, 법원의 심리·판단의 대상은 위 도메인이름 등록이 위 분쟁해결방침의 요건을 충족하는지 여부가 아니라, 위 금융회사가 자신의 상표권에 터 잡아 위 도메인이름 등록인의 도메인이름 사용금지를 청구할 수 있는지 여부라고 한 사례.

대법원 2007. 2. 22. **선고** 2005다39099 **판결 【상표권침해금지등】**

【판시사항】

[1] 등록상표 "ACM π WATER", "", "에이씨엠파이워터"와 "www.acmbnb.com"이라는 도메인 이름이 서로 유사하지 않으므로, 위 도메인 이름의 사용이 위 등록상표권을 침해한다고 볼 수 없다고 한 사례

[2] 등록상표권자의 상표권 행사가 권리남용에 해당하기 위한 요건

[3] 등록상표권자의 상표권 행사가 공정한 경쟁질서와 상거래 질서를 어지럽히고 상대방에 대한 관계에서 신의성실의 원칙에 위배되는 행위로서 허용될 수 없다고 본 사례

【이 유】

상고이유를 판단한다.

1. 도메인 이름의 등록말소청구에 대하여

기록에 비추어 살펴보면, 이 사건 등록상표들(등록상표 1 : ACM π WATER, 등록상표 2 : , 등록상표 3 : 에이씨엠파이워터)은 그 구성 중 "π WATER" 또는 "파이워터"는 "인간뿐만 아니라 모든 생물들에게 존재하고 있는 생체수로서 건강을 유지할 수 있도록 도와주는 신비한 물" 등의 의미로 일반 수요자에게 인식될 것이므로 지정상품인 가정용 정수기 등과 관련하여 식별력이 미약해 이 사건 등록상표들의 요부는 'ACM' 또는 '에이씨엠'이라 할 것이고, 이 사건 도메인 이름은 "www.acmbnb.com" 중 'www'나 '.com'은 일반적으로 사용되는 최상위 도메인이나 2단계 도메인을 나타내는 표시로서 식별력이 미약하므로 그 요부는 'acmbnb'라 할 것인바('acmbnb'는 일련불가분적으로 연결되어 있고 'acm'이 특별한 관념을 형성하거나 주지·저명한 표장이라고 보기도 어려워 위 문자가 'acm'과 'bnb'로 분리 관찰된다고 보기 어렵다), 이 사건 등록상표가 'ACM' 또는 '에이씨엠'으로 요부 관찰되고, 이 사건 도메인 이름이 'acmbnb'로 요부 관찰될 경우 양 표장은 외관, 호칭이 서로 다르고 관념에 있어 서로 대비되지 아니하므로 전체적으로 유사하다고 보기 어렵다.

원심이 이 사건 등록상표들과 이 사건 도메인 이름이 서로 유사하지 않아 이 사건 도메인 이름의 사용이 이 사건 등록상표권을 침해한다고 볼 수 없다는 취지로 판단한 것은 정당하고, 상고이유로 주장하는 바와 같은 판결 결과에 영향을 미친 상표의 유사 판단에 관한 법리오해 등의 위법이 없다.

2. 사용금지청구에 대하여

상표권자가 당해 상표를 출원·등록하게 된 목적과 경위, 상표권을 행사하기에 이른 구체적·개별적 사정 등에 비추어, 상대방에 대한 상표권의 행사가 상표사용자의 업무상의 신용유지와 수요자의 이익보호를 목적으로 하는 상표제도의 목적이나 기능을 일탈하여 공정한 경쟁질서와 상거래 질서를 어지럽히고 수요자 사이에 혼동을 초래하거나 상대방에 대한 관계에서 신의성실의 원칙에 위배되는 등 법적으로 보호받을 만한 가치가 없다고 인정되는 경우에는, 그 상표권의 행사는 설령 권리행사의 외형을 갖추었다 하더라도 등록상표에 관한 권리를 남용하는 것으로서 허용될 수 없고, 상표권의 행사를 제한하는 위와 같은 근거에 비추어 볼 때 상표권 행사의 목적이 오직 상대방에게 고통을 주고 손해를 입히려는 데 있을 뿐 이를 행사하는 사람에게는 아무런 이익이 없어야 한다는 주관적 요건을 반드시 필요로 하는 것은 아니다(대법원 2007. 1. 25. 선고 2005다67223 판결 참조).

원심이 확정한 사실관계 및 기록에 의하면, 원고는 상호 변경 전 'ACM'이라는 상표를 부착한 정수기 등을 판매하는 일본국 법인인 소외 ACM사의 국내 총판대리점 관계에 있었는데, 그 총판대리점 관계에 있던 기간 중 이 사건 등록상표들을 출원·등록한 사실, 원고 는 위 ACM사와의 총판대리점계약이 종료된 후 최근 2, 3년 동안은 이 사건 등록상표들을 사용하여 정수기 등을 제조, 판매한 적은 없는 사실, 피고는 정수기 등을 제조, 판매하기 위하여 위 ACM사가 출자하여 국내에 설립한 법인인 사실을 알 수 있다.

위 사실관계에 의하면 원고는 위 ACM사의 국내 총판대리점 관계에 있던 회사로서 위 ACM사가 국내에 상표등록을 하고 있지 않음을 기화로 이 사건 등록상표들을 출원·등록해 놓았다가, 위 ACM사와의 총판대리점관계가 종료된 후, 이 사건 등록상표들을 실제 상품에 사용하지도 아니하면서 위 ACM사의 국내 출자 법인인 피고를 상대로 이 사건 등록상표권을 행사하여 그동안 피고가 정당하게 사용해 오던 'ACM'이나 이를 포함한 표장을 피고의 인터넷 도메인 이름 또는 전자우편주소로 사용하거나 피고의 인터넷 홈페이지에서 사용하는 것을 금지해달라고 청구하는 것임을 알 수 있는바, 이는 상표사용자의 업무상의 신용유지와 수요자의 이익보호를 목적으로 하는 상표제도의 목적이나 기능을 일탈하여 공정한 경쟁질서와 상거래 질서를 어지럽히고 상대방에 대한 관계에서 신의성실의 원칙에 위배되는 행위이어서 법적으로 보호받을 만한 가치가 없다고 인정되므로, 비록 원고의 이 사건 상표권 행사가 권리행사라는 외형을 갖추었다 하더라도 이 사건 등록상표권을 남용하는 것으로서 허용될 수 없다.

같은 취지에서 원심이 원고의 이 사건 등록상표권 행사가 상표권 남용으로서 허용될 수 없다고 보아 원고의 'ACM' 또는 'ACM B&B', '에이씨엠'이란 문자의 사용금지청구를 기각한 조치는 정당하고, 상고이유로 주장하는 바와 같은 판결 결과에 영향을 미친 상표권 남용에 관한 법리오해 등의 위법은 없다.

3. 그러므로 상고를 기각하고, 상고비용은 패소자가 부담하게 하기로 관여 대법관의 의견이 일치되어 주문과 같이 판결한다.

3. 캐 릭 터

[1] 캐릭터 : 소설이나 만화, 영화 등에 등장하는 미키마우스, 피카츄, 디지몬, 영심이, 아기공룡 둘리 등과 같은 가공적 인물을 지칭하는 것과 현사회에서 등장하는 실제인물(박찬호, 김연아, 박태환)인 스포츠선수나 연예인 등을 지칭하기도 한다.

[2] 고객흡인력을 가진 캐릭터는 상표와 마찬가지로 상품에 사용되고 있으나, 이는 상품의 식별표지로서가 아니라 고객흡인력에 의한 것이다.

[3] 캐릭터는 실존 여부에 따라 (i) 연예인이나 운동선수 등과 같이 실재인물에 관한 캐릭터(실재캐릭터)와 (ii) 순수하게 창작된 캐릭터(창작캐릭터), (iii) 시각적으로 인식할 수 있도록 도화로 표현된 것(시각적 캐릭터 아바타 등), (iv) 소설 등에 등장하는 주인공과 같이 언어로 표현된 것(어문적 캐릭터 돈키호테), (v) 신문이나 잡지, TV 등에 시리즈로 등장하는 것(시리즈 캐릭터), (vi) 처음부터 상품화를 목적으로 창작되는 캐릭터(오리지널 캐릭터) 등으로 분류된다.

[4] 캐릭터의 모양이나 이름을 상표로 등록할 경우 : 상표등록요건에 해당되면 상표법에 의한 보호를 받을 수 있다.

(i) 캐릭터를 상표로서 사용했을 경우 자타상품 식별력 등의 요건을 만족해야 하며, 다른 지식재산권과 달리 상표권의 설정등록이 있은 날로부터 10년간 존속하며 존속기간 갱신등록출원에 의하여 10년마다 갱신할 수 있어 영구적으로 사용할 수 있는 장점이 있다.

(ii) 캐릭터가 상표로서 등록요건을 갖추어 지정상품군에 등록되었다고 하더라도 이는 상품의 출처표시를 위하여 사용된 경우에만 상표법으로 보호받을 수 있다.

[5] 타인의 저작권을 침해하는 상표등록이 상표등록거절사유에 해당하는지 여부 : 특허법원 2003. 8. 14. 선고 2003허2027 판결【등록무효(상)】에서는 "상표를 등록하여 사용하는 행위가 저작권을 침해하는 행위라고 할 수 없는 이상은, 저명한 저작물의 제호 또는 그 캐릭터의 명칭을 모방한 표장을 사용한다는 사실만으로 저작물에 내재된 재산적 가치를 직접적으로 침해하는 행위로서 구 상표법 제7조 제1항 제4호(현행 상표법 제34조 제1항 제4호) 소정의 공공의 질서 또는 선량한 풍속을 문란하게 하는 행위라고 할 수 없다."라고 하여 타인의 저작권을 침해하는 상표등록은 상표법 제34조 제1항 제4호 소정의 공공의 질서 또는 선량한 풍속을 문란하게 하는 행위에 해당하여 상표등록거절사유에 해당할 수 있음을 시사하고 있다.[87] 따라서 타인의 저작권을 침해하는 상표등록은 저작자의 승낙없이

---

87) 참조사례 : 일본특허심판소(1960. 4. 25. 심결)는 연필 등 문구류에 대하여 미키마우스의 도형과 MICKEY MOUSE라는 상표를 등록한 사안에 대하여 월트디즈니 프로덕션의 상표등록무효주장을 비록 저작권을 침해하는 상표등록이라 하더라도 공서양속에 반한다고 볼 수 없다는 이유로 받아들

한 범죄행위인 만큼 공서양속위반(상 제34조 제1항 제4호) 또는 기만적 상표(상 제34조 제1항 제11호)에 해당하므로 무효라고 보아야 할 것이다.

[6] 상표는 특정상품군에 대하여 등록되어야 하는데, 캐릭터 소유자가 자신의 캐릭터를 사용할 것이 예상되는 상품에 대하여 전부 상표등록을 한다는 것은 불가능하다.

[7] 상표등록출원은 그 표장을 실제로 사용할 필요는 없다고 하더라도 적어도 등록된 상품에 해당 표장을 사용할 의사가 있어야 하므로(상 제3조) 등록된 상품이외의 상품에 캐릭터가 사용된 경우에는 상표등록으로 캐릭터를 보호할 수 없다.

[8] 일정기간(3년) 사용하지 않은 상표는 취소사유가 되므로(상 제73조 제1항 제3호), 캐릭터의 상표법에 의한 보호에는 한계가 있다.

대법원 2015. 12. 10. **선고** 2015도11550 **판결 【상표법위반·저작권법위반·부정경쟁방지및영업비밀보호에관한법률위반】** [공2016상,157]

【판시사항】

[1] 피고인이 상표권자 갑이 인형 등을 지정상품으로 하여 등록한 상표 ""와 동일 또는 유사한 상표 "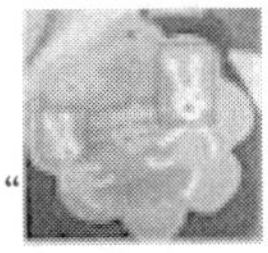"가 부착된 인형을 수입·판매함으로써 갑의 상표권을 침해하였다는 내용으로 기소된 사안에서, 두 상표는 상품의 출처에 관하여 오인·혼동을 일으킬 우려가 있어 유사상표에 해당한다고 한 사례

[2] 피고인이 토끼를 사람 형상으로 표현한 캐릭터 모양의 인형을 수입·판매함으로써, 일본 갑 유한회사의 저작재산권을 침해하고, 갑 회사 등과의 상품화 계약에 따라 을이 국내에서 판매하는 인형과 혼동하게 하며, 을의 상표권을 침해하였다고 하여, 저작권법 위반, 부정경쟁방지 및 영업비밀보호에 관한 법률 위반, 상표법 위반으로 기소된 사안에서, 저작권법위반죄와 부정경쟁방지및영업비밀보호에관한법률위반죄는 상상적 경합관계에 있고, 상표법위반죄는 나머지 죄들과 실체적 경합관계에 있다고 한 사례

【판시사항】

[1] 피고인이 상표권자 갑이 인형 등을 지정상품으로 하여 등록한 상표 ""(이하

이지 않았다.

'등록상표'라고 한다)와 동일 또는 유사한 상표 "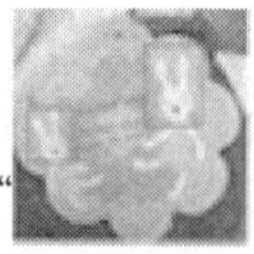"(이하 '피고인 사용상표'라고 한다)가 부착된 인형을 수입·판매함으로써 갑의 상표권을 침해하였다는 내용으로 기소된 사안에서, 등록상표는 청색의 오뚝이 형상 내부에 토끼얼굴 도형이 그려져 있고 하단에 프랑스어 문자 'le Sucre'가 배치되어 있는데 그중 토끼얼굴 도형 부분은 크기와 위치 및 전체 표장에서 차지하는 비중 등에 비추어 볼 때 수요자의 주의를 끄는 특징적 부분이고, 사용상표에 나타나 있는 토끼 도형도 비록 옷을 입은 몸통과 팔다리가 그려져 있기는 하나 등록상표의 토끼얼굴 도형과 사실상 동일한 얼굴모양을 하고 있는 점 등을 종합하여 보면, 두 상표는 거래자나 일반 수요자에게 주는 인상, 기억, 연상 등에 있어서 상품의 출처에 관하여 오인·혼동을 일으킬 우려가 있어 유사상표에 해당한다고 한 사례.

[2] 피고인이 토끼를 사람 형상으로 표현한 캐릭터 모양의 인형을 수입·판매함으로써, 일본 갑 유한회사의 저작재산권을 침해하고, 갑 회사 등과의 상품화 계약에 따라 을이 국내에서 판매하는 인형과 혼동하게 하며, 을의 상표권을 침해하였다고 하여, 저작권법 위반, 부정경쟁방지 및 영업비밀보호에 관한 법률(이하 '부정경쟁방지법'이라고 한다) 위반, 상표법 위반으로 기소된 사안에서, 저작권법위반죄와 부정경쟁방지법 위반죄는 1개의 행위가 수개의 죄에 해당하는 형법 제40조의 상상적 경합관계에 있고, 상표법위반죄는 나머지 죄들과 구성요건과 행위태양 등을 달리하여 형법 제37조 전단의 실체적 경합관계에 있다고 한 사례.

【참조조문】

[1] 상표법 제93조 [2] 형법 제37조, 제40조, 저작권법 제3조 제3항, 제136조 제1항 제1호, 구 부정경쟁방지 및 영업비밀보호에 관한 법률(2013. 7. 30. 법률 제11963호로 개정되기 전의 것) 제2조 제1호 (가)목, 제18조 제3항 제1호, 상표법 제93조

【전 문】

【피 고 인】 피고인
【상 고 인】 피고인
【변 호 인】 법무법인(유한) 바른 외 2인
【원심 판결】 대구지법 2015. 7. 10. 선고 2014노816 판결

대법원 2006. 12. 22. 선고 2005도4002 판결【상표법위반·저작권법위반·부정경쟁방지및영업비밀보호에관한법률위반】

【판시사항】

[1] 캐릭터가 상품화되어 구 부정경쟁방지 및 영업비밀보호에 관한 법률 제2조 제1호 (가)목에 규정된 국내에 널리 인식된 타인의 상품임을 표시한 표지가 되기 위한 요건
[2] 저작재산권자와 사이에 국내 상품화 계약을 체결한 사람은 저작재산권침해행위에

대하여 독자적으로 고소할 수 있는 권한이 없어 고소권자에 의한 적법한 고소가 없다고 한 사례

【이 유】

1. 검사의 상고이유를 판단한다.

캐릭터가 상품화되어 구 부정경쟁방지 및 영업비밀보호에 관한 법률(2004. 1. 20. 법률 제7095호로 개정되기 전의 것) 제2조 제1호 (가)목에 규정된 국내에 널리 인식된 타인의 상품임을 표시한 표지가 되기 위해서는 캐릭터 자체가 국내에 널리 알려져 있는 것만으로는 부족하고, 그 캐릭터에 대한 상품화 사업이 이루어지고 이에 대한 지속적인 선전, 광고 및 품질관리 등으로 그 캐릭터가 이를 상품화할 수 있는 권리를 가진 자의 상품표지이거나 위 상품화권자와 그로부터 상품화 계약에 따라 캐릭터사용허락을 받은 사용권자 및 재사용권자 등 그 캐릭터에 관한 상품화 사업을 영위하는 집단(group)의 상품표지로서 수요자들에게 널리 인식되어 있을 것을 요한다(대법원 1996. 9. 6. 선고 96도139 판결, 2005. 4. 29. 선고 2005도70 판결 등 참조).

원심이 이와 같은 취지에서 그 판시와 같은 사정을 들어 이 사건 '햄토리' 캐릭터가 2001. 7.경은 물론 2001. 12.경에도 상품화사업을 영위하는 집단의 상품표지로서 수요자들에게 널리 인식되었다고 단정하기에 부족하다고 본 다음, 피고인들에 대한 부정경쟁방지 및 영업비밀보호에 관한 법률 위반의 점에 관한 공소사실에 대하여 무죄로 판단하였음은 정당한 것으로 수긍이 가고, 거기에 상고이유로 주장하는 바와 같은 부정경쟁행위에 관한 법리오해 등의 위법이 없다.

2. 피고인들의 상고이유를 판단한다.

가. 상표법 위반의 점에 대하여

원심판결 이유를 기록에 비추어 살펴보면, 원심이 이 부분 공소사실에 대하여 유죄로 판단하고 상표법 제93조, 제97조에 의하여 피고인들 모두에 대하여 형을 정하였음은 정당한 것으로 수긍이 가고, 거기에 상고이유로 주장하는 바와 같은 위법이 없다.

나. 저작권법 위반의 점에 대하여

저작권법 위반의 점에 관한 상고이유를 판단하기에 앞서 직권으로 본다.

피고인들에 대한 이 부분 공소는 피해자(저작재산권자)의 고소가 있어야 논할 사건이고, 그 공소사실에는 이 사건 애니메이션 '원피스'에 등장하는 캐릭터에 대한 저작재산권자가 일본국 도에이애니메이션 주식회사(이하 '도에이'라 한다)로 기재되어 있는데, 도에이가 고소를 제기하였다는 자료는 기록에 나타나 있지 않다. 다만, 수사기록에는 대원씨앤에이홀딩스 주식회사(이하 '대원'이라 한다)가 고소하였다는 자료가 있으나, 대원은 이 사건 '원피스' 애니메이션 및 캐릭터에 대하여 도에이와 사이에 국내 상품화 계약을 체결한 자로서, 저작권법 제42조 제1항에 의해 저작물의 이용을 허락받은 자에 해당할 수는 있다고 하더라도 저작재산권자로 볼 수는 없으므로 저작재산권침해에 관하여 독자적으로 고소할 수 있는 권한이 있다고 할 수 없다. 또한, 기록을 살펴보아도 대원이 도에이로부터 대리하여

고소할 수 있는 권한을 수여받았음을 증명할 수 있는 자료 역시 찾아볼 수 없다.

사정이 이러함에도 불구하고, 원심은 고소권자에 의한 적법한 고소가 있었는지에 대하여 상세히 살펴보지 아니한 채 이 부분 공소사실을 유죄로 인정하였는바, 이는 친고죄에 관한 법리를 오해하고 필요한 심리를 다하지 아니함으로써 판결에 영향을 미친 위법이 있다.

3. 결 론

따라서 검사의 상고이유의 주장 및 상표법 위반의 점에 대한 피고인들의 상고이유의 주장은 이유 없으나 저작권법 위반의 점에 대하여는 직권 파기사유가 존재하는바, 원심판결은 피고인들에 대하여 상표법 위반죄와 저작권법 위반죄를 형법 제37조 전단의 경합범으로 인정하여 하나의 형을 선고하였으므로 원심판결 중 피고인들에 대한 유죄 부분 전부가 파기될 수밖에 없다. 그러므로 원심판결 중 피고인들에 대한 유죄 부분을 파기하여 사건을 다시 심리·판단하게 하기 위하여 원심법원에 환송하고, 검사의 상고는 기각하기로 하여 관여 대법관의 일치된 의견으로 주문과 같이 판결한다.

대법원 2005. 4. 29. 선고 2005도70 판결【저작권법위반·부정경쟁방지및영업비밀보호에관한법률위반】

【판시사항】

[1] 저작물인 만화영화의 캐릭터가 특정분야 또는 일반대중에게 널리 알려진 것이라거나 고객흡인력을 가졌는지 여부는 저작물의 저작권법에 의한 보호 여부를 판단함에 있어서 고려할 사항이 아니라고 한 사례

[2] 저작물인 만화영화에 등장하는 캐릭터가 부착된 팽이를 수입한 행위가 저작권 침해행위에 해당한다고 한 사례

[3] 이른바 캐릭터가 상품화되어 부정경쟁방지및영업비밀보호에관한법률 제2조 제1호 (가)목에 규정된 '국내에 널리 인식된 타인의 상품임을 표시한 표지'가 되기 위한 요건

[4] 원심이 유죄의 증거로 거시한 서류들은 소송관계인이 수사기관 또는 원심법정에 제출하였을 뿐, 검사가 이를 증거로 제출하였거나 공판정에서 이에 대한 적법한 증거조사를 하지 않았다는 이유로 위 서류들의 증거능력을 부정한 사례

【판결요지】

[1] 저작물인 만화영화의 캐릭터가 특정분야 또는 일반대중에게 널리 알려진 것이라거나 고객흡인력을 가졌는지 여부는 저작물의 저작권법에 의한 보호 여부를 판단함에 있어서 고려할 사항이 아니라고 한 사례.

[2] 특정 회사가 저작권을 갖고 있는 저작물인 만화영화에 등장하는 캐릭터가 부착된 팽이를 수입한 행위가 저작권 침해행위에 해당한다고 한 사례.

[3] 만화, 텔레비전, 영화, 신문, 잡지 등 대중이 접하는 매체를 통하여 등장하는 가공적인 또는 실재하는 인물, 동물 등의 형상과 명칭을 뜻하는 이른바 캐릭터(character)는 그것

이 가지고 있는 고객흡인력(고객흡인력) 때문에 이를 상품에 이용하는 상품화{이른바 캐릭터 머천다이징(character merchandising)}가 이루어지게 되는 것이고 상표처럼 상품의 출처를 표시하는 것을 그 본질적인 기능으로 하는 것은 아니어서 캐릭터 자체가 널리 알려져 있다고 하더라도 그것이 상품화된 경우에 곧바로 타인의 상품임을 표시한 표지로 되거나 그러한 표지로서도 널리 알려진 상태에 이르게 되는 것은 아니라고 할 것이므로, 캐릭터가 상품화되어 부정경쟁방지및영업비밀보호에관한법률 제2조 제1호 (가)목에 규정된 '국내에 널리 인식된 타인의 상품임을 표시한 표지'가 되기 위하여는 캐릭터 자체가 국내에 널리 알려져 있는 것만으로는 부족하고, 그 캐릭터에 대한 상품화 사업이 이루어지고 이에 대한 지속적인 선전, 광고 및 품질관리 등으로 그 캐릭터가 이를 상품화할 수 있는 권리를 가진 자의 상품표지이거나 위 상품화권자와 그로부터 상품화 계약에 따라 캐릭터사용허락을 받은 사용권자 및 재사용권자 등 그 캐릭터에 관한 상품화 사업을 영위하는 집단(group)의 상품표지로서 수요자들에게 널리 인식되어 있을 것을 요한다.

[4] 원심이 유죄의 증거로 거시한 서류들은 소송관계인이 수사기관 또는 원심법정에 제출하였을 뿐, 검사가 이를 증거로 제출하였거나 공판정에서 이에 대한 적법한 증거조사를 하지 않았다는 이유로 위 서류들의 증거능력을 부정한 사례.

대법원 2000. 5. 30. 선고 98후843 판결【등록무효(상)】

【판시사항】

[1] 상표법 제7조 제1항 제10호 소정의 저명상표에 해당하는지 여부의 판단 기준 및 판단 기준시(=등록출원시)

[2] 상표법 제7조 제1항 제11호 소정의 '수요자를 기만한 염려가 있는 상표'에 해당하는지 여부의 판단 기준 및 판단 기준시(=상표등록사정시)

[3] 인용상표가 캐릭터를 주제로 한 상표로서 그 캐릭터 자체가 널리 알려져 있다는 사정만으로 그 상표가 일반 수요자나 거래자들에게 특정인의 상표로서 널리 인식되어 있다고 볼 수 있는지 여부(소극)

[4] 등록상표가 'TOM & JERRY' 만화영상물을 모방하여 출원등록하였으나 'TOM & JERRY'의 저작권이 이미 소멸하였다는 이유로 저작권 침해가 아니라고 한 사례

【판결요지】

[1] 상표법 제7조 제1항 제10호를 적용함에 있어 인용상표가 저명상표인가의 여부는 그 상표의 사용, 공급, 영업활동의 기간, 방법, 태양 및 거래범위 등과 그 거래실정 또는 사회통념상 객관적으로 널리 알려졌느냐의 여부 등이 일응의 기준이 된다 할 것이고, 인용상표가 다른 나라에 등록되어 있고 거기에서 그 상표 및 상품이 널리 선전되어 있다거나 상품판매실적이 상당하다고 하여 반드시 우리나라의 일반 수요자들 사이에서도 현저하게 인식되었다고 단정할 수 없으며, 인용상표가 저명상표인지 여부를 판단하는 기준시는 그 상표의 등록출원시라고 보아야 한다.

[2] 상표법 제7조 제1항 제11호에서 규정하고 있는 수요자를 기만할 염려가 있다고 하기

위하여는 인용상표나 그 사용상품이 반드시 저명하여야 하는 것은 아니지만 적어도 국내의 일반거래에 있어서 수요자나 거래자에게 그 상표나 상품이라고 하면 특정인의 상표나 상품이라고 인식될 수 있을 정도로 알려져 있어야 할 것이고, 이러한 경우에는 인용상표와 동일 또는 유사한 상표가 위 사용상품과 동일 또는 유사한 지정상품에 사용되어질 경우에 위 규정에 의하여 일반 수요자로 하여금 상품의 출처에 관하여 오인·혼동을 일으키게 하여 수요자를 기만할 염려가 있다고 할 수 있을 것이며, 이는 상표등록출원에 대하여 상표등록사정을 할 때를 기준으로 판단하여야 한다.

[3] 인용상표가 캐릭터(character)를 주제로 한 상표인 경우, 캐릭터는 그것이 가지고 있는 고객흡인력(고객흡인력)때문에 이를 상품에 이용하는 상품화(이른바 캐릭터 머천다이징 ; character merchandising)가 이루어지게 되는 것이고 상표처럼 상품의 출처를 표시하는 것을 그 본질적인 기능으로 하는 것은 아니므로, 그 캐릭터 자체가 널리 알려져 있다 하더라도 그러한 사정만으로는 곧바로 인용상표가 일반 수요자나 거래자들에게 특정인의 상표로서 널리 인식되어 있다고 보기 어렵다.

[4] 등록상표의 출원시 및 등록사정 당시에 시행중인 구 저작권법(1995. 12. 6. 법률 제5015호로 개정되기 전의 것) 제3조 제1항에 의하면 "외국인의 저작물은 대한민국이 가입 또는 체결한 조약에 따라 보호된다. 다만, 당해 조약 발효일 이전에 발행된 외국인의 저작물은 보호되지 아니한다."고 규정하였고, 1995. 12. 6. 법률 제5015호로 개정된 저작권법은 위 제3조 단서조항을 삭제하여 외국인의 저작물에 대한 소급보호를 인정하면서도 그 경과조치로서 부칙(1995. 12. 6.) 제3조에서 "제3조 제1항 …… 에 의하여 보호되는 외국인의 저작물 …… 로서 이 법 시행 전에 공표된 것(이하 '회복저작물 등'이라 한다)의 저작권 …… 는 당해 회복저작물 등이 대한민국에서 보호되었더라면 인정되었을 보호기간의 잔여기간 동안 존속한다."고 규정하고 있는바, 'TOM & JERRY' 만화영상물이 1940년 만화영화에 상영되어 공연되었음을 알 수 있고, 1986. 12. 31. 법률 제3916호로 전문 개정되기 전의 저작권법 제33조에 의하면, 'TOM & JERRY' 만화영상물과 같이 회사가 저작자인 경우 그 존속기간은 공연한 날로부터 30년이므로, 결국 'TOM & JERRY'의 저작권은 이미 1970년 말에 그 존속기간이 만료되어 소멸되었다고 볼 것이므로, 저작권법 부칙(1995. 12. 6.) 제3조에 따른 회복저작물의 보호를 받지 못한다고 할 것이고, 또한 위 'TOM & JERRY'의 저작물은 세계저작권협약(UCC : Universal Copyright Convention)의 대한민국 내 발효일인 1987. 10. 1. 이전에 창작된 것이어서 위 1995. 12. 6. 법률 제5015호로 개정되기 전의 저작권법 제3조 제1항 단서에 의하여도 저작물로서의 보호대상이 되지 아니하므로, 등록상표가 위 'TOM & JERRY'를 모방하여 출원등록한 것이라고 하더라도 저작권을 침해한 것이라고 볼 수 없다고 한 사례.

대법원 1997. 4. 22. 선고 96도1727 판결 【상표법위반·저작권법위반(각 예비적 죄명 : 부정경쟁방지법위반)】

【판시사항】

[1] 지정상품으로서의 "목욕수건, 비치타월, 모자, 장갑, 양말, 넥타이"와 "티셔츠"의 유사

여부(소극)

[2] 세계저작권협약의 국내 발효일 이전에 발행된 외국인의 저작물을 바탕으로 그 발효일 이후에 창작된 연속저작물이 구 저작권법상의 보호대상이 되지 않는다고 본 사례

[3] 연속 만화영상저작물의 캐릭터가 어느 시점을 기준으로 새로운 저작물로 인정되기 위한 요건

[4] 캐릭터가 부정경쟁방지법 제2조 제1호 (가)목의 '국내에 널리 인식된 타인의 상품표지'가 되기 위한 요건

[5] '톰앤제리' 캐릭터가 '국내에 널리 인식된 타인의 상품표지'에 해당하지 않는다고 한 사례

【판결요지】

[1] 상품의 동일, 유사 여부는 상품의 속성인 품질, 형상, 용도와 생산 부분, 판매 부분, 수요자의 범위 등 거래의 실정 등을 고려하여 일반거래의 통념에 따라 판단하여야 하므로, 등록상표의 지정상품인 "목욕수건, 비치타월, 모자, 장갑, 양말, 넥타이" 등과 피고인 제조 상품인 티셔츠는 그 소재가 대부분 직물이라는 점 이외에는 그 용도나 형상, 거래실정이 상이하여 유사상품이라고 볼 수 없다.

[2] 외국 법인에 의하여 창작된 만화영상저작물인 톰앤제리 캐릭터는 세계저작권협약(U.C.C.)의 대한민국 내 발효일인 1987. 10. 1. 이전에 창작된 저작물로서 구 저작권법(1995. 12. 6. 법률 제5015호로 개정되기 전의 것) 제3조 제1항 단서에 의하여 저작물로서의 보호대상이 되지 아니할 뿐만 아니라, 위 톰앤제리의 연속저작물 중 위 협약의 발효일 이후에 새로 창작된 부분이 있다고 하더라도 이는 이미 공표된 종전의 저작물을 바탕으로 하여 창작되어 사용된 것이므로, 내국인이 임의로 이를 사용하였다고 하더라도 위 협약의 발효일 이후에 새로이 창작된 톰앤제리의 저작권을 침해한 것이라고 볼 수 없다는 이유로 구 저작권법위반의 점에 대하여 무죄를 선고한 원심판결을 수긍한 사례.

[3] 일련의 연속된 특정 만화영상저작물의 캐릭터가 어느 시점을 기준으로 하여 새로운 저작물로서 인정되기 위하여서는 종전의 캐릭터와는 동일성이 인정되지 아니할 정도의 전혀 새로운 창작물이어야 한다.

[4] 이른바 캐릭터(character)는 그것이 가지고 있는 고객흡인력때문에 이를 상품에 이용하는 상품화(이른바 캐릭터 머천다이징 ; character merchandising)가 이루어지게 되는 것이고, 상표처럼 상품의 출처를 표시하는 것을 그 본질적인 기능으로 하는 것은 아니어서 캐릭터 자체가 널리 알려져 있다고 하더라도 그것이 상품화된 경우에 곧바로 타인의 상품임을 표시한 표지로 되거나 그러한 표지로서도 널리 알려진 상태에 이르게 되는 것은 아니라고 할 것이므로, 캐릭터가 상품화되어 부정경쟁방지법 제2조 제1호 (가)목에 규정된 "국내에 널리 인식된 타인의 상품임을 표시한 표지"가 되기 위하여는 캐릭터 자체가 국내에 널리 알려져 있는 것만으로는 부족하고, 그 캐릭터에 대한 상품화사업이 이루어지고 이에 대한 지속적인 선전, 광고 및 품질관리 등으로 그 캐릭터가 이를 상품화할 수 있는 권리를 가진 자의 상품표지이거나 위 상품화권자와

그로부터 상품화계약에 따라 캐릭터사용허락을 받은 사용권자 및 재사용권자 등 그 캐릭터에 관한 상품화사업을 영위하는 집단(group)의 상품표지로서 수요자들에게 널리 인식되어 있을 것을 요한다.

[5] '톰앤제리' 캐릭터가 그 권리자인 미국 "터너 홈 엔터테인먼트사" 또는 그로부터 그 캐릭터의 사용을 허락받은 사람이 제조·판매하는 상품의 표지로서 국내에 널리 인식되었다고 인정할 만한 증거가 없다는 이유로, 부정경쟁방지법 제2조 제1호 (가)목에 해당하지 않는다고 판단한 원심판결을 수긍한 사례.

대법원 1996. 9. 6. 선고 96도139 판결【부정경쟁방지법위반】

【판시사항】

[1] 이른바 캐릭터가 상품화되어 부정경쟁방지법 제2조 제1호 가목에 규정된 '국내에 널리 인식된 타인의 상품표지'로 되기 위한 요건

[2] '미키마우스' 캐릭터가 월트디즈니사 등의 상품표지로서 국내에 널리 인식된 타인의 상품임을 표시한 표지가 아니라고 한 사례

【판결요지】

[1] 만화, 텔레비전, 영화, 신문, 잡지 등 대중이 접하는 매체를 통하여 등장하는 가공적인 또는 실재하는 인물, 동물 등의 형상과 명칭을 뜻하는 이른바 캐릭터(character)는 그것이 가지고 있는 고객흡인력(고객흡인력) 때문에 이를 상품에 이용하는 상품화(이른바 캐릭터 머천다이징, character merchandising)가 이루어지게 되는 것이고, 상표처럼 상품의 출처를 표시하는 것을 그 본질적인 기능으로 하는 것은 아니어서, 캐릭터 자체가 널리 알려져 있다고 하더라도 그것이 상품화된 경우에 곧바로 타인의 상품임을 표시한 표지로 되거나 그러한 표지로서도 널리 알려진 상태에 이르게 되는 것은 아니라고 할 것이므로, 캐릭터가 상품화되어 부정경쟁방지법 제2조 제1호 가목에 규정된 국내에 널리 인식된 타인의 상품임을 표시한 표지가 되기 위하여는 캐릭터 자체가 국내에 널리 알려져 있는 것만으로는 부족하고, 그 캐릭터에 대한 상품화 사업이 이루어지고 이에 대한 지속적인 선전, 광고 및 품질관리 등으로 그 캐릭터가 이를 상품화할 수 있는 권리를 가진 자의 상품표지이거나 위 상품화권자와 그로부터 상품화 계약에 따라 캐릭터사용허락을 받은 사용권자 및 재사용권자 등 그 캐릭터에 관한 상품화 사업을 영위하는 집단(group)의 상품표지로서 수요자들에게 널리 인식되어 있을 것을 요한다.

[2] '미키마우스' 캐릭터가 '더 월트디즈니 컴퍼니' 또는 그로부터 미키마우스 캐릭터의 사용을 허락받은 사람이 제조, 판매하는 상품의 표지로서 국내에 널리 인식되었다고 인정하기에 부족하고 달리 이를 인정할 만한 증거가 없다는 이유로, 부정경쟁방지법 제2조 제1호 가목에 해당하지 않는다고 판단한 원심판결을 수긍한 사례.

특허법원 2003. 8. 14. 선고 2003허2027 판결【등록무효(상)】확정

【판시사항】

[1] 저명한 캐릭터 또는 그 명칭이 상표적으로 사용되는 경우 언제나 주지·저명한 상표인

지 여부(소극) 및 그 판단 기준

[2] 저명한 저작물의 제호나 그 캐릭터의 명칭을 상표로 사용하는 것이 상표법 제7조 제1항 제4호에 해당하는지 여부(소극)

【판결요지】

[1] 저명한 저작물에 등장하는 이른바 캐릭터(character) 또는 그 명칭은 그것이 가지고 있는 고객흡인력(고객흡인력) 때문에 이를 상품에 이용하는 상품화(이른바 캐릭터 머천다이징; character merchandising)가 이루어지게 되는 것이고, 그와 같은 경우에는 상품의 출처를 표시하거나 품질보증기능을 하는 등 상표적으로 사용될 수도 있을 것이며, 이와 같이 캐릭터 또는 그 명칭이 상품화 사업을 통하여 상표적으로 사용되는 경우 캐릭터 자체가 저명하다 하여 상표적으로 사용된 표장 자체가 바로 그 캐릭터에 관한 상품화사업을 영위하는 특정 집단(group)의 상품표지로서 수요자들에게 널리 인식되어 있다거나, 그 상품이나 상표라고 하면 그 특정 집단의 상품이나 상표라고 인식될 수 있을 정도로 알려져 있다고 단정할 수는 없는 것이므로, 캐릭터 또는 그 명칭이 상품화되어 주지·저명한 상표 또는 특정인의 상품이나 상표로서 인식될 정도에 이른 상표라고 할 수 있는지 여부는 캐릭터 자체가 국내에 널리 알려져 있는 것만으로는 부족하고, 그 캐릭터 상품의 판매실적, 상품의 공급기간, 영업활동의 기간, 방법, 태양 및 거래범위 등을 종합하여 거래실정 또는 사회통념상 객관적으로 상표로서 널리 알려져 있느냐의 여부 등을 종합하여 이를 판단하여야 한다.

[2] 저작물의 제호나 캐릭터의 명칭은 그 자체만으로는 사상 또는 감정의 표현이라고 보기 어려워 저작권법 제2조 제1호에서 저작권의 보호대상으로 규정한 저작물이라고 할 수 없고, 따라서 특단의 사정이 없는 한 누구나 이를 자유롭게 사용할 수 있는 것이므로, 비록 저작물이나 그 캐릭터가 주지·저명한 것이라고 하더라도 저작물 자체 또는 캐릭터 자체에 내재된 재산적 가치는 별론으로 하고 이러한 제호나 캐릭터의 명칭에 어떤 재산적 가치가 화체되어 있다고 할 수는 없으므로, 상표를 등록하여 사용하는 행위가 저작권을 침해하는 행위라고 할 수 없는 이상은, 저명한 저작물의 제호 또는 그 캐릭터의 명칭을 모방한 표장을 사용한다는 사실만으로 저작물에 내재된 재산적 가치를 직접적으로 침해하는 행위로서 상표법 제7조 제1항 제4호 소정의 공공의 질서 또는 선량한 풍속을 문란하게 하는 행위라고 할 수 없다.

4. 트레이드 드레스(Trade Dress)

[1] 트레이드 드레스 : 상품 또는 서비스의 출처표지로 자리잡은 특징적인 외관 등에 대한 보호와 관련하여 미국 판례법을 통하여 형성된 개념이다. 전통적인 의미의 트레이드 드레스란 상품의 포장시에 이용된 라벨, 포장지 및 용기의 전체적인 외형에 국한되었다.[88] 오늘날 제기된 다수의 사례는 이러한 유형의 전통적인 트레이드 드레스에 관한 것이다.[89] 트레이드 드레스는 빈번하게 요소의 전체(totality)로서 정의되지만, 포장지 또는

용기에 표현된 특징의 전체에 미치지 못하는 것으로 이루어진 일련의 요소로 정의될 수도 있다.[90] 따라서 현대적인 의미로 판단할 때, 트레이드 드레스란 "다른 상품이나 서비스와 구별하게 해 주는 어떤 상품이나 서비스의 전체적인 시각적 이미지"를 말하는 것으로서, "물품의 크기, 형상, 색채 또는 색채의 조합, 소재(질감), 도형, 설계, 광고주제 등을 포함하는 다수의 상이한 물리적 형태 등으로 구성"되는 것을 의미한다.

[2] 물품의 포장이나 라벨링도 포함되고 다른 물품과의 식별기능을 발휘하는 "물품 자체의 디자인이나 외관"도 포함되며, 심지어는 식당의 실내장식, 메뉴, 서비스방식, 판매기법 등까지 트레이드 드레스의 일종으로 파악된다. 미국에서는 1986년 11월 16일 개정된 연방상표법 제43조(a)(3)에서 "상품과 서비스 또는 상품의 용기에 단어, 문자, 기호, 고안 또는 이들의 결합을 상업적으로 사용하여 출처의 허위표시, 상품출처의 오인혼동을 야기하거나, 상업적 광고행위에 서 타인의 영업과의 관계, 연관관계 또는 후원관계가 있다는 혼동을 야기하거나 기만할 우려가 있는 행위를 한 자에 대해서는 그러한 행위로 인하여 침해를 받았거나 또는 받을 우려가 있는 자는 민사소송을 제기할 수 있다."라고 규정하고 있다.

[3] 트레이드 드레스 침해를 인정하기 위한 요건: 원고는 다음의 권리근거사실을 주장하여 입증하여야 한다.

(i) 원고가 명백하게 표현된 디자인 또는 내재적으로 식별력을 가지고 있거나 2차적 의미를 통하여 식별력을 취득한 요소의 결합에 대한 트레이드 드레스를 가지고 있을 것

(ii) 해당 표장 또는 트레이드 드레스가 출처, 후원관계, 제휴관계 또는 연계에 대한 혼동개연성을 초래할 것[91]

(iii) 트레이드 드레스가 등록되지 않은 경우에는 원고는 트레이드 드레스가 기능적이지 않다는 점을 입증하여야 한다. 하지만, 트레이드 드레스가 등록된 경우에는 등록사실은 비기능적임을 추정하는 증거가 되고 기능성증명책임은 피고측에게 전환된다.

[4] EC의 공동체상표의 창설을 위한 이사회 규칙: 상품의 형상 또는 포장을 포함하고 있어 Trade Dress를 보호하고 있다(영국: get-up. 독일: Ausstattung).

---

88) Restatement Third, Unfair Competition, § 16, comment a (1995).

89) See, e.g., Storck USA, L.P. v. Farley Candy Co., 14 F.3d 311, 29 U.S.P.Q.2d 1431 (7th Cir. 1994) (사탕의 포장용지상 사진 및 그림의 트레이드 드레스의 모방을 금하는 가처분에 관한 사례); Bristol-Myers Squibb Co. v. McNeil-P.P.C., Inc., 973 F.2d 1033, 24 U.S.P.Q.2d 1161 (2d Cir. 1992).

90) See, e.g., Hershey Foods Corp. v. Mars, Inc., 998 F. Supp. 500, 517-518 (M.D. Pa. 1998); AM General Corp. v. DaimlerChrysler Corp., 311 F.3d 796, 65 U.S.P.Q.2d 1001 (7th Cir. 2002).

91) J. Thomas McCarthy, Comparison of Conflicting Trade Dresses, 1 McCarthy on Trademarks and Unfair Competition § 8:15 (4th ed., 2013).

[5] 우리 상표법은 상품출처표시 기능을 갖는 일체의 물품 외관 보호를 인정하지 않고 있다. 다만 현행 상표법에서 입체적 형상을 하나의 상표구성요소로 인정하고 있으나 트레이드 드레스를 상표로서 보호할 수 있는 근거규정이 마련되었다고 보기는 어렵다.

[6] 미국 판례법상 트레이드 드레스로서 보호받기 위한 요건으로서 (i) 비기능성, (ii) 식별력, (iii) 오인혼동(물품의 혼동, 물품출처의 혼동, 후원관계의 혼동 등이 포함)의 가능성의 존재가 필요하다. 식별력과 관련해서는 전체적으로 일반 수요자가 그 물품의 외관을 그 물품 자체와 구별하여 하나의 단일출처로서 인식할 수 있어야 한다. 원래부터 "고유한 식별력"이 있거나 상당기간 사용에 의하여 "2차적 의미"를 가지게 되면 식별력이 존재하는 것이다. 트레이드 드레스가 고유한 식별력이 있는지 여부 (i) 그것이 평범한 형상 또는 디자인인가, (ii) 독특하고 특이한 점이 있는가, (iii) 평범한 장식의 형상을 좀더 세련호한 것에 불과한 것일 뿐인가 여부 등에 의하여 판단된다. 그리고 2차적 의미 획득의 증거는 (i) 장기간의 사용, (ii) 판매의 성공(대량판매), (iii) 실질적인 광고지출, (iv) 디자인의 형태를 강조하는 (광범위한 선전) 선전, (v) 매체의 자발적인 게재, (vi) 디자인에 대한 제3자의 라이선스 요청, (vii) 피고나 다른 경업자에 의한 트레이드 드레스의 고의적인 모방, (viii) 조사에 의한 증거에 의해 판단된다.

[7] EU : 트레이드 드레스가 보호받기 위해서는 식별력 등 상표등록요건을 구비하여야 하며, (i) 상품 그 자체의 성질로부터 파생하는 형상, (ii) 기술적인 결과를 얻기 위해 필요한 상품의 형상, (iii) 상품에 실질적인 가치를 부여하는 형상 등에 해당할 경우에는 상표로서 등록이 거절된다(상표에 관련된 회원국 법률을 접근시키기 위한 이사회 지침 제7조).

서울고등법원 2016. 5. 12. 선고 2015나2044777 판결(확정) {대법원 2016. 9. 21. 선고 2016다229058 판결 (심리불속행 상고기각하여 원심 판결 확정)}

특정 영업을 구성하는 영업소 건물의 형태와 외관, 내부 디자인, 장식, 표지판 등 '영업의 종합적 이미지'의 경우 그 개별 요소들로서는 부정경쟁방지법 제2조 제1호 (가)목 내지 (자)목을 비롯하여 디자인보호법, 상표법 등 지식재산권 관련 법률의 개별 규정에 의해서는 보호받지 못한다고 하더라도, 그 개별 요소들의 전체 혹은 결합된 이미지는 특별한 사정이 없는 한 부정경쟁방지법 제2조 제1호 (차)목이 규정하고 있는 '해당 사업자의 상당한 노력과 투자에 의하여 구축된 성과물'에 해당한다고 볼 수 있다고 한 사례

☞ 대법원 2016. 9. 21. 선고 2016다229058 판결은 상당한 노력을 투자한 인테리어 등을 무단으로 이용해 이익을 취한 사례로서 부정경쟁방지법 제2조 제1호 차목에 따라 대법원이 내린 최초의 판결이다.

인터넷주소자원에 관한 법률 제12조에 따른 도메인이름이전등록청구

1. 서울중앙지방법원 2010. 9. 17. 선고 2010가합43684 판결【도메인주소보유권확인등】

[미간행]

【전 문】

【원 고】 원고(소송대리인 법무법인 한강 담당변호사 김학금)

【피 고】 케이투코리아 주식회사(소송대리인 법무법인 광장 담당변호사 서무송 외 1인)

【변론종결】 2010. 9. 1.

【주 문】

1. 원고의 청구를 기각한다.
2. 소송비용은 원고가 부담한다.

【청구취지】

피고의 원고에 대한 도메인이름 "k2.co.kr"에 관하여 이전등록청구권이 존재하지 아니함을 확인한다.

【이 유】

1. 기초사실

다음의 각 사실은 당사자 사이에 다툼이 없거나, 갑 1 내지 4호증, 을 1호증 내지 을 28호증의 각 기재에 변론 전체의 취지를 종합하면 이를 인정할 수 있고, 달리 반증이 없다.

가. 원고는 'ㅇㅇㅇㅇㅇㅇ' 이름으로 2000. 1. 28. 도메인이름 등록대행자인 주식회사 아이네임즈를 통하여 한국인터넷진흥원에 "k2.co.kr"이라는 도메인이름(이하 '이 사건 도메인이름'이라 한다)을 등록한 이래로 지금까지 이를 보유하고 있다.

나. 피고는 아래 각 상표(이하 '이 사건 상표'라 하고, 각각 호칭할 때는 '이 사건 1 상표', '이 사건 2 상표'라 한다)의 상표권자이고, 피고 내지는 피고의 전신인 소외인 경영의 케이투 상사는 1972년경부터 지금까지 약 38년 동안 이 사건 상표와 동일성 범위 내에 있는 상표들을 등산화 등의 상품과 그에 대한 광고에 사용하여 왔으며, 2001년경부터 위 상표들을 전면에 내세운 텔레비전 광고를 전국적으로 방송한 것을 비롯하여 라디오, 지하철역 광고판 및 버스 외벽 등의 다양한 광고수단을 이용하여 위 상표들을 중점적으로 광고하고, 2002년경부터는 이 사건 2 상표를 본격적으로 사용하기 시작하였다. 한편 1997년부터 2000년까지 동안 피고의 매출액 합계가 400억 원 상당, 광고비 합계가 15억 원 상당이었는데, 2001년 이후 그 매출액이 2001년 약 257억 원,

2002년 약 330억 원, 2003년 534억 원 등 지속적으로 가파르게 증대하였고, 광고비도 2001년 약 9억 3천만 원, 2002년 약 6억 3천만 원, 2003년 약 11억 2천만 원 등 상당액을 지출하였으며, 그 결과 2003년 4월경 피고의 제품은 국내 등산화 시장의 약 40%, 국내 안전화 시장의 약 80%의 점유율을 차지하게 되었고, 그 무렵 각종 언론매체 등에서 'K2'를 피고 또는 피고의 제품을 지칭하는 것으로 사용하는 등 피고의 등산화 등 등산 관련 제품의 품질에 대한 언론기관의 호의적인 보도가 잇따랐다.

1) K2

- 상표등록번호(상표등록번호 1 생략)
- 출원연월일 2004. 8. 28.
- 등록연월일 2008. 6. 2.
- 지정상품 제25류(등산화, 안전화)

2) K2

- 상표등록번호(상표등록번호 2 생략)
- 출원연월일 2007. 5. 8.
- 등록연월일 2009. 1. 6.
- 지정상품 제25류(등산용 자켓)

다. 피고는 2009. 12. 14. 원고를 상대로 인터넷주소분쟁조정위원회에 이 사건 도메인이름에 대하여 분쟁조정을 신청하였고, 인터넷주소분쟁조정위원회는 2010. 2. 18. 이 사건 도메인이름 등록을 피고에게 이전하라는 내용의 결정을 하였다.

라. 한편 원고는 이 사건 도메인이름 등록 이후 웹사이트를 개설하여 "산을 좋아하는 사람이 만든 홈페이지"로 사용하다가, 2002년경에는 원고의 지인으로 하여금 컴퓨터 및 컴퓨터 주변기기 판매 사이트로 사용하게 하고, 다시 2005년경부터 2007년경까지는 오이재배기술 등에 관한 정보공유 사이트로 사용하였으며, 2008년경부터 피고가 위 분쟁조정신청을 한 2009. 12. 14.까지는 아예 웹사이트를 폐쇄하여 사용하지 않았다.

2. 주장 및 판단

가. 원고의 주장

원고는 원고와 원고가 거주하는 지역주민들이 생산한 농산물을 홍보하고 판매할 목적으로 이 사건 도메인이름을 등록·보유하고 있는 것이지 부정한 목적이 있는 것이 아니라고 주장하면서, 피고에게는 인터넷주소자원에 관한 법률(이하 '인터넷주소자원법'이라 한다) 제12조에 따른 도메인이름 이전등록청구권이 존재하지 않는다는 확인을 구한다.

나. 판 단

인터넷주소자원법 제12조에 따르면 정당한 권원이 있는 자는 부정한 목적으로 도메인이름 등을 등록·보유 또는 사용하는 자에 대하여 그 도메인이름 등의 등록말소 또는 등록이전을 청구할 수 있는데, 피고가 이 사건 상표와 동일성이 인정되는 상표들을 장기간에 걸쳐 사용하였을 뿐만 아니라 2002년경부터 이 사건 2 상표를 계속적·중점적으로 사용함으로써 이 사건 1 상표의 출원일인 2004년 무렵 이미 등산화, 안전화 및 등산용품 등에 관하여 대다수의 수요자에게 "K2" 상표가 피고의 상품표지로 인식되기에 이르렀다고 할 것이어서 그 식별력과 주지성의 취득이 인정되고, 피고는 "K2"를 고딕체로 형상화한 이 사건 상표권의 상표권자인 사실은 앞서 본 바와 같으므로 특별한 사정이 없는 한 피고는 이 사건 상표와 동일성 범위 내에[92] 있는 이 사건 도메인이름에 관하여 정당한 권원이 있는 자에 해당한다고 볼 수 있고, 원고가 부정한 목적으로 이 사건 도메인이름을 등록·보유하고 있다고 인정된다면 피고는 원고에게 이 사건 도메인이름을 이전해 줄 것을 청구할 수 있을 것이다(피고는 인터넷주소자원법 제12조에 따라 원고에 대하여 이 사건 도메인이름의 이전등록 대신 그 등록말소를 청구할 수 있음은 물론이고, 이 사건 상표가 주지상품표지에 해당하므로 원고가 이 사건 도메인이름을 등록·보유하는 것이 부정경쟁방지 및 영업비밀보호에 관한 법률 제2조 제1호의 '아목'에 규정된 부정경쟁행위에 해당한다고 주장하면서 이 사건 도메인이름의 등록말소를 청구할 수도 있을 것이다).

인터넷주소자원법 제12조가 "도메인이름 등의 등록을 방해하거나 정당한 권원이 있는 자로부터 부당한 이익을 얻는 등 부정한 목적"이라는 주관적 요건을 설정한 것은, 원칙적으로 도메인이름 등록제도의 간이·신속성에 따라 누구든지 선착순으로 자유롭게 도메인이름을 등록할 수 있지만, 도메인이름이 인터넷상의 주소로서 기능하도록 하기 위해 동일한 도메인이름을 중복해서 등록하는 것은 허용되지 않으므로, 제반 사정에 비추어 볼 때 도메인이름의 취득·보유 또는 이용형태가 도메인이름 등록

92) 이 사건 도메인이름은 최상위(Top level) 도메인을 구성하는 국명코드인 "kr" 부분과 2단계(Secondary level) 도메인을 구성하는 조직의 종류별코드인 "co" 부분 및 당해 도메인을 사용하는 주체(호스트)를 표시하는 코드인 "k2" 부분으로 구성되어 있는데, "co.kr"은 이 사건 도메인이름이 한국인터넷진흥원에서 관리되는 것으로서 등록자가 기관인 것을 나타내는 것에 불과하며 많은 도메인이름에 공통되는 것이므로 원고의 도메인이름에서 주로 식별력을 가진 부분은 "k2" 부분이다. 따라서 이 사건 도메인이름의 요부는 "k2"이고, 케이투로 호칭된다. 이 사건 도메인이름의 요부인 "k2"와 피고의 이 사건 상표를 대비해 보면, 알파벳이 소문자인가, 대문자인가의 차이가 있을 뿐 동일하고, 실제로 소문자의 알파벳으로 구성되어 있는 도메인 이름이 대부분이므로 소문자인가, 대문자인가는 중요하지 않다. 그러므로 이 사건 도메인이름은 피고의 이 사건 상표와 외관이 유사하고 호칭이 동일하다.

권자로서의 권리남용에 이르는 특별한 사정이 있는 경우에는 그 보유 및 사용을 금지시켜야 한다는 취지로 해석된다.

이와 같은 견지에서 과연 원고에게 부정한 목적이 있는지에 관하여 살피건대, 위 인정사실 및 위에서 든 증거에 의하여 인정되는 다음과 같은 사정 즉, 원고는 자신이 농촌에 살고 있어서 피고가 이 사건 상표를 사용하는 사실을 몰랐고, 여러 문자를 조합해 보던 중 우연히 "k2"라는 조합을 얻게 되었을 뿐이라고 주장하나, 원고가 처음 이 사건 도메인이름으로 개설한 웹페이지가 "산을 좋아하는 사람이 만든 홈페이지"인 바, 자신을 산을 좋아하는 사람이라고 표방하면서 산에 관한 정보를 공유하기 위한 홈페이지까지 개설할 정도라면 원고는 당시 등산 내지 등산용품에도 적지 않은 관심을 가지고 있었을 것으로 보이므로, 피고가 1972년경부터 원고가 이 사건 도메인이름을 등록한 2000. 1. 28.까지 약 30년 가까이 이 사건 상표와 동일성 범위 내에 있는 상표들을 사용하여 등산용품을 제조·판매하여 오고 있었다는 사실을 알고 있었을 것으로 보이고, 인도 카라코람산맥 중앙부 발토르 빙하 북쪽에 솟아 있는 높이 8,611m의 'K2' 산은 에베레스트산에 이은 세계 제2의 고봉인바, 산을 좋아하는 원고가 산 이름 'K2' 내지 등산용품을 판매하는 피고의 이 사건 상표를 전혀 염두에 두지 않고 이런 저런 문자를 조합해 보다가 우연히"k2"라는 조합을 얻었다는 것은 선뜻 믿기 어려운 점, 원고가 2002년경에는 원고의 지인으로 하여금 컴퓨터 및 컴퓨터 주변기기 판매 사이트로 사용하게 하였다가 2005년경부터 2007년경까지는 직접 오이재배기술 등에 관한 정보공유 사이트로 사용하였으나, 그 2년여 동안 사이트에 등록된 글은 32개에 불과하고 그 대부분은 2005. 4. 7.과 2005. 4. 8. 이틀에 걸쳐 등록된 것으로서 그 이후로는 위 사이트에 등록된 글이 전혀 없어 거의 사용하지 않았던 것으로 보이고, 2008년경부터 피고가 위 분쟁조정신청을 한 2009. 12. 14.까지는 아예 웹사이트를 폐쇄하여 전혀 사용하지 않고 있었던 점 등을 종합적으로 고려하면, 원고가 이 사건 도메인이름을 계속 보유할 별다른 이익은 없는 반면, 원고가 이를 계속 보유하는 것이 결국은 정당한 권원이 있는 피고의 도메인이름 등록을 방해하는 셈이 되어 부정한 목적이 있는 것으로 볼 수 있고, 이는 비록 원고가 피고에게 이 사건 도메인이름의 판매를 시도한 적이 없었다고 하더라도 마찬가지라 할 것이다.

따라서 피고는 인터넷주소자원법 제12조에 따라 원고에게 이 사건 도메인이름의 등록을 이전하여 줄 것을 청구할 수 있다.

3. 결 론

그렇다면 원고의 이 사건 청구는 이유 없으므로 이를 기각하기로 하여 주문과 같이 판결한다.

판사 박희승(재판장) 권창환 정은영

2. 서울고등법원 2011. 6. 30. 선고 2010나106353 판결【도메인주소보유권확인등】

[미간행]

【전 문】

【원고, 항소인】 원고(소송대리인 법무법인 한강 담당변호사 김학금)

【피고, 피항소인】 케이투코리아 주식회사(소송대리인 법무법인 광장 담당변호사 류홍열)

【제1심판결】 서울중앙지방법원 2010. 9. 17. 선고 2010가합43684 판결

【변론종결】 2011. 5. 12.

【주 문】

1. 원고의 항소를 기각한다.
2. 항소비용은 원고의 부담으로 한다.

【청구취지 및 항소취지】

제1심 판결을 취소한다. 피고의 원고에 대한 도메인이름 'k2.co.kr' 에 관하여 이전등록청구권이 존재하지 아니함을 확인한다.

【이 유】

1. 제1심 판결의 인용

이 법원의 판결이유는 아래와 같이 원고의 주장에 대한 판단을 덧붙이는 외에는 제1심 판결 이유의 기재와 같다. 민사소송법 제420조 본문을 적용하여 이를 그대로 인용한다.

2. 덧붙이는 부분

원고는, 이 사건 도메인이름 등록시 피고 상표의 신용과 명성에 편승하여 경제적 이익을 취득할 목적이 없었다는 취지로 주장한다.

부정경쟁방지 및 영업비밀보호에 관한 법률 제2조에 의하면 도메인이름과 관련하여 정당한 권원이 있는 자의 도메인이름의 등록 및 사용을 방해할 목적이 있는 경우에도 부정경쟁행위에 해당한다[1호의 아목 (2)]. 따라서 설령 원고에게 그 주장하는 바와 같이 경제적 이익을 취득할 목적이 없다고 하더라도 부정경쟁행위의 성립에는 지장이 없다. 원고의 이 부분 주장도 받아들이기 어렵다.

3. 결 론

제1심 판결은 정당하고, 원고의 항소는 이유 없다.

판사 노태악(재판장) 강경태 백강진

3. 대법원 2013. 4. 26. 선고 2011다64836 판결【도메인주소보유권확인등】

[K2 도메인이름 사건] [공2013상,937]

【판시사항】

[1] 인터넷주소자원에 관한 법률 제12조가 부정한 목적으로 도메인이름을 등록하는 등의 행위를 금지하는 취지 및 '부정한 목적'이 있는지 판단하는 기준

[2] 갑이 을 주식회사의 'K2' 상표를 포함하는 도메인이름(k2.co.kr)을 등록·보유한 사안에서, 갑이 위 도메인이름을 등록하고 보유하는 데에 인터넷주소자원에 관한 법률 제12조에 정한 '부정한 목적'이 있다고 본 원심판단을 수긍한 사례

【판결요지】

[1] '인터넷주소자원에 관한 법률' 제12조 제1항, 제2항은 정당한 권원이 있는 이의 도메인이름 등록을 방해하거나 정당한 권원이 있는 이로부터 부당한 이득을 얻는 등 부정한 목적으로 도메인이름을 등록·보유 또는 사용하는 이가 있으면 정당한 권원이 있는 이가 법원에 그 도메인이름의 등록말소 또는 등록이전을 청구할 수 있다고 정하고 있다. 위 규정의 취지는, 도메인이름은 선착순으로 자유롭게 등록할 수 있는 것이 원칙이나 그 중복 등록이 불가능함을 악용하여 부정한 목적으로 도메인이름을 선점하는 이른바 사이버스쿼팅(cybersquatting) 행위를 규제함으로써 정당한 권원이 있는 이의 도메인이름 등록 및 사용을 보장하고 도메인이름에 관한 인터넷 사용자들의 혼동 등을 방지하려는 데에 있다. 한편 위 규정에서 정하는 '부정한 목적'이 있는지 여부는 정당한 권원이 있는 이의 성명·상호·상표·서비스표 그 밖의 표지(이하 '대상표지'라고 한다)의 인식도 또는 창작성의 정도, 도메인이름과 대상표지의 동일·유사성의 정도, 도메인이름을 등록·보유 또는 사용하는 이가 대상표지를 알고 있었는지 여부 및 도메인이름을 판매·대여하여 경제적 이익을 얻고자 한 전력의 유무, 도메인이름에 의한 웹사이트의 개설 및 그 웹사이트의 실질적인 운영 여부, 그 웹사이트상의 상품 또는 서비스업 등과 대상표지가 사용된 상품 또는 서비스업 등과의 동일·유사성 내지는 경제적 견련관계 유무, 대상표지에 화체되어 있는 신용과 고객흡인력으로 인하여 인터넷 사용자들이 그 웹사이트로 유인되는지 여부, 그 밖에 도메인이름의 등록·보유 또는 사용을 둘러싼 제반 사정을 종합적으로 고려하여 판단되어야 한다. 다만 도메인이름의 등록·보유 또는 사용에 정당한 권리나 이익을 가지고 있는 이에게는 특별한 사정이 없는 한 이와 같은 부정한 목적이 없는 것으로 보아야 할 것이다.

[2] 갑이 을 주식회사의 'K2' 상표를 포함하는 도메인이름(k2.co.kr)을 등록·보유한 사

안에서, 을 회사는 등산용품에 관하여 'K2'와 동일성이 있는 상표들을 사용하고 있고, 갑은 도메인이름 등록 당시 을 회사가 이러한 상표들을 사용하고 있는 사실을 알고 있었으며, 을 회사의 'K2' 상표는 등산용품 등에 관하여 주지성을 취득한 점, 위 도메인이름에 의하여 개설된 웹사이트가 제대로 운영되지 아니한 점 등을 고려하여, 갑이 위 도메인이름을 등록하고 보유하는 데에는 자신에게 별다른 이익이 없는 반면 정당한 권원이 있는 을 회사의 도메인이름 등록을 방해하는 등 인터넷주소자원에 관한 법률 제12조에서 정한 '부정한 목적'이 있다고 본 원심판단을 수긍한 사례.

【참조조문】

[1] 인터넷주소자원에 관한 법률 제12조 제1항, 제2항

[2] 인터넷주소자원에 관한 법률 제12조 제1항, 제2항

【전　문】

【원고, 상고인】 원고(소송대리인 법무법인 한강 담당변호사 김학금)

【피고, 피상고인】 케이투코리아 주식회사(소송대리인 법무법인 광장 담당변호사 서무송 외 1인)

【원심판결】 서울고법 2011. 6. 30. 선고 2010나106353 판결

【주　문】

상고를 기각한다. 상고비용은 원고가 부담한다.

【이　유】

상고이유를 판단한다.

1. '인터넷주소자원에 관한 법률' 제12조 제1항, 제2항은 정당한 권원이 있는 이의 도메인이름 등록을 방해하거나 정당한 권원이 있는 이로부터 부당한 이득을 얻는 등 부정한 목적으로 도메인이름을 등록·보유 또는 사용하는 이가 있으면 정당한 권원이 있는 이가 법원에 그 도메인이름의 등록말소 또는 등록이전을 청구할 수 있다고 정하고 있다. 위 규정의 취지는, 도메인이름은 선착순으로 자유롭게 등록할 수 있는 것이 원칙이나 그 중복 등록이 불가능함을 악용하여 부정한 목적으로 도메인이름을 선점하는 이른바 사이버스쿼팅(cybersquatting) 행위를 규제함으로써 정당한 권원이 있는 이의 도메인이름 등록 및 사용을 보장하고 도메인이름에 관한 인터넷 사용자들의 혼동 등을 방지하려는 데에 있다. 한편 위 규정에서 정하는 '부정한 목적'이 있는지 여부는 정당한 권원이 있는 이의 성명·상호·상표·서비스표 그 밖의 표지(이하 '대상표지'라고 한다)의 인식도 또는 창작성의 정도, 도메인이름과 대상표지의 동일·유사성의 정도, 도메인이름을 등록·보유 또는 사용하는 이가 대상표지를 알고 있었는지 여부 및 도메인이름을 판매·대여하여

경제적 이익을 얻고자 한 전력의 유무, 도메인이름에 의한 웹사이트의 개설 및 그 웹사이트의 실질적인 운영 여부, 그 웹사이트상의 상품 또는 서비스업 등과 대상표지가 사용된 상품 또는 서비스업 등과의 동일·유사성 내지는 경제적 견련관계 유무, 대상표지에 화체되어 있는 신용과 고객흡인력으로 인하여 인터넷 사용자들이 그 웹사이트로 유인되는지 여부, 그 밖에 도메인이름의 등록·보유 또는 사용을 둘러싼 제반 사정을 종합적으로 고려하여 판단되어야 한다. 다만 도메인이름의 등록·보유 또는 사용에 정당한 권리나 이익을 가지고 있는 이에게는 특별한 사정이 없는 한 이와 같은 부정한 목적이 없는 것으로 보아야 할 것이다.

2. 원심은 아래와 같은 사정 등을 종합적으로 고려해 보면 원고가 2000. 1. 28. 'k2.co.kr'이라는 도메인이름(이하 '이 사건 도메인이름'이라고 한다)을 등록한 이래 현재까지 이를 보유하고 있는 데에는 자신에게 별다른 이익이 없는 반면 정당한 권원이 있는 피고의 도메인이름 등록을 방해하는 등의 부정한 목적이 있다고 판단하였다.

   ① 피고는 1972년경부터 등산용품에 관하여 'K2'와 동일성이 있는 상표들을 사용하고 있고, 원고도 이 사건 도메인이름의 등록 당시 피고가 이러한 상표들을 사용하고 있는 사실을 알고 있었다고 볼 것이다. ② 피고의 'K2' 상표는 2004년 무렵에 등산용품 등에 관하여 주지성을 취득하였다. ③ 이 사건 도메인이름에 의하여 개설된 웹사이트가 제대로 운영되지 아니하였고, 2008년경부터 피고가 원고를 상대로 인터넷주소분쟁조정위원회에 이 사건 도메인이름에 관한 분쟁의 조정을 신청한 2009. 12. 14.까지는 아예 폐쇄되어 있었다.

3. 앞서 본 법리에 비추어 기록을 살펴보면, 원심의 위와 같은 판단은 수긍할 수 있고, 거기에 상고이유의 주장과 같이 '인터넷주소자원에 관한 법률' 제12조 제1항이 정하는 '부정한 목적'에 관한 법리를 오해하거나 논리와 경험의 법칙에 반하여 사실을 인정하는 등의 위법이 있다고 할 수 없다.

4. 그러므로 상고를 기각하고 상고비용은 패소자가 부담하도록 하여, 관여 대법관의 일치된 의견으로 주문과 같이 판결한다.

대법관 고영한(재판장) 양창수(주심) 박병대 김창석

제 5 절 상표의 등록요건 개요

Ⅰ. 의 의

우리 상표법에 의해 보호되는 표장은 상표, 업무표장, 단체표장, 증명표장이다. 상표 중에는 서비스상표도 포함되어 있는데, 서비스상표에 대해서는 상품상표의 등록요건과는 구별하여 별도로 논의한다. 각 표장의 등록요건을 차례로 살펴보기로 한다. 각 표장의 구성요건은 해당 표장의 등록요건의 전제가 된다는 점에서 그 등록요건과는 구별되지만, 해당 표장의 등록요건과 같이 고찰한다. 그리고 상표의 등록요건은 상품상표를 중심으로 기술되어 있는 관계로 여기에서 서비스상표, 업무표장, 단체표장, 증명표장과 관련해서는 등록요건 이외에 구성요건, 효력 등을 개괄적으로 설명한다.

Ⅱ. 상품상표

상품상표의 등록요건이 충족되기 위해서는 선행적으로 상품상표의 구성요건을 충족하여야 한다. 따라서 아래에서는 상품상표의 구성요건도 같이 언급한다.

1. 상품상표의 구성요건

[1] 상표법상 상표: 자기의 상품(지리적 표시가 사용되는 상품의 경우를 제외하고는 서비스 또는 서비스의 제공에 관련된 물건을 포함한다. 이하 같다)과 타인의 상품을 식별하기 위하여 사용하는 표장(標章)을 의미한다.

[2] 상품상표의 구성요건: (i) 표장 사용의 대상이 '상품'일 것, (ii) '자타상품을 식별하기 위하여' 사용하는 것일 것, (iii) 표장의 '사용'[93]에 해당할 것, (iv) '표장'이어야 한다.

[3] 상품의 정의: '상품'이란 '그 자체가 교환가치를 가지고 독립된 상거래의 목적물이 되는 물품'[94] 내지 '운반가능한 유체물로서 반복하여 거래의 대상이 될 수 있는 것'[95]을 의미한다. 따라서 상품이 되기 위한 요건으로서 (i) 유체물이어야 하고(유체성), (ii) 운반가능한 것이어야 하고(유통성), (iii) 반복거래가 가능한 것(계속성 및 거래성)이어야 한다.

---

93) 상표의 '사용'은 상표의 구성요건이 아니라 등록요건이라는 견해로는 최성우, "상표의 구성요건과 등록요건", 「제1기 지식재산연수원 교재」, 제3권, 대한변호사협회, 2015년, 75면(2012. 3. 15. 시행 상표법은 제3조 전단을 거절이유 및 무효사유로 명시함으로써 국내에서의 상표의 '사용' 내지 '사용의사'가 상표의 등록요건임을 분명히 하였다."고 언급함). 상표의 사용 사실 내지 상표의 사용의사는 상표의 등록요건임에도 불구하고 특정 표장이 상표에 해당하는지 여부를 판단하기 위한 관념적인 구성요건으로서의 '표장의 사용'은 상표의 구성요건으로 보는 것이 타당할 것이다. 그렇게 이해하는 것이 조문의 배치 및 상표의 정의에 비추어 보아 타당할 것이다.

94) 대법원 1999. 6. 25. 선고 98후58 판결; 대법원 2004. 5. 28. 선고 2002후123 판결.

95) 송영식·이상정·김병일, 앞의 책, 172면; 특허청, 앞의 책, 8면.

따라서 상품의 선전광고나 판매촉진 또는 고객에 대한 서비스 제공 등의 목적으로 그 상품과 함께 또는 이와 별도로 고객에게 무상으로 배부되어 거래시장에서 유통될 가능성이 없는 이른바 '광고매체가 되는 물품'은 비록 그 물품에 상표가 표시되어 있다고 하더라도, 물품에 표시된 상표 이외의 다른 문자나 도형 등에 의하여 광고하고자 하는 상품의 출처표시로 사용된 것으로 인식할 수 있는 등의 특별한 사정이 없는 한, 그 자체가 교환가치를 가지고 독립된 상거래의 목적물이 되는 물품으로는 볼 수 없다.[96] 그리고 등록상표에 표시된 유리병에 든 '보리, 수수, 옥수수' 등이 판매용 물품이 아니라 대리점에서 거래되는 즉석 건조 건강식품을 이루는 일부 성분의 견본에 불과한 경우에는 성분의 구성 및 비율에 특징이 있는 그 즉석 건조 건강식품과 거래통념상 동일성의 범위 내에 있는 상품이 아니어서 상표법상 상품에 해당하지 않는다.[97] 전기, 열, 빛, 향기 및 권리와 같은 무체물, 운반가능성이 없는 부동산, 법적으로 거래가 금지되는 마약, 개인이 소장하고 있는 희귀한 골동품 등도 상표법상 상품에 해당하지 아니한다.[98] 하지만, 인터넷상 컴퓨터 네트워크를 통해 다운로드받을 수 있는 컴퓨터프로그램은 상표법상 상품으로 인정되고 있다.[99]

예컨대 양복, 자동차, 세탁기 등은 상품에 해당하나, 골동품, 전기, 빛, 열 등은 상품에 해당하지 아니한다. 다만, 산소, 천연가스 등을 통에 넣으면 상품이 될 수 있다. 무형의 전자정보재도 직접거래가 되면서 컴퓨터프로그램이나 전자출판물도 다운로드가 가능하면 상품으로 볼 수 있을 것이다. 판례에 따르면, '상품'은 그 자체가 교환가치를 가지고 독립된 상거래의 목적물이 되는 물품을 의미하는 것으로 판시하고 있다.[100]

[4] '자타 상품을 식별하기 위하여 표장을 사용하는 것일 것: 상품에 사용하는 표장이더라도 상인이 법률관계의 귀속주체를 표시하기 위하여 사용하는 상호(商號)적 사용이나, 단순히 물품에 심미감을 주기 위한 디자인적 사용이나, 상품의 특성을 나타내는 단순한 가격표시나 등급표시 등은 자기의 업무에 관련된 상품을 타인의 상품과 식별하기 위하여 사용하는 표장이 아니다.[101] 디자인이 될 수 있는 형상이나 모양이 표장으로 사용되어 상표로서 보호될 수 있는 경우에는 상표권자의 상표권을 보다 강하게 보호할 수도 있다.[102]

---

96) 대법원 1999. 6. 25. 선고 98후58 판결.
97) 대법원 2004. 5. 28. 선고 2002후123 판결.
98) 특허법원 지적재산소송실무연구회, 앞의 책, 480면.
99) 특허청, 앞의 책, 8면.
100) 대법원 2010. 9. 9. 선고 2010후1466 판결【권리범위확인(상)】; 대법원 1999. 6. 25. 선고 98후58 판결; 대법원 2004. 5. 28. 선고 2002후123 판결.
101) 2016년 상표심사기준, 제2부 제1장 § 1.3.
102) 대법원 2013. 2. 14. 선고 2011도13441 판결.

참고 : 대법원 2013. 2. 14. 선고 2011도13441 판결 【상표법위반】 [공2013상,523]

【판시사항】

[1] 디자인이 될 수 있는 형상이나 모양이 상표로서 사용된 것으로 볼 수 있는 경우
[2] 피고인 갑 주식회사의 대표이사인 피고인 을이 피해자인 영국 병 회사의 등록상표와 유사한 격자무늬가 사용된 상품을 판매목적으로 중국에서 수입하였다고 하여 상표법 위반으로 기소된 사안에서, 제반 사정에 비추어 피고인 갑 회사가 수입한 상품의 격자무늬는 상품의 출처를 표시하기 위하여 상표로서 사용되었다고 보아야 하는데도, 이와 달리 보아 피고인들에게 무죄를 인정한 원심 판결에 법리오해의 위법이 있다고 한 사례

【판결요지】

[1] 디자인과 상표는 배타적·선택적 관계에 있지 아니하므로, 디자인이 될 수 있는 형상이나 모양이라고 하더라도 그것이 상표의 본질적 기능인 자타상품의 출처표시로서 기능하는 경우에는 상표로서 사용된 것으로 보아야 한다.
[2] 피고인 갑 주식회사의 대표이사인 피고인 을이 피해자인 영국 병 회사의 등록상표와 유사한 격자무늬가 사용된 남방셔츠를 판매목적으로 중국에서 수입하였다고 하여 상표법 위반으로 기소된 사안에서, 병 회사의 등록상표는 의류 등의 상품에 관하여 병 회사의 출처표시로서 널리 알려져 있는 점, 병 회사의 등록상표는 격자무늬를 형성하는 선들의 색상 및 개수·배열순서 등에 의하여 독특한 디자인적 특징을 가지고 있고 주로 의류 등 상품의 표면 또는 이면의 상당 부분에 표시되는 형태로 사용되어 그 상품을 장식함과 동시에 병 회사의 출처도 함께 표시하는 기능을 수행하여 오고 있는 점 등 제반 사정에 비추어 볼 때 피고인 갑 회사가 수입한 남방셔츠의 격자무늬는 상품의 출처를 표시하기 위하여 상표로서 사용되었다고 보아야 하고, 남방셔츠에 별도의 표장이 표시되어 있기는 하나, 하나의 상품에 둘 이상의 상표가 표시될 수 있는 점 등을 고려할 때 남방셔츠의 격자무늬가 디자인적으로만 사용되었다고 볼 수 없는데도, 이와 달리 보아 피고인들에게 무죄를 인정한 원심 판결에 상표의 사용에 관한 법리 등을 오해한 위법이 있다고 한 사례.

【참조조문】

[1] 구 상표법(2011. 12. 2. 법률 제11113호로 개정되기 전의 것) 제2조 제1항 제6호(현행 제2조 제1항 제7호 참조), 상표법 제66조 제1항 제1호 [2] 상표법 제66조 제1항 제1호, 제93조, 제97조

【참조판례】

[1] 대법원 2000. 12. 26. 선고 98도2743 판결(공2001상, 406)
대법원 2012. 1. 27. 선고 2010도2535 판결

【전 문】

【피 고 인】 피고인 1 외 1인

【상 고 인】 검사

【원심 판결】 인천지법 2011. 9. 16. 선고 2011노1452 판결

대법원 2010. 9. 9. 선고 2010후1466 판결【권리범위확인(상)】

【판시사항】

[1] 상표법 제2조 제1항 제6호에서 규정하는 '상품'의 의미 및 등록상표와 대비되는 표장이 상표로서 사용되고 있는지의 여부의 판단 기준

[2] 확인대상표장인 "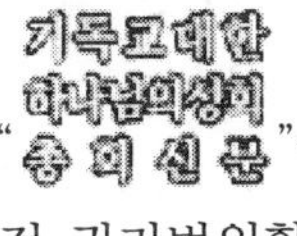"이 등록상표인 "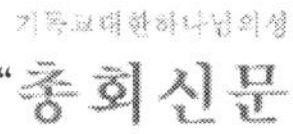"의 권리범위에 속하지 아니한다는 소극적 권리범위확인을 구하는 사안에서, 위 확인대상표장은 상표로서 사용되었다고 본 원심판단을 수긍한 사례

【이 유】

상고이유를 판단한다.

1. 상고이유 제1점에 대하여

가. 상표의 사용이라고 함은 상품 또는 상품의 포장에 상표를 표시하는 행위 등을 말하고, 여기에서 말하는 '상품'은 그 자체가 교환가치를 가지고 독립된 상거래의 목적물이 되는 물품을 의미한다(대법원 1999. 6. 25. 선고 98후58 판결, 대법원 2004. 5. 28. 선고 2002후123 판결 등 참조). 한편 등록상표와 대비되는 표장이 상표로서 사용되고 있는지의 여부는 사용물품과의 관계, 당해 표장의 사용태양(표시된 위치, 크기 등), 사용자의 의도와 사용경위 등을 종합하여 실제 거래계에서 그 표시된 표장이 상품의 식별표지로서 사용되고 있는지 여부를 종합하여 판단하여야 한다(대법원 2003. 4. 11. 선고 2002도3445 판결, 대법원 2008. 7. 10. 선고 2006후2295 판결 등 참조).

나. 위와 같은 법리에 비추어 기록을 살펴보면, 원고가 이 사건 등록상표 "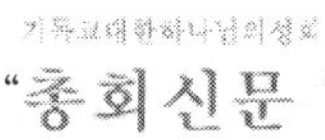"(등록번호 제742067호)의 권리범위에 속하지 않는다는 확인을 구하는 표장인 "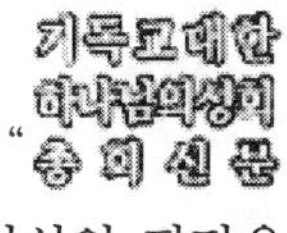"(이하 '확인대상표장'이라고 한다)이 상표로서 사용되었다고 하는 원심의 판단은 정당한 것으로 수긍할 수 있고, 거기에 상고이유의 주장과 같이 상표의 사용에 관한 심리미진이나 판단누락 등의 위법이 있다고 할 수 없다.

2. 상고이유 제2점, 제3점에 대하여

원심이, 확인대상표장은 자기의 성명 또는 상호를 보통으로 사용하는 방법으로 표시하는 상표라고 할 수 없고, 사용상품의 보통명칭 또는 품질 · 효능 · 용도 등을 나타내는 기술적 표장이라고 할 수 없어서 상표법 제51조 제1항 제1호, 제2호에 해당되지

않는다고 판단한 것은 정당하고, 거기에 상고이유로 주장하는 바와 같은 심리미진 등의 위법이 없다.

3. 상고이유 제4점에 대하여
원고가 상표권자인 피고를 상대로 자신이 사용하는 확인대상표장이 이 사건 등록상표의 권리범위에 속하지 아니한다는 소극적 권리범위확인을 구하는 사건에서 피고가 확인대상표장이 이 사건 등록상표의 권리범위에 속한다고 주장하는 것을 두고 권리남용에 해당한다 할 수는 없으므로, 같은 취지의 원심의 판단은 정당하고, 거기에 상고이유로 주장하는 바와 같은 권리남용에 관한 심리미진 등의 위법이 없다.

4. 그러므로 상고를 기각하고, 상고비용은 패소자가 부담하도록 하여 관여 대법관의 일치된 의견으로 주문과 같이 판결한다.

[5] 표장의 '사용'에 해당할 것: 상표의 사용에 대해서는 상표법 제2조 제1항 제11호 및 제2조 제2항에서 규정하고 있다. 상표의 사용행위는 (i) 상품 또는 상품의 포장에 상표를 표시하는 행위, (ii) 상품 또는 상품의 표장에 상표를 표시한 것을 양도 또는 인도하거나 양도 또는 인도할 목적으로 전시·수출 또는 수입하는 행위, (iii) 상품에 관한 광고·정가표·거래서류, 그 밖의 수단에 상표를 표시하고 전시하거나 널리 알리는 행위를 의미한다(상 제2조 제1항 제11호). 전술한 (i), (ii), (iii)의 상표표시 행위는 ① 표장의 형상이나 소리 또는 냄새로 상표를 표시하는 행위, ② 전기통신회선을 통하여 제공되는 정보에 전자적 방법으로 표시하는 행위까지를 포섭한다(상 제2조 제2항 제1호 내지 제2호). '상표의 사용 사실 내지 상표의 사용의사'는 등록요건 중에서도 절차적 등록요건(특히 주체적 등록요건)에 해당한다. 자타상품을 식별하기 위하여 사용하는 표장에 해당하는지 여부를 판단하기 위한 개념으로서의 '표장의 사용'은 상표의 실제적 사용의 사실 내지 사용의 의사와는 상관없이 상표의 구성요건에 해당한다고 보는 것이 타당할 것이다. 즉, '표장의 사용'과 '상표의 사용'은 구별할 수 있는 개념이다. 그리고 '상표의 사용'에 대해서는 상표법 제2조 제1항 제11호 및 제2조 제2항에 규정되어 있으나, '표장의 사용'의 정의에 대해서는 상표법상 규정이 없다. '자타상품을 식별하기 위한 사용'이면 표장의 '사용'에 해당하는 것이 볼 것이므로 '자타상품 식별 목적'의 요건을 충족하면 표장의 '사용' 요건도 충족하는 것으로 추론할 수 있다.

예컨대, '디자인으로 구성된 도형표장'이 자타상품을 식별하기 위하여 사용된 것이 아니라면 상표의 구성요건을 충족하지 못하게 된다. 이와 관련하여 '디자인으로 구성된 도형표장'이 상표의 구성요건을 충족한 경우에는 자타상품식별력 등 등록요건 충족 여부가 문제될 뿐이다. 따라서 '디자인으로 구성된 도형표장'이 상표법 제33조 제2항에 따라 '상표 사용에 의한 식별력'을 취득하는지 여부는 상표의 구성요건을 충족한 것을 전제로 논의되는 것이다.

이러한 논의를 토대로 할 때, 상표의 구성요건인 '표장의 사용'과 상표의 등록요건 중 '상표의 사용 사실 내지 상표의 사용 의사'에서의 '상표의 사용'은 별개의 개념으로 이해하는 것이 타당한다. 디자인에 해당하는 표장을 자타상품식별을 위하여 사용하지 못한 경우에는 상표의 구성요건을 충족하지 못한 것에 해당하고, 디자인에 해당하는 상표를 사용할 의사나 사용한 사실이 없는 경우에는 상표의 등록요건을 충족하지 못하는 것이다.

표장의 사용이 상표의 구성요건인지 아니면 상표의 등록요건인지 여부를 논의하는 실익이 있는지 살펴볼 필요가 있다. '표장의 사용'을 상표의 구성요건으로 이해하는 경우에는 상표법 제54조 제1호에 의거하여 거절사유에 해당하고, 상표법 제117조 제1항 제1호에 따른 무효사유에도 해당한다. 그리고 표장의 사용을 상표의 등록요건으로 이해하는 경우 상표법 제54조 제3호에 의거하여 거절사유에 해당할 뿐만 아니라 상표법 제117조 제1항 제1호에 의거하여 무효사유에 해당하는 것으로 해석할 수 있다. 그렇다면 이 경우에는 표장의 사용을 상표의 구성요건으로 볼 것인지 아니면 상표의 등록요건으로 볼 것인지 여부에 따라 적용조문의 차이가 있을 따름이다. 하지만, '표장의 사용'은 전술한 바와 같이 상표의 구성요건으로 해석하는 것이 타당하다. 이러한 해석론을 의거할 때, '표장의 사용'이 상표의 구성요건을 충족하지 못하는 경우 상표등록의 거절사유 및 상표등록의 무효사유가 된다(상 제117조 제1항, 제54조 제1호).

예컨대 상품 전체를 구성하는 디자인이 상표에 해당하지 않는 경우에 특허청 심사관이 거절결정을 하지 않아 등록된 때에는 그 디자인이 상표에 해당하지 않는 것을 이유로 이 디자인 상표의 등록을 무효로 할 수 있다. 이 경우, 그렇게 함으로써 디자인의 상표화를 통한 디자인의 남용적 활용을 방지할 수 있을 것으로 판단된다.

그리고 상표불사용으로 인한 등록상표취소사유(상 제119조 제1항 제3호)는 유효한 상표를 전제로 하므로 이 경우 쟁점은 '상표의 사용' 여부이고, '표장의 사용' 여부는 아니다. 따라서 '표장의 사용'과 '상표의 사용'을 개념적으로 구별하는 것은 어느 정도 실익이 있다.

[6] 표장일 것: 표장이란 "기호, 문자, 도형, 소리, 냄새, 입체적 형상, 홀로그램·동작 또는 색채 등으로서 그 구성이나 표현방식에 상관없이 상품의 출처(出處)를 나타내기 위하여 사용하는 모든 표시"를 의미한다(상 제2조 제1항 제2호).

2. 상표의 등록요건

[1] 절차적 등록요건: 절차적 요건으로서 출원인은 일정한 자격을 갖추어야 하고, 그 밖에 선출원 등 절차적 요건(상 제3조, 제4조, 제35조)을 충족하여야 한다. 상표등록을 받을 수 있는 자는 국내에서 상표를 사용하는 자 또는 사용하려는 자다(상 제3조 제1항 본문).

다만, 특허청 직원과 특허심판원 직원은 상속 또는 유증의 경우를 제외하고는 재직 중에 상표를 등록받을 수 없다(상 제3조 제1항 단서). 상표를 출원하여 등록받으려는 자는 국내에서 출원된 상표를 사용하고 있는 사실 또는 사용할 의사를 가지고 있어야 한다.

[2] **실체적 등록요건**: 상표의 적극적 등록요건(상 제33조)을 충족하여 자타서비스식별력이 있고, 소극적 요건(부등록사유; 상 제34조)에 해당하지 않아야 한다.

[3] 상표의 등록요건에 대해서는 자세히 후술하기로 한다.

Ⅲ. 서비스상표

서비스상표[103)]의 등록요건이 충족되기 위해서는 선행적으로 서비스상표의 구성요건을 충족하여야 한다. 따라서 아래에서는 서비스상표의 구성요건도 같이 언급하기로 한다.

1. 구성요건

[1] **서비스상표의 구성요건**: (i) 표장 사용의 대상이 '서비스'일 것, (ii) '자타서비스를 식별하기 위하여' 사용하는 것일 것, (iii) 서비스에 관한 표장의 '사용'에 해당할 것, (iv) '표장'이어야 한다. 상품상표와 중첩되는 부분을 생략하고 '서비스'의 정의 및 '서비스에 관한 표장의 사용'에 초점을 두어 설명한다.

[2] **서비스의 정의**: (i) 생산된 재화를 운반·배급하거나 생산·소비에 필요한 노무를 제공하는 경우와 (ii) 개인적으로 남을 위하여 돕거나 시중을 드는 것으로 '봉사', '접대'라는 뜻으로 사용하는 경우가 통례다. 서비스상표 등록을 받을 수 있는 서비스에 해당하기 위해서는 (i) 용역의 제공이 독립하여 상거래의 대상이 될 것, (ii) 타인의 이익을 위하여 제공되는 용역일 것, (iii) 서비스의 제공 또는 상품의 판매에 부수되는 물품 또는 서비스의 제공이 아닐 것, (iv) 현실적으로 존재하는 서비스일 것 등의 요건을 충족하여야 한다.

☞ **주의할 점**: 서비스에 부대하여 판매하는 상품에 부착하는 상표는 별도의 상표등록을 받아야 한다.

상표법상 서비스상표(service mark)는 서비스를 제공하는 자가 자기의 서비스를 타인의

103) 상품과 서비스에 대한 구별은 현행 상표법 하에서도 필요하다는 견해로는 김원오, "상표의 구성요건과 등록요건", 「제3기 지식재산연수원 교재」, 제2권, 대한변호사협회, 2017년 4월, 188면("종전에는 상표와 구별되는 서비스표 개념을 별도로 두고 상표법 규정을 적용하였는데 사용대상이 상품이냐 서비스냐의 차이뿐 본질이 동일한데 혼란만 초래한다는 이유로 개정법에서 상표로 일원화 되었다. 그러나 상품과 서비스에 대한 구별은 여전히 필요하며 특히 '도소매업의 식별표지의 사용'이 상표로서의 사용인지, 서비스표로서의 사용인지가 논란이 되기도 하였으나 2007년 서비스로 추가하였다. 이 문제는 동일, 유사 표장을 각각 등록하거나 사용하는 당사자 상호간에 전용권과 배타권의 효력범위를 둘러싼 분쟁의 양상으로 나타나고 있다.").

서비스와 식별되도록 하기 위하여 사용하는 표장이다(상 제2조 제1항 제1호). 상표법상 서비스는 서비스 제공자가 유상으로 서비스를 제공하는 경우에 한하여 적용되며, 무상으로 서비스를 제공하는 경우에는 상표법상 서비스상표의 대상이 될 수 없다. 예컨대 주부가 자기 집에서 가사 일을 하는 경우나 호텔보이가 화물을 방까지 배달하는 경우(호텔서비스업에 부수하는 경우이므로 독립된 운송업이 아님)는 서비스에 해당하지 아니한다. 반면에 전자출판물이나 프로그램, 온라인 게임 등을 인터넷상에서 제공하는 것, 인터넷상에서 전송하는 행위 등은 서비스에 해당한다.

서비스상표는 상품상표의 기능과 유사하나 서비스 제공자를 떠나 서비스의 품질을 표시하는 것으로 보지 못하며, 서비스상표의 품질표시로서의 기능은 상품상표처럼 독립적 존재로서가 아니라 출처표시기능을 통해서만 발휘되므로 종속적인 존재다. 이는 서비스의 유통성의 성질로서 나타나며, 서비스상표의 기능이 잘 나타나는 것은 광고다.

[3] 서비스에 관한 표장의 사용: 서비스에 관한 '표장의 사용'과 서비스에 관한 '상표의 사용'은 구별되는 개념이다.

(i) 서비스에 관한 표장의 사용: 사타서비스를 식별하기 위한 표장의 사용은 서비스에 관한 '표장의 사용'에 해당한다. 아래에서는 참고로 서비스에 관한 '상표의 사용'에 대해서도 같이 설명하기로 한다.

(ii) 서비스상표의 사용: 상표법은 제2조 제1항 제11호에서 상표의 사용 태양에 대해서 규정하면서 제2조 제1항 제1호에서는 상표에 상품표장뿐만 아니라 서비스상표도 포섭하는 것으로 규정하고 있으므로 서비스상표의 사용에 대해서도 규정하고 있는 것으로 보아야 한다. 하지만, 상표의 정의에 그 표장의 대상으로서 상품뿐만 아니라 서비스를 포섭한 결과 서비스상표의 사용 태양이 상품상표의 사용과 상이하다는 점을 간과하는 문제점이 발생하고 있다. 이와 관련해서는 상표법 제2조 제1항 제11호 및 제2조 제2항을 해석함에 있어 판례를 고려할 필요가 있다. 현행 상표법에서는 서비스표라는 용어를 사용하지 않지만 종전의 판결을 그대로 인용함에 있어서는 '서비스표'란 용어를 수정하지 아니하였음을 미리 밝혀둔다.

등록서비스표 " 본죽 "의 지정서비스업[104]인 한식점경영업에서의 '서비스표의 사용'의 범위에는 확인대상표장 " 본죽 "의 사용상품인 '죽용기 포장용 쇼핑백, 죽용기, 젓가락, 냅킨'에 표장을 붙이는 행위도 포함된다는 판시한 특허법원 2006. 4. 6. 선고 2005허9053 판결에 따르면, 서비스표의 사용에는 (i) 서비스를 제공하는 장소에 부착한

104) 현행 상표법령에 따르면, 지정상품이라고 칭한다.

간판에 서비스표를 표시하는 행위, (ii) 지정서비스업에 관한 광고전단, 정가표 또는 거래서류에 서비스표를 붙여서 배포·사용하는 행위, (iii) 서비스 제공시 수요자에게 제공하는 물건에 서비스표를 붙이는 행위, (iv) 서비스의 제공시 그 제공에 수반되는 등 필수적으로 관계된 물건에 서비스표를 붙이는 행위가 포함된다고 한다. 참고로 일본 상표법 제2조 제1항 제2호에서는 상표의 개념에 '서비스'를 포함하고 있고, 일본 상표법 제2조 제3항상 상표사용의 대상으로 상품 또는 서비스를 들고 있다.[105)]특히 일본 상표법 제2조 제3항 제3호 내지 제8호에서는 상표의 사용행위로서 (i) 서비스의 제공에 있어 그 제공을 받는 자의 이용에 제공하는 물건(양도, 또는 대여한 물건을 포함한다. 이하 같다.)에 표장을 붙이는 행위, (ii) 서비스의 제공에 있어 그 제공을 받는 자의 이용에 제공하는 물건에 표장을 붙인 것을 사용하여 서비스를 제공하는 행위, (iii) 서비스의 제공 용도로 제공된 물건(서비스의 제공에 있어 그 제공을 받은 자의 이익에 제공한 물건을 포함한다. 이하 같다.)에 표장을 붙인 것을 서비스의 제공을 위하여 전시하는 행위, (iv) 서비스의 제공에 있어 그 제공을 받은 자의 해당 서비스의 제공에 관계된 물건에 표장을 붙이는 행위, (v) 전자적 방법(電磁的方法)(전자적 방법, 자기적(磁氣的) 방법 또는 그 밖에 사람의 지각에 의하여 인식할 수 없는 방법을 말한다)에 의하여 재현된 영상을 통해 서비스의 제공에 있어 그 영상에 표장을 표시하여 서비스를 제공하는 행위, (vi) 상품 또는 서비스에 관한 광고, 가격표 또는 거래서류에 표장을 붙여 전시, 또는 반포, 또는 이것을 내용으로 하는 정보에 표장을 붙여 전자적 방법(電磁的 方法)에 의하여 제공하는 행위를 포함하고 있다. 이와 관련하여 상품 그 밖의 물건에 표장을 붙이는 행위는 (i) 상품 또는 상품의 포장, (ii) 서비스의 제공 용도로 제공되는 물건 또는 (iii) 상품 또는 서비스에 관한 광고를 표장의 형상으로 하는 것을 포함한다(일본 상표법 제2조 제4항).

대법원 2015. 10. 15. 선고 2014다216522 판결 【서비스표권침해금지등】

【판시사항】

[1] 상표권의 침해행위인 유사상표 사용행위에 해당하는지 판단하는 기준 및 이러한 법리가 서비스표의 경우에도 마찬가지로 적용되는지 여부(적극)

[2] 갑 등이 을 주식회사의 등록서비스표인 "다이소", "DAISO"의 지정서비스업과 동일·유사한 서비스업인 생활용품 등 판매점을 운영하면서 "다사소 DASASO",

105) 小野昌延, 「注解 商標法 (上卷)」, 青林書院, 2006年, 86-91頁.

"DASASO", "다사소"를 서비스표로 사용하자, 을 회사가 갑 등을 상대로 서비스표권 침해금지 등을 구한 사안에서, 갑 등이 서비스표를 생활용품 등 판매점 운영을 위하여 사용한 행위는 을 회사의 등록서비스표권에 대한 침해행위가 된다고 한 사례

【판결요지】

[1] 타인의 등록상표와 동일 또는 유사한 상표를 지정상품과 동일 또는 유사한 상품에 사용하는 행위는 상표권에 대한 침해행위가 된다. 여기서 유사상표의 사용행위에 해당하는지에 대한 판단은 두 상표가 해당 상품에 관한 거래실정을 바탕으로 외관, 호칭, 관념 등에 의하여 거래자나 일반 수요자에게 주는 인상, 기억, 연상 등을 전체적으로 종합할 때, 두 상표를 때와 장소를 달리하여 대하는 거래자나 일반 수요자가 상품 출처에 관하여 오인·혼동할 우려가 있는지의 관점에서 이루어져야 한다. 그리고 이러한 법리는 상표법 제2조 제3항에 의하여 서비스표의 경우에도 마찬가지로 적용된다.

[2] 갑 등이 을 주식회사의 등록서비스표인 "다이소", "DAISO"의 지정서비스업과 동일·유사한 서비스업인 생활용품 등 판매점을 운영하면서 "다사소 DASASO", "DASASO", "다사소"를 서비스표로 사용하자, 을 회사가 갑 등을 상대로 서비스표권 침해금지 등을 구한 사안에서, 등록서비스표인 "다이소", "DAISO"의 주지성을 고려할 때 갑 등의 서비스표는 차이가 나는 중간 음절은 부각되지 않은 채 첫째 음절과 셋째 음절만으로도 일반 수요자에게 등록서비스표를 연상시킬 수 있는 점, 을 회사의 등록서비스표와 갑 등의 서비스표가 사용된 서비스업이 생활용품 등 판매점으로 일치하고, 취급하는 상품의 품목과 전시 및 판매 방식 등까지 흡사하여 일반 수요자가 양자를 혼동할 가능성은 더욱 높아지는 점 등에 비추어, 갑 등이 서비스표를 생활용품 등 판매점 운영을 위하여 사용한 행위는 거래자나 일반 수요자에게 서비스업의 출처에 대하여 오인·혼동하게 할 우려가 있어 유사상표를 동일한 서비스업에 사용한 행위에 해당하므로 을 회사의 등록서비스표권에 대한 침해행위가 된다고 한 사례.

【참조조문】

[1] 상표법 제2조 제1항 제1호, 제2호, 제3항, 제66조 제1항 제1호 [2] 상표법 제2조 제1항 제1호, 제2호, 제3항, 제66조 제1항 제1호

【참조판례】

[1] 대법원 2007. 2. 26.자 2006마805 결정
대법원 2013. 3. 14. 선고 2010도15512 판결(공2013상, 692)

【전 문】
【원고, 피상고인】 주식회사 다이소아성산업(소송대리인 변호사 이수완 외 3인)
【피고, 상고인】 주식회사 다사소 외 2인(소송대리인 법무법인 다빈치 담당변호사 이석우)
【원심 판결】 서울고법 2014. 6. 19. 선고 2013나2026249 판결

2. 등록요건

[1] **절차적 등록요건**: 절차적 요건으로서 출원인은 일정한 자격을 갖추어야 하고, 그 밖에 선출원 등 절차적 요건(상 제3조, 제4조, 제35조)을 충족하여야 한다. 서비스상표등록을 받을 수 있는 자는 국내에서 서비스상표를 사용하는 자 또는 사용하려는 자다(상 제3조 제1항 본문). 다만, 특허청 직원과 특허심판원 직원은 상속 또는 유증의 경우를 제외하고는 재직 중에 서비스상표를 등록받을 수 없다(상 제3조 제1항 단서). 서비스상표를 출원하여 등록받으려는 자는 국내에서 출원된 상표를 사용하고 있는 사실 또는 사용할 의사를 가지고 있어야 한다.

[2] **실체적 등록요건**: 상표의 적극적 등록요건(상 제33조)을 충족하여 자타서비스식별력이 있고, 소극적 요건(부등록사유; 상 제34조)에 해당하지 않아야 한다.

대법원 2013. 7. 12. 선고 2012후3077 판결 【등록취소(상) (타) 상고기각】 ('WCO 사건')

【판시사항】
상표법상 서비스업 영위의 의미

【판결요지】
상표법상 '서비스표'라 함은 서비스업을 영위하는 자가 자기의 서비스업을 타인의 서비스업과 식별되도록 하기 위하여 사용하는 표장을 말하는데(상표법 제2조 제1항 제2호), 여기서 '서비스업'을 영위한다고 함은 독립하여 상거래의 대상이 되는 서비스를 타인의 이익을 위하여 제공하는 것을 업으로 영위한다는 의미이므로, 아무런 대가를 받지 아니하는 자원봉사나 단순한 호의에 의한 노무 또는 편익의 제공 등과 같이 상거래의 대상이 되지 아니하는 용역을 일정한 목적 아래 계속적·반복적으로 제공하였다고 하더라도 상표법상의 서비스업을 영위하였다고 할 수 없다.

대법원 2007. 12. 27. 선고 2006후664 판결 【거절결정(상)】

【판시사항】
[1] 상표법 제7조 제1항 제10호에 정한 저명상표에 저촉되는 상표의 판단 기준

[2] 출원서비스표 “Channel COSMETIC SURGERY CENTER 샤넬 성형외과”는 그 지정서비스업의 수요자로 하여금 화장품 등에 사용되는 저명상표 “CHANEL”을 쉽게 연상하게 하여 상표부등록 사유에 해당한다고 한 사례

【이 유】

상고이유를 본다.

상표법 제7조 제1항 제10호에서 규정하는 부등록사유란, 타인의 선사용상표의 저명 정도, 출원상표와 타인의 선사용상표의 각 구성, 사용상품 혹은 영업의 유사 내지 밀접성 정도, 선사용상표권자의 사업다각화의 정도, 양 상표의 수요자 층의 중복 정도 등을 비교·종합한 결과, 출원상표의 수요자가 그 상표로부터 타인의 저명상표나 상품 등을 쉽게 연상하여 혼동을 일으키게 되는 경우를 의미한다고 할 것이다(대법원 2002. 5. 28. 선고 2001후2870 판결, 대법원 2004. 4. 27. 선고 2002후1850 판결 등 참조).

위 법리와 기록에 비추어 살펴보면, 지정서비스업을 성형외과업, 미용성형외과업, 피부과업, 의료업으로 하고, “Channel COSMETIC SURGERY CENTER 샤넬 성형외과”로 구성된 원고의 이 사건 출원서비스표(출원번호 : 제2002-12852호)는 그 중심적 식별력을 가지는 ‘샤넬, Channel’ 부분의 호칭이 화장품 등에 사용되는 원심 판시의 저명상표 “CHANEL”과 동일하여 전체적으로 위 저명상표와 유사할 뿐만 아니라, 위 저명상표는 화장품류와 관련하여 널리 알려진 상표인 점, 그 저명상표권자는 화장품류 외 여성의류, 잡화 등 관련 사업을 점차 확장해 온 세계적인 기업인 점, 이 사건 출원서비스표의 지정서비스업은 미용에 관심이 많은 여성이 주된 수요자 층으로서 위 저명상표의 사용상품의 수요자 층과 상당부분 중복되는 점, 이 사건 출원서비스표의 출원 당시에는 미용 목적의 진료가 주로 행해지는 일부 피부과 의원 등에서 그 진료에 부수하여 치료용 화장품의 제조·판매업을 겸하기도 하였던 점 등에 비추어 보면, 이 사건 출원서비스표는 그 지정서비스업의 수요자로 하여금 위 저명상표를 쉽게 연상하게 하여 타인의 영업과 혼동을 불러일으킨 경우에 해당한다고 할 것이므로, 여기에는 상표법 제7조 제1항 제10호의 부등록사유가 존재한다고 할 것이다.

같은 취지에서 이 사건 출원서비스표에 관한 등록거절결정을 유지한 원심의 판단은 정당하다. 원심판결에는 상고이유의 주장과 같이 판결 결과에 영향을 미친 법리오해 등의 위법이 없다.

그러므로 상고를 기각하고, 상고비용은 패소자가 부담하도록 하여, 관여 대법관의 일치된 의견으로 주문과 같이 판결한다.

3. 효 력

[1] 지정상품(종전의 지정서비스업)은 상표권자만이 독점적으로 사용할 수 있고, 서비스상

표와 동일·유사한 상표를 지정상품(종전의 지정서비스업)과 동일·유사한 서비스업에 제3자가 정당한 권원없이 사용하는 경우에는 배타적 금지권을 행사할 수 있다.

[2] 제한적 효력은 오직 서비스상표를 지정상품(종전의 지정서비스업)에 사용할 수 있는 권리이므로 상표와 동일·유사한 표장을 타인의 등록상표의 지정상품과 동일·유사한 상품에 사용할 경우에는 전용사용권의 범위를 벗어난 것으로 타인 상표권의 침해가 된다.[106)]

[3] 확장적 효력도 서비스상표와 동일·유사한 표지를 지정상품(종전의 '지정서비스업')과 동일·유사한 상품(종전의 '서비스업')에 사용할 때 미치는 것이며, 타인이 서비스상표와 동일·유사한 표장을 상품에 사용하는 경우에는 상품상표로서의 사용이므로 서비스상표권의 침해를 구성하지 않는 것이 원칙이다.

[4] 상품상표는 상품 그 자체를, 서비스상표는 서비스의 출처를 식별시키기 위한 표장으로서 각자 수행하는 기능이 다르므로 상품과 서비스 사이의 동종·유사성은 서비스와 상품간의 밀접한 관계 유무, 상품의 제조·판매와 서비스의 제공이 동일 사업자에 의하여 이루어지는 것이 일반적인가, 그리고 일반인이 그와 같이 생각하는 것이 당연하다고 인정되는가, 상품과 서비스의 용도가 일치하는가, 상품의 판매장소와 서비스의 제공장소가 일치하는가, 수요자의 범위가 일치하는가, 유사한 표장을 사용할 경우 출처의 혼동을 초래할 우려가 있는가 하는 점 등을 따져 보아 거래사회의 통념에 따라 이를 판단하여야 한다.[107)]

4. 학습정리

1. 서비스상표권자가 자신이 발행하는 월간잡지에 기사를 게재한 행위가 상표법시행규칙 제6조 제2항 [별표2]에 정한 서비스업류 구분상의 '뉴스공급업'에 해당하는가? (특허법원 2005. 6. 17. 선고 2004허4952 판결)
2. 지정상품을 성형외과업, 미용성형외과업, 피부과업, 의료업으로 하고,

   "Channel COSMETIC SURGERY CENTER 샤넬 성형외과"로 구성된 원고의 이 사건 출원상표(출원번호 : 제2002-12852호)는 상표법 제7조 제1항 제10호의 부등록사유에 해당하는가? (대법원 2007.12.27. 선고 2006후664 판결)

106) 대법원 1987. 12. 24. 선고 84나4257 판결.
107) 대법원 1999. 2. 23. 선고 98후1587 판결.

3. 등록상표 “ ”의 지정서비스업인 한식점경영업에서의 “상표의 사용”의 범위에는 “ ”의 사용상품인 “죽용기 포장용 쇼핑백, 죽용기, 젓가락, 냅킨”에 포장을 붙이는 행위도 포함되는가? (특허법원 2006. 4. 6. 선고 2005허9053 판결)

Ⅳ. 단체표장(Collective mark)(상 제2조 제1항 제3호)

1. 의 의

파리협약 제7조의2에 따르면, 본국의 법령에 반하지 않는 단체에 대해 단체표장의 등록을 허여하도록 하고 있다. 단체표장제도는 우리나라가 1980년 5월 4일 파리협약에 가입한 것을 계기로 1980년 12월 31일 상표법 개정 시에 신설한 규정이다.[108] 2004년 개정전의 상표법[109]에 따르면, 법인의 단체표장권은 권리의 소유와 행사가 분리되어 있어 법인은 단체표장을 소유하고 단체의 구성원이 그 표장을 사용하는 것을 감독할 수만 있도록 되어 있었다.[110] 그 당시 단체표장제도는 일본의 현행상표법상 단체상표제도(일본 상표법 제7조)와 대동소이하였다. 일본 상표법에 따르면, 일반사단법인 그 밖의 사단(법인격 없는 사단 내지 회사를 제외) 또는 사업협동조합 그 밖에 특별법에 의하여 설립된 조합(법인격 없는 조합은 제외) 또는 이에 상당하는 외국의 법인은 그 구성원에게 사용하게 할 상표에 대하여 단체상표의 상표등록을 받을 수 있다(일본 상표법 제7조 제1항). 일본 상표법상 단체상표의 목적은 통일상표하에서 복수의 사업자가 제휴하여 상품의 판매 및 서비스의 제공을 행할 수 있도록 하는 것이다.[111]

우리나라의 경우 2004년 상표법 개정[112]을 통해 단체표장권자인 법인도 단체표장을 직접 사용할 수 있도록 하였다. 왜냐하면 단체표장권자인 법인이 영업의 전문성 확보, 적극적 마케팅 경영 및 상표권의 보호에 있어 영세한 단체구성원보다는 수월한 위치에 있기 때문이다.[113] 단체표장의 실례로는 영농조합법인 농부의 꿈의 ‘농부의 꿈’,[114] 금산

108) 상표법(법률 제3326호, 1980.12.31, 일부개정, 시행 1981. 9. 1.).
109) 상표법(법률 제3326호, 1980.12.31, 일부개정, 시행 1981. 9. 1.).
110) 특허청, 앞의 책, 10면.
111) 澁谷達紀, 「知的財産法講義 Ⅲ., 第2版, 有斐閣, 2008, 335頁.
112) 상표법(법률 제7290호, 2004.12.31, 일부개정, 2005. 7. 1 시행).
113) 특허청, 앞의 책, 10면.
114) 상표등록번호 41-0218458-0000(등록결정일 : 2011. 10. 05).

인삼약초 영농조합법인의 ' ',[115] 대월농업협동조합 및 그 밖의 9개 농업협동조합의 '청세米'[116] 등이 있다.

단체표장 중 지리적 표시 단체표장이란 지리적 표시를 사용할 수 있는 상품을 생산·제조 또는 가공하는 자가 공동으로 설립한 법인이 직접 사용하거나 그 소속 단체원에게 사용하게 하기 위한 표장을 말한다.[117] 2004년 개정법에서는 지리적 표시 단체표장제도를 도입하여 단체표장과 지리적 표시 단체표장을 구별하고 있다. 이에 따르면, '지리적 표시 단체표장'이란 지리적 표시를 사용할 수 있는 상품을 생산·제조 또는 가공하는 것을 업으로 영위하는 자만으로 구성된 법인이 직접 사용하거나 그 감독하에 있는 소속단체원으로 하여금 자기 영업에 관한 상품에 사용하게 하기 위한 단체표장이다 [구 상표법 제2조 제1항 제3호의2 (현행 상표법 제2조 제1항 제3호에 상응)]. 여기에서 '지리적 표시'란 상품의 특정 품질·명성 그 밖의 특성이 본질적으로 특정지역에서 비롯된 경우에 그 지역에서 생산·제조 또는 가공된 상품임을 나타내는 표시를 의미한다. 전주농림고축산영농조합법인의 '전주농림고축산영농조합',[118] 이천쌀영농조합법인의 ' ',[119] 모동명산포도영농조합법인의 '모동명산'[120], 장흥무산김생산자협회의 ' ',[121] 유가찹쌀영농조합법인의 ' ',[122] 사단법인 안동산약(마)연합회의 ' ',[123] 안동사과발전협의회의 ' '[124] 등이 지리적 표시 단체표장에 해당한다.

---

115) 상표등록번호 40-0884807-0000(등록결정일 : 2011년 10월 1일).
116) 상표등록번호 40-0761612-0000(등록결정일 : 2008년 8월 18일).
117) 상표법 제2조 제1항 제3의4호; Jay (Young-June) Yang and Kate (Sang-Eun) Lee, 2 Trademarks Throughout the World § 89:4 (2009).
118) 상표등록번호 40-0883113-0000(등록결정일 : 2011. 10. 04).
119) 상표등록번호 40-0622877-0000(등록결정일 : 2005. 4. 29).
120) 상표등록번호 40-0458141-0000(등록결정일 : 1999. 11. 8).
121) 상표등록번호 40-0000111-0000(등록결정일 : 2011. 3. 9).
122) 상표등록번호 44-0000101-0000(등록결정일 : 2011. 1. 28).
123) 상표등록번호 44-0000027-0000(등록결정일 : 2009. 7. 6).
124) 상표등록번호 44-0000051-0000(등록결정일 : 2010. 2. 2).

2. 단체표장의 구성요건

가. 상품의 의미

여기에서 말하는 '상품'이란 '그 자체가 교환가치를 가지고 독립된 상거래의 목적물이 되는 물품'[125] 내지 '운반가능한 유체물로서 반복하여 거래의 대상이 될 수 있는 것'[126]을 의미한다. 따라서 상품의 선전광고나 판매촉진 또는 고객에 대한 서비스 제공 등의 목적으로 그 상품과 함께 또는 이와 별도로 고객에게 무상으로 배부되어 거래시장에서 유통될 가능성이 없는 이른바 '광고매체가 되는 물품'은 비록 그 물품에 상표가 표시되어 있다고 하더라도, 물품에 표시된 상표 이외의 다른 문자나 도형 등에 의하여 광고하고자 하는 상품의 출처표시로 사용된 것으로 인식할 수 있는 등의 특별한 사정이 없는 한, 그 자체가 교환가치를 가지고 독립된 상거래의 목적물이 되는 물품으로는 볼 수 없다.[127] 그리고 등록상표에 표시된 유리병에 든 '보리, 수수, 옥수수' 등이 판매용 물품이 아니라 대리점에서 거래되는 즉석 건조 건강식품을 이루는 일부 성분의 견본에 불과한 경우에는 성분의 구성 및 비율에 특징이 있는 그 즉석 건조 건강식품과 거래통념상 동일성의 범위 내에 있는 상품이 아니어서 상표법상 상품에 해당하지 않는다.[128] 전기, 열, 빛, 향기 및 권리와 같은 무체물, 운반가능성이 없는 부동산, 법적으로 거래가 금지되는 마약, 개인이 소장하고 있는 희귀한 골동품 등도 상표법상 상품에 해당하지 아니한다.[129] 하지만 인터넷상 컴퓨터 네트워크를 통해 다운로드받을 수 있는 컴퓨터프로그램은 상표법상 상품으로 인정되고 있다.[130]

나. 상품을 생산·제조·가공·판매하는 자

여기에서 '생산'이라 함은 원시산업이든 제조업이든 상관없이 자연물에 인력을 가하여 상품을 만들어 내거나 증가시키는 것을 의미하고, '가공'이라 함은 도장·조각과 같이 원료나 생산물에 노력을 가하여 변화를 주는 행위를 의미하며, '판매'라 함은 상품을 판매하는 행위를 통하여 타인에게 양도하는 행위를 의미한다.[131]

다. 서비스를 제공하는 자

여기에서 '서비스'라 함은 (i) 서비스의 제공이 독립하여 상거래의 대상이 되며, (ii)

---

125) 대법원 1999. 6. 25. 선고 98후58 판결; 대법원 2004. 5. 28. 선고 2002후123 판결.
126) 송영식·이상정·김병일, 앞의 책, 172면; 특허청, 앞의 책, 8면.
127) 대법원 1999. 6. 25. 선고 98후58 판결.
128) 대법원 2004. 5. 28. 선고 2002후123 판결.
129) 특허법원 지적재산소송실무연구회, 앞의 책, 480면.
130) 특허청, 앞의 책, 8면.
131) 위의 책, 9면.

타인의 이익을 위하여 제공되는 서비스이고, (iii) 서비스의 제공이나 또는 상품의 판매에 부수하는 물품 또는 서비스의 제공이 아닌 경우를 의미한다.[132]

라. 상품을 생산·제조·가공·판매하거나 서비스를 제공하는 자가 '공동으로 설립한 법인'

단체표장은 상품을 생산·제조·가공·판매하거나 서비스를 제공하는 자가 '공동으로 설립한 법인'이 직접 사용하거나 그 소속 단체원에게 사용하게 하기 위한 표장을 의미하므로, 그러한 자가 단독으로 설립한 법인의 경우나 그러한 자가 공동으로 설립한 비법인사단은 여기에 해당하지 아니한다. 단체표장은 자본력과 영업신용도가 낮은 지방특산물을 생산 내지 판매하는 지방의 중소기업 또는 일반공중에게 서비스를 제공하는 동종업자의 조합 등이 단체의 신용을 이용하여 거래의 상대방이나 소비자에게 그 법인 또는 그 감독하에 있는 소속단체원의 영업에 관한 상품이나 서비스의 품질을 보증함으로써 고객흡인력을 획득하기 위하여 사용하는 특수한 표장이므로[133] '공동으로 설립한 법인'의 구성요건을 충족하여야 한다.

마. 그 법인이 직접 사용하거나 그 소속 단체원에게 사용하게 하기 위한 표장

단체표장의 경우, 소속 단체원뿐만 아니라 그 단체도 단체표장을 사용할 수 있다. 즉 2004년 개정법에서는 법인도 단체표장을 직접 사용할 수 있도록 하였다. 이는 단체표장제도의 활성화를 위하여 단체표장권자인 법인도 단체원을 위하여 단체표장을 부착한 상품의 광고 등의 행위를 할 수 있도록 하기 위한 것으로서, 법인이 영업의 전문성 확보, 적극적 마케팅경영 및 상표권의 보호강화에 있어서 영세한 개별 소속 단체원보다는 더 유리한 위치에 있다고 할 수 있으므로 법인도 단체표장을 사용할 수 있도록 인정하는 것이 상품의 시장확대에 도움이 될 것으로 보고 개정한 것이었다.

바. 지리적 표시 단체표장의 경우, 상표법상 보호대상이 되는 지리적 표시의 구성요건

(i) 상품의 (ii) 특정 품질·명성 또는 그 밖의 특성이 (iii) 본질적으로 특정지역에서 비롯된 경우에 (iv) 그 지역에서 생산·제조 또는 가공된 상품임을 나타내는 표시를 지리적 표시(상 제2조 제1항 제4호)라고 정의하므로, 그 구성요건은 (i) 상품, (ii) 특정 품질·명성 또는 그 밖의 특성, (iii) 본질적인 연관성, (iv) 상품의 지리적 원산지다.

---

132) 위의 책, 10면.
133) 송영식·이상정·김병일, 앞의 책, 184면.

(1) 상　품

지리적 표시 단체표장(지리적 표시 증명표장 포함)은 상품에 한하여 보호가 된다. 상품의 유형에는 제한이 없으므로 농수산물 및 그 가공품뿐만 아니라 공산품(특히 수공예품)도 보호의 대상이 된다.[134] 지리적 표시 단체표장(지리적 표시 증명표장 포함)은 서비스에 대해서는 보호를 받지 못한다(상 제2조 제1항 제1호, 제3호).

(2) 특정 품질·명성 또는 그 밖의 특성

특정 지역에서 생산·제조 또는 가공된 상품이 다른 지역에서 생산·제조 또는 가공된 상품과 구별되는 품질, 명성 또는 그 밖의 특성이 존재하여야 한다. 이 경우 특정 품질, 명성 또는 그 밖의 특성 중 어느 하나만 특정 지역에서 유래하면 족하고, 기후, 토양, 지형 등의 자연적 환경 외에 전통적인 생산비법 등 인적 조건에 의하여 획득되는 경우도 포함한다.[135]

(3) 본질적인 연관성의 존재

단순히 그 지역에서 생산, 제조 또는 가공되었다는 것만으로는 지리적 표시의 구성요건을 충족하지 못하고, 그 상품의 특성 등이 그 지역의 기후, 토양, 지형 등의 자연적 조건이나 독특한 기법 등의 인적 조건을 포함하는 지리적 환경에 본질적으로 기초하여야 한다. 다만, '본질적 연관성의 존재'이라는 요건에 대한 명확한 기준은 없으나 통상 자연적·인적 요소를 포함한 해당 지역의 지리적 환경이 없다면 해당 상품의 품질·명성 또는 그 밖의 특성이 나타나기 어려운 경우 본질적 연관성이 있다고 본다.[136]

* **상표법상 보호대상이 되는 지리적 표시의 구성요건**: 본질적으로 특정 지역(군산 지역)에서 그 품질, 명성 등의 특성이 비롯된 것인지 여부의 판단

(가) 군산꽃게장 사건

군산꽃게장 사건[137] (지정상품 : 간장꽃게장, 양념꽃게장)

사단법인 군산시꽃게장협회가 특허청의 거절결정에 대하여 특허청을 상대로 제기한 불복심판청구사건인 '군산꽃게장' 사건에서 "군산 연안의 해안지역은 그 지리적 환경 특성이 꽃게가 서식하기 좋은 최적의 지리적 환경 조건을 갖추고 있으며, 군산꽃게장은 꽃게의 선별 및 보관과 게장 소스를 제조시 차별화된 제조방법을 사용하고 있고, 군산꽃게장은

134) 2016년 상표심사기준 제7부 제4장 § 2.1.
135) 2016년 상표심사기준 제7부 제4장 § 2.2.
136) 2016년 상표심사기준 제7부 제4장 § 2.3.

업계 최초로 전공정 식품안전인증 HACCP(위해요소 중점관리) 인증을 받는 등 안전한 먹거리로서의 품질특성을 보유하고 있으며, 나아가 년간 200억원 이상에 달하는 매출액, '세계한식요리경연'에서 황금무궁화외식산업대상, 대통령 산업포장 수상 등 다수의 수상경력과 신문, 잡지, TV 등 다양한 수단에 의한 광고·홍보의 정도 등에 비추어 볼 때, 군산꽃게장은 그 지정상품인 '간장꽃게장, 양념꽃게장'의 품질, 명성 또는 그 밖의 특성이 다른 지역의 '간장꽃게장, 양념꽃게장'과 유의미한 차이를 나타내는 자타상품식별력(특별현저성)이 있어 본질적으로 특정 지역(군산 지역)에서 그 품질, 명성 등의 특성이 비롯된 것임을 알 수 있으므로, 이 사건 출원 지리적 표시 단체표장의 지정상품인 '간장꽃게장, 양념꽃게장'은 타 지역 '간장꽃게장, 양념꽃게장'과의 차별성과 품질, 명성 등의 특성을 갖춘 것이라고 보지 않을 수 없다 할 것이다."라고 설시하였다.

(나) 담양떡갈비 사건

사단법인 담양떡갈비생산자협회가 특허청을 상대로 제기한 거절결정불복심판청구사건인 '담양떡갈비'사건[138]에서 특허심판원은"담양떡갈비는 담양에서 생산되는 우수한 원료육(한우)을 다른 지역과 차별되는 고유한 방법으로 조리하여 그 맛과 외관이 다른 지역 떡갈비에 비하여 특이하고, 이러한 사실이 이 사건 지리적 표시 단체표장등록출원 이전에 담양군의 홍보활동과 국내 TV 및 신문 등 언론매체의 보도에 의해 일반 수요자들 사이에 널리 알려진 결과 담양 지역에서 가공된 상품임을 나타내는 지리적 표시가 충분히 되었다고 판단된다."라고 하였다.

담양 떡갈비 (지정상품 : 상품류 구분 제29류의 떡갈비)

사단법인 담양떡갈비생산자협회가 특허청을 상대로 제기한 거절결정불복심판청구사건인 '담양떡갈비'사건에서 특허심판원은"청구인이 이 사건 출원 지리적 표시 단체표장의 출원 시 제출한 정관 및 부속서 등을 종합하여 살펴보면, 아래와 같은 사실을 인정할 수 있다.

(가) 담양군은 총면적 중 임야면적이 61.2%를 차지하고 있으며, 전국 죽림의 25.5%를 차지하는 대표적인 대나무의 고장으로서 영산강의 시원지인 용소의 맑은 물과 구릉성 산지를 낀 천혜의 청정한 자연환경으로 옛날부터 한우비육단지로 유명하며, 담양군의 전체 면적 중 24.3%가 개발제한구역으로서 오염원이 적고, 청정한 자연환경에서 얻은 조사료를 한우 농가에 충분히 공급할 수 있어 고품질의 한우 생산이 가능하고, 이러한 담양 한우의 품질[에]

137) 특허심판원 2016. 6. 15.자 2015원3777 심결(거절결정불복심판청구에 대한 심결).
138) 특허심판원 2015. 4. 1.자 2015원1278 심결(거절결정불복심판청구사건).

의해 특허청에 지리적 표시 단체표장등록(등록 제44-159호)을 받았다(정관 부속서 11쪽).

(나) 농림축산식품부와 한식재단이 전국의 오래된 한식당을 조사하여 펴낸 '한국인이 사랑하는 오래된 한식당'에 '담양떡갈비'를 생산하는 '신식당'(1932년 개업, 전라남도 담양군 담양읍 소재)이 기록되는 등 담양지역에서는 오래전부터 떡갈비가 생산되어 왔다(2013. 6. 19. 중앙일보).

(다) 담양떡갈비는 담양지역의 전통적인 생산방식으로 인하여 타 지역(광주 송정,해남 등)과 구분되는 품질특성을 가지고 있는데, 일반적으로 대부분의 지역에서는 뼈에 붙어 있는 고기만을 발라내어 분쇄하거나 다소 큰 간격으로 칼집을 내는 방법으로 떡갈비를 생산하고 있으나, 담양지역에서는 담양한우의 갈비만을 이용하여 갈비뼈가 붙어 있는 상태에서 다수의 잔칼집(갈비 한 대당 50 ~ 60회 내외)을 낸 후 갈비대 채로 조리하는 특성을 가지고 있다. 즉, 일반적으로 타 지역에서는 갈비대에 있는 고기를 발라내어 살코기만을 가지고 모양을 내는 특성으로 떡갈비가 넓고 얇은데, 담양떡갈비는 갈비대 채로 조리하는 특성으로 갈비대 크기의 원형에 가까운 정사각형의 두꺼운 외형을 가지고 있는 등 타 지역과 현저히 구별되는 특성을 가지고 있다(정관부속서 1쪽).

(라) 담양떡갈비는 뼈에 붙어 있는 갈비에 채를 썰 듯 잔 칼집을 내서 조리하는 특성으로 구이 시 육즙이 나와 차시고 떡갈비의 부드러운 식감이 우수한 품질 특성을 가지고 있는 등 타 지역산 떡갈비와 구별되는 품질특성을 가지고 있는 것으로 분석되었다('국내 각 지역별 떡갈비 및 담양떡갈비의 품질특성, 전문 맛 컬럼니스트 황교익 2013', '향토음식 및 음식점 메뉴의 중요성이 운영관리에 미치는 영향에 관한 분석, 우송대학교 2013')

(마) 전문기관(포커스 컴퍼니)이 2013. 9. 23.부터 10. 24.까지 전국의 만 30세 이상부터 만 70세 남녀를 대상으로 담양떡갈비 인지도에 대하여 전화 조사를 실시한 결과 총 응답자의 41.8%가 담양떡갈비를 인지하고 있는 것으로 나타났고 연령대별로는 40대의 인지도가 45.3%로 가장 높았으며, 지역별로는 담양지역과 광주지역의 인지도가 50.3%로 가장 높게 나타났다.

(바) 담양군은 2010년 지역적 특색을 담은 대표 음식 '담양 10미(味)'를 선정하였는데('담양 10味선정 결과 보고', 담양군청), 여기에 담양떡갈비가 포함되었으며, 담양군은 선정된 음식을 관광 안내물 등을 통해 홍보하여 소비자들에게 알리고 있다.

(사) 국내 TV 및 신문보도 등의 언론매체에서 알려진 담양떡갈비의 기사자료는 다음과 같다(정관부속서 36쪽 ~ 41쪽)

① TV 보도 : '최지우의 딜리셔스 코리아'(올리브 TV 2012. 12. 7.), '천년의 밥상 담양떡갈비 편'(EBS 캠페인 2012. 12. 4.), '가사문학과 떡갈비의 고장 담양'(YTN뉴스 2009. 9. 11.), '담양 맛집 탐방'(쿠기 TV 2011. 4. 12.), '갈비의 참맛! 담양떡갈비'(NTD TV 2009. 9. 30.), 'MBC 드라마넷 식신 원정대 전라남도 담양편'(2009. 9. 25.), '담양떡갈비, 숨겨진 비밀이 밝혀지다'(KBS 스펀지제로 2011. 2. 15.)

② 신문 및 잡지 보도 : '제일 숯불갈비 담양떡갈비'(경향신문 1996. 9. 4.), '생각만해도 군침도는 명품 담양떡갈비'(뉴시스 2005. 10. 23.), '갤러리로 변한 떡갈비집'(연합뉴스 2005. 2. 2.), '100년 떡갈비 대령이오'(한국일보 2008. 8. 23.), '담양떡갈비 상차림 경영개선 교육'(연

합뉴스 2009. 11. 20.), '직접 만들어본 떡갈비, 되게 쉽구만!'(오마이뉴스 2009. 10. 18.), '손으로 빚어낸 담양 명품떡갈비'(데일리안 2010. 2. 24.), '떡갈비 등 담양 10味선정'(뉴시스 2010. 11. 29.), '국내산 소갈비살로 직접 만든 담양떡갈비'(내일신문 2011. 6. 25.), '떡갈비도 인정도 함께 나눌 때 참맛'(동아일보 2012. 7. 17.) 등"이라고 인정하면서 "담양떡갈비는 담양에서 생산되는 우수한 원료육(한우)을 다른 지역과 차별되는 고유한 방법으로 조리하여 그 맛과 외관이 다른 지역 떡갈비에 비하여 특이하고, 이러한 사실이 이 사건 지리적 표시 단체표장 등록출원 이전에 담양군의 홍보활동과 국내 TV 및 신문 등 언론매체의 보도에 의해 일반 수요자들 사이에 널리 알려진 결과 담양 지역에서 가공된 상품임을 나타내는 지리적 표시가 충분히 되었다고 판단된다."라고 설시하였다.

(다) 장성편백 사건

단법인 장성편백생산자협회가 특허청을 상대로 제기한 거절결정불복심판청구사건인 '장성편백' 사건[139]에서 특허심판원은 "장성편백은 우리나라 전체 편백 조림지역의 약 70%를 차지하는 우리나라 최대 편백나무 주산지로서, 기후, 토양 등 지리적 환경과 편백 원목의 건조방법 등 인적 요소를 종합하여 볼 때, 타 지역보다 상품의 품질이 우수한 편백원목이 생산되고 있다고 판단되며, 상표법상의 상품이란 '그 자체가 교환가치를 가지고 독립된 상거래의 목적물이 되는 물품을 의미'하고, 지리적 표시란(상표법 제2조 제1항 제3호의2) '상품의 특정 품질·명성 또는 그 밖의 특성이 본질적으로 특정지역에서 비롯된 경우에 그 지역에서 생산·제조 또는 가공된 상품임을 말한다'라고 규정하는 점을 고려할 때, 편백원목에서 가공된 지정상품인 '편백(건축용 목재)'은 장성지역에서 생산되고 독립거래가 가능한 가공된 상품으로 볼 수 있다고 할 것이다."라고 하여 장성편백을 지리적 표시 단체표장으로 보았다.

장성편백(지정상품 : 상품류 구분 제19류의 편백(건축용 목재))

사단법인 장성편백생산자협회가 특허청을 상대로 제기한 거절결정불복심판청구사건인 '장성편백'사건에서 특허심판원은 "청구인이 이 사건 출원 지리적 표시 단체표장의 출원 시 제출한 정관 및 부속서 등을 종합하여 살펴보면, 아래와 같은 사실을 인정할 수 있다.

(가) 장성편백은 1950년대부터 북일 서삼면 일대 6백 정보의 산에 편백을 심어 제일의 조림왕이 된 임종국 씨(장성 영천리)는 '인촌 선생이 40년 전 장성읍 덕진리 뒷산 40여 정보에 편백을 심어 후세에 물려준 데 자극받아 나무를 심기 시작했다.'고 술회했다.」라고 보도된 것을 확인할 수 있다(1979년 5월 22일 동아일보).

139) 특허심판원 2016. 3. 9.자 2015원4398 심결(거절결정불복심판청구사건).

(나) 장성군 소재 축령산(621.6m)은 전라남도 지역의 명산으로 삼서·북일면 일대에 소재하고 있으며, 우리나라 전체 편백 조림지역의 약 68.8%를 차지하는 등 우리나라 최대 편백나무 주산지로 품질이 우수한 편백원목이 생산되고 있으며, 예로부터 향이 짙고 결이 곧은 편백나무의 생산지로 널리 알려져 있다.

(다) 장성지역은 깊은 유효토심, 풍부한 연 강수량 등의 입지 및 환경특성 영향으로 타 편백조림지역에 비하여 편백생육에 다소 알맞은 특성을 가지고 있다(2014.「편백 조림목의 입지 특성에 따른 지역별 초기 생육 특성」, 국립산림과학원 산림생산기술연구소 보고서).

(라) 장성 편백림의 피톤치드 함량농도는 타 지역(강원도)에 비하여 53% 이상 높은 것으로 분석되는 등 편백나무 특유의 향이 진한 것으로 나타났다(「편백나무숲 공기, 천식치료에 효과 높다」, 2010, 국립산림과학원, 증 제10호증).

(마) 전라남도 장성지역과 해남지역의 지리적 특성(토양, 입지 등의 지리적 특성)에 따른 편백나무 생육 특성 차이에 따르면, 장성지역은 타 편백림 비교지역에 비하여 편백나무의 생장이 우수하고, 생육에 매우 알맞은 지역으로서, 이는 타 지역에 비하여 깊은 유효토심, 풍부한 연 강수량 등에서 구별되는 입지 및 환경특성을 가지고 있다(「편백 조림목의 입지특성에 따른 지역별 초기 생육 특성」, 2014, 국립산림과학원).

(바) 일반적으로 편백나무 등의 목본식물 생육에는 배수성이 양호한 양토가 알맞은 것으로 알려져 있는데, 장성지역(매우 양호한 토양배수성이 전체 토양의 82.0% 차지)은 전체 토양의 76.4%가 양토로 구성되어 있는 등 타 편백 생산지 전주(18.0%), 울산(50.3%), 보령(34.2%)보다 월등히 많은 특성으로 편백나무의 왕성한 뿌리생육이 가능함에 따라 보다 품질이 우수한 원료목의 생산되고 있다(「농업토양정보시스템(ASIS)」, 2013, 농촌진흥청).

(사) 장성편백의 편백원목은 장성지역 관내에서 생육·생산된 편백 성목(成木)만을 사용하여 원목의 엄격한 품질관리가 이루어지고 있으며, 편백나무 본연의 품질을 보존하기 위하여 노동력이 많이 들고 건조하는 시간이 오래 걸리는 단점이 있는 인공적인 건조방법이 아닌, 원료 목 본연의 향과 조직을 유지·보존할 수 있는 특성을 가지고 있는 자연 건조방법으로 편백원목을 생산하고 있다(「최신 목재건조학」, 서울대학교).

(아) 장성지역 청정 편백림에서 생산되는 편백 및 편백 부산물은 건축용 목재를 비롯한 다양한 상품으로 이용되고 있으며, 건축용 목재로서 이용되는 편백은 본연의 향이 진하고 곧은 나무결과 함께 견고한 내구성의 품질특성으로 인하여 건축자재뿐만 아니라 침대 등의 가구생산에 주로 이용되는 등 소비자 선호도가 높은 품질특성을 가지고 있다."라고 인정하면서, "장성편백은 우리나라 전체 편백 조림지역의 약 70%를 차지하는 우리나라 최대 편백나무 주산지로서 기후, 토양 등 지리적 환경과 편백원목의 건조방법 등 인적요소를 종합하여 볼 때, 타 지역보다 상품의 품질이 우수한 편백원목이 생산되고 있다고 판단되며, 상표법상의 상품이란 '그 자체가 교환가치를 가지고 독립된 상거래의 목적물이 되는 물품을 의미'하고, 지리적 표시란(상표법 제2조 제1항 제3호의 2) "상품의 특정 품질·명성 또는 그 밖의 특성이 본질적으로 특정지역에서 비롯된 경우에 그 지역에서 생산·제조 또는 가공된 상품임을 말한다" 라고 규정하는 점을 고려할 때, 편백원목에서 가공된 지정상품인 '편백(건축용 목재)'은 장성지역에서 생산되고 독립거래가 가능한 가공된 상품으로 볼 수 있다고 할 것이

다."라고 하여 장성편백을 지리적 표시 단체표장으로 보았다.

(라) 서산어리굴젓 사건

서산어리굴젓(상품류 구분 제29류의 어리굴젓) 사건[140]에서 특허심판원은 "서산어리굴젓은 지리적 특성으로 인하여 그 품질 및 맛이 다른 지역 굴젓보다 뛰어나며, 지자체 및 관련 단체의 홍보활동 등에 힘입어 국내의 수요자들 사이에 널리 알려져 있다고 판단된다. 따라서 이 사건 출원 지리적 표시 단체표장의 지정상품인 서산어리굴젓은 타 지역 굴젓과 차별성과 품질특성을 갖춘 것이라고 보지 않을 수 없다 할 것이다."라고 설시하였다.

서산어리굴젓(상품류 구분 제29류의 어리굴젓) 사건

사단법인 서산어리굴젓사업단이 특허청을 상대로 제기한 거절결정 불복심판 청구사건에서 "가. 서산어리굴젓은 충청도 향토 음식의 하나로 생굴에 소금과 고춧가루 등 양념을 버무려 담근 젓갈로, '어리'라는 접두어는 '덜된, 모자란'이라는 뜻을 지닌 단어로 어리굴젓은 '짜지 않게 담근 굴젓'을 지칭한다.

나. 서산어리굴젓은 아래와 같이 원재료가 우수하고 고유한 제조 및 가공방법으로 생산되어 다른 지역산 보다 품질이 뛰어나다.

① 서산어리굴젓의 원재료인 '서산 간월도 굴'은 조수간만의 차가 큰 천연 갯벌과 알맞은 일조권, 높은 수온, 적은 염도가 유지되는 지역에서 생산되는 것으로 다른 지역 '굴'보다 생존력이 높고 육질이 단단한 특성을 갖고 있다.

② 서산어리굴젓의 제조방법은 굴과 양념을 함께 숙성시키는 일반 젓갈의 제조방식과 달리 먼저 굴을 천일염으로 담가 숙성 발효시킨 다음 최종 판매직전에 고춧가루 및 양념을 하는 방식이다.

③ 서산어리굴젓에 사용하는 천일염은 전통항아리에 넣어 2년 이상 묵혀 간수가 완전히 빠진 천일염이고, 천일염 사용량도 일반젓갈보다 훨씬 적은 20% 정도의 적은 양의 소금을 사용한다. 이러한 저염(低鹽)방식이 가능한 이유는 보통의 굴은 조직이 연하기 때문에 이 정도의 소금을 넣으면 물러버리지만, 서산 간월도에서 채취한 굴은 육질이 단단하기 때문에 굴의 원형을 간직한 채 발효가 가능하다.

④ 서산어리굴젓은 굴을 발효시켜 걸러낸 후, 안면도의 고추를 햇볕에 말린 태양초로만 갠 고추 물을 버무려 만든다. 이는 태양초에 함유되어 있는 캡사이신(Capsaicin) 성분이 젓갈의 산패(酸敗)를 막아주고 젖산균의 발육을 돕는 기능을 하게 되어 굴 자체의 비릿한 맛이 상쇄되고 단맛이 돌며 톡 쏘는 듯한 서산어리굴젓 특유의 감칠맛을 내는 효과가 있다.

다. 서산어리굴젓은 미국 식품의약국(FDA) 등록연구소 검사결과, 단백질, 비타민 A/C, 칼슘 등 영양성분을 포함하고 있으며, 인체에 유해(有害)한 중금속, 살모넬라균 등은 검출되

140) 특허심판원 2016. 1. 15.자 2014원8174 심결(거절결정 불복심판 청구사건).

지 않은 건강식품으로 인정받았다(FDA 등록연구소인 '마이크로백 연구소(Microbac Laboratories, Inc.), 서산어리굴젓 성분분석).

라. 서산어리굴젓은 다른 어리굴젓과 비교하여서도, 당류는 적게 함유되어 있으나 비타민 A와 미량원소(微量元素)의 함량이 상대적으로 높은 것으로 분석되었다(한국식품연구원, 시험성적서, 2008).

마. 서산어리굴젓에 대한 홍보와 관련하여, 매년 '간월도 굴 부르기 군왕제'를 개최하고 있으며, 서산어리굴젓이 'MBC, KBS, SBS' 등 공중파 방송에 소개되었고 대전일보, 아시아투데이, 중앙일보 등에 서산어리굴젓에 관한 내용이 지속적으로 언론보도 되었다.

바. 서산시는 서산어리굴젓의 홍보 및 품질향상을 위하여, 1990년 12월에 '어리굴젓 기념탑'을 건립하였으며, '서산어리굴젓사업단' 구성 및 '향토산업육성사업'을 추진하여 고품격의 상품개발, 어리굴젓 가공·유통센터 건립 등을 추진하였으며, 서산문화원에서는 1984년부터 지역특산물 보존사업의 일환으로 간월도 어리굴젓 맛에 대한 연구와 교육을 실시하고 있다.

사. 서산어리굴젓은 2007년 'HACCP'인증을 획득하였으며, 2008년 '농수산물 수출탑 수상', 2011년 '자율관리어업 우수브랜드 선정' 등 그 품질을 인정받았다.

아. 서산어리굴젓은 품질의 우수성을 인정받아 미국·유럽·동남아 등 세계 각국에 매년 20여 톤을 수출하고 있다."라고 인정하면서 "서산어리굴젓은 지리적 특성으로 인하여 그 품질 및 맛이 다른 지역 굴젓보다 뛰어나며, 지자체 및 관련 단체의 홍보활동 등에 힘입어 국내의 수요자들 사이에 널리 알려져 있다고 판단된다. 따라서 이 사건 출원 지리적 표시 단체표장의 지정상품인 서산어리굴젓은 타 지역 굴젓과 차별성과 품질특성을 갖춘 것이라고 보지 않을 수 없다 할 것이다."라고 설시하였다.

(마) 제주고등어 사건

(사)제주수산물수출협회가 특허청의 거절결정에 대한 불복심판을 청구한 사안인 '제주고등어' 사건[141]에서 특허심판원은 청구인이 이 사건 출원 지리적 표시 단체표장의 출원 시 제출한 '연구용역 최종보고서' 및 2012. 3. 15.자 2014. 8. 21.자 의견서, 그리고 이 사건 심판청구 후 제출한 2014. 12. 17.자 보정서 및 해양수산부의 통계자료 등을 종합하여 살펴본 다음, "이 사건 출원 지리적 표시 단체표장은 지정상품인 제주고등어의 명성, 품질특성 및 타 지역과 차별화된 자연적 조건이나 독특한 생산기법이 모두 입증되었으므로 등록이 되어야 한다."라고 판단하였다.

제주고등어 사건(지정상품 : 상품류 구분 제29류의 고등어(살아있지 않은 것), 간고등어)

(사) 제주수산물수출협회가 특허청의 거절결정에 대한 불복심판을 청구한 사안인 '제주

141) 특허심판원 2015. 6. 5.자 2014원7088 심결(거절결정 불복심판 청구사건).

고등어' 사건에서 특허심판원은 청구인이 이 사건 출원 지리적 표시 단체표장의 출원 시 제출한 '연구용역 최종보고서' 및 2012. 3. 15.자, 2014. 8. 21.자 의견서, 그리고 이 사건 심판청구 후 제출한 2014. 12. 17.자 보정서 및 해양수산부의 통계자료 등을 종합하여 살펴본 다음,

"① 제주도는 지리적 위치상 고온, 고염의 특징을 지닌 대마 난류가 남안과 동안에 영향을 미치기 때문에, 따뜻한 해역을 따라 회유하는 고등어의 특성상 주로 제주해역에서 고등어 어장이 형성된다.

② 고등어의 주 어획지는 제주도 근해이며, 1년 중 가장 맛이 좋은 시기는 가을부터이며 이때부터 겨울에 걸쳐 지질 함량이 최대가 된다. 즉 이 시기의 대형 고등어(35cm 이상)는 가식부의 지질 함량이 20%가 넘고, 수분은 반대로 60% 이하로 된다.

③ 고등어의 최대 산지는 제주도의 마라도를 중심으로 하여 대마도까지 띠를 형성한 지역으로 이 지역에서 잡히는 양이 한반도 전체 고등어 어획량의 60~70%를 차지하고 있다. 고등어는 계절에 따라 제주 주위를 중심으로 회유하며, 가장 큰 어장과 산란장이 형성되어 있다. 제주해협에서의 고등어 주 어획 시기는 10월에서 다음해 3월로 바다 수온 7~25℃ 사이, 서식층수 10~100m(주간 : 70~150m, 야간 : 20~50m)에서 주로 서식한다. 특히 12월에서 3월은 고등어의 주 산란시기로 제주도의 동쪽 근해에 가장 큰 산란장을 형성하고 있다.

④ 고등어는 수온이 10~22℃인 따뜻한 바다를 좋아하는 회유성 어종으로, 우리나라에서는 2~3월경에 제주도 연안에 출현하여 차츰 북쪽으로 이동하며, 남해안에서 여름을 지내고 찬바람이 불기 시작하는 늦가을이면 월동을 위하여 남쪽으로 다시 이동해 간다. 제주도 남안은 수온이 따뜻하고 청정지역이어서 해초가 풍부하고, 그에 따라 고등어의 먹이인 부유성 갑각류, 오징어류, 작은 어류 등이 많이 서식하고 있다. 또한 어린 고등어의 먹이인 플랑크톤도 다른 지역보다 풍부하여 살이 고소하고 타 수역 고등어보다 살의 탄력이 더 살아 있다. 특히 겨울철에는 마라도를 중심으로 새우나 멸치 등 고등어의 먹이가 매우 풍부하여 이때에 고등어가 살이 가장 통통하게 많이 찐다.

⑤ 해양수산부의 연안수질현황 통계(제8호증)에 따르면 오염된 물의 수질을 나타내는 'COD(화학적 산소요구량)'의 값이 제주연안(0.753mg/l)과 서귀포연안(0.868mg/l)의 수치는 다른 49개 연안의 평균(1.079mg/l)에 비해 상당히 낮은 수준의 청정지역으로서, 수산물 소비자에게 긍정적으로 작용하여 제주 고등어의 소비자 선호도를 높이는 데 기여하고 있다. 또한 고등어는 낚아 올리는 순간부터 상하기 시작하므로 제주도 근해에서 잡아 부산 등 육지로 가서 처리하는 것과 제주도에서 곧바로 처리하는 것과는 신선도에서 차이가 있을 수밖에 없어 제주고등어가 맛으로 유명한 이유이기도 하며, 이 점에서 고등어 어획수역과 최단거리에 있는 제주도가 고등어의 신선도를 유지하기 위한 최적의 지리적 환경을 갖추고 있다.

⑥ 제주지역의 고등어가 경남 통영을 비롯한 타 지역의 고등어에 비하여 상대적으로 수분함량은 높은 반면 회분이나 조지방함량은 낮으며, 콜레스테롤 저하, 혈전 예방 및 두뇌작용을 활성화시키는 건뇌효과가 있는 DHA는 26.4%로서 국내 고등어의 평균 24.5%보다 높다. 또한 단백질 화학가 및 무기질 중 아연의 함량이 타 지역의 고등어에 비하여 월등하게 높은 것으로 나타났다(제13호증).

⑦ 제주도의 수산업은 1970년대 이후 급속도로 발전하여 지금은 한국 수산업에서 매우 중요한 위치를 차지하고 있고, 이러한 제주 어업의 발전에 따라 제주고등어의 어획 및 품질유지 방법과 관련하여 충분한 경험과 노하우가 축적되어 있다. 또한 제주특별자치도의 예산 및 시설지원을 비롯하여, 제주 수산물 페스티벌 개최, 식품박람회 참가, 정보화마을 조성 등 유관기관의 적극적인 노력으로 제주고등어는 최상의 품질을 유지하고 있다(제14, 15호증).

위 인정사실에 나타난 제주도의 해류, 수온, 수질 등 지리적인 특성과 제주고등어와 타 지역 고등어의 성분의 차이, 제주지역 생산자의 장기간 축적된 경험 및 유관기관의 지원실태 등을 종합적으로 고려하면, 이 사건 출원 지리적 표시 단체표장의 지정상품인 제주고등어와 타 지역 고등어와의 차별성과 품질특성에 대한 과학적 입증은 물론, 타 지역과 차별화된 자연적 조건이나 독특한 생산기법 등 인적 조건을 포함하는 통계적인 유의성 역시 입증된다고 할 것이다."라고 판단하였다.

(바) 보령김 사건

사건 (상품류 구분 제29류의 조미김)[142] 에서 특허심판원은 "보령김은 원초가 생산되는 서해 연안의 갯벌 환경 등에 따른 우수한 원재료, 별도의 건조단계 없이 마른김을 직접 조미하거나, 원적외선 히터를 사용하여 복사열선으로 김을 구이하는 등의 차별화된 제조방법, 1980년대부터 보령시에 위치한 건 외 '(주)대천김, 신진수산맛김(주)' 등 대형 김 제조업체들의 연구개발 노력과 보령김의 판매량, 수출액, 다수의 수상경력 등의 사실에 비추어 볼 때, 보령김은 그 지정상품인 '조미김'의 품질, 명성 또는 그 밖의 특성이 다른 지역의 '조미김'과 유의미한 차이를 나타내는 자타상품식별력(특별현저성)이 있어 본질적으로 특정 지역(보령 지역)에서 그 품질, 명성 등의 특성이 비롯된 것임을 알 수 있으므로, 이 사건 출원 지리적 표시 단체표장의 지정상품인 '조미김'은 타 지역 조미김과의 차별성과 품질, 명성 등의 특성을 갖춘 것이라고 보지 않을 수 없다 할 것이다."라고 판단하였다.

사건 (상품류 구분 제29류의 조미김)

사단법인 보령김생산자협의회가 특허청을 상대로 제기한 거절결정 불복심판 청구 사건

142) 특허심판원 2016. 2. 29.자 2014원6492 심결(거절결정 불복심판 청구사건).

인 '보령김'사건에서 특허심판원은 "(가) 보령김은 모두 영양분이 풍부한 서해안 김을 원초로 사용하고 있는데, 보령김은 조수간만이 심한 서해의 열악한 환경에서 자라기 때문에 생존하기 위해 체내에 더 많은 영양분을 품어 맛과 품질이 우수하고, 특히 단백질과 식이섬유 함량이 많아 담백하고 향과 맛이 진한 것이 특징이다.

(나) 보령지방은 최대 조차 지역인 인천만과 목포의 중간정도의 조차를 나타낸다. 보령김의 원초가 생산되는 서해 연안은 조수나 파랑의 흐름에 의한 입자이동이 활발하여 침식 및 퇴적작용에 의한 연안 퇴적환경을 이루고 있고, 이러한 갯벌 환경은 수산물 양식의 최적지로 손꼽히며, 보령연안의 김 생육시기인 겨울철(11월~3월) 수온은 4~15℃ 사이로 김 포자의 발아와 생장에 적합한 온도일 뿐만 아니라 겨울철의 온도가 낮아 온화한 날씨로 인한 갯병 발생의 우려도 적어 김 양식에 적합하다.

(다) 일반 조미김은 구울때 김 모양이 뒤틀리는 것을 막기 위해 마른김을 열풍건조기 등으로 수시간 건조함에 반하여, 보령김은 별도의 건조단계 없이 마른김을 직접 조미하는 것과, 원적외선 히터를 사용하여 복사열선으로 김을 구이하는 것과, 또한 가열온도와 히터 간격을 달리하여 3차에 걸쳐 점차적으로 김을 굽는 등의 차별화된 방법으로 제조되고 있어, 일반 조미김에 비해 김 특유의 향미와 맛을 그대로 유지하였으며, 또한 별도의 건조단계를 거치지 않더라도 구울때 김 모양이 변형되지 않는 것은 물론, 김 겉면이 타지 않고 전체적으로 균일하게 구워져 장기 보관이 용이하고 소비자의 다양한 기호에 부응할 수 있으며, 건강기능성과 품질보장성을 높여 조미김의 상품가치를 증진시켰다.

(라) 보령시에는 1980년대부터 (주)대천김, 신진수산맛김(주) 등 대형 김 제조업체가 등장하여 서해안에서 수확한 원초로 조미김을 제조해 왔으며, 보령시에 소재한 김가공업체는 서해안에서 수확한 원초 중 색택이 좋고 단맛이 나며 두께가 고르고 구멍이 없는 우수 원초만을 선별하여 들여와 매일 직접 짠 참기름을 이용하여 조미김을 제조하며, 첨단 이물질 선별기 등 첨단기기를 도입하여 제품을 생산하고 있고, 조미김 제조방법에 관련된 연구로 특허를 등록하거나((주)대천김, 2002년) HACCP(위해요소 중점관리기준)에 따른 관리 시스템을 운영(대천청정맛김, 어머니김)하는 등 보령시 조미김의 품질명성 유지를 위한 노력을 지속하고 있다.

(마) 보령에서는 1980년대부터 (주)대천김, 신진수산맛김(주) 등 대형 김 제조업체가 등장하여 소비자 인식이 부족했던 대천김의 우수성을 전국에 알리기 시작하였으며(현재는 대천시가 보령시에 통합되어 대천김 또는 보령김으로 알려져 있다), 그 결과 '보령김'은 우체국 쇼핑의 대표상품으로 우체국 쇼핑 명절기간에 단일품목으로는 최초로 100만 건을 돌파하였고, 전국 우체국 쇼핑의 36.8%를 점유하고 있으며, 우체국 쇼핑 전국 특산물 매출 톱 10업체 중 보령김업체가 6개가 있고, 그중 3개 업체가 1, 2, 3위를 기록하였으며, 주요수출국인 일본을 비롯하여 미국, 대만, 브라질 등 해외 15개국으로 수출하고 있고, 그 수출액은 매년 크게 증가하여 2012년에는 1천 41만달러를 기록하여 조미김 판매액으로는 처음으로 1천만 달러를 돌파하였다.

(바) 보령김은 2011년 한경닷컴 주최의 중소기업브랜드 특산품부분 대상, 2011년 소비자가 직접 선정한 '2011년 하반기 E-BIZ 브랜드 대상' 식품 부문 수상, 한국전통식품 품질인증,

우수기업인상 및 보건복지부장관 표창 등 다수의 인증과 수상경력이 있다."라고 인정하면서 "보령김은 원초가 생산되는 서해 연안의 갯벌 환경 등에 따른 우수한 원재료, 별도의 건조단계 없이 마른김을 직접 조미하거나, 원적외선 히터를 사용하여 복사열선으로 김을 구이하는 등의 차별화된 제조방법, 1980년대부터 보령시에 위치한 건 외 '(주)대천김, 신진수산맛김(주)' 등 대형 김 제조업체들의 연구개발 노력과 보령김의 판매량, 수출액, 다수의 수상경력 등의 사실에 비추어 볼 때, 보령김은 그 지정상품인 '조미김'의 품질, 명성 또는 그 밖의 특성이 다른 지역의 '조미김'과 유의미한 차이를 나타내는 자타상품식별력(특별현저성)이 있어 본질적으로 특정 지역(보령 지역)에서 그 품질, 명성 등의 특성이 비롯된 것임을 알 수 있으므로, 이 사건 출원 지리적 표시 단체표장의 지정상품인 '조미김'은 타 지역 조미김과의 차별성과 품질, 명성 등의 특성을 갖춘 것이라고 보지 않을 수 없다 할 것이다."라고 판단하였다.

(사) 남해새고막 사건

남해새고막 영어조합법인이 특허청을 상대로 제기한 거절결정 불복심판 청구사건인 '남해 새고막' 사건[143]에서 특허심판원은 "남해새고막은 지리적 특성으로 인하여 그 품질 및 맛이 다른 지역 꼬막보다 뛰어나며, 지자체 및 관련 단체의 홍보활동 등에 힘입어 국내의 수요자들 사이에 널리 알려져 있다고 판단된다. 따라서 이 사건 출원 지리적 표시 단체표장의 지정상품인 남해새고막은 타 지역 꼬막 또는 고막과 차별성과 품질특성을 갖춘 것이라고 보지 않을 수 없다 할 것이다."라고 판단하였다.

 사건 (지정상품 : 상품류 구분 제31류의 살아있는 새고막)

남해새고막 영어조합법인이 특허청을 상대로 제기한 거절결정 불복심판 청구사건인 '남해 새고막' 사건에서 특허심판원은 "㉮ 고막은 연체동물 사새목 고막조개과에 속하며 크게 참고막, 새고막, 피고막으로 구분되며 꼬막, 고막조개 등 다른 이름으로 불리기도 한다. 남해새고막은 남해 강진만에서 채취되는 것으로, 갯벌에서 자라는 참꼬막과는 달리 새고막은 3~5m정도 얕은 수심의 갯벌에서 자란다.

㉯ 남해새고막의 주생산지인 강진만은 간석지가 잘 발달돼 있어서 전통적으로 꼬막, 새고막, 바지락, 굴 등의 패류양식이 이루어져 왔고, 어장이 협소함에도 불구하고 다양한 종류의 수산생물이 서식하고 있어 연간 수산물 생산량이 약 25,000톤에 이르는 연안어장의 보고이다. 강진만은 조류의 소통이 완만하고 간조 시 절반 이상이 바닥을 드러내는 조간대 지역으로 뻘, 모래, 자갈로 구성돼 있어 새고막 양식에 적합한 자연조건을 갖추고 있다.

143) 특허심판원 2015. 12. 23.자 2014원6365 심결(거절결정 불복심판 청구사건).

㉰ 남해지역은 전남 벌교, 충남 서산 등 다른 지역과 비교해 볼 때, 새고막이 채취되는 시기인 12월부터 5월까지 평균기온이 높은 반면 일교차가 작아 동절기 작업시간 확보가 가능하고, 남해지역의 평균 습도는 45-60%로 전남 벌교지역과 충남 서산지역의 평균 습도인 55-70%보다 낮아 제품의 변질 및 부패 방지가 상대적으로 유리하는 등 기후조건이 뛰어나 다른 지역 고막(꼬막)에 비해 품질과 맛이 뛰어나다.

㉱ 남해새고막은 타 지역산인 참꼬막 및 보성벌교 새고막과 비교하여 영양이 탁월하다('농촌자원개발연구소 : 식품성분표 I , 농촌진흥청, 2006', '(주)엔텍분석연구원 검사성적서 : 남해새고막과 보성벌교산새고막).

① 남해새고막이 참꼬막보다 단백질, 비타민 등 영양성분을 더 많이 포함하고 있으며 아미노산 함량 분석결과에서도 남해새고막과 참꼬막이 비슷하게 나타났지만, 간해독에 탁월한 타우린 성분은 참꼬막에서 검출되지 않았지만, 남해새고막에서 다량으로 검출되었다.

② 남해새고막은 보성벌교새고막과 비교하여 볼 때, 비타민 C가 1.5배 정도, 마그네슘이 1.13배, 칼슘은 1.25배, 철 성분은 2배 높게 나타나는 등 성분분석에서 전반적으로 우월한 것으로 나타났다.

㉲ 남해새고막에 대한 홍보와 관련하여, 남해새고막 종묘생산 첫 성공이 진주 MBC TV를 통하여 전국에 방송되었고, 2009년도부터 2012년까지 남해새고막의 효능, 다른 지역산과의 차이, 남해새고막 생산어가의 소득증대 등에 관한 내용이 '경남일보, 남해신문, 경향신문' 등에 지속적으로 언론보도 되었다.

㉳ 남해 강진만 권역은 2007년 해양수산부 '어촌종합개발사업' 대상자로 선정되어 어항시설과 도로정비, 어업지원 관광기반 조성 등 6개 부문 38개 사업이 추진되었으며, 남해군은 새고막 생산 지원을 위하여 2012년에 '농어촌체험관' 준공, '새고막선별기 및 바지선 제작' 지원, 양식어장 정화사업, 마을어장개발사업보조금 지원 등을 시행하였으며, '수산업경영인 교육', '자율관리업 성공정착 및 확산을 위한 집합교육', '어촌지도자협의회 교육' 등 고품질의 남해새고막 생산을 위한 교육프로그램을 운영하고 있다.

㉴ 남해새고막은 그 상품성이 우수하여 매년 100억 원 이상의 어가수입을 올리고 있으며 새고막은 양식이 활성화 되고 있는 품종으로 피조개에 비해 환경저항력이 강해 성장이 빠르고 생존율이 높아 피조개 양식장의 대체품종으로 주목받고 있다.

㉵ 남해새고막에 대한 인지도 조사에서, 전체 응답자 391명 가운데 298명인 76.2%가 남해새고막에 대해 알고 있었다(남해새고막에 대한 인지도 조사, 한국국제대학교 경영혁신센터, 2013)라고 인정하면서 "남해새고막은 지리적 특성으로 인하여 그 품질 및 맛이 다른 지역 꼬막보다 뛰어나며, 지자체 및 관련 단체의 홍보활동 등에 힘입어 국내의 수요자들 사이에 널리 알려져 있다고 판단된다. 따라서 이 사건 출원 지리적 표시 단체표장의 지정상품인 남해새고막은 타 지역 꼬막 또는 고막과 차별성과 품질특성을 갖춘 것이라고 보지 않을 수 없다 할 것이다."라고 판단하였다.

(아) 거제대구 사건

거제대구영어조합법인이 특허청을 상대로 제기한 거절결정 불복심판 청구 사건인

'

' 사건(상품류 구분 제29류의 대구(살아 있지 않은 것))[144]에서 특허심판원은 "거제대구는 지리적 특성으로 인하여 그 품질 및 맛이 다른 지역 대구보다 뛰어나며, 지자체 및 관련 단체의 홍보활동 등에 힘입어 국내의 수요자들 사이에 널리 알려져 있다고 판단된다. 따라서 이 사건 출원 지리적 표시 단체표장의 지정상품인 거제대구는 타 지역 대구와 차별성과 품질특성을 갖춘 것이라고 보지 않을 수 없다 할 것이다. 또한, 진해만에서 어획된 대구가 육지인 '거제'에 집하되어 가공·유통·판매가 이루어지고 있으므로 행정구역단위인 '거제'를 지리적 표시의 대상지역으로 기재한 것은 등록에 장애가 되지 아니한다."라고 판단하였다.

사건(상품류 구분 제29류의 대구{살아있지 않은 것})

거제대구영어조합법인이 특허청을 상대로 제기한 거절결정 불복심판 청구 사건인 '거제대구'사건(상품류 구분 제29류의 대구{살아 있지 않은 것})에서 특허심판원은 "① '거제대구'는 시베리아 연해에서 함경남북도, 강원·경북연해에 분포하다가 12월-2월 사이에 진해만으로 모여들어 산란하며, 산란이 끝나면 다시 북쪽의 심해로 이동하는 동해계군에 속하는 대구를 지칭한다.

② 거제대구는 진해만 해역에서 어획된다. 진해만은 우리나라 남동부, 거제도의 상부에 위치한 연안 해역으로 마산만·행암만, 진동만·원문만 및 고현성만 등의 작은 만으로 구성되어 남북방향의 길이가 약 35km, 동서방향의 폭이 약 25km인 만(灣)으로서 굴, 홍합, 피조개 등의 패류와 해조류 등의 수산활동이 활발한 우리나라 대표적인 양식어장으로서 멸치, 대구 등의 산란장 및 치어의 성육장으로서 가치가 큰 해역이고, 진해만에서 어획된 대구는 육지인 '거제'에 집하되어 가공·유통·판매가 이루어지고 있다.

③ 거제대구는 다른 지역산 대구보다 '월평균 기온, 일교차, 일조시간, 강수량, 바람, 습도' 등 기후조건 및 '수온, 염분, 수소이온농도, 용존산소, 부유 물질' 등 해양조건이 탁월하여 대구 관련 어획 및 제품생산에 가장 좋은 자연환경을 가지고 있다.

④ 거제대구는 어획시기가 대부분 산란을 앞둔 상태이기 때문에 체내의 영양분 축적이 가장 좋은 상태로 '동해산 대구'보다 맛과 영양이 우수하다(한국수산물성분표/국립수산과학원 2009, 농촌자원개발연구소-식품성분표 I, II, 농촌진흥청, 2006).

㉮ 거제대구는 동해산 대구보다 에너지 함량이 높고, 지방이 적어 담백하며, 단백질 함량이 높은 대신 지방함량이 낮다.

㉯ 거제대구는 필수 아미노산인 이소류신, 라이신, 페닐알라닌, 트리오닌, 발린의 함량이 동해산 대구보다 높아 영양학적으로 우수하다.

144) 특허심판원 2015. 12. 23.자 2014원6191 심결(거절결정 불복심판 청구사건).

㉰ 거제대구는 생리활성물질을 함유하고 혈행을 개선시켜주는 불포화 지방산함량 특히, 중성지방과 총 콜레스테롤 수치를 감소시키는 에이코펜타엔산(EPA)과 뇌망막 인지질 내에서 작용하는 도코사헥사엔산(DHA) 등 어유에 많이 포함되어 있는 중요 불포화지방산의 함량이 동해산 대구보다 높다

⑤ 거제대구에 대한 홍보를 위하여 '거제대구수산물축제'를 개최하고 있으며, 동 행사는 TV 및 신문에 보도되었다. 방송 및 언론보도 실적을 보면, 2008년 'KBS 1TV 6시 내고향' 프로그램에 거제대구 관련 내용이 방영되었으며, 2008년도부터 2012년까지 거제대구에 관한 내용이 '경남일보, 거제신문, 중앙일보' 등에 언론보도 되었다.

⑥ 거제대구 보존 및 명품화를 위하여 경상남도, 거제시, 국립수산과학원, 거재수협 등이 협력하여 '거제대구 회유경로 추적사업, 인공수정란 방류사업, 외포 위판장 신축공사 지원, 거제대구 & 수산물 축제 지원, 거제 시어 캐릭터 디자인 개발, 대구호망 어업인 간담회 개최' 등을 개최하였다.

⑦ 거제대구에 대한 인지도 조사에서, 전체 응답자 392명 가운데 259명인 66.1%가 거제대구에 대해 알고 있었다(거제대구에 대한 인지도 조사, 한국국제대학교 경영혁신센터, 2012)."라고 인정한 다음, "거제대구는 지리적 특성으로 인하여 그 품질 및 맛이 다른 지역 대구보다 뛰어나며, 지자체 및 관련 단체의 홍보활동 등에 힘입어 국내의 수요자들 사이에 널리 알려져 있다고 판단된다. 따라서 이 사건 출원 지리적 표시 단체표장의 지정상품인 거제대구는 타 지역 대구와 차별성과 품질특성을 갖춘 것이라고 보지 않을 수 없다 할 것이다. 또한, 진해만에서 어획된 대구가 육지인 '거제'에 집하되어 가공·유통·판매가 이루어지고 있으므로 행정구역단위인 '거제'를 지리적 표시의 대상지역으로 기재한 것은 등록에 장애가 되지 아니한다."라고 판단하였다.

(자) 김제연 사건

김제연연합 영농조합법인이 특허청을 상대로 제기한 거절결정 불복심판 청구사건인

 (지정상품 : 상품류 구분 제31류의 연(蓮)(신선한 것)) 사건[145]에서 특허심판원은 "김제연은 조선시대 초기부터 조선임금들의 진상품으로 사용된 사실, 2002년부터 백련축제를 개최한 사실, 김제연의 재배면적, 생산량, 점유율 및 언론보도 등에 비추어 볼 때, 이 사건 출원 지리적 표시 단체표장은 국내의 수요자들 사이에 주지상표에 해당할 정도로 현저하게 알려져 있다고 판단된다. 또한, 김제연의 일반적인 품종특성 및 생태적 특성은 물론 타 지역산 연(무안연, 나주연 등)과의 성분함량의 차이점 등을 종합해 볼 때, 이 사건 출원 지리적 표시 단체표장의 지정상품인 김제연과 타 지역 연과의 차별성과 품질특성을 갖춘 것이라고 보지 않을 수 없다 할 것이다."라고 판단하였다.

145) 특허심판원 2015. 10. 15.자 2014원4857 심결(거절결정 불복심판 청구사건).

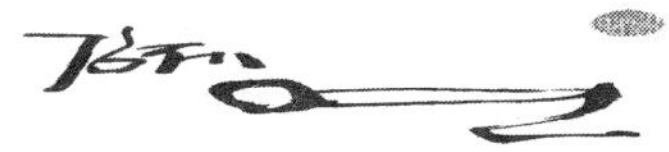 (지정상품 : 상품류 구분 제31류의 연(蓮){신선한 것}) 사건

김제연연합영농조합법인이 특허청을 상대로 제기한 거절결정 불복심판 청구사건인  (지정상품: 상품류 구분 제31류의 연(蓮){신선한 것})사건에서 특허심판원은 "청구인이 이 사건 출원 지리적 표시 단체표장의 이 사건 심판청구 후 제출한 2014.9. 1. 및 2015. 8. 20. 보정서의 수정정관 및 부속서를 종합하여 살펴보면, 아래와 같은 사실을 인정할 수 있다.

① 연은 '연과의 수생식물'로서 국내의 재배연 품종으로는 크게 홍련, 백련, 수련으로 구분하고, 세부적으로는 '함안법수홍련', '자생홍련', '청약백련', '금당지백련', '초의 홍련', '온양백련', '가담백련', '무안상동홍백련'등 총 10개의 종으로 나뉘며, 이 중 김제연은 순백색의 꽃이 피는 '온양백련'종에 속한다(무안군이야기, 2009년 출간).

② 1423년 조선 성종때 편찬된 동국여지승람에 따르면, '전라도 김제군 만경현에서 연, 마름, 순채가 많이 생산되며 임금님 진상품으로 올려졌다'는 기록이 있고, 조선 영조때의 신증 동국여지승람 및 호남읍지에 따르면, '소선소의 선북 특산 농산물 중 연은 김세가 주산지라는 기록이 있다.

③ 김제연은 다른 지역에 있는 백련과는 달리 순수하게 청백색만을 나타내는 백련으로서 김제산 백련과 무안산 백련 및 일반 연의 무기질 및 비타민 성분을 비교분석한 결과, 김제연이 타 지역 연에 비해 칼륨, 마그네슘의 함량이 상대적으로 높았으며, 김제산 백련과 나주산 홍련의 성분을 비교 분석한 결과, 김제산 백련이 나주산 홍련보다 칼슘, 칼륨, 마그네슘의 함량이 상대적으로 높게 나타났다(갑 제4호증 검사성적서 ㈜에스푸드가디언스, 갑 제5호증 한국식품과학회지 백련과 홍련의 부위별 영양성분, 2007, 갑 제6호증 2011 식품성분표 농촌진흥청 국립농업과학원).

④ 김제백련사업이 활성화되기 시작한 시점은 2000년부터로 청운사의 도운스님이 김제지역에서 연재배를 확산시켜 청운사 주변의 연을 집단 재배하여 연차, 연밥 등으로 상품화시켰으며, 이후 2002년부터 백련축제를 매년 개최해 왔으며, 2009년부터는 소규모로 연을 재배하던 농업인들을 중심으로 '365영농법인'을 설립하고 백련을 집중 재배하여 현재 '하소백련'과 '365영농법인'을 중심으로 김제연을 재배, 가공, 유통하고 있다. 이후, 2011년 8월에는 이 두 단체가 연합하여 김제 지평선 백련 연합 향토사업단을 창단하였다(갑 제2호증 정관부속서).

⑤ 김제지역의 연 재배면적은 2005년 7ha에서 2011년 42.2ha로 크게 증가하였으며, 생산량 또한 6배 이상 늘어났으며, 2011년 기준으로 김제의 연 생산량은 전국의 27.5%, 전북의 74.3%를 차지하고 있으며, 전국 최고의 백련재배단지로 손꼽히고 있다. 2011년 8월 현재 연 재배면적은 총 44.6ha이며, 연간 생산액은 약 25억 원으로 추정된다(갑 제2호증 정관부속서, 김제시 김제백련 가공산업 육성 사업계획서, 2011).

⑥ '하소백련'은 2006년 30,529㎡에 대해 유기재배인증을 획득하였으며, 2004년에는 백련

향차 및 제조방법(특허 제419502호) 등 4건에 대한 특허권과 상표권 등을 등록하였고, 우수디자인상품으로 선정되어 산업자원부 장관상을 수상하였으며, 2006년에는 명차로 선정되어 청와대에 10,000개의 연잎차를 납품한 바 있다. 2007년 이후에는 삼성에버랜드와 연차를 개발·출시하였으며, 최근에는 김제연을 이용한 전통된장, 연과자, 연근국수, 연근도너츠, 연근아이스크림, 연잎차, 연근차, 연비차 등 제품을 다양화하고 있으며, 2011년에는 한국조리마이스터 협회 및 한국 조리기능인 협회와 연음식 연구협약을 체결한 바 있다.

⑦ '김제 청운사서 두달간 백련축제(한국일보, 2004. 7. 20.)', '전북 김제시 청운사에서 열리는 백련축제는 3만여 평에 달하는 연못에 연꽃이 화사하게 피어났다(문화일보 2006. 6. 28.)', '전북 김제 하소백련축제 2만평 장관(부산일보 2007. 7. 12)', '김제시는 연근 등을 특화작물로 육성하기로 했다(연합뉴스 2009. 9. 1)', '전북 김제시 진봉면에서 수확하고 있는 백련은 겨울철 해양성 기후의 해풍 등으로 상품의 우수성이 입증되면서 전국적인 인기를 끌고 있다(뉴시스 2010. 3. 30)', '전북 김제의 하소백련지의 하얀 연꽃은 다른 곳에 있는 백련과 달리 순수하게 청백색만을 띠고 있고 특히 백련 자체가 독성이 없고 다른 연과는 비할 수 없는 맛과 향을 자랑한다(전북일보 2011. 7. 7)', '김제 하소백련축제, 18개국 국내 외교관 찾아(뉴시스 2011. 8. 1.)', '오늘부터 열흘간 김제 하소백련(白蓮)축제(광주일보 2012. 7. 13.)'등의 각종 언론기관의 보도가 있었다.

⑧ 인터넷 포털사이트 DAUM에서는 '김제 연 또는 김제 연꽃' 관련 11,400건의 블로그, 9,430건의 카페글, 333건의 뉴스, 1,302건의 이미지검색, 8,320건의 웹문서가 검색되고 있으며, NAVER에서는 1,065건의 블로그, 682건의 이미지검색, 576건의 카페글, 260건의 지식iN, 60건의 동영상, 347건의 뉴스, 11,186건의 웹문서 등이 검색되고 있으며, 또한 '하소백련'과 '365영농법인'에서는 자체 홈페이지를 통해 김제연의 우수성을 홍보하고 있으며, 온라인 주문 코너를 통해 김제에서 생산되는 연과 가공품을 판매하고 있다."라고 인정하였다. 그런 다음, 이 사건에서 특허심판원은 "위 인정사실에 의하면, 김제연은 조선시대 초기부터 조선 임금들의 진상품으로 사용된 사실, 2002년부터 백련축제를 개최한 사실, 김제연의 재배면적, 생산량, 점유율 및 언론보도 등에 비추어 볼 때, 이 사건 출원 지리적 표시 단체표장은 국내의 수요자들 사이에 주지상표에 해당할 정도로 현저하게 알려져 있다고 판단된다. 또한, 김제연의 일반적인 품종특성 및 생태적 특성은 물론 타 지역산 연(무안연, 나주연 등)과의 성분함량의 차이점 등을 종합해 볼 때, 이 사건 출원 지리적 표시 단체표장의 지정상품인 김제연과 타 지역 연과의 차별성과 품질특성을 갖춘 것이라고 보지 않을 수 없다 할 것이다."라고 판단하였다.

(차) 하동녹차참숭어 사건

하동녹차참숭어영어조합법인이 특허청을 상대로 제기한 거절결정불복심판청구사건인 '하동 녹차참숭어 gray mullet'(지정상품 : 상품류 구분 제29류의 참숭어(살아 있지 않은 것/녹차 성분이 함유된 사료를 먹여 키운 양식참숭어에 한함), 상품류 구분 제31류의 살아 있는 참숭어(녹차 성분이 함유된 사료를 먹여 키운 양식참숭어에 한함)사건[146]에서 특허심판원은 “섬진강 하구 노량해역(하동군 금남면 일원)의 조류, 수온, 염분 등 지리적인 특성과 하동녹차참숭어의 특성 등을 종합적으로 고려하면, 이 사건 출원 지리적 표시 단체표장의 지정상품인 녹차참숭어와 본질적인 연관성이 있음은 물론, 타지역과 차별화된 자연적 조건이나 독특한 생산기법 등 인적 조건 등이 입증된다고 할 것이다. 또한, 하동군은 2007년부터 녹차사료를 먹여 키운 ‘녹차참숭어’를 생산·판매한 이후, ‘하동녹차참숭어’를 브랜드로 하여 특허·상표·디자인 등 다수의 지적재산권을 확보하여 2007년부터 현재까지 지속적으로 사용해 왔음은 물론 각종 언론 매체를 통하여 적극적으로 홍보하여 왔으며, ‘하동녹차 참숭어’를 축제명칭으로 사용함으로써 이 사건 출원 지리적 표시 단체표장 ‘하동녹차참숭어’는 표장 전체로서 국내에서의 입지 및 그 유명성이 널리 알려져 있다 할 것이어서, 이미 관용명칭 내지 보통명칭화된 것으로 보이므로 일반 소비자들에게는 ‘하동참숭어’로 인식되기보다 ‘하동녹차참숭어’로 자연스럽게 인식되고 있다 할 것이며, 일반 소비자의 경우 ‘하동녹차참숭어’는 녹차를 사료첨가제로 사용한 것으로 인식하는 반면 ‘하동참숭어’는 일반 사료만을 사용한 것으로 인식하고 있어 이 사건 출원 지리적 표시 단체표장을 ‘하동참숭어’로 사용할 경우에는 오히려 일반소비자들에게 상품의 품질을 오인 혼동케 할 우려가 있어 상표법 질서에도 반하는 결과를 초래케 할 것이다.

아울러, 유황성분이 함유된 사료를 먹이로 하여 사육한 ‘오리’를 일반오리와 구분하여 ‘유황오리’라고 사용되고 있는 점, 녹차 먹인 돼지고기인 ‘녹차삼겹살’도 일반적으로 사용되고 있는 점 및 이 사건 출원 지리적 표시 단체표장과 유사하게 지정상품의 가공방법 또는 생산환경 등을 직접적으로 나타내는 용어를 지정상품 앞에 결합하여 구성한 선등록 지리적 표시 단체표장인 ‘거문도해풍쑥(지리적 표시 단체표장등록 제174호, 2013. 3. 8 등록)’, ‘광천토굴새우젓(지리적 표시 단체표장등록 제190호, 2013. 5. 28 등록)’, ‘당진황토감자(지리적 표시 단체표장등록 제224호, 2013. 12. 5 등록)’ 등이 이미 지리적 표시 단체표장으로 등록되어 있다는 점까지 더하여 보면, 이 사건 출원 지리적 표시 단체표장이 지리적 표시의 정의에 위배된다고 할 수도 없을 것이다.”라고 판단하였다.

하동 녹차참숭어 gray mullet (지정상품 : 상품류 구분 제29류의 참숭어{살아 있지 않은 것/녹차 성분이 함유된 사료를 먹여 키운 양식참숭어에 한함}, 상품류 구분 제31류의 살아 있는 참숭어(녹차

146) 특허심판원 2015. 10. 15.자 2014원4855 심결(거절결정불복심판청구사건).

성분이 함유된 사료를 먹여 키운 양식참숭어에 한함)사건

하동녹차참숭어영어조합법인이 특허청을 상대로 제기한 거절결정불복심판청구사건인 '하동 녹차참숭어 gray mullet'(지정상품: 상품류 구분 제29류의 참숭어(살아있지 않은 것/녹차 성분이 함유된 사료를 먹여 키운 양식참숭어에 한함), 상품류 구분 제31류의 살아있는 참숭어(녹차 성분이 함유된 사료를 먹여 키운 양식참숭어에 한함)사건에서 특허심판원은

"(1) 우리나라에서 숭어과 어류는 숭어속(숭어, 참숭어), 등줄숭어속(등줄숭어, 가숭어)의 2속 4종이 존재하고 있으며, 숭어와 가숭어는 우리나라 전 연안에서 서식하지만 참숭어와 등줄숭어는 우리나라 남부지역에만 서식한다. 하절기에 높은 수온 때문에 먼 외해로 나가는 참숭어의 습성에 따라 낮은 수온이 유리한데 하동연안이 다른 연안보다 평균 수온이 낮아 참숭어 생육에 유리한 수온을 가지고 있으며, 반대로 동절기의 수온은 하동연안이 다른 연안보다 다소 높아 품질 좋은 참숭어 어획이 가능하다(갑 제2호증, 정관부속서 제2장).

(2) 하동녹차참숭어는 섬진강 하구 노량해역(하동군 금남면 일원)의 조류가 빠르고 거센 가두리 양식장에서 양식되고 있는데, 이는 빠른 유속과 수온 등 자연조건과 거의 유사하기 때문이며, 또한 참숭어는 염분의 변화에 잘 적응하는 어종으로 하동연안이 다른 연안보다 연중 고른 평균을 보이고 있으므로 참숭어의 기본먹이인 식물 플랑크톤과 해조류 등의 안정적인 공급에 우월하다(갑 제2호증, 정관부속서 제2장).

(3) 하동녹차연구소가 하동 녹차 분말 1%를 사료에 혼합한 녹차 사료를 개발하여 하동군 금남면 가두리 양식장의 참숭어 6만 마리에게 약 2개월간 투여한 후 물성과 성분 분석을 실시한 결과, 그 참숭어의 탄력성이 일반 사료를 급여한 참숭어보다 뛰어나다는 것을 확인하고, 하동군 수산업협동조합과 하동녹차연구소가 연계하여 2007년부터 녹차 배합사료를 하동군내 참숭어 양식어가에 전량 지원함으로써 녹차사료를 먹여 키운 하동녹차참숭어를 생산·판매하여 왔으며, 이후 '하동녹차참숭어'는 국내 최초로 녹차사료를 먹여 키운 참숭어로 알려지기 시작하면서 판매량이 급격하게 늘어나 2007년부터 2014년까지의 누적매출액이 1,150억 원에 이르고 있다(갑 제6호증, 연도별 녹차사료 구매량 및 녹차참숭어 판매량, 2006년~2014년 결산보고서, 하동군수산업협동조합).

(4) 녹차는 생체 내 스트레스의 주범인 활성산소를 감소시켜 체내 면역력을 높이고 활력을 증가시키는 항산화물질인 폴리페놀(카테킨, 탄닌 등)과 비타민류를 다량 함유하고 있다. 따라서 녹차를 급여한 하동녹차참숭어는 체내 면역력을 높여 병원성 세균이나 곰팡이 등에 대한 저항력이 증가되는 효과가 탁월하며, 그 결과 하동녹차참숭어의 성장개선으로 이어져 실제로 참숭어의 체중변화를 측정한 결과 하동녹차참숭어의 평균체중이 대조어류보다 5% 이상 증가함을 알 수 있다(갑 제2호증, 조경환, 제7회 하동 녹차참숭어 축제와 연계한 하동야생녹차를 이용한 참숭어 개발).

(5) 하동군 수산업협동조합은 2001년 12월에 콜레라 비브리오 등의 여파로 인한 수산물 소비의 급격한 감소 현상 등으로 어려움을 겪고 있는 어업인들을 위하여, 홍보를 통한 수산물 소비 촉진으로 판로를 넓히기 위하여 하동군 수산업협동조합과 해수어류양식어업

인 주관으로 '제1회 참숭어 축제'를 하동군 금남면의 노량포구에서 처음 개최하고, 이후 매년 정례적으로 하동참숭어 축제를 개최함으로써 전국적인 홍보에 의한 소비촉진과 판로 개척으로 하동참숭어를 지역특산품화하여 왔으며(갑 제4호증, 제1~6회'하동참숭어' 축제 팜플렛 및 언론보도), 또한 하동군은 2007년부터 녹차양식 어류사료로 양식된 '하동참숭어'를 자연산 또는 일반양식된 참숭어와 구분하기 위하여 '하동녹차참숭어'라 명명하고 '하동 녹차 참숭어 축제'로 축제 명칭을 변경하여 현재까지 정례적으로 축제를 개최해 오고 있다(갑 제5호증, 제7~11회 '하동녹차참숭어' 축제 팜플렛 및 언론보도)

(6) 하동군은 제7회~제10회 하동녹차참숭어 축제 기간동안 TV, 라디오, 신문광고, 보도기사 및 홍보물 제작배포 등으로 총 1억 6천만 원을 광고 및 홍보비로 사용해 왔으며 (갑 제8호증, 2007~2014년 하동녹차참숭어 축제 사업실적보고서, 하동군 수산업협동조합), 동 축제에는 전국적으로 매년 2만 명 이상이 방문했으며, 동 기간동안 누적 방문객수는 총 12만 명에 이르고 있다(갑 제8호증, 2007~2014년 하동녹차참숭어 축제 사업실적 보고서, 하동군수산업협동조합).

(7) 상표(상표등록 제804197호, ' ', 2009.10.22.등록) 및 '녹차를 유효성분으로 함유하는 양식어류 육질개선 및 어병예방용 녹차양식 어류사료'를 특허출원(출원번호 제10-2009-84040호)을 하는 등 '하동녹차참숭어'를 브랜드로 하여 지속적으로 판매 및 사용해 왔다(갑 제2호증, 정관부속서 제2장).

(8) '물살이 센 청정해역에서 자란 녹차참숭어는 육질이 단단하고 뻘 냄새가 나지 않아 하동 주민들이 가을 전어에 견줄 만하다고 자랑하는 특산물이다(동아일보, 2007. 11. 9.)', '하동녹차연구소와 하동수협은 하동녹차참숭어에 대해 2건의 상표등록을 출원하고 본격적인 연구와 마케팅에 돌입했다. 하동녹차를 이용한 고기능성, 고급횟감을 지향하는 겨울철 별미로 알려진 하동녹차참숭어는 현재 금남면 노량리 일대 가두리 양식장에서 연간 140여 톤을 양식하고 있다(경남매일 2007. 12. 14.)', '하동군의 전략품목인 하동녹차참숭어(경남매일 2009. 12. 1)', '녹차로 키운 참숭어 맛 보세요(서울신문 2008.11. 13.)', '섬진강과 천년녹차, 노량앞바다가 만들어내는 달콤한 마술(헤럴드 경제 2010. 11. 10.)', '녹차먹고 자란 참숭어 맛 보세요(중앙일보 2011. 11. 2., 서울경제 2011. 11.3.)', '하동 참숭어 맛 보세요(연합뉴스 2011. 11. 11.)' 등의 각종 언론기관의 보도가 있었다."라고 인정하였다. 그런 다음, 이 사건을 담당한 특허심판원은 "위 인정사실에 나타난 섬진강 하구 노량해역(하동군 금남면 일원)의 조류, 수온, 염분 등 지리적인 특성과 하동녹차참숭어의 특성 등을 종합적으로 고려하면, 이 사건 출원 지리적 표시 단체표장의 지정상품인 녹차참숭어와 본질적인 연관성이 있음은 물론, 타지역과 차별화된 자연적 조건이나 독특한 생산기법 등 인적 조건 등이 입증된다고 할 것이다.

또한, 하동군은 2007년부터 녹차사료를 먹여 키운 '녹차참숭어'를 생산·판매한 이후, '하동녹차참숭어'를 브랜드로 하여 특허·상표·디자인 등 다수의 지적재산권을 확보하여 2007년부터 현재까지 지속적으로 사용해 왔음은 물론 각종 언론 매체를 통하여 적극적으로 홍보하여 왔으며, '하동녹차 참숭어'를 축제명칭으로 사용함으로써 이 사건 출원 지리적 표시 단체표장 '하동녹차참숭어'는 표장 전체로서 국내에서의 입지 및 그 유명성이 널리 알려져 있다 할 것이어서, 이미 관용명칭 내지 보통명칭화된 것으로 보이므로 일반 소비자들에게는 '하동참숭어'로 인식되기보다 '하동녹차참숭어'로 자연스럽게 인식되고 있다 할 것이며, 일반 소비자의 경우 '하동녹차참숭어'는 녹차를 사료첨가제로 사용한 것으로 인식하는 반면 '하동참숭어'는 일반 사료만을 사용한 것으로 인식하고 있어 이 사건 출원 지리적 표시 단체표장을 '하동참숭어'로 사용할 경우에는 오히려 일반소비자들에게 상품의 품질을 오인 혼동케 할 우려가 있어 상표법 질서에도 반하는 결과를 초래케 할 것이다.

아울러, 유황성분이 함유된 사료를 먹이로 하여 사육한 '오리'를 일반오리와 구분하여 '유황오리'라고 사용되고 있는 점, 녹차 먹인 돼지고기인 '녹차삼겹살'도 일반적으로 사용되고 있는 점 및 이 사건 출원 지리적 표시 단체표장과 유사하게 지정상품의 가공방법 또는 생산환경 등을 직접적으로 나타내는 용어를 지정상품앞에 결합하여 구성한 선등록지리적 표시 단체표장인 '거문도해풍쑥(지리적 표시 단체표장등록 제174호, 2013. 3. 8 등록)', '광천토굴새우젓(지리적 표시 단체표장등록 제190호, 2013. 5. 28 등록)', '당진황토감자(지리적 표시 단체표장등록 제224호, 2013. 12. 5 등록)' 등이 이미 지리적 표시 단체표장으로 등록되어 있다는 점까지 더하여 보면, 이 사건 출원 지리적 표시 단체표장이 지리적 표시의 정의에 위배된다고 할 수도 없을 것이다."라고 판단하였다.

(4) 지리적 표시의 대상지역(상품의 지리적 원산지)

해당 상품이 생산·제조 또는 가공된 지역의 명칭을 말하나, 행정구역상의 범위와 일치할 필요는 없고 기후, 토양, 지형 등의 지리적 환경에 의하여 구획되며 외국의 지역도 포함된다.[147] 해당 상품의 생산, 제조 또는 가공 중 어느 하나만이라도 이루어지면 상품의 지리적 원산지로 인정된다. 다만 상품의 품질 등이 생산·제조 및 가공의 전 과정에 의하여 연유하는 경우에는 그 생산·제조 및 가공이 동일한 지역에서 이루어져야 할 것이다.[148]

3. 단체표장의 등록

【요 약】 지리적 표시 단체표장의 등록요건

(출원인) 일정 지역에서 지리적 표시 상품을 생산·제조 또는 가공하는 자만으로 구성된 법인

(보호대상) 농산물·수산물·그 가공품 등 모든 상품 (서비스업 제외) (일본 지역단체상표에서

147) 2016년 상표심사기준, 제7부 제4장 § 2.4.
148) 2016년 상표심사기준, 제7부 제4장 § 2.4.

보듯이 서비스업을 제외할 필요가 있는지 여부는 입법정책상 다시 고려할 필요가 있음. 하지만, 우리나라의 현행 상표법 제2조 제1항 제1호에서는 지리적 표시가 사용되는 상품의 경우에는 서비스 또는 서비스의 제공에 관련된 물건을 포함하지 않도록 규정하고 있음)

(상품의 특성) 해당 지역에서 생산·제조 또는 가공된 상품이 타 지역의 상품과 차별되는 품질·명성 등의 존재

(지리적 환경과 상품 특성 간의 연관성) 자연적·인적 요소 등 지리적 환경 중 어느 하나와 상품 특성 간의 연관관계 입증

(대상지역) 지리적 표시 상품의 생산·제조 또는 가공된 지역명칭으로 반드시 행정구역상 명칭으로 제한되지 않음

(자체 관리기준 및 유지관리) 지리적 표시 상품의 품질향상과 다른 상품과의 차별화를 위한 관리기준과 등록 이후 품질관리·단체원 교육·홍보 등 유지관리 방안 제시 필요

가. 단체표장의 등록을 받을 수 있는 자

[1] 상품을 생산, 제조, 가공, 판매하는 자나 서비스를 제공하는 자가 공동으로 설립한 법인(지리적 표시 단체표장의 경우에는 그 지리적 표시를 사용할 수 있는 상품을 생산, 제조 또는 가공하는 자만으로 구성된 법인에 한한다)은 자기의 단체표장을 등록받을 수 있다(상 제3조 제2항). 상품을 판매하는 자만으로 구성된 법인 내지 서비스를 제공하는 법인은 지리적 표시 단체등록을 받을 수 없다. 상표법 제3조 제2항은 지리적 표시를 사용할 수 있는 상품을 생산·제조 또는 가공하는 자만으로 구성된 법인은 지리적 표시 단체표장의 등록을 받을 수 있다고 규정하고 있을 뿐, 하나의 법인이 둘 이상의 지리적 표시 단체표장과 관련된 사업을 영위하는 것을 금지하거나 제한하는 규정은 찾을 수 없다. 따라서 하나의 법인이 둘 이상의 지리적 표시 단체표장과 관련된 사업을 영위할 수 있다.[149)]

제주고등어 사건 [지정상품 : 상품류 구분 제29류의 고등어(살아 있지 않은 것), 간고등어]

(사)제주수산물수출협회가 특허청의 거절결정에 대한 불복심판을 청구한 사안인 '제주고등어' 사건에서 특허심판원은 "상표법 제3조의2는 지리적 표시를 사용할 수 있는 상품을 생산·제조 또는 가공하는 것을 업으로 영위하는 자만으로 구성된 법인은 지리적 표시 단체표장의 등록을 받을 수 있다고 규정하고 있을 뿐, 하나의 법인이 둘 이상의 지리적 표시 단체표장과 관련된 사업을 영위하는 것을 금지하거나 제한하는 규정은 찾을 수 없다.

149) 특허심판원 2015. 6. 5.자 2014원7088 심결(제주고등어 사건 (지정상품 : 상품류 구분 제29류의 고등어(살아있지 않은 것), 간고등어))((사)제주수산물수출협회가 특허청의 거절결정에 대한 불복심판을 청구한 사안).

따라서 청구인인 (사)○○○○○○○○○○는 수산물을 생산·가공하는 것을 업으로 영위하는 자들로만 구성된 법인(제2호증, 생산자단체 구성원 사업자등록증)이므로, 지리적 표시 단체표장의 등록을 받을 수 있는 청구인 적격을 갖추고 있다.

또한 구 상표심사기준(2014. 12. 30. 특허청 예규 제79호로 개정되기 전의 것, 이하 구 상표심사기준이라 한다) 제50조의3 제3항의 '출원인과 소속단체원은 지리적 표시 해당상품의 생산·제조 또는 가공을 업으로 하여야 하나, 반드시 이를 전업으로 하는 것을 필요로 하지 않는다'는 규정에 비추어 보아도, 청구인이 기존의 옥돔 외에 고등어 관련사업을 영위하는 것이 지리적 표시 단체표장의 정의에 합치하지 않는다거나, 지리적 표시 단체표장제도의 입법취지에 반한다고 볼 수 없다."라고 판단하였다.

보성녹차 (지정상품 : 상품류 구분 제30류의 녹차) 사건[150)]

영농조합법인 보성녹차연합회가 특허청을 상대로 제기한 거절결정불복심판청구사건인 '보성녹차' (지정상품 : 상품류 구분 제30류의 녹차) 사건에서 특허심판원은 타인의 지리적 표시 단체표장 등록출원과의 경합여부와 관련하여 "2005. 9. 16.자 "영농조합법인 보성녹차연합회"가 출원한 제44-2005-5호, 지리적 표시 단체표장 출원은 2007. 5. 25.자 거절결정 이후 불복심판을 청구하지 아니하여 거절결정이 확정되었고, 또한, 위 수정정관 제6조의2(타단체로의 가입) 및 제54조의2(단체표장관리)에서 두 단체간의 이해조정사항을 반영한 내용이 포함되어 있음을 알 수 있으므로 동일지역(보성군)에서의 지리적 표시 단체표장의 출원적격을 둘러싼 경합문제는 해소된 것으로 판단된다."라고 하였다.

산청군농업협동조합이 특허청을 상대로 제기한 거절결정불복심판청구사건인 '[산청곶감] [지정 지리적 표시 단체표장 : 상품류 구분 제29류의 건시(곶감)]'사건[151)]에서 특허심판원은 이 사건 출원 지리적 표시 단체표장이 현행 상표법 제54조 제1호, 제5호 내지 제6호에 해당하므로 이 사건 출원 지리적 표시 단체표장의 등록을 거절한 원결정은 타당하고, 이에 반하는 청구인의 주장은 이유 없다고 하여 청구인의 청구를 기각하는 심결을 내렸다.

[산청곶감] (지정 지리적 표시 단체표장 : 상품류 구분 제29류의 건시[곶감])사건

산청군농업협동조합이 특허청을 상대로 제기한 거절결정불복심판청구사건인

150) 특허심판원 2008. 6. 27.자 2007원7027 심결(거절결정불복심판청구사건).
151) 특허심판원 2015. 1. 2.자 2014원262 심결(거절결정불복심판청구사건).

'(지정 지리적 표시 단체표장 : 상품류 구분 제29류의 건시[곶감])'사건에서 특허심판원은 다음과 같이 판단하였다.

"(1) 먼저, 지리적 표시 단체표장을 등록을 받을 수 있는 자는 그 지리적 표시를 사용할 수 있는 상품을 생산·제조 또는 가공하는 것을 업으로 영위하는 자만으로 구성된 법인에 한하도록 규정(상표법 제3조의2)하고 있는데, "산청군농업협동조합"이 이에 해당하는지에 대하여 본다.

이 사건 출원 지리적 표시 단체표장의 구성은 " "와 같이 산으로 인식되는 도형과 지리적 표시와 곶감이 결합되어 있는 "지리산산청곶감"으로 되어 있는 바, 이 사건 출원 지리적 표시 단체표장이 등록되기 위해서는 먼저 "지리산산청곶감"을 생산·제조 또는 가공하는 것을 업으로 영위하는 자만으로 구성된 법인이어야 하는데, 이 사건 출원 지리적 표시 단체표장은 "산청군농업협동조합" 명의로 출원하였고, 지리적 표시의 정의에 합치함을 입증하는 서류로 "산청군농협 정관" 및 "산청군농협 지리산산청곶감작목연합회 규약"을 함께 제출하였다.

"산청군농협 정관" 및 "산청군농협 지리산산청곶감작목연합회 규약"을 보면, "산청군농협 정관" 제9조(조합원)에서 알 수 있는 바와 같이 산청지역의 농업인이면 누구나 조합원이 될 수 있어 "지리산산청곶감"을 생업(生業)으로 하는 자도 조합원에 포함되어 있기는 하나, "산청군농협 지리산산청곶감작목연합회 규약" 제4조(회원의 자격)에는 산청군농협 조합원 중에서 산청군 내에서 곶감을 생산하는 작목회원으로 하고 있어 출원인인 "산청군농업협동조합"이 "지리산산청곶감"을 생업(生業)으로 하는 자만으로 구성된 법인이라고 볼 수 없는데다가 더욱이 "산청군농협 정관" 제2조(목적), 제5조(사업의 종류), 제9조(조합원), 제142조(규약 등) 등 그 어디에도 "산청군농협 지리산산청곶감작목연합회 규약" 또는 단체표장과 관련한 사항은 찾을 수 없고, 다만 "산청군농협 지리산산청곶감작목연합회 규약" 제25조(품질관리) 제3항에 "제2항(지리적 표시 단체표장 및 지리적 표시를 사용할 수 있는 산청곶감 상품의 특정 품질 또는 명성, 이러한 특성 등과 연관된 산청군 지역의 지리적 환경요인, 지리적 표시 대상지역, 품질 등에 대한 자체관리기준, 품질 등의 유지관리방안은 규약의 부속서에 기재된 바에 따른다)의 규정에 의한 부속서는 산청군농협 정관의 일부로 보며, 정관과 동일한 효력을 가진다"라고 하고 있을 뿐이어서, "산청군농협 정관"의 위임에 의해 "산청군농협 지리산산청곶감작목연합회 규약"을 별도로 정해진 것도 아니고, 단순히 "산청군농협 지리산산청곶감작목연합회 규약"에서 단체표장에 관한 사항을 정하고 있다는 사실만으로 이를 달리 해석할 여지도 없다. 따라서, 이 사건 출원 지리적 표시 단체표장의 출원은 어느모로 보나 정당한 권리를 가진 자에 의한 출원이라고 할 수는 없다.

(2) 다음으로, "산청군농협 정관"의 기재사항 중 단체표장의 사용조건에 관한 사항, 사용조건을 위반한 자에 대한 제재사항, 지리적 표시의 정의에 관한 기재사항이 기재되어 있지 않고, 정의에 합치함을 입증하는 서류가 제출되지 않았고, 단체원의 가입을 제한하는 규정

이 있으며, 정관과 등기부 등본상 주소가 불일치하고 지리적 표시 단체표장 관련사업에 대한 내용이 없는데, "산청군농협 지리산산청곶감작목연합회 규약" 및 그 부속서에 이러한 사항이 모두 갖추어져 있다고 하여 이를 인정할 수 있는지에 대하여 본다.

이 사건 출원 지리적 표시 단체표장의 출원은 정당한 권리를 가진 자에 의한 출원이라고 할 수 없는데다가 설령 "산청군농협 지리산산청곶감작목연합회 규약" 및 그 부속서에 단체표장의 사용과 관련한 사항들이 모두 갖추어져 있다고 하더라도 "산청군농협 지리산산청곶감작목연합회 규약"이 "산청군농협 정관"을 대신할 수 없는 것으로, 이와 같은 규약이 정관에 못지않을 정도로 해석되기 위해서는 우선 정관에 지리적 표시 단체표장의 사용이 사업범위 등에 언급되어 있어야 하고, 정관 제142조(규약 등)에 "산청군 농협 지리산산청곶감작목연합회 규약"을 따로 정하도록 하여야 할 것이나, 정관 제142조(규약 등) 제1항에는 "1. 대의원회 운영에 관한 사항, 2. 기타 정관의 시행에 관하여 중요한 사항"에 대하여 정관으로 정하는 것을 제외하고 규약으로 정하도록 하고 있을 뿐, "산청군농협 지리산산청곶감작목연합회 규약" 또는 단체표장의 사용에 관한 사항의 언급이 없고, 다만 앞서 살펴본 바와 같이 "산청군농협 지리산산청곶감작목연합회 규약" 제25조(품질관리) 제3항에 "제2항에 의한 부속서가 산청군농협 정관의 일부로 보며, 정관과 동일한 효력을 가진다"라고만 되어 있을 뿐이어서 이 사건 거절이유에서 미비점으로 지적된 사항이 모두 갖추어져 있다고도 볼 수 없다."

[2] 단체표장의 등록을 받고자 하는 자는 상표법 제36조 제1항 각호의 사항 이외에 대통령령이 정하는 단체표장의 사용에 관한 사항을 정한 정관을 첨부한 단체표장등록출원서를 제출하여야 한다. 이 경우 단체표장등록을 받으려는 자는 대통령령으로 정하는 단체표장의 사용에 관한 사항을 정한 정관을 단체표장등록출원서에 첨부하여야 한다(상 제36조 제3항). 지리적 표시 단체표장을 등록받고자 하는 자는 대통령령으로 정하는 바에 따라 지리적 표시의 정의에 일치함을 증명할 수 있는 서류를 지리적 표시 단체표장등록출원서에 첨부하여야 한다(상 제36조 제5항). 상표법 제43조(수정정관의 제출)에 따르면, 단체표장등록출원인은 상표법 제36조 제3항에 규정된 정관의 수정이 필요한 때에는 같은 법 제40조 제1항 각 호 또는 제41조 제1항 각 호의 규정에 의한 기간 이내에 특허청장에게 수정정관을 제출할 수 있다. 이 경우 정관에는 (i) 단체표장을 사용하는 자의 범위에 관한 사항, (ii) 단체표장의 사용조건에 관한 사항, (iii) 단체표장의 사용조건을 위반한 자에 대한 제재에 관한 사항, (iv) 기타 단체표장의 사용에 관하여 필요한 사항 등을 기재하여야 한다(상표법 시행령 제1조).

[3] 예컨대 남해마늘생산자단체협의회영농조합법인이 특허청을 상대로 제기한 거절결정 불복심판 청구사건인 사건[152](지정상품 : 상품류 구분 제31류의 마늘

(신선한 것))에서 특허심판원은 "청구인은 2014. 9. 16.자 제출한 보정서를 통하여, 원 결정에서 지적된 수정정관과 정관요약서의 내용을 일치시켰으며, 임시총회의사록 및 수정정관에 대하여 공증을 받아 제출함으로써 수정정관이 원본임이 확인되었다"고 하면서 이 사건 출원 지리적 표시 단체표장은 현행 상표법 제54조 제6호 (구 상표법 제23조 제1항 제6호)에 해당하지 아니한다."라고 판단하였다.

남해시금치연합영농조합법인이 특허청을 상대로 제기한 거절결정 불복심판 청구사건인 (지정상품 : 상품류 구분 제31류의 신선한 시금치) 사건[153]에서 특허심판원은 "이 사건 출원 지리적 표시 단체표장은 수정정관과 정관요약서를 제출함으로써 양 서류의 내용을 일치시켰으며, 임시총회의사록 및 수정정관에 대하여 공증을 받아 제출함으로써 수정정관이 원본임이 확인되었다고 하면서 현행 상표법 제54조 제6호(구 상표법 제23조 제1항 제6호)에 해당하지 아니한다고 판단하였다.

(지정상품 : 상품류 구분 제31류의 신선한 시금치) 사건

남해시금치연합영농조합법인이 특허청을 상대로 제기한 거절결정 불복심판 청구사건인 '남해시금치'사건에서 특허심판원은 "청구인은 이 사건 출원 지리적 표시 단체표장의 조합원의 자격을 규정한 정관 제8조를 2013. 10. 30자에 임시총회를 개최하여 최초출원시 조합원의 가입자격을 '남해군 관내에 있는 남해시금치 상품을 생산(재배)하는 자로 구성된 영농조합법인 또는 농업인 5명 이상이 모여 결성한 법인격이 있는 농산물 생산자 단체로 제한하였던 것을 남해군 관내에서 지정상품인 시금치를 생산(제조 또는 가공)하는 자로 구성된 법인으로 개정하여 진입장벽을 제거한 수정정관과, 개정 내용을 반영한 정관요약서를 2014. 9. 16.에 보정서를 통하여 일치시켰음을 심판이력을 통하여 알 수 있으므로 위 보정요구사항에 대한 거절이유는 해소되었다고 판단된다."라고 하면서 "상표법시행규칙 제26조 제1항은 상표법 제13조부터 제15조까지의 규정에 따라 보정하거나 동법 제17조의 2에 따라 수정정관을 제출하려는 자는 보정서에 수정정관과 그 정관의 요약서를 첨부하여 특허청장 또는 특허심판원장에게 제출하도록 규정하고 있다.

이에 대하여 청구인은 2013. 10. 30.자 임시총회의사록 및 수정정관에 대하여 공증(인증서)을 받아 2014. 9. 16.에 보정서에 첨부하여 제출하였다. 구체적으로 살펴보면 임시총회의사록은 대표이사를 포함한 조합원이 기명날인되어 있으며, 수정정관은 대표이사, 이사 2명,

152) 특허심판원 2015. 11. 30.자 2014원5236 심결(거절결정 불복심판 청구사건).
153) 특허심판원 2015. 9. 22.자 2014원5234 심결(거절결정 불복심판 청구사건).

감사 1명 및 조합원 3명의 인감증명서를 첨부하여 수정정관이 원본임을 공증을 받았다. 관례적으로 수정정관이 원본임을 증명하는 방법으로는 대표이사 및 조합원들이 정관의 내용이 이상 없음을 확인한 후 수정정관에 날인하거나, 수정정관이 원본임을 공증 받는 방법이 사용되고 있음에 비추어 볼 때, 이 사건 출원 지리적 표시 단체표장은 수정정관을 대표이사, 이사 2명, 감사 1명 및 조합원 3명이 본인들의 인감증명서를 첨부하여 수정정관이 원본임을 공증을 받아 제출하였으므로 위 보정요구사항에 대한 거절이유는 해소된 것으로 판단된다."라고 판단하였다.

합천우리밀영농조합법인이 특허청을 상대로 제기한 거절결정 불복심판 청구 사건인 

(지정상품 : 상품류 구분 제30류의 빻은 밀, 밀가루, 상품류 구분 제31류의 미가공 밀)사건[154]에서 특허심판원은 "청구인은 2014. 9. 11.자 제출한 보정서를 통하여, 원 결정에서 지적된 수정정관과 정관요약서의 내용을 일치시켰으며, 임시총회의사록 및 수정정관에 대하여 공증을 받아 제출함으로써 수정정관이 원본임이 확인되었다"고 하면서 이 사건 출원 지리적 표시 단체표장이 현행 상표법 제54조(구 상표법 제23조 제1항)에서 규정하고 있는 다른 거절이유에 해당하는지 여부는 별론으로 하고 이 사건 출원 지리적 표시 단체표장은 현행 상표법 제54조 제6호 (구 상표법 제23조 제1항 제6호)에 해당하지 아니한다고 판단하였다.

제주고등어 사건[155] (지정상품 : 상품류 구분 제29류의 고등어(살아있지 않은 것), 간고등어)

(사)제주수산물수출협회가 특허청의 거절결정에 대한 불복심판을 청구한 사안인 '제주고등어' 사건에서 특허심판원은 "2014. 12. 27. 제출한 청구인의 정관의 기재에 의하여 '신입회원의 가입비는 총회가 정하는 바에 따른다'는 정관 제8조 제2호는 삭제되었음을 확인할 수 있고, 따라서 단체의 가입에 대한 제한이 해소된 것으로 판단된다."라고 하여 "단체의 가입을 제한하는 규정을 삭제하는 정관의 개정을 통하여 진입장벽이 해소되었다."라고 판단하였다.

154) 특허심판원 2015. 10. 22.자 2014원5057 심결(거절결정 불복심판 청구사건).
155) 특허심판원 2015. 6. 5.자 2014원7088 심결(거절결정 불복심판 청구사건).

보령김 사건 (상품류 구분 제29류의 조미김)[156]

사단법인 보령김생산자협의회가 특허청을 상대로 제기한 거절결정 불복심판 청구 사건인 '보령김'사건에서 특허심판원은 "회원의 자격에 관한 거절이유도 해소되었으므로, 이 사건 출원 지리적 표시 단체표장은 상표법 제2조, 같은 법 제23조 제1항 제4호부터 제6호에 해당하지 아니하게 되었고, 원결정은 더 이상 타당하지 아니하다."라고 판단하였다.

특허법원 2011. 11. 23. 선고 2011허6628 판결【등록무효(상)】

【판시사항】

지정상품을 찐빵으로 하는 '안흥찐빵'이라는 구성의 지리적 표시 단체표장과 관련하여, 지리적 표시 단체표장의 유무효 여부는 특허청에 제출된 정관의 민사상 효력 유무와 무관하고, '정관에 의하여 단체의 가입을 금지하거나 정관에 충족하기 어려운 가입조건을 규정하는 등 단체의 가입을 실질적으로 허용하지 아니한 경우'에 해당하지 아니한다고 판시한 사례.

【판결요지】

1. 구 상표법은 제71조 제1항에 상표등록의 무효심판을 청구할 수 있는 사유를 규정하고 있는데, 위 조항은 상표등록 무효사유를 제한열거적으로 규정하는 것으로서 설령 상표가 일부 법규정에 위배되어 등록되었다 하더라도 상표법상 무효사유로 규정되어 있지 않는 한 그러한 사정만으로 상표등록이 무효로 되지는 아니한다 할 것인바, 원고들이 주장하는 바와 같은 특허청에 제출된 정관의 유무효 여부 내지 구 상표법 제9조 제3항, 제17조의 2 위반 등은 상표법상 무효사유로 규정되어 있지 아니하다. 뿐만 아니라 상표법상 수정정관제출에 대하여는 각하가 인정되지 않는 등 단체표장등록과 관련하여 특허청심사관은 제출된 정관의 유무효 등 정관에 대한 실체적 심사를 하지 아니하고 형식적 심사권만을 가지므로 지리적 표시 단체표장의 유무효 여부는 특허청에 제출된 정관의 민사상 효력 유무와 무관하다 할 것이다.
2. 인정사실에 의하면, 찐빵을 손으로 성형하는 것과 강원도산 팥 사용은 이 사건 단체표장의 출원시 정관에도 포함되어 있었던 것으로서, 피고 정관의 내용은 위 사항들에 관하여 실질적으로 변경되었다고 볼 수 없을 뿐만 아니라, 찐빵을 손으로 성형하는 것과 강원도산 팥 사용은 안흥찐빵의 품질적 특성과 역사적 명성의 중요한 요소로서 지리적 표시 단체표장으로서의 안흥찐빵의 품질과 명성을 유지하기 위하여 필요하다 할 것이고, 위와 같은 조건이 특별히 충족하기 어렵다고 볼 수는 없으므로, 위와 같은 정관의 규정은 '정관에 의하여 단체의 가입을 금지하거나 정관에 충족하기 어려운

156) 특허심판원 2016. 2. 29.자 2014원6492 심결(거절결정 불복심판 청구사건).

가입조건을 규정하는 등 단체의 가입을 실질적으로 허용하지 아니한 경우'에 해당하지 아니한다.

【참조 조문】

구 상표법 제9조 제3항, 구 상표법 제17조의 2, 구 상표법 제71조 제1항, 구 상표법 제23조 제1항 제5호

'

'사건(상품류 구분 제29류의 대구(살아 있지 않은 것))157)에서 특허심판원은 "출원 지리적 표시 단체표장의 정관 제7조 제1항은 다음과 같이 규정하고 있다.

> **제7조(조합원의 자격)** ① 본 조합법인의 개인 조합원이 될 수 있는 자는 거제시에 주소를 두고 대구를 어획·가공하여 판매 또는 수출하는 자로 다음 각 호의 1의 요건을 갖춘 자로 한다.
> 1. 어업경영을 통한 수산물의 연간 판매액이 120만원 이상이거나 1년 중 60일 이상 어업에 종사한 자
> 2. 어업인 중 영어조합법인 또는 어업회사법인의 수산물 출하·유통·가공·수출활동에 1년 이상 계속하여 고용된 사람

동 규정은 제7조 제1항 각 호의 모든 조건을 만족하는 자만이 조합원이 될 수 있는 것이 아니라, 동조 동항 각 호의 어느 하나만 만족하는 자도 조합원이 될 수 있으므로, 동조 동항 제2호의 요건을 갖추지 못한 자라도 제1호의 요건만을 만족하는 자도 조합원 가입이 가능하므로, 제7조 제1항 제2호의 규정은 조합원의 가입을 제한하는 규정이 아니다."라고 인정하면서 이 사건 출원 지리적 표시 단체표장은 그 정관이 조합원의 가입을 제한하고 있지 않다고 판단하였다.

김제연연합 영농조합법인이 특허청을 상대로 제기한 거절결정 불복심판 청구사건인 '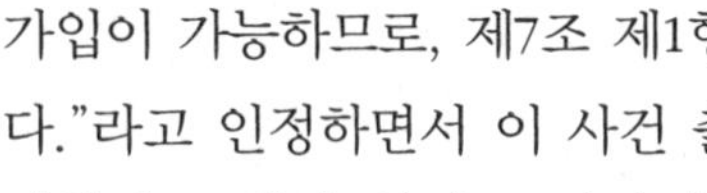'사건(지정상품: 상품류 구분 제31류의 연(蓮)(신선한 것))158)에서 특허심판원은 "2014. 9. 1. 제출한 청구인의 수정 정관의 기재에 의하면, 청구인은 2014. 7. 16일 임시총회를 개최하여 단체원의 가입자격 등을 금지 또는 제한하는 규정인 정관 제9조 및 제10조의 준조합원의 자격에 관한 규정을 삭제하였고, 제8조 제2항의 단체조합

157) 특허심판원 2015. 12. 23.자 2014원6191 심결(거절결정 불복심판 청구사건).

158) 특허심판원 2015. 10. 15.자 2014원4857 심결(거절결정 불복심판 청구사건).

원에 대한 규정은 가입제한을 완화하는 규정으로 개정하였음이 인정되므로 단체원 가입 제한에 대한 규정은 해소된 것으로 판단된다."라고 판단하였다.

나. 등록요건

(1) 상표등록요건(상 제33조 제1항 각호에 해당하지 않을 것, 제34조 제1항 각호에 해당하지 않을 것)을 구비하여야 한다.

(2) 지리적 표시 단체표장의 경우:

1) (i) 상품의 산지 또는 현저한 지리적 명칭 및 그 약어 또는 지도만으로 된 상표에 해당하는 표장이라도 그 표장이 특정상품에 대한 지리적 표시인 경우에는 그 지리적 표시를 사용한 상품을 지정상품으로 하여 지리적 표시 단체표장등록을 받을 수 있다(상 제33조 제3항).[159)]

2016년 상표심사기준 제7부 제4장 §4.5.1에 따르면, "기후, 토양, 지형 등의 자연적 요소와 해당지역에 고유한 전통적인 생산비법이나 특유한 가공방법, 포장방법 등의 인적 요소를 포함하는 지리적 환경이 당해 상품의 품질 또는 특성 등에 미친 적극적인 영향을 판단요소로 한다." 동 심사기준 제7부 제4장 §4.5.2에서는 "사회경험칙상 자연적 요소나 인적 요소 중의 어느 하나 이상의 요인이 없으면 지리적 표시 해당 상품의 품질, 명성이나 그 밖의 특성 중의 어느 하나 이상의 중요한 결과가 나타나기 어렵다고 판단되는 관계가 성립될 경우 지리적 환경과 상품의 특성 등 간에 본질적 연관성이 있다고 본다."라고 규정하고, 동 심사기준 제7부 제4장 §4.5.4에서는 "상품의 품질 또는 그 밖의 특성에 대한

---

159) 상표법 제33조 제3항에 따른 지리적 표시 단체표장등록출원 또는 지리적 표시 증명표장등록출원의 경우에는 산지표시에 해당하는 경우에도 법 제33조제3항에 따라 제33조 제1항 제3호를 적용하지 않으며, 세계무역기구 회원국내의 포도주 및 증류주의 산지에 관한 지리적 표시로서 구성되거나 동 표시를 포함하는 상표로서 포도주·증류주 또는 이와 유사한 상품에 사용하려는 상표의 경우에는 상표법 제34조 제1항 제16호를 적용(단서규정에 해당하는 경우는 제외)한다(2016년 상표심사기준 제5부 제16장). 산지표시 및 현저한 지리적 명칭에 해당하여 자타상품식별력에 없더라도 상표법 제33조 제3항에 따라 지리적 표시 단체표장등록이 가능할 것이고, 이는 동법 제2조 제4항의 준용규정에 따라 지리적 표시 증명표장등록의 경우에도 마찬가지일 것이다. 그런데 상표법 제33조 제2항에 따라 지리적 표시가 상표등록출원 전부터 그 상표를 사용한 결과 특정인의 상품에 관한 출처를 표시하는 것으로 식별할 수 있게 된 경우에는 사용에 의한 식별력이 생긴 것으로 보아 그 지리적 표시를 사용한 상품에 한정하여 상표등록을 받을 수 있을 것이다(상표법 제6조 제2항). 따라서 상표법 제33조 제3항 및 제2조 제4항에 의거하여 지리적 표시 단체표장 내지 지리적 표시 증명표장으로 등록 출원하는 경우에는 자타상품식별력이 없더라도 등록이 가능하다. 'Champange'의 예에서 보듯이 이것이 프랑스 샹파뉴(Champange) 지역에서 생산된 브랜디를 의미하는 것이 아니라 브랜디(발포성 백포도주)란 제품 그 자체를 의미하게 된 경우, 즉 특정 지리적 표시가 상표법 제33조 제1항 제1호 내지 제2호의 '보통명칭상표' 내지 '관용상표'가 된 경우에는 상표법 제33조 제2항 및 제3항이 적용되지 않을 것이고, 농수산물품질관리법 및 부정경쟁방지법에 따른 보호를 받게 될 따름이다. 참고로 미국에서 'Champange'은 발포성 백포도주를 의미하므로, 일반명칭(generic term)으로 되었다.

심사는 제출된 상품의 품질 또는 그 밖의 특성에 관한 기재 내용의 신뢰성160) 여부를 확인한 다음 지리적 표시의 정의에 합치하는 특성 등을 구비하고 있는지 여부로 판단한다."라고 규정하고 있다. 그리고 동 심사기준 제7부 제4장 §4.5.6에서는 "상품의 품질 또는 그 밖의 특성이 지리적 표시의 정의에 합치하는 특성을 구비하고 있는지 여부에 대한 심사는, 당해 상품의 품질이나 그 밖의 특성이 동종 상품 일반 또는 비교대상이 되는 특정 지역의 동종 상품의 품질이나 그 밖의 특성과 대비하여 유의미한 차이를 나타내는 자타상품식별력(특별현저성)을 구비하고 있는지 여부를 판단하는 것으로 한다."라고 규정하고 있다.

그 밖에 동 심사기준 제7부 제4장 §4.5.7에서는 "상품의 명성에 대한 심사는 상품의 유명성에 관한 역사적인 증빙자료, 국내외 인지도, 수상경력, 품질·규격 등의 국내외 인증 취득 등의 자료 및 소비자 인지도에 대한 설문조사 등의 자료를 토대로 하되, 상표법 제33조 제2항의 수요자들에게 그 상표가 특정인의 상품에 관한 출처를 표시하는 것으로 식별할 수 있게 된 정도의 해당여부에 대한 판단기준을 준용한다."라고 규정하고, 동 심사기준 제7부 제4장 §4.5.8에서는 "상품의 품질이나 그 밖의 특성은 자연히 명성을 수반하고, 명성은 또 품질이나 그 밖의 특성에 주로 기인하므로, 상품의 품질이나 그 밖의 특성에 관한 서류 및 그 입증서류와 명성에 관한 서류 및 그 입증서류는 함께 제출되고 함께 심사하는 것을 원칙으로 한다."라고 규정하고 있다.

(ii) 선출원에 의한 타인의 등록된 지리적 표시 등록단체표장과 동일·유사한 상표로서 그 지정상품과 동일하다고 인정되는 상품에 사용하는 상표(상표법 제34조 제1항 제8호), (iii) 특정 지역의 상품을 표시하는 것이라고 수요자 간에 널리 인식되어 있는 타인의 지리적 표시와 동일 또는 유사한 상표로서 그 지리적 표시를 사용하는 상품과 동일하다고 인식되어 있는 상품에 사용하는 상표(상표법 제34조 제1항 제10호), (iv) 국내 또는 외국의 수요자 간에 특정 지역의 상품을 표시하는 것이라고 인식되어 있는 지리적 표시와 동일·유사한 상표로서 부당한 이익을 얻으려 하거나 그 지리적 표시의 정당한 사용자에게 손해를 입히려고 하는 등 부정한 목적으로 사용하는 상표 (상표법 제34조 제1항 제16호), (v) 세계무

---

160) 2016년 상표심사기준 제7부 제4장 § 4.5.5.에서는 "상품의 품질 또는 그 밖의 특성에 관한 기재 내용이 다음에 해당하는 자료를 근거로 작성된 경우에는 신뢰성이 있는 것으로 본다.
(i) 전문적이고 중립적인 대학 등의 학술기관·연구기관 또는 시험·검사기관 등의 자료
(ii) 관련 분야에 대한 석·박사 등의 논문이나 전문분야의 교과서나 잡지 등에 게재된 자료
(iii) 국가나 지방자치단체 등의 공공기관에서 발간한 정책 또는 업무관련 자료나 연구용역보고서 등의 자료
(iv) 주요 신문이나 방송의 기사나 프로그램으로 소개된 자료로서 관련 전문가나 전문기관 등의 평가가 포함되어 있는 자료
(v) 기타 사회통념상 일반적으로 신뢰성이 있다고 인정되는 자료"라고 기술하고 있다.

역기구 회원국 내의 포도주 또는 증류주의 산지에 관한 지리적 표시로서 구성되거나 그 지리적 표시를 포함하는 상표로서 포도주 또는 증류주에 사용하려는 상표 (상표법 제34조 제1항 제16호(다만 지리적 표시의 정당한 사용자가 그 해당 상품을 지정상품으로 하여 상표법 제36조 제5항에 따른 지리적 표시 단체표장등록출원을 한 때에는 그러하지 아니하다)의 경우에는 상표등록을 받을 수 없다. (vi) 상표법 제34조 제1항 제8호 및 제10호는 동음이의어 지리적 표시 단체표장 상호 간에는 이를 적용하지 아니한다(상표법 제34조 제4항).

2) 지리적 표시 단체표장인 경우에는 선출원이 적용되지 않는다. 즉 상표법 제35조 제5항에서는 (i) 동일(동일하다고 인정되는 경우를 포함한다)하지 아니한 상품에 대하여 동일·유사한 표장으로 둘 이상의 지리적 표시 단체표장등록출원 또는 지리적 표시 단체표장등록출원과 상표등록출원이 있는 경우와 (ii) 서로 동음이의어 지리적 표시에 해당하는 표장으로 2 이상의 지리적 표시 단체표장등록출원이 있는 경우에는 선출원(상 제35조 제1항 및 제2항)이 적용받지 아니한다(상 제35조 제5항).

3) 불사용취소심판(상 제119조 제1항 제3호)은 (i) 소멸된 지리적 표시 등록단체표장과 동일 또는 유사한 표장으로 그 지정상품과 동일(동일하다고 인정되는 경우를 포함한다)하지 아니한 상품에 대하여 상표등록출원을 한 경우 및 (ii) 소멸된 지리적 표시 등록단체표장과 서로 동음이의어 지리적 표시에 해당하는 표장으로 지리적 표시 단체표장 등록출원을 한 경우에는 이를 적용하지 아니한다(상 제35조 제5항).

다. 특 성

[1] 단체표장은 원칙적으로 사용주체와 권리주체가 분리된다. 하지만 2004년 개정법에서는 법인도 단체표장을 직접 사용할 수 있도록 하고 있다. 이는 단체표장제도의 활성화를 위하여 단체표장권자인 법인도 단체원을 위하여 단체표장을 부착한 상품의 광고 등의 행위를 할 수 있도록 하기 위한 것으로서, 법인이 영업의 전문성 확보, 적극적 마케팅경영 및 상표권의 보호강화에 있어서 영세한 개별 소속 단체원보다는 더 유리한 위치에 있다고 할 수 있으므로 법인도 단체표장을 사용할 수 있도록 인정하는 것이 상품의 시장확대에 도움이 될 것으로 보고 개정하였다.

[2] 단체표장등록출원은 이전할 수 없다. 다만 법인의 합병의 경우에는 특허청장의 허가를 받아 이전할 수 있다(상 제48조 제7항).

[3] 상표, 단체표장, 증명표장 상호 간에는 출원의 변경을 할 수 있다. 다만 지리적 표시 단체표장의 경우에는 그러하지 아니하다(상 제44조 제1항).

[4] 단체표장권은 이전할 수 없다. 다만, 법인의 합병의 경우에는 특허청장의 허가를 받아 이전할 수 있다(상 제93조 제6항). 단체표장권의 경우에 전용사용권과 통상사용권을

설정할 수 없으며(상 제95조 제2항, 상 제97조) 제5항), 질권의 설정 역시 인정되지 않는다(상 제93조 제8항).

[5] 단체표장권(지리적 표시 단체표장권 포함)의 존속기간은 설정등록이 있는 날부터 10년으로 하고 존속기간갱신등록신청에 의해 10년씩 갱신할 수 있다(상 제83조 제1항 내지 제2항).

[6] 증명표장과의 구별: 증명표장은 보증기능을 가진 보증표장이나 단체표장은 보증기능보다 출처기능이 강한 표장이다. 그리고 증명표장은 생산업자가 아닌 증명업자가 상품 자체에 관하여 일정한 품질성능을 갖추고 있음을 증명하는 표장이다.

라. 효 력

(등록의 효력) 지리적 표시 단체표장권자에게 독점배타권 부여, 침해자에 대해 사용금지, 손해배상 등 청구가능(10년 존속, 10년마다 갱신)

[1] 단체표장권의 효력: 상표권의 효력과 본질적으로 동일하나, 단체표장권의 특성상 단체표장권은 법인에게 성립하고, 사용권은 법인 또는 단체의 구성원이 사용한다.

[2] 단체표장권자인 법인도 단체원을 위하여 단체표장을 부착한 상품의 광고 등의 행위는 할 수 있다. 하지만 단체표장권의 소극적 효력인 독점배타적인 사용금지청구권은 단체표장권자인 법인만이 행사할 수 있고, 단체의 구성원이 직접적으로 이러한 권리를 행사할 수 없다.

[3] 침해에 대한 구제로서 손해액은 단체표장의 경우 소속구성원 전체에게 발생된 통상의 손해액으로 해석한다.

대법원 1998. 7. 24. 선고 97후2309 판결 【단체표장등록무효】

【판시사항】

[1] 귀금속류를 취급하는 소매상이 귀금속 및 보석 디자인업, 감정업 등을 지정서비스업으로 하는 등록단체표장의 무효심판을 청구할 수 있는 이해관계인에 해당하는지 여부(적극)

[2] 상품에 사용되는 표장과 동일 또는 유사한 표장을 그 상품과 밀접한 관련이 있는 서비스표로 사용할 수 있는지 여부(소극)

【판결요지】

[1] 서비스표등록의 무효심판을 청구할 수 있는 이해관계인이라 함은 그 등록서비스표와 동일 또는 유사한 서비스표를 사용한 바 있거나 현재 사용하고 있는 자, 또는 등록된

서비스표가 지정하는 서비스와 동종의 서비스를 제공하고 있음으로써 피심판청구인의 등록서비스표 소멸에 직접적인 이해관계가 있는 자를 말하는바, 심판청구인은 금, 은, 시계 등 귀금속류를 취급하는 소매상이고, 무효심판을 구하는 등록단체표장의 지정서비스업이 귀금속 및 보석을 대상으로 하는 디자인업, 감정업 등이라면, 심판청구인이 취급하는 금, 은, 시계 등 귀금속류는 위 등록단체표장의 지정서비스업의 취급대상 물품이 된다는 점에서 위 지정서비스업과 밀접한 관련이 있다고 할 것이므로 심판청구인은 위 등록단체표장이 지정하는 서비스와 유사한 서비스를 제공하고 있는 자와 마찬가지로 위 등록단체표장의 소멸에 직접적인 이해관계가 있다.

[2] 서비스 중에서 상품과 관계있는 서비스의 경우에 있어서는 어느 상품에 사용되는 표장과 동일 또는 유사한 표장을 그 상품과 밀접한 관련이 있는 서비스에 사용하면 일반 수요자가 그 서비스의 제공자를 상품의 제조판매자와 동일인인 것처럼 서비스의 출처에 대하여 혼동을 일으킬 우려가 있다 할 것이고, 특히 거래사회의 실정으로 보아 서비스의 제공과 상품의 제조판매가 동일한 업자에 의하여 이루어지는 때가 많고 일반인들 또한 그렇게 생각하는 경향이 있는 경우에는 그와 같은 혼동의 우려는 더욱 많아진다 할 것이므로 그 서비스표의 등록은 상표법 제7조 제1항 제7호의 취지에 따라 거절되어야 하고 일단 등록이 되었다 하더라도 무효로 된다 할 것이며, 이러한 사정은 위와 같은 서비스표뿐만 아니라 서비스업과 관련된 단체표장의 경우에도 마찬가지이다.

-(이 사안에서 1991. 5. 28. 출원하여 1993. 1. 4. 등록된 이 사건 등록단체표장 (등록 제28호)

 과 1990. 2. 9. 출원하여 1991. 6. 5. 등록된 인용상표  를 대비하여 단체표장 등록을 무효로 본 사례)

마. 효력의 제한

(효력 제한) 자신의 성명(상호), 성질표시, 동음이의어 지리적 표시 단체표장, 선출원 등록상표 등에는 효력 없음

[1] 단체표장권은 이전할 수 없다. 다만, 법인의 합병의 경우에는 특허청장의 허가를 받아 이전할 수 있다(상 제93조 제6항(구 상표법 제54조 제9항)). 단체표장권의 경우에 전용사용권과 통상사용권을 설정할 수 없으며(상 제95조 제2항, 상 제97조 제5항), 질권의 설정 역시 인정되지 않는다(상 제93조 제8항).

[2] 지리적 표시 단체표장권은 (i) 자기의 성명·명칭 또는 상호·초상·서명·인장 또는

저명한 아호·예명·필명과 이들의 저명한 약칭을 상거래 관행에 따라 사용하는 상표, (ii) 등록상표의 지정상품과 동일·유사한 상품의 보통명칭·산지·품질·원재료·효능·용도·수량·형상·가격 또는 생산방법·가공방법·사용방법 또는 시기를 보통으로 사용하는 방법으로 표시하는 상표 또는 (iii) 등록상표의 지정상품 또는 그 지정상품 포장의 기능을 확보하는 데 불가결한 형상, 색채, 색채의 조합, 소리 또는 냄새로 된 상표(상 제90조 제2항 제1호), (iv) 지리적 표시 등록단체표장의 지정상품과 동일하다고 인정되어 있는 상품에 대하여 관용하는 상표 (상 제90조 제2항 제2호), (v) 지리적 표시 등록단체표장의 지정상품과 동일하다고 인정되어 있는 상품에 사용하는 지리적 표시로서 해당 지역에서 그 상품을 생산·제조 또는 가공하는 것을 업으로 영위하는 자가 사용하는 지리적 표시 또는 동음이의어 지리적 표시(상 제90조 제2항 제3호), (vi) 선출원에 의한 등록상표가 지리적 표시 등록단체표장과 동일·유사한 지리적 표시(상 제90조 제2항 제4호)를 포함하고 있는 경우에 상표권자, 전용사용권자 또는 통상사용권자가 지정상품에 사용하는 등록상표에 해당하는 경우에는 그 효력이 미치지 아니한다.

알매안흥찐빵 (확인대상표장의 사용상품 및 서비스업: 찐빵, 찐빵판매업, 이 사건 등록 지리적 표시 단체표장의 구성: 안흥찐빵, 이 사건 등록 지리적 표시 단체표장의 지정상품: 상품류 구분 제30류의 찐빵)사건[161]에서 특허심판원은 "확인대상표장은 '알매안흥찐빵'과 같이 구성된 표장으로 뒷부분에 표기되어 있는 '안흥찐빵'은 검은색 바탕에 음영으로 글자가 표현되어 있는 차이가 있을 뿐 이 사건 등록 지리적 표시 단체표장과 동일한 문자로 구성되어 있고, 위에서 살펴본 바와 같이 확인대상표장은 청구인이 강원도에서 '안흥식품'을 경영하면서 찐빵에 사용하거나 사용하려는 표장으로, 이 사건 등록 지리적 표시 단체표장의 대상지역 및 그 상품이 동일하다."라고 하면서 "확인대상표장 중 '안흥찐빵'은 이 사건 등록 지리적 표시 단체표장의 지정상품과 동일한 상품에 사용하는 지리적 표시로서 당해 지역에서 그 상품을 생산·제조 또는 가공하는 것을 업으로 영위하는 자가 사용하는 지리적 표시"에 해당하여 "확인대상표장은 상표법 제51조 제2항 제3호의 규정에 의하여 이 사건 등록 지리적 표시 단체표장의 효력이 미치지 않는다고 할 것이므로 더 나아가 살펴볼 필요도 없이 확인대상표장은 이 사건 등록 지리적 표시 단체표장의 권리범위에 속하지 아니한다."라고 판단하였다.

안흥찐빵마을 (확인대상표장의 사용상품 및 서비스업: 찐빵, 찐빵판매업, 이 사건 등록 지리적 표시 단체표장의 구성: 안흥찐빵, 이 사건 등록 지리적 표시 단체표장의 지정상품: 상품류 구분 제30류의 찐빵)사건[162]에서 특허심판원은 "확인대상표장은 '안흥찐빵마을'과 같이 구성된 표장으로 앞부분에 표기되어 있는 '안흥찐빵'은 글자체와 색채만 약간 다를 뿐 이 사건 등록 지리적 표시 단체표장과 동일한 문자로 구성되어 있고, 위에서

> 살펴본 바와 같이 확인대상표장은 청구인이 강원에서 '안○○○'을 경영하면서 찐빵에 사용하거나 사용하려는 표장으로, 이 사건 등록 지리적 표시 단체표장의 대상지역 및 그 상품이 동일하다. 따라서 확인대상표장 중 '안흥찐빵'은 이 사건 등록 지리적 표시 단체표장의 지정상품과 동일한 상품에 사용하는 지리적 표시로서 당해 지역에서 그 상품을 생산·제조 또는 가공하는 것을 업으로 영위하는 자가 사용하는 지리적 표시에 해당한다."라고 하면서 이 사건"확인대상표장은 상표법 제51조 제2항 제3호의 규정에 의하여 이 사건 등록 지리적 표시 단체표장의 효력이 미치지 않는다고 할 것이므로 더 나아가 살펴볼 필요도 없이 확인대상표장은 이 사건 등록 지리적 표시 단체표장의 권리범위에 속하지 아니한다."라고 판단하였다.

[3] 지리적 표시의 특성상 지리적 표시 단체표장으로 등록된 지정상품과 동일한 품질, 명성 또는 기타 특성을 가지고 있는 상품을 해당 특정지역에서 생산, 제조 또는 가공하는 자는 해당법인에 단체원으로 가입하고 있지 않더라도 지리적 표시를 사용할 수 있어야 하므로 지리적 표시 등록 단체표장의 효력은 미치지 않도록 하는 것은 타당하다.

[4] 선등록 상표권자의 경우 선등록 받은 상표와 동일한 상표를 지정상품에 사용하면 지리적 표시 단체표장권의 효력이 미치지 않도록 규정하고 있다. 이는 이미 상표를 등록받은 기득권자를 보호하기 위한 것으로서, TRIPs 제24조도 동일한 취지의 규정을 두고 있다.

[5] **TRIPs 제24조 제5항**: 아래 시기에 상표가 선의로 출원 또는 등록되거나, 또는 선의의 사용에 의하여 상표권이 취득된 경우,

가. 제6부에서 정의된 회원국 내에서의 이 규정의 적용일 이전

나. 원산지국에서 지리적 표시가 보호되기 이전

이 절을 시행하기 위하여 채택되는 조치는 이러한 상표가 지리적 표시와 동일 또는 유사하다는 근거로 상표 등록의 적격성이나 유효성 또는 상표의 사용권을 저해하지 아니한다.

바. 이의신청

누구든지 출원공고일로부터 2개월 내에 이의신청할 수 있다(상 제60조).

사. 무효심판

지리적 표시 단체표장등록과 관련하여 일반적인 무효사유(상 제117조 제1항 제1호 내지

---

161) 특허심판원 2012. 10. 9.자 2012당1234 심결(소극적 권리범위확인심판).
162) 특허심판원 2012. 10. 9.자 2012당1235 심결(소극적 권리범위확인심판청구사건).

제6호)가 있는 경우 이외에 지리적 표시 단체표장등록이 된 후 그 등록단체표장을 구성하는 지리적 표시가 원산지 국가에서 보호가 중단되거나 사용되지 아니하게 된 경우에는 이해관계인 또는 심사관은 무효심판을 청구할 수 있다(상 제117조 제1항 제7호). 무효심판은 지리적 표시 단체표장권이 소멸된 후에도 청구할 수 있다(상 제117조 제2항). 지리적 표시 단체표장등록을 무효로 한다는 심결이 확정된 경우에는 그 단체표장권은 처음부터 없었던 것으로 보지만, (i) 지리적 표시 단체표장등록된 후 그 지리적 표시 단체표장권자가 지리적 표시 단체표장권을 누릴 수 없는 자로 되거나 그 등록단체표장이 조약에 위반된 경우, (ii) 지리적 표시 단체표장등록이 된 후 그 등록단체표장이 보통명칭상표 내지 관용상표가 된 경우,[163] (iii) 지리적 표시 단체표장등록이 된 후 그 등록단체표장을 구성하는 지리적 표시가 원산지 국가에서 보호가 중단되거나 사용되지 아니하게 된 경우에 해당한다고 하여 상표등록을 무효로 한다는 심결이 확정된 경우에는 상표권은 그 등록상표가 그 경우에 해당하게 된 때부터 없었던 것으로 본다(상 제117조 제3항).

아. 단체표장권의 취소사유

(i) 단체표장과 관련하여

i) 소속 단체원이 그 단체의 정관을 위반하여 단체표장을 타인에게 사용하게 한 경우나 소속 단체원이 그 단체의 정관을 위반하여 단체표장을 사용함으로써 수요자에게 상품의 품질 또는 지리적 출처를 오인하게 하거나 타인의 업무와 관련된 상품과 혼동을 불러일으키게 한 경우. 다만, 단체표장권자가 소속 단체원의 감독에 상당한 주의를 한 경우는 제외한다.

ii) 단체표장의 설정등록 후 제36조 제3항에 따른 정관을 변경함으로써 수요자에게 상품의 품질을 오인하게 하거나 타인의 업무와 관련된 상품과 혼동을 불러일으키게 할 염려가 있는 경우 또는

iii) 제3자가 단체표장을 사용하여 수요자에게 상품의 품질이나 지리적 출처를 오인하게 하거나 타인의 업무와 관련된 상품과 혼동을 불러일으키게 하였음에도 단체표장권자가 고의로 적절한 조치를 하지 아니한 경우에는 단체표장등록의 취소심판을 청구할 수 있다

163) 산지 내지 현저한 지리적 명칭으로 구성된 지리적 표시 단체표장권은 상표법 제33조 제1항 제3호 내지 제4호에 해당함에도 불구하고 상표법 제33조 제3항에 따라 지리적 표시 단체표장등록이 가능하다. 그러한 점에서 볼 때, 상표법 제117조 제1항 제6호의 "상표등록된 후 그 등록상표가 제33조 제1항 각 호의 어느 하나에 해당하게 된 경우(같은 조 제2항에 해당하게 된 경우는 제외한다.)"에 해당하다고 하여 지리적 표시 단체표장등록의 무효심판청구와 관련해서는 상표법 제33조 제1항 제1호 내지 제2호에 한정하여 지리적 표시 단체표장 등록의 무효심판을 청구할 수 있다고 보는 것이 타당할 것이다. 왜냐하면 상표법 제33조 제1항 제1호 내지 제2호는 본질적으로 자타상품식별력이 없어 사용에 의한 식별력이 생겨나지 않기 때문이다.

(상 제119조 제1항 제7호).

(ii) 지리적 표시 단체표장과 관련하여

i) 지리적 표시 단체표장등록출원의 경우에 그 소속 단체원의 가입에 관하여 정관에 의하여 단체의 가입을 금지하거나 정관에 충족하기 어려운 가입조건을 규정하는 등 단체의 가입을 실질적으로 허용하지 아니하거나 그 지리적 표시를 사용할 수 없는 자에게 단체의 가입을 허용한 경우 또는

ii) 지리적 표시 단체표장권자나 그 소속 단체원이 제223조를 위반하여 단체표장을 사용함으로써 수요자에게 상품의 품질을 오인하게 하거나 지리적 출처에 대한 혼동을 불러일으키게 한 경우에는 지리적 표시 단체표장등록의 취소심판을 청구할 수 있다(상 제119조 제1항 제8호)

자. 단체표장권의 침해 및 구제

[1] 다음의 행위는 지리적 표시 단체표장권을 침해한 것으로 본다.

(i) 타인의 지리적 표시 등록단체표장과 유사한 상표(동음이의어 지리적 표시는 제외한다. 이하 이 항에서 같다)를 그 지정상품과 동일하다고 인정되는 상품에 사용하는 행위

(ii) 타인의 지리적 표시 등록단체표장과 동일·유사한 상표를 그 지정상품과 동일하다고 인정되는 상품에 사용하거나 사용하게 할 목적으로 교부·판매·위조·모조 또는 소지하는 행위

(iii) 타인의 지리적 표시 등록단체표장을 위조 또는 모조하거나 위조 또는 모조하게 할 목적으로 그 용구를 제작·교부·판매 또는 소지하는 행위

(iv) 타인의 지리적 표시 등록단체표장과 동일·유사한 상표가 표시된 지정상품과 동일하다고 인정되는 상품을 양도 또는 인도하기 위하여 소지하는 행위 (상 제108조 제2항)

[2] 단체표장이 침해된 경우: 단체표장권자인 단체(조합 또는 법인)만이 구제를 청구할 수 있다.

차. 파리협약 및 WTO/TRIPs협정상의 규정

[1] 파리협약: 본국의 법령에 반하지 않는 단체에 대해 단체표장의 등록을 허여하도록 하고 있다(파리협약 제7조의2).

[2] TRIPs 제22조: 지리적 표시란 상품의 특정품질, 명성 또는 그 밖의 특성이 본질적으로 지리적 근원에서 비롯되는 경우, 회원국의 영토 또는 회원국의 지역 또는 지방을 원산지로 하는 상품임을 명시하는 표시로 정의하고 있다.

카. 동음이의어 지리적 표시 등록단체표장의 표시

둘 이상의 지리적 표시 등록단체표장이 서로 동음이의어 지리적 표시에 해당하는 경우 각 단체표장권자와 그 소속 단체원은 지리적 출처에 대하여 수요자가 혼동하지 아니하도록 하는 표시를 등록단체표장과 함께 사용하여야 한다(상 제223조). 이 규정은 둘 이상의 동음이의어 지리적 표시 단체표장이 등록될 수 있어 지리적 표시 등록단체표장의 출처에 대한 혼동의 여지가 없도록 하기 위하여 마련된 것이다.

V. 업무표장

1. 업무표장의 구성요건

[1] 국내에서 영리를 목적으로 하지 아니하는 업무를 영위하는 자가 그 업무를 나타내기 위하여 사용하는 표장(상 제2조 제1항 제9호)이 업무표장이다.

[2] 업무표장의 구성요건: (i) '영리를 목적으로 하지 아니하는 업무를 하는 자'가 사용하는 표장일 것, (ii) 영리를 목적으로 하지 아니하는 업무를 하는 자가 '그 업무를 나타내기 위하여' 사용할 것, (iii) 표장의 '사용'에 해당할 것, (iv) '표장'일 것을 그 구성요건으로 한다.

[3] 공익법인 등을 포함하여 YMCA, YWCA, 보이스카웃, 걸스카웃, 올림픽조직위원회, 적십자 등과 같이 영리를 목적으로 하지 아니하는 업무를 영위하는 자가 타인의 업무로부터 자신의 업무를 식별하도록 하기 위하여 사용하는 표장이 이에 해당한다.

예 올림픽조직위원회의 휘장, 적십자사의 표지

[4] 판례는 업무표장을 타사의 상표와 함께 부착시켜 사용하도록 하고 그 대가로 약간의 수수료를 받은 경우에도 영리를 목적으로 한 것이라고 보기 어렵다고 판시하였다.[164]

대법원 1995. 6. 16. 선고 94도1793 판결【상표법위반】

【판시사항】

가. 등록 업무표장의 지정업무와 동일 유사한 업무의 수행으로 인정한 사례
나. 상표의 유사 여부 판단기준
다. 사용실태 등을 고려하여 등록 업무표장과 유사한 표장으로 보아 업무표장권침해죄를 인정한 사례
라. 상명하복 관계에 있는 자들 사이에 공동정범이 성립할 수 있는지 여부
마. 형법 제16조의 취지

164) 대법원 1995. 6. 16. 선고 94도1793 판결【상표법위반】.

바. 검사의 무혐의처분과 형법 제16조 소정 “정당한 이유“의 존부에 관한사례

【판결요지】

가. 귀금속 및 보석제품에 대한 품질보증제도 확립지도업, 귀금속 및 보석 가공상품의 품질향상과 유통질서 확립지도업을 지정업무로 하는 사단법인 한국귀금속보석감정원의 등록 업무표장인 태극 마크를, 직할시 귀금속시계판매업감정위원회 회장 등이 직할시 지역의 귀금속 및 시계의 부당한 감정을 막고 감정의 권위를 높이기 위한 감정업무를 행하면서 사용하던 무등산마크와 함께 귀금속판매상인들이 가지고 온 금반지 등에 귀금속의 함량을 확인 보증한다는 취지로 각인하여 사용한 행위는 위 등록 업무표장의 지정업무와 동일 유사한 업무를 수행한 것이고, 그러한 각인행위를 행하면서 그 대가로 약간의 감정수수료를 받았다고 하더라도 그 업무의 성질을 달리 볼 수 없다고 한 사례.

나. 상표의 유사 여부는 항상 상표 자체의 문자, 도형, 기호만에 의할 것이 아니고 실제로 상표가 부착되는 위치나 크기, 형상 등도 고려하여 거래상 오인 혼동의 우려가 있는지 여부에 의하여 판단하여야 한다.

다. 피고인들이 사용한 무등산 마크와 태극 마크가 혼합된 표장과 “가”항의 등록 업무표장은 각 그 일 요부를 이루는 태극 마크에 있어서 비록 색상은 다르나 도형 자체는 동일한 것이고, 또한 위 업무표장은 실제 사용시 문자는 생략된 채 태극 마크만을 각인 사용하고 있어 태극 마크를 금반지 등에 각인 사용할 때에는 색상의 차이는 없어지는 점 등 사용의 실태를 고려하면 양 표장은 거래상 오인 혼동의 우려가 있어 유사하다고 볼 수밖에 없다고 하여 업무표장권침해죄를 인정한 사례.

마. 상명하복 관계에 있는 자들 사이에 있어서도 범행에 공동가공한 이상 공동정범이 성립하는 데 아무런 지장이 없다.

바. 형법 제16조에서 자기의 행위가 법령에 의하여 죄가 되지 아니한 것으로 오인한 행위는 그 오인에 정당한 이유가 있는 때에 한하여 벌하지 아니한다고 규정한 것은 단순한 법률의 부지의 경우를 말하는 것이 아니고, 일반적으로 범죄가 되는 행위이지만 자기의 특수한 경우에는 법령에 의하여 허용된 행위로서 죄가 되지 아니한다고 그릇 인식하고 그와 같이 그릇 인식함에 있어 정당한 이유가 있는 때에는 벌하지 아니한다는 취지이다.

바. 검사가 피고인들의 행위에 대하여 범죄혐의 없다고 무혐의 처리하였다가 고소인의 항고를 받아들여 재기수사명령에 의한 재수사 결과 기소에 이른 경우, 피고인들의 행위가 불기소처분 이전부터 저질러졌다면 그 무혐의 처분결정을 믿고 이에 근거하여 이루어진 것이 아님이 명백하고, 무혐의 처분일 이후에 이루어진 행위에 대하여도 그 무혐의 처분에 대하여 곧바로 고소인의 항고가 받아들여져 재기수사명령에 따라 재수사되어 기소에 이르게 된 이상, 피고인들이 자신들의 행위가 죄가 되지 않는다고 그릇 인식하는 데 정당한 이유가 있었다고 할 수 없다고 본 사례.

2. 등록요건

가. 절차적 요건(등록절차)

[1] 업무표장등록을 받을 수 있는 자: 국내에서 영리를 목적으로 하지 아니하는 업무를 하는 자는 자기의 업무표장을 등록받을 수 있다(상 제3조 제6항). 따라서 외국에서만 비영리업무를 하는 자, 비영리업무를 하고자 하는 자, 영리업무를 주 목적으로 하는 자는 업무표장의 등록을 받을 수 없다.[165] 업무표장은 법인 뿐만 아니라 자연인도 등록받을 수 있다.[166]

[2] 업무표장을 받고자 하는 자는 상표법 제36조 제1항 각 호의 사항을 적은 업무표장출원서 이외에 경영사실을 입증하는 증명서를 첨부하여 업무표장등록출원서를 제출하여야 한다(상 제36조 제6항).

[3] 업무의 경영사실을 증명하는 서면: (i) 법인의 경우에는 정관, (ii) 국가 및 지방자치단체의 경우에는 관련 법령, 조례, 규칙 등이다. 이러한 증명서 제출을 강제하는 것은 업무표장이 영리업무에 사용되는 것을 방지하기 위한 것이다.

[4] 그 밖에 선출원 등 절차적 요건을 충족하여야 한다.

나. 실체적 등록요건

(i) 타인의 업무와 식별력을 갖추어야 한다(상 제33조).

(ii) 부등록사유에 해당하지 않아야 한다(상 제34조 제1항 제3호 단서는 제외한다.).

3. 특 성

[1] 업무표장등록출원은 양도할 수 없다. 다만, 그 업무와 함께 양도하는 경우에는 양도할 수 있다(상 제48조 제6항 제1호).

[2] 업무표장권은 양도할 수 없다. 다만, 그 업무와 함께 양도하는 경우에는 양도할 수 있다(상 제93조 제4항).

[3] 업무표장권은 전용사용권과 통상사용권을 설정할 수 없다(상 제95조 제2항, 제97조 제5항). 이 외에도 질권의 대상이 될 수 없다(상 제93조 제8항).

[4] 업무표장등록출원은 상표등록출원, 단체표장등록출원 또는 증명표장등록출원 등 다른 유형의 출원으로 변경할 수 없다(상 제44조 제1항).

[5] 일반적 사항은 상표등록과 동일하지만 업무표장권자가 그 부대업무에 대해 사표를 사용하고자 하는 경우 별도의 등록절차를 밟아야 한다.

---

165) 2016년 상표심사기준, 제7부 제1장 § 2.1.

166) 2016년 상표심사기준, 제7부 제1장 § 2.2.

4. 취소 및 소멸사유

[1] 업무표장은 일반적 취소사유 이외에 업무와 분리양도한 경우 취소사유가 된다(상 제93조 제4항, 제119조 제1항 제4호).

[2] 등록업무표장의 지정업무를 폐지하였을 경우에는 업무표장은 소멸한다.

[3] 업무표장은 지정업무에 대하여 독점배타적인 권리를 가지며, 등록된 등록표장과 동일 또는 유사한 표장은 업종이 다르더라도 원칙적으로 등록을 받지 못한다.

5. 효 력

[1] **적극적 효력**: 지정업무에 대하여 독점배타적인 권리를 가지며, 등록된 업무표장과 동일 또는 유사한 표장은 업종이 다르더라도 원칙적으로 등록을 받지 못한다.

[2] **소극적 효력**: 제3자가 정당한 권원없이 타인의 등록업무표장과 동일 또는 유사한 표장을 그 지정업무와 동일 또는 유사한 업무에 사용하는 경우에는 업무표장권의 침해로 본다.

대법원 1990. 5. 11. 선고 89후483 판결【거절사정】

【판시사항】

가. 출원상표가 재단법인 한국생활용품시험검사소의 업무표장과 유사하여 등록받을 수 없다고 본 사례

나. 출원상표가 상표법 제9조 제1항 제3호의 상표에 해당한다고 인정하면서 인용상표의 저명성을 심리판단하지 않은 위법이 있다고 본 사례

【판결요지】

가. 본원상표 ""와 인용표장인 소외 재단법인 한국생활용품시험검사소의 업무표장 ""를 대비하여 볼 때, 인용표장은 영문자 'Q'자의 도형내부에 "" 도형이 들어 있기는 하나, 전체적으로 보아 양자는 모두 영문자 'Q'자를 도형화한 것으로서 그 칭호와 외관에 있어서 유사하고, 한국생활용품시험검사소는 수출검사법 및 공산품품질관리법 기타 법령에 의하여 정부가 지정하는 잡화제품류 및 기타 공업제품류에 대한 품질검사와 시험연구, 교육훈련 및 기술지도를 함으로써 제품의 품질향상을 도모하여 소비자보호 등에 기여함을 목적으로 하여 설립된 비영리공익법인으로서, 생활용품에 대한 품질검사에 합격한 상품에 대하여 품질보증마크로 인용표장을 사용하고 있으므로, 본원상표를 지정상품에 사용하는 것 자체가 공공의 질서를 문란하게 할 염려가 있을 뿐만 아니라, 본원상표를 지정상품에 사용할 경우 그 지정상품이

한국생활용품시험검사소의 품질검사에 합격한 제품으로 상품의 품질을 오인케 하거나 수요자를 기만할 염려가 있다고 할 것이어서, 본원상표는 상표법 제9조 제1항 제4호 및 제11호에 해당하는 상표로서 등록을 받을 수 없다.

나. 본원상표가 상표법 제9조 제1항 제3호에 해당하는 상표이기 때문에 등록을 받을 수 없는 것이라고 판단하려면, 인용표장이 저명한 것임이 전제로 되어야 함에도 불구하고, 원심이 인용표장이 저명한 것인지의 여부에 대하여는 심리판단하지 아니한 채, 본원상표가 영리를 목적으로 하지 아니하는 공익단체인 한국생활용품시험검사소의 업무표장인 인용표장과 유사하다는 이유만으로, 상표법 제9조 제1항 제3호에 해당하는 상표라고 판단한 것은 위법하다.

대법원 2000. 2. 11. 선고 97후3296 판결【거절사정】

【판시사항】

[1] 지정서비스업이 '빈곤자를 위한 주택 건축 및 수리업'인 서비스표 "HABITAT FOR HUMANITY"가 구 상표법 제6조 제1항 제3호의 '기술적(기술적) 표장'에 해당하는지 여부(적극)

[2] 공익단체가 등록출원한 업무표장이 저명한 것이 아니고 그 표장의 전체 구성상 식별력 없는 표장인 경우, 구 상표법상 상표등록을 받을 수 있는지 여부(소극)

【판결요지】

[1] 출원서비스표 "HABITAT FOR HUMANITY"의 구성 중 'HABITAT'는 동식물의 서식지, 서식환경, 또는 사람의 거주지, 주거, 주소 등의 뜻이 있는 영어 단어이고, 'Humanity'는 인류, 인간(humanbeings, humanrace, mankind), 또는 인간성(human nature, human attributes), 또는 인간애, 자비(benevolence) 등의 뜻을 지닌 단어이므로 출원서비스표는 전체적으로 보아 '인간을 위한 거주지, 인간다운 주거, 사람을 위한 주거' 등으로 인식될 수 있다 할 것이고, 이를 그 지정서비스업인 '빈곤자를 위한 주택 건축 및 수리업'과 관련지어 볼 때 '인간다운 삶을 위한 주거·주거지·주택' 등으로 인식된다 할 것이어서 출원서비스표는 그 지정서비스업의 목적, 사업내용, 사업의 성질, 효능 등을 표시하는 표장에 해당한다고 할 것이고, 다만 'HABITAT'란 영어 단어가 국내의 일반인들에게 널리 알려져 있다고는 할 수 없을 것이나, 오늘날 영어는 세계어가 되다시피 하여 국내에서도 영문자로 표기된 것은 소리나 문자 자체로 파악하기 보다는 객관적인 의미로 파악하고자 하는 경향이 많은 점, 출원서비스표의 지정서비스업과 동종의 사업에 종사하는 사람들이나 그들과 거래하는 사업자들을 기준으로 본다면 출원서비스표의 위와 같은 의미를 직감할 수 있을 것인 점 등에 비추어 출원서비스표는 그 지정서비스업의 거래사회에서는 사업의 목적이나 내용, 품질 등을 보통으로 사용하는 방법으로 직접적으로 표시한 식별력 없는 표장에 해당한다고 봄이 상당하다.

[2] 공익단체 등의 업무표장이 구 상표법(1997. 8. 22. 법률 제5355호로 개정되기 전의 것) 제7조 제1항 제3호 본문 내지 단서에 의한 보호를 받으려면 그 업무표장이 저명한 것임을 전제로 한다 할 것이므로, 공익단체가 자기의 표장을 등록출원한 경우에도

그 업무표장이 국내에 현저히 알려져 저명한 것이 아닌 한 그 표장의 전체 구성으로 보아 식별력 없는 표장 등은 구 상표법 제6조 제1항 각 호에 의하여 등록받을 수 없다.

Ⅵ. 증명표장

1. 증명표장의 의의 및 구성요건

[1] 의 의: "증명표장"이란 상품의 품질, 원산지, 생산방법 또는 그 밖의 특성을 증명하고 관리하는 것을 업(業)으로 하는 자가 타인의 상품에 대하여 그 상품이 품질, 원산지, 생산방법 또는 그 밖의 특성을 충족한다는 것을 증명하는 데 사용하는 표장을 말한다(상 제2조 제1항 제7호). "지리적 표시 증명표장"이란 지리적 표시를 증명하는 것을 업으로 하는 자가 타인의 상품에 대하여 그 상품이 정해진 지리적 특성을 충족한다는 것을 증명하는 데 사용하는 표장을 말한다(상 제2조 제1항 제8호).

[2] 구성요건: 증명표장의 구성요건은 (i) 상품, (ii) 상품의 '품질, 원산지, 생산방법 또는 그 밖의 특성', (iii) 상품의 품질, 원산지, 생산방법 또는 그 밖의 특성을 '증명하고 관리하는 것을 업으로 하는 자', (iv) 타인의 상품에 대하여 그 상품이 품질, 원산지, 생산방법 또는 그 밖의 특성을 충족한다는 것을 증명하는 데 사용하는 표장이다(상 제2조 제1항 제7호). 지리적 표시 증명표장의 구성요건은 (i) 지리적 표시를 증명하는 것을 업으로 하는 자, (ii) '타인의 상품에 대하여 그 상품이 정해진 지리적 특성을 충족한다는 것을 증명하는 데 사용하는 표장이다(상 제2조 제1항 제8호).

2. 등록요건

(i) 증명표장의 적극적 등록요건을 구비하여야 한다(상 제33조 제1항 및 제2항). 다만, 지리적 표시 증명표장의 경우에는 상표법에서 특별히 규정한 것을 제외하고는 지리적 표시 단체표장에 관한 규정을 적용한다(상 제2조 제4항). 따라서 산지 또는 현저한 지리적 명칭이나 그 약어 또는 지도만으로 된 표장이라도 그 표장이 특정 상품에 대한 지리적 표시인 경우에는 그 지리적 표시를 사용한 상품을 지정상품으로 하여 지리적 표시 지리적 표시 증명표장등록을 받을 수 있다(상 제34조 제3항 및 제2항 제4항).

(ii) 상표의 소극적 등록요건(=부등록사유)에 해당하지 않아야 한다(상 제34조).

(iii) 상품의 품질, 원산지, 생산방법 또는 그 밖의 특성을 증명하고 관리하는 것을 업으로 할 수 있는 자는 타인의 상품에 대하여 그 상품이 정해진 품질, 원산지, 생산방법 또는 그 밖의 특성을 충족하는 것을 증명하는 데 사용하기 위해서만 증명표장을 등록받을

수 있다. 다만, 자기의 영업에 관한 상품에 사용하려는 경우에는 증명표장의 등록을 받을 수 없다(상 제3조 제3항). 그럼에도 불구하고 상표·단체표장 또는 업무표장을 출원(出願)하거나 등록을 받은 자는 그 상표 등과 동일·유사한 표장을 증명표장으로 등록받을 수 없다(상 제3조 제4항). 증명표장을 출원하거나 등록을 받은 자는 그 증명표장과 동일·유사한 표장을 상표·단체표장 또는 업무표장으로 등록을 받을 수 없다(상 제3조 제5항).

3. 출원 및 심사 절차

(1) 출원단계

[1] 출원: 지리적 표시 증명표장을 받으려는 자는 지리적 표시 증명표장등록출원서를 특허청장에게 제출하면서 지리적 표시 증명표장등록출원서 이외에 대통령령으로 정하는 지리적 표시 증명표장의 사용에 관한 사항을 정한 서류(법인인 경우에는 정관을 말하고, 법인이 아닌 경우에는 규약을 말하며, 이하 "정관 또는 규약"이라 한다)와 증명하려는 상품의 품질, 원산지, 생산방법이나 그 밖의 특성을 증명하고 관리할 수 있음을 증명하는 서류를 지리적 표시 증명표장등록출원서에 첨부하여야 한다. 아울러 지리적 표시 증명표장등록을 받으려는 자는 대통령령으로 정하는 바에 따라 지리적 표시의 정의에 일치함을 증명할 수 있는 서류를 지리적 표시 증명표장등록출원서에 첨부하여야 한다(상 제36조 제1항, 제4항, 제5항).

[2] 수정정관의 제출: 지리적 표시 증명표장등록을 출원한 출원인은 정관 또는 규약을 수정한 경우에는 상표법 제40조 제1항 각 호 또는 제41조 제1항 각 호에서 정한 기간 내에 특허청장에게 수정된 정관 또는 규약을 제출하여야 한다(상 제43조 제2항).

[3] 출원의 변경: 증명표장등록출원을 한 출원인은 상표등록출원 또는 단체표장등록출원으로 변경할 수 있지만, 지리적 표시 증명표장등록출원을 한 출원인은 그 출원을 상표등록출원 또는 단체표장등록출원으로 변경할 수 없다(상 제44조 제1항 제3호).

[4] 출원의 이전: 증명표장등록출원은 이전할 수 없다. 다만, 해당 증명표장에 대하여 상표법 제3조 제3항에 따른 증명표장의 등록을 받을 수 있는 자에게 그 업무와 함께 이전하는 경우에는 특허청장의 허가를 받아 이전할 수 있다(상 제48조 제8항).

(2) 심사단계

[1] 증명표장등록거절사유: (i) 지리적 표시 증명표장의 정의에 맞지 아니하는 경우, (ii) 조약에 위반된 경우, (iii) 상표법 제3조, 제27조, 제33조부터 제35조까지, 제38조 제1항, 제48조 제2항 후단, 같은 조 제4항 또는 제6항부터 제8항까지의 규정에 따라 상표등록을 할 수 없는 경우, (iv) 제3조에 따른 증명표장의 등록을 받을 수 있는 자에 해당하지 아니한 경우, (v) 상표법 제36조 제4항에 따른 정관 또는 규약에 대통령령으로 정하는

증명표장의 사용에 관한 사항의 전부 또는 일부를 적지 아니한 경우, (vi) 그 증명표장을 사용할 수 있는 자에 대하여 정당한 사유 없이 정관 또는 규약으로 사용을 허락하지 아니하거나 정관 또는 규약에 충족하기 어려운 사용조건을 규정하는 등 실질적으로 사용을 허락하지 아니한 경우(상 제54조)

4. 지리적 표시 증명표장권

[1] 증명표장권은 이전할 수 없다. 다만, 해당 증명표장에 대하여 제3조제3항에 따라 등록받을 수 있는 자에게 그 업무와 함께 이전할 경우에는 특허청장의 허가를 받아 이전할 수 있다(상 제93조 제7항).

[2] 증명표장권을 목적으로 하는 질권은 설정할 수 없다(상 제93조 제8항).

[3] 증명표장권에 관하여는 전용사용권을 설정할 수 없다(상 제95조 제2항).

5. 취소심판

증명표장과 관련하여 다음의 경우에는 증명표장등록의 취소심판을 청구할 수 있다.

(i) 증명표장권자가 상표법 제36조 제4항에 따라 제출된 정관 또는 규약을 위반하여 증명표장의 사용을 허락한 경우

(ii) 증명표장권자가 상표법 제3조 제3항 단서를 위반하여 증명표장을 자기의 상품에 대하여 사용하는 경우

(iii) 증명표장의 사용허락을 받은 자가 정관 또는 규약을 위반하여 타인에게 사용하게 한 경우 또는 사용을 허락받은 자가 정관 또는 규약을 위반하여 증명표장을 사용함으로써 수요자에게 상품의 품질, 원산지, 생산방법이나 그 밖의 특성에 관하여 혼동을 불러일으키게 한 경우. 다만, 증명표장권자가 사용을 허락받은 자에 대한 감독에 상당한 주의를 한 경우는 제외한다.

(iv) 증명표장권자가 증명표장의 사용허락을 받지 아니한 제3자가 증명표장을 사용하여 수요자에게 상품의 품질, 원산지, 생산방법이나 그 밖의 상품의 특성에 관한 혼동을 불러일으키게 하였음을 알면서도 적절한 조치를 하지 아니한 경우

(v) 증명표장권자가 그 증명표장을 사용할 수 있는 자에 대하여 정당한 사유 없이 정관 또는 규약으로 사용을 허락하지 아니하거나 정관 또는 규약에 충족하기 어려운 사용조건을 규정하는 등 실질적으로 사용을 허락하지 아니한 경우(상 제119조 제1항 제9호(구 상표법 제73조 제1항 제13호)).

1. 대법원 1999. 6. 25. 선고 98후58 판결【상표등록취소】

[집47(1)특,327;공1999.8.1.(87),1517]

【판시사항】

상표법 제2조 제6호 각 목 소정의 '상표'의 의미 및 이른바 '광고매체가 되는 물품'에 상표를 표시한 것이 상표의 사용에 해당하는지 여부(한정 소극)

【판결요지】

상표법상 '상표의 사용'이라고 함은 상품 또는 상품의 포장에 상표를 표시하는 행위 등을 의미하고(상표법 제2조 제6호 각 목 참조), 여기에서 말하는 '상품'은 그 자체가 교환가치를 가지고 독립된 상거래의 목적물이 되는 물품을 의미한다 할 것이므로, 상품의 선전광고나 판매촉진 또는 고객에 대한 서비스 제공 등의 목적으로 그 상품과 함께 또는 이와 별도로 고객에게 무상으로 배부되어 거래시장에서 유통될 가능성이 없는 이른바 '광고매체가 되는 물품'은 비록 그 물품에 상표가 표시되어 있다고 하더라도, 물품에 표시된 상표 이외의 다른 문자나 도형 등에 의하여 광고하고자 하는 상품의 출처표시로 사용된 것으로 인식할 수 있는 등의 특별한 사정이 없는 한, 그 자체가 교환가치를 가지고 독립된 상거래의 목적물이 되는 물품이라고 볼 수 없고, 따라서 이러한 물품에 상표를 표시한 것은 상표의 사용이라고 할 수 없다.

【참조조문】

상표법 제2조 제6호

【전 문】

【심판청구인, 상고인】 두산정보통신 주식회사 (소송대리인 변리사 최성우)

【피심판청구인, 피상고인】 김수달 (소송대리인 변리사 이상진)

【원심심결】 특허청 항고심판원 1997. 11. 28.자 96항당211 심결

【주 문】

원심심결을 파기하고, 사건을 특허법원에 환송한다.

【이 유】

상고이유를 판단한다.

원심심결 이유에 의하면 원심은, 피심판청구인 제출의 을 제3, 6호증은 피심판청구인이 1993. 12. 10. 발행한 "WINK"라는 잡지의 사본과 원본으로서, 위 증거들에 의하면 이 사건 등록상표가 이건 등록취소심판청구일인 1995. 1. 26. 전에 그 지정상품 중의 하나인 월간

잡지 내지 서적에 사용되었음이 명백하고, 이 사건 등록상표가 사용된 위 잡지가 피심판청구인이 발행한 또 다른 잡지인 을 제2, 4호증의 “ROADSHOW”라는 잡지의 부록으로 발행되어 유통된 것이라고 하여 이 사건 등록상표의 사용사실을 배척할 것은 아니므로, 이 사건 등록상표는 이건 심판청구일 전 3년 이내에 그 지정상품에 사용되지 아니한 것이어서 상표법 제73조 제1항 제3호의 규정에 의하여 그 등록이 취소되어야 한다는 심판청구인의 청구는 이유 없다고 판단하였다.

그러나 상표법상 ‘상표의 사용’이라고 함은 상품 또는 상품의 포장에 상표를 표시하는 행위 등을 의미하고(상표법 제2조 제6호 각 목 참조), 여기에서 말하는 ‘상품’은 그 자체가 교환가치를 가지고 독립된 상거래의 목적물이 되는 물품을 의미한다 할 것이므로, 상품의 선전광고나 판매촉진 또는 고객에 대한 서비스 제공 등의 목적으로 그 상품과 함께 또는 이와 별도로 고객에게 무상으로 배부되어 거래시장에서 유통될 가능성이 없는 이른바 ‘광고매체가 되는 물품’은, 비록 그 물품에 상표가 표시되어 있다고 하더라도, 물품에 표시된 상표 이외의 다른 문자나 도형 등에 의하여 광고하고자 하는 상품의 출처표시로 사용된 것으로 인식할 수 있는 등의 특별한 사정이 없는 한, 그 자체가 교환가치를 가지고 독립된 상거래의 목적물이 되는 물품이라고 볼 수 없고, 따라서 이러한 물품에 상표를 표시한 것은 상표의 사용이라고 할 수 없다고 할 것이다.

기록에 의하여 살펴보면, 피심판청구인은 종전부터 자신이 발행하여 오던, 영화·음악·연예인 등에 관한 정보를 담은 “ROADSHOW, 로드쇼”라는 월간잡지(을 제2, 4호증)의 독자들에게 보답하고 그 구매욕을 촉진시키기 위하여 사은품으로 1993. 12. 10.경 외국의 유명한 영화배우들의 사진을 모아 이 사건 등록상표인 “WINK”라는 제호의 책자(을 제3, 6호증)를 발행하여 독자들에게 제공하였음을 알 수 있으므로, 위 “WINK”라는 제호의 책자는 그 자체가 교환가치를 가지고 거래시장에서 유통될 가능성이 있는 독립된 상거래의 목적물이 될 수 없어 ‘광고매체가 되는 물품’에 해당된다고 할 것이고, 따라서 위 책자에 이 사건 등록상표가 제호로 사용된 것은 이 사건 등록상표의 사용이라고 할 수 없다고 보아야 할 것인데도 불구하고, 원심이 그 판시와 같이 위 책자에 이 사건 등록상표가 표시된 것을 이 사건 등록상표의 사용이라고 한 것은 상표법상의 상품의 개념을 오해한 나머지 상표의 사용에 관한 법리를 위배함으로써 심결 결과에 영향을 미친 위법을 저지른 것이라 할 것이다.

이 점을 지적하는 데서 상고는 이유가 있다.

그러므로 원심심결을 파기하고, 사건을 원심에 상당한 특허법원에 환송하기로 관여 법관의 의견이 일치되어 주문과 같이 판결한다.

대법관 송진훈(재판장) 이돈희(주심) 지창권 변재승

2. 대법원 2004. 5. 28. 선고 2002후123 판결【등록취소(상)】

[미간행]

【판시사항】

[1] 구 상표법 제2조 제1항 제6호에서 규정하는 '상품'의 의미

[2] 등록상표가 표시된 유리병에 든 '보리, 수수, 옥수수' 등이 판매용 물품이 아니라 대리점에서 거래되는 즉석 건조 건강식품을 이루는 일부 성분의 견본(견본)에 불과하고, 성분의 구성 및 비율에 특징이 있는 그 즉석 건조 건강식품과 거래통념상 동일성의 범위 내에 있는 상품도 아니므로 상표법상 상품에 해당하지 않는다고 한 사례

【참조조문】

[1] 구 상표법(1997. 8. 22. 법률 제5355호로 개정되기 전의 것) 제2조 제1항 제6호[2] 구 상표법(1997. 8. 22. 법률 제5355호로 개정되기 전의 것) 제2조 제1항 제6호, 제73조 제1항 제3호

【참조판례】

[1] 대법원 1999. 6. 25. 선고 98후58 판결(공1999하, 1517)

【전 문】

【원고, 상고인】 주식회사 오행생식 (소송대리인 변리사 이병균 외 1인)

【피고, 피상고인】 주식회사 오행육기 (소송대리인 변리사 송윤기)

【원심 판결】 특허법원 2001. 12. 14. 선고 2001허3590 판결

【주 문】

상고를 기각한다. 상고비용은 원고의 부담으로 한다.

【이 유】

상고이유를 본다.

구 상표법(1997. 8. 22. 법률 제5355호로 개정되기 전의 것, 이하 같다) 제2조 제1항 제6호에 의하면 '상표의 사용'이라 함은 상품 또는 상품의 포장에 상표를 표시하는 행위, 상품 또는 상품의 포장에 상표를 표시한 것을 양도 또는 인도하거나 그 목적으로 전시·수출 또는 수입하는 행위, 상품에 관한 광고·정가표·거래서류·간판 또는 표찰에 상표를 표시하고 전시 또는 반포하는 행위 중 어느 하나에 해당하는 행위를 말하며, 여기에서 말하는 '상품'은 그 자체가 교환가치를 가지고 독립된 상거래의 목적물이 되는 물품을 의미한다(대법원 1999. 6. 25. 선고 98후58 판결 참조).

원심 판결 이유에 의하면, 원심은 그 채용 증거들을 종합하여 이 사건 등록상표(등록번호 제320471호)는 '보리, 수수, 옥수수' 등을 곡물마다 별도로 담은 조그만 유리병 용기(용기)들에 표시되어 있는데 그 용기에 부착된 붙임 딱지(스티커)에는 이 사건 등록상표 외에 그 내용물의 이름과 "제조연월일 1999. 4. 7." 및 "대리점 배포용 견본"이라는 문구가 기재

되어 있는 사실, 원고의 대리점들은 그 곡물이 담긴 용기들을 원고로부터 무상으로 교부받아 그 상태대로 2년 가까이 매장에 전시하여 두고 실제로는 여러 가지 곡물 또는 야채 등의 분말을 일정한 비율로 혼합한 이른바 즉석 건조 건강식품을 일반 수요자들에게 판매하여 온 사실을 인정하고, 위와 같이 유리병에 담아둔 곡물들은 원고의 대리점에서 판매되는 즉석 건조 건강식품의 원재료가 무엇인지 일반 수요자들에게 보여 주기 위한 견본(견본)에 해당하여 이 사건 등록상표가 그 지정상품에 정당하게 사용되었다고 할 수 없고, 그 밖에 원고가 제출한 증거들에 의하더라도 이를 인정할 증거가 없으므로, 이 사건 등록상표는 구 상표법 제73조 제1항 제3호의 규정에 의하여 그 등록이 취소되어야 한다는 취지로 판단하였다.

앞에서 본 법리 및 기록에 비추어 보면, 이 사건 등록상표가 표시된 유리병에 든 '보리, 수수, 옥수수' 등은 판매용 물품이 아니라 원고의 대리점에서 거래되는 즉석 건조 건강식품을 이루는 일부 성분의 견본에 불과하며, 성분의 구성 및 비율에 특징이 있는 그 즉석 건조 건강식품과 거래통념상 동일성의 범위 내에 있는 상품도 아니므로, 원고와 그 대리점들과의 관계에서나 원고의 대리점들과 일반 수요자들과의 관계에 있어서 교환가치를 가지고 독립된 상거래의 목적물이 되는 물품이라고 볼 수 없어 상표법상 상품에 해당하지 아니하고, 따라서 그 견본에 이 사건 등록상표를 표시하는 행위를 비롯하여 원고가 그 견본에 이 사건 등록상표를 표시한 것을 원고의 대리점에 인도한 행위 및 원고의 대리점 매장에 이를 전시한 행위는 모두 구 상표법 제2조 제1항 제6호에서 정한 상표의 사용에 해당한다고 볼 수 없으므로, 이와 같은 취지의 원심의 판단은 수긍이 되고, 거기에 상고이유에서 주장하는 바와 같은 상표법상 상표의 사용에 관한 법리오해의 위법이 없다.

그러므로 상고를 기각하고, 상고비용은 패소자의 부담으로 하기로 하여 관여 법관의 일치된 의견으로 주문과 같이 판결한다.

대법관 강신욱(재판장) 변재승(주심) 윤재식 고현철

3. 대법원 2006. 10. 13. 선고 2006다40423 판결【판매등】

[공2006.11.15.(262),1914]

【판시사항】

국내의 등록상표와 동일·유사한 상표가 부착된 지정상품과 동일·유사한 상품을 수입하는 행위가 그 등록상표권의 침해 등을 구성하지 않는다고 하기 위한 요건

【판결요지】

국내에 등록된 상표와 동일·유사한 상표가 부착된 지정상품과 동일·유사한 상품을 수입하는 행위가 그 등록상표권의 침해 등을 구성하지 않는다고 하기 위해서는, 외국의 상표

권자 내지 정당한 사용권자가 그 수입된 상품에 상표를 부착하였어야 하고, 그 외국 상표권자와 우리나라의 등록상표권자가 법적 또는 경제적으로 밀접한 관계에 있거나 그 밖의 사정에 의하여 위와 같은 수입상품에 부착된 상표가 우리나라의 등록상표와 동일한 출처를 표시하는 것으로 볼 수 있는 경우이어야 한다. 아울러 그 수입된 상품과 우리나라의 상표권자가 등록상표를 부착한 상품 사이에 품질에 있어 실질적인 차이가 없어야 하고, 여기에서 품질의 차이란 제품 자체의 성능, 내구성 등의 차이를 의미하는 것이지 그에 부수되는 서비스로서의 고객지원, 무상수리, 부품교체 등의 유무에 따른 차이를 말하는 것이 아니다.

【참조조문】

상표법 제2조 제1항 제6호, 제55조 제3항, 제66조 제1항

【참조판례】

대법원 2005. 6. 9. 선고 2002다61965 판결(공2005하, 1111)

【전 문】

【원고, 상고인】 주식회사 한빛소프트 (소송대리인 법무법인 태평양 담당변호사 오양호외 3인)

【피고, 피상고인】 고병국외 2인

【원심 판결】 서울고법 2006. 6. 7. 선고 2005나79761 판결

【주 문】

상고를 기각한다. 상고비용은 원고가 부담한다.

【이 유】

상고이유를 본다.

1. 상고이유 제1점, 제2점에 관하여

국내에 등록된 상표와 동일·유사한 상표가 부착된 그 지정상품과 동일·유사한 상품을 수입하는 행위가 그 등록상표권의 침해 등을 구성하지 않는다고 하기 위해서는, 외국의 상표권자 내지 정당한 사용권자가 그 수입된 상품에 상표를 부착하였어야 하고, 그 외국 상표권자와 우리나라의 등록상표권자가 법적 또는 경제적으로 밀접한 관계에 있거나 그 밖의 사정에 의하여 위와 같은 수입상품에 부착된 상표가 우리나라의 등록상표와 동일한 출처를 표시하는 것으로 볼 수 있는 경우이어야 하며(대법원 2005. 6. 9. 선고 2002다61965 판결 참조), 아울러 그 수입된 상품과 우리나라의 상표권자가 등록상표를 부착한 상품 사이에 품질에 있어 실질적인 차이가 없어야 할 것이고, 여기에서 품질의 차이란 제품 자체의 성능, 내구성 등의 차이를 의미하는 것이지 그에 부수되는 서비스로서의 고객지원, 무상수리, 부품교체 등의 유무에 따른 차이를 말하는 것이 아니다.

위 법리와 기록에 비추어 살펴보면, 이 사건 수입제품은 이 사건 "STARCRAFT" 상표의 미국 내 상표권자인 블리자드 사(Blizzard Entertainment, Inc.)가 적법하게 상표를 부착하여 미국에서 판매한 소위 진정상품으로서, 미국 상표권자와 국내의 등록상표권자가 위 블리자드 사로 동일하고, 이 사건 "STARCRAFT" 상표와 관련하여 그 전용사용권자인 원고가 국내에서 독자적인 영업상 신용을 쌓아옴으로써 국내의 일반 수요자들 사이에 국내 등록상표의 출처를 이 사건 상표권자인 블리자드 사가 아닌 원고로 인식하기에 이르렀다고 볼 수 없으므로, 이 사건 수입제품에 부착된 상표가 국내의 등록상표와 동일한 출처를 표시하는 것으로 볼 수 있고, 네트워크를 통한 오락용 컴퓨터 소프트웨어 시디(CD)인 이 사건 수입제품은 디지털화된 정보를 담고 있는 매개체로서 생산자나 판매국에 따라 부수적인 정보에 있어서 다소간의 차이가 있을지언정 그 주된 내용인 게임의 실행과정에 있어서는 동일한 내용을 담고 있을 수밖에 없다는 특성에 비추어 볼 때 국내 등록상표품인 원고의 제품과 이 사건 수입제품 사이에 품질에 있어 차이가 있다고 할 수 없고, 이는 국내 상표품이 이 사건 수입제품에 비해 시디 키(CD key)의 사후적 관리가 이루어지는 등 그 부수적 서비스에 차이가 있다고 하더라도 달라지지 않는다는 원심의 사실인정과 판단은 정당하고, 거기에 상고이유로 주장하는 바와 같은 법리오해, 채증법칙 위배 등의 위법은 없다.

2. 상고이유 제3점에 관하여

원심은 그 판결에서 채용하고 있는 증거를 종합하여 그 판시와 같은 사실을 인정한 후, 그 인정 사실만으로는 피고 고병국이 이 사건 제품을 수입하였다고 보기 어렵다고 판단하고 있는바, 기록에 비추어 살펴보면 원심의 판단은 수긍이 가고, 거기에 상고이유로 주장하는 채증법칙 위배의 위법은 없다.

3. 결 론

그러므로 상고를 기각하기로 하여 관여 대법관의 일치된 의견으로 주문과 같이 판결한다.

대법관 박일환(재판장) 김용담(주심) 박시환 김능환

4. 대법원 2008. 11. 13. 선고 2006후3397, 3403, 3410, 3427 판결【등록무효(상)】〈"예술의 전당"상표 사건〉

[공2008하,1693]

【판시사항】

[1] 구 상표법 제8조 제2항에 정한 사용에 의한 식별력 구비 여부의 입증 정도 및 판단 기준 시기(=등록결정시)

[2] 등록서비스표와 등록업무표장인 "예술의전당"이 기술적 표장에 해당하고, 등록결정일 당시 구 상표법 제8조 제2항에 정한 사용에 의한 식별력을 구비하지 못하였음을 이유로 상표등록을 무효로 본 사례

【판결요지】

[1] 구 상표법(1990. 1. 3. 법률 제4210호로 전문 개정되기 전의 것) 제8조 제2항에서 서비스표를 출원 전에 사용한 결과 수요자간에 그 서비스표가 누구의 서비스표인가가 현저하게 인식되어 있을 경우 같은 조 제1항 제3, 5, 6호의 규정에도 불구하고 등록을 받을 수 있도록 규정한 취지는, 원래 특정인에게 독점사용시킬 수 없는 표장에 대세적인 권리를 부여하는 것이므로 그 기준을 엄격하게 해석·적용하여야 할 것인바, 수요자간에 그 서비스표가 누구의 서비스표인지 현저하게 인식되었다는 사실은 그 서비스표가 어느 정도 선전 광고된 사실이 있다거나 또는 외국에서 등록된 사실이 있다는 것만으로는 이를 추정할 수 없고, 구체적으로 그 상표·서비스표 자체가 수요자간에 현저하게 인식되었다는 것이 증거에 의하여 명확하여야 하며, 한편 이와 같은 사용에 의한 식별력의 구비 여부는 등록결정시를 기준으로 하여 판단하여야 한다.

[2] 등록서비스표와 등록업무표장인 "예술의전당"이 기술적 표장에 해당하고, 등록결정일 당시 구 상표법(1990. 1. 3. 법률 제4210호로 전문 개정되기 전의 것) 제8조 제2항에 정한 사용에 의한 식별력을 구비하지 못하였음을 이유로 상표등록을 무효로 본 사례.

【참조조문】

[1] 구 상표법(1990. 1. 3. 법률 제4210호로 전문 개정되기 전의 것) 제2조 제5항(현행 제2조 제3항 참조), 제4조 제2항(현행 제2조 제3항 참조), 제8조 제2항(현행 제6조 제2항 참조) [2] 구 상표법(1990. 1. 3. 법률 제4210호로 전문 개정되기 전의 것) 제2조 제5항(현행 제2조 제3항 참조), 제4조 제2항(현행 제2조 제3항 참조), 제8조 제2항(현행 제6조 제2항 참조)

【참조판례】

[1] 대법원 1994. 8. 26. 선고 93후1100 판결(공1994하, 2533)
대법원 2003. 5. 16. 선고 2002후1768 판결(공2003상, 1375)

【전 문】

【원고, 상고인】 예술의전당 (소송대리인 변호사 고승덕)

【피고, 피상고인】 청주시외 2인 (소송대리인 변리사 강경찬외 3인)

【원심 판결】 특허법원 2006. 10. 11. 선고 2006허1841, 2006허1797(병합), 2006허1810(병합), 2006허1865(병합) 판결

【주 문】

상고를 모두 기각한다. 상고비용은 원고가 부담한다.

【이 유】

상고이유를 판단한다.

1. 상고이유 제1, 4점에 대하여

원심 판결 이유를 기록에 비추어 살펴보면, 원심이 이 사건 등록서비스표(등록번호 제9399호)와 이 사건 등록업무표장(등록번호 제84호) (이하 '이 사건 등록표장들'이라 한다)이 그 판시와 같은 이유로 지정서비스업과 지정업무에 관한 품질, 용도 등을 보통으로 사용하는 방법으로 표시한 상표에 해당한다는 취지로 판단한 것은 정당하고, 거기에 구 상표법(1990. 1. 13. 법률 제4210호로 전문 개정되기 전의 것, 이하 같다) 제8조 제1항 제3호에 관한 법리오해 등의 위법은 없다.

2. 상고이유 제2점에 대하여

구 상표법 제2조 제5항, 제8조 제2항에서 서비스표를 출원 전에 사용한 결과 수요자간에 그 서비스표가 누구의 서비스표인가가 현저하게 인식되어 있을 경우 같은 조 제1항 제3, 5, 6호의 규정에도 불구하고 등록을 받을 수 있도록 규정한 취지는, 원래 특정인에게 독점사용시킬 수 없는 표장에 대세적인 권리를 부여하는 것이므로 그 기준은 엄격하게 해석·적용되어야 할 것인바, 수요자간에 그 서비스표가 누구의 서비스표인지 현저하게 인식되었다는 사실은 그 서비스표가 어느 정도 선전 광고된 사실이 있다거나 또는 외국에서 등록된 사실이 있다는 것만으로는 이를 추정할 수 없고 구체적으로 그 상표·서비스표 자체가 수요자간에 현저하게 인식되었다는 것이 증거에 의하여 명확하게 되어야 할 것이며, 한편 이와 같은 사용에 의한 식별력의 구비 여부는 등록결정시를 기준으로 하여 판단되어야 한다(대법원 1994. 8. 26. 선고 93후1100 판결, 대법원 2003. 5. 16. 선고 2002후1768 판결 참조). 그리고 위와 같은 법리는 구 상표법 제4조 제2항에 의하여 업무표장에 대하여도 동일하게 적용된다.

위 법리와 기록에 비추어 살펴보면, 원심이 그 판시와 같은 이유로 이 사건 등록표장들이 그 등록결정일 당시 일반 수요자들에게 누구의 업무에 관련된 서비스업이나 업무를 표시하는 것인지 현저하게 인식되었다고 보기 어려워 구 상표법 제8조 제2항에서 정한 사용에 의한 식별력을 취득하였다고 볼 수 없다고 판단한 조치는 옳고, 거기에 상고이유로 주장하는 바와 같은 법리오해 등의 위법이 없다.

3. 상고이유 제3점에 대하여

이 사건 등록표장들이 식별력이 없어 상표법에 규정한 등록무효사유를 가지고 있는지 여부는 그 등록결정일을 기준으로 판단하여야 하므로, 이 사건 등록표장들이 등록결정일 이후에 부정경쟁방지 및 영업비밀보호에 관한 법률에 의한 보호대상적격을 취득하였음을 내세워 피고들의 이 사건 각 심판청구가 신의성실의 원칙 내지 권리남용금지에 위배되어 부적법하다는 원고의 주장은 받아들일 수 없다.

4. 상고이유 제5점에 대하여

이 사건 등록표장들이 민법상 취득시효에 준하는 보호를 받아야 한다는 원고의 주장은 상고심에 이르러 비로소 주장하는 것이므로 원심 판결에 대한 적법한 상고이유가 될 수 없다.

5. 결 론

그러므로 상고를 모두 기각하고, 상고비용은 패소자가 부담하기로 하여 관여 대법관의 일치된 의견으로 주문과 같이 판결한다.

대법관　김영란(재판장) 이홍훈 안대희(주심) 양창수

5. 인천지방법원 2011. 4. 29. 선고 2010고정3307 판결 【상표법위반】

[미간행]

【전 문】

【피 고 인】 피고인 1 외 1인

【검 사】 오상연

【변 호 인】 변호사 유현재

【주 문】

피고인들은 각 무죄.

【이 유】

1. 이 사건 공소사실의 요지

피고인 1은 중국으로부터 의류 등을 수입하여 판매하는 피고인 2 주식회사의 대표이사이고, 피고인 2 주식회사는 서울 강북구 (주소 생략)에서 의류 판매업 등을 목적으로 설립된 법인체이다.

가. 피고인 1은,

정당한 상표사용 권한 없이 타인의 등록상표 또는 이와 유사한 상표가 표시된 지정상품과 동일 또는 유사한 상품을 양도 또는 인도하거나 그 목적으로 수입하여서는 아니된다.

그럼에도 불구하고, 피고인은 2010. 3. 20.경 중국으로부터 인천세관을 통하여 영국의 버버리 리미티드사가 대한민국 특허청에 캐쥬얼셔츠 등을 지정상품으로 하여(등록번호 1 생략)(대법원 판결의 등록번호 생략)(존속기간 2018. 9. 7)로 등록한 버버리 상표와 동일한 문양의 위조 버버리 상표가 새겨진 셔츠 635점, 진정시가 127,000,000원 상당을 국내에 판매 목적으로 수입하였다.

나. 피고인 2 주식회사는,

피고인의 대표이사인 위 피고인 1이 법인의 업무에 관하여 전항 기재와 같은 위법행위를 하였다.

2. 피고인들 및 변호인의 주장 요지

이에 대하여 피고인들 및 그 변호인은, 비록 피고인 1이 남방셔츠에 사용한 체크무늬 표장(이하 '본건 표장'이라고 한다)은 위 버버리 상표와 일견 유사하긴 하나, 본건과 같은 경우는 그 체크무늬를 남방셔츠의 원단 무늬로 이용한데 불과하여 위 버버리 상표에 유사한 도형을 의장적 즉, 디자인의 일환으로 사용한 경우에 해당하기 때문에 버버리 리미티드사의 상표권을 침해하였다고 할 수 없다고 주장한다.

3. 판 단

살피건대, 타인의 등록상표를 그 지정상품과 동일 또는 유사한 상품에 사용하면 타인의 상표권을 침해하는 행위가 된다고 할 것이나, 타인의 등록상표를 이용한 경우라고 하더라도 그것이 상표의 본질적인 기능이라고 할 수 있는 출처표시를 위한 것이 아니어서 상표의 사용으로 인식될 수 없는 경우에는 등록상표의 상표권을 침해한 행위로 볼 수 없다고 할 것이고, 그것이 상표로서 사용되고 있는지의 여부를 판단하기 위하여는, 상품과의 관계, 상품 등에 표시된 위치, 크기 등 당해 표장의 사용 태양, 등록상표의 주지저명성 그리고 사용자의 의도와 사용경위 등을 종합하여 실제 거래계에서 그 표시된 표장이 상품의 식별표지로서 사용되고 있는지 여부를 종합하여 판단하여야 하며, 타인의 등록상표와 유사한 표장을 이용한 경우라고 하더라도 그것이 상표의 본질적인 기능이라고 할 수 있는 출처표시를 위한 것이 아니라 순전히 의장적으로만 사용되는 등으로 상표의 사용으로 인식될 수 없는 경우에는 등록상표의 상표권을 침해한 행위로 볼 수 없다(대법원 2003. 2. 14. 선고 2002후1324 판결, 대법원 2004. 10. 15. 선고 2004도5034 판결 등 참고).

이 사건에서 피고인이 본건 표장을 상표로서 사용한 것인지에 관하여 살펴보건대, 현품사진 및 상표등록원부(등록번호 1 생략)에 의하면 버버리 상표와 본건 표장은 전자가 후자에 비해 약간 더 붉은 기운을 띄는 등 색채면에서는 차이점이 있긴 하나, 검은 선 및 붉은 선의 교차형태, 개수, 배열순서가 동일하여 그 전체적인 외관에 있어서는 일견 일반 소비자에게 상품 출처의 혼동을 일으킬 수 있을 정도의 유사점은 인정된다.

그러나, 앞서 본 증거 및 피고인 1에 대한 경찰 피의자신문조서, 피고인이 제출한 증거들((가)호 표장의 사진 1부, (가)호 표장의 상표등록 (등록번호 2 생략)의 등록원부)에 의하여 인정되는 다음과 같은 점들 즉, ① 피고인 1은 SYMBIOSE(심비오즈) 상표에 대하여 그 지정상품을 남방셔츠 등으로 하여 상품등록번호 (등록번호 2 생략)으로 상표등록을 마치고, 그 상표를 수사기관에 의해 압수된 남방셔츠(이하 '이 사건 남방셔츠'라고 한다)의 목 뒤쪽 내측 및 가슴주머니 부위에 각 'SYMbiose' 및 'SYMBIOSE'라고 표시하여 자신의 등록상표를 그 지정상품에 사용함으로써 그 출처를 명시한 점(위 2가지 종류의 표시는 피고인 1의 등록상표와 정확하게 일치하지는 않으나 거래사회 통념상 이와 동일하게 볼 수 있는 형태에 해당하는 것으로 보인다), ② 일반 소비자로서는 남방셔츠의 경우 가슴주머니 등에 부착된 상표에 의하여 그 상품의 출처를 구별하는 것이 통례라고 할 것이므로, 앞서 언급한 유사점에도 불구하고 일반 소비자들에게 위 남방셔츠와 버버리 리미티드사의 제품간 혼동을 초래할 것으로 상정하기는 어려운 점, ③ 한편 피고인 1은 이 사건 남방셔츠에 장당 25,000원을 판매가격으로 책정한 점(피고인 1은 실제로 이를 1장당 3,000원 가량에 판매하기 위해 수입한 것이라고 수사기관에서 진술하였다), ④ 피고인 1은 수사기관에서 버버리 리미티드사가 위와 같은 체크무늬를 이용하여 머플러 등을 판매한 것은 알고 있었으나, 그 문양을 상표로까지 등록해놓았을 줄은 몰랐다고 진술하는 점 등에 비추어 보면, 피고인들은 위 남방셔츠의 상품 출처를 표시하기 위한 수단으로써 사용하였다고 하기보다는 심미적 효과를 위하여 버버리 리미티드사의 상표와 유사한 도형 및 문양을 의장적으로 사용한 것에 불과하다고 보여지므로 피고인들의 행위로 인해 버버리 리미티드사의 상표권이 침해되었다고 할 수는 없고, 검사가 제출한 증거들만으로는 위 공소사실을 유죄로 인정하기에 부족하며, 달리 이를 인정할 증거가 없다.

4. 결 론

따라서, 이 사건 공소사실은 범죄의 증명이 없는 경우에 해당하므로, 형사소송법 제325조 후단에 의하여 무죄를 선고한다.

판사 이성균

6. 인천지방법원 2011. 9. 16. 선고 2011노1452 판결【상표법위반】

[미간행]

【전 문】

【피 고 인】 피고인 1 외 1인

【항 소 인】 검사

【검 사】 정재신

【변 호 인】 변호사 유현재

【원심 판결】 인천지방법원 2011. 4. 29. 선고 2010고정3307 판결

【주 문】

검사의 항소를 기각한다.

【이 유】

1. 항소이유의 요지

피고인들은 세계적으로 주지·저명성을 가지고 있는 상표인 버버리 리미티드사의 체크무늬를 이용하는 방법으로 셔츠를 생산하여 일반인들로 하여금 본건 셔츠가 버버리사에서 제작된 것으로 오인하도록 한 것인바, 그럼에도 불구하고 이 사건 공소사실을 무죄로 판단한 원심 판결에는 사실을 오인하여 판결에 영향을 미친 위법이 있다.

2. 판 단

가. 원심의 판단

1) 이 사건에서 피고인이 본건 표장을 상표로서 사용한 것인지에 관하여 살피건대, 현품사진 및 상표등록원부(등록번호 1 생략)(대법원 판결의 등록번호 생략)에 의하면 버버리 상표와 본건 표장은 전자가 후자에 비해 약간 더 붉은 기운을 띄는 등 색채 면에서는 차이점이 있긴 하나, 검은 선 및 붉은 선의 교차형태, 개수, 배열순서가 동일하여 그 전체적인 외관에 있어서는 일견 일반 소비자에게 상품 출처의 혼동을 일으킬 수 있을 정도의 유사점은 인정된다.

2) 그러나, 앞서 본 증거 및 피고인 1에 대한 경찰 피의자신문조서, 피고인이 제출한 증거들[(가)호 표장의 사진 1부, (가)호 표장의 상표등록 (등록번호 2 생략)의 등록원부]에 의하여 인정되는 다음과 같은 점들 즉, ① 피고인 1은 SYMBIOSE(심비오즈) 상표에 대하여 그 지정상품을 남방셔츠 등으로 하여 상품등록번호 (등록번호 2 생략)로 상표등록을 마치고, 그 상표를 수사기관에 의해 압수된 남방셔츠(이하 '이 사건 남방셔츠'라고 한다)의 목 뒤쪽 내측 및 가슴주머니 부위에 각 'SYMbiose' 및 'SYMBIOSE'라고 표시하여 자신의 등록상표를 그 지정상품에 사용함으로써 그 출처를 명시한 점(위 2가지 종류의 표시는 피고인 1의 등록상표와 정확하게 일치하지는 않으나 거래 사회 통념상 이와 동일하게 볼 수 있는 형태에 해당하는 것으로 보인다), ② 일반 소비자로서는 남방셔츠의 경우 가슴주머니 등에 부착된 상표에 의하여 그 상품의 출처를 구별하는 것이 통례라고 할 것이므로, 앞서 언급한 유사점에도 불구하고 일반 소비자들에게 위 남방셔츠와 버버리 리미티드사의 제품 간 혼동을 초래할

것으로 상정하기는 어려운 점, ③ 한편 피고인 1은 이 사건 남방셔츠에 장당 25,000원을 판매가격으로 책정한 점(피고인 1은 실제로 이를 1장당 3,000원 가량에 판매하기 위해 수입한 것이라고 수사기관에서 진술하였다), ④ 피고인 1은 수사기관에서 버버리 리미티드사가 위와 같은 체크무늬를 이용하여 머플러 등을 판매한 것은 알고 있었으나, 그 문양을 상표로까지 등록해놓았을 줄은 몰랐다고 진술하는 점 등에 비추어 보면, 피고인들은 위 남방셔츠의 상품 출처를 표시하기 위한 수단으로써 사용하였다고 하기보다는 심미적 효과를 위하여 버버리 리미티드사의 상표와 유사한 도형 및 문양을 의장적으로 사용한 것에 불과하다고 보여지므로 피고인들의 행위로 인해 버버리 리미티드사의 상표권이 침해되었다고 할 수는 없고, 검사가 제출한 증거들만으로는 위 공소사실을 유죄로 인정하기에 부족하며, 달리 이를 인정할 증거가 없다는 이유로 무죄를 선고하였다.

나. 당심의 판단

살피건대, 이 사건 증거들을 기록과 대조하여 면밀히 검토하여 보면, 원심의 사실인정과 그 과정에서 거친 증거의 취사선택 및 판단을 토대로 이 사건 공소사실을 무죄라고 판단한 조치는 정당한 것으로 수긍이 되고, 원심 판결에 검사가 지적한 바와 같이 사실을 오인함으로써 판결에 영향을 미친 위법이 있다고 보이지 않으므로, 검사의 위 주장은 이유 없다.

3. 결 론

따라서 검사의 이 사건 항소는 이유 없으므로 형사소송법 제364조 제4항에 의하여 이를 기각하기로 하여 주문과 같이 판결한다.

판사 김종수(재판장) 남기정 김미진

7. 대법원 2013. 2. 14. 선고 2011도13441 판결 【상표법위반】

[공2013상,523]

【판시사항】

[1] 디자인이 될 수 있는 형상이나 모양이 상표로서 사용된 것으로 볼 수 있는 경우

[2] 피고인 갑 주식회사의 대표이사인 피고인 을이 피해자인 영국 병 회사의 등록상표와 유사한 격자무늬가 사용된 상품을 판매목적으로 중국에서 수입하였다고 하여 상표법 위반으로 기소된 사안에서, 제반 사정에 비추어 피고인 갑 회사가 수입한 상품의 격자무늬는 상품의 출처를 표시하기 위하여 상표로서 사용되었다고 보아야 하는데도, 이와 달리 보아 피고인들에게 무죄를 인정한 원심 판결에 법리오해의 위법이 있다고

한 사례

【판결요지】

[1] 디자인과 상표는 배타적·선택적 관계에 있지 아니하므로, 디자인이 될 수 있는 형상이나 모양이라고 하더라도 그것이 상표의 본질적 기능인 자타상품의 출처표시로서 기능하는 경우에는 상표로서 사용된 것으로 보아야 한다.

[2] 피고인 갑 주식회사의 대표이사인 피고인 을이 피해자인 영국 병 회사의 등록상표와 유사한 격자무늬가 사용된 남방셔츠를 판매목적으로 중국에서 수입하였다고 하여 상표법 위반으로 기소된 사안에서, 병 회사의 등록상표는 의류 등의 상품에 관하여 병 회사의 출처표시로서 널리 알려져 있는 점, 병 회사의 등록상표는 격자무늬를 형성하는 선들의 색상 및 개수·배열순서 등에 의하여 독특한 디자인적 특징을 가지고 있고 주로 의류 등 상품의 표면 또는 이면의 상당 부분에 표시되는 형태로 사용되어 그 상품을 장식함과 동시에 병 회사의 출처도 함께 표시하는 기능을 수행하여 오고 있는 점 등 제반 사정에 비추어 볼 때 피고인 갑 회사가 수입한 남방셔츠의 격자무늬는 상품의 출처를 표시하기 위하여 상표로서 사용되었다고 보아야 하고, 남방셔츠에 별도의 표장이 표시되어 있기는 하나, 하나의 상품에 둘 이상의 상표가 표시될 수 있는 점 등을 고려할 때 남방셔츠의 격자무늬가 디자인적으로만 사용되었다고 볼 수 없는데도, 이와 달리 보아 피고인들에게 무죄를 인정한 원심 판결에 상표의 사용에 관한 법리 등을 오해한 위법이 있다고 한 사례.

【참조조문】

[1] 구 상표법(2011. 12. 2. 법률 제11113호로 개정되기 전의 것) 제2조 제1항 제6호(현행 제2조 제1항 제7호 참조), 상표법 제66조 제1항 제1호 [2] 상표법 제66조 제1항 제1호, 제93조, 제97조

【참조판례】

[1] 대법원 2000. 12. 26. 선고 98도2743 판결(공2001상, 406)
대법원 2012. 1. 27. 선고 2010도2535 판결

【전 문】

【피 고 인】 피고인 1 외 1인

【상 고 인】 검사

【원심 판결】 인천지법 2011. 9. 16. 선고 2011노1452 판결

【주 문】

원심 판결을 파기하고, 사건을 인천지방법원 본원 합의부에 환송한다.

【이 유】

상고이유를 판단한다.

1. 타인의 등록상표와 동일 또는 유사한 표장을 그 등록상표의 지정상품과 동일 또는 유사한 상품에 상표로서 사용하면 타인의 상표권을 침해하는 행위가 되고, 한편 타인의 등록상표와 동일 또는 유사한 표장을 이용하더라도 그것이 상품의 출처표시를 위한 것이 아니어서 상표의 사용으로 인식될 수 없는 경우에는 타인의 상표권을 침해한 것으로 볼 수 없다. 이때 그 표장이 상표로서 사용되었는지는 표장과 상품의 관계, 상품 등에 표시된 위치나 크기 등 당해 표장의 사용태양, 등록상표의 주지저명성 및 사용자의 의도와 사용경위 등을 종합하여 실제 거래계에서 그 표시된 표장이 상품의 식별표지로서 사용되고 있는지를 기준으로 판단하여야 한다(대법원 2003. 4. 11. 선고 2002도3445 판결 등 참조).

   또한 디자인과 상표는 배타적·선택적 관계에 있지 아니하므로, 디자인이 될 수 있는 형상이나 모양이라고 하더라도 그것이 상표의 본질적 기능인 자타상품의 출처표시로서 기능하는 경우에는 상표로서 사용된 것으로 보아야 한다(대법원 2000. 12. 26. 선고 98도2743 판결 등 참조).

2. 원심이 적법하게 채택하여 조사한 증거에 의하면, 피해자 영국의 버버리 리미티드(이하 '피해자 회사'라고 한다)의 이 사건 등록상표(등록번호 생략)는 캐주얼셔츠, 넥타이, 원피스, 스카프와 같은 의류 등의 상품에 관하여 피해자 회사의 출처표시로서 널리 알려져 있는 점, 이 사건 등록상표는 격자무늬를 형성하는 선들의 색상 및 개수·배열순서 등에 의하여 수요자의 감각에 강하게 호소하는 독특한 디자인적 특징을 가지고 있고 주로 의류 등 상품의 표면 또는 이면의 상당 부분에 표시되는 형태로 사용되어 그 상품을 장식함과 동시에 피해자 회사의 출처도 함께 표시하는 기능을 수행하여 오고 있는 점, 피고인 1이 대표이사로 있는 피고인 2 주식회사가 중국에서 수입한 원심 판시 이 사건 남방셔츠는 이 사건 등록상표의 지정상품과 동일한 상품으로서, 이 사건 남방셔츠의 격자무늬는 이 사건 등록상표에 비하여 세로선의 폭이 가로선의 폭보다 약간 좁고 바탕색도 약간 옅지만 격자무늬를 형성하는 선들의 색상 및 개수·배열순서가 동일하여 전체적으로 보아 이 사건 등록상표와 매우 유사하고, 그 사용형태도 위에서 본 이 사건 등록상표의 주된 사용형태와 별로 다르지 아니한 점, 피고인 1은 이 사건 등록상표가 피해자 회사의 상품 출처표시로 사용되고 있음을 알면서도 위와 같이 이 사건 등록상표와 매우 유사한 격자무늬가 사용된 이 사건 남방셔츠를 판매목적으로 수입한 점 등을 알 수 있다.

   이러한 사정을 앞서 본 법리에 비추어 보면 이 사건 남방셔츠의 격자무늬는 상품의 출처를 표시하기 위하여 상표로서 사용되었다고 보아야 할 것이다. 한편 이 사건 남방셔츠에 'SYMBIOSE'라는 표장이 별도로 표시되어 있기는 하나, 하나의 상품에 둘 이상의 상표가 표시될 수 있는 점, 그리고 그 'SYMBIOSE' 표장의 표시 위치 및 크기 등을 고려할 때 그러한 사정만으로 이 사건 남방셔츠의 격자무늬가 디자인적으로만 사용되었다고 볼 수 없다.

3. 그럼에도 원심은 이 사건 남방셔츠의 격자무늬가 상품의 출처표시를 위하여서가 아니라 심미적 효과를 위하여 디자인적으로 사용된 것에 불과하다고 보아 피고인들에게 무죄를 선고한 제1심 판결을 그대로 유지하였다. 이러한 원심의 조치에는 상표의 사용에 관한 법리 등을 오해함으로써 판결에 영향을 미친 위법이 있다.
4. 그러므로 원심 판결을 파기하고 사건을 다시 심리·판단하게 하기 위하여 원심법원에 환송하기로 하여 관여 대법관의 일치된 의견으로 주문과 같이 판결한다.

대법관 고영한(재판장) 양창수(주심) 박병대 김창석

Q 1. 검사가 피고인의 부정경쟁방지법 위반을 이유로 피고인을 기소하지 않은 이유는 무엇인가?

8. 서울서부지방법원 2010. 3. 31. 선고 2010고단45 판결【상표법위반·부정경쟁방지및영업비밀보호에관한법률위반】

[미간행]

【전 문】

【피 고 인】 피고인

【검 사】 김해경

【변 호 인】 법무법인 양헌 담당변호사 정은섭

【주 문】

피고인을 징역 1년 6월에 처한다.

다만, 이 판결 확정일로부터 3년간 위 형의 집행을 유예한다.

압수된 증 제1, 2호를 몰수한다.

【이 유】

【범죄사실】

1. 상표법위반

누구든지 타인의 등록상표와 동일한 상표를 그 지정상품과 유사한 상품에 사용하거나, 타인의 등록상표와 유사한 상표를 그 지정상품과 동일 또는 유사한 상품에 사용하는 행위를 하여서는 안된다.

피고인은 서울 중구 (이하 주소 생략) 소재 1층 '○○○ ○○'이라는 매장을 운영하며 가방을 제조 및 판매하는 자이다. 피고인은 '루이비똥 말레띠에 사'(이하 '루이비똥'이라 한다.)가 상표 등록한 별지 1문양의 도형 상표(Monogram Canvas Trademark)를 통하여 확보한 시장에서의 인지도를 이용하여 이와 유사한 별지 2문양의 도형 상표를 이용한 가방, 지갑 등 제품을 생산, 판매하여 부정한 이익을 취득하려고 마음먹었다.

피고인은 2009. 5. 초순경부터 2009. 10. 23.경까지 피고인 운영의 위 '○○○ ○○' 매장에서 피해자 루이비똥이 특허청에 등록한 상표인 '루이비똥(LOUIS VUTTON, 등록번호 1 생략)의 별지 1문양의 도형 상표와 유사한 별지 2문양의 도형 상표가 부착된 가방 600여개를 750만원에 판매하고, 지갑 80여개를 100만원에 판매하고, 가방 880여개, 지갑 170여개(판매시가 1,300만원 상당)를 판매 목적으로 보관하여 피해자의 상표권을 침해하였다.

2. 부정경쟁방지 및 영업비밀보호에 관한 법률 위반

누구든지 국내에 널리 인식된 타인의 성명, 상호, 상표, 상품의 용기·포장, 그 밖에 타인의 상품임을 표시한 표지와 동일하거나 유사한 것을 사용하거나 이러한 것을 사용한 상품을 판매·반포 또는 수입·수출하여 타인의 상품과 혼동하게 하거나 타인의 표지의 식별력이나 명성을 손상하는 행위를 하여서는 아니된다.

피고인은 위 1.항 기재와 같이 루이비똥의 도형상표와 유사한 도형상표를 이용한 가방과 지갑을 제조 판매하여 루이비똥의 상품과 혼동하게 하거나 루이비똥 상표의 식별력이나 명성을 손상하는 행위를 하였다.

연번	상표	상표권자	특허청 등록번호	해당 위조상품
1	루이비똥	프랑스 "루이비똥 말레띠에"사	(등록번호 1 생략)	가방 등

【증거의 요지】

1. 피고인의 일부 법정진술
1. 검찰 압수조서
1. 수사보고(상표권침해금지소송 판결문), 수사보고(루이비똥 지적재산권 침해행위 관련 탄원서 첨부보고), 수사보고(디자인등로구치소심판 결정문 첨부보고), 지적재산권 수사자문검토서
1. 수사보고(압수영장집행 현장사진 및 압수품사진 첨부보고), 수사보고(루이비똥과 산타브이 가방사진 첨부보고)

【법령의 적용】

1. 범죄사실에 대한 해당법조 및 형의 선택

상표법 제93조, 부정경쟁방지 및 영업비밀보호에 관한 법률 제18조 제3항 제1호, 제2조

제1호 가목, 다목, 각 징역형 선택

1. 경합범가중

형법 제37조 전단, 제38조 제1항 제2호, 제50조(형이 더 무거운 상표법위반죄에 정한 형에 두 죄의 장기형을 합산한 범위 내에서 경합범 가중)

1. 집행유예

형법 제62조 제1항(피고인에게 실형을 선고받은 전력이 없고, 이 사건 단속 이후 원판을 폐기처분한 점 등 정상 참작)

1. 몰 수

상표법 제97조의2 제1항

이상의 이유로 주문과 같이 판결한다.

판사 허명산

9. 서울서부지방법원 2010. 11. 4. 선고 2010노368 판결 【상표법위반·부정경쟁방지및영업비밀보호에관한법률위반】

[미간행]

【전 문】

【피 고 인】 피고인

【항 소 인】 피고인

【검 사】 김윤정

【변 호 인】 법무법인 양헌 담당변호사 정은섭

【원심 판결】 서울서부지방법원 2010. 3. 31. 선고 2010고단45 판결

【주 문】

피고인의 항소를 기각한다.

【이 유】

1. 항소이유의 요지

가. 법리오해

피고인이 사용한 별지 2문양의 도형상표는 '루이비똥사'의 별지 1문양의 도형 상표와 유사하지 아니하고 피고인의 별지 2문양의 도형상표는 디자인등록이 되어 있으며 이를 구성하는 도형들은 상표등록이 되어 있다. 이러한 점에서 피고인에게 상표법위반 및 부정경쟁방지법위반의 점에 대한 고의 및 위법성의 인식이 없으며 피고

인이 제조한 가방과 '루이비똥사'의 가방은 판매장소 및 가격에서 현저한 차이가 나서 일반 소비자가 혼동할 가능성이 없다. 그럼에도 이 사건 공소사실에 대하여 유죄를 선고한 원심 판결은 법리를 오해한 잘못이 있다.

나. 양형부당

가사, 피고인에게 유죄가 인정된다고 할지라도, 피해금액이 많지 않고 피고인이 물품을 모두 폐기한 점 등을 고려하면 원심이 선고한 형(징역 1년 6월, 집행유예 3년)은 너무 무거워 부당하다.

2. 판 단

가. 피고인의 법리오해 주장에 대한 판단

1) 피고인의 별지 2문양의 도형상표와 '루이비똥사'의 별지 1문양의 도형상표의 유사성, 혼동 가능성, 식별력이나 명성의 손상 여부

가) 상표의 유사 여부의 판단은 두 개의 상표 자체를 나란히 놓고 대비하는 것이 아니라 때와 장소를 달리하여 두 개의 상표를 대하는 거래자나 일반 수요자가 상품 출처에 관하여 오인·혼동을 일으킬 우려가 있는지 여부의 관점에서 이루어져야 하고, 두 개의 상표가 그 외관, 호칭, 관념 등에 의하여 거래자나 일반 수요자에게 주는 인상, 기억, 연상 등을 전체적으로 종합할 때 상품의 출처에 관하여 오인·혼동을 일으킬 우려가 있는 경우에는 두 개의 상표는 서로 유사하다 할 것이다.

나) 위 법리에 비추어 살피건대, 피고인의 별지 2문양의 도형상표를 구성하는 각 도형은 '루이비똥사'의 별지 1문양의 도형상표를 구성하는 각 도형들과 유사한 도형들을 모티브(motive)로 하고 있고, '루이비똥사'의 별지 1문양의 도형상표가 'L'과 'V'를 겹쳐 놓은 모양의 도형을 중심으로 나머지 3개의 도형들이 일정한 간격과 크기의 비율을 유지하며 연속적으로 주위를 둘러싼 형태로 구성된 것과 마찬가지로, 피고인의 별지 2 도형상표 역시 'Z', 'L', 'y'를 겹쳐 놓은 듯한 모양의 도형을 중심으로 나머지 도형들이 일정한 간격과 크기의 비율을 유지하며 연속적으로 주위를 둘러싼 형태로 구성되어 있는바, 개별 도형들 사이에서는 외관상 차이가 있으나 그 도형들의 전체적 구성, 배열 형태 및 표현방법 등이 매우 유사하다.

다) 그런데 위와 같이 여러 가지 도형들이 규칙적·반복적으로 배열되어 있는 상표의 경우 이를 대하는 거래자나 일반 수요자가 반드시 그 개별 도형의 세부적인 면까지 정확하게 관찰하여 기억함으로써 상품의 출처를 식별하기보다 상

표 전체가 주는 인상에 의하여 상품의 출처를 식별하는 경우가 일반적이라 할 것이고, 피고인의 별지2 문양의 도형상표와 '루이비똥사'의 별지 1문양의 도형상표 경우 거래자나 일반 수요자에게 외관상 가장 강한 인상을 주고 기억·연상을 일으키게 하는 특징적인 부분은 양 상표의 개별 도형들의 구체적·세부적인 모양이라기보다는 직관적으로 인식될 수 있는 도형들의 모티브, 전체적 구성, 배열 형태 및 표현방법 등이라 할 것이므로, 때와 장소를 달리하여 양 상표를 대하는 거래자나 일반 수요자는 위와 같은 유사한 외관상의 특징에 의하여 강한 인상을 받고 기억·연상을 함으로써 상품 출처에 관하여 오인·혼동을 일으킬 우려가 있고(대법원 2007. 2. 26.자 2006마805 결정 참조), 따라서 피고인의 별지 2문양의 도형상표와 '루이비똥사'의 별지 1문양의 도형상표는 일반수요자에게 오인·혼동을 일으킬 우려가 있고 유사하다 할 것이다.

라) 또한 피고인이 저명상표인 루이비똥사'의 별지 1문양의 도형상표와 매우 유사한 별지 2문양을 피고인의 제품의 외부의 거의 대부분에 표시하고 있고 나아가 일반 수요자들이 위 문양을 제품의 출처로 인식까지 하는 상황에서는, 피고인의 이러한 별지 2문양 사용행위로 인하여 '루이비똥사'의 별지 1문양의 도형상표에 관한 이미지, 광고선전력, 고객흡입력 등이 분산됨으로써 '루이비똥사'의 별지 1문양의 도형상표의 식별력이 점차 약화되고, '루이비똥사'의 제품에 비하여 피고인의 제품이 품질 면에서 많이 뒤떨어질 것이어서 피고인이 제품에 '루이비똥사'의 별지 1문양의 도형상표와 매우 유사한 별지 1문양의 도형상표를 사용함으로써 그동안 '루이비똥사'가 쌓아온 별지 1문양의 도형상표에 관한 명성이 손상될 것임이 명백하다 할 것이다. 피고인이 주장하는 바와 같이 수요층과 유통경로에 차이가 있다 하더라도 위와 같이 인정함에 아무런 지장이 없다.

2) 그 외 법리 주장에 대한 판단

가) 상표권자가 당해 상표를 출원·등록하게 된 목적과 경위, 상표권을 행사하기에 이른 구체적·개별적 사정 등에 비추어, 상대방에 대한 상표권의 행사가 상표사용자의 업무상의 신용유지와 수요자의 이익보호를 목적으로 하는 상표제도의 목적이나 기능을 일탈하여 공정한 경쟁질서와 상거래 질서를 어지럽히고 수요자 사이에 혼동을 초래하거나 상대방에 대한 관계에서 신의성실의 원칙에 위배되는 등 법적으로 보호받을 만한 가치가 없다고 인정되는 경우에는, 그 상표권의 행사는 비록 권리행사의 외형을 갖추었다 하더라도 등록상표에 관한 권리를 남용하는 것으로서 허용될 수 없다(대법원 2007. 1. 25. 선고

2005다67223 판결).

나) 이 사건에 돌아와 보건대, 검사가 제출한 증거들에 의하여 인정되는 다음과 같은 사정 즉, ① 피고인이 '루이비똥사'의 상표를 침해한 범죄로 형사처벌 받은 이후에 '루이비똥사'의 문양을 이루는 도형과 유사한 도형을 상표로 등록한 점, ② 피고인이 별지 2문양의 도형상표를 피고인의 제품의 출처표시로서 사용하기보다는 이를 '루이비똥사'의 도형상표와 유사하게 조합하여 마치 '루이비똥사'의 제품인 것처럼 보이도록 사용한 점, ③ 피고인의 제품은 개별 도형의 모양과 배치뿐만 아니라 가방의 재질의 기본적인 색상, 개별 문양의 색상, 제품의 형태 등에 있어서도 '루이비똥사'의 제품과 유사한 점 등을 종합하면 피고인의 등록 상표의 사용은 사용권을 남용하는 것에 해당하여 범죄 성부에 영향이 없고, 나아가 위와 같은 점을 고려하면 피고인에게 상표법위반 및 부정경쟁방지법위반의 점에 대한 고의와 위법성의 인식이 있었다 할 것이다.

3) 소결론

따라서 피고인의 법리오해 주장은 이유 없다.

나. 피고인의 양형부당 주장에 대한 판단

살피건대, 피고인이 '루이비똥사'의 상표권을 침해한 범죄로 벌금 1,500만원으로 처벌받은 후에도 다시 '루이비똥사'의 상표권을 침해하여 징역 8월에 집행유예 2년의 형사처벌 받은 전력이 있는 점, 그럼에도 다시 '루이비똥사'의 상표권을 침해하는 등 계속하여 동종범죄를 저지른 점, 그 밖에 피고인의 나이, 성행, 환경, 이 사건 범행의 동기와 내용 등 이 사건 양형조건이 되는 제반사정을 종합하여 보면, 원심의 형이 무거워 부당하다고 보기는 어렵다.

3. 결 론

그렇다면, 피고인의 항소는 이유 없으므로 형사소송법 제364조 제4항에 의하여 이를 기각하여 주문과 같이 판결한다.

판사 이인규(재판장) 이상아 김정헌

Q 1. 부정경쟁방지법상 부정경쟁행위에 대한 형사벌과 상표권침해죄 상호간의 양형에는 어떠한 차이가 존재하는가?

10. 특허법원 2012. 11. 9. 선고 2012허8119 판결【등록취소(상)】

[미간행]

【전 문】

【원 고】 원고(소송대리인 변리사 맹선호)

【피 고】 주식회사 디에스이(소송대리인 변호사 김대희)

【변론종결】 2012. 10. 19.

【주 문】

1. 특허심판원이 2012. 7. 31. 2011당2645호 사건에 관하여 한 심결을 취소한다.
2. 소송비용은 피고가 부담한다.

【청구취지】

주문과 같다.

【이 유】

1. 기초사실

가. 이 사건 등록상표

1) 등록번호/출원일/등록일/갱신등록일 : 상표등록 제430807호/1995. 5. 29./1998. 11. 25./2009. 1. 2.

2) 구 성 : HS HI-BOX

3) 지정상품 : 상품류 구분 제9류의 배전반, 분전반, 전기개폐기, 차단기, 정류기, 전기변압기, 배전함

4) 등록권리자 : 원고

나. 이 사건 심결의 경위

1) 피고는 2011. 10. 21. 특허심판원에 원고를 상대로 하여, 이 사건 등록상표가 그 지정상품에 대하여 상표권자, 전용사용권자 또는 통상사용권자 중 어느 누구에 의해서도 정당한 이유 없이 심판청구일 전 계속하여 3년 이상 국내에서 사용되고 있지 아니하여 상표법 제73조 제1항 제3호에 따라 그 등록이 취소되어야 한다는 이유로 등록취소심판을 청구하였다.

2) 특허심판원은 이를 2011당2645호로 심리한 후 2012. 7. 31. 원고가 취소심판청구일 전 3년 이내에 이 사건 등록상표를 그 지정상품 중 어느 하나에 정당하게 사용하였음을 증명하지 못하였다는 이유로 피고의 위 심판청구를 인용하는 이 사건 심결을 하였다.

【인정근거】 다툼 없는 사실, 갑 제1, 2호증의 각 기재, 변론 전체의 취지

2. 당사자들의 주장

가. 원고 주장의 요지

원고는 자신이 대표로 있는 주식회사 화신에게 이 사건 등록상표의 사용을 허락해 주었고, 주식회사 화신은 2010. 3.경 이 사건 등록상표를 그 지정상품에 관한 홍보책자에 표시하여 이를 반포한 사실이 있으므로, 이 사건 등록상표는 이 사건 취소심판 청구일(2011. 10. 21.) 전 3년 이내에 국내에서 정당하게 사용되었다고 할 것이어서 상표법 제73조 제1항 제3호에 해당하지 않는다.

나. 피고 주장의 요지

원고가 이 사건 등록상표를 홍보책자에 표시한 것은 사실이나, 이 사건 등록상표가 표시된 위치나 형태 등에 비추어 이 사건 등록상표가 사용된 것으로 보기 어려울 뿐만 아니라, 원고의 위 행위는 불사용취소를 면하기 위하여 명목상으로 행한 것에 불과하여 정당한 상표의 사용으로 볼 수 없으므로, 이 사건 등록상표는 상표법 제73조 제1항 제3호에 해당하여 그 등록이 취소되어야 한다.

3. 판 단

가. 인정사실

다음 각 사실은 당사자 사이에 다툼이 없거나 갑 제1 내지 11호증(각 가지번호 포함)의 각 기재 및 영상에 변론 전체의 취지를 종합하면 이를 인정할 수 있다.

1) 원고는 1998. 11. 25. 이 사건 등록상표에 관한 등록을 마쳤고, 자신이 대표로 있는 주식회사 화신에게 이 사건 등록상표의 사용을 묵시적으로 허락해 주었다.

2) 주식회사 화신은 1985년경부터 전기, 전자, 통신 등 산업 전반에 사용되는 각종 전기 외함 제품을 제조·판매해 오고 있다.

3) 주식회사 화신은 2010. 3.경 위 회사가 제조·판매하는 상품들을 홍보하는 카탈로그(제14호)를 발행하여 그 무렵 배포하였는데, 위 카탈로그의 겉표지 뒷면 중간 부분에는 “HWASIN HSBOX Hi-Box HS Hi-box Hi-Power Litrol”과 같이 이 사건 등록상표 “HS Hi-box”가 원고의 다른 등록상표들과 함께 표시되어 있고, 위 카탈로그 전체에 걸쳐 이 사건 등록상표의 지정상품인 ‘배전함’ 등에 관한 광고가 게재되어 있다.

4) 주식회사 화신은 2009. 2.경(제12호), 2009. 7.경(제13호), 2011. 9.경(제15호)에도 각

각 위 3)항과 동일한 형태의 카탈로그를 발행하여 그 무렵 배포하였는데, 위 각 카탈로그의 겉표지 뒷면 중간 부분에도 위 3)항과 동일한 형태로 이 사건 등록상표 "HS Hi-box"가 표시되어 있다.

나. 구체적 판단

1) 살피건대, 위 각 인정사실을 통해 알 수 있는 다음과 같은 사정들 즉, ① 주식회사 화신은 원고로부터 이 사건 등록상표의 사용을 묵시적으로 허락받은 통상사용권자에 해당하는 점, ② 주식회사 화신은 2009. 2.경부터 2011. 9.경까지 사이에 4회에 걸쳐 이 사건 등록상표를 그 지정상품인 배전함 등에 관한 광고가 게재된 카탈로그에 표시하여 배포하였던 점, ③ 비록 이 사건 등록상표가 중앙부에 큰 글씨체로 표시된 'HWASIN' 아래에 다른 상표들과 함께 좌우로 나열된 형태로 표시되어 있다고 하더라도, 이로 인하여 이 사건 등록상표가 상표로서의 동일성과 독립성을 상실하여 상표로서의 식별력이 없이 사용된 것이라고 할 수는 없는 점 등을 종합하여 보면, 주식회사 화신의 위와 같은 행위는 상표법 제2조 제1항 제6호 다목 소정의 '상품에 관한 광고에 상표를 표시하고 반포하는 행위'에 해당한다고 봄이 상당하다.

따라서 이 사건 등록상표는 그 지정상품인 배전함에 대하여 이 사건 취소심판청구일(2011. 10. 21.) 전 3년 이내에 통상사용권자인 주식회사 화신에 의하여 국내에서 정당하게 사용되었다고 할 것이다.

2) 이에 대하여 피고는, 주식회사 화신의 위와 같은 행위는 불사용취소를 면하기 위하여 명목상으로 행한 것에 불과하여 정당한 상표의 사용으로 볼 수 없다는 취지로 주장한다.

살피건대, 상표법 제73조 제1항 제3호, 제4항 본문은 상표권자 등이 당해 등록상표를 취소심판청구에 관계되는 지정상품 중 1 이상에 대하여 그 심판청구일 전 3년 이내에 국내에서 정당하게 사용하였음을 증명하지 아니하는 한 상표등록의 취소를 면할 수 없도록 규정하고 있는데, 그 취지는 등록상표의 사용을 촉진하는 한편 불사용에 대하여 제재를 가하려는 데에 있다. 이와 같은 불사용으로 인한 상표등록취소심판 제도의 취지에 비추어 볼 때, 등록상표를 지정상품에 관하여 광고한 사실이 있다고 하더라도 지정상품이 국내에서 정상적으로 유통되고 있거나 유통될 것이 예정되어 있는 것이 아니고, 단순히 불사용취소를 면하기 위하여 명목상으로 등록상표에 대한 광고행위를 한 데에 그친 경우에는 등록상표를 정당하게 사용하였다고 할 수 없다(대법원 2011. 6. 30. 선고 2011후354 판결 참조).

이 사건에 관하여 보건대, 앞서 본 바와 같이 주식회사 화신은 1985년경부터 전기, 전자, 통신 등 산업 전반에 사용되는 각종 전기 외함 제품을 제조·판매해 오고 있고, 배전함을 비롯하여 위 회사가 제조·판매하는 상품들을 홍보하는 카탈로그를 주기적으로 발행하여 배포해 오고 있는바, 이러한 주식회사 화신의 카탈로그에 의한 광고 행위는 그 지정상품인 배전함 등의 정상적인 유통 행위를 전제로 한 것으로서 정당한 상표의 사용에 해당한다고 할 것이고, 불사용취소를 면하기 위하여 명목상으로 행한 것에 불과하다고 볼 수는 없으므로, 피고의 위 주장은 이유 없다.

다. 소 결 론

결국 이 사건 등록상표는 상표법 제73조 제1항 제3호에 해당하지 않는다고 할 것이다.

4. 결 론

그렇다면 이 사건 심결은 이와 결론을 달리 하여 부당하고, 그 취소를 구하는 원고의 청구는 이유 있으므로 이를 인용하기로 하여 주문과 같이 판결한다.

판사 배광국(재판장) 박민정 이헌

11. 대법원 2013. 4. 25. 선고 2012후3718 판결【등록취소(상)】

[공2013상,973]

【판시사항】

[1] 구 상표법 제2조 제1항 제6호 (다)목의 '광고'에 등록상표가 표시되어 있다고 하더라도 등록상표가 거래사회의 통념상 지정상품과 관련하여 표시된 것이라고 볼 수 없는 경우 위 (다)목의 상표사용행위가 있다고 할 수 있는지 여부(소극)

[2] 갑 주식회사가 등록상표 'HS HI-BOX'의 등록권리자 을을 상대로 등록상표가 구 상표법 제73조 제1항 제3호에 해당한다는 이유로 등록취소심판을 청구하였고 특허심판원이 갑 회사의 심판청구를 인용하는 심결을 한 사안에서, 위 법 제2조 제1항 제6호 (다)목의 상표사용행위가 있다고 할 수 없음에도 이와 달리 본 원심판결에 법리오해의 위법이 있다고 한 사례

【판결요지】

[1] 구 상표법(2011. 12. 2. 법률 제11113호로 개정되기 전의 것) 제2조 제1항 제6호 (다)목은 '상품에 관한 광고·정가표·거래서류·간판 또는 표찰에 상표를 표시하고 전시 또는 반포하는 행위'를 상표사용행위의 하나로 규정하고 있는바, 비록 위 (다)목의 '광고'에

등록상표가 표시되어 있다고 하더라도, 그 등록상표가 거래사회의 통념상 지정상품과 관련하여 표시된 것이라고 볼 수 없는 경우에는 위 (다)목에서 말하는 상표사용행위가 있다고 할 수 없다.

[상표가 표시된 형태]

[2] 갑 주식회사가 등록상표 ' HS HI-BOX '의 등록권리자 을을 상대로 등록상표가 구 상표법(2011. 12. 2. 법률 제11113호로 개정되기 전의 것, 이하 같다) 제73조 제1항 제3호에 해당한다는 이유로 등록취소심판을 청구하였고 특허심판원이 갑 회사의 심판청구를 인용하는 심결을 한 사안에서, 을로부터 등록상표의 사용을 묵시적으로 허락받은 병 주식회사가 발행한 카탈로그의 뒤표지 중간에 그 지정상품을 '배전함' 등으로 하는 등록상표가 오른쪽 그림과 같은 형태로 표시되어 있다 하더라도, 등록상표는 병 회사가 사용하고 있는 여러 상표 중 하나로서 단순히 나열된 것으로 보이고 거래사회의 통념상 등록상표의 지정상품 중 하나인 '배전함'과 관련하여 표시된 것이라고 볼 수 없다 할 것이어서, 구 상표법 제2조 제1항 제6호 (다)목에서 말하는 상표사용행위가 있다고 할 수 없음에도 이와 달리 본 원심판결에 법리오해의 위법이 있다고 한 사례.

【참조조문】

[1] 구 상표법(2011. 12. 2. 법률 제11113호로 개정되기 전의 것) 제2조 제1항 제6호 (다)목[현행 제2조 제1항 제7호 (다)목 참조]

[2] 구 상표법(2011. 12. 2. 법률 제11113호로 개정되기 전의 것) 제2조 제1항 제6호 (다)목 [현행 제2조 제1항 제7호 (다)목 참조], 제73조 제1항 제3호

【전 문】

【원고, 피상고인】 원고(소송대리인 변리사 맹선호)

【피고, 상고인】 주식회사 디에스이(소송대리인 변호사 김대희)

【원심판결】 특허법원 2012. 11. 9. 선고 2012허8119 판결

【주 문】

원심판결을 파기하고, 사건을 특허법원에 환송한다.

【이 유】

상고이유를 판단한다.

1. 상고이유 제1점에 관하여

구 상표법(2011. 12. 2. 법률 제11113호로 개정되기 전의 것) 제2조 제1항 제6호 (다)목은 '상품에 관한 광고 · 정가표 · 거래서류 · 간판 또는 표찰에 상표를 표시하고 전시 또는 반포하는 행위'를 상표사용행위의 하나로 규정하고 있는바, 비록 위 (다)목의 '광고'에 등록상표가 표시되어 있다고 하더라도, 그 등록상표가 거래사회의 통념상 지정상품과 관련하여 표시된 것이라고 볼 수 없는 경우에는 위 (다)목에서 말하는 상표사용행위가 있다고 할 수 없다.

[상표가 표시된 형태]

위 법리와 기록에 비추어 살펴보면, 주식회사 화신이 2009년 2월과 7월, 2010년 3월, 2011년 9월에 각 발행한 카탈로그(이하 '이 사건 카탈로그들'이라고 한다)의 뒤표지 중간에 그 지정상품을 '배전함' 등으로 하는 이 사건 등록상표 'HS HI-BOX'(등록번호 : 제430807호)가 오른쪽 그림과 같은 형태로 표시되어 있다 하더라도, 이 사건 카탈로그들 앞표지의 제목은 'HSBOX'로 되어 있고, 약 60여 페이지로 구성된 이 사건 카탈로그들의 본문에는 이 사건 등록상표의 지정상품 중 하나인 '배전함'과 동일한 '분전함'에 관한 내용이 모두 'HSBOX'(등록번호 : 제774443호)라는 원고의 또 다른 등록상표 아래 기재되어 있으며, 이 사건 카탈로그들의 뒤표지 중간에 나열된 상표 중에는 이 사건 카탈로그들 본문에 실린 상품들과 전혀 관련이 없는 상품들을 지정상품으로 하는 등록상표 'Hi-BOX 하이박스'(등록번호 : 제265351호)와 영문자 부분이 동일한 'Hi-Box' 표장도 포함되어 있으므로, 이 사건 등록상표는 주식회사 화신이 사용하고 있는 여러 상표 중 하나로서 단순히 나열된 것으로 보이고 거래사회의 통념상 이 사건 등록상표의 지정상품 중 하나인 '배전함'과 관련하여 표시된 것이라고 볼 수 없다 할 것이어서, 위 (다)목에서 말하는 상표사용행위가 있다고 할 수 없다.

그럼에도 원심은 주식회사 화신의 위와 같은 행위가 위 (다)목의 '상품에 관한 광고에 상표를 표시하고 반포하는 행위'에 해당하여 이 사건 등록상표가 통상사용권자에 의하여 정당하게 사용되었다고 판단하였으니, 원심판결에는 상표의 사용에 관한 법리를 오해함으로써 판결 결과에 영향을 미친 위법이 있다. 이를 지적하는 상고이유 주장은 이유 있다.

2. 결 론

그러므로 나머지 상고이유에 관한 판단을 생략한 채 원심판결을 파기하고 사건을 다시 심리·판단하게 하기 위하여 원심법원에 환송하기로 하여, 관여 대법관의 일치된 의견으로 주문과 같이 판결한다.

대법관 민일영(재판장) 이인복 박보영(주심) 김신

12. 대법원 2007. 1. 25. 선고 2005다67223 판결【가처분이의】

[공2007.3.1.(269),344]

【판시사항】

[1] 음반의 제명(제명)이 자타상품의 식별표지로서 인정되는 경우

[2] 자타상품의 식별표지로서 기능하는 음반의 제명(제명)에 화체된 업무상의 신용이나 고객흡인력의 귀속 주체(=음반의 제작 · 판매자)

[3] 등록상표권자의 상표권의 행사가 권리남용에 해당하기 위한 요건

[4] 시리즈 편집음반의 "BLACK COFFEE 진한커피"라는 제명이 거래자나 일반 수요자 사이에 특정인의 상품을 표시하는 식별표지로서 인식되고 있고, 그 제명에 음반제작 · 판매자의 신용과 고객흡인력이 화체되어 있다고 본 사례

[5] 시리즈 편집음반의 "BLACK COFFEE 진한커피"라는 제명이 자타상품의 식별표지로서 기능하고 있음에도 불구하고 "BLACK COFFEE 진한커피"와 같이 구성된 등록상표를 출원 · 등록하여 위 제명의 선사용자의 음반 제작 · 판매 금지를 구하는 것은 등록상표에 관한 권리를 남용하는 것으로서 허용될 수 없다고 본 사례

【판결요지】

[1] 음반의 제명(제명)은 특별한 사정이 없는 한 그 음반에 수록된 해당 저작물의 창작물로서의 명칭 내지는 그 내용을 함축적으로 나타내는 것이어서 상품의 출처를 표시하는 기능을 하기 어려운 경우가 대부분이나, 음반은 일반 유체물과 마찬가지로 독립된 거래의 대상이 되는 '상품'이므로, 음반의 종류 및 성격, 음반의 제명이 저작물의 내용 등을 직접적으로 표시하는지 여부 및 실제 사용 태양, 동일 제명이 사용된 후속 시리즈 음반의 출시 여부, 광고 · 판매 실적 및 기간 등 구체적 · 개별적 사정 여하에 따라 음반의 제명이 일반 수요자에게 상품의 출처를 표시하고 자기의 업무에 관계된 상품

과 타인의 업무에 관계된 상품을 구별하는 표지로서 인식되는 때에는, 그 음반의 제명은 단순히 창작물의 내용을 표시하는 명칭에 머무르지 않고 자타상품의 식별표지로서 기능한다.

[2] 자타상품의 식별표지로서 기능하는 음반의 제명에 화체된 업무상의 신용이나 고객흡인력 등은 음반의 제작 · 판매자가 투여한 자본과 노력 등에 의하여 획득되는 것이므로, 이러한 무형의 가치는 특별한 사정이 없는 한 음반에 수록된 저작물의 저작자가 아니라 음반의 제작 · 판매자에게 귀속된다.

[3] 상표권자가 당해 상표를 출원 · 등록하게 된 목적과 경위, 상표권을 행사하기에 이른 구체적 · 개별적 사정 등에 비추어, 상대방에 대한 상표권의 행사가 상표사용자의 업무상의 신용유지와 수요자의 이익보호를 목적으로 하는 상표제도의 목적이나 기능을 일탈하여 공정한 경쟁질서와 상거래 질서를 어지럽히고 수요자 사이에 혼동을 초래하거나 상대방에 대한 관계에서 신의성실의 원칙에 위배되는 등 법적으로 보호받을 만한 가치가 없다고 인정되는 경우에는, 그 상표권의 행사는 비록 권리행사의 외형을 갖추었다 하더라도 등록상표에 관한 권리를 남용하는 것으로서 허용될 수 없고, 상표권의 행사를 제한하는 위와 같은 근거에 비추어 볼 때 상표권 행사의 목적이 오직 상대방에게 고통을 주고 손해를 입히려는 데 있을 뿐 이를 행사하는 사람에게는 아무런 이익이 없어야 한다는 주관적 요건을 반드시 필요로 하는 것은 아니다.

[4] 기존의 국내 가요들 중에서 일부를 선곡하여 수록한 진한커피 시리즈 편집음반은 특정 저작자의 창작물이라기보다는 그 음반 제작 · 판매자의 기획 상품이라는 성격이 짙고, 각 편집음반의 전면 상단에 일정한 도형과 색채를 가미하고 영문자를 부기하여 동일한 형태로 계속 사용된 "BLACK COFFEE 진한커피"라는 제명 역시 각 편집음반의 내용 등을 직접적으로 표시하는 것이 아니며, 위 진한커피 시리즈 편집음반의 판매기간 및 판매실적 등에 비추어, 위 "진한커피"라는 제명은 이미 '편집음반' 상품과 관련하여서는 단순히 창작물의 내용을 표시하는 명칭에 머무르지 않고 거래자나 일반 수요자 사이에 특정인의 상품을 표시하는 식별표지로서 인식되기에 이르렀고, 그 "진한커피" 제명에는 음반제작 · 판매자의 신용과 고객흡인력이 화체되어 있다고 본 사례.

[5] 시리즈 편집음반의 "BLACK COFFEE 진한커피"라는 제명이 자타상품의 식별표지로서 기능하고 있음에도 불구하고 위 제명의 선사용자인 음반제작 · 판매자의 동의나 허락없이 "BLACK COFFEE 진한커피"와 같이 구성된 등록상표를 출원 · 등록한 다음 그 상표권에 기하여 위 음반제작 · 판매자가 '진한커피' 제명을 사용하여 출시한 음반의 제작 · 판매 금지

등을 구하는 것은 신청인이 위 음반제작·판매자의 자본과 노력 등에 의하여 획득되어 '진한커피' 제명에 화체된 신용 등에 편승하여 이익을 얻을 목적으로 위 등록상표를 출원·등록한 것을 기화로 오히려 그 신용 등의 정당한 귀속 주체인 위 음반제작·판매자로부터 그 신용 등을 빼앗아 자신의 독점하에 두려는 행위이므로, 이러한 상표권 행사는 상표제도의 목적이나 기능을 일탈하고 법적으로 보호받을 만한 가치가 없고, 비록 상표권의 행사라는 외형을 갖추었다 하더라도 등록상표에 관한 권리를 남용하는 것으로서 허용될 수 없다고 본 사례.

【참조조문】

[1] 상표법 제2조 제1항 제1호, 제6조 제1항 제3호, 제51조

[2] 상표법 제2조 제1항 제1호

[3] 민법 제2조, 상표법 제50조

[4] 상표법 제2조 제1항 제1호

[5] 민법 제2조, 상표법 제50조, 제65조

【참조판례】

[1] 대법원 2005. 8. 25. 선고 2005다22770 판결(공2005하, 1568)

【전　문】

【신청인, 피상고인】 신청인

【피신청인, 상고인】 주식회사 신나라뮤직(소송대리인 법무법인 광장 담당변호사 박준서외 4인)

【원심판결】 서울고법 2005. 11. 2. 선고 2005나45485 판결

【주　문】

원심판결을 파기하고, 사건을 서울고등법원에 환송한다.

【이　유】

상고이유를 판단한다.

1. 음반의 제명(제명)은 특별한 사정이 없는 한 그 음반에 수록된 해당 저작물의 창작물로서의 명칭 내지는 그 내용을 함축적으로 나타내는 것이어서 상품의 출처를 표시하는 기능을 하기 어려운 경우가 대부분이나, 음반은 일반 유체물과 마찬가지로 독립된 거래의 대상이 되는 '상품'이므로, 음반의 종류 및 성격, 음반의 제명이 저작물의 내용 등을 직접적으로 표시하는지 여부 및 실제 사용 태양, 동일 제명이 사용된 후속 시리즈 음반의 출시 여부, 광고·판매 실적 및 기간 등 구체적·개별적 사정 여하에 따라 음반의 제명이 일반 수요자에게 상품의 출처를 표시하고 자기의 업무에 관계된 상품과 타인의 업무에 관계된 상품을 구별하는 표지로서 인식되는 때에는, 그 음반의 제명은 단순히 창작물의

내용을 표시하는 명칭에 머무르지 않고 자타상품의 식별표지로서 기능한다고 봄이 상당하다. 그리고 자타상품의 식별표지로서 기능하는 음반의 제명에 화체된 업무상의 신용이나 고객흡인력 등은 음반의 제작 · 판매자가 투여한 자본과 노력 등에 의하여 획득되는 것이므로, 이러한 무형의 가치는 특별한 사정이 없는 한 음반에 수록된 저작물의 저작자가 아니라 음반의 제작 · 판매자에게 귀속된다.

한편, 상표권자가 당해 상표를 출원 · 등록하게 된 목적과 경위, 상표권을 행사하기에 이른 구체적 · 개별적 사정 등에 비추어, 상대방에 대한 상표권의 행사가 상표사용자의 업무상의 신용유지와 수요자의 이익보호를 목적으로 하는 상표제도의 목적이나 기능을 일탈하여 공정한 경쟁질서와 상거래 질서를 어지럽히고 수요자 사이에 혼동을 초래하거나 상대방에 대한 관계에서 신의성실의 원칙에 위배되는 등 법적으로 보호받을 만한 가치가 없다고 인정되는 경우에는, 그 상표권의 행사는 가사 권리행사의 외형을 갖추었다 하더라도 등록상표에 관한 권리를 남용하는 것으로서 허용될 수 없고, 상표권의 행사를 제한하는 위와 같은 근거에 비추어 볼 때 상표권 행사의 목적이 오직 상대방에게 고통을 주고 손해를 입히려는 데 있을 뿐 이를 행사하는 사람에게는 아무런 이익이 없어야 한다는 주관적 요건을 반드시 필요로 하는 것은 아니다.

2. 원심판결 이유 및 기록에 의하면, 아래와 같은 사실을 알 수 있다.

가. 피신청인은 음반, 카세트테이프 등의 제조 및 판매업을 목적으로 하는 회사로서 1999. 10.경 '진한커피' (이하 편의상 '진한커피 제1집' 이라고 한다) 음반을, 2000. 12.경 '진한커피 제2집' 음반을, 2002. 12.경 '진한커피 제3집' 음반을, 2004. 11.경 '진한커피 제4집' 음반을, 2005. 4.경 '진한커피 제5집' 음반을 각 제작 · 홍보 · 판매하였는데, 위 각 음반은 국내 가요 중 발라드풍의 곡들만을 선곡하여 수록한 편집음반으로서 그 음반 전면 상단에 "BLACK COFFEE 진한커피"와 같이 구성된 제명을 사용하고 그 바로 밑에는 위 제1집부터 제5집에 이르기까지 순차 '…그리고, 첫사랑', '…그리고, 슬픈 인연', '…그리고, 슬픈 고백', '…그리고, 기다림', '…그리고, 첫사랑'이라는 부제(부제)를 달고 있다.

나. 피신청인의 신문, 잡지 및 라디오 등을 통한 선전 · 광고활동과 시중 음반매장 등에서의 판촉활동 결과 진한커피 제1, 2집 음반은 1999.경부터 2002. 5.경까지 총 60만 장 정도가 판매되었고, 특히 진한커피 제2집 음반은 2000. 12.경 '주식회사 스포츠서울21'로부터 2000년도 음반 부문 히트상품으로 선정되었으며, 진한커피 제1, 2, 3집은 1999.경부터 2003. 8.경까지 총 80만 장 이상이 판매되었는데, 진한커피 제4집 음반이 2004. 11.경 발매될 무렵에는 일간신문 등 여러 매체에서 '1999년 첫사랑을 주제로

한 1집부터 슬픈 인연에 관한 2집, 슬픈 고백을 모티브로 한 3집 등 주제별로 발표된 진한커피 시리즈는 그 동안 100만 장 가까이 발매되었다.'는 내용과 함께 진한커피 제4집 음반 발매를 소개하는 기사를 게재하였다.

다. 신청인은 피신청인이 진한커피 제1, 2집을 기획·제작함에 있어서 수록될 곡의 선택·배열 등 편집과정에 상당 정도 관여한 관계로 '진한커피' 편집음반 시리즈의 제작·판매와 그 상업적 성공에 관한 사정을 잘 알고 있었음에도 불구하고, '진한커피' 명칭의 선사용자인 피신청인의 동의나 허락을 받지 않은 채 2002. 5. 15. 지정상품을 '음악이 녹음된 콤팩트 디스크, 음악이 녹음된 테이프' 등으로 하고 'BLACK COFFEE 진한커피' 와 같이 구성된 이 사건 등록상표(등록번호 제557510호)를 출원하여 2003. 8. 13. 상표등록결정을 받고, 2002. 9. 13. 음반기획 및 제작업 등을 목적으로 하는 주식회사 진한커피를 설립하였다.

라. 신청인은 이 사건 등록상표의 출원 후 등록 전인 2002. 11.경 스스로 저작권자 내지 저작인집권자로부터 편집음반 제작과 관련한 이용허락을 받은 다음, 주식회사 진한커피 명의로 피신청인과 '진한커피 제3집'에 관하여 음반제조판매계약을 체결하면서 피신청인으로부터 마스터 테이프 제작에 필요한 비용 1억 원과 아울러 피신청인의 음반판매량에 따른 사용료를 지급받기로 약정하였는데, 그 과정에서 이 사건 등록상표의 출원사실을 피신청인에게 알리지 아니하였고, '진한커피 제3집' 음반은 그 후면 우측에 피신청인의 상호의 약칭인 '신나라뮤직', '㈜진한커피' 및 'Maeil' 등이 기재됨과 아울러 음반의 제조·배포자가 피신청인임을 표시하는 영문이 기재된 상태로 출시되었다.

마. 신청인은 이 사건 등록상표의 등록 후인 2004. 8.경 주식회사 도레미미디어(이하 '도레미미디어'라고 한다)와 음반제조판매계약을 체결하였는데, 도레미미디어는 음반명을 '진한커피 4집'으로 하고 '「진한커피」 4집 발매!', '역사상 최고의 편집앨범 - 전작 1+2+3집 [910,000장] 최고 판매, 편집앨범 역사상 깨지지 않고 있는 최저 반품율 [1.2%]', '「진한커피」의 깊은 감동이 다시 한 번 재현된다!' 등의 문구가 기재된 신보 안내서를 시중 음반판매점 등에 배포하였다가, 피신청인이 주식회사 진한커피 및 도레미미디어를 상대로 '진한커피'라는 명칭은 피신청인의 편집음반 상품 명칭으로 널리 알려져 있으므로 그 사용을 중단하라는 취지의 통지를 보내자, 그 편집음반의 제명을 '이별후애'로 변경하고, 부제를 '…그리고, 미련'으로 달아 출시하였다.

3. 앞에서 본 법리와 위 사실관계에 비추어 살펴보면 다음과 같다.

기존의 수많은 국내 가요들 중에서 일부를 선곡하여 수록한 피신청인의 진한커피 시리즈 편집음반은 특정 저작자의 창작물이라기보다는 그 음반제작 · 판매자의 기획 상품이라는 성격이 짙고, 위 각 편집음반의 전면 상단에 일정한 도형과 색채를 가미하고 영문자를 부기하여 동일한 형태로 계속 사용된 '진한커피'라는 제명 역시 위 각 편집음반의 내용 등을 직접적으로 표시하는 것이 아니며, 나아가 진한커피 시리즈 편집음반의 판매기간 및 판매실적, 진한커피 제2집 음반의 2000년도 음반 부문 히트상품 선정 경력, 경쟁음반제작사의 '진한커피 시리즈 편집음반'의 인지도에 편승하려는 광고 및 피신청인으로부터 '진한커피' 명칭의 사용중단 요구를 받은 후의 중단 조치, '진한커피 4집'에 대한 언론매체들의 관심과 보도 등 기록에 나타난 여러 사정들을 아울러 고려하여 보면, 피신청인의 진한커피 시리즈 편집음반에 사용된 '진한커피'라는 제명은, 신청인의 이 사건 등록상표의 출원 · 등록 당시 이미 '편집음반' 상품과 관련하여서는 단순히 창작물의 내용을 표시하는 명칭에 머무르지 않고 거래자나 일반 수요자 사이에 특정인의 상품을 표시하는 식별표지로서 인식되기에 이르렀고, 그 '진한커피' 제명에는 피신청인의 신용과 고객흡인력이 화체되어 있다고 봄이 상당하다.

그런데 신청인은 피신청인의 진한커피 제1, 2, 3집의 제작과정에 상당 정도 관여한 자로서 자타상품의 식별표지로서 기능하는 '진한커피' 제명의 선사용자가 누구인지 및 그 '진한커피' 제명에 화체된 신용과 고객흡인력이 어느 정도 가치가 있는지 등에 관하여 잘 알고 있음에도 불구하고, 피신청인의 동의나 허락 없이 이 사건 등록상표를 출원 · 등록한 다음 그 상표권에 기하여 피신청인이 '진한커피' 제명을 사용하여 출시한 '진한커피 제4집' 및 '진한커피 제5집' 음반의 제작 · 판매 금지 등을 구하고 있는바, 이는 신청인이 피신청인의 자본과 노력 등에 의하여 획득되어 '진한커피' 제명에 화체된 신용 등에 편승하여 이익을 얻을 목적으로 이 사건 등록상표를 출원 · 등록한 것을 기화로 오히려 그 신용 등의 정당한 귀속 주체인 피신청인으로부터 그 신용 등을 빼앗아 자신의 독점하에 두려는 행위에 다름 아니어서, 신청인의 이러한 상표권의 행사는 상표제도의 목적이나 기능을 일탈하고 법적으로 보호받을 만한 가치가 없다고 인정되므로, 비록 상표권의 행사라는 외 형을 갖추었다 하더라도 이 사건 등록상표에 관한 권리를 남용하는 것으로서 허용될 수 없다.

그럼에도 불구하고, 원심은 그 판시와 같은 사정을 들어 신청인이 이 사건 등록상표의 권리자로서 상표권을 행사하는 것이 권리남용 등에 해당하는 것으로 볼 수 없으므로 피신청인을 상대로 '진한커피' 제명을 사용한 '진한커피 제4집' 및 '진한커피 제5집' 음반의 제작 · 판매 금지 등을 구할 수 있다고 단정하고 말았으니, 원심판결에는 상표권 행사의 권리남용에 관한 법리를 오해한 나머지 필요한 심리를 제대로 하지 아니함으로써 판결 결과에 영향을 미친 위법이 있다. 이 점을 지적하는 상고 이유의 주장은 이유 있다.

4. 그러므로 나머지 상고이유에 대한 판단을 생략한 채 원심판결을 파기하고, 사건을 다시 심리 · 판단하게 하기 위하여 원심법원에 환송하기로 하여 관여 대법관의 일치된 의견으로 주문과 같이 판결한다.

대법관 김황식(재판장) 김영란 이홍훈 안대희(주심)

제 6 절 상표의 실체적 등록요건

Ⅰ. 적극적 요건

1. 상표의 사용의사

[1] 등록주의: 상표로 등록을 받기 위해서는 상표를 사용하는 자 뿐만 아니라 '사용하고자 하는 자'도 상표등록을 받을 수 있도록 하고 있다(상 제3조 제1항). 이에 의하면, 상표등록출원의 상표 사용사실 또는 사용의사가 없이 방어적인 목적만으로 출원하는 경우에는 등록거절의 대상이 되어야 하며, 착오로 등록시에는 무효심판의 대상이 되어야 함이 원칙이다. 하지만, 출원단계에서 심사관이 상표등록출원자의 사용의지를 판단하는 것은 불가능하므로 등록요건으로서 사용의사를 판단하지는 않고, 등록후에 일정기간 동안 불사용사실이 지속되는 경우 상표권을 취소시킬 수 있게 하고 있어 상표권자의 상표 사용을 강제하고 있다(상 제119조 제1항 제3호).

2. 자타상품(서비스)의 식별력

가. 식별력의 의미

[1] 자타상품 내지 자타 서비스를 식별할 능력이 없는 상표는 상표법상 등록을 받을 수 없다. 식별력이 없는 상표는 출처표시기능이나 품질보증기능 등의 상표의 기능적인 역할을 기대할 수 없기 때문에 상표등록을 허여하면 어느 것이 누가 생산 또는 제공하는 상품 또는 서비스인지를 알 수가 없어 거래에 있어서 소비자들의 혼동을 초래할 수 있다.

[2] 상표법 제33조 제1항의 상표등록요건에서는 식별력을 갖춘 상표를 적극적으로 규정하기 보다는 식별력이 없거나 식별력을 충분히 갖추지 못한 상표를 열거하고(상 제33조 제1항 제1호 내지 제6호), 상표법 제33조 제1항 제7호에서는 "제1호 내지 제6호 외에 수요자가 누구의 업무에 관련된 상품을 표시하는 것인가를 식별할 수 없는 상표"에 대해서도 상표등록을 허여하지 않는 것을 명확히 하고 있다. 현행 상표법은 자타상품 또는 서비스

의 식별력을 구비하는 것을 등록요건으로 하고 있다.

[3] 식별력의 주체적 판단기준: 해당 지정상품에 관한 거래사회에서의 "일반수요자 및 거래자의 평균적 인식"을 기준으로 식별력 유무를 판단한다.

[4] 식별력의 지역적 기준: "국내"의 거래실정을 기준으로 판단한다.

[5] 식별력의 시간적 기준: 상표등록여부 결정시를 기준으로 판단한다.

[6] 판단방법: 어느 상표가 식별력이 있는지 여부에 대한 판단은 그 상표를 구성하는 각 부분을 분리하여 판단할 것이 아니라 해당 상표 전체를 하나로 보아 판단한다. 어떤 상표가 식별력을 가진 상표인지 여부는 그 상표가 지니고 있는 관념, 지정상품과의 관계 및 거래사회에서의 실정 등을 감안하여 객관적으로 결정한다.

대법원 2005. 10. 14. 선고 2005도5358 판결 【상표법위반】

【판시사항】

[1] 상표등록취소심결의 효력 및 그 심결 확정 이전에 이루어진 침해행위의 상표권 침해죄의 성립 여부(적극)

[2] 구 상표법 제51조 제2호가 상품의 보통명칭을 보통으로 사용하는 방법으로 표시한 표장만으로 된 상표의 효력을 제한하는 취지 및 특정상표가 지정상품의 보통명칭화 내지 관용상표로 되었는가의 여부에 대한 판단 기준

[3] 구 상표법 제51조 제1호에 정한 '상호를 보통으로 사용하는 방법으로 표시한다.'의 의미 및 법인인 회사가 그 상호를 표시하면서 회사의 종류를 표시하는 부분을 생략한 경우에 상표권의 효력이 미치는지 여부(한정 적극)

[4] 피고인들이 사용한"태남스포렉스"나 "TAENAM SPORTSLEX"는 상호의 약칭에 불과할 뿐 상호 그 자체를 표시하는 상표에 해당한다고 볼 수 없고, 또한 그것이 저명한 약칭에 해당한다고 볼 수도 없다고 한 원심의 판단을 수긍한 사례

【판결요지】

[1] 상표법 제73조 제1항 제3호에서 정한 등록취소 사유가 있다 하더라도 심판에 의하여 취소가 확정되기까지는 등록상표로서의 권리를 보유하는 것이고, 상표등록무효심결이 확정된 때와는 달리 상표등록을 취소한다는 심결이 확정된 때에는 그 상표권은 확정된 때로부터 장래를 향하여서만 소멸하는 것이므로(상표법 제73조 제7항), 등록상표에 관하여 등록취소의 심결이 확정되었다고 하더라도 그 심결 확정 이전에 이루어진 침해행위에 관한 상표권침해죄의 성립 여부에는 영향을 미치지 못한다.

[2] 구 상표법(2004. 12. 31. 법률 제7290호로 개정되기 전의 것) 제51조 제2호가 상품의 보통명칭을 보통의 방법으로 사용하는 방법으로 표시한 표장만으로 된 상표의 효력을 제한한 것은 상품의 보통명칭은 특정 종류의 상품의 명칭으로서 일반적으로 사용되는 것이므로 본질적으로 자타상품의 식별력이 없어 특정인에게 이를 독점사용하게

하는 것은 부적당하고 누구라도 자유롭게 사용하게 할 필요가 있으므로, 이러한 표장에 관하여는 특정인이 비록 상표등록을 받았다 하더라도 이를 보통으로 사용하는 방법으로 표시하는 것에는 상표권의 효력이 미치지 않도록 함에 그 취지가 있는 것이고, 어느 상표가 지정상품의 보통명칭화 내지 관용하는 상표로 되었는가의 여부는 그 나라에 있어서 당해 상품의 거래실정에 따라서 이를 결정하여야 하며, 상표권자의 이익 및 상표에 화체되어 있는 영업상의 신용에 의한 일반수요자의 이익을 희생하면서까지 이를 인정해야 할 만한 예외적인 경우에 해당하는가를 고려하여 신중하게 판단하여야 한다.

[3] 구 상표법(2004. 12. 31. 법률 제7290호로 개정되기 전의 것) 제51조 제1호 본문에 의하면, 자기의 상호 또는 그 상호의 저명한 약칭을 보통으로 사용하는 방법으로 표시하는 상표에 대하여는 그것이 상표권설정의 등록이 있은 후에 부정경쟁의 목적으로 사용하는 경우가 아닌 한 등록상표권의 효력이 미치지 아니하는바, 여기에서 '상호를 보통으로 사용하는 방법으로 표시한다.'함은 상호를 독특한 글씨체나 색채, 도안화된 문자 등 특수한 태양으로 표시하는 등으로 특별한 식별력을 갖도록 함이 없이 표시하는 것을 의미할 뿐만 아니라, 그 표장을 보고 일반 수요자가 상호임을 인식할 수 있도록 표시하는 것을 전제로 한다 할 것이므로, 법인인 회사가 그 상호를 표시하면서 회사의 종류를 표시하는 부분을 생략한 경우에는 그것이 널리 알려져 있지 않은 이상 일반수요자가 반드시 상호로 인식한다고 할 수 없어 이를 회사의 상호를 보통으로 사용하는 방법으로 표시한 것으로 볼 수 없고, 단지 상호의 약칭에 불과하다고 할 것이고, 이러한 약칭의 표시는 위 법규정에 따라 그것이 저명하지 않는 한 특수한 태양으로 표시되어 있지 않다고 하더라도 상표권의 효력이 미친다.

[4] 피고인들이 사용한 "태남스포렉스"나 "TAENAM SPORTSLEX"는 상호의 약칭에 불과할 뿐 상호 그 자체를 표시하는 상표에 해당한다고 볼 수 없고, 또한 그것이 저명한 약칭에 해당한다고 볼 수도 없다고 한 원심의 판단을 수긍한 사례.

나. 법률상 등록을 받을 수 있는 상표

[1] 상표는 자기의 상품(지리적 표시가 사용되는 상품의 경우를 제외하고는 서비스 또는 서비스의 제공에 관련된 물건을 포함한다. 이하 같다)과 타인의 상품을 식별하기 위하여 사용하는 표장(標章)(상 제2조 제1항 제1호)이다. 이러한 상표가 제기능을 하기 위해서 상표는 자기의 상품의 출처를 타인의 것과 구별할 수 있는 식별력을 갖고 있어야 한다.

[2] 상표의 식별력: 그 상표가 사용된 상품의 출처를 표시할 수 있고, 그러한 표시에 의해 자기의 상품(서비스)과 타인의 상품(서비스)을 구별할 수 있는 기능을 의미한다.

[3] 식별력의 법적 성질:

(i) 성립요건설(구성요건설): 상표는 상품을 식별하게 하는 것이므로 그 자체가 명료성을 가지고 있어야 하며, 상표의 본질을 상품의 출처표시에 있다고 보고, 이러한 기능이 없는

것은 상표가 될 수 없다고 보는 견해다.

(ii) 등록요건설: 식별력은 상표 자체의 속성은 아니며 단지 이를 구비하지 않은 상표는 자타상품식별력이 없어 상표로 등록될 수 없을 뿐이라고 주장하는 견해다.

(iii) 검 토: 구법[167]에서 상표법 정의 규정에서 명시하고 있던 '특별현저성'을 현행법에서는 삭제하고 있는 점 및 상표법 제33조가 자타상품식별력이 없어서 등록될 수 없는 상표의 예를 들면서 그들도 상표라고 명시하고 있는 점에 비추어 등록요건설이 타당하다.

[4] 식별력의 개념에 대한 학설 대립:[168]

(i) 외관구성설: 상표는 그 자체만으로도 거래사회에서 모든 사람의 주의를 끌 수 있을 만큼 특별하고 타인의 상품과 식별될 수 있는 것이어야 한다는 것으로 특별현저성이란 상표의 구성요소인 기호·문자·도형 등 표장 그 자체의 명료성을 의미한다는 견해다. 이 견해에 따르면, 이미 사용중인 상표가 아닌 한 거래상 식별력을 가질 수 없으므로 등록주의 하에서의 상표의 특별현저성은 상표의 외관구성 자체로 판단하는 것이 타당하다고 한다. 이 견해에 따르면, 상표의 등록대상이 외관의 명료성에 치우쳐 극히 좁아지게 되고, 사용에 의한 식별력 획득으로 인한 예외적인 등록 인정을 설명할 수 없다는 비판에 직면한다.

(ii) 자타상품식별설: 상표는 거래사회에서 자타상품을 식별하게 하는 것이어야 하고, 출처를 구별할 수 있는 것이어야 하며, 이를 상표의 특별현저성이라고 하는 견해다. 이 견해에 따르면, 자타상품의 식별력은 상품, 상표의 사용 기타 거래사회의 요건에 따라 달라질 수 있는 상대적인 개념이며, 상표의 외관구성이 불명료한 경우에도 사용에 의한 식별력 취득이 인정되게 된다고 한다.

(iii) 독점적응성설: 특별현저성은 상표의 독점적응성의 문제로 보아야 하며, 독점적응성의 유무는 상표 자체의 구성상의 현저성, 상표로서의 상품표시력의 크기, 경업자에 의한 자유사용의 필요성 정도 여하에 따라 결정하여야 한다는 견해다. 이 견해에 따르면, 상표제도의 취지에 비추어 상표가 자타상품의 식별력이 없거나 특정인에게 독점적 권리를 인정하는 것이 공익상 부당하다고 판단되면 상표보호 대상에서 제외시켜야 하며, 보통명칭이나 기술적 표장 등을 특정인의 등록상표로서 독점시키는 것은 부적합하므로 상표보호의 대상에서 제외시켜야 한다고 한다. 이 견해에 따르면, 당장 상품의 식별력이 있다고 해도 공익적 이유로 등록이 부당한 경우라면 상표등록을 받을 수 없게 될 수도 있다.

(iv) 정 리: 대법원 판례는 상표법 제33조 제1항의 등록요건 존재 여부를 자타상품식별

---

167) 1990년 시행된 상표법 [법률 제4210호, 1990. 1.13, 전부개정, 1990. 9. 1. 시행] 이전의 상표법.

168) 문삼섭, 「상표법」, 세창출판사, 2004년, 185-186면; 송영식·이상정·황종환·이대희·김병일·박영규·신재호, 「지적소유권법(하)」, 육법사, 2008년, 99-101면.

력설과 독점적응성설을 종합적으로 고려하여 판단하고 있다.[169)]

다. 식별력이 없는 상표

상표법은 심사의 신속성과 공정성 및 예측가능성 등을 도모하기 위하여 제33조 제1항 각호에서 식별력이 없는 상표들을 열거하고 거기에 해당하면 상표등록을 받지 못하는 것으로 하고 있다.

(1) 보통명칭상표

(가) 의 의

[1] 보통명칭: 그 상품을 취급하는 거래계에서 해당업자 또는 일반 수요자 사이에 일반적으로 그 상품을 지칭하는 것으로 실제로 사용되고 인식되어 있는 일반적인 약칭, 속칭 기타의 명칭이다.

예 (지정상품)	(상표)
① 자 동 차	: CAR
② 자동차용 전구	: Truck Lite(대판 96후986)
③ 피복	: 청바지
④ 포장용 필름	: 랩(대판 96후1224)
⑤ 옥수수 건과자	: 콘치프(대판 88후455, 462)(倂合)
⑥ 호도로 만든과자	: 호도과자(대판 68후31)
⑦ 복사기	: 코피아, COPYER(대판 86후67)
⑧ 가구의 플라스틱 적층판	: 호마이카(대판 86후93)
⑨ 구레오소드함유 위장약	: 정로환(대판 92후827)
⑩ 유산균 발효유	: YOGURT(대판 92후1843)
⑪ 파운데이션 크림	: Foundation(대판 2001후89)
⑫ 광고업	: 라디오광고업, 텔레비젼광고업
⑬ 통신업	: 컴퓨터통신, 전화통신
⑪ 보험업	: 생명보험, 자동차보험
⑫ 요식업	: 레스토랑, 카페, 그릴(특허법원 99허2068)

출처 : 상표심사기준(개정 2007. 7. 26 특허청 예규 제40호)

---

169) 특허법원 지적재산소송실무연구회, 앞의 책, 490면.

[2] 보통명칭은 처음부터 그 상품의 보통명칭이었던 것과 처음에는 자타상품을 식별하는 특정인의 상표이었던 것이 소비자 및 동종업자들이 그 상표를 자유롭게 사용한 결과 그 상품이 보통명칭화되어 자타상품의 식별력을 상실하게 된 것이 있다. 따라서 사용에 의한 식별력을 취득하여 상표등록이 된 경우를 제외하고, 상표가 등록된 후 식별력이 상실된 상표는 무효심판을 청구할 수 있다(상 제117조 제1항 제6호).

하지만 입법론 내지 판례로는 사후적으로 식별력이 상실되어 보통명칭화되었는지를 판단함에 있어 설문조사를 통해 일반수요자의 표본(응답자)의 50% 미만이 해당 표지를 상표로 인식하는 때에도 상표등록제도에 대한 기존의 신뢰를 보호하는 차원에서 최초상표등록과 관련하여 상표등록적격을 유지하는 것이 바람직할 경우도 존재할 것이다. 그렇지 않으면 등록상표의 보호기간이 형해화되거나 등록무효심판이 남용될 가능성도 배제할 수 없을 것이다. 그리고 갱신등록의 거절결정을 통해 보통명칭화된 상표의 등록거절을 할 수 있기 때문에 설문조사를 통해 응답자의 50% 이상이 등록된 상표가 보통명칭화되었다고 인식하더라도 상표등록적격을 최초존속기간 동안은 보호해 주는 것이 적절한 경우도 존재할 것이다. 따라서 상표법 제117조 제1항 제6호에 따라 상표법 제33조 제1항 제2호 내지 제6호에 해당하게 된 경우에도 마찬가지로 적용할 필요가 있다.

[3] 보통명칭상표를 특정인에게 독점배타적인 권리를 부여한다면 소비자들은 오인·혼동을 초래할 뿐만 아니라 상표법의 목적에도 반하게 될 것이다.

[4] 상표법 제33조 제1항 제1호는 "그 상품의 보통명칭을 보통으로 사용하는 방법으로 표시한 표장만으로 된 상표는 상품의 식별력이 없는 상표로서 등록될 수 없다."라고 규정하고 있다.

[5] 식물신품종 보호법에 의해 등록된 품종명칭 또는 농수산물의 품종으로 거래업계에서 널리 알려진 명칭과 동일·유사한 상표가 그 품종의 종자, 묘목 또는 이와 유사한 상품을 지정상품으로 한 경우에는 상표법 제33조 제1항 제1호를 적용하며 해당 상표가 성질표시적 표장인 경우에는 상표법 제33조 제1항 제3호를 함께 적용한다.

예 과일 : 홍옥, 신고, 백도, 거봉
곡류 : 팔금, 농림 6호

[6] '보통으로 사용하는 방법으로 표시한 표장' : 상표의 외관은 물론 칭호, 관념을 통하여 상품의 보통명칭, 성질 또는 성이나 명칭을 직감할 수 있는 표시는 이에 해당하는 것으로 본다. 표시된 형태가 외관상 보통으로 사용한 것이라도 지정상품과 관련하여 그 상품의 보통명칭을 직감시키지 않고 단순히 암시하는 데 지나지 않는 경우 또는 보통명칭이 다른 식별력이 있는 표장의 부기적 부분이거나 그에 흡수되어 불가분의 일체를 구성함

으로써 상표전체로서 식별력이 인정되는 경우에는 본 호의 규정에 해당하지 않는다. 하지만 식별력을 인정한 경우에도 해당 지정상품과 관련하여 상품에 대한 오인·혼동의 우려가 있을 때에는 지정상품의 범위를 그 보통명칭과 관련된 것에 한정시키기 위해 상표법 제34조 제1항 제12호를 적용한다.

(나) 관용상표와의 비교

[1] 관용표장은 처음에는 특정인의 상표였던 것이 주지·저명의 상표로 되었다가 상표권자가 상표관리를 허술히 함으로써 동종업자 들 사이에 자유롭고 관용적으로 사용하게 된 상표를 의미하는 것인데 반해, 보통명칭은 그 동업자들만이 아니라 실제거래에 있어서 일반 소비자들까지도 지정상품의 보통명칭으로서 그와 같은 명칭을 보통으로 사용하고 있는 것이다.

[2] 관용표장은 문자뿐만 아니라 기호, 도형, 입체적 형상 등 모든 구성요소를 포함하나, 보통명칭은 문자만으로 구성된다.

(다) 보통명칭상표의 판단

[1] 보통명칭 상표 여부의 판단: 그 상품에 관한 일반 수요자 및 거래자의 평균적 지식을 기준으로 판단한다.

[2] 판례에 따르면, "상품의 보통명칭은 그 동업자들만이 아니라 실제거래에 있어서 일반 소비자들까지도 지정상품의 보통명칭으로서 그와 같은 명칭을 보통으로 사용하고 있는 것을 말한다"고 하여 일반 수요자를 기준으로 한다. 그리고 특허청의 상표심사기준[170]에 따르면, 관련 거래업계에서는 보통명칭이지만 일반 소비자에게는 보통명칭이 아닌 것은 보통명칭으로 보지만, 반대의 경우에는 보통명칭이 아닌 것으로 보아 거래업계를 기준으로 하고 있다. 대법원 판례가 타당하다.

[3] 참고로 미국 상표심판원(Trademark Trial and Appeal Board)은 지리적 표시에 해당하는 'COGNAC'이 판례법에 의하여 보호되는 증명표장이라고 판단하였다. 즉, 미국 상표심판원은 'COGNAC'은 미국 소비자들에게 프랑스의 코냑 지방에서 기원한 브랜디의 명칭이고 다른 지역에서 생산된 브랜디와 관련된 명칭이 아니기에 보통명칭이 아니라고 보았고, 아울러 그 지역의 브랜드 생산업자들에 의해 장기간 사용되고 관리되어 왔기 때문에 증명표장에 해당하는 기준에도 부합한다고 판단하였다.[171]

---

170) 개정 2016.8.29., 시행 2016. 9. 1., 특허청예규 제90호.

171) Institute National Appellations v. Brown-Forman Corp. 사건 (47 U.S.P.Q.2d 1875, 1884 (T.T.A.B. 1998)).

(라) 상표의 보통명칭화

[1] **상표의 보통명칭화**: 본래는 자타상품을 식별하게 하는 상표였으나 일반수요자 및 동종업자들이 그 상표를 자유롭게 사용한 결과 그 상품의 보통명칭으로 인식되고 현실로 그렇게 사용됨으로써 자타상품의 식별력을 상실하게 되는 경우를 의미한다.

[2] (i) '호치키스': 상표가 신상품과 더불어 유명해져 보통명칭으로 잘못 인식되는 경우; (ii) '호마이카'(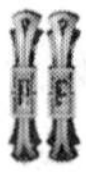): 상표관리 소홀을 틈타 경업자가 무단사용함으로써 보통명칭화되는 경우 (formica), (iii) '나일론', '셀로판': 상품명이 길고 불편하여 수요자가 상표를 상품명으로 사용하는 경우가 이에 해당한다.

(마) 상표법상 취급

[1] 보통명칭상표는 등록요건을 흠결한 것이므로 상표등록거절이유(상 제54조 제3호 (구 상표법 제23조 제1항 제1호)), 정보제공이유(상 제49조 (구 상표법 제22조 제3항)), 이의신청이유(상 제60조 제1항(구 상표법 제25조 제1항)) 등에 해당한다.

[2] 착오로 등록된 경우에도 상표등록무효사유에 해당하며, 상표권의 배타적 효력 역시 제한된다(상 제90조 제1항 제2호).

[3] 적법하게 등록된 상표가 상표등록 후에 보통명칭으로 된 경우: 그때부터 상표권의 효력이 미치지 아니하며, 후발적인 무효사유에 해당하게 된다(상 제117조 제1항 제6호). 또한 갱신등록을 받을 수 없게 된다(상 제83조 제2항). 다만 처음부터 보통명칭이었던 경우와 달리 상표등록 후에 보통명칭화된 상표가 식별력을 다시 회복한 경우에는 상표권의 효력이 제한되지 아니하며 상표등록무효사유에도 해당하지 않는다.

(바) 지리적 표시가 보통명칭상표에 해당하는 경우의 취급

TRIPs에 따르면, '샴페인'과 같이 상품 그 자체를 의미하는 것으로 사용되는 경우에는 지리적 표시를 보호할 필요가 없다. 하지만 양자간 협정에 해당하는 한-EU 자유무역협정(FTA)의 부속서(Annex)에 따르면, '샴페인'이란 지리적 표시를 보호하도록 되어 있다. 이와 관련하여 우리 법제가 국제조약과 정합성이 존재하는지 여부를 살펴보면 다음과 같다.

우리 상표법에 따르면, '샴페인'이란 상표가 국내에서 발포성 백포도주를 의미하는 것으로 사용되어 상표법 제33조 제1항 제1호 내지 제2호에 해당하여 지리적 표시 단체표장 내지 지리적 표시 증명표장 제도에 의해 보호받을 수 없게 된다. 하지만, '샴페인'이란 상표가 보통명칭상표 내지 관용상표에 해당하여 상표법상 보호받지 못하더라도 부정경쟁방지 및 영업비밀보호에 관한 법률 내지 농수산물품질관리법에 따라 보호받을 수 있으

므로 '샴페인'이란 지리적 표시를 보호하기로 한 한-EU FTA에 위반하는 것은 아니다.

대법원 2006. 7. 28. 선고 2005후2786 판결【등록무효(상)】

【판시사항】

[1] 상표법 제6조 제1항 제3호의 기술적 상표에 해당하는지 여부의 판단 기준 [2] 다이아몬드, 에메랄드 등을 지정상품으로 하는 등록상표 "STAR JEWELRY" 중 'JEWELRY' 부분은 지정상품들의 보통명칭이어서 식별력이 없지만 'STAR' 부분은 지정상품들의 품질이나 성질을 암시하는 데 불과하여 상표법 제6조 제1항 제3호에 해당하지 않는다는 이유로, 위 등록상표가 지정상품들에 관하여 식별력이 없어 무효로 되어야 한다고 한 원심판결을 파기한 사례

대법원 2006. 4. 14. 선고 2004후2246 판결【등록무효(상)】

【판시사항】

[1] 상품의 보통명칭과 관용상표의 의미

[2] 상표법 제6조 제1항 제3호가 규정하는 기술적 상표에 해당하는지 여부의 판단 기준

[3] 지정상품을 '착암기, 천공기, 광석처리기계기구, 광석식별기, 광석분쇄기, 광석선별기용스크린'으로 하고 "SANDUNIT"으로 구성된 등록상표가 지정상품을 보통명칭화한 것이라거나 관용상표라고 볼 수 없고, 기술적 상표에 해당하지도 않는다고 한 사례

【이 유】

상표법 제6조 제1항 제1호가 규정하는 상품의 보통명칭은 그 동업자들만이 아니라 실제 거래상 일반 소비자들까지도 지정상품의 보통명칭으로서 그와 같은 명칭을 보통으로 사용하고 있는 것을 말하고, 같은 법 제6조 제1항 제2호가 규정하는 관용상표는 동업자들 사이에 자유롭고 관용적으로 사용하게 된 상표를 말한다(대법원 2002. 12. 26. 선고 2002후2143 판결 참조). 그리고 같은 법 제6조 제1항 제3호가 상품의 산지 · 품질 · 효능 · 용도 등을 보통으로 사용하는 방법으로 표시한 표장만으로 된 상표를 등록받을 수 없도록 한 것은 그와 같은 성질표시의 상표는 통상 상품의 유통과정에서 필요한 표시여서 누구라도 이를 사용할 필요가 있고 그 사용을 원하기 때문에 이를 특정인에게 독점배타적으로 사용하게 할 수 없다는 공익상의 요청과 그 상표를 허용할 경우에는 타인의 동종 상품과의 관계에서 식별이 어렵다는 점에 이유가 있는 것이므로, 어느 상표가 이에 해당하는지 여부는 그 상표가 지니고 있는 관념 · 지정상품과의 관계 및 거래 사회의 실정 등을 감안하여 객관적으로 판단하여야 한다(대법원 2004. 8. 16. 선고 2002후1140 판결 참조).

원심판결의 이유에 의하면 원심은, 지정상품을 '착암기, 천공기, 광석처리기계기구, 광석식별기, 광석분쇄기, 광석선별기용스크린'으로 하고 "SANDUNIT"로 구성된 이 사건 등록상표(등록번호 제303391호)는 그 지정상품이 모두 '광석을 처리하거나 분쇄, 식별, 선별하는 데 사용하는 기계'를 나타내는 것이므로, 이 사건 등록상표가 비록 '모래'의 의미

인 "SAND"와 '단위' 혹은 '장치'의 의미인 "UNIT"가 결합된 상표이고, 이 사건 상표등록 당시 피고가 운영하는 회사에 의하여 "SAND UNIT"라는 이름의 모래를 분급하고 탈수하는 제조장치가 국내 일부 업체에 판매되던 사정이 있었으며, 결합된 각 문자의 의미상 이 사건 등록상표에서 '모래단위', '모래단일체', '모래장치' 정도의 인식은 가능할지라도, 그와 같은 사정만으로 등록상표인 "SANDUNIT"가 그 등록당시 이 사건 지정상품을 보통으로 명칭화하였다거나, 그 업계의 사람들이 이 사건 등록상표를 그 지정상품에 관용적으로 사용하였다고 보기 어렵고, 일반 수요자들이나 거래계 사람들이 위 등록상표만을 보고서 단순한 '모래장치' 등의 인식을 넘어서서 새로운 의미인 광석처리를 위한 기계로 직감하기는 어려우므로 성질표시 표장도 되지 아니하며, 그 외 이 사건 등록상표를 피고에게 독점시키는 것이 적당하지 아니하다고 볼 만한 다른 사정도 없으므로, 이 사건 등록상표는 그 지정상품과 관련하여 볼 때 특별현저성이 있다는 취지로 판단하였다.

앞에서 본 법리와 기록에 비추어 보면, 원심의 그와 같은 판단은 정당하고, 거기에 상고이유로 주장하는 바와 같은 상표의 식별력에 관한 법리오해나 심리미진 등의 위법은 없다. 원고의 상고이유 중 이 사건 등록상표가 상표법 제7조 제1항 제11호에 해당한다는 주장은, 원고가 상고심에 이르러 비로소 주장하는 것이고, 원심에서는 주장한 바 없었음이 명백하므로 이는 원심판결에 대한 적법한 상고이유가 될 수 없다. 그러므로 상고를 기각하기로 하여 관여 대법관의 일치된 의견으로 주문과 같이 판결한다.

대법원 2005. 10. 14. 선고 2005도5358 판결【상표법위반】

【판시사항】

[1] 상표등록취소심결의 효력 및 그 심결 확정 이전에 이루어진 침해행위의 상표권 침해죄의 성립 여부(적극)

[2] 구 상표법 제51조 제2호가 상품의 보통명칭을 보통으로 사용하는 방법으로 표시한 표장만으로 된 상표의 효력을 제한하는 취지 및 특정상표가 지정상품의 보통명칭화 내지 관용상표로 되었는가의 여부에 대한 판단 기준

[3] 구 상표법 제51조 제1호에 정한 '상호를 보통으로 사용하는 방법으로 표시한다.'의 의미 및 법인인 회사가 그 상호를 표시하면서 회사의 종류를 표시하는 부분을 생략한 경우에 상표권의 효력이 미치는지 여부(한정 적극) [4] 피고인들이 사용한"태남스포렉스"나 "TAENAM SPORTSLEX"는 상호의 약칭에 불과할 뿐 상호 그 자체를 표시하는 상표에 해당한다고 볼 수 없고, 또한 그것이 저명한 약칭에 해당한다고 볼 수도 없다고 한 원심의 판단을 수긍한 사례

【판결요지】

[1] 상표법 제73조 제1항 제3호에서 정한 등록취소 사유가 있다 하더라도 심판에 의하여 취소가 확정되기까지는 등록상표로서의 권리를 보유하는 것이고, 상표등록무효심결이 확정된 때와는 달리 상표등록을 취소한다는 심결이 확정된 때에는 그 상표권은 확정된 때로부터 장래를 향하여서만 소멸하는 것이므로(상표법 제73조 제7항), 등록상표에 관하여 등록취소의 심결이 확정되었다고 하더라도 그 심결 확정 이전에 이루어

진 침해행위에 관한 상표권침해죄의 성립 여부에는 영향을 미치지 못한다.

[2] 구 상표법(2004. 12. 31. 법률 제7290호로 개정되기 전의 것) 제51조 제2호가 상품의 보통명칭을 보통의 방법으로 사용하는 방법으로 표시한 표장만으로 된 상표의 효력을 제한한 것은 상품의 보통명칭은 특정 종류의 상품의 명칭으로서 일반적으로 사용되는 것이므로 본질적으로 자타상품의 식별력이 없어 특정인에게 이를 독점사용하게 하는 것은 부적당하고 누구라도 자유롭게 사용하게 할 필요가 있으므로, 이러한 표장에 관하여는 특정인이 비록 상표등록을 받았다 하더라도 이를 보통으로 사용하는 방법으로 표시하는 것에는 상표권의 효력이 미치지 않도록 함에 그 취지가 있는 것이고, 어느 상표가 지정상품의 보통명칭화 내지 관용하는 상표로 되었는가의 여부는 그 나라에 있어서 당해 상품의 거래실정에 따라서 이를 결정하여야 하며, 상표권자의 이익 및 상표에 화체되어 있는 영업상의 신용에 의한 일반수요자의 이익을 희생하면서까지 이를 인정해야 할 만한 예외적인 경우에 해당하는가를 고려하여 신중하게 판단하여야 한다.

[3] 구 상표법(2004. 12. 31. 법률 제7290호로 개정되기 전의 것) 제51조 제1호 본문에 의하면, 자기의 상호 또는 그 상호의 저명한 약칭을 보통으로 사용하는 방법으로 표시하는 상표에 대하여는 그것이 상표권설정의 등록이 있은 후에 부정경쟁의 목적으로 사용하는 경우가 아닌 한 등록상표권의 효력이 미치지 아니하는바, 여기에서 '상호를 보통으로 사용하는 방법으로 표시한다.'함은 상호를 독특한 글씨체나 색채, 도안화된 문자 등 특수한 태양으로 표시하는 등으로 특별한 식별력을 갖도록 함이 없이 표시하는 것을 의미할 뿐만 아니라, 그 표장을 보고 일반 수요자가 상호임을 인식할 수 있도록 표시하는 것을 전제로 한다 할 것이므로, 법인인 회사가 그 상호를 표시하면서 회사의 종류를 표시하는 부분을 생략한 경우에는 그것이 널리 알려져 있지 않은 이상 일반수요자가 반드시 상호로 인식한다고 할 수 없어 이를 회사의 상호를 보통으로 사용하는 방법으로 표시한 것으로 볼 수 없고, 단지 상호의 약칭에 불과하다고 할 것이고, 이러한 약칭의 표시는 위 법규정에 따라 그것이 저명하지 않는 한 특수한 태양으로 표시되어 있지 않다고 하더라도 상표권의 효력이 미친다.

[4] 피고인들이 사용한 "태남스포렉스"나 "TAENAM SPORTSLEX"는 상호의 약칭에 불과할 뿐 상호 그 자체를 표시하는 상표에 해당한다고 볼 수 없고, 또한 그것이 저명한 약칭에 해당한다고 볼 수도 없다고 한 원심의 판단을 수긍한 사례.

대법원 2003. 8. 19. 선고 2002후321 판결 【거절결정(상)】

【판시사항】

[1] 상표법 제7조 제1항 제11호 소정의 '수요자를 기만할 염려가 있는 상표'에 해당하는지 여부의 판단 기준

[2] 상품의 보통명칭의 의미 및 출원상표가 보통명칭을 보통으로 사용하는 방법으로 표시한 표장만으로 된 경우 '수요자를 기만할 염려가 있는 상표'라는 이유로 그 등록을 거절할 수 있는지 여부(소극)

[3] '카페라테'와 'Caffe Latte'라는 표장들은 이탈리아식 에스프레소 커피에 우유를 넣은

커피를 가리키는 보통명칭의 식별력이 없는 표장으로서 '수요자를 기만할 염려가 있는 상표'에 해당하지 않는다고 한 사례

【이 유】

1. 가. 출원상표가 상표법 제7조 제1항 제11호 에서 규정하고 있는 '수요자를 기만할 염려가 있는 상표'에 해당하기 위하여는 다른 사람이 이미 사용하고 있는 상표나 그 사용상품이 반드시 저명하여야 하는 것은 아니지만 적어도 국내의 일반거래에 있어서 수요자나 거래자에게 그 상표나 상품이라고 하면 특정인의 상표나 상품이라고 인식될 수 있을 정도로 알려져 있어야 하고, 이러한 경우 사용상표와 동일 · 유사한 상표가 그 사용상품과 동일 · 유사한 지정상품에 사용되거나, 또는 어떤 상표가 사용상표와 동일 · 유사하고 사용상표의 구체적인 사용실태나 두 상표가 사용되는 상품 사이의 경제적인 견련의 정도, 그 밖에 일반적인 거래의 실정 등에 비추어 그 상표가 사용상표의 상품과 동일 · 유사한 상품에 사용된 경우와 마찬가지로 사용상표의 권리자에 의하여 사용되는 것이라고 오인될 만한 특별한 사정이 있는 때에는 일반 수요자로 하여금 출처의 오인 · 혼동을 일으켜 수요자를 기만할 염려가 있다(대법원 1997. 3. 14. 선고 96후412 판결, 2001. 8. 21. 선고 2001후584 판결 등 참조).

그리고 상품의 보통명칭이라 함은 상품의 일반적 명칭으로서 그 지정상품을 취급하는 거래계에서 당해 업자와 일반수요자 사이에 그 상품을 지칭하는 것으로 실제로 사용되고 인식되어 있는 일반적인 명칭, 약칭, 속칭 등으로서 특정인의 업무에 관련된 상품이라고 인식되지 아니하는 것을 말하고(대법원 1997. 10. 10. 선고 97후594 판결, 2002. 11. 26. 선고 2001후2283 판결 등 참조), 이와 같은 상품의 보통명칭은 특정 종류의 상품의 명칭으로서 일반적으로 사용되는 것이므로 본질적으로 자타상품의 식별력이 없어 특정인에게 이를 독점하게 하는 것은 부적당하고 누구라도 자유롭게 사용하게 할 필요가 있다. 따라서 출원상표가 보통명칭을 보통으로 사용하는 방법으로 표시한 표장만으로 된 경우에는 보통명칭으로 이루어진 사용상표와의 관계에서 특별한 사정이 없는 한 일반 수요자로 하여금 출처의 오인 · 혼동을 일으켜 수요자를 기만할 염려가 없으므로 상표법 제7조 제1항 제11호에 따라서는 그 등록을 거절할 수 없다.

나. 같은 취지에서 원심이, 피고 보조참가인 매일유업 주식회사(다음부터 '매일유업'이라 한다)가 "카페라테"와 "Caffe Latte"라는 표장을 사용한 커피음료를 생산하여 1997. 4.경부터 이 사건 심결시인 2001. 7. 무렵까지 약 900억 원 상당을 판매하고, 그 기간 동안 광고비 174억 원 상당을 들여 광고를 함으로써 위 표장들이 사용된 상품이 일반 소비자들 사이에서 어느 정도 알려진 것은 사실이나, 위 표장들은 본래 이탈리아 사람들이 즐겨 마시는 진한 커피인 에스프레소 커피에 우유를 넣은 밀크 커피를 뜻하는 이탈리아어인 Caffe Latte의 한글음역과 그 영문표기로서 커피전문점의 메뉴판이나 안내 책자에도 밀크 커피의 한 종류로 들고 있고, 서울에 있는 약 100여 개의 커피전문점에서도 늦어도 1998. 무렵부터 Caffe Latte(카페라떼)를 커피음료의 한 종류로 판매하고 있으며, 매일유업도 1998. 4.에 발행된 각종 신문에 위 표장들이 사용된 커피음료를 광고하면서 광고 하단에 '에스프레소와 같은 진한 커피를 즐기는 이태리

인들이 아침에 커피를 마실 때 위의 부담을 덜기 위해 우유를 넣어 마시게 된 것이 카페라떼의 시작입니다'라고 적고 있으며, 그 후에 발간된 신문에서도 카페라떼가 커피와 우유를 혼합한 상품이라는 내용을 싣고 있으며, 엣센스 영한사전(민중서림 발행, 2001. 2. 15. 발행 제8판)에도 Caffe Latte가 이탈리아어에서 비롯된 단어로 밀크 커피의 뜻을 갖는 것이라고 올라 있다는 사실을 인정한 다음, 적어도 이 사건 심결 당시에는 매일유업이 사용한 표장들은 이탈리아식 에스프레소 커피에 우유를 넣은 커피를 가리키는 보통명칭의 식별력이 없는 표장으로서 매일유업이 이를 특정상품에 사용함으로써 그의 상표나 상품을 표시하는 것으로 식별력을 취득하였다고 볼 수 없다는 이유로 이 사건 출원상표인 '카페라테'가 매일유업의 사용표장들에 대한 관계에서 상표법 제7조 제1항 제11호에 정하여진 '수요자를 기만할 염려가 있는 상표'라고 할 수 없다고 판단한 것은 옳고, 거기에 상고이유로 든 주장과 같은 잘못이 없다. 2. 특허심판원의 심결은 행정처분에 해당하고, 그에 대한 불복의 소송인 심결취소소송은 항고소송에 해당하여 그 소송물은 심결의 실체적·절차적 위법 여부이므로 당사자는 심결에서 판단되지 아니한 처분의 위법사유도 심결취소소송단계에서 주장·입증할 수 있고 특허법원은 특별한 사정이 없는 한 제한 없이 이를 심리·판단하여 판결의 기초로 삼을 수 있다(대법원 2002. 6. 25. 선고 2000후1290 판결 참조).

같은 취지에서 원심이, 원고가 출원한 '카페라떼'라는 표장이 상표법 제7조 제1항 제11호에 해당하는지 여부를 심리함에 있어서 심결에서 판단되지 아니한 심결의 위법사유로서 매일유업이 사용한 '카페라테'와 'Caffe Latte'의 표장들이 상품의 보통명칭으로서 매일유업만이 이를 상표로서 사용함으로써 매일유업의 상표나 상품으로 일반수요자나 거래자에게 인식되었다고 볼 수 없다는 취지로 판단한 것은 옳고, 거기에 상고이유로 든 주장과 같은 잘못이 없다. 3. 그러므로 상고를 기각하고, 상고비용 중 보조참가로 인한 부분은 피고 보조참가인들이, 그 나머지 부분은 패소한 피고가 각각 부담한다.

대법원 1997. 10. 10. 선고 97후594 판결【상표등록무효】

【판시사항】

[1] 상품의 보통명칭의 의미
[2] 상표 "폴로(POLO)"가 상품의 보통명칭이 아니라고 한 사례
[3] 상표 "폴로(POLO)"가 상표법 제6조 제1항 제3호의 기술적 상표 및 제7조 제1항 제11호 소정의 상품의 품질을 오인케 할 염려가 있는 상표에 해당하지 아니한다고 한 사례
[4] 상표 "폴로(POLO)"는 저명한 상표이어서 거래실정에 비추어 보면 유사한 상표 "POLA"와는 오인·혼동의 염려가 없다고 한 사례

【판결요지】

[1] 상표법 제6조 제1항 제1호 소정의 "상품의 보통명칭"이란 그 지정상품을 취급하는 거래계에서 당해 업자 또는 일반 수요자 사이에 일반적으로 그 상품을 지칭하는 것으로 실제로 사용되고 인식되어져 있는 일반적인 약칭, 속칭 기타의 명칭을 뜻한다.

[2] '폴로'가 사전에 말을 타고 하는 경기의 일종으로 소개되어 있고, 상표법시행규칙상의 상품류구분 제45류의 제3군에 상품세목으로 폴로셔츠가 명기되어 있으며, 사전에 폴로셔츠는 폴로 경기를 할 때 입었던 데서 유래한 반소매 셔츠라고 기재되어 있다고 하더라도 그러한 사정만으로는 '폴로'가 의류를 취급하는 거래계에서 당해 업자 또는 일반 수요자 사이에 일반적으로 반소매 셔츠를 지칭하는 것으로 실제로 사용되고 인식되어져 있는 명칭이라고 볼 수는 없으므로, 상표 "폴로"는 상표법 제6조 제1항 제1호 소정의 상품의 보통명칭이라고 할 수 없다고 한 사례.

[3] 상표 "폴로"는 마상경기의 일종인 폴로를 뜻하고 "폴로셔츠"는 폴로 경기를 할 때 입는 반소매 셔츠에서 유래된 것이기는 하나, 폴로 경기는 우리나라에서 열린 일이 없고 그러한 경기를 교육하는 곳도 없으며, 방송이나 언론을 통하여 중계되거나 소개 · 해설된 바가 없어, 우리나라의 일반 수요자나 거래자들은 "폴로셔츠"를 폴로 경기를 할 때만 입는, 즉 운동복인 반소매 셔츠라고는 인식하지 아니하므로 위 상표가 그 지정상품인 스포오츠 셔츠, 폴로셔츠 등의 상품의 효능이나 용도를 보통으로 사용하는 방법으로 표시한 표장만으로 된 상표라고 할 수 없어 상표법 제6조 제1항 제3호에 해당한다고 할 수 없고, 따라서 상품의 품질을 오인케 할 염려도 없으므로 상표법 제7조 제1항 제11호에도 해당하지 아니한다고 한 사례.

[4] 상표 자체의 외관 · 칭호 · 관념에서 서로 유사하여 일반적, 추상적, 정형적으로는 양 상표가 서로 유사해 보인다 하더라도 당해 상품을 둘러싼 일반적인 거래실정, 즉 시장의 성질, 고객층의 재산이나 지식 정도, 전문가인지 여부, 연령, 성별, 당해 상품의 속성과 거래방법, 거래장소, 고장수리의 사후보장 여부, 상표의 현존 및 사용상황, 상표의 주지 정도, 당해 상품과의 관계, 수요자의 일상언어생활 등을 종합적, 전체적으로 고려하여 거래사회에서 수요자들이 구체적, 개별적으로는 명백히 상품의 품질이나 출처에 오인 · 혼동의 염려가 없을 경우에는 양 상표가 공존하더라도 당해 상표권자나 수요자 및 거래자들의 보호에 아무런 지장이 없다 할 것이어서 그러한 상표의 등록을 금지하거나 등록된 상표를 무효라고 할 수는 없는바, 상표 "폴로"는 국내의 수요자 사이에 널리 인식되어 있는 저명한 상표인 점 등 위 상표를 둘러싼 여러 사정과 거래실정을 종합하여 상표 "POLA"와는 거래자나 일반 수요자에게 개별적, 구체적으로 명백히 상품의 품질이나 출처에 대하여 오인 · 혼동의 염려가 없는 경우에 해당한다고 한 사례.

특허법원 1999. 7. 8. 선고 99허185 판결 : 상고 【등록무효(상)】

【판시사항】

[1] 구 상표법 제7조 제1항 제11호 소정의 '상품의 품질을 오인하게 하거나 수요자를 기만할 염려가 있는 상표'에 해당하는지 여부의 판단기준시(=상표등록사정시) 및 갱신등록한 상표권이 같은 법 제7조 제1항 제11호에 위반되어 그 갱신등록이 무효인지 여부의 판단 기준시(=갱신등록사정시)

[2] "초코파이"라는 표장이 상품의 보통명칭 내지는 관용하는 상표로 되어 자타 상품의

식별력을 상실하였다고 본 사례
[3] 등록상표 "롯데+초코파이"가 인용상표 "오리온 초코파이"와 대비할 때 상품 출처의오인·혼동을 일으킬 염려 또는 상품의 품질을 오인하게 하거나 수요자를 기만할 염려가 없다고 한 사례

【판결요지】

[1] 상표법 부칙 제3조의 규정에 의하여 적용될 구 상표법(1997 8. 22. 법률 제5355호로 개정되기 전의 것) 제42조 제2항 단서 제1호는 상표권의 존속기간은 존속기간갱신등록출원에 의하여 10년간씩 갱신할 수 있는 데 그 등록상표가 같은 법 제7조 제1항 제11호의 규정에 해당하는 경우에는 그러하지 아니하다고 규정하고 있고, 같은 법 제72조 제1항 제1호는 위 단서 규정에 위반되어 갱신등록된 경우에는 그 갱신등록이 무효로 될 수 있도록 규정하고 있고, 같은 법 제7조 제1항 제11호는 상품의 품질을 오인하게 하거나 수요자를 기만할 염려가 있는 상표는 상표등록이 거절되는 것으로 규정하고 있는바, 위 규정에 해당하는지 여부는 등록사정시를 기준으로 판단하여야 할 것이므로, 갱신등록한 상표권이 같은 법 제7조 제1항 제11호에 위반되어 그 갱신등록이 무효로 되어야 할 것인지 여부도 갱신등록사정시를 기준으로 판단하여야 한다.
[2] "초코파이" 표장 자체는 원형의 작은 빵과자에 마쉬맬로우를 넣고 초코렛을 바른 제품을 의미하는 것으로 일반 수요자에게 인식이 되며, 여러 제조회사의 초코파이 제품은 그 앞에 붙은 "오리온", "롯데", "크라운", "해태" 등에 의하여 제품의 출처가 식별되게 되었다고 보여지므로 결국 "초코파이"는 그러한 상품의 보통명칭 내지는 관용하는 상표로 되어 자타상품의 식별력을 상실하였다고 봄이 상당하다고 본 사례.
[3] 등록상표 "롯데+쵸코파이"가 인용상표 "오리온 초코파이"에 대비할 때 상품 출처의 오인·혼동을 일으킬 염려 또는 상품의 품질을 오인하게 하거나 수요자를 기만할 염려가 없다고 한 사례.

(2) **관용상표**

[1] 상표법 제33조 제1항 제2호: 그 상품에 대하여 관용하는 상표는 상품의 식별력이 없는 상표다.

[2] 관용상표: 전국 또는 한 지역의 동업자가 장기간 사용함으로써 동업자의 상품과 타 종류의 상품과의 구별은 가능하나 자타상품의 식별력이 없는 상표이다. 관용상표는 특정종류에 속하는 상품에 관하여 동업자들 사이에 자유롭고 관용적으로 사용되고 있는 표장이므로, 보통명칭상표와는 달리 관용상표에 있어서는 '보통으로 사용하는 방법으로 표시한 표장만'이라는 한정어구가 없다. 하지만 관용어구라는 말 자체가 보통으로 사용하는 방법으로 표시한 표장만을 의미한다고 봄이 통례다.

[3] 관용표장이 포함된 상표라 하더라도 그 관용표장이 부기적 사항으로 상표의 주요

부분으로 볼 수 없고 그 나머지 부분이 식별력이 있어 상표의 구성 전체로서 식별력이 인정되는 경우라면 상표등록을 받을 수 있다.

[4] 특허청의 2016년 상표심사기준[172)]: 관용상표가 되려면 (i) 그 상표가 특정상품에 대해서 그 상품을 취급하는 동업자들 사이에 어떤 상표를 그 상표의 명칭 등으로 일반적으로 자유롭게 사용한 것일 것, (ii) 위 (i)의 결과 그 상표가 출처표시기능 또는 식별력을 상실하였을 것, (iii) 상표권자가 해당 상표의 보호를 위하여 필요한 조치를 취하지 아니할 것이 요구된다고 하며, (iii)의 필요한 조치가 있는 때에는 위 (ii)의 사실이 발생하지 않는 것으로 본다.

대법원 2006. 4. 14. 선고 2004후2246 판결 【등록무효(상)】

【판시사항】

[1] 상품의 보통명칭과 관용상표의 의미
[2] 상표법 제6조 제1항 제3호가 규정하는 기술적 상표에 해당하는지 여부의 판단 기준
[3] 지정상품을 '착암기, 천공기, 광석처리기계기구, 광석식별기, 광석분쇄기, 광석선별기용스크린'으로 하고 "SANDUNIT"으로 구성된 등록상표가 지정상품을 보통명칭화한 것이라거나 관용상표라고 볼 수 없고, 기술적 상표에 해당하지도 않는다고 한 사례

【이 유】

상표법 제6조 제1항 제1호가 규정하는 상품의 보통명칭은 그 동업자들만이 아니라 실제 거래상 일반 소비자들까지도 지정상품의 보통명칭으로서 그와 같은 명칭을 보통으로 사용하고 있는 것을 말하고, 같은 법 제6조 제1항 제2호가 규정하는 관용상표는 동업자들 사이에 자유롭고 관용적으로 사용하게 된 상표를 말한다(대법원 2002. 12. 26. 선고 2002후2143 판결 참조). 그리고 같은 법 제6조 제1항 제3호가 상품의 산지 · 품질 · 효능 · 용도 등을 보통으로 사용하는 방법으로 표시한 표장만으로 된 상표를 등록받을 수 없도록 한 것은 그와 같은 성질표시의 상표는 통상 상품의 유통과정에서 필요한 표시여서 누구라도 이를 사용할 필요가 있고 그 사용을 원하기 때문에 이를 특정인에게 독점배타적으로 사용하게 할 수 없다는 공익상의 요청과 그 상표를 허용할 경우에는 타인의 동종 상품과의 관계에서 식별이 어렵다는 점에 이유가 있는 것이므로, 어느 상표가 이에 해당하는지 여부는 그 상표가 지니고 있는 관념 · 지정상품과의 관계 및 거래 사회의 실정 등을 감안하여 객관적으로 판단하여야 한다(대법원 2004. 8. 16. 선고 2002후1140 판결 참조).

원심판결의 이유에 의하면 원심은, 지정상품을 '착암기, 천공기, 광석처리기계기구, 광석식별기, 광석분쇄기, 광석선별기용스크린'으로 하고 "SANDUNIT"로 구성된 이 사건 등록상표(등록번호 제303391호)는 그 지정상품이 모두 '광석을 처리하거나 분쇄, 식별, 선별하는 데 사용하는 기계'를 나타내는 것이므로, 이 사건 등록상표가 비록 '모래'의 의미인

172) 2016년 상표심사기준 제4부 제2장.

"SAND"와 '단위' 혹은 '장치'의 의미인 "UNIT"가 결합된 상표이고, 이 사건 상표등록 당시 피고가 운영하는 회사에 의하여 "SAND UNIT"라는 이름의 모래를 분급하고 탈수하는 제조장치가 국내 일부 업체에 판매되던 사정이 있었으며, 결합된 각 문자의 의미상 이 사건 등록상표에서 '모래단위', '모래단일체', '모래장치' 정도의 인식은 가능할지라도, 그와 같은 사정만으로 등록상표인 "SANDUNIT"가 그 등록당시 이 사건 지정상품을 보통으로 명칭화하였다거나, 그 업계의 사람들이 이 사건 등록상표를 그 지정상품에 관용적으로 사용하였다고 보기 어렵고, 일반 수요자들이나 거래계 사람들이 위 등록상표만을 보고서 단순한 '모래장치' 등의 인식을 넘어서서 새로운 의미인 광석처리를 위한 기계로 직감하기는 어려우므로 성질표시 표장도 되지 아니하며, 그 외 이 사건 등록상표를 피고에게 독점시키는 것이 적당하지 아니하다고 볼 만한 다른 사정도 없으므로, 이 사건 등록상표는 그 지정상품과 관련하여 볼 때 특별현저성이 있다는 취지로 판단하였다.

앞에서 본 법리와 기록에 비추어 보면, 원심의 그와 같은 판단은 정당하고, 거기에 상고이유로 주장하는 바와 같은 상표의 식별력에 관한 법리오해나 심리미진 등의 위법은 없다. 원고의 상고이유 중 이 사건 등록상표가 상표법 제7조 제1항 제11호에 해당한다는 주장은, 원고가 상고심에 이르러 비로소 주장하는 것이고, 원심에서는 주장한 바 없었음이 명백하므로 이는 원심판결에 대한 적법한 상고이유가 될 수 없다. 그러므로 상고를 기각하기로 하여 관여 대법관의 일치된 의견으로 주문과 같이 판결한다.

대법원 2005. 10. 14. 선고 2005도5358 판결【상표법위반】

【판시사항】

[1] 상표등록취소심결의 효력 및 그 심결 확정 이전에 이루어진 침해행위의 상표권 침해죄의 성립 여부(적극)

[2] 구 상표법 제51조 제2호가 상품의 보통명칭을 보통으로 사용하는 방법으로 표시한 표장만으로 된 상표의 효력을 제한하는 취지 및 특정상표가 지정상품의 보통명칭화 내지 관용상표로 되었는가의 여부에 대한 판단 기준

[3] 구 상표법 제51조 제1호에 정한 '상호를 보통으로 사용하는 방법으로 표시한다.'의 의미 및 법인인 회사가 그 상호를 표시하면서 회사의 종류를 표시하는 부분을 생략한 경우에 상표권의 효력이 미치는지 여부(한정 적극)

[4] 피고인들이 사용한 "태남스포렉스"나 "TAENAM SPORTSLEX"는 상호의 약칭에 불과할 뿐 상호 그 자체를 표시하는 상표에 해당한다고 볼 수 없고, 또한 그것이 저명한 약칭에 해당한다고 볼 수도 없다고 한 원심의 판단을 수긍한 사례

【판결요지】

[1] 상표법 제73조 제1항 제3호에서 정한 등록취소 사유가 있다 하더라도 심판에 의하여 취소가 확정되기까지는 등록상표로서의 권리를 보유하는 것이고, 상표등록무효심결이 확정된 때와는 달리 상표등록을 취소한다는 심결이 확정된 때에는 그 상표권은 확정된 때로부터 장래를 향하여서만 소멸하는 것이므로(상표법 제73조 제7항), 등록상

표에 관하여 등록취소의 심결이 확정되었다고 하더라도 그 심결 확정 이전에 이루어진 침해행위에 관한 상표권침해죄의 성립 여부에는 영향을 미치지 못한다.

[2] 구 상표법(2004. 12. 31. 법률 제7290호로 개정되기 전의 것) 제51조 제2호가 상품의 보통명칭을 보통의 방법으로 사용하는 방법으로 표시한 표장만으로 된 상표의 효력을 제한한 것은 상품의 보통명칭은 특정 종류의 상품의 명칭으로서 일반적으로 사용되는 것이므로 본질적으로 자타상품의 식별력이 없어 특정인에게 이를 독점사용하게 하는 것은 부적당하고 누구라도 자유롭게 사용하게 할 필요가 있으므로, 이러한 표장에 관하여는 특정인이 비록 상표등록을 받았다 하더라도 이를 보통으로 사용하는 방법으로 표시하는 것에는 상표권의 효력이 미치지 않도록 함에 그 취지가 있는 것이고, 어느 상표가 지정상품의 보통명칭화 내지 관용하는 상표로 되었는가의 여부는 그 나라에 있어서 당해 상품의 거래실정에 따라서 이를 결정하여야 하며, 상표권자의 이익 및 상표에 화체되어 있는 영업상의 신용에 의한 일반수요자의 이익을 희생하면서까지 이를 인정해야 할 만한 예외적인 경우에 해당하는가를 고려하여 신중하게 판단하여야 한다.

[3] 구 상표법(2004. 12. 31. 법률 제7290호로 개정되기 전의 것) 제51조 제1호 본문에 의하면, 자기의 상호 또는 그 상호의 저명한 약칭을 보통으로 사용하는 방법으로 표시하는 상표에 대하여는 그것이 상표권설정의 등록이 있은 후에 부정경쟁의 목적으로 사용하는 경우가 아닌 한 등록상표권의 효력이 미치지 아니하는바, 여기에서 '상호를 보통으로 사용하는 방법으로 표시한다.'함은 상호를 독특한 글씨체나 색채, 도안화된 문자 등 특수한 태양으로 표시하는 등으로 특별한 식별력을 갖도록 함이 없이 표시하는 것을 의미할 뿐만 아니라, 그 표장을 보고 일반 수요자가 상호임을 인식할 수 있도록 표시하는 것을 전제로 한다 할 것이므로, 법인인 회사가 그 상호를 표시하면서 회사의 종류를 표시하는 부분을 생략한 경우에는 그것이 널리 알려져 있지 않은 이상 일반수요자가 반드시 상호로 인식한다고 할 수 없어 이를 회사의 상호를 보통으로 사용하는 방법으로 표시한 것으로 볼 수 없고, 단지 상호의 약칭에 불과하다고 할 것이고, 이러한 약칭의 표시는 위 법규정에 따라 그것이 저명하지 않는 한 특수한 태양으로 표시되어 있지 않다고 하더라도 상표권의 효력이 미친다.

[4] 피고인들이 사용한 "태남스포렉스"나 "TAENAM SPORTSLEX"는 상호의 약칭에 불과할 뿐 상호 그 자체를 표시하는 상표에 해당한다고 볼 수 없고, 또한 그것이 저명한 약칭에 해당한다고 볼 수도 없다고 한 원심의 판단을 수긍한 사례.

대법원 1999. 11. 12. 선고 99후24 판결 【권리범위확인(상)】

【판시사항】

[1] 장식용 시트의 표장에 사용한 '데코' 및 'DECOSHEET'는 그 사용상품의 용도와 형상을 나타내므로 등록상표와 동일 또는 유사하더라도 상표법 제51조 제2호의 규정에 의하여 등록상표의 상표권의 효력이 미치지 않는다고 한 사례

[2] 상표권의 권리범위확인심판에 있어서 등록상표가 관용상표에 해당하는지 여부의 판단시점(=심결시)

[3] 관용상표의 의미
[4] 등록상표가 관용상표로서 식별력이 없다고 한 사례

【판결요지】

[1] 장식용 시트의 표장에 '데코' 및 'DECOSHEET'를 사용한 경우, 장식의 뜻을 가진 영문자로 '데커레이션'으로 발음되는 'decoration'은 우리나라의 영어보급 수준에 비추어 볼 때 일반 수요자가 쉽게 그 뜻을 알 수 있는 단어이며, 한편 일반 수요자나 거래자는 장식용 시트에 사용된 'DECOSHEET'라는 상표를 일단 'DECO'와 'SHEET'로 분리 관찰하여, 'SHEET'는 장식용 시트의 형태인 얇은 판을 나타내고 'DECO'로부터는 쉽게 위 영문자 'decoration'을 직감할 수 있는 점에 비추어 '데코' 및 'DECOSHEET'는 그 사용상품의 용도와 형상을 나타내고 있어, 비록 이 부분이 등록상표와 동일 또는 유사하다고 하더라도, 상표법 제51조 제2호의 규정에 의하여 등록상표의 상표권의 효력이 미치지 아니한다고 한 사례.

[2] 상표권의 권리범위확인심판에 있어서 등록상표가 관용상표에 해당하는지 여부의 판단시점은 심결시라고 보아야 한다.

[3] 관용상표라고 함은 특정종류에 속하는 상품에 대하여 동업자들 사이에 자유롭고 관용적으로 사용되고 있는 표장을 말하는바, 그 대부분은 본래 상표로서 기능을 하였던 것이 많다고 할 것이나, 그렇다고 하여 당초부터 자타 상품의 식별력을 갖춘 상표만이 후에 관용상표가 되는 것은 아니다.

[4] 등록상표가 관용상표로서 식별력이 없다고 한 사례.

대법원 1996. 5. 14. 선고 95후1463 판결 【거절사정】

【판시사항】

[1] "VASELINE"이 지정상품의 보통명칭이나 원재료를 표시한 표장만으로 된 상표 또는 관용상표에 해당하는지 여부(적극)
[2] 외국의 등록상표가 국내에서 보통명칭이나 관용표장이 될 수 있는지 여부(적극)
[3] 다른 지정상품에 관한 상표등록 허용이 상표의 등록 적격성에 영향을 미치는지 여부(소극)

【판결요지】

[1] 국내 일반 수요자나 거래자들은 바세린을 일명 와세린이라고 호칭하며 손등이 트거나 피부가 건조하여 거칠어질 때 바르는 크림, 또는 그러한 화장품이나 약품의 원료로 널리 인식하여 왔으므로 상표 "VASELINE"을 그 지정상품 중 콜드 크림, 클린싱 크림, 베니싱 크림, 약용 크림 등에 사용할 경우에는 이는 그 지정상품의 보통명칭이나 원재료를 표시한 표장만으로 된 상표, 또는 관용상표에 해당한다.

[2] 어느 상표가 지정상품의 보통명칭화 내지 관용하는 상표로 되었는가의 여부는 그 나라에 있어서 당해 상품의 거래 실정에 따라 이를 결정하여야 하고, 비록 외국의 여러 나라에 등록된 외국의 상표라 하더라도 우리나라에서 그 지정상품의 보통명칭

또는 지정상품에 관용하는 표장이 될 수 있다.

[3] 상표의 등록적격성의 유무는 지정상품과의 관계에서 각 상표에 따라 개별적으로 판단되어야 하므로 다른 상품을 지정상품으로 한 등록출원이 받아들여졌다 하여 이 사건 등록출원의 경우에도 반드시 그 등록이 허용되어야 하는 것은 아니다.

대법원 1992. 11. 10. **선고** 92**후**414 **판결 【상표등록무효】**

【판시사항】

가. 주지, 저명한 상표인가의 여부에 대한 판단기준
나. 특정상표가 지정상품의 보통명칭화 내지 관용상표로 되었는가의 여부에 대한 판단기준
다. 우리나라의 수요자 사이에 지프(JEEP)가 상표로 인식되고 있는지 여부(소극)

【판결요지】

가. 어느 상표가 주지, 저명한 상표인가의 여부를 판단함에 있어서는 그 상표의 사용, 상품의 공급, 영업활동의 기간, 방법, 태양 및 거래범위 등을 고려하여 거래실정 또는 사회통념상 객관적으로 널리 알려졌느냐의 여부 등을 일응의 기준으로 삼아야 할 것이고, 인용상표 지프(JEEP)가 다른 나라에 등록되어 있고 거기에서 그 상표 및 상품이 널리 선전되어 있다거나 상품판매실적이 상당하다고 하여 반드시 우리나라의 일반 수요자들 사이에서도 현저하게 인식되었다고 단정할 수는 없다.
나. 어느 상표가 지정상품의 보통명칭화 내지 관용하는 상표로 되었는가의 여부는 그 나라에 있어서 당해 상품의 거래실정에 따라서 이를 결정하여야 한다.
다. 우리나라의 일반 수요자 사이에는 지프(JEEP)가 상표로서 인식되고 있다고 하기보다는 박스형의 소형 자동차를 지칭하는 보통명칭으로 인식되고 있다.

대법원 2002. 12. 26. **선고** 2002**후**2143 **판결 【등록무효(상)】**

【판시사항】

[1] 상품의 관용표장과 보통명칭의 의미 및 그 판단시점(=등록결정시)
[2] 등록상표 "티라미수+TIRAMISU"가 등록결정 당시에 지정상품의 보통명칭이나 관용표장으로 사용되고 있었다고 볼 수 없다고 한 사례

【판결요지】

[1] 상표법 제6조 제1항 제2호가 규정하는 상품의 관용표장은 처음에는 특정인의 상표이던 것이 주지 저명의 상표로 되었다가 상표권자가 상표관리를 허술히 함으로써 동업자들 사이에 자유롭고 관용적으로 사용하게 된 상표를 말하는 것이고, 같은 항 제1호가 규정하는 상품의 보통명칭은 그 동업자들만이 아니라 실제 거래상 일반 소비자들까지도 지정상품의 보통명칭으로서 그와 같은 명칭을 보통으로 사용하고 있는 것을 말하며, 이는 상표등록출원에 대하여 등록결정을 할 때를 기준으로 판단하여야 한다.
[2] 등록상표 "티라미수+TIRAMISU"가 등록결정 당시에 지정상품의 보통명칭이나 관용표장으로 사용되고 있었다고 볼 수 없다고 한 사례.

(3) 기술적 표장(성질표시 표장)

(가) 의 의

[1] 기술적 표장 또는 성질표시 표장: 상품이나 서비스의 특성이나 산지를 나타내는 표지를 의미한다.

[2] 기술적 표장으로만 구성된 상표: 상표등록을 받을 수 없으며, 등록이 되더라도 상표권의 효력이 제한된다.

[3] 상표법 제33조 제1항 제3호: 그 상품의 산지·품질·원재료·효능·용도·수량·형상·가격·생산방법·가공방법·사용방법 또는 시기를 보통으로 사용하는 방법으로 표시한 표장만으로 된 상표는 상품의 식별력이 없는 상표로 등록되지 않는다라고 규정하고 있다.

[4] 논 거:

(i) 이는 통상 상품의 유통과정에서 필요한 표시이기 때문에 이를 특정인에게 독점배타적으로 사용하게 할 수 없다는 공익상 요청에 따른 것이다.

(ii) 이러한 기술적 상표는 일반적으로 타인의 동종 상품과의 관계에서 식별이 어렵다는 사실을 그 논거로 한다.

(나) 기술적 표장의 판단

[1] 판단기준:

(i) 어떤 상표가 그 지정상품의 품질, 효능 등을 표시한 것인지 여부는 그 상표가 지니고 있는 관념, 지정상품과의 관계 및 거래사회실정 등을 감안하여 객관적으로 판단하여야 한다.

(ii) 상품의 특성을 직감하게 하는 것이어야 한다.

(iii) 상표의 구성부분 전체를 기준으로 판단하는 것이 원칙이다.

(iv) 상표의 실제사용 여부는 묻지 않는다.

[2] 판단의 범위:

(i) 기술적 표장은 문자로써 기술되는 것만으로 한정되지 않는다.

(ii) 문자, 도형 또는 기호나 이들이 문자와 결합, 그리고 색채와 결합한 경우에도 해당한다.

(iii) 본 호의 규정은 예시적인 규정이므로 품위, 등급, 색채 등을 나타내는 경우도 포함한다. 다만, 사용에 의한 식별력 취득 인정의 경우 등록을 인정하고 성질표시상표가 과오로 등록된 경우 무효사유에 해당하며 상표권의 효력도 제한받는다(상 제90조 제1항 제2호). 지리적 표시 단체표장권은 i) 자기의 성명·명칭 또는 상호·초상·서명·인장 또는 저명한 아호·예명·필명과 이들의 저명한 약칭을 상거래 관행에 따라 사용하는 상표, ii) 등록상표

의 지정상품과 동일·유사한 상품의 보통명칭·품질·원재료·효능·용도·수량·형상·가격 또는 생산방법·가공방법·사용방법 또는 시기를 보통으로 사용하는 방법으로 표시하는 상표 또는 iii) 등록상표의 지정상품 또는 그 지정상품 포장의 기능을 확보하는 데 불가결한 형상, 색채, 색채의 조합, 소리 또는 냄새로 된 상표(상 제90조 제2항 제1호), iv) 지리적 표시 등록단체표장의 지정상품과 동일하다고 인정되어 있는 상품에 대하여 관용하는 상표 (상 제90조 제2항 제2호), v) 지리적 표시 등록단체표장의 지정상품과 동일하다고 인정되어 있는 상품에 사용하는 지리적 표시로서 해당 지역에서 그 상품을 생산·제조 또는 가공하는 것을 업으로 영위하는 자가 사용하는 지리적 표시 또는 동음이의어 지리적 표시(상 제90조 제2항 제3호), vi) 선출원에 의한 등록상표가 지리적 표시 등록단체표장과 동일·유사한 지리적 표시(상 제90조 제2항 제4호)를 포함하고 있는 경우에 상표권자, 전용사용권자 또는 통상사용권자가 지정상품에 사용하는 등록상표에 해당하는 경우에는 그 효력이 미치지 아니한다.

(다) 기술적 표장의 구체적인 예

[1] 산지표시

(i) 의 의

'산지표시'란 해당 지역의 기후, 토양 등의 지리적 조건 등과 관련하여 해당 상품의 특성을 직감할 수 있는 지역을 표시하는 것으로서 해당 상품이 해당 지방에서 과거에 생산되었거나 현실적으로 생산되고 있는 경우는 물론이고 그 지방에서 생산되고 있는 것으로 일반수요자에게 인식될 수 있는 경우에도 이에 해당한다.[173] 또한 본 호의 '산지'는 그 상품이 생산되는 지방의 지리적 명칭이면 족하고, 일반 수요자나 거래자에게 널리 알려진 상품의 주산지만을 의미하는 것은 아니다.[174]

반면에 상표법 제33조 제1항 제4호의 현저한 지리적 명칭 등은 일반인에게 널리 알려져 있어야 함을 전제로 생산지인지 여부는 불문한다. 따라서 양자는 서로 중복되는 부분이 발생할 수 있으며, 그 경우 어느 하나의 규정을 적용하거나 또는 두 규정 모두를 다 적용할 수도 있다.[175]

---

173) 尹宣熙, 앞의 책, 219면.

174) 대법원 1989. 9. 26. 선고 88후1137 판결.

175) 대법원 2003. 7. 11. 선고 2002후2464 판결【등록무효(상)】(등록상표 "일동"은 '막걸리'의 산지로서 일반 수요자 및 거래자에게 널리 알려져 있고, 청계산, 백운산 등 주변의 명산과 계곡, 온천 등이 있는 관광지인 경기 포천군 일동면으로 널리 알려져 있으므로, 상표법 제6조 제1항 제4호가 규정하는 현저한 지리적 명칭만으로 된 표장에 해당될 뿐 아니라, 그 지정상품 중 약주에 대하여는 같은 법 제6조 제1항 제3호의 산지를 보통으로 사용하는 표장에 해당되므로 위 등록상표를 경기 포천군 일동면 이외의 지역에서 생산되는 약주에 사용하는 경우 일반 수요자 또는 거래자는 일동

그리고 상품의 산지 이외에 판매지, 수출항, 원재료의 생산·판매지, 중간제품 가공지 등(이하 '판매지 등')을 표시한 기술적 표장이 본 호에 해당하는지 여부에 대해 긍정설[176]과 부정설[177]이 있으나, 부정설이 타당하다. 왜냐하면 본 호에서는 '판매지'등을 규정하지 않고, 같은 항 제4호에 현저한 지리적 명칭만으로 된 상표에 관해 별도로 규정하고 있으며, 같은 항 제1호 내지 제6호 이외에 식별력이 인정되지 아니한 경우에는 보충적 규정으로서 같은 항 제7호를 두고 있는 점에 비추어 보면, 상품의 산지 이외에 판매지 등의 경우에는 상표법 제33조 제1항 제4호 또는 제7호를 적용하는 것이 타당하기 때문이다.[178]

지리적 표시 단체표장등록출원의 경우에는 '산지표시'에 해당하는 경우에도 상표법 제33조 제3항의 규정에 따라 본 호를 적용하지 않으며, 포도주 및 증류주의 산지에 관한 지리적 표시에 해당하는 상표등록출원을 한 경우 (상 제34조 제1항 제16호의 단서규정에 해당하는 경우를 제외한다)에는 상표법 제34조 제1항 제16호를 적용한다.

한편 특정 상품의 산지를 포함하는 상표로서 지정상품과 관련하여 그 상표를 해당 상품에 사용할 경우 일반수요자로 하여금 지리적 표시에 해당하는 것으로 지리적 출처 또는 상품의 품질을 오인·혼동케 할 우려가 있는 유명산지의 경우에는 다른 식별력있는 부분이 결합되어 있는 경우에도 이를 부기적·보조적인 부분으로 보아 산지표시에 해당하는 것으로 한다. 이 경우 상품의 품질을 오인하게 하거나 수요자를 기만할 염려가 있는 경우에는 상표법 제34조 제1항 제12호를 함께 적용한다.

(ii) 관련 사례

판례에서 산지표시에 해당하는 것으로 인정한 상표로는 'BACCARAT'(지정상품 : 수정유리제품),[179] '구포국수'(지정상품 : 국수),[180] '담양시목단감'(지정상품 : 감),[181] '안흥'(지정상품 : 찐빵)[182] 등이 있다.

산지표시에 해당하더라도 지리적 표시에 해당하는 경우에는 상표법 제33조 제3항에 따라 지리적 표시 단체표장 등록이 가능하다. 예컨대, 사단법인 담양떡갈비생산자협회가 특허청을 상대로 제기한 거절결정불복심판청구사건인 '담양떡갈비'사건[183]에서 "지정상

면에서 생산되는 약주로 그 품질을 오인할 가능성이 커 같은 법 제7조 제1항 제11호의 규정에도 해당된다).

176) 송영식·이상정·황종환·이대희·김병일·박영규·신재호, 앞의 책, 110면.
177) 문삼섭, 앞의 책, 224면; 특허법원 지적재산소송실무연구회, 앞의 책, 504면.
178) 특허법원 지적재산소송실무연구회, 앞의 책, 504면.
179) 대법원 1985. 7. 9. 선고 83후3 판결.
180) 대법원 1989. 9. 26. 선고 88후1137 판결.
181) 대법원 2006. 7. 28. 선고 2004도4420 판결.
182) 특허법원 2000. 10. 5. 선고 2000허4701 판결.
183) 특허심판원 2015. 4. 1.자 2015원1278 심결(거절결정불복심판청구사건).

품인 떡갈비의 품질·명성이 본질적으로 담양 지역에서 비롯되어 담양에서 가공된 상품임을 나타내는 지리적 표시에 해당한다."라고 설시하였다.

[2] 상품의 성질을 기술하는 상표

(i) 품질·효능의 표시 : 품질표시는 해당 지정상품의 품질의 상태 또는 우수성을 직접적으로 표시한 것을 의미한다. 상품의 등급 또는 품위, 보증, 미감 등을 표시한 것이 이에 해당한다.

효능표시는 해당 지정상품의 성능 또는 효과를 직접적으로 표시하는 것을 뜻한다.[184] 효능표시에는 상품의 객관적인 효능은 물론이고 수요자의 주관적인 안락감, 쾌감 등 만족감의 표시도 포함한다.[185]

판례로서 품질·효능의 표시로 인정한 것은 'INTARSIA'[지정상품 : ㉠ 속팬티, 콤비네이션내의, 양말, 스타킹, 양말커버, 방한용장갑, 타이츠(Tights), 에이프런, 비종이제 턱받이, 팬티스타킹(상품류 구분 제25류), ㉡ 농구화, 단화, 등산화, 방한화, 골프화, 신발깔창, 체조화, 체조복 등(상품류 구분 제25류, 2004. 5. 14. 추가등록)],[186] 'SOFTLIPS'(지정상품 : 비약용입술방향연고)[187] 등이 있다.

(ii) 원재료표시 : 원재료표시라 함은 해당 원재료(주요부품을 포함한다)가 해당 지정상품에 현실적으로 사용되고 있거나 사용될 수 있다고 인정되는 경우를 의미한다. 원재료에는 해당 상품의 주원료나 주요부품은 물론이고 보조원료 또는 보조부품이라 하더라도 그 상품의 품질, 성능, 효능 등에 중요한 영향을 미칠 수 있는 것은 여기에 포함된다.[188] 어떤 상표가 상품의 원재료를 표시하는 것인가의 여부는 그 상표의 관념, 지정상품과의 관계, 현실 거래사회의 실정 등에 비추어 객관적으로 판단하여야 할 것이므로, 그 상표가 상품의 원재료를 표시하는 것이라고 하기 위해서는 해당 상표가 뜻하는 물품이 지정상품의 원재료로서 현실로 사용되고 있는 경우라든가 또는 그 상품의 원재료로서 사용되는 것으로 일반수요자나 거래자가 인식하고 있는 경우이어야 할 것이다.[189] 판례로서 원재료표시로 인정하는 것은 'CARROT' (지정상품 : 향수, 헤어무스, 방향제, 공기청향제)[190], 'KERATIN' (지정상품 : 샴푸)[191] 등이 있다.

(iii) 용도표시 : 용도표시라 함은 해당 지정상품의 용도를 직접적으로 표시하는 것을 의미한다.[192] 다시 말하면, 해당 지정상품의 사용목적, 사용처, 수요계층 또는 수요자,

184) 특허법원 지적재산소송실무연구회, 앞의 책, 505면.
185) 특허청, 앞의 책, 33면.
186) 대법원 2008. 4. 24. 선고 2006후1131 판결.
187) 대법원 2000. 2. 22. 선고 99후2440 판결.
188) 특허청, 앞의 책, 33면; 특허법원 지적재산소송실무연구회, 앞의 책, 506면.
189) 대법원 2006. 4. 27. 선고 2004후3454 판결.
190) 대법원 1998. 8. 21. 선고 98후928 판결.
191) 대법원 2003. 5. 13. 선고 2002후192 판결.

다용도, 필수품, 편의품, 오락용 또는 레저용 기타 용도에 관한 기술적 또는 설명적인 표시를 의미한다.[193] 판례가 용도표시로 인정한 것은 'FAMILY CARD' (지정상품 : 크레디트 카드),[194] '합격'(지정상품 : 엿)[195] 등이 있다.

(iv) 수량표시 : 수량표시라 함은 해당 지정상품과의 관계에서 거래사회에서 사용되고 있는 수량과 수량표시로 인식되고 있는 단위 및 그 단위의 기호 등을 표시하는 것을 의미한다. 다시 말해서 거래사회에서 사용되고 있거나 사용될 수 있는 개수, 크기 또는 규격, 중량의 표시로서 그 상품과 관계가 있는 것을 의미한다.[196] 연필의 경우에는 1다스, 신발의 경우에는 한 켤레, 100 그램, Million 등이 이에 해당한다.

(v) 형상표시 : 형상표시라 함은 해당 지정상품과의 관계에서 그 상품 또는 포장의 외형, 모양(무늬를 포함한다) 및 규격 등을 직접적으로 표시하는 것을 의미한다.[197] 즉, 단일상품 또는 그 포장(용기를 포함한다)의 외형, 모양, 크기 또는 규격, 무늬, 색깔, 구조 등에 관한 기술적 또는 설명적인 표시(입체상표일 경우에는 그에 관한 도면 또는 사진)를 뜻한다.[198] 판례로서 형상표시로 인정한 것은 ㉠ '七子餅茶/칠자병차'(지정상품 : 녹차, 오룡차 등),[199] ㉡ UGLYDOLL (지정상품 : 상품류 구분 제16류의 문방구(stationery) 등, 상품류 구분 제25류의 의류(clothing) 등, 상품류 구분 제28류의 인형 및 인형용 액세서리(dolls and accessories therefore) 등),[200] ㉢ 'L-830'(지정상품 : 제39류 비데오 테이프)[201] 등이 있다.

대법원 2015. 2. 26. 선고 2014후2306 판결【거절결정(상)】

【판시사항】

[1] 입체적 형상 자체에는 식별력이 없더라도 식별력이 있는 기호·문자·도형 등과 결합하여 상표가 전체적으로 식별력이 있는 경우, 상표법 제6조 제1항 제3호 등에 해당한다는 이유로 상표등록을 거절할 수 있는지 여부(소극)

[2] 'hip joint balls(인공 고관절용 볼)' 등을 지정상품으로 하는 출원상표

---

192) 특허법원 지적재산소송실무연구회, 앞의 책, 506면.
193) 특허청, 앞의 책, 33면.
194) 대법원 1996. 9. 24. 선고 96후78 판결.
195) 대법원 1999. 5. 28. 선고 98후683 판결.
196) 특허청, 앞의 책, 33면.
197) 특허법원 지적재산소송실무연구회, 앞의 책, 507면.
198) 특허청, 앞의 책, 34면.
199) 대법원 2004. 8. 16. 선고 2002후1140 판결.
200) 특허법원 2010. 8. 26. 선고 2010허3677 판결.
201) 대법원 1982. 12. 28. 선고 81후55 판결.

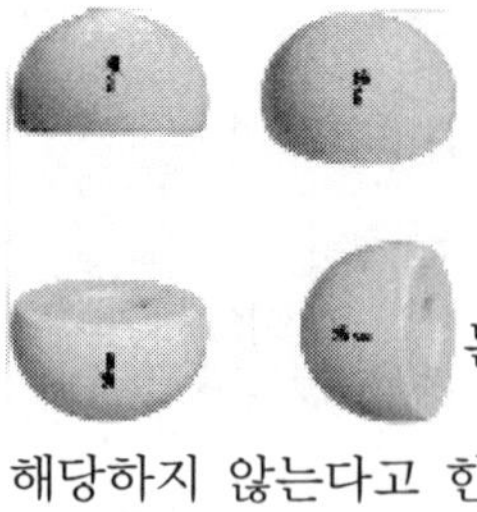는 전체적으로 식별력이 있어서 상표법 제6조 제1항 제3호에 해당하지 않는다고 한 사례

【판결요지】

[1] 두 개 이상의 구성부분이 결합하여 이루어진 이른바 결합상표는 상표를 구성하는 전체에 의하여 식별력이 있는지를 판단하여야 한다. 한편 상표법 제6조 제1항 제3호는 상품의 형상을 보통으로 사용하는 방법으로 표시한 표장만으로 된 상표는 상표등록을 받을 수 없도록 규정하고 있을 뿐, 입체적 형상에 다른 식별력이 있는 기호·문자·도형 등이 결합되어 있는 상표에 대하여는 상표등록을 받을 수 없다고 규정하고 있지 않고, 달리 상표에 입체적 형상 부분이 포함되어 있다는 이유로 이와 결합된 기호·문자·도형 등을 무시하고 입체적 형상만을 기준으로 식별력을 판단하여야 한다는 상표법 규정도 없다. 또한 식별력이 없는 입체적 형상 부분을 포함하고 있는 상표가 전체적으로는 식별력이 인정되어 상표등록이 되더라도 식별력이 없는 입체적 형상 부분에는 그 상표권의 효력이 미치지 아니하므로(상표법 제51조 제1항), 그러한 상표의 등록을 허용한다고 하여 식별력이 없는 입체적 형상 부분에까지 상표권의 효력이 확장되어 다른 사람의 사용을 제한하는 부당한 결과가 발생할 우려는 없다. 이러한 점들을 고려하면, 입체적 형상과 기호·문자·도형 등이 결합된 상표라고 하여 식별력의 판단에서 다른 일반적인 결합상표와 달리 보아서는 아니 되므로, 입체적 형상 자체에는 식별력이 없더라도 식별력이 있는 기호·문자·도형 등과 결합하여 전체적으로 식별력이 있는 상표에 대하여 상표법 제6조 제1항 제3호 등에 해당한다는 이유로 상표등록을 거절하여서는 아니 된다.

[2] ‘hip joint balls(인공 고관절용 볼)’ 등을 지정상품으로 하는 출원상표

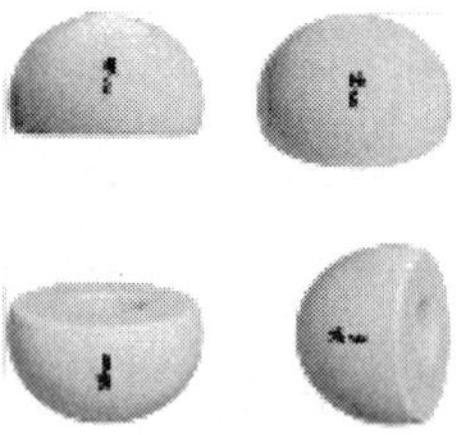에 대하여 둥근 홈이 형성된 반구형상으로 구성되어 있는 입체적 형상 부분은 지정상품의 형상을 보통으로 사용하는 방법으로 표시한 표장이므로 식별력이 없고, 핑크색 부분은 일반적으로 흔히 볼 수 있는 색상으로서 역시 식별력이 없으나, 이와 결합된 ‘BIOLOX delta’ 부분의 경우 영문자 ‘BIOLOX delta’는 지정상품과의 관계에서 성질 등을 나타내는 기술적 의미를 가지고 있지 않는 조어 상표로서

식별력이 있으므로, 위 출원상표는 전체적으로 식별력이 있어서 상표법 제6조 제1항 제3호에 해당하지 않는다고 본 원심판단을 정당하다고 한 사례.

대법원 2014. 10. 15. 선고 2012후3800 판결【거절결정(상)】

【판시사항】

[1] 지정상품 또는 그 포장의 입체적 형상으로 된 상표의 경우, 그 입체적 형상이 상표법 제6조 제1항 제3호의 '상품 등의 형상을 보통으로 사용하는 방법으로 표시한 표장만으로 된 상표'에 해당한다고 하기 위한 요건 및 같은 법리가 서비스의 제공에 관한 물건의 입체적 형상으로 된 서비스표에도 적용되는지 여부(적극)

[2] 특허청 심사관이 '블록쌓기(장난감) 도매업 및 블록쌓기(장난감) 소매업' 등을 지정서비스업으로 하는 출원서비스표 "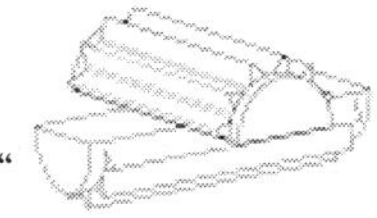"에 대해 상표법 제6조 제1항 제3호에 해당한다는 이유로 등록거절 결정을 하였고, 이에 불복한 갑의 심판청구를 특허심판원이 기각한 사안에서, 위 출원서비스표가 블록의 형상을 보통으로 사용하는 방법으로 표시한 표장만으로 된 서비스표에 해당한다고 한 사례

[3] 구 상표법 제6조 제2항에 의하여 지정상품 또는 그 포장의 입체적 형상으로 된 상표가 사용에 의하여 식별력을 취득하였다고 인정하기 위한 판단 기준 / 지정상품 또는 그 포장에 기호·문자·도형 등으로 된 표장이 함께 부착되는 경우, 지정상품 또는 그 포장의 입체적 형상이 사용에 의한 식별력을 취득하였다고 보기 위한 요건 및 출원된 상표나 서비스표가 사용에 의한 식별력을 취득하였는지를 판단하는 기준 시점

【판결요지】

[1] 지정상품 또는 그 포장(이하 '상품 등'이라고 한다)의 입체적 형상으로 된 상표의 경우에, 그 입체적 형상이 해당 지정상품이 거래되는 시장에서 그 상품 등의 통상적·기본적인 형태에 해당하거나, 거래사회에서 채용할 수 있는 범위 내에서 이를 변형한 형태에 불과하거나 또는 당해 상품 유형에 일반적으로 잘 알려진 장식적 형태를 단순히 도입하여 이루어진 형상으로서 그 상품의 장식 또는 외장(외장)으로만 인식되는 데에 그칠 뿐, 이례적이거나 독특한 형태상의 특징을 가지고 있는 등으로 수요자가 상품의 출처표시로 인식할 수 있는 정도의 것이 아니라면, 상표법 제6조 제1항 제3호의 '상품 등의 형상을 보통으로 사용하는 방법으로 표시한 표장만으로 된 상표'에 해당한다고 보아야 한다. 그리고 이러한 법리는 서비스의 제공에 관한 물건의 입체적 형상으로 된 서비스표에 대하여도 마찬가지로 적용된다(상표법 제2조 제3항).

[2] 특허청 심사관이 '블록쌓기(장난감) 도매업 및 블록쌓기(장난감) 소매업' 등을 지정서비스업으로 하는 출원서비스표 "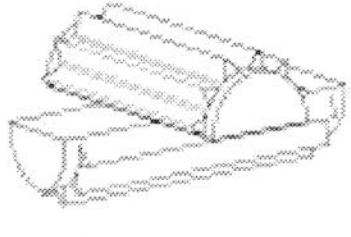"에 대해 상표법 제6조 제1항 제3호에

해당한다는 이유로 등록거절 결정을 하였고, 이에 불복한 갑의 심판청구를 특허심판원이 기각한 사안에서, 위 출원서비스표는 블록쌓기(장난감) 도매업 및 블록쌓기(장난감) 소매업이라는 그 서비스의 제공에 관한 물건인 블록의 형상을 보통으로 사용하는 방법으로 표시한 표장만으로 된 서비스표로서 상표법 제6조 제1항 제3호에 해당한다고 한 사례.

[3] 구 상표법 (2014. 6. 11. 법률 제12751호로 개정되기 전의 것, 이하 '구 상표법'이라 한다)에 의하면, 같은 조 제1항 제3호에 해당하는 상표라도 상표등록출원 전에 상표를 사용한 결과 수요자 사이에 그 상표가 누구의 업무에 관련된 상품을 표시하는 것인지 현저하게 인식되어 있는 것은 상표등록을 받을 수 있다. 그런데 이와 같이 사용에 의한 식별력 취득에 따라 상표등록을 받을 수 있도록 하는 제도는 원래 식별력이 없어 특정인에게 독점사용하도록 함이 적당하지 않은 표장에 대하여 대세적 권리를 부여하는 것이므로, 지정상품 또는 그 포장(이하 '상품 등'이라고 한다)의 입체적 형상으로 된 상표가 사용에 의하여 식별력을 취득하였다고 인정하기 위해서는, 그 형상의 특징, 사용시기 및 기간, 판매수량 및 시장점유율, 광고·선전이 이루어진 기간 및 규모, 해당 형상과 유사한 다른 상품 등의 경합적 사용의 정도 및 태양, 상표사용자의 명성과 신용 등을 종합적으로 고려하여, 그 형상이 수요자에게 누구의 상품을 표시하는 상표라고 현저하게 인식되어 있는지를 엄격하게 해석·적용하여 판단하여야 한다.

한편 상품 등에는 기호·문자·도형 등으로 된 표장이 함께 부착되는 경우가 흔히 있는데, 그러한 사정만으로 곧바로 상품 등의 입체적 형상 자체에 관하여 사용에 의한 식별력 취득을 부정할 수는 없고, 부착되어 있는 표장의 외관·크기·부착 위치·인지도 등을 고려할 때 그 표장과 별도로 상품 등의 입체적 형상이 그 상품의 출처를 표시하는 기능을 독립적으로 수행하기에 이르렀다면 사용에 의한 식별력 취득을 긍정할 수 있다.

그리고 이러한 법리는 서비스의 제공에 관한 물건의 입체적 형상으로 된 서비스표에 대하여도 마찬가지로 적용된다(상표법 제2조 제3항).

또한 출원된 상표나 서비스표가 구 상표법 제6조 제2항의 사용에 의한 식별력을 취득하였는지 여부에 관한 판단의 기준 시점은 원칙적으로 등록결정 시 또는 거절결정 시이고 거절결정에 대한 불복 심판에 의하여 등록 허부가 결정되는 경우에는 그 심결 시라고 할 것이다.

(vi) 가격표시 : 가격표시라 함은 거래사회에서 현실적으로 유통되고 있는 가격 또는 가격표시로 인식되고 있는 단위 및 그 단위의 기호 등을 표시한 것을 뜻한다.[202] 예컨대 1000원, $ 1000, 화폐 형태의 도형 등이 이에 해당한다.

(vii) 생산방법·가공방법·사용방법의 표시 : 생산방법·가공방법·사용방법의 표시라 함은 해당 지정상품의 생산방법, 가공방법 또는 사용방법을 직접적으로 표시하는 것을 뜻한

202) 특허법원 지적재산소송실무연구회, 앞의 책, 507면.

다.[203] 즉, 상품의 제조, 재배, 양식, 조립, 가공방법이나 push, pull, switch, combination 등의 사용방법 등을 기술적 또는 설명적으로 표시하는 것을 의미한다.[204] 판례가 생산방법, 가공방법, 사용방법의 표시로 인정한 것은 'HIGHER VACUUM INDUSTRY CO., LTD'(지정상품 : 상품류 구분 제38류의 '유해전자파차단 진공증착기계', '전자빔가공기', '단조기', '기계프레스' 등 10개 상품) 등이 있다.[205]

(viii) 시기표시 : 시기표시라 함은 해당 지정상품과의 관계에서 그 상품의 판매 또는 사용의 계절, 시기, 시간 등을 직접적으로 표시하는 것이라고 인정되는 경우를 의미한다.[206] 예컨대, 계절상품에 있어 춘하추동의 표시, 약품의 특성상 오전, 오후, 식전, 식후 등의 표시, 우천 등의 표시 등이 이에 해당한다. 판례로서 시기표시로 인정된 것은 'AUGUST'(지정상품 : 잡지)[207] 등이 있다.

(라) 보 론

[1] 기술적 표장의 유형이 상호 결합된 경우에 판례로서 기술적 표장으로 인정한 것의 예루는 (i) 'COLOMBIAN SUPREME'[208](산지표시와 품질표시의 결합)(지정상품 : 커피), (ii) '**예술의전당**'(품질, 용도 등의 성질표시)(지정상품 : 국악공연업, 극장운영업, 무용공연업, 악극단공연업, 연극공연업, 연극제작업, 영화상영업, 음악공연업, 음악회관운영업, 창극단공연업(서비스업류 구분 제41류), 지정업무 : 한국전통 및 현대예술의 발전·육성을 위한 계획과 정책수립에 관한 연구 및 학술발표 업무, 예술분야의 진흥을 위한 각종 공연업무, 지원업무, 예술진흥기금 확보를 위한 부대사업 업무, 기타 예술분야 진흥에 관련된 제반업무, 출판 및 국내외 자료정보수집)',[209] (iii) 'WATERLINE'(원재료, 효능, 용도 등의 성질표시)(지정상품 : 가정/사무실용 물 분배기, 산업용 물 분배기, 냉수기, 음용수 디스펜서, 음용분수),[210] (iv) '파출박사'(품질, 용도, 효능 등의 성질표시)(지정상품 : 가사서비스업),[211] (v) 'GOLD BLEND'(품질, 가공방법 등의 성질표시)(지정상품 : 커피류),[212] (vi) '데코시

---

203) 위의 책, 507면.
204) 특허청, 앞의 책, 34면.
205) 대법원 1996. 7. 12. 선고 95후1937 판결.
206) 특허청, 앞의 책, 34면.
207) 특허법원 2008. 9. 4. 선고 2008허6475 판결.
208) 대법원 1993. 12. 21. 선고 93후1056 판결.
209) 대법원 2008. 11. 13. 선고 2006후3397, 3403, 3410, 3427 판결.
210) 대법원 2007. 11. 29. 선고 2007후3042 판결(출원상표 "WATERLINE"은 그 지정상품의 주요 부품을 나타내거나 그 주된 기능을 나타내는 것으로서 일반수요자나 거래자들이 그 지정상품인 '가정, 사무실용 물 분배기 등'과 관련하여 '송수관'의 의미로 인식하게 되므로, 이는 원재료, 효능, 용도 등의 성질을 보통으로 사용하는 방법으로 표시한 표장만으로 구성된 기술적 표장에 해당한다고 본 사례).
211) 대법원 2007. 9. 20. 선고 2007후1824 판결(지정서비스업을 '가사서비스업'으로 하고 '파출'과 '박사'의 두 단어를 결합하여 구성한 등록서비스표 "파출박사"는 그 지정서비스업에 사용될 경우에 '사람(특히 파출부)을 보내어 집안일을 하는 데 능통함'이라는 의미로 인식되어, 가사서비스업의 품질·용도·효능 등을 보통으로 사용하는 방법으로 표시한 표장만으로 구성된 기술적 표장에 해당한다고 본 사례).

트'(용도, 형상 등의 성질표시)(지정상품 : 장식재)[213], (vii)  (품질, 형상 등의 성질표시)(지정상품 : 상품류 구분 제39류 피복전선, 동력케이블, 나선 등 3개 상품) 등이 있다.

[2] 정기간행물에 사용되는 제호는 상표법 제33조 제1항 제3호에 해당하지 아니하며, 단행본 서적의 제호는 직접 서적의 내용을 나타내는 것으로 인정되는 경우에는 본 호에 해당하는 것으로 본다. 그리고 녹음된 자기테이프, 녹음된 자기디스크, 녹음된 콤팩트디스크(CD), 영상이 기록된 필름 등의 이름에 대해서도 이에 준하여 판단하여야 할 것이다.[214] 서적 등의 제호를 기술적 표장으로 인정한 판례로는 '큰글성경'(지정상품 : 서적)[215], '관족법(觀足法)'(지정상품 : 서적),[216] '주간만화'(지정상품:잡지),[217] '상가록'(지정상품 : 서적)[218], '영어실력 기초'(지정상품 : 영어참고서),[219] '역대왕비열전'(지정상품 : 서적)[220] 등이 있다. 서적 등의 제호를 기술적 표장으로 인정하지 않은 판례로는 'Linux'(지정상품 : 서적),[221] '아카데미'(지정상품 : 어학학습교재)[222] 등이 있다. 일반적으로 쓰이는 구호나 슬로건적인 문구로 이루어진 상품상표 내지 서비스상표 중 상품이나 서비스업의 품질·효능·용도 등의 성질을 직접적으로 표시한 것은 본 호의 기술적 표장에 해당한다.[223]

대법원 2016. 1. 14. 선고 2015후1911 판결 【거절결정(상)】

【판시사항】

[1] 상표법 제6조 제1항 제3호의 규정 이유 및 어느 상표가 이에 해당하는지 판단하는 기준 / 이 법리가 서비스표에 대하여 마찬가지로 적용되는지 여부(적극)

[2] 특허청 심사관이 직업소개업 등을 지정서비스업으로 하는 갑 주식회사의 출원서비스표 "알바천국"이 '부업을 소개하거나 제공하는 곳'의 의미로 인식되는 성질

212) 대법원 1997. 5. 30. 선고 96다56382 판결.
213) 대법원 1999. 11. 12. 선고 2001후775 판결.
214) 특허법원 지적재산소송실무연구회, 앞의 책, 522면.
215) 대법원 2004. 5. 13. 선고 2002후2006 판결.
216) 대법원 2001. 4. 24. 선고 2000후2149 판결.
217) 대법원 1992. 11. 27. 선고 92후384 판결.
218) 대법원 1991. 10. 11. 선고 91후707 판결.
219) 대법원 1990. 11. 27. 선고 90후410 판결.
220) 대법원 1986. 10. 28. 선고 85후75 판결.
221) 대법원 2002. 12. 10. 선고 2000후3418 판결.
222) 대법원 1991. 4. 23. 선고 90후1321 판결.
223) 대법원 1994. 9. 27. 선고 94후906 판결.

표시에 해당한다는 이유로 등록거절결정을 하였고, 이에 불복한 갑 회사의 심판청구를 특허심판원이 기각한 사안에서, 출원서비스표가 상표법 제6조 제1항 제3호에서 정한 기술적 표장에 해당하지 않는다고 한 사례

대법원 2007. 11. 29. **선고** 2007**후**3042 **판결 【거절결정(상)】**

【판시사항】

[1] 상표법 제6조 제1항 제3호의 기술적 상표에 해당하는지 여부의 판단 기준

[2] 출원상표 "WATERLINE"은 그 지정상품의 주요 부품을 나타내거나 그 주된 기능을 나타내는 것으로서 일반수요자나 거래자들이 그 지정상품인 '가정, 사무실용 물 분배기 등'과 관련하여 '송수관'의 의미로 인식하게 되므로, 이는 원재료, 효능, 용도 등의 성질을 보통으로 사용하는 방법으로 표시한 표장만으로 구성된 기술적 표장에 해당한다고 본 사례

【이 유】

어떤 상표가 상표법 제6조 제1항 제3호에서 정한 상품의 품질 · 원재료 · 효능 · 용도 등을 보통으로 사용하는 방법으로 표시한 표장만으로 된 상표에 해당하는지 여부는 그 상표가 지니고 있는 관념, 지정상품과의 관계, 거래사회의 실정 등을 감안하여 객관적으로 판단하여야 한다(대법원 2006. 1. 26. 선고 2005후2595 판결, 대법원 2006. 7. 28. 선고 2005후2786 판결 등 참조).

위 법리와 기록에 비추어 살펴보면, 이 사건 출원상표는 지정상품을 '가정/사무실용 물 분배기, 산업용 물 분배기, 냉수기, 음용수 디스펜서, 음용분수'로 하고, 'WATER'와 'LINE'이 결합한 "WATERLINE"으로 구성된 상표인바, 'WATER'는 물을 뜻하는 단어이고, 'LINE'은 선, 줄, 길, 도관 등을 뜻하는 단어로서 우리나라의 영어보급수준 등을 고려하면 일반수요자나 거래자들이 그 지정상품인 '가정, 사무실용 물 분배기 등'과 관련하여 위 두 단어를 결합한 "WATERLINE"을 볼 때 원심 판시의 여러 사전적 의미 중 '물이 흐르는 통로 또는 도관(송수관)'의 의미로 인식할 것이어서, 그 지정상품의 주요 부품을 나타내거나 그 주된 기능의 하나인 도관을 따라 필요한 곳으로 물을 흐르게 하는 기능을 나타내고 있으므로, 이 사건 출원상표는 원재료, 효능, 용도 등의 성질을 보통으로 사용하는 방법으로 표시한 표장만으로 구성된 기술적 표장에 해당한다고 봄이 상당하다. 그럼에도, 원심은 수요자들이 사전을 찾아보지 않는다면 이 사건 출원상표가 송수관이라는 의미를 직감하기 어렵고, 설령 송수관을 직감시킨다고 하더라도 물을 분배하는 지정상품의 주된 기능을 암시하는 정도에 그친다고 하여 이 사건 출원상표가 기술적 표장에 해당하지 않는다고 판단하였으니, 원심판결에는 기술적 표장에 관한 법리를 오해하여 판결 결과에 영향을 미친 위법이 있다. 이 점을 지적하는 상고이유의 주장은 이유 있다. 그러므로 원심판결을 파기하고, 사건을 다시 심리 · 판단하게 하기 위하여 원심법원으로 환송하기로 하여 관여 대법관의 일치된 의견으로 주문과 같이 판결한다.

대법원 2007. 9. 20. **선고** 2007**후**1824 **판결 【등록무효(상)】**

【판시사항】

[1] 서비스표가 상표법 제6조 제1항 제3호에서 정한 기술적 표장에 해당하는지 여부의 판단 기준

[2] 지정서비스업을 '가사서비스업'으로 하는 등록서비스표 "파출박사"가 기술적 표장에 해당한다고 본 사례

【판결요지】

[1] 어떤 상표가 상표법 제6조 제1항 제3호에서 정한 상품의 품질 · 효능 · 용도 등을 보통으로 사용하는 방법으로 표시한 표장만으로 된 상표에 해당하는지 여부는 그 상표가 지니고 있는 관념, 지정상품과의 관계, 거래사회의 실정 등을 감안하여 객관적으로 판단하여야 하며, 이러한 법리는 상표법 제2조 제3항에 의하여 서비스표의 경우에도 마찬가지로 적용된다.

[2] 지정서비스업을 '가사서비스업'으로 하고 '파출'과 '박사'의 두 단어를 결합하여 구성한 등록서비스표 "파출박사"는 그 지정서비스업에 사용될 경우에 '사람(특히 파출부)을 보내어 집안일을 하는 데 능통함'이라는 의미로 인식되어, 가사서비스업의 품질 · 용도 · 효능 등을 보통으로 사용하는 방법으로 표시한 표장만으로 구성된 기술적 표장에 해당한다고 본 사례.

대법원 2007. 6. 1. 선고 2007후555 판결 【등록무효(상)】

【판시사항】

[1] 상표법 제6조 제1항 제3호의 기술적(기술적) 표장에 해당하는지 여부의 판단 기준

[2] 상표법 제7조 제1항 제11호의 '상품의 품질을 오인하게 할 염려가 있는 상표'의 의미

[3] 등록상표 "COLOR CON"은 지정상품 중 '유채색'의 콘크리트타일, 투수콘크리트, 투수콘크리트타일에 사용될 경우에는 상표법 제6조 제1항 제3호의 기술적(기술적) 상표에 해당하고, 지정상품 중 '무채색'의 콘크리트타일, 투수콘크리트, 투수콘크리트타일 및 모르타르, 아스팔트, 아스팔트펠트, 아스팔트타일에 사용될 경우에는 상표법 제7조 제1항 제11호의 품질오인 상표에 해당한다고 한 사례

【이 유】

상고이유를 판단한다.

상표법 제6조 제1항 제3호의 '상품의 산지 · 품질 · 효능 · 용도 · 형상 등을 보통으로 사용하는 방법으로 표시한 표장'에 해당하는지 여부는 그 상표가 지니고 있는 관념, 지정상품과의 관계 및 거래사회의 실정 등을 감안하여 객관적으로 판단하여야 하는바(대법원 2000. 2. 22. 선고 99후2440 판결, 2004. 8. 16. 선고 2002후1140 판결 등 참조), 수요자가 지정상품을 고려하여서 그 품질, 효능, 형상 등의 성질을 표시하고 있는 것으로 직감할 수 있으면 기술적 표장이라 할 수 있다. 또한, 상표법 제7조 제1항 제11호의 '상품의 품질을 오인하게 할 염려가 있는 상표'라 함은 그 상표의 구성자체가 그 지정상품이 본래 가지고

있는 성질과 다른 성질을 갖는 것으로 수요자를 오인하게 할 염려가 있는 상표를 말한다(대법원 2000. 10. 13. 선고 99후628 판결 참조).

원심이 인정한 사실과 기록에 의하면, 지정상품을 '모르타르, 아스팔트, 아스팔트펠트, 보도판, 아스팔트타일, 콘크리트타일, 바닥재, 투수콘크리트, 투수콘크리트타일'로 하고 "COLOR CON"으로 구성된 이 사건 등록상표(등록번호 제342343호)의 등록결정일인 1996. 6. 10.경에는 콘크리트 업계 또는 건축 관련 업계에서 레미콘(Ready Mixed Concrete의 약칭), 아스콘(Asphalt Concrete의 약칭), 투수콘(투수 Concrete의 약칭)이라는 용어가 광범위하게 사용되고 있어 '콘'이라 함은 콘크리트의 약칭으로 인식되고 있었던 점, 늦어도 1991년경부터 기존의 흑색, 회색 등 무채색 계열의 콘크리트와 색채에 있어 크게 다른 녹색, 적색 등을 포함한 유채색 계열의 콘크리트 · 아스팔트 콘크리트가 생산되기 시작하여 콘크리트 업계 또는 건축 관련 업계에서는 이를 기존의 무채색 계열의 콘크리트 · 아스팔트 콘크리트에 대칭되는 개념으로 각각 칼라 콘크리트 및 칼라 아스콘이라고 부르고 있었던 점을 알 수 있는바, 이러한 사정에 비추어 볼 때, 콘크리트 제품의 수요자들은 "COLOR CON"을 기존의 무채색 콘크리트에 대칭되는 개념으로서 '유채색의 콘크리트'를 의미하는 것으로 직감할 것으로 보이므로, 이 사건 등록상표가 지정상품 중 '유채색'의 콘크리트타일, 투수콘크리트, 투수콘크리트타일에 대하여 사용될 경우에는 상품의 성질을 나타낸 것으로 식별력이 없고, '무채색'의 콘크리트타일, 투수콘크리트, 투수콘크리트타일에 대하여 사용될 경우에는 이를 유채색의 콘크리트 제품으로 상품의 성질을 오인할 수 있으며, 모르타르, 아스팔트, 아스팔트펠트, 아스팔트타일에 사용될 경우에는 이를 유채색의 콘크리트 제품으로 상품의 성질과 상품 자체 모두를 오인할 우려가 있다.

따라서 이 사건 등록상표는 위 지정상품들에 대하여 그 성질을 보통으로 사용하는 방법으로 표시한 표장만으로 구성된 기술적 상표이거나 상품의 품질을 오인하게 할 염려가 있는 상표에 해당한다. 그럼에도 칼라가 특정한 색상을 의미하는 것은 아니고, 일반적으로 종전의 콘크리트나 아스팔트는 무채색이 주류를 이루고 있어 칼라가 그 공통되는 성질을 직접적으로 표시한다고 할 수 없으며, 콘에는 콘크리트의 약칭이외에도 다양한 의미가 있음을 이유로 이 사건 등록상표가 위 지정상품들에 대하여 기술적 상표 또는 품질오인 상표에 해당하지 아니한다고 판단한 원심판결은 상표법 제6조 제1항 제3호 및 제7조 제1항 제11호의 법리를 오해하여 판결 결과에 영향을 미친 위법이 있다 할 것이다. 그러므로 원심판결 중 원고 패소부분을 파기하고, 이 부분 사건을 다시 심리 · 판단하게 하기 위하여 원심법원에 환송하기로 하여 관여 대법관의 일치된 의견으로 주문과 같이 판결한다.

대법원 2004. 8. 16. 선고 2002후1140 판결 【등록무효(상)】

【판시사항】

[1] 구 상표법 제6조 제1항 제3호가 규정하는 기술적 상표에 해당하는지 여부의 판단 기준

[2] 한자 및 한글이 "칠자병차/칠자병차"로 병기된 등록상표가 전체적으로 그 지정상품인 '녹차, 오룡차' 등의 형상을 보통으로 나타내는 기술적 표장에 해당한다고 한 사례

【판결요지】

[1] 구 상표법(1997. 8. 22. 법률 제5576호로 개정되기 전의 것) 제6조 제1항 제3호가 상품의 산지, 품질, 효능, 용도 등을 보통으로 사용하는 방법으로 표시한 표장만으로 된 상표를 등록받을 수 없도록 한 것은 그와 같은 기술적 상표는 통상 상품의 유통과정에서 필요한 표시여서 누구라도 이를 사용할 필요가 있고 그 사용을 원하기 때문에 이를 특정인에게 독점배타적으로 사용하게 할 수 없다는 공익상의 요청과 이와 같은 상표를 허용할 경우에는 타인의 동종상품과의 관계에서 식별이 어렵다는 점에 그 이유가 있는 것이므로, 어느 상표가 이에 해당하는지의 여부는 그 상표가 지니고 있는 관념·지정상품과의 관계 및 거래사회의 실정 등을 감안하여 객관적으로 판단하여야 한다.

[2] 중국차 제품의 소개와 그 수입 및 판매 현황, 판매 기간, 그 수요자 및 거래자의 범위 등 거래의 실정과 우리나라의 일상 언어가 한자문화권에 있음을 감안하면, 한자 및 한글이 "칠자병차/칠자병차"로 병기된 등록상표의 등록사정일 당시에는 우리나라의 일반 수요자 및 거래자들 사이에서 "칠자병차"가 보통명칭이나 관용표장으로 사용되고 있다고는 볼 수 없을지라도, 위 등록상표를 보고 일반 수요자나 거래자들은 그 지정상품인 '녹차, 오룡차' 등이 '떡 모양'의 형태로 7개 단위로 포장된 것임을 쉽게 인식할 수 있다고 할 것이므로, 등록상표가 전체적으로 그 지정상품의 형상을 보통으로 나타내는 기술적 표장에 해당한다고 한 사례.

대법원 2003. 5. 30. 선고 2002후2112 판결 【등록무효(상)】

【판시사항】

등록상표의 구성부분인 'SPA'가 기술적 표장 및 관용표장이 아니고, 등록상표와 인용상표들이 'SPA'나 '스파'로 호칭될 경우 그 호칭 및 관념이 동일하여 양 상표들을 객관적, 전체적, 이격적으로 관찰할 때 서로 유사하다고 한 사례

【판결요지】

등록상표의 구성부분인 'SPA'가 그 지정상품에 사용될 경우 '온천수의 미네랄 성분을 함유한', '온천수의 미용효과가 있는', '스파에서 주로 판매되는', '스파의 효과가 있는 홈스파 제품' 등과 같이 그 화장품의 원재료나 효능 및 용도를 직접적으로 표시하는 의미로 직감된다고는 볼 수 없고, 등록상표와 인용상표들이 'SPA'나 '스파'로 호칭될 경우 그 호칭 및 관념이 동일하여 양 상표들을 객관적, 전체적, 이격적으로 관찰할 때 서로 유사하다고 한 사례.

대법원 2002. 7. 26. 선고 2002후765 판결 【거절사정(상)】

【판시사항】

[1] 상표의 유사 여부 판단 기준 및 기술적 표장만으로 된 상표와 다른 식별력 있는 상표의 유사 여부를 판단함에 있어 상표의 식별력 유무가 고려대상이 되는지 여부(적극)

[2] 인용상표 "비츠"가 과자류 상품에 대하여 식별력이 있는지 여부(적극) 및 출원상표

"빈츠"와의 유사 여부(적극)

【판결요지】

[1] 상표의 유사는 상표의 외관 · 호칭 · 관념을 수요자의 입장에서 전체적, 객관적, 이격적으로 관찰하여 상품의 출처에 관하여 오인 · 혼동을 일으킬 우려가 있는지 여부에 의하여 결정하여야 하는 것으로서, 외관 · 호칭 · 관념 중에서 어느 하나가 유사하다 하더라도 전체로서의 상표가 수요자들로 하여금 명확히 상품 출처의 오인 · 혼동을 피할 수 있게 하는 경우에는 유사한 것이라고 할 수 없다 할 것인바, 대비대상이 되는 두 상표 중 하나가 자타 상품의 식별력이 없는 것이라면 설사 그 대비되는 상표와 외관 · 호칭 · 관념 중 일부에 동일 · 유사한 점이 있다 하더라도 상표 전체로서 수요자들로 하여금 상품 출처의 오인 · 혼동을 피할 수 있게 하는 가능성이 크다 할 것이므로 오로지 기술적 표장만으로 된 상표와 다른 식별력 있는 상표의 유사 여부를 판단함에 있어서도 상표의 식별력 유무는 고려대상이 되어야 한다.

[2] 우리나라의 영어보급수준을 감안할 때 출원상표 "빈츠"와 인용상표 "비츠"의 지정상품인 과자류 상품에 관한 일반 수요자나 거래자가 "비츠"를 영어단어 "bits"의 한글 음역으로서 "작은 조각, 소량" 등의 관념을 가지는 것으로 직감할 수 있다고 보기 어려워 "비츠"가 그 지정상품에 관하여 자타 상품의 식별력이 없다 할 수 없고, 출원상표 "빈츠"는 외관과 호칭에 있어서 인용상표 "비츠"와 유사하여 동일 · 유사한 지정상품에 사용하는 경우 상품의 출처에 관한 오인 · 혼동을 일으킬 우려가 있는 유사한 상표에 해당한다.

대법원 2002. 6. 11. **선고** 2000**후**2569 **판결 【거절사정(상)】**

【판시사항】

[1] 기술적 문자상표의 도형화된 정도가 일반인의 특별한 주의를 끌 정도에 이르러 문자인식력을 압도할 경우, 상표법 제6조 제1항 제3호 소정의 '보통으로 사용하는 방법으로 표시하는' 표장에 해당하는지 여부(소극)

[2] 출원상표 "ORIGINAL+Jazz+CLASSIC"의 구성 중 필기체로 표기된 "Jazz"부분의 도안화 정도가 문자의 기술적 또는 설명적인 의미를 직감할 수 없을 만큼 문자인식력을 압도하여 일반인의 특별한 주의를 끌 정도이므로 출원상표는 전체적으로 '지정상품의 품질 · 효능을 보통으로 사용하는 방법으로 표시하는' 표장이라고 단정할 수 없다고 한 사례

【판결요지】

[1] 기술적 문자상표가 도형화(도안화)되어 있어 일반인이 보통의 주의력을 가지고 있는 경우 전체적으로 보아 그 도형화된 정도가 일반인의 특별한 주의를 끌 정도에 이르러 문자의 기술적 또는 설명적인 의미를 직감할 수 없을 만큼 문자인식력을 압도할 경우에는 특별한 식별력을 가진 것으로 보아야 하므로 이러한 경우에는 상표법 제6조 제1항 제3호에서 정하는 '보통으로 사용하는 방법으로 표시하는' 표장이라고 볼 수

없다.

[2] 출원상표 "ORIGINAL+Jazz+CLASSIC"의 구성 중 필기체로 표기된 'Jazz' 부분의 도안화 정도가 문자의 기술적 또는 설명적인 의미를 직감할 수 없을 만큼 문자인식력을 압도하여 일반인의 특별한 주의를 끌 정도이므로 출원상표는 전체적으로 '지정상품의 품질·효능을 보통으로 사용하는 방법으로 표시하는' 표장이라고 단정할 수 없다고 한 사례.

대법원 2001. 9. 14. **선고** 2000**후**2606 **판결 【거절사정(상)】**

【판시사항】

출원상표 "AQUATEINT MAT"의 'MAT' 부분이 기술적 표장인지 여부(적극) 및 출원상표 "AQUATEINT MAT"와 인용상표 "MAT" 및 "MATT"의 유사 여부(소극)

【판결요지】

출원상표 "AQUATEINT MAT"의 등록출원시에는 화장품업계의 전문 거래업자뿐만 아니라 여성 화장품의 일반 수요자들도 'MAT'가 화장품의 품질이나 효능을 직접적으로 표시하는 '반들거리지 않는, 광택이 없는'의 관념을 가지는 것으로 직감할 수 있는 상태에 이르렀다고 봄이 상당하고, 따라서 'MAT'는 식별력이 없는 기술적 표장에 불과하여 출원상표의 요부는 'AQUATEINT'라 할 것이므로 인용상표 "MAT" 및 "MATT"와는 호칭, 외관 및 관념이 상이하여 서로 동일 · 유사한 지정상품에 사용되더라도 상품 출처의 오인·혼동을 일으킬 염려가 없어서 서로 유사하지 아니하다.

대법원 2001. 4. 27. **선고** 2000**후**2453 **판결 【거절사정(상)】**

【판시사항】

[1] 지정상품을 컴퓨터, 프린터 등으로 한 출원상표 "AceLink"의 'Link' 부분이 지정상품의 품질, 효능을 표시하는 기술적 표장에 해당하고 또 출원상표의 출원 당시 이미 그 지정상품이 속한 상품류 구분의 상품에 관하여 'LINK'라는 단어를 포함하는 상표가 다수 등록되어 있거나 출원공고된 바가 있으므로 자타상품의 식별력이 약하다고 본 사례

[2] 출원상표 "AceLink"와 인용상표 "ACE+에이스" 및 "Link"와의 유사 여부(소극)

【판결요지】

[1] 지정상품을 컴퓨터, 프린터 등으로 한 출원상표 "AceLink"의 'Link' 부분이 지정상품의 품질, 효능을 표시하는 기술적 표장에 해당하고 또 출원상표의 출원 당시 이미 그 지정상품이 속한 상품류 구분의 상품에 관하여 'LINK'라는 단어를 포함하는 상표가 다수 등록되어 있거나 출원공고된 바가 있으므로 자타상품의 식별력이 약하다고 본 사례.

[2] 출원상표 "AceLink"는 그 구성부분인 'Ace'와 'Link'가 모두 독자적으로는 자타상품을 구별할 수 있는 식별력이 약하므로 다른 상표와 동일 유사를 판단함에 있어서 독자적

으로 각각 요부가 될 수 없고 또 "AceLink"는 5음절의 비교적 발음하기 쉬운 단어로 구성되어 있어, 간략한 호칭이나 관념에 의하여 상표를 기억하려는 일반수요자나 거래자의 경향을 감안하더라도, 이들이 출원상표를 각각 식별력이 약한 'Ace'와 'Link'의 두 부분으로 분리하여 'Ace' 또는 'Link'만으로 호칭하고 관념할 것으로 보기는 어려우므로, 출원상표 "AceLink"와 인용상표 "ACE+에이스" 및 "Link"들을 비교함에 있어서 원칙으로 돌아가 전체로서 관찰하여 그 외관, 호칭 및 관념을 비교·검토하여 판단하면, 출원상표는 인용상표들과 외관, 호칭 및 관념이 다르므로 결국 양 상표는 동일 유사하지 아니하다.

대법원 2001. 4. 24. 선고 2000후3425 판결【권리범위확인(상)】

【판시사항】

[1] 사용 상품에 "MOSAIC COLOR" 이외에 "U2B"의 문자가 함께 사용된 경우, 양 표장의 부착 위치, 배열, 크기, 글자체 등을 고려할 때 거래사회의 통념상 이들이 전체로서 결합된 하나의 상표라기보다는 "MOSAIC COLOR"가 "U2B"와는 분리된 일종의 부(부)상표의 역할을 하는 독립된 표장이라고 본 사례

[2] 적극적 권리범위확인심판에 있어서 (가)호 표장의 특정 정도

[3] (가)호 표장 "MOSAIC COLOR"가 훼이셜 터치(facial touch)와 같은 콤팩트 계열의 화장품에 사용되는 경우, 향수, 콤팩트 등을 지정상품으로 하는 등록상표 "모자이크+MOSAIQUE"의 권리범위에 속하는지 여부(소극)

[4] 구 상표법 제26조 제2호 소정의 기술적 표장은 반드시 거래사회에서 현실적으로 사용되어야만 인정되는 것인지 여부(소극)

【판결요지】

[1] 사용 상품에 "MOSAIC COLOR" 이외에 "U2B"의 문자가 함께 사용되었지만, "MOSAIC COLOR"는 "U2B"보다 훨씬 아래쪽에 부착되어 있고 글자체도 평범한 고딕체로 작게 표기되어 있어 양 표장의 부착 위치, 배열, 크기, 글자체 등을 고려할 때 거래사회의 통념상 이들이 전체로서 결합된 하나의 상표라기보다는 "MOSAIC COLOR"가 "U2B"와는 분리된 일종의 부(부)상표의 역할을 하는 독립된 표장이라고 본 사례.

[2] 권리범위확인심판에 있어서는 상표로서의 외관과 형식을 갖추고 있는 한 그것을 (가)호 표장으로 하여 등록상표권의 권리범위에 속하는지 여부의 확인을 구할 수 있다고 봄이 권리범위확인심판제도의 취지에 부합하며, (가)호 표장이 구 상표법(1990. 1. 13. 법률 제4210호로 전문 개정되기 전의 것) 제26조 제2호에서 규정하는 기술적(기술적) 표장에 해당하여 등록상표권의 권리범위에 속하지 아니하는지 여부는 심판의 본안에서 판단되어야 할 성질의 것이다.

[3] 우리나라의 영어 보급 수준이나 '모자이크'라는 단어의 사용실태에 비추어 볼 때 "MOSAIC"는 일반 수요자나 거래자로 하여금 색깔이나 모양이 다른 여러 가지 재료들을 혼재시켜 나타내는 방식을 의미하는 것으로 직감하게 하므로, "MOSAIC COLOR"가 훼이셜 터치(facial touch)와 같은 콤팩트 계열의 화장품에 사용되는 경우 모자이크

무늬처럼 여러 가지 색깔의 분가루가 구획을 나누어 하나의 용기에 담겨 있는 제품을 의미하는 것으로 직감할 수 있어 (가)호 표장 "MOSAIC COLOR"는 등록상표 "모자이크+MOSAIQUE"의 지정상품인 향수, 콤팩트 등과 유사한 훼이셜 터치의 형상, 색깔 등 성질을 보통으로 사용하는 방법으로 표시하는 표장에 해당한다 할 것이어서 구 상표법(1990. 1. 13. 법률 제4210호로 전문 개정되기 전의 것) 제26조 제2호의 규정에 의하여 (가)호 표장에는 등록상표권의 효력이 미치지 아니한다. [4] 구 상표법(1990. 1. 13. 법률 제4210호로 전문 개정되기 전의 것) 제26조 제2호에서 규정하는 기술적 표장은 반드시 거래사회에서 현실적으로 사용되어야만 인정되는 것은 아니다.

특허법원 2014. 5. 29. 선고 2013허9263 판결 【거절결정(상)】 확정

【판시사항】

특허청 심사관이 출원상표 ""에 대해 출원상표가 상표법 제6조 제1항 제3호 등의 상표부등록사유에 해당한다는 이유로 등록거절을 하자 甲이 특허심판원에 위 거절결정의 취소를 청구하였는데 특허심판원이 이를 기각한 사안에서, 위 출원상표는 지정상품 중 빵류 등에 관하여 상품의 형상을 보통으로 사용하는 방법으로 표시한 표장만으로 된 상표로서 상표법 제6조 제1항 제3호에 해당한다고 한 사례

【판결요지】

특허청 심사관이 출원상표 ""에 대해 출원상표가 상표법 제6조 제1항 제3호 등의 상표부등록사유에 해당한다는 이유로 등록거절을 하자 甲이 특허심판원에 위 거절결정의 취소를 청구하였는데 특허심판원이 이를 기각한 사안에서, 乙 주식회사 등이 '똥 모양의 빵'을 제조・판매하여 왔고 '똥'의 형상과 모양을 '빵'에 적용했다는 참신함과 독특함으로 인하여 신문기사 등 언론에 보도되어 널리 홍보되었으며, 인터넷의 빠른 정보전달 기능과 유행에 민감한 수요자들의 호기심과 체험 욕구 등에 의하여 '똥 모양의 빵'에 관한 인식이 빠른 속도로 널리 확산된 결과 출원상표의 거절결정일 당시에는 일반 수요자들에게 '똥 모양의 빵'이 잘 알려져 있었으므로, '똥'의 형상과 모양을 모티브로 한 출원상표는 지정상품 중 빵류 등에 사용되는 경우 일반 수요자들에게 '똥 모양의 빵' 또는 '똥빵'으로 직감될 것이어서, 위 출원상표는 지정상품 중 빵류 등에 관하여 상품의 형상을 보통으로 사용하는 방법으로 표시한 표장만으로 된 상표로서 상표법 제6조 제1항 제3호에 해당한다고 한 사례.

(4) 현저한 지리적 명칭·그 약어 또는 지도만으로 된 상표

(가) 의 의

1) 서 설

상표법 제33조 제1항 제4호에 따르면, 현저한 지리적 명칭·그 약어 또는 지도만으로

된 상표는 상품의 식별력이 없는 상표로 등록되지 않는다. 왜냐하면 현저한 지리적 명칭·그 약어 또는 지도 그 자체는 자타상품 식별력이 없어 상표법상 보호가치가 없으며 특정인에게 독점시키는 것은 공익의 견지에서 부당하기 때문이다. 특정 문화재·지형·시설 등이 국내의 일반 수요자들에게 현저하게 알려진 결과 그것이 특정한 지역을 표시하는 것으로 인식되고 있더라도, 그러한 문화재·지형·시설 등은 본호의 현저한 지리적 명칭 등에 해당한다고 볼 수 없다.[224)]

2) 개념의 정의

현저한 지리적 명칭이 일반소비자에게 널리 인식된 경우를 말하며 소수의 특정인만이 알고 있는 지리적 명칭은 포함되지 않는다. 판례에 따르면, 현저한 지리적 명칭이라 함은 "단순히 지리적, 지역적 명칭을 말하는 것일 뿐 특정상품과 지리적 명칭을 연관하여 그 지방의 특산물의 산지표시로서의 지리적 명칭임을 요하는 것은 아니라 할 것이며, 따라서 그 지리적 명칭이 현저하기만 하면 여기에 해당하고, 지정상품과의 사이에 특수한 관계가 있음을 인식할 수 있어야만 하는 것은 아니다."라고 판시하였다.[225)] 그리고 여기에서 '지도'라 함은 세계지도 또는 국가의 지도 등을 의미하며 정확한 지도는 물론 사회통념상 이러한 지도임을 인식할 수 있는 정도이면 된다.[226)] 현저한 지리적 명칭, 그 약어 또는 지도가 포함된 상표라도 그 현저한 지리적 명칭 등이 상표의 주요부분으로 볼 수 없고, 그 나머지 부분에 의하여 식별력이 있는 경우에는 상표로서 등록이 가능하다. 즉 현저한 지리적 명칭·그 약어 또는 지도 이외에 다른 식별력 있는 문자, 기호, 도형 등이 결합되어 있는 상표는 원칙적으로 본호에 해당하지 아니한다.[227)]

특허청의 상표심사기준에 따르면, 국가명, 우리나라의 특별시·광역시 또는 도의 명칭, 특별시·광역시·도의 시·군·구의 명칭, 저명한 외국의 수도, 대도시명, 주 또는 이에 상당하는 행정구역의 명칭 그리고 현저하게 알려진 국내외의 고적지, 관광지, 번화가 등의 명칭과 그 약칭은 이에 해당하는 것으로 본다.[228)]

현저한 지리적 명칭의 예로는 천진함흥냉면,[229)] 일동,[230)] 천마산,[231)] 서울,[232)] 핀란디아

224) 대법원 2003. 8. 25. 선고 2003후1260 판결; 특허법원 2004. 11. 12. 선고 2004허3164 판결 등.
225) 대법원 2000. 6. 13. 선고 98후1273 판결【거절사정(상)】.
226) 상표심사기준 제4부 제4장 1.1.1. (ii).
227) 특허법원 지적재산소송실무연구회, 앞의 책, 525면.
228) 상표심사기준 제4부 제4장 1.1.
229) 대법원 2010. 6. 24. 선고 2009후3916 판결【거절결정(상)】(출원서비스표 "**천진함흥냉면**"에서는 '천진'이 '함흥냉면'과 함께 표기되어 있고, '함흥냉면'은 이미 그 자체로 냉면의 한 종류를 가리키는 관용표장으로 되었다 할 것인데, 일반적으로 음식이름을 포함하는 표장에서는 지역 명칭을 함께 표기하는 경우가 흔히 있으므로, 비록 중국의 지명을 한글로 표기할 때 원칙적으로 중국어

및 FINLANDIA,[233] oxford, vienna, line, heidelberg, 뉴욕, 긴자(은좌),[234] Fifth Avenue,[235] Manhattan,[236] Georgia, London Town, BRITISH-AMERICAN,[237] Innsbruck(인스브룩),[238] Halla, JAVA,[239] 장충동,[240] 종로학원,[241] Nippon Express,[242] ENGLAND,[243] 베네치아,[244]

표기법에 따르도록 되어 있는 외래어표기법에 의하면 '천진'을 중국식 발음인 '텐진'으로 표기한다 하더라도, 한자문화권인 우리의 언어관습상 위 출원서비스표의 '천진' 부분은 일반 수요자나 거래자들에게 현저한 지리적 명칭인 중국의 도시명 '천진'의 한글 표기로 직감될 수 있다고 봄이 상당하므로, '함흥냉면' 부분은 위 출원서비스표의 지정서비스업과 관련하여 볼 때 식별력이 없고, '천진'과의 결합에 의하여 새로운 관념을 낳는다거나 전혀 다른 새로운 조어가 되었다고 할 수도 없으므로, 위 출원서비스표는 전체적으로 상표법 제6조 제1항 제4호가 규정하는 현저한 지리적 명칭만으로 된 표장에 해당한다고 한 사례).

230) 대법원 2003. 7. 11. 선고 2002후2464 판결【등록무효(상)】.

231) 대법원 1998. 2. 10. 선고 97후600 판결【거절사정(상)】(출원서비스표 "천마산곰탕" 중 "천마산"은 경기 양주군 화도면과 진건면 사이에 위치한 산으로 스키장 등 겨울 레저스포츠 시설이 설치되어 있고, 사시사철 산을 오를 수 있도록 등산로가 개설되어 있는 등으로 일반 수요자나 거래자에게 널리 알려져 있으므로, "천마산"은 현저한 지리적 명칭에 해당한다고 판시한 사례).

232) 대법원 1994. 9. 27. 선고 94다2213 판결【손해배상(기)】.

233) 대법원 1996. 8. 23. 선고 96후54, 61 판결.

234) 대법원 1992. 11. 10. 선고 92후452 판결【거절사정】(긴자(銀座)는 일본국 동경에 있는 번화가의 이름으로서 출원상표의 지정상품이 향수나 콤팩트 등 화장품인 점을 고려하여 볼 때 그 일반 거래자나 수요자는 유행에 민감한 여성으로 보여지고 그들은 긴자에 대하여 잘 인식하고 있다고 보여지므로 긴자는 일반 수요자나 거래자에 대한 관계에 있어서 현저하게 인식된 지리적 명칭이라 할 수 있다고 판시한 사례).

235) 대법원 1992. 11. 27. 선고 92후728 판결【거절사정】(출원상표 "Fifth Avenue"는 "미국 뉴욕시의 번화한 상점가"로 우리나라 거래사회의 수요자 간에 널리 인식되어 구 상표법(1990.1.13. 법률 제4210호로 전문 개정되기 전의 것) 제8조 제1항 제4호 소정의 "현저한 지리적 명칭"에 해당한다고 판시한 사례).

236) 대법원 1986. 6. 24. 선고 85후62 판결.

237) 대법원 1997. 10. 14. 선고 96후2456 판결【거절사정(상)】(출원상표 "BRITISH-AMERICAN"의 지정상품은 성냥, 라이터 등인바, 우리나라 일반 수요자들의 영어이해 수준에 비추어 볼 때 'BRITISH'는 '영국의, 영국인의'라는 뜻으로 'AMERICAN'은 '미국의, 미국인의'라는 뜻으로 직감적으로 이해될 것이므로 출원상표는 영국 및 미국을 일컫는 현저한 지리적 명칭만으로 된 상표라 할 것이어서 식별력이 부족하고, 한편 출원상표가 영국이나 미국에서 제조·생산된 것이 아닌 지정상품에 사용될 경우에는 일반 수요자들이 영국산이나 미국산인 것으로 상품의 출처나 품질을 오인·혼동할 염려가 있다고 한 사례).

238) 대법원 2001. 7. 27. 선고 99후2723 판결 【등록무효(상)】["INNSBRUCK"은 인(INN)강을 잇는 다리라는 뜻을 가진 오스트리아 서부 티롤주(州)의 주도(州都)로서 인(INN)강에 면하여 로마시대부터 동부알프스의 교통요지이고, 관광도시로서의 성격이 농후하여 연중 관광객의 발길이 끊이지 않으며, 1964년, 1976년 동계올림픽이 개최된 곳으로서 방송 등 언론매체를 통하여 우리나라를 비롯한 여러 나라 국민들에게 그 도시의 역사와 풍물 등이 소개되어 널리 알려지고 있고, 더구나 우리나라에서도 역대 올림픽경기나 그 개최지에 대한 관심이 고조되어 왔으므로, 상표 "INNSBRUCK + 인스브룩"의 'INNSBRUCK' 부분은 적어도 그 등록사정시인 1997. 10. 31.경에는 우리나라 거래사회의 수요자 간에 현저하게 알려진 지명이라는 이유로 상표 "INNSBRUCK + 인스브룩"은 현저한 지리적 명칭만으로 된 표장에 해당한다고 본 사례].

239) 대법원 2000. 6. 13. 선고 98후1273 판결【거절사정(상)】.

240) 서비스표 "장충동왕족발+의인화된 돼지 도형" 중 '장충동'이 현저한 지리적 명칭에 해당한다고

백암온천,[245] FUJI[246] 등이 있고, 현저한 지리적 명칭에 해당하지 아니하는 예로는 동아,[247] 강남,[248] 예천(藝泉),[249] 중동GASTECH,[250] PIZZA TO GO,[251] 경기도시공사 Gyeonggi Urban INNovation Corporation[252] 등이

판시한 사례로는 대법원 2000. 6. 23. 선고 98후1457 판결 【권리범위확인(상)】('장충동'은 서울 중구에 속하는 동(洞)의 이름으로서 각종 운동경기 등 여러 행사가 개최됨으로 인하여 텔레비전을 비롯한 각종 신문방송매체 등을 통하여 전국적으로 알려져 있는 '장충체육관'이 위치하고 있는 등으로 일반 수요자나 거래자들에게 널리 알려져 있으므로 '장충동'은 현저한 지리적 명칭에 해당하여 자타(自他)서비스업의 식별력이 없다).

241) 대법원 2001. 2. 9. 선고 98후379 판결.

242) 대법원 1996. 2. 13. 선고 95후1296 판결【거절사정】(출원 서비스표 "NIPPON EXPRESS" 중 "NIPPON"은 "일본국"의 영문표기로서 현저한 지리적 명칭에 해당하고, "EXPRESS"는 "급행편, 지급편, 속달편" 등의 의미를 가지고 있어 그 지정서비스업인 자동차운송업, 택시운송업, 화물운송업 등과 관련하여 볼 때 식별력이 없다고 할 것이어서 이 사건 출원서비스표는 이를 전체적으로 관찰할 때 수요자들 사이에 주로 현저한 지리적 명칭인 "NIPPON"으로 인식될 것이므로 상표법 제6조 제1항 제4호에 의하여 그 등록은 거절되어야 한다고 본 원심의 판단을 수긍한 사례).

243) 대법원 1992. 2. 11. 선고 91후1427 판결【거절사정】(출원상표 "OLD ENGLAND"는 전체적으로 관찰할 때 현저한 지리적 명칭인 "ENGLAND"로 인식되어 구 상표법 제8조 제1항 제4호에 해당하므로 등록출원을 허용할 수 없다고 한 사례).

244) 특허법원 2003. 4. 11. 선고 2003허175 판결.

245) 대법원 1986. 7. 22. 선고 85후103 판결.

246) 특허법원 2010. 7. 16. 선고 2010허555 판결【거절결정(상)】('FUJI'는 일본의 최고 높은 산인 후지산의 이름으로서 현저한 지리적 명칭에 해당하고, 'FUJI' 부분이 다른 문자와 결합되어 있다 하더라도 'FUJI' 부분 자체는 자타상품의 식별력이 없다고 한 사례)

247) 대법원 1994. 10. 7. 선고 94후319 판결【서비스표등록무효】("동아"가 "동부아시아"에서 따온 말이라고 하더라도 "동부아시아"가 일반적으로 "동아"로 약칭된다고 보기 어려울 뿐만 아니라 "동부아시아"도 그 범위가 확정되어 있지 아니한 다소 추상적인 지리적·지정학적 관념일 뿐이어서 "동부아시아" 또는 "동아"를 구 상표법(1990.1.13. 법률 제4210호로 전문 개정되기 전의 것) 제8조 제1항 제4호 소정의 현저한 지리적 명칭이나 그 약칭에 해당한다고 볼 수 없다고 판시한 사례).

248) 대법원 1990. 1.23. 선고 88후1397 판결【상표등록무효】(등록상표 "강남약국" 중 "강남"이 1975.10.1. 서울특별시 성동구로부터 분리된 강남구의 명칭과 동일하기는 하나 "강남"은 강의 남부지역, 강의 남방을 이르던 말로 남쪽의 먼 곳이라는 뜻으로 사용되고 있으므로 위 등록상표는 상표법 제8조 제4호 소정의 현저한 지리적 명칭으로 된 상표로 볼 수 없다고 판시한 사례).

249) 특허법원 2000. 12. 8. 선고 2000허624 판결.

250) 특허법원 2000. 4. 27. 선고 99허9076 판결.

251) 대법원 1997. 8. 22. 선고 96후1682 판결.

252) 특허법원 2009. 7. 10. 선고 2009허2302 판결【거절결정(상)】(확정)에서 "이 사건 출원서비스표 '경기도시공사 Gyeonggi Urban INNovation Corporation'는 '경기도시공사'라는 한글 아래에 작은 글씨로 'Gyeonggi Urban INNovation Corporation'이라는 영문이 병기된 표장으로 구성되어 있다. 이 가운데 '경기' 부분 자체는 현저한 지리적 명칭에 해당한다는 할 것이나, 그 나머지 부분인 '도시공사' 및 'Urban INNovation Corporation'이, 이 사건 출원서비스표의 지정서비스업과 관련하여 관용표장이나 기술적 표장에 해당한다고 볼 수는 없고, 또한, '도시공사'그 자체는 '도시개발사업을 수행할 목적으로 설립된 공공기업체'라는 의미를 갖고 있지만, 이 사건 출원서비스표의 지정서비스업에 관하여 '도시공사'가 '업종을 표시하는 표장'이라고 볼 수도 없다. 오히려, '경기도시공사'는 불가분적으로 결합되어 그 전체가 '경기도의 도시개발사업을 수행할 목적으로 설립된 공공기업체'를 인식하게 하므로, 현저한 지리적 명칭인 '경기'에 결합된 '도시공사' 부분이 단순히 부가적인 것이 아니라 새로운 관념을 낳게 하여 '경기도시공사' 전체가 독자적인 식별력을 가지게 되는 경우라고 할 것이다."

있다.

3) 법 제33조(구 상표법 제6조) 제1항 제3호의 '산지'와의 관계

산지만으로 된 상표를 규정하고 있는 상표법 제33조(구 상표법 제6조) 제1항 제3호와의 관계에 있어 판단하면, 제3호의 산지는 생산지를 의미하고, 그 산지가 일반인에게 널리 알려질 필요는 없으며 다만 객관적으로 생산지로 인식되는 명칭이면 족하다. 반면에 본 호의 현저한 명칭은 일반인에게 널리 알려져 있어야 함을 전제로 생산지 인지 여부는 불문한다. 따라서 양자는 서로 중복되는 부분이 발생할 수 있으며, 그 경우 어느 하나의 규정을 적용하거나 또는 두 규정 모두를 다 적용할 수도 있다.[253] 현저한 지리적 명칭·그 약어 또는 지도가 포함된 상표라 하더라도 지리적 표시 단체표장등록출원의 경우와 그 지리적 명칭 등이 상표의 주요 부분으로 볼 수 없고 그 나머지 부분에 의하여 식별력이 있는 경우에는 본 호를 적용하지 않는다. 다만, 지리적 명칭 등이 포함된 상표로서 그 지리적 명칭 등 이외의 부분이 지리적 명칭 등의 부기적 부분이거나 지리적 명칭 등에 흡수되어 불가분의 일체를 구성하고 있는 때에는 그러하지 아니하다. 지리적 명칭 등(지리적 명칭 등이 부기적인 경우를 포함)이 지정상품과의 관계에서 출처의 혼동을 일으킬 우려가 있다고 인정될 때에는 상표법 제34조 제1항 제12호(구 상표법 제7조 제1항 제11호)의 규정도 아울러 같이 적용된다. 본 호가 규정하는 지리적 명칭과 업종명을 결합하여 만든 협회, 조합, 연구소 등 비영리단체와 상법상 회사의 명칭과 이들의 약칭에 대해서는 본 호의 규정은 이를 적용하지 아니한다. 예컨대 ROCHAS PARIS (지정상품 : 화장품류)의 경우, ROCHAS가 회사명을 표시하더라도 PARIS 가 현저한 지리적 명칭으로 부각되어 지리적 명칭인 표장에 해당한다. 그리고 오거스타(Augusta)(지정상품 : 골프용품)의 경우, 오거스타는 미국 메인주의 도시로 골프용품과 관련하여 현저한 지리적 명칭에 해당한다.

(나) 판 단

[1] 시적 기준 : 상표등록여부 결정 시가 되며, 국내에서의 거래실정에 따라 판단한다.

라고 하여 이 표장이 현행 상표법 제33조(구 상표법 제6조) 제1항 제4호의 현저한 지리적 명칭에 해당하지 않는다고 판시하였고, 아울러 이 판결은 "'경기도시공사'는 불가분적으로 결합되어 그 전체가 '경기도의 도시개발사업을 수행할 목적으로 설립된 공공기업체'를 인식하게 하는 점, 지방공사는 지방공기업법에 의하여 지방자치단체가 설립하는 것이고(지방공기업법 제2조, 제49조 참조), 공사가 매각되는 경우 매수인이 상법상의 청산 절차 없이도 주식회사로의 설립등기를 신청할 수 있지만 이 경우 주식회사의 상호에 '공사'라는 명칭은 사용할 수 없으므로(같은 법 제53조, 75조의5 참조), '경기도시공사'라는 표장을 일반수요자나 거래업계에서 누구나 자유롭게 사용하도록 할 공익적인 필요성은 없는 점 등에 비추어 보면, 이 사건 출원서비스표가 자타 상표를 식별할 수 없는 것이라고 할 수 없다."라고 하여 현행 상표법 제33조(구 상표법 제6조) 제1항 제7호의 기타 자타 상표를 식별할 수 없는 경우에도 해당하지 않는다고 판시하였다.

253) 대법원 2003. 7. 11. 선고 2002후2464 판결【등록무효(상)】.

[2] 인적 기준: 현저한 지리적 명칭은 산지표시와는 달리 지정상품과의 관계에서 상대적으로 결정되는 것이 아니라는 점에서 통상적인 일반인의 평균적인 인식을 기준으로 현저성 여부를 판단한다.

대법원 2015. 1. 29. 선고 2014후2283 판결【거절결정(상)】

【판시사항】

[1] 상표법 제6조 제1항 제4호의 규정 취지와 현저한 지리적 명칭 등이 다른 식별력 없는 표장과 결합에 의하여 본래의 현저한 지리적 명칭 등을 떠나 새로운 관념을 낳거나 새로운 식별력을 형성하는 경우, 상표법 제6조 제1항 제4호의 적용이 배제되는지 여부(적극) / 출원상표가 상표법 제6조 제1항 각 호의 식별력 요건을 갖추고 있는지에 관한 판단의 기준 시점

[2] 특허청 심사관이 지정상품을 농산물이유식 등으로 하는 "서 울 대 학 교"로 구성된 출원상표가 상표법 제6조 제1항 제4호, 제7호에 해당한다는 이유로 상표등록을 거절하는 결정을 한 사안에서, 위 출원상표는 충분한 식별력을 가지므로 상표등록이 허용되어야 한다고 한 사례

【판결요지】

[1] 상표법 제6조 제1항 제4호는 현저한 지리적 명칭 · 그 약어 또는 지도만으로 된 상표는 등록을 받을 수 없다고 규정하고 있다. 이와 같은 상표는 현저성과 주지성 때문에 상표의 식별력을 인정할 수 없어 어느 특정 개인에게만 독점사용권을 부여하지 않으려는 데 규정의 취지가 있다. 이에 비추어 보면, 상표법 제6조 제1항 제4호의 규정은 현저한 지리적 명칭 등이 다른 식별력 없는 표장과 결합되어 있는 경우에도 적용될 수 있기는 하나, 그러한 결합에 의하여 본래의 현저한 지리적 명칭 등을 떠나 새로운 관념을 낳거나 새로운 식별력을 형성하는 경우에는 위 법조항의 적용이 배제된다.

한편 출원상표가 상표법 제6조 제1항 각 호의 식별력 요건을 갖추고 있는지 여부에 관한 판단의 기준 시점은 원칙적으로 상표에 대하여 등록 여부를 결정하는 결정 시이고, 거절결정에 대한 불복 심판에 의하여 등록 허부가 결정되는 경우에는 심결 시이다.

[2] 특허청 심사관이 지정상품을 농산물이유식 등으로 하는 "서 울 대 학 교"로 구성된 출원상표가 상표법 제6조 제1항 제4호, 제7호에 해당한다는 이유로 상표등록을 거절하는 결정을 한 사안에서, 위 출원상표는 현저한 지리적 명칭인 '서울'과 흔히 있는 명칭인 '대학교'가 불가분적으로 결합됨에 따라, 단순히 '서울에 있는 대학교'라는 의미가 아니라 '서울특별시 관악구 등에 소재하고 있는 국립종합대학교'라는 새로운 관념이 일반 수요자나 거래자 사이에 형성되어 충분한 식별력을 가지므로 위 지정상품에 대한 상표등록이 허용되어야 한다고 본 원심판단에 법리오해 등의 위법이 없다고 한 사례.

(다) 상표법상 취급

[1] 현저한 지리적 명칭만으로 된 상표에 해당하는 경우에는 상표로서의 일반적 등록요건을 흠결한 것이므로 상표등록거절이유(상 제54조 제3호 (구 상표법 제23조 제1항 제1호)), 정보제공이유(상 제49조(구 상표법 제22조 제3항)), 이의신청이유(상 제60조(구 상표법 제25조) 제1항) 등에 해당한다.

[2] 지리적 명칭이 부기인 경우라도 그것이 지정상품과의 관계에서 출처의 혼동을 일으킬 우려가 있다고 인정되면 상표법 제34조 제1항 제12호(구 상표법 제7조 제1항 제11호)의 규정을 함께 적용한다.

[3] 현저한 지리적 명칭이나 그 약어 또는 지도만으로 된 상표는 상표등록을 받은 경우에도 상표권의 소극적 효력이 제한되며, 상표의 유사여부를 판단함에 있어서도 이러한 부분은 자타상품의 식별력이 없어서 이를 제외한 나머지 부분만을 대비하여 관찰함이 일반적이므로 현저한 지리적 명칭만으로 된 상표는 그와 동일·유사한 부분을 포함한 타인의 후출원상표등록을 배제하지 못한다.

(라) 사 례

대법원 2012. 12. 13. 선고 2011후958 판결 【거절결정(상)】 [공2013상,193]

【판시사항】

[1] 상표법 제6조 제1항 제4호의 규정 취지와 현저한 지리적 명칭 등이 기술적 표장 등과 결합되어 있는 경우 그 사정만으로 위 법조항의 적용이 배제되는지 여부(원칙적 소극) 및 위 규정에서 말하는 '현저한 지리적 명칭'의 의미

[2] 갑 외국회사가 출원상표 " "를 출원하였으나 특허청이 출원상표가 상표법 제6조 제1항 제4호 등에 해당한다는 이유로 등록거절결정을 한 사안에서, 위 출원상표는 현저한 지리적 명칭인 'GEORGIA'로 인식될 것이어서 상표법 제6조 제1항 제4호에 해당된다고 한 사례

【판결요지】

[1] 상표법 제6조 제1항 제4호는 현저한 지리적 명칭·그 약어 또는 지도만으로 된 상표는 등록을 받을 수 없다고 규정하고 있다. 이와 같은 상표는 그 현저성과 주지성 때문에 상표의 식별력을 인정할 수 없어 어느 특정 개인에게만 독점사용권을 부여하지 않으려는 데 그 규정의 취지가 있다. 이에 비추어 보면, 상표법 제6조 제1항 제4호의 규정은 현저한 지리적 명칭, 그 약어 또는 지도만으로 된 표장에만 적용되는 것이 아니고, 현저한 지리적 명칭 등이 식별력 없는 기술적 표장 등과 결합되어 있는 경우라고 하더라도 그 결합에 의하여 본래의 현저한 지리적 명칭이나 기술적 의미 등을

떠나 새로운 관념을 낳는다거나 새로운 식별력을 형성하는 것이 아니라면 지리적 명칭 등과 기술적 표장 등이 결합된 표장이라는 사정만으로 위 법조항의 적용이 배제된다고 할 수 없다. 한편 위 규정에서 말하는 현저한 지리적 명칭이란 단순히 지리적, 지역적 명칭을 말하는 것일 뿐 특정상품과 지리적 명칭을 연관하여 그 지방 특산물의 산지표시로서의 지리적 명칭임을 요하는 것은 아니라 할 것이다. 따라서 그 지리적 명칭이 현저하기만 하면 여기에 해당하고, 지정상품과 사이에 특수한 관계가 있음을 인식할 수 있어야만 하는 것은 아니다.

[2] 갑 외국회사가 출원상표 "GEORGIA"를 출원하였으나 특허청이 출원상표가 상표법 제6조 제1항 제4호 등에 해당한다는 이유로 등록거절결정을 한 사안에서, 위 표장 중 문자부분 'GEORGIA'는 아시아 북서부에 있는 국가인 그루지야의 영문 명칭 또는 미국 남동부 주의 명칭으로서 일반 수요자들에게 널리 알려져 있으므로 현저한 지리적 명칭에 해당하고, 커피 원두 도형은 커피 원두의 형상과 모양을 그대로 표시한 것에 불과하며, 찻잔 도형은 다소 도안화가 되어 있으나 찻잔 형상의 기본적인 형태를 유지하고 있어 일반 수요자들이 이를 출원상표의 지정상품 중 커피의 원두와 그 음용의 용도에 쓰이는 찻잔의 형상으로 직감할 수 있으므로 이들 도형부분은 커피와 관련하여 볼 때 식별력이 없고, 위 문자부분과 도형부분의 결합에 의하여 출원상표가 본래의 현저한 지리적 명칭이나 기술적 의미를 떠나 새로운 관념을 낳는다거나 새로운 식별력을 형성하는 것도 아니므로, 위 출원상표는 전체적으로 보아 일반 수요자들 사이에 주로 현저한 지리적 명칭인 'GEORGIA'로 인식될 것이어서 상표법 제6조 제1항 제4호가 규정하는 현저한 지리적 명칭만으로 된 표장에 해당된다고 한 사례.

대법원 2012. 11. 15. 선고 2011후1982 판결

【판시사항】

[1] 등록상표의 구성 중 오랜 기간 사용으로 식별력을 취득한 부분을 포함함으로써 그 이외 구성 부분과의 결합으로 이미 취득한 식별력이 감쇄되지 않는 경우 등록상표의 식별력 유무(적극) 및 위 법리가 서비스표의 경우에도 적용되는지 여부(적극)

[2] 갑 대학교산학협력단이 등록서비스표 "경남대학교
KYUNGNAM UNIVERSITY
慶南大學校"의 등록권리자 을 학교법인을 상대로 등록서비스표가 상표법 제6조 제1항 제4호, 제7호 등에 해당한다는 이유로 등록무효심판청구를 한 사안에서, 등록서비스표는 전체적으로 볼 때 지정서비스업에 대해 자타서비스업의 식별력이 없다고 할 수 없다는 이유로, 이와 달리 본 원심 판결에 법리오해의 위법이 있다고 한 사례

【판결요지】

[1] 등록상표의 구성 중 식별력이 없거나 미약한 부분과 동일한 표장이 거래사회에서 오랜 기간 사용된 결과 상표의 등록 전부터 수요자 간에 누구의 업무에 관련된 상품을

표시하는 것인가 현저하게 인식되어 있는 경우에는 그 부분은 사용된 상품에 관하여 식별력을 가지게 되므로, 위와 같이 식별력을 취득한 부분을 그대로 포함함으로써 그 이외의 구성 부분과의 결합으로 인하여 이미 취득한 식별력이 감쇄되지 않는 경우에는 그 등록상표는 전체적으로 볼 때에도 그 사용된 상품에 관하여는 자타상품의 식별력이 없다고 할 수 없고, 이러한 법리는 상표법 제2조 제3항에 의하여 서비스표의 경우에도 마찬가지로 적용된다고 할 것이다.

[2] 갑 대학교산학협력단이 등록서비스표 "경남대학교 KYUNGNAM UNIVERSITY 慶南大學校"의 등록권리자 을 학교법인을 상대로 등록서비스표가 상표법 제6조 제1항 제4호, 제7호 등에 해당한다는 이유로 등록무효심판청구를 한 사안에서, 등록서비스표의 구성 중 '경남대학교' 부분은 그 자체로는 현저한 지리적 명칭인 '경상남도'의 약어인 '경남'과 보통명칭인 '대학교'를 표시한 것에 지나지 않아 식별력이 있다고 할 수 없으나, 오랜 기간 지정서비스업에 사용된 결과 등록결정일 무렵에는 수요자 사이에 그 표장이 을 학교법인의 업무에 관련된 서비스업을 표시하는 것으로 현저하게 인식되기에 이르렀으므로 그 표장이 사용된 지정서비스업에 관하여 식별력을 가지게 되었고, 위와 같이 식별력을 취득한 '경남대학교'부분을 그대로 포함한 등록서비스표는 영문자 부분인 'KYUNGNAM UNITERSITY' 및 한자 부분인 '慶南大學校'와의 결합으로 이미 취득한 식별력이 감쇄된다고 볼 수 없어 전적으로 볼 때에도 지정서비스업에 대해서 자타서비스업의 식별력이 없다고 할 수 없다는 이유로, 이와 달리 본 원심 판결에 법리오해의 위법이 있다고 한 사례.

대법원 2010. 6.24. **선고** 2009**후**3916 **판결 【거절결정(상)】**

【판시사항】

출원서비스표 "천진함흥냉면"에서는 '천진'이 '함흥냉면'과 함께 표기되어 있고, '함흥냉면'은 이미 그 자체로 냉면의 한 종류를 가리키는 관용표장으로 되었다 할 것인데, 일반적으로 음식이름을 포함하는 표장에서는 지역 명칭을 함께 표기하는 경우가 흔히 있으므로, 비록 중국의 지명을 한글로 표기할 때 원칙적으로 중국어 표기법에 따르도록 되어 있는 외래어표기법에 의하면 '천진'을 중국식 발음인 '톈진'으로 표기한다 하더라도, 한자문화권인 우리의 언어관습상 위 출원서비스표의 '천진' 부분은 일반 수요자나 거래자들에게 현저한 지리적 명칭인 중국의 도시명 '천진'의 한글 표기로 직감될 수 있다고 봄이 상당하므로, '함흥냉면' 부분은 위 출원서비스표의 지정서비스업과 관련하여 볼 때 식별력이 없고, '천진'과의 결합에 의하여 새로운 관념을 낳는다거나 전혀 다른 새로운 조어가 되었다고 할 수도 없으므로, 위 출원서비스표는 전체적으로 상표법 제6조 제1항 제4호가 규정하는 현저한 지리적 명칭만으로 된 표장에 해당한다고 한 사례

대법원 2009. 5.28. **선고** 2008**후**4691 **판결 【등록무효(상)】**

【판시사항】

[1] 등록상표 “경주빵 KYOUNGJU BREAD”은 현저한 지리적 명칭인 ‘경주’와 보통명칭인 ‘빵’을 표시한 것에 지나지 않아 자타상품의 식별력이 있다고 할 수 없으나, 등록상표를 특정인이 독점적으로 사용하도록 하는 것이 부적절하다고 단정할 수 없으므로, 상표법 제6조 제1항 제7호에서 정한 ‘수요자가 누구의 업무에 관련된 상품을 표시하는 것인가를 식별할 수 없는 상표’에 해당한다고 볼 수 없다고 한 사례

[2] 제척기간의 적용을 받지 않는 무효사유에 의해 무효심판을 청구한 후 그 심판 및 심결취소소송 절차에서 제척기간의 적용을 받는 무효사유를 새로 주장하는 것이 허용되는지 여부(소극)

대법원 2006. 1. 26. 선고 2004후1175 판결 【등록무효(상)】

【판시사항】

[1] 상표의 구성 중 식별력이 없거나 미약한 부분이 그 부분만으로 요부가 될 수 있는지 여부(한정 소극)

[2] 구 상표법하에서의 상표의 유사 여부를 판단함에 있어서 상표의 구성 중 현저한 지리적 명칭에 해당하는 부분이 자타상품을 식별할 수 있는 요부가 될 수 있는지 여부(소극)

[3] 구 상표법 시행 당시에 출원된 등록상표 “UNIVERSITY OF CAMBRIDGE”와 비교상표 “ ”의 유사 여부를 판단함에 있어서 ‘CAMBRIDGE’ 부분을 ‘사용에 의한 식별력 있는 요부’로 보아 양 상표에 공통으로 포함되어 있는 ‘CAMBRIDGE’ 부분이 동일하다는 이유만으로 양 상표의 표장이 유사하다고 판단한 원심 판결을 파기한 사례

【판결요지】

[1] 상표의 구성 중 식별력이 없거나 미약한 부분은 그 부분만으로는 요부가 된다고 할 수 없고, 이는 일체 불가분적으로 결합된 것이 아닌 한 그 부분이 다른 문자 등과 결합되어 있는 경우라도 마찬가지이다.

[2] 구 상표법(2001. 2. 3. 법률 제6414호로 개정되기 전의 것)하에서의 상표의 유사 여부를 판단함에 있어서는 상표의 구성 중 현저한 지리적 명칭에 해당하는 부분은 사용의 결과 수요자 간에 특정인의 상표로 현저하게 인식되어 있는지의 여부에 관계없이 자타상품을 식별할 수 있는 요부가 된다고 할 수 없다.

[3] 구 상표법(2001. 2. 3. 법률 제6414호로 개정되기 전의 것) 시행 당시에 출원된 등록상표 “UNIVERSITY OF CAMBRIDGE”와 비교상표 “ ”의 유사 여부를 판단함에 있어서 비교상표의 구성 중 현저한 지리적 명칭에 해당하는 ‘CAMBRIDGE’ 부분은 사용의 결과 수요자 간에 특정인의 상표로 현저하게 인식되어 있는지의 여부에 관계없이 식별력 있는 요부로

볼 수 없음에도 불구하고, 'CAMBRIDGE' 부분을 '사용에 의한 식별력 있는 요부'로 보아 양 상표에 공통으로 포함되어 있는 'CAMBRIDGE' 부분이 동일하다는 이유만으로 양 상표의 표장이 유사하다고 판단한 원심 판결을 파기한 사례.

대법원 2006. 1. 26. 선고 2003후2379 판결 【등록무효(상)】

【판시사항】

[1] 구 상표법하에서 현저한 지리적 명칭 등으로 된 상표가 그 사용의 결과 수요자 간에 특정인의 상표로 현저하게 인식되어 있는 경우, 이를 상표법상의 상표로 등록받을 수 있는지 여부(소극) 및 현저한 지리적 명칭이 다른 문자와 결합되어 있는 경우 지리적 명칭 자체가 자타상품의 식별력이 부여되는 요부가 될 수 있는지 여부(소극)

[2] '개정 상표법 시행 전의 상표등록 출원에 의한 등록상표'와 '선출원에 의한 타인의 등록상표' 사이의 동일·유사 여부를 판단함에 있어서 개정 상표법의 규정을 적용할 수 있는지 여부(소극)

[3] 구 상표법 시행 당시에 출원된 등록상표 "

"와 인용상표 "

"의 유사 여부를 판단함에 있어서 인용상표의 구성 중 현저한 지리적 명칭에 해당하는 'CAMBRIDGE' 부분은 사용의 결과 수요자 간에 특정인의 상표로 현저하게 인식되어 있는지의 여부에 관계없이 식별력 있는 요부로 볼 수 없음에도 불구하고, 'CAMBRIDGE' 부분을 '사용에 의한 식별력 있는 요부'로 보아 양 상표에 공통으로 포함되어 있는 'CAMBRIDGE' 부분이 동일하다는 이유만으로 양 상표의 표장이 유사하다고 판단한 원심 판결을 파기한 사례

대법원 2003. 7. 11. 선고 2002후2464 판결 【등록무효(상)】

【판시사항】

등록상표 "일동"이 현저한 지리적 명칭만으로 된 표장에 해당하는지 여부(적극) 및 그 지정상품 중 약주에 대하여는 산지를 보통으로 사용하는 표장에 해당하여 수요자 기만상표에 해당하는지 여부(적극)

【판결요지】

등록상표 "일동"은 '막걸리'의 산지로서 일반 수요자 및 거래자에게 널리 알려져 있고, 청계산, 백운산 등 주변의 명산과 계곡, 온천 등이 있는 관광지인 경기 포천군 일동면으로 널리 알려져 있으므로, 상표법 제6조 제1항 제4호가 규정하는 현저한 지리적 명칭만으로 된 표장에 해당될 뿐 아니라, 그 지정상품 중 약주에 대하여는 같은 법 제6조 제1항 제3호의 산지를 보통으로 사용하는 표장에 해당되므로 위 등록상표를 경기 포천군 일동면 이외의 지역에서 생산되는 약주에 사용하는 경우 일반 수요자 또는 거래자는 일동면에서 생산되는 약주로 그 품질을 오인할 가능성이 커 같은 법 제7조 제1항 제11호의

규정에도 해당된다.

대법원 2001. 7. 27. 선고 99후2723 판결 【등록무효(상)】

【판시사항】

상표 "INNSBRUCK + 인스브룩"이 현저한 지리적 명칭만으로 된 표장에 해당한다고 본 사례

【판결요지】

"INNSBRUCK"은 인(INN)강을 잇는 다리라는 뜻을 가진 오스트리아 서부 티롤주(주)의 주도(주도)로서 인(INN)강에 면하여 로마시대부터 동부알프스의 교통요지이고, 관광도시로서의 성격이 농후하여 연중 관광객의 발길이 끊이지 않으며, 1964년, 1976년 동계올림픽이 개최된 곳으로서 방송 등 언론매체를 통하여 우리나라를 비롯한 여러 나라 국민들에게 그 도시의 역사와 풍물 등이 소개되어 널리 알려지고 있고, 더구나 우리나라에서도 역대 올림픽경기나 그 개최지에 대한 관심이 고조되어 왔으므로, 상표 "INNSBRUCK + 인스브룩"의 'INNSBRUCK' 부분은 적어도 그 등록사정시인 1997. 10. 31.경에는 우리나라 거래사회의 수요자간에 현저하게 알려진 지명이라는 이유로 상표 "INNSBRUCK + 인스브룩"은 현저한 지리적 명칭만으로 된 표장에 해당한다고 본 사례.

대법원 2000. 6. 23. 선고 98후1457 판결 【권리범위확인(상)】

【판시사항】

[1] 서비스표 "장충동왕족발+의인화된 돼지 도형" 중 '장충동'이 현저한 지리적 명칭에 해당하는지 여부(적극)

[2] 구 상표법 제26조 제1호 소정의 '자기의 … 상호 등을 보통으로 사용하는 방법으로 표시하는 상표'의 의미

【판결요지】

[1] '장충동'은 서울 중구에 속하는 동(동)의 이름으로서 각종 운동경기 등 여러 행사가 개최됨으로 인하여 텔레비전을 비롯한 각종 신문방송매체 등을 통하여 전국적으로 알려져 있는 '장충체육관'이 위치하고 있는 등으로 일반 수요자나 거래자들에게 널리 알려져 있으므로 '장충동'은 현저한 지리적 명칭에 해당하여 자타(자타)서비스업의 식별력이 없다.

[2] 구 상표법(1990. 1. 13. 법률 제4210호로 전문 개정되기 전의 것) 제26조 제1호에서 규정한 '자기의 … 상호 등을 보통으로 사용하는 방법으로 표시하는 상표'란 특히 일반의 주의를 끌만한 서체나 도안으로 표시하는 방법이 아니고 단지 자기의 상호 등을 기재하는 방법으로 표시하는 상표를 말하는 것이고, 위 규정은 같은 법 제2조 제5항에 의하여 서비스표에 대하여도 그 적용이 있다.

대법원 2000. 6. 13. 선고 98후1273 판결 【거절사정(상)】

【판시사항】

[1] 상표법 제6조 제1항 제4호 소정의 '현저한 지리적 명칭'의 의미

[2] 상표등록거절사유를 규정한 '공업소유권의 보호를 위한 파리협약' 제6조의5 제2항 (b)의 '당해 상표가 두드러진 특징을 가지지 못할 경우'의 의미 및 판단 기준

[3] 미국에 등록된 출원상표 "JAVA"가 상표법 제6조 제1항 제4호 소정의 '현저한 지리적 명칭'만으로 된 상표로서 특별현저성이 없어 '공업소유권의 보호를 위한 파리협약' 제6조의5 제2항 (b)의 '당해 상표가 두드러진 특징을 가지지 못할 경우'에 해당되어 등록될 수 없다고 한 사례

【판결요지】

[1] 상표법 제6조 제1항 제4호에서 말하는 현저한 지리적 명칭이란 단순히 지리적, 지역적 명칭을 말하는 것일 뿐 특정상품과 지리적 명칭을 연관하여 그 지방의 특산물의 산지 표시로서의 지리적 명칭임을 요하는 것은 아니라 할 것이며, 따라서 그 지리적 명칭이 현저하기만 하면 여기에 해당하고, 지정상품과의 사이에 특수한 관계가 있음을 인식할 수 있어야만 하는 것은 아니다.

[2] 공업소유권의 보호를 위한 파리협약 제6조 제1항은 "상표의 출원과 등록 조건은 각 동맹국에서 그 국내법에 따라 정한다."고 규정하고 있고, 제6조의5는 위 제6조 제1항에 대한 예외 내지 특례로서 이른바 외국등록상표의 보호에 관하여 규정하고 있는바, 제6조의5 제1항 (a)에 의하면 "본국에서 정당하게 등록된 상표는 본조에서 명시된 유보를 따를 것을 조건으로 타 동맹국에 있어서도 그대로 출원이 받아들여지고 보호된다."고 하고 있고, 제2항의 (a)(b)(c)에서는 위 본국에서 정당하게 등록된 상표가 타 동맹국에서 등록받을 수 없는 경우를 각 규정하고 있는바, 위 제6조의5 제1항에서 말하는 '본조에서 명시된 유보'는 위 제6조의5 제2항의 (a)(b)(c)에서 규정하는 각 상표등록거절사유를 의미하는 것이고, 또 위 제2항의 (b)에서 말하는 '당해 상표가 두드러진 특징을 가지지 못할 경우'라 함은 당해 상표가 특별현저성이 없는 경우를 의미하는 것으로 보아야 할 것이며, 이러한 상표의 특별현저성은 각국의 법제, 거래 등 사회실정에 따라 독자적으로 판단하여야 한다.

[3] 출원상표 "JAVA"가 우리나라에 출원되기 전에 미국에서 정당하게 등록된 사실은 인정되나, 위 출원상표는 현저한 지리적 명칭만으로 된 상표이고, 또 우리 상표법 제6조 제1항 제4호에서 현저한 지리적 명칭만으로 된 상표를 상표등록의 소극적 요건으로 규정한 취지는 이와 같은 상표는 그 현저성과 주지성 때문에 특별현저성을 인정할 수 없어 누구에게나 자유로운 사용을 허용하고 어느 특정인에게 독점사용권을 부여하지 않으려는 데 있다 할 것이므로, 결국 현저한 지리적 명칭만으로 된 위 출원상표는 특별현저성을 인정할 수 없어 '공업소유권의 보호를 위한 파리협약' 제6조의5 제2항 (b)의 '당해 상표가 두드러진 특징을 가지지 못할 경우'에 해당되어 등록될 수 없다고 보아야 한다고 한 사례.

대법원 1999. 11. 26. **선고** 98후1518 **판결 【권리범위확인(상)】**

【판시사항】

[1] 등록서비스표와 동일·유사한 다른 서비스표가 구 상표법 제26조 제3호에 해당하는 경우, 등록서비스표의 효력이 그 유사 서비스표에 미치는지 여부(소극)

[2] 현저한 지리적 명칭 등이 식별력이 없는 관용표장이나 업종표시 또는 기술적(기술적) 표장 등과 결합되어 있는 경우, 구 상표법 제26조 제3호의 적용이 배제되는지 여부(한정 소극)

[3] 등록된 서비스표와 유사한 서비스표가 현저한 지리적 명칭과 관용표장을 보통으로 사용하는 방법과 달리 도안되거나 다른 문자 또는 도형과 결합된 경우, 그 유사서비스표에 대하여 등록서비스표의 효력이 미치는지 여부(한정 소극)

[4] 등록서비스표 "(주)코리아리서치 KOREA RESEARCH CO., LTD"의 효력이 (가)호 서비스표 "코리아리서치센터 Korea Research Center Ltd. + KRC"에 미치는지 여부(소극)

【판결요지】

[1] 구 상표법(1990. 1. 13. 법률 제4210호로 개정되기 전의 것) 제26조 제3호에서 등록상표의 지정상품과 동일·유사한 상품에 대하여 관용하는 상표와 현저한 지리적 명칭 등으로 된 상표에 대하여는 등록상표권의 효력이 미치지 아니한다고 규정한 취지는, 특별현저성 내지 식별력이 없는 관용표장이나 현저한 지리적 명칭 등으로 된 표장은 일반의 자유로운 사용을 보장하고자 하는 것으로서 상표 부등록 사유에 관한 규정인 같은 법 제8조 제1항 제2호, 제4호와 그 입법 취지가 일맥상통한다 할 것이나, 같은 법 제26조는 상표권의 효력의 범위가 제한될 등록상표의 요건에 관한 규정이 아니라 등록상표권의 금지적 효력을 받지 않고 자유로이 사용할 수 있는 유사상표의 요건에 관한 규정이라 할 것이고, 위 규정은 같은 법 제2조 제5항에 의하여 서비스표에도 동일하게 적용될 것이므로, 등록서비스표와 동일·유사한 다른 서비스표가 같은 법 제26조 제3호에 해당하는 경우에는 등록서비스표의 등록 경위나 등록무효 사유의 존부 또는 무효심결의 확정여부에 관계없이 등록서비스표의 효력이 그 유사 서비스표에 미치지 아니한다.

[2] 구 상표법(1990. 1. 13. 법률 제4210호로 개정되기 전의 것) 제26조 제3호의 규정은 현저한 지리적 명칭, 그 약어 또는 지도만으로 된 표장 또는 관용표장만으로 된 표장에만 적용되는 것이 아니고, 현저한 지리적 명칭 등이 식별력 없는 관용표장이나 업종표시 또는 기술적(기술적) 표장 등과 결합되어 있는 경우라 하더라도 그 결합에 의하여 표장을 구성하고 있는 단어가 본래의 현저한 지리적 명칭이나 관용표장이나 업종표시 또는 기술적 의미를 떠나 새로운 관념을 낳는다거나 전혀 새로운 조어가 된 경우가 아니면, 지리적 명칭 등과 관용표장 등이 결합된 표장이라는 사정만으로 새로운 식별력이 부여된다고 볼 수 없어 같은 법 제26조 제3호의 규정의 적용이 배제된다고 볼 수 없다.

[3] 구 상표법(1990. 1. 13. 법률 제4210호로 개정되기 전의 것) 제26조 제3호에서는 같은 법 제26조 제1호, 제2호와는 달리 관용표장이나 현저한 지리적 명칭 등이 보통으로

사용하는 방법으로 표시된 표장으로 한정하지 아니하고 있으므로, 등록서비스표와 유사한 서비스표가 현저한 지리적 명칭과 관용표장을 보통으로 사용하는 방법과 달리 도안되거나 다른 문자 또는 도형과 결합된 것이라 하더라도, 그 도안된 부분이나 추가적으로 결합된 문자나 도형 부분이 특히 일반의 주의를 끌만한 것이 아니어서 전체적, 객관적, 종합적으로 보아 지리적 명칭이나 관용표장 또는 그 결합표장에 흡수되어 불가분의 일체를 구성하고 있다면, 그 유사 서비스표는 구 상표법 제26조 제3호에서 정한 서비스표에 해당한다 할 것이므로 이에 대하여는 등록서비스표의 효력이 미치지 아니한다.

[4] (가)호 서비스표 "코리아리서치센터 Korea Research Center Ltd. + KRC"는 등록 서비스표인 "(주)코리아리서치 KOREA RESEARCH CO., LTD"와 호칭 및 관념이 유사한 서비스표이긴 하나, (가)호 서비스표의 구성 중 '코리아' 내지 'KOREA'는 현저한 지리적 명칭에 해당하고, '리서치' 내지 'RESEARCH'는 등록서비스표의 지정 서비스업인 시장조사위탁업이나 시장조사업 등 당업계에서 관용하는 표장에 불과하며, 일반적인 회사 상호나 서비스표에 널리 관용되는 표장에 불과한 '센터' 내지 'CENTER', 주식회사의 영문 약자 표기인 'Ltd' 부분은 식별력이 없고, 다소 도안된 'KRC'라는 문자와 그 주위의 사각형이 결합되어 있으나, 'KRC'는 식별력이 없는 'Korea Research Center'와 함께 사용되는 한 그 약자임을 쉽게 알 수 있어 식별력이 있다 할 수 없고, 주의의 사각형의 도형과 결합되어 있으나 일반의 주위를 끌만한 특수한 도안이나 태양으로 표시되어 있지 아니하므로, (가)호 서비스표는 전체적, 객관적, 종합적으로 보아 외관에 있어 현저한 지리적 명칭인 '코리아' 내지 'KOREA'와 등록서비스표의 지정서비스업과 동일·유사한 서비스업에 대하여 관용하는 표장인 '리서치' 내지 'Research'가 결합된 서비스표에 불과하다 할 것이고, 그 결합에 의하여 '코리아(KOREA)' 및 '리서치(Research)'란 단어가 본래의 의미를 떠나 새로운 관념을 낳는다거나 전혀 새로운 조어가 된 경우라고 할 수 없으므로, (가)호 서비스표는 구 상표법(1990. 1. 13. 법률 제4210호로 개정되기 전의 것) 제26조 제3호의 등록서비스표의 지정서비스업과 동일·유사한 서비스업에 대하여 관용하는 표장과 현저한 지리적 명칭으로 된 서비스표에 해당하여 등록서비스표의 효력은 (가)호 표장에 미치지 아니한다.

대법원 1998. 2. 10. 선고 97후600 판결 【거절사정(상)】

【판시사항】

서비스표 "천마산곰탕" 중 천마산이 현저한 지리적 명칭에 해당하는지 여부(적극)

【판결요지】

출원서비스표 "천마산곰탕" 중 "천마산"은 경기 양주군 화도면과 진건면 사이에 위치한 산으로 스키장 등 겨울 레저스포츠 시설이 설치되어 있고, 사시사철 산을 오를 수 있도록 등산로가 개설되어 있는 등으로 일반 수요자나 거래자에게 널리 알려져 있으므로, "천마산"은 현저한 지리적 명칭에 해당한다.

대법원 1997. 10. 14. 선고 96후2456 판결【거절사정(상)】

【판시사항】

출원상표 "BRITISH-AMERICAN"은 현저한 지리적 명칭만으로 구성되어 있고, 영국산이나 미국산 제품으로 수요자들을 오인·혼동시킬 염려 있는 상표라고 한 사례

【판결요지】

출원상표 "BRITISH-AMERICAN"의 지정상품은 성냥, 라이터 등인바, 우리나라 일반 수요자들의 영어이해 수준에 비추어 볼 때 'BRITISH'는 '영국의, 영국인의'라는 뜻으로 'AMERICAN'은 '미국의, 미국인의'라는 뜻으로 직감적으로 이해될 것이므로 출원상표는 영국 및 미국을 일컫는 현저한 지리적 명칭만으로 된 상표라 할 것이어서 식별력이 부족하고, 한편 출원상표가 영국이나 미국에서 제조·생산된 것이 아닌 지정상품에 사용될 경우에는 일반 수요자들이 영국산이나 미국산인 것으로 상품의 출처나 품질을 오인·혼동할 염려가 있다고 한 사례.

대법원 1996. 2. 13. 선고 95후1296 판결【거절사정】

【판시사항】

출원 서비스표 "NIPPON EXPRESS"가 현저한 지리적 명칭으로서 등록이 거절되어야 한다고 본 사례

【판결요지】

출원 서비스표 "NIPPON EXPRESS" 중 "NIPPON"은 "일본국"의 영문표기로서 현저한 지리적 명칭에 해당하고, "EXPRESS"는 "급행편, 지급편, 속달편" 등의 의미를 가지고 있어 그 지정서비스업인 자동차운송업, 택시운송업, 화물운송업 등과 관련하여 볼 때 식별력이 없다고 할 것이어서 이 사건 출원서비스표는 이를 전체적으로 관찰할 때 수요자들 사이에 주로 현저한 지리적 명칭인 "NIPPON"으로 인식될 것이므로 상표법 제6조 제1항 제4호에 의하여 그 등록은 거절되어야 한다고 본 원심의 판단을 수긍한 사례.

대법원 1994. 10. 7. 선고 94후319 판결【서비스표등록무효】

【판시사항】

가. 서비스표과 "동아백화점"의 유사 여부

나. "동아"가 현저한 지리적 명칭인지 여부

【판결요지】

가. "출원 서비스표"중 후반부의"백화점(DEPARTMENTSTORE)"은 지정서비스업의 보통명칭에 해당되는 식별력 없는 부분이어서 전반부의 "동아시티(DONGAH CITY)"가 주의를 끄는 부분이나 이는 "동부아시아"의 뜻을 가지고 있는 우리말 "동아(DONG-AH)"와 "도시" 등의 뜻을 가지고 있는 영어 "시티(CITY)"를 단순히 결합해 놓은 조합어에

불과하여 간이신속을 관례로 하는 오늘날의 상거래 관습으로 보아 어두부분인 "동아"로 인식되어질 개연성이 있고 이 경우 선출원된 인용 서비스표 "동아백화점"과 칭호가 동일하여 양 서비스표는 이를 다같이 백화점관리업 등에 사용할 경우 일반수요자나 거래자로 하여금 서비스업의 출처에 관하여 오인·혼동을 일으키게 할 우려가 있는 유사한 표장이다.

나. "동아"가 "동부아시아"에서 따온 말이라고 하더라도 "동부아시아"가 일반적으로 "동아"로 약칭된다고 보기 어려울 뿐만 아니라 "동부아시아"도 그 범위가 확정되어 있지 아니한 다소 추상적인 지리적·지정학적 관념일 뿐이어서 "동부아시아" 또는 "동아"를 구 상표법(1990.1.13. 법률 제4210호로 전문 개정되기 전의 것) 제8조 제1항 제4호 소정의 현저한 지리적 명칭이나 그 약칭에 해당한다고 볼 수 없다.

대법원 1994. 9. 27. **선고** 94다2213 **판결 【손해배상(기)】**

【판시사항】

가. 서비스표의 등록이 무효인지의 여부와 관계없이 등록서비스표권의 효력이 미치지 않는 경우

나. 등록서비스표 "서울가든"이 현저한 지리적 명칭과 관용표장으로 구성되어 서비스표 "석촌서울가든"에 대하여 등록서비스표권의 효력이 미치지 않는다고 본 사례

다. 상표법 제51조 제3호 소정의 서비스표는 같은 조 제1호 본문 소정의 서비스표에 해당하더라도 부정경쟁의 목적으로 사용하는지 여부에 관계없이 등록서비스표권의 효력이 미칠 수 없는지의 여부

【판결요지】

가. 상표법 제51조는 상표권자가 상표법상 가지는 권리에 대하여 그 각호에 해당하는 경우에는 상표권자에게 그 권리를 독점적으로 부여하는 것이 적절하지 않다고 인정하여 상표권의 효력이 미치지 않도록 규정한 것이므로 그 상표의 등록이 무효인가의 여부에 관계없이 상표권의 효력이 다른 상표에 미칠 수없고, 이 법리는 상표법 제2조 제2항에 의하여 서비스표에도 동일하게 적용된다.

나. 도형과 문자로 결합된 등록서비스표의 문자 부분인 "서울가든" 중 "서울"은 대한민국 수도의 명칭으로서 현저한 지리적 명칭이고 "가든"은 현재 일반적, 관용적으로 음식점 특히 갈비집, 불고기집 등에 사용되고 있는 표장이므로, 이는 상표법 제51조 제3호의 규정에 의하여 타인이 사용하는 "석촌서울가든"이라는 문자로 된 서비스표에 대하여는 그 효력이 미치지 아니한다고 본사례.

다. 어느 서비스표가 상표법 제51조 제3호 소정의 관용표장, 현저한 지리적 명칭으로 이루어진 경우에는 비록 그 서비스표가 한편으로 제51조 제1호 본문 소정의 자기의 상호를 보통으로 사용하는 방법으로 표시하는 서비스표에 해당하더라도 부정경쟁의 목적으로 사용하는지 여부에 관계없이 등록서비스표권의 효력이 이에 미칠 수 없다.

대법원 1992. 11. 27. **선고** 92후728 **판결 【거절사정】**

【판시사항】

출원상표 "Fifth Avenue"가 등록받을 수 없는 "현저한 지리적 명칭"인지 여부(적극)

【판결요지】

출원상표 "Fifth Avenue"는 "미국 뉴욕시의 번화한 상점가"로 우리나라 거래사회의 수요자 간에 널리 인식되어 구 상표법(1990.1.13. 법률 제4210호로 전문 개정되기 전의 것) 제8조 제1항 제4호 소정의 "현저한 지리적 명칭"에 해당한다.

대법원 1992. 11. 10. 선고 92후452 판결 【거절사정】

【판시사항】

가. 출원상표의 특별 현저성 유무를 판단함에 있어 각 단어를 분리관찰한 조치의 적부(적극)
나. 현저한 지리적 명칭이 다른 문자와 결합된다면 그 지리적 명칭 자체에 자타상품의 식별력이 부여되는지 여부(소극)
다. 위 "가"항의 출원상표에 포함된 "긴자(은좌)"가 일반 수요자나 거래자에 대한 관계에서 현저하게 인식된 지리적 명칭이라 할 수 있는지 여부(적극)
라. 인용상표 "JOY"가 기술적 상표인지 여부(소극)

【판결요지】

가. 출원상표 "GINZA BOUTIQUE JOY"는 영어로 된 "GINZA BOUTIQUE JOY"와 한자 및 일어로 된 '은좌 ブティックジョイ'가 결합된 결합상표로서 이를 구성하는 각 단어가 외관상 분리되어 있을 뿐 아니라 각 단어의 결합에 의하여 이를 구성하는 각 단어의 본래의 의미를 떠나 새로운 관념을 낳는다거나 전혀 다른 새로운 조어가 되었다고 할 수도 없으므로 위 각 단어를 분리관찰함이 부자연스럽다고 할 수 없다.
나. 보통명칭, 관용표장, 기술적 표장, 현저한 지리적 명칭으로 된 상표는 자타상품의 식별력이 약할 뿐 아니라 누구든지 자유롭게 사용할 수 있어야 하는 것이어서 특정인에게 배타적인 독점권을 부여하는 것이 적당하지 아니하므로 상표의 등록이 금지되고, 등록된 상표라 하더라도 그 효력이 미치지 아니하며, 따라서 현저한 지리적 명칭이 다른 문자와 결합되어 있다 하더라도 그 지리적 명칭 자체에 자타상품의 식별력이 부여된다고 볼 수 없다.
다. 긴자(은좌)는 일본국 동경에 있는 번화가의 이름으로서 출원상표의 지정상품이 향수나 콤팩트 등 화장품인 점을 고려하여 볼 때 그 일반 거래자나 수요자는 유행에 민감한 여성으로 보여지고 그들은 긴자에 대하여 잘 인식하고 있다고 보여지므로 긴자는 일반 수요자나 거래자에 대한 관계에 있어서 현저하게 인식된 지리적 명칭이라 할 수 있다.
라. 인용상표 "JOY"는 일반 거래자나 수요자에게 그 지정상품을 사용하면 기쁨을 얻을

수 있다고 암시하는 의미가 전혀 없다고 할 수는 없으나 지정상품의 효능을 보통으로 표시하고 있다고 볼 수는 없다.

대법원 1992. 2. 11. **선고** 91**후**1427 **판결 【거절사정】**

【판시사항】

가. 결합상표에 대한 특별현저성 유무의 판단방법

나. 출원상표 "OLD ENGLAND"는 현저한 지리적 명칭인 "ENGLAND"로 인식되므로 등록출원을 허용할 수 없다고 한 사례

【판결요지】

가. 두 개 이상의 기호, 문자 또는 도형으로 이루어진 결합상표에 있어서는 그 상표를 구성하고 있는 각 구성부분을 하나 하나 떼어서 볼 것이 아니라 구성부분 전체를 하나로 보아서 특별현저성 유무를 판단하여야 한다.

나. 출원상표 "OLD ENGLAND"는 전체적으로 관찰할 때 현저한 지리적 명칭인 "ENGLAND"로 인식되어 구 상표법 제8조 제1항 제4호에 해당하므로 등록출원을 허용할 수 없다고 한 사례.

대법원 1990. 1. 23. **선고** 88**후**1397 **판결 【상표등록무효】**

【판시사항】

등록상표 "강남약국"이 현저한 지리적 명칭으로 된 상표인지 여부(소극)

【판결요지】

등록상표 "강남약국" 중 "강남"이 1975.10.1. 서울특별시 성동구로부터 분리된 강남구의 명칭과 동일하기는 하나 "강남"은 강의 남부지역, 강의 남방을 이르던 말로 남쪽의 먼 곳이라는 뜻으로 사용되고 있으므로 위 등록상표는 상표법 제8조 제4호 소정의 현저한 지리적 명칭으로 된 상표로 볼 수 없다.

대법원 1989. 2. 14. **선고** 86**후**26 **판결 【권리범위확인】**

【판시사항】

영문자 "manhattan"이라 표기한 표장이 상표법 제26조 제3호 소정의 현저한 지리적 명칭에 해당하는지 여부(적극)

【판결요지】

영문자 "manhattan"이 미국 뉴욕시의 유명한 번화가로서 대표적인 행정구역의 명칭이라는 사실은 쉽게 인식할 수 있고, 오늘날 우리나라의 영어보급 수준이나 우리나라와 미국간의 교역증가에 따른 빈번한 상거래와 해외여행 및 정보화시대, 광역화시대에 살고 있는 오늘의 실정에 비추어 보더라도 현저한 지리적 명칭으로 일반수요자나 거래자에게

쉽게 인식되므로 이는 상표법 제26조 제3호 소정의 현저한 지리적 명칭에 해당한다.

(5) 흔히 있는 성 또는 명칭

(가) 의 의

[1] 상표법 제33조 제1항 제5호: 흔히 있는 성 또는 명칭을 보통으로 사용하는 방법으로 표시한 표장만으로 된 상표는 상표로서 등록될 수 없다라고 규정하고 있다.

[2] '흔히 있는 성 또는 명칭': 현실적으로 다수가 존재하는 것으로 인식되고 있는 자연인의 성 또는 법인, 단체, 상호임을 표시하는 명칭, 아호, 예명, 필명 또는 그 약칭 등을 뜻한다.

[3] '보통의 방법으로 표시하는 표장': 한글이나 한자 또는 로마자로 표시하거나 또는 이들 문자를 병기하여 표시한 것을 의미한다.

예 김, 이, 최, 윤, 박 등의 성
상사, 회사, 상회, 조합, 협회, 연구소, 회상, 사상, 이사장, 총장, 대통령 등

[4] 다만, 표장이 도형화하는 등 특수하게 사용하는 방법으로 표시되거나 다른 식별력 있는 표장과 결합함으로써 상표 전체로서 자타상품의 식별력이 있는 경우에는 본 호를 적용하지 아니한다.

(나) 판 단

[1] 시적기준: 상표등록여부 결정시가 되며, 국내에서의 거래실정에 따라 판단한다.

[2] 판단방법: 지정상품과의 관련성은 불문한다. 외국인의 성은 우리나라에서는 흔한 것으로 보지 않는다.

예 하이트맥주의 HITE, 혼다 등

[3] 주의할 점: 흔히 있는 명칭 중 상품명과 지리적 명칭은 포함되지 않으며, "흔히 있는 성 또는 명칭"이 포함된 상표로서 "흔히 있는 성 또는 명칭"이외의 부분이 부기적 부분이거나 "흔히 있는 성 또는 명칭"에 흡수되어 불가분의 일체를 구성하고 있는 때에는 식별력이 있는 것으로 판단한다.

(다) 사 례

대법원 1990. 7. 10. 선고 87후54 판결 【거절사정】

【판시사항】

상표 "PRESIDENT"의 특별현저성 유무(소극)

【판결요지】
본건 상표 "PRESIDENT"는 상표법 제8조 제1항 제5호에 규정된 흔히 있는 명칭을 보통으로 사용하는 방법으로 표시한 표장만으로 된 상표에 해당하고, 그 해당 여부를 반드시 지정상품과의 관계에서 판단하여야 하는 것은 아니며, 본건 상표가 각국에서 출원인 회사의 시계줄에 사용되고 선전된 일이 있다는 점만으로는 그 출원전에 국내에서 수요자간에 누구의 상표인지에 대해 현저히 인식되어 있었다고 여겨지지 아니하므로 등록받을 수 없다.

(6) 간단하고 흔한 표장

(가) 의 의

[1] **상표법 제33조 제1항 제6호**: 간단하고 흔히 있는 표장만으로 된 상표는 상표로서 등록을 받을 수 없다라고 규정하고 있다.

[2] 간단하고 흔한 표장만으로 된 상표는 등록받을 수 없다는 것일 뿐이고 간단하거나 흔히 있는 표장만으로 된 상표일 때도 등록을 받을 수 없다는 의미는 아니다.

[3] **본 호의 적용대상이 되는 표장**: 간단하면서도 흔한 표장만 구성된 경우

[4] 간단하고 흔한 표장이 다른 식별력 있는 표장과 결합하여 상표 전체로써 식별력이 인정되는 경우에는 상표등록을 받을 수 있다.

[5] 간단한 표장과 결합한 상표에 대해 구체적으로 판단했을 때 식별력있는 상표가 되는 경우에 등록을 허용한다.

[6] 한글 1자도 거래사회에서 사물의 관념을 직감할 수 있는 경우에는 식별력이 있는 것으로 본다. 반대로 다른 구성부분과 결합한 경우라도 다른 부분이 간단하고 흔한 표장의 부기적 부분이거나 간단하고 흔한 표장에 흡수되어 상표전체로서 간단하고 흔한 표장임을 직감케 하는 경우에는 본 호를 적용할 수 있다.

(나) 판 단

[1] **시적 기준**: 상표등록여부결정시를 기준으로 판단한다.

[2] 그 지정상품과 상관없이 해당 상표의 구성자체만에 의하여 판단한다.

[3] 간단하고 흔한 표장일지라도 이러한 표장이 도형화 또는 모노그램화되었거나 색채와 결합하여 새로운 식별력이 있다고 인정되는 경우에는 상표등록을 받을 수 있다.

[4] **사례**:

(i) 문자상표: A, K, 취,윤 Co., 윤 Ltd.의 경우 식별력 없다.

P & G, ACF, 갑을, 닭, 별 등은 식별력이 있다.

(ii) 숫자상표 : +, - , 1, 2,3, 15+12 등은 식별력이 없다.

777, 콘택 600, 3000리호 자전거, 0909, 파이브 원 파이브는 식별력이 있다.

(iii) 도형상표 : &, ο, ㅁ 은 식별력 없다.

(iv) 입체상표 : 흔히 있는 공, 정육면체, 직육면체, 원기둥, 삼각기둥 등의 표장은 식별력이 없다.

대법원 2004. 11. 12. 선고 2003다54315 판결【상표사용금지가처분이의】

【판시사항】

[1] 간단하고 흔한 표장이 상표의 유사 여부를 판단함에 있어 언제나 식별력이 없어 비교대상에서 제외되는지 여부(소극)

[2] 상표 부정사용의 고의가 추정되는 경우

[3] 상표권자가 의도적으로 자신의 등록상표를 변형이 용이하도록 제작·부착하고, 그 상표가 부착된 상품의 판매자나 수요자에게 상표의 변형 방법을 주지시켜 실제로 등록상표가 인용상표와 동일·유사하게 변형되어 사용되는 경우, 상표법 제73조 제1항 제2호에 정한 상표등록취소사유에 해당하는지 여부(적극)

【판결요지】

[1] 간단하고 흔한 표장이라 할지라도 그 하나만으로는 식별력이 부족하여 등록받을 수 없다는 것에 그칠 뿐 다른 것과 결합하여 전체상표 중 일부로 되어 있는 경우에도 전혀 식별력을 가지지 못하는 것은 아니므로, 상표의 유사 여부를 판단함에 있어 이 부분을 무조건 식별력이 없다고 하여 비교대상에서 제외할 수 없다.

[2] 상표권자가 오인·혼동을 일으킬 만한 대상상표의 존재를 알면서 그 대상상표와 동일·유사한 실사용상표를 사용하는 한 상표 부정사용의 고의가 있다 할 것이고, 특히 그 대상상표가 주지·저명 상표인 경우에는 그 대상상표나 그 표장상품의 존재를 인식하지 못하는 등의 특단의 사정이 없는 한 고의의 존재가 추정된다.

[3] 상표권자가 자신의 등록상표가 타인의 상표와 동일·유사하게 변형사용되는 것을 적극적으로 희망하여 의도적으로 그 변형이 용이하도록 상표를 제작·부착하고, 그 상표가 부착된 상품의 판매자나 수요자에게 그 상표의 변형 방법을 주지시키고, 이로 말미암아 실제로 등록상표가 상표권자의 의도대로 상품의 판매자나 수요자들에 의하여 인용상표들과 동일·유사하게 변형되어 유통·사용되었다면, 이는 상표권자가 직접 등록상표에 변형을 가한 경우와 마찬가지로 타인의 상표의 신용이나 명성에 편승하려는 부정경쟁의 목적으로 등록상표의 사용권의 범위를 넘어 등록상표를 부정하게 사용한 경우로서 상표법 제73조 제1항 제2호 소정의 상표권자가 고의로 지정상품에 등록상표와 유사한 상표를 사용함으로써 수요자로 하여금 상품의 품질의 오인 또는 타인의 업무에 관련된 상품과의 혼동을 생기게 한 경우에 해당한다고 봄이 상당하다.

대법원 2003. 5. 27. **선고** 2002**후**291 **판결 【거절사정(상)】**

【판결요지】

"CP"와 같이 구성된 출원상표가 간단하고 흔한 표장에 해당하지 아니하고, 위 표장의 상표 등록이 공익에 반하는 것도 아니라고 한 사례

대법원 1997. 2. 25. **선고** 96**후**1187 **판결 【거절사정(상)】**

【판결요지】

출원상표 "三"은 상품류 구분 제38류의 파쇄기, 변속기, 보일러 등 10개 상품을 지정상품으로 하고 있는바, 위 상표는 위와 같이 간단하고 흔히 사용되는 원형의 도형 안에 한자 "삼"자를 단순히 결합한 것으로서 그 전체의 구성을 볼 때 거래자나 일반 수요자가 흔히 접할 수 있는 도형과 문자의 표시에 지나지 아니하여 거래상 자타상품의 식별력이 있다고 볼 수 없고, 따라서 이는 상표법 제6조 제1항 제6호에서 규정하는 간단하고 흔히 있는 표장만으로 된 상표에 해당하므로 등록을 받을 수 없다.

대법원 1995. 3. 17. **선고** 94**후**2070 **판결 【상표등록무효】**

【판시사항】

가. 결합상표 의 유사 여부의 판단기준

나. 상표 "결합상표"와 "인용상표(1)" 및 "인용상표(2)"의 유사 여부

다. 간단하고 흔한 표장은 전체상표 중 일부로 되어 있는 경우에도 전혀 식별력을 가지지 못하는지 여부

【판결요지】

가. 상표 는 언제나 반드시 그 구성부분 전체의 명칭이나 모양에 의하여 호칭, 관념되는 것이 아니라 각 구성부분을 분리하여 관찰하면 자연스럽지 못할 정도로 불가분적으로 결합되어 있지 아니하는 한 그 구성부분 중 일부만에 의하여 간략하게 호칭관념될 수도 있고 하나의 상표에서 두 개 이상의 칭호나 관념을 생각할 수 있는 경우에 그 중 하나의 칭호·관념이 타인의 상표 와 동일 또는 유사하다고 인정될

때에는 두 상표는 유사하다.

나. 등록상표와 인용상표 LG LG롱그린 (1) 및 인용상표(2)는 그 외관에 있어서는 상이하나 등록상표는"엘지"또는"롱그린"만으로 약칭될 수 있고 인용상표들도 "엘지" 또는 "트윈스"만으로 약칭될 수 있으므로 위 상표들이 각기"엘지"로 약칭될 경우에는 그 칭호와 관념이 동일하게 되어 이를 다같이 동종의 상품에 사용할 경우 일반수요자나 거래자로 하여금 상품의 출처에 관하여 오인·혼동을 일으키게 할 우려가 있는 유사한 상표이다.

다. 간단하고 흔한 표장이라 할지라도 그 하나만으로는 식별력이 부족하여 등록받을 수 없다는 것에 그칠 뿐 다른 것과 결합하여 전체상표 중 일부로 되어 있는 경우에도 전혀 식별력을 가지지 못하는 것은 아니므로, 상표의 유사 여부를 판단함에 있어서 이 부분은 무조건 식별력이 없다고 하여 비교대상에서 제외할 수는 없다.

(7) 기타 상품이 식별력이 없는 상표(일반규정)

(가) 의 의

[1] **상표법 제33조 제1항 제7호**: 상표법 제33조 제1항 제1호 내지 제6호 외에 수요자가 누구의 업무에 관련된 상품을 표시하는 것인가를 식별할 수 없는 상표는 상표로서 등록될 수 없다라고 규정하고 있다.

[2] 상표법은 제33조 제1항 제1호 내지 제6호에는 해당되지 않으나 그 각 호의 취지로 보아 거절하는 것이 적당한 것으로 인정되는 상표들에 대하여 등록을 받아주지 아니하도록 한 취지의 보충규정으로서 상표법 제33조 제1항 제7호의 규정을 둔 것이다. 하지만 이 규정은 등록을 받을 수 없는 상표, 즉 상표법 제33조 제1항의 일반규정으로서 제1호에서 제6호까지는 해당하지 않고 또 식별력이 없는 표장이면 모두 본 호에 해당한다.

[3] 예컨대 일반적으로 쓰이는 구호, 표어, 인사말이나 인칭대명사 또는 유행어로 표시한 표장이나 사람, 동식물, 자연물 또는 문화재를 사진, 인쇄 또는 복사하는 등의 형태로 구성된 표장으로 외관상 식별이 곤란한 것 등이 모두 본 호에 해당한다.

[4] 어떤 상표가 상표법 제33조 제1항 제7호에 해당하는지 여부는 그 상표가 가지고 있는 관념, 지정상품과의 관계, 거래사회의 실정, 특정인에게 그 상표를 독점시키는 것이 공익상 적절한지 여부 등을 감안하여 객관적으로 결정한다.

대법원 2014. 9. 4. **선고** 2014후1020 **판결 【등록무효(상)】**

【판시사항】

갑 외국회사가 등록상표 " HAIR SPA "의 상표권자 을 주식회사를 상대로 등록상표가 상표법 제6조 제1항 제7호 등에 해당한다는 이유로 상표등록 무효심판을 청구한 사안에서, 등록상표가 등록 결정일을 기준으로 볼 때 '메이크업 화장품, 모발염색제, 바디로션, 미용비누' 등 각 지정상품에 관하여 상표법 제6조 제1항 제7호의 '수요자가 누구의 업무에 관련된 상품을 표시하는 것인가를 식별할 수 없는 상표'에 해당한다고 본 원심판단이 정당하다고 한 사례

(나) 판단기준

[1] 시적 기준: 상표등록여부결정시를 기준으로 판단한다.

[2] 지역적 기준: 국내주의를 취하여 국내의 거래상황을 기준으로 한다.

[3] 인적 기준: 일반 수요자와 거래의 평균적 인식을 기준으로 한다.

[4] 구체적으로 (i) 외관상으로 보아 사회통념상 식별력을 인정하기 곤란한 경우, (ii) 다수인이 현실적으로 사용하고 있어 식별력이 인정되지 않는 경우, (iii) 공익상 특정인에게 독점시키는 것이 적합하지 않다고 인정되는 경우에 이에 해당한다.

예 일반적 표어 인류를 아름답게 사회를 아름답게
유행어로 표시한 상표－달인
연도로 기술된 상표－1988년, 2002년
장소－Land, Mart, Club, Plaza, World, 마을, 마당, 촌, Bank, House, City, Town, Park, 나라
통신관련업－Cyber, Net, Com, Tel, Web, http://www.
정보자료제공업－News, Data
금융관련업－Cash, Card
인간문화재, 천연기념물, 자연물을 사진이나 이와 유사하게 표시한 상표

[5] 장소적 의미가 있는 표장으로 식별력이 없는 표장: Land, Mart, Club, Plaza, World, Outlet, Depot, 마을, 마당, 촌, Bank, village, House, Town, Park, 나라 등

[6] 슬로건: 문자가 둘 이상의 단어로 이루어진 표어적 어구를 슬로건이라고 한다. 슬로건 등은 식별력이 없어 등록되지 않는 것이 원칙이지만, 예외적으로 상표로서의 적격성을 갖추거나 사용에 의해 식별력을 취득한 경우 등록을 인정한다.

대법원 2015. 6. 11. 선고 2013다15029 판결【상표권침해금지등】

【판시사항】

[1] 상표법 제6조 제1항 제7호에서 정한 '제1호 내지 제6호 외에 수요자가 누구의 업무에 관련된 상품을 표시하는 것인가를 식별할 수 없는 상표'의 의미 및 어떤 상표가 식별력 없는 상표에 해당하는지 결정하는 기준 / 사회통념상 자타상품의 식별력을 인정하기 곤란하거나 공익상 특정인에게 상표를 독점시키는 것이 적당하지 않다고 인정되는 경우, 상표의 식별력이 있는지 여부(소극)

[2] 어떤 표장이 자체의 관념이나 지정상품과의 관계 등만을 객관적으로 살펴볼 때에는 식별력이 없는 것으로 보이더라도 출원인이 표장을 사용한 결과 수요자나 거래자 사이에 그 표장이 누구의 업무에 관련된 상품을 표시하는 것인지 현저하게 인식되기에 이른 경우, 상표법 제6조 제1항 제7호의 식별력이 없는 상표에 해당하지 않게 되는지 여부(적극) 및 사용에 의한 식별력의 구비 여부의 판단 기준 시점(=상표의 등록결정 시)

[3] 등록상표 " 몬테소리 ", " MONTESSORI "의 상표권자인 갑 등이 을 주식회사 등을 상대로 상표권침해금지 등을 구한 사안에서, 특별히 도안화되지 아니한 한글 "몬테소리" 또는 영문 " MONTESSORI "만으로 구성된 위 등록상표는 상표법 제6조 제1항 제7호에서 정한 '수요자가 누구의 업무에 관련된 상품을 표시하는 것인가를 식별할 수 없는 상표'에 해당한다고 한 사례

대법원 2012. 12. 27. 선고 2012후2951 판결【등록무효(상)(라)】상고기각

【판시사항】

1. 이 사건 등록서비스표 "몬테소리"가 상표법 제6조 제1항 제7호 소정의 기타 식별력 없는 서비스표에 해당하는지 여부(적극)
2. 상표의 출원 당시 사용에 의한 식별력을 취득하였는지를 판단할 때 누구의 상표사용 실적을 고려하여야 하는지(원칙적으로 출원인의 사용실적)
3. 등록상표의 출원 당시 사용에 의한 식별력을 취득하였는지를 판단할 때 실사용표장의 사용이 등록상표의 사용으로 인정되기 위한 요건
4. 이 사건 등록서비스표 "몬테소리"가 그 등록결정 당시 및 지정서비스업추가등록결정 당시 사용에 의한 식별력을 취득하였는지 여부(소극)

【판결요지】

1. '몬테소리' 및 'MONTESSORI'라는 단어가 유아교육 관련 업계 종사자 및 거래자는 물론 일반 수요자들 사이에서도 특정 유아교육법 이론 내지 그 이론을 적용한 학습교재·교구를 지칭하는 것으로 널리 인식·사용되고 있고, 이 사건 등록서비스표

"몬테소리"의 쟁점 지정서비스업은 모두 유아교육이나 유아교육 교재·교구와 밀접한 관련이 있는 업종이므로, 특별히 도안화되지 아니한 한글 "몬테소리"로만 구성된 이 사건 등록서비스표는 쟁점 지정서비스업과 관련하여 자타서비스업의 출처표시로서 식별력이 있다고 볼 수 없을 뿐만 아니라 특정인에게 독점시키는 것이 적당하지도 아니하므로, 이 사건 등록서비스표는 상표법 제6조 제1항 제7호 소정의 '수요자가 누구의 업무에 관련된 서비스업을 표시하는 것인가를 식별할 수 없는 서비스표'에 해당한다.

2. 상표법 제6조 제1항 제7호 소정의 '기타 식별력 없는 상표'에 해당하여 상표등록을 받을 수 없는 상표가 그 상표등록결정 또는 지정상품추가등록결정 전에 해당 지정상품에 관하여 수요자 사이에서 누구의 업무에 관련된 상품을 표시하는 것으로 현저하게 인식된 경우에 그 효과는 실제 사용자에게 귀속되는 것이므로, 그러한 상표가 해당 지정상품에 관하여 등록결정 또는 지정상품추가등록결정 당시 사용에 의한 식별력을 구비하였는지는 원칙적으로 출원인의 상표사용실적을 기준으로 판단하여야 한다. 다만 경우에 따라서는 출원인이 출원 전에 실제 사용자로부터 그 상표에 관한 권리를 양수할 수도 있는데, 그러한 경우에는 출원인 이외에 실제 사용자의 상표사용실적도 고려하여 출원상표가 사용에 의한 식별력을 구비하였는지를 판단할 수 있다. 이러한 법리는 상표법 제2조 제3항에 의하여 서비스표의 경우에도 마찬가지로 적용된다.
3. 실사용표장들은 등록상표와 동일성이 인정되는 문자부분이 독립성을 유지한 채 다른 문자부분 등과 결합되어 있는 것이고, 그와 같이 결합된 다른 문자부분이 지정상품의 성질을 표시하기 위해 흔히 쓰이는 표지에 불과하여, 그러한 결합으로 인하여 등록상표가 사용되었다고 볼 수 없을 정도의 새로운 관념이 형성되는 것도 아니어서, 실사용표장들이 그 구성 중 등록상표와 동일성이 인정되는 문자부분만으로 분리인식될 수 있다면, 그러한 실사용표장들의 사용은 등록상표의 사용으로 볼 수 있으므로, 등록상표의 등록결정 또는 지정상품추가등록결정 당시 사용에 의한 식별력 취득 여부를 판단할 때 실사용표장들의 사용실적을 판단자료로 삼을 수 있다.

"베이비 몬테소리 I", "리틀 몬테소리", "빅몬테소리", "영어만세"와 같은 소외 회사의 실사용표장들은 이 사건 등록서비스표와 동일성이 인정되는 '몬테소리'라는 문자부분이 독립성을 유지한 채 다른 문자부분 등과 결합되어 있는 것인데, 그와 같이 결합된 다른 문자부분은 피교습자의 나이나 교습내용을 표시하기 위해 흔히 쓰이는 표지에 불과하므로 그러한 결합으로 인하여 '몬테소리'라는 표장이 사용되었다고 볼 수 없을 정도의 새로운 관념이 형성되는 것도 아니어서, 실사용표장들은 그 구성 중 '몬테소리'라는 부분만으로 분리되어 인식될 수 있음을 전제로, 소외 회사가 위와 같이 실사용표장들을 사용한 것은 이 사건 등록서비스표와 실질적으로 동일한 '몬테소리'라는 표장을 개인교수업 내지 홈스쿨교수업에 사용한 것으로도 볼 수 있으므로 개인교수업 및 홈스쿨교수업을 지정서비스업으로 추가등록결정 할 당시 이 사건 등록서비스표가 개인교수업 및 홈스쿨교수업에 관하여 사용에 의한 식별력을 취득하였는지를

판단할 때 소외 회사의 실사용표장들에 관한 사용실적을 판단자료로 삼을 수 있다고 본 사안

4. 이 사건 등록서비스표 "몬테소리"가 최초 등록결정 당시인 1998년경은 물론 지정서비스업추가등록결정 당시인 2009년경에도 쟁점 지정서비스업에 관하여 수요자 사이에서 누구의 업무에 관련된 서비스업을 표시하는 것으로 현저하게 인식되었다고 할 수 없다고 본 사안

대법원 2012. 12. 27. 선고 2012후2968 판결【등록무효(상)(라)】상고기각

【판시사항】

1. 이 사건 등록상표 "MONTESSORI"가 상표법 제6조 제1항 제7호 소정의 기타 식별력 없는 서비스표에 해당하는지 여부(적극)
2. 이 사건 등록상표 "MONTESSORI"가 그 등록결정 당시 및 지정상품추가등록결정 당시 사용에 의한 식별력을 취득하였는지 여부(소극)

【판결요지】

1. '몬테소리' 및 'MONTESSORI'라는 단어가 유아교육 관련 업계 종사자 및 거래자는 물론 일반 수요자들 사이에서도 특정 유아교육법 이론 내지 그 이론을 적용한 학습교재·교구를 지칭하는 것으로 널리 인식·사용되고 있고, 이 사건 등록상표 "MONTESSORI"의 쟁점 지정상품은 모두 유아교육이나 유아교육 교재·교구와 밀접한 관련이 있는 업종이므로, 특별히 도안화되지 아니한 영문 "MONTESSORI"로만 구성된 이 사건 등록상표는 쟁점 지정상품과 관련하여 자타상품의 출처표시로서 식별력이 있다고 볼 수 없을 뿐만 아니라 특정인에게 독점시키는 것이 적당하지도 아니하므로, 이 사건 등록상표는 상표법 제6조 제1항 제7호 소정의 '수요자가 누구의 업무에 관련된 상품을 표시하는 것인가를 식별할 수 없는 상표'에 해당한다.
2. "베이비 몬테소리 I", "리틀 몬테소리", "빅몬테소리", "영어만세"와 같은 소외 회사의 실사용표장들의 구성 중 '몬테소리'라는 문자부분은 영문자로 "MONTESSORI"로 된 이 사건 등록상표와 호칭, 관념이 동일하나 외관이 상이하여 이 사건 등록상표와 유사할지언정 동일하다고 볼 수는 없어서, 실사용표장들의 사용을 이 사건 등록상표의 사용으로 볼 수는 없으므로, 소외 회사의 실사용표장들 사용실적을 지정상품추가등록결정 당시 이 사건 등록상표가 사용에 의한 식별력을 취득하였는지의 판단자료로 사용할 수는 없고, 이 사건 등록상표는 한글로 된 '몬테소리'라는 표장에 부수적으로 사용된 것으로 보이고, 사용빈도 역시 한글로 된 '몬테소리'라는 표장에 비하여 매우 낮으므로, 소외 회사의 이 사건 등록상표 사용실적만으로는 특별히 도안화되지 아니한 영문자 "MONTESSORI"로만 구성된 이 사건 등록상표가 쟁점 지정상품의 추가등록결정 당시 쟁점 지정상품에 관하여 수요자 사이에서 누구의 업무에 관련된 상품을 표시하는 것으로 현저하게 인식되었다고 할 수 없다고 본 사안

(8) 식별력이 없는 표장간의 결합상표

[1] 식별력이 없는 표장으로만 결합된 표장은 식별력이 없어 상표로서 받을 수 없다. 다만, 결합에 의하여 새로운 관념 또는 새로운 식별력을 형성하는 경우에는 그러하지 않다.

예 지정상품을 일반상품에 SC Spcial이라 하는 경우

[2] 상표는 표장의 요부만을 가지고 판단하는 것이 아니라 전체적으로 판단하는 것이 원칙이고 전체적으로 판단하기 어려울 때에 요부 등을 나누어 판단한다.

3. 사용에 의한 식별력(상 제33조 제2항)(등록을 받을 수 있는 상표)

[1] 상표출원시에는 식별력이 없었으나 계속 사용으로 인하여 식별력을 취득할 수도 있다. 그런 경우 그 표장에 대해 상표등록을 허여하는 것이다.

예 자동차 포드 (인명), 현대자동차의 엑셀 등

[2] 기술적 상표, 현저한 지리적 명칭, 흔히 있는 성이나 명칭, 간단하고 흔한 표장이라도 상표등록출원 전부터 그 상표를 사용한 결과 수요자 간에 특정인의 상품에 관한 출처를 표시하는 것으로 식별할 수 있게 된 경우에는 그 상표를 사용한 상품에 한하여 등록이 가능하도록 하고 있다(상 제33조 제2항). 산지표시 기술적 상표 내지 현저한 지리적 명칭만으로 된 상표라도 그 표장이 특정 상품에 대한 지리적 표시인 경우에는 그 지리적 표시를 사용한 상품을 지정상품(제38조 제1항에 따라 지정한 상품 및 제86조 제1항에 따라 추가로 지정한 상품을 말한다. 이하 같다)으로 하여 지리적 표시 단체표장등록을 받을 수 있다(상표법 제33조 제3항).[254)]

구 분	2014년 개정전 상표법	2014년 상표법 당초 개정안
식별력 확보로 등록가능 상표 범위	기술적 상표(또는 성질표시 상표) 현저한 지리적 명칭 흔히 있는 성이나 명칭 간단하고 흔한 표장	관용상표(추가) (좌동) (좌동) (좌동) (좌동) 기타 식별력 없는 상표(추가)
식별력 인정요건	상표 사용 결과 수요자 간에 누구의 업무에 관련된 상품을 표시하는 것인가 현저하게 인식되어 있을 것	상표 사용 결과 수요자 간에 특정인의 상품에 관한 출처를 표시하는 것으로 인식된 것

254) [시행 2016. 9. 1.] [법률 제14033호, 2016. 2. 29. 전부개정].

2014년 상표법 당초 개정안은 제6조(현행 제33조) 제1항 제2호의 "그 상품에 대하여 관용하는 상표"와 제7호의 "수요자가 누구의 업무에 관련된 상품을 표시하는 것인가를 식별할 수 없는 상표"를 상표등록출원 전부터 사용한 결과 식별력이 확보될 경우 등록할 수 있는 상표에 포함하고자 하는 것이었다.[255] 이 당초 개정안은 해당 상표 사용자의 조속한 권리확보 및 수요자의 신뢰유지 등에 기여할 수 있다는 점에서 필요성이 있는 규정으로 볼 수 있는데, 이러한 '관용상표'와 '식별력 없는 상표'를 식별력 확보를 전제로 하는 등록 가능 상표의 범위에 포함시키는 것은 논리상 상호 부합되지 않는 측면이 있어 보인다고 하여 이 부분을 제외하였다. 즉, 전술한 2014년 상표법 개정안 검토보고서에서는 '관용상표'와 '기타 식별력 없는 상표'가 식별력을 확보할 경우 해당 상표는 이미 '관용상표'와 '식별력 없는 상표'에 해당되지 않기 때문으로 이 경우 해당 상표는 현행법의 체계 내에서도 등록이 가능한 상표가 된다고 하였다.[256] 관용상표는 보통명칭화(generic mark)로 되어 지정상품 내지 지정서비스 자체를 의미하게 되어 지정상품 내지 지정서비스의 출처를 표시하지 못하게 되므로 사용에 의한 식별력을 인정하기 어렵다는 점에서 구 상표법 제6조(현행 상표법 제33조) 제1항 제2호의 '관용상표'에 대해서는 사용에 의한 식별력 취득을 인정하지 않는 것이 구 상표법 제6조(현행 상표법 제33조) 제1항 제1호의 '보통명칭상표'에 대해서 사용에 의한 식별력 취득을 인정하지 않는 논리와 부합된다. 하지만 구 상표법 제6조(현행 상표법 제33조) 제1항 제7호의 '기타 식별력 없는 상표'에 대해서 사용에 의한 식별력을 확보할 경우에는 당연히 등록요건을 충족하는 것이 아니라 그 법적 근거규정이 필요하다는 점에서 구 상표법 제6조(현행 상표법 제33조) 제2항에서 구 상표법 제6조(현행 상표법 제33조) 제1항 제7호에 대해 적용하여야 한다. 특히 아래에서 보듯이 대법원 2012. 12. 27. 선고 2012후2951 판결【등록무효(상)】에서 구 상표법 제6조(현행 상표법 제33조) 제2항에서 구 상표법 제6조(현행 상표법 제33조) 제1항 제7호를 적용하고 있다는 점에서 이를 입법에서 반영하는 것이 바람직하였을 것이다.

[3] 2014년 개정 상표법[257]에서 식별력 인정 요건을 '수요자 간 현저한 인식'에서 '수요자 간 인식'으로 변경한 것은 개정 전 상표법 제6조(현행 상표법 제33조) 제2항의 요건이 지나치게 엄격하여 경쟁자의 모방행위에 대한 효과적인 대응을 곤란하게 하고 있다는 점에 기인한다. 2014년 개정 전 실무에서는 식별력이 없어 보이는 표장에 대해 사용에 의한 식별력 취득 요건을 주장하기보다는 해당 상표구성의 외관 및 수용자 실제인식을 고려하

---

255) 이동근, 상표법 일부개정법률안(김한표의원 대표발의안) 검토보고서, 산업통상자원위원회, 2014년 2월, 5면-6면 (이하 "이동근, 상표법 검토보고서"로 표시).

256) 이동근, 상표법 검토보고서, 6면.

257) [시행 2014.6.11.] [법률 제12751호, 2014.6.11., 일부개정].

여 해당 표장의 식별력이 있다는 주장을 제출하는 방법을 채택하고 있었다고 한다.[258] 따라서 식별력 인정 요건이 완화된 만큼 판례의 변화도 주시할 필요가 있다.

[4] 사용에 의한 식별력의 판단기준 : [259]

사용에 의한 식별력은 원래 식별력이 없는 표장에 대세적인 권리를 부여하는 것이므로 과거에는 그 기준을 엄격하게 해석·적용하여야 한다고 보고 '현저하게 인식'된 경우로 주지상표보다 높은 인식도를 요구하였다. 이는 "외국의 입법례에 비해서 요건이 너무 높고 제3자의 부정경쟁 목적의 사용으로 진정한 상표사용자의 이익 침해는 물론 수요자의 상품 품질 및 출처의 오인·혼동을 초래하여 상거래 질서를 어지럽히는 폐해가 커 2014. 6. 11. 시행한 상표법에서 '특정인의 상품에 관한 출처를 표시하는 것으로 식별할 수 있게 된 경우'로 인식도 요건을 완화하였다."[260]

현행 상표심사기준[261]에 따르면, "『식별할 수 있게 된 정도』란 상표법 제34조 제1항 제13호의 특정인의 상품을 표시하는 것이라고 인식되어 있는 상표의 인식도 보다는 높되, 상표법 제34조 제1항 제9호[262]의 타인의 상품을 표시하는 것이라고 수요자간에 현저하게 인식되어 있는 상표 즉, 주지상표의 인식도보다는 낮은 단계를 의미하며, 일부지역에서 일부 거래자나 수요자간에 특정인의 상품에 관한 출처를 표시하는 것으로 식별할 수 있게 된 경우에도 인정 가능한 것으로 본다."라고 한다. 상표법 제34조 제1항 제13호에서는 특정출처로서의 인식이면 족하고 수요자가 상품의 제조자가 누구인지 여부를 구체적으로 인식할 필요는 없다. 하지만, 상표법 제33조 제2항의 '식별할 수 있게 된 정도"란 상표법 제34조 제1항 제9호의 주지도 보다는 낮은 수준이지만, 상표법 제34조 제1항 제13호의 상표 인식도 보다는 높은 수준을 의미한다.[263] 이와 관련하여 상표법 제34조

258) 전응준, "상표법상 사용에 의한 식별력 판단기준에 대한 토론문", 중앙법학회 2015년 동계학술대회(2015년 2월 28일, 중앙대학교 법학관(303관) 2층 모의법정), 1면.

259) 李圭鎬, "상표법상 사용에 의한 식별력 판단기준", 「중앙법학」, 제17집 제1호, 2015년 3월, 271-309면.

260) 상표심사기준 (2014년 12월 30일 개정, 2015년 1월 1일 시행) § 2.2.2.

261) 2016년 상표심사기준 제4부 제9장 § 2.2.2.

262) 현행 상표법 제34조 제1항 제9호는 "타인의 상품을 표시하는 것이라고 수요자들에게 널리 인식되어 있는 상표(지리적 표시는 제외한다)와 동일·유사한 상표로서 그 타인의 상품과 동일·유사한 상품에 사용하는 상표"를, 현행 상표법 제34조 제1항 제10호는 "특정 지역의 상품을 표시하는 것이라고 수요자들에게 널리 인식되어 있는 타인의 지리적 표시와 동일·유사한 상표로서 그 지리적 표시를 사용하는 상품과 동일하다고 인정되어 있는 상품에 사용하는 상표"를 각각 부등록사유로 규정하고 있다.

263) 국내외에서 특정인의 상품표시로 인식되는 상표와 동일· 유사한 상표는 출원인의 주관적 의사를 불문하고 상표법 제7조 제1항 제9호, 제10호에 의해 거절되지만, (i) 국내외에서 특정인의 상품표시로 인식되는 상표와 동일 또는 유사한 상표를 제3자가 출처혼동의 우려가 없는 비유사한 상품에 출원하거나, (ii) 외국에서만 특정인의 상품표시로 인식되는 상표를 출원한 경우에는 설사 부정한 목적에 의한 출원인 경우에도 위의 규정을 적용할 수 없으므로 1998년 개정 상표법은 진정한 상표

제1항 제9호의 주지상표라 함은 특정인의 업무에 관한 상표를 상품에 사용한 결과 일반거래자 및 수요자간에 널리 인식되어 있는 상표를 의미한다. 판례에 따르면, 주지상표라 함은 반드시 수요자 또는 거래자가 그 상표 사용인이 누구인가를 구체적으로 인식할 필요는 없다고 하더라도 적어도 그 상표가 특정인의 상품에 사용되는 것임을 수요자 또는 거래자간에 널리 인식되어 있음을 필요로 하고, 주지상표인가의 여부는 그 사용, 공급 또는 영업활동의 기간, 방법, 태양 및 거래범위 등과 그 거래실정이나 사회통념상 객관적으로 널리 알려졌느냐의 여부가 일응의 기준이 된다.[264)]

상표법 제33조 제2항의 '사용에 의한 식별력'을 취득한 경우에 수요자의 인식도 수준은 내재적 식별력을 가지는 경우의 수요자의 인식도 수준과 동일하여야 할 것이다. 하지만 상표법 제34조 제1항 제13호에서 규정한 수요자의 인식도가 상표법 제33조 제2항의 수요자 인식도보다 낮다면 그 경계선을 어떻게 구별할 수 있을지 의문이 든다.

상표법 제33조 제2항은 "제1항 제3호부터 제6호까지에 해당하는 상표라도 상표등록출원 전부터 그 상표를 사용한 결과 수요자 간에 특정인의 상품에 관한 출처를 표시하는 것으로 식별할 수 있게 된 경우에는 그 상표를 사용한 상품에 한정하여 상표등록을 받을 수 있다."라고 규정하고 있다. 상표법 제34조 제1항 제13호는 (i) 국내외에서 특정인의 상품표시로 인식되는 상표와 동일 또는 유사한 상표를 제3자가 출처혼동의 우려가 없는 비유사한 상품에 출원하거나, (ii) 외국에서만 특정인의 상품표시로 인식되는 상표를 출원한 경우에도 적용되는 조문임을 감안하고, 상표법 제33조 제2항이 "수요자 간에 특정인의 상품에 관한 출처를 표시하는 것으로 식별할 수 있게 된 경우"라고 규정한 점을 감안할 필요가 있다. 따라서 상표법 제34조 제1항 제13호는 "국내 또는 외국의 수요자간에 특정인의 상품을 표시하는 것이라고 인식되어 있는 상표(지리적 표시를 제외한다)와 동일 또는 유사한 상표로서 부당한 이익을 얻으려 하거나 그 특정인에게 손해를 가하려고 하는 등 부정한 목적으로 사용하는 상표"를 부등록사유로 규정하면서 식별력 판단의 주체를 외국의 수요자로 확대하고 있어 특정 외국의 수요자 간에 특정인의 상품을 표시하는 것이라고 인식되어 있는 상표이지만 국내 수요자 간에 특정인의 상품을 표시하는 것이라고 인식되어 있지 않는 경우를 상정할 수 있기 때문에 국내 수요자를 기준으로 한다면

사용자의 신용을 보호하고 수요자의 오인· 혼동으로 인한 불이익을 미연에 방지하기 위하여 본호의 규정을 신설하였다. 그리고 2005년 개정 상표법에서는 국내 또는 외국에서 특정인의 상품표지로 인식되는 지리적 표시인 경우 적용되는 별도의 규정을 마련하였다(상 제7조 제1항 제12호의 2). 그런데 2007년 개정 이전의 상표법 하에서는 국내 또는 외국의 주지상표 즉 상표법 제7조 제1항 제9호와 동일한 수준의 주지성을 요구하는 것으로 모방상표에 대한 등록배제의 실효성을 거두기가 곤란하였다. 그래서 2007년 개정을 통해 모방대상상표의 주지성 정도를 완화하여 등록배제의 범위를 확대하여 모방상표의 등록차단을 강화하고자 한 것이다.

264) 대법원 1991. 11. 22. 선고 91후301 판결.

상표법 제33조 제2항에서 수요자의 식별력 인식도가 상표법 제33조 제1항 제13호의 수요자의 식별력 인식도에 비해 높다고 할 수 있다. 하지만, 국내외를 막론하고 식별력 인식도만을 기준으로 고려할 때 과연 상표법 제33조 제2항에 따른 수요자의 식별력 인식도가 상표법 제34조 제1항 제13호상 수요자의 식별력 인식도에 대해 높다고 할 수 있는지 의문이다.[265] 물론 두 조문상에는 문구에 차이가 있음을 알 수 있지만, 익명의 상품출처에 대해 양자가 허용하는 이상, 두 조문상 수요자의 인식도 수준의 차이를 구별하는 것은 쉽지 않을 뿐만 아니라 무의미한 작업일 수도 있다.

수요자들이 식별할 수 있는지 여부는 (i) 출원전 상당기간 사용한 결과 전국적으로 알려져 있는 경우와 일정지역에서 수요자들이 현저하게 인식하고 있는 경우도 포함한다. 다만 현저하게 인식하고 있는 지역의 범위에 대해서는 지정상품과의 관계를 충분히 고려하여 판단한다. (ii) 실제로 사용한 상표와 상품이 출원한 상표 및 그 지정상품과 동일하여야 하며, (iii) 사용에 의한 식별력을 주장하는 자는 입증자료를 제출하여야 한다.

[5] 판단시기 : 등록여부 결정 시

[6] 인정범위 : 그 사용에 의해 식별력을 취득한 상표에 한하므로 유사상표에 대한 등록은 불허하고, 해당 상품에 사용된 상표에 의해 식별력이 인정되므로 사용된 상품에만 한정하여 등록을 허용한다.

[7] 상표는 선출원이 원칙이나 사후적 사용에 의해 식별력을 취득한 경우라면 예외적으로 상표등록을 인정하여 독점배타적인 권리를 준다. 위의 사용에 의한 식별력을 취득하여 상표등록이 된 경우를 제외하고, 상표가 등록된 후 식별력이 상실된 상표는 무효심판을 청구할 수 있다(상 제117조 제1항 제6호).

[8] 사용에 의해 식별력이 인정된 경우 제3자가 권원 없이 자기의 상표를 동일 또는 유사한 상품에 사용하는 경우에는 부정경쟁방지법에 의해 보호받을 수 있다.

[9] 상표법 제33조(구 상표법 제6조) 제1항 제7호의 경우에도 사용에 의한 식별력 취득이 가능한지 여부 : 대법원 2012. 12. 27. 선고 2012후2951 판결【등록무효(상)】에 따르면, "상표법 제6조 제1항 제7호 소정의 '기타 식별력 없는 상표'에 해당하여 상표등록을 받을 수 없는 상표가 그 상표등록결정 또는 지정상품추가등록결정 전에 해당 지정상품에 관하여 수요자 사이에서 누구의 업무에 관련된 상품을 표시하는 것으로 현저하게 인식된 경우에 그 효과는 실제 사용자에게 귀속되는 것이므로, 그러한 상표가 해당 지정상품에

265) 同旨 전응준, 앞의 토론문, 1면에서는 현행 상표법 "제7조 제1항 제12호도 종전 개정에서 '현저하게'의 요건을 삭제하여 적어도 법문의 표현형식이 [상표]법 제6조 제2항과 동일하게 되었으므로, 위 [상표]심사지침에서 말하는 바와 같이 [상표법 제7조 제1항] 제12호의 인식도보다 높게 '사용에 의한 식별력 취득'의 정도를 요구하여야 하는지 의문이 있다"는 점을 적시하고 있다.

관하여 등록결정 또는 지정상품추가등록결정 당시 사용에 의한 식별력을 구비하였는지는 원칙적으로 출원인의 상표사용실적을 기준으로 판단하여야 한다. 다만 경우에 따라서는 출원인이 출원 전에 실제 사용자로부터 그 상표에 관한 권리를 양수할 수도 있는데, 그러한 경우에는 출원인 이외에 실제 사용자의 상표사용실적도 고려하여 출원상표가 사용에 의한 식별력을 구비하였는지를 판단할 수 있다. 이러한 법리는 상표법 제2조 제3항에 의하여 서비스표의 경우에도 마찬가지로 적용된다."라고 판시하여 현행 상표법 제33조 제1항 제7호의 경우에도 사용에 의한 식별력 취득을 인정하고 있다. 따라서 상표법 제33조 제2항에 이 판례를 반영하여 개정할 필요가 있다. 그리고 이 판결은 사용에 의한 식별력 취득 기준을 출원인의 상표사용실적을 원칙으로 하되, 출원인이 출원 전에 실제 사용자로부터 그 상표에 관한 권리를 양수한 경우에는 출원인 뿐만 아니라 실제 사용자의 상표사용실적을 고려한다고 판시하였다.

[10] 실제로 사용에 의한 식별력 취득의 기준으로 고려할 요인을 충분히 설시한 판례로는 대법원 2008. 9. 25. 선고 2006후2288 판결【등록무효(상)】가 있다. 이 판결은 "상표법 제6조 제2항이 상표를 등록출원 전에 사용한 결과 수요자 사이에 그 상표가 누구의 상품을 표시하는 상표인가 현저하게 인식되어 있는 것은 제6조 제1항 제3호 내지 제6호의 규정에 불구하고, 상표등록을 받을 수 있도록 규정한 것은, 원래 식별력이 없는 표장이어서 특정인에게 독점사용토록 하는 것이 적당하지 않은 표장에 대하여 대세적 권리를 부여하는 것이므로 그 기준은 엄격하게 해석·적용되어야 할 것이지만(대법원 1994. 5. 24. 선고 92후2274 전원합의체 판결 참조), 상표의 사용기간, 사용횟수 및 사용의 계속성, 그 상표가 부착된 상품의 생산·판매량 및 시장점유율, 광고·선전의 방법, 횟수, 내용, 기간 및 그 액수, 상품품질의 우수성, 상표사용자의 명성과 신용, 상표의 경합적 사용의 정도 및 태양 등을 종합적으로 고려할 때 해당 상표가 사용된 상품에 관한 거래자 및 수요자의 대다수에게 특정인의 상품을 표시하는 것으로 인식되기에 이르렀다면 사용에 의한 식별력의 취득을 인정할 수 있다. 그리고 사용에 의한 식별력을 취득하는 상표는 실제로 사용한 상표 그 자체에 한하고 그와 유사한 상표에 대하여까지 식별력 취득을 인정할 수는 없지만(대법원 2006. 5. 12. 선고 2005후339 판결 등 참조), 그와 동일성이 인정되는 상표의 장기간의 사용은 위 식별력 취득에 도움이 되는 요소라 할 것이다."라고 판시하여 "상표의 사용기간, 사용횟수 및 사용의 계속성, 그 상표가 부착된 상품의 생산·판매량 및 시장점유율, 광고·선전의 방법, 횟수, 내용, 기간 및 그 액수, 상품품질의 우수성, 상표사용자의 명성과 신용, 상표의 경합적 사용의 정도 및 태양 등"을 사용에 의한 식별력 취득 여부를 판단하는 고려요인으로 제시하고 있다. 전술한 바와 같이 2014년 개정 상표법 제6조(현행

상표법 제33조) 제2항 및 제3항에서는 사용에 의한 식별력 취득기준을 완화하고 있기 때문에 판례의 변화를 주목할 필요가 있다. 이와 관련해서는 미국의 판례를 주목할 필요가 있다.

[11] 미국의 제2순회구 연방항소법원에서는 사용에 의한 식별력 취득을 판단하기 위한 고려요인으로서 (i) 광고비용, (ii) 표장과 출처와의 연계에 대한 소비자 조사(설문조사 포함), (iii) 상품에 대한 자발적인 미디어 취재 수준, (iv) 판매의 성패, (v) 표장을 모방하려는 시도 및 (vi) 표장 사용의 기간 및 배타성을 들고 있다.[266] 미국 법원은 일반적으로 사용에 의한 식별력 취득을 인정하기 위하여 관련 소비자의 상당수(substantial proportion of the relevant consumer population)가 기술적 상표를 지정상품의 출처로 인식하게 될 것을 요건으로 판시하였다.[267]

미국의 제3순회구 연방항소법원에서는 그 판단기준으로서 (i) 구매자의 연상을 야기하는 판매 및 광고의 정도, (ii) 사용기간, (iii) 사용의 배타성, (iv) 모방한 사실, (v) 소비자 설문조사, (vi) 소비자 증언, (vii) 상업용 저널에서 그 표장의 사용, (viii) 회사의 규모, (ix) 판매량, (x) 수요자의 규모 및 (xi) 실제로 혼동하였는지 여부 등을 예시하였다.[268]

미국의 제7순회구 연방항소법원은 사용에 의한 식별력 취득의 판단기준으로서 (i) 광고의 분량과 방식, (ii) 판매량, (iii) 사용의 기간 및 방식, (iv) 소비자 증언, (v) 소비자 설문조사를 제시하였다.[269]

미국의 제9순회구 연방항소법원은 사용에 의한 식별력 취득의 판단기준의 예시로서 (i) 소비자 증언, (ii) 소비자 설문조사, (iii) 상표 사용의 배타성, 방식 및 기간, (iv) 광고의 분량 및 방식, (v) 판매량 및 소비자의 수, (vi) 시장점유비중, (vii) 피고가 고의로 모방하였는지 여부의 증거 등을 제시하였다.[270]

그런데 이와 관련하여 관련 수요자의 상당수 요건을 충족하는지 여부를 판단하는 것이 문제될 수 있는데, 소비자 설문조사에 대한 증거가 제출된 경우에 미국 연방법원은 일반적으로 관련 소비자의 50% 이상이 그 기술적 상표의 식별력을 인정하면 사용에 의한 식별력을 취득한 것으로 본다.[271]

---

266) Genesee Brewing Co. v. Stroh Brewing Co., 124 F.3d 137, 143 n. 4 (2d Cir. 1997).

267) See, e.g., Coach Leatherware Co. v. AnnTaylo, Inc., 933 F.2d 162, 168 (2d Cir. 1991).

268) E.T. Browne Drug Co. v. Cococare Products, Inc., 538 F.3d 185, 199 (3d Cir. 2008).

269) Platinum Home Mortgage Corp. v. Platinum Financial Group, Inc., 149 F.3d 722, 728 (7th Cir. 1998).

270) Art Attacks Ink, LLC v. MGA Enter., Inc., 581 F.3d 1138, 1145 (9th Cir. 2009); Japan Telecom, Inc. v. Japan Telecom Am., Inc., 287 F.3d 866, 62 U.S.P.Q.2d 1593 (9th Cir. 2002).

271) See, e.g., Harlequin Enterprises, Ltd. v. Gulf & Western Corp., 644 F.2d 946 (2d Cir. 1981); Spraying Systems Co. v. Delavan, 975 F.2d 387, 394 (7th Cir. 1992).

대법원 2017. 9. 12. 선고 2015후2174 판결【거절결정(상) (바) 상고기각】
(웰컴크레디라인대부 주식회사 대 특허청장)

[구 상표법 제6조 제2항의 사용에 의한 식별력이 인정되는지에 관한 사건]

◇ 출원인이 출원서비스표를 사용하면서 그와 함께 출원서비스가 포함되어 있는 실사용표장들을 사용한 경우 구 상표법 제6조 제2항의 사용에 의한 식별력을 인정할 수 있는지 ◇

구 상표법(2014. 6. 11. 법률 제12751호로 개정되기 전의 것, 이하 '구 상표법'이라 한다) 제6조 제2항은 '상표를 등록출원 전에 사용한 결과 수요자 사이에 그 상표가 누구의 상품을 표시하는 상표인지 현저하게 인식되어 있는 것은 제6조 제1항 제3호 내지 제6호의 규정에 불구하고, 상표등록을 받을 수 있다'는 취지로 규정하고 있다. 위 규정은 원래 식별력이 없는 표장이어서 특정인에게 독점사용토록 하는 것이 적당하지 않은 표장에 대하여 대세적 권리를 부여하는 것이므로 그 기준은 엄격하게 해석·적용되어야 하지만, 상표의 사용기간, 사용횟수 및 사용의 계속성, 그 상표가 부착된 상품의 생산·판매량 및 시장점유율, 광고·선전의 방법, 횟수, 내용, 기간 및 그 액수, 상품품질의 우수성, 상표사용자의 명성과 신용, 상표의 경합적 사용의 정도 및 태양 등을 종합적으로 고려할 때 당해 상표가 사용된 상품에 관한 수요자의 대다수에게 특정인의 상품을 표시하는 것으로 인식되기에 이르렀다면 사용에 의한 식별력의 취득을 인정할 수 있다(대법원 2008. 9. 25. 선고 2006후2288 판결 등 참조). 이러한 법리는 구 상표법 제2조 제3항에 의하여 서비스표의 경우에도 마찬가지로 적용된다.

☞ 대부업을 영위하는 원고가 이 사건 출원서비스표("단박대출")(출원번호 제2013-46136호)를 사용하면서 이와 함께 이 사건 출원서비스표가 포함되어 있는 실사용표장들을 사용하여 방송이나 신문 등을 통하여 반복적으로 광고를 한 사안에서, 실사용표장들의 구성이나 사용태양, 이 사건 출원서비스표와 관련된 직접대출방식의 대출 규모, 신문·방송 등을 통한 광고 횟수와 기간, 원고가 대부업체로서 알려진 정도 등을 종합하여 구 상표법 제6조 제2항이 규정하는 사용에 의한 식별력을 취득한 것으로 판단한 사례.

대법원 2007. 12. 13. 선고 2005후728 판결【권리범위확인(상)】

【판시사항】

[1] 상표등록 당시 식별력이 없던 부분이 그 후 사용에 의한 식별력을 취득한 경우, 식별력 있는 요부가 될 수 있는지 여부(소극)

[2] 색채상표인 등록상표 "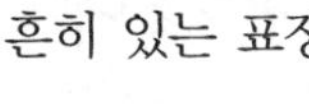"의 구성 중 "A6" 부분은 알파벳 'A'와 숫자 '6'을 단순 결합한 간단하고 흔히 있는 표장에 지나지 않아 중심적 식별력을 갖지 못하므로 동일한 구성을 갖는 확인대상상표 ""와 유사하지 않다고 본 사례

【판결요지】

[1] 상표법 제41조 제1항에서는 "상표권은 설정등록에 의하여 발생한다"라고 규정하여 일정한 요건과 절차를 거쳐서 특허청에 등록된 상표만을 보호하고 있고, 상표법 제52조 제1항에서는 "등록상표의 보호범위는 상표등록출원서에 기재된 상표에 의하여 정하여진다"라고 규정하여 등록상표의 보호범위를 정할 때 상표가 실제 사용되고 있는 태양은 고려하지 않고 있으므로, 등록상표의 구성 중 일부분이 등록결정 당시 식별력이 없었다면 그 부분은 상표법이 정한 일정한 요건과 절차를 거쳐 등록된 것이 아니어서 그 부분만을 분리하여 보호할 수 없고, 그 등록상표의 등록결정 이후 그 부분만을 분리하여 사용한 실태를 고려할 수 있는 것도 아니어서, 식별력이 없던 부분은 등록상표의 등록결정 이후 사용에 의한 식별력을 취득하였더라도 등록상표에서 중심적 식별력을 가지는 부분이 될 수 없다.

[2] 색채상표인 등록상표 "A6"의 구성 중 "A6" 부분은 알파벳 'A'와 숫자 '6'을 단순 결합한 간단하고 흔히 있는 표장에 지나지 않아 중심적 식별력을 갖지 못하므로 동일한 구성을 갖는 확인대상상표 "A6"와 유사하지 않다고 본 사례.

대법원 2006. 11. 23. 선고 2005후1356 판결【등록무효(상)】

【판시사항】

[1] 상표가 상품의 원재료를 표시하는 상표인지 여부의 판단 방법

[2] "GLUTEN 글루텐"으로 구성된 등록상표가 그 지정상품인 '낚시밥'의 원재료 표시 상표에 해당한다고 한 사례

[3] 상표법 제6조 제2항에 따라 어떤 상표가 사용에 의하여 식별력을 취득한 경우, 그와 유사한 상표까지 식별력을 취득하는지 여부(소극)

대법원 2006. 5. 12. 선고 2005후353 판결【등록무효(상)】

【판시사항】

[1] 서비스표의 등록적격성 유무의 판단 기준 및 다른 서비스표의 등록례가 특정 서비스표의 등록 근거가 될 수 있는지 여부(소극)

[2] 특별현저성이 없는 표장이 사용에 의하여 식별력을 취득한 경우 서비스표등록을 받을 수 있는 지정서비스업의 범위

[3] 상표법 제6조 제1항 제7호에 해당하는 표장도 사용에 의한 식별력을 취득한 경우 같은 조 제2항에 따라 상표등록을 받을 수 있는지 여부(적극)

[4] 등록서비스표 "스피드 011"이 그 구성 자체로는 식별력이 인정되지 아니하지만 그 지정서비스업 중 '전화통신업, 무선통신업'과의 관계에서 사용에 의한 식별력 취득이 인정되고, 위 서비스업에 사용되는 경우 상표법 제7조 제1항 제1호, 제4호, 제11호에

해당하지 않는다고 한 원심의 판단을 수긍한 사례

대법원 2006. 5. 12. 선고 2005후339 판결【등록무효(상)】

【판시사항】

[1] 서비스표의 등록적격성 유무의 판단 방법 및 다른 서비스표의 등록례가 특정 서비스표의 등록 근거가 될 수 있는지 여부(소극)

[2] 'SPEED' 부분과 '011' 부분이 결합하여 구성된 등록서비스표 "SPEED 011"이 그 지정서비스업 중 '무선호출 서비스업, 전보통신업, 텔렉스통신업, 팩시밀리통신업, 원격화면통신업, 컴퓨터통신업, 통신사업, 공중기업통신망 서비스업' 등과의 관계에서 식별력이 인정되지 않는다고 한 원심의 판단을 수긍한 사례

[3] 특별현저성이 없는 것으로 보이는 표장이 사용에 의하여 식별력을 취득한 경우, 서비스표등록을 받을 수 있는 지정서비스업의 범위

[4] 상표법 제6조 제1항 제7호와 같은 조 제2항의 관계

[5] 등록서비스표 "SPEED 011"이 그 구성 자체로는 식별력이 인정되지 아니하지만, 그 지정서비스업 중 '전화통신업, 무선통신업'과의 관계에서 사용에 의한 식별력 취득이 인정된다고 한 원심의 판단을 수긍한 사례

[6] 등록서비스표 "SPEED 011"이 그 지정서비스업 중 '전화통신업, 무선통신업'과의 관계에서 사용에 의한 식별력 취득이 인정된다고 하더라도, 'SPEED' 부분과 '011' 부분이 결합된 상태의 등록서비스표 전체에 관하여 일체로서 식별력 취득이 인정된다는 것일 뿐, 그 구성요소인 'SPEED' 부분과 '011' 부분이 독립하여 사용에 의한 식별력 취득이 인정된다는 것은 아니므로, 통신망 식별번호인 '011' 부분에 대해서까지 등록서비스표권자에게 독점적인 권리를 인정하고 타인의 자유로운 사용을 금지하는 결과를 낳게 되는 것이라고 볼 수 없다고 한 사례

[7] 등록서비스표 "SPEED 011"이 그 지정서비스업 중 '전화통신업, 무선통신업'에 사용되는 경우 국가의 공공기관이 사용하는 감독용이나 증명용 인장 또는 기호에 해당한다고 할 수 없고, 위 등록서비스표의 출원·등록·사용이 공공의 질서 또는 선량한 풍속을 문란하게 할 염려가 있다거나, 통신망 식별번호가 특정인의 사유재산인 것처럼 인식되도록 수요자를 기만하여 지정서비스업에 관한 품질을 오인하게 할 염려가 있다고 볼 수 없다고 한 원심의 판단을 수긍한 사례

【판결요지】

[1] 서비스표의 등록적격성의 유무는 지정서비스업과의 관계에서 개별적으로 판단되어야 하고, 다른 서비스표의 등록례는 특정 서비스표가 등록되어야 할 근거가 될 수 없다.

[2] 'SPEED' 부분과 '011' 부분이 결합하여 구성된 등록서비스표 "SPEED 011"이 그 지정서비스업 중 '무선호출 서비스업, 전보통신업, 텔렉스통신업, 팩시밀리통신업, 원격화면통신업, 컴퓨터통신업, 통신사업, 공중기업통신망 서비스업' 등과의 관계에서 식별력이 인정되지 않는다고 한 원심의 판단을 수긍한 사례.

[3] 특별현저성이 없는 것으로 보이는 표장이 사용된 결과 수요자나 거래자 사이에 서비스업의 출처를 표시하는 식별표지로 현저하게 인식되어 식별력을 가지게 되더라도, 사용에 의하여 식별력을 취득하는 것은 실제로 그 서비스표가 사용된 서비스업에 한하므로 그 서비스표는 당해 서비스업에 대해서만 등록을 받을 수 있고 그와 유사한 서비스업에 대하여는 등록을 받을 수 없다.

[4] 상표법 제6조 제1항 제7호는 같은 조 제1항 제1호 내지 제6호에 해당하지 아니하는 서비스표라도 특별현저성이 없는 상표는 등록받을 수 없다는 것을 의미할 뿐이므로, 어떤 표장이 그 사용상태를 고려하지 않고 그 자체의 관념이나 지정서비스업의 관계 등만을 객관적으로 살펴볼 때에는 특별현저성이 없는 것으로 보이더라도, 출원인이 그 표장을 사용한 결과 수요자나 거래자 사이에 그 표장이 누구의 업무에 관련된 서비스업을 표시하는 것으로 현저하게 인식되기에 이른 경우에는 특별한 사정이 없는 한 그 표장은 상표법 제6조 제1항 제7호의 특별현저성이 없는 서비스표에 해당하지 않게 되고, 그 결과 서비스표등록을 받는 데 아무런 지장이 없으며, 같은 조 제2항에 같은 조 제1항 제7호가 포함되어 있지 않다는 사정만으로 이를 달리 볼 것은 아니다.

[5] 등록서비스표 "SPEED 011"이 그 구성 자체로는 식별력이 인정되지 아니하지만, 그 지정서비스업 중 '전화통신업, 무선통신업'과의 관계에서 사용에 의한 식별력 취득이 인정된다고 한 원심의 판단을 수긍한 사례.

[6] 등록서비스표 "SPEED 011"이 그 지정서비스업 중 '전화통신업, 무선통신업'과의 관계에서 사용에 의한 식별력 취득이 인정된다고 하더라도, 'SPEED' 부분과 '011' 부분이 결합된 상태의 등록서비스표 전체에 관하여 일체로서 식별력 취득이 인정된다는 것일 뿐, 그 구성요소인 'SPEED' 부분과 '011' 부분이 독립하여 사용에 의한 식별력 취득이 인정된다는 것은 아니므로, 통신망 식별번호인 '011' 부분에 대해서까지 등록서비스표권자에게 독점적인 권리를 인정하고 타인의 자유로운 사용을 금지하는 결과를 낳게 되는 것이라고 볼 수 없다고 한 사례.

[7] 등록서비스표 "SPEED 011"이 그 지정서비스업 중 '전화통신업, 무선통신업'에 사용되는 경우 국가의 공공기관이 사용하는 감독용이나 증명용 인장 또는 기호에 해당한다고 할 수 없고, 위 등록서비스표의 출원·등록·사용이 공공의 질서 또는 선량한 풍속을 문란하게 할 염려가 있다거나, 통신망 식별번호가 특정인의 사유재산인 것처럼 인식되도록 수요자를 기만하여 지정서비스업에 관한 품질을 오인하게 할 염려가 있다고 볼 수 없다고 한 원심의 판단을 수긍한 사례.

대법원 2006. 3. 10. **선고** 2004후2109 **판결【거절결정(상)】**

【판시사항】

[1] 서비스표의 사용에 의한 식별력의 취득으로 서비스표등록을 받을 수 있는 서비스업의 범위 및 출원서비스표의 지정서비스업 중 일부에 대하여 등록거절이유가 있는 경우, 그 출원등록 전부가 거절되어야 하는지 여부(적극)

[2] 출원서비스표 "멕시칸양념통닭"이 그 지정서비스업 중 일부에 대하여는

사용에 의한 식별력을 취득하지 못하여 상표법 제6조 제1항 제3호의 등록거절사유가 있으므로, 출원서비스표 전체로서 등록이 거절되어야 한다고 한 사례 [3] 출원서비스표 "멕시칸양념통닭"이 '간이식당업, 레스토랑업, 스낵바업, 식당체인업, 한식점경영업, 셀프서비스식당업' 중 '멕시칸 치킨'식 조리방법으로 조리되지 아니한 일반 양념통닭을 공급하는 서비스업에 사용할 경우, 수요자로 하여금 서비스의 품질을 오인하게 할 염려가 있다고 한 원심의 판단을 수긍한 사례

【판결요지】

[1] 상표법 제6조 제1항 제3호에 해당하는 서비스표라도 서비스표등록출원 전에 서비스표를 사용한 결과 수요자간에 그 서비스표가 누구의 서비스업을 표시하는 것인가가 현저하게 인식되었을 때에는 그 서비스표를 사용한 서비스업만을 지정서비스업으로 하여 서비스표등록을 받을 수 있고, 출원서비스표의 지정서비스업 중 하나에 대하여만 등록거절이유가 있다고 하더라도 그 출원등록은 전부가 거절되어야 한다.

[2] 출원서비스표 "멕시칸양념통닭"이 그 지정서비스업 중 '스낵바업, 식품소개업, 음식준비조달업, 셀프서비스식당업, 휴게실업, 제과점업'에 대하여는 사용에 의한 식별력을 취득하지 못하여 상표법 제6조 제1항 제3호의 등록거절사유가 있으므로, 출원서비스표 전체로서 등록이 거절되어야 한다고 한 사례.

[3] 출원서비스표 "멕시칸양념통닭"이 '간이식당업, 레스토랑업, 스낵바업, 식당체인업, 한식점경영업, 셀프서비스식당업' 중 '멕시칸 치킨'식 조리방법으로 조리되지 아니한 일반 양념통닭을 공급하는 서비스업에 사용할 경우, 수요자로 하여금 서비스의 품질을 오인하게 할 염려가 있다고 한 원심의 판단을 수긍한 사례.

대법원 2003. 5. 16. 선고 2002후1768 판결 【거절결정(상)】

【판시사항】

[1] "NET2PHONE"으로 구성된 출원상표·서비스표는 그 지정상품·지정서비스업의 효능이나 사용방법 등을 직접으로 표시하는 표장인지 여부(적극)
[2] 상표 또는 서비스표의 등록적격성 유무의 판단 기준 및 출원상표·서비스표의 등록의 가부가 외국의 등록례에 구애받는지 여부(소극)
[3] 구 상표법 제6조 제2항 소정의 사용에 의한 식별력 구비 여부의 입증 정도 및 판단 기준시(=등록사정시 또는 거절사정시)

【판결요지】

[1] "NET2PHONE"으로 구성된 출원상표·서비스표를 그 지정상품인 '글로벌 컴퓨터 네트워크/통신시스템/네트워크를 통해 사용되는 PC 전화기' 또는 그 지정서비스업인 '인터넷전화 서비스업' 등에 사용할 경우, 영어의 보급수준 및 인터넷이 생활화된 우리나라의 실정에 비추어 볼 때 일반 수요자들은 "NET2PHONE"을 '인터넷 통신망에서의

전화로의 연결'이나 '인터넷 전화의 서비스업'이라는 의미로 직감하게 되므로, 위 출원 상표·서비스표는 그 지정상품·지정서비스업의 효능이나 사용방법 등을 직접으로 표시하는 표장에 해당한다.

[2] 상표 또는 서비스표의 등록적격성의 유무는 지정상품 또는 지정서비스업과의 관계에서 개별적으로 판단되어야 하고, 더욱이 출원상표·서비스표의 등록의 가부는 우리 상표법에 의하여 그 지정상품·지정서비스업과 관련하여 독립적으로 판단할 것이지 법제나 언어습관이 다른 외국의 등록례에 구애받을 것이 아니다.

[3] 구 상표법(2001. 2. 3. 법률 제6414호로 개정되기 전의 것) 제6조 제2항, 제2조 제3항에서 상표·서비스표를 출원 전에 사용한 결과 수요자간에 그 상표·서비스표가 누구의 상표·서비스표인가가 현저하게 인식되어 있을 경우 같은 조 제1항 제3, 5, 6호의 규정에 불구하고 등록을 받을 수 있도록 규정한 취지는, 원래 특정인에게 독점사용시킬 수 없는 표장에 대세적인 권리를 부여하는 것이므로 그 기준은 엄격하게 해석·적용되어야 할 것인바, 수요자간에 그 상표·서비스표가 누구의 상표·서비스표인지 현저하게 인식되었다는 사실은 그 상표·서비스표가 어느 정도 선전 광고된 사실이 있다거나 또는 외국에서 등록된 사실이 있다는 것만으로는 이를 추정할 수 없고 구체적으로 그 상표·서비스표 자체가 수요자간에 현저하게 인식되었다는 것이 증거에 의하여 명확하게 되어야 할 것이며, 한편 이와 같은 사용에 의한 식별력의 구비 여부는 등록사정시 또는 거절사정시를 기준으로 하여 판단되어야 한다.

4. 지리적 표시 단체표장 내지 지리적 표시 증명표장에 관한 실체적 등록요건

그 상품의 산지(産地)를 보통으로 사용하는 방법으로 표시한 표장만으로 된 상표 또는 현저한 지리적 명칭이나 그 약어(略語) 또는 지도만으로 된 상표라도 그 표장이 특정상품에 대한 지리적 표시인 경우에는 그 지리적 표시를 사용한 상품을 지정상품(제38조제1항에 따라 지정한 상품 및 제86조제1항에 따라 추가로 지정한 상품을 말한다)으로 하여 지리적 표시 단체표장등록을 받을 수 있다(상 제33조 제3항). 이는 지리적 표시 증명표장의 경우에도 마찬가지이다(상 제2조 제4항).

Ⅲ. 상표의 소극적 등록요건(= 법률상 등록을 받을 수 없는 상표)

1. 의 의

상표법 제33조에 규정된 자타상품식별력을 가지고 있는 상표라도 상표법이 규정하는 부등록사유(상 제34조)에 해당하는 경우에는 등록을 받을 수 없다. 부등록사유에 해당하는 경우에는 상표법 제54조의 거절이유에 해당되어 거절이유통지의 대상이 되며, 상표법 제49조에 의한 정보제공이 가능하며, 출원공고가 있는 때에는 상표법 제60조 제1항에 의해 이의신청이 가능하다. 그리고 착오등록시에는 무효사유가 된다. 다만, 상표법 제34조 제1항 제6호부터 제10호까지 및 제16호의 경우에는 5년의 제척기간이 있다(상 제122조 제1항).

제34조(상표등록을 받을 수 없는 상표) ① 제33조에도 불구하고 다음 각 호의 어느 하나에 해당하는 상표에 대해서는 상표등록을 받을 수 없다.

1. 국가의 국기(國旗) 및 국제기구의 기장(記章) 등으로서 다음 각 목의 어느 하나에 해당하는 상표
   가. 대한민국의 국기, 국장(國章), 군기(軍旗), 훈장, 포장(褒章), 기장, 대한민국이나 공공기관의 감독용 또는 증명용 인장(印章)·기호와 동일·유사한 상표
   나. 「공업소유권의 보호를 위한 파리 협약」(이하 "파리협약"이라 한다) 동맹국, 세계무역기구 회원국 또는 「상표법조약」 체약국(이하 이 항에서 "동맹국등"이라 한다)의 국기와 동일·유사한 상표
   다. 국제적십자, 국제올림픽위원회 또는 저명(著名)한 국제기관의 명칭, 약칭, 표장과 동일·유사한 상표. 다만, 그 기관이 자기의 명칭, 약칭 또는 표장을 상표등록출원한 경우에는 상표등록을 받을 수 있다.
   라. 파리협약 제6조의3에 따라 세계지식재산기구로부터 통지받아 특허청장이 지정한 동맹국등의 문장(紋章), 기(旗), 훈장, 포장 또는 기장이나 동맹국등이 가입한 정부 간 국제기구의 명칭, 약칭, 문장, 기, 훈장, 포장 또는 기장과 동일·유사한 상표. 다만, 그 동맹국등이 가입한 정부 간 국제기구가 자기의 명칭·약칭, 표장을 상표등록출원한 경우에는 상표등록을 받을 수 있다.
   마. 파리협약 제6조의3에 따라 세계지식재산기구로부터 통지받아 특허청장이 지정한 동맹국등이나 그 공공기관의 감독용 또는 증명용 인장·기호와 동일·유사한 상표로서 그 인장 또는 기호가 사용되고 있는 상품과 동일·유사한 상품에 대하여 사용하는 상표
2. 국가·인종·민족·공공단체·종교 또는 저명한 고인(故人)과의 관계를 거짓으로 표시하거나 이들을 비방 또는 모욕하거나 이들에 대한 평판을 나쁘게 할 우려가 있는 상표
3. 국가·공공단체 또는 이들의 기관과 공익법인의 비영리 업무나 공익사업을 표시하는 표장으로서 저명한 것과 동일·유사한 상표. 다만, 그 국가 등이 자기의 표장을 상표등록출원한 경우에는 상표등록을 받을 수 있다.
4. 상표 그 자체 또는 상표가 상품에 사용되는 경우 수요자에게 주는 의미와 내용 등이 일반인의 통상적인 도덕관념인 선량한 풍속에 어긋나는 등 공공의 질서를 해칠 우려가 있는 상표
5. 정부가 개최하거나 정부의 승인을 받아 개최하는 박람회 또는 외국정부가 개최하거나 외국정부의 승인을 받아 개최하는 박람회의 상패·상장 또는 포장과 동일·유사한

표장이 있는 상표. 다만, 그 박람회에서 수상한 자가 그 수상한 상품에 관하여 상표의 일부로서 그 표장을 사용하는 경우에는 상표등록을 받을 수 있다.

6. 저명한 타인의 성명·명칭 또는 상호·초상·서명·인장·아호(雅號)·예명(藝名)·필명(筆名) 또는 이들의 약칭을 포함하는 상표. 다만, 그 타인의 승낙을 받은 경우에는 상표등록을 받을 수 있다.
7. 선출원(先出願)에 의한 타인의 등록상표(등록된 지리적 표시 단체표장은 제외한다)와 동일·유사한 상표로서 그 지정상품과 동일·유사한 상품에 사용하는 상표
8. 선출원에 의한 타인의 등록된 지리적 표시 단체표장과 동일·유사한 상표로서 그 지정상품과 동일하다고 인식되어 있는 상품에 사용하는 상표
9. 타인의 상품을 표시하는 것이라고 수요자들에게 널리 인식되어 있는 상표(지리적 표시는 제외한다)와 동일·유사한 상표로서 그 타인의 상품과 동일·유사한 상품에 사용하는 상표
10. 특정 지역의 상품을 표시하는 것이라고 수요자들에게 널리 인식되어 있는 타인의 지리적 표시와 동일·유사한 상표로서 그 지리적 표시를 사용하는 상품과 동일하다고 인정되어 있는 상품에 사용하는 상표
11. 수요자들에게 현저하게 인식되어 있는 타인의 상품이나 영업과 혼동을 일으키게 하거나 그 식별력 또는 명성을 손상시킬 염려가 있는 상표
12. 상품의 품질을 오인하게 하거나 수요자를 기만할 염려가 있는 상표
13. 국내 또는 외국의 수요자들에게 특정인의 상품을 표시하는 것이라고 인식되어 있는 상표(지리적 표시는 제외한다)와 동일·유사한 상표로서 부당한 이익을 얻으려 하거나 그 특정인에게 손해를 입히려고 하는 등 부정한 목적으로 사용하는 상표
14. 국내 또는 외국의 수요자들에게 특정 지역의 상품을 표시하는 것이라고 인식되어 있는 지리적 표시와 동일·유사한 상표로서 부당한 이익을 얻으려 하거나 그 지리적 표시의 정당한 사용자에게 손해를 입히려고 하는 등 부정한 목적으로 사용하는 상표
15. 상표등록을 받으려는 상품 또는 그 상품의 포장의 기능을 확보하는 데 꼭 필요한(서비스의 경우에는 그 이용과 목적에 꼭 필요한 경우를 말한다) 입체적 형상, 색채, 색채의 조합, 소리 또는 냄새만으로 된 상표
16. 세계무역기구 회원국 내의 포도주 또는 증류주의 산지에 관한 지리적 표시로서 구성되거나 그 지리적 표시를 포함하는 상표로서 포도주 또는 증류주에 사용하려는 상표. 다만, 지리적 표시의 정당한 사용자가 해당 상품을 지정상품으로 하여 제36조제5항에 따른 지리적 표시 단체표장등록출원을 한 경우에는 상표등록을 받을 수 있다.
17. 「식물신품종 보호법」 제109조에 따라 등록된 품종명칭과 동일·유사한 상표로서 그 품종명칭과 동일·유사한 상품에 대하여 사용하는 상표
18. 「농수산물 품질관리법」 제32조에 따라 등록된 타인의 지리적 표시와 동일·유사한 상표로서 그 지리적 표시를 사용하는 상품과 동일하다고 인정되는 상품에 사용하

는 상표

19. 대한민국이 외국과 양자간(兩者間) 또는 다자간(多者間)으로 체결하여 발효된 자유무역협정에 따라 보호하는 타인의 지리적 표시와 동일·유사한 상표 또는 그 지리적 표시로 구성되거나 그 지리적 표시를 포함하는 상표로서 지리적 표시를 사용하는 상품과 동일하다고 인정되는 상품에 사용하는 상표
20. 동업·고용 등 계약관계나 업무상 거래관계 또는 그 밖의 관계를 통하여 타인이 사용하거나 사용을 준비 중인 상표임을 알면서 그 상표와 동일·유사한 상표를 동일·유사한 상품에 등록출원한 상표
21. 조약당사국에 등록된 상표와 동일·유사한 상표로서 그 등록된 상표에 관한 권리를 가진 자와의 동업·고용 등 계약관계나 업무상 거래관계 또는 그 밖의 관계에 있거나 있었던 자가 그 상표에 관한 권리를 가진 자의 동의를 받지 아니하고 그 상표의 지정상품과 동일·유사한 상품을 지정상품으로 하여 등록출원한 상표

② 제1항 및 상표등록출원인(이하 "출원인"이라 한다)이 해당 규정의 타인에 해당하는지는 다음 각 호의 어느 하나에 해당하는 결정(이하 "상표등록여부결정"이라 한다)을 할 때를 기준으로 하여 결정한다. 다만, 제1항제11호·제13호·제14호·제20호 및 제21호의 경우는 상표등록출원을 한 때를 기준으로 하여 결정한다.

1. 제54조에 따른 상표등록거절결정
2. 제68조에 따른 상표등록결정

③ 상표권자 또는 그 상표권자의 상표를 사용하는 자는 제119조제1항제1호부터 제3호까지 및 제5호부터 제9호까지의 규정에 해당한다는 이유로 상표등록의 취소심판이 청구되고 그 청구일 이후에 다음 각 호의 어느 하나에 해당하게 된 경우 그 상표와 동일·유사한 상표[동일·유사한 상품(지리적 표시 단체표장의 경우에는 동일하다고 인정되는 상품을 말한다)을 지정상품으로 하여 다시 등록받으려는 경우로 한정한다]에 대해서는 그 해당하게 된 날부터 3년이 지난 후에 출원해야만 상표등록을 받을 수 있다.

1. 존속기간이 만료되어 상표권이 소멸한 경우
2. 상표권자가 상표권 또는 지정상품의 일부를 포기한 경우
3. 상표등록 취소의 심결(審決)이 확정된 경우

④ 동음이의어 지리적 표시 단체표장 상호 간에는 제1항제8호 및 제10호를 적용하지 아니한다.

2. 공익적 관점에서 등록을 받을 수 없는 상표

가. 국가의 국기(國旗) 및 국제기구의 기장(記章) 등과 동일 또는 유사한 상표 (상 제34조 제1항 제1호)

[1] 대한민국의 국기(國旗), 국장(國章), 군기(軍旗), 훈장, 포장(褒章), 기장(記章), 대한민국 또는 공공기관의 감독용이나 증명용 인장(印章) 또는 기호와 동일하거나 이와 유사한 상표

는 자타상품 식별력이 있음에도 불구하고 등록을 받을 수 없다(상 제34조 제1항 제1호 가목). 또한, 「공업소유권의 보호를 위한 파리협약」(이하 "파리협약"이라 한다) 동맹국, 세계무역기구 회원국 또는 「상표법조약」 체약국(이하 이 항에서 "동맹국등"이라 한다)의 국기와 동일하거나 이와 유사한 상표(상 제34조 제1항 제1호 나목), 국제적십자, 국제올림픽위원회 또는 저명한 국제기관의 명칭, 약칭, 표장과 동일·유사한 상표(다만, 국제적십자, 국제올림픽위원회 또는 저명한 국제기관이 자기의 명칭, 약칭 또는 표장을 상표등록출원한 경우에는 상표등록을 받을 수 있다)(상 제34조 제1항 제1호 다목), 파리협약 제6조의3에 따라 세계지식재산기구로부터 통지받아 특허청장이 지정한 동맹국등의 문장(紋章), 기(旗), 훈장, 포장, 기장 또는 동맹국등이 가입한 정부 간 국제기구의 명칭, 약칭, 문장, 기, 훈장, 포장, 기장과 동일·유사한 상표(다만, 동맹국 또는 동맹국등이 가입한 정부 간 국제기구가 자기의 명칭·약칭, 표장을 상표등록출원한 경우에는 상표등록을 받을 수 있다)(상 제34조 제1항 제1호 라목), 파리협약 제6조의3에 따라 세계지식재산기구로부터 통지받아 특허청장이 지정한 동맹국등 또는 그 공공기관의 감독용이나 증명용 인장 또는 기호와 동일·유사한 상표로서 그 인장 또는 기호가 사용되고 있는 상품과 동일·유사한 상품에 관하여 사용하는 것(상 제34조 제1항 제1호 마목)의 경우에는 자타상품식별력이 있음에도 불구하고 등록을 받을 수 없다. 특히 상표법 제34조 제1항 제1호 마목은 가목 내지 라목과는 달리 감독용 또는 증명용 인장·기호가 사용되고 있는 상품과 동일하거나 유사한 상품에 관하여 사용하는 것에만 적용된다.[272)]

[2] 취 지: 국가·훈공자 등의 존엄성을 보호함과 아울러 저명한 국제기관의 칭호나 표장과 동일·유사한 상표의 등록을 인정하게 되면 마치 그 지정상품이 이들 기관과 특수한 관계에 있는 것처럼 오인·혼동을 일으킬 염려가 있어 그 권위를 해치게 되므로 공익적 견지에서 국제기관의 존엄을 유지하고 국제적인 신의를 지키고자 하는 것이며, 특히 후단의 감독용이나 증명용 인장과 기호는 품질보증적인 성격이 강하므로 수요자 보호차원에서 절대적 거절이유로 한 것이다.

[3] 그리고 「공업소유권의 보호를 위한 파리협약」에 따르면 세계지식재산기구로부터 동맹국에 통보되는 각 국의 국기, 국장 등을 보호하도록 하고 있으나, 현행 규정에서는 이를 모호하게 규정하고 있는바, 파리협약을 충실히 이행하여 국제사회의 신뢰를 높이고 국기, 국장, 훈장, 포장, 명칭 등에 대한 보호를 강화하기 위하여 2010년 상표법[273)]을 개정하여 관련 조문을 정비하였다.

[4] 판단시점: 상표등록 여부 결정시를 기준으로 현존하는 것에 한한다.

[5] 대한민국의 국기: 대한민국 국기에 관한 규정이 규율하는 것

272) 2016년 상표심사기준, 제1장 제5부 § 5.3.
273) [시행 2010. 7.28] [법률 제9987호, 2010. 1.27, 일부개정].

[6] 대한민국의 국장: 국장은 나라 문장에 관한 규정에 따른다.

[7] 대한민국의 훈장 및 포장: 상훈법에 따른다.

[8] 대한민국의 군기: 육군, 해군, 공군기는 물론 그 예하부대의 군기를 포함한다.

[9] 대한민국의 기장: 훈장, 포장 이외의 국가기관이 수여하는 표창

[10] 외국의 국기, 국장: 이와 관련하여 외국이라 함은 우리나라의 국가승인여부를 불문하고 대한민국을 제외한 모든 국가, 교황청 등도 외국에 준하여 여기에 포함한다.

[11] 파리협약 동맹국의 훈장, 포장, 기장: 파리협약 동맹국, 세계무역기구 회원국 또는 상표법조약 체약국의 훈장, 포장, 기장은 특허청장이 직권으로 인정하는 것 이외에는 동 조약 제6조의3(3)(a) 규정에 따라 동맹국이 국제사무국을 통하여 우리나라에 통지한 것만 보호한다.

[12] 적십자, 올림픽 또는 저명한 국제기관의 명칭이나 표장:

- 저명한 국제기관: 국제연합 및 산하 기구, EU, WTO, OPEC와 같은 국제기구 등 국제사회에서 일반적으로 인식되고 있는 국가간의 단체
- 원칙적으로 상표등록여부 결정당시 존재하는 기관으로서 그 조직이나 활동상황 등에 의해 국제적으로 널리 알려질 것을 요하고, 이미 오래 전에 폐지되어 위 결정 당시 활동을 하지 않을 경우에는 이에 해당하지 않는다고 함

[13] 감독용이나 증명용 인장 또는 기호: 내외국의 공공기관이 상품 등의 규격, 품질 등을 관리, 통제, 증명하기 위하여 사용하는 제 표장

> 예 KS, JIS (일본공업규격 : Japanese Industrial Standard), UL(Underwriters Laboratories; 미국 비영리 제품 안전 시험 및 인증기관) 등

나. 국가 등과의 관계를 허위로 표시하거나 모욕하는 상표(상 제34조 제1항 제2호)

[1] 국가·인종·민족·공공단체·종교 또는 저명한 고인(故人)과의 관계를 거짓으로 표시하거나 이들을 비방 또는 모욕하거나 이들에 대한 평판을 나쁘게 할 우려가 있는 상표는 자타상품식별력이 있음에도 불구하고 등록을 받을 수 없다(상 제34조 제1항 제2호).

[2] 취 지: 국가, 인종 등에 대한 권위와 존엄을 인정하여 국제신의를 보호하고 저명한 고인과 그 유족의 명예감정과 인격을 보호하기 위한 것이다.

[3] 공공단체: 지방자치단체, 공공조합, 공법상 영조물법인과 그 대표기관 및 산하기관을 포함하며 주정부 및 그 산하기관도 이에 해당한다.

[4] 국가, 인종, 민족, 공공단체 및 종교는 현존하는 것에 한하며, 저명한 고인은 사회통념상 또는 거래사회에서 일반적으로 인식할 수 있는 정도이면 족하다.

[5] 허위표시나 비방, 모욕, 나쁜 평단을 받게 할 우려: 상표 자체는 물론 지정상품과의

관계를 고려하여 현저히 부정적인 영향을 주는 것에 한하여 이에 해당한다.

예 양키, 쪽바리, Negro - Yes

흑인, 백인, 건과자에 인디언, 의류에 제임스 딘, 다방업에 모차르트- No

[6] 시기적 기준 : 상표등록여부결정시에 현존하는 것에 한한다.

다. 공익단체의 표장과 동일 또는 유사한 상표(상 제34조 제1항 제3호)

[1] 국가·공공단체 또는 이들의 기관과 공익법인의 비영리 업무나 공익사업을 표시하는 표장으로서 저명한 것과 동일·유사한 상표는 등록을 받을 수 없다. 다만, 그 국가 등이 자기의 표장을 상표등록출원한 경우에는 상표등록을 받을 수 있다(상 제34조 제1항 제3호).

[2] 이는 저명한 업무표장을 가진 공익단체의 업무상의 신용과 권위를 보호함과 동시에 그것이 상품에 사용되면 일반 수요자나 거래자에게 상품의 출처에 관한 혼동을 일으키게 할 염려가 있으므로 일반공중을 보호하기 위한 규정이다. 즉 이 조문은 공익과 사익 양자를 모두 보호하기 위한 규정이다.

[3] **저명한 표장** : 사회통념상 또는 거래사회에서 일반적으로 널리 인식되고 있는 표장 또는 단체명

예 공익단체의 표장- YMCA, YWCA, Boyscout 등

[4] 시기적 기준 : 상표등록여부결정시를 기준으로 한다.

대법원 2000. 2. 11. 선고 97후3296 판결 【거절사정】

【판시사항】

[1] 지정서비스업이 '빈곤자를 위한 주택 건축 및 수리업'인 서비스표 "HABITAT FOR HUMANITY"가 구 상표법 제6조 제1항 제3호의 '기술적(기술적) 표장'에 해당하는지 여부(적극)

[2] 공익단체가 등록출원한 업무표장이 저명한 것이 아니고 그 표장의 전체 구성상 식별력 없는 표장인 경우, 구 상표법상 상표등록을 받을 수 있는지 여부(소극)

【판결요지】

[1] 출원서비스표 "HABITAT FOR HUMANITY"의 구성 중 'HABITAT'는 동식물의 서식지, 서식환경, 또는 사람의 거주지, 주거, 주소 등의 뜻이 있는 영어 단어이고, 'Humanity'는 인류, 인간(humanbeings, humanrace, mankind), 또는 인간성(human nature, human attributes), 또는 인간애, 자비(benevolence) 등의 뜻을 지닌 단어이므로 출원서비스표는 전체적으로 보아 '인간을 위한 거주지, 인간다운 주거, 사람을 위한 주거' 등으로 인식될 수 있다 할 것이고, 이를 그 지정서비스업인 '빈곤자를 위한 주택 건축 및 수리업'과 관련지어 볼 때 '인간다운 삶을 위한 주거·주거지·주택' 등으로 인식된다

할 것이어서 출원서비스표는 그 지정서비스업의 목적, 사업내용, 사업의 성질, 효능 등을 표시하는 표장에 해당한다고 할 것이고, 다만 'HABITAT'란 영어 단어가 국내의 일반인들에게 널리 알려져 있다고는 할 수 없을 것이나, 오늘날 영어는 세계어가 되다시피 하여 국내에서도 영문자로 표기된 것은 소리나 문자 자체로 파악하기 보다는 객관적인 의미로 파악하고자 하는 경향이 많은 점, 출원서비스표의 지정서비스업과 동종의 사업에 종사하는 사람들이나 그들과 거래하는 사업자들을 기준으로 본다면 출원서비스표의 위와 같은 의미를 직감할 수 있을 것인 점 등에 비추어 출원서비스표는 그 지정서비스업의 거래사회에서는 사업의 목적이나 내용, 품질 등을 보통으로 사용하는 방법으로 직접적으로 표시한 식별력 없는 표장에 해당한다고 봄이 상당하다.

[2] 공익단체 등의 업무표장이 구 상표법(1997. 8. 22. 법률 제5355호로 개정되기 전의 것) 제7조 제1항 제3호 본문 내지 단서에 의한 보호를 받으려면 그 업무표장이 저명한 것임을 전제로 한다 할 것이므로, 공익단체가 자기의 표장을 등록출원한 경우에도 그 업무표장이 국내에 현저히 알려져 저명한 것이 아닌 한 그 표장의 전체 구성으로 보아 식별력 없는 표장 등은 구 상표법 제6조 제1항 각 호에 의하여 등록받을 수 없다.

대법원 1996. 3. 22. 선고 95후1104 판결 【거절사정】

【판결요지】

상표법 제7조 제1항 제3호의 취지는 저명한 업무표장을 가진 공익단체의 업무상의 신용과 권위를 보호함과 동시에 그것이 상품에 사용되면 일반 수요자나 거래자에게 상품의 출처에 관한 혼동을 일으키게 할 염려가 있으므로 일반 공중을 보호하는 데에 있다(한국전기통신공사의 표장과 동일·유사하다는 이유로 출원인의 "한국통신"이라는 상표의 등록을 거절한 원심결을 정당하다고 인정한 사례.

대법원 1994. 5. 24. 선고 93후2011 판결 【거절사정】

【판시사항】

가. 상표의 유사 여부의 판단기준

나. 출원상표"KSB"와 인용표장"KBS"의 유사 여부

【판결요지】

가. 표의 유사 여부는 지정상품의 거래에서 일반적인 수요자나 거래자가 상표에 대하여 느끼는 직관적 인식을 기준으로 상품의 출처에 대하여 오인, 혼동의 우려가 있는지의 여부에 따라 판단하여야 하고, 상표의 외관, 칭호, 관념 중 어느 하나가 유사하다 하더라도 다른 점도 고려할 때 전체로서는 명확히 출처의 혼동을 피할 수 있는 경우에는 유사상표라고 할 수 없다.

나. 원상표 "KSB"와 한국방송공사의 저명한 업무표장인 인용표장 "KBS"의 외관이 유사하다고 하더라도 관념과 칭호가 다르고, 한국방송공사는 방송업무 및 그 부대사업만을 시행하고 있음에 비추어 출원상표의 지정상품인 기계류의 수요자들이 그 상품을

한국방송공사에서 제조 또는 수입, 판매하는 것이라거나 그 상품의 출처와 한국방송공사 사이에 어떠한 견련관계가 있다고 오인 혼동할 가능성은 없다고 할 것이므로 전체적으로 보아 출원상표와 인용표장은 유사하다고 할 수 없다.

라. 공서양속에 반하는 상표(상 제34조 제1항 제4호)

[1] 상표 그 자체 또는 상표가 상품에 사용되는 경우 수요자에게 주는 의미와 내용 등이 일반인의 통상적인 도덕관념인 선량한 풍속에 어긋나는 등 공공의 질서를 해칠 우려가 있는 상표는 자타상품식별력이 있더라도 상표등록을 받을 수 없다(상 제34조 제1항 제4호).

대법원 2012. 10. 25. **선고** 2012**후**2104 **판결 【등록무효(상)】** [공2012하,1970]

【판시사항】

[1] 상표등록요건에 관한 상표법 규정이 개정되고 별도의 경과규정이 없는 경우, 개정규정 시행 전의 출원에 의하여 등록된 상표에 대하여 적용될 규정(=종전의 규정)

[2] 저명한 타인의 성명을 모방하여 무단으로 출원·등록한 상표가 구 상표법 제7조 제1항 제4호의 요건을 충족하는 경우, 그에 대해 같은 항 제6호 외에 제4호도 적용될 수 있는지 여부(적극)

【판결요지】

[1] 구 상표법(2007. 1. 3. 법률 제8190호로 개정되기 전의 것. 이하 같다) 제7조 제1항 제4호는 "공공의 질서 또는 선량한 풍속을 문란하게 할 염려가 있는 상표"를 등록할 수 없는 것으로 정하고 있었는데, 2007. 1. 3. 법률 제8190호로 개정된 상표법(이하 '개정 상표법'이라 한다)은 위 법규정을 "상표 그 자체 또는 상표가 상품에 사용되는 경우 수요자에게 주는 의미와 내용 등이 일반인의 통상적인 도덕관념인 선량한 풍속에 어긋나거나 공공의 질서를 해칠 우려가 있는 상표"로 개정하면서, 그 부칙에서 위 개정규정에 관하여 별도의 경과규정을 두고 있지 아니하다. 그러나 상표등록이 무효로 되면 소급하여 효력을 상실하는 것이므로, 상표등록요건에 관한 상표법의 규정이 개정되더라도 개정법의 부칙에서 별도의 경과규정을 두지 아니하는 한 그 개정규정이 시행되기 전의 출원에 의하여 등록된 상표에 대하여는 그 상표에 관하여 종전의 규정에 기초하여 형성된 상표법 질서의 안정을 유지하기 위하여 종전의 규정이 적용되어야 한다. 또한 제7조 제1항 제4호에 관한 앞서 본 바와 같은 개정은 그 규정내용과 적용범위를 종전의 규정에 비하여 구체적이고 명확하게 한정하는 것을 그 취지로 하여서, 종전의 규정에 기초하여 형성된 상표법 질서의 존속에 관한 제3자의 신뢰를 파괴하면서까지 위 개정규정 시행 전의 출원에 의하여 등록된 상표에 대하여 개정된 제4호를 적용하여야 할 특별한 사정도 없다.

[2] 구 상표법(2007. 1. 3. 법률 제8190호로 개정되기 전의 것. 이하 같다) 제7조 제1항 제4호와 제6호는 보호하려는 이익 내지 법익 및 요건이 상이하고 구 상표법에 제7조 제1항 각 호의 적용순위에 관하여 특별한 규정을 두고 있지도 아니한 이상, 저명한 타인의 성명을 모방하여 무단으로 출원·등록한 상표라고 하더라도, 그 상표의 구성 자체 또는 그 상표가 지정상품에 사용되는 경우 일반 수요자에게 주는 의미나 내용이 사회 공공의 질서나 선량한 풍속에 반하거나, 그 상표를 등록하여 사용하는 행위가 일반적으로 공정한 상품유통질서나 국제적 신의와 상도덕 등 선량한 풍속에 위배되거나, 그 상표의 출원·등록과정에 사회적 타당성이 결여되어 그 등록을 인정하는 것이 상표법의 질서에 반하는 것으로서 용인할 수 없는 경우와 같이 구 상표법 제7조 제1항 제4호의 요건을 충족하는 때에는 그 상표에 대하여 같은 항 제6호 외에 그 제4호도 아울러 적용될 수 있다고 봄이 상당하다.

대법원 2006. 7. 13. 선고 2005후70 판결【등록무효(상)】

【판시사항】

[1] 등록상표가 상표법 제7조 제1항 제11호, 제12호에 해당하기 위한 요건 및 그 판단 기준

[2] 상표법 제7조 제1항 제4호의 '공공의 질서 또는 선량한 풍속을 문란하게 할 염려가 있는 상표'의 의미

[3] 상표의 출원·등록이 상표법 제7조 제1항 제4호에 해당하기 위한 요건 및 주지·저명하지 않은 타인의 상표를 모방한 상표의 등록·사용이 위 규정에 해당하는지 여부(소극)

[4] 비교대상상표가 부착된 원료 등을 수입한 경험이 있는 사람이 국내에 그 원료 등의 완제품에 대하여 비교대상상표의 상표등록이 없음을 알고서 나중에 비교대상상표의 사용상품을 원료로 한 제품 등이 국내에 수입·판매될 것을 예상하고 비교대상상표와 유사한 등록상표를 출원·등록받은 후, 비교대상상표의 양수인에게 위 원료의 국내독점판매권의 부여 또는 등록상표에 대한 사용대가의 지급을 요구하였다고 하여 위 등록상표가 상표법 제7조 제1항 제4호에 해당한다고는 할 수 없다고 본 사례

[5] 등록무효 심판청구의 대상이 된 등록상표가 상표법 제7조 제1항 제11호에서 규정하고 있는 '수요자를 기만할 염려가 있는 상표'에 해당하기 위해서는 그 등록상표나 지정상품과 대비되는 타인의 상표나 그 사용상품이 등록상표의 등록결정 당시에 적어도 국내의 일반거래에 있어서 수요자에게 그 상표나 상품이라고 하면 곧 특정인의 상표나 상품이라고 인식될 수 있을 정도로는 알려져 있어야 하고(대법원 2003. 4. 8. 선고 2001후1884, 1891 판결 참조), 같은 항 제12호에 해당하기 위해서는 등록상표와 대비되는 타인의 상표가 등록상표의 출원 당시에 국내 또는 외국의 수요자 간에 특정인의 상품을 표시하는 것이라고 현저하게 인식되어 있어야 하며 (대법원 2004. 5. 14. 선고 2002후1362 판결 참조), 여기에 해당하는지 여부는 타인의 상표의 사용기간·방법·태양 및 이용범위 등과 거래실정 또는 사회통념상 객관적으로 널리 알려졌느냐의 여부 등을 기준으로 판단하여야 할 것이다(대법원 1991. 2. 26. 선고 90후1413 판결 참조).

【판결요지】

[1] 위 법리와 기록에 비추어 살펴보면, 원심이 그 판시와 같은 사정을 들어 '허리벨트, 실버이불' 등을 지정상품으로 하고 " X-static Silver "로 구성된 이 사건 등록상표(등록번호 제517302호)와 대비되는 '합성섬유사' 등을 사용상품으로 하고 " X-static " 으로 구성된 비교대상상표는 이 사건 등록상표의 출원 또는 등록결정 당시에 외국의 수요자들 사이에 특정인의 상품을 표시하는 표지로서 현저하게 인식되어 있다거나 국내의 수요자들 사이에 특정인의 상품을 표시하는 표지로서 알려져 있다고 보기 어렵다는 이유로, 이 사건 등록상표는 상표법 제7조 제1항 제11호, 제12호의 등록무효사유에 해당하지 아니한다고 판단하였음은 옳은 것으로 수긍이 가고, 거기에 상고이유에서 주장하는 바와 같은 법리오해, 심리미진, 채증법칙 위배 등의 위법이 있다고 할 수 없다.

[2] 상표법 제7조 제1항 제4호에서 규정한 '공공의 질서 또는 선량한 풍속을 문란하게 할 염려가 있는 상표'라 함은 상표의 구성 자체 또는 그 상표가 지정상품에 사용되는 경우 수요자에게 주는 의미나 내용이 사회공공의 질서에 위반하거나 사회 일반인의 통상적인 도덕관념인 선량한 풍속에 반하는 경우를 말하는바(대법원 1997. 10. 14. 선고 96후2296 판결 참조), 위 규정이 상표 자체의 성질에 착안한 규정인 점, 상표법의 목적에 반한다고 여겨지는 상표에 대하여는 상표법 제7조 제1항 각 호에 개별적으로 부등록사유가 규정되어 있는 점, 상표법이 상표선택의 자유를 전제로 하여 선출원인에게 등록을 인정하는 선원주의의 원칙을 채택하고 있는 점 등을 고려하여 보면, 상표의 구성 자체가 공공의 질서 또는 선량한 풍속에 반하는 경우가 아닌 상표의 출원·등록이 위 규정에 해당하기 위해서는 상표의 출원·등록과정에 사회적 타당성이 현저히 결여되어 그 등록을 인정하는 것이 상표법의 질서에 반하는 것으로서 도저히 용인할 수 없다고 보이는 경우에 한하고, 고의로 저명한 타인의 상표·서비스표나 상호 등의 명성에 편승하기 위하여 무단으로 타인의 표장을 모방한 상표를 등록 사용하는 것이 아닌 이상, 주지·저명하지 아니한 타인의 상표를 모방하여 출원·등록한다거나 또는 상표를 등록하여 사용하는 행위가 특정 당사자 사이에 이루어진 계약을 위반하거나 특정인에 대한 관계에서 신의성실의 원칙에 위배된 것으로 보인다고 하더라도 그러한 사정만을 들어 곧바로 위 규정에 해당한다고 할 수 없다(대법원 2006. 2. 24. 선고 2004후1267 판결 참조).

대법원 2006. 4. 14. 선고 2004후592 판결 【등록무효(상)】

【판시사항】

[1] 상표법 제7조 제1항 제4호에서 규정한 '공공의 질서 또는 선량한 풍속을 문란하게 할 염려가 있는' 상표의 의미

[2] 상표법 제7조 제1항 제9호 또는 제10호에 해당하기 위한 요건

[3] 상표법 제7조 제1항 제11호에 정한 '상품의 품질을 오인하게 할 염려가 있는 상표'의

의미 및 '수요자를 기만할 염려가 있는 상표'라고 하기 위한 요건
[4] 상표법 제7조 제1항 제12호에 해당하기 위한 요건

【이 유】

상고이유를 판단한다.

1. 상표법 제7조 제1항 제4호에서 규정한 '공공의 질서 또는 선량한 풍속을 문란하게 할 염려가 있는 상표'에 해당하기 위해서는 고의로 저명한 타인의 상표 또는 서비스표나 상호 등의 명성에 편승하기 위하여 무단으로 타인의 표장을 모방한 상표를 등록 사용하는 것처럼 그 상표를 등록하여 사용하는 행위가 일반적으로 공정한 상품유통질서나 국제적 신의와 상도덕 등 선량한 풍속에 위배되어야 하므로, 상표를 등록 사용하는 행위가 특정한 당사자 사이에 이루어진 계약을 위반하거나 특정인에 대한 관계에서 신의성실의 원칙에 위배된 것으로 보인다고 하더라도 그러한 사정만을 들어 곧바로 위법조항 소정의 '공공의 질서 또는 선량한 풍속을 문란하게 할 염려가 있는 상표'에 해당한다고 할 수 없다(대법원 1986. 11. 25. 선고 85후13 판결, 2006. 2. 24. 선고 2004후1267 판결 등 참조).

   그리고 어떤 상표가 상표법 제7조 제1항 제9호 또는 제10호에 해당하려면 타인의 상표가 국내에서 주지 또는 저명하여야 하고, 같은 항 제11호에서 규정하고 있는 '상품의 품질을 오인하게 할 염려가 있는 상표'란 그 상표의 구성 자체가 그 지정상품이 본래적으로 가지고 있는 성질과 다른 성질을 갖는 것으로 수요자를 오인하게 할 염려가 있는 상표를 말하고(대법원 2000. 10. 13. 선고 99후628 판결 참조), '수요자를 기만할 염려가 있는 상표'라고 하기 위해서는 타인의 상표나 그 사용상품이 반드시 주지·저명하여야 하는 것은 아니지만 적어도 국내의 일반거래에 있어서 수요자나 거래자에게 그 상표나 상품이라고 하면 특정인의 상표나 상품이라고 인식될 수 있을 정도로 알려져 있어야 하며(대법원 2004. 3. 11. 선고 2001후3187 판결 참조), 같은 항 제12호에 해당하기 위해서는 타인의 상표가 국내 또는 외국에서 주지·저명하여야 할 뿐만 아니라 상표 출원인이 부당한 이익을 얻으려 하거나 타인에게 손해를 가하려고 하는 등 부정한 목적을 가지고 사용하는 상표라야 한다.

2. 위 법리와 기록에 비추어 살펴보면, 지정상품을 '금속제밸브' 등으로 하고 "DIL"로 구성된 피고의 이 사건 등록상표(등록번호 제536909호)는 원고가 '밸브' 등의 상품에 종전부터 사용하여 온 상표와 동일·유사하지만, 원고 제출의 증거자료만으로는 원고의 사용상표는 이 사건 등록상표의 출원 또는 등록결정 당시에 국내 또는 외국의 수요자나 거래자 사이에서 그 사용상품과 관련하여 주지·저명하다거나 적어도 특정인의 상표라고 인식될 정도에 이른 상표로 볼 수 없고, 이 사건 등록상표가 그 지정상품과 관련하여 품질을 오인하게 할 염려가 있는 상표로 보기도 어렵다 할 것이며, 이 사건 등록상표의 출원·등록과정에 사회적 타당성이 현저히 결여되어 그 등록을 인정하는 것이 상표법의 질서에 반하는 것으로서 도저히 용인할 수 없다고 보이지 아니하는 이 사건에 있어서, 비록 원고의 동생으로서 원고 운영의 대일산업사에서

> 근무하여 온 피고가 원고의 사용상표를 모방하여 출원·등록받았다거나 피고가 원고의 영업을 방해함으로써 원고가 손해를 입었다 하더라도 이는 원고에 대한 관계에서 신의칙에 위반되거나 민법상의 불법행위가 성립되는 것으로 볼 여지가 있을 뿐, 이러한 사정만으로 이 사건 등록상표가 곧바로 '공공의 질서 또는 선량한 풍속을 문란하게 할 염려가 있는 상표'에 해당한다고 단정할 수 없다. 따라서 원심이 이와 같은 취지에서 이 사건 등록상표는 상표법 제7조 제1항 제4호, 제9호 내지 제12호에 해당하지 아니한다고 판단하였음은 정당한 것으로 수긍이 가고, 거기에 상고이유에서 주장하는 바와 같은 심리미진, 법리오해, 판단누락, 채증법칙 위배로 인한 사실오인 등의 위법이 없다.
>
> 3. 결 론
>
> 그러므로 상고를 기각하고, 상고비용은 패소자가 부담하는 것으로 하여 관여 대법관의 일치된 의견으로 주문과 같이 판결한다.

[2] '공공의 질서' : 실정법상 공법질서, 국제신뢰 또는 일반사회질서는 물론 공정하고 신용있는 거래질서와 인간의 존엄성과 가치, 평등권 보장 등 자유민주주의 기본질서도 포함한다.

[3] '선량한 풍속' : 전통적 가치 중 미풍양속 등 사회통념상 존중되고 있는 사회적 윤리 및 도덕질서뿐만 아니라 자유시민으로서 준수해야 할 공중도덕을 포함한다.[274]

[4] 적용요건

(i) '상표 그 자체가 공서양속을 해칠 우려'가 있는 경우 : 상표 그 자체가 수요자에게 주는 의미나 내용 등이 일반인의 통상적인 도덕관념인 선량한 풍속에 어긋나거나 공공의 질서를 해칠 우려가 있는 경우

예 사기꾼, 소매치기, 뇌물, 새치기, 가로채기, 성적 흥분을 유발시키는 상표, 사이비 종교, 부적 등 미신을 조장하거나 국민간 불신과 지역감정을 조장하는 문자나 도형으로 된 상표, 타인의 저명한 저작권을 침해한 상표 등

(ii) 상표가 상품에 사용되는 경우 공서양속을 해칠 우려가 있는 경우 : 상표 그 자체는 공서양속을 해칠 우려가 없더라도 그 상표가 지정상품에 사용될 때 수요자에게 주는 의미나 내용 등이 일반인의 통상적인 도덕관념인 선량한 풍속에 어긋나는 등 공공의 질서를 해칠 우려가 있는 경우에는 상표법 제34조 제1항 제4호를 적용한다.

예 저명한 고인의 성명 등을 도용하여 출원한 상표 등(다만, 저명한 고인의 성명 등의 경우 고인과 관련 있는 기념사업회, 기념재단, 후원연구소나 단체 등의 동의가 있거나 고인의 성명을 관리하고 있는 기념재단, 기념사업회 등이 있는지 확인할 수 없거나 존재할 가

274) 2016년 상표심사기준, 제5부 제4장, § 1.1.

능성이 없을 정도로 오래된 고인의 경우에는 다르게 판단할 수 있다)[275)]

공서양속을 문란하게 할 염려가 있는 상표: 상표의 구성자체는 물론이고, 상표의 구성자체는 그러하지 아니하더라도 지정상품에 사용함으로써 상표법 제34조 제1항 제4호에 위반하는 경우가 이에 해당한다.

※ **참고**: 일본 상표심사기준(개정 제12판(2016년 3월)) 제3의 6(일본 상표법 제4조 제1항 제7호)에 따르면,

"1. '공공질서 또는 선량한 풍속을 해칠 우려가 있는 상표'에는 그 구성 자체가 과격, 저속, 차별적이거나 또는 타인에게 불쾌한 인상을 주는 문자, 도형, 기호, 입체적 형상 또는 색채 또는 이들의 결합, 소리인 경우에 및 상표의 구성 자체가 그러하지 않더라도 지정상품 또는 지정 서비스에 사용하는 것이 사회 공공의 이익에 반하거나 사회의 일반적 도덕 관념에 반하는 경우도 포함한다. 나아가 '차별 또는 타인에게 불쾌한 인상을 주는 문자, 도형, 기호, 입체적 형상, 색채 또는 이들의 결합, 소리'에 해당하는지 여부는 특히 문자, 도형, 기호, 입체적 형상, 색채 또는 이들의 결합, 소리에 관한 역사적 배경, 사회적 영향 등 다각적인 시야에서 판단한다.

㉠ 소리 상표가 국가 (외국 포함)를 상기시키는 경우.

㉠ 소리 상표가 일본에서 잘 알려진 구급차의 사이렌 소리로 인식되는 경우.

2. 다른 법률에 의하여 그 사용 등이 금지되어 있는 상표, 특정 국가 또는 그 국민을 모욕하는 상표 또는 일반적으로 국제 신의에 반하는 상표는 본 호의 규정에 해당하는 것으로 한다."라고 정하고 있다.

[5] 인적 기준: 일반수요자의 평균적인 인식수준을 기준으로 한다.

[6] 판단시점: 상표등록여부 결정시를 기준으로 한다(상 제34조 제2항 본문).[276)]

[7] 판 례: 대법원 2012.10.25. 선고 2012후2104 판결에서는 "그 상표의 구성 자체 또는 그 상표가 지정상품에 사용되는 경우 일반 수요자에게 주는 의미나 내용이 사회

---

275) 2016년 상표심사기준, 제5부 제4장, § 2.3.2에서는 "타인의 저명한 저작권을 침해하거나 저명한 고인의 성명 등을 도용하여 출원한 상표(다만, 저명한 고인의 성명 등의 경우 고인과 관련 있는 기념사업회, 기념재단, 후원연구소나 단체 등의 동의가 있거나 고인의 성명을 관리하고 있는 기념재단, 기념사업회 등이 있는지 확인할 수 없거나 존재할 가능성이 없을 정도로 오래된 고인의 경우에는 다르게 판단할 수 있다.)"를 '기타 공서양속을 해칠 우려'가 있는 경우로 분류하여 "상표 그 자체가 공서양속을 해칠 우려가 있는 경우"와 "상표가 상품에 사용되어 공서양속을 해칠 우려가 있는 경우"와 다른 것으로 구분하고 있으나, 현행 상표법 제34조 제1항 제4호의 조문의 문리해석상 이는 불가하다. 따라서 타인의 저작권을 침해하는 상표는 상표 그 자체로서 공서양속을 해칠 우려가 있는 경우에 해당하고, 저명한 고인의 성명을 도용하여 상표로 출원한 경우에는 상표가 상품에 사용되어 공서양속을 해칠 우려가 있는 경우에 해당하는 것으로 판단하는 것이 타당할 것이다.

276) 대법원 2004. 5. 14. 선고 2002후1362 판결.

공공의 질서나 선량한 풍속에 반하거나, 그 상표를 등록하여 사용하는 행위가 일반적으로 공정한 상품유통질서나 국제적 신의와 상도덕 등 선량한 풍속에 위배되거나, 그 상표의 출원·등록과정에 사회적 타당성이 결여되어 그 등록을 인정하는 것이 상표법의 질서에 반하는 것으로서 용인할 수 없는 경우"를 상표법 제34조 제1항 제4호에 해당하는 것으로 판시하였다.

그리고 대법원 2006. 7. 13. 선고 2005후70 판결에서는 "상표의 구성 자체가 공공의 질서 또는 선량한 풍속에 반하는 경우가 아닌 상표의 출원·등록이 위 규정에 해당하기 위해서는 상표의 출원·등록과정에 사회적 타당성이 현저히 결여되어 그 등록을 인정하는 것이 상표법의 질서에 반하는 것으로서 도저히 용인할 수 없다고 보이는 경우에 한하고, 고의로 저명한 타인의 상표·서비스표나 상호 등의 명성에 편승하기 위하여 무단으로 타인의 표장을 모방한 상표를 등록 사용하는 것이 아닌 이상, 주지·저명하지 아니한 타인의 상표를 모방하여 출원·등록한다거나 또는 상표를 등록하여 사용하는 행위가 특정 당사자 사이에 이루어진 계약을 위반하거나 특정인에 대한 관계에서 신의성실의 원칙에 위배된 것으로 보인다고 하더라도 그러한 사정만을 들어 곧바로 위 규정에 해당한다고 할 수 없다(대법원 2006. 2. 24. 선고 2004후1267 판결 참조)."라고 판시하였다.

마. 박람회의 상표, 상장 또는 포장과 동일·유사한 표장(상 제34조 제1항 제5호)

[1] 정부가 개최하거나 정부의 승인을 받아 개최하는 박람회 또는 외국정부가 개최하거나 외국정부의 승인을 받아 개최하는 박람회의 상패·상장 또는 포장과 동일·유사한 표장이 있는 상표는 등록받을 수 없다. 다만, 그 박람회에서 수상한 자가 그 수상한 상품에 관하여 상표의 일부로서 그 표장을 사용하는 경우에는 상표등록을 받을 수 있다(상 제34조 제1항 제5호).

[2] 취 지: 박람회의 권위를 유지하고 상품의 품질에 대한 오인을 방지하려는데 그 목적이 있다.

[3] 정부 또는 외국정부의 승인: 정부 또는 외국정부의 인가, 허가, 면허, 인정, 공인, 허락 등 그 용어를 불문하고 정부가 권위를 부여하거나 이를 허용하는 일체의 행위를 의미한다.

[4] 상표의 일부로서 그 표장을 사용할 때: 상표의 한 요부 또는 부기적으로 사용하는 경우를 말하며 상표의 전부 또는 지배적인 표장으로 사용할 때에는 이에 해당하지 아니한다.

[5] 시적 기준: 상표등록여부결정시를 기준으로 한다.

[6] 지정상품과의 관계는 원칙적으로 불문한다.

대법원 1991. 4. 23. 선고 89후261 판결 【거절사정】

【판시사항】

가. 출원상표가 구 상표법 제9조 제1항 제5호의 규정에 해당하는지 여부에 관하여 법리오해 또는 심리미진의 위법을 저질렀다고 하여 원심결을 파기한 사례

나. 출원상표 "SPOREX"가 국민체육진흥재단이 주최한 "스포츠 및 레저용품 박람회"의 영문표기인 인용표장 "SPOREXKOR"와 유사하여 구 상표법 제9조 제1항 제11호에 해당하는 상표라고 하기 위한 요건

【판결요지】

가. 등록출원이 구 상표법 제9조 제1항 제5호의 규정에 해당한다고 하기 위하여서는 과연 인용표장을 사용한 박람회가 정부의 승인을 받은 것인지, 그 박람회에서 시상으로 상패, 상장 또는 포장을 수여한 바가 있고 또 그것들이 인용표장과 같은 것인지 여부를 먼저 심리하였어야 함에도 불구하고 위와 같은 사정을 조사하지 아니하고 출원상표와 인용표장과의 동일유사 여부만을 심리한 채 출원상표가 위 조항에 해당한다고 판단함으로써 법리오해 또는 심리미진의 위법을 저질렀다고 하여 원심결을 파기한 사례

나. 출원상표 "SPOREX"가 국민체육진흥재단이 주최한 "스포츠 및 레저용품 박람회"의 영문표기인 인용표장 "SPOREXKOR"와 유사하여 구 상표법 제9조 제1항 제11호에 해당하는 상표라고 하기 위하여는 먼저 인용표장이 박람회의 표장으로 거래자나 일반수요자 사이에 널리 인식되어 있다 함이 인정되어야 하고 나아가 그 표장을 상표로 사용한다면 그 박람회의 성격상 그 상품이 박람회의 개최자에 의하여 생산되었다는 등의 뜻으로 오해할 소지가 있을 것이라는 사정이 인정되어야 할 것이다.

3. 사익적인 관점에서 등록을 받을 수 없는 상표

가. 저명한 타인의 성명 또는 상호를 사용하는 상표(상 제34조 제1항 제6호)

[1] 저명한 타인의 성명·명칭 또는 상호·초상·서명·인장·아호(雅號)·예명(藝名)·필명(筆名) 또는 이들의 약칭을 포함하는 상표. 다만, 그 타인의 승낙을 받은 경우에는 상표등록을 받을 수 있다(상 제34조 제1항 제6호).

[2] 취 지: 타인의 인격권을 보호하기 위한 것이라는 견해와 타인의 성명 등의 모용에 의한 수요자의 출처혼동을 방지하기 위한 것이라는 견해로 나뉘지만 전자의 견해가 타당하다. 왜냐 하면 타인의 승낙이 있는 경우에는 이를 활용할 수 있기 때문이다.

[3] 타 인: 현존하는 자연인은 물론이고 법인(법인격이 없는 단체 포함)도 포함하며, 자국인은 물론이고 외국인도 포함한다.

[4] 저 명: 사회통념상 국내 일반수요자 또는 지정상품과 관련한 거래업계에서 일반적으로 널리 인지될 수 있는 정도를 의미한다.277) 하지만, 판례에 따른 "저명"의 정의는 주지성·현저성보다 훨씬 주지도가 높고 오랜 전통과 명성을 가진 경우를 의미한다.278) 저명성 요건은 널리 알려진 연예인이나 스포츠 선수, 국내외 유명인사 등의 이름으로 직감할 수 있는 정도면 충분하다.279)

[5] 저명성의 판단 시점: 상표등록여부결정시를 기준으로 한다.

[6] 저명성 판단기준이 되는 요소: 타인의 명칭 등이 저명한지는 그 사용기간, 방법, 태양, 사용량 및 거래의 범위와 상품거래의 실정 등을 고려하여 사회통념상 또는 지정상품과 관련한 거래사회에서 타인의 명칭 등이 널리 인식될 수 있는 정도에 이르렀는지 여부에 따라 판단하여야 한다.280)

[7] 저명한 타인의 성명, 명칭 또는 상호, 초상, 서명, 인장, 아호, 예명, 필명 또는 이들의 약칭이 상표의 부기적인 부분으로 포함되어 있는 경우에도 본 호에 해당하는 것으로 본다.281)

[8] 초상을 타인의 상표 일부로 사용할 경우에는 인격훼손의 우려가 크므로 저명성의 요건을 더욱 완화해서 판단한다.

[9] 저명한 타인의 성명, 명칭 등이라도 그 타인의 승낙을 얻은 경우에는 본 호를 적용하지 아니하며, 자기의 성명 또는 명칭과 저명한 타인의 성명 또는 명칭이 동일한 경우에는 그 타인의 승낙을 요한다.282) 이는 전술한 바대로 인격권 보호를 목적으로 한 규정이다.

예 Chanel, Pierre Cardin, 대한주택공사, 한국전력주식회사 등

[10] 제척기간: 본 호에 해당하는 것을 사유로 하는 상표등록의 무효심판은 상표등록일부터 5년이 지난 후에는 청구할 수 없다(상 제122조 제1항).

대법원 2013. 10. 31. 선고 2012후1033 판결【거절결정(상)】

【판시사항】

[1] 법원이 상표등록출원 후에 작성된 문건들에 기초하여 어떤 상표가 상표등록출원시에 상표법 제7조 제1항 제6호에서 정한 상표에 해당하는지를 인정할 수 있는지

277) 2016년 상표심사기준, 제5부 제6장, § 1.1.1.
278) 대법원 1984. 1. 24. 선고 83후34 판결.
279) 2016년 상표심사기준, 제5부 제6장, § 1.1.1.
280) 대법원 2013. 10. 31. 선고 2012후1033 판결【거절결정(상) (자) 상고기각】(2NE1 상표 사건); 대법원 2005. 8. 25. 선고 2003후2096 판결.
281) 2016년 상표심사기준 제5부 제6장 § 2.1.
282) 2016년 상표심사기준 제5부 제6장 § 2.2.

여부(적극)

[2] 상표법 제7조 제1항 제6호에서 정한 타인의 명칭 등이 저명한지 판단하는 기준

[3] 갑 외국회사의 출원상표 "2NE1"에 대하여 상표법 제7조 제1항 제6호에 해당한다는 이유로 특허청장이 거절결정을 한 사안에서, 출원상표는 출원일 무렵에 저명한 타인의 명칭에 해당한다고 본 원심판단을 정당하다고 한 사례

[4] 거절결정에 대한 심판의 심결취소소송에 민사소송법상 보조참가에 관한 규정이 준용되는지 여부(적극)

【판결요지】

[1] 상표법 제7조 제2항이 정한 '제1항 제6호의 규정에 해당하는 상표라도 상표등록출원 시에 이에 해당하지 아니하는 것에 대하여는 당해 규정은 적용하지 아니한다'에서 '상표등록출원 시'의 의미는 상표법 제7조 제1항 제6호에 해당하는지 여부의 판단기준시점이 상표등록출원 시라는 의미이지 상표등록출원 시에 위 규정에서 정한 상표에 해당함을 인정하기 위한 증거가 상표등록출원 전에 작성된 것을 의미하는 것은 아니므로, 법원은 상표등록출원 후에 작성된 문건들에 기초하여 어떤 상표가 상표등록출원 시에 위 규정에서 정한 상표에 해당하는지를 인정할 수 있다.

[2] 상표법 제7조 제1항 제6호는 저명한 타인의 성명·명칭 또는 상호·초상·서명·인장·아호·예명·필명 또는 이들의 약칭을 포함하는 상표는 등록을 받을 수 없다고 규정하고 있다. 여기서 타인의 명칭 등이 저명한지는 그 사용기간, 방법, 태양, 사용량 및 거래의 범위와 상품거래의 실정 등을 고려하여 사회통념상 또는 지정상품과 관련한 거래사회에서 타인의 명칭 등이 널리 인식될 수 있는 정도에 이르렀는지 여부에 따라 판단해야 한다.

[3] 지정상품을 '눈썹용 연필, 립스틱, 매니큐어, 아이섀도, 마스카라' 등으로 하는 갑 외국회사의 출원상표 "2NE1"에 대하여 상표법 제7조 제1항 제6호에 해당한다는 이유로 특허청장이 거절결정을 한 사안에서, 출원상표인 "2NE1"은 음반업계에서 유명한 연예기획사인 을 주식회사 소속 여성 아이돌 그룹 가수의 명칭으로, 그와 동일한 표장을 갖는 출원상표의 등록을 허용할 경우에는 지정상품과 관련하여 그 수요자나 거래자들이 위 여성 그룹 가수와 관련 있는 것으로 오인·혼동할 우려가 상당하여 타인의 인격권을 침해할 염려가 있는 점 등의 사정을 종합해 보면, 출원상표는 출원일 무렵에 저명한 타인의 명칭에 해당하고, 여러 사정에 비추어 위 여성 그룹 가수는 국내의 유명한 여성 4인조 아이돌 그룹으로서 출원상표의 출원일 무렵 국내의 수요자 사이에 널리 알려져 저명성을 획득하였다고 본 원심판단을 정당하다고 한 사례.

[4] 심판은 특허심판원에서의 행정절차이고 심결은 행정처분에 해당하며, 그에 대한 불복소송인 심결취소소송은 행정소송에 해당한다. 행정소송법 제8조에 의하여 준용되는 민사소송법 제71조는 보조참가에 관하여 소송결과에 이해관계가 있는 자는 한쪽 당사자를 돕기 위하여 법원에 계속 중인 소송에 참가할 수 있다고 규정하고 있으므로, 거절결정에 대한 심판의 심결취소소송에도 민사소송법상의 위 보조참가에 관한 규정

이 준용된다.

나. 타인의 선등록상표(내지 선등록 지리적 표시 단체표장)와 동일·유사한 상표 (상 제34조 제1항 제7호 및 제8호)

(1) 타인의 선등록상표와 동일·유사한 상표(상 제34조 제1항 제7호)

[1] 선출원(先出願)에 의한 타인의 등록상표(등록된 지리적 표시 단체표장은 제외한다)와 동일·유사한 상표로서 그 지정상품과 동일·유사한 상품에 사용하는 상표는 등록을 받을 수 없다(상 제34조 제1항 제7호).

[2] 적용요건

(i) '선출원에 의한 타인의 등록상표와 동일·유사'한 상표일 것: 본 호는 선출원에 의한 타인의 선등록상표와 동일·유사한 경우에만 적용하고, 후출원에 의한 선등록상표와 동일·유사한 경우에는 적용하지 아니한다. 후출원에 의한 선등록상표가 심판 또는 재판에 의하여 무효로 확정되지 아니하는 한 두 상표권은 모두 유효한 것으로 되어 병존하게 된다.

- 상표의 유사 여부는 대비되는 상표를 외관, 호칭, 관념의 세 측면에서 객관적, 전체적, 이격적으로 관찰하여 거래상 오인·혼동의 염려가 있는지에 따라 판단하여야 한다.[283] 동일 또는 유사한 타인의 선등록상표가 존재할 경우에 동록여부 결정을 하기 위해서는 상표의 유사 여부 판단이 선행되어야 한다.[284]

- 본 호의 '타인'이란 법인격이 다른 주체를 의미하므로 동일한 기업그룹 내에 속한다 할지라도 권리주체가 다른 계열회사는 타인에 해당하는 것으로 본다. 또한, 인용표장의 권리자가 2인 이상일 경우에는 그 구성원의 전부가 일치하지 않는 한 타인에 해당한다.[285]

(ii) '지정상품이 동일·유사'할 것: 본 호는 지정상품이 동일·유사한 경우에만 적용한다.

-지정상품의 유사 여부는 대비되는 상품에 동일 또는 유사한 상표를 사용할 경우 동일 업체에 의하여 제조 또는 판매되는 상품으로 오인될 우려가 있는가를 기준으로 판단하되, 상품 자체의 속성인 품질, 형상, 용도와 생산 부문, 판매 부문, 수요자의 범위 등 거래의 실정 등을 종합적으로 고려하여 일반 거래의 통념에 따라 판단하여야 한다.[286]

---

283) 대법원 2016. 7. 14. 선고 2015후1348 판결【거절결정(상)】.
284) 김원준, 「상표법개론」, 피앤씨미디어, 2017년, 106면.
285) 2016년 상표심사기준, 제5부 제7장, § 1.1.2.
286) 대법원 2005. 8. 19. 선고 2003후1086 판결; 대법원 2013. 9. 12. 선고 2013후808 판결【등록무효(상)】.

대법원 2017. 3. 9. 선고 2015후932 판결 【등록무효(상)】 [공2017상,662]

【판시사항】

[1] 상표 중에서 요부가 있는 경우, 요부를 가지고 상표의 유사 여부를 대비·판단하는 것이 필요한지 여부(적극) 및 상표의 구성 부분 중 식별력이 없거나 미약한 부분이 요부가 될 수 있는지 여부(소극)

[2] 결합상표 중 일부 구성 부분이 요부로 기능할 수 있는 식별력이 없거나 미약한지 판단하는 방법

[3] 선등록·사용상표 "MONSTERENERGY" 및 선사용상표 "MONSTER"의 권리자 및 사용자인 갑이 등록상표 "롯데 몬스터"는 선등록·사용상표 및 선사용상표를 모방하여 부정한 목적으로 출원·등록된 상표이므로 구 상표법 제7조 제1항 제7호, 제11호, 제12호에 해당한다며 등록무효심판을 청구한 사안에서, 등록상표와 선등록·사용상표 및 선사용상표에서 '몬스터'나 'MONSTER'가 독립하여 상품의 출처표시기능을 수행하는 요부에 해당한다고 볼 수 없고, 등록상표와 선등록·사용상표 및 선사용상표는 전체적으로 관찰하면 외관·호칭 및 관념에서 서로 차이가 있어 유사하지 않다고 본 원심판단을 정당하다고 한 사례

【판결요지】

[1] 둘 이상의 문자 또는 도형의 조합으로 이루어진 결합상표는 구성 부분 전체의 외관, 호칭, 관념을 기준으로 상표의 유사 여부를 판단하는 것이 원칙이나, 상표 중에서 일반 수요자에게 그 상표에 관한 인상을 심어주거나 기억·연상을 하게 함으로써 그 부분만으로 독립하여 상품의 출처표시기능을 수행하는 부분, 즉 요부가 있는 경우 적절한 전체관찰의 결론을 유도하기 위해서는 요부를 가지고 상표의 유사 여부를 대비·판단하는 것이 필요하다. 그리고 상표에서 요부는 다른 구성 부분과 상관없이 그 부분만으로 일반 수요자에게 두드러지게 인식되는 독자적인 식별력 때문에 다른 상표와 유사 여부를 판단할 때 대비의 대상이 되는 것이므로, 상표의 구성 부분 중 식별력이 없거나 미약한 부분은 요부가 된다고 할 수 없다.

[2] 결합상표 중 일부 구성 부분이 요부로 기능할 수 있는 식별력이 없거나 미약한지 여부를 판단할 때는 해당 구성 부분을 포함하는 상표가 그 지정상품과 동일·유사한 상품에 관하여 다수 등록되어 있거나 출원공고되어 있는 사정도 고려할 수 있으므로, 등록 또는 출원공고된 상표의 수나 출원인 또는 상표권자의 수, 해당 구성 부분의 본질적인 식별력의 정도 및 지정상품과의 관계, 공익상 특정인에게 독점시키는 것이 적당하지 않다고 보이는 사정의 유무 등을 종합적으로 고려하여 판단하여야 한다.

[3] 선등록·사용상표 "MONSTERENERGY" 및 선사용상표 "MONSTER"

롯데

의 권리자 및 사용자인 갑이 등록상표 "몬스터"는 선등록·사용상표 및 선사용상표를 모방하여 부정한 목적으로 출원·등록된 상표이므로 구 상표법(2016. 2. 29. 법률 제14033호로 전부 개정되기 전의 것) 제7조 제1항 제7호, 제11호, 제12호에 해당한다며 등록무효심판을 청구한 사안에서, 등록상표와 선등록·사용상표 및 선사용상표는 모두 '몬스터' 또는 'MONSTER'라는 부분을 포함하고 있지만, 등록상표의 출원일 이전에 지정상품과 동일·유사한 상품에 관하여 '몬스터' 또는 'MONSTER'를 포함하는 다수의 상표들이 등록되어 있는 사정을 고려하면 식별력을 인정하기 곤란하거나 이를 공익상 특정인에게 독점시키는 것이 적당하지 않으므로 등록상표와 선등록·사용상표 및 선사용상표에서 '몬스터'나 'MONSTER'가 독립하여 상품의 출처표시기능을 수행하는 요부에 해당한다고 볼 수 없고, 등록상표와 선등록·사용상표 및 선사용상표는 전체적으로 관찰하면 외관·호칭 및 관념에서 서로 차이가 있어 유사하지 않다고 본 원심판단을 정당하다고 한 사례.

【참조조문】

[1] 구 상표법(2016. 2. 29. 법률 제14033호로 전부 개정되기 전의 것) 제7조 제1항 제7호(현행 제34조 제1항 제7호 참조) [2] 구 상표법(2016. 2. 29. 법률 제14033호로 전부 개정되기 전의 것) 제7조 제1항 제7호(현행 제34조 제1항 제7호 참조) [3] 구 상표법(2016. 2. 29. 법률 제14033호로 전부 개정되기 전의 것) 제7조 제1항 제7호(현행 제34조 제1항 제7호 참조), 제11호(현행 제34조 제1항 제11호 참조), 제12호(현행 제34조 제1항 제12호 참조)

【참조판례】

[1] 대법원 2001. 12. 14. 선고 2001후1808 판결(공2002상, 321)
대법원 2006. 5. 25. 선고 2004후912 판결(공2006하, 1187)
대법원 2017. 2. 9. 선고 2015후1690 판결(공2017상, 591)

【전 문】

【원고, 상고인】 몬스터 에너지 컴퍼니 (소송대리인 변리사 이지연)

【피고, 피상고인】 롯데제과 주식회사 (소송대리인 한라특허법인(유한) 담당변리사 배지현)

【원심 판결】 특허법원 2015. 4. 30. 선고 2014허8670 판결

대법원 2017. 2. 9. 선고 2015후1690 판결 【등록무효(상)】 (상표의 유사판단에서 전체관찰, 요부관찰, 분리관찰의 관계 및 요부의 판단기준)

【판시사항】

[1] 둘 이상의 문자 또는 도형의 조합으로 이루어진 결합상표의 유사 여부를 판단하는 방법

[2] 상표에서 요부가 존재하는 경우 그 부분이 분리관찰되는지 따질 필요 없이 요부만

대비함으로써 상표의 유사 여부를 판단할 수 있는지 여부(적극) 및 상표의 구성 부분이 요부인지 판단하는 방법 / 이러한 법리가 서비스표에도 마찬가지로 적용되는지 여부(적극)

[3] 선등록서비스표 "자 생", "자생한의원", "자생한방병원" 등의 서비스표권자 갑이 '한방의료법, 성형외과업' 등을 지정서비스업으로 하는 등록서비스표 "자생초"의 서비스표권자 을을 상대로 등록서비스표가 구 상표법 제7조 제1항 제11호 및 제12호의 등록무효 사유에 해당한다며 등록무효심판을 청구한 사안에서, 선등록서비스표 등과 등록서비스표는 요부인 '자생'을 기준으로 대비하면 호칭과 관념이 동일하여 유사한 서비스표에 해당함에도 이와 달리 본 원심 판결에 서비스표의 유사에 관한 법리를 오해하여 심리를 다하지 않은 잘못이 있다고 한 사례

【판결요지】

[1] 둘 이상의 문자 또는 도형의 조합으로 이루어진 결합상표는 그 구성 부분 전체의 외관, 호칭, 관념을 기준으로 상표의 유사 여부를 판단하는 것이 원칙이나, 상표 중에서 일반 수요자에게 그 상표에 관한 인상을 심어주거나 기억·연상을 하게 함으로써 그 부분만으로 독립하여 상품의 출처표시기능을 수행하는 부분, 즉 요부가 있는 경우 적절한 전체관찰의 결론을 유도하기 위해서는 요부를 가지고 상표의 유사 여부를 대비·판단하는 것이 필요하다.

[2] 상표에서 요부는 다른 구성 부분과 상관없이 그 부분만으로 일반 수요자에게 두드러지게 인식되는 독자적인 식별력 때문에 다른 상표와 유사 여부를 판단할 때 대비의 대상이 되는 것이므로, 상표에서 요부가 존재하는 경우에는 그 부분이 분리관찰이 되는지를 따질 필요 없이 요부만으로 대비함으로써 상표의 유사 여부를 판단할 수 있다.

그리고 상표의 구성 부분이 요부인지는 그 부분이 주지·저명하거나 일반 수요자에게 강한 인상을 주는 부분인지, 전체 상표에서 높은 비중을 차지하는 부분인지 등의 요소를 따져 보되, 여기에 다른 구성 부분과 비교한 상대적인 식별력 수준이나 그와의 결합상태와 정도, 지정상품과의 관계, 거래실정 등까지 종합적으로 고려하여 판단하여야 한다.

이러한 법리는 서비스표에 대하여도 마찬가지로 적용된다.

[3] 지정서비스업이 한의원업 또는 한방병원업 등인 선등록서비스표 "자 생", "자생한의원", "자생한방병원" 등의 서비스표권자 갑이 '한방의료업, 성형외과업' 등을 지정서비스업으로 하는 등록서비스표 "자생초"의 서비스표권자 을을 상대로 등록서비스표가 구 상표법(2016. 2. 29. 법률 제14033호로 전부 개정되기 전의 것) 제7조 제1항 제11호 및 제12호의 등록무효 사유에 해당한다며 등록무효심판을 청구한 사안에서, 선등록서비스표 등과 등록서비스표는 모두 요부

가 '자생'이므로, '자생'이 분리관찰이 되는지를 따질 필요 없이 위 서비스표들을 '자생'을 기준으로 대비하면 호칭과 관념이 동일하여 유사한 서비스표에 해당함에도 이와 달리 본 원심 판결에 서비스표의 유사에 관한 법리를 오해하여 심리를 다하지 않은 잘못이 있다고 한 사례.

【참조조문】

[1] 구 상표법(2016. 2. 29. 법률 제14033호로 전부 개정되기 전의 것) 제7조 제1항 제7호(현행 제34조 제1항 제7호 참조) [2] 구 상표법(2016. 2. 29. 법률 제14033호로 전부 개정되기 전의 것) 제2조 제3항, 제7조 제1항 제7호(현행 제34조 제1항 제7호 참조), 제11호(현행 제34조 제1항 제11호 참조), 제12호(현행 제34조 제1항 제12호 참조) [3] 구 상표법(2016. 2. 29. 법률 제14033호로 전부 개정되기 전의 것) 제2조 제3항, 제7조 제1항 제7호(현행 제34조 제1항 제7호 참조), 제11호(현행 제34조 제1항 제11호 참조), 제12호(현행 제34조 제1항 제12호 참조)

【참조판례】

[1] 대법원 2006. 1. 26. 선고 2003도3906 판결(공2006상, 356)
대법원 2006. 11. 9. 선고 2006후1964 판결
대법원 2011. 1. 27. 선고 2010도7352 판결
대법원 2014. 6. 26. 선고 2012다12849 판결

【원심 판결】 특허법원 2015. 9. 18. 선고 2015허3887 판결

☞ 이 대법원 판결은 선등록서비스표 등('자생한방병원' 등)과 이 사건 등록서비스표('자생초')는 모두 '자생'이 요부이므로 '자생'이 분리관찰이 되는지를 따질 필요 없이 위 서비스표들을 '자생'을 기준으로 대비하면 호칭, 관념이 동일하여 유사한 서비스표에 해당한다고 한 사례다. 다만 선등록서비스표(현행 상표법상 '선등록상표')인 '자생한방병원'이 선사용상표인 '자생의원'(고 성수현 원장이 1954년 건립한 지방의료시설로 경상남도 등록문화재 제572호로 지정된 곳)과의 관계에서 상표법 제34조 제1항의 무효사유에 해당하는지 여부는 별론으로 한다. 그리고 선사용상표인 '자생의원'과 관련하여 상표법 제34조 제1항에 의거하여 선등록서비스표인 '자생한방병원'의 등록 무효 여부를 고찰하기 위해서는 상표법 제122조의 제척기간에 해당하는지 여부도 살펴볼 필요가 있다.

대법원 2016. 7. 22. 선고 2015후178 판결 【등록무효(상)】 [미간행]

【판시사항】

[1] 상표의유사 여부의 판단 기준

[2] '상업기기용 통풍팬' 등을 지정상품으로 하는 선등록상표 "" **SUNON** "의 등록권리자인 갑 외국회사가, '주방용 오븐레인지' 등을 지정상품으로 하는 을 외국회

사의 국제등록상표 "SUNCON"이 선등록상표와 표장 및 지정상품이 유사하므로 상표법 제7조 제1항 제7호에 따라 등록이 무효가 되어야 한다고 주장하면서 상표등록무효심판을 청구하였으나 특허심판원이 심판청구를 기각하는 심결을 한 사안에서, 등록상표가 선등록상표와 유사하지 않다고 한 사례

【참조조문】

[1] 상표법 제7조 제1항 제7호 [2] 상표법 제7조 제1항 제7호

【참조판례】

[1] 대법원 2002. 11. 26. 선고 2001후3415 판결(공2003상, 260)

【원고, 상고인】 선온웰스 일렉트릭 머신 인더스트리 컴퍼니 리미티드 (소송대리인 변리사 조활래)

【피고, 피상고인】 저지앙 선콘 일렉트릭 어플라이언스 컴퍼니 리미티드

【원심 판결】 특허법원 2014. 12. 19. 선고 2012허6793 판결

대법원 2016. 7. 14. 선고 2015후1348 판결 【거절결정(상)】

【판시사항】

[1] 상표가 유사한지 판단하는 기준 및 도형상표에서 상표가 유사한지 판단하는 기준 / 상표가 유사한지 판단하는 방법

[2] 특허청 심사관이 가방 등을 지정상품으로 하는 갑 주식회사의 출원상표 "  "에 대하여 서류가방 등을 지정상품으로 하는 선등록상표 ""와 표장 및 지정상품이 유사하다는 등의 이유로 거절결정을 하자, 갑 회사가 특허심판원에 불복심판을 청구하였으나 특허심판원이 기각하는 심결을 한 사안에서, 두 표장은 외관이 주는 지배적인 인상이 유사하여 동일·유사한 상품에 다 같이 사용하는 경우 일반 수요자에게 출처에 관하여 오인·혼동을 일으킬 염려가 있으므로 서로 유사하다고 한 사례

【판결요지】

[1] 상표의 유사 여부는 대비되는 상표를 외관, 호칭, 관념의 세 측면에서 객관적, 전체적, 이격적으로 관찰하여 거래상 오인·혼동의 염려가 있는지에 따라 판단하여야 한다. 특히 도형상표들에서는 외관이 주는 지배적 인상이 동일·유사하여 두 상표를 동일·유사한 상품에 다 같이 사용하는 경우 일반 수요자에게 상품의 출처에 관하여 오인·혼동을 일으킬 염려가 있다면 두 상표는 유사하다고 보아야 한다. 또한 상표의 유사 여부의 판단은 두 개의 상표 자체를 나란히 놓고 대비하는 것이 아니라 때와 장소를

달리하여 두 개의 상표를 대하는 일반 수요자에게 상품 출처에 관하여 오인·혼동을 일으킬 우려가 있는지의 관점에서 이루어져야 하고, 두 개의 상표가 외관, 호칭, 관념 등에 의하여 일반 수요자에게 주는 인상, 기억, 연상 등을 전체적으로 종합할 때 상품의 출처에 관하여 오인·혼동을 일으킬 우려가 있는 경우에는 두 개의 상표는 서로 유사하다고 보아야 한다.

[2] 특허청 심사관이 가방 등을 지정상품으로 하는 갑 주식회사의 출원상표 "  "에 대하여 서류가방 등을 지정상품으로 하는 선등록상표 "  "와 표장 및 지정상품이 유사하다는 등의 이유로 거절결정을 하자, 갑 회사가 특허심판원에 불복심판을 청구하였으나 특허심판원이 기각하는 심결을 한 사안에서, 일반 수요자의 직관적 인식을 기준으로 두 상표의 외관을 이격적으로 관찰하면, 두 표장은 모두 검은색 도형 내부에 옆으로 누운 아치형의 도형 2개가 상하로 배치되어 있는 점, 검은색 도형의 왼쪽 부분이 오른쪽 부분보다 2배 정도 두꺼운 점 등에서 공통되고, 알파벳 'B'를 이용하여 도안화한 것으로 보이는 점에서 모티브가 동일하여 전체적인 구성과 거기에서 주는 지배적 인상이 유사하며, 출원상표는 검은색 도형이 오각형이어서 상부가 뾰족한 형상을 이루는 반면 선등록상표는 검은색 도형이 사각형이어서 상부가 평평한 형상인 점 등에서 차이가 있으나 이는 이격적 관찰로는 쉽게 파악하기 어려운 정도의 차이에 불과하여, 두 표장은 외관이 주는 지배적인 인상이 유사하여 동일·유사한 상품에 다 같이 사용하는 경우 일반 수요자에게 출처에 관하여 오인·혼동을 일으킬 염려가 있으므로 서로 유사하다고 한 사례.

대법원 2016. 3. 24. 선고 2015후2020 판결 【등록무효(상)】

【판시사항】

구 상표법 제7조 제1항 제7호의 타인에 해당하는지에 관한 판단의 기준 시점(=등록결정 시 또는 거절결정 시) 및 거절결정에 대한 불복 심판에 의하여 등록 허부가 결정되는 경우 판단의 기준 시점(=심결 시)

【판결요지】

구 상표법(2013. 4. 5. 법률 제11747호로 개정되기 전의 것, 이하 같다) 제7조 제1항 제7호는 상표등록을 받을 수 없는 상표의 하나로 선출원에 의한 타인의 등록상표와 동일 또는 유사한 상표로서 그 지정상품과 동일 또는 유사한 상품에 사용하는 상표를 규정하고 있는데, 같은 조 제3항은 '제1항 제7호는 상표등록출원 시에 이에 해당하는 것에 대하여 적용하지만 상표등록출원인이 해당 규정의 타인에 해당하는지 여부에 관하여는 상표등록출원 시를 기준으로 하지 아니한다'고 규정하고 있으므로, 구 상표법 제7조 제1항 제7호의 타인에 해당하는지에 관한 판단의 기준 시점은 일반원칙에 따라 등록결정 시 또는 거절결정 시이고 거절결정에 대한 불복 심판에 의하여 등록 허부가 결정되는 경우에는 심결 시이다.

대법원 2014. 5.16. 선고 2012후2869 판결【등록무효(상)】

【판시사항】

선등록상표들인 "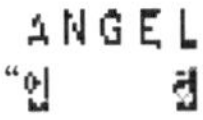", "", "", ""의 등록권리자인 갑 주식회사가 등록상표인 ""의 등록권리자인 을을 상대로 등록상표가 상표법 제7조 제1항 제7호에 해당한다는 이유로 등록무효심판을 청구하였으나 특허심판원이 기각한 사안에서, 위 등록상표는 전체에 의해서만이 아니라 '독립하여 자타 상품을 식별할 수 있는 구성 부분'인 '엔젤' 또는 'angel' 부분만으로도 거래될 수 있고, 이 경우 '엔젤'로 호칭·관념되는 선등록상표들과 호칭·관념이 동일하여 등록상표와 선등록상표들을 동일 또는 유사한 상품에 사용하는 경우 일반 수요자나 거래자들로 하여금 상품출처에 관하여 오인·혼동을 일으키게 할 염려가 있으므로, 이들 상표는 서로 유사하다고 할 것인데도 이와 달리 본 원심 판결에 법리오해의 위법이 있다고 한 사례

【이 유】

상고이유를 판단한다.

1. 둘 이상의 문자들의 조합으로 이루어진 결합상표는 상표를 구성하는 전체 문자에 의하여 생기는 외관, 호칭, 관념을 기준으로 하여 상표의 유사 여부를 판단하는 것이 원칙이나, 문자들의 결합관계 등에 따라 '독립하여 자타 상품을 식별할 수 있는 구성 부분', 즉 요부만으로도 거래될 수 있다고 인정할 수 있는 경우에는 그 요부를 분리·추출하여 그 부분에 의하여 생기는 호칭 또는 관념을 기준으로 하여 상표의 유사 여부를 판단할 수 있다(대법원 2008. 3. 27. 선고 2006후3335 판결, 대법원 2012. 7. 26. 선고 2012후702 판결 등 참조).
2. 위 법리와 기록에 비추어, '아코디언, 캐스터네츠, 탬버린, 하모니카' 등을 지정상품으로 하고 오른쪽과 같이 구성된 이 사건 등록상표(등록번호 생략)와, '피리, 하모니카, 멜로디언, 탬버린, 캐스터네츠' 등을 지정상품으로 하고 오른쪽과 같이 구성된 원심판시 선등록상표 1 내지 5가 유사한지 살펴본다.

[이 사건 등록상표]

[선등록상표 1]

ANGEL
엔 젤

[선등록상표 2]

엔젤

[선등록상표 3, 4]

[선등록상표 5]

이 사건 등록상표는 하단에 영문자 'valleyangel'이 필기체로 표기되어 있고, 상단에 한글발음으로 보이는 '배리엔젤'이 표기된 형태로 구성되어 있다. 그런데 영문자 부분의 경우, 우리나라의 영어보급수준과 함께 'valley'의 'v'와 'angel'의 'a'가 상대적으로 큰 글씨체로 시작되어 외관상 서로 구분되어 있는 점을 고려할 때, 일반 수요자나 거래자들은 '계곡' 등의 의미를 가지는 영어 단어 'valley'와 '천사' 등의 의미를 가지는 영어 단어 'angel'이 결합되어 구성된 것임을 쉽게 직감할 수 있을 것으로 보이고, 이들 단어의 결합으로 인하여 각 단어가 가지는 의미를 단순히 결합한 것 이상의 새로운 의미가 형성되는 것도 아니다. 나아가, 원심판시 사정들에 비추어 보면, '엔젤' 또는 'angel'이라는 표장은 이 사건 등록상표의 출원일 또는 등록결정일 무렵부터 현재까지 이 사건 등록상표의 지정상품과 동일 또는 유사한 '피리, 멜로디언' 등의 상품에 관하여 일반 수요자나 거래자들에게 널리 인식되어 있음을 알 수 있으므로, 일반 수요자나 거래자들은 이 사건 등록상표 중 위와 같이 널리 인식되어 식별력이 강한 '엔젤' 또는 'angel' 부분을 분리하여 인식할 가능성이 클 것으로 보인다.

위와 같은 점들을 종합하여 보면, 이 사건 등록상표는 그 전체에 의해서만이 아니라 '독립하여 자타 상품을 식별할 수 있는 구성 부분'인 '엔젤' 또는 'angel' 부분만으로도 거래될 수 있고, 이 경우 '엔젤'로 호칭·관념되는 선등록상표들과 호칭·관념이 동일하여 이 사건 등록상표와 선등록상표들을 동일 또는 유사한 상품에 사용하는 경우 일반 수요자나 거래자들로 하여금 상품출처에 관하여 오인·혼동을 일으키게 할 염려가 있으므로, 이들 상표는 서로 유사하다고 할 것이다.

그럼에도 원심은 이와 달리 이 사건 등록상표가 전체로서만 호칭·관념된다는 이유 등을 들어 선등록상표들과 유사하지 않다고 판단하였다. 이러한 원심 판결에는 상표 유사 여부 판단에 관한 법리를 오해하여 판결에 영향을 미친 위법이 있다. 이 점을 지적하는 상고이유 주장은 이유 있다.

3. 그러므로 원심 판결을 파기하고, 사건을 다시 심리·판단하게 하기 위하여 원심법원에 환송하기로 하여, 관여 대법관의 일치된 의견으로 주문과 같이 판결한다.

대법원 2013. 1. 16. 선고 2011후3322 판결 【등록무효(상)】

【판시사항】

선등록상표 "雪花"의 등록권리자 갑 주식회사가 등록상표 "韓雪花"의 등록권리자 을 주식회사를 상대로 등록상표가 상표법 제7조 제1항 제7호에 해당한다는 이유로 등록무효심판을 청구한 사안에서, 양 상표가 서로 유사한데도 이와 달리 본 원심 판결에 법리오해의 위법이 있다고 한 사례

【판결요지】

선등록상표 "雪花"의 등록권리자 갑 주식회사가 등록상표 "韓雪花"의 등록권리자 을 주식회사를 상대로 등록상표가 상표법 제7조 제1항 제7호에 해당한다는 이유로 등록무효심판을 청구한 사안에서, 양 상표는 외관 및 호칭에 차이가 있기는 하지만 관념의 유사를 압도할 정도에까지 이르렀다고 할 수 없으므로, 관념이 유사한 양 상표를 동일·유사한 지정상품에 함께 사용할 경우 일반 수요자나 거래자로 하여금 상품의 출처에 관하여 오인·혼동을 일으키게 할 염려가 있어 양 상표는 서로 유사한데도, 이와 달리 본 원심 판결에 법리오해의 위법이 있다고 한 사례.

【참조조문】

상표법 제7조 제1항 제7호

【원고, 상고인】 주식회사 아모레퍼시픽 (소송대리인 법무법인 케이씨엘 담당변호사 유지담 외 2인)

【피고, 피상고인】 서아통상 주식회사 (소송대리인 변리사 정순옥 외 1인)

【원심 판결】 특허법원 2011. 10. 7. 선고 2011허6338 판결

대법원 2005. 8. 19. 선고 2003후1086 판결 【거절결정(상)】 (상품의 유사 여부)

출원상표의 지정상품인 '척추임플란트'와 선등록상표의 지정상품인 '안과 수술시 안내렌즈 삽입용 수술기구'의 용도와 생산 및 판매 부문, 거래자 및 수요자의 범위 등을 종합적으로 고려하면, 위 각 지정상품이 거래통념상 동일·유사한 상표를 위 상품들에 사용할 경우에 그 출처의 오인·혼동을 일으킬 염려가 있는 유사한 상품에 속한다고 한 사례.

(2) **선출원에 의한 타인의 등록된 지리적 표시 단체표장과 동일·유사한 상표로서 그 지정상품과 동일하다고 인식되어 있는 상품에 사용하는 상표**(상표법 제34조 제1항 제8호)

[1] 선출원에 의한 타인의 등록된 지리적 표시 단체표장과 동일·유사한 상표로서 그 지정상품과 동일하다고 인식되어 있는 상품에 사용하는 상표는 등록을 받을 수 없다(상 제34조 제1항 제8호). 2011년 개정 상표법의 원안은 지리적 표시의 권리보호 범위를 동일상품에서 수요자 간에 동일하다고 인식되어 있는 상품까지 확대하고 있었다. 이는 한-EU

FTA 협정문 제10.21조 제1항 나호에서 지리적 표시의 보호범위를 동종상품[287](like good)으로 규정함으로써 동일상품 보다는 보호의 범위가 확대된 것으로 보고 이를 반영하고자 한 것으로 보인다.[288]

한 · EU FTA 국문 협정문	한 · EU FTA 영문 협정문
제10.21조 보호의 범위	**Article 10.21** Scope of Protection
1. 제10.18조 및 제10.19조에 언급된 지리적 표시는 다음의 행위에 대하여 보호된다.	1. Geographical indications referred to in Articles 10.18 and 10.19 shall be protected against:
가. 상품의 지리적 근원에 대하여 대중의 오인을 유발하는 방법으로 당해상품이 진정한 원산지가 아닌 지역을 원산지로 한다고 표시하거나 암시하는 상품의 명명 또는 소개수단의 사용	(a) the use of any means in the designation or presentation of a good that indicates or suggests that the good in question originates in a geographical area other than the true place of origin in a manner which misleads the public as to the geographical origin of the good;
나. 그 상품의 진정한 원산지가 표시되어 있거나 또는 지리적 표시가 번역 또는 음역되어 사용되거나 또는 "종류", "유형", "양식", "모조품" 등의 표현이 수반되어 사용되는 경우에도 당해 지리적 표시에 나타난 장소를 원산지로 하지 않는 유사상품7에 상품의 산지를 나타내는 지리적 표시의 사용, 그리고	(b) the use of a geographical indication identifying a good for a like good7 not originating in the place indicated by the geographical indication in question, even where the true origin of the goods is indicated or the geographical indication is used in translation or transcription or accompanied by expressions such as "kind", "type", "style", "imitation" or the like; and
다. 파리협약 제10조의 2의 의미에서 부정경쟁행위를 구성하는 그 밖의 사용	(c) any other use which constitutes an act of unfair competition within the meaning of article 10 bis of the Paris Convention.
각주 7) 모든 상품에 대하여, "유사상품"이라는 용어는 당해 지리적 표시에 나타난 장소를 원산지로 하지 아니하는 포도주에 대하여 포도주의 산지를 나타내는 지리적 표시 또는 해	각주 7) For all goods, the term "like good" shall be interpreted in line with Article 23.1 of the TRIPS Agreement relating to the use of a geographical indication identifying

287) 국문에서는 "유사상품"으로 표기됨.

288) 문병철, 상표법 일부개정법률안 검토보고서, 2011년 3월, 20면.

당 지리적 표시에 나타난 장소를 원산지로 하지 아니하는 증류주에 대하여 증류주의 산지를 나타내는 지리적 표시를 사용하는 것에 관한 무역관련 지적재산권에 관한 협정 제23조 제1항에 맞게 해석된다.	wines for wines not originating in the place indicated by the geographical indication in question or identifying spirits for spirits not originating in the place indicated by the geographical indication in question.

[2] 그런데 한-EU FTA 협정문에서는 동종상품(like good)의 해석과 관련하여 각주에서 "포도주는 포도주", "증류주는 증류주"로 TRIPs 제23조제1항에 의한 지리적 표시의 보호상품의 범주에 대한 해석과 같다고 명시하고 있다. 한편, TRIPs 제23조는 포도주 및 증류주에 대한 지리적 표시에 대해서 TRIPs 협정 제22조의 보호에 필요한 공중의 오인을 요건으로 하지 않고도 절대적으로 보호되는 추가적인 보호(additional protection) 사항들을 규정하고 있는데, 제1항에서는 진정한 산지가 아닌 지리적 표시를 사용하는 것을 금지하면서, 더 나아가 설사 진정한 산지가 표시되었다 하더라도 종류(kind), 유형(type), 양식(style), 모조품(imitation) 등의 표시를 "포도주에 포도주", "증류주에 증류주"의 산지를 나타내는 지리적 표시와 함께 사용하는 것도 금지하고 있다. TRIPs에서는 포도주에 포도주, 증류주에 증류주 식으로 규정하고 있는바, 이는 동종동일상품(identical goods)의 개념으로 엄격히 해석함이 바른 해석으로 보이며, 이를 다소 넓은 개념인 동종상품(like goods)까지 확대 하여서는 아니 될 것으로 보인다. 동종상품은 동일상품 보다는 넓은 개념이므로 2011년 개정 상표법 원안은 동종상품까지의 확대 해석이 소지가 있는 "동일하거나 수요자간에 동일하다고 인식되어 있는 상품"이란 표현을 사용하였는 바, 2011년 개정 상표법은 한-EU FTA 협정문에 합치하게 "동일하거나 동일하다고 인식되어 있는 상품"으로 수정하게 되었다.[289] 이 개정내용은 2016년 개정 상표법 제34조 제1항 제10호 및 제14호(2011년 개정된 상표법 제7조 제1항 제8호의2 및 제9호의2)에도 마찬가지로 적용된다.

특허심판원 2014. 7. 4. 2013원8157 심결

	선출원 지리적 표시 등록단체표장1 (등록번호/출원일/등록일: 지리적 표시 단체표장등록 제45호/2008. 9. 11./	선출원 지리적 표시 등록단체표장 2 (등록번호/출원일/등록일: 지리적 표시 단체표장등록 제191호/2012. 10. 16./	이 사건 출원상표 (출원번호/출원일: 제40-2013-21714호/2013. 4. 5.)

289) 위의 검토보고서, 21-23면.

	2010. 1. 20.)	2013. 6. 4.)	
구성	영주사과	나주배 NAJU PEAR	영주사과·나주배 예사랑
지정상품	제31류: 사과 {신선한 것}	제31류: 배 {신선한 것}	상품류 구분 제29류의 사과가공식품(영주지역에서 생산된 것에 한함), 배가공식품(나주지역에서 생산된 것에 한함), 보존처리된 사과(영주지역에서 생산된 것 에 한함), 냉동된 사과(영주지역에서 생산된 것에 한함), 냉동된 배(나주지역에서 생산된 것에 한함), 보존처리된 배(나주지역에서 생산된 것에 한함), 과실가공식품(영주지역 및 나주지역에서 생산된 것에 한함)

[심결의 이유]

1.-3.가. [생략]

나. 구체적인 판단

(1) 표장의 유사 여부

문자와 도형이 결합된 상표는 도형 부분이 독특하고 그 자체로 어떤 칭호나 관념을 도출할 수 있는 경우가 아닌 한 일반적으로 문자 부분으로 호칭·관념된다고 보아야 하므로(대법원 2000. 2. 22. 선고 99후1850 판결 참조), 문자 부분에 의해 호칭·관념되는 이 사건 출원상표는 도형 내부의 상단에 문자 '영주사과·나주배'가 배치되어 있고 그 하단에 문자 '예사랑'이 배치되어 있어 문자 부분들이 분리하여 관찰하는 것이 거래상 자연스럽지 못하다고 여겨질 정도로 불가분적으로 결합되어 있다고 보기는 어려우므로 '영주사과·나주배' 또는 '예사랑'으로 호칭·관념될 수 있으며, 이에 대비되는 선출원 지리적 표시 등록단체표장 1 '영주사과'는 상표법 제6조 제3항에 의해 지정상품 '사과'에 지리적 표시로 사용된 사실을 인정받아 등록된 것이므로 '영주사과'로 호칭·관념되고, 선출원 지리적 표시 등록단체표장 2도 마찬가지로 지정상품 '배'에 지리적 표시로 사용된 사실을 인정받아 등록받은 것으로 '나주배'로 관념·호칭된다고 할 것이다.

따라서 이 사건 출원상표의 문자 부분 '영주사과·나주배'는 선출원 지리적 표시 등록단체표장 1 '영주사과' 및 선출원 지리적 표시 등록단체표장 2의 '나주배'와 각각 유사하다.

(2) 지정상품의 동일 여부

이 사건 출원상표의 지정상품 중 '냉동된 사과(영주지역에서 생산된 것에 한함), 냉동된 배(나주지역에서 생산것에 한함)'는 선출원 지리적 표시 등록단체표장 1의 지정상품 '사과(신선한 것)', 선출원 지리적 표시 등록단체표장 2의 지정상품 '배(신선한 것)'와 각각 동일하다고 인식되어 있는 상품에 상당한다.

한편, 청구인이 '지리적 명칭'은 요부에 해당되지 않아서(상표법 제51조 제2항 제3호) 이 사건 출원상표를 선출원 지리적 표시 등록단체표장들과 대비하여 거절할 수 없다고 주장하고 있으나, 이는 자유사용의 필요성이 인정되는 해당 지역의 정당한 생산업자 등에게 지리적 표시 등록단체표장의 효력이 미치지 않도록 하는 취지에 불과한 것이고, 지리적 표시 등록단체표장보다 후출원된 상표에 대하여 상표법 제7조 제1항 제7호의2의 등록 여부 판단에 영향을 미치는바 아니므로 이에 대한 청구인의 주장도 받아들이지 않는다.

다. 소 결 론

그렇다면 이 사건 출원상표는 선출원 지리적 표시 등록단체표장들과 표장이 서로 유사하고, 지정상품이 동일하다고 인식되어 있는 상품에 사용하는 상표이므로, 상표법 제7조 제1항 제7호의2에 해당하여 등록받을 수 없다.

(다) 상표법 제34조 제1항 제7호 및 제8호에 공통적으로 적용되는 내용

[1] '타인의 등록상표' : 타인의 선출원 등록상표를 의미한다. 따라서 후출원에 의한 선등록상표는 본 호의 적용대상이 아니다.

타인의 선등록상표가 상표법 제117조의 상표등록무효심판에 따라 상표등록을 무효로 한다는 심결이 확정된 경우에는 타인의 그 선등록상표권은 처음부터 없었던 것으로 본다(상 제117조 제3항 본문). 다만, 타인의 선등록상표가 후발적 무효사유에 의해 상표등록을 무효로 한다는 심결이 확정된 경우에는 상표권은 타인의 그 선등록상표가 무효사유에 해당한 때에 무효로 된다(상 제117조 제3항 단서)[구 상표법(1997. 8. 22. 법률 제5355호로 개정된 것) 제7조 제3항 본문 괄호 부분인 "타인의 등록상표가 제71조 제3항의 규정에 의하여 무효로 된 경우에도 이에 해당하는 것으로 본다" 중 제7조 제1항 제7호에 관한 부분에 대한 헌법재판소의 위헌결정[290]에 따라 2010년 개정된 「상표법」(2010. 1. 27. 법률 제9987호로 개정되어 2010. 7. 28. 시행된 것을 말함)에서는 위헌결정된 내용(구 상표법 제7조제3항 본문의 괄호 부분)을 삭제하고, 부칙 제2조 및 제6조에서 "제7조의 개정규정은 이 법 시행 후 최초로 출원하는 상표등록출원 등부터 적용하고, 이 법 시행 당시 종전의 규정에 따라 출원된 상표등록출원에 관해선 종전의 규정에 따른다"고 규정하였다.]

290) 헌법재판소 2009. 4. 30. 2006헌바113·114 결정.

구 상표법 제7조 제3항 위헌소원
(헌법재판소 2009. 4. 30. 2006헌바113·114 결정 (병합) 전원재판부)

【판시사항】

선출원상표의 상표등록 무효심결이 확정되더라도 그와 동일 또는 유사한 상표의 등록을 금지하거나 후출원된 등록상표를 무효로 하는 내용의 상표법(1997. 8. 22. 법률 제5355호로 개정된 것) 제7조 제3항 본문 괄호 부분인 "타인의 등록상표가 제71조 제3항의 규정에 의하여 무효로 된 경우에도 이에 해당하는 것으로 본다" 중 제7조 제1항 제7호에 관한 부분(이하 '이 사건 법률조항 부분'이라 한다)이 후출원 상표권자의 재산권 및 직업의 자유를 침해하는지 여부(적극)

【결정요지】

선등록상표와 동일 또는 유사한 상표의 등록을 막는 입법목적은 크게 두 가지를 생각할 수 있다. 첫째는 선등록상표권자의 상표권을 보호하는 것인 한편, 둘째는 동종 상품에 대하여 동일 또는 유사한 상표가 중복 등록되면 수요자에게 상품의 출처에 관한 오인·혼동을 일으켜 상품의 유통질서를 저해하므로 이를 방지하기 위한 것이다. 그런데 이미 선등록상표가 무효로 확정되었다는 것은 선등록상표의 보호가치가 없음이 확인된 것이므로, 입법목적 중 선등록상표권자의 상표권에 대한 보호는 이 사건 법률조항 부분의 목적으로 인정될 수 없다. 그러므로 이 사건 법률조항 부분의 입법목적은, 결국 동일 또는 유사한 상표의 공존(共存)으로 인한 소비자의 오인·혼동을 방지하고자 하는 것이다. 그렇다면 위와 같은 입법목적을 달성하기 위하여 이 사건 법률조항 부분과 같이 후출원상표의 출원 후에 선등록상표를 무효로 한다는 심결이 확정된 경우에도 후출원상표의 등록을 거절하거나 후등록상표에 대한 무효심결을 하도록 하는 것이 입법재량의 한계를 벗어나지 않은 합리적인 제한인가를 본다.

특허청은 이 사건 법률조항 부분과 관계없이, 후출원상표의 출원 시에 이와 동일 또는 유사한 타인의 선등록상표가 존재하는 경우에는 후출원상표의 등록을 거절할 수 있다. 다만, 선등록상표가 무효로 확정되어 소멸하더라도 소비자에게 일정한 기간 동안 그 상표에 대한 기억과 신용이 남아 있을 것이고, 이러한 상태에서 곧바로 후출원상표의 등록을 허용한다면 소비자에게 상표에 대한 오인·혼동을 줄 우려가 있으나, 상표법 제7조 제1항 제8호 및 같은 조 제4항 제1호는 상표권이 소멸한 날부터 1년을 경과하지 아니한 타인의 등록상표와 동일 또는 유사한 상표는 그 등록을 거절할 수 있되, 타인의 등록상표가 상표권이 소멸된 날로부터 소급하여 1년 이상 사용되지 아니하여 소비자의 오인·혼동의 우려가 없는 경우에만 등록을 허용하도록 규정함으로써, 이러한 우려를 해소하고 있다. 그러므로 상표등록출원 시에 이 사건 법률조항 부분을 적용하는 것은, 동일 또는 유사한 상표의 공존을 억제하여 소비자의 오인·혼동을 방지한다는 입법목적에 기여하는 바가 거의 없다고 할 것이다.

한편, 이 사건 법률조항 부분으로 인하여 선등록상표에 대한 무효심결이 확정된 후라도 후등록상표를 무효로 심결할 수 있게 되는데, 이 경우에는 선등록상표의 무효심결

확정 시 이미 동일 또는 유사한 상표가 공존하고 있었으므로, 그 확정 이후에 새로이 후등록상표를 무효로 한다고 하여, 소비자의 오인·혼동을 방지한다는 입법목적에 기여할 여지가 없다. 오히려 이 사건 법률조항 부분은 '무효의 소급효'(상표법 제71조 제3항)에 배치되어 전체 상표법 체계에 혼란을 야기시킬 뿐만 아니라, 나아가 이미 상표등록을 마친 후출원자는 선등록상표가 무효로 확정된 이후에도 후등록상표가 무효로 됨으로써, 정당한 이유없이 재산권인 상표권과 당해 상표를 이용하여 직업을 수행할 자유를 침해받게 된다.
결국 이 사건 법률조항 부분은 소비자의 오인·혼동 방지라는 입법목적에 기여하는 바는 거의 없는 반면, 정당한 후출원상표권자의 재산권과 직업의 자유를 합리적 이유 없이 침해한다.

재판관 이공현의 반대의견

상표권의 등록요건, 등록절차 등에 관하여는 입법자에게 광범위한 형성의 여지가 인정된다. 선등록상표의 무효심결이 확정되면 그 상표등록은 소급적으로 무효가 되나, 무효심결이 확정될 때까지 선등록상표가 존재하고 있었던 것은 객관적인 사실이므로 일반소비자들의 상품출처의 오인·혼동을 막기 위하여 무효의 소급효라는 일반 원칙에도 불구하고 상표등록 무효에 있어서는 예외를 둘 필요성이 인정된다. 또한, 다수의견과 같이 무효심결의 소급효를 무한정 인정하게 되면 후출원상표의 등록 심사시점 내지 등록거절결정에 대한 불복절차에서의 심결(혹은 판결)시점과 선등록상표의 무효심결 확정 시점의 선후에 따라 후출원상표의 운명이 완전히 달라지게 되는 불합리한 상황의 초래 및 상표등록관계가 장기간 불안정해 질 염려가 있다. 따라서 이 사건 법률조항 부분에서 무효심결의 소급효에도 불구하고 무효로 된 선등록상표를 상표등록심사 시 인용상표로 삼을 수 있도록 규정한 것은 합리성이 인정되어 입법자의 입법형성의 한계를 일탈하였다고 할 수 없으므로 청구인의 재산권 및 직업의 자유를 침해하지 아니한다.

【심판대상조문】

상표법(1997. 8. 22. 법률 제5355호로 개정된 것) 제7조 (상표등록을 받을 수 없는 상표) ①~② 생략
③ 제1항 제7호 및 제8호의 규정은 상표등록출원 시에 이에 해당하는 것(타인의 등록상표가 제71조 제3항의 규정에 의하여 무효로 된 경우에도 이에 해당하는 것으로 본다)에 대하여 이를 적용한다. 다만, 상표등록출원 후 상표권자와 상표등록출원인(이하 "출원인"이라 한다) 이 동일하게 된 경우에는 그러하지 아니하다.
④~⑤ 생략

[2] '타인' : 법률상 다른 주체를 의미하므로 동일한 기업 내에 속한다고 하더라도 권리주체가 다른 계열회사는 타인에 해당한다. 또한 인용표장의 권리자가 2인 이상인 경우에 그 구성원의 일부가 일치하지 아니하는 한 타인에 해당한다.

[3] 타인의 등록상표이므로 선등록상표가 본인의 것이라면 본 호가 적용되지 아니한다. 이러한 경우 양 상표가 유사상표이면 등록이 가능하나 동일한 상표로서 그 지정상품이 동일한 경우에는 상표법의 기본취지 및 1상표 1출원의 규정을 위반한 것으로 거절하고 있다.

[4] 타인의 선출원상표가 출원 중이면 상표법 제35조(선출원)의 규정이 적용된다.

[5] **상표의 유사여부 관찰방법 및 판단대상**: 관찰방법은 전체적[291], 객관적[292], 이격적(離隔的)[293] 관찰을 원칙으로 하되 상표구성 중 인상적인 부분(요부)에 대하여 비교하여 관찰하고, 유사판단은 원칙적으로 상표의 칭호, 외관, 관념 중 어느 하나가 유사하여 거래상 상품출처의 오인, 혼동의 우려가 있는 상표는 유사한 것으로 본다. 다만 전체적으로 현격한 차이가 있어 거래상 상품의 출처오인, 혼동을 일으킬 염려가 없는 때에는 그러하지 아니하다.

예 - 외관유사 : 白花 대 百花, HOP 대 HCP
- 관념유사 : 임금, 왕, King
- 지리적 명칭이 결합된 상호상표로서 유사한 것 : 주식회사 大成 대 대성 또는 대성공업사, 서울전선㈜ 대 서울전기㈜, 삼성중공업주식회사 대 삼성공업사
- 칭호유사 : 千年 대 天然, TVC 대 TBC, 光盛 대 광성

[6] **상표의 유사여부 판단을 위한 인적 기준**: 그 상표가 사용될 상품의 주된 수요계층과 기타 상품의 거래실정을 고려하여 평균수요자의 주의력을 기준으로 판단하여야 한다.

[7] **결합상표의 유사여부**: 그 결합의 강약의 정도를 고려하여 판단하여야 한다. 이에 따라 전체관찰, 분리관찰, 요부관찰이 가능할 것이다.

(i) **전체관찰**: 둘 이상의 문자 또는 도형의 조합으로 이루어진 결합상표는 그 구성 부분 전체의 외관, 호칭, 관념을 기준으로 상표의 유사 여부를 판단하는 것이 원칙(전체관찰)이

---

291) "상표는 그 구성 전체가 하나의 상표로 인식되는 것이므로 구성요소 일부만을 따로 떼어 그 부분만을 가지고 다른 상표와 비교하여서는 아니되며, 상표를 전체로서 관찰하여 그 외관·칭호·관념을 비교하여야 함"이 원칙이다(2016년 상표심사기준 제5부 제7장 § 2.2.3). 이러한 원칙은 전체적 관찰 원칙이다.

292) 『객관적 관찰』이라 함은 "상표 자체의 구성을 기초로 하여 객관적으로 판단하여야 함"을 말한다(2016년 상표심사기준 제5부 제7장 § 2.2.3).

293) '이격적 관찰'이란 때와 장소를 달리하여 상표를 접하는 수요자의 불확실한 기억을 토대로 상표의 유사 여부를 판단하는 방법으로, 양 상표를 나란히 놓고 상표의 유사여부를 판단하는 방법인 '대비적 관찰'에 대응하는 개념이다. 따라서 두 개의 상표를 직접 놓고 대비할 때에는 구성요소가 다른 점이 있다고 하더라도, 때와 장소를 달리하여 관찰했을 때 경험칙상 서로 출처의 오인·혼동이 초래되는 경우에는 유사한 상표로 보아야 한다. 이격적 관찰은 호칭·관념을 대비할 경우에도 적용되지만, 특히 상표 외관의 유사 여부를 판단할 경우에 중요하게 적용된다(2016년 상표심사기준 제5부 제7장 § 2.2.3).

다. 즉, 각 구성 부분을 분리하여 관찰하는 것이 자연스럽지 못하거나 문자와 문자의 결합으로 독자적인 의미를 가지는 등의 경우에는 전체로서 관찰하여 그 유사 여부를 판단하여야 하며, 이러한 상표를 전체적으로 관찰하는 경우에도 그 구성요소 중 수식어나 단순한 부기문자 또는 기술적 표장 등 식별력이 없는 부분은 제외하고, 수요자의 주의를 끌기 쉬운 식별력 있는 요부를 대비하여 유사 여부를 판단하여야 할 것이다.[294)]

(ii) **분리관찰** : 반면에 문자와 문자 또는 문자와 도형의 각 구성 부분이 결합된 결합상표는 반드시 그 구성 부분 전체에 의하여 호칭, 관념되는 것이 아니라 각 구성 부분이 분리 관찰되면 거래상 자연스럽지 못하다고 여겨질 정도로 불가분적으로 결합되어 있는 것이 아닌 한 그 구성 부분 중 일부만에 의하여 간략하게 호칭, 관념될 수도 있으며, 또 하나의 상표에서 두개 이상의 호칭이나 관념을 생각할 수 있는 경우에 그 중 하나의 호칭, 관념이 타인의 상표와 동일 또는 유사하다고 인정될 때에는 두 상표는 유사하다고 할 것이다(분리관찰).[295)]

(iii) **요부관찰** : 그리고 상표 중에서 일반 수요자에게 그 상표에 관한 인상을 심어주거나 기억·연상을 하게 함으로써 그 부분만으로 독립하여 상품의 출처표시기능을 수행하는

---

294) 대법원 1999. 7. 23. 선고 98후2382 판결【등록무효(상)】에서는 "등록상표 "ELIZABETH ARDEN VISIBLE DIFFERENCE"와 인용상표 "비져블 VISIBLE"을 전체적으로 관찰할 때 그 외관과 호칭 및 관념이 상이함이 명백하고, 등록상표는 인명 내지 인명과 지명이 결합된 것으로 보이는 앞 부분 'ELIZABETH ARDEN'과 그 뒷부분인 'VISIBLE DIFFERENCE'가 분리관찰하는 것이 부자연스러울 정도로 결합되어 있는 것이 아니므로 뒷부분인 'VISIBLE DIFFERENCE'만에 의하여 호칭, 관념될 수 있다 하더라도 'VISIBLE'은 '눈에 띄는, 쉽게 알아볼 수 있는' 등의 의미를 가지는 형용사로서 명사인 'DIFFERENCE'를 수식하여 'VISIBLE DIFFERENCE'는 전체적으로 '눈에 띄는 차이' 등의 관념을 형성하고 있다고 보이므로 'VISIBLE DIFFERENCE'에서의 중점은 수식을 받는 중심어인 'DIFFERENCE'에 있다고 보여질 뿐만 아니라, 등록상표의 지정상품인 화장비누와 관련하여 'VISIBLE'은 '눈에 띄게 아름답게 보이는' 등의 의미로 인식되어 지정상품의 품질, 효능을 나타낸다고도 볼 수 있어, 'VISIBLE' 부분은 식별력이 약하여 'DIFFERENCE'와 따로 분리되어 'VISIBLE' 부분만에 의하여 호칭, 관념되리라고 예상하기 어렵다 할 것이므로 등록상표를 분리관찰해 보더라도 양 상표는 외관, 호칭, 관념에 있어 역시 상이하다 할 것이며, 나아가 등록상표는 비교적 긴 4개의 영문자로 구성되어 있어 일반 수요자나 거래자가 그 구성 부분 중 3번째에 있는 'VISIBLE'을 직감적으로 인식하고, 그 부분만에 의하여 분리호칭, 관념하리라고 보여지지 아니하므로 양 상표는 오인·혼동의 염려가 없다 할 것이니 양 상표는 유사하다고 할 수 없다."고 판시하였다.

295) 대법원 1999. 7. 9. 선고 98후1846 판결에서는 "출원상표는 날개를 펼친 독수리 도형 부분과 그 하단의 직사각형 내에 표기된 '선일금고제작'이라는 문자 부분으로 구성된 결합상표인바, 위 도형 부분과 문자 부분은 그 결합으로 인하여 새로운 관념을 낳는 것도 아니고 이를 분리하여 관찰하면 자연스럽지 못할 정도로 일체불가분적으로 결합되어 있다고 보기도 어려우므로 일반 수요자에게 도형 부분 및 문자 부분으로 분리 관찰될 수 있으며, 문자 부분 중 '금고제작'은 그 지정상품과 관련하여 흔히 사용되는 일반적인 용어로서 자타상품의 식별력이 없다 할 것이므로, 출원상표의 요부는 도형 부분과 문자 '선일' 부분이 된다고 할 것인데, 출원상표가 '선일'로 분리 관찰될 경우 인용상표인 "선일"과 호칭이 동일하여 양 상표를 동일·유사한 지정상품에 다 같이 사용할 경우 일반 수요자나 거래자로 하여금 상품의 출처에 관하여 오인·혼동을 일으키게 할 염려가 있다고 할 것이므로 양 상표는 유사한 상표라고 보아야 할 것이다."고 판시하였다.

부분, 즉 요부가 있는 경우 적절한 전체관찰의 결론을 유도하기 위해서는 요부를 가지고 상표의 유사 여부를 대비·판단하는 것이 필요하다(요부관찰).[296]

[8] 판단시점: 이 조문에 해당하는지 여부 및 상표등록출원인이 해당 규정의 타인에 해당하는지 여부는 상표등록여부결정 시(즉, 상표등록거절결정 시 내지 상표등록결정 시)를 기준으로 한다(상 제34조 제2항 본문).

[9] 제척기간: 상표법 제34조 제1항 제7호 내지 제8호에 해당하는 것을 사유로 하는 상표등록의 무효심판은 상표등록일부터 5년이 지난 후에는 청구할 수 없다(상 제122조 제1항).

상표법 제34조

② 제1항 및 상표등록출원인(이하 "출원인"이라 한다)이 해당 규정의 타인에 해당하는지는 다음 각 호의 어느 하나에 해당하는 결정(이하 "상표등록여부결정"이라 한다)을 할 때를 기준으로 하여 결정한다. 다만, 제1항제11호·제13호·제14호·제20호 및 제21호의 경우는 상표등록출원을 한 때를 기준으로 하여 결정한다.

1. 제54조에 따른 상표등록거절결정
2. 제68조에 따른 상표등록결정

③ 상표권자 또는 그 상표권자의 상표를 사용하는 자는 제119조제1항제1호부터 제3호까지 및 제5호부터 제9호까지의 규정에 해당한다는 이유로 상표등록의 취소심판이 청구되고 그 청구일 이후에 다음 각 호의 어느 하나에 해당하게 된 경우 그 상표와 동일·유사한 상표[동일·유사한 상품(지리적 표시 단체표장의 경우에는 동일하다고 인정되는 상품을 말한다)을 지정상품으로 하여 다시 등록받으려는 경우로 한정한다]에 대해서는 그 해당하게 된 날부터 3년이 지난 후에 출원해야만 상표등록을 받을 수 있다.

1. 존속기간이 만료되어 상표권이 소멸한 경우
2. 상표권자가 상표권 또는 지정상품의 일부를 포기한 경우
3. 상표등록 취소의 심결(審決)이 확정된 경우

---

296) 대법원 2017. 2. 9. 선고 2015후1690 판결【등록무효(상)】에서는 "지정서비스업이 한의원업 또는 한방병원업 등인 선등록서비스표 "자　생", "자생한의원", "자생한방병원" 등의 서비스표권자 갑이 '한방의료업, 성형외과업' 등을 지정서비스업으로 하는 등록서비스표 "자생초"의 서비스표권자 을을 상대로 등록서비스표가 구 상표법(2016. 2. 29. 법률 제14033호로 전부 개정되기 전의 것) 제7조 제1항 제11호 및 제12호의 등록무효 사유에 해당한다며 등록무효심판을 청구한 사안에서, 선등록서비스표 등과 등록서비스표는 모두 요부가 '자생'이므로, '자생'이 분리관찰이 되는지를 따질 필요 없이 위 서비스표들을 '자생'을 기준으로 대비하면 호칭과 관념이 동일하여 유사한 서비스표에 해당함에도 이와 달리 본 원심 판결에 서비스표의 유사에 관한 법리를 오해하여 심리를 다하지 않은 잘못이 있다."고 판시하였다.

※ **나-1. 상표권 소멸 후 1년이 경과하지 않은 상표와 동일·유사한 상표**(2016년 상표법 개정을 통해 삭제됨. 그럼에도 불구하고 이 조문에 관한 최신 판례가 존재하므로 이 책의 제2판에서도 이 조문에 대한 설명 부분을 남겨둠)

[1] 상표권이 소멸한 날(상표등록을 무효로 한다는 심결이 있은 경우에는 심결확정일을 말한다)부터 1년을 경과하지 아니한 타인의 등록상표(지리적표시 등록단체표장을 제외한다)와 동일 또는 유사한 상표로서 그 지정상품과 동일 또는 유사한 상품에 사용하는 상표는 등록을 받을 수 없다(2016년 개정이전의 구 상표법(이하 '구 상표법'이라 한다.) 제7조 제1항 제8호).

[2] 지리적 표시 단체표장권이 소멸한 날(단체표장등록을 무효로 한다는 심결이 있은 경우에는 심결확정일을 말한다)부터 1년을 경과하지 아니한 타인의 지리적 표시 등록단체표장과 동일 또는 유사한 상표로서 그 지정상품과 동일하거나 동일하다고 인식되어 있는 상품에 사용하는 상표는 등록을 받을 수 없다(구 상표법 제7조 제1항 제8호의2).

[3] 취 지 : 상품출처의 혼동을 방지하기 위하여 권리소멸후 1년 동안은 소멸된 상표와 동일·유사한 상표에 대하여 타인의 상표등록출원을 허용하지 아니한다.

[4] '상표권의 소멸' : 상표권의 존속기간 만료·포기로 인한 등록의 말소, 상표권자 사망 후 3년 내 상속인의 이전등록이 없는 경우 및 등록의 무효 또는 취소의 확정이 있는 경우에 상표권이 소멸한다.

[5] 본 호가 적용되지 않고 상표등록이 가능하기 위해서는 (i) 타인의 상표권이 소멸되었어야 하고, (ii) 상표권이 소멸된 날로부터 1년이 경과하지 아니할 것과 (iii) 상표 및 상품의 동일 또는 유사하지 아니하여야 한다.

[6] 시기적 기준 : 출원시를 기준으로 한다(구 상표법 제7조 제2항). 다만 상표등록출원인(이하 "출원인"이라 한다)이 해당 규정의 타인에 해당하는지 여부에 관하여는 상표등록결정여부시를 기준으로 한다. 따라서 상표등록여부결정시에 상표권자와 출원인이 동일하게 된 경우에는 등록결정여부시를 기준으로 한다(구 상표법 제7조 제2항 단서). 이 경우에는 출처혼동의 우려가 없기 때문이다. 그리고 상표등록출원인이 타인의 선등록 상표에 대하여 불사용을 이유로 취소심판을 청구한 경우에는 출원상표와 타인의 선등록 상표의 동일·유사여부 판단시점을 현행 출원 시에서 상표등록여부 결정 시로 변경함으로써 상표등록출원인의 상표권 취득기간을 단축하였다.

[7] (i) 등록상표가 상표권이 소멸한 날부터 소급하여 1년 이상 사용되지 아니한 경우, (ii) 등록상표가 구상표법 제7조 제1항 제6호·제9호·제9호의2·제10호·제11호·제12호 및 제12호의2, 제8조 또는 제73조제1항제7호의 규정에 위반한 것을 사유로 무효 또는 취소의 심결이 확정된 후 그 정당한 출원인이 상표등록출원한 경우, (ii) 등록상표에 대한 상표권

의 존속기간갱신등록신청이 되지 아니한 채 제43조제2항 단서에 따른 6개월의 기간이 지난 후에 상표등록출원한 경우 또는 (iv) 구상표법 제73조제1항제3호에 따른 취소심판이 청구된 등록상표와 같거나 유사한 표장이 상표등록출원된 경우에는 상표법 제7조 제1항 제8호가 적용되지 아니한다(구 상표법 제7조 제4항).

[8] 구 상표법 제7조 제1항 제8호 및 제8호의2의 삭제 이유: 구 상표법 [법률 제14033호, 2016.2.29., 전부개정(시행 2016.9.1.) 이전의 상표법]은 타인의 등록상표권 소멸 후 1년간 등록할 수 없도록 하여 일반 수요자의 잔상효과로 인한 혼동방지를 목적으로 하고 있으나, (i) 구 상표법 제54조(현행 상표법 제93조에 해당)에 따라 상표권의 이전이 자유로운 점, 구 상표법 제55조 및 제57조(현행 상표법 제95조 및 제97조에 해당)에 따라 사용권 설정에 제한이 없다는 점에서 더 이상 이를 기대하기 어렵다는 사실, (ii) 특허청에 따르면 상표권 소멸 후 1년 이내에 등록출원을 하여 거절되는 비율이 미미한 것으로 나타나고 있으므로 존치의 실익도 크지 않다는 사실[297]에 비추어 보아 구 상표법 제7조 제1항 제8호 및 제8호의2를 삭제하였다.[298] 다만, 현행 상표법 제84조 제2항 단서에 따르면 존속기간 만료로 상표권이 소멸된 자에게 6개월 이내에 다시 갱신등록신청을 할 수 있도록 하고 있으므로, 이 기간에 제3자가 출원한 경우 기등록자의 선택에 따라 불안정한 위치에 놓이게 되는 문제점이 발생할 수 있다.[299] 따라서 현행 상표법의 시행으로 인하여 전술한 문제점이 발생하지 않도록 특허청은 상표권 소멸 후 6개월 이내에 출원된 경우에는 심사를 보류하는 것 등을 포함한 내부적인 지침 등 법제도적 개선책을 마련할 필요가 있다.[300]

대법원 2017. 3. 16. 선고 2014후1327 판결 【등록무효(상) (사) 상고기각】
[상표등록무효에 관한 심결의 취소를 구하는 사건]

◇ 선등록상표에 대하여 취소심결이 확정된 후 무효심결이 확정된 경우, 구 상표법 제7조 제1항

---

297) 〈2010년부터 2012년까지 3년간 상표권 소멸 후 1년 이내 출원에 따른 의견제출통지 통계〉

(단위: 건)

연 도	소멸 후 1년 이내 출원	전체 의견제출 발송 건	백분율(%)
2010	251	21,510	1.1
2011	201	28,321	0.7
2012	196	27,038	0.7
합 계	648	76,869	0.8

출처: 산업통상자원위원회, "상표법 전부개정법률안 심사보고서", 2016. 2., 11면 각주 5.

298) 위의 심사보고서, 11-12면.

299) 위의 심사보고서, 12면.

300) 위의 심사보고서, 12면.

제8호 적용시 '선등록상표권이 소멸한 날'을 언제로 볼 것인지 ◇

구 상표법(2016. 2. 29. 법률 제14033호로 전부 개정되기 전의 것, 이하 같다) 제7조 제1항 제8호는 "상표권이 소멸한 날(상표등록을 무효로 한다는 심결이 있은 경우에는 심결확정일을 말한다)부터 1년을 경과하지 아니한 타인의 등록상표(지리적 표시 등록단체표장을 제외한다)와 동일 또는 유사한 상표로서 그 지정상품과 동일 또는 유사한 상품에 사용하는 상표"는 상표등록을 받을 수 없다고 규정하고 있다. 이 규정은 어떠한 상표권이 소멸하더라도 그로부터 1년 정도는 종전 상표권자 또는 정당한 사용권자(이하 '종전 상표권자 등'이라고 한다)가 자기 상품의 출처표시로 등록상표를 사용함으로써 수요자 사이에 남아 있게 된 그 상표에 관한 기억과 신용으로부터 기인한 상품출처의 혼동을 방지하고자 하는 데에 주된 취지가 있다(대법원 2012. 10. 25. 선고 2012후2470 판결 참조).

이렇듯 상표권 소멸로 종전 상표권자 등의 독점적인 상표 사용권능이 사라진 후 1년의 공백을 두고자 한 입법 취지를 고려하면, 이 규정이 정하는 기간의 기산일은 상표권이 소멸함으로써 종전 상표권자 등이 더 이상 종전 상표를 독점적으로 사용할 수 없게 되는 날로 봄이 타당하다.

따라서 어떠한 상표권에 관하여 등록취소심결이 확정되고 그 후 추가로 등록무효심결도 확정된 경우 이미 등록취소심결 확정일부터 종전 상표권자 등이 더 이상 종전 상표를 독점적으로 사용할 수 없게 되는 이상, 구 상표법 제7조 제1항 제8호가 정하는 기간의 기산일인 '상표권이 소멸한 날'은 등록취소심결의 확정일로 보아야 한다.

☞ 선등록상표 2, 3은 모두 2009. 1. 29. 등록취소심결이 확정되고, 2009. 8. 1. 등록무효심결이 확정되었는데, 등록취소심결 확정일과 등록무효심결 확정일 사이인 2009. 6. 1. 출원된 이 사건 등록상표는 구 상표법 제7조 제1항 제8호에 해당(상표권이 소멸한 날로부터 1년이 경과하지 아니한 타인의 등록상표에 해당)한다고 보아 상표등록이 무효라고 판단한 사안임.

대법원 2012. 10. 25. 선고 2012후2470 판결 【등록무효(상) (마) 상고기각】

◇ 상표법 제7조 제4항 제1호의 '사용'의 의미 ◇

상표법 제7조 제1항 제8호는 "상표권이 소멸한 날(상표등록을 무효로 한다는 심결이 있은 경우에는 심결확정일을 말한다)부터 1년을 경과하지 아니한 타인의 등록상표(지리적 표시 등록단체표장을 제외한다)와 동일 또는 유사한 상표로서 그 지정상품과 동일 또는 유사한 상품에 사용하는 상표"는 상표등록을 받을 수 없다고 규정하고 있고, 같은 조 제4항 제1호는 "등록상표가 상표권이 소멸한 날부터 소급하여 1년 이상 사용되지 아니한 경우"에는 위 제1항 제8호를 적용하지 아니한다고 규정하고 있는데, 위 제1항 제8호의 규정은 그 사용 당시 종전 상표권자 내지 정당한 사용권자(이하 '종전 상표권자 등'이라고 한다)가 자기 상품의 출처표시로 등록상표를 사용함으로써 수요자 사이에 남아 있게 된 그 상표에 관한 기억과 신용으로부터 기인한 상품출처의 혼동을 방지함과 아울러 그 종전 상표권자에게 권리회복을 할 수 있는 기회를 주려는 데에 그 취지가 있다. 그런데 어떠한 상표권이 소멸한 날부터 소급하여 1년 이내에 그 상표에 대하여 아무런 사용권한 없는 자가 이를 무단으로 사용한 경우에는, 그 상표와 동일 또는 유사한 후출원 상표의 등록을 허용하더라도 상표법 제7조 제1항 제8호가 방지하고자 하는 위와 같은 상품출처에 관한 혼동이 발생할 여지가 없고, 종전 상표권자에게 권리회복의 기회를 부여할 필요도 없는 것이므로, 위 제7조 제1항 제8호의 예외를 정하고 있는 같은 조 제4항 제1호의 등록상표의 '사용'이라고 함은 그 사용 당시 종전 상표권자 등이 자기 상품의 출처표시로 등록상표를 사용한 경우를 말하고, 아무런 상표사용권한 없는 자가 등록상표를 무단으로 사용한 경우는 포함하지 않는다고 할 것이다.

상표법 제7조 제4항 제1호의 등록상표의 '사용'이라고 함은 그 사용 당시 정당한 사용권한을 가진 종전 상표권자 또는 정당한 사용권자가 등록상표를 사용한 경우만을 말하고, 아무런 상표사용권한 없는 자가 등록상표를 무단으로 사용한 경우는 포함하지 않는다고 보아, 이와 다른 판단을 한 원심에 잘못이 있지만, 판결 결과에 영향은 없어 상고를 기각한 사안임.

다. 주지상표(내지 주지 지리적 표시)와 동일 또는 유사한 상표(상 제34조 제1항 제9호 및 제10호)

(1) 의의 및 취지

[1] 타인의 상품을 표시하는 것이라고 수요자들에게 널리 인식되어 있는 상표(지리적 표시는 제외한다)와 동일·유사한 상표로서 그 타인의 상품과 동일·유사한 상품에 사용하는 상표는 등록을 받을 수 없다(상 제34조 제1항 제9호).

[2] 특정 지역의 상품을 표시하는 것이라고 수요자들에게 널리 인식되어 있는 타인의 지리적 표시와 동일·유사한 상표로서 그 지리적 표시를 사용하는 상품과 동일하다고 인정되어 있는 상품에 사용하는 상표는 등록받을 수 없다(상 제34조 제1항 제10호).

[3] 취 지: 상품출처혼동 방지 + 주로 미등록 주지상표(내지 미등록 주지 지리적 표시) 보호

- 상표법 제34조 제1항 제9호 내지 제10호는 상표(내지 지리적 표시)의 등록 및 미등록을 명확히 규정하고 있지 않으나, 상표법 제34조 제1항 제7호 및 제8호가 선출원에 의한 타인의 등록상표(내지 지리적 표시)가 주지의 상표(내지 지리적 표시)인 경우에 적용될 수 있는 바, 본 호는 주로 미등록의 주지상표(내지 미등록의 주지 지리적 표시)를 염두에 둔 규정이다. 따라서 상표법 제34조 제1항 제9호 내지 제10호는 선출원주의의 예외이자 사용주의 요소를 가진 조문이라고 볼 수 있다.[301] 하지만 선등록된 주지상표에도 본 호의 적용을 배제하지는 아니한다.

---

301) 2016년 상표심사기준 제5부 제9장.

[4] 실 무: 본 호는 미등록 선사용 상표의 보호를 위한 기본 규정이었지만 대법원이 구 상표법 제7조 제1항 제11호 후단(현행 상표법 제34조 제1항 제12호 후단)의 '수요자 기만상표'의 의미를 확대해석하여 적용하면서 그 의미가 퇴색되었고, 1998년 개정 상표법에서 상표법 제7조 제1항 제12호(현행 상표법 제34조 제1항 제13호)의 규정이 신설되면서 거의 적용되는 사례를 찾아보기 힘들게 되었다.[302)]

(2) 타인의 주지상표와 동일 또는 유사한 상표로서 그 타인의 상품과 동일·유사한 상품에 사용하는 상표(상 제34조 제1항 제9호)

[1] 본호의 적용요건:

(i) 타인의 상품을 표시하는 상표일 것이어야 한다.

(ii) 그 타인의 상표가 '수요자들에게 널리 인식'되어 있을 것이어야 한다(주지상표).

(iii) 타인의 상품을 표시하는 것이라고 수요자들에게 널리 인식되어 있는 상표와 상표 및 지정상품이 동일 또는 유사한 경우에만 적용한다. 상표와 상품의 동일 또는 유사 여부의 판단기준은 상표법 제34조 제1항 제7호와 동일하다.

[2] 타인의 상품을 표시하는 상표일 것의 요건[(i)의 요건]

i) 주지상표의 주체는 구체적으로 누구인지 명확히 밝혀질 필요는 없으며 대체로 누군가 타인의 상표라는 사실이 해당 상품의 수요자에게 널리 인식되어 있는 상표의 주체이면 충분하다.

판례에 따르면, "주지상표라 함은 반드시 수요자 또는 거래자가 그 상표 사용인이 누구인가를 구체적으로 인식할 필요는 없다고 하더라도 적어도 그 상표가 특정인의 상품에 사용되는 것임을 수요자 또는 거래자간에 널리 인식되어 있음을 필요로 하고, [중략]…"라고 판시한 바 있다.[303)] 상표법 제34조 제1항 제9호는 명시적으로 '수요자들에게 널리 인식될 것'을 요건으로 하므로, "수요자 또는 거래자 간에 널리 인식되어 있음을 필요로 한다."란 판결의 문구는 타당하다. 본 호의 법문에 따를 때, 상표의 주지의 대상을 수요자로만 한정할 수도 있겠으나, 본 호와 대동소이한 조문을 가지고 있는 일본 상표법 제4조 제1항 제10호의 연혁을 참고하면 우리 판례의 입장은 충분히 이해된다.

일본 상표법 제4조 제1항 제10호에서는 "타인의 업무에 관한 상품·서비스를 표시하는 것으로서 수요자 사이에 널리 인식되어 있는 상표와 동일 또는 유사한 상표이고 동일 또는 유사한 상품·서비스에 대하여 사용하는 것"을 상표부등록사유로 열거하고 있는데, 이 조문은 일본의 1921년 (대정 10년) 상표법 제2조 제1항 제8호와 같은 취지의 규정이다.

---

302) 최성우, 앞의 강의자료, 102면.

303) 대법원 1991. 11. 22. 선고 91후301 판결.

일본의 1921년(대정 10년) 상표법은 주지의 의의를 명확하게 하기 위하여 일본의 1909년 구 상표법(명치 42년법) 제2조 제1항 제5호의 '세인(世人)에게 주지된'이란 문구를 '거래자 또는 수요자 사이에 널리 인식되어 있는'이라는 문구로 개정하였지만, 추상적이고 그 범위가 반드시 명확한 것이 아니하여서 종래의 심결 내지 판례를 바탕으로 심사기준에 명백히 반영하였다.[304)]

상품의 성질 및 그에 수반하는 거래의 실정에 의하여 주지의 대상(수요자) 또는 범위(지역)가 상이하다. 일반적으로 말하면 원재료 및 반가공품, 부품 등은 전문가인 거래자(해당 제품의 소비자) 사이에 널리 인식되어 있으면 충분하고 의식주관련 완성상품은 최종소비자가 대상이고 그 최종소비자 사이에서 널리 인식되어 있을 것을 필요로 할 것이다.[305)]

ii) 본 호는 주지상표의 사용자와 출원인이 다른 경우에 적용하며, 출원인이 주지상표의 사용자의 승낙을 받아 출원한 경우에도 적용한다.

iii) 상표를 사용하는 자가 그 사용을 개시하기 전에 타인이 먼저 사용하는 상표라는 것을 알고서도 계속 사용하여 널리 인식된 상표로 만들어 놓은 경우에는 이는 주지상표로 보지 아니한다.[306)] 왜냐 하면, 주지상표의 사용자 이익을 보호하는 것이 본 호의 입법취지인데 해당 사용자가 타인의 선사용상표를 활용하여 주지상표로 만드는 경우에까지 보호하는 것은 본 호의 입법취지를 벗어난 것이기 때문이다.

iv) 시기적 판단 : 본 호의 타인에 해당하는지 여부는 등록여부 결정시를 기준으로 한다(상 제34조 제2항 본문).

[3] 주지성의 판단 [(ii)의 요건]

i) 주지성 판단기준 : 해당 상품의 수요자 또는 거래자의 인식정도를 기준으로 한다.

ii) 지역적 범위 : 주지상표는 원칙적으로 국내에 널리 알려져야 한다. 다만 국내에 시판되고 있지 않더라도 수출 주종상표 또는 외국의 유명상표 등과 같이 국내 수요자들에게 널리 알려져 있다면 주지상표로 본다. 그리고 국내 관련 거래업계에 주지되어 있는 국내 미시판 외국의 유명상표는 주지상표로 보는 경우도 존재할 수 있다.[307)]

그리고 널리 인식되기 위한 지역적 범위는 전국적이든 일정한 지역이든 불문하며,[308)] 상품의 특성상 일정한 지역에 한해 거래되는 경우에는 그 특성을 충분히 고려해 주지성을 판단하면 된다.[309)]

---

304) 工藤莞司, 「商標法の解說と裁判例(改訂版)」, マスタ-リンク, 2015年, 147頁.
305) 上揭書, 147頁.
306) 2016년 상표심사기준 제5부 제9장 § 1.1.3.
307) 2016년 상표심사기준 제5부 제9장 § 1.2.3.
308) 工藤莞司, 前揭書, 147頁.
309) 2016년 상표심사기준 제5부 제9장 § 1.2.4.

iii) 판단방법 : 해당 상표의 사용기간, 사용방법 또는 형태, 사용량, 거래범위 등 제반 사정을 고려하여 수요자에게 일반적으로 인식되고 있다고 객관적으로 인정되는지 여부를 기준으로 한다.[310] 판례에 따르면, "주지상표로서 타인의 상표등록을 배제하려면 그 상표가 특정인의 상표에 사용되는 것임이 수요자 또는 거래자 간에 널리 인식되어 있을 것이 필요하고, 구체적으로 그 상표가 주지상표인가의 여부는 그 사용, 공급, 영업활동의 기간, 방법, 태양, 사용량, 거래범위 등과 거래실정이나 사회통념상 객관적으로 널리 알려졌느냐의 여부가 우선의 기준이 된다고 할 것이다."라고 판시한 바 있다.[311] 즉, 판례는 주지의 대상을 거래자 또는 수요자로 보고 있다.

- 사용기간 : 소비자에게 상표를 인식시킬 수 있는 기간이 길면 주지성이 높은 것으로 인정할 수 있다. 단, 광고선전을 통하여 단기간에 주지성을 획득할 수 있기 때문에 일률적으로 판단할 수는 없다.[312]

- 사용방법 : 해당상표를 반드시 상품에 직접 사용하지 않더라도 신문, 인터넷, 방송, 박람회 등을 통해 광고한 결과 수요자들에게 타인의 상품을 표시하는 것으로 널리 인식되어 있으면 주지성을 획득하게 된다.[313]

- 사용지역 : 사용지역이 넓을수록 해당상표를 인식하는 사람이 증가할 것이므로 주지성이 높은 것으로 볼 수 있다. 단, 전국적으로 알려진 경우가 아니라도 일정 지역에서 주로 거래되거나 일정지역을 기반으로 영업활동을 영위함으로써 해당지역에서 널리 인식되게 된 경우도 주지성이 있는 것으로 볼 수 있다.[314]

- 그 밖에 매출액, 시장점유율, 광고선전 실적, 사용허락의 건수, 해당 상표가 유명하다고 인정한 선례(특허심판원의 심결, 법원의 판례, 공신력 있는 기관이 발표하는 브랜드 가치 순위, 특허청에서 발행하는 '주로 도용되는 상표자료집' 등) 등도 주지상표 여부 판단에 도움이 될 것이다.[315]

iv) '수요자' : 최종소비자는 물론이고 중간 수요자(제품의 생산을 위한 원료 또는 기계, 부품 등 중간재의 소비자 또는 그 상품의 판매를 위한 도매상 또는 소매상)를 의미한다. 즉, 수요자로는

---

310) 대법원 1991. 2. 26. 선고 90후1413 판결【상표등록무효】에서는 "주지상표인지의 여부를 판단함에 있어서는 그 상표의 사용, 공급, 영업활동의 기간, 방법, 태양 및 거래의 범위 등을 고려하여 거래실정 또는 사회통념상 널리 알려졌느냐의 여부를 일응의 기준으로 삼아야 할 것이고, 저명기업이 수개의 상표를 사용하는 경우에 모두 주지 저명상표가 되는 것은 아니므로 문제가 된 상표의 주지 여부는 당해 상표를 구체적으로 사용하여 널리 인식되었는가의 여부에 의해 판단해야 한다."라고 판시하였다.

311) 대법원 2011. 7. 14. 선고 2010후2322 판결【등록무효(상)】참조.

312) 2016년 상표심사기준 제5부 제9장 § 2.2.2.

313) 2016년 상표심사기준 제5부 제9장 § 2.2.1.

314) 2016년 상표심사기준 제5부 제9장 § 2.2.3.

315) 2016년 상표심사기준 제5부 제9장 §§ 2.2.4-2.2.7.

해당 상품·서비스의 수요자인 그 거래자, 소비자도 포함하며, 그리고 반드시 최종소비자에게 주지될 필요는 없고 경우에 따라서는 거래자 사이에서만 주지인 상표를 포함한다.[316)]

v) '수요자들에게 널리 인식되어 있는 상표' : 수요자간에 누구의 상품을 표시하는 상표라고 널리 인식되고 있는 상표를 의미한다. 이 경우 주지의 대상에 거래자도 포섭되는지 여부가 문제된다. 본 호는 명시적으로 그 대상을 수요자로 하고 있으나, 우리 판례는 주지의 대상을 거래자 또는 수요자로 보고 있다. 우리 판례의 태도는 타당하다고 할 것이다.

왜냐 하면 상품의 성질 및 그에 수반하는 거래의 실정에 의하여 주지의 대상(수요자) 또는 범위(지역)가 상이하기 때문이다. 일반적으로 말하면 원재료 및 반가공품, 부품 등은 전문가인 거래자(해당 제품의 소비자) 사이에 널리 인식되어 있으면 충분하고 의식주관련 완성상품은 최종소비자가 대상이고 그 최종소비자 사이에서 널리 인식되어 있을 것을 필요로 할 것이다.[317)] 또한 주로 전국적으로 생산되어 광범위하게 유통되는 상품(기계, 전기제품, 의류품 등)은 다수의 지역에서 널리 인식되어 있을 것을 필요로 하지만 특정지역에서만 생산되어 그 주변에서 유통되는 상품(식품 등의 특산품 등)은 그에 의하여 좁은 지역에서 널리 인식되어 있으면 충분할 것이다. 예컨대 반도체칩과 같은 상품에 대해서는 그 취급자(제조업자) 사이에서 수지침 내지 장기와 같은 상품이라면 그 수요자 사이(애호자)에서 널리 인식되어 있으면 된다.[318)] 일본 판례도 "전국민적으로 인식되어 있을 필요는 없고 그 상품의 성질상 수요자가 일정분야의 관계자에 한정되어 있는 경우에는 그 수요자 사이에 널리 인식되어 있으면 충분하다."고 판시하여 우리 판례도 대동소이한 입장을 취하고 있다.[319)]

vi) **주지상표** : 특정인의 상품에 관한 상표를 해당 상품에 사용한 결과 수요자간에 널리 인식되어 있는 상표를 의미한다. 판례에 따르면, "주지상표라 함은 반드시 수요자 또는 거래자가 그 상표 사용인이 누구인가를 구체적으로 인식할 필요는 없다고 하더라도 적어도 그 상표가 특정인의 상품에 사용되는 것임을 수요자 또는 거래자간에 널리 인식되어 있음을 필요로 하고, 주지상표인가의 여부는 그 사용, 공급 또는 영업활동의 기간, 방법, 태양 및 거래범위 등과 그 거래실정이나 사회통념상 객관적으로 널리 알려졌느냐의 여부가 일응의 기준이 된다."라고 판시한 바 있다.[320)]

---

316) 工藤莞司, 前掲書, 147頁.

317) 上掲書, 147頁.

318) 上掲書, 147-148頁.

319) 東京高裁 1992年(平成 4年) 2月 26日 宣告 3年(行ケ)第29号 知的裁集24巻1号 182頁)(컴퓨터월드 사건).

320) 대법원 1991. 11. 22. 선고 91후301 판결.

그리고 주지의 객체는 상표다. 캐릭터나 영화제목이 주지된 경우에 그 캐릭터나 영화제목이 상품표지로 사용되어 상표로서 주지성을 취득하지 아니하는 한, 본 호에 말하는 주지의 객체가 될 수 없다.

vii) 시기적 기준: 등록여부 결정시를 기준으로 판단한다.

viii) 증명방법: 수요자나 거래자의 인식도가 가장 확실한 증거가 될 수 있다. 이와 관련하여 객관적인 설문조사나 연구결과가 있으면 이를 주지성 입증에 적극 활용할 수 있을 것이다.[321)]

[4] 제척기간: 본 호에 해당하는 것을 사유로 하는 상표등록의 무효심판은 상표등록일부터 5년이 지난 후에는 청구할 수 없다(상 제122조 제1항).

(3) 타인의 주지 지리적 표시와 동일 또는 유사한 상표로서 그 타인의 지리적 표시와 동일·유사한 상품에 사용하는 상표(상 제34조 제1항 제10호)

[1] 적용요건:

(i) 특정 지역의 상품을 표시하는 지리적 표시이어야 한다. 지리적 표시는 특정인의 상품을 표시하는 것으로 주지될 수 없다.[322)] 따라서 본 호는 '특정지역'의 상품으로 주지된 지리적 표시에 적용된다.

(ii) 그 지리적 표시를 사용하는 상품과 동일하다고 인정되어 있는 상품에 사용하는 상표이어야 한다. 따라서 본 호는 유사한 상품 간에는 적용되지 아니한다.

[2] 시기적 기준: 등록여부 결정시를 기준으로 판단한다(상 제34조 제2항 본문).

[3] 제척기간: 본 호에 해당하는 것을 사유로 하는 상표등록의 무효심판은 상표등록일부터 5년이 지난 후에는 청구할 수 없다(상 제122조 제1항).

라. 저명상품 또는 저명영업과 혼동을 일으키게 하거나 그 식별력 또는 명성을 손상시킬 염려가 있는 상표(상 제34조 제1항 제11호)

(1) 수요자 간에 현저하게 인식되어 있는 타인의 상품이나 영업과 혼동을 일으키게 할 염려가 있는 상표(상 제34조 제1항 제11호 전단)

[1] 수요자간에 현저하게 인식되어 있는 타인의 상품이나 영업과 혼동을 일으키게 할 염려가 있는 상표는 등록받을 수 없다(상 제34조 제1항 제11호 전단).

[2] 취 지: 경업자 및 공중의 이익의 보호를 도모하기 위하여 상표의 출처표시기능을

---

321) 2016년 상표심사기준 제5부 제9장 §§ 2.2.8.

322) 2016년 상표심사기준은 "특정 지리적 표시가 사용에 의한 식별력을 획득하여 특정인의 상품을 표시하는 것으로 주지된 경우에는 법 제34조 제1항 제9호를 적용한다."라고 기술하고 있으나, 이는 지리적 표시의 개념과 부합하지 아니한다.

어지럽히는 상표의 등록을 금하기 위한 규정이다.

[3] 본 호의 적용요건 :

(i) 수요자에게 현저하게 인식되어 있을 것(해당상표에 관한 거래자 및 수요자들뿐만 아니라 이종상품이나 이종영업에 걸쳐 일반 수요자의 대부분에까지 알려질 것을 요한다(=저명성)).

(ii) 저명상표와 혼동을 일으키게 할 염려가 있어야 한다.

[4] '혼 동' : 인식과 사실의 불일치를 의미한다.

(i) 직접혼동 : 상품표지와 상품표지간의 혼동을 의미한다. 직접혼동은 상표 그 자체가 동일한 것으로 오인되는 경우로서 상표의 외관, 칭호, 관념이 형식적으로 근사하면 혼동이 발생할 가능성이 있다.

〈이종 상품 또는 이종 영업과 혼동을 일으키게 할 염려가 있다고 판단한 사례〉

사건번호	등록표장	인용표장	판단내용
대법원 2005. 3. 11. 선고 2004후1151 판결	월마트안경(지정서비스업 : 안경수선업)	Wal-Mart(지정서비스업 : 대형할인점업)	인용표장은 지속적인선전, 광고, 사용을 통하여 영업상 신용이나 고객흡인력 등 무형적 가치가 축적된 저명한 서비스표이고, 서비스업은 유사하지 않더라도 일정한 경제적 견련관계가 있다 할 것이므로 구 상표법 제7조 제1항 제10호(현행 상표법 제34조 제1항 제11호)에 해당함.

(ii) 간접혼동 : 상품출처와 상품출처간 혼동을 의미한다. 간접혼동은 상표 자체에 대한 혼동은 없지만 양 상표의 구성의 공통성, 모티브의 동일성, 상품의 저명성 등이 계기가 되어 출처에 관한 혼동이 생기는 경우를 뜻한다.

사건번호	등록표장	인용표장	판단내용
대법원 1995. 10. 12. 선고 95후576 판결	Mickey & Minnie (지정상품 : 아동복, 유아복 등)	Mickey Mouse, Minnie Mouse (지정상품 : 완구, 서적 등)	(1) 인용상표들은 과거 수십년 전부터 텔레비전을 통하여 방영된 만화영화 "Mickey Mouse"로서 또한 그 만화의 주인공들인 암수 생쥐 "Mickey Mouse"와 "Minnie Mouse"로서 세계에 널리 알려져 있고, 우리나라를 비롯한 세계 여러

			나라에서 만화에 부착되어 오랫동안 텔레비전 방송 등의 방법으로 사용되고 선전되어 옴으로써, 우리나라의 수요자 간에 널리 인식되어 있는 저명상표라고 보아야 할 것이다. (2) 출원상표 "Mickey & Minnie"에서 인용상표 "Mickey Mouse", "Minnie Mouse"가 용이하게 연상되고, 밀접한 관련성이 있는 것으로 인식되어 상품의 출처에 오인·혼동을 불러일으킬 염려가 있다.

[5] '타인의 상품이나 영업과 혼동을 일으키게 할 염려가 있는 상표': 수요자간에 상품의 출처나 영업의 혼동을 가져올 염려가 있는 경우를 의미한다. 혼동의 범위는 동일 또는 유사한 상품 뿐만 아니라 상표의 저명도와 다른 계통의 상품 또는 영업과 관련성이 있는 것으로 오해를 유발할 우려가 있는 경우를 포함한다.

[6] 타인의 저명상표와 결합한 상표에 대해서는 비록 저명상표가 상표구성의 일부로서 포함되어 그것이 중요한 부분이 아니거나 부기적 부분이더라도 구성부분인 저명상표로 인하여 타인의 상품이나 영업과 혼동을 초래할 염려가 있는 경우에는 이에 해당한다.

[7] '**저명상표**': 동종 상품이나 동종 영업 뿐만 아니라 기타 이종 상품 및 이종 영업에 이르기까지 특정인의 상표나 영업으로 출처의 혼동을 일으킬 우려가 있는 일반수요자에게 널리 인식되어 있는 상표를 의미한다. 2016년 상표심사기준에 따르면, "본 호는 국내에서 저명한 경우에 적용하며, 외국의 저명상표가 국내에서 널리 사용된 적이 없더라도 외국에서의 저명성이 국내에 알려져 일반수요자들에게 저명상표로 인식되었다면 본 호를 적용할 수 있다. 국내에서의 저명성은 전국적이든 일정한 지역이든 불문하며, 관련 상품이나 영업, 거래실정 등을 충분히 고려하여 판단하도록 한다."[323]

[8] **판단방법**: 저명상표 등에 해당하는지 여부는 그 상품이나 영업에 사용되는 상표 또는 상호 등의 사용기간, 사용량, 사용방법, 상품의 거래량 또는 영업의 범위 및 상표나 상호에 관한 광고 선전의 실태 등 제반 사정을 고려하여 거래실정과 사회통념상 그 상품의 출처 또는 영업주체에 관한 인식이 객관적으로 널리 퍼져 있다고 볼 수 있는지의 여부에 따라 판단하여야 한다.[324]

[9] **시기적 기준**: 출원시를 기준으로 한다(상 제34조 제2항 단서).

323) 2016년 상표심사기준 제5부 제11장 § 1.2.4.
324) 대법원 2007. 2. 8. 선고 2006후3526 판결【등록무효(상)】; 대법원 1999. 2. 26. 선고 97후3975 판결【상표등록무효】.

[10] 제척기간: 제척기간이 없다(상 제122조 제1항).

구 분	주지상표	저명상표
입법취지	사용사실상태의 보호	출처혼동방지 또는 희석화 방지
인식도	해당 상표가 사용된 상품에 관한 거래자 또는 관련 수요자층	이종상품·이종영업에까지 걸친 일반수요자층
범 위	상품의 동일·유사범위 내	이종상품·이종영업까지 확대
제척기간	5년	없음

대법원 2015. 1. 29. 선고 2012후3657 판결 【등록무효(상)】 [공2015상,351]

【판시사항】

[1] 구 상표법 제7조 제1항 제10호의 규정 목적과 선사용표장 권리자의 범위 / 경제적·조직적으로 밀접한 관계가 있는 계열사들로 이루어진 기업그룹이 분리된 경우 선사용표장의 권리자

[2] 구 상표법 제7조 제1항 제10호에 의하여 상표등록을 받을 수 없는지를 판단하는 기준시(=상표 등록출원 시)와 위 규정의 타인에 해당하는지를 판단하는 기준시(=상표 등록결정 시) 및 상품의 출처 등에 관한 일반 수요자의 오인·혼동이 있는지를 판단하는 기준

[3] 갑 주식회사 등이 '컴퓨터주변기기' 등을 지정상품으로 하고 "현 대"와 같이 구성된 등록상표의 등록권자 을 주식회사를 상대로 추가등록 지정상품이 선사용표장 '현대' 등과 관계에서 구 상표법 제7조 제1항 제10호 등에 해당한다는 이유로 등록무효심판을 청구하였으나 특허심판원이 기각한 사안에서, 을 회사는 일반 수요자들 사이에 선사용표장에 화체된 신용의 주체로 인식된다거나 선사용표장을 승계하였다고 볼 수 없어 선사용표장의 권리자가 될 수 없고, 위 지정상품 추가등록은 출처에 혼동을 일으키게 할 염려가 있으므로 등록무효가 되어야 한다고 한 사례

【판결요지】

[1] 구 상표법(2014. 6. 11. 법률 제12751호로 개정되기 전의 것) 제7조 제1항 제10호에서 수요자 간에 현저하게 인식되어 있는 타인의 상품이나 영업과 혼동을 일으키게 할 염려가 있는 상표의 상표등록을 받을 수 없게 하는 것은 일반 수요자에게 저명한 상품이나 영업과 출처에 오인·혼동이 일어나는 것을 방지하려는 데 목적이 있으므로, 위 규정에 따라 상표등록을 받을 수 없는 상표와 대비되는 저명한 상표 또는 서비스표(이하 '선사용표장'이라고 한다)의 권리자는 상표등록 출원인 이외의 타인이어야 한다. 여기서 선사용표장의 권리자는 개인이나 개별 기업뿐만 아니라 그들의 집합체인 사회적 실체도 될 수 있다. 그리고 경제적·조직적으로 밀접한 관계가 있는 계열사들로 이루어진 기업그룹이 분리된 경우에는, 기업그룹의 선사용표장을 채택하여 등록·사

용하는데 중심적인 역할을 담당함으로써 일반 수요자들 사이에 선사용표장에 화체된 신용의 주체로 인식됨과 아울러 선사용표장을 승계하였다고 인정되는 계열사들을 선사용표장의 권리자로 보아야 한다.

[2] 구 상표법(2014. 6. 11. 법률 제12751호로 개정되기 전의 것) 제7조 제1항 제10호에 의하여 상표등록을 받을 수 없는지 여부를 판단하는 기준시는 상표의 등록출원 시이고, 위 규정의 타인에 해당하는지 여부는 등록 결정 시를 기준으로 판단하여야 한다. 나아가 상품의 출처 등에 관한 일반 수요자의 오인·혼동이 있는지 여부는 타인의 상표등록을 받을 수 없는 상표와 대비되는 저명한 상표 또는 서비스표(이하 '선사용표장'이라고 한다)의 저명 정도, 등록상표와 타인의 선사용표장의 각 구성, 상품 혹은 영업의 유사성 또는 밀접성 정도, 선사용표장 권리자의 사업다각화 정도, 이들 수요자층의 중복 정도 등을 비교·종합하여 판단하여야 한다.

[3] 갑 주식회사 등이 '컴퓨터주변기기' 등을 지정상품으로 하고 "현 대"와 같이 구성된 등록상표의 등록권자 을 주식회사를 상대로 등록상표의 지정상품 중 제1, 2차 추가등록 지정상품(가이거계산기, 감열식 프린터 등)이 선사용표장 '현대' 등과 관계에서 구 상표법(2014. 6. 11. 법률 제12751호로 개정되기 전의 것, 이하 '구 상표법'이라 한다) 제7조 제1항 제10호 등에 해당한다는 이유로 등록무효심판을 청구하였으나 특허심판원이 기각한 사안에서, 지정상품 추가등록 출원 당시 갑 회사 등이 자신들의 계열사와 함께 형성한 개별그룹들은 상표등록을 받을 수 없는 상표와 대비되는 저명한 상표 또는 서비스표(이하 '선사용표장'이라고 한다)의 채택과 등록 및 사용에 중심적인 역할을 담당함으로써 일반 수요자들 사이에 선사용표장에 화체된 신용의 주체로 인식됨과 아울러 선사용표장을 승계하였다고 인정되므로 선사용표장의 권리자라고 할 것이나, 을 회사는 일반 수요자들 사이에 선사용표장에 화체된 신용의 주체로 인식된다거나 선사용표장을 승계하였다고 인정된다고 볼 수 없어 선사용표장의 권리자가 될 수 없고, 위 지정상품 추가등록은 일반 수요자로 하여금 추가 지정상품의 출처에 혼동을 일으키게 할 염려가 있으므로, 등록이 무효로 되어야 한다고 본 원심판단이 정당하다고 한 사례.

【참조조문】

[1] 구 상표법(2014. 6. 11. 법률 제12751호로 개정되기 전의 것) 제7조 제1항 제10호 [2] 구 상표법(2014. 6. 11. 법률 제12751호로 개정되기 전의 것) 제7조 제1항 제10호, 제2항 [3] 구 상표법(2014. 6. 11. 법률 제12751호로 개정되기 전의 것) 제7조 제1항 제10호, 제2항

【참조판례】

[1] 대법원 1995. 10. 12. 선고 95후576 판결(공1995하, 3786)
[2] 대법원 2010. 5. 27. 선고 2008후2510 판결(공2010하, 1293)

【원고, 피상고인】 현대중공업 주식회사 외 1인 (소송대리인 법무법인 세종 담당변호사 문용호 외 1인)

【피고, 상고인】 현대아이비티 주식회사 (소송대리인 변리사 김중효 외 1인)

【원심 판결】 특허법원 2012. 10. 25. 선고 2011허10597 판결

대법원 2007. 12. 27. 선고 2006후664 판결 【거절결정(상)】 [미간행]

【판시사항】

[1] 상표법 제7조 제1항 제10호에 정한 저명상표에 저촉되는 상표의 판단 기준

[2] 출원서비스표 “ ”는 그 지정서비스업의 수요자로 하여금 화장품 등에 사용되는 저명상표 “CHANEL”을 쉽게 연상하게 하여 상표부등록 사유에 해당한다고 한 사례

【참조조문】

[1] 상표법 제7조 제1항 제10호 [2] 상표법 제7조 제1항 제10호

【참조판례】

[1] 대법원 2002. 5. 28. 선고 2001후2870 판결(공2002하, 1587)
대법원 2004. 4. 27. 선고 2002후1850 판결

【전 문】

【원고, 상고인】 박OO (소송대리인 변리사 김중효)

【피고, 피상고인】 특허청장

【원심 판결】 특허법원 2006. 2. 9. 선고 2005허8937 판결

【주 문】

상고를 기각한다. 상고비용은 원고가 부담한다.

【이 유】

상고이유를 본다.

상표법 제7조 제1항 제10호에서 규정하는 부등록사유란, 타인의 선사용상표의 저명 정도, 출원상표와 타인의 선사용상표의 각 구성, 사용상품 혹은 영업의 유사 내지 밀접성 정도, 선사용상표권자의 사업다각화의 정도, 양 상표의 수요자 층의 중복 정도 등을 비교·종합한 결과, 출원상표의 수요자가 그 상표로부터 타인의 저명상표나 상품 등을 쉽게 연상하여 혼동을 일으키게 되는 경우를 의미한다고 할 것이다(대법원 2002. 5. 28. 선고 2001후2870 판결, 대법원 2004. 4. 27. 선고 2002후1850 판결 등 참조).

위 법리와 기록에 비추어 살펴보면, 지정서비스업을 성형외과업, 미용성형외과업, 피부과업, 의료업으로 하고, “ ”로 구성된 원고의 이 사건 출원서비스표(출원번호 : 제2002-12852호)는 그 중심적 식별력을 가지는 ‘샤넬, Channel’ 부분의 호칭이 화장

품 등에 사용되는 원심 판시의 저명상표 "CHANEL"과 동일하여 전체적으로 위 저명상표와 유사할 뿐만 아니라, 위 저명상표는 화장품류와 관련하여 널리 알려진 상표인 점, 그 저명상표권자는 화장품류 외 여성의류, 잡화 등 관련 사업을 점차 확장해 온 세계적인 기업인 점, 이 사건 출원서비스표의 지정서비스업은 미용에 관심이 많은 여성이 주된 수요자 층으로서 위 저명상표의 사용상품의 수요자 층과 상당부분 중복되는 점, 이 사건 출원서비스표의 출원 당시에는 미용 목적의 진료가 주로 행해지는 일부 피부과 의원 등에서 그 진료에 부수하여 치료용 화장품의 제조·판매업을 겸하기도 하였던 점 등에 비추어 보면, 이 사건 출원서비스표는 그 지정서비스업의 수요자로 하여금 위 저명상표를 쉽게 연상하게 하여 타인의 영업과 혼동을 불러일으킨 경우에 해당한다고 할 것이므로, 여기에는 상표법 제7조 제1항 제10호의 부등록사유가 존재한다고 할 것이다.

같은 취지에서 이 사건 출원서비스표에 관한 등록거절결정을 유지한 원심의 판단은 정당하다. 원심 판결에는 상고이유의 주장과 같이 판결 결과에 영향을 미친 법리오해 등의 위법이 없다.

그러므로 상고를 기각하고, 상고비용은 패소자가 부담하도록 하여, 관여 대법관의 일치된 의견으로 주문과 같이 판결한다.

대법원 2007. 2. 8. 선고 2006후3526 판결 【등록무효(상)】 [미간행]

【판시사항】

[1] 상표법 제7조 제1항 제10호에 정한 저명상표에 해당하는지 여부의 판단 기준

[2] 선등록상표 ""가 등록상표의 출원시에 저명성을 취득하지 못하였다고 본 사례

【참조조문】

[1] 상표법 제7조 제1항 제10호 [2] 상표법 제7조 제1항 제10호

【참조판례】

[1] 대법원 1990. 9. 11. 선고 89후2205 판결(공1990, 2095)
대법원 1999. 2. 26. 선고 97후3975, 3982 판결(공1999상, 666)
대법원 2000. 5. 30. 선고 98후843 판결(공2000하, 1566)

【전 문】

【원고, 피상고인】 원고 주식회사 (소송대리인 법무법인 케이씨엘 담당변호사 김용직외 3인)

【피고, 상고인】 피고 주식회사 (소송대리인 변리사 이영화)

【원심 판결】 특허법원 2006. 10. 19. 선고 2006허4215 판결

【주 문】

원심 판결을 파기하고, 사건을 특허법원으로 환송한다.

【이 유】

상고이유를 판단한다.

1. 상표법 제7조 제1항 제10호 소정의 '수요자 간에 현저하게 인식되어 있는 타인의 상품이나 영업'은 저명상표 등을 말하고, 저명상표 등에 해당하는지 여부는 그 상품이나 영업에 사용되는 상표 또는 상호 등의 사용기간, 사용량, 사용방법, 상품의 거래량 또는 영업의 범위 및 상표나 상호에 관한 광고 선전의 실태 등 제반 사정을 고려하여 거래실정과 사회통념상 그 상품의 출처 또는 영업주체에 관한 인식이 객관적으로 널리 퍼져 있다고 볼 수 있는지의 여부에 따라 판단하여야 한다(대법원 1990. 9. 11. 선고 89후2205 판결 참조).
2. 원심은 그 판시의 선등록상표 1인 "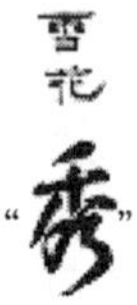" 등을 부착한 한방화장품의 개발경위와 1997년부터 2003년까지의 판매실적, 2001년부터 2003년까지의 광고실적, 한국능률협회로부터의 수상경력 등만으로 선등록상표 1 등이 이 사건 등록상표의 출원시인 2003. 5. 12. 무렵에 저명성을 취득하였다고 보았다.
3. 그러나 앞서 본 법리와 기록에 비추어 살펴보면, 선등록상표 1 등의 광고를 위해 지출한 비용이 2001년에 3,500만 원, 2002년에 4,200만 원에 불과하고 2003년에 비교적 많은 19억 3,500만 원을 지출하기는 하였으나, 이 사건 등록상표의 출원일인 2003. 5. 12. 이전에 얼마를 지출하였는지를 알 수 없어서 상표의 저명성 판단에 큰 영향을 미치는 광고실적이 높다고 할 수 없고, 선등록상표 1 등을 사용한 기간 또한 저명성을 인정하기에는 비교적 짧은 기간이어서 다른 특별한 사정을 발견할 수 없는 상황에서 선등록상표 1 등의 저명성을 선뜻 인정하기 어려울 뿐만 아니라, 선등록상표 1 등을 부착한 상품이 이 사건 등록상표의 출원일 이전까지 전체 화장품 시장에서 차지한 비중, 선등록상표 1 등을 부착한 상품의 종류와 생산량 등의 구체적인 사용실태 등을 알 수 있는 자료도 나와 있지 않다. 그럼에도 원심이 그 인정 사실만으로 선등록상표 1 등의 저명성을 인정한 것은 상표의 저명성 판단에 관한 법리를 오해하거나 심리를 미진하여 판결에 영향을 미친 잘못이 있고, 이 점을 지적하는 상고이유의 주장은 이유 있다.
4. 그러므로 나머지 상고이유에 대하여 살펴볼 필요 없이 원심 판결을 파기하고, 사건을 다시 심리·판단하게 하기 위하여 원심법원으로 환송하기로 하여 관여 법관의 일치된 의견으로 주문과 같이 판결한다.

(2) 수요자 간에 현저하게 인식되어 있는 타인의 상표의 식별력 또는 명성을 손상시킬 염려가 있는 상표(상 제34조 제1항 제11호 후단)

[1] 의 의: 2014년 상표법 개정안 검토보고서[325]에서는 2014년 개정상표법 제7조 제1항

제10호가 "타인의 저명한 상표와 혼동을 일으키게 하는 외에, 그 상표의 식별력이나 명성을 약화 또는 손상시킬 염려가 있는 상표를 등록할 수 없도록 함으로써, 저명상표 사용자에 대한 보호를 강화하려는 것 수요자간에 현저하게 인식되어 있는 상표의 희석화 방지조항"을 마련하는 것임을 분명히 밝히고 있다. 따라서 '식별력 또는 명성'이란 용어는 '타인의 상품이나 영업'을 수식하는 것이 아니라 '타인의 저명상표'를 지칭한다고 보는 것이 타당하다. 이러한 점에서 2014년 개정 상표법 제7조 제1항 제10호 후단(현행 상표법 제34조 제1항 제11호 후단)의 법문은 명료하지 못한 점이 보인다. 이 조문에 의하면, 타인의 저명상표의 식별력이나 명성을 손상시킬 염려가 있는 상표에 대하여는 그 등록을 허용하지 아니한다. 이 개정 조문은 2014년 개정 이전의 상표법 상의 '혼동'이 동일하거나 유사한 상품 또는 영업의 경우에만 발생하는 것으로 해석될 가능성을 고려하여 이종 상품 또는 영업의 경우에도 식별력이나 명성을 손상시킬 염려가 있는 경우에는 그 상표를 등록할 수 없도록 한 것이다.[326] 이 개정조문은「부정경쟁방지 및 영업비밀보호에 관한 법률」 제2조 제1호 다목과의 조화를 고려할 때에도 타당한 입법이다.[327] 즉, 「부정경쟁방지 및 영업비밀보호에 관한 법률」 제2조제1호다목과 균형을 맞춘다는 점에서 '식별력이나 명성의 손상'만 그 대상으로 하였다. 2014년 상표법 당초 개정안에서는 '저명상표의 식별력이나 명성의 약화'를 부등록사유로 규정하였는데,[328] '손상(blurring)'과 '약화(tarnishment)'는 구별되는 개념이므로 입법론으로는 상표법 제34조 제1항 제11호 및 부정경쟁방지 및 영업비밀보호에 관한 법률 제2조 제1호 다목에 '손상' 뿐만 아니라 '약화'도 같이 규정하는 것이 바람직할 것이다. 해석론으로는 '타인의 저명상표의 식별력이나 명성의 손상'에 '타인의 저명상표의 식별력이나 명성의 약화'도 포함되는 것으로 해석하게 될 것이다.

[2] 식별력 손상의 의의 및 구체적인 예 :

(i) 식별력 손상 : 타인의 저명상표를 혼동가능성이 없는 비유사한 상품에 사용함으로써 저명상표의 상품표지나 영업표지로서의 출처표시 기능을 손상시키는 것을 의미하고 전술한 바와 같이 식별력을 약화시키는 경우도 포함한다.

(ii) 예 : KODAK (지정상품 : 피아노)를 상표로 출원하는 경우, POSCO (지정상품 : 증권업)라는 상표를 출원하는 경우[329]

[3] 명성 손상의 의의 및 구체적인 예 :

(i) 명성 손상 : 좋은 이미지나 가치를 가진 저명상표를 부정적인 이미지를 가진 상품이

325) 이동근, 상표법 검토보고서, 7면.
326) 위의 검토보고서, 7면.
327) 위의 검토보고서, 8면.
328) 위의 검토보고서, 9면에서는 '약화'는 '손상'의 일부분이기도 하다고 주장한다.
329) 2016년 상표심사기준 제5부 제11장 § 1.3.2.

나 영업에 사용함으로써 그 상표의 좋은 이미지나 가치를 훼손하는 것을 의미한다.

(ii) 예 : CHANEL (지정상품 : 포르노 필름)을 상표로 출원하는 경우, 아모레 퍼시픽(지정상품: 건물청소업)이란 상표를 출원하는 경우[330]

[4] 저명상표 해당여부의 판단방법: 저명상표 등에 해당하는지 여부는 그 상품이나 영업에 사용되는 상표 또는 상호 등의 사용기간, 사용량, 사용방법, 상품의 거래량 또는 영업의 범위 및 상표나 상호에 관한 광고 선전의 실태 등 제반 사정을 고려하여 거래실정과 사회통념상 그 상품의 출처 또는 영업주체에 관한 인식이 객관적으로 널리 퍼져 있다고 볼 수 있는지의 여부에 따라 판단하여야 한다.[331]

[5] 시기적 기준: 출원시를 기준으로 한다(상 제34조 제2항 단서).

[6] 제척기간: 제척기간이 없다(상 제122조 제1항).

(3) 유명 방송프로그램 명칭, 영화나 노래 제목과의 관계

유명한 방송프로그램 명칭, 영화나 노래제목 등과 동일 또는 유사하거나 유사하지는 않더라도 이들을 쉽게 연상시키는 상표를 출원하여 해당 방송프로그램 등과의 관계에서 영업상 혼동을 일으키게 하거나 식별력이나 명성을 손상시킬 염려가 있는 경우에는 본 호에 해당하는 것으로 본다.

마. 상품의 품질을 오인하게 하거나 수요자를 기만할 염려가 있는 상표(상 제34조 제1항 제12호)

[1] 상품의 품질을 오인하게 하거나 수요자를 기만할 염려가 있는 상표는 등록받을 수 없다(상 제34조 제1항 제12호).

[2] 취 지: 수요자가 상품의 품질오인과 출처의 혼동으로부터 생길 수 있는 불이익을 방지하여 상거래의 질서를 유지하기 위한 규정이다.

[3] '상품의 품질을 오인': 상품의 품질의 오인을 일으키게 할 염려가 있는 상표란 그 상표의 구성 자체가 그 지정상품이 본래적으로 가지고 있는 성질과 다른 성질을 갖는 것으로 수요자를 오인하게 할 염려가 있는 상표를 말하고, 어느 상표가 품질오인을 생기게 할 염려가 있는지의 여부는 일반 수요자를 표준으로 하여 거래통념에 따라 판단하여야 할 것이며, 또한 어떤 상표가 품질오인의 우려가 있는지를 판단함에 있어 그 지정상품과 관련지어 생각하여야 한다는 것은 그 상표에 의하여 일반인이 인식하는 상품과 현실로 그 상표가 사용되는 상품과의 사이에 일정한 경제적인 관련이 있어야 함을 의미하는

330) 2016년 상표심사기준 제5부 제11장 § 1.3.3.

331) 대법원 2007. 2. 8. 선고 2006후3526 판결【등록무효(상)】; 대법원 1999. 2. 26. 선고 97후3975 판결【상표등록무효】.

것이지 그 오인우려의 여부를 판단함에 있어 상품의 구성 그 자체뿐 아니라 상품에 부착되거나 포장용기에 부착된 상품의 설명서 등까지 고려하여 오인여부를 판단하라는 것은 아니다.[332)]

상품의 품질의 오인을 일으키게 할 염려가 있는 상표란 상품의 품질의 오인(예 지정상품을 '청주'로 하여 '맑은유자향'이라는 표장으로 출원하는 경우, 지정상품을 '태양전지'로 하여 'Nano OLED'라는 표장으로 출원하는 경우)은 물론이고 상품 자체를 오인하게 할 경우 (예 지정상품을 '양념통닭'으로 하여 '진흙오리'라는 표장으로 출원하는 경우, 지정상품을 '소주'로 하여 '보드카'라는 표장으로 출원하는 경우, 지정상품을 '목도리'로 하여 'GLOVE'라는 표장으로 출원하는 경우)를 포함한다.[333)]

전술한 바와 같이 특정의 상표가 품질오인을 일으킬 염려가 있다고 하기 위해서는 해당 상표에 의하여 일반인이 인식하는 상품과 현실적으로 그 상표가 사용되는 상품과의 사이에 일정한 경제적인 관련성 등 그 상품의 특성에 관하여 오인을 일으킬 정도의 관계가 인정되어야 한다.[334)]

'상품 품질의 오인'은 품질이 그 상품에 실질적으로 존재하느냐를 불문하고 그 상품이 그러한 품질을 가지고 있는 것으로 수요자에게 오인될 가능성이 있으면 본 호에 해당하는 것으로 보며, '상품 자체의 오인'은 지정상품과의 관계에서 수요자에게 상품이 오인될 가능성이 있는 경우 본 호에 해당하는 것으로 본다.[335)]

대법원 2012. 10. 18. 선고 2010다103000 전원합의체 판결【손해배상및상표침해금지】[공2012하,1880]

【판시사항】

[1] 등록상표 또는 등록서비스표에 대한 등록무효심결이 확정되기 전이라도 상표등록 등이 무효심판에 의하여 무효로 될 것임이 명백한 경우, 상표권 등에 기초한 침해금지 또는 손해배상 등의 청구가 권리남용에 해당하는지 여부(원칙적 적극) 및 이때 상표권 또는 서비스표권 침해소송을 담당하는 법원이 상표등록 등의 무효 여부에 대하여 심리·판단할 수 있는지 여부(적극)

[2] 어떤 상표가 상표법 제6조 제1항 제3호에서 정한 '상품의 품질·효능·용도 등을 보통으로 사용하는 방법으로 표시한 표장만으로 된 상표'에 해당하는지를 판단하는 기준 및 상표법 제7조 제1항 제11호에서 정한 '상품의 품질을 오인하게 할 염려가 있는 상표'의 의미와 그 판단 기준

332) 대법원 2000. 10. 13. 선고 99후628 판결.
333) 2016년 상표심사기준 제5부 제12장 § 1.1.1 참조.
334) 2016년 상표심사기준 제5부 제12장 § 1.1.2.
335) 2016년 상표심사기준 제5부 제12장 § 1.1.3.

[3] "HI WOOD", "HI WOOD 하이우드", "하이우드"와 같이 구성된 등록상표 또는 등록서비스표의 상표권자인 갑 주식회사가 을 주식회사를 상대로 상표권 등 침해금지 및 손해배상 등을 구한 사안에서, 위 상표 또는 서비스표는 상표법 제6조 제1항 제3호의 기술적 표장 또는 상표법 제7조 제1항 제11호 전단의 품질오인표장에 해당하여 등록이 무효로 될 것임이 명백하므로, 위 상표권 등에 기초한 갑 회사의 침해금지, 침해제품의 폐기 및 손해배상 청구는 권리남용에 해당하여 허용되지 않는다고 한 사례

【판결요지】

[1] 상표법은 등록상표가 일정한 사유에 해당하는 경우 별도로 마련한 상표등록의 무효심판절차를 거쳐 등록을 무효로 할 수 있도록 규정하고 있으므로, 상표는 일단 등록된 이상 비록 등록무효사유가 있다고 하더라도 이와 같은 심판에 의하여 무효로 한다는 심결이 확정되지 않는 한 대세적(대세적)으로 무효로 되는 것은 아니다. 그런데 상표등록에 관한 상표법의 제반 규정을 만족하지 못하여 등록을 받을 수 없는 상표에 대해 잘못하여 상표등록이 이루어져 있거나 상표등록이 된 후에 상표법이 규정하고 있는 등록무효사유가 발생하였으나 상표등록만은 형식적으로 유지되고 있을 뿐임에도 그에 관한 상표권을 별다른 제한 없이 독점·배타적으로 행사할 수 있도록 하는 것은 상표의 사용과 관련된 공공의 이익을 부당하게 훼손할 뿐만 아니라 상표를 보호함으로써 상표사용자의 업무상 신용유지를 도모하여 산업발전에 이바지함과 아울러 수요자의 이익을 보호하고자 하는 상표법의 목적에도 배치되는 것이다. 또한 상표권도 사적 재산권의 하나인 이상 그 실질적 가치에 부응하여 정의와 공평의 이념에 맞게 행사되어야 할 것인데, 상표등록이 무효로 될 것임이 명백하여 법적으로 보호받을 만한 가치가 없음에도 형식적으로 상표등록이 되어 있음을 기화로 그 상표를 사용하는 자를 상대로 침해금지 또는 손해배상 등을 청구할 수 있도록 용인하는 것은 상표권자에게 부당한 이익을 주고 그 상표를 사용하는 자에게는 불합리한 고통이나 손해를 줄 뿐이므로 실질적 정의와 당사자들 사이의 형평에도 어긋난다. 이러한 점들에 비추어 보면, 등록상표에 대한 등록무효심결이 확정되기 전이라고 하더라도 상표등록이 무효심판에 의하여 무효로 될 것임이 명백한 경우에는 상표권에 기초한 침해금지 또는 손해배상 등의 청구는 특별한 사정이 없는 한 권리남용에 해당하여 허용되지 아니한다고 보아야 하고, 상표권침해소송을 담당하는 법원으로서도 상표권자의 그러한 청구가 권리남용에 해당한다는 항변이 있는 경우 그 당부를 살피기 위한 전제로서 상표등록의 무효 여부에 대하여 심리·판단할 수 있다고 할 것이며, 이러한 법리는 서비스표권의 경우에도 마찬가지로 적용된다.

[2] 어떤 상표가 상표법 제6조 제1항 제3호에서 정하는 '상품의 품질·효능·용도 등을 보통으로 사용하는 방법으로 표시한 표장만으로 된 상표'에 해당하는지는 그 상표가 지니고 있는 관념, 지정상품과의 관계 및 거래사회의 실정 등을 고려하여 객관적으로 판단하여야 한다. 또한 상표법 제7조 제1항 제11호 전단의 '상품의 품질을 오인하게

할 염려가 있는 상표'라 함은 그 상표의 구성 자체가 그 지정상품이 본래 가지고 있는 성질과 다른 성질을 갖는 것으로 수요자를 오인하게 할 염려가 있는 상표를 말하고, 어느 상표가 품질오인을 생기게 할 염려가 있는지는 일반 수요자를 표준으로 하여 거래통념에 따라 판단하여야 한다. 그리고 이러한 법리들은 상표법 제2조 제3항에 의하여 서비스표의 경우에도 마찬가지로 적용된다.

[3] "HI WOOD", "HI WOOD 하이우드", "하이우드"와 같이 구성된 등록상표 또는 등록서비스표의 상표권자인 갑 주식회사가 을 주식회사를 상대로 상표권 등 침해금지 및 손해배상 등을 구한 사안에서, 위 상표 또는 서비스표가 일반 수요자나 거래자들에게 '고급 목재, 좋은 목재' 등의 의미로 직감되므로, 그 지정상품 또는 지정서비스업 중 '목재'로 되어 있는 상품 또는 이러한 상품의 판매대행업, 판매알선업에 사용될 경우에는 지정상품 또는 지정서비스업의 품질·효능·용도 등을 보통으로 사용하는 방법으로 표시한 표장만으로 된 상표법 제6조 제1항 제3호의 기술적 표장에 해당하고, '목재'로 되어 있지 아니한 상품 또는 이러한 상품의 판매대행업, 판매알선업에 사용될 경우에는 지정상품이 '목재'로 되어 있거나 지정서비스업이 그러한 상품의 판매대행업, 판매알선업인 것으로 수요자를 오인하게 할 염려가 있는 상표법 제7조 제1항 제11호 전단의 품질오인표장에 해당하여 그 등록이 무효로 될 것임이 명백하므로, 위 상표권 등에 기초한 갑 회사의 침해금지, 침해제품의 폐기 및 손해배상 청구는 권리남용에 해당하여 허용되지 않는다고 한 사례.

【참조조문】

[1] 상표법 제1조, 제2조 제3항, 제65조, 제71조, 민법 제2조 [2] 상표법 제2조 제3항, 제6조 제1항 제3호, 제7조 제1항 제11호 [3] 상표법 제2조 제3항, 제6조 제1항 제3호, 제7조 제1항 제11호, 제65조, 민법 제2조

【참조판례】

[1] 대법원 1991. 4. 30.자 90마851 결정(공1991, 1597)(변경)
대법원 1995. 5. 9. 선고 94도3052 판결(공1995상, 2146)(변경)
대법원 1995. 7. 28. 선고 95도702 판결(공1995하, 3030)(변경)
[2] 대법원 2000. 10. 13. 선고 99후628 판결(공2000하, 2358)
대법원 2007. 6. 1. 선고 2007후555 판결
대법원 2007. 9. 20. 선고 2007후1824 판결(공2007하, 1714)
대법원 2011. 4. 28. 선고 2011후33 판결

【전 문】

【원고, 상고인】 주식회사 하이우드 (소송대리인 변호사 이광복)

【피고, 피상고인】 주식회사 하이우드 (소송대리인 법무법인 양지 담당변호사 신성기)

【원심 판결】 서울고법 2010. 11. 10. 선고 2010나32360 판결

대법원 2007. 11. 16. 선고 2005후2267 판결【거절결정(상)】[미간행]

【판시사항】

[1] 상표출원인이 지정상품과의 관계에서 특허청으로부터 상품의 품질을 오인하게 한다는 등의 이유로 거절이유를 통지받은 후 지정상품의 일부를 감축하여 특정한 것은 출원의 요지를 변경하지 아니한 것으로서 그와 같이 유통되는 거래계의 실정이 인정된다면 가능하다고 한 사례

[2] 출원상표 "

"이 지정상품에 관하여 상표법 제7조 제1항 제11호의 품질 오인 상표에 해당하지 않는다고 본 사례

【참조조문】

[1] 상표법 제7조 제1항 제11호 [2] 상표법 제7조 제1항 제11호

【전 문】

【원고, 상고인】 애경산업 주식회사 (소송대리인 변리사 황교완)

【피고, 피상고인】 특허청장

【원심 판결】 특허법원 2005. 7. 22. 선고 2005허2977 판결

대법원 1997. 8. 29. 선고 97후204 판결【거절사정(상)】[공1997.10.1.(43),2898]

【판시사항】

[1] 상표법 제7조 제1항 제11호 소정의 품질오인 상표의 의미와 그 판단 기준
[2] 출원상표 "PARIS SPORTS CLUB"이 품질오인 상표가 아니라고 한 사례

【판결요지】

[1] 상표법 제7조 제1항 제11호 소정의 상품의 품질을 오인하게 할 염려가 있는 상표란 그 상표의 구성 자체가 그 지정상품이 본래적으로 가지고 있는 성질과 다른 성질을 갖는 것으로 수요자를 오인하게 할 염려가 있는 상표를 말하고, 어느 상표가 품질오인을 생기게 할 염려가 있는지의 여부는 일반 수요자를 표준으로 거래통념에 따라 판단하여야 한다.

[2] 출원상표 "PARIS SPORTS CLUB"의 명칭인 파리스포츠 클럽은 실제로 존재하지 아니하는 가상의 스포츠 클럽일 뿐만 아니라 그 명칭으로부터 여성패션의 중심지로서의 지리적 명칭인 '파리'의 의미가 특별히 부각되지도 아니하는 이상 일반 소비자들이 출원상표를 보고 그 지정상품인 여성의류 등과 관련하여 현재 존재하지도 아니하는 스포츠 클럽에서 제조하는 상품으로 오인하거나 '파리'에서 제조된 상품으로 그 품질을 오인케 할 염려가 있다고는 볼 수 없다고 한 사례.

【참조조문】

[1] 상표법 제7조 제1항 제11호[2] 상표법 제7조 제1항 제11호

【참조판례】

[1][2] 대법원 1995. 5. 12. 선고 94후2162 판결(공1995상, 2126)
대법원 1995. 7. 28. 선고 95후187 판결(공1995하, 2992)
대법원 1995. 9. 15. 선고 95후958 판결(공1995하, 3406)
대법원 1996. 12. 10. 선고 95후2008, 2015 판결(공1997상, 380)

【전 문】

【출원인, 상고인】 모오우리시스 인코포레이티드 (소송대리인 법무법인 중앙국제법률특허 사무소 담당변호사 이병호 외 3인)

【상대방, 피상고인】 특허청장

【원심심결】 특허청 항고심판소 1996. 12. 18.자 96항원240 심결

[4] '수요자를 기만' : 자연인이 공법상 특수법인의 명칭을 출원하거나 상품의 지리적 출처를 오인하게 하는 경우와 같이 상표의 구성이나 지정상품과의 관계에서 일반수요자에게 착오를 일으키게 하는 경우(순수한 수요자 기만)와 국내 수요자에게 특정인의 상품표지로 인식되어 있는 상표와 상품출처의 오인·혼동을 일으키게 하는 경우(출처의 오인·혼동으로 인한 수요자 기만)가 이에 해당한다. 이 경우 출원인의 기만의사 유무는 불문한다.

수요자를 기만할 염려가 있는 상표에 해당하려면, 등록상표나 지정상품과 대비되는 선사용상표나 사용상품이 반드시 저명하여야 할 필요까지는 없지만, 국내 수요자에게 상표나 상품이라고 하면 곧 특정인의 상표나 상품이라고 인식될 수 있을 정도로는 알려져 있어야 한다. 이러한 경우 선사용상표와 동일·유사한 상표가 사용상품과 동일·유사한 상품에 사용되고 있거나, 또는 어떤 상표가 선사용상표와 동일·유사하고, 선사용상표의 구체적인 사용실태나 양 상표가 사용되는 상품 사이의 경제적인 견련의 정도 기타 일반적인 거래실정 등에 비추어, 상표가 선사용상표의 사용상품과 동일·유사한 상품에 사용된 경우에 못지않을 정도로 선사용상표의 권리자에 의하여 사용되고 있다고 오인될 만한 특별한 사정이 있어야만 수요자로 하여금 출처의 오인·혼동을 일으켜 수요자를 기만할 염려가 있다고 볼 수 있다.[336]

(i) 순수한 수요자 기만 상표의 예 : MADE IN ITALY (지정상품 : 넥타이), 자연인이 한국전자통신연구원(지정상품 : 컵)이라는 표장으로 출원하는 경우

336) 대법원 2017. 1. 12. 선고 2014후1921 판결【등록무효(상)】.

(ii) 출처의 오인·혼동으로 인한 수요자 기만 상표의 예: UNITN BAY (지정상품: 의류)와 유사한 상표(지정상품: 가방)를 출원하는 경우337)

대법원 2017. 1. 12. 선고 2014후1921 판결 【등록무효(상)】 [공2017상,405]

【판시사항】

[1] 구 상표법 제7조 제1항 제11호에서 정한 수요자를 기만할 염려가 있는 상표에 해당하기 위한 요건 및 판단 기준

[2] 탁구라켓, 스포츠용 가방 등에 사용되고 "Butterfly", "Butterfly", "Butterfly"와 같이 구성된 선사용상표들의 사용자 갑 외국회사가 지정상품을 서류가방, 비귀금속제 지갑 등으로 하고 " "와 같이 구성된 등록상표의 권리자 을을 상대로 등록상표가 선사용상표들과 출처의 오인·혼동을 불러 일으켜 수요자를 기만할 염려가 있으므로 구 상표법 제7조 제1항 제11호에 해당한다고 주장하면서 등록무효심판을 청구하였는데 특허심판원이 인용하는 심결을 한 사안에서, 등록상표가 수요자 기만 상표에 해당한다고 할 수 없다고 한 사례

【판결요지】

[1] 어떤 상표가 구 상표법(2016. 2. 29. 법률 제14033호로 전부 개정되기 전의 것) 제7조 제1항 제11호에서 규정하고 있는 수요자를 기만할 염려가 있는 상표에 해당하려면, 등록상표나 지정상품과 대비되는 선사용상표나 사용상품이 반드시 저명하여야 할 필요까지는 없지만, 국내 수요자에게 상표나 상품이라고 하면 곧 특정인의 상표나 상품이라고 인식될 수 있을 정도로는 알려져 있어야 한다. 이러한 경우 선사용상표와 동일·유사한 상표가 사용상품과 동일·유사한 상품에 사용되고 있거나, 또는 어떤 상표가 선사용상표와 동일·유사하고, 선사용상표의 구체적인 사용실태나 양 상표가 사용되는 상품 사이의 경제적인 견련의 정도 기타 일반적인 거래실정 등에 비추어, 상표가 선사용상표의 사용상품과 동일·유사한 상품에 사용된 경우에 못지않을 정도로 선사용상표의 권리자에 의하여 사용되고 있다고 오인될 만한 특별한 사정이 있어야만 수요자로 하여금 출처의 오인·혼동을 일으켜 수요자를 기만할 염려가 있다고 볼 수 있다.

[2] 탁구라켓, 스포츠용 가방 등에 사용되고 "Butterfly", "Butterfly", "Butterfly"와 같이 구성된 선사용상표들의 사용자 갑 외국회사가 지정상품을 서류가방, 비귀금속제 지갑

337) 2016년 상표심사기준 제5부 제12장 § 1.2.1.

등으로 하고 ""와 같이 구성된 등록상표의 권리자 을을 상대로 등록상표가 선사용상표들과 출처의 오인·혼동을 불러 일으켜 수요자를 기만할 염려가 있으므로 구 상표법(2016. 2. 29. 법률 제14033호로 전부 개정되기 전의 것, 이하 같다) 제7조 제1항 제11호에 해당한다고 주장하면서 등록무효심판을 청구하였는데 특허심판원이 인용하는 심결을 한 사안에서, 선사용상표들의 주된 사용상품인 탁구용품은 등록상표의 지정상품인 가방류나 지갑류와 경제적 견련관계조차 미약하고, 스포츠용 가방과 관련하여서는 선사용상표들이 국내 수요자에게 그다지 알려져 있었다고 보기 어려우며, 등록상표와 선사용상표들이 유사한 정도 또한 높다고 할 수 없는 사정에 비추어 보면, 등록상표가 지정상품인 가방류나 지갑류에 사용될 경우 탁구용품과 동일·유사한 상품에 사용된 경우에 못지않을 정도로 선사용상표들의 권리자에 의하여 사용되고 있다고 오인될 만한 특별한 사정이 있다고 하기는 어려우므로, 등록상표는 선사용상표들과의 관계에서 구 상표법 제7조 제1항 제11호의 수요자 기만 상표에 해당한다고 할 수 없는데도 이와 달리 본 원심판단에 위법이 있다고 한 사례.

【참조조문】

[1] 구 상표법(2016. 2. 29. 법률 제14033호로 전부 개정되기 전의 것) 제7조 제1항 제11호(현행 제34조 제1항 제12호 참조) [2] 구 상표법(2016. 2. 29. 법률 제14033호로 전부 개정되기 전의 것) 제7조 제1항 제11호(현행 제34조 제1항 제12호 참조)

【참조판례】

[1] 대법원 1997. 3. 14. 선고 96후412 판결(공1997상, 1111)
대법원 2010. 1. 28. 선고 2009후3268 판결(공2010상, 462)

【원고, 상고인】 원고(소송대리인 변리사 이정익)

【피고, 피상고인】 가부시키가이샤 다마스 (소송대리인 특허법인 아주양헌 담당변리사 김혜인 외 1인)

【원심 판결】 특허법원 2014. 8. 28. 선고 2014허2535 판결

[5] 기준시: 상표등록여부 결정시(상 제34조 제2항 본문).

[6] 제척기간: 제척기간이 없다(상 제122조 제1항).

대법원 2017. 2. 9. 선고 2015후1690 판결 【등록무효(상)】 [공2017상,591]

【판시사항】

[1] 둘 이상의 문자 또는 도형의 조합으로 이루어진 결합상표의 유사 여부를 판단하는

방법
[2] 상표에서 요부가 존재하는 경우 그 부분이 분리관찰되는지 따질 필요 없이 요부만 대비함으로써 상표의 유사 여부를 판단할 수 있는지 여부(적극) 및 상표의 구성 부분이 요부인지 판단하는 방법 / 이러한 법리가 서비스표에도 마찬가지로 적용되는지 여부(적극)
[3] 선등록서비스표 "자 생", "자 생 한 의 원", "자 생 한 방 병 원" 등의 서비스표권자 갑이 '한방의료법, 성형외과업' 등을 지정서비스업으로 하는 등록서비스표 "자생초"의 서비스표권자 을을 상대로 등록서비스표가 구 상표법 제7조 제1항 제11호 및 제12호의 등록무효 사유에 해당한다며 등록무효심판을 청구한 사안에서, 선등록서비스표 등과 등록서비스표는 요부인 '자생'을 기준으로 대비하면 호칭과 관념이 동일하여 유사한 서비스표에 해당함에도 이와 달리 본 원심 판결에 서비스표의 유사에 관한 법리를 오해하여 심리를 다하지 않은 잘못이 있다고 한 사례

【판결요지】

[1] 둘 이상의 문자 또는 도형의 조합으로 이루어진 결합상표는 그 구성 부분 전체의 외관, 호칭, 관념을 기준으로 상표의 유사 여부를 판단하는 것이 원칙이나, 상표 중에서 일반 수요자에게 그 상표에 관한 인상을 심어주거나 기억·연상을 하게 함으로써 그 부분만으로 독립하여 상품의 출처표시기능을 수행하는 부분, 즉 요부가 있는 경우 적절한 전체관찰의 결론을 유도하기 위해서는 요부를 가지고 상표의 유사 여부를 대비·판단하는 것이 필요하다.
[2] 상표에서 요부는 다른 구성 부분과 상관없이 그 부분만으로 일반 수요자에게 두드러지게 인식되는 독자적인 식별력 때문에 다른 상표와 유사 여부를 판단할 때 대비의 대상이 되는 것이므로, 상표에서 요부가 존재하는 경우에는 그 부분이 분리관찰이 되는지를 따질 필요 없이 요부만으로 대비함으로써 상표의 유사 여부를 판단할 수 있다.
그리고 상표의 구성 부분이 요부인지는 그 부분이 주지·저명하거나 일반 수요자에게 강한 인상을 주는 부분인지, 전체 상표에서 높은 비중을 차지하는 부분인지 등의 요소를 따져 보되, 여기에 다른 구성 부분과 비교한 상대적인 식별력 수준이나 그와의 결합상태와 정도, 지정상품과의 관계, 거래실정 등까지 종합적으로 고려하여 판단하여야 한다.
이러한 법리는 서비스표에 대하여도 마찬가지로 적용된다.
[3] 지정서비스업이 한의원업 또는 한방병원업 등인 선등록서비스표 "자 생", "자 생 한 의 원", "자 생 한 방 병 원" 등의 서비스표권자 갑이 '한방의료업, 성형외과업' 등을 지정서비스업으로 하는 등록서비스표 "자생초"의 서비스표권자 을을 상대로 등록서비스표가 구 상표법(2016. 2. 29. 법률 제14033호로 전부

개정되기 전의 것) 제7조 제1항 제11호 및 제12호의 등록무효 사유에 해당한다며 등록무효심판을 청구한 사안에서, 선등록서비스표 등과 등록서비스표는 모두 요부가 '자생'이므로, '자생'이 분리관찰이 되는지를 따질 필요 없이 위 서비스표들을 '자생'을 기준으로 대비하면 호칭과 관념이 동일하여 유사한 서비스표에 해당함에도 이와 달리 본 원심 판결에 서비스표의 유사에 관한 법리를 오해하여 심리를 다하지 않은 잘못이 있다고 한 사례.

【참조조문】

[1] 구 상표법(2016. 2. 29. 법률 제14033호로 전부 개정되기 전의 것) 제7조 제1항 제7호(현행 제34조 제1항 제7호 참조) [2] 구 상표법(2016. 2. 29. 법률 제14033호로 전부 개정되기 전의 것) 제2조 제3항, 제7조 제1항 제7호(현행 제34조 제1항 제7호 참조), 제11호(현행 제34조 제1항 제11호 참조), 제12호(현행 제34조 제1항 제12호 참조) [3] 구 상표법(2016. 2. 29. 법률 제14033호로 전부 개정되기 전의 것) 제2조 제3항, 제7조 제1항 제7호(현행 제34조 제1항 제7호 참조), 제11호(현행 제34조 제1항 제11호 참조), 제12호(현행 제34조 제1항 제12호 참조)

【참조판례】

[1] 대법원 2006. 1. 26. 선고 2003도3906 판결(공2006상, 356)
대법원 2006. 11. 9. 선고 2006후1964 판결
대법원 2011. 1. 27. 선고 2010도7352 판결
대법원 2014. 6. 26. 선고 2012다12849 판결

【원고, 상고인】 원고(소송대리인 변리사 박영순 외 3인)

【피고, 피상고인】 피고

【원심 판결】 특허법원 2015. 9. 18. 선고 2015허3887 판결

대법원 2017. 3. 9. 선고 2015후932 판결 【등록무효(상)】 [공2017상,662]

【판시사항】

[1] 상표 중에서 요부가 있는 경우, 요부를 가지고 상표의 유사 여부를 대비·판단하는 것이 필요한지 여부(적극) 및 상표의 구성 부분 중 식별력이 없거나 미약한 부분이 요부가 될 수 있는지 여부(소극)

[2] 결합상표 중 일부 구성 부분이 요부로 기능할 수 있는 식별력이 없거나 미약한지 판단하는 방법

[3] 선등록·사용상표 "MONSTERENERGY" 및 선사용상표 "MONSTER ENERGY"의 권리자 및 사용자인 갑이 등록상표 "몬스터"의 권리자 및 사용자인 갑이 등록상표 "본문내 삽입된 이미지"는 선등록·사용상표 및 선사용상표를 모방하여 부정한 목적으

롯데

로 출원·등록된 상표이므로 구 상표법 제7조 제1항 제7호, 제11호, 제12호에 해당한다며 등록무효심판을 청구한 사안에서, 등록상표와 선등록·사용상표 및 선사용상표에서 '몬스터'나 'MONSTER'가 독립하여 상품의 출처표시기능을 수행하는 요부에 해당한다고 볼 수 없고, 등록상표와 선등록·사용상표 및 선사용상표는 전체적으로 관찰하면 외관·호칭 및 관념에서 서로 차이가 있어 유사하지 않다고 본 원심판단을 정당하다고 한 사례

【판결요지】

[1] 둘 이상의 문자 또는 도형의 조합으로 이루어진 결합상표는 구성 부분 전체의 외관, 호칭, 관념을 기준으로 상표의 유사 여부를 판단하는 것이 원칙이나, 상표 중에서 일반 수요자에게 그 상표에 관한 인상을 심어주거나 기억·연상을 하게 함으로써 그 부분만으로 독립하여 상품의 출처표시기능을 수행하는 부분, 즉 요부가 있는 경우 적절한 전체관찰의 결론을 유도하기 위해서는 요부를 가지고 상표의 유사 여부를 대비·판단하는 것이 필요하다. 그리고 상표에서 요부는 다른 구성 부분과 상관없이 그 부분만으로 일반 수요자에게 두드러지게 인식되는 독자적인 식별력 때문에 다른 상표와 유사 여부를 판단할 때 대비의 대상이 되는 것이므로, 상표의 구성 부분 중 식별력이 없거나 미약한 부분은 요부가 된다고 할 수 없다.

[2] 결합상표 중 일부 구성 부분이 요부로 기능할 수 있는 식별력이 없거나 미약한지 여부를 판단할 때는 해당 구성 부분을 포함하는 상표가 그 지정상품과 동일·유사한 상품에 관하여 다수 등록되어 있거나 출원공고되어 있는 사정도 고려할 수 있으므로, 등록 또는 출원공고된 상표의 수나 출원인 또는 상표권자의 수, 해당 구성 부분의 본질적인 식별력의 정도 및 지정상품과의 관계, 공익상 특정인에게 독점시키는 것이 적당하지 않다고 보이는 사정의 유무 등을 종합적으로 고려하여 판단하여야 한다.

[3] 선등록·사용상표 "MONSTERENERGY" 및 선사용상표 "MONSTER ENERGY"의 권

롯데

리자 및 사용자인 갑이 등록상표 "몬스터"는 선등록·사용상표 및 선사용상표를 모방하여 부정한 목적으로 출원·등록된 상표이므로 구 상표법(2016. 2. 29. 법률 제14033호로 전부 개정되기 전의 것) 제7조 제1항 제7호, 제11호, 제12호에 해당한다며 등록무효심판을 청구한 사안에서, 등록상표와 선등록·사용상표 및 선사용상표는 모두 '몬스터' 또는 'MONSTER'라는 부분을 포함하고 있지만, 등록상표의 출원일 이전에 지정상품과 동일·유사한 상품에 관하여 '몬스터' 또는 'MONSTER'를 포함하는 다수의 상표들이 등록되어 있는 사정을 고려하면 식별력을 인정하기 곤란하거나 이를 공익상 특정인에게 독점시키는 것이 적당하지 않으므로 등록상표와 선등록·사용상표 및 선사용상표에서 '몬스터'나 'MONSTER'가 독립하여 상품의 출처표시기능을 수행하는 요부에 해당한다고 볼 수 없고, 등록상표와 선등록·사용상표 및 선사용상표는 전체적으

로 관찰하면 외관·호칭 및 관념에서 서로 차이가 있어 유사하지 않다고 본 원심판단을 정당하다고 한 사례.

【참조조문】

[1] 구 상표법(2016. 2. 29. 법률 제14033호로 전부 개정되기 전의 것) 제7조 제1항 제7호(현행 제34조 제1항 제7호 참조) [2] 구 상표법(2016. 2. 29. 법률 제14033호로 전부 개정되기 전의 것) 제7조 제1항 제7호(현행 제34조 제1항 제7호 참조) [3] 구 상표법(2016. 2. 29. 법률 제14033호로 전부 개정되기 전의 것) 제7조 제1항 제7호(현행 제34조 제1항 제7호 참조), 제11호(현행 제34조 제1항 제11호 참조), 제12호(현행 제34조 제1항 제12호 참조)

【참조판례】

[1] 대법원 2001. 12. 14. 선고 2001후1808 판결(공2002상, 321)
대법원 2006. 5. 25. 선고 2004후912 판결(공2006하, 1187)
대법원 2017. 2. 9. 선고 2015후1690 판결(공2017상, 591)

【원고, 상고인】 몬스터 에너지 컴퍼니 (소송대리인 변리사 이지연)

【피고, 피상고인】 롯데제과 주식회사 (소송대리인 한라특허법인(유한) 담당변리사 배지현)

【원심 판결】 특허법원 2015. 4. 30. 선고 2014허8670 판결

대법원 2015. 10. 15. 선고 2013후1207 판결 【등록무효(상)】 〈소녀시대 상표 판결〉 [공2015하,1699][338]

【판시사항】

[1] 선사용상표가 사용상품에 대한 관계거래자 외에 일반공중 대부분에까지 널리 알려지게 됨으로써 저명성을 획득한 경우, 어떤 상표가 선사용상표의 사용상품과 다른 상품에 사용되더라도 수요자에게 상품의 출처를 오인·혼동하게 하여 수요자를 기만할 염려가 있는지 여부(적극) 및 선사용상표가 저명상표인지 판단하는 기준 / 이러한 법리가 서비스표에 대해서도 마찬가지로 적용되는지 여부(적극)

[2] 선사용상표 "소녀시대"와 선사용서비스표 "소녀시대"를 사용한 갑 주식회사가 등록상표서비스표 "소녀시대"의 등록권리자 을을 상대로 등록상표서비스표가 상표법 제7조 제1항 제11호에 해당한다는 이유로 등록무효심판을 청구하였는데 특허심판원이 인용하는 심결을 한 사안에서, 선사용상표 및 선사용서비스표가 저명성을 획득하였으므로 그와 유사한 등록상표서비스표가 선사용상표와 선사용서비스표의 사용상품·서비스업과 다른 지정상품이나 지정서비스업에 사용되더라도 상품·서비스업의 출처를 오인·혼동하게 하여 수요자를 기만할 염려가 있다고 한 사례

【판결요지】

[1] 선사용상표가 사용상품에 대한 관계거래자 이외에 일반공중의 대부분에까지 널리

알려지게 됨으로써 저명성을 획득하게 되면, 그 상표를 주지시킨 상품 또는 그와 유사한 상품뿐만 아니라 이와 다른 종류의 상품이라고 할지라도 상품의 용도 및 판매거래의 상황 등에 따라 저명상표권자나 그와 특수한 관계에 있는 자에 의하여 생산 또는 판매되는 것으로 인식될 수 있고 그 경우에는 어떤 상표가 선사용상표의 사용상품과 다른 상품에 사용되더라도 수요자로 하여금 상품의 출처를 오인·혼동하게 하여 수요자를 기만할 염려가 있다. 여기서 선사용상표가 저명상표인가는 상표의 사용, 공급, 영업활동의 기간·방법·태양 및 거래범위 등을 고려하여 거래실정 또는 사회통념상 객관적으로 널리 알려졌느냐를 기준으로 판단하여야 한다. 이러한 법리는 서비스표에 대하여도 마찬가지로 적용된다.

[2] 선사용상표 "소녀시대"와 선사용서비스표 "소녀시대"를 사용한 갑 주식회사가 등록상표서비스표 "소녀시대"의 등록권리자 을을 상대로 등록상표서비스표가 상표법 제7조 제1항 제11호에 해당한다는 이유로 등록무효심판을 청구하였는데 특허심판원이 인용하는 심결을 한 사안에서, 갑 회사 소속 9인조 여성그룹 가수의 명칭 '소녀시대'와 같은 구성의 선사용상표 및 선사용서비스표는 갑 회사의 '음반, 음원' 등의 사용상품 및 '가수공연업, 음악공연업, 방송출연업, 광고모델업' 등의 사용서비스업에 대하여 관계거래자 이외에 일반공중의 대부분에까지 널리 알려지게 됨으로써 저명성을 획득하였으므로, 그와 유사한 등록상표서비스표가 위 사용상품·서비스업과 다른 '면제 코트' 등의 지정상품이나 '화장서비스업' 등의 지정서비스업에 사용되더라도 그러한 상품이나 서비스업이 갑 회사나 그와 특수한 관계에 있는 자에 의하여 생산·판매되거나 제공되는 것으로 인식됨으로써 상품·서비스업의 출처를 오인·혼동하게 하여 수요자를 기만할 염려가 있는데도 등록상표서비스표가 수요자를 기만할 염려가 있는 상품·서비스표에 해당하지 않는다고 한 원심 판결에 법리오해의 잘못이 있다고 한 사례.

【참조조문】

[1] 상표법 제7조 제1항 제11호 [2] 상표법 제7조 제1항 제11호

【참조판례】

[1] 대법원 1991. 2. 26. 선고 90후1413 판결
대법원 1999. 2. 26. 선고 97후3975 판결(공1999상, 666)
대법원 2000. 2. 8. 선고 99후2594 판결(공2000상, 591)
대법원 2007. 2. 8. 선고 2006후3526 판결

【원고, 피상고인】 원고(소송대리인 변리사 박진호)

【피고, 상고인】 주식회사 에스엠 엔터테인먼트 (소송대리인 법무법인(유한) 태평양 담당변호사 박정희 외 4인)

【원심 판결】 특허법원 2013. 5. 3. 선고 2012허8225 판결

대법원 2014. 8. 20. 선고 2012다6059 판결【상표사용금지등】[공2014하,1772]

【판시사항】

[1] 등록상표권자의 상표권 행사가 권리남용에 해당하는지 판단하는 기준 / 어떤 상표가 정당하게 출원·등록된 후 등록상표와 동일·유사한 상표를 정당한 이유 없이 사용한 결과 사용상표가 주지성을 취득하였다는 이유로 상표 사용자를 상대로 한 상표권침해 금지 또는 손해배상 등의 청구가 권리남용에 해당하는지 여부(소극)

[2] 선행 등록상표와 표장 및 지정상품이 동일·유사한 후행 등록상표가, 선행 등록상표의 등록 이후부터 사용되어 후행 등록상표의 등록결정 당시 특정인의 상표로 인식된 타인의 상표와의 관계에서 상표법 제7조 제1항 제11호 후단의 '수요자를 기만할 염려가 있는 상표'에 해당하여 등록이 무효로 된 경우, 위 타인의 상표 사용이 선행 등록상표에 대한 관계에서 정당하게 되거나 선행 등록상표의 상표권에 대한 침해를 면하게 되는지 여부(소극)

[3] 지정상품을 '골프채' 등으로 하는 등록상표 'KATANA GOLF'의 상표권자인 갑 외국법인이 'KATANA'와 'KATANA GOLF' 등의 상표를 사용하여 골프채 등을 수입·판매하는 을 주식회사를 상대로 상표사용금지 등을 구한 사안에서, 갑 법인의 상표권 행사가 권리남용에 해당하지 않고, 갑 법인의 후행 등록상표인 'KATANA' 등이 을 회사가 사용하는 'KATANA' 상표 등과의 관계에서 등록이 무효로 되었더라도 을 회사 사용상표의 사용이 갑 법인의 상표권에 대한 침해를 면하지 않는다고 한 사례

[4] 국내의 등록상표와 동일·유사한 상표가 부착된 지정상품과 동일·유사한 상품을 수입하는 행위가 등록상표권의 침해 등을 구성하지 않는다고 하기 위한 요건

【판결요지】

[1] 상표권의 행사가 등록상표에 관한 권리를 남용하는 것으로서 허용될 수 없다고 하기 위해서는, 상표권자가 당해 상표를 출원·등록하게 된 목적과 경위, 상표권을 행사하기에 이른 구체적·개별적 사정 등에 비추어, 상대방에 대한 상표권의 행사가 상표사용자의 업무상의 신용유지와 수요자의 이익보호를 목적으로 하는 상표제도의 목적이나 기능을 일탈하여 공정한 경쟁질서와 상거래 질서를 어지럽히고 수요자 사이에 혼동을 초래하거나 상대방에 대한 관계에서 신의성실의 원칙에 위배되는 등 법적으

338) 이 판결은 상표법 제34조 제1항 제12호와 관련하여 선사용상표가 저명상표인지를 판단하는 기준을 설시하면서, 또한 같은 호에 해당하기 위한 요건에 관하여 선사용상표가 특정인의 상표로 인식되는 정도인 경우와 이보다 인지도가 높은 저명한 상표로까지 인식되는 경우를 모두 포섭하는 기준을 새로이 판시하였다(정택수, "수요자기만상표와 저명상표", 「정보법 판례백선(II)」, 2016년, 142면).

로 보호받을 만한 가치가 없다고 인정되어야 한다.

그리고 어떤 상표가 정당하게 출원·등록된 이후에 등록상표와 동일·유사한 상표를 그 지정상품과 동일·유사한 상품에 정당한 이유 없이 사용한 결과 그 사용상표가 국내의 일반 수요자들에게 알려지게 되었다고 하더라도, 사용상표와 관련하여 얻은 신용과 고객흡인력은 등록상표의 상표권을 침해하는 행위에 의한 것으로서 보호받을 만한 가치가 없고 그러한 상표의 사용을 용인한다면 우리 상표법이 취하고 있는 등록주의 원칙의 근간을 훼손하게 되므로, 위와 같은 상표 사용으로 시장에서 형성된 일반 수요자들의 인식만을 근거로 하여 상표 사용자를 상대로 한 등록상표의 상표권에 기초한 침해금지 또는 손해배상 등의 청구가 권리남용에 해당한다고 볼 수는 없다.

[2] 선행 등록상표의 등록 이후에 등록결정이 된 후행 등록상표가 선행 등록상표와 표장 및 지정상품이 동일·유사하고, 또한 후행 등록상표의 등록결정 당시 특정인의 상표라고 인식된 타인의 상표가 선행 등록상표의 등록 이후부터 사용되어 온 것이라고 하더라도, 이러한 타인의 사용상표(이하 '후발 선사용상표'라고 한다)와의 관계에서 후행 등록상표가 상표법 제7조 제1항 제11호 후단에서 규정하고 있는 '수요자를 기만할 염려가 있는 상표'에 해당하여 등록이 무효로 될 수 있고, 그 결과 후발 선사용상표가 사실상 보호받는 것처럼 보일 수는 있다. 그러나 위 규정의 취지가 후발 선사용상표를 보호하려는 데 있는 것이 아니라 이미 특정인의 상표라고 인식된 상표를 사용하는 상품의 출처 등에 관한 일반 수요자들의 오인·혼동을 방지하여 이에 대한 신뢰를 보호하려는 데 있음을 고려할 때, 그러한 결과는 일반 수요자들의 이익을 보호함에 따른 간접적·반사적인 효과에 지나지 아니하므로, 그러한 사정을 들어 후발 선사용상표의 사용이 선행 등록상표에 대한 관계에서 정당하게 된다거나 선행 등록상표의 상표권에 대한 침해를 면하게 된다고 볼 수는 없다.

[3] 지정상품을 '골프채' 등으로 하는 등록상표 'KATANA GOLF'의 상표권자인 갑 외국법인이 'KATANA'와 'KATANA GOLF' 등의 상표를 사용하여 골프채 등을 수입·판매하는 을 주식회사를 상대로 상표사용금지 등을 구한 사안에서, 갑 법인이 등록상표를 정당한 목적으로 출원·등록하여 상표권을 취득한 후 을 회사가 이와 유사한 상표를 정당한 이유 없이 사용해 온 결과 을 회사 사용상표들이 국내의 일반 수요자들 사이에서 특정인의 상표나 주지상표로 인식되기에 이르렀다고 하더라도 그러한 사정을 들어 을 회사에 대한 갑 법인의 상표권 행사가 권리남용에 해당한다고 보기 어렵고, 갑 법인의 후행 등록상표인 'KATANA' 등이 을 회사가 사용하고 있는 'KATANA' 상표 등과의 관계에서 상표법 제7조 제1항 제11호 후단의 '수요자를 기만할 염려가 있는 상표'에 해당한다는 이유로 등록이 무효로 되었다는 사정을 들어 을 회사 사용상표들에 앞서 등록된 갑 법인의 상표권에 대한

관계에서 을 회사 사용상표들의 사용이 정당하게 된다거나 갑 법인의 상표권에 대한 침해를 면하게 된다고 볼 수 없다고 한 사례.

[4] 국내에 등록된 상표와 동일·유사한 상표가 부착된 지정상품과 동일·유사한 상품을 수입하는 행위가 등록상표권의 침해 등을 구성하지 않는다고 하기 위해서는, 외국의 상표권자 또는 정당한 사용권자가 수입된 상품에 상표를 부착하였어야 하고, 외국 상표권자와 우리나라의 등록상표권자가 법적 또는 경제적으로 밀접한 관계에 있거나 그 밖의 사정에 의하여 위와 같은 수입상품에 부착된 상표가 우리나라의 등록상표와 동일한 출처를 표시하는 것으로 볼 수 있는 경우이어야 하며, 아울러 수입된 상품과 우리나라의 상표권자가 등록상표를 부착한 상품의 각 품질 사이에 실질적인 차이가 없어야 한다.

【참조조문】

[1] 민법 제2조, 상표법 제50조, 제65조, 제66조의2 [2] 상표법 제2조 제1항 제7호, 제7조 제1항 제11호, 제66조 제1항 제1호 [3] 민법 제2조, 상표법 제2조 제1항 제7호, 제7조 제1항 제11호, 제65조, 제66조 제1항 제1호 [4] 상표법 제2조 제1항 제7호, 제66조 제1항 제1호

【참조판례】

[1] 대법원 2007. 1. 25. 선고 2005다67223 판결(공2007상, 344)
[2] 대법원 2007. 6. 28. 선고 2006후3113 판결(공2007하, 1193)
[4] 대법원 2006. 10. 13. 선고 2006다40423 판결(공2006하, 1914)

【원고, 피상고인 겸 상고인】 판-웨스트(피티이) 리미티드 (소송대리인 법무법인 보나 담당변호사 소동기 외 3인)

【원고보조참가인】 주식회사 타미스포츠 (소송대리인 법무법인 보나 담당변호사 소동기 외 3인)

【피고, 상고인 겸 피상고인】 주식회사 카타나골프 (소송대리인 법무법인 다래 외 1인)

【원심 판결】 서울고법 2011. 11. 30. 선고 2010나115746 판결

대법원 2013. 3. 14. 선고 2011후1159 판결 【거절결정(상) 심결취소의소 (자)】 파기환송

◇ 상표법 제7조 제1항 제11호의 '수요자 기만상표'에 해당하는지 여부를 판단함에 있어 이와 대비되는 선사용상표의 권리자가 누구인지를 판단하는 기준 ◇

대법원 2013. 3. 14. 선고 2011후1159 판결 【거절결정(상)심결취소의소】 [공2013상,674]

【판시사항】

[1] 출원상표가 상표법 제7조 제1항 제11호 후단의 '수요자를 기만할 염려가 있는 상표'에 해당한다고 하려면 출원상표와 대비되는 선사용상표의 권리자는 출원인 이외의 타인

이어야 하는지 여부(적극) 및 선사용상표의 권리자가 누구인지 판단하는 기준

[2] 특허청 심사관이 SODA “”로 구성된 갑 주식회사의 상표출원에 대하여, 출원상표가 상표법 제7조 제1항 제11호에 해당한다는 이유로 거절결정을 한 사안에서, 출원상표는 선사용상표의 권리자에 의하여 출원된 것이어서 상표법 제7조 제1항 제11호의 '수요자를 기만할 염려가 있는 상표'에 해당한다고 할 수 없음에도, 이와 달리 본 원심 판결에 법리를 오해한 위법이 있다고 한 사례

【판결요지】

[1] 상표등록을 받을 수 없는 상표를 규정하고 있는 상표법 제7조 제1항 제11호 후단의 취지는 이미 특정인의 상표로 인식된 선사용상표를 사용하는 상품의 출처 등에 관한 일반 수요자의 오인·혼동을 방지하여 이에 대한 신뢰를 보호하려는 것이므로, 어떤 출원상표가 위 규정의 '수요자를 기만할 염려가 있는 상표'에 해당한다고 하기 위하여는 출원상표와 대비되는 선사용상표의 권리자는 출원인 이외의 타인이어야 한다. 여기서 선사용상표의 권리자가 누구인지는 선사용상표의 선택과 사용을 둘러싼 관련 당사자 사이의 구체적인 내부관계 등을 종합적으로 살펴 판단하여야 하고, 선사용상표의 사용자 외에 사용허락계약 등을 통하여 선사용상표 사용자의 상표사용을 통제하거나 선사용상표를 사용하는 상품의 성질이나 품질을 관리하여 온 자가 따로 있는 경우에는 그를 선사용상표의 권리자로 보아야 하며 선사용상표 사용자를 권리자로 볼 것은 아니다.

[2] 특허청 심사관이 지정상품을 '팔목시계' 등으로 하고 "SODA"로 구성된 갑 주식회사의 상표출원에 대하여, 출원상표가 지정상품 중 '시계류 및 시계부속품'에 사용되는 경우 갑 회사와 상표사용계약을 체결하고 선사용상표 "SODA"를 사용하여 온 을 주식회사에 의하여 사용된 것으로 오인, 혼동을 일으키게 하여 수요자를 기만할 염려가 있어 상표법 제7조 제1항 제11호에 해당한다는 이유로 거절결정을 한 사안에서, 선사용상표의 권리자는 선사용상표를 선택하고 상표사용계약을 통하여 을 회사의 상표 사용을 통제하고 선사용상표를 사용하는 상품의 성질이나 품질을 관리하는 권한을 가진 갑 회사라고 할 것이고 선사용상표 사용자인 을 회사를 권리자로 볼 것은 아니므로 출원상표는 선사용상표의 권리자에 의하여 출원된 것이어서 상표법 제7조 제1항 제11호의 '수요자를 기만할 염려가 있는 상표'에 해당한다고 할 수 없음에도, 선사용상표의 사용자인 을 회사를 권리자로 보아 출원상표가 '수요자를 기만할 염려가 있는 상표'에 해당한다고 본 원심 판결에 법리를 오해한 위법이 있다고 한 사례.

【참조조문】

[1] 상표법 제7조 제1항 제11호 [2] 상표법 제7조 제1항 제11호

【참조판례】

[1] 대법원 1999. 12. 24. 선고 97후3623 판결(공2000상, 309)

【전 문】

【원고, 상고인】 주식회사 소다(소송대리인 특허법인 신세기 담당변리사 김종윤)

【피고, 피상고인】 특허청장

【원심 판결】 특허법원 2011. 5. 11. 선고 2010허6157 판결

대법원 2013. 3. 28. 선고 2011후835 판결 【등록무효(상)】 [공2013상,797]

【판시사항】

[1] 등록상표의 등록결정시에 선사용상표의 구성 중 애초에는 식별력이 없었거나 미약하였던 부분이 수요자 간에 누구의 업무에 관련된 상품을 표시하는 것인가 현저하게 인식되어 있는 경우, 선사용상표가 사용된 상품에 관하여 그 부분을 식별력 있는 요부로 보아 상표 유사 여부를 판단할 수 있는지 여부(적극) 및 서비스표의 경우에도 마찬가지 법리가 적용되는지 여부(적극)

[2] 갑 외국회사가 을 주식회사의 등록상표 "coffee bean cantabile"가 상표법 제7조 제1항 제11호 등에 위배된다며 상표등록무효심판을 청구한 사안에서, 등록상표가 '수요자를 기만할 염려가 있는 상표'에 해당하지 않는다고 본 원심 판결에 심리미진 또는 법리오해의 위법이 있다고 한 사례

【판결요지】

[1] 등록무효 심판청구의 대상이 된 등록상표가 상표법 제7조 제1항 제11호후단의 '수요자를 기만할 염려가 있는 상표'에 해당하는지를 판단하는 기준시는 등록결정시이므로, 선사용상표가 거래사회에서 오랜 기간 사용된 결과 등록상표의 등록결정시에 선사용상표의 구성 중 애초에는 식별력이 없었거나 미약하였던 부분이 수요자 간에 누구의 업무에 관련된 상품을 표시하는 것인가 현저하게 인식되어 있는 경우에는 선사용상표가 사용된 상품에 관하여 그 부분을 식별력 있는 요부로 보아 등록상표와 선사용상표 간의 상표 유사 여부를 살피고 등록상표가 수요자를 기만할 염려가 있는 상표에 해당하는지 여부를 판단할 수 있다. 그리고 이러한 법리는 상표법 제2조 제3항에 의하여 서비스표의 경우에도 마찬가지로 적용된다.

[2] 갑 외국회사가 을 주식회사의 등록상표 "coffee bean cantabile"가 상표법 제7조 제1항 제11호 등에 위배된다며 상표등록무효심판을 청구한 사안에서, 등록상표가 상표법 제7조 제1항 제11호의 '수요자를 기만할 염려가 있는 상표'에 해당하는지를 판단할 때에는 선사용서비스표 1 " "과 선사용서비스표 2 " The Coffee Bean "의 구성 중 등록상표의 등록결정

시에 식별력을 취득한 'coffee bean' 부분을 그 사용서비스업인 '커피전문점경영업, 커피전문점체인업'에 관하여 요부로 보아 상표의 유사 여부를 살피고 등록상표가 수요자를 기만할 염려가 있는 상표에 해당하는지를 판단할 수 있음에도, 선사용서비스표들을 따로 살피지 아니하였고 선사용상표들의 구성 중 'Coffee Bean' 부분이 등록상표의 등록결정시가 아니라 선사용상표들의 등록결정시에 식별력이 있던 부분이 아니어서 상표의 유사 판단에서 요부로 될 수 없다는 이유로 등록상표가 위 규정의 '수요자를 기만할 염려가 있는 상표'에 해당하지 않는다고 본 원심 판결에 심리미진 또는 법리오해의 위법이 있다고 한 사례.

대법원 2012. 6. 28. 선고 2011후1722 판결

【판시사항】

[1] 선사용상표의 사용상품이 등록상표의 지정상품 중 특정의 재료 또는 용도 등의 것에 한정되는 경우, 상표법 제7조 제1항 제11호에서 정한 '수요자를 기만할 염려가 있는 상표'에 해당하는지 판단하는 기준

[2] 선사용상표 "송석"의 사용자 갑 주식회사가 등록상표 "송석"의 등록권리자 을 주식회사를 상대로 등록상표가 상표법 제7조 제1항 제11호 등에 해당한다는 이유로 등록무효심판을 청구한 사안에서, 등록상표는 수요자를 기만할 염려가 있는 상표에 해당하지 않는다고 본 원심판단을 수긍한 사례

[3] 상표법 제7조 제1항 제4호에서 정한 '상표 그 자체 또는 상표가 상품에 사용되는 경우 수요자에게 주는 의미와 내용 등이 일반인의 통상적인 도덕관념인 선량한 풍속에 어긋나거나 공공의 질서를 해칠 우려가 있는 상표'의 의미

【판결요지】

[1] 등록상표가 상표법 제7조 제1항 제11호에서 규정하고 있는 수요자를 기만할 염려가 있는 상표에 해당하려면, 등록상표나 지정상품과 대비되는 선사용상표나 사용상품이 등록상표에 대한 등록결정 당시에 적어도 국내의 일반거래에서 수요자나 거래자에게 그 상표나 상품이라고 하면 곧 특정인의 상표나 상품이라고 인식될 수 있을 정도로는 알려져 있어야 한다. 여기에서 선사용상표나 사용상품이 국내의 일반거래에서 수요자나 거래자에게 어느 정도로 알려져 있는지에 관한 사항은 일반수요자를 표준으로 하여 거래의 실정에 따라 인정하여야 하는 객관적인 상태를 말하는 것이고, 선사용상표가 사용된 상품이 등록상표의 지정상품 중 특정의 재료 또는 용도 등의 것에 한정되는 경우라면 그와 같은 한정이 없는 지정상품과의 관계를 충분히 고려하여 선사용상표가 그러한 한정이 없는 지정상품 전체의 상표등록을 배제할 수 있을 정도로 수요자나 거래자에게 특정인의 상표나 상품으로 인식되어 있는지 판단하여야 한다.

[2] 선사용상표 "송석"의 사용자 갑 주식회사가 등록상표 "송석"의 등록권리

자 을 주식회사를 상대로 등록상표가 상표법 제7조 제1항 제11호 등에 해당한다는 이유로 등록무효심판을 청구한 사안에서, 등록상표의 지정상품인 '건축용 비금속제 타일, 벽돌(시멘트제는 제외), 비금속제 타일, 콘크리트타일' 등은 일반적으로 널리 쓰이는 건축자재들이므로, 이와 대비되는 선사용상표나 사용상품이 등록상표의 등록결정 당시 특정인의 상표나 상품으로 인식될 수 있을 정도로 알려져 있었는지를 판단하기 위해 선사용상표의 사용상품이 전체 시장에서 차지하는 비중을 참작할 때에는 등록상표의 지정상품 또는 그와 유사한 상품의 거래시장을 기준으로 할 것이지, 그 중 '화산석 송이로 제조되는 벽돌이나 타일'과 같이 좁게 한정된 특정 재료의 상품만의 거래시장을 기준으로 할 것은 아니라는 전제에서, 선사용상표를 사용한 상품의 판매기간 및 방법, 매출액, 선사용상표의 사용상품이 전체 지정상품 등의 시장에서 차지하는 비중, 광고의 방법 및 횟수 등에 비추어 보면, 갑 회사의 선사용상표가 등록상표의 등록결정 당시 국내 수요자나 거래자에게 특정인의 상표나 상품으로 인식될 수 있는 정도로 알려져 있었다고 단정할 수 없으므로, 등록상표는 상표법 제7조 제1항 제11호의 수요자를 기만할 염려가 있는 상표에 해당하지 않는다고 본 원심판단을 수긍한 사례.

[3] 상표법 제7조 제1항 제4호는 '상표 그 자체 또는 상표가 상품에 사용되는 경우 수요자에게 주는 의미와 내용 등이 일반인의 통상적인 도덕관념인 선량한 풍속에 어긋나거나 공공의 질서를 해칠 우려가 있는 상표'는 상표등록을 받을 수 없도록 규정하고 있다. 위 규정은 본래 상표를 구성하는 표장 그 자체가 선량한 풍속 또는 공공의 질서에 반하는 경우 그와 같은 상표에 대하여 등록상표로서의 권리를 부여하지 않을 것을 목적으로 마련된 규정인 점, 상표를 등록하여 사용하는 행위가 상표사용자의 업무상 신용유지와 수요자의 이익보호라는 상표제도의 목적이나 기능을 일탈하여 공정한 상품유통질서나 국제적 신의와 상도덕 등 선량한 풍속에 위배되는 경우에 대하여는 상표법 제7조 제1항의 다른 호에 개별적으로 부등록사유가 규정되어 있는 점, 상표법이 상표선택의 자유를 전제로 하여 선출원인에게 등록을 인정하는 선출원주의의 원칙을 채택하고 있는 점 등을 고려하여 보면, 상표의 구성 자체가 선량한 풍속 또는 공공의 질서에 반하는 경우가 아닌 상표의 출원·등록이 위 규정에 해당하기 위해서는 상표의 출원·등록과정에 사회적 타당성이 현저히 결여되어 그 등록을 인정하는 것이 상표법의 질서에 반하는 것으로서 도저히 용인할 수 없다고 보이는 경우에 한하고, 타인의 상표·서비스표나 상호 등의 신용이나 명성에 편승하기 위하여 무단으로 타인의 표장을 모방한 상표를 출원하여 등록받았다거나, 또는 상표를 등록하여 사용하는 행위가 특정 당사자 사이에 이루어진 계약을 위반하거나 특정인에 대한 관계에서 신의성실의 원칙에 위배된 것으로 보인다는 등의 사정만을 들어 곧바로 위 규정에 해당한다고 할 수 없다.

바. 특정인의 상품을 표시하는 것이라고 인식되어 있는 상표와 동일· 유사한 상표를 통해 부정한 목적을 달성하려는 경우(상 제34조 제1항 제13호) 내지 특정

지역의 상품을 표시하는 것이라고 인식되어 있는 지리적 표시와 동일 또는 유사한 상표를 통해 부정한 목적을 달성하려는 경우(상 제34조 제1항 제14호)

(1) 의 의

[1] 국내 또는 외국의 수요자간에 특정인의 상품을 표시하는 것이라고 인식되어 있는 상표(지리적 표시를 제외한다)와 동일 또는 유사한 상표로서 부당한 이익을 얻으려 하거나 그 특정인에게 손해를 가하려고 하는 등 부정한 목적을 가지고 사용하는 상표 (상 제34조 제1항 제13호)는 등록받을 수 없다.

[2] 국내 또는 외국의 수요자간에 특정 지역의 상품을 표시하는 것이라고 인식되어 있는 지리적 표시와 동일 또는 유사한 상표로서 부당한 이익을 얻으려 하거나 그 지리적 표시의 정당한 사용자에게 손해를 가하려고 하는 등 부정한 목적을 가지고 사용하는 상표 (상 제34조 제1항 제14호)는 등록받을 수 없다.

[3] 취 지: 국내외에서 특정인의 상품표시로 인식되는 상표와 동일· 유사한 상표는 출원인의 주관적 의사를 불문하고 1998년 개정 이전의 상표법 제7조 제1항 제9호, 제10호(현행 상표법 제34조 제1항 제9호, 제10호, 제11호)에 의해 거절되지만, (i) 국내외에서 특정인의 상품표시로 인식되는 상표와 동일 또는 유사한 상표를 제3자가 출처혼동의 우려가 없는 비유사한 상품에 출원하거나, (ii) 외국에서만 특정인의 상품표시로 인식되는 상표를 출원한 경우에는 설사 부정한 목적에 의한 출원인 경우에도 위의 규정을 적용할 수 없으므로 1998년 개정 상표법은 진정한 상표사용자의 신용을 보호하고 수요자의 오인· 혼동으로 인한 불이익을 미연에 방지하기 위하여 본 호의 규정을 신설하였다. 그리고 2005년 개정 상표법에서는 국내 또는 외국에서 특정인의 상품표지로 인식되는 지리적 표시인 경우 적용되는 별도의 규정을 마련하였다[2005년 개정 상표법 제7조 제1항 제12호의2(현행 상표법 제34조 제1항 제14호)]. 그런데 2007년 개정 이전의 상표법 하에서는 국내 또는 외국의 주지상표 즉 상표법 제7조 제1항 제9호와 동일한 수준의 주지성을 요구하는 것으로 모방상표에 대한 등록배제의 실효성을 거두기가 곤란하였다. 그래서 2007년 개정을 통해 모방대상상표의 주지성 정도를 완화하여 등록배제의 범위를 확대하여 모방상표의 등록차단을 강화하고자 한 것이다.339)

(2) 특정인의 상품을 표시하는 것이라고 인식되어 있는 상표와 동일· 유사한 상표를 통해 부정한 목적을 달성하려는 경우(상 제34조 제1항 제13호)

[1] 적용요건:

(i) 해당 상표가 국내 또는 외국의 수요자간에 특정인의 상품을 표시하는 것으로 인식되

339) 공경식 편저, 「Plus 상표법」, 제7판, 한빛지적소유권센터, 2011년, 206면.

었을 것이어야 한다.

(ii) 그 해당상표와 동일 또는 유사한 상표이어야 한다.

(iii) 부정한 목적을 가지고 사용하는 상표이어야 한다.

[2] 국내 또는 외국의 수요자간에 특정인의 상품을 표시하는 것으로 인식되었을 것:

(i) 국내 또는 외국의 수요자 : 상표법 제34조 제1항 제9호 내지 제12호와는 달리 국내 수요자는 물론 외국의 수요자 간의 경우도 포함하며, 외국의 수요자도 반드시 복수 국가의 수요자임을 요하지 아니한다.[340]

(ii) 특정인 : 본 호에서 말하는 '특정인'이라 함은 해당 상품의 거래자나 수요자 등이 그 상표를 사용하는 자가 누구인지를 구체적으로 인식하지 못하더라도 익명의 존재로서 해당 상품의 출처를 인식할 수 있는 경우를 의미한다. 따라서 인식된 정도는 상표법 제34조 제1항 제9호의 주지도보다는 낮은 수준을 의미한다.[341]

(iii) '특정인의 상품을 표시하는 것이라고 인식되어 있는지 여부' : '특정인의 상품을 표시하는 것이라고 인식되어 있는지 여부'는 출원인이 타인의 상표라는 인식이 있었는지 여부와 부정한 기대이익을 합해서 판단할 수 있다. 다시 말해서, 출원인이 타인의 상표임을 인식하고 출원했다는 것과 이를 통해 매출액 증가 등 편승의 이익이 기대된다면 그 거래계에서 최소한의 범위의 사람들에게는 인식되어 있는 상표라는 것을 증명하는 증거로 볼 수 있다.[342]

'타인의 상표라는 인식'은 출원인이 타인의 미등록 선사용상표와 동일·유사한 표장을 우연히 출연한 것인지 아니면 특정인의 상표임을 사전에 인지한 상태에서 미등록상표를 선점할 목적으로 출원한 것인지 여부를 중심으로 판단할 수 있다. 이 경우 창작성 있는 도형 또는 조어로 구성된 선사용 상표와 전체적인 외관이나 그 결합형태가 동일하거나 극히 유사한 표장을 출원하였다면 출원인은 특정인의 상표임을 사전에 인지한 채로 출원한 것으로 볼 수 있다.[343] 그리고 '부정한 기대이익'을 가지고 사용하는 상표인지 여부는 출원인이 타인의 선사용상표를 출원함으로써 부당한 경제적 이익이 예상되는지 또는

340) 2016년 상표심사기준 제5부 제13장 § 1.1.1.

341) 특허법원 2012. 1. 18. 선고 2011허5861 판결에서는 "국내 또는 외국의 수요자 간에 특정인의 상품을 표시하는 것이라고 인식되어 있는 상표와 동일 또는 유사한 상표로서 부당한 이익을 얻으려 하거나 그 특정인에게 손해를 가하려고 하는 등 부정한 목적을 가지고 사용하는 상표'는 등록받을 수 없도록 하고 있는데, 위 규정의 '국내 또는 외국의 수요자 간에 특정인의 상품을 표시하는 것이라고 인식되어 있는 상표'에 해당하기 위해서는 특정인의 상표가 누군가의 상품을 표시한다는 인식이 당해 상품에 관한 국내 또는 외국의 수요자들 중 거래상 의미 있는 최소한의 범위 이상의 사람들 사이에서 존재하면 충분하고, 반드시 그 수요자들의 전부 또는 대부분이 그러한 인식을 하고 있어 특정인의 상표가 주지상표에 해당할 필요는 없다."라고 판시하였다.

342) 2016년 상표심사기준 제5부 제13장 § 1.1.4.

343) 2016년 상표심사기준 제5부 제13장 § 1.1.4.

특정인의 영업에 방해가 되는지 여부를 중심으로 판단하되 선사용상표의 창작성, 주지성, 선사용상표의 상품과 출원상표의 상품간의 경제적 견련관계, 출원인의 과거 전력 등을 종합적으로 고려하여 판단할 수 있다.[344]

[3] 국내 또는 외국의 수요자간에 특정인의 상품을 표시하는 것으로 인식되어 있는 상표와 동일 또는 유사한 상표일 것: 국내외에서 특정인의 상품표시로 인식되는 상표와 동일 또는 유사한 상표에 한하여 적용된다. 하지만 희석화상표의 등록을 배제하기 위해 지정상품에 대해서는 아무런 제한을 두고 있지 않으므로 상표법 제34조 제1항 제9호, 제10호, 제11호 및 제12호가 적용되기 어려운 경우에도 적용할 수 있다.

[4] 부정한 목적을 가지고 사용하는 상표일 것: 부정한 목적이 있기만 하면 출처의 오인이나 혼동의 염려는 그 요건이 아니므로 무임승차나 희석화의 경우에도 상표법 제34조 제1항 제13호에 해당할 수 있다. 여기에서 부정한 목적이란 법문상의 부당한 이익을 얻으려 하거나 특정인에게 손해를 가하려고 하는 것을 의미한다. 부정한 목적이 있는지 여부는 출원상표의 출원 당시 특정인의 상표의 인식도 또는 창작성의 정도, 특정인의 상표와 제3자의 상표의 동일·유사성의 정도, 제3자와 특정인 사이의 상표를 둘러싼 교섭의 유무와 그 내용, 기타 양 당사자의 관계, 제3자가 출원상표를 이용한 사업을 구체적으로 준비하였는지 여부, 출원상표와 특정인의 상표의 지정상품의 동일·유사성 내지 경제적 견련관계 유무, 거래실정 등을 종합적으로 고려하여야 한다.[345]

[5] 판단시점: 상표등록출원시를 기준으로 한다(상 제34조 제2항 단서). 2016년 상표법 개정이전의 판례[346]도 같은 입장이다.

[6] 제척기간: 제척기간이 없다(상 제122조 제1항).

대법원 2014. 2. 13. 선고 2013후2460 판결 【등록무효(상)】 [공2014상,633]

【판시사항】

갑 독일회사가 등록상표 " JUNKERS "의 상표권자 을 주식회사를 상대로 등록상표가 상표법 제7조 제1항 제12호에 해당한다는 이유로 상표등록 무효심판을 청구한 사안에서, 선사용상표들인 " JUNKERS ", " "가 등록상표의 출원일 무렵에는 독일 내의 수요자 사이에 특정인의 상표로 인식되어 있었음에도 이와 달리 본 원심 판결에

344) 2016년 상표심사기준 제5부 제13장 § 1.1.4.

345) 대법원 2010. 7. 15. 선고 2010후807 판결; 특허법원 2011. 10. 26. 선고 2011허4653 판결; 특허법원 2012. 1. 18. 선고 2011허5861 판결.

346) 대법원 2004. 5. 14. 선고 2002후1362 판결; 대법원 2005. 6. 9. 선고 2003후649 판결.

법리오해의 위법이 있다고 한 사례

【판결요지】

갑 독일회사가 등록상표 " JUNKERS "의 상표권자 을 주식회사를 상대로 등록상표가 상표법 제7조 제1항 제12호에 해당한다는 이유로 상표등록 무효심판을 청구한 사안에서, 선사용상표들인 " JUNKERS ", " JUNKERS "의 사용 경위와 기간, 선사용상표들과 그 상표를 사용한 제품의 연관관계, 선사용상표들을 사용한 제품의 판매·공급처 및 주위의 평가 등을 종합하여 볼 때, 선사용상표들은 그 지정상품을 '팔목시계, 전자시계, 크로노미터' 등으로 한 등록상표의 출원일 무렵에는 적어도 독일 내의 수요자 사이에 특정인의 상표로 인식되어 있었음에도 이와 달리 본 원심 판결에 법리오해의 위법이 있다고 한 사례.

【참조조문】

상표법 제7조 제1항 제12호

【전 문】

【원고, 상고인】 포인트 텍 일렉트로닉 게엠바하 (소송대리인 변리사 정문영)

【피고, 피상고인】 주식회사 강소유통 (소송대리인 변리사 추혁)

【원심 판결】 특허법원 2013. 9. 13. 선고 2013허5186 판결

대법원 2014. 9. 4. 선고 2014후1051 판결 【등록무효(상)】

【판시사항】

갑이 등록서비스표 " Chocolate Museum 초콜릿 박물관 "의 서비스표권자 을 주식회사를 상대로 등록서비스표가 선사용상표·서비스표 " 초콜릿박물관 ", " CHOCOLATE MUSEUM ", " CHOCOLATE MUSEUM "와 관련하여 상표법 제7조 제1항 제12호 등에 해당한다는 이유로 등록무효심판을 청구한 사안에서, 을 회사가 선사용상표·서비스표를 모방하여 부정한 목적으로 등록서비스표를 출원·등록하여 사용하는 것이라고 보아야 할 것이어서, 등록서비스표에 등록무효사유가 있다고 본 원심판단이 정당하다고 한 사례

【참조조문】

상표법 제7조 제1항 제12호

【전 문】

【원고, 피상고인】 원고(소송대리인 변리사 나영환 외 1인)

【피고, 상고인】 주식회사 초콜릿랜드 (소송대리인 변리사 최학현)

【원심 판결】 특허법원 2014. 5. 30. 선고 2013허8116 판결

【주 문】

상고를 기각한다. 상고비용은 피고가 부담한다.

【이 유】

상고이유를 판단한다.

선사용상표·서비스표

'초콜릿박물관',
'CHOCOLATE MUSEUM',

이 사건 등록서비스표

원심 판결 이유에 의하면, 원심은 그 채용 증거들을 종합하여 판시와 같은 사실을 인정한 다음, '카페업, 카페테리아업, 스낵바업, 패스트푸드식당업, 레스토랑업' 등을 지정서비스업으로 하는 오른쪽 아래의 그림과 같이 구성된 이 사건 등록서비스표(등록번호 생략)의 출원일인 2011. 7. 19.경, '초콜릿, 초콜릿 관련 종합 전시업'을 사용상품·서비스업으로 하는 오른쪽 위의 그림과 같이 구성된 원심판시 선사용상표·서비스표는 국내의 수요자 사이에 원고의 '초콜릿, 초콜릿 관련 종합 전시업'을 표시하는 것이라고 인식되는 정도에 이르렀다고 봄이 타당하다고 판단하였다. 또한 원심은, 이 사건 등록서비스표는 선사용상표·서비스표와 서로 유사하고, 한편 선사용상표·서비스표가 국내의 수요자에게 알려진 정도, 선사용상표·서비스표와 이 사건 등록서비스표의 유사성의 정도, 선사용상표·서비스표를 사용하여 운영되고 있는 원고 영업소와 이 사건 등록서비스표를 사용하여 운영되고 있는 피고 영업소가 매우 유사한 형태로 운영되고 있으며 근거리에 위치하고 있어 실제 관광객들에게 오인·혼동을 일으키고 있고, 이 사건 등록서비스표의 지정서비스업에는 선사용상표·서비스표의 사용상품·서비스업과 경제적 견련관계가 있는 업종도 다수 포함되어 있는 점 등을 종합적으로 고려하여 보면, 피고가 선사용상표·서비스표를 모방하여 부정한 목적으로 이 사건 등록서비스표를 출원·등록하여 사용하는 것이라고 보아야 할 것이어서, 이 사건 등록서비스표에 상표법 제7조 제1항 제12호가 정한 등록무효사유가 있다고 판단하였다.

기록에 비추어 살펴보면, 원심의 이러한 판단은 정당하고, 거기에 상고이유 주장과 같이 논리와 경험의 법칙을 위반하여 자유심증주의의 한계를 벗어나거나 상표법 제7조 제1항 제12호에 관한 법리를 오해하는 등의 위법이 없다.

그러므로 상고를 기각하고 상고비용은 패소자가 부담하도록 하여, 관여 대법관의 일치된 의견으로 주문과 같이 판결한다.

대법원 2014. 8. 20. 선고 2013후1108 판결 【등록무효(상)】

【판시사항】

[1] 상표법 제7조 제1항 제12호에 해당하기 위한 요건과 위 규정에 정한 부정한 목적이 있는지를 판단하는 기준 및 같은 법리가 서비스표의 경우에도 적용되는지 여부(적극)

[2] 선사용표장 "WYNN"의 권리자인 갑 미국 회사가 을 등을 상대로 등록서비스표 "WYNN"이 선사용표장과 표장 및 지정서비스업이 동일·유사하여 상표법 제7조 제1항 제12호 등에 해당한다는 이유로 등록무효 심판청구를 하였고 특허심판원이 이를 인용한 사안에서, 을 등은 선사용표장을 모방하여 선사용표장에 축적된 양질의 이미지나 선사용표장이 갖는 고객흡인력에 편승하여 부당한 이익을 얻으려 하거나 갑 회사에 손해를 가하려고 하는 등 부정한 목적을 가지고 사용하기 위하여 등록서비스표를 출원하였다고 한 사례

【참조조문】

[1] 상표법 제7조 제1항 제12호 [2] 상표법 제7조 제1항 제12호

【참조판례】

[1] 대법원 2011. 7. 14. 선고 2010후2322 판결

【전 문】

【원고, 피상고인】 원고 1 외 1인 (소송대리인 법무법인 광장 담당변호사 서무송 외 2인)
【피고, 상고인】 윈 리조트 홀딩스, 엘엘씨 (소송대리인 법무법인 케이씨엘 담당변호사 김영철 외 2인)
【원심 판결】 특허법원 2013. 4. 19. 선고 2012허10457 판결

【주 문】

원심 판결을 파기하고, 사건을 특허법원에 환송한다.

【이 유】

상고이유(상고이유서 제출기간이 경과한 후에 제출된 상고이유보충서의 기재는 상고이유를 보충하는 범위 내에서)를 판단한다.

1. 상표법 제7조 제1항 제12호에 해당하기 위하여는 상표 출원인이 국내 또는 외국의 수요자 간에 특정인의 상품을 표시하는 것이라고 인식되어 있는 상표와 동일 또는 유사한 상표를 부정한 목적을 가지고 사용하여야 한다. 위 규정의 취지는 국내 또는 외국의 수요자 간에 특정인의 상품을 표시하는 것이라고 인식되어 있는 상표가 국내에서 등록되어 있지 않음을 기화로 제3자가 이를 모방한 상표를 등록하여 사용함으로써 특정인의 상품을 표시하는 것이라고 인식되어 있는 상표 권리자의 국내에서의 영업을 방해하는 등의 방법으로 위 상표 권리자에게 손해를 가하거나 이러한 모방상

표를 이용하여 부당한 이익을 얻을 목적으로 사용하는 상표는 그 등록을 허용하지 않는다는 데에 있다. 한편 위 규정에 정한 부정한 목적이 있는지 여부는 특정인의 상표의 인식도 또는 창작성의 정도, 특정인의 상표와 출원인의 상표의 동일·유사성의 정도, 출원인과 특정인 사이의 상표를 둘러싼 교섭의 유무와 그 내용, 기타 양 당사자의 관계, 출원인이 등록상표를 이용한 사업을 구체적으로 준비하였는지 여부, 상품의 동일·유사성 내지는 경제적 견련관계 유무, 거래 실정 등을 종합적으로 고려하여 등록상표의 출원 당시를 기준으로 판단하여야 한다(대법원 2011. 7. 14. 선고 2010후2322 판결 등 참조). 이러한 법리는 서비스표의 경우에도 마찬가지로 적용된다.

[이 사건 등록서비스표]

WYNN

[선사용표장]

WYNN

2. 기록에 비추어 살펴보면, '호텔업, 카지노시설제공업, 골프 리조트업'에 사용되어 온 오른쪽 아래와 같이 구성된 표장(이하 '선사용표장'이라 한다)은 피고가 속한 윈 그룹(Wynn Group)을 설립한 스티브 윈(Steve Wynn)의 성을 따서 창작해 낸 것으로서, '피부관리업, 미용상담업, 미용업, 의료업' 등 23종의 서비스업을 지정서비스업으로 하고 오른쪽 위와 같이 구성된 이 사건 등록서비스표(등록번호 생략)의 출원 당시 미국의 수요자들에게 널리 인식된 서비스표가 된 점, 이 사건 등록서비스표는 원고들이 미국 방문 중 선사용표장을 목격하고 이를 그대로 모방하여 출원한 것으로서 선사용표장과 동일한 점, 이 사건 등록서비스표의 지정서비스업 중에는 위에서 적시한 지정서비스업과 같이 호텔이나 리조트 내에서 제공되고 있는 서비스업들이 포함되어 있는 점 등을 알 수 있다.

이러한 점들을 앞서 본 법리에 비추어 살펴보면, 원고들은 선사용표장을 모방하여 선사용표장에 축적된 양질의 이미지나 선사용표장이 갖는 고객흡인력에 편승하여 부당한 이익을 얻으려 하거나 선사용표장의 권리자인 피고에게 손해를 가하려고 하는 등 부정한 목적을 가지고 사용하기 위하여 이 사건 등록서비스표를 출원하였다고 할 것이다.

그런데도 원심은 이와 달리 이 사건 등록서비스표는 원고들이 부정한 목적을 가지고 사용하기 위하여 출원한 것으로 인정되지 않는다고 하여 상표법 제7조 제1항 제12호에 해당하지 않는다고 판단하였다. 이러한 원심 판결에는 위 규정의 '부정한 목적'에 관한 법리를 오해하여 판결에 영향을 미친 위법이 있다. 이 점을 지적하는 상고이유 주장은 이유 있다.

3. 그러므로 원심 판결을 파기하고, 사건을 다시 심리·판단하게 하기 위하여 원심법원에 환송하기로 하여 관여 대법관의 일치된 의견으로 주문과 같이 판결한다.

대법원 2013. 5. 9. 선고 2011후3896 판결 【등록무효(상) (타) 파기환송】 [선퍼니처 사건]

【판시사항】

[1] 등록상표가 상표법 제7조 제1항 제12호에 해당하기 위한 요건 및 판단 기준 시기(=등록상표 출원 시)

[2] 등록상표의 출원일 당시에 모방대상상표가 실제 상표로 사용되고 있지 아니하거나 모방대상상표의 권리자가 이를 상표로 계속 사용하려고 하는 의사가 명백하지 아니한 경우 곧바로 상표법 제7조 제1항 제12호의 적용이 배제되는지 여부(소극)

【판결요지】

[1] 상표법 제7조 제1항 제12호는 국내 또는 외국의 수요자 사이에 특정인의 상품을 표시하는 것이라고 인식되어 있는 상표(이하 '모방대상상표'라고 한다)가 국내에 등록되어 있지 않음을 기화로 제3자가 이를 모방한 상표를 등록하여 사용함으로써, 모방대상상표에 체화된 영업상 신용 등에 편승하여 부당한 이익을 얻으려 하거나, 모방대상상표의 가치에 손상을 주거나 모방대상상표 권리자의 국내 영업을 방해하는 등의 방법으로 모방대상상표의 권리자에게 손해를 끼치려는 목적으로 사용하는 상표는 등록을 허용하지 않는다는 취지이다. 따라서 등록상표가 이 규정에 해당하려면 모방대상상표가 국내 또는 외국의 수요자에게 특정인의 상표로 인식되어 있어야 하고, 등록상표의 출원인이 모방대상상표와 동일 또는 유사한 상표를 부정한 목적을 가지고 사용하여야 하는데, (1) 모방대상상표가 국내 또는 외국의 수요자 사이에 특정인의 상표로 인식되어 있는지는 그 상표의 사용기간, 방법, 태양 및 이용범위 등과 거래실정 또는 사회통념상 객관적으로 상당한 정도로 알려졌는지 등을 기준으로 판단하여야 하고, (2) 부정한 목적이 있는지를 판단할 때는 모방대상상표의 인지도 또는 창작의 정도, 등록상표와 모방대상상표의 동일·유사 정도, 등록상표의 출원인과 모방대상상표의 권리자 사이에 상표를 둘러싼 교섭의 유무, 교섭의 내용, 기타 양 당사자의 관계, 등록상표의 출원인이 등록상표를 이용한 사업을 구체적으로 준비하였는지 여부, 등록상표와 모방대상상표의 지정상품 간의 동일·유사 내지 경제적 견련성의 유무, 거래실정 등을 종합적으로 고려하여야 하며, (3) 위와 같은 판단은 등록상표의 출원 시를 기준으로 하여야 한다.

[2] 등록상표의 출원인이 그 출원 시를 기준으로 국내 또는 외국의 수요자 사이에 특정인의 상표로 인식되어 있는 모방대상상표와 동일 또는 유사한 상표를 부정한 목적을 가지고 사용하면 상표법 제7조 제1항 제12호에 해당하는 것이므로, 등록상표의 출원일 당시에 모방대상상표가 실제 상표로 사용되고 있지 아니하거나 모방대상상표의 권리자가 이를 상표로 계속 사용하려고 하는 의사가 명백하지 아니하다고 하여 곧바로 위 규정의 적용이 배제되는 것은 아니다. 즉 등록상표의 출원일 당시에 모방대상상표가 실제 상표로 사용되고 있지 아니하거나 모방대상상표의 권리자가 이를 상표로 계속 사용하려고 하는 의사가 명백하지 아니한 경우에도, 모방대상상표가 과거의 사용실적 등으로 인하여 여전히 국내 또는 외국의 수요자 사이에 특정인의 상표로 인식되어 있고, 등록상표의 출원인이 모방대상상표에 체화된 영업상 신용 등에 편승하여 부당한 이익을 얻으려 하거나, 모방대상상표의 가치에 손상을 주거나 모방대상상표의 권리자가 이후 다시 위 상표를 사용하려고 하는 것을 방해하는 등의 방법으로 모방대상상표의 권리자에게 손해를 끼치려는 목적을 가지고 모방대상상표와 동일·유사한 상표를 사용하는 경우에는 위 규정에 해당한다고 할 수 있고, 모방대상상표가

상표로 사용되고 있는지 여부, 모방대상상표의 권리자가 이를 상표로 계속 사용하려고 하는 의사가 있는지 여부는 모방대상상표가 특정인의 상표로 인식되어 있는지 여부와 등록상표 출원인의 부정한 목적 여부 등 위 규정에서 정한 요건의 충족 여부를 판단하기 위한 고려요소 중 하나가 되는 것에 불과하다.

【참조조문】

[1] 상표법 제7조 제1항 제12호 [2] 상표법 제7조 제1항 제12호

【참조판례】

[1] 대법원 2012. 6. 28. 선고 2012후672 판결(공2012하, 1356)

【전 문】

【원고, 상고인】 선창아이티에스 주식회사 (소송대리인 변리사 안영길)
【피고, 피상고인】 피고
【원심 판결】 특허법원 2011. 11. 25. 선고 2011허6635 판결

대법원 2010. 7. 15. 선고 2010후807 판결 【등록무효(상)】

【판시사항】

[1] 구 상표법 제7조 제1항 제12호에서 정한 '부정한 목적을 가지고 사용하는 상표'에 해당하기 위한 요건 및 그 판단 시기(=등록상표 출원시)

[2] 등록상표 "BUTTERFLY 버터플라이"의 출원인이, 선사용상표들인 "Butterfly TAMASU TOKYO" 및 "Butterfly"를 모방하여 부정한 목적을 가지고 사용하기 위하여 위 등록상표를 출원하였다고 한 사례

【판결요지】

[1] 구 상표법(2007. 1. 3. 법률 제8190호로 개정되기 전의 것) 제7조 제1항 제12호는 국내 또는 외국의 수요자 간에 특정인의 상표라고 현저하게 인식되어 있는 이른바 주지상표가 국내에서 등록되어 있지 않음을 기화로 제3자가 이를 모방한 상표를 등록하여 사용함으로써 주지상표에 화체된 영업상의 신용이나 고객흡인력 등의 무형의 가치에 손상을 입히거나 주지상표권자의 국내에서의 영업을 방해하는 등의 방법으로 주지상표권자에게 손해를 가하거나 이러한 모방상표를 이용하여 부당한 이익을 얻을 목적으로 사용하는 상표는 그 등록을 허용하지 않는다는 취지이다. 따라서 위 규정에 해당하기 위하여는 상표 출원인이 특정인의 주지상표와 동일 또는 유사한 상표를 부정한 목적을 가지고 사용하여야 하는바, 특정인의 상표가 주지상표에 해당하는지 여부는 그 상표의 사용기간, 방법, 태양 및 이용범위 등과 거래실정 또는 사회통념상 객관적으로 널리 알려졌느냐의 여부 등이 기준이 되며, 부정한 목적이 있는지 여부는 특정인의 상표의 주지·저명 또는 창작성의 정도, 특정인의 상표와 출원인의 상표의

동일·유사성의 정도, 출원인과 특정인 사이의 상표를 둘러싼 교섭의 유무와 그 내용, 기타 양 당사자의 관계, 출원인이 등록상표를 이용한 사업을 구체적으로 준비하였는지 여부, 상품의 동일·유사성 내지는 경제적 견련관계 유무, 거래 실정 등을 종합적으로 고려하여야 하며, 위 규정에 해당하는지 여부는 등록상표의 출원 당시를 기준으로 판단하여야 한다.

[2] 등록상표인 "BUTTERFLY 버터플라이"와 선사용상표들인 "Butterfly TAMASU TOKYO" 및 "Butterfly"의 유사 정도, 위 선사용상표들의 주지 정도, 등록상표의 지정상품들과 선사용상표들의 사용상품들 사이의 경제적 견련관계, 상표분쟁의 경과 등을 종합적으로 고려하여 보면, 위 등록상표의 출원인은 선사용상표들을 모방하여 선사용상표들에 축적된 양질의 이미지나 선사용상표들이 갖는 고객흡인력에 편승하여 부당한 이익을 얻으려 하거나 선사용상표들의 사용자에게 손해를 가하려고 하는 등 부정한 목적을 가지고 사용하기 위하여 위 등록상표를 출원하였다고 한 사례.

【참조조문】

[1] 구 상표법(2007. 1. 3. 법률 제8190호로 개정되기 전의 것) 제7조 제1항 제12호 [2] 구 상표법(2007. 1. 3. 법률 제8190호로 개정되기 전의 것) 제7조 제1항 제12호

【참조판례】

[1] 대법원 2005. 4. 14. 선고 2004후3379 판결

【전 문】

【원고, 피상고인】 원고(소송대리인 변리사 김중효외 2인)

【피고, 상고인】 가부시키가이샤 다마스 (소송대리인 특허법인 아주양헌 담당변리사 정은섭 외 2인)

【원심 판결】 특허법원 2010. 1. 27. 선고 2009허3602 판결

〈상표법 제34조 제1항 제9호, 제11호, 제12호, 제13호 비교〉[347)]

구 분	상 제34조 제1항 제9호	상 제34조 제1항 제11호	상 제34조 제1항 제12호	상 제34조 제1항 제13호
취지	출처 오인·혼동 방지, 주지상표권자 이익보호	저명상표·영업과의 오인·혼동으로부터 수요자 보호, 저명상표 희석화 방지	상품의 품질오인, 출처오인·혼동으로 인한 수요자 기만 방지(다만, 출처의 오인은 상표법 제34조 제1항 제9호, 제11호, 제13호 등을 요건에 맞	진정한 상표사용자 신용보호, 브로커 방지, 공정한 경쟁질서 확립

347) 2016년 상표심사기준 제5부 제13장 § 3.

			게 우선 적용하고, 본호는 수요자 기만에 초점을 맞춰 적용)	
주지도	동종업종에서 수요자들에게 현저하게 인식	이종상품이나 이종영업에 걸친 거래자 및 일반수요자 대다수에게 현저하게 인식	국내의 일반거래에 있어서 수요자나 거래자에게 인식	국내·외 수요자들에게 특정인의 상품표지로 인식
상표	동일·유사	비유사하여도 모티브와 아이디어 등을 비교하여 저명상표가 용이하게 연상되는 경우	동일·유사	동일·유사
상품	동일·유사	비유사	비유사(다만, 수요자 기만 발생과 관련하여 견련관계 고려)	비유사(다만, 부정목적 추정을 위해서는 견련성 검토 필요)
인식도 판단방법	상표 사용기간, 사용방법, 사용지역, 거래범위, 상품판매량, 광고선전 등을 종합적으로 고려	상표 사용기간, 사용방법, 사용지역, 거래범위, 상품판매량, 광고선전 등을 종합적으로 고려	상표 사용기간, 사용방법, 사용지역, 거래범위, 상품판매량, 광고선전 등을 종합적으로 고려	상표 사용기간, 사용방법, 사용지역, 거래범위, 상품판매량, 광고선전 등을 종합적으로 고려(다만, 특정인의 상표라는 인식+부당한 기대익 유무를 통해 인식도 판단 가능)
시기적 기준	상표등록여부 결정시	상표등록출원시	상표등록여부 결정시	상표등록출원시
제척기간	5년	없음	없음	없음

(3) 특정 지역의 상품을 표시하는 것이라고 인식되어 있는 지리적 표시와 동일 또는 유사한 상표를 통해 부정한 목적을 달성하려는 경우(상 제34조 제1항 제14호)

[1] 적용요건:

(i) 국내 또는 외국의 수요자들에게 특정 지역의 상품을 표시하는 것이라고 인식되어 있는 지리적 표시와 동일·유사한 상표일 것

(ii) 부당한 이익을 얻으려 하거나 그 지리적 표시의 정당한 사용자에게 손해를 입히려고 하는 등 부정한 목적으로 사용하는 상표일 것

[2] 국내 또는 외국의 수요자들에게 특정 지역의 상품을 표시하는 것이라고 인식되어 있는

지리적 표시와 동일·유사한 상표일 것: 본 호는 국내의 수요자는 물론이고 외국의 수요자들에게 특정 지역의 상품을 표시하는 것이라고 인식되어 있는 상표에도 적용하며, 외국의 수요자는 반드시 복수 국가의 수요자일 필요는 없다. 본 호에서 '특정 지역'이란 구체적인 지역으로서의 출처를 의미한다. 본 호에서 '특정 지역의 상품을 표시하는 것이라고 인식되어 있는지 여부'는 출원인이 특정 지리적 표시라는 인식을 가지고 있었는지 여부와 부정한 기대이익을 합해서 판단할 수 있다. 다시 말해서 출원인이 특정 지리적 표시임을 인식하고 출원했다는 것과 이를 통해 매출액 증가 등 편승의 이익이 기대된다면 그 거래계에서 최소한의 범위의 사람들에게는 알려져 있는 지리적 표시라는 것을 증명하는 증거로 볼 수 있다.[348)]

[3] 부정한 목적: 외국의 정당한 지리적 표시권자가 국내시장에 진입하는 것을 저지하거나 특정 지리적 표시의 신용이나 고객흡인력 등에 편승하여 부당한 이득을 얻을 목적으로 출원한 경우 등을 뜻한다.[349)]

[4] 지정상품에 대한 제한 없음: 상표법 제34조 제1항 제14호가 지정상품에 대한 제한을 두고 있지 않으므로 상표법 제34조 제1항 제8호, 제10호와는 달리 지정상품을 동일하거나 동일하다고 인식되어 있는 범위로 한정하는 규정을 두고 있지 않다.[350)]

[5] 판단시점: 타인의 상표가 국내외의 수요자들에게 특정 지역의 상품을 표시하는 것이라고 인식되어 있는 지리적 표시에 해당하는지 여부는 상표등록출원시를 기준으로 하여 판단한다(상 제34조 제2항 단서).

[6] 제척기간: 제척기간이 없다(상 제122조 제1항).

사. 입체상표, 색채상표, 소리상표, 냄새상표 등의 기능성에 의한 부등록(상 제34조 제1항 제15호)

[1] 의 의: 상표등록을 받고자 하는 상품 또는 그 상품의 포장의 기능을 확보하는데 꼭 필요한 (서비스의 경우에는 그 이용과 목적에 꼭 필요한 경우를 말한다) 입체적 형상, 색채, 색채의 조합, 소리 또는 냄새만으로 된 상표는 등록을 받을 수 없다(상 제34조 제1항 제15호).

[2] 취 지: 본 호는 1997년 8월 입체상표제도를 도입함에 따른 조치로서 신설된 조문이다. 본 호의 입법취지는 해당상품 또는 포장의 기능적 특성만을 나타낸 입체상표 등에 독점을 허용할 경우 관련 산업의 발전이 저해될 수 있으므로 이를 예방하고 다른 경업자의 자유로운 사용을 보장하기 위하여 공익적인 차원에서 특정인에게 등록을 허여하지

348) 2016년 상표심사기준 제5부 제14장 § 1.1.3.
349) 2016년 상표심사기준 제5부 제14장 § 1. 2.
350) 공경식 편저, 앞의 책, 208면.

않기 위한 것이다.

[3] 적용요건:

(i) 상표등록을 받으려는 '상품 또는 그 상품의 포장'일 것

(ii) 그 기능을 확보하는데 꼭 필요한 입체적 형상, 색채, 색채의 조합, 소리 또는 냄새(이하 '입체적 형상 등'이라 한다)만으로 된 상표일 것

[4] '상품 또는 그 상품의 포장의 기능을 확보하는 데 불가결한 입체적 형상'일지라도 상표법 제33조 제1항 제3호에서 규정하는 '상품의 형상' 또는 '상품의 포장의 형상'에 해당하므로 그와 같은 상표는 원칙적으로 상표법 제33조 제1항 제3호에 해당하는 것으로 본다. 따라서 본 호가 적용되는 것은 실제적으로 상표법 제33조 제2항에 의하여 식별력이 인정된 상표로서 입체상표의 기능성에 해당할 경우에는 식별력이 인정되어도 등록을 받을 수 없는 것으로 한다.

[5] 입체상표의 경우 기능성 여부의 판단방법: 상표등록을 받으려는 상품 또는 그 상품의 포장의 기능을 확보하는 데 꼭 필요한(서비스의 경우에는 그 이용과 목적에 꼭 필요한 경우를 말한다) 입체적 형상만으로 되어 있는 상표는 등록을 받을 수 없다(상 제34조 제1항 제15호). 이 부등록사유의 적용은 상품 또는 상품 포장의 형상이 그 기능을 구현하는데 필수적이고 긴요한 것이어서 특정인에게 배타적인 권리를 부여하면 자유경쟁이 저해되는 그러한 기능에 착안하여 판단한다.[351] 그리고 출원된 입체상표가 기능적인지 여부는 (i) 특허나 실용신안의 존재 여부, (ii) 유통과정의 편이성 및 사용의 효율성에 관한 광고 선전, (iii) 대체성(그 기능을 확보할 수 있는 대체적인 형상이 따로 존재하는지 여부) 및 (iv) 제조비용의 저렴성(상품 또는 포장의 형상을 해당 대체적인 입체적 형상으로 한 경우 동등한 또는 그 이하의 비용으로 생산할 수 있는지 여부)를 고려하여 판단한다.[352]

상품 또는 그 상품의 포장의 형상 등으로부터 발휘되는 실용적 이점으로 인하여 그 상품 등의 사용자에게 월등한 경쟁상의 우위를 제공한다거나 그러한 상품 또는 그 상품의 포장의 형상의 독점으로 인하여 거래업계의 경쟁을 부당하게 저해하는지의 여부를 종합적으로 고려하여 판단하여야 한다.[353]

개별적인 형태를 분리하여 기능성 여부를 판단하는 것이 아니라 전체적인 형상이 기능적인지 여부를 기준으로 판단하므로 출원상표를 전체적으로 보아 기능성이 있다고 판단되면 일부 비기능적인 요소가 포함되어 있더라도 기능성이 있는 것으로 판단하여 심사하게 된다.[354]

351) 상표심사기준 제5부 제15장 § 1.2.
352) 2016년 상표심사기준, 제5부 제15장 § 2.1.
353) 2016년 상표심사기준, 제5부 제15장 § 2.3.

입체상표가 기능적이지 않다는 것을 주장하는 자는 (i) 현재 관련 거래업계에서 유통되고 있거나 이용 가능한 다른 대체적인 형상의 존재를 증명하는 자료, (ii) 해당 상품의 형상과 대체적인 형상의 상품을 생산하는데 소요되는 제조·생산 비용의 차이 등을 증명할 수 있는 자료 등을 제출할 수 있다.355)

한편, 이의신청을 통해 입체상표가 기능적이라고 주장하는 자는 (i) 해당 상품 또는 그 상품의 포장의 형상 등으로부터 발휘되는 기능과 밀접한 관련이 있는 특허권, 실용신안권(해당 권리의 존속여부는 불문한다)에 관한 정보, (ii) 광고 또는 선전 등을 통하여 해당 상품 또는 그 상품의 포장의 형상의 실용적 이점에 대하여 광고 또는 선전 등을 한 사실을 증명하는 자료를 제출할 수 있다.356)

[6] 색채상표의 경우 기능성 여부의 판단방법 : 상표법 제34조 제1항 제15호에서는 商標登錄을 받고자 하는 商品 또는 그 商品의 포장의 기능을 확보하는데 불가결한 색채 또는 색채의 조합만으로 된 商標에 대해서는 등록을 받을 수 없도록 규정하고 있다. 상표법 제34조 제1항 제15호의 적용은 광고·선전 등을 통하여 그 實用的 利點이 알려진 상품 또는 商品包裝의 색채 또는 색채의 조합 등으로부터 발휘되는 기능에 착안하여 판단한다. 상품 또는 그 상품의 포장의 기능을 확보하는데 불가결한 색채 또는 색채의 조합만으로 된 상표는 비록 식별력이 인정(상표법 제33조 제2항에 의하여 식별력이 인정되는 경우에도 또한 같다)되는 경우라도 등록을 받을 수 없는 것으로 한다.357) 출원된 색채 또는 색채의 조합만으로 된 상표가 기능적인지 여부는 (i) 출원된 상표의 색채 또는 색채의 조합이 지정상품의 사용에 불가결하거나 일반적으로 사용되는 경우, (ii) 출원된 상표의 색채 또는 색채의 조합이 주는 미적 효과가 제품의 마케팅 등에 도움이 되는 경우, (iii) 지정상품의 특성으로 작용하는 특정 색채가 그 상품의 이용과 목적에 불가결하거나 상품의 가격이나 품질에 영향을 주는 경우를 고려하여 판단한다.358) 예컨대, 안전표지판에 쓰이는 노랑색은 기능적이다.

[7] 소리상표 내지 냄새상표의 경우 기능성여부의 판단방법 : (i) 상품의 특성으로부터 발생하는 특정한 소리 또는 냄새인지 여부, (ii) 상품의 사용에 꼭 필요하거나 그 상품에 일반적으로 사용되는 소리 또는 냄새인지 여부, (iii) 상품의 판매 증가와 밀접한 원인이 되는 소리 또는 냄새인지 여부 등을 고려하여 판단한다.359) 예컨대, 자동차수리업에 사용

---

354) 2016년 상표심사기준, 제5부 제15장 § 2.4.

355) 2016년 상표심사기준, 제5부 제15장 § 3.5.

356) 2016년 상표심사기준, 제5부 제15장 § 3.6.

357) 2016년 상표심사기준, 제5부 제15장.

358) 상표심사기준 (개정 2007. 7. 26 특허청 예규 제40호) 제27조(2016년 개정 상표법 제34조 제1항 제15호) 해석참고자료.

하는 자동차 엔진소리, 조경업에 사용하는 아카시아향 등은 기능적이다.

[8] 판단시점: 등록여부결정시를 기준으로 한다(상 제34조 제2항 본문).

[9] 제척기간: 제척기간이 없다(상 제122조 제1항).

아. 포도주 및 증류주의 산지에 관한 지리적 표시(상 제34조 제1항 제16호)

2016년 개정전 상표법 [시행 2016.4.28.] [법률 제13848호, 2016.1.27., 일부개정]	현행 상표법 [시행 2016.9.1.] [법률 제14033호, 2016.2.29., 전부개정]
제7조 ② 제1항제6호·제7호·제7호의2·제8호·제8호의2·제9호·제9호의2 및 제10호는 상표등록출원 시에 이에 해당하는 것에 대하여 적용한다. 다만, 상표등록출원인(이하 "출원인"이라 한다)이 해당 규정의 타인에 해당하는지는 상표등록결정 및 상표등록거절결정의 어느 하나에 해당하는 결정(이하 "상표등록여부결정"이라 한다) 시를 기준으로 한다. ③ 제2항 본문에도 불구하고 제73조제1항제3호를 이유로 하는 상표등록 취소심판의 청구인과 출원인이 같고 그 취소심판 청구일 이후에 다음 각 호의 어느 하나에 해당하는 경우에 해당 상표등록출원이 제1항제7호·제7호의2·제8호 또는 제8호의2에 해당하는지는 상표등록여부결정 시를 기준으로 한다. 〈개정 2013.4.5〉 1. 제43조제2항 단서에 따른 기간이 지난 경우 2. 상표권자가 상표권 전부 또는 제59조에 따른 지정상품의 일부를 포기한 경우 3. 제73조제1항제3호에 따른 상표등록 취소의 심결이 확정된 경우	제34조 ② 제1항 및 상표등록출원인(이하 "출원인"이라 한다)이 해당 규정의 타인에 해당하는지는 다음 각 호의 어느 하나에 해당하는 결정(이하 "상표등록여부결정"이라 한다)을 할 때를 기준으로 하여 결정한다. 다만, 제1항제11호·제13호·제14호·제20호 및 제21호의 경우는 상표등록출원을 한 때를 기준으로 하여 결정한다. 1. 제54조에 따른 상표등록거절결정 2. 제68조에 따른 상표등록결정 ③ 상표권자 또는 그 상표권자의 상표를 사용하는 자는 제119조제1항제1호부터 제3호까지 및 제5호부터 제9호까지의 규정에 해당한다는 이유로 상표등록의 취소심판이 청구되고 그 청구일 이후에 다음 각 호의 어느 하나에 해당하게 된 경우 그 상표와 동일·유사한 상표[동일·유사한 상품(지리적 표시 단체표장의 경우에는 동일하다고 인정되는 상품을 말한다)을 지정상품으로 하여 다시 등록받으려는 경우로 한정한다]에 대해서는 그 해당하게 된 날부터 3년이 지난 후에 출원해야만 상표등록을 받을 수 있다. 1. 존속기간이 만료되어 상표권이 소멸한 경우 2. 상표권자가 상표권 또는 지정상품의 일부를 포기한 경우

359) 2016년 상표심사기준 제5부 제15장 § 4.3.

3. 상표등록 취소의 심결(審決)이 확정된 경우

④ 동음이의어 지리적 표시 단체표장 상호 간에는 제1항제8호 및 제10호를 적용하지 아니한다.

---

[1] WTO 회원국 내의 포도주 및 증류주의 산지에 관한 지리적 표시로써 구성되거나 동 표시를 포함하는 상표로서 포도주, 증류주 또는 이와 유사한 상품에 사용하고자 하는 상표는 등록을 받을 수 없다. 다만, 지리적 표시의 정당한 사용자가 그 해당 상품을 지정상품으로 하여 현행 상표법 제36조 제5항(구 상표법 제9조 제3항)의 규정에 따른 지리적 표시 단체표장등록출원을 한 때에는 그러하지 아니하다(상 제34조 제1항 제16호).

[2] 본 호는 우리나라가 WTO에 가입함으로써 TRIPs 협정 제23조 제1항과 제2항에서 규정한 포도주와 증류주에 대한 지리적 표시의 사용금지 및 등록금지 규정을 그대로 1997년 8월 상표법 개정 시에 도입한 규정이다.

[3] 적용요건:

(i) 세계무역기구 회원국 내의 '포도주 또는 증류주의 산지에 관한 지리적 표시로서 구성되거나 동 표시를 포함'하는 상표일 것

(ii) '포도주·증류주에 사용'하려는 상표일 것

[4] WTO/TRIPs협정: 공중에게 원산지의 오인, 혼동을 유발할 염려가 있는 상표의 사용을 금지하고(TRIPs 제22조 제2항), 등록을 거절, 무효(TRIPs 제22조 제3항)로 하도록 요구하고 있다.

[5] '포도주 및 증류주의 산지에 관한 지리적 표시로써 구성되거나 동 표시를 포함하는 상표': 해당 산지를 그 지역의 문자로 표시한 것뿐만 아니라 그에 대한 번역 및 음역을 모두 포함한다.

《포도주 또는 증류주의 산지에 관한 지리적 표시가 표시되어 있는 경우 예시》[360)]

 ("Bordeaux"가 표시)	 ("IRISH"가 표시)

[6] 상표구성에 해당 지리적 표시가 00 종류, 00 유형, 00 풍 등과 같은 표현이 수반된

---

360) 2016년 상표심사기준 제5부 제16장 § 1.1.2.

경우에도 이를 적용한다. 다만, 해당 지리적 표시가 속한 국가에서 보호되지 아니하거나 보호가 중단된 지리적 표시이거나 또는 그 나라에서 사용하지 아니하게 된 지리적 표시에 대하여는 본 호를 적용하지 아니한다.

《포도주 또는 증류주의 지리적 표시가 '~ 양식' 등으로 표시되어 있는 경우 예시》361)

MAJUANG MOSELLE STYLE ("MOSELLE STYLE"이 표시)	MACALLAN BLENDED SCOTCH WHInkY ("BLENDED SCOTCH WHInkY"가 표시)

[7] 지정상품과의 관계에서 상품의 품질이나 출처의 오인, 혼동을 유발할 우려가 있는 경우에는 상표법 제34조 제1항 제12호(구 상표법 제7조 제1항 제11호)를 적용한다.

[8] 본 호에서 규정하는『포도주 및 증류주』의 범위는 주세법상 주류의 범위를 참고로 하되 이에는 예컨대 알콜강화 포도주, 위스키, 보드카, 브랜드, 럼, 진, 고량주, 배갈, 소주 등이 포함되는 것으로 보며 리큐르는 포함되지 아니하는 것으로 한다.

[9] 문자상으로는 진정한 원산지 표시가 되어 있다 하더라도 수요자가 다른 영토나 지역에서 생산된 것으로 오인케 할 경우, 예컨대 켈리포니아주에서 생산하는「보르도」포도주에 미국산이라고 표기하는 경우에도 현행 상표법 제34조 제1항 제12호(구 상표법 제7조 제1항 제11호)와 별도로 본 호를 적용하는 것으로 한다.

[10] 판단의 기준시점 : 등록여부결정 시를 기준으로 한다.

[11] 제척기간 : 본 호에 해당하는 것을 사유로 하는 상표등록의 무효심판은 상표등록일부터 5년이 지난 후에는 청구할 수 없다(상 제122조 제1항).

자.「식물신품종 보호법」제109조에 따라 등록된 품종명칭과 동일·유사한 상표로서 그 품종명칭과 동일·유사한 상품에 대하여 사용하는 상표(상 제34조 제1항 제17호)

[1] 의 의 :「식물신품종 보호법」제109조에 따라 등록된 품종명칭과 동일·유사한 상표로서 그 품종명칭과 동일·유사한 상품에 대하여 사용하는 상표는 등록받을 수 없다(상 제34조 제1항 제15호).

[2] 적용요건 :

(i)「식물신품종 보호법」제109조에 따라 등록된 품종명칭과 동일·유사한 상표일 것

(ii) 그 품종명칭과 동일·유사한 상품에 대하여 사용하는 상표일 것

---

361) 2016년 상표심사기준 제5부 제16장 § 1.1.2.

[3] 「식물신품종 보호법」 제109조에 따라 등록된 품종명칭과 동일·유사한 상표일 것 : 「식물신품종 보호법」 제109조에 따라 등록된 품종명칭이란 '식물신품종 보호법'상 품종명칭등록원부에 등록된 품종명칭을 뜻한다. 본 호는 '식물신품종 보호법'에 따라 등록된 품종명칭이나 동일하거나 유사한 상표에 대하여 적용한다.[362)]

[4] 그 품종명칭과 동일·유사한 상품에 대하여 사용하는 상표일 것 : '식물신품종 보호법'상 품종명칭은 해당 품종명칭이 사용되는 작물을 지정하여 등록받아야 하는데, 본 호는 해당 품종명칭이 사용되는 작무로가 동일 또는 유사한 상품에 출원한 경우에 한하여 적용한다.[363)]

[5] 판단시점 : 상표등록여부결정시를 기준으로 판단한다.

[6] 출원상표의 등록여부 판단시 품종명칭이「식물신품종 보호법」에 따라 출원·등록되었는지를 확인 후 최종 결정하여야 한다.

차. 「농수산물 품질관리법」 제32조에 따라 등록된 타인의 지리적 표시와 동일·유사한 상표로서 그 지리적 표시를 사용하는 상품과 동일하다고 인정되는 상품에 사용하는 상표(상 제34조 제1항 제18호)

[1] 의 의: 「농수산물품질관리법」제32조에 따라 등록된 타인의 지리적 표시와 동일·유사한 상표로서 그 지리적 표시를 사용하는 상품과 동일하다고 인정되는 상품에 사용하는 상표(상 제34조 제1항 제18호)는 등록받을 수 없다.

[2] 적용요건 :

(i) 「농수산물 품질관리법」 제32조에 따라 등록된 타인의 지리적 표시와 동일·유사한 상표일 것

(ii) 그 지리적 표시를 사용하는 상품과 동일하다고 인정되는 상품에 사용하는 상표일 것

[3] 「농수산물 품질관리법」 제32조에 따라 등록된 타인의 지리적 표시와 동일·유사한 상표일 것 : 본 호는 농수산물 또는 농수산가공품에 대한 지리적 표시로서'농수산물 품질관리법'에 따라 등록된 지리적 표시에 한하여 적용된다. 본 호는 '농수산물 품질관리법' 제32조에 따라 등록된 타인의 지리적 표시에 적용되는 것이므로 본인의 지리적 표시에는 적용되지 아니한다. 예컨대, 보성녹차 표장에 대하여 영농조합법인 보성녹차연합회에서「농수산물 품질관리법」에 따라 지리적 표시로 등록(농산물 제1호)을 받고, 상표법에 따라 지리적 표시 단체표장으로 출원하여 등록(44-0000018호)받은 경우에는 본 호를 적용하지

362) 2016년 상표심사기준 제5부 제17장 § 1.1.
363) 2016년 상표심사기준 제5부 제17장 § 1.2.

아니한다.[364)]

[4] 그 지리적 표시를 사용하는 상품과 동일하다고 인정되는 상품에 사용하는 상표일 것: 본 호의 '동일하다고 인정되는 상품'이란 주요 원재료에서 가공방법 등의 차이가 있는 상품에 해당하나 소비자가 상품의 출처를 같은 생산자에게서 생산된 것이라고 인정되는 상품을 의미한다. 예컨대, 백도와 황도는 동일하다고 인정되나 녹차와 홍차는 동일하다고 인정되지 않는다.[365)] 그리고 본 호는 그 지리적 표시를 사용하는 상품과 동일하다고 인정되는 상품에 한하여 적용되며, 유사한 상품에는 적용되지 아니한다.[366)]

[5] 판단시점: 농수산물품질관리법에 의하여 등록된 지리적 표시와 출원상표의 동일 내지 유사 여부 판단 및 타인에 해당하는지 여부는 등록여부결정 시로 한다.

카. 자유무역협정에 따라 보호되는 타인의 지리적 표시와 동일하거나 유사한 상표의 경우(상 제34조 제1항 제19호)

[1] 의의 및 취지: 대한민국이 외국과 양자간(兩者間) 또는 다자간(多者間)으로 체결하여 발효된 자유무역협정에 따라 보호하는 타인의 지리적 표시와 동일하거나 유사한 상표 또는 그 지리적 표시로 구성되거나 그 지리적 표시를 포함하는 상표로서 해당 지리적 표시를 사용하는 상품과 동일하다고 인정되는 상품에 사용하는 상표(상 제34조 제1항 제19호)는 등록받을 수 없다. 이는 한-EU FTA 협정문을 반영하기 위해 2011년 6월 30일 개정된 상표법에 신설된 조항이다.

[2] 적용요건:

(i) 대한민국이 외국과 양자간(兩者間) 또는 다자간(多者間)으로 체결하여 발효된 자유무역협정에 따라 보호하는 타인의 지리적 표시일 것

(ii) 그 지리적 표시와 동일하거나 유사한 상표 또는 그 지리적 표시로 구성되거나 그 지리적 표시를 포함하는 상표로서 해당 지리적 표시를 사용하는 상품과 동일하다고 인정되는 상품에 사용하는 상표일 것

[3] 대한민국이 외국과 양자간(兩者間) 또는 다자간(多者間)으로 체결하여 발효된 자유무역협정에 따라 보호하는 타인의 지리적 표시일 것: 본 호의 지리적 표시는 국내 등록여부와 무관하게 보호된다. 하지만, 협정 체약국에서 지리적 표시를 보호하지 않거나 보호를 중단한 경우에는 본 호를 적용하지 아니한다. 그리고 본 호는 타인의 지리적 표시에 한하여 적용되므로 본인의 지리적 표시에는 적용하지 아니한다.[367)]

---

364) 2016년 상표심사기준 제5부 제18장 § 1.1.2.
365) 2016년 상표심사기준 제5부 제18장 § 1.2.
366) 2016년 상표심사기준 제5부 제18장 § 2.1.

[4] 그 지리적 표시와 동일하거나 유사한 상표 또는 그 지리적 표시로 구성되거나 그 지리적 표시를 포함하는 상표로서 해당 지리적 표시를 사용하는 상품과 동일하다고 인정되는 상품에 사용하는 상표일 것 : 본 호는 지리적 표시가 상표 구성에 표현되거나 부기적으로 표시된 경우에도 적용한다.[368] 이는 해당 지리적 표시를 한글 또는 영어로 번역한 것과 한글, 영어, 로마자표기법으로 음역한 것을 포함한다(한-EU FTA 부속서 참고). 예컨대 진도식 홍주, 해남고구마, Haenam Sweet Potato(영어번역) 등이 이에 해당한다.

[5] 판단의 기준시점 : 등록여부결정 시를 기준으로 판단한다(상 제34조 제2항 본문).

[6] 제척기간 : 제척기간이 없다(상 제122조 제1항).

타. 신의성실의 원칙에 반하는 상표(상 제34조 제1항 제20호 내지 제21호)

(1) 동업·고용 등 계약관계나 업무상 거래관계 또는 그 밖의 관계를 통하여 타인이 사용하거나 사용을 준비 중인 상표임을 알면서 그 상표와 동일·유사한 상표를 동일·유사한 상품에 등록출원한 상표(상 제34조 제1항 제20호)

[1] 동업·고용 등 계약관계나 업무상 거래관계 또는 그 밖의 관계를 통하여 타인이 사용하거나 사용을 준비 중인 상표임을 알면서 그 상표와 동일·유사한 상표를 동일·유사한 상품에 등록출원한 상표의 경우에는 등록을 받을 수 없다(상표법 제34조 제1항 제20호). 이는 타인과 계약 등 특정한 관계에 있던 자가 그 특정한 관계를 원인으로 하여 알게 된 그 타인의 상표를 자신의 상표로 등록출원하는 것은 거래관계에서 준수하여야 할 신의성실의 원칙을 위반한다는 점에서 2014년 개정을 통해 이 조문을 신설하였다.[369]

[2] 적용요건 :

(i) 동업·고용 등 계약관계나 업무상 거래관계 또는 그 밖의 관계를 통한 것이어야 한다.

(ii) 타인이 사용하거나 사용 준비 중인 상표임을 알고 있어야 한다.

(iii) 그 상표와 '동일·유사한 상표를 동일·유사한 상품'에 출원한 것이어야 한다. 본 호는 타인이 사용하거나 사용을 준비 중인 상표와 동일·유사한 상표를 동일·유사한 상품에 출원한 경우에 적용한다.

[3] 동업·고용 등 계약관계나 업무상 거래관계 또는 그 밖의 관계 :

여기에서 '그 밖의 관계'란 동업, 고용 등 계약관계나 업무상 거래관계에 준하여 신의성

367) 2016년 상표심사기준 제5부 제19장 § 1.1.3.
368) 2016년 상표심사기준 제5부 제19장 § 1.2.1.
369) 이동근, 상표법 검토보고서, 10면.

실원칙의 준수가 요구되는 일정한 관계를 의미한다. 따라서 이해관계가 없는 제3자의 영업활동이나 대중매체 등을 통하여 상표의 사용이나 사용 준비 중임을 알고 이를 출원하는 경우의 예에는 여기에 해당하지 않는다.

[4] 타 인: 출원인과의 관계에서 신의성실원칙의 준수가 요구되는 관계가 형성되어 있는 자로서 국내외 자연인, 법인은 물론 법인격 없는 단체나 외국인도 포함한다.370)

[5] '사용하거나 사용 준비 중인 상표': 그 지역적 범위와 관련하여 국내로 제한한 바 없으므로 속지주의 원칙이 배제된다. 특히 본 호가 적용되는 것은 신의관계를 그 핵심으로 하는 바, 속지주의 원칙을 배제하는 것이 타당하다. 따라서 본 호는 타인의 상표가 국내외에서 사용 또는 사용 준비 중인 경우에 적용된다.371) 계약관계나 업무상 거래관계 또는 그 밖의 관계가 있었다는 것이 증명되면 타인이 사용한 상표에 대한 인식이 있는 것으로 사실상 추정할 수 있으나 타인이 사용을 준비 중인 상표에 대한 인식이 있는 것으로 사실상 추정할 수는 없고 추가적인 증명이 필요하다고 생각한다.372)

[6] 판단의 기준시점: 출원시를 기준시로 한다(상 제34조 제2항 단서).

(2) 조약당사국에 등록된 상표와 동일·유사한 상표로서 그 등록된 상표에 관한 권리를 가진 자와의 동업·고용 등 계약관계나 업무상 거래관계 또는 그 밖의 관계에 있거나 있었던 자가 그 상표에 관한 권리를 가진 자의 동의를 받지 아니하고 그 상표의 지정상품과 동일·유사한 상품을 지정상품으로 하여 등록출원한 상표(상 제34조 제1항 제21호)

[1] 2016년 상표법 개정373)을 통해 조약국 상표권자의 동의 없는 상표등록을 제한하는 출원인의 범위를 동업·고용 등 계약관계나 업무상 거래관계 또는 그 밖의 관계로 확대하였다(제34조제1항제21호). 2016년 개정 상표법은 조약당사국의 상표권리자와 "대리·대표관계" 외에 "동업·고용 등 계약 관계와 업무상 거래 관계"에 있거나 있었던 자가 해당 권리자의 동의 없이 상표등록출원한 경우에도 상표등록을 받을 수 없도록 하였고, 이를 위반하여 등록된 경우 취소사유374)에서 무효사유로 변경하였다.

---

370) 2016년 상표심사기준 제5부 제20장 § 1.2.1.

371) 同旨 송대호, "상표법 전부개정법률안 검토보고서(정부발의안)", 2015. 4. 12-13면; 반대 입장으로는 2016년 상표심사기준 제5부 제20장 § 1.2.2('사용하거나 사용 준비 중인 상표'라 함은 속지주의 원칙상 국내에서 사용 또는 사용 준비 중인 경우에 적용된다고 기술함).

372) 반대 입장으로는 2016년 상표심사기준 제5부 제20장 §1.2.3(본 호는 "타인이 사용하거나 사용을 준비 중인 상표임을 알면서 출원한 경우에 적용되나, 계약관계나 업무상 거래관계 또는 그 밖의 관계가 있었다면 대부분 그러한 인식이 가능하므로, 계약관계 등이 입증되면 사용하거나 사용 준비 중인 사실을 알고 있는 것으로 본다."고 기술함).

373) [시행 2016.9.1.] [법률 제14033호, 2016.2.29., 전부개정].

[2] 입법취지 : 본 호는 파리협약 제6조의7을 반영하여 1980년 개정법에서 도입되었는데 조약당사국의 정당한 권리자를 보호하기 위한 파리협약상의 규정을 준수하고 공정한 국제거래를 확립하기 위한 규정이라고 볼 수 있다.

〈2016년 2월 29일 전부 개정된 상표법의 내용〉

구 분	구 상표법	2016년 2월 29일 개정된 상표법
	제23조(상표등록거절결정 및 거절이유통지) ①심사관은 상표등록출원이 다음 각 호의 어느 하나에 해당하는 경우에는 그 상표등록출원에 대하여 상표등록거절결정을 하여야 한다. 1.-2. [생략] 3. 조약당사국에 등록된 상표 또는 이와 유사한 상표로서 그 상표에 관한 권리를 가진 자의 대리인이나 대표자 또는 상표등록출원일전 1년 이내에 대리인이나 대표자이었던 자가 상표에 관한 권리를 가진 자의 동의를 받지 아니하는 등 정당한 이유없이 그 상표의 지정상품과 동일하거나 이와 유사한 상품을 지정상품으로 상표등록출원을 한 경우. 다만, 그 권리자로부터 상표등록이의신청이 있거나 제22조제3항의 규정에 의한 정보제공이 있는 경우에 한한다. **제73조(상표등록의 취소심판)** ①등록상표가 다음 각 호의 어느 하나에 해당하는 경우에는 그 상표등록의 취소심판을 청구할 수 있다. 1.-6. [생략] 7. 제23조제1항제3호 본문 또는 제53조제2항에 해당하는 상표가 등록된 경	**제34조(상표등록을 받을 수 없는 상표)** ① 제33조에도 불구하고 다음 각 호의 어느 하나에 해당하는 상표에 대해서는 상표등록을 받을 수 없다. 1.-20. [생략] 21. 조약당사국에 등록된 상표와 동일·유사한 상표로서 그 등록된 상표에 관한 권리를 가진 자와의 동업·고용 등 계약관계나 업무상 거래관계 또는 그 밖의 관계에 있거나 있었던 자가 그 상표에 관한 권리를 가진 자의 동의를 받지 아니하고 그 상표의 지정상품과 동일·유사한 상품을 지정상품으로 하여 등록출원한 상표

374) 2016년 개정 이전의 상표법(2016년 2월 29일 전부 개정되어 2016년 9월 1일 시행된 법률 제14033호 이전의 상표법) 제73조 제1항 제7호에 따르면, 구 상표법 제23조 제1항 제3호 본문에 해당하는 상표가 등록된 경우에 그 상표에 관한 권리를 가진 자가 해당 상표등록일부터 5년 이내에 취소심판을 청구할 수 있었다.

	우에 그 상표에 관한 권리를 가진 자가 당해 상표등록일부터 5년 이내에 취소심판을 청구한 경우	
조약당사국 타인 상표의 등록 배제 방안 (2016년 개정 상표법 제34조 제1항 제21호)	조약당사국에 등록된 상표 또는 이와 유사한 상표로서 그 상표에 관한 권리를 가진 자의 대리인이나 대표자 또는 1년 이내에 대리인이나 대표자이었던 자가 상표에 관한 권리를 가진 자의 동의를 받지 않고 출원한 경우에 이의신청 또는 정보제공이 있는 경우에만 상표등록을 받을 수 없음[등록거절사유 및 등록된 경우에는 취소사유(상표등록일부터 5년 이내)].	조약당사국에 등록된 상표와 동일·유사한 상표로서 그 등록된 상표에 관한 권리를 가진 자와의 동업·고용 등 계약관계 또는 대리·대표 등 업무상 거래관계가 있거나 있었던 자가 그 상표에 관한 권리를 가진 자의 동의를 받지 아니하고 그 상표의 지정상품과 동일·유사한 상품을 지정상품으로 하여 등록출원한 상표는 등록받을 수 없음.(단서 삭제)(등록거절사유 및 등록된 경우에는 등록무효사유)

2016년 2월 29일 개정된 상표법상 제34조 제1항 제21호의 신설은 조약당사국의 상표권자와 계약 또는 거래 관계를 통하여 해당 상표가 우리나라에 등록되지 않은 사실을 알고, 그 타인의 상표를 등록출원하는 것이 거래관계에서 준수하여야 할 신의성실의 원칙을 위반하는 것이라는 점에서 타당한 입법이다.[375]

특히, 2014년 6월 11일에 신설된 구 상표법 제7조 제1항 제18호(현행 상표법 제34조 제1항 제20호와 동일함)가 미등록 상표를 대상으로 신의성실원칙 위반의 경우 등록을 받을 수 없도록 하고 있다는 점을 감안하면, 2016년 2월 29일 개정된 상표법이 조약당사국에 등록된 상표를 대상으로 등록거절결정을 하도록 한 것은 타당하다.[376]

다만, 2016년 2월 29일 개정된 상표법에서는 구 상표법 제23조 제1항 제3호의 법문 중 "대리·대표 등 업무상 거래관계"라는 표현은 대리 또는 대표가 상표권자의 거래 상대방에 해당하는 것으로 오인할 우려가 있으므로 현행법 제34조 제1항 제20호와 일관성을 유지하도록 표현을 통일하여 "동업·고용 등 계약관계나 업무상 거래관계 또는 그 밖의 관계"로 개정하였다.[377]

한편, 구 상표법 제7조 제1항 제18호(2016년 2월 29일 개정된 상표법 제34조 제1항 제20호)에서 국내로 그 지역적 범위를 제한하지 않음에 따라 이미 신의성실의 원칙과 관련하여서는 속지주의를 배제하고 있었다. 따라서 2016년 2월 29일 개정된 상표법의 입법 과정 중

375) 송대호, 앞의 검토보고서. 12면.
376) 위의 검토보고서, 12면.
377) 위의 검토보고서, 12면.

구 상표법상 권리자의 상표등록이의신청 또는 정보제공 필요를 규정하고 있는 단서를 삭제하는 것이 속지주의 및 선등록주의를 원칙으로 하고 있는 우리 법제에 어울리지 않으며, 국내 출원을 하지 않은 외국 상표권자에 대한 보호가 지나치다는 법무부의 견해가 있었으나, 구 상표법 제23조 제1항 제3호 단서를 삭제한 2016년 2월 29일 개정 상표법은 제34조 제1항 제20호와의 일관성 측면에서 타당하다.[378)]

그리고 현행 상표법 제34조 제1항 제20호를 위반하여 등록된 경우와 마찬가지로 현행 상표법 제34조 제1항 제21호를 위반하여 등록된 경우에도 상표법 제117조 제1항 제1호에 따라 무효심판의 대상으로 규정하고 있는 것은 신의성실원칙 위반에 대한 동일한 처리라는 점에서 타당하다.[379)]

[3] 적용요건 :

(i) '조약당사국에 등록된 상표와 동일·유사한 상표를 그 상표의 지정상품과 동일·유사한 상품'에 출원한 것이어야 한다.

(ii) '상표에 관한 권리를 가진 자와 동업·고용 등 계약관계나 업무상 거래관계 또는 그 밖의 관계에 있거나 있었던 자'이어야 한다. 관계가 있거나 있었던 자가 해당되므로 본 호의 판단시점인 '상표등록출원을 한 때'를 기준으로 계약관계 등이 반드시 유지되고 있을 필요는 없고, 과거에 계약관계 등이 있었던 자도 적용된다.[380)] 2016.9.1. 시행(2016년 2월 29일 전부 개정) 전의 구 상표법 제23조 제1항 제3호의 '대리인이나 대표자 또는 대리인이나 대표자이었던 자'도 본호의 '동업·고용 등 계약관계나 업무상 거래관계 또는 그 밖의 관계가 있거나 있었던 자'에 포함된다.[381)]

(iii) '상표에 관한 권리를 가진 자의 동의를 받지 않았을 것'이어야 한다.

[4] 판단의 기준시점 : 출원시를 기준시로 한다(상 제34조 제2항 단서).

○ 상표법 제33조 (2016년 개정전 상표법 제6조)

1. 대법원 2004. 9. 24. 선고 2003후1314 판결 【거절결정(상)】

[공2005.1.15.(218),142]

【판시사항】

[1] 종자산업법에 의하여 품종의 명칭으로 등록된 표장이 그 품종을 대상으로 하는 상품

378) 위의 검토보고서, 12-13면.
379) 위의 검토보고서, 14면.
380) 2016년 상표심사기준 제5부 제21장 § 1.2.3.
381) 2016년 상표심사기준 제5부 제21장 § 1.2.4.

에 대하여 상표법 제6조 제1항 제1호의 보통명칭에 해당하는지 여부(적극)

[2] 종자산업법에 의하여 사과품종의 명칭으로 등록된 "화랑"이라는 표장을 그 지정상품인 '사과, 사과묘목'의 보통명칭으로 인정한 사례

【판결요지】

[1] 종자산업법 소정의 품종보호의 대상이 된 품종을 상품으로서 거래하는 경우에 거래계에서는 그 상품에 관하여 등록된 품종명칭 외의 다른 명칭으로 그 상품을 지칭할 수는 없고, 품종명칭으로 등록된 표장을 그 품종의 보통명칭으로 보지 않는다면, 누구든지 그 표장을 그 품종의 상표로 별도로 등록할 수 있게 되어, 등록상표와 품종명칭의 오인·혼동을 방지하려는 종자산업법 제108조 제1항 제9호의 취지에 위배되는 결과를 가져오게 되어 부당하므로, 같은 법에 의하여 품종의 명칭으로 등록된 표장은 등록이 됨과 동시에 그 품종을 대상으로 하는 상품에 대하여 상표법 제6조 제1항 제1호의 보통명칭으로 되었다고 봄이 상당하다.

[2] 종자산업법에 의하여 사과품종의 명칭으로 등록된 "화랑"이라는 표장을 그 지정상품인 '사과, 사과묘목'의 보통명칭으로 인정한 사례.

【참조조문】

[1] 상표법 제6조 제1항 제1호, 종자산업법 제26조, 제109조 제9호, 제112조[2] 상표법 제6조 제1항 제1호

【참조판례】

[1] 대법원 2002. 11. 26. 선고 2001후2290 판결

【전 문】

【원고, 피상고인】 안장근

【피고, 상고인】 특허청장

【원심 판결】 특허법원 2003. 5. 15. 선고 2002허7650 판결

【주 문】

원심 판결을 파기하고, 사건을 특허법원에 환송한다.

【이 유】

1. 원심의 판단

원심은, 단순히 종자산업법에 의하여 지정상품의 품종 명칭으로 등록되었다거나 또는 장차 보통명칭으로 사용될 개연성이 높다는 등의 사정만으로는 출원상표가 상표법 제6조 제1항 제1호 소정의 보통명칭이라 하여 그 등록을 거절할 수는 없다면서, 경상북도 농업기술원은 1990.경 경상북도 상주시의 한 과수원에서 발견된 변종 후지 품종의 사과

묘목을 이용하여 신품종 사과의 개발에 착수하여 1994. 최종적으로 개발 완료된 신품종 사과에 대하여 "화랑"이라는 명칭을 부여한 후, 1997. 12. 31. 위 신품종 사과가 최초로 발견된 과수원의 경영주로 하여금 종자산업법의 규정에 따라 "화랑"을 신품종의 명칭으로 출원 등록하게 한 사실, 1998.부터 2003.까지 사이에 생산된 "화랑" 품종의 사과 묘목은 합계 약 65,000 그루에 이르는 사실, 사과나 농작물과 관련된 몇 개의 인터넷 홈페이지에 "화랑"이라는 명칭이 사과 품종의 하나로서 소개된 사실 등을 인정할 수 있으나, 위 인정 사실만으로는 이 사건 심결시인 2002. 10. 31.을 기준으로 할 때 "화랑"으로 구성된 이 사건 출원상표가 그 지정상품을 취급하는 거래계나 일반 수요자들 사이에서 특정한 품종의 사과나 그 묘목을 지칭하는 것으로 실제로 널리 사용되고 인식되어 있는 일반적인 명칭, 약칭, 속칭이 되었다고 까지 단정하기 부족하고 달리 이를 인정할 아무런 증거가 없으므로, 이 사건 출원상표가 지정상품의 보통명칭만으로 된 상표라고 할 수 없다는 취지로 판단하였다.

2. 대법원의 판단

그러나 원심의 위와 같은 판단은 수긍하기 어렵다.

종자산업법에 의한 품종보호를 받기 위하여 출원하는 품종은 1개의 고유한 품종명칭을 가져야 하고(같은 법 제12조, 제26조, 제108조 제1항), 대한민국 또는 외국에 품종명칭이 등록되어 있거나 품종명칭등록출원이 되어 있는 경우에는 그 품종명칭을 사용하여야 하며(같은 법 제108조 제2항), 품종명칭의 등록출원일보다 먼저 상표법에 의한 등록출원 중에 있거나 등록된 상표와 동일 또는 유사하여 오인 또는 혼동할 우려가 있는 품종명칭은 품종명칭의 등록을 받을 수 없고(같은 법 제109조 제9호), 품종명칭이 등록된 경우, 누구든지 등록된 타인의 품종의 품종명칭을 도용하여 종자를 판매·보급·수출 또는 수입할 수 없고, 품종명칭등록원부에 등록되지 아니한 품종명칭을 사용하여 종자를 판매 또는 보급할 수 없으며, 품종명칭등록출원인 또는 그 품종의 승계인은 등록된 품종명칭을 사용하는 경우에는 상표명칭 등을 함께 사용할 수 있는바(같은 법 제112조), 위 규정의 내용에 따르면 같은 법 소정의 품종보호의 대상이 된 품종을 상품으로서 거래하는 경우에 거래계에서는 그 상품에 관하여 등록된 품종명칭 외의 다른 명칭으로 그 상품을 지칭할 수는 없고, 품종명칭으로 등록된 표장을 그 품종의 보통명칭으로 보지 않는다면, 누구든지 그 표장을 그 품종의 상표로 별도로 등록할 수 있게 되어, 등록상표와 품종명칭의 오인·혼동을 방지하려는 종자산업법 제109조 제9호의 취지에 위배되는 결과를 가져오게 되어 부당하므로, 같은 법에 의하여 품종의 명칭으로 등록된 표장은 등록이 됨과 동시에 그 품종을 대상으로 하는 상품에 대하여 상표법 제6조 제1항 제1호의 보통명칭으로 되었다고 봄이 상당하다 .

위 법리와 기록에 의하면, "화랑"이라는 표장이 종자산업법에 의하여 사과품종의 명칭으로 등록된 이상, 이 사건 출원상표의 지정상품인 '사과, 사과묘목'의 거래계에서는 위 표장을 위 상품들의 보통명칭으로 인식한다고 봄이 상당함에도 불구하고, 원심이 이와 달리 판단한 것에는 상표법 제6조 제1항 제1호에 관한 법리를 오해한 위법이 있고, 이를 지적하는 상고이유의 주장은 정당하다.

3. 그러므로 원심 판결을 파기하고, 사건을 다시 심리·판단하게 하기 위하여 원심법원에 환송하기로 관여 대법관의 의견이 일치되어 주문과 같이 판결한다.

대법관 고현철(재판장) 변재승 강신욱(주심) 박재윤

Q1 : 이 판결에서 참조한 종자산업법 제109조 제9호는 현행 식물신품종 보호법의 어느 규정에 해당하는가?

Q2 : 상표법상 보통명칭상표와 관용표장을 구별하는 실익은 있는가?

2. 대법원 2002. 11. 26. 선고 2001후2283 판결 【등록무효(상)】

[공2003.1.15.(170),258]

【판시사항】

[1] 상표법 제6조 제1항 제1호 소정의 '상품의 보통명칭'의 의미 및 그 해당 여부의 판단 기준 시점(=등록사정시)

[2] 등록상표 "Red Sandra"가 그 지정상품의 보통명칭을 보통으로 사용하는 방법으로 표시한 표장만으로 된 상표에 해당한다고 한 사례

【판결요지】

[1] 상표법 제6조 제1항 제1호에서 규정하는 '상품의 보통명칭'이라 함은 그 지정상품을 취급하는 거래계에서 그 상품을 지칭하는 것으로 실제로 사용되고 인식되어져 있는 일반적인 명칭, 약칭, 속칭 등을 뜻하고, 상품의 보통명칭에 해당하는지 여부는 상표의 등록사정시를 기준으로 판단하여야 한다.

[2] 등록상표 "Red Sandra"의 등록사정일인 1997. 1. 29.경에는 등록상표의 지정상품을 취급하는 거래계 즉, 그 상품의 생산자, 도매상, 소매상, 품종을 구별하여 장미를 구입하는 수요자 사이에서 등록상표가 특정인의 상품의 출처를 표시하는 식별력이 있는 상표로서가 아니라 장미의 한 품종의 일반적 명칭으로 사용되고 인식되어져 있어 결국 등록상표는 그 지정상품의 보통명칭을 보통으로 사용하는 방법으로 표시한 표장만으로 된 상표에 해당한다고 한 사례.

【참조조문】

[1] 상표법 제6조 제1항 제1호[2] 상표법 제6조 제1항 제1호

【참조판례】

[1][2] 대법원 2002. 11. 26. 선고 2001후2290 판결 /[1] 대법원 1987. 12. 22. 선고 85후130 판결(공1988, 346)

대법원 1997. 2. 28. 선고 96후979 판결(공1997상, 945)

대법원 1997. 8. 29. 선고 96후2104 판결(공1997하, 2895)

대법원 1997. 10. 10. 선고 97후594 판결(공1997하, 3462)

【전 문】

【원고,피상고인】 붸 코르데스 죄네 로젠슐렌 게엠베하 운트 콤파니카게(소송대리인 변리사 박승문 외 6인)

【피고,상고인】 사단법인 한국화훼협회(소송대리인 법무법인 충정 담당변호사 김주원 외 2인)

【원심 판결】 특허법원 2001. 6. 28. 선고 2000허3869 판결

【주 문】

원심 판결을 파기하고, 사건을 특허법원에 환송한다.

【이 유】

상고이유 제1점을 본다.

1. 원심 판결 이유에 의하면, 원심은, 이 사건 등록상표 "Red Sandra"가 그 출원일 이전인 1993. 2. 무렵부터 피고가 발행하는 한국화훼협회보, 월간 장미 등의 화훼관련 잡지의 시세표 등에서 장미의 한 품종 명칭으로 사용되어왔고, 국내에서 간행된 일부 논문에서도 절화장미의 한 품종을 지칭하는 것으로 사용되었으며, 서울 서초구 양재동의 화훼공판장에서도 이 사건 등록상표를 절화장미의 한 품종의 명칭으로 사용한 사실을 인정할 수 있으나, 위 인정사실만으로는 이 사건 등록상표의 등록사정일인 1997. 1. 29. 현재 이 사건 등록상표가 장미를 취급하는 당해 업자나 일반 수요자들 사이에서 일반적으로 이 사건 등록상표의 지정상품인 장미꽃이나 장미묘목을 지칭하는 것으로 실제로 사용되고 인식되어져 있는 일반적인 명칭이라고 인정하기에 부족하다고 판단하였다.

2. 상표법 제6조 제1항 제1호에서 규정하는 '상품의 보통명칭'이라 함은 그 지정상품을 취급하는 거래계에서 그 상품을 지칭하는 것으로 실제로 사용되고 인식되어져 있는 일반적인 명칭, 약칭, 속칭 등을 뜻하고, 상품의 보통명칭에 해당하는지 여부는 상표의 등록사정시를 기준으로 판단하여야 한다(대법원 1987. 12. 22. 선고 85후130 판결 참조).

기록에 의하면, 이 사건 등록상표를 품종의 명칭으로 하는 장미는 우리나라에 1987년에 최초로 도입된 이후 1992. 11.경 서울 서초구 양재동 화훼공판장에서 경매된 것을 비롯하여 화훼업자들에 의하여 재배되는 절화장미 중 거의 과반을 차지할 정도로 국내에 널리 보급되었고, 화훼거래업계를 대표하는 한국화훼협회, 화훼공판장, 화훼관련 잡지, 논문 등에서도 이 사건 등록상표가 장미의 한 품종을 지칭하는 것으로 널리 사용되고 인식되어져 옴으로써 이 사건 등록상표의 등록사정일인 1997. 1. 29.경에는 이 사건 등록상표의 지정상품을 취급하는 거래계 즉, 그 상품의 생산자, 도매상, 소매상, 품종을 구별하여 장미를 구입하는 수요자 사이에서 이 사건 등록상표가 특정인의 상품의 출처를 표시하는 식별력이 있는 상표로서가 아니라 장미의 한 품종의 일반적 명칭으로 사용되고 인식되어져 있어 결국, 이 사건 등록상표는 그 지정상품의 보통명칭을 보통으로 사용하는 방법으로 표시한 표장만으로 된 상표에 해당한다 할 것이다(이 사건 등록상표의 지정상품은 장미꽃, 장미나무 이외에 나무, 화초 등도 있으나 서로 포함관계에 있거나 관련 상품으로서 이 사건 등록상표는 이들 상품 모두에 대하여 식별력이 없다고 봄이 상당하다). 또한, 그런 이상 상표등록사정일 이후의 상표관리실태는 이를 고려할 여지가 없다 할 것이다.

그럼에도 불구하고, 원심이 이 사건 등록상표가 그 지정상품의 보통명칭이라고 인정하기에 부족하다고 판단한 것은 상품의 보통명칭에 관한 법리를 오해하여 판결 결과에 영향을 미친 위법을 범한 것이 명백하므로 이 점을 지적하는 상고이유의 주장은 이유 있다.

3. 그러므로 나머지 상고이유를 살필 것도 없이 원심 판결을 파기하고, 사건을 다시 심리·판단하게 하기 위하여 원심법원에 환송하기로 하여 관여 대법관의 일치된 의견으로 주문과 같이 판결한다.

대법관　박재윤(재판장) 서성 이용우(주심)

3. 대법원 2002. 12. 26. 선고 2002후2143 판결 【등록무효(상)】

[공2003.2.15.(172),546]

【판시사항】

[1] 상품의 관용표장과 보통명칭의 의미 및 그 판단시점(=등록결정시)

[2] 등록상표 “티라미수 + TIRAMISU”가 등록결정 당시에 지정상품의 보통명칭이나 관용표장으로 사용되고 있었다고 볼 수 없다고 한 사례

【판결요지】

[1] 상표법 제6조 제1항 제2호가 규정하는 상품의 관용표장은 처음에는 특정인의 상표이

던 것이 주지 저명의 상표로 되었다가 상표권자가 상표관리를 허술히 함으로써 동업자들 사이에 자유롭고 관용적으로 사용하게 된 상표를 말하는 것이고, 같은 항 제1호가 규정하는 상품의 보통명칭은 그 동업자들만이 아니라 실제 거래상 일반 소비자들까지도 지정상품의 보통명칭으로서 그와 같은 명칭을 보통으로 사용하고 있는 것을 말하며, 이는 상표등록출원에 대하여 등록결정을 할 때를 기준으로 판단하여야 한다.

[2] 등록상표 "티라미수 + TIRAMISU"가 등록결정 당시에 지정상품의 보통명칭이나 관용표장으로 사용되고 있었다고 볼 수 없다고 한 사례.

【참조조문】

[1] 상표법 제6조 제1항 제1호, 제2호[2] 상표법 제6조 제1항 제1호, 제2호

【참조판례】

[1] 대법원 1992. 1. 21. 선고 91후882 판결(공1992, 909)

대법원 2000. 7. 6. 선고 98후1822, 1839 판결

【전 문】

【원고, 상고인】 동양제과(동양제과) 주식회사(소송대리인 법무법인 김·신 앤드 유 담당변호사 김진억 외 6인)

【피고, 피상고인】 롯데제과 주식회사

【원심 판결】 특허법원 2002. 8. 30. 선고 2002허2600 판결

【주 문】

상고를 기각한다. 상고비용은 원고의 부담으로 한다.

【이 유】

상고이유를 본다.

상표법 제6조 제1항 제2호가 규정하는 상품의 관용표장은 처음에는 특정인의 상표이던 것이 주지 저명의 상표로 되었다가 상표권자가 상표관리를 허술히 함으로써 동업자들 사이에 자유롭고 관용적으로 사용하게 된 상표를 말하는 것이고, 같은 항 제1호가 규정하는 상품의 보통명칭은 그 동업자들만이 아니라 실제 거래상 일반 소비자들까지도 지정상품의 보통명칭으로서 그와 같은 명칭을 보통으로 사용하고 있는 것을 말하며(대법원 2000. 7. 6. 선고 98후1822, 1839 판결 등 참조), 이는 상표등록출원에 대하여 등록결정을 할 때를 기준으로 판단하여야 한다.

원심 판결 이유를 기록에 비추어 살펴보면, 원심이 '티라미수' 또는 'TIRAMISU'라는 용어의 유래와 그 의미, 우리나라에 알려지게 된 경위, 주지의 정도 등에 대하여 그 판시와 같은 사실을 인정한 다음, 이 사건 등록상표가 그 등록결정 당시에 지정상품의 보통명칭

이나 관용표장으로 사용되고 있었다고 볼 수 없다고 판단한 것은 정당하고, 거기에 보통명칭 또는 관용표장 및 그 판단의 기준시에 관한 법리오해나 채증법칙 위배로 인한 사실오인 등의 위법이 없다.

이 점을 다투는 상고이유는 받아들이지 아니한다.

그러므로 상고를 기각하고, 상고비용은 패소자의 부담으로 하기로 하여 관여 법관의 일치된 의견으로 주문과 같이 판결한다.

대법관 윤재식(재판장) 송진훈(주심) 변재승 이규홍

4. 대법원 1997. 2. 28. 선고 96후986 판결【거절사정(상)】

[공1997.4.1.(31),947]

【판시사항】

지정상품이 차량용 등(전구)인 출원상표 "Truck-Lite"가 지정상품의 보통명칭 또는 기술적 상표에 해당하는지 여부(적극)

【판결요지】

출원상표 "Truck-Lite"는 특히 일반의 주의를 끌만한 특별한 서체나 도안에 의하여 구성된 것이 아니어서 전체적으로 볼 때 문자 부분이 요부라 할 것이고, 이는 '트럭용 등(전구)'이라는 의미의 영문자 'TRUCK-LIGHT'와 그 칭호가 동일 또는 유사하며, 자동차용 방향표시등, 자동차용 차폭등 등 '자동차용 등(전구)'과 관련되는 상품을 그 지정상품으로 하고 있어 그 지정상품과 관련하여 관찰할 때 '자동차용 라이트' 즉 '자동차용 등(전구)'이라는 의미를 직감케 하는 것이므로, 결국 위 상표는 그 지정상품의 보통명칭에 해당하거나 그 지정상품의 용도를 보통으로 사용하는 방법으로 표시한 표장만으로 된 것이어서 상표법 제6조 제1항 제1호 또는 제3호에 의하여 등록될 수 없다고 한 사례.

【참조조문】

상표법 제6조 제1항 제1호, 제3호

【참조판례】

대법원 1987. 7. 7. 선고 86후93 판결(공1987, 1327)

대법원 1993. 4. 23. 선고 92후1943 판결(공1993하, 1572)

대법원 1996. 9. 24. 선고 96후78 판결(공1996하, 3198)

【전 문】

【출원인, 상고인】 트럭라이트 컴퍼니 인코포레이티드(소송대리인 변리사 이상섭 외 1인)

【상대방, 피상고인】 특허청장

【원심심결】 특허청항고심판소 1996. 5. 30.자 95항원380 심결

【주 문】

상고를 기각한다. 상고비용은 출원인의 부담으로 한다.

【이 유】

상고이유를 함께 판단한다.

기록에 의하여 살펴보면, 이 사건 출원상표 "Truck-Lite"(이하 본원상표라 한다)는 특히 일반의 주의를 끌만한 특별한 서체나 도안에 의하여 구성된 것이 아니어서 전체적으로 볼 때 문자 부분이 요부라 할 것이고, 이는 '트럭용 등(전구)'이라는 의미의 영문자 'TRUCK-LIGHT'와 그 칭호가 동일 또는 유사하며, 자동차용 방향표시등, 자동차용 차폭등 등 자동차용 등(전구)과 관련되는 상품을 그 지정상품으로 하고 있어 그 지정상품과 관련하여 관찰할 때 '자동차용 라이트' 즉 '자동차용 등(전구)'이라는 의미를 직감케 하는 것이므로, 결국 본원상표는 그 지정상품의 보통 명칭에 해당하거나 그 지정상품의 용도를 보통으로 사용하는 방법으로 표시한 표장만으로 된 것이어서 상표법 제6조 제1항 제1호 또는 제3호에 의하여 등록될 수 없다 하겠다.

위와 같은 취지에서 본원상표의 등록을 거절한 원사정이 정당하다고 한 원심의 조치는 그 이유설시에 다소 미흡한 점은 있으나 결과적으로는 정당하다.

본원상표가 위와 같은 이유로 등록거절되어야 하는 이상 논지가 지적하는 법리오해나 심리미진, 이유불비, 판단유탈의 점 등은 이 사건 심결결과에 아무런 영향을 미칠 수 없다.

그러므로 상고를 기각하고 상고비용은 패소한 출원인의 부담으로 하기로 관여 법관의 의견이 일치되어 주문과 같이 판결한다.

대법관 김형선(재판장) 박만호(주심) 박준서 이용훈

5. 대법원 2003. 12. 26. 선고 2003후243 판결【등록무효(상)】

[공2004.2.1.(195),269]

【판시사항】

[1] 상표법 제6조 제1항 제2호 소정의 '상품에 대하여 관용하는 상표'의 의미

[2] '오복채'를 '장아찌'의 한 종류를 가리키는 관용표장으로 인정한 사례

【판결요지】

[1] 상표법 제6조 제1항 제2호 소정의 '상품에 대하여 관용하는 상표'라고 함은 특정 종류의 상품을 취급하는 거래계에서 그 상품의 명칭 등으로 일반적으로 사용한 결과 누구

의 업무에 관련된 상품을 표시하는 것이 아니라 그 상품 자체를 가리키는 것으로 인식되는 표장을 말한다.

[2] '오복채'를 '장아찌'의 한 종류를 가리키는 관용표장으로 인정한 사례.

【참조조문】

[1] 상표법 제6조 제1항 제2호[2] 상표법 제6조 제1항 제2호

【전 문】

【원고, 상고인】 유○○(소송대리인 특허법인 다래 담당변리사 박승문 외 2인)

【피고, 피상고인】 주식회사 유진식품(소송대리인 변리사 조철현 외 1인)

【원심 판결】 특허법원 2002. 12. 13. 선고 2002허5029 판결

【주 문】

상고를 기각한다. 상고비용은 원고가 부담한다.

【이 유】

1. 원심은, '오복채'로 구성된 원고의 이 사건 등록상표(등록번호 제444335호)가 상표법 제6조 제1항 제2호 소정의 '상품에 대하여 관용하는 상표'인지에 관하여, 1970. 설립된 한일식품공업 주식회사는 1971. 오이 등을 원료로 한 일본 '복신지(복신지)'를 응용하여 무, 오이, 연근, 우엉 등의 5가지 야채를 간장, 설탕 등의 양념에 버무려 만든 밑반찬의 일종인 '오복채(오복채)'라는 식품을 개발하여 1986.까지 생산·판매하여 온 사실, 신진식품 주식회사는 오복채 제품에 대하여 1987. 8. 26. 인천 북구청장으로부터 식품제조품목허가를 받고, 1992. 5. 27. 충남 부여군수로부터 식품품목제조신고증을 교부받아, 한일식품공업 주식회사가 생산하던 오복채 제품을 생산하여 주식회사 미원, 풀무원식품 주식회사, 동원산업 주식회사 등을 통하여 판매하였는데, 신진식품 주식회사의 총매출액 중 오복채 제품의 매출액은 1992. 약 3,700만 원, 1993. 약 5,400만 원, 1994. 약 8,500만 원이고, 1996. 10. 1.부터 같은 해 12. 31.까지 3개월간 약 5,600만 원, 1997. 9. 1.부터 같은 해 10. 31.까지 2개월간 약 4,300만 원인 사실, 한양식품은 1987. 12. 1. 무, 가지, 생강, 당근, 연근 등을 주원료로 하는 복신지 제품에 대하여 전남 나주군수로부터 식품품목제조허가를 받아 복신지 제품을 생산·판매하여 왔고, 평화식품은 1993. 3. 20. 오복채 제품에 대하여 인천 서구청장으로부터 식품품목제조허가를 받아 오복채 제품을 생산·판매하여 온 사실, 원고가 운영하는 한국식품은 1991. 10. 9. 전북 정읍군수로부터 오복채 제품에 대하여 식품품목제조신고증을 교부받아 오복채 제품을 생산·판매하고 있고, 1994. 이후 국내 농특산물 홍보 및 판매행사, 농특산물 직판행사 및 우리식품전시회에 오복채 제품을 출품하여 왔으며, 한국식품이 생산하는 오복채 제품의 포장지에는 오복채는 무,

오이, 생강, 연근 등 신선한 국산 야채를 잘 버무린 후 다시마를 삶은 국물에 간장과 다시마를 넣어 맛을 낸 밑반찬으로 간편하게 즐길 수 있는 전혀 새로운 느낌의 별미식품이라고 설명되어 있는 사실, 그 밖에 한영식품과 신천식품이 1986.부터, 신평화식품이 1989.부터, 각각 오복채 제품을 생산하고 있고, 현재 오복채 제품을 생산하는 업체는 모두 15개 정도인 사실, 국세청의 2001년도 부가가치세법 해석편람에는 무, 오이지에 간장, 생강, 설탕 참깨, 물엿 등을 혼합하여 제조한 오복채는 미가공식품에 해당하지 아니하고, 그 근거는 '재무부 소비 22601-516, '89. 4. 18.' 공문이라고 기재되어 있는 사실, 한일식품공업 주식회사는 1987.(원심 판결문의 1997.은 1987.의 오기이다) 6. 4. 한글 '오복채', 한자 '오복채', 영문자 'PICKLED FIVE VEGETABLES'가 상하로 결합한 상표를 '오이저림' 등을 지정상품으로 하여 출원하였으나, 1988. 5. 31. 특허청으로부터 거절결정을 받았고, 그 후 원고가 1998. 5. 4. 이 사건 등록상표를 출원하여 1999. 3. 16. 등록된 사실을 인정한 다음, 오복채는 무, 오이 등을 주원료로 하고 간장, 생강, 설탕, 참깨, 물엿 등을 혼합하여 만드는 밑반찬의 일종으로서, 1971. 한일식품공업 주식회사가 이러한 오복채 제품을 개발하여 오복채라는 이름으로 판매한 이후 신진식품 주식회사, 한국식품, 평화식품, 신평화식품, 한영식품, 신천식품 등 10여 개 업체가 오복채 제품을 생산·판매하여 왔으며, 이러한 거래현실을 반영하여 1989년도의 재무부 공문에 따라 국세청의 2001년도 부가가치세법 실무편람에도 오복채가 과세대상이 되는 식품이라고 기재된 것이어서, 오복채는 한일식품공업 주식회사의 상표이었으나 이 사건 등록상표의 지정상품인 장아찌의 일종인 오복채 제품을 생산·판매하는 동업자들이 자유롭고 관용적으로 사용하여, 이 사건 등록상표의 등록결정 당시인 1999. 2. 24.경에는 관용표장이 되었으므로, 이 사건 등록상표에는 상표법 제6조 제1항 제2호의 등록무효사유가 있다는 취지로 판단하였다.

2. 상표법 제6조 제1항 제2호 소정의 '상품에 대하여 관용하는 상표'라고 함은 특정 종류의 상품을 취급하는 거래계에서 그 상품의 명칭 등으로 일반적으로 사용한 결과 누구의 업무에 관련된 상품을 표시하는 것이 아니라 그 상품 자체를 가리키는 것으로 인식되는 표장을 말하는바, 기록에 비추어 살펴보면, 원심이 1971.경부터 이 사건 등록상표의 등록결정일 무렵까지 28년 동안이나 원고를 포함하여 장아찌 종류를 생산·판매하는 자들 사이에서 '오복채'를 장아찌의 한 종류를 가리키는 제품명으로 일반적으로 자유롭게 사용하여 온 사실을 인정하고 나서 이 사건 등록상표가 위 법조항 소정의 이른바 관용상표에 해당한다고 판단한 것은 정당하고, 거기에 상고이유에서 주장하는 바와 같이 위 법조항에 관한 법리를 오해하거나 채증법칙 위반 및 심리미진으로 인하여 사실을 오인함으로써 판결 결과에 영향을 미친 위법이 있다고 할 수 없다.

3. 그러므로 상고를 기각하고, 상고비용은 패소자가 부담하도록 하여 관여 법관의 일치된 의견으로 주문과 같이 판결한다.

대법관 윤재식(재판장) 변재승 강신욱 고현철(주심)

6. 대법원 2001. 4. 24. 선고 2000후2149 판결 【거절사정(상)】

[공2001.6.15.(132),1272]

【판시사항】

[1] 상표법 제6조 제1항 제3호의 규정 취지

[2] 지정상품이 서적 등인 상표 "관족법(觀足法)"이 상표법 제6조 제1항 제3호의 기술적 표장에 해당하는지 여부(적극)

【판결요지】

[1] 상표법 제6조 제1항 제3호에 의하면 지정상품의 품질, 효능, 용도, 형상 등을 보통으로 사용하는 방법으로 표시한 표장만으로 된 상표는 그 상표등록을 받을 수 없도록 규정되어 있고, 그 규정의 취지는 위 제6조 제1항 제3호에 열거된 내용을 표시하는 표장은 상품의 특성을 기술하는 목적으로써 표시되어 있는 기술적(記述的) 표장으로서 자타상품을 식별하는 기능을 상실하는 경우가 많을 뿐만 아니라, 가사 상품 식별의 기능이 있는 경우라 하더라도 상품 거래상 누구나 필요한 표시이기에 어느 특정인에게만 독점적으로 사용시킨다는 것은 공익상으로 타당하지 않기 때문이다.

[2] '관족법(觀足法)'의 의미, 국내에서의 '관족법'의 사용실태 등에다가 우리나라가 한자문화권으로서 한자어로 구성되고 "…… 하는 법"이라는 의미의 관상법, 관심법, 수상법 등의 단어가 널리 사용되고 있는 점을 감안하면, 출원상표 "관족법"은 한글로만 구성되어 있고, 사전에도 등재되어 있지 않은 조어상표이기는 하나, 한자문화권인 우리의 언어습관상 민간요법 등에 관심이 많은 일반수요자들 사이에서나 적어도 발건강관리업, 한방의료분야 등의 관련 거래업계에서는 이를 기초적인 한자인 '볼 관(觀)', '발 족(足)', '법 법(法)'으로 구성된 한자어 '觀足法'의 한글 표기로 연상하는데 그다지 큰 어려움이 있을 것으로 보이지는 않으며, 또한 이와 같이 관족법을 '觀足法'의 한글 표기로 연상하면 거래자나 일반 수요자들로서는 '관족법'을 '발을 보는 법'이나 '발을 관찰하는 법'으로서 '건강관리를 위해 발을 보는 원리 또는 법칙'이나 '발 건강 관리에 관한 원리나 법칙' 등의 의미로 이해할 수 있어서, 출원상표 "관족법"이 그 지정상품 중 서적 등에 사용될 경우에는 상품의 출처를 표시하고 자타상품의 식별표지로 인식되기보다는 그 서적 등이 관족법에 관한 내용을 함축적으로 표현한 것임을 직감하게 되어 그 지정상품의 효능, 용도 등을 표시한 것이라고 보아야 할 것이고(드물게는 관족

법(觀足法)이 관상(觀相)이나 수상(手相) 등과 같이 발의 모양, 즉 족상(足 相)을 관찰하여 사람의 운세를 알아내는 방법 등의 의미로 직감될 수도 있을 것인데, 이 경우에도 사정은 마찬가지라 할 것이다}, 나아가 이는 그 지정 상품의 거래상 누구에게나 필요한 표시이기에 어느 특정인에게만 독점적으로 사용하게 한다는 것은 공익상으로도 타당하지 않다.

【참조조문】

[1] 상표법 제6조 제1항 제3호[2] 상표법 제6조 제1항 제3호

【참조판례】

[1] 대법원 1982. 12. 28. 선고 81후55 판결(공1983, 370)

대법원 1984. 1. 23. 선고 82후41 판결(공1984, 371)

대법원 2000. 2. 22. 선고 99후2549 판결(공2000상, 845)

【전 문】

【원고, 피상고인】 이진근

【피고, 상고인】 특허청장

【원심 판결】 특허법원 2000. 7. 2 1. 선고 2000허1368 판결

【주 문】

원심 판결을 파기하여 사건을 특허법원에 환송한다.

【이 유】

상고이유를 판단한다.

1. 원심 판결 이유에 의하면, 원심은 이 사건 출원상표는 사전에 등재되어 있지 않은 조어상표로서 이를 한자어 "관족법"의 한글 표기로 이해하면 '발을 보는 법' 또는 '발을 관찰하는 법'으로 인식될 수 있어 '발을 관찰하여 건강상태를 확인하는 방법' 또는 '관상(觀相)이나 수상(手相) 등과 같이 발의 모양을 관찰하여 사람의 운세를 알아내는 방법' 등으로 연상되므로 이 사건 출원상표가 이러한 방법에 의하여 제공되는 서비스업에 사용될 경우 그 서비스업의 효능, 용도 등을 어느 정도 암시하고 있는 것으로 볼 수 있으나, 이를 직접적으로 표시한 것으로는 보이지 아니할 뿐만 아니라, 이 사건 출원상표는 서적, 소책자, 카탈로그 등을 지정상품으로 하고 있어 이를 그 지정상품에 사용하는 경우에도 그 지정상품의 효능, 용도 등을 직접적으로 표시한 것이라고 할 수 없으며, 나아가 그 판시 증거들에 의하여 인정되는 사실들, 즉 인터넷에 관족법이란 '손·발을 통해 자연의 운행으로 혈액순환과 기(氣)의 흐름을 좋게 하고, 신체 내의 독성 및 노폐물을 몸밖으로 배출시켜 건강한 신체를 만들어 가는 것'으로서 주부들에게 매우 선호되고 있다고 소개되고 있고, 대구광역시 소재 동보건강원 등에서는 인터넷 홈페이지를 통하여

관족법을 소개하고 있으며, 주부생활 등 6개의 잡지에 관족법을 소개하는 기사가 각 한 차례씩 게재된 사실, 원고가 관족법이란 용어를 최초로 만들어 사용하여 1979년 8월부터 1998년 6월까지 사이에 대학이나 백화점 문화센터 등에서 6회 정도 관족법에 관한 강연을 하였고, 한 두 차례 KBS TV 등에 출연하여 관족법을 소개한 사실만으로는 일반 수요자가 "관족법"의 의미를 위에서 본 바와 같은 의미로 받아들인다거나 일반 수요자나 거래자들이 이 사건 출원상표의 지정상품인 서적 등의 효능 또는 용도 등을 표시하는 것으로 인식하고 있다고 인정하기에는 부족하고 달리 이를 인정할 증거가 없어 이 사건 출원상표는 상표법 제6조 제1항 제3호에 해당한다고 볼 수 없다는 취지로 판단하였다.

2. 그러나 상표법 제6조 제1항 제3호에 의하면 지정상품의 품질, 효능, 용도, 형상 등을 보통으로 사용하는 방법으로 표시한 표장만으로 된 상표는 그 상표등록을 받을 수 없도록 규정되어 있고, 그 규정의 취지는 위 제6조 제1항 제3호에 열거된 내용을 표시하는 표장은 상품의 특성을 기술하는 목적으로써 표시되어 있는 기술적(記述的) 표장으로서 자타 상품을 식별하는 기능을 상실하는 경우가 많을 뿐만 아니라, 가사 상품 식별의 기능이 있는 경우라 하더라도 상품 거래상 누구나 필요한 표시이기에 어느 특정인에게만 독점적으로 사용시킨다는 것은 공익상으로 타당하지 않기 때문이라 할 것이다(대법원 1984. 1. 23. 선고 82후41 판결, 2000. 2. 22. 선고 99후2549 판결 등 참조).

3. 기록에 의하면, 원심이 적법하게 인정한 '관족법'의 의미, 국내에서의 '관족법'의 사용실태 외에도 인터넷에 중국 춘추전국시대에 작성된 중국 최고의 의학문헌인 황제내경의 소녀편에 '관지법(관지법)'이라는 '발 건강 관리법'이 기록되어 있고, 우리나라의 동의보감에도 '발 건강 관리'에 관하여 기록되어 있다고 소개되고 있으며, 원고는 '한국 관족법 연구소'라는 단체를 만들어 '영원한 건강 관족법의 비밀'이라는 제호의 책자를 저술하여 이를 출판하기까지 하였으며, 최근에는 한국사회체육진흥회, 한국발관리협회 등에서 서양의학에 대한 대체의학으로 발 건강 관리법을 활발히 보급하여 전통 한의학계나 발 건강 관리업 외에도 스포츠 맛사지업계, 피부관리업계 등을 통하여 시중에 상당히 알려져 있음을 알 수 있는바, 이러한 사정에다가 우리나라가 한자문화권으로서 한자어로 구성되고 "…… 하는 법"이라는 의미의 관상법, 관심법, 수상법 등의 단어가 널리 사용되고 있는 점을 감안하면, 이 사건 출원상표 "관족법"은 한글로만 구성되어 있고, 사전에도 등재되어 있지 않은 조어상표이기는 하나, 한자문화권인 우리의 언어습관상 민간요법 등에 관심이 많은 일반수요자들 사이에서나 적어도 발건강관리업, 한방의료분야 등의 관련 거래업계에서는 이를 기초적인 한자인 '볼 관(觀)', '발 족(足)', '법 법(法)'으로 구성된 한자어 '觀足法'의 한글 표기로 연상하는데 그다지 큰 어려움이 있을 것으로 보이

지는 않으며, 또한 이와 같이 관족법을 '觀足法'의 한글 표기로 연상하면 거래자나 일반 수요자들로서는 '관족법'을 '발을 보는 법'이나 '발을 관찰하는 법'으로서 '건강관리를 위해 발을 보는 원리 또는 법칙'이나 '발 건강 관리에 관한 원리나 법칙' 등의 의미로 이해할 수 있어서, 이 사건 출원상표 '관족법'이 그 지정상품 중 서적 등에 사용될 경우에는 상품의 출처를 표시하고 자타상품의 식별표지로 인식되기보다는 그 서적 등이 관족법에 관한 내용을 함축적으로 표현한 것임을 직감하게 되어 그 지정상품의 효능, 용도 등을 표시한 것이라고 보아야 할 것이고(드물게는 관족법(觀足法)이 관상(觀相)이나 수상(手相) 등과 같이 발의 모양, 즉 족상(足相)을 관찰하여 사람의 운세를 알아내는 방법 등의 의미로 직감될 수도 있을 것인데, 이 경우에도 사정은 마찬가지라 할 것이다), 나아가 이는 그 지정 상품의 거래상 누구에게나 필요한 표시이기에 어느 특정인에게만 독점적으로 사용하게 한다는 것은 공익상으로도 타당하지 않은 것이라고 할 것이다.

그럼에도 불구하고 원심이 그 설시와 같은 이유만으로 이 사건 출원상표가 그 지정상품의 효능, 용도 등을 어느 정도 암시하고 있을 뿐, 이를 직접적으로 표시한 것이라고 할 수 없다고 판단한 것은 상표법 제6조 제1항 제3호에 관한 법리를 오해한 위법을 저지른 것이라고 할 것이므로, 이 점을 지적하는 상고이유의 주장은 이유가 있다.

4. 그러므로 원심 판결을 파기하고, 사건을 다시 심리·판단케 하기 위하여 원심 법원에 환송하기로 관여 법관의 의견이 일치되어 주문과 같이 판결한다.

대법관 이용우(재판장) 조무제 강신욱 이강국(주심)

7. 대법원 1990. 11. 27. 선고 90후410 판결【상표등록무효】

[집38(4)특,279;공1991.1.15.(888),230]

【판시사항】

가. 영어참고서를 지정상품으로 한 등록상표 "영어 실력기초"의 특별현저성 유무(소극)

나. 상표등록무효심판이 당해 상표의 거절사정을 파기한 항고심결에 기속되는지 여부(소극)

【판결요지】

가. 영어참고서를 지정상품으로 한 등록상표 "영어 실력기초"를 구성하고 있는, "영어", "실력", "기초" 등의 각 단어는 특별현저성이 결여된 기술적 표장에 불과한 것으로서, 위 상표는 그 지정상품과 관련지어 볼 때 "영어 실력을 향상시키는 기초적인 영어참고서"로 인식되어지므로, 구 상표법 제8조 제1항 제3호에 해당되어 같은 법 제46조 제1호에 의하여 무효이다.

나. 이 사건 상표의 등록을 거절한 사정에 대한 항고심판에서 이 사건 상표가 단순한

성질(품질)만을 표시하는 것이라고 볼 수 없다고 하여 원사정을 파기한 심결은 상표등록출원에 대한 심사의 연장으로서 당사자간의 무효 심판과는 별도의 심판이므로 이 사건 무효심판이 위 거절사정불복 항고심판의 심결에 기속되지 않는다.

【참조조문】

가. 구 상표법(1990.1.13. 법률 제4210호로 개정되기 전의 것) 제8조 제1항 제3호 나. 같은 법 제46조, 구 특허법(1990.1.13. 법률 제4207호로 개정되기 전의 것) 제135조

【전 문】

【심판청구인, 피상고인】 안현필 외 1인

【심판청구인들】 소송대리인 변리사 김용인 외 1인

【피심판청구인, 상고인】 백동혁 소송대리인 변리사 하문수 소송대리인 변호사 김진우 외 1인

【원 심 결】 특허청 항고심판소 1990. 1. 31.자 88항당236 심결

【주 문】

원심결을 파기하고, 사건을 특허청 항고심판소에 환송한다.

【이 유】

1. 상고이유(와 이에 관계 있는 상고이유보충서 부분 포함) 제1,2점에 대하여

원심결 이유에 의하면 원심은, 이 사건 상표 "영어 실력기초"를 구성하고 있는, "영어", "실력", "기초" 등의 단어는 특별현저성이 결여된 기술적 표장에 불과한 것으로서, 이 사건 상표는 그 지정상품과 관련지어 볼 때 "영어실력을 향상시키는 기초적인 영어참고서"로 인식되어지므로, 상표법 제8조 제1항 제3호에 해당되어 같은법 제46조 제1호에 의하여 무효 라고 하고, 이 사건 상표의 등록을 거절한 사정에 대한 항고심판소에서 이 사건 상표가 단순한 성질(품질)만을 표시하는 것이라고 볼 수 없다고 하여 위 등록을 거절한 원사정을 파기한 1979년 항고심판(절) 제932호 심결은 상표등록출원에 대한 심사의 연장으로서 당사간의 무효심판과는 별도의 심판이므로 이 사건 무효심판이 위 거절사정불복 항고심판의 심결에 기속되지 않으며, 피심판청구인이 주장하는 바와 같이 이 사건 상표와 유사한 상표가 등록된 사례가 있다고 하더라도 상표의 등록심사나 무효심판은 개별사안에 따라 개별적으로 판단되는 것이라고 하여 거시된 사례들은 이 사건 상표의 경우에는 적용하기가 부적합하다는 취지로 판단하고 있는바, 이와 같은 원심의 판단은 옳고, 여기에 소론과 같은 상표의 특별현저성 및 국가의사결정에 대한 법리오해나 심리미진의 위법이 있다고 할 수 없다. 논지는 이유 없다.

2. 같은 제3점에 대하여

원심은 상표법 제8조 제2항의 규정에 의하여 지정상품의 성질만을 표시하는 상표가 등

록되기 위하여는 그러한 상표가 수요자에게 인식된 것만으로는 부족하고, 그러한 상표가 누구의 상표인가가 수요자에게 현저히 인식되어야 한다고 전제한 다음, 이 사건 상표의 지정상품인 "영어 실력기초"가 1958년부터 1973년까지 약 70만부나 판매되었으며, 그 후에도 출원시까지 계속 판매 되어, 이 사건 상표는 수요자간에 현저히 알려졌지만, 이 사건 상표의 출원인인 백형모가 위 "영어 실력기초"의 저자인 심판청구인 안현필로부터 그 저작권을 양수한 1973.5.31.부터 이 사건 상표의 등록출원일인 1979.1.26.까지는 불과 5년 8개월 정도에 불과하여 이 사건 상표가 위 참고서의 상표로서 사용한 위 백형모에게 속한다는 것은 잘 인식되지 아니하는 것이며, 또한 서적의 저작권자가 저자나 출판사와 다른 경우 수요자들은 그 서적을 저자 또는 출판사와 연관하여 인식하는 것이 일반적이며, 표시에 표시조차 되어 있지 아니한 별도의 저작권자와 연관하여 인식하지 아니하는 것이 통상의 경험법칙이라고 할 것이데, 이 사건 상표가 출원되기 이전에 발행된 "영어 실력기초"의 표지나 그 뒷면에 발행인 등 표시부분에 저자인 안현필이나 출판사인 학연사만이 표기되어 있을 뿐, 위 백형모는 전혀 표시되어 있지 아니하므로, 수요자가 위 책이 위 백형모에 의하여 제작되는 것으로 인식할 수 없을 뿐만 아니라, 이 점을 인정할 증거도 없다고 하여, 이 사건 상표가 상표법 제8조 제2항에 해당하지 아니한다는 취지로 판단하고 있다.

그러나, 위 상표법 제8조 제2항에 의하여 상표가 등록되기 위하여는 출원전에 상표로서 사용한 결과 수요자가 당해 상표를 누구인가의 상품표지로 승인하고 있으면 족한 것이고, 구체적으로 특정인의 성명이나 명칭까지 인식하여야만 하는 것은 아니다.

그런데 기록에 의하면, 원심결이 적절하게 지적한 바와 같이 이 사건 상표는 상당한 기간동안 위 안현필이 저작한 위 영어참고서의 상표로서 사용되어 수요자간에 현저하게 알려졌음을 알 수 있고, 비록 일반적으로 수요자들은 서적을 저자 또는 출판사와 연관하여 인식하는 것이라고 하더라도, 그 서적은 저자이든 그 저자로부터 저작권을 양수한 자이든 간에 그 서적을 적법하게 제작, 판매할 수 있는 저작권자에 의하여 제작되는 것이고, 또 그 서적의 상표가 그러한 저작권자에 속한다는 것은 수요자에게 당연한 것으로 받아들여지는 것이라고 할 것이므로, 위와 같이 이 사건 상표가 수요자간에 위 안현필이 저작한 영어참고서의 제호 내지 상표로서 인식되고, 또한 위 백형모가 위 참고서의 저작권을 위 안현필로부터 양수한 이상, 이 사건 상표는 위 상표법의 규정에 의하여 적법하게 등록을 받을 수 있는 것이고, 따라서 원심이 이 사건 상표가 위 상표법 규정에 해당하지 아니한다고 본 것은 위 규정에 관한 법리를 오해한 위법이 있다고 하지 않을 수 없어 이 점을 지적하는 논지는 이유 있다.

3. 그러므로 원심결을 파기하여 사건을 특허청 항고심판소에 환송하기로 관여 법관의 의

견이 일치되어 주문과 같이 판결한다.

대법관 김주한(재판장) 이회창 배석 김상원

8. 대법원 1993. 12. 21. 선고 93후1360 판결【거절사정】

[공1994.2.15.(962),540]

【판시사항】

가. 출원상표 "TASTY DOGS"의 등록 가부

나. 출원상표의 일부 지정상품에 관하여 상표등록요건이 갖추어지지 아니한 경우 취하여야 할 조치

【판결요지】

가. 출원상표 "TASTY DOGS"는 축산물과 그 가공식품류인 지정상품들과 관련하여 일반수요자에게 "맛있는 핫도그"의 관념으로 쉽게 인식될 수 있는 것으로 보여지므로 출원상표는 그 지정상품의 품질, 효능, 용도 등 성질을 보통으로 사용하는 방법으로 표시한 표장만으로 된 상표로서 상표법 제6조 제1항 제3호에 의하여 등록받을 수 없다.

나. 지정상품이 2 이상 여럿인 출원상표가 일부 지정상품에 관하여는 상표등록요건을 갖춘 것으로 인정되고, 나머지 지정상품에 관하여는 상표등록요건을 갖추지 못한 것으로 인정되는 경우에 우리 상표법상 상표등록요건을 갖춘 지정상품 부분에 관하여는 등록사정하고, 상표등록요건을 갖추지 못한 지정상품 부분에 관하여는 거절사정함과 같이 분리하여 사정하여야 할 근거는 없으므로 하나의 출원은 지정상품이 여럿이라 하더라도 일체불가분으로 취급할 수밖에 없어 일부 지정상품에 관하여 상표등록요건이 갖추어지지 아니한 경우 그것이 보정절차를 통하여 지정상품에서 철회되는 등 보정되지 아니하는 한, 전체 지정상품에 대한 출원에 대하여 하나의 거절사정을 할 수밖에 없다.

【참조조문】

가. 상표법 제6조 제1항 제3호 나. 제23조 제1항

【전 문】

【출원인, 상고인】 바아-에스 푸즈 캄파니 소송대리인 변호사 이재후 외 2인

【상대방, 피상고인】 특허청장

【원 심 결】 특허청 1993.8.31. 자92항원1102 심결

【주 문】

상고를 기각한다.

상고비용은 출원인의 부담으로 한다.

【이 유】

상고이유를 본다.

1. 제1점에 대하여

원심결이유를 기록에 비추어 보면, 본원상표 "TASTY DOGS"는 "맛있는" 등의 뜻이 있는 영문자 "TASTY"와 "(미국구어로)핫도그" 등의 뜻이 있는 영문자 "DOGS"(DOG의 복수형)를 병기한 것으로서 우리나라의 영어보급 수준에 비추어 볼 때, 축산물과 그 가공식품류인 본원상표의 지정상품들과 관련하여 일반수요자에게 "맛있는 핫도그"의 관념으로 쉽게 인식될 수 있는 것으로 보여지므로 본원상표는 그 지정상품의 품질, 효능, 용도 등 그 성질을 보통으로 사용하는 방법으로 표시한 표장만으로 된 상표로서 상표법 제6조 제1항 제3호에 의하여 등록받을 수 없다는 취지로 판단한 원심의 조처를 정당한 것으로 수긍할 수 있고 거기에 소론과 같은 위의 상표법에 관한 법리오해나 심리미진의 위법이 있다고 할 수 없고 지적하는 당원판례들은 사안을 달리하여 이 사건에 적절한 선례가 되지 아니한다.

따라서 논지는 이유 없다.

2. 제2점에 대하여

지정상품이 2 이상 여럿인 출원상표가 일부 지정상품에 관하여는 상표등록요건을 갖춘 것으로 인정되고, 나머지 지정상품에 관하여는 상표등록요건을 갖추지 못한 것으로 인정되는 경우에 우리 상표법상 상표등록요건을 갖춘 지정상품 부분에 관하여는 등록사정하고, 상표등록요건을 갖추지 못한 지정상품 부분에 관하여는 거절사정함과 같이 분리하여 사정하여야 할 근거는 없다 할 것이므로 하나의 출원은 지정상품이 여럿이라 하더라도 일체불가분으로 취급할 수밖에 없어 일부 지정상품에 관하여 상표등록요건이 갖추어지지 아니한 경우 그것이 보정절차를 통하여 지정상품에서 철회되는 등 보정되지 아니하는 한, 전체 지정상품에 대한 출원에 대하여 하나의 거절사정을 할 수밖에 없는 것으로 보아야 할 것이다.

이 사건에서 본원상표가 그 지정상품 대부분과의 관계에서 품질, 효능, 용도 등 그 성질을 보통으로 사용하는 방법으로 표시한 표장만으로 된 상표로 인정되는 이상 / 가사 출원인의 주장과 같이 이 사건 지정상품 중 일부에 관하여 그 성질을 나타내는 것으로 볼 수 없는 경우가 있다손 치더라도 이 서건 출원에 대하여는 하나의 거절사정을 할 수밖에 없다 할 것이므로 같은 취지에서 나온 원심판단은 정당하고 거기에 소론과 같은 상표법의 법리를 오해하거나 심리를 다하지 아니한 위법이 있다고 할 수 없다.

논지는 이유 없다.

3. 제3점에 대하여

출원상표가 등록요건을 갖추었는지 여부의 판단은 그 각 지정상품과의 관련하에서 이루어지는 것이므로 본원상표가 그 지정상품과 관련하여 등록요건을 갖추지 못한 것으로 인정되어 거절사정된 이상, 본원상표와 같은 상표가 다른 상품들을 지정상품으로 하여 등록사정되었다는 사정이 있었다 하여 이 사건에서의 거절사정이 법적 안정성을 해치는 부당한 처사가 될 수는 없는 것이다.

이점 논지는 이유 없다.

4. 그러므로 상고를 기각하고 상고비용은 패소자의 부담으로 하여 관여 법관의 일치된 의견으로 주문과 같이 판결한다.

대법관 정귀호(재판장) 배만운 김주한(주심) 김석수

9. 대법원 2002. 12. 10. 선고 2000후3418 판결 【등록무효(상)】

[집50(2)특,575;공2003.2.1.(171),404]

【판시사항】

[1] 서적 등과 같이 창작물이 수록되는 상품을 지정상품으로 하는 상표의 식별력 판단 기준

[2] 등록상표 "Linux"가 서적 등의 지정상품에 사용될 경우 식별력이 없는 상표라거나 수요자 기만상표에 해당한다고 볼 수 없다고 한 사례

【판결요지】

[1] 서적 등과 같이 창작물이 수록되는 상품을 지정상품으로 하는 상표는 그 상표가 지정상품에 수록된 내용을 단순히 암시하거나 강조하는 정도를 넘어 일반 수요자로 하여금 그 상표가 지정상품에 수록된 내용을 보통으로 사용하는 방법으로 표시한 것으로 인식하게 할 정도에 이르러야만 상표법 제6조 제1항 제3호의 지정상품의 품질·용도 등을 보통으로 사용하는 방법으로 표시한 표장만으로 된 상표에 해당한다.

[2] 컴퓨터 운영체제 프로그램의 보통명칭 내지 관용표장으로 널리 알려진 등록상표 "Linux"가 그 지정상품 중 '서적, 팸플릿, 학습지, 녹화된 테이프(음악이 아닌 것), 녹화된 콤팩트디스크{음악이 아닌 시디(CD)}'에 사용될 경우 그 상품의 내용이 그 프로그램에 관련된 것임을 암시할 가능성이 없는 것은 아니지만, 위 지정상품의 일반 수요자가 상표보다는 그 상품에 수록된 창작물의 내용이나 그 내용을 나타내는 제목에 중점을 두고 상품을 거래하는 점 등에 비추어 볼 때, 위 컴퓨터 운영체제 프로그램에 관한

내용이 위 지정상품에 수록될 수 있다는 사정만으로 일반 수요자가 등록상표를 보고 위 지정상품에 수록된 내용을 보통으로 사용하는 방법으로 표시한 것으로 인식한다고 보기 어려워, 등록상표가 상표법 제6조 제1항 제3호의 상표에 해당한다고 볼 수 없고, 또 등록상표가 위 지정상품의 용도나 효용 등을 보통으로 사용하는 방법으로 표시한 표장만으로 된 상표에 해당하지 아니하는 이상, 등록상표의 사용으로 수요자들이 상품의 품질을 오인할 염려가 있다고 볼 수도 없어 등록상표가 상표법 제7조 제1항 제11호의 상품의 품질을 오인하게 하거나 수요자를 기만할 염려가 있는 상표에 해당한다고 볼 수도 없다고 한 사례.

【참조조문】

[1] 상표법 제6조 제1항 제3호[2] 상표법 제6조 제1항 제3호, 제7조 제1항 제11호

【전 문】

【원고,상고인】 권OO

【피고,피상고인】 주식회사 영진닷컴 외 23인

【원심 판결】 특허법원 2000. 10. 13. 선고 2000허1801 판결

【주 문】

원심 판결 중 원고 패소 부분을 파기하고, 이 부분 사건을 특허법원에 환송한다.

【이 유】

1. 원심은, 이 사건 등록상표 "Linux"의 등록 사정 당시 "리눅스(Linux)"라는 용어가 컴퓨터 운용체제 프로그램 중 한 종류의 보통명칭 내지 관용표장으로서 컴퓨터 사용자들에게 널리 알려져 있었으므로, 이 사건 등록상표가 그 지정상품 중 '서적, 팸플릿, 학습지, 녹화된 테이프(음악이 아닌 것), 녹화된 콤팩트디스크[음악이 아닌 시디(CD)]'에 사용되고, 그 상품에 수록된 내용이 "리눅스" 프로그램에 관한 것일 때에는 이 사건 등록상표는 그 상품에 수록된 내용을 나타내는 것으로서 그 상품의 용도와 효능 등을 표시하는 표장만으로 된 상표에 해당하고, 또 위 지정상품에 수록된 내용이 "리눅스" 프로그램에 관한 것이 아닐 때에는 이 사건 등록상표는 일반 수요자로 하여금 그 수록된 내용이 "리눅스" 프로그램에 관한 것으로 오인하게 할 염려가 있는 상표에 해당하여, 위 지정상품에 대한 이 사건 상표등록은 상표법 제6조 제1항 제3호 또는 제7조 제1항 제11호에 위배되어 무효라고 판단하였다.

2. 그러나 위 지정상품과 같이 창작물이 수록되는 상품을 지정상품으로 하는 상표는 그 상표가 지정상품에 수록된 내용을 단순히 암시하거나 강조하는 정도를 넘어 일반 수요자로 하여금 그 상표가 지정상품에 수록된 내용을 보통으로 사용하는 방법으로 표시한

것으로 인식하게 할 정도에 이르러야만 상표법 제6조 제1항 제3호의 지정상품의 품질·용도 등을 보통으로 사용하는 방법으로 표시한 표장만으로 된 상표에 해당한다. 이 사건에서 보면, 컴퓨터 운영체제 프로그램의 보통명칭 내지 관용표장으로 널리 알려진 이 사건 등록상표가 위 지정상품에 사용될 경우 그 상품의 내용이 그 프로그램에 관련된 것임을 암시할 가능성이 없는 것은 아니지만, 위 지정상품의 일반 수요자가 상표보다는 그 상품에 수록된 창작물의 내용이나 그 내용을 나타내는 제목에 중점을 두고 상품을 거래하는 점 등에 비추어 볼 때, 위 컴퓨터 운영체제 프로그램에 관한 내용이 위 지정상품에 수록될 수 있다는 사정만으로 일반 수요자가 이 사건 등록상표를 보고 위 지정상품에 수록된 내용을 보통으로 사용하는 방법으로 표시한 것으로 인식한다고 보기 어려워, 이 사건 등록상표가 상표법 제6조 제1항 제3호의 상표에 해당한다고 볼 수 없다. 또, 이 사건 등록상표가 위 지정상품의 용도나 효용 등을 보통으로 사용하는 방법으로 표시한 표장만으로 된 상표에 해당하지 아니하는 이상, 이 사건 등록상표의 사용으로 수요자들이 상품의 품질을 오인할 염려가 있다고 볼 수도 없어 이 사건 등록상표가 상표법 제7조 제1항 제11호의 상품의 품질을 오인하게 하거나 수요자를 기만할 염려가 있는 상표에 해당한다고 볼 수도 없다.

그럼에도 불구하고, 원심이, 위 지정상품에 대한 이 사건 등록상표가 상표법 제6조 제1항 제3호 또는 제7조 제1항 제11호의 상표에 해당한다고 판단한 것은, 이 사건 등록상표가 위 지정상품에 대하여 식별력을 가지고 있는지 여부에 관하여 심리를 다하지 아니한 채 채증법칙에 위배하여 판결에 영향을 미친 잘못을 저지른 것이다. 따라서 이를 지적하는 상고이유는 이유가 있다.

3. 그러므로 주문과 같이 원심 판결 중 원고 패소 부분을 파기하여 이 부분 사건을 원심법원에 환송하기로 판결한다.

대법관 배기원(재판장) 서성(주심) 이용우 박재윤

10. 대법원 2006. 7. 28. 선고 2005후2786 판결【등록무효(상)】

[미간행]

【판시사항】

[1] 상표법 제6조 제1항 제3호의 기술적 상표에 해당하는지 여부의 판단 기준

[2] 다이아몬드, 에메랄드 등을 지정상품으로 하는 등록상표 "STAR JEWELRY" 중 'JEWELRY' 부분은 지정상품들의 보통명칭이어서 식별력이 없지만 'STAR' 부분은 지정상품들의 품질이나 성질을 암시하는 데 불과하여 상표법 제6조 제1항 제3호에 해당하지 않는다는 이유로, 위 등록상표가 지정상품들에 관하여 식별력이 없어 무효로

되어야 한다고 한 원심 판결을 파기한 사례

【참조조문】

[1] 상표법 제6조 제1항 제3호 [2] 상표법 제6조 제1항 제3호

【참조판례】

[1] 대법원 2000. 2. 22. 선고 99후2440 판결(공2000상, 845)

대법원 2004. 8. 16. 선고 2002후1140 판결(공2004하, 1552)

대법원 2006. 1. 26. 선고 2005후2595 판결

대법원 2006. 4. 14. 선고 2004후2246 판결

【전 문】

【원고, 상고인】 가부시키가이샤 스타 쥬에리(소송대리인 변호사 이임수외 3인)

【피고, 피상고인】 정○○(소송대리인 변리사 조철현외 2인)

【원심 판결】 특허법원 2005. 9. 1. 선고 2005허3765 판결

【주 문】

원심 판결을 파기하고, 사건을 특허법원에 환송한다.

【이 유】

상고이유를 판단한다.

어떤 상표가 지정상품의 품질, 효능, 용도 등을 보통으로 사용하는 방법으로 표시한 표장만으로 된 상표에 해당하는지 여부는 그 상표가 지니고 있는 관념, 지정상품과의 관계, 일반 수요자나 거래자의 그 상표에 대한 이해력과 인식의 정도, 거래사회의 실정 등을 감안하여 객관적으로 판단하여야 하고, 그 상표가 지정상품의 품질, 효능, 용도를 암시하는 정도에 그치는 경우에는 그에 해당하지 아니한다(대법원 2006. 1. 26. 선고 2005후2595 판결 참조).

원심 판결 이유에 의하면, 원심은 "STAR JEWELRY"와 같이 구성된 이 사건 등록상표(제522702호)는 그 지정상품 중 '다이아몬드 원석, 다이아몬드, 에메랄드, 루비, 진주, 인조보석, 금, 금합금, 은, 은합금, 백금, 백금합금'에 관하여 볼 때, 'JEWELRY' 부분은 위 지정상품들의 보통명칭으로서 식별력이 없고, 'STAR' 부분은 일반 수요자나 거래자 사이에서 위 지정상품들의 성질을 암시하거나 강조하는 정도를 넘어 '별처럼 반짝이거나 귀한 보석', '별과 같이 남들이 부러워하거나 우러르는 보석'의 의미를 직감하게 하므로, 결국 이 사건 등록상표는 위 지정상품들에 관하여 식별력이 없어 무효로 되어야 한다고 판단하였다.

그러나 이 사건 등록상표 중 'STAR' 부분은 '별'이라는 본래의 의미와 나아가 이로부터

파생된 '인기연예인'이라는 의미이고, 'JEWELRY' 부분은 보석이라는 의미로서, 우리나라의 영어보급수준에 비추어 일반 수요자나 거래자들이 그 의미를 쉽게 알 수 있는 영어단어들인바, 이 사건 등록상표 중 'JEWELRY' 부분은 위 지정상품들의 보통명칭에 지나지 않아 식별력이 없지만, 'STAR' 부분은 그 의미가 곧 위 지정상품들과 직접적으로 연관된 것이라기보다는 간접적으로 연상되는 정도라고 보이고, 거래사회에서의 사용실태도 그와 다르지 아니하여 위 지정상품들의 품질이나 성질을 암시한다고 할 수 있을지언정 이를 직감하도록 한다고는 할 수 없을 것이다. 그런데도 원심이 이 사건 등록상표는 위 지정상품들에 관하여 기술적 상표와 보통명칭의 결합에 불과하여 식별력이 없어 무효로 되어야 한다고 판단한 것은 기술적 상표에 관한 법리를 오해하여 판결의 결과에 영향을 미친 위법이 있으므로, 이를 지적하는 상고이유 제1점은 이유 있다.

따라서 다른 상고이유에 대하여 나아가 판단할 필요도 없이 원심 판결을 파기하고, 사건을 다시 심리·판단하게 하기 위하여 원심법원에 환송하기로 하여 관여 대법관의 일치된 의견으로 주문과 같이 판결한다.

대법관 이홍훈(재판장) 김영란(주심) 김황식 안대희

11. 대법원 2007. 9. 20. 선고 2007후1824 판결【등록무효(상)】

[공2007.10.15.(284),1714]

【판시사항】

[1] 서비스표가 상표법 제6조 제1항 제3호에서 정한 기술적 표장에 해당하는지 여부의 판단 기준

[2] 지정서비스업을 '가사서비스업'으로 하는 등록서비스표 "파출박사"가 기술적 표장에 해당한다고 본 사례

【판결요지】

[1] 어떤 상표가 상표법 제6조 제1항 제3호에서 정한 상품의 품질·효능·용도 등을 보통으로 사용하는 방법으로 표시한 표장만으로 된 상표에 해당하는지 여부는 그 상표가 지니고 있는 관념, 지정상품과의 관계, 거래사회의 실정 등을 감안하여 객관적으로 판단하여야 하며, 이러한 법리는 상표법 제2조 제3항에 의하여 서비스표의 경우에도 마찬가지로 적용된다.

[2] 지정서비스업을 '가사서비스업'으로 하고 '파출'과 '박사'의 두 단어를 결합하여 구성한 등록서비스표 "파출박사"는 그 지정서비스업에 사용될 경우에 '사람(특히 파출부)을 보내어 집안일을 하는 데 능통함'이라는 의미로 인식되어, 가사서비스업의 품질·용도·효능 등을 보통으로 사용하는 방법으로 표시한 표장만으로 구성된 기술적 표장에

해당한다고 본 사례.

【참조조문】

[1] 상표법 제2조 제3항, 제6조 제1항 제3호 [2] 상표법 제2조 제3항, 제6조 제1항 제3호

【참조판례】

[1] 대법원 2006. 1. 26. 선고 2005후2595 판결

대법원 2006. 4. 14. 선고 2004후2246 판결

대법원 2006. 7. 28. 선고 2005후2786 판결

대법원 2007. 3. 15. 선고 2005후452 판결

【전 문】

【원고, 상고인】 원고

【피고, 피상고인】 피고

【원심 판결】 특허법원 2007. 4. 19. 선고 2006허10593 판결

【주 문】

원심 판결을 파기하고, 사건을 특허법원에 환송한다.

【이 유】

어떤 상표가 상표법 제6조 제1항 제3호에서 정한 상품의 품질·효능·용도 등을 보통으로 사용하는 방법으로 표시한 표장만으로 된 상표에 해당하는지 여부는 그 상표가 지니고 있는 관념, 지정상품과의 관계, 거래사회의 실정 등을 감안하여 객관적으로 판단하여야 하며(대법원 2006. 1. 26. 선고 2005후2595 판결, 대법원 2006. 7. 28. 선고 2005후2786 판결 등 참조), 이러한 법리는 상표법 제2조 제3항에 의하여 서비스표의 경우에도 마찬가지로 적용된다.

위 법리와 기록에 비추어 살펴보면, 피고의 이 사건 등록서비스표(등록번호 제75986호)는 지정서비스업을 '가사서비스업'으로 하고, '파출'과 '박사'의 두 단어가 결합된 '파출박사'라는 문자로 구성된 서비스표인바, 파출이란 '어떤 일을 위하여 사람을 보냄'을 뜻하고, 거래사회에서 '박사'라는 용어는 어떤 일에 능통한 사람을 비유적으로 일컫는 말로 흔히 사용되고 있으며, '개인 가정에 고용된 각종 가사 담당자의 산업활동'을 의미하는 가사서비스업 분야에서 '보수를 받고 출·퇴근을 하며 집안일을 하여 주는 여자'라는 의미를 담고 있는 '파출부'라는 단어가 널리 사용되고 있음을 고려하여 볼 때, 이 사건 등록서비스표는 그 지정서비스업에 사용될 경우에 '사람(특히 파출부)을 보내어 집안일을 하는 데에 능통함'이라는 의미로 인식되어 가사서비스업의 품질·용도·효능 등을 보통으로 사용하는 방법으로 표시한 표장만으로 구성된 기술적 표장에 해당한다고 봄이 상당하다.

그럼에도 불구하고, 원심은 이 사건 등록서비스표가 그 지정서비스업의 품질·효능·용도 등을 암시한다고 할 수 있겠지만 이를 직감할 수 있는 정도로 표시한 것이라고 보기 어렵다고 하여 이 사건 등록서비스표가 기술적 표장에 해당하지 않는다고 판단하였으니, 원심 판결에는 기술적 표장에 관한 법리를 오해하여 판결 결과에 영향을 미친 위법이 있다. 이 점을 지적하는 상고이유의 주장은 이유 있다.

그러므로 나머지 상고이유에 대하여 나아가 살필 필요 없이 원심 판결을 파기하고, 사건을 다시 심리·판단하게 하기 위하여 원심법원에 환송하기로 하여 관여 법관의 일치된 의견으로 주문과 같이 판결한다.

대법관 김지형(재판장) 고현철(주심) 양승태 전수안

12. 대법원 2000. 2. 22. 선고 99후2549 판결 【거절사정(상)】

[공2000.4.15.(104),847]

【판시사항】

[1] 구 상표법 제6조 제1항 제3호 규정의 취지

[2] 지정상품이 파워 앰프인 상표 "POWERWAVE+TECHNOLOGIES"가 구 상표법 제6조 제1항 제3호의 기술적(기술적) 표장에 해당하는지 여부(적극)

【판결요지】

[1] 구 상표법(1997. 8. 22. 법률 제5355호로 개정되기 전의 것) 제23조 제1항 제1호, 제6조 제1항 제3호에 의하면 지정상품의 품질, 효능, 용도, 형상 등을 보통으로 사용하는 방법으로 표시한 표장만으로 된 상표는 그 상표등록을 거절하도록 규정되어 있고, 그 규정의 취지는 위 제6조 제1항 제3호에 열거된 내용을 표시하는 표장은 상품의 특성을 기술하는 목적으로써 표시되어 있는 기술적(기술적) 표장으로서 자타 상품을 식별하는 기능을 상실하는 경우가 많을 뿐만 아니라, 가사 상품 식별의 기능이 있는 경우라 하더라도 상품 거래상 누구나 필요한 표시이기에 어느 특정인에게만 독점적으로 사용시킨다는 것은 공익상으로 타당하지 않기 때문이다.

[2] 출원상표는 "POWERWAVE"와 "TECHNOLOGIES"가 결합된 상표로서 'POWER WAVE'는 '힘, 동력, 전력' 등의 뜻을 가진 'POWER'와 '파도, 파동, 전파, 물결무늬' 등의 뜻을 가진 'WAVE'가 결합된 표장이며, 'TECHNOLOGIES'는 '기술'의 뜻을 가진 'TECHNOLOGY'의 복수형이고, 출원상표의 지정상품인 파워 앰프는 '전력증폭기'로서 구체적으로 무선통신분야에 있어서 라디오 주파수 전력증폭기(radio frequency power amplifier)를 의미하므로, 출원상표의 지정상품과 관련하여 보면 일반 수요자나 거래자는 출원상표의 'POWERWAVE'를 '힘있는 전파, 강력한 전파, 강력한 파동' 등의 의미로 직감할 수 있다

할 것이므로, 'POWERWAVE'는 지정상품인 전력증폭기에 의하여 강력한 전파가 발사된다는 의미를 가지게 되어 지정상품의 품질이나 효능을 보통으로 사용하는 방법으로 표시한 것이고, '기술'이라는 뜻의 'TECHNOLOGIES'는 명백히 식별력이 없다고 할 것이므로, 출원상표는 결국 상표로서의 식별력이 없다.

【참조조문】

[1] 구 상표법(1997. 8. 22. 법률 제5355호로 개정되기 전의 것) 제6조 제1항 제3호, 제23조 제1항 제1호[2] 구 상표법(1997. 8. 22. 법률 제5355호로 개정되기 전의 것) 제6조 제1항 제3호

【참조판례】

[1] 대법원 1984. 1. 23. 선고 82후41 판결(공1984, 371)

[2] 대법원 1992. 10. 27. 선고 92후940 판결(공1992, 3303)

대법원 1999. 5. 25. 선고 97후2132 판결(공1999하, 1287)

【전 문】

【원고, 상고인】 파워웨이브 테크놀로지스, 인크(소송대리인 변호사 장수길 7인)

【피고, 피상고인】 특허청장

【원심 판결】 특허법원 1999. 9. 16. 선고 99허4156 판결

【주 문】

상고를 기각한다. 상고비용은 원고의 부담으로 한다.

【이 유】

상고이유를 본다.

원심 판결 이유에 의하면, 원심은 구 상표법(1997. 8. 22. 법률 제5355호로 개정되기 전의 것, 이하 같다) 제23조 제1항 제1호, 제6조 제1항 제3호에 의하면 지정상품의 품질, 효능, 용도, 형상 등을 보통으로 사용하는 방법으로 표시한 표장만으로 된 상표는 그 상표등록을 거절하도록 규정되어 있고, 그 규정의 취지는 위 제6조 제1항 제3호에 열거된 내용을 표시하는 표장은 상품의 특성을 기술하는 목적으로써 표시되어 있는 기술적(기술적) 표장으로서 자타 상품을 식별하는 기능을 상실하는 경우가 많을 뿐만 아니라, 가사 상품 식별의 기능이 있는 경우라 하더라도 상품 거래상 누구나 필요한 표시이기에 어느 특정인에게만 독점적으로 사용시킨다는 것은 공익상으로 타당하지 않기 때문인 바(대법원 1984. 1. 23. 선고 82후41 판결 등 참조), 본원상표는 "POWERWAVE"와 "TECHNOLOGIES"가 결합된 상표로서 'POWERWAVE'는 '힘, 동력, 전력' 등의 뜻을 가진 'POWER'와 '파도, 파동, 전파, 물결무늬' 등의 뜻을 가진 'WAVE'가 결합된 표장이며, 'TECHNOLOGIES'는 '기술'의 뜻을 가진 'TECHNOLOGY'의 복수형이고, 본원상표의 지정상품인 파워 앰프는 '전력증폭

기'로서 구체적으로 무선통신분야에 있어서 라디오 주파수 전력증폭기(radio frequency power amplifier)를 의미하므로, 본원상표의 지정상품과 관련하여 보면 일반 수요자나 거래자는 본원상표의 'POWERWAVE'를 '힘있는 전파, 강력한 전파, 강력한 파동' 등의 의미로 직감할 수 있다 할 것이므로, 'POWERWAVE'는 지정상품인 전력증폭기에 의하여 강력한 전파가 발사된다는 의미를 가지게 되어 지정상품의 품질이나 효능을 보통으로 사용하는 방법으로 표시한 것이고, '기술'이라는 뜻의 'TECHNOLOGIES'는 명백히 식별력이 없다고 할 것이므로, 본원상표는 결국 상표로서의 식별력이 없다는 취지로 판단하였다. 기록 및 구 상표법 제6조 제1항 제3호의 규정 취지에 비추어 보면 원심의 조치는 정당하고, 거기에 원고의 상고이유 주장과 같이 기술적 표장에 대한 법리오해의 위법이 있다고 할 수 없을 뿐만 아니라, 사용으로 인한 식별력 취득을 인정할 수 없다. 상고이유에서 들고 있는 대법원 판결들은 사안이 달라 이 사건에 원용하기에는 적절하지 아니하다. 그러므로 상고를 기각하고 상고비용은 패소자의 부담으로 하기로 하여 관여 대법관의 일치된 의견으로 주문과 같이 판결한다.

대법관 신성택(재판장) 지창권 서성 유지담(주심)

13. 대법원 2001. 3. 23. 선고 2000후1436 판결 【거절사정(상)】

[공2001.5.15.(130),1049]

【판시사항】

[1] 지정서비스업이 컴퓨터하드웨어 수리업 등인 출원서비스표 "PC DIRECT"가 상표법 제6조 제1항 제3호의 '기술적 표장'에 해당하는지 여부(적극)

[2] 서비스표의 등록적격성 유무 및 기술적 표장에 해당 여부의 판단 기준

【판결요지】

[1] 출원서비스표 "PC DIRECT" 중 'PC'는 'Personal Computer'의 약어로서 일반적으로 사용되는 용어이고, 'DIRECT'는 '지도하다' 또는 '직접의' 등과 같은 사전적인 의미를 가지는 단어이나, 실제거래사회에서 일반인들은 위 'DIRECT'를 '신속한, 빠른' 등의 의미로도 받아들이고 있어, 출원서비스표 "PC DIRECT"를 그 지정서비스업에 사용할 경우, 일반 수요자들은 위 출원서비스표로부터 "컴퓨터주변기기를 신속하게 판매 대행한다."(서비스업류 구분 제35류에 속하는 '컴퓨터주변기기판매대행업'의 경우), "컴퓨터 및 컴퓨터주변기기를 빠르게 중개한다."(같은 제36류에 속하는 '컴퓨터 및 컴퓨터주변기기 중개업'의 경우) 또는 "컴퓨터하드웨어를 직접 수리한다, 똑바르게 수리한다, 신속하게 수리한다."(같은 제37류에 속하는 '컴퓨터하드웨어수리업'의 경우) 등의 의미로 직감할 것이므로, 이는 지정서비스업의 성질(품질이나 효능 등)을 직접적으로 표시한 기술적 표장에 해당

한다 할 것이고, 또 이를 특정인에게 독점·배타적으로 사용하게 하는 것은 공익에도 반하는 것이다.

[2] 서비스표의 등록적격성 유무는 지정서비스업과의 관계에서 각 서비스표에 따라 개별적으로 판단되어야 하고, 또 기술적 표장에 해당되는지 여부는 그 각 지정상품 또는 서비스업과의 관계에서 상대적으로 결정된다.

【참조조문】

[1] 상표법 제2조 제3항, 제6조 제1항 제3호[2] 상표법 제2조 제3항, 제6조 제1항 제3호

【참조판례】

[1] 대법원 1997. 7. 25. 선고 96후1231 판결(공1997하, 2719)

대법원 1999. 5. 28. 선고 99후444 판결(공1999하, 1291)

대법원 1999. 12. 24. 선고 99후2563 판결(공2000상, 312)

[2] 대법원 1997. 3. 28. 선고 96후1170 판결(공1997상, 1239)

대법원 1999. 4. 23. 선고 98후2924 판결(공1999상, 1053)

대법원 1999. 6. 8. 선고 98후1143 판결(공1999하, 1415)

대법원 1999. 7. 9. 선고 99후529 판결(공1999하, 1631)

대법원 1999. 9. 17. 선고 99후1645 판결(공1999하, 2215)

대법원 1999. 10. 26. 선고 97후2453 판결(공1999하, 2426)

대법원 2000. 4. 21. 선고 99후2907 판결(공2000상, 1300)

대법원 2000. 11. 28. 선고 2000후1658 판결(공2001상, 200)

【전 문】

【원고,피상고인】 주식회사 피씨디렉트(소송대리인 법무법인 케이씨엘 담당변호사 김영철 외 3인)

【피고, 상고인】 특허청장

【원심 판결】 특허법원 2000. 6. 9. 선고 2000허846 판결

【주 문】

원심 판결을 파기한다. 사건을 특허법원에 환송한다.

【이 유】

상고이유(상고이유서 제출기간 경과 후에 제출된 상고이유보충서는 상고이유를 보충하는 범위 내에서)를 판단한다.

1. 원심 판결 이유에 의하면, 원심은 이 사건 출원상표 및 서비스표(출원번호 제98-1051호)는 영문자 "PC DIRECT"만으로 구성된 표장인바, 이 사건 출원상표 및 서비스표 중 'PC'는 '개인용 컴퓨터'를 의미하는 'Personal Computer'의 약어로 일반적으로 사용되는 용어이

고, 'DIRECT'는 동사로서 "지도하다, 관리하다, 통제하다, 명령하다." 등의 의미를, 형용사로서 '직접의, 직접적인, 똑바른' 등의 의미를 가지고 있어, 이 사건 출원상표 및 서비스표는 전체적으로 "PC를 통하여 지도(관리, 통제, 명령)하다." 등으로 인식되거나, "PC를 직접적으로(똑바르게) 다룬다." 등으로 인식될 수 있으므로, 이 사건 출원상표 및 서비스표는 그 지정서비스업인 "컴퓨터하드웨어 수리업" 등과의 관계에서 그 지정서비스업의 효능, 용도 등을 어느 정도 암시하고 있는 것으로 보여지기는 하나, 이를 직접적으로 표시한 것이라거나 일반수요자나 거래자가 이러한 것으로 직관적으로 인식할 수 있는 것으로는 보이지 않으며, 더구나 컴퓨터소프트웨어 및 하드웨어와 관련이 있는 상품 및 서비스업을 대상으로 'DIRECT'를 포함하는 "BE DIRECT", "SALONS DIRECT", "PAPER DIRECT", "LABLINK DIRECT", "DIRECT DRAW", "DIRECT INPUT", "DIRECTV"등 11개의 상표 및 서비스표가 등록되어 있는 점, 위에서 본 바와 같이 'DIRECT'가 다양한 의미를 가지고 있는 점, 이 사건 출원상표 및 서비스표의 국문발음 표기인 "피씨디렉트"가 원고의 상호인 점, 이 사건 출원상표 및 서비스표는 "컴퓨터하드웨어 수리업" 이외에도 상품 및 서비스업류 구분 5개류 42개 상품 및 서비스업을 지정상품 및 서비스업으로 하고 있는 점 등을 고려해 볼 때, 이 사건 출원상표 및 서비스표가 "컴퓨터하드웨어 수리업" 등의 품질 또는 효능 등을 직접적으로 표시한다고 할 수 없고, 또한 거래사회에서 일반적으로 널리 사용됨으로써 일반수요자나 거래자들이 그러한 의미로 인식하고 있다고 할 수도 없으므로, 결국 이 사건 출원상표 및 서비스표는 상표법 제6조 제1항 제3호의 규정에 의한 지정서비스업의 품질, 효능 등을 보통으로 사용하는 방법으로 표시하는 표장에 해당한다고 할 수 없다고 판단하였다.

2. 가. 기록과 관련 법규에 의하여 이 사건 출원서비스표(원심은 '이 사건 출원상표 및 서비스표'라고 설시하고 있으나 이 설시가 부적절함은 아래에서 보는 바와 같다)를 살피건대, 이 사건 출원서비스표 중 'PC'가 'Personal Computer'의 약어로서 일반적으로 사용되는 용어이고, 'DIRECT'가 '지도하다' 또는 '직접의' 등과 같은 사전적인 의미를 가지는 단어인 점은 원심이 설시하는 바와 같으나, 실제거래사회에서 일반인들은 위 'DIRECT'를 '신속한, 빠른' 등의 의미로도 받아들이고 있어, 이 사건 출원서비스표를 그 지정서비스업에 사용할 경우, 일반 수요자들은 이 사건 출원서비스표로부터 "컴퓨터주변기기를 신속하게 판매 대행한다."(서비스업류 구분 제35류에 속하는 '컴퓨터주변기기판매대행업'의 경우), "컴퓨터 및 컴퓨터주변기기를 빠르게 중개한다."(같은 제36류에 속하는 '컴퓨터 및 컴퓨터주변기기 중개업'의 경우) 또는 "컴퓨터 하드웨어를 직접 수리한다, 똑바르게 수리한다, 신속하게 수리한다."(같은 제37류에 속하는 '컴퓨터하드웨어수리업'의 경우) 등의 의미로 직감할 것이므로, 이는 지정서비스업의 성질(품질이나 효능 등)을

직접적으로 표시한 기술적 표장에 해당한다 할 것이고, 또 이를 특정인에게 독점·배타적으로 사용하게 하는 것은 공익에도 반하는 것이라고 할 것이다.

그리고 서비스표의 등록적격성 유무는 지정서비스업과의 관계에서 각 서비스표에 따라 개별적으로 판단되어야 하고(대법원 1999. 4. 23. 선고 98후2924 판결 참조), 또 기술적 표장에 해당되는지 여부는 그 각 지정상품 또는 서비스업과의 관계에서 상대적으로 결정되는 것이므로, 원심이 인정한 바와 같이 'DIRECT'이라는 단어를 포함하는 상표 및 서비스표가 다수 선등록되어 있고, 위 'DIRECT'이라는 단어가 다양한 의미를 가지고 있으며, 이 사건 출원서비스표의 국문발음이 원고의 상호이고 이 사건 출원서비스표가 수개의 상품 및 서비스업류에 속하는 다수의 상품 및 서비스업을 그 지정상품 및 서비스업으로 하고 있다고 하더라도, 그러한 이유만으로 이 사건 출원서비스표가 기술적 표장에 해당되지 아니하여 등록되어야 한다고 보기 어렵다고 할 것이다.

그럼에도 불구하고 원심이 그 판시와 같은 이유만으로 이 사건 출원서비스표는 그 지정서비스업인 '컴퓨터하드웨어 수리업'등과의 관계에서 지정서비스업의 효능, 용도 등을 어느 정도 암시하고 있는 것으로 보여지기는 하나, 이를 직접적으로 표시한 것이라거나 일반수요자나 거래자가 이러한 것으로 직관적으로 인식할 수 있는 것으로는 보이지 아니하므로 기술적 표장에 해당되지 아니한다고 판단한 것은, 상표법 제6조 제1항 제3호에서 규정하는 기술적 표장에 관한 법리를 오해하거나 이에 대한 심리를 다하지 아니하여 판결 결과에 영향을 미친 위법을 저지른 것이라고 하지 않을 수 없다. 이 점을 지적하는 상고이유의 주장은 이유 있다.

나. 기록에 의하면, 출원인인 원고는 하나의 출원서에 의해 상품(제16류)과 서비스업(제35류 내지 제38류)에 관하여 상표 및 서비스표로 등록출원하였다가 그 후 보정하여 상품부분은 모두 삭제하고 서비스업에 대해서만 등록출원을 유지하게 되었는데(위 등록출원이 유지된 서비스표가 '이 사건 출원서비스표'이다), 특허청 심사관이 이 사건 출원서비스표는 제35류 내지 제37류에 속하는 지정서비스업과 관련하여 그 지정서비스업의 성질(품질, 형상 등)을 표시하는 표장에 해당한다는 이유로 거절사정을 하자, 원고는 거절사정불복심판(특허심판원 99원2855호)을 거쳐 이 건 심결취소소송에 이른 사실을 알 수 있다.

따라서 원심이 그 심리대상인 출원표장을 '이 사건 출원상표 및 서비스표'라고 설시한 것이나 그 출원표장이 상품에 관하여도 등록출원된 것으로 본 것은 잘못이라는 점도 지적해 둔다.

3. 그러므로 원심 판결을 파기하고, 사건을 다시 심리·판단하게 하기 위하여 원심법원에

환송하기로 관여 법관의 의견이 일치되어 주문과 같이 판결한다.

대법관 이용우(재판장) 조무제 강신욱 이강국(주심)

14. 대법원 2003. 7. 11. 선고 2002후2464 판결【등록무효(상)】

[공2003.8.15.(184),1737]

【판시사항】

등록상표 "일동"이 현저한 지리적 명칭만으로 된 표장에 해당하는지 여부(적극) 및 그 지정상품 중 약주에 대하여는 산지를 보통으로 사용하는 표장에 해당하여 수요자 기만 상표에 해당하는지 여부(적극)

【판결요지】

등록상표 "일동"은 '막걸리'의 산지로서 일반 수요자 및 거래자에게 널리 알려져 있고, 청계산, 백운산 등 주변의 명산과 계곡, 온천 등이 있는 관광지인 경기 포천군 일동면으로 널리 알려져 있으므로, 상표법 제6조 제1항 제4호가 규정하는 현저한 지리적 명칭만으로 된 표장에 해당될 뿐 아니라, 그 지정상품 중 약주에 대하여는 같은 법 제6조 제1항 제3호의 산지를 보통으로 사용하는 표장에 해당되므로 위 등록상표를 경기 포천군 일동면 이외의 지역에서 생산되는 약주에 사용하는 경우 일반 수요자 또는 거래자는 일동면에서 생산되는 약주로 그 품질을 오인할 가능성이 커 같은 법 제7조 제1항 제11호의 규정에도 해당된다.

【참조조문】

상표법 제6조 제1항 제3호, 제4호, 제7조 제1항 제11호, 제71조

【참조판례】

대법원 2003. 7. 11. 선고 2002후2440 판결

【전 문】

【원고, 피상고인】 일동주조 주식회사

【피고, 상고인】 함○○(소송대리인 변호사 신영한)

【원심 판결】 특허법원 2002. 9. 26. 선고 2002허2914 판결

【주 문】

상고를 기각한다. 상고비용을 피고가 부담하게 한다.

【이 유】

원심은, 이 사건 등록상표(등록번호 제348389호)인 "일동"은 '막걸리'의 산지로서 일반 수요자 및 거래자에게 널리 알려져 있고, 청계산, 백운산 등 주변의 명산과 계곡, 온천 등이

있는 관광지인 경기 포천군 일동면으로 널리 알려져 있으므로, 이 사건 등록상표는 상표법 제6조 제1항 제4호가 규정하는 현저한 지리적 명칭만으로 된 표장에 해당될 뿐 아니라, 그 지정상품 중 약주에 대하여는 상표법 제6조 제1항 제3호의 산지를 보통으로 사용하는 표장에 해당되므로 이 사건 등록상표를 경기 포천군 일동면 이외의 지역에서 생산되는 약주에 사용하는 경우 일반 수요자 또는 거래자는 일동면에서 생산되는 약주로 그 품질을 오인할 가능성이 커 상표법 제7조 제1항 제11호의 규정에도 해당되므로, 이 사건 등록상표는 상표법 제6조 제1항 제4호의 규정에 의한 상표등록무효사유가 있고, 그 지정상품 중 약주에 대하여는 같은 법 제6조 제1항 제3호 및 제7조 제1항 제11호의 상표등록무효사유가 있어 그 등록이 무효로 되어야 한다는 취지로 판단하였다.

기록 중의 증거들과 대조하여 살펴보니, 위와 같은 원심의 사실인정은 정당하고 그 사실인정에 증거법칙을 위반한 잘못이 없으며, 그 사실관계에서는 원심의 그 판단도 정당하여 거기에 상표법상의 현저한 지리적 명칭, 산지표시 및 상품의 품질의 오인 등에 관한 법리오해의 위법사유는 없다.

그리고 기판력의 저촉은 동일한 당사자 간의 동일한 내용의 사건에 관한 규준성 있는 법원판단을 전제로 하는 것인 바, 그와 같은 동일 사건에 관하여 확정된 법원판단이 따로 있었음이 피고에 의하여 주장·입증되지 아니한 이 사건에서는 원심판단과의 기판력 저촉문제는 생기지 아니한다.

상고이유 중의 주장들을 모두 받아들이지 아니한다.

그러므로 피고의 상고를 기각하고, 상고비용을 피고가 부담하게 하기로 관여 대법관들의 의견이 일치되어 주문에 쓴 바와 같이 판결한다.

대법관 이규홍(재판장) 조무제(주심) 유지담 손지열

15. 대법원 2002. 6. 11. 선고 2000후2569 판결 【거절사정(상)】

[공2002.8.1.(159),1705]

【판시사항】

[1] 기술적 문자상표의 도형화된 정도가 일반인의 특별한 주의를 끌 정도에 이르러 문자인식력을 압도할 경우, 상표법 제6조 제1항 제3호 소정의 '보통으로 사용하는 방법으로 표시하는' 표장에 해당하는지 여부(소극)

[2] 출원상표 "ORIGINAL+Jazz+CLASSIC"의 구성 중 필기체로 표기된 "Jazz"부분의 도안화 정도가 문자의 기술적 또는 설명적인 의미를 직감할 수 없을 만큼 문자인식력을 압도하여 일반인의 특별한 주의를 끌 정도이므로 출원상표는 전체적으로 '지정상품의 품질·효능을 보통으로 사용하는 방법으로 표시하는' 표장이라고 단정할 수 없다고 한

사례

【판결요지】

[1] 기술적 문자상표가 도형화(도안화)되어 있어 일반인이 보통의 주의력을 가지고 있는 경우 전체적으로 보아 그 도형화된 정도가 일반인의 특별한 주의를 끌 정도에 이르러 문자의 기술적 또는 설명적인 의미를 직감할 수 없을 만큼 문자인식력을 압도할 경우에는 특별한 식별력을 가진 것으로 보아야 하므로 이러한 경우에는 상표법 제6조 제1항 제3호에서 정하는 '보통으로 사용하는 방법으로 표시하는' 표장이라고 볼 수 없다.

[2] 출원상표 "ORIGINAL+Jazz+CLASSIC"의 구성 중 필기체로 표기된 'Jazz' 부분의 도안화 정도가 문자의 기술적 또는 설명적인 의미를 직감할 수 없을 만큼 문자인식력을 압도하여 일반인의 특별한 주의를 끌 정도이므로 출원상표는 전체적으로 '지정상품의 품질·효능을 보통으로 사용하는 방법으로 표시하는' 표장이라고 단정할 수 없다고 한 사례.

【참조조문】

[1] 상표법 제6조 제1항 제3호[2] 상표법 제6조 제1항 제3호

【참조판례】

[1][2] 대법원 1997. 2. 28. 선고 96후986 판결(공1997상, 947)

대법원 2000. 2. 25. 선고 98후1679 판결(공2000상, 851)

【전 문】

【원고, 상고인】 환타지 인크(FANTASY Inc.)(소송대리인 법무법인 중앙 담당변호사 이범래 외 4인)

【피고,피상고인】 특허청장

【원심 판결】 특허법원 2000. 8. 11. 선고 2000허1900 판결

【주 문】

원심 판결을 파기하고, 사건을 특허법원에 환송한다.

【이 유】

상고이유를 본다.

원심은, 이 사건 출원상표 

가 검은색 바탕의 직사각형과 그 내부에 있는 4줄의 흰색 수평선으로 구성된 도형 부분 및 그 직사각형 도형 내부의 문자 부분, 즉 영문자 'ORIGINAL'을 고딕체로 표기한 상단 부분, 영문자 'JAZZ'를 필기체로 표

기한 중간 부분, 영문자 'CLASSICS'를 고딕체로 표기한 하단 부분으로 이루어진 결합상표이고, 위 문자 부분의 중간부가 어느 정도 도안화되어 있기는 하지만, 일반 수요자는 지정상품에 표시된 이 사건 출원상표의 위 부분이 영문자 'JAZZ'를 표기한 것으로 직감하리라고 봄이 상당하며 그 변형의 정도에 있어서도 일반적인 문자의 의미 이외에 별도의 식별력을 인정할 정도로 독특한 방법으로 표시되었다고 볼 수 없고, 영문자 'JAZZ'를 표기한 부분을 포함한 문자 부분 'ORIGINAL JAZZ CLASSICS'의 의미는 '베끼거나 고친 것이 아닌, 즉 원본(원본)인 재즈 명곡들' 또는 '원본(원본)인, 재즈음악, 서양 고전음악들'로 직감되어 그 지정상품인 '음악이 녹음된 디스크, 테이프(musical sound recordings)'에 사용될 경우 '지정상품의 품질·효능 등을 보통으로 사용하는 방법으로 표시한 표장'에 해당되는 한편, 이 사건 출원상표에서 검은색 바탕의 직사각형과 그 내부에 있는 4줄의 흰색 수평선으로 구성된 도형 부분은 간단하고 흔한 표장으로서 위 문자 부분과의 결합 정도, 표시 방법, 구도 등을 고려할 때 특별한 식별력을 가진 표장이라고 할 수 없다는 이유로, 이 사건 출원상표가 전체적으로 볼 때 상표법 제6조 제1항 제3호에 의하여 등록을 받을 수 없는 상표에 해당한다는 취지로 판단하였다.

그러나 기술적 문자상표가 도형화(도안화)되어 있어 일반인이 보통의 주의력을 가지고 있는 경우 전체적으로 보아 그 도형화된 정도가 일반인의 특별한 주의를 끌 정도에 이르러 문자의 기술적 또는 설명적인 의미를 직감할 수 없을 만큼 문자인식력을 압도할 경우에는 특별한 식별력을 가진 것으로 보아야 하므로 이러한 경우에는 상표법 제6조 제1항 제3호에서 정하는 '보통으로 사용하는 방법으로 표시하는' 표장이라고 볼 수 없다(대법원 1997. 2. 28. 선고 96후986 판결, 2000. 2. 25. 선고 98후1679 판결 등 참조).

기록에 비추어 살펴보면, 이 사건 출원상표의 구성 중 '' 부분을 제외한 나머지 부분은 지정상품의 품질·효능 등을 보통으로 사용하는 방법으로 표시한 표장 또는 간단하고 흔한 표장에 해당함은 원심이 인정한 바와 같으나, '' 부분은 'Jazz'라는 영어단어를 필기체로 표기함에 있어 첫 글자는 필기체 알파벳 'J'의 윗부분만을 남겨 놓은 모양이고, 마지막 글자 또한 'z'의 필기체인 'z'의 아랫부분이 생략된 모양으로서 일반인들이 보통의 주의력을 가지고 보는 경우에는 첫 글자는 언뜻 숫자 '7'로 보이거나 그 아래에 그어져 있는 흰 선과 결합하여 알파벳 'Z'나 숫자 '2'로 보이고, 마지막 글자는 숫자 '3'으로 보일 정도로 변형되어 있는 것이므로 일반 수요자가 이 문자

부분을 전체로 'Jazz'라는 영어단어의 필기체 표기라고는 도저히 직감할 수 없는 것이어서 '' 부분의 도안화 정도는 문자의 기술적 또는 설명적인 의미를 직감할 수 없을 만큼 문자인식력을 압도하여 일반인의 특별한 주의를 끌 정도이다. 따라서 이 사건 출원상표는 전체적으로 '지정상품의 품질·효능을 보통으로 사용하는 방법으로 표시하는' 표장이라고 단정할 수는 없는 것임에도 불구하고 원심이 그 판시와 같은 이유만으로 이 사건 출원상표가 '지정상품의 품질·효능 등을 보통으로 사용하는 방법으로 표시한 표장'에 해당하므로 그 등록이 거절되어야 한다고 판단한 것은 상표법 제6조 제1항 제3호에 대한 법리를 오해한 위법이 있다 할 것이고 이 점을 지적하는 상고이유의 주장은 이유 있다.

그러므로 원심 판결을 파기하고, 사건을 다시 심리·판단하게 하기 위하여 원심법원에 환송하기로 하여 관여 대법관의 일치된 의견으로 주문과 같이 판결한다.

대법관 박재윤(재판장) 서성 이용우(주심) 배기원

16. 대법원 1997. 10. 10. 선고 97후594 판결【상표등록무효】

[공1997.11.15.(46),3462]

【판시사항】

[1] 상품의 보통명칭의 의미

[2] 상표 "폴로(POLO)"가 상품의 보통명칭이 아니라고 한 사례

[3] 상표 "폴로(POLO)"가 상표법 제6조 제1항 제3호의 기술적 상표 및 제7조 제1항 제11호 소정의 상품의 품질을 오인케 할 염려가 있는 상표에 해당하지 아니한다고 한 사례

[4] 상표 "폴로(POLO)"는 저명한 상표이어서 거래실정에 비추어 보면 유사한 상표 "POLA"와는 오인·혼동의 염려가 없다고 한 사례

【판결요지】

[1] 상표법 제6조 제1항 제1호 소정의 "상품의 보통명칭"이란 그 지정상품을 취급하는 거래계에서 당해 업자 또는 일반 수요자 사이에 일반적으로 그 상품을 지칭하는 것으로 실제로 사용되고 인식되어져 있는 일반적인 약칭, 속칭 기타의 명칭을 뜻한다.

[2] '폴로'가 사전에 말을 타고 하는 경기의 일종으로 소개되어 있고, 상표법시행규칙상의 상품류구분 제45류의 제3군에 상품세목으로 폴로 셔츠가 명기되어 있으며, 사전에 폴로 셔츠는 폴로 경기를 할 때 입었던 데서 유래한 반소매 셔츠라고 기재되어 있다고 하더라도 그러한 사정만으로는 '폴로'가 의류를 취급하는 거래계에서 당해 업자

또는 일반 수요자 사이에 일반적으로 반소매 셔츠를 지칭하는 것으로 실제로 사용되고 인식되어져 있는 명칭이라고 볼 수는 없으므로, 상표 "폴로"는 상표법 제6조 제1항 제1호 소정의 상품의 보통명칭이라고 할 수 없다고 한 사례.

[3] 상표 "폴로"는 마상경기의 일종인 폴로를 뜻하고 "폴로 셔츠"는 폴로 경기를 할 때 입는 반소매 셔츠에서 유래된 것이기는 하나, 폴로 경기는 우리나라에서 열린 일이 없고 그러한 경기를 교육하는 곳도 없으며, 방송이나 언론을 통하여 중계되거나 소개·해설된 바가 없어, 우리나라의 일반 수요자나 거래자들은 "폴로 셔츠"를 폴로 경기를 할 때만 입는, 즉 운동복인 반소매 셔츠라고는 인식하지 아니하므로 위 상표가 그 지정상품인 스포오츠 셔츠, 폴로 셔츠 등의 상품의 효능이나 용도를 보통으로 사용하는 방법으로 표시한 표장만으로 된 상표라고 할 수 없어 상표법 제6조 제1항 제3호에 해당한다고 할 수 없고, 따라서 상품의 품질을 오인케 할 염려도 없으므로 상표법 제7조 제1항 제11호에도 해당하지 아니한다고 한 사례.

[4] 상표 자체의 외관·칭호·관념에서 서로 유사하여 일반적, 추상적, 정형적으로는 양 상표가 서로 유사해 보인다 하더라도 당해 상품을 둘러싼 일반적인 거래실정, 즉 시장의 성질, 고객층의 재산이나 지식 정도, 전문가인지 여부, 연령, 성별, 당해 상품의 속성과 거래방법, 거래장소, 고장수리의 사후보장 여부, 상표의 현존 및 사용상황, 상표의 주지 정도, 당해 상품과의 관계, 수요자의 일상언어생활 등을 종합적, 전체적으로 고려하여 거래사회에서 수요자들이 구체적, 개별적으로는 명백히 상품의 품질이나 출처에 오인·혼동의 염려가 없을 경우에는 양 상표가 공존하더라도 당해 상표권자나 수요자 및 거래자들의 보호에 아무런 지장이 없다 할 것이어서 그러한 상표의 등록을 금지하거나 등록된 상표를 무효라고 할 수는 없는바, 상표 "폴로"는 국내의 수요자 사이에 널리 인식되어 있는 저명한 상표인 점 등 위 상표를 둘러싼 여러 사정과 거래실정을 종합하여 상표 "POLA"와는 거래자나 일반 수요자에게 개별적, 구체적으로 명백히 상품의 품질이나 출처에 대하여 오인·혼동의 염려가 없는 경우에 해당한다고 한 사례.

【참조조문】

[1] 상표법 제6조 제1항 제1호[2] 상표법 제6조 제1항 제1호[3] 상표법 제6조 제1항 제3호, 제7조 제1항 제11호[4] 상표법 제7조 제1항 제7호

【참조판례】

[1][2] 대법원 1987. 12. 22. 선고 85후130 판결(공1988, 346)
대법원 1997. 2. 28. 선고 96후979 판결(공1997상, 945)
대법원 1997. 8. 29. 선고 96후2104 판결(공1997하, 2895)

[2] 대법원 1996. 9. 24. 선고 96후245 판결(공1996하, 3204)
대법원 1997. 10. 10. 선고 97후570 판결(같은 취지)
대법원 1997. 10. 10. 선고 97후587 판결(같은 취지)
[3] 대법원 1994. 10. 28. 선고 94후616 판결(공1994하, 3129)
대법원 1994. 11. 11. 선고 94후1114 판결(공1994하, 3277)
대법원 1996. 5. 31. 선고 95후1647, 1654, 1661(병합) 판결(공1996하, 2030)
[4] 대법원 1996. 7. 30. 선고 95후1821 판결(공1996하, 2670)
대법원 1996. 9. 24. 선고 96후153, 191(병합) 판결(공1996하, 3201)

【전 문】

【심판청구인, 상고인】 주식회사 멤버스(소송대리인 변리사 김봉희)

【피심판청구인, 피상고인】 더 폴로(소송대리인 변호사 장수길 외 3인)

【원심심결】 특허청 항고심판소 1997. 1. 31.자 94항당147 심결

【주 문】

상고를 기각한다. 상고비용은 심판청구인의 부담으로 한다.

【이 유】

상고이유를 본다(제출기간을 경과한 상고이유보충서는 상고이유를 보충하는 범위 내에서 본다).

1. 상고이유 제1점의 가항에 대하여

상표법 제6조 제1항 제1호 소정의 “상품의 보통명칭”이란 그 지정상품을 취급하는 거래계에서 당해 업자 또는 일반 수요자 사이에 일반적으로 그 상품을 지칭하는 것으로 실제로 사용되고 인식되어져 있는 일반적인 약칭, 속칭 기타의 명칭을 뜻하는바(대법원 1997. 2. 28. 선고 96후979 판결 참조), ‘폴로’가 사전에 말을 타고 하는 경기의 일종으로 소개되어 있고, 상표법시행규칙상의 상품류구분 제45류의 제3군에 상품세목으로 폴로 셔츠가 명기되어 있으며, 사전에 폴로 셔츠는 폴로 경기를 할 때 입었던 데서 유래한 반소매 셔츠라고 기재되어 있다고 하더라도 그러한 사정만으로는 ‘폴로’가 의류를 취급하는 거래계에서 당해 업자 또는 일반 수요자 사이에 일반적으로 반소매 셔츠를 지칭하는 것으로 실제로 사용되고 인식되어져 있는 명칭이라고 볼 수는 없으므로, 이 사건 등록상표는 상표법 제6조 제1항 제1호 소정의 상품의 보통명칭이라고 할 수 없다 .
이 사건 등록상표는 그 지정상품의 보통명칭이라는 심판청구인의 주장에 대하여 원심이 아무런 판단도 하지 아니한 것은 잘못이라 하겠으나, 이 사건 등록상표가 그 지정상품의 보통명칭에 해당하지 아니하는 이상 이 사건 심결결과에 영향을 미칠 수 없음이 명백하다. 따라서 이 부분 상고이유의 주장은 받아들이지 아니한다.

2. 상고이유 제2점의 가항에 대하여

원심심결 이유를 기록에 비추어 살펴보면, 원심이, 이 사건 등록상표 "폴로"(특허청 1992. 3. 3. 등록 제233473호)는 마상경기의 일종인 폴로를 뜻하고 "폴로 셔츠"는 폴로 경기를 할 때 입는 반소매 셔츠에서 유래된 것이기는 하나, 폴로 경기는 우리나라에서 열린 일이 없고 그러한 경기를 교육하는 곳도 없으며, 방송이나 언론을 통하여 중계되거나 소개·해설된 바가 없어, 우리나라의 일반 수요자나 거래자들은 "폴로 셔츠"를 폴로 경기를 할 때만 입는, 즉 운동복인 반소매 셔츠라고는 인식하지 아니하므로 이 사건 등록상표가 그 지정상품인 스포오츠 셔츠, 폴로 셔츠 등의 상품의 효능이나 용도를 보통으로 사용하는 방법으로 표시한 표장만으로 된 상표라고 할 수 없어 상표법 제6조 제1항 제3호에 해당한다고 할 수 없고(대법원 1996. 5. 31. 선고 95후1647, 1654(병합), 1661(병합) 판결 참조), 따라서 상품의 품질을 오인케 할 염려도 없으므로 상표법 제7조 제1항 제11호에도 해당하지 아니한다고 한 조치는 정당 하고, 거기에 상고이유로 지적하는 법리오해나 판단유탈 등의 위법이 없다.

위 인정·판단에 배치되는 상고이유의 주장은 모두 받아들일 수 없다.

3. 상고이유 제2점의 나항과 제3점에 대하여

원심심결 이유를 기록에 비추어 살펴보면, 원심이 이 사건 등록상표는 수요자 사이에 널리 인식되어 있는 주지·저명한 상표라고 한 조치는 정당하고, 거기에 상고이유로 지적하는 법리오해나 심리미진 또는 채증법칙을 위반한 잘못은 없다. 이 부분 상고이유의 주장도 받아들일 수 없다.

4. 상고이유 제1점의 나항에 대하여

상표 자체의 외관·칭호·관념에서 서로 유사하여 일반적, 추상적, 정형적으로는 양 상표가 서로 유사해 보인다 하더라도 당해 상품을 둘러싼 일반적인 거래실정, 즉 시장의 성질, 고객층의 재산이나 지식 정도, 전문가인지 여부, 연령, 성별, 당해 상품의 속성과 거래방법, 거래장소, 고장수리의 사후보장 여부, 상표의 현존 및 사용상황, 상표의 주지 정도, 당해 상품과의 관계, 수요자의 일상언어생활 등을 종합적, 전체적으로 고려하여 거래사회에서 수요자들이 구체적, 개별적으로는 명백히 상품의 품질이나 출처에 오인·혼동의 염려가 없을 경우에는 양 상표가 공존하더라도 당해 상표권자나 수요자 및 거래자들의 보호에 아무런 지장이 없다 할 것이어서 그러한 상표의 등록을 금지하거나 등록된 상표를 무효라고 할 수는 없다(대법원 1996. 9. 24. 선고 96후153, 191(병합) 판결 참조).

원심심결 이유를 기록과 관련 법규에 비추어 살펴보면, 원심이 이 사건 등록상표 "폴로"는 국내의 수요자 사이에 널리 인식되어 있는 저명한 상표인 점 등 이 사건 등록상표를 둘러싼 여러 사정과 거래실정을 종합하여 인용상표 "POLA"(특허청 1985. 8. 8. 등록 제

115263호)와는 거래자나 일반 수요자에게 개별적, 구체적으로 명백히 상품의 품질이나 출처에 대하여 오인·혼동의 염려가 없는 경우에 해당한다고 하여 이 사건 등록상표의 등록이 무효가 아니라고 한 조치는 정당하고, 거기에 상고이유로 지적하는 상표법 제7조 제1항 제7호에 관한 법리오해나 심리미진 등의 위법은 없다. 이 부분 상고이유의 주장도 받아들이지 아니한다.

5. 그러므로 상고를 기각하고 상고비용은 패소자의 부담으로 하기로 하여 관여 법관의 일치된 의견으로 주문과 같이 판결한다.

대법관 이용훈(재판장) 정귀호 박준서(주심) 김형선

17. 대법원 2003. 5. 16. 선고 2002후1768 판결 【거절결정(상)】

[공2003.6.15.(180),1375]

【판시사항】

[1] "NET2PHONE"으로 구성된 출원상표·서비스표는 그 지정상품·지정서비스업의 효능이나 사용방법 등을 직접으로 표시하는 표장인지 여부(적극)

[2] 상표 또는 서비스표의 등록적격성 유무의 판단 기준 및 출원상표·서비스표의 등록의 가부가 외국의 등록례에 구애받는지 여부(소극)

[3] 구 상표법 제6조 제2항 소정의 사용에 의한 식별력 구비 여부의 입증 정도 및 판단 기준시(=등록사정시 또는 거절사정시)

【판결요지】

[1] "NET2PHONE"으로 구성된 출원상표·서비스표를 그 지정상품인 '글로벌 컴퓨터 네트워크/통신시스템/네트워크를 통해 사용되는 PC 전화기' 또는 그 지정서비스업인 '인터넷전화 서비스업' 등에 사용할 경우, 영어의 보급수준 및 인터넷이 생활화된 우리나라의 실정에 비추어 볼 때 일반 수요자들은 "NET2PHONE"을 '인터넷 통신망에서의 전화로의 연결'이나 '인터넷 전화의 서비스업'이라는 의미로 직감하게 되므로, 위 출원상표·서비스표는 그 지정상품·지정서비스업의 효능이나 사용방법 등을 직접으로 표시하는 표장에 해당한다.

[2] 상표 또는 서비스표의 등록적격성의 유무는 지정상품 또는 지정서비스업과의 관계에서 개별적으로 판단되어야 하고, 더욱이 출원상표·서비스표의 등록의 가부는 우리 상표법에 의하여 그 지정상품·지정서비스업과 관련하여 독립적으로 판단할 것이지 법제나 언어습관이 다른 외국의 등록례에 구애받을 것이 아니다.

[3] 구 상표법(2001. 2. 3. 법률 제6414호로 개정되기 전의 것) 제6조 제2항, 제2조 제3항에서 상표·서비스표를 출원 전에 사용한 결과 수요자간에 그 상표·서비스표가 누구의 상

표·서비스표인가가 현저하게 인식되어 있을 경우 같은 조 제1항 제3, 5, 6호의 규정에 불구하고 등록을 받을 수 있도록 규정한 취지는, 원래 특정인에게 독점사용시킬 수 없는 표장에 대세적인 권리를 부여하는 것이므로 그 기준은 엄격하게 해석·적용되어야 할 것인바, 수요자간에 그 상표·서비스표가 누구의 상표·서비스표인지 현저하게 인식되었다는 사실은 그 상표·서비스표가 어느 정도 선전 광고된 사실이 있다거나 또는 외국에서 등록된 사실이 있다는 것만으로는 이를 추정할 수 없고 구체적으로 그 상표·서비스표 자체가 수요자간에 현저하게 인식되었다는 것이 증거에 의하여 명확하게 되어야 할 것이며, 한편 이와 같은 사용에 의한 식별력의 구비 여부는 등록사정시 또는 거절사정시를 기준으로 하여 판단되어야 한다.

【참조조문】

[1] 구 상표법(2001. 2. 3. 법률 제6414호로 개정되기 전의 것) 제2조 제3항, 제6조 제1항 제3호
[2] 구 상표법(2001. 2. 3. 법률 제6414호로 개정되기 전의 것) 제2조 제3항, 제6조 제1항 제3호
[3] 구 상표법(2001. 2. 3. 법률 제6414호로 개정되기 전의 것) 제2조 제3항, 제6조 제2항

【참조판례】

[2][3] 대법원 1999. 9. 17. 선고 99후1645 판결(공1999하, 2215)
[2] 대법원 1998. 5. 29 선고 97후1450 판결(공1998하, 1770)
대법원 1999. 4. 23. 선고 98후2924 판결(공1999상, 1053)
대법원 1999. 6. 8. 선고 98후1143 판결(공1999하, 1415)
대법원 1999. 7. 9. 선고 99후529 판결(공1999하, 1631)
대법원 1999. 10. 26. 선고 97후2453 판결(공1999하, 2426)
대법원 2000. 4. 21. 선고 99후2907 판결(공2000상, 1300)
대법원 2000. 11. 28. 선고 2000후1658 판결(공2001상, 200)
대법원 2001. 3. 23. 선고 2000후1436 판결(공2001상, 1049)
[3] 대법원 1994. 8. 26. 선고 93후1100 판결(공1994하, 2533)

【전 문】

【원고,상고인】 네트투폰, 인크.(NET2PHONE, Inc.)(소송대리인 변호사 장수길 외 10인)

【피고,피상고인】 특허청장

【원심 판결】 특허법원 2002. 7. 26. 선고 2002허2228 판결

【주 문】

상고를 기각한다. 상고비용은 원고가 부담한다.

【이 유】

상고이유를 판단한다.

1. 제1점에 대하여

원심은, 이 사건 출원상표·서비스표(출원번호 제2000-396호)는 "NET2PHONE"으로 구성된 표장인바, 이 사건 출원상표·서비스표를 그 지정상품인 '글로벌 컴퓨터 네트워크/통신 시스템/네트워크를 통해 사용되는 PC 전화기' 또는 그 지정서비스업인 '인터넷전화 서비스업' 등에 사용할 경우, 영어의 보급수준 및 인터넷이 생활화된 우리나라의 실정에 비추어 볼 때 일반 수요자들은 "NET2PHONE"을 '인터넷 통신망에서의 전화로의 연결'이나 '인터넷 전화의 서비스업'이라는 의미를 직감하게 되므로, 이 사건 출원상표·서비스표는 그 지정상품·지정서비스업의 효능이나 사용방법 등을 직접으로 표시하는 표장에 해당하여 구 상표법(2001. 2. 3. 법률 제6414호로 개정되기 전의 것, 이하 같다) 제6조 제1항 제3호에 의하여 등록이 될 수 없다는 취지로 판단하였다.

원심 판결 이유를 기록과 관련 법령의 규정에 비추어 살펴보면, 원심의 위와 같은 판단은 정당하고 거기에 상고이유에서 주장하는 바와 같은 구 상표법 제6조 제1항 제3호에 관한 법리오해나 채증법칙 위배로 인한 사실오인의 위법이 없다.

상고이유의 주장은, 이 사건 출원상표·서비스표와 구성이 유사한 상표들이 다수 등록되어 있을 뿐만 아니라 이 사건 출원상표·서비스표가 외국에서 이미 등록되었으므로 지정상품의 성질을 직접 나타내는 표장이 아니라는 것이나, 상표 또는 서비스표의 등록적격성의 유무는 지정상품 또는 지정서비스업과의 관계에서 개별적으로 판단되어야 하고(대법원 2001. 3. 23. 선고 2000후1436 판결 등 참조), 더욱이 출원상표·서비스표의 등록의 가부는 우리 상표법에 의하여 그 지정상품·지정서비스업과 관련하여 독립적으로 판단할 것이지 법제나 언어습관이 다른 외국의 등록례에 구애받을 것도 아니며(대법원 1997. 12. 26. 선고 97후1269 판결 등 참조), 한편 상고이유에서 들고 있는 대법원의 판례들은 이 사건과 사안이 다른 것으로서 이 사건에 원용하기에 적절하지 아니하다.

2. 제2점에 대하여

구 상표법 제6조 제2항, 제2조 제3항에서 상표·서비스표를 출원 전에 사용한 결과 수요자간에 그 상표·서비스표가 누구의 상표·서비스표인가가 현저하게 인식되어 있을 경우 같은 조 제1항 제3, 5, 6호의 규정에 불구하고 등록을 받을 수 있도록 규정한 취지는, 원래 특정인에게 독점사용시킬 수 없는 표장에 대세적인 권리를 부여하는 것이므로 그 기준은 엄격하게 해석·적용되어야 할 것인바(대법원 1999. 9. 17. 선고 99후1645 판결 등 참조), 수요자간에 그 상표·서비스표가 누구의 상표·서비스표인지 현저하게 인식되었다는 사실은 그 상표·서비스표가 어느 정도 선전 광고된 사실이 있다거나 또는 외국에서 등록된 사실이 있다는 것만으로는 이를 추정할 수 없고 구체적으로 그 상표·서비스표 자체가 수요자간에 현저하게 인식되었다는 것이 증거에 의하여 명확하게 되어야 할 것이며, 한편 이와 같은 사용에 의한 식별력의 구비 여부는 등록사정시 또는 거절사정시를 기준으로 하여 판단되어야 할 것이다(대법원 1999. 9. 17. 선고 99후1645 판결 등 참조).
원심 판결 이유를 이러한 법리와 기록에 비추어 살펴보면, 원심이 그 판시의 인정 사실만으로는 이 사건 출원상표·서비스표가 거절사정일 무렵 일반 소비자들에게 누구의 업무에 관련된 상품·서비스업을 표시하는 것인지 현저하게 인식되었다고 보기 어려워 이 사건 출원상표·서비스표가 구 상표법 제6조 제2항 소정의 사용에 의한 식별력을 취득하였다고 볼 수 없다는 취지로 판단한 것은 정당하고, 거기에 상고이유에서 주장하는 바와 같은 구 상표법 제6조 제2항에 관한 법리오해나 채증법칙 위배의 위법이 없다.

3. 그러므로 상고를 기각하고 상고비용은 패소자인 원고가 부담하기로 관여 대법관의 의견이 일치되어 주문과 같이 판결한다.

대법관 변재승(재판장) 윤재식 강신욱(주심) 고현철

18 대법원 2001. 4. 27. 선고 2000후1740 판결 【등록무효(상)】

[공2001.6.15.(132),1290]

【판시사항】

[1] 인용서비스표의 지정서비스업 중 의류디자인학원경영업이 등록취소되고 그 취소심결이 등록서비스표의 출원일 후에 확정된 경우, 등록취소의 효력은 취소심결의 확정일로부터 발생하므로 의류디자인학원경영업에 관한 인용서비스표는 등록서비스표에 대하여 상표법 제7조 제1항 제7호에서 정한 선출원에 의한 등록서비스표에 해당한다고 한 사례

[2] 등록서비스표의 지정서비스업 "디자인학원경영업"이 인용서비스표의 지정서비스업 "의류디자인학원경영업"과 유사한지 여부(적극)

【판결요지】

[1] 인용서비스표의 지정서비스업 중 의류디자인학원경영업이 등록취소되고 그 취소심결이 등록서비스표의 출원일 후에 확정된 경우, 등록취소의 효력은 취소심결의 확정일로부터 발생하므로 의류디자인학원경영업에 관한 인용서비스표는 등록서비스표에 대하여 상표법 제7조 제1항 제7호에서 정한 선출원에 의한 등록서비스표에 해당한다고 한 사례.

[2] '디자인'이란 여러 가지 조형요소(형태, 색채, 재질, 구조 등)를 선택하여 어떤 구상이나 작업계획을 구체적으로 나타내는 과정을 의미하는데, 현대에 있어서는 디자인을 산업에 적용시켜 활용하는 경우가 대부분이어서 주로 '산업 디자인'을 의미하는 말로 사용

되고, 디자인은 환경 디자인, 시각 전달 디자인, 제품 디자인(의류 디자인도 여기에 포함된다)으로 나눌 수 있다 할 것이어서, 결국 "디자인학원경영업"은 의류 디자인에 관한 학원경영업을 포함한다 할 것이고, 따라서 등록서비스표의 지정서비스업 "디자인학원경영업"은 인용서비스표의 지정서비스업 "의류디자인학원경영업"과 유사하다.

【참조조문】

[1] 구 상표법(1997. 8. 22. 법률 제5355호로 개정되기 전의 것) 제7조 제1항 제7호, 제71조 제1항 제1호[2] 구 상표법(1997. 8. 22. 법률 제5355호로 개정되기 전의 것) 제7조 제1항 제7호

【참조판례】

[2] 대법원 1996. 4. 26. 선고 95후859 판결(공1996상, 1726)

대법원 1999. 11. 23. 선고 97후2842 판결(2000상, 54)

【전 문】

【원고,상고인】 주식회사 나래디자인(소송대리인 변리사 윤의상)

【피고,피상고인】 서정율(소송대리인 변리사 김원식)

【원심 판결】 특허법원 2000. 7. 20. 선고 2000허 1535 판결

【주 문】

상고를 기각한다. 상고비용은 원고의 부담으로 한다.

【이 유】

1. 상고이유 제1점에 대하여

원심 판결 이유에 의하면, 원심은, 인용서비스표(등록번호 제8690호)의 지정서비스업 중 의류디자인학원경영업이 불사용을 이유로 한 등록취소심판(93당1043)에서 등록이 취소되었고 그 취소심결은 이 사건 등록서비스표(등록번호 제42695호)의 출원일(1994. 9. 16.) 후인 1994. 10. 12. 확정된 사실을 인정한 다음, 등록 취소의 효력은 취소심결의 확정일로부터 발생하므로 의류디자인학원경영업에 관한 인용서비스표는 이 사건 등록서비스표에 대하여 상표법 제7조 제1항 제7호에서 정한 선출원에 의한 등록서비스표에 해당한다는 취지로 판단하였다.

기록에 의하여 살펴보면, 위와 같은 원심의 판단은 정당하고 거기에 상고이유에서 주장하는 바와 같은 법리오해의 위법이 있다고 할 수 없다.

2. 상고이유 제2점에 대하여

기록에 의하면, '디자인'이란 여러 가지 조형요소(형태, 색채, 재질, 구조 등)를 선택하여 어떤 구상이나 작업계획을 구체적으로 나타내는 과정을 의미하는데, 현대에 있어서는 디자인을 산업에 적용시켜 활용하는 경우가 대부분이어서 주로 '산업 디자인'을 의미하

는 말로 사용되고, 디자인은 환경 디자인, 시각 전달 디자인, 제품 디자인(의류 디자인도 여기에 포함된다)으로 나눌 수 있다 할 것이어서, 결국 "디자인학원경영업"은 의류 디자인에 관한 학원경영업을 포함한다 할 것이다.

원심이 이와 같은 취지에서 이 사건 등록서비스표의 "디자인학원경영업"(원심은 이 사건 등록서비스표의 지정서비스업인 "미술 및 디자인학원경영업"을 단순히 "디자인학원경영업"이라고만 특정하고 있으나, "미술 및 디자인학원경영업"도 의류디자인학원경영업과 유사하다고 보아야 하므로 결론에 영향을 미치지 아니한다) 이 인용서비스표의 "의류디자인학원경영업"과 유사하다고 판단한 것은 정당하고 거기에 상고이유의 주장과 같은 법리오해 내지 심리미진의 위법이 있다고 할 수 없다.

상고이유의 주장은 모두 받아들일 수 없다.

3. 그러므로 상고를 기각하고, 상고비용은 패소자의 부담으로 하기로 하여 관여 법관의 일치된 의견으로 주문과 같이 판결한다.

대법관　손지열(재판장) 송진훈 윤재식(주심) 이규홍

19. 대법원 2002. 10. 22. 선고 2001후3132 판결【권리범위확인(상)】

[공2002.12.15.(168),2904]

【판시사항】

"WOOLLEN OIL OZ-K"로 된 등록상표와 "방모유, WS OZ"로 된 (가)호 표장의 유사 여부(소극)

【판결요지】

"WOOLLEN OIL OZ-K"로 된 등록상표에서 'OZ'는 방모유 상품의 품질이나 등급, 중량을 표시하는 것이라고 보기는 어려우나, 'OZ'는 영문자 2개를 단순히 나열한 것에 불과하여 간단하고 흔히 있는 표장에 해당하므로 그 자체만으로는 식별력이 없다고 할 것이고, 따라서 등록상표에서 식별력이 있는 'OZ-K' 부분과 "방모유, WS OZ"로 된 (가)호 표장에서 식별력이 있는 'WS OZ' 부분을 전체로 대비하면, 외관·호칭·관념이 상이하여 양 표장은 서로 유사하다고 할 수 없다.

【참조조문】

상표법 제6조 제1항 제3호, 제7조 제1항 제7호, 제75조

【참조판례】

대법원 2001. 12. 14. 선고 2001후1808 판결(공2002상, 321)

【전 문】

【원고, 상고인】 주식회사 우성에퍼트코리아(소송대리인 변리사 조인제 외 2인)

【피고, 피상고인】 중일유화 주식회사(소송대리인 변리사 이인실 외 4인)

【원심 판결】 특허법원 2001. 9. 21. 선고 2001허2764 판결

【주 문】

원심 판결을 파기하고, 사건을 특허법원에 환송한다.

【이 유】

1. 원심 판결 이유에 의하면, 원심은, 이 사건 등록상표 "WOOLLEN OIL OZ-K"에서 'OZ'가 그 지정상품이자 (가)호 표장의 사용상품인 방모유 상품의 품질이나 등급을 나타낸다고 인정할 증거가 없고, 'OZ.'가 중량단위로 사용되는 OUNCE의 약어이기는 하나 방모유 상품을 취급하는 일반 거래사회에서 'OZ'가 중량단위로 사용되거나 일반 수요자나 거래자가 그러한 의미로 인식하고 있다는 점을 인정할 증거가 없어 'OZ'가 위 상품의 중량을 표시하는 것이라고 보기도 어려우며, 'OZ'가 영문자 2자로서 간단하고 흔한 표장이라고 하더라도 전체 상표의 일부로 결합되어 있어 식별력이 없다고 할 수 없으므로 이 사건 등록상표는 방모유 상품의 보통명칭에 해당하는 'WOOLLEN OIL'을 제외하고 식별력 있는 'OZ-K'에 의하여 호칭·관념되거나 'OZ'만으로 호칭·관념되고, (가)호 표장 또한 방모유 상품의 보통명칭에 해당하는 '방모유'를 제외한 'WS OZ' 중 식별력 있는 'OZ'만으로 분리하여 호칭·관념될 수 있으므로 결국 양 표장은 'OZ' 부분으로 인하여 호칭과 관념에 있어서 전체적으로 상품 출처의 오인·혼동을 일으키게 할 염려가 있는 유사한 표장에 해당한다고 판단하였다.

2. 그러나 기록에 의하면, 원심이 이 사건 등록상표에서 'OZ'가 방모유 상품의 품질이나 등급, 중량을 표시하는 표장으로 인정할 증거가 없다고 본 것은 정당하나, 'OZ'는 영문자 2개를 단순히 나열한 것에 불과하여 간단하고 흔히 있는 표장에 해당하므로(대법원 2001. 12. 14. 선고 2001후1808 판결 참조) 'OZ'는 그 자체만으로는 식별력이 없다고 할 것이고, 따라서 이 사건 등록상표에서 식별력이 있는 'OZ-K' 부분과 (가)호 표장에서 식별력이 있는 'WS OZ' 부분을 전체로 대비하면, 외관·호칭·관념이 상이하여 양 표장은 서로 유사하다고 할 수 없을 것이다.

   그럼에도 불구하고, 원심이 'OZ' 부분에 의하여 이 사건 등록상표와 (가)호 표장을 서로 유사하다고 판단한 것은 상표의 식별력 및 유사에 관한 법리를 오해하여 판결 결과에 영향을 미친 위법을 범한 것이 명백하므로 이 점을 지적하는 상고이유는 이유 있다.

3. 그러므로 나머지 상고이유에 관하여는 살펴볼 것도 없이 원심 판결을 파기하고, 사건을 다시 심리·판단하게 하기 위하여 원심법원에 환송하기로 하여 관여 대법관의 일치된 의견으로 주문과 같이 판결한다.

대법관 박재윤(재판장) 서성 이용우(주심) 배기원

20. 대법원 2006. 5. 12. 선고 2005후339 판결 【등록무효(상)】

[공2006.6.15.(252),1074]

【판시사항】

[1] 서비스표의 등록적격성 유무의 판단 방법 및 다른 서비스표의 등록례가 특정 서비스표의 등록 근거가 될 수 있는지 여부(소극)

[2] 'SPEED' 부분과 '011' 부분이 결합하여 구성된 등록서비스표 "SPEED 011"이 그 지정서비스업 중 '무선호출 서비스업, 전보통신업, 텔렉스통신업, 팩시밀리통신업, 원격화면통신업, 컴퓨터통신업, 통신사업, 공중기업통신망 서비스업' 등과의 관계에서 식별력이 인정되지 않는다고 한 원심의 판단을 수긍한 사례

[3] 특별현저성이 없는 것으로 보이는 표장이 사용에 의하여 식별력을 취득한 경우, 서비스표등록을 받을 수 있는 지정서비스업의 범위

[4] 상표법 제6조 제1항 제7호와 같은 조 제2항의 관계

[5] 등록서비스표 "SPEED 011"이 그 구성 자체로는 식별력이 인정되지 아니하지만, 그 지정서비스업 중 '전화통신업, 무선통신업'과의 관계에서 사용에 의한 식별력 취득이 인정된다고 한 원심의 판단을 수긍한 사례

[6] 등록서비스표 "SPEED 011"이 그 지정서비스업 중 '전화통신업, 무선통신업'과의 관계에서 사용에 의한 식별력 취득이 인정된다고 하더라도, 'SPEED' 부분과 '011' 부분이 결합된 상태의 등록서비스표 전체에 관하여 일체로서 식별력 취득이 인정된다는 것일 뿐, 그 구성요소인 'SPEED' 부분과 '011' 부분이 독립하여 사용에 의한 식별력 취득이 인정된다는 것은 아니므로, 통신망 식별번호인 '011' 부분에 대해서까지 등록서비스표권자에게 독점적인 권리를 인정하고 타인의 자유로운 사용을 금지하는 결과를 낳게 되는 것이라고 볼 수 없다고 한 사례

[7] 등록서비스표 "SPEED 011"이 그 지정서비스업 중 '전화통신업, 무선통신업'에 사용되는 경우 국가의 공공기관이 사용하는 감독용이나 증명용 인장 또는 기호에 해당한다고 할 수 없고, 위 등록서비스표의 출원·등록·사용이 공공의 질서 또는 선량한 풍속을 문란하게 할 염려가 있다거나, 통신망 식별번호가 특정인의 사유재산인 것처럼 인식되도록 수요자를 기만하여 지정서비스업에 관한 품질을 오인하게 할 염려가 있다고 볼 수 없다고 한 원심의 판단을 수긍한 사례

【판결요지】

[1] 서비스표의 등록적격성의 유무는 지정서비스업과의 관계에서 개별적으로 판단되어야 하고, 다른 서비스표의 등록례는 특정 서비스표가 등록되어야 할 근거가 될 수

없다.

[2] 'SPEED' 부분과 '011' 부분이 결합하여 구성된 등록서비스표 "SPEED 011"이 그 지정서비스업 중 '무선호출 서비스업, 전보통신업, 텔렉스통신업, 팩시밀리통신업, 원격화면통신업, 컴퓨터통신업, 통신사업, 공중기업통신망 서비스업' 등과의 관계에서 식별력이 인정되지 않는다고 한 원심의 판단을 수긍한 사례.

[3] 특별현저성이 없는 것으로 보이는 표장이 사용된 결과 수요자나 거래자 사이에 서비스업의 출처를 표시하는 식별표지로 현저하게 인식되어 식별력을 가지게 되더라도, 사용에 의하여 식별력을 취득하는 것은 실제로 그 서비스표가 사용된 서비스업에 한하므로 그 서비스표는 당해 서비스업에 대해서만 등록을 받을 수 있고 그와 유사한 서비스업에 대하여는 등록을 받을 수 없다.

[4] 상표법 제6조 제1항 제7호는 같은 조 제1항 제1호 내지 제6호에 해당하지 아니하는 서비스표라도 특별현저성이 없는 상표는 등록받을 수 없다는 것을 의미할 뿐이므로, 어떤 표장이 그 사용상태를 고려하지 않고 그 자체의 관념이나 지정서비스업의 관계 등만을 객관적으로 살펴볼 때에는 특별현저성이 없는 것으로 보이더라도, 출원인이 그 표장을 사용한 결과 수요자나 거래자 사이에 그 표장이 누구의 업무에 관련된 서비스업을 표시하는 것으로 현저하게 인식되기에 이른 경우에는 특별한 사정이 없는 한 그 표장은 상표법 제6조 제1항 제7호의 특별현저성이 없는 서비스표에 해당하지 않게 되고, 그 결과 서비스표등록을 받는 데 아무런 지장이 없으며, 같은 조 제2항에 같은 조 제1항 제7호가 포함되어 있지 않다는 사정만으로 이를 달리 볼 것은 아니다.

[5] 등록서비스표 "SPEED 011"이 그 구성 자체로는 식별력이 인정되지 아니하지만, 그 지정서비스업 중 '전화통신업, 무선통신업'과의 관계에서 사용에 의한 식별력 취득이 인정된다고 한 원심의 판단을 수긍한 사례.

[6] 등록서비스표 "SPEED 011"이 그 지정서비스업 중 '전화통신업, 무선통신업'과의 관계에서 사용에 의한 식별력 취득이 인정된다고 하더라도, 'SPEED' 부분과 '011' 부분이 결합된 상태의 등록서비스표 전체에 관하여 일체로서 식별력 취득이 인정된다는 것일 뿐, 그 구성요소인 'SPEED' 부분과 '011' 부분이 독립하여 사용에 의한 식별력 취득이 인정된다는 것은 아니므로, 통신망 식별번호인 '011' 부분에 대해서까지 등록서비스표권자에게 독점적인 권리를 인정하고 타인의 자유로운 사용을 금지하는 결과를 낳게 되는 것이라고 볼 수 없다고 한 사례.

[7] 등록서비스표 "SPEED 011"이 그 지정서비스업 중 '전화통신업, 무선통신업'에 사용되는 경우 국가의 공공기관이 사용하는 감독용이나 증명용 인장 또는 기호에 해당한다고 할 수 없고, 위 등록서비스표의 출원·등록·사용이 공공의 질서 또는 선량한 풍속을 문란하게 할 염려가 있다거나, 통신망 식별번호가 특정인의 사유재산인 것처럼

인식되도록 수요자를 기만하여 지정서비스업에 관한 품질을 오인하게 할 염려가 있다고 볼 수 없다고 한 원심의 판단을 수긍한 사례.

【참조조문】

[1] 상표법 제6조 제1항 [2] 상표법 제6조 제1항 제7호 [3] 상표법 제6조 제2항 [4] 상표법 제6조 제1항 제7호, 제2항 [5] 상표법 제6조 제1항 제7호, 제2항 [6] 상표법 제6조 제1항 제7호, 제2항 [7] 상표법 제7조 제1항 제1호, 제4호, 제11호

【참조판례】

[1] 대법원 1997. 12. 26. 선고 97후1269 판결(공1998상, 414)
대법원 1999. 7. 9. 선고 99후529 판결(공1999하, 1631)
대법원 1999. 10. 26. 선고 97후2453 판결(공1999하, 2426)
대법원 2000. 4. 21. 선고 99후2907 판결(공2000상, 1300)
대법원 2001. 3. 23. 선고 2000후1436 판결(공2001상, 1049)
[3] 대법원 2006. 3. 10. 선고 2004후2109 판결(공2006상, 676)
[4] 대법원 2003. 7. 11. 선고 2001후2863 판결(공2003하, 1734)

【전 문】

【원고, 상고인 겸 피상고인】 에스케이텔레콤 주식회사(소송대리인 법무법인 남강 담당변호사 이장호외 4인)

【피고, 피상고인 겸 상고인】 주식회사 케이티프리텔(소송대리인 법무법인 지평 담당변호사 강금실외 7인)

【원심 판결】 특허법원 2004. 12. 24. 선고 2004허3317 판결

【주 문】

상고를 모두 기각한다. 상고비용은 각자가 부담한다.

【이 유】

상고이유를 본다.

1. 원고의 상고이유에 대한 판단

가. 이 사건 등록서비스표의 식별력에 관하여

원심 판결 이유에 의하면, 원심은 "SPEED 011"로 구성된 이 사건 등록서비스표(등록번호 제51365호)는 그 지정서비스업 중 '무선호출 서비스업, 전보통신업, 텔렉스통신업, 팩시밀리통신업, 원격화면통신업, 컴퓨터통신업, 통신사업, 공중기업통신망 서비스업'(이하 '무선호출 서비스업 등'이라 한다)과 관련하여, 'SPEED' 부분은 통신의 전송속도 및 접속속도의 측면에서 서비스의 속성 및 품질을 의미하므로 식별력이 없고, '011'

부분도 일반 수요자들에게는 통신서비스의 통신망 식별번호로 인식될 뿐 서비스를 식별하는 표장으로 인식된다고 보기 어려우며, 또한 위 식별력 없는 부분들이 결합되어 새로운 관념을 형성한다고 볼 수 없어 식별력을 인정받을 수 없다고 판단하였다.

기록에 비추어 살펴보면, 이 사건 등록서비스표 중 'SPEED' 부분은 무선호출 서비스업 등과의 관계에서 품질이나 효능의 우수성을 직접적으로 표시한 기술적 표장에 해당하므로 식별력이 인정될 수 없고, '011' 부분 역시 그 구성이 일상생활에서 흔히 사용하거나 대하게 되는 이동전화의 통신망 식별번호와 동일하여 일반 수요자로서는 이를 통신망 식별번호 정도로 인식할 것이어서 자타 서비스업의 식별력이 인정된다고 보기 어려울 뿐만 아니라, 이 사건 등록서비스표의 등록결정 당시 시행되고 있던 구 전기통신사업법(1998. 9. 17. 법률 제5564호로 개정되기 전의 것) 제1조, 제36조, 구 전기통신번호관리세칙(정보통신부고시 제1998-105호) 제1조, 제8조, 제19조 내지 제22조 등의 관련 규정에 비추어 보면, 통신망 식별번호는 국가의 소유·관리에 속하는 유한한 자원으로서 이를 부여받은 이동전화사업자는 그 통신망 식별번호에 대하여 독점적이고 배타적인 권리를 취득하는 것이 아니라 위 관련 법규의 목적 달성을 위하여 필요한 경우에는 부여받은 통신망 식별번호를 회수·변경 당할 수 있게 되어 있어, 이러한 통신망 식별번호를 특정 이동전화사업자의 등록서비스표로 허용하여 독점시킨다는 것은 공익상 적절하지 아니하며, 또한 위 'SPEED' 부분과 위 '011' 부분이 결합하여 새로운 관념을 도출하거나 새로운 식별력을 형성한다고 볼 수도 없으므로, 이 사건 등록서비스표는 무선호출 서비스업 등과의 관계에서 특별현저성을 인정하기 어렵다.

그리고 서비스표의 등록적격성의 유무는 지정서비스업과의 관계에서 개별적으로 판단되어야 하고(대법원 2001. 3. 23. 선고 2000후1436 판결 참조), 다른 서비스표의 등록례는 특정 서비스표가 등록되어야 할 근거가 될 수 없으므로(대법원 1997. 12. 26. 선고 97후1269 판결, 1999. 10. 26. 선고 97후2453 판결 등 참조), 통신망 식별번호 등으로 구성된 서비스표들이 국내외에 다수 등록되어 있다는 점만으로는 이 사건 등록서비스표가 무선호출 서비스업 등과의 관계에서 식별력이 인정되어야 한다고 볼 수 없다.

따라서 원심이 이 사건 등록서비스표가 무선호출 서비스업 등과의 관계에서 식별력이 인정되지 아니한다고 판단하였음은 정당한 것으로 옳고, 거기에 상고이유로 주장하는 바와 같은 서비스표의 식별력에 관한 법리오해, 채증법칙 위반, 심리미진 및 판단누락 등의 위법이 없다.

나. 이 사건 등록서비스표의 사용에 의한 식별력 취득에 관하여

특별현저성이 없는 것으로 보이는 표장이 사용된 결과 수요자나 거래자 사이에 서

비스업의 출처를 표시하는 식별표지로 현저하게 인식되어 식별력을 가지게 되더라도, 사용에 의하여 식별력을 취득하는 것은 실제로 그 서비스표가 사용된 서비스업에 한하므로 그 서비스표는 당해 서비스업에 대해서만 등록을 받을 수 있고 그와 유사한 서비스업에 대하여는 등록을 받을 수 없다.

원심 판결의 이유를 위 법리와 기록에 비추어 살펴보면, 원심이 이 사건 등록서비스표는 무선호출 서비스업 등과의 관계에서 일반 수요자간에 원고의 서비스업의 출처를 나타내는 식별표지로 인식하게 되었다고 볼 수 없다고 판단한 것은 정당하고, 거기에 상고이유의 주장과 같은 서비스표의 사용에 의한 식별력 취득에 관한 법리오해, 채증법칙 위반 및 심리미진 등의 위법이 없다.

2. 피고의 상고이유에 대한 판단

가. 이 사건 등록서비스표의 사용에 의한 식별력 취득에 관하여

상표법 제6조 제1항 제7호는 같은 조 제1항 제1호 내지 제6호에 해당하지 아니하는 서비스표라도 특별현저성이 없는 상표는 등록받을 수 없다는 것을 의미할 뿐이므로, 어떤 표장이 그 사용상태를 고려하지 않고 그 자체의 관념이나 지정서비스업의 관계 등만을 객관적으로 살펴볼 때에는 특별현저성이 없는 것으로 보이더라도, 출원인이 그 표장을 사용한 결과 수요자나 거래자 사이에 그 표장이 누구의 업무에 관련된 서비스업을 표시하는 것으로 현저하게 인식되기에 이른 경우에는 특별한 사정이 없는 한 그 표장은 상표법 제6조 제1항 제7호의 특별현저성이 없는 서비스표에 해당하지 않게 되고, 그 결과 서비스표등록을 받는 데 아무런 지장이 없으며, 같은 조 제2항에 같은 조 제1항 제7호가 포함되어 있지 않다는 사정만으로 이를 달리 볼 것은 아니다(대법원 2003. 7. 11. 선고 2001후2863 판결 참조).

원심 판결 이유를 위 법리와 기록에 비추어 살펴보면, 원심이 그 채용 증거들에 의하여 그 판시와 같은 사실을 인정한 다음, 이 사건 등록서비스표는 그 구성 자체로는 식별력이 인정되지는 아니하지만, 그 지정서비스업 중 '전화통신업, 무선통신업'(이하 '전화통신업 등'이라 한다)과의 관계에서 원고의 사용에 의하여 일반 수요자가 원고의 서비스업의 출처를 나타내는 식별표지로 현저하게 인식하게 됨으로써 식별력을 취득하였다고 판단하였음은 정당하고, 거기에 상고이유로 주장하는 바와 같이 서비스표의 사용에 의한 식별력 취득에 관한 법리오해, 채증법칙 위반 및 심리미진 등의 위법이 없다.

한편, 이 사건 등록서비스표가 전화통신업 등과의 관계에서 사용에 의한 식별력 취득이 인정된다고 하더라도, 이는 영어 문자 'SPEED' 부분과 아라비아 숫자 '011' 부분이 결합된 상태의 이 사건 등록서비스표 전체에 관하여 일체로서 식별력 취득이

인정된다는 것일 뿐, 그 구성요소인 'SPEED' 부분이나 '011' 부분에 대해서까지 독립하여 사용에 의한 식별력 취득이 인정된다는 것은 아니므로, 위와 같이 사용에 의한 식별력 취득을 인정하는 것에 의하여 통신망 식별번호인 '011' 부분에 대해서까지 원고에게 독점적인 권리를 인정하고 타인의 자유로운 사용을 금지하는 결과를 낳게 되는 것이라고 볼 수 없다. 이 점에 관한 상고논지는 이유 없다.

나. 상표법 제7조 제1항 제1호, 제4호, 제11호에 관하여

원심은 이 사건 등록서비스표가 전화통신업 등에 사용되는 경우 국가의 공공기관이 사용하는 감독용이나 증명용 인장 또는 기호에 해당한다고 할 수 없을 뿐만 아니라, 이 사건 등록서비스표의 출원·등록·사용이 국가정책과 정보통신질서를 무력화시켜 공공의 질서 또는 선량한 풍속을 문란하게 할 염려가 있다거나, 통신망 식별번호가 특정인의 사유재산인 것처럼 인식되도록 수요자를 기만하여 지정서비스업에 관한 품질을 오인하게 할 염려가 있다고 볼 수 없다는 취지로 판단하였는바, 관계 법령과 기록에 비추어 살펴보면, 원심의 위와 같은 판단은 정당한 것으로 수긍할 수 있고, 거기에 상고이유로 주장하는 바와 같은 상표법 제7조 제1항 제1호, 제4호, 제11호에 관한 법리오해 등의 위법이 없다.

3. 결 론

그러므로 상고를 모두 기각하고, 상고비용은 각자가 부담하도록 하여 관여 법관의 일치된 의견으로 주문과 같이 판결한다.

대법관 김영란(재판장) 이규홍(주심) 김황식

21. 대법원 1999. 4. 13. 선고 97후3616 판결【거절사정(상)】

[공1999.5.15.(82),894]

【판시사항】

지정서비스업이 '전화통신업, 전보통신업'인 출원서비스표 "CO-LAN"이 상표법 제6조 제1항 제7호 소정의 수요자가 누구의 업무에 관련된 서비스업인가를 식별할 수 없는 표장에 해당하는지 여부(적극)

【판결요지】

출원서비스표 "CO-LAN"은 문자와 문자로 구성된 결합서비스표로서 각 문자부분들은 외관상 서로 분리되어 있고 이들의 결합으로 인하여 새로운 관념을 낳는 것도 아니며 이를 분리하여 관찰하면 자연스럽지 못할 정도로 일체불가분적으로 결합되어 있다고 보기도 어려우므로 일반 수요자들에게 각 문자부분으로 분리 관찰될 수 있고, 이와 같이 분리 관찰된 경우 'LAN'은 사전적으로 '근거리정보 통신망(기업 내 종합 정보망)' 등의 뜻이 있어

그 지정서비스업인 '전화통신업, 전보통신업' 등과 관련하여 보면 일반 수요자들에게 '근거리 통신망으로 이루어지는' 전화통신업, 전보통신업 등의 뜻으로 직감될 것이고, 또 'CO'는 간단하고 흔히 있는 영문자 2자에 불과하므로, 출원서비스표는 수요자가 누구의 업무에 관련된 서비스업인가를 식별할 수 없는 표장으로서 상표법 제6조 제1항 제7호에 해당한다.

【참조조문】

상표법 제6조 제1항 제3호, 제7호

【참조판례】

대법원 1997. 7. 11. 선고 97후372 판결(공1997하, 2523)

대법원 1998. 10. 9. 선고 97후2651 판결(공1998하, 2690)

【전 문】

【출원인, 상고인】 한국전기통신공사(소송대리인 변리사 박영순)

【상대방, 피상고인】 특허청장

【원심심결】 특허청 1997. 10. 15.자 96항원1922 심결

【주 문】

상고를 기각한다. 상고비용은 출원인의 부담으로 한다.

【이 유】

상고이유를 판단한다.

기록에 의하면, 이 사건 출원서비스표(1994. 12. 2. 출원번호 9845호, 이하 본원서비스표라고 한다) "CO-LAN"은 서비스업류 구분 제106류의 전화통신업, 전보통신업, 위성통신업, 무선통신업, 컴퓨터통신업, 밴(VAN)통신업, 통신사업, 데이터통신업, 원격화면통신업, 텔렉스통신업을 지정서비스업으로 하고 있는바, 본원서비스표는 문자와 문자로 구성된 결합서비스표로서 각 문자부분들은 외관상 서로 분리되어 있고 이들의 결합으로 인하여 새로운 관념을 낳는 것도 아니며 이를 분리하여 관찰하면 자연스럽지 못할 정도로 일체불가분적으로 결합되어 있다고 보기도 어려우므로 일반 수요자들에게 각 문자부분으로 분리 관찰될 수 있고, 이와 같이 분리 관찰된 경우 'LAN'은 사전적으로 '근거리정보 통신망(기업 내 종합 정보망)' 등의 뜻이 있어 그 지정서비스업인 '전화통신업, 전보통신업' 등과 관련하여 보면 일반 수요자들에게 '근거리 통신망으로 이루어지는' 전화통신업, 전보통신업 등의 뜻으로 직감될 것이고 또 'CO'는 간단하고 흔히 있는 영문자 2자에 불과하므로, 본원서비스표는 수요자가 누구의 업무에 관련된 서비스업인가를 식별할 수 없는 표장으로서 상표법 제6조 제1항 제7호에 해당한다고 할 것이다.

원심의 이유 설시에 다소 미흡한 점은 있으나 위와 같은 취지에서 본원서비스표가 등록될 수 없다고 판단한 조치는 정당하다 할 것이고 거기에 상고이유로 주장하는 바와 같은 법리오해의 위법이 있다 할 수 없다.

상고이유에서 들고 있는 대법원 판결들은 사안을 달리하는 것들로서 이 사건에 원용하기에 적절치 아니하다. 상고이유의 주장은 받아들일 수 없다.

그러므로 상고를 기각하고, 상고비용은 패소자의 부담으로 하기로 하여 관여 법관의 일치된 의견으로 주문과 같이 판결한다.

대법관　서성(재판장) 박준서 신성택(주심) 이임수

22. 특허법원 2011. 4. 13. 선고 2010허9088 판결【거절결정(상)】

[미간행]

【전 문】

【원 고】 더 코카콜라 컴퍼니(소송대리인 법무법인 양헌 담당변호사 윤지혜)

【피 고】 특허청장

【변론종결】

2011. 3. 30.

【주 문】

1. 원고의 청구를 기각한다.
2. 소송비용은 원고가 부담한다.

【청구취지】

특허심판원이 2010. 11. 2. 2009원6500호 사건에 관하여 한 심결을 취소한다

【이 유】

1. 기초사실

가. 이 사건 출원상표

1) 출원일 / 출원번호 : 2008. 5. 14. / (출원번호 생략)

2) 표장 : 

(색채상표)

3) 지정상품 : 상품류 구분 제30류 - 커피(coffee), 차(tea), 코코아(cocoa), 설탕(sugar), 쌀(rice), 타피오카(tapioca), 사고(sago), 대용커피(artificial coffee), 곡분 및 곡물 조제품(flour and preparations made from cereals), 빵(bread), 과자(pastry and confectionery), 빙과(ices), 꿀(honey), 이스트(yeast), 베이킹파우더(baking powder), 겨자(mustard),

식초(vinegar), 소스(sauces-condiments), 향신료(spices), 얼음(ice), 식용당밀(treacle for food), 당밀시럽(treacle syrup), 요리용소금(cooking salt), 식용소금(salt for food), 식품보존용소금(salt for preserving foodstuff)

나. 이 사건 심결의 경위

원고가 이 사건 출원상표를 출원하였으나 특허청은 상표법 6조 1항 3호, 4호, 7호를 이유로 등록거절결정을 하였다. 원고가 위 거절결정에 대한 불복심판을 청구하였지만, 특허심판원도 이 사건 출원상표가 상표법 6조 1항 7호에 해당함을 들어 원고의 심판청구를 기각하는 이 사건 심결을 하였다.

【인정근거 : 다툼 없는 사실, 갑 1, 2, 3호증, 을 1호증, 변론 전체의 취지】

2. 당사자들의 주장과 이 사건의 쟁점

가. 원고 주장의 요지

1) 상표의 식별력 유무를 판단함에 있어서는 상표 전체의 구성을 하나로 보아 판단하여야 하며, 이 사건 출원상표는 커피 원두 형상의 모양이 음영으로 여러 개 그려져 있는 바탕에 'GEORGIA'라는 문자와 독특한 모양의 찻잔 도형이 결합된 표장으로서 일반적으로 흔히 쓰이는 표장이 아니고, 'GEORGIA'가 커피의 주요 산지도 아니므로 공익상 특정인에게 독점을 허용하는 것이 적합하지 않은 상표에 해당하지도 아니한다.

2) 커피 등을 지정상품으로 하는 찻잔 도형이 전체적으로 식별력을 인정받아 등록된 상표가 다수 있고, 이 사건 출원상표는 일본에서도 이미 등록을 받았으므로 그 등록이 허용되어야 한다.

나. 피고 주장의 요지

1) 이 사건 출원상표처럼 지정상품의 원재료, 용도 등을 나타내는 도형과 식별력이 없는 현저한 지리적 명칭이 결합되어 있는 상표는 상표법 6조 1항 3호에 해당한다.

2) 이 사건 출원상표처럼 현저한 지리적 명칭인 'GEORGIA'와 식별력 없는 도형이 결합한 상표는 상표법 6조 1항 4호에 해당한다.

3) 이 사건 출원상표처럼 식별력이 없는 부분들이 각 결합된 상표는 전체적으로 보아 식별력이 없으므로 상표법 6조 1항 7호에 해당한다.

다. 이 사건의 쟁점

이 사건 출원상표가 상표법 6조 1항 3호, 4호, 7호에 해당하는지 여부이다.

3. 판 단

가. 이 사건 출원상표가 상표법 6조 1항 3호에 해당하는지 여부

1) 판단기준

상표법 6조 1항 3호에서 상품의 품질, 용도 등을 보통으로 사용하는 방법으로 표시한 표장만으로 된 상표는 등록을 받을 수 없다는 취지로 규정한 취지에 비추어 보면, 단지 상품의 품질, 용도 등 기술적 표장만으로 된 상표는 물론이고, 여기에 다른 식별력 있는 문자, 기호, 도형 등이 결합되어 있다고 하더라도 이들이 부수적 또는 보조적인 것에 불과하거나 또는 전체적으로 볼 때 성질 등 표시상표로 인식된다면, 이는 위 법조 소정의 품질 등 표시 표장만으로 된 상표로 보아야 한다(대법원 1994. 6. 24. 선고 93후1698 판결 등 참조).

상표법 6조 1항 3호가 기술적 표장을 등록받을 수 없도록 한 이유는 기술적 표장은 그 지정상품이 속한 거래계에서 지정상품의 유통에 필요한 표시이므로 누구라도 이를 사용할 필요가 있고 그 사용을 원하기 때문에 이를 특정인에게 독점배타적으로 사용하게 할 수 없다는 공익상의 요청과 이와 같은 상표를 허용할 경우에는 타인의 동종 상품과의 관계에서 출처의 식별이 어렵다는 점에 그 이유가 있다(대법원 1992. 6. 23. 선고 92후124 판결 등 참조).

2) 구체적 검토

이 사건 출원상표는 커피원두 및 찻잔 형상을 한 도형과 색채 및 'GEORGIA'라는 영문자가 결합된 결합표장인바, 문자부분 'GEORGIA'는 아시아 북서부에 있는 그루지아 내지는 미국 남동부의 주의 명칭을 나타내는 현저한 지리적 명칭이고(대법원 1986. 2. 25. 선고 85후106 판결 참조), 비록 커피의 주요 산지는 아닐 지라도 일반 수요자나 거래자로 하여금 지정상품인 '커피'나 '차'와 관련해서 상품의 '산지'로 오인하게 할 수 있는 성질표시 부분에 해당하여 식별력이 없는 부분이다. 그리고 도형부분도 커피원두와 찻잔 도형인데, 커피원두 도형은 커피원두의 형상과 모양을 그대로 표현한 것이어서 도안에 특별한 특징이 부여되지 않고 있고, 찻잔의 모양은 약간의 도안화가 되어 있으나 이 역시 일반 수요자나 거래자가 보는 즉시 찻잔의 형상을 직감할 수 있는 정도이므로, 일반 수요자나 거래자가 이 사건 출원상표의 도형을 보고 지정상품인 커피와 그 음용의 용도에 쓰이는 찻잔의 형상을 직접적으로 도출해 낼 수 있기 때문에 이 사건 출원상표의 도형부분 역시 기술적 표장에 해당한다. 따라서 이 사건 출원상표는 전체적으로 보더라도 산지나 성질, 용도 표시의 기술적 표장에 식별력이 없는 현저한 지리적 명칭을 부가한 것에 불과하여 상표법 6조 1항 3호에 해당한다.

원고는 이와 관련해서, 커피 등의 지정상품에 찻잔 모형의 도형과 결합된 표장이 전체적으로 식별력을 인정받아 적법하게 등록된 사례가 다수 있고, 일본에서 이미 등록이 허용된 이 사건 출원상표는 같은 판단기준을 적용하여 그 등록이 허용되어야 한다고 주장한다. 그러나 상표의 등록여부는 그 지정상품과의 관계에서 개개의 상표별로 그 등록요건을 따져서 결정하여야 하는 것이므로, 찻잔 도형이 결합된 다른 상표가 등록되어 있다는 사정만으로 이 사건 출원상표의 등록이 허용되어야 하는 것은 아니고, 나아가 원고가 주장하는 찻잔 도형이 결합된 상표들을 자세히 살펴보면, 대부분의 상표들이 찻잔의 도안화의 정도가 문자의 식별력을 압도할 정도로 추상화되어 있거나 독특한 형태를 띠고 있음을 알 수 있으므로, 만연히 찻잔 도형이 있는 상표의 등록사례를 들어서 이 사건 출원상표의 등록을 주장하는 원고의 위 주장은 이유 없다. 또한 상표의 등록 여부는 속지주의 원칙에 따라 해당 국가에서 상품의 출처에 관한 일반 수요자나 거래자의 오인, 혼동의 우려 여부와 상표나 상품의 사용실태에 비추어 개별적으로 판단되어야 할 사항이므로, 이 사건 출원상표와 표장이 같거나 유사한 상표가 다른 국가에 등록되어 있다는 사정은 이 사건 출원상표의 등록이 허용되어야 할 적법한 사유에는 해당하지 아니하므로 원고의 위 주장 역시 이유 없다.

나. 이 사건 출원상표가 상표법 6조 1항 4호에 해당하는지 여부

1) 판단기준

상표법 6조 1항 4호는 현저한 지리적 명칭만으로 된 상표를 상표등록의 소극적 요건으로 규정하고 있는바, 그 취지는 이와 같은 상표는 현저성과 주지성 때문에 누구에게나 자유로운 사용을 허용하여야 하고 어느 특정인에게 독점사용권을 부여하지 아니하려는 데 있다(대법원 1997. 8. 22. 선고 96후1682 판결 등 참조). 그리고 상표법 6조 1항 4호는 현저한 지리적 명칭, 그 약어 또는 지도만으로 된 상표에 적용되므로, 그 이외에 다른 식별력 있는 문자, 기호, 도형 등이 결합되어 있는 상표는 본 호에 원dr적으로 해당하지 않지만, 그와 같은 문자, 기호, 도형이 부수적 또는 보조적인 것에 불과하거나 전체적으로 볼 때 현저한 지리적 명칭으로 인식되는 경우에는 여전히 상표법 6조 1항 4호에 해당하는 것이다(대법원 2000. 6. 13. 선고 98후1273 판결 등 참조).

2) 구체적 검토

이 사건 출원상표에서 영문자 'GEORGIA'가 현저한 지리적 명칭에 해당함은 앞서 본 바와 같고, 그에 부가된 커피원두 모형과 찻잔의 도형이 도안화의 정도가 약해서 식별력이 없는 단순한 부가적인 부분에 그친다는 점 역시 앞서 본 바와 같다. 따라서 이 사건 출원상표는 전체적으로 보아 현저한 지리적 명칭에 식별력이 없거나 매우 약한 도형이 부가된 것에 불과하므로 여전히 상표법 6조 1항 4호에 해당한다.

다. 소결론

따라서 이 사건 출원상표는 상표법 6조 1항 3호의 기술적 표장 및 같은 항 4호의 현저한 지리적 명칭만으로 된 상표에 해당하므로, 위 각 규정에 해당하지 아니하는 경우에 적용되는 보충적 규정인 상표법 6조 1항 7호의 해당 여부에 관하여 나아가 판단할 필요 없이 이 사건 출원상표는 그 등록이 거절되어야 한다.

4. 결 론

그렇다면, 이와 결론을 같이 하는 이 사건 심결은 적법하므로, 그 취소를 구하는 원고의 청구는 이유 없어 기각하기로 하여 주문과 같이 판결한다.

판사 변현철(재판장) 박창수 박민정

23. 대법원 2012. 12. 13. 선고 2011후958 판결 【거절결정(상)】

[공2013상,193]

【판시사항】

[1] 상표법 제6조 제1항 제4호의 규정 취지와 현저한 지리적 명칭 등이 기술적 표장 등과 결합되어 있는 경우 그 사정만으로 위 법조항의 적용이 배제되는지 여부(원칙적 소극) 및 위 규정에서 말하는 '현저한 지리적 명칭'의 의미

[2] 갑 외국회사가 출원상표 "GEORGIA"를 출원하였으나 특허청이 출원상표가 상표법 제6조 제1항 제4호 등에 해당한다는 이유로 등록거절결정을 한 사안에서, 위 출원상표는 현저한 지리적 명칭인 'GEORGIA'로 인식될 것이어서 상표법 제6조 제1항 제4호에 해당된다고 한 사례

【판결요지】

[1] 상표법 제6조 제1항 제4호는 현저한 지리적 명칭·그 약어 또는 지도만으로 된 상표는 등록을 받을 수 없다고 규정하고 있다. 이와 같은 상표는 그 현저성과 주지성 때문에 상표의 식별력을 인정할 수 없어 어느 특정 개인에게만 독점사용권을 부여하지 않으려는 데 그 규정의 취지가 있다. 이에 비추어 보면, 상표법 제6조 제1항 제4호의 규정은 현저한 지리적 명칭, 그 약어 또는 지도만으로 된 표장에만 적용되는 것이 아니고, 현저한 지리적 명칭 등이 식별력 없는 기술적 표장 등과 결합되어 있는 경우라고 하더라도 그 결합에 의하여 본래의 현저한 지리적 명칭이나 기술적 의미 등을 떠나 새로운 관념을 낳는다거나 새로운 식별력을 형성하는 것이 아니라면 지리적 명칭 등과 기술적 표장 등이 결합된 표장이라는 사정만으로 위 법조항의 적용이 배제된다고 할 수 없다. 한편 위 규정에서 말하는 현저한 지리적 명칭이란 단순히 지리적,

지역적 명칭을 말하는 것일 뿐 특정상품과 지리적 명칭을 연관하여 그 지방 특산물의 산지표시로서의 지리적 명칭임을 요하는 것은 아니라 할 것이다. 따라서 그 지리적 명칭이 현저하기만 하면 여기에 해당하고, 지정상품과 사이에 특수한 관계가 있음을 인식할 수 있어야만 하는 것은 아니다.

[2] 갑 외국회사가 출원상표 "

"를 출원하였으나 특허청이 출원상표가 상표법 제6조 제1항 제4호 등에 해당한다는 이유로 등록거절결정을 한 사안에서, 위 표장 중 문자부분 'GEORGIA'는 아시아 북서부에 있는 국가인 그루지야의 영문 명칭 또는 미국 남동부 주의 명칭으로서 일반 수요자들에게 널리 알려져 있으므로 현저한 지리적 명칭에 해당하고, 커피 원두 도형은 커피 원두의 형상과 모양을 그대로 표시한 것에 불과하며, 찻잔 도형은 다소 도안화가 되어 있으나 찻잔 형상의 기본적인 형태를 유지하고 있어 일반 수요자들이 이를 출원상표의 지정상품 중 커피의 원두와 그 음용의 용도에 쓰이는 찻잔의 형상으로 직감할 수 있으므로 이들 도형부분은 커피와 관련하여 볼 때 식별력이 없고, 위 문자부분과 도형부분의 결합에 의하여 출원상표가 본래의 현저한 지리적 명칭이나 기술적 의미를 떠나 새로운 관념을 낳는다거나 새로운 식별력을 형성하는 것도 아니므로, 위 출원상표는 전체적으로 보아 일반 수요자들 사이에 주로 현저한 지리적 명칭인 'GEORGIA'로 인식될 것이어서 상표법 제6조 제1항 제4호가 규정하는 현저한 지리적 명칭만으로 된 표장에 해당된다고 한 사례.

【참조조문】

[1] 상표법 제6조 제1항 제4호 [2] 상표법 제6조 제1항 제4호

【참조판례】

[1] 대법원 1997. 8. 22. 선고 96후1682 판결(공1997하, 2887)

대법원 2000. 6. 13. 선고 98후1273 판결(공2000하, 1689)

대법원 2002. 4. 26. 선고 2000후181 판결(공2002상, 1288)

【전 문】

【원고, 상고인】 더 코카콜라 컴퍼니(소송대리인 법무법인 양헌 담당변호사 최경준 외 1인)

【피고, 피상고인】 특허청장

【원심 판결】 특허법원 2011. 4. 13. 선고 2010허9088 판결

【주 문】

상고를 기각한다. 상고비용은 원고가 부담한다.

【이 유】

상고이유를 판단한다.

1. 상표법 제6조 제1항 제4호는 현저한 지리적 명칭·그 약어 또는 지도만으로 된 상표는 등록을 받을 수 없다고 규정하고 있다. 이와 같은 상표는 그 현저성과 주지성 때문에 상표의 식별력을 인정할 수 없어 어느 특정 개인에게만 독점사용권을 부여하지 않으려는 데 그 규정의 취지가 있다(대법원 1997. 8. 22. 선고 96후1682 판결 등 참조). 이에 비추어 보면, 상표법 제6조 제1항 제4호의 규정은 현저한 지리적 명칭, 그 약어 또는 지도만으로 된 표장에만 적용되는 것이 아니고, 현저한 지리적 명칭 등이 식별력 없는 기술적 표장 등과 결합되어 있는 경우라고 하더라도 그 결합에 의하여 본래의 현저한 지리적 명칭이나 기술적 의미 등을 떠나 새로운 관념을 낳는다거나 새로운 식별력을 형성하는 것이 아니라면 지리적 명칭 등과 기술적 표장 등이 결합된 표장이라는 사정만으로 위 법조항의 적용이 배제된다고 할 수 없다(대법원 2002. 4. 26. 선고 2000후181 판결 등 참조). 한편 위 규정에서 말하는 현저한 지리적 명칭이란 단순히 지리적, 지역적 명칭을 말하는 것일 뿐 특정상품과 지리적 명칭을 연관하여 그 지방의 특산물의 산지표시로서의 지리적 명칭임을 요하는 것은 아니라 할 것이다. 따라서 그 지리적 명칭이 현저하기만 하면 여기에 해당하고, 지정상품과 사이에 특수한 관계가 있음을 인식할 수 있어야만 하는 것은 아니다(대법원 2000. 6. 13. 선고 98후1273 판결 등 참조).

2. 위 법리와 기록에 비추어 살펴본다. 이 사건 출원상표(출원번호 제40-2008-23211호) “”는 커피 원두를 도안화한 도형이 음영으로 여러 개 그려진 검은색 바탕의 직사각형 내부에 찻잔을 도안화한 도형과 영문자 'GEORGIA'를 노란색으로 상하 2단으로 배치하여 구성한 표장이다. 그런데 그 중 문자부분 'GEORGIA'는 아시아 북서부에 있는 국가인 그루지야의 영문 명칭 또는 미국 남동부의 주의 명칭으로서 일반 수요자들에게 널리 알려져 있으므로 현저한 지리적 명칭에 해당한다(대법원 1986. 2. 25. 선고 85후106 판결 참조). 그리고 커피 원두 도형은 커피 원두의 형상과 모양을 그대로 표시한 것에 불과하고, 찻잔 도형은 다소 도안화가 되어 있으나 찻잔 형상의 기본적인 형태를 유지하고 있어, 일반 수요자들이 이를 이 사건 출원상표의 지정상품 중 커피의 원두와 그 음용의 용도에 쓰이는 찻잔의 형상으로 직감할 수 있으므로, 이들 도형부분은 커피와 관련하여 볼 때 식별력이 없다. 그렇다면 위 문자부분과 도형부분의 결합에 의하여 이 사건 출원상표가 본래의 현저한 지리적 명칭이나 기술적 의미를 떠나 새로운 관념을 낳는다거나 새로운 식별력을 형성하는 것도 아니므로 이 사건 출원상표는 전체적으로 보아 일반 수요자들 사이에 주로 현저한 지리적 명칭인 'GEORGIA'로 인식될 것이어서 상표법 제6조 제1항 제4호가 규정하는 현저한 지리적 명칭만으로 된 표장에 해당된다고 할 것이다.

한편 상표의 등록적격성의 유무는 지정상품과의 관계에서 개별적으로 판단되어야 하고, 다른 상표의 등록례는 특정 상표가 등록되어야 할 근거가 될 수 없으며(대법원 2006. 5. 12. 선고 2005후353 판결 등 참조), 더욱이 출원상표의 등록 가부는 우리 상표법에 의하여 그 지정상품과 관련하여 독립적으로 판단할 것이지 법제나 언어습관이 다른 외국의 등록례에 구애받을 것도 아니다(대법원 2003. 5. 16. 선고 2002후1768 판결 등 참조). 따라서 커피 등의 지정상품에 찻잔 형상의 도형과 결합된 표장이 국내에 다수 등록되어 있다거나 일본에서 이 사건 출원상표가 등록되었다는 점만으로는 이 사건 출원상표가 커피 등과의 관계에서 식별력이 인정되어야 한다고 볼 수 없다.

같은 취지의 원심판단은 정당하고, 거기에 상고이유로 주장하는 바와 같은 상표법 제6조 제1항 제4호에 관한 법리오해 등의 위법은 없다. 나아가 상표등록출원이 상표법 제6조 제1항 제3호, 제4호, 제7호의 규정에 따라 상표등록을 할 수 없는 경우에 해당한다는 거절이유는 선택적인 관계에 있으므로, 이 사건 출원상표에 상표법 제6조 제1항 제4호의 거절이유가 있다는 원심의 판단이 정당한 이상 나머지 거절이유에 관한 상고이유의 주장에 대하여는 판단할 필요가 없어 그 판단을 생략한다.

3. 그러므로 상고를 기각하고, 상고비용은 패소자가 부담하도록 하여 관여 대법관의 일치된 의견으로 주문과 같이 판결한다.

대법관　김창석(재판장) 양창수 박병대(주심) 고영한

24. 대법원 2007. 3. 16. 선고 2006후3632 판결【거절결정(상)】

[공2007.4.15.(272),567]

【판시사항】

[1] 흔히 사용하는 도형을 도안화한 표장이 상표법 제6조 제1항 제6호에 정한 '간단하고 흔히 있는 표장'에 해당하지 않기 위한 요건

[2] ""으로 이루어져 있는 출원상표의 표장은 간단하고 흔히 있는 표장만으로 이루어졌다고 한 사례

【판결요지】

[1] 흔히 사용하는 도형을 도안화한 표장의 경우에는 그 도안화의 정도가 일반 수요자나 거래자에게 그 도형이 본래 가지고 있는 의미 이상으로 인식되거나 특별한 주의를 끌 정도에 이르러야 상표법 제6조 제1항 제6호에 정한 '간단하고 흔히 있는 표장'에 해당하지 아니한다.

[2] ""으로 이루어져 있는 출원상표의 표장에 대하여, 마름모 내지 다이아몬

드 도형이 옆으로 누운 모양을 하고 있고 그 띠의 폭이 넓으며 크기를 달리하여 이중으로 배치하였지만, 이러한 도안화의 정도만으로는 일반 수요자나 거래자에게 마름모 내지 다이아몬드 도형이 가지는 의미 이상으로 인식되거나 특별한 주의를 끌 정도에 이르지 못하였으므로, 위 표장은 간단하고 흔히 있는 표장만으로 이루어진 것이라고 한 사례.

【참조조문】

[1] 상표법 제6조 제1항 제6호 [2] 상표법 제6조 제1항 제6호

【참조판례】

[2] 대법원 1997. 2. 25. 선고 96후1187 판결(공1997상, 941)
대법원 2004. 11. 26. 선고 2003후2942 판결(공2005상, 60)
대법원 2005. 9. 28. 선고 2003후1741 판결

【전 문】

【원고, 피상고인】 엄브로 인터내셔날 리미티드(소송대리인 변호사 백창훈외 4인)

【피고, 상고인】 특허청장

【원심 판결】 특허법원 2006. 10. 27. 선고 2006허5768 판결

【주 문】

원심 판결을 파기하고, 사건을 특허법원에 환송한다.

【이 유】

상고이유를 본다.

원심은 “”와 같이 이루어져 있는 이 사건 출원상표(출원번호 : 2004-8829호)의 표장이 마름모 내지 다이아몬드 도형이 옆으로 누운 모양을 하고 있고, 그 띠의 폭이 넓어서 간단한 표장에 해당하지 아니하고, 설령 간단하다고 하더라도 흔히 있는 표장에 해당하지 않는다고 보았다.

그러나 흔히 사용하는 도형을 도안화한 표장의 경우에는 그 도안화의 정도가 일반 수요자나 거래자에게 그 도형이 본래 가지고 있는 의미 이상으로 인식되거나 특별한 주의를 끌 정도에 이르러야 간단하고 흔히 있는 표장에 해당하지 아니한다고 할 것인바, 이 사건 출원상표의 표장은 흔히 볼 수 있는 마름모 내지 다이아몬드 도형과 비교하여 볼 때 다소 옆으로 누운 모양이기는 하나, 마름모 내지 다이아몬드 도형의 기본 형태를 유지하고 있고, 그 띠의 폭 또한 넓기는 하지만 같은 폭의 띠를 일정한 형태로 연결한 흔히 볼 수 있는 것이어서, 이러한 도안화의 정도만으로는 이 사건 출원상표의 표장이 일반 수요자나 거래자에게 마름모 내지 다이아몬드 도형이 가지는 의미 이상으로 인식

되거나 특별한 주의를 끌 정도에 이르렀다고 보기 어려우며, 이는 마름모 내지 다이아몬드 도형을 그 크기를 달리하여 이중으로 배치하였다 하여 달리 볼 수 있는 것도 아니다. 따라서 이 사건 출원상표의 표장은 간단하고 흔히 있는 표장만으로 이루어졌다고 할 것임에도, 이와 달리 판단한 원심에는 간단하고 흔히 있는 표장에 관한 법리를 오해하여 판결에 영향을 미친 잘못이 있고, 이 점을 지적하는 상고이유의 주장은 이유 있다. 그러므로 원심 판결을 파기하고, 사건을 다시 심리·판단하게 하기 위하여 원심법원에 환송하기로 하여 관여 대법관의 일치된 의견으로 주문과 같이 판결한다.

대법관 김용담(재판장) 박시환 박일환(주심) 김능환

25. 대법원 1997. 12. 12. 선고 97후396 판결【거절사정】

[공1998.1.15.(50),296]

【판시사항】

[1] 기술적 상표 해당 여부를 판단함에 있어 상표의 의미 내용의 고려 기준

[2] 지정상품이 의약품인 상표의 기술적 상표 해당 여부를 판단함에 있어 의약품의 수요자층을 의사·약사 등 전문가에 한정할 것인지 여부(소극)

[3] 치육염 및 치조농루 치료용 약제를 지정상품으로 한 상표 "PARADENT HEALTH"가 기술적 상표가 아니라고 한 사례

【판결요지】

[1] 어떤 상표가 상표법 제6조 제1항 제3호 소정의 상품의 품질·효능·용도 등을 보통으로 사용하는 방법으로 표시한 표장만으로 된 상표인가의 여부는 그 상표가 가지는 관념, 당해 지정상품이 일반적으로 갖는 공통된 품질·효능·용도·거래사회의 실정 등을 감안하여 객관적으로 판단하되, 상표의 의미 내용은 일반 수요자가 그 상표를 보고 직관적으로 깨달을 수 있는 것이어야 하고 심사숙고하거나 사전을 찾아보고서 비로소 그 뜻을 알 수 있는 것은 고려의 대상이 되지 않는다.

[2] 의약품이 지정상품인 상표에 있어, 현재 우리나라에서 모든 의약품이 반드시 의사나 약사 등 전문가에 의하여서만 수요되거나 거래된다고 할 수 없고 많은 의약품들이 일반인들에 의하여도 직접 수요되거나 거래되고 있는 실정이라 하겠으며 특수한 몇몇 의약품만이 의사, 약사 등 전문가들에 의하여 수요되고 거래된다 할 것이므로, 위와 같은 특수한 의약품이 아닌 한 의사나 약사 등이 아닌 일반 수요자를 기준으로 상표법 제6조 제1항 제3호 해당 여부를 판단하여야 한다.

[3] 치육염 및 치조농루 치료용 약제를 지정상품으로 한 상표 "PARADENT HEALTH"가 기술적 상표가 아니라고 한 사례.

【참조조문】

[1] 상표법 제6조 제1항 제3호[2] 상표법 제6조 제1항 제3호[3] 상표법 제6조 제1항 제3호

【참조판례】

[1] 대법원 1995. 2. 10. 선고 94후1770 판결(공1995상, 1338)

대법원 1995. 3. 24. 선고 94후1923 판결(공1995상, 1755)

대법원 1997. 5. 23. 선고 96후1729 판결(공1997하, 1874)

[2] 대법원 1994. 5. 27. 선고 94후180 판결(공1994하, 1841)

대법원 1994. 7. 29. 선고 94후111 판결(공1994하, 2239)

대법원 1995. 9. 26. 선고 95후439 판결(공1995하, 3535)

【전 문】

【출원인, 상고인】 라이온 가부시기 가이샤(소송대리인 법무법인 중앙국제법률특허사무소 담당변호사 이병호 외 3인)

【상대방, 피상고인】 특허청장

【원심심결】 특허청 항고심판소 1996. 12. 27.자 95항원2581 심결

【주 문】

원심심결을 파기하고 사건을 특허청 항고심판소에 환송한다.

【이 유】

상고이유를 판단한다.

1. 원심심결 이유에 의하면 원심은, 이 사건 출원상표 "PARADENT HEALTH"(이하 본원상표라 한다) 중 "HEALTH"는 "건강"의 의미를 가진 단어이고, "PARADENT"는 영한사전에는 나오지 않는다 하더라도 영한의학대사전에 수록된 바에 따르면 "PARADENTAL"은 "치주염의, 치아주의의" 등의 뜻을, "PARADENTITIS"는 "치주염" 등의 뜻을 가지고 있고, 또한 영한사전에 의하면 "PARA"은 "근처, 양쪽" 등의 뜻을, "DENT"은 "이, 움푹 파인 곳, 자국" 등의 뜻을 가지고 있어, 이러한 의미를 종합해 보면 "PARADENT"은 "치아 주변이 움푹 파인, 치주염" 등으로 관념될 수 있고 "HEALTH"은 "건강" 등의 의미를 가지고 있으므로, 본원상표의 전체적 관념은 "치주를 건강하게 하는, 치주염이 없는" 등으로 인식할 수 있다 하겠으며, 특히 본원상표의 지정상품인 치육염 및 치조농루 치료용 약제의 직접적인 수요자라고 할 수 있는 치과의사나 약사는 그 의미를 쉽게 인식할 수 있다 할 것이므로, 본원상표는 그 지정상품과 관련해 볼 때 상품의 용도·효능 등 성질을 표시한 표장만으로 된 상표로서, 상표법 제6조 제1항 제3호의 규정에 의하여 본원상표의 등록을 거절한 원사정은 정당하다고 판단하였다.

2. 어떤 상표가 상표법 제6조 제1항 제3호 소정의 상품의 품질·효능·용도 등을 보통으로 사용하는 방법으로 표시한 표장만으로 된 상표인가의 여부는 그 상표가 가지는 관념, 당해 지정상품이 일반적으로 갖는 공통된 품질·효능·용도·거래사회의 실정 등을 감안하여 객관적으로 판단하되, 상표의 의미 내용은 일반 수요자가 그 상표를 보고 직관적으로 깨달을 수 있는 것이어야 하고 심사숙고하거나 사전을 찾아보고서 비로소 그 뜻을 알 수 있는 것은 고려의 대상이 되지 않는다 할 것이다(대법원 1997. 5. 23. 선고 96후1729 판결, 1995. 3. 24. 선고 94후1923 판결 등 참조).
또한, 당해 지정상품이 의약품인 경우, 현재 우리나라에서 모든 의약품이 반드시 의사나 약사 등 전문가에 의하여서만 수요되거나 거래된다고 할 수 없고 많은 의약품들이 일반인들에 의하여도 직접 수요되거나 거래되고 있는 실정이라 하겠으며 특수한 몇몇 의약품만이 의사, 약사 등 전문가들에 의하여 수요되고 거래된다 할 것이므로, 위와 같은 특수한 의약품이 아닌 한 의사나 약사 등이 아닌 일반 수요자를 기준으로 상표법 제6조 제1항 제3호 해당 여부를 판단하여야 할 것이다(대법원 1995. 9. 26. 선고 95후439 판결 참조).

3. 기록에 의하여 살피건대, 먼저 본원상표의 지정상품의 수요자에 관하여 보면, 본원상표의 지정상품인 치육염 및 치조농루 치료용 약제가 위와 같은 특수한 의약품에 해당한다고 볼 자료가 없고, 나아가 본원상표의 의미 내용에 관하여 보면, 본원상표 중 "HEALTH"는 건강을 의미하는 단어로서 널리 쓰이고 있으나, "PARADENT" 부분은 영한사전에도 나오지 않는 조어이고, 이를 분리하여 "PARA"와 "DENT" 부분으로 나누어 보더라도, 전자는 독립적인 단어가 아닌 접두사로서 "측(측), 이상(이상), 치환체(치환체, [화학]), 의사(의사, [의학])" 등을 뜻하거나 방호물이라는 뜻의 연결형으로 쓰이고, 후자는 "움푹 들어간 곳, 약화시키는 효과,(빗, 톱니바퀴 따위의)이" 등을 뜻하므로, 일반 수요자들이 본원상표를 보고 직감적으로 "치주를 건강하게 하여 주는" 등의 뜻으로 이해한다고 보기는 어렵다 하겠다.
그렇다면, 본원상표 중 "PARADENT" 부분은 일체 불가분적으로 결합된 조어로서, 본원상표를 그 전체적인 구성으로 볼 때 일반 수요자들이 치육염 및 치조농루 치료용 약제의 단순한 용도·효능 등을 표시하는 것으로 인식할 수 없다 할 것이니, 본원상표의 지정상품의 직접적인 수요자가 치과의사나 약사임을 전제로 본원상표가 지정상품의 용도·효능 등을 표시한 표장만으로 된 상표라고 본 원심심결에는 상표법 제6조 제1항 제3호에 관한 법리를 오해한 위법이 있다 할 것이고, 이 점을 지적하는 상고이유의 주장은 이유 있다.
그러므로 원심심결을 파기하고 사건을 다시 심리·판단케 하기 위하여 특허청 항고심판소에 환송하기로 관여 법관들의 의견이 일치되어 주문과 같이 판결한다.

대법관 정귀호(재판장) 박준서 김형선(주심) 이용훈

26. 대법원 2000. 2. 11. 선고 97후3296 판결 【거절사정】

[공2000.4.1.(103),700]

【판시사항】

[1] 지정서비스업이 '빈곤자를 위한 주택 건축 및 수리업'인 서비스표 "HABITAT FOR HUMANITY"가 구 상표법 제6조 제1항 제3호의 '기술적(기술적) 표장'에 해당하는지 여부(적극)

[2] 공익단체가 등록출원한 업무표장이 저명한 것이 아니고 그 표장의 전체 구성상 식별력 없는 표장인 경우, 구 상표법상 상표등록을 받을 수 있는지 여부(소극)

【판결요지】

[1] 출원서비스표 "HABITAT FOR HUMANITY"의 구성 중 'HABITAT'는 동식물의 서식지, 서식환경, 또는 사람의 거주지, 주거, 주소 등의 뜻이 있는 영어 단어이고, 'Humanity'는 인류, 인간(humanbeings, humanrace, mankind), 또는 인간성(human nature, human attributes), 또는 인간애, 자비(benevolence) 등의 뜻을 지닌 단어이므로 출원서비스표는 전체적으로 보아 '인간을 위한 거주지, 인간다운 주거, 사람을 위한 주거' 등으로 인식될 수 있다 할 것이고, 이를 그 지정서비스업인 '빈곤자를 위한 주택 건축 및 수리업'과 관련지어 볼 때 '인간다운 삶을 위한 주거·주거지·주택' 등으로 인식된다 할 것이어서 출원서비스표는 그 지정서비스업의 목적, 사업내용, 사업의 성질, 효능 등을 표시하는 표장에 해당한다고 할 것이고, 다만 'HABITAT'란 영어 단어가 국내의 일반인들에게 널리 알려져 있다고는 할 수 없을 것이나, 오늘날 영어는 세계어가 되다시피 하여 국내에서도 영문자로 표기된 것은 소리나 문자 자체로 파악하기 보다는 객관적인 의미로 파악하고자 하는 경향이 많은 점, 출원서비스표의 지정서비스업과 동종의 사업에 종사하는 사람들이나 그들과 거래하는 사업자들을 기준으로 본다면 출원서비스표의 위와 같은 의미를 직감할 수 있을 것인 점 등에 비추어 출원서비스표는 그 지정서비스업의 거래사회에서는 사업의 목적이나 내용, 품질 등을 보통으로 사용하는 방법으로 직접적으로 표시한 식별력 없는 표장에 해당한다고 봄이 상당하다.

[2] 공익단체 등의 업무표장이 구 상표법(1997. 8. 22. 법률 제5355호로 개정되기 전의 것) 제7조 제1항 제3호 본문 내지 단서에 의한 보호를 받으려면 그 업무표장이 저명한 것임을 전제로 한다 할 것이므로, 공익단체가 자기의 표장을 등록출원한 경우에도 그 업무표장이 국내에 현저히 알려져 저명한 것이 아닌 한 그 표장의 전체 구성으로 보아 식별력 없는 표장 등은 구 상표법 제6조 제1항 각 호에 의하여 등록받을 수 없다.

【참조조문】

[1] 구 상표법(1997. 8. 22. 법률 제5355호로 개정되기 전의 것) 제6조 제1항 제3호[2] 구 상표법(1997. 8. 22. 법률 제5355호로 개정되기 전의 것) 제6조 제1항, 제7조 제1항 제3호

【참조판례】

[1] 대법원 1984. 5. 9. 선고 83후22 판결(공1984, 1022)

대법원 1984. 10. 10. 선고 82후51 판결(공1984, 1799)

대법원 1992. 10. 27. 선고 92후940 판결(공1992, 3303)

대법원 1999. 5. 25. 선고 97후2132 판결(공1999하, 1287)

[2] 대법원 1990. 5. 11. 선고 89후483 판결(공1990, 1264)

대법원 1998. 4. 24. 선고 97후1320 판결(공1998상, 1505)

【전 문】

【출원인, 상고인】 해비태트 포어 휴매니티 인터내셔날, 잉크.(소송대리인 변호사 민병국 외 2인)

【상대방, 피상고인】 특허청장

【원 심 결】 특허청 항고심판소 1997. 9. 30.자 96항원1537 심결

【주 문】

상고를 기각한다. 상고비용은 출원인의 부담으로 한다.

【이 유】

상고이유를 본다.

1. 이 사건 출원서비스표가 기술적 표장인지 여부에 대하여

기록에 의하여 살피건대, 이 사건 출원서비스표 "HABITAT FOR HUMANITY"(이하 '본원서비스표'라 한다)의 구성 중 'HABITAT'는 동식물의 서식지, 서식환경, 또는 사람의 거주지, 주거, 주소 등의 뜻이 있는 영어 단어이고, 'Humanity'는 인류, 인간(humanbeings, humanrace, mankind), 또는 인간성(human nature, human attributes), 또는 인간애, 자비(benevolence) 등의 뜻을 지닌 단어이므로 본원서비스표는 전체적으로 보아 '인간을 위한 거주지, 인간다운 주거, 사람을 위한 주거' 등으로 인식될 수 있다 할 것이고, 이를 그 지정서비스업인 '빈곤자를 위한 주택 건축 및 수리업'과 관련지어 볼 때 '인간다운 삶을 위한 주거·주거지·주택' 등으로 인식된다 할 것이어서 본원서비스표는 그 지정서비스업의 목적, 사업내용, 사업의 성질, 효능 등을 표시하는 표장에 해당한다고 할 것이고, 다만 'HABITAT'란 영어 단어가 국내의 일반인들에게 널리 알려져 있다고는 할 수 없을 것이나, 오늘날 영어는 세계어가 되다시피 하여 국내에서도 영문자로 표기된 것은 소리나 문자 자체로 파악하기 보다는 객관적인 의미로 파악하고자 하는 경향이 많은 점, 본원서

비스표의 지정서비스업과 동종의 사업에 종사하는 사람들이나 그들과 거래하는 사업자들을 기준으로 본다면 본원서비스표의 위와 같은 의미를 직감할 수 있을 것인 점 등에 비추어 본원서비스표는 그 지정서비스업의 거래사회에서는 사업의 목적이나 내용, 품질 등을 보통으로 사용하는 방법으로 직접적으로 표시한 식별력 없는 표장에 해당한다고 봄이 상당하다 할 것이다(대법원 1984. 5. 9. 선고 83후22 판결, 1984. 10. 10. 선고 82후51 판결, 1992. 10. 27. 선고 92후940 판결, 1994. 1. 11. 선고 93후374 판결 등 참조).

원심이 이와 같은 취지에서 그 설시와 같은 이유로 본원서비스표를 구 상표법(1995. 12. 29. 법률 제5083호로 개정되기 전의 것, 이하 같다) 제6조 제1항 제3호 소정의 기술적 표장에 해당한다고 판단한 것은 정당하고, 거기에 상고이유로 지적하는 바와 같은 기술적 표장에 관한 법리오해 등의 위법이 있다고 할 수 없다.

그리고 서비스표의 등록적격성 유무는 서비스표의 구성과 지정서비스업과의 관계에서 각 서비스표에 따라 개별적으로 판단되어야 하므로 다른 상표의 등록례에 구애될 것은 아니라 할 것이며, 상고이유에서 지적한 대법원 판례들은 사안을 달리하여 이 사건에 원용하기에 적절하지 아니하다.

2. 본원서비스표가 구 상표법 제7조 제1항 제3호 단서에 의하여 등록받을 수 있는지 여부에 대하여

공익단체 등의 업무표장이 구 상표법 제7조 제1항 제3호 본문 내지 단서에 의한 보호를 받으려면 그 업무표장이 저명한 것임을 전제로 한다 할 것이므로(대법원 1990. 5. 11. 선고 89후483 판결 참조), 공익단체가 자기의 표장을 등록출원한 경우에도 그 업무표장이 국내에 현저히 알려져 저명한 것이 아닌 한 그 표장의 전체 구성으로 보아 식별력 없는 표장 등은 구 상표법 제6조 제1항 각 호에 의하여 등록받을 수 없다 할 것인바, 기록에 의하면, 출원인은 미국 조지아주에 본부를 두고 있는 민간단체로서 자선활동의 일환으로 동남아시아나 아프리카 등 40여 개 국가의 가난한 사람들의 집을 지어주고 수리해 주는 활동을 하는 비영리법인으로서 그 법인명칭이 "Habitat for Humanity International, Inc"로서 본원서비스표가 그 명칭의 주요부를 이루고 있는 사실, 본원서비스표는 미국, 멕시코, 페루 등에 등록되어 있는 사실은 알 수 있으나, 기록에 나타난 자료만으로는 출원인의 위 법인명칭이나 본원서비스표가 그 출원 당시 국내에 널리 알려져 저명하게 되었다고 인정할 수 없으므로, 원심이 본원서비스표가 구 상표법 제7조 제1항 제3호 단서에 의하여 등록가능한 것인지에 관하여 판단하지 않았다 하여 이를 심결에 영향을 미친 위법을 저지른 것이라 할 수 없다.

상고이유의 주장은 모두 받아들일 수 없다.

3. 그러므로 상고를 기각하고, 상고비용은 패소자의 부담으로 하기로 하여 관여 법관의

일치된 의견으로 주문과 같이 판결한다.

대법관 이임수(재판장) 이돈희 송진훈 윤재식(주심)

27. 특허법원 2012. 8. 10. 선고 2012허146 판결 【등록무효(상)】 상고

[각공2012하,960]

【판시사항】

서적출판업 등을 지정서비스업으로 하는 등록서비스표 ''가 상표법 제6조 제1항 제7호 등에 해당한다는 이유로 갑 주식회사가 등록서비스표권자 을을 상대로 등록무효심판을 청구한 사안에서, 등록서비스표가 위 지정서비스업과 관련하여 '기타 식별력 없는 표장'에 해당하여 무효라고 한 사례

【판결요지】

'서적출판업, 서적편집업, DVD편집업, 개인교수업, 교육연구업, 교육정보제공업, 보육원업, 홈스쿨교수'를 지정서비스업으로 하는 등록서비스표 ''가 상표법 제6조 제1항 제7호 등에 해당한다는 이유로 갑 주식회사가 등록서비스표권자 을을 상대로 등록무효심판을 청구한 사안에서, '몬테소리(MONTESSORI"는 등록서비스표 등록결정일 이전부터 이미 다수인이 자유롭게 사용해 오던 유아교육법과 교구 및 교재 등을 지칭하는 것으로 지정서비스업이 교육법, 교재 및 교구 등과 깊은 관련이 있어 특별히 도안화되지 않은 한글 ''만으로 구성된 등록서비스표는 지정서비스업과 관련하여 누구의 업무에 관련된 상품 또는 서비스업에 관한 것인지를 식별하기 어려울 뿐만 아니라, 몬테소리교육법을 채택하고 이를 이용하려는 사람이라면 누구라도 자유롭게 사용할 수 있도록 하여야 하고 특정인에게 독점시키는 것은 공익상 적절하지 않다는 이유로, 등록서비스표는 위 지정서비스업과 관련하여 상표법 제6조 제1항 제7호의 기타 식별력 없는 표장에 해당하므로 무효라고 한 사례.

【참조조문】

상표법 제6조 제1항 제7호

【전 문】

【원 고】 주식회사 아가월드(소송대리인 법무법인 대륙아주 외 2인)

【피 고】 피고(소송대리인 변호사 김시수 외 2인)

【변론종결】

2012. 7. 20.

【주 문】

1. 특허심판원이 2011. 12. 8. 2010당3177호 사건에 관하여 한 심결을 취소한다.
2. 소송비용은 피고가 부담한다.

【청구취지】

주문과 같다.

【이 유】

1. 기초 사실

가. 이 사건 등록서비스표

(1) 등록번호/출원일/등록결정일/등록일/존속기간갱신등록일 : (등록번호 생략)/1997. 8. 26./1998. 10. 30./1998. 12. 31./2008. 7. 31.

(2) 구성 : 몬테소리

(3) 지정서비스업 : [별지]와 같다.

나. 이 사건 심결의 경위

(1) 원고가 2010. 12. 17. 특허심판원에 피고를 상대로 이 사건 등록서비스표는 '서적출판업, 서적편집업, DVD편집업(이하 위 지정서비스업들을 '지정서비스업 1'이라 한다. 지정서비스업 1은 2008. 11. 28. 상품분류전환등록결정 및 등록이 되었다) 및 개인교수업, 교육연구업, 교육정보제공업, 보육원업, 홈스쿨교수업(이하 위 지정서비스업들을 '지정서비스업 2'라 한다. 지정서비스업 2는 2009. 4. 21. 지정서비스추가등록이 결정되어 같은 해 5. 18. 등록되었다)(이하 지정서비스업 1, 2를 합하여 '이 사건 지정서비스업'이라 한다)'과 관련하여 상표법 제6조 제1항 제1호 내지 제3호, 제7호, 구 상표법(2007. 1. 3. 법률 제8190호로 개정되기 전의 것) 제7조 제1항 제4호, 상표법 제7조 제1항 제11호 및 제71조 제1항 제5호에 각 해당하여 그 등록이 무효라고 주장하면서 등록무효심판을 청구하였다.

(2) 특허심판원은 이를 2010당3177호로 심리 후 2011. 12. 8. 이 사건 등록서비스표는 이 사건 지정서비스업과 관련하여 위 각 조문에 해당하지 아니한다는 이유로 원고의 심판청구를 기각하는 이 사건 심결을 하였다.

[인정 근거] 갑 제1, 2호증, 변론의 전 취지

2. 원고의 주위적 주장

가. 지정서비스업 1 관련 주장

이 사건 등록서비스표는 2008. 11. 28. 상품분류전환등록결정 및 등록이 된 지정서비스업 1과 관련하여 다음 각 등록무효사유가 있으므로, 이를 선택적으로 주장한다.

(1) 상표법 제6조 제1항 제3호, 제71조 제1항 제5호

이 사건 등록서비스표는 최초 등록결정 당시 지정서비스업 1에 이용될 경우 일반 수요자들에게 몬테소리 교육법에 관한 내용을 담고 있는 서적 또는 DVD를 출판 또는 편집하는 것으로 직감하게 하므로 상표법 제6조 제1항 제3호에 해당한다.

설령 이 사건 등록서비스표의 최초 등록결정 당시 기술적 표장에 해당하지 않았다 하더라도, 이 사건 심결 당시에는 지정서비스업 1에 이 사건 등록서비스표가 사용될 경우 일반 수요자들에게 서적 또는 DVD의 내용이 몬테소리 교육법에 관한 것임을 직감하게 할 정도에 이르렀으므로, 상표법 제71조 제1항 제5호, 제6조 제1항 제3호에 해당한다.

(2) 상표법 제6조 제1항 제3호, 제71조 제1항 제5호

이 사건 등록서비스표 '몬테소리'는 최초 등록결정 당시 다수인이 '몬테소리' 교육과 그에 사용되는 교구·교재임을 나타내기 위해 널리 사용하고 있는 표장일 뿐만 아니라, 몬테소리 교육법을 연구·실천하며 관련 교구·교재를 제작·판매하는 자에게 자유로운 사용이 허용되어야 하고, 공익상 특정인에게 독점시키는 것이 적합하지 않은 표장이므로 상표법 제6조 제1항 제7호에 해당한다.

설령 이 사건 등록서비스표의 최초 등록결정 당시 그렇지 않았다 하더라도, 이 사건 심결 시에는 몬테소리 교육을 연구·실시하고 관련 교재와 교구를 제작·판매하는 다수의 업체들이 널리 사용하고 있고, 그러한 사람들에게 자유로운 사용이 허용되어야 하며, 특정인에게 독점시키는 것이 적합하지 않은 표장이므로, 이 사건 등록서비스표는 상표법 제71조 제1항 제5호, 제6조 제1항 제7호에 해당한다.

나. 지정서비스업 2 관련 주장

이 사건 등록서비스표는 2009. 4. 21. 지정서비스추가등록이 결정되어 같은 해 5. 18. 등록이 된 지정서비스업 2와 관련하여 다음 각 등록무효사유가 있으므로, 이를 선택적으로 주장한다.

(1) 상표법 제6조 제1항 제1, 2호, 제71조 제1항 제5호

이 사건 등록서비스표에 대하여 지정서비스업 2가 추가등록될 당시에는 몬테소리교육법이 일반 수요자들에게 널리 알려져 있어, 이 사건 등록서비스표는 지정서비스업 2와 관련하여 특정기업의 서비스를 나타내는 출처표시가 아니라 몬테소리 교육법과 교구·교재를 지칭하는 보통명칭 또는 관용표장으로서, 상표법 제6조 제1항 제1호 또는 제2호에 해당한다.

설령 위 추가등록결정 시 일부 미약하나마 식별력이 인정되었다고 하더라도, 이 사건 심결 시를 기준으로 보면, 전국 600여 개의 어린이집과 15개 이상의 유치원에서 몬테소리 교육을 실시하면서 '몬테소리'가 포함된 서비스표를 사용하고 있고, 현재 전국에 '몬테소리'가 포함된 상호를 사용하는 어린이집, 교구·교재 제조회사 등이 1,000여 개에 이르고 있으므로, 이 사건 등록서비스표는 자타 서비스업의 출처를 구별하는 식별력이 없는 것으로서, 상표법 제71조 제1항 제5호, 제6조 제1항 제1호 또는 제2호에 해당한다.

(2) 상표법 제6조 제1항 제3호, 제71조 제1항 제5호

이 사건 등록서비스표에 대하여 지정서비스업 2가 추가등록될 당시 '몬테소리'는 유아교육종사자, 교구·교재 제조판매자 등 수요자들에게 자타서비스업의 출처를 나타내는 서비스표가 아니라 특정 유아교육법을 지칭하는 것으로 널리 알려져 있었으므로, 이 사건 등록서비스표는 지정서비스업 2에 사용될 경우 교육내용을 지칭하는 기술적 표장으로서 상표법 제6조 제1항 제3호에 해당한다.

설령 그렇지 않다고 하더라도, 적어도 이 사건 심결 시를 기준으로 하면 다수의 유아교육 연구기관, 어린이집, 교구·교재 제조회사에서 '몬테소리' 표장이 포함된 상호 또는 서비스표를 사용하고 있어 일반 수요자들은 '몬테소리'가 유아교육의 방법 또는 내용을 지칭하는 것으로 직감하므로, 이 사건 등록서비스표는 상표법 제71조 제1항 제5호, 제6조 제1항 제3호에 해당한다.

(3) 상표법 제6조 제1항 제7호, 제71조 제1항 제5호

이 사건 등록서비스표는 지정서비스업 2에 대한 추가등록결정 시 몬테소리 유아교육 연구기관, 어린이집, 교재·교구 제작회사 등 다수인이 '몬테소리' 교육 또는 교재·교구임을 나타내기 위해 현실적으로 널리 사용하고 있는 표장으로서, 몬테소리 유아교육법을 연구·실천하고 그에 관한 교재·교구를 제작·판매하는 자에게 자유로운 사용이 허용되어야 하고 공익상 특정인에게 독점시키는 것이 적합하지 않은 표장이므로 상표법 제6조 제1항 제7호에 해당한다.

설령 그렇지 않다고 하더라도 이 사건 심결 시에는 몬테소리 유아교육을 연구하고 실시하며 관련 교재와 교구를 제작·판매하는 다수의 업체들이 사용하고 있고, 그러한 사람들에게 자유로운 사용이 허용되어야 하고 공익상 특정인에게 독점시키는 것이 적합하지 않은 표장이므로 상표법 제71조 제1항 제5호, 제6조 제1항 제7호에 해당한다.

3. 이 사건 등록서비스표의 상표법 제6조 제1항 제7호 해당 여부에 대한 판단

가. 판단기준

상표법 제6조 제1항 제7호가 규정한 "제1호 내지 제6호 외에 수요자가 누구의 업무에 관련된 상품을 표시하는 것인가를 식별할 수 없는 상표"라 함은 같은 조항의 제1호 내지 제6호에 해당하지 아니하는 상표라도 자기의 상품과 타인의 상품 사이의 출처를 식별할 수 없는 상표는 등록을 받을 수 없다는 의미인데, 어떤 상표가 식별력이 없는 상표에 해당하는지 여부는 등록결정 시를 기준으로 하여 그 상표가 지니고 있는 관념, 지정상품과의 관계 및 거래사회의 실정 등을 감안하여 객관적으로 결정하여야 하고, 사회통념상 자타상품의 식별력을 인정하기 곤란하거나 공익상 특정인에게 그 상표를 독점시키는 것이 적당하지 않다고 인정되는 경우에는 그 식별력이 없다고 할 것이며, 이러한 법리는 상표법 제2조 제3항에 의하여 서비스표의 경우에도 마찬가지로 적용된다(대법원 2010. 7. 29. 선고 2008후4721 판결, 대법원 2011. 3. 10. 선고 2010후3226 판결 참조).

나. 구체적 판단

(1) 인정 사실

갑 제3 내지 6, 13 내지 15, 20 내지 26, 28, 31 내지 33, 36, 53, 55, 57 내지 62, 66, 79호증(각 가지번호 포함)의 각 기재 및 변론의 전 취지를 종합하면, 다음 각 사실을 인정할 수 있다.

(가) '몬테소리 교육법'의 의미와 국내 도입 상황

1) '몬테소리 교육법'은 이탈리아의 교육자인 '마리아 몬테소리(Maria Montessori)'가 1907년경 종래의 권위주의적 교육에 반대하며 창안한 유아교육법으로, 정리된 환경에서 아동의 자기활동을 철저히 발양(발양)시킴과 아울러 감각의 연마를 위한 특별 교구(교구)를 안출하여 아동이 자유로이 사용하도록 한다는 것과 아동이 자주성을 갖도록 교사는 좋은 관찰자로서의 역할만을 한다는 점 등을 대체적인 특징으로 하고, 이러한 교육법을 널리 알리려는 운동을 '몬테소리 운동(Montessori Movement)'이라 하는데 몬테소리 운동은 유아교육의 큰 동향으로 세계 각국에 많은 영향을 끼쳤다(갑 제3 내지 6호증).

2) 몬테소리 교육에 사용되는 교구를 '몬테소리 교구'라 하는데, '몬테소리 교구'는 유아 스스로 색, 크기, 형태에 따라 분별할 수 있도록 제작되어 스스로 오류의 정정이 가능하여 독립적인 학습이 가능하고, 하나의 특성만을 고립시켜 교구를 만들어 개념을 정립시키기에 쉽고 과학적인 방법이 되는 등의 특징이 있다(갑 제57호증).

3) 국회도서관의 전자도서관 인터넷 홈페이지에서 몬테소리 관련 자료를 검색해 보면, ① 검색어 '몬테소리'로는 1975년부터 124건의 단행본이, 1975년부터 244

건의 학위논문이, 1930년부터 148건의 학술지가 각 검색되고, ② 검색어 'montessori'로는 1980년부터 65건의 단행본이, 1977년부터 175건의 학위논문이, 1973년부터 179건의 학술지가 각 검색되며, ③ 검색어 '몬테쏘리'로는 2009년 1건의 단행본이, 1981년부터 5건의 학위논문이, 1987년부터 4건의 학술지가 각 검색되는데, 그 중에는 1974년에 발행된 '마리아 몬테소리의 교육학과 한국 몬테소리식 교육의 문제점'이라는 제목의 논문, 1978년에 발행된 '우리나라 유치원교육에 있어 놀이교육에 영향을 준 Frobel의 은물과 Montessori 교구에 대한 연구'라는 제목의 논문, 1982년에 발행된 '몬테소리 교육현황에 대한 분석적 연구 - 서울 시내 유치원을 중심으로 -'라는 제목의 학위논문 및 1984년에 발행된 'Montessori 교구 활용실태에 관한 연구 : 서울시내 유치원을 중심으로'라는 제목의 학위논문도 포함되어 있다(갑 제13 내지 15호증).

4) 1999년 전에 발행된 경향신문, 동아일보, 매일경제 3개의 중앙일간지를 PDF 파일로 모아놓은 '네이버 뉴스 라이브러리' 사이트에서 '몬테소리'를 검색하면 다음과 같은 이 사건 등록서비스표 출원 전 기사들을 포함하여 많은 기사들이 검색된다(갑 제36호증).

- 1920. 8. 8.자 동아일보 : 몬테소리 부인이 복종과 훈련을 될 수 있는대로 근소하게…
- 1920. 8. 9.자 동아일보 : 교육법으로는 몬테소리 부인의 그것은 참으로 최선의 것
- 1960. 9. 7.자 경향신문 : 수학은 제2의 언어 몬테소리 박사의 견해, 최근 서독의 바드고데스베르그에서는 유명한 몬테소리협회회의가 개최
- 1971. 5. 5.자 경향신문 : 국제영아학교 싫증 느끼지 않게 감각교육으로 기능훈련 도와 … 몬테소리법을 시도, 효과를 거두고 있다.
- 1971. 6. 18.자 경향신문 : 서울 국제보육원(일명 몬테소리 스쿨)을 찾아봤다. 우리나라 최초의 몬테소리식 교육방법을 채택한 국제보육원교실
- 1979. 10. 23.자 경향신문 : 아기들의 언어발달을 돕는 몬테소리 교구들
- 1979. 11. 26.자 경향신문 : 양일간 독일문화원에서 아동기와 교육에 관한 일련의 강의를 했다. 몬테소리치료교육방법을 도입한 장애아문제의 세계적 연구기관 …
- 1980. 1. 23.자 경향신문 : 우리나라의 경우도「몬테소리교구이용」조사연구에 따르면 지금까지의 학령전아동의 조기교육이 듣기와 말하기만을 가르치고 있으나 읽기와 쓰기도 가능하다는 결과가 …

- 1982. 11. 13.자 매일경제 : 상지대에서 실시하는 몬테소리 유아교육에 1년 코스로 강습을 받고 온 뒤부터이다. 63년 주한외국인들은 이 땅에 3세부터 6세까지 어린이의 교육기관인「몬테소리학교」를 열었고 …
- 1983. 3. 8.자 경향신문 : 심지어 일부 아파트단지에는 미국에서 저능아의 지적 발달을 촉진시키기 위해 개발된 몬테소리교육기구까지 전문가의 지도 없이 아이들에게 마구 남용 …
- 1984. 6. 5.자 동아일보 : 성원몬테소리유치원 어린이들을 데리고 인형극상설극장을 찾은 …
- 1989. 11. 15.자 동아일보 : 6개월간 매주 두 차례 유아교육론 어린이행동지도 몬테소리유아교육 영유아질환 및 응급처치 등 교육
- 1990. 5. 16.자 동아일보 : 6개월간 매주 2회씩 유아교육론 어린이 행동지도 몬테소리유아교육 강의
- 1990. 12. 15.자 동아일보 : 몬테소리유아교육생 = 17일부터 91. 1. 12.까지 서울 동교동 한국평생교육기구 탁아모교육원에서 접수
- 1991. 3. 16.자 동아일보 : 몬테소리교육 = 고등학력 이상의 만 20~55세 여성을 대상으로 6개월 또는 1년 과정으로 유아들을 위한 몬테소리교육에 …
- 1991. 7. 14.자 동아일보 : 서초구 방배동 몬테소리 대건유치원
- 1991. 12. 1.자 동아일보 : 몬테소리유아교육생 모집
- 1992. 2. 17.자 동아일보 : CBS평생대학 기독교방송문화센터/ 몬테소리실기지도자교육
- 1992. 3. 26.자 경향신문 : 이들 유치원에는 … 몬테소리교구 등이 구비되어 있다.
- 1993. 2. 3.자 동아일보 : 서울 강남구 대치동 몬테소리 아가방 유아원
- 1994. 6. 22.자 동아일보 : 중앙대학교 교육대학원 … 몬테소리 연구과정에 여러 선생님을 초대합니다.
- 1994. 8. 13.자 경향신문 : 평생교육원 주부들에게 큰 인기 … 특히 몬테소리교육과정은 영역별전문가를 초빙, 매주 토요일 실습위주 …
- 1994. 8. 18.자 동아일보 : 학원출판사/ 몬테소리월드 2000(광고)
- 1994. 8. 19.자 동아일보 : 몬테소리 교사연수 … 몬테소리 교구를 이용한 …
- 1995. 2. 5.자 매일경제 : 공단본부측은 2월말부터 업체 종사자 자녀를 대상으로 보육원생을 모집하고 몬테소리유아원에 교육을 맡기기로 했다.
- 1995. 2. 25.자 경향신문 : 숙명여대 평생교육원은 몬테소리교사 등의 수강생을

모집

- 1995. 3. 23.자 동아일보 : 엄마! 올바르게 가르쳐주세요! 한교 / 몬테소리월드 2000(광고)
- 1995. 8. 18.자 경향신문 : 덕성여대 평생교육원 세계가 인정하는 국제몬테소리 교사 자격증을 부여하는 훈련과정 개설
- 1995. 8. 28.자 동아일보 : 중앙대학교 교육대학원 / 몬테소리 A.M.S. 교사자격 과정 교육생모집
- 1996. 5. 31.자 경향신문 : 몬테소리교구와 시청각교재 악기류까지 다양하게 갖추고
- 1996. 6. 1.자 경향신문 : 숙명여대 평생교육원 2학기 수강생 모집 몬테소리교사 교육과정 등이 마련
- 1996. 9. 3.자 경향신문 : 교육학자인 몬테소리는 이 점에 대해 … 몬테소리는 잠 안오는 아기를 억지로 재우는 것을 …
- 1996. 10. 6.자 동아일보 : 보고 듣고 생각하면서 배울 수 있는 몬테소리의 입체 학습법을 타이틀에 적용해 창의력을 기를 수 있도록 했다.
- 1996. 10. 10.자 매일경제 : 팬더 랑랑, LG소프트웨어가 몬테소리 입체 학습법을 타이틀화해 제작한 교육용 타이틀
- 1996. 10. 14.자 경향신문 : 몬테소리 창작교실 「랑랑」
- 1997. 4. 29.자 동아일보 : 동화나라 = 몬테소리교구 등 세트교구를 낱개로 살 수 있다.
- 1997. 5. 14.자 경향신문 : 대학로의 몬테소리유아교육원
- 1997. 6. 19.자 경향신문 : 대학교 평생교육원 35개 대학에 '몬테소리·아동미술' 과정

5) 현재 '교육과학기술부'는 어린이 홈페이지(인터넷 주소 1 생략) 초기 화면에서 '마리아 몬테소리'와 '몬테소리 교육법'을 소개하고 있다(갑 제58호증).

(나) 이 사건 등록서비스표의 최초 등록결정일(1998. 10. 30.) 이전 '몬테소리 (MONTESSORI" 표장의 사용 상황

1) 교육연구단체

- 한국Montessori교육학회 : 1986. 3. '몬테소리 교육과 유아교육의 이론과 실제에 관한 제반 연구'를 목적으로 교수들과 어린이집 경영자들이 모여 창립한 몬테소리 교육 연구기관으로서, 1997년부터 학술대회를 개최하고 '몬테소리교육연구'라는 학회지를 발간하며, 몬테소리 교사양성과정 운영, 몬테소리 부모교육

과정 운영 등의 활동을 꾸준히 해오고 있고, 2011. 9. '강원유아교육학회'와 통합하면서 '한국실천유아교육학회'로 명칭을 변경하고 학회지 명칭도 '실천유아교육'으로 변경하였으나, 설립목적은 종전과 동일하다(갑 제20, 79호증).

- 돈보스꼬 몬테소리교육실천연구소: 1987. 3. 설립된 몬테소리 교육 연구기관으로 유아들을 위한 프로그램 개발, 교사연수, 부모교육 등의 활동(갑 제21호증)
- 사단법인 한국밀알기독교교육연구소: 성공적 몬테소리 교육실현과 교육을 통한 선교를 표방하며 1988년부터 국내에서 전국적으로 몬테소리교사들을 훈련시켜 오면서 많은 졸업생을 배출해왔고, 산하에 밀알몬테소리교사교육원, 한국밀알몬테소리기독교교육연구회, 사이버대학 등의 단체를 두고 있다(갑 제22호증).
- 한국몬테쏘리 교육센타: 1990년 사단법인 한국 기독교 평화 교육협의회 소속으로 설립되어 취학 전 아동을 대상으로 한 몬테소리 유치원, 어린이집을 지원하기 위하여 한국몬테소리 연구원으로 활동하다가, 1996. 10. 22. 미국 몬테소리협회(AMS)의 승인으로 미국에서 공인된 AMS 교사를 양성(갑 제24호증)
- 한국기독교몬테소리교육연구소: 1992. 2. 20. 설립된 총신대학교 사회교육원 산하 기관으로 1993. 2.부터 2004. 2.까지 및 2008년과 2009년에 매해 25~34명 정도의 졸업생을 배출해 왔다(갑 제25호증).
- AMI한국 몬테소리연구소: 1993년부터 국제몬테소리협회 몬테소리교사를 양성하고 있는 기관으로 다수의 회원 유치원을 보유하고 있다(갑 제26, 59호증).
- ○○○몬테소리영어교육연구소: 1997년 설립된 몬테소리 영어교육기관으로 현재는 자체 교구 및 교재 제작, 전문교사 양성 등의 활동(갑 제28, 60호증)
- 이외에도 유아전문 잡지인 '월간 유아'의 1990. 7.호 한국몬테소리실천교육연구회, 1990. 9.호 미국 산타모니카 교육대학 병설 한국몬테소리교사교육원, 1991. 9.호 한국몬테소리협회(Korea Montessori Society), 1992. 4.호 한국평생교육기구 몬테소리교육원 및 또래또 몬테소리 협회, 1992. 11.호 '한국몬테소리 아카데미'와 '한국 몬테소리지도자협의회', 1993. 8.호 국제 몬테쏘리 신학원, 1996. 1.호 미국몬테소리교사교육원(MIA) 한국지부, 밤비니 몬테소리센터, 1996. 7.호 사단법인 한국몬테쏘리교육센타, 1997. 1.호 덕성여자대학교 평생교육원 한국몬테소리연구소, 1998. 1.호 C.M.S. BAMBINI MONTESSORI' 선교원지부, 1998. 2.호 한국몬테소리교육연구회, 사단법인 대한몬테소리협회, 밤비니 몬테소리 교육연구소, 1998. 7.호 경남 Montessori교육연구회, 1998. 9.호 내셔날몬테쏘리한국연구원 등의 기사(갑 제53호증의 2, 4, 9, 16, 20, 25, 30 내지 32, 갑 제55호증의 1, 2, 5, 7)로 알 수 있듯, 상호나 서비스표 등에 '몬테소리'를 포함하는 다수의 교육

연구단체가 있었다.

2) 유아교육기관

가) 앞서 본 바와 같이, 1971. 6. 18.자 경향신문에 '서울국제보육원(일명 몬테소리 스쿨)' 기사가, 1982. 11. 13.자 매일경제에 '63년 주한외국인들은 어린이의 교육기관인 몬테소리학교를 열었다'는 기사가, 1984. 6. 5.자 동아일보에 '성원몬테소리유치원' 기사가, 1991. 7. 14.자 동아일보에 '몬테소리 대건유치원' 기사가, 1993. 2. 3.자 동아일보에 '대치동 몬테소리 아가방 유아원' 기사가, 1995. 2. 5.자 매일경제에 '공단본부측은 2월말부터 업체 종사자 자녀를 대상으로 보육원생을 모집하고 몬테소리유아원에 교육을 맡기기로 했다'는 기사가 각 게재되어 있고(갑 제36호증), 1982년부터 서울 시내 유치원을 대상으로 몬테소리 교육과 교구활용 실태에 관한 학위논문들이 발표되었다(갑 제13호증의 2).

나) 보건복지부 산하 '아이사랑 보육포털' 사이트에서 상호에 '몬테소리'가 포함된 어린이집을 검색하면 이 사건 등록서비스표 최초등록결정일 이전에 인가된 어린이집 177개가 검색된다(갑 제61호증의 1, 2).

다) 교육과학기술부 관할인 유치원에 관해서는 전체적인 검색이 쉽지 않은데, 다만 한국교육학술정보원에서 운영하는 에듀넷(인터넷 주소 2 생략) 사이트에서 '학교'로 등록된 것 중 상호에 '몬테소리'가 포함된 유치원을 검색하면 이 사건 등록서비스표의 최초등록결정일 이전에 인가된 유치원 11개가 검색되고(갑 제62호증의 1, 2), 이외에도 월간 유아에는 1990. 7.호에 한국몬테소리실천교육연구회 부속 대건유치원, 1993. 6.호에 E.C.L.C 국제 몬테소리 유치원, 1993. 10.호에 밀알몬테소리 유치원, 1993. 12.호에 새밀알 몬테소리유치원에 관한 기사가 각 게재되어(갑 제53호증의 2, 24, 27, 29), 상호 내지 서비스표에 '몬테소리'가 포함된 다수의 유치원이 있었다.

3) 교구·교재 제조·판매업체

월간 유아 1991. 6.호에 실린 '프뢰벨'사의 '몬테소리교육대전집' 광고, 1991. 10.호와 1991. 12.호에 실린 '미주종합교구사'의 몬테소리 교구 광고, 1992. 3.호에 실린 '창지사'의 '몬테소리 유아교육의 이론과 실제' 교재 광고, 1992. 5.호에 실린 '프뢰벨'사의 '몬테소리 교육 프로그램 시리즈', '몬테소리 교육 전집' 서적 및 교재 광고, 1992. 6.호에 실린 '남양몬테소리'사의 몬테소리 부교재인 '몬테소리 프락시스' 광고, 1993. 3.호에 실린 '은혜몬테소리'사의 몬테소리 교구 광고, 1993. 8.호에 실린 '미주종합교구사'의 몬테소리 교구 광고(다수의 지방 판매처 기재)와 '하나몬테소리'사의 몬테소리 교구 광고(다수의 지방 전시장 기재), 1993.

12.호에 실린 '꿈나무'의 몬테소리 교구 광고와 '영재몬테소리'의 몬테소리 교재 광고, '가야미공예사'의 몬테소리 교구 광고, 1998. 3.호에 실린 '한국영재몬테소리 연구소'의 'EQ와 몬테소리' 교재 내지 교구 광고, 1998. 8.호에 실린 '가야미공예사'의 몬테소리 교구 광고(갑 제53호증의 7, 10, 12, 15, 17, 18, 23, 25, 29, 갑 제55호증의 1, 6)와 1994. 8. 18.자와 1995. 3. 23.자 동아일보의 '한교/ 몬테소리월드 2000' 광고, 1996. 10. 10.자 매일경제의 '팬더 랑랑, LG소프트웨어가 몬테소리 입체 학습법을 타이틀화해 제작한 교육용 타이틀', 1997. 4. 29.자 동아일보의 '동화나라 = 몬테소리교구 등 세트교구를 낱개로 살 수 있다'(갑 제36호증)는 기사 등을 통해 알 수 있듯, 다수의 업체가 몬테소리 교재와 교구 등을 제작·판매하며 활발히 영업하였다.

4) '월간 유아'의 '몬테소리(MONTESSORI" 관련 내용

'월간 유아'의 1990년 3월호부터 1998년 10월호에는 다음과 같은 내용이 게재되어 있다(갑 제53호증의 1 내지 32, 갑 제55호증의 1 내지 8).

- 1990. 3.호 : 사단법인 한국평생교육기구, 탁아모교육원의 '제14기 몬테소리교육생' 모집 광고, 시범 몬테소리 또래또 어린이집
- 1990. 7.호 : 한국몬테소리실천교육연구회 부속 대건유치원을 '정통 몬테소리교육의 장'으로 소개하는 기사, 인천 몬테소리유아원 기사
- 1990. 8.호 : 영국 몬테소리 유치원 탐방기사, 몬테소리시범어린이집 관련 내용
- 1990. 9.호 : 미국 산타모니카 교육대학 병설 한국몬테소리교사교육원 광고
- 1990. 10.호 : 시범몬테소리 또래또 어린이집 관련 광고, 몬테소리 교육생 모집 광고, 한국몬테소리교사교육원 광고
- 1991. 3.호 : 한국몬테소리교사교육원 광고
- 1991. 6.호 : '프뢰벨'사의 '몬테소리교육대전집' 광고, 미국 UCLA 교육대학의 몬테소리학교 광고
- 1991. 7.호 : 한국평생교육기구 주최 몬테소리 교육 안내, 한미몬테소리협회
- 1991. 9.호 : CBS 평생대학의 몬테소리 실기지도자 교육, 한국몬테소리협회(Korea Montessori Society) 신규회원 모집광고, 한국몬테소리교사교육원 광고
- 1991. 10.호 : '미주종합교구사'의 몬테소리 교구 광고
- 1991. 11.호 : 몬테소리 교구 소개
- 1991. 12.호 : '미주종합교구사'의 몬테소리 교구 광고
- 1992. 1.호 : 한국어린이선교원신학·몬테쏘리연구원 모집 광고
- 1992. 2.호 : 기독교 교육 개발원의 몬테소리 교사 모집 광고

- 1992. 3.호 : '창지사'의 '몬테소리 유아교육의 이론과 실제' 광고
- 1992. 4.호 : 한국평생교육기구 몬테소리교육원 교육생 모집 광고, 또래또 몬테소리 협회
- 1992. 5.호 : '프뢰벨'사의 '몬테소리 교육 프로그램 시리즈', '몬테소리 교육 전집' 서적 및 교재 광고
- 1992. 6.호 : '남양몬테소리'사의 몬테소리 부교재인 '몬테소리 프락시스' 광고
- 1992. 11.호 : '한국몬테소리 아카데미'가 주관하고 '한국 몬테소리지도자협의회'가 협찬하며 '○△□몬테소리어린이집'이 후원하는 '몬테소리 지도자 전공과정' 모집 광고
- 1992. 12.호 : 외국인 몬테소리 유치원 등에서 실시되는 한국 몬테소리 아카데미 세미나 광고
- 1993. 1.호 : 몬테소리 교육이 이루어지고 있는 와동유치원 소개 기사, '한국몬테소리 아카데미'가 주관하고 '한국 몬테소리지도자협의회'가 협찬하며 '○△□몬테소리어린이집'이 후원하는 '몬테소리 지도자 전공과정' 모집 광고, 한국몬테소리 교육원 신입연구원 모집 광고
- 1993. 3.호 : '은혜몬테소리'사의 몬테소리 교구 광고, 몬테소리 교육을 하는 청주의 성심유치원 소개 기사, 한국 몬테소리 아카데미의 몬테소리 교사교육 수강생 모집 광고
- 1993. 6.호 : E.C.L.C 국제 몬테소리 유치원의 '제비어(Xavier)대학 몬테소리 교사교육 프로그램' 광고
- 1993. 8.호 : '미주종합교구사'의 몬테소리 교구 광고(다수의 지방 판매처 기재), '하나몬테소리'사의 몬테소리 교구 광고(다수의 지방 전시장 기재), 국제 몬테쏘리신학원의 신입·편입생 모집 광고, '한국 몬테소리지도자협의회'가 주관하고 '○△□몬테소리어린이집'이 후원하는 '몬테소리 지도자 전공과정' 모집 광고, 성남 몬테소리어린이선교신학원의 국제 몬테쏘리 선교교사 자격증 취득반 모집 광고
- 1993. 9.호 : 기독교방송 강남문화센터의 '제5기 몬테소리실기 교육회원' 모집 광고
- 1993. 10.호 : 밀알몬테소리 유치원을 부설로 두고 있는 밀알몬테소리교사교육원의 신입회원 모집 광고, 국제 몬테쏘리신학원의 신입·편입생 모집 광고
- 1993. 11.호 : 한국몬테소리지도자협의회의 몬테소리지도자 전공과정 모집 광고
- 1993. 12.호 : '꿈나무'의 몬테소리 교구광고, '영재몬테소리'의 몬테소리 교재

광고, 숙명여자대학교 교육대학원의 몬테소리교사 교육과정 광고, '가야미공예사'의 몬테소리 교구 광고, '밀알 몬테소리 교사교육원'의 몬테소리교사 교육원생 모집(접수 및 문의처: 밀알 몬테소리유치원, 새밀알 몬테소리유치원, 밀알 몬테소리 어린이집) 광고

- 1996. 1.호: 미국몬테소리교사교육원(MIA) 한국지부의 MIA몬테소리여름아카데미(교육장소: 꽃동산몬테소리) 광고, A.M.I한국몬테소리연구소 주최 A.M.I몬테소리세미나 광고, 대건몬테소리유치원, 합실어린이집의 몬테소리교육 소개 기사, 밤비니 몬테소리센터의 몬테소리교사교육 광고, 중앙대학교 산업교육원의 American Montessori Society(A.M.S) 교사자격 과정 모집 광고, 한국몬테소리연구학회(K.I.M)
- 1996. 7.호: 사단법인 한국몬테쏘리교육센타의 몬테쏘리 교사모집 광고
- 1997. 1.호: 덕성여자대학교 평생교육원 한국몬테소리연구소의 국제몬테소리교사 과정과 몬테소리 세미나 과정 모집 광고, 분당 대건 몬테소리유치원
- 1998. 1.호: '한국영재몬테소리 연구소'의 'EQ와 몬테소리' 교재 광고, 몬테쏘리선교신학원의 신입생 모집 광고, 한국 밀알 몬테소리 교사 교육원의 제7기 몬테소리 교사 교육원생 모집 광고, 돈보스꼬 몬테소리 교육실천 연구소의 제12기 몬테소리 교사 트레이닝 코스 교육연구생 모집 광고, 미국뉴호프대학교 새교육몬테소리상담협의회 주최 국제몬테소리 NCA교사 자격취득 광고, C.M.S. BAMBINI MONTESSORI'선교원지부의 제8기 C.M.S 몬테소리 지도자 전공과정 모집 광고, 덕산 밤비니몬테소리, 늘사랑 밤비니몬테소리, 엘림 밤비니몬테소리, 은혜 밤비니몬테소리, 한사랑 밤비니몬테소리, 신영 밤비니몬테소리(부천), 참진 밤비니몬테소리, 동신 밤비니몬테소리, 제일 밤비니몬테소리, 신일 밤비니몬테소리, 은현 밤비니몬테소리, 영림 밤비니몬테소리, 성산 밤비니몬테소리, 월계 밤비니몬테소리, 초록 밤비니몬테소리, 대운 밤비니몬테소리, 신영 밤비니몬테소리(서울), 신애 밤비니몬테소리, 갈현 밤비니몬테소리, 한별 밤비니몬테소리
- 1998. 2.호: 숙명여자대학교 교육대학원 몬테소리 교사 교육과정 광고, 한국몬테소리교육연구회 창립 세미나 기사, '현재 우리나라에는 390여개의 유치원과 유아원에서 몬테소리교육을 실시하고 있다'는 기사, 돈보스꼬 몬테소리교육 실천 연구소, 밤비니몬테소리 어린이집, 사단법인 대한몬테소리협회 일반연수회원 모집 광고, 한국밀알몬테소리교사교육원의 제7기 몬테소리교사 교육원생 모집 광고, 밤비니 몬테소리 교육연구소 몬테소리교육 광고, 덕성여자대학교

평생교육원 국제몬테소리자격증과정 광고

- 1998. 3.호: 평화문화센터의 몬테소리교육과정 광고, 'EQ와 몬테소리' 교재 내지 교구 광고, 기독교방송 부설 사회복지교육원의 몬테소리실기지도자 교육과정 광고, 중앙대학교 산업교육원의 몬테소리교사과정 광고, 한국밀알몬테소리교사교육원의 제7기 몬테소리 교사 교육원생 모집 광고, 경기대학교 사회교육원 몬테소리 지도자과정 광고
- 1998. 4.호: 사단법인 대한몬테소리협회의 몬테소리교육특강 광고, 기독교방송 부설 사회복지교육원의 몬테소리실기지도자 교육과정 광고, 국제자격 몬테쏘리 교사교육원과 한국몬테쏘리교육신학교의 국내·국제 몬테쏘리 자격증반 모집 광고
- 1998. 7.호: 경남 Montessori교육연구회 주최의 Montessori유아음악교육 연수회 광고, 기독교방송 부설 사회복지교육원의 몬테소리실기지도자 교육과정 광고, 몬테쏘리 방법을 통한 문자교육 광고, 사단법인 대한 몬테소리협회의 몬테소리 자연과학 및 일반 강습회 광고, 한국 몬테소리 교육연구회의 제2회 정기세미나 광고
- 1998. 8.호: '가야미공예사'의 몬테소리 교구 광고
- 1998. 9.호: 대림보육교사교육원의 몬테소리교육 지도자과정 광고, 기독교방송 부설 사회복지교육원의 몬테소리 전문지도자 교육 광고, 내셔날몬테쏘리한국연구원의 몬테쏘리전문교사연수과정 광고
- 1998. 10.호: 중앙대학교 산업교육원의 몬테소리교사과정 광고

(다) 이 사건 등록서비스표의 지정서비스업 2 추가등록결정일(2009. 4. 21.) 이전 '몬테소리(MONTESSORI" 표장의 사용 상황

1) 교육연구기관

- 복자몬테소리교육연구소: 한국순교복자수녀회가 2003. 1. 12. 설립한 몬테소리 교육연구 및 전문교사 양성기관(갑 제23호증)
- 가톨릭상지대학 몬테소리교육센터: 가톨릭상지대학이 2004년 설립한 몬테소리 전문교사 양성기관(갑 제31호증)
- 계명 Hellbruegge 국제 몬테소리연구소: 계명문화대학이 2008. 2. 설립한 몬테소리 교육연구 및 몬테소리 국제교사 양성기관(갑 제32호증)
- 한국몬테소리총연합회: 국내 몬테소리 교육연구기관이 모여 2007년 창설한 단체로서, 대구가톨릭대학교, 가톨릭상지대학, 대경대학 등의 대학과 한미몬테소리협회, 한미몬테소리부산회, 21CCML, AMS한국몬테소리연구소, 광주몬테소리

교육연구소, 분홍탑몬테소리연구소, 프리스쿨컨설팅연구소, 한국유아교육센터, 해승몬테소리연구소, 예수성심시녀회 몬테소리교육연구소, △△△몬테소리연구원, □□□몬테소리연구원, ○○○몬테소리영어교육연구소, 밀알기독교교육연구소, (주)한국몬테소리연구소, 몬테소리포항연구회, 미리내성모성심수녀회 성모몬테소리교육원 등의 단체 및 회사가 참가하였다(갑 제33호증).

- e2e한국유아교육센터 : 2003. 4.부터 사이버 몬테소리 강의(갑 제66호증)

2) 유아교육기관

가) '아이사랑 보육포털' 사이트에서 상호에 '몬테소리'가 포함된 어린이집을 검색하면 지정서비스업 2 추가등록결정일 이전에 인가된 어린이집 561개가 검색된다(갑 제61호증의 1, 2).

나) 앞서 본 바와 같이 교육과학기술부 관할인 유치원에 관해서는 전체적인 검색이 쉽지 않고, 다만 에듀넷사이트에서 '학교'로 등록된 것 중 상호에 '몬테소리'가 포함된 유치원을 검색하면 지정서비스업 2 추가등록결정일 이전에 인가된 유치원 15개가 검색된다(갑 제62호증의 1, 2).

3) '월간 유아'의 '몬테소리(MONTESSORI" 관련 내용

이 사건 등록서비스표의 최초 등록결정일 이후 추가등록결정일 이전에 발간된 '월간 유아'에는 '몬테소리' 또는 'Montessori'가 포함된 상호 내지 표장을 사용하는 교육연구소, 보육교사양성기관, 교구·교재 제조·판매업체, 대학교 부설기관의 몬테소리 강좌, 종교단체의 교육연구 및 보육교사 양성과정 등에 관하여 많은 광고가 게재되었는데 그 주요 사례는 다음과 같다.

가) 상호 내지 서비스표에 '몬테소리(MONTESSORI"를 포함하는 단체의 교육연구 및 교사 양성 과정 광고

- 사단법인 대한몬테소리협회(갑 제55호증의 9)
- 몬테쏘리선교신학원(갑 제55호증의 10)
- 밤비니 몬테소리 교육연구소(갑 제55호증의 10, 12)
- 한국밀알 몬테소리 교사교육원, 밀알 몬테소리 기독교교육연구소, Montessori Cyber University(갑 제55호증의 11 내지 13, 24, 27, 28, 31, 33, 36 내지 38, 45, 58, 59)
- 돈보스꼬 몬테소리 교육실천연구소(갑 제55호증의 11, 27, 53, 59, 63)
- 미국 몬테소리 교사교육원(MIA)(갑 제55호증의 13, 16)
- 한국 몬테소리 교육협회, 한국몬테소리연구소(KIM) 교사자격과정(갑 제55호증의 13, 21)
- 한국 몬테소리 연구소(AMS)(갑 제55호증의 14)

- 한국 몬테소리 연구소(AMI(갑 제55호증의 33, 39, 46, 49, 51, 57, 58, 63, 71, 72, 81)
- 내셔날 몬테소리 한국연구원(갑 제55호증의 14)
- 한국 몬테소리 교육연구회(KOMA)(갑 제55호증의 16, 23, 33, 36, 39, 49, 63, 80)
- 벧엘 몬테소리 교육연구소(갑 제55호증의 20)
- 분홍탑 몬테소리 연구소(갑 제55호증의 23, 33, 36, 37, 46, 49, 63)
- 국제자격 몬테쏘리 교사교육원(갑 제55호증의 24, 29, 30, 37)
- 한국 몬테쏘리 교육신학교(갑 제55호증의 24)
- 오렌지 몬테소리 유아국악지도자 교육연구소(갑 제55호증의 27)
- 사단법인 한국기독교 몬테쏘리 협회(갑 제55호증의 42)
- 워싱턴 몬테소리 한국교사교육원(갑 제55호증의 46, 63, 65, 69, 79)
- 사단법인 전박사 몬테소리 교육연구소, 전박사 몬테소리 교사교육원(갑 제55호증의 47)
- 한미 몬테소리 협회(갑 제55호증의 53, 63)
- 사단법인 한국몬테소리 교육센터(KMC)(갑 제55호증의 60)
- 사단법인 한국몬테소리협회(KMS)(갑 제55호증의 77)
- 해승 몬테소리 교사교육원(갑 제55호증의 69)
- 몬테소리 교육 100주년 기념세미나 추진위원회(갑 제55호증의 76)
- 한국 몬테소리 교육총연합회(갑 제55호증의 77, 81)
- 광주 몬테소리 교육연구소(갑 제55호증의 81)

나) 교재·교구 관련 광고

- '썬차일드 주식회사'에서 수입·판매하는 '니엔후이스 몬테소리' 교구 광고(갑 제55호증의 16, 17)
- '은혜교육사'의 '라보몬테소리' 교구 광고(갑 제55호증의 21)
- '남양몬테소리'사의 몬테소리 교구 광고(갑 제55호증의 39)
- '하나몬테소리'사의 몬테소리 교구 광고(갑 제55호증의 41)
- '다원몬테소리'사의 몬테소리 교구 광고(갑 제55호증의 51)
- 원고의 '니엔후이스 몬테소리' 교구 광고(갑 제55호증의 66, 75)
- 'T&T'의 몬테소리 교구 광고(갑 제55호증의 37, 45)
- '하늘기획'의 몬테소리 교구 수리 광고(갑 제55호증의 26)
- '아이소파' 몬테소리 교구 광고(갑 제55호증의 44)
- '프뢰벨' 몬테소리 교구 광고(갑 제55호증의 50, 54)
- '기프트랜드' 몬테소리 교구 광고(갑 제55호증의 57)

다) 기타 대학교 평생교육원 등의 몬테소리 교사 양성과정 등 광고

- 덕성여자대학교 평생교육원 산하 'Korea Montessori Institute' 광고(갑 제55호증의 9, 18)
- 성결대학교 사회교육원 몬테소리연구소 광고(갑 제55호증의 20, 24, 40)
- 건국대학교 사회교육원 몬테소리 교육 지도자 과정 광고(갑 제55호증의 29)
- 건국대학교 평생교육원 몬테소리 교육 광고(갑 제55호증의 35, 46, 48, 50, 53, 55, 56, 59, 69, 73, 76)
- 단국대학교 사회교육원 몬테소리 교육 광고(갑 제55호증의 19, 24, 27, 28, 37, 45, 59)
- 경기대학교 사회교육원 몬테소리 교육 광고(갑 제55호증의 20, 24, 25, 28, 29, 35, 40, 46, 50, 56)
- 숙명여자대학교 평생교육원 몬테소리 교육 광고(갑 제55호증의 34, 50, 52, 59)
- 한양대학교 사회교육원 몬테소리 교사 교육 과정 광고(갑 제55호증의 50)
- 총신대학교 사회교육원 산하 한국기독교 몬테소리연구소 몬테소리 지도자 과정 광고(갑 제55호증의 51, 55, 67, 71, 77, 82)
- 연세대학교 사회교육원 몬테소리 교사교육생 모집 광고(갑 제55호증의 67, 76)
- 고려대학교 언어지능연구실 몬테소리 교사 연수 광고(갑 제55호증의 72)
- 분당YMCA의 몬테소리 유아교육 교사 양성과정 광고(갑 제55호증의 19)
- 평화보육교사교육원 부설 평화문화센터 '제9기 몬테소리' 교육 광고(갑 제55호증의 34)
- 기독교방송 부설 사회복지교육원 '몬테소리 전문 지도자 과정' 광고(갑 제55호증의 22)
- 월간 유아 문화센터 몬테소리 교육 광고(갑 제55호증의 23, 31, 32, 36, 43)
- 평화문화센터 몬테소리 교육 광고(갑 제55호증의 50, 61, 64)

4) 교구·교재 제조·판매업체

위 3)의 나)항에서 알 수 있듯, 다수의 교구·교재 제조·판매업체들이 활발히 영업하고 있었다.

(2) 검 토

(가) 위 인정 사실에서 본 바와 같은 '몬테소리(MONTESSORI"의 의미와 몬테소리 교육법이 오래 전부터 국내에 도입되어 이 사건 등록서비스표 등록결정일 이전부터 이미 매우 많은 교육연구기관 및 유아교육기관들이 상호 내지 서비스표에 '몬테소리(MONTESSORI"를 자유롭게 사용하고 있었고, 상당히 많은 교구·교재 제조·판매업체들이 '몬테소리' 교구와 교재 등을 제조·판매하면서 '몬

테소리(MONTESSORI"가 포함된 상표를 자유롭게 사용하고 있었으며, 그 중 일부 업체들은 자신들의 상호에도 '몬테소리'를 자유롭게 사용하고 있었고, 위 기관들 및 교구·교재 제조·판매업체들이 신문 및 잡지에 광고도 하며 활발히 활동하고 있었던 점 등을 종합하여 보면, '몬테소리(MONTESSORI"는 이 사건 등록서비스표 등록결정일 이전부터 이미 다수인이 현실적으로 널리 자유롭게 사용해 오던 유아교육법과 이에 사용되는 교구 및 교재 등을 지칭하는 것이라 할 것인바, 이 사건 지정서비스업이 '서적출판업, 서적편집업, DVD편집업, 개인교수업, 교육연구업, 교육정보제공업, 보육원업, 홈스쿨교수업'으로 교육법, 교재 및 교구 등과 깊은 관련이 있으므로, 특별히 도안화되지 않은 한글 '몬테소리'만으로 구성된 이 사건 등록서비스표는 이 사건 지정서비스업과 관련하여 누구의 업무에 관련된 상품 또는 서비스업에 관한 것인지를 식별하기 어려워 사회통념상 자타서비스업의 식별력을 인정하기 곤란할 뿐만 아니라, 몬테소리교육법을 채택하고 이를 이용하려는 사람이라면 누구라도 자유롭게 사용할 수 있도록 하여야 하고 특정인에게 독점시키는 것은 공익상 적절하지 않다고 판단되므로, 이 사건 등록서비스표는 상표법 제6조 제1항 제7호의 기타 식별력 없는 표장에 해당한다 할 것이다.

(나) 이에 대하여 피고는 이 사건 등록서비스표는 오랜 광고 및 판매활동 등을 통해 유아교육부문을 대표하는 브랜드로서 기능해왔고, 피고와 이 사건 등록서비스표의 통상사용권자인 주식회사 한국몬테소리(이하 '한국몬테소리'라 한다)가 이 사건 등록서비스표 등록 출원 전 및 추가등록결정일 전에 '몬테소리' 또는 'MONTESSORI'를 독자적으로 사용하거나 식별력이 없는 문자 또는 도형을 결합하여 그 지정서비스업에 사용한 결과 수요자 간에 '몬테소리'라고 하면 곧 피고와 한국몬테소리의 상품과 서비스업에 대한 출처표시로서 분명하게 인식되고 있었으므로, 이 사건 등록서비스표는 자타서비스업의 식별력을 갖춘 서비스표이어서 상표법 제6조 제1항 제7호에 해당하지 않는다고 주장한다. 살피건대, 상표법 제6조 제1항 제7호는 같은 조 제1항 제1호 내지 제6호에 해당하지 아니하는 상표라도 자기의 상품과 타인의 상품 사이의 출처를 식별할 수 없는 상표는 등록을 받을 수 없다는 것을 의미할 뿐이므로, 어떤 표장이 그 사용상태를 고려하지 않고 그 자체의 관념이나 지정상품과의 관계 등만을 객관적으로 살펴볼 때에는 자타상품 식별력이 없는 것으로 보이더라도, 출원인이 그 표장을 사용한 결과 수요자나 거래자 사이에 그 표장이 누구의 업무에

관련된 상품을 표시하는 것으로 현저하게 인식되기에 이른 경우에는 특별한 사정이 없는 한 그 표장은 상표법 제6조 제1항 제7호에 해당하지 않게 되고, 이는 같은 조 제2항에 같은 조 제1항 제7호가 포함되어 있지 않다는 사정만으로 달리 볼 것은 아니다(대법원 2003. 7. 11. 선고 2001후2863 판결, 대법원 2006. 5. 12. 선고 2005후353 판결 참조).

그러나 상표법 제6조 제2항이 상표를 등록출원 전에 사용한 결과 수요자 사이에 그 상표가 누구의 상품을 표시하는 상표인가 현저하게 인식되어 있는 것은 같은 조 제1항 제3호 내지 제6호의 규정에 불구하고, 상표등록을 받을 수 있도록 규정한 것은, 원래 식별력이 없는 표장이어서 특정인에게 독점사용토록 하는 것이 적당하지 않은 표장에 대하여 대세적 권리를 부여하는 것이므로 그 기준은 엄격하게 해석·적용되어야 하고, 사용에 의한 식별력을 취득하는 상표는 실제로 사용한 상표 그 자체에 한하고 그와 유사한 상표에 대하여까지 식별력 취득을 인정할 수는 없으며, 어떠한 표장이 사용에 의한 식별력 취득이 인정된다고 하더라도 이는 그 표장 전체에 관하여 일체로서 식별력 취득이 인정된다는 것일 뿐 그 구성요소 각 부분에 대해서까지 독립하여 사용에 의한 식별력 취득이 인정되는 것은 아니고, 사용에 의하여 식별력을 취득하는 것은 실제로 그 서비스표가 사용된 서비스업에 한하므로 그 서비스표는 당해 서비스업에 대해서만 등록을 받을 수 있고 그와 유사한 서비스업에 대해서는 등록을 받을 수 없으며, 이와 같은 사용에 의한 식별력의 구비 여부는 등록결정 시를 기준으로 하여 판단되어야 할 것인바(대법원 2006. 5. 12. 선고 2005후353 판결, 대법원 2008. 9. 25. 선고 2006후2288 판결, 대법원 2008. 11. 13. 선고 2006후3397, 3403, 3427 판결 참조), ① 피고가 이 사건 등록서비스표 사용과 관련하여 제출한 증거들은 그 상당수가 '몬테소리'라는 구성 외에 다른 구성이 결합된 표장들로서 이 사건 등록서비스표와 동일하지 아니하고, 이 사건 지정서비스업 중 일부에만 사용된 것이며, ② 위 (가)항에서 본 바와 같이, 이 사건 등록서비스표 등록결정일 이전부터 이미 매우 많은 교육연구기관, 유아교육기관 및 교구·교재 제조·판매업체들이 상호 내지 서비스표 및 교구와 교재 등에 '몬테소리(MONTESSORI)'를 자유롭게 사용하고 있었던 점, '몬테소리(MONTESSORI)'는 이 사건 등록서비스표 등록결정일 이전부터 이미 다수인이 현실적으로 널리 자유롭게 사용해 오던 유아교육법과 이에 사용되는 교구 및 교재 등을 지칭하는 것이라 할 것인 점, 이 사건 지정서비스업이 교육법, 교재 및 교구 등과 깊은 관련이 있는 점, 이 사건 등록서비스표가 특별히 도안화되지 않은 한글

''만으로 구성된 점 등에 비추어 볼 때, 피고가 제출한 증거들만으로는 피고나 한국몬테소리가 이 사건 등록서비스표를 사용한 결과 이 사건 등록서비스표 등록결정 시 또는 지정서비스업 2 추가등록결정 시 수요자나 거래자 사이에 이 사건 등록서비스표가 피고의 업무에 관련된 서비스를 표시하는 것으로 현저하게 인식되기에 이르렀다고 보기에 부족하고, 달리 이를 인정할 증거가 없을 뿐만 아니라, ③ 피고가 이 사건 등록서비스표 사용과 관련하여 제출한 증거들은 대부분 피고 자신이 사용한 것이 아니라 한국몬테소리가 사용한 것인데, 피고 자신이 아닌 한국몬테소리의 사용을 근거로 피고가 이 사건 등록서비스표에 대해 사용에 의한 식별력을 취득할 수 있다고 보기도 어렵다. 따라서 피고의 위 주장은 받아들이지 아니한다.

다. 소결론

결국 이 사건 등록서비스표는 이 사건 등록서비스표의 등록결정일 및 지정서비스업 2에 대한 추가등록결정일 당시 이 사건 지정서비스업과 관련하여 상표법 제6조 제1항 제7호의 기타 식별력 없는 표장에 해당하므로, 원고의 예비적 주장 등 나머지 점에 관하여 나아가 살펴볼 필요 없이, 이 사건 등록서비스표 중 이 사건 지정서비스업은 그 등록이 무효로 되어야 한다.

4. 결 론

그렇다면 이와 결론을 달리한 이 사건 심결은 위법하므로, 그 취소를 구하는 원고의 청구는 이유 있어 이를 인용하기로 하여 주문과 같이 판결한다.

[[별 지] 이 사건 등록서비스표의 지정서비스업 : 생략]

판사 배광국(재판장) 박민정 이헌

28. 대법원 2012. 12. 27. 선고 2012후2951 판결 【등록무효(상)】

[공2013상,271]

【판시사항】

[1] 상표법 제6조 제1항 제7호에서 정한 "제1호 내지 제6호 외에 수요자가 누구의 업무에 관련된 상품을 표시하는 것인가를 식별할 수 없는 상표"의 의미와 어떤 상표가 식별력 없는 상표에 해당하는지를 결정하는 기준 및 위 법리가 서비스표에도 적용되는지 여부(적극)

[2] 상표법 제6조 제1항 제7호의 '기타 식별력 없는 상표'가 등록결정 또는 지정상품추가

등록결정 당시 사용에 의한 식별력을 구비하였는지를 판단하는 기준이 되는 상표사용실적

【판결요지】

[1] 상표법 제6조 제1항은 상표등록을 받을 수 없는 경우의 하나로 제7호에서 "제1호 내지 제6호 외에 수요자가 누구의 업무에 관련된 상품을 표시하는 것인가를 식별할 수 없는 상표"를 규정하고 있는데, 이는 같은 조항의 제1호 내지 제6호에 해당하지 아니하는 상표라도 자기의 상품과 타인의 상품 사이의 출처를 식별할 수 없는 상표는 등록을 받을 수 없다는 의미이다. 어떤 상표가 식별력 없는 상표에 해당하는지는 그 상표가 지니고 있는 관념, 지정상품과의 관계 및 거래사회의 실정 등을 감안하여 객관적으로 결정하여야 하는데, 사회통념상 자타상품의 식별력을 인정하기 곤란하거나 공익상 특정인에게 그 상표를 독점시키는 것이 적당하지 않다고 인정되는 경우에 그 상표는 식별력이 없다고 할 것이다. 이러한 법리는 상표법 제2조 제3항에 의하여 서비스표의 경우에도 마찬가지로 적용된다.

[2] 상표법 제6조 제1항 제7호 소정의 '기타 식별력 없는 상표'에 해당하여 상표등록을 받을 수 없는 상표가 그 상표등록결정 또는 지정상품추가등록결정 전에 해당 지정상품에 관하여 수요자 사이에서 누구의 업무에 관련된 상품을 표시하는 것으로 현저하게 인식된 경우에 그 효과는 실제 사용자에게 귀속되는 것이므로, 그러한 상표가 해당 지정상품에 관하여 등록결정 또는 지정상품추가등록결정 당시 사용에 의한 식별력을 구비하였는지는 원칙적으로 출원인의 상표사용실적을 기준으로 판단하여야 한다. 다만 경우에 따라서는 출원인이 출원 전에 실제 사용자로부터 그 상표에 관한 권리를 양수할 수도 있는데, 그러한 경우에는 출원인 이외에 실제 사용자의 상표사용실적도 고려하여 출원상표가 사용에 의한 식별력을 구비하였는지를 판단할 수 있다. 이러한 법리는 상표법 제2조 제3항에 의하여 서비스표의 경우에도 마찬가지로 적용된다.

【참조조문】

[1] 상표법 제2조 제3항, 제6조 제1항 제7호 [2] 상표법 제2조 제3항, 제6조 제1항 제7호

【참조판례】

[1] 대법원 2010. 7. 29. 선고 2008후4721 판결(공2010하, 1763)

【전 문】

【원고, 피상고인】 주식회사 아가월드(소송대리인 변호사 서영철 외 2인)

【피고, 상고인】 피고(소송대리인 변호사 노윤종 외 2인)

【원심 판결】 특허법원 2012. 8. 10. 선고 2012허146 판결

【주 문】

상고를 기각한다. 상고비용은 피고가 부담한다.

【이 유】

상고이유(상고이유서 제출기간이 경과한 후에 제출된 상고이유보충서의 기재는 상고이유를 보충하는 범위 내에서)를 판단한다.

1. 상고이유 제1점에 관하여

상표법 제6조 제1항은 상표등록을 받을 수 없는 경우의 하나로 제7호에서 "제1호 내지 제6호 외에 수요자가 누구의 업무에 관련된 상품을 표시하는 것인가를 식별할 수 없는 상표"를 규정하고 있는데, 이는 같은 조항의 제1호 내지 제6호에 해당하지 아니하는 상표라도 자기의 상품과 타인의 상품 사이의 출처를 식별할 수 없는 상표는 등록을 받을 수 없다는 의미이다. 어떤 상표가 식별력 없는 상표에 해당하는지는 그 상표가 지니고 있는 관념, 지정상품과의 관계 및 거래사회의 실정 등을 감안하여 객관적으로 결정하여야 하는데, 사회통념상 자타상품의 식별력을 인정하기 곤란하거나 공익상 특정인에게 그 상표를 독점시키는 것이 적당하지 않다고 인정되는 경우에 그 상표는 식별력이 없다고 할 것이다(대법원 2010. 7. 29. 선고 2008후4721 판결 등 참조). 이러한 법리는 상표법 제2조 제3항에 의하여 서비스표의 경우에도 마찬가지로 적용된다 .

기록에 의하면 '몬테소리' 및 'MONTESSORI'라는 단어가 유아교육 관련 업계 종사자 및 거래자는 물론 일반 수요자들 사이에서도 특정 유아교육법 이론 내지 그 이론을 적용한 학습교재·교구를 지칭하는 것으로 널리 인식·사용되고 있음을 알 수 있다. 한편 이 사건 등록서비스표 "**몬테소리**"(등록번호 제51732호)의 원심판시 이 사건 지정서비스업은 모두 유아교육이나 유아교육 교재·교구와 밀접한 관련이 있는 업종이다.

이러한 사정을 위에서 본 법리에 비추어 살펴보면, 특별히 도안화되지 아니한 한글 "**몬테소리**"로만 구성된 이 사건 등록서비스표는 이 사건 지정서비스업과 관련하여 자타서비스업의 출처표시로서 식별력이 있다고 볼 수 없을 뿐만 아니라 특정인에게 독점시키는 것이 적당하지도 아니하므로, 이 사건 등록서비스표는 상표법 제6조 제1항 제7호 소정의 '수요자가 누구의 업무에 관련된 서비스업을 표시하는 것인가를 식별할 수 없는 서비스표'에 해당한다.

따라서 원심이 같은 취지로 판단한 것은 정당하고, 거기에 상고이유의 주장과 같이 상표법 제6조 제1항 제7호에 관한 법리를 오해하는 등의 위법이 없다.

2. 상고이유 제2점에 관하여

가. 상표법 제6조 제1항 제7호는 같은 조 제1항 제1호 내지 제6호에 해당하지 아니하는 상표라도 자기의 상품과 타인의 상품 사이의 출처를 식별할 수 없는 것은 등록을 받을 수 없다는 것을 의미할 뿐이므로, 어떤 표장이 그 사용 상태를 고려하지 아니하고 그 자체의 관념이나 지정상품과의 관계 등만을 객관적으로 살펴볼 때에는 식별력이 없는 것으로 보이더라도, 출원인이 그 표장을 사용한 결과 수요자나 거래자 사이에 그 표장이 누구의 업무에 관련된 상품을 표시하는 것으로 현저하게 인식되기에 이른 경우에는 특별한 사정이 없는 한 그 표장은 상표법 제6조 제1항 제7호의 식별력이 없는 상표에 해당하지 아니하게 되고, 그 결과 상표등록을 받는 데 아무런 지장이 없다. 이는 같은 조 제2항에 같은 조 제1항 제7호가 포함되어 있지 아니하다는 사정만으로 달리 볼 것은 아니다(대법원 2003. 7. 11. 선고 2001후2863 판결 등 참조). 그런데 상표법 제6조 제2항에서 상표등록출원 전에 상표를 사용한 결과 수요자 사이에서 그 상표가 누구의 업무에 관련된 상품을 표시하는 것인가 현저하게 인식되어 있을 경우 같은 조 제1항 제3, 5, 6호의 규정에도 불구하고 상표등록을 받을 수 있도록 규정한 취지는 원래 특정인에게 독점사용시킬 수 없는 표장에 대세적·독점적 권리를 부여하는 것이므로 그 기준을 엄격하게 해석·적용하여야 한다. 따라서 그 상표가 어느 정도 선전·광고된 사실이 있다거나 또는 외국에서 등록된 사실이 있다는 사정만으로는 그 상표가 수요자 사이에서 누구의 업무에 관련된 상품을 표시하는 것으로 현저하게 인식되었다고 볼 수 없고, 그 상표 자체가 수요자 사이에서 누구의 업무에 관련된 상품을 표시하는 것으로 현저하게 인식되어 있다는 것을 증거에 의하여 알 수 있어야 하며, 이와 같은 사용에 의한 식별력의 구비 여부는 등록결정시를 기준으로 하여 판단하여야 한다(대법원 2008. 11. 13. 선고 2006후3397 등 판결 등 참조). 한편 상표법 제6조 제1항 제7호 소정의 '기타 식별력 없는 상표'에 해당하여 상표등록을 받을 수 없는 상표가 그 상표등록결정 또는 지정상품추가등록결정 전에 해당 지정상품에 관하여 수요자 사이에서 누구의 업무에 관련된 상품을 표시하는 것으로 현저하게 인식된 경우에 그 효과는 실제 사용자에게 귀속되는 것이므로, 그러한 상표가 해당 지정상품에 관하여 등록결정 또는 지정상품추가등록결정 당시 사용에 의한 식별력을 구비하였는지는 원칙적으로 출원인의 상표사용실적을 기준으로 판단하여야 한다. 다만 경우에 따라서는 출원인이 출원 전에 실제 사용자로부터 그 상표에 관한 권리를 양수할 수도 있는데, 그러한 경우에는 출원인 이외에 실제 사용자의 상표사용실적도 고려하여 출원상표가 사용에 의한 식별력을 구비하였는지를 판단할 수 있다. 이러한 법리는 상표법 제2조 제3항에 의하여 서비스표의 경우에도 마찬

가지로 적용된다 .

나. 피고 명의로 등록된 이 사건 등록서비스표의 사용에 의한 식별력 취득 여부를 판단할 때 주식회사 한국몬테소리(이하 '소외 회사'라고 한다)의 이 사건 등록서비스표 사용실적을 고려할 수 있는지에 관하여 본다.

(1) 원심 판결 이유 및 기록에 의하면 다음과 같은 사정을 알 수 있다. 소외 회사는 1992년경 설립된 이후 '한국몬테소리', '몬테소리', 'MONTESSORI' 등의 표장이나 이러한 문자 부분이 다른 문자나 도형들과 결합되어 있는 표장을 사용하여 유아교육 관련 서적의 출판·판매업 및 홈스쿨교수업 등을 영위하여 왔고, 피고는 그의 가족들과 함께 소외 회사의 발행주식 전부를 보유한 채 실질적으로 소외 회사를 경영하여 왔을 뿐 소외 회사 설립 이후 자기 명의로 직접 사업을 영위하지 아니하였다. 한편 피고는 1998. 10. 30. 그의 명의로 "편집업, 출판업" 등을 지정서비스업으로 하는 이 사건 등록서비스표 "몬테소리"의 등록결정을 받아 1998. 12. 31. 등록하였을 뿐만 아니라 2009. 4. 21. 원심판시 지정서비스업 2인 "개인교수업, 홈스쿨교수업, 보육원업, 교육연구업, 교육정보제공업" 등에 관하여 지정서비스업추가등록결정을 받아 2009. 5. 18. 등록하였으며, 2008. 11. 28. 최초등록결정 당시 지정서비스업이던 "편집업, 출판업"을 원심판시 지정서비스업 1인 "서적출판업, 서적편집업, DVD 편집업" 등으로 상품분류 전환등록을 하였다.

이러한 사정을 위 법리에 비추어 살펴보면, 이 사건 등록서비스표의 등록결정 또는 지정서비스업추가등록결정 이전에 이미 소외 회사가 이 사건 등록서비스표를 해당 지정서비스업에 상당 기간 사용하여 왔더라도, 그로 인한 효과는 실제 사용자인 소외 회사에 귀속된다. 다만 위에서 본 바와 같은 피고와 소외 회사의 관계 등에 비추어 피고가 출원 전에 이 사건 등록서비스표에 관한 권리를 소외 회사로부터 양수하였을 가능성을 배제할 수 없는 이상, 원심이 피고 명의로 이 사건 등록서비스표가 출원·등록되거나 지정서비스업이 추가등록된 경위에 관하여 심리하지도 아니한 채, 소외 회사의 이 사건 등록서비스표 사용실적을 사용에 의한 식별력 취득의 자료로 사용할 수 없다고 단정한 데에는 필요한 심리를 다하지 아니한 잘못이 있다.

베이비 몬테소리 I	베이비 몬테소리 II
(표장 1)	(표장 2)
베이비 몬테소리	리틀 몬테소리
(표장 3)	(표장 4)
빅몬테소리	비 몬테소리
(표장 5)	(표장 6)
몬테소리 영어만세	영어만세2
(표장 7)	(표장 8)
몬테소리 쓰기만세	몬테소리 홈 리틀수학
(표장 9)	(표장 10)

(2) 한편 기록에 의하면, 소외 회사는 이 사건 등록서비스표에 관하여 원심판시 지정서비스업 2의 추가등록결정일 이전부터 개인교수업 내지 홈스쿨교수업에 사용되는 교재·교구·서적 등의 일부와 그 광고 등에 이 사건 등록서비스표나 우측의 표장들(이하 '실사용표장들'이라 한다)을 계속 사용하여 왔음을 알 수 있다.
그런데 소외 회사의 실사용표장들은 이 사건 등록서비스표와 동일성이 인정되는 '몬테소리'라는 문자부분이 독립성을 유지한 채 다른 문자 부분 등과 결합되어 있는 것인데, 그와 같이 결합된 다른 문자부분은 피교습자의 나이나 교습내용을 표시하기 위해 흔히 쓰이는 표지에 불과하므로 그러한 결합으로 인하여 '몬테소리'라는 표장이 사용되었다고 볼 수 없을 정도의 새로운 관념이 형성되는 것도 아니어서, 실사용표장들은 그 구성 중 '몬테소리'라는 부분만으로 분리되어 인식될 수 있다. 따라서 소외 회사가 위와 같이 실사용표장들을 사용한 것은 이 사건 등록서비스표와 실질적으로 동일한 '몬테소리'라는 표장을 개인교수업 내지 홈스쿨교수업에 사용한 것으로도 볼 수 있으므로, 개인교수업 및 홈스쿨교수업을 지정서비스업으로 추가등록결정 할 당시 이 사건 등록서비스표가 개인교수업 및 홈스쿨교수업에 관하여 사용에 의한 식별력을 취득하였는지를 판단할 때 소외 회사의 실사용표장들에 관한 사용실적을 판단자료로 삼을 수 있다.
그럼에도 원심이, 이 사건 등록서비스표 사용과 관련하여 피고가 제출한 증거들 중 상당수는 '몬테소리'라는 구성 외에 다른 구성이 결합된 표장들로서 이 사건 등록서비스표와 동일하지 아니하므로 이를 근거로 피고 명의로 등록된 이 사건 등록서비스표가 사용에 의한 식별력을 취득하였다고 볼 수 없다고 판단한 데에는 상표의 사용에 관한 법리 등을 오해하여 필요한 심리를 다하지 아니한 잘못이 있다.

(3) 그러나 아래에서 보는 바와 같이 이 사건 등록서비스표가 최초등록결정시는 물론 지정서비스업추가등록결정시에도 소외 회사의 사용으로 인하여 사용에 의한 식별력을 구비하였다고 볼 수 없어, 같은 취지의 원심판단은 결과적으로 정당하므로, 거기에 판결에 영향을 미친 위법은 없다.

(가) 원심판시 지정서비스업 1(서적편집업, DVD 편집업, 서적출판업)에 관하여 본다.

기록에 의하면, 소외 회사는 '한국몬테소리', "한국몬테소리 MONTESSORI KOREA", '몬테소리' 또는 'MONTESSORI' 등의 표장을 사용하여 영유아 학습교재·교구 등을 출판·제작·판매하면서 이 사건 등록서비스표의 최초등록결정일인 1998. 10. 30. 경까지 어느 정도의 광고·선전비를 지출하고, 상당한 매출을 올린 점을 알 수 있다. 반면 이 사건 등록서비스표의 최초등록결정 당시 몬테소리 교재·교구 시장에서는 소외 회사 이외에 다른 업체들도 '몬테소리' 또는 'MONTESSORI'라는 문자부분이 포함된 표장을 사용하고 있었던 점도 알 수 있다. 이러한 사정을 위에서 본 법리에 비추어 보면, 피고가 주장하는 이 사건 등록서비스표 최초등록결정 당시까지 소외 회사의 광고실적 및 매출실적 등을 모두 고려하더라도 그것만으로는 특별히 도안화되지 아니한 한글 "몬테소리"로만 구성된 이 사건 등록서비스표가 최초등록결정 당시 지정서비스업 1에 관하여 수요자 사이에서 누구의 업무에 관련된 서비스업을 표시하는 것으로 현저하게 인식되었다고 할 수 없다.

(나) 원심판시 지정서비스업 2 중 교육연구업, 교육정보제공업, 보육원업에 관하여 본다.

기록에 의하면 피고는 물론 소외 회사가 이 사건 등록서비스표를 교육연구업, 교육정보제공업, 보육원업에 사용하였다고 볼 만한 자료가 없다. 따라서 이 사건 등록서비스표는 위 각 지정서비스업에 관하여 그 지정서비스업 추가등록결정일인 2009. 4. 21.경 수요자 사이에서 누구의 업무에 관련된 서비스업을 표시하는 것으로 현저하게 인식되었다고 볼 수 없다.

(다) 원심판시 지정서비스업 2 중 개인교수업, 홈스쿨교수업에 관하여 본다.

기록을 위에서 본 법리에 비추어 살펴보면, "한국몬테소리 MONTESSORI KOREA" 또는 '한국몬테소리' 등의 표장이 원래 식별력 있는 표장이거나 사용에 의한 식별력을 취득하였는지는 별론으로 하고, '몬테소리' 또는 'MONTESSORI'라는 단어가 유아교육 관련 업계 종사자 및 거래자는 물론 일반 수요자들 사이에서도 특정 유아교육법 이론 내지 그 이론을 적용한 학습교재·교구를 지칭하는 것으로 널리 인식·사용되고 있는 이상, 다음과 같은 이유에서 개인교수업 및 홈스쿨교수업의 지정서비스업추가등록결정 당시 특별히 도안화되지 아니한 한글 "몬테소리"로만 구성된 이 사건 등록서비스표가 일반 수요자나 거래당사자들에게 특정 유아교육법 이론 내지 그 이론을 적용한 학습교재·교구를 지칭하는 의미를 넘어서 누구의 업무에 관련된 서비스업을 표시하는 것으로 현저하게 인식되었다고 단정하기 어렵다.

즉 소외 회사는 1993년경부터 2009년경까지 16년간 약 304억 원 상당의 광고선전비를 지출하였고, 홈스쿨 교재 및 홈스쿨교수업 등과 관련하여 약 1,892억 원 상당의 매출을 올렸으며, 2004년, 2006년, 2008년 유아교육 부분에서 대한민국 교육브랜드 대상을 수상하는 등 이 사건 등록서비스표는 지정서비스업 2의 추가등록결정 당시 개인교수업 내지 홈스쿨교수업에 관하여 상당한 사용실적이 있었다. 그러나 이 사건 등록서비스표의 최초등록결정 당시는 물론 개인교수업 및 홈스쿨교수업의 지정서비스업 추가등록결정 당시까지도 유아용 교재·교구 시장에서 '몬테소리' 또는 'MONTESSORI'라는 문자를 포함하는 표장을 사용하는 업체가 여럿 있었고, 다수의 어린이집이나 유치원 및 영유아교육 관련 단체도 '몬테소리'라는 문자를 그 명칭에 포함시켜 사용하고 있었던 점, 소외 회사가 개인교수업 내지 홈스쿨교수업과 관련하여 이 사건 등록서비스표를 사용한 것도 주로 영유아교육 부분인 점, 피고가 제출한 설문조사결과는 설문의 내용 등이 부적절하여 이 사건 등록서비스표의 사용에 의한 식별력 취득의 자료로 삼기 어려운 점 등 기록에서 알 수 있는 제반사정을 고려하면, 이 사건 등록서비스표가 개인교수업 내지 홈스쿨교수업에 관하여 위에서 본 바와 같은 상당한 사용실적이 있었다는 점만으로는 이 사건 등록서비스표가 개인교수업 및 홈스쿨교수업의 지정서비스업추가등록결정 당시 수요자 사이에서 누구의 업무에 관련된 서비스업을 표시하는 것으로 현저하게 인식되었다고 할 수 없다.

3. 결 론

그러므로 상고를 기각하고 상고비용은 패소자가 부담하도록 하여, 관여 대법관의 일치된 의견으로 주문과 같이 판결한다.

대법관 고영한(재판장) 양창수(주심) 박병대 김창석

29. 특허법원 2011. 7. 8. 선고 2010허8191 판결【등록무효(상)】

[미간행]

【전 문】

【원 고】 경상대학교산학협력단(소송대리인 특허법인 다래 담당변리사 박승문 외 5인)

【피 고】 학교법인 한마학원(소송대리인 변리사 최훈 외 1인)

【변론종결】

2011. 5. 27.

【주 문】

1. 특허심판원이 2010. 9. 30. 2009당2447호 사건에 관하여 한 심결을 취소한다.
2. 소송비용은 피고가 부담한다.

【청구취지】

주문과 같다.

【이 유】

1. 기초사실

가. 이 사건 등록서비스표

1) 출원일/등록결정일/등록일/등록번호 : 2003. 11. 24./2005. 1. 7./2005. 2. 23./(등록번호 2 생략)

2) 구성 : "경남대학교 KYUNGNAM UNIVERSITY 慶南大學校"

3) 지정서비스업 : 서비스업류 구분 제41류의 '교육지도업, 교수업, 교육시험업, 교육정보제공업, 체육교육업'

4) 등록권리자 : 피고

나. 이 사건 심결의 경위

고는 2009. 10. 12. 특허심판원에 피고를 상대로, 이 사건 등록서비스표는 상표법 제6조 제1항 제4호 및 제7호 또는 상표법 제7조 제1항 제11호에 해당하여 서비스표 등록이 무효라고 주장하면서 등록무효심판을 청구하였다.

특허심판원은 이를 2009당2447호로 심리한 후, 2010. 9. 30. 이 사건 등록서비스표는 사용에 의해 식별력을 취득하여 상표법 제6조 제2항에 해당하므로 서비스표등록을 받을 수 있고, 상표법 제7조 제1항 제11호에도 해당하지 않는다는 이유로 원고의 심판청구를 기각하는 이 사건 심결을 하였다.

[인정근거] 갑 제1, 2호증, 변론 전체의 취지

2. 이 사건의 쟁점

이 사건 등록서비스표가 상표법 제6조 제1항 제4호 및 제7호 또는 상표법 제7조 제1항 제11호에 해당하는지 여부이다.

3. 상표법 제6조 제1항 제4호 및 제7호 해당 여부

가. 이 사건 등록서비스표의 식별력 유무

경남대학교

KYUNGNAM UNIVERSITY

이 사건 등록서비스표는 " 慶南大學校 "와 같이 구성된 서비스표로서 경남대학교라는 문자를 한글, 영문, 한자로 상하 3단으로 표기한 문자와 문자의 결합상표인바, 위 각 문자부분이 분리 관찰되면 거래상 자연스럽지 못하다고 여겨질 정도로 불가분적으로 결합되어 있거나, 그 결합으로 새로운 관념을 형성한다고 보기 어려우므로 위 각 문자부분은 각각 분리되어 인식될 수 있다.

먼저 경남대학교 부분에 대하여 보면, 그 중 '경남'은 우리나라 행정구역의 하나인 '경상남도'의 약칭으로 널리 알려져 있으므로, 상표법 제6조 제1항 제4호에 해당하여 식별력이 없고, 대학교는 고등학교 다음 단계의 고등교육기관을 가리키는 학교를 가리키는 보통명칭이므로, 상표법 제6조 제1항 제1호 또는 7호에 해당하여 식별력이 없다.

다음으로 'KYUNGNAM UNITERSITY' 또는 '경남대학교' 부분에 대하여 보면, 우리나라의 영어 보급수준이나 한자 보급수준에 비추어 보면, 거래 일반의 수요자들은 이를 모두 '경남대학교'로 인식할 것인바, 그러한 경우 '경남대학교' 부분에서 본 바와 같이 상표법 제6조 제1항 제4호 및 제1호 또는 제7호에 해당하여 식별력이 없다.

결국 이 사건 등록서비스표는 식별력이 없는 문자부분이 결합된 상표이므로 전체적으로 식별력이 없는 서비스표에 해당한다.

나. 사용에 의한 식별력 취득 여부

1) 피고의 주장

피고는 이 사건 등록서비스표와 동일성 있는 " 경남대학교 ", " 경남대학교 KYUNGNAM UNIVERSITY "

와 같은 표장을 이 사건 등록서비스표의 출원 전에 수십 년간 사용해 옴으로써 이 사건 등록서비스표의 등록결정일 무렵 이와 동일성이 인정되는 이 사건 등록서비스표에 대하여도 사용에 의해 식별력을 취득하였으므로, 이 사건 등록서비스표는 상표법 제6조 제2항에 의해 서비표등록을 받을 수 있다고 주장한다.

2) 구체적인 판단

가) 법 리

식별력이 없는 것으로 보이는 표장이 사용된 결과 수요자 사이에 서비스업의 출처를 표시하는 식별표지로 현저하게 인식되어 식별력을 가지게 되더라도, 사용에 의한 식별력을 취득하는 것은 실제로 사용된 서비스표와 그 서비스표가 사용된 서비스업에 한하고, 그와 유사한 서비스표 및 서비스업에 대해서까지 식별력취득을 인정할 수는 없다(대법원 1996. 5. 31. 선고 95후1968 판결, 대법원 2008. 9. 25. 선고 2006후2288 판결, 대법원 2009. 5. 28. 선고 2007후3318 판결 등 참조). 한편, 이와 같은 사용에 의한 식별력을 취득하였는지 여부는 등록결정시 또는 거절결정시를 기준으로 하여 판단되어야 한다[대법원 2003. 5. 16. 선고 2002후1768 판결, 대법원 2008. 11. 13. 선고 2006후3397, 3403(병합), 3410(병합), 3427(병합) 판결 등 참조].

나) 인정사실

을 제1 내지 6, 11 내지 32호증에 변론 전체의 취지를 종합하면 아래와 같은 사실을 인정할 수 있으나, 피고가 이 사건 등록서비스표의 등록결정시까지 이 사건 등록서비스표를 사용한 사실에 관하여는 이를 인정할 아무런 증거가 없다.

① 피고 산하의 경남대학교는 1948. 8. 10. 국민대학으로 인가 받았고 1961. 2. 22. 마산대학으로 교명을 변경하였으며, 1971. 12. 31. 교명을 경남대학으로 변경하였고, 1981. 7. 28. 경남대학교로 종합대학 인가를 받은 이래 이 사건 등록서비스표의 등록결정일(2005. 7. 1.) 무렵까지 '경남대학교'를 대학명칭으로 사용하여 왔다.

② 경남대학교가 1971. 12. 31.부터 2009.경까지 배출한 졸업생 수는 학사 79,467 석사 9,386 박사 810 도합 89,663명에 이르고 있으며, 2008년도 현재 대학의 규모는 6개 단과대학, 6개 대학원을 개설하여 운영하고 있고, 또한 극동문제연구소, 경남지역문제연구소, 환경문제연구소 등 14개의 부설연구소를 설립하여 운영하고 있으며, 부속기관으로 박물관, 중앙도서관, 평생교육원, 국제교육원, 과학영재교육원, 정보통신원, 언론출판부, 사범대부설중등교육연수원, 한마생활관, 공동기기원 등을 설립하여 교육시험업무, 학술연구업무, 교육정보

제공업무, 교육지도업무, 서적출판 등 여러 가지 교육 사업을 수행하고 있다.

③ 경남대학교는 2003년부터 2007년까지 5년 기간 중 총 54,261명의 입학지원을 받았으며, 이들 입학지원자는 2007년 기준으로 경남, 부산, 울산, 경북지역을 중심으로 전국 16개 시도지역을 망라한 다수의 고등학교에서 지원하였고 20명 이상의 학생이 지원한 고등학교의 숫자도 무려 112개교에 이르고 있다.

④ 경남대학교는 2003년부터 2007년까지의 5년간 총 5,701억여 원(년 평균 1,140억여 원)의 수입과 지출을 기록하였다.

⑤ 경남대학교는 '경남대학교'라는 교명으로 '경남대학보' 대학신문을 발간하여 교내외에 배포해왔으며, 이 교보의 발행부수는 2003년도 22회 264,000부, 2004년도 19회 228,000부, 2005년도 22회 264,000부, 2006년도 22회 220,000부, 2007년도 22회 220,000부가 발행되었고, 영자신문 'The Kyungnam Times'도 위와 같은 기간 중 매년 4회 16,000부를 발행하여 5년 동안 총 80,000부를 발행하였다.

⑥ 경남대학교 소속 교원들이 '경남대학교'라는 교명 하에 발표한 국내외 학술논문 발표실적을 보면, 2003년에 604건, 2004년에 412건, 2005년에 364건, 2006년에 389건, 2007년에 359건에 이르고 있으며, 2003년부터 2007년까지의 5년 동안 경남대학교출판부에서 발행된 도서 및 간행물 발행실적을 보면 학술 및 교양도서가 183종 89,430부, 논문집 103종 29,436부, 행정부서간행물 816종 1,227,258부가 각각 발행되어 교내외에 배포되었다.

⑦ 경남대학교 부설기관인 박물관을 교내외인사들에게 개방하여 관람하도록 하고 있으며, 또한 평생교육원에서는 일반인을 대상으로 교양, 컴퓨터, 예술, 외국어, 건강 등 다양한 분야에 대한 강좌를 1996년부터 개설하여 운영하여 왔고 2003년부터 2007년까지 5년 동안 개설 강좌 수는 매년 평균 130여 개가 넘으며 위 5년 동안 수강인원은 13,325명에 이르며, 또한, 외국어 등의 국제전문교육을 위하여 국제교육원을 1995년에 설립하여 운영하여 왔는데, 2003년부터 2007년까지 5년 동안 개설 강좌 수는 매년 평균 120여개가 넘고, 수강인원은 9,178명에 이르며, 2002년에 설립된 정보교육원에서도 2008년 2월까지의 기간 중 63회의 IT교육(정보화 컴퓨터교육)강좌를 개설 운영해 왔다.

⑧ 경남대학교는 14개의 경남대학교 부설연구소를 운영하고 있으며, 1972. 9. 1.에 설립된 경남대학교 극동문제연구소는 북한·통일 및 국제정세에 관한 연구를 수행해오면서 정기 간행물인 계간지 "Asian Perspective", "한국과 국제정치"와 "동북아 연구"를 발행하여왔고, 기타 부정기 연구보고서, 분야별 연구총서를 발행하여 반포하고 있으며, 1981년에는 교육부 선정 사회과학분야 우수연구소로 선정된 바 있고, 정기간행물 "Asian Perspective"가 1996년에 이어 5년

연속 한국학술진흥재단에 의하여 사회과학분야 최우수 국제학술지로 선정되었다.

⑨ 경남대학교가 극동문제연구소, 경남지역연구소, 환경문제연구소, 인문과학연구소, 기초과학연구소, 교육문제연구소, 법학연구소 등 14개의 경남대학교 부설연구소에서 개최한 국내외 학술세미나 및 포럼, 강연 등 학술행사가 1997년부터 2007년까지 478회 이상 개최되었다.

⑩ 2004년 8월부터 2008년 8월 29일까지 5년간 경남대학교 총장의 기고문, 대담기사, 관련 기사 등이 문화일보, 서울신문, 한국일보, 경남일보, 국민일보, 중앙일보, 한겨레신문, 매일경제 등의 일간신문에 60회 이상 보도되었다.

⑪ 경남대학교는 2009. 9. 6.에 경남대학교의 홍보를 위하여 홍보도우미로 가수 소외 1, 개그맨 소외 2를 위촉하였고, 경남대학교 사격선수 출신인 소외 3 선수는 2008 베이징올림픽에서 금메달을 획득하였으며, 씨름선수 소외 4는 씨름분야 천하장사 타이틀을 10회, 백두장사 18회, 한라장사 7회, ㅇㅇ장사소외 5은 한라장사 3회, 경남대학교 씨름 감독 소외 6은 한라장사 4회를 각각 획득하였고, 연극배우 소외 7, 탤런트 소외 8이 경남대학교 교수로 활동하고 있다.

⑫ 경남대학교가 2005년부터 2009년 2월까지 기간 중에 경남대학교 홍보를 위하여 신문광고 75회, TV광고 49회, 라디오 광고 21회, 인터넷 광고 5회를 실시하였다.

⑬ 피고는 교명을 경남대학으로 변경한 1971. 12. 31. 이래 학교 표장으로 "경남대학교", "경남대학교 KYUNGNAM UNIVERSITY"와 같은 표장을 사용해 왔다.

다) 판 단

위 인정사실에 의하여 알 수 있는, 경남대학교의 역사, 학교명의 사용기간, 입학 및 졸업자수, 대학 시설 및 활동 내역과 연구 실적, 광고 홍보 내역 등에 비추어 보면, 경남대학교라는 학교 명칭 또는 "경남대학교", "경남대학교 KYUNGNAM UNIVERSITY"와 같은 학교 표장은 이 사건 등록서비스표의 등록결정일인 2005. 1. 7. 무렵 일반 수요자들에게 널리 알려져 있었을 것으로는 보인다.

그러나 이 사건 등록서비스표는 실사용 서비스표인 "경남대학교"와 비교하면 영문 'KYUNGNAM UNITERSITY' 또는 한자 부분인 '**慶南大學校**' 부분이 부가되어 있고, 실사용 서비스표인 "경남대학교 KYUNGNAM UNIVERSITY"와 비교하면 도형 부분이 없는 대신에 한자 부분이 부가되어 있어서 이 사건 등록서비스표를 위 실사용 서비스표들과 동일한 서비스표라고 할 수 없으므로, 위 인정사실만으로 이 사건 등록서비스표의 등록결정시에 위 실사용 서비스표들 이외에 이 사건 등록서비스표도 피고의 서비스업을 표시하는 것으로 현저하게 인식되기에 이르러 식별력을 취득하였다는 사실을 추인하기 어렵고, 달리 이를 인정할 아무런 증거가 없다.

3) 소 결

따라서 이 사건 등록서비스표는 상표법 제6조 제2항의 사용에 의해 식별력을 취득한 서비스표라고 보기 어렵다.

4. 상표법 제7조 제1항 제11호 해당 여부

가. 원고의 주장

우리나라에는 도(도)별로 거점 국립대학교가 1개씩 설립되어 있는데, 대부분 서울대학교, 경북대학교, 전남대학교 등과 같이 도명(도명) 또는 광역지방자치단체명에 대학교를 결합하여 교명(교명)으로 사용하고 있으므로, 이 사건 등록서비스표와 같이 '경남'이라는 도명과 '대학교'로 구성된 '경남대학교'를 접하는 거래 일반 수요자들로서는 경남대학교를 국립대학으로 오인할 염려가 있고, 실제 일반 거래계에서도 경남대학교를 경남에 설립된 국립대학교로 오인되어 사용되고 있는바, 경남대학교로 구성된 이 사건 등록서비스표는 국립대학교로 오인할 우려가 있어 상표법 제7조 제1항 제11호에 해당한다.

나. 판 단

1) 상표법 제7조 제1항 제7호 후단의 상품의 품질의 오인을 일으키게 할 염려가 있는 상표란 그 상표의 구성 자체가 그 지정상품이 본래적으로 가지고 있는 성질과 다른 성질을 갖는 것으로 수요자를 오인하게 할 염려가 있는 상표를 말하며(대법원 2000. 10. 13. 선고 99후628 판결, 1998. 12. 22. 선고 97후3029 판결 등 참조), 어느 상표가 품질오인을 생기게 할 염려가 있는지 여부는 상표 자체의 구성에 의해 지정상품과의 관계에서 판단하여야 하고, 상표 이외의 거래의 사정이나 상표권자의 주관적인 의도 등은 등록상표가 상표법 제7조 제1항 제11호에 해당하는지 여부를 판단함에 있어서는 감안하여서는 아니 되며, 한편 상표의 구성 자체에서 상품의 품질의 오인을 생기게 할 사정이 존재하는지 여부는 일반수요자의 인식을 기준으로 거래통념에 따라 판단하여야 한다.

2) 이 사건에서 보면, 이 사건 등록서비스표는 경남대학교라는 한글(경남대학교), 영문(KYUNGNAM UNITERSITY), 한자(경남대학교)를 상하 3단으로 결합한 것이고, 우리나라의 영어보급 수준이나 한자 보급수준에 비추어 보면, 이 사건 등록서비스표

는 '경남대학교'로 인식된다고 할 것인바, 상표의 구성 자체로 볼 때, 경남대학교에서 '경남'이라는 표현이 국립대학을 의미하는 단어가 아니므로 경남대학교를 국립대학으로 오인할 염려가 있다고 볼 수 없고, 설사 원고 주장처럼 '도명'과 '대학교'를 결합한 교명이 국립대학교의 교명으로 많이 사용되고 있고, 일반 거래계에서 일부 경남대학교를 국립대학교로 혼동하는 경우가 있다고 하더라도 이와 같은 사정만을 가지고 경남대학교가 그 서비스표의 구성 자체로 국립대학교로 품질을 오인할 염려가 있는 서비스표에 해당한다고 보기 어렵다.

따라서 이 사건 등록서비스표는 상표법 제7조 제1항 제11호에 해당하지 않는다.

5. 결 론

그렇다면, 이 사건 등록서비스표는 상표법 제7조 제1항 제11호에는 해당하지 아니하나, 상표법 제6조 제1항 제1호, 제4호 또는 제7호에 해당하여 그 등록이 무효로 되어야 할 것인바, 이와 결론을 달리한 이 사건 심결은 위법하므로, 이를 취소하기로 하여 주문과 같이 판결한다.

판사 문영화(재판장) 이종우 김병식

30. 대법원 2012.11.15. 선고 2011후1982 판결【등록무효(상)】

[공2012하,2059]

【판시사항】

[1] 등록상표의 구성 중 오랜 기간 사용으로 식별력을 취득한 부분을 포함함으로써 그 이외 구성 부분과의 결합으로 이미 취득한 식별력이 감쇄되지 않는 경우 등록상표의 식별력 유무(적극) 및 위 법리가 서비스표의 경우에도 적용되는지 여부(적극)

[2] 갑 대학교산학협력단이 등록서비스표 "경남대학교 KYUNGNAM UNIVERSITY 慶南大學校"의 등록권리자 을 학교법인을 상대로 등록서비스표가 상표법 제6조 제1항 제4호, 제7호 등에 해당한다는 이유로 등록무효심판청구를 한 사안에서, 등록서비스표는 전체적으로 볼 때 지정서비스업에 대해 자타서비스업의 식별력이 없다고 할 수 없다는 이유로, 이와 달리 본 원심 판결에 법리오해의 위법이 있다고 한 사례

【판결요지】

[1] 등록상표의 구성 중 식별력이 없거나 미약한 부분과 동일한 표장이 거래사회에서 오랜 기간 사용된 결과 상표의 등록 전부터 수요자 간에 누구의 업무에 관련된 상품을 표시하는 것인가 현저하게 인식되어 있는 경우에는 그 부분은 사용된 상품에 관하

여 식별력을 가지게 되므로, 위와 같이 식별력을 취득한 부분을 그대로 포함함으로써 그 이외의 구성 부분과의 결합으로 인하여 이미 취득한 식별력이 감쇄되지 않는 경우에는 그 등록상표는 전체적으로 볼 때에도 그 사용된 상품에 관하여는 자타상품의 식별력이 없다고 할 수 없고, 이러한 법리는 상표법 제2조 제3항에 의하여 서비스표의 경우에도 마찬가지로 적용된다고 할 것이다.

[2] 갑 대학교산학협력단이 등록서비스표 "경남대학교 KYUNGNAM UNIVERSITY 慶南大學校"의 등록권리자 을 학교법인을 상대로 등록서비스표가 상표법 제6조 제1항 제4호, 제7호 등에 해당한다는 이유로 등록무효심판청구를 한 사안에서, 등록서비스표의 구성 중 '경남대학교' 부분은 그 자체로는 현저한 지리적 명칭인 '경상남도'의 약어인 '경남'과 보통명칭인 '대학교'를 표시한 것에 지나지 않아 식별력이 있다고 할 수 없으나, 오랜 기간 지정서비스업에 사용된 결과 등록결정일 무렵에는 수요자 사이에 그 표장이 을 학교법인의 업무에 관련된 서비스업을 표시하는 것으로 현저하게 인식되기에 이르렀으므로 그 표장이 사용된 지정서비스업에 관하여 식별력을 가지게 되었고, 위와 같이 식별력을 취득한 '경남대학교'부분을 그대로 포함한 등록서비스표는 영문자 부분인 'KYUNGNAM UNITERSITY' 및 한자 부분인 '慶南大學校'와의 결합으로 이미 취득한 식별력이 감쇄된다고 볼 수 없어 전체적으로 볼 때에도 지정서비스업에 대해서 자타서비스업의 식별력이 없다고 할 수 없다는 이유로, 이와 달리 본 원심 판결에 법리오해의 위법이 있다고 한 사례.

【참조조문】

[1] 상표법 제2조 제3항, 제6조 제2항 [2] 상표법 제2조 제3항, 제6조 제1항 제4호, 제7호, 제2항

【참조판례】

[1] 대법원 2008. 5. 15. 선고 2005후2977 판결

【전 문】

【원고, 피상고인】 경상대학교산학협력단(소송대리인 특허법인 다래 담당변리사 박승문 외 5인)

【피고, 상고인】 학교법인 한마학원(소송대리인 법무법인(유한) 태평양 외 2인)

【원심 판결】 특허법원 2011. 7. 8. 선고 2010허8191 판결

【주 문】

원심 판결을 파기하고, 사건을 특허법원에 환송한다.

【이 유】

상고이유(상고이유서 제출기간 경과 후에 제출된 각 상고이유보충서의 기재는 상고이유를 보충하는 범위 내에서)를 판단한다.

1. 등록무효심판의 이해관계인 해당 여부에 관하여

기록에 비추어 살펴보면, 피고는 원고를 상대로 원고의 등록서비스표(등록번호 1 생략) "경남국립대학교"에 대하여 이 사건 등록서비스표(등록번호 2 생략)와 동일·유사하다는 이유로 등록무효심판을 청구하였는데 이 사건 심결 당시 원고의 위 등록서비스표의 등록무효 여부가 다투어지고 있어서, 원고는 이 사건 등록서비스표의 소멸에 직접적인 이해관계가 있다고 할 것이다.

따라서 원고는 이 사건 등록서비스표에 대한 등록무효심판을 청구할 수 있는 이해관계인에 해당하므로, 거기에 상고이유로 주장하는 바와 같은 등록무효심판의 이해관계인에 관한 법리오해 등의 위법이 없다.

2. 이 사건 등록서비스표의 사용에 의한 식별력 취득 여부에 관하여

등록상표의 구성 중 식별력이 없거나 미약한 부분과 동일한 표장이 거래사회에서 오랜 기간 사용된 결과 상표의 등록 전부터 수요자 간에 누구의 업무에 관련된 상품을 표시하는 것인가 현저하게 인식되어 있는 경우에는 그 부분은 사용된 상품에 관하여 식별력을 가지게 되므로(대법원 2008. 5. 15. 선고 2005후2977 판결 등 참조), 위와 같이 식별력을 취득한 부분을 그대로 포함함으로써 그 이외의 구성 부분과의 결합으로 인하여 이미 취득한 식별력이 감쇄되지 않는 경우에는 그 등록상표는 전체적으로 볼 때에도 그 사용된 상품에 관하여는 자타상품의 식별력이 없다고 할 수 없고, 이러한 법리는 상표법 제2조 제3항에 의하여 서비스표의 경우에도 마찬가지로 적용된다고 할 것이다 .

위 법리와 기록에 비추어 살펴보면, 이 사건 등록서비스표 "경남대학교 KYUNGNAM UNIVERSITY 慶南大學校"의 구성 중 '경남대학교' 부분은 그 자체로는 현저한 지리적 명칭인 '경상남도'의 약어인 '경남'과 보통명칭인 '대학교'를 표시한 것에 지나지 않아 식별력이 있다고 할 수 없으나, 오랜 기간 이 사건 지정서비스업에 사용된 결과 이 사건 등록결정일인 2005. 1. 7.경에는 수요자 사이에 그 표장이 피고의 업무에 관련된 서비스업을 표시하는 것으로 현저하게 인식되기에 이르렀으므로 그 표장이 사용된 이 사건 지정서비스업에 관하여 식별력을 가지게 되었다. 따라서 위와 같이 식별력을 취득한 '경남대학교' 부분을 그대로 포함한 이 사건 등록서비스표는 영문자 부분인 'KYUNGNAM UNITERSITY' 및 한자 부분

인 '慶南大學校'와의 결합으로 인하여 이미 취득한 식별력이 감쇄된다고 볼 수 없으므로 전체적으로 볼 때에도 그 지정서비스업에 대해서 자타서비스업의 식별력이 없다고 할 수 없다.

그런데 원심은 이 사건 등록결정일인 2005. 1. 7.경 "경남대학교" 등의 표장이 일반 수요자들에게 널리 알려져 있었음을 인정하면서도, 이 사건 등록서비스표는 실제 사용된 서비스표들과 동일한 서비스표라고 할 수 없다는 이유로 식별력이 없는 표장에 해당한다고 판단하였으니, 이러한 원심판단에는 상표의 식별력 판단에 관한 법리를 오해하여 판결에 영향을 미친 위법이 있고, 이를 지적하는 상고이유는 이유 있다.

3. 결 론

그러므로 나머지 상고이유에 대한 판단을 생략한 채 원심 판결을 파기하고, 사건을 다시 심리·판단하게 하기 위하여 원심법원에 환송하기로 하여, 관여 대법관의 일치된 의견으로 주문과 같이 판결한다.

대법관 민일영(재판장) 이인복 박보영(주심) 김신

31. 특허법원 2010. 7.14. 선고 2010허364 판결 【거절결정(상)】

[미간행]

【전 문】

【원 고】 아디다스 악티엔게젤샤프트(소송대리인 특허법인 화우 담당변리사 이덕재)

【피 고】 특허청장

【변론종결】

2010. 6. 16.

【주 문】

1. 원고의 청구를 기각한다.
2. 소송비용은 원고가 부담한다.

【청구취지】

특허심판원이 2009. 11. 17. 2008원11599호 사건에 관하여 한 심결을 취소한다.

【이 유】

1. 기초사실

가. 심결의 경위

원고는 2007. 6. 12. 아래 나항 기재 이 사건 출원상표를 출원하였는데, 특허청 심사관은 2008. 11. 3. 이 사건 출원상표가 그 지정상품인 '스포츠셔츠'의 형상을 보통으로 사용하는 방법으로 표시한 상표에 해당하여 상표법 제6조 제1항 제3호 및 제7호에 해당하고, 또한 이 사건 출원상표가 사용에 의한 식별력을 취득하였다고 볼 수도 없다는 이유로 거절결정을 하였다.

특허심판원은 위 거절결정에 대한 원고의 불복심판청구에 대하여, 위와 동일한 이유로 위 심판청구를 기각하는 내용의 청구취지 기재 이 사건 심결을 하였다.

나. 이 사건 출원상표

(1) 구성: 

(2) 출원번호: (출원번호 생략)

(3) 지정상품: 상품류 구분 제25류의 "스포츠셔츠(shirts), 스포츠재킷, 풀오버(jackets and pullovers for athletics)"

[인정근거: 다툼없는 사실, 갑 제1호증의 1, 2, 3, 을 제1호증, 변론의 전취지]

2. 이 사건 출원상표가 상표법 제6조 제1항 제3호 및 제7호에 해당하는지 여부

가. 판단기준

어떤 상표가 상표법 제6조 제1항 제3호에서 정한 상품의 품질·원재료·효능·용도 등을 보통으로 사용하는 방법으로 표시한 표장만으로 된 상표에 해당하는지 여부는 그 상표가 지니고 있는 관념, 지정상품과의 관계, 거래사회의 실정 등을 감안하여 객관적으로 판단하여야 한다(대법원 2006. 1. 26. 선고 2005후2595 판결, 대법원 2006. 7. 28. 선고 2005후2786 판결 등 참조).

또한 상표법 제6조 제1항 제7호의 '제1호 내지 제6호 외에 수요자가 누구의 업무에 관련된 상품을 표시하는 것인가를 식별할 수 없는 상표'라 함은 같은 조항의 제1호 내지 제6호에 해당하지 아니하는 상표라도 자기의 상품과 타인의 상품 사이의 출처를 식별할 수 없는, 즉 특별현저성이 없는 상표는 등록을 받을 수 없다는 의미인데, 어떤 상표가 특별현저성을 가진 상표인지 여부는 그 상표가 지니고 있는 관념, 지정상품과의 관계 및 거래사회의 실정 등을 감안하여 객관적으로 결정하여야 한다(대법원 1997. 2. 28. 선고 96후979 판결 참조).

나. 구체적 판단

이 사건 출원상표는 점선으로 표시된 운동복 상의 모양의 형상에 옆구리에서 허리까지 연결된 세 개의 굵은 선이 결합된 도형상표인바, 점선으로 표시된 운동복 상의 모양의 형상은 그 지정상품인 "스포츠셔츠, 스포츠자켓" 등의 일반적인 형상을 나타낸 것에 지나지 않아 자타상품의 식별력이 있다고 할 수 없으며, '옆구리에서 허리까지 연결된 세 개의 굵은 선' 부분도 독립적인 하나의 식별력 있는 도형이라기보다는 상품을 장식하기 위한 무늬의 하나 정도로 인식될 뿐이므로 식별력이 인정되지 아니하므로, 이 사건 출원상표는 상표법 제6조 제1항 제3호 및 제7호에 해당한다.

3. 이 사건 출원상표가 사용에 의한 식별력을 취득하였는지 여부

가. 판단기준

식별력이 없는 것으로 보이는 표장이 사용된 결과 수요자나 거래자 사이에 상품의 출처를 표시하는 식별표지로 현저하게 인식되기에 이르러 상표 등록적격을 인정받게 되는 경우에는, 원래 독점사용시킬 수 없는 표장에 대세적인 권리를 부여하는 것이므로 그 기준은 엄격하게 해석 적용되어야 하고(대법원 1999. 9. 17. 선고 99후1645 판결 참조), 일반 수요자 사이에 그 상표가 누구의 상표인지 현저하게 인식되었다는 사실은, 출원인이 구체적으로 그 상표 자체를 타인의 상품과 구별시키기 위한 식별표지로 적합한 방식으로 사용한 결과 일반 수요자들이 이를 그러한 상표로 현저하게 인식하게 되었다는 것이 증거에 의하여 명확하게 인정되어야 한다(대법원 2001. 1. 30. 선고 99후3023 판결, 2003. 5. 16. 선고 2002후1768 판결 등 참조).

나. 구체적 판단

원고는 사용에 의한 식별력을 인정하기 위한 증거로서 갑 제273 내지 302호증을 비롯한 많은 증거들을 제출하고 있으나, 위 각 증거들의 각 기재만으로는 '옆구리에서 허리까지 연결된 세 개의 굵은 선'을 국내에서 원고만이 독점적으로 사용하여 원고의 상표로 널리 알려졌다고 인정하기 부족하고, 특히 그 지정상품 중 '풀오버'에 대하여는 사용사실을 거의 찾아볼 수 없다[이에 대하여 원고는, 운동용 상의라면 그 상의가 반팔이건, 민소매건, 어느 색상이던 또는 단추나 지퍼가 있건 없건 간에 모두 하나의 운동용 상의로 인식되고, 원고는 운동용 상의에 대하여 사용에 의한 식별력을 취득하였으므로, '풀오버'라는 개별적 지정상품에 관하여 사용에 의한 식별력을 취득하였는지 여부와 상관없이 지정상품 전부에 대하여 사용에 의한 식별력이 인정되어야 한다는 취지로 주장하나, 식별력이 없는 것으로 보이는 표장이 사용된 결과 수요자나 거래자 사이에 상품의 출처를 표시하는 식별표지로 현저하게 인식되어 식별력을 가지게 되더라도, 사용에 의하여 식별력을 취득하는 것은 실제로 그 상표가 사용된 상품에 한하므로 그 상표는 당해 상품에 대해서만 등록을 받을 수 있고 그와 유사한 상품에 대하여는 등록을 받을 수 없으므로(대법원 2006. 5. 12.

선고 2005후339 판결 참조) 원고의 위 주장은 이유 없다].

또한 '옆구리에서 허리까지 연결된 세 개의 굵은 선'옆구리 3선이 사용된 경우에도 각 제품에는 위와 같은 3선 이외에도 그 출처를 표시하는 원고의 상표가 별도로 부착되어 있는 경우가 대부분이어서 위와 같은 '옆구리에서 허리까지 연결된 세 개의 굵은 선'의 사용이 과연 상품의 출처를 표시하기 위한 상표적 사용인가에 대한 점에도 의문이 있다.

따라서 이 사건 출원상표는 사용에 의한 식별력을 취득하였다고 할 수 없으며, 원고의 3선 도형이 포함된 상표가 국내외 다수의 상표등록이 되어있다는 사정만으로 이 사건 출원상표가 등록되어야 하는 것도 아니라 할 것이다.

4. 결 론

그렇다면 이 사건 출원상표는 등록거절되어야 할 것인바, 이와 결론을 같이한 이 사건 심결은 적법하므로, 그 취소를 구하는 원고의 이 사건 청구는 이유 없어 이를 기각하기로 하여 주문과 같이 판결한다.

판사 변현철(재판장) 박창수 김용덕

32. 대법원 2012.12.20. 선고 2010후2339 전원합의체 판결【거절결정(상)】

[공2013상,264]

【판시사항】

[1] 상표법상 '기호·문자·도형 각각 또는 그 결합이 일정한 형상이나 모양을 이루고, 이러한 일정한 형상이나 모양이 지정상품의 특정 위치에 부착되는 것에 의하여 자타상품을 식별하게 되는 표장'이 상표의 한 가지로서 인정될 수 있는지 여부(적극) 및 출원된 표장을 위치상표로 파악하는 판단 기준

[2] 갑 외국회사가 출원상표 " 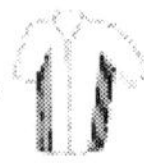 "를 출원하자 특허청 심사관이 출원상표가 상표법 제6조 제1항 제3호, 제7호에 해당한다는 이유로 거절결정을 한 사안에서, 위 출원상표는 세 개의 굵은 선이 지정상품의 특정 위치에 부착되는 것에 의하여 자타상품을 식별하게 되는 위치상표로서, 일점쇄선 부분은 출원상표의 표장 자체의 외형을 이루는 도형이 아니라고 보아야 하는데도 이와 달리 본 원심 판결에 법리오해의 위법이 있다고 한 사례

【판결요지】

[1] 상표법상 상표의 정의 규정은 1949. 11. 28. 법률 제71호로 제정된 상표법 제1조 제1항

에서부터 이 사건 출원상표에 대하여 적용되는 구 상표법(2011. 12. 2. 법률 제11113호로 개정되기 전의 것) 제2조 제1항 제1호에 이르기까지 여러 차례 개정되어 왔으나, '자기의 상품을 타인의 상품과 식별되도록 하기 위하여 사용하는 기호·문자·도형 또는 그 결합'을 상표로 보는 취지는 공통적으로 포함되어 있다. 이러한 상표의 정의 규정은 기호·문자·도형 또는 그 결합을 사용하여 시각적으로 인식할 수 있도록 구성하는 모든 형태의 표장을 상표의 범위로 포섭하고 있다고 할 것이다. 따라서 이러한 규정에 따르면, '기호·문자·도형 각각 또는 그 결합이 일정한 형상이나 모양을 이루고, 이러한 일정한 형상이나 모양이 지정상품의 특정 위치에 부착되는 것에 의하여 자타상품을 식별하게 되는 표장'도 상표의 한 가지로서 인정될 수 있다(이러한 표장을 이하 '위치상표'라고 한다). 위치상표에서는 지정상품에 일정한 형상이나 모양 등이 부착되는 특정 위치를 설명하기 위하여 지정상품의 형상을 표시하는 부분을 필요로 하게 된다. 이때 표장의 전체적인 구성, 표장의 각 부분에 사용된 선의 종류, 지정상품의 종류 및 그 특성 등에 비추어 출원인의 의사가 지정상품의 형상을 표시하는 부분에 대하여는 위와 같은 설명의 의미를 부여한 것뿐임을 쉽사리 알 수 있는 한 이 부분은 위치상표의 표장 자체의 외형을 이루는 도형이 아니라고 파악하여야 한다. 그에 있어서는 출원인이 심사과정 중에 특허청 심사관에게 위와 같은 의사를 의견제출통지에 대한 의견서 제출 등의 방법으로 밝힌 바가 있는지 등의 사정도 고려되어야 할 것이다. 한편 현재 우리나라에서 상표의 출원 및 그 심사의 과정에서 출원인이 위치상표라는 취지를 별도로 밝히는 상표설명서를 제출하는 절차 또는 위 지정상품의 형상 표시는 상표권이 행사되지 아니하는 부분임을 미리 밝히는 권리불요구절차 등에 관한 규정이 마련되어 있지 아니하다는 사유는 위와 같은 위치상표의 인정에 방해가 되지 아니한다고 할 것이다. 또한 위치상표는 비록 일정한 형상이나 모양 등이 그 자체로는 식별력을 가지지 아니하더라도 지정상품의 특정 위치에 부착되어 사용됨으로써 당해 상품에 대한 거래자 및 수요자 대다수에게 특정인의 상품을 표시하는 것으로 인식되기에 이르렀다면, 사용에 의한 식별력을 취득한 것으로 인정받아 상표로서 등록될 수 있다.

[2] 갑 외국회사가 출원상표 ""를 출원하자 특허청 심사관이 출원상표가 상표법 제6조 제1항 제3호, 제7호에 해당한다는 이유로 거절결정을 한 사안에서, 위 표장의 전체적인 구성 및 표장의 각 부분에 사용된 선의 종류, 지정상품의 종류 및 특성 등에 비추어 보면, 위 출원상표를 출원한 갑 회사의 의사는 지정상품의 형상을 표시하는 부분에 대하여는 세 개의 굵은 선이 부착되는 위치를 나타내기 위한 설명의 의미를

부여한 것뿐임을 쉽사리 알 수 있으므로, 위 출원상표는 세 개의 굵은 선이 지정상품의 옆구리에서 허리까지의 위치에 부착되는 것에 의하여 자타상품을 식별하게 되는 위치상표이고, 위 일점쇄선 부분은 출원상표의 표장 자체의 외형을 이루는 도형이 아니라고 봄이 상당한데도, 이와 달리 본 원심 판결에 법리오해의 위법이 있다고 한 사례.

【참조조문】

[1] 구 상표법(2011. 12. 2. 법률 제11113호로 개정되기 전의 것) 제2조 제1항 제1호 [2] 구 상표법(2011. 12. 2. 법률 제11113호로 개정되기 전의 것) 제2조 제1항 제1호, 상표법 제6조 제1항 제3호, 제7호, 제2항

【참조판례】

[1] 대법원 1990. 9. 25. 선고 90후168 판결(공1990, 2161)(변경)
대법원 2004. 7. 8. 선고 2003후1970 판결(변경)
대법원 2004. 7. 8. 선고 2003후1987 판결(변경)

【전 문】

【원고, 상고인】 아디다스 악티엔게젤샤프트(소송대리인 특허법인 화우 담당변리사 권성택 외 2인)

【피고, 피상고인】 특허청장

【원심 판결】 특허법원 2010. 7. 14. 선고 2010허364 판결

【주 문】

원심 판결을 파기하고, 사건을 특허법원으로 환송한다.

【이 유】

상고이유(상고이유서 제출기간 경과 후에 제출된 상고이유보충서의 기재는 상고이유를 보충하는 범위 내에서)를 판단한다.

1. 상표법상 상표의 정의 규정은 1949. 11. 28. 법률 제71호로 제정된 상표법 제1조 제1항에서부터 이 사건 출원상표에 대하여 적용되는 구 상표법(2011. 12. 2. 법률 제11113호로 개정되기 전의 것) 제2조 제1항 제1호에 이르기까지 여러 차례 개정되어 왔으나, '자기의 상품을 타인의 상품과 식별되도록 하기 위하여 사용하는 기호·문자·도형 또는 그 결합'을 상표로 보는 취지는 공통적으로 포함되어 있다. 이러한 상표의 정의 규정은 기호·문자·도형 또는 그 결합을 사용하여 시각적으로 인식할 수 있도록 구성하는 모든 형태의 표장을 상표의 범위로 포섭하고 있다고 할 것이다. 따라서 이러한 규정에 따르면, '기호·문자·도형 각각 또는 그 결합이 일정한 형상이나 모양을 이루고, 이러한 일정한 형상이나 모양이 지정상품의 특정 위치에 부착되는 것에 의하여 자타상품을 식별하게 되는

표장'도 상표의 한 가지로서 인정될 수 있다(이러한 표장을 이하 '위치상표'라고 한다) . 위치상표에서는 지정상품에 일정한 형상이나 모양 등이 부착되는 특정 위치를 설명하기 위하여 지정상품의 형상을 표시하는 부분을 필요로 하게 된다. 이때 표장의 전체적인 구성, 표장의 각 부분에 사용된 선의 종류, 지정상품의 종류 및 그 특성 등에 비추어 출원인의 의사가 지정상품의 형상을 표시하는 부분에 대하여는 위와 같은 설명의 의미를 부여한 것뿐임을 쉽사리 알 수 있는 한 이 부분은 위치상표의 표장 자체의 외형을 이루는 도형이 아니라고 파악하여야 한다. 그에 있어서는 출원인이 심사과정 중에 특허청 심사관에게 위와 같은 의사를 의견제출통지에 대한 의견서 제출 등의 방법으로 밝힌 바가 있는지 등의 사정도 고려되어야 할 것이다. 한편 현재 우리나라에서 상표의 출원 및 그 심사의 과정에서 출원인이 위치상표라는 취지를 별도로 밝히는 상표설명서를 제출하는 절차 또는 위 지정상품의 형상 표시는 상표권이 행사되지 아니하는 부분임을 미리 밝히는 권리불요구절차 등에 관한 규정이 마련되어 있지 아니하다는 사유는 위와 같은 위치상표의 인정에 방해가 되지 아니한다고 할 것이다. 또한 위치상표는 비록 일정한 형상이나 모양 등이 그 자체로는 식별력을 가지지 아니하더라도 지정상품의 특정 위치에 부착되어 사용됨으로써 당해 상품에 대한 거래자 및 수요자 대다수에게 특정인의 상품을 표시하는 것으로 인식되기에 이르렀다면, 사용에 의한 식별력을 취득한 것으로 인정받아 상표로서 등록될 수 있다.

이와 달리 표장에 표시된 지정상품의 형상 부분의 구체적인 의미를 따져보지 아니하고 일률적으로 위 부분이 표장 자체의 외형을 이루는 도형이라고 보고, 이를 포함하는 상표는 그 지정상품의 형상을 보통으로 사용하는 방법으로 표시한 상표에 해당한다는 취지로 판시한 대법원 1990. 9. 25. 선고 90후168 판결, 대법원 2004. 7. 8. 선고 2003후1970 판결, 대법원 2004. 7. 8. 선고 2003후1987 판결은 이 판결의 견해에 배치되는 범위에서 이를 변경하기로 한다.

2. 위 법리에 비추어 살펴본다.

원심 판시 이 사건 출원상표(출원번호 제2007-31449호)는 우측의 그림과 같이 실선이 아닌 일점쇄선으로 표시된 상의 형상의 옆구리에서 허리까지의 위치에 실선으로 표시된 세 개의 굵은 선이 부착되어 있는 형태의 표장으로 이루어져 그 표장 중 상의 형상 부분과 세 개의 굵은 선 부분이 서로 확연하게 구분되어 있다. 또한 그 지정상품은 스포츠셔츠, 스포츠재킷, 풀오버로서 모두 상의류에 속하므로 실제 상품들의 옆구리에서 허리까지

의 위치에 위 표장에 도시된 바와 같은 형태로 일정한 형상이나 모양이 부착될 수 있다. 위와 같은 표장의 전체적인 구성 및 표장의 각 부분에 사용된 선의 종류, 지정상품의 종류 및 그 특성 등에 비추어 보면, 이 사건 출원상표를 출원한 원고의 의사는 위와 같이 지정상품의 형상을 표시하는 부분에 대하여는 위 세 개의 굵은 선이 부착되는 위치를 나타내기 위한 설명의 의미를 부여한 것뿐임을 쉽사리 알 수 있다고 할 것이다. 뿐만 아니라 기록에 의하면, 원고는 이 사건 출원상표의 심사과정에 이 사건 출원상표의 표장 중 점선(원고는 일점쇄선을 점선으로 표현하고 있다)으로 표시한 상의 형상은 세 개의 굵은 선이 정확히 어디에 표시되는지를 나타내기 위한 부분이라는 취지를 밝힌 바도 있었던 것으로 보인다. 따라서 이 사건 출원상표는 위 세 개의 굵은 선이 지정상품의 옆구리에서 허리까지의 위치에 부착되는 것에 의하여 자타상품을 식별하게 되는 위치상표이고, 위 일점쇄선 부분은 이 사건 출원상표의 표장 자체의 외형을 이루는 도형이 아니라고 봄이 상당하다.

원심은, 이 사건 출원상표는 점선(원심은 일점쇄선을 점선으로 표현하고 있다)으로 표시된 운동복 상의 모양의 형상에 옆구리에서 허리까지 연결된 세 개의 굵은 선이 결합된 도형상표로서, 점선으로 표시된 운동복 상의 모양의 형상은 그 지정상품의 일반적인 형상을 나타낸 것에 지나지 아니하여 자타상품의 식별력이 있다고 할 수 없고 또 '옆구리에서 허리까지 연결된 세 개의 굵은 선' 부분도 독립적인 하나의 식별력 있는 도형이라기보다는 상품을 장식하기 위한 무늬의 하나 정도로 인식될 뿐이어서 식별력이 인정되지 아니하므로, 이 사건 출원상표는 상표법 제6조 제1항 제3호에서 정한 기술적 표장 및 같은 항 제7호에서 정한 기타 식별력 없는 표장에 해당한다는 취지로 판단하였다. 나아가 원심은 이러한 상표의 구성 파악을 바탕으로 하여 이 사건 출원상표가 상표법 제6조 제2항에서 정한 사용에 의한 식별력을 취득하였다고 할 수 없다는 취지로 판단하였다.

이와 같이 원심은 이 사건 출원상표의 일점쇄선으로 표시된 운동복 상의 형상 부분이 표장 자체의 외형을 이루는 도형이라고 보는 잘못된 전제에서 이 사건 출원상표의 식별력 유무 및 사용에 의한 식별력 취득 여부를 판단하였다. 이러한 원심의 조치에는 상표의 식별력 판단에 관한 법리를 오해하여 판결에 영향을 미친 위법이 있다. 이 점을 지적하는 상고이유의 주장은 이유 있다.

3. 그러므로 나머지 상고이유에 관한 판단을 생략한 채 원심 판결을 파기하고, 사건을 다시 심리·판단하게 하기 위하여 원심법원에 환송하기로 하여, 관여 법관의 일치된 의견으로 주문과 같이 판결한다.

대법원장 양승태(재판장) 대법관 양창수(주심) 신영철 민일영 이인복 이상훈 박병대 김용덕 박보영 고영한 김창석 김신 김소영

33. 대법원 2003. 7. 11. 선고 2001후2863 판결 【거절사정(상)】

[공2003.8.15.(184),1734]

【판시사항】

상표법 제6조 제1항 제7호와 같은 조 제2항의 관계

【판결요지】

상표법 제6조 제1항 제7호는 같은 조 제1항 제1호 내지 제6호에 해당하지 아니하는 상표라도 자기의 상품과 타인의 상품 사이의 출처를 식별할 수 없는, 즉 특별현저성이 없는 상표는 등록을 받을 수 없다는 것을 의미할 뿐이므로, 어떤 표장이 그 사용상태를 고려하지 않고 그 자체의 관념이나 지정상품과의 관계 등만을 객관적으로 살펴볼 때에는 특별현저성이 없는 것으로 보이더라도, 출원인이 그 표장을 사용한 결과 수요자나 거래자 사이에 그 표장이 누구의 업무에 관련된 상품을 표시하는 것으로 현저하게 인식되기에 이른 경우에는 특별한 사정이 없는 한 그 표장은 상표법 제6조 제1항 제7호의 특별현저성이 없는 상표에 해당하지 않게 되고, 그 결과 상표등록을 받는 데 아무런 지장이 없으며, 같은 조 제2항에 같은 조 제1항 제7호가 포함되어 있지 않다는 사정만으로 이를 달리 볼 것은 아니다.

【참조조문】

상표법 제6조 제1항 제7호, 제2항

【참조판례】

대법원 2001. 4. 10. 선고 2001후58 판결

【전 문】

【원고, 상고인】 루이 비똥 말레띠에(Louis Vuitton Malletier)(소송대리인 변호사 장수길 외 3인)

【피고, 피상고인】 특허청장

【원심 판결】 특허법원 2001. 8. 23. 선고 2000허7526 판결

【주 문】

원심 판결을 파기하고, 사건을 특허법원으로 환송한다.

【이 유】

1. 원심 판결 이유에 의하면, 원심은 원고의 이 사건 출원상표는 모양이 간단하고 그 무늬가 연속적으로 구성되어 있어 하나의 완성된 독립적 도형으로 인식되기보다 장식적 무늬의 한 부분을 표현한 것으로 인식되며, 그 무늬가 보리이삭을 도형화한 것이라 할지라도 일반 수요자들에게 어떤 관념이나 호칭을 생기게 하는 모양이라고 할 수 없고, 또한 이 사건 출원상표의 외관은 그 지정상품인 핸드백, 트렁크, 서류가방들의 외부

표면의 무늬 형태를 나타내는 것으로 인식될 수 있는 점을 종합하면, 일반 수요자들이나 거래자들이 이 사건 출원상표에 의하여 그 지정상품의 출처를 인식하고 자타상품을 구별하기는 어려우므로 이 사건 출원상표는 상표법 제6조 제1항 제7호 소정의 수요자가 누구의 업무에 관련된 상품을 표시하는 것인가를 식별할 수 없는 상표에 해당한다고 한 다음, 같은 조 제2항은 같은 조 제1항 제3호, 제5호 또는 제6호에 해당하는 상표에 한하여 그 출원 전에 상표를 사용한 결과 수요자 사이에 그 상표가 특정인의 상품이나 업무를 표시하는 것으로 현저하게 인식되어 있는 경우에 그 상표를 사용한 상품을 지정상품으로 하여 상표등록을 받을 수 있다고 규정하고 있을 뿐, 이 사건 출원상표와 같이 같은 조 제1항 제7호에 해당하여 상표등록을 받을 수 없는 상표인 경우에는 그 출원 전에 상표를 사용한 결과 수요자 사이에 그 상표가 특정인의 업무에 관련된 상품을 표시하는 것이라고 현저하게 인식되었다 하더라도 그 상표를 등록받을 수는 없다고 하면서, 이 사건 출원상표를 원고가 판매하는 가방류의 외부 무늬로 오랫동안 사용한 결과 일반 수요자들 사이에서 이 사건 출원상표가 원고의 상품을 표시하는 것으로 인식되어 식별력을 취득하였는지 여부에 대하여는 나아가 살피지 아니한 채, 이 사건 출원상표는 결국 상표법 제6조 제1항 제7호에 해당하여 상표등록될 수 없다는 취지로 판단하였다.

2. 그런데 상표법 제6조 제1항 제7호는 같은 조 제1항 제1호 내지 제6호에 해당하지 아니하는 상표라도 자기의 상품과 타인의 상품 사이의 출처를 식별할 수 없는, 즉 특별현저성이 없는 상표는 등록을 받을 수 없다는 것을 의미할 뿐이므로, 어떤 표장이 그 사용상태를 고려하지 않고 그 자체의 관념이나 지정상품과의 관계 등만을 객관적으로 살펴볼 때에는 특별현저성이 없는 것으로 보이더라도, 출원인이 그 표장을 사용한 결과 수요자나 거래자 사이에 그 표장이 누구의 업무에 관련된 상품을 표시하는 것으로 현저하게 인식되기에 이른 경우에는 특별한 사정이 없는 한 그 표장은 상표법 제6조 제1항 제7호의 특별현저성이 없는 상표에 해당하지 않게 되고, 그 결과 상표등록을 받는 데 아무런 지장이 없으며(대법원 2001. 4. 10. 선고 2001후58 판결 참조), 상표법 제6조 제2항에 상표법 제6조 제1항 제7호가 포함되어 있지 않다는 사정만으로 이를 달리 볼 것은 아니다. 위 법리에 비추어 보면, 원심이 외관이나 관념 등을 객관적으로 살펴서 상표법 제6조 제1항 제7호에 해당하는 것으로 보이는 상표는 그 상표의 사용 결과 수요자 사이에 그 상표가 특정인의 업무에 관련된 상품을 표시하는 것이라고 현저하게 인식되었다 하더라도 상표등록을 받을 수 없다는 이유로, 이 사건 출원상표의 식별력 구비 여부에 대하여 나아가 판단하지 아니하였음은 상표법 제6조 제1항 제7호에 관한 법리를 오해하여 판결에 영향을 미칠 중요한 사항에 관하여 판단을 유탈한 위법을 저지른 것이라 할 것이므로

이 점을 지적하는 상고이유의 주장은 이유 있다.

3. 그러므로 원심 판결을 파기하고, 사건을 다시 심리·판단하게 하기 위하여 원심법원으로 환송하기로 하여 관여 법관의 일치된 의견으로 주문과 같이 판결한다.

대법관 조무제(재판장) 유지담 이규홍(주심) 손지열

○ 상표법 제34조 제1항

34. 대법원 2010. 7. 29. 선고 2008후4721 판결【등록무효(상)】

[공2010하,1763]

【판시사항】

[1] 해군사관학교 사관생도의 견장 “”은 해군사관학교 사관생도로서의 신분과 그 학년을 표상하므로 그 전체가 대한민국의 기장에 해당하고, 전체적으로 관찰해 볼 때 등록상표 “”와 그 외관이 유사하지 아니하여, 위 등록상표는 구 상표법 제9조 제1항 제1호에 의해 등록을 받을 수 없는 상표에 해당하지 않음에도, 이와 다르게 본 원심판단에 법리오해의 위법이 있다고 한 사례

[2] 구 상표법 제8조 제1항에서 정한 ‘수요자가 누구의 업무에 관련된 상품인가를 식별할 수 없는 상표’의 의미 및 어떤 상표가 식별력이 없는 상표에 해당하는지 여부의 판단 기준

[3] 등록상표 “”는 구 상표법 제8조 제1항 제7호의 자기의 상품과 타인의 상품을 식별할 수 없는 상표에 해당한다고 볼 수 없음에도, 이와 다르게 본 원심판단에 법리오해의 위법이 있다고 한 사례

【판결요지】

[1] 해군사관학교 사관생도의 견장 “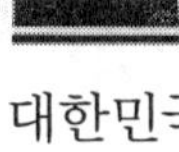”은 해군사관학교 사관생도로서의 신분과 그 학년을 표상하므로 그 전체가 대한민국의 기장에 해당하고, 등록상표(등록번호 제113827호) “”는 닻줄을 휘감은 검은색의 닻 모양의 도형만으로 구성되어 있는

반면 위 견장은 오각형 도형의 중앙 바로 윗부분에 닻줄이 없는 닻 모양의 도형과 오각형 도형의 아랫부분에 학년을 표시하는 띠 형상의 선 등을 포함하고 있는 차이가 있어서, 전체적으로 관찰하여 볼 때 위 등록상표와 위 견장은 그 외관이 유사하지 아니하여 구 상표법(1990. 1. 13. 법률 제4210호로 전문 개정되기 전의 것) 제9조 제1항 제1호에 의해 등록을 받을 수 없는 상표에 해당하지 않음에도, 이와 다르게 본 원심판단에 법리오해의 위법이 있다고 한 사례.

[2] 구 상표법(1990. 1. 13. 법률 제4210호로 전문 개정되기 전의 것) 제8조 제1항은 상표등록을 받을 수 없는 경우의 하나로 그 제7호에 "제1호 내지 제6호 외에 수요자가 누구의 업무에 관련된 상품인가를 식별할 수 없는 상표"를 규정하고 있는바, 이는 제1호 내지 제6호에 해당하지 아니한 상표라도 자기의 상표와 타인의 상표를 식별할 수 없는 상표는 등록을 받을 수 없다는 의미인데, 어떤 상표가 식별력이 없는 상표에 해당하는지 여부는 그 상표가 지니고 있는 관념, 지정상품과의 관계 및 거래사회의 실정 등을 감안하여 객관적으로 결정하여야 하고, 사회통념상 자타상품의 식별력을 인정하기 곤란하거나 공익상 특정인에게 그 상표를 독점시키는 것이 적당하지 않다고 인정되는 경우에는 그 식별력이 없다.

[3] 등록상표 ""는 닻줄을 휘감은 닻 모양의 형상이 독특하게 도안화되어 있고, 스웨터, 원피스, 블라우스, 청바지 등이 그 지정상품으로 되어 있는 점에 비추어 볼 때 그 식별력을 쉽게 부정하기 어렵고, 위 등록상표의 등록결정일인 1985. 5. 16.경에는 달리 닻 모양만을 형상으로 한 해군의 계급장이 사용된 적이 없으며, 닻 도형은 항구를 표시하는 일반적 지도기호로 사용되는 등 바다와 관련이 있다는 암시를 주는 표장으로 알려졌을 뿐 해군의 각종 계급장, 군기 등으로 널리 알려졌다거나 닻 도형이 해군과의 특수한 관계가 있는 것으로 일반적으로 인식되었다고 보기 어려워 위 등록상표를 특정인이 독점적으로 사용하도록 하는 것이 적당하지 않다고 단정할 수 없으므로, 위 등록상표는 구 상표법(1990. 1. 13. 법률 제4210호로 전문 개정되기 전의 것) 제8조 제1항 제7호에서 정한 자기의 상품과 타인의 상품을 식별할 수 없는 상표에 해당한다고 볼 수 없음에도, 이와 다르게 본 원심판단에 법리오해의 위법이 있다고 한 사례.

【참조조문】

[1] 구 상표법(1990. 1. 13. 법률 제4210호로 전문 개정되기 전의 것) 제9조 제1항 제1호(현행 제7조 제1항 제1호 참조) [2] 구 상표법(1990. 1. 13. 법률 제4210호로 전문 개정되기 전의 것) 제8조 제1항(현행 제6조 제1항 참조) [3] 구 상표법(1990. 1. 13. 법률 제4210호로 전문 개정되기

전의 것) 제8조 제1항 제7호(현행 제6조 제1항 제7호 참조)

【참조판례】

[2] 대법원 1991. 12. 24. 선고 91후455 판결(공1992, 687)

대법원 2006. 5. 25. 선고 2004후912 판결(공2006하, 1187)

【전 문】

【원고, 피상고인】 원고 1 주식회사외 3인(소송대리인 특허법인 다래 담당변리사 박승문외 3인)

【피고, 상고인】 피고(소송대리인 변리사 이상진)

【원심 판결】 특허법원 2008. 10. 22. 선고 2008허1265 판결

【주 문】

원심 판결을 파기하고, 사건을 특허법원에 환송한다.

【이 유】

상고이유를 판단한다.

1. 상고이유 제1 내지 3점에 관하여

구 상표법(1990. 1. 13. 법률 제4210호로 전문 개정되기 전의 것, 이하 같다) 제9조 제1항은 등록을 받을 수 없는 상표를 규정하면서 그 제1호 전단에서 "국기·국장·군기·훈장·포장·기장·외국의 국기 및 국장과 동일 또는 유사한 상표"를 들고 있는바, 본호에 규정된 '기장'이란 공적을 기념하거나 신분, 직위 등을 표상하는 휘장 또는 표장을 의미하고, 이는 뒷 부분에 '외국의 국기 및 국장'을 열거하고 있는 점에 비추어 대한민국의 기장을 말하는 것으로 해석함이 상당하다.

위 법리와 기록에 비추어 살펴보면, 이 사건 해군사관학교 사관생도의 견장(우측 윗 도면, 이하 '이 사건 견장'이라 한다)은 해군사관학교 사관생도로서의 신분과 그 학년을 표상하므로 그 전체가 대한민국의 기장에 해당한다고 할 것이고, 한편 이 사건 등록상표(등록번호 제113827호, 우측 아래 도면)와 이 사건 견장은 다 같이 도형만으로 구성되어 있어서 모두 그 자체로부터 특정한 관념이나 호칭이 쉽게 떠오르지 아니하므로 외관을 기준으로 그 유사 여부를 대비하여야 할 것인데, 이 사건 등록상표는 닻줄을 휘감은 검은색의 닻 모양의 도형만으로 구성되어 있는 반면 이 사건 견장은 오각형 도형의 중앙 바로 윗부분에 닻줄이 없는 닻 모양의 도형과 오각형 도형의 아랫 부분에 학년을 표시하는 띠 형상의 선 등을 포함하고 있는 차이가 있어서, 전체적으로 관찰하여 볼 때 이 사건 등록상표와 이 사건 견장은 그 외관이 유사하지 아니하다. 따라서 이 사건 등록상표는 대한민국의 기장인 이 사건 견장과 유사하지 아니하므로 구 상표법 제9조 제1항 제1호에 해당한다고 볼 수 없다.

(이 사건 견장)

(이 사건 등록상표)

그럼에도 원심은 이 사건 견장 중 닻 모양의 도형만을 분리하여 이를 대한민국의 기장으로 본 다음 그 닻 도형과 이 사건 등록상표를 대비하여 전체적으로 서로 유사하다는 이유로 이 사건 등록상표가 구 상표법 제9조 제1항 제1호에 해당한다고 판단하고 말았으니, 이러한 원심 판결에는 위 법조항 해당 여부에 관한 법리를 오해하여 판결에 영향을 미친 위법이 있다. 이 점을 지적하는 상고이유 제2점은 이유 있고, 한편 이 사건 견장이 대한민국의 기장에 해당하지 아니한다는 취지의 상고이유 제1, 3점은 이유 없다.

2. 상고이유 제4점에 관하여

구 상표법 제8조 제1항은 상표등록을 받을 수 없는 경우의 하나로 그 제7호에 "제1호 내지 제6호 외에 수요자가 누구의 업무에 관련된 상품인가를 식별할 수 없는 상표"를 규정하고 있는바, 이는 제1호 내지 제6호에 해당하지 아니한 상표라도 자기의 상표와 타인의 상표를 식별할 수 없는 상표는 등록을 받을 수 없다는 의미인데, 어떤 상표가 식별력이 없는 상표에 해당하는지 여부는 그 상표가 지니고 있는 관념, 지정상품과의 관계 및 거래사회의 실정 등을 감안하여 객관적으로 결정하여야 하고, 사회통념상 자타상품의 식별력을 인정하기 곤란하거나 공익상 특정인에게 그 상표를 독점시키는 것이 적당하지 않다고 인정되는 경우에는 그 식별력이 없다고 할 것이다(대법원 1991. 12. 24. 선고 91후455 판결, 대법원 2006. 5. 25. 선고 2004후912 판결 등 참조).

위 법리와 기록에 비추어 살펴보면, 이 사건 등록상표는 닻줄을 휘감은 닻 모양의 형상이 독특하게 도안화되어 있고, 스웨터, 원피스, 블라우스, 청바지 등이 그 지정상품으로 되어 있는 점에 비추어 볼 때 그 식별력을 쉽게 부정하기 어렵고, 이 사건 등록상표의 등록결정일인 1985. 5. 16.경에는 달리 닻 모양만을 형상으로 한 해군의 계급장이 사용된 적이 없으며, 닻 도형은 항구를 표시하는 일반적 지도기호로 사용되는 등 바다와 관련이 있다는 암시를 주는 표장으로 알려졌을 뿐 해군의 각종 계급장, 군기 등으로 널리 알려졌다거나 닻 도형이 해군과의 특수한 관계가 있는 것으로 일반적으로 인식되었다고 보기 어려워 이 사건 등록상표를 특정인이 독점적으로 사용하도록 하는 것이 적당하지 않다고 단정할 수 없다. 따라서 이 사건 등록상표는 구 상표법 제8조 제1항 제7호 소정의 자기의 상품과 타인의 상품을 식별할 수 없는 상표에 해당한다고 볼 수 없다.

그럼에도 원심은, 이 사건 닻 도형이 해군의 각종 계급장 등으로 사용되어 널리 알려진 것을 전제로 하여 이와 유사한 이 사건 등록상표를 특정인에게 독점적으로 사용하게 하는 것은 공익상 바람직하지 않다는 이유로 이 사건 등록상표가 구 상표법 제8조 제1항 제7호에 해당한다고 판단하고 말았으니, 이러한 원심 판결에는 위 법조항 해당 여부에 관한 법리를 오해하여 판결에 영향을 미친 위법이 있다. 이 점을 지적하는 상고이유 주장은 이유 있다.

3. 결 론

그러므로 나머지 상고이유에 대한 판단을 생략한 채 원심 판결을 파기하고, 사건을 다시 심리·판단하게 하기 위하여 원심법원으로 환송하기로 하여 관여 대법관의 일치된 의견으로 주문과 같이 판결한다.

대법관 전수안(재판장) 양승태(주심) 김지형 양창수

35. 대법원 1999. 12. 7. 선고 97후3289 판결【상표등록무효】

[집47(2)특,225;공2000.1.15.(98),186]

【판시사항】

상표법 제7조 제1항 제1호 소정의 '공업소유권보호를 위한 파리조약동맹국의 훈장·포장·기장'이 우리나라에서 보호받기 위한 요건

【판결요지】

공업소유권의 보호를 위한 파리조약 제6조의3은 파리조약가맹국의 국가기장(기장), 감독용 또는 증명용의 공공의 기호 및 인장 또는 정부간 국제기구의 기장 등의 보호에 관한 규정이고, 실제에 있어 위 국가기장, 감독용 또는 증명용의 공공의 기호, 인장 등은 다른 가맹국이 반드시 알 수 있다고 볼 수 없으므로, 같은 조 제3항 (a)는 파리조약가맹국이 다른 가맹국에 대하여 자신의 국가기장(기장, 다만 국가의 기장은 제외한다) 등을 보호받고자 할 경우에는 국제사무국을 통하여 그 해당 가맹국에 의무적으로 통지하도록 규정하고 있는바, 상표법 제7조 제1항 제1호는 대부분 위와 같은 파리조약 제6조의3에 규정된 사항을 입법한 것으로서, 위 상표법 규정 소정의 '공업소유권보호를 위한 파리조약동맹국의 훈장·포장·기장'이 보호받기 위하여는 파리조약 제6조의 3 제3항 (a)의 규정에 따라 그 보호대상인 기장 등이 국제사무국을 통하여 우리나라에 통지되어야 한다.

【참조조문】

상표법 제7조 제1항 제1호

【전 문】

【심판청구인, 피상고인】 알파인더스트리이즈, 인크(소송대리인 변리사 송재련 외 1인)

【피심판청구인, 상고인】 정용규(소송대리인 변리사 김용식)

【원심심결】 특허청 항고심판소 1997. 9. 30.자 97항당21 심결

【주 문】

원심심결을 파기하고, 사건을 특허법원에 환송한다.

【이 유】

원심은, 이 사건 등록상표(1991. 4. 1. 출원, 1992. 8. 7. 등록, 제246078호)는 미합중국 공군의 공식기장인 인용표장과 날개모양에 있어서만 부분적으로 다소의 차이가 있을 뿐, 전체적인 외관이 극히 유사하나, 상표법 제7조 제1항 제1호는 파리조약 제6조의3에 규정된 국제사무국을 통한 통지를 전제로 하고 있지 않으므로, 이 사건 등록상표는 상표법 제7조 제1항 제1호에 해당되어 그 등록이 무효라고 판단하였다.

그러나 공업소유권의 보호를 위한 파리조약(다음부터는 '파리조약'이라고 한다) 제6조의3은 파리조약가맹국의 국가기장(기장), 감독용 또는 증명용의 공공의 기호 및 인장 또는 정부간 국제기구의 기장 등의 보호에 관한 규정이고, 실제에 있어 위 국가기장, 감독용 또는 증명용의 공공의 기호, 인장 등은 다른 가맹국이 반드시 알 수 있다고 볼 수 없으므로, 같은 조 제3항 (a)는 파리조약가맹국이 다른 가맹국에 대하여 자신의 국가기장(기장, 다만 국가의 기장은 제외한다) 등을 보호받고자 할 경우에는 국제사무국을 통하여 그 해당 가맹국에 의무적으로 통지하도록 규정하고 있는바, 상표법 제7조 제1항 제1호는 대부분 위와 같은 파리조약 제6조의3에 규정된 사항을 입법한 것으로서, 위 상표법 규정 소정의 '공업소유권보호를 위한 파리조약동맹국의 훈장·포장·기장'이 보호받기 위하여는 파리조약 제6조의3 제3항 (a)의 규정에 따라 그 보호대상인 기장 등이 국제사무국을 통하여 우리나라에 통지되어야 한다.

이 사건에서 보면, 인용표장이 이 사건 등록상표의 등록사정시는 물론 원심심결 당시에도 미합중국 공군의 공식기장이고, 이 사건 등록상표와 인용표장이 유사한 것은 원심이 판단한 바와 같으나, 인용표장에 관하여 위 시점까지 파리조약가맹국인 미합중국으로부터 같은 가맹국인 우리나라에 대하여 국제사무국을 통한 통지가 있었음을 인정할 아무런 자료가 없으므로, 결국 인용표장은 상표법 제7조 제1항 제1호 소정의 '파리조약동맹국의 기장(기장)'에 해당한다고 볼 수 없어 그 등록이 무효라고 할 수 없다.

그런데도 원심은 상표법 제7조 제1항 제1호가 국제사무국을 통한 우리나라에의 통지가 전제되어 있지 않다고 본 나머지 인용표장에 대한 국제사무국의 통지가 있었는지 여부에 대하여 심리하지 아니한 채 이 사건 등록상표는 인용표장과 유사하므로 그 등록이 무효라고 판단하였으니, 거기에는 상표법 제7조 제1항 제1호에 관한 법리를 오해하여 심리를 다하지 아니함으로써 심결에 영향을 미친 위법이 있다. 따라서 이 점을 지적하는 상고이유의 주장은 이유가 있다.

그러므로 원심심결을 파기하고, 사건을 특허법원에 환송하기로 하여 주문과 같이 판결한다.

대법관 지창권(재판장) 신성택 서성(주심) 유지담

36. 대법원 1997. 6. 13. 선고 96후1774 판결【거절사정(상)】

[공1997.7.15.(38),2035]

【판시사항】

[1] 거절사정에 대한 항고심판에서 거절이유의 통지가 필요한 경우

[2] 서비스표 "Chem-Dry"는 기술적 표장이어서 서비스표등록을 할 수 없다고 한 사례

【판결요지】

[1] 상표법 제23조 제2항과 제81조 제1항, 제3항은 심판의 적정을 기하고 심판제도의 신용을 유지하기 위하여 확보하지 아니하면 안된다는 공익상의 요구에 기인하는 이른바 강행규정으로서 거절사정에 대한 항고심판에서 종래의 거절사정의 이유와는 다른 새로운 거절이유를 들어 심결하면서 출원인에게 의견서 제출의 기회를 주지 아니하였다면 이는 위법한 것이나, 거절사정의 이유는 거절이유통지서의 기재이유와 그 주지에 있어서 부합하면 족하고, 항고심판에서 그 거절사정의 이유와 다른 거절이유를 발견한 경우가 아니라면 그 거절이유의 통지는 필요하지 않다.

[2] 본원서비스표 "Chem-Dry"는 '화학작용의, 화학약품의' 등의 뜻을 가진 'chemical'의 약어인 'Chem'과 '마른, 물기 없는' 등의 뜻을 가진 'Dry'가 결합되어 구성된 표장으로서, 그 지정서비스업인 '세척업' 등과 관련하여 보면 일반 수요자들에게 '화학약품에 의한 건조' 등의 뜻으로 직감될 것이므로, 이는 결국 그 지정서비스업의 영업적 성격을 보통으로 사용하는 방법으로 표시한 표장만으로 된 서비스표이어서 서비스표등록을 할 수 없다고 한 사례.

【참조조문】

[1] 상표법 제23조 제2항, 제81조 제1항, 제3항[2] 상표법 제6조 제1항 제3호

【참조판례】

[1] 대법원 1989. 8. 8. 선고 88후950 판결(공1989, 1363)
대법원 1994. 2. 8. 선고 93후1582 판결(공1994상, 1018)
대법원 1994. 6. 28. 선고 92후1066 판결(공1994하, 2108)

[2] 대법원 1994. 10. 14. 선고 94후1138 판결(공1994하, 2995)
대법원 1996. 7. 12. 선고 95후1937 판결(공1996하, 2504)
대법원 1996. 10. 25. 선고 96후122 판결(공1996하, 3442)

【전 문】

【출원인, 상고인】 해리스 리서어치 인크(소송대리인 변호사 이재후 외 4인)

【상대방, 피상고인】 특허청장

【원심심결】 특허청 항고심판소 1995. 12. 20.자 94항원2001 심결

【주 문】

상고를 기각한다. 상고비용은 출원인의 부담으로 한다.

【이 유】

상고이유를 본다.

1. 제1점에 대하여

상표법 제23조 제2항에 의하면 심사관은 거절사정을 하고자 할 때에는 그 출원인에게 거절이유를 통지하고 기간을 정하여 의견서를 제출할 수 있는 기회를 주도록 되어 있고, 같은 법 제81조 제1항, 제3항에 의하면 거절사정에 대한 항고심판에서 그 거절사정의 이유와 다른 거절이유를 발견한 경우에 위 규정을 준용하도록 되어 있는바, 위와 같은 규정은 심판의 적정을 기하고 심판제도의 신용을 유지하기 위하여 확보하지 아니하면 안 된다는 공익상의 요구에 기인하는 이른바 강행규정이라고 할 것이니, 거절사정에 대한 항고심판에서 종래의 거절사정의 이유와는 다른 새로운 거절이유를 들어 심결하면서 출원인에게 의견서 제출의 기회를 주지 아니하였다면 이는 위법하다고 할 것임은 소론과 같으나(당원 1984. 6. 26. 선고 83후37 판결, 1989. 9. 12. 선고 88후523 판결, 1994. 2. 8. 선고 93후1582 판결 등 참조), 거절사정의 이유는 거절이유통지서의 기재이유와 그 주지에 있어서 부합하면 족하고, 항고심판에서 그 거절사정의 이유와 다른 거절이유를 발견한 경우가 아니라면 위 거절이유의 통지는 필요하지 않다고 할 것이다(당원 1989. 8. 8. 선고 88후950 판결 참조).

기록과 원심심결 이유에 의하면, 심사관은 본원서비스표의 등록출원에 대한 심사를 함에 있어 출원인에게, "본원서비스표는 '화학약품에 의한 건조' 등의 뜻을 가지고 있어 지정서비스업 전부에 사용할 경우 원재료의 표시이므로 상표법 제6조 제1항 제3호에 해당하여 서비스표등록을 받을 수 없다."라는 거절이유를 통지하였고, 거절사정의 이유도 같은 내용이었으며, 한편 원심은 "본원서비스표는 '화학약품에 의한 건조' 등의 뜻으로 직감되어져 그 지정서비스업의 영업적 성격을 보통으로 사용하는 방법으로 표시한 표장만으로 된 서비스표라고 할 것이므로 상표법 제6조 제1항 제3호에 해당한다."는 이유로 원사정을 유지하고 출원인의 항고를 기각하였음을 알 수 있는바, 위와 같이 원사정의 이유나 원심에서 들고 있는 이유는 모두 본원서비스표가 '화학약품에 의한 건조'라는

뜻을 가지고 있어 상표법 제6조 제1항 제3호에 해당한다고 한 점에서 공통되고, 다만 위와 같은 본원서비스표의 의미를 원사정에서는 지정서비스업의 원재료 표시라고 보았음에 대하여, 원심에서는 지정서비스업의 영업적 성격을 나타내는 것이라고 본 점에 차이가 있을 뿐이므로, 원심에서 든 거절이유는 그 주지에 있어서 원사정의 이유에 부합하는 것이라고 할 것이고 원심에서 다른 거절이유를 발견하였다고 할 수 없으니, 원심이 출원인에게 별도의 의견진술의 기회를 주지 아니하고 심결을 한 것은 정당하다고 할 것이고, 이와 같은 원심의 조치에 소론과 같은 거절이유의 통지에 관한 위법이 있다 할 수 없다. 논지는 이유가 없다.

2. 제2, 3점에 대하여

원심심결 이유에 의하면, 원심은 본원서비스표 "Chem-Dry"는 '화학작용의, 화학약품의' 등의 뜻을 가진 'chemical'의 약어인 'Chem'과 '마른, 물기 없는' 등의 뜻을 가진 'Dry'가 결합되어 구성된 표장으로서, 그 지정서비스업인 '세척업' 등과 관련하여 보면 일반 수요자들에게 '화학약품에 의한 건조' 등의 뜻으로 직감될 것이므로, 이는 결국 그 지정서비스업의 영업적 성격을 보통으로 사용하는 방법으로 표시한 표장만으로 된 서비스표라고 할 것이어서 상표법 제6조 제1항 제3호의 규정을 적용하여 그 등록을 거절한 원사정이 정당하다고 판단하였다.

기록에 의하여 살펴보면, 원심의 위와 같은 판단은 정당한 것으로 수긍이 가고, 거기에 소론과 같은 상표법 제6조 제1항 제3호에 관한 법리를 오해한 위법이 있다고 할 수 없으며, 소론이 들고 있는 당원의 판례들은 모두 사안을 달리하는 것들이어서 이 사건에 원용하기에 적절하지 아니하다. 논지는 이유가 없다.

3. 이에 상고를 기각하고 상고비용은 패소한 출원인의 부담으로 하기로 관여 법관의 의견이 일치되어 주문과 같이 판결한다.

대법관 김형선(재판장) 박만호(주심) 박준서 이용훈

37. 대법원 2010. 7. 22. 선고 2010후456 판결【등록무효(상)】

[공2010하,1680]

【판시사항】

[1] 상표등록요건에 관한 상표법의 규정이 개정되면서 그 부칙에서 개정 규정과 관련하여 별도의 경과규정을 두지 아니하는 경우에 적용하는 규정(= 종전 규정)

[2] 백남준의 처 등이 별도로 '백남준 미술관'의 건립을 고려하자, 백남준 성명의 명성에 편승하여 백남준 성명이 포함된 상표 등을 독점적으로 사용할 의도로 무단으로 등록

상표서비스표인 "백남준 미술관 Nam-June Paik Museum"을 출원·등록한 사안에서, 위 등록상표서비스표는 구 상표법 제7조 제1항 제4호에 해당하여 그 등록이 무효라고 본 원심판단을 수긍한 사례

【판결요지】

[1] 상표등록요건에 관한 상표법의 규정이 개정되면서 그 부칙에서 개정 규정과 관련하여 별도의 경과규정을 두지 아니하는 경우에는 특별한 사정이 없는 한 그 개정 전에 출원하여 등록된 상표에 대한 심판 및 소송에 대하여는 종전의 규정에 의하여 형성된 상표법 질서의 안정을 손상시키지 않도록 하기 위하여 원칙적으로 종전의 규정이 적용되어야 하고, 구 상표법(2007. 1. 3. 법률 제8190호로 개정되기 전의 것) 제7조 제1항 제4호에 관한 2007. 1. 3. 법률 제8190호의 상표법 개정은 그 규정 내용과 적용 범위를 종전의 규정에 비하여 구체적이고 명확하게 한정하고자 하는 취지에서 이루어진 것이기는 하지만, 위 제4호의 개정으로 인하여 달성하고자 하는 공익적 목적이 종전의 규정에 의하여 형성된 상표법 질서의 존속에 대한 제3자의 신뢰의 파괴를 정당화할 수 있는 특별한 사정도 없다. 그러므로 개정 상표법 시행일 전인 1999. 12. 10. 출원하여 등록된 등록상표서비스표의 심판 및 소송에 대하여는 종전의 규정인 구 상표법 제7조 제1항 제4호가 적용된다고 봄이 상당하다.

[2] 백남준의 처 등이 별도로 '백남준 미술관'의 건립을 고려하자, 백남준 성명의 명성에 편승하여 백남준 성명이 포함된 상표등을 독점적으로 사용할 의도로 무단으로 등록상표서비스표인 "백남준 미술관 Nam-June Paik Museum"을 출원·등록한 사안에서, 이러한 행위는 저명한 비디오 아트 예술가로서의 백남준의 명성을 떨어뜨려 그의 명예를 훼손시킬 우려가 있어 사회 일반인의 도덕관념인 선량한 풍속에 반할 뿐만 아니라, 저명한 백남준 성명의 명성에 편승하여 수요자의 구매를 불공정하게 흡인하고자 하는 것으로서 공정한 상품유통질서나 상도덕 등 선량한 풍속을 문란하게 할 염려가 있으므로, 위 등록상표서비스표는 구 상표법(2007. 1. 3. 법률 제8190호로 개정되기 전의 것) 제7조 제1항 제4호에 해당하여 그 등록이 무효라고 한 사례.

【참조조문】

[1] 구 상표법(2007. 1. 3. 법률 제8190호로 개정되기 전의 것) 제7조 제1항 제4호 [2] 구 상표법(2007. 1. 3. 법률 제8190호로 개정되기 전의 것) 제7조 제1항 제4호

【전 문】

【원고, 피상고인】 재단법인 경기문화재단(소송대리인 법무법인(유한) 태평양 담당변호사 주기

동외 3인)

【피고, 상고인】 피고(소송대리인 법무법인 세종외 1인)

【원심 판결】 특허법원 2009. 12. 30. 선고 2009허5028 판결

【주 문】

상고를 기각한다. 상고비용은 피고가 부담한다.

【이 유】

상고이유를 본다.

1. 상고이유 제1점에 관하여

구 상표법(2007. 1. 3. 법률 제8190호로 개정되기 전의 것, 이하 같다) 제7조 제1항 제4호는 '공공의 질서 또는 선량한 풍속을 문란하게 할 염려가 있는 상표'를 상표등록을 받을 수 없는 상표로 규정하고 있었는데, 2007. 1. 3. 법률 제8190호로 개정된 상표법(이하 '개정 상표법'이라고 한다)은 위 규정을 '상표 그 자체 또는 상표가 상품에 사용되는 경우 수요자에게 주는 의미와 내용 등이 일반인의 통상적인 도덕관념인 선량한 풍속에 어긋나거나 공공의 질서를 해칠 우려가 있는 상표'라고 개정하면서, 그 부칙에서 위 개정 규정에 관하여 별도의 경과규정을 두고 있지 아니하다.

그런데 상표등록요건에 관한 상표법의 규정이 개정되면서 그 부칙에서 개정 규정과 관련하여 별도의 경과규정을 두지 아니하는 경우에는 특별한 사정이 없는 한 그 개정 전에 출원하여 등록된 상표에 대한 심판 및 소송에 대하여는 종전의 규정에 의하여 형성된 상표법 질서의 안정을 손상시키지 않도록 하기 위하여 원칙적으로 종전의 규정이 적용되어야 하고, 제7조 제1항 제4호에 관한 위와 같은 개정은 그 규정 내용과 적용 범위를 종전의 규정에 비하여 구체적이고 명확하게 한정하고자 하는 취지에서 이루어진 것이기는 하지만, 위 제4호의 개정으로 인하여 달성하고자 하는 공익적 목적이 종전의 규정에 의하여 형성된 상표법 질서의 존속에 대한 제3자의 신뢰의 파괴를 정당화할 수 있는 특별한 사정도 없다. 그러므로 개정 상표법 시행일 전인 1999. 12. 10. 출원하여 등록된 이 사건 등록상표서비스표의 심판 및 소송에 대하여는 종전의 규정인 구 상표법 제7조 제1항 제4호가 적용된다고 봄이 상당하다 .

따라서 같은 취지의 원심의 판단은 정당하고, 상고이유에서 주장하는 바와 같은 구 상표법 제7조 제1항 제4호의 개정과 그 적용범위에 관한 법리오해 등의 위법이 없다. 상고이유에서 들고 있는 대법원 판례는 사안을 달리하여 이 사건에 원용하기에 적절하지 아니하다.

2. 상고이유 제2, 3, 4점에 관하여

구 상표법 제7조 제1항 제4호에서 '공공의 질서 또는 선량한 풍속을 문란하게 할 염려가

있는 상표'라고 함은 상표의 구성 자체 또는 그 상표가 지정상품에 사용되는 경우 일반 수요자에게 주는 의미나 내용이 사회 공공의 질서에 위반하거나 사회 일반인의 통상적인 도덕관념인 선량한 풍속에 반하는 경우 뿐만 아니라, 그 상표를 등록하여 사용하는 행위가 공정한 상품유통질서나 국제적 신의와 상도덕 등 선량한 풍속에 위배되는 경우도 포함된다(대법원 2000. 4. 21. 선고 97후860, 877, 884 판결, 대법원 2006. 2. 24. 선고 2004후1267 판결 등 참조). 또한 구 상표법 제7조 제1항 제4호에 해당하는지 여부는 상표등록결정시를 기준으로 하여 판단하여야 한다(대법원 2004. 5. 14. 선고 2002후1362 판결 등 참조).
기록에 비추어 살펴보면, 피고는 1999. 4.경 대구 지역에서 '백남준 미술관'을 건립한다는 명분으로 '백남준 미술관 건립 추진위원회'를 조직하여 1999. 9.경부터 그 기금을 마련하기 위한 전시회를 준비하는 과정에서, 백남준의 처인 구보타 시게코가 피고가 자금을 모집하여 '백남준 미술관'을 건립하는 것을 반대하고 현대갤러리 등도 피고와 별도로 '백남준 미술관'의 건립을 고려하자, 백남준 성명의 명성에 편승하여 자신만이 백남준 성명이 포함된 상표나 서비스표를 독점적으로 사용할 의도로, 1999. 12. 10. 지정상품·서비스업을 '미술관경영업' 등으로 하는 이 사건 등록상표서비스표인 '백남준 미술관 Nam-June Paik Museum'을 무단으로 출원하여 등록받았음을 알 수 있고, 한편 이 사건 등록상표서비스표의 등록결정일인 2000. 11. 29. 당시 백남준은 우리나라 일반 수요자들에게 저명한 비디오 아트 예술가의 성명으로 알려져 있었다.
이러한 이 사건 등록상표서비스표의 출원 경위 및 백남준 성명의 저명성 등에 비추어 보면, 피고가 고의로 저명한 백남준 성명의 명성에 편승하기 위하여 무단으로 이 사건 등록상표서비스표를 출원·등록하여 사용하는 행위는 저명한 비디오 아트 예술가로서의 백남준의 명성을 떨어뜨려 그의 명예를 훼손시킬 우려가 있어 사회 일반인의 도덕관념인 선량한 풍속에 반할 뿐만 아니라, 저명한 백남준 성명의 명성에 편승하여 수요자의 구매를 불공정하게 흡인하고자 하는 것으로서 공정한 상품유통질서나 상도덕 등 선량한 풍속을 문란하게 할 염려가 있으므로, 이 사건 등록상표서비스표는 구 상표법 제7조 제1항 제4호에 해당하여 그 등록이 무효라고 봄이 상당하다.
따라서 같은 취지의 원심의 사실인정과 판단은 정당하고, 상고이유에서 주장하는 바와 같은 위 법조항에 대한 법리오해나 심리미진, 채증법칙 위반 등의 위법이 없다.

3. 결 론

그러므로 상고를 기각하고 상고비용은 패소자가 부담하게 하기로 관여 대법관의 의견이 일치되어 주문과 같이 판결한다.

대법관 김능환(재판장) 김영란(주심) 이홍훈 민일영

38. 특허법원 2012. 5. 24. 선고 2011허6543 판결 【등록무효(상)】

[미간행]

【전 문】

【원 고】 원고(소송대리인 법무법인 솔 담당변호사 정진섭 외 2인)

【피 고】 재단법인 경기문화재단(소송대리인 법무법인(유한) 태평양 담당변호사 조원희)

【변론종결】

2012. 4. 26.

【주 문】

1. 원고의 청구를 기각한다.
2. 소송비용은 원고가 부담한다.

【청구취지】

특허심판원이 2011. 5. 20. 2010당(취소 판결)81호 사건에 관하여 한 심결을 취소한다.

【이 유】

1. 기초사실

가. 이 사건 상표/서비스표

1) 출원일/등록일/등록번호 : 1999. 12. 10./2001. 2. 2./(등록번호 생략)

2) 구성 : 백남준 미술관 Nam-June Paik Museum

3) 지정상품/서비스업 : 별지 기재와 같다.

4) 상표권자 : 원고

나. 이 사건 심결의 경위

1) 피고는 이 사건 상표/서비스표에 구 상표법(2007. 1. 3. 법률 제8190호로 개정되기 전의 것, 이하 같다.) 제6조 제1항 제3호 및 제7조 제1항 제4, 6, 11호에 해당하는 등록무효사유가 있다고 주장하면서 특허심판원에 등록무효심판(2008당2985호)을 청구하였으나, 특허심판원은 피고 주장의 등록무효사유 어느 것도 있다고 할 수 없다는 이유로 2009. 5. 28. 피고의 심판청구를 기각하는 심결(이하 '제1차 심결'이라 한다.)을 하였다.

2) 피고는 위 제1차 심결에 불복하여 특허법원에 심결취소소송(2009허5028호)을 제기하였고, 이에 대하여 특허법원은 2009. 12. 30. 이 사건 상표/서비스표는 비디오 아티스트로 저명한 백남준의 성명을 그 동의 없이 무단으로 모방하여 출원한 것으로서 구 상표법 제7조 제1항 제4호의 등록무효사유가 있다고 인정되므로 그

등록이 무효로 되어야 한다는 이유로, 피고의 청구를 받아들여 제1차 심결을 취소하는 판결(이하 '취소 판결'이라 한다)을 선고하였는데, 특허법원은 위 사건에서 이 사건 상표/서비스표를 출원하여 등록받은 과정에서 백남준의 동의가 있었는지 여부에 관한 증거들(이하 서증 표시는 이 법원이 채택한 서증번호에 따라 표시하였다.)에 관하여 다음과 같이 판단하였다.

① 갑 제6호증은 이 사건 상표/서비스표의 출원 당시에 특허청에 제출된 것으로, 그 내용은 "원고 교수가 대구에 백남준 미술관을 건설하는 것을 허가한다. 백남준"이라고 기재되어 있다. 이는 이 사건 등록상표의 출원과 무관한 미술관 건립에 관한 부분에 대하여만 언급되어 있을 뿐이어서, 갑 제6호증에 기하여 이 사건 상표/서비스표의 출원에 관하여 백남준의 동의가 있었다고는 볼 수 없다.

② 갑 제3호증에는 "원고가 대구에 백남준미술관을 건설하는 것을 허가함. 또 원고가 백남준 특허물건을 개발하는 것을 허가함", 갑 제4호증에는 "원고 교수에게 한국에 백 미술관을 설립하려고 노력중이라서 감사합니다. 소외 1씨의 도움을 빌려서 호기를 노치지 않고 성사시키기를 축원합니다. 백남준 3/28/99", 갑 제5호증의 1, 2에는 "원고가 백남준 미술관을 대구에 설치함을 감사합니다. 단지 실제 사무는 2000년 8월에 시작하는 것이 좋다. 20/8/9 백남준"이라고 각각 기재되어 있는데, 위 기재들 역시 전체적으로 백남준 미술관과 관련된 내용일 뿐이어서, 위와 같은 기재내용만으로 백남준이 이 사건 상표/서비스표의 출원에 대하여 동의하였다고 보기는 어렵다.

③ 원고는, 갑 제3호증에 기재된 "특허물건"이란 표현이 백남준이 직접 표시한 이 사건 상표/서비스표의 지정상품/서비스업을 의미하는 것이라고 주장하나, 갑 제3 내지 5호증의 전체적인 기재내용은 미술관 건립에 대한 동의로 이해될 뿐이고, 그 외 '상표'에 대하여는 전혀 언급되지도 아니한 점에 비추어, "특허물건" 부분의 기재를 이 사건 상표/서비스표의 지정상품/지정서비스업과 동일한 의미라거나 이 사건 상표/서비스표의 출원에 대한 동의에 관한 근거로 볼 수는 없으므로, 원고의 주장은 이유 없다.

3) 그 후 원고는 위 취소 판결에 불복하여 대법원에 상고(2010후456호)를 제기하였으나, 대법원이 2010. 7. 22. 상고를 기각하는 판결을 선고함으로써 위 취소 판결은 그대로 확정되었으며, 대법원은 위 상고심 사건에서 원고의 상고이유에 대하여 다음과 같이 판단하였다.

① 2007. 1. 3. 법률 제8190호로 개정된 상표법 시행일 전인 1999. 12. 10. 출원하여

등록된 이 사건 상표/서비스표의 심판 및 소송에 대하여는 종전의 규정인 구 상표법 제7조 제1항 제4호가 적용된다.

② 원고는 1999년 4월경 대구 지역에서 '백남준 미술관'을 건립한다는 명분으로 '백남준 미술관 건립 추진위원회'를 조직하여 1999년 9월경부터 그 기금을 마련하기 위한 전시회를 준비하는 과정에서, 백남준의 처인 소외 2가 원고가 자금을 모집하여 '백남준 미술관'을 건립하는 것을 반대하고 현대갤러리 등도 원고와 별도로 '백남준 미술관'의 건립을 고려하자, 백남준 성명의 명성에 편승하여 자신만이 백남준 성명이 포함된 상표나 서비스표를 독점적으로 사용할 의도로, 1999. 12. 10. 지정상품·서비스업을 '미술관경영업' 등으로 하는 이 사건 상표/서비스표를 무단으로 출원하여 등록받았음을 알 수 있다. 원고가 고의로 저명한 백남준 성명의 명성에 편승하기 위하여 무단으로 이 사건 상표/서비스표를 출원·등록하여 사용하는 행위는 저명한 비디오 아트 예술가로서의 백남준의 명성을 떨어뜨려 그의 명예를 훼손시킬 우려가 있어 사회 일반인의 도덕관념인 선량한 풍속에 반할 뿐만 아니라, 저명한 백남준 성명의 명성에 편승하여 수요자의 구매를 불공정하게 흡인하고자 하는 것으로서 공정한 상품유통질서나 상도덕 등 선량한 풍속을 문란하게 할 염려가 있으므로, 이 사건 상표/서비스표는 구 상표법 제7조 제1항 제4호에 해당하여 그 등록이 무효라고 봄이 상당하다.

4) 위와 같은 경위로 위 취소 판결이 그대로 확정되자 특허심판원은 위 심판청구 사건에 대한 재심리절차[2010당(취소 판결)81호]를 진행한 다음, 2011. 5. 20. 위 취소 판결이 확정된 이후 원고가 새로이 제출한 증거자료만으로는 이 사건 상표/서비스표의 출원 및 등록에 대한 백남준의 승낙여부에 관한 취소 판결의 결론을 번복하기에 충분하지 않으므로 위 취소 판결의 기본 이유와 같이 이 사건 상표/서비스표는 그 등록이 무효로 되어야 한다는 이유로, 피고의 심판청구를 받아들이는 이 사건 심결을 하였다.

【인정근거】 다툼이 없거나 법원에 현저한 사실, 갑 제1 내지 4호증, 갑 제5호증의 1, 2, 변론 전체의 취지

2. 당사자 주장의 요지

가. 원고의 주장

① 피고는 백남준의 상속인 또는 유언집행자로부터 이 사건 상표/서비스표에 대한 등록무효심판을 청구할 권한을 위임받았다는 증거자료를 제출하지 아니하였으므로 이 사건 심판청구는 적법한 이해관계인에 의한 청구가 아니어서 부적법하

여 각하되어야 한다.

② 원고는 최소한 백남준으로부터 '백남준 미술관'이란 명칭의 미술관 건립에 관한 승낙을 받았고 원고가 이 사건 상표/서비스표를 출원·등록한 것은 백남준으로부터 승낙을 받은 미술관의 건립 및 운영에 필요한 범위 내에서의 부수적이고 보충적인 행위이므로, 원고에 의한 이 사건 상표/서비스표의 등록·출원이 원고가 고의로 저명한 백남준 성명의 명성에 편승한 것이거나 무단으로 타인의 표장을 모방한 것이라고 볼 수 없고, 이 사건 상표/서비스표의 등록을 인정하는 것이 상표법의 질서에 반하는 것으로서 도저히 용인할 수 없다고 볼 수도 없어서 이 사건 상표의 출원·등록은 구 상표법 제7조 제1항 제4호의 '공공의 질서 또는 선량한 풍속을 문란하게 할 염려가 있는 경우'에 해당하지 아니한다.

③ 이 사건과 같이 저명한 타인의 성명을 동의 없이 사용하였는지 여부가 문제되는 사건의 경우에는, 오로지 구 상표법 제7조 제1항 제6호가 특별규정으로서 우선적으로 적용되어야 하고, 구 상표법 제7조 제1항 제4호가 적용될 수 없으며, 원고의 상고이유 중 구 상표법 제7조 제1항 제6호에 기한 무효심판을 제기할 제척기간이 경과되었으므로 이 사건에 구 상표법 제7조 제1항 제4호를 적용하는 것은 보충성에 관한 법리에 반한다는 상고이유에 대해 대법원이 아무런 판단을 하지 아니하였으므로 이 사건 심결에서 이 부분에 대해 판단을 하였어야 함에도 이 사건 심결은 이에 대한 판단을 누락하였다.

④ 원고에게 자신의 이름을 붙인 미술관의 건립을 지시 내지 승인한 백남준이 이 사건 상표/서비스표의 출원·등록에는 동의하지 않았다고 보는 것은 경험칙과 상식에 반할 뿐만 아니라, 갑 제3호증에서 백남준이 원고에게 미술관 건립 및 특허물건의 개발을 허가한 것은 미술관의 축조와 동시에 미술관을 운영하는 데에 필요한 지정상품이나 지정서비스업을 지정하도록 한 것으로 해석되어야 함에도 취소 판결은 이를 위와 같이 해석하지 아니한 잘못이 있다.

⑤ 특허청 심사관이 정상적인 절차에 따라 이 사건 상표/서비스표의 출원을 심사한 후 이 사건 상표/서비스표가 등록되었으므로 이 사건 상표/서비스표는 그 출원 및 등록에 백남준의 동의가 있었던 것으로 추정되고, 더구나 피고가 등록무효심판을 제기한 때는 구 상표법 제7조 제1항 제6호에 의해 저명한 타인의 동의를 받지 않았음을 이유로 무효심판을 제기할 수 있는 제척기간이 지난 이후여서 이 사건 상표/서비스표의 출원에 백남준의 승낙이 있었던 것으로 보게 되므로 이 사건 상표/서비스표의 출원·등록에 백남준의 승낙이 없었다는 점에 대한 입증책임은 피고에게 있을 뿐만 아니라 적법하게 등록된 이 사건 상표/서비스표가 공공

의 질서 또는 선량한 풍속을 문란하게 할 염려가 있다는 점도 피고가 이를 입증하여야 할 것인데, 피고가 이를 입증하지 못하였으므로 이 사건 상표/서비스표의 출원·등록에 백남준의 승낙이 없었다고 볼 수 없으며 이 사건 상표/서비스표가 공공의 질서 또는 선량한 풍속을 문란하게 할 염려가 있다고 볼 수도 없다.

⑥ 취소 판결이 확정된 이후에 새로이 제출된 증거들 또는 새로이 제출된 증거들과 취소 판결이 확정되기 전에 기존에 제출된 증거들을 전체로 살펴보면, 이 사건 상표/서비스표의 출원 및 등록에 대한 백남준의 동의가 있었음이 충분히 인정되므로 확정된 취소 판결의 결론은 번복되어야 한다.

⑦ 따라서 취소 판결의 기본 이유에 따라야 한다는 이유만으로 이 사건 상표/서비스표가 구 상표법 제7조 제1항 제4호에 해당하여 그 등록이 무효로 되어야 한다고 판단한 이 사건 심결은 부당하다.

나. 피고의 주장

① 피고는 이 사건 심판청구가 제기되기 전부터 '백남준 아트센터'라는 명칭으로 미술관을 운영하고 있으며, 원고는 피고가 이 사건 상표/서비스표와 유사한 상표를 사용하여 미술관을 운영함으로써 자신의 상표권을 침해하고 있다며 수차례에 걸쳐 경고장을 보내고 피고를 상대로 상표침해금지 등을 구하는 소를 제기하였으므로 피고는 이 사건 심판청구를 할 수 있는 정당한 이해관계인에 해당한다.

② 확정 판결 이후에 제출된 증거들을 모두 살펴보더라도 취소 판결의 결론을 번복하기에 충분한 증명력을 가지는 증거는 없으므로 이 사건 상표/서비스표는 그 등록이 무효로 되어야 하므로 이와 결론을 같이한 이 사건 심결은 정당하다.

3. 이 사건 심판청구가 정당한 이해관계인의 청구에 해당하여 적법한지 여부

가. 관련 법리

상표등록 무효심판을 청구할 수 있는 이해관계인에는 등록된 상표의 지정상품과 동종 상품을 판매하고 있어 피청구인의 상표 소멸에 직접적인 이해관계가 있는 자가 포함된다(대법원 2003. 10. 10. 선고 2003후816 판결 등 참조). 한편 서비스표등록의 무효심판을 청구할 수 있는 이해관계인이라 함은 그 등록서비스표와 동일 또는 유사한 서비스표를 동일 또는 유사한 지정서비스업에 사용한 바 있거나 현재 사용하고 있는 자, 또는 등록된 서비스표의 지정서비스업과 동종의 서비스업을 영위하고 있음으로써 등록서비스표의 소멸에 직접적인 이해관계가 있는 자를 말한다(대법원 2009. 5. 28. 선고 2007후3325 판결 참조).

그리고 위와 같은 이해관계인에 해당하는지 여부는 심결시를 기준으로 판단하여야 한다(위 2007후3325 판결 등 참조).

나. 구체적 판단

을 제12호증의 1, 2, 3의 각 기재에 변론 전체의 취지를 종합하면, 피고는 위 제1차 심결 이전인 2008년 10월경부터 '백남준 아트센터'라는 명칭으로 미술관을 경영하여 오고 있는데, 원고는 2008. 12. 29.경 피고에게 피고가 이 사건 상표/서비스표의 주요부인 '백남준'이 포함된 '백남준 아트센터'를 이 사건 상표/서비스표의 지정서비스업과 동일한 "미술관경영업"에 사용하는 것을 중지하라라는 내용이 담긴 경고장(을 제12호증의 1)을 발송한 사실, 원고는 다시 2009. 4. 10.경 피고에게「자신이 피고가 운영하는 '백남준 아트센터'라는 명칭의 미술관을 방문하여 피고가 위 미술관 입구, 티셔츠, 가방, 수첩, 달력 등 각종 상품에 'NAM JUNE PAIK ART CENTER'라고 표기하는 것을 확인하였는데, 위와 같이 'NAM JUNE PAIK ART CENTER'란 표장을 미술관 명칭 및 상품에 사용하는 것은 원고의 이 사건 상표/서비스표의 침해에 해당하므로 이를 중지하라.」는 내용이 담긴 2차 경고장(을 제12호증의 2)을 발송한 사실, 원고는 그 이후 2009. 5. 11.경 피고에게 위 2차 경고장과 동일한 내용이 담긴 3차 경고장(을 제12호증의 3)을 발송한 사실을 각 인정할 수 있다.

위 인정사실에 앞서 1.의 가. 항에서 본 사실관계를 종합하면, 이 사건 상표/서비스표의 지정상품은 미술관에서 판매되는 각종 아트상품이나 기념품이라 할 것인데 피고는 제1차 심결 당시를 기준으로 이미 이 사건 지정상품과 동종의 상품인 아트상품, 기념품 등을 판매하고 있다며 그 중지를 요구받는 등 원고로부터 대항을 받고 있었을 뿐만 아니라, 이 사건 지정서비스업인 미술관경영업과 동일한 서비스업을 영위하고 있는 상태에 있었으므로, 이 사건 상표/서비스표의 소멸에 직접적인 이해관계가 있다고 보기에 충분하다.

따라서 피고의 이 사건 무효심판청구는 피고가 백남준의 상속인 또는 유언집행자로부터 이 사건 상표/서비스표에 대한 등록무효심판을 청구할 권한을 적법하게 위임받았는지 여부에 관계없이 정당한 이해관계인의 청구에 해당하여 적법하다.

4. 새로운 증거들이 취소 판결의 결론을 번복하기에 충분한 증명력을 가지는지 여부

가. 관련 법리

특허심판원은 종전의 심결을 취소하는 판결이 확정된 경우 취소 판결의 취지에 따라 재심리를 하여 다시 심결을 하여야 할 의무가 있고 이 경우 취소 판결에 있어서 취소의 기본이 된 이유에 기속되므로, 취소 판결에서 위법이라고 판단된 심결의 이유와 동일한 이유로 취소된 종전의 심결과 동일한 결론의 재심결을 할 수 없으나, 다만 취소의 기본이 된 이유와 다른, 재심리과정에서 새로이 제출된 사실과 증거에 의하여 새로이 발견된 이유에 의해서는 취소된 종전의 심결과 동일한 결론의 재심결을 할 수 있으며, 이 경우 불리한 심결을 받은 당사자는 이에 불복하여 다시 취소소송을 제기할 수 있다. 그러나 재심리과정에서 새로운 주장·입증이 없어 취소 판결에 있어서의 취소의 기본이 된 이유에 따라 한 심결은 위와 같은 기속력에 따른 것으로 원칙적으로 적법하고, 이 경우 불리한 심결을 받은 당사자라도 새로운 사실을 주장하거나 또는 취소 판결에서 인정한 사실을 번복하기에 충분한 정도의 새로운 증거를 제출하는 등으로 취소 판결에서 판단한 것과 다른 새로운 위법사유를 주장하지 않는 한 이를 다툴 수 없으며, 여기에서 새로운 증거라고 함은 적어도 취소된 심결이 행하여진 심판절차 내지는 그 심결의 취소소송에서 채택·조사되지 않은 것으로서 심결취소 판결의 결론을 번복하기에 충분한 증명력을 가지는 증거라고 보아야 한다(대법원 2002. 12. 26. 선고 2001후96 판결 등 참조).

나. 구체적 판단

1) 취소 판결은 이 사건 상표/서비스표가 비디오 아티스트로 저명한 백남준의 성명을 그 동의 없이 무단으로 모방하여 출원한 것으로서 구 상표법 제7조 제1항 제4호의 등록무효사유가 있으므로 그 등록이 무효로 되어야 한다고 판단한 것이므로, 먼저 확정된 취소 판결 이후 원고가 새롭게 제출한 증거들 및 피고가 새롭게 제출한 증거들 중 원고가 이익으로 원용하는 증거들이 종전 취소 판결의 위와 같은 판단을 번복하기에 충분한 정도의 증명력이 있는지에 관하여 본다.

2) 원고가 취소 판결 이후 새롭게 제출한 서증

① 갑 제1호증은 이 사건 심결의 심결문으로서 이 사건 쟁점인 이 사건 상표/서비스표의 출원·등록에 대한 백남준의 동의 여부와는 무관한 것이다.

② 갑 제17호증의 1은 2010. 8. 19. 작성된 소외 3 작성의 사실확인서이고, 갑 제17호증의 2는 2011. 4. 26. 녹음된 소외 3의 진술을 기록한 녹취록이나, 이들은 모두 이 사건에 관한 위 대법원 판결 선고일인 2010. 7. 22. 이후에 만들어진 자료들로서 작성 및 녹취 당시를 기준으로 9년 전 시점에 백남준과 한번 통화한 사실이 있다는 기억에 의존한 것이고, 나아가 이 사건 상표/서비스표의 출원일인 1999. 12. 10.로부터 약 10년이 지난 시점에서 작성되었다는 점에서 이 사건 상표/서비스표의 출원일 당시에 백남준의 동의가 있었음을 입증하는 증거로서 증거가치가 크지 않다. 더구나 아래에서 보듯이 그 전체적인 내용도 핵심 쟁점인 이 사건 상표/서비스표의 출원에 관하여 백남준의 동의가 있었는지 여부와는 무관하거나 신빙성이 떨어지는 증거들이다.

㉮ 갑 제17호증의 1은 그 전체적인 내용이 소외 3이 KBS 대구 총국장으로 재직 중에 대구 총국의 신축 청사 내부에 백남준 미술관의 건립을 추진하였다는

것으로서, 이는 백남준 미술관의 건립과 관련된 내용일 뿐, 이 사건 상표/서비스표의 출원에 관하여 백남준의 동의가 있었는지 여부와 직접적인 관련은 없다.

다만 위 사실확인서 중 백남준 미술관의 건립을 추진하는 과정에서 "백남준의 동의하에 출원해 획득한 상표" 등에 대해 평가하였으며, "본인이 당시 '백남준 미술관'의 상표와 관련해 백남준의 동의 여부를 확인하기 위해 뉴욕의 백남준 선생에게 직접 전화를 해 특허 동의 사실을 확인한바 〈상표에 대한 전권을 위임했다〉 는 답변을 받은 바 있습니다."라는 부분은 이 사건 상표/서비스표와 관련되어 있다.

그러나 위 부분은 소외 3이 2008. 1. 3. 작성한 사실확인서(을 제15호증) 및 소외 3의 진술을 녹취한 녹취록(갑 제17호증의 2)의 내용과 모순되며 일관되지 않는다는 점에서 신빙성이 떨어진다.

즉, ㉠ 위 2008. 1. 3.자 사실확인서(을 제15호증)는 원고가 피고를 상대로 제기한 상표권침해소송 등에서 제출한 증거인데, 여기에는 갑 제17호증의 1에는 있는 "특히 본인이 당시 '백남준 미술관'의 상표와 관련해 백남준의 동의 여부를 확인하기 위해 뉴욕의 백남준 선생에게 직접 전화를 해 특허 동의 사실을 확인한바 〈상표에 대한 전권을 위임했다〉 는 답변을 받은 바 있습니다."라는 진술 부분이 기재되어 있지 아니하다. 이와 같이 이 사건에서 가장 핵심적인 이 사건 상표/서비스표의 출원에 백남준의 동의가 있었는지에 대한 위 진술 부분이 2008. 1. 3.자 사실확인서에는 기재되어 있지 않음에도 오히려 그로부터 약 2년 6개월 지나서 이 사건의 경위에 대한 소외 3의 기억이 더 희미해질 시점에 작성된 위 2010. 8. 19.자 사실확인서에는 위 진술부분이 기재되어 있다. ㉡ 소외 3은 이 법정에서 위 진술부분은 원고가 상표무효소송에서 재판부가 백남준 선생의 특허 동의 여부를 굉장히 중요시한다고 얘기를 해서 이전의 사실확인서가 저장된 파일을 찾아서 위 진술부분을 추가한 것이고, '상표에 대한 전권'을 위임했다는 것은 자신의 판단이며, 백남준으로부터 직접 들은 표현은 아니라고 진술하고 있다. ㉢ 소외 3의 진술이 녹취된 갑 제17호증의 2에는 소외 3이 백남준에게 전화하여"상표권이라고는 묻지 않고 '백남준 미술관'에 관한 특허에 동의를 했느냐"라고 물었다고 기재되어 있을 뿐이고(갑 제17호증의 2, 제2면 참조), 위 녹취록에는 백남준 스스로 상표에 대한 전권을 원고에게 위임하였다고 소외 3에게 말한 사실은 전혀 기재되어 있지도 않으며, 소외 3이 백남준으로부터 들었다는 내용 자체도 백남준 미술관의 건립에 관한 내용일 뿐이다.

㉯ 갑 제17호증의 2는 원고 소송대리인 변리사 고영회가 소속된 특허법률사무소의 소외 4 과장이 소외 3 작성의 위 사실확인서(갑 제17호증의 1)에 관하여 소외 3에게 재차 확인하는 질문을 하고, 이에 대하여 소외 3이 답변한 내용을 녹취한 것이다.

위 녹취록의 전체적인 내용은 소외 3이 2001년경 KBS 대구 총국에 근무할 당시에 신축 청사 일부에 백남준 미술관의 건립을 추진하였는데, 무단으로 백남준 미술관을 청사에 건립할 경우에 추후 분쟁이 예상되어서 미술관 건립에 관하여 백남준의 동의가 있었는지를 백남준에게 전화로 확인하였다는 것이다(갑 제17호증의 2, 제1 및 2면 참조).

다만, 위 녹취록에는 다음과 같은 소외 3의 진술, 즉 "예, 상표권이라고 묻지 않고 백남준 미술관에 관한 특허를 동의했느냐. 특허 출원에 대해서 지금 특허가 나와 있는데 이게 당신 동의하에 이루어진 거냐… 그렇다"는 진술(갑 제17호증의 2, 제2면 참조)이 기재되어 있고, 원고는 위 진술부분에서 '특허'는 '상표'와 동일한 의미이므로 결국 위 녹취록은 백남준이 백남준 미술관에 관한 상표 출원에 동의하였다는 원고 주장을 뒷받침하는 강력한 증명력을 갖는 증거라고 주장한다.

그러나, 다음과 같은 사정에 비추어 보면, 갑 제17호증의 2로써 이 사건 상표/서비스표 출원에 백남준의 동의가 있었다고 보기는 어렵다. 즉, ㉠ 소외 3은 처음부터 KBS 대구 총국의 신축 청사 내에 백남준 미술관을 건립하는 것에 관하여 백남준이 동의하였는지를 확인하기 위하여 백남준에게 전화한 것이다. ㉡ 소외 3이 실제로 백남준에게 질의한 내용도"당신을 기념할 만한 미술관을 한국에서 추진하는 분이 있는데 그 사람한테 특허에 대해서 동의를 했느냐"는 것으로서 백남준 미술관 건립에 관한 동의 여부를 확인한 것으로 보인다. ㉢ 위 녹취록에서 소외 4 과장이 소외 3에게 백남준에게 전화통화시 확인한 내용이" 원고 교수님께 상표권을 줬느냐"라고 '상표권'을 언급하면서 재차 질문을 했음에도 불구하고 소외 3은 백남준에게 질의한 내용이"상표권이라고는 묻지 않고 백남준 미술관에 관한 특허에 동의를 했느냐"였음을 분명하게 밝히고 있는 점에 비추어, 소외 3이 백남준으로부터 들었다는 답변 내용은 단지 백남준 미술관 건립에 관한 것으로 봄이 합리적이다.

③ 갑 제18호증은 백남준이 원고 운영의 미술관에 사용하도록 "백남준 미술관"이라는 자필 글씨와 자필 서명을 제공하여 주어 이를 토대로 현판을 만들었다면

서 제출한 현판 사진일 뿐이므로, 이것 역시 백남준이 자신의 이름을 사용한 미술관 건립에 동의를 하였다고 볼 수 있는 증거가 됨은 별론으로 하고, 이 사건 상표/서비스표의 출원 및 등록과는 직접적인 관련이 없어, 이 사건 상표/서비스표의 출원에 백남준의 동의가 있었음을 추단하는 자료로 삼기에는 부족하다.

④ 갑 제19호증은 원고 스스로 작성한 본인의 진술서로, 또 다른 형태의 원고 주장에 지나지 않으므로, 이 사건 상표/서비스표의 출원 및 등록 과정에서 백남준의 동의가 있었음을 입증하는 객관적인 증거가 될 수 없다.

⑤ 갑 제20호증은 송기창 작성의 진술서로 백남준과 원고 사이에 상당한 유대관계가 있었다는 내용이고, 갑 제22호증은 원고의 인터뷰를 기록한 기사로서, 위 진술서 및 기사 어디에도 이 사건 상표/서비스표의 출원 및 등록에 관한 내용은 기재되어 있지 아니하므로 위 진술서 및 기사도 이 사건 상표/서비스표의 출원·등록에 관한 백남준의 동의와는 무관하다(원고는 갑 제21호증도 새로운 증거로 제출하고 있으나, 갑 제21호증은 백남준의 조카인 소외 5의 진술서로서, 오히려 소외 5는 그 진술서에서 자신이 백남준으로부터 한국의 상표출원에 대하여 들은 적이 없고, 백남준은 상표출원을 하지 않고도 당연히 자신의 이름을 가지고 예술활동을 하든지 미술관을 열든지 할 수 있어 상표출원을 할 이유가 없었기 때문에 원고가 한국에서 '백남준'이라는 이름의 상표를 출원하는 것에 동의했을 것으로 생각하지는 않으며, 백남준은 원고가 자신의 이름을 이용하여 모금을 한다고 매우 언짢아하기도 했다고 기재하고 있어 원고에게 불리한 내용을 담고 있다).

⑥ 갑 제23호증은 방송프로그램의 출연자가 '상표신청'을 '특허신청'으로 잘못 표현한 내용이 담긴 방송프로그램이 녹음된 DVD이고, 갑 제24호증의 1, 2, 3은 '라면 상표로 특허출원하였다'는 내용을 취재한 각 보도기사로서, 원고는 위와 같이 법률적 지식이 부족한 일반인들이 특허와 상표의 의미를 정확히 이해하지 못하고 '상표'라는 용어 대신 '특허'라는 용어를 잘못 사용하고 있으므로 갑 제3호증에 기재된 "특허물건"이란 표현이 상표가 부착된 물건을 의미한다고 주장한다.

그러나 원고의 위와 같은 주장은 위 '1. 나. 2) ③'에서 본 바와 같이 취소 판결에서 받아들이지 아니한 주장일 뿐만 아니라, 법률적 지식이 부족한 일반인들이 상표와 특허라는 용어를 혼용하고 있다고 해서 백남준도 특허와 상표라는 단어를 혼동하여 갑 제3호증에 '특허물건'이라는 단어를 기재하였다고 단정할 수 없고, 결국 갑 제23호증, 갑 제24호증의 1, 2, 3도 이 사건 상표/서비스표의 출원·등록에 관한 백남준의 동의 여부와는 무관한 것이라 할 것이다.

⑦ 갑 제25호증의 1, 2는 '디자인 특허'에 관한 기사이고, 갑 제26호증의 1, 2는 '백남준 미술관' 유치와 관련된 대구총국 신청사 로비 설계변경에 관한 KBS 한국방송의 내부공문으로서, 모두 이 사건 상표/서비스표의 출원·등록에 관한 백남준의 동의와는 직접적인 관련이 없는 것들이다.

⑧ 갑 제27호증은 백남준의 처인 소외 2의 자서준 '나의 사랑, 백남준'에서 일부 발췌한 것이고, 갑 제28호증은 소외 2가 원고에게 보낸 팩스인바, 위 증거들은 모두 소외 2의 진술의 신빙성을 탄핵하기 위한 것으로 이 사건 상표/서비스표의 출원·등록에 관한 백남준의 동의와는 역시 직접적 관련이 없다.

⑨ 갑 제29호증의 1, 2는 확정된 취소 판결 이전에 제출된 갑 제3호증과 동일한 내용의 메모로 단지 상단에 원고가 작성한 수기(수기)가 나타나게 새롭게 제출된 것인데, 위 수기의 내용이 불분명하여 이 사건 상표/서비스표의 출원·등록에 관한 백남준의 동의와 관련되어 있다고 볼 수 없다.

⑩ 갑 제30호증의 1, 2는 백남준이 작성한 각 메모로서, 갑 제30호증의 1은 백남준이 원고에게 원고가 백남준을 찍은 사진이나 이미지를 출판하고 판매할 권리를 허락하였다는 내용이고, 갑 제30호증의 2는 백남준이 원고에게 백남준의 비디오테이프를 종이나 캔버스 위에 디지털 편집을 하기 위한 목적으로 사용하고 이를 판매할 권리를 허락하였다는 내용으로, 모두 이 사건 상표/서비스표에 대한 아무런 언급이 없어서 이 사건 상표/서비스표의 출원·등록에 관한 백남준의 동의와는 역시 무관하다.

⑪ 갑 제31호증의 1, 2는 'paiknamjune'이란 명칭 또는 그 일부가 사용된 도메인이름에 관한 서류 등인데, 도메인이름은 백남준의 동의 없이도 얼마든지 등록이 가능하다는 점에서 이 사건 상표/서비스표의 출원·등록에 관한 백남준의 동의를 뒷받침하는 증거가 될 수는 없다.

⑫ 갑 제32호증의 1 내지 10은 원고가 출원하여 등록받은 의장권에 관한 의장등록공보 및 관련 출원서 등이고, 갑 제33호증의 1, 2는 원고가 등록받은 미술저작물에 관한 등록증인데, 위 각 의장권 및 저작물 등록 또한 백남준의 동의 없이도 얼마든지 등록이 가능하므로 마찬가지로 이 사건 상표/서비스표의 출원·등록에 관한 백남준의 동의를 입증하는 증거가 될 수 없다.

⑬ 갑 제34호증의 1, 2는 원고가 위원장으로 있던 '백남준 미술관 건립추진위원회'의 각 회의록으로 갑 제34호증의 1에는 도메인 네임 등록에 관한 회의내용이 기재되어 있고, 갑 제34호증의 2에는 "현대미술관측에서 등록할 우려 발생-발생시 백 미술관 진행에 차질 예상 이의 방지를 위해 갤러리와 그 상품에

대한 특허 취득 필요함 현재 예상경비:3,993,560 Item 확인 후 150-200만원에서 특허등록예정"이라는 내용의 원고 발언과 공지사항으로 "원고(추진위원장)-7/15 미국출국예정 8월 중순 귀국예정" 등이 기재되어 있을 뿐, 그 어디에도 이 사건 상표/서비스표의 출원·등록에 관한 백남준의 동의를 받았다는 내용이 기재되어 있지 않다.

⑭ 갑 제35호증은 확정된 취소 판결 이전에 제출된 갑 제6호증과 동일한 내용의 메모로 단지 상단에 기재된 원고의 수기(수기)가 나타나도록 새롭게 제출된 것인데, 위 수기의 내용은 '(메모 영상 생략)'으로서 미술관의 건립과 관련된 내용만을 언급하고 있을 뿐 이 사건 상표/서비스표에 관한 사항은 없다.

⑮ 갑 제36호증은 소외 6 작성의 확인서, 갑 제37호증은 소외 7 작성의 확인서로서 이 사건 상표/서비스표를 둘러싼 원고와 피고 사이의 분쟁을 해결하기 위한 노력 등에 관한 것이고, 갑 제38호증은 원고가 이 사건 상표/서비스표의 출원을 대리한 소외 8 법무법인 측에 출원 당시의 상황에 관한 사실확인서를 요청한다는 내용의 사실확인 요청서로서, 모두 이 사건 상표/서비스표의 출원에 관하여 백남준의 동의가 있었음을 뒷받침하는 증거는 아니다.

4) 취소 판결 이후 새롭게 증거조사한 인증

① 증인 소외 3의 증언

증인 소외 3의 증언도 다음과 같은 점에 비추어 백남준이 원고의 이 사건 상표/서비스표 출원 및 등록에 동의하였는지 여부에 관한 취소 판결의 앞서 본 판단을 번복하기에 족할 정도의 증명력이 있다고 보기 어렵다.

즉, ㉠ 소외 3이 백남준과 통화를 한 지 10년 이상이 지난 시점에서 증언이 이루어졌고, 당시 소외 3이 백남준과 통화를 하면서 어떠한 문구 내지 용어를 사용하였는지가 중요한데 소외 3이 그것을 현재까지 정확하게 기억하기란 어렵다. ㉡ 증인 소외 3은 '자신이 당시 KBS 청사에 미술관을 열어 놓고 백남준이 부인할 경우 책임자로서 낭패를 당할 수 있기 때문에 이를 확인하기 위해 백남준과 통화를 하였고, 증인이 가장 궁금했던 것은 원고가 백남준의 동의를 얻어서 백남준 미술관의 건립을 추진하느냐는 것이었다.'는 취지로 증언하고 있어서 이 사건 상표/서비스표 출원에 대하여 백남준이 동의했는지 여부는 당시 소외 3의 주된 관심사항은 아니었던 것으로 보인다. ㉢ 증인 소외 3은 "백남준 미술관을 세우는데 있어 실용신안특허가 있어야 되는데, 실용신안특허를 동의해 주었느냐"고 백남준에게 물었고, 이에 대해 백남준은 "미술관을 만들어 준다고 해서 동의했다."고 답변하였다고 증언하고 있으므로 위 증언에 의하더라도 백남준이 원고의 이 사건 상표/서비스표 출원 및 등록에 동의하였다고 말하지는 아니한 사실이 인정된다.

② 증인 소외 9의 증언

이 사건 상표/서비스표의 출원 업무를 담당한 법률사무소 직원인 증인 소외 9의 증언도 다음과 같은 사정에 비추어 백남준이 이 사건 상표/서비스표의 출원에 대해 동의를 하였다는 점을 뒷받침하지는 못한다.

즉, ㉠ 증인 소외 9는 대부분의 신문사항에 대하여 정확하게 기억나지 않는다는 취지로 증언을 하고 있고, 일부 답변한 사항에 대해서도 그럴 것 같지만 정확한 것은 아니라는 취지로 증언하고 있어서 결국 증인 소외 9의 증언은 추측에 근거한 것이 대부분이라는 점에서 신빙성이 현저히 떨어진다. ㉡ 증인 소외 9는 백남준과 이 사건 상표/서비스표 출원에 대한 백남준의 동의 여부에 관하여 직접 통화한 적이 없고, "법원에 오기 전에 소외 10 변호사와 이야기를 했습니다만 상표와 관련해서 기억나는 것이 없고 백남준과 직접 전화한 적은 없다고 말했습니다."라고 증언하고 있어서 증인 소외 9는 이 사건 상표/서비스표의 출원에 관하여 백남준과 직접 접촉하거나 연락한 적이 없음이 인정된다 [원고는 을 제1호증의 3(소외 11에 대한 진술조서)의 기재 중 '소외 10 변호사가 특허출원을 원고에게 조언했고, 또 특허출원을 주도하였다.'는 내용 부분을 근거로 소외 10 변호사가 증인 소외 9에게 하였다는 위와 같은 진술 부분의 신빙성을 탄핵하고 있으나, 을 제1호증의 3의 위 부분 기재 내용과 소외 10 변호사가 증인 소외 9에게 하였다는 위와 같은 진술 부분이 모순된다고는 할 수 없을 뿐만 아니라, 을 제1호증의 3의 위 부분 기재 내용을 그대로 믿는다 하더라도 이 사건 상표/서비스표 출원·등록에 대하여 백남준의 동의가 있었음을 뒷받침하는 증거는 될 수 없다.]. ㉢ 더구나 증인 소외 9의 증언은 이 사건 상표/서비스표의 실제 출원경위와도 배치된다. 증인 소외 9가 기억나는 범위 내에서 증언하고 있는 출원경위는 원고로부터 갑 제6호증을 받은 이후에 특허청으로부터 이것만으로는 부족하다는 의견을 들어서 원고에게 재차 요청하여 갑 제3호증을 받은 것 같다는 것인데, 이 사건 상표/서비스표 출원에 대한 심사를 담당하였던 특허청 소외 12 심사관은 동의서(갑 제6호증)가 들어와서 이것으로 보정을 요구할 필요가 없다고 보고 원고에게 추가 보정요청을 하지 않았다고 진술하고 있다(을 제1호증의 8, 제389면). ㉣ 나아가 증인 소외 9가 만약 특허청으로부터 보정요청을 받았기 때문에 원고로부터 갑 제3호증을 받았다면 이를 특허청에 제출하지 않았을 이유가 전혀 없는데도 갑 제3호증이 특허청에 제출되지 않은 점에서도 증인 소외 9의 위와 같은 증언은 신빙성이 떨어진다.

③ 원고에 대한 당사자본인신문

원고에 대한 당사자본인신문결과는 다음과 같은 점에 비추어 그대로 믿기 어렵다.

즉, ㉠ 원고가 당사자본인신문을 통해 진술한 내용은 이 사건 상표/서비스표에 관한 소송에서 원고가 작성한 진술서(갑 제19호증)나 준비서면을 통해 주장해 왔던 것들에 불과하다. ㉡ 원고는 이 사건 상표/서비스표를 출원한 것은 어디까지나 백남준의 제의에 의한 것이었고(당사자신문조서 제1면의 원고 대리인 신문사항 제1항에 대한 답변 참조), 더욱이 백남준이 나서서 대한민국에서의 상표출원절차를 알아보고 원고에게 이를 알려주었다고 주장하고 있다(당사자신문조서 제1-2면의 원고 대리인 신문사항 제2항에 대한 답변 참조). 그러나 원고에 대한 사기 피의사건 경찰조사에서 참고인 소외 11은 "전시회가 1999. 9. 21.경에 있었는데 그 이전에 원고가 백남준 부인으로부터 미술관건립관련 후원모금을 중단하라는 항의 전화를 받고 저에게 고민을 털어놓기도 했다. 그리고 경기도에서 전화가 와서 자신들이 백남준 미술관을 건립하겠다고 한다며 중단하라는 항의전화가 오는 것을 보았다. 그 후 원고가 변호사에게 상담을 하였다며 저를 찾아와서 특허청에 특허출원을 해 두었다며 세계적으로 아무도 원고 외에는 미술관을 건립할 수 없다고 했다."는 내용으로 진술하고 있을 뿐만 아니라(을 제1호증의 3, 제267면 참조), 원고가 위원장으로 있던 백남준 미술관 건립추진위원회 회의록(갑 제34호증의 2)에 의하면 원고가 1999. 7. 6. 개최된 위 위원회 회의에서 '현대미술관측에서 등록할 우려가 있고 그 발생시 백 미술관 진행에 차질 예상되며, 이의 방지를 위해 갤러리와 그 상품에 대한 특허 취득 필요하다.'는 취지로 발언한 사실이 인정되는데, 이러한 발언내용은 당시 현대미술관에서 상표를 출원할 우려가 발생되었으며 만약 현대미술관이 먼저 상표를 출원하면 미술관 진행에 차질이 예상된다며 이를 방지하기 위해 먼저 상표를 취득해야 한다는 것이므로, 이에 의하면 백남준이 요청하여 부득이 이 사건 상표/서비스표를 출원한 것이라는 원고의 주장과 달리 오히려 원고는 백남준미술관 건립과 관련한 경쟁 속에서 미리 '백남준' 성명에 대한 권리를 선점하기 위하여 이 사건 상표/서비스표를 출원을 한 것이라고 볼 여지가 충분히 있다. ㉢ 원고의 주장처럼 백남준이 먼저 대한민국에서의 상표출원절차를 알아보고 원고에게 이를 알려주었고 원고가 상표출원을 준비할 때 대리인으로부터 동의서를 내야 한다는 안내를 받았다면(당사자신문조서 제1-2면의 원고 대리인 신문사항 제2항 및 5항에 대한 답변 참조), 백남준이 수기로 원고에게 작성해 준 메모(갑 제3, 6호증)에 명확하게 '상표출원에 동의한다.'는 내용이 기재되었을 것인데 위 메모에는 그러한 표현이 없다. ㉣ 백남준이 자필서명한 경기도와 백남준 사이의 2002. 6. 18.자 백남준미술관 건립에 관한 양해각서(을 제6호증의 2)에는 '백남준미술관은 「백남준」이라는 명칭을 가진 세계 최초의 유일한 미술관임을 확인한다.'는 내용이 포함되어 있는데, 백남준이 이 사건 상표/서비스표의 출원에 동의하였다면 그 결과 경기도는 상표권자인 원고의 동의 없이는 '백남준미술관'이라는 명칭을 사용할 수 없게 될 것인데도 백남준이 위와 같은 내용을 양해각서에 포함시키는 데에 동의를 하였다는 것은 백남준이 이 사건 상표/서비스표의 출원에 동의를 한 적이 없다는 점을 시사한다. ㉤ 원고는 위와 같은 내용이 위 양해각서에 포함된 경위에 대하여 백남준은 경기도 등과 미술관건립에 관하여 양해각서를 체결한 뒤 자신이 요구하면 원고가 경기도 등에서 이 사건 상표/서비스표를 사용하는 데에 무조건 동의할 것이라고 예상하고 위와 같은 내용이 기재된 양해각서에 서명하였을 것이라고 생각한다고 진술하고 있다(당사자신문조서 제18면의 주심판사 신문사항 제7항에 대한 답변 참조). 그러나 백남준이 이 사건 상표/서비스표가 이미 출원되어 등록된 사실을 알면서도 위와 같은 내용이 포함된 양해각서를 체결하려고 하였다면 경험칙상 사전에 상표권자인 원고와 협의를 함이 당연하다 할 것임에도 원고는 백남준과 생전에 피고가 이 사건 상표/서비스표를 사용하는 것에 대하여 협의를 한 바가 없고(당사자신문조서 제10면의 피고 대리인 신문사항 제5항에 대한 답변 참조), 백남준이 피고의 백남준미술관 건립 추진과 관련하여 원고에게 도움을 요청한 일은 없고 여러 가지 말씀은 하셨다(당사자신문조서 제14면의 피고 대리인 신문사항 제22항에 대한 답변 참조)고 진술하고 있어 원고의 위와 같은 진술은 신빙성이 박약하다.

4) 취소 판결 이후 피고가 제출한 증거 중 원고가 이익으로 원용하는 증거

① 을 제15호증은 소외 3 작성의 2008. 1. 3.자 사실확인서로서 그 전체적인 내용은 신축중인 KBS 대구총국 청사 내에 백남준 미술관을 건립하는 문제에 관한 것이고, 이 사건 상표/서비스표 출원 및 등록과 관련해서는 "백남준의 동의하에 출원해 획득한 특허" 등에 대해 검증하였다고만 기재되어 있을 뿐이어서, 위 사실확인서의 기재로는 이 사건 상표/서비스표 출원에 백남준의 동의가 있었음을 뒷받침하는 근거로 삼기에 부족하다.

② 을 제16호증은 원고가 취소 판결이 선고되기 전에 특허법원에 제출한 답변서이고, 을 제17호증은 원고가 취소 판결에 대해 상고를 제기하면서 대법원에 제출한 상고이유서이므로, 위 각 증거 모두 원고의 주장을 담은 서면에 불과하여 이 사건 쟁점에 관한 입증자료로서의 증거가치는 없다.

5) 기타 증거

기타 취소 판결 이후에 새롭게 조사한 증거로는 이 법원의 대전출입국관리사무소장과 경기도지사에 대한 각 사실조회결과가 있는데, 이는 모두 경기도와 백남준 사이의 백남준미술관 건립에 대한 협의과정과 관련된 증거이므로 이 사건 상표/서비스표의 출원에 대한 백남준의 동의와는 무관하다.

다. 소결론

이상과 같이 취소 판결 이후에 원고가 새롭게 제출한 증거들은 어느 것이나 종전에 확정된 취소 판결의 결론인 원고가 저명한 백남준의 성명을 그 동의 없이 무단으로 모방하여 이 사건 상표/서비스표를 출원한 것이라는 판단을 번복하기에 충분한 정도의 증명력을 가진 것이라 할 수 없고, 위에서 본 바와 같은 새로운 각 증거들의 신빙성 정도나 증거가치 등에 비추어 그러한 증거들을 모두 종합적으로 고려하더라도 달리 보기는 어렵다. 그밖에 기록을 잘 살펴보아도 확정된 취소 판결의 위와 같은 결론을 번복하기에 충분할 정도의 증명력을 가진 다른 증거도 발견되지 아니한다.

5. 원고의 나머지 주장에 대한 판단

가. 위 2.의 가. 항 중 원고의 주장 ②, ③에 대하여 보건대, 위 '1. 나 3) ①' 항에서 본 바와 같이, 대법원은 이 사건에 구 상표법 제7조 제1항 제4호가 적용된다고 명시적으로 판단하였으므로, 원고의 주장 ②는 이러한 대법원의 판단이 잘못되었다는 것에 지나지 아니하여 확정된 취소 판결의 기속력에 반하는 것이므로 그 자체로 받아들일 수 없고, 대법원은 이 사건에 구 상표법 제7조 제1항 제4호가 적용된다고 명시적으로 판단함으로써 이 사건에 구 상표법 제7조 제1항 제4호를 적용하는 것은 보충성에 관한 법리에 반한다는 원고의 상고이유를 배척하였다 할 것이어서 이 부분에 대한 원고의 상고이유에 대한 판단을 누락하였다는 원고의 위 주장 ③도 받아들일 수 없다.

나. 위 2.의 가. 항 중 원고의 주장 ④에 대하여 보건대, 위 주장은 취소 판결에서 갑 제3호증을 잘못 해석하였다는 취지이므로 마찬가지로 확정된 취소 판결의 기속력에 반하는 주장이어서 받아들일 수 없다.

다. 위 2.의 가. 항 중 원고의 주장 ⑤에 대하여 보건대, 위 '1. 나. 2)' 항 및 '1. 나. 3)

②' 항에서 본 바와 같이, 취소 판결과 대법원 판결에서는 원고가 백남준의 동의 없이 무단으로 이 사건 상표/서비스표를 출원하여 등록받은 사실을 인정하였고, 이는 곧 피고가 이 사건 상표/서비스표의 출원에 백남준의 동의가 없었음을 이미 입증하였다는 것을 의미하므로, 피고가 위와 같은 입증책임을 다하지 못하였다는 원고의 위 주장 ⑤ 역시 받아들일 수 없는 것이다.

6. 결 론

그렇다면, 이 사건 상표/서비스표 등록이 무효로 되어야 한다고 판단한 이 사건 심결은 결국 정당하고, 그 취소를 구하는 원고의 청구는 이유 없으므로 이를 받아들이지 아니하기로 하여 주문과 같이 판결한다.

[별지 생략]

판사 배기열(재판장) 정택수 박정훈

39. 대법원 2012. 10. 25. 선고 2012후2104 판결 【등록무효(상)】

[공2012하,1970]

【판시사항】

[1] 상표등록요건에 관한 상표법 규정이 개정되고 별도의 경과규정이 없는 경우, 개정규정 시행 전의 출원에 의하여 등록된 상표에 대하여 적용될 규정(=종전의 규정)

[2] 저명한 타인의 성명을 모방하여 무단으로 출원·등록한 상표가 구 상표법 제7조 제1항 제4호의 요건을 충족하는 경우, 그에 대해 같은 항 제6호 외에 제4호도 적용될 수 있는지 여부(적극)

【판결요지】

[1] 구 상표법(2007. 1. 3. 법률 제8190호로 개정되기 전의 것. 이하 같다) 제7조 제1항 제4호는 "공공의 질서 또는 선량한 풍속을 문란하게 할 염려가 있는 상표"를 등록할 수 없는 것으로 정하고 있었는데, 2007. 1. 3. 법률 제8190호로 개정된 상표법(이하 '개정 상표법'이라 한다)은 위 법규정을 "상표 그 자체 또는 상표가 상품에 사용되는 경우 수요자에게 주는 의미와 내용 등이 일반인의 통상적인 도덕관념인 선량한 풍속에 어긋나거나 공공의 질서를 해칠 우려가 있는 상표"로 개정하면서, 그 부칙에서 위 개정규정에 관하여 별도의 경과규정을 두고 있지 아니하다. 그러나 상표등록이 무효로 되면 소급하여 효력을 상실하는 것이므로, 상표등록요건에 관한 상표법의 규정이 개정되더라도 개정법의 부칙에서 별도의 경과규정을 두지 아니하는 한 그 개정규정이 시행되기 전의 출원에 의하여 등록된 상표에 대하여는 그 상표에 관하여 종전의 규정에 기초하

여 형성된 상표법 질서의 안정을 유지하기 위하여 종전의 규정이 적용되어야 한다. 또한 제7조 제1항 제4호에 관한 앞서 본 바와 같은 개정은 그 규정내용과 적용범위를 종전의 규정에 비하여 구체적이고 명확하게 한정하는 것을 그 취지로 하여서, 종전의 규정에 기초하여 형성된 상표법 질서의 존속에 관한 제3자의 신뢰를 파괴하면서까지 위 개정규정 시행 전의 출원에 의하여 등록된 상표에 대하여 개정된 제4호를 적용하여야 할 특별한 사정도 없다.

[2] 구 상표법(2007. 1. 3. 법률 제8190호로 개정되기 전의 것. 이하 같다) 제7조 제1항 제4호와 제6호는 보호하려는 이익 내지 법익 및 요건이 상이하고 구 상표법에 제7조 제1항 각 호의 적용순위에 관하여 특별한 규정을 두고 있지도 아니한 이상, 저명한 타인의 성명을 모방하여 무단으로 출원·등록한 상표라고 하더라도, 그 상표의 구성 자체 또는 그 상표가 지정상품에 사용되는 경우 일반 수요자에게 주는 의미나 내용이 사회공공의 질서나 선량한 풍속에 반하거나, 그 상표를 등록하여 사용하는 행위가 일반적으로 공정한 상품유통질서나 국제적 신의와 상도덕 등 선량한 풍속에 위배되거나, 그 상표의 출원·등록과정에 사회적 타당성이 결여되어 그 등록을 인정하는 것이 상표법의 질서에 반하는 것으로서 용인할 수 없는 경우와 같이 구 상표법 제7조 제1항 제4호의 요건을 충족하는 때에는 그 상표에 대하여 같은 항 제6호 외에 그 제4호도 아울러 적용될 수 있다고 봄이 상당하다.

【참조조문】

[1] 구 상표법(2007. 1. 3. 법률 제8190호로 개정되기 전의 것) 제7조 제1항 제4호 [2] 구 상표법(2007. 1. 3. 법률 제8190호로 개정되기 전의 것) 제7조 제1항 제4호, 제6호

【전 문】

【원고, 상고인】 원고(소송대리인 변리사 고영회)

【피고, 피상고인】 재단법인 경기문화재단(소송대리인 법무법인(유한) 태평양 담당변호사 김태권 외 3인)

【원심 판결】 특허법원 2012. 5. 24. 선고 2011허6543 판결

【주 문】

상고를 기각한다. 상고비용은 원고가 부담한다.

【이 유】

상고이유(상고이유서 제출기간이 경과한 후에 제출된 상고이유보충서의 기재는 상고이유를 보충하는 범위 내에서)를 판단한다.

1. 상고이유 제3점 및 제4점에 대하여

가. 심결을 취소하는 판결이 확정된 경우에 그 취소의 기본이 된 이유는 그 사건에 대하여 특허심판원을 기속한다. 여기서의 기속력은 취소의 이유가 된 심결의 사실적 및 법적 판단이 정당하지 아니하다는 점에 관하여 발생한다. 따라서 그 취소 후의 심리과정에서 새로운 증거가 제출되어 기속적 판단의 기초가 되는 증거관계에 변동이 생기는 등 특단의 사정이 없는 한, 특허심판원은 위 확정된 취소 판결에서 위법이라고 판단된 이유와 동일한 이유로 종전의 심결과 동일한 결론의 심결을 할 수 없다. 이때 '새로운 증거'라고 함은 적어도 취소된 심결이 행하여진 심판절차 내지는 그 심결의 취소소송에서 채택·조사되지 아니한 것으로서 심결취소 판결의 결론을 번복하기에 족한 증명력을 가지는 증거이어야 한다(대법원 2002. 12. 26. 선고 2001후96 판결 등 참조).

나. 피고는 원고를 피청구인으로 하여 특허심판원 2008당2985호로 청구한 이 사건 등록상표서비스표(등록번호 제2486호)의 등록무효심판사건에서, 2009. 5. 28. 특허심판원은 이 사건 등록상표서비스표는 고 소외인의 승낙을 얻어 정당하게 등록받은 상표로서 그 구성 자체 또는 지정상품 및 지정서비스표에 사용되는 경우에 일반 수요자에 주는 의미나 내용이 공공의 질서에 위반하거나 일반인의 통상적인 도덕관념인 선량한 풍속에 어긋난다고 볼 수 없어서 구 상표법(2007. 1. 3. 법률 제8190호로 개정되기 전의 것. 이하 같다) 제7조 제1항 제4호에 해당하지 아니한다는 등의 이유로 피고의 심판청구를 기각하는 심결(이하 '종전 심결'이라고 한다)을 하였다. 그러나 피고가 특허법원 2009허5028호로 제기한 종전 심결의 취소소송에서 특허법원은 2009. 12. 30. 이 사건 등록상표서비스표는 구 상표법 제7조 제1항 제4호에 해당하여 등록무효로 되어야 한다는 이유로 종전 심결을 취소하는 판결(이하 '종전 심결취소 판결'이라고 한다)을 선고하였다.

그에 대하여 원고가 대법원 2010후456호로 상고하였다. 대법원은 2010. 7. 22. 다음과 같은 사정을 들어 이 사건 등록상표서비스표는 구 상표법 제7조 제1항 제4호에 해당하여 그 등록이 무효라고 볼 것이라는 이유로 원고의 상고를 기각하는 판결을 선고함에 따라 종전 심결을 취소한 위 특허법원 판결은 그대로 확정되었다. 즉, 이 사건 등록상표서비스표의 출원 경위 및 소외인 성명의 저명성 등을 고려하면 원고가 고의로 저명한 소외인 성명의 명성에 편승하기 위하여 무단으로 이 사건 등록상표서비스표를 출원·등록하여 사용하는 행위는 저명한 비디오아트예술가로서의 소외인의 명성을 떨어뜨려 그의 명예를 훼손시킬 우려가 있어서 사회 일반인의 도덕관념인 선량한 풍속에 반한다. 뿐만 아니라 소외인의 명성에 편승하여 수요자의 구매를 불공정하게 흡인하고자 하는 것으로서 공정한 상품유통질서나 상도덕 등 선량한 풍속을 문란하게 할 염려가 있다는 것이다.

그 후 특허심판원 2010당(취소 판결)81호로 다시 진행된 심판절차에서 특허심판원은 2011. 5. 20. 확정된 종전 심결취소 판결과 같은 이유로 이 사건 등록상표서비스표의 등록을 무효로 하는 이 사건 심결을 하였다. 그리고 원심은 종전 심결취소 판결 이후 심리과정에서 새로 제출된 증거들은 확정된 종전 심결취소 판결의 결론을 번복하기에 족한 증명력을 가지지 아니한다는 이유로 원고의 주장, 즉 이 사건 등록상표서비스표는 소외인의 승낙을 얻어 출원·등록한 것이라는 주장을 배척하고, 이 사건 등록상표서비스표의 출원·등록이 구 상표법 제7조 제1항 제4호의 "공공의 질서 또는 선량한 풍속을 문란하게 할 염려가 있는 경우"에 해당한다고 판단하였다.

다. 앞서 본 법리에 비추어 기록을 살펴보면, 원심의 위와 같은 판단은 정당하고, 거기에 상고이유의 주장과 같이 논리와 경험칙에 위배하여 사실을 인정하거나 구 상표법 제7조 제1항 제4호에 관한 법리를 오해하는 등으로 판결에 영향을 미친 위법이 있다고 할 수 없다.

한편 확정된 종전 심결취소 판결에서 이미 원고가 고의로 저명한 소외인 성명의 명성에 편승하기 위하여 무단으로 이 사건 등록상표서비스표를 출원·등록하여 사용하였음이 인정된 이상 원고가 소외인의 승낙 없이 이 사건 등록상표서비스표를 출원·등록하였다는 점은 증명되었다고 할 것이고, 다만 이 사건에서 위와 같이 확정된 종전 심결취소 판결의 기속력을 배제하려면 원고가 종전 심결취소 판결의 결론을 번복하기에 족한 정도의 증명력을 가진 새로운 증거를 제출하여야 할 것이다.

같은 취지에서 원심이 피고가 증명책임을 다하지 못하였다는 원고의 주장을 배척한 것은 정당하고, 거기에 상고이유로 주장하는 바와 같은 법리 오해 등의 위법이 없다.

2. 상고이유 제1점에 대하여

구 상표법 제7조 제1항 제4호는 "공공의 질서 또는 선량한 풍속을 문란하게 할 염려가 있는 상표"를 등록할 수 없는 것으로 정하고 있었는데, 2007. 1. 3. 법률 제8190호로 개정된 상표법(이하 '개정 상표법'이라 한다)은 위 법규정을 "상표 그 자체 또는 상표가 상품에 사용되는 경우 수요자에게 주는 의미와 내용 등이 일반인의 통상적인 도덕관념인 선량한 풍속에 어긋나거나 공공의 질서를 해칠 우려가 있는 상표"로 개정하면서, 그 부칙에서 위 개정규정에 관하여 별도의 경과규정을 두고 있지 아니하다 .

그러나 상표등록이 무효로 되면 소급하여 효력을 상실하는 것이므로, 상표등록요건에 관한 상표법의 규정이 개정되더라도 개정법의 부칙에서 별도의 경과규정을 두지 아니하는 한 그 개정규정이 시행되기 전의 출원에 의하여 등록된 상표에 대하여는 그 상표에 관하여 종전의 규정에 기초하여 형성된 상표법 질서의 안정을 유지하기 위하여 종전의 규정이 적용되어야 한다. 또한 제7조 제1항 제4호에 관한 앞서 본 바와 같은 개정은 그 규정내용과 적용범위를 종전의 규정에 비하여 구체적이고 명확하게 한정하는 것을 그 취지로 하여서, 종전의 규정에 기초하여 형성된 상표법 질서의 존속에 관한 제3자의 신뢰를 파괴하면서까지 위 개정규정 시행 전의 출원에 의하여 등록된 상표에 대하여 개정된 제4호를 적용하여야 할 특별한 사정도 없다 .

따라서 위 개정 상표법이 시행되기 전인 1999. 12. 10. 출원하여 등록된 이 사건 등록상표 서비스표의 심판·재심 및 소송에 대하여는 종전의 규정인 구 상표법 제7조 제1항 제4호가 적용된다고 보아야 한다. 같은 취지의 원심판단은 정당하고, 거기에 상고이유의 주장과 같이 개정 상표법 제7조 제1항 제4호의 적용범위에 관한 법리를 오해하는 등의 위법이 있다고 할 수 없다.

원고가 상고이유에서 들고 있는 대법원 2006. 7. 13. 선고 2005후70 판결은 이 사건과 사안을 달리하여 이 사건에 원용하기에 적절하지 아니하다. 또한 대법원 2012. 6. 28. 선고 2011후1722 판결 역시 개정 상표법 시행일 이후에 출원된 상표에 관한 것으로서 이 사건과 사안을 달리하므로 이 사건에 원용하기에 적절하지 아니하다.

3. 상고이유 제2점에 대하여

구 상표법 제7조 제1항 제4호에서 상표등록을 받을 수 없다고 정하는 "공공의 질서 또는 선량한 풍속을 문란하게 할 염려가 있는 상표"라고 함은 상표의 구성 자체 또는 그 상표가 지정상품에 사용되는 경우 일반 수요자에게 주는 의미 또는 내용이 사회 공공의 질서에 위반하거나 사회 일반인의 통상적인 도덕관념인 선량한 풍속에 반하는 경우 또는 고의로 저명한 타인의 상표 또는 서비스표나 상호 등의 명성에 편승하기 위하여 무단으로 타인의 표장을 모방한 상표를 등록 사용하는 것처럼 그 상표를 등록하여 사용하는 행위가 일반적으로 공정한 상품유통질서나 국제적 신의와 상도덕 등 선량한 풍속에 위배되는 경우를 말한다(대법원 2006. 2. 24. 선고 2004후1267 판결 등 참조).

반면 구 상표법 제7조 제1항 제6호는 "저명한 타인의 성명·명칭 또는 상호·초상·서명·인장·아호·예명·필명 또는 이들의 약칭을 포함하는 상표"는 그 타인의 승낙 없이는 상표등록을 받을 수 없다고 정하는데, 그 입법취지는 저명한 타인의 성명권이나 초상권 등을 보호하려는 데 있다고 할 것이다.

이와 같이 구 상표법 제7조 제1항 제4호와 제6호는 보호하려는 이익 내지 법익 및 요건이 상이하고 구 상표법에 제7조 제1항 각 호의 적용순위에 관하여 특별한 규정을 두고 있지도 아니한 이상, 저명한 타인의 성명을 모방하여 무단으로 출원·등록한 상표라고 하더라도, 그 상표의 구성 자체 또는 그 상표가 지정상품에 사용되는 경우 일반 수요자에게 주는 의미나 내용이 사회 공공의 질서나 선량한 풍속에 반하거나, 그 상표를 등록하여 사용하는 행위가 일반적으로 공정한 상품유통질서나 국제적 신의와 상도덕 등 선량한 풍속에 위배되거나, 그 상표의 출원·등록과정에 사회적 타당성이 결여되어 그 등록을 인정하는 것이 상표법의 질서에 반하는 것으로서 용인할 수 없는 경우와 같이 구 상표법 제7조 제1항 제4호의 요건을 충족하는 때에는 그 상표에 대하여 같은 항 제6호 외에 그 제4호도 아울러 적용될 수 있다고 봄이 상당하다 .

따라서 같은 취지로 판단한 원심 판결에 상고이유의 주장과 같은 법리오해 등의 위법이 없다. 구 상표법 제7조 제1항 제4호는 일반규정으로서 같은 항 소정의 다른 부등록사유가 적용되지 아니하는 범위 내에서 한정적·보충적으로만 적용됨을 전제로 저명한 타인의 성명을 무단으로 상표등록한 경우에는 특별규정인 구 상표법 제7조 제1항 제6호만이 적용되고 같은 항 제4호는 적용될 수 없다는 상고이유의 주장은 받아들일 수 없다.

4. 결 론

그러므로 상고를 기각하고 상고비용은 패소자가 부담하기로 하여, 관여 대법관의 일치된 의견으로 주문과 같이 판결한다.

대법관 고영한(재판장) 양창수(주심) 박병대 김창석

40. 대법원 2000. 4. 21. 선고 97후860,877,884 판결【상표등록무효】

[집48(1)특,242;공2000.6.15.(108),1293]

【판시사항】

[1] 상표법 제7조 제1항 제4호의 '공공의 질서 또는 선량한 풍속을 문란하게 할 염려가 있는 상표'의 의미

[2] 미술저작물에 표시한 서명이 주지·저명한 화가의 것으로서 널리 알려진 경우, 그 서명과 동일·유사한 상표를 무단으로 출원등록하여 사용하는 것이 상표법 제7조 제1항 제4호에 해당하는지 여부(적극) 및 그 저명한 화가의 유족이 상표등록무효심판을 청구할 수 있는 이해관계인에 해당하는지 여부(적극)

[3] 피카소의 저명한 서명과 동일한 상표를 무단 등록한 사안에서 피카소의 유족이 제기한 상표등록무효심판청구를 인용한 원심을 수긍한 사례

【판결요지】

[1] 상표법 제7조 제1항 제4호에서 규정한 '공공의 질서 또는 선량한 풍속을 문란하게 할 염려가 있는 상표'라 함은 상표의 구성 자체 또는 그 상표가 지정상품에 사용되는 경우 일반 수요자에게 주는 의미나 내용이 사회공공의 질서에 위반하거나 사회 일반인의 통상적인 도덕관념인 선량한 풍속에 반하는 경우뿐만 아니라, 그 상표를 등록하여 사용하는 행위가 공정한 상품유통질서나 국제적 신의와 상도덕 등 선량한 풍속에

위배되는 경우도 포함된다.

[2] 화가가 그의 미술저작물에 표시한 서명은 그 저작물이 자신의 작품임을 표시하는 수단에 불과하여 특별한 사정이 없는 한 그 자체가 예술적 감정이나 사상의 표현을 위한 것이라고는 할 수 없어 저작권법상의 독립된 저작물이라고 보기 어려우나, 이러한 서명은 저작자인 화가가 저작권법 제12조 제1항에 의한 성명표시권에 의하여 자기 저작물의 내용에 대한 책임의 귀속을 명백히 함과 동시에 저작물에 대하여 주어지는 사회적 평가를 저작자 자신에게 귀속시키려는 의도로 표시하는 것이므로, 그 서명이 세계적으로 주지·저명한 화가의 것으로서 그의 미술저작물에 주로 사용해 왔던 관계로 널리 알려진 경우라면, 그 서명과 동일·유사한 상표를 무단으로 출원등록하여 사용하는 행위는 저명한 화가로서의 명성을 떨어뜨려 그 화가의 저작물들에 대한 평가는 물론 그 화가의 명예를 훼손하는 것으로서, 그 유족의 고인에 대한 추모경애의 마음을 손상하는 행위에 해당하여 사회 일반의 도덕관념인 선량한 풍속에 반할 뿐만 아니라, 이러한 상표는 저명한 고인의 명성에 편승하여 수요자의 구매를 불공정하게 흡인하고자 하는 것으로서 공정하고 신용있는 상품의 유통질서를 침해할 염려가 있다 할 것이므로 이러한 상표는 상표법 제7조 제1항 제4호에 해당한다고 봄이 상당하고, 이러한 경우에 그 저명한 화가가 생존해 있었더라면 자신의 저작물임을 나타내기 위하여 표시해 오던 서명을 타인이 자신과 전혀 무관한 상품의 상표로 무단등록하여 공표하고 사용하는 것은 저명한 미술저작자로서의 인격권을 침해하는 불법행위에 해당한다 할 것이고, 저작권법 제96조, 제14조 제2항에 의하면 사망한 저작자의 저작인격권을 침해하는 행위에 대하여 그 저작자의 유족이 그 침해행위의 금지를 청구하는 등의 조치를 취할 수 있음에 비추어, 그 저명한 화가의 유족으로서는 고인의 인격권과 유족 자신의 고인에 대한 추모경애의 마음을 침해하는 상표의 사용금지를 청구할 수 있음은 물론 그 등록무효심판을 청구할 이해관계가 있다고 봄이 상당하다.

[3] 피카소의 저명한 서명과 동일한 상표를 무단 등록한 사안에서 피카소의 유족이 제기한 상표등록무효심판청구를 인용한 원심을 수긍한 사례.

【참조조문】

[1] 상표법 제7조 제1항 제4호[2] 상표법 제7조 제1항 제4호, 제71조 제1항 제1호, 저작권법 제12조 제1항, 제14조 제2항, 제96조[3] 상표법 제7조 제1항 제4호, 제71조 제1항 제1호, 저작권법 제12조 제1항, 제14조 제2항, 제96조

【참조판례】

[1] 대법원 1997. 10. 14. 선고 96후2296 판결(공1997하, 3467)

대법원 1998. 2. 24. 선고 97후1306 판결(공1998상, 908)
대법원 1999. 12. 24. 선고 97후3623 판결(공2000상, 309)
[2] 대법원 1987. 4. 28. 선고 84후21 판결(공1987, 891)
대법원 1996. 3. 12. 선고 95후1401 판결(공1996상, 1265)
대법원 1996. 4. 26. 선고 95후1555 판결(공1996상, 1731)
대법원 1998. 10. 13. 선고 97후1931 판결(공1998하, 2692)

【전 문】

【심판청구인, 피상고인】 안빠로마 류이 삐까소 외 1인

【피심판청구인,상고인】 다윈 인터내쇼날 리미티드(소송대리인 변리사 이영필 외 1인)

【원심심결】 특허청 1997. 2. 27.자 95항당57, 58, 60 심결

【주 문】

상고를 기각한다. 상고비용은 피심판청구인의 부담으로 한다.

【이 유】

상고이유를 판단한다.

상표법 제7조 제1항 제4호에서 규정한 '공공의 질서 또는 선량한 풍속을 문란하게 할 염려가 있는 상표'라 함은 상표의 구성 자체 또는 그 상표가 지정상품에 사용되는 경우 일반 수요자에게 주는 의미나 내용이 사회공공의 질서에 위반하거나 사회 일반인의 통상적인 도덕관념인 선량한 풍속에 반하는 경우뿐만 아니라(대법원 1997. 10. 14. 선고 96후2296 판결, 1998. 2. 24. 선고 97후1306 판결 등 참조), 그 상표를 등록하여 사용하는 행위가 공정한 상품유통질서나 국제적 신의와 상도덕 등 선량한 풍속에 위배되는 경우도 이에 포함된다 할 것이다.

이러한 점에 비추어, 화가가 그의 미술저작물에 표시한 서명은 그 저작물이 자신의 작품임을 표시하는 수단에 불과하여 특별한 사정이 없는 한 그 자체가 예술적 감정이나 사상의 표현을 위한 것이라고는 할 수 없어 저작권법상의 독립된 저작물이라고 보기 어려움은 상고이유에서 지적하는 바와 같다 할 것이나, 이러한 서명은 저작자인 화가가 저작권법 제12조 제1항에 의한 성명표시권에 의하여 자기 저작물의 내용에 대한 책임의 귀속을 명백히 함과 동시에 저작물에 대하여 주어지는 사회적 평가를 저작자 자신에게 귀속시키려는 의도로 표시하는 것이므로, 그 서명이 세계적으로 주지·저명한 화가의 것으로서 그의 미술저작물에 주로 사용해 왔던 관계로 널리 알려진 경우라면, 그 서명과 동일·유사한 상표를 무단으로 출원등록하여 사용하는 행위는 저명한 화가로서의 명성을 떨어뜨려 그 화가의 저작물들에 대한 평가는 물론 그 화가의 명예를 훼손하는 것으로서, 그 유족의 고인에 대한 추모경애의 마음을 손상하는 행위에 해당하여 사회 일반의 도덕관

념인 선량한 풍속에 반할 뿐만 아니라, 이러한 상표는 저명한 고인의 명성에 편승하여 수요자의 구매를 불공정하게 흡인하고자 하는 것으로서 공정하고 신용있는 상품의 유통질서를 침해할 염려가 있다 할 것이므로 이러한 상표는 상표법 제7조 제1항 제4호에 해당한다고 봄이 상당하다.

그리고 이러한 경우에 그 저명한 화가가 생존해 있었더라면 자신의 저작물임을 나타내기 위하여 표시해 오던 서명을 타인이 자신과 전혀 무관한 상품의 상표로 무단 등록하여 공표하고 사용하는 것은 저명한 미술저작자로서의 인격권을 침해하는 불법행위에 해당한다 할 것이고, 저작권법 제96조, 제14조 제2항에 의하면 사망한 저작자의 저작인격권을 침해하는 행위에 대하여 그 저작자의 유족이 그 침해행위의 금지를 청구하는 등의 조치를 취할 수 있음에 비추어, 그 저명한 화가의 유족으로서는 고인의 인격권과 유족 자신의 고인에 대한 추모경애의 마음을 침해하는 상표의 사용금지를 청구할 수 있음은 물론 그 등록무효심판을 청구할 이해관계가 있다고 봄이 상당하다.

원심심결 이유를 기록과 위와 같은 법리에 비추어 살펴보면, 원심이 채택한 증거에 의하여 피심판청구인이 입체파 화가로서 세계적으로 주지·저명한 스페인 출생의 프랑스 화가인 파블로 루이 피카소(Pablo Ruiz Picasso, 1881년 출생~1973년 사망, 이하 '피카소'라 한다)가 그의 작품들에 표시해 온 널리 알려진 서명과 동일한 상표를 피카소 본인이나 그 유족 또는 그의 저작물에 대한 저작재산권 소유자의 승낙없이 등록출원한 사실을 인정하고, 피카소의 유족(피카소의 딸, 손자)인 심판청구인들은 이 사건 각 등록상표에 대하여 그 등록무효심판을 청구할 수 있는 이해관계인에 해당한다고 판단하고, 나아가 이 사건 각 등록상표는 그 설시한 바와 같은 이유로 상표법 제7조 제1항 제4호가 규정한 공공의 질서 또는 선량한 풍속을 문란하게 할 염려가 있는 상표에 해당한다 하여 그 등록이 무효라고 판단한 것은 결과적으로 정당하고, 거기에 상고이유에서 지적하는 바와 같이 심결에 영향을 미친 상표등록무효심판청구에 있어서의 이해관계나 상표등록 무효사유에 관한 법리오해나 판단유탈, 심리미진, 채증법칙 위배로 인한 사실오인 등의 위법이 있다고 할 수 없다. 상고이유에서 지적한 대법원 판례들은 사안을 달리하여 이 사건에 원용하기에 적절하지 아니하다. 상고이유는 모두 받아들일 수 없다.

그러므로 상고를 기각하고, 상고비용은 상고인인 피심판청구인의 부담으로 하기로 관여 법관의 의견이 일치되어 주문과 같이 판결한다.

대법관 이용우(재판장) 김형선 이용훈(주심) 조무제

41. 대법원 2006. 2. 24. 선고 2004후1267 판결 【등록무효(상)】

[공2006.4.1.(247),535]

【판시사항】

[1] 상표법 제7조 제1항 제4호에서 규정한 '공공의 질서 또는 선량한 풍속을 문란하게 할 염려가 있는' 상표의 의미

[2] 상표를 등록·사용하는 행위가 특정한 당사자 사이의 계약을 위반하거나 특정인에 대한 관계에서 신의성실의 원칙에 위배된다는 사정만으로 상표법 제7조 제1항 제4호에서 정한 '공공의 질서 또는 선량한 풍속을 문란하게 할 염려가 있는' 상표에 해당한다고 볼 수 있는지 여부(소극)

[3] 피고들의 상표 출원·등록행위가 원고 등의 특정 당사자 이외의 자에 대한 관계에서 일반적으로 상도덕이나 신의성실의 원칙에 위반되었다고 할 수 없다는 이유로, 상표법 제7조 제1항 제4호에서 규정한 '공공의 질서 또는 선량한 풍속을 문란하게 할 염려가 있는'상표에 해당한다고 판단한 원심 판결을 파기한 사례

【판결요지】

[1] 상표법 제7조 제1항 제4호에서 규정한 '공공의 질서 또는 선량한 풍속을 문란하게 할 염려가 있는' 상표라 함은 상표의 구성 자체 또는 그 상표가 지정상품에 사용되는 경우 일반 수요자에게 주는 의미나 내용이 사회공공의 질서에 위반하거나 사회 일반인의 통상적인 도덕관념인 선량한 풍속에 반하는 경우 또는 고의로 저명한 타인의 상표 또는 서비스표나 상호 등의 명성에 편승하기 위하여 무단으로 타인의 표장을 모방한 상표를 등록 사용하는 것처럼 그 상표를 등록하여 사용하는 행위가 일반적으로 공정한 상품유통질서나 국제적 신의와 상도덕 등 선량한 풍속에 위배되는 경우를 말한다.

[2] 상표를 등록·사용하는 행위가 특정한 당사자 사이에 이루어진 계약을 위반하거나 특정인에 대한 관계에서 신의성실의 원칙에 위배된 것으로 보인다고 하더라도 그러한 사정만을 들어 상표법 제7조 제1항 제4호에서 규정한 '공공의 질서 또는 선량한 풍속을 문란하게 할 염려가 있는' 상표에 해당한다고 할 수 없다.

[3] 피고들의 상표 출원·등록행위가 원고 등의 특정 당사자 이외의 자에 대한 관계에서 일반적으로 상도덕이나 신의성실의 원칙에 위반되었다고 할 수 없다는 이유로, 상표법 제7조 제1항 제4호에서 규정한 '공공의 질서 또는 선량한 풍속을 문란하게 할 염려가 있는' 상표에 해당한다고 판단한 원심 판결을 파기한 사례.

【참조조문】

[1] 상표법 제7조 제1항 제4호 [2] 상표법 제7조 제1항 제4호 [3] 상표법 제7조 제1항 제4호

【참조판례】

[1] 대법원 1999. 12. 24. 선고 97후3623 판결(공2000상, 309)

대법원 2000. 4. 21. 선고 97후860, 877, 884 판결(공2000상, 1293)
대법원 2004. 5. 14. 선고 2002후1362 판결(공2004하, 1873)
[2] 대법원 1986. 11. 25. 선고 85후13 판결(공1987, 104)

【전 문】

【원고, 피상고인】 인디펜던트 리쿠어(엔제트) 리미티드(소송대리인 변호사 이임수외 6인)

【피고, 상고인】 피고 1외 1인(소송대리인 변호사 김홍엽)

【원심 판결】 특허법원 2004. 3. 26. 선고 2003허6739 판결

【주 문】

원심 판결을 파기하고, 사건을 특허법원에 환송한다.

【이 유】

상고이유를 판단한다.

1. 상표법 제7조 제1항 제4호에서 규정한 '공공의 질서 또는 선량한 풍속을 문란하게 할 염려가 있는' 상표라 함은 상표의 구성 자체 또는 그 상표가 지정상품에 사용되는 경우 일반 수요자에게 주는 의미나 내용이 사회공공의 질서에 위반하거나 사회 일반인의 통상적인 도덕관념인 선량한 풍속에 반하는 경우 또는 고의로 저명한 타인의 상표 또는 서비스표나 상호 등의 명성에 편승하기 위하여 무단으로 타인의 표장을 모방한 상표를 등록 사용하는 것처럼 그 상표를 등록하여 사용하는 행위가 일반적으로 공정한 상품유통질서나 국제적 신의와 상도덕 등 선량한 풍속에 위배되는 경우를 말하므로(대법원 1999. 12. 24. 선고 97후3623 판결, 2004. 5. 14. 선고 2002후1362 판결 등 참조), 상표를 등록 사용하는 행위가 특정한 당사자 사이에 이루어진 계약을 위반하거나 특정인에 대한 관계에서 신의성실의 원칙에 위배된 것으로 보인다고 하더라도 그러한 사정만을 들어 위 법조항 소정의 '공공의 질서 또는 선량한 풍속을 문란하게 할 염려가 있는' 상표에 해당한다고 할 수 없다(대법원 1986. 11. 25. 선고 85후13 판결 참조).

2. 위 법리와 기록에 의하면, 원고로부터 ""로 구성된 원고 상표의 사용상품을 국내에 수입하여 판매하던 피고 1이 2000. 6.경 소외인에게 원고 상표의 사용상품과 관련제품에 관한 국내 수입권과 독점권 및 자신이 운영하던 소외 주식회사의 영업일체를 유상으로 양도하였음에도 2002. 1. 14. ""로 구성된 이 사건 등록상표(등록번호 제543908호)를 출원하여 2003. 3. 26. 등록된 후, 원고에게 원고 상표의 사용상품이 이 사건 등록

상표의 상표권을 침해한다는 이유로 그 수출을 중지하라는 경고장을 보내고, 수원세관에 원고 상표가 사용된 상품에 관하여 상표권침해우려물품 수입사실통보서를 제출함과 아울러 소외인에게 양도한 회사에 대하여는 서울지방법원에 원고 상표의 사용중지를 구하는 가처분을 신청하였으며, 이 사건 등록상표를 공동으로 등록받은 피고 2는 피고 1이 원고 및 소외인과 사이에 앞서 본 과정을 거쳐 이 사건 등록상표를 출원하여 등록된 사실을 알고 있었다고 보이므로, 피고들의 이 사건 등록상표의 출원, 등록과 그 상표권의 행사가 원고나 소외인에 대한 관계에서는 상도덕이나 신의칙에 위반되었다고 할 수는 있지만, 피고들이 이 사건 등록상표를 출원, 등록한 행위가 위 특정 당사자 이외의 자에 대한 관계에서도 일반적으로 상도덕이나 신의칙에 위반되었다고 할 수는 없으므로, 이 사건 등록상표는 상표법 제7조 제1항 제4호 소정의 '공공의 질서 또는 선량한 풍속을 문란하게 할 염려가 있는' 상표에 해당한다고 할 수 없다.

3. 그런데도, 원심이 특정한 당사자 사이의 신의칙이나 상도덕에 위반하여 출원, 등록된 상표까지도 상표법 제7조 제1항 제4호 소정의 '공공의 질서 또는 선량한 풍속을 문란하게 할 염려가 있는' 상표에 해당함을 전제로, 이 사건 등록상표에 위 법조항 소정의 등록무효사유가 있다고 판단한 것은 위 법조항에 관한 법리를 오해하여 판결의 결과에 영향을 미친 위법이 있다.

4. 그러므로 나머지 상고이유에 대한 판단을 생략한 채 원심 판결을 파기하고, 사건을 더욱 심리한 후 판단하게 하기 위하여 원심법원에 환송하기로 관여 대법관의 의견이 일치되어 주문과 같이 판결한다.

대법관 이규홍(재판장) 박재윤 김영란(주심) 김황식

42. 대법원 2009. 5. 28. 선고 2007후3301 판결【등록무효(상)】

[등록서비스표 우리은행 사건] [공2009하,1038]

【판시사항】

[1] 서비스표등록의 무효심판을 청구할 수 있는 이해관계인의 의미 및 이에 해당하는지 여부의 판단 기준 시기(=심결시)

[2] 특허심판절차에서 받은 불리한 심결이 유효하게 존속하고 있고 재판 중에 등록서비스표를 사용할 의사가 없다고 명시적·반복적으로 진술한 사안에서, 그런 사정이 있더라도 심결의 취소를 구할 소의 이익이 있다고 한 사례

[3] 등록서비스표 "우리은행"은 상표법 제6조 제1항 제7호의 '수요자가 누구의 업무

에 관련된 서비스업을 표시하는 것인가를 식별할 수 없는 서비스표'에 해당한다고 한 사례

[4] 구 상표법 제7조 제1항 제4호의 '공공의 질서 또는 선량한 풍속을 문란하게 할 염려가 있는 상표'의 의미

[5] 등록서비스표 "우리은행"은 구 상표법 제7조 제1항 제4호에서 정한 '공공의 질서 또는 선량한 풍속을 문란하게 할 염려가 있는 상표'에 해당하여 등록을 받을 수 없는 서비스표라고 한 사례

【판결요지】

[1] 서비스표등록의 무효심판을 청구할 수 있는 이해관계인이라 함은 그 등록서비스표와 동일 또는 유사한 서비스표를 동일 또는 유사한 지정서비스업에 사용한 바 있거나 현재 사용하고 있는 자 또는 등록된 서비스표의 지정서비스업과 동종의 서비스업을 영위하고 있음으로써 등록서비스표의 소멸에 직접적인 이해관계가 있는 자를 말하고, 이해관계인에 해당하는지 여부는 심결시를 기준으로 판단하여야 한다.

[2] 특허심판절차에서 받은 불리한 심결이 유효하게 존속하고 있고 재판 중에 등록서비스표를 사용할 의사가 없다고 명시적·반복적으로 진술한 것만으로는, 당사자 간에 소송에 관한 합의가 이루어졌다고 볼 수 없어서 심결 이후의 사정에 의하여 심결을 취소할 법률상 이익이 소멸되었다고 보기 어려우므로, 심결의 취소를 구할 소의 이익이 있다고 한 사례.

[3] 식별력이 없는 '우리'와 '은행'이 결합된 등록서비스표 "우리은행"은 그 결합에 의하여 새로운 관념을 도출하거나 새로운 식별력을 형성하는 것도 아니므로, 상표법 제6조 제1항 제7호의 '수요자가 누구의 업무에 관련된 서비스업을 표시하는 것인가를 식별할 수 없는 서비스표'에 해당한다고 한 사례.

[4] 구 상표법(2007. 1. 3. 법률 제8190호로 개정되기 전의 것) 제7조 제1항 제4호는 '공공의 질서 또는 선량한 풍속을 문란하게 할 염려가 있는 상표'는 상표등록을 받을 수 없다고 규정하고 있다. 여기서 '공공의 질서 또는 선량한 풍속을 문란하게 할 염려가 있는 상표'라고 함은 상표의 구성 자체 또는 그 상표가 지정상품에 사용되는 경우 일반 수요자에게 주는 의미나 내용이 사회 공공의 질서에 위반하거나 사회 일반인의 통상적인 도덕관념인 선량한 풍속에 반하는 경우뿐만 아니라, 그 상표를 등록하여 사용하는 행위가 공정한 상품유통질서나 국제적 신의와 상도덕 등 선량한 풍속에 위배되는 경우도 포함되며, 또한 그 상표의 사용이 사회 공공의 이익을 침해하는 것이라면 이는 공공의 질서에 위반되는 것으로서 허용될 수 없다고 보아야 한다.

[5] 등록서비스표 "우리은행"의 등록을 허용한다면 '우리'라는 단어에 대한 일반인의 자유로운 사용을 방해함으로써 사회 일반의 공익을 해하여 공공의 질서를 위반하고, '우리'라는 용어에 대한 이익을 그 등록권자에게 독점시키거나 특별한 혜택을 줌으로써 공정한 서비스업의 유통질서에도 반하므로, 위 등록서비스표는 구 상표법(2007. 1. 3. 법률 제8190호로 개정되기 전의 것) 제7조 제1항 제4호에서 정한 '공공의 질서 또는 선량한 풍속을 문란하게 할 염려가 있는 상표'에 해당하여 등록을 받을 수 없는 서비스표에 해당한다고 한 사례.

【참조조문】

[1] 상표법 제71조 제1항 [2] 상표법 제86조, 특허법 제186조, 행정소송법 제12조 [3] 상표법 제6조 제1항 제7호 [4] 구 상표법(2007. 1. 3. 법률 제8190호로 개정되기 전의 것) 제7조 제1항 제4호 [5] 구 상표법(2007. 1. 3. 법률 제8190호로 개정되기 전의 것) 제7조 제1항 제4호

【참조판례】

[1] 대법원 1991. 11. 26. 선고 91후240 판결(공1992, 312)
대법원 2001. 8. 21. 선고 2001후584 판결(공2001하, 2120)
대법원 2006. 9. 14. 선고 2005후3291 판결(공2006하, 1764)
[4] 대법원 2000. 4. 21. 선고 97후860, 877, 884 판결(공2000상, 1293)
대법원 2005. 10. 28. 선고 2004후271 판결(공2005하, 1888)
대법원 2006. 7. 13. 선고 2005후70 판결

【전 문】

【원고, 상고인 겸 피상고인】 원고 1 주식회사외 7인(소송대리인 법무법인 바른외 1인)

【피고, 피상고인 겸 상고인】 피고 주식회사(소송대리인 법무법인 세종외 4인)

【원심 판결】 특허법원 2007. 7. 11. 선고 2005허9886 판결

【주 문】

원심 판결 중 원고들 패소 부분을 파기하고, 이 부분 사건을 특허법원으로 환송한다. 피고의 상고를 모두 기각한다.

【이 유】

원고들과 피고의 상고이유(상고이유서 제출기간이 경과한 후에 제출된 상고이유보충서 등의 기재는 상고이유를 보충하는 범위 내에서)를 함께 판단한다.

1. 피고의 상고이유에 대한 판단

가. 등록무효심판의 이해관계인 해당 여부

서비스표등록의 무효심판을 청구할 수 있는 이해관계인이라 함은 그 등록서비스표와 동일 또는 유사한 서비스표를 동일 또는 유사한 지정서비스업에 사용한 바 있거나 현재 사용하고 있는 자, 또는 등록된 서비스표의 지정서비스업과 동종의 서비스업을 영위하고 있음으로써 등록서비스표의 소멸에 직접적인 이해관계가 있는 자를 말하고(대법원 1988. 3. 22. 선고 85후59 판결, 대법원 2001. 8. 21. 선고 2001후584 판결 등 참조), 이해관계인에 해당하는지 여부는 심결시를 기준으로 판단하여야 한다(대법원 1991. 11. 26. 선고 91후240 판결, 대법원 2006. 9. 14. 선고 2005후3291 판결 등 참조).

위 법리와 기록에 비추어 살펴보면, 피고와 동종의 서비스업을 영위하고 있는 원고들은 이 사건 등록서비스표에 대하여 등록무효심판을 청구할 수 있는 이해관계인에 해당하고, 피고가 상고이유에서 주장하는 심결 이후의 사정은 고려할 수 없으므로, 원고들이 이 사건 등록서비스표에 대하여 등록무효심판을 청구할 수 있는 이해관계인에 해당한다고 본 원심은 정당하며, 거기에 피고가 상고이유에서 주장하는 바와 같은 위법이 없다.

나. 심결취소소송의 소의 이익 유무

특허심판절차에서 불리한 심결을 받은 당사자는 그 심결이 유효하게 존속하고 있는 이상, 그 심결 이후의 사정에 의하여 심결을 취소할 법률상 이익이 소멸되는 등의 특별한 사정이 없는 한 그 심결의 취소를 구할 소의 이익이 있다.

위 법리와 기록에 비추어 살펴보면, 원고들이 특허심판절차에서 받은 불리한 심결이 유효하게 존속하고 있고, 원고들이 원심단계에서 이 사건 등록서비스표를 사용할 의사가 없다고 명시적·반복적으로 진술한 것만으로는 당사자 간에 소송에 관한 합의가 이루어졌다고 볼 수도 없어서 심결 이후의 사정에 의하여 심결을 취소할 법률상 이익이 소멸되었다고 보기도 어려우므로, 원고들은 이 사건 심결의 취소를 구할 소의 이익이 있다. 따라서 같은 취지로 판단한 원심은 정당하고, 거기에 피고가 상고이유에서 주장하는 바와 같은 위법이 없다.

다. 이 사건 등록서비스표의 기타 식별력 없는 서비스표 해당 여부

기록에 비추어 살펴보면, 이 사건 등록서비스표(등록번호 제56341호)는 한글 '우리'와 '은행'이 결합된 서비스표인바, '우리'는 '말하는 이가 자기와 듣는 이, 또는 자기와 듣는 이를 포함한 여러 사람을 가리키는 일인칭 대명사', '말하는 이가 자기보다 높지 아니한 사람을 상대하여 자기를 포함한 여러 사람을 가리키는 일인칭 대명사', '말하는 이가 자기보다 높지 아니한 사람을 상대하여 어떤 대상이 자기와 친밀한 관계임을 나타낼 때 쓰는 말' 등으로 누구나 흔히 사용하는 말이어서 표장으로서의 식별력을 인정하기 어렵고, '은행'은 그 지정서비스업의 표시이어서 식별력이 없으

며, 그 결합에 의하여 '우리'와 '은행'이 결합한 것 이상의 새로운 관념을 도출하거나 새로운 식별력을 형성하는 것도 아니므로, 이 사건 등록서비스표는 상표법 제6조 제1항 제7호의 수요자가 누구의 업무에 관련된 서비스업을 표시하는 것인가를 식별할 수 없는 서비스표에 해당한다. 따라서 같은 취지로 판단한 원심은 정당하고, 거기에 피고가 상고이유에서 주장하는 바와 같은 위법이 없다.

라. 이 사건 등록서비스표의 일부 지정서비스업에 대한 사용에 의한 식별력 취득 여부

상표법 제6조 제1항 제7호의 수요자가 누구의 업무에 관련된 서비스업을 표시하는 것인가를 식별할 수 없는 서비스표를 사용한 결과 수요자 사이에 그 서비스표가 누구의 업무에 관련된 서비스업을 표시하는 것으로 현저하게 인식되었는지 여부는 등록결정시 또는 거절결정시를 기준으로 하여 판단되어야 한다(대법원 2003. 5. 16. 선고 2002후1768 판결, 대법원 2008. 11. 13. 선고 2006후3397, 3403(병합), 3410(병합), 3427(병합) 판결 등 참조).

위 법리와 기록에 비추어 살펴보면, 원심이 이 사건 등록서비스표가 그 지정서비스업 중 '은행업, 국제금융업, 대부업, 대여금고업, 데빗카드발행업, 리스금융업, 보증업, 신용카드발행업, 신용카드서비스업, 신탁업, 어음교환업, 여행자수표발행업, 저축은행업, 전자식자금대체업, 증권업, 증권중개업, 투자금융업, 팩토링서비스업, 할부판매금융업, 환전업, 귀중품예탁업, 복권발행업, 보험, 금융, 부동산의 재무평가업, 재무평가업, 부동산임대업, 채권매수업, 회사재무정산업'에 관하여 이 사건 등록서비스표의 등록결정시 또는 추가등록결정시까지 사용되었음을 인정할 증거가 없어서 그 사용의 결과 등록결정시 또는 추가등록결정시에 수요자 사이에 누구의 업무에 관련된 서비스업을 표시하는 것으로 현저하게 인식되었다고 볼 수 없다는 취지로 판단한 것은 정당하고, 피고의 상고이유에서의 주장은 독자적인 견해에서 원심을 비난하는 것이거나, 원심의 적법한 사실인정을 비난하는 것 등이어서 받아들일 수 없다.

2. 원고들의 상고이유에 대한 판단

구 상표법(2007. 1. 3. 법률 제8190호로 개정되기 전의 것, 이하 같다) 제7조 제1항 제4호는 '공공의 질서 또는 선량한 풍속을 문란하게 할 염려가 있는 상표'는 상표등록을 받을 수 없다고 규정하고 있는바, 여기서 '공공의 질서 또는 선량한 풍속을 문란하게 할 염려가 있는 상표'라고 함은 상표의 구성 자체 또는 그 상표가 지정상품에 사용되는 경우 일반 수요자에게 주는 의미나 내용이 사회 공공의 질서에 위반하거나 사회 일반인의 통상적인 도덕관념인 선량한 풍속에 반하는 경우뿐만 아니라, 그 상표를 등록하여 사용하는 행위가 공정한 상품유통질서나 국제적 신의와 상도덕 등 선량한 풍속에 위배되는

경우도 포함되며(대법원 2000. 4. 21. 선고 97후860, 877, 884 판결 등 참조), 또한 그 상표의 사용이 사회 공공의 이익을 침해하는 것이라면 이는 공공의 질서에 위반되는 것으로서 허용될 수 없다고 보아야 할 것이다.

위 법리와 기록에 비추어 살펴보면, 이 사건 등록서비스표의 일부를 구성하고 있는 '우리'라는 단어의 사전적 의미는 피고의 상고이유에 대한 판단에서 이미 본 바 있거니와, 이 단어는 '우리 회사', '우리 동네' 등과 같이 그 뒤에 오는 다른 명사를 수식하여 소유관계나 소속 기타 자신과의 일정한 관련성을 표시하는 의미로 일반인의 일상생활에서 지극히 빈번하고 광범위하게 사용되는 용어이고('나'를 지칭하는 경우에도 '우리'라는 용어가 흔히 쓰이고 있을 정도이다), 한정된 특정 영역에서만 사용되는 것이 아니라 주제, 장소, 분야, 이념 등을 가리지 않고 어느 영역에서도 사용되는 우리 언어에 있어 가장 보편적이고 기본적인 인칭대명사로서, 만일 이 단어의 사용이 제한되거나 그 뜻에 혼란이 일어난다면 보편적, 일상적 생활에 지장을 받을 정도로 일반인에게 필수불가결한 단어이다. 따라서 이 단어는 어느 누구든지 아무 제약 없이 자유로이 사용할 수 있어야 할 뿐 아니라 위에서 본 바와 같은 위 단어의 일상생활에서의 기능과 비중에 비추어 이를 아무 제약 없이 자유롭고 혼란 없이 사용할 수 있어야 한다는 요구는 단순한 개인적 차원이나 특정된 부분적 영역을 넘는 일반 공공의 이익에 속하는 것이라고 봄이 상당하다.

그런데 이 사건 등록서비스표인 '우리은행'(이하 '서비스표 은행'이라 한다)은 자신과 관련이 있는 은행을 나타내는 일상적인 용어인 '우리 은행'(이하 '일상용어 은행'이라 한다)과 외관이 거의 동일하여 그 자체만으로는 구별이 어렵고 그 용법 또한 유사한 상황에서 사용되는 경우가 많아, 위 두 용어가 혼용될 경우 그 언급되고 있는 용어가 서비스표 은행과 일상용어 은행 중 어느 쪽을 의미하는 것인지에 관한 혼란을 피할 수 없고, 그러한 혼란을 주지 않으려면 별도의 부가적인 설명을 덧붙이거나 '우리'라는 용어를 대체할 수 있는 적절한 단어를 찾아 사용하는 번거로움을 겪어야 할 것이며, 특히 동일한 업종에 종사하는 사람에게는 그러한 불편과 제약이 가중되어 그 업무수행에도 상당한 지장을 받게 될 것으로 보인다. 이러한 결과는 '우리'라는 단어에 대한 일반인의 자유로운 사용을 방해하는 것이어서 위에서 본 사회 일반의 공익을 해하여 공공의 질서를 위반하는 것이라 하겠고, 나아가 위 서비스표 은행의 등록을 허용한다면 지정된 업종에 관련된 사람이 모두 누려야 할 '우리'라는 용어에 대한 이익을 그 등록권자에게 독점시키거나 특별한 혜택을 줌으로써 공정한 서비스업의 유통질서에도 반하는 것으로 판단된다. 따라서 이 사건 등록서비스표는 구 상표법 제7조 제1항 제4호에 해당하는 것으로서 등록을 받을 수 없는 서비스표에 해당한다고 보아야 할 것이다.

그럼에도 불구하고, 이 사건 등록서비스표가 구 상표법 제7조 제1항 제4호에 해당하지 않는다고 보아 이 사건 등록서비스표의 지정서비스업 중 '재무관리업, 재무분석업, 재무상담업, 재무정보제공업, 임차구매금융업, 저당금융업, 보험대리업, 증권투자상담업, 홈뱅킹업'에 대한 원고들의 청구를 기각한 원심에는 구 상표법 제7조 제1항 제4호에 대한 법리를 오해하여 판결에 영향을 미친 잘못이 있고, 이를 지적하는 원고들의 상고이유에서의 주장은 이유 있다.

3. 결 론

그러므로 피고의 상고를 모두 기각하고, 원고들의 나머지 상고이유에 대하여 더 나아가 살펴볼 필요 없이 원심 판결 중 원고들 패소 부분을 파기하며, 이 부분 사건을 다시 심리·판단하게 하기 위하여 원심법원으로 환송하기로 하여 관여 대법관의 일치된 의견으로 주문과 같이 판결한다.

대법관 전수안(재판장) 양승태(주심) 김지형 양창수

43. 대법원 2005. 8. 25. 선고 2003후2096 판결 【등록무효(상)】

[공2005.10.1.(235),1573]

【판시사항】

[1] 상표법 제7조 제1항 제6호에 정한 '저명한 상호'의 판단 기준

[2] 선사용상표가 저명성을 획득할 정도로 일반 수요자 사이에 널리 알려지지 못하고 수요자나 거래자에게 특정인의 상표로 인식될 수 있을 정도로만 알려져 있는 경우, 등록상표가 선사용상표의 사용상품과 동일·유사한 지정상품에 사용된 경우가 아니라고 할지라도 일반 수요자로 하여금 출처의 오인·혼동을 일으켜 수요자를 기만할 염려가 있는 상표에 해당한다고 할 수 있는지 여부(한정 적극)

[3] 등록상표 "M 마담포라"가 일반 수요자로 하여금 출처의 오인·혼동을 일으켜 수요자를 기만할 염려가 있는 상표로서 상표법 제7조 제1항 제11호에 의하여 그 등록이 무효로 되어야 한다고 한 사례

【판결요지】

[1] 상표법 제7조 제1항 제6호는 저명한 타인의 성명·명칭 또는 상호·초상·서명·인장·아호·예명·필명 또는 이들의 약칭을 포함하는 상표는 등록을 받을 수 없다고 규정하고 있는바, 위 규정이 말하는 저명한 상호인지 여부는 그 상호의 사용의 기간, 방법, 태양, 사용량, 거래범위 등과 상품거래의 실정 및 사회통념상 객관적으로 널리 알려졌느냐의 여부에 따라야 한다.

[2] 상표법 제7조 제1항 제11호는 수요자를 기만할 염려가 있는 상표 역시 등록을 받을 수 없다고 규정하고 있고, 이 규정의 입법 취지에 비추어 보면 어떤 선사용상표가 저명성을 획득할 정도로 일반 수요자 사이에 널리 알려지지 못하고 수요자나 거래자에게 특정인의 상표로 인식될 수 있을 정도로만 알려져 있는 경우라도, 그 후 등록된 상표가 그 선사용상표와 동일 또는 유사하고, 그 선사용상표에 관한 구체적인 사용실태나 양 상표가 사용되는 상품 사이의 경제적인 견련의 정도 기타 일반적인 거래의 실정 등에 비추어 그 등록상표가 선사용상표의 사용상품과 동일 또는 유사한 지정상품에 사용된 경우에 못지않을 정도로 선사용상표권자에 의하여 사용되는 것이라고 오인될 만한 특별한 사정이 있다고 보이는 경우라면 비록 그것이 선사용상표의 사용상품과 동일 또는 유사한 지정상품에 사용된 경우가 아니라고 할지라도 일반 수요자로 하여금 출처의 오인·혼동을 일으켜 수요자를 기만할 염려가 있다고 보아야 한다.

[3] 선사용상표 "마담포라 Madame Polla"가 비록 저명성을 획득할 정도로 일반 수요자 사이에 널리 알려지지 못하였다고 할지라도 등록상표 "M 마담포라"의 등록결정 당시에 적어도 일반 수요자나 거래자에게 특정인의 상표로 인식될 수 있을 정도로는 알려졌다고 할 것이며, 한편 선사용상표를 사용한 상품이 등록상표의 지정상품과 경제적으로 밀접한 견련관계를 가진 것이므로, 등록상표가 일반 수요자로 하여금 출처의 오인·혼동을 일으켜 수요자를 기만할 염려가 있는 상표로서 상표법 제7조 제1항 제11호에 의하여 그 등록이 무효로 되어야 한다고 한 사례.

【참조조문】

[1] 상표법 제7조 제1항 제6호[2] 상표법 제7조 제1항 제11호[3] 상표법 제7조 제1항 제11호

【참조판례】

[1] 대법원 1984. 1. 24. 선고 83후34 판결(공1984, 372)
대법원 1986. 1. 21. 선고 85후92 판결(공1986, 380)
대법원 1996. 9. 24. 선고 95후2046 판결(공1996하, 3195)
[2] 대법원 1997. 3. 14. 선고 96후412 판결(공1997상, 1111)
대법원 2000. 2. 8. 선고 99후2594 판결(공2000상, 591)

【전 문】

【원고, 상고인】 주식회사 포라리(소송대리인 변리사 박영순)

【피고,피상고인】 주식회사 마담포라(소송대리인 변리사 한윤근)

【원심 판결】 특허법원 2003. 8. 21. 선고 2003허1772 판결

【주 문】

상고를 기각한다. 상고비용은 원고가 부담한다.

【이 유】

상고이유(기간경과 후에 제출된 상고이유보충서는 상고이유를 보충하는 범위 내에서)를 판단한다.

1. 상고이유 제1점에 대하여

원심은 피고 회사가 호칭 및 관념에 있어서 "마담포라"로 동일하게 호칭되고 관념되어 이 사건 등록상표와 동일·유사한 상표를 이 사건 등록상표보다 먼저 등록한 바 있어, 설령 원고 회사의 대표이사와 피고 회사의 대표이사가 서로 형제지간이고 피고 회사의 순천 특약점에서 원고 회사의 제품을 판매하기도 하였으며 장애인들의 장학기금을 마련하기 위한 세일 행사 등에서 양 회사의 상품들이 동시에 진열되어 판매되기도 한 사실이 인정되더라도 이러한 점만으로 별도의 법인격을 가진 원·피고 회사가 실질적으로 동일한 회사라고 볼 수 없을 뿐만 아니라, 상호 권리 주장 또는 대항을 받을 가능성이 없다고 보기도 어려워 피고 회사는 여전히 이 사건 등록상표의 무효심판을 청구할 수 있는 이해관계인이라고 판단하였는바, 원심 판결 이유를 기록에 비추어 살펴보면, 이러한 원심의 판단은 정당하고, 거기에 상고이유에서 주장하는 바와 같은 법리오해의 위법이 없다.

2. 상고이유 제2점에 대하여

가. 원심의 판단

원심은 을1 내지 4호증, 을8 내지 143호증, 을145 내지 154호증의 각 기재에 변론 전체의 취지를 종합하여, 피고 회사의 대표이사였던 소외인은 1973. 5. 포라의상연구실을 개설하였다가 1978. 1.경 상호를 "마담포라"로 변경하였고, 1986. 1.에는 주식회사 마담포라(피고 회사)를 설립하였으며, 소외인 및 피고 회사는 그 설립 이래 계속하여 의류제조 및 판매사업과 이에 관련한 부대사업을 영위하여 왔고, 1979. 12. 17. 롯데백화점 서울 본점에 매장을 개설한 이래 신세계, 갤러리아 등 여러 백화점에 있는 매장과 이천, 목포, 포항 등 전국의 각 대리점을 통하여 피고 회사의 제품을 판매하여 왔으며, 1978. 6. 롯데호텔에서 열린 패션쇼에 참가한 것을 비롯하여 국내외에서 열린 여러 패션쇼에 참가하고, 1979. 9. 25.자 서울경제신문을 비롯한 유력 일간지와 잡지 등에 꾸준히 피고 회사의 패션쇼 또는 제품을 선전하는 내용의 광고를 하여 왔으며, 그 과정에서 1990년부터 1996년경까지 합계 25억여 원의 광고비를 지출하고, 886억여 원의 매출을 기록하였으며, 1993. 11.경 기업경영의 합리화로 인한 상공부장관 표창을 받은 것을 비롯하여 여러 차례에 걸쳐 우수기업 또는 경영합

리화 기업으로 선정되어 표창을 받은 사실을 인정한 후, 위 인정 사실에 기하여 피고 회사의 상호인 "마담포라"는 이 사건 등록상표의 출원시인 1996. 3. 5. 무렵 의류 관련 종사자는 물론 국내의 일반수요자들에게 널리 알려진 저명 상호이고, 따라서 이 사건 등록상표는 상표법 제7조 제1항 제6호에 해당하므로 나아가 이 사건 등록상표가 상표법 제7조 제1항 제11호에 해당하는지 여부에 관하여는 살펴볼 필요도 없이 그 등록이 무효로 되어야 할 것이므로, 상표법 제7조 제1항 제6호 및 제11호를 모두 적용하여 이 사건 등록상표를 무효로 한 특허심판원의 심결은 정당하다고 판단하였다.

나. 대법원의 판단

상표법 제7조 제1항 제6호는 저명한 타인의 성명·명칭 또는 상호·초상·서명·인장·아호·예명·필명 또는 이들의 약칭을 포함하는 상표는 등록을 받을 수 없다고 규정하고 있는바, 위 규정이 말하는 저명한 상호인지 여부는 그 상호의 사용의 기간, 방법, 태양, 사용량, 거래범위 등과 상품거래의 실정 및 사회통념상 객관적으로 널리 알려졌느냐의 여부에 따라야 하는바(대법원 1984. 1. 24. 선고 83후34 판결, 1996. 9. 24. 선고 95후2046 판결 참조), 위 법리와 기록에 비추어 살펴보면, 원심의 위와 같은 사실 인정은 정당한 것으로 수긍이 가지만, 원심이 인정한 사실만으로 피고 회사 상호의 약칭인 "마담포라"가 이 사건 등록상표의 출원 당시에 저명한 상호라고 보기에 부족하다고 할 것이다.

그러나 한편, 상표법 제7조 제1항 제11호는 수요자를 기만할 염려가 있는 상표 역시 등록을 받을 수 없다고 규정하고 있고, 이 규정의 입법 취지에 비추어 보면, 어떤 선사용상표가 저명성을 획득할 정도로 일반 수요자 사이에 널리 알려지지 못하고 수요자나 거래자에게 특정인의 상표로 인식될 수 있을 정도로만 알려져 있는 경우라도, 그 후 등록된 상표가 그 선사용상표와 동일 또는 유사하고, 그 선사용상표에 관한 구체적인 사용실태나 양 상표가 사용되는 상품 사이의 경제적인 견련의 정도 기타 일반적인 거래의 실정 등에 비추어 그 등록상표가 선사용상표의 사용상품과 동일 또는 유사한 지정상품에 사용된 경우에 못지않을 정도로 선사용상표권자에 의하여 사용되는 것이라고 오인될 만한 특별한 사정이 있다고 보이는 경우라면 비록 그것이 선사용상표의 사용상품과 동일 또는 유사한 지정상품에 사용된 경우가 아니라고 할지라도 일반 수요자로 하여금 출처의 오인·혼동을 일으켜 수요자를 기만할 염려가 있다고 보아야 할 것인바(대법원 1998. 2. 13. 선고 97후1252 판결, 2000. 2. 8. 선고 99후2594 판결 참조), 기록에 비추어 살펴보면 피고 회사는 원심의 인정 사실과 같이 의류제조 및 판매사업과 이에 관련한 부대사업을 영위하면서 이 사건 등록상표와 유사한 선사용상표를 사용하여 왔고, 피고 회사의 선사용상표는 비록 저명성을 획득할 정도로 일반 수요자 사이에 널리 알려지지 못하였다고 할지라도 이 사건 등록상표의 등록결정 당시에 적어도 일반 수요자나 거래자에게 특정인의 상표로 인식될 수 있을 정도로는 알려졌다고 할 것이며, 한편 피고 회사가 선사용상표를 사용한 상품은 '투피스, 원피스, 잠바, 조끼 예복, 블라우스, 이브닝드레스, 레인코트, 반코트, 오버코트, 스커트, 슈우트, 앙상불(재킷 달린 원피스)' 등이고, 이 사건 등록상표의 지정상품은 '핸드백, 지갑, 패스포트 케이스, 명함갑, 기저귀가방, 보스턴백, 포리백, 배낭, 오페라백'으로서 경제적으로 밀접한 견련관계를 가진 것이므로 이 사건 등록상표는 일반 수요자로 하여금 출처의 오인·혼동을 일으켜 수요자를 기만할 염려가 있는 상표로서 상표법 제7조 제1항 제11호에 의하여 그 등록이 무효로 되어야 할 것이다.

다. 따라서 원심 판결이 이 사건 등록상표에 대하여 상표법 제7조 제1항 제6호를 적용하여 그 등록이 무효로 되어야 한다고 판단한 것은 잘못이나, 이 사건 등록상표는 상표법 제7조 제1항 제11호에 의하여 그 등록이 무효로 되어야 할 것이므로 원심 판결은 결론에 있어 정당하다.

3. 그러므로 상고를 기각하고, 상고비용은 패소자인 원고가 부담하기로 관여 대법관의 의견이 일치되어 주문과 같이 판결한다.

대법관 김영란(재판장) 윤재식 강신욱(주심) 고현철

44. 대법원 2002. 10. 25. 선고 2001후1556 판결 【등록무효(상)】

[공2002.12.15.(168),2911]

【판시사항】

등록상표 " SPORTSCOACH 스포츠코치 "와 직사각형을 약간 변형시킨 도형 안에 'COACH'와 'LEATHERWARE'가 이단(이단)으로 병기된 인용상표의 유사 여부(적극)

【판결요지】

등록상표 " SPORTSCOACH 스포츠코치 "는 그 구성의 'SPORTSCOACH'나 '스포츠코치'가 각각 외관상 분리되어 있지는 아니하나, 'SPORTS(스포츠)'는 '운동(경기)'이라는 뜻을 가지는 단어이고, 'COACH(코치)'는 '지도하여 가르침' 또는 '운동경기의 기술 따위를 선수들에게 지도하고 훈련시키는 사람' 등의 뜻을 가지는 단어로 쉽게 이해될 것이므로, 일반 수요자들은 'SPORTS(스포츠)'와 'COACH(코치)'를 분리하여 인식할 가능성이 크다고 할 것인바,

'SPORTS(스포츠)'는 뒷부분의 'COACH(코치)'를 수식하는 이상의 의미를 가지는 것으로 보기 어려워 'SPORTSCOACH(스포츠코치)'에서의 중점은 수식을 받는 'COACH(코치)'에 있으므로, 등록상표는 그 주된 요부인 'COACH(코치)' 부분에 의하여 약칭되고 인식될 가능성이 크다고 보아야 할 것이므로 직사각형을 약간 변형시킨 도형 안에 'COACH'와 'LEATHERWARE'가 이단(이단)으로 병기된 인용상표와 그 호칭 및 관념이 동일하여 양 상표가 다 같이 동일·유사한 지정상품에 사용되는 경우 일반 수요자로 하여금 상품의 출처에 관하여 오인·혼동을 일으키게 할 염려가 있다.

【참조조문】

상표법 제7조 제1항 제7호, 제71조 제1항 제1호

【전 문】

【원고, 피상고인】 황순의(소송대리인 변리사 박승문 외 5인)

【피고, 상고인】 사라 리 코포레이션(Sara Lee Corporation)(소송대리인 변호사 이임수 외 6인)

【원심 판결】 특허법원 2001. 4. 12. 선고 2000허4534 판결

【주 문】

원심 판결을 파기하고, 사건을 특허법원에 환송한다.

【이 유】

상고이유(기간 경과 후에 제출된 상고이유보충서는 상고이유를 보충하는 범위 안에서)를 본다.

1. 원심 판결 이유에 의하면, 원심은 이 사건 등록상표(상표등록번호 제447456호) SPORTSCOACH 스포츠코치 와 선출원에 의하여 등록된 인용상표 1(상표등록번호 제198177호)를 대비하여 그 유사 여부를 다음과 같이 판단하였다.

우선 이 사건 등록상표는 영문자 부분('sports'와 'coach')과 한글 부분('스포츠'와 '코치')으로 분리되어 인식이 가능한 데, 영문자 부분 COACH LEATHERWARE 의 앞 단어인 'sports'는 '운동경기'라는 의미로 널리 알려져 있고, 'coach'는 '역마차,(경기)지도원, 코치, 가정교사'라는 의미를 가지고 있지만, 우리나라의 영어 보급 수준에 비추어 볼 때 이 영어 단어가 '역마차'라는 의미보다는 '(경기)지도원'이라는 의미로 쉽게 인식될 것으로 보이며, 이는 이 영어 단어들의 한글음역에 해당하는 '스포츠', '코치'의 한글 단어에서도 마찬가지이다.

한편, 이 두 영어 단어의 결합에 의하여 새로운 관념이 형성되는 것도 아니고, 'sports' 또는 '스포츠' 및 'coach' 또는 '코치'라는 영문자와 한글 모두 우리나라 국민들에게 쉽게

그 의미가 인식되고 일상생활에서도 널리 사용되는 단어들이기는 하나, 이러한 사정만으로 이 사건 등록상표가 분리되어 인식된다고 보기 어렵고, 오히려 그와 같은 사정으로 인하여 일반 수요자들에게는 이 단어들의 결합에 의하여 생성된 'sportscoach' 또는 '스포츠코치'가 '다른 분야의 지도원(코치)이 아니고 오직 운동경기만을 지도하는 사람'이라는 일체화되고 한정적인 의미를 가진 하나의 단어로 인식되는 것이 일반적이라고 보이며(실제로 일상생활에서 이 단어가 일체로서 널리 사용되고 있음은 경험칙상 명백하다), 그 호칭도 받침이 없는 5음절의 단어를 일체로 하여 발음하는 것이 불편하다고 보이지도 않고, 각 구성부분이 지정상품과 관련하여 식별력이 약하거나 없는 단어들도 아니므로, 이러한 경우 이 사건 등록상표를 분리하여 관찰하는 것은 부자연스럽다.

그러므로 이 사건 등록상표와 인용상표 1은 모두 '경기지도원'이라는 관념을 갖고 있어 그 관념은 유사하나, 전체로서 관찰되는 이 사건 등록상표의 외관 및 호칭이 인용상표 1과 현저하게 달라 양 상표가 동일·유사한 지정상품에 사용된다고 하더라도, 상품 출처의 오인·혼동을 일으킬 염려가 없고, 따라서 양 상표는 유사하지 아니하다.

2. 그러나 이와 같은 원심의 판단은 수긍하기 어렵다.

이 사건 등록상표는 그 구성의 'SPORTSCOACH'나 '스포츠코치'가 각각 외관상 분리되어 있지는 아니하나, 'SPORTS(스포츠)'는 '운동(경기)'이라는 뜻을 가지는 단어이고, 'COACH(코치)'는 '지도하여 가르침' 또는 '운동경기의 기술 따위를 선수들에게 지도하고 훈련시키는 사람' 등의 뜻을 가지는 단어로 쉽게 이해될 것이므로, 일반 수요자들은 'SPORTS(스포츠)'와 'COACH(코치)'를 분리하여 인식할 가능성이 크다고 보인다.

또한 'SPORTS(스포츠)'는 'COACH(코치)'를 수식하여 'SPORTSCOACH(스포츠코치)'가 전체적으로 '운동경기의 선수들을 지도하고 훈련시키는 사람' 등의 관념을 형성하고 있어 그 결합으로 새로운 관념을 낳는 것도 아닐 뿐만 아니라, 이 사건 등록상표의 호칭이 전체적으로 5음절로서 비교적 길어 간이 신속하게 상표를 호칭, 인식하려고 하는 거래사회의 실정 등을 감안하면, 이 사건 등록상표는 'SPORTS(스포츠)'와 'COACH(코치)'의 2개의 문자부분으로 분리관찰하는 것이 일반의 거래상 자연스러워 보인다{원심이 설시한 바와 같이 실제로 일상생활에서 'SPORTSCOACH(스포츠코치)'가 일체로 널리 사용되고 있음이 경험칙상 명백하다고 볼 수 없고, 달리 기록상 이를 인정할 증거도 없으며, 또한 이 사건 등록상표와 유사한 후출원의 인용상표 2(상표등록번호 제425894호)가 등록되어 있고 같은 상품류(제25류)에 관하여 'COACH(코치)'를 포함하는 상표등록이 공존하고 있다는 사정만으로는 이 사건 등록상표가 일반 수요자에게 분리관찰될 수 없다고 보기 어렵다}.

한편, 'SPORTS(스포츠)'는 뒷부분의 'COACH(코치)'를 수식하는 이상의 의미를 가지는 것으로 보기 어려워 'SPORTSCOACH(스포츠코치)'에서의 중점은 수식을 받는 'COACH(코치)'에 있으므로, 이 사건 등록상표는 그 주된 요부인 'COACH(코치)' 부분에 의하여 약칭되고 인식될 가능성이 크다고 보아야 할 것이다.

나아가 이 사건 등록상표와 인용상표 1을 대비하여 보면, 전체적인 외관은 상이하나, 이 사건 등록상표가 'COACH(코치)' 부분에 의하여 '코치'로 호칭되고 인식되는 경우 인용상표 1과 그 호칭 및 관념이 동일하여 양 상표가 다 같이 동일·유사한 지정상품에 사용되는 경우 일반 수요자로 하여금 상품의 출처에 관하여 오인·혼동을 일으키게 할 염려가 있으므로, 이 사건 등록상표는 인용상표 1과 유사하다(뿐만 아니라, 이 사건 등록상표를 전체적으로 관찰하여야 한다는 원심의 판단에 의하더라도, 그 관념의 유사성은 인정된다는 것이므로, 이 점에서도 양 상표는 서로 유사하다고 볼 여지가 있다).

그럼에도 불구하고, 원심은 그 판시와 같은 이유로 이 사건 등록상표와 인용상표 1이 유사한 상표라고 할 수 없다고 판단하였으니, 원심 판결에는 상표의 유사 여부에 관한 법리를 오해한 위법이 있고, 이는 판결 결과에 영향을 미쳤음이 분명하다.

상고이유 중 이 점을 지적하는 부분은 이유 있다.

3. 그러므로 나머지 상고이유에 대하여 나아가 살펴볼 필요 없이 원심 판결을 파기하고, 사건을 다시 심리·판단하게 하기 위하여 원심법원에 환송하기로 하여 관여 법관의 일치된 의견으로 주문과 같이 판결한다.

대법관 윤재식(재판장) 송진훈(주심) 변재승 이규홍

45. 대법원 2016. 3. 24. 선고 2015후2020 판결【등록무효(상)】

[공2016상,629]

【판시사항】

구 상표법 제7조 제1항 제7호의 타인에 해당하는지에 관한 판단의 기준 시점(=등록결정 시 또는 거절결정 시) 및 거절결정에 대한 불복 심판에 의하여 등록 허부가 결정되는 경우 판단의 기준 시점(=심결 시)

【판결요지】

구 상표법(2013. 4. 5. 법률 제11747호로 개정되기 전의 것, 이하 같다) 제7조 제1항 제7호는 상표등록을 받을 수 없는 상표의 하나로 선출원에 의한 타인의 등록상표와 동일 또는 유사한 상표로서 그 지정상품과 동일 또는 유사한 상품에 사용하는 상표를 규정하고 있는데, 같은 조 제3항은 '제1항 제7호는 상표등록출원 시에 이에 해당하는 것에 대하여 적용하지만 상표등록출원인이 해당 규정의 타인에 해당하는지 여부에 관하여는 상표등록출원 시를 기준으로 하지 아니한다'고 규정하고 있으므로, 구 상표법 제7조 제1항 제7호의 타인에 해당하는지에 관한 판단의 기준 시점은 일반원칙에 따라 등록결정 시 또는 거절결정 시이고 거절결정에 대한 불복 심판에 의하여 등록 허부가 결정되는 경우에는 심결 시이다.

【참조조문】

구 상표법(2013. 4. 5. 법률 제11747호로 개정되기 전의 것) 제7조 제1항 제7호, 제3항

【전 문】

【원고, 상고인】 원고(소송대리인 법무법인 우리하나로 담당변호사 김판묵 외 2인)

【피고, 피상고인】 주식회사 반도넷

【원심 판결】 특허법원 2015. 10. 29. 선고 2015허4392 판결

【주 문】

상고를 기각한다. 상고비용은 원고가 부담한다.

【이 유】

상고이유를 판단한다.

1. 상표의 유사 여부에 관한 상고이유에 대하여

이 사건 등록상표
한솔
선등록상표

원심은, 지정상품을 '전기매트리스, 전열식 카펫' 등으로 하고 오른쪽 위와 같이 구성된 이 사건 등록상표(상표등록번호 1 생략)를, 지정상품을 '전열식 카펫'으로 하고 오른쪽 아래와 같이 구성된 원심판시 선등록상표와 대비하면, 선등록상표의 요부는 '한솔'이므로 양 상표는 모두 '한솔'로 호칭되고 관념되어 유사하다고 판단하였다.

관련 법리와 기록에 비추어 살펴보면, 원심의 위와 같은 판단은 정당하고, 거기에 상고이유 주장과 같이 상표의 유사 여부에 관한 법리를 오해하고 필요한 심리를 다하지 아니하는 등의 위법이 없다.

2. 구 상표법(2013. 4. 5. 법률 제11747호로 개정되기 전의 것, 이하 같다) 제7조 제1항 제7호의 타인에 해당하는지에 관한 상고이유에 대하여

가. 구 상표법 제7조 제1항 제7호는 상표등록을 받을 수 없는 상표의 하나로 선출원에 의한 타인의 등록상표와 동일 또는 유사한 상표로서 그 지정상품과 동일 또는 유사한 상품에 사용하는 상표를 규정하고 있는데, 같은 조 제3항은 '제1항 제7호는 상표등록출원 시에 이에 해당하는 것에 대하여 적용하지만 상표등록출원인(이하 '출원인'

이라 한다)이 해당 규정의 타인에 해당하는지 여부에 관하여는 상표등록출원 시를 기준으로 하지 아니한다'고 규정하고 있으므로, 구 상표법 제7조 제1항 제7호의 타인에 해당하는지 여부에 관한 판단의 기준 시점은 일반원칙에 따라 등록결정 시 또는 거절결정 시이고 거절결정에 대한 불복 심판에 의하여 등록 허부가 결정되는 경우에는 그 심결 시라고 할 것이다.

나. 기록에 의하면, 이 사건 등록상표의 출원일인 2013. 3. 12. 그 출원인과 선등록상표의 상표권자는 소외인으로서 동일인이었으나, 피고가 2013. 12. 2.자로 소외인으로부터 선등록상표에 관한 상표권의 이전등록을 마침으로써 이 사건 등록상표의 등록결정일인 2014. 1. 27. 당시 그 출원인과 선등록상표의 상표권자가 달라졌음을 알 수 있으므로, 위 법리에 비추어 볼 때 이 사건 등록상표에 관한 등록결정 시 그 출원인은 선등록상표의 상표권자에 대하여 타인에 해당한다고 할 것이다.

같은 취지의 원심의 판단은 정당하고, 거기에 상고이유 주장과 같이 구 상표법 제7조 제1항 제7호의 타인에 해당하는지에 관한 법리를 오해하고 필요한 심리를 다하지 아니하는 등의 위법이 없다.

한편 원고가 선등록상표보다 먼저 출원되어 등록된, 지정상품을 '전기매트리스, 전열식 카펫' 등으로 하고 '명품한솔'로 구성된 상표(상표등록번호 2 생략, 양 상표는 그 등록 당시 상표권자가 소외인으로 동일하다)에 관한 상표권을 취득하였다고 하더라도 이러한 사정만으로는 원고만이 '한솔' 부분에 관한 독점적 권리가 있다거나 선등록상표의 요부가 '한솔'이 아니라고 할 수 없으므로, 이에 반하는 내용의 원고의 주장은 받아들일 수 없다.

3. 결 론

그러므로 상고를 기각하고, 상고비용은 패소자가 부담하도록 하여, 관여 대법관의 일치된 의견으로 주문과 같이 판결한다.

대법관 김창석(재판장) 이상훈 조희대 박상옥(주심)

46. 대법원 2017. 3. 9. 선고 2015후932 판결 【등록무효(상)】

[공2017상,662]

【판시사항】

[1] 상표 중에서 요부가 있는 경우, 요부를 가지고 상표의 유사 여부를 대비·판단하는 것이 필요한지 여부(적극) 및 상표의 구성 부분 중 식별력이 없거나 미약한 부분이 요부가 될 수 있는지 여부(소극)

[2] 결합상표 중 일부 구성 부분이 요부로 기능할 수 있는 식별력이 없거나 미약한지

판단하는 방법

[3] 선등록·사용상표 “MONSTERENERGY ” 및 선사용상표 “MONSTER ENERGY”의 권리자 및 사용자인 갑이 등록상표 “롯데 몬스터”는 선등록·사용상표 및 선사용상표를 모방하여 부정한 목적으로 출원·등록된 상표이므로 구 상표법 제7조 제1항 제7호, 제11호, 제12호에 해당한다며 등록무효심판을 청구한 사안에서, 등록상표와 선등록·사용상표 및 선사용상표에서 ‘몬스터’나 ‘MONSTER’가 독립하여 상품의 출처표시기능을 수행하는 요부에 해당한다고 볼 수 없고, 등록상표와 선등록·사용상표 및 선사용상표는 전체적으로 관찰하면 외관·호칭 및 관념에서 서로 차이가 있어 유사하지 않다고 본 원심판단을 정당하다고 한 사례

【판결요지】

[1] 둘 이상의 문자 또는 도형의 조합으로 이루어진 결합상표는 구성 부분 전체의 외관, 호칭, 관념을 기준으로 상표의 유사 여부를 판단하는 것이 원칙이나, 상표 중에서 일반 수요자에게 그 상표에 관한 인상을 심어주거나 기억·연상을 하게 함으로써 그 부분만으로 독립하여 상품의 출처표시기능을 수행하는 부분, 즉 요부가 있는 경우 적절한 전체관찰의 결론을 유도하기 위해서는 요부를 가지고 상표의 유사 여부를 대비·판단하는 것이 필요하다. 그리고 상표에서 요부는 다른 구성 부분과 상관없이 그 부분만으로 일반 수요자에게 두드러지게 인식되는 독자적인 식별력 때문에 다른 상표와 유사 여부를 판단할 때 대비의 대상이 되는 것이므로, 상표의 구성 부분 중 식별력이 없거나 미약한 부분은 요부가 된다고 할 수 없다.

[2] 결합상표 중 일부 구성 부분이 요부로 기능할 수 있는 식별력이 없거나 미약한지 여부를 판단할 때는 해당 구성 부분을 포함하는 상표가 그 지정상품과 동일·유사한 상품에 관하여 다수 등록되어 있거나 출원공고되어 있는 사정도 고려할 수 있으므로, 등록 또는 출원공고된 상표의 수나 출원인 또는 상표권자의 수, 해당 구성 부분의 본질적인 식별력의 정도 및 지정상품과의 관계, 공익상 특정인에게 독점시키는 것이 적당하지 않다고 보이는 사정의 유무 등을 종합적으로 고려하여 판단하여야 한다.

[3] 선등록·사용상표 “MONSTERENERGY ” 및 선사용상표 “MONSTER ENERGY”의 권리자 및 사용자인 갑이 등록상표 “롯데 몬스터”는 선등록·사용상표 및 선사용상표를 모

방하여 부정한 목적으로 출원·등록된 상표이므로 구 상표법(2016. 2. 29. 법률 제14033호로 전부 개정되기 전의 것) 제7조 제1항 제7호, 제11호, 제12호에 해당한다며 등록무효심판을 청구한 사안에서, 등록상표와 선등록·사용상표 및 선사용상표는 모두 '몬스터' 또는 'MONSTER'라는 부분을 포함하고 있지만, 등록상표의 출원일 이전에 지정상품과 동일·유사한 상품에 관하여 '몬스터' 또는 'MONSTER'를 포함하는 다수의 상표들이 등록되어 있는 사정을 고려하면 식별력을 인정하기 곤란하거나 이를 공익상 특정인에게 독점시키는 것이 적당하지 않으므로 등록상표와 선등록·사용상표 및 선사용상표에서 '몬스터'나 'MONSTER'가 독립하여 상품의 출처표시기능을 수행하는 요부에 해당한다고 볼 수 없고, 등록상표와 선등록·사용상표 및 선사용상표는 전체적으로 관찰하면 외관·호칭 및 관념에서 서로 차이가 있어 유사하지 않다고 본 원심판단을 정당하다고 한 사례.

【참조조문】

[1] 구 상표법(2016. 2. 29. 법률 제14033호로 전부 개정되기 전의 것) 제7조 제1항 제7호(현행 제34조 제1항 제7호 참조) [2] 구 상표법(2016. 2. 29. 법률 제14033호로 전부 개정되기 전의 것) 제7조 제1항 제7호(현행 제34조 제1항 제7호 참조) [3] 구 상표법(2016. 2. 29. 법률 제14033호로 전부 개정되기 전의 것) 제7조 제1항 제7호(현행 제34조 제1항 제7호 참조), 제11호(현행 제34조 제1항 제11호 참조), 제12호(현행 제34조 제1항 제12호 참조)

【참조판례】

[1] 대법원 2001. 12. 14. 선고 2001후1808 판결(공2002상, 321)
대법원 2006. 5. 25. 선고 2004후912 판결(공2006하, 1187)
대법원 2017. 2. 9. 선고 2015후1690 판결(공2017상, 591)

【전 문】

【원고, 상고인】 몬스터 에너지 컴퍼니(소송대리인 변리사 이지연)

【피고, 피상고인】 롯데제과 주식회사(소송대리인 한라특허법인(유한) 담당변리사 배지현)

【원심 판결】 특허법원 2015. 4. 30. 선고 2014허8670 판결

【주 문】

상고를 기각한다. 상고비용은 원고가 부담한다.

【이 유】

상고이유를 판단한다.

1. 둘 이상의 문자 또는 도형의 조합으로 이루어진 결합상표는 그 구성 부분 전체의 외관, 호칭, 관념을 기준으로 상표의 유사 여부를 판단하는 것이 원칙이나, 상표 중에서 일반

수요자에게 그 상표에 관한 인상을 심어주거나 기억·연상을 하게 함으로써 그 부분만으로 독립하여 상품의 출처표시기능을 수행하는 부분, 즉 요부가 있는 경우 적절한 전체 관찰의 결론을 유도하기 위해서는 그 요부를 가지고 상표의 유사 여부를 대비·판단하는 것이 필요하다(대법원 2017. 2. 9. 선고 2015후1690 판결 등 참조). 그리고 상표에서 요부는 다른 구성 부분과 상관없이 그 부분만으로 일반 수요자에게 두드러지게 인식되는 독자적인 식별력 때문에 다른 상표와 유사 여부를 판단할 때 대비의 대상이 되는 것이므로, 상표의 구성 부분 중 식별력이 없거나 미약한 부분은 요부가 된다고 할 수 없다(대법원 2001. 12. 14. 선고 2001후1808 판결, 대법원 2006. 5. 25. 선고 2004후912 판결 등 참조).

한편 결합상표 중 일부 구성 부분이 요부로 기능할 수 있는 식별력이 없거나 미약한지 여부를 판단할 때는 해당 구성 부분을 포함하는 상표가 그 지정상품과 동일·유사한 상품에 관하여 다수 등록되어 있거나 출원공고되어 있는 사정도 고려할 수 있으므로, 등록 또는 출원공고된 상표의 수나 출원인 또는 상표권자의 수, 해당 구성 부분의 본질적인 식별력의 정도 및 지정상품과의 관계, 공익상 특정인에게 독점시키는 것이 적당하지 않다고 보이는 사정의 유무 등을 종합적으로 고려하여 판단하여야 한다.

이 사건 등록상표
롯데 몬스터
선등록 · 사용상표
MONSTERENERGY
선사용상표

2. 원심 판결 이유에 의하면, 원심은 '건과자, 롤리팝' 등을 지정상품으로 하고 오른쪽과 같이 구성된 이 사건 등록상표(상표등록번호 제1016332호)나 '사이다, 탄산수' 등을 지정상품으로 하고 오른쪽과 같이 구성된 원심 판시 선등록·사용상표 및 '탄산 소프트음료, 에너지 및 스포츠 음료' 등을 사용상품으로 하고 오른쪽과 같이 구성된 원심 판시 선사용상표는 모두 '몬스터' 또는 'MONSTER'라는 부분을 포함하고 있지만, 이 사건 등록상표의 출원일 이전에 그 지정상품과 동일·유사한 상품에 관하여 '몬스터' 또는 'MONSTER'를 포함하는 다수의 상표들이 등록되어 있는 사정을 고려하면 그 식별력을 인정하기 곤란하거나 이를 공익상 특정인에게 독점시키는 것이 적당하지 않으므로, 이 사건 등록상표와 선등록·사용상표 및 선사용상표에서 '몬스터'나 'MONSTER'가 독립하여 상품의 출처표시기능을 수행하는 요부에 해당한다고 볼 수 없고, 이 사건 등록상표와 선등록·사용상표 및 선사용상표는 전체적으로 관찰하면 그 외관·호칭 및 관념에서 서로 차이가 있어 유사하지 않다고 판단하였다.

앞서 본 법리와 기록에 비추어 살펴보면, 원심의 위와 같은 판단은 정당하고, 거기에 상고이유 주장과 같이 상표의 유사 여부 판단에 관한 법리를 오해하고 필요한 심리를 다하지 아니하는 등의 잘못이 없다.

3. 그러므로 상고를 기각하고 상고비용은 패소자가 부담하기로 하여, 관여 대법관의 일치된 의견으로 주문과 같이 판결한다.

대법관 김용덕(재판장) 김신 김소영(주심) 이기택

47. 특허법원 2017. 6. 15. 선고 2017허1908 판결 【거절결정(상)】 확정

[각공2017하,551]

【판시사항】

특허청 심사관이 갑의 출원서비스표 "나는 조선의 떡볶이다!"는 요부인 '조선떡볶이'가 선등록서비스표 "조선떡볶이"의 요부인 '조선떡볶이'와 칭호가 동일·유사하고, 지정서비스업도 동일·유사하여 구 상표법 제7조 제1항 제7호에 해당한다는 이유로 등록을 거절하는 결정을 한 사안에서, 출원서비스표와 선등록서비스표는 유사하지 않다고 한 사례

【판결요지】

특허청 심사관이 갑의 출원서비스표 "나는 조선의 떡볶이다!"는 요부인 '조선떡뽂이'가 선등록서비스표 "조선떡볶이"의 요부인 '조선떡볶이'와 칭호가 동일·유사하고, 지정서비스업도 동일·유사하여 구 상표법(2016. 2. 29. 법률 제14033호로 개정되기 전의 것) 제7조 제1항 제7호에 해당한다는 이유로 등록을 거절하는 결정을 한 사안에서, 문자 표장의 경우 문자에 대하여 형성되는 관념의 강도가 강렬할수록 호칭의 비중은 낮아지는데, 두 표장의 요부인 출원서비스표의 문자 부분(나는 조선의 떡볶이다!)과 선등록서비스표의 문자 부분(조선떡볶이)은 "조선", "떡볶이(떡뽂이)"를 공통적으로 포함하고 있어 호칭이 유사하다고 볼 측면이 있더라도 외관·관념의 차이로 서로 유사하지 아니하여, 두 표장을 동일 또는 유사한 상품에 사용하더라도 수요자에게 서비스의 출처에 관한 오인·혼동을 일으킬 염려가 없으므로 두 서비스표가 유사하지 않다고 한 사례.

【참조조문】

구 상표법(2016. 2. 29. 법률 제14033호로 개정되기 전의 것) 제7조 제1항 제7호(현행 제34조

제1항 제7호 참조)

【전 문】

【원 고】 원고(소송대리인 변리사 한정원)

【피 고】 특허청장

【변론종결】

2017. 5. 18.

【주 문】

1. 특허심판원이 2017. 1. 23. 2016원1192호 사건에 관하여 한 심결을 취소한다.
2. 소송비용은 피고가 부담한다.

【청구취지】

주문과 같다.

【이 유】

1. 기초 사실

가. 이 사건 출원서비스표

1) 출원일/ 출원번호: 2014. 11. 18./(출원번호 생략)

2) 구성: 나는 조선의 떡볶이다!

3) 지정서비스업: 서비스업류 구분 제43류의 일반음식점업, 식당체인업, 간이식당업, 한식점업, 한국식 유흥주점업, 레스토랑업, 바서비스업, 뷔페식당업, 음식조리대행업, 음식준비조달업, 주점업, 카페업, 카페테리아업, 패스트푸드식당업, 서양음식점업, 일본음식점업, 중국음식점업, 퓨전요리전문음식점업, 분식점업, 분식점 프랜차이즈업(이하 '이 사건 각 지정서비스업'이라 한다)

나. 선등록서비스표

1) 출원일/ 등록일/ 등록번호: 2013. 2. 15./ 2014. 2. 18./(등록번호 생략)

2) 구성: 조선떡볶이

3) 지정서비스업: 서비스업류 구분 제43류의 셀프서비스식당업(떡볶이전문점에 한함), 스낵바업(떡볶이전문점에 한함), 식당체인업(떡볶이전문점에 한함), 패스트푸드식당업(떡볶이전문점에 한함)

다. 심결의 경위

1) 특허청 심사관은 2016. 1. 26. "이 사건 출원서비스표는 요부인 '조선떡볶이'와 선등록서비스표의 요부인 '조선떡볶이'의 칭호가 동일·유사하고, 그 지정서비스업도 동일·유사하므로, 구 상표법(2016. 2. 29. 법률 제14033호로 개정되기 전의 것, 이하 같다) 제7조 제1항 제7호에 해당하여 등록을 받을 수 없다."는 이유로 이 사건 출원서비스표의 등록을 거절하는 결정을 하였다.

2) 원고는 특허심판원 2016원1192호로 위 거절결정의 취소를 구하는 심판을 청구하였고, 특허심판원은 2017. 1. 23. "이 사건 출원서비스표는 선등록서비스표와 대비하여 표장 및 지정서비스업이 동일·유사하여 구 상표법 제7조 제1항 제7호에 해당하므로, 그 등록을 거절한 원결정은 타당하다."는 이유로 원고의 심판청구를 기각하는 이 사건 심결을 하였다.

[인정 근거] 다툼 없는 사실, 갑 제1 내지 3, 17호증의 각 기재 및 영상, 변론 전체의 취지

2. 이 사건 출원서비스표가 구 상표법 제7조 제1항 제7호에 해당하는지 여부

가. 판단에 필요한 법리

상표의 유사 여부는 대비되는 상표를 외관, 호칭, 관념의 세 측면에서 객관적, 전체적, 이격적으로 관찰하여 거래상 오인·혼동의 염려가 있는지에 따라 판단하여야 한다. 또한 상표의 유사 여부의 판단은 두 개의 상표 자체를 나란히 놓고 대비하는 것이 아니라 때와 장소를 달리하여 두 개의 상표를 대하는 일반 수요자에게 상품 출처에 관하여 오인·혼동을 일으킬 우려가 있는지의 관점에서 이루어져야 하고, 두 개의 상표가 그 외관, 호칭, 관념 등에 의하여 일반 수요자에게 주는 인상, 기억, 연상 등을 전체적으로 종합할 때 상품의 출처에 관하여 오인·혼동을 일으킬 우려가 있는 경우에는 두 개의 상표는 서로 유사하다고 보아야 한다(대법원 2013. 3. 14. 선고 2010도15512 판결 등 참조).

또한 둘 이상의 문자 또는 도형의 조합으로 이루어진 결합상표는 그 구성 부분 전체의 외관, 호칭, 관념을 기준으로 상표의 유사 여부를 판단하는 것이 원칙이나, 상표 중에서 일반 수요자에게 그 상표에 관한 인상을 심어주거나 기억·연상을 하게 함으로써 그 부분만으로 독립하여 상품의 출처표시기능을 수행하는 부분, 즉 요부가 있는 경우 적절한 전체관찰의 결론을 유도하기 위해서는 그 요부를 가지고 상표의 유사 여부를 대비·판단하는 것이 필요하다(대법원 2006. 1. 26. 선고 2003도3906 판결, 대법원 2017. 2. 9. 선고 2015후1690 판결 등 참조). 상표에서 요부는 다른 구성 부분과 상관없이 그 부분만으로 일반 수요자에게 두드러지게 인식되는 독자적인 식별력 때문에 다른 상표와 유사 여부를 판단할 때 대비의 대상이 되는 것이므로, 상표에서

요부가 존재하는 경우에는 그 부분이 분리관찰이 되는지를 따질 필요 없이 요부만으로 대비함으로써 상표의 유사 여부를 판단할 수 있다고 보아야 한다. 그리고 상표의 구성 부분이 요부인지 여부는 그 부분이 주지·저명하거나 일반 수요자에게 강한 인상을 주는 부분인지, 전체 상표에서 높은 비중을 차지하는 부분인지 등의 요소를 따져 보되, 여기에 다른 구성 부분과 비교한 상대적인 식별력 수준이나 그와의 결합상태와 정도, 지정서비스업과의 관계, 거래실정 등까지 종합적으로 고려하여 판단하여야 한다(대법원 2017. 2. 9. 선고 2015후1690 판결 참조).

위와 같은 각 법리는 구 상표법 제2조 제3항에 의하여 서비스표의 경우에도 마찬가지로 적용된다.

나. 구체적 판단

1) 요부의 추출

가) 이 사건 출원서비스표

수요자들은 이 사건 출원서비스표(나는 조선의 떡볶이다!)가 도형 부분( )과 문자 부분(나는 조선의 떡볶이다!)이 결합되어 구성된 것임을 직감할 수 있을 것으로 보인다.

한편 갑 제4 내지 16호증(각 가지번호 포함)의 각 기재·영상만으로는 이 사건 출원서비스표 중 문자 부분(나는 조선의 떡볶이다!)이 이 사건 각 지정서비스업과 관련하여 식별력이 없거나 미약하다고 보기 어렵고, 달리 식별력이 없거나 미약하다고 볼만한 특별한 사정이 없다[갑 제4 내지 16호증(각 가지번호 포함)의 각 기재·영상에 변론 전체의 취지를 종합하면, '조선'이 포함된 서비스표가 이 사건 각 지정서비스업과 동일·유사한 지정서비스업에 관하여 다수 등록되어 현실적으로 사용되고 있는 사실이 인정되고, '떡볶이'는 이 사건 각 지정서비스업과 관련하여 서비스의 제공 시 수요자에게 제공되는 물건(음식)으로 직감될 수 있어 식별력이 없거나 미약할 것으로 보이기는 하나, 한편 이 사건 출원서비스표와 같이 '조선'에 메밀, 참치, 막걸리, 닭발 등 서비스의 제공 시 수요자에게 제공되는 물건(음식)으로 직감될 수 있는 명칭이 결합된 서비스표가 이 사건 각 지정서비스업과 동일·유사한 지정서비스업에 관하여 다수 등록되어 현실적으로 사용되고 있는 점, '조선'이라는 표장 자체가 구 상표법 제6조 제1항 제1호 내지 제6호의 식별력 상실사유를 갖고 있지는 않은 점 등에 비추어 보면, 앞서 인정한 사정만으로는 이 사건 출원서비스표 중 문자 부분이 이 사건 각 지정서비스업과 관련하여 식별력이 없거나 미약하다고 보기 어렵다].

또한 이 사건 출원서비스표에서 문자 부분(나는 조선의 떡볶이다!)을 요부로 분리 내지 추출하여 관찰하는 것이 거래상 자연스럽지 못하다고 여겨질 정도로 도형 부분과 문자 부분이 불가분적으로 결합되어 있다거나, 거래실정상 이 사건 출원서비스표가 이 사건 각 지정상품과 관련된 거래사회에서 항상 전체로서만 인식되고 통용되었다고 보기 어렵다.

나아가 이 사건 출원서비스표는 도형 부분과 문자 부분의 결합으로 인하여 새로운 관념을 형성하는 것도 아니다.

위와 같은 사정들에 비추어 보면, 이 사건 출원서비스표는 전체

(나는 조선의 떡볶이다!)로도 거래에 놓일 수 있을 뿐난 아니라 요부인 문사 부분(나는 조선의 떡볶이다!)만으로도 거래에 놓일 수 있다고 봄이 타당하다.

나) 선등록서비스표

수요자들은 선등록서비스표(조선떡볶이)가 도형 부분( )과 문자 부분(조선떡볶이)이 결합되어 구성된 것임을 직감할 수 있을 것으로 보인다.

선등록서비스표도 위 가)항에서 본 바와 같은 이유로 전체(조선떡볶이)로도 거래에 놓일 수 있을 뿐만 아니라 요부인 문자 부분(조선떡볶이)만으로도 거래에 놓일 수 있다고 봄이 타당하다.

2) 양 표장의 구체적 대비

위 1)항에서 본 양 표장의 요부인 문자 부분을 구체적으로 대비하기로 한다.

가) 먼저, 외관을 대비하면, 이 사건 출원서비스표의 문자 부분(나는 조선의 떡볶이다!)과 선등록서비스표의 문자 부분(조선떡볶이)은 문자의 구성, 글씨체, 글자 수, 색상 등의 차이로 인하여 외관이 서로 다르다.

나) 다음으로 호칭을 대비하기로 한다. 이 사건 출원서비스표의 문자 부분은 '나

는 조선의 떡볶이다', 주1) '나조떡' 등으로 호칭될 가능성이 높고, 선등록서비스표의 문자 부분은 '조선떡볶이' 등으로 호칭될 가능성이 높은데, 양 표장의 문자 부분은 "조선", "떡볶이(떡뽂이)" 부분의 유사성에도 불구하고 호칭이 서로 다르다[피고는 이 사건 출원서비스표의 문자 부분이 조선떡볶이로 호칭된다는 취지로 주장하나, 표장이 문장 형태로 구성되어 있다고 하더라도 식별표지로서 기능하는 것이 불가능하다고 할 수 없어 문장 전체로 호칭·관념될 수 있고, 불가분적으로 결합되어 하나의 문장을 이루고 있는 이 사건 출원서비스표의 문자 부분으로부터 체언(체언) 부분만을 분리 호칭·관념하는 것은 거래관행상 자연스럽지 못하므로, 위 주장을 받아들이지 않는다].

다) 마지막으로 관념을 대비하기로 한다. 선등록서비스표의 문자 부분(조선떡볶이)은 단순히 '조선의 떡볶이' 정도의 의미로 수요자들에게 인식될 것으로 보이는 반면, 이 사건 출원서비스표의 문자 부분(나는 조선의 떡볶이다!)은 '내가 조선의 국모다'를 패러디(parody)한 표장으로 수요자들에게 인식될 가능성이 높고, 동시에 위 문자 부분을 접하는 수요자들에게 의인화(의인화)된 떡볶이가 자신이 '조선의 떡볶이', '조선을 대표하는 떡볶이'라고 호소하거나 강조하는 듯한 느낌을 줄 것으로 보인다. 따라서 비록 양 표장의 문자 부분이 '조선', '떡볶이(떡뽂이)'라는 공통된 문자를 포함하고 있더라도, 위와 같은 차이로 인하여 양 표장의 문자 부분은 관념도 서로 다르다고 봄이 타당하다(수요자들이 이 사건 출원서비스표를 선등록서비스표의 패러디로 인식할 가능성도 있는바, 선등록서비스표가 주지·저명한 경우에는 패러디로 인하여 출처에 관한 오인·혼동의 염려가 커질 가능성을 배제할 수 없으나, 이 사건에서는 선등록서비스표가 주지·저명하다고 볼만한 아무런 증거가 제출되어 있지 않다).

3) 대비 결과의 종합

문자 표장에 있어 문자에 대하여 형성되는 관념의 강도가 강렬할수록 호칭의 비중은 상대적으로 낮아진다고 할 것이므로, 비록 양 표장의 문자 부분은 "조선", "떡볶이(떡뽂이)"를 공통적으로 포함하고 있어 호칭이 유사하다고 볼 측면이 있다고 하더라도, 위에서 본 바와 같은 외관·관념의 차이로 인해 양 표장의 문자 부분은 서로 유사하지 않다고 평가함이 타당하다.

다. 소결론

따라서 이 사건 출원서비스표와 선등록서비스표는 요부인 문자 부분이 서로 유사하지 않아, 양 표장을 동일 또는 유사한 상품에 사용한다고 하더라도 수요자로 하여금 서비스의 출처에 관하여 오인·혼동을 일으키게 할 염려가 없으므로, 양 서비스표는 서로 유사하지 않다.

그렇다면 이 사건 출원서비스표는 선등록서비스표와 대비하여 구 상표법 제7조 제1항 제7호에 해당하지 않으므로, 그 등록이 거절되어서는 아니 된다.

[한편 서비스표 전체를 기준으로 이 사건 출원서비스표와 선등록서비스표를 대비하면, 위에서 본 바와 같은 차이점에다 양 표장의 도형 부분(,)의 외관·호칭·관념의 차이점을 더하면, 양 표장의 비유사성은 더욱 강화될 것이다.]

3. 결 론

따라서 위와 결론을 달리한 이 사건 심결은 위법하므로, 그 취소를 구하는 원고의 이 사건 청구는 이유 있어 이를 인용하기로 하여 주문과 같이 판결한다.

판사 김환수(재판장) 윤주탁 장현진

주1) 이 사건 심결 무렵 일반적으로 '나는 가수다'의 약칭으로 '나가수'를, '너의 목소리가 들려'의 약칭으로 '너목들'을 사용하는 등 체언(체언)의 앞글자 등을 따 약칭으로 사용하는 경향이 있었던 것으로 보인다.

48. 대법원 2010.12. 9. 선고 2009후3596 판결【거절결정(상)】

[미간행]

【판시사항】

[1] 상표의 유사 여부의 판단 기준 및 대비되는 상표 사이에 유사한 부분이 있다고 하더라도 그 부분만으로 분리인식될 가능성이 희박하거나 전체적으로 관찰할 때 명확히 출처의 혼동을 피할 수 있는 경우 유사상표라고 할 수 있는지 여부(소극)

[2] 출원상표인 "Dr. you project"와 선등록상표인 "PROJECT"는 동일 또는 유사한 상품에 사용한다고 하더라도 일반 수요자나 거래자로 하여금 상품출처에 관하여 오인·혼동을 일으키게 할 염려가 없으므로, 이들 상표는 서로 유사하지 않다고 한 사례

【참조조문】

[1] 상표법 제7조 제1항 제7호 [2] 상표법 제7조 제1항 제7호

【참조판례】

[1] 대법원 2006. 8. 25. 선고 2005후2908 판결(공2006하, 1637)

대법원 2008. 9. 11. 선고 2008후1739 판결

【전 문】

【원고, 피상고인】 주식회사 오리온(소송대리인 변리사 이병균 외 2인)

【피고, 상고인】 특허청장

【원심 판결】 특허법원 2009. 9. 10. 선고 2009허4919 판결

【주 문】

상고를 기각한다. 상고비용은 피고가 부담한다.

【이 유】

상고이유를 판단한다.

1. 상표의 유사 여부는 그 외관, 호칭 및 관념을 객관적·전체적·이격적으로 관찰하여 그 지정상품의 거래에서 일반 수요자나 거래자가 상표에 대하여 느끼는 직관적 인식을 기준으로 하여 그 상품의 출처에 관하여 오인·혼동을 일으키게 할 우려가 있는지 여부에 따라 판단하여야 한다. 따라서 대비되는 상표 사이에 유사한 부분이 있다고 하더라도 그 부분만으로 분리인식될 가능성이 희박하거나 전체적으로 관찰할 때 명확히 출처의 혼동을 피할 수 있는 경우에는 유사상표라고 할 수 없다(대법원 2006. 8. 25. 선고 2005후2908 판결, 대법원 2008. 9. 11. 선고 2008후1739 판결 등 참조).

2. 위 법리와 기록에 비추어 과자, 캔디, 비스킷, 비의료용 추잉껌, 아이스크림, 초콜릿 등을 지정상품으로 하고 "Dr. you project"로 구성된 이 사건 출원상표(출원번호 제40-2007-41104호)와 "비의료용 추잉껌, 식용캔디, 비스킷, 초콜릿, 아이스크림" 등을 지정상품으로 하고 "PROJECT"로 구성된 선등록상표(등록번호 제322355호)가 유사한지 여부를 살펴본다.

이 사건 출원상표는 영문 소문자 'project' 앞에 영문자 'Dr. you'가 추가되어 있다는 점에서 영문 대문자 'PROJECT'로 구성되어 있는 선등록상표와 그 외관이 서로 다르다. 한편 이 사건 출원상표는 'project'라는 영어 단어와 그 앞의 'Dr. you'란 영어 어구가 결합하여 이루어진 것이기는 하다. 그러나 우리나라의 언어관습과 영어교육수준을 고려할 때 'project'라는 단어는 일반 수요자나 거래자에게 통상 그 앞에 나오는 단어나 어구와 결합하여 'ㅇㅇ계획', 'ㅇㅇ과제'라는 일체화되고 한정적인 의미가 있는 하나의 단어로 인식될 것이고, 지정상품과의 관계에서 'project' 부분이 'Dr. you' 부분에 비하여 특별히 식별력이 강한 것도 아니므로, 이 사건 출원상표는 그 뒷 부분에 있는 'project'만에 의하여 호칭·관념된다기보다는 'Dr. you project'와 같이 전체적으로 호칭·관념된다고 봄이 자연스럽다.

그러므로 호칭에서 이 사건 출원상표는 '닥터 유 프로젝트'로, 선등록상표는 '프로젝트'로 각 호칭되어 서로 다르고, 관념에서도 이 사건 출원상표는 예를 들면 '유 박사의 계획', '유 프로젝트 박사' 등과 같이 구체화된 계획 또는 과제로 관념되나 선등록상표는 구체화되지 아니한 일반적이고 포괄적인 의미의 '계획', '과제' 등으로 관념되므로 서로 다르다. 따라서 이 사건 출원상표와 선등록상표를 동일 또는 유사한 상품에 사용한다고 하더라도 일반 수요자나 거래자로 하여금 상품출처에 관하여 오인·혼동을 일으키게 할 염려가 없으므로, 이들 상표는 서로 유사하지 아니하다고 할 것이다.

같은 취지의 원심판단은 정당한 것으로 수긍이 가고, 거기에 상고이유의 주장과 같이 상표 유사 여부 판단에 관한 법리를 오해하는 등의 위법이 있다고 할 수 없다.

3. 그러므로 상고를 기각하고 상고비용은 패소자가 부담하도록 하여, 관여 대법관의 일치된 의견으로 주문과 같이 판결한다.

대법관 김지형(재판장) 전수안 양창수(주심)

49. 대법원 1999. 7. 23. 선고 98후2382 판결 【등록무효(상)】

[공1999.9.1.(89),1787]

【판시사항】

[1] 상표의 유사 여부 판단 기준

[2] 결합상표의 유사 여부 판단 기준

[3] 상표 "ELIZABETH ARDEN VISIBLE DIFFERENCE"와 "비져블 VISIBLE"의 유사 여부(소극)

【판결요지】

[1] 상표의 유사 여부를 판단함에 있어서는 상표의 외관, 호칭, 관념을 객관적, 전체적, 이격적으로 관찰하여 상품의 출처에 오인·혼동을 일으킬 우려가 있는지의 여부에 의하여 결정되어야 하는 것이므로, 외관, 호칭, 관념 중에서 어느 하나가 유사한 부분이 있다 하더라도 전체로서의 상표가 일반 수요자들로 하여금 명확히 출처의 오인·혼동을 피할 수 있는 경우에는 유사한 것이라고 할 수 없는 것이다.

[2] 문자와 문자 등이 결합된 결합상표는 반드시 그 구성 부분 전체의 명칭이나 모양에 의하여 호칭·관념되는 것은 아니므로, 각 구성 부분을 분리하여 관찰하면 자연스럽지 못할 정도로 불가분적으로 결합되어 있지 않으면, 그 구성 부분 중 일부만에 의하여 간략하게 호칭·관념될 수 있어 그 요부와 대비되는 상표를 비교하여 유사 여부를 판단하여야 하나, 반대로 각 구성 부분을 분리하여 관찰하는 것이 자연스럽지 못하거나 문자와 문자의 결합으로 독자적인 의미를 가지는 등의 경우에는 원칙으로 돌아가 전체로서 관찰하여 그 유사 여부를 판단하여야 하며, 이러한 상표를 전체적으로 관찰

하는 경우에도 그 구성요소 중 수식어나 단순한 부기문자 또는 기술적 표장 등 식별력이 없는 부분은 제외하고, 수요자의 주의를 끌기 쉬운 식별력 있는 요부를 대비하여 유사 여부를 판단하여야 할 것이다.

[3] 등록상표 "ELIZABETH ARDEN VISIBLE DIFFERENCE"와 인용상표 "비져블 VISIBLE"을 전체적으로 관찰할 때 그 외관과 호칭 및 관념이 상이함이 명백하고, 등록상표는 인명 내지 인명과 지명이 결합된 것으로 보이는 앞 부분 'ELIZABETH ARDEN'과 그 뒷부분인 'VISIBLE DIFFERENCE'가 분리관찰하는 것이 부자연스러울 정도로 결합되어 있는 것이 아니므로 뒷부분인 'VISIBLE DIFFERENCE'만에 의하여 호칭, 관념될 수 있다 하더라도 'VISIBLE'은 '눈에 띄는, 쉽게 알아볼 수 있는' 등의 의미를 가지는 형용사로서 명사인 'DIFFERENCE'를 수식하여 'VISIBLE DIFFERENCE'는 전체적으로 '눈에 띄는 차이' 등의 관념을 형성하고 있다고 보이므로 'VISIBLE DIFFERENCE'에서의 중점은 수식을 받는 중심어인 'DIFFERENCE'에 있다고 보여질 뿐만 아니라, 등록상표의 지정상품인 화장비누와 관련하여 'VISIBLE'은 '눈에 띄게 아름답게 보이는' 등의 의미로 인식되어 지정상품의 품질, 효능을 나타낸다고도 볼 수 있어, 'VISIBLE' 부분은 식별력이 약하여 'DIFFERENCE'와 따로 분리되어 'VISIBLE' 부분만에 의하여 호칭, 관념되리라고 예상하기 어렵다 할 것이므로 등록상표를 분리관찰해 보더라도 양 상표는 외관, 호칭, 관념에 있어 역시 상이하다 할 것이며, 나아가 등록상표는 비교적 긴 4개의 영문자로 구성되어 있어 일반 수요자나 거래자가 그 구성 부분 중 3번째에 있는 'VISIBLE'을 직감적으로 인식하고, 그 부분만에 의하여 분리호칭, 관념하리라고 보여지지 아니하므로 양 상표는 오인·혼동의 염려가 없다 할 것이니 양 상표는 유사하다고 할 수 없다.

【참조조문】

[1] 상표법 제7조 제1항 제7호[2] 상표법 제7조 제1항 제7호[3] 상표법 제7조 제1항 제7호

【참조판례】

[1] 대법원 1997. 3. 28. 선고 96후1163 판결(공1997상, 1240)
대법원 1998. 10. 13. 선고 97후2804 판결(공1998하, 2693)
대법원 1999. 4. 23. 선고 98후874 판결(공1999상, 1051)
대법원 1999. 6. 11. 선고 98후157 판결(공1999하, 1417)

[2][3] 대법원 1997. 9. 26. 선고 96후2517 판결(공1997하, 3294)
대법원 1999. 4. 23. 선고 98후829 판결(공1999상, 1049)
대법원 1999. 7. 9. 선고 98후1846 판결(공1999하, 1627)

[2] 대법원 1992. 10. 9. 선고 92후1103 판결(공1992, 3143)

대법원 1994. 1. 28. 선고 93후1254 판결(공1994상, 833)
대법원 1995. 1. 12. 선고 94후647 판결(공1995, 910)
대법원 1995. 7. 25. 선고 95후255 판결(공1995하, 2990)
대법원 1997. 6. 24. 선고 96후2258 판결(공1997하, 2178)
대법원 1999. 3. 12. 선고 98후2412 판결(공1999상, 672)
[3] 대법원 1998. 7. 14. 선고 97후2866 판결(공1998하, 2120)

【전 문】

【원고, 상고인】 주식회사 태평양(소송대리인 변리사 조치훈 외 1인)

【피고, 피상고인】 유니레바 엔 비(소송대리인 변호사 장수길 외 2인)

【원심 판결】 특허법원 1998. 10. 15. 선고 98허6261 판결

【주 문】

상고를 기각한다. 상고비용은 원고의 부담으로 한다.

【이 유】

상고이유를 본다.

상표의 유사 여부를 판단함에 있어서는 상표의 외관, 호칭, 관념을 객관적, 전체적, 이격적으로 관찰하여 상품의 출처에 오인·혼동을 일으킬 우려가 있는지의 여부에 의하여 결정되어야 하는 것이므로, 외관, 호칭, 관념 중에서 어느 하나가 유사한 부분이 있다 하더라도 전체로서의 상표가 일반 수요자들로 하여금 명확히 출처의 오인·혼동을 피할 수 있는 경우에는 유사한 것이라고 할 수 없는 것이고(대법원 1997. 3. 28. 선고 96후1163 판결), 문자와 문자 등이 결합된 결합상표는 반드시 그 구성 부분 전체의 명칭이나 모양에 의하여 호칭·관념되는 것은 아니므로, 각 구성 부분을 분리하여 관찰하면 자연스럽지 못할 정도로 불가분적으로 결합되어 있지 않으면, 그 구성 부분 중 일부만에 의하여 간략하게 호칭·관념될 수 있어 그 요부와 대비되는 상표를 비교하여 유사 여부를 판단하여야 하나, 반대로 각 구성 부분을 분리하여 관찰하는 것이 자연스럽지 못하거나 문자와 문자의 결합으로 독자적인 의미를 가지는 등의 경우에는 원칙으로 돌아가 전체로서 관찰하여 그 유사 여부를 판단하여야 하며(대법원 1995. 1. 12. 선고 94후647 판결, 1997. 9. 26. 선고 96후2517 판결 등 참조), 이러한 상표를 전체적으로 관찰하는 경우에도 그 구성요소 중 수식어나 단순한 부기문자 또는 기술적 표장 등 식별력이 없는 부분은 제외하고, 수요자의 주의를 끌기 쉬운 식별력 있는 요부를 대비하여 유사 여부를 판단하여야 할 것이다(대법원 1992. 10. 9. 선고 92후1103 판결, 1994. 1. 28. 선고 93후1254 판결, 1997. 6. 24. 선고 96후2258 판결 등 참조).

기록에 의하여 살피건대, 이 사건 등록상표(이하 '등록상표'라 한다) "ELIZABETH ARDEN VISIBLEDIFFERENCE" 와인용 상표 "비져블 VISIBLE"을 대비해보면, 등록상표는4개의 영어단어로 구성되어 있고, 3번째 단어가 'VISIBLE'로 되어 있는데 반하여, 인용상표는 한 개의 영어 단어인 'VISIBLE' 위에 그 발음의 한글 표기인 '비져블'이 결합된 상표로서 양 상표를 전체적으로 관찰할 때 그 외관과 호칭 및 관념이 상이함이 명백하고, 등록상표는 인명 내지 인명과 지명이 결합된 것으로 보이는 앞 부분 'ELIZABETH ARDEN'과 그 뒷부분인 'VISIBLE DIFFERENCE'가 분리관찰하는 것이 부자연스러울 정도로 결합되어 있는 것이 아니므로 뒷부분인 'VISIBLE DIFFERENCE'만에 의하여 호칭, 관념될 수 있다 하더라도 'VISIBLE'은 '눈에 띄는, 쉽게 알아볼 수 있는' 등의 의미를 가지는 형용사로서 명사인 'DIFFERENCE'를 수식하여 'VISIBLE DIFFERENCE'는 전체적으로 '눈에 띄는 차이' 등의 관념을 형성하고 있다고 보이므로 'VISIBLE DIFFERENCE'에서의 중점은 수식을 받는 중심어인 'DIFFERENCE'에 있다고 보여질 뿐만 아니라, 등록상표의 지정상품인 화장비누와 관련하여 'VISIBLE'은 '눈에 띄게 아름답게 보이는' 등의 의미로 인식되어 지정상품의 품질, 효능을 나타낸다고도 볼 수 있어, 'VISIBLE' 부분은 식별력이 약하여 'DIFFERENCE'와 따로 분리되어 'VISIBLE' 부분만에 의하여 호칭, 관념되리라고 예상하기 어렵다 할 것이므로 등록상표를 분리관찰해 보더라도 양 상표는 외관, 호칭, 관념에 있어 역시 상이하다 할 것이며, 나아가 등록상표는 비교적 긴 4개의 영문자로 구성되어 있어 일반 수요자나 거래자가 그 구성 부분 중 3번째에 있는 'VISIBLE'을 직감적으로 인식하고, 그 부분만에 의하여 분리호칭, 관념하리라고 보여지지 아니하므로 양 상표는 오인·혼동의 염려가 없다 할 것이니 양 상표는 유사하다고 할 수 없다.

원심이 등록상표와 인용상표를 유사하다고 볼 수 없는 상이한 상표라고 판단한 것은 정당하고 거기에 상고이유로 주장하는 바와 같은 판결에 영향을 미친 법리오해, 경험칙에 위배되는 사실인정 등의 위법이 있다고 할 수 없다.

상고이유에서 내세운 대법원 판례들은 사안을 달리하여 이 사건에 원용하기에 적절하지 아니하다.

그러므로 상고를 기각하고 상고비용은 패소자의 부담으로 하기로 하여 관여 대법관의 일치된 의견으로 주문과 같이 판결한다.

대법관 이용훈(재판장) 정귀호(주심) 김형선 조무제

50. 대법원 2005. 10. 27. 선고 2003후2270 판결 【거절결정(상)】

[공2005.12.1.(239),1885]

【판시사항】

[1] 상표법 제7조 제1항 제7호에 정한 ‘선출원에 의한 타인의 등록상표’의 대상 적격

[2] 지정상품을 ‘신사복, 양복바지’ 등으로 하고 “ ”로 구성된 출원상표가 지정상품을 ‘신사복, 반바지’ 등으로 하고 “POLO”로 구성된 인용상표 1, 지정상품을 ‘신사복, 양복바지’ 등으로 하고 “폴로”로 구성된 인용상표 2와 유사하다고 본 원심의 판단을 수긍한 사례

【판결요지】

[1] 상표법 제7조 제3항은, 상표법 제7조 제1항 제7호의 규정은 상표등록출원시에 이에 해당하는 것(타인의 등록상표가 상표법 제71조 제3항의 규정에 의하여 무효로 된 경우에도 이에 해당하는 것으로 본다)에 대하여 이를 적용한다고 규정하고 있는바, 출원상표의 출원 당시에 ‘선출원에 의한 타인의 등록상표’가 존재하고 있는 이상 출원상표의 상표법 제7조 제1항 제7호 해당 여부를 판단함에 있어서 이를 대비대상으로 삼을 수 있고, 비록 ‘선출원에 의한 타인의 등록상표’가 출원상표의 출원 후에 그 등록이 무효로 확정되었다거나 또는 등록무효심결에 의하여 등록이 무효로 확정된 상표와 동일·유사하다 하더라도 이를 대비대상으로 삼는 데에는 아무런 지장이 없다.

[2] 지정상품을 ‘신사복, 양복바지’ 등으로 하고 “ ”로 구성된 출원상표가 지정상품을 ‘신사복, 반바지’ 등으로 하고 “POLO”로 구성된 인용상표 1, 지정상품을 ‘신사복, 양복바지’ 등으로 하고 “폴로”로 구성된 인용상표 2와 유사하다고 본 원심의 판단을 수긍한 사례.

【참조조문】

[1] 상표법 제7조 제1항 제7호[2] 상표법 제7조 제1항 제7호

【참조판례】

[2] 대법원 1999. 12. 24. 선고 97후3623 판결(공2000상, 309)
대법원 2000. 4. 21. 선고 97후860, 877, 884 판결(공2000상, 1293)

【전 문】

【원고, 상고인】 주식회사 선일렉스톤(소송대리인 변호사 권시영)

【피고, 피상고인】 특허청장

【피고보조참가인】 더 폴로/로렌컴파니, 엘.피.(소송대리인 변호사 황영주 외 3인)

【원심 판결】 특허법원 2003. 9. 4. 선고 2003허2713 판결

【주 문】

상고를 기각한다. 상고비용은 원고가 부담한다.

【이 유】

1. 상표법 제7조 제1항 제7호 소정의 '선출원에 의한 타인의 등록상표'에 관한 상고이유에 대하여

가. 상표법 제7조 제3항은, 상표법 제7조 제1항 제7호의 규정은 상표등록출원시에 이에 해당하는 것(타인의 등록상표가 상표법 제71조 제3항의 규정에 의하여 무효로 된 경우에도 이에 해당하는 것으로 본다)에 대하여 이를 적용한다고 규정하고 있는바, 출원상표의 출원 당시에 '선출원에 의한 타인의 등록상표'가 존재하고 있는 이상 출원상표의 상표법 제7조 제1항 제7호 해당 여부를 판단함에 있어서 이를 대비대상으로 삼을 수 있고, 비록 '선출원에 의한 타인의 등록상표'가 출원상표의 출원 후에 그 등록이 무효로 확정되었다거나 또는 등록무효심결에 의하여 등록이 무효로 확정된 상표와 동일·유사하다 하더라도 이를 대비대상으로 삼는 데에는 아무런 지장이 없다.

나. 위 법리와 기록에 비추어 살펴보면, 지정상품을 '신사복, 양복바지' 등으로 하고 "

"로 구성된 이 사건 출원상표의 출원 당시에 지정상품을 '신사복, 반바지' 등으로 하고 "POLO"로 구성된 인용상표 1(등록번호 제410770호) 및 지정상품을 '신사복, 양복바지' 등으로 하고 "폴로"로 구성된 인용상표 2(등록번호 제233473호)가 이미 상표로 출원·등록되어 존속하고 있으므로 이 사건 출원상표의 상표법 제7조 제1항 제7호 해당 여부를 판단함에 있어서 인용상표 1, 2를 그 대비대상으로 삼을 수 있다 할 것이고, 나아가 지정상품을 '신사복, 양복바지' 등으로 하고 "POLO"로 구성된 상표(등록번호 제124333호)가 지정상품을 '양복바지, 신사복' 등으로 하고 "POLA"로 구성된 상표(등록번호 제115263호, 이하 '선 상표'라 한다)와 그 표장 및 지정상품이 유사하다는 이유로 그 등록을 무효로 한다는 심결이 확정된 후에, 무효로 된 위 상표와 동일·유사한 인용상표 1, 2가 각 출원되어 상표로 등록되었고 인용상표의 1, 2의 출원·등록 당시는 물론 현재까지도 '선 상표'가 적법하게 등록되어 있다 하더라도 인용상표 1, 2를 그 대비대상으로 삼을 수 없다거나 인용상표 1, 2의

'선출원에 의한 타인의 등록상표'로서의 지위가 부정된다고 할 수 없다.

다. 따라서 이와 같은 취지에서 인용상표 1, 2가 상표법 제7조 제1항 제7호 소정의 '선출원에 의한 타인의 등록상표'에 해당한다고 본 원심의 판단은 정당한 것으로 수긍이 가고, 거기에 상고이유에서 주장하는 바와 같은 법리오해 등의 위법이 없다.

2. 이 사건 출원상표와 인용상표 1, 2의 유사 여부에 관한 상고이유에 대하여

가. 원심은 이 사건 출원상표를 인용상표 1, 2와 대비하여, 이 사건 출원상표는 각 구성부분으로 분리하여 관찰하면 거래상 자연스럽지 못하다고 여겨질 정도로 불가분적으로 결합되어 있다고 볼 수 없으므로 도형과 영문자 'WORLD', 'POLO', 'CHAMPIONSHIPS'로 분리하여 관찰될 수 있고, 그 중 이 사건 출원상표가 'POLO' 부분만으로 호칭·관념되는 경우에는 인용상표 1, 2와 그 호칭 및 관념이 동일하여, 동일·유사한 상품에 함께 사용되는 때에는 상품 출처의 오인·혼동을 야기할 염려가 있으므로, 이 사건 출원상표와 인용상표 1, 2는 서로 유사한 상표이고, 이 사건 출원상표와 인용상표 1, 2의 공통된 구성부분인 'POLO' 또는 '폴로'가 운동경기의 명칭이라거나 이를 포함하는 상표들이 이 사건 출원상표의 지정상품과 동일·유사하거나 경제적인 견련관계에 있는 상품들을 지정상품으로 하여 10여 개 등록된 사례들이 있다고 하더라도 그와 같은 사정만으로는, 이 사건 출원상표의 구성 중 'POLO' 부분이 특정인이 독점할 수 없다거나 식별력이 없어 상표의 요부가 될 수 없다고 단정할 수 없다는 취지로 판단하였다.

나. 기록에 비추어 살펴보면, 'POLO' 또는 '폴로'는 이 사건 출원상표 또는 인용상표 1, 2의 지정상품의 보통명칭이나 기술적 표장에 해당한다고 볼 수 없고, 이 사건 출원상표는 'POLO'만으로 분리하여 호칭·관념될 수 있으므로, 이 사건 출원상표가 인용상표 1, 2와 유사하다고 본 원심의 위와 같은 판단은 정당한 것으로 수긍이 가고, 거기에 상고이유에서 주장하는 바와 같은 상표의 식별력 및 유사 여부 판단에 관한 심리미진, 법리오해 등의 위법이 없다.

3. 결 론

그러므로 상고를 기각하고, 상고비용은 패소자인 원고가 부담하기로 관여 대법관의 의견이 일치되어 주문과 같이 판결한다.

대법관 고현철(재판장) 강신욱(주심) 김영란

51. 대법원 2001. 12. 28. 선고 2001후2467 판결 【등록무효(상)】

[공2002.2.15.(148),417]

【판시사항】

[1] 지정서비스업 '건물분양업, 백화점관리업, 부동산감정업' 등과 '부동산중개업'의 유사 여부(적극) 및 지정서비스업 '서적출판업'과 지정상품 '서적'의 유사 여부(적극)

[2] 등록서비스표 "21 세기컨설팅 주식회사"와 인용표장 "CENTURY 21"의 유사 여부(적극)

[3] "21세기"라는 표장의 식별력 유무(적극)

【판결요지】

[1] 서비스업의 내용 및 제공장소와 수요자의 범위 등 거래실정을 고려할 때 등록서비스표의 지정서비스업 중 서비스업류 구분 제36류의 '건물분양업, 공인중개사업, 백화점관리업, 부동산감정업, 부동산관리업, 부동산임대업, 사무실임대업, 수퍼마켓관리업, 시장관리업, 아파트관리업, 아파트임대업, 주택관리업, 주택알선업, 주택중개업'은 인용서비스표의 지정서비스업인 '부동산중개업'과 서로 유사하고, 인용상표의 지정상품인 '서적' 등은 일반적으로 출판사에서 제작하여 서점 등을 통하여 유통되므로 서적출판업과 거래 통념상 밀접한 관련성이 있어 등록서비스표의 지정서비스업 중 서비스업류 구분 제41류의 '서적출판업'과 위 지정상품인 '서적'은 서로 유사하다.

[2] 등록서비스표의 문자부분 "21 세기컨설팅 주식회사"의 구성 중 '주식회사'는 회사의 종류를 나타내고, '컨설팅'은 업종을 나타내는 것으로서 식별력이 없거나 약하므로 등록서비스표는 '21세기'로 호칭·관념되고, 한편 'CENTURY'는 '세기, 100년' 등의 의미를 지닌 중학생 수준의 단어에 해당하여 일반 수요자는 인용표장 "CENTURY 21"을 '21세기'로 관념할 것이므로 등록서비스표와 인용표장은 외관과 호칭이 다르지만 관념이 극히 유사하여 양 표장을 동일·유사한 서비스업 등에 사용할 경우 일반 수요자로서는 출처를 오인·혼동할 우려가 있다.

[3] "21세기" 표장이 미래지향적이며 긍정적인 의미를 가지고 있고 거래자가 다양한 업종에서 서비스표로 사용하기를 희망하는 것으로 보이기는 하나, 그러한 사실만으로 등록서비스표 "21 세기컨설팅 주식회사"의 지정서비스업인 '건물분양업, 백화점관리업, 부동산감정업' 등과 '서적출판업' 등의 성질을 표시한다거나 기타 식별력이 없는 표장에 해당한다고 볼 수 없다.

【참조조문】

[1] 상표법 제7조 제1항 제7호, 제10조, 제71조 제1항 제1호, 상표법시행규칙 제6조 제2항 [별표2][2] 상표법 제7조 제1항 제7호, 제71조 제1항 제1호[3] 상표법 제6조 제1항 제3호, 제51조, 제71조 제1항 제1호

【전 문】

【원고, 상고인】 이십일세기컨설팅 주식회사

【피고, 피상고인】 센추리 21 리얼 에스테이트 코오포레이션(소송대리인 변리사 정진상 외 2인)

【원심 판결】 특허법원 200 1. 7. 6. 선고 2001허270 판결

【주 문】

상고를 기각한다. 상고비용은 원고의 부담으로 한다.

【이 유】

1. 상고이유 제1점에 대하여

원심은 그 채용증거에 의하여, 서비스업의 내용 및 제공장소와 수요자의 범위 등 거래실정을 고려할 때 이 사건 등록서비스표의 지정서비스업 중 서비스업류 구분 제36류의 '건물분양업, 공인중개사업, 백화점관리업, 부동산감정업, 부동산관리업, 부동산임대업, 사무실임대업, 수퍼마켓관리업, 시장관리업, 아파트관리업, 아파트임대업, 주택관리업, 주택알선업, 주택중개업'은 인용서비스표의 지정서비스업인 '부동산중개업'과 서로 유사하고, 인용상표의 지정상품인 '서적' 등은 일반적으로 출판사에서 제작하여 서점 등을 통하여 유통되므로 서적출판업과 거래 통념상 밀접한 관련성이 있어 이 사건 등록서비스표의 지정서비스업 중 서비스업류 구분 제41류의 '서적출판업'과 위 지정상품인 '서적'은 서로 유사하다는 취지로 판단하였다.

기록에 비추어 살펴볼 때, 위와 같은 취지의 판단은 정당하고, 거기에 상고이유로 주장하는 바와 같은 서비스업의 유사에 관한 법리오해, 채증법칙 위배 등의 위법이 있다고 할 수 없다.

2. 상고이유 제2점에 대하여

원심은 그 채용증거에 의하여, 이 사건 등록서비스표의 문자부분 "21세기컨설팅주식회사"의 구성 중 '주식회사'는 회사의 종류를 나타내고, '컨설팅'은 업종을 나타내는 것으로서 식별력이 없거나 약하므로 이 사건 등록서비스표는 '21세기'로 호칭·관념되고, 한편 'CENTURY'는 '세기, 100년' 등의 의미를 지닌 중학생 수준의 단어에 해당하여 일반 수요자는 인용표장 "CENTURY 21"을 '21세기'로 관념할 것이므로 이 사건 등록서비스표와 인용표장은 외관과 호칭이 다르지만 관념이 극히 유사하여 양 표장을 동일·유사한 서비스업 등에 사용할 경우 일반 수요자로서는 출처를 오인·혼동할 우려가 있고, 원고가 제출한 증거만으로는 이 사건 등록서비스표의 출원일 무렵 이 사건 등록서비스표가 국내의 일반 수요자나 거래자에게 원고의 서비스표로 확고하게 인식되어 이와 유사한 인용표장과 출처에 관한 오인·혼동을 일으킬 우려가 없게 되었다고 볼 수 없으므로, 이 사건 등록서비스표의 지정서비스업 중 인용표장의 서비스업 내지 상품과 유사한 것에 대하여 그 등록을 무효로 한 이 사건 심결은 정당하다는 취지로 판단하였다.

기록에 비추어 살펴볼 때 위와 같은 취지의 판단은 정당하고, 거기에 상고이유로 주장하는 바와 같은 서비스표의 유사에 관한 법리오해, 채증법칙 위배 등의 위법이 있다고 할 수 없다. 또한 '21세기' 표장이 미래지향적이며 긍정적인 의미를 가지고 있고 거래자가 다양한 업종에서 서비스표로 사용하기를 희망하는 것으로 보이기는 하나, 그러한 사실만으로 이 사건 등록서비스표의 지정서비스업의 성질을 표시한다거나 기타 식별력이 없는 표장에 해당한다고 볼 수 없으므로, 이에 관한 상고이유의 주장도 이유 없다.

3. 그러므로 상고를 기각하기로 하여 관여 법관의 일치된 의견으로 주문과 같이 판결한다.

대법관 유지담(재판장) 조무제 강신욱 손지열(주심)

52. 대법원 2002. 7. 12. 선고 2000후2156 판결【등록무효(상)】

[공2002.9.1.(161),1989]

【판시사항】

[1] "대명비발디파크"와 "DAEMYUNG VIVALDI PARK"가 이단(이단)으로 병기되고 로고 형태의 DAEMYUNG 문자가 결합된 등록서비스표와 "비발디"와 "VIVALDI"가 이단으로 병기된 인용서비스표가 서로 유사한 서비스표에 해당한다고 한 사례

[2] 지정상품의 동일·유사 여부에 대한 판단 기준

[3] 등록서비스표의 지정서비스업 중 '골프시설 제공업, 수영장 경영업, 스키장 운영업, 스포츠장비 대여업(수송기계기구는 제외)'과 인용서비스표의 지정서비스업인 '유원지 경영업'은 서로 유사하다고 할 것이나, 등록서비스표의 나머지 지정서비스업인 '극장 운영업, 디스코텍업, 미술관 경영업'과 '유원지 경영업'은 서로 유사하다고 보기 어렵고 기록상 이들 서비스업을 유사하다고 볼 만한 자료도 없다는 이유로 원심 판결을 파기한 사례

【판결요지】

[1] "대명비발디파크"와 "DAEMYUNG VIVALDI PARK"가 이단(이단)으로 병기되고 로고 형태의 DAEMYUNG 문자가 결합된 등록서비스표는 그 출원 전에 출원되어 그 출원 후에 등록된 "비발디"와 "VIVALDI"가 이단으로 병기된 인용서비스표와 그 일 요부인 "비발디/VIVALDI"가 공통됨으로 인하여 전체적으로 서로 유사한 서비스표에 해당한다고 한 사례.

[2] 지정서비스업의 유사 여부는 제공되는 서비스의 성질이나 내용, 제공수단, 제공장소, 서비스업의 제공자 및 수요자의 범위 등 거래의 실정 등을 고려하여 일반 거래의 통념에 따라 판단하여야 한다.

[3] 등록서비스표의 지정서비스업 중 '골프시설 제공업, 수영장 경영업, 스키장 운영업, 스포츠장비 대여업(수송기계기구는 제외)'과 인용서비스표의 지정서비스업인 '유원지 경영업'은 모두 상표법시행규칙 제6조의 [별표 2] 서비스업류 구분 제41류 제8군의 스포츠·오락서비스업에 속하는 것으로서 서로 유사하다고 할 것이나, 등록서비스표의 나머지 지정서비스업인 '극장 운영업, 디스코텍업, 미술관 경영업'과 '유원지 경영업'은 이들 서비스업의 성질이나 내용 등이 동일·유사하다고 보기 어렵고, 서비스업류 구분 제41류의 구체적 서비스업군을 달리 할 뿐만 아니라 기록상 이들 서비스업을 유사하다고 볼 만한 자료도 없다는 이유로 원심 판결을 파기한 사례.

【참조조문】

[1] 상표법 제7조 제1항 제7호[2] 상표법 제7조 제1항 제7호[3] 상표법 제7조 제1항 제7호

【참조판례】

[2] 대법원 1997. 2. 14. 선고 96후924 판결(공1997상, 774)
대법원 1997. 3. 11. 선고 96후795 판결(공1997상, 1108)
대법원 1997. 5. 16. 선고 96후1583 판결(공1997상, 1740)
대법원 1999. 11. 23. 선고 97후2842 판결(공2000상, 54)
대법원 2000. 10. 27. 선고 2000후815 판결(공2000하, 2466)

【전 문】

【원고, 상고인】 주식회사 대명레저산업(소송대리인 변호사 이태창)

【피고, 피상고인】 한라건설 주식회사(소송대리인 변리사 서상욱)

【원심 판결】 특허법원 2000. 7. 14. 선고 2000허945 판결

【주 문】

원심 판결 중 등록번호 제54223호 서비스표의 지정서비스업 중 '극장 운영업, 디스코텍업, 미술관 경영업'에 관한 원고 패소 부분을 파기하고, 이 부분 사건을 특허법원에 환송한다. 원고의 나머지 상고를 기각한다.

【이 유】

1. 상고이유 제1점에 대하여

원심은 그 채용 증거에 의하여, "대명비발디파크"와 "DAEMYUNG VIVALDI PARK"가 이단(이단)으로 병기되고 로고 형태의 DAEMYUNG 문자가 결합된 이 사건 등록서비스표(등록 제54223호)는 그 출원 전에 출원되어 그 출원 후에 등록된, "비발디"와 "VIVALDI"가 이단으로 병기된 인용서비스표(등록 제52067호)와, 그 일 요부인 "비발디/VIVALDI"가 공통됨으로 인하여 전체적으로 서로 유사한 서비스표에 해당한다고 판단하였다.

기록에 비추어 살펴볼 때 위와 같은 취지의 원심 판단은 정당하고, 거기에 상고이유로 주장하는 서비스표의 유사에 관한 법리오해의 위법이 있다고 할 수 없다.

2. 상고이유 제2점에 대하여

원심은, 이 사건 등록서비스표의 지정서비스업 중 '골프시설 제공업, 수영장 경영업, 스키장 운영업, 스포츠장비 대여업(수송기계기구는 제외)'은 모두 상표법시행규칙 제6조의 [별표 2] 서비스업류 구분상 제41류 제8군의 스포츠·오락서비스업에 속할 뿐 아니라, 오락과 스포츠는 실제로도 심신의 휴식과 재충전을 위한 여가활동으로서 상호 보완적이며 대체적인 역할을 하는 것이고, 최근에 이르러서는 종합레저타운이나 리조트 등의 이름으로 오락과 스포츠를 함께 즐길 수 있는 시설이 증가하고 있어, 스포츠와 관련된 이 사건 등록서비스표의 위 지정서비스업들은 오락과 관련된 인용서비스표의 지정서비스업인 '유원지 경영업'과 그 서비스의 제공 주체, 수요자의 범위 등이 중복될 가능성이 매우 높은 유사한 서비스업이라고 봄이 상당하고, 나아가 이 사건 등록서비스표의 나머지 지정서비스업인 '극장 운영업, 디스코텍업, 미술관 경영업'도 인용서비스표의 지정서비스업인 '유원지 경영업'과 서비스업군만 달리할 뿐 기본적으로 같은 서비스업류에 속해 있을 뿐 아니라, 유원지 경영업의 사업주체가 극장 운영업, 디스코텍업, 미술관 경영업 등을 부대 서비스업 내지 관련 서비스업으로서 함께 담당하고, 유원지를 이용하는 일반 소비자들도 이들이 제공하는 서비스를 부대 서비스로서 이용할 가능성이 많으므로 이들 서비스업도 서로 유사한 것이라고 봄이 상당하여, 결국 이 사건 등록서비스표는 선출원에 의한 타인의 등록서비스표인 인용서비스표와 유사하고 그 지정서비스업도 유사하므로 상표법 제8조 제1항에 위반되어 등록된 것으로서, 이 사건 등록서비스표 전체의 등록을 무효로 한 이 사건 심결은 적법하다는 취지로 판단하였다.

지정서비스업의 유사 여부는 제공되는 서비스의 성질이나 내용, 제공수단, 제공장소, 서비스업의 제공자 및 수요자의 범위 등 거래의 실정 등을 고려하여 일반 거래의 통념에 따라 판단하여야 할 것인바(대법원 1999. 11. 23. 선고 97후2842 판결 등 참조), 원심이, 이 사건 등록서비스표의 지정서비스업 중 '골프시설 제공업, 수영장 경영업, 스키장 운영업, 스포츠장비 대여업(수송기계기구는 제외)'과 인용서비스표의 지정서비스업인 '유원지 경영업'이 모두 위 서비스업류 구분 제41류 제8군의 스포츠·오락서비스업에 속하는 것으로서 서로 유사하다고 판단한 것은 위와 같은 법리에 비추어 볼 때 수긍이 가나, 이 사건 등록서비스표의 나머지 지정서비스업인 '극장 운영업, 디스코텍업, 미술관 경영업'도 '유원지 경영업'과 유사하다고 본 것은 이들 서비스업의 성질이나 내용 등이 동일·유사하다고 보기 어려운 점에서 쉽게 납득하기 어렵고, 이들 서비스업은 서비스업류 구분 제41류의 구체적 서비스업군을 달리 할 뿐만 아니라 기록상 이들 서비스업을 유사하다고 볼 만한 자료를 찾아볼 수 없다.

그럼에도 불구하고, 원심이 '극장 운영업, 디스코텍업, 미술관 경영업'과 '유원지 경영업'의 구체적 거래 실정에 관한 아무런 심리도 없이 이들 서비스업도 유사하다고 판단한 것은 서비스업의 유사에 관한 법리를 오해하고 심리를 미진함으로써 판결 결과에 영향을 미친 잘못이 있다고 보아야 할 것이고, 이 부분에 관한 상고는 그 이유가 있다.

3. 그러므로 원심 판결 중 이 사건 등록서비스표의 지정서비스업 중 '극장 운영업, 디스코텍업, 미술관 경영업'에 관한 원고 패소 부분을 파기하고, 이 부분 사건을 다시 심리·판단하도록 원심법원에 환송하며, 원고의 나머지 상고를 기각하기로 하여, 관여 법관의 일치된 의견으로 주문과 같이 판결한다.

대법관 유지담(재판장) 조무제 강신욱 손지열(주심)

53. 대법원 1998. 10. 20. 선고 97후2835 판결【서비스표등록무효】

[공1998.11.15.(70),2695]

【판시사항】

지정서비스업으로서의 '부동산임대업, 부동산분양업'과 '리조트업'의 유사 여부(적극)

【판결요지】

지정서비스업으로서의 '리조트업'이 대규모의 종합 휴양시설관리운영업이라고 한다면, 그 제공하는 서비스의 범위가 반드시 명확한 것은 아니지만 휴양시설과 관련하여 다양한 서비스가 제공되는 오늘날의 거래실정에 비추어 휴양시설에 관련된 숙박업, 스포츠·오락서비스업, 시설임대·분양·관리업, 유흥업 등을 포괄하는 넓은 개념의 서비스업이라고 할 수 있고, 한편 역시 지정서비스업으로서의 '부동산임대업'이나 '부동산분양업'은 그 대상이 되는 부동산이 반드시 일반적인 주택이나 상가만이라고 단정할 수 없고, 또한 그 대상이 되는 부동산이 휴양시설 내에 있거나 휴양시설과 관련된 경우도 포함될 수 있다고 할 것이므로, 만일 '부동산임대업'이나 '부동산분양업'이 휴양시설과 관련된 건물 등에 관하여 이루어진다면 그것은 거래의 통념에 비추어 '리조트업'과 밀접하게 관련되어 '리조트업'과 유사한 서비스업이다.

【참조조문】

구 상표법(1990. 1. 13. 법률 제4210호로 전문 개정되기 전의 것) 제9조 제1항 제7호(현행 제7조 제1항 제7호 참조), 제13조 제1항(현행 제8조 제1항 참조), 제46조 제1호(제71조 제1항 제1호 참조)

【참조판례】

대법원 1993. 6. 8. 선고 92후1776 판결(공1993하, 2023)

대법원 1996. 2. 27. 선고 95후1012 판결(공1996상, 1116)

【전 문】

【심판청구인, 상고인】 포시즌 호텔스(바베이도즈)리미티드(소송대리인 법무법인 중앙국제법률특허사무소 담당변호사 이병호 외 1인)

【피심판청구인, 피상고인】 주식회사 가원주택(소송대리인 변리사 김영화)

【원심심결】 특허청 항고심판소 1997. 7. 31.자 95항당141 심결

【주 문】

원심심결을 파기하고 이 사건을 특허법원에 환송한다.

【이 유】

상고이유를 판단한다.

원심심결 이유에 의하면 원심은, 1990. 4. 20. 출원하여 1993. 4. 30. 등록된 이 사건 등록서비스표(등록 제19841호)의 지정서비스업 중 '부동산임대업, 부동산분양업'은 주택이나 상가 등 부동산을 임대하여 임대수입을 얻을 목적으로 하는 임대업이거나 신축된 부동산을 그 부동산 수요자에게 분양하는 것을 주요한 업무로 하는 분양업으로서, 원심 판시 인용서비스표들의 지정서비스업인 '리조트업' 등과는 그 서비스의 제공수단이나 목적이 서로 다르고, 서비스를 제공받는 수요자가 서로 달라 이를 동일하거나 유사한 서비스업이라고 할 수 없으므로, 유사한 위 서비스표들이 위 각 지정서비스업에 다 함께 사용된다고 하여도 서비스의 제공자에 대한 오인·혼동을 불러 일으킬 염려가 없다고 판단하였다.

그러나 '리조트업'이라는 서비스업이 원심이 확정한 바와 같이 대규모의 종합 휴양시설 관리운영업이라고 한다면, 그 제공하는 서비스의 범위가 반드시 명확한 것은 아니지만 휴양시설과 관련하여 다양한 서비스가 제공되는 오늘날의 거래실정에 비추어 휴양시설에 관련된 숙박업, 스포츠·오락서비스업, 시설임대·분양·관리업, 유흥업 등을 포괄하는 넓은 개념의 서비스업이라고 할 수 있고, 한편 '부동산임대업'이나 '부동산분양업'은 그 대상이 되는 부동산이 반드시 일반적인 주택이나 상가만이라고 단정할 수 없고, 또한 그 대상이 되는 부동산이 휴양시설 내에 있거나 휴양시설과 관련된 경우도 포함될 수 있다고 할 것이므로, 만일 '부동산임대업'이나 '부동산분양업'이 휴양시설과 관련된 건물 등에 관하여 이루어진다면 그것은 거래의 통념에 비추어 '리조트업'과 밀접하게 관련되어 '리조트업'과 유사한 서비스업이라고 보아야 할 것이다.

따라서 위와 같이 '부동산임대업, 부동산분양업'이 '리조트업'과 유사하지 아니하다고 한 원심의 판단에는 서비스업의 유사 여부 판단에 관한 법리를 오해하여 심결에 영향을 미친 위법이 있다 할 것이므로, 이 점을 지적하는 논지는 이유가 있다.

그러므로 원심심결을 파기하고 이 사건을 다시 심리·판단하도록 하기 위하여 특허법원에 환송하기로 하여 관여 법관의 일치된 의견으로 주문과 같이 판결한다.

대법관 신성택(재판장) 천경송(주심) 송진훈

54. 대법원 2006. 12. 8. 선고 2005후674 판결【등록무효(상)】

[미간행]

【판시사항】

[1] 일반 수요자나 거래자가 지정서비스의 품질, 제공 물건, 제공방법 등을 표시하는 것으로 바로 인식할 수 없는 서비스표가 식별력이 있는지 여부(적극)

[2] 서비스표가 상표법 제7조 제1항 제7호에 해당하는지 여부와 이때 서비스표의 구성 중 일부분이 식별력이 있는지 여부의 판단 기준 시점(=서비스표 등록출원시)

[3] 등록서비스표 "홍초불닭"의 '불닭' 부분은 등록서비스표 출원 당시 지정서비스업에서 제공하는 요리의 제조방법 및 가공방법을 직감시키는 것으로 보기 어려워 식별력이 있으므로, 등록서비스표가 '불닭'으로 간략하게 호칭·관념될 경우 선등록상표 "불 닭"과 유사하다고 한 사례

【참조조문】

[1] 상표법 제2조 제3항, 제6조 제1항 제3호 [2] 상표법 제2조 제3항, 제7조 제1항 제7호 [3] 상표법 제2조 제3항, 제6조 제1항 제3호, 제7조 제1항 제7호

【참조판례】

[1] 대법원 2006. 1. 26. 2005후2595 판결
대법원 2006. 4. 14. 선고 2004후2246 판결
대법원 2006. 7. 28. 선고 2005후2786 판결

【전 문】

【원고, 상고인】 원고 주식회사(소송대리인 유미 특허법인 담당변리사 최현석외 3인)

【피고, 피상고인】 피고(소송대리인 변리사 문창화외 2인)

【원심 판결】 특허법원 2005. 1. 20. 선고 2004허6088 판결

【주 문】

상고를 기각한다. 상고비용은 원고가 부담한다.

【이 유】

상고이유를 본다.

1. 서비스표의 구성 중 그 일부분이 지정서비스의 품질, 제공 물건, 제공방법 등을 암시 또는 강조하는 것으로 보인다고 하더라도 일반 수요자나 거래자가 지정서비스의 품질, 제공 물건, 제공방법 등을 표시하는 것으로 바로 인식할 수 없는 것은 그 식별력을 함부로 부정해서는 아니 될 것이다(대법원 2006. 1. 26. 선고 2005후2595 판결, 2006. 7. 28. 선고 2005후2786 판결 등 참조). 그리고 서비스표가 상표법 제7조 제1항 제7호에 해당하는지 여부의 판단 기준 시점은 서비스표 등록출원시이고(상표법 제7조 제3항), 이때 서비스표의 구성 중 일부분이 식별력이 있는지 여부의 판단 기준 시점도 이와 같다고 할 것이다.

2. 위 법리와 기록에 비추어 살펴보면, 원심이 "홍초불닭"으로 구성된 이 사건 등록서비스표(등록번호 제93336호) 중 '불닭' 부분이 이 사건 등록서비스표의 출원 당시를 기준으로 볼 때 그 지정서비스업인 '닭요리전문간이식당업, 닭요리전문식당체인업 등'과 관련하여 '불을 이용한 닭요리' 등으로 암시될 가능성은 있으나 그 지정서비스업에서 제공되는 요리의 제조방법 및 가공방법 등을 직감시키는 것으로 보기 어려워 식별력이 없다고 할 수 없고, 따라서 이 사건 등록서비스표가 그 식별력 있는 '불닭'으로도 간략하게 호칭·관념될 수 있고 이 경우 이 사건 등록서비스표는 "불 닭"으로 구성된 선등록상표(등록번호 제2850호)와 호칭·관념이 동일하여, 이 사건 등록서비스표와 선등록상표를 전체적, 이격적, 객관적으로 관찰할 경우 서로 유사하다고 판단한 것은 정당한 것으로 수긍이 가고, 거기에 상고이유에서 주장하는 바와 같은 상표법 제7조 제1항 제7호 및 제6조 제1항 제3호에 관한 법리오해, 심리미진 등의 위법은 없다.

3. 그러므로 상고를 기각하기로 하여 관여 법관의 일치된 의견으로 주문과 같이 판결한다.

대법관 박시환(재판장) 김용담 박일환 김능환(주심)

55. 특허법원 2011. 10. 7. 선고 2011허6338 판결 【등록무효(상)】

[미간행]

【전 문】

【원 고】 주식회사 아모레퍼시픽(소송대리인 법무법인 케이씨엘 외 1인)

【피 고】 서아통상 주식회사(소송대리인 변리사 심서래 외 1인)

【변론종결】

2011. 9. 16.

【주 문】

1. 원고의 청구를 기각한다.

2. 소송비용은 원고가 부담한다.

【청구취지】

특허심판원이 2011. 5. 23. 2010당928호 사건에 관하여 한 심결을 취소한다.

【이 유】

1. 기초사실

가. 이 사건 등록상표

1) 출원일/등록일/등록번호 : 2007. 9. 5./2008. 12. 24./상표(등록번호 1 생략)(대법원 판결의 등록번호 생략)

2) 구성 : "韓雪花"

3) 지정상품 : 별지 1 기재와 같다.

4) 등록권리자 : 피고

나. 선등록상표

1) 출원일/등록일/등록번호 : 2006. 3. 9./2007. 1. 10./상표(등록번호 2 생략)

2) 구 성 : "雪花"

3) 지정상품 : 별지 2 기재와 같다.

4) 등록권리자 : 주식회사 아모레퍼시픽

다. 이 사건 심결의 경위

원고는 2010. 4. 14. 특허심판원에 피고를 상대로 이 사건 등록상표는 선등록상표와 표장 및 지정상품이 동일·유사하여 상표법 제7조 제1항 제7호에 해당하는 등록무효 사유가 존재한다고 주장하면서 등록무효심판을 청구하였다.

특허심판원은 이를 2010당928호로 심리한 후, 2011. 5. 23. 이 사건 등록상표는 선등록상표와 표장이 동일·유사하지 않아 양 상표의 지정상품의 동일·유사 여부를 판단할 필요 없이 상표법 제7조 제1항 제7호에 해당하는 등록무효 사유가 존재하지 않는다는 이유로 원고의 심판청구를 기각하는 이 사건 심결을 하였다.

[인정근거] 갑 제1 내지 3호증, 변론 전체의 취지

2. 원고의 주장

이 사건 등록상표는 선등록상표와 표장의 외관, 호칭, 관념이 동일·유사하여 전체적으로 표장이 유사하고 지정상품이 동일·유사하므로 상표법 제7조 제1항 제7호에 해당하는 등록무효 사유가 존재하는바, 이와 결론을 달리한 이 사건 심결은 위법하므로 취소되어야 한다.

3. 상표법 제7조 제1항 제7호 해당 여부

가. 법 리

상표의 유사 여부는 그 외관, 호칭 및 관념을 객관적, 전체적, 이격적으로 관찰하여 그 지정상품의 거래에서 일반 수요자나 거래자가 상표에 대하여 느끼는 직관적 인식을 기준으로 하여 그 상품의 출처에 관하여 오인·혼동을 일으키게 할 우려가 있는지 여부에 따라 판단하여야 하므로, 대비되는 상표 사이에 유사한 부분이 있다고 하더라도 그 부분만으로 분리인식될 가능성이 희박하거나 전체적으로 관찰할 때 출처의 혼동을 명확히 피할 수 있는 경우에는 유사상표라고 할 수 없다(대법원 2010. 12. 9. 선고 2009후4193 판결)

나. 표장의 동일·유사 여부

1) 외관 대비

이 사건 등록상표와 선등록상표는 각각 "韓雪花", "雪花"와 같이 한자어로 구성된 문자상표인바, 양 상표는 한자어 '설화'를 공통적으로 갖고 있는 점에서 일부 유사점이 있다.

그러나 이 사건 등록상표는 선등록상표와는 달리 '설화' 앞에 띄어쓰기 없이 '한'이라는 한자어가 추가되어 있고, '설화' 부분의 글자체도 서로 차이가 있어 전체적인 외관은 현저한 차이가 있으므로, 양 표장은 외관이 동일·유사하지 않다.

2) 호칭 대비

이 사건 등록상표는 '한설화'로 호칭될 것이고, 선등록상표는 '설화'로 호칭될 것인바, 양 표장은 전체적인 호칭을 달리하므로, 호칭이 동일·유사하지 않다.

3) 관념 대비

이 사건 등록상표는 조어 상표로서 특별한 관념이 떠오르지 않는 반면, 선등록상표 '설화'는 '굵게 엉겨 꽃송이 같이 보이는 눈' 또는 '나뭇가지에 꽃처럼 붙은 눈발' 등으로 관념될 것이므로(갑 제5호증), 양 표장은 관념을 대비할 수 없다.

4) 원고의 주장에 대한 판단

가) 원고의 주장

원고는 이 사건 등록상표가 선등록상표와 표장이 유사하다는 근거로 다음과 같이 주장한다.

이 사건 등록상표 '한설화'는 우리나라의 한자보급 수준이나 '설화 수'라는 상표가 이 사건 등록상표의 출원시 저명한 상표로 인정되고 있던 점 등에 비추어 보면, 일반 수요자나 거래자에게 대한민국의 약칭, 나라이름, 대한제국의 약칭 등의 의미를 갖는 한자 '한'과 '굵게 엉겨 꽃송이 같이 보이는 눈' 또는 '나뭇가지에 꽃처럼 붙은 눈발' 등의 의미를 갖는 한자 단어 '설화'가 결합하여 구성된 문자상표로서 전체적으로 '한국의 설화' 혹은 '우리나라의 설화'로 인식된다. 한편, 이 사건 등록상표가 '한설화'로 호칭된다고 할 때 '한'이라는 호칭은 그 뒤에 어떠한 단어와 결합하는 경우 '하나'라는 수량을 나타내거나 '어떤' 이라는 의미를 타나내는 일종의 관형사의 역할을 하는 것이므로, 이 사건 등록상표는 '하나의 설화' 또는 '어떤 설화'로도 인식될 수 있다. 따라서 이 사건 등록상표에서 '한(한)' 부분은 특별한 의미를 갖지 않고, '원산지', '현저한 지리적 명칭', '수량' 등을 나타내는 식별력이 없는 부분으로서 '설화(설화)'를 단순히 수식해 주는 역할을 하는 것으로 인식될 가능성이 많으므로 이 사건 등록상표는 주로 '설화' 부분에 의해 인식될 가능성이 많다.

이와 같은 점을 전제로 하여 먼저 외관을 대비해 보면, 이 사건 등록상표에서 첫 글자 '한'은 부수적인 부분으로 인식되고 '설화' 부분이 주요 부분으로 인식되어 일반 수요자나 거래자는 '설화'를 지배적인 인상을 주는 부분으로 기억할 것인바, 때와 장소를 달리하여 양 상표를 접했을 때 일반 수요자나 거래자는 이 사건 등록상표에 있어 지배적인 인상을 주는 '설화' 부분과 선등록상표의 외관이 동일하여 상품 출처의 오인, 혼동을 일으킬 염려가 매우 크므로 양 표장은 외관이 서로 유사하다.

다음으로 호칭을 대비해 보면, ① 이 사건 등록상표의 호칭 '한설화'와 선등록상표의 호칭 '설화'는 3음절 및 2음절로 그다지 차이가 없고, 이 사건 등록상표에 있어서 '한'은 단순히 '설화'를 수식하는 수식어에 불과하여 '설화' 부분이 주요 부분으로 강하게 인식되어 이를 발음함에 있어서도 '한'을 약하게 발음하고 '설화'를 상대적으로 강하게 발음할 것이다. ② 또한 음운학적으로 보더라도 이 사건 등록상표의 첫 번째 음절인 '한'의 경우 초성 'ㅎ'은 발음기관상으로 인후음(인후음)이어서 그 소리가 뚜렷이 발음되지 않으며, 중성인 'ㅏ'는 양성모음으로서 비교적 입을 크게 벌려서 내는 소리로 가볍고 빠르고 작은 느낌을 주므로 비교적 약한 청각적 인상을 주는 반면, 두 번째 음절인 '설'의 경우 초성인 'ㅅ'은 설면음으로서 그 소리가 분명하고 강하게 발음되며, 중성인 'ㅓ'는 음성모음으로 양성모음에 비해 상대적으로 어둡고 무겁고 칙칙하고 느리고 큰 느낌이 들어 명확한 청각적 인상을 주게 된다. 또한 이 사건 등록상표의 첫 번째 음절과 두 번째 음절은 모두 초성, 중성, 종성으로 이루어져 있는데, 받침이 있는 음절을 발음하기 위해서는 받침이 없는 음절에 비하여 힘이 더욱 필요하여 받침이 있는 두 음절을 연달아 발음하는 경우에는 발음상 부담을 주게 되므로 첫 번째 음절과 두 번째 음절 '한설'을 발음하는 경우 미세한 시간적 간격을 두게 되는 반면 두 번째 음절과 세 번째 음절 '설화'를 발음하는 경우 세 번째 음절에는 받침이 없기 때문에 두 음절을 쉬지 않고 연달아 발음하는 것이 용이한바, 위와 같은 사정을 고려해 보면, 첫 번째 음절과 두 번째 음절 '한설' 사이에는 단음(단음)이 일어나게 되는데 비해, 두 번째 세 번째 음절인 '설화'는 시간적 간격을 두지 않고 자연스럽게 연속하여 발음하게 되어 이 사건 등록상표에 있어 2음절의 '설화'가 '첫 번째 음절 '한'과 분리되어 별도의 청각적 식별력을 주는 부분으로 청감된다. 결국 이 사건 등록상표에서 첫 번째 음절 '한'은 두 번째 세 번째 음절인 '설화'와 미세하게 분리되어 발음될 뿐만 아니라 그 자체로서도 약한 청각적 인상을 주므로 이 사건 등록상표와 선등록상표의 호칭에 있어서 차이가 나는 어두(어두) 부분 '한'은 그 존재감이 약하여 발음 '한'의 유무가 양 상표의 호칭을 구분케 하기에는 부족하고, 이 사건 등록상표에 있어 지배적인 청각적 인상을 주는 '설화' 부분이 선등록상표의 호칭과 동일하므로 양 상표의 호칭은 전체적으로 극히 유사하다.

마지막으로 관념을 대비해 보면, 이 사건 등록상표는 일반 수요자나 거래자에게 '대한민국의 설화', '한국의 설화', '우리나라의 설화' 또는 '하나의 설화', '어떤 설화'로 인식되고, 여기에서 '한국', '대한민국', '우리나라', '하나', '어떤'은 특정한 의미로 관념되다기 보다는 원산지, 현저한 지리적 명칭, 수량 등을 나타내는 일종의 식별력 없는 표장으로서 '설화'를 단순히 수식해 주는 역할로 인식되어 결국 이 사건 등록상표는 '어떠한 설화' 라는 관념으로 귀결이 된다고 할 것이므로, '설화'로 관념되는 선등록상표와 관념이 서로 유사하다.

나) 판 단

먼저, 이 사건 등록상표 '한설화'가 거래 인반수요자들에게 있어서 '한'과 '설화'로 분리되어 인식될 것인지에 대하여 보면, 이 사건 등록상표는 전체 3음절에 불과하고, '한설화'란 한자어가 띄어쓰기 없이 동일한 글자체로 기재되어 있으며, '설화 수'라는 상표가 저명성을 취득하였다고 하여 '설화'라는 상표 내지 한자 단어가 널리 알려진 것이라고 보기 어려운 점 등에 비추어 보면, 이 사건 등록상표가 '한'과 '설화'로 분리되어 '한국의 설화'나 '우리나라의 설화' 또는 '하나의 설화' 또는 '어떤 설화'로 인식된다거나, '한(한)' 부분이 특별한 의미를 갖지 않고, '원산지', '현저한 지리적 명칭', '수량' 등을 나타내는 식별력이 없는 부분으로서 '설화(설화)'를 단순히 수식해 주는 역할을 하는 것으로 인식된다고 보기 어렵다.

다음으로 위와 같은 판단 아래 첫째로 원고의 외관 부분 주장에 대하여 보면,

일반 수요자들에게 이 사건 등록상표에 있어서 첫 글자 '한'이 부수적인 부분으로, '설화'가 주요 부분으로 각 인식된다거나 '설화'가 지배적인 인상을 주는 부분으로 인식된다고 보기 어려워 양 표장은 '설화'를 공동으로 포함하고 있다고 하여 전체적인 외관이 유사하다고 보기 어렵다.

둘째로 원고의 호칭 부분 주장에 대하여 보면, 이 사건 등록상표에 있어서 '한'이 단순히 '설화'를 수식하는 수식어에 불과하다거나 '설화' 부분이 주요 부분으로 강하게 인식된다고 보기 어려워 이 사건 등록상표를 발음함에 있어 '한'을 약하게 발음하고 '설화'를 상대적으로 강하게 발음한다고 보기 어렵다. 또한 이 사건 등록상표가 이론적으로는 음운학적인 특징상 원고가 주장하는 바와 같은 발음구조를 일부 갖고 있다 하더라도 위와 같은 음운학적 특징만으로 '설' 부분이 '한' 부분에 비해 강한 청각적 인상을 준다거나 '한' 부분과 '설화' 부분이 미세한 시간적 간격을 두고 발음되고, '설화' 부분이 '한설' 부분과는 달리 쉬지 않고 연달아 발음하는 것이 용이하여 명확히 '한'과 '설화' 부분이 분리되어 발음된다고 단정하기 어렵다. 오히려 실제로 '한설화'를 발음해 보더라도 발음을 함에 있어 글자별로 강약이 구분된다거나 특정 글자 부분(설화)에 있어 청각적 인상이 강하게 나타난다고 보기 어렵다. 결국 이 사건 등록상표에서 지배적인 청각적 인상을 주는 부분이 '설화' 부분이라고 보기 어려워, 양 표장이 '설화'라는 호칭을 공동으로 포함하고 있다고 하여 전체적인 호칭이 유사하다고 보기 어렵다.

셋째로 원고의 관념 부분 주장에 대하여 보면, 이 사건 등록상표는 '대한민국의 설화', '한국의 설화', '우리나라의 설화' 또는 '하나의 설화', '어떤 설화'로 관념된다고 보기 어렵고, 이 사건 등록상표만으로는 별도의 관념이 발생되지 않으므로 양 표장이 '설화'라는 부분을 공동으로 포함하고 있다고 하여 전체적인 관념이 유사하다고 보기 어렵다.

그러므로 원고의 위 주장은 모두 이유 없다.

5) 대비 결과

결국, 이 사건 등록상표와 선등록상표는 표장의 외관에 있어 일부 유사한 점이 있으나, 표장 전체의 외관을 달리하고 호칭을 달리하며, 관념은 대비할 수 없어 전체적으로 상품 출처의 오인·혼동을 일으킬 염려가 없으므로 표장이 동일·유사하지 않다.

다. 소 결 론

따라서, 이 사건 등록상표는 선등록상표와 표장이 동일·유사하지 않아 지정상품의 동일·유사 여부에 관하여 더 나아가 살필 필요 없이 상표법 제7조 제1항 제7호에 해당하지 않는다.

4. 결 론

그렇다면, 이와 결론을 같이한 이 사건 심결은 적법하므로, 그 심결의 취소를 구하는 원고의 청구는 이유 없어 이를 기각하기로 하여 주문과 같이 판결한다.

[별지 생략]

판사 문영화(재판장) 이종우 김승곤

56. 대법원 2013. 1. 16. 선고 2011후3322 판결【등록무효(상)】

[공2013상,364]

【판시사항】

선등록상표 "雪花"의 등록권리자 갑 주식회사가 등록상표 "韓雪花"의 등록권리자 을 주식회사를 상대로 등록상표가 상표법 제7조 제1항 제7호에 해당한다는 이유로 등록무효심판을 청구한 사안에서, 양 상표가 서로 유사한데도 이와 달리 본 원심 판결에 법리오해의 위법이 있다고 한 사례

【판결요지】

선등록상표 "雪花"의 등록권리자 갑 주식회사가 등록상표 "韓雪花"의 등록권리자 을 주식회사를 상대로 등록상표가 상표법 제7조 제1항 제7호에 해당한다는 이유로 등록무효심판을 청구한 사안에서, 양 상표는 외관 및 호칭에 차이가 있기는 하지만 관념의 유사를 압도할 정도에까지 이르렀다고 할 수 없으므로, 관념이 유사한 양 상표를 동일·유사한 지정상품에 함께 사용할 경우 일반 수요자나 거래자로 하여금 상품의 출처에 관하여 오인·혼동을 일으키게 할 염려가 있어 양 상표는 서로 유사한데도, 이와 달리 본 원심 판결에 법리오해의 위법이 있다고 한 사례.

【참조조문】

상표법 제7조 제1항 제7호

【전 문】

【원고, 상고인】 주식회사 아모레퍼시픽(소송대리인 법무법인 케이씨엘 담당변호사 유지담 외 2인)

【피고, 피상고인】 서아통상 주식회사(소송대리인 변리사 정순옥 외 1인)

【원심 판결】 특허법원 2011. 10. 7. 선고 2011허6338 판결

【주 문】

원심 판결을 파기하고, 사건을 특허법원에 환송한다.

【이 유】

상고이유를 판단한다.

1. 상표의 유사 여부는 상표의 외관·호칭·관념을 일반 수요자나 거래자의 입장에서 전체적, 객관적, 이격적으로 관찰하여 상품의 출처에 관하여 오인·혼동을 일으킬 우려가 있는지 여부에 의하여 판단하여야 하는 것이므로, 외관·호칭·관념 중에서 어느 하나가 유사하다 하더라도 전체로서의 상표가 일반 수요자나 거래자가 상표에 대하여 느끼는 직관적 인식을 기준으로 하여 명확히 출처의 오인·혼동을 피할 수 있는 경우에는 유사한 것이라고 할 수 없으나, 반대로 서로 다른 부분이 있어도 그 호칭이나 관념이 유사하여 일반 수요자나 거래자가 오인·혼동하기 쉬운 경우에는 유사상표라고 보아야 한다(대법원 2000. 4. 25. 선고 99후1096 판결 등 참조).

2. 위 법리와 기록에 비추어 살펴보면, 이 사건 등록상표 "韓雪花"(상표등록번호 제773614호)와 선등록상표 "雪花"는 한자어 '설화'를 공통적으로 갖고 있는 점에서 일부 유사점이 있기는 하지만, 이 사건 등록상표는 '설화' 앞에 띄어쓰기 없이 '한'이라는 한자가 추가되어 있고, '설화' 부분의 글자체에도 다소 차이가 있어 전체적인 외관은 서로 다르다. 또한 이 사건 등록상표는 '한설화'로 호칭될 것인 반면에 선등록상표는 '설화'로 호칭될 것이므로 호칭에 있어서도 차이가 있다. 그러나 관념에 있어서는 이 사건 등록상표가 비록 사전에 등재되어 있지 않은 조어이기는 하지만 '한국 한(한)', '눈 설(설)', '꽃 화(화)'라는 기초적인 한자들로 이루어져 있을 뿐만 아니라, 그 중 '설화'는 '굵게 엉겨 꽃송이같이 보이는 눈' 또는 '나뭇가지에 꽃처럼 붙은 눈발' 등의 의미로 흔히 사용되는 한자어이고, 한자문화권인 우리의 언어습관상 일반 수요자나 거래자는 '설화' 앞에 추가된 '한'이 '설화'를 수식하는 관계에 있는 것으로 쉽게 인식할 수 있어 이 사건 등록상표를 보면 '한국의 설화' 내지는 글자 그대로 '한국의 눈꽃' 등의 의미를 연상할 가능성이 크다고 할 것이므로, '설화'라는 한자어를 공통으로 갖는 선등록상표의 관념과 유사하다. 여기에 한자는 표의문자이어서 한자어로 구성된 문자상표의 유사 여부 판단에 있어서는 관념이 차지하는 비중이 적지 않은 점을 추가로 고려하여 보면, 양 상표는 외관 및 호칭에 차이가 있기는 하지만 관념의 유사를 압도할 정도에까지 이르렀다고 할 수 없으므로, 관념이 유사한 양 상표를 동일·유사한 지정상품에 함께 사용할 경우 일반 수요자나 거래자로 하여금 상품의 출처에 관하여 오인·혼동을 일으키게 할 염려가 있고, 따라서 양 상표는 서로 유사하다고 할 것이다.

그럼에도 원심은 이 사건 등록상표가 조어 상표로서 특별한 관념이 떠오르지 않는다는 전제에서 양 상표는 표장 전체의 외관 및 호칭을 달리하고 관념은 대비할 수 없어 전체적으로 상품 출처의 오인·혼동을 일으킬 염려가 없으므로 동일·유사하지 않다고 판단하였으니, 원심 판결에는 상표의 유사 여부 판단에 관한 법리를 오해하여 판결에 영향을 미친 위법이 있다. 이 점을 지적하는 상고이유의 주장은 이유 있다.

3. 그러므로 원심 판결을 파기하고, 사건을 다시 심리·판단하게 하기 위하여 원심법원에 환송하기로 하여 관여 대법관의 일치된 의견으로 주문과 같이 판결한다.

대법관 김용덕(재판장) 신영철(주심) 이상훈 김소영

57. 대법원 1999. 10. 8. 선고 97후3111 판결【거절사정(서)】

[공1999.11.15.(94),2327]

【판시사항】

[1] 서비스표의 유사 여부 판단 기준

[2] 상호의 일부 또는 전부로 구성되거나 문자와 도형이 결합된 서비스표는 업종표시의 보통명칭이나 관용표장 부분을 포함하여서만 호칭·관념되거나 도형 부분만으로 호칭·관념되는지 여부(소극)

[3] 서비스표의 오인·혼동 우려의 판단 기준

[4] 서비스표 "도형+고려통운"과 "KOREA TOURS &TRAVEL CO., LTD+주식회사 고려관광", "고려관광주식회사", "고려관광"의 유사 여부(적극)

【판결요지】

[1] 서비스표의 유사 여부는 동종의 서비스업에 사용되는 두 개의 서비스표를 외관, 칭호, 관념 등의 점에서 전체적, 객관적, 이격적으로 관찰하여 일반 수요자나 거래자가 서비스표에 대하여 느끼는 직관적 인식을 기준으로 하여 그 상품의 출처에 대한 오인·혼동의 우려가 있는지의 여부에 의하여 판별되어야 하고, 문자와 문자 또는 문자와 도형이 결합된 서비스표는 반드시 그 구성 부분 전체에 의하여 호칭, 관념되는 것이 아니라 각 구성 부분이 분리관찰되면 거래상 자연스럽지 못하다고 여겨질 정도로 불가분적으로 결합되어 있는 것이 아닌 한 그 구성 부분 중 일부만에 의하여 간략하게 호칭, 관념될 수도 있는 것이고, 또 하나의 서비스표에서 두 개 이상의 칭호나 관념을 생각할 수 있는 경우에 그 중 하나의 칭호, 관념이 타인의 서비스표와 동일 또는 유사하다고 인정될 때에는 전체로서의 서비스표가 거래자나 수요자들로 하여금 명확히 출처의 오인·혼동을 피하도록 할 수 있는 경우가 아니면 두 서비스표는 유사하다고 할 것이며, 상표를 전체적으로 관찰하는 경우에도 지정서비스업의 보통명칭, 관용표장, 기술적 표장, 업종표시나 부기문자 등과 같이 식별력이 없는 부분은 제외

하고, 수요자의 주의를 끌기 쉬운 식별력 있는 요부를 대비하여 유사 여부를 판단하여야 할 것이다.

[2] 서비스표가 상호의 일부 또는 전부로 구성되어 있거나, 문자와 도형이 결합된 서비스표가 그 도형 부분만에 의한 기본서비스표의 연합서비스표라 하더라도 그 상호나 도형 부분이 거래자나 수요자들에게 현저하게 인식되어 있는 등의 특별한 사정이 없는 한 그 서비스표가 업종표시 등의 보통명칭이나 관용표장 부분을 포함하여서만 호칭·관념되거나, 그 도형 부분만으로 호칭·관념된다고도 볼 수 없다.

[3] 서비스표의 오인·혼동의 염려는 지정서비스업과 관련하여 일반적, 추상적으로 서비스의 품질이나 출처의 호인·혼동 가능성이 존재하는지 여부에 의하여 판단되어야 하고, 구체적인 오인·혼동의 발생 유무나 대비되는 각 표장을 사용하는 자 사이의 분쟁 유무 등은 고려할 바가 아니다.

[4] 운송주선업, 화물운송업, 여객운송업, 자동차운송업 등을 지정서비스업으로 하는 출원서비스표 "도형+고려통운"과 관광운송업을 지정서비스업으로 하는 인용서비스표 "KOREA TOURS &TRAVEL CO., LTD+주식회사 고려관광", "고려관광주식회사", "고려관광" 등을 대비하면, 출원서비스표의 문자 부분 중 '통운', 인용서비스표들의 '관광(관광)' 부분은 각 지정서비스업의 성질을 표시하는 것이므로 출원서비스표와 인용서비스표들은 각 '고려'만으로 호칭·관념될 수 있고, 출원서비스표와 인용서비스표들의 각 지정서비스업이 구 상표법시행규칙(1998. 2. 23. 통상산업부령 제83호로 개정되기 전의 것) 제6조 제2항의 [별표 2] 서비스업류 구분 제108류의 운송업과 관련된 업종으로서 서로 유사하여 출원서비스표와 인용서비스표들이 각 지정서비스업에 함께 사용될 경우 일반 수요자나 거래자로 하여금 서비스업의 출처에 관하여 오인·혼동을 일으킬 우려가 있다.

【참조조문】

[1] 상표법 제7조 제1항 제7호[2] 상표법 제7조 제1항 제1호[3] 상표법 제7조 제1항 제7호[4] 상표법 제7조 제1항 제7호

【참조판례】

[1][4] 대법원 1996. 12. 10. 선고 95후2008, 2015 판결(공1997상, 380)
대법원 1998. 10. 23. 선고 97후2019 판결(공1998하, 2780)
대법원 1999. 3. 12. 선고 98후2412 판결(공1999상, 672)
대법원 1999. 7. 9. 선고 98후1846 판결(공1999하, 1627)
대법원 1999. 7. 23. 선고 98후2382 판결(공1999하, 1787)

[4] 대법원 1998. 4. 14. 선고 97후1863 판결(공1998상, 1363)

대법원 1999. 6. 8. 선고 98후577 판결(공1999하, 1413)

【전 문】

【출원인, 상고인】 윤준원(소송대리인 변리사 이태희 외 2인)

【상대방, 피상고인】 특허청장

【원심심결】 특허청 1997. 8. 29.자 96항원881 심결

【주 문】

상고를 기각한다. 상고비용은 출원인의 부담으로 한다.

【이 유】

상고이유를 판단한다.

서비스표의 유사 여부는 동종의 서비스업에 사용되는 두 개의 서비스표를 외관, 칭호, 관념 등의 점에서 전체적, 객관적, 이격적으로 관찰하여 일반 수요자나 거래자가 서비스표에 대하여 느끼는 직관적 인식을 기준으로 하여 그 상품의 출처에 대한 오인·혼동의 우려가 있는지의 여부에 의하여 판별되어야 하고, 문자와 문자 또는 문자와 도형이 결합된 서비스표는 반드시 그 구성 부분 전체에 의하여 호칭, 관념되는 것이 아니라 각 구성부분이 분리관찰되면 거래상 자연스럽지 못하다고 여겨질 정도로 불가분적으로 결합되어 있는 것이 아닌 한 그 구성 부분 중 일부만에 의하여 간략하게 호칭, 관념될 수도 있는 것이고, 또 하나의 서비스표에서 두 개 이상의 칭호나 관념을 생각할 수 있는 경우에 그 중 하나의 칭호, 관념이 타인의 서비스표와 동일 또는 유사하다고 인정될 때에는 전체로서의 서비스표가 거래자나 수요자들로 하여금 명확히 출처의 오인·혼동을 피하도록 할 수 있는 경우가 아니면 두 서비스표는 유사하다고 할 것이며, 상표를 전체적으로 관찰하는 경우에도 지정서비스업의 보통명칭, 관용표장, 기술적 표장, 업종표시나 부기문자 등과 같이 식별력이 없는 부분은 제외하고, 수요자의 주의를 끌기 쉬운 식별력 있는 요부를 대비하여 유사 여부를 판단하여야 할 것이다(대법원 1996. 12. 10. 선고 95후2008, 2015 판결, 1998. 10. 23. 선고 97후2019 판결, 1999. 3. 12. 선고 98후2412 판결, 1999. 7. 9. 선고 98후1846 판결 등 참조).

그리고 서비스표가 상호의 일부 또는 전부로 구성되어 있거나, 문자와 도형이 결합된 서비스표가 그 도형 부분만에 의한 기본서비스표의 연합서비스표라 하더라도 그 상호나 도형 부분이 거래자나 수요자들에게 현저하게 인식되어 있는 등의 특별한 사정이 없는 한 그 서비스표가 업종표시 등의 보통명칭이나 관용표장 부분을 포함하여서만 호칭·관념되거나, 그 도형 부분만으로 호칭·관념된다고도 볼 수 없다.

나아가 서비스표의 오인·혼동의 염려는 지정서비스업과 관련하여 일반적, 추상적으로 서비스의 품질이나 출처의 호인·혼동 가능성이 존재하는지 여부에 의하여 판단되어야

하고, 구체적인 오인·혼동의 발생 유무나 대비되는 각 표장을 사용하는 자 사이의 분쟁 유무 등은 고려할 바가 아니다.
원심심결 이유를 기록과 위와 같은 법리에 비추어 살펴보면, 원심이 1994. 11. 21. 운송주선업, 화물운송업, 여객운송업, 자동차운송업 등 10가지를 지정서비스업으로 하여 출원한 이 사건 출원서비스표“고려통운”(이하 ‘본원서비스표’라 한다)(출원번호 제9356호)를 이 보다 앞선 1986. 4. 16. 각 지정서비스업을 관광운송업으로 하여 출원되어 1987. 10. 20. 각 등록된 인용서비스표(1) “KOREA TOURS & TRAVEL CO., LTD 주식회사고려관광”, 인용서비스표(2) “고려관광주식회사”,인용서비스표(3) “고려관광” 등과 대비하여, 본원서비스표의 문자 부분 중 ‘통운’, 인용서비스표들의 ‘관광(관광)’ 부분은 각 지정서비스업의 성질을 표시하는 것이므로 본원서비스표와 인용서비스표들은 각 ‘고려’만으로 호칭·관념될 수 있고, 본원서비스표와 인용서비스표들의 각 지정서비스업이 구 상표법시행규칙(1998. 2. 23. 통상산업부령 제83호로 개정되기 전의 규칙) 제6조 제2항의 [별표 2] 서비스업류 구분 제108류의 운송업과 관련된 업종으로서 서로 유사하여 본원서비스표와 인용서비스표들이 각 지정서비스업에 함께 사용될 경우 일반 수요자나 거래자로 하여금 서비스업의 출처에 관하여 오인·혼동을 일으킬 우려가 있으므로 본원서비스표는 상표법 제7조 제1항 제7호가 규정한 선출원에 의한 타인의 등록서비스표와 유사한 서비스표로서 그 등록서비스표의 지정서비스업과 동일 또는 유사한 서비스업에 사용하는 서비스표에 해당한다고 판단하여 같은 법 제23조 제1항 제1호의 규정을 적용하여 등록을 거절한 원사정을 유지한 것은 정당하고, 거기에 상표의 유사판단에 관한 법리오해나, 거래실정에 관한 법리오해, 심리미진 등의 위법이 있다고 할 수 없다. 상고이유에서 지적한 대법원 판례들은 사안을 달리하여 이 사건에 원용하기에 적절하지 아니하다. 상고이유는 받아들일 수 없다.
그러므로 상고를 기각하고, 상고비용은 상고인인 출원인의 부담으로 하기로 관여 법관의 의견이 일치되어 주문과 같이 판결한다.

대법관 조무제(재판장) 김형선 이용훈(주심)

58. 대법원 2006. 11. 9. 선고 2005후1134 판결 【거절결정(상)】

[공2006.12.15.(264),2103]

【판시사항】

[1] 결합서비스표의 유사 여부 판단 기준

[2] 서비스표의 구성 중 식별력이 없거나 미약한 부분이 그 부분만으로 요부가 될 수 있는지 여부 및 서비스표의 구성부분이 '식별력 있는 요부'인지 여부의 판단 방법

[3] 지정서비스업을 '부동산임대업' 등으로 하는 등록서비스표 "LG 25時"가 "25시" 부분만으로 간략하게 호칭·관념될 수 있는지 여부(적극)

【판결요지】

[1] 각 구성부분을 분리하여 관찰하는 것이 거래상 자연스럽지 못하다고 여겨질 정도로 불가분하게 결합되어 있다고 인정할 수 없는 서비스표는 언제나 그 구성부분 전체에 의하여 호칭·관념되는 것은 아니고 '독립하여 자타 서비스의 식별기능을 할 수 있는 구성부분'만으로 간략하게 호칭·관념될 수 있고, 또 하나의 서비스표에서 2개 이상의 호칭이나 관념이 생기는 경우에 그 중 하나의 호칭·관념이 타인의 서비스표와 동일 또는 유사한 때에는 양 서비스표는 유사하다고 할 수 있다.

[2] 서비스표의 구성 중 식별력이 없거나 미약한 부분은 그 부분만으로 요부가 된다고 할 수 없으므로 일반 수요자나 거래자들이 식별력이 없거나 미약한 부분만으로 간략하게 호칭하거나 관념하지 않는다고 봄이 상당하고, 이는 그 부분이 다른 문자 등과 결합하여 있는 경우라도 마찬가지인데, 그 부분에 식별력이 없거나 미약한지 여부는 그 부분이 지니고 있는 관념, 지정서비스업과의 관계 및 거래사회의 실정 등을 감안하여 객관적으로 결정하여야 한다.

[3] 지정서비스업을 '부동산임대업' 등으로 하는 등록서비스표 "LG 25時"는 'LG' 부분과 '25시' 부분으로 분리하여 관찰하면 거래상 자연스럽지 못하다고 여겨질 정도로 불가분하게 결합되어 있다고 할 수 없고, 그 중 '25시' 부분이 '부동산임대업' 등에 관하여 식별력이 없거나 미약하다고 할 수 없으며 독립하여 자타 서비스를 식별하는 기능을 충분히 할 수 있으므로, 등록상표는 '25시' 부분만으로 간략하게 호칭·관념될 수 있다.

【참조조문】

[1] 상표법 제2조 제3항, 제7조 제1항 제7호 [2] 상표법 제2조 제3항, 제7조 제1항 제7호
[3] 상표법 제2조 제3항, 제7조 제1항 제7호

【참조판례】

[1] 대법원 2001. 6. 26. 선고 99후1485 판결(공2001하, 1766)
대법원 2004. 10. 15. 선고 2003후1871 판결(공2004하, 1879)
[2] 대법원 2006. 5. 25. 선고 2004후912 판결(공2006하, 1187)
대법원 2006. 9. 14. 선고 2003후137 판결(공2006하, 1760)

【전 문】

【원고, 피상고인】 조장래(소송대리인 변리사 김성수)

【피고, 상고인】 특허청장

【원심 판결】 특허법원 2005. 3. 31. 선고 2005허346 판결

【주 문】

원심 판결을 파기하고, 사건을 특허법원에 환송한다.

【이 유】

상고이유를 본다.

1. 각 구성부분을 분리하여 관찰하는 것이 거래상 자연스럽지 못하다고 여겨질 정도로 불가분하게 결합되어 있다고 인정할 수 없는 서비스표는 언제나 그 구성부분 전체에 의하여 호칭·관념되는 것은 아니고 '독립하여 자타 서비스의 식별기능을 할 수 있는 구성부분'만으로 간략하게 호칭·관념될 수 있고, 또 하나의 서비스표에서 2개 이상의 호칭이나 관념이 생기는 경우에 그 중 하나의 호칭·관념이 타인의 서비스표와 동일 또는 유사한 때에는 양 서비스표는 유사하다고 할 수 있다(대법원 2004. 10. 15. 선고 2003후1871 판결 등 참조). 서비스표의 구성 중 식별력이 없거나 미약한 부분은 그 부분만으로 요부가 된다고 할 수는 없으므로 일반 수요자나 거래자들이 식별력이 없거나 미약한 부분만으로 간략하게 호칭하거나 관념하지는 아니한다고 봄이 상당하고, 이는 그 부분이 다른 문자 등과 결합하여 있는 경우라도 마찬가지라 할 것인데, 그 부분에 식별력이 없거나 미약한지 여부는 그 부분이 지니고 있는 관념, 지정서비스업과의 관계 및 거래사회의 실정 등을 감안하여 객관적으로 결정하여야 한다(대법원 2006. 5. 25. 선고 2004후912 판결, 2006. 9. 14. 선고 2003후137 판결 참조).

2. 위 법리와 기록에 비추어 살펴보면 다음과 같이 판단된다.

지정서비스업을 '공인중개사업'으로 하고 "25時"로 이루어진 이 사건 출원서비스표와 대비되는 지정서비스업을 '부동산임대업' 등으로 하고 "LG 25時"로 이루어진 선등록서비스표(등록번호 : 제15502호)는 'LG' 부분과 '25시' 부분으로 분리하여 관찰하면 거래상 자연스럽지 못하다고 여겨질 정도로 불가분하게 결합되어 있다고 할 수 없고, 그 중 '25시' 부분은 '게오르규의 문학작품의 제호'를 의미하거나 또는 '하루 종일 고객에게 최선을 다해 열심히 서비스를 제공함' 등의 의미·내용을 함축하고 있을 뿐이므로 '부동산임대업' 등에 관하여 식별력이 없거나 미약하다고 할 수 없고 독립하여 자타 서비스를 식별하는 기능을 충분히 할 수 있다.

'25시' 부분이 우리나라의 저명한 대기업의 상호의 약칭으로서 식별력이 강한 'LG' 부분과 결합되어 있기는 하나, '25시' 부분의 의미·내용, 'LG' 부분과 '25시' 부분의 결합관계 등을 고려하여 볼 때, 위와 같은 사정만으로 곧바로 '25시' 부분이 'LG' 부분에 압도되어 그 식별력이 무시되어도 좋을 정도로 미약하다거나 수요자에게 주의를 끄는 부분이 아니라고 할 수 없고(대법원 1993. 9. 28. 선고 93후237, 244(병합) 판결 참조), 거래사회에서 비록 선등록서비스표권자의 프랜차이즈 가맹점이 "LG 25"라는 간판을 달고 편의점을 운영하고 있고 이로 인하여 거래자나 일반 수요자들이 그 편의점을 '엘지 이십오' 또는 '엘지'라고만 부르고 '이십오'라고 부르는 경우는 없다 하더라도, 이는 선등록서비스표와 다른 표장의 사용태양에 불과하고 선등록서비스표의 사용태양으로 볼 수 없을 뿐만 아니라, '25시'는 '25'에 '시'를 결합함으로써 아라비아 숫자 '25'와는 다른 독특한 관념을 형성하고 있으므로, 위와 같은 거래실정만으로 선등록서비스표가 언제나 '엘지 이십오시' 또는 '엘지'라고만 호칭하고 '이십오시'로는 호칭·관념되지 않는다고 할 수 없다. 그렇다면 선등록서비스표는 독립하여 자타 서비스의 식별기능을 가지는 '25시' 부분만으로 간략하게 호칭·관념될 수 있으므로, 선등록서비스표와 이 사건 출원서비스표의 유사 여부 판단은 이를 바탕으로 하여 이루어져야 한다. 그럼에도 불구하고, 원심은 선등록서비스표의 구성 중 '25시' 부분은 '24시간 운영'이라는 의미를 담고 있어 식별력이 부족하고, 식별력이 강한 'LG' 부분에 압도되어 식별력이 무시되어도 좋을 정도로 미약하여 선등록서비스표가 '25시' 부분만으로 호칭·관념되지 않는다는 등의 이유를 들어 선등록서비스표와 이 사건 출원서비스표가 서로 유사하지 않다고 판단하고 말았으니, 원심 판결에는 서비스표의 유사 여부 판단에 관한 법리를 오해하고 필요한 심리를 다하지 아니한 위법이 있고 이는 판결 결과에 영향을 미쳤음이 분명하므로, 이 점을 지적하는 상고이유의 주장은 이유 있다.

3. 그러므로 원심 판결을 파기하고, 사건을 다시 심리·판단하게 하기 위하여 원심법원에 환송하기로 하여 관여 대법관의 일치된 의견으로 주문과 같이 판결한다.

대법관 양승태(재판장) 고현철 김지형 전수안(주심)

59. 대법원 2006. 5. 25. 선고 2004후912 판결【등록무효(상)】

[공2006.7.1.(253),1187]

【판시사항】

[1] 상표의 구성 중 식별력이 없거나 미약한 부분이 그 부분만으로 요부가 될 수 있는지 여부

[2] 상표의 구성 부분이 '식별력 있는 요부'에 해당하는지 여부의 판단 방법

[3] 등록상표 "칼라2중주, 우린소중하잖아요"의 구성 중 '우린소중하잖아요' 부분과 인용상표 "로레알, 전 소중하니까요."의 구성 중 '전 소중하니까요.' 부분은 식별력이 없거나 미약하여 요부에 해당한다고 볼 수 없음에도, '식별력 있는 요부'의 하나로 보아 양 상표의 표장이 서로 유사하다고 판단한 원심 판결을 파기한 사례

【판결요지】

[1] 상표의 구성 중 식별력이 없거나 미약한 부분은 그 부분만으로 요부가 된다고 할 수는 없으므로 일반 수요자나 거래자들이 식별력이 없거나 미약한 부분만으로 간략하게 호칭하거나 관념하지는 아니한다고 봄이 상당하고, 이는 그 부분이 다른 문자 등과 결합하여 있는 경우라도 마찬가지이다.

[2] 상표의 구성 부분이 식별력이 없거나 미약한지 여부는 그 구성 부분이 지니고 있는 관념, 지정상품과의 관계 및 거래사회의 실정 등을 감안하여 객관적으로 결정하여야 하는바, 사회통념상 자타상품의 식별력을 인정하기 곤란하거나 공익상으로 보아 특정인에게 독점시키는 것이 적당하지 않다고 인정되는 경우에는 '식별력 있는 요부'에 해당한다고 볼 수 없다.

[3] 등록상표 "칼라2중주, 우린소중하잖아요"의 구성 중 '우린소중하잖아요' 부분과 인용상표 "로레알, 전 소중하니까요."의 구성 중 '전 소중하니까요.' 부분은 상품의 출처를 표시하고 있다기보다는 상품구매를 권유하는 압축된 설명문으로 인식될 가능성이 높고 공익상 어느 한 사람에게 독점시키는 것 또한 적절하지 아니하므로 식별력이 없거나 미약하여 요부에 해당한다고 볼 수 없음에도, 위 부분을 '식별력 있는 요부'의 하나로 보아 양 상표의 표장이 서로 유사하다고 판단한 원심 판결을 파기한 사례.

【참조조문】

[1] 상표법 제7조 제1항 제7호 [2] 상표법 제7조 제1항 제7호 [3] 상표법 제7조 제1항 제7호

【참조판례】

[1] 대법원 2001. 12. 14. 선고 2001후1808 판결(공2002상, 321)
대법원 2005. 1. 28. 선고 2003후236 판결
대법원 2006. 1. 26. 선고 2004후1175 판결(공2006상, 352)

[2] 대법원 1997. 2. 28. 선고 96후979 판결(공1997상, 945)

【전 문】

【원고, 상고인】 주식회사 태평양(소송대리인 변리사 하문수)

【피고, 피상고인】 로레알(소송대리인 변호사 황영주외 1인)

【원심 판결】 특허법원 2004. 3. 5. 선고 2003허4320 판결

【주 문】

원심 판결을 파기하고, 사건을 특허법원으로 환송한다.

【이 유】

상고이유를 판단한다.

1. 상표의 구성 중 식별력이 없거나 미약한 부분은 그 부분만으로 요부가 된다고 할 수는 없으므로 일반 수요자나 거래자들이 식별력이 없거나 미약한 부분만으로 간략하게 호칭하거나 관념하지는 아니한다고 봄이 상당하고, 이는 그 부분이 다른 문자 등과 결합하여 있는 경우라도 마찬가지이다(대법원 2001. 12. 14. 선고 2001후1808 판결 참조). 그리고 상표의 구성 부분이 식별력이 없거나 미약한지 여부는 그 구성 부분이 지니고 있는 관념, 지정상품과의 관계 및 거래사회의 실정 등을 감안하여 객관적으로 결정하여야 하는바(대법원 1997. 2. 28. 선고 96후979 판결 참조), 사회통념상 자타상품의 식별력을 인정하기 곤란하거나 공익상으로 보아 특정인에게 독점시키는 것이 적당하지 않다고 인정되는 경우에는 '식별력 있는 요부'에 해당한다고 볼 수 없다.

2. 위 법리와 기록에 비추어 살펴보면, 다음과 같이 판단된다.
   지정상품을 '라벤더유, 스킨밀크' 등으로 하고 "칼라2중주, 우린소중하잖아요"로 이루어진 이 사건 등록상표(등록번호 제534795호)의 구성 중 '우린소중하잖아요' 부분과 지정상품을 '향수, 일반화장수' 등으로 하고 "로레알, 전 소중하니까요."로 이루어진 인용상표(등록번호 제501495호)의 구성 중 '전 소중하니까요.' 부분은 모두 주어와 술어로 구성된 짧은 문장의 형식으로서 그 문장 끝에 존대의 뜻을 가진 보조사 '요'가 붙어 있는바, 그 구성의 형식과 의미내용을 고려할 때 일반수요자나 거래자로서는 이를 거래사회에서 흔히 쓰일 수 있는 광고문안 또는 구호 정도로 인식하기 쉽다 할 것이므로, 위 부분들은 상품의 출처를 표시하고 있다기보다는 상품구매를 권유하는 압축된 설명문으로 인식될 가능성이 높다. 국내 잡지광고 등에 나타난 피고 상품의 선전광고 문안을 살펴보더라도, 그 광고문안 속에 기재되어 있는 "당신은 소중하니까요"라는 문구는 다른 광고문안의 기재 내용과 함께 '광고카피'로서 기능하고 있을 뿐이고, 피고 상품의 출처표시로서 기능하고 있다고는 보이지 않는다. 나아가 이와 같은 문구는 모든 사람에게 그 사용이 개방되어야 하는 표현이므로 공익상 어느 한 사람에게 독점시키는 것 또한 적절하지 않다. 따라서 이와 같은 여러 사정을 고려하여 볼 때, 이 사건 등록상표의 구성 중 '우린소중하잖아요' 부분과 인용상표의 구성 중 '전 소중하니까요.' 부분은 식별력이 없거나 미약하여 요부에 해당한다고 볼 수 없고, 이 사건 등록상표는 '우린소중하잖아요' 부분을 제외한 '칼라2중주' 부분이 식별력 있는 요부에 해당하고, 인용상표는 '전 소중하니까요.' 부분을 제외한 '로레알' 부분이 식별력 있는 요부에 해당한다고 봄이 상당하다.

그렇다면 양 상표가 '우린소중하잖아요' 또는 '전 소중하니까요.' 부분만으로 호칭·관념된다거나 양 상표의 유사 여부를 판단함에 있어 이 부분만을 대비대상으로 삼을 수는 없으므로, 이러한 바탕 위에서 양자를 대비하여 보면, 양 상표는 그 외관이 상이하고, 이 사건 등록상표는 '칼라2중주, 우린소중하잖아요' 또는 '칼라2중주'로 호칭·관념되고, 인용상표는 '로레알, 전 소중하니까요.' 또는 '로레알'로 호칭·관념되어 그 호칭 및 관념 또한 서로 다르므로, 양 상표가 동일·유사한 상품에 함께 사용되더라도 상품 출처의 오인·혼동을 일으킬 염려가 있다고 보기 어렵다.

그럼에도 불구하고, 원심은 이 사건 등록상표의 구성 중 '우린소중하잖아요' 부분과 인용상표의 구성 중 '전 소중하니까요.' 부분을 '식별력 있는 요부'의 하나로 본 나머지, 양 상표가 '우린소중하잖아요' 또는 '전 소중하니까요.' 부분만으로 호칭·관념될 경우 그 호칭 및 관념이 매우 유사하여, 양 상표는 동일·유사한 상품에 함께 사용될 경우 일반수요자로 하여금 상품의 출처에 대한 오인·혼동을 일으키게 할 우려가 있어 그 표장이 서로 유사하다는 취지로 판단하고 말았으니, 원심 판결에는 상표의 식별력 및 유사 여부 판단에 관한 법리를 오해하고 필요한 심리를 다하지 아니함으로써 판결 결과에 영향을 미친 위법이 있고, 이 점을 지적하는 상고이유의 주장은 이유 있다.

3. 그러므로 원심 판결을 파기하고, 사건을 다시 심리·판단하게 하기 위하여 원심법원으로 환송하기로 하여 관여 대법관의 일치된 의견으로 주문과 같이 판결한다.

대법관 강신욱(재판장) 고현철 양승태(주심) 김지형

60. 대법원 2008. 9. 25. 선고 2008후2213 판결【거절결정(상)】

[미간행]

【판시사항】

출원상표 "

"와 선등록상표 "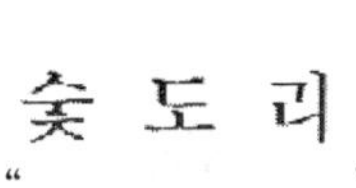

"가 전체적으로 볼 때 외관이 다르고 관념이 현저히 달라 일반 수요자에게 출처의 오인·혼동을 일으킬 우려가 없으므로, 두 상표는 서로 유사하지 않다고 한 사례

【참조조문】

상표법 제7조 제1항 제7호

【참조판례】

대법원 2006. 8. 25. 선고 2005후2908 판결

【전 문】

【원고, 상고인】 한국방송공사(소송대리인 변리사 박종진)

【피고, 피상고인】 특허청장

【원심 판결】 특허법원 2008. 5. 29. 선고 2008허1814 판결

【주 문】

원심 판결을 파기하고, 사건을 특허법원에 환송한다.

【이 유】

1. 상표의 유사 여부는 상표의 외관·호칭·관념을 전체적·객관적·이격적으로 관찰하여 상품의 출처에 관하여 오인·혼동을 일으킬 우려가 있는지 여부에 따라 결정되어야 하므로, 외관·호칭·관념 중에서 어느 하나가 유사하다 하더라도 일반 수요자가 전체적으로 보았을 때 상품의 출처에 관하여 오인·혼동을 일으킬 우려가 없는 경우에는 유사한 것이라고 할 수 없다(대법원 1997. 3. 28. 선고 96후1163 판결, 대법원 2006. 8. 25. 선고 2005후2908 판결 등 참조).

살피건대, 이 사건 출원상표 "FC 슛돌이"가 한글 부분인 '슛돌이'로 호칭되고 선등록상표 "숓도리 SHOOTDORI"가 한글 부분 '숓도리' 또는 영문 부분 'SHOOTDORI'로 호칭될 경우 그 호칭에 있어서 유사한 점이 있으나, 이 사건 출원상표는 검은색 바탕에 흰색의 'FC' 부분과 황토색의 '슛돌이' 부분이 결합한 구성인 반면, 선등록상표는 상단에 큰 글자로 된 '숓도리' 부분과 하단에 작은 글자로 된 'SHOOTDORI' 부분이 결합한 구성이므로 그 외관에 있어서 서로 다르고, 이 사건 출원상표는 'Football Club'의 약칭인 'FC'와 '공차는 사내아이'라는 의미인 '슛돌이'가 결합하여 '공차는 사내아이 또는 공차는 사내아이들의 모임'이라는 관념이 떠오르는 반면, 선등록상표는 한글 '숓도리'에 그 영문 음역을 나타내는 'SHOOTDORI'가 결합하여 '숓과 관련한 어떤 것'이라는 관념이 떠오르므로, 그 관념에 있어서 확연히 다르다 할 것인바, 그렇다면 양 상표를 전체적으로 볼 때 외관이 다르고, 관념이 현저하게 달라 일반 수요자에게 출처의 오인·혼동을 일으킬 우려가 있다고 할 수 없다. 그럼에도 원심이, 이 사건 출원상표의 요부인 '슛돌이'와 선등록상표가 호칭에 있어서 매우 유사하고, 선등록상표의 영문자 부분 'SHOOTDORI'에 공을 차다는 의미의 'SHOOT'가 포함되어 있다는 이유로 서로 유사하다고는 보았음은 상표의 유사 여부에 관한 법리를 오해하여 판결 결과에 영향을 미친 위법이 있다고 할 것이다. 이 점을 지적하는 상고이유의 주장은 이유 있다.

2. 그러므로 원심 판결을 파기하고, 사건을 다시 심리·판단하게 하기 위하여 원심법원에 환송하기로 하여, 관여 대법관의 일치된 의견으로 주문과 같이 판결한다.

대법관 차한성(재판장) 고현철 김지형(주심) 전수안

61. 대법원 2001. 11. 27. 선고 2000후1481 판결 【등록무효(상)】

[공2002.1.15.(146),208]

【판시사항】

등록상표 "도형 + Legacess"와 인용상표 "폴로도형"의 유사 여부(소극)

【판결요지】

등록상표 "도형 + Legacess"는 그 도형부분이 보통으로 불려지는 자연적 호칭이 있다고 보기 어려우므로 문자부분에 의하여 '레가세스'로 호칭된다고 보여지고, 일반 수요자나 거래자에게 '창과 방패를 든 채 말을 타고 있는 기사'의 관념으로 인식될 것으로 보이는 반면, 인용상표는 등록상표의 도형과 마찬가지로 특별한 호칭이 없고, 관념에 있어서도 단순히 '말을 탄 사람' 또는 '말을 탄 폴로경기의 선수' 정도로 인식될 뿐이어서, 등록상표와 인용상표는 호칭 및 관념이 상이하고, 등록상표의 도형은 창과 방패를 든 채 말을 타고 있는 기사의 모습인 데에 비하여 인용상표는 막대기를 들고 말을 탄 채 돌진하고 있는 사람 또는 폴로경기용 스틱을 든 채 앞을 향하여 돌진하고 있는 폴로경기 선수의 모습인 차이가 있어서 외관에 있어서도 일반 수요자나 거래자는 양 상표를 충분히 구별할 수 있을 것으로 보이므로 외관, 호칭 및 관념을 종합하여 관찰할 때 결국 등록상표는 동일·유사한 지정상품에 관하여 인용상표와 공존하더라도 상품 출처의 오인·혼동을 일으킬 염려가 없다.

【참조조문】

상표법 제7조 제1항 제7호

【참조판례】

대법원 1993. 9. 13. 선고 93마1032 판결, 대법원 1994. 2. 22. 선고 93도3227 판결(공1994상, 1141), 대법원 1994. 2. 22. 선고 93도3227 판결(공1994상, 1141), 대법원 1996. 2. 9. 선고 94다49298 판결, 대법원 1997. 10. 10. 선고 97후785 판결, 대법원 1997. 12. 12. 선고 97후2415 판결, 대법원 1999. 2. 23. 선고 98다54434, 54441 판결, 대법원 2001. 5. 8. 선고 98후2931 판결

【전 문】

【원고, 피상고인】 더 폴로/로렌 컴파니, 엘. 피.(소송대리인 변호사 장수길 외 10인)

【피고, 상고인】 홍재명(소송대리인 변리사 박용환)

【원심 판결】 특허법원 2000. 6. 9. 선고 2000허 1924 판결

【주 문】

원심 판결을 파기하여 사건을 특허법원에 환송한다.

【이 유】

원심 판결 이유에 의하면, 원심은, 이 사건 등록상표와 인용상표를 대비함에 있어서, 이 사건 등록상표는 "Legacess"라는 문자부분과 말 탄 사람의 도형부분이 결합된 상표로서 문자부분과 도형부분은 거래상 분리 관찰하는 것이 부자연스러울 정도로 일체 불가분적으로 결합된 것이 아니고 문자와 도형이 결합하여 어떠한 새로운 관념이나 의미를 창출해내지도 아니하므로 각 부분을 분리 관찰할 수 있고, 그 각 부분은 모두 일반 수요자나 거래자에게 요부로 인식될 것이며, 이 사건 등록상표의 도형부분과 인용상표를 비교하여 볼 때, 이 사건 등록상표의 도형부분은 한 사람이 말을 타고 창과 방패를 하나씩 든 모습을 간략하게 그린 것으로 말 탄 사람의 모습이 인용상표와 약간 다르기는 하나, 말 한 마리를 타고 있는 사람 한 명이 도형의 주된 소재가 되고 있는 점, 말의 방향이 동일한 점, 표현의 간략화의 정도가 유사한 점 등을 감안하면 외관상 유사할 뿐만 아니라, '말 탄 사람'이라는 호칭이나 관념에 있어서도 유사하므로, 이 사건 등록상표와 인용상표는 이를 전체적, 객관적, 이격적으로 관찰할 경우 유사하여, 이 사건 등록상표는 상표법 제7조 제1항 제7호에 위반하여 등록되었다고 판단하였다.

그러나 기록에 의하여 살펴보면, 이 사건 등록상표는 그 도형부분이 보통으로 불려지는 자연적 호칭이 있다고 보기 어려우므로(원심은 '말 탄 사람'으로 호칭된다고 하나, 이는 그 도형을 설명하기 위해 문장화한 것이지 보통으로 불려지는 그 도형의 자연적 호칭은 아니다) 문자부분에 의하여 '레가세스'로 호칭된다고 보여지고, 일반 수요자나 거래자에게 '창과 방패를 든 채 말을 타고 있는 기사'의 관념으로 인식될 것으로 보이는 반면, 인용상표는 이 사건 등록상표의 도형과 마찬가지로 특별한 호칭이 없고(다만, 인용상표는 일반 수요자나 거래자에게 주지저명한 폴로의 도형상표로서 '폴로'상표로 호칭될 여지가 있다), 관념에 있어서도 단순히 '말을 탄 사람' 또는 '말을 탄 폴로경기의 선수' 정도로 인식될 뿐이어서, 이 사건 등록상표와 인용상표는 호칭 및 관념이 상이하고, 이 사건 등록상표의 도형은 창과 방패를 든 채 말을 타고 있는 기사의 모습인 데에 비하여 인용상표는 막대기를 들고 말을 탄 채 돌진하고 있는 사람 또는 폴로경기용 스틱을 든 채 앞을 향하여 돌진하고 있는 폴로경기 선수의 모습인 차이가 있어서 외관에 있어서도 일반 수요자나 거래자는 양 상표를 충분히 구별할 수 있을 것으로 보이므로 외관, 호칭 및 관념을 종합하여 관찰할 때 결국 이 사건 등록상표는 동일·유사한 지정상품에 관하여 인용상표와 공존하더라도 상품 출

처의 오인·혼동을 일으킬 염려가 없다 할 것이다.

그럼에도 불구하고, 원심이 이 사건 등록상표와 인용상표가 유사한 상표라고 판단한 데에는 상표의 유사에 관한 법리를 오해함으로써 판결 결과에 영향을 미친 위법이 있다 할 것이고, 이 점을 지적하는 상고이유의 주장은 이유가 있다.

그러므로 원심 판결을 파기하고, 사건을 특허법원에 환송하기로 하여 관여 대법관들의 의견이 일치되어 주문과 같이 판결한다.

대법관 서성(재판장) 유지담 배기원(주심) 박재윤

62. 대법원 2007. 5. 11. 선고 2006후3557 판결【거절결정(상)】

[미간행]

【판시사항】

[1] 대비되는 상표 사이에 유사한 부분이 있지만 그 부분만으로 분리인식될 가능성이 희박하거나 전체적으로 관찰할 때 명확히 출처의 혼동을 피할 수 있는 경우 상표의 유사 여부(소극)

[2] 출원상표 "

"가 선등록상표 "

"와 유사하지 않다고 한 사례

【참조조문】

[1] 상표법 제7조 제1항 제7호 [2] 상표법 제7조 제1항 제7호

【참조판례】

[1] 대법원 1982. 6. 8. 선고 81후29 판결(공1982, 646)
대법원 2006. 8. 25. 선고 2005후2908 판결(공2006하, 1637)

【전 문】

【원고, 피상고인】 유젠가이샤 뉴잉글랜드(소송대리인 특허법인 태평양 담당변리사 황의인외 1인)

【피고, 상고인】 특허청장

【원심 판결】 특허법원 2006. 10. 11. 선고 2006허7023 판결

【주 문】

상고를 기각한다. 상고비용은 피고가 부담한다.

【이 유】

상고이유를 본다.

상표의 유사 여부는 그 외관, 호칭 및 관념을 객관적, 전체적, 이격적으로 관찰하여 그

지정상품의 거래에서 일반 수요자나 거래자가 상표에 대하여 느끼는 직관적 인식을 기준으로 하여 그 상품의 출처에 관하여 오인·혼동을 일으키게 할 우려가 있는지 여부에 따라 판단하여야 하므로, 대비되는 상표 사이에 유사한 부분이 있다고 하더라도 그 부분만으로 분리인식될 가능성이 희박하거나 전체적으로 관찰할 때 명확히 출처의 혼동을 피할 수 있는 경우에는 유사상표라고 할 수 없다(대법원 1982. 6. 8. 선고 81후29 판결, 2006. 8. 25. 선고 2005후2908 판결 등 참조).

위 법리와 기록에 비추어 살펴보면, 

와 같이 이루어져 있는 이 사건 출원상표(출원번호 2004-12808호)의 표장과 

와 같이 이루어져 있는 선등록상표(등록번호 제528174호)의 표장은 앞다리와 뒷다리를 세운 채로 꼬리를 들고 왼쪽 부분이 보이게 서있는 개 형상의 도형 부분을 모두 가지고 있는 점에서 유사한 점이 있으나, 양 상표의 지정상품과 같거나 유사한 지정상품에 개를 도형화한 상표가 다수 등록되어 있어서 양 상표가 그 도형 부분만으로 분리되어 인식된다고 단정하기 어려운 반면에, 그 문자 부분에서 'Labrador Retriever'와 'DAWN FIELD'로 뚜렷하게 구분되고, 그 문자 부분의 도형 부분과의 배치위치에서도 차이가 있어서 전체적으로 보았을 때 명확히 출처의 혼동을 피할 수 있다고 보인다. 따라서 이 사건 출원상표와 선등록상표의 표장은 서로 유사하지 않다고 할 것이므로, 같은 취지로 판단한 원심은 정당하고, 거기에 상고이유로 주장하는 바와 같은 상표의 유사 여부 판단에 관한 법리오해 등의 위법이 없다.

그러므로 상고를 기각하기로 하여 관여 대법관의 일치된 의견으로 주문과 같이 판결한다.

대법관 박일환(재판장) 김용담(주심) 박시환 김능환

63. 대법원 2006. 6. 16. 선고 2004후3225 판결【거절결정(상)】

[공2006.8.1.(255),1377]

【판시사항】

[1] 지정상품의 유사 여부에 대한 판단 기준

[2] 출원상표 "MANIA"의 지정상품 중 '향수'와 선등록상표 1 "Car—Mania" 및 선등록상표 2 "Auto—Mania"의 지정상품인 '자동차용 방향제'는 그 용도와 생산 및 판매 부문, 수요자의 범위 등을 종합적으로 고려해 볼 때 거래통념상 동일·유사한 상표를 위 상품들에 사용하더라도 그 출처의 오인·혼동을 일으킬 염려가 없는 상품에 속한다고 본

사례

【판결요지】

[1] 지정상품의 유사 여부는 대비되는 상품에 동일 또는 유사한 상표를 사용할 경우 동일 업체에 의하여 제조 또는 판매되는 상품으로 오인될 우려가 있는가 여부를 기준으로 하여 판단하되, 상품 자체의 속성인 품질, 형상, 용도와 생산 부문, 판매 부문, 수요자의 범위 등 거래의 실정을 종합적으로 고려하여 일반 거래의 통념에 따라 판단하여야 한다.

[2] 출원상표 "MANIA"의 지정상품 중 '향수'와 선등록상표 1 "Car—Mania" 및 선등록상표 2 "Auto—Mania"의 지정상품인 '자동차용 방향제'는 그 용도와 생산 및 판매 부문, 수요자의 범위 등을 종합적으로 고려해 볼 때 거래통념상 동일·유사한 상표를 위 상품들에 사용하더라도 그 출처의 오인·혼동을 일으킬 염려가 없는 상품에 속한다고 본 사례.

【참조조문】

[1] 상표법 제7조 제1항 제7호 [2] 상표법 제7조 제1항 제7호

【참조판례】

[1] 대법원 1982. 12. 28. 선고 82후8 판결(공1883, 371)
대법원 2000. 7. 28. 선고 98후850 판결
대법원 2000. 10. 27. 선고 2000후815 판결(공2000하, 2466)
대법원 2004. 5. 14. 선고 2002후1256 판결(공2004상, 1014)
대법원 2004. 7. 22. 선고 2003후144 판결(공2004하, 1473)

【전 문】

【원고, 상고인】 지에이 모드 핀 에스.에이(소송대리인 변리사 나영환외 1인)

【피고, 피상고인】 특허청장

【원심 판결】 특허법원 2004. 10. 7. 선고 2004허3591 판결

【주 문】

원심 판결을 파기하고, 사건을 특허법원에 환송한다.

【이 유】

상고이유를 판단한다.

1. 원심 판결 이유에 의하면 원심은, '향수, 인체용 방취제, 헤어스타일용 스프레이' 등 46개 상품을 지정상품으로 하고, "MANIA"로 구성된 이 사건 출원상표(출원번호 제2001-34376호)의 지정상품 중 '향수'와 "Car—Mania"로 구성된 선등록상표 1(등록번호 제489570호) 및

"Auto－Mania"로 구성된 선등록상표 2(등록번호 제489577호)의 지정상품인 '자동차용 방향제'는 모두 사람들에게 좋은 느낌을 주는 향을 발산하는 자연물이나 화학물질을 주원료로 하는 것으로서 주로 병 등의 용기에 담겨있는 액체의 형상을 띠고 있다는 점에서 품질이나 형상이 일치하고, '향수'가 인체에 주로 사용되는 것인 반면 '자동차용 방향제'는 자동차 실내에 사용되는 것이라는 점에서 양 상품의 세부적인 용도에 차이가 있기는 하나 사람이나 자동차의 실내에서 좋은 향기가 발산되도록 함과 동시에 악취를 제거하기 위한 용도로 사용되는 것이라는 점에서 양 상품의 용도에 일치하는 바가 있어, 양 상품은 품질, 형상, 용도 등 상품 자체의 속성에 있어서 유사하다고 할 것이고, '향수'는 일반적으로 화장품 등을 생산하는 기업에서 생산되고 백화점이나 화장품 전문 대리점 등에서 판매가 이루어지며, '자동차용 방향제'는 주로 자동차 용품을 생산·판매하는 기업에서 생산·판매가 이루어져 온 것은 경험칙상 명백하지만, 을 제2호증의 1, 2의 각 기재를 종합하면 최근에는 한국 아로마 주식회사, 주식회사 동우씨엠과 같은 회사들에서 공기 청향제 및 각종 방향제와 함께 향수 등을 생산·판매하고 있는 사실이 인정되므로 양 상품의 생산 부문과 판매 부문 또한 일치하는 바가 있고, 또한 수요자의 범위에 있어서도 가정용 또는 개인용 승용차가 널리 보급됨에 따라 '자동차용 방향제'의 수요자의 범주에 이 사건 출원상표의 수요자인 일반소비자들이 포함되게 되어 양 상품의 수요자의 범위 또한 일치한다 할 것이어서, 이 사건 출원상표의 지정상품 중 '향수'와 선등록상표 1, 2의 지정상품인 '자동차용 방향제'는 상품 자체의 속성이나 거래의 실정을 모두 고려할 때 유사한 상품에 해당하므로, 선등록상표 1, 2와 유사한 이 사건 출원상표는 상표법 제7조 제1항 제7호에 따라 그 출원등록이 전체적으로 거절되어야 한다는 취지로 판단하였다.

2. 그러나 원심의 판단은 다음과 같은 이유로 수긍하기 어렵다.

가. 지정상품의 유사 여부는 대비되는 상품에 동일 또는 유사한 상표를 사용할 경우 동일 업체에 의하여 제조 또는 판매되는 상품으로 오인될 우려가 있는가 여부를 기준으로 하여 판단하되, 상품 자체의 속성인 품질, 형상, 용도와 생산 부문, 판매 부문, 수요자의 범위 등 거래의 실정을 종합적으로 고려하여 일반 거래의 통념에 따라 판단하여야 한다(대법원 1982. 12. 28. 선고 82후8 판결, 2004. 7. 22. 선고 2003후144 판결 등 참조).

나. 기록에 의하여 살펴보면, 이 사건 출원상표의 지정상품 중 '향수'와 선등록상표 1, 2의 지정상품인 '자동차용 방향제'의 품질, 형상에 대한 원심의 위와 같은 설시는 그릇된 바가 없으나, 위 각 지정상품은 모두 상표법 시행규칙상 상품류구분 제3류에 속하되 상품군에 있어 '향수'는 제3군(화장품류)에 속하지만, '자동차용 방향제'는 화

장품류라고 보기는 어려워 제3군의 비의료용 방향제의 하나라고 할 수 없으므로(제3군에서 시트론 정유나 향유를 들고 있으면서 제4군(향료류)에서 가울세리아유, 라벤더유 등 향료를 별도로 나열하고 있는 점들과 대비하여 보면 제3군의 비의료용 방향제에는 화장품류만 해당된다고 보아야 한다) 제3군으로 분류할 수 없고, 오히려 제4군(향료류)에 더 가깝다고 할 수 있다. 따라서 위 각 지정상품은 그 상품군이 다를 뿐 아니라, '향수'는 주로 인체에 사용되는 화장품인 반면 '자동차용 방향제'는 자동차 실내에 사용되는 자동차용품이라는 점에서 그 용도에 중첩되는 부분이 없고, 원심이 적법하게 채택한 증거에 의하여 인정한 사실과 같이 최근에 자동차용으로 사용될 수 있는 공기청향제, 방향제 등과 함께 향수를 제조·판매하고 있는 소규모 업체가 일부 있는 것으로 보이나, 일반적으로는 '향수'는 화장품 등을 생산하는 기업에서 생산되고 백화점이나 화장품 전문 대리점 등에서 판매가 이루어지며, '자동차용 방향제'는 주로 자동차 용품을 생산·판매하는 기업에서 생산·판매가 이루어지는 것으로 보이므로 양 상품의 생산 부문과 판매 부문은 서로 구분된다고 보아야 하고, 또한 수요자의 범위에 있어서도 가정용 또는 개인용 승용차가 널리 보급됨에 따라 '자동차용 방향제'의 수요자의 범주에 일반소비자들이 포함된 사정을 감안하더라도 '향수'의 수요자는 주로 고급스런 이미지를 선호하는 소비자들로서 여성이 상대적으로 많은 반면에 '자동차용 방향제'의 수요자는 남녀를 불문하나 주로 승용차, 택시 등 자동차의 운전자들이라는 점에서 양 상품의 수요자의 범위 또한 차이가 있다고 보아야 할 것이다.

다. 그렇다면 위 법리에 비추어 이 사건 출원상표의 지정상품 중 '향수'와 선등록상표 1, 2의 지정상품인 '자동차용 방향제'는 그 용도와 생산 및 판매 부문, 수요자의 범위 등을 종합적으로 고려해 볼 때 거래통념상 동일·유사한 상표를 위 상품들에 사용하더라도 그 출처의 오인·혼동을 일으킬 염려가 없는 상품에 속한다고 봄이 상당하므로, 이와 결론이 다른 원심 판결에는 지정상품의 유사 판단에 관한 법리를 오해하였거나 심리를 다하지 아니함으로써 판결에 영향을 미친 위법이 있고, 이 점을 지적하는 상고이유의 주장은 이유 있다.

3. 그러므로 원심 판결을 파기하고, 사건을 다시 심리·판단하도록 원심법원에 환송하기로 하여 관여 대법관의 일치된 의견으로 주문과 같이 판결한다.

대법관　김황식(재판장) 박재윤 김영란(주심)

64. 대법원 2009. 7. 9. 선고 2008후5045 판결【거절결정(상)】

[공2009하,1360]

【판시사항】

[1] 지정상품의 동일·유사 여부의 판단 기준

[2] 출원상표 “ACTIV.A.C.”의 지정상품인 ‘가정용 감압 상처 치료기기’와 선등록상표 1 “ACTIV 액티브”의 지정상품 중 ‘의료용 온도계’, 선등록상표 2 “ACTIVE LIFE”의 지정상품인 ‘인공항문환자/요실금환자용 웨이퍼 부착 플랜지, 인공항문환자요실금환자용 클립 등’은 품질, 형상, 용도와 생산 부문, 수요자의 범위 등에서 상이하므로, 출원상표는 상표법 제7조 제1항 제7호에서 정한 ‘상표등록을 받을 수 없는 상표’에 해당하지 않는다고 한 사례

【판결요지】

[1] 상표법 제10조 제1항 및 상표법 시행규칙 제6조 제1항에 의한 상품류 구분은 상표등록사무의 편의를 위하여 구분한 것으로서 상품의 유사범위를 정한 것은 아니므로, 상품구분표의 같은 유별에 속한다고 하여 바로 동일 또는 유사상품이라고 단정할 수 없고, 지정상품의 유사 여부는 대비되는 상품에 동일 또는 유사한 상표를 사용할 경우 동일 업체에 의하여 제조 또는 판매되는 상품으로 오인될 우려가 있는가의 여부를 기준으로 하여 판단하되, 상품 자체의 속성인 품질, 형상, 용도와 생산 부문, 판매 부문, 수요자의 범위 등 거래의 실정 등을 종합적으로 고려하여 일반 거래의 통념에 따라 판단하여야 한다.

[2] 출원상표 “ACTIV.A.C.”의 지정상품인 ‘가정용 감압 상처 치료기기’와 선등록상표 1 “ACTIV 액티브”의 지정상품 중 ‘의료용 온도계’, 선등록상표 2 “ACTIVE LIFE”의 지정상품인 ‘인공항문환자/요실금환자용 웨이퍼 부착 플랜지, 인공항문환자요실금환자용 클립 등’은 품질, 형상, 용도와 생산 부문, 수요자의 범위 등에서 상이하므로, 출원상표는 상표법 제7조 제1항 제7호에서 정한 ‘상표등록을 받을 수 없는 상표’에 해당하지 않는다고 한 사례.

【참조조문】

[1] 상표법 제7조 제1항 제7호, 제10조 제1항, 상표법 시행규칙 제6조 제1항 [2] 상표법 제7조 제1항 제7호

【참조판례】

[1] 대법원 1994. 12. 2. 선고 93후1285 판결(공1995상, 492)
대법원 1997. 2. 14. 선고 96후924 판결(공1997상, 774)
대법원 2005. 8. 19. 선고 2003후1086 판결(공2005하, 1520)

【전 문】

【원고, 피상고인】 원고(소송대리인 변리사 나영환)

【피고, 상고인】 특허청장

【원심 판결】 특허법원 2008. 10. 30. 선고 2008허8297 판결

【주 문】

상고를 기각한다. 상고비용은 피고가 부담한다.

【이 유】

상고이유를 판단한다.

상표법 제10조 제1항 및 같은 법 시행규칙 제6조 제1항에 의한 상품류 구분은 상표등록 사무의 편의를 위하여 구분한 것으로서 상품의 유사범위를 정한 것은 아니므로, 상품구분표의 같은 유별에 속한다고 하여 바로 동일 또는 유사상품이라고 단정할 수 없고(대법원 1994. 12. 2. 선고 93후1285 판결 참조), 지정상품의 유사 여부는 대비되는 상품에 동일 또는 유사한 상표를 사용할 경우 동일 업체에 의하여 제조 또는 판매되는 상품으로 오인될 우려가 있는가의 여부를 기준으로 하여 판단하되, 상품 자체의 속성인 품질, 형상, 용도와 생산 부문, 판매 부문, 수요자의 범위 등 거래의 실정 등을 종합적으로 고려하여 일반 거래의 통념에 따라 판단하여야 한다(대법원 1997. 2. 14. 선고 96후924 판결, 대법원 2005. 8. 19. 선고 2003후1086 판결 등 참조).

위 법리와 기록에 비추어 살펴보면, 원심이 이 사건 출원상표(출원번호 제2006- 54809호)의 지정상품인 "가정용 감압 상처 치료기기"와 원심 판시의 선등록상표 1(등록번호 제101568호)의 지정상품 중 "의료용 온도계", 원심 판시의 선등록상표 2(등록번호 제145208호)의 지정상품인 "인공항문환자/요실금환자용 웨이퍼 부착 플랜지, 인공항문환자요실금환자용 클립, 인공항문환자/요실금환자용 카테테르, 인공항문환자/요실금환자용 벨트, 소변콜렉터용 집뇨관, 배설주머니, 인공항문환자/요실금환자용 스킨베리어, 인공항문환자/요실금환자용 스토마캡, 인공항문환자/요실금환자용 테일클로저"를 대비한 다음, 이들 지정상품이 품질, 형상, 용도와 생산 부문, 수요자의 범위 등에서 상이하다고 보고, 이 사건 출원상표가 상표법 제7조 제1항 제7호 소정의 상표등록을 받을 수 없는 상표에 해당하지 아니한다고 판단한 것은 정당하고, 상고이유로 주장하는 바와 같은 지정상품의 유사성 판단에 관한 법리를 오해한 위법이 없다.

그러므로 상고를 기각하고, 상고비용은 패소자가 부담하게 하기로 관여 대법관의 의견이 일치되어 주문과 같이 판결한다.

대법관 김능환(재판장) 김영란(주심) 이홍훈 차한성

65. 대법원 2005. 9. 30. 선고 2004후2628 판결 【등록무효(상)】

[미간행]

【판시사항】

[1] 문자상표의 유사 여부의 판단 기준

[2] 등록상표 "LOTS"와 선등록상표 "LOTUS"가 호칭에서의 현저한 차이로 인하여 전체로 유사한 상표에 해당하지 않는다고 한 사례

【참조조문】

[1] 상표법 제7조 제1항 제7호[2] 상표법 제7조 제1항 제7호

【참조판례】

[1] 대법원 2000. 2. 25. 선고 97후3050 판결(공2000상, 848)
대법원 2003. 10. 10. 선고 2003후816 판결

【전 문】

【원고, 피상고인】 그룹 로터스 피엘씨(소송대리인 변리사 목영동 외 2인)

【피고, 상고인】 현대자동차 주식회사(소송대리인 변리사 남호현)

【원심 판결】 특허법원 2004. 7. 30. 선고 2003허74 11 판결

【주 문】

원심 판결을 파기하고, 사건을 특허법원에 환송한다.

【이 유】

1. 원심 판단의 요지

원심 판결 이유에 의하면, 원심은 "LOTS"로 구성된 이 사건 등록상표(등록번호 제541541호)와 그 출원 전에 등록되고 "LOTUS"로 구성된 상표(이하 '선등록상표'라고 한다)를 대비하여, 양 상표는 알파벳 'U'의 유무로 인하여 외관상 다소 차이가 있으나 나머지 알파벳 4글자 및 그 배열순서가 그대로 일치하고 있어 전체적인 외관이 유사하고, 이 사건 등록상표는 '제비, 몫, 운명, 한 구획, 촬영소, 한 몫, 떼' 등의 뜻이 있는 영어단어 'LOT'에다가 복수형을 나타내는 'S'를 결합하여 구성한 영문자로서 명사로는 '많음, 다량', 부사로는 '아주, 매우' 등의 의미로 사용되는 경우가 있음을 알 수 있으므로, 만일 이 사건 등록상표가 위와 같이 많음, 다량의 사전적 의미를 가지고 있는 단어로 인식된다면 그 영어식 발음인 '랏츠' 또는 '롯츠'로 호칭될 수 있을 것이나, 한편 'LOTS'는 구어(구어)에서 사용되는 표현으로서 'lots of + 명사'의 형태와 같이 다른 영어단어와 결합된 상태로 사용되는 것이므로 영어를 모국어로 하지 않는 우리나라에서 모두 대문자로 되어 있으며 단독으로 쓰인 'LOTS'가 언제나 위와 같은 의미로 인식되어 그 영어식 발음으로만 호칭된다고 단정하기는 어렵고, 우리나라에서는 영문자 'LOT'를 한글로 '로트'라고 표기하고 있는 점 및 우리나라의 수요자나 거래자들 중 상당수는 영어식 발음에 익숙하지 못한 점 등을

고려하여 볼 때 'LOTS'는 '로트'에 '스'를 단순히 덧붙인 '로트스'로 발음되는 경우도 적지 않을 것이라고 보이는바, 만일 이 사건 등록상표가 '로트스'로 호칭되는 경우에는 선등록상표의 호칭인 '로터스' 또는 '로투스'와 그 호칭이 동일 또는 유사하며, 관념에 있어서 우리나라의 영어 보급수준을 고려하여 볼 때, 이 사건 등록상표인 "LOTS" 및 선등록상표인 "LOTUS"로부터 어떤 뚜렷한 관념이 직감되어 도출된다고 보기는 어려운 이상 관념상으로는 서로 대비되지 않으므로, 이 사건 등록상표와 선등록상표는 전체적인 표장이 유사한 상표에 해당한다는 취지로 판단하였다.

2. 이 법원의 판단

그러나 원심의 위와 같은 판단은 수긍하기 어렵다.

가. 상표의 유사 여부를 판단함에 있어서는 상표의 수요자의 입장에서 전체적, 이격적으로 관찰하여 상품의 출처에 관하여 오인·혼동을 일으킬 우려가 있는지 여부에 의하여 결정하여야 되는 것이므로, 외관·칭호·관념 중에서 어느 하나가 유사하다 하더라도 전체로서의 상표가 수요자들로 하여금 명확히 출처의 오인·혼동을 피할 수 있는 경우에는 유사한 것이라고 할 수 없으나, 반대로 서로 다른 부분이 있어도 그 호칭이나 관념이 유사하여 일반 수요자가 오인·혼동하기 쉬운 경우에는 유사상표라고 보아야 한다고 할 것이고, 한편 오늘날 방송 등 광고선전 매체나 전화 등의 광범위한 보급에 따라 상표를 음성 매체 등으로 광고하거나 전화로 상품을 주문하는 일 등이 빈번한 점 등을 고려할 때 문자상표의 유사 여부의 판단에 있어서는 그 호칭의 유사 여부가 가장 중요한 요소라 할 것이다(대법원 2000. 2. 25. 선고 97후3050 판결 참조).

나. 위 법리와 기록에 의하면, 이 사건 등록상표와 선등록상표는 그 외관이 유사하기는 하지만, 원심에 나타난 증거만으로는 우리나라의 거래자나 수요자가 일반적으로 "LOTS"를 '로트스'로 호칭한다고 인정하기 부족하고, 오히려 문교부 고시 제85-11호(1986. 1. 7.)의 외래어 표기법에 "어말 또는 자음 앞의 [ts]는 '츠'로 적는다."고 되어 있는 점 등에 비추어 보면 우리나라 거래자나 수요자의 대부분이 "LOTS"를 '롯츠'나 '랏츠'로 호칭할 개연성이 높다고 할 것이며, 이 사건 등록상표가 '롯츠'나 '랏츠'로 호칭되는 경우 양 상표는 호칭에서의 현저한 차이로 인하여 전체로 유사한 상표에 해당한다고 할 수 없음에도 불구하고, 이와 달리 판단한 원심에는 우리나라 일반 수요자나 거래자가 이 사건 등록상표를 어떻게 호칭하는지에 대한 심리를 제대로 하지 아니함으로써 판결 결과에 영향을 미친 위법이 있고 이 점을 지적하는 상고이유의 주장은 이유 있다.

3. 그러므로 원심 판결을 파기하고, 사건을 다시 심리·판단하게 하기 위하여 원심법원에 환송하기로 하여 관여 대법관의 일치된 의견으로 주문과 같이 판결한다.

대법관 김용담(재판장) 유지담 배기원(주심) 이강국

66. 대법원 2005. 11. 10. 선고 2004후2093 판결 【거절결정(상)】

[공2005.12.15.(240),1988]

【판시사항】

[1] 상표의 유사 판단에 있어서 외국어로 이루어진 상표의 호칭을 정하는 기준

[2] “ZEISS”로 구성된 선등록상표 1과 “ZEISS”로 구성된 선등록상표 2의 호칭이 출원상표 “ZEUS”의 호칭과 유사하다고 한 원심 판결을 파기한 사례

【판결요지】

[1] 상표의 유사 판단에 있어서 외국어로 이루어진 상표의 호칭은 우리나라의 거래자나 수요자의 대부분이 그 외국어를 보고 특별한 어려움 없이 자연스럽게 하는 발음에 의하여 정하여짐이 원칙이고, 우리나라의 거래자나 수요자가 그 외국어 상표를 특정한 한국어로 표기하고 있는 등의 구체적인 사용실태가 인정되는 경우에는 그와 같은 구체적인 사용실태를 고려하여 외국어 상표의 호칭을 정하여야 한다.

[2] “ZEISS”로 구성된 선등록상표 1과 “ZEISS”로 구성된 선등록상표 2의 호칭이 출원상표 “ZEUS”의 호칭과 유사하다고 한 원심 판결을 파기한 사례.

【참조조문】

[1] 상표법 제7조 제1항 제7호[2] 상표법 제7조 제1항 제7호

【전 문】

【원고, 상고인】 한국통신데이타 주식회사(소송대리인 변호사 전경환 외 1인)

【피고, 피상고인】 특허청장

【원심 판결】 특허법원 2004. 6. 4. 선고 2004허455 판결

【주 문】

원심 판결을 파기하고, 사건을 특허법원에 환송한다.

【이 유】

1. 상고이유 제3점에 관하여

가. 원심은, “ZEUS”로 구성된 이 사건 출원상표와 “ZEISS”로 구성된 선

등록상표 1, “ZEISS”로 구성된 선등록상표 2를 대비하여, 이 사건 출원상표는 ‘제우스’로 호칭될 것이고, 선등록상표들은 영어식 발음으로 ‘제이스’로 호칭되는 경우를 배제할 수 없는데, 선등록상표들이 ‘제이스’로 호칭될 경우에는 이 사건 출원상표와 음절수도 3음절로 동일하고 첫음절과 마지막 음절이 각각 ‘제’와 ‘스’로 동일할 뿐 아니라 두 번째 음절도 3음절의 단어 중간에 위치하는 경우 앞 음절의 영향을 받을 수 있는 모음으로서 뚜렷하게 구분하기 쉽지 아니한 ‘우’와 ‘이’여서 이를 전체로 호칭하는 경우 듣는 이가 느끼는 청감이 유사하다 할 것이어서 이 사건 출원상표와 선등록상표들은 호칭이 서로 유사한 상표라는 취지로 판단하였다.

나. 그러나 원심의 위와 같은 판단은 다음과 같은 이유로 수긍하기 어렵다.

상표의 유사 판단에 있어서 외국어로 이루어진 상표의 호칭은 우리나라의 거래자나 수요자의 대부분이 그 외국어를 보고 특별한 어려움 없이 자연스럽게 하는 발음에 의하여 정하여짐이 원칙이고, 우리나라의 거래자나 수요자가 그 외국어 상표를 특정한 한국어로 표기하고 있는 등의 구체적인 사용실태가 인정되는 경우에는 그와 같은 구체적인 사용실태를 고려하여 외국어 상표의 호칭을 정하여야 한다.

위 법리와 기록에 비추어 살펴보면, 선등록상표들의 문자부분 ‘ZEISS’는 독일의 광학기술자였던 Carl Zeiss(1816~1888)의 이름에서 유래하여 영한사전에도 등재된 단어로서, 영한사전의 발음기호에 따르면 ‘차이스’ 내지 ‘자이스’로 발음이 되고, 그 단어의 뜻은 위 광학기술자, 그가 설립한 독일의 광학 정밀기기 제조회사 또는 그 상표라는 것이며, ‘ZEISS’라는 상표가 부착된 광학 정밀기기제품을 국내에서 판매하는 회사의 이름은 ‘칼자이스 주식회사’로서, 그 홈페이지 및 카탈로그에도 ‘ZEISS’의 호칭을 ‘자이스’로 표기하고 있고, 카메라 등의 광학기기를 사용하는 수요자나 거래자가 위 상표를 ‘짜이스’ 또는 ‘자이스’라고 부르고 있을 뿐 아니라, 선등록상표들과 이 사건 출원상표가 유사하다고 주장하면서 이의신청을 한 회사(선등록상표들의 상표권자이다)도 자신의 한글명칭을 ‘칼-짜이스-스티프퉁 트레이딩 에지 칼 짜이스’로 표기하고 있는 사실이 인정되는데 비하여, 우리나라의 거래자나 수요자가 ‘ZEISS’를 ‘제이스’로 부르고 있다는 증거가 원심에 전혀 제출된 바 없음에도 불구하고, 원심이 위와 같은 사용실태를 고려하지 아니한 채 일부 영어 단어의 발음 사례만을 기초로 하여 ‘ZEISS’가 ‘제이스’로 호칭된다고 단정한 것은 상표의 유사 판단에 관한 법리를 오해하고 심리를 제대로 하지 아니함으로써 판결의 결과에 영향을 미친 위법이 있고, 이를 지적하는 상고이유 제3점은 이유가 있다.

2. 그러므로 나머지 상고이유에 대하여는 나아가 살필 것도 없이 원심 판결을 파기하고,

사건을 다시 심리·판단하게 하기 위하여 원심법원에 환송하기로 하여 관여 대법관의 일치된 의견으로 주문과 같이 판결한다.

대법관 배기원(재판장) 이강국 김용담(주심)

67. 대법원 2002. 4. 12. 선고 2001후683 판결 【등록무효(상)】

[공2002.6.1.(155),1163]

【판시사항】

등록상표와 인용상표가 다 같이 귀면(귀면) 또는 귀신, 도깨비로 호칭되거나 관념될 수 있다고 하더라도 그와 같이 추상적, 통칭적인 호칭 및 관념이 유사하다는 점만으로 그 외관의 유사 여부에 관계없이 양 상표가 유사하다고 단정할 수는 없다고 한 사례

【판결요지】

수많은 종류의 유사 또는 상이한 형상을 통칭(통칭)하는 용어에 의하여 호칭되고 관념되는 도형상표의 경우에 그 외관의 유사 여부에 관계없이 호칭과 관념이 유사하다는 이유만으로 대비되는 양 상표가 전체적으로 유사한 상표라고 한다면 상표의 유사 범위가 지나치게 확대되어 제3자의 상표선택의 자유를 부당하게 제한하는 불합리한 결과를 가져오는 점에 비추어 볼 때, 비록 등록상표와 인용상표가 다 같이 귀면(귀면) 또는 귀신, 도깨비로 호칭되거나 관념될 수도 있다고 하더라도, 귀신, 도깨비라는 것은 원래 상상 속에서 유래된 많은 종류의 형상과 모양을 통칭하는 말이므로 그와 같이 추상적, 통칭적인 호칭 및 관념이 유사하다는 점만으로 양 상표가 유사하다고 단정할 수는 없다고 한 사례.

【참조조문】

상표법 제7조 제1항 제7호

【전 문】

【원고, 상고인】 주병진(소송대리인 변리사 안상배 외 1인)

【피고, 피상고인】 김종석(소송대리인 변호사 황규범 외 1인)

【원심 판결】 특허법원 2001. 1. 18. 선고 2000허5070 판결

【주 문】

상고를 기각한다. 상고비용은 원고의 부담으로 한다.

【이 유】

원심은, 이 사건 등록상표(상표등록번호 제458594호)와 그보다 선등록된 인용상표(상표등록번호 제342403호)의 구성에 관하여, 먼저 채택증거를 종합하여 종래 기와 등에 사용되어

온 귀면(귀면)의 유래 등 판시와 같은 사실을 인정한 다음, 이 사건 등록상표와 인용상표는 이러한 귀면의 모양을 그대로 또는 문자와 결합하여 상표로 도입한 것이라고 전제하고, 이어서 이 사건 등록상표의 도형부분과 인용상표를 대비하여, 이 사건 등록상표의 도형부분과 인용상표는 들창코에다가 송곳니가 아래로 뻗고 위에 뿔이 나 있는 점에서는 유사하나, 이 사건 등록상표는 전체적인 윤곽이 사각형을 하고 있는 데 비하여, 인용상표는 반원형에 가깝게 되어 있는 점, 이 사건 등록상표는 얼굴 전체가 털로 둘러싸이고, 커다랗게 벌려진 입에는 아래 위의 송곳니가 맞물린 사이를 역 사다리꼴 모양의 이빨로 여겨지는 모양이 꽉 채우고 있으면서 입안에서는 밖으로 불꽃이 뿜어져 나오는 것과 같은 구성을 하고 있는 등 매우 복잡한 형태를 하고 있는 데 비하여, 인용상표는 굵은 선으로 간략하게 특징부분만을 묘사한 듯한 모습으로서 코 아래 부분은 송곳니를 제외한 나머지 입부분이 생략되어 단순한 형태를 하고 있는 등 외관에 차이가 있고, 다음 호칭 및 관념을 보면, 이 사건 등록상표의 도형 부분과 인용상표는 귀신 또는 도깨비 등의 모양을 형상화하여 전래되어 오는 귀면문양의 한 종류로서 양 상표는 귀면, 귀신 또는 도깨비로 호칭되거나 관념될 수 있는바(그 외에 다른 호칭이나 관념이 도출되지는 아니한다), 수많은 종류의 유사 또는 상이한 형상을 통칭(통칭)하는 용어에 의하여 호칭되고 관념되는 도형상표의 경우에 그 외관의 유사에 관계없이 호칭과 관념이 유사하다는 이유만으로 대비되는 양 상표가 전체적으로 유사한 상표라고 한다면 상표의 유사 범위가 지나치게 확대되어 제3자의 상표선택의 자유를 부당하게 제한하는 불합리한 결과를 가져오는 점에 비추어 볼 때, 비록 이 사건 등록상표와 인용상표가 다 같이 귀면 또는 귀신, 도깨비로 호칭되거나 관념될 수도 있다고 하더라도, 귀신, 도깨비라는 것은 원래 상상 속에서 유래된 많은 종류의 형상과 모양을 통칭하는 말이므로 그와 같이 추상적, 통칭적인 호칭 및 관념이 유사하다는 점만으로 양 상표가 유사하다고 단정할 수는 없을 뿐만 아니라 외관도 차이가 있으므로, 결국 이 사건 등록상표와 인용상표는 전체적으로 상품출처의 오인·혼동을 피할 수 있는 것이어서 서로 유사하지 아니하며, 한편 상표의 유사 여부는 그 대비대상이 되는 상표마다 개별적으로 판단되어야 하는 이상, 인용상표와 상표등록번호 제371256호의 상표가 유사하다는 대법원의 확정 판결이 있었다 하여 위와 달리 볼 것은 아니라는 취지로 판단하였다.

기록에 비추어 보면, 원심의 증거설시에 다소 미흡한 점은 있으나, 이 사건 등록상표의 도형부분과 인용상표가 모두 귀면의 형상으로 구성된 것으로 보고 양 상표를 대비하여 유사하지 아니하다고 한 원심의 판단은 정당하고, 거기에 상고이유 주장과 같은 상표 유사 여부 판단에 관한 법리오해, 심리미진 등의 위법이 없다.

그러므로 상고를 기각하고 상고비용은 패소자의 부담으로 하기로 하여 관여 대법관의 일치된 의견으로 주문과 같이 판결한다.

대법관 손지열(재판장) 조무제 유지담(주심) 강신욱

68. 대법원 2000. 2. 25. 선고 97후3050 판결 【상표등록무효】

[공2000.4.15.(104),848]

【판시사항】

[1] 상표의 유사 여부의 판단 기준

[2] 문자상표의 유사 여부의 판단 기준

[3] 상표 "M &S"와 "M &M's"의 유사 여부(적극)

【판결요지】

[1] 상표의 유사 여부는 동종의 상품에 사용되는 두 개의 상표를 그 외관, 호칭, 관념 등을 객관적, 전체적, 이격적으로 관찰하여 일반 수요자나 거래자가 상표에 대하여 느끼는 직관적 인식을 기준으로 하여 그 어느 한 가지에 있어서라도 거래상 상품의 출처에 관하여 오인·혼동을 초래할 우려가 있는지의 여부에 의하여 판단하여야 하며, 외관·호칭·관념 중 어느 하나가 유사하다 하더라도 다른 점도 고려할 때 전체로서는 명확히 출처의 혼동을 피할 수 있는 경우에는 유사상표라고 할 수 없으나, 반대로 서로 다른 부분이 있어도 그 호칭이나 외관 등이 유사하여 일반 수요자가 오인·혼동하기 쉬운 경우에는 유사상표라고 보아야 한다.

[2] 오늘날 방송 등 광고선전 매체나 전화 등의 광범위한 보급에 따라 상표를 음성 매체 등으로 광고하거나 전화로 상품을 주문하는 일 등이 빈번한 점 등을 고려할 때 문자상표의 유사 여부의 판단에 있어서는 그 호칭의 유사 여부가 가장 중요한 요소라 할 것이다.

[3] 등록상표 "M &S"와 인용상표 "M &M's"를 대비해 보면, 호칭에 있어서 등록상표는 "엠앤드에스" 또는 "엠앤에스"로 호칭될 것이고, 인용상표는 "엠앤드엠스" 또는 "엠앤엠스"로, 또는 "엠앤드엠즈" 또는 "엠앤엠즈"로 호칭될 가능성이 있는바, 인용상표가 "엠앤드엠스" 또는 "엠앤엠스"로 호칭될 경우에는 양 상표는 끝에서 두 번째 음절인 '에'와 '엠'에 있어서의 'ㅁ'받침의 유무 정도의 차이 밖에 없어 양자는 그 호칭이 매우 유사하게 청감된다 할 것이고, 우리나라 사람들의 영어 발음 습관에 비추어 영어에서의 소유격을 나타내는 인용상표의 "'s' 부분이 반드시 약하게 발음된다고 단정할 수 없을 뿐만 아니라, 등록상표에 있어서의 끝 부분 '스' 발음과 인용상표의 끝의 '스' 발음에 있어서 그 강세가 차이가 있으리라고도 여겨지지 않으므로, 등록상표와 인용상표의 호칭은 유사하다고 보아야 할 것이고, 외관에 있어서도 양 상표는 앞 부분의 'M'과 중간 부분의 '&'가 동일하고, 끝 부분 'S' 'M's'는 다소 다르지만 모두 'S'자를 포함

하고 있는데다가 양 상표는 전후의 간단한 알파벳을 '&'로 연결하여 결합한 모양으로서 상표로서의 기본적인 아이디어가 같아 양 상표는 그 외관에 있어서도 유사하게 느껴진다 할 것이고, 위와 같은 점을 종합할 때 등록상표는 인용상표의 지정상품과 동일·유사한 비스킷, 쿠키, 쵸코릿 등의 상품에 함께 사용된다면 거래자나 일반 수요자로 하여금 상품의 출처에 관하여 오인·혼동을 불러일으킬 염려가 있어 인용상표과 유사한 상표에 해당한다고 할 것이고, 따라서 등록상표는 상표법 제7조 제1항 제7호 등의 규정에 위반하여 등록된 것으로 볼 여지가 있다.

【참조조문】

[1] 상표법 제7조 제1항 제7호[2] 상표법 제7조 제1항 제7호[3] 상표법 제7조 제1항 제7호

【참조판례】

[1][3] 대법원 1998. 5. 22. 선고 97후2026 판결(공1998하, 1766)

[1] 대법원 1992. 9. 25. 선고 92후1035 판결(공1992, 3005)

대법원 1999. 7. 23. 선고 98후2382 판결(공1999하, 1787)

[2] 대법원 1996. 9. 6. 선고 96후344 판결(공1996하, 3015)

대법원 1997. 2. 28. 선고 96후931 판결(공1997상, 942)

【전 문】

【심판청구인,상고인】 마아즈 인코오포레이티드(소송대리인 변리사 민병국 외 2인)

【피심판청구인,피상고인】 막스 앤드 스펜서 피.엘.씨.(소송대리인 변리사 목영동)

【원심심결】 특허청 항고심판소 1997. 8. 29.자 95항당285 심결

【주 문】

원심심결을 파기하고, 사건을 특허법원에 환송한다.

【이 유】

상고이유를 판단한다.

1. 원심심결 이유에 의하면 원심은, 이 사건 등록상표 "M &S"{등록번호 제286471호 ; 지정상품 : 비스킷, 커스터드, 크래커, 쿠키, 쵸코릿, 페이스트리(밀가루로 만든 과자), 쇼트브레드, 푸딩, 식빵, 카스테라, 설탕, 봉밀 ; 이하 '등록상표'라 한다}와 선등록상표인 "M &M's"{등록번호 제162607호 ; 지정상품 : 캔디, 얼음사탕, 쵸코릿, 캐러멜, 누가, 건과자 등 ; 이하 '인용상표(1)'이라 한다} 및 선등록상표 {등록번호 제162627호 ; 지정상품 : 건과자, 비스킷, 드롭스, 아이스크림, 얼음사탕, 크래커, 쿠키, 웨이퍼스, 쵸코릿, 캐러멜, 누가, 아이스캔디, 셔어벗, 사탕조림, 양갱, 이하

'인용상표(2)'라 한다)를 대비하여, 등록상표와 인용상표들은 'M'과 '&'를 공유하고 있다고 하더라도 전체적으로 보아 외관이 상이하고, 각 상표들 모두 특별한 뜻을 지니고 있다고 할 수 없어 관념 또한 상이하며, 등록상표는 "엠앤에스"로 호칭될 것임에 반하여, 인용상표들은 "엠앤엠즈" 또는 "엠앤엠스"로 호칭될 것이고, 통상적으로 영어에서의 ''s' 부분은 극히 약하게 발음되므로 '엠앤엠' 부분이 강하게 청감되는 점을 감안하면 등록상표와 인용상표들은 호칭에 있어서도 유사하지 아니할 뿐만 아니라, 위 각 상표들과 같이 단순한 알파벳이 결합되어 구성된 상표는 그 구성의 단순성으로 인하여 수요자가 쉽게 구별할 수 있는 점 등에 비추어, 등록상표는 인용상표들의 지정상품과 동일·유사한 비스킷, 식빵, 쵸코릿 등의 상품에 사용하더라도 오인·혼동의 우려가 없다고 하여 등록상표는 인용상표들과 유사하지 아니하다고 판단하고, 등록상표가 상표법 제7조 제1항 제7호, 제9호, 제11호의 규정에 위반하여 등록된 것이어서 그 등록이 무효라는 심판청구인의 주장을 배척하였다.

2. 상표의 유사 여부는 동종의 상품에 사용되는 두 개의 상표를 그 외관, 호칭, 관념 등을 객관적, 전체적, 이격적으로 관찰하여 일반 수요자나 거래자가 상표에 대하여 느끼는 직관적 인식을 기준으로 하여 그 어느 한 가지에 있어서라도 거래상 상품의 출처에 관하여 오인·혼동을 초래할 우려가 있는지의 여부에 의하여 판단하여야 하며, 외관·호칭·관념 중 어느 하나가 유사하다 하더라도 다른 점도 고려할 때 전체로서는 명확히 출처의 혼동을 피할 수 있는 경우에는 유사상표라고 할 수 없으나, 반대로 서로 다른 부분이 있어도 그 호칭이나 외관 등이 유사하여 일반 수요자가 오인·혼동하기 쉬운 경우에는 유사상표라고 보아야 할 것이고(대법원 1992. 9. 25. 선고 92후1035 판결, 1998. 5. 22. 선고 97후2026 판결 등 참조), 또한 오늘날 방송 등 광고선전 매체나 전화 등의 광범위한 보급에 따라 상표를 음성 매체 등으로 광고하거나 전화로 상품을 주문하는 일 등이 빈번한 점 등을 고려할 때 문자상표의 유사 여부의 판단에 있어서는 그 호칭의 유사 여부가 가장 중요한 요소라 할 것이다(대법원 1996. 9. 6. 선고 96후344 판결 참조).
기록에 의하여 살피건대, 등록상표와 인용상표(2)의 유사 여부는 제쳐두고 우선 등록상표와 인용상표(1)을 대비해 보면, 호칭에 있어서 등록상표는 "엠앤드에스" 또는 "엠앤에스"로 호칭될 것이고, 인용상표(1)은 "엠앤드엠스" 또는 "엠앤엠스"로, 또는 "엠앤드엠즈" 또는 "엠앤엠즈"로 호칭될 가능성이 있는바, 인용상표(1)이 "엠앤드엠스" 또는 "엠앤엠스"로 호칭될 경우에는 양 상표는 끝에서 두 번째 음절인 '에'와 '엠'에 있어서의 'ㅁ'받침의 유무 정도의 차이 밖에 없어 양자는 그 호칭이 매우 유사하게 청감된다 할 것이고, 우리나라 사람들의 영어 발음 습관에 비추어 영어에서의 소유격을 나타내는 인용상표들의 ''s' 부분이 반드시 약하게 발음된다고 단정할 수 없을 뿐만 아니라, 등록상표에 있어서의 끝 부분 '스' 발음과 인용상표(1)의 끝의 '스' 발음에 있어서 그 강세가 차이가 있으리라고 도 여겨지지 않으므로, 등록상표와 인용상표(1)의 호칭은 유사하다고 보아야 할 것이고, 외관에 있어서도 양 상표는 앞 부분의 'M'과 중간 부분의 '&'가 동일하고, 끝 부분 'S' 'M's'는 다소 다르지만 모두 'S'자를 포함하고 있는데다가 양 상표는 전후의 간단한 알파벳을 '&'로 연결하여 결합한 모양으로서 상표로서의 기본적인 아이디어가 같아 양 상표는 그 외관에 있어서도 유사하게 느껴진다 할 것이고, 위와 같은 점을 종합할 때 등록상표는 인용상표(1)의 지정상품과 동일·유사한 비스킷, 쿠키, 쵸코릿 등의 상품에 함께 사용된다면 거래자나 일반 수요자로 하여금 상품의 출처에 관하여 오인·혼동을 불러일으킬 염려가 있어 인용상표(1)과 유사한 상표에 해당한다고 할 것이고, 따라서 등록상표는 상표법 제7조 제1항 제7호 등의 규정에 위반하여 등록된 것으로 볼 여지가 있다 할 것이다.

그럼에도 불구하고 원심은 등록상표와 인용상표들을 그 설시와 같은 이유만으로 서로 유사하지 아니하다고 판단하여 심판청구인의 주장을 배척하고 말았으니, 결국 원심은 상표의 유사 여부 판단에 관한 법리를 오해하였거나 심리를 다하지 아니함으로써 심결 결과에 영향을 미친 위법을 범한 것이라 할 것이고, 이 점을 지적하는 상고이유의 주장은 이유 있다.

그러므로 원심심결을 파기하고, 사건을 다시 심리·판단하게 하기 위하여 원심에 상당하는 특허법원에 환송하기로 관여 법관들의 의견이 일치되어 주문과 같이 판결한다.

대법관 송진훈(재판장) 이돈희(주심) 이임수 윤재식

69. 대법원 2000. 4. 25. 선고 99후1096 판결 【거절사정(상)】

[공2000.6.15.(108),1311]

【판시사항】

[1] 상표의 유사 여부 판단 기준

[2] 출원상표 "KRONOS", "크로노스"와 인용상표 "CHRONODOSE", "크로노도-스"의 유사 여부(적극)

[3] 출원상표의 지정상품인 '중추신경계용약제, 감각기관용약제, 순환기관용약제, 혈액용제, 세포부활용약제'와 인용상표의 지정상품인 '알레르기용약제, 호흡기관용약제'의 유사 여부(적극)

【판결요지】

[1] 상표의 유사 여부는 동종의 상품에 사용되는 두 개의 상표를 그 외관·호칭·관념 등을 객관적, 전체적, 이격적으로 관찰하여 일반 수요자나 거래자가 상표에 대하여 느끼는

직관적 인식을 기준으로 하여 그 어느 한 가지에 있어서라도 거래상 상품의 출처에 관하여 오인·혼동을 초래할 우려가 있는지의 여부에 의하여 판단하여야 하며, 외관·호칭·관념 중 어느 하나가 유사하다 하더라도 다른 점도 고려할 때 전체로서는 명확히 출처의 혼동을 피할 수 있는 경우에는 유사상표라고 할 수 없으나, 반대로 서로 다른 부분이 있어도 그 호칭이나 관념이 유사하여 일반 수요자가 오인·혼동하기 쉬운 경우에는 유사상표라고 보아야 한다.

[2] 출원상표 "크로노스"와 인용상표 "크로노도-스"는 모두 한글로 일련하여 구성되어 있고, 인용상표의 중간에 '도-'가 삽입되어 있는 외에는 앞 부분의 3글자와 마지막 글자가 서로 같으며, 출원상표 "KRONOS"는 출원상표 "크로노스"에 대한 영문표기에 불과하여 출원상표 "KRONOS", "크로노스"와 인용상표 "CHRONODOSE", "크로노도-스"는 외관이 유사하고, 호칭에 있어서도 앞 부분 3음절과 마지막 음절이 동일하며 단지 인용상표들에 '도-'라는 음절이 추가되어 있는 정도의 차이밖에 없어 이들 상표는 전체적으로 유사하다.

[3] 출원상표의 지정상품인 '중추신경계용약제, 감각기관용약제, 순환기관용약제, 혈액용제, 세포부활용약제'와 인용상표의 지정상품인 '알레르기용약제, 호흡기관용약제'는 모두 구 상표법시행규칙(1998. 2. 23. 통상산업부령 제83호로 개정되기 전의 것) 제6조 제1항의 [별표 1] 상품류 구분 제10류 제4군(약제)에 속하고 모두 인체의 질병을 치료하는 약제로서 그 용도가 유사하고, 그 품질이나 형상을 일반 수요자가 쉽게 구별할 수 없는 것이며 거래의 실정 등에 비추어 볼 때 위 양 상표의 지정상품들은 일반거래의 통념상 유사한 상품에 속한다.

【참조조문】

[1] 상표법 제7조 제1항 제7호[2] 상표법 제7조 제1항 제7호[3] 상표법 제7조 제1항 제7호, 구 상표법시행규칙(1998. 2. 23. 통상산업부령 제83호로 개정되기 전의 것) 제6조 제1항

【참조판례】

[1][2][3] 대법원 1999. 11. 23. 선고 97후2842 판결(공2000상, 54)

[1][2] 대법원 1998. 5. 22. 선고 97후2026 판결(공1998하, 1766)

대법원 2000. 2. 11. 선고 97후3333 판결(공2000상, 702)

대법원 2000. 2. 25. 선고 97후3050 판결(공2000상, 848)

[2][3] 대법원 1995. 9. 26. 선고 95후439 판결(공1995하, 3535)

【전 문】

【원고, 상고인】 훽스트 악티엔 게젤샤프트(소송대리인 법무법인 중앙국제법률특허사무소 담당 변호사 이범래 외 5인)

【피고, 피상고인】 특허청장

【원심 판결】 특허법원 1999. 4. 1. 선고 99허307 판결

【주 문】

상고를 기각한다. 상고비용은 원고의 부담으로 한다.

【이 유】

상고이유를 본다.

1. 인용상표의 식별력유무에 대하여

기록에 의하여 살펴보면, 인용상표(등록번호 제24157호, 이하 '인용상표(1)'이라 한다) "크로노도-스"는 그 연합상표인 인용상표(등록번호 제19119호, '인용상표(2)'라 한다) "CHRONODOSE"를 한글로 음독한 표장이고 인용상표들은 한글 5글자 또는 영문자 알파벳 10개가 연속적으로 배열된 조어상표로서 그 구성이 특이한 것도 아니고 띄어쓰기가 되어 있는 것도 아니며, 이들을 분리하여 '크로노(CHRONO)' 부분과 '도스(DOSE)' 부분으로 나누어 보더라도 전자는 독립적인 단어가 아닌 접두사로서 시(시)를 뜻하고, 후자는 '(약의) 1회분, 복용량' 등을 뜻하는데 이들 단어들이 널리 사용되는 단어는 아니므로, 우리나라에서의 일반 수요자들의 외국어 보급 수준 등에 비추어 보면 일반 수요자들이 인용상표들을 보고 위 '크로노(CHRONO)' 부분과 '도스(DOSE)' 부분의 의미를 직감적으로 이해하여 각 부분으로 분리하여 호칭하거나 관념한다고 보기는 어렵다 할 것이어서 인용상표들은 각 구성부분을 분리하여 관찰하면 거래상 자연스럽지 못하다고 여겨질 정도로 불가분적으로 결합되어 있다고 판단되고, 나아가 인용상표들과 같은 지정상품류에 '크로노(CHRONO)' 또는 '도스(DOSE)'와 결합된 상표가 다수 등록되어 있다 하더라도 위와 같은 사정에 비추어 그것만으로 위 '크로노(CHRONO)' 부분이나 '도스(DOSE)' 부분이 식별력을 상실하였다고 보기는 어렵다.

같은 취지의 원심 판단은 정당하고, 거기에 상고이유에서 주장하는 바와 같은 상표의 식별력에 관한 법리오해 등의 위법이 있다고 할 수 없으며, 한편 상고이유에서 들고 있는 판례들은 사안을 달리하는 이 사건에 원용하기에 적절하지 아니하다.

그리고 상고이유의 주장은 이 사건 출원상표의 지정상품들은 일반 수요자들이 쉽게 알거나 취급할 수 있는 약품들이 아닌 특수의약품이므로 일반 수요자가 아닌 의사나 약사 등 의료전문인을 기준으로 식별력 구비 여부를 판단하여야 한다고 하나, 이 사건 출원상표들의 지정상품이 위와 같은 특수한 의약품에 해당한다고 볼 자료도 없다.

2. 이 사건 출원상표들과 인용상표들의 유사 여부에 대하여

상표의 유사 여부는 동종의 상품에 사용되는 두 개의 상표를 그 외관·호칭·관념 등을

객관적, 전체적, 이격적으로 관찰하여 일반 수요자나 거래자가 상표에 대하여 느끼는 직관적 인식을 기준으로 하여 그 어느 한 가지에 있어서라도 거래상 상품의 출처에 관하여 오인·혼동을 초래할 우려가 있는지의 여부에 의하여 판단하여야 하며, 외관·호칭·관념 중 어느 하나가 유사하다 하더라도 다른 점도 고려할 때 전체로서는 명확히 출처의 혼동을 피할 수 있는 경우에는 유사상표라고 할 수 없으나, 반대로 서로 다른 부분이 있어도 그 호칭이나 관념이 유사하여 일반 수요자가 오인·혼동하기 쉬운 경우에는 유사상표라고 보아야 한다(대법원 1995. 9. 26. 선고 95후439 판결, 1998. 5. 22. 선고 97후2026 판결 등 참조).

원심이 그 이유설시에 다소 적절치 못한 점은 있으나 이와 같은 취지에서 이 사건 출원상표(2)(출원번호 제48636호) "크로노스"와 인용상표(1)은 모두 한글로 일련하여 구성되어 있고, 인용상표(1)의 중간에 '도-'가 삽입되어 있는 외에는 앞 부분의 3글자와 마지막 글자가 서로 같으며, 이 사건 출원상표(1)(출원번호 제48633호) "KRONOS"는 이 사건 출원상표(2)에 대한 영문표기에 불과하여 이 사건 출원상표들과 인용상표들은 외관이 유사하고, 호칭에 있어서도 앞 부분 3음절과 마지막 음절이 동일하며 단지 인용상표들에 '도-'라는 음절이 추가되어 있는 정도의 차이밖에 없어 이들 상표가 전체적으로 유사하다고 판단한 것은 정당하고, 거기에 상고이유에서 주장하는 바와 같은 상표유사 여부 판단에 관한 법리오해의 위법이 있다고 할 수 없다.

3. 지정상품의 유사 여부에 대하여

원심 판결 이유에 의하면 원심은, 이 사건 출원상표들의 지정상품인 '중추신경계용약제, 감각기관용약제, 순환기관용약제, 혈액용제, 세포부활용약제'와 인용상표의 지정상품인 '알레르기용약제, 호흡기관용약제'는 모두 구 상표법시행규칙(1998. 2. 23. 통상산업부령 제83호로 개정되기 전의 것) 제6조 제1항의 [별표 1] 상품류 구분 제10류 제4군(약제)에 속하고 모두 인체의 질병을 치료하는 약제로서 그 용도가 유사하고, 그 품질이나 형상을 일반 수요자가 쉽게 구별할 수 없는 것이며 거래의 실정 등에 비추어 볼 때 위 양 상표의 지정상품들은 일반거래의 통념상 유사한 상품에 속한다고 판단하였다.

기록에 의하여 살펴보면, 원심의 위 사실인정과 판단은 정당하고, 거기에 상고이유에서 주장하는 바와 같은 법리오해의 위법이 있다고 할 수 없다.

결국 상고이유는 모두 받아들일 수 없다.

4. 그러므로 상고를 기각하고, 상고비용은 패소자의 부담으로 하기로 하여 관여 법관의 일치된 의견으로 주문과 같이 판결한다.

대법관　이임수(재판장) 이돈희 송진훈 윤재식(주심)

70. 대법원 2002. 11. 26. 선고 2001후3415 판결【거절사정(상)】

[공2003.1.15.(170),260]

【판시사항】

[1] 상표의 유사 여부의 판단 기준

[2] 출원상표/서비스표 "SPRITZER"와 인용상표 "≡SPRIT"의 유사 여부(소극)

【판결요지】

[1] 상표의 유사 여부는 상표의 외관·호칭·관념을 일반 수요자나 거래자의 입장에서 전체적, 객관적, 이격적으로 관찰하여 상품의 출처에 관하여 오인·혼동을 일으킬 우려가 있는지 여부에 의하여 판단하여야 하는 것이므로, 외관·호칭·관념 중에서 어느 하나가 유사하다 하더라도 전체로서의 상표가 일반 수요자나 거래자가 상표에 대하여 느끼는 직관적 인식을 기준으로 하여 명확히 출처의 오인·혼동을 피할 수 있는 경우에는 유사한 것이라고 할 수 없으나, 반대로 서로 다른 부분이 있어도 그 호칭이나 관념이 유사하여 일반 수요자나 거래자가 오인·혼동하기 쉬운 경우에는 유사상표라고 보아야 한다.

[2] 출원상표/서비스표 "SPRITZER"는 '스프리쩌'로 호칭되고, 인용상표 "≡SPRIT"는 '스프리트' 또는 '스프릿'으로 호칭되어('E'를 '≡'로 표기하거나 도형화하는 경우는 거의 없으므로 '≡'를 'E'로 이해하기는 어렵다 할 것이다) 첫 3음절의 발음이 동일하여 호칭에 있어서 일부 유사한 점이 있으나, 첫 3음절인 '스프리'는 강한 음이라고 할 수 없는 반면 출원상표/서비스표의 마지막 음절 '쩌'는 된소리로서 매우 강한 음이고, 인용상표의 마지막 음절 '트'는 '쩌'와는 계열을 달리 하는 거센소리인 차이가 있으며('트'가 어미에 오는 경우 '스프릿'과 같이 약하게 발음되는 경우도 많을 것이다), 출원상표/서비스표는 로마자로만 구성되어 있으나 인용상표들은 로마자 'SPRIT' 앞에 '≡'가 결합되어 있되, 그 형태가 마치 'SPRIT'와 일체로 결합된 로마자의 하나와 같은 독특한 형태를 취하고 있어 외관에 있어서 양 표장은 현저히 상이하고, 관념에 있어서도 유사성이 없어 일반 수요자나 거래자의 직관적 인식을 기준으로 외관·호칭·관념을 전체로 관찰하면 양 표장이 상품이나 서비스업 출처의 오인·혼동을 일으킬 우려가 있을 정도로 유사하다고 보기는 어렵다.

【참조조문】

[1] 상표법 제7조 제1항 제7호[2] 상표법 제7조 제1항 제7호

【참조판례】

[1] 대법원 1995. 5. 26. 선고 95후64 판결(공1995하, 2272)
대법원 1996. 4. 9. 선고 95후1692 판결(공1996상, 1406)

대법원 1998. 5. 22. 선고 97후2026 판결(공1998하, 1766)
대법원 2000. 2. 11. 선고 97후3333 판결(공2000상, 702)
대법원 2000. 2. 25. 선고 97후3050 판결(공2000상, 848)
대법원 2000. 3. 23. 선고 97후2323 판결(공2000상, 1061)
대법원 2000. 4. 25. 선고 99후1096 판결(공2000상, 1311)

【전 문】

【원고, 피상고인】 조 맬로운 인크.(Jo Malone Inc.)(소송대리인 변리사 안상배 외 1인)

【피고, 상고인】 특허청장

【원심 판결】 특허법원 2001. 11. 9. 선고 2001허3132 판결

【주 문】

상고를 기각한다. 상고비용은 피고의 부담으로 한다.

【이 유】

상고이유를 본다.

상표의 유사 여부는 상표의 외관·호칭·관념을 일반 수요자나 거래자의 입장에서 전체적, 객관적, 이격적으로 관찰하여 상품의 출처에 관하여 오인·혼동을 일으킬 우려가 있는지 여부에 의하여 판단하여야 하는 것이므로, 외관·호칭·관념 중에서 어느 하나가 유사하다 하더라도 전체로서의 상표가 일반 수요자나 거래자가 상표에 대하여 느끼는 직관적 인식을 기준으로 하여 명확히 출처의 오인·혼동을 피할 수 있는 경우에는 유사한 것이라고 할 수 없으나, 반대로 서로 다른 부분이 있어도 그 호칭이나 관념이 유사하여 일반 수요자나 거래자가 오인·혼동하기 쉬운 경우에는 유사상표라고 보아야 한다(대법원 2000. 4. 25. 선고 99후1096 판결 참조).

기록에 비추어 살펴보면, 이 사건 출원상표/서비스표 "SPRITZER"는 '스프리쩌'로 호칭되고, 인용상표 "≡SPRIT" 는 '스프리트' 또는 '스프릿'으로 호칭되어('E'를 '≡'로 표기하거나 도형화하는 경우는 거의 없으므로 '≡'를 'E'로 이해하기는 어렵다 할 것이다) 첫 3음절의 발음이 동일하여 호칭에 있어서 일부 유사한 점이 있으나, 첫 3음절인 '스프리'는 강한 음이라고 할 수 없는 반면 이 사건 출원상표/서비스표의 마지막 음절 '쩌'는 된소리로서 매우 강한 음이고, 인용상표의 마지막 음절 '트'는 '쩌'와는 계열을 달리 하는 거센소리인 차이가 있으며('트'가 어미에 오는 경우 '스프릿'과 같이 약하게 발음되는 경우도 많을 것이다), 이 사건 출원상표/서비스표는 로마자로만 구성되어 있으나 인용상표들은 로마자 'SPRIT' 앞에 '≡'가 결합되어 있되, 그 형태가 마치 'SPRIT'와 일체로 결합된 로마자의 하나와 같은 독특한 형태를 취하고 있어 외관에 있어서 양 표장은 현저히 상이하고, 관념에

있어서도 유사성이 없어 일반 수요자나 거래자의 직관적 인식을 기준으로 외관·호칭·관념을 전체로 관찰하면 양 표장이 상품이나 서비스업 출처의 오인·혼동을 일으킬 우려가 있을 정도로 유사하다고 보기는 어렵다 할 것이다.

원심이, 인용상표의 '≡'가 'E'를 도형화한 것으로 일반 수요자나 거래자들에게 직감된다고 보아 인용상표를 'ESPRIT'로 전제한 뒤 그 호칭과 관념을 이 사건 출원상표/서비스표와 대비한 부분은 적절하지 아니하다 할 것이나, 결국 양 표장이 서로 유사하지 않다고 판단한 것은 정당하고, 거기에 상고이유로 주장하는 바와 같은 상표의 유사 여부 판단에 관한 법리오해, 심리미진의 위법이 있다고 할 수 없다.

그러므로 상고를 기각하고, 상고비용은 패소자의 부담으로 하기로 하여 관여 법관의 일치된 의견으로 주문과 같이 판결한다.

대법관 이규홍(재판장) 송진훈 변재승(주심) 윤재식

71. 대법원 2017. 2. 9. 선고 2015후1690 판결 【등록무효(상)】

[공2017상,591]

【판시사항】

[1] 둘 이상의 문자 또는 도형의 조합으로 이루어진 결합상표의 유사 여부를 판단하는 방법

[2] 상표에서 요부가 존재하는 경우 그 부분이 분리관찰되는지 따질 필요 없이 요부만 대비함으로써 상표의 유사 여부를 판단할 수 있는지 여부(적극) 및 상표의 구성 부분이 요부인지 판단하는 방법 / 이러한 법리가 서비스표에도 마찬가지로 적용되는지 여부(적극)

[3] 선등록서비스표 "자 생", "자생한의원", "자생한방병원" 등의 서비스표권자 갑이 '한방의료법, 성형외과업' 등을 지정서비스업으로 하는 등록서비스표 "자생조"의 서비스표권자 을을 상대로 등록서비스표가 구 상표법 제7조 제1항 제11호 및 제12호의 등록무효 사유에 해당한다며 등록무효심판을 청구한 사안에서, 선등록서비스표 등과 등록서비스표는 요부인 '자생'을 기준으로 대비하면 호칭과 관념이 동일하여 유사한 서비스표에 해당함에도 이와 달리 본 원심 판결에 서비스표의 유사에 관한 법리를 오해하여 심리를 다하지 않은 잘못이 있다고 한 사례

【판결요지】

[1] 둘 이상의 문자 또는 도형의 조합으로 이루어진 결합상표는 그 구성 부분 전체의 외관, 호칭, 관념을 기준으로 상표의 유사 여부를 판단하는 것이 원칙이나, 상표 중에

서 일반 수요자에게 그 상표에 관한 인상을 심어주거나 기억·연상을 하게 함으로써 그 부분만으로 독립하여 상품의 출처표시기능을 수행하는 부분, 즉 요부가 있는 경우 적절한 전체관찰의 결론을 유도하기 위해서는 요부를 가지고 상표의 유사 여부를 대비·판단하는 것이 필요하다.

[2] 상표에서 요부는 다른 구성 부분과 상관없이 그 부분만으로 일반 수요자에게 두드러지게 인식되는 독자적인 식별력 때문에 다른 상표와 유사 여부를 판단할 때 대비의 대상이 되는 것이므로, 상표에서 요부가 존재하는 경우에는 그 부분이 분리관찰이 되는지를 따질 필요 없이 요부만으로 대비함으로써 상표의 유사 여부를 판단할 수 있다.

그리고 상표의 구성 부분이 요부인지는 그 부분이 주지·저명하거나 일반 수요자에게 강한 인상을 주는 부분인지, 전체 상표에서 높은 비중을 차지하는 부분인지 등의 요소를 따져 보되, 여기에 다른 구성 부분과 비교한 상대적인 식별력 수준이나 그와의 결합상태와 정도, 지정상품과의 관계, 거래실정 등까지 종합적으로 고려하여 판단하여야 한다.

이러한 법리는 서비스표에 대하여도 마찬가지로 적용된다.

[3] 지정서비스업이 한의원업 또는 한방병원업 등인 선등록서비스표 "자 생", "자 생 한 의 원", "자 생 한 방 병 원" 등의 서비스표권자 갑이 '한방의료업, 성형외과업' 등을 지정서비스업으로 하는 등록서비스표 "자생초"의 서비스표권자 을을 상대로 등록서비스표가 구 상표법(2016. 2. 29. 법률 제14033호로 전부 개정되기 전의 것) 제7조 제1항 제11호 및 제12호의 등록무효 사유에 해당한다며 등록무효심판을 청구한 사안에서, 선등록서비스표 등과 등록서비스표는 모두 요부가 '자생'이므로, '자생'이 분리관찰이 되는지를 따질 필요 없이 위 서비스표들을 '자생'을 기준으로 대비하면 호칭과 관념이 동일하여 유사한 서비스표에 해당함에도 이와 달리 본 원심판결에 서비스표의 유사에 관한 법리를 오해하여 심리를 다하지 않은 잘못이 있다고 한 사례.

【참조조문】

[1] 구 상표법(2016. 2. 29. 법률 제14033호로 전부 개정되기 전의 것) 제7조 제1항 제7호(현행 제34조 제1항 제7호 참조) [2] 구 상표법(2016. 2. 29. 법률 제14033호로 전부 개정되기 전의 것) 제2조 제3항, 제7조 제1항 제7호(현행 제34조 제1항 제7호 참조), 제11호(현행 제34조 제1항 제11호 참조), 제12호(현행 제34조 제1항 제12호 참조) [3] 구 상표법(2016. 2. 29. 법률 제14033호로 전부 개정되기 전의 것) 제2조 제3항, 제7조 제1항 제7호(현행 제34조 제1항 제7호 참조),

제11호(현행 제34조 제1항 제11호 참조), 제12호(현행 제34조 제1항 제12호 참조)

【참조판례】

[1] 대법원 2006. 1. 26. 선고 2003도3906 판결(공2006상, 356)
대법원 2006. 11. 9. 선고 2006후1964 판결
대법원 2011. 1. 27. 선고 2010도7352 판결
대법원 2014. 6. 26. 선고 2012다12849 판결

【전 문】

【원고, 상고인】 원고(소송대리인 변리사 박영순 외 3인)

【피고, 피상고인】 피고

【원심 판결】 특허법원 2015. 9. 18. 선고 2015허3887 판결

【주 문】

원심 판결을 파기하고, 사건을 특허법원에 환송한다.

【이 유】

상고이유(상고이유서 제출기간이 지난 후에 제출된 상고이유보충서의 기재는 상고이유를 보충하는 범위 내에서)를 판단한다.

1. 둘 이상의 문자 또는 도형의 조합으로 이루어진 결합상표는 그 구성 부분 전체의 외관, 호칭, 관념을 기준으로 상표의 유사 여부를 판단하는 것이 원칙이나, 상표 중에서 일반 수요자에게 그 상표에 관한 인상을 심어주거나 기억·연상을 하게 함으로써 그 부분만으로 독립하여 상품의 출처표시기능을 수행하는 부분, 즉 요부가 있는 경우 적절한 전체 관찰의 결론을 유도하기 위해서는 그 요부를 가지고 상표의 유사 여부를 대비·판단하는 것이 필요하다(대법원 2006. 1. 26. 선고 2003도3906 판결, 대법원 2006. 11. 9. 선고 2006후1964 판결, 대법원 2011. 1. 27. 선고 2010도7352 판결, 대법원 2014. 6. 26. 선고 2012다12849 판결 등 참조).

   상표에서 요부는 다른 구성 부분과 상관없이 그 부분만으로 일반 수요자에게 두드러지게 인식되는 독자적인 식별력 때문에 다른 상표와 유사 여부를 판단할 때 대비의 대상이 되는 것이므로, 상표에서 요부가 존재하는 경우에는 그 부분이 분리관찰이 되는지를 따질 필요 없이 요부만으로 대비함으로써 상표의 유사 여부를 판단할 수 있다고 보아야 한다.

   그리고 상표의 구성 부분이 요부인지 여부는 그 부분이 주지·저명하거나 일반 수요자에게 강한 인상을 주는 부분인지, 전체 상표에서 높은 비중을 차지하는 부분인지 등의 요소를 따져 보되, 여기에 다른 구성 부분과 비교한 상대적인 식별력 수준이나 그와의

결합상태와 정도, 지정상품과의 관계, 거래실정 등까지 종합적으로 고려하여 판단하여야 한다.

이러한 법리는 서비스표에 대하여도 마찬가지로 적용된다.

2. 위 법리와 기록에 비추어 살펴본다.

원심 판시 이 사건 등록서비스표(서비스표등록번호 제176248호)는 '한방의료업, 성형외과업' 등을 지정서비스업으로 하여 오른쪽과 같이 구성되어 있다. 원심 판시 이 사건 선등록서비스표 1과 2는 각 '한의원업' 등을 지정서비스업으로 하여, 선등록서비스표 3은 '한방병원업' 등을 지정서비스업으로 하여 각 오른쪽과 같이 구성되어 있고, 원심 판시 이 사건 선사용서비스표는 '한의원업' 등의 서비스업에 사용되고 오른쪽과 같이 구성되어 있다.

이 사건 등록서비스표
자생초

선등록서비스표 1
자 생

선등록서비스표 2
자 생 한 의 원

선등록서비스표 3
자 생 한 방 병 원

선사용서비스표
자생한방병원

문자로 이루어진 이 사건 선등록서비스표들과 선사용서비스표(이하, '이 사건 선등록서비스표 등'이라고 한다)가 공통으로 가지고 있는 '자생' 부분은 '자기 자신의 힘으로 살아감', '저절로 나서 자람' 등의 의미를 가진 단어로서 지정서비스업이나 사용서비스업과의 관계에서 본질적인 식별력이 있는 반면, 이 사건 선등록서비스표 2, 3 및 선사용서비스표의 '한의원'이나 '한방병원' 부분은 그 지정서비스업이나 사용서비스업을 나타내는 부분으로서 식별력이 없다. 나아가 기록에 의하여 알 수 있는 '자생한의원'이나 '자생한방병원'이라는 서비스표가 '한방의료업' 등에 사용된 기간, 언론에 소개된 횟수와 내용, 그 홍보의 정도 등에 비추어 볼 때 위 서비스표들에서 식별력이 있는 '자생' 부분은 이 사건 등록서비스표의 지정서비스업과 동일·유사하거나 최소한 경제적 견련성이 있는 '한방

의료업' 등과 관련하여 일반 수요자들에게 널리 인식되어 그 식별력이 더욱 강해졌다고 할 수 있다. 이러한 점 등을 종합하여 보면 이 사건 선등록서비스표 등에서 '자생'은 독립적인 식별표지 기능을 발휘하는 요부에 해당한다.

한편 이 사건 등록서비스표의 문자 부분 중 '자생' 부분은 이 사건 선등록서비스표 등의 요부와 동일하여 마찬가지로 강한 식별력을 가지는 반면에 '초' 부분은 약초(약초)나 건초(건초) 등과 같이 '풀'을 의미하는 한자어로 많이 사용되어 그 지정서비스업과 관련하여 약의 재료나 원료 등을 연상시킨다는 점에서 식별력이 높지 않다고 보일 뿐만 아니라, 강한 식별력을 가지는 '자생' 부분과 비교하여 볼 때 상대적인 식별력도 미약하다. 나아가 '자생초'가 '스스로 자라나는 풀' 등의 의미를 가진다고 하더라도 이는 사전에 등재되어 있지 아니한 단어로서 '자생'과 '초' 각각의 의미를 결합한 것 이상의 새로운 의미가 형성되는 것도 아니라는 점 등까지 보태어 보면, 이 사건 등록서비스표의 문자 부분 중 '자생'이 '초'와 결합한 일체로서만 식별표지 기능을 발휘한다고 보기는 어렵다. 또한 이 사건 등록서비스표 중 네모 도형은 별다른 특징이 없는 부분으로서 문자 부분과의 결합상태와 정도 등에 비추어 위와 같은 판단에 아무런 영향을 줄 수 없다. 이러한 사정 등을 종합하여 보면 이 사건 등록서비스표에서는 '자생' 부분이 독립적인 식별표지 기능을 발휘하는 요부라고 할 수 있다.

그렇다면 이 사건 선등록서비스표 등과 이 사건 등록서비스표는 모두 요부가 '자생'이라고 할 것이므로, '자생'이 분리관찰이 되는지를 따질 필요 없이 위 서비스표들을 '자생'을 기준으로 대비하면 그 호칭과 관념이 동일하여 유사한 서비스표에 해당한다고 할 것이다.

그럼에도 원심은 이 사건 선등록서비스표 등과 이 사건 등록서비스표는 호칭과 관념 등이 유사하지 않아 그 표장이 유사하지 않다고 판단하였으니, 이러한 원심 판결에는 서비스표의 유사에 관한 법리를 오해하여 필요한 심리를 다하지 아니하는 등으로 판결에 영향을 미친 잘못이 있다.

3. 그러므로 원심 판결을 파기하고, 사건을 다시 심리·판단하도록 원심법원에 환송하기로 하여, 관여 대법관의 일치된 의견으로 주문과 같이 판결한다.

대법관 이기택(재판장) 김용덕 김신(주심) 김소영

72. 대법원 2005. 5. 12. 선고 2003후1192 판결 【거절결정(상)】

[공2005.6.15.(228),984]

【판시사항】

[1] 출원서비스표의 지정서비스업인 '관현악단운영업, 관현악단공연업, 국악관현악단운

영업, 국악관현악단공연업'이 선등록서비스표의 지정서비스업인 '영화제작업, 영화필름임대업, 쇼제작업, 무대장치임대업, 쇼장치임대업'과 유사하지 않으므로 상표법 제7조 제1항 제7호의 거절이유가 없다고 한 사례

[2] 출원서비스표 "세종문화회관 서울시국악관현악단 SEJONG CENTER Seoul Metropolitan Traditional Music Orchestra"는 상표법 제7조 제1항 제11호의 수요자를 기만할 염려가 있는 서비스표에 해당하지 않는다고 한 사례

【판결요지】

[1] 출원서비스표의 지정서비스업인 '관현악단운영업, 관현악단공연업, 국악관현악단운영업, 국악관현악단공연업'이 선등록서비스표의 지정서비스업인 '영화제작업, 영화필름임대업, 쇼제작업, 무대장치임대업, 쇼장치임대업'과 유사하지 않으므로 상표법 제7조 제1항 제7호의 거절이유가 없다고 한 사례.

[2] 출원서비스표 "세종문화회관 서울시국악관현악단 SEJONG CENTER Seoul Metropolitan Traditional Music Orchestra"의 한글 부분의 요부는 '서울시립국악관현악단'이 아니라 '세종문화회관 서울시국악관현악단'이어서 단어의 뜻만으로 곧 서울특별시에서 설립·운영하는 국악관현악단이라고 인식된다고 단정하기 어렵고 오히려 '세종문화회관에서 운영하는 서울에 있는 국악관현악단'이라고 인식될 수 있는 한편, 재단법인 세종문화회관이 서울특별시와 매우 밀접한 관련을 가지고 있어 위 출원서비스표를 등록하여 사용함에 따라 일반 수요자들이 세종문화회관이 운영하는 관현악단이나 국악관현악단이 서울특별시와 밀접한 관련이 있다거나 혹은 서울특별시에서 운영에 어느 정도 관여하는 것으로 이해한다고 하더라도 이를 가리켜 수요자를 기만하는 것이라고 할 수 없으므로 위 출원서비스표는 상표법 제7조 제1항 제11호에 해당하지 않는다고 한 사례.

【참조조문】

[1] 상표법 제7조 제1항 제7호[2] 상표법 제7조 제1항 제11호

【전 문】

【원고,피상고인】 재단법인 세종문화회관(소송대리인 특허법인 엘엔케이 담당변리사 이상호 외 1인)

【피고,상고인】 특허청장

【원심 판결】 특허법원 2003. 4. 25. 선고 2002허8264 판결

【주 문】

상고를 기각한다. 상고비용은 피고가 부담한다.

【이 유】

상고이유를 판단한다.

1. 상고이유 제1점에 대하여

가. 원심의 판단

원심은, 이 사건 출원서비스표는 도형 부분, 한글 부분 및 영문자 부분으로 이루어진 결합서비스표로서, 도형 부분은 식별력이 없어 한글 부분과 영문자 부분 중 한 부분에 의하여 분리 인식될 수 있고, 한글 부분은 '세종문화회관'과 '서울시국악관현악단'으로 인식, 호칭될 수 있다고 판단한 후, 적법한 사실인정에 터잡아 이 중 '세종문화회관' 부분은 국민 대다수가 서울 종로구 세종로에 위치한 문화예술공간의 고유한 명칭으로 쉽게 인식할 정도로 일반인에게 널리 알려졌음을 인정하고, 따라서 '세종', '문화' 및 '회관'의 각 구성부분으로 분리하여 인식되지 아니하고 언제나 그 전체로서 인식되고 호칭되므로, 한문 '세종문화'를 요부로 하는 등록번호 제46627호 등록서비스표(이하 '선등록서비스표 1'이라고 한다)의 호칭인 '세종문화'나 로마자 'SEJONG'을 도형화한 등록번호 제46628호 등록서비스표(이하 '선등록서비스표 2'라고 한다)의 호칭인 '세종'과 호칭이 다르고 나아가 관념도 상이하다고 판단하였다.

원심은 나아가, 이 사건 출원서비스표의 지정서비스업 '관현악단운영업, 관현악단공연업, 국악관현악단운영업, 국악관현악단공연업'은 관현악단 또는 국악관현악단을 조직, 운영하고 이를 통하여 일반 관객들에게 공연 서비스를 제공하는 것이고, 선등록서비스표들의 지정서비스업 '영화제작업, 영화필름임대업, 쇼제작업, 무대장치임대업, 쇼장치임대업' 등은 모두 일반 관객이 아닌 영화상영자, 음반제작자, 공연업자 등에게 영화 제작, 쇼 제작, 무대장치 임대, 쇼장치 임대 등 서비스를 제공하는 것이어서, 서비스업의 성격, 용도, 서비스 제공자 및 이용자 등이 다르므로 이 사건 출원서비스표의 지정서비스업과 선등록서비스표들의 지정서비스업은 유사한 서비스업이 아니고, 따라서 이 사건 출원서비스표에 상표법 제7조 제1항 제7호의 거절이유가 있다고 할 수 없다는 취지로 판단하였다.

나. 대법원의 판단

등록출원된 서비스표가 상표법 제7조 제1항 제7호에서 정한 거절이유가 있는지 판단하기 위하여는 출원서비스표의 표장과 선등록서비스표의 표장이 유사한지, 그리고 나아가 출원서비스표와 선등록서비스표의 각 지정서비스업이 서로 유사한지 여부를 판단하여야 할 것인바, 먼저 표장의 유사 여부에 관하여 출원서비스표가 문자와 문자 또는 문자와 도형의 각 구성 부분이 결합된 결합서비스표인 경우는 반드시 그 구성 부분 전체에 의하여 호칭·관념되는 것이 아니라 각 구성 부분이 분리관찰되면 거래상 자연스럽지 못하다고 여겨질 정도로 불가분적으로 결합되어 있는 것이 아닌 한 그 구성 부분 중 일부만에 의하여 간략하게 호칭·관념될 수도 있는 것이고,

또 하나의 서비스표에서 두 개 이상의 칭호나 관념을 생각할 수 있는 경우에 그 중 하나의 호칭·관념이 타인의 상표와 동일 또는 유사하다고 인정될 때에는 두 서비스표는 유사한 것으로 판단하여야 할 것이며(대법원 1987. 2. 24. 선고 86후136 판결, 2000. 10. 27. 선고 2000후815 판결 등 참조), 나아가 지정서비스업의 유사 여부는 제공되는 서비스의 성질이나 내용, 제공 수단, 제공 장소, 서비스업의 제공자 및 수요자의 범위 등 거래의 실정 등을 고려하여 일반거래의 통념에 따라 판단하여야 할 것이다(대법원 2002. 7. 12. 선고 2000후2156 판결, 2002. 7. 26. 선고 2002후673 판결 참조).

원심은 이 사건 출원서비스표가 한글 부분과 영문자 부분 중 한 부분에 의하여 분리인식될 수 있다고 판단하였음에도, 한글 부분이 선등록서비스표들과 유사하지 아니하다고만 판단하고 있을 뿐, 영문자 부분이 선등록서비스표들과 유사한지 여부에 대하여는 판단하지 아니한 잘못이 있다.

그러나 등록출원된 서비스표에 상표법 제7조 제1항 제7호에서 정하는 거절이유가 있다고 하기 위하여는 앞서 본 바와 같이 출원서비스표의 표장이 선등록서비스표의 표장과 유사할 뿐 아니라 지정서비스업도 유사하여야 할 것인바, 설령 이 사건 출원서비스표의 영문자 부분이 선등록서비스표 2와 호칭에서 유사하다고 하더라도 그 지정서비스업에 있어서는 유사하지 아니하다는 원심의 위와 같은 판단은 기록과 위 법리에 비추어 살펴보면 정당하고 거기에 상고이유에서 주장하는 바와 같은 법리오해의 위법이 없으므로, 위에서 지적한 잘못은 원심 판결의 결론에 영향을 미치지 아니한다 할 것이고, 따라서 원심이 이 사건 출원서비스표가 상표법 제7조 제1항 제7호의 거절이유가 있다는 주장을 받아들이지 아니한 것은 정당하며, 거기에 상고이유에서 주장하는 바와 같은 위 법규정에 관한 법리오해의 위법이 없다.

2. 상고이유 제2점에 대하여

원심은 이 사건 심결이 이 사건 출원서비스표에 대하여 상표법 제7조 제1항 제11호에 해당하는지 여부에 관하여 판단한 바 없으므로, 이 사건 출원서비스표가 서울특별시에서 운영하는 국악관현악단으로 오인·혼동할 우려가 있어 위 규정에 의하여 등록 거절되어야 한다는 피고의 주장은 새로운 별개의 사실을 처분사유로 주장하는 것으로서 허용되지 아니한다고 판단하였다.

그러나 거절결정 불복심판 청구를 기각하는 심결의 취소소송에서 특허청장은 거절결정의 이유와 다른 새로운 거절이유에 해당하지 않는 한 심결에서 판단되지 않은 것이라고 하더라도 심결의 결론을 정당하게 하는 사유를 주장·입증할 수 있다고 할 것이고(대법원 2003. 2. 26. 선고 2001후1617 판결 참조), 기록에 의하면, 이 사건 출원서비스표의 등록출원에 관한 심사단계에서 특허청 심사관은 이 사건 출원서비스표가 선등록서비스표들과 유사하다는 거절이유(상표법 제7조 제1항 제7호)뿐만 아니라, 수요자를 기만할 염려가 있다는 거절이유(같은 항 제11호)를 원고에게 통지하고 기간을 정하여 의견서를 제출할 수 있는 기회를 준 다음 이러한 이유들을 들어 이 사건 출원서비스표의 등록출원에 대하여 거절결정을 하였음을 알 수 있으므로, 설령 원고의 거절결정 불복심판청구에 대하여 특허심판원이 이 사건 출원서비스표가 상표법 제7조 제1항 제11호에 해당하는지 여부를 판단하지 아니하고 원고의 위 심판청구를 기각하는 이 사건 심결을 하였다고 하더라도, 원심으로서는 이 사건 출원서비스표가 상표법 제7조 제1항 제11호가 정하는 등록거절사유에 해당하는지에 대하여도 판단하였어야 할 것이다.

그런데 이 사건 출원서비스표의 한글 부분의 요부는 거절결정에서 들고 있는 바와 같은 '서울시립국악관현악단'이 아니라 '세종문화회관 서울시국악관현악단'이어서, 이 사건 출원서비스표의 한글 부분의 요부가 단어의 뜻만으로 곧 서울특별시라는 자치단체에서 설립하고 운영하는 국악관현악단이라고 인식된다고 단정하기 어려우며, 오히려 '세종문화회관에서 운영하는 서울에 있는 국악관현악단'이라고 인식될 수 있는 한편, 나아가 기록에 의하면 원고 재단법인은 서울특별시 조례 제3578호 "재단법인 세종문화회관설립·운영조례"에 의하여 설립되어 서울특별시의 출연금 및 보조금, 기타 수입금, 그리고 이사회 의결 후 시장의 승인을 받은 재산을 기본재산으로 하고 있는 법인으로서, 정관에 기재된 목적도 서울특별시 시민의 사회문화복지 구현에 이바지하는 것이며, 원고 재단법인의 당연직 이사는 모두 서울특별시 공무원 혹은 시의원으로 되어 있고, 그 산하에는 관현악단과 국악관현악단을 두고 있는 단체로서, 원고 재단법인은 서울특별시와 매우 밀접한 관련을 가진 재단법인이며, 서울특별시는 원고 재단법인의 기본재산이나 이사회를 통하여 직·간접적으로 원고 재단법인의 운영은 물론 그 산하 단체인 관현악단과 국악관현악단의 운영에 영향력을 행사할 것으로 보이고, 원고 재단법인과는 별도로 서울특별시에서 관현악단이나 국악관현악단을 운영할 것으로는 보이지 아니하여, 설령 원고 재단법인이 '세종문화회관 서울시국악관현악단'이라는 요부를 가진 이 사건 출원서비스표를 등록하여 사용함에 따라 일반 수요자들이 원고 재단법인이 운영하는 관현악단이나 국악관현악단이 서울특별시와 밀접한 관련이 있다거나 혹은 서울특별시에서 운영에 어느 정도 관여하는 것으로 이해한다고 하더라도 이를 가리켜 수요자를 기만하는 것이라고 할 수 없을 것이다.

그렇다면 원심이 위와 같이 피고가 이 사건 출원서비스표에 대하여 상표법 제7조 제1항 제11호에 해당한다는 주장을 할 수 없다고 판단한 것은 위법하다 할 것이나, 위와 같은 위법이 원심 판결의 결론에 영향을 미치지는 아니한다 할 것이고, 따라서 결과적으로 원심이 이 사건 출원서비스표가 상표법 제7조 제1항 제11호에 해당한다는 주장을 받아들이지 아니한 것은 정당하고, 거기에 상고이유에서 주장하는 바와 같은 위 법규정에 관한 법리오해의 위법이 없다.

3. 그러므로 상고를 기각하고, 상고비용은 패소자인 피고가 부담하기로 관여 대법관의 의견이 일치되어 주문과 같이 판결한다.

대법관 고현철(재판장) 강신욱(주심) 김영란

73. 특허법원 2012. 6. 21. 선고 2012허2494 판결【등록무효(상)】

[미간행]

【전 문】

【원 고】 원고(소송대리인 변호사 이강우)

【피 고】 경진식품 주식회사(소송대리인 변리사 연성흠 외 1인)

【변론종결】

2012. 5. 31.

【주 문】

1. 원고의 청구를 기각한다.
2. 소송비용은 원고가 부담한다.

【청구취지】

특허심판원이 2012. 3. 2. 2011당2332호 사건에 관하여 한 심결을 취소한다.

【이 유】

1. 기초적 사실관계

가. 이 사건 등록상표

1) 출원일/ 등록일/ 등록번호 : 2009. 5. 20./ 2011. 7. 27./(등록번호 1 생략)(대법원 판결의 등록번호 생략)

2) 구성 : 

3) 지정상품 : 상품류 구분 제29류의 닭고기구이, 돼지고기구이, 소고기구이, 오리고기구이, 육포구이, 소시지구이, 오징어구이, 조개구이, 새우구이, 가공된 생선구이.

4) 상표권자 : 원고

나. 비교대상상표

1) 출원일/ 등록일/ 등록번호 : 1999. 10. 18./ 2000. 12. 1./(등록번호 2 생략)

2) 구성 : 

3) 지정상품 : 상품류 구분 제29류의 닭고기, 돼지고기, 소고기, 오리고기, 육포, 소시지, 오징어, 조개, 새우, 생선을 저민 조각.

4) 상표권자 : 소외 1

다. 이 사건 심결의 경위

2011. 9. 26. 피고 회사, 원고를 상대로 이 사건 등록상표에 관한 등록무효심판을 청구(2011당2332호). (이유 : 이 사건 등록상표는, ① 상표권이 소멸한 날부터 1년이 경과하지 아니한 비교대상상표와 그 표장 및 지정상품이 동일·유사한 것으로서 상표법 제7조 제1항 제8호에 해당하거나, ② 비교대상상표를 모방한 것으로서 상표법 제7조 제1항 제4호 및 제11호에 해당함.)

2012. 3. 2. 특허심판원, 이 사건 등록상표가 상표법 제7조 제1항 제8호에 해당한다는 이유로 피고 회사의 위 심판청구를 받아들이는 이 사건 심결을 함.

【인정 근거】 다툼 없는 사실, 갑 제1, 3, 6호증, 변론 전체의 취지

2. 이 사건 심결의 당부에 관한 판단

가. 원고의 주장 요지

이 사건 등록상표가 비교대상상표와 대비하여 상표법 제7조 제1항 제8호에 해당한다고는 할 수 없음에도, 이와 결론을 달리하여 이 사건 등록상표가 같은 호에 해당한다고 판단한 이 사건 심결은 부당하다.

나. 이 사건 등록상표가 상표법 제7조 제1항 제8호에 해당하는 것인지 여부

1) 관련 규정 및 적용 법리

가) 상표법 제7조 제1항 제8호는 '상표권이 소멸한 날로부터 1년이 경과하지 아니한 타인의 등록상표와 동일 또는 유사한 상표로서 그 지정상품과 동일 또는 유사한 상품에 사용하는 상표'를 등록받을 수 없는 것으로 규정하고 있다.

나) 한편, 상표법 제7조 제3항은 "제1항 제8호의 규정은 상표등록출원 시에 이에 해당하는 것에 대하여 적용한다."라고 규정하고 있으므로 같은 조 제1항 제8호에서 말하는 1년의 경과 여부는 상표등록출원 시를 기준으로 하여 판단하여야 한다(대법원 1995. 4. 25. 선고 93후1834 전원합의체 판결 등 참조).

2) 비교대상상표의 상표권이 소멸한 날로부터 1년의 경과 여부

가) 을 제1호증의 1의 기재에 의하면, 비교대상상표의 상표권자인 소외 1이 2005.

6. 20. 사망한 사실을 인정할 수 있다. 그런데 상표법 제64조 제1항은 "상표권자가 사망한 날부터 3년 이내에 상속인이 그 상표권의 이전등록을 하지 아니한 경우에는 그 상표권자가 사망한 날부터 3년이 되는 날의 다음날에 상표권이 소멸한다."라고 규정하고 있다. 이 사건에서 소외 1이 사망한 날부터 3년 이내에 그 상속인이 상표권의 이전등록을 하였다고 볼 만한 아무런 자료가 없는 이상, 비교대상상표의 상표권은 상표권자인 소외 1이 사망한 날부터 3년이 되는 날의 다음날인 2008. 6. 21. 소멸하였다 할 것이다.

나) 그런데 이 사건 등록상표는 2009. 5. 20.에 출원되었음은 앞서 본 바와 같고, 위 출원 일자는 비교대상상표의 상표권이 소멸한 2008. 6. 21.로부터 1년이 경과하지 아니한 일자임은 역수상 명백하다. 따라서 이 사건 등록상표의 출원 당시 비교대상상표의 상표권이 소멸한 날로부터 1년이 경과하지 아니하였다.

3) 이 사건 등록상표와 비교대상상표의 표장·지정상품의 동일·유사 여부

가) 표장의 대비

(1) 무릇 문자와 도형의 각 구성 부분이 합쳐진 결합상표는 반드시 그 구성 부분 전체에 의하여 호칭·관념되는 것이 아니라 각 구성 부분을 분리하여 관찰하면 거래상 자연스럽지 못하다고 여겨질 정도로 불가분적으로 결합된 것이 아닌 한 그 구성 부분 중 일부에 의하여 간략하게 호칭·관념될 수도 있으며, 또 하나의 상표에서 두 개 이상의 호칭이나 관념을 생각할 수 있는 경우에 그 중 하나의 호칭·관념이 타인의 상표와 동일 또는 유사하다고 인정될 때에는 두 상표는 유사하다고 보아야 한다(대법원 2004. 10. 15. 선고 2003후1871 판결 등 참조).

(2) 이 사건 등록상표()는 도형만으로 구성된 상표이고, 비교대상상표

()는 도형 부분 "  "과 문자 부분 "쿠이맨"의 결합상표이다. 그런데 비교대상상표에서 위 도형 부분과 문자 부분의 결합으로써 새로운 관념을 낳는다고 할 수 없고, 이를 분리하여 관찰하는 것이 자연스럽지 못하다고 여겨질 정도로 불가분적으로 결합되어 있다고 보기도 어려우므로, 양 구성 부분이 모두 식별력이 없는 경우에 해당하지 아니하는 한 그 중 어느 하나에 의하여 간략하게 호칭·관념될 수도 있다고 보아야 한다. 그런데 위

도형 부분()은 위 도형 부분이 차지하는 비중이 작지 아니할 뿐만 아니

라 상당한 정도의 독창성을 가지는 구성으로서 독립적인 식별력을 가진다고 할 것이므로, 비교대상상표는 위 도형 부분만으로 간략하게 호칭되거나 관념될 수도 있다고 봄이 타당하다.

(3) 그렇다면, 이 사건 등록상표와 비교대상상표의 도형 부분은 모두 보통으로 불리는 호칭이 있다고 볼 수 없으므로 그 호칭을 대비하기는 어렵기는 하나, 비교대상상표가 위 도형 부분만으로 간략하게 관념된다면, 이 사건 등록상표와 비교대상상표는 모두 '오징어 머리와 같은 삼각형의 의인화된 얼굴과 치켜세운 엄지손가락'으로 관념될 것이므로, 이 사건 등록상표와 비교대상상표는 그 표장이 전체적으로 유사하다 할 것이다(이러한 대비결과에 대해서 당사자 사이에도 별다른 다툼이 없다.).

나) 지정상품의 대비

이 사건 등록상표의 지정상품인 '닭고기구이, 돼지고기구이, 소고기구이, 오리고기구이, 육포구이, 소시지구이, 오징어구이, 조개구이, 새우구이, 가공된 생선구이'는 모두 비교대상상표의 지정상품인 '닭고기, 돼지고기, 소고기, 오리고기, 육포, 소시지, 오징어, 조개, 새우, 생선을 저민 조각'과 대비할 때 '구이'로 각 특정한 차이밖에 존재하지 아니하므로, 양 상표의 지정상품은 전체적으로 유사하다고 봄이 타당하다(이러한 대비결과에 대해서도 당사자 사이에 별다른 다툼이 없다).

4) 소 결

이상을 종합하면, 이 사건 등록상표는 그 출원 당시 상표권이 소멸한 날로부터 1년이 경과하지 아니한 타인의 등록상표인 비교대상상표와 유사한 상표로서 그 지정상품과 유사한 상품에 사용하는 상표로서 상표법 제7조 제1항 제8호에 해당한다 할 것이다.

다. 이 사건 쟁점에 관한 판단

1) 관련 규정

상표법 제7조 제4항 제1호는 '등록상표가 상표권이 소멸한 날부터 소급하여 1년 이상 사용되지 아니한 경우'에는 같은 조 제1항 제8호를 적용하지 아니한다고 규정하고 있다.

2) 당사자들의 주장

원고는, 비교대상상표가 그 상표권이 소멸한 날로부터 소급하여 1년 이상 사용되지 아니하였으므로, 비교대상상표를 대비대상으로 삼아 이 사건 등록상표에 관하여 상표법 제7조 제1항 제8호를 적용하여서는 안 된다고 주장한다. 이에 대하여 피고 회사는, 비교대상상표가 그 상표권이 소멸한 날로부터 소급하여 1년 이내에 사용되었다고 다툰다.

3) 비교대상상표의 사용 여부

가) 상표의 '사용'이라 함은 구 상표법(2011. 12. 2. 법률 제11113호로 개정되기 전의 것. 위 개정법률 부칙 제2조, 제7조에 의하여 이 사건의 경우는 그 개정 전의 종전의 규정이 적용된다.) 제2조 제1항 제6호에서 규정하고 있는 ① 상품 또는 상품의 포장에 상표를 표시하는 행위, ② 상품 또는 상품의 포장에 상표를 표시한 것을 양도 또는 인도하거나 그 목적으로 전시, 수출 또는 수입하는 행위, ③ 상품에 관한 광고, 정가표, 거래서류, 간판 또는 표찰에 상표를 표시하고 전시 또는 반포하는 행위 중 어느 하나에 해당하는 행위를 말한다.

참고도

나) 살피건대, 을 제8, 9, 19, 20, 22, 24, 25호증(가지번호가 있는 것은 각 가지번호 포함)의 각 기재와 증인 소외 3의 증언에 변론 전체의 취지를 종합하면, 피고 회사가 2004년경부터 현재까지 참고도와 같은 표장(이하 '실사용상표'라고 한다.)이 표시된 포장용지를 사용하여 비교대상상표의 지정상품들을 생산한 다음 이를 도·소매업자에게 판매하여 온 사실을 인정할 수 있다.

다) 그런데 (1) 실사용상표는 도형 및 문자에 색채만 부가되어 있을 뿐 그 전체적인 형상에 있어서 비교대상상표와 특별한 차이가 발견되지 아니하므로, 실사용상표는 거래사회의 통념상 비교대상상표와 동일하게 볼 수 있는 형태의 상표로서 비교대상상표의 동일성을 해치지 않을 정도로 변형하여 사용된 경우에 해당한다. (2) 그리고 피고 회사의 위와 같은 생산판매의 기간에는 비교대상상표의 상표권이 소멸한 날부터 소급한 1년에 해당하는 2007. 6. 21.부터 2008. 6. 20.까지의 기간이 포함되어 있다.

라) 이상을 종합하면, 피고 회사가 비교대상상표의 지정상품들의 포장에 비교대상상표와 동일한 실사용상표를 표시한 것을 양도함으로써, 비교대상상표는 그 상표권이 소멸한 날로부터 소급하여 1년 이내에 사용되었다고 할 것이다. 이를 지적하는 피고 회사의 주장은 이유 있고, 이와 달리 비교대상상표가 같은 기간 사용되지 아니하였다는 원고의 위 주장은 받아들일 수 없다.

4) 비교대상상표의 사용권한에 대한 원고의 주장에 관한 판단

가) 원고의 주장

피고 회사는 실사용상표 사용 당시 비교대상상표에 관하여 아무런 사용권한이 없었다. 따라서 피고 회사의 실사용상표 사용은 상표법 제7조 제4항 제1호에 규정된 등록상표의 '사용'에 해당하지 아니한다.

나) 판 단

(1) 원고의 위 주장은, 등록상표가 상표권자·전용사용권자 또는 통상사용권자 등 정당한 사용권한이 있는 자에 의하여 사용된 경우만을 상표법 제7조 제4항 제1호가 규정한 등록상표의 '사용'에 해당하는 것으로 보아야 한다는 점을 전제로 한 것으로 보인다. 그러나 다음과 같은 사정들을 종합하여 볼 때 상표법 제7조 제4항 제1호가 규정한 등록상표의 '사용'이 위와 같은 경우로 한정된다고 볼 수는 없다.

(가) 명문 규정상의 검토

① 먼저 문언상으로 상표법 제7조 제4항 제1호는 '등록상표가 사용되지 아니한 경우'라고 규정하고 있을 뿐이고, 달리 정당한 사용권한이 있는 자에 의하여 사용되지 아니한 경우이어야 한다는 취지로 명시되어 있지는 않으며, 이는 상표법 제73조 제1항 제3호가 '상표권자·전용사용권자 또는 통상사용권자' 중 누구도 정당한 이유 없이 등록상표를 그 지정상품에 대하여 취소심판청구일 전 계속하여 3년 이상 국내에서 사용하고 있지 아니한 경우에 등록취소심판을 청구할 수 있도록 규정함으로써, 사용권한이 있는 자에 의한 사용의 여부를 그 적용 요건으로 명시하고 있는 것과 명백히 구별된다. ② 그리고 위 구 상표법 제2조 제1항 제6호에서나 현행 상표법 제2조 제1항 제7호에서도, 상표의 '사용'이라 함은 상품 또는 상품의 포장에 상표를 표시하는 행위, 상품 또는 상품의 포장에 상표를 표시한 것을 양도 또는 인도하거나 그 목적으로 전시, 수출 또는 수입하는 행위 및 상품에 관한 광고, 정가표, 거래서류, 간판 또는 표찰에 상표를 표시하고 전시 또는 반포하는 행위 중 어느 하나에 해당하는 행위를 말한다고 규정하고 있을 뿐이고, 달리 정당한 사용권한이 있는 자에 의한 사용만을 상표의 '사용'에 해당하는 것으로 명시하고 있지 않다.

(나) 규정 취지상의 검토

① 상표법 제7조 제4항 제1호가 적용배제의 대상으로 삼고 있는 상표법 제7조 제1항 제8호는, 선출원등록상표가 소멸된 뒤에도 1년간 정도는 수요자 사이에 그 상표에 관한 기억과 신용이 남아 있어 상품출처에 관한 혼동을 일으킬 우려가 있으므로 이를 방지함과 아울러, 그 선출원 등록권리자에게 권리회복의 기회를 주려는 데에 그 규정 취지가 있고(대법원 1990. 11. 27. 선고 90후496 판결

참조), 이에 상응하여 상표법 제7조 제4항 제1호 또한, 등록상표가 상표권이 소멸한 날부터 소급하여 1년 이상 사용되지 아니한 경우에는 위와 같은 수요자의 오인·혼동의 우려가 없고 종전 권리자에게 권리회복의 기회를 줄 필요가 없으므로 예외로 하고 있다고 보인다. ② 그런데 선출원등록상표가 사용되기는 하였으나 그것이 상표권자·전용사용권자 또는 통상사용권자 등 정당한 사용권한이 있는 자에 의한 사용이 아니었다 하더라도, 그러한 점만으로 위와 같은 수요자의 오인·혼동의 우려가 발생하지 아니한다고 보기는 어려운 것이므로, 위와 같은 경우를 상표법 제7조 제4항 제1호가 규정한 등록상표의 '사용'에서 반드시 배제하여야 할 합리적인 근거를 찾기 어렵다.

(다) 규정의 조화로운 해석상의 검토

① 더욱이 상표법 제7조 제1항 제8호는 '상표등록을 무효로 한다는 심결이 있는 경우에 그 심결 확정일부터 1년이 경과하지 아니한 타인의 등록상표'와 동일 또는 유사한 상표로서 그 지정상품과 동일 또는 유사한 상품에 사용하는 상표에 대해서도 등록받을 수 없는 것으로 규정하고 있고, 이는 선출원등록상표의 상표등록이 무효로 됨으로써 상표권의 효력 자체가 소급하여 소멸하는 경우에도 여전히 그 수요자 사이에서는 상품출처에 관한 혼동이 생길 수 있으므로 이를 방지하고자 하는 데에 그 규정의 존재의의를 찾을 수 있다 할 것이다. ② 그렇다면 적법·유효한 선출원등록상표를 사용하였음에도 불구하고 그것이 전용사용권자나 통상사용권자 등 적법한 사용권자에 의한 사용이 아니었다는 사정만으로 상표법 제7조 제4항 제1호에서 규정한 등록상표의 '사용'이 없었던 것으로 보아 결국 상표법 제7조 제1항 제8호를 적용하지 아니하는 것은 위와 같이 상표권이 소급하여 처음부터 무효인 경우(이 경우에는 상표권자의 사용도 실질적으로는 정당한 권한이 없는 자에 의한 사용에 해당한다고 볼 수밖에 없다)에도 그 상품출처에 관한 혼동을 방지하고자 하고 있는 것과의 균형이 맞지 않는다.

(라) 구체적 사례의 검토

보다 구체적으로 살펴보자면, 예컨대 선출원등록상표가 원래의 상표권자로부터 상표권을 양수한 새로운 상표권자나 전용사용권 또는 통상사용권 설정계약을 체결한 전용사용권자 또는 통상사용권자에 의하여 그 상표권이 소멸한 날로부터 소급하여 1년 이내에 사용되었다가 그 이후 해당 상표권양도계약이나 상표사용권설정계약이 취소·무효·해제 등의 사유로 소급하여 효력이 소멸하는 경우는 얼마든지 있을 수 있다. 그런데 위와 같은 경우에 그 선출원등록상표의 사용된 정도가 상당한 수준에 이르러 수요자 사이에 여전히 그 상표에 관한 기억과 신용이 남아 있어 상품출처에 관한 혼동을 일으킬 우려가 명백히 존재함에도, 그 사용권한이 위와 같이 소멸되었다는 점만을 놓고서 상표법 제7조 제4항 제1호가 규정한 등록상표의 '사용'에 해당하지 않는다고 판단하거나 이를 전제로 결국 상표법 제7조 제1항 제8호를 적용하지 아니한다면, 이는 결국 상품출처에 관한 혼동을 방지하려는 위와 같은 규정 취지에 크게 어긋나는 결과가 된다.

(2) 나아가, 아래 ㈎항과 같은 사실관계와 그로부터 알 수 있는 아래 ㈏항과 같은 사정 등을 종합하여 보면, 피고 회사가 실사용상표를 사용할 당시 비교대상상표에 관하여 아무런 사용권한이 없었다고 볼 수도 없다.

㈎ 인정되는 사실관계 : ① 소외 1은 2003년 9월경 소외 3 등 4인과 함께 출자하여 식품 제조가공업 등을 목적으로 한 피고 회사를 설립한 다음, 2003년 10월경 누나 소외 2(2007. 1. 4. '○○○'으로 성명 정정)으로 하여금 피고 회사의 대표이사로 취임하게 하였다. 피고 회사 설립 당시 소외 1은 피고 회사의 최대주주로서, 당시 소외 1이 출자하여 소외 2 명의로 취득한 주식은 피고 회사의 발행주식 10,000주 중 3,100주였다. ② 소외 1은 2003. 10. 20.경 소외 4로부터 피고 회사의 사업자금 5천만 원을 대표이사 소외 2 명의로 차용하면서, 그 변제를 약정하는 각서(을 제4호증의 1)에 보증인으로서, 같은 변제를 담보하는 액면금 5천만 원의 약속어음(을 제4호증의 2)에 공동발행인으로서, 각 서명날인을 하여 이를 소외 4에게 교부하였다. 소외 1은 또한 2004. 2. 6.경, 2004. 4. 29.경 및 2005. 2. 3.경 피고 회사의 사업자금을 마련하기 위하여 금전을 차용하면서, 그 차용증들(을 제6호증의 2)에 '경진식품(주) 소외 1' 또는 '경진식품 소외 1'이라고 서명하여 이를 대여자들에게 교부하였다. 소외 1의 주도에 따라 피고 회사는 2004. 12. 10.경 대전보건대학과 인력교류·정보교류 및 연구개발협력을 상호 약속하는 내용의 산학협동협약을 체결하였다. ③ 피고 회사는 2004년부터 2005년까지 실사용상표가 표시된 포장용지를 사용한 비교대상상표의 지정상품들을 생산·판매하였는데, 그 규모가 2004년에는 약 8억 6천만 원 상당, 2005년에는 약 5억 원 상당에 이른다. ④ 소외 1이 앞서 본 바와 같이 2005. 6. 20. 아들 소외 5 등을 남겨두고 사망하자, 피고 회사의 채권자들인 소외 6(원고의 남편), 소외 3, 소외 4 등 3인이 공동으로 피고 회사를 운영하기 시작한 다음 2006. 3. 9. 대표이사 소외 2를 사임하게 하고 같은 날 소외 6의 동생 소외 7로 하여금 대표이사로 취임하게 하였다. ⑤ 피고 회사는 2006년부터 2011년 상반기까지 실사용상표가 표시된 포장용지를 사용한 비교대상상표의 지정상품들을 다음과 같은 규모로 생산·판매하였다. 즉 2006년 약 5억 4천만 원 상당, 2007년

약 11억 4천만 원 상당, 2008년 약 20억 3천만 원 상당, 2009년 약 40억 7천만 원 상당, 2010년 약 42억 3천만 원 상당, 2011년 상반기 약 27억 1천만 원 상당의 규모가 그것이다.

【인정 근거】 다툼 없는 사실, 을 제1 내지 6, 10, 18, 19, 26호증(가지번호가 있는 것은 각 가지번호 포함), 증인 소외 3, 변론 전체의 취지

(나) 위와 같은 사실관계에 비추어 보면, 먼저 소외 1은 피고 회사의 설립 당시부터 2005. 6. 20. 사망하기까지 산학협동협약 체결을 주도하는 등 피고 회사를 실질적으로 운영하는 지위에 있었다 할 것이므로, 그러한 지위에 있는 소외 1로서는 비교대상상표와 실질적으로 동일한 실사용상표를 피고 회사가 사용하는 것을 충분히 알 수 있었다고 보아야 할 뿐만 아니라, 오히려 이에 대하여 소외 1이 아무런 이의를 제기함이 없이 자신의 보증 아래 피고 회사의 사업자금을 마련하기까지 하였으므로, 당시 소외 1은 피고 회사의 실사용상표 사용을 적어도 묵시적으로 동의 또는 승인하였다고 볼 수 있다. 따라서 피고 회사의 같은 기간 실사용상표 사용은 소외 1과 피고 회사 간의 비교대상상표에 관한 묵시적 통상사용권설정계약에 따라 이루어진 것으로 봄이 타당하다(이와 관련하여 원고는, 피고 회사는 소외 1이 자신의 개인사업체이던 '경진식품'을 경영하던 중 경영난으로 무자력 상태에 빠지자 채무를 면탈할 목적으로 법인격을 남용하여 형식상 설립한 것으로서 피고 회사는 당시 실질적으로는 형해화되어 있는 상태였으므로 피고 회사의 위와 같은 실사용상표 사용은 실질적으로는 소외 1이 자신의 개인 사업을 위하여 자기 고유의 상표권을 그대로 행사한 것에 불과하다는 취지로 주장하고 있으나, 피고 회사가 원고의 위 주장과 같이 소외 1이 자신의 채무를 면탈할 목적으로 법인격을 남용하여 형식상 설립한 것으로서 당시 피고 회사가 형해화되어 있는 상태였다고 볼 만한 별다른 증거가 없으므로, 원고의 이러한 주장은 받아들일 수 없다).

그리고 위와 같은 소외 1의 통상사용권설정계약 상의 지위는 특별한 사정이 없는 한 2005. 6. 20.자 사망에 따라 그의 법정상속인들에게 그대로 승계(상속)되었다고 할 것이므로(비록 갑 제2호증의 기재에 의하면 아들 소외 5 등의 상속포기신고가 수리된 사실을 인정할 수 있기는 하나, 위와 같은 계약상 지위의 상속은 남은 차순위 법정상속인들과의 관계에서 여전히 발생한다. 따라서 2005. 6. 20.자 소외 1의 사망에 따라 피고 회사의 통상사용권이 같은 무렵 소멸하였다는 원고의 주장도 받아들일 수 없다), 앞서 본 바와 같이 비교대상상표의 상표권이 소멸한 날부터 소급한 1년에 해당하는 2007. 6. 21.부터 2008. 6. 20.까지의 기간에 있어서도, 피고 회사의 실사용상표 사용은 소외 1의 상속인들과 피고 회사 간의 비교대상상표에 관한 묵시적 통상사용권설정계약에 따라 이루어진 것으로 보아야 할 것이다.

(3) 이상을 종합하면, 피고 회사의 실사용상표 사용이 상표법 제7조 제4항 제1호에

규정된 등록상표의 '사용'에 해당하지 아니한다는 취지의 원고의 위 주장은 어느 모로 보더라도 받아들일 수 없다.

3. 결 론

그렇다면 이 법원과 결론을 같이하여 이 사건 등록상표가 상표법 제7조 제1항 제8호에 해당한다고 판단한 이 사건 심결은 정당하고, 그 취소를 구하는 원고의 청구는 이유 없으므로 이를 받아들이지 아니하기로 하여 주문과 같이 판결한다.

판사 배기열(재판장) 정택수 박정훈

74. 대법원 2012. 10. 25. 선고 2012후2470 판결 【등록무효(상)】

[공2012하,1975]

【판시사항】

상표법 제7조 제1항 제8호의 예외를 정하고 있는 같은 조 제4항 제1호의 등록상표 '사용'의 의미

【판결요지】

상표법 제7조 제1항 제8호는 "상표권이 소멸한 날(상표등록을 무효로 한다는 심결이 있은 경우에는 심결확정일을 말한다)부터 1년을 경과하지 아니한 타인의 등록상표(지리적 표시 등록단체표장을 제외한다)와 동일 또는 유사한 상표로서 그 지정상품과 동일 또는 유사한 상품에 사용하는 상표"는 상표등록을 받을 수 없다고 규정하고 있고, 같은 조 제4항 제1호는 "등록상표가 상표권이 소멸한 날부터 소급하여 1년 이상 사용되지 아니한 경우"에는 위 제1항 제8호를 적용하지 아니한다고 규정하고 있는데, 위 제1항 제8호의 규정은 그 사용 당시 종전 상표권자 내지 정당한 사용권자(이하 '종전 상표권자 등'이라고 한다)가 자기 상품의 출처표시로 등록상표를 사용함으로써 수요자 사이에 남아 있게 된 그 상표에 관한 기억과 신용으로부터 기인한 상품출처의 혼동을 방지함과 아울러 그 종전 상표권자에게 권리회복을 할 수 있는 기회를 주려는 데에 그 취지가 있다. 그런데 어떠한 상표권이 소멸한 날부터 소급하여 1년 이내에 그 상표에 대하여 아무런 사용권한 없는 자가 이를 무단으로 사용한 경우에는, 그 상표와 동일 또는 유사한 후출원 상표의 등록을 허용하더라도 상표법 제7조 제1항 제8호가 방지하고자 하는 위와 같은 상품출처에 관한 혼동이 발생할 여지가 없고, 종전 상표권자 등에게 권리회복의 기회를 부여할 필요도 없는 것이므로, 위 제7조 제1항 제8호의 예외를 정하고 있는 같은 조 제4항 제1호의 등록상표의 '사용'이라고 함은 그 사용 당시 종전 상표권자 등이 자기 상품의 출처표시로 등록상표를 사용한 경우를 말하고, 아무런 상표사용권한 없는 자가 등록상표를 무단으로 사용한 경우는 포함하지 않는다고 할 것이다.

【참조조문】

상표법 제7조 제1항 제8호, 제4항 제1호

【참조판례】

대법원 1990. 11. 27. 선고 90후496 판결(공1991, 231)

【전 문】

【원고, 상고인】 원고(소송대리인 변호사 이강우)

【피고, 피상고인】 경진식품 주식회사(소송대리인 변리사 연성흠 외 1인)

【원심 판결】 특허법원 2012. 6. 21. 선고 2012허2494 판결

【주 문】

상고를 기각한다. 상고비용은 원고가 부담한다.

【이 유】

상고이유를 판단한다.

1. 상고이유 제1점에 관하여

원고의 이 부분 상고이유 주장의 요지는, 피고 회사가 원심 판시 비교대상상표 ''와 동일한 원심 판시 실사용상표 ''를 비교대상상표의 상표권이 소멸한 날부터 소급하여 1년에 해당하는 2007. 6. 21.부터 2008. 6. 20.까지 사용하지 않았음에도 이와 달리 본 원심의 판단은 위법하다는 것이나, 이는 결국 사실심인 원심의 전권사항에 속하는 증거의 취사선택이나 사실인정을 탓하는 것이므로 적법한 상고이유로 보기 어렵고, 나아가 원심의 판단을 기록에 비추어 살펴보더라도 논리와 경험의 법칙에 위배하고 자유심증주의의 한계를 벗어나 사실을 인정한 잘못이 있다고 볼 수 없으므로, 이 부분 원고의 상고이유는 받아들일 수 없다.

2. 상고이유 제2, 3점에 관하여

상표법 제7조 제1항 제8호는 "상표권이 소멸한 날(상표등록을 무효로 한다는 심결이 있은 경우에는 심결확정일을 말한다)부터 1년을 경과하지 아니한 타인의 등록상표(지리적 표시 등록단체표장을 제외한다)와 동일 또는 유사한 상표로서 그 지정상품과 동일 또는 유사한 상품에 사용하는 상표"는 상표등록을 받을 수 없다고 규정하고 있고, 같은 조 제4항 제1호는 "등록상표가 상표권이 소멸한 날부터 소급하여 1년 이상 사용되지 아니한 경우"에는 위 제1항 제8호를 적용하지 아니한다고 규정하고 있는데, 위 제1항 제8호의 규정은 그 사용 당시 종전 상표권자 내지 정당한 사용권자(이하 '종전 상표권자 등'이라고 한다)가

자기 상품의 출처표시로 등록상표를 사용함으로써 수요자 사이에 남아 있게 된 그 상표에 관한 기억과 신용으로부터 기인한 상품출처의 혼동을 방지함과 아울러 그 종전 상표권자에게 권리회복을 할 수 있는 기회를 주려는 데에 그 취지가 있다(대법원 1990. 11. 27. 선고 90후496 판결 참조). 그런데 어떠한 상표권이 소멸한 날부터 소급하여 1년 이내에 그 상표에 대하여 아무런 사용권한 없는 자가 이를 무단으로 사용한 경우에는, 그 상표와 동일 또는 유사한 후출원 상표의 등록을 허용하더라도 상표법 제7조 제1항 제8호가 방지하고자 하는 위와 같은 상품출처에 관한 혼동이 발생할 여지가 없고, 종전 상표권자에게 권리회복의 기회를 부여할 필요도 없는 것이므로, 위 제7조 제1항 제8호의 예외를 정하고 있는 같은 조 제4항 제1호의 등록상표의 '사용'이라고 함은 그 사용 당시 종전 상표권자 등이 자기 상품의 출처표시로 등록상표를 사용한 경우를 말하고, 아무런 상표사용권한 없는 자가 등록상표를 무단으로 사용한 경우는 포함하지 않는다고 할 것이다.
원심 판결 이유에 의하면, 원래 비교대상상표의 상표권자였던 소외 1이 2005. 6. 20. 사망하였는데, 소외 1의 상속인들이 그로부터 3년 이내에 상표권의 이전등록을 하지 않아 2008. 6. 21. 위 상표권이 소멸하였고, 그로부터 1년을 경과하지 아니한 2009. 5. 20. 이 사건 등록상표 ''(등록번호 제874302호)가 출원된 사실, 소외 1은 2003. 9.경 피고 회사를 설립한 다음 누나 소외 2(2007. 1. 4 '○○○'으로 성명 정정)로 하여금 피고 회사의 대표이사로 취임하게 한 후 피고 회사를 실질적으로 운영한 사실, 피고 회사는 2004년경부터 비교대상상표와 실질적으로 동일한 실사용상표가 표시된 표장용지를 사용한 비교대상상표의 지정상품들을 생산·판매하기 시작하여, 소외 1이 2005. 6. 20. 사망한 이후에도, 2011년 상반기까지 계속하여 상당한 규모로 실사용상표를 사용하여 비교대상상표의 지정상품들을 생산·판매한 사실 등을 알 수 있는바, 그렇다면 소외 1은 피고 회사에 묵시적으로 비교대상상표에 대하여 통상사용권을 설정하였다고 봄이 상당하고, 위와 같은 소외 1의 통상사용권 설정계약상의 지위는 소외 1의 사망에 따라 그 상속인들에게 그대로 승계되었다고 할 것이다.
이를 앞서 본 법리에 비추어 살펴보면, 비교대상상표 사용 당시에 통상사용권자인 피고 회사가 자기 상품의 출처표시로 비교대상상표를 사용한 것은 상표법 제7조 제4항 제1호에서 규정하고 있는 등록상표의 '사용'에 해당한다고 할 것이다. 따라서 비교대상상표가 상표권이 소멸한 날부터 소급하여 1년 이내에 통상사용권자인 피고 회사에 의하여 사용된 이상, 이 사건에는 상표법 제7조 제4항 제1호가 적용될 여지가 없고, 위 상표권이 소멸한 날부터 1년이 경과되지 아니한 시점에서 등록 출원된 이 사건 등록상표는 같은 조 제1항 제8호에 해당하여 그 등록이 무효로 되어야 한다.

그렇다면 원심이 상표법 제7조 제4항 제1호에서 규정하고 있는 등록상표의 '사용'에 아무런 상표사용권한 없는 자가 등록상표를 무단으로 사용한 경우까지 포함된다고 판단한 것은 잘못이지만, 피고 회사에 의한 비교대상상표의 사용을 상표법 제7조 제4항 제1호에서 규정하고 있는 등록상표의 '사용'에 해당한다고 본 것은 그 결과에 있어서 정당하며, 이 부분 상고이유의 주장은 결국 이유 없다.

3. 결 론

그러므로 상고를 기각하고, 상고비용은 패소자가 부담하도록 하여 관여 대법관의 일치된 의견으로 주문과 같이 판결한다.

대법관 이상훈(재판장) 신영철(주심) 김용덕

75. 대법원 1995. 4. 25. 선고 93후1834 전원합의체 판결 【거절사정】

[집43(1)특,445;공1995.5.15.(992),1869]

【판시사항】

가. 상표등록거절사건에 관하여 보조참가가 가능한지 여부

나. 구 상표법 제7조 제1항 제8호 소정의 1년 경과 여부의 기준시점

다. 상표 불사용을 원인으로 한 상표등록취소심결이 확정되었다는 사정만으로 구 상표법 제7조 제1항 제8호 단서의 상표 불사용 사실이 추정되는지 여부

라. 구 상표법 제7조 제1항 제8호 단서 소정의 등록상표 사용의 범위

【판결요지】

가. 상표의 등록거절사건에 관하여는 상표법상 참가의 근거규정이 없으므로 보조참가 신청은 부적법하다.

나. 구 상표법(1993.12.17. 법률 제4597호로 개정되기 전의 것) 제7조 제3항은 "제1항 제7호 및 제8호의 규정은 상표등록출원시에 이에 해당하는 것에 대하여 이를 적용한다"고 규정하고 있으므로 같은 법 제7조 제1항 제8호에서 말하는 1년을 경과하였는지 여부는 상표등록출원시를 기준으로 하여 판단하여야 한다.

다. 상표 불사용을 원인으로 한 등록취소는 그 심판청구일로부터 소급하여 3년 이상 사용하지 아니하였음을 요건사실로 하고 구 상표법 제7조 제1항 제8호 단서 소정의 1년은 상표등록취소심결 확정일로부터 소급한 기간으로서 그 대상이 되는 시기가 서로 다르므로 상표 불사용을 원인으로 한 상표등록취소심결이 확정되었다는 사정만으로 구 상표법 제7조 제1항 제8호 단서의 상표 불사용 사실이 추정되는 것은 아니다.

라. 구 상표법 제7조 제1항 제8호 단서 소정의 등록상표의 사용이라 함은 등록상표와 동일한 상표를 사용한 경우를 말하고 유사상표를 사용한 경우는 포함되지 않는다고 할 것이나 동일한 상표라고 함은 등록상표 그 자체뿐만 아니라 거래사회통념상 등록상표와 동일하게 볼 수 있는 형태의 상표를 포함한다.

【참조조문】

가. 상표법 제78조, 제82조 제4항(특허법 제155조, 제156조) 나.다.라. 구 상표법(1993.12.17. 법률 제4597호로 개정되기 전의 것) 제7조 제1항 제8호 라. 제2조 제1항 제6호

【참조판례】

가. 대법원 1993.9.28. 선고 92후1363 판결

나. 대법원 1980.3.25. 선고 79후68 판결(폐기)

1986.2.11. 선고 85후76 판결(폐기)

1987.9.8. 선고 86후65 판결(폐기)

1992.7.28. 선고 92후117 판결(폐기)

1983.6.28. 선고 83후33 판결

1987.7.7. 선고 86후194 판결

라. 대법원 1992.10.27. 선고 92후605 판결

1992.11.10. 선고 92후650 판결

1992.12.22. 선고 92후698 판결

【전 문】

【출원인, 상고인】 동양제과 주식회사 소송대리인 변리사 서상욱 외 3인

【상대방, 피상고인】 특허청장

【상대방보조참가인】 롯데제과주식회사 소송대리인 변호사 최재호

【원심심결】 특허청 항고심판소 1993.10.30. 자 92항원321 심결

【주 문】

출원인의 상고를 기각하고 보조참가인의 참가신청을 각하한다.

상고비용은 출원인의, 참가신청비용은 보조참가인의 각 부담으로 한다.

【이 유】

1. 이 사건 참가신청의 적법 여부에 관하여 본다.

상표의 등록거절사건에 관하여는 상표법상 참가의 근거규정이 없으므로 이 사건 참가신청은 부적법하다 할 것이어서 각하될 수밖에 없다.

2. 상고이유를 본다.

가. 변호사 박우동, 김찬진, 김성욱의 상고이유 겸 변리사 서상욱의 상고이유 제2점에 대하여

구 상표법(1993.12.17. 법률 제4597호로 개정되기 전의 것, 이하 같다.) 제7조 제3항은 "제1항 제7호 및 제8호의 규정은 상표등록출원시에 이에 해당하는 것에 대하여 이를 적용한다"고 규정하고 있으므로 같은 법 제7조 제1항 제8호에서 말하는 1년을 경과하였는지 여부는 상표등록 출원시를 기준으로 하여 판단하여야 할 것이다. 따라서 이와 견해를 달리하여 상표등록시를 기준으로 이를 판단하여야 한다고 판시한 당원 1980.3.25. 선고 79후68 판결; 1986.2.11. 선고 85후76 판결; 1987.9.8. 선고 86후65 판결; 1992.7.28. 선고 92후117 판결은 이를 모두 폐기하기로 한다.

원심심결이 이와 같은 취지에서 인용상표에 대하여 1990.8.26. 등록취소심결이 확정되었고 본원상표는 그로부터 1년이 경과되지 아니한 같은 해 9.20. 출원되었으므로 위 제7조 제1항 제8호에 해당되어 등록받을 수 없다고 판시하였음은 옳고, 거기에 소론과 같은 법리오해의 위법은 없다. 논지는 이유가 없다.

나. 변리사 서상욱의 상고이유 제1점에 대하여

상표 불사용을 원인으로 한 등록취소는 그 심판청구일로부터 소급하여 3년 이상 사용하지 아니하였음을 요건사실로 하고 구 상표법 제7조 제1항 제8호 단서 소정의 1년은 상표등록취소심결 확정일로부터 소급한 기간으로서 그 대상이 되는 시기가 서로 다르므로 상표 불사용을 원인으로 한 상표등록취소심결이 확정되었다는 사정만으로 상표법 제7조 제1항 제8호 단서의 상표 불사용 사실이 추정되는 것은 아니라고 할 것이다. 논지도 이유가 없다.

다. 변리사 서상욱의 상고이유 제3, 4점에 대하여

구 상표법 제82조 제1항에 의하여 준용되는 구 특허법(1993.12.10. 법률 제4594호로 개정되기 전의 것, 이하 같다) 제157조 제1항, 제6항에 의하면 항고심판관이 직권으로 증거를 조사함에 있어서는 당사자에게 의견서를 제출할 기회를 주어야 함은 소론과 같다.

그러나 기록에 의하면 항고심판장은 롯데제과주식회사가 이해관계인이라고 주장하면서 제출한 의견서 및 증거들에 관하여 1993.6.19. 심판청구인 대리인에게 그 부본을 송달하였고(이는 직권으로 위 증거들을 조사하고 심판청구인에게 이에 대한 의견을 진술할 기회를 부여하기 위한 것으로 보인다) 심판청구인 대리인은 같은 해 7.1. 이에 관한 의견을 담은 항고심판보충서를 제출한 사실이 인정되므로 의견서 제출 기회는 이미 주어진 것이어서 원심의 증거조사절차에 소론과 같은 위법이 있다고 할 수 없다.

다만 원심이 직권에 의하여 조사를 하였다고 설시한 1990.5.28.자 조선일보 기사 및 1990.5.30.자 스포츠 서울 광고에 관하여는 의견서 제출의 기회를 준 흔적을 찾아볼 수 없으나 이 증거들 외에 위와 같이 적법하게 조사한 증거들만으로도 인용상표가 등록취소심결이 확정되기 약 3개월 전인 1990.5.19.부터 사용되었음을 인정하기에 충분하므로 위와 같은 위법은 심결결과에 아무런 영향이 없고, 또 원심이 위와 같은 사실을 인정한 데에 소론과 같은 채증법칙 위배의 위법이 있다고도 볼 수 없으므로 논지도 모두 이유가 없다.

라. 변리사 서상욱의 상고이유 제5점에 대하여

구 상표법 제7조 제1항 제8호 단서 소정의 등록상표의 사용이라 함은 등록상표와 동일한 상표를 사용한 경우를 말하고 유사상표를 사용한 경우는 포함되지 않는다고 할 것이나 동일한 상표라고 함은 등록상표 그 자체 뿐만 아니라 거래사회통념상 등록상표와 동일하게 볼 수 있는 형태의 상표를 포함한다고 할 것이다.

기록에 비추어 살펴보면 영문자와 그 발음을 그대로 표기한 한글의 결합상표인 인용상표가 비록 껌포장지의 같은 면에 두 부분이 함께 표시되지는 아니하였더라도 윗면과 옆면에 서로 가까이 표시되어 있고 상표의 요부는 모두 사용되었을 뿐만 아니라 껌포장지의 크기나 상표가 표시된 위치에 비추어 볼 때 보는 각도에 따라 한글과 영문자 부분이 한눈에 모두 들어오며 영문자 "FLAVONO"는 "훌라보노"로 발음할 수도 있으나 "후라보노"로 발음할 수도 있으므로 인용상표가 한글 부분과 영문자 부분이 아주 가까이 결합된 상태로 사용되지 아니하였다거나 영문자 부분은 등록된 대로 사용되고 한글 부분만이 등록된 "훌라보노"에서 "후라보노"로 변형사용된 정도만으로는 거래사회통념상 동일성을 가진 사용의 범주에서 벗어났다고 보기는 어렵다고 할 것이다.

따라서 이와 같은 취지에서 인용상표가 사용되었다고 인정한 원심심결의 결론은 정당하고, 거기에 소론과 같은 법리오해나 이유불비 등의 위법이 있다고 할 수 없다. 다만 등록상표가 취소된 후에 사용된 것은 상표법 제7조 제1항 제8호 단서 소정의 등록상표의 사용으로 볼 수 없으므로 원심심결에서 인용상표가 취소심결확정 후에도 계속 사용되고 있었다고 설시한 부분은 적절치 못하나 위와 같이 인용상표가 취소심결확정 전에 사용된 사실이 인정되는 이상 심결결과에는 아무런 영향이 없다. 논지 역시 이유가 없다.

3. 그러므로 출원인의 상고를 기각하고 보조참가인의 참가신청을 각하하며 상고비용은 출원인의, 참가신청으로 인한 비용은 보조참가인의 각 부담으로 하기로 관여 대법관 전원의 의견이 일치되어 주문과 같이 판결한다.

대법원장 윤관(재판장) 대법관 김석수 박만호(주심) 천경송 정귀호 안용득 박준서 이돈희 김형선 지창권 신성택 이용훈 이임수

Q1. 현행 상표법은 위 판결과 관련하여 어떻게 규정되어 있는가?

76. 대법원 1998. 2. 27. 선고 97후1429 판결 【거절사정(상)】

[집46(1)특,520;공1998.4.1.(55),912]

【판시사항】

[1] 구 상표법 제7조 제1항 제8호 소정의 1년 경과 여부의 기준시점

[2] 구 상표법 제7조 제4항 제3호의 적용 요건

【판결요지】

[1] 구 상표법(1995. 1. 5. 법률 제4895호로 개정되기 전의 것) 제7조 제3항은 "제1항 제7호 및 제8호의 규정은 상표등록출원시에 이에 해당하는 것에 대하여 이를 적용한다."고 규정하고 있으므로, 같은 법 제7조 제1항 제8호에서 말하는 1년을 경과하였는지 여부는 상표등록출원시를 기준으로 하여 판단하여야 한다.

[2] 구 상표법(1995. 1. 5. 법률 제4895호로 개정되기 전의 것) 제7조 제4항은 "제1항 제8호의 규정은 다음 각 호의 1에 해당하는 경우에는 이를 적용하지 아니한다."고 하면서, 제3호에서 등록상표에 대한 상표권의 존속기간갱신등록출원이 되지 아니한 채 제43조 제2항 단서의 규정에 의한 6월의 기간이 경과한 경우를 들고 있는데, 같은 법 제7조 제4항 제3호와 제43조 제2항 단서는 1993. 12. 10. 법률 제4597호로 개정되어 1994. 1. 1.부터 시행된 규정이므로, 같은 법 제7조 제1항 제8호 소정의 타인의 등록상표가 1994. 1. 1. 이전에 존속기간 만료로 상표권이 소멸된 상표인 경우에는 그 등록상표에 대하여는 같은 법 제43조 제2항 단서가 적용되지 않고, 따라서 출원상표가 1994. 1. 1. 이후에 출원되었다 하더라도 출원상표와 그 등록상표간에는 같은 법 제7조 제4항 제3호의 적용이 없다.

【참조조문】

[1] 구 상표법(1995. 1. 5. 법률 제4895호로 개정되기 전의 것) 제7조 제1항 제8호, 제3항[2] 구 상표법(1995. 1. 5. 법률 제4895호로 개정되기 전의 것) 제7조 제1항 제8호, 제4항 제3호, 제43조 제2항

【참조판례】

[1] 대법원 1995. 4. 25. 선고 93후1834 전원합의체 판결(공1995상, 1869)
대법원 1995. 7. 14. 선고 95후521 판결(공1995하, 2812)

【전 문】

【출원인, 상고인】 태원일(소송대리인 변호사 송영식 외 1인)

【상대방, 피상고인】 특허청장

【원심심결】 특허청 항고심판소 1997. 3. 31.자 96항원32 심결

【주 문】

상고를 기각한다. 상고비용은 출원인의 부담으로 한다.

【이 유】

상고이유(상고이유보충서의 기재 중 상고이유를 보충하는 부분만 포함)를 판단한다.

1. 구 상표법(1995. 1. 5. 법률 제4895호로 개정되기 전의 것) 제7조 제3항은 "제1항 제7호 및 제8호의 규정은 상표등록출원시에 이에 해당하는 것에 대하여 이를 적용한다."고 규정하고 있으므로, 같은 법 제7조 제1항 제8호에서 말하는 1년을 경과하였는지 여부는 상표등록출원시를 기준으로 하여 판단하여야 할 것이고(대법원 1995. 4. 25. 선고 93후1834 전원합의체 판결 참조), 한편 같은 법 제7조 제4항은 "제1항 제8호의 규정은 다음 각 호의 1에 해당하는 경우에는 이를 적용하지 아니한다."고 하면서, 제3호에서 등록상표에 대한 상표권의 존속기간갱신등록출원이 되지 아니한 채 제43조 제2항 단서(상표권의 존속기간갱신등록출원은 상표권의 존속기간 만료 전 1년 이내에 하여야 하나, 이 기간 내에 상표권의 존속기간갱신등록출원을 하지 아니한 자도 상표권의 존속기간 만료 후 6월 이내에 상표권의 존속기간갱신등록출원을 할 수 있다는 규정임)의 규정에 의한 6월의 기간이 경과한 경우를 들고 있는데, 같은 법 제7조 제4항 제3호와 제43조 제2항 단서는 1993. 12. 10. 법률 제4597호로 개정되어 1994. 1. 1.부터 시행된 규정이므로, 같은 법 제7조 제1항 제8호 소정의 타인의 등록상표가 1994. 1. 1. 이전에 존속기간 만료로 상표권이 소멸된 상표인 경우에는 그 등록상표에 대하여는 같은 법 제43조 제2항 단서가 적용되지 않고, 따라서 출원상표가 1994. 1. 1. 이후에 출원되었다 하더라도 출원상표와 그 등록상표간에는 같은 법 제7조 제4항 제3호의 적용이 없게 된다 할 것이다.

2. 원심심결 이유에 의하면, 원심은, 1994. 1. 3. 출원된 이 사건 출원상표(이하 본원상표라 한다) "KANGAROOS"는 인용상표(특허청 1983. 1. 28. 등록 제88287호) "캉 가 루"KangaROOS와 그 칭호 및 관념이 동일 또는 유사하고 그 지정상품에 있어서도 동일 또는 유사하며, 본원상표는 인용상표의 소멸일(1993. 1. 28.자 존속기간 만료)로부터 1년을 경과하지 아니한 1994. 1. 3.자로 출원되었으므로 상표법 제7조 제1항 제8호에 해당한다 하여 본원상표의 등록을 거절한 원사정이 정당하다고 하였다.

기록에 의하여 살펴보면, 위와 같은 원심의 인정과 판단은 앞서 본 법리에 따른 것으로서 정당하고, 거기에 상고이유로 주장하는 바와 같은 상표법 제7조 제1항 제8호, 같은

조 제4항 제3호에 관한 법리오해, 심리미진, 이유불비 등의 위법이 있다고 할 수 없다. 상고이유로 주장하는 바는 모두 이유 없다.

그러므로 상고를 기각하고 상고비용은 패소자의 부담으로 하기로 하여 관여 법관의 일치된 의견으로 주문과 같이 판결한다.

대법관 이용훈(재판장) 정귀호 박준서(주심) 김형선

77. 대법원 2011. 7. 14. 선고 2010후2322 판결【등록무효(상)】

[미간행]

【판시사항】

[1] 갑 회사가, 을 회사의 등록상표 "**BCBGENERATION**"이 갑 회사의 상표나 상품으로 인식될 정도로 알려져 있는 선사용상표 "BCBG"와 유사하다는 이유로 상표등록무효심판을 청구한 사안에서, 등록상표와 선사용상표가 유사하지 않다고 한 사례

[2] 갑 회사가, 을 회사의 등록상표 "**BCBGENERATION**"이 갑 회사의 상표나 상품으로 인식될 정도로 알려져 있는 선사용상표 "BCBG"와 유사하여 상표법 제7조 제1항 제9호에 해당한다는 이유로 상표등록무효심판을 청구한 사안에서, 선사용상표가 주지상표에 해당한다고 보기 어렵다고 본 원심판단을 수긍한 사례

[3] 갑 회사가, 을 회사의 등록상표 "**BCBGENERATION**"이 상표법 제7조 제1항 제11호에 해당한다는 이유로 상표등록무효심판을 청구한 사안에서, 등록상표는 갑 회사의 선사용상표 "BCBG"와 상품 출처의 오인·혼동을 일으켜 수요자를 기만할 염려가 있는 것에 해당한다고 볼 수 없다고 한 사례

【참조조문】

[1] 상표법 제7조 제1항 제9호, 제11호, 제12호 [2] 상표법 제7조 제1항 제9호 [3] 상표법 제7조 제1항 제11호

【전 문】

【원고, 상고인】 주식회사 수인터내셔날(소송대리인 법무법인(유한) 태평양 외 1인)

【피고, 피상고인】 엠엘에이 멀티브랜드 홀딩스, 인크(소송대리인 변리사 김창세 외 3인)

【원심 판결】 특허법원 2010. 7. 14. 선고 2010허920 판결

【주 문】

상고를 기각한다. 상고비용은 원고가 부담한다.

【이 유】

상고이유(상고이유서 제출기간이 경과한 후에 제출된 각 상고이유보충서의 기재는 상고이유를 보

충하는 범위 내에서)를 판단한다.

1. 제1점에 대하여

상표의 유사 여부는 그 외관, 호칭 및 관념을 객관적, 전체적, 이격적으로 관찰하여 그 지정상품의 거래에서 일반 수요자나 거래자가 상표에 대하여 느끼는 직관적 인식을 기준으로 하여 그 상품의 출처에 관하여 오인·혼동을 일으키게 할 우려가 있는지 여부에 따라 판단하여야 하므로, 대비되는 상표 사이에 유사한 부분이 있다고 하더라도 그 부분만으로 분리인식될 가능성이 희박하거나 전체적으로 관찰할 때 명확히 출처의 혼동을 피할 수 있는 경우에는 유사상표라고 할 수 없다(대법원 1982. 6. 8. 선고 81후29 판결, 대법원 2008. 9. 11. 선고 2008후1739 판결 등 참조).

위 법리와 기록에 비추어 살펴보면, 지정상품을 자켓, 코트 등으로 하고 "**BCBGENERATION**"과 같이 구성된 이 사건 등록상표(등록번호 제766697호)는 일반 수요자나 거래자에게 쉽게 이해되는 'GENERATINN'이 'BCB'와 띄어쓰기 없이 결합되어 있는 조어로서 그 중 'BCBG' 부분이 특별한 관념을 형성하거나 다른 부분에 비해 그 구성이 특이한 것도 아니어서, 이 사건 등록상표의 구성이나 발음이 길고, 또 사용상품을 여성의류로 하며 "BCBG"와 같이 구성된 선사용상표가 특정인의 상표라고 인식될 수 있을 정도로 알려져 있다는 사정만으로 이 사건 등록상표가 양 상표에 공통된 'BCBG' 부분만으로 분리 인식된다고 단정할 수 없고, 따라서 일반 수요자나 거래자가 이 사건 등록상표를 'BCBG' 부분만으로 간략하게 호칭하거나 관념하지는 아니한다고 봄이 상당하다.

그렇다면 이 사건 등록상표는 전체로서 '비씨비제너레이션'과 같이 호칭된다고 할 것이므로 '비씨비지'로 호칭될 선사용상표와 호칭이 다르고, 외관에서도 현저하게 상이하며, 관념에 있어서는 양 상표 모두 조어이어서 서로 대비할 수 없어, 전체적으로 볼 때 일반 수요자나 거래자로 하여금 상품 출처의 오인·혼동을 일으킬 염려가 있다고 보기 어렵다. 같은 취지에서 이 사건 등록상표와 선사용상표가 유사하지 않다고 판단한 원심의 결론은 옳고, 거기에 상고이유에서 주장하는 바와 같은 상표의 유사 여부 판단에 관한 법리오해 등의 위법이 없다.

2. 제2점, 제4점에 대하여

가. 상표법 제7조 제1항 제9호 소정의 주지상표로서 타인의 상표등록을 배제하려면 그 상표가 특정인의 상표에 사용되는 것임이 수요자 또는 거래자 간에 널리 인식되어 있을 것이 필요하고, 구체적으로 그 상표가 주지상표인가의 여부는 그 사용, 공급, 영업활동의 기간, 방법, 태양, 사용량, 거래범위 등과 거래실정이나 사회통념상 객관적으로 널리 알려졌느냐의 여부가 우선의 기준이 된다고 할 것이다(대법원 1994. 1.

25. 선고 93후268 판결 등 참조).

원심 판결 이유를 위 법리와 기록에 비추어 살펴보면, 원심이 그 판시와 같은 사정을 들어 선사용상표가 이 사건 등록상표의 출원 당시에 국내의 수요자 또는 거래자 간에 특정인의 상표라고 인식될 수 있을 정도를 넘어 널리 인식된 주지상표에 해당한다고 보기 어렵다고 판단한 것은 옳다고 수긍이 가고, 거기에 상고이유의 주장과 같은 주지성 판단에 관한 법리오해 및 채증법칙 위배 등의 위법이 없다.

나. 상표법 제7조 제1항 제12호에 해당하기 위하여는 상표 출원인이 국내 또는 외국의 수요자 간에 특정인의 상품을 표시하는 것이라고 인식되어 있는 상표와 동일 또는 유사한 상표를 부정한 목적을 가지고 사용하여야 한다. 위 규정의 취지는 국내 또는 외국의 수요자 간에 특정인의 상품을 표시하는 것이라고 인식되어 있는 상표가 국내에서 등록되어 있지 않음을 기화로 제3자가 이를 모방한 상표를 등록하여 사용함으로써 특정인의 상품을 표시하는 것이라고 인식되어 있는 상표 권리자의 국내에서의 영업을 방해하는 등의 방법으로 위 상표 권리자에게 손해를 가하거나 이러한 모방상표를 이용하여 부당한 이익을 얻을 목적으로 사용하는 상표는 그 등록을 허용하지 않는다는 데에 있다. 한편 위 규정에 정한 부정한 목적이 있는지 여부는 특정인의 상표의 인식도 또는 창작성의 정도, 특정인의 상표와 출원인의 상표의 동일·유사성의 정도, 출원인과 특정인 사이의 상표를 둘러싼 교섭의 유무와 그 내용, 기타 양 당사자의 관계, 출원인이 등록상표를 이용한 사업을 구체적으로 준비하였는지 여부, 상품의 동일·유사성 내지는 경제적 견련관계 유무, 거래 실정 등을 종합적으로 고려하여 등록상표의 출원 당시를 기준으로 판단하여야 한다(대법원 2005. 6. 9. 선고 2003후649 판결, 대법원 2010. 7. 15. 선고 2010후807 판결 등 참조).

원심이 상표법 제7조 제1항 제12호에 해당하기 위하여는 선사용상표가 국내 또는 외국의 수요자 간에 특정인의 상품을 표시하는 것이라고 인식되어 있는 정도를 넘어 저명상표이어야 함을 전제로 판단한 것은 잘못이다. 그러나 원심이 적법하게 인정한 사실관계를 위 법리에 비추어 살펴보면, 피고가 원고의 선사용상표를 모방하여 부정한 목적으로 이 사건 등록상표를 출원한 것이라고 단정할 수 없으므로, 결국 원심이 이 사건 등록상표는 상표법 제7조 제1항 제12호에 해당하지 않는다고 판단한 것은 옳고, 거기에 상고이유의 주장과 같은 판결에 영향을 미친 상표법의 위 규정에 관한 법리오해 등의 위법이 없다.

3. 제3점에 대하여

등록상표가 상표법 제7조 제1항 제11호에서 규정하고 있는 수요자를 기만할 염려가 있는 상표에 해당하려면, 그 등록상표나 지정상품과 대비되는 선사용상표나 그 사용상품이 반드시 저명하여야 하는 것은 아니지만 적어도 국내의 일반거래에 있어서 수요자나 거래자에게 그 상표나 상품이라고 하면 곧 특정인의 상표나 상품이라고 인식될 수 있을 정도로는 알려져 있어야 하고, 이러한 경우 그 선사용상표와 동일·유사한 상표가 그 사용상품과 동일·유사한 상품에 사용되고 있거나 이에 못지 아니할 정도로 선사용상표의 권리자에 의하여 사용되고 있다고 오인될 만한 특별한 사정이 있으면 수요자로 하여금 출처의 오인·혼동을 일으켜 수요자를 기만할 염려가 있다고 보아야 하며, 한편 수요자를 기만할 염려가 있는 상표인지의 여부는 그 상표에 대한 등록결정 시를 기준으로 판단하여야 한다(대법원 2004. 3. 11. 선고 2001후3187 판결 등 참조).

위 법리와 기록에 비추어 살펴보면, 원고의 선사용상표가 이 사건 등록상표에 대한 등록결정 시 특정인의 상표나 상품으로 인식될 수 있는 정도로 알려져 있었을 뿐 나아가 원고 제출의 증거만으로는 그것이 저명상표에까지 이르렀다고 볼 수 없다. 그런데 앞서 본 바와 같이 이 사건 등록상표와 선사용상표가 유사하지 아니하고, 또한 이 사건 등록상표가 선사용상표의 권리자에 의하여 사용되고 있다고 오인될 만한 특별한 사정이 있다고 보이지도 않으므로, 이 사건 등록상표는 선사용상표와 상품 출처의 오인·혼동을 일으켜 수요자를 기만할 염려가 있는 상표에 해당한다고 할 수 없다.

같은 취지의 원심의 판단은 옳고, 거기에 상고이유의 주장과 같은 상표법 제7조 제1항 제11호 후단의 규정에 관한 법리오해 등의 위법이 없다.

4. 결 론

그러므로 상고를 기각하고 상고비용은 패소자가 부담하도록 하여 관여 대법관의 일치된 의견으로 주문과 같이 판결한다.

대법관 전수안(재판장) 김지형 양창수 이상훈(주심)

78. 대법원 1994. 1. 25. 선고 93후268 판결 【상표등록무효】

[공1994.3.15.(964),831]

【판시사항】

가. 구 상표법(1990.1.13.법률 제4210호로 개정되기 전의 것) 제9조 제1항 제9호 소정의 "수요자"의 의미

나. 주지상표 여부의 판단기준

【판결요지】

가. 구 상표법(1990.1.13.법률 제4210호로 개정되기 전의 것) 제9조 제1항 제9호에서 규정하고 있는 수요자라 함은 소비자나 거래자 등 거래관계자를 의미한다.

나. 위 "가"항 규정의 주지상표로서 타인의 상표등록을 배제하려면 그 상표가 특정인의 상표에 사용되는 것임이 수요자 또는 거래자간에 널리 인식되어 있을 것이 필요하고, 구체적으로 그 상표가 주지상표인가의 여부는 그 사용, 공급, 영업활동의 기간, 방법, 태양, 사용량, 거래범위 등과 거래실정이나 사회통념상 객관적으로 널리 알려졌느냐의 여부가 일응의 기준이 된다.

【참조조문】

구 상표법(1990.1.13.법률 제4210호로 개정되기 전의 것) 제9조 제1항 제9호

【참조판례】

나. 대법원 1990.9.28. 선고 89후2281 판결(공1990,2167)

1991.2.26. 선고 90후1413 판결(공1991,1091)

1991.11.22. 선고 91후301 판결(공1992,203)

【전 문】

【심판청구인, 피상고인】 일양약품공업 주식회사 소송대리인 변호사 민병국 외 5인

【피심판청구인, 상고인】 신텍스 화아므 아크치엔 게젤샤후트 소송대리인 변리사 차순영 외 1인

【원 심 결】 특허청 1993. 1. 30.자 91항당105 심결

【주 문】

원심결을 파기하고 사건을 특허청 항고심판소에 환송한다.

【이 유】

피심판청구인소송대리인의 상고이유를 본다.

제1점에 대하여.

원심은 심판청구인이 사용하고 있는 인용상표가 구 상표법(1990.1.13. 법률 제4210호로 개정되기 전의 것) 제9조 제1항 제9호 소정의 수요자간에 현저하게 인식되어 있는 상표(주지상표)인지를 판단함에 있어 여기서 수요자라 함은 같은 항 제10호 소정의 저명상표의 경우에 있어서는 거래관계자들 뿐아니라 일반의 소비자 대중을 의미하는 것과는 달리 거래자 즉 그 상품의 판매를 위한 도매상 또는 소매상 등 당해업계를 일컫는다고 해석하여 인용상표가 주지상표로 인정받기 위하여는 지정상품인 의약품을 처방하고 조제하는 병원의 의사나 약국의 약사 등 의약업계에서 널리 알려져 있으면 족하다고 판시하였으나, 구 상표법 제9조 제1항 제9호에서 규정하고 있는 수요자라 함은 소비자나 거래자 등 거래관계자를 의미하고, 또한 이 사건 인용상표가 사용된 의약품은 약국 등에서 일반 소비자가 구입할 수 있는 등 쉽게 상표와 접할 수 있는 형태로 생산, 판매되었으므로

일반소비자도 직접적인 수요자로 될 수 있었음에도 원심이 위 수요자를 일률적으로 당해업계의 거래자로 국한하여 인용상표가 의사나 약사 등 의약업계의 실거래자들에게만 널리 알려져 있으면 주지상표로 인정할 수 있다고 판단한 것은 위 주지상표에 관한 법리에 반할 뿐아니라 수요자의 범위를 혼동한 것으로 위법하다 할 것이어서 이 점을 지적하는 논지는 이유가 있다.

제2점에 대하여.

구 상표법 제9조 제1항 제9호 소정의 주지상표로서 타인의 상표등록을 배제하려면 그 상표가 특정인의 상표에 사용되는 것임이 수요자 또는 거래자간에 널리 인식되어 있을 것이 필요하고, 구체적으로 그 상표가 주지상표인가의 여부는 그 사용, 공급, 영업활동의 기간, 방법, 태양, 사용량, 거래범위 등과 거래실정이나 사회통념상 객관적으로 널리 알려졌느냐의 여부가 일응의 기준이 된다고 할 것이다(당원 1991.2.26. 선고 90후1413 판결, 1991.11.22. 선고 91후301 판결 등 참조)

원심결이유에 의하면, 원심은 그 채택한 증거들에 의하여 심판청구인은 1975.12.9.에 '프록센캅셀'의 제품명으로 제조품목허가를 받아 인용상표인 '프록센'이라는 상표를 부착하여 1976.부터 이 사건 등록상표의 출원전인 1983.까지 계속하여 매년 1억원 정도를 생산판매하여 오면서 의약품의 전문지와 각종 일간지에 인용상표를 선전광고한 사실 등을 인정한 다음, 위와 같은 사실에 비추어 인용상표는 이 사건 등록상표의 출원당시 이미 의약업계의 실거래자들에게는 현저히 인식되어 있었음이 인정된다고 판단하였다.

그러나 원심이 채택한 각 증거를 기록에 대조하여 살펴보건대 갑 제7호증의 1 내지 8은 사단법인 한국제약협회에서 1976.부터 1983.까지 사이에 발간한 의약품 등 생산실적표인데 이에 의하면 심판청구인은 대략 1976.에는 4,400만 원, 1977.에는 11,400만 원, 1978.에는 26,000만 원, 1979.에는 28,600만 원, 1980.에는 12,300만 원, 1981. 및 1982.에는 각 9,800만 원, 1983.에는 8,800만 원 상당의 '프록센캅셀'을 생산한 사실이 인정되고, 갑 제11호증의 1 내지 7은 1978.부터 1985.사이에 발간된 메디칼인덱스, 의약품편람, 최신의약품집 등으로 심판청구인이 위 기간동안 위 간행물에 '프록센캅셀'에 대한 제품을 소개 선전광고한 사실이 인정되고, 갑 제12호증 내지 갑 제16호증은 1977.부터 1978.사이에 발간된 월간약국, 월간의약정보, 약사공론, 약업신문, 보건신보 등으로서 청구인이 위 기간동안 위 간행물에 '프록센캅셀'을 광고선전한 사실이 인정되고 갑 제17호증 내지 갑 제22호증은 1977. 1.부터 1977. 9.까지 사이에 발간된 중앙일보, 서울신문, 일간스포츠, 동아일보, 한국일보, 조선일보 등으로 청구인이 위 기간동안 위 간행물에 '프록센캅셀'을 광고선전한 사실이 인정되나 위와 같은 인정사실로 미루어 보아도 심판청구인은 1977.부터 1979.까지 사이에 집중적으로 인용상표를 부착한 상품을 생산 및 판매하였고 일반소비자에 대한 광고는 1977.경에만 하였을 뿐아니라 그 후에는 판매량도 점점 줄어들었으며 일반 소비자를 대상으로 한 광고는 한 바 없이 그 업계의 전문잡지 등에 해당상품을 소개 및 광고해 왔을 뿐임이 인정되므로 위에서 든 증거들만으로는 심판청구인의 인용상표가 이 사건 등록상표의 출원당시인 1984.경에 국내의 수요자 또는 거래자간에 널리 인식되어 있었다고 인정하기 어려움에도 불구하고 원심이 그 설시와 같은 사실을 인정하였음은 증거없이 사실을 인정한 잘못에 기인한 것이라 할 것이다.

따라서 인용상표가 주지상표라고 판단한 원심에는 주지상표에 관한 법리를 오해하고 심리를 다하지 아니하여 심결결과에 영향을 미친 위법이 있다 할 것이어서 이 점을 지적하는 논지도 이유가 있다.

그러므로 원심결을 파기환송하기로 하여 관여 법관의 일치된 의견으로 주문과 같이 판결한다.

대법관 안우만(재판장) 김용준 천경송(주심) 안용득

79. 대법원 2007. 2. 8. 선고 2006후3526 판결 【등록무효(상)】

[미간행]

【판시사항】

[1] 상표법 제7조 제1항 제10호에 정한 저명상표에 해당하는지 여부의 판단 기준

[2] 선등록상표 ""가 등록상표의 출원시에 저명성을 취득하지 못하였다고 본 사례

【참조조문】

[1] 상표법 제7조 제1항 제10호 [2] 상표법 제7조 제1항 제10호

【참조판례】

[1] 대법원 1990. 9. 11. 선고 89후2205 판결(공1990, 2095)
대법원 1999. 2. 26. 선고 97후3975, 3982 판결(공1999상, 666)
대법원 2000. 5. 30. 선고 98후843 판결(공2000하, 1566)

【전 문】

【원고, 피상고인】 원고 주식회사(소송대리인 법무법인 케이씨엘 담당변호사 김용직외 3인)

【피고, 상고인】 피고 주식회사(소송대리인 변리사 이영화)

【원심 판결】 특허법원 2006. 10. 19. 선고 2006허4215 판결

【주 문】

원심 판결을 파기하고, 사건을 특허법원으로 환송한다.

【이 유】

상고이유를 판단한다.

1. 상표법 제7조 제1항 제10호 소정의 '수요자 간에 현저하게 인식되어 있는 타인의 상품이나 영업'은 저명상표 등을 말하고, 저명상표 등에 해당하는지 여부는 그 상품이나 영업에 사용되는 상표 또는 상호 등의 사용기간, 사용량, 사용방법, 상품의 거래량 또는 영업의 범위 및 상표나 상호에 관한 광고 선전의 실태 등 제반 사정을 고려하여 거래실정과 사회통념상 그 상품의 출처 또는 영업주체에 관한 인식이 객관적으로 널리 퍼져 있다고 볼 수 있는지의 여부에 따라 판단하여야 한다(대법원 1990. 9. 11. 선고 89후2205 판결 참조).

2. 원심은 그 판시의 선등록상표 1인 "" 등을 부착한 한방화장품의 개발경위와 1997년부터 2003년까지의 판매실적, 2001년부터 2003년까지의 광고실적, 한국능률협회로부터의 수상경력 등만으로 선등록상표 1 등이 이 사건 등록상표의 출원시인 2003. 5. 12. 무렵에 저명성을 취득하였다고 보았다.

3. 그러나 앞서 본 법리와 기록에 비추어 살펴보면, 선등록상표 1 등의 광고를 위해 지출한 비용이 2001년에 3,500만 원, 2002년에 4,200만 원에 불과하고 2003년에 비교적 많은 19억 3,500만 원을 지출하기는 하였으나, 이 사건 등록상표의 출원일인 2003. 5. 12. 이전에 얼마를 지출하였는지를 알 수 없어서 상표의 저명성 판단에 큰 영향을 미치는 광고실적이 높다고 할 수 없고, 선등록상표 1 등을 사용한 기간 또한 저명성을 인정하기에는 비교적 짧은 기간이어서 다른 특별한 사정을 발견할 수 없는 상황에서 선등록상표 1 등의 저명성을 선뜻 인정하기 어려울 뿐만 아니라, 선등록상표 1 등을 부착한 상품이 이 사건 등록상표의 출원일 이전까지 전체 화장품 시장에서 차지한 비중, 선등록상표 1 등을 부착한 상품의 종류와 생산량 등의 구체적인 사용실태 등을 알 수 있는 자료도 나와 있지 않다. 그럼에도 원심이 그 인정 사실만으로 선등록상표 1 등의 저명성을 인정한 것은 상표의 저명성 판단에 관한 법리를 오해하거나 심리를 미진하여 판결에 영향을 미친 잘못이 있고, 이 점을 지적하는 상고이유의 주장은 이유 있다.

4. 그러므로 나머지 상고이유에 대하여 살펴볼 필요 없이 원심 판결을 파기하고, 사건을 다시 심리·판단하게 하기 위하여 원심법원으로 환송하기로 하여 관여 법관의 일치된

의견으로 주문과 같이 판결한다.

대법관 김영란(재판장) 김황식 이홍훈(주심) 안대희

80. 대법원 1999. 2. 26. 선고 97후3975, 3982 판결【상표등록무효】

[공1999.4.15.(80),666]

【판시사항】

[1] 상표법 제7조 제1항 제10호 소정의 저명상표에 해당하는지 여부의 판단 기준 및 판단 기준시(=등록출원시)

[2] 인용상표나 그 사용상품이 수요자나 거래자에게 특정인의 상표나 상품으로 인식될 수 있는 정도로만 알려져 있는 경우, 상표법 제7조 제1항 제11호 소정의 수요자 기만 상표의 적용 요건

[3] 인용상표가 저명상표인 경우, 상표법 제7조 제1항 제11호 소정의 수요자 기만 상표의 적용 요건

[4] 인용상표가 수요자나 거래자에게 특정인의 상표로 인식될 수 있는 정도로만 알려져 있는 경우, 다른 상표가 인용상표의 사용상품과 동일·유사하지 않은 지정상품에 사용되더라도 상표법 제7조 제1항 제11호 소정의 수요자 기만 상표에 해당하는지 여부(한정 적극)

[5] 수요자나 거래자에게 의류에 관한 특정인의 상표로 인식될 수 있는 정도로만 알려져 있는 인용상표와 동일·유사한 등록상표를 가방류에 사용하는 경우, 상표법 제7조 제1항 제11호 소정의 수요자 기만 상표에 해당한다고 본 사례

【판결요지】

[1] 상표법 제7조 제1항 제10호의 이른바 저명상표인가의 여부는 그 상표의 사용, 공급, 영업활동의 기간, 방법, 태양 및 거래범위 등과 그 거래실정 또는 사회통념상 객관적으로 널리 알려졌느냐의 여부 등이 일응의 기준이 된다 할 것이고, 위 규정을 적용함에 있어서 인용상표가 저명상표인지 여부를 판단하는 기준시는 그 상표의 등록출원시라고 보아야 한다.

[2] 상표법 제7조 제1항 제11호에서 규정하고 있는 수요자를 기만할 염려가 있다고 하기 위하여는 인용상표나 그 사용상품이 반드시 저명하여야 하는 것은 아니지만 적어도 국내의 일반거래에 있어서 수요자나 거래자에게 그 상표나 상품이라고 하면 특정인의 상표나 상품이라고 인식될 수 있을 정도로 알려져 있어야 할 것이고, 이러한 경우에는 인용상표와 동일 또는 유사한 상표가 위 사용상품과 동일 또는 유사한 지정상품에 사용되어질 경우에 위 규정에 의하여 일반 수요자로 하여금 상품의 출처에 관하여

오인·혼동을 일으키게 하여 수요자를 기만할 염려가 있다고 할 수 있다.

[3] 인용상표가 그 사용상품에 대한 관계거래자 이외에 일반공중의 대부분에까지 널리 알려지게 됨으로써 저명성을 획득하게 되면 그 상표를 주지시킨 상품 또는 그와 유사한 상품뿐만 아니라 이와 다른 종류의 상품이라고 할지라도 그 상품의 용도 및 판매거래의 상황 등에 따라 저명상표권자나 그와 특수한 관계에 있는 자에 의하여 생산 또는 판매되는 것으로 인식될 수 있고 그 경우에는 어떤 상표가 인용상표의 사용상품과 다른 상품에 사용되더라도 수요자로 하여금 상품의 출처를 오인·혼동케 하여 수요자를 기만할 염려가 있다고 보게 되는 것이다.

[4] 특정인의 상표라고 인식된 상표를 사용하는 상품의 출처 등에 관한 일반 수요자의 오인·혼동을 방지하여 이에 대한 신뢰를 보호하고자 하는 상표법 제7조 제1항 제11호의 목적에 비추어 보면, 인용상표가 저명성을 획득할 정도로 일반 수요자 사이에 널리 알려지지 못하고 수요자나 거래자에게 특정인의 상표로 인식될 수 있을 정도로만 알려져 있는 경우라도, 만일 어떤 상표가 인용상표와 동일 또는 유사하고, 인용상표의 구체적인 사용실태나 양 상표가 사용되는 상품 사이의 경제적인 견련의 정도 기타 일반적인 거래의 실정 등에 비추어 그 상표가 인용상표의 사용상품과 동일 또는 유사한 지정상품에 사용된 경우에 못지 않을 정도로 인용상표권자에 의하여 사용되는 것이라고 오인될 만한 특별한 사정이 있다고 보이는 경우라면 비록 그것이 인용상표의 사용상품과 동일 또는 유사한 지정상품에 사용된 경우가 아니라고 할지라도 일반 수요자로 하여금 출처의 오인·혼동을 일으켜 수요자를 기만할 염려가 있다고 보아야 할 것이다.

[5] 수요자나 거래자에게 의류에 관한 특정인의 상표로 인식될 수 있는 정도로만 알려져 있는 인용상표와 동일·유사한 등록상표를 가방류에 사용하는 경우, 상표법 제7조 제1항 제11호 소정의 수요자 기만 상표에 해당한다고 본 사례.

【참조조문】

[1] 상표법 제7조 제1항 제10호[2] 상표법 제7조 제1항 제11호[3] 상표법 제7조 제1항 제11호[4] 상표법 제7조 제1항 제11호[5] 상표법 제7조 제1항 제11호

【참조판례】

[1][3][4] 대법원 1997. 3. 14. 선고 96후412 판결(공1997상, 1111)

[1] 대법원 1989. 6. 27. 선고 88후219 판결(공1989, 1165)
대법원 1990. 10. 10. 선고 88후226 판결(공1990, 2274)

[2] 대법원 1995. 9. 26. 선고 95후262 판결(공1995하, 3534)

[3] 대법원 1995. 6. 13. 선고 94후2186 판결(공1995하, 2399)

[4] 대법원 1998. 2. 24. 선고 97후1306 판결(공1998상, 908)
대법원 1998. 12. 23. 선고 98후1693 판결(공1999상, 242)

【전 문】

【심판청구인,피상고인】 시애틀 패시픽 인더스트리스. 인코포레이티드(소송대리인 변호사 이재후 외 3인)

【피심판청구인,상고인】 허만관(소송대리인 변리사 이상진 외 1인)

【원심심결】 특허청 항고심판소 1997. 11. 28.자 96항당143, 144 심결

【주 문】

상고를 기각한다. 상고비용은 피심판청구인의 부담으로 한다.

【이 유】

상고이유를 판단한다.

1. 원심은, 심판청구인의 "UNITN BAY" 또는 "유니온베이"로 구성된 상표들(이하 인용상표라 한다)이 이 사건 등록상표(1) "UNITNBAY"(1991. 12. 21. 출원, 1993. 4. 8. 등록 제260501호로 등록) 및 이 사건 등록상표(2) "유니온베이"(1991. 11. 29. 출원, 1992. 9. 29. 등록 제250833호로 등록)의 출원일 이전인 1986.경부터 의류 등을 지정상품으로 하여 국내 또는 독일, 영국, 미국, 캐나다, 대만, 호주 등에 상표등록이 된 바 있고, 국내의 인용상표 사용상품의 매출액, 광고비, 전문취급매장의 증가추세와 그 각 규모에 비추어 일반 수요자들에게 인용상표가 상당히 널리 인지되어 있다는 요지의 사실을 인정하였다.
그리고 원심은, 인용상표는 이 사건 등록상표들의 출원일 이전에 이미 국내의 거래자 및 수요자들에게 상당히 알려져 있었다고 할 것이고, 오늘날 의류, 가방, 신발 등이 유행 관련 상품으로 이른바 토탈패션화하고 있는 거래사회의 상황을 감안할 때, 이 사건 등록상표들이 그 지정상품에 사용될 경우에는 거래자나 수요자로 하여금 마치 인용상표권자 또는 그와 특수한 관계에 있는 자에 의하여 사용되는 것으로 영업이나 상품 출처를 오인·혼동케 하거나 기만할 우려가 있으므로 이 사건 등록상표들은 상표법 제7조 제1항 제10호 및 제11호에 위반하여 등록된 것으로서 같은 법 제71조 제1항 제1호에 의하여 그 등록이 무효라고 판단하였다.

2. 상표법 제7조 제1항 제10호의 이른바 저명상표인가의 여부는 그 상표의 사용, 공급, 영업활동의 기간, 방법, 태양 및 거래범위 등과 그 거래실정 또는 사회통념상 객관적으로 널리 알려졌느냐의 여부 등이 일응의 기준이 된다 할 것이고(대법원 1989. 6. 27. 선고 88후219 판결, 1990. 10. 10. 선고 88후226 판결 등 참조), 위 규정을 적용함에 있어서 인용상표가 저명상표인지 여부를 판단하는 기준시는 그 상표의 등록출원시라고 보아야 한다(대

법원 1997. 3. 14. 선고 96후412 판결 참조).

기록에 의하니, 이 사건 등록상표들의 출원시는 1991. 11. 29. 및 같은 해 12. 21. 임을 알 수 있는데, 원심이 인정한 사실관계에 의하더라도, 이 사건 등록상표들이 출원될 당시는 인용상표나 그 사용상품이 본격적으로 선전광고되기 시작한지 불과 1년 남짓한 때로서, 그 인정과 같은 정도의 매출이나 광고선전이 이루어졌다고 하더라도 인용상표가 수요자들에게 현저하게 인식되었다고 인정하기는 어렵다고 보아야 할 것이다.

따라서 이 사건 등록상표들이 인용상표와의 관계에서 상표법 제7조 제1항 제10호에 해당한다고 판단한 원심은 위 규정에 관한 법리를 오해한 위법이 있다고 할 것이다.

그러나 한편, 원심은 이 사건 등록상표들이 상표법 제7조 제1항 제11호에도 해당한다고 판단하였다.

그 제11호에서 규정하고 있는 수요자를 기만할 염려가 있다고 하기 위하여는 인용상표나 그 사용상품이 반드시 저명하여야 하는 것은 아니지만 적어도 국내의 일반거래에 있어서 수요자나 거래자에게 그 상표나 상품이라고 하면 특정인의 상표나 상품이라고 인식될 수 있을 정도로 알려져 있어야 할 것이고, 이러한 경우에는 인용상표와 동일 또는 유사한 상표가 위 사용상품과 동일 또는 유사한 지정상품에 사용되어질 경우에 위 규정에 의하여 일반 수요자로 하여금 상품의 출처에 관하여 오인·혼동을 일으키게 하여 수요자를 기만할 염려가 있다고 할 수 있을 것이다(대법원 1995. 9. 26. 선고 95후262 판결 참조). 그리고 인용상표가 그 사용상품에 대한 관계거래자 이외에 일반공중의 대부분에까지 널리 알려지게 됨으로써 저명성을 획득하게 되면 그 상표를 주지시킨 상품 또는 그와 유사한 상품뿐만 아니라 이와 다른 종류의 상품이라고 할지라도 그 상품의 용도 및 판매거래의 상황 등에 따라 저명상표권자나 그와 특수한 관계에 있는 자에 의하여 생산 또는 판매되는 것으로 인식될 수 있고 그 경우에는 어떤 상표가 인용상표의 사용상품과 다른 상품에 사용되더라도 수요자로 하여금 상품의 출처를 오인·혼동케 하여 수요자를 기만할 염려가 있다고 보게 되는 것이다(대법원 1995. 6. 13. 선고 94후2186 판결 참조).

그리하여 특정인의 상표라고 인식된 상표를 사용하는 상품의 출처 등에 관한 일반 수요자의 오인·혼동을 방지하여 이에 대한 신뢰를 보호하고자 하는 위 규정의 목적에 비추어 보면, 인용상표가 저명성을 획득할 정도로 일반 수요자 사이에 널리 알려지지 못하고 수요자나 거래자에게 특정인의 상표로 인식될 수 있을 정도로만 알려져 있는 경우라도, 만일 어떤 상표가 인용상표와 동일 또는 유사하고, 인용상표의 구체적인 사용실태나 양 상표가 사용되는 상품 사이의 경제적인 견련의 정도 기타 일반적인 거래의 실정 등에 비추어 그 상표가 인용상표의 사용상품과 동일 또는 유사한 지정상품에 사용된 경우에 못지 않을 정도로 인용상표권자에 의하여 사용되는 것이라고 오인될 만한 특별한 사정이 있다고 보이는 경우라면 비록 그것이 인용상표의 사용상품과 동일 또는 유사한 지정상품에 사용된 경우가 아니라고 할지라도 일반 수요자로 하여금 출처의 오인·혼동을 일으켜 수요자를 기만할 염려가 있다고 보아야 할 것이다(대법원 1997. 3. 14. 선고 96후412 판결 참조).

기록에 의하니, 이 사건 등록상표들에 대한 등록사정 당시 인용상표는 일반 수요자나 거래자간에 심판청구인의 상표로 널리 알려져 있다고 볼 수는 없더라도 적어도 그것이 사용된 의류 등에 관하여는 국내의 일반거래에 있어서 수요자나 거래자에게 심판청구인의 상표라고 인식될 수 있을 정도로는 알려져 있었다고 봄이 상당하다 할 것이고, 또한 이 사건 등록상표들은 인용상표와 외관·호칭 및 관념에 있어서 동일 또는 유사하여 전체적으로 유사한 상표라고 할 것인데, 이 사건 등록상표들의 지정상품인 핸드백 등 가방류와 인용상표들의 사용상품인 의류 등은 상품류 구분이 다르기는 하나 수요자가 공통된다고 보일 뿐만 아니라, 원심이 인정한 바와 같이 이 사건 등록상표들의 등록사정 당시 이미 거래사회에서는 의류, 가방, 신발 등을 한 기업에서 생산하거나 이들 제품을 한 점포에서 다같이 진열하여 판매하는 이른바 토탈패션화의 경향이 일반화한 상황이어서, 비록 인용상표가 심판청구인의 상표라고 인식되게 된 상품인 의류 등과 이 사건 등록상표들의 지정상품인 가방류가 유사한 상품이라고 할 수는 없다고 하더라도 이 사건 등록상표들이 그 지정상품에 사용된다면 의류 등과 유사한 상품에 사용된 경우에 못지 않을 정도로 그것이 인용상표권자에 의하여 사용되는 것이라고 오인될 소지가 있다고 보여지는 특별한 사정이 있는 경우라 할 것이므로, 이 사건 등록상표들은 인용상표와 출처의 오인·혼동을 일으켜 수요자를 기만할 염려가 있다고 보아야 할 것이다.

상표법 제7조 제1항 제11호의 적용에 관한 원심의 판단은 결국 위와 같은 취지에 따른 것으로서 정당하고, 거기에 상고이유로 주장하는 바와 같은 위 규정에 관한 법리오해, 채증법칙 위배, 심리미진 등의 위법이 있다고 할 수 없다.

그리고 이 사건 등록상표들이 위 규정에 위반하여 등록된 것으로서 그 등록이 무효라고 보는 이상 원심심결에 앞서 본 바와 같이 이 사건 등록상표들이 상표법 제7조 제1항 제10호에 해당된다고 판단한 잘못이 있다 하더라도 이는 택일적 청구가 병합된 이 사건의 심결결과에 영향이 없다 할 것이다. 결국 상고이유의 주장은 받아들일 수 없다.

3. 그러므로 상고를 기각하고, 상고비용은 패소자의 부담으로 하기로 관여 법관의 의견이 일치되어 주문에 쓴 바와 같이 판결한다.

대법관 김형선(재판장) 정귀호 이용훈 조무제(주심)

81. 대법원 2010. 5. 27. 선고 2008후2510 판결 【등록무효(상)】

[공2010하,1293]

【판시사항】

[1] 상표법 제7조 제10호에 따른 상표 부등록사유의 판단 기준

[2] 등록상표 "토플러스"는 그 수요자들이 선사용상표인 "TOEFL"이나 그 영업 또는 상품 등을 쉽게 연상하여 출처에 혼동을 일으키게 할 염려가 있으므로, 상표법 제7조 제1항 제10호에 해당하여 등록을 무효로 한다고 한 사례

【판결요지】

[1] 상표법 제7조 제1항 제10호에 따른 부등록사유란, 타인의 선사용상표 또는 서비스표의 저명 정도, 당해 상표와 타인의 선사용상표 또는 서비스표의 각 구성, 상품 혹은 영업의 유사 내지 밀접성 정도, 선사용상표 또는 서비스표 권리자의 사업다각화 정도, 이들 수요자 층의 중복 정도 등을 비교·종합한 결과, 당해 상표의 수요자가 그 상표로부터 타인의 저명한 상표 또는 서비스표나 그 상품 또는 영업 등을 쉽게 연상하여 출처에 혼동을 일으키게 할 염려가 있는 경우를 의미한다.

[2] 등록상표 "토플러스"는 선사용상표 "TOEFL"에 '~하는 사람'을 의미하는 영어 접미사 'er'과 소유격 또는 복수형 어미 ''s'나 's'를 부가한 "TOEFLer's" 또는 "TOEFLers"의 한글발음이거나 영어단어 'plus(+)'를 결합한 "TOEFLplus(+)"의 한글발음에서 겹치는 '플' 발음을 생략한 것 등으로 일반 수요자들이 쉽게 인식할 수 있을 것으로 보이고, 그 호칭도 선사용상표의 한글발음인 '토플'의 뒤에 상대적으로 약한 발음인 '러스'를 부가한 정도라는 점에서, 선사용상표와 유사한 면이 있고 위 등록상표의 지정상품들은 선사용상표의 상품인 '영어시험 문제지'와 마찬가지로 출판물의 일종으로서 서로 유사할 뿐만 아니라 선사용상표의 영업과도 밀접한 경제적 견련성이 있어 위 등록상표와 선사용상표의 수요자들도 영어시험을 준비하거나 영어를 공부하는 사람들로 상당 부분 중복된다는 점에서, 등록상표 "토플러스"는 그 수요자들이 선사용상표인 "TOEFL"이나 그 영업 또는 상품 등을 쉽게 연상하여 출처에 혼동을 일으키게 할 염려가 있으므로, 상표법 제7조 제1항 제10호에 해당하여 등록을 무효로 한다고 한 사례.

【참조조문】

[1] 상표법 제7조 제1항 제10호 [2] 상표법 제7조 제1항 제10호

【참조판례】

[1][2] 대법원 2007. 12. 27. 선고 2006후664 판결

【전 문】

【원고, 피상고인】 에듀케이쇼날 테스팅 서어비스(소송대리인 변호사 손지열외 4인)

【피고, 상고인】 주식회사 박정어학원(소송대리인 변리사 박윤호외 1인)

【원심 판결】 특허법원 2008. 6. 19. 선고 2008허3612 판결

【주 문】

상고를 기각한다. 상고비용은 피고가 부담한다.

【이 유】

상고이유(상고이유서 제출기한이 경과한 후에 제출된 각 상고이유서보충서의 기재는 상고이유를 보충하는 범위 내에서)를 판단한다.

1. 상고이유 제1점에 대하여

기록에 의하면, 피고는 원심 제1차 변론기일에서 원고와 공평한 변론의 기회를 부여받아 원심 판시 "TOEFL"(이하 '선사용상표'라 한다)이 저명상표임을 인정하면서도 답변서와 2008. 5. 29.자 준비서면을 통하여 이 사건 등록상표(등록번호 671075호) "토플러스"가 선사용상표와 유사하지 않아 서로 혼동의 염려가 없다는 취지의 주장을 하였음을 알 수 있으므로, 원심 판결에는 상고이유로 주장하는 바와 같은 변론주의 위반 등의 위법이 없다.

2. 상고이유 제2점 내지 제7점에 대하여

가. 상표법 제7조 제1항 제10호에서 규정하는 부등록사유란, 타인의 선사용상표 또는 서비스표의 저명 정도, 당해 상표와 타인의 선사용상표 또는 서비스표의 각 구성, 상품 혹은 영업의 유사 내지 밀접성 정도, 선사용상표 또는 서비스표 권리자의 사업 다각화 정도, 이들 수요자 층의 중복 정도 등을 비교·종합한 결과, 당해 상표의 수요자가 그 상표로부터 타인의 저명한 상표 또는 서비스표나 그 상품 또는 영업 등을 쉽게 연상하여 출처에 혼동을 일으키게 할 염려가 있는 경우를 의미한다고 할 것이다(대법원 2007. 12. 27. 선고 2006후664 판결 등 참조).

나. 위 법리와 기록에 비추어 살펴본다.

원심이 적법하게 인정한 사실들에 의하면, 선사용상표 "TOEFL"은 이 사건 등록상표의 출원일인 2005. 4. 13. 당시 '영어를 모국어로 하지 않는 사람들을 상대로 학문적인 영어구사능력을 평가하는 영어시험(Test of English as a Foreign Language)'을 주관하고 관리하는 영업이나 이와 관련된 영어시험 문제지 등 원고 회사의 영업이나 상품을 나타내는 저명한 표장이었음이 인정되는 반면, 위와 같은 영업이나 상품 그 자체를 일컫는 보통명칭 또는 관용표장으로서 그 식별력을 상실한 것으로 인정되지는 않는다. 그리고 이 사건 등록상표 "토플러스"는 우리나라의 영어 보급수준을

참작할 때 선사용상표 "TOEFL"에 '~하는 사람'을 의미하는 영어 접미사 'er'과 소유격 또는 복수형 어미 's'나 's'를 부가한 "TOEFLer's" 또는 "TOEFLers"의 한글발음이거나 영어단어 'plus(+)'를 결합한 "TOEFLplus(+)"의 한글발음에서 겹치는 '플' 발음을 생략한 것 등으로 일반 수요자들이 쉽게 인식할 수 있을 것으로 보이고, 그 호칭도 선사용상표의 한글발음인 '토플'의 뒤에 상대적으로 약한 발음인 '러스'를 부가한 정도라는 점에서, 선사용상표와 유사한 면이 있다. 또한 이 사건 등록상표는 '서적, 신문, 잡지, 학습지, 핸드북, 정기간행물'을 그 지정상품으로 하고 있는데, 이러한 지정상품들은 선사용상표의 상품인 '영어시험 문제지'와 마찬가지로 출판물의 일종으로서 서로 유사할 뿐만 아니라 영어시험을 주관하고 관리하는 선사용상표의 영업 성격상 이러한 출판물들에까지 그 사업영역이 확대될 수 있다는 점에 비추어 보면 선사용상표의 영업과도 밀접한 경제적 견련성이 있다. 게다가 이 사건 등록상표와 선사용상표의 수요자들도 영어시험을 준비하거나 영어를 공부하는 사람들로 상당 부분 중복된다.

위와 같은 점들을 종합적으로 고려해 보면, 이 사건 등록상표는 그 수요자들이 이로부터 원고 회사의 저명한 선사용상표인 "TOEFL"이나 그 영업 또는 상품 등을 쉽게 연상하여 출처에 혼동을 일으키게 할 염려가 있다고 할 것이므로, 상표법 제7조 제1항 제10호에 해당하여 그 등록이 무효로 되어야 한다. 같은 취지의 원심판단은 정당한 것으로 수긍이 가고, 거기에 상고이유로 주장하는 바와 같은 상표법 제7조 제1항 제10호에 관한 법리오해 등의 위법이 없다.

3. 결 론

그러므로 상고를 기각하고 상고비용은 패소자가 부담하도록 하여 관여 대법관의 일치된 의견으로 주문과 같이 판결한다.

대법관 안대희(재판장) 박시환 차한성 신영철(주심)

82. 대법원 1999. 11. 12. 선고 99후154 판결 【등록무효(상)】

[공1999.12.15.(96),2512](품질오인상표 여부)

【판시사항】

[1] 상표법 제6조 제1항 제3호 소정의 기술적(기술적) 상표인지 여부에 대한 판단 기준

[2] 등록상표 "데코시트"는 지정상품 중 장식재인 상품에 사용될 경우에는 상표법 제6조 제1항 제3호의 기술적(기술적) 상표에 해당하고, 지정상품 중 장식재로 직접 사용되지 아니하는 상품에 사용될 경우에는 상표법 제7조 제1항 제11호의 품질오인적 상표에 해당한다고 한 사례

【판결요지】

[1] 어떤 상표가 상표법 제6조 제1항 제3호에서 정한 상품의 품질·효능·용도 등을 보통으로 사용하는 방법으로 표시한 표장만으로 된 상표인가의 여부는 그 상표가 가지는 관념, 당해 지정상품이 일반적으로 갖는 공통된 품질·효능·용도·거래사회의 실정 등을 감안하여 객관적으로 판단하되, 상표의 의미 내용은 일반 수요자가 그 상표를 보고 직관적으로 깨달을 수 있는 것이어야 하고 심사숙고하거나 사전을 찾아보고서 비로소 그 뜻을 알 수 있는 것은 고려의 대상이 되지 않는다.

[2] 등록상표 "데코시트"는 지정상품 중 장식재인 상품에 사용될 경우에는 전체적으로 볼 때 상품의 성질(용도와 형상)을 나타내는 상표로 인식되어 상표법 제6조 제1항 제3호의 기술적 상표에 해당하고, 위 등록상표가 장식재로 직접 사용되지 아니하는 지정상품에 사용되는 경우에는 수요자들로 하여금 위 지정상품들이 일반적인 단순한 시트가 아니고 장식적인 효과를 나타내는 장식용 시트를 만드는데 사용되는 상품 또는 그러한 장식용 시트를 함유하는 상품으로 그 품질을 오인·혼동하게 할 우려가 있어 상표법 제7조 제1항 제11호에서 정하는 품질오인상표에 해당한다고 한 사례.

【참조조문】

[1] 상표법 제6조 제1항 제3호[2] 상표법 제6조 제1항 제3호, 제7조 제1항 제11호

【참조판례】

[1][2] 대법원 1997. 5. 23. 선고 96후1729 판결(공1997하, 1874)
대법원 1997. 9. 12. 선고 96후2494 판결(공1997하, 3107)
대법원 1997. 12. 12. 선고 97후396 판결(공1998상, 296)
대법원 1998. 7. 24. 선고 97후1702, 1719 판결(공1998하, 2236)

[2] 대법원 1995. 3. 24. 선고 94후1923 판결(공1995상, 1755)
대법원 1997. 7. 22. 선고 96후1224 판결(공1997하, 2524)
대법원 1998. 12. 22. 선고 97후3029 판결(공1999상, 238)

【전 문】

【원고(심판청구인), 상고인】 안상철(소송대리인 변리사 김연수)

【피고(피심판청구인), 피상고인】 주식회사 엘지화학(소송대리인 변리사 김용인 외 1인)

【원심 판결】 특허법원 1998. 12. 11. 선고 98허6032 판결

【주 문】

원심 판결을 파기하여 사건을 특허법원에 환송한다.

【이 유】

상고이유를 판단한다.

원심 판결 이유에 의하면, 원심은 이 사건 등록상표(등록번호 제347462호)는 '데코시트'라는 국문자 4자가 붙여 쓰여진 상표이고, 을 제31호증의 1, 2의 기재에 의하면 장식의 뜻을 가진 영문자 'decoration', 장식용의 뜻을 가진 영문자 'decorated'와 'decorative'가 있고, 장식의 뜻을 가진 불문자 'decor'이 있는 사실을 인정할 수 있으나, 우리나라의 불문자 보급수준에 비추어 위 불문자 'decor'가 흔한 문자라거나 쉽게 인식할 수 있는 문자라고는 보이지 아니하므로, 이 사건 등록상표의 지정상품과 관련된 일반 수요자나 거래자로서는 '데코'라는 국문자를 보고 장식용이라는 뜻을 쉽게 직감적으로 인식할 수는 없다 할 것이고, 따라서 이 사건 등록상표는 그 지정상품의 단순한 품질이나 효능만을 직접적으로 표시하는 것으로 인식할 수 없어 구 상표법(1997. 8. 22. 법률 제5355호로 개정되기 전의 것, 이하 '법'이라고 한다) 제6조 제1항 제3호에서 정한 상표에 해당한다고 할 수 없고, 오히려 전체적인 상표의 구성으로 볼 때 분리 관찰하면 자연스럽지 못할 정도로 일련불가분적으로 결합된 조어상표라고 봄이 상당하며, 이와 같이 이 사건 등록상표가 '장식용 시트'를 지칭하는 법 제6조 제1항 제3호에서 정한 상표에 해당되지 아니하는 이상 이 사건 등록상표가 장식용 시트가 아닌 지정상품에 사용되는 경우에도 수요자로 하여금 '장식용 시트'로 그 품질을 오인·혼동하게 할 우려가 없으므로 법 제7조 제1항 제11호에도 해당하지 아니한다고 판단하였다.

그러나 어떤 상표가 법 제6조 제1항 제3호에서 정한 상품의 품질·효능·용도 등을 보통으로 사용하는 방법으로 표시한 표장만으로 된 상표인가의 여부는 그 상표가 가지는 관념, 당해 지정상품이 일반적으로 갖는 공통된 품질·효능·용도·거래사회의 실정 등을 감안하여 객관적으로 판단하되, 상표의 의미 내용은 일반 수요자가 그 상표를 보고 직관적으로 깨달을 수 있는 것이어야 하고 심사숙고하거나 사전을 찾아보고서 비로소 그 뜻을 알 수 있는 것은 고려의 대상이 되지 않는다 할 것이다(대법원 1995. 3. 24. 선고 94후1923 판결, 1997. 5. 23. 선고 96후1729 판결, 1998. 7. 24. 선고 97후1702, 1719 판결 등 참조).

기록에 의하면, 이 사건 등록상표 '데코시트'가 그 지정상품인 비닐시트, 플라스틱시트, 리놀륨시트 등 장식재인 상품에 사용될 경우 일반 수요자나 거래자는 이 사건 등록상표의 구성 중 '시트'는 얇은 판, 플레이트 등을 의미하는 영어 단어 'sheet'를 한글로 표기한 것으로 인식할 것이어서 이 부분은 지정상품의 형상을 직접적으로 나타내는 기술적 표장이라고 할 것이고, 한편 영한사전에는 ① 장식의 뜻을 가진 'decoration', ② 장식용의 뜻을 가진 'decorated'와 'decorative' 외에 ③ 불어에서 유래된 단어로서 '장식'이라는 의미가 있는 'decor'가 나와 있는데, 그 중 위 'decor'는 흔히 사용되는 단어가 아니고 또 그 발음도 '데코'가 아닌 '데이코어', '데이코'이며 또 우리나라의 불어보급 수준을 감안하여 볼 때 거래자나 일반 수요자들이 이 사건 등록상표의 '데코'를 보고 위 'decor'를 한글로 표기한 것으로 직감하리라고는 볼 수 없는 점은 원심의 판단과 같다고 할 것이나, 나머지 단어인 'decoration' 등은 우리나라의 영어보급 수준에 비추어 비교적 쉬운 단어이고, 또 이 사건에 있어서의 수요자는, 이 사건 등록상표의 지정상품들이 최종완제품이 아닌 반제품인 점에 비추어 볼 때, 완제품의 최종소비자가 아니고 반제품인 위 지정상품들을 매수하는 등 당해 거래업계에 종사하는 자라고 보아야 하는바 그 중 특히 장식재 업계에 종사하는 자는 누구보다도 위 영어 단어를 익히 알 수 있을 것이며, 피고 스스로도 1988., 1989.경 이미 Super Decorative PVC Sheet를 줄여서 SUPER-DECO SHEET라고 사용하고 있었던 사정 등을 종합하여 보면, 거래자는 비록 위 'decor'라는 불어 단어는 알지 못하나, 이 사건 등록상표의 '데코'가 '장식'의 의미가 있는 'decoration'의 앞 부분인 'deco'을 한글로 표기한 것으로 직감할 것이므로, 이 사건 등록상표의 '데코'는, 그 지정상품 중 장식재로 사용되는 비닐시트, 플라스틱시트, 리놀륨시트와 관련하여, 위 지정상품들이 장식용 시트임을 일반 거래자들이 누구나 직감할 수 있는 정도로 상품의 용도를 직접적으로 표시한 것이라고 할 것이고, 따라서 이 사건 등록상표는 전체적으로 볼 때 상품의 성질(용도와 형상)을 나타내는 상표로 인식된다고 할 것이다.

또한 이와 같은 '장식용 시트'를 직접적으로 나타내는 이 사건 등록상표가 장식재로 직접 사용되지 아니하는 지정상품인 폴리염화비닐수지, 요소수지, 플라스틱호오스, 필름생지, 플라스틱관, 플라스틱봉, 플라스틱판에 사용되는 경우에는 수요자들로 하여금 위 지정상품들이 일반적인 단순한 시트가 아니고 장식적인 효과를 나타내는 장식용 시트를 만드는데 사용되는 상품(폴리염화비닐수지, 요소수지, 필름생지의 경우) 또는 그러한 장식용 시트를 함유하는 상품(플라스틱호오스, 필름생지, 플라스틱관, 플라스틱봉, 플라스틱판의 경우)으로 그 품질을 오인·혼동하게 할 우려가 있어 이 사건 등록상표는 법 제7조 제1항 제11호에서 정하는 품질오인상표에도 해당된다고 할 것이므로, 결국 이 사건 등록상표는 법 제71조 제1항 제1호, 제6조 제1항 제3호 및 제7조 제1항 제11호의 규정에 의하여 그 등록이 지정상품 전부에 대하여 무효라고 보아야 할 것이다.

그럼에도 불구하고 원심이 이 사건 등록상표의 지정상품과 관련된 일반 수요자나 거래자로서는 '데코'라는 국문자를 보고 장식용이라는 뜻을 쉽게 직감적으로 인식할 수는 없다는 점을 들어 이 사건 등록상표는 기술적 상표는 물론 품질오인상표에도 해당되지 아니한다고 판단한 것은 법 제6조 제1항 제3호 및 제7조 제1항 제11호에 관한 법리를 오해한 위법을 저지른 것이라고 할 것이므로, 이 점을 지적하는 원고의 상고 논지는 이유가 있다.

그러므로 나머지 상고이유에 나아가 볼 것 없이 원심 판결을 파기하고 사건을 원심법원에 환송하기로 하여 관여 법관의 일치된 의견으로 주문과 같이 판결한다.

대법관 윤재식(재판장) 이돈희 이임수(주심) 송진훈

83. 대법원 2004. 3. 11. 선고 2001후3187 판결 【등록무효(상)】

[집52(1)특,257;공2004.4.15.(200),656](수요자 기만상표)

【판시사항】

[1] 상표법 제7조 제1항 제11호에서 규정하고 있는 '수요자를 기만할 염려가 있는 상표'에 해당하는지 여부의 판단 기준

[2] 상표법 제7조 제1항 제11호의 규정 취지 및 기존의 상표의 사용자가 그 상표와 동일 또는 유사한 제3의 상표가 이미 등록되어 있는 사실을 알면서 기존의 상표를 사용한 경우, 위 규정의 적용 여부(적극)

【판결요지】

[1] 등록무효 심판청구의 대상이 된 등록상표가 상표법 제7조 제1항 제11호에서 규정하고 있는 수요자를 기만할 염려가 있는 상표에 해당하려면, 그 등록상표나 지정상품과 대비되는 다른 상표(기존의 상표)나 그 사용상품이 반드시 저명하여야 하는 것은 아니지만 적어도 국내의 일반거래에 있어서 수요자나 거래자에게 그 상표나 상품이라고 하면 곧 특정인의 상표나 상품이라고 인식될 수 있을 정도로는 알려져 있어야 하고, 이러한 경우 그 기존의 상표와 동일·유사한 상표가 그 사용상품과 동일·유사한 상품에 사용되고 있거나 이에 못지 아니할 정도로 기존의 상표의 권리자에 의하여 사용되고 있다고 오인될 만한 특별한 사정이 있으면 일반수요자로 하여금 출처의 오인·혼동을 일으켜 수요자를 기만할 염려가 있다고 보아야 한다.

[2] 상표법 제7조 제1항 제11호 규정의 취지는 기존의 상표를 보호하기 위한 것이 아니라 이미 특정인의 상표라고 인식된 상표를 사용하는 상품의 출처 등에 관한 일반수요자의 오인·혼동을 방지하여 이에 대한 신뢰를 보호하고자 하는 데 있고, 기존의 상표나 그 사용상품이 국내의 일반거래에서 수요자 등에게 어느 정도로 알려져 있는지에 관한 사항은 일반수요자를 표준으로 하여 거래의 실정에 따라 인정하여야 하는 객관적인 상태를 말하는 것이며, 위 규정을 적용한 결과 기존의 상표가 사실상 보호받는 것처럼 보인다고 할지라도 그것은 일반수요자의 이익을 보호함에 따른 간접적, 반사적 효과에 지나지 아니하므로, 기존의 상표의 사용자가 그 상표와 동일 또는 유사한 제3의 상표가 이미 등록되어 있는 사실을 알면서 기존의 상표를 사용하였다고 하더라도 그 사정을 들어 위 규정의 적용을 배제할 수는 없다.

【참조조문】

[1] 상표법 제7조 제1항 제11호[2] 상표법 제7조 제1항 제11호

【참조판례】

[1][2] 대법원 2004. 3. 11. 선고 2002후734 판결

대법원 2004. 3. 12. 선고 2002후1928 판결 /[1] 대법원 1993. 6. 22. 선고 92후2038 판결(공1993하, 2143)
대법원 1997. 3. 14. 선고 96후412 판결(공1997상, 1111)
대법원 1999. 2. 26. 선고 97후3975, 3982 판결(공1999상, 666)
대법원 1999. 9. 3. 선고 98후2870 판결(공1999하, 2094)
대법원 2000. 2. 8. 선고 99후2594 판결(공2000상, 591)
대법원 2000. 5. 30. 선고 98후843 판결(공2000하, 1566)
대법원 2001. 8. 21. 선고 2001후584 판결(공2001하, 2120)
대법원 2001. 9. 28. 선고 99후2655 판결(공2001하, 2388)
대법원 2003. 4. 8. 선고 2001후1884, 1891 판결(공2003상, 1108)
대법원 2003. 11. 28. 선고 2001후799 판결
[2] 대법원 1997. 3. 14. 선고 96후412 판결(공1997상, 1111)
대법원 1997. 6. 27. 선고 96후1712 판결
대법원 1997. 8. 29. 선고 97후334 판결(공1997하, 2899)
대법원 1997. 10. 14. 선고 96후2296 판결(공1997하, 3467)
대법원 1997. 12. 12. 선고 97후1153 판결(공1998상, 298)
대법원 1998. 2. 13. 선고 97후1252 판결(공1998상, 772)

【전 문】

【원고, 상고인】 황순택(소송대리인 법무법인 광장 담당변호사 한승헌 외 2인)

【피고, 피상고인】 스카발 에스 에이(SCABAL S. A.)(소송대리인 변리사 노완구)

【원심 판결】 특허법원 2001. 9. 28. 선고 2001허2177 판결

【주 문】

상고를 기각한다. 상고비용은 원고가 부담한다.

【이 유】

1. 등록무효 심판청구의 대상이 된 등록상표가 상표법 제7조 제1항 제11호에서 규정하고 있는 수요자를 기만할 염려가 있는 상표에 해당하려면, 그 등록상표나 지정상품과 대비되는 다른 상표(이하 '기존의 상표'라고 한다)나 그 사용상품이 반드시 저명하여야 하는 것은 아니지만 적어도 국내의 일반거래에 있어서 수요자나 거래자에게 그 상표나 상품이라고 하면 곧 특정인의 상표나 상품이라고 인식될 수 있을 정도로는 알려져 있어야 하고, 이러한 경우 그 기존의 상표와 동일·유사한 상표가 그 사용상품과 동일·유사한 상품에 사용되고 있거나 이에 못지 아니할 정도로 기존의 상표의 권리자에 의하여 사용

되고 있다고 오인될 만한 특별한 사정이 있으면 일반수요자로 하여금 출처의 오인·혼동을 일으켜 수요자를 기만할 염려가 있다고 보아야 한다(대법원 2003. 4. 8. 선고 2001후1884, 1891 판결 등 참조). 한편, 위 규정의 취지는 기존의 상표를 보호하기 위한 것이 아니라 이미 특정인의 상표라고 인식된 상표를 사용하는 상품의 출처 등에 관한 일반수요자의 오인·혼동을 방지하여 이에 대한 신뢰를 보호하고자 하는 데 있고(대법원 1997. 6. 27. 선고 96후1712 판결, 1998. 2. 13. 선고 97후1252 판결 등 참조), 기존의 상표나 그 사용상품이 국내의 일반거래에서 수요자 등에게 어느 정도로 알려져 있는지에 관한 사항은 일반수요자를 표준으로 하여 거래의 실정에 따라 인정하여야 하는 객관적인 상태를 말하는 것이며, 위 규정을 적용한 결과 기존의 상표가 사실상 보호받는 것처럼 보인다고 할지라도 그것은 일반수요자의 이익을 보호함에 따른 간접적, 반사적 효과에 지나지 아니하므로, 기존의 상표의 사용자가 그 상표와 동일 또는 유사한 제3의 상표가 이미 등록되어 있는 사실을 알면서 기존의 상표를 사용하였다고 하더라도 그 사정을 들어 위 규정의 적용을 배제할 수는 없다.

2. 원심 판결 이유에 의하면, 원심은 피고가 사용하여 온 기존의 상표의 사용 내역에 관하여 그 판시와 같이 사실관계를 확정한 다음, 위 기존의 상표나 그 상품은 원고의 등록상표(등록번호 제452169호)의 등록결정 당시 국내에서 양복지에 관한 일반거래에 있어서 수요자나 거래자에게 특정인의 상표나 상품으로 인식될 수 있을 정도로 알려져 있었고, 원고의 등록상표와 피고의 기존의 상표는, 표장이 동일·유사하고 그 지정상품과 사용상품도 동일·유사하여, 이 사건 등록상표가 그 지정상품에 사용될 경우 일반수요자로 하여금 상품의 출처에 관하여 오인·혼동을 일으키게 하여 수요자를 기만할 염려가 있으므로, 피고가 위 기존의 상표의 국내 사용 당시 그와 저촉되는 원고의 선등록상표의 존재를 알고 있었는지 여부와 관계없이 원고의 등록상표는 상표법 제7조 제1항 제11호에 해당하여 무효라는 취지로 판단하였다.

   앞서 본 법리 및 기록에 비추어 살펴보면, 원심의 위와 같은 사실인정과 판단은 정당한 것으로 수긍이 가고, 피고가 사용하여 온 기존의 상표나 그 상품이 원고의 등록상표의 등록결정 당시 국내의 일반거래에 있어서 수요자 등에게 특정인의 상표나 상품으로 인식될 수 있을 정도로 알려져 있었다고 한 원심의 인정이 정당한 이상, 피고가 자신의 기존의 상표와 저촉되는 원고의 등록상표의 존재를 알고 사용하였는지 여부에 관하여 살피지 아니하였다고 하여, 거기에 상고이유에서 주장하는 바와 같은 상표법 제7조 제1항 제11호 후단의 규정에 대한 법리오해나 심리미진의 위법이 있다고 할 수 없다.

3. 그러므로 상고를 기각하고 상고비용은 패소자가 부담하도록 하여 주문과 같이 판결한다.

대법관 이용우(재판장) 조무제 이규홍 박재윤(주심)

84. 대법원 2006. 7. 28. 선고 2004후1304 판결 【등록무효(상)】

[공2006.9.1.(257),1567]

【판시사항】

[1] 상품과 서비스 사이의 동종·유사성의 판단 기준

[2] 등록상표 "LG TRAUM"의 지정상품인 건축자재와 선등록서비스표 "트라움하우스 TRAUM HAUS"의 지정서비스업인 건축업이 서로 동종·유사하다고 볼 수 있는지 여부(소극)

[3] 상표법 제7조 제1항 제11호에서 규정하고 있는 '수요자를 기만할 염려가 있는 상표'에 해당하는지 여부의 판단 기준 및 판단 기준시점(=상표의 등록결정시)

【판결요지】

[1] 상표는 상품 그 자체를, 서비스표는 서비스의 출처를 식별시키기 위한 표장으로서 각자 수행하는 기능이 다르므로 상품과 서비스업 사이의 동종·유사성을 지나치게 광범위하게 인정하여서는 아니 되고, 따라서 상품과 서비스 사이의 동종·유사성은 서비스와 상품간의 밀접한 관계 유무, 상품의 제조·판매와 서비스의 제공이 동일 사업자에 의하여 이루어지는 것이 일반적인가, 그리고 일반인이 그와 같이 생각하는 것이 당연하다고 인정되는가, 상품과 서비스의 용도가 일치하는가, 상품의 판매장소와 서비스의 제공장소가 일치하는가, 수요자의 범위가 일치하는가, 유사한 표장을 사용할 경우 출처의 혼동을 초래할 우려가 있는가 하는 점 등을 따져 보아 거래사회의 통념에 따라 이를 인정하여야 한다.

[2] 등록상표 "LG TRAUM"의 지정상품인 건축자재의 제조·판매와 선등록서비스표 "트라움하우스 TRAUM HAUS"의 지정서비스업인 건축업의 제공이 일반적으로 동일한 사업자에 의하여 이루어진다고 볼 수 없고, 등록상표 지정상품의 판매장소와 선등록서비스표 지정서비스업의 제공장소, 수요자 등 거래실정이 서로 다르므로, 등록상표의 지정상품과 선등록서비스표의 지정서비스업은 서로 동종·유사하다고 볼 수 없다.

[3] 등록무효 심판청구의 대상이 된 등록상표가 상표법 제7조 제1항 제11호에서 규정하고 있는 수요자를 기만할 염려가 있는 상표에 해당하려면, 그 등록상표나 지정상품과 대비되는 다른 상표·서비스표나 그 사용상품·서비스업이 반드시 저명하여야 하는 것은 아니지만 적어도 국내의 일반거래에 있어서 수요자나 거래자에게 그 상표·서비스표 또는 상품·서비스업이라고 하면 곧 특정인의 상표·서비스표나 상품·서비스업이라고 인식될 수 있을 정도로는 알려져 있어야 하고, 그 판단은 등록상표의 등록결

정시를 기준으로 판단하여야 한다.

【참조조문】

[1] 상표법 제7조 제1항 제7호 [2] 상표법 제7조 제1항 제7호 [3] 상표법 제7조 제1항 제11호

【참조판례】

[1] 대법원 1999. 2. 23. 선고 98후1587 판결(공1999상, 561)

[3] 대법원 2000. 5. 30. 선고 98후843 판결(공2000하, 1566)

대법원 2001. 8. 21. 선고 2001후584 판결(공2001하, 2120)

대법원 2001. 9. 28. 선고 99후2655 판결(공2001하, 2388)

대법원 2003. 4. 8. 선고 2001후1884, 1891 판결(공2003상, 1108)

대법원 2003. 11. 28. 선고 2001후799 판결

대법원 2004. 3. 11. 선고 2001후3187 판결(공2004상, 656)

【전 문】

【원고, 상고인】 원고(소송대리인 특허법인 다래 담당변호사 박승문외 3인)

【피고, 피상고인】 주식회사 엘지(소송대리인 법무법인 광장 담당변호사 권광중외 11인)

【원심 판결】 특허법원 2004. 4. 8. 선고 2003허6067 판결

【주 문】

상고를 기각한다. 상고비용은 원고가 부담한다.

【이 유】

1. 상고이유 제1점에 관하여

가. 상표는 상품 그 자체를, 서비스표는 서비스의 출처를 식별시키기 위한 표장으로서 각자 수행하는 기능이 다르므로 상품과 서비스업 사이의 동종·유사성을 지나치게 광범위하게 인정하여서는 아니된다 할 것이고, 따라서 상품과 서비스 사이의 동종·유사성은 서비스와 상품간의 밀접한 관계 유무, 상품의 제조·판매와 서비스의 제공이 동일 사업자에 의하여 이루어지는 것이 일반적인가, 그리고 일반인이 그와 같이 생각하는 것이 당연하다고 인정되는가, 상품과 서비스의 용도가 일치하는가, 상품의 판매장소와 서비스의 제공장소가 일치하는가, 수요자의 범위가 일치하는가, 유사한 표장을 사용할 경우 출처의 혼동을 초래할 우려가 있는가 하는 점 등을 따져 보아 거래사회의 통념에 따라 이를 인정하여야 할 것이다(대법원 1994. 2. 8. 선고 93후1421, 1438 판결, 1999. 2. 23. 선고 98후1587 판결 등 참조).

나. 위와 같은 법리 및 기록에 비추어 볼 때 원심이 그 판시와 같은 이유로 "LG TRAUM"으로 구성된 이 사건 등록상표(등록번호 제491351호)의 지정상품인 '인조석재, 비금속제

마루판자, 비금속제 창문틀, 비금속제 도어, 비금속제 바닥재, 비금속제 천정판, 비금속제 벽판자, 비금속제 천장장식품, 비금속제 창호시스템 유니트, 플라스틱 타일' 등 건축자재의 제조·판매와 "트라움하우스 TRAUM HAUS"로 구성된 선등록서비스표(등록번호 제42416호)의 지정서비스업인 '콘도미니엄건축업, 오피스텔건축업, 사무용 건물 건축업, 상업용 건물 건축업, 건설엔지니어링업, 주택건축업, 연립주택건축업, 아파트건축업, 아게이트 건축업' 등 건축업의 제공이 일반적으로 동일한 사업자에 의하여 이루어진다고 볼 수 없고, 이 사건 등록상표의 지정상품의 판매장소와 선등록서비스표의 지정서비스업의 제공장소, 수요자 등 거래실정이 서로 달라 이 사건 등록상표의 지정상품과 선등록서비스표의 지정서비스업이 서로 동종·유사하다고 볼 수 없다고 판단하였음은 정당한 것으로 수긍이 가고, 거기에 상고이유의 주장과 같은 법리오해, 사실오인, 심리미진 등의 위법이 있다고 할 수 없다.

2. 상고이유 제2점에 관하여

가. 등록무효 심판청구의 대상이 된 등록상표가 상표법 제7조 제1항 제11호에서 규정하고 있는 수요자를 기만할 염려가 있는 상표에 해당하려면, 그 등록상표나 지정상품과 대비되는 다른 상표·서비스표나 그 사용상품·서비스업이 반드시 저명하여야 하는 것은 아니지만 적어도 국내의 일반거래에 있어서 수요자나 거래자에게 그 상표·서비스표 또는 상품·서비스업이라고 하면 곧 특정인의 상표·서비스표나 상품·서비스업이라고 인식될 수 있을 정도로는 알려져 있어야 하고(대법원 2004. 3. 11. 선고 2001후3187 판결 참조), 그 판단은 등록상표의 등록결정시를 기준으로 판단하여야 한다(대법원 1990. 5. 11. 선고 89후1677 판결, 1993. 6. 22. 선고 92후2038 판결 등 참조).

나. 위 법리와 기록에 비추어 볼 때 원심이 그 판시와 같은 이유로 선등록서비스표가 이 사건 등록상표의 등록결정일 당시 국내의 일반수요자들에게 건축업과 관련하여 특정인의 표장으로 인식될 수 있을 정도로 널리 알려진 서비스표라고 볼 수 없다고 판단하였음은 정당한 것으로 수긍이 가고, 거기에 상고이유에서 주장하는 바와 같은 법리오해, 심리미진 등의 위법이 있다고 볼 수 없다.

3. 그러므로 상고를 기각하기로 하여 관여 대법관의 일치된 의견으로 주문과 같이 판결한다.

대법관　박일환(재판장) 김용담(주심) 박시환 김능환

85. 특허법원 2011. 4.13. 선고 2010허7549 판결 【등록무효(상)】

[미간행]

【전 문】

【원 고】 인터내셔날 커피 앤드 티, 엘엘씨(소송대리인 변리사 박영순)

【피 고】 주식회사 코리아세븐(소송대리인 변리사 정부연)

【변론종결】

2011. 3. 30.

【주 문】

1. 원고의 청구를 기각한다.
2. 소송비용은 원고가 부담한다.

【청구취지】

특허심판원이 2010. 8. 13. 2009당2708호 사건에 관하여 한 심결을 취소한다.

【이 유】

1. 기초사실

가. 이 사건 등록상표

1) 출원일 / 등록일 / 등록번호 : 2008. 1. 25. / 2009. 9. 30. /(상표 등록번호 1 생략)

2) 표장 : coffee bean cantabile

3) 지정상품 : 상품류 구분 제30류 - 인스턴트커피, 인조커피, 천연커피원두 등(자세한 내역은 별지 1과 같다)

나. 선사용상표 1

1)출원일 / 등록일 / 등록번호 : 1998. 3. 18. / 1999. 1. 19. /(상표 등록번호 2 생략)

2) 표장 : The Coffee Bean & Tea Leaf

3) 지정상품 : 상품류 구분 제30류 - 커피, 홍차

다. 선사용상표 2

1) 출원일 / 등록일 / 등록번호 : 2000. 11. 30. / 2002. 10. 7. /(상표 등록번호 3 생략)

2) 표장 : The Coffee Bean

3) 지정상품 : 상품류 구분 제30류 - 커피

라. 이 사건 심결의 경위

원고는 피고의 이 사건 등록상표가 상표법 7조 1항 4호, 9호, 10호, 11호, 12호에 각 위배된다고 주장하면서 상표등록무효심판을 청구하였다. 그러나 특허심판원은 이 사건 등록상표가 위 각 호에 위반되지 않는다고 판단하여 원고의 심판청구를 기각하는 이 사건 심결을 하였다.

【인정근거: 다툼 없는 사실, 갑 1, 2호증, 변론 전체의 취지】

2. 당사자들의 주장과 이 사건의 쟁점

가. 원고 주장의 요지

1) 이 사건 등록상표는 그 등록결정 당시인 2009. 9. 1.경에 이미 수요자간에 원고의 상표나 사용상품이라고 인식되어 있는 선사용상표 1, 2와 유사하므로 상표법 7조 1항 11호에 해당하거나, 같은 항 9호, 10호에 의하여 그 등록이 무효이다.

2) 이 사건 등록상표는 그 출원일인 2008. 1. 25.경에 국내 또는 외국의 수요자간에 원고의 상품을 표시하는 것이라고 인식되어 있는 선사용상표 1, 2와 유사한 상표로서 부당한 이익을 얻거나 원고에게 손해를 가할 부정한 목적을 갖고 출원되어 등록된 상표이므로 상표법 7조 1항 12호에 해당한다.

나. 피고 주장의 요지

1) 이 사건 등록상표가 상표법 7조 1항 9호 내지 11호, 12호에 해당하기 위해서는 적어도 선사용상표 1, 2와의 유사성이 인정되어야 할 것인데, 선사용상표 1, 2가 비록 국내에서 선등록된 상표이기는 하지만 상표를 구성하는 문자부분인 'Coffee Bean'의 식별력에 의해서가 아니라 그와 결합된 도형의 자타상품의 식별력 때문에 등록된 것이다. 따라서 식별력 없는 'Coffee Bean'을 제외한 나머지 부분을 놓고 대비하면 이 사건 등록상표와 선사용상표 1, 2는 외관, 호칭, 관념에서 차이가 나므로 유사한 상표에 해당하지 아니한다.

2) 설령, 원고가 선사용상표 1, 2를 상표로 등록받아 장기간 사용하여 온 결과로 원재료 표시에 해당하는 'Coffee Bean' 부분이 수요자들 사이에 널리 호칭됨으로써 나름대로의 식별력을 갖게 되었다 하더라도, 그 부분은 등록 당시에 식별력이 없던 부분이어서 등록 후의 사용으로 식별력을 취득하였다 할지라도 상표의 동일, 유사 여부를 판단함에 있어서 중심적 식별력을 갖는 요부는 될 수가 없으므로, 이 사건 등록상표와 선사용상표 1, 2는 유사하지 아니하다.

3) 따라서 이 사건 등록상표는 선사용상표 1, 2와 표장이 비유사하여 품질 오인이나 혼동의 우려가 없다 할 것이므로, 상표법 7조 1항 9호 내지 11호, 12호에 각 해당하지 아니한다.

다. 이 사건의 쟁점

원고는 이 사건 등록상표가 상표법 7조 1항 9호 내지 11호, 12호에 각 해당하는 것으로 주장하고 있다. 그런데 이 사건 등록상표가 위 각 호에 해당하기 위해서는 선사용상표 1, 2와 상표가 동일하거나 유사해야 하므로, 이 사건의 실질적 쟁점은 이 사건 등록상표가 선사용상표 1, 2와 동일하거나 유사한 상표로 볼 수 있는지 여부이다.

3. 판 단

가. 이 사건 등록상표와 선사용상표 1, 2의 유사 여부

1) 판단기준

상표법 41조 1항에서는 "상표권은 설정등록에 의하여 발생한다"라고 규정하여 일정한 요건과 절차를 거쳐서 특허청에 등록된 상표만을 보호하고 있고, 상표법 52조 1항에서는 "등록상표의 보호범위는 상표등록출원서에 기재된 상표에 의하여 정하여진다"라고 규정하여 등록상표의 보호범위를 정함에 있어서 상표가 실제로 사용되고 있는 태양은 고려하지 않고 있으므로, 등록상표의 구성 중 일부분이 등록결정 당시 식별력이 없었다면 그 부분은 상표법이 정한 일정한 요건과 절차를 거쳐 등록된 것이 아니어서 그 부분만을 분리하여 보호할 수 없고, 그 등록상표의 등록결정 이후 그 부분만을 분리하여 사용한 실태를 고려할 수 있는 것도 아니어서, 그 부분이 등록상표의 등록결정 이후에 사용에 의한 식별력을 취득한 경우 그 부분을 부정경쟁방지 및 영업비밀보호에 관한 법률 소정의 주지표지로 보호하는 것은 별론으로 하고 식별력이 없던 부분이 등록상표에서 중심적 식별력을 가지는 부분으로 될 수 있는 것은 아니다(대법원 2007. 12. 13. 선고 2005후728 판결 참조).

2) 구체적 검토

가) 외관의 대비

이 사건 등록상표는 coffee bean cantabile 로서 영문자 'Coffee Bean'과 'Cantabile'가 결합된 문자상표이다.

선사용상표 1은 로서 둥그런 원을 수평의 직선을 기준으로 상하로 나누어서, 상부의 반원 안에는 커피 원두 즉, 'Coffee Bean'의 도형이 그려져 있고, 그 반원 상단에는 'The Coffee Bean'이라는 이탤릭체의 영문자가 표기되어 있다. 그리고 하부의 반원 안에는 찻잎 즉, 'Tea Leaf'의 도형이 그려져 있고 그 반원 하단에는 '& Tea Leaf'라는 이탤릭체의 영문자가 표기되어 있다.

선사용상표 2는 The Coffee Bean 로서 선사용상표 1과 똑같

은 표장이 좌측에 놓여져 있고, 그 우측에는 이탤릭체의 영문자 'The Coffee Bean'이 결합되어 있는 결합표장이다.

이 사건 등록상표와 선사용상표 1, 2를 놓고 서로 대비하여 보면, 각 상표들은 도형의 유무와 형태 등에서 외관에 현저한 차이가 있음을 알 수 있다.

나) 호칭의 대비

이 사건 등록상표는 영문자로 표기된 부분의 한글발음에 의해서 일반 수요자나 거래자들 사이에서 '커피 빈 칸타빌레'로 호칭될 것으로 판단된다.

선사용상표 1은 도형 부분을 제외한 영문자 부분의 한글발음인 '더 커피 빈 앤드 티 리프'로 호칭될 것으로 판단된다.

선사용상표 2는 영문자로 크게 표기되어 있는 부분의 한글발음에 따라서 '더 커피 빈'으로 호칭될 것으로 판단된다.

원고는 위 각 상표들의 호칭과 관련해서, 선사용상표 1, 2는 일반 수요자나 거래자 사이에서 '커피 빈'으로 널리 알려져 약칭되고 있고, 이 사건 등록상표 또한 '커피 빈'으로 호칭될 수가 있으므로 그 경우에는 선사용상표 1, 2와 이 사건 등록상표는 호칭이 같거나 매우 유사해서 서로 오인, 혼동의 우려가 있으므로 이 사건 등록상표는 상표법 7조 1항 11호, 12호가 규정한 유사한 상표에 해당한다고 주장한다.

그러므로 살펴보건대, 원고의 주장대로 'Coffee Bean'으로 위 각 상표들이 약칭되고 그에 따라 호칭이 유사하거나 같다고 인정하기 위해서는, 위 각 상표들이 'Coffee Bean' 부분과 나머지 부분으로 분리가 가능하고, 나아가 약칭되는 부분인 'Coffee Bean'이 상표의 유사 여부를 판별하는 식별력 있는 요부로서 기능하여야만 가능하다 할 것이다. 그런데 선사용상표 1, 2는 모두 문자와 도형이 결합된 상표이므로 문자부분을 도형부분과 분리해서 호칭하는 것이 가능하리라 판단되지만, 도형과 문자부분을 분리하여 약칭하더라도 선사용상표 1은 '더 커피 빈 앤드 티 리프'로 호칭되고, 선사용상표 2는 '더 커피 빈'으로 호칭된다. 여기서 한 걸음 더 나아가서 선사용상표 1, 2가 일반 수요자나 거래자에게 그냥 '커피 빈'으로 인식되고 호칭되기 위해서는 '커피 빈' 부분 그 자체가 독자적으로 식별력이 있는 요부가 될 수 있어야 하는데, 선사용상표 1은 지정상품이 커피, 홍차, 선사용상표 2는 지정상품이 커피로서 선사용상표 1, 2의 표장에서 'Coffee Bean'은 각 해당 지정상품의 원재료를 나타내는 성질표시 표장에 불과하므로 그 자체가 식별력 있는 요부가 된다고 보기는 어렵다. 따라서 일반 수요자나 거래자가 'Coffee Bean' 부분만으로 선사용상표 1, 2를 약칭한다 할지라도, 원재료 표시에 그치는 'Coffee Bean'이 중심적인 식별력을 갖는 요부가 될 수 있음을 전제로 이 사건 등록상표와 선사용상표 1, 2의 호칭의 유사를 주장하는 원고의 주장은 이유 없다.

원고는 다시, 선사용상표 1, 2는 국내외에서 꾸준히 사용되어온 결과 'Coffee Bean'이 독자적인 식별력을 갖추게 되었으므로 이 사건 등록상표와의 유사 여부를 판별하는 중심적 식별력을 갖는 부분이 될 수 있다고 주장한다. 그러나 등록상표의 구성 중 일부분이 등록결정 당시 식별력이 없었다면 그 부분은 등록상표의 등록결정 이후에 사용에 의한 식별력을 취득하였다 하더라도 그 부분을 부정경쟁방지 및 영업비밀보호에 관한 법률 소정의 주지표지로 보호하는 것은 별론으로 하고 식별력이 없던 부분이 등록상표에서 중심적 식별력을 가지는 부분으로 될 수는 없다 할 것인데, 선사용상표 1, 2를 사용하는 매장이 국내에서는 2001. 5. 10. 청담점을 1호점으로 하여 시작된 사실은 원고 스스로도 인정하고 있으므로 적어도 선사용상표 1, 2는 그 출원 당시인 1998년도와 2000년도에는 국내에서 널리 사용되거나 알려져 있지 아니하였던 것으로 추정되므로, 선사용상표 1, 2에서 기술적 표장인 'Coffee Bean' 부분이 선사용상표 1, 2의 등록 당시에 식별력을 취득하여 등록된 것은 아니라고 판단된다. 그렇다면, 비록 선사용상표 1, 2가 국내에서 상표 등록된 이후에 널리 사용됨으로써 일반 수요자나 거래자가 'Coffee Bean'이라고 하면 곧 원고의 선사용상표 1, 2를 가리키는 것으로 인식하게 되었다 하더라도 위 'Coffee Bean' 부분은 선사용상표 1, 2가 등록결정될 당시에 식별력이 있던 부분이 아니므로 비록 등록 후에 식별력이 생겼다 하더라도 선사용상표 1, 2와 이 사건 등록상표의 유사 여부를 판단하는 중심적 식별력을 갖는 요부는 될 수가 없다. 따라서 원고의 위 주장은 이유 없다.

원고는 마지막으로 선사용상표 1, 2는 상표법 7조 1항 11호의 특정인의 상표로 인식된 상표 내지는 같은 항 12호의 주지상표에 해당하기 때문에 이 사건 등록상표는 선사용상표 1, 2와 유사하다는 취지로 주장하므로 살피건대, 원고의 위 주장이 선사용상표 1, 2와 이 사건 등록상표의 공통 부분인 'Coffee Bean'이 유사하므로 위 각 상표가 유사하다는 취지라면 앞서 살펴 본 바와 같이 선사용상표 1, 2에서 'Coffee Bean' 부분이 중심적 식별력을 갖는 요부가 될 수는 없으므로 그 부분이 유사하다는 점만으로 이 사건 등록상표가 선사용상표 1, 2와 유사하다고 보기는 어렵고, 만약 원고의 위 주장이 갑 18호증에 의하여 미국에서 등록된 상표로 인정되는 'THE COFFEE BEAN'이 이 사건 등록상표의 출원 당시에 미국에서 주지상표에 해당하므로 이 사건 등록상표가 위 주지상표인 'THE COFFEE BEAN'과 유사하여 상표법 7조 1항 9호, 11호, 12호에 해당한다는 취지의 것으로 선해하더라도, 원고가 제출한 '갑 16 내지 44호증(가지 번호 포함)의 각 기재와 변론 전체의 취지를 종합하면, 원고가 미국에서 선등록한 상표들이 'THE COFFEE BEAN'과 선사용상표 1, 2를 비롯해서 다수 개가 있으나 그 중에서 원고가 미국을 비롯해서 국내외에서 주로 사용하여 온 표장은 'THE COFFEE BEAN'이 아니라 선사용상표 1 또는 2인 사실이 인정될 뿐이므로, 원고의 주장을 선해하여 판단하더라도 위 주장은 이유 없다.

따라서 이 사건 등록상표와 선사용상표 1, 2는 'Coffee Bean'이 중심적 식별력을 갖는 요부가 아니므로 그 부분만으로는 분리되어 약칭되는 경우가 있다 할지라도, 위 각 상표는 호칭이 같거나 유사한 경우에 해당하지 아니한다.

다) 관념의 대비

선사용상표 1은 커피 원두와 찻잎, 선사용상표 2는 커피 원두, 이 사건 등록상표는 커피 원두와 칸타빌레라고 하는 관념이 형성될 것이나, 앞서 본 것처럼 커피 원두 그 자체는 지정상품의 원재료 표시에 불과하여 식별력이 없기 때문에 그 부분의 공통점만으로는 위 각 상표의 관념이 일치한다고 보기는 어렵다.

3) 대비결과

선사용상표 1, 2와 이 사건 등록상표는 외관과 호칭이 다르고 관념도 일치하지 아니하므로 서로 비유사한 상표에 해당한다.

나. 소 결 론

따라서 이 사건 등록상표는 선사용상표 1, 2와 표장이 비유사하므로 상표법 7조 1항 9호 내지 11호, 12호에 해당하지 아니한다.

4. 결 론

그렇다면, 이와 결론을 같이 하는 이 사건 심결은 적법하므로, 그 취소를 구하는 원고의 청구는 이유 없어 기각하기로 하여 주문과 같이 판결한다.

[별지 생략]

판사 변현철(재판장) 박창수 박민정

86. 대법원 2013. 3. 28. 선고 2011후835 판결【등록무효(상)】

[공2013상,797]

【판시사항】

[1] 등록상표의 등록결정시에 선사용상표의 구성 중 애초에는 식별력이 없었거나 미약하였던 부분이 수요자 간에 누구의 업무에 관련된 상품을 표시하는 것인가 현저하게 인식되어 있는 경우, 선사용상표가 사용된 상품에 관하여 그 부분을 식별력 있는 요

부로 보아 상표 유사 여부를 판단할 수 있는지 여부(적극) 및 서비스표의 경우에도 마찬가지 법리가 적용되는지 여부(적극)

[2] 갑 외국회사가 을 주식회사의 등록상표 "coffee bean cantabile"가 상표법 제7조 제1항 제11호 등에 위배된다며 상표등록무효심판을 청구한 사안에서, 등록상표가 '수요자를 기만할 염려가 있는 상표'에 해당하지 않는다고 본 원심 판결에 심리미진 또는 법리오해의 위법이 있다고 한 사례

【판결요지】

[1] 등록무효 심판청구의 대상이 된 등록상표가 상표법 제7조 제1항 제11호 후단의 '수요자를 기만할 염려가 있는 상표'에 해당하는지를 판단하는 기준시는 등록결정시이므로, 선사용상표가 거래사회에서 오랜 기간 사용된 결과 등록상표의 등록결정시에 선사용상표의 구성 중 애초에는 식별력이 없었거나 미약하였던 부분이 수요자 간에 누구의 업무에 관련된 상품을 표시하는 것인가 현저하게 인식되어 있는 경우에는 선사용상표가 사용된 상품에 관하여 그 부분을 식별력 있는 요부로 보아 등록상표와 선사용상표 간의 상표 유사 여부를 살피고 등록상표가 수요자를 기만할 염려가 있는 상표에 해당하는지 여부를 판단할 수 있다. 그리고 이러한 법리는 상표법 제2조 제3항에 의하여 서비스표의 경우에도 마찬가지로 적용된다.

[2] 갑 외국회사가 을 주식회사의 등록상표 "coffee bean cantabile"가 상표법 제7조 제1항 제11호 등에 위배된다며 상표등록무효심판을 청구한 사안에서, 등록상표가 상표법 제7조 제1항 제11호의 '수요자를 기만할 염려가 있는 상표'에 해당하는지를 판단할 때에는 선사용서비스표 1 ""과 선사용서비스표 2 "The Coffee Bean"의 구성 중 등록상표의 등록결정시에 식별력을 취득한 'coffee bean' 부분을 그 사용서비스업인 '커피전문점경영업, 커피전문점체인업'에 관하여 요부로 보아 상표의 유사 여부를 살피고 등록상표가 수요자를 기만할 염려가 있는 상표에 해당하는지를 판단할 수 있음에도, 선사용서비스표들을 따로 살피지 아니하였고 선사용상표들의 구성 중 'Coffee Bean' 부분이 등록상표의 등록결정시가 아니라 선사용상표들의 등록결정시에 식별력이 있던 부분이 아니어서 상표의 유사 판단에서 요부로 될 수 없다는 이유로 등록상표가 위 규정의 '수요자를 기만할 염려가 있는 상표'에 해당하지 않는다고 본 원심 판결에 심리미진 또는 법리오해의 위법이 있다고 한 사례.

【참조조문】

[1] 상표법 제2조 제3항, 제7조 제1항 제11호 [2] 상표법 제2조 제3항, 제7조 제1항 제11호

【전 문】

【원고, 상고인】 인터내셔날 커피 앤드 티, 엘엘씨(소송대리인 변리사 박영순)

【피고, 피상고인】 주식회사 코리아세븐(소송대리인 변리사 정부연)

【원심 판결】 특허법원 2011. 4. 13. 선고 2010허7549 판결

【주 문】

원심 판결을 파기하고, 사건을 특허법원에 환송한다.

【이 유】

상고이유를 판단한다.

1. 등록무효 심판청구의 대상이 된 등록상표가 상표법 제7조 제1항 제11호 후단의 '수요자를 기만할 염려가 있는 상표'에 해당하는지 여부를 판단하는 기준시는 등록결정시이므로, 선사용상표가 거래사회에서 오랜 기간 사용된 결과 등록상표의 등록결정시에 선사용상표의 구성 중 애초에는 식별력이 없었거나 미약하였던 부분이 수요자 간에 누구의 업무에 관련된 상품을 표시하는 것인가 현저하게 인식되어 있는 경우에는 선사용상표가 사용된 상품에 관하여 그 부분을 식별력 있는 요부로 보아 등록상표와 선사용상표 간의 상표 유사 여부를 살피고 등록상표가 수요자를 기만할 염려가 있는 상표에 해당하는지 여부를 판단할 수 있다. 그리고 이러한 법리는 상표법 제2조 제3항에 의하여 서비스표의 경우에도 마찬가지로 적용된다.

2. 기록에 의하면, 지정상품을 '과자(커피빈 성분이 함유된 제품), 빵(커피빈 성분이 함유된 제품), 커피, 가공된 커피, 무카페인 커피, 인스턴트커피, 인조커피, 천연커피원두' 등으로 하는 이 사건 등록상표 "coffee bean cantabile"(상표 등록번호 : 생략)의 등록결정시는 2009. 9. 1.인 사실, 원심 판시 선사용상표들 외에 각 사용서비스업을 '커피전문점경영업, 커피전문점체인업'으로 하는 선사용서비스표 1 " "과 선사용서비스표 2 "The Coffee Bean"를 사용하는 매장이 2001. 5. 10. 청담점 1호점으로 개설된 이후, 2007년 말까지는 총 111개, 2008년 말까지는 총 148개, 2009년 말까지는 총 188개의 매장이 전국적으로 개설된 사실, 이들 매장을 관리하는 주식회사 커피빈코리아의 매출액은 2006년 350억 원, 2007년 679억 원, 2008년 917억 원, 2009년 1,112억

원을 기록한 사실, 2008. 5. 1.자 머니투데이에는 "세종로 중앙청사에 외국계 커피전문점 '커피빈'이 들어온다."라는 제목의 기사가, 2008. 11. 16. YTN 뉴스에는 "불황 모르는 별다방, 콩다방"이라는 제목으로 "스타벅스에 이어 매장수 150여 개로 국내 2위의 커피체인점인 커피빈도 한국에서는 불황을 모릅니다."라는 내용의 기사가, 2008. 9. 5. 이데일리에는 "성공창업네트워크 이데일리 EFN(www.enterfn.com)이 창간 1주년을 맞아 서울경기 성인남녀 500명을 대상으로 실시한 '프랜차이즈 브랜드 인지도' 조사결과, 커피/아이스크림 분야에서 베스킨라빈스가 70.2%로 가장 높고, 이어 스타벅스가 62.1%로 나타났다. 이외에도 커피빈이 24.3%, 나뚜루가 11.3%, 던킨도너츠가 6.7%의 인지율을 보였다."라는 내용의 기사가, 2009. 10. 20. 한국경제신문에는 '2009산업별 고객만족도'라는 제목으로 "국내 시장에 깊숙이 자리를 잡으며 대중화에 성공한 커피전문점 분야에서는 커피빈코리아가 3년 연속 1위를 차지했다. 경쟁사 대비 전반적 고객만족도가 가장 높았으며 커피의 맛, 위생관리 우수성 등에서 높은 점수를 받았다."라는 내용의 기사가, 2009. 1. 28. 매일경제신문에 '커피에 빠진 대한민국…작년 20% 성장'이라는 제목으로 "커피빈도 상황은 비슷하다. 지난해 매출은 전년보다 208억 원 늘어 950억 원에 달하여 30%대를 넘어서는 매출신장세를 보였다."라는 기사가 각 실린 사실, 커피빈코리아는 2005년 및 2007년부터 2010년까지 한국서비스품질지수(KS SQI) 1위를 수상하였고, 2007년부터 2010년까지 4년 연속 한국산업 고객만족지수(KCSI) 1위를 수상한 사실 등을 알 수 있다. 이러한 사실관계를 앞서 본 법리에 비추어 살펴보면, 2009년 말을 기준으로 선사용서비스표들을 사용하는 매장의 수가 전국적으로 188개에 이르고, 이들 매장을 관리하는 주식회사 커피빈코리아는 국내에서 제2위의 커피체인점업체로서 2009년에 1,112억 원의 연매출액을 달성하였고 2007년부터 2010년까지 4년 연속 한국산업 고객만족지수(KCSI) 1위를 수상하기도 하였으며, 선사용서비스표들을 사용하는 매장들은 거래계에서 '커피빈'으로 약칭되어 왔고 특히 스타벅스가 '별다방'으로 애칭되는 것과 대비하여 커피빈은 '콩다방'으로 애칭되기도 하였으므로, 이 사건 등록상표의 등록결정시인 2009. 9. 1. 무렵에는 선사용서비스표들이 거래사회에서 오랜 기간 사용된 결과 선사용서비스표들의 구성 중 애초 식별력이 없었거나 미약하였던 'coffee bean' 부분이 수요자 간에 누구의 업무에 관련된 서비스업을 표시하는 것인가 현저하게 인식되어 있었다고 볼 여지가 충분히 있다.

그렇다면 이 사건 등록상표가 상표법 제7조 제1항 제11호의 '수요자를 기만할 염려가 있는 상표'에 해당하는지 여부를 판단함에 있어서는 선사용서비스표들의 구성 중 이 사건 등록상표의 등록결정시에 식별력을 취득한 'coffee bean' 부분을 그 사용서비스업인 '커피전문점경영업, 커피전문점체인업'에 관하여 요부로 보아 상표의 유사 여부를 살피고 등록상표가 수요자를 기만할 염려가 있는 상표에 해당하는지 여부를 판단할 수 있다 할 것이다.

그럼에도 원심은, 선사용서비스표들을 따로 살피지 아니한 채 원심 판시 선사용상표들만을 살펴보았고 선사용상표들을 살펴봄에 있어서도 선사용상표들의 구성 중 각 'Coffee Bean' 부분이 이 사건 등록상표의 등록결정시가 아니라 선사용상표들의 등록결정시인 1998년 및 2000년경 무렵에 식별력이 있던 부분이 아니어서 상표의 유사 판단에 있어 요부로 될 수 없다는 이유로 이 사건 등록상표가 위 규정의 '수요자를 기만할 염려가 있는 상표'에 해당하지 않는다고 판단하고 말았으니, 원심 판결에는 필요한 심리를 다하지 아니하였거나 상표법 제7조 제1항 제11호의 '수요자를 기만할 염려가 있는 상표'에 대한 법리를 오해함으로써 판결 결과에 영향을 미친 위법이 있다. 이 점을 지적하는 상고이유 주장은 이유 있다.

3. 그러므로 원심 판결을 파기하고, 사건을 다시 심리·판단하게 하기 위하여 원심법원에 환송하기로 하여 관여 대법관의 일치된 의견으로 주문과 같이 판결한다.

대법관 양창수(재판장) 박병대 고영한(주심) 김창석

87. 대법원 2000. 10. 13. 선고 99후628 판결 【거절사정(상)】

[공2000.12.1.(119),2358]

【판시사항】

[1] 상표법 제7조 제1항 제11호 소정의 '상품의 품질을 오인하게 할 염려가 있는 상표'의 의미 및 그 판단기준

[2] 출원상표 "Jeans+de CHRISTIAN LACROIX"를 진(Jeans)이 아닌 다른 섬유로 만든 의류에 사용한 경우에는 거래통념상 일반 수요자로 하여금 그 품질을 오인하게 할 가능성이 있다고 한 사례

【판결요지】

[1] 상표법 제7조 제1항 제11호에서 정하고 있는 상품의 품질의 오인을 일으키게 할 염려가 있는 상표란 그 상표의 구성 자체가 그 지정상품이 본래적으로 가지고 있는 성질과 다른 성질을 갖는 것으로 수요자를 오인하게 할 염려가 있는 상표를 말하고, 어느 상표가 품질오인을 생기게 할 염려가 있는지의 여부는 일반 수요자를 표준으로 하여 거래통념에 따라 판단하여야 할 것이며, 또한 어떤 상표가 품질오인의 우려가 있는지를 판단함에 있어 그 지정상품과 관련지어 생각하여야 한다는 것은 그 상표에 의하여 일반인이 인식하는 상품과 현실로 그 상표가 사용되는 상품과의 사이에 일정한 경제적인 관련이 있어야 함을 의미하는 것이지 그 오인우려의 여부를 판단함에 있어 상품

의 구성 그 자체뿐 아니라 상품에 부착되거나 포장용기에 부착된 상품의 설명서 등까지 고려하여 오인여부를 판단하라는 것은 아니다.

[2] 오늘날 의류업계의 거래실정을 보면, 섬유기술의 발달로 인하여 '진(Jeans, 재료는 자연섬유인 면(면)이다)'이 아닌 다른 화학섬유 등으로 '진(Jeans)'과 거의 동일한 조직과 질감을 가지는 의류들(예컨대 잠바, 슈트, 조끼, 재킷, 모자 등)이 제조, 판매되고 있는 실정이고, 이러한 경우 일반 수요자로서는, 비록 '진(Jeans)'의 독특한 조직과 질감을 잘 알고 있고 또 의류 구입시 직접 손으로 확인하고 입어 보는 과정에서 육안이나 촉감으로 의류의 재질을 확인하는 것이 일반거래의 관행이라고 하더라도 그 구입하려는 의류가 '진(Jeans)'으로 만든 의류인지 여부를 식별하는 것은 극히 어렵다고 보여지므로, '진(Jeans)'이 아닌 다른 섬유로 만든 의류에 '진(Jeans)'이라는 출원상표를 사용할 경우, 통신판매에서 그 카탈로그에 의류가 어떤 소재의 섬유로 만들어졌는지가 반드시 표기되어 있다고 하더라도 거래통념상 일반 수요자들은 '진(Jeans)'으로 만든 의류로 그 품질을 오인할 가능성이 있다고 한 사례.

【참조조문】

[1] 상표법 제7조 제1항 제11호[2] 상표법 제7조 제1항 제11호

【참조판례】

[1] 대법원 1994. 12. 9. 선고 94후623 판결(공1995상, 496)
대법원 1995. 7. 28. 선고 95후187 판결(공1995하, 2992)
대법원 1997. 2. 28. 선고 96후962 판결(공1997상, 944)
[1][2] 대법원 1994. 3. 11. 선고 93후527 판결(공1994상, 1193)
대법원 1998. 12. 22. 선고 97후3029 판결(공1999상, 238)

【전 문】

【원고,피상고인】 크리스티앙 라끄르와(소송대리인 변호사 장수길 외 3인)

【피고,상고인】 특허청장

【원심 판결】 특허법원 1999. 2. 11. 선고 98허9802 판결

【주 문】

원심 판결을 파기하고 사건을 특허법원에 환송한다.

【이 유】

1. 원심 판결 이유에 의하면, 원심은, 이 사건 출원상표(1995. 9. 22. 출원, 출원번호 제36168호)는 상단에 'Jeans'이라는 영문자를 멋을 낸 필기체 형태로 기재하고, 하단에 'de CHRISTIAN LACROIX'를 3줄로 나란히 기재하여 구성된 상표로서, 위 'Jeans'은 '올이 가늘

고 질긴 능직무명의 일종' 또는 '진으로 만든 바지'를 의미하는 단어로서 일반 수요자들이 쉽게 알 수 있는 단어이고, 위 'de CHRISTIAN LACROIX'는 '원고 회사가 제조한'이라는 의미를 가진다고 할 것인바, 이 사건 출원상표가 지정상품의 품질을 오인하게 할 염려가 있는지 여부에 대하여 보면, 먼저 이 사건 출원상표의 지정상품 73가지 중 잠바, 슈트, 조끼, 망토, 스커트, 청바지, 재킷을 제외한 나머지 상품들은 '진(Jeans)'으로 만들어지는 경우가 전혀 없으므로, 위 나머지 상품들에 대하여 이 사건 출원상표가 사용된다 하더라도 일반 수요자가 위 나머지 상품들이 '진(Jeans)'으로 만들어졌다고 그 품질을 오인할 염려는 없고, 다음 위 잠바, 슈트, 조끼, 망토, 스커트, 청바지, 재킷은 '진(Jeans)'으로 만들어지기도 하고 면, 모직섬유, 합성섬유 등 다른 소재의 섬유로 만들어지기도 하는데, 일반적인 거래관행에 의하면, 일반 수요자는 위와 같은 의류를 구입하는 경우 비록 그 의류가 포장이 되어 있다 하더라도 그 포장된 상태대로 구입하지는 않고 포장을 뜯어서 위 의류의 디자인이나 치수 등을 직접 확인하여 보는 것이 일반적일 뿐만 아니라, 많은 경우 위 의류를 직접 입어 보고 구입 여부를 결정하고, 또 '진(Jeans)'은 일반 수요자 누구나 알고 있는 섬유로서 약간 성근 조직과 투박하고 거칠은 질감을 가지고 있기 때문에 일반 수요자는 이와 같은 독특한 조직과 질감으로 인하여 '진(Jeans)' 섬유를 면, 모직섬유, 합성섬유 등 다른 소재의 섬유와 손쉽게 구별할 수 있으므로, 다른 소재의 섬유로 만들어진 잠바, 슈트, 조끼, 망토, 스커트, 청바지, 재킷에 대하여 이 사건 출원상표가 사용된다 하더라도 일반 수요자는 위 의류들의 디자인이나 사이즈를 확인하고 직접 입어 보는 과정에서 육안으로 그리고 촉감으로 위 의류들이 '진(Jeans)'으로 만들어진 것이 아님을 쉽게 알 수 있으므로 위 의류들이 '진(Jeans)'으로 만들어졌다고 품질을 오인할 염려는 없으며, 통신판매의 경우에도 카탈로그에 그 의류가 어떤 소재의 섬유로 만들어졌는지가 반드시 표기되어 있어 일반 수요자가 '진(Jeans)'으로 만들어지지 않은 의류를 '진(Jeans)'으로 만들어진 의류로 그 품질을 오인할 염려가 없다는 이유로 이 사건 출원상표는 상표법 제7조 제1항 제11호 소정의 상품의 품질을 오인하게 할 염려가 있는 상표에 해당하지 아니한다고 판단하였다.

2. 상표법 제7조 제1항 제11호에서 정하고 있는 상품의 품질의 오인을 일으키게 할 염려가 있는 상표란 그 상표의 구성 자체가 그 지정상품이 본래적으로 가지고 있는 성질과 다른 성질을 갖는 것으로 수요자를 오인하게 할 염려가 있는 상표를 말하고, 어느 상표가 품질오인을 생기게 할 염려가 있는지의 여부는 일반 수요자를 표준으로 하여 거래통념에 따라 판단하여야 할 것이며(대법원 1994. 12. 9. 선고 94후623 판결, 1997. 2. 28. 선고 96후962 판결 등 참조), 또한 어떤 상표가 품질오인의 우려가 있는지를 판단함에 있어 그 지정상품과 관련지어 생각하여야 한다는 것은 그 상표에 의하여 일반인이 인식하는

상품과 현실로 그 상표가 사용되는 상품과의 사이에 일정한 경제적인 관련이 있어야 함을 의미하는 것이지 그 오인우려의 여부를 판단함에 있어 상품의 구성 그 자체뿐 아니라 상품에 부착되거나 포장용기에 부착된 상품의 설명서 등까지 고려하여 오인여부를 판단하라는 것은 아니라 할 것이다(대법원 1994. 3. 11. 선고 93후527 판결 참조).

3. 기록에 의하면, 이 사건 출원상표 중 'Jeans'은 일반 수요자들이 쉽게 알 수 있는 '올이 가늘고 질긴 능직무명의 일종' 또는 '진으로 만든 바지'를 의미하는 단어라는 점은 원심의 판단과 같고, 이 사건 출원상표의 지정상품 73가지 중 '진(Jeans)'으로 만들어지는 상품에는 원심이 인정한 잠바, 슈트, 조끼, 망토, 스커트, 청바지, 재킷 외에도 모자, 머리띠, 머리리본, 장식리본, 벨트, 캡 등이 더 있다 할 것인바, 오늘날 의류업계의 거래실정을 보면, 섬유기술의 발달로 인하여 '진(Jeans, 재료는 자연섬유인 면(면)이다)'이 아닌 다른 화학섬유 등으로 '진(Jeans)'과 거의 동일한 조직과 질감을 가지는 의류들(예컨대 잠바, 슈트, 조끼, 재킷, 모자 등)이 제조, 판매되고 있는 실정이고, 이러한 경우 일반 수요자로서는, 비록 '진(Jeans)'의 독특한 조직과 질감을 잘 알고 있고 또 의류 구입시 직접 손으로 확인하고 입어 보는 과정에서 육안이나 촉감으로 의류의 재질을 확인하는 것이 일반거래의 관행이라고 하더라도 그 구입하려는 의류가 '진(Jeans)'으로 만든 의류인지 여부를 식별하는 것은 극히 어렵다고 보여지므로, 위와 같이 '진(Jeans)'이 아닌 다른 섬유로 만든 의류에 이 사건 출원상표를 사용할 경우, 거래통념상 일반 수요자들은 '진(Jeans)'으로 만든 의류로 그 품질을 오인할 가능성이 있다 할 것이며, 이는 통신판매의 경우 그 카탈로그에 의류가 어떤 소재의 섬유로 만들어졌는지가 반드시 표기되어 있다고 하더라도 달리 볼 것은 아니라고 할 것이다.

그럼에도 불구하고 원심이 그 판시와 같은 이유만으로 이 사건 출원상표는 그 지정상품과의 관계에 있어서 상표법 제7조 제1항 제11호 소정의 상품의 품질을 오인하게 할 염려가 있는 상표에 해당되지 아니한다고 판단하였으니, 원심 판결에는 위 상표법 규정의 법리를 오해하거나 심리를 다하지 아니함으로써 판결 결과에 영향을 미친 위법이 있고, 따라서 이를 지적하는 상고이유의 주장은 이유 있다.

4. 그러므로 원심 판결을 파기하고, 사건을 원심법원에 환송하기로 하여 관여 법관의 일치된 의견으로 주문과 같이 판결한다.

대법관 손지열(재판장) 송진훈 윤재식(주심) 이규홍

88. 특허법원 2011. 5. 11. 선고 2010허6157 판결 【거절결정(상)심결취소의소】

[미간행]

【전 문】

【원 고】 주식회사 소다(특허법인 신세기 담당변리사 김종윤)

【피 고】 특허청장

【변론종결】

2011. 4. 13.

【주 문】

1. 원고의 청구를 기각한다.
2. 소송비용은 원고가 부담한다.

【청구취지】

특허심판원이 2010. 7. 22. 2008원3748호 사건에 관하여 한 심결을 취소한다.

【이 유】

1. 기초사실

가. 이 사건 출원상표

(1) 출원일/출원번호 : 2006. 12. 12./40-2006-(출원번호 생략)

(2) 구성 : SODA

(3) 지정상품 : 별지와 같다.

나. 선사용상표

(1) 구성 : SODA

(2) 사용상품 : 시계

(3) 사용자 : 주식회사 좋은시계(이하 '좋은 시계'라 한다)

다. 이 사건 심결의 경위

원고의 상표출원에 대하여 특허청 심사관이 2008. 3. 20. 거절결정하였고, 원고가 이에 불복하여 특허심판원에 심판을 청구하였는데, 특허심판원은 이를 2008원3748호로 심리 후, 2010. 7. 22. 이 사건 출원상표는 그 지정상품 중 '시계류 및 시계부속품'에 사용되는 경우 일반 수요자나 거래자로 하여금 그것이 선사용상표의 사용자인 좋은 시계에 의하여 사용된 것으로 오인, 혼동을 일으키게 하여 수요자를 기만할 염려가 있어 상표법 제7조 제1항 제11호에 해당한다는 이유로 원고의 청구를 기각하는 이 사건 심결을 하였다.

[인정근거] 갑 제1호증, 을 제1 내지 4호증, 변론 전체의 취지

2. 원고 주장의 이 사건 심결 위법사유의 요지

원고는 2001. 7. 6. 상표를 상품류 구분 제14류에 출원하여 2002. 12. 17. 등록받았고(이하 '원고의 등록상표'라 한다, 원고의 등록상표는 2008. 7. 28. 무효로 되었다), 2003. 6. 30. 좋은 시계와 사이에 원고의 등록상표에 관하여 상표사용계약을 체결하였는데 계약서상에는 계약 체결 논의 기간을 포함하여 계약일자를 2002. 12. 30.로 소급하여 기재하였고, 이후 좋은 시계는 원고의 등록상표의 사용권자로서 위 상표를 부착한 시계를 생산·판매하였는데, 좋은 시계의 계약조건 불이행으로 인하여 원고가 2005. 4. 21. 계약을 해지하였다. 그러나 좋은 시계는 원고의 계약해지 통보가 무효라고 주장하며 계속 원고의 등록상표가 부착된 시계를 판매하였고 위 계약해지와 관련된 손해배상소송이 원고의 계약해지가 적법한 것으로 2009. 3. 26. 확정되어, 좋은 시계는 계약체결일인 2002. 12. 30.부터 위 소송종료시점인 2009. 3. 26.까지 원고와의 상표사용계약에 의거하여 상표를 사용한 것이므로, 위 기간 동안의 좋은 시계의 상표사용은 원고의 상표사용으로 보아야 할 것이고 좋은 시계의 독자적인 상표사용으로 인정되어서는 안된다. 원고와의 상표사용계약 체결 이전에 좋은 시계가 SODA 상표를 사용한 적이 있으나 그 상표의 광고활동은 극히 미미한 정도였고 그 대부분의 사용행태는 상표법 제73조 제1항 제2호의 '부정사용'에 해당되는 것이었으므로, 그 당시 좋은 시계의 상표사용은 적법한 상표사용으로 인정될 수 없다.

따라서 이 사건 출원상표는 상표법 제7조 제1항 제11호에 해당하지 아니함에도 불구하고, 이와 달리 판단한 이 사건 심결은 위법하다.

3. 상표법 제7조 제1항 제11호 해당 여부

가. 판단기준

상표법 제7조 제1항 제11호에서 규정하고 있는 수요자를 기만할 염려가 있는 상표에 해당하기 위하여는 비교대상상표나 그 사용상품이 반드시 저명하여야 하는 것은 아니지만 적어도 국내의 일반거래에 있어서 수요자나 거래자에게 그 상표나 상품이라고 하면 특정인의 상표나 상품이라고 인식될 수 있을 정도로 알려져 있어야 할 것이고, 이러한 경우에는 비교대상상표와 동일 또는 유사한 상표가 위 사용상품과 동일 또는 유사한 지정상품에 사용되어질 경우에 위 규정에 의하여 일반 수요자로 하여금 상품의 출처에 관하여 오인·혼동을 일으키게 하여 수요자를 기만할 염려가 있다고 할 수 있을 것이며, 그 판단의 기준시점은 상표등록출원에 대하여 상표등록사정을 할 때 또는 상표등록 허가 여부에 대한 심결을 할 때이다(대법원 2001. 9. 28. 선고 99후2655 판결 참조).

나. 표장의 유사 여부

이 사건 출원상표 'SODA'는 영문자 'SODA'를 도형화한 표장이고, 선사용상표 'SODA' 역시 영문자 'SODA'를 도형화한 표장으로서, 양 표장은 외관, 호칭, 관념이 모두 동일 내지 유사하여 전체적으로 유사하다.

다. 상품의 유사 여부

이 사건 출원상표의 지정상품 중 '팔목시계, 전자시계' 등 시계류 및 '시계문자반, 시계바늘' 등의 시계부속품은 선사용상표의 사용상품인 시계와 동일·유사한 상품이다.

라. 선사용상표가 알려진 정도

(1) 인정사실

을 제8, 13, 15, 18, 20 내지 26, 28 내지 52, 54호증(각 가지번호 포함) 및 변론의 전 취지에 의하면 다음 사실을 인정할 수 있다.

(가) 좋은 시계는 1997. 6. 15. 설립되어 1997. 7.경부터 'SODA DEUX', 'MIAS SODA' 등 'SODA'가 포함된 상표가 부착된 시계를 생산하여 전국 롯데백화점 등에서 판매하였고(을 제8, 13호증), 늦어도 2000. 초경부터 위 'SODA DEUX', 'MIAS SODA' 상표 외에 선사용상표 내지 선사용상표와 동일성 범위 내의 상표(이하 'SODA'라 한다)가 부착된 시계를 생산·판매하였다.

(나) 좋은 시계는 1998. 11. ~ 1999. 11. 두바이 국제박람회에 참가하여 단독 부스 전시를 하고 홍콩시계박람회에 참가하여 SODA 상표가 부착된 시계를 전시·판매하였으며, 2000. 5. ~ 2003. 홍콩시계박람회와 중국 심천 시계박람회에 참가하여 단독 부스 전시를 하고, 12개 주요 인터넷 쇼핑몰에 입점하였으며, 2004. 6. 좋은 시계 쇼핑몰을 구축하고(을 제8호증), 2004년과 2005년에도 홍콩시계박람회에 SODA 상표를 내걸고 단독 부스 전시를 하였다(을 제15호증의 2).

(다) 좋은 시계가 생산한 'SODA' 시계는 2002년과 2003년에 산업자원부장관으로부터 우수산업디자인상품(굿디자인상)으로 선정되었다(을 제54호증의 1, 2).

(라) 좋은 시계의 'SODA' 시계는 2004. 11.경 롯데마트, 이마트, 홈플러스, 까르푸, 세이브존, 뉴코아 아울렛 등 대형 할인매장과 수원 그랜드 백화점, 코엑스몰 등에서 판매되었다(을 제8호증).

(마) 좋은 시계는 2005. 3.경 지하철 4호선에 SODA 상표를 부착한 시계 광고를 하였고(을 제8호증), TV 프로그램인 '웃찾사'(을 제18호증), 2000. 3.부터 2000. 6.경까지 라디오 프로그램인 '별이 빛나는 밤에', 2001. 10.부터 2002. 12.경까지 'MBC 라디오 음악캠프'(을 제20, 21호증), 잡지 '피가로'의 1999. 5월호와 7월호(을 제22, 23호

증), 'ELLE'의 2001. 봄, 여름 시즌호(을 제29호증), 'My Wedding' 2002. 9월호(을 제33호증), 패션잡지 '벵땅키키'의 2003. 3월호(을 제36호증)에 각 좋은 시계의 'SODA' 시계 제품이 협찬 광고되었으며, 1999. 1월과 1999. 5월 'Timepieces' 잡지(을 제24, 25호증), 2004. 10월, 2004. 11월 스포츠 서울 신문(을 제38, 39호증), 2004. 6월과 7월 굿데이 신문(을 제40, 43 내지 45, 47호증), 2004. 11. 굿모닝서울(을 제48호증)에 각 광고되었고 그 중 일부는 전면광고되었다.

(바) 좋은 시계의 'SODA' 시계는 2001. 2. 월간 시계 WATCH AND JEWELRY 잡지의 표지에 전면 광고되었고 앙케이트 조사 결과 구입 예정인 시계나 희망하는 시계로 좋은 시계의 'SODA' 시계가 4%로 집계되었다는 기사가 게재되었으며(을 제26호증), 2001. 위 잡지에 '2001. 4.경 숙명여자대학생 50명을 대상으로 착용중인 시계를 조사해 본 결과 좋은 시계의 SODA 시계가 10%로 조사되었다'는 기사와 '좋은 시계가 한 달 동안 SODA 시계를 구입하는 고객을 대상으로 장학행사를 하였다'는 기사가 게재되었고(을 제28호증), 위 잡지 2002. 5월호에도 좋은 시계의 'SODA' 시계 사진이 게재되었으며(을 제30호증), 위 잡지 2002. 9월호, 2004. 12월호, 2005. 7월호, 2005. 8월호, 2005. 10월호 및 도서출판 월간시계사가 발행한 '시계 종합 카탈로그' 2002년판과 2003년판에 각 좋은 시계의 'SODA' 시계 제품이 소개되었고(을 제31, 32, 35, 37, 49, 50, 51호증), 월간 시계 WATCH AND JEWELRY 잡지 2003. 10월호에는 브랜드 소개 기사로 4페이지에 걸쳐 좋은 시계의 'SODA' 시계 제품이 소개되었으며(을 제34호증), 좋은 시계의 'SODA' 시계에 대하여 스포츠서울 신문에 2004. 10.경 '탄산수 같은 SODA 10대~20대에 어필'이라는 취지의 기사가, 굿데이 신문에 2004. 5월과 2004. 6월에 좋은 시계의 'SODA' 시계에 대한 기사가 각 게재되었으며(을 제41, 42, 46호증), 'MonBi'라는 잡지 2007. 1월호에는 인터파크에서 2006. 12. 13. 기준으로 선호순위 조사 결과 SODA 시계가 국내 패션시계 1위로 선정되었다는 기사가 게재되었다(을 제52호증).

(2) 판 단

(가) 위 인정사실에서 본 바와 같이, 선사용상표가 오래 전부터 사용되기 시작한 점, 선사용상표가 부착된 시계가 전국 주요매장과 인터넷 쇼핑몰에서 판매된 점, 선사용상표가 부착된 시계가 라디오와 지하철, 신문 및 잡지 등에 여러 차례 광고된 점, 좋은 시계가 해외 박람회에도 수 회 참가하여 선사용상표가 부착된 시계를 전시·판매한 점, 선사용상표가 부착된 시계가 2회에 걸쳐 우수산업디자인상품으로 선정된 점, 'SODA' 시계가 2006. 12.경 국내 패션시계 1위로 선정된 점 및 선사용상표의 주 수요자들이 상표와 유행에 민감하고 전파력이 강

한 젊은 층인 점 등을 종합하여 보면, 선사용상표는 이 사건 출원상표에 대한 상표등록 허가 여부 심결 당시 적어도 국내 수요자나 거래자에게 그 표장이나 상품이라고 하면 곧 특정인의 표장이나 상표라고 인식될 수 있을 정도로는 알려져 있었다고 할 것이다.

(나) 이에 대하여 원고는 좋은 시계와 원고 간의 상표사용 계약체결일인 2002. 12. 17.부터 소송종료시점인 2009. 3. 26.까지의 좋은 시계의 상표사용은 원고의 상표사용으로 보아야 할 것이라고 주장하나, 타인이 상표권자의 허락 하에 상표를 사용하였다 하더라도 그 타인의 상표 사용을 상표법 제7조 제1항 제11호에 있어서의 비교대상상표의 사용이 아니라고 할 수 없고, 비교대상상표가 특정인의 상표로서 알려져 있는 이상 비록 특정인이 상표권자가 아니라고 하더라도 일반 수요자를 보호하기 위한 규정인 상표법 제7조 제1항 제11호를 적용함에 지장이 없으며, 타인이 상표권자의 허락 하에 상표를 사용하여 수요자들에게 특정인의 상표로서 알려진 경우 그 상표는 사용자의 상표로 인식될 정도로 알려지는 것이지 상표권자의 상표로 인식될 정도로 알려지는 것이 아니므로(대법원 2001. 12. 14. 선고 99후871 판결 참조), 위 기간 동안의 좋은 시계의 상표사용에 의하여 선사용상표는 좋은 시계의 상품이나 상표로 인식될 정도로 알려졌다고 보아야 할 것이지 원고의 상품이나 상표라고 인식될 정도로 알려졌다고 볼 수는 없다 할 것이어서, 원고의 위 주장은 받아들이지 아니한다.

(다) 원고는 또 원고와의 상표사용계약 체결 이전의 좋은 시계의 SODA 상표 사용은 대부분 '부정사용'에 해당하므로 제7조 제1항 제11호에 있어서의 비교대상상표의 사용이 아니라는 취지로 주장하나, 상표법 제7조 제1항 제11호 규정의 취지는 기존의 상표를 보호하기 위한 것이 아니라 이미 특정인의 상표라고 인식된 상표를 사용하는 상품의 출처 등에 관한 일반수요자의 오인·혼동을 방지하여 이에 대한 신뢰를 보호하고자 하는 데 있고, 기존의 상표나 그 사용상품이 국내의 일반거래에서 수요자 등에게 어느 정도로 알려져 있는지에 관한 사항은 일반수요자를 표준으로 하여 거래의 실정에 따라 인정하여야 하는 객관적인 상태를 말하는 것이며, 위 규정을 적용한 결과 기존의 상표가 사실상 보호받는 것처럼 보인다고 할지라도 그것은 일반수요자의 이익을 보호함에 따른 간접적, 반사적 효과에 지나지 아니하므로, 기존의 상표의 사용자가 그 상표와 동일 또는 유사한 제3의 상표가 이미 등록되어 있는 사실을 알면서 기존의 상표를 사용하였다고 하더라도 그 사정을 들어 위 규정의 적용을 배제할 수는 없으므로(대법원 2004. 3. 11. 선고 2001후3187 판결 참조), 원고의 위 주장 역시 받아들이지 아니한다.

마. 소 결 론

따라서, 선사용상표는 이 사건 출원상표에 대한 상표등록 허가 여부 심결 당시 적어도 국내 수요자나 거래자에게 그 표장이나 상품이라고 하면 곧 특정인의 표장이나 상표라고 인식될 수 있을 정도로는 알려져 있었고 이 사건 출원상표는 그러한 선사용상표와 표장이 유사하고 지정상품 중 '시계류 및 시계부속품'은 선사용상표의 사용물품과 동일·유사하여, 이 사건 출원상표가 위 지정상품들에 사용되는 경우 일반 수요자나 거래자로 하여금 그것이 선사용상표 사용자인 좋은 시계에 의하여 사용된 것으로 오인, 혼동을 일으키게 하여 수요자를 기만할 염려가 있어 상표법 제7조 제1항 제11호에 해당하므로, 위 지정상품들과 관련한 이 사건 출원상표는 그 등록이 거절되어야 한다. 그런데 출원상표의 지정상품 중 일부에 대하여만 등록거절이유가 있다고 하더라도 그 출원등록 전부가 거절되어야 하므로(대법원 2006. 3. 10. 선고 2004후2109 판결 참조), 이 사건 출원상표의 등록은 그 지정상품 전부에 대하여 거절되어야 한다.

4. 결 론

따라서, 이 사건 심결은 이와 결론을 같이 하여 적법하고, 그 취소를 구하는 원고의 청구는 이유 없으므로 이를 기각하기로 하여 주문과 같이 판결한다.

[별지 생략]

판사 변현철(재판장) 박창수 박민정

89. 대법원 2013. 3. 14. 선고 2011후1159 판결 【거절결정(상)심결취소의소】

[공2013상,674]

【판시사항】

[1] 출원상표가 상표법 제7조 제1항 제11호 후단의 '수요자를 기만할 염려가 있는 상표'에 해당한다고 하려면 출원상표와 대비되는 선사용상표의 권리자는 출원인 이외의 타인이어야 하는지 여부(적극) 및 선사용상표의 권리자가 누구인지 판단하는 기준

[2] 특허청 심사관이 "SODA"로 구성된 갑 주식회사의 상표출원에 대하여, 출원상표가 상표법 제7조 제1항 제11호에 해당한다는 이유로 거절결정을 한 사안에서, 출원상표는 선사용상표의 권리자에 의하여 출원된 것이어서 상표법 제7조 제1항 제11호의 '수요자를 기만할 염려가 있는 상표'에 해당한다고 할 수 없음에도, 이와 달리 본 원심 판결에 법리를 오해한 위법이 있다고 한 사례

【판결요지】

[1] 상표등록을 받을 수 없는 상표를 규정하고 있는 상표법 제7조 제1항 제11호 후단의

취지는 이미 특정인의 상표로 인식된 선사용상표를 사용하는 상품의 출처 등에 관한 일반 수요자의 오인·혼동을 방지하여 이에 대한 신뢰를 보호하려는 것이므로, 어떤 출원상표가 위 규정의 '수요자를 기만할 염려가 있는 상표'에 해당한다고 하기 위하여는 출원상표와 대비되는 선사용상표의 권리자는 출원인 이외의 타인이어야 한다. 여기서 선사용상표의 권리자가 누구인지는 선사용상표의 선택과 사용을 둘러싼 관련 당사자 사이의 구체적인 내부관계 등을 종합적으로 살펴 판단하여야 하고, 선사용상표의 사용자 외에 사용허락계약 등을 통하여 선사용상표 사용자의 상표사용을 통제하거나 선사용상표를 사용하는 상품의 성질이나 품질을 관리하여 온 자가 따로 있는 경우에는 그를 선사용상표의 권리자로 보아야 하며 선사용상표 사용자를 권리자로 볼 것은 아니다.

[2] 특허청 심사관이 지정상품을 '팔목시계' 등으로 하고 "SODA"로 구성된 갑 주식회사의 상표출원에 대하여, 출원상표가 지정상품 중 '시계류 및 시계부속품'에 사용되는 경우 갑 회사와 상표사용계약을 체결하고 선사용상표 "SODA"를 사용하여 온 을 주식회사에 의하여 사용된 것으로 오인, 혼동을 일으키게 하여 수요자를 기만할 염려가 있어 상표법 제7조 제1항 제11호에 해당한다는 이유로 거절결정을 한 사안에서, 선사용상표의 권리자는 선사용상표를 선택하고 상표사용계약을 통하여 을 회사의 상표 사용을 통제하고 선사용상표를 사용하는 상품의 성질이나 품질을 관리하는 권한을 가진 갑 회사라고 할 것이고 선사용상표 사용자인 을 회사를 권리자로 볼 것은 아니므로 출원상표는 선사용상표의 권리자에 의하여 출원된 것이어서 상표법 제7조 제1항 제11호의 '수요자를 기만할 염려가 있는 상표'에 해당한다고 할 수 없음에도, 선사용상표의 사용자인 을 회사를 권리자로 보아 출원상표가 '수요자를 기만할 염려가 있는 상표'에 해당한다고 본 원심 판결에 법리를 오해한 위법이 있다고 한 사례.

【참조조문】

[1] 상표법 제7조 제1항 제11호 [2] 상표법 제7조 제1항 제11호

【참조판례】

[1] 대법원 1999. 12. 24. 선고 97후3623 판결(공2000상, 309)

【전 문】

【원고, 상고인】 주식회사 소다(소송대리인 특허법인 신세기 담당변리사 김종윤)

【피고, 피상고인】 특허청장

【원심 판결】 특허법원 2011. 5. 11. 선고 2010허6157 판결

【주 문】

원심 판결을 파기하고, 사건을 특허법원에 환송한다.

【이 유】

상고이유를 판단한다.

1. 상표등록을 받을 수 없는 상표를 규정하고 있는 상표법 제7조 제1항 제11호 후단의 취지는 이미 특정인의 상표로 인식된 선사용상표를 사용하는 상품의 출처 등에 관한 일반 수요자의 오인·혼동을 방지하여 이에 대한 신뢰를 보호하려는 것이므로, 어떤 출원상표가 위 규정의 '수요자를 기만할 염려가 있는 상표'에 해당한다고 하기 위하여는 출원상표와 대비되는 선사용상표의 권리자는 출원인 이외의 타인이어야 한다(대법원 1999. 12. 24. 선고 97후3623 판결 등 참조). 여기서 선사용상표의 권리자가 누구인지는 선사용상표의 선택과 사용을 둘러싼 관련 당사자 사이의 구체적인 내부관계 등을 종합적으로 살펴 판단하여야 하고, 선사용상표의 사용자 외에 사용허락계약 등을 통하여 선사용상표 사용자의 상표사용을 통제하거나 선사용상표를 사용하는 상품의 성질이나 품질을 관리하여 온 자가 따로 있는 경우에는 그를 선사용상표의 권리자로 보아야 하며 선사용상표 사용자를 권리자로 볼 것은 아니다.

2. 원심 판결 이유와 원심이 적법하게 채택한 증거들에 의하면, ① 원고는 2000년을 기준으로 SODA 소다 또는 SODA 상표(지정상품을 '단화, 가죽신' 등으로 하여 1993. 6. 22.(상표등록번호 1 생략)로 상표등록하였다)를 여성 및 남성용 신발과 의류에 20여년간 사용하여 왔고, SODA 상표는 1999년 제화업계의 최고의 브랜드, 고객서비스 우수브랜드로 선정되기도 한 사실, ② 그 지정상품을 '팔목시계' 등으로 하는 이 사건 출원상표 "SODA"에 대비되는 원심판시 선사용상표 "SODA"(이하 '선사용상표'라 한다)는 원고가 당초 신발에 사용하여 오던 것을 2001. 7. 6. 그 지정상품을 '팔목시계' 등으로 하여 출원하고 2002. 12. 17. 상표등록(상표등록번호 2 생략)한 것인 사실, ③ 한편 주식회사 좋은시계(이하 '좋은시계'라 한다)는 1997. 6.경 설립되어 시계제조업 등을 영위하여 온 회사로서, 늦어도 2001. 2.경 선사용상표를 '시계'라는 잡지의 2001년 2월호에 광고하고, 2002년경에는 선사용상표를 시계제품에 부착한 제품을 제조·판매하였으며, 2003. 4.경에는 서면으로 원고와 사이에서 선사용상표에 대하여 계약기간을 2002. 12. 31.부터로 하는 상표사용계약을 체결하고, 선사용상표를 계속 사용하여 온 사실, ④ 위 상표사용계약에서 좋은시계는 선사용상표를 사용하여 제조·판매하는 모든 상품을 원고와 사전에 합의한 품질기준에 따라 제조하고, 원고가 제품의 검사, 제조 공정에 관한 품질준수 여부 등을 확인하기 위하여 공장을 방문하는 것을 허가하며, 선사용상표를 사용하는

대가로 제1차년도(2003. 1. 1.부터 2004. 12. 31.까지)에는 무상으로 사용하되 제2차년도(2005. 1. 1.부터 2007. 12. 31.까지)부터는 매년 1,000만 원을 해당 연도 전 12. 31.까지 각 지불한다는 등으로 약정한 사실, ⑤ 한편 좋은시계가 선사용상표를 부착하여 생산한 'SODA' 시계는 2002년과 2003년에 산업자원부장관으로부터 우수산업디자인상품(굿디자인상)으로 선정되었고, 이들 'SODA' 시계는 2004. 11.경 롯데마트, 이마트, 홈플러스, 까르푸, 세이브존, 뉴코아 아울렛 등 대형 할인매장과 수원 그랜드 백화점, 코엑스몰 등에서 판매되어 온 사실, ⑥ 좋은시계는 2005. 3.경 지하철 4호선에 선사용상표를 부착한 시계 광고를 하였고, 1999. 1.과 1999. 5. 'Timepieces' 잡지, 2004. 10.과 2004. 11. 스포츠서울 신문, 2004. 6.과 2004. 7. 굿데이 신문, 2004. 11. 굿모닝서울에 각 광고하였고 그 중 일부는 전면광고를 하였으며, TV 프로그램인 '웃찾사' 등에 각 'SODA' 시계 제품을 협찬 광고한 사실, ⑦ 월간 시계 WATCH AND JEWELRY 잡지, 스포츠서울 및 굿데이 신문 등에 2001년부터 좋은시계의 'SODA' 시계에 관한 소개 기사가 수차례에 걸쳐 실렸고, 'MonBi'라는 잡지 2007년 1월호에는 인터파크에서 2006. 12. 13. 기준으로 선호순위 조사 결과 SODA 시계가 국내 패션시계 1위로 선정되었다는 기사가 게재되기도 한 사실, ⑧ 다른 한편 좋은시계가 사용료지급채무를 이행하지 아니한다는 등의 이유로 원고가 2005. 4.경 위 상표사용계약의 해지를 통고하고 그 무렵 선사용상표의 사용금지 등을 구하는 소를 제기하였음에도, 좋은시계는 해지의 효력을 다투면서 선사용상표를 계속 사용하여 온 사실, ⑨ 선사용상표에 대한 원고의 상표등록(2002. 12. 17.자(상표등록번호 2 생략) 상표등록)은 2008. 7. 24. 선사용상표가 상표법 제7조 제1항 제8호에 해당한다는 것을 이유로 한 등록무효심결이 확정됨으로써 무효로 된 사실 등을 알 수 있다.

이러한 사실관계를 앞서 본 법리에 비추어 살펴보면, 선사용상표는 원고가 선택한 상표로서 원고가 오랫동안 신발 등에 사용하여 일반 수요자에게 널리 알려진 상표와 그 표장이 동일한 상표이고, 좋은시계는 늦어도 2001년경부터 선사용상표를 시계에 사용하기 시작하여 오다가 2003. 4.경에는 원고로부터 원고의 관리감독에 따르기로 약정하고 선사용상표에 관하여 통상사용권을 설정받았으며, 원고가 2005. 4.경 통상사용권 설정계약을 해지하였음에도 그 해지의 효력을 다투면서 선사용상표를 계속 사용하여 옴으로써 그 과정에서 선사용상표가 일반 수요자에게 특정인의 상표라고 인식될 수 있을 정도로 알려지게 되었다고 할 것이므로, 선사용상표의 권리자는 선사용상표를 선택하고 상표사용계약을 통하여 좋은시계의 상표 사용을 통제하고 선사용상표를 사용하는 상품의 성질이나 품질을 관리하는 권한을 가진 원고라고 할 것이고, 선사용상표 사용자인 좋은시계를 권리자로 볼 것은 아니다.

그렇다면 이 사건 출원상표는 선사용상표의 권리자에 의하여 출원된 것이어서 상표법 제7조 제1항 제11호의 '수요자를 기만할 염려가 있는 상표'에 해당한다고 할 수 없다.

그럼에도 원심은 선사용상표 사용자인 좋은시계를 선사용상표의 권리자로 보아 이 사건 출원상표가 위 규정의 '수요자를 기만할 염려가 있는 상표'에 해당한다고 판단하고 말았으니, 원심 판결에는 상표법 제7조 제1항 제11호 후단의 '수요자를 기만할 염려가 있는 상표'에 대한 법리를 오해함으로써 판결 결과에 영향을 미친 위법이 있다. 이 점을 지적하는 상고이유의 주장은 이유 있다.

원심이 인용하고 있는 대법원 2001. 12. 14. 선고 99후802 판결은 선사용상표가 특정인의 상표라고 인식될 수 있을 정도로 알려져 있는지 여부가 문제된 사안에 관한 것으로서 이 사건과 사안을 달리하여 여기에 원용하기에 적절하지 아니하다.

3. 그러므로 원심 판결을 파기하고, 사건을 다시 심리·판단하게 하기 위하여 원심법원에 환송하기로 하여 관여 대법관의 일치된 의견으로 주문과 같이 판결한다.

대법관 신영철(재판장) 이상훈 김용덕(주심) 김소영

90. 특허법원 2009. 9. 4. 선고 2009허3497 판결【등록무효(상)】확정

[각공2009하,1860]

【판시사항】

[1] 결합상표의 유사 여부 판단 기준

[2] 상표의 일부 구성 부분이 '독립하여 자타상품의 식별기능을 할 수 있는 부분(요부)'에 해당하는지 여부의 판단 기준 및 상표의 구성 부분 중 식별력이 없거나 미약한 부분이 그 부분만으로 요부가 되는지 여부(원칙적 소극)

[3] 상표법 제7조 제1항 제12호에서 정한 '국내 또는 외국의 수요자 간에 특정인의 상품을 표시하는 것이라고 인식되어 있는 상표와 동일 또는 유사한 상표로서 부당한 이익을 얻으려 하거나 그 특정인에게 손해를 가하려고 하는 등 부정한 목적을 가지고 사용하는 상표'인지 여부의 판단 시기(=출원시)

[4] 등록상표 "K2 PINATUBO"는 지정상품 중 '등산용 안전장착대'에 대하여 상표법 제7조 제1항 제9호, 제11호, 제12호, 제8조 제1항에 해당하여 그 등록이 무효라고 한 사례

【판결요지】

[1] 문자와 문자 또는 문자와 도형 등이 결합된 상표는 상표를 구성하는 전체에 의해 생기는 외관, 호칭, 관념 등에 의해 상표의 유사 여부를 판단하는 것이 원칙이고, 경우에 따라서는 상표의 구성 중 '독립하여 자타 상품의 식별기능을 하는 부분(요부)'에 의해 생기는 외관, 호칭, 관념 등을 종합하여 상표의 유사 여부를 판단할 수 있다.

[2] 상표의 일부 구성 부분이 독립하여 자타 상품의 식별기능을 할 수 있는 부분에 해당하는지 여부는 그 부분이 지니고 있는 관념, 지정상품과의 관계, 거래사회의 실정 등을 감안하여 객관적으로 결정하여야 하므로, 상표의 구성 중 식별력이 없거나 미약한 부분은 그 부분만으로 요부가 된다고 할 수 없고, 이는 그 부분이 다른 문자나 도형 등과 결합하여 있는 경우라도 마찬가지이다. 다만, 상표의 구성 중 식별력이 없거나 미약한 부분과 동일한 표장이 거래사회에서 오랜 기간 사용된 결과 수요자 간에 누구의 업무에 관련된 상품을 표시하는 것인가 현저하게 인식되어 있는 경우에는 그 부분은 사용된 상품에 관하여 식별력 있는 요부로 보아 상표의 유사 여부를 판단할 수 있으나, 그렇다고 하더라도 그 부분이 사용되지 아니한 상품에 대해서까지 당연히 식별력 있는 요부가 됨을 전제로 하여 상표의 유사 여부를 판단할 수 없다.

[3] 상표법 제7조 제1항 제12호는 '국내 또는 외국의 수요자 간에 특정인의 상품을 표시하는 것이라고 인식되어 있는 상표(지리적 표시를 제외한다)와 동일 또는 유사한 상표로서 부당한 이익을 얻으려 하거나 그 특정인에게 손해를 가하려고 하는 등 부정한 목적을 가지고 사용하는 상표'를 상표등록을 받을 수 없는 상표의 하나로 규정하고 있는데, 그 판단시점은 출원시이다.

[4] 등록상표 "K2 PINATUBO"는 지정상품 중 '등산용 안전장착대'에 대하여 주지상표인 선사용상표 "K2"와 표장이 유사하고 그 지정상품은 선사용상품 중 등산용품에 포함되는 것으로서 양 상품은 동일하게 볼 수 있으므로, 상표법 제7조 제1항 제9호, 제11호, 제12호, 제8조 제1항에 해당하여 그 등록이 무효라고 한 사례.

【참조조문】

[1] 상표법 제7조 제1항 제9호, 제8조 제1항 [2] 상표법 제7조 제1항 제9호, 제8조 제1항 [3] 상표법 제7조 제1항 제12호 [4] 상표법 제7조 제1항 제9호, 제11호, 제12호, 제8조 제1항

【참조판례】

[1] 대법원 2004. 10. 15. 선고 2003후1871 판결(공2004하, 1879)
대법원 2005. 5. 27. 선고 2004다60584 판결(공2005하, 1035)
대법원 2007. 3. 29. 선고 2006후3502 판결
대법원 2008. 11. 27. 선고 2008후101 판결

[2] 대법원 2001. 12. 14. 선고 2001후1808 판결(공2002상, 321)
대법원 2006. 5. 25. 선고 2004후912 판결(공2006하, 1187)
대법원 2006. 11. 9. 선고 2005후1134 판결(공2006하, 2103)

대법원 2008. 5. 15. 선고 2005후2977 판결
[3] 대법원 2004. 5. 14. 선고 2002후1362 판결(공2004하, 1873)
대법원 2007. 3. 16. 선고 2006후268 판결

【전 문】

【원 고】 케이투코리아 주식회사(소송대리인 법무법인 광장 담당변호사 서무송외 4인)

【피 고】 주식회사 케이투스포츠

【변론종결】

2009. 7. 24.

【주 문】

1. 원고의 청구를 기각한다.
2. 소송비용은 원고가 부담한다.

【청구취지】

특허심판원이 2009. 4. 1. 2007당2897호 사건에 관하여 한 심결 중 상표등록 제723599호의 지정상품 중 "등산용 안전장착대"를 제외한 나머지 지정상품에 대한 부분을 취소한다.

【이 유】

1. 기초사실

가. 이 사건 등록상표

(1) 출원일/등록결정일/등록일/등록번호: 2006. 8. 31./2007. 8. 29./2007. 9. 10./제723599호

(2) 구성: K2 PINATUBO

(3) 지정상품: 별지 이 사건 등록상표의 지정상품 기재와 같다.

나. 선사용·선출원상표

(1) 선사용상표

(가) 구성: K2

(나) 사용상품: 등산화, 등산의류 등의 등산용품, 안전화

(다) 사용자: 원고

(2) 선출원상표

(가) 출원일/등록일/등록번호: 2004. 8. 28./2008. 6. 2./제748685호

(나) 구성 : **K2**

(다) 지정상품 : 상품류 구분 제25류의 등산화, 안전화

(라) 출원인 및 등록권리자 : 원고

다. 이 사건 심결의 경위

원고는 특허심판원에 피고를 상대로 이 사건 등록상표는 선사용상표에 대한 관계에서 상표법 제7조 제1항 제4호, 제6호, 제9호 내지 제12호에 해당한다고 주장하면서 등록무효심판을 청구하였다.

특허심판원은 이를 2007당2897호로 심리한 후, 2009. 4. 1. 이 사건 등록상표는 그 지정상품 중 "등산용 안전장착대"에 대하여는 상표법 제7조 제1항 제9호, 제11호, 제12호에 해당하여 그 등록이 무효라고 할 것이나, 나머지 지정상품에 대하여는 상표법 제7조 제1항 제4호, 제6호, 제9호 내지 제12호에 해당하지 아니하여 그 등록이 무효가 아니라는 이유로 원고의 심판청구 중 일부를 인용하고, 나머지를 기각하는 이 사건 심결을 하였다.

[인정 근거] 민사소송법 제150조 제3항, 제1항에 의한 자백 간주

2. 원고의 주장

선사용상표인 "K2" 상표는 이 사건 등록상표의 출원시 또는 등록 여부 결정시 주지·저명성을 취득하였다고 할 것인바, 이 사건 등록상표는 그 지정상품 중 "등산용 안전장착대"를 제외한 나머지 지정상품에 대하여, ① 저명한 선사용상표를 모방한 상표이므로 구 상표법(2007. 1. 3. 법률 제8190호로 개정되기 전의 것, 이하 같다.) 제7조 제1항 제4호에 해당하고, ② 주지성을 취득한 선사용상표와 그 표장 및 지정상품이 동일·유사한 상표이므로 상표법 제7조 제1항 제9호에 해당하며, ③ 주지·저명하지는 않더라도 국내 수요자나 거래자에게 그 상표나 상품이라고 하면 곧 특정인의 상표나 상품이라고 인식될 수 있을 정도로 알려진 선사용상표와 상품 출처의 혼동을 가져올 염려가 있는 상표이므로 상표법 제7조 제1항 제11호에 해당하고, ④ 주지상표인 선사용상표와 동일·유사한 상표로서 부당한 이익을 얻으려하거나 특정인에게 손해를 가하게 하려는 등 부정한 목적으로 사용되는 상표이므로 상표법 제7조 제1항 제12호에 해당하며, ⑤ 선출원상표와 그 표장 및 지정상품이 동일·유사한 상표이므로 상표법 제8조 제1항에 해당한다.

3. 판 단

가. 선사용상표의 주지·저명성의 취득 정도

(1) 인정 사실

다음의 사실은 피고가 민사소송법 제150조 제3항, 제1항에 의하여 자백한 것으로

본다.

(가) 원고 회사 대표이사인 정영훈의 부(父) 망 정동남은 1972.경부터 원고 회사의 전신(前身)인 한국특수제화를 설립하여 K2 상표를 사용한 등산화, 안전화 및 등산용품을 제조, 판매하는 사업을 시작하였다.

(나) 망 정동남은 1972.경부터, 원고 회사는 그 설립일인 1996. 5. 7.이후부터, K에 비하여 2의 크기를 약간 작게 한 “K2” 상표 및 이를 도안화한 “ , , ” 상표와 그 한글발음으로 구성된 “케이-투” 등의 상표를 등산화, 안전화, 농구화, 비치파라솔, 지팡이, 샌들, 양산, 작업복 등에 사용하였는데, 2000.경까지는 K2 상표와 이를 도형화한 “ , ” 등의 상표를 주로 사용하면서 동시에 K2 상표를 보조적으로 사용하였고, 2001.경부터는 K2 상표를 중점적으로 사용하였다.

(다) 위 망 정동남 또는 원고 회사는 ① 1970.경부터 2004.경까지 ‘월간 산’, ‘사람과 산’ 등의 등산전문 잡지에, 주간조선, 주부생활, 여성중앙 등 일반 잡지에 수백 회에 걸쳐 K2 상표가 사용된 등산화, 등산의류(아웃도어, 모자, 양말 등) 등의 등산용품, 안전화 등에 대한 광고를 게재하였고, ② 1990.경부터 조선일보, 동아일보, 중앙일보 등의 중앙 일간지 등에 수백 회에 걸쳐 K2 또는 이와 유사한 케이투 등의 상표가 사용된 등산화, 등산의류(아웃도어, 자켓, 팬츠, 모자, 기능성 셔츠, 조끼, 장갑, 비옷 등) 등의 등산용품, 안전화에 대한 광고를 게재하였으며, ③ 2000.경부터 라디오에 수백 회에 걸쳐 K2 등산화 등에 대한 광고를 하였고, ④ 2003.경부터 2005.경까지 한남여객, 우신버스, S·M버스 등 서울, 대구 등의 버스 수백 여대에 K2 상표가 사용된 상품 광고를 하였으며, ⑤ 2000.경부터 매년 텔레비전을 통해 K2 상표 및 그 제품을 광고해 오고 있고(2000. - 2001. : 금붕어 편, 2004. : 클라이머, 캠프 편, 2005. - 2006. : 우박 편, 2007. 암벽거신 편), ⑥ 1997.경부터 2003.경까지 지하철역 등에서 입간판 등을 통해 K2 상표 및 그 제품을 광고해 왔다.

(라) K2 상표와 관련한 원고 회사의 1997.부터 2007.까지의 연도별 매출액과 광고비 지출액은, 1997년 매출액 56억 4,400만 원, 광고비 4,092만 원, 1998년 매출액 54억 9,400만 원, 광고비 1억 5,266만 원, 1999년 매출액 108억 4,144만 원, 광고비 4억 9,470만 원, 2000년 매출액 183억 9,834만 원, 광고비 7억 2,869만 원, 2001년 매출액 257억 1,152만 원, 광고비 9억 3,347만 원, 2002년 매출액 330억 1,745만

원, 광고비 6억 3,471만 원, 2003년 매출액 534억 563만 원, 광고비 11억 2,829만 원, 2004년 매출액 743억 7,881만 원, 광고비 40억 2,642만 원, 2005년 매출액 949억 4,705만 원, 광고비 50억 6,199만 원, 2006년 매출액 1,038억 8,570만 원, 광고비 40억 2,642만 원, 2007년 매출액 1,320억 6,174만 원, 광고비 56억 9,294만 원이다.

(마) 원고 회사의 K2 등산화 등의 제품은 롯데백화점, 갤러리아백화점 등의 백화점 매장과 전국의 K2 대리점을 통하여 판매되고 있는데, 2005. 12. 27. 기준으로 직영점 9개, 대리점 102개, 백화점 매장 42개 등 총 153개 매장에서 판매되고 있다.

(바) 1997. 9. 13.자 내외경제신문에는 원고 회사의 K2 등산화가 국내 등산화 시장의 40%를 점유하고 있다는 기사가, 2001. 11. 28.자 파이낸셜 뉴스에는 원고 회사에 대하여 1972년 한국특수제화로 출발하여 2001년에 국내 등산화 시장의 50%, 안전화 시장의 80%의 시장 점유율을 차지하고 있다는 기사가, 2002. 8. 14.자 매일경제신문에는 원고 회사가 1972년부터 국내 등산화 시장을 선구적으로 개척해 온 업체로서 국내 등산화 시장의 40%를 차지하고 있으며 2002년부터 K2 상표를 등산화 이외의 종합 아웃도어 브랜드로 키워나갈 계획이라는 기사가, 2003. 4. 자 파이낸셜 뉴스에는 K2 제품이 국내 등산화 시장의 40%를 점하고 있고, 안전화 시장의 80%를 점하고 있다는 기사가, 2004. 4. 19.자 어패럴뉴스에는 노스페이스, 코오롱스포츠, 케이투 등 빅 3 브랜드가 치열한 시장 1위 다툼을 벌이면서 아웃도어 선두권 경쟁이 후끈하게 되었으며, 2004년 1분기 매출에 대하여 노스페이스가 매장 수 135개에 매출 280억 원, 코오롱스포츠가 매장 수 85개에 매출 200억 원, 원고 회사가 매장 수 110개에 매출 200억 원을 달성하여 아웃도어 시장의 빅 3를 형성하고 있다는 기사가, 2005. 1. 7.자 중앙일보, 한국경제신문, 2005. 10. 10.자 어패럴뉴스, 2005. 9. 26.자 한국경제신문 등에는 K2 부정사용자들에 대한 소송에서 원고가 승소하였다거나 원고를 업계 최초로 텔레비전 광고를 실시한 업체라거나 또는 K2 상표에 대하여 등산화 등 국내 브랜드의 자존심이라고 소개한 기사 등이 게재되었다.

(사) 제일기획이 2005. 12. 1. 원고, 코오롱스포츠, 노스페이스, 블랙야크, 에델바이스, 콜롬비아 등 여러 상표들을 대상으로 실시한 인지도 조사 결과, 원고의 'K2' 상표는 최초 상기도 29.4%로 1위, 브랜드 보조 인지도 95.1%로 코오롱스포츠에 이어 2위, 브랜드 선호도에서 20.6%를 얻어 3위를 차지하였고, 현대리서치연구소가 2006. 7. 국내의 유명 등산화 관련 상표들을 대상으로 실시한 상표인지도

조사에서 원고 회사의 K2 상표는 보조 인지도에서 2위, 가장 선호하는 브랜드에서 1위를 차지하였으며, 제일기획이 2006. 12.경 실시한 상표 인지도 조사에서 원고 회사의 K2 상표가 최초 상기율에서 1위, 보조 인지율에서 2위를 차지하였다.

(아) 서울경제신문은 2003. 12. 31. 2003년 대한민국 일류 브랜드 시상에서 K2 상표를 2003년을 빛낸 히트 브랜드로 선정하였고, 경향신문사 및 스포츠 칸은 K2 상표가 2006년에 등산용품 관련 상표 중 노스페이스에 근소하게 뒤지는 2위의 상표 선호도를 기록하였으나, 등산화와 관련하여서는 1위의 상표 선호도를 기록하였다는 이유로 K2 상표를 2006년을 빛낸 우수브랜드로 선정하였으며, 한국생산성본부는 원고 회사의 K2 상표를 2006년과 2007년 등산용품 분야의 브랜드 경쟁력 1위 상표로 선정하였고, 원고 회사가 2005년에 실시한 라디오 광고 "Climb the life K2"는 2005년 대한민국광고대상 라디오 부문 동상을 수상(2005. 11. 8. 한국광고단체연합회 주최)하였으며, 광고전문잡지인 "KOREA AD TIMES"는 원고 회사가 2005년에 실시한 'K2' 제품의 라디오 광고 '인생은 산행과 같다'를 '2005년 BEST OF THE BEST RADIO' 부문에 선정하였다.

(2) 판 단

위 인정 사실에 의하면, 원고 회사는 선사용상표인 'K2' 또는 이와 동일성이 인정되는 상표들을 장기간에 걸쳐 사용하였고, 2001.경부터는 'K2' 상표를 계속·집중적으로 광고·선전함으로써 선출원상표의 출원일인 2004. 8. 28.이나 그 등록일인 2008. 6. 2. 또는 이 사건 등록상표의 출원일인 2006. 8. 31.이나 그 등록결정일인 2007. 8. 29. 선사용상표의 사용상품인 "등산화, 등산의류 등의 등산용품, 안전화 등"(이하 '선사용상품'이라 한다)에 대하여 대다수의 수요자에게 원고의 상품 표지로서 현저하게 인식되었다고 할 것이므로, 그 무렵 사용에 의한 식별력과 주지성을 취득하였다고 할 것이다.

원고는 선사용상표는 이 사건 등록상표의 출원일 또는 등록결정일 무렵 주지성뿐만 아니라 저명성까지 취득하였다고 주장하나, 위 인정 사실에 본 바와 같은 K2 상표의 사용기간, 매출 및 광고실적, 언론의 보도 내용 등을 종합해 볼 때 K2 상표가 이 사건 등록상표의 출원시나 등록결정시 저명상표에까지 이르렀다고는 보기 어렵다.

나. 이 사건 등록상표와 선사용상표 또는 선출원상표의 동일·유사 여부

(1) 판단기준

문자와 문자 또는 문자와 도형 등이 결합된 상표는 상표를 구성하는 전체에 의해 생기는 외관, 호칭, 관념 등에 의해 상표의 유사 여부를 판단하는 것이 원칙이고, 경우에 따라서는 상표의 구성 중 '독립하여 자타 상품의 식별기능을 하는 부분(요부)'에 의해 생기는 외관, 호칭, 관념 등을 종합하여 상표의 유사 여부를 판단할 수 있다(대법원 2007. 3. 29. 선고 2006후3502 판결). 여기에서 상표의 일부 구성 부분이 독립하여 자타상품의 식별기능을 할 수 있는 부분에 해당하는지 여부는 그 부분이 지니고 있는 관념, 지정상품과의 관계, 거래사회의 실정 등을 감안하여 객관적으로 결정하여야 하는바(대법원 2006. 5. 25. 선고 2004후912 판결, 대법원 2006. 11. 9. 선고 2005후1134 판결), 상표의 구성 중 식별력이 없거나 미약한 부분은 그 부분만으로 요부가 된다고 할 수 없고, 이는 그 부분이 다른 문자나 도형 등과 결합하여 있는 경우라도 마찬가지이다(대법원 2001. 12. 14. 선고 2001후1808 판결).

다만, 상표의 구성 중 식별력이 없거나 미약한 부분과 동일한 표장이 거래사회에서 오랜 기간 사용된 결과 수요자 간에 누구의 업무에 관련된 상품을 표시하는 것인가 현저하게 인식되어 있는 경우에는 그 부분은 사용된 상품에 관하여 식별력 있는 요부로 보아 상표의 유사 여부를 판단할 수 있으나, 그렇다고 하더라도 그 부분이 사용되지 아니한 상품에 대해서까지 당연히 식별력 있는 요부가 됨을 전제로 하여 상표의 유사 여부를 판단할 수 없다(대법원 2008. 5. 15. 선고 2005후2977 판결).

(2) 표장의 동일·유사 여부에 대한 판단

이 사건 등록상표의 표장이 선사용상표 또는 선출원상표의 표장과 동일·유사한지 여부는, 이 사건 등록상표나 선사용상표 또는 선출원상표에 있어서 'K2' 부분이 식별력 있는 요부로서 분리 호칭, 관념되는지 여부에 따라 그 결론이 달라질 것이므로 먼저 이에 대하여 살핀다.

K2는 세계에서 2번째로 높은 산을 가리키는 현저한 지리적 명칭이거나 1자의 영문자와 1자의 숫자를 결합한 간단하고 흔히 있는 표장이어서 식별력이 없으나, 원고 회사가 선사용상품에 선사용상표인 K2를 지속적으로 사용함으로써 선사용상표 또는 선출원상표인 K2는 선출원상표의 출원일인 2004. 8. 28.이나 그 등록일인 2008. 6. 2. 또는 이 사건 등록상표의 출원일인 2006. 8. 31.이나 그 등록결정일인 2007. 8. 29. 선사용상품에 대하여 식별력을 취득하였음은 앞서 본 바와 같다. 따라서 선사용상표와 선출원상표에 있어서 K2는 식별력이 있다.

이 사건 등록상표는 그 지정상품 중 "등산용 안전장착대"에 대하여 보면, 위 지정상품은 선사용상품 중 등산용품에 포함되는 것으로서 거래사회의 통념상 선사용상품인 등산용품과 동일하게 볼 수 있는 것이므로, 위 지정상품에 대한 관계에서 이 사건 등록상표 중 'K2'는 식별력이 있는 요부가 될 수 있고, 이 사건 등록상표는

"K2 PINATUBO"와 같이 'K2'와 'PINATUBO'가 상하 2단으로 결합된 문자와 문자의 결합상표로서 문자와 문자 부분이 분리하여 관찰하면 거래상 자연스럽지 못하다고 여겨질 정도로 불가분적으로 결합되어 있다고 볼 수 없으므로, 일반 수요자나 거래자에 의하여 'K2' 부분만으로 분리관찰될 수 있는바, 이 사건 등록상표가 'K2' 부분만으로 분리 호칭되는 경우 선사용상표나 선출원상표와 호칭, 관념이 동일하므로, 전체적으로 이 사건 등록상표는 선사용상표 또는 선출원상표와 표장이 유사하다.

그러나 이 사건 등록상표는 그 나머지 지정상품에 대하여 보면, 나머지 지정상품은 선사용상품과 거래사회의 통념상 동일하게 볼 수 없는 것들이어서 그 나머지 지정상품과 관련하여서는 이 사건 등록상표 중 'K2' 부분은 식별력 있는 요부가 될 수 없어 'K2' 부분에 의해 분리 호칭, 관념되지 않고, 전체에 의하여 '케이투피나투보'로 또는 K2 부분을 제외하고 '피나투보'로만 호칭될 것인바, 그러한 경우 이 사건 등록상표는 K2로 구성된 선사용상표 또는 선출원상표와 호칭이 다르고 전체적인 외관이나 관념 또한 다르므로 선사용상표 또는 선출원상표와 표장이 유사하지 않다.

다. 구 상표법 제7조 제1항 제4호 해당 여부

구 상표법 제7조 제1항 제4호는 "공공의 질서 또는 선량한 풍속을 문란하게 할 염려가 있는 상표"를 상표등록을 받을 수 없는 상표의 하나로 규정하고 있었는바, 국내에서 저명한 상표를 모방한 상표는 이에 해당하여 상표등록을 받을 수 없고(대법원 2004. 7. 9. 선고 2002후2563 판결), 그 판단시점은 등록결정시이다.

따라서 이 사건 등록상표가 구 상표법 제7조 제1항 제4호에 해당하기 위하여는 이 사건 등록상표의 등록결정시 선사용상표인 'K2'가 저명상표이어야 하는바, 앞서 본 바와 같이 선사용상표는 이 사건 등록상표의 등록결정시 주지상표임은 인정되나, 더 나아가 저명상표에까지 이르렀다고 보기 어려우므로 이 사건 등록상표는 다른 요건에 대하여 나아가 살필 필요 없이 구 상표법 제7조 제1항 제4호에 해당하지 않는다.

라. 상표법 제7조 제1항 제9호 해당 여부

상표법 제7조 제1항 제9호는 "타인의 상품을 표시하는 것이라고 수요자 간에 현저하게 인식되어 있는 상표(지리적 표시를 제외한다)와 동일 또는 유사한 상표로서 그 타인의 상품과 동일 또는 유사한 상품에 사용하는 상표", 즉 "주지상표와 동일·유사한 상표를 동일·유사한 상품에 사용하는 상표"를 상표등록을 받을 수 없는 상표의 하나로 규정하고 있는바, 그 판단시점은 출원시이다(대법원 2000. 3. 28. 선고 98후1969 판결 참조).

이 사건 등록상표는 그 지정상품 중 “등산용 안전장착대”에 대하여 보면, 이 사건 등록상표는 주지상표인 선사용상표와 표장이 유사하고 지정상품이 동일함은 앞서 본 바와 같으므로 상표법 제7조 제1항 제9호에 해당한다.

그러나 나머지 지정상품에 대하여 보면, 이 사건 등록상표가 주지상표인 선사용상표와 표장이 유사하지 아니함은 앞서 본 바와 같으므로, 그 지정상품의 동일·유사 여부에 대하여 더 나아가 살필 필요 없이 상표법 제7조 제1항 제9호에 해당하지 않는다.

마. 상표법 제7조 제1항 제11호 해당 여부

(1) 상표법 제7조 제1항 제11호는 “상품의 품질을 오인하게 하거나 수요자를 기만할 염려가 있는 상표”를 상표등록을 받을 수 없는 상표의 하나로 규정하고 있다. 어떤 상표가 상표법 제7조 제1항 제11호에서 규정하고 있는 ‘수요자를 기만할 염려가 있는 상표’에 해당하기 위하여는 다른 사람이 이미 사용하고 있는 선사용상표나 선사용상품이 반드시 주지 저명하여야 하는 것은 아니지만 적어도 국내의 일반거래에 있어서 수요자나 거래자에게 그 상표나 상품이라고 하면 특정인의 상표나 상품이라고 인식될 수 있을 정도로 알려져 있어야 하고, 이러한 경우 선사용상표와 동일·유사한 상표가 선사용상품과 동일·유사한 지정상품 또는 그에 못지않을 정도로 경제적으로 밀접한 견련관계가 있는 상품에 사용됨으로써 일반 수요자로 하여금 상품 출처의 오인, 혼동을 일으킬 수 있다면, 그 상표는 상표법 제7조 제1항 제11호에 규정된 수요자를 기만할 염려가 있는 상표에 해당한다고 보아야 한다. 또한, 어떤 상표가 상표법 제7조 제1항 제11호에 규정된 수요자를 기만할 염려가 있는 상표에 해당하는지 여부는 그 상표에 대한 등록결정시를 기준으로 판단하여야 한다(대법원 2003. 4. 8. 선고 2001후1884, 1891 판결).

(2) 선사용상표가 이 사건 등록상표의 등록결정시 사용에 의해 식별력과 주지성을 취득하였음은 앞서 본 바와 같으므로, 선사용상표는 특정인의 상표로 인식될 정도로 알려진 상표에 해당한다.

(3) 이 사건 등록상표는 그 지정상품 중 “등산용 안전장착대”에 대하여 보면, 특정인의 상표로 인식될 정도로 알려진 선사용상표와 호칭, 관념이 동일하여 전체적으로 표장이 유사하고, 위 지정상품과 선사용상품이 동일함은 앞서 본 바와 같은바, 이 사건 등록상표를 위 지정상품에 사용하는 경우 선사용상표에 대한 관계에서 일반 수요자로 하여금 상품 출처의 오인, 혼동을 일으킬 수 있으므로, 상표법 제7조 제1

항 제11호에 해당한다.

그러나 나머지 지정상품에 대하여 보면, 이 사건 등록상표는 선사용상표와 표장이 유사하지 아니함은 앞서 본 바와 같은바, 나머지 지정상품과 선사용상품의 동일·유사 여부에 상관 없이 이 사건 등록상표를 위 나머지 지정상품에 사용하더라도 선사용상표에 대한 관계에서 일반 수요자로 하여금 상품 출처의 오인, 혼동을 일으킬 염려가 없다고 할 것이므로 상표법 제7조 제1항 제11호에 해당하지 않는다.

바. 상표법 제7조 제1항 제12호 해당 여부

(1) 상표법 제7조 제1항 제12호는 "국내 또는 외국의 수요자 간에 특정인의 상품을 표시하는 것이라고 인식되어 있는 상표(지리적 표시를 제외한다)와 동일 또는 유사한 상표로서 부당한 이익을 얻으려 하거나 그 특정인에게 손해를 가하려고 하는 등 부정한 목적을 가지고 사용하는 상표"를 상표등록을 받을 수 없는 상표의 하나로 규정하고 있는바, 그 판단시점은 출원시이다.

(2) 이 사건 등록상표는 그 지정상품 중 "등산용 안전장착대"에 대하여 보면, 주지상표인 선사용상표와 호칭, 관념이 동일하여 전체적으로 표장이 유사하며, 위 지정상품과 선사용상품이 동일함은 앞서 본 바와 같고, 양 표장의 유사 정도나 이 사건 등록상표가 선사용상표가 주지성을 취득한 이후 출원된 사정 등을 종합해 보면, 원고에게 부정한 목적이 있다고 인정되므로, 이 사건 등록상표는 위 지정상품에 대하여는 상표법 제7조 제1항 제12호에 해당한다.

그러나 나머지 지정상품에 대하여 보면, 이 사건 등록상표의 표장과 선사용상표의 표장이 유사하지 아니함은 앞서 본 바와 같으므로 이 사건 등록상표는 이 사건 나머지 지정상품과 선사용상품의 동일·유사 여부 및 부정한 목적의 존재 여부에 대하여 더 나아가 살필 필요 없이 상표법 제7조 제1항 제12호에 해당하지 않는다.

사. 상표법 제8조 제1항 해당 여부

(1) 상표법 제8조 제1항은 "동일 또는 유사한 상품에 사용할 동일 또는 유사한 상표에 관하여 다른 날에 2 이상의 상표등록출원이 있는 때에는 먼저 출원한 자만이 그 상표에 관하여 상표등록을 받을 수 있다."라고 규정하고 있는바, 상표법 제8조 제1항에 위반하여 선출원상표와 표장 및 지정상품이 동일 또는 유사한 후출원 상표가 등록된 경우 이는 등록무효사유에 해당한다(상표법 제71조 제1항 제1호).

(2) 이 사건 등록상표는 그 지정상품 중 "등산용 안전장착대"에 대하여 보면, 선출원상표와 호칭, 관념이 동일하여 전체적으로 표장이 유사함은 앞서 본 바와 같고, 한편, 이 사건 등록상표의 위 지정상품은 등산의류 등의 등산용품이라는 점에서 선출원상표의 지정상품인 등산화, 안전화 등과는 일반적으로 제조와 판매가 공통되고,

용도 및 수요자의 범위가 일치하는 점 등에 비추어 보면 지정상품도 유사하다고 할 것이므로, 이 사건 등록상표는 위 지정상품에 대하여는 상표법 제8조 제1항에 해당한다.

그러나 나머지 지정상품에 대하여 보면, 이 사건 등록상표는 선출원상표와 표장이 유사하지 않음은 앞서 본 바와 같으므로, 그 지정상품의 동일·유사 여부에 대하여 더 나아가 판단할 필요 없이 이 사건 등록상표는 상표법 제8조 제1항에 해당하지 않는다.

4. 결 론

그렇다면, 이 사건 등록상표는 그 지정상품 중 "등산용 안전장착대"에 대하여는 상표법 제7조 제1항 제9, 11, 12호, 상표법 제8조 제1항에 해당하여 등록무효 사유가 존재하나, 그 나머지 지정상품에 대하여는 구 상표법 제7조 제1항 제4호, 상표법 제7조 제1항 제9, 11, 12호, 상표법 제8조 제1항에 해당하지 아니하여 등록무효 사유가 존재하지 않는바, 이와 결론을 같이한 이 사건 심결은 적법하고, 그 심결의 취소를 구하는 원고의 청구는 이유 없어 기각한다.

판사 김용섭(재판장) 이종우 박태일

91. 대법원 2007. 6. 28. 선고 2006후3113 판결 【등록무효(상)】

[공2007.8.1.(279),1193]

【판시사항】

[1] 등록상표가 상표법 제7조 제1항 제11호에서 규정하고 있는 수요자를 기만할 염려가 있는 상표에 해당하기 위한 요건

[2] 상표법 제7조 제1항 제11호의 규정 취지

[3] 기존의 상표가 국내 수요자 등에게 특정인의 상표라고 알려져 있는지 여부를 판단함에 있어 고려해야 할 사항

【판결요지】

[1] 등록무효 심판청구의 대상이 된 등록상표가 상표법 제7조 제1항 제11호에서 규정하고 있는 수요자를 기만할 염려가 있는 상표에 해당하려면, 그 등록상표나 지정상품과 대비되는 다른 상표나 그 사용상품이 반드시 저명하여야 하는 것은 아니지만 적어도 국내의 일반거래에 있어서 수요자나 거래자에게 그 상표나 상품이라고 하면 곧 특정인의 상표나 상품이라고 인식될 수 있을 정도로는 알려져 있어야 하고, 여기서 말하는 특정인의 상표나 상품이라고 인식된다고 하는 것은 기존의 상표에 관한 권리자의 명칭이 구체적으로 알려져야 하는 것은 아니며, 누구인지 알 수 없다고 하더라도 동

일하고 일관된 출처로 인식될 수 있으면 충분하다.

[2] 상표법 제7조 제1항 제11호 규정의 취지는 기존의 상표를 보호하기 위한 것이 아니라 이미 특정인의 상표라고 인식된 상표를 사용하는 상품의 출처 등에 관한 일반수요자의 오인·혼동을 방지하여 이에 대한 신뢰를 보호하고자 하는 데 있고, 기존의 상표나 그 사용상품이 국내의 일반거래에서 수요자나 거래자에게 어느 정도로 알려져 있는지에 관한 사항은 일반수요자를 표준으로 하여 거래의 실정에 따라 인정하여야 하는 객관적인 상태를 말하는 것이며, 위 규정을 적용한 결과 기존의 상표가 사실상 보호받는 것처럼 보인다고 할지라도 그것은 일반수요자의 이익을 보호함에 따른 간접적, 반사적 효과에 지나지 아니한다.

[3] 기존의 상표가 국내 수요자 등에게 특정인의 상표라고 알려져 있는지 여부를 판단함에 있어, 기존의 상표 사용자가 그 상표와 동일 또는 유사한 제3의 상표가 이미 등록 또는 사용되고 있는 사실을 알면서 기존의 상표를 사용하였다거나 기존의 상표에 대한 등록취소 심판청구가 제기된 이후 비로소 그 사용행위를 개시하였다는 것 등과 같은 주관적인 사정은 고려할 사항이 되지 못하고, 기존의 상표가 제3의 상표와 경합적으로 사용되었다거나 그 제3의 상표가 국내에서 알려진 정도 등과 같은 사정은 기존의 상표의 알려진 정도를 판단함에 있어 고려해야 할 객관적인 거래실정의 한 측면이라 할 것이나, 그와 같은 사정이 존재한다는 것만으로 반드시 기존의 상표가 특정인의 상표로 알려질 수 없다고 단정할 수는 없다.

【참조조문】

[1] 상표법 제7조 제1항 제11호 [2] 상표법 제7조 제1항 제11호 [3] 상표법 제7조 제1항 제11호

【참조판례】

[1][2] 대법원 2004. 3. 11. 선고 2001후3187 판결(공2004상, 656)

[1] 대법원 2003. 4. 8. 선고 2001후1884, 1891 판결(공2003상, 1108)

대법원 2006. 7. 13. 선고 2005후70 판결

대법원 2006. 7. 28. 선고 2004후1304 판결(공2006하, 1567)

[2] 대법원 2004. 3. 11. 선고 2002후734 판결

대법원 2004. 3. 12. 선고 2002후1928 판결

【전 문】

【원고, 피상고인】 원고(소송대리인 법무법인 태평양 담당변호사 이종욱외 2인)

【피고, 상고인】 피고(소송대리인 법무법인 광장 담당변호사 이규홍외 3인)

【원심 판결】 특허법원 2006. 9. 21. 선고 2006허3762 판결

【주 문】

상고를 기각한다. 상고비용은 피고가 부담한다.

【이 유】

등록무효 심판청구의 대상이 된 등록상표가 상표법 제7조 제1항 제11호에서 규정하고 있는 수요자를 기만할 염려가 있는 상표에 해당하려면, 그 등록상표나 지정상품과 대비되는 다른 상표(이하 '기존의 상표'라고 한다)나 그 사용상품이 반드시 저명하여야 하는 것은 아니지만 적어도 국내의 일반거래에 있어서 수요자나 거래자에게 그 상표나 상품이라고 하면 곧 특정인의 상표나 상품이라고 인식될 수 있을 정도로는 알려져 있어야 하고(대법원 2003. 4. 8. 선고 2001후1884, 1891 판결 등 참조), 여기서 말하는 특정인의 상표나 상품이라고 인식된다고 하는 것은 기존의 상표에 관한 권리자의 명칭이 구체적으로 알려져야 하는 것은 아니며, 누구인지 알 수 없다고 하더라도 동일하고 일관된 출처로 인식될 수 있으면 충분하다 할 것이다. 그리고 위 규정의 취지는 기존의 상표를 보호하기 위한 것이 아니라 이미 특정인의 상표라고 인식된 상표를 사용하는 상품의 출처 등에 관한 일반수요자의 오인·혼동을 방지하여 이에 대한 신뢰를 보호하고자 하는 데 있고, 기존의 상표나 그 사용상품이 국내의 일반거래에서 수요자나 거래자에게 어느 정도로 알려져 있는지에 관한 사항은 일반수요자를 표준으로 하여 거래의 실정에 따라 인정하여야 하는 객관적인 상태를 말하는 것이며, 위 규정을 적용한 결과 기존의 상표가 사실상 보호받는 것처럼 보인다고 할지라도 그것은 일반수요자의 이익을 보호함에 따른 간접적, 반사적 효과에 지나지 아니한다 할 것이다(대법원 2004. 3. 11. 선고 2001후3187 판결 등 참조).

따라서 기존의 상표가 국내 수요자 등에게 특정인의 상표라고 알려져 있는지 여부를 판단함에 있어, 기존의 상표 사용자가 그 상표와 동일 또는 유사한 제3의 상표가 이미 등록 또는 사용되고 있는 사실을 알면서 기존의 상표를 사용하였다거나 기존의 상표에 대한 등록취소 심판청구가 제기된 이후 비로소 그 사용행위를 개시하였다는 것 등과 같은 주관적인 사정은 고려할 사항이 되지 못하고, 기존의 상표가 제3의 상표와 경합적으로 사용되었다거나 그 제3의 상표가 국내에서 알려진 정도 등과 같은 사정은 기존의 상표의 알려진 정도를 판단함에 있어 고려해야 할 객관적인 거래실정의 한 측면이라 할 것이나, 그와 같은 사정이 존재한다는 것만으로 반드시 기존의 상표가 특정인의 상표로 알려질 수 없다고 단정할 수는 없으며, 한편 이와 같은 법리는 등록무효 심판청구의 대상이 서비스표인 경우에도 마찬가지라고 할 것이다.

원심은, 원고가 사용하여 온 선사용상표(위에서 본 기존의 상표에 해당한다)의 사용 내역에 관하여 그 판시와 같이 사실관계를 확정하고, 한편 피고가 제출한 모든 증거들에 의하더라도 피고의 등록서비스표(등록번호 제109495호)가 국내에서 그 지정서비스업에 관하여 어느 정도 알려져 있다고 인정하기에 부족하다고 한 다음, 원고의 선사용상표나 그 상품은 피고의 등록서비스표의 등록결정 당시 국내에서 수요자나 거래자에게 특정인의 상표나 상품으로 인식될 수 있을 정도로 알려져 있었고, 나아가 피고의 등록서비스표와 원고의 선사용상표는 표장이 동일·유사하고, 그 지정서비스업과 사용상품 간에는 경제적인 견련의 정도가 밀접하여, 피고의 등록서비스표가 그 지정서비스업에 사용될 경우 선사용상표권자에 의하여 사용되는 것으로 오인·혼동을 일으키게 하여 수요자를 기만할 염려가 있으므로, 피고의 등록서비스표는 상표법 제7조 제1항 제11호에 해당하여 무효라는 취지로 판단하였는바, 앞서 본 법리와 기록에 비추어 살펴보면, 원심의 위와 같은 사실인정과 판단은 옳은 것으로 수긍이 가고, 거기에 상고이유에서 주장하는 바와 같은 채증법칙 위배나 상표법 제7조 제1항 제11호 후단의 규정에 관한 법리오해 등의 위법이 있다고 할 수 없다.

그러므로 상고를 기각하고 상고비용은 패소자가 부담하도록 하여 관여 법관의 일치된 의견으로 주문과 같이 판결한다.

대법관 김지형(재판장) 고현철(주심) 양승태 전수안

92. 대법원 2003. 4. 8. 선고 2001후1884, 1891 판결【등록무효(상)】

[공2003.5.15.(178),1108]

【판시사항】

[1] 상표법 제7조 제1항 제11호 소정의 '수요자를 기만할 염려가 있는 상표'에 해당하는지 여부의 판단 기준 및 그 판단 기준시(=상표등록사정시)

[2] "HIBLOW"라는 상표가 부착된 '에어펌프'의 국내 판매 및 광고행위는 "도형+하이브로" 및 "HIBLOW"와 같이 구성된 상표들의 등록자가 위 상표권자의 대리인의 자격으로 한 것이므로 국내 거래계에서는 "HIBLOW"라는 상표가 그 상표가 부착된 에어펌프를 생산·공급한 상표권자들의 것으로 인식되었다고 본 사례

【판결요지】

[1] 상표법 제7조 제1항 제11호에서 규정하고 있는 '수요자를 기만할 염려가 있는 상표'라고 하기 위하여는 어떤 상표나 그 사용상품이 반드시 저명하여야 하는 것은 아니지만 적어도 국내의 일반거래에 있어서 수요자나 거래자에게 그 상표나 상품이라고 하면 특정인의 상표나 상품이라고 인식될 수 있을 정도로 알려져 있어야 하고, 이러한 경우 그 상표와 동일·유사한 상표가 그 사용 상품과 동일·유사한 지정상품에 사용되거나, 이에 못지 아니할 정도로 그 상표권자에 의하여 사용되는 것이라고 오인될 만한

특별한 사정이 있으면 일반수요자로 하여금 출처의 오인·혼동을 일으켜 수요자를 기만할 염려가 있다고 보아야 하며, 한편 수요자를 기만할 염려가 있는 상표인지의 여부는 그 상표에 대한 등록사정시를 기준으로 판단하여야 한다.

[2] "HIBLOW"라는 상표가 부착된 '에어펌프'의 국내 판매 및 광고행위는 "도형+하이브로" 및 "HIBLOW"와 같이 구성된 상표들의 등록자가 위 상표권자의 대리인의 자격으로 한 것이므로 국내 거래계에서는 "HIBLOW"라는 상표가 그 상표가 부착된 에어펌프를 생산·공급한 상표권자들의 것으로 인식되었다고 본 사례.

【참조조문】

[1] 상표법 제7조 제1항 제11호[2] 상표법 제7조 제1항 제11호

【참조판례】

[1] 대법원 1993. 6. 22. 선고 92후2038 판결(공1993하, 2143)
대법원 1997. 3. 14. 선고 96후412 판결(공1997상, 1111)
대법원 1999. 2. 26. 선고 97후3975, 3982 판결(공1999상, 666)
대법원 1999. 9. 3. 선고 98후2870 판결(공1999하, 2094)
대법원 2000. 2. 8. 선고 99후2594 판결(공2000상, 591)
대법원 2000. 5. 30. 선고 98후843 판결(공2000하, 1566)
대법원 2001. 8. 21. 선고 2001후584 판결(공2001하, 2120)
대법원 2001. 9. 28. 선고 99후2655 판결(공2001하, 2388)

【전 문】

【원고,상고인】 노영식

【피고,피상고인】 가부시키 가이샤 테크노 다까스끼 외 1인(소송대리인 변리사 박사룡)

【원심 판결】 특허법원 2001. 5. 18. 선고 2000허5995, 6004(병합) 판결

【주 문】

상고를 기각한다. 상고비용은 원고가 부담한다.

【이 유】

상표법 제7조 제1항 제11호에서 규정하고 있는 '수요자를 기만할 염려가 있는 상표'라고 하기 위하여는 어떤 상표나 그 사용상품이 반드시 저명하여야 하는 것은 아니지만 적어도 국내의 일반거래에 있어서 수요자나 거래자에게 그 상표나 상품이라고 하면 특정인의 상표나 상품이라고 인식될 수 있을 정도로 알려져 있어야 하고, 이러한 경우 그 상표와 동일·유사한 상표가 그 사용 상품과 동일·유사한 지정상품에 사용되거나, 이에 못지 아니할 정도로 그 상표권자에 의하여 사용되는 것이라고 오인될 만한 특별한 사정이

있으면 일반수요자로 하여금 출처의 오인·혼동을 일으켜 수요자를 기만할 염려가 있다고 보아야 하며, 한편 수요자를 기만할 염려가 있는 상표인지의 여부는 그 상표에 대한 등록사정시를 기준으로 판단하여야 한다(대법원 1997. 3. 14. 선고 96후412 판결, 2001. 8. 21. 선고 2001후584 판결 등 참조).

원심이 같은 취지에서, "HIBLOW"라는 피고들의 상표가 부착된 제품의 국내 판매실적 및 그 광고 횟수와 내용, 일본국 회사인 피고 가부시키 가이샤 테크노 다까스끼 및 위 피고의 한국 내 자회사인 피고 주식회사 코리아 다까스끼와 원고 사이의 계속적인 거래관계 및 거래내용을 그 판시와 같이 인정한 다음, 피고들의 상표가 부착된 '에어펌프'의 국내 판매 및 광고행위는 원고가 피고들의 대리인의 자격으로 한 것이므로 국내 거래계에서는 "HIBLOW"라는 상표를 원고 자신의 것이 아니라 원고를 통하여 그 상표가 부착된 에어펌프를 생산·공급한 피고들의 것으로 인식되었고, 에어펌프의 수요범위가 특정의 산업분야에 비교적 제한되어 있어 "하이브로"와 같이 구성된 원고의 등록상표의 등록사정 당시인 1998. 9. 25.경은 물론이고 "HIBLOW"와 같이 구성된 원고의 등록상표의 등록사정 당시인 1997. 1. 29.경에도 이미 국내의 일반거래에 있어서 거래자나 소비자들에게는 "HIBLOW"라고 하면 피고들의 상표라고 인식될 수 있을 정도로 알려져 있었으며, 이 사건 등록상표들의 문자부분과 피고들의 상표가 호칭에서 유사하고, 이 사건 등록상표들의 지정상품 중 '공기펌프'는 피고들의 '에어펌프'와 동일하며 나머지 지정상품들은 모두 구 상표법시행규칙의 상품류 구분 제38류에 속하는 것으로서 그 용도와 판매자 및 수요자의 범위 등이 '에어펌프'와 중복되어 서로 유사하거나 경제적 견련성이 있으므로 이 사건 등록상표들이 그 지정상품에 사용될 경우에는 "HIBLOW"라는 상표의 권리자인 피고들과 어떠한 관련이 있는 것처럼 출처의 오인·혼동을 일으켜 수요자를 기만할 우려가 있고, 따라서 이 사건 등록상표들은 상표법 제7조 제1항 제11호에 의하여 그 등록이 무효로 되어야 한다는 취지로 판단한 것은 정당하고, 거기에 상고이유로 든 주장과 같은 잘못이 없다.

그러므로 상고를 기각하고, 상고비용은 패소자인 원고가 부담한다.

대법관 배기원(재판장) 서성(주심) 이용우 박재윤

93. 대법원 1995. 9.26. 선고 95후262 판결 【상표등록무효】

[공1995.11.1.(1003),3534]

【판시사항】

가. 구 상표법 제9조 제1항 제11호의 규정취지 및 적용대상

나. 구 상표법 제9조 제1항 제11호의 적용에 지정상품의 동일·유사성이 필요한지 여부

다. 못 케이스와 공구류인 렌치, 해머, 플라이어 등과의 상품 유사 여부

【판결요지】

가. 구 상표법(1990.1.13. 법률 제4210호로서 전문 개정되기 전의 것) 제9조 제1항 제11호에서 수요자를 기만할 염려가 있는 상표를 등록 받을 수 없다고 규정한 취지는 기존의 상표를 보호하기 위한 것이 아니라 이미 특정인의 상표라고 인식된 상표를 사용하는 상품의 품질, 출처 등에 관한 일반 수요자의 오인·혼동을 방지하여 이에 대한 신뢰를 보호하고자 함에 그 목적이 있으므로, 그 상품이나 상표가 반드시 주지·저명하여야 하는 것은 아니고 적어도 국내의 일반거래에 있어서 수요자나 거래자에게 그 상품이나 상표라고 하면 특정인의 상품이나 상표라고 인식될 수 있을 정도로 알려져 있다면 그 적용대상이 된다.

나. 특정상표가 주지·저명 상표라고는 할 수 없어도 적어도 국내의 일반 수요자들에게 특정인의 상표라고 인식될 수 있을 정도로 알려져 있어 구 상표법 제9조 제1항 제11호 후단의 적용대상이 되는 경우에도 이러한 상표와 동일·유사한 상표가 동일·유사한 지정상품에 사용되어질 경우에만 일반수요자로 하여금 상품 출처의 오인·혼동을 일으켜 수요자를 기만할 염려가 있다.

다. 등록상표의 지정상품인 못 케이스와 인용상표(1)의 지정상품인 렌치, 해머, 플라이어 등은 품질(성질)이나 형상은 다르다 할 것이나 용도에 있어서는 같은 공구류의 일종인 못을 담아 두는 못 케이스와 공구류인 렌치, 해머, 플라이어 등과는 전혀 다르다고 할 수 없고 특히 판매처 및 수요자 등 그 거래실태에 있어서 공통되는 부분이 많아 유사한 상품이라고 봄이 상당하고, 따라서 인용상표(1)과 유사한 등록상표가 그 지정상품이 유사한 못 케이스 등에 사용되어질 경우에는 일반 수요자로 하여금 그 출처의 오인·혼동을 일으켜 수요자를 기만할 염려가 있다.

【참조조문】

구 상표법(1990.1.13. 법률 제4210호로서 전문 개정되기 전의 것) 제9조 제1항 제11호(현행 제7조 제1항 제11호 참조)

【참조판례】

가.나. 대법원 1990.12.7. 선고 90후649 판결(공1991,480)
1991.1.11. 선고 90후311 판결(공1991,749)

가. 대법원 1992.7.28. 선고 92후278 판결(공1992,2670)
1993.2.9. 선고 92후674 판결(공1993하,978)
1994.5.13. 선고 93후1131 판결(공1994상,1702)

나. 대법원 1995.2.3. 선고 94후1527 판결(공1994상,1163)

1995.7.14. 선고 95후231 판결

【전 문】

【심판청구인, 피상고인】 가부시키가이샤 야마시다 고교켄큐쇼 소송대리인 변리사 김명신 외 1인

【피심판청구인, 상고인】 김성순 소송대리인 변리사 양재관

【원 심 결】 특허청 1995.1.28. 자 92항당244 심결

【주 문】

상고를 기각한다.

상고비용은 피심판청구인의 부담으로 한다.

【이 유】

상고이유를 본다.

1. 상고이유 제1점에 대하여

구 상표법(1990.1.13. 법률 제4210호로서 전문 개정되기 전의 것, 이하 같다) 제9조 제1항 제11호에서 수요자를 기만할 염려가 있는 상표를 등록 받을 수 없다고 규정한 취지는 기존의 상표를 보호하기 위한 것이 아니라 이미 특정인의 상표라고 인식된 상표를 사용하는 상품의 품질, 출처 등에 관한 일반 수요자의 오인, 혼동을 방지하여 이에 대한 신뢰를 보호하고자 함에 그 목적이 있다 할 것이므로, 그 상품이나 상표가 반드시 주지·저명하여야 하는 것은 아니고 적어도 국내의 일반거래에 있어서 수요자나 거래자에게 그 상품이나 상표라고 하면 특정인의 상품이나 상표라고 인식될 수 있을 정도로 알려져 있다면 그 적용대상이 된다고 할 것이다(당원 1990.12.7. 선고 90후649 판결; 1993.2.9. 선고 92후674 판결; 1994.5.13. 선고 93후1131 판결 등 참조).

원심결 이유에 의하면 원심은, 그 거시증거들에 의하여 심판청구인의 인용상표(1)이 일본을 비롯 외국 등에서 상당히 알려진 사실, 심판청구인은 1986.7.1. 일본국 다이세이산교 가부시키가이샤 및 1987.11.1. 삼진상사주식회사와 한국총대리점 계약을 체결하고 1987.2.9.부터 1991.9.18.까지 5년 사이에 롯데상사 등 5개사를 통하여 인용상표(1)이 부착된 소켓렌치 915,762개, 소켓셋트 9,107세트 시가 15억2천만 원 상당이 국내에 반입된 사실 등을 인정한 다음, 심판청구인의 인용상표(1)이 국내에서 주지·저명할 정도로 알려진 것이라고 보기는 어렵다 하더라도 적어도 국내의 일반수요자들에게 특정인의 상표라고 인식될 수 있을 정도로 알려져 있다고 판단하였는바, 관계 증거와 기록에 비추어 보면 원심의 위와 같은 인정, 판단은 정당하고, 거기에 소론과 같은 법리오해 등의 위법이 있다고 할 수 없다. 논지는 이유 없다.

2. 상고이유 제2점에 대하여

특정상표가 주지, 저명 상표라고는 할 수 없어도 적어도 국내의 일반수요자들에게 특정인의 상표라고 인식될 수 있을 정도로 알려져 있어 구 상표법 제9조 제1항 제11호 후단의 적용대상이 되는 경우에도 이러한 상표와 동일·유사한 상표가 동일·유사한 지정상품에 사용되어질 경우에만 위 규정에 의하여 일반수요자로 하여금 상품 출처의 오인, 혼동을 일으켜 수요자를 기만할 염려가 있다고 할 수 있다 할 것이다(당원 1991.12.24. 선고 91후462 판결, 1995.2.3. 선고 94후1527 판결; 1995.7.14. 선고 95후231 판결 등 참조).

기록에 의하면, 이 사건 등록상표의 지정상품인 못 케이스와 인용상표(1)의 지정상품인 렌치, 해머, 플라이어 등은 품질(성질)이나 형상은 다르다 할 것이나 용도에 있어서는 같은 공구류의 일종인 못을 담아 두는 못 케이스와 공구류인 렌치, 해머, 플라이어 등과는 전혀 다르다고 할 수 없고 특히 판매처 및 수요자 등 그 거래실태에 있어서 공통되는 부분이 많아 유사한 상품이라고 봄이 상당하고, 따라서 인용상표(1)과 유사한 이 사건 등록상표가 그 지정상품이 유사한 못케이스 등에 사용되어질 경우에는 일반수요자로 하여금 그 출처의 오인, 혼동을 일으켜 수요자를 기만할 염려가 있다고 할 것인바, 원심결이 그 이유설시에 있어 다소 미흡한 점은 있으나 이와 같은 취지에서 이 사건 등록상표가 구 상표법 제9조 제1항 제11호의 규정에 해당되어 무효라고 판단한 것은 결국 정당하다고 할 것이고, 거기에 소론과 같은 구 상표법 제9조 제1항 제11호에 관한 법리를 오해하였거나 심리를 다하지 아니한 위법이 있다고 할 수 없다. 논지도 이유 없다.

3. 그러므로 상고를 기각하고 상고비용은 패소자의 부담으로 하기로 관여 법관의 의견이 일치되어 주문과 같이 판결한다.

대법관 이돈희(재판장) 김석수(주심) 정귀호 이임수

94. 대법원 2005. 6. 9. 선고 2003후649 판결 【등록무효(상)】

[미간행]

【판시사항】

인용상표 "STARCRAFT"는 등록상표의 출원 당시 이미 국내의 일반 수요자들 사이에 저명한 상표로 인식되어 있었으며, 인용상표가 저명한 이상 등록상표의 출원·등록이 인용상표의 식별력을 약화시키는 결과를 가져오고, 그에 따라 등록상표에 상표법 제7조 제1항 제12호에 정한 등록무효 사유가 있다고 본 원심의 판단을 수긍한 사례

【참조조문】

[1] 상표법 제7조 제1항 제12호

【전 문】

【원고, 피상고인】 데이비드슨 앤드 어소시에이트스 인코포레이티드(소송대리인 변리사 송재련 외 2인)

【피고, 상고인】 동양제과 주식회사(소송대리인 변리사 서상욱 외 2인)

【원심 판결】 특허법원 2003. 2. 7. 선고 2002허1935 판결

【주 문】

상고를 기각한다. 상고비용은 피고가 부담한다.

【이 유】

1. 원심은 그 채용 증거들을 종합하여, 원고의 상표인 "STARCRAFT"는 원고가 'BLIZZARD ENTERTAINMENT'라는 가상상호 아래 개발하여 1998년 초 미국 시장에 처음 출시한 전략 시뮬레이션 컴퓨터게임 소프트웨어의 명칭임과 동시에 위 소프트웨어에 부착한 상표로서, 1998. 4. 주식회사 엘지소프트웨어가 원고의 상표가 부착된 위 소프트웨어(이하 '원고의 상표 제품'이라 한다)를 국내에 수입하여 배포하기 시작하였고, 1999. 1.부터는 주식회사 엘지소프트웨어에서 분가한 주식회사 한빛소프트가 원고의 상표 제품의 수입배포를 담당해 온 사실, 원고의 상표 제품은 학생 층 및 직장인들 사이에서 폭발적인 인기를 누려 출시된 지 40여 일만인 1998. 4. 말경 이미 기존 게임시장에서 흥행작으로 평가되는 분기점인 2만 개를 넘어서 4만 개가 판매되고, 이어서 1998. 5.까지 약 55만 개, 1999. 7.까지 약 90만 개가 판매되었으며, 위와 같은 정품 이외에도 그 수배에 달하는 불법복제품이 일반 수요자들에게 판매된 사실, 1998. 11. 말에는 전국에서 선발된 500여 명의 선수가 참여하는 두루넷배 스타크래프트 대회가, 1998. 12.에는 SBS배 스타크래프트 대회가 전국적 규모로 개최되었고, 전국의 피시방에서 개최하는 상금 수십만 원 대의 소규모 경영대회가 수시로 개최된 사실, 1999년경 이미 '스타크래프트 100배로 즐기기' 등 게임에 관한 서적과 '스타크래프트 챔피온쉽' 등 비디오가 출시되고, 월 평균 30만 부 이상 발행되는 게임관련 잡지에도 스타크래프트 게임이 자주 소개되었으며, 원고의 상표를 이용한 티셔츠, 단추, 스티커 등 캐릭터 시장이 활성화되었고, 나아가 인터넷게임 교육원 등 스타크래프트 게임방법 등을 강의하는 학원이 등장하고, 컴퓨터 게임과 관련된 학과가 4년제 대학 1개 및 2년제 대학 2개에 개설되기에 이른 사실, 그런데 피고는 1999. 2. 25. 지정상품을 '건과자, 비스켓, 비의료용추잉검, 캔디, 아이스크림, 초콜릿, 식빵, 떡, 곡물소시지, 과자용향미료'로 하여 '오리온 스타크래프트'와 'ORINN STARCRAFT'가 2단으로 병기된 이 사건 상표를 출원하여 2000. 2. 24. 등록된 사실 등 판시와 같은 사실을 인정하였다.

원심은 나아가, 원고의 상표 제품이 국내에 출시된 시점부터 이 사건 등록상표의 출원일

까지가 단기간이라는 점은 있으나, 짧은 시간에 이루어진 원고의 상표 제품의 판매 경위와 규모, 원고의 상표 제품의 이용자 층의 특성과 규모, 원고의 상표 제품이 가져온 사회·경제적 및 문화적 파급효과의 성격과 그 범위 등을 종합적으로 고려할 때, 원고의 상표는 이 사건 등록상표의 출원일인 1999. 2. 25.경 이미 컴퓨터게임 소프트웨어의 거래자나 일반 소비자들 사이에서 현저하게 알려진 저명상표라고 봄이 상당하고, 이 사건 등록상표와 원고의 상표는 전체적, 객관적, 이격적으로 관찰할 때 서로 유사한 상표에 해당하며, 한편 원고의 상표의 각 구성 요소인 'STAR'와 'CRAFT'는 사전상의 단어로서 빈번하게 쓰이는 용어이기는 하나 그 조합으로서의 'STARCRAFT'는 하나의 조어로서 거래계에서 그 사용례를 쉽게 찾아볼 수 없으므로, 이 사건 등록상표의 표장은 원고의 상표를 모방한 것으로 추정되며, 원고의 상표와 유사한 이 사건 등록상표를 지정상품 중 어느 것에 사용하더라도 이는 저명상표로서의 원고의 상표가 가지는 양질감 등의 가치를 희석화하는 것이므로, 피고는 결국 저명상표인 원고의 상표를 모방하여 원고의 상표가 가지는 양질의 이미지나 고객흡인력에 편승하여 부당한 이익을 얻거나 원고의 상표의 가치를 희석화하여 그 상표권자인 원고에게 손해를 가할 목적으로 이 사건 등록상표를 출원·등록하여 사용하는 것이라고 보아야 할 것이어서, 이 사건 등록상표에 상표법 제7조 제1항 제12호가 정한 등록무효사유가 있다고 판단하였다.

2. 관계 법리와 기록에 비추어 살펴보면, 원심이 과자류와 컴퓨터프로그램의 수요자 층의 공유만을 들어 양 상품의 견련관계를 인정한 것은 적절하다고 할 수 없으나, 원고의 상표가 이 사건 등록상표의 출원 당시 이미 국내의 일반 수요자들 사이에 저명한 상표로 인식되어 있었으며, 원고의 상표가 저명한 이상 이 사건 등록상표의 출원, 등록이 원고의 상표의 식별력을 약화시키는 결과를 가져오고, 그에 따라 이 사건 등록상표에 상표법 제7조 제1항 제12호 소정의 등록무효 사유가 있다고 본 원심의 사실인정과 판단은 옳은 것으로 수긍이 가고, 거기에 상고이유에서 주장하는 바와 같은 채증법칙 위반이나 심리미진 또는 상표법 제7조 제1항 제12호에 관한 법리 오해 등의 위법이 있다고 할 수 없다.

3. 그러므로 상고를 기각하고, 상고비용은 패소자가 부담하도록 하여 관여 법관의 일치된 의견으로 주문과 같이 판결한다.

대법관 김영란(재판장) 강신욱 고현철(주심)

95. 대법원 2009. 2. 12. 선고 2008후4448 판결 【등록무효(상)】

[미간행]

【판시사항】

선사용서비스표 "MIAAGE"가 등록서비스표 "미라지"의 출원일 당시 미국에서 주지·저명하여 구 상표법 제7조 제1항 제12호에 정한 '특정인의 상표라고 현저하게 인식되어 있는 상표'에 해당한다고 한 사례

【참조조문】

구 상표법(2007. 1. 3. 법률 제8190호로 개정되기 전의 것) 제7조 제1항 제12호

【참조판례】

대법원 2008. 9. 25. 선고 2008후1586 판결

대법원 2008. 11. 27. 선고 2008후3124 판결

【전 문】

【원고, 상고인】 원고(소송대리인 법무법인 중앙 담당변호사 김인중)

【피고, 피상고인】 피고(소송대리인 변리사 강경찬외 1인)

【원심 판결】 특허법원 2008. 10. 8. 선고 2008허1739 판결

【주 문】

원심 판결을 파기하고, 사건을 특허법원으로 환송한다.

【이 유】

상고이유를 판단한다.

기록에 비추어 살펴보면, 원고는 이 사건 선사용서비스표를 미국 네바다주 라스베가스의 중심가인 스트립가에 "MIAAGE" 호텔을 설립할 때인 1989년경부터 사용한 점, 위 라스베가스는 연간 관광객 4,000만 명이 다녀가는 카지노의 도시로 알려져 있고 이 사건 선사용서비스표를 사용하는 위 호텔은 이 사건 등록서비스표(등록번호 제96401호)의 출원일(2002. 12. 9.) 당시 3,044개의 객실을 구비한 최고급 카지노 및 휴양호텔인 점, 이 사건 선사용서비스표는 2000. 10. 3. 미국의 네바다주 연방지방법원으로부터 '유명한 서비스표(famous mark)'로 인정받고 그와 같은 상태가 이 사건 등록서비스표의 출원일 전·후까지 계속 유지되고 있었던 점 등을 알 수 있다.

먼저, 이 사건 등록서비스표가 출원일 당시 미국의 일반 수요자 사이에 특정인의 서비스업을 표시하는 것이라고 현저하게 인식되어 있는가에 관하여 살펴본다.

이 사건 선사용서비스표가 적어도 2000년부터는 유명한 표장이라고 인정하고 있는 미국 법원의 위 판단은 미국의 일반 수요자나 거래자들의 인식을 가장 객관적으로 반영하고 있다고 보이고, 이 사건에서 미국 법원의 위와 같은 판단과 반대되거나 그와 같은 판단을 그대로 채용하기 어렵다고 인정할 증거가 제출되어 있는 것도 아니며, 원고가 이

사건 등록서비스표의 출원일 당시까지 이 사건 선사용서비스표를 사용하는 위 호텔을 10여 년간에 걸쳐 유지하고 확대하면서 운영하여 온 실정에 비추어 보면, 이 사건 선사용서비스표가 사용된 서비스업의 매출액, 광고비 지출액 등의 사용실적에 대한 구체적인 내용을 확인할 자료가 부족하다고 하여 미국 법원의 위와 같은 판단을 가볍게 배척할 것이 아니므로, 이 사건 선사용서비스표는 이 사건 등록서비스표의 출원일 당시 미국의 일반 수요자나 거래자들 사이에 특정인의 서비스업을 표시하는 것이라고 현저하게 인식되어 있는 표장에 해당된다고 보는 것이 옳다.

다음으로, 이 사건 등록서비스표가 부당한 이익을 얻으려 하거나 타인에게 손해를 가하려고 하는 등 부정한 목적을 가지고 사용하는 표장에 해당되는가에 관하여 살펴본다. 이 사건 등록서비스표는 출원일 당시 미국의 일반 수요자나 거래자들에게 특정인의 서비스업을 표시하는 것이라고 현저하게 인식되어 있는 이 사건 선사용서비스표와 표장 및 지정(사용)서비스업이 서로 동일하거나 유사하므로, 피고에게는 이 사건 선사용서비스표가 가지는 양질의 이미지나 고객흡인력에 편승하여 부당한 이익을 얻거나 위 표장의 가치를 희석화하여 원고에게 손해를 입히려고 하는 등의 부정한 목적이 있었다고 보는 것이 옳다.

그럼에도 이와 달리 판단한 원심에는 구 상표법(2007. 1. 3. 법률 제8190호로 개정되기 전의 것) 제7조 제1항 제12호에 관한 법리오해 및 심리미진으로 판결에 영향을 미친 위법이 있으므로 이 점을 지적하는 상고이유에서의 주장은 이유 있다.

그러므로 원심 판결을 파기하고, 사건을 다시 심리·판단하게 하기 위하여 원심법원으로 환송하기로 하여 관여 대법관의 일치된 의견으로 주문과 같이 판결한다.

대법관 박일환(재판장) 양승태(주심) 박시환 김능환

96. 대법원 2006. 7. 13. 선고 2005후70 판결【등록무효(상)】

[미간행]

【판시사항】

[1] 등록상표가 상표법 제7조 제1항 제11호, 제12호에 해당하기 위한 요건 및 그 판단 기준

[2] 상표법 제7조 제1항 제4호의 '공공의 질서 또는 선량한 풍속을 문란하게 할 염려가 있는 상표'의 의미

[3] 상표의 출원·등록이 상표법 제7조 제1항 제4호에 해당하기 위한 요건 및 주지·저명하지 않은 타인의 상표를 모방한 상표의 등록·사용이 위 규정에 해당하는지 여부(소극)

[4] 비교대상상표가 부착된 원료 등을 수입한 경험이 있는 사람이 국내에 그 원료 등의

완제품에 대하여 비교대상상표의 상표등록이 없음을 알고서 나중에 비교대상상표의 사용상품을 원료로 한 제품 등이 국내에 수입·판매될 것을 예상하고 비교대상상표와 유사한 등록상표를 출원·등록받은 후, 비교대상상표의 양수인에게 위 원료의 국내독점판매권의 부여 또는 등록상표에 대한 사용대가의 지급을 요구하였다고 하여 위 등록상표가 상표법 제7조 제1항 제4호에 해당한다고는 할 수 없다고 본 사례

【참조조문】

[1] 상표법 제7조 제1항 제11호, 제12호 [2] 상표법 제7조 제1항 제4호 [3] 상표법 제7조 제1항 제4호 [4] 상표법 제7조 제1항 제4호

【참조판례】

[1][2][3] 대법원 1997. 10. 14. 선고 96후2296 판결(공1997하, 3467)

대법원 2004. 5. 14. 선고 2002후1362 판결(공2004하, 1873)

[1][2] 대법원 1999. 12. 24. 선고 97후3623 판결(공2000상, 309)

[1] 대법원 1991. 2. 26. 선고 90후1413 판결(공1991, 1091)

대법원 2003. 4. 8. 선고 2001후1884, 1891 판결(공2003상, 1108)

대법원 2006. 4. 14. 선고 2004후592 판결

대법원 2006. 6. 9. 선고 2004후3348 판결(공2006하, 1283)

[2][3] 대법원 2000. 4. 21. 선고 97후860, 877, 884 판결(공2000상, 1293)

대법원 2006. 2. 24. 선고 2004후1267 판결(공2006상, 535)

【전 문】

【원고, 상고인】 노블 화이버 테크놀로지스 인코포레이티드(소송대리인 변리사 서만규외 2인)

【피고, 피상고인】 김춘희(소송대리인 변리사 임승택)

【원심 판결】 특허법원 2004. 12. 3. 선고 2004허3959 판결

【주 문】

상고를 기각한다. 상고비용은 원고가 부담한다.

【이 유】

1. 상표법 제7조 제1항 제11호, 제12호에 관한 상고이유에 대하여

등록무효 심판청구의 대상이 된 등록상표가 상표법 제7조 제1항 제11호에서 규정하고 있는 '수요자를 기만할 염려가 있는 상표'에 해당하기 위해서는 그 등록상표나 지정상품과 대비되는 타인의 상표나 그 사용상품이 등록상표의 등록결정 당시에 적어도 국내의 일반거래에 있어서 수요자에게 그 상표나 상품이라고 하면 곧 특정인의 상표나 상품이라고 인식될 수 있을 정도로는 알려져 있어야 하고(대법원 2003. 4. 8. 선고 2001후1884,

1891 판결 참조), 같은 항 제12호에 해당하기 위해서는 등록상표와 대비되는 타인의 상표가 등록상표의 출원 당시에 국내 또는 외국의 수요자 간에 특정인의 상품을 표시하는 것이라고 현저하게 인식되어 있어야 하며(대법원 2004. 5. 14. 선고 2002후1362 판결 참조), 여기에 해당하는지 여부는 타인의 상표의 사용기간·방법·태양 및 이용범위 등과 거래실정 또는 사회통념상 객관적으로 널리 알려졌느냐의 여부 등을 기준으로 판단하여야 할 것이다(대법원 1991. 2. 26. 선고 90후1413 판결 참조).

위 법리와 기록에 비추어 살펴보면, 원심이 그 판시와 같은 사정을 들어 '허리벨트, 실버이불' 등을 지정상품으로 하고 "X-static Silver"로 구성된 이 사건 등록상표(등록번호 제517302호)와 대비되는 '합성섬유사' 등을 사용상품으로 하고 "X-static"으로 구성된 비교대상상표는 이 사건 등록상표의 출원 또는 등록결정 당시에 외국의 수요자들 사이에 특정인의 상품을 표시하는 표지로서 현저하게 인식되어 있다거나 국내의 수요자들 사이에 특정인의 상품을 표시하는 표지로서 알려져 있다고 보기 어렵다는 이유로, 이 사건 등록상표는 상표법 제7조 제1항 제11호, 제12호의 등록무효사유에 해당하지 아니한다고 판단하였음은 옳은 것으로 수긍이 가고, 거기에 상고이유에서 주장하는 바와 같은 법리오해, 심리미진, 채증법칙 위배 등의 위법이 있다고 할 수 없다.

2. 상표법 제7조 제1항 제4호에 관한 상고이유에 대하여

상표법 제7조 제1항 제4호에서 규정한 '공공의 질서 또는 선량한 풍속을 문란하게 할 염려가 있는 상표'라 함은 상표의 구성 자체 또는 그 상표가 지정상품에 사용되는 경우 수요자에게 주는 의미나 내용이 사회공공의 질서에 위반하거나 사회 일반인의 통상적인 도덕관념인 선량한 풍속에 반하는 경우를 말하는바(대법원 1997. 10. 14. 선고 96후2296 판결 참조), 위 규정이 상표 자체의 성질에 착안한 규정인 점, 상표법의 목적에 반한다고 여겨지는 상표에 대하여는 상표법 제7조 제1항 각 호에 개별적으로 부등록사유가 규정되어 있는 점, 상표법이 상표선택의 자유를 전제로 하여 선출원인에게 등록을 인정하는 선원주의의 원칙을 채택하고 있는 점 등을 고려하여 보면, 상표의 구성 자체가 공공의 질서 또는 선량한 풍속에 반하는 경우가 아닌 상표의 출원·등록이 위 규정에 해당하기 위해서는 상표의 출원·등록과정에 사회적 타당성이 현저히 결여되어 그 등록을 인정하는 것이 상표법의 질서에 반하는 것으로서 도저히 용인할 수 없다고 보이는 경우에 한하고, 고의로 저명한 타인의 상표·서비스표나 상호 등의 명성에 편승하기 위하여 무단으로 타인의 표장을 모방한 상표를 등록 사용하는 것이 아닌 이상, 주지·저명하지 아니한 타인의 상표를 모방하여 출원·등록한다거나 또는 상표를 등록하여 사용하는 행위가 특정 당사자 사이에 이루어진 계약을 위반하거나 특정인에 대한 관계에서 신의성실의 원

칙에 위배된 것으로 보인다고 하더라도 그러한 사정만을 들어 곧바로 위 규정에 해당한다고 할 수 없다(대법원 2006. 2. 24. 선고 2004후1267 판결 참조).

위 법리와 기록에 비추어 살펴보면, 이 사건 등록상표의 구성 자체 또는 그 상표가 지정상품에 사용되는 경우 수요자에게 주는 의미나 내용이 공공의 질서 또는 선량한 풍속에 위반된다고 볼 수 없는 이 사건에서, 원심이 비교대상상표는 외국의 수요자들 사이에 특정인의 상품을 표시하는 표지로서 현저하게 인식되어 있다거나 국내의 수요자들 사이에 특정인의 상품을 표시하는 표지로서 알려져 있다고 보기 어렵다고 판단하고, 나아가 소우코이트인더스트리스인코포레이티드(이하 '소우코이트사'라 한다)의 '섬유사'에 관한 동남아독점판매권자인 일본의 미쓰후지사로부터 소우코이트사의 비교대상상표가 부착된 상품을 수입한 바 있던 마길남이 비교대상상표의 표장과 유사한 표장에 관하여 '섬유사' 등에 대하여만 상표권설정등록이 되어 있고 의류 등에 대하여는 국내에 상표등록이 되어 있지 않음을 알고 장차 비교대상상표의 사용상품을 원료로 하여 만든 제품 등이 국내에 수입·판매될 것을 예상하고 이 사건 등록상표를 출원·등록받은 후, 원고와 소우코이트사 사이에 비교대상상표에 대한 양도계약 및 섬유사에 관한 개발·판매 라이선스 계약이 체결됨에 따라 원고와 국내 판매계약을 체결하지 않고서는 더 이상 비교대상상표가 부착된 상품을 수입·판매하지 못하게 되자, 그 처인 피고에게 이 사건 등록상표를 이전하고 실질적으로 권리자로 행세하며 원고에 대하여 '소우코이트사의 섬유사 국내독점판매권'을 부여해 주든지 아니면 이 사건 등록상표의 사용대가를 지급해 줄 것을 요구하였다는 등의 사정만으로는 이 사건 등록상표가 상표법 제7조 제1항 제4호의 등록무효사유에 해당한다고 할 수 없다는 취지로 판단하였음은 옳은 것으로 수긍이 가고, 거기에 상고이유에서 주장하는 바와 같은 법리오해, 심리미진 등의 위법이 있다고 할 수 없다.

3. 결 론

그러므로 상고를 기각하고, 상고비용은 패소자가 부담하도록 하여 관여 법관의 일치된 의견으로 주문과 같이 판결한다.

대법관 양승태(재판장) 고현철(주심) 김지형

97. 대법원 2010. 7. 15. 선고 2010후807 판결 【등록무효(상)】

[공2010하,1597]

【판시사항】

[1] 구 상표법 제7조 제1항 제12호에서 정한 '부정한 목적을 가지고 사용하는 상표'에 해당하기 위한 요건 및 그 판단 시기(=등록상표 출원시)

[2] 등록상표 "BUTTERFLY 버터플라이"의 출원인이, 선사용상표들인 "Butterfly TAMASU TOKYO" 및 "Butterfly"를 모방하여 부정한 목적을 가지고 사용하기 위하여 위 등록상표를 출원하였다고 한 사례

【판결요지】

[1] 구 상표법(2007. 1. 3. 법률 제8190호로 개정되기 전의 것) 제7조 제1항 제12호는 국내 또는 외국의 수요자 간에 특정인의 상표라고 현저하게 인식되어 있는 이른바 주지상표가 국내에서 등록되어 있지 않음을 기화로 제3자가 이를 모방한 상표를 등록하여 사용함으로써 주지상표에 화체된 영업상의 신용이나 고객흡인력 등의 무형의 가치에 손상을 입히거나 주지상표권자의 국내에서의 영업을 방해하는 등의 방법으로 주지상표권자에게 손해를 가하거나 이러한 모방상표를 이용하여 부당한 이익을 얻을 목적으로 사용하는 상표는 그 등록을 허용하지 않는다는 취지이다. 따라서 위 규정에 해당하기 위하여는 상표출원인이 특정인의 주지상표와 동일 또는 유사한 상표를 부정한 목적을 가지고 사용하여야 하는바, 특정인의 상표가 주지상표에 해당하는지 여부는 그 상표의 사용기간, 방법, 태양 및 이용범위 등과 거래실정 또는 사회통념상 객관적으로 널리 알려졌느냐의 여부 등이 기준이 되며, 부정한 목적이 있는지 여부는 특정인의 상표의 주지·저명 또는 창작성의 정도, 특정인의 상표와 출원인의 상표의 동일·유사성의 정도, 출원인과 특정인 사이의 상표를 둘러싼 교섭의 유무와 그 내용, 기타 양 당사자의 관계, 출원인이 등록상표를 이용한 사업을 구체적으로 준비하였는지 여부, 상품의 동일·유사성 내지는 경제적 견련관계 유무, 거래 실정 등을 종합적으로 고려하여야 하며, 위 규정에 해당하는지 여부는 등록상표의 출원 당시를 기준으로 판단하여야 한다.

[2] 등록상표인 "BUTTERFLY 버터플라이"와 선사용상표들인 "Butterfly TAMASU TOKYO" 및 "Butterfly"의 유사 정도, 위 선사용상표들의 주지 정도, 등록상표의 지정상품들과 선사용상표들의 사용상품들 사이의 경제적 견련관계, 상표분쟁의 경과 등을 종합적으로 고려하여 보면, 위 등록상표의 출원인은 선사용상표들을 모방하여 선사용상표들에 축적된 양질의 이미지나 선사용상표들이 갖는 고객흡인력에 편승하여 부당한 이익을 얻으려 하거나 선사용상표들의 사용자에게 손해를 가하려고 하는

등 부정한 목적을 가지고 사용하기 위하여 위 등록상표를 출원하였다고 한 사례.

【참조조문】

[1] 구 상표법(2007. 1. 3. 법률 제8190호로 개정되기 전의 것) 제7조 제1항 제12호 [2] 구 상표법(2007. 1. 3. 법률 제8190호로 개정되기 전의 것) 제7조 제1항 제12호

【참조판례】

[1] 대법원 2005. 4. 14. 선고 2004후3379 판결

【전 문】

【원고, 피상고인】 원고(소송대리인 변리사 김중효외 2인)

【피고, 상고인】 가부시키가이샤 다마스(소송대리인 특허법인 아주양헌 담당변리사 정은섭외 2인)

【원심 판결】 특허법원 2010. 1. 27. 선고 2009허3602 판결

【주 문】

원심 판결 중 피고 패소 부분을 파기하고, 이 부분 사건을 특허법원에 환송한다.

【이 유】

상고이유를 판단한다.

1. 구 상표법(2007. 1. 3. 법률 제8190호로 개정되기 전의 것, 이하 같다) 제7조 제1항 제12호는 국내 또는 외국의 수요자 간에 특정인의 상표라고 현저하게 인식되어 있는 이른바 주지상표가 국내에서 등록되어 있지 않음을 기화로 제3자가 이를 모방한 상표를 등록하여 사용함으로써 주지상표에 화체된 영업상의 신용이나 고객흡인력 등의 무형의 가치에 손상을 입히거나 주지상표권자의 국내에서의 영업을 방해하는 등의 방법으로 주지상표권자에게 손해를 가하거나 이러한 모방상표를 이용하여 부당한 이익을 얻을 목적으로 사용하는 상표는 그 등록을 허용하지 않는다는 취지이다. 따라서 위 규정에 해당하기 위하여는 상표 출원인이 특정인의 주지상표와 동일 또는 유사한 상표를 부정한 목적을 가지고 사용하여야 하는바, 특정인의 상표가 주지상표에 해당하는지 여부는 그 상표의 사용기간, 방법, 태양 및 이용범위 등과 거래실정 또는 사회통념상 객관적으로 널리 알려졌느냐의 여부 등이 기준이 되며, 부정한 목적이 있는지 여부는 특정인의 상표의 주지·저명 또는 창작성의 정도, 특정인의 상표와 출원인의 상표의 동일·유사성의 정도, 출원인과 특정인 사이의 상표를 둘러싼 교섭의 유무와 그 내용, 기타 양 당사자의 관계, 출원인이 등록상표를 이용한 사업을 구체적으로 준비하였는지 여부, 상품의 동일·유사성 내지는 경제적 견련관계 유무, 거래 실정 등을 종합적으로 고려하여야 하며, 위 규정에 해당하는지 여부는 등록상표의 출원 당시를 기준으로 판단하여야 한다(대법원 2005.

4. 14. 선고 2004후3379 판결 등 참조).

2. 원심은 채용 증거를 종합하여 그 판시와 같은 사실을 인정한 다음, 피고의 상표 "Butterfly TAMASU TOKYO" 및 "Butterfly"(이하 '선사용상표들'이라 한다)는 이 사건 등록상표(등록번호 691722호) "BUTTERFLY 버터플라이"의 출원일인 2005. 8. 4. 무렵 일본의 일반 수요자나 거래자들 사이에서 적어도 탁구용품에 관하여는 특정인의 상표라고 현저하게 인식되었다고 할 것이고, 이들 상표는 전체적으로 유사한 상표에 해당하지만, 이 사건 등록상표의 지정상품들 중 "골프화, 농구화, 등산화, 럭비화, 복싱화, 야구화, 운동화, 육상경기용화, 체조화, 축구화, 하키화, 핸드볼화, 승마바지, 승마화, 수영모자, 수영복, 수영팬츠, 스포츠셔츠, 운동용 유니폼, 트랙슈트, 각반, 운동용 스타킹"을 제외한 나머지 "단화, 부츠, 샌달, 스키화, 반바지, 잠바, T셔츠, 양말, 모자" 등 179종의 지정상품들(이하 '이 사건 지정상품들'이라 한다)의 경우에는 원고가 부정한 목적을 가지고 사용하기 위하여 출원하였다고 볼 수 없으므로, 구 상표법 제7조 제1항 제12호에 해당하지 않는다는 취지로 판단하였다.

3. 이와 같은 원심의 판단을 앞서 본 법리와 기록에 비추어 살펴본다.
원심이 적법하게 인정한 사실들에 의하면, 1950. 12. 일본에서 설립된 피고의 선사용상표들은 이 사건 등록상표의 출원일인 2005. 8. 4. 당시 일본에서 '탁구라켓, 탁구러버 등의 탁구용품' 이외에도 '탁구화, 탁구복, 양말 등의 탁구 관련 액세서리 제품'에 관하여 수요자 간에 피고의 상표라고 현저하게 인식되어 있는 주지상표임을 인정할 수 있다. 그리고 이 사건 등록상표와 선사용상표들은 공통적으로 '나비'의 뜻을 가진 영어단어 'Butterfly'를 그 요부로 하고 있으므로 서로 유사하고, 이 사건 지정상품들은 선사용상표들의 사용상품들과 같이 운동용으로 사용될 수 있는 것들이거나 신발류 또는 의류의 일종으로서 서로 경제적 견련관계도 있다고 할 것이다. 또한 원고는 1989. 11. 10.경 '버터플라이스포츠'라는 상호로 사업자등록을 마친 후 운동복 등을 생산·판매하기 시작하였는데, 1992년경부터 지정상품들을 신발류나 의류(주로 운동용)로 하여 선사용상표들과 문자 및 도형의 형태까지 거의 동일하거나 유사한 상표들을 우리나라에서 다수 출원하여 이 사건 등록상표의 출원 당시까지 피고와 사이에 여러 차례 상표분쟁이 있었고, 그 대부분은 선사용상표들을 비롯한 피고의 상표들과의 관계에서 '수요자를 기만할 염려가 있는 상표'에 해당한다는 이유로 상표등록이 거절되거나 등록무효가 되었으므로,

원고는 이 사건 등록상표의 출원 당시 선사용상표들의 존재를 충분히 인식하고 있었다고 할 것이다.

위에서 본 바와 같은 선사용상표들의 주지 정도, 이 사건 등록상표와 선사용상표들의 유사 정도, 이 사건 지정상품들과 선사용상표들의 사용상품들 사이의 경제적 견련관계, 원·피고 사이의 상표분쟁의 경과 등을 종합적으로 고려하여 보면, 원고는 일본 내의 주지상표인 선사용상표들을 모방하여 선사용상표들에 축적된 양질의 이미지나 선사용상표들이 갖는 고객흡인력에 편승하여 부당한 이익을 얻으려 하거나 선사용상표들의 사용자인 피고에게 손해를 가하려고 하는 등 부정한 목적을 가지고 사용하기 위하여 이 사건 지정상품들을 그 지정상품들 중 일부로 포함하여 이 사건 등록상표를 출원하였다고 할 것이다.

그런데도 원심은 앞서 본 바와 같이 이 사건 지정상품들에 관한 부분은 원고가 부정한 목적을 가지고 사용하기 위하여 출원한 것으로 인정되지 않는다고 하여 구 상표법 제7조 제1항 제12호에 해당하지 않는다고 판단하였으니, 이러한 원심 판결에는 위 규정의 '부정한 목적'에 관한 법리를 오해하여 판결에 영향을 미친 위법이 있다. 이 점을 지적하는 상고이유의 주장은 이유 있다.

4. 그러므로 원심 판결 중 피고 패소 부분을 파기하고, 이 부분 사건을 다시 심리·판단하도록 원심법원에 환송하기로 관여 대법관의 의견이 일치되어 주문과 같이 판결한다.

대법관 신영철(재판장) 박시환 안대희(주심) 차한성

98. 대법원 2006. 4. 14. 선고 2004후592 판결 【등록무효(상)】

[미간행]

【판시사항】

[1] 상표법 제7조 제1항 제4호에서 규정한 '공공의 질서 또는 선량한 풍속을 문란하게 할 염려가 있는' 상표의 의미

[2] 상표법 제7조 제1항 제9호 또는 제10호에 해당하기 위한 요건

[3] 상표법 제7조 제1항 제11호에 정한 '상품의 품질을 오인하게 할 염려가 있는 상표'의 의미 및 '수요자를 기만할 염려가 있는 상표'라고 하기 위한 요건

[4] 상표법 제7조 제1항 제12호에 해당하기 위한 요건

【참조조문】

[1] 상표법 제7조 제1항 제4호 [2] 상표법 제7조 제1항 제9호, 제10호 [3] 상표법 제7조 제1항 제11호 [4] 상표법 제7조 제1항 제12호

【참조판례】

[1] 대법원 1999. 12. 24. 선고 97후3623 판결(공2000상, 309)
대법원 2006. 2. 24. 선고 2004후1267 판결(공2006상, 535)
[3] 대법원 2000. 10. 13. 선고 99후628 판결(공2000하, 2358)
대법원 2004. 3. 11. 선고 2001후3187 판결(공2004상, 656)
[4] 대법원 2005. 4. 14. 선고 2004후3379 판결
대법원 2004. 5. 14. 선고 2002후1362 판결(공2004하, 1873)

【전 문】

【원고, 상고인】 원고(소송대리인 변리사 이인주)

【피고, 피상고인】 피고

【원심 판결】 특허법원 2004. 1. 29. 선고 2003허3754 판결

【주 문】

상고를 기각한다. 상고비용은 원고가 부담한다.

【이 유】

상고이유를 판단한다.

1. 상표법 제7조 제1항 제4호에서 규정한 '공공의 질서 또는 선량한 풍속을 문란하게 할 염려가 있는 상표'에 해당하기 위해서는 고의로 저명한 타인의 상표 또는 서비스표나 상호 등의 명성에 편승하기 위하여 무단으로 타인의 표장을 모방한 상표를 등록 사용하는 것처럼 그 상표를 등록하여 사용하는 행위가 일반적으로 공정한 상품유통질서나 국제적 신의와 상도덕 등 선량한 풍속에 위배되어야 하므로, 상표를 등록 사용하는 행위가 특정한 당사자 사이에 이루어진 계약을 위반하거나 특정인에 대한 관계에서 신의성실의 원칙에 위배된 것으로 보인다고 하더라도 그러한 사정만을 들어 곧바로 위법조항 소정의 '공공의 질서 또는 선량한 풍속을 문란하게 할 염려가 있는 상표'에 해당한다고 할 수 없다(대법원 1986. 11. 25. 선고 85후13 판결, 2006. 2. 24. 선고 2004후1267 판결 등 참조). 그리고 어떤 상표가 상표법 제7조 제1항 제9호 또는 제10호에 해당하려면 타인의 상표가 국내에서 주지 또는 저명하여야 하고, 같은 항 제11호에서 규정하고 있는 '상품의 품질을 오인하게 할 염려가 있는 상표'란 그 상표의 구성 자체가 그 지정상품이 본래적으로 가지고 있는 성질과 다른 성질을 갖는 것으로 수요자를 오인하게 할 염려가 있는 상표를 말하고(대법원 2000. 10. 13. 선고 99후628 판결 참조), '수요자를 기만할 염려가 있는 상표'라고 하기 위해서는 타인의 상표나 그 사용상품이 반드시 주지·저명하여야 하는 것은 아니지만 적어도 국내의 일반거래에 있어서 수요자나 거래자에게 그 상표나 상품이라고

하면 특정인의 상표나 상품이라고 인식될 수 있을 정도로 알려져 있어야 하며(대법원 2004. 3. 11. 선고 2001후3187 판결 참조), 같은 항 제12호에 해당하기 위해서는 타인의 상표가 국내 또는 외국에서 주지·저명하여야 할 뿐만 아니라 상표 출원인이 부당한 이익을 얻으려 하거나 타인에게 손해를 가하려고 하는 등 부정한 목적을 가지고 사용하는 상표라야 한다.

2. 위 법리와 기록에 비추어 살펴보면, 지정상품을 '금속제밸브' 등으로 하고 "DIL"로 구성된 피고의 이 사건 등록상표(등록번호 제536909호)는 원고가 '밸브' 등의 상품에 종전부터 사용하여 온 상표와 동일·유사하지만, 원고 제출의 증거자료만으로는 원고의 사용상표는 이 사건 등록상표의 출원 또는 등록결정 당시에 국내 또는 외국의 수요자나 거래자 사이에서 그 사용상품과 관련하여 주지·저명하다거나 적어도 특정인의 상표라고 인식될 정도에 이른 상표로 볼 수 없고, 이 사건 등록상표가 그 지정상품과 관련하여 품질을 오인하게 할 염려가 있는 상표로 보기도 어렵다 할 것이며, 이 사건 등록상표의 출원·등록과정에 사회적 타당성이 현저히 결여되어 그 등록을 인정하는 것이 상표법의 질서에 반하는 것으로서 도저히 용인할 수 없다고 보이지 아니하는 이 사건에 있어서, 비록 원고의 동생으로서 원고 운영의 대일산업사에서 근무하여 온 피고가 원고의 사용상표를 모방하여 출원·등록받았다거나 피고가 원고의 영업을 방해함으로써 원고가 손해를 입었다 하더라도 이는 원고에 대한 관계에서 신의칙에 위반되거나 민법상의 불법행위가 성립되는 것으로 볼 여지가 있을 뿐, 이러한 사정만으로 이 사건 등록상표가 곧바로 '공공의 질서 또는 선량한 풍속을 문란하게 할 염려가 있는 상표'에 해당한다고 단정할 수 없다.

따라서 원심이 이와 같은 취지에서 이 사건 등록상표는 상표법 제7조 제1항 제4호, 제9호 내지 제12호에 해당하지 아니한다고 판단하였음은 정당한 것으로 수긍이 가고, 거기에 상고이유에서 주장하는 바와 같은 심리미진, 법리오해, 판단누락, 채증법칙 위배로 인한 사실오인 등의 위법이 없다.

3. 결 론

그러므로 상고를 기각하고, 상고비용은 패소자가 부담하는 것으로 하여 관여 대법관의 일치된 의견으로 주문과 같이 판결한다.

대법관 손지열(재판장) 이강국 김용담 박시환(주심)

99. 특허법원 2011. 11. 25. 선고 2011허6635 판결【등록무효(상)】

[미간행]

【전 문】

【원 고】 선창아이티에스 주식회사(소송대리인 변리사 안영길)

【피 고】 피고(소송대리인 변리사 정은주)

【변론종결】

2011. 11. 4.

【주 문】

1. 원고의 청구를 기각한다.
2. 소송비용은 원고가 부담한다.

【청구취지】

특허심판원이 2011. 6. 1. 2010당673호 사건에 관하여 한 심결을 취소한다.

【이 유】

1. 기초사실

가. 이 사건 등록상표

1) 출원일/등록일/등록번호: 2008. 8. 8./2007. 10. 5./상표등록 제756469호

2) 구 성: SUNFURNITURE
썬퍼니처

3) 지정상품: [별지] 기재와 같다.

나. 선사용상표들

1) 선사용상표 1

가) 출원일/등록일/등록번호/소멸일: 1978. 6. 16./1979. 5. 8./상표등록 제61269호 /1989. 5. 9.

나) 구 성: sun furniture
선 퍼니처

다) 지정상품: 전화받침대, 책상, 책장, 옷걸이, 책꽂이, 신장, 경대, 식탁, 탁자, 장의자, 의자, 침대, 찬장, 차장, 농, 의장

라) 등록권리자: 선창산업주식회사

2) 선사용상표 2

가) 출원일/등록일/등록번호/소멸일: 1979. 4. 21./1980. 1. 22./상표등록 제66873호 /1990. 1. 23.

나) 구 성: sun furniture
선 퍼니처

다) 지정상품 : 전화받침대, 책상, 책장, 옷걸이, 책꽂이, 신장, 경대, 식탁, 탁자, 장의자, 의자, 침대, 찬장, 차장, 농, 의장

라) 등록권리자 : 선창산업주식회사

3) 선사용상표 3

가) 출원일/등록일/등록번호/갱신등록일/소멸일 : 1985. 7. 23./1986. 8. 26./상표등록 제129320호/1997. 3. 24./2006. 8. 27.

나) 구 성 : 선퍼니처 SUN FURNITURE

다) 지정상품 : 장농, 화장대, 서랍장, 장식장, 책장, 의자, 식탁, 탁자, 침대, 소파, 사이드보드, 오디오박스, 문갑, 찬장, 전화대, 티비대, 코너쉘프, 신발장

라) 등록권리자 : 선창산업주식회사

다. 이 사건 심결의 경위

1) 원고는 2010. 3. 19. 피고를 상대로 특허심판원에, 이 사건 등록상표는 국내에서 특정인의 상표로 인식되어 있는 선사용상표들을 모방 출원하여 부정한 목적을 가지고 사용하는 상표이므로 상표법 제7조 제1항 제12호의 규정에 해당하여 그 등록이 무효가 되어야 한다는 이유로, 이 사건 등록상표에 대한 무효심판을 청구하였다.

2) 특허심판원은 2011. 6. 1. 2010당673호로 이 사건 등록상표의 출원일 당시 선사용상표들이 특정인의 상품을 표시하는 것으로 알려져 있었다고 볼 수 없어 이 사건 등록상표가 상표법 제7조 제1항 제12호에 해당하지 않는다는 이유로, 원고의 심판청구를 기각하는 이 사건 심결을 하였다.

[인정근거] 갑 제1, 3~5호증

2. 이 사건 등록상표가 상표법 제7조 제1항 제12호에 해당하는지 여부

가. 판단기준

상표법 제7조 제1항 제12호는 국내 또는 외국의 수요자 사이에 특정인의 상표라고 인식되어 있는 상표가 국내에서 등록되어 있지 않음을 기화로 제3자가 이를 모방한 상표를 등록하여 사용함으로써 특정인의 상표에 화체된 영업상의 신용이나 고객흡인력 등의 무형의 가치에 손상을 입히거나 그 상표권자의 국내에서의 영업을 방해하는 등의 방법으로 상표권자에게 손해를 가하거나 이러한 모방상표를 이용하여 부당한 이익을 얻을 목적으로 사용하는 상표는 그 등록을 허용하지 않는다는 것이므로, 어떤 상표가 위 규정에 해당하기 위하여는 그 특정인의 상표가 국내 또는 외국의 수요자 사이에 특정인의 상표라고 인식되어 있어야 할 뿐만 아니라 상표 출원인이 부당한 이익을 얻으려 하거나 타인에게 손해를 가하려고 하는 등 부정한 목적을

가지고 사용하는 상표라야 하고, 그 요건에 대한 판단시점은 상표의 출원 당시를 기준으로 하여야 한다(대법원 2004. 5. 14. 선고 2002후1362 판결, 2010. 7. 15. 선고 2010후807 판결 등 참조).

나. 등록상표의 출원 당시 선사용상표들이 사용되어야 하는지 여부

등록상표가 상표법 제7조 제1항 제12호에 해당하기 위해서는 선사용상표들이 등록상표의 출원일 당시 국내 또는 외국의 수요자간에 특정인의 상품을 표시하는 것이라고 인식되어 있는 '상표'여야 한다. 그런데 상표법은 상표를 보호함으로써 '상표사용자'의 업무상의 신용유지를 도모하는 것 등을 그 목적으로 하고 있고(상표법 제1조), 상표는 자기의 업무에 관련된 상품을 타인의 상품과 식별되도록 하기 위하여 '사용'하는 표장을 말하므로(상표법 제2조 제1항 제1호), 상표권자에 의하여 사용되고 있지 아니한 표장은 상표법상의 '상표'에 해당된다고 보기 어렵다.

또한, 상표법 제7조 제1항 제12호는 정당한 상표권자가 아닌 제3자가 부정한 방법으로 상표등록을 받아 정당한 상표권자의 상표사용을 배척하거나 그 상표에 화체된 영업상의 신용이나 고객흡인력 등의 무형의 가치에 손상을 입히는 것을 방지하기 위한 것으로서, 선사용상표들이 '사용'되고 있음을 전제로 하여 정당한 상표사용자의 권익을 보호하기 위한 규정이다. 만약 수요자간에 특정인의 상표로 인식되어 있기만 하면 상표로 사용되지 않더라도 상표법 제7조 제1항 제12호가 적용될 수 있다고 하면, 이는 정당한 상표사용자의 권익을 보호하기 위한 위 조항의 취지에 어긋나는 것이다.

나아가, 상표법 제7조 제1항 제8호에 따르면, 상표권이 소멸한 날부터 1년을 경과하면 누구라도 그 등록상표와 동일 또는 유사한 상표를 등록할 수 있는데, 만약 상표법 제7조 제1항 제12호를 적용함에 있어 특정인의 상표가 사용되지 않아도 된다면, 특정인의 상표가 등록되었다가 소멸하여 1년이 경과했음에도 불구하고 여전히 특정인의 상표로 사용되는 것으로 오인되고 있다는 이유만으로도 상표법 제7조 제1항 제12호의 적용을 받아 다른 사람이 동일 또는 유사한 상표를 등록할 수 없게 될 위험이 있다. 이는 상표를 사용하지 않는 자의 독점적 지위를 연장시켜 상표법 제7조 제1항 제8호의 적용범위를 부당하게 축소시키는 결과를 가져온다. 한편, 상표법 제7조 제4항에 따르면, 등록상표가 상표법 제7조 제1항 제12호에 위반한 것을 사유로 무효의 심결이 확정된 경우에 그 정당한 상표권자는 상표법 제7조 제1항 제8호의 적용을 받지 않아 그 무효심결의 확정일부터 1년을 기다릴 필요 없이 곧바로 상표등록을 출원할 수 있다. 그런데 만약 상표법 제7조 제1항 제12호를 적용함에 있어 특정인의 상표가 사용되지 않아도 된다면 그 특정인은 진정한 상표사용자가 아님에도 불구하고 상표법 제7조 제1항 제8호의 기간제한을 받지 않고 상표법 제7조 제4항에

따라 곧바로 상표등록을 할 수 있게 되는바, 이는 정당한 출원인이라 할 수 없는 자의 독점출원지위를 보장하는 것으로서 상표법 제7조 제4항의 취지에 어긋난다. 결국, 위에서 살펴본 상표법의 목적과 상표의 정의, 상표법 제7조 제1항 제12호와 관련규정들의 취지 등을 종합하여 볼 때, 상표법 제7조 제1항 제12호는 특정인이 등록상표의 출원일 당시 당해 상표를 사용하고 있거나 적어도 상표로 계속 사용하려고 하는 경우에만 적용된다고 할 것이다.

다. 이 사건에의 적용

1) 이 사건으로 돌아와 보건대, 갑 제6~163호증에 의하면, 선창산업주식회사가 1973년 경부터 1991년 2월경까지 선사용상표들을 가구류 상품에 대한 상표로 사용하다가, 1991년 3월경부터 상표를 변경하여 선사용상표들 대신 'sunWooD', '선우드' 또는 '선우드가구' 등을 상표로 사용해 온 사실, 선창산업주식회사는 1991년 3, 4월경 광고를 통해 그와 같은 상표변경사실을 대대적으로 알렸고 언론에서도 여러 차례 이를 보도한 사실이 인정된다. 한편, 선창산업주식회사가 상표갱신등록을 하지 않아 선사용상표 1이 1989. 5. 9., 선사용상표 2가 1990. 1. 23., 선사용상표 3이 2006. 8. 27. 각 기간만료로 상표권이 소멸된 사실은 위 1. 나.항에서 본 바와 같다(선사용상표 3은 1997. 3. 24. 한차례 갱신등록되었다가 2006. 8. 27. 소멸등록되었다).

위 인정사실에 의하여 알 수 있는 다음과 같은 사정들, 즉 선창산업주식회사가 1991년 3월경부터 이 사건 등록상표의 출원일인 2007. 10. 5.까지 16년 이상 선사용상표들을 상표로 사용하고 있지 않은 점, 선창산업주식회사가 적극적으로 상표를 변경하고 그 사실을 대외적으로 알린 점, 선사용상표들의 등록갱신을 포기한 점 등에 비추어 볼 때, 선창산업주식회사 및 2003. 12. 12. 선창산업주식회사에서 분할 설립된 원고는 이 사건 등록상표 출원 당시 선사용상표들을 더 이상 상표로서 사용하려는 의사가 없었다고 판단된다.

2) 원고는 이에 대하여, 선사용상표들이 1991년 이후 이 사건 등록상표의 출원 당시까지 광고에 표시되는 등의 방법으로 상표로 사용되었다고 주장한다.

보건대, 갑 제86~98, 99-40~55, 100-52~69, 181호증에 의하면, 선창산업주식회사와 원고가 1991년 3월 이후 2005년 1월경까지 "바로 이 선퍼니처가 sunWooD 선우드가구로 새롭게 탄생했습니다.", "선퍼니처의 명성 그대로 선우드가구 sunWooD", "선퍼니처의 차세대 가구 선우드" 등의 문구를 사용하여 광고를 한 사실이 인정된다. 그러나 이는 선사용상표들에 화체된 영업상의 신용이나 고객흡인력을 새로운 상표에 그대로 유지하고자 새로운 상표를 수식하는 용어로서 선사용상표의 호칭을 그대로 광고문구에 사용한 것일 뿐, 위와 같은 광고문구를 두고 선사용상표들을 상표로서 사용한 것이라고 볼 수 없다. 더욱이 위 광고는 모두 이 사건 등록상표의 출원일인 2007. 10. 5. 이전의 것들이다.

또한, 갑 제175~179호증에 의하면, '선우드가구'의 대리점들 중 일부가 이 사건 등록상표의 출원일 전후에 걸쳐 인터넷상에 '선우드대리점', '선우드가구울진대리점', '선우드가구 동두천대리점', '선우드가구신당대리점', '선우드천안대리점' 등과 같이 선우드가구의 대리점임을 표시하면서도 주소란 말미에 여전히 '선퍼니처'라는 문구를 병기하는 등의 방법으로 대리점을 홍보하거나 "선퍼니처의 차세대가구 선우드는 21세기 밀레니엄시대를 대비하는 기업입니다."라는 문구를 사용하여 홍보하고 있는 사실이 인정된다. 그러나, 위 대리점들의 명칭이 '선우드대리점', '선우드가구울진대리점', '선우드가구 동두천대리점', '선우드가구신당대리점', '선우드천안대리점' 등인 점에 비추어 보더라도 위 대리점들에 의해 사용되는 상표는 '선우드' 또는 '선우드가구'이며, '선퍼니처'는 위 광고와 마찬가지로 선사용상표들에 화체된 영업상의 신용이나 고객흡인력을 그대로 유지하고자 표기된 것에 불과하다고 판단된다.

나아가, 갑 제182~203, 217~221호증에 의하면, '선퍼니처' 등의 상표가 표시되거나 '선퍼니처 가구'로 알려진 중고가구들이 1991년경 이후는 물론 이 사건 등록상표의 출원일(2007. 10. 5.) 이후에도 여전히 중고시장에서 거래되고 있는 사실이 인정된다. 그러나 위 중고가구들은 거래시점이 아닌 과거에 상표가 표시된 상품들이므로 그 상표가 사용된 시점이 언제인지 알 수 없다.

따라서 위 증거들만으로는 선사용상표들이 1991년경 이후 이 사건 등록상표의 출원일 당시까지 계속하여 사용되고 있었다고 인정하기에 부족하고, 달리 이를 인정할 증거가 없는바, 원고의 위 주장은 받아들이지 아니한다.

라. 소 결

결국, 선사용상표들은 이 사건 등록상표의 출원일 당시 특정인이 상표로서 사용하거나 사용하려고 하지 않은 것이어서, 이 사건 등록상표는 나머지 점에 대하여 살필 것 없이 상표법 제7조 제1항 제12호에 해당하지 아니한다.

3. 결 론

그렇다면 이 사건 심결은 이와 결론을 같이하여 적법하고 그 취소를 구하는 원고의 이 사건 청구는 이유 없으므로, 이를 기각하기로 하여 주문과 같이 판결한다.

[별지 생략]

판사 문영화(재판장) 이종우 김승곤

100. 대법원 2013. 5. 9. 선고 2011후3896 판결 【등록무효(상)】

[공2013상,1054]

【판시사항】

[1] 등록상표가 상표법 제7조 제1항 제12호에 해당하기 위한 요건 및 판단 기준 시기(=등록상표 출원 시)

[2] 등록상표의 출원일 당시에 모방대상상표가 실제 상표로 사용되고 있지 아니하거나 모방대상상표의 권리자가 이를 상표로 계속 사용하려고 하는 의사가 명백하지 아니한 경우 곧바로 상표법 제7조 제1항 제12호의 적용이 배제되는지 여부(소극)

【판결요지】

[1] 상표법 제7조 제1항 제12호는 국내 또는 외국의 수요자 사이에 특정인의 상품을 표시하는 것이라고 인식되어 있는 상표(이하 '모방대상상표'라고 한다)가 국내에 등록되어 있지 않음을 기화로 제3자가 이를 모방한 상표를 등록하여 사용함으로써, 모방대상상표에 체화된 영업상 신용 등에 편승하여 부당한 이익을 얻으려 하거나, 모방대상상표의 가치에 손상을 주거나 모방대상상표 권리자의 국내 영업을 방해하는 등의 방법으로 모방대상상표의 권리자에게 손해를 끼치려는 목적으로 사용하는 상표는 등록을 허용하지 않는다는 취지이다. 따라서 등록상표가 이 규정에 해당하려면 모방대상상표가 국내 또는 외국의 수요자에게 특정인의 상표로 인식되어 있어야 하고, 등록상표의 출원인이 모방대상상표와 동일 또는 유사한 상표를 부정한 목적을 가지고 사용하여야 하는데, (1) 모방대상상표가 국내 또는 외국의 수요자 사이에 특정인의 상표로 인식되어 있는지는 그 상표의 사용기간, 방법, 태양 및 이용범위 등과 거래실정 또는 사회통념상 객관적으로 상당한 정도로 알려졌는지 등을 기준으로 판단하여야 하고, (2) 부정한 목적이 있는지를 판단할 때는 모방대상상표의 인지도 또는 창작의 정도, 등록상표와 모방대상상표의 동일·유사 정도, 등록상표의 출원인과 모방대상상표의 권리자 사이에 상표를 둘러싼 교섭의 유무, 교섭의 내용, 기타 양 당사자의 관계, 등록상표의 출원인이 등록상표를 이용한 사업을 구체적으로 준비하였는지 여부, 등록상표와 모방대상상표의 지정상품 간의 동일·유사 내지 경제적 견련성의 유무, 거래실정 등을 종합적으로 고려하여야 하며, (3) 위와 같은 판단은 등록상표의 출원 시를 기준으로 하여야 한다.

[2] 등록상표의 출원인이 그 출원 시를 기준으로 국내 또는 외국의 수요자 사이에 특정인의 상표로 인식되어 있는 모방대상상표와 동일 또는 유사한 상표를 부정한 목적을 가지고 사용하면 상표법 제7조 제1항 제12호에 해당하는 것이므로, 등록상표의 출원일 당시에 모방대상상표가 실제 상표로 사용되고 있지 아니하거나 모방대상상표의

권리자가 이를 상표로 계속 사용하려고 하는 의사가 명백하지 아니하다고 하여 곧바로 위 규정의 적용이 배제되는 것은 아니다. 즉 등록상표의 출원일 당시에 모방대상상표가 실제 상표로 사용되고 있지 아니하거나 모방대상상표의 권리자가 이를 상표로 계속 사용하려고 하는 의사가 명백하지 아니한 경우에도, 모방대상상표가 과거의 사용실적 등으로 인하여 여전히 국내 또는 외국의 수요자 사이에 특정인의 상표로 인식되어 있고, 등록상표의 출원인이 모방대상상표에 체화된 영업상 신용 등에 편승하여 부당한 이익을 얻으려 하거나, 모방대상상표의 가치에 손상을 주거나 모방대상상표의 권리자가 이후 다시 위 상표를 사용하려고 하는 것을 방해하는 등의 방법으로 모방대상상표의 권리자에게 손해를 끼치려는 목적을 가지고 모방대상상표와 동일·유사한 상표를 사용하는 경우에는 위 규정에 해당한다고 할 수 있고, 모방대상상표가 상표로 사용되고 있는지 여부, 모방대상상표의 권리자가 이를 상표로 계속 사용하려고 하는 의사가 있는지 여부는 모방대상상표가 특정인의 상표로 인식되어 있는지 여부와 등록상표 출원인의 부정한 목적 여부 등 위 규정에서 정한 요건의 충족 여부를 판단하기 위한 고려요소 중 하나가 되는 것에 불과하다.

【참조조문】

[1] 상표법 제7조 제1항 제12호 [2] 상표법 제7조 제1항 제12호

【참조판례】

[1] 대법원 2012. 6. 28. 선고 2012후672 판결(공2012하, 1356)

【전 문】

【원고, 상고인】 선창아이티에스 주식회사(소송대리인 변리사 안영길)

【피고, 피상고인】 피고

【원심 판결】 특허법원 2011. 11. 25. 선고 2011허6635 판결

【주 문】

원심 판결을 파기하고, 사건을 특허법원에 환송한다.

【이 유】

상고이유(상고이유서 제출기간 경과 후에 제출된 상고이유보충서의 기재는 상고이유를 보충하는 범위 내에서)를 판단한다.

상표법 제7조 제1항 제12호는 국내 또는 외국의 수요자 사이에 특정인의 상품을 표시하는 것이라고 인식되어 있는 상표(이하 '모방대상상표'라고 한다)가 국내에 등록되어 있지 않음을 기화로 제3자가 이를 모방한 상표를 등록하여 사용함으로써, 모방대상상표에 체화된 영업상 신용 등에 편승하여 부당한 이익을 얻으려 하거나, 모방대상상표의 가치

에 손상을 주거나 모방대상상표 권리자의 국내 영업을 방해하는 등의 방법으로 모방대상상표의 권리자에게 손해를 끼치려는 목적으로 사용하는 상표는 등록을 허용하지 않는다는 취지이다. 따라서 등록상표가 이 규정에 해당하려면 모방대상상표가 국내 또는 외국의 수요자에게 특정인의 상표로 인식되어 있어야 하고, 등록상표의 출원인이 모방대상상표와 동일 또는 유사한 상표를 부정한 목적을 가지고 사용하여야 하는데, (1) 모방대상상표가 국내 또는 외국의 수요자 사이에 특정인의 상표로 인식되어 있는지는 그 상표의 사용기간, 방법, 태양 및 이용범위 등과 거래실정 또는 사회통념상 객관적으로 상당한 정도로 알려졌는지 등을 기준으로 판단하여야 하고, (2) 부정한 목적이 있는지를 판단할 때는 모방대상상표의 인지도 또는 창작의 정도, 등록상표와 모방대상상표의 동일·유사 정도, 등록상표의 출원인과 모방대상상표의 권리자 사이에 상표를 둘러싼 교섭의 유무, 교섭의 내용, 기타 양 당사자의 관계, 등록상표의 출원인이 등록상표를 이용한 사업을 구체적으로 준비하였는지 여부, 등록상표와 모방대상상표의 지정상품 간의 동일·유사 내지 경제적 견련성의 유무, 거래실정 등을 종합적으로 고려하여야 하며, (3) 위와 같은 판단은 등록상표의 출원 시를 기준으로 하여야 한다(대법원 2012. 6. 28. 선고 2012후672 판결 등 참조).

이와 같이 등록상표의 출원인이 그 출원 시를 기준으로 국내 또는 외국의 수요자 사이에 특정인의 상표로 인식되어 있는 모방대상상표와 동일 또는 유사한 상표를 부정한 목적을 가지고 사용하면 상표법 제7조 제1항 제12호에 해당하는 것이므로, 등록상표의 출원일 당시에 모방대상상표가 실제 상표로 사용되고 있지 아니하거나 모방대상상표의 권리자가 이를 상표로 계속 사용하려고 하는 의사가 명백하지 아니하다고 하여 곧바로 위 규정의 적용이 배제되는 것은 아니다. 즉 등록상표의 출원일 당시에 모방대상상표가 실제 상표로 사용되고 있지 아니하거나 모방대상상표의 권리자가 이를 상표로 계속 사용하려고 하는 의사가 명백하지 아니한 경우에도, 모방대상상표가 과거의 사용실적 등으로 인하여 여전히 국내 또는 외국의 수요자 사이에 특정인의 상표로 인식되어 있고, 등록상표의 출원인이 모방대상상표에 체화된 영업상 신용 등에 편승하여 부당한 이익을 얻으려 하거나, 모방대상상표의 가치에 손상을 주거나 모방대상상표의 권리자가 이후 다시 위 상표를 사용하려고 하는 것을 방해하는 등의 방법으로 모방대상상표의 권리자에게 손해를 끼치려는 목적을 가지고 모방대상상표와 동일·유사한 상표를 사용하는 경우에는 위 규정에 해당한다고 할 수 있는 것이고, 모방대상상표가 상표로 사용되고 있는지 여부, 모방대상상표의 권리자가 이를 상표로 계속 사용하려고 하는 의사가 있는지 여부는 모방대상상표가 특정인의 상표로 인식되어 있는지 여부와 등록상표 출원인의 부정한 목적 여부 등 위 규정에서 정한 요건의 충족 여부를 판단하기 위한 고려요소

중 하나가 되는 것에 불과하다.
그런데도 원심은 등록상표의 출원 당시 특정인이 모방대상상표를 사용하고 있거나 적어도 상표로 계속 사용하려고 하는 경우에만 상표법 제7조 제1항 제12호가 적용된다고 본 나머지, 그 요건의 충족 여부를 살피지도 아니한 채 원심 판시 선사용상표들은 이 사건 등록상표의 출원일 당시 특정인이 상표로서 사용하거나 사용하려고 하지 않았다는 이유만으로 이 사건 등록상표가 위 규정에 해당하지 아니한다고 판단하였으니, 이러한 원심의 판단에는 상표법 제7조 제1항 제12호에 관한 법리를 오해하여 필요한 심리를 다하지 아니함으로써 판결에 영향을 미친 위법이 있다. 이 점을 지적하는 상고이유의 주장은 이유 있다.
한편 원심 판결 이유와 기록에 의하면, 선창산업 주식회사와 이로부터 분할된 원고는 선사용상표들을 부착한 가구 신제품의 생산을 중단한 1991. 3. 이후에도 2005. 1.경까지 '선퍼니처의 명성 그대로 선우드가구 sunWooD' 등의 문구를 사용하여 광고를 하였고, 그 일부 대리점들도 이 사건 등록상표의 출원일 전후에 걸쳐 여전히 '선퍼니처'라는 문구를 병기하거나 "선퍼니처의 차세대가구 선우드는 21세기 밀레니엄시대를 대비하는 기업입니다"라는 문구를 사용하는 등의 방법으로 대리점을 홍보하고 있는 점, 선사용상표 3은 한 차례 존속기간갱신등록을 거쳐 2006. 8.경까지도 등록상표로 유지된 점, 선사용상표들이 표시된 중고가구들이 이 사건 등록상표의 출원일 무렵까지도 여전히 중고시장에서 거래되고 있는 점 등을 알 수 있다. 이러한 사정들을 종합적으로 고려하면, 선창산업 주식회사와 원고는 선사용상표들을 부착한 가구 신제품의 생산을 중단한 이후에도 계속하여 선사용상표들에 체화된 영업상의 신용이나 고객흡인력을 이용해왔다고 봄이 상당하여, 이 사건 등록상표의 출원 당시 원고에게 선사용상표들을 더 이상 상표로서 사용하려는 의사가 없었다고 섣불리 단정해서는 아니 된다는 점도 함께 지적해 둔다.
그러므로 나머지 상고이유에 관한 판단을 생략한 채 원심 판결을 파기하고 사건을 다시 심리·판단하도록 원심법원에 환송하기로 하여, 관여 대법관의 일치된 의견으로 주문과 같이 판결한다.

대법관 이인복(재판장) 민일영 박보영 김신(주심)

제 7 절 상표의 절차적 등록요건

Ⅰ. 의 의

상표가 등록되기 위해서는 (i) 상표의 구성요건 [상표법에서 정하는 상표이어야 함(상 제2조 제1항 제1호)]과 (ii) 상표의 실체적 등록요건 [적극적 등록요건(자타상품식별력을 갖추고 있어야 함(상 제33조)]과 소극적 등록요건(상표부등록사유에 해당하지 아니하여야 함(상 제34조)]을 구비하여야 할 뿐만 아니라 (iii) 절차적 요건으로서 아래에서 언급하는 주체적 요건(인적 요건), 객체적 요건[국내에서 자기의 상품에 사용 또는 사용할 의사가 존재하여야 하고, 자타 상품을 식별할 수 있는 것이어야 하며, 1상표 1출원을 위반하지 아니하여야 한다(상 제38조)] 및 선출원의 요건(상 제35조) 등을 구비하여야 한다.

Ⅱ. 주체적 요건

1. 의 의

(i) 국내에서 상표를 사용하는 자 또는 사용하고자 하는 자(상 제3조 제1항 본문)

(ii) 출원인은 권리능력자(자연인 또는 법인)이어야 한다.

[1] 첫째, 출원인이 국내에서 자기의 상품, 서비스에 현실적으로 사용하거나 장래 사용할 의사가 있는 상표가 아니면 상표등록을 받을 수 없다(상 제3조 제1항 본문). 둘째, 자기의 상표를 등록하는 자이어야 한다. 그러므로 상품상표, 서비스상표, 업무표장의 경우에는 처음부터 타인이 사용하게 할 목적으로 표장등록을 받을 수는 없다. 다만, 단체표장과 증명표장의 경우에는 타인이 사용하게 할 목적으로 상표등록을 받을 수 있다. 왜냐 하면 "단체표장"이란 상품을 생산·제조·가공·판매하거나 서비스를 제공하는 자가 공동으로 설립한 법인이 직접 사용하거나 그 소속 단체원에게 사용하게 하기 위한 표장이고(상 제2조 제1항 제3호), "증명표장"이란 상품의 품질, 원산지, 생산방법 또는 그 밖의 특성을 증명하고 관리하는 것을 업(業)으로 하는 자가 타인의 상품에 대하여 그 상품이 품질, 원산지, 생산방법 또는 그 밖의 특성을 충족한다는 것을 증명하는 데 사용하는 표장(상 제2조 제1항 제7호)이기 때문이다.

[2] 출원인의 업무와 출원서에 기재된 지정상품 등과의 사이에 사용의 관계가 인정되지 않는 것이 명백한 경우에는 상표등록을 받을 수 없다.

예 법무법인, 은행, 보험회사 -- 상품의 제조나 판매를 업으로 하는 것이 금지되어 있기 때문에 스스로 상표를 상품에 대하여 사용할 의사가 있다고 볼 수 없다. 다만, 법무법인, 은행이나 보험회사라 하더라도 법률서비스, 금융이나 보험서비스에 대해 상표의 등록을 받을 수 있는 것은 가능하다.

[3] 출원인이 권리능력을 갖는지 여부를 판단하여야 한다. 우리나라에서 상표등록을 받을 수 있는 자는 자연인 또는 법인으로 한정한다. 외국인 또는 외국법인은 상표법 제27조가 적용된다. 상표법 제27조가 적용되는 경우를 제외하고는 상표권 기타 상표에 관한 권리를 향유할 수 없다. 하지만 파리협약 동맹국의 국민, 파리협약동맹국에 주소, 영업소를 갖는 비동맹국의 국민(파리협약 제2조, 제3조) 등에 대해서는 "조약 및 이에 준하는 것"에 의하여 상표권 기타 상표에 관한 권리의 향유를 인정하고 있는 경우에 해당하기 때문에 그에 따라야 한다(상 제27조 제3호).

[4] 따라서 우리나라에서 상표권자가 될 수 있는 자격을 갖는 자(자연인 또는 법인)로서 국내에서 상표를 사용하는 자(법인, 개인, 공동사업자) 또는 사용하려고 하는 자는 상표법 제3조가 정하는 바에 의하여 자기의 상표를 등록받을 수 있다.

2. 요 건

가. 서 설

[1] 출원인을 상표법상 권리능력과 절차능력을 가져야 한다.

[2] 상표법상 권리능력 : 상표등록에 관한 권리를 향유할 수 있는 능력으로 내국인과 외국인으로서 국내에 주소 또는 영업소를 가진 자라면 자연인, 법인 모두 권리능력이 인정된다. 다만 재외자인 외국인은 (i) 그 외국인이 속하는 국가에서 대한민국 국민에 대하여 그 국민과 같은 조건으로 상표권 또는 상표에 관한 권리를 인정하는 경우, (ii) 대한민국이 그 외국인에 대하여 상표권 또는 상표에 관한 권리를 인정하는 경우에는 그 외국인이 속하는 국가에서 대한민국 국민에 대하여 그 국민과 같은 조건으로 상표권 또는 상표에 관한 권리를 인정하는 경우, (iii) 조약 및 이에 준하는 것(이하 "조약"이라 한다)에 따라 상표권 또는 상표에 관한 권리를 인정하는 경우 중 어느 하나에 해당하는 경우에 한하여 상표등록을 받을 수 있다(상 제27조).

[3] 법인이 아닌 사단이나 재단은 상표권 및 상표등록에 관한 권리를 향유하지 못하나, 상표법에서와 같이 법인이 아닌 사단 또는 재단으로서 대표자 또는 관리인이 정하여져 있는 경우에는 그 사단 또는 재단의 이름으로 상표등록이의신청인, 심판의 청구인 및 피청구인 또는 재심의 청구인 및 피청구인이 될 수 있다(상 제5조). 즉, 특허법상 이의신청 제도가 삭제되었지만, 상표법상 등록이의신청인제도가 존재하는 관계로 법인이 아닌 사단 또는 재단으로서 대표자 또는 관리인이 정해져 있다면 그 사단 또는 재단의 이름으로 이의신청인이 될 수 있다고 종래의 해석론을 받아들여 2011년 개정 상표법은 이를 명시하였다. 하지만 상표법 제5조는 일정한 경우에 권리능력이 인정되는 것으로서 제한적으로

해석되어야 하므로 법인이 아닌 단체는 상표등록출원이나 상표등록을 받을 수 없을 것으로 해석된다.

나. 권리능력

(1) 의 의

[1] 권리능력: 권리의 주체가 될 수 있는 추상적·잠재적인 법률상의 지위

[2] 상표법상 권리능력: 상표에 관한 권리를 향유할 수 있는 상표법상 지위 또는 자격

[3] 상표법상의 내용: 법인이 아닌 사단 등 규정(상 제5조)과 외국인의 권리능력 규정(상 제27조)을 두고 있는 것 이외에는 특별히 그 권리능력에 관한 규정을 두고 있지 않다. 이와 관련해서는 민법상 권리능력 규정이 적용될 것이다. 따라서 자연인과 법인은 상표법상 권리능력이 인정된다.

(2) 법인 등 단체의 권리능력

(가) 법인의 권리능력

특허법원 2003. 4. 25. 선고 2002허8035 판결 : 확정 【등록무효(상)】

【판시사항】

[1] 대한축구협회가 상표법 제7조 제1항 제3호가 규정하고 있는 공공단체나 그 기관 또는 공익법인에 해당하지 않는다고 한 사례

[2] 대한축구협회의 대표자 개인 명의로 등록된 상표서비스표가 상표법 제7조 제1항 제4호, 제11호에 해당하지 않는다고 한 사례

【판결요지】

[1] 대한축구협회는 대한체육회의 가맹단체로서 축구 경기를 국민에게 널리 보급하여 국민체력을 향상하게 하며, 산하·가맹단체를 통할·지도하고 우수한 지도자와 선수를 양성하여 국위 선양을 도모함으로써 한국 축구의 건전한 육성 발전에 기여함을 목적으로 1933. 9. 19. 설립된 권리능력 없는 사단으로 위 목적을 달성하기 위한 범위 내의 사업을 행하고 있다는 사정만으로는 대한축구협회를 상표법 제7조 제1항 제3호 소정의 공공단체나 그 기관 또는 공익법인으로 보기 어렵다고 한 사례.

[2] 등록상표서비스표가 상표법 제7조 제1항 제4호에 해당하려면 주지·저명한 타인의 상표를 모방하여야 하고, 같은 항 제11호에 해당하려 면 특정인의 상표라고 인식된 상표와 동일·유사한 상표여야 하는바, 대한축구협회의 표장인 등록상표서비스표 " "를 그 대표자인 개인이 출원·등록하기는 하였으나, 이는 상표법상 권리능력 없는 사단이 그 명의로 상표를 출원을 할 수 있는 규정이 없기 때문에 대한축구협

회가 그 대표자인 개인 명의로 위 등록상표서비스표를 출원·등록받은 것이고, 위 등록상표서비스표는 개인이 아니라 대한축구협회가 대한축구협회규약에서 정하고 있는 의사결정방법에 따라 사용하고 있어 실질적으로는 대한축구협회가 사용하는 표장 그 자체라고 할 것이어서 상표법 제7조 제1항 제4호, 제11호에 해당하지 않는다고 한 사례.

(나) 법인이 아닌 사단 등의 권리능력

[1] 상표법 제5조에서는 법인이 아닌 사단 등의 규정을 두어 일정한 경우 그 이름으로 청구인 및 피청구인이 될 수 있도록 하고 있다. 이러한 규정은 민사소송법상 비법인의 당사자능력규정(민소 제52조)을 두고 있는 것과 비교할 수 있다. 민사소송법이 민법의 규정과는 달리 법인격 없는 사단이나 재판이라고 하여도 대표자나 관리인이 있어서 외부에 대해 명확한 조직을 갖고 있는 경우에는 당사자능력을 인정하여 그 자체의 이름으로 원고나 피고가 될 수 있도록 하고 있다.

[2] 특허법 제4조의 내용: 당사자계 심판인 특허무효심판(특 제133조), 권리범위확인심판(특 제135조), 통상실시권허여심판(특 제137조), 특허권의 존속기간연장등록무효심판(특 제134조)에 의한 심결에 대한 재심에 있어서는 재심청구인 뿐만 아니라 재심피청구인도 법인격 없는 사단이나 재단이 될 수 있다. 그 밖에 법인이 아닌 사단 등은 대표자나 관리인이 정하여져 있는 경우에는 출원심사의 청구인, 특허취소신청인이 될 수 있다. 다만 특허법상 권리능력이 있음을 전제로 하는 (i) 출원인, (ii) 거절결정, 취소결정에 대한 심판청구인, (iii) 정정심판청구인, (iv) 적극적 권리범위확인심판청구인, (v) 통상실시권허여심판청구의 피청구인, (vi) 무효심판의 피청구인, (vii) 존속기간연장등록출원의 출원인은 비법인사단이나 재단이 될 수 없다.

[3] 상표법: 무효심판, 취소심판, 권리범위확인심판 등을 청구할 수 있고, 법인격 없는 사단 등이 피청구인이 될 수 있다. 하지만 실제로 법인격없는 사단등은 상표권자가 될 수 없음을 전제로 할 때, 상표권자로서 밟을 수 있는 상표심판절차는 불가능하다. 상표절차와 관련한 법인격없는 사단 등이 청구인이 될 수 있는 경우는 (i) 이의신청, (ii) 무효심판, 존속기간의 갱신등록무효심판, 취소심판, (iii) 소극적 권리범위확인심판의 청구 및 (iv) 이러한 심판의 확정심결에 대한 재심의 청구 등이고, 심판의 피청구인이 될 수 있는 경우는 적극적 권리범위확인심판의 피청구인과 같이 상표권의 주체가 아닌 심판에 한정된다. 상표법 제5조는 "법인이 아닌 사단 또는 재단으로서 대표자 또는 관리인이 정해져 있는 경우에는 그 사단이나 재단의 이름으로 제60조제1항에 따른 상표등록의 이의신청인이나 심판 또는 재심의 당사자가 될 수 있다."라고 규정하고 있다.

(다) 외국인의 권리능력

[1] 헌법 제6조 제1항에 "헌법에 의하여 체결, 공포된 조약과 일반적으로 승인된 국제법규는 국내법과 같은 효력을 가진다"라고 규정함으로써 조약이 국내법과 동일한 효력을 가지는 것으로 규정하고 있다. 하지만 종래 조약이 국내법에 저촉되는 경우에 어떠한 효력을 가지는지 여부에 대해서는 학설이 대립하고 있었다. 이와 관련하여 2011년 개정[382] 이전의 상표법 제5조(조약의 효력)는 상표법과 조약이 상충될 경우에 조약이 우선함을 명시하여 이에 대한 해답을 제시하였었다(2011년 개정[383] 이전의 구 상표법 제5조, 2011년 개정[384] 이전의 구 특허법 제26조 준용). 그런데 2011년 개정 특허법[385]에서는 구 특허법 제26조를 삭제하였다. 왜냐 하면 특허법 등 지식재산권 관련 국내법에서 국제조약과 국내법이 저촉되어 충돌할 경우에는 국제조약이 우선 적용한다는 규정은 헌법절차에 따라 체결·공포된 조약이나 일반적으로 승인된 국제통상법규가 국내법과 같은 효력을 가진다고 규정한 헌법 제6조 제1항에 반하기 때문이다.[386]

[2] 현재 우리나라가 상표제도와 관련하여 가입한 조약은 WIPO 설립조약(1979. 3. 1.), 파리협약(1980. 5. 4.), 마드리드 의정서, 상표법조약(Trademark Law Treaty; 2002년 11월 25일 가입, 2003년 2월 25일 발효), 표장등록을 위한 상품 및 서비스의 국제분류에 관한 니스협정(Nice Agreement Concerning the International Classification of Goods and Services for the Purposes of the Registration of Marks), 표장의 도형요소의 국제분류 제정을 위한 비엔나협정(Vienna Agreement Establishing an International Classification of the Figurative Elements of Marks), WTO/TRIPs 협정, 상표법에 관한 싱가포르 조약(Singapore Treaty on the Law of Trademarks)(2006년 3월 27일 싱가포르에서 개최된 외교회의를 통하여 채택된 조약으로서, 우리나라는 2016년 4월 1일 이 조약에 가입하였고, 이 조약은 우리나라에서 2016년 7월 1일 발효되었다) 등이다.

1) 국내에 주소나 영업소가 없는 외국인

[1] 파리협약: 내외국민 평등주의를 원칙으로 한다(파리협약 제2조 제1항).

[2] 무역관련 지식재산권협정(WTO/TRIPs): 내외국민 평등주의를 원칙으로 한다. 즉 각

382) [시행 2012.3.15.] [법률 제11113호, 2011.12.2., 일부개정].
383) [시행 2012.3.15.] [법률 제11113호, 2011.12.2., 일부개정].
384) 법률 제11117호, 2011.12. 2, 일부개정.
385) 법률 제11117호, 2011.12. 2, 일부개정.
386) 문병철, "특허법 일부개정법률안 검토보고서", 2011년 10월, 9면(http://likms.assembly.go.kr/law/jsp/law/Law.jsp?WORK_TYPE=LAW_BON&SRCH_IN_RESULT=false&LAW_SRCH_TYPE=LAW_NM&SUB_NM=특허법&BEF_SUB_NM=특허법&LAW_CHECK=true&ORD_CHECK=true&REGL_CHECK=true&srchinresult=false&lawsrchtype=LAW_NM&subnm=특허법&befsubnm=특허법&lawchk=true&ordchk=true&reglchk=true&LAW_ID=A1306&PROM_NO=11117&PROM_DT=20111202&(최종방문일: 2017년 11월 1일)).

회원국은 지식재산권보호에 관하여 자국민에 대하여 부여하는 것과 최소한 동등한 대우를 타회원국의 국민에게 하여야 한다.

[3] 상표법 제27조: 재외자 중 외국인은 (i) 그 외국인이 속하는 국가에서 대한민국 국민에 대하여 그 국민과 같은 조건으로 상표권 또는 상표에 관한 권리를 인정하는 경우(평등주의), (ii) 대한민국이 그 외국인에 대하여 상표권 또는 상표에 관한 권리를 인정하는 경우에는 그 외국인이 속하는 국가에서 대한민국 국민에 대하여 그 국민과 같은 조건으로 상표권 또는 상표에 관한 권리를 인정하는 경우(상호주의), (iii) 조약 및 이에 준하는 것(이하 "조약"이라 한다)에 따라 상표권 또는 상표에 관한 권리를 인정하는 경우 가운데 어느 하나에 해당하는 경우를 제외하고 상표권 또는 상표에 관한 권리를 향유할 수 없다고 규정하고 있다.

[4] 외국인: 대한민국 국적을 가지지 않은 자로 자연인은 물론 외국에서 인가된 법인도 포함한다. 무국적자도 외국인이며, 그 권리능력은 준동맹국 국민에 준하여 인정된다.

[5] 국내에 주소 또는 영업소를 가졌거나 조약 협정국의 국내에 주소 또는 영업소를 가진 자는 무국적자라도 우리나라에서 상표에 관한 권리능력이 인정된다.

[6] 내외국민을 불문하고 권리능력이 없는 상태에서 밟은 상표에 관한 절차는 그 절차가 지속될 수 없다. 외국인이 상표법 제27조에서 규정한 바에 의한 권리능력이 없는 상태에서 상표출원을 하였다면 거절이유, 이의신청의 이유 및 무효사유가 된다. 다만 권리능력이 없는 자가 출원절차를 밟았을 경우에 출원서에 대한 방식심사단계에서 그 출원에 대한 처리방법에 대해서는 (i) 불수리처분해야 한다는 견해, (ii) 심사관의 실질적 심사에 맡겨야 한다는 견해, (iii) 절차보정 후 무효처분해야 한다는 견해 등이 존재한다. 실무적으로 법인격 유무 및 외국인의 권리능력은 방식심사사항으로 하고 있고 파리조약 당사국 또는 상호주의 국가의 국민이 아닌 자가 출원한 경우 권리능력을 인정할 만한 증명서류의 제출을 지시할 수 있도록 하고 있다. 또한 출원시 법인격의 존부가 불분명한 사업체나 단체명으로 출원한 경우 특허청장 등은 출원인에게 법인증명을 제출하게 하고 주어진 기간 내에 법인임을 증명하지 못하면 해당 출원을 부적법한 것으로 판단하여 출원서류를 반려하고 있다(상표법 시행규칙 제13조 제2항 및 제4항, 제25조 제1항 제2호). 따라서 (i)의 입장이 타당하다.

대법원 1976. 4. 27. 선고 74후61 판결【거절사정】

【판시사항】

외국인이 우리나라에서 상표에 관한 권리를 향유할 수 있는 요건

【판결요지】
외국인은 우리나라에 주소나 영업소가 없을 때에는 원칙적으로 상표에 관한 권리능력을 인정하지 않지만 예외로서 조약이나 협정이 체결되거나 또는 그 외국인이 속하는 나라의 법률에 의하여 우리나라의 국민에게 그 나라 안에 주소나 영업소가 없더라도 상표에 관한 권리를 허용하는 국가의 국민에 대하여는 우리나라도 상표에 관한 권리를 향유케 한다.

다. 절차능력(= 행위능력)

(1) 의 의

[1] 절차능력(= 행위능력): 단독으로 유효한 법률행위를 할 수 있는 능력

[2] 상표법 제4조: 민법규정을 기초로 하여 상표에 관한 절차 수행에 관한 제한능력자의 행위능력을 규정하고 있다(상 제4조).

[3] 상표에 관한 절차를 스스로 행할 수 있는 능력이 없는 자는 법정대리인 등의 능력이 있는 제3자에 의하여 상표절차를 수행하도록 함으로써 자기의 권리주장 또는 방어를 제대로 하지 못하는 자를 보호하고 있다.

(2) 상표법상 절차능력이 없는 자

[1] 상표법 제4조: 상표법 제4조는 "미성년자 등의 행위능력"이라는 표제 하에 "① 미성년자·피한정후견인(상표권 또는 상표에 관한 권리와 관련된 법정대리인이 있는 경우만 해당한다) 또는 피성년후견인은 법정대리인에 의해서만 상표등록에 관한 출원·청구, 그 밖의 절차(이하 "상표에 관한 절차"라 한다)를 밟을 수 있다. 다만, 미성년자 또는 피한정후견인이 독립하여 법률행위를 할 수 있는 경우에는 그러하지 아니하다.

② 제1항의 법정대리인은 후견감독인의 동의 없이 상대방이 청구한 제60조에 따른 상표등록 이의신청(이하 "이의신청"이라 한다)이나 심판 또는 재심에 대한 절차를 밟을 수 있다."라고 규정하고 있다.

[2] 상표법 제4조 제1항 단서는 "다만, 미성년자 또는 피한정후견인이 독립하여 법률행위를 할 수 있는 경우에는 그러하지 아니하다."라고 규정하여 미성년자 또는 피한정후견인이 법정대리인에 의하지 아니하고 직접 특허에 관한 절차를 밟을 수 있는 경우를 규정하고 있다.

예 제한능력자가 독립하여 법률행위를 할 수 있는 경우는 권리만 얻거나 의무만 면하는 행위(민 제5조 제1항), 처분이 허락된 재산의 처분행위(민 제6조), 영업의 허락

을 받은 경우 그 영업에 관한 행위(민 제8조 제1항), 대리행위(민 제117조), 유언행위(민 제1062조) 등이 있다.

[3] 재외자의 상표관리인 : 국내에 주소나 영업소가 없는 자(이하 "재외자"라 한다)는 재외자(법인인 경우에는 그 대표자를 말한다)가 국내에 체류하는 경우를 제외하고는 그 재외자의 상표에 관한 대리인으로서 국내에 주소나 영업소가 있는 자(이하 "상표관리인"이라 한다)에 의해서만 상표에 관한 절차를 밟거나 이 법 또는 이 법에 따른 명령에 따라 행정청이 한 처분에 대하여 소(訴)를 제기할 수 있다(상 제6조 제1항).

(3) 제한능력자의 대리 및 추인

[1] 상표법상 제한능력자는 법정대리인의 동의하에서도 상표에 관한 절차를 직접 수행할 수 없다.

[2] 상표법상 법정대리인의 권한은 민법상 법정대리인이 제한능력자에 대한 동의권을 행사할 수 있는 것과는 달리 동의권은 존재하지 않고 대리권만을 인정하고 있다.

(가) 법정대리인의 권한

[1] 미성년자의 경우 : 일차적으로 친권자가 법정대리인이 되고, 친권자가 없거나 친권을 행사할 수 없는 경우에는 미성년후견인이 법정대리인이 된다.

[2] 피한정후견인 내지 피성년후견인의 경우 : 한정후견인 내지 성년후견인이 법정대리인이 된다.

[3] 상표법 제4조 제2항 : 법정대리인은 후견감독인의 동의 없이 상대방이 청구한 상표권등록이의신청, 심판 또는 재심에 대한 절차를 밟을 수 있다. 상표법상 심판은 일종의 행정소송과 유사한 것으로 원칙적으로 제한능력자를 위해서는 후견감독인의 동의를 얻어야 한다. 하지만 법정대리인이 직접 능동적으로 심판을 청구하는 것이 아니라 심판의 상대방이 청구한 사항에 대하여 수동적으로 절차를 밟는 경우에는 직권주의와 같은 특허심판의 특수성에 비추어 보아 후견감독인의 동의는 요하지 아니하므로 상표법 제4조 제2항과 같이 규정하고 있다.

(나) 재외자의 상표관리인의 권한

상표관리인은 위임된 권한의 범위에서 상표에 관한 절차 및 이 법 또는 이 법에 따른 명령에 따라 행정청이 한 처분에 관한 소송에서 본인을 대리한다(상 제6조 제2항).

(다) 추 인

[1] 절차능력이 없는 자가 밟은 절차는 효력이 발생하지 아니하고 무효이며, 그 절차에

의하여 성립한 행위도 무효로 되는 것이다. 다만 당사자나 법정대리인의 추인이 있을 때에는 행위시에 소급하여 효력이 발생하며 이러한 추인은 해당 절차를 무효로 하기 전까지 언제든지 할 수 있다(상 제9조).

[2] 2006년 3월 3일 개정이전의 특허법 제3조 제3항은 "행위능력 또는 법정대리권이 없거나 특허에 관한 절차를 밟음에 필요한 수권이 흠결된 자가 밟은 절차는 보정된 당사자나 법정대리인의 추인이 있을 때에는 행위시에 소급하여 그 효력이 발생한다"고 규정하고 있어, 무능력자, 무권대리인 또는 기타 특허에 관한 절차를 밟음에 필요한 수권이 없는 자가 특허청에 대하여 밟은 절차는 추후에 한 보정에 의하여 적법한 절차로서 인정되도록 하고 있었다. 다만 이 경우 상표법상 행위능력 또는 법정대리권이 없거나 대리권에 관한 수권이 흠결된 자가 밟은 절차는 취소할 수 있는 행위가 아니고, 그 절차의 효과는 무효로 보아야 하였을 것이다.

[3] 구 특허법 제3조 제3항이 삭제되었으나, 삭제이유는 민법의 규정을 그대로 옮겨놓은 것이라 불필요하다고 생각하였기 때문이었다. 하지만, 2011년 개정 상표법 제5조의6에 따르면, "행위능력 또는 법정대리권이 없거나 상표에 관한 절차를 밟는 데 필요한 권한의 위임이 흠결된 자가 밟은 절차는 보정된 당사자나 법정대리인의 추인이 있으면 행위시로 소급하여 그 효력이 발생한다."라고 규정하였는데, 이는 민법의 규정을 확인하는 의미가 있었다. 현행 상표법 제9조도 "행위능력 또는 법정대리권이 없거나 상표에 관한 절차를 밟는 데 필요한 권한의 위임에 흠이 있는 자가 밟은 절차는 보정(補正)된 당사자나 법정대리인이 추인(追認)하면 행위를 한 때로 소급하여 그 효력이 발생한다."라고 규정하여 민법의 규정을 확인하는 의미에 그치고 있다.

(4) 절차무능력자가 밟은 절차의 처리

[1] 특허청장, 특허심판원장 또는 심판장은 특허출원 청구 및 기타에 관한 절차가 절차능력이 없는 자가 절차를 밟았거나, 절차를 밟음에 필요한 수권이 흠결된 경우에는 산업통상자원부령으로 정하는 바에 따라 기간을 정하여 그 보정을 명하여야 한다(상 제39조).

[2] 특허청장 또는 특허심판원장은 출원인 등에게 보정을 명하였으나 이에 불응하거나 또는 흠결을 보정할 수 없을 때에는 출원 및 기타 절차를 무효로 할 수 있다(상 제18조 제1항).

[3] 심판장은 심판청구인 등 당사자가 밟은 절차에 대하여 절차능력 흠결을 이유로 보정을 명하였음에도 이에 불응하거나 흠결을 보정할 수 없을 때에는 심판청구서를 결정각하하여야 한다.

Ⅲ. 객체적 요건

[1] 상표등록을 받고자 하는 자는 자연인 또는 법인으로서의 권리능력과 절차능력을 갖추어야 하고, 이러한 요건을 갖춘 자는 상표를 상품에 사용하거나 사용할 의사가 있어야 하고, 그 상표에 자타상품식별력이 있어야만 상표로서 출원할 수 있다. 다만, 특허청직원 및 특허심판원직원은 상속 또는 유증의 경우를 제외하고는 재직 중 상표를 등록받을 수 없다(상 제3조 제1항 단서).

[2] 상표권자 또는 그 상표권자의 상표를 사용하는 자는 제119조제1항제1호부터 제3호까지 및 제5호부터 제9호까지의 규정(상표등록의 취소사유)에 해당한다는 이유로 상표등록의 취소심판이 청구되고 그 청구일 이후에 (i) 존속기간이 만료되어 상표권이 소멸한 경우(ii)상표권자가 상표권 또는 지정상품의 일부를 포기한 경우 (iii) 상표등록 취소의 심결(審決)이 확정된 경우 중 어느 하나에 해당하게 된 경우 그 상표와 동일·유사한 상표[동일·유사한 상품(지리적 표시 단체표장의 경우에는 동일하다고 인정되는 상품을 말한다)을 지정상품으로 하여 다시 등록받으려는 경우로 한정한다]에 대해서는 그 해당하게 된 날부터 3년이 지난 후에 출원해야만 상표등록을 받을 수 있다(상 제34조 제3항).

[3] 상표법에서 정하여진 절차방식에 따라 출원절차를 진행해야 한다.

Ⅳ. 1상표 1출원주의

1. 의　의

현행 상표법에서는 1상표 다류 1출원주의를 원칙으로 하고 있다. 이 원칙에 따르면, 상표등록출원은 상표마다 별개로 하여야 하지만, 상품의 면에서는 2이상의 상품류 구분에 속하는 상품도 동시에 지정하여 하나의 출원으로 할 수 있다(상 제38조 제1항).

2. 요　건

[1] 요　건: (i) 산업통상자원부령이 정하는 상품류 구분 내일 것(상 제36조 제1항 제4호 및 상표법 시행규칙 제28조 제1항), (ii) 1류 구분 이상의 상품 을 지정하여 출원할 것, (iii) 상표마다 출원할 것을 그 요건으로 한다.

[2] **산업통상자원부령이 정하는 상품류 구분 내일 것**: 상표법 시행규칙 제28조 제1항 별표에서 상품류 구분을 정하고 있는데, 1998년 3월 1일부터 국내분류(니스분류)를 반영한 상품류 구분표를 마련하여 이용하고 있다.

[3] **1류 구분 이상의 상품을 지정하여 출원할 것**: 2007년 개정 상표법 시행규칙 개정 이래 '협의의 포괄명칭'으로 기재하는 것을 인정하였다. 협의의 포괄명칭이란 동일 상품

류 구분 내의 동일한 유사군 코드에 속하는 여러 상품을 포함하는 일반적인 상품명칭을 의미한다.

3. 판단 및 효력

[1] 1상표 1출원의 원칙에 위반하여 행해진 상표등록출원은 거절이유(상 제54조 제3호), 정보제공이유(상 제49조) 및 이의신청이유(상 제60조 제1항 제1호)에 해당한다. 하지만 이에 위반되어 잘못 등록되었다고 하더라도 무효로 되는 것은 아니라고 본다(상 제117조 제1항 제1호).

[2] 시기적 기준: 상표등록여부결정시를 기준으로 판단한다.

대법원 2005. 7. 15. 선고 2004후264 판결【거절결정(상)】

【판시사항】

"MUSCLETECH"로 구성된 출원상표의 지정상품인 '단백질을 주성분으로 한 근력강화용 식품영양보충제'는 상표법시행규칙 제6조 제1항 [별표 1] 상품류구분 제5류의 '약제'에 해당하여 그 상품명이 명확하므로, 상표법 제10조 제1항에 위반되지 않는다고 한 사례

대법원 2009. 10. 29. 선고 2009후2258 판결【거절결정(상)】

【판시사항】

출원인이 심사관으로부터 상품등록출원서에 기재된 지정상품이 상표법 시행규칙이 정하는 상품류 구분을 따르지 않고 그 유(유) 구분이 잘못 표시되었다는 이유로 거절이유를 통지받았음에도 그 의견서 제출기간 내에 상품류 구분을 바로잡는 보정을 하지 않은 경우, 상표법 제10조 제1항에 위배된 것으로서 같은 법 제23조 제1항 제1호에서 정한 상표등록의 거절사유에 해당되는지 여부(적극)

【판결요지】

상표법 제10조 제1항, 제14조, 제23조 제1항 제1호, 제2항, 제70조의2 각 규정들의 문언 내용 및 그 입법 취지가 출원인에게 상표등록출원에 관한 지정상품 및 상표를 보정할 수 있는 기회를 충분히 부여하는 것을 전제로 하여 상표등록출원이 같은 법 제10조 제1항에 위배되는 것을 상표등록의 거절사유로 규정함으로써 통일된 상품분류체계를 유지하고 결과적으로 상표등록출원에 대한 심사 및 등록절차를 합리적으로 규율하고자 하는 데에 있는 점 등을 종합하여 보면, 출원인이 심사관으로부터 상품등록출원서에 기재된 지정상품이 상표법 시행규칙이 정하는 상품류 구분을 따르지 않고 그 유(류) 구분이 잘못 표시되었다는 이유로 거절이유를 통지받았음에도 그 의견서 제출기간 내에 상품류 구분을 바로잡는 보정을 하지 않은 경우에 심사관은 거절결정을 하고, 출원인이 거절결정에 대한 불복심판을 청구하면서 그 청구일로부터 30일 이내에도 위와 같은 보정을 하지 않았다면 특허심판원은 그 거절결정을 유지하는 심결을 하여야 한다.

특허법원 2009. 6. 26. 선고 2009허2753 판결 【거절결정(상)】 상고

【판시사항】

[1] 출원인이 출원상표의 출원 보정서에 상품류 구분 분류 기재를 잘못한 경우, 그 출원상표의 출원이 상표법 제10조 제1항에서 정한 등록거절사유에 해당하는지 여부(소극)

[2] 결합상표의 유사 여부 판단 기준

[3] 출원상표 "

"와 선출원상표 ""는 유사하지 않으므로, 출원상표는 상표법 제8조 제1항에 해당하지 않는다고 한 사례

【판결요지】

[1] 상표법 제10조 제3항에 의하면 상품류 구분은 상품의 유사범위를 정하는 것은 아니므로, 지정상품의 표시가 상품류 구분상 어느 분류에 속하는지를 명백히 알 수 있고, 상표권의 보호범위를 정할 수 있을 정도로 명확한 이상, 단순히 그 상품류 구분 분류 기재를 잘못하였다고 하여 상표법 제10조 제1항에 위반된다고 할 수 없고, 특허청으로서는 그와 같은 경우 상품류 구분 분류 기재를 직권으로 바로잡아 심사절차나 상표등록절차를 진행하는 등의 방법을 강구하여야 한다. 따라서 출원인이 출원상표의 출원 보정서에 상품류 구분 분류 기재를 잘못한 경우, 그 출원상표의 출원은 상표법 제10조 제1항에서 정한 거절사유에 해당한다고 할 수 없다.

[2] 상표의 유사 여부는 두 개의 상표를 놓고 그 외관, 호칭, 관념 등을 객관적·전체적·이격적으로 관찰하여 거래상 일반 수요자나 거래자가 상표에 대하여 느끼는 직관적 인식을 기준으로 하여 그 상품의 출처에 대한 오인·혼동의 우려가 있는지의 여부에 의하여 판별되어야 하고, 문자와 문자 또는 문자와 도형의 각 구성 부분이 결합된 결합상표는 반드시 그 구성 부분 전체에 의하여 호칭·관념되는 것이 아니라 각 구성 부분을 분리하여 관찰하면 거래상 자연스럽지 못하다고 여겨질 정도로 불가분적으로 결합한 것이 아닌 한, 그 구성 부분 중 일부만으로 간략하게 호칭·관념될 수도 있으며, 또 하나의 상표에서 두 개 이상의 호칭이나 관념을 생각할 수 있는 경우에 그 중 하나의 호칭, 관념이 타인의 상표와 동일 또는 유사하다고 인정될 때에 두 상표는 원칙적으로 유사하다고 할 것이나, 두 상표의 외관, 호칭, 관념 중에서 어느 하나가 유사하더라도 그 동일하거나 유사한 부분이 두 상표에서 차지하는 비중, 다른 구성요소와 결합되어 있는 정도, 위치 및 두 상표의 전체적인 구성, 형태, 관념 등을 고려할 때 전체로서는 일반 수요자나 거래자가 명확히 지정상품의 출처에 관하여 오인·혼동을 일으킬 염려가 없는 경우에는 그 두 상표는 유사하지 않다.

[3] 출원상표 “

”의 도형 부분과 선출원상표 “”를 비교하면, 그 외관, 관념에서 일부 유사한 측면은 있으나, 그 호칭 및 전체적인 외관과 관념에서 차이가 있어서, 일반 수요자나 거래자가 그 출처를 오인·혼동할 정도는 아니므로, 양 상표는 유사하지 않아 출원상표는 상표법 제8조 제1항에 해당하지 않는다고 한 사례.

V. 선 출 원

[1] 선원주의: 선원주의란 동일 또는 유사한 상품에 사용할 동일 또는 유사한 상표에 관하여 다른 날에 2 이상의 상표등록출원이 경합하는 경우에는 제일 먼저 출원한 자에게 한하여 등록을 허여하는 제도다(상 제35조 제1항).

[2] 선원주의의 예외: 동일·유사한 상품에 사용할 동일·유사한 상표에 대하여 같은 날에 둘 이상의 상표등록출원이 있는 경우에는 출원인의 협의에 의하여 정하여진 하나의 출원인만이 그 상표에 관하여 상표등록을 받을 수 있다. 협의가 성립하지 아니하거나 협의를 할 수 없는 때에는 특허청장이 행하는 추첨에 의하여 결정된 하나의 출원인만이 상표등록을 받을 수 있다(상 제35조 제2항).

[3] 선원주의를 원칙적 채택하면서 사용주의를 가미하고 있다.

[4] 사용주의의 예: 주지 및 저명상표의 보호(상 제34조 제1항 제9호, 제10호, 제11호), 사용에 의한 자타상품식별력의 인정(상 제33조 제2항), 출원시 특례(상 제47조), 불사용에 의한 취소심판청구(상 제119조 제1항 제3호) 등이 존재한다.

[5] 선후출원간의 판단기준:

(i) 경합된 타인간의 동일출원: 동일, 유사한 상표출원시 먼저 출원한 자만이 보호되고 같은 날에 출원이 경합된 경우 출원자의 협의에 의하여 정하며, 협의를 하지 못하거나 할 수 없는 경우에는 특허청장이 행하는 추첨으로 결정된다(상 제35조 제2항).

(ii) 출원인의 동일한 경우: 선후출원 모두 등록이 가능. 하지만 지정상품이 동일한 경우에 동일한 상표를 출원하는 경우에는 후출원의 상표는 거절된다.

[6] 선원의 지위: 특허청에 계속중인 출원은 동일, 유사한 후출원에 대해 선원(先願)의 지위를 가진다.

[7] 선출원주의 적용효과의 상실: 상표등록출원한 선원상표와 후원의 상표가 특허청에 계속 중에 있어야 하나 그 출원인 중 한 사람이 출원을 포기, 취하한 경우에는 선원의

효과가 없다(상 제35조 제3항).

[8] 선원주의 위반 효과: 후출원이 특허청 심사관의 착오로 출원공고가 된 경우에는 이의신청을 할 수 있고, 심사관이 공고 후라도 직권으로 거절결정을 하여야 하고(상 제54조 제3호), 잘못되어 후출원이 등록된 경우에는 무효심판의 사유가 된다(상 제117조 제1항 제1호).

[9] 선원주의의 예외: 출원의 보정의 경우(상 제39조, 제40조), 출원분할의 경우(상 제45조 제2항), 출원변경의 경우(상 제44조 제3항), 우선권주장의 경우(상 제46조), 박람회에 출품한 상품에 사용한 상표를 출원한 경우(상 제47조)가 선원주의의 예외에 해당한다.

[10] 2013년 상표법 개정을 통하여 선등록 상표의 불사용을 이유로 취소심판을 청구한 자에 대한 6개월의 우선출원기간을 폐지(2013년 개정 이전의 상표법 제8조 제5항, 제6항 및 제8항)하여 취소심판청구보다 상표등록출원을 먼저 하도록 함으로써 취소심판청구의 남용 및 취소심판 청구인들 간의 출원경합을 방지하고자 하였다.

---

1. 대법원 2002. 1. 8. 선고 99후925 판결【거절사정(상)】

[공2002.3.1.(149),492]

【판시사항】

[1] 선출원의 상표가 등록된 후 무효가 된 경우, 선원의 지위를 인정할 수 있는지 여부(소극)

[2] 선출원의 인용상표가 후출원에 대한 거절사정불복심판의 심결시에 무효로 확정되지 않았다고 하더라도 그 후 무효로 확정된 경우, 인용상표의 등록은 심결시에 없었던 것이 되는지 여부(적극)

【판결요지】

[1] 선출원의 상표가 등록된 후 그 상표에 대한 등록무효심결이 확정된 때에는 상표등록과 그로부터 발생한 상표권은 처음부터 존재하지 아니하였던 것이 되므로 선출원이 처음부터 등록에 이르지 못하고 소멸된 경우와 마찬가지로 선출원 상표로서의 선원의 지위는 소급적으로 상실된다

[2] 선출원의 인용상표가 후출원에 대한 거절사정불복심판의 심결시에 무효로 확정되지 않았다고 하더라도 그 후 무효로 확정되면 그 등록은 처음부터 없었던 것으로 보는 것이므로 결국 인용상표의 등록은 후출원에 대한 거절사정불복심판의 심결시에 없었던 것이 된다.

【참조조문】

[1] 상표법 제8조 제1항, 제3항, 제71조 제3항[2] 상표법 제8조 제1항, 제3항, 제71조 제3항

【참조판례】

[1] 대법원 1991. 3. 22. 선고 90후281 판결(공1991, 1284)
대법원 1994. 11. 22. 선고 94후1121 판결(공1995상, 111)
대법원 1996. 10. 25. 선고 96후566 판결(공1996하, 3445)
대법원 1997. 3. 14. 선고 96후801 판결(공1997상, 1115)
대법원 1997. 9. 12. 선고 97재후58 판결(공1997하, 3109)
대법원 2001. 11. 30. 선고 97후3579 판결(공2002상, 212)

【전 문】

【원고, 피상고인】 클라우드 레이벌 코포레이숀(소송대리인 법무법인 한미 담당변호사 김재훈)

【피고, 상고인】 특허청장

【원심 판결】 특허법원 1999. 3. 18. 선고 98허9109 판결

【주 문】

상고를 기각한다. 상고비용은 피고의 부담으로 한다.

【이 유】

상고이유를 판단한다.

1. 제1 내지 3점에 대하여

선출원의 상표가 등록된 후 그 상표에 대한 등록무효심결이 확정된 때에는 상표등록과 그로부터 발생한 상표권은 처음부터 존재하지 아니하였던 것이 되므로 선출원이 처음부터 등록에 이르지 못하고 소멸된 경우와 마찬가지로 선출원 상표로서의 선원의 지위는 소급적으로 상실된다고 보아야 할 것이다(대법원 1997. 9. 12. 선고 97재후58 판결 등 참조). 같은 취지에서 이 사건 출원상표보다 선출원된 인용상표가 그 후 등록에 이르렀다가 등록무효심결이 확정되어 소멸되었으므로 인용상표의 선원의 지위는 소급적으로 상실되었고 이 사건 출원상표는 적법하게 등록될 수 있다고 본 원심의 판단은 정당하고, 거기에 상고이유에서 지적하는 바와 같은 법리오해 등의 위법이 있다고 할 수 없다. 상고이유에서 내세우고 있는 대법원 판례들은 상표법 제7조 제1항 제8호에 관한 것으로서, 상표법 제8조 제1항의 적용 여부가 문제되는 이 사건과는 사안을 달리하므로 이 사건에서 원용하는 것은 적절치 아니하다.

이 부분 상고이유의 주장은 모두 이유 없다.

2. 제4점에 대하여

원심은, 심결취소소송에 있어서 심결의 위법 판단 기준시는 심결시가 되어야 하는바

이 사건 심결 당시에는 인용상표가 무효로 확정되지 아니하였으므로 이러한 심결 후의 사정은 참작할 수 없다는 취지의 피고의 주장에 대하여 인용상표가 후출원에 대한 거절사정불복심판의 심결시에 무효로 확정되지 않았다고 하더라도 그 후 무효로 확정되면 그 등록은 처음부터 없었던 것으로 보는 것이므로 결국 인용상표의 등록은 심결시에 없었던 것이 된다는 이유로 배척하였는바, 원심의 그와 같은 판단은 정당하고, 거기에 상고이유에서 지적하는 바와 같은 심결의 위법성 판단 기준시에 관한 법리오해의 위법이 있다고 할 수 없다.

이 부분 상고이유의 주장도 이유 없다.

3. 그러므로 상고를 기각하고, 상고비용은 패소자의 부담으로 하기로 하여 관여 대법관의 일치된 의견으로 주문과 같이 판결한다.

대법관 서성(재판장) 이용우 배기원(주심) 박재윤

2. 대법원 2002. 10. 25. 선고 2001후2825 판결【등록무효(상)】

[공2002.12.15.(168),2914]

【판시사항】

[1] 상표법 제8조 제2항 규정이 상표등록출원과 서비스표등록출원 사이에 적용되는지 여부(적극), 위 규정이 동일인에 의한 출원의 경우에도 적용되는지 여부(소극) 및 위 규정에 해당하는지 여부의 판단 기준 시점(=등록사정시)

[2] 등록상표와 인용서비스표의 출원이 동일인에 의한 출원이었는지 여부에 대한 심리미진을 이유로 원심 판결을 파기한 사례

【판결요지】

[1] 상표법 제8조 제2항은 "동일 또는 유사한 상품에 사용할 동일 또는 유사한 상표에 관하여 같은 날에 2 이상의 상표등록 출원이 있는 때에는 출원인의 협의에 의하여 정하여진 하나의 출원인만이 그 상표에 관하여 상표등록을 받을 수 있다. 협의가 성립하지 아니하거나 협의를 할 수 없는 때에는 특허청장이 행하는 추첨에 의하여 결정된 하나의 출원인만이 상표등록을 받을 수 있다"고 규정하고 있고, 같은 조 제4항은 "특허청장은 제2항의 경우에는 출원인에게 기간을 정하여 협의의 결과를 신고할 것을 명하고 그 기간 내에 신고가 없는 때에는 제2항의 규정에 의한 협의는 성립되지 아니한 것으로 본다"고 규정하고 있는바, 이들 규정은 상표등록 출원과 서비스표등록 출원 사이에도 적용될 수 있으나, 서로 다른 사람에 의한 2 이상의 출원의 경우에만 적용이 될 뿐 동일인에 의한 출원의 경우에는 적용될 여지가 없다 할 것이고, 위 규정에 해당하는지 여부는 등록사정시를 기준으로 판단하여야 한다.

[2] 등록상표와 인용서비스표의 출원이 동일인에 의한 출원이었는지 여부에 대한 심리 미진을 이유로 원심 판결을 파기한 사례.

【참조조문】

[1] 상표법 제8조 제2항, 제4항[2] 상표법 제8조 제2항, 제4항

【전 문】

【원고,피상고인】 김용희 외 1인(소송대리인 변리사 주호준)

【피고,상고인】 이규관(소송대리인 변리사 이영규 외 2인)

【원심 판결】 특허법원 2001. 8. 30. 선고 2001허2887 판결

【주 문】

원심 판결을 파기하고, 사건을 특허법원에 환송한다.

【이 유】

원심은 그 채용 증거에 의하여, 이 사건 등록상표 "Jet Master"가 그 지정상품인 '컴퓨터프린터용 잉크' 등의 성질을 표시하는 기술적 표장에 해당한다고 보기는 어려우나, 이 사건 등록상표와 동일한 인용서비스표가 이 사건 등록상표의 지정상품과 유사한 서비스업인 '컴퓨터프린터용 잉크 판매대행업' 등을 지정서비스업으로 하여 같은 날 출원되었음에도 불구하고 상표법 제8조 제2항 및 제4항에서 정한 절차를 거치지 아니한 채 등록되었으므로, 결국 이 사건 상표등록이 무효로 되어야 한다는 취지로 판단하였다.

상표법 제8조 제2항은 "동일 또는 유사한 상품에 사용할 동일 또는 유사한 상표에 관하여 같은 날에 2 이상의 상표등록 출원이 있는 때에는 출원인의 협의에 의하여 정하여진 하나의 출원인만이 그 상표에 관하여 상표등록을 받을 수 있다. 협의가 성립하지 아니하거나 협의를 할 수 없는 때에는 특허청장이 행하는 추첨에 의하여 결정된 하나의 출원인만이 상표등록을 받을 수 있다"고 규정하고 있고, 같은 조 제4항은 "특허청장은 제2항의 경우에는 출원인에게 기간을 정하여 협의의 결과를 신고할 것을 명하고 그 기간 내에 신고가 없는 때에는 제2항의 규정에 의한 협의는 성립되지 아니한 것으로 본다"고 규정하고 있는바, 이들 규정은 상표등록 출원과 서비스표등록 출원 사이에도 적용될 수 있으나, 서로 다른 사람에 의한 2 이상의 출원의 경우에만 적용이 될 뿐 동일인에 의한 출원의 경우에는 적용될 여지가 없다 할 것이고, 위 규정에 해당하는지 여부는 등록사정시를 기준으로 판단하여야 할 것이다.

원심이 상표등록 출원과 서비스표등록 출원 사이에도 상표법 제8조 제2항이 적용될 수 있다고 본 것은 정당하나, 출원인 명의는 등록 전까지 변경될 수 있는 것인데, 기록에 의하면 이 사건 등록상표와 인용서비스표의 등록명의인이 서로 다른 사람인 사실만이 인정될 뿐 양 표장의 출원인도 동일한 사람이었다고 인정할 증거가 없는 한편 유사한

상품 및 서비스업에 관하여 같은 날 서로 다른 사람에 의하여 동일한 표장으로 상표등록 출원과 서비스표등록 출원이 있었던 경우에는 위 상표법 규정에 따라 특허청장이 출원인들에게 기간을 정하여 협의의 결과를 신고할 것을 명하여야 함에도 불구하고 이를 명한 흔적이 없으므로, 원심으로서는 이 사건 등록상표의 등록사정시를 기준으로 하여 과연 이 사건 등록상표와 인용서비스표가 서로 다른 사람에 의하여 출원되었는지 여부에 관하여 좀더 심리하여 사실을 확정하여야 할 필요가 있었다 할 것이다(상고이유서에 첨부된 자료에 의하면 양 출원은 동일인에 의하여 행하여진 것으로 추지된다).

그럼에도 불구하고, 원심이 이 사건 등록상표와 인용서비스표의 등록원부에 등록명의인이 서로 다르게 기재되어 있는 사실만에 근거하여 이 사건 등록상표의 출원인과 인용서비스표의 출원인이 서로 다른 사람이었다고 단정한 채 상표법 제8조 제2항 및 제4항에 정한 절차를 거치지 아니하여 이 사건 상표등록이 무효로 되어야 한다고 판단한 것은, 이 사건 등록상표와 인용서비스표의 출원이 동일인에 의한 출원이었는지 여부에 대한 심리를 미진하여 판결 결과에 영향을 미친 잘못이 있다고 보아야 할 것이고, 이를 지적하는 상고는 그 이유가 있다.

그러므로 원심 판결을 파기하고, 사건을 다시 심리·판단하도록 특허법원에 환송하기로 하여, 관여 법관의 일치된 의견으로 주문과 같이 판결한다.

대법관 유지담(재판장) 조무제 강신욱 손지열(주심)

3. 대법원 2002. 10. 11. 선고 2000후2804 판결【등록무효(상)】

[공2002.12.1.(167),2756]

【판시사항】

등록상표 "상화 + 도형"과 인용상표 "목, 화, 토, 금, 수 + 상화 + 도형"의 유사 여부(적극) 및 그 지정상품의 유사 여부(한정 적극)

【판결요지】

등록상표는 사람의 얼굴을 닮은 타원형의 도형 아래에 한글로 '상화'라고 표기되어 있는 문자와 도형의 결합상표이고, 인용상표는 중앙의 원 내에 작은 글씨로 '상화'라고 표기하고 그 주위에는 화살표가 교차하면서 오각형 형상을 이루고 그 둘레에는 위에서부터 시계방향으로 일정한 간격을 둔 5개의 원 내부에 한자로 '목, 화, 토, 금, 수'라고 표기하고, 5개의 원과 원 사이에는 화살표를 시계방향으로 표기하여 구성한 문자, 기호 및 도형의 결합상표로서 등록상표와 인용상표는 외관은 서로 다르나, 호칭 및 관념이 '상화'로서 동일하여 전체적으로 유사한 상표라고 할 것이고, 등록상표의 지정상품 중 콩, 화분, 옥수수와 인용상표의 지정상품인 곡물혼합가루 등은 거래통념상 동일 유사한 상표를 사용할 경우에 출처의 오인 혼동을 일으킬 염려가 있는 유사한 상품에 속한다고 할 것이나, 등록상표의 나머지 지정상품인 개 사육용 사료, 라면, 국수와 인용상표의 지정상품은 품질, 형상, 용도, 생산자 및 유통경로 등이 달라 거래관념상 유사한 상품이라고 볼 수 없다.

【참조조문】

상표법 제8조 제1항 , 제71조 제1항 제1호

【전 문】

【원고, 상고인】 주식회사 오행생식(소송대리인 법무법인 우방 외 1인)

【피고, 피상고인】 주식회사 오행육기(소송대리인 변리사 송윤기)

【원심 판결】 특허법원 2000. 9. 8. 선고 2000허2880 판결

【주 문】

원심 판결 중, 이 사건 등록상표의 지정상품 중 개 사육용 사료, 라면, 국수에 관한 원고 패소 부분을 파기하고, 이 부분 사건을 특허법원으로 환송한다. 나머지 상고를 기각한다.

【이 유】

상고이유(상고이유서 제출기간이 경과한 후에 제출된 각 상고이유보충서의 기재는 상고이유를 보충하는 범위 내에서)를 본다.

1. 원심은, 원고가 1998. 2. 10. 지정상품을 콩, 화분, 옥수수, 개 사육용 사료, 라면, 국수 등으로 출원하여 1998. 12. 10. 등록사정을 거쳐 1999. 2. 8. 등록된 이 사건 등록상표(상표등록번호 제440954호)와 그보다 먼저 출원된 인용상표(상표등록번호 제419619호)를 대비하여, 먼저 이 사건 등록상표와 인용상표는 외관에 있어서는 서로 구별되나, 이 사건 등록상표는 일반 수요자에게 도형부분 및 문자부분으로 분리 관찰되어 문자부분에 의하여 '상화'로 호칭, 관념될 수 있고, 이에 대하여 인용상표는 문자와 도형 및 기호의 각 구성부분이 분리 관찰되면 거래상 자연스럽지 못하다고 여겨질 정도로 불가분적으로 결합되어 있다고 보기 어려운데, 그 지정상품의 성격상 거래자들이 특별히 동양철학에 지식이 있다고 보기 어려우므로 전체적인 구성이나 도형 및 기호부분에서는 특별한 호칭이나 관념을 생각하기 어렵고, 문자부분 중 '목, 화, 토, 금, 수'라고 표기되어 있는 부분은 위와 같은 거래자들이 '오행의 기'를 표기한 것으로 인식하기 보다는 요일을 순서 없이 표기한 것으로 인식할 가능성이 많아 식별력이 약하므로, 인용상표는 중앙의 원내의 '상화'에 의하여 호칭, 관념될 것이며, 따라서 양 상표는 외관은 다르나 다 같이 '상화'로 호칭, 관념될 경우 일반 수요자나 거래자로 하여금 상품의 출처에 관하여 오인 혼동을

일으키게 할 염려가 있고, 나아가 양 상표의 지정상품은, 그 품질, 형상, 용도와 생산자, 판매자, 수요자의 일치여부 등 거래의 실정을 종합하여 보면, 일반 거래의 통념상 동일·유사하므로, 결국 이 사건 등록상표는 상표법 제8조 제1항의 규정에 위반되어 등록된 것으로 같은 법 제71조 제1항 제1호의 규정에 의하여 그 등록이 무효라고 판단하였다.

2. 기록에 의하면, 이 사건 등록상표는 인용상표와 외관은 다르나 호칭 및 관념이 '상화'로서 동일하여 전체적으로 유사한 상표라고 할 것이고, 이 사건 등록상표의 지정상품 중 콩, 화분, 옥수수와 인용상표의 지정상품인 곡물혼합가루 등은 거래통념상 동일 유사한 상표를 사용할 경우에 출처의 오인 혼동을 일으킬 염려가 있는 유사한 상품에 속한다고 할 것이므로, 원심이 양 상표가 유사하고 양 상표의 위 지정상품도 서로 유사하다고 판단한 것은 정당하고, 이 범위 내의 원심 판결에 상고이유로 주장하는 바와 같은 법리오해 등의 위법이 있다 할 수 없다.

따라서 이 점에 관한 상고이유는 받아들일 수 없다.

그러나 이 사건 등록상표의 나머지 지정상품인 개 사육용 사료, 라면, 국수(원고는 2001. 7. 10. 당초 지정상품에 포함되어 있던 효모, 두유, 야채주스, 시금치에 대한 상표권을 포기하고 말소등록이 이루어짐에 따라 이들 지정상품에 관한 주장은 상고이유에서 철회하였다) 와 인용상표의 지정상품인 곡물혼합가루, 현미가루, 산초나무, 야채주스, 두유, 효모, 밀감, 대추(등록당시에는 농산물 이유식과 곡물을 원료로 한 건강식품도 지정상품에 포함되어 있었으나, 2001. 10. 4.경 그 등록무효심결이 확정되어 이 사건 등록상표의 지정상품과 대비할 수 없게 되었고, 반면에 위 곡물혼합가루, 현미가루는 비록 피고가 2000. 8. 14. 그 상표권을 포기하여 말소등록이 이루어졌다고는 하나 이 사건 등록상표의 등록사정시에는 존재하고 있었으므로 이 사건 등록상표의 지정상품과 대비할 수 있다) 는 품질, 형상, 용도, 생산자 및 유통경로 등이 달라 거래관념상 유사한 상품이라고 볼 수 없다.

그럼에도 원심이 이 사건 등록상표의 지정상품 중 개 사육용 사료, 라면, 국수는 인용상표의 지정상품과 유사상품이므로 이들 지정상품에 관하여도 그 등록이 무효라고 판단한 것은 상품 유사 여부 판단에 관한 법리를 오해하여 판결에 영향을 미친 위법을 저지른 것이다.

따라서 이 범위 내의 상고이유는 이유 있다.

3. 그러므로 원심 판결 중, 이 사건 등록상표의 지정상품 중 개 사육용 사료, 라면, 국수에 관한 원고 패소 부분을 파기하고, 이 부분 사건을 다시 심리·판단하게 하기 위하여 원심법원으로 환송하고, 나머지 상고를 기각하기로 하여 관여 법관의 일치된 의견으로 주문과 같이 판결한다.

대법관 이규홍(재판장) 송진훈 변재승(주심) 윤재식

4. 대법원 1998. 5. 15. 선고 97후1382 판결【거절사정(상)】

[공1998.6.15.(60),1634]

【판시사항】

지정상품인 산업용 또는 건축용 접착제와 치과용 접착제의 유사 여부(소극)

【판결요지】

본원상표의 지정상품인 산업용 또는 건축용 접착제와 인용상표의 지정상품인 치과용 접착제는 모두 상표법시행규칙상의 상품류구분 제10류에 속하지만, 본원상표의 지정상품은 모두 산업용 또는 건축용으로서 그 형상, 용도의 면에서 의료용인 인용상표의 지정상품과 쉽게 구별되고, 본원상표의 지정상품은 산업용 또는 건축용품 제조업체에서 생산되어 화공약품상 또는 건축자재상을 통하여 판매되는데 반하여, 인용상표의 지정상품은 의료용품 전문 제조업체에서 생산되어 의료용품 전문 판매점을 통하여 판매될 것이고, 그 수요자에 있어서도 본원상표의 지정상품들은 산업현장 또는 건축현장에서 필요로 함에 대하여 인용상표의 지정상품은 병원 등 의료기관이나 의사 등 의료업 종사자가 필요로 할 것이므로, 양 상표의 지정상품은 그 형상, 용도 및 거래의 실정 등에 비추어 일반거래의 통념상 동일 또는 유사한 것이라고 단정할 수 없다.

【참조조문】

상표법 제7조 제1항 제7호 , 제8조 제1항

【참조판례】

대법원 1994. 11. 25. 선고 94후1435 판결(공1995상, 114)대법원 1994. 12. 2. 선고 93후1285 판결(공1995상, 492)대법원 1997. 2. 14. 선고 96후924 판결(공1997상, 774)대법원 1997. 6. 27. 선고 96후1903, 1910 판결(공1997하, 2179)

【전 문】

【출원인, 상고인】 앳슈랜드 인코포레이티드(소송대리인 변호사 이재후 외 4인)

【상대방, 피상고인】 특허청장

【원심심결】 특허청 항고심판소 1997. 3. 28.자 96항원739 심결

【주 문】

원심심결을 파기하고, 이 사건을 특허청 특허심판원에 환송한다.

【이 유】

상고이유를 판단한다.

원심심결 이유에 의하면, 원심은 이 사건 출원상표(이하 본원상표라 한다) "PLIOGRIP"과 선출원에 의하여 등록된 인용상표(등록 제323978호) "POLI - GRIP"을 대비하여 그 유사 여

부를 판단하면서, 양 상표는 모두 조어상표로서 특별한 관념은 없으나, 칭호에 있어서 본원상표는 '프리오그립'로 인용상표는 '포리그립' 또는 '폴리그립'으로 호칭되어 그 청감이 극히 유사하고, 외관에 있어서도 'LIO'와 'OLI'에서 일부 알파벳의 위치가 도치되고 인용상표의 'POLI'와 'GRIP' 사이에 ' - '가 있고 없음의 차이는 있지만 전체적으로 볼 때 극히 유사하여, 양 상표는 전체적, 객관적, 이격적으로 관찰할 때 유사한 상표라 할 것이고, 한편 본원상표의 지정상품인 산업용 또는 건축용 접착제와 인용상표의 지정상품인 치과용 접착제는 모두 상품류구분의 동일류 동일군에 속하는 상품으로서, 그 용도 및 수요자에 있어서는 차이가 있지만 상품 자체의 속성인 원료, 품질, 형상, 기능, 작용방법 및 생산자, 판매처, 거래실정에 있어서는 유사하므로, 양 상표의 지정상품 역시 극히 유사하다 하여, 양 상표를 그 지정상품에 함께 사용할 경우 일반 수요자나 거래자로 하여금 상품출처의 오인·혼동을 일으키게 할 염려가 있다는 이유로 상표법 제8조에 의하여 본원상표의 등록을 거절한 원사정은 정당하다고 판단하였다.

그러나 출원상표가 인용상표와 동일·유사하다 하더라도 인용상표의 지정상품과 동일 또는 유사한 지정상품에 사용되는 경우가 아니면 상표법상 등록을 받을 수 없는 상표에 해당하지 않는다 할 것이고, 상표법 제10조 제1항 및 같은법시행규칙 제6조 제1항에 의한 상품류 구분은 상표등록사무의 편의를 위하여 구분한 것으로서 상품의 유사 범위를 정한 것은 아니므로(상표법 제10조 제2항), 상품류구분표의 같은 유별에 속하고 있다고 하여 곧바로 동일 또는 유사한 상품이라고 단정할 수는 없으며, 지정상품의 동일·유사 여부는 상품의 속성인 품질, 형상, 용도와 생산 부문, 판매 부문, 수요자의 범위 등 거래의 실정 등을 고려하여 일반거래의 통념에 따라 판단하여야 할 것이다(당원 1994. 11. 25. 선고 94후1435 판결, 1994. 12. 2. 선고 93후1285 판결 등 참조).

기록에 의하면, 본원상표의 지정상품과 인용상표의 지정상품은 모두 상표법시행규칙상의 상품류구분 제10류에 속하지만, 양 상표의 지정상품이 그 품질, 형상, 용도 및 거래의 실정 등에 비추어 유사하다고 볼 수 있는 자료는 보이지 아니하고, 오히려 본원상표의 지정상품은 모두 산업용 또는 건축용으로서 그 형상, 용도의 면에서 의료용인 인용상표의 지정상품과 쉽게 구별되고, 본원상표의 지정상품은 산업용 또는 건축용품 제조업체에서 생산되어 화공약품상 또는 건축자재상을 통하여 판매되는데 반하여, 인용상표의 지정상품은 의료용품 전문 제조업체에서 생산되어 의료용품 전문 판매점을 통하여 판매될 것이고, 그 수요자에 있어서도 본원상표의 지정상품들은 산업현장 또는 건축현장에서 필요로 함에 대하여 인용상표의 지정상품은 병원 등 의료기관이나 의사 등 의료업 종사자가 필요로 할 것이므로, 양 상표의 지정상품은 그 형상, 용도 및 거래의 실정 등에 비추어 일반거래의 통념상 동일 또는 유사한 것이라고 단정할 수 없다 할 것이다.

그럼에도 불구하고 원심은 본원상표의 지정상품들과 인용상표의 지정상품이 서로 동일 또는 유사한 상품이라고 판단하고 말았으니, 그러한 원심심결에는 상표법상 유사 상품에 관한 법리를 오해하였거나 심리를 다하지 아니한 위법이 있다고 할 것이고, 이와 같은 위법은 심결 결과에 영향을 미쳤음이 명백하므로 이 점을 지적하는 논지는 이유 있다.

그러므로 원심심결을 파기하고, 이 사건을 다시 심리·판단하도록 하기 위하여 특허청 특허심판원에 환송하기로 하여 관여 법관의 일치된 의견으로 주문과 같이 판결한다.

대법관 신성택(재판장) 천경송(주심) 지창권 송진훈

5. 대법원 2015. 3. 20. 선고 2014후2764 판결 【등록무효(상)】

【판시사항】

선등록상표 "M·U·S"의 등록권리자이고 선출원상표 "MUS"의 출원인인 갑 주식회사가 등록상표 "M·U S&C"의 등록권리자인 을 주식회사를 상대로 등록상표가 선등록상표 및 선출원상표와의 관계에서 상표법 제7조 제1항 제7호, 제8조 제1항에 해당한다며 등록무효심판을 청구하였으나 특허심판원이 청구를 기각한 사안에서, 등록상표는 상표법 제7조 제1항 제7호 및 제8조 제1항에 해당하여 등록무효사유가 있다고 한 사례

【참조조문】

상표법 제7조 제1항 제7호, 제8조 제1항

【전 문】

【원고, 피상고인】 주식회사 엠유스포츠(소송대리인 특허법인 태평양 담당변리사 임유근 외 1인)

【피고, 상고인】 주식회사 엠유에스앤씨(소송대리인 특허법인 에이아이피 담당변리사 이수완 외 5인)

【원심 판결】 특허법원 2014. 11. 21. 선고 2014허4517 판결

【주 문】

상고를 기각한다. 상고비용은 피고가 부담한다.

【이 유】

상고이유를 판단한다.

1. 문자와 문자 또는 문자와 도형 등이 결합된 상표는 상표를 구성하는 전체에 의하여 생기는 외관, 호칭, 관념을 기준으로 하여 상표의 유사 여부를 판단하는 것이 원칙이나,

그 결합관계 등에 따라서는 '독립하여 자타 상품을 식별할 수 있는 구성 부분'만으로도 거래될 수 있다고 인정되는 경우에는 그 부분을 분리·추출하여 그로부터 생기는 호칭 또는 관념을 기준으로 상표의 유사 여부를 판단할 수 있다. 이때 상표의 일부 구성 부분이 독립하여 자타 상품을 식별할 수 있는 부분에 해당하는지 여부는 그 부분이 지니고 있는 관념, 지정상품과의 관계, 거래사회의 실정 등을 감안하여 객관적으로 판단하여야 한다(대법원 2014. 6. 26. 선고 2012다12849 판결 등 참조).

2. 원심 판결 이유에 의하면, 원심은 그 채용 증거들을 종합하여 판시와 같은 사실을 인정한 다음 오른쪽 표의 윗 부분과 같이 구성된 이 사건 등록상표(상표등록번호 생략) 중 "M·U S" 부분은 그 지정상품과 관련하여 독립하여 자타 상품을 식별할 수 있는 식별력이 있는 요부에 해당한다고 판단하고, 그 요부에 해당하는 "M·U S"와 (오른쪽 표의 중간 부분 및 아랫 부분과 같이 구성된) 선등록상표 및 선출원상표를 대비하면, 색채나 "M·U·S"의 유무 등에서 외관의 차이가 있으나, 모두 "엠유에스"로 호칭되어 전체적으로 표장이 유사하므로, 이 사건 등록상표는 상표법 제7조 제1항 제7호 및 제8조 제1항에 해당하여 등록무효 사유가 있다고 판단하였다.

이 사건 등록상표
M·U S&C
선등록상표
M·U·S
선출원상표
MUS

위 법리와 기록에 비추어 살펴보면, 원심의 이러한 판단은 정당하고, 거기에 상고이유 주장과 같이 상표의 유사 여부 판단에 관한 법리를 오해하는 등의 위법이 없다.

3. 그러므로 상고를 기각하고, 상고비용은 패소자가 부담하도록 하여 관여 대법관의 일치된 의견으로 주문과 같이 판결한다.

대법관　이인복(재판장) 김용덕 고영한(주심) 김소영

제 8 절 상표의 등록출원 및 심사절차

Ⅰ. 국내등록출원

1. 의 의

[1] 일정한 자격을 갖춘 자가 서면(출원서)으로 하나의 상표에 대하여 하나의 출원을

하면, 특허청은 심사를 거쳐 식별력이 있다고 판단된 경우에는 독점배타적인 권리를 부여한다.

[2] 출원서 등의 제출: 등록출원서와 함께 아래의 서류, 견본, 파일 등을 제출하여야 한다(상표법 시행규칙 제28조 제2항).

(i) 상표견본[소리·냄새 등 시각적으로 인식할 수 없는 표장(상표법 시행령 제2조 제3호에 해당하는 표장)만으로 된 상표인 경우는 제외한다]

(ii) 상표에 대한 설명서[단일의 색채, 색채의 조합, 홀로그램, 연속된 동작 등 시각적으로 인식할 수 있는 표장(상표법 시행령 제2조 제2호에 해당하는 표장)만으로 된 상표 및 소리·냄새 등 시각적으로 인식할 수 없는 표장(상표법 시행령 제2조 제3호에 해당하는 표장)을 포함한 상표만 해당한다]

(iii) 소리·냄새 등 시각적으로 인식할 수 없는 표장(상표법 시행령 제2조 제3호에 해당하는 표장)을 포함하는 상표의 경우 시각적 표현(해당 표장을 문자·숫자·기호·도형 또는 그 밖의 방법을 통하여 시각적으로 인식하고 특정할 수 있도록 구체적으로 표현한 것을 말한다. 이하 같다)

(iv) 시각적 표현에 합치하는 소리파일[소리·냄새 등 시각적으로 인식할 수 없는 표장(상표법 시행령 제2조 제3호에 해당하는 소리 표장)을 포함한 상표만 해당한다]

(v) 시각적 표현에 합치하는 다음 중 어느 하나에 해당하는 냄새견본[소리·냄새 등 시각적으로 인식할 수 없는 표장(상표법 시행령 제2조 제3호에 해당하는 냄새 표장)을 포함한 상표만 해당한다]

i) 냄새를 담은 밀폐용기(이하 "밀폐용기"라 한다) 3통

ii) 냄새가 첨가된 패치(이하 "향 패치"라 한다) 30장

(vi) 동작의 특징을 나타내는 영상을 수록한 전자적 기록매체[단일의 색채, 색채의 조합, 홀로그램, 연속된 동작 등 시각적으로 인식할 수 있는 표장(상표법 시행령 제2조 제2호에 해당하는 표장)으로서 연속된 동작 표장을 포함한 상표만 해당한다]

(vii) 상표법 시행규칙 별지 제4호서식의 정관 또는 규약의 요약서(단체표장등록출원, 지리적 표시 단체표장등록출원, 증명표장등록출원 및 지리적 표시 증명표장등록출원만 해당한다)

(viii) 대리인에 의하여 절차를 밟는 경우에는 그 대리권을 증명하는 서류

[3] 상표법 제36조 제1항: (i) 출원인의 성명 및 주소(법인인 경우에는 그 명칭 및 영업소의 소재지를 말한다), (ii) 출원인의 대리인이 있는 경우에는 그 대리인의 성명 및 주소나 영업소의 소재지[대리인이 특허법인·특허법인(유한)인 경우에는 그 명칭, 사무소의 소재지 및 지정된 변리사의 성명을 말한다], (iii) 상표, (iv) 지정상품 및 산업통상자원부령으로 정하는 상품류(이하 "상품류"라 한다), (v) 상표등록출원 시 상표등록출원서에 그 취지, 최초로 출원한 국가명 및 출원 연월일(제46조제3항에 따른 사항)(우선권을 주장하는 경우만 해당한다), (vi) 그 밖에 산업통상자원부령으로 정하는 사항을 기재한 상표등록출원서를 특허청장에게 제출하여야 한다.

[4] 서류제출방법: 서면제출, 온라인으로 전자문서를 전송하는 방법, 전자적 기록매체에 수록하여 제출하는 방법 등이 있다.

상표에 관한 절차를 밟는 자가 상표법 제30조 제1항에 따라 특허청장 또는 특허심판원장에게 제출하는 상표등록출원서와 그 밖의 서류를 전자문서로 제출하려는 경우에는 해당 서류를 특허청에서 제공하는 소프트웨어 또는 특허청 홈페이지를 이용하여 작성하여야 한다(상표법 시행규칙 제18조).

전자문서를 상표법 제30조제1항에 따른 이동식 저장매체 등 전자적 기록매체(이하 "전자적 기록매체"라 한다)에 수록하여 제출하는 경우에는 「특허법 시행규칙」 별지 제7호서식의 전자문서첨부서류등 물건제출서에 전자적 기록매체를 첨부하여 특허청장 또는 특허심판원장에게 제출하여야 한다(상표법 시행규칙 제20조 제1항).

[5] 상표에 관한 절차를 온라인으로 밟고자 하는 자는 특허청 또는 특허심판원에 자신의 고유번호(출원인코드)의 부여를 신청하여야 한다. 출원인 코드를 부여받은 자는 주소, 인감 등의 변경신고서를 제출하여 이를 변경할 수 있고, 또한 출원인코드를 이중으로 부여받았거나 잘못 부여받은 경우에도 이를 신청에 의하여 정정할 수 있다(상 제29조 제1항 및 상표법 시행규칙 제16조).

2. 출원의 적법요건

[1] 출원적격자의 공통사항:

- 권리능력이 있는 자로,
- 상표등록을 받을 수 있는 권리자이며,
- 출원절차를 밟을 수 있는 절차능력이 있거나 대리권이 있어야 한다.

[2] 출원부적격자의 출원: 출원시 불수리처리, 보정명령(상 제39조) 및 거절결정의 대상(상 제54조)에 해당한다.

[3] 착오로 등록공고가 된 경우: 이의신청(상 제60조), 직권심사의 대상(상 제67조)에 해당한다.

[4] 착오로 상표가 된 경우: 상표무효의 대상(상 제117조 제1항)에 해당한다.

[5] 상표를 받을 수 없는 자:

(i) 특허청 및 특허심판원 직원(상 제3조 제1항 단서): 특허청 직원 및 특허심판원 직원은 상속 또는 유증의 경우를 제외하고는 재직 중 상표를 받을 수 없다.

(ii) 무권리자(상 제48조 제1항): 진정한 상표등록출원인이 아닌 자로서 상표등록을 받을 수 있는 권리를 승계하지 아니한 자가 정당한 권원없이 상표출원한 경우(상 제48조 제1항)

3. 상표출원의 서류

[1] 상표등록 출원서에는 (i) 출원인의 성명 및 주소(법인인 경우에는 그 명칭 및 영업소의 소재지를 말한다), (ii) 출원인의 대리인이 있는 경우에는 그 대리인의 성명 및 주소나 영업소의 소재지[대리인이 특허법인·특허법인(유한)인 경우에는 그 명칭, 사무소의 소재지 및 지정된 변리사의 성명을 말한다], (iii) 상표, (iv) 지정상품 및 산업통상자원부령으로 정하는 상품류(이하 "상품류"라 한다), (v) 상표등록출원 시 상표등록출원서에 그 취지, 최초로 출원한 국가명 및 출원 연월일(제46조제3항에 따른 사항)(우선권을 주장하는 경우만 해당한다), (vi) 그 밖에 산업통상자원부령으로 정하는 사항을 기재한 상표등록출원서를 특허청장에게 제출하여야 한다(상 제36조 제1항).

[2] 상표등록을 받으려는 자는 상표법 시행규칙(=산업통상자원부령)으로 정하는 바에 따라 그 표장에 관한 설명을 상표등록출원서에 적어야 한다(상 제36조 제2항). 따라서 상표법 제36조제1항에 따라 상표등록을 받으려는 자는 상표등록출원서에 다음의 서류, 파일 또는 견본 등을 첨부하여 특허청장에게 제출하여야 한다(상표법 시행규칙 제28조 제2항).

(i) 상표견본[소리·냄새 등 시각적으로 인식할 수 없는 것(상표법 시행령 제2조제3호)에 해당하는 표장만으로 된 상표인 경우는 제외한다]

(ii) 상표에 대한 설명서[단일의 색채, 색채의 조합, 홀로그램, 연속된 동작 등 시각적으로 인식할 수 있는 것[상표법 시행령 제2조제2호)에 해당하는 표장만으로 된 상표 및 소리·냄새 등 시각적으로 인식할 수 없는 것(상표법 시행령 제2조제3호)에 해당하는 표장을 포함한 상표만 해당한다]

(iii) 소리·냄새 등 시각적으로 인식할 수 없는 것(상표법 시행령 제2조제3호)에 해당하는 표장을 포함하는 상표의 경우 시각적 표현(해당 표장을 문자·숫자·기호·도형 또는 그 밖의 방법을 통하여 시각적으로 인식하고 특정할 수 있도록 구체적으로 표현한 것을 말한다. 이하 같다)

(iv) 시각적 표현에 합치하는 소리파일[소리·냄새 등 시각적으로 인식할 수 없는 것(상표법 시행령 제2조제3호)에 해당하는 소리 표장을 포함한 상표만 해당한다]

(v) 시각적 표현에 합치하는 다음의 어느 하나에 해당하는 냄새견본[소리·냄새 등 시각적으로 인식할 수 없는 것(상표법 시행령 제2조제3호)에 해당하는 냄새 표장을 포함한 상표만 해당한다]

i) 냄새를 담은 밀폐용기(이하 "밀폐용기"라 한다) 3통

ii) 냄새가 첨가된 패치(이하 "향 패치"라 한다) 30장

(vi) 동작의 특징을 나타내는 영상을 수록한 전자적 기록매체[단일의 색채, 색채의 조합, 홀로그램, 연속된 동작 등 시각적으로 인식할 수 있는 것(상표법 시행령 제2조제2호)에 해당하는 연속된 동작 표장을 포함한 상표만 해당한다]

(vii) 정관 또는 규약의 요약서(단체표장등록출원, 지리적 표시 단체표장등록출원, 증명표장등록출원 및 지리적 표시 증명표장등록출원만 해당한다)

(viii) 대리인에 의하여 절차를 밟는 경우에는 그 대리권을 증명하는 서류

[3] 출원인은 다음의 서류 또는 물건을 특허청장에게 제출할 수 있다(상표법 시행규칙 제28조 제5항).

(i) 단일의 색채, 색채의 조합, 홀로그램, 연속된 동작 등 시각적으로 인식할 수 있는 상표 외의 상표에 대한 설명서

(ii) 지정상품에 대한 설명서

(iii) 등록하려는 상표를 한글로 번역하거나 발음을 한글로 표기한 설명서

(iv) 견본의 특징을 나타내는 영상을 수록한 전자적 기록매체[단일의 색채, 색채의 조합, 홀로그램, 연속된 동작 등 시각적으로 인식할 수 있는(상표법 시행령 제2조제2호)에 해당하는 표장 중 단일의 색채, 색채의 조합, 연속된 동작을 제외한 시각적으로 인식할 수 있는 것을 포함한 상표만 해당한다]

(v) 악보[소리·냄새 등 시각적으로 인식할 수 없는 것(상표법 시행령 제2조제3호)에 해당하는 소리 표장을 포함한 상표만 해당한다]

[4] 산업통상자원부령으로 정하는 상품류(상표법 제36조 제1항)의 구체적인 내용은 상표법 시행규칙 별표 1(상표법 시행규칙 제28조 제1항 참조)에 따른다(부록에 수록).

[5] 상표의 견본 : 상표법 시행규칙 제29조 제2항에 따라 상표견본은 다음의 구분에 따른 도면 또는 사진으로 작성하여야 한다.

(i) 색채를 포함하는 상표 : 채색한 도면 또는 사진

(ii) 입체적 형상을 포함한 상표 : 상표의 일면 또는 여러 측면으로 구성하는 등 상표의 특징을 충분히 나타내는 2장 이상 5장 이하의 도면 또는 사진

(iii) 연속된 동작 또는 홀로그램을 포함한 상표 : 상표의 특정 순간 정지화상이나 여러 개의 정지화상을 담은 도면 또는 사진으로 구성하는 등 상표의 특징을 충분히 나타내는 2장 이상 5장 이하의 도면 또는 사진

(iv) 그 밖에 시각적으로 인식할 수 있는 표장을 포함하는 상표 : 상표의 특징을 충분히 나타내는 2장 이상 5장 이하의 도면 또는 사진

또한, 특허청장은 다음의 어느 하나에 해당하는 경우에는 해당 사항을 요구할 수 있다(상표법 시행규칙 제29조 제3항).

(i) 상표견본에 의하여 표시되는 상표가 명확하지 아니하다고 판단되는 경우 : 상당한 기간을 정하여 해당 상표에 대한 설명서의 제출 요구

(ii) 단일의 색채, 색채의 조합, 연속된 동작을 제외한 시각적으로 인식할 수 있는 표장을 포함한 상표의 경우 : 전자적 기록매체의 제출 요구(상표법 시행규칙 제28조 제5항 제4호)

[6] 그 밖에 사용에 의한 식별력 취득을 원인으로 한 출원인 경우에는 출원인은 (i) 사용한 상표, (ii) 사용기간, (iii) 사용지역, (iv) 지정상품의 생산·가공·증명 또는 판매량 등, (v) 사용방법 및 횟수 및 (vi) 등록출원한 상표에 대한 소비자 인식도 조사 결과에 관한 사항과 그 내용을 증명하는 서류 및 증거물을 특허청장에게 제출할 수 있다(상표법 시행규칙 제28조 제7항).

4. 상품의 구분

[1] 상표출원시에는 상품을 지정하여야 하며 이를 지정상품이라고 한다.

[2] 상품의 지정은 상표법시행규칙 소정의 상품구분에 의해서 하여야 하며 하나 또는 둘 이상의 상품을 지정할 수 있다.

[3] 출원인이나 상표권자는 언제든지 지정상품을 추가할 수 있다.

[4] **지정상품의 추가등록출원** : 상표권자 또는 상표등록출원인은 등록상표 또는 상표등록출원의 지정상품을 추가하는 지정상품의 추가등록을 받을 수 있는 것을 지정상품의 추가등록출원제도라고 한다(상 제86조 제1항). 이 경우 추가등록된 지정상품에 대한 상표권의 존속기간 만료일은 그 등록상표권의 존속기간 만료일로 한다.

[5] 등록출원자는 동일구분 내에서는 그 중의 하나 또는 둘 이상의 상품을 일시에 지정할 수 있으나, 이것이 상표등록출원 후 또는 등록 후에 지정상품을 추가할 필요가 있으면 별도로 지정상품의 추가등록출원서를 특허청에 제출하여야 한다(상 제86조 제2항).

[6] 지정상품의 추가등록출원제도의 취지 : 상표등록출원시 지정상품을 누락한 경우 또는 등록 후의 사정변화에 따라 지정상품의 범위를 확대할 수 있도록 하기 위하여 도입한 제도다.

[7] 지정상품의 추가등록의 효과 : 지정상품이 추가등록되면 그 등록된 지정상품은 원상표권에 귀속되어 하나의 상표권이 된다. 한편 2 이상의 지정상품이 있는 상품등록출원에 대한 상표등록결정을 받은 자 등은 상표등록료를 납부하는 때에 지정상품별로 이를 포기할 수 있다(상 제73조).

5. 출원일의 인정

가. 원 칙

상표등록출원일은 상표등록출원에 관한 출원서가 특허청장에게 도달된 날로 한다(상 제37조 제1항).

나. 예 외

(1) 출원에 관한 보완명령

(가) 출원에 관한 보완명령사유

특허청장은 (i) 상표등록을 받으려는 취지가 명확하게 표시되지 아니한 경우, (ii) 출원인의 성명이나 명칭이 적혀 있지 아니하거나 명확하게 적혀 있지 아니하여 출원인을 특정할 수 없는 경우, (iii) 상표등록출원서에 상표등록을 받으려는 상표가 적혀 있지 아니하거나 적힌 사항이 선명하지 아니하여 상표로 인식할 수 없는 경우, (iv) 지정상품이 적혀 있지 아니한 경우, (v) 한글로 적혀 있지 아니한 경우에는 상표등록을 받고자 하는 자에게 적절한 기간(1개월 이내의 기간)을 정하여 상표등록출원에 대하여 보완할 것을 명하여야 한다(상 제37조 제1항 단서 및 제2항 및 상표법 시행규칙 제31조 제1항).

(나) 도입취지

출원서를 제출할 때 중대한 흠이 있는 경우 부적합한 서류로 보아 의견진술의 기회를 부여하지 않고 반려하는 종전의 불수리 처분은 절차의 공익성에 비추어 보아 효율성과 일률성을 도모하기 위한 제도이었으나, 상표법조약에 따라 중대한 흠이 있을 경우에도 일단 의견진술의 기회를 부여하고 보완에 의해 중대한 흠이 치유된 경우 해당 보완일자를 출원일로 인정하고 보완하지 않거나 보완에 의해서도 흠이 치유되지 않을 경우에는 반려하도록 하는 제도다. 이에 출원인이 반려된 출원서를 다시 보완하여 재출원하여야 하는 번거로움을 피하고 반려 전에 의견진술의 기회를 주도록 하여 출원인의 이익을 보호하기 위하여 이 보완명령제도가 도입된 것이다.

(다) 보완명령의 절차 및 효과

[1] 보완명령에 따라 상표등록출원에 대하여 보완하는 경우에는 절차보완에 관한 서면(이하 "절차보완서"라 한다)을 제출하여야 한다(상 제37조 제3항).

[2] 특허청장은 보완명령을 받은 자가 지정기간 이내에 그 보완을 한 경우에는 그 절차보완서가 특허청에 도달된 날을 상표등록출원일로 인정한다(상 제37조 제4항).

[3] 특허청장은 보완명령을 받은 자가 지정기간 이내에 그 보완을 하지 아니한 경우에는 해당 상표등록출원을 부적합한 출원으로 보아 반려할 수 있다(상 제37조 제5항).

(2) 출원시의 특례

상표등록을 받을 수 있는 자가 (i) 정부 또는 지방자치단체가 개최하는 박람회, (ii) 정부 또는 지방자치단체의 승인을 얻은 자가 개최하는 박람회, (iii) 정부의 승인을 얻어 국외에서 개최하는 박람회, (iv) 조약 당사국 영역에서 그 정부나 그 정부로부터 승인을 받은 자가 개최하는 국제박람회 가운데 어느 하나에 해당하는 박람회에 출품한 상품에 사용한 상표를 그 출품한 날부터 6개월 이내에 그 상품을 지정상품으로 하여 상표등록출원을 한 경우에는 해당 상표등록출원은 그 출품을 한 때에 출원한 것으로 본다(상 제47조 제1항). 위 출원시의 특례 규정을 적용받고자 하는 자는 그 취지를 기재한 상표등록출원서를 특허청장에게 제출하고 이를 증명할 수 있는 서류를 상표등록출원일부터 30일 이내에 특허청장에게 제출하여야 한다(상 제47조 제2항).

6. 출원계속의 효과

[i] 선원의 지위: 특허청에 계속중인 출원은 동일, 유사한 후출원에 대해 선원(先願)의 지위를 가진다.

[ii] 절차적 권리의 발생: 출원에 의해 상표등록을 받을 절차적 권리를 지니게 된다.

[iii] 상표등록출원의 승계: 상표법 제12조에서는 상표등록출원의 승계를 인정하고 있다. 이는 장차 발생할 상표권에 대한 기대권으로서 재산적 가치를 가진 권리다(상 제48조 제1항).

7. 출원의 보정제도

가. 의 의

[1] 출원보정: 상표등록출원후 그 출원에 절차상 흠결이나 미비가 있거나 또는 내용상의 불비가 있는 경우에 요지를 변경하지 않는 범위 내에서 출원인이 자발적으로 출원서에 기재한 상품이나 상표를 보완하도록 하는 제도를 의미한다.

[2] 절차보정(상 제39조)과 실체보정으로 나뉘고, 실체보정은 출원공고결정 전 보정(상 제40조)과 출원공고결정 후 보정(상 제41조)으로 나뉜다.

나. 절차의 보정

[1] 보정명령의 사유: 특허청장 또는 특허심판원장은 상표에 관한 출원·청구 기타의 절차가 (i) 절차능력(=행위능력)(상 제4조 제1항) 또는 대리권의 범위(상 제7조)에 관한 규정 위반, (ii) 납부하여야 할 수수료를 납부하지 아니한 경우(상 제78조), (iii) 상표법 또는 상표법에 따른 명령으로 정하는 방식에 위반된 경우에는 산업통상부자원부령으로 정하는 바에 따라 기간(1개월 이내의 기간)을 정하여 보정을 명하여야 한다(상 제39조, 상표법 시행규칙 제32조 제1항).

[2] 보정의 시기: 명령에 의한 보정은 특허청장 등이 지정한 기간 내(1개월 이내의 기간)에 하며, 자진보정은 보정명령이 있기 전이라도 등록여부결정통지서가 송달되기 전까지 할

수 있다.

[3] 보정명령에 불응하거나 지정기간을 해태한 경우에는 특허청장 또는 특허심판원장이 상표에 관한 절차를 무효로 할 수 있다(상 제18조 제1항). 보정명령을 받은 자가 지정기간 내에 절차를 보정하지 아니한 것을 이유로 상표에 관한 절차를 무효로 한 경우에 특허청장 또는 특허심판원장은 그 기정기간을 지키지 못한 것이 보정명령을 받은 자가 책임질 수 없는 사유에 의한 것으로 인정되는 경우에는 그 사유가 소멸한 날부터 2개월 이내에 보정명령을 받은 자의 청구에 의하여 그 무효처분을 취소할 수 있다. 다만, 지정된 기간의 만료일부터 1년이 지났을 경우에는 그러하지 아니하다(상 제18조 제2항). 특허청장 또는 특허심판원장은 해당 무효처분(상 제18조 제1항) 또는 해당 무효처분의 취소처분(상 제18조 제2항)을 할 경우에는 그 보정명령을 받은 자에게 처분통지서를 송달하여야 한다(상 제18조 제3항).

다. 실체보정

(1) 출원공고결정 전 보정

[1] 보정의 범위: 출원인은 최초의 상표등록출원의 요지를 변경하지 아니하는 범위에서 상표등록출원서의 기재사항, 상표등록출원에 관한 지정상품 및 상표를 보정할 수 있다(상 제40조 제1항). (i) 지정상품의 범위의 감축, (ii) 오기(誤記)의 정정, (iii) 불명료한 기재의 석명(釋明), (iv) 상표의 부기적인 부분의 삭제, (v) 그 밖에 상표법 제36조 제2항에 따른 표장에 관한 설명 등 산업통상자원부령으로 정하는 사항에 해당하는 경우에는 상표등록출원의 요지를 변경하지 아니한 것으로 본다(상 제40조 제2항 제1호 내지 제5호). 여기에서 '상표법 제36조 제2항에 따른 표장에 관한 설명 등 산업통상자원부령으로 정하는 사항'이란 (i) 상표법 제36조제2항에 따른 표장에 관한 설명의 기재사항을 고치는 경우, (ii) 둘 이상의 도면 또는 사진이 서로 일치하지 아니하거나, 선명하지 아니한 도면 또는 사진을 수정하거나 교체하는 경우, (iii) 시각적 표현과 일치하지 아니하는 냄새견본 또는 소리파일을 시각적 표현에 맞게 수정하거나 교체하는 경우, (iv) 포괄명칭을 그 명칭에 포함되는 구체적인 명칭으로 세분하는 경우(포괄명칭을 그대로 둔 채 세분하는 경우를 포함한다)를 의미한다(상표법 시행규칙 제33조).

[2] 보정의 시기: 출원공고결정전의 보정은 (i) 출원공고의 결정(상 제57조)이 있는 경우에는 출원공고의 때까지, (ii) 출원공고의 결정(상 제57조)이 없는 경우에는 상표등록거절결정(상 제54조)의 때까지, (iii) 거절결정에 대한 심판을 청구하는 경우(상 제116조)에는 그 청구일부터 30일 이내에, (iv) 거절결정에 대한 심판에서 심사규정이 준용되는 경우(상 제123조)에는 상 제55조 제1항·제3항(거절이유통지) 또는 제87조 제2항·제3항(지정상품의 추

가등록거절결정 및 거절이유통지)에 따른 의견서 제출기간[387]까지 할 수 있다(상 제40조 제1항 제1호 내지 제4호). 단체표장등록을 출원한 출원인은 상표법 제36조 제3항에 따른 정관을 수정한 경우에는 출원공고 전의 보정기간(상 제40조 제1항 각호) 내에 특허청장에게 수정된 정관을 제출하여야 한다(상 제43조 제1항). 증명표장등록을 출원한 출원인은 정관 또는 규약을 수정한 경우에는 출원공고 전의 보정기간(상 제40조 제1항 각호) 내에 특허청장에게 수정된 정관 또는 규약을 제출하여야 한다(상 제43조 제2항).

[3] 보정의 각하: 심사관은 상표등록출원에 관하여 출원공고결정전의 규정에 의한 보정이 출원의 요지를 변경하는 것인 때에는 결정으로 그 보정을 각하하여야 한다(상 제42조 제1항). 그 보정각하결정은 서면으로 하여야 하며 그 이유를 붙여야 한다(상 제42조 제4항). 심사관은 출원공고결정전의 보정에 대한 각하결정을 한 경우에는 그 결정 등본을 출원인에게 송달한 날부터 30일이 지나기 전까지는 그 상표등록출원에 대한 상표등록여부를 결정하여서는 아니 되며, 출원공고할 것을 결정하기 전에 그 각하결정을 한 경우에는 출원공고결정도 하여서는 아니 된다(상 제42조 제2항). 심사관은 출원인이 그 보정각하결정에 대하여 보정각하결정에 대한 심판(상 제115조)을 청구한 때에는 그 심판의 심결이 확정될 때까지 그 상표등록출원의 심사를 중지하여야 한다(상 제42조 제3항). 출원공고 전의 보정에 대한 각하결정에 대해서는 불복이 가능하다(상 제42조 제5항 참조).

(2) 출원공고결정 후 보정

[1] 보정의 범위: 출원인은 출원공고결정의 등본의 송달후에 거절이유의 통지를 받거나 상표등록이의신청이 있는 때 또는 상표등록거절결정 및 지정상품의 추가등록거절결정을 받고 거절결정에 대한 심판을 청구한 때에는 그 거절이유나 이의신청이유 또는 상표등록거절결정 및 지정상품의 추가등록거절결정의 이유에 나타난 사항에 관하여 최초의 상표등록출원의 요지를 변경하지 아니하는 범위 이내에서 지정상품 및 상표를 보정할 수 있다(상 제41조 제1항).

[2] 보정의 시기: (i) 상표등록거절결정(상 제54조) 또는 지정상품의 추가등록거절결정의 거절이유(상 제87조 제1항)에 나타난 사항에 대하여 거절결정불복심판을 청구한 경우에는 심판청구일부터 30일, (ii) 상표법 제55조 제1항 및 제87조 제2항에 따른 거절이유의 통지

---

387) 2013년 4월 5일 개정된 상표법(2013년 7월 1일 시행)은 기간 미준수에 대한 권리구제수단을 마련하였다. 2013년 개정 상표법은 제23조제4항(현행 상표법 제55조 제3항), 제46조의4제3항(현행 상표법 제210조 제3항) 및 제48조제3항(현행 상표법 제87조 제3항)을 신설하여 상표등록출원인 등이 상표등록거절이유 등에 대한 의견서를 해당 기간 내에 제출하지 아니한 경우 바로 거절결정을 하지 아니하고, 그 기간의 만료 후 2개월 이내에 그 절차의 계속을 신청하여 의견서를 제출할 수 있도록 함으로써 상표등록출원인 등의 편의를 증진하였다.

를 받고 그 거절이유에 나타난 사항에 대하여 보정하려는 경우에는 해당 거절이유에 대한 의견서 제출기간, (iii) 이의신청이 있는 경우에는 그 이의신청의 이유에 나타난 사항에 대하여 보정하려는 경우에는 상표법 제66조 제1항에 따른 답변서 제출기간 내에 최초의 상표등록출원의 요지를 변경하지 아니하는 범위에서 지정상품 및 상표를 보정할 수 있다(상 제41조 제1항). 단체표장등록을 출원한 출원인은 상표법 제36조 제3항에 따른 정관을 수정한 경우에는 출원공고 후의 보정기간(상 제41조 제1항 각 호) 내에 특허청장에게 수정된 정관을 제출하여야 한다(상 제43조 제1항). 증명표장등록을 출원한 출원인은 정관 또는 규약을 수정한 경우에는 출원공고 후의 보정기간(상 제41조 제1항 각 호) 내에 특허청장에게 수정된 정관 또는 규약을 제출하여야 한다(상 제43조 제2항).

[3] 보정의 각하: 심사관은 상표등록출원에 관하여 출원공고결정후의 보정이 출원의 요지를 변경하는 것인 때에는 결정으로 그 보정을 각하하여야 한다(상 제41조 제2항 및 제40조 제2항). 그 보정각하결정은 서면으로 하여야 하며 그 이유를 붙여야 한다(상 제42조 제4항). 이 보정각하결정에 대해서는 불복할 수 없다(상 제42조 제5항 본문). 다만, 거절결정에 대한 심판을 청구하는 경우에는 그러하지 아니하다(상 제42조 제5항 단서 및 제116조).

다. 요지변경

[1] 요지변경: 출원서, 상표를 표시한 서면에 표시한 상표의 본질적 부분에 대하여 최초의 출원시와 다르게 변경하는 것으로 지정상품의 확대나 상표의 중요한 부분을 변경하는 것이다. 즉 최초 출원의 내용과 보정한 내용을 비교한 결과 동일성을 인정할 수 없을 정도로 현저하게 변경된 경우를 의미한다.

[2] 요지변경의 범위: (i) 지정상품의 범위의 감축, (ii) 오기(誤記)의 정정, (iii) 불명료한 기재의 석명(釋明), (iv) 상표의 부기적인 부분의 삭제, (v) 그 밖에 상표법 제36조 제2항에 따른 표장에 관한 설명 등 산업통상자원부령으로 정하는 사항에 해당하는 경우에는 상표등록출원의 요지를 변경하지 아니한 것으로 본다(상 제40조 제2항 제1호 내지 제5호). 여기에서 '상표법 제36조 제2항에 따른 표장에 관한 설명 등 산업통상자원부령으로 정하는 사항'이란 (i) 상표법 제36조제2항에 따른 표장에 관한 설명의 기재사항을 고치는 경우, (ii) 둘 이상의 도면 또는 사진이 서로 일치하지 아니하거나, 선명하지 아니한 도면 또는 사진을 수정하거나 교체하는 경우, (iii) 시각적 표현과 일치하지 아니하는 냄새견본 또는 소리파일을 시각적 표현에 맞게 수정하거나 교체하는 경우, (iv) 포괄명칭을 그 명칭에 포함되는 구체적인 명칭으로 세분하는 경우(포괄명칭을 그대로 둔 채 세분하는 경우를 포함한다)를 의미한다(상표법 시행규칙 제33조).

예 요지변경에 해당하는 경우

SUN – SUN-A로,

VICTORY – 빅토리

[3] 요지변경임이 간과되어 등록된 상표:

(i) 출원공고결정 전의 보정: 상표권 설정등록이 있은 후에 출원공고결정 전의 보정이 요지변경에 해당하는 것으로 인정된 경우에는 그 상표등록출원은 그 보정서를 제출한 때에 상표등록출원을 한 것으로 본다(상 제40조 제3항).

(ii) 출원공고결정 후의 보정: 상표권 설정등록이 있은 후에 출원공고결정 후의 보정이 요지변경에 해당하는 것으로 인정된 경우에는 그 상표등록출원은 그 보정을 하지 아니하였던 상표등록출원에 관하여 상표권이 설정등록된 것으로 본다(상 제41조 제3항).

라. 직권에 의한 보정제도

[1] 직권에 의한 보정제도는 2010년 1월 27일 개정을 통해 신설된 제도다. 이 개정 전에는 상표등록출원서 등에 명백한 오기 등으로 판단되는 사항이 있어도 심사관이 직권으로 정정할 수 없었다. 이에 2010년 상표법 개정을 통해 심사관이 직권으로 보정할 수 있는 근거규정을 마련한 것이다.

[2] 심사관은 출원공고결정을 할 때에 상표등록출원서에 적힌 사항이 명백히 잘못된 경우에는 직권으로 보정(이하 "직권보정"이라 한다)할 수 있다(상 제59조 제1항).

[3] 심사관이 직권보정을 하려면 출원공고결정의 등본 송달과 함께 그 직권보정 사항을 출원인에게 알려야 한다(상 제59조 제2항).

[4] 출원인은 직권보정 사항의 전부 또는 일부를 받아들일 수 없으면 출원공고기간(출원공고를 한 날부터 2개월)(상 제57조 제3항)까지 그 직권보정 사항에 대한 의견서를 특허청장에게 제출하여야 한다(상 제59조 제3항).

[5] 출원인이 위 의견서를 제출한 경우 해당 직권보정 사항의 전부 또는 일부는 처음부터 없었던 것으로 본다(상 제59조 제4항 전문). 이 경우 출원공고결정도 함께 취소된 것으로 본다(상 제59조 제4항 후문).

8. 출원 등의 분할

가. 출원의 분할

[1] 출원의 분할: 특허, 실용신안과 같이 상표의 내용을 분할하는 것이 아니고 둘 이상의 상품을 지정상품으로 한 경우에 둘 이상의 상표등록출원으로 분할하는 것을 의미한다. 즉 상표출원인은 2이상의 상품을 지정상품으로 하여 상표등록출원을 한 경우에 보정할 수 있는 기간 내에 둘 이상의 상표등록출원으로 분할할 수 있다(상 제45조).

[2] 분할은 지정상품의 분할만을 의미하며 상표에 관하여는 결합상표라도 그 요부별로의 분할은 인정되지 아니한다.

[3] 1997년 개정 상표법([시행1998.3.1] [법률 제5355호, 1997.8.22, 일부개정])은 다류 1출원주의를 도입하였으므로 출원분할시 상품류구분에 따른 제한은 삭제하였다.

[4] 출원분할의 유형: 통상의 출원분할 + 상품분류전환등록출원의 분할

[5] 적용요건: (i) 원출원이 계속중이고 2이상의 상품을 지정상품으로 하고 있을 것, (ii) 분할출원이 원출원의 지정상품 범위내일 것, (iii) 분할출원이 원출원과 표장의 동일성이 유지될 것, (iv) 원출원인이나 승계인으로서 출원인변경신고 등을 한 자가 분할출원할 것, (v) 분할출원이 실체보정할 수 있는 기간내에 할 것을 요구한다. 1997년 개정 이전의 상표법(1997년 8월 22일 개정 이전의 상표법)에서는 지정상품이 2이상의 상품류구분에 속하는 경우에 한하여 지정상품이 속하는 상품류구분별로 분할 가능하였지만 1997년 개정 이후의 상표법은 동일한 상품류 구분에 속하는 상품 간에도 분할을 허용하며, 상품류 구분에 의한 제한 없이 지정상품별로 분할할 수 있게 되었다.

[6] 분할출원은 실체보정할 수 있는 기간내에 할 것: 출원공고결정전의 출원분할은 (i) 출원공고의 결정(상 제57조)이 있는 경우에는 출원공고의 때까지, (ii) 출원공고의 결정(상 제57조)이 없는 경우에는 상표등록거절결정(상 제54조)의 때까지, (iii) 거절결정에 대한 심판을 청구하는 경우(상 제116조)에는 그 청구일부터 30일 이내에, (iv) 거절결정에 대한 심판에서 심사규정이 준용되는 경우(상 제123조)에는 상 제55조 제1항·제3항(거절이유통지) 또는 제87조 제2항·제3항(지정상품의 추가등록거절결정 및 거절이유통지)에 따른 의견서 제출기간까지 할 수 있다(상 제45조 제1항, 제40조 제1항 제1호 내지 제4호).

출원공고결정 후의 출원분할은 (i) 상표등록거절결정(상 제54조) 또는 지정상품의 추가등록거절결정의 거절이유(상 제87조 제1항)에 나타난 사항에 대하여 거절결정불복심판을 청구한 경우에는 심판청구일부터 30일, (ii) 상표법 제55조 제1항 및 제87조 제2항에 따른 거절이유의 통지를 받고 그 거절이유에 나타난 사항에 대하여 보정하려는 경우에는 해당 거절이유에 대한 의견서 제출기간, (iii) 이의신청이 있는 경우에는 그 이의신청의 이유에 나타난 사항에 대하여 보정하려는 경우에는 상표법 제66조 제1항에 따른 답변서 제출기간 내에 할 수 있다(상 제45조 제1항, 제41조 제1항).

원상표등록출원이 거절결정확정·등록결정확정, 절차의 무효, 출원의 취하나 포기된 출원은 분할출원의 대상이 될 수 없다.[388)]

[7] 효 과: 분할된 상표등록출원이 있는 경우 그 분할출원은 최초에 상표등록출원을

388) 2016년 개정 상표심사기준 제3부 제4장 § 1.1.

한 때에 출원한 것으로 본다(상 제45조 제2항 본문). 다만, 상표법 제46조제1항에 따른 우선권 주장이 있거나 상표법 제47조제1항에 따른 출원 시의 특례를 적용하는 경우에는 분할출원한 날을 기준으로 적용한다(상 제45조 제2항 단서). 분할출원은 소급효를 제외하고는 원출원과는 별개의 출원이므로 원출원에서 밟았던 절차는 분할출원에 그대로 승계되지 아니한다. 그리고 출원공고결정 전의 보정기간(상 제40조) 또는 출원공고결정 후의 보정기간(상 제41조)이 지난 후에 제출된 분할출원은 부적법한 분할출원으로 출원인에게 반려한다(상표법 시행규칙 제25조 제1항 제13호). 그 밖에 분할출원이 실체적 요건을 위반한 경우, 즉 분할출원이 원상표등록출원서에 기재된 지정상품의 범위를 실질적으로 확장하는 경우나 출원인 또는 상표견본의 불일치 또는 불비가 있는 경우 등 부적법한 분할출원으로 인정되는 경우에는 심사관은 분할출원인정 예고통지를 하여야 한다. 출원인이 의견서 또는 보정서 제출 등을 통해 이를 해소하지 못한 경우에는 분할출원불인정 확정통지를 한 후 분할출원한 날에 신규출원한 것으로 보고 심사한다.389) 상표등록출원은 그 지정상품마다 분할하여 이전할 수 있다. 이 경우 유사한 지정상품은 함께 이전하여야 한다(상 제48조 제2항). 이를 위반할 경우에는 거절이유, 정보제공이유, 이의신청이유, 무효사유에 해당한다.

[8] 마드리드 의정서에 의한 국제출원의 특례: 마드리드 의정서에서는 이전이 수반되지 아니하는 한 분할을 인정하지 아니하므로 국제상표등록출원에 대해서는 이전이 수반되지 아니하는 출원의 분할이 허용되지 아니한다(상 제187조).

나. 상표권의 분할

1997년 개정 상표법에서는 출원단계에서 뿐만 아니라 상표권이 설정등록된 후에도 상표권의 지정상품이 2이상인 경우에 상표권의 분할을 인정함으로써 상표권의 유지와 권리를 보다 용이하게 하였다. 따라서 상표권의 지정상품이 2 이상인 경우에는 그 상표권을 지정상품별로 분할할 수 있다(상 제94조 제1항). 상표권의 분할은 상표등록무효심판이 청구된 때에는 심결이 확정되기까지는 상표권이 소멸된 후에도 할 수 있다(상 제94조 제2항). 그리고 분할된 상표권은 자유로이 이전할 수 있는 것이 원칙이나 유사한 지정상품간에 상표권을 분할한 경우에는 동시이전이 강제되는데, 이를 위반할 경우에는 상표등록취소사유에 해당한다(상 제119조 제1항 제4호 및 제93조 제1항 후단).

9. 출원의 변경

[1] 출원의 변경: 상표출원을 디자인, 특허, 실용신안출원으로 변경하는 것이 아니라

---

389) 2016년 개정 상표심사기준 제3부 제4장 § 2.2.

출원의 주체나 내용의 동일성을 유지하면서 동일법 영역내(상표법 내)에서의 상표출원의 형식(종류)만 변경하는 것을 의미한다. 즉 출원인은 상표등록출원, 단체표장등록출원(단, 지리적표시 단체표장등록출원은 제외), 증명표장등록출원을 상호 다른 출원으로 변경하거나 지정상품추가등록출원을 상표등록출원으로 변경하여 출원의 주체 및 내용의 동일성을 유지하면서 출원의 형식만 변경할 수 있다(상 제44조 제1항 및 제2항). 다만, 지정상품의 추가등록출원의 기초가 된 등록상표에 대하여 무효심판 또는 취소심판이 청구되거나 그 등록상표가 무효심판, 취소심판 등으로 소멸된 경우에는 그러하지 아니하다(상 제44조 제2항 단서). 상표법 제44조 제2항 단서를 둔 이유는 등록상표가 무효나 취소됨에 따른 불이익을 회피할 목적으로 악용될 수 있기 때문이다.

[2] 적용요건: (i) 변경출원시 원출원은 특허청에 유효한 출원으로 계속되어 있어야 하고, (ii) 변경출원이 원출원과 동일성이 유지되어야 한다. (ii)의 요건이 충족되려면 출원의 변경은 출원변경 전후의 상품의 동일성이 유지되어야 한다.

[3] 시기적 요건: 최초 출원의 등록여부결정 또는 심결이 확정되기 전까지는 변경을 할 수 있다(상 제44조 제4항).

[4] 효 과: 상표법 제44조 제1항 및 제2항에 따라 변경된 출원(이하 "변경출원"이라 한다)이 있는 경우 그 변경출원은 최초의 출원을 한 때에 출원한 것으로 본다(상 제44조 제3항 본문). 즉 변경출원이 있는 경우 그 변경출원은 최초로 출원한 때에 그 상표등록출원 등을 한 것으로 간주한다. 다만, 상표법 제46조제1항(우선권 주장) 또는 제47조제1항(출원시 특례적용)을 적용하는 경우에는 변경출원한 날을 기준으로 한다(상 제44조 제3항 단서).

변경출원의 경우 최초의 출원은 취하된 것으로 본다(상 제44조 제5항).

[5] 마드리드 의정서에 의한 국제출원의 특례: 국제상표등록출원에 대해서는 출원의 변경이 적용되지 아니한다(상 제186조).

10. 조약에 따른 우선권 주장(상 제46조)

[1] 의의: 조약에 따라 대한민국 국민에게 상표등록출원에 대한 우선권을 인정하는 당사국의 국민이 그 당사국 또는 다른 당사국에 상표등록출원을 한 후 같은 상표를 대한민국에 상표등록출원하여 우선권을 주장하는 경우에는 상표법 제35조를 적용할 때 그 당사국에 출원한 날을 대한민국에 상표등록출원한 날로 본다. 대한민국 국민이 조약에 따라 대한민국 국민에게 상표등록출원에 대한 우선권을 인정하는 당사국에 상표등록출원한 후 같은 상표를 대한민국에 상표등록출원한 경우에도 또한 같다(상 제46조 제1항).

[2] 시기적 요건: 조약에 따른 우선권을 주장하려는 자는 우선권 주장의 기초가 되는 최초의 출원일부터 6개월 이내에 출원하지 아니하면 우선권을 주장할 수 없다(상 제46조

제2항).

[3] 절 차 : 우선권을 주장하려는 자는 상표등록출원 시 상표등록출원서에 그 취지, 최초로 출원한 국가명 및 출원 연월일을 적어야 한다(상 제46조 제3항). 우선권을 주장한 자는 최초로 출원한 국가의 정부가 인정하는 상표등록출원의 연월일을 적은 서면, 상표 및 지정상품의 등본을 상표등록출원일부터 3개월 이내에 특허청장에게 제출하여야 한다(상 제46조 제4항). 우선권을 주장한 자가 상표등록출원일부터 3월 이내에 최초로 출원한 국가의 정부가 인정하는 상표등록출원의 연월일을 기재한 서면·상표 및 지정상품의 등본을 제출하지 아니한 경우에는 그 우선권주장은 효력을 상실한다(상 제46조 제5항).

11. 출원의 이전

[1] 출원의 이전 : 상표등록출원인은 그 상표등록출원을 타인에게 이전할 수 있다(상 제48조). 상표등록출원은 상속 기타 일반승계 이외에는 반드시 출원인변경신고를 요하며(상 제48조 제1항), 분할이전(예외 : 유사한 지정상품의 경우 함께 이전)이 가능하며(상 제48조 제2항), 공유시 타공유자 전원의 동의시 지분의 양도가 가능하다(상 제48조 제5항).

[2] 분할이전의 상표등록출원 : 분할하여 이전된 상표등록출원은 최초의 상표등록출원을 한 때에 출원한 것으로 본다. 다만, 상표법 제46조제1항에 따른 우선권 주장이 있거나 상표법 제47조제1항에 따른 출원 시의 특례를 적용하는 경우에는 그러하지 아니하다(상 제48조 제5항).

[3] 양도 금지(예외) :

(i) i) 상표법 제3조제6항에 따른 업무표장등록출원 또는 ii) 상표법 제34조제1항제1호다목 단서, 같은 호 라목 단서 및 같은 항 제3호 단서에 따른 상표등록출원 중 어느 하나에 해당하는 등록출원은 양도할 수 없다. 다만, 해당 업무와 함께 양도하는 경우에는 양도할 수 있다(상 제48조 제6항).

(ii) 단체표장등록출원은 이전할 수 없다. 다만, 법인이 합병하는 경우에는 특허청장의 허가를 받아 이전할 수 있다(상 제48조 제7항).

(iii) 증명표장등록출원은 이전할 수 없다. 다만, 해당 증명표장에 대하여 상표법 제3조제3항에 따른 증명표장의 등록을 받을 수 있는 자에게 그 업무와 함께 이전하는 경우에는 특허청장의 허가를 받아 이전할 수 있다(상 제48조 제8항).

12. 정보의 제공(상 제49조)

누구든지 상표등록출원된 상표가 거절이유(상 제54조 각 호의 어느 하나)에 해당되어 상표등록될 수 없다는 취지의 정보를 증거와 함께 특허청장 또는 특허심판원장에게 제공할 수 있다.

13. 상표권의 존속기간갱신등록신청(상 제84조)

[1] **존속기간 갱신 등록제도**: 상표권의 존속기간 만료 전에 일정요건과 절차를 구비하여 갱신등록신청하면 존속기간을 10년씩 갱신하여 주는 제도를 의미한다(상 제83조 제2항 및 제84조).

[2] 2010년 개정 상표법에서는 갱신등록출원제도를 존속기간갱신등록신청제도로 간소화하여 기간 내에 상표등록료를 납부하고 존속기간갱신등록신청서를 제출하면 별도의 심사절차 없이 존속기간이 연장될 수 있도록 하였다(법 제84조).

[3] 상표의 존속기간을 갱신하려면, 갱신등록신청인이 상표권자 또는 그 승계인이어야 하고, 지정상품이 일치하여야 하고, 상표권의 존속기간 만료전 1년 이내에 갱신등록신청하여야 한다. 다만 그 기간이 경과한 경우에도 가산금을 납부하는 조건으로 갱신등록신청할 수 있다. 이 경과기간은 상표권존속기간 만료후 6월 이내다(상 제84조 제2항, 특허료 등의 징수규칙 제5조 제2항 제3호 나목).

[4] 상표권이 공유인 경우에는 공유자 모두가 공동으로 상표권의 존속기간갱신등록신청을 하여야 한다(상 제84조 제3항). 위에서 규정한 내용을 제외하고는 상표권의 존속기간갱신등록신청에 필요한 사항은 산업통상자원부령으로 정한다(상 제84조 제4항). 상표권의 존속기간갱신등록신청을 하려는 자는 존속기간갱신등록 신청서(「특허권 등의 등록령 시행규칙」 별지 제23호 서식)에 (i) 시각적 표현에 합치하는 밀폐용기 3통 또는 향 패치 30장 중 어느 하나에 해당하는 냄새견본[소리·냄새 등 시각적으로 인식할 수 없는 것(상표법 시행령 제2조제3호)에 해당하는 냄새 표장을 포함한 상표만 해당한다]과 (ii) 대리인에 의하여 절차를 밟을 때에는 그 대리권을 증명하는 서류 1부를 첨부하여 특허청장에게 제출하여야 한다(상표법 시행규칙 제59조 제1항).

[5] **절 차**: 상표권의 존속기간갱신등록신청을 하고자 하는 자는 (i) 출원인의 성명 및 주소(법인인 경우에는 그 명칭 및 영업소의 소재지를 말한다)(상 제36조 제1항 제1호), (ii) 출원인의 대리인이 있는 경우에는 그 대리인의 성명 및 주소나 영업소의 소재지[대리인이 특허법인·특허법인(유한)인 경우에는 그 명칭, 사무소의 소재지 및 지정된 변리사의 성명을 말한다](상 제36조제1항제2호), (iii) 지정상품 및 산업통상자원부령으로 정하는 상품류(상 제36조 제1항제4호), (iv) 그 밖에 산업통상자원부령으로 정하는 사항(상 제36조제1항제6호), (v) 등록상표의 등록번호를 적은 상표권의 존속기간갱신등록신청서를 특허청장에게 제출하여야 한다(상 제84조 제1항). 존속기간갱신등록신청 절차의 보정에 관해서는 상표법 제39조를 준용한다(상 제88조 제2항).

[6] 효 력: 갱신등록신청이 있을 때에는 원상표권의 존속기간은 갱신된 것으로 본다(상 제85조 제1항). 상표권의 존속기간갱신등록은 원등록의 효력이 끝나는 날의 다음 날부터 효력이 발생한다(상 제85조 제2항).

14. 지정상품추가등록출원(상 제86조)

[1] 상표권자 또는 출원인은 등록상표 또는 상표등록출원의 지정상품을 추가하여 상표등록을 받을 수 있다. 이 경우 추가등록된 지정상품에 대한 상표권의 존속기간 만료일은 그 등록상표권의 존속기간 만료일로 한다(상 제86조 제1항).

[2] 지정상품의 추가등록을 받으려는 자는 (i) 출원인의 성명 및 주소(법인인 경우에는 그 명칭 및 영업소의 소재지를 말한다), (ii) 출원인의 대리인이 있는 경우에는 그 대리인의 성명 및 주소나 영업소의 소재지[대리인이 특허법인·특허법인(유한)인 경우에는 그 명칭, 사무소의 소재지 및 지정된 변리사의 성명을 말한다], (iii) 조약에 따른 우선권을 주장할 경우에는 그 취지, 최초로 출원한 국가명 및 출원 연월일(상 제46조제3항)(우선권을 주장하는 경우만 해당한다), (iv) 그 밖에 산업통상자원부령으로 정하는 사항, (v) 상표등록번호 또는 상표등록출원번호, (vi) 추가로 지정할 상품 및 그 상품류를 적은 지정상품의 추가등록출원서를 특허청장에게 제출하여야 한다(상 제86조 제2항).

[3] 지정상품추가등록출원에 관하여는 상표등록출원일의 인정 등(상 제37조), 1상표 1출원(상 제38조제1항), 절차의 보정(상 제39조), 출원공고결정 전의 보정(상 제40조), 출원공고결정 후의 보정(상 제41조), 보정의 각하(상 제42조), 수정정관 등의 제출(상 제43조), 조약에 따른 우선권 주장(상 제46조), 출원 시의 특례(상 제47조), 심사관에 의한 심사(상 제50조), 심사의 순위 및 우선심사(상 제53조), 출원공고(상 제57조), 손실보상청구권(상 제58조), 직권보정 등(상 제59조), 이의신청(상 제60조), 이의신청 이유 등의 보정(상 제61조), 이의신청에 대한 심사 등(상 제62조), 이의신청에 대한 심사의 범위(상 제63조), 이의신청의 병합 또는 분리(상 제64조), 이의신청의 경합(상 제65조), 이의신청에 대한 결정(상 제66조), 상표등록출원공고 후의 직권에 의한 상표등록거절결정(상 제67조), 상표등록결정(상 제68조), 상표등록여부결정의 방식(상 제69조), 심사 또는 소송 절차의 중지(상 제70조), 보정할 수 없는 심판청구의 심결 각하(상 제128조), 심판관의 제척(상 제134조 제1호부터 제5호까지 및 제7호), 증거조사 및 증거보전(상 제144조), 통역(「민사소송법」 제143조), 소명의 방법(민사소송법 제299조) 및 당사자신문(민사소송법 제367조)을 준용한다(상 제88조 제2항).

[4] 지정상품의 추가등록거절결정 및 거절이유통지: (i) 상표법 제87조(지정상품의 추가등록거절결정 및 거절이유통지) 제1항은 "① 심사관은 지정상품추가등록출원이 다음 각 호의 어느 하나에 해당하는 경우에는 그 지정상품의 추가등록거절결정을 하여야 한다.

1. 제54조 각 호의 어느 하나에 해당할 경우
2. 지정상품의 추가등록출원인이 해당 상표권자 또는 출원인이 아닌 경우
3. 등록상표의 상표권 또는 상표등록출원이 다음 각 목의 어느 하나에 해당하게 된 경우
   가. 상표권의 소멸
   나. 상표등록출원의 포기, 취하 또는 무효
   다. 상표등록출원에 대한 제54조에 따른 상표등록거절결정의 확정"이라고 규정하여 추가등록거절이유를 열거하고 있다.

심사관은 지정상품의 추가등록거절결정을 하려는 경우에는 출원인에게 거절이유를 통지하여야 한다. 이 경우 출원인은 거절이유를 통지받은 날부터 2개월(=산업통상자원부령으로 정하는 기간) 내에 거절이유에 대한 의견서를 제출할 수 있다(상 제87조 제2항, 상표법 시행규칙 제59조 제2항). 거절이유를 통지받은 날부터 2개월 내에 의견서를 제출하지 아니한 출원인은 그 기간의 만료일부터 2개월 이내에 지정상품의 추가등록에 관한 절차를 계속 진행할 것을 신청하고, 그 기간 내에 거절이유에 대한 의견서를 제출할 수 있다(상 제87조 제3항).

15. 상품분류전환 등록제도

[1] 상품분류전환 등록제도: 1998년 3월 1일 이전의 상품류구분에 따라 상표권을 등록한 자는 해당 상표권의 존속기간 만료일 1년 전부터 존속기간 만료 후 6월 이내에 현행 상품류구분에 따라 상품분류전환등록을 하도록 하고, 동기간 내에 상품분류전환등록을 하지 아니한 때에는 해당 상표권의 존속기간 만료일 다음 날에 상표권이 소멸한다(니스분류에 따른 것임)(상 제209조 제3항 및 제213조 제1항).

[2] 절 차: 종전의 법(법률 제5355호 상표법중개정법률로 개정되기 전의 것을 말한다) 제10조제1항에 따른 통상산업부령으로 정하는 상품류의 구분에 따라 상품을 지정하여 상표권의 설정등록, 지정상품의 추가등록 또는 존속기간갱신등록을 받은 상표권자는 해당 지정상품을 상품류의 구분에 따라 전환하여 등록을 받아야 한다. 다만, 법률 제5355호 상표법중개정법률 제10조제1항에 따른 통상산업부령으로 정하는 상품류의 구분에 따라 상품을 지정하여 존속기간갱신등록을 받은 자는 그러하지 아니하다(상 제209조 제1항).

상품분류전환의 등록(이하 "상품분류전환등록"이라 한다)을 받으려는 자는 (i) 신청인의 성명 및 주소(법인인 경우에는 그 명칭 및 영업소의 소재지를 말한다), (ii) 신청인의 대리인이 있는 경우에는 그 대리인의 성명 및 주소나 영업소의 소재지[대리인이 특허법인·특허법인(유한)인 경우에는 그 명칭, 사무소의 소재지 및 지정된 변리사의 성명을 말한다], (iii) 등록상

표의 등록번호, (iv) 전환하여 등록받으려는 지정상품 및 그 상품류를 적은 상품분류전환등록신청서를 특허청장에게 제출하여야 한다(상 제209조 제2항). 상표권이 공유인 경우에는 공유자 전원이 공동으로 상품분류전환등록을 신청하여야 한다(상 제209조 제4항).

[3] 상품분류전환등록신청에 관하여는 1상표 1출원 원칙(상 제38조제1항), 절차의 보정(상 제39조), 출원공고결정 후의 보정(상 제40조), 출원공고결정 후의 보정(상 제41조제3항), 보정의 각하(상 제42조), 심사관에 의한 심사(상 제50조), 상표등록결정(상 제68조), 상표등록여부 결정의 방식(상 제69조), 심사 또는 소송 절차의 중지(상 제70조), 심판관의 제척(상 제134조제1호부터 제5호까지 및 제7호)를 준용한다(상 제212조).

[4] 상품분류전환등록이 없는 경우 등의 상표권의 소멸 : (i) 상품분류전환등록을 받아야 하는 자가 상표법 제209조제3항에 따른 기간 내에 상품분류전환등록을 신청하지 아니하는 경우, (ii) 상품분류전환등록신청이 취하된 경우, (iii) 상표법 제18조제1항에 따라 상품분류전환에 관한 절차가 무효로 된 경우, (iv) 상품분류전환등록거절결정이 확정된 경우, (v) 상표법 제214조에 따라 상품분류전환등록을 무효로 한다는 심결이 확정된 경우 중 어느 하나에 해당하는 경우 상품분류전환등록의 대상이 되는 지정상품에 관한 상표권은 상표법 제209조제3항에 따른 상품분류전환등록신청기간(상표권의 존속기간이 만료되기 1년 전부터 존속기간이 만료된 후 6개월 이내의 기간)의 만료일이 속하는 존속기간의 만료일 다음 날에 소멸한다(상 제213조 제1항).

상품분류전환등록의 대상이 되는 지정상품으로서 상표법 제209조제2항에 따른 상품분류전환등록신청서에 적지 아니한 지정상품에 관한 상표권은 상품분류전환등록신청서에 적은 지정상품이 상표법 제211조에 따라 전환등록되는 날에 소멸한다. 다만, 상품분류전환등록이 상표권의 존속기간만료일 이전에 이루어지는 경우에는 상표권의 존속기간만료일의 다음 날에 소멸한다(상 제213조 제2항).

[5] 상품분류전환등록거절결정 및 거절이유의 통지 : (i) 상품분류전환등록신청의 지정상품을 해당 등록상표의 지정상품이 아닌 상품으로 하거나 지정상품의 범위를 실질적으로 확장한 경우, (ii) 상품분류전환등록신청의 지정상품이 상품류 구분과 일치하지 아니하는 경우, (iii) 상품분류전환등록을 신청한 자가 해당 등록상표의 상표권자가 아닌 경우, (iv) 상표법 제209조에 따른 상품분류전환등록신청의 요건을 갖추지 못한 경우, (v) 상표권이 소멸하거나 존속기간갱신등록신청을 포기·취하하거나 존속기간갱신등록신청이 무효로 된 경우 중 어느 하나에 해당하는 경우, 심사관은 상품분류전환등록신청에 대하여 상품분류전환등록거절결정을 하여야 한다(상 제210조 제1항).

심사관은 상품분류전환등록거절결정을 하려는 경우에는 신청인에게 거절이유를 통지하여야 한다. 이 경우 신청인은 심사관이 2개월 이내에서 정한 기간(=산업통상자원부령으로 정하는 기간) 내에 거절이유에 대한 의견서를 제출할 수 있다(상 제210조 제2항, 상표법 시행규칙 제94조 제1항).

심사관이 2개월 이내에서 정한 기간 내에 의견서를 제출하지 아니한 신청인은 그 기간이 만료된 후 2개월 이내에 상품분류전환등록에 관한 절차를 계속 진행할 것을 신청하고, 그 기간 내에 거절이유에 대한 의견서를 제출할 수 있다(상 제210조 제3항).

[6] 상품분류전환등록: 특허청장은 상표법 제212조에 따라 준용되는 상표법 제68조에 따른 상표등록결정이 있는 경우에는 지정상품의 분류를 전환하여 등록하여야 한다(상 제211조).

16. 출원의 포기 및 취하

[1] 출원의 취하: 출원절차를 소급적으로 종료시키는 법률효과를 발생시키는 출원인의 자발적인 의사표시를 의미한다.

[2] 출원의 포기: 출원절차를 장래를 향하여 종료시키는 법률효과를 발생시키는 출원인의 자발적인 의사표시를 의미한다.

2010년 개정이전의 상표법에서는 상표등록출원 후 1개월 이내에 취하하거나 포기한 출원의 상표등록출원료만 반환하도록 하고 있으나, 2010년 개정 상표법[390]에서는 상표등록출원의 우선권주장 신청료도 반환대상에 추가하여 수수료 반환대상을 확대하였다(상 제79조 제1항 제2호). 즉 상표등록출원[분할출원, 변경출원, 분할출원 또는 변경출원의 기초가 된 상표등록출원, 우선심사의 신청이 있는 출원(상 제53조) 및 상표법 제180조 제1항에 따라 상표법에 따른 상표등록출원으로 보는 국제상표등록출원은 제외한다] 후 1개월 이내에 해당 상표등록출원을 취하하거나 포기한 경우 이미 낸 수수료 중 상표등록출원료 및 상표등록출원의 우선권주장 신청료는 납부한 자의 청구에 따라 반환한다(상 제79조 제1항 제2호).

이러한 개정에도 불구하고 2016년 1월 개정 이전의 상표법에 따르면 상표에 관한 절차를 밟는 자는 수수료를 납부해야 하며, 잘못 납부한 경우 등 법률에 정한 사유에 해당하면 납부한 수수료를 반환받을 수 있도록 규정하고 있었다. 그런데 2016년 1월 개정이전의 상표법에는 심판청구 관련 수수료의 반환에 대해서는 규정을 두고 있지 않아 청구인의 귀책사유 없이 거절결정 등이 취소된 경우라도 심판청구 관련 수수료를 반환하지 않고 있기 때문에 서비스 제공에 상응하는 수수료 부과라는 원칙에 비추어 볼 때 불합리한 측면이 있었다. 또한, 자발적인 심판청구 취하를 통해 심판 효율성을 높이기 위해서도

390) [시행 2010. 7.28] [법률 제9987호, 2010. 1.27, 일부개정].

심리의 종결이 통지되기 전까지 심판청구나 참가신청을 취하한 경우에는 심판청구 관련 수수료를 반환해 줄 필요가 있었다. 이에 심판청구 관련 수수료의 반환에 관한 규정을 신설하여 서비스 제공에 상응하는 수수료가 부과될 수 있도록 하고, 자발적인 심판청구 취하 유도로 심판 효율성을 제고하기 위해 2016년 1월 상표법[391)]을 개정하여 다음과 같이 규정하게 되었다.

2016년 1월 개정된 상표법 제38조(현행 상표법 제79조)에 제3호 내지 제7호를 신설하여 "제38조 ① 납부된 상표등록료와 수수료는 반환하지 아니한다. 다만, 다음 각 호의 어느 하나에 해당하는 경우에는 납부한 자의 청구에 따라 반환한다.

[제1호 내지 제2호는 생략]

3. 제82조의3에 따라 거절결정 또는 보정각하결정이 취소된 경우(제85조의2에 따라 재심의 절차에서 준용되는 경우를 포함하되, 심판 또는 재심 중 제14조제2항 단서 및 제15조제3호에 따른 보정이 있는 경우는 제외한다)에 이미 낸 수수료 중 심판청구료(재심의 경우에는 재심청구료를 말한다. 이하 이 조에서 같다)
4. 심판청구가 제77조의3제2항에 따라 결정으로 각하되고 그 결정이 확정된 경우(제85조의2에 따라 재심의 절차에서 준용되는 경우를 포함한다)에 이미 낸 수수료 중 심판청구료의 2분의 1에 해당하는 금액
5. 심리의 종결을 통지받기 전까지 제77조의18제1항에 따른 참가신청을 취하한 경우(제85조의2에 따라 재심의 절차에서 준용되는 경우를 포함한다)에 이미 낸 수수료 중 참가신청료의 2분의 1에 해당하는 금액
6. 제77조의18제1항에 따른 참가신청이 결정으로 거부된 경우(제85조의2에 따라 재심의 절차에서 준용되는 경우를 포함한다)에 이미 낸 수수료 중 참가신청료의 2분의 1에 해당하는 금액
7. 심리의 종결을 통지받기 전까지 심판청구를 취하한 경우(제85조의2에 따라 재심의 절차에서 준용되는 경우를 포함한다)에 이미 낸 수수료 중 심판청구료의 2분의 1에 해당하는 금액"라고 규정하였다.[392)]

---

391) [시행 2016.4.28.] [법률 제13848호, 2016.1.27., 일부개정].

392) 현행 상표법 제79조(상표등록료 및 수수료의 반환) 제1항은 "① 납부된 상표등록료와 수수료가 다음 각 호의 어느 하나에 해당하는 경우에는 해당 호의 구분에 따른 상표등록료 및 수수료를 납부한 자의 청구에 의하여 반환한다.
1. 잘못 납부된 경우: 그 잘못 납부된 상표등록료 및 수수료
2. 상표등록출원 후 1개월 이내에 그 상표등록출원을 취하하거나 포기한 경우: 이미 낸 수수료 중 상표등록출원료 및 우선권 주장 신청료. 다만, 다음 각 목의 어느 하나에 해당하는 경우는 제외한다.
가. 분할출원, 변경출원, 분할출원 또는 변경출원의 기초가 된 상표등록출원

특허청장 또는 특허심판원장은 납부된 상표등록료와 수수료를 납부한 자에게 통지하여야 한다(상 제79조 제2항). 그러한 통지를 받은 날부터 3년이 경과하기 전에 반환을 청구하여야 한다(상 제79조 제3항).

대법원 2016. 8. 18. 선고 2015후789 판결【거절결정(상)】[공2016하,1402]

【판시사항】

상표등록의 출원이 취하된 경우, 거절결정을 유지한 심결의 취소를 구하는 소가 적법한지 여부(소극)

【판결요지】

상표등록의 출원이 취하된 경우에는 출원이 처음부터 없었던 것으로 보게 되므로, 비록 출원에 대한 거절결정을 유지하는 심결이 있더라도 심결의 취소를 구할 이익이 없고 심결취소의 소는 부적법하게 된다.

【참조조문】

상표법 제162조, 행정소송법 제12조

【전 문】

【원고, 상고인】 코닌클리케 필립스 엔.브이. (소송대리인 리앤목 특허법인 담당변리사 이영필 외 3인)

【피고, 피상고인】 특허청장

【피고보조참가인】 피고보조참가인 (소송대리인 특허법인 유아이피 담당변리사 전상우 외

나. 제53조에 따른 우선심사의 신청이 있는 출원
다. 제180조제1항에 따라 이 법에 따른 상표등록출원으로 보는 국제상표등록출원

3. 제156조에 따라 보정각하결정 또는 거절결정이 취소된 경우(제161조에 따라 재심의 절차에서 준용되는 경우를 포함하되, 심판 또는 재심 중 제40조제1항 각 호 및 제41조제1항제1호에 따른 보정이 있는 경우는 제외한다) : 이미 낸 수수료 중 심판청구료(재심의 경우에는 재심청구료를 말한다. 이하 이 조에서 같다)
4. 심판청구가 제127조제2항에 따라 결정으로 각하되고 그 결정이 확정된 경우(제161조에 따라 재심의 절차에서 준용되는 경우를 포함한다) : 이미 낸 수수료 중 심판청구료의 2분의 1에 해당하는 금액
5. 심리의 종결을 통지받기 전까지 제142조제1항에 따른 참가신청을 취하한 경우(제161조에 따라 재심의 절차에서 준용되는 경우를 포함한다) : 이미 낸 수수료 중 참가신청료의 2분의 1에 해당하는 금액
6. 제142조제1항에 따른 참가신청이 결정으로 거부된 경우(제161조에 따라 재심의 절차에서 준용되는 경우를 포함한다) : 이미 낸 수수료 중 참가신청료의 2분의 1에 해당하는 금액
7. 심리의 종결을 통지받기 전까지 심판청구를 취하한 경우(제161조에 따라 재심의 절차에서 준용되 는 경우를 포함한다) : 이미 낸 수수료 중 심판청구료의 2분의 1에 해당하는 금액"라고 규정하고 있다.

1인)

【원심 판결】 특허법원 2015. 4. 10. 선고 2014허4876 판결

Ⅱ. 상표의 등록심사절차

1. 의 의

상표에 있어서 심사주의를 채택하고 사용주의를 가미하고 있다.

2. 심사관에 의한 심사

[1] 특허청장은 심사관으로 하여금 상표등록출원 및 상표등록이의신청을 심사하게 한다(상 제50조 제1항). 심사관의 자격에 관하여 필요한 사항은 대통령령으로 정한다(상 제50조 제2항). 누구든지 그 상표등록출원이 상표등록거절이유(상 제54조)에 해당되어 상표등록될 수 없다는 취지의 정보를 증거와 함께 특허청장에게 제공할 수 있다(상 제49조).

[2] 전문조사기관에 대한 상표검색 의뢰등: 특허청장은 상표등록출원의 심사에 있어서 필요하다고 인정하는 경우에는 전문조사기관을 지정하여 상표검색과 상품분류의 업무를 의뢰할 수 있다(상 제51조 제1항). 특허청장은 상표등록출원의 심사에 관하여 필요하다고 인정하는 경우에는 관계행정기관이나 상표에 관한 지식과 경험이 풍부한 사람 또는 관계인에게 협조를 요청하거나 의견을 들을 수 있다(상 제51조 제2항). 특허청장은 「농수산물품질관리법」에 따른 지리적 표시 등록대상품목에 대하여 지리적 표시 단체표장이 출원된 경우 그 단체표장이 지리적 표시 해당여부에 관하여 농림축산식품부장관 또는 해양수산부장관의 의견을 들어야 한다(상 제51조 제3항). 전문조사기관의 지정기준 및 상표검색 등의 의뢰에 관하여 필요한 사항은 대통령령으로 정한다(상 제51조 제4항).

[3] **전문조사기관의 지정취소 등**: 특허청장은 전문조사기관이 거짓 그 밖의 부정한 방법으로 전문조사기관의 지정을 받은 경우에는 전문조사기관의 지정을 취소하여야 하며, 지정기준에 적합하지 아니하게 된 경우에는 그 지정을 취소하거나 6개월 이내의 기간을 정하여 업무의 정지를 명할 수 있다(상 제52조 제1항). 특허청장은 전문조사기관의 지정을 취소하거나 업무의 정지를 명하려면 청문을 하여야 한다(상 제52조 제2항). 전문조사기관의 지정취소 및 업무정지의 기준과 절차 등에 관하여 필요한 사항은 산업통상자원부령으로 정한다(상 제52조 제3항).

[4] **심사의 순위 및 우선심사**: 상표등록출원에 대한 심사는 출원의 순위에 따르는 것이 원칙이다(상 제53조 제1항). 하지만, 특허청장은 (i) 상표등록출원 후 출원인이 아닌 자가

상표등록출원된 상표와 동일·유사한 상표를 동일·유사한 지정상품에 정당한 사유 없이 업으로서 사용하고 있다고 인정되는 경우, (ii) 출원인이 상표등록출원한 상표를 지정상품의 전부에 사용하고 있는 등 대통령령으로 정하는 상표등록출원으로서 긴급한 처리가 필요하다고 인정되는 경우 중 어느 하나에 해당하는 상표등록출원에 대하여는 그 원칙에도 불구하고 심사관이 다른 상표등록출원에 우선하여 심사하게 할 수 있다(상 제53조 제2항). 상표법 시행령 제12조에서는 (i) 상표등록출원인이 상표등록출원한 상표를 지정상품 전부에 대하여 사용하고 있거나 사용할 준비를 하고 있음이 명백한 경우, (ii) 상표등록출원인이 그 상표등록출원과 관련하여 다른 상표등록출원인으로부터 상표법 제58조제1항에 따른 서면 경고를 받은 경우, (iii) 상표등록출원인이 그 상표등록출원과 관련하여 상표법 제58조제1항에 따른 서면 경고를 한 경우, (iv) 상표법 제167조에 따른 마드리드 의정서(이하 "마드리드 의정서"라 한다)에 따른 국제출원의 기초가 되는 상표등록출원을 한 경우로서 마드리드 의정서에 따른 국제등록일 또는 사후지정일이 국제등록부에 등록된 경우, (v) 「조달사업에 관한 법률」 제9조의2제1항제2호에 따른 중소기업자가 공동으로 설립한 법인이 출원한 단체표장인 경우, (vi) 조약에 따른 우선권 주장의 기초가 되는 상표등록출원을 한 경우로서 외국 특허기관에서 우선권 주장을 수반한 출원에 관한 절차가 진행 중인 경우, (vii) 존속기간 만료로 소멸한 등록상표의 상표권자가 상표등록출원을 한 경우로서 그 표장과 지정상품이 존속기간 만료로 소멸한 등록상표의 표장 및 지정상품과 전부 동일한 경우 등을 긴급한 처리가 필요하다고 인정되는 경우로 규정하고 있다.

3. 형식적 요건의 심사와 보정명령

[1] 특허청장은 심사관으로 하여금 상표등록출원 및 상표등록이의신청을 심사하게 한다.

[2] 심사관은 우선 출원절차에 관한 서류가 적법하게 작성되었는지 여부, 즉 형식적 요건에 대하여 심사한 후 이에 기재불비가 있는 경우에는 보정을 명할 수 있다.

4. 실질적 요건의 심사(실체심사)와 거절결정

가. 의 의

[1] 심사관은 상표등록출원의 형식적 요건을 심사한 결과 그 요건이 구비된 때에는 그 실질적 요건에 대하여 심사한다.

[2] 심사결과 상표등록출원이 거절이유에 해당하는 때에는 거절결정을 하여야 하고, 거절이유를 발견할 수 없을 때에는 출원공고를 할 것을 결정하여야 한다.

나. 거절이유(상 제54조)

(1) 상표등록거절이유

[1] 상표법 제2조제1항에 따른 상표, 단체표장, 지리적 표시, 지리적 표시 단체표장, 증명표장, 지리적 표시 증명표장 또는 업무표장의 정의에 맞지 아니하는 경우

[2] 조약에 위반된 경우

[3] 상표법 상표등록을 받을 수 있는 자(상 제3조), 외국인의 권리능력(상 제27조), 상표등록의 요건(상 제33조), 상표등록을 받을 수 없는 상표(상 제34조), 선출원(상 제35조) 1상표 1출원 원칙(상 제38조제1항), 유사한 지정상품의 경우 분할출원(상 제48조제2항 후단), 상표등록출원이 공유인 경우(상 제48조 제4항) 또는 상표등록출원, 업무표장등록출원, 단체표장등록출원, 증명표장등록출원의 이전(상 제48조 제6항 내지 제8항)에 해당하여 상표등록을 할 수 없는 경우

[4] 상표법 상표법 제3조에 따른 단체표장, 증명표장 및 업무표장의 등록을 받을 수 있는 자에 해당하지 아니한 경우

[5] 지리적 표시 단체표장등록출원의 경우에 그 소속 단체원의 가입에 관하여 정관에 의하여 단체의 가입을 금지하거나 정관에 충족하기 어려운 가입조건을 규정하는 등 단체의 가입을 실질적으로 허용하지 아니한 경우

[6] 상표법 제36조제3항에 따른 정관에 대통령령으로 정하는 단체표장의 사용에 관한 사항의 전부 또는 일부를 적지 아니하였거나 같은 조 제4항에 따른 정관 또는 규약에 대통령령으로 정하는 증명표장의 사용에 관한 사항의 전부 또는 일부를 적지 아니한 경우

[7] 증명표장등록출원의 경우에 그 증명표장을 사용할 수 있는 자에 대하여 정당한 사유 없이 정관 또는 규약으로 사용을 허락하지 아니하거나 정관 또는 규약에 충족하기 어려운 사용조건을 규정하는 등 실질적으로 사용을 허락하지 아니한 경우

(2) 지정상품의 추가등록거절이유

상표법 제87조(지정상품의 추가등록거절결정 및 거절이유통지) 제1항은 "① 심사관은 지정상품추가등록출원이 다음 각 호의 어느 하나에 해당하는 경우에는 그 지정상품의 추가등록거절결정을 하여야 한다.

1. 제54조 각 호의 어느 하나에 해당할 경우
2. 지정상품의 추가등록출원인이 해당 상표권자 또는 출원인이 아닌 경우
3. 등록상표의 상표권 또는 상표등록출원이 다음 각 목의 어느 하나에 해당하게 된 경우

가. 상표권의 소멸
나. 상표등록출원의 포기, 취하 또는 무효
다. 상표등록출원에 대한 제54조에 따른 상표등록거절결정의 확정"이라고 규정하여 추가등록거절이유를 열거하고 있다.

(3) 상품분류전환등록거절이유

(i) 상품분류전환등록신청의 지정상품을 해당 등록상표의 지정상품이 아닌 상품으로 하거나 지정상품의 범위를 실질적으로 확장한 경우, (ii) 상품분류전환등록신청의 지정상품이 상품류 구분과 일치하지 아니하는 경우, (iii) 상품분류전환등록을 신청한 자가 해당 등록상표의 상표권자가 아닌 경우, (iv) 상표법 제209조에 따른 상품분류전환등록신청의 요건을 갖추지 못한 경우, (v) 상표권이 소멸하거나 존속기간갱신등록신청을 포기·취하하거나 존속기간갱신등록신청이 무효로 된 경우 중 어느 하나에 해당하는 경우, 심사관은 상품분류전환등록신청에 대하여 상품분류전환등록거절결정을 하여야 한다(상 제210조 제1항).

다. 거절이유통지

(1) 상표등록출원의 경우 거절이유 통지

심사관은 상표법 제54조의 규정에 의하여 상표등록거절결정을 하고자 할 때에는 그 출원인에게 거절이유를 통지하고 기간을 정하여 의견서를 제출할 수 있는 기회를 주어야 한다. 심사관은 상표법 제54조에 따라 상표등록거절결정을 하려는 경우에는 출원인에게 거절이유를 통지하여야 한다. 이 경우 출원인은 2개월 이내에서 심사관이 정하는 기간(=산업통상자원부령으로 정하는 기간) 내에 거절이유에 대한 의견서를 제출할 수 있다(상 제55조 제1항, 상표법 시행규칙 제50조 제2항). 심사관은 상표법 제55조 제1항에 따라 거절결정 이유를 통지하는 경우에 지정상품별로 거절이유와 근거를 구체적으로 밝혀야 한다(상 제55조 제2항). 2개월 이내에서 심사관이 정하는 기간(상표법 제55조 제1항 후단에 따른 기간) 내에 의견서를 제출하지 아니한 출원인은 그 기간의 만료일부터 2개월 이내에 상표에 관한 절차를 계속 진행할 것을 신청하고, 그 기간 내에 거절이유에 대한 의견서를 제출할 수 있다(상 제55조 제3항).

(2) 지정상품의 추가등록거절이유 통지

심사관은 지정상품의 추가등록거절결정을 하려는 경우에는 출원인에게 거절이유를 통지하여야 한다. 이 경우 출원인은 거절이유를 통지받은 날부터 2개월(=산업통상자원부령으로 정하는 기간) 내에 거절이유에 대한 의견서를 제출할 수 있다(상 제87조 제2항, 상표법 시행규칙 제59조 제2항). 거절이유를 통지받은 날부터 2개월 내에 의견서를 제출하지 아니한 출원인은 그 기간의 만료일부터 2개월 이내에 지정상품의 추가등록에 관한 절차를 계속 진행할 것을 신청하고, 그 기간 내에 거절이유에 대한 의견서를 제출할 수 있다(상 제87조 제3항).

(3) 상품분류전환등록거절이유 통지

심사관은 상품분류전환등록거절결정을 하려는 경우에는 신청인에게 거절이유를 통지하여야 한다. 이 경우 신청인은 심사관이 2개월 이내에서 정한 기간(=산업통상자원부령으로 정하는 기간) 내에 거절이유에 대한 의견서를 제출할 수 있다(상 제210조 제2항, 상표법 시행규칙 제94조 제1항).

심사관이 2개월 이내에서 정한 기간 내에 의견서를 제출하지 아니한 신청인은 그 기간이 만료된 후 2개월 이내에 상품분류전환등록에 관한 절차를 계속 진행할 것을 신청하고, 그 기간 내에 거절이유에 대한 의견서를 제출할 수 있다(상 제210조 제3항).

5. 출원공고

가. 의 의

심사관을 실체심사를 한 결과 거절이유를 발견할 수 없는 경우에는 그 출원내용을 공고하는 결정을 하고, 특허청장은 그 결정 등본을 출원인게 송달하는 한편 그 상표등록출원에 관하여 상표공보에 게재하여 이를 공고하고, 출원공고를 한 날부터 2개월간 상표등록출원 서류 및 그 부속서류를 특허청에서 일반인이 열람할 수 있게 하여야 한다(상 제57조).

나. 취 지

출원내용을 바로 등록하지 아니하고 일반인에 공개하여 상표심사에 관한 공중의 협력을 받음으로써 심사의 공정성 및 완전성을 담보하여 제3자의 불이익을 방지하고자 하는 제도다.

다. 법적 성질

출원공고의 법적 성질: 공시최고설, 공중심사설, 공중심사협력설, 객관성 담보설이 대립되어 있으나, 판례[393]는 공중심사협력설을 취하고 있다.

---

393) 대법원 1996. 8. 23. 선고 96후23 판결.

라. 출원공고 절차

심사관은 상표등록출원에 대하여 거절이유를 발견할 수 없는 때에는 출원공고결정을 하여야 한다(상 제57조 제1항 본문). 다만, (i) 출원공고결정의 등본이 출원인에게 송달된 후 그 출원인이 출원공고된 상표등록출원을 상표법 제45조에 따라 둘 이상의 상표등록출원으로 분할한 경우로서 그 분할출원에 대하여 거절이유를 발견할 수 없는 경우와 (ii) 상표법 제54조에 따른 상표등록거절결정에 대하여 취소의 심결이 있는 경우로서 해당 상표등록출원에 대하여 이미 출원공고된 사실이 있고 다른 거절이유를 발견할 수 없는 경우 중 어느 하나에 해당하는 때에는 출원공고결정을 생략할 수 있다(상 제57조 제1항 단서). 특허청장은 출원공고결정이 있을 경우에는 그 결정의 등본을 출원인에게 송달하고 그 상표등록출원에 관하여 상표공보에 게재하여 출원공고를 하여야 한다(상 제57조 제2항). 특허청장은 출원공고를 한 날부터 2개월간 상표등록출원 서류 및 그 부속 서류를 특허청에서 일반인이 열람할 수 있게 하여야 한다.(상 제57조 제3항). 출원공고가 있는 경우 공고일은 해당 상표등록출원이 공고된 취지를 게재한 상표등록출원공고용 상표공보가 발행된 날이다.[394)]

마. 손실보상청구권

[1] 상표등록 전이라도 상표등록출원된 상표를 서면 경고에 의해 출원 사실을 알고도 사용한 자에 대한 출원인의 법적 보호수단을 인정함으로써 출원인의 경제적 이익을 도모하기 위한 제도다. 이 제도는 2001년 개정 상표법에 도입된 것으로서 마드리드 의정서에 따른 국제등록출원과의 형평 문제도 고려하여 입법한 것이다.

[2] 성립요건: (i) 제3자가 출원상표를 지정상품에 대해 사용하였을 것, (ii) 출원인의 서면경고가 있을 것, (iii) 제3자가 경고 받은 후부터 상표권 설정등록시까지 사용할 것, (iv) 출원인에게 업무상 손실이 발생하였을 것의 요건이 충족되어야 한다.

[3] 행 사: 즉 출원인은 상표법 제57조제2항(상표법 제88조제2항 및 제123조제1항의 규정에 의하여 준용되는 경우를 포함한다)에 따른 출원공고가 있은 후 해당 상표등록출원에 관한 지정상품과 동일·유사한 상품에 대하여 해당 상표등록출원에 관한 상표와 동일·유사한 상표를 사용하는 자에게 서면으로 경고할 수 있다. 다만, 출원인이 해당 상표등록출원의 사본을 제시하는 경우에는 출원공고전이라도 서면으로 경고할 수 있다(상 제58조 제1항). 이 경고를 한 출원인은 경고 후 상표권을 설정등록할 때까지의 기간에 발생한 해당 상표의 사용에 관한 업무상 손실에 상당하는 보상금의 지급을 청구할 수 있다(상 제58조 제2항). 그 보상금지급청구권은 해당 상표등록출원에 대한 상표권의 설정등록이 있은 후가 아니

---

394) 2016년 개정 상표심사기준 제6부 제1장 § 4.1.2.

면 이를 행사할 수 없다(상 제58조 제3항). 그 보상금지급청구권의 행사는 상표권의 행사에 영향을 미치지 아니한다(상 제58조 제4항). 손실보상지급청구권을 행사하는 경우의 등록상표 보호범위 등에 관하여는 상표법 제91조(등록상표 등의 보호범위)·제108조(침해로 보는 행위)·제113조(상표권자 등의 신용회복) 및 제114조(서류의 제출)와 「민법」 제760조(공동불법행위자의 책임) 및 제766조(손해배상청구권의 소멸시효)의 규정은 준용된다. 이 경우 「민법」 제766조제1항중 "피해자나 그 법정대리인이 그 손해 및 가해자를 안 날"은 "해당 상표권의 설정등록일"로 본다(상 제58조 제5항).

[4] 소 멸: 상표등록출원이 (i) 상표등록출원이 포기·취하 또는 무효가 된 경우, (ii) 상표등록출원에 대한 상표등록거절결정이 확정된 때, (iii) 상표법 제117조의 규정에 의하여 상표등록을 무효로 한다는 심결(같은 조 제1항 제5호부터 제7호까지의 규정에 따른 경우를 제외한다)이 확정된 경우 중 어느 하나에 해당하는 때에는 그 보상금지급청구권은 처음부터 발생하지 아니한 것으로 본다(상 제58조 제6항).

대법원 1996. 8. 23. 선고 96후23 판결【거절사정(상)】

【판시사항】

[1] 본원상표 "Oilily"와 인용상표 "오리리", "O'LEARY"의 유사 여부(적극)
[2] 심사관의 출원공고 결정 행위의 효력

【판결요지】

40-92-021672

[1] 본원상표  와 인용상표들은 그 외관이 서로 다르고, 관념에 있어서도 본원상표는 '기름같이, 매끄럽게, 간사하게' 등의 의미를 가지는데 반하여 인용상표들은 아무런 의미를 가지지 아니하는 조어(조어)이어서 비교되지 아니하는 것이라 하겠으나, 칭호에 있어서 본원상표는 통상 '오일리리'로 호칭될 것이고 인용상표들은 '오리리'로 호칭될 것이어서 그러한 경우 본원상표는 인용상표들에 비하여 두 번째 음절에 '일'이 더 부가되어 있을 뿐 나머지 3음절이 '오리리'로서 동일하므로 양 상표들은 전체적으로 극히 유사하게 청감된다 할 것이어서, 양 상표를 일반 수요자의 입장에서 전체적·객관적·이격적으로 관찰할 경우 서로 유사하다.

[2] 심사관의 출원공고란 심사관이 출원내용에 대하여 심사한 결과 거절할 만한 이유를 발견할 수 없거나 의견서 또는 보정서 제출에 의하여 거절이유가 극복된 경우, 그 출원내용을 공중에 공표하여 이의신청을 할 수 있도록 함으로써 심사의 협력을 구하도록 제도화한 것을 말하고, 심사관의 출원공고 결정에 대하여는 누구든지 30일 이내에 이의신청을 할 수 있고(상표법 제25조), 심사관도 출원공고 후에 거절이유가 발견된

경우 직권으로 거절사정을 할 수 있는 것이다(상표법 제28조).

바. 정정공고

(i) 상표 또는 지정된 상품의 전부 또는 일부가 누락되었을 경우, (ii) 공고된 상표가 출원서에 첨부된 상표와 상이한 경우, (iii) 상표 또는 지정상품을 인터넷공보상에서 판독할 수 없는 경우, (iv) 해당 상품류구분이 변경되었을 경우, (v) 출원공고된 시각적 표현이 출원서에 기재된 시각적 표현과 상이한 경우 중 어느 하나에 해당하는 경우에는 정정공고를 하여야 한다.[395] 정정공고가 있는 때에는 그때에 출원공고한 것으로 취급한다.[396] 정정공고사항 이외의 사항이 오기 또는 누락된 경우에 그 부분이 심사의 본질적인 내용에 영향을 미치지 아니할 때에는 이에 대한 정정공고는 하지 않는 것으로 한다.[397]

사. 출원공고의 효과

[1] 출원공고결정등본의 송달 후에는 보정의 시기와 대상범위가 제한되며(상 제41조), 공고 후의 보정에 대한 각하에 불복하는 심판을 청구할 수 없고(상 제42조 제6항), 공고후의 보정이 요지변경임이 상표권의 설정등록 후에 발견되면 보정하지 않은 출원에 관하여 상표권이 설정등록된 것으로 간주된다(상 제41조 제3항).

[2] 출원공고가 있는 때에는 누구든지 출원공고일로부터 2개월 이내에 해당 출원에 거절이유가 있다거나 지정상품의 추가등록출원의 거절이유가 있다는 것을 이유로 특허청장에게 상표등록이의신청을 할 수 있다(상 제60조 제1항).

6. 상표등록이의신청

가. 의 의

상표등록이의신청이란 출원공고되었지만 아직 등록이 되지 않은 출원의 내용에 거절이유가 있다고 생각하는 당사자가 해당 출원을 거절결정하도록 요구하는 상표법상 제도다.

나. 이의신청의 요건

[1] **이의신청의 주체**: 이의신청은 누구나 할 수 있으며 법인은 물론 권리능력없는 비법인단체라도 그 대표자나 관리인이 정해져 있으면 이의신청인이 될 수 있다(상 제60조 제1항, 제5조).

---

395) 2016년 상표심사기준 제6부 제1장 § 4.2.1.
396) 2016년 상표심사기준 제6부 제1장 § 4.2.2.
397) 2016년 상표심사기준 제6부 제1장 § 4.2.3.

[2] 이의신청기간: 이의신청기간은 출원공고일로부터 2개월이며, 법정불변기간이므로 연장할 수 없다.

[3] 해당 상표등록출원인 경우에는 상표법 제54조 각 호의 거절사유 중 어느 하나에 해당함을, 지정상품 추가등록출원인 경우에는 상표법 제87조 제1항의 거절사유의 어느 하나에 해당함을 이의신청사유로 한다(상 제60조 제1항).

다. 이의신청절차

[1] 이의신청인은 그 이유를 기재한 상표등록이의신청서와 필요한 증거를 첨부하여 특허청장에게 제출하여야 한다(상 제60조 제2항).

[2] 상표등록이의신청서의 기재사항: (i) 신청인의 성명 및 주소(법인인 경우에는 그 명칭 및 영업소의 소재지를 말한다), (ii) 신청인의 대리인이 있는 경우에는 그 대리인의 성명 및 주소나 영업소의 소재지[대리인이 특허법인·특허법인(유한)인 경우에는 그 명칭, 사무소의 소재지 및 지정된 변리사의 성명을 말한다], (iii) 이의신청의 대상, (iv) 이의신청사항, (v) 이의신청의 이유 및 필요한 증거의 표시(상 제60조 제2항)

[3] 이의신청이유 및 증거의 보정: 이의신청의 이유를 보정하거나 증거방법을 추가로 제출하는 것도 가능하나 늦어도 이의신청기간 경과 후 30일 이내에 하여야 한다(상 제61조).

[4] 보정기간 경과 후의 보정은 이의신청의 증거로 채택되지 않는다. 다만, 심사관은 이를 직권조사자료로는 참고하여야 한다.[398]

[5] 한편 특허청장은 직권 또는 당사자의 청구에 의하여 위 30일의 이의신청이유 등 보정기간을 30일 이내에서 한 차례 연장할 수 있다(상 제17조 제1항 제1호). 다만, 도서·벽지 등 교통이 불편한 지역에 있는 자의 경우에는 산업통상자원부령으로 정하는 바에 따라 그 횟수 및 기간을 추가로 연장할 수 있다(상 제17조 제1항 단서).

[6] 부본 송달 및 답변서 제출: 심사장은 상표등록이의신청이 있는 경우에 상표등록이의신청서 부본을 출원인에게 송달하고 기간을 정하여 답변서를 제출할 수 있는 기회를 주어야 한다(상 제66조 제1항).

대법원 2016. 3. 24. 선고 2015후1997 판결【거절결정(상)】

【판시사항】

거절결정불복심판청구 기각 심결의 취소소송절차에서 특허청장이 심사나 심판 단계

398) 2016년 개정 상표심사기준 제6부 제4장 §1.1.2.

에서 의견서 제출의 기회를 부여한 사유 및 이와 주요한 취지가 부합하는 사유를 심결의 결론을 정당하게 하는 사유로 주장할 수 있는지 여부(적극) 및 심결취소소송의 법원이 이를 심리·판단하여 심결의 당부를 판단하는 근거로 삼을 수 있는지 여부(적극) / 상표등록이의신청서에 기재되어 출원인에게 송달됨으로써 답변서 제출의 기회가 주어진 사유는 의견서 제출의 기회가 부여된 사유로 볼 수 있는지 여부(적극)

【이 유】

상고이유를 판단한다.

1. 상고이유 제1, 2점에 대하여

가. 거절결정불복심판청구 기각 심결의 취소소송절차에서 특허청장은 거절결정의 이유 외에도 심사나 심판 단계에서 의견서 제출의 기회를 부여한 사유 및 이와 주요한 취지가 부합하는 사유를 해당 심결의 결론을 정당하게 하는 사유로 주장할 수 있고, 심결취소소송의 법원은 이를 심리·판단하여 심결의 당부를 판단하는 근거로 삼을 수 있다(대법원 2004. 7. 22. 선고 2004후356 판결, 대법원 2013. 9. 26. 선고 2013후1054 판결 등 참조). 그리고 상표법 제25조, 제27조에 따라 상표등록이의신청서에 기재되어 출원인에게 송달됨으로써 답변서 제출의 기회가 주어진 사유는 의견서 제출의 기회가 부여된 사유로 볼 수 있다(대법원 1998. 10. 2. 선고 97후1412 판결 등 참조).

나. 원심은 판시와 같은 이유로, 피고 보조참가인 주식회사 아이에스이커머스가 원심에서 '이 사건 출원서비스표가 선사용서비스표 1과의 관계에서 상표법 제7조 제1항 제11호에 해당한다'고 주장하고 있고, 이는 위 피고 보조참가인이 상표등록이의신청서에서 주장한 사유와 주요한 취지가 부합하므로 원고에게 실질적으로 의견서 제출의 기회를 준 것으로 볼 수 있어, 이를 근거로 이 사건 심결의 당부를 판단할 수 있다는 취지로 판단하였다.

다. 원심 판결 이유를 적법하게 채택된 증거들에 비추어 살펴보면, 원심의 판단은 위 법리에 기초한 것으로서, 거기에 상고이유 주장과 같이 심결 취소소송의 심리범위 및 의견서 제출의 기회 부여에 관한 법리를 오해하거나 필요한 심리를 다하지 아니하는 등의 위법이 없다.

상고이유로 들고 있는 대법원 판결은 이 사건과 사안이 다르므로 이 사건에 원용하기에 적절하지 아니하다.

2. 상고이유 제3, 4점에 대하여

가. 법원은 변론 전체의 취지와 증거조사의 결과를 참작하여 사회정의와 형평의 이념에 입각하여 논리와 경험의 법칙에 따라 자유로운 심증으로 사실주장을 판단하므로, 자유심증주의의 한계를 벗어나지 아니하는 한 증거의 가치 판단 및 사실인정은 사실심 법원의 재량에 속하고, 사실심 법원이 적법하게 확정한 사실은 상고법원을 기속한다(행정소송법 제8조 제2항, 민사소송법 제202조, 제432조).

나. 원심은 판시와 같은 이유로, (1) 선사용서비스표 1은 이 사건 심결 시인 2015. 2. 3. 무렵 특정인의 의류판매업이라고 인식될 정도로 알려져 있었다고 인정한 다음, (2) 이 사건 출원서비스표의 지정서비스업인 원단소매업과 선사용서비스표

1의 사용서비스업인 의류판매업은 경제적으로 밀접한 견련성이 있어서 이 사건 출원서비스표가 원단소매업에 사용된다면 선사용서비스표 1의 의류판매업과 동일·유사한 서비스업에 사용된 경우에 못지않을 정도로 선사용서비스표 1의 권리자에 의하여 사용되고 있다고 오인될 수 있다고 인정하여, (3) 이 사건 출원서비스표는 상표법 제7조 제1항 제11호에 해당한다고 판단하였다.

다. 선사용서비스표 1의 인지도에 관한 원심의 판단을 다투는 상고이유 주장은 실질적으로 사실심 법원의 자유심증에 속하는 증거의 취사 선택과 증거가치의 판단 및 이에 기초한 사실인정을 탓하는 것에 불과하다. 그리고 원심 판결 이유를 위 법리와 원심판시 관련 법리 및 적법하게 채택된 증거들에 비추어 살펴보아도, 원심의 판단에 상고이유 주장과 같이 상표법 제7조 제1항 제11호의 적용과 관련하여 '특정인의 서비스표나 서비스업이라고 인식될 수 있는 정도로 알려져 있는지'에 대한 판단 기준, 서비스업의 경제적 견련성 및 출처의 오인·혼동 가능성 등에 관한 법리를 오해하고 필요한 심리를 다하지 아니하거나 논리와 경험의 법칙을 위반하여 자유심증주의의 한계를 벗어난 위법이 없다.

3. 결 론

그러므로 상고를 기각하고, 상고비용은 패소자가 부담하기로 하여, 관여 대법관의 일치된 의견으로 주문과 같이 판결한다.

라. 이의신청에 대한 심사 및 결정

[1] 이의신청에 대한 심사 등: 이의신청은 심사관 3명으로 구성되는 심사관합의체(이하 "심사관합의체"라 한다)에서 심사·결정한다(상 제62조 제1항). 특허청장은 각각의 이의신청에 대하여 심사관합의체를 구성할 심사관을 지정하여야 한다(상 제62조 제2항). 특허청장은 각각의 이의신청에 대하여 지정한 심사관 중 1명을 심사장으로 지정하여야 한다(상 제62조 제3항).

[2] 이의신청에 대한 심사의 범위: 심사관합의체는 이의신청에 관하여 출원인이나 이의신청인이 주장하지 아니한 이유에 관하여도 심사할 수 있다. 이 경우 출원인이나 이의신청인에게 기간을 정하여 그 이유에 관하여 의견을 진술할 수 있는 기회를 주어야 한다(상 제63조).

[3] 이의신청의 병합 또는 분리: 2 이상의 상표등록이의신청이 경합하는 경우에는 심사관합의체는 이를 병합 또는 분리하여 심사하거나 결정할 수 있다(상 제64조).

[4] 이의신청의 경합: 심사관합의체는 둘 이상의 이의신청이 있는 경우에 그 중 어느 하나의 이의신청에 대하여 심사한 결과 그 이의신청이 이유가 있다고 인정할 때에는 다른 이의신청에 대해서는 결정을 하지 아니할 수 있다(상 제65조 제1항). 특허청장은 심사관합의체가 둘 이상의 이의신청 중 그 하나의 이의신청이 이유 있다고 인정하여 다른

하나의 이의신청에 대해서는 결정을 하지 아니한 경우에 그 다른 하나의 해당 이의신청인에게도 상표등록거절결정 등본을 송달하여야 한다(상 제65조 제2항).

[5] 이의신청이유 및 증거의 보정기간 경과 후에 제출된 증거서류, 답변서 기타 자료는 불인정하되 직권조사자료로 참고한다. 외관유사를 주장했지만 외관이 유사하지 않고 호칭 또는 관념이 유사하다고 판단되면 해당 이의신청은 이유가 있는 것으로 본다.

[6] 이의신청에 대한 결정 :

(i) 각하 결정 : 이의신청인이 그 이유나 증거를 제출하지 아니한 경우

(ii) 이의사유에 관한 결정 : 이의신청에 대한 결정은 이의신청이유 등의 보정기간 및 답변서제출기간이 경과한 후에 결정한다(상 제66조 제2항). 이의신청에 대한 결정은 서면으로 하여야 하며, 그 이유를 붙여야 한다. 이 경우 둘 이상의 지정상품에 대한 결정이유가 다른 경우에는 지정상품마다 그 이유를 붙여야 한다(상 제66조 제3항). 심사관합의체는 이의신청인이 상표법 제60조제1항에 따른 이의신청기간 내에 그 이유나 증거를 제출하지 아니한 경우에는 제1항에도 불구하고 상표법 제61조에 따른 기간이 지난 후 결정으로 이의신청을 각하할 수 있다. 이 경우 그 결정의 등본을 이의신청인에게 송달하여야 한다(상 제66조 제4항).

특허청장은 이의신청에 대한 결정이 있는 경우에는 그 결정의 등본을 출원인 및 이의신청인에게 송달하여야 한다(상 제66조 제5항). 출원인은 이의신청 본안에 대한 결정(상 제66조 제2항) 및 이의신청각하결정(상 제66조 제4항)에 대하여 거절결정불복심판에 따른 방법으로 불복할 수 있다(상 제66조 제6항 제1호, 제116조). 그리고 이의신청인은 이의신청 본안에 대한 결정(상 제66조 제2항) 및 이의신청각하결정(상 제66조 제4항)에 대하여 상표등록 무효심판에 따른 방법으로 불복할 수 있다(상 제66조 제6항 제2호, 제117조).

7. 상표권 등의 등록절차

가. 상표권등록의 의의

상표권설정등록절차 : 상표등록출원에 대한 심사가 등록결정으로 종료되면 상표등록출원인은 소정의 등록료를 납부하고 특허청장은 특허청에 비치하는 상표등록원부에 소정사항을 기재하는 절차를 마침으로써 상표등록출원자는 최종적으로 일단 유효한 상표권을 취득한다.

나. 상표권의 설정등록요건

[1] 상표권 설정등록요건 :

(i) 심사결과 유효한 상표등록결정이 있어야 한다.

(ii) 법이 정한 상표등록료를 납부하여야 한다. 상표등록료는 상표권설정등록을 받으려는 자 등이 내는 것이 원칙이나, 이해관계인은 상표등록료를 납부하여야 할 자의 의사에 반하여서도 이를 납부할 수 있다(상 제72조 제2항). 2010년 개정 이전의 상표법 및 종전의「특허료 등의 징수규칙」에 따라 상표등록료는 등록결정 또는 등록심결의 등본을 받은 날부터 2개월 이내에 일시에 납부하도록 되어 있었으나, 2010년 개정 상표법에 따르면, 상표권자 등의 부담을 완화하기 위하여 상표등록료를 2회로 분할하여 납부할 수 있도록 하였다.[399] 상표등록료(「상표법」 제72조제1항 후단에 따라 분할납부하는 경우의 1회차 상표등록료를 포함한다)는 등록결정 또는 등록심결의 등본을 받은 날부터 2개월 이내에 납부하여야 하며, 「상표법」 제72조제1항 후단에 따라 분할납부하는 경우의 2회차 상표등록료는 상표권의 설정등록일부터 5년 이내에 납부자번호를 부여받아 납부자번호를 부여받은 날의 다음날까지 납부하여야 한다(특허료 등의 징수규칙 제8조 제7항 제1호).

상표등록료의 납부기간 경과 전에 납부기간 연장신청이 있는 경우 특허청장은 30일의 기간 이내에서 연장할 수 있다(상 제74조).

[2] 상표등록료의 미납으로 인한 출원 또는 신청의 포기: (i) 상표법 제72조제3항 또는 제74조에 따른 납부기간에 해당 상표등록료(제72조제1항 각 호 외의 부분 후단에 따라 분할납부하는 경우에는 1회차 상표등록료를 말한다. 이하 이 조에서 같다)를 내지 아니한 경우, (ii) 상표법 제76조제1항에 따라 상표등록료의 보전명령을 받은 경우로서 그 보전기간 내에 보전하지 아니한 경우, (iii) 상표법 제77조제1항에 해당하는 경우로서 그 해당 기간 내에 상표등록료를 내지 아니하거나 보전하지 아니한 경우 중 어느 하나에 해당하는 경우에는 상표등록출원, 지정상품추가등록출원 또는 존속기간갱신등록신청을 포기한 것으로 본다(상 제75조).

[3] 상표등록료의 보전 등: 특허청장은 상표권의 설정등록, 지정상품의 추가등록, 존속기간갱신등록을 받으려는 자 또는 상표권자가 상표법 제72조제3항 또는 제74조에 따른 납부기간 내에 상표등록료의 일부를 내지 아니한 경우에는 상표등록료의 보전(補塡)을 명하여야 한다(상 제76조 제1항). 상표등록료의 보전명령을 받은 자는 그 보전명령을 받은 날부터 1개월 이내(이하 "보전기간"이라 한다)에 상표등록료를 보전할 수 있다(상 제76조 제2항). 특허청장의 상표등록료 보전명령에 따라 상표등록료를 보전하는 자는 내지 아니한 금액의 2배의 범위에서 산업통상자원부령으로 정하는 금액을 내야 한다(상 제76조 제3항).

[4] 상표등록료 납부 또는 보전에 의한 상표등록출원의 회복 등: (i) 상표등록출원의 출원인, (ii) 지정상품추가등록출원의 출원인, (iii) 존속기간갱신등록신청의 신청인 또는 상표권자의 어느 하나에 해당하는 자가 책임질 수 없는 사유로 상표법 제72조제3항 또는

399) [시행 2010. 7.28] [법률 제9987호, 2010. 1.27, 일부개정].

제74조에 따른 납부기간 내에 상표등록료를 내지 아니하였거나 상표법 제76조제2항에 따른 보전기간 내에 보전하지 아니한 경우에는 그 사유가 소멸한 날부터 2개월 이내에 그 상표등록료를 내거나 보전할 수 있다. 다만, 납부기간의 만료일 또는 보전기간의 만료일 중 늦은 날부터 1년이 지났을 경우에는 상표등록료를 내거나 보전할 수 없다(상 제77조 제1항).

출원인 등의 불귀책사유로 상표등록료를 납부하거나 보전하지 못한 경우에 그 사유가 소멸한 날부터 2개월 이내에 상표등록료를 내거나 보전한 자(상표법 제72조제1항 각 호 외의 부분 후단에 따라 분할하여 낸 경우에는 1회차 상표등록료를 내거나 보전한 자를 말한다)는 그 상표등록출원, 지정상품추가등록출원 또는 존속기간갱신등록신청을 포기하지 아니한 것으로 본다(상 제77조 제2항). 출원인 등의 불귀책사유로 상표등록료를 납부하거나 보전하지 못한 경우에 그 사유가 소멸한 날부터 2개월 이내에 상표등록료를 내거나 보전하여 상표등록출원, 지정상품추가등록출원 또는 상표권이 회복된 때에는 그 상표등록출원, 지정상품추가등록출원 또는 상표권의 효력은 상표법 제72조제3항 또는 제74조에 따른 납부기간이 지난 후 상표등록출원등이 회복되기 전에 그 상표와 동일·유사한 상표를 그 지정상품과 동일·유사한 상품에 사용한 행위에는 미치지 아니한다(상 제77조 제3항).

[5] 상표등록증의 발급: 특허청장은 상표권의 설정등록을 하였을 경우에는 산업통상자원부령으로 정하는 바에 따라 상표권자에게 상표등록증을 발급하여야 한다(상 제81조 제1항). 특허청장은 상표등록증이 상표원부나 그 밖의 서류와 맞지 아니할 경우에는 신청에 의하여 또는 직권으로 상표등록증을 회수하여 정정발급하거나 새로운 상표등록증을 발급하여야 한다(상 제81조 제2항).

다. 상표권의 설정등록 효과

[1] 상표권은 설정등록에 의하여 발생한다(상 제83조 제1항). 상표권의 설정등록은 권리의 발생요건이고 존속요건이다.

[2] 상표권의 설정등록일은 상표권의 존속기간의 기산점이 된다.

[3] 상표권의 존속기간: 그 설정등록일로부터 10년간이다(상 제83조 제1항). 상표권의 존속기간은 존속기간갱신등록신청에 의하여 10년씩 갱신할 수 있다(상 제83조 제2항).

대법원 2005. 2. 18. 선고 2002후505 판결【갱신등록무효(상)】

【판시사항】

[1] 상표권의 존속기간 갱신등록의 의의 및 상표권의 존속기간 갱신등록 무효심판이 확정된 경우 상표권의 소멸시기

[2] 상표권 존속기간 갱신등록제도의 법적 성질 등에 비추어, 2회의 상표권 존속기간 갱신등록이 이루어진 이후 그 상표권 존속기간 1차 갱신등록에 관하여 제기된 무효심판 청구가 적법하다고 본 원심의 판단을 수긍한 사례
[3] 상표등록이 20년 전에 이루어졌고 상표권에 대한 존속기간 갱신등록이 2회에 걸쳐 이루어진 이후에 그 상표권 존속기간 1차 갱신등록에 관하여 제기된 무효심판 청구가 신의칙에 저촉되지 않는다고 본 원심의 판단을 수긍한 사례
[4] 상표권 존속기간 갱신등록의 무효사유를 규정한 구 상표법 제20조 제2항 단서가 법률 개정으로 삭제되었으나 신법 부칙의 경과규정에 따라 신법 시행 전에 이루어진 상표권 존속기간 갱신등록에 대하여 위 단서를 적용한 원심의 판단을 수긍한 사례
[5] 상표권의 존속기간 갱신등록에 구 상표법 제9조 제1항 제11호 후단의 규정에 정한 무효사유가 있는지 여부의 판단 기준 시기(=갱신등록 결정시)

【판결요지】

[1] 상표권의 존속기간 갱신등록은 그 등록에 의하여 새로운 상표권이 발생하는 것이 아니라 존속기간이 만료하게 된 상표권이 상표권자와 지정상품의 동일성을 유지하면서 그 존속기간만을 연장하는 것이고, 만일 상표권의 존속기간 갱신등록을 무효로 하는 심결이 확정된 경우에는 설정등록에 의하여 발생한 상표권은 갱신되기 전의 상표권의 존속기간이 종료하였을 때 소멸하는 것으로 보아야 한다.
[2] 상표권 존속기간 갱신등록제도의 법적 성질 등에 비추어, 2회의 상표권 존속기간 갱신등록이 이루어진 이후 그 상표권 존속기간 1차 갱신등록에 관하여 제기된 무효심판 청구가 적법하다고 본 원심의 판단을 수긍한 사례.
[3] 상표등록이 20년 전에 이루어졌고 상표권에 대한 존속기간 갱신등록이 2회에 걸쳐 이루어진 이후에 그 상표권 존속기간 1차 갱신등록에 관하여 제기된 무효심판 청구가 신의칙에 저촉되지 않는다고 본 원심의 판단을 수긍한 사례.
[4] 상표권 존속기간 갱신등록의 무효사유를 규정한 구 상표법(1990. 1. 13. 법률 제4210호로 전문 개정되기 전의 것) 제20조 제2항 단서가 법률 개정으로 삭제되었으나 신법 부칙에서 신법 시행 전에 한 갱신등록출원에 의하여 등록된 등록상표에 대한 소송에 대하여는 종전의 규정에 의한다고 규정하고 있으므로, 신법 시행 전에 출원되어 이루어진 상표권 존속기간 갱신등록에 대하여 위 단서를 적용하여 그 무효 여부를 다툴 수 있다고 본 원심의 판단을 수긍한 사례.
[5] 등록상표가 구 상표법(1990. 1. 13. 법률 제4210호로 전문 개정되기 전의 것) 제9조 제1항 제11호 후단에 정한 수요자를 기만할 염려가 있는 상표인지의 여부는 그 등록상표에 대한 등록결정시를 기준으로 판단하여야 하는 점, 같은 법 제20조 제2항 단서 제1호의 규정에서 같은 법 제9조 제1항 제11호 후단에 해당하는 상표의 존속기간 갱신등록을 불허하는 취지는 비록 적법하게 등록되었던 상표라고 하더라도 그 존속기간 갱신등록 당시 이미 수요자나 거래자에게 특정인의 상표라고 인식될 정도로 알려진 다른 상표와의 사이에 일반 수요자로 하여금 상품의 출처에 관하여 오인·혼동을 일으키게 하여 수요자를 기만할 염려가 있는 경우 그 상표의 갱신등록을 불허하여 상품의 출처 등에

대한 일반 수요자의 신뢰를 보호하고자 하는 데 있는 점 등에 비추어 보면, 상표권의 존속기간 갱신등록에 구 상표법(1990. 1. 13. 법률 제4210호로 전문 개정되기 전의 것) 제9조 제1항 제11호 후단의 규정에 정한 무효사유가 있는지 여부는 그 갱신등록 결정 시를 기준으로 하여 판단하여야 한다.

Ⅲ. 국제출원 등

1. 국제출원

마드리드 의정서(이하 '의정서'로 표시) 제2조(1)의 규정에 의한 국제등록(이하 "국제등록"이라 한다)을 받으려는 자는 (i) 본인의 상표등록출원, (ii) 본인의 상표등록, (iii) 본인의 상표등록출원 및 본인의 상표등록 중 어느 하나에 해당하는 상표등록출원 또는 상표등록을 기초로 하여 특허청장에게 국제출원을 하여야 한다(상 제167조). 국제출원에 관한 상표법상 규정은 업무표장에 대하여 이를 적용하지 아니한다(상 제179조).

2. 출원인적격

특허청장에게 국제출원을 할 수 있는 자는 (i) 대한민국 국민, (ii) 대한민국에 주소(법인인 경우에는 영업소의 소재지를 말한다)를 가진 자 중 하나에 해당하는 자이다(상 제168조 제1항). 2인 이상이 공동으로 국제출원을 하려는 경우 출원인은 (i) 공동으로 국제출원을 하려는 자가 대한민국 국민 또는 대한민국에 주소(법인인 경우에는 영업소의 소재지)를 가진 자에 해당하고, (ii) 상표법 제169조 제2항 제4호에 따른 기초출원을 공동으로 하였거나 기초등록에 관한 상표권을 공유하고 있을 것이라는 요건을 모두 충족하여야 한다(상 제168조 제2항).

3. 국제출원의 절차 및 국제출원서 등 서류제출의 효력발생 시기

[1] 국제출원을 하려는 자는 영어(=산업통상자원부령으로 정하는 언어)로 작성한 국제출원서(이하 "국제출원서"라 한다) 및 국제출원에 필요한 서류를 특허청장에게 제출하여야 한다(상 제169조 제1항, 상표법 시행규칙 제76조).

[2] 국제출원서에는 다음의 사항을 적어야 한다(상 제169조 제2항).

(i) 출원인의 성명 및 주소(법인인 경우에는 그 명칭 및 영업소의 소재지를 말한다)

(ii) 상표법 제168조에 따른 국제출원인 자격에 관한 사항

(iii) 상표를 보호받으려는 국가(정부 간 기구를 포함하며, 이하 "지정국"이라 한다)

(iv) 마드리드 의정서 제2조(1)에 따른 기초출원(이하 "기초출원"이라 한다)의 출원일 및 출원번호 또는 마드리드 의정서 제2조(1)에 따른 기초등록(이하 "기초등록"이라 한다)의 등록

일 및 등록번호

(v) 국제등록을 받으려는 상표

(vi) 국제등록을 받으려는 상품과 그 상품류

(vii) 그 밖에 산업통상자원부령으로 정하는 사항

[3] 상표법 시행규칙(산업통상자원부령) 제77조(국제출원서의 제출)에서는 "① 법 제169조제1항에 따른 국제출원서는 별지 제34호서식의 국제출원서에 따른다.

② 법 제169조제1항에 따른 국제출원에 필요한 서류는 별지 제35호서식의 국제출원서 등 제출서에 따른다."라고 규정하고 있다.

[4] 국제출원서와 그 출원에 필요한 서류는 특허청장에게 도달한 날부터 그 효력이 발생한다. 우편으로 제출된 경우에도 또한 같다(상 제170조).

4. 기재사항의 심사 등

특허청장은 국제출원서의 기재사항이 기초출원 또는 기초등록의 기재사항과 합치하는 경우에는 그 사실을 인정한다는 뜻과 국제출원서가 특허청에 도달한 날을 국제출원서에 적어야 한다(상 제171조 제1항). 특허청장은 국제출원서의 특허청 도달일 등을 적은 후에는 즉시 국제출원서 및 국제출원에 필요한 서류를 마드리드 의정서 제2조(1)에 따른 국제사무국(이하 "국제사무국"이라 한다)에 보내고, 그 국제출원서의 사본을 해당 출원인에게 보내야 한다(상 제171조 제2항).

5. 사후지정

국제등록의 명의인(이하 "국제등록명의인"이라 한다)은 국제등록된 지정국을 추가로 지정(이하 "사후지정"이라 한다)하려는 경우에는 산업통상자원부령으로 정하는 바에 따라 특허청장에게 사후지정을 신청할 수 있다.(상 제172조 제1항). 이 경우 국제등록명의인은 국제등록된 지정상품의 전부 또는 일부에 대하여 사후지정을 할 수 있다(상 제172조 제2항).

6. 존속기간의 갱신

국제등록명의인은 국제등록의 존속기간을 10년씩 갱신할 수 있다(상 제173조 제1항). 국제등록의 존속기간을 갱신하려는 자는 산업통상자원부령으로 정하는 바에 따라 특허청장에게 국제등록 존속기간의 갱신을 신청할 수 있다(상 제173조 제2항).

7. 국제등록의 명의변경

국제등록명의인이나 그 승계인은 지정상품 또는 지정국의 전부 또는 일부에 대하여 국제등록의 명의를 변경할 수 있다(상 제174조 제1항). 국제등록의 명의를 변경하려는 자는 산업통상자원부령으로 정하는 바에 따라 특허청장에게 국제등록 명의변경등록을 신청할 수 있다(상 제174조 제2항).

8. 수수료의 납부

(i)국제출원을 하고자 하는 자, (ii) 사후지정을 신청하려는 자, (iii) 상표법 제173조에 따라 국제등록 존속기간의 갱신을 신청하려는 자, (iv) 상표법 제174조에 따라 국제등록 명의변경등록을 신청하려는 자는 수수료를 특허청장에게 내야 한다(상 제175조 제1항). 특허청장은 상표법 제175조 제1항 각 호의 어느 하나에 해당하는 자가 수수료를 내지 아니하는 경우에는 산업통상자원부령으로 정하는 바에 따라 기간을 정하여 보정을 명할 수 있다(상 제176조). 특허청장은 상표법 제176조에 따라 보정명령을 받은 자가 지정된 기간 이내에 그 수수료를 내지 아니하는 경우에는 해당 절차를 무효로 할 수 있다(상 제177조).

9. 국제등록사항의 변경등록 등

국제등록사항의 변경등록 신청과 그 밖에 국제출원에 관하여 필요한 사항은 산업통상자원부령으로 정한다(상 제178조).

10. 국제상표등록출원 등에 관한 특례

상표법 제180조 내지 제204조에서 국제상표등록출원에 대한 특례를, 상표법 제205조 내지 제208조에서 상표등록출원에 대한 특례를 규정하고 있다.

제9장 「표장의 국제등록에 관한 마드리드협정에 대한 의정서」에 따른 국제출원

제1절 국제출원 등

제167조(국제출원) 「표장의 국제등록에 관한 마드리드협정에 대한 의정서」(이하 "마드리드 의정서"라 한다) 제2조(1)에 따른 국제등록(이하 "국제등록"이라 한다)을 받으려는 자는 다음 각 호의 어느 하나에 해당하는 상표등록출원 또는 상표등록을 기초로 하여 특허청장에게 국제출원을 하여야 한다.

1. 본인의 상표등록출원
2. 본인의 상표등록
3. 본인의 상표등록출원 및 본인의 상표등록

제168조(국제출원인의 자격) ① 특허청장에게 국제출원을 할 수 있는 자는 다음 각 호의 어느 하나에 해당하는 자로 한다.

1. 대한민국 국민
2. 대한민국에 주소(법인인 경우에는 영업소의 소재지를 말한다)를 가진 자

② 2인 이상이 공동으로 국제출원을 하려는 경우 출원인은 다음 각 호의 요건을 모두

충족하여야 한다.

1. 공동으로 국제출원을 하려는 자가 각각 제1항 각 호의 어느 하나에 해당할 것
2. 제169조제2항제4호에 따른 기초출원을 공동으로 하였거나 기초등록에 관한 상표권을 공유하고 있을 것

제169조(국제출원의 절차) ① 국제출원을 하려는 자는 산업통상자원부령으로 정하는 언어로 작성한 국제출원서(이하 "국제출원서"라 한다) 및 국제출원에 필요한 서류를 특허청장에게 제출하여야 한다.

② 국제출원서에는 다음 각 호의 사항을 적어야 한다.

1. 출원인의 성명 및 주소(법인인 경우에는 그 명칭 및 영업소의 소재지를 말한다)
2. 제168조에 따른 국제출원인 자격에 관한 사항
3. 상표를 보호받으려는 국가(정부 간 기구를 포함하며, 이하 "지정국"이라 한다)
4. 마드리드 의정서 제2조(1)에 따른 기초출원(이하 "기초출원"이라 한다)의 출원일 및 출원번호 또는 마드리드 의정서 제2조(1)에 따른 기초등록(이하 "기초등록"이라 한다)의 등록일 및 등록번호
5. 국제등록을 받으려는 상표
6. 국제등록을 받으려는 상품과 그 상품류
7. 그 밖에 산업통상자원부령으로 정하는 사항

제170조(국제출원서 등 서류제출의 효력발생 시기) 국제출원서와 그 출원에 필요한 서류는 특허청장에게 도달한 날부터 그 효력이 발생한다. 우편으로 제출된 경우에도 또한 같다.

제171조(기재사항의 심사 등) ① 특허청장은 국제출원서의 기재사항이 기초출원 또는 기초등록의 기재사항과 합치하는 경우에는 그 사실을 인정한다는 뜻과 국제출원서가 특허청에 도달한 날을 국제출원서에 적어야 한다.

② 특허청장은 제1항에 따라 도달일 등을 적은 후에는 즉시 국제출원서 및 국제출원에 필요한 서류를 마드리드 의정서 제2조(1)에 따른 국제사무국(이하 "국제사무국"이라 한다)에 보내고, 그 국제출원서의 사본을 해당 출원인에게 보내야 한다.

제172조(사후지정) ① 국제등록의 명의인(이하 "국제등록명의인"이라 한다)은 국제등록된 지정국을 추가로 지정(이하 "사후지정"이라 한다)하려는 경우에는 산업통상자원부령으로 정하는 바에 따라 특허청장에게 사후지정을 신청할 수 있다.

② 제1항을 적용하는 경우 국제등록명의인은 국제등록된 지정상품의 전부 또는 일부에 대하여 사후지정을 할 수 있다.

제173조(존속기간의 갱신) ① 국제등록명의인은 국제등록의 존속기간을 10년씩 갱신할 수 있다.

② 제1항에 따라 국제등록의 존속기간을 갱신하려는 자는 산업통상자원부령으로 정하는 바에 따라 특허청장에게 국제등록 존속기간의 갱신을 신청할 수 있다.

제174조(국제등록의 명의변경) ① 국제등록명의인이나 그 승계인은 지정상품 또는 지정국의 전부 또는 일부에 대하여 국제등록의 명의를 변경할 수 있다.
② 제1항에 따라 국제등록의 명의를 변경하려는 자는 산업통상자원부령으로 정하는 바에 따라 특허청장에게 국제등록 명의변경등록을 신청할 수 있다.

제175조(수수료의 납부) ① 다음 각 호의 어느 하나에 해당하는 자는 수수료를 특허청장에게 내야 한다.
1. 국제출원을 하려는 자
2. 사후지정을 신청하려는 자
3. 제173조에 따라 국제등록 존속기간의 갱신을 신청하려는 자
4. 제174조에 따라 국제등록 명의변경등록을 신청하려는 자
② 제1항에 따른 수수료, 그 납부방법 및 납부기간 등에 관하여 필요한 사항은 산업통상자원부령으로 정한다.

제176조(수수료 미납에 대한 보정) 특허청장은 제175조제1항 각 호의 어느 하나에 해당하는 자가 수수료를 내지 아니하는 경우에는 산업통상자원부령으로 정하는 바에 따라 기간을 정하여 보정을 명할 수 있다.

제177조(절차의 무효) 특허청장은 제176조에 따라 보정명령을 받은 자가 지정된 기간 내에 그 수수료를 내지 아니하는 경우에는 해당 절차를 무효로 할 수 있다.

제178조(국제등록 사항의 변경등록 등) 국제등록 사항의 변경등록 신청과 그 밖에 국제출원에 관하여 필요한 사항은 산업통상자원부령으로 정한다.

제179조(업무표장에 대한 적용 제외) 업무표장에 관하여는 제167조부터 제178조까지의 규정을 적용하지 아니한다.

제2절 국제상표등록출원에 관한 특례

제180조(국제상표등록출원) ① 마드리드 의정서에 따라 국제등록된 국제출원으로서 대한민국을 지정국으로 지정(사후지정을 포함한다)한 국제출원은 이 법에 따른 상표등록출원으로 본다.
② 제1항을 적용하는 경우 마드리드 의정서 제3조(4)에 따른 국제등록일(이하 "국제등록일"이라 한다)은 이 법에 따른 상표등록출원일로 본다. 다만, 대한민국을 사후지정한 국제출원의 경우에는 그 사후지정이 국제등록부[마드리드 의정서 제2조(1)에 따른 국제등록부를 말하며, 이하 "국제상표등록부"라 한다]에 등록된 날(이하 "사후지정일"이라 한다)을 이 법에 따른 상표등록출원일로 본다.
③ 제1항에 따라 이 법에 따른 상표등록출원으로 보는 국제출원(이하 "국제상표등록출원"이라 한다)에 대해서는 국제상표등록부에 등록된 국제등록명의인의 성명 및 주소(법인인 경우에는 그 명칭 및 영업소의 소재지를 말한다), 상표, 지정상품 및 그 상품류는 이 법에 따른 출원인의 성명 및 주소(법인인 경우에는 그 명칭 및 영업소의 소재지를 말한

다), 상표, 지정상품 및 그 상품류로 본다.

제181조(업무표장의 특례) 국제상표등록출원에 대해서는 업무표장에 관한 규정을 적용하지 아니한다.

제182조(국제상표등록출원의 특례) ① 국제상표등록출원에 대하여 이 법을 적용할 경우에는 국제상표등록부에 등록된 우선권 주장의 취지, 최초로 출원한 국가명 및 출원 연월일은 상표등록출원서에 적힌 우선권 주장의 취지, 최초로 출원한 국가명 및 출원의 연월일로 본다.

② 국제상표등록출원에 대하여 이 법을 적용할 경우에는 국제상표등록부에 등록된 상표의 취지는 상표등록출원서에 기재된 해당 상표의 취지로 본다.

③ 단체표장등록을 받으려는 자는 제36조제1항·제3항에 따른 서류 및 정관을, 증명표장의 등록을 받으려는 자는 같은 조 제1항·제4항에 따른 서류를 산업통상자원부령으로 정하는 기간 내에 특허청장에게 제출하여야 한다. 이 경우 지리적 표시 단체표장을 등록받으려는 자는 그 취지를 적은 서류와 제2조제1항제4호에 따른 지리적 표시의 정의에 합치함을 입증할 수 있는 대통령령으로 정하는 서류를 함께 제출하여야 한다.

제183조(국내등록상표가 있는 경우의 국제상표등록출원의 효과) ① 대한민국에 설정등록된 상표(국제상표등록출원에 따른 등록상표는 제외하며, 이하 이 조에서 "국내등록상표"라 한다)의 상표권자가 국제상표등록출원을 하는 경우에 다음 각 호의 요건을 모두 갖추었을 때에는 그 국제상표등록출원은 지정상품이 중복되는 범위에서 해당 국내등록상표에 관한 상표등록출원의 출원일에 출원된 것으로 본다.

1. 국제상표등록출원에 따라 국제상표등록부에 등록된 상표(이하 이 항에서 "국제등록상표"라 한다)와 국내등록상표가 동일할 것
2. 국제등록상표에 관한 국제등록명의인과 국내등록상표의 상표권자가 동일할 것
3. 국내등록상표의 지정상품이 국제등록상표의 지정상품에 모두 포함되어 있을 것
4. 마드리드 의정서 제3조의3에 따른 영역확장의 효력이 국내등록상표의 상표등록일 후에 발생할 것

② 제1항에 따른 국내등록상표에 관한 상표등록출원에 대하여 조약에 따른 우선권이 인정되는 경우에는 그 우선권이 같은 항에 따른 국제상표등록출원에도 인정된다.

③ 국내등록상표의 상표권이 다음 각 호의 어느 하나에 해당하는 사유로 취소되거나 소멸되는 경우에는 그 취소되거나 소멸된 상표권의 지정상품과 동일한 범위에서 제1항 및 제2항에 따른 해당 국제상표등록출원에 대한 효과는 인정되지 아니한다.

1. 제119조제1항 각 호(제4호는 제외한다)에 해당한다는 사유로 상표등록을 취소한다는 심결이 확정된 경우
2. 제119조제1항 각 호(제4호는 제외한다)에 해당한다는 사유로 상표등록의 취소심판이 청구되고, 그 청구일 이후에 존속기간의 만료로 상표권이 소멸하거나 상표권 또는 지정상품의 일부를 포기한 경우

④ 마드리드 의정서 제4조의2(2)에 따른 신청을 하려는 자는 다음 각 호의 사항을 적은

신청서를 특허청장에게 제출하여야 한다.
1. 국제등록명의인의 성명 및 주소(법인인 경우에는 그 명칭 및 영업소의 소재지를 말한다)
2. 국제등록번호
3. 관련 국내등록상표 번호
4. 중복되는 지정상품
5. 그 밖에 산업통상자원부령으로 정하는 사항

⑤ 심사관은 제4항에 따른 신청이 있는 경우에는 해당 국제상표등록출원에 대하여 제1항부터 제3항까지의 규정에 따른 효과의 인정 여부를 신청인에게 알려야 한다.

제184조(출원의 승계 및 분할이전 등의 특례) ① 국제상표등록출원에 대하여 제48조제1항을 적용할 경우 "상속이나 그 밖의 일반승계의 경우를 제외하고는 출원인 변경신고를"은 "출원인이 국제사무국에 명의변경 신고를"로 본다.

② 국제등록 명의의 변경에 따라 국제등록 지정상품의 전부 또는 일부가 분할되어 이전된 경우에는 국제상표등록출원은 변경된 국제등록명의인에 의하여 각각 출원된 것으로 본다.

③ 국제상표등록출원에 대해서는 제48조제3항을 적용하지 아니한다.

제185조(보정의 특례) ① 국제상표등록출원에 대하여 제40조제1항 각 호 외의 부분을 적용할 경우 "상표등록출원서의 기재사항, 상표등록출원에 관한 지정상품 및 상표를"은 "제55조제1항에 따른 거절이유의 통지를 받은 경우에 한정하여 그 상표등록출원에 관한 지정상품을"로 본다.

② 국제상표등록출원에 대해서는 제40조제2항제4호를 적용하지 아니한다.

③ 국제상표등록출원에 대하여 제40조제3항을 적용할 경우 "제1항에 따른 보정이 제2항 각 호"는 "지정상품의 보정이 제2항 각 호(같은 항 제4호는 제외한다)"로 보고, 제41조제3항을 적용할 경우 "제1항에 따른 보정이 제40조제2항 각 호"는 "지정상품의 보정이 제40조제2항 각 호(같은 항 제4호는 제외한다)"로 본다.

④ 국제상표등록출원에 대하여 제41조제1항을 적용할 경우 "지정상품 및 상표를"은 "지정상품을"로 본다.

제186조(출원 변경의 특례) 국제상표등록출원에 대해서는 제44조제1항부터 제4항까지의 규정을 적용하지 아니한다.

제187조(출원 분할의 특례) 국제상표등록출원에 대해서는 제45조를 적용하지 아니한다.

제188조(파리협약에 따른 우선권 주장의 특례) 국제상표등록출원을 하려는 자가 파리협약에 따른 우선권 주장을 하는 경우에는 제46조제4항 및 제5항을 적용하지 아니한다.

제189조(출원 시 및 우선심사의 특례) ① 국제상표등록출원에 대하여 제47조제2항을 적용할 경우 "그 취지를 적은 상표등록출원서를 특허청장에게 제출하고, 이를 증명할 수 있는 서류를 상표등록출원일부터 30일 이내에"는 "그 취지를 적은 서면 및 이를 증명할 수 있는 서류를 산업통상자원부령으로 정하는 기간 내에"로 본다.

② 국제상표등록출원에 대해서는 제53조제2항을 적용하지 아니한다.

제190조(거절이유 통지의 특례) ① 국제상표등록출원에 대하여 제55조제1항 전단을 적용할 경우 "출원인에게"는 "국제사무국을 통하여 출원인에게"로 본다.

② 국제상표등록출원에 대해서는 제55조제3항을 적용하지 아니한다.

제191조(출원공고의 특례) 국제상표등록출원에 대하여 제57조제1항 각 호 외의 부분 본문을 적용할 경우 "거절이유를 발견할 수 없는 경우에는"은 "산업통상자원부령으로 정하는 기간 내에 거절이유를 발견할 수 없는 경우에는"으로 본다.

제192조(손실보상청구권의 특례) 국제상표등록출원에 대하여 제58조제1항 단서를 적용할 경우 "해당 상표등록출원의 사본"은 "해당 국제출원의 사본"으로 본다.

제193조(상표등록결정 및 직권에 의한 보정의 특례) ① 국제상표등록출원에 대하여 제68조를 적용할 경우 "거절이유를 발견할 수 없는 경우에는"은 "산업통상자원부령으로 정하는 기간 내에 거절이유를 발견할 수 없는 경우에는"으로 본다.

② 국제상표등록출원에 대해서는 제59조를 적용하지 아니한다.

제194조(상표등록료 등의 특례) ① 국제상표등록출원을 하려는 자 또는 제197조에 따라 설정등록을 받은 상표권(이하 "국제등록기초상표권"이라 한다)의 존속기간을 갱신하려는 자는 마드리드 의정서 제8조(7)(a)에 따른 개별수수료를 국제사무국에 내야 한다.

② 제1항에 따른 개별수수료에 관하여 필요한 사항은 산업통상자원부령으로 정한다.

③ 국제상표등록출원 또는 국제등록기초상표권에 대해서는 제72조부터 제77조까지의 규정을 적용하지 아니한다.

제195조(상표등록료 등의 반환의 특례) 국제상표등록출원에 대하여 제79조제1항 각 호 외의 부분을 적용할 경우 "납부된 상표등록료와 수수료"는 "이미 낸 수수료"로, "상표등록료 및 수수료"를 "수수료"로 보고, 같은 항 제1호 및 같은 조 제2항·제3항을 적용할 경우 "상표등록료 및 수수료"는 각각 "수수료"로 본다.

제196조(상표원부에의 등록의 특례) ① 국제등록기초상표권에 대하여 제80조제1항제1호를 적용할 경우 "상표권의 설정·이전·변경·소멸·회복, 존속기간의 갱신, 상품분류전환, 지정상품의 추가 또는 처분의 제한"은 "상표권의 설정 또는 처분의 제한"으로 본다.

② 국제등록기초상표권의 이전, 변경, 소멸 또는 존속기간의 갱신은 국제상표등록부에 등록된 바에 따른다.

제197조(상표권 설정등록의 특례) 국제상표등록출원에 대하여 제82조제2항 각 호 외의 부분을 적용할 경우 "다음 각 호의 어느 하나에 해당하는 경우에는"은 "상표등록결정이 있는 경우"로 본다.

제198조(상표권 존속기간 등의 특례) ① 국제등록기초상표권의 존속기간은 제197조에 따른 상표권의 설정등록이 있은 날부터 국제등록일 후 10년이 되는 날까지로 한다.

② 국제등록기초상표권의 존속기간은 국제등록의 존속기간의 갱신에 의하여 10년씩 갱신할 수 있다.

③ 제2항에 따라 국제등록기초상표권의 존속기간이 갱신된 경우에는 그 국제등록기초상표권의 존속기간은 그 존속기간의 만료 시에 갱신된 것으로 본다.

④ 국제등록기초상표권에 대해서는 제83조부터 제85조까지, 제88조제1항 및 제209조부터 제213조까지의 규정을 적용하지 아니한다.

제199조(지정상품추가등록출원의 특례) 국제상표등록출원 또는 국제등록기초상표권에 대해서는 제86조, 제87조 및 제88조제2항을 적용하지 아니한다.

제200조(상표권 분할의 특례) 국제등록기초상표권에 대해서는 제94조를 적용하지 아니한다.

제201조(상표권등록 효력의 특례) ① 국제등록기초상표권의 이전·변경·포기에 의한 소멸 또는 존속기간의 갱신은 국제상표등록부에 등록하지 아니하면 그 효력이 발생하지 아니한다.

② 국제등록기초상표권에 대해서는 제96조제1항제1호(처분의 제한에 관한 부분은 제외한다)를 적용하지 아니한다.

③ 국제등록기초상표권에 대하여 제96조제2항을 적용할 경우 "상표권 및 질권"은 "질권"으로 본다.

제202조(국제등록 소멸의 효과) ① 국제상표등록출원의 기초가 되는 국제등록의 전부 또는 일부가 소멸된 경우에는 그 소멸된 범위에서 해당 국제상표등록출원은 지정상품의 전부 또는 일부에 대하여 취하된 것으로 본다.

② 국제등록기초상표권의 기초가 되는 국제등록의 전부 또는 일부가 소멸된 경우에는 그 소멸된 범위에서 해당 상표권은 지정상품의 전부 또는 일부에 대하여 소멸된 것으로 본다.

③ 제1항 및 제2항에 따른 취하 또는 소멸의 효과는 국제상표등록부상 해당 국제등록이 소멸된 날부터 발생한다.

제203조(상표권 포기의 특례) ① 국제등록기초상표권에 대해서는 제102조제1항을 적용하지 아니한다.

② 국제등록기초상표권에 대하여 제103조를 적용할 경우 "상표권·전용사용권"은 "전용사용권"으로 본다.

제204조(존속기간갱신등록의 무효심판 등의 특례) 국제등록기초상표권에 대해서는 제118조 또는 제214조를 적용하지 아니한다.

제3절 상표등록출원의 특례

제205조(국제등록 소멸 후의 상표등록출원의 특례) ① 대한민국을 지정국으로 지정(사후지정을 포함한다)한 국제등록의 대상인 상표가 지정상품의 전부 또는 일부에 관하여 마드리드 의정서 제6조(4)에 따라 그 국제등록이 소멸된 경우에는 그 국제등록의 명의인은 그 상품의 전부 또는 일부에 관하여 특허청장에게 상표등록출원을 할 수 있다.

② 제1항에 따른 상표등록출원이 다음 각 호의 요건을 모두 갖춘 경우에는 국제등록일(사후지정의 경우에는 사후지정일을 말한다)에 출원된 것으로 본다.

1. 제1항에 따른 상표등록출원이 같은 항에 따른 국제등록 소멸일부터 3개월 이내에 출원될 것
2. 제1항에 따른 상표등록출원의 지정상품이 같은 항에 따른 국제등록의 지정상품에 모두 포함될 것
3. 상표등록을 받으려는 상표가 소멸된 국제등록의 대상인 상표와 동일할 것

③ 제1항에 따른 국제등록에 관한 국제상표등록출원에 대하여 조약에 따른 우선권이 인정되는 경우에는 그 우선권이 같은 항에 따른 상표등록출원에도 인정된다.

제206조(마드리드 의정서 폐기 후의 상표등록출원의 특례) ① 대한민국을 지정국으로 지정(사후지정을 포함한다)한 국제등록의 명의인이 마드리드 의정서 제15조(5)(b)에 따라 출원인 자격을 잃게 되었을 경우에는 해당 국제등록의 명의인은 국제등록된 지정상품의 전부 또는 일부에 관하여 특허청장에게 상표등록출원을 할 수 있다.

② 제1항에 따른 상표등록출원에 관하여는 제205조제2항 및 제3항을 준용한다. 이 경우 제205조제2항제1호 중 "같은 항에 따른 국제등록 소멸일부터 3개월 이내"는 "마드리드 의정서 제15조(3)에 따라 폐기의 효력이 발생한 날부터 2년 이내"로 본다.

제207조(심사의 특례) 다음 각 호의 어느 하나에 해당하는 상표등록출원(이하 "재출원"이라 한다)이 제197조에 따라 설정등록되었던 등록상표에 관한 것인 경우 해당 본인의 상표등록출원에 대해서는 제54조, 제55조, 제57조 및 제60조부터 제67조까지의 규정을 적용하지 아니한다. 다만, 제54조제2호에 해당하는 경우에는 그러하지 아니하다.

1. 제205조제2항 각 호의 요건을 모두 갖추어 같은 조 제1항에 따라 하는 상표등록출원
2. 제206조제2항에 따라 준용되는 제205조제2항 각 호의 요건을 모두 갖추어 제206조제1항에 따라 하는 상표등록출원

제208조(제척기간의 특례) 재출원에 따라 해당 상표가 설정등록된 경우로서 종전의 국제등록기초상표권에 대한 제122조제1항의 제척기간이 지났을 경우에는 재출원에 따라 설정등록된 상표에 대하여 무효심판을 청구할 수 없다.

1. 대법원 2007. 8. 23. 선고 2007후1879 판결 【등록무효(상)】

[미간행]

【판시사항】

[1] 구 상표법 제8조 제5항의 규정 취지 및 위 조항이 적용되는 경우에 상표등록요건에 관한 다른 규정의 적용이 배제되는지 여부(소극)

[2] 상표등록 취소의 심결이 확정된 후 그 심판청구인이 구 상표법 제8조 제5항의 기간 내에 소멸된 상표와 동일한 등록상표에 대하여 상표등록을 받은 사안에서, 위 사정을 고려하지 않고 등록상표와 선등록상표의 유사 여부를 판단할 수 있다고 한 사례

【참조조문】

[1] 구 상표법(2007. 1. 3. 법률 제8190호로 개정되기 전의 것) 제8조 제5항 [2] 구 상표법(2007. 1. 3. 법률 제8190호로 개정되기 전의 것) 제7조 제1항 제7호, 제8조 제5항

【전 문】

【원고, 피상고인】 주식회사 남선알미늄(소송대리인 법무법인 율촌외 1인)

【피고, 상고인】 주식회사 남성알미늄(소송대리인 법무법인 광장 담당변호사 이규홍외 2인)

【원심 판결】 특허법원 2007. 4. 11. 선고 2006허11619 판결

【주 문】

상고를 기각한다. 상고비용은 피고가 부담한다.

【이 유】

상고이유를 판단한다.

구 상표법(2007. 1. 3. 법률 제8190호로 개정되기 전의 것, 이하 같다) 제8조 제5항이 상표등록의 취소심판이 청구되고 그 청구일 이후에 상표등록 취소의 심결이 확정된 경우에는 그 날부터 3월간은 심판청구인만이 소멸된 등록상표와 동일 또는 유사한 상표를 그 지정상품과 동일 또는 유사한 상품에 대하여 상표등록을 받을 수 있도록 한 취지는, 그 소멸된 등록상표에 대하여 일정한 기간 동안 심판청구인에게만 상표등록을 받을 수 있는 권리를 인정한 것일 뿐, 상표등록요건에 관한 다른 규정의 적용을 배제하려는 것은 아니다.

원심 판결 이유를 위 법리와 기록에 비추어 살펴보면, 원심이 이 사건 등록상표(등록번호 제596946호)와 선등록상표(등록번호 제206939호)의 유사 여부를 판단하면서, 피고가 이 사건 등록상표와 동일한 상표를 등록하고 있던 원고에 대하여 그 상표의 불사용 취소심판청구를 제기하여 이를 인용하는 내용의 심결이 확정되었고, 그에 따라 원고의 위 불사용상표의 등록이 취소, 소멸된 후 그 심판청구인인 피고가 구 상표법 제8조 제5항의 기간 내에 위와 같이 소멸된 원고의 불사용상표와 동일한 이 사건 등록상표에 대하여 상표등록을 받았다는 사정이 있다고 하더라도, 이러한 사정을 고려하지 않고 이 사건 등록상표와 선등록상표를 비교한 다음, 양 상표가 그 호칭이 유사하여 전체적으로 유사하다는 취지로 판단하였음은 정당하고, 한편 이 사건 등록상표와 선등록상표가 실제 거래상황에서 오인·혼동의 염려 없이 공존하고 있음을 인정할 수 있는 구체적인 거래실정에 관한 증거도 없으므로, 원심 판결에는 상고이유에서 주장하는 바와 같은 상표의 유사 여부

판단에 관한 법리오해 등의 위법이 없다.

그러므로 상고를 기각하고, 상고비용은 패소자가 부담하기로 하여 관여 대법관의 일치된 의견으로 주문과 같이 판결한다.

대법관 고현철(재판장) 양승태 김지형(주심) 전수안

2. 대법원 2007. 11. 16. 선고 2005후2267 판결【거절결정(상)】

[미간행]

【판시사항】

[1] 상표출원인이 지정상품과의 관계에서 특허청으로부터 상품의 품질을 오인하게 한다는 등의 이유로 거절이유를 통지받은 후 지정상품의 일부를 감축하여 특정한 것은 출원의 요지를 변경하지 아니한 것으로서 그와 같이 유통되는 거래계의 실정이 인정된다면 가능하다고 한 사례

[2] 출원상표 "

"이 지정상품에 관하여 상표법 제7조 제1항 제11호의 품질 오인 상표에 해당하지 않는다고 본 사례

【참조조문】

[1] 상표법 제7조 제1항 제11호 [2] 상표법 제7조 제1항 제11호

【전 문】

【원고, 상고인】 애경산업 주식회사 (소송대리인 변리사 황교완)

【피고, 피상고인】 특허청장

【원심 판결】 특허법원 2005. 7. 22. 선고 2005허2977 판결

【주 문】

원심 판결을 파기하고, 사건을 특허법원에 환송한다.

【이 유】

상고이유를 본다.

출원인이 지정상품과의 관계에서 특허청으로부터 상품의 품질을 오인하게 한다는 등의 이유로 거절이유를 통지받은 후 지정상품에 관하여 종류를 일부 삭제하고 그 용도와 재료를 한정하는 등의 방법으로 지정상품을 감축할 수도 있는 것인바, 이 경우 출원의 요지를 변경하지 아니하고 그와 같이 유통되는 거래계의 실정이 인정된다면 그와 같은 지정상품의 특정도 가능하다고 할 것이다.

원심 판결의 이유와 기록에 비추어 살펴보면, 원고는 원래 지정상품은 방습제, 방미제, 탈취제 등으로 하고 

으로 구성된 표장을 상표출원(출원번호 제40-2003-50822호)함에 있어서 특허청으로부터 품질오인의 염려가 있다는 의견제출통지를 받자 2004. 11. 11.자로 이 사건 지정상품을 '탈취제(녹차와 숯을 원재료로 한 냉장고용에 한함)'라고 보정하였는바, 탈취제란 단어의 사전적 의미나 실제 거래계에서도 녹차와 숯의 탈취 혹은 방습 기능이 어느 정도 인식되어 있어 보이는 사정에다가 앞서 본 이 사건 출원경과 등에 비추어 본다면, 이 사건 출원상표의 지정상품은 최종 보정에 의한 '녹차와 숯을 원재료로 한 냉장고용 탈취제'라고 확정하여야 할 것이므로, 이와 같은 지정상품에 관하여 이 사건 출원상표 

을 사용한다한들 그것이 어떤 품질오인의 염려를 주는 것이라고는 할 수 없을 것이다. 따라서 이와 달리 판단한 원심 판결에는 상표법 제7조 제1항 제11호에 관한 법리를 오해하여 그와 관련된 필요한 심리를 다하지 아니함으로써 그 판결 결과에 영향을 미친 위법을 저지른 잘못이 있다.

그러므로 원심 판결을 파기하고, 사건을 다시 심리·판단하게 하기 위하여 사건을 원심법원에 환송하기로 하여, 관여 대법관의 일치된 의견으로 주문과 같이 판결한다.

대법관 김용담(재판장) 박시환 박일환(주심) 김능환

3. 대법원 2009. 10. 29. 선고 2009후2258 판결【거절결정(상)】

[공2009하,2043]

【판시사항】

출원인이 심사관으로부터 상품등록출원서에 기재된 지정상품이 상표법 시행규칙이 정하는 상품류 구분을 따르지 않고 그 유(유) 구분이 잘못 표시되었다는 이유로 거절이유를 통지받았음에도 그 의견서 제출기간 내에 상품류 구분을 바로잡는 보정을 하지 않은 경우, 상표법 제10조 제1항에 위배된 것으로서 같은 법 제23조 제1항 제1호에서 정한 상표등록의 거절사유에 해당되는지 여부(적극)

【판결요지】

상표법 제10조 제1항, 제14조, 제23조 제1항 제1호, 제2항, 제70조의2 각 규정들의 문언 내용 및 그 입법 취지가 출원인에게 상표등록출원에 관한 지정상품 및 상표를 보정할 수 있는 기회를 충분히 부여하는 것을 전제로 하여 상표등록출원이 같은 법 제10조 제1

항에 위배되는 것을 상표등록의 거절사유로 규정함으로써 통일된 상품분류체계를 유지하고 결과적으로 상표등록출원에 대한 심사 및 등록절차를 합리적으로 규율하고자 하는 데에 있는 점 등을 종합하여 보면, 출원인이 심사관으로부터 상품등록출원서에 기재된 지정상품이 상표법 시행규칙이 정하는 상품류 구분을 따르지 않고 그 유(류) 구분이 잘못 표시되었다는 이유로 거절이유를 통지받았음에도 그 의견서 제출기간 내에 상품류 구분을 바로잡는 보정을 하지 않은 경우에 심사관은 거절결정을 하고, 출원인이 거절결정에 대한 불복심판을 청구하면서 그 청구일로부터 30일 이내에도 위와 같은 보정을 하지 않았다면 특허심판원은 그 거절결정을 유지하는 심결을 하여야 한다.

【참조조문】

상표법 제10조 제1항, 제14조, 제23조 제1항 제1호, 제2항, 제70조의2

【전 문】

【원고, 피상고인】 원고 주식회사

【피고, 상고인】 특허청장

【원심 판결】 특허법원 2009. 6. 26. 선고 2009허2753 판결

【주 문】

원심 판결을 파기하고, 사건을 특허법원으로 환송한다.

【이 유】

상고이유를 본다.

1. 상표법 제10조 제1항은 상표등록출원을 하고자 하는 자는 지식경제부령이 정하는 상품류 구분 즉, 상표법 시행규칙 제6조 제1항의 [별표 1]이 정하는 상품류 구분상 1류구분 이상의 상품을 지정하여 상표마다 출원하여야 한다고 규정하고 있고, 상표법 제14조, 제23조 제1항 제1호, 제2항, 제70조의2는 심사관은 상표등록출원이 상표법 제10조 제1항에 위반되는 경우에 그 출원인에게 거절이유를 통지하고 의견서 제출기간 내에 상표등록출원의 요지를 변경하지 아니하는 범위 안에서 상표등록출원에 관한 지정상품 및 상표를 보정할 수 있는 기회를 준 다음 출원인이 이에 불응할 때에는 상표등록출원에 대하여 상표등록거절결정(이하 '거절결정'이라 한다)을 하여야 하고, 만일 출원인이 거절결정에 대한 불복심판을 청구한 때에는 그 청구일로부터 30일 이내에 상표등록출원에 관한 지정상품 및 상표를 보정할 수 있다고 규정하고 있다.
   위 각 규정들의 문언 내용 및 그 입법 취지가 출원인에게 상표등록출원에 관한 지정상품 및 상표를 보정할 수 있는 기회를 충분히 부여하는 것을 전제로 하여 상표등록출원이 상표법 제10조 제1항에 위반되는 것을 상표등록의 거절사유로 규정함으로써 통일된 상

품분류체계를 유지하고 결과적으로 상표등록출원에 대한 심사 및 등록절차를 합리적으로 규율하고자 하는 데에 있는 점 등을 종합하여 보면, 출원인이 심사관으로부터 상품등록출원서에 기재된 지정상품이 상표법 시행규칙이 정하는 상품류 구분을 따르지 않고 그 유(류) 구분이 잘못 표시되었다는 이유로 거절이유를 통지받았음에도 그 의견서 제출기간 내에 상품류 구분을 바로잡는 보정을 하지 않은 경우에 심사관은 거절결정을 하고, 출원인이 거절결정에 대한 불복심판을 청구하면서 그 청구일로부터 30일 이내에도 위와 같은 보정을 하지 않았다면 특허심판원은 그 거절결정을 유지하는 심결을 하여야 한다.

2. 원심 판결 이유에 의하면, 원심은 이 사건 출원상표(출원번호 제2007-66434호)의 지정상품인 "모자, 모자챙, 베레모" 등은 모두 상품류 구분 "제25류"에 해당함이 명확하므로 원고가 제출한 상표등록출원서의 보정서에 상품류 구분을 "제1류"로 표시한 것은 명백한 오기에 해당하는데, 상표법 제10조 제3항에 의하면 상품류 구분은 상품의 유사범위를 정하는 것은 아니므로, 지정상품의 표시가 상품류 구분상 어느 분류에 속하는지를 명백히 알 수 있고 상표권의 보호범위를 정할 수 있을 정도로 명확한 이상, 단순히 그 상품류 구분 분류 기재를 잘못하였다고 하여 상표법 제10조 제1항에 위반된다고 할 수 없고, 특허청으로서는 그와 같은 경우 상품류 구분 분류 기재를 직권으로 바로잡아 심사절차나 상표등록절차를 진행하는 등의 방법을 강구하여야 할 것이라는 이유로, 이 사건 출원상표의 출원은 상표법 제23조 제1항 제1호 소정의 상표등록의 거절사유에 해당되지 않는다고 판단하였다.
그러나 위 법리와 기록에 비추어 살펴보면, 출원인은 심사관으로부터 이 사건 출원상표의 상품류 구분 표시가 잘못되었으니 상품류 구분 표시를 "제1류"에서 "제25류"로 보정하라는 취지의 구체적인 거절이유를 통지받았음에도 이에 불응하였을 뿐만 아니라, 상표법 제10조 제1항에 위반된다는 이유로 내려진 거절결정에 대하여 불복심판을 청구하면서도 그 청구일로부터 30일 이내에 상품류 구분 표시를 바로잡는 보정을 하지 아니하였음을 알 수 있고, 이러한 사정은 상표법 제10조 제1항에 위반된 것으로서 상표법 제23조 제1항 제1호 소정의 상표등록의 거절사유에 해당된다고 할 것이다.
그럼에도 원심은, 이와 다른 견해에서 위와 같은 사유는 상표법 제23조 제1항 제1호 소정의 거절사유에 해당되지 않는다고 판단하였으니, 원심 판결에는 상표등록출원시 지정상품의 상품류 구분 표시에 관한 법리를 오해하여 판결 결과에 영향을 미친 위법이 있다. 이 점을 지적하는 취지의 상고이유 주장은 이유 있다.

3. 그러므로 나머지 상고이유에 대해 판단할 것 없이 원심 판결을 파기하고, 사건을 다시 심리·판단하게 하기 위하여 원심법원으로 환송하기로 하여 관여 대법관의 일치된 의견으로 주문과 같이 판결한다.

대법관 전수안(재판장) 양승태(주심) 김지형 양창수

제 9 절 상 표 권

I. 의 의

상표권이란 설정등록을 받은 상표를 상표법이 정한 범위 내에서 독점배타적으로 사용할 수 있는 권리다.

[참조] 대법원 2016. 8. 30. 선고 2015두52098 판결 【관세등부과처분취소】 [공2016하,1545]

【판시사항】

[1] 구매자가 상표권자에게 지급한 금액이 수입물품 과세가격의 가산조정요소가 되는 '상표권 및 이와 유사한 권리의 사용 대가'에 해당하는지 판단하는 기준

[2] 갑 주식회사가 자신이 수입하는 스포츠용 의류 등에 부착된 상표의 상표권자인 을 독일 법인에 권리사용료(royalties)와 별도로 국제마케팅비(IMF)를 지급하기로 하는 라이선스 계약을 체결한 후 을 법인의 상표가 부착된 스포츠용 의류 등을 수입하면서 국제마케팅비를 수입물품의 과세가격에 가산하여 신고하지 않자, 관할 세관장이 국제마케팅비를 수입물품의 과세가격에 가산하여 관세 등 부과처분을 한 사안에서, 국제마케팅비는 '상표권 및 이와 유사한 권리의 사용 대가'라고 보는 것이 거래의 실질에 부합한다고 한 사례

【판결요지】

[1] 관세법은 수입물품에 대한 관세의 과세가격은 우리나라에 수출하기 위하여 판매되는 물품에 대하여 구매자가 실제로 지급하였거나 지급하여야 할 가격에 '상표권 및 이와 유사한 권리를 사용하는 대가' 등을 가산·조정하여 산정한 거래가격에 의하여 결정하도록 하고 있다(관세법 제30조 제1항 제4호). 그리고 세법 중 과세표준의 계산에 관한 규정은 소득, 수익, 재산, 행위 또는 거래의 명칭이나 형식에 관계없이 실질 내용에 따라 적용하여야 하고(국세기본법 제14조 제2항), 이는 관세법을 해석·적용할 때도 마찬가지이다. 따라서 구매자가 상표권자에게 지급한 금액이 수입물품 과세가격의 가산조정요소가 되는 '상표권 및 이와 유사한 권리의 사용 대가'에 해당하는지는 지급한 금액의 명목이 아니라 실질내용이 상표권 등 권리를 사용하는 대가로서의 성격을 갖는 것인지에 따라 판단하여야 한다.

[2] 갑 주식회사가 자신이 수입하는 스포츠용 의류 등에 부착된 상표의 상표권자인 을 독일 법인에 권리사용료(royalties)와 별도로 국제마케팅비(IMF)를 지급하기로 하는 라이선스 계약을 체결한 후 을 법인의 상표가 부착된 스포츠용 의류 등을 수입하면서

국제마케팅비를 수입물품의 과세가격에 가산하여 신고하지 않자, 관할 세관장이 국제마케팅비를 수입물품의 과세가격에 가산하여 관세 등 부과처분을 한 사안에서, 국제마케팅비는 갑 회사의 수입물품을 개별적으로 광고함으로써 판매를 촉진하기 위한 것이 아니라 주로 을 법인이 유명 운동 선수나 팀 또는 국제적인 운동경기 등을 통하여 자신이 보유하는 상표의 명칭과 로고 등을 대중들에게 지속적으로 노출시키는 데 쓰인 비용의 일부인 점 등을 종합해 보면, 국제마케팅비는 명목에도 불구하고 실질이 수입물품의 구매자인 갑 회사가 상표권 등에 대한 권리자인 을 법인에 권리사용의 대가로 지급한 금액이라고 볼 여지가 충분하므로, 국제마케팅비는 갑 회사가 을 법인에 지급한 '상표권 및 이와 유사한 권리의 사용 대가'라고 보는 것이 거래의 실질에 부합함에도 국제마케팅비가 '상표권 및 이와 유사한 권리의 사용 대가'가 아니라고 보아 처분이 위법하다고 본 원심판단에 법리오해의 잘못이 있다고 한 사례.

【참조조문】

[1] 관세법 제30조 제1항 제4호, 국세기본법 제14조 제2항 [2] 관세법 제30조 제1항 제4호, 국세기본법 제14조 제2항

【원고, 피상고인】 아디다스코리아 주식회사 (소송대리인 법무법인(유한) 바른 담당변호사 강훈 외 4인)

【피고, 상고인】 서울세관장 (소송대리인 법무법인(유한) 화우 담당변호사 임승순 외 3인)

【원심 판결】 서울고법 2015. 8. 27. 선고 2014누65495 판결

Ⅱ. 상표권자의 의무

[1] 등록료 납부의무(상 제72조), 수수료납부의무(상 제78조), 사용의무(상 제2조 제1항 제11호, 제119조 제1항 제3호), 정당하게 사용할 의무, 사용권자의 감독의무, 등록표시의 의무 등이 존재한다.

[2] 정당사용의무 : 상표권자는 고의로 지정상품에 대하여 등록상표와 유사한 상표를 사용하고 또는 지정상품과 유사한 상품에 대하여 등록상표 또는 이와 유사한 상표를 사용함으로써 상품의 품질의 오인, 혼동, 출처의 오인, 혼동을 일으켜서는 아니된다(상표법 제119조 제1항 제1호).

[3] 감독의무 : 상표권자 또는 정당사용권자는 지정상품 또는 이와 유사한 상품에 등록상표 또는 이와 유사한 상표를 무권리자가 부당하게 사용함으로써 수요자로 하여금 상품의 품질오인 또는 타인의 업무에 관련된 상품과의 혼동을 일으키게 한 경우에는 상표권자에게 감독의무를 부과하고 있으며, 상표법 제119조 제1항 제7호(단체표장), 제8호(지리적

표시 단체표장), 제9호(증명표장)의 경우 상표권이 취소될 수 있다.

대법원 1999. 8. 20. 선고 98후119 판결 【상표등록취소】

【판시사항】

통상사용권 설정행위가 상표법 제2조 제1항 제6호 소정의 '상표의 사용'에 해당하는지 여부(소극)

【판결요지】

상표권자의 통상사용권 설정행위는 상표의 사용을 정의한 상표법 제2조 제1항 제6호 각 목 소정의 어느 행위에도 해당하지 아니한다.

【참조조문】 상표법 제2조 제1항 제6호

대법원 2006. 5. 12. 선고 2004후2529 판결 【등록취소(상)】

【판시사항】

[1] 상표권자와 사이에 전용사용권 설정계약을 체결하고 나아가 상표권자로부터 통상사용권 설정에 관한 사전 동의를 얻은 자가 전용사용권 설정등록을 마치지 아니한 경우, 등록상표의 전용사용권자로서 다른 사람에게 통상사용권을 설정하여 줄 수 있는지 여부(소극)

[2] 상표권자와 사이에 통상사용권 설정 권한을 갖는 마스터 라이센스 계약만 체결하고 전용사용권 설정등록을 마치지 않은 자로부터 상표사용 허락을 얻은 자가 상표를 사용한 것이 정당한 상표사용이 아니라고 한 사례

【판결요지】

[1] 상표법 제56조 제1항에 의하면 전용사용권의 설정은 이를 등록하지 아니하면 그 효력이 발생하지 아니하는 것이어서, 설령 상표권자와 사이에 전용사용권 설정계약을 체결한 자라고 하더라도 그 설정등록을 하지 않았다면 상표법상의 전용사용권을 취득할 수 없는 것이고, 상표법 제57조 제1항 및 제55조 제6항에 의하면 통상사용권은 상표권자 혹은 상표권자의 동의를 얻은 전용사용권자만이 설정하여 줄 수 있는 것이므로, 설령 상표권자와 사이에 전용사용권 설정계약을 체결하고 나아가 상표권자로부터 통상사용권 설정에 관한 사전 동의를 얻은 자라고 하더라도 전용사용권 설정등록을 마치지 아니하였다면 등록상표의 전용사용권자로서 다른 사람에게 통상사용권을 설정하여 줄 수 없다.

[2] 상표권자와 사이에 통상사용권 설정 권한을 갖는 마스터 라이센스 계약만 체결하고 전용사용권 설정등록을 마치지 않은 자로부터 상표사용 허락을 얻은 자가 상표를 사용한 것이 정당한 상표사용이 아니라고 한 사례.

Ⅲ. 상표권 등의 이전 및 공유 등

1. 상표권의 이전

[1] 상표권 이전 자유(원칙): 상표권은 자유로이 이전할 수 있는 것이 원칙이나, 상표법 제34조제1항제1호다목 단서, 같은 호 라목 단서 또는 같은 항 제3호 단서에 따라 등록된 상표권은 이전할 수 없다. 다만, 상표법 제34조제1항제1호다목·라목 또는 같은 항 제3호의 명칭, 약칭 또는 표장과 관련된 업무와 함께 양도하는 경우에는 그러하지 아니하다(상 제93조 제5항).

[2] 상표권의 분할 이전(원칙): 분할된 상표권은 자유로이 이전할 수 있는 것이 원칙이나 유사한 지정상품간에 상표권을 분할한 경우에는 동시이전이 강제되는데, 이를 위반할 경우에는 상표등록 취소사유에 해당한다(상 제119조 제1항 제4호 및 제93조 제1항 후단).

[3] 상표권의 공유지분의 양도: 상표권이 공유인 경우에는 각 공유자는 다른 공유자 모두의 동의를 받지 아니하면 그 지분을 양도하거나 그 지분을 목적으로 하는 질권을 설정할 수 없다(상 제93조 제2항).

[4] 업무표장권의 양도금지(원칙): 업무표장권은 양도할 수 없다. 다만, 그 업무와 함께 양도하는 경우에는 그러하지 아니하다(상 제93조 제4항).

[5] 단체표장권의 이전금지(원칙): 단체표장권은 이전할 수 없다. 다만, 법인의 합병의 경우에는 특허청장의 허가를 받아 이전할 수 있다(상 제93조 제6항).

[6] 증명표장권의 이전금지(원칙): 증명표장권은 이전할 수 없다. 다만, 해당 증명표장에 대하여 상표법 제3조제3항에 따라 등록받을 수 있는 자에게 그 업무와 함께 이전할 경우에는 특허청장의 허가를 받아 이전할 수 있다(상 제93조 제7항).

[7] 질권 설정 가능 여부:

(i) 상표권이 공유인 경우에는 각 공유자는 다른 공유자 모두의 동의를 받지 아니하면 그 지분을 목적으로 하는 질권을 설정할 수 없다(상 제93조 제2항).

(ii) 업무표장권, 상표법 제34조제1항제1호다목 단서, 같은 호 라목 단서 또는 같은 항 제3호 단서에 따른 상표권, 단체표장권 또는 증명표장권을 목적으로 하는 질권은 설정할 수 없다(상 제93조 제8항).

2. 상표권에 대한 전용사용권 또는 통상사용권 설정

[1] 상표권자는 그 상표권에 관하여 전용사용권(상 제95조 제1항) 내지 통상사용권(상 제97조 제2항)을 설정할 수 있다.

[2] 상표권이 공유인 경우에는 각 공유자는 다른 공유자 모두의 동의를 받지 아니하면

그 상표권에 대하여 전용사용권 또는 통상사용권을 설정할 수 없다(상 제93조 제3항).

[3] 업무표장권, 단체표장권 또는 증명표장권에 관하여는 전용사용권 및 통상사용권을 설정할 수 없다(상 제95조 제2항 및 제97조 제5항).

[4] **전용사용권**: 전용사용권의 설정을 받은 전용사용권자는 그 설정행위로 정한 범위에서 지정상품에 관하여 등록상표를 사용할 권리를 독점한다(상 제95조 제3항). 전용사용권자는 그 상품에 자기의 성명 또는 명칭을 표시하여야 한다(상 제95조 제4항). 전용사용권자는 상속이나 그 밖의 일반승계의 경우를 제외하고는 상표권자의 동의를 받지 아니하면 그 전용사용권을 이전할 수 없다(상 제95조 제5항). 전용사용권자는 상표권자의 동의를 받지 아니하면 그 전용사용권을 목적으로 하는 질권을 설정하거나 통상사용권을 설정할 수 없다(상 제95조 제6항).

전용사용권이 공유인 경우에는 각 공유자는 상표권자와 다른 공유자 모두의 동의를 받지 아니하면 그 지분을 양도하거나 그 지분을 목적으로 하는 질권을 설정할 수 없다(상 제95조 제7항 및 제93조 제2항). 전용사용권이 공유인 경우에는 각 공유자는 다른 공유자 모두의 동의를 받지 아니하면 그 전용사용권에 대하여 통상사용권을 설정할 수 없다(상 제95조 제7항 및 제93조 제3항).

[5] **통상사용권**: 통상사용권의 설정을 받은 통상사용권자는 그 설정행위로 정한 범위에서 지정상품에 관하여 등록상표를 사용할 권리를 가진다(상 제97조 제2항). 통상사용권은 상속이나 그 밖의 일반승계의 경우를 제외하고는 상표권자(전용사용권에 관한 통상사용권의 경우에는 상표권자 및 전용사용권자를 말한다)의 동의를 받지 아니하면 이전할 수 없다(상 제97조 제3항). 통상사용권은 상표권자(전용사용권에 관한 통상사용권의 경우에는 상표권자 및 전용사용권자를 말한다)의 동의를 받지 아니하면 그 통상사용권을 목적으로 하는 질권을 설정할 수 없다(상 제97조 제4항). 통상사용권이 공유인 경우에는 각 공유자는 상표권자(전용사용권에 관한 통상사용권의 경우에는 상표권자 및 전용사용권자)와 다른 공유자 모두의 동의를 받지 아니하면 그 지분을 양도하거나 그 지분을 목적으로 하는 질권을 설정할 수 없다(상 제97조 제5항 및 제93조 제2항). 통상사용권자는 그 상품에 자기의 성명 또는 명칭을 표시하여야 한다(상 제97조 제5항 및 제95조 제4항).

3. 상표권의 분할

1997년 개정 상표법에서는 출원단계에서 뿐만 아니라 상표권이 설정등록된 후에도 상표권의 지정상품이 2 이상인 경우에 상표권의 분할을 인정함으로써 상표권의 유지와 권리를 보다 용이하게 하였다. 따라서 상표권의 지정상품이 2 이상인 경우에는 그 상표권을 지정상품별로 분할할 수 있다(상 제94조 제1항). 상표권의 분할은 상표등록무효심판이 청구된 때에는 심결이 확정되기까지는 상표권이 소멸된 후에도 할 수 있다(상 제94조 제2항).

Ⅳ. 상표권 등의 등록의 효력

[1] 효력발생요건으로서의 상표권 내지 질권 등의 등록: 다음에 해당하는 사항은 등록하지 아니하면 그 효력이 발생하지 아니한다(상 제96조 제1항).

(i) 상표권의 이전(상속이나 그 밖의 일반승계에 의한 경우는 제외한다)·변경·포기에 의한 소멸, 존속기간의 갱신, 상품분류전환, 지정상품의 추가 또는 처분의 제한

(ii) 상표권을 목적으로 하는 질권의 설정·이전(상속이나 그 밖의 일반승계에 의한 경우는 제외한다)·변경·소멸(권리의 혼동에 의한 경우는 제외한다) 또는 처분의 제한

[2] 상표권 및 질권의 상속이나 그 밖의 일반승계의 경우에는 지체 없이 그 취지를 특허청장에게 신고하여야 한다(상 제96조 제2항).

Ⅴ. 상표권의 효력

[1] 상표법 제89조: 상표권자는 지정상품에 관하여 그 등록상표를 사용할 권리를 독점한다. 다만, 그 상표권에 관하여 전용사용권을 설정한 때에는 상표법 제95조 제3항의 규정에 의하여 전용사용권자가 등록상표를 사용할 권리를 독점하는 범위 안에서는 그러하지 아니하다. 2011년 개정 상표법[400]은 전용사용권[401]을 등록하지 않더라도 그 효력이 발생되도록 하고 등록을 제3자 대항요건으로 변경하여 상표사용권자의 보호를 강화하고자 하였다. 이는 한미 FTA 제18.2조 제13항[402]을 국내법에 반영하기 위한 조문이다. 효력발생요건으로서의 전용사용권 등록제도를 폐지하게 됨에 따라 전용사용권은 사인 간의 계약으로 효력이 발생하고, 이를 공시하는 방법이 없어 선의의 제3자가 예측할 수 없는 손해를 입을 수 있으므로, 이를 예방하기 위해 등록요건을 제3자에 대한 대항 요건으로 규정한 것이다(상 제100조).

[2] 상표권의 독점적 효력이 미치는 범위: 등록상표의 지정상품에 한정된다.

[3] 지역적 범위: 국내에 한한다(속지주의).

[4] 상표권의 효력: 적극적 효력 + 소극적 효력

(i) 적극적 효력: 상표권자가 지정상품에 관하여 그 등록상표를 국내에서 상표권의

400) 법률 제11113호, 2011.12. 2, 일부개정, 2012. 3. 15. 시행.

401) 등록상표를 그 지정상품에 대하여 계약 범위 내에서 독점적으로 사용할 수 있는 권리를 의미한다.

402) 한미 FTA 제18.2조 제13항에 따르면, "어떠한 당사국도 사용권의 효력을 발생시키거나, 상표에 대한 권리를 주장하거나, 또는 그 밖의 다른 목적을 위하여 상표 사용권의 등록을 요구할 수 없다." 라고 규정하고 있다.

존속기간 내에 독점적으로 사용할 수 있다(상 제89조).

(ii) 소극적 효력: 제3자가 동일, 유사한 상표를 지정상품과 동일, 유사한 상품에 사용하는 것을 배제할 수 있다(상 제107조, 제108조).

[5] 내용적 제한: (i) 공익적 이유[상 제90조(상표권의 효력이 미치지 아니하는 범위)]에 의해 일정한 제한을 받는 경우, (ii) 상표권자가 사용하는 것보다 타인에게 사용하게 하여 사용료를 받는 것이 유리하다고 하여 사용허락을 하는 경우(상 제89조 단서, 제95조, 제97조), (iii) 상표권이 타인의 선출원 특허권·실용신안권·디자인권 또는 그 상표등록출원일 전에 발생한 타인의 저작권에 저촉될 경우(상 제92조 제1항), (iv) 등록상표의 사용에 경쟁질서에 반하는 경우(상 제92조 제2항),[403] (v) 재심에 의하여 회복한 상표권의 효력이 제한되는 경우 (상 제160조), (vi) 상표등록료 납부 또는 보전에 의한 상표등록출원의 회복한 경우의 상표권의 회복제한(상 제77조 제3항), (vii) 특허권 등의 존속기간 만료 후에 상표를 사용하는 자에 대한 효력제한(상 제98조), (viii) 선사용에 따른 상표사용권의 인정(상 제99조)[404]에 의한 제한, (ix) 상표권 포기의 제한(상 제102조 제1항),등이 있다. 그리고(x) 상표권을 이전하는 경우 유사한 지정상품과 함께 이전하지 않으면 아니 되며(상 제93조 제1항), (xi) 상표권이 공유인 경우에는 다른 공유자의 승낙이 없으면 그 지분을 양도할 수 없다(상 제93조 제2항).

제90조(상표권의 효력이 미치지 아니하는 범위) ① 상표권(지리적 표시 단체표장권은 제외한

403) 2014년 개정 상표법([시행 2014.6.11.] [법률 제12751호, 2014.6.11., 일부개정]) 제53조 제2항(현행 상표법 제92조 제2항)은 "상표권자·전용사용권자 또는 통상사용권자는 그 등록상표의 사용이 「부정경쟁방지 및 영업비밀보호에 관한 법률」 제2조제1호차목에 따른 부정경쟁행위에 해당할 경우에는 같은 목에 따른 타인의 동의를 받지 아니하고는 그 등록상표를 사용할 수 없다."라고 규정하고 있다. 따라서 상표권자· 전용사용권자 또는 통상사용권자는 그 등록상표의 사용이 "타인의 상당한 투자나 노력으로 만들어진 성과 등을 공정한 상거래 관행이나 경쟁질서에 반하는 방법으로 자신의 영업을 위하여 무단으로 사용함으로써 타인의 경제적 이익을 침해하는 행위"에 해당할 경우에는 그 타인의 동의를 받지 아니하고는 그 등록상표를 사용할 수 없다.

404) 상표법 제99조(선사용에 따른 상표를 계속 사용할 권리) ① 타인의 등록상표와 동일·유사한 상표를 그 지정상품과 동일·유사한 상품에 사용하는 자로서 다음 각 호의 요건을 모두 갖춘 자(그 지위를 승계한 자를 포함한다)는 해당 상표를 그 사용하는 상품에 대하여 계속하여 사용할 권리를 가진다.
1. 부정경쟁의 목적이 없이 타인의 상표등록출원 전부터 국내에서 계속하여 사용하고 있을 것
2. 제1호에 따라 상표를 사용한 결과 타인의 상표등록출원 시에 국내 수요자 간에 그 상표가 특정인의 상품을 표시하는 것이라고 인식되어 있을 것

② 자기의 성명·상호 등 인격의 동일성을 표시하는 수단을 상거래 관행에 따라 상표로 사용하는 자로서 제1항제1호의 요건을 갖춘 자는 해당 상표를 그 사용하는 상품에 대하여 계속 사용할 권리를 가진다.

③ 상표권자나 전용사용권자는 제1항에 따라 상표를 사용할 권리를 가지는 자에게 그 자의 상품과 자기의 상품 간에 출처의 오인이나 혼동을 방지하는 데 필요한 표시를 할 것을 청구할 수 있다.

다)은 다음 각 호의 어느 하나에 해당하는 경우에는 그 효력이 미치지 아니한다.

1. 자기의 성명·명칭 또는 상호·초상·서명·인장 또는 저명한 아호·예명·필명과 이들의 저명한 약칭을 상거래 관행에 따라 사용하는 상표
2. 등록상표의 지정상품과 동일·유사한 상품의 보통명칭·산지·품질·원재료·효능·용도·수량·형상·가격 또는 생산방법·가공방법·사용방법 및 시기를 보통으로 사용하는 방법으로 표시하는 상표
3. 입체적 형상으로 된 등록상표의 경우에는 그 입체적 형상이 누구의 업무에 관련된 상품을 표시하는 것인지 식별할 수 없는 경우에 등록상표의 지정상품과 동일·유사한 상품에 사용하는 등록상표의 입체적 형상과 동일·유사한 형상으로 된 상표
4. 등록상표의 지정상품과 동일·유사한 상품에 대하여 관용하는 상표와 현저한 지리적 명칭 및 그 약어 또는 지도로 된 상표
5. 등록상표의 지정상품 또는 그 지정상품 포장의 기능을 확보하는 데 불가결한 형상, 색채, 색채의 조합, 소리 또는 냄새로 된 상표

② 지리적 표시 단체표장권은 다음 각 호의 어느 하나에 해당하는 경우에는 그 효력이 미치지 아니한다.

1. 제1항제1호·제2호(산지에 해당하는 경우는 제외한다) 또는 제5호에 해당하는 상표
2. 지리적 표시 등록단체표장의 지정상품과 동일하다고 인정되어 있는 상품에 대하여 관용하는 상표
3. 지리적 표시 등록단체표장의 지정상품과 동일하다고 인정되어 있는 상품에 사용하는 지리적 표시로서 해당 지역에서 그 상품을 생산·제조 또는 가공하는 것을 업으로 영위하는 자가 사용하는 지리적 표시 또는 동음이의어 지리적 표시
4. 선출원에 의한 등록상표가 지리적 표시 등록단체표장과 동일·유사한 지리적 표시를 포함하고 있는 경우에 상표권자, 전용사용권자 또는 통상사용권자가 지정상품에 사용하는 등록상표

③ 제1항제1호는 상표권의 설정등록이 있은 후에 부정경쟁의 목적으로 자기의 성명·명칭 또는 상호·초상·서명·인장 또는 저명한 아호·예명·필명과 이들의 저명한 약칭을 사용하는 경우에는 적용하지 아니한다.

대법원 2014. 9. 25. 선고 2013후3289 판결【권리범위확인(상)】

【판시사항】

[1] 상표법 제51조 제1항 제2호의 '상품의 보통명칭을 보통으로 사용하는 방법으로 표시하는 상표'의 의미 / 같은 호의 '상품의 품질·효능·용도 등을 보통으로 사용하는 방법으로 표시하는 상표'에 해당하는지를 판단하는 기준

[2] 갑 주식회사가 을 주식회사를 상대로 사용상품을 '홍삼정(홍삼을 원료로 하여 용매로써

추출하여 제조한 제품)'으로 하는 확인대상표장 "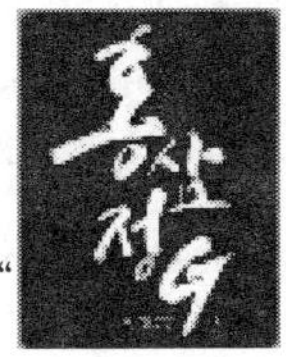"이 지정상품을 '홍삼을 주원료로 하는 건강기능식품, 홍삼, 가공된 홍삼, 홍삼가공식품' 등으로 하는 등록상표 "**홍삼정 G.class**"의 권리범위에 속하지 않는다며 소극적 권리범위확인심판을 청구한 사안에서, 확인대상표장이 상표법 제51조 제1항 제2호의 상표에 해당하여 등록상표와의 동일·유사 여부를 대비할 필요도 없이 권리범위에 속하지 아니한다고 본 원심판단을 정당하다고 한 사례

【참조조문】

[1] 상표법 제51조 제1항 제2호 [2] 상표법 제51조 제1항 제2호

【참조판례】

[1] 대법원 2006. 4. 14. 선고 2004후2246 판결
대법원 2010. 5. 13. 선고 2008후4585 판결(공2010상, 1165)
대법원 2011. 5. 26. 선고 2009후3572 판결(공2011하, 1321)

【전 문】

【원고, 피상고인】 주식회사 농협홍삼 (소송대리인 특허법인 다래 담당변리사 구욱서 외 4인)

【피고, 상고인】 주식회사 한국인삼공사 (소송대리인 유미 특허법인 외 1인)

【원심 판결】 특허법원 2013. 11. 29. 선고 2013허5360 판결

【주 문】

상고를 기각한다. 상고비용은 피고가 부담한다.

【이 유】

상고이유(상고이유서 제출기간이 지난 후에 제출된 상고이유보충서 기재는 상고이유를 보충하는 범위 내에서)를 판단한다.

1. 상표법 제51조 제1항 제2호의 '상품의 보통명칭을 보통으로 사용하는 방법으로 표시하는 상표'는 그 동업자들만이 아니라 실제 거래상 일반 소비자들까지도 특정 상품의 보통명칭으로서 그와 같은 명칭을 보통의 방법으로 사용하고 있는 것을 말하고(대법원 2006. 4. 14. 선고 2004후2246 판결 등 참조), 같은 호의 '상품의 품질·효능·용도 등을 보통으로 사용하는 방법으로 표시하는 상표'는 일반 수요자가 그 사용상품을 고려하였을 때 품질·효능·용도 등을 표시하고 있다고 직감할 수 있는 것으로서, 이에 해당하는지 여부는 그 상표가 지니고 있는 관념, 사용상품과의 관계 및 거래사회의 실정 등을 감안하여 객관적으로 판단하여야 한다(대법원 2010. 5. 13. 선고 2008후4585 판결

등 참조). 그리고 이러한 상표가 도안화되어 있더라도 전체적으로 볼 때 그 도안화의 정도가 일반 수요자의 특별한 주의를 끌어 문자의 관념을 상쇄, 흡수하는 등으로 새로운 식별력을 가질 정도에는 이르지 못한다면 여전히 상표법 제51조 제1항 제2호에 규정된 위 각 상표에 해당한다고 보아야 한다(대법원 2011. 5. 26. 선고 2009후3572 판결 등 참조).

2. 원심 판결 이유에 의하면, 사용상품을 '홍삼정(홍삼을 원료로 하여 용매로써 추출하여 제조한 제품)'으로 하는 확인대상표장은 오른쪽과 같이 검은색 바탕의 사각형 도형 안에 흰색의 문자가 기재된 형태로 되어 있는 표장으로서, 구체적으로 보면 '홍삼정 G'라는 문자가 붓글씨체로 세로 방향으로 기재되어 있고, 맨 아래쪽에 그에 비하여 현저히 작은 크기로 '프리미엄' 이라는 문자와 알파벳 G의 한글음역에 대괄호를 씌운 '[지]'라는 문자가 위 'G' 문자의 왼쪽과 오른쪽에 각각 기재되어 있는 표장임을 알 수 있다.

그런데 기록에 비추어 살펴보면, '홍삼정'은 사용상품의 보통명칭에 해당하고, '프리미엄'은 '아주 높은, 고급의' 등의 뜻을 가지는 영어 단어의 한글음역으로서 일반 수요자가 사용상품의 품질·효능·용도 등을 표시하고 있다고 직감할 수 있는 기술적 표장에 해당하며, 여기에 알파벳 한 글자에 불과한 간단하고 흔한 표장으로서 별다른 식별력이 없는 'G'와 그 한글음역으로 인식되는 '[지]'를 부가한 것만으로는 새로운 식별력이 생기지 아니하고, 나아가 확인대상표장의 전체적인 구성이나 문자의 서체 등도 일반인의 특별한 주의를 끌어 문자 부분의 관념을 상쇄, 흡수하는 등으로 새로운 식별력을 가질 정도로 도안화되었다고 할 수가 없다.

따라서 확인대상표장은 상표법 제51조 제1항 제2호에 규정된 상표에 해당하여, 지정상품을 '홍삼을 주원료로 하는 건강기능식품, 홍삼, 가공된 홍삼, 홍삼가공식품' 등으로 하는 이 사건 등록상표 '**홍삼정 G.class**'(등록번호 생략)와의 동일·유사 여부를 대비할 필요도 없이 그 권리범위에 속하지 아니한다.

같은 취지의 원심판단은 정당하고, 거기에 상고이유 주장과 같이 상표법 제51조 제1항 제2호에 관한 법리를 오해한 위법이 없다.

3. 그러므로 상고를 기각하고, 상고비용은 패소자가 부담하도록 하여, 관여 대법관의 일치된 의견으로 주문과 같이 판결한다.

대법원 2012. 11. 29. 선고 2011후774 판결【권리범위확인(상)】

【판시사항】

[1] 상표의 구성 중 식별력이 없거나 미약한 부분과 동일한 표장이 거래사회에서 오랜 기간 사용되어 상표의 등록 또는 지정상품 추가등록 전부터 수요자 간에 누구의 업무에 관련된 상품을 표시하는 것인가 현저하게 인식되어 있는 경우 그 부분을 식별력 있는 요부로 보아 상표의 유사 여부를 판단할 수 있는지 여부(적극) 및 그 부분이

상표법 제51조 제1항 제2호에 의한 상표권 효력의 제한을 받는지 여부(소극)

[2] 갑 등이 등록상표 "SGF"의 상표권자 을 주식회사를 상대로 '골프화'를 사용상품의 하나로 한 확인대상표장 "SUPERIOR"가 등록상표의 권리범위에 속하지 않는다는 이유로 소극적 권리범위확인심판청구를 한 사안에서, 등록상표의 구성 중 "SUPERIOR" 문자부분은 '골프화'에 관해서 '독립하여 자타 상품의 식별기능을 하는 부분'이 될 수 있으므로, '골프화'와 동일·유사한 상품에 "SUPERIOR" 문자부분과 동일·유사한 표장을 사용하는 것은 등록상표의 권리범위에 속한다는 이유로, 이와 달리 본 원심 판결에 사용에 의한 식별력 취득에 관한 법리오해 등의 위법이 있다고 한 사례

【판결요지】

[1] 상표의 구성 중 식별력이 없거나 미약한 부분과 동일한 표장이 거래사회에서 오랜 기간 사용된 결과 상표의 등록 또는 지정상품 추가등록 전부터 수요자 간에 누구의 업무에 관련된 상품을 표시하는 것인가 현저하게 인식되어 있는 경우에는 그 부분은 사용된 상품에 관하여 식별력 있는 요부로 보아 상표의 유사 여부를 판단할 수 있고, 그러한 부분은 상표법 제51조 제1항 제2호에 의한 상표권 효력의 제한을 받지 않는다.

[2] 갑 등이 등록상표 "SGF"의 상표권자 을 주식회사를 상대로 '골프화'를 사용상품의 하나로 한 확인대상표장 "SUPERIOR"가 등록상표의 권리범위에 속하지 않는다는 이유로 소극적 권리범위확인심판청구를 한 사안에서, 을 회사는 '골프화'가 등록상표의 지정상품으로 추가등록될 때까지 오랜 기간 "SUPERIOR"라는 영문자로만 구성된 상표(이하 "SUPERIOR 문자상표"라 한다)와 월계관 도형과 "SUPERIOR" 문자가 결합된 상표(이하 "SUPERIOR 결합상표"라 한다) 및 등록상표를 각종 골프 관련 상품의 표장으로 사용하여 왔고, SUPERIOR 결합상표는 등록상표 구성 중 "SUPERIOR" 문자부분과 동일성이 인정되는 "SUPERIOR" 문자부분을 포함하고 있으며, SUPERIOR 결합상표 및 등록상표 모두 "SUPERIOR"라는 문자부분에 의해 호칭됨으로써, SUPERIOR 결합상표 및 등록상표의 사용은 등록상표의 구성 중 "SUPERIOR" 문자부분이 사용에 의한 식별력을 취득하는 데 도움이 되었을 것으로 보이는 점 등을 종합하면, 등록상표의 구성 중 "SUPERIOR" 문자부분은 이미 '골프화'에 관해서 국내 수요자나 거래자에게 누구의 업무에 관련된 상품을 표시하는 것으로 '현저하게' 인식되어 있어 지정상품으로 추가등록된 '골프화'에 관해서는 '독립하여 자타 상품의 식별기능을 하는 부분' 즉 요부가 될 수 있고, 이 경우 위 문자부분은 상표법 제51조 제1항 제2호에 의한 상표권 효력의 제한을 받지 않으므로, '골프화'와 동일·유사한 상품에 "SUPERIOR" 문자부분과 동일·유사한 표장을 사용하는 것은 등록상표의 권리범위에 속한다는 이유로, 이와 달리 본 원심 판결에 사용에 의한 식별력 취득에 관한

법리오해 등의 위법이 있다고 한 사례.

대법원 2002. 11. 13. 선고 2000후3807 판결 【권리범위확인(상)】

【판시사항】

[1] 상표법 제51조 제1호 본문의 규정 취지와 '상호를 보통으로 사용하는 방법으로 표시하는 상표'에 해당하는지 여부의 판단 기준 및 그 기준이 서비스표의 경우에도 적용되는지 여부(적극)

[2] "직사각형 도형 안에 물에 비친 집의 그림 + (주)평양 옥류관"으로 구성된 (가)호 표장이 자기의 상호를 보통으로 사용하는 방법으로 표시한 경우에 해당하지 않는다고 한 사례

【판결요지】

[1] 상표법 제51조 제1호 본문은 자기의 성명, 명칭, 상호 등을 보통으로 사용하는 방법으로 표시하는 상표에 대하여는 등록상표의 효력이 미치지 않는다고 규정하고 있는바, 위 규정은 자기의 상호 등은 자기의 인격과 동일성을 표시하기 위한 수단이기 때문에 상호 등이 상품에 관하여 사용되는 방법이 거래사회의 통념상 자기의 상호 등을 나타내기 위하여 필요한 범위 내에 있는 한 그 상호 등과 동일·유사한 타인의 등록상표권의 효력이 위와 같이 사용된 상호 등에 미치지 않고, 이와 달리 상호 등의 표시방법으로 보아 타인의 상품과 식별되도록 하기 위한 표장으로 사용되었다고 볼 수밖에 없는 경우에는 그 표장에 타인의 등록상표권의 효력이 미친다는 취지라고 봄이 상당하고, 또한 사용된 상호 등의 표장이 외관상 일반인의 주의를 끌만한 특이한 서체나 도안으로 된 경우에는 자기의 상호 등을 보통으로 사용하는 방법으로 표시하는 것에 해당하지 않을 가능성이 많기는 하지만, 그러한 사정만으로 단정할 것은 아니고 사용된 표장의 위치, 배열, 크기, 다른 문구와의 연결관계, 도형과 결합되어 사용되었는지 여부 등 실제 사용태양을 종합하여 거래통념상 자기의 상호 등을 보통으로 사용하는 방법으로 표시한 경우에 해당하는지 여부를 판단하여야 할 것이며, 이러한 법리는 서비스표의 경우에도 동일하게 적용된다.

[2] "옥 류 관"과 같이 구성된 등록서비스표와 "(주) 평양 옥류관"과 같이 구성된 (가)호 표장은 유사하고 등록서비스표의 지정서비스업과 (가)호 표장이 사용된 북한냉면음식점업도 유사하며, (가)호 표장의 문자부분은 그 글자체가 일반인의 주의를 끌만큼 특이하게 도안화된 것은 아니지만, 붓글씨체의 문자부분 중 '(주)평양'과 '옥류관'의 글자 크기를 다르게 함으로써 "옥류관"이 돋보이는 형태로 되어 있고, 평양옥류관은 광고전단지에 '유명한 (주) 평양 옥류관 랭면 드디어 대청역에 개점', '(주) 평양 옥류관 은 … 「랭면 전문 음식점」입니다.'라는 형태로 (가)호 표장을 사용하여 왔을 뿐 아니라 평양옥류관과 체인점 계약을 체결한 전국의 12개 북한냉면음식점이 (가)호 표장 외에 다른 표장을 북한냉면음식점업의 식별표지로 사용하지

않고 있는 점, (가)호 표장이 있는 광고전단지에 '이제는 랭면의 맛도 상표를 확인하고 먹는 시대입니다.'라는 문구가 사용되기도 한 점, 음식점업과 같은 서비스업에 있어서 광고나 간판 등에 상호만을 사용하는 경우에는 일반수요자에게 그 상호가 곧바로 서비스표로 인식되기 쉬운 점 등을 종합하여 (가)호 표장은 상표법 제51조 제1호 본문의 거래통념상 자기의 상호를 보통으로 사용하는 방법으로 표시한 경우에 해당하지 아니한다고 본 사례.

대법원 2001. 4. 10. 선고 2000다4487 판결【저작권침해금지】

【판시사항】

[1] 부정경쟁방지및영업비밀보호에관한법률 제2조의 '국내에 널리 인식된 상표·상호'의 의미

[2] 주지성을 획득한 상품표지와 동일 또는 유사한 상품표지를 사용하여 상품을 생산·판매하는 경우, 그 상품이 주지성을 획득한 상품표지의 상품과 다른 상품이라 하더라도 부정경쟁방지및영업비밀보호에관한법률 제2조 제1호 소정의 부정경쟁행위에 해당되는지 여부(적극)

[3] 상표권의 등록이 자신의 상품을 타인의 상품과 식별시킬 목적이 아니고 국내에서 널리 인식되어 사용되고 있는 타인의 상표와 동일·유사한 상표를 사용하여 타인의 상품과 혼동을 일으키게 하여 이익을 얻을 목적인 경우, 부정경쟁방지및영업비밀보호에관한법률 제15조의 적용 여부(소극)

【판결요지】

[1] 부정경쟁방지및영업비밀보호에관한법률(이하 '부정경쟁방지법'이라 한다) 제2조 제1호의 '국내에 널리 인식된 상표·상호'라 함은 국내 전역에 걸쳐 모든 사람들에게 주지되어 있음을 요하는 것이 아니고 국내의 일정한 지역적 범위 안에서 거래자 또는 수요자들 사이에 알려진 정도로써 족하다.

[2] 주지성을 획득한 상품표지와 동일 또는 유사한 상품표지를 사용하여 상품을 생산·판매하는 경우 비록 그 상품이 주지성을 획득한 상품표지의 상품과 다른 상품이라 하더라도, 한 기업이 여러 가지 이질적인 산업분야에 걸쳐 여러 가지 다른 상품을 생산·판매하는 것이 일반화된 현대의 산업구조에 비추어 일반 수요자들로서는 그 상품의 용도 및 판매거래의 상황 등에 따라 당해 상품표지의 소유자나 그와 특수관계에 있는 자에 의하여 그 상품이 생산·판매되는 것으로 인식하여 상품의 출처에 혼동을 일으킬 수가 있으므로 부정경쟁방지법 제2조 제1호 소정의 부정경쟁행위에 해당한다.

[3] 부정경쟁방지법 제15조는 상표법 등 다른 법률에 부정경쟁방지법과 다른 규정이 있는 경우에는 부정경쟁방지법의 규정을 적용하지 아니하고 다른 법률의 규정을 적용하도록 규정하고 있으나, 상표권의 등록이 자기의 상품을 타인의 상품과 식별시킬 목적으로 한 것이 아니고 국내에서 널리 인식되어 사용되고 있는 타인의 상표와 동일 또는 유사한 상표를 사용하여 일반 수요자로 하여금 타인의 상품과 혼동을 일으키게 하여 이익을 얻을 목적으로 형식상 상표권을 취득하는 것이라면 그 상표의 등록출원 자체

가 부정경쟁행위를 목적으로 하는 것으로서, 가사 권리행사의 외형을 갖추었다 하더라도 이는 상표법을 악용하거나 남용한 것이 되어 상표법에 의한 적법한 권리의 행사라고 인정할 수 없으므로 이러한 경우에는 부정경쟁방지법 제15조의 적용이 배제된다고 할 것이다.

대법원 2013. 5. 9. 선고 2011다71964 판결 【상표권이전등록 등 (라) 파기환송】 (상표권 등 이전등록청구권 소멸시효 사건)

【판시사항】

상표권자에 대하여 상표권에 관한 이전약정에 기하여 이전등록을 청구할 권리를 가지는 사람이 이미 그 상표를 실제로 사용하고 있다는 것만으로 상표권이전등록청구권의 소멸시효가 진행되지 아니하는지 여부(소극)

【판결요지】

상표권 또는 서비스표권(이하 상표권, 나아가 상표권자 또는 상표만을 들어 설시하기로 한다)의 양도에는 상표권에 관한 이전등록으로 족한 점(상표법 제56조 제1항 제1호 참조), 상표권 매매 기타 그 양도의무 발생의 원인이 되는 계약으로부터 통상 부동산 매매에서의 목적물인도의무와 같은 의무가 발생하지 아니하여 매도인 등 상표권양도의무자가 상표권의 이전등록 외에 적극적으로 하여야 할 '주된 급부'의 의무를 상정하기 어려운 점, 나아가 오늘날 상표권 양도 거래의 실제 양태 등에 비추어 보면, 상표권자에 대하여 상표권에 관한 이전약정에 기하여 이전등록을 청구할 권리를 가지는 사람이 이미 그 상표를 실제로 사용하고 있다는 것만으로 상표권이전등록청구권의 소멸시효가 진행되지 아니한다고 할 수는 없다. 한편 그가 상표를 당해 상표권의 지정상품에 사용하여 주지상표가 되는 등으로 별도의 법적 보호를 받을 수 있다고 하더라도, 그 보호를 위하여 이전등록의무자의 시효소멸 주장이 일정한 범위에서 제한되어야 하는가 하는 것은 위와 같은 법적 보호의 내용 또는 성질 등에 의하여 정하여질 문제로서, 상표 사용에 의한 소멸시효 진행의 저지 여부와 직접적인 연관이 없다고 할 것이다.

【참조조문】

상표법 제56조 제1항 제1호, 민법 제162조 제1항, 민법 제166조 제1항, 상법 제64조

【전 문】

【원고, 피상고인】 주식회사 케이티로지스 (소송대리인 법무법인(유한) 한별 담당변호사 현인혁 외 3인)

【피고, 상고인】 주식회사 케이티 (소송대리인 법무법인(유한) 화우 담당변호사 변재승 외 6인)

【원심 판결】 서울고법 2011. 6. 22. 선고 2010나111454 판결

◇ 상표권자에 대하여 상표권에 관한 이전약정에 기하여 이전등록을 청구할 권리를 가지는 사람이 이미 그 상표를 실제로 사용하고 있다는 것만으로 상표권이전등록청구권의 소멸시효가 진행되

지 아니한다고 볼 수 있는지 여부(소극) ◇

상표권 또는 서비스표권(이하 상표권, 나아가 상표권자 또는 상표만을 들어 설시하기로 한다)의 양도에는 상표권에 관한 이전등록으로 족한 점(상표법 제56조 제1항 제1호 참조), 상표권 매매 기타 그 양도의무 발생의 원인이 되는 계약으로부터 통상 부동산 매매에서의 목적물인도의무와 같은 의무가 발생하지 아니하여 매도인 등 상표권양도의무자가 상표권의 이전등록 외에 적극적으로 하여야 할 '주된 급부'의 의무를 상정하기 어려운 점, 나아가 오늘날 상표권 양도 거래의 실제 양태 등에 비추어 보면, 상표권자에 대하여 상표권에 관한 이전약정에 기하여 이전등록을 청구할 권리를 가지는 사람이 이미 그 상표를 실제로 사용하고 있다는 것만으로 상표권이전등록청구권의 소멸시효가 진행되지 아니한다고 할 수는 없다.

한편 그가 상표를 당해 상표권의 지정상품에 사용하여 주지상표가 되는 등으로 별도의 법적 보호를 받을 수 있다고 하더라도, 그 보호를 위하여 이전등록의무자의 시효소멸 주장이 일정한 범위에서 제한되어야 하는가 하는 것은 위와 같은 법적 보호의 내용 또는 성질 등에 의하여 정하여질 문제로서, 상표 사용에 의한 소멸시효 진행의 저지 여부와 직접적인 연관이 없다고 할 것이다.

대법원 2015. 10. 29. 선고 2014두2362 판결 【상표권이전등록신청처분취소】

【판시사항】

상표권자인 법인에 대한 청산종결등기가 되었음을 이유로 한 상표권의 말소등록행위가 항고소송의 대상이 될 수 있는지 여부(소극)

【판결요지】

상표원부에 상표권자인 법인에 대한 청산종결등기가 되었음을 이유로 상표권의 말소등록이 이루어졌다고 해도 이는 상표권이 소멸하였음을 확인하는 사실적·확인적 행위에 지나지 않고, 말소등록으로 비로소 상표권 소멸의 효력이 발생하는 것이 아니어서, 상표권의 말소등록은 국민의 권리의무에 직접적으로 영향을 미치는 행위라고 할 수 없다.

한편 상표법 제39조 제3항의 위임에 따른 특허권 등의 등록령(이하 '등록령'이라 한다) 제27조는 "말소한 등록의 회복을 신청하는 경우에 등록에 대한 이해관계가 있는 제3자가 있을 때에는 신청서에 그 승낙서나 그에 대항할 수 있는 재판의 등본을 첨부하여야 한다."고 규정하고 있는데, 상표권 설정등록이 말소된 경우에도 등록령 제27조에 따른 회복등록의 신청이 가능하고, 회복신청이 거부된 경우에는 거부처분에 대한 항고소송이 가능하다.

이러한 점들을 종합하면, 상표권자인 법인에 대한 청산종결등기가 되었음을 이유로 한 상표권의 말소등록행위는 항고소송의 대상이 될 수 없다.

1. 대법원 2007. 1.26. 선고 2005후179 판결【등록취소(상)】

[미간행]

【판시사항】

[1] 행정법규에 위반하여 제조·판매한 상품에 상표를 사용한 경우가 상표법 제73조 제1항 제3호, 제4항의 해석에 있어 등록취소를 면하기 위한 '정당한 상표 사용'에 해당하는지 여부(한정 적극)

[2] 상표의 사용 방법으로서 상표법 제2조 제1항 제6호 (다)목에서 말하는 '광고'의 의미 및 요건

[3] '보온냉수통'은 행정법규에서 요구하는 안전검사를 받았는지 여부에 관계없이 시장에서 일반적, 정상적으로 유통되어 왔거나 유통될 수 있는 제품이므로, 안전검사의 이행 여부가 등록상표의 '사용' 여부를 결정하는 데에 장애가 되지 않는다고 한 사례

【참조조문】

[1] 상표법 제73조 제1항 제3호, 제4항 [2] 상표법 제2조 제1항 제6호 (다)목 [3] 구 품질경영 및 공산품안전관리법(2004. 10. 22. 법률 제7237호로 개정되기 전의 것) 제9조(현행 제14조 참조), 상표법 제73조 제1항 제3호

【참조판례】

[1] 대법원 2006. 9. 22. 선고 2005후3406 판결(공2006하, 1851)

【전 문】

【원고, 피상고인】 원고(소송대리인 변호사 성기창)

【피고, 상고인】 피고(소송대리인 법무법인 새길법률특허사무소외 1인)

【원심 판결】 특허법원 2004. 12. 17. 선고 2004허3607 판결

【주 문】

원심 판결을 파기하고, 사건을 특허법원에 환송한다.

【이 유】

상고이유(상고이유서 제출기간 경과 후에 제출된 상고이유보충서의 기재는 상고이유를 보충하는 범위 내에서)를 판단한다.

1. 상표법 제73조 제1항 제3호, 제4항 본문은 상표권자 등이 당해 등록상표를 취소심판청구에 관계되는 지정상품 중 1 이상에 대하여 그 심판청구일 전 3년 이내에 국내에서 정당하게 사용하였음을 증명하지 아니하는 한 그 상표등록의 취소를 면할 수 없도록 규정하고 있는바, 여기서 등록상표가 지정상품에 사용되었다고 하려면 그 지정 상품이 국내에

서 일반적, 정상적으로 유통되고 있거나 유통될 것을 예정하고 있어야 할 것이되, 관련 행정법규가 그 지정상품의 제조·판매 등의 허가 또는 안전검사·품질검사 등을 받지 아니하거나 일정한 기준이나 규격에 미달하는 등의 경우에 그 제조·판매 등을 금지하고 있는 때에는, 상표를 보호함으로써 상표사용자의 업무상의 신용유지를 도모하고 일반 수요자의 이익을 보호하고자 하는 상표법의 목적과 제품 등의 품질, 유효성 및 안전성을 확보하고 적절한 규제를 통하여 행정목적을 실현하고자 하는 행정법규의 목적이 반드시 서로 일치하는 것은 아니므로, 상표권자 등이 위와 같은 행정법규에 위반하여 특정 상품을 제조·판매하였거나 그러한 행정법규상의 의무를 이행하지 않은 상태에서 상품에 관한 광고, 선전행위를 하였다고 하더라도 그러한 사정만으로 그 상품이 국내에서 정상적으로 유통되지 아니하거나 유통될 것을 예정하고 있지 않은 경우에 해당한다고 일률적으로 말할 수는 없고, 그 상품의 제조·판매를 규율하는 행정법규의 목적, 특성, 그 상품의 용도, 성질 및 판매형태, 거래실정상 거래자나 일반수요자가 그 상품에 대하여 느끼는 인식 등 여러 사정을 참작하여, 상표제도의 목적에 비추어 그 해당 여부를 개별적으로 판단하여야 한다(대법원 2006. 9. 22. 선고 2005후3406 판결 참조). 그리고 상표법 제2조 제1항 제6호 (다)목에서 말하는 '광고'에는 신문잡지, 팸플릿, 카탈로그, 전단지, 달력, 간판, 가두네온사인, TV 등에 의한 시각으로 인식할 수 있는 것이 포함되며, 그 '광고'의 내용 및 형식에 관하여 상표법이 특별히 규정하는 바가 없으므로, 상품에 관한 정보를 일반소비자에게 시각적으로 알리는 정도의 그림이나 글이면 위 '광고'로서의 요건을 충족하고, 반드시 상품명이나 제조원이 표시되어야만 하는 것이라고는 할 수 없다.

2. 한편, 구 품질경영 및 공산품안전관리법(2004. 10. 22. 법률 제7237호로 개정되기 전의 것) 제9조 및 같은 법 시행규칙(2004. 6. 9. 산업자원부령 제235호로 개정되기 전의 것) 제4조 [별표 2]에 의하면 이 사건 '보온냉수통'은 2002. 1. 1.부터 2004. 12. 9.까지 사이에 위 법규에서 지정하는 안전검사대상품목에 해당하기는 하였으나, 위 제품이 위와 같이 안전검사대상품목으로 지정되기 이전에는 사후검사품목(시장에 출고된 이후 유통중인 제품을 대상으로 검사를 실시하는 품목)에 해당한 적도 있었으며(구 품질경영촉진법(2000. 12. 29. 법률 제6315호로 전문 개정되기 전의 것) 제17조 제1항 및 같은 법 시행규칙(2001. 6. 30. 산업자원부령 제136호로 전문 개정되기 전의 것) 제29조 [별표 4] 참조), 아예 안전검사대상품목에서 제외된 적도 있었고(구 품질경영 및 공산품안전관리법 시행규칙(2002. 1. 17. 사업자원부령 제150호로 개정되기 전의 것) 제4조 [별표 2]의 2 참조), 한편 실제 거래사회에서 제조업체들 사이에 위 제품에 관하여 안전검사를 받아야 한다는 인식이 일반화되어 있었다거나 일반 소비자들이 위 제품을 안전검사 없이는 유통될 수 없는 품목이라고 일반적으로 인식하고 있었다고

보기 어렵고, 위 제품 자체가 소비자의 생명·신체상에 치명적인 위해를 가할 가능성이 높은 물품이라고 보기도 어려운 점 등에 비추어 볼 때, 이 사건 '보온냉수통'은 위 행정법규에서 요구하는 안전검사를 받았는지 여부에 관계없이 시장에서 일반적, 정상적으로 유통되어 왔거나 유통될 수 있는 제품이라 할 것이고, 따라서 그 안전검사의 이행 여부가 이 사건 등록상표의 사용 여부를 결정하는 데에 장애가 된다고 할 수 없다.

3. 기록에 의하면, 피고는 이 사건 심판청구일인 2003. 7. 29. 전 3년 이내인 2003. 7. 15. 한국경제신문에 이 사건 등록상표를 표시한 물품에 관하여 광고를 게재하였고, 위 광고에는 이 사건 등록상표의 지정상품 중 하나인 '보온냉수통'의 제품사진 및 그 상단에 "신상품"이라는 기재가 있으며 이 사건 등록상표와 피고와 소외인의 주소, 전화번호 및 이름이 기재되어 있음을 알 수 있는바, 위 광고의 기재 내용 및 형식에 비추어 볼 때 위 광고는 이 사건 '보온냉수통'에 관한 정보를 일반 소비자에게 시각적으로 알리는 데에는 충분하다고 보이므로, 피고의 위 광고행위는 상표법 제2조 제1항 제6호 (다)목 소정의 '상품에 관한 광고에 상표를 표시하고 반포하는 행위'에 해당하고, 그 광고시기가 상품 판매일 이후라고 하여 달리 볼 것은 아니며, 따라서 이 사건 등록상표는 위 '보온냉수통'에 대한 안전검사 이행 여부와 관계없이 위와 같은 광고행위를 통하여 그 지정상품 중 1 이상에 대하여 이 사건 심판청구일 전 3년 이내에 국내에서 상표권자에 의해 정당하게 사용된 것으로 봄이 상당하다.
그럼에도 불구하고, 위 광고행위를 이 사건 등록상표의 정당한 사용으로 볼 수 없다고 판단한 원심 판결에는 채증법칙에 위반하여 사실을 오인하였거나 상표사용에 관한 법리를 오해하여 판결에 영향을 미친 위법이 있다고 할 것이다. 이 점에 관한 상고이유의 주장은 이유 있다.

4. 그러므로 나머지 상고이유에 대한 판단을 생략한 채 원심 판결을 파기하고, 사건을 다시 심리·판단하게 하기 위하여 원심법원으로 환송하기로 하여 관여 법관의 일치된 의견으로 주문과 같이 판결한다.

대법관 박시환(재판장) 김용담 박일환 김능환(주심)

2. 대법원 2004. 12. 9. 선고 2002후567 판결 【권리범위확인(상)】

[집52(2)특,178;공2005.1.15.(218),144]

【판시사항】

[1] 상표권이 공유인 경우에 민법상의 공유의 규정을 적용할 수 있는지 여부(적극)

[2] 상표권의 공유자가 그 상표권의 효력에 관한 심판에서 패소한 경우에 제기할 심결취소소송이 고유필수적 공동소송인지 여부(소극)

【판결요지】

[1] 상표권이 공유인 경우에 각 공유자는 다른 공유자의 동의를 얻지 아니하면 그 지분을 양도하거나 그 지분을 목적으로 하는 질권을 설정할 수 없고 그 상표권에 대하여 전용사용권 또는 통상사용권을 설정할 수도 없는 등 일정한 제약을 받아 그 범위에서 합유와 유사한 성질을 가지지만, 이러한 제약은 상표권이 무체재산권인 특수성에서 유래한 것으로 보일 뿐이고, 상표권의 공유자들이 반드시 공동목적이나 동업관계를 기초로 조합체를 형성하여 상표권을 소유한다고 볼 수 없을 뿐만 아니라 상표법에 상표권의 공유를 합유관계로 본다는 명문의 규정도 없는 이상, 상표권의 공유에도 상표법의 다른 규정이나 그 본질에 반하지 아니하는 범위 내에서는 민법상의 공유의 규정이 적용될 수 있다고 할 것이다.

[2] 상표권의 공유자가 그 상표권의 효력에 관한 심판에서 패소한 경우에 제기할 심결취소소송은 공유자 전원이 공동으로 제기하여야만 하는 고유필수적 공동소송이라고 할 수 없고, 공유자의 1인이라도 당해 상표등록을 무효로 하거나 권리행사를 제한·방해하는 심결이 있는 때에는 그 권리의 소멸을 방지하거나 그 권리행사방해배제를 위하여 단독으로 그 심결의 취소를 구할 수 있다.

【참조조문】

[1] 구 상표법(1997. 8. 22. 법률 제5355호 개정되기 전의 것) 제54조 제5항, 제6항[2] 특허법 제139조, 상표법 제77조

【전 문】

【원고, 상고인】 정리회사 주식회사 모나리자의 관리인 김광호의 소송수계인 주식회사 모나리자 외 1인 (소송대리인 변리사 최종락 외 1인)

【피고, 피상고인】 꿈과희망이있는엠이천 주식회사 (소송대리인 변리사 황교완)

【원심 판결】 특허법원 2002. 3. 14. 선고 2001허5237 판결

【주 문】

원심 판결을 파기하고, 사건을 특허법원으로 환송한다.

【이 유】

1. 원심의 판단

원심은 "피고가 사용하는 표장(이하 '피고의 사용표장'이라 한다)은 원고들 및 소외 주식회사 모나리자(본점 : 대전 대덕구 문평동 41-2, 이하 '소외 회사'라 한다)의 3인 공유로 등록된 이 사건 등록상표와 외관·호칭·관념이 서로 다른 상표이므로 피고의 사용표장은 이 사건 등록상표의 권리범위에 속하지 아니한다."는 특허심판원 2001. 8. 31.자 2001당395 심결의 취소를 구하는 원고들의 이 사건 소에 대하여 아래와 같은 이유로 이를 각하하였다.

즉, 구 상표법(1997. 8. 22. 법률 제5355호 개정되기 전의 것, 이하 같다) 제54조 제5항, 제6항은 상표권이 공유인 경우에는 각 공유자는 다른 공유자의 동의를 얻지 아니하면 그 지분을 양도하거나 그 지분을 목적으로 하는 질권을 설정할 수 없고 전용사용권 또는 통상사용권을 설정할 수 없다고 규정하고 있고, 상표법 제77조는 특허법 제139조를 준용하여 상표권의 공유자가 그 공유인 권리에 관하여 심판을 청구하는 때에는 공유자 전원이 공동으로 청구하여야만 한다고 규정하고 있으므로, 상표권의 공유관계는 민법 제273조에 규정된 합유에 준하는 것이라 할 것이어서, 상표권의 공유자가 그 상표권의 효력에 관한 심판에서 패소한 경우에 제기할 심결취소소송은 그 소송의 목적이 공유자 전원에게 합일적으로 확정될 필요가 있는 고유필수적 공동소송이므로 공유자 전원이 공동으로 제기하여야만 한다고 전제한 다음, 이 사건 등록상표의 공유자 3인 중 소외 회사를 제외한 원고들만이 제기한 이 사건 소송은 소송요건을 갖추지 못한 것으로서 부적법하고, 이와 같은 소송은 보존행위에 해당한다고 볼 수도 없어, 이 사건 소는 그 심결의 적법 여부에 관하여 나아가 판단할 필요도 없이 부적법하다는 것이다.

2. 대법원의 판단

그러나 원심의 이러한 판단은 수긍할 수 없다.

상표권이 공유인 경우에 각 공유자는 다른 공유자의 동의를 얻지 아니하면 그 지분을 양도하거나 그 지분을 목적으로 하는 질권을 설정할 수 없고 그 상표권에 대하여 전용사용권 또는 통상사용권을 설정할 수도 없는 등 일정한 제약을 받아 그 범위에서 합유와 유사한 성질을 가지는 점은 원심이 설시한 바와 같지만, 이러한 제약은 상표권이 무체재산권인 특수성에서 유래한 것으로 보일 뿐이고, 상표권의 공유자들이 반드시 공동목적이나 동업관계를 기초로 조합체를 형성하여 상표권을 소유한다고 볼 수 없을 뿐만 아니라 상표법에 상표권의 공유를 합유관계로 본다는 명문의 규정도 없는 이상, 상표권의 공유에도 상표법의 다른 규정이나 그 본질에 반하지 아니하는 범위 내에서는 민법상의 공유의 규정이 적용될 수 있다고 할 것이다.

한편, 상표법 제77조는 상표권이 공유자 전원에게 합일적으로 확정되어야 할 필요에서 심판절차에 관하여 고유필수적 공동심판을 규정한 특허법 제139조를 준용하고 있으나, 그 심결취소소송절차에 대하여는 아무런 규정을 두고 있지 아니하다. 그러나 심결취소소송절차에 있어서도 공유자들 사이에 합일확정의 요청은 필요하다고 할 것인데, 이러한 합일확정의 요청은 상표권의 공유자의 1인이 단독으로 심결취소소송을 제기한 경우라도 그 소송에서 승소할 경우에는 그 취소 판결의 효력은 행정소송법 제29조 제1항에 의해 다른 공유자에게도 미쳐 특허심판원에서 공유자 전원과의 관계에서 심판절차가 재개됨으로써 충족되고, 그 소송에서 패소하더라도 이미 심판절차에서 패소한 다른 공유자의 권리에 영향을 미치지 아니하므로, 어느 경우에도 합일확정의 요청에 반한다거나 다른 공유자의 권리를 해하지 아니하는 반면, 오히려 그 심결취소소송을 공유자 전원이 제기하여야만 한다면 합일확정의 요청은 이룰지언정, 상표권의 공유자의 1인이라도 소재불명이나 파산 등으로 소의 제기에 협력할 수 없거나 또는 이해관계가 달라 의도적으로 협력하지 않는 경우에는 나머지 공유자들은 출소기간의 만료와 동시에 그 권리행사에 장애를 받거나 그 권리가 소멸되어 버려 그 의사에 기하지 않고 재산권이 침해되는 부당한 결과에 이르게 된다.

따라서 상표권의 공유자가 그 상표권의 효력에 관한 심판에서 패소한 경우에 제기할 심결취소소송은 공유자 전원이 공동으로 제기하여야만 하는 고유필수적 공동소송이라고 할 수 없고, 공유자의 1인이라도 당해 상표등록을 무효로 하거나 권리행사를 제한·방해하는 심결이 있는 때에는 그 권리의 소멸을 방지하거나 그 권리행사방해배제를 위하여 단독으로 그 심결의 취소를 구할 수 있다 할 것이고, 위와 같이 공유자 1인에 의한 심결취소소송의 제기를 인정하더라도 위에서 본 바와 같이 다른 공유자의 이익을 해한다거나 합일확정의 요청에 반하는 사태가 생긴다고 할 수 없다.

그렇다면 피고가 제기한 이 사건 등록상표에 관한 권리범위확인심판에서 패소한 원고들로서는 이 사건 등록상표권의 권리행사를 방해하는 위 심결의 확정을 배제하기 위하여 보존행위로서 이 사건 심결취소소송을 제기할 수 있다고 할 것이다.

그럼에도, 원심 판결은 이 사건 소송이 소송요건을 갖추지 못한 것으로서 부적법하다고 단정한 나머지 심결의 적법 여부에 관하여 나아가 살펴보지 아니하고 소를 각하하고 말았으니, 원심 판결에는 상표권이 공유인 경우에 심결취소소송의 당사자적격 등에 관한 법리오해의 위법이 있다고 하지 않을 수 없고, 이 점을 지적하는 상고이유의 주장은 이유 있다.

3. 결 론

그러므로 원심 판결을 파기하여 사건을 다시 심리·판단하게 하기 위하여 원심법원에 환송하기로 하여 관여 대법관의 일치된 의견으로 주문과 같이 판결한다.

대법관 김영란(재판장) 윤재식 이용우(주심) 이규홍

3. 대법원 2005. 10. 14. 선고 2005도5358 판결 【상표법위반】

[공2005.11.15.(238),1828]

【판시사항】

[1] 상표등록취소심결의 효력 및 그 심결 확정 이전에 이루어진 침해행위의 상표권 침해죄의 성립 여부(적극)

[2] 구 상표법 제51조 제2호가 상품의 보통명칭을 보통으로 사용하는 방법으로 표시한 표장만으로 된 상표의 효력을 제한하는 취지 및 특정상표가 지정상품의 보통명칭화 내지 관용상표로 되었는가의 여부에 대한 판단 기준

[3] 구 상표법 제51조 제1호에 정한 '상호를 보통으로 사용하는 방법으로 표시한다.'의 의미 및 법인인 회사가 그 상호를 표시하면서 회사의 종류를 표시하는 부분을 생략한 경우에 상표권의 효력이 미치는지 여부(한정 적극)

[4] 피고인들이 사용한"태남스포렉스"나 "TAENAM SPORTSLEX"는 상호의 약칭에 불과할 뿐 상호 그 자체를 표시하는 상표에 해당한다고 볼 수 없고, 또한 그것이 저명한 약칭에 해당한다고 볼 수도 없다고 한 원심의 판단을 수긍한 사례

【판결요지】

[1] 상표법 제73조 제1항 제3호에서 정한 등록취소 사유가 있다 하더라도 심판에 의하여 취소가 확정되기까지는 등록상표로서의 권리를 보유하는 것이고, 상표등록무효심결이 확정된 때와는 달리 상표등록을 취소한다는 심결이 확정된 때에는 그 상표권은 확정된 때로부터 장래를 향하여서만 소멸하는 것이므로(상표법 제73조 제7항), 등록상표에 관하여 등록취소의 심결이 확정되었다고 하더라도 그 심결 확정 이전에 이루어진 침해행위에 관한 상표권침해죄의 성립 여부에는 영향을 미치지 못한다.

[2] 구 상표법(2004. 12. 31. 법률 제7290호로 개정되기 전의 것) 제51조 제2호가 상품의 보통명칭을 보통의 방법으로 사용하는 방법으로 표시한 표장만으로 된 상표의 효력을 제한한 것은 상품의 보통명칭은 특정 종류의 상품의 명칭으로서 일반적으로 사용되는 것이므로 본질적으로 자타상품의 식별력이 없어 특정인에게 이를 독점사용하게 하는 것은 부적당하고 누구라도 자유롭게 사용하게 할 필요가 있으므로, 이러한 표장에 관하여는 특정인이 비록 상표등록을 받았다 하더라도 이를 보통으로 사용하는 방법으로 표시하는 것에는 상표권의 효력이 미치지 않도록 함에 그 취지가 있는 것이고, 어느 상표가 지정상품의 보통명칭화 내지 관용하는 상표로 되었는가의 여부는 그 나라에 있어서 당해 상품의 거래실정에 따라서 이를 결정하여야 하며, 상표권자의 이익 및 상표에 화체되어 있는 영업상의 신용에 의한 일반수요자의 이익을 희생하면서까지 이를 인정해야 할 만한 예외적인 경우에 해당하는가를 고려하여 신중하게 판단하여야 한다.

[3] 구 상표법(2004. 12. 31. 법률 제7290호로 개정되기 전의 것) 제51조 제1호 본문에 의하면, 자기의 상호 또는 그 상호의 저명한 약칭을 보통으로 사용하는 방법으로 표시하는 상표에 대하여는 그것이 상표권설정의 등록이 있은 후에 부정경쟁의 목적으로 사용하는 경우가 아닌 한 등록상표권의 효력이 미치지 아니하는바, 여기에서 '상호를 보통으로 사용하는 방법으로 표시한다.'함은 상호를 독특한 글씨체나 색채, 도안화된

문자 등 특수한 태양으로 표시하는 등으로 특별한 식별력을 갖도록 함이 없이 표시하는 것을 의미할 뿐만 아니라, 그 표장을 보고 일반 수요자가 상호임을 인식할 수 있도록 표시하는 것을 전제로 한다 할 것이므로, 법인인 회사가 그 상호를 표시하면서 회사의 종류를 표시하는 부분을 생략한 경우에는 그것이 널리 알려져 있지 않은 이상 일반 수요자가 반드시 상호로 인식한다고 할 수 없어 이를 회사의 상호를 보통으로 사용하는 방법으로 표시한 것으로 볼 수 없고, 단지 상호의 약칭에 불과하다고 할 것이고, 이러한 약칭의 표시는 위 법규정에 따라 그것이 저명하지 않는 한 특수한 태양으로 표시되어 있지 않다고 하더라도 상표권의 효력이 미친다.

[4] 피고인들이 사용한"태남스포렉스"나 "TAENAM SPORTSLEX"는 상호의 약칭에 불과할 뿐 상호 그 자체를 표시하는 상표에 해당한다고 볼 수 없고, 또한 그것이 저명한 약칭에 해당한다고 볼 수도 없다고 한 원심의 판단을 수긍한 사례.

【참조조문】

[1] 상표법 제73조 제1항 제3호 , 제7항 , 제93조 [2] 구 상표법(2004. 12. 31. 법률 제7290호로 개정되기 전의 것) 제6조 제1항 제1호 , 제51조 제2호 [3] 구 상표법(2004. 12. 31. 법률 제7290호로 개정되기 전의 것) 제51조 제1호 [4] 구 상표법(2004. 12. 31. 법률 제7290호로 개정되기 전의 것) 제51조 제1호

【참조판례】

[1] 대법원 1996. 10. 25. 선고 96도1122 판결(공1996하, 3495) /[2] 대법원 1992. 11. 10. 선고 92후414 판결(공1993상, 113)대법원 2003. 1. 24. 선고 2002다6876 판결(공2003상, 711) /[3] 대법원 2000. 1. 18. 선고 97후2927 판결(공2000상, 484)대법원 2001. 3. 23. 선고 2000후3708 판결(공2001상, 1052)

【전 문】

【피고인】 피고인 1 외 1인

【상고인】 피고인들

【원심 판결】 서울중앙지법 2005. 6. 22. 선고 2005노 1007 판결

【주 문】

상고를 모두 기각한다.

【이 유】

1. 상표법(2004. 12. 31. 법률 제7290호로 개정되기 전의 것, 이하 같다) 제73조 제1항 제3호에서 정한 등록취소 사유가 있다 하더라도 심판에 의하여 취소가 확정되기까지는 등록상표로서의 권리를 보유하는 것이고, 상표등록무효심결이 확정된 때와는 달리 상표등록을

취소한다는 심결이 확정된 때에는 그 상표권은 확정된 때로부터 장래를 향하여서만 소멸하는 것이므로(상표법 제73조 제7항), 등록상표에 관하여 등록취소의 심결이 확정되었다고 하더라도 그 심결 확정 이전에 이루어진 침해행위에 관한 상표권침해죄의 성립 여부에는 영향을 미치지 못하는 것이다(대법원 1996. 10. 25. 선고 96도1122 판결 참조).

따라서 이 사건 피고인들의 침해행위가 있은 이후에 이 사건 등록서비스표에 대한 등록취소의 심결이 확정되어 그 등록이 취소되었다고 하더라도 이 사건 상표법위반의 범죄 성립에 영향을 미친다고 할 수는 없고, 이 점을 탓하는 상고이유의 주장은 받아들일 수 없다.

2. 상표법 제51조 제2호가 상품의 보통명칭을 보통의 방법으로 사용하는 방법으로 표시한 표장만으로 된 상표의 효력을 제한한 것은 상품의 보통명칭은 특정 종류의 상품의 명칭으로서 일반적으로 사용되는 것이므로 본질적으로 자타상품의 식별력이 없어 특정인에게 이를 독점사용하게 하는 것은 부적당하고 누구라도 자유롭게 사용하게 할 필요가 있으므로, 이러한 표장에 관하여는 특정인이 비록 상표등록을 받았다 하더라도 이를 보통으로 사용하는 방법으로 표시하는 것에는 상표권의 효력이 미치지 않도록 함에 그 취지가 있는 것이고(대법원 2003. 1. 24. 선고 2002다6876 판결 참조), 어느 상표가 지정상품의 보통명칭화 내지 관용하는 상표로 되었는가의 여부는 그 나라에 있어서 당해 상품의 거래실정에 따라서 이를 결정하여야 하며, 상표권자의 이익 및 상표에 화체되어 있는 영업상의 신용에 의한 일반수요자의 이익을 희생하면서까지 이를 인정해야 할 만한 예외적인 경우에 해당하는가를 고려하여 신중하게 판단하여야 할 것이다(대법원 1992. 11. 10. 선고 92후414 판결 참조).

원심은, 그 채용 증거들에 의하여 그 판시와 같은 사실을 인정한 다음, 이 사건 등록서비스표인 "SPOREX, 스포렉스"가 보통명칭화되었다고 볼 수 없고, 따라서 피고인들이 이와 유사한 "태남스포렉스"나 "TAENAM SPORTSLEX" 표장을 사용한 행위가 상표법 제51조 제2호 소정의 경우에 해당한다고 할 수는 없다고 판단하였는바, 위 법리 및 기록에 비추어 살펴보면, 원심의 위와 같은 사실인정 및 판단은 정당한 것으로 수긍할 수 있고, 거기에 상고이유로 주장하는 바와 같은 상표법 제51조 제2호의 해석·적용에 관한 법령위반 등의 위법이 없다.

3. 상표법 제51조 제1호 본문에 의하면, 자기의 상호 또는 그 상호의 저명한 약칭을 보통으로 사용하는 방법으로 표시하는 상표에 대하여는 그것이 상표권설정의 등록이 있은 후에 부정경쟁의 목적으로 사용하는 경우가 아닌 한 등록상표권의 효력이 미치지 아니하는바, 여기에서 '상호를 보통으로 사용하는 방법으로 표시한다.' 함은 상호를 독특한 글씨체나 색채, 도안화된 문자 등 특수한 태양으로 표시하는 등으로 특별한 식별력을

갖도록 함이 없이 표시하는 것을 의미할 뿐만 아니라, 그 표장을 보고 일반 수요자가 상호임을 인식할 수 있도록 표시하는 것을 전제로 한다 할 것이므로, 법인인 회사가 그 상호를 표시하면서 회사의 종류를 표시하는 부분을 생략한 경우에는 그것이 널리 알려져 있지 않은 이상 일반 수요자가 반드시 상호로 인식한다고 할 수 없어 이를 회사의 상호를 보통으로 사용하는 방법으로 표시한 것으로 볼 수 없고, 단지 상호의 약칭에 불과하다고 할 것이고, 이러한 약칭의 표시는 위 법규정에 따라 그것이 저명하지 않는 한 특수한 태양으로 표시되어 있지 않다고 하더라도 상표권의 효력이 미친다고 할 것이다(대법원 2000. 1. 18. 선고 97후2927 판결, 2001. 3. 23. 선고 2000후3708 판결 등 참조).

같은 취지에서 원심은, 피고인들이 사용한 "태남스포렉스"나 "TAENAM SPORTSLEX"는 상호의 약칭에 불과할 뿐 상호 그 자체를 표시하는 상표에 해당한다고 볼 수 없고, 또한 그것이 저명한 약칭에 해당한다고 볼 수도 없다고 판단하였는바, 위 법리 및 기록에 비추어 살펴보면, 원심의 위와 같은 판단은 정당한 것으로 수긍할 수 있고, 거기에 상고이유로 주장하는 바와 같은 상표법 제51조 제1호 본문의 해석·적용에 관한 법령위반 등의 위법이 있다고 할 수 없다.

나아가 원심은, 피고인들의 행위가 자기의 상호를 보통으로 사용하는 방법으로 표시한 경우에 해당한다고 보더라도, 피고인들에게는 부정경쟁의 목적이 있었다고 할 것이어서 상표법 제51조 제1호 단서에 따라 여전히 이 사건 등록서비스표권의 효력이 미친다고 판단하였는바, 이는 가정적·부가적 판단에 불과하므로, 설사 거기에 상고이유에서 주장하는 바와 같은 잘못이 있다 하더라도 판결 결과에는 아무런 영향이 없다.

4. 그러므로 상고를 모두 기각하기로 하여, 관여 대법관의 일치된 의견으로 주문과 같이 판결한다.

대법관 김용담(재판장) 배기원 이강국(주심)

4. 대법원 2002. 12. 10. 선고 2000후3395 판결【권리범위확인(상)】

[공2003.2.1.(171),400]

【판시사항】

[1] 책의 제목으로 사용된 표장에 대하여 그 표장과 동일 또는 유사한 등록상표의 상표권의 효력이 미치는지 여부(소극)

[2] 등록상표인 "Linux"의 상표권의 효력이 책의 제목으로 사용된 "리눅스 + 내가최고"라는 표장에 미치지 아니한다고 한 사례

【판결요지】

[1] 책의 제목은 그 책의 내용을 표시할 뿐 출판사 등 그 출처를 표시하는 것은 아니어서

원칙적으로 그 상품을 다른 사람의 상품과 식별되도록 하기 위하여 사용하는 표장이 아니므로, 책의 제목으로 사용된 표장에 대하여는 그 표장과 동일 또는 유사한 등록상표의 상표권의 효력이 미치지 아니한다.

[2] "리눅스(Linux)"라는 컴퓨터 운영체제 프로그램의 사용방법 등을 설명하는 내용의 책을 출판하면서 그 책에 사용한 "리눅스 내가최고" 라는 표장은 그 책의 제목으로만 사용되었고 그 책의 출처를 표시하거나 그 책을 다른 출판사의 책과 식별되도록 하기 위한 표장으로서 사용되지 아니하였으므로, 등록상표인 "Linux"의 상표권의 효력이 책의 제목으로 사용된 위 표장에 미치지 아니한다고 한 사례.

【참조조문】

[1] 상표법 제6조, 제51조 제2호[2] 상표법 제6조, 제51조 제2호

【전 문】

【원고, 상고인】 권용태

【피고, 피상고인】 주식회사 영진닷컴

【원심 판결】 특허법원 2000. 10. 13. 선고 2000허1818 판결

【주 문】

상고를 기각한다. 상고비용은 원고의 부담으로 한다.

【이 유】

책의 제목은 그 책의 내용을 표시할 뿐 출판사 등 그 출처를 표시하는 것은 아니어서 원칙적으로 그 상품을 다른 사람의 상품과 식별되도록 하기 위하여 사용하는 표장이 아니므로, 책의 제목으로 사용된 표장에 대하여는 그 표장과 동일 또는 유사한 등록상표의 상표권의 효력이 미치지 아니한다.

이 사건에서 피고가 "리눅스(Linux)"라는 컴퓨터 운영체제 프로그램의 사용방법 등을 설명하는 내용의 책을 출판하면서 그 책에 사용한 "리눅스 내가최고"라는 표장은 그 책의 제목으로만 사용되었고 그 책의 출처를 표시하거나 그 책을 다른 출판사의 책과 식별되도록 하기 위한 표장으로서 사용되지 아니하였으므로, 원고의 이 사건 등록상표인 "Linux"의 상표권의 효력이 피고가 책의 제목으로 사용한 위 표장에 미치지 아니한다. 원심이 같은 취지로 판단한 것은 옳고, 거기에 상고이유의 주장과 같은 채증법칙 위배,

심리미진, 법리오해, 판단누락 등의 잘못이 없다. 따라서 상고이유는 모두 받아들일 수 없다.

그러므로 상고를 기각하고, 소송비용의 부담을 정하여 주문과 같이 판결한다.

대법관 배기원(재판장) 서성(주심) 이용우 박재윤

5. 대법원 2001. 3. 23. 선고 2000후3708 판결【권리범위확인(상)】

[공2001.5.15.(130),1052]

【판시사항】

[1] 상표법 제51조 제1호 소정의 '상호를 보통으로 사용하는 방법으로 표시하는 상표'의 의미 및 법인인 회사가 그 상호를 표시하면서 회사의 종류를 표시하는 부분을 생략한 경우, 상표권의 효력이 미치는지 여부(한정 적극)

[2] (가)호 표장 "하나로통신"이 상표법 제51조 제1호 소정의 '상호를 보통으로 사용하는 방법으로 표시하는 표장'에 해당한다고 본 원심을 파기한 사례

【판결요지】

[1] 상표법 제51조 제1호 본문에 의하면, 자기의 상호 또는 그 상호의 저명한 약칭을 보통으로 사용하는 방법으로 표시하는 상표에 대하여는 그것이 상표권설정의 등록이 있은 후에 부정경쟁의 목적으로 사용하는 경우가 아닌 이상 등록상표권의 효력이 미치지 아니하는바, 위 법규정에서 상호를 보통으로 사용하는 방법으로 표시한다 함은 상호를 독특한 글씨체나 색채, 도안화된 문자 등 특수한 태양으로 표시한다는 등으로 특별한 식별력을 갖도록 함이 없이 표시하는 것을 의미할 뿐만 아니라, 그 표장을 보고 일반 수요자가 상호임을 인식할 수 있도록 표시하는 것을 전제로 한다 할 것이므로, 법인인 회사가 그 상호를 표시하면서 회사의 종류를 표시하는 부분을 생략한 경우에는 그것이 널리 알려져 있지 않은 이상 일반 수요자가 반드시 상호로 인식한다고 할 수 없어 이를 회사의 상호를 보통으로 사용하는 방법으로 표시한 것으로 볼 수 없고, 단지 상호의 약칭에 불과하다고 할 것이고, 이러한 약칭의 표시는 위 법규정에 따라 그것이 저명하지 않는 한 특수한 태양으로 표시되어 있지 않다고 하더라도 상표권의 효력이 미친다고 할 것이다.

[2] (가)호 표장 "하나로통신"은 법인인 회사의 상호인 "하나로통신 주식회사" 중 회사의 형태(종류) 표시인 "주식회사" 부분을 생략한 것으로서 '상호의 약칭'일 뿐 '상호' 그 자체를 표시하는 상표에 해당한다고 볼 수 없고, 또한 상호가 약칭으로 사용될 경우에는 그 상호의 저명성이 인정되지 않는 한 상표(서비스표)의 사용실태를 고려할 필요 없이 상표법 제51조 제1호 소정의 '상호를 보통으로 사용하는 방법으로 표시한 것'에

해당되지는 않는다는 이유로, (가)호 표장이 위 회사 자신의 상호 그 자체를 사용한 것으로 판단하여 상호 "하나로통신 주식회사"가 저명한 것인지 여부에 대하여 살펴보지 않은 채 (가)호 표장이 상표법 제51조 제1호 소정의 '상호'를 보통으로 사용하는 방법으로 표시하는 표장에 해당한다고 판단한 원심은 위법하다고 하여 파기한 사례.

【참조조문】

[1] 상표법 제2조 제3항 , 제51조 제1호 [2] 상표법 제2조 제3항 , 제51조 제1호

【참조판례】

[1] 대법원 2000. 1. 18. 선고 97후2927 판결(공2000상, 484)

【전 문】

【원고, 상고인】 한국전기통신공사 (소송대리인 변리사 박영순)

【피고, 피상고인】 하나로통신 주식회사

【원심 판결】 특허법원 2000. 11. 10. 선고 2000허3531 판결

【주 문】

원심 판결을 파기하고, 사건을 특허법원에 환송한다.

【이 유】

상표법 제51조 제1호 본문에 의하면, 자기의 상호 또는 그 상호의 저명한 약칭을 보통으로 사용하는 방법으로 표시하는 상표에 대하여는 그것이 상표권설정의 등록이 있은 후에 부정경쟁의 목적으로 사용하는 경우가 아닌 이상 등록상표권의 효력이 미치지 아니하는바, 위 법규정에서 상호를 보통으로 사용하는 방법으로 표시한다 함은 상호를 독특한 글씨체나 색채, 도안화된 문자 등 특수한 태양으로 표시한다는 등으로 특별한 식별력을 갖도록 함이 없이 표시하는 것을 의미할 뿐만 아니라, 그 표장을 보고 일반 수요자가 상호임을 인식할 수 있도록 표시하는 것을 전제로 한다 할 것이므로, 법인인 회사가 그 상호를 표시하면서 회사의 종류를 표시하는 부분을 생략한 경우에는 그것이 널리 알려져 있지 않은 이상 일반 수요자가 반드시 상호로 인식한다고 할 수 없어 이를 회사의 상호를 보통으로 사용하는 방법으로 표시한 것으로 볼 수 없고, 단지 상호의 약칭에 불과하다 할 것이고, 이러한 약칭의 표시는 위 법규정에 따라 그것이 저명하지 않는 한 특수한 태양으로 표시되어 있지 않다고 하더라도 상표권의 효력이 미친다고 할 것이다(대법원 2000. 1. 18. 선고 97후2927 판결 참조).

원심 판결 이유에 의하면, 원심은, 이 사건 등록서비스표(등록번호 제50353호)와 (가)호 표장 "하나로통신"을 대비 판단하면서 이 사건 등록서비스표와 (가)호 표장은 모두 한글 "하나로통신"만으로 구성된 문자 서비스표로서 호칭 및 관념이 완전 동일하고 외관 또한 동일·유사하여 양 표장은 전체적으로 동일·유사하며, 또한 피고가 (가)호 표장을 사용하

는 서비스업인 국내·국제전화통신 서비스업, 인터넷·PC통신을 활용하는 통신서비스업 및 인터넷 접속서비스업과 이 사건 등록서비스표의 지정서비스업은 모두 전화 또는 컴퓨터 등을 통한 통신업이라는 점에서 동일·유사하고, 나아가 피고의 주된 영업분야인 통신 관련 업계는 물론 일반 수요자들에게도 피고는 그 상호 "하나로통신 주식회사" 중 "주식회사"를 제외한 "하나로통신"만으로 지칭되고 있고, 일반 거래사회에서 등기된 주식회사의 상호를 호칭할 때 통상적으로 "주식회사"라는 명칭을 생략하여 호칭하는 경우가 많은 점 및 (가)호 표장은 한글 "하나로통신"만으로 단순하게 구성되어 있으며 일반의 주의를 끌 만한 서체나 도안으로 되어 있지 않은 점 등을 종합하면, (가)호 표장은 피고 자신이 제공하는 서비스업의 광고와 관련하여 거래사회에서 보통 행하여지는 방법으로 자신의 상호를 사용한 것이라고 할 수 있으므로, 결국 (가)호 표장은 상표법 제51조 제1호 본문 소정의 상호를 보통으로 사용하는 방법으로 표시하는 표장에 해당하여 (가)호 표장은 이 사건 등록서비스표의 권리범위에 속하지 않는다는 취지로 판단하였다.

그러나 (가)호 표장 "하나로통신"은 피고 회사의 상호인 "하나로통신 주식회사" 중 회사의 형태(종류) 표시인 "주식회사" 부분을 생략한 것으로서 '상호의 약칭'일 뿐 '상호' 그 자체를 표시하는 상표에 해당한다고 볼 수는 없고, 또한 상호가 약칭으로 사용될 경우에는 그 상호의 저명성이 인정되지 않는 한 상표(서비스표)의 사용실태를 고려할 필요 없이 상표법 제51조 제1호 소정의 '상호를 보통으로 사용하는 방법으로 표시한 것'에 해당되지는 않는다 할 것인데, 이 사건에서 원심은 (가)호 표장 "하나로통신"이 피고가 제공하는 서비스업의 광고와 관련하여 거래사회에서 보통 행하여지는 방법으로 피고 자신의 상호 그 자체를 사용한 것으로 판단하여, 피고의 상호 "하나로통신 주식회사"가 저명한 것인지의 점에 대하여 더 나아가 살펴보지 않은 채 (가)호 표장이 상표법 제51조 제1호 본문 소정의 '상호'를 보통으로 사용하는 방법으로 표시하는 표장에 해당하여 결국 (가)호 표장은 이 사건 등록서비스표의 권리범위에 속하지 않는다는 취지로 판단하고 말았으니 여기에는 상표법 제51조에 대한 법리를 오해하여 판결 결과에 영향을 미친 위법이 있다고 할 것이므로, 이 점을 지적하는 상고이유의 주장은 이유가 있다.

그러므로 나머지 상고이유에 대하여 더 나아가 살펴볼 필요 없이 원심 판결을 파기하고, 사건을 다시 심리·판단하게 하기 위하여 원심법원에 환송하기로 하여 관여 법관의 일치된 의견으로 주문과 같이 판결한다.

대법관 손지열(재판장) 송진훈 윤재식(주심) 이규홍

6. 대법원 2002. 11. 13. 선고 2000후3807 판결【권리범위확인(상)】

[집50(2)특,535;공2003.1.1.(169),104]

【판시사항】

[1] 상표법 제51조 제1호 본문의 규정 취지와 '상호를 보통으로 사용하는 방법으로 표시하는 상표'에 해당하는지 여부의 판단 기준 및 그 기준이 서비스표의 경우에도 적용되는지 여부(적극)

[2] "직사각형 도형 안에 물에 비친 집의 그림 + (주)평양 옥류관"으로 구성된 (가)호 표장이 자기의 상호를 보통으로 사용하는 방법으로 표시한 경우에 해당하지 않는다고 한 사례

【판결요지】

[1] 상표법 제51조 제1호 본문은 자기의 성명, 명칭, 상호 등을 보통으로 사용하는 방법으로 표시하는 상표에 대하여는 등록상표의 효력이 미치지 않는다고 규정하고 있는바, 위 규정은 자기의 상호 등은 자기의 인격과 동일성을 표시하기 위한 수단이기 때문에 상호 등이 상품에 관하여 사용되는 방법이 거래사회의 통념상 자기의 상호 등을 나타내기 위하여 필요한 범위 내에 있는 한 그 상호 등과 동일·유사한 타인의 등록상표권의 효력이 위와 같이 사용된 상호 등에 미치지 않고, 이와 달리 상호 등의 표시방법으로 보아 타인의 상품과 식별되도록 하기 위한 표장으로 사용되었다고 볼 수밖에 없는 경우에는 그 표장에 타인의 등록상표권의 효력이 미친다는 취지라고 봄이 상당하고, 또한 사용된 상호 등의 표장이 외관상 일반인의 주의를 끌만한 특이한 서체나 도안으로 된 경우에는 자기의 상호 등을 보통으로 사용하는 방법으로 표시하는 것에 해당하지 않을 가능성이 많기는 하지만, 그러한 사정만으로 단정할 것은 아니고 사용된 표장의 위치, 배열, 크기, 다른 문구와의 연결관계, 도형과 결합되어 사용되었는지 여부 등 실제 사용태양을 종합하여 거래통념상 자기의 상호 등을 보통으로 사용하는 방법으로 표시한 경우에 해당하는지 여부를 판단하여야 할 것이며, 이러한 법리는 서비스표의 경우에도 동일하게 적용된다.

[2] "옥 류 관"과 같이 구성된 등록서비스표와 "(주) 평양 옥류관"과 같이 구성된 (가)호 표장은 유사하고 등록서비스표의 지정서비스업과 (가)호 표장이 사용된 북한냉면음식점업도 유사하며, (가)호 표장의 문자부분은 그 글자체가 일반인의 주의를 끌만큼 특이하게 도안화된 것은 아니지만, 붓글씨체의 문자부분 중 '(주)평양'과 '옥류관'의 글자 크기를 다르게 함으로써 "옥류관"이 돋보이는 형태로 되어 있고, 평양옥류관은 광고전단지에 '유명한 (주) 평양 옥류관 랭면 드디어 대청역에 개점', '(주) 평양 옥류관 은 … 「랭면 전문 음식점」입니다.'라

는 형태로 (가)호 표장을 사용하여 왔을 뿐 아니라 평양옥류관과 체인점 계약을 체결한 전국의 12개 북한냉면음식점이 (가)호 표장 외에 다른 표장을 북한냉면음식점업의 식별표지로 사용하지 않고 있는 점, (가)호 표장이 있는 광고전단지에 '이제는 랭면의 맛도 상표를 확인하고 먹는 시대입니다.'라는 문구가 사용되기도 한 점, 음식점업과 같은 서비스업에 있어서 광고나 간판 등에 상호만을 사용하는 경우에는 일반수요자에게 그 상호가 곧바로 서비스표로 인식되기 쉬운 점 등을 종합하여 (가)호 표장은 상표법 제51조 제1호 본문의 거래통념상 자기의 상호를 보통으로 사용하는 방법으로 표시한 경우에 해당하지 아니한다고 본 사례.

【참조조문】

[1] 상표법 제51조 제1호[2] 상표법 제51조 제1호

【전 문】

【원고, 상고인】 주식회사 평양옥류관 (소송대리인 변리사 전봉수)

【피고(탈퇴)】 김영백 (소송대리인 변리사 이승길)·

【피고승계참가인, 피상고인】 최영수 (소송대리인 변리사 이승길)

【원심 판결】 특허법원 2000. 11. 17. 선고 2000허4008 판결

【주 문】

상고를 기각한다. 상고비용은 원고의 부담으로 한다.

【이 유】

상표법 제51조 제1호 본문은 자기의 성명, 명칭, 상호 등(이하 '상호 등'이라고만 한다)을 보통으로 사용하는 방법으로 표시하는 상표에 대하여는 등록상표의 효력이 미치지 않는다고 규정하고 있는바, 위 규정은 자기의 상호 등은 자기의 인격과 동일성을 표시하기 위한 수단이기 때문에 상호 등이 상품에 관하여 사용되는 방법이 거래사회의 통념상 자기의 상호 등을 나타내기 위하여 필요한 범위 내에 있는 한 그 상호 등과 동일·유사한 타인의 등록상표권의 효력이 위와 같이 사용된 상호 등에 미치지 않고, 이와 달리 상호 등의 표시방법으로 보아 타인의 상품과 식별되도록 하기 위한 표장으로 사용되었다고 볼 수밖에 없는 경우에는 그 표장에 타인의 등록상표권의 효력이 미친다는 취지라고 봄이 상당하다.

또한, 사용된 상호 등의 표장이 외관상 일반인의 주의를 끌만한 특이한 서체나 도안으로 된 경우에는 자기의 상호 등을 보통으로 사용하는 방법으로 표시하는 것에 해당하지 않을 가능성이 많기는 하지만, 그러한 사정만으로 단정할 것은 아니고 사용된 표장의 위치, 배열, 크기, 다른 문구와의 연결관계, 도형과 결합되어 사용되었는지 여부 등 실제 사용태양을 종합하여 거래통념상 자기의 상호 등을 보통으로 사용하는 방법으로 표시한

경우에 해당하는지 여부를 판단하여야 할 것이며, 이러한 법리는 서비스표의 경우에도 동일하게 적용된다.

기록에 의하면, "옥 류 관"과 같이 구성된 피고의 이 사건 등록서비스표(등록번호 제15902호)와 "(주) 평양 옥류관"과 같이 구성된 원고의 (가)호 표장은 유사하고, 이 사건 등록서비스표의 지정서비스업과 (가)호 표장이 사용된 북한냉면음식점업도 유사하며, (가)호 표장의 문자부분은 그 글자체가 일반인의 주의를 끌만큼 특이하게 도안화된 것은 아니지만, 원고의 등기된 상호를 문자부분으로 하여 사용된 (가)호 표장은 붓글씨체의 문자부분 중 '(주)평양'과 '옥류관'의 글자 크기를 다르게 함으로써 '옥류관'이 돋보이는 형태로 되어 있고, 원고가 광고전단지에 '유명한 (주) 평양 옥류관 랭면 드디어 대청역에 개점', '(주) 평양 옥류관 은 …「랭면 전문 음식점」입니다.'라는 형태로 (가)호 표장을 사용하여 왔을 뿐 아니라 원고를 포함하여 원고와 체인점계약을 체결한 전국의 12개 북한냉면음식점이 (가)호 표장 외에 다른 표장을 북한냉면음식점업의 식별표지로 사용하지 않고 있는 사실, (가)호 표장이 있는 광고전단지에 '이제는 랭면의 맛도 상표를 확인하고 먹는 시대입니다.'라는 문구가 사용되기도 한 사실이 인정되는바, 위 인정 사실에 음식점업과 같은 서비스업에 있어서 광고나 간판 등에 상호만을 사용하는 경우에는 일반수요자에게 그 상호가 곧바로 서비스표로 인식되기 쉬운 점 등을 종합하면, (가)호 표장은 상표법 제51조 제1호 본문의 거래통념상 자기의 상호를 보통으로 사용하는 방법으로 표시한 경우에 해당하지 아니한다고 봄이 상당하다.

따라서 원심이 (가)호 표장의 결합형태나 글자체의 특이성만을 들어 (가)호 표장이 상표법 제51조 제1호 본문의 상호를 보통으로 사용하는 방법으로 표시한 것에 해당하지 않는다고 단정한 것은 적절하지 않지만, (가)호 표장이 이 사건 등록서비스표의 권리범위에 속한다는 취지로 판단한 것은 결과적으로 정당하고, 거기에 상고이유로 지적하는 바와 같은 심리미진 내지 이유불비의 위법이 있다고 할 수 없다.

그러므로 상고를 기각하고, 상고비용은 패소자의 부담으로 하기로 하여 관여 대법관의 일치된 의견으로 주문과 같이 판결한다.

대법관 서성(재판장) 이용우 배기원(주심) 박재윤

7. 대법원 1997. 10. 10. 선고 96도2191 판결 【상표법위반】

[공1997.11.15.(46),3528]

【판시사항】

[1] 국외에서 제조·판매되는 상품과 국내 전용사용권자가 제조·판매하는 상품 사이에 품질상의 차이가 없다거나 출처가 동일하다고 볼 수 없고 국내·외 상표권자가 공동지배통제관계에 있지도 아니한 경우, 진정상품의 병행수입이 허용되는지 여부(소극)

[2] 위조상품을 수입·판매하면서 진정상품의 병행수입에 해당하는 것으로 오인하였다고 하더라도 상표권침해죄의 범의가 조각되지 아니한다고 본 사례

【판결요지】

[1] 국내 전용사용권자가 그 등록을 마친 후 폴로 상표가 부착된 의류를 국내에서 제조·판매하면서 많은 비용을 들여 그 제품에 대한 선전·광고 등의 활동을 하여 왔고, 국외에서 판매되는 같은 상표가 부착된 의류 중에는 미합중국 외에 인건비가 낮은 제3국에서 주문자 상표 부착 방식으로 제조되어 판매되는 상품들도 적지 않으며, 국내 전용사용권자와 국외 상표권자와의 사이에는 국내 전용사용권 설정에 따른 계약관계 이외에 달리 동일인이라거나 같은 계열사라는 등의 특별한 관계는 없는 경우, 국외에서 제조·판매되는 상품과 국내 전용사용권자가 제조·판매하는 상품 사이에 품질상 아무런 차이가 없다거나 그 제조·판매의 출처가 동일한 것이라고 할 수 없고, 또한 국외 상표권자와 국내 전용사용권자가 공동의 지배통제 관계에서 상표권을 남용하여 부당하게 독점적인 이익을 꾀할 우려도 적다고 할 것이므로, 이러한 경우에는 이른바 진정상품의 병행수입이라고 하더라도 국내 전용사용권을 침해하는 것으로서 허용되지 않는다.

[2] 피고인이 수입물품을 진정상품으로 오인하였고, 더 나아가 병행수입이 허용된다고 믿어 자신의 행위가 죄가 되지 아니하는 것으로 오인하였다고 하더라도, 피고인은 수입행위가 국내 전용사용권을 침해하는 것인지 여부에 관하여 전문가의 자문을 구하는 등의 아무런 조처도 없이 임의로 그와 같이 믿은 것에 지나지 아니하므로, 거기에 정당한 이유가 있다고 보기는 어렵고, 따라서 피고인의 행위가 상표권 침해행위에 해당하지 않는다거나 침해의 범의가 조각된다고 할 수 없다고 본 사례.

【참조조문】

[1] 상표법 제2조 제1항 제6호 (나)목, 제93조[2] 상표법 제2조 제1항 제6호 (나)목, 제93조

【전 문】

【피고인】 피고인

【상고인】 피고인

【변호인】 변호사 이진우

【원심 판결】 수원지법 1996. 8. 8. 선고 96노126 판결

【주 문】

상고를 기각한다.

【이 유】

피고인의 변호인의 상고이유(기간 경과 후에 제출된 상고이유보충서의 기재는 이를 보충하는 범위 내에서)를 판단한다.

1. 제2, 4점에 대하여

원심 판결이 유지한 제1심 판결이 적법하게 조사·채택한 증거들을 기록에 의하여 살펴보면, 피고인이 피해자 일경물산 주식회사(이하 일경물산이라고 줄여 쓴다.)가 미합중국 '더 폴로 로렌 캄파니'(이하 폴로 로렌사라고 줄여 쓴다.)로부터 국내 전용사용권을 설정 받아 등록을 마친 폴로 상표가 부착된 가짜 폴로 티셔츠 2,050점을 미합중국 캘리포니아주 로스엔젤레스시 소재 장 명불상의 한국 교포가 경영하는 회사로으로부터 수입하여 제1심 판시와 같이 국내에 판매한 사실을 인정하기에 충분하므로, 원심 판결에 상고이유로서 주장하는 바와 같이 이 사건 물품이 진정상품인지 여부 및 국내 전용사용권의 존부 등에 관하여 채증법칙을 어겼거나 관련 법리를 오해한 잘못이 있다고 할 수 없다. 논지는 모두 이유 없다.

2. 제1, 3점에 대하여

관계 증거와 기록에 의하면, 일경물산은 위와 같이 국내 전용사용권자로서 등록을 마친 후 폴로 상표가 부착된 의류를 국내에서 제조·판매하면서 많은 비용을 들여 그 제품에 대한 선전·광고 등의 활동을 하여 왔고, 국외에서 판매되는 같은 상표가 부착된 의류 중에는 미합중국 외에 인건비가 낮은 제3국에서 주문자 상표 부착 방식으로 제조되어 판매되는 상품들도 적지 않으며, 일경물산과 폴로 로렌사와의 사이에는 이 사건 국내 전용사용권 설정에 따른 계약관계 이외에 달리 동일인이라거나 같은 계열사라는 등의 특별한 관계는 없음을 알 수 있는바, 사실관계가 이러하다면 국외에서 제조·판매되는 상품과 국내 전용사용권자가 제조·판매하는 상품 사이에 품질상 아무런 차이가 없다거나 그 제조·판매의 출처가 동일한 것이라고 할 수 없고, 또한 국외 상표권자와 국내 전용사용권자가 공동의 지배통제 관계에서 상표권을 남용하여 부당하게 독점적인 이익을 꾀할 우려도 적다고 할 것이므로, 이러한 경우에는 이른바 진정상품의 병행수입이라고 하더라도 국내 전용사용권을 침해하는 것으로서 허용되지 않는다고 보아야 할 것이다. 따라서 상고이유로서 주장하는 바와 같이, 피고인이 이 사건 수입물품을 진정상품으로 오인하였고, 더 나아가 이 사건과 같은 경우에도 병행수입이 허용된다고 믿어 자신의 행위가 죄가 되지 아니하는 것으로 오인하였다고 하더라도, 기록에 의하면 피고인은 이 사건 수입행위가 국내 전용사용권을 침해하는 것인지 여부에 관하여 전문가의 자문을 구하는 등의 아무런 조처도 없이 임의로 그와 같이 믿은 것에 지나지 아니함을 알 수 있으므로, 거기에 정당한 이유가 있다고 보기는 어려우니, 그 주장과 같은 사정만으로 피고인의 행위가 상표권 침해행위에 해당하지 않는다거나 침해의 범의가 조각된다고 할 수 없다. 논지도 모두 이유 없다.

3. 그러므로 상고를 기각하기로 하여 관여 법관의 일치된 의견으로 주문과 같이 판결한다.

대법관 송진훈(재판장) 천경송 지창권(주심) 신성택

8. 대법원 2005. 8. 25. 선고 2005다22770 판결【가처분이의】

[공2005.10.1.(235),1568]

【판시사항】

서적류에 사용된 제호에 대하여도 상표권의 효력이 미치는 경우

【판결요지】

서적류의 제호는 특별한 사정이 없는 한 해당 저작물의 창작물로서의 명칭 내지는 그 내용을 함축적으로 나타내는 것이며 그러한 창작물을 출판하고 제조·판매하고자 하는 자는 저작권법에 저촉되지 않는 한은 누구든지 사용할 수 있는 것으로서 품질을 나타내는 보통명칭 또는 관용상표와 같은 성격을 가지는 것이므로 제호로서의 사용에 대하여는 상표법 제51조의 규정에 의하여 상표권의 효력이 미치지 않는 것이 원칙이기는 하나, 타인의 등록상표를 정기간행물이나 시리즈물의 제호로 사용하는 등 특별한 경우에는 사용 태양, 사용자의 의도, 사용 경위 등 구체적인 사정에 따라 실제 거래계에서 제호의 사용이 서적의 출처를 표시하는 식별표지로서 인식될 수도 있으므로, 그러한 경우에까지 상표권의 효력이 미치지 않는 것으로 볼 수는 없다.

【참조조문】

상표법 제50조 , 제51조 , 제65조 , 제66조 제1항 제1호

【참조판례】

대법원 1995. 9. 26. 선고 95다3381 판결(공1995하, 3520)

【전 문】

【신청인, 상고인】 정찬용

【피신청인, 피상고인】 주식회사 사회평론(소송대리인 법무법인 태평양 담당변호사 정상철 외 2인)

【환송 판결】 대법원 2004. 7. 9. 선고 2002다56024 판결

【원심 판결】 서울고법 2005. 3. 22. 선고 2004나51049 판결

【주 문】

원심 판결을 파기하고, 사건을 서울고등법원에 환송한다.

【이 유】

1. 원심의 판단

원심 판결 이유에 의하면 원심은, 그 채용 증거들에 의하여, 신청인은 1999. 5. 26. 피신청인과 사이에 신청인이 저술한 영어학습법에 관하여 기간을 3년으로 하여 위 저작물의 독점적인 출판권을 설정하기로 하는 계약을 체결하였고, 이 출판계약에 따라 같은 해 7. 19. '영어공부 절대로 하지 마라'(이하 '영절하'라 한다)라는 제호의 원심 판결 별지 목록 제1 기재 서적이 출판된 사실, 신청인이 저술한 '영절하'는 제호가 반어적인 것으로 특이할 뿐만 아니라 그 내용면에서도 영어학습방법을 기존의 문자학습에서 이와는 전혀 다른 소리학습으로 전환한다는 독창적인 발상을 제시하고 있어, 출판되자마자 독자들의 큰 인기를 끌어 현재까지 100만 부 이상이 판매되었으며, 그에 따라 '영절하'의 내용과 그 저자인 신청인이 신문과 방송 등을 통하여 널리 알려지게 된 사실, 그 후 피신청인은 '영절하'를 신청인과의 협의나 신청인의 양해 없이 위 목록 제5 내지 12 기재 각 서적(이하 '이 사건 서적'이라 한다)의 제호의 일부로 사용하여 이를 제작·판매하고 있는 사실, 신청인은 2001. 10. 6. '영어공부 절대로 하지 마라!'에 관하여 상표를 사용할 상품 및 구분을 '제16류 정기간행물 등 10건'으로 하여 상표등록을 출원하였고, 2003. 11. 7. 상표등록(등록번호 564818호)이 된 사실을 인정한 다음, 신청인의 주장, 즉 피신청인이 신청인과의 협의나 신청인의 양해 없이 이 사건 서적의 제호로 '영절하'를 사용하여 제작·판매하는 행위는 상표법 제66조 제1호에 규정된 '타인의 등록상표와 동일한 상표를 그 지정상품과 유사한 상품에 사용한 행위'에 해당하므로 상표법 제65조에 의하여 피신청인의 행위를 금지하여야 한다는 주장에 대하여, 서적류의 제호는 당연히 해당 저작물의 창작물로서의 명칭 내지는 그 내용을 함축적으로 나타내는 것이며 그러한 창작물을 출판하고 제조·판매하고자 하는 자는 저작권법에 저촉되지 않는 한은 누구든지 사용할 수 있는 것으로서 품질을 나타내는 보통명칭 또는 관용상표와 같은 성격을 가지는 것이므로 제호로서의 사용에 대하여는 상표법 제51조의 규정에 의하여 상표권의 효력이 미치지 않으므로, 비록 피신청인이 '영절하'를 제호 중 일부로 사용하여 이 사건 서적을 제작·판매하고 있지만, 이는 상표적 사용이라 할 수 없으므로 신청인의 상표권을 침해한 것으로 볼 수 없다고 판단하였다.

2. 대법원의 판단

그러나 위와 같은 원심의 판단은 다음과 같은 이유로 수긍하기 어렵다.

타인의 등록상표를 그 지정상품과 동일 또는 유사한 상품에 사용하면 타인의 상표권을 침해하는 행위가 된다고 할 것인바(상표법 제66조 제1항 참조), 서적류의 제호는 특별한 사정이 없는 한 해당 저작물의 창작물로서의 명칭 내지는 그 내용을 함축적으로 나타내는 것이며 그러한 창작물을 출판하고 제조·판매하고자 하는 자는 저작권법에 저촉되지 않는 한은 누구든지 사용할 수 있는 것으로서 품질을 나타내는 보통명칭 또는 관용상표와 같은 성격을 가지는 것이므로 제호로서의 사용에 대하여는 상표법 제51조의 규정에 의하여 상표권의 효력이 미치지 않는 것이 원칙이기는 하나 (대법원 1995. 9. 26. 선고 95다3381 판결 참조), 타인의 등록상표를 정기간행물이나 시리즈물의 제호로 사용하는 등 특별한 경우에는 사용 태양, 사용자의 의도, 사용 경위 등 구체적 사정에 따라 실제 거래계에서 제호의 사용이 서적의 출처를 표시하는 식별표지로서 인식될 수도 있으므로, 그러한 경우까지 상표권의 효력이 미치지 않는 것으로 볼 수는 없다.

이 사건에 관하여 보건대, 원심의 인정에 의하면, 피신청인은 이 사건 서적을 '영절하! 중학입문', '영절하! 중학입문 Listening Script &Test Answers', '영절하! 중학실력', '영절하! 중학실력 Listening Script &Test Answers', '영절하! 중학기본', '영절하! 중학기본 Listening Script &Test Answers', '영절하! 중학종합', '영절하! 중학종합 Listening Script &Test Answers' 라는 제호로 제작·판매하여 '영절하'를 제호의 일부로 하는 시리즈물의 형식으로 이 사건 서적을 제작·판매하고 있음을 알 수 있는바, 앞서 본 법리에 의하면, 피신청인의 '영절하' 제호의 사용 태양, 사용 의도, 사용 경위 등에 비추어 피신청인은 신청인의 등록상표를 시리즈물인 서적의 제호의 일부로 사용함으로써 시리즈물인 서적의 출처를 표시하고 있는 것으로 볼 여지가 있으므로, 원심으로서는 피신청인의 위와 같은 제호의 사용이 서적의 출처를 표시하는 식별표지로서 인식될 수 있는 사용인지 여부에 대하여 나아가 심리한 후 그와 같은 사용으로 인정할 수 있는 경우에는 신청인의 상표권을 침해하는 상표적 사용으로 보아 신청인의 상표권의 효력이 이에 미치는 것으로 보아야 할 것이다.

그럼에도 불구하고, 원심은 등록상표를 서적류의 제호로 사용하더라도 상표적 사용에 해당하는 경우가 있을 수 있음을 간과한 나머지, 피신청인이 신청인의 등록상표를 시리즈물인 서적의 제호의 일부로 사용함으로써 서적의 출처를 표시하고 있는지 여부에 대하여 아무런 심리·판단을 하지 아니한 채 상표권의 효력이 서적의 제호로서의 사용에는 당연히 미치지 아니하는 것으로 보았으니, 원심 판결에는 서적 제호의 상표적 사용에 관한 법리를 오해하고, 필요한 심리를 다하지 아니함으로써 판결 결과에 영향을 미친 위법이 있다고 할 것이다.

3. 결 론

그러므로 더 나아가 나머지 상고이유를 판단할 필요 없이 원심 판결을 파기하고, 사건을 다시 심리·판단하게 하기 위하여 원심법원에 환송하기로 하여 관여 법관의 일치된 의견으로 주문과 같이 판결한다.

대법관 고현철(재판장) 윤재식(주심) 강신욱 김영란

9. 특허법원 2007. 4.25. 선고 2006허10227 판결【권리범위확인(상)】확정

[각공2007.6.10.(46),1300]

【판시사항】

[1] 상표법 제51조 제1항 제2호의 규정 취지

[2] 어느 상표가 상표법 제51조 제1항 제2호에 해당하는지 여부의 판단 기준 및 외국어로 된 표장이 성질표시표장에 해당하기 위한 요건

[3] 확인대상상표 "UV Cool"은 사용상품의 품질·효능·용도 등을 보통으로 사용하는 방법으로 표시하는 성질표시상표에 해당하므로, 등록상표 "UVCOOL"의 권리범위에 속하지 않는다고 한 사례

【판결요지】

[1] 상표법 제51조 제1항 제2호의 규정 취지는 그와 같은 성질표시의 상표는 통상 상품의 유통과정에서 필요한 표시여서 누구라도 이를 사용할 필요가 있고 그 사용을 원하기 때문에 이를 특정인에게 독점배타적으로 사용하게 할 수 없다는 공익상의 요청과 그러한 상표는 타인의 동종 상품과의 관계에서 식별이 어렵다는 점에 있다.

[2] 어느 상표가 상표법 제51조 제1항 제2호에 해당하는지 여부는 그 상표가 지니고 있는 관념·지정상품과의 관계 및 거래 사회의 실정 등에 비추어 객관적으로 판단하여야 할 것이므로, 그 상표가 상품의 품질·효능·용도 등을 표시하는 것이라고 하기 위해서는 당해 상표가 뜻하는 의미가 지정상품의 품질·효능·용도 등으로서 현실로 사용되고 있는 경우라든가 또는 그 상품의 품질·효능·용도 등으로 사용되는 것으로 일반 수요자나 거래자가 인식하고 있는 경우이어야 하고, 따라서 외국어로 된 표장은 원칙적으로 일반 수요자나 거래자가 직관적으로 그 의미를 인식할 수 있는 경우이어야 하나, 그 단어가 갖고 있는 객관적인 의미가 상품의 품질·효능·용도 등을 나타내는 것이고 실제 그와 같은 의미대로 상품의 품질·효능·용도 등으로 사용되고 있다면, 비록 그 단어 자체는 일반 수요자들이 쉽게 접할 수 없어 사전 등을 찾아보고서야 알 수 있는 것이더라도 이러한 표장은 성질표시표장에 해당한다.

[3] 확인대상상표 "UV Cool"은 전체적으로 사용상품과 관련하여 '자외선을 차단하는 시원한 기능이 있는 합성섬유직물' 정도로 거래자나 수요자에게 인식되어 사용상품의 품질·효능·용도 등을 보통으로 사용하는 방법으로 표시하는 성질표시상표에

해당하므로, 등록상표 "UVCOOL"의 상표권의 효력이 미치지 아니하고 따라서 등록상표의 권리범위에 속하지 않는다고 한 사례.

【참조조문】

[1] 상표법 제51조 제1항 제2호 [2] 상표법 제51조 제1항 제2호 [3] 상표법 제51조 제1항 제2호, 제75조

【참조판례】

[1] 대법원 2001. 4. 24. 선고 2000후2149 판결(공2001상, 1272)
대법원 2004. 8. 16. 선고 2002후1140 판결(공2004하, 1552)
대법원 2006. 4. 14. 선고 2004후2246 판결
[2] 대법원 2000. 3. 23. 선고 97후2323 판결(공2000상, 1061)
대법원 2006. 4. 27. 선고 2004후3454 판결(공2006상, 967)

【전 문】

【원 고】 원고 (소송대리인 변리사 김영화외 1인)

【피 고】 피고 1외 1인 (소송대리인 변리사 강경찬)

【변론종결】

2007. 4. 11.

【주 문】

1. 원고의 청구를 기각한다.
2. 소송비용은 원고의 부담으로 한다.

【청구취지】

특허심판원이 2006. 11. 1. 2006당1290호 사건에 관하여 한 심결을 취소한다.

【이 유】

1. 기초 사실

[인정 근거 : 다툼 없는 사실]

가. 심결의 경위

피고들은 자신들이 사용하고 있는 아래 다.항 기재의 확인대상상표가 사용상품과의 관계에 있어서 성질표시표장에 해당하여 상표법 제51조 제1항 제2호에 의하여 원고의 아래 나.항 기재 이 사건 등록상표의 권리범위에 속하지 않는다는 이유로 소극적 권리범위확인심판을 청구하였는바, 특허심판원은 같은 이유로 피고들의 청구를 인용하는 청구취지 기재의 이 사건 심결을 하였다.

나. 이 사건 등록상표

(1) 구성 : UVCOOL

(2) 출원일/ 등록일/ 등록번호 : 2004. 4. 30./ 2005. 3. 9./ 제610813호

(3) 지정상품 : 합성섬유직물, 혼방섬유직물 등(상품류 구분 제23, 24, 25류)

다. 확인대상상표

(1) 구성 : UV Cool

(2) 사용상품 : ATB - 100 원사로 직조된 합성섬유직물

2. 확인대상상표가 상표법 제51조 제1항 제2호에 해당하는지 여부

가. 법 리

상표법 제51조 제1항 제2호가 등록상표의 지정상품과 동일 또는 유사한 상품의 보통명칭·산지·품질·원재료·효능·용도·수량·형상(포장의 형상을 포함한다)·가격 또는 생산방법·가공방법·사용방법 및 시기를 보통으로 사용하는 방법으로 표시하는 상표에 관하여는 상표권의 효력이 미치지 아니한다고 규정하고 있는 취지는, 본래 그와 같은 성질표시의 상표는 통상 상품의 유통과정에서 필요한 표시여서 누구라도 이를 사용할 필요가 있고 그 사용을 원하기 때문에 이를 특정인에게 독점배타적으로 사용하게 할 수 없다는 공익상의 요청과 그러한 상표는 타인의 동종 상품과의 관계에서 식별이 어렵다는 점에 이유가 있는 것인바(대법원 2004. 8. 16. 선고 2002후1140 판결 참조), 어느 상표가 이에 해당하는지 여부는 그 상표가 지니고 있는 관념·지정상품과의 관계 및 거래 사회의 실정 등에 비추어 객관적으로 판단하여야 할 것이므로, 그 상표가 상품의 품질·효능·용도 등을 표시하는 것이라고 하기 위해서는 당해 상표가 뜻하는 의미가 지정상품의 품질·효능·용도 등으로서 현실로 사용되고 있는 경우라든가 또는 그 상품의 품질·효능·용도 등으로 사용되는 것으로 일반 수요자나 거래자가 인식하고 있는 경우이어야 할 것이고(대법원 2006. 4. 27. 선고 2004후3454 판결 참조), 따라서 외국어로 된 표장은 원칙적으로 일반 수요자나 거래자가 직관적으로 그 의미를 인식할 수 있는 경우이어야 하나, 그 단어가 갖고 있는 객관적인 의미가 상품의 품질·효능·용도 등을 나타내는 것이고 실제 그와 같은 의미대로 상품의 품질·효능·용도 등으로 사용되고 있다면, 비록 그 단어 자체는 일반 수요자들이 쉽게 접할 수 없어 사전 등을 찾아보고서야 알 수 있는 것으로 보이더라도 이러한 표장은 성질표시표장에 해당한다고 보아야 할 것이다(대법원 1984. 5. 9. 선고 83후22 판결, 1989. 8. 8. 선고 89후513 판결, 2003. 5. 13. 선고 2002후192 판결 등 참조).

나. 판 단

[인정 근거 : 갑 제1, 2호증, 을 제1 내지 120호증(가지번호 포함), 경험칙, 변론 전체의

취지]

확인대상상표는 도형화되지 아니한 영문자 'UV'와 'Cool'이 띄어쓰기로 나란히 표시되어 있을 뿐이다.

그 중 'UV'는, '자외선, 자외선의' 등의 의미를 가진 영어 단어 'ultraviolet'의 약어로 국어사전이나 영어사전에 등재되어 있고, 식품의약품안전청이 2002. 7.경 발행한 '자외선과 자외선차단 화장품에 관한 교육홍보자료'나 LG화학 테크센터에서 발행한 '자외선 안정제(UV stabilizers)에 대한 자료' 및 각종 인터넷검색자료에서 자외선지수 예보나 자외선 차단기능을 가진 화장품, 약품, 의류 등과 관련된 상품 소개 등에서 자외선 관련 용어로 사용되고 있으며, 다수의 공개특허공보 등에서도 UV(자외선) 차단기능을 갖는 1회용 안면마스크, 폴리에스터 수지, 직물 등에 관한 기술이나 디자인이 소개되고 있고, 인터넷 쇼핑몰 등에도 UV 차단기능이 있는 마스크, 모자, 의류 등이 광고 내지 판매되고 있으며, 원고측에 의하여서도 UV 차단기능이 있는 섬유 소재(코오롱 ATB-100)로 된 의류에 관한 광고 및 판매가 이루어지고 있는바, 위와 같이 'UV'가 현실에서 본래의 의미대로 자외선 관련 용어로 사용되고 있다면(거래계에서 '자외선'은 곧 '자외선 차단'을 의미한다), 위 표장이 그 지정상품으로서 원고측에 의하여서도 자외선 차단기능이 있는 섬유 소재로 광고되고 있는 'ATB - 100 원사로 직조된 합성섬유직물'에 사용될 때 거래자나 수요자들에 의하여 '자외선 차단기능이 있는 합성섬유직물'이라는 사용상품의 품질·효능·용도 등으로 인식될 수 있다고 보인다.

한편, 'Cool'은 우리나라 중학교 기본어휘 1,000 단어에 속하여 있는 쉬운 단어로서 일반 수요자들에게 '서늘(시원)한, (의복 따위가) 시원스러운, 냉정한, 훌륭한'의 의미로 그 사용상품인 'ATB - 100 원사로 직조된 합성섬유직물'의 품질·효능·용도 등을 나타내는 부분으로 쉽게 인식될 수 있다고 보인다.

다. 소 결

따라서 확인대상상표는 전체적으로 사용상품과 관련하여 '자외선을 차단하는 시원한 기능이 있는 합성섬유직물' 정도로 거래자나 수요자에게 인식되어 사용상품의 품질·효능·용도 등을 보통으로 사용하는 방법으로 표시하는 성질표시상표에 해당하므로, 이 사건 등록상표의 상표권의 효력은 이에 미치지 아니한다.

3. 결 론

그렇다면 확인대상상표는 이 사건 등록상표의 권리범위에 속하지 아니하고, 이와 결론이 같은 이 사건 심결은 적법하므로, 그 취소를 구하는 원고의 이 사건 청구는 이유 없어 이를 기각하기로 하여 주문과 같이 판결한다.

판사 이기택(재판장) 오충진 김태현

10. 대법원 2003. 1. 24. 선고 2002다6876 판결【손해배상(기)】

[공2003.3.15.(174),711]

【판시사항】

[1] 상표법 제51조 제2호가 상품의 보통명칭을 보통으로 사용하는 방법으로 표시한 표장만으로 된 상표의 효력을 제한하는 취지

[2] 상표권 침해를 이유로 한 손해배상청구사건에서 등록상표가 보통명칭화 되었는지 여부를 판단하는 기준 시기(=사실심 변론종결시)

【판결요지】

[1] 상표법 제51조 제2호가 상품의 보통명칭을 보통의 방법으로 사용하는 방법으로 표시한 표장만으로 된 상표의 효력을 제한한 것은 상품의 보통명칭은 특정 종류의 상품의 명칭으로서 일반적으로 사용되는 것이므로 본질적으로 자타상품의 식별력이 없어 특정인에게 이를 독점하게 하는 것은 부적당하고 누구라도 자유롭게 사용하게 할 필요가 있으므로 이러한 표장에 관하여는 특정인이 비록 상표등록을 받았다 하더라도 이를 보통으로 사용하는 방법으로 표시하는 것에는 상표권의 효력이 미치지 않도록 함에 그 취지가 있다.

[2] 어느 상표가 보통명칭화 되었는가의 여부는 그 나라에 있어서 당해 상품의 거래실정에 따라서 이를 결정하여야 하고, 한편 등록상표는 등록사정 당시에 이미 보통명칭화 된 경우도 있을 수 있지만, 상표등록 이후에 상표관리를 태만히 하였거나 혹은 상표관리에도 불구하고 보통명칭화 되는 경우도 있을 수 있으므로 상표권자가 상표권침해로 인한 손해배상을 구하는 경우에 있어서는 사실심 변론종결 당시를 기준으로 등록상표가 보통명칭화 되었는지의 여부를 가려야 할 것이다.

【참조조문】

[1] 상표법 제51조 제2호[2] 상표법 제6조 제1항 제1호

【참조판례】

[2] 대법원 1973. 11. 13. 선고 70후72 판결
대법원 1987. 2. 10. 선고 85후94 판결(공1987, 432)
대법원 1992. 11. 10. 선고 92후414 판결(공1993상, 113)
대법원 2002. 11. 26. 선고 2001후2283 판결(공2003상, 258)
대법원 2002. 11. 26. 선고 2001후2290 판결

【전 문】

【원고, 피상고인 겸 상고인】 붸 코르데스 죄네 로젠슐렌 게엠베하 운트 콤파니 카게(W. KORDES'SOHNE Rosenschulen GmbH &Co. KG) (소송대리인 변호사 박승문 외 1인)

【피고, 상고인 겸 피상고인】 농수산물 유통공사(소송대리인 법무법인 태평양 담당변호사 이후동 외 1인)

【원심 판결】 서울고법 2001. 12. 19. 선고 2000나42078 판결

【주 문】

원심 판결 중 피고 패소 부분을 파기하고, 이 부분 사건을 서울고등법원으로 환송한다.

원고의 상고를 기각한다.

【이 유】

상고이유를 본다.

1. 피고의 상고에 대하여

가. 원심의 사실인정과 판단

원심 판결 이유에 의하면, 원심은 그 채용한 증거들에 의하여 농수산물유통공사법에 의하여 설립된 특수법인인 피고는 서울 서초구 양재동 232에 화훼공판장을 개설·운영하면서 장미생산농가들이 출하하는 장미를 위탁받아 경매 또는 입찰의 방법으로 도매하는 과정에서 원고가 1997. 3. 3.부터 1998. 10. 14.까지 사이에 대한민국 특허청에 상표등록한 절화장미(절화장미)의 일종인 Red Sandra, Kardinal, Frisco, Calibra, Nicole 등 원심 판시의 장미의 명칭을 상품과 함께 전시하거나 전광판에 이를 표기한 사실 등을 인정한 다음, 피고의 위와 같은 행위는 상표법 제2조 제1항 제6호 (나)목 소정의 '상품 또는 상품의 포장에 상표를 표시한 것을 양도 또는 인도하거나 그 목적으로 전시·수출 또는 수입하는 행위' 또는 같은 호 (다)목 소정의 '상품에 관한 광고·정가표·거래서류·간판 또는 표찰에 상표를 표시하고 전시 또는 반포하는 행위'로서 '상표의 사용'에 해당한다고 할 것이므로 피고가 상표권자인 원고의 동의 없이 임의로 위와 같이 이 사건 등록상표를 사용한 이상 이는 원고의 상표권을 침해하는 행위에 해당한다고 판단하는 한편 피고의 다음과 같은 주장, 즉 상표법 제6조 제1항 제1호는 상품의 보통명칭을 보통으로 사용하는 방법으로 표시한 상표만으로 된 상표의 등록을 불허하고 있고, 같은 법 제51조 제2호는 상품의 보통명칭을 보통으로 사용하는 방법으로 표시한 상표는 가사 상표등록이 되었다고 하더라도 타인의 사용을 금지할 수 없도록 규정하고 있는바, 이 사건 등록상표는 원고가 개발한 장미의 품종명으로서 당해 품종의 장미에 대하여는 보통명칭이라고 보아야 할 것이므로 피고의 위와 같은 행위는 상표권 침해행위에 해당하지 않는다는 주장에 대하여는, 판시와 같은 증거들만으로는 이 사건 등록상표가 장미를 취급하는 당해 업자나 일반 소비자들 사이에서 일반적으로 이 사건 등록상표의 지정상품인

장미꽃이나 장미묘목을 지칭하는 명칭으로 실제로 사용되고 인식된 보통명칭이 되었다고 인정하기 어렵고 달리 이를 인정할 증거가 없다는 이유로 이를 배척하였다.

나. 대법원의 판단

그러나 이와 같은 원심의 판단은 다음과 같은 이유로 수긍할 수 없다.

상표법 제51조 제2호가 상품의 보통명칭을 보통의 방법으로 사용하는 방법으로 표시한 표장만으로 된 상표의 효력을 제한한 것은 상품의 보통명칭은 특정 종류의 상품의 명칭으로서 일반적으로 사용되는 것이므로 본질적으로 자타상품의 식별력이 없어 특정인에게 이를 독점하게 하는 것은 부적당하고 누구라도 자유롭게 사용하게 할 필요가 있으므로 이러한 표장에 관하여는 특정인이 비록 상표등록을 받았다 하더라도 이를 보통으로 사용하는 방법으로 표시하는 것에는 상표권의 효력이 미치지 않도록 함에 그 취지가 있다고 할 것이다.

그리고 어느 상표가 보통명칭화 되었는가의 여부는 그 나라에 있어서 당해 상품의 거래실정에 따라서 이를 결정하여야 하고(1992. 11. 10. 선고 92후414 판결 참조), 한편 등록상표는 등록사정 당시에 이미 보통명칭화된 경우도 있을 수 있지만, 상표등록 이후에 상표관리를 태만히 하였거나 혹은 상표관리에도 불구하고 보통명칭화되는 경우도 있을 수 있으므로 상표권자가 상표권침해로 인한 손해배상을 구하는 경우에 있어서는 사실심 변론종결 당시를 기준으로 등록상표가 보통명칭화 되었는지의 여부를 가려야 할 것이다.

기록에 의하면, 이 사건 등록상표 중 Red Sandra, Kardinal을 품종의 명칭으로 하는 장미는 Red Sandra의 경우 1987년에 최초로 도입된 후 1992. 11.경부터, Kadinal의 경우 1990년 초반에 최초로 도입된 이후 1994. 7.경부터 위 양재동 화훼공판장에서 경매된 것을 비롯하여 화훼업자들에 의하여 국내에 널리 보급되었고, 화훼거래업계를 대표하는 한국화훼협회, 화훼공판장, 화훼관련잡지 등에서도 이 사건 등록상표가 장미의 한 품종을 지칭하는 것으로 널리 사용되고 인식되어 옴으로써 각 그 등록사정일에는 이 사건 등록상표의 지정상품을 취급하는 거래계 즉, 그 상품의 생산자, 도매상, 소매상, 품종을 구별하여 장미를 구입하는 수요자 사이에서 위 Red Sandra, Kardinal이 특정인의 상품의 출처를 표시하는 식별력이 있는 상표로서가 아니라 장미의 한 품종의 일반적 명칭으로 사용되고 인식되어져 있어 결국 위 Red Sandra, Kardinal은 그 지정상품의 보통명칭을 보통으로 사용하는 방법으로 표시한 표장만으로 된 상표에 해당한다고 볼 여지가 많다고 할 것이고, 한편 기록에 의하면, 위 Red Sandra, Kardinal을 제외한 등록상표를 품종의 명칭으로 하는 장미들 중에도 Red Sandra 또는 Kardinal이 도입된 시기와 같은 무렵에 도입된 이래 품종의 명칭으로 거래되어 온 바 있음이 엿보이므로 원심으로서는 그 판시와 같은 등록상표가 그 상표등록사정 당시는 물론 사실심 변론종결 당시에 원고가 상표등록 이후에 상표관리를 태만히 하였거나 그러한 관리에도 불구하고 이미 거래계에 널리 장미의 품종으로 인식되어 옴으로써 거래계에서 그러한 등록상표가 식별력을 상실하고 장미의 한 품종의 일반적 명칭으로 사용되어 그 지정상품의 보통명칭을 보통으로 사용하는 방법으로 표시한 표장만으로 된 상표에 해당되는지의 여부를 개별적으로 가려보았어야 할 것이다.

따라서 원심이, 그 판시와 같은 이유만으로 이 사건 등록상표가 보통명칭이 되었다고 볼 수 없다고 판단하고 만 것은 상표권의 효력에 관한 법리를 오해하였거나 필요한 심리를 다하지 아니하고 채증법칙을 어겨 사실을 오인한 위법이 있다고 할 것이고, 이러한 위법은 판결 결과에 영향을 미쳤음이 분명하다.

2. 원고의 상고에 대하여

가. 원심 판결 이유에 의하면, 원심은 이 사건 등록상표의 침해로 인한 손해의 범위에 관하여, 상표권 침해로 인한 손해배상청구에 있어서 권리를 침해한 자가 그 침해행위에 의하여 이익을 받은 때에는 그 이익의 액을 상표권자가 받은 손해의 액으로 추정할 수 있다고 전제하고, 이 사건 등록상표를 각 등록한 때로부터 피고의 침해행위 종료일까지 피고가 위 공판장에서 장미를 경매함에 있어 이 사건 등록상표권을 침해하여 경락한 총 장미의 속(장미 10송이)의 수에 1속당 수익금을 곱하는 방법으로 그 손해액을 산정하는 한편 피고가 일본 경성장미원과의 로열티 협상에서 장미 1송이 당 8원의 로열티를 제시한 바 있고, 그 금액 상당액이 이 사건 등록상표의 사용에 대하여 통상받을 수 있는 금액이므로 장미 1송이 당 8원으로 계산한 액을 손해액으로 보아야 한다는 주장에 대하여는 그 주장과 같은 사실을 인정할 증거가 없다는 이유로 이를 배척하였는바, 기록에 비추어 살펴보면 원심의 판단은 정당한 것으로 수긍이 가고, 거기에 주장과 같이 채증법칙을 어겨 사실을 오인하였거나 상표권침해로 인한 손해배상액 산정의 법리를 오해한 위법이 없다.

나. 원심 판결 이유를 기록에 비추어 살펴보면, 원심이 피고는 생산업자인 재배농민들로부터 그들이 출하한 장미에 대한 매매를 위탁받아 경매를 통하여 이를 중도매인들에게 인도하는 역할을 수행할 뿐이어서 생산업자 또는 중도매인들과 사이에 객관적인 공동업무 또는 관련업무가 존재한다고 볼 수 없다는 이유로 피고가 생산업자 및 중도매인들과 함께 공동불법행위자로서의 책임이 있다는 전제하에 생산업자 및 중도매인들이 이 사건 등록상표를 침해함으로 인하여 얻은 수익금까지 손해배상금으로 지급할 의무가 있다는 주장을 배척한 조치는 정당한 것으로 수긍이 가고, 거기에 주

장과 같은 채증법칙 위배, 사실오인, 공동불법행위에 관한 법리오해의 위법이 없다.

3. 그러므로 원심 판결 중 피고 패소 부분을 파기하고, 이 부분 사건을 다시 심리·판단하게 하기 위하여 원심법원으로 환송하며, 원고의 상고를 기각하기로 하여 관여 법관의 일치된 의견으로 주문과 같이 판결한다.

대법관 변재승(재판장) 송진훈 윤재식 이규홍(주심)

11. 대법원 2012. 11. 29. 선고 2011후774 판결【권리범위확인(상)】

[공2013상,99]

【판시사항】

[1] 상표의 구성 중 식별력이 없거나 미약한 부분과 동일한 표장이 거래사회에서 오랜 기간 사용되어 상표의 등록 또는 지정상품 추가등록 전부터 수요자 간에 누구의 업무에 관련된 상품을 표시하는 것인가 현저하게 인식되어 있는 경우 그 부분을 식별력 있는 요부로 보아 상표의 유사 여부를 판단할 수 있는지 여부(적극) 및 그 부분이 상표법 제51조 제1항 제2호에 의한 상표권 효력의 제한을 받는지 여부(소극)

[2] 갑 등이 등록상표 "SGF SUPERIOR"의 상표권자 을 주식회사를 상대로 '골프화'를 사용상품의 하나로 한 확인대상표장 "SUPERIOR"가 등록상표의 권리범위에 속하지 않는다는 이유로 소극적 권리범위확인심판청구를 한 사안에서, 등록상표의 구성 중 "SUPERIOR" 문자부분은 '골프화'에 관해서 '독립하여 자타 상품의 식별기능을 하는 부분'이 될 수 있으므로, '골프화'와 동일·유사한 상품에 "SUPERIOR" 문자부분과 동일·유사한 표장을 사용하는 것은 등록상표의 권리범위에 속한다는 이유로, 이와 달리 본 원심판결에 사용에 의한 식별력 취득에 관한 법리오해 등의 위법이 있다고 한 사례

【판결요지】

[1] 상표의 구성 중 식별력이 없거나 미약한 부분과 동일한 표장이 거래사회에서 오랜 기간 사용된 결과 상표의 등록 또는 지정상품 추가등록 전부터 수요자 간에 누구의 업무에 관련된 상품을 표시하는 것인가 현저하게 인식되어 있는 경우에는 그 부분은 사용된 상품에 관하여 식별력 있는 요부로 보아 상표의 유사 여부를 판단할 수 있고, 그러한 부분은 상표법 제51조 제1항 제2호에 의한 상표권 효력의 제한을 받지 않는다.

[2] 갑 등이 등록상표 "SGF SUPERIOR"의 상표권자 을 주식회사를 상대로 '골프화'를 사용상품의 하나로 한 확인대상표장 "SUPERIOR"가 등록상표의 권리범위에 속하지 않는다는 이유

로 소극적 권리범위확인심판청구를 한 사안에서, 을 회사는 '골프화'가 등록상표의 지정상품으로 추가등록될 때까지 오랜 기간 "SUPERIOR"라는 영문자로만 구성된 상표(이하 "SUPERIOR 문자상표"라 한다)와 월계관 도형과 "SUPERIOR" 문자가 결합된 상표(이하 "SUPERIOR 결합상표"라 한다) 및 등록상표를 각종 골프 관련 상품의 표장으로 사용하여 왔고, SUPERIOR 결합상표는 등록상표 구성 중 "**SUPERIOR**" 문자부분과 동일성이 인정되는 "SUPERIOR" 문자부분을 포함하고 있으며, SUPERIOR 결합상표 및 등록상표 모두 "SUPERIOR"라는 문자부분에 의해 호칭됨으로써, SUPERIOR 결합상표 및 등록상표의 사용은 등록상표의 구성 중 "**SUPERIOR**" 문자부분이 사용에 의한 식별력을 취득하는 데 도움이 되었을 것으로 보이는 점 등을 종합하면, 등록상표의 구성 중 "**SUPERIOR**" 문자부분은 이미 '골프화'에 관해서 국내 수요자나 거래자에게 누구의 업무에 관련된 상품을 표시하는 것으로 '현저하게' 인식되어 있어 지정상품으로 추가등록된 '골프화'에 관해서는 '독립하여 자타 상품의 식별기능을 하는 부분' 즉 요부가 될 수 있고, 이 경우 위 문자부분은 상표법 제51조 제1항 제2호에 의한 상표권 효력의 제한을 받지 않으므로, '골프화'와 동일·유사한 상품에 "**SUPERIOR**" 문자부분과 동일·유사한 표장을 사용하는 것은 등록상표의 권리범위에 속한다는 이유로, 이와 달리 본 원심 판결에 사용에 의한 식별력 취득에 관한 법리오해 등의 위법이 있다고 한 사례.

【참조조문】

[1] 상표법 제6조 제1항 제3호, 제2항, 제47조, 제51조 제1항 제2호 [2] 상표법 제6조 제1항 제3호, 제2항, 제47조, 제51조 제1항 제2호

【참조판례】

[1] 대법원 1997. 5. 30. 선고 96다56382 판결(공1997하, 2009)
대법원 2008. 5. 15. 선고 2005후2977 판결

【전 문】

【원고, 상고인】 주식회사 슈페리어 (소송대리인 변리사 안영길)

【피고, 피상고인】 피고 1 외 1인 (소송대리인 변리사 박용환)

【원심 판결】 특허법원 2011. 4. 14. 선고 2010허9460 판결

【주 문】

원심 판결을 파기하고, 사건을 특허법원에 환송한다.

【이 유】

상고이유(상고이유서 제출기간이 경과한 후에 제출된 상고이유보충서의 기재는 상고이유를 보충

하는 범위 내에서)를 판단한다.

상표의 구성 중 식별력이 없거나 미약한 부분과 동일한 표장이 거래사회에서 오랜 기간 사용된 결과 상표의 등록 또는 지정상품 추가등록 전부터 수요자 간에 누구의 업무에 관련된 상품을 표시하는 것인가 현저하게 인식되어 있는 경우에는 그 부분은 사용된 상품에 관하여 식별력 있는 요부로 보아 상표의 유사 여부를 판단할 수 있고(대법원 2008. 5. 15. 선고 2005후2977 판결 참조), 그러한 부분은 상표법 제51조 제1항 제2호에 의한 상표권 효력의 제한을 받지 않는다(대법원 1997. 5. 30. 선고 96다56382 판결 등 참조).

기록에 의하면, 원고는 1983년경부터 "골프화"가 이 사건 등록상표 "SGF SUPERIOR"(등록번호 제662467호)의 지정상품으로 추가등록결정된 2010. 10. 27.까지 약 27년간 "SUPERIOR"라는 영문자로만 구성된 상표(이하 "SUPERIOR 문자 상표"라 한다)와 "SUPERIOR", "SUPERIOR 슈페리어", "SUPERIOR"와 같이 월계관 도형과 "SUPERIOR" 문자가 결합된 결합상표(이하 "SUPERIOR 결합상표"라 한다) 및 이 사건 등록상표를 골프의류, 골프가방, 골프화 등 원고가 생산·판매하는 각종 골프 관련 상품의 표장으로 사용하여 온 점, 원고가 하나의 카탈로그나 하나의 골프용품에 SUPERIOR 문자 상표 및 SUPERIOR 결합상표를 자주 혼용함으로써 일반 수요자들은 SUPERIOR 문자 상표와 SUPERIOR 결합상표의 출처가 동일하다고 인식하였을 것으로 보이는 점, 원고가 1995년부터 2000년까지 5회에 걸쳐 방송사 후원 아래 "SUPERIOR OPEN" 골프대회를 주최하였으며, 1996년 4월경 기간을 3년으로 정하여 프로 골프선수 소외인과 후원계약을 체결하고, 이후 두 차례 계약을 갱신하여 2004년 4월경까지 그 후원계약을 유지하였는데, 소외인이 2002년 미국 PGA 골프대회에서 한국인 최초로 우승을 하기도 함으로써 2002년경부터 2006년경까지 국내 각종 신문에 SUPERIOR 문자 상표가 부착된 모자를 착용한 소외인의 사진이 상당수 게재되기도 한 점, SUPERIOR 결합상표 및 이 사건 등록상표와 SUPERIOR 문자 상표를 사용한 원고 회사 상품의 매출액이 1983년경부터 2008년경까지 연간 적게는 11억여 원에서 많게는 859억여 원에 이르는 등 위 기간 합계 8,652억여 원에 이르고, 같은 기간 광고비도 적게는 연간 1억 2,000여만 원에서 많게는 55억여 원 정도를 지출하여 위 기간 합계 약 543억여 원 상당의 광고비를 지출하였으며, 그에 따라 SUPERIOR 결합상표 중 "SUPERIOR" 상표는 1998년 국내 골프의류시장에서 5대 상표 중 하나로 자리 잡게 된 점, 원고의 매장이

2008년경 전국 각지의 126개 백화점과 22개의 골프장에 입점하여 있는 점, SUPERIOR 결합상표 및 이 사건 등록상표는 모두 "SUPERIOR"라는 문자부분에 의해 호칭되어 온 점 등을 알 수 있다. 이러한 사정, 특히 원고가 SUPERIOR 결합상표뿐만 아니라 SUPERIOR 문자 상표도 장기간 사용하여 왔던 점과 SUPERIOR 결합상표는 이 사건 등록상표의 구성 중 "**SUPERIOR**" 문자부분과 동일성이 인정되는 "SUPERIOR" 문자부분을 포함하고 있을 뿐만 아니라 그러한 문자부분에 의해 호칭되어 왔으므로 SUPERIOR 결합상표 및 이 사건 등록상표의 사용은 이 사건 등록상표의 구성 중 "**SUPERIOR**" 문자부분이 사용에 의한 식별력을 취득하는 데 도움이 되었을 것으로 보이는 점 등을 앞서 본 법리에 비추어 종합적으로 고려하면, 이 사건 등록상표의 구성 중 "**SUPERIOR**" 문자부분은 "골프화"가 이 사건 등록상표의 지정상품으로 추가등록결정된 2010. 10. 27.경 이미 골프의류, 골프가방뿐만 아니라 골프화에 관해서도 국내 수요자나 거래자에게 누구의 업무에 관련된 상품을 표시하는 것으로 '현저하게' 인식되어 있었다고 보아야 할 것이다. 따라서 이 사건 등록상표의 구성 중 "**SUPERIOR**" 문자부분은 지정상품으로 추가등록된 "골프화"에 관해서는 '독립하여 자타 상품의 식별기능을 하는 부분', 즉 요부가 될 수 있다.

또한 앞서 본 법리에 비추어 보면 이 사건 등록상표의 구성 중 "**SUPERIOR**" 문자부분이 골프화에 관하여 사용에 의한 식별력을 취득한 이상 그 이후에 지정상품으로 추가등록된 "골프화"와 관련하여서는 위 문자부분이 상표법 제51조 제1항 제2호에 의한 상표권 효력의 제한을 받지 아니하므로, "골프화"와 동일·유사한 상품에 "**SUPERIOR**" 문자부분과 동일·유사한 표장을 사용하는 것은 이 사건 등록상표의 권리범위에 속한다고 할 것이다.

따라서 이 사건 등록상표의 구성 중 "**SUPERIOR**" 문자부분이 지정상품추가등록 출원일인 2010. 6. 24.경 사용에 의한 식별력을 취득하지 못하였음을 전제로 확인대상표장이 이 사건 등록상표의 권리범위에 속하지 아니한다고 판단한 원심 판결에는 사용에 의한 식별력의 취득에 관한 법리 및 상표법 제51조 제1항 제2호에 의한 상표권 효력의 제한에 관한 법리를 오해하여 필요한 심리를 다하지 아니함으로써 판결에 영향을 미친 위법이 있다. 이를 지적하는 원고의 상고이유 주장은 이유 있다.

그러므로 원고의 나머지 상고이유에 관한 판단을 생략한 채 원심 판결을 파기하고, 사건을 다시 심리·판단하게 하기 위하여 원심법원에 환송하기로 하여 관여 대법관의 일치된 의견으로 주문과 같이 판결한다.

대법관 김용덕(재판장) 신영철(주심) 이상훈 김소영

12. 서울고등법원 2011. 6.22. 선고 2010나111454 판결 【상표권이전등록등】

[미간행]

【전 문】

【원고, 항소인】 주식회사 케이티로지스 (소송대리인 법무법인 한별 담당변호사 장효정)

【피고, 피항소인】 주식회사 케이티 (소송대리인 법무법인 (유) 화우 담당변호사 임철근 외 1인)

【제1심 판결】 서울중앙지방법원 2010. 10. 15. 선고 2009가합147337 판결

【변론종결】

2011. 5. 25.

【주 문】

1. 제1심 판결 중 아래에서 이행를 명하는 부분에 해당하는 부분을 취소한다.
   피고는 원고에게, 별지 목록 제1, 3항 기재 상표권과 같은 목록 제2, 4항 기재 서비스표권에 관하여 2002. 11. 12. 무상양도계약을 원인으로 한 이전등록절차를 이행하라.
2. 원고의 나머지 항소를 기각한다.
3. 소송총비용 중 20%는 원고가, 80%는 피고가 각각 부담한다.

【청구취지 및 항소취지】

제1심 판결을 취소한다. 주문 제1항 및 피고는 원고에게 별지 목록 제5항 기재 각 도메인 이름에 관하여 2002. 11. 12. 무상양도계약을 원인으로 한 이전등록절차를 이행하라.

【이 유】

1. 기초사실

다음의 사실은 당사자 사이에 다툼이 없거나, 갑 1 내지 5호증의 각 기재와 제1심에서의 원고 대표자 본인신문결과에 변론 전체의 취지를 종합하여 인정할 수 있다.

가. 당사자의 지위

원고 회사는 전자상거래 결제, 물류 및 유통서비스, 화물취급 및 보관창고업, 화물운송업을 목적으로 2002. 11. 18. 설립되었고, 피고 회사는 1981년경 구 한국전기통신공사법에 의해 공법인으로 설립된 후 1997. 10. 1. 상법상 주식회사로 전환되어 정보통신사업, 뉴미디어사업, 콘텐츠와 소프트웨어 개발 및 판매, 정보통신기기 매매, 정보통신공사업 및 전기공사업 등을 영위해 오다가 2002. 3. 23. 현재와 같이 상호를 변경하였다.

나. 원고 회사의 설립경위 및 이 사건 협정 등의 체결

(1) 피고는 전기통신사업법에 의한 전기통신사업자로서, 1996. 4. 19. 당시 건설교통부장관으로부터 구 화물유통촉진법(2007. 8. 3. 법률 제8,617호인 물류정책기본법으로 전면

개정되기 전의 것)에서 정한 종합물류정보전산망 전담사업자(이하 '이 사건 전담사업자'라 한다)로 지정받아 1997년 12월경 종합물류정보전산망 시스템을 구축하여 시범오픈 후 1998년 12월경부터 종합물류정보전산망 상용서비스를 제공하였다.

(2) 피고는 종합물류정보전산망 사업(이하 '이 사건 사업'이라 한다)을 수행하면서 1996년부터 2001년까지의 누적적자가 약 233억 원에 이르자, 2002년경 이 사건 사업의 구조조정을 검토한 결과 이 사건 전담사업자 자격을 반납할 법적 근거가 없어 이 사건 사업의 퇴출은 불가능하며, 분사(사내벤처)가 가장 합리적이라고 결정하였다.

(3) 분사결정에 따라 피고는 2002. 11. 12. 원고(당시는 설립중의 회사였다)와 사이에 다음과 같은 내용이 포함된 원고와 피고 간의 이 사건 전담사업자 업무위·수탁 및 종합물류정보망 사업이관에 관한 협정(이하 '이 사건 협정'이라 한다, 협정 당사자의 지위나 용어를 이 사건 당사자의 지위나 용어에 맞추어 고치고, 협정 내용 중 영문약자의 의미를 괄호 안에 풀어 기재하였다)을 체결하였다.

제1조(목적) 이 협정은 피고가 이 사건 전담사업자의 업무위·수탁 및 이 사건 사업 이관에 필요한 사항을 규정함에 있다.

제2조(용어의 정의) 이 협정에서 사용하는 용어의 정의는 다음과 같다.

5. "업무위탁"이라 함은 피고가 이 사건 전담사업자의 업무를 위탁함을 말한다.
6. "사업이관"이라 함은 피고가 수행중인 이 사건 사업 전반을 원고에게 이관함을 말한다.

제3조(위탁업무의 범위)

1. 이 사건 전담사업자의 업무
2. 이 사건 전담사업자가 매년 2월말까지 당해 연도 물류전산망 사업 추진계획을 작성하여 건설교통부장관에게 제출하는 업무
3. 이 사건 전담사업자의 업무와 관련된 시스템 구축 및 운영사업

제4조(업무위탁기간)

국가(건설교통부)로부터 부여받은 전담사업자 업무위탁기간은 피고가 이 사건 전담사업자 지위를 유지하는 동안으로 정한다.

제6조(사업이관)

1. CVO(Commercial Vehicle Operations, 화물 및 차량위치 추적·관리 서비스), 수출입, 화물위·수탁증 EDI 서비스(Electronic Data Interchange, 물류거래에 필요한 서류를 전자문서로 교환할 수 있도록 제공하는 서비스) 및 사업전반
2. 종합물류정보망 H/W, S/W
3. 수용가입자, 종합물류망사용 통신회선 및 영업용 전화번호

4. 기 체결된 협정, 협약의 권리의무 일체 승계
5. 보유 단말기 및 부속장비, 관련 Document

제7조(수익 및 비용)

사내벤처 설립일 이후의 사업수익과 비용은 원고의 부담으로 한다.

제8조(협정당사자간의 의무사항) 원고의 의무사항은 다음과 같다.

1. 종합물류정보망 서비스를 제공한다.
2. 종합물류정보망 서비스 업무에 관련한 이용자의 이의신청 시 즉시 처리하여야 한다.
3. 종합물류서비스 업무처리 시 취득한 피고의 자료 및 가입자 정보 등을 외부에 유출하거나 제3자에게 제공해서는 아니 된다.

제12조(광고 및 홍보방법 등)

① 홍보 및 광고시 원고가 이 사건 전담사업자 업무위탁에 의한 것임을 명기하여야 하고, 양사의 명의를 혼용하여 사용한다.

② 서비스 제공 홈페이지의 사용명의는 양사의 명의를 혼용하여 사용하고, 원고가 이 사건 전담사업자 업무 위탁에 의한 것임을 명기하여야 한다.

제14조(협정의 해지) 다음 1호에 해당하는 경우에는 협정을 해지할 수 있다.

1. 원고가 파산 등 경영상의 이유로 업무수행이 불가능한 경우

(4) 원고와 피고는 이 사건 협정일에 이 사건 협정에 의거하여 이 사건 사업 자산의 이관에 관한 부속합의(이하 '이 사건 부속합의'라 한다)를 하였고, 이 사건과 관련된 부분은 아래와 같다.

제3조(일부 자산의 이관)

① 피고가 원고에게 이관하는 자산내역은 다음과 같다.

1. 자산내역

0 SUN E5000 1식 등(자산내역 첨부)

0 매각금액 : 68,981,000원(감정평가서 첨부)

2. KT로지스 상표권과 URL(ktlogis.com, ktlogis.co.kr)은 무상으로 이관한다.

② 자산이관에 따른 대가산정은 2002. 10. 8.자 공인감정평가기관의 감정평가금액으로 5년간 해당 년도 말에 분할하여 납부한다.

(5) 원고는 2002. 11. 18. 설립되었고, 피고로부터 종합물류정보전산망 관련 장비를 양도받아 그 무렵부터 CVO 서비스 등을 제공하기 시작하였다.

다. 상표 등 등록관계

별지 목록 제1, 3항 기재 상표권 및 별지 목록 제2, 4항 기재 서비스표권(이하 '이

사건 상표권 등'이라 한다)에 관하여 상표등록원부에 피고 명의로 등록이 마쳐져 있고, 별지 목록 제5항 기재 도메인이름(이하 '이 사건 도메인이름'이라 한다) 중 국제 도메인이름("com")에 관해서는 ICANN(Internet Corporation for Assigned Names and Numbers)으로부터 인증을 받고, 국내 도메인이름("kr")에 관하여는 「인터넷주소자원에 관한 법률」상 인터넷주소 관리기관인 한국인터넷진흥원으로부터 인터넷주소 관리위탁을 받은 주식회사 후이즈에 피고 명의로 등록이 마쳐져 있다.

2. 판 단

가. 이전등록의무의 발생

위 인정사실에 의하면, 피고는 원고에게 다른 사정이 없는 한 이 사건 상표권 등 및 이 사건 도메인이름에 관하여 이 사건 부속합의에 포함된 무상양도계약을 원인으로 한 이전등록절차를 이행할 의무가 있다.

나. 피고의 주장에 관한 판단

(1) 피고는 먼저, 원고에 대한 이 사건 상표권 등 및 이 사건 도메인이름에 관한 이전등록절차 이행의무는 상법상 5년의 시효로 소멸하였다고 주장하므로 보건대, 이 사건 소가 이 사건 부속합의일인 2002. 11. 12.부터 5년이 지난 2009. 12. 30. 제기되었음이 역수상 명백하므로 다른 사정이 없는 한 원고의 이 사건 이전등록청구권은 시효로 소멸하였다고 봄이 상당하다.

이에 대하여 원고는, 원고가 이 사건 부속합의 이후 이 사건 상표권 등과 이 사건 도메인이름을 줄곧 사용하여 왔으므로 원고의 이전등록청구권은 시효로 소멸하지 않는다고 주장한다.

시효제도는 일정 기간 계속된 사회질서를 유지하고 시간의 경과로 인하여 곤란해지는 증거보전으로부터의 구제를 꾀하며 자기 권리를 행사하지 않고 소위 권리 위에 잠자는 자는 법적 보호에서 이를 제외하기 위하여 규정된 제도라 할 것이고, 원고가 설립 이후부터 법인명 표기로서 'KT Logis Co., Ltd' '(주) 케이티로지스'를 사용하고 있고, 원고 회사의 로고로 'KTLogis', 'KT로지스', 'KTLogis', 'KT로지스' 등을 사용하는 한편, 이 사건 상표 등의 표장을 이 사건 부속합의 이후 지속적으로 원고의 거래관계에서 상품이나 서비스 등을 제공함에 있어 원고를 나타내는 표지로 사용하여 온 사실은 당사자 사이에 다툼이 없는바, 사실관계가 이러하다면 앞서 본 시효제도의 취지에 비추어,

원고의 이 사건 상표권 등에 관한 이전등록청구권의 소멸시효는 진행하지 않는다고 봄이 상당하다.

다만, 원고가 이 사건 도메인이름에 관하여도 사용하고 있다는 점을 인정할 아무런 증거가 없으므로(원고의 인터넷 주소는 "uktl.co.kr"이다), 그에 관한 이전등록청구권은 시효로 소멸하였다고 할 것이다(따라서 아래에서는 이 사건 상표권 등의 이전등록의무의 존부에 관하여만 살핀다).

(2) 피고는 다음으로, 이 사건 협정과 이 사건 부속합의는 불가분계약이라 할 것인데, 원고가 이 사건 협정상 의무를 이행하지 아니함에 따라 원고와 피고 사이에 신뢰관계가 파괴되어 피고가 이 사건 협정을 해지하였거나, 관련 법률의 개정(2007. 8. 3. 전면개정된 물류정책기본법에 따라 전담사업자 제도가 폐지됨)으로 피고의 이 사건 전담사업자의 지위가 소멸하여 이 사건 협정이 종료되었으므로, 피고의 이 사건 부속합의에 따른 이관의무도 소멸하였다고 주장한다. 이에 대하여 원고는 이 사건 협정상 업무위탁과 자산이관은 그 내용이 준별되고, 자산이관에 관한 이 사건 부속합의는 이 사건 협정과 별개이므로 이 사건 협정의 종료 여부와 무관하게 유효하다고 주장한다.

그러므로 이 사건 협정과 이 사건 부속합의의 주된 내용인 업무위탁 약정과 자산이관 약정의 관계에 관하여 앞서 본 사실관계를 토대로 살펴본다. 이 사건 협정은 이 사건 사업의 업무위탁과 사업이관을 그 내용으로 정하고 있고, 이 사건 부속합의는 그 중 사업이관에 관한 세부적인 사항을 정한 것으로, 이 사건 사업에 필요한 전산장비 등에 관하여는 감가상각을 고려한 감정가격 68,981,000원으로 평가하여 유상으로 이관하고, 이 사건 상표권 등은 무상으로 이관하는 내용이 그 핵심이다. 그런데 이 사건 협정 제4조에서는 업무위탁에 관하여 그 업무위탁기간을 피고가 이 사건 전담사업자의 지위를 유지하는 동안으로 정한 반면, 이 사건 협정이나 부속합의에는 자산이관이 업무위탁과 운명을 같이 하는지 등 그 존속 관련성에 관한 아무런 약정이 없다. 또한 만일 업무위탁과 자산이관이 그 존속에 있어 불가분의 관련성을 가지도록 하는 것이 이 사건 협정이나 부속합의 당시의 약정 당사자의 의사라면, 피고의 지위와 경험에 비추어 '이관'이라는 표현이나 형식이 아닌 '사용허락'의 방법으로 약정내용을 표시하였을 것인데 이 사건 협정이나 부속합의 그 어디에도 이를 추단할 만한 내용은 없다. 또한 상표는 출처표시 작용과 품질보증 작용을 함께 가지는 것으로서 상표법이 그 기능을 보호하는 것은 상표권 등록자의 기업신뢰이익을 보호하는 것 못지않게 유통질서의 보호와 수요자의 이익을 보호하고자 하는 것인데, 이 사건 상표권 등의 이관약정이 원고로 하여금 이 사건 상표권 등을 사용하다가 위탁관계 종료로 그 사용을 중단해야 하는 것을 그 내용으로 하고 있다면 이는 오로지 이 사건 상표권 등의 등록자인 피고의 이익을 위하여 원고가 거래관계를 통해 형성한 유통질서나 수요자의 이익을 전혀 고려하지 않은 결과가 되는데, 이 사건 협정 및 부속합의 당시 피고의 지위나 원고의 설립경위에 비추어 그러한 결과를 그 누구도 의도한 것으로 보이지 않는다. 더구나 피고가 5년간 233억 원에 이르는 누적적자의 해결방안으로 이 사건 사업의 구조조정을 모색하다가 정부로부터 전담사업자로 지정받은 이 사건 사업을 정부에 반납할 법적 근거가 없어, 불가피하게 피고로부터 분사한 원고에게 이 사건 사업을 위탁의 방법으로 정리함으로써 사실상 구조조정의 목적을 달성하였고, 원고로서는 이 사건 사업을 오로지 자신의 부담으로 영위하여야 하였으므로(이 사건 협정 제7조), 원고와 피고 모두 이 사건 부속합의를 통해 이 사건 상표권 등을 원고에게 종국적으로 이관하고자 하였을 가능성이 대단히 높다.

이러한 이 사건 협정과 부속합의의 문언 및 원고 회사의 설립경위 등을 종합하여 볼 때, 이 사건 상표권 등의 이관약정은 이 사건 사업에 관한 위탁약정의 효력 여하에 영향을 받지 않는 독립된 약정이라 할 것이므로, 위탁약정과 이관약정이 불가분의 관계에 있음을 전제로 위탁약정이 해지되었거나 종료되어 이관약정의 효력 또한 소멸하였다는 피고의 주장은 더 나아가 살필 필요 없이 이유 없다.

한편, 피고의 주장을 원고의 귀책사유를 이유로 원고와 피고 사이에 신뢰관계가 파괴되어 이관약정까지 해지하였다는 주장으로 선해하여 보건대, 피고가 들고 있는 원고의 귀책사유는 ① 피고가 이 사건 전담사업자의 업무위탁에 의하여 업무를 수행하고 있다는 표시를 명시하지 아니하여 이 사건 협정 제12조를 위반하였고, ② 이 사건 협정 제3조 제2항에서 정한 물류전산망 사업계획서를 2007년 이후 제출하지 않았다는 것이다(그 밖에 피고가 들고 있는 것으로 이 사건 전담사업자의 지위에서 수행하는 업무를 벗어난 사업에 관하여, 원고가 그 위탁범위를 넘어 이 사건 상표권 등의 표장을 사용한 사정은 위탁업무와 이관약정이 불가분의 관계에 있음을 전제로 한 주장이므로 따로 살피지 아니한다).

그런데 ① 원고가 원고의 인터넷 홈페이지 또는 외부 홍보나 광고에 피고로부터 위탁받은 사업자임을 표기하였고, 이를 통해 이미 원고와 피고 사이의 위·수탁관계가 널리 알려져 원고의 거래관계에서 일부 계약서에 위탁관계를 표시하지 않은 사정이 있다는 원고 스스로 인정하는 사실 외에는 피고 주장을 더 인정할 아무런 증거가 없고, ② 원고가 2007년 이후 물류정책기본법의 전면개정이라는 사정변경으로 그 이전에 해마다 제출하던 물류전산망 사업계획서를 제출하지 아니하였지만, 이에 대하여 정부나 피고도 별다른 이의를 제기하지 아니한 사실은 당사자 사이에 다툼이 없으므로, 피고 주장의 원고의 귀책사유만으로는 원고와 피고 사이의 이 사건 상표권 등에 관한 이관약정의 기초가 되는 신뢰관계가 깨졌다고 볼 수는 없다.

(3) 피고는 또한, 이 사건 부속합의는 피고의 지적재산권 관리지침에 위반되어 그 효력이 없다고 주장한다.

그러므로 보건대, 을 제6호증의 기재 및 제1심의 원고 대표자 본인신문결과에 의하면, 피고의 지적재산권 관리지침 제19조 제3항은 피고의 지적재산권을 제3자에게 양도할 경우 피고 회사 산하의 지적재산권 심의위원회의 의결을 거치도록 정하고 있는 사실, 그런데 이 사건 상표권 등을 원고에게 이관하기로 하는 이 사건 부속합의에 관하여 지적재산권 심의위원회의 의결을 거치지 아니한 사실이 인정되기는 하나, 한편 앞서 든 증거에 의하면, 1997년말 외환위기로 물류사업 전체가 경영난에 빠지고 피고 내부에서도 이 사건 사업을 정리하는 방법에 관하여 약 2년에 걸친 논의 끝에 분사와 위탁의 방법으로 정리하기로 결론이 내려졌고, 피고가 그 무렵 이 사건 상표권 등을 등록한 후 홍보를 통해 이 사건 상표권 등의 표지가 실제 물류시장에 널리 알려지기 시작하여 원고가 위탁사업을 수행하면서 그 표지를 사용하지 않고는 사실상 분사의 목적을 달성할 수 없었던 사실을 인정할 수 있는바, 일반적으로 회사의 의사표시가 그 내부 지침에 의한 내부 기구의 의결을 거쳤는지 여부에 따라 그 효력이 좌우될 수 없을 뿐만 아니라, 위와 같은 사실관계에 의하면 피고 스스로의 필요에 의하여 이 사건 상표권 등에 관한 이관약정을 하고도 그 약정이 피고 내부의 지침에 반한다는 이유로 그 약정일로부터 7년 이상이 지나 그 효력이 없음을 새삼스럽게 주장하는 것은 신의칙에 반하여 허용될 수 없다.

(4) 피고는 끝으로, 원고의 이 사건 상표권 등에 관한 이전등록절차 이행청구는 원고나 원고의 자회사가 일반 수요자로 하여금 피고와 어떤 특수한 관계에 있다고 인식하게 함으로써 상품이나 서비스의 출처 혼동을 일으키게 하여 상표법 등의 기본 이념에 배치되므로 권리남용에 해당한다고 주장하나, 원고의 청구는 원고와 피고 사이의 이 사건 부속합의에서 정한 이 사건 상표권 등의 이관약정을 이유로 한 것이고, 그 이관약정이 유효함은 앞서 인정한 바와 같으며, 원고는 이 사건 상표권 등의 표장을 계속 사용하여 왔고 앞으로도 사용할 예정으로 보이므로, 이 사건 청구가 원고에게는 아무런 이익이 없이 오로지 피고에게 고통을 주는 것으로서 그 행사가 사회질서에 반한다고 평가할 정도로 권리를 남용한 것이라 볼 수 없다.

3. 결 론

그렇다면 원고의 이 사건 청구 중 이 사건 상표권 등에 관한 이전등록절차의 이행청구는 이유 있어 이를 인용하고, 이 사건 도메인이름에 관한 이전등록절차 이행청구는 이유 없어 이를 기각할 것인바, 제1심 판결은 이와 결론을 일부 달리하여 부당하므로, 원고의 항소를 일부 받아들여 제1심 판결 중 이 사건 상표권 등에 관한 이전등록절차의 이행청구 부분을 취소하고, 피고로 하여금 그 이전등록절차의 이행을 명하며, 원고의 나머지 항소를 기각하기로 하여 주문과 같이 판결한다.

[별지 생략]

판사 이기택(재판장) 기우종 김동규

13. 대법원 2013. 5. 9. 선고 2011다71964 판결 【상표권이전등록등】

[공2013상,1009]

【판시사항】

상표권자에 대하여 상표권에 관한 이전약정에 기하여 이전등록을 청구할 권리를 가지는 사람이 이미 그 상표를 실제로 사용하고 있다는 것만으로 상표권이전등록청구권의 소멸시효가 진행되지 아니하는지 여부(소극)

【판결요지】

상표권 또는 서비스표권(이하 상표권, 나아가 상표권자 또는 상표만을 들어 설시하기로 한다)의 양도에는 상표권에 관한 이전등록으로 족한 점(상표법 제56조 제1항 제1호 참조), 상표권 매매 기타 그 양도의무 발생의 원인이 되는 계약으로부터 통상 부동산 매매에서의 목적물인도의무와 같은 의무가 발생하지 아니하여 매도인 등 상표권양도의무자가 상표권의 이전등록 외에 적극적으로 하여야 할 '주된 급부'의 의무를 상정하기 어려운 점, 나아가 오늘날 상표권 양도 거래의 실제 양태 등에 비추어 보면, 상표권자에 대하여 상표권에 관한 이전약정에 기하여 이전등록을 청구할 권리를 가지는 사람이 이미 그 상표를 실제로 사용하고 있다는 것만으로 상표권이전등록청구권의 소멸시효가 진행되지 아니한다고 할 수는 없다. 한편 그가 상표를 당해 상표권의 지정상품에 사용하여 주지상표가 되는 등으로 별도의 법적 보호를 받을 수 있다고 하더라도, 그 보호를 위하여 이전등록의무자의 시효소멸 주장이 일정한 범위에서 제한되어야 하는가 하는 것은 위와 같은 법적 보호의 내용 또는 성질 등에 의하여 정하여질 문제로서, 상표 사용에 의한 소멸시효 진행의 저지 여부와 직접적인 연관이 없다고 할 것이다.

【참조조문】

상표법 제56조 제1항 제1호, 민법 제162조 제1항, 민법 제166조 제1항, 상법 제64조

【전 문】

【원고, 피상고인】 주식회사 케이티로지스 (소송대리인 법무법인(유한) 한별 담당변호사 현인혁

외 3인)

【피고, 상고인】 주식회사 케이티 (소송대리인 법무법인(유한) 화우 담당변호사 변재승 외 6인)

【원심 판결】 서울고법 2011. 6. 22. 선고 2010나111454 판결

【주 문】

원심 판결 중 피고 패소부분을 파기하고, 이 부분 사건을 서울고등법원에 환송한다.

【이 유】

상고이유를 판단한다.

1. 원심은 피고가 2002. 11. 12. 원고와 사이에 피고가 전담하던 종합물류정보전산망 사업의 전담사업자 업무를 원고에게 위탁하고 위 사업 전반을 이관하는 내용의 협정을 체결하면서 그에 부속하여 원심 판결 별지 목록 기재 각 상표권 및 서비스표권(그 표장은 'KT로지스' 또는 'KTLOGIS'이다. 이하 '이 사건 상표권 등'이라고 한다)을 무상으로 이관하기로 하는 등 세부 사항을 정한 합의(이하 '이 사건 합의'라고 한다)를 한 사실을 인정한 다음, 피고는 특별한 사정이 없는 한 원고에게 이 사건 상표권 등에 관하여 이 사건 합의에 따른 이전등록절차를 이행할 의무가 있다고 판단하였다.

   나아가 원심은 위의 이전등록절차 이행의무가 5년의 상사소멸시효기간이 경과함으로써 소멸하였다는 피고의 주장을 다음과 같은 이유로 배척하였다. 즉 원고가 설립 후부터 그 명칭을 'KT Logis Co., Ltd' 및 '(주)케이티로지스'로 표기하고 있고, 원고의 회사 로고로 'KTLogis', 'KT로지스' 등을 사용하는 한편 위 표장을 이 사건 합의 이후 지속적으로 원고의 거래관계에서 상품이나 서비스 등을 제공함에 있어서 원고를 나타내는 표지로 사용하여 온 이상, 원고의 이 사건 상표권 등에 관한 이전등록청구권의 소멸시효는 진행하지 아니한다는 것이다.

2. 그러나 원심의 위와 같은 판단은 다음과 같은 이유로 수긍할 수 없다.

   가. 상표권 또는 서비스표권(이하 상표권, 나아가 상표권자 또는 상표만을 들어 설시하기로 한다)의 양도에는 상표권에 관한 이전등록으로 족한 점(상표법 제56조 제1항 제1호 참조), 상표권 매매 기타 그 양도의무 발생의 원인이 되는 계약으로부터 통상 부동산 매매에서의 목적물인도의무와 같은 의무가 발생하지 아니하여 매도인 등 상표권양도의무자가 상표권의 이전등록 외에 적극적으로 하여야 할 '주된 급부'의 의무를 상정하기 어려운 점, 나아가 오늘날 상표권 양도 거래의 실제 양태 등에 비추어 보면, 상표권자에 대하여 상표권에 관한 이전약정에 기하여 이전등록을 청구할 권리를 가지는 사람이 이미 그 상표를 실제로 사용하고 있다는 것만으로 상표권이전등록청구권의

소멸시효가 진행되지 아니한다고 할 수는 없다.

한편 그가 상표를 당해 상표권의 지정상품에 사용하여 주지상표가 되는 등으로 별도의 법적 보호를 받을 수 있다고 하더라도, 그 보호를 위하여 이전등록의무자의 시효소멸 주장이 일정한 범위에서 제한되어야 하는가 하는 것은 위와 같은 법적 보호의 내용 또는 성질 등에 의하여 정하여질 문제로서, 상표 사용에 의한 소멸시효 진행의 저지 여부와 직접적인 연관이 없다고 할 것이다. 더구나 기록에 의하면, 원고는 이 사건 합의 후 이 사건 상표권 등의 표장을 물류정보서비스업, 택배서비스업, 차량용 블랙박스 판매업 등에 사용한 바 있을 뿐이고, 이 사건 상표권 등의 각 지정상품이나 지정서비스업에 관하여 사용하였다고 인정할 만한 자료를 기록상 찾아볼 수 없으므로, 이 사건에서는 이러한 법문제가 제기될 여지가 없다.

나. 그렇다면 앞서 본 법리에 비추어 이 사건 합의에 기한 원고의 이 사건 상표권 등의 이전등록청구권에 관하여는 다른 특별한 사정이 없는 한 그 발생시부터 소멸시효가 진행되는 것으로 보아야 할 것이다.

그럼에도 원심은 그 판시와 같은 이유만으로 위의 이전등록청구권에 관하여 소멸시효가 진행되지 아니하였다고 보아 피고의 시효소멸 주장을 배척하였다. 결국 원심판결에는 상표권 등에 관한 이전등록청구권의 소멸시효에 관한 법리를 오해하여 판결에 영향을 미친 위법이 있다. 이 점을 지적하는 상고이유의 주장은 이유 있다.

3. 그러므로 나머지 상고이유에 관한 판단을 생략한 채 원심 판결 중 피고 패소부분을 파기하고 이 부분 사건을 다시 심리·판단하도록 하기 위하여 원심법원에 환송하기로 하여, 관여 대법관의 일치된 의견으로 주문과 같이 판결한다.

대법관 고영한(재판장) 양창수(주심) 박병대 김창석

제 10 절 상표권의 침해 및 구제

Ⅰ. 상표권 침해의 성립요건(권리근거사실) 및 상표권의 효력제한(권리항변사실)

1. 성립요건

가. 상표의 동일·유사

(1) 의 의

상표의 유사 여부는 외관, 호칭 및 관념을 객관적, 전체적, 이격적으로 관찰하여 지정상품의 거래에서 일반 수요자들이 상표에 대하여 느끼는 직관적 인식을 기준으로 상품의 출처에 관하여 오인·혼동을 일으키게 할 우려가 있는지에 따라 판단하여야 한다. 그리고 그 판단에서는 자타상품을 구별할 수 있게 하는 식별력의 유무와 강약이 주요한 고려요소가 된다 할 것인데, 상표의 식별력은 상표가 가지고 있는 관념, 상품과의 관계, 해당 상품이 거래되는 시장의 성질, 거래 실태 및 거래 방법, 상품의 속성, 수요자의 구성, 상표 사용의 정도 등에 따라 달라질 수 있는 상대적·유동적인 것이므로, 이는 상표의 유사 여부와 동일한 시점을 기준으로 그 유무와 강약을 판단하여야 한다.[405)]

(2) 상표의 유사여부 관찰방법 및 판단대상

관찰방법은 전체적,[406)] 객관적,[407)] 이격적(離隔的)[408)] 관찰을 원칙으로 하되 상표구성 중 인상적인 부분(요부)에 대하여 비교하여 관찰하고, 유사판단은 원칙적으로 상표의 칭호, 외관, 관념 중 어느 하나가 유사하여 거래상 상품출처의 오인, 혼동의 우려가 있는 상표는 유사한 것으로 본다. 다만 전체적으로 현격한 차이가 있어 거래상 상품의 출처오인, 혼동을 일으킬 염려가 없는 때에는 그러하지 아니하다.

예 - 외관유사 : 白花 대 百花, HOP 대 HCP
- 관념유사 : 임금, 왕, King
- 지리적 명칭이 결합된 상호상표로서 유사한 것 : 주식회사 大成 대 대성 또는 대성공업사, 서울전선㈜ 대 서울전기㈜, 삼성중공업주식회사 대 삼성공업사
- 칭호유사 : 千年 대 天然, TVC 대 TBC, 光盛 대 광성

(3) 상표의 유사여부 판단을 위한 인적 기준

그 상표가 사용될 상품의 주된 수요계층과 기타 상품의 거래실정을 고려하여 평균수요

405) 대법원 2014. 3. 20. 선고 2011후3698 전원합의체 판결.

406) "상표는 그 구성 전체가 하나의 상표로 인식되는 것이므로 구성요소 일부만을 따로 떼어 그 부분만을 가지고 다른 상표와 비교하여서는 아니되며, 상표를 전체로서 관찰하여 그 외관·칭호·관념을 비교하여야 함"이 원칙이다(2016년 상표심사기준 제5부 제7장 § 2.2.3). 이러한 원칙은 전체적 관찰 원칙이다.

407) 『객관적 관찰』이라 함은 "상표 자체의 구성을 기초로 하여 객관적으로 판단하여야 함"을 말한다(2016년 상표심사기준 제5부 제7장 § 2.2.3).

408) '이격적 관찰'이란 때와 장소를 달리하여 상표를 접하는 수요자의 불확실한 기억을 토대로 상표의 유사 여부를 판단하는 방법으로, 양 상표를 나란히 놓고 상표의 유사여부를 판단하는 방법인 '대비적 관찰'에 대응하는 개념이다. 따라서 두 개의 상표를 직접 놓고 대비할 때에는 구성요소가 다른 점이 있다고 하더라도, 때와 장소를 달리하여 관찰했을 때 경험칙상 서로 출처의 오인·혼동이 초래되는 경우에는 유사한 상표로 보아야 한다. 이격적 관찰은 호칭·관념을 대비할 경우에도 적용되지만, 특히 상표 외관의 유사 여부를 판단할 경우에 중요하게 적용된다(2016년 상표심사기준 제5부 제7장 § 2.2.3).

자의 주의력을 기준으로 판단하여야 한다.

(4) 결합상표의 유사여부

그 결합의 강약의 정도를 고려하여 판단하여야 한다. 이에 따라 전체관찰, 분리관찰, 요부관찰이 가능할 것이다.

(i) **전체관찰**: 둘 이상의 문자 또는 도형의 조합으로 이루어진 결합상표는 그 구성 부분 전체의 외관, 호칭, 관념을 기준으로 상표의 유사 여부를 판단하는 것이 원칙(전체관찰)이다. 즉, 각 구성 부분을 분리하여 관찰하는 것이 자연스럽지 못하거나 문자와 문자의 결합으로 독자적인 의미를 가지는 등의 경우에는 전체로서 관찰하여 그 유사 여부를 판단하여야 하며, 이러한 상표를 전체적으로 관찰하는 경우에도 그 구성요소 중 수식어나 단순한 부기문자 또는 기술적 표장 등 식별력이 없는 부분은 제외하고, 수요자의 주의를 끌기 쉬운 식별력 있는 요부를 대비하여 유사 여부를 판단하여야 할 것이다.[409)]

대법원 2013. 1. 24. 선고 2011다76778 판결【상표권침해금지등】[미간행]

【판시사항】

[1] 대비되는 상표 사이에 유사한 부분이 있으나 당해 상품의 일반적인 거래실정 등에 비추어 그 부분만으로 분리인식될 가능성이 희박하거나 명확히 출처의 혼동을 피할 수 있는 경우, 두 상표를 유사상표라 할 수 있는지 여부(소극)

[2] 서적, 학습지 등을 지정상품으로 하는 등록상표 “”의 상표권자 갑 주식회사가 어린이용 과학그림책 “The Magic School Bus” 시리즈의 저작권자인 을

409) 대법원 1999. 7. 23. 선고 98후2382 판결【등록무효(상)】에서는 “등록상표” “ELIZABETH ARDEN VISIBLE DIFFERENCE”와 인용상표 “비져블 VISIBLE”을 전체적으로 관찰할 때 그 외관과 호칭 및 관념이 상이함이 명백하고, 등록상표는 인명 내지 인명과 지명이 결합된 것으로 보이는 앞 부분 ‘ELIZABETH ARDEN’과 그 뒷부분인 ‘VISIBLE DIFFERENCE’가 분리관찰하는 것이 부자연스러울 정도로 결합되어 있는 것이 아니므로 뒷부분인 ‘VISIBLE DIFFERENCE’만에 의하여 호칭, 관념될 수 있다 하더라도 ‘VISIBLE’은 ‘눈에 띄는, 쉽게 알아볼 수 있는’ 등의 의미를 가지는 형용사로서 명사인 ‘DIFFERENCE’를 수식하여 ‘VISIBLE DIFFERENCE’는 전체적으로 ‘눈에 띄는 차이’ 등의 관념을 형성하고 있다고 보이므로 ‘VISIBLE DIFFERENCE’에서의 중점은 수식을 받는 중심어인 ‘DIFFERENCE’에 있다고 보여질 뿐만 아니라, 등록상표의 지정상품인 화장비누와 관련하여 ‘VISIBLE’은 ‘눈에 띄게 아름답게 보이는’ 등의 의미로 인식되어 지정상품의 품질, 효능을 나타낸다고도 볼 수 있어, ‘VISIBLE’ 부분은 식별력이 약하여 ‘DIFFERENCE’와 따로 분리되어 ‘VISIBLE’ 부분만에 의하여 호칭, 관념되리라고 예상하기 어렵다 할 것이므로 등록상표를 분리관찰해 보더라도 양 상표는 외관, 호칭, 관념에 있어 역시 상이하다 할 것이며, 나아가 등록상표는 비교적 긴 4개의 영문자로 구성되어 있어 일반 수요자나 거래자가 그 구성 부분 중 3번째에 있는 ‘VISIBLE’을 직감적으로 인식하고, 그 부분만에 의하여 분리호칭, 관념하리라고 보여지지 아니하므로 양 상표는 오인·혼동의 염려가 없다 할 것이니 양 상표는 유사하다고 할 수 없다.”고 판시하였다.

외국법인과 위 시리즈를 "신기한 스쿨버스"라는 제호로 국내에서 번역·출판한 병 주식회사 등을 상대로 상표권침해금지 등을 구한 사안에서, 을 법인 등의 사용표장이 등록상표와 명확히 출처의 혼동을 피할 수 있어 서로 유사하다고 할 수 없다고 한 사례

【참조조문】

[1] 상표법 제65조, 제66조 제1항 제1호 [2] 상표법 제65조, 제66조 제1항 제1호

【참조판례】

[1] 대법원 1996. 7. 30. 선고 95후1821 판결(공1996하, 2670)
대법원 2011. 12. 27. 선고 2010다20778 판결(공2012상, 181)

【전 문】

【원고, 상고인】 주식회사 대교 (소송대리인 법무법인(유한) 태평양 담당변호사 김지현 외 2인)

【피고, 피상고인】 스콜라스틱 인크 외 2인 (소송대리인 법무법인 케이씨엘 외 4인)

【원심 판결】 서울고법 2011. 8. 17. 선고 2011나5204 판결

【주 문】

상고를 모두 기각한다. 상고비용은 원고가 부담한다.

【이 유】

상고이유(상고이유서 제출기간 경과 후에 제출된 상고이유보충서의 기재는 상고이유를 보충하는 범위 내에서)를 판단한다.

1. 상표의 유사 여부는 그 외관·호칭 및 관념을 객관적·전체적·이격적으로 관찰하여 그 지정상품의 거래에서 일반 수요자나 거래자가 상표에 대하여 느끼는 직관적 인식을 기준으로 하여 그 상품의 출처에 관하여 오인·혼동을 일으키게 할 우려가 있는지 여부에 따라 판단하여야 하므로, 대비되는 상표 사이에 유사한 부분이 있다고 하더라도 당해 상품을 둘러싼 일반적인 거래실정과 상표의 주지 정도 등을 종합적·전체적으로 고려하여 그 부분만으로 분리인식될 가능성이 희박하거나 전체적으로 관찰할 때 명확히 출처의 혼동을 피할 수 있는 경우에는 유사상표라고 할 수 없다(대법원 1996. 7. 30. 선고 95후1821 판결, 대법원 2011. 12. 27. 선고 2010다20778 판결 등 참조).
2. 원심 판결 이유에 의하면, 피고 스콜라스틱 인크(Scholastic Inc.)는 조애너 콜(Joanna Cole)과 브루스 디건(Bruce Degen)이 창작한 어린이용 과학그림책 "The Magic School Bus" 시리즈(원심 판시 별지 1 목록 순번 3 기재 형상의 스쿨버스를 타고 인체, 과거, 우주 등으로 이동하며 과학원리 등을 설명하는 내용의 어린이용 그림책으로서 애니메이션으로도 제작되었다, 이하 '이 사건 원저작물'이라고 한다)의 저작권자인데, 이 사건 원저작물은 1986년 출판된 이래 2007년 1월 기준으로 전 세계에 약 5,300만 부가 판매되었고, 텔레비전, 출판, 비디오, CD-rom 부분에서 각종 수상작으로 선정된 바 있는 사실,

우리나라에서도 1997년 교육방송(EBS)에서 방영된 이래 JEI 재능 TV에서 애니메이션 프로그램으로 방영된 바가 있고, 피고 스콜라스틱 인크의 허락을 받아 피고 주식회사 비룡소가 "신기한 스쿨버스"라는 제호로 번역·출판한 서적 및 피고 3이 번역·더빙한 "The Magic School Bus" DVD 시리즈물(이하 이들을 합쳐 '피고 출판물 등'이라고 한다)이 1999년부터 2009년 6월경까지 약 850만 부가 판매되었으며, 2000년경부터 원심 변론 종결일 당시까지 매일경제신문, 동아일보 등 국내 일간지에서 어린이 과학도서로 추천된 바 있는 사실, 피고들은 "신기한 스쿨버스", "The Magic School Bus" 등 원심 판시 피고 사용표장을 피고 출판물 등의 상품에 표시하여 그 호칭 전체로서 홍보, 광고 및 판매해 왔고, 일반 수요자나 거래자들도 일반적으로 피고 사용표장을 전체로서 호칭해 오고 있는 사실을 알 수 있다.

이와 같은 제반 사실관계에 나타난 이 사건 원저작물 및 피고 사용표장의 주지 정도와 피고 출판물 등을 둘러싼 일반적인 거래실정 등을 앞서 본 법리에 비추어 종합적으로 고려해 보면, 피고 출판물 등에 사용된 피고 사용표장은 일반 수요자나 거래자들 사이에 그 전체가 일체화된 하나의 단어로서 '인체, 과거, 우주 등으로 이동하며 과학원리 등을 설명하여 어린이의 흥미를 유발하는 상상의 세계에 존재하는 스쿨버스'라는 독자적이고 새로운 관념을 형성하여 그 전체로서 인식될 뿐 '스쿨버스' 또는 'School Bus' 부분만으로 분리인식될 가능성은 희박하므로, "녹음된 테이프(음악이 아닌 것), 녹화된 테이프(음악이 아닌 것), 서적, 학습지" 등을 지정상품으로 하고 ""으로 구성된 원고의 이 사건 등록상표(등록번호 제315616호)와 명확히 출처의 혼동을 피할 수 있어 서로 유사하다고 할 수 없다.

같은 취지의 원심판단은 정당하고, 거기에 상고이유의 주장과 같이 상표의 유사 여부 판단에 관한 법리를 오해하거나 논리와 경험의 법칙에 반하여 자유심증주의의 한계를 벗어나는 등의 위법이 없다.

3. 그러므로 상고를 모두 기각하고 상고비용은 패소자가 부담하도록 하여, 관여 대법관의 일치된 의견으로 주문과 같이 판결한다.

(ii) 분리관찰: 반면에 문자와 문자 또는 문자와 도형의 각 구성 부분이 결합된 결합상표는 반드시 그 구성 부분 전체에 의하여 호칭, 관념되는 것이 아니라 각 구성 부분이 분리 관찰되면 거래상 자연스럽지 못하다고 여겨질 정도로 불가분적으로 결합되어 있는 것이 아닌 한 그 구성 부분 중 일부만에 의하여 간략하게 호칭, 관념될 수도 있으며, 또 하나의 상표에서 두개 이상의 호칭이나 관념을 생각할 수 있는 경우에 그 중 하나의 호칭, 관념이 타인의 상표와 동일 또는 유사하다고 인정될 때에는 두 상표는 유사하다고 할 것이다(분리관찰).[410] 그리고 2개 이상의 도형으로 이루어진 결합상표와 관련하여 대법

410) 대법원 1995. 9. 29. 선고 94다31365 판결【손해배상(기)】에서 "문자와 문자 또는 문자와 도형이

원 2013. 3. 28. 선고 2010다58261 판결【상표사용금지등】에서는 "2개 이상의 도형으로 이루어진 결합상표는 각 구성 부분이 분리관찰되면 거래상 자연스럽지 못하다고 여겨질 정도로 불가분적으로 결합되어 있는 것이 아닌 한 그 구성 부분 중 하나의 도형이 가지는 외관·호칭 및 관념에 의하여 상표의 유사 여부를 판단할 수 있고(대법원 2004. 10. 15. 선고 2003후1871 판결 참조), 도형상표에 있어서는 그 외관이 지배적인 인상을 남긴다 할 것이므로 외관이 동일·유사하여 양 상표를 다 같이 동종 상품에 사용하는 경우 일반 수요자로 하여금 상품의 출처에 관하여 오인·혼동을 일으킬 염려가 있다면 양 상표는 유사하다고 보아야 한다(대법원 2000. 12. 26. 선고 98도2743 판결 참조)."라고 판시한 바 있다.

(iii) **요부관찰**: 그리고 상표 중에서 일반 수요자에게 그 상표에 관한 인상을 심어주거나 기억·연상을 하게 함으로써 그 부분만으로 독립하여 상품의 출처표시기능을 수행하는 부분, 즉 요부가 있는 경우 적절한 전체관찰의 결론을 유도하기 위해서는 요부를 가지고 상표의 유사 여부를 대비·판단하는 것이 필요하다(요부관찰).[411]

결합된 상표는 원칙적으로 상표의 구성 전체를 비교하여 유사 여부를 판단하여야 하나, 결합상표에 있어서는 언제나 반드시 그 구성부분 전체의 명칭이나 모양에 의하여 호칭, 관념되는 것이 아니고 각 구성부분을 분리하여 관찰하면 자연스럽지 못할 정도로 불가분적으로 결합되어 있지 아니하는 한 그 구성부분 중 일부만에 의하여 간략하게 호칭, 관념될 수도 있고, 그 중 하나의 칭호, 관념이 타인의 상표와 동일 또는 유사하다고 인정될 때에는 두 상표는 유사하다."라고 판시한 바 있다. 또한 대법원 1999. 7. 9. 선고 98후1846 판결에서도 "출원상표는 날개를 펼친 독수리 도형 부분과 그 하단의 직사각형 내에 표기된 '선일금고제작'이라는 문자 부분으로 구성된 결합상표인바, 위 도형 부분과 문자 부분은 그 결합으로 인하여 새로운 관념을 낳는 것도 아니고 이를 분리하여 관찰하면 자연스럽지 못할 정도로 일체불가분적으로 결합되어 있다고 보기도 어려우므로 일반 수요자에게 도형 부분 및 문자 부분으로 분리 관찰될 수 있으며, 문자 부분 중 '금고제작'은 그 지정상품과 관련하여 흔히 사용되는 일반적인 용어로서 자타상품의 식별력이 없다 할 것이므로, 출원상표의 요부는 도형 부분과 문자 '선일' 부분이 된다고 할 것인데, 출원상표가 '선일'로 분리 관찰될 경우 인용상표인 "선일"과 호칭이 동일하여 양 상표를 동일·유사한 지정상품에 다 같이 사용할 경우 일반 수요자나 거래자로 하여금 상품의 출처에 관하여 오인·혼동을 일으키게 할 염려가 있다고 할 것이므로 양 상표는 유사한 상표라고 보아야 할 것이다."고 판시하였다.

411) 대법원 2017. 2. 9. 선고 2015후1690 판결【등록무효(상)】에서는 "지정서비스업이 한의원업 또는 한방병원업 등인 선등록서비스표 "자 생", "자생한의원", "자생한방병원" 등의 서비스표권자 갑이 '한방의료업, 성형외과업' 등을 지정서비스업으로 하는 등록서비스표 "자생초"의 서비스표권자 을을 상대로 등록서비스표가 구 상표법(2016. 2. 29. 법률 제14033호로 전부 개정되기 전의 것) 제7조 제1항 제11호 및 제12호의 등록무효 사유에 해당한다며 등록무효심판을 청구한 사안에서, 선등록서비스표 등과 등록서비스표는 모두 요부가 '자생'이므로, '자생'이 분리관찰이 되는지를 따질 필요 없이 위 서비스표들을 '자생'을 기준으로 대비하면 호칭과 관념이 동일하여 유사한 서비스표에 해당함에도 이와 달리 본 원심 판결에 서비스표의 유사에 관한 법리를 오해하여 심리를 다하지 않은 잘못이 있다."고 판시하였다.

대법원 1994. 2. 8. 선고 93후1094 판결【상표등록무효】[공1994.4.1.(965),1015]

【판시사항】

가. 상표의 구성요소 중 지정상품의 보통명칭이나 관용표장 또는 기술적 표장 등으로 표시된 부분이 포함되어 있는 경우 상표의유사 여부에 대한 판단기준

나. 등록상표 

와 인용상표의유사 여부

【판결요지】

가. 상표 상호간에 유사한 부분이 있더라도 요부를 이루는 부분이 서로 달라 이를 전체적으로 관찰할 때 거래상 상품의 출처에 관하여 오인, 혼동을 일으킬 우려가 없으면 유사상표가 아니라고 보아야 하며 상표의 구성요소 중 당해 지정상품의 보통명칭이나 관용표장 또는 기술적 표장 등으로 표시된 부분이 포함되어 있는 것이라면 그러한 부분은 자타상품의 식별력이 없어서 상표의 요부가 된다고 볼 수 없으므로 상표의유사 여부를 판단함에 있어서도 이를 제외한 나머지 부분만을 대비하여 관찰함이 타당하다.

나. 등록 상표와 인용상표 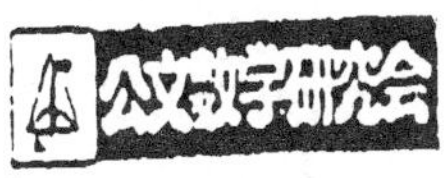

는 요부가 등록상표의 경우"공문"또는 "KONGMOON"이고 인용상표의 경우 "공문"이어서 유사하고, 외관은 상이하나 칭호의 경우에는 등록상표의 경우"공문"으로 인용상표의 경우"공문수학연구회"또는"공문수학", "공문수연"등으로 불리게 될 것이어서 동일하다고는 할 수 없으나 유사한 느낌을 불러일으킬 것이며, 관념에 있어서는 등록상표의"공문"은 별다른 의미가 있는 것으로 보이지 아니하고 인용상표의"공문수학연구회"에서도"공문"자체는 별다른 의미가 없이 고유명사로 여겨져 "공문이라는 수학연구회"라고 인식되어질 것이어서 유사하다고 할 수는 없으나, 전체적으로 볼 때 양 상표는 요부가 유사하고 칭호도 유사하여 유사한 상표라 판단되고 따라서 양 상표를 동일 유사한 지정상품에 사용할 경우 일반수요자나 소비자로 하여금 상품의 출처에 관하여 오인, 혼동을 일으킬 우려가 있다.

【참조조문】

구 상표법 (1990.1.13. 법률 제4210호로 개정되기 전의 것) 제46조, 제9조 제1항 제7호

【참조판례】

가.나. 대법원 1994.2.8. 선고 93후473 판결(동지)

가. 대법원 1992.9.14. 선고 91후1250 판결(공1992,2887)

1993.6.29. 선고 93후84 판결(1993하,2147)

【전 문】

【심판청구인, 피상고인】 가부시키 가이샤 쿠몬 교오이쿠켄큐우카이 소송대리인 변리사 차윤근 외 1인

【피심판청구인, 상고인】 강영중 소송대리인 변호사 오성환 외 1인

【원 심 결】 특허청항고심판소 1993.7.31.자 91항당213 심결

나. 상품의 동일·유사

지정상품의 유사 여부는 상품 자체의 속성인 품질, 형상, 용도와 생산 부문, 판매 부문, 수요자의 범위 등 거래의 실정 등을 고려하여 일반 거래의 통념에 따라 판단하여야 한다.[412] 예컨대, 컴퓨터 및 미니컴퓨터는 TV수상기, 전자계산기 등과 유사한 상품에 해당한다.[413]

다. 상표로서의 사용

[1] 의 의: 상표로서 사용되고 있는지는 상품과 관계, 해당 표장의 사용 태양(즉 상품 등에 표시된 위치, 크기 등), 등록상표의 주지저명성 그리고 사용자의 의도와 사용 경위 등을 종합하여 실제 거래계에서 표시된 표장이 상품의 식별표지로서 사용되고 있는지에 의하여 판단하여야 한다.[414]

412) 대법원 1999. 11. 23. 선고 97후2842 판결.

413) 대법원 1994. 5. 24. 선고 94후265 판결에서는 "지정상품의 동일, 유사여부는 상품의 속성인 품질, 형상, 용도와 생산부문, 판매부문, 수요자의 범위 등 거래의 실정 등을 고려하여 일반거래의 통념에 따라 판단하여야 하는바, 출원상표의 지정상품들인 상품류 구분 제39류의 컴퓨터, 미니컴퓨터 등과 인용상표의 지정상품인 같은 상품구분류의 TV수상기, 전자계산기 등은 위와 같은 일반거래의 통념에 의하더라도 유사한 상품이다."라고 판시하였다.

414) 대법원 2012. 3. 29. 선고 2010다20044 판결【손해배상(기)】(갑 주식회사로부터 국내에서 "HELLO KITTY" 캐릭터를 상품화할 수 있는 독점권을 부여받은 을 주식회사가 자신이 운영하는 홈페이지에 "HELLO KITTY" 캐릭터가 부착 또는 표시된 상품의 이미지 바로 아래에 있는 상품 이름 앞에 "대장금", "장금", "주몽"이라는 표장을 표시한 행위가 등록상표 "", "주 몽", "" 의 상표권자인 병 방송사 등의 상표권을 침해하는 행위에 해당하는지 문제된 사안에서, 위 표장의 사용 태양, 위 등록상표와 "HELLO KITTY" 표장의 주지저명의 정도, 을 회사의 의도와 위 표장의 사용 경위 등을 종합하면 전체적으로 을 회사가 홈페이지에서 광고·판매한 위 상품들의 출처가 갑 회사 또는 동일 상품화 사업을 영위하는 집단인 것으로 명확히 인식되고, "대장금" 등 표장은 상품에 부착 또는 표시된 "HELLO KITTY" 캐릭터가 병 방송사가 제작·방영한 드라마의 캐릭터로 알려진 '대장금', '주몽'을 형상화한 것임을 안내·설명하기 위한 것일 뿐 상품의 식별표지로서 사용되었다고는 볼 수 없으므로, "대장금" 등 표장이 상표로서 사용되었다고 볼 수 없다고 한 사례).

대법원 2013. 3. 28. 선고 2010다58261 판결【상표사용금지등】[공2013상,724]

【판시사항】

[1] 디자인이 될 수 있는 형상이나 모양이 상표로서 사용된 것으로 볼 수 있는 경우 및 그에 관한 판단 기준

[2] 2개 이상의 도형으로 이루어진 결합상표의 구성 부분 중 하나의 도형이 가지는 외관·호칭 및 관념에 의하여 상표의 유사 여부를 판단할 수 있는지 여부(원칙적 적극) 및 도형상표의 경우 상표의 유사 여부 판단 기준

【판결요지】

[1] 디자인과 상표는 배타적·선택적인 관계에 있는 것이 아니므로 디자인이 될 수 있는 형상이나 모양이라고 하더라도 그것이 상표의 본질적인 기능이라고 할 수 있는 자타 상품의 출처표시를 위하여 사용되는 것으로 볼 수 있는 경우에는 위 사용은 상표로서의 사용이라고 보아야 할 것이고, 그것이 상표로서 사용되고 있는지는 상품과의 관계, 당해 표장의 사용 태양(즉 상품 등에 표시된 위치, 크기 등), 등록상표의 주지저명성 그리고 사용자의 의도와 사용 경위 등을 종합하여 실제 거래계에서 표시된 표장이 상품의 식별표지로서 사용되고 있는지에 의하여 판단하여야 한다.

[2] 2개 이상의 도형으로 이루어진 결합상표는 각 구성 부분이 분리관찰되면 거래상 자연스럽지 못하다고 여겨질 정도로 불가분적으로 결합되어 있는 것이 아닌 한 구성 부분 중 하나의 도형이 가지는 외관·호칭 및 관념에 의하여 상표의 유사 여부를 판단할 수 있고, 도형상표의 경우 외관이 지배적인 인상을 남긴다 할 것이므로 외관이 동일·유사하여 양 상표를 다 같이 동종 상품에 사용하는 경우 일반 수요자에게 상품의 출처에 관하여 오인·혼동을 일으킬 염려가 있다면 양 상표는 유사하다고 보아야 한다.

【참조조문】

[1] 상표법 제66조 제1항 제1호, 부정경쟁방지 및 영업비밀보호에 관한 법률 제2조 제1호 (가)목 [2] 상표법 제66조 제1항 제1호, 부정경쟁방지 및 영업비밀보호에 관한 법률 제2조 제1호 (가)목

【참조판례】

[1] 대법원 2009. 5. 14. 선고 2009후665 판결
대법원 2012. 3. 29. 선고 2010다20044 판결(공2012상, 643)
[2] 대법원 2000. 12. 26. 선고 98도2743 판결(공2001상, 406)
대법원 2004. 10. 15. 선고 2003후1871 판결(공2004하, 1879)

【전 문】

【원고, 상고인】 포트메리온 그룹 유케이 리미티드 (소송대리인 변호사 박경재)

【피고, 피상고인】 주식회사 세미기획 (소송대리인 법무법인 영진 담당변호사 김기수)
【원심 판결】 서울고법 2010. 6. 23. 선고 2009나117425 판결

【주 문】

원심 판결 중 원심판시 피고 표장 1 내지 4에 관한 원고 패소 부분을 파기하고, 이 부분 사건을 서울고등법원에 환송한다. 나머지 상고를 기각한다.

【이 유】

상고이유를 본다.

1. 상고이유 제1, 4점에 관하여

디자인과 상표는 배타적·선택적인 관계에 있는 것이 아니므로 디자인이 될 수 있는 형상이나 모양이라고 하더라도 그것이 상표의 본질적인 기능이라고 할 수 있는 자타 상품의 출처표시를 위하여 사용되는 것으로 볼 수 있는 경우에는 위 사용은 상표로서의 사용이라고 보아야 할 것인바(대법원 2009. 5. 14. 선고 2009후665 판결 등 참조), 그것이 상표로서 사용되고 있는지는 상품과의 관계, 당해 표장의 사용 태양(즉 상품 등에 표시된 위치, 크기 등), 등록상표의 주지저명성 그리고 사용자의 의도와 사용 경위 등을 종합하여 실제 거래계에서 표시된 표장이 상품의 식별표지로서 사용되고 있는지에 의하여 판단하여야 한다(대법원 2012. 3. 29. 선고 2010다20044 판결 등 참조).

원심이 적법하게 채택한 증거들 및 기록에 의하면, ① 원심판시 원고 등록상표 1, 2, 4, 5[그 구성 및 등록번호는 각 ""(등록번호 1 생략), "" (등록번호 2 생략), ""(등록번호 3 생략), ""(등록번호 4 생략)와 같다. 이하 순서대로 1, 2, 4, 5를 붙여 '원고 등록상표 1'과 같은 방식으로 부른다] 및 그와 같은 유형의 표장들을 사용한 원고의 보타닉가든 제품은 1999년경부터 한미유나이티드 주식회사를 통하여 국내에 수입·판매되었고, 그때부터 2006년경까지 판매된 매출액이 약 552억 원 정도이며, 1998년부터 약 10여 년간 각종 잡지, 일간신문, 유명백화점 광고책자 등에서 약 120여 회, 공중파 TV방송으로 약 60여 회, 케이블 TV방송으로 약 7,000여 회 광고 등이 되었는데, 2006. 5. 8.자 중앙일보에는 '유럽 명품 도자기 여심 유혹'이라는 제목으로 "야생화, 과일, 나비, 벌 등 자연을 소재로 한 무늬로 유명한 포트메리온은 독특한 마크의 문양 때문에 인기를 얻고 있다. 꽃무늬가 그려진 보타닉가든과 과일이 그려진 포모나는 그림만 봐도 어느 회사 제품인지 알아차릴 정도란다. 230여 가지 모델이 있으며 수집용으로도 인기다."라는 내용의 기사가 게재되기도 한 사실, ② 원고 등록상표 1, 2는 꽃나무나 풀꽃을 잎과 함께 한두 송이를 꺾어 꽃을 중심으로 줄기와 잎을 그 아래로 배치하고 꽃이나 잎 주위에 나비나 잠자리

를 2~4마리 배치하여 구성한 도형상표이고, 특히 원고 등록상표 5는 잎맥이 드러나는 세 갈래 잎 형상의 단위 구성요소인 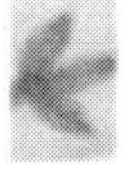 가  와 같이 동일한 방향으로 연속적으로 배열됨으로써 전체적으로 세 갈래 잎이 일렬로 연결되어 원형을 이루는 도형상표로서 이전의 도자기그릇류에서 볼 수 없었던 독특한 문양의 상표인 사실, ③ 원고는 그릇 가운데의 문양을 여러 가지의 꽃 문양으로 다양하게 교체하고 테두리에는 원고 등록상표 5와 같은 나뭇잎 띠 문양을 배치하여 만든 보타닉가든 제품들을 국내에서 주로 판매하여 왔는데, 원심판시 피고 표장 1~4(그 구성은 각 "  ", "  ", "  ", " 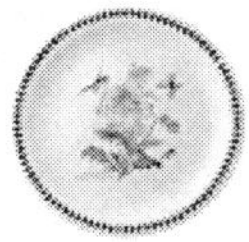 "와 같다. 이하 순서대로 1, 2, 3, 4를 붙여 '피고 표장 1'과 같은 방식으로 부른다) 제품들에도 원고의 보타닉가든 제품과 동일한 위치에 동일한 크기로 피고 표장 1~4의 나뭇잎 띠 문양과 꽃과 나비 등 문양이 배치되어 있는 사실, ④ 피고 표장 1~4 제품들은 2006년경과 2010년경 인터넷 쇼핑몰인 옥션(Auction), 인터파크, 지마켓(Gmarket)에서 '포트메리★스타일', '포트메리온 st 접시' 또는 '명품' 등으로 선전, 광고되고 판매되어 온 사실을 알 수 있다.

위 사실관계를 앞서 본 법리에 비추어 살펴보면, 도자기그릇에 표현된 디자인은 단순히 디자인으로서만 사용되는 것은 아니고 다른 상품과 구별하는 식별표지로서도 사용되는 것으로 보이고, 원고 등록상표 5와 같은 나뭇잎 띠 문양이나 원고 등록상표 4와 같이 테두리에 나뭇잎 띠 문양을 두르고 가운데에 꽃과 나비 등의 문양을 배치한 문양은 피고 표장 1~4가 사용된 2006년경에는 그 거래자와 수요자에게 현저하게 인식되었다고 할 것이며, 피고 표장 1~4는 원고 등록상표 4 또는 5와 같은 문양이 사용된 원고의 보타닉가든 제품과 거의 동일한 크기와 위치로 제품에 표현되어 있고, 피고 표장 1~4 제품들은 '포트메리온 st 접시' 또는 '명품' 등으로 광고되어 원고의 포트메리온 제품인 것처럼 판매되어 왔으므로, 피고 표장 1~4는 순전히 디자인이나 장식용으로 사용된 것이 아니라 상품의 출처표시를 위하여 사용된 것으로서 상표로서 사용되었다고 할 것이다.

그럼에도 원심은 접시 등 제품에 표현된 도형은 특별한 사정이 없는 한 디자인에 불과하다는 전제에서 상표의 유사 여부에 대하여 나아가 판단하지 아니한 채 피고 표장 1~4는 상표로서 사용된 것이 아니므로 원고 등록상표 1, 2, 4에 대한 상표권을 침해하지 않는다고 판단하였으니, 이러한 원심 판결에는 상표로서의 사용에 대한 법리를 오해하여 판결에 영향을 미친 위법이 있다. 이 점을 지적하는 이 부분 상고이유는 이유 있다.

2. 상고이유 제2점에 관하여

2개 이상의 도형으로 이루어진 결합상표는 각 구성 부분이 분리관찰되면 거래상 자연스럽지 못하다고 여겨질 정도로 불가분적으로 결합되어 있는 것이 아닌 한 그 구성 부분 중 하나의 도형이 가지는 외관·호칭 및 관념에 의하여 상표의 유사 여부를 판단할 수 있고(대법원 2004. 10. 15. 선고 2003후1871 판결 참조), 도형상표에 있어서는 그 외관이 지배적인 인상을 남긴다 할 것이므로 외관이 동일·유사하여 양 상표를 다 같이 동종 상품에 사용하는 경우 일반 수요자로 하여금 상품의 출처에 관하여 오인·혼동을 일으킬 염려가 있다면 양 상표는 유사하다고 보아야 한다(대법원 2000. 12. 26. 선고 98도2743 판결 참조).

원심 판결 이유에 의하면, 피고는 피고 표장 1~4를 그 형태대로만 제품에 사용하는 것이 아니라 제품이 접시일 경우에는 피고 표장 1~4 형태 그대로 사용하고, 제품이 대접이나 머그잔일 경우에는 상단 테두리에 나뭇잎 띠 문양을 배치하고, 그릇의 옆면에 꽃 문양을 배치하는 등 그릇의 모양에 따라 나뭇잎 띠 문양과 꽃 문양을 함께 또는 분리하여 배치하는 방식으로 사용하고 있는 사실을 알 수 있고, 원고 등록상표 5는 피고 표장 1~4가 사용된 2006년경에는 그 거래자와 수요자에게 현저하게 인식된 주지상표에 이르렀음은 앞서 본 바와 같다.

위 사실관계를 앞서 본 법리에 비추어 살펴보면, 피고 표장 1~4는 테두리의 나뭇잎 띠 문양만으로 분리관찰될 수 있다고 할 것이고, 피고 표장 1~4의 나뭇잎 띠 문양(그 테두리의 일부만을 크게 확대해 보면, 각 , , , 와 같다)과 원고 등록상표 5(그 테두리의 일부만을 크게 확대해 보면, 와 같다)는 , 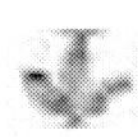와 같이 그 색채는 녹색 계열이고 그 잎맥이 드러나는 세 갈래 잎 형상의 단위 구성요소가 동일한 방향으로 연속적으로 배열됨으로써 전체적으로 세 갈래 잎이 일렬로 연결되어 원형을 이루고 있는 점에서 공통되는 바, 피고 표장 1~4를 나뭇잎 띠 문양만으로 분리관찰하여 원고 등록상표 5와 이격적으로 대비할 때, 양 상표는 그 외관이 극히 유사하여 양 상표를 다 같이 동종 상품에 사용하는 경우 일반 수요자로 하여금 상품의 출처에 관하여 오인·혼동을 일으킬 염려가 있으므로 유사한 상표에 해당한다.

그럼에도 원심은 피고 표장 1~4가 나뭇잎 띠 문양만으로 분리관찰될 수 없다는 전제에서 피고 표장 1~4는 원고 등록상표 5와 유사하지 아니하여 원고 등록상표 5에 대한 상표권을 침해하지 않는다고 판단하였으니, 이러한 원심 판결에는 상표의 유사 여부 판단에 대한 법리를 오해하여 판결에 영향을 미친 위법이 있다. 이 점을 지적하는 이 부분 상고이유는 이유 있다.

3. 상고이유 제5점에 관하여

원심은, 인터넷 쇼핑몰에서 '포트메리온'이라는 문자로만 구성된 피고 표장 5를 표시하여 피고 표장 1~4 제품들을 판매한 자가 피고인지 다투어지는 이 사건에서, 갑 제4, 18호증(각 가지번호 포함)의 각 기재만으로는 인터넷 쇼핑몰에서 피고 표장 1~4 제품을 판매한 자가 피고라고 보기 어렵고 달리 이를 인정할 증거가 없다는 이유로, 피고가 원심판시 원고 등록상표 6(등록번호 5 생략) "포트메리온"에 대한 상표권을 침해하지 않았다는 취지로 판단하였다. 기록에 비추어 살펴보면, 원심의 이러한 사실인정과 판단은 정당한 것으로 수긍이 가고, 거기에 상고이유에서 지적하는 바와 같은 채증법칙 위반 등의 잘못이 있다고 볼 수 없다.

4. 결 론

그러므로 나머지 상고이유에 대한 판단을 생략한 채 원심 판결 중 피고 표장 1 내지 4에 관한 원고 패소 부분을 파기하고, 이 부분 사건을 다시 심리·판단하게 하기 위하여 원심법원으로 환송하며, 나머지 상고를 기각하기로 하여, 관여 대법관의 일치된 의견으로 주문과 같이 판결한다.

대법원 1995. 9. 29. 선고 94다31365,31372(반소) 판결 (상호의 상표적 사용을 인정한 사례) 【손해배상(기)】 [집43(2)민,247;공1995.11.15.(1004),3591]

【판시사항】

가. 상법 제23조의 등기 상호의 보호에 있어서 부정한 목적의 의미
나. 상법 제23조 제4항의 부정한 목적 사용의 추정이 깨어졌다고 본 사례
다. 부정경쟁방지방법 제4조 소정의 금지청구권의 대상이 되는 부정경쟁 행위의 성립에 부정한 목적이나 고의 또는 과실이 요구되는지 여부
라. 부정경쟁방지방법 제2조 제1호 나 목 소정의 부정경쟁 행위에 해당하지 않는다고 본 사례
마. 상호를 서비스 자체나 그 광고에 표시하는 행위를 상호의 서비스표적 사용으로 본 사례
바. 문자와 도형이 결합된 상표의 유사 여부 판단 방법
사. 문자와 도형이 불가분적으로 결합되지 아니하였고 문자 부분의 칭호와 관념이 동일·유사하며, 등록된 서비스표와 전체적으로 유사한 표장이라고 본 사례
아. 상표법 제51조 제1호 소정의 "부정경쟁의 목적"의 의미
자. 두 서비스표 및 영업목적의 유사성, 영업활동의 지역적 인접성 등에도 불구하고, 부정경쟁의 목적을 부정한 사례

【판결요지】

가. 상법 제23조 제1항, 제4항 소정의 부정한 목적이란'어느 명칭을 자기의 상호로 사용함으로써 일반인으로 하여금 자기의 영업을 그 명칭에 의하여 표시된 타인의 영업으로 오인시키려고 하는 의도'를 말한다.
나. 상법 제23조 제4항의 부정한 목적 사용의 추정이 깨어졌다고 본 사례.
다. 부정경쟁방지법 제2조 제1호 (나)목 및 제4조의 규정에 의하면, 부정경쟁방지법상의

금지청구권의 대상이 되는 부정경쟁 행위의 성립에는 상법상의 상호권의 침해에서와 같은 '부정한 목적'이나 부정경쟁 행위자의'고의, 과실'은 요건이 아니다.

라. 부정경쟁방지법 제2조 제1호 (나)목 소정의 부정경쟁 행위에 해당하지 않는다고 본 사례.

마. 상호를 서비스 자체나 그 광고에 표시하는 행위를 상호의 서비스표적 사용으로 본 사례.

바. 문자와 문자 또는 문자와 도형이 결합된 상표는 원칙적으로 상표의 구성 전체를 비교하여 유사 여부를 판단하여야 하나, 결합상표에 있어서는 언제나 반드시 그 구성부분 전체의 명칭이나 모양에 의하여 호칭, 관념되는 것이 아니고 각 구성부분을 분리하여 관찰하면 자연스럽지 못할 정도로 불가분적으로 결합되어 있지 아니하는 한 그 구성부분 중 일부만에 의하여 간략하게 호칭, 관념될 수도 있고, 그 중 하나의 칭호, 관념이 타인의 상표와 동일 또는 유사하다고 인정될 때에는 두 상표는 유사하다.

사. 문자와 도형이 불가분적으로 결합되지 아니하였고 문자 부분의 칭호와 관념이 동일·유사하며, 등록된 서비스표와 전체적으로 유사한 표장이라고 본 사례.

아. 상표법 제51조 제1호에 의하면 상호와 그 저명한 약칭을 보통으로 사용하는 방법으로 표시하는 상표에 대하여는 그것이 상표권 설정등록 후에 부정경쟁의 목적으로 사용하는 것이 아닌 한 상표권의 효력이 미치지 않고, 여기서 '부정경쟁의 목적'이라 함은 등록된 상표권자의 신용을 이용하여 부당한 이익을 얻을 목적을 말한다.

자. 두 서비스표 및 영업목적의 유사성, 영업활동의 지역적 인접성 등에도불구하고 부정경쟁의 목적을 부정한 사례.

【참조조문】

가.나. 상법 제23조 제1항, 제23조 제4항 다.라. 부정경쟁방지법 제2조 제1호, 제4조
마. 상표법 제2조 제1항, 제2조 제2항 바.사.아.자. 상표법제51조 제1호

【참조판례】

가.나. 대법원 1976.2.24. 선고 73다1238 판결(공1976,9053)
1993.7.13. 선고 92다49492 판결(공1993하,2256)
라. 대법원 1995.5.9. 선고 94도3052 판결(공1995상,2146)
마. 대법원 1993.12.21. 선고 92후1844 판결(공1994상,536)
1994.12.27. 선고 93후893 판결(공1995상,679)
1995.2.14. 선고 94후1015 판결(공1995상,1342)
바. 대법원 1987.4.28. 선고 84후21 판결(공1987,891)
1995.6.16. 선고 94도1793 판결(공1995하,2670)
1995.7.14. 선고 95후347 판결(공1995하,2811)
아. 대법원 1990.9.25. 선고 89후2274 판결(공1990,2160)
1993.10.8. 선고 93후411 판결(공1993하,3080)

1993.12.21. 선고 92후1844 판결(공1994상,536)

【전 문】

【원고(반소피고), 상고인 겸, 피상고인】 주식회사 동성(동성) 소송대리인 변호사 정은섭

【피고(반소원고), 피상고인 겸, 상고인】 주식회사 동성종합건설(동성종합건설) 소송대리인 변호사 오유방

【원심 판결】 서울고등법원 1994.5.13. 선고 93나45949(본소), 45956(반소) 판결

【주 문】

각 상고를 기각한다.
상고비용은 각자의 부담으로 한다.

【이 유】

상고이유를 본다.

1. 원고(반소피고, 이하 원고라고만 한다)의 상고이유 제1점에 대하여
소론이 지적하는 점에 관한 원심의 사실 인정은 원심이 설시한 증거관계에 비추어 정당하다고 수긍이 가고, 거기에 소론과 같이 채증법칙을 위반하여 사실을 잘못 인정한 위법 등이 있다고 할 수 없다. 논지는 결국 원심의 전권에 속하는 증거의 취사판단과 사실의 인정을 비난하는 것이거나 원심이 인정한 사실과 상치되는 사실 또는 원심이 인정하지 아니한 사실을 전제로 원심 판결을 비난하는 것에 지나지 아니하여 받아들일 수 없다.
2. 원고의 상고이유 제2점에 대하여
상법 제23조 제1항은 "누구든지 부정한 목적으로 타인의 영업으로 오인할 수 있는 상호를 사용하지 못한다"라고 규정하고, 같은 조 제4항은 "동일한 서울특별시, 직할시, 시, 읍, 면에서 동종영업으로 타인이 등기한 상호를 사용하는 자는 부정한 목적으로 사용하는 것으로 추정한다"라고 규정하고 있는바, 원심이 적법히 확정한 사실관계에 의하면 원고는 1978.4.3. 동성종합건설 주식회사라는 상호(그 후 1986.4.7. 주식회사 동성으로 상호변경)를 서울특별시에서 등기하였고, 피고(반소원고, 이하 피고라고만 한다)는 1984.9.26. 경남 창원시에서 주식회사 동성개발로 법인설립등기를 한 후로 1989.8.21. 서울에 지점등기를 하였고, 1990.6.4. 주식회사 동성종합건설로 상호를 변경하고 1991년경부터 본격적으로 서울을 비롯한 수도권지역에서 '동성'이라는 이름을 사용하여 아파트건설 등 건설업 등에 종사하여 왔음을 알 수 있으므로 위 관계 법령에 의하여 피고는 이를 부정한 목적으로 사용한 것으로 추정됨은 소론과 같다.
그러나 위에서 말하는 부정한 목적이란 "어느 명칭을 자기의 상호로 사용함으로써 일반인으로 하여금 자기의 영업을 그 명칭에 의하여 표시된 타인의 영업으로 오인시키려고 하는 의도"를 말하는바, 원심이 적법하게 인정한 바와 같이 피고 회사는 1984년 법인설립이래 경남 지역에서 자신의 등기된 상호의 주요부분인 '동성'이라는 이름으로 아파트공사를 시작하여 그 지역에서 주지성을 확보한 이래 서울에 지점을 설치하고 수도권 지역에 사업을 확장하면서도 일관되게 '동성'이라는 이름을 계속 사용하

여 아파트건설업을 하여 온 반면, 원고 회사는 당초 등기된 상호인 '동성종합건설'과는 전혀 관계없는 '상아'라는 이름으로 1978년경부터 10년이 넘는 장기간을 아파트 건설업을 하여 옴으로써 일반인에게 '상아'아파트를 건설하는 회사로서 널리 알려져 오다가 1990년경부터서야 비로소 아파트 건설에 '동성'이라는 이름을 사용하기 시작한 점, 원고 회사가 피혁제품의 제조 판매를 사업목적으로 하는 주식회사 동성을 흡수합병한 1986년 이래 1990년경부터 위와 같이 아파트에 '동성'이라는 이름을 사용하기 시작한 때까지는 원고 회사의 주력 업종은 피혁 부분의 사업이었던 점, 원·피고 회사의 건설공사 도급한도액 순위가 피고 회사가 서울 등 수도권지역에서 본격적인 건설사업을 벌이기 시작한 1991년도에는 원고 회사 151위, 피고 회사 152위로 비슷하였으나 그 후부터는 오히려 피고 회사가 앞선 점 등에 비추어 보면 피고에게 원고의 명칭과 동일 유사한 명칭을 사용하여 일반인으로 하여금 자기의 영업을 원고의 영업으로 오인시키려고 하는 의도가 있었다고 보기는 어렵다 할 것이므로 위의 부정한 목적이 있다는 추정은 깨어졌다고 봄이 상당할 것이다.

따라서 원심의 이 부분 판단은 그 설시에 미흡한 점이 있으나 결론에 있어서 정당하고, 거기에 소론과 같은 상법상 상호권에 관한 법리를 오해한 위법 등이 있다고 할 수 없다. 논지는 이유 없다.

3. 원고 상고이유 제3점에 대하여

부정경쟁방지법 제2조 제1호 (나)목에 의하면 "국내에 널리 인식된 타인의 성명, 상호, 표장 기타 타인의 영업임을 표시하는 표지와 동일 또는 유사한 것을 사용하여 타인의 영업상의 시설 또는 활동과 혼동을 일으키게 하는 행위"를 부정경쟁 행위의 하나로 들고 있고, 같은 법 제4조에 의하면 "부정경쟁행위로 인하여 자신의 영업상의 이익이 침해되거나 침해될 우려가 있다고 인정하는 자는 부정경쟁 행위를 하거나 하고자 하는 자에 대하여 법원에 그 행위의 금지 또는 예방을 청구할 수 있다."고 규정하고 있으므로 부정경쟁방지법상의 금지청구권의 대상이 되는 부정경쟁 행위의 성립에는 상법상의 상호권의 침해에서와 같은'부정한 목적'이나 부정경쟁 행위자의 '고의, 과실'은 요건이 아님은 소론이 지적한 바와 같다.

그러나 원심이 인정한 사실과 기록상 알 수 있는 바와 같이 원고 회사는 당초 상호인 "동성종합건설"과는 전혀 관계없는'상아'라는 이름으로 1978년경부터 1989년경까지 장기간 아파트건설 사업을 하여 일반인에게 '상아'아파트를 건설하는 회사로 널리 알려졌고, 원고 회사는 1990.6.경 위와 같이 '동성'이라는 이름으로 아파트건설 사업을 하기까지는 1986년 이래 건설업이 아니라 피혁업을 주력 업종으로 하여 왔고, 또한 1988.9.경 증권거래소에 상장할 당시 업종을 섬유, 의복 또는 가죽가방, 신발업종으로 분류하여 상장하였다면, 원고 회사가 사용하고 있는 '동성'이라는 상호는 아파트 건설업계에서 주지된 상호라고 할 수 없다고 할 것이므로, 피고 회사가'동성'이라는 상호를 사용하는 행위가 국내에서 널리 알려진 원고 회사의 상호와 동일 또는 유사한 상호를 사용하여 원고 회사의 영업활동과 혼동을 일으키는 위 법 제2조 제1호 (나)목 소정의 부정경쟁행위에 해당한다고 볼 수 없다. 같은 취지의 원심판단은 정당하고, 거기에 부정경쟁방지법상의 금지청구권에 관한 법리오해 등 위법이 없다. 논지도 이유 없다.

4. 피고의 상고이유에 대하여.

가. 원심 판결 이유에 의하면, 원심은 피고의 반소청구에 대하여, 그 거시 증거들에 의하여 피고 회사가 1992.8.5. 원심 판결 별지목록 기재의 서비스표의 등록을 마친 사실 및 원고 회사가 1990.6.경부터 현재까지 '동성'이라는 표지를 사용하여 아파트를 건설하고 그 분양시 위 표지를 신문광고 등에 사용한 사실 등을 인정한 다음, 원고 회사(원심 판결서에는 피고 회사로 되어 있으나 오기로 보임)가 건설하는 아파트 분양광고 등에 '동성'이라는 문자를 표기하여 '동성아파트'라고 표기한 사실만으로는'동성'이 원고 회사 상호의 주요부분인 점과 아울러 고려할 때 이는 원고 회사가 건설한 아파트라는 사실을 표기하기 위하여 이를 문자로 사용한 것이어서 위'동성'을 표장으로 사용한 것이라고 하기 어렵고, 원고 회사(이 부분도 원심 판결서에는 피고 회사로 되어 있으나 오기로 보임)가 건설하는 아파트 벽면에 '동성'이라는 표시를 한 것은 이를 표장으로 사용한 것으로 볼 것이고 그렇다면 그것이 피고 회사의 등록서비스표와 동일하지는 않더라도 적어도 유사한 것으로 볼 여지는 있으나, 한편 원고 회사는 그가 건설한 아파트 벽면에 '동성'이라는 표시를 함에 있어서'동성'이라는 문자표시 이외에 위 아파트를 건설한 회사가 효성그룹계열의 회사라는 취지를 나타내고자 효성그룹을 상징하는 도형을 함께 표시하고 있으므로 원고 회사가 아파트 벽면에 사용하는 표장은 위 '동성'이라는 문자와 위 효성그룹 상징 도형을 합쳐 일체로서 파악하여야 함이 상당할 것이고 그렇게 보면 그러한 원고 회사의 표장은 그속에'동성'이라는 문자가 표기되어 있다는 사실만으로 피고 회사의 동록된 서비스표장과 유사한 것이라고 하기 어렵고 달리 원고 회사가 피고 회사의 등록된 서비스표장과 동일 또는 유사한 표장을 사용하였다고 인정할 만한 증거가 없다는 이유로 원고 회사가 상표권침해행위를 하였음을 전제로 한 피고 반소청구를 배척하였다.

나. 그러나 상표법 제2조 제1항 제6호에 의하면, 상표의 사용에는 상품 또는 상품의 포장에 상표를 표시하는 행위 등 이외에 상품에 관한 광고 등에 상표를 표시하고 전시 또는 반포하는 행위 등이 포함되고 서비스표에 대하여는 같은 조 제2항에서 상표에 관한 규정을 준용하게 되어 있으므로 상표의 경우와 같이 서비스자체나 그 광고에 서비스표를 표시하는 행위도 서비스표의 사용이라고 보아야 할 것인바 (당원 1993.12.21. 선고 92후1844 판결 참조), 원고가 영위하는 아파트 건축업은 상표법 시행규칙상의 서비스류 구분 제104류의 제1군 토목, 건축업에 속하고 있어 원고가 그 자신의 상호에 해당하는 '동성'이라는 표시를 원고 회사가 건축 분양하는 아파트 분양광고 및 아파트 벽면에 표시하는 경우 이를 순수히 상호로서만 사용되었다고 보기는 어렵다 할 것이고 상호를 서비스표로서 사용한 것으로 보아야 할 것이다.

또한 문자와 문자 또는 문자와 도형이 결합된 상표는 원칙적으로 상표의 구성전체를 비교하여 유사 여부를 판단하여야 하나, 결합상표에 있어서는 언제나 반드시 그 구성부분 전체의 명칭이나 모양에 의하여 호칭, 관념되는 것이 아니고 각 구성부분을 분리하여 관찰하면 자연스럽지 못할 정도로 불가분적으로 결합되어 있지 아니하는 한 그 구성부분 중 일부만에 의하여 간략하게 호칭, 관념될 수도 있고,

그 중 하나의 칭호, 관념이 타인의 상표와 동일 또는 유사하다고 인정될 때에는 두 상표는 유사하다고 할 것이므로(당원 1994.1.25. 선고 93후1179 판결 참조), 이 사건의 경우에도 원고 회사가 건설한 아파트 벽면에 사용된 효성그룹의 상징도형과 '동성'이라는 표시는 서로 분리하여 관찰하면 자연스럽지 못할 정도로 불가분적으로 결합되어 있다고 볼 수는 없고 위 도형부분으로부터는 어떤 칭호나 관념이 발생하지 않으므로 문자 부분에 의하여 칭호나 관념을 생각할 수 있고 그럴 경우 피고의 등록된 서비스표와 칭호나 관념에서 동일, 유사하다고 할 것이어서 전체적으로 유사한 표장이라고 보지 않을 수 없다 할 것이다.

그럼에도 불구하고 이와 다른 견해에서 원고 회사가 건설하는 아파트 분양광고 등에 '동성'이라는 문자를 표기하여'동성아파트'라고 표기한 것이 서비스표장으로 사용한 것이라고 하기 어렵다고 판단하고, 나아가 원고 회사가 아파트 벽면에 사용한 표장은 위 '동성'이라는 문자와 도형부분을 합쳐 일체로서 파악하여야 한다는 전제하에 피고 회사의 등록된 서비스표장과 유사하지 않다고 판단한 원심 판결에는 상호와 서비스표장에 관한 법리 및 서비스표장의 유사 여부에 관한 법리를 오해한 위법이 있다고 할 것이고 이 점을 지적하는 논지는 일응 이유 있다.

다. 그런데 상표법 제51조 제1호에 의하면 자기의 상호와 이들의 저명한 약칭을 보통으로 사용하는 방법으로 표시하는 상표에 대하여는 그것이 상표권 설정등록 후에 부정경쟁의 목적으로 사용하는 것이 아닌 한 상표권의 효력이 미치지 않는다 할 것이고, 여기서 "부정경쟁의 목적"이라함은 등록된 상표권자의 신용을 이용하여 부당한 이익을 얻을 목적을 말한다 할 것이다(당원 1984.1.24. 선고 83후69 판결; 1993.10.8. 선고 93후411 판결; 1993.12.21. 선고 92후1844 판결 등 참조).

기록에 의하면 원고 회사가 '동성'이라는 상호를 서비스표로서 아파트 분양광고나 아파트 벽면에 사용함에 있어 일반의 주의를 끌만한 서체나 도안으로 사용한 것은 아니므로 이는 상호를 보통으로 사용하는 방법으로 표시한 서비스표에 해당하는 것으로 봄이 상당하다 할 것이고, 이 사건에 있어서 피고 회사의 서비스표는 1990.7.24. 출원하여 1992.8.5. 등록된 것이고 원고 회사가 '동성'이라는 상호를 아파트 분양광고나 아파트 벽면에 서비스표적으로 사용한 것은 피고 회사의 서비스표 등록 훨씬 이전부터 이루어진 것이어서, 이 사건 양서비스표의 유사성이나 영업목적의 유사성, 영업활동의 지역적 인접성 등에도 불구하고 원고 회사에게 등록된 피고 회사의 서비스표의 신용을 이용하여 부당한 이득을 얻으려는 의사가 있었다고 보기는 어렵다고 할 것이다.

그렇다면 원고 회사가 '동성'이라는 상호를 아파트 분양광고나 아파트 벽면에 서비스표로서 사용하였다고 볼 수 있다고 하더라도 이는 상호를 보통으로 사용하는 방법으로 표시한 것이어서 피고 회사의 등록된 서비스표권의 권리범위에 속하지 아니한다 할 것이고, 따라서 피고 회사의 등록된 서비스표권의 침해에 해당하지 않는다 할 것이므로 위와 같은 원심의 잘못은 판결 결과에 영향이 없는 것이어서 논지는 결국 이유 없다.

5. 그러므로 각 상고를 모두 기각하고 상고비용은 각 패소자의 부담으로 하여 관여 법관

의 일치된 의견으로 주문과 같이 판결한다.

[2] 상표의 사용에 해당하지 않는 경우의 분류: 상표의 구성요건을 충족하지 못한 경우와 상표의 구성요건은 충족하나 상표의 사용 태양에 해당하지 아니하는 경우로 나누어 고찰할 수 있다.

[3] 상표의 구성요건을 충족하지 못한 경우: (i) 상품의 구성요건을 구비하지 못한 경우,[415] (i) 자타상품식별목적의 요건[예 디자인적 사용,[416] 부품의 상표 사용,[417] 서적류의 제호(원칙)[418]] 등이 이에 해당한다.

---

415) 대법원 1999. 6. 25. 선고 98후58 판결.

416) 대법원 2013. 1. 24. 선고 2011다18802 판결【상표권침해중지등】("타인의 등록상표와 동일 또는 유사한 표장을 그 지정상품과 동일 또는 유사한 상품에 사용하면 타인의 상표권을 침해하는 행위가 되나, 타인의 등록상표와 동일 또는 유사한 표장을 이용한 경우라고 하더라도 그것이 상표의 본질적인 기능이라고 할 수 있는 출처표시를 위한 것이 아니라 순전히 디자인적으로만 사용되는 등으로 상표의사용으로 인식될 수 없는 경우에는 등록상표의 상표권을 침해한 행위로 볼 수 없고, 그것이 상표로서 사용되고 있는지를 판단하기 위하여는, 상품과의 관계, 당해 표장의 사용 태양, 등록상표의 주지저명성 그리고 사용자의 의도와 사용경위 등을 종합하여 실제 거래계에서 그 표시된 표장이 상품의 식별표지로서 사용되고 있는지를 종합하여 판단하여야 한다."라고 판시한 사례) 에서는 "지정상품을 귀금속제 목걸이 등으로 하는 등록상표 ""의 상표권자인 갑 외국법인이 "" 형상을 사용하여 목걸이용 펜던트를 판매하는 을 주식회사를 상대로 상표권 침해중지 등을 구한 사안에서, 갑 법인의 등록상표와 을 회사 제품의 형상은 모두 강아지를 형상화한 도형으로서 '강아지'로 관념되고 '강아지 표'로 호칭될 수 있으나, 위 등록상표의 지정상품과 동일·유사한 상품에 관하여 강아지를 주제로 한 다양한 모양의 도형상표가 다수 등록되어 있는데, 수많은 종류의 유사 또는 상이한 형상을 통칭하는 용어에 의하여 호칭되고 관념되는 도형상표의 경우에 그 외관의 유사에 관계없이 호칭과 관념이 유사하다는 이유만으로 대비되는 양 상표가 전체적으로 유사한 상표라고 한다면 상표의 유사 범위가 지나치게 확대되어 제3자의 상표선택의 자유를 부당하게 제한하는 불합리한 결과를 가져오는 점 등에 비추어 볼 때, 통칭적인 호칭 및 관념이 유사하다는 점만으로 서로 유사하다고 단정할 수는 없으므로, 갑 법인의 등록상표와 을 회사 제품의 형상은 전체적으로 상품출처의 오인·혼동을 피할 수 있는 것이어서 유사하지 않고, 한편 목걸이용 펜던트의 특성 및 위 상품을 둘러싼 거래실정, 갑 법인의 등록상표와 을 회사 등록상표의 주지저명의 정도, 을 회사의 의도와 을 회사 제품의 제조·판매 형태 및 경위 등을 종합하여 살펴보면, 을 회사 제품의 형상은 디자인으로만 사용된 것일 뿐 상품의 식별표지로 사용된 것이라고는 볼 수 없다"고 판시하였다.

417) 대법원 2005. 6. 10. 선고 2005도1637 판결.

418) 특허법원 2006. 5. 24. 선고 2005허8197 판결에 따르면, "원칙적으로 서적류의 제호는 해당 저작물의 창작물로서의 명칭 내지는 그 내용을 직접 설명하거나 함축적으로 나타내는 것으로 서적이라는 상품의 식별표지로 기능하지는 않으나, 서적류의 경우에도 출판업자의 책임에 의하여 편집, 발행되어 저작자의 창작물이라는 면보다는 출판업자의 상품이라는 성격이 더 뚜렷이 나타나는 사전류, 연감류, 중고생 학습도서, 문고류, 전집류 등의 제호는 그 저작물의 명칭임과 동시에 출판업자의 출처표시로서의 기능을 가지며 자타 상품 식별표지로서의 성격을 가진다."라고 판시한 바 있다.

대법원 2005. 6. 10. 선고 2005도1637 판결【상표법위반】[공2005.7.15.(230),1205]

【판시사항】

[1] 공산품인 상품의 내부 부품에만 표시된 표장으로서 그 상품을 분해하여야만 일반수요자들이 인식할 수 있는 표장을 그 상품의 상표라고 할 수 있는지 여부(소극)
[2] 타인의 등록상표와 유사한 표장을 상품의 기능설명이나 상품의 기능이 적용되는 기종을 밝히기 위하여 사용한 경우, 상표권 침해로 볼 수 있는지 여부(소극)
[3] 피고인이 판매한 원격조정기(리모콘)의 내부회로기판 위에 표기된 "SONY" 표장을 상표로서 사용된 상표라고 할 수 없고, 나아가 피고인이 위 원격조정기의 표면에 '만능eZ 소니전용'이라는 표장을 표기한 것을 등록상표 "SONY"와 동일한 상표를 사용한 것으로 볼 수는 없다고 한 사례

【판결요지】

[1] 상표는 특정한 영업주체의 상품을 표창하는 것으로서 그 출처의 동일성을 식별하게 함으로써 그 상품의 품위 및 성질을 보증하는 작용을 하며, 상표법은 이와 같은 상표의 출처 식별 및 품질 보증의 기능을 보호함으로써 당해 상표의 사용에 의하여 축조된 상표권자의 기업신뢰이익을 보호하고 유통질서를 유지하며 수요자의 이익도 보호하는 것이므로, 공산품인 상품의 내부에 조립되어 기능하는 부품에 표시된 표장으로서 그 상품의 유통이나 통상적인 사용 혹은 유지행위에 있어서는 그 존재조차 알 수 없고, 오로지 그 상품을 분해하여야만 거래자나 일반 수요자들이 인식할 수 있는 표장은 그 상품에 있어서 상표로서의 기능을 다할 수 없을 것이므로 이를 가리켜 상표법에서 말하는 상표라고 할 수 없다.
[2] 타인의 등록상표와 유사한 표장을 이용한 경우라고 하더라도 그것이 상표의 본질적인 기능이라고 할 수 있는 출처표시를 위한 것이 아니라 상품의 기능을 설명하거나 상품의 기능이 적용되는 기종을 밝히기 위한 것으로서 상표의사용으로 인식될 수 없는 경우에는 등록상표의 상표권을 침해한 것이라고 할 수 없다.
[3] 피고인이 판매한 원격조정기(리모콘)의 내부회로기판 위에 표기된 "SONY" 표장을 상표로서 사용된 상표라고 할 수 없고, 나아가 피고인이 위 원격조정기의 표면에 '만능eZ 소니전용'이라는 표장을 표기한 것은 '여러 가지 기기에 손쉽게 사용될 수 있는 원격조정기로서 소니에서 나온 기기에 사용하기에 적합한 것'이라는 정도의 의미로 받아들여질 수 있어 위 원격조정기의 용도를 표시하는 것으로 보일 수 있을 뿐, 등록상표 "SONY"와 동일한 상표를 사용한 것으로 볼 수는 없다고 한 사례.

[4] 상표의 사용 태양에 해당하지 아니하는 경우: (i) 등록상표와 유사한 도메인이름을 사용한 경우,[419] (ii) 포장용기에 대하여 사용한 경우[420] 등이 이에 해당한다.

419) 대법원 2011. 8. 25. 선고 2010도7088 판결; 대법원 2004. 2. 13. 선고 2001다57709 판결.
420) 대법원 2003. 4. 11. 선고 2002도3445 판결(피고인이 후지필름의 등록상표가 각인된 1회용 카메라

대법원 2011. 8. 25. 선고 2010도7088 판결 【상표법위반】 [공2011하,1985]

【판시사항】

[1] 도메인이름의 사용이 상표법상 '상표의사용'에 해당하는지를 판단하는 기준 및 '서비스표의 사용'에도 동일한 법리가 적용되는지 여부(적극)

[2] 피고인이 갑의 등록서비스표와 유사한 여러 도메인이름을 사용함으로써 갑의 서비스표권을 침해하였다고 하며 상표법 위반으로 기소된 사안에서, 각 도메인이름이 상표법상 서비스표로 사용되었다고 할 수 없어 갑의 서비스표권을 침해하였다고 할 수 없다는 이유로, 피고인에게 무죄를 선고한 원심판단을 수긍한 사례

【판결요지】

[1] 상표권 침해가 인정될 수 있으려면 상표의사용이 전제되어야 하고, 상표법상 '상표의 사용'이란 상표법 제2조 제1항 제6호 각 목에서 정한 행위를 의미하는데, 도메인이름의 사용이 여기에 해당하기 위해서는 도메인이름의 사용태양 및 도메인이름으로 연결되는 웹사이트 화면 표시 내용 등을 전체적으로 고려하여 볼 때 거래통념상 상품의 출처표시로 기능하고 있어야 하고, 이러한 법리는 상표법 제2조 제3항에 의하여 서비스표의 경우에도 마찬가지로 적용된다.

[2] 피고인이 갑의 등록서비스표 "마 하" 또는 "마하몰 MAHAMALL"과 유사한 여러 도메인이름을 사용함으로써 갑의 서비스표권을 침해하였다고 하여 상표법 위반으로 기소된 사안에서, 피고인은 'www.mahamall.com', 'www.mahamall.net', '마하몰.kr', '마하몰.com'이라는 도메인이름과 '마하몰'이라는 한글인터넷도메인이름을 등록하고(이하 이들 도메인이름을 합쳐 '이 사건 각 도메인이름'이라고 한다), 인터넷 사용자가 웹브라우저의 주소창에 이를 입력하면 피고인의 불교정보 포털사이트인 '사찰넷'으로 연결되도록 하는 한편, 위 '사찰넷'에는 피고인의 불교용품 판매사이트인 '사찰몰'로 링크(link)를 해 놓았는데, 이 사건 각 도메인이름은 '사찰넷' 웹사이트에 접속하는 단계에서 웹브라우저의 주소창에 입력하는 순간에만 잠시 나타나 있다가 '사찰넷' 웹사이트로 연결되는 과정에서 사라져버리고, 나아가 '사찰몰' 웹사이트에 접속하기 위해서는 '사찰넷' 홈페이지의 링크 부분을 다시 클릭해야 하며, 이에 따라 '사찰넷'과 '사찰몰' 웹사이트의 주소창에는 각각의 도메인이름인 'www.sachal.net'과 'www.sachalmall.com'이 표시될 뿐 이 사건 각 도메인이름은 나타나지 아니하는 반면, 각 웹사이트의 화면 좌측

의 빈 용기를 수집하여 다시 필름을 장전하고 일부 포장을 새롭게 하여 제조·판매한 행위가 후지필름의 등록상표를 침해하고 혼동을 야기하였다고 본 사례); 대법원 2001. 7. 13. 선고 2001도1355 판결 【상표법위반】 [공2001.9.1.(137),1902]("자동차부품인 에어 클리너를 제조하면서 그 포장상자에 에어 클리너가 사용되는 적용차종을 밝히기 위하여 자동차 제작회사의 등록상표의 표시를 하였으나 제반 사정에 비추어 그 출처표시가 명백하고 부품 등의 용도설명 등을 위하여 사용한 것에 불과하다는 이유로 그 등록상표를 사용한 것으로 볼 수 없고, 그 에어 클리너는 자동차 제작회사에서 공급하는 정품과는 쉽게 구분되는 것이어서 타인의 상품과 혼동을 일으키게 하는 행위라고도 볼 수 없다고 한 사례).

상단에는 "사찰넷"과 "[illegible]"로 된 표장이 별도로 표시되어 피고인이 제공하는 불교용품 판매업 등 서비스업의 출처를 표시하는 기능을 하고 있으므로 이 사건 각 도메인이름이 서비스업의 출처표시로 기능하고 있다고 보기 어렵고, 따라서 이 사건 각 도메인이름은 상표법상 서비스표로 사용되었다고 할 수 없어 갑의 서비스표권을 침해하였다고 할 수 없다는 이유로, 같은 취지에서 피고인에게 무죄를 선고한 원심판단을 수긍한 사례.

【참조조문】

[1] 상표법 제2조 제1항 제6호, 제3항 [2] 상표법 제2조 제3항, 제93조

【참조판례】

[1] 대법원 2007. 10. 12. 선고 2007다31174 판결(공2007하, 1766)
대법원 2008. 9. 25. 선고 2006다51577 판결(공2008하, 1435)

【전 문】

【피 고 인】 피고인

【상 고 인】 검사

【원심 판결】 서울중앙지법 2010. 5. 19. 선고 2010노305 판결

2. 피고의 항변사유

가. 의 의

피고의 상표 사용행위가 원고의 상표권 침해에 하더라도 원고의 상표권의 효력을 제한하는 사유가 있으면 피고의 상표권침해행위를 성립하지 아니한다.

나. 사용권설정계약

상표권자에 의하여 전용사용권이나 통상사용권이 설정되어 있는 경우에 상표권의 효력이 제한된다.

다. 상표권의 효력 제한(상 제90조)

상표권의 효력이 미치지 아니하는 범위에 해당하는 경우(권리멸각사실에 대한 피고의 항변)에는 피고는 원고의 상표권을 침해하지 아니하게 된다.

대법원 2016. 9. 30. 선고 2014다59712 판결【서비스표권침해금지등·손해배상】

구 상표법(2016. 2. 29. 법률 제14033호로 전부 개정되기 전의 것) 제51조 제1항 제1호는

자기의 성명, 명칭, 상호 등(이하 '상호 등'이라고만 한다)을 보통으로 사용하는 방법으로 표시하는 상표에 대하여는 등록상표의 효력이 미치지 않는다고 규정하고 있다. 여기에서 '상호 등을 보통으로 사용하는 방법으로 표시한다'는 것은 상호 등을 독특한 글씨체나 색채, 도안화된 문자 등 특수한 태양으로 표시하는 등으로 특별한 식별력을 갖도록 함이 없이 일반 수요자가 표장을 보고 상호 등으로 인식할 수 있도록 표시하는 것을 의미하므로, 이는 표장 자체가 특별한 식별력을 갖도록 표시되었는지 뿐만 아니라 사용된 표장의 위치, 배열, 크기, 다른 문구와의 연결 관계, 도형과 결합되어 사용되었는지 여부 등 실제 사용 태양을 종합하여 거래통념에 의하여 판단하여야 하고, 이러한 법리는 서비스표의 경우에도 같다.

대법원 2003. 1. 24. **선고** 2002**다**6876 **판결 【손해배상(기)】** [**공**2003.3.15.(174),711]

【판시사항】

[1] 상표법 제51조 제2호가 상품의 보통명칭을 보통으로 사용하는 방법으로 표시한 표장만으로 된 상표의 효력을 제한하는 취지

[2] 상표권 침해를 이유로 한 손해배상청구사건에서 등록상표가 보통명칭화 되었는지 여부를 판단하는 기준 시기(=사실심 변론종결시)

【판결요지】

[1] 상표법 제51조 제2호가 상품의 보통명칭을 보통의 방법으로 사용하는 방법으로 표시한 표장만으로 된 상표의 효력을 제한한 것은 상품의 보통명칭은 특정 종류의 상품의 명칭으로서 일반적으로 사용되는 것이므로 본질적으로 자타상품의 식별력이 없어 특정인에게 이를 독점하게 하는 것은 부적당하고 누구라도 자유롭게 사용하게 할 필요가 있으므로 이러한 표장에 관하여는 특정인이 비록 상표등록을 받았다 하더라도 이를 보통으로 사용하는 방법으로 표시하는 것에는 상표권의 효력이 미치지 않도록 함에 그 취지가 있다.

[2] 어느 상표가 보통명칭화 되었는가의 여부는 그 나라에 있어서 당해 상품의 거래실정에 따라서 이를 결정하여야 하고, 한편 등록상표는 등록사정 당시에 이미 보통명칭화 된 경우도 있을 수 있지만, 상표등록 이후에 상표관리를 태만히 하였거나 혹은 상표관리에도 불구하고 보통명칭화 되는 경우도 있을 수 있으므로 상표권자가 상표권침해로 인한 손해배상을 구하는 경우에 있어서는 사실심 변론종결 당시를 기준으로 등록상표가 보통명칭화 되었는지의 여부를 가려야 할 것이다.

대법원 1997. 5. 30. **선고** 96**다**56382 **판결 【상표권침해금지】** [**공**1997.7.15.(38),2009]

【판시사항】

[1] 커피류를 지정상품으로 하는 상표 'GOLD BLEND'가 기술적 상표에 해당된다고 본 사례

[2] 기술적 상표가 상표법 제6조 제2항에 규정된 식별력을 취득한 경우, 동법 제51조 제2호에 의한 상표권 효력의 제한을 받는지 여부(소극)

[3] 커피제품에 사용된 문자 및 도형의 결합상표 중 'GOLD BLEND' 부분은 상표법 제51조 제2호 소정의 '보통으로 사용하는 방법으로' 표시하는 상표에 해당된다고 본 사례

【판결요지】

[1] 등록상표 'GOLD BLEND'와 그 한글표기로서 연합상표인 '골드 블렌드'는 'GOLD(골드)'와 'BLEND(블렌드)'가 결합하여 이루어진 결합상표로서 그 중 'GOLD(골드)'는 '금, 황금, 돈, 금처럼 귀중한' 등의 사전적 의미가 있으나 실제 거래사회에서 일반인들은 '훌륭한, 뛰어난, 최고급의' 등의 의미로 받아들이고, 'BLEND(블렌드)'는 '혼합하다, 섞다, 혼합'의 의미로 일반인들이 인식하게 되어, 결국 이 사건 등록상표는 그 지정상품인 커피류와 관련하여 일반수요자들이 직감적으로 '맛과 향기가 뛰어나도록 배합한 최고급 커피'로 인식하게 되므로 이는 지정상품의 품질, 가공방법 등을 직접적으로 표시한 기술적 상표에 해당한다고 본 사례.

[2] 상표법 제6조 제2항에 의하여 식별력을 취득한 상표는 상표법 제51조 제2호에 의한 상표권 효력의 제한을 받지 않는다.

[3] 커피제품에 'Maxwell'이라고 횡서한 아래에 이중의 흑회색 타원을 두고 그 타원의 중앙 부분에 'Kilimanjaro'를 비스듬하게 횡서하고 타원형 둘레의 윗부분에 'Roasted Bean Coffee'를, 아랫부분에 'GOLD BLEND'를 각 배열한 문자 및 도형의 결합상표를 사용한 경우, 그 상표 중 'GOLD BLEND' 부분은 외관에 있어서 특히 일반의 주의를 끌만한 특수한 도안이나 태양으로 표시되어 있다기보다는 오히려 '좋은 배합'이라는 관념과 칭호로써만 보통의 방법으로 그 품질 또는 가공방법의 표시로서 사용하고 있으므로, 결국 이는 상표법 제51조 제2호 소정의 '보통으로 사용하는 방법으로' 표시하는 상표에 해당한다고 본 사례.

대법원 1994. 9. 27. 선고 94다2213 판결【손해배상(기)】[공1994.11.1.(979),2803]

【판시사항】

가. 서비스표의 등록이 무효인지의 여부와 관계없이 등록서비스표권의 효력이 미치지 않는 경우

나. 등록서비스표 "서울가든"이 현저한 지리적 명칭과 관용표장으로 구성되어 서비스표 "석촌서울가든"에 대하여 등록서비스표권의 효력이 미치지 않는다고 본 사례

다. 상표법 제51조 제3호 소정의 서비스표는 같은 조 제1호 본문 소정의 서비스표에 해당하더라도 부정경쟁의 목적으로 사용하는지 여부에 관계없이 등록서비스표권의 효력이 미칠 수 없는지의 여부

【판결요지】

가. 상표법 제51조는 상표권자가 상표법상 가지는 권리에 대하여 그 각호에 해당하는 경우에는 상표권자에게 그 권리를 독점적으로 부여하는 것이 적절하지 않다고 인정하여 상표권의 효력이 미치지 않도록 규정한 것이므로 그 상표의 등록이 무효인가의 여부에 관계없이 상표권의 효력이 다른 상표에 미칠 수 없고, 이 법리는 상표법

제2조 제2항에 의하여 서비스표에도 동일하게 적용된다.

나. 도형과 문자로 결합된 등록서비스표의 문자 부분인 "서울가든" 중 "서울"은 대한민국 수도의 명칭으로서 현저한 지리적 명칭이고 "가든"은 현재 일반적, 관용적으로 음식점 특히 갈비집, 불고기집 등에 사용되고 있는 표장이므로, 이는 상표법 제51조 제3호의 규정에 의하여 타인이 사용하는 "석촌서울가든"이라는 문자로 된 서비스표에 대하여는 그 효력이 미치지 아니한다고 본사례.

다. 어느 서비스표가 상표법 제51조 제3호 소정의 관용표장, 현저한 지리적 명칭으로 이루어진 경우에는 비록 그 서비스표가 한편으로 제51조 제1호 본문 소정의 자기의 상호를 보통으로 사용하는 방법으로 표시하는 서비스표에 해당하더라도 부정경쟁의 목적으로 사용하는지 여부에 관계없이 등록서비스표권의 효력이 이에 미칠 수 없다.

라. 등록무효의 항변

등록상표에 대한 등록무효심결이 확정되기 전이라도 그 상표등록이 무효심판에 의하여 무효로 될 것임이 명백하지 아니하는 경우에는 상표등록무효심결이 확정되기 전까지는 상표권침해소송에서 상표등록 무효 사유를 이유로 상표권이 무효라는 판단을 할 수 없으므로, 피고의 등록무효 항변에 대해서는 상표등록무효심결이 확정되기 전까지는 피고의 항변 자체가 이유 없다는 이유로 배척하여야 할 것이다.[421]

하지만, 등록상표에 대한 등록무효심결이 확정되기 전이라고 하더라도 그 상표등록이 무효심판에 의하여 무효로 될 것임이 명백한 경우에는 그 상표권에 기초한 침해금지 또는 손해배상 등의 청구가 권리남용에 해당하여 허용되지 아니한다.[422]

마. 병행수입

진정상품의 병행수입(parallel importation)은 독점수입권자에 의해 해당 외국상품이 수입되는 경우 제3자가 다른 유통경로를 통하여 진정상품을 국내 독점수입권자의 허락 없이 수입하는 것을 뜻한다.

국내에 등록된 상표와 동일·유사한 상표가 부착된 그 지정상품과 동일·유사한 상품을 수입하는 행위가 그 등록상표권의 침해 등을 구성하지 않는다고 하기 위해서는, (i) 외국의 상표권자 내지 정당한 사용권자가 그 수입된 상품에 상표를 부착하였어야 하고, (ii) 그 외국 상표권자와 우리나라의 등록상표권자가 법적 또는 경제적으로 밀접한 관계에 있거나 그 밖의 사정에 의하여 위와 같은 수입상품에 부착된 상표가 우리나라의 등록상표와 동일한 출처를 표시하는 것으로 볼 수 있는 경우이어야 하며, 아울러 (iii) 그 수입된

421) 대법원 1989. 3. 28. 선고 87후139 판결; 대법원 1996. 9. 10. 선고 96후283 판결.
422) 대법원 2012. 10. 18. 선고 2010다103000 전원합의체 판결.

상품과 우리나라의 상표권자가 등록상표를 부착한 상품 사이에 품질에 있어 실질적인 차이가 없어야 할 것이다.[423)]

대법원 2010. 5. 27. 선고 2010도790 판결에서는 "국내에 등록된 상표 "K·SWISS"가 표시된 슬리퍼를 수입하여 상표법 위반으로 기소된 사안에서, 상표권자인 외국 회사와 국내 전용사용권자가 어떠한 법적·경제적인 관계가 있다거나 그 밖의 다른 사정에 의하여 위 수입상품의 출처가 실질적으로 동일하다고 볼 수 없어, 이는 국내 전용사용권자의 전용사용권을 침해하는 행위"라고 판단하였다.

그리고 대법원 2002. 9. 24. 선고 99다42322 판결【표장등사용중지】(버버리 리미티드 대 주식회사 이엠이씨)에서는 "병행수입 그 자체는 위법성이 없는 정당한 행위로서 상표권 침해 등을 구성하지 아니하므로 병행수입업자가 상표권자의 상표가 부착된 상태에서 상품을 판매하는 행위는 당연히 허용될 것인바, 상표제도는 상표를 보호함으로써 상표 사용자의 업무상의 신용유지를 도모하여 산업발전에 이바지함과 아울러 수요자의 이익을 보호함을 목적으로 하고(상표법 제1조 참조), 상표는 기본적으로 당해 상표가 부착된 상품의 출처가 특정한 영업주체임을 나타내는 상품출처표시기능과 이에 수반되는 품질보증기능이 주된 기능이라는 점 등에 비추어 볼 때, 병행수입업자가 위와 같이 소극적으로 상표를 사용하는 것에 그치지 아니하고 나아가 적극적으로 상표권자의 상표를 사용하여 광고·선전행위를 하더라도 그로 인하여 위와 같은 상표의 기능을 훼손할 우려가 없고 국내 일반 수요자들에게 상품의 출처나 품질에 관하여 오인·혼동을 불러일으킬 가능성도 없다면, 이러한 행위는 실질적으로 상표권 침해의 위법성이 있다고 볼 수 없을 것이므로, 상표권자는 상표권에 기하여 그 침해의 금지나 침해행위를 조성한 물건의 폐기 등을 청구할 수 없다고 봄이 상당하다."고 판시하면서, "병행수입업자가 적극적으로 상표권자의 상표를 사용하여 광고·선전행위를 한 것이 실질적으로 상표권 침해의 위법성이 있다고 볼 수 없어 상표권 침해가 성립하지 아니한다고 하더라도, 그 사용태양 등에 비추어 영업표지로서의 기능을 갖는 경우에는 일반 수요자들로 하여금 병행수입업자가 외국본사의 국내 공인 대리점 등으로 오인하게 할 우려가 있으므로, 이러한 사용행위는 부정경쟁방지및영업비밀보호에관한법률 제2조 제1호 (나)목 소정의 영업주체혼동행위에 해당되어 허용될 수 없다."고 판시하여 진정상품의 병행수입에 상표권 침해행위는 아니더라도 부정경쟁방지 및 영업비밀보호에 관한 법률 제2조 제1호 나목의 영업주체 혼동행위에 해당할 수 있다는 점을 밝히고 있다.

참고로 행정적 규제책과 관련하여 관세청의 '지식재산권 보호를 위한 수출입통관사무

423) 대법원 2005. 6. 9. 선고 2002다61965 판결, 대법원 2006. 10. 13. 선고 2006다40423 판결; 대법원 2010. 5. 27. 선고 2010도790 판결.

처리에 관한 고시' 및 공정거래위원회의 '병행수입에 있어서의 불공정거래행위의 유형고시'에서 진정상품의 병행수입을 다루고 있다.

대법원 2008. 11. 27. 선고 2006도2650 판결【상표법위반】[미간행]

【판시사항】

[1] 구 상표법상 상품의 유사 여부에 대한 판단 방법

[2] 피고인이 "ROBERTA DI CAMERINO" 표장에 관한 일본 내 독점적 생산·판매 실시권을 가진 회사측으로부터 위 표장을 붙인 상품을 수입·판매한 사안에서, 이른바 '진정상품의 병행수입'에 해당한다고 하더라도 "ROBERTA" 상표의 국내 전용상표권자의 상표권을 침해하는 행위에 해당한다고 한 사례

【참조조문】

[1] 구 상표법(2007. 1. 3. 법률 제8190호로 개정되기 전의 것) 제10조, 구 상표법 시행규칙(2006. 11. 29. 산업자원부령 제376호로 개정되기 전의 것) 제6조 제1항, 상표법 제7조 제1항 제7호 [2] 상표법 제66조, 제93조

【참조판례】

[1] 대법원 2006. 6. 16. 선고 2004후3225 판결(공2006하, 1377)

【전 문】

【피 고 인】 피고인

【상 고 인】 피고인

【변 호 인】 법무법인 세영 담당변호사 전하은

【원심 판결】 대구지법 2006. 4. 6. 선고 2005노3002 판결

【주 문】

상고를 기각한다.

【이 유】

상고이유를 본다.

1. 제1점에 대하여

   구 상표법(2007. 1. 3. 법률 제8190호로 개정되기 전의 것. 이하 같다) 제10조 제1항 및 구 상표법 시행규칙(2006. 11. 29. 산업자원부령 제376호로 개정되기 전의 것. 이하 같다) 제6조 제1항에 의한 상품류구분은 상표등록사무의 편의를 위하여 구분한 것으로서 상품의 유사 범위를 정한 것은 아니므로(구 상표법 제10조 제2항), 구 상품류구분표의 다른 유별에 속하고 있다고 하여 곧바로 동일 또는 유사한 상품이 아니라고 단정할 수는 없으며, 상품의 유사 여부는 대비되는 상품에 동일 또는 유사한 상표를 사용할

경우 동일 업체에 의하여 제조 또는 판매되는 상품으로 오인될 우려가 있는지 여부를 기준으로 하여 판단하되, 상품 자체의 속성인 품질, 형상, 용도와 생산 부문, 판매 부문, 수요자의 범위 등 거래의 실정을 종합적으로 고려하여 일반 거래의 통념에 따라 판단하여야 한다(대법원 2001. 4. 27. 선고 98후1259 판결, 대법원 2006. 6. 16. 선고 2004후3225 판결 등 참조).

위 법리에 따라 원심 판결 이유를 기록에 비추어 살펴보면, 원심이 그 채용 증거를 종합하여 판시와 같은 사실들을 인정한 다음, 피고인의 이 사건 상품인 카매트, 차량용 시트커버 및 방석 등과 ROBERTA로 구성된 고소인 김병철(이하 '고소인'이라 한다)의 등록상표(등록번호 : 제241053호)의 지정상품인 방석, 이불, 요, 베개, 의자커버 등은 구 상품류구분표의 다른 유별에 속하고 있는 것이기는 하나, 양 상품들은 그 형상, 용도와 판매처 및 수요자의 범위 등이 일치 또는 중복되므로 피고인의 이 사건 상품과 고소인의 위 등록상표의 지정상품은 유사하다고 판단하였음은 정당하고, 거기에 상고이유에서 주장하는 바와 같은 상품의 동일·유사 여부에 관한 법리오해 등의 위법이 없다.

2. 제2, 3점에 대하여

기록에 비추어 살펴보면, 피고인의 이 사건 상품에 부착된 표장과 동일한 ROBERTA DI CAMERINO 표장에 관하여 일본국에서의 생산·판매에 대한 독점적 실시권을 가진 일본국 법인 미쓰비시상사 주식회사(이하 '미쓰비시'라 한다)는 일본국 법인 주식회사 엘마크(이하 '엘마크'라 한다)와 사이에 엘마크가 위 표장을 부착한 상품을 생산, 판매할 수 있도록 허락하는 약정을 하였고, 일본국 법인 주식회사 큐슈에스테도(이하 '에스테도'라 한다)는 엘마크가 생산한 카매트, 차량용 시트커버 및 방석 등 상품을 매입하였으며, 피고인은 에스테도로부터 위 상품을 한국으로 수입한 것이기는 하나, 미쓰비시와 ROBERTA 상표의 상표권자인 고소인은 법적 또는 경제적으로 아무런 관계가 없어 그 제조·판매의 출처가 전혀 다름을 알 수 있으므로, 이러한 경우에는 피고인의 이 사건 상품 수입행위가 이른바 진정상품의 병행수입에 해당한다고 하더라도 국내 상표권을 침해하는 것으로서 허용되지 않으며(대법원 2006. 9. 8. 선고 2004도6815 판결 등 참조), 나아가 기울리아나 까메리노 네에 꼬엔이 2004. 11. 24. 위 ROBERTA DI CAMERINO로 구성된 상표에 관하여 지정상품을 자동차용 시트커버, 오토바이용 안장커버 등으로 하여 상표등록(등록번호 : 제600640호)을 마친 바 있다 하더라도 그와 같은 사정은 피고인의 고소인에 대한 상표권 침해죄의 성립에 아무런 영향이 없다.

또한, 기록에 의하면, 고소인은 2002. 7. 25. Roberta Amarrosa로 구성된 상표(출원번호 : 제40-2002-0033987호)에 관하여 자동차용 악세사리, 자동차용 깔판, 자동차용 무릎깔개, 자동차용 방석, 자동차용 베개, 자동차용 시트커버, 자동차용 쿠션 등을 지정상품으로 한 상표등록 출원을 하였음을 알 수 있으나, 별개 상표에 관한 고소인의 위와 같은 상표출원이 있었다고 하여 위 ROBERTA 상표권의 효력이 피고인의 이 사건 상품에 미치지 않게 되는 것도 아니다.

원심의 이 부분 판시는 그 이유에 있어 다소 부적절한 점이 있으나 결론에 있어 정당하므로, 거기에 상고이유에서 주장하는 바와 같은 판결에 영향을 미친 진정상품의 병행수입에 관한 법리오해 및 이유불비 등의 위법이 있다고 할 수 없다.

3. 제4점에 대하여

원심은 그 채택 증거에 의하여, 피고인은 ROBERTA DI CAMERINO로 구성된 상표(등록번호: 제416497호)가 고소인의 ROBERTA 상표와 유사하여 무효로 되어야 한다는 특허법원의 판결이 선고된 후인 2004. 3. 19.경 고소인으로부터 '피고인의 이 사건 상품 수입·판매행위가 고소인의 위 상표권에 대한 침해행위가 된다'는 점이 적시된 내용증명 우편물을 받은 사실, 피고인은 2002. 8. 2. 대구고등법원 2001라61호로 '피고인의 이 사건 상품 등이 위 제416497호 등록상표 등의 국내 전용사용권자인 주식회사 팬코의 지정상품과 유사하므로 피고인은 주식회사 팬코의 전용사용권 침해행위를 중지하여야 한다'라는 내용의 상표사용금지가처분을 받은 사실 등을 인정한 다음, 그러한 사실관계를 종합하면 설령 피고인이 위 특허법원의 판결에 대한 상고를 기각하는 대법원 판결이 2004. 7. 22. 선고된 사실을 몰랐다고 하더라도 피고인에게는 이 사건 상품을 소지·판매함으로써 고소인의 상표권을 침해한다는 인식이 미필적으로라도 있었던 것으로 판단된다고 하여, 상표권 침해의 고의가 없었다는 피고인의 주장을 배척하는 한편, 그 판시 압수물들은 고소인의 위 ROBERTA 상표의 상표권을 침해하는 행위에 제공된 물건으로서 그 기능과 외관을 해치지 아니하고 상표와 쉽게 분리될 수 있는 경우에 해당하지 아니한다고 보아, 이 사건 공소사실을 유죄로 인정하고 상표법 제97조의2 제1항을 적용하여 위 압수물들을 피고인으로부터 몰수한 제1심 판결을 그대로 유지하였다.

원심 판결 이유를 기록에 비추어 살펴보면 원심의 위와 같은 인정과 판단은 모두 정당하고, 거기에 상고이유에서 주장하는 바와 같은 고의 및 몰수형에 대한 법리오해 등의 위법이 없다.

4. 결 론

그러므로 상고를 기각하기로 하여 관여 대법관의 일치된 의견으로 주문과 같이 판결한다.

대법관 고현철(재판장) 김지형 전수안(주심) 차한성

바. 상표권 행사가 상표권의 남용에 해당하는 경우

상표권의 행사가 등록상표에 관한 권리를 남용하는 것으로서 허용될 수 없다고 하기 위해서는, 상표권자가 해당 상표를 출원·등록하게 된 목적과 경위, 상표권을 행사하기에 이른 구체적·개별적 사정 등에 비추어, 상대방에 대한 상표권의 행사가 상표사용자의 업무상의 신용유지와 수요자의 이익보호를 목적으로 하는 상표제도의 목적이나 기능을 일탈하여 공정한 경쟁질서와 상거래 질서를 어지럽히고 수요자 사이에 혼동을 초래하거나 상대방에 대한 관계에서 신의성실의 원칙에 위배되는 등 법적으로 보호받을 만한 가치가 없다고 인정되어야 한다.[424)]

Ⅱ. 민사적 구제

1. 권리침해에 대한 금지청구권 등

[1] 상표권자 또는 전용사용권자는 자기의 권리를 침해한 자 또는 침해할 우려가 있는 자에 대하여 그 침해의 금지 또는 예방을 청구할 수 있다(상 제107조 제1항).

[2] 상표권자 또는 전용사용권자가 침해금지청구를 할 때에는 침해행위를 조성한 물건의 폐기, 침해행위에 제공된 설비의 제거 기타 침해의 예방에 필요한 행위를 청구할 수 있다(상 제107조 제2항).

[3] 침해로 보는 행위:

(i) 타인의 등록상표와 동일한 상표를 그 지정상품과 유사한 상품에 사용하거나 타인의 등록상표와 유사한 상표를 그 지정상품과 동일·유사한 상품에 사용하는 행위, (ii) 타인의 등록상표와 동일·유사한 상표를 그 지정상품과 동일·유사한 상품에 사용하거나 사용하게 할 목적으로 교부·판매·위조·모조 또는 소지하는 행위, (iii) 타인의 등록상표를 위조 또는 모조하거나 위조 또는 모조하게 할 목적으로 그 용구를 제작·교부·판매 또는 소지하는 행위, (iv) 타인의 등록상표 또는 이와 유사한 상표가 표시된 지정상품과 동일·유사한 상품을 양도 또는 인도하기 위하여 소지하는 행위 중 어느 하나에 해당하는 행위는 상표권(지리적 표시 단체표장권은 제외한다) 또는 전용사용권을 침해한 것으로 본다(상 제107조 제1항).

그리고 (i) 타인의 지리적 표시 등록단체표장과 유사한 상표(동음이의어 지리적 표시는 제외한다. 이하 이 항에서 같다)를 그 지정상품과 동일하다고 인정되는 상품에 사용하는 행위, (ii) 타인의 지리적 표시 등록단체표장과 동일·유사한 상표를 그 지정상품과 동일하다고 인정되는 상품에 사용하거나 사용하게 할 목적으로 교부·판매·위조·모조 또는 소지하는 행위, (iii) 타인의 지리적 표시 등록단체표장을 위조 또는 모조하거나 위조 또는 모조하게 할 목적으로 그 용구를 제작·교부·판매 또는 소지하는 행위, (iv) 타인의 지리적 표시 등록단체표장과 동일·유사한 상표가 표시된 지정상품과 동일하다고 인정되는 상품을 양도 또는 인도하기 위하여 소지하는 행위 중 어느 하나에 해당하는 행위는 지리적 표시

---

424) 대법원 2007. 1. 25. 선고 2005다67223 판결.

단체표장권을 침해한 것으로 본다(상 제107조 제2항).

[4] 상표법 제107조 제1항의 침해간주행위 관련 판례 : (i) 도메인이름의 등록사용을 상표권 침해간주행위로 본 사례,[425] (ii) 도메인이름의 등록사용을 상표권 침해간주행위에 해당하지 아니한다고 판시한 사례,[426] (iii) 양수인 등이 해당 상품을 사용·양도 또는 대여하는 행위는 상표권침해간주행위에 해당하지 아니한다고 한 사례,[427] (iv) '교부 또는 판매'의 대상이 되는 것은 상표 그 자체가 아니라 상표를 표시한 물건을 의미한다고 봄이 상당하므로, 상표사용권자가 제3자에게 등록상표를 사용하게 한 행위는 상표법 제107조 제1항 제1호 내지 제2호의 상표권침해간주행위에 해당하지 아니한다는 사례[428] 등이 있다.

대법원 2016. 8. 24. 선고 2014다19202 판결【상표권침해금지 등 (타) 파기환송(일부)】
[상표의 유사를 이유로 침해금지 등을 청구한 사건]

◇ 상표의 유사 판단 기준 ◇

타인의 등록상표와 동일 또는 유사한 상표를 지정상품과 동일 또는 유사한 상품에

---

425) 대법원 2008. 9. 25. 선고 2006다51577 판결("상표법 제66조 제1항 제1호에 정한 상표권 침해가 인정될 수 있으려면 '상표의 사용'이 전제되어야 할 것인데, 도메인이름의 등록사용의 경우에는 도메인이름의 사용태양 및 그 도메인이름으로 연결되는 웹사이트 화면의 표시 내용 등을 전체적으로 고려하여 거래통념상 상품의 출처를 표시하고 자기의 업무에 관계된 상품과 타인의 업무에 관계된 상품을 구별하는 식별표지로 기능하고 있을 때에는 '상표의 사용'으로 볼 수 있다."라고 판시한 사례).

426) 대법원 2004. 2. 13. 선고 2001다57709 판결【상표권침해및부정경쟁행위금지등】(도메인 이름의 요부가 저명한 등록상표와 동일하기는 하나, 상표법에서 규정하는 상표권 침해행위가 되기 위해서는 타인의 등록상표와 동일한 상표를 그 지정상품과 유사한 상품에 사용하거나, 타인의 등록상표와 유사한 상표를 그 지정상품과 동일 또는 유사한 상품에 사용하는 행위가 있어야 하는데, 위 도메인 이름하에 운용되는 웹사이트에서 등록상표권의 지정상품과 동일 또는 유사한 상품을 취급하거나, 등록서비스표의 지정서비스업과 동일·유사한 영업을 취급한 사실이 전혀 없다면 위 웹사이트를 통해 등록상표권을 침해하였거나 침해할 우려가 있다고 볼 수 없고, 등록상표와 동일한 이름을 도메인 이름으로 사용한 것만으로는 상표법 제66조에서 규정하는 상표권 침해행위에 해당한다고 보기 어렵다고 한 사례).

427) 대법원 2009. 10. 15. 선고 2009도3929 판결【의료기기법위반·상표법위반】("상표권자 등이 국내에서 등록상표가 표시된 상품을 양도한 경우에는 특별한 사정이 없는 한 당해 상품에 대한 상표권은 그 목적을 달성하여 소진되므로, 양수인 등이 당해 상품을 사용·양도 또는 대여하는 행위 등에는 상표권의 효력이 미치지 않는다. 다만, 양수인 등이 원래의 상품과의 동일성을 해할 정도의 가공이나 수선을 하는 때에는 실질적으로는 생산행위를 하는 것과 마찬가지이어서 새로 생성된 제품에 종전 상품에 표시된 상표를 그대로 유지하게 되면 상품의 출처표시 기능이나 품질보증 기능을 해치게 되므로 이러한 경우에는 상표권자의 권리가 침해된다고 보아야 하는바, 동일성을 해할 정도의 가공이나 수선에 해당하는지 여부는 당해 상품의 객관적인 성질, 이용형태 및 상표법의 규정취지와 상표의 기능 등을 종합하여 판단하여야 한다(대법원 2003. 4. 11. 선고 2002도3445 판결 등 참조)."라고 판시한 사례).

428) 대법원 2004. 9. 24. 선고 2002다58594 판결【손해배상(지)등】.

사용하는 행위는 상표권에 대한 침해행위가 된다. 여기서 유사상표의 사용행위에 해당하는지에 대한 판단은 두 상표가 해당 상품에 관한 거래실정을 바탕으로 외관, 호칭, 관념 등에 의하여 일반 수요자에게 주는 인상, 기억, 연상 등을 전체적으로 종합할 때, 두 상표를 때와 장소를 달리하여 대하는 일반 수요자가 상품 출처에 관하여 오인·혼동할 우려가 있는지의 관점에서 이루어져야 한다.

피고 사용표장	1.	4.
	2.	
	3.	
	5.	
원고 등록상표	1. M·U·SPORTS	2. M·U·S

☞ 피고가 원고의 상표권 중 골프의류에 관한 상표권만 양도받고 골프용품에 관한 원고 등록상표(위의 표 하단)에 관한 권리는 양도받지 않았음에도 불구하고, 골프의류를 판매하는 매장에서 피고 사용표장(위의 표 상단)을 부착한 골프용품을 판매한 사안에서, 피고 제1 내지 5사용표장과 원고 제1, 2등록상표는 표장의 구성과 거래실정 등을 종합하면 전체적으로 유사한 상표라고 판단하고, 이와 달리 본 원심 판결을 파기환송한 사건

【판시사항】

[1] 상표권 침해행위인 유사상표 사용행위에 해당하는지 판단하는 기준

[2] 골프용품 등을 지정상품으로 하는 등록상표인 “M·U·SPORTS”, “M·U·S”의 상표권자인 갑 주식회사가 사용표장을 “ ”, “ ”, “ ”, “ ”, “ ”로 하는 골프용품 등을 판매하는 을 주식회사 등을 상대로 상표권 침해금지 등을 구한 사안에서, 제반 사정에 비추어 을 회사 등이 사용하는 표장은 갑 회사의 등록상표와 동일·유사한 지정상품에 함께 사용될 경우 일반 수요자로 하여

금 출처에 관하여 오인·혼동을 일으키게 할 우려가 있으므로, 전체적으로 서로 유사한 상표라고 한 사례

【참조조문】

[1] 구 상표법(2016. 2. 29. 법률 제14033호로 전부 개정되기 전의 것) 제66조 제1항 제1호(현행 제108조 제1항 제1호 참조) [2] 구 상표법(2016. 2. 29. 법률 제14033호로 전부 개정되기 전의 것) 제65조(현행 제107조 참조), 제66조 제1항 제1호(현행 제108조 제1항 제1호 참조)

【참조판례】

[1] 대법원 2015. 10. 15. 선고 2014다216522 판결(공2015하, 1663)

【원고, 상고인】 주식회사 엠유스포츠 (소송대리인 법무법인(유한) 태평양 담당변호사 이후동 외 4인)

【피고, 피상고인】 주식회사 엠유에스앤씨 외 1인 (소송대리인 변호사 이수완 외 4인)

【원심 판결】 서울고법 2014. 1. 23. 선고 2013나33593 판결

대법원 2014. 8. 20. 선고 2012다6059 판결 【상표사용금지등 (자) 상고기각】 [골프채 상표 사건]

【판시사항】

[1] 등록상표권자의 상표권 행사가 권리남용에 해당하는지 판단하는 기준 / 어떤 상표가 정당하게 출원·등록된 후 등록상표와 동일·유사한 상표를 정당한 이유 없이 사용한 결과 사용상표가 주지성을 취득하였다는 이유로 상표 사용자를 상대로 한 상표권침해금지 또는 손해배상 등의 청구가 권리남용에 해당하는지 여부(소극)

[2] 선행 등록상표와 표장 및 지정상품이 동일·유사한 후행 등록상표가, 선행 등록상표의 등록 이후부터 사용되어 후행 등록상표의 등록결정 당시 특정인의 상표로 인식된 타인의 상표와의 관계에서 상표법 제7조 제1항 제11호 후단의 '수요자를 기만할 염려가 있는 상표'에 해당하여 등록이 무효로 된 경우, 위 타인의 상표 사용이 선행 등록상표에 대한 관계에서 정당하게 되거나 선행 등록상표의 상표권에 대한 침해를 면하게 되는지 여부(소극)

[3] 지정상품을 '골프채' 등으로 하는 등록상표 'KATANA GOLF'의 상표권자인 갑 외국법인이 'KATANA'와 'KATANA GOLF' 등의 상표를 사용하여 골프채 등을 수입·판매하는 을 주식회사를 상대로 상표사용금지 등을 구한 사안에서, 갑 법인의 상표권 행사가 권리남용에 해당하지 않고, 갑 법인의 후행 등록상표인 'KATANA' 등이 을 회사가 사용하는 'KATANA' 상표 등과의 관계에서 등록이 무효로 되었더라도 을 회사 사용상표의 사용이 갑 법인의 상표권에 대한 침해를 면하지 않는다고 한 사례

[4] 국내의 등록상표와 동일·유사한 상표가 부착된 지정상품과 동일·유사한 상품을 수입하는 행위가 등록상표권의 침해 등을 구성하지 않는다고 하기 위한 요건

【판결요지】

[1] 상표권의 행사가 등록상표에 관한 권리를 남용하는 것으로서 허용될 수 없다고 하기 위해서는, 상표권자가 당해 상표를 출원·등록하게 된 목적과 경위, 상표권을 행사하기에 이른 구체적·개별적 사정 등에 비추어, 상대방에 대한 상표권의 행사가 상표사용자의 업무상의 신용유지와 수요자의 이익보호를 목적으로 하는 상표제도의 목적이나 기능을 일탈하여 공정한 경쟁질서와 상거래 질서를 어지럽히고 수요자 사이에 혼동을 초래하거나 상대방에 대한 관계에서 신의성실의 원칙에 위배되는 등 법적으로 보호받을 만한 가치가 없다고 인정되어야 한다.

그리고 어떤 상표가 정당하게 출원·등록된 이후에 등록상표와 동일·유사한 상표를 그 지정상품과 동일·유사한 상품에 정당한 이유 없이 사용한 결과 그 사용상표가 국내의 일반 수요자들에게 알려지게 되었다고 하더라도, 사용상표와 관련하여 얻은 신용과 고객흡인력은 등록상표의 상표권을 침해하는 행위에 의한 것으로서 보호받을 만한 가치가 없고 그러한 상표의 사용을 용인한다면 우리 상표법이 취하고 있는 등록주의 원칙의 근간을 훼손하게 되므로, 위와 같은 상표 사용으로 시장에서 형성된 일반 수요자들의 인식만을 근거로 하여 상표 사용자를 상대로 한 등록상표의 상표권에 기초한 침해금지 또는 손해배상 등의 청구가 권리남용에 해당한다고 볼 수는 없다.

[2] 선행 등록상표의 등록 이후에 등록결정이 된 후행 등록상표가 선행 등록상표와 표장 및 지정상품이 동일·유사하고, 또한 후행 등록상표의 등록결정 당시 특정인의 상표라고 인식된 타인의 상표가 선행 등록상표의 등록 이후부터 사용되어 온 것이라고 하더라도, 이러한 타인의 사용상표(이하 '후발 선사용상표'라고 한다)와의 관계에서 후행 등록상표가 상표법 제7조 제1항 제11호 후단에서 규정하고 있는 '수요자를 기만할 염려가 있는 상표'에 해당하여 등록이 무효로 될 수 있고, 그 결과 후발 선사용상표가 사실상 보호받는 것처럼 보일 수는 있다. 그러나 위 규정의 취지가 후발 선사용상표를 보호하려는 데 있는 것이 아니라 이미 특정인의 상표라고 인식된 상표를 사용하는 상품의 출처 등에 관한 일반 수요자들의 오인·혼동을 방지하여 이에 대한 신뢰를 보호하려는 데 있음을 고려할 때, 그러한 결과는 일반 수요자들의 이익을 보호함에 따른 간접적·반사적인 효과에 지나지 아니하므로, 그러한 사정을 들어 후발 선사용상표의 사용이 선행 등록상표에 대한 관계에서 정당하게 된다거나 선행 등록상표의 상표권에 대한 침해를 면하게 된다고 볼 수는 없다.

[3] 지정상품을 '골프채' 등으로 하는 등록상표 'KATANA GOLF'의 상표권자인 갑 외국법인이 'KATANA'와 'KATANA GOLF' 등의 상표를 사용하여 골프채 등을 수입·판매하는 을 주식회사를 상대로 상표사용금지 등을 구한 사안에서, 갑 법인이 등록상표를 정당한 목적으로 출원·등록하여 상표권을 취득한 후 을 회사가 이와 유사한 상표를 정당한 이유 없이 사용해 온 결과 을 회사 사용상표들이 국내의 일반 수요자들 사이에서 특정인의 상표나 주지상표로 인식되기에 이르렀다고 하더라

도 그러한 사정을 들어 을 회사에 대한 갑 법인의 상표권 행사가 권리남용에 해당한다고 보기 어렵고, 갑 법인의 후행 등록상표인 'KATANA' 등이 을 회사가 사용하고 있는 'KATANA' 상표 등과의 관계에서 상표법 제7조 제1항 제11호 후단의 '수요자를 기만할 염려가 있는 상표'에 해당한다는 이유로 등록이 무효로 되었다는 사정을 들어 을 회사 사용상표들에 앞서 등록된 갑 법인의 상표권에 대한 관계에서 을 회사 사용상표들의 사용이 정당하게 된다거나 갑 법인의 상표권에 대한 침해를 면하게 된다고 볼 수 없다고 한 사례.

[4] 국내에 등록된 상표와 동일·유사한 상표가 부착된 지정상품과 동일·유사한 상품을 수입하는 행위가 등록상표권의 침해 등을 구성하지 않는다고 하기 위해서는, 외국의 상표권자 또는 정당한 사용권자가 수입된 상품에 상표를 부착하였어야 하고, 외국 상표권자와 우리나라의 등록상표권자가 법적 또는 경제적으로 밀접한 관계에 있거나 그 밖의 사정에 의하여 위와 같은 수입상품에 부착된 상표가 우리나라의 등록상표와 동일한 출처를 표시하는 것으로 볼 수 있는 경우이어야 하며, 아울러 수입된 상품과 우리나라의 상표권자가 등록상표를 부착한 상품의 각 품질 사이에 실질적인 차이가 없어야 한다.

【참조조문】

[1] 민법 제2조, 상표법 제50조, 제65조, 제66조의2 [2] 상표법 제2조 제1항 제7호, 제7조 제1항 제11호, 제66조 제1항 제1호 [3] 민법 제2조, 상표법 제2조 제1항 제7호, 제7조 제1항 제11호, 제65조, 제66조 제1항 제1호 [4] 상표법 제2조 제1항 제7호, 제66조 제1항 제1호

【참조판례】

[1] 대법원 2007. 1. 25. 선고 2005다67223 판결(공2007상, 344)
[2] 대법원 2007. 6. 28. 선고 2006후3113 판결(공2007하, 1193)
[4] 대법원 2006. 10. 13. 선고 2006다40423 판결(공2006하, 1914)

【원고, 피상고인 겸 상고인】 판-웨스트(피티이) 리미티드 (소송대리인 법무법인 보나 담당변호사 소동기 외 3인)

【원고보조참가인】 주식회사 타미스포츠 (소송대리인 법무법인 보나 담당변호사 소동기 외 3인)

【피고, 상고인 겸 피상고인】 주식회사 카타나골프 (소송대리인 법무법인 다래 외 1인)

【원심 판결】 서울고법 2011. 11. 30. 선고 2010나115746 판결

대법원 2014. 6. 26. 선고 2012다12849 판결 【상표권침해금지등】

【판시사항】

[1] 결합상표의 일부 구성 부분을 분리·추출하여 그로부터 생기는 호칭 또는 관념을 기준

으로 상표의 유사 여부를 판단할 수 있는지 여부(한정 적극) 및 상표의 일부 구성 부분이 독립하여 자타 상품을 식별할 수 있는 부분에 해당하는지 판단하는 기준

[2] "리 엔"과 "" 등록상표의 상표권자인 갑 주식회사가 '리엔케이' 또는 '리:엔케이' 표장을 사용하는 을 주식회사를 상대로 상표권침해금지 등을 구한 사안에서, 을 회사의 사용표장 중 '리엔' 또는 '리:엔' 부분이 독립하여 자타 상품을 식별할 수 있는 구성 부분으로 거래될 수 있고, 그 경우 등록상표와 호칭이 동일하여 상품출처에 관하여 오인·혼동을 일으키게 할 염려가 있으므로, 을 회사의 사용표장이 갑 회사의 등록상표와 유사하다고 한 사례

【참조조문】

[1] 상표법 제2조 제1항 제1호, 제66조 제1항, 부정경쟁방지 및 영업비밀보호에 관한 법률 제2조 제1호 (가)목 [2] 상표법 제2조 제1항 제1호, 제65조, 제66조 제1항, 부정경쟁방지 및 영업비밀보호에 관한 법률 제2조 제1호 (가)목

【참조판례】

[1] 대법원 2008. 5. 15. 선고 2005후2977 판결
대법원 2012. 7. 26. 선고 2012후702 판결

【전 문】

【원고, 상고인】 주식회사 엘지생활건강 (소송대리인 변호사 손지열 외 5인)

【피고, 피상고인】 코웨이 주식회사 (소송대리인 법무법인(유한) 태평양 담당변호사 고현철 외 5인)

【원심 판결】 서울고법 2012. 1. 11. 선고 2011나40146 판결

【주 문】

원심 판결을 파기하고, 사건을 서울고등법원에 환송한다.

【이 유】

상고이유(상고이유서 제출기간이 지난 후에 제출된 상고이유보충서의 기재는 상고이유를 보충하는 범위 내에서)를 판단한다.

1. 문자와 문자 또는 문자와 도형 등이 결합된 상표는 상표를 구성하는 전체에 의하여 생기는 외관, 호칭, 관념을 기준으로 하여 상표의 유사 여부를 판단하는 것이 원칙이나, 그 결합관계 등에 따라서는 '독립하여 자타 상품을 식별할 수 있는 구성 부분'만으로도 거래될 수 있다고 인정되는 경우에는 그 부분을 분리·추출하여 그로부터 생기는 호칭 또는 관념을 기준으로 상표의 유사 여부를 판단할 수 있다. 이때 상표의 일부 구성 부분이 독립하여 자타 상품을 식별할 수 있는 부분에 해당하는지 여부는 그 부분이 지니고 있는 관념, 지정상품과의 관계, 거래사회의 실정 등을 감안하여 객관적으로 판단하여야 한다(대법원 2008. 5. 15. 선고 2005후2977 판결, 대법원 2012. 7. 26.

선고 2012후702 판결 등 참조).

[이 사건 등록상표 1]

리엔

[이 사건 등록상표 2]

2. 위 법리에 기초하여, '향수, 크린싱 크림, 샴푸' 등을 지정상품으로 하고 오른쪽과 같이 구성된 원심 판시 이 사건 등록상표 1, 2와, 피고가 '클렌징 폼, 필링 겔, 엑스트라 모이스쳐 하이드라 퀸' 등의 기능성 화장품(이하 '피고 화장품'이라 한다)에 사용한 '리엔케이' 또는 '리:엔케이'와 같이 구성된 표장(이하 '피고 사용표장들'이라 한다)이 유사한지 여부를 살펴본다.

가. 원심 판결 이유와 기록에 의하면 다음과 같은 사정을 알 수 있다.

(1) 원고는 2005. 6.경 '리엔'을 통합 상표로 사용한 기능성 한방 머리카락관리 제품을 출시한 이래 '리엔 한방', '리엔 회윤액', '리엔 카멜리아', '리엔 발효 생기원', '리엔 보양진', '리엔 자하진', '리엔 자하진크리닉' 등 일련의 머리카락관리 제품을 출시하여 왔고, 2010. 9. 현재까지 위 '리엔' 시리즈물에 대한 TV, 라디오, 신문, 잡지, 유선방송 등을 통한 광고비로 약 140억 원을 지출하였으며, 이 사건 등록상표 1, 2가 사용된 샴푸 등 머리카락관리 용품의 매출액이 2005년 약 12억 원, 2006년 약 40억 원, 2007년 약 60억 원, 2008년 약 76억 원, 2009년 약 127억 원, 2010년 1월부터 10월까지 약 236억 원에 이르렀다.

(2) 피고가 2011. 3.경 한국갤럽에 의뢰하여 서울 및 4대 광역시의 만 20~59세 성인 남녀 500명을 대상으로 한 1:1 개별 면접조사 방식(표본오차 95.0%, 신뢰수준 ±4.4%P) 및 1,000명을 대상으로 한 온라인조사 방식(표본오차 95.0%, 신뢰수준 ±3.0%P)으로 실시한 소비자조사결과에서도, 이 사건 등록상표 1, 2가 표시된 샴푸 제품과 피고 사용표장들이 표시된 피고 화장품이 때와 장소를 달리하여 제시되었을 때 '같거나 비슷한 상표라는 느낌이 들며, 혼동될 것 같다'라고 대답한 응답자가 전체 응답자 중 28.8%(1:1 개별 면접조사 방식) 및 31.6%(온라인조사 방식)에 이르렀고, 원고가 2011. 2.경 닐슨컴퍼니 코리아 유한회사에 의뢰하여 서울, 경기 및 5대 광역시의 만 20~59세 성인 남녀 1,000명을 대상으로 온라인조사 방식으로 실시한 소비자조사결과에서는, 장소와 시간을 달리하여 '리엔'과 '리엔케이'가 찍힌 화장품 제품을 접할 경우 '두 제품을 혼동할 것 같다'라고 대답한 응답자가 전체 응답자 중 82.6%에 이르렀다.

나. 위와 같은 사정들에 의하면, 이 사건 등록상표 1, 2를 구성하고 있는 '리엔'은 그 지정상품과 관련하여 원래부터 충분한 식별력을 가진다고 할 수 있을 뿐 아니라

피고 사용표장들이 처음으로 사용되기 시작한 2010. 9.경에는 피고 화장품과 유사한 샴푸 등 머리카락관리 용품에 관하여 일반 수요자나 거래자들에게 널리 인식되어 그 식별력이 더욱 강해졌다고 할 수 있다.

나아가 피고 사용표장들 중 '리엔' 또는 '리:엔'을 제외한 나머지 후단부 2음절은 '케이'로서 간단하고 흔한 표장인 영문자 'K'의 국문음역과 같아 그 부기적인 표현에 불과한 것으로 인식될 수도 있는 점 등을 더하여 보면, 피고 사용표장들의 경우 앞서 본 바와 같이 원고가 사용한 '리엔' 표장과 관련하여 형성된 강한 식별력에 의해 특히 그 전단부의 2음절인 '리엔' 또는 '리:엔' 부분이 일반 수요자나 거래자들의 주의를 끌어 '독립하여 자타 상품을 식별할 수 있는 구성 부분'이 됨으로써 그 부분만으로도 거래될 수 있다고 인정되고, 그 경우 '리엔'으로 호칭되는 이 사건 등록상표 1, 2와 호칭이 동일하여 상품출처에 관하여 오인·혼동을 일으키게 할 염려가 있으므로, 서로 유사하다고 할 것이다. 피고가 'Re:NK'라는 표장을 원심 판시와 같이 피고 사용표장들과 함께 사용하고 있다거나, 앞서 본 바와 같이 원고의 사용에 의해 '리엔' 표장과 관련하여 강한 식별력이 형성된 2010. 9.경 이후에 처음 출시된 피고 화장품의 매출액이 원심 판시와 같이 2010. 12.까지 4개월 만에 232억 원에 달하였다고 하여 이와 달리 볼 것은 아니다.

다. 그럼에도 원심은 피고 사용표장들 중 '리엔' 또는 '리:엔' 부분을 '독립하여 자타 상품을 식별할 수 있는 구성 부분'으로 볼 수 없다는 이유 등을 들어 이 사건 등록상표 1, 2와 유사하지 않다고 보았는바, 이는 상표의 유사 여부 판단에 관한 법리를 오해하여 판단을 그르친 것이다.

이 점을 지적하는 원고의 주장은 정당하다.

3. 그러므로 원심 판결을 파기하고, 사건을 다시 심리·판단하게 하기 위하여 원심법원에 환송하기로 하여, 관여 대법관의 일치된 의견으로 주문과 같이 판결한다.

2. 손해배상청구

[1] 상표권자 또는 전용사용권자는 자기의 상표권 또는 전용사용권을 고의 또는 과실로 침해한 자에 대하여 그 침해에 의하여 자기가 받은 손해의 배상을 청구할 수 있다(상 제109조). 2014년 상표법 개정을 통해 손해배상청구의 근거규정을 상표법에 신설하였다.

[2] 상표법상 고의의 추정, 손해액의 추정 등에 관한 특별규정을 두어 피해자의 증명책임 완화를 도모하고 있다.

[3] 고의의 추정: 상표법 제222조의 규정에 의하여 등록상표임을 표시한 타인의 상표권 또는 전용사용권을 침해한 자는 그 침해행위에 대하여 그 상표가 이미 등록된 사실을 알았던 것으로 추정한다(상 제112조).

[4] 손해액의 추정 등: (i) 상표권자 또는 전용사용권자는 자기의 상표권 또는 전용 사용

권을 고의 또는 과실로 침해한 자에 대하여 그 침해에 의하여 자기가 받은 손해의 배상을 청구하는 경우 침해한 자가 그 침해행위를 하게 한 상품을 양도한 때에는 그 상품의 양도수량에 상표권자 또는 전용사용권자가 그 침해행위가 없었다면 판매할 수 있었던 상품의 단위수량당 이익액을 곱한 금액을 상표권자 또는 전용사용권자의 손해액으로 할 수 있다(상 제110조 제1항). 이 경우 손해액은 상표권자 또는 전용사용권자가 생산할 수 있었던 상품의 수량에서 실제 판매한 상품의 수량을 뺀 수량에 단위수량당 이익액을 곱한 금액을 한도로 한다. 다만, 상표권자 또는 전용사용권자가 그 침해행위외의 사유로 판매할 수 없었던 사정이 있는 때에는 해당 침해행위외의 사유로 판매할 수 없었던 수량에 따른 금액을 빼야 한다(상 제110조 제2항).

(ii) 이익액추정형 : 상표권자 또는 전용사용권자가 고의 또는 과실에 의하여 자기의 상표권 또는 전용사용권을 침해한 자에 대하여 그 침해에 의하여 자기가 받은 손해의 배상을 청구하는 경우 권리를 침해한 자가 그 침해행위에 의하여 이익을 받은 때에는 그 이익의 액을 상표권자 또는 전용사용권자가 받은 손해의 액으로 추정한다(상 제110조 제3항).

(iii) 통상사용료간주형 : 상표권자 또는 전용사용권자가 고의 또는 과실에 의하여 자기의 상표권 또는 전용사용권을 침해한 자에 대하여 그 침해에 의하여 자기가 받은 손해의 배상을 청구하는 경우 그 등록상표의 사용에 대하여 통상 받을 수 있는 금액에 상당하는 액을 상표권자 또는 전용사용권자가 받은 손해의 액으로 하여 그 손해배상을 청구할 수 있다(상 제110조 제4항).

그 등록상표의 사용에 대하여 통상 받을 수 있는 금액에 상당하는 액을 상표권자 또는 전용사용권자가 받은 손해의 액으로 하여 그 손해배상을 청구하는 경우 실제손해의 액이 통상사용료상당액을 초과하는 경우에는 그 초과액에 대하여도 손해배상을 청구할 수 있다. 이 경우 상표권 또는 전용사용권을 침해한 자에게 고의 또는 중대한 과실이 없는 때에는 법원은 손해배상의 액을 산정할 때 그 사실을 고려할 수 있다(상 제110조 제5항). 법원은 상표권 또는 전용사용권의 침해행위에 관한 소송에 있어서 손해가 발생된 것은 인정되나 그 손해액을 입증하기 위하여 필요한 사실을 밝히는 것이 사실의 성질상 극히 곤란한 경우에는 전술한 손해액의 증명책임완화규정에도 불구하고 변론전체의 취지와 증거조사의 결과에 기초하여 상당한 손해액을 인정할 수 있다(상 제110조 제6항).

대법원 2016. 9. 30. 선고 2014다59712, 59729 판결 【서비스표권침해금지등·손해배상】 [공2016하,1597]

【판시사항】

[1] 구 상표법 제67조에 따라 손해배상을 청구하는 경우, 상표권자가 권리침해 사실과 통상 받을 수 있는 사용료 외에 손해의 발생 사실을 구체적으로 주장·증명하여야 하는지 여부(소극) 및 이때 침해자가 상표권자에게 손해의 발생이 있을 수 없다는 점을 주장·증명하여 손해배상책임을 면할 수 있는지 여부(적극) / 상표권자가 상표를 등록만 해 두고 실제 사용하지는 않았다는 등 손해 발생을 부정할 수 있는 사정을 침해자가 증명한 경우, 손해배상책임을 인정할 수 있는지 여부(소극) 및 이러한 법리가 서비스표의 경우에도 동일하게 적용되는지 여부(적극)

[2] 구 상표법 제51조 제1항 제1호에서 정한 '자기의 성명, 명칭, 상호 등을 보통으로 사용하는 방법으로 표시한다'는 것의 의미와 판단 기준 및 이러한 법리가 서비스표의 경우에도 같은지 여부(적극)

[3] 상표권자가 구 상표법 제67조의2 제1항에 따른 손해배상을 청구하기 위한 요건 및 이러한 법리가 서비스표의 경우에도 동일하게 적용되는지 여부(적극)

【판결요지】

[1] 구 상표법(2014. 6. 11. 법률 제12751호로 개정되기 전의 것) 제67조에 의하면, 상표권자는 자기의 상표권을 고의 또는 과실로 침해한 자에 대하여 통상 받을 수 있는 상표권 사용료 상당액을 손해액으로 주장하여 배상을 청구할 수 있다. 이 규정은 손해에 관한 피해자의 주장·증명책임을 경감해 주고자 하는 것이므로, 상표권자는 권리침해 사실과 통상 받을 수 있는 사용료를 주장·증명하면 되고 손해의 발생 사실을 구체적으로 주장·증명할 필요는 없다. 그러나 위 규정이 상표권의 침해 사실만으로 손해의 발생에 대한 법률상의 추정을 하거나 손해의 발생이 없는 것이 분명한 경우까지 손해배상의무를 인정하려는 취지는 아니므로, 침해자는 상표권자에게 손해의 발생이 있을 수 없다는 점을 주장·증명하여 손해배상책임을 면할 수 있다. 한편 상표권은 특허권 등과 달리 등록되어 있는 상표를 타인이 사용하였다는 것만으로 당연히 통상 받을 수 있는 상표권 사용료 상당액이 손해로 인정되는 것은 아니고, 상표권자가 상표를 영업 등에 실제 사용하고 있었음에도 상표권 침해행위가 있었다는 등 구체적 피해 발생이 전제되어야 인정될 수 있다. 따라서 상표권자가 상표를 등록만 해 두고 실제 사용하지는 않았다는 등 손해 발생을 부정할 수 있는 사정을 침해자가 증명한 경우에는 손해배상책임을 인정할 수 없고, 이러한 법리는 서비스표의 경우에도 동일하게 적용된다.

[2] 구 상표법(2016. 2. 29. 법률 제14033호로 전부 개정되기 전의 것) 제51조 제1항 제1호는 자기의 성명, 명칭, 상호 등(이하 '상호 등'이라고만 한다)을 보통으로 사용하는 방법으로 표시하는 상표에 대하여는 등록상표의 효력이 미치지 않는다고 규정하고 있다. 여기에서 '상호 등을 보통으로 사용하는 방법으로 표시한다'는 것은 상호 등을 독특한 글씨체나 색채, 도안화된 문자 등 특수한 태양으로 표시하는 등으로 특별한 식별력을 갖도록 함이 없이 일반 수요자가 표장을 보고 상호 등으로 인식할 수 있도록 표시하는

것을 의미하므로, 이는 표장 자체가 특별한 식별력을 갖도록 표시되었는지뿐만 아니라 사용된 표장의 위치, 배열, 크기, 다른 문구와의 연결 관계, 도형과 결합되어 사용되었는지 여부 등 실제 사용 태양을 종합하여 거래통념에 의하여 판단하여야 하고, 이러한 법리는 서비스표의 경우에도 같다.

[3] 구 상표법(2014. 6. 11. 법률 제12751호로 개정되기 전의 것) 제67조의2 제1항은, '상표권자는 자기가 사용하고 있는 등록상표와 같거나 동일성이 있는 상표를 그 지정상품과 같거나 동일성이 있는 상품에 사용하여 자기의 상표권을 고의나 과실로 침해한 자에 대하여 손해액의 추정 등에 관한 제67조에 따른 손해배상을 청구하는 대신 5천만 원 이하의 범위에서 상당한 금액을 손해액으로 하여 배상을 청구할 수 있고, 이 경우 법원은 변론전체의 취지와 증거조사의 결과를 고려하여 상당한 손해액을 인정할 수 있다'는 취지로 규정하고 있다. 이는 위조상표의 사용 등으로 인한 상표권 침해행위가 있을 경우에 손해 액수의 증명이 곤란하더라도 일정한 한도의 법정금액을 배상받을 수 있도록 함으로써 피해자가 쉽게 권리구제를 받을 수 있도록 하는 예외적 규정이므로, 그 적용요건은 법문에 규정된 대로 엄격하게 해석하여야 한다. 따라서 상표권자가 이 규정에 따른 손해배상을 청구하려면, 상표권 침해 당시 등록상표를 상표권자가 실제 사용하고 있었어야 하고, 침해자가 사용한 상표가 상표권자의 등록상표와 같거나 동일성이 있어야 하며, 동일성 요건을 갖추지 못한 경우에는 통상의 방법으로 손해를 증명하여 배상을 청구하여야지 위 규정에서 정한 법정손해배상을 청구할 수는 없고, 이러한 법리는 서비스표의 경우에도 동일하게 적용된다.

【참조조문】

[1] 구 상표법(2014. 6. 11. 법률 제12751호로 개정되기 전의 것) 제2조 제3항(현행 제2조 제3항 참조), 제67조(현행 제110조 참조), 민사소송법 제288조 [2] 구 상표법(2016. 2. 29. 법률 제14033호로 전부 개정되기 전의 것) 제2조 제3항(현행 제2조 제3항 참조), 제51조 제1항 제1호(현행 제90조 제1항 제1호 참조) [3] 구 상표법(2014. 6. 11. 법률 제12751호로 개정되기 전의 것) 제2조 제3항(현행 제2조 제3항 참조), 제67조의2 제1항(현행 제111조 제1항 참조)

【참조판례】

[1] 대법원 2002. 10. 11. 선고 2002다33175 판결(공2002하, 2705)

[2] 대법원 2012. 5. 10. 선고 2010후3387 판결(공2012상, 1015)

【원고(탈퇴)】 원고(탈퇴)

【원고 승계참가인, 상고인 겸 피상고인】 주식회사 휴먼패스 (소송대리인 법무법인(유한) 화우 담당변호사 김원일 외 3인)

【피고, 피상고인 겸 상고인】 주식회사 크라운진

【피고, 피상고인】 피고 2 외 1인

【원심 판결】 서울고법 2014. 7. 24. 선고 2013나71687, 71694 판결

대법원 2015. 10. 29. 선고 2013다45037 판결 【손해배상(기)】

【판시사항】

[1] 원고 일부 승소의 제1심 판결에 대하여 원고만이 항소하고 피고는 항소나 부대항소를 하지 않았는데 항소심이 원고의 항소를 일부 인용하는 판결을 한 경우, 피고가 제1심 판결의 원고 승소 부분에 관하여 상고를 제기할 수 있는지 여부(소극)

[2] 상표권자 등이 상표권 등의 침해로 입은 손해의 배상을 청구하는 경우, 상표법 제67조 제5항의 적용을 받기 위하여 주장·증명하여야 할 사항 및 손해 발생에 관한 주장·증명의 정도 / 상표권자가 침해자와 동종의 영업을 하고 있는 것을 증명한 경우, 상표권 침해로 영업상의 손해를 입었음이 사실상 추정되는지 여부(원칙적 적극)

【이 유】

1. 제1심 판결의 원고 승소 부분에 대하여 피고가 제기한 상고의 적법 여부에 관하여 직권으로 본다.

기록에 의하면, 원고가 피고를 상대로 상표권 침해 등을 원인으로 374,354,837원의 손해액 및 이에 대한 지연손해금의 지급을 구하는 손해배상청구 소송을 제기하고, 제1심이 피고의 손해배상책임을 인정하여 청구액 중 일부인 21,290,322원의 손해액 및 이에 대한 지연손해금의 지급을 명하는 판결을 하였는데, 원고만이 항소한 결과 원심이 원고의 항소를 일부 받아들여 피고로 하여금 원고에게 제1심 판결의 원고 패소 부분 중 28,709,678원의 손해액 및 이에 대한 지연손해금의 지급을 명하는 판결을 선고하였음을 알 수 있다.

원고의 청구를 일부 받아들이는 제1심 판결에 대하여 원고는 항소하였으나 피고는 항소나 부대항소를 하지 아니한 경우, 제1심 판결의 원고 승소 부분은 원고의 항소로 인하여 항소심에 이심은 되었으나 항소심의 심판범위에서는 제외되었다 할 것이다. 이러한 경우 항소심이 원고의 항소를 일부 받아들여 제1심 판결의 원고 패소 부분 중 일부를 취소하고 그 부분에 대한 원고의 청구를 받아들였다면, 이는 제1심에서의 원고 패소 부분에 한정된 것이며 제1심 판결 중 원고 승소 부분에 대하여는 항소심이 판결을 한 바 없어 이 부분은 피고의 상고대상이 될 수 없다. 그러므로 원고 일부 승소의 제1심 판결에 대하여 아무런 불복을 제기하지 않은 피고는 제1심 판결에서 원고가 승소한 부분에 관하여는 상고를 제기할 수 없다(대법원 2009. 10. 29. 선고 2007다22514, 22521 판결 참조).

따라서 이 사건에서 피고가 제1심 판결의 원고 승소 부분에 대하여 제기한 상고는 상고의 대상이 될 수 없는 부분에 대한 상고로서 부적법하다.

2. 피고의 나머지 부분에 대한 상고이유와 원고의 상고이유(상고이유서 제출기간이 지난 후에 제출된 원고의 상고이유보충서의 기재는 상고이유를 보충하는 범위 내에서)를 판단한다.

가. 피고의 상고이유 제1점에 대하여

(1) 상표법 제67조 제5항은 '법원은 상표권의 침해행위에 관한 소송에 있어서 손해가 발생된 것은 인정되나 그 손해액을 입증하기 위하여 필요한 사실을 입증하는 것이 해당 사실의 성질상 극히 곤란한 경우에는 변론 전체의 취지와 증거조사의

결과에 기초하여 상당한 손해액을 인정할 수 있다'고 규정하고 있다.

위 규정은 상표권자 등이 상표권 등의 침해로 인하여 입은 손해의 배상을 청구하는 경우에 그 손해액을 증명하는 것이 곤란한 점을 감안하여 상표권자 등이 입은 손해에 관한 피해자의 주장·증명책임을 경감하는 취지의 규정일 뿐이고, 상표권 등의 침해가 있는 경우에 그로 인한 손해의 발생까지를 추정하는 취지라고 볼 수 없다. 따라서 상표권자가 위 규정의 적용을 받기 위하여는 스스로 업으로 등록상표를 사용하고 있고 또한 그 상표권에 대한 침해행위에 의하여 실제로 영업상의 손해를 입은 것을 주장·증명할 필요가 있다. 다만, 위 규정의 취지에 비추어 보면, 위와 같은 손해의 발생에 관한 주장·증명의 정도에 있어서는 손해 발생의 염려 또는 개연성의 존재를 주장·증명하는 것으로 족하다고 보아야 하므로 상표권자가 침해자와 동종의 영업을 하고 있는 것을 증명한 경우라면 특별한 사정이 없는 한 상표권 침해에 의하여 영업상의 손해를 입었음이 사실상 추정된다고 볼 수 있다(대법원 1997. 9. 12. 선고 96다43119 판결, 대법원 2009. 10. 29. 선고 2007다22514, 22521 판결 참조).

(2) 원심 판결 이유와 기록에 의하면, ① 원고는 피고와 동종의 영업인 스텐레스 스틸 제품 등 가정용 주방기구 등의 제조, 판매업무 등을 하는 법인인 사실, ② 원고는 원심 판시 이 사건 상표의 통상사용권을 설정하고 상표사용료를 받거나 통상사용권 설정 대상인 제품에 관하여 A/S 상담업무를 하는 등 영업을 하여 온 사실, ③ 피고는 원고와의 통상사용권 계약기간이 종료된 후인 2010. 2. 1.부터 2010. 3. 29.까지 원고와 상표권사용 협의 등의 절차를 거치지 않은 채 이 사건 상표가 부착된 수입물품과 재고상품을 판매하거나 유통시킴으로써 원고의 상표권을 침해한 사실을 알 수 있다.

위와 같은 사실을 앞서 본 법리에 따라 살펴보면, 피고의 상표권 침해 행위로 인하여 원고가 손해를 입었음이 사실상 추정된다고 볼 수 있으므로 피고는 원고에게 상표권 침해로 인한 손해를 배상할 책임이 있다.

원심 판결의 이유 설시에 다소 부적절한 점이 있기는 하나, 위와 같은 취지에서 피고의 손해배상책임을 인정한 원심의 결론은 정당하다. 거기에 피고의 상고이유 주장과 같이 상표법 제67조 제5항에 정한 손해액의 추정 등에 관한 법리를 오해한 위법이 없다.

나. 피고의 상고이유 제2점 및 원고의 상고이유 제2, 3점에 대하여

원심 판결 이유에 의하면 원심은, ① 피고가 원고의 상표권을 침해한 기간을 2010. 2. 1.부터 2010. 3. 29.까지로 인정한 다음, 피고가 위 기간 동안 원고의 상표권을 침해하여 판매한 제품은 시가 110,806,382원 상당이고, 피고가 이 사건 상표가 부착된 주방용품을 수입한 후 수입단가에 약 55~59% 정도의 금액을 더한 가격에 이를 판매한 사실은 인정되나 판매비용 등에 관한 증명이 곤란하여 피고가 침해행위에 의하여 받은 이익액을 산출하기 어려우므로 상표법 제67조 제5항에 의하여 손해액을 정하기로 하고, ② 피고가 이 사건 계약 종료 무렵 원고 측에 보유하고 있다고 통보하였던 재고품의 수량과 그 후 원고 측의 조사 결과 남아

있었던 재고품의 수량 차이, 수사기관의 수사 결과 피고가 위와 같이 실제로 판매한 것으로 밝혀진 제품의 내역, 피고가 손해액 인정을 위한 기초 자료를 밝히지 않은 점, 당사자 사이의 통상사용료 액수 등 이 사건 변론 과정에 나타난 여러 사정을 종합하여 위 기간 동안 원고가 입은 손해의 액수를 50,000,000원으로 정하였다.

기록을 살펴보면, 원심의 위와 같은 인정과 판단은 정당하다. 거기에 피고와 원고의 상고이유 주장과 같이 상표법상 손해배상의 범위에 관한 법리를 오해하거나 논리와 경험의 법칙을 위반하여 자유심증주의의 한계를 벗어나는 등의 위법이 없다.

다. 원고의 상고이유 제1점에 대하여

원심은, 피고가 이 사건 상표가 부착된 제품을 적법한 상표사용권자로부터 매수하여 이를 다시 판매하면서 제품포장이나 광고 등에 피고의 약칭 상호에 해당하는 문구를 함께 표시한 행위는 상표권 침해행위에 해당한다고 보기 어렵다고 판단하였다.

관련 법리와 기록에 따라 살펴보면, 원심의 위와 같은 판단은 정당하다. 거기에 원고의 상고이유 주장과 같이 상표권 소진과 상표권 침해에 관한 법리를 오해한 위법이 없다.

3. 그러므로 제1심 판결의 원고 승소 부분에 대한 피고의 상고를 각하하고, 원고의 상고와 피고의 나머지 상고를 기각하며, 상고비용은 각자 부담하도록 하여, 관여 대법관의 일치된 의견으로 주문과 같이 판결한다.

[5] 법정손해배상제도(상 제111조) :

(i) 의 의 : 상표권 침해에 따른 손해배상소송에서 손해의 입증이나 손해액을 추정하기 곤란한 경우 상표권자 또는 전용사용권자의 권리 보호가 어려운 경우가 있었다. 따라서 2011년 개정 상표법[429] 제67조의2(현행 상표법 제111조)는 5천만원 이하의 손해액에 대하여는 상표권자 또는 전용사용권자의 입증책임을 완화하는 법정손해배상제도를 신설하여 상표권자 또는 전용사용권자가 실손해액과 법정손해액 중 선택하여 청구할 수 있도록 하였다. 여기에서 '법정손해배상제도'란 민사소송에서 원고가 실제 손해를 입증하지 않은 경우에도 사전에 법령에서 정한 일정한 금액(또는 일정한 범위의 금액)을 원고의 선택에 따라 법원이 손해액으로 인정할 수 있도록 하는 제도다. 이는 한미 FTA 제18.2조 제13항을 국내법에 반영하기 위한 조문이다.[430]

---

429) 법률 제11113호, 2011.12. 2, 일부개정.

430) 제18.2조 지적재산권 집행

6. 민사 사법절차에서, 각 당사국은 최소한 저작권 또는 저작인접권에 의하여 보호되는 저작물·음반 및 실연에 대하여, 그리고 상표위조의 경우에, 권리자의 선택에 따라 이용가능한 법정손해배상액을 수립하거나 유지한다. 법정손해배상액은 장래의 침해를 억제하고 침해로부터 야기된 피해를 권리자에게 완전히 보상하기에 충분한 액수이어야 한다.

(ii) 내 용: 상표법 제111조는 "① 상표권자 또는 전용사용권자는 자기가 사용하고 있는 등록상표와 같거나 동일성이 있는 상표를 그 지정상품과 같거나 동일성이 있는 상품에 사용하여 자기의 상표권 또는 전용사용권을 고의나 과실로 침해한 자에 대하여 제109조에 따른 손해배상을 청구하는 대신 5천만원 이하의 범위에서 상당한 금액을 손해액으로 하여 배상을 청구할 수 있다. 이 경우 법원은 변론전체의 취지와 증거조사의 결과를 고려하여 상당한 손해액을 인정할 수 있다.

② 제1항 전단에 해당하는 침해행위에 대하여 제109조에 따라 손해배상을 청구한 상표권자 또는 전용사용권자는 법원이 변론을 종결할 때까지 그 청구를 제1항에 따른 청구로 변경할 수 있다."라고 규정하고 있다.

대법원 2014. 8. 20. **선고** 2012다6035 **판결 【손해배상금】**

【판시사항】

[1] 등록상표권자의 상표권 행사가 권리남용에 해당하는지 판단하는 기준 / 어떤 상표가 정당하게 출원·등록된 후 등록상표와 동일·유사한 상표를 정당한 이유 없이 사용한 결과 사용상표가 주지성을 취득하였다는 이유로 상표 사용자를 상대로 한 상표권침해금지 또는 손해배상 등의 청구가 권리남용에 해당하는지 여부(소극)

[2] 선행 등록상표와 표장 및 지정상품이 동일·유사한 후행 등록상표가, 선행 등록상표의 등록 이후부터 사용되어 후행 등록상표의 등록결정 당시 특정인의 상표로 인식된 타인의 상표와의 관계에서 상표법 제7조 제1항 제11호 후단의 '수요자를 기만할 염려가 있는 상표'에 해당하여 등록이 무효로 된 경우, 위 타인의 상표 사용이 선행 등록상표에 대한 관계에서 정당하게 되거나 선행 등록상표의 상표권에 대한 침해를 면하게 되는지 여부(소극)

[3] 지정상품을 '골프채' 등으로 하는 등록상표 ' '의 상표권자인 갑 외국법인이 ' KATANA ' 등의 상표를 사용하여 골프채 등을 수입·판매하는 을 주식회사 등을 상대로 상표권 침해를 이유로 손해배상을 구한 사안에서, 갑 법인의 상표권 행사가 권리남용에 해당하지 않고, 갑 법인의 후행 등록상표인 ' KATANA ' 등이 을 회사가 사용하는 ' KATANA ' 상표 등과의 관계에서 등록이 무효로 되었더라도 을 회사 사용상표의 사용이 갑 법인의 상표권에 대한 침해를 면하지 않는다고 한 사례

[4] 국내의 등록상표와 동일·유사한 상표가 부착된 지정상품과 동일·유사한 상품을 수입

어떠한 당사국도 이 항을 당사국 또는 당사국의 승인이나 동의하에 행동한 제3자에 대한 침해행위에 적용하도록 요구되지 않는다.

하는 행위가 등록상표권의 침해 등을 구성하지 않는다고 하기 위한 요건

[5] 불법행위가 계속적으로 행하여지는 결과 손해도 계속적으로 발생하는 경우, 불법행위로 인한 손해배상청구권의 소멸시효가 각 손해를 안 때부터 각별로 진행되는지 여부(원칙적 적극)

【참조조문】

[1] 민법 제2조, 상표법 제50조, 제65조, 제66조의2 [2] 상표법 제2조 제1항 제7호, 제7조 제1항 제11호, 제66조 제1항 제1호 [3] 민법 제2조, 상표법 제2조 제1항 제7호, 제7조 제1항 제11호, 제66조 제1항 제1호, 제66조의2 [4] 상표법 제2조 제1항 제7호, 제66조 제1항 제1호 [5] 민법 제766조 제1항

【참조판례】

[1] 대법원 2007. 1. 25. 선고 2005다67223 판결(공2007상, 344)

[2] 대법원 2007. 6. 28. 선고 2006후3113 판결(공2007하, 1193)

[4] 대법원 2006. 10. 13. 선고 2006다40423 판결(공2006하, 1914)

[5] 대법원 1999. 3. 23. 선고 98다30285 판결(공1999상, 728)

【전 문】

【원고, 피상고인 겸 상고인】 판-웨스트(피티이) 리미티드 (소송대리인 법무법인 보나 담당변호사 소동기 외 3인)

【피고, 상고인 겸 피상고인】 주식회사 카타나골프 외 1인 (소송대리인 법무법인 다래 외 1인)

【원심 판결】 서울고법 2011. 11. 30. 선고 2011나2984 판결

【주 문】

상고를 모두 기각한다. 상고비용은 상고인 각자가 부담한다.

【이 유】

상고이유(상고이유서 제출기간이 지난 후에 제출된 원고의 준비서면 및 피고들의 상고이유보충서의 기재는 원고 및 피고들의 각 상고이유를 보충하는 범위 내에서)를 판단한다.

1. 원고의 상고이유에 관하여

가. 상고이유 제1점에 관하여

원심은, 피고 주식회사 카타나골프(이하 '피고 회사'라고 한다)가 일본의 주식회사 우메다쇼카이(주식회사 매전상회, 이하 '우메다쇼카이'라고 한다) 및 주식회사 카타나골프(주식회사 カタナゴルフ, 이하 '일본 카타나사'라고 한다)로부터 수입한 골프채

(이하 '일본 카타나 골프채'라고 한다) 등을 판매하고 있는 인터넷쇼핑몰 홈페이지(그 도메인이름은 'www.swordgolf.kr'이다)가 2002. 4. 22. 소외인 앞으로 등록된 'katana.co.kr'이라는 도메인이름(이하 '이 사건 도메인이름'이라고 한다)에 의하여 자동으로 연결되도록 하는 방식을 사용함으로써, 지정상품을 '골프채(아이언), 골프공, 골프가방, 골프클럽' 등으로 하고 오른쪽과 같이 구성된 이 사건 등록상표(등록번호 생략)에 관한 원고의 상표권(이하 '원고의 이 사건 상표권'이라고 한다)을 침해하였다는 원고의 주장에 대하여, 그 판시와 같은 사정만으로는 피고 회사가 이 사건 도메인이름을 사용하여 원고의 이 사건 상표권을 침해하여 왔음을 인정하기 어렵고 달리 증거가 없음을 이유로, 원고의 위 주장을 받아들이지 아니하였다.

위와 같은 원심의 판단을 다투는 상고이유의 주장은 실질적으로 사실심법원의 자유심증에 속하는 증거의 취사선택과 가치 판단 및 이에 기초한 사실인정을 탓하는 것에 불과하고, 원심 판결 이유를 적법하게 채택된 증거들에 비추어 살펴보아도 원심의 판단에 자유심증주의의 한계를 벗어난 위법이 없다.

또한 원고는, 피고 회사가 이 사건 도메인이름을 상표로서 사용하고 있고 그 등록·사용에 정당한 이익이 없음에도 원심이 이와 다르게 판단한 위법이 있다고 주장하나, 이에 관한 원심의 판단은 피고 회사가 이 사건 도메인이름을 사용하고 있는 것으로 인정할 경우를 가정하여 한 부가적인 판단에 불과하여 그 당부는 판결 결과에 영향을 미칠 수 없으므로, 위 상고이유의 주장은 나아가 살펴볼 필요 없이 받아들일 수 없다.

나. 상고이유 제2점에 관하여

원심은, 판시와 같은 피고 회사의 매출액과 수입액의 규모, 원고도 피고 회사의 광고·선전에 따라 일본 카타나 골프채의 국내 인지도가 높아지자 본격적으로 이 사건 등록상표를 사용하기 시작한 사정, 피고들이 원심 판시 피고 제1표장 내지 피고 제5표장을 오랫동안 사용하여 왔음에도 원고는 이에 대해 이 사건 소송 전까지는 별다른 제재조치를 취하지 아니한 채 그 사용을 방치함으로써 손해의 확대에 기여한 사정 등 변론에 나타난 모든 사정들을 참작하면, 피고 회사가 2006. 12. 8. 이후 원심 변론종결일인 2011. 11. 9.까지 원고의 이 사건 상표권을 침해함으로써 원고가 입은 손해액은 5,000만 원으로 봄이 타당하다고 판단하였다.

원심 판결 이유를 적법하게 채택된 증거들에 비추어 살펴보면, 위와 같은 원심의 판단에 상고이유의 주장과 같이 손해배상액 산정에 관한 법리를 오해하거나 자유심증주의의 한계를 벗어난 위법이 없다.

2. 피고들의 상고이유에 관하여

가. 상고이유 제1, 2, 3점에 관하여

(1) 상표권의 행사가 등록상표에 관한 권리를 남용하는 것으로서 허용될 수 없다고 하기 위해서는, 상표권자가 당해 상표를 출원·등록하게 된 목적과 경위, 상표권을 행사하기에 이른 구체적·개별적 사정 등에 비추어, 상대방에 대한 상표권의 행사가 상표사용자의 업무상의 신용유지와 수요자의 이익보호를 목적으로 하는 상표제도의 목적이나 기능을 일탈하여 공정한 경쟁질서와 상거래 질서를 어지

럽히고 수요자 사이에 혼동을 초래하거나 상대방에 대한 관계에서 신의성실의 원칙에 위배되는 등 법적으로 보호받을 만한 가치가 없다고 인정되어야 한다(대법원 2007. 1. 25. 선고 2005다67223 판결 등 참조).

그리고 어떤 상표가 정당하게 출원·등록된 이후에 그 등록상표와 동일·유사한 상표를 그 지정상품과 동일·유사한 상품에 정당한 이유 없이 사용한 결과 그 사용상표가 국내의 일반 수요자들에게 알려지게 되었다고 하더라도, 그 사용상표와 관련하여 얻은 신용과 고객흡인력은 등록상표의 상표권을 침해하는 행위에 의한 것으로서 보호받을 만한 가치가 없고 그러한 상표의 사용을 용인한다면 우리 상표법이 취하고 있는 등록주의 원칙의 근간을 훼손하게 되므로, 위와 같은 상표 사용으로 인하여 시장에서 형성된 일반 수요자들의 인식만을 근거로 하여 그 상표 사용자를 상대로 한 등록상표의 상표권에 기초한 침해금지 또는 손해배상 등의 청구가 권리남용에 해당한다고 볼 수는 없다.

한편 선행 등록상표의 등록 이후에 등록결정이 된 후행 등록상표가 선행 등록상표와 표장 및 지정상품이 동일·유사하고, 또한 후행 등록상표의 등록결정 당시 특정인의 상표라고 인식된 타인의 상표가 선행 등록상표의 등록 이후부터 사용되어 온 것이라고 하더라도, 이러한 타인의 사용상표(이하 '후발 선사용상표'라고 한다)와의 관계에서 후행 등록상표가 상표법 제7조 제1항 제11호 후단에서 규정하고 있는 '수요자를 기만할 염려가 있는 상표'에 해당하여 그 등록이 무효로 될 수 있고, 그 결과 후발 선사용상표가 사실상 보호받는 것처럼 보일 수는 있다. 그러나 위 규정의 취지가 후발 선사용상표를 보호하려는 데 있는 것이 아니라 이미 특정인의 상표라고 인식된 상표를 사용하는 상품의 출처 등에 관한 일반 수요자들의 오인·혼동을 방지하여 이에 대한 신뢰를 보호하려는 데 있음을 고려할 때, 그러한 결과는 일반 수요자들의 이익을 보호함에 따른 간접적·반사적 효과에 지나지 아니하므로(대법원 2007. 6. 28. 선고 2006후3113 판결 등 참조), 그러한 사정을 들어 후발 선사용상표의 사용이 선행 등록상표에 대한 관계에서 정당하게 된다거나 선행 등록상표의 상표권에 대한 침해를 면하게 된다고 볼 수는 없다.

(2) 원심 판결 이유 및 적법하게 채택된 증거들에 의하면 아래와 같은 사정들을 알 수 있다.

원고는 1997. 9. 22. 우리나라에서 이 사건 등록상표를 출원하여 1998. 11. 17. 상표등록을 받고, 그 무렵 우메다쇼카이 및 일본 카타나사와 이들 회사가 생산하는 일본 카타나 골프채를 일본 외의 지역에서 판매하기로 하는 내용의 골프채 수출·판매계약(이하 '원고의 기존 수출·판매계약'이라고 한다)을 체결하고 국내에 일본 카타나 골프채를 수입·판매하기 시작하였다.

또한 원고는 1997년경부터 싱가포르를 비롯한 중국, 태국 등 여러 나라에서 이 사건 등록상표와 동일·유사한 상표를 출원·등록하고 그 무렵부터 현재까지 싱가포르에서 그 상표를 사용하여 골프채 등을 광고·판매해 오고 있다.

이와 같이 원고가 우리나라와 싱가포르 등에서 이 사건 등록상표 또는 그와

동일·유사한 상표를 출원·등록하여 사용해 오기 시작한 시기는 우메다쇼카이가 일본의 야마하 주식회사(ヤマハ 주식회사)로부터 지정상품을 '골프용구'로 하고 'KATANA カタナ'와 같이 구성된 상표(이하 '일본 카타나 상표'라 한다)의 상표권이전 등록을 받은 2000. 8. 18.이나 일본 카타나사(회사 설립일인 1998. 6. 16. 당시의 상호는 '주식회사 골프디자인'이었다)가 그와 같이 상호를 변경한 2000. 3. 15.보다 앞선다.

반면, 원심 판시와 같이 이 사건 등록상표와 동일하거나 유사한 것으로 인정되는 원심 판시 피고 제1표장 내지 제5표장은 모두 이 사건 등록상표의 등록일 후인 2000. 5. 31.경부터 피고 회사가 우메다쇼카이 및 일본 카타나사로부터 일본 카타나 골프채 등을 국내에 수입·판매하면서 사용해 온 상표들로서(특히 피고 제1, 2표장에는 일본 카타나 상표에는 없고 이 사건 등록상표에만 있는 로고가 포함되어 있다), 이 사건 등록상표의 출원·등록일 이전에는 국내에서는 물론 일본에서도 주지성을 취득하기는커녕 사용되지도 않았다. 게다가 우메다쇼카이 및 일본 카타나사는 2003년경부터는 일본 카타나 골프채의 주된 상표를 'SWORD' 상표로 변경하였고, 우메다쇼카이는 2004. 6. 11.경 원고에게 이 사건 등록상표와 로고 등을 매수하겠다는 취지의 의사를 표시하기도 하였으나 원고가 이를 거절하였다. 그럼에도 피고 회사는 현재까지 계속하여 일본 카타나 골프채 등을 국내에 수입·판매하면서 피고 제3, 4, 5표장을 사용해 오고 있다.

원고는 2000년경부터 국내에서 이 사건 등록상표가 부착된 일본 카타나 골프채의 수입·판매를 중단한 적이 있고 원고의 기존 수출·판매계약도 2002~2003년경 완전히 해지되었으나, 2002년경부터 일본의 노오쓰랜드 주식회사(Northland Co. Ltd)로부터 주문자상표부착(OEM) 생산방식으로 이 사건 등록상표가 부착된 골프채 등을 공급받아 싱가포르 등지에서 판매해 왔고, 2004년경부터는 국내에서도 이 사건 등록상표가 부착된 골프채 등을 판매해 오다가, 2009. 5. 25. 일본 후쿠오카에 카타나골프 주식회사(KATANA GOLF 주식회사)가 설립된 이후에는 위 회사로부터 이 사건 등록상표가 부착된 골프채 등을 공급받아 국내에 판매해 오고 있다.

그리고 ① 피고 회사는 원고를 상대로 이 사건 등록상표에 대하여, 2006. 3. 2.과 2009. 2. 12. 두 번에 걸쳐 불사용으로 인한 상표등록취소심판을, 2009. 2. 12. 상표등록무효심판을 각 청구하였으나 모두 기각하는 심결이 확정되었고, 한편 ② 2009. 2. 12. 둘 다 'KATANA'와 같이 구성되고 '골프화', '골프클럽, 골프백, 골프공 등'이 각각의 지정상품인 원고의 등록상표들(이하 '원고의 후행 등록상표들'이라고 한다)에 대하여 상표등록무효심판을 청구하여 이들 상표가 그 각 등록결정일인 2006. 6. 14.과 2007. 11. 28. 무렵 피고 회사의 사용에 의해 '골프채' 등에 관하여 특정인의 상표라고 인식된 피고 제2, 3, 5표장과의 관계에서 동일·유사하여 일반 수요자들로 하여금 상품 출처에 대한 오인·혼동을 일으켜 상표법 제7조 제1항 제11호 후단의 '수요자를 기만할 염려가 있는 상표'에 해당한다는 이유로 모두 그 등록을 무효로 하는 심결이 확정되었는데, ③ 이러한 일련의 심판청구에 대해 적극적으로 대응해 오던 원고는 2009. 12. 8. 피고들을 상대로 이 사건 소를 제기하였다.

(3) 이러한 사정들을 앞서 본 법리에 비추어 살펴보면, 원고가 이 사건 등록상표를 정당한 목적으로 출원·등록하여 상표권을 취득한 후 이를 꾸준히 사용해 오고 있음에도, 피고 회사는 이 사건 등록상표가 등록된 후에서야 이 사건 등록상표와 동일하거나 유사한 피고 제1표장 내지 제5표장을 사용하기 시작한 이래로 원고와 상표분쟁을 일으키면서 오랫동안 계속하여 이들 상표를 정당한 이유 없이 사용해 오고 있다고 할 것이므로, 설령 그러한 상표 사용의 결과 이들 상표가 국내의 일반 수요자들 사이에서 특정인의 상표나 주지상표로 인식되기에 이르렀다고 하더라도 그러한 사정을 들어 피고들에 대한 원고의 이 사건 상표권 행사가 상표제도의 목적이나 기능을 일탈하여 공정한 경쟁질서와 상거래 질서를 어지럽히거나 신의성실의 원칙에 위배되어 권리남용에 해당한다고 보기는 어렵다.

그리고 앞서 살펴본 사정들을 종합적으로 고려할 때, 설령 원고가 일본으로부터 이 사건 등록상표가 부착된 골프채 등을 수입하는 행위가 우메다쇼카이의 일본 카타나 상표와의 관계에서 「불공정무역행위 조사 및 산업피해구제에 관한 법률」 제4조를 위반하는 불공정무역행위에 해당할 수 있다거나, 피고 회사가 일본 카타나 골프채 등을 국내에 수입·판매하기 시작한 2000. 5. 31.경부터 9년여가 지난 2009. 12. 8.에 이 사건 소가 제기되었다고 하여 위와 달리 볼 수 없다.

한편 앞서 본 것과 같이 원고의 후행 등록상표들이 피고 제2, 3, 5표장과의 관계에서 상표법 제7조 제1항 제11호 후단의 '수요자를 기만할 염려가 있는 상표'에 해당한다는 이유로 그 등록이 모두 무효로 되기는 하였으나, 그러한 사정을 들어 피고 제2, 3, 5표장에 앞서 등록된 원고의 이 사건 상표권에 대한 관계에서 피고 회사의 앞서 본 것과 같은 상표 사용이 정당하게 된다거나 원고의 이 사건 상표권에 대한 침해를 면하게 된다고 볼 수는 없다.

(4) 따라서 이와 같은 취지에서 원고의 이 사건 상표권 행사가 권리남용에 해당하지 않는다고 인정한 원심의 판단에 상고이유의 주장과 같이 상표권의 남용, 부정경쟁방지법 제2조의 부정경쟁행위 및 주지성, 상표법 제7조 제1항 제11호 후단 및 제76조 제1항에 관한 법리를 오해하고 변론주의를 위반하거나 논리와 경험의 법칙을 위반하고 자유심증주의의 한계를 벗어나는 등의 위법이 있다고 할 수 없다.

나. 상고이유 제4점에 관하여

국내에 등록된 상표와 동일·유사한 상표가 부착된 그 지정상품과 동일·유사한 상품을 수입하는 행위가 그 등록상표권의 침해 등을 구성하지 않는다고 하기 위해서는, 외국의 상표권자 또는 정당한 사용권자가 그 수입된 상품에 상표를 부착하였어야 하고, 그 외국 상표권자와 우리나라의 등록상표권자가 법적 또는 경제적으로 밀접한 관계에 있거나 그 밖의 사정에 의하여 위와 같은 수입상품에 부착된 상표가 우리나라의 등록상표와 동일한 출처를 표시하는 것으로 볼 수 있는 경우이어야 하며, 아울러 그 수입된 상품과 우리나라의 상표권자가 등록상표를 부착한 상품의 각 품질 사이에 실질적인 차이가 없어야 한다(대법원 2006. 10. 13. 선고 2006다40423 판결 등 참조).

원심은, 이 사건 등록상표의 상표권자인 원고와 일본 카타나 골프채에 피고 제3, 4, 5표장을 부착한 일본 카타나사 또는 일본 카타나 상표의 상표권자인 우메다쇼카이가 법적 또는 경제적으로 밀접한 관계에 있다거나, 그 밖의 사정에 의하여 일본 카타나 골프채에 부착된 피고 제3, 4, 5표장이 이 사건 등록상표와 동일한 출처를 표시하는 것으로 볼 수는 없으므로, 원고의 기존 수출·판매계약이 해지된 후인 2004년경부터 피고 제3, 4, 5표장이 부착된 일본 카타나 골프채를 피고 회사가 수입·판매하거나 그 광고에 위 표장들을 사용하는 행위가 원고의 이 사건 상표권의 침해에 해당한다고 판단하였다.

원심 판결 이유를 적법하게 채택된 증거들에 비추어 살펴보면, 위와 같은 원심의 판단은 앞서 본 법리에 기초한 것으로서, 거기에 병행수입에 관한 법리를 오해한 위법이 없다.

다. 상고이유 제5점에 관하여

(1) 앞서 본 것과 같이, 피고 회사가 2006. 12. 8. 이후 원심 변론종결일인 2011. 11. 9.까지 원고의 이 사건 상표권을 침해함으로써 원고가 입은 손해액은 5,000만 원으로 봄이 타당하다고 한 원심의 판단에 손해배상에 관한 법리를 오해하거나 논리와 경험의 법칙을 위반하고 자유심증주의의 한계를 벗어난 위법이 없다.

(2) 불법행위가 계속적으로 행하여지는 결과 손해도 역시 계속적으로 발생하는 경우에는 특별한 사정이 없는 한 그 손해는 날마다 새로운 불법행위에 기하여 발생하는 손해이므로, 민법 제766조 제1항에서 정한 불법행위로 인한 손해배상청구권의 소멸시효는 그 각 손해를 안 때부터 각별로 진행된다고 보아야 한다(대법원 1999. 3. 23. 선고 98다30285 판결 등 참조).

원심은 판시와 같은 이유로, 이 사건 소가 2009. 12. 8. 제기되었으므로 그로부터 3년 전에 발생된 상표권 침해로 인한 원고의 손해배상청구권은 3년의 소멸시효 경과로 소멸한다고 보는 한편, 그 후에 발생된 상표권 침해로 인한 원고의 손해배상청구권은 소멸시효에 의하여 소멸되지 아니하므로 피고들은 이를 배상할 책임이 있다는 취지로 판단하였다.

이러한 원심의 판단은 위와 같은 법리에 기초한 것으로 보이고, 거기에 상표권 침해로 인한 손해배상채무의 소멸시효 기간 및 그 기산점에 관한 법리를 오해하거나 변론주의를 위반한 위법이 없다.

3. 결 론

그러므로 상고를 모두 기각하고 상고비용은 상고인 각자가 부담하기로 하여, 관여 대법관의 일치된 의견으로 주문과 같이 판결한다.

대법관 신영철(재판장) 이상훈 김용덕(주심) 김소영

3. 상표권자 등의 신용회복

법원은 고의나 과실로 상표권 또는 전용사용권을 침해함으로써 상표권자 또는 전용사용권자의 업무상 신용을 떨어뜨린 자에 대해서는 상표권자 또는 전용사용권자의 청구에 의하여 손해배상을 갈음하거나 손해배상과 함께 상표권자 또는 전용사용권자의 업무상 신용회복을 위하여 필요한 조치를 명할 수 있다(상 제113조).

4. 기 타

그 밖에 손실보상청구권(상 제58조), 부당이득반환청구권(민법 제741조) 등의 민사상 구제책이 존재한다.

5. 서류의 제출

법원은 상표권 또는 전용사용권의 침해에 관한 소송에서 당사자의 신청에 의하여 다른 당사자에 대하여 해당 침해행위로 인한 손해를 계산하는 데에 필요한 서류의 제출을 명할 수 있다. 다만, 그 서류의 소지자가 그 서류의 제출을 거절할 정당한 이유가 있는 경우에는 그러하지 아니하다(상 제114조).

대법원 2011. 5. 26. 선고 2009다15596 판결 【손해배상(지)】

【판시사항】

[1] 구 섭외사법 제13조에서 정한 '부당이득의 원인된 사실이 발생한 곳'의 의미(=이득이 발생한 곳)

[2] 대한민국에 주소를 둔 갑이 인터넷 도메인이름 "hpweb.com"을 등록·사용하던 중 미국 캘리포니아주에 본사를 둔 을 회사가 미국에 등록되어 있던 "hp"로 구성된 자신의 상표 등에 대한 권리가 침해되었다는 이유로 인터넷주소 분쟁해결기관에 분쟁조정신청을 하여 도메인이름 등록을 이전받자, 갑이 을 회사에 부당이득을 원인으로 도메인이름 반환을 구한 사안에서, 이전등록으로 이득이 발생한 곳은 을 회사 본사 소재지인 미국 캘리포니아주이므로, 부당이득 반환채권의 성립 및 효력에 관하여는 미국 캘리포니아주법이 준거법이 된다고 한 사례

[3] 대한민국에 주소를 둔 갑이 인터넷 도메인이름 "hpweb.com"을 등록·사용하던 중 미국에 본사를 둔 을 회사가 미국에 등록되어 있던 "hp"로 구성된 자신의 상표 등에 대한 권리가 침해되었다는 이유로 인터넷주소 분쟁해결기관에 분쟁조정신청을 하여 도메인이름 등록을 이전받자, 갑이 을 회사에 부당이득을 원인으로 도메인이름 반환을 구한 사안에서, 을 회사의 부당이득이 성립하는지를 판단하기 위해서는 을 회사에 도메인이름 사용금지를 구할 실체법적 권리가 있는지 먼저 살펴야 하는데, 이에 관하여는 구 섭외사법 규정에 따라 부당이득과는 별도로 준거법을 정해야 한다고 한 사례

[4] 대한민국에 주소를 둔 갑이 인터넷 도메인이름 "hpweb.com"을 등록·사용하는 것에 대하여 미국에 본사를 둔 을 회사가 미국에 등록되어 있던 "hp"로 구성된 자신의 상표에 대한 상표권이 침해되었다는 이유로 인터넷주소 분쟁해결기관에 분쟁조정신청을 하여 그 결정에 따라 도메인이름 등록을 이전받기 위한 전제로서, 을 회사에 도메인이름 사용금지를 구할 실체적 권리가 있는지 문제된 사안에서, 사용금지청구권에 대한 준거법은 구 섭외사법 제13조에 따라 불법행위인 상표권 침해행위가 행하여지고 권리 침해의 결과가 발생한 미국법이고, 미국법에 의할 때 갑의 행위는 위법하므로, 을 회사는 갑을 상대로 도메인이름 사용금지를 구할 실체법적 권리가 있다고 한 사례

[5] 대한민국에 주소를 둔 갑이 인터넷 도메인이름 "hpweb.com"을 등록하여 사용하던 중 미국에 본사를 둔 을 회사가 미국에 등록되어 있던 "hp"로 구성된 자신의 상표에 대한 상표권 침해를 이유로 인터넷주소 분쟁해결기관에 분쟁조정신청을 하여 도메인이름 등록을 이전받자, 갑이 을 회사에 부당이득을 원인으로 하여 도메인이름 반환을 구한 사안에서, 갑은 미국 연방법 및 캘리포니아주법상 부당이득을 원인으로 하여 을 회사에 도메인이름의 반환을 구할 수 없다고 한 사례

【판결요지】

[1] 구 섭외사법(2001. 4. 7. 법률 제6465호 국제사법으로 전부 개정되기 전의 것) 제13조에 의하면, 외국적 요소가 있는 섭외사건에서 부당이득으로 인하여 생긴 채권의 성립 및 효력은 원인된 사실이 발생한 곳의 법에 의하여야 하는데, 여기서 부당이득의 원인된 사실이 발생한 곳은 이득이 발생한 곳을 말한다.

[2] 대한민국에 주소를 둔 갑이 인터넷 도메인이름 "hpweb.com"을 등록하여 사용하던 중 미국 캘리포니아주에 본사를 둔 을 회사가 갑의 도메인이름 등록·사용으로 미국에 등록되어 있던 "hp"로 구성된 자신의 상표 등에 대한 권리가 침해되었음을 이유로 국제인터넷주소관리기구(The Internet Corporation for Assigned Names and Numbers, ICANN)의 '통일 도메인이름 분쟁해결정책(Uniform Domain Name Dispute Resolution Policy, UDRP)'에 따라 분쟁해결기관인 미국의 국가중재위원회(National Arbitration Forum)에 분쟁조정신청을 하여 도메인이름의 등록을 이전받자, 갑이 을 회사에 부당이득을 원인으로 하여 도메인이름 반환을 구한 사안에서, 이전등록에 의해 을 회사가 도메인이름에 관한 권리를 보유하게 됨으로써 이득이 발생한 곳은 을 회사 본사 소재지인 미국 캘리포니아주이므로, 부당이득반환채권의 성립 및 효력에 관하여는 미국

캘리포니아주법이 준거법이 된다고 한 사례.

[3] 대한민국에 주소를 둔 갑이 인터넷 도메인이름 "hpweb.com"을 등록하여 사용하던 중 미국에 본사를 둔 을 회사가 미국에 등록되어 있던 "hp"로 구성된 자신의 상표 등에 대한 권리 침해를 이유로 인터넷주소 분쟁해결기관에 분쟁조정신청을 하여 도메인이름 등록을 이전받자, 갑이 을 회사에 부당이득을 원인으로 하여 도메인이름 반환을 구한 사안에서, 도메인이름 이전등록 당시 을 회사에 도메인이름 사용금지를 구할 실체법적 권리가 인정되지 않는다면 비록 분쟁해결기관의 결정에 따른 이전등록이라 하더라도 그 이전은 법률상 원인이 없어 부당이득이 성립할 여지가 있으므로, 을 회사의 부당이득이 성립하는지를 판단하기 위해서는 을 회사에 도메인이름 사용금지를 구할 실체법적 권리가 있는지 먼저 살펴야 하는데, 이는 부당이득반환채권의 성립 및 효력과는 별개의 문제이므로, 이에 관하여는 구 섭외사법(2001. 4. 7. 법률 제6465호 국제사법으로 전부 개정되기 전의 것) 규정에 따라 부당이득과는 별도로 준거법을 정해야 한다고 한 사례.

[4] 대한민국에 주소를 둔 갑이 인터넷 도메인이름 "hpweb.com"을 등록·사용하는 것에 대하여 미국에 본사를 둔 을 회사가 미국에 등록되어 있던 "hp"로 구성된 자신의 상표에 대한 상표권이 침해되었다는 이유로 인터넷주소 분쟁해결기관에 분쟁조정신청을 하여 그 결정에 따라 도메인이름의 등록을 이전받기 위한 전제로서, 을 회사에 도메인이름 사용금지를 구할 실체적 권리가 있는지 문제된 사안에서, 사용금지청구권은 갑의 도메인이름 등록·사용행위가 을 회사의 상표권을 침해하는 불법행위임을 원인으로 하므로, 준거법은 구 섭외사법(2001. 4. 7. 법률 제6465호 국제사법으로 전부 개정되기 전의 것) 제13조에 따라 원인된 사실이 발생한 곳, 즉 상표권 침해행위가 행하여지고 권리 침해 결과가 발생한 미국법이고, 미국법에 의할 때 갑의 도메인이름 등록·사용행위는 사이버스쿼팅(cybersquatting) 방지에 관한 15 U.S.C. §1125(d)(1)(A)에 해당하는 것으로서 미국에 등록된 을 회사 상표권을 침해하는 위법한 행위이므로, 을 회사는 금지명령구제(injunctive relief)에 관한 15 U.S.C. §1116 규정에 의하여 갑을 상대로 도메인이름 사용금지를 구할 실체법적 권리가 있다고 한 사례.

[5] 대한민국에 주소를 둔 갑이 인터넷 도메인이름 "hpweb.com"을 등록하여 사용하던 중 미국에 본사를 둔 을 회사가 미국에 등록되어 있던 "hp"로 구성된 자신의 상표에 대한 상표권 침해를 이유로 인터넷주소 분쟁해결기관에 분쟁조정신청을 하여 도메인이름 등록을 이전받자, 갑이 을 회사에 부당이득을 원인으로 하여 도메인이름 반환을 구한 사안에서, 도메인이름 등록·사용은 미국 연방법상 15 U.S.C. §1125(d)(1)(A)에 해당하여 위법하므로, 갑은 15 U.S.C. §1116(2)(D)(v) 규정에 의하여 을 회사에 도메인이름 반환을 구할 수 없고, 미국 캘리포니아주법상 부당이득(Unjust Enrichment)은 타인의 손실로 인해 적절한 법적인 근거가 없는 부당한 이득을 얻는 경우에 성립하는데, 미국 연방법상 을 회사에 도메인이름 사용금지를 구할 실체적 권리가 인정되는 이상 도메인이름 등록이 갑에게서 을 회사에 이전된 것을 두고 적절한 법적 근거가 없는 부당한 것이라고도 볼 수 없으므로, 갑은 미국 캘리포니아주법상 부당이득을 원인으로 하여서도 을 회사에 도메인이름 반환을 청구할 수 없다고 한 사례.

Ⅲ. 형사적 제재

1. 상표권 등 침해죄

상표권 및 전용사용권의 침해행위를 한 자는 7년 이하의 징역 또는 1억원 이하의 벌금에 처한다(상 제230조). 이 죄는 비친고죄다.

대법원 2015. 12. 10. 선고 2015도11550 판결【상표법위반·저작권법위반·부정경쟁방지및영업비밀보호에관한법률위반】

【판시사항】

[1] 피고인이 상표권자 갑이 인형 등을 지정상품으로 하여 등록한 상표 ""와 동일 또는 유사한 상표 "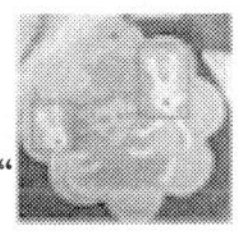"가 부착된 인형을 수입·판매함으로써 갑의 상표권을 침해하였다는 내용으로 기소된 사안에서, 두 상표는 상품의 출처에 관하여 오인·혼동을 일으킬 우려가 있어 유사상표에 해당한다고 한 사례

[2] 피고인이 토끼를 사람 형상으로 표현한 캐릭터 모양의 인형을 수입·판매함으로써, 일본 갑 유한회사의 저작재산권을 침해하고, 갑 회사 등과의 상품화 계약에 따라 을이 국내에서 판매하는 인형과 혼동하게 하며, 을의 상표권을 침해하였다고 하여, 저작권법 위반, 부정경쟁방지 및 영업비밀보호에 관한 법률 위반, 상표법 위반으로 기소된 사안에서, 저작권법위반죄와 부정경쟁방지및영업비밀보호에관한법률위반죄는 상상적 경합관계에 있고, 상표법위반죄는 나머지 죄들과 실체적 경합관계에 있다고 한 사례

【판결요지】

[1] 피고인이 상표권자 갑이 인형 등을 지정상품으로 하여 등록한 상표 ""(이하 '등록상표'라고 한다)와 동일 또는 유사한 상표 "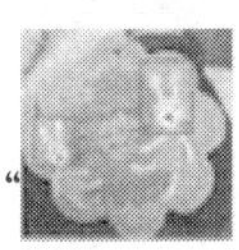"(이하 '피고인 사용상표'라고 한다)가 부착된 인형을 수입·판매함으로써 갑의 상표권을 침해하였다는 내용으로 기소된 사안에서, 등록상표는 청색의 오뚝이 형상 내부에 토끼얼굴 도형이 그려져 있고 하단에 프랑스어 문자 'le Sucre'가 배치되어 있는데 그중 토끼얼굴 도형 부분은 크기와 위치 및 전체 표장에서 차지하는 비중

등에 비추어 볼 때 수요자의 주의를 끄는 특징적 부분이고, 사용상표에 나타나 있는 토끼 도형도 비록 옷을 입은 몸통과 팔다리가 그려져 있기는 하나 등록상표의 토끼얼굴 도형과 사실상 동일한 얼굴모양을 하고 있는 점 등을 종합하여 보면, 두 상표는 거래자나 일반 수요자에게 주는 인상, 기억, 연상 등에 있어서 상품의 출처에 관하여 오인·혼동을 일으킬 우려가 있어 유사상표에 해당한다고 한 사례.

[2] 피고인이 토끼를 사람 형상으로 표현한 캐릭터 모양의 인형을 수입·판매함으로써, 일본 갑 유한회사의 저작재산권을 침해하고, 갑 회사 등과의 상품화 계약에 따라 을이 국내에서 판매하는 인형과 혼동하게 하며, 을의 상표권을 침해하였다고 하여, 저작권법 위반, 부정경쟁방지 및 영업비밀보호에 관한 법률(이하 '부정경쟁방지법'이라고 한다) 위반, 상표법 위반으로 기소된 사안에서, 저작권법위반죄와 부정경쟁방지법위반죄는 1개의 행위가 수개의 죄에 해당하는 형법 제40조의 상상적 경합관계에 있고, 상표법위반죄는 나머지 죄들과 구성요건과 행위태양 등을 달리하여 형법 제37조 전단의 실체적 경합관계에 있다고 한 사례.

【참조조문】

[1] 상표법 제93조 [2] 형법 제37조, 제40조, 저작권법 제3조 제3항, 제136조 제1항 제1호, 구 부정경쟁방지 및 영업비밀보호에 관한 법률(2013. 7. 30. 법률 제11963호로 개정되기 전의 것) 제2조 제1호 (가)목, 제18조 제3항 제1호, 상표법 제93조

【전 문】

【피 고 인】 피고인

【상 고 인】 피고인

【변 호 인】 법무법인(유한) 바른 외 2인

【원심 판결】 대구지법 2015. 7. 10. 선고 2014노816 판결

2. 위 증 죄

상표법의 규정에 의하여 선서한 증인, 감정인 또는 통역인이 특허심판원에 대하여 거짓의 진술·감정 또는 통역을 하였을 경우에는 5년 이하의 징역 또는 5천만원 이하의 벌금에 처한다(상 제232조 제1항). 2017년 개정 상표법([시행 2017.9.22] [법률 제14689호, 2017.3.21, 일부개정])은 벌금액을 국민권익위원회의 권고안 및 국회사무처 법제예규의 기준인 징역 1년당

1천만원의 비율로 맞추어 종전의 '1천만원'을 '5천만원'으로 상향조정하였다.

위증죄를 범한 자가 그 사건의 상표등록여부결정 또는 심결의 확정전에 자수한 때에는 그 형을 감경 또는 면제할 수 있다(상 제232조 제2항).

3. 거짓 표시의 죄

(i) 등록을 하지 아니한 상표 또는 상표등록출원을 하지 아니한 상표를 등록상표 또는 등록출원상표인 것 같이 상품에 표시하는 행위(상표를 표시하는 행위에는 상품, 상품의 포장, 광고, 간판 또는 표찰을 표장의 형장으로 하는 것을 포함함), (ii) 등록을 하지 아니한 상표 또는 상표등록출원을 하지 아니한 상표를 등록상표 또는 등록출원상표인 것같이 영업용 광고·간판·표찰·상품의 포장 또는 기타 영업용 거래서류 등에 표시하는 행위(상표를 표시하는 행위에는 상품, 상품의 포장, 광고, 간판 또는 표찰을 표장의 형장으로 하는 것을 포함함), (iii) 지정상품외의 상품에 대하여 등록상표를 사용하는 경우에 그 상표에 상표등록 표시 또는 이와 혼동하기 쉬운 표시를 하는 행위를 한 자는 3년 이하의 징역 또는 3천만원 이하의 벌금에 처한다(상 제233조, 제224조). 2017년 개정 상표법{[시행 2017.9.22] [법률 제14689호, 2017.3.21, 일부개정]}은 벌금액을 국민권익위원회의 권고안 및 국회사무처 법제예규의 기준인 징역 1년당 1천만원의 비율로 맞추어 종전의 '2천만원'을 '3천만원'으로 상향조정하였다.

4. 거짓 행위의 죄

사위 기타 부정한 행위로써 상표등록·지정상품의 추가등록·상표권의 존속기간갱신등록·상품분류전환등록 또는 심결을 받은 자는 3년 이하의 징역 또는 3천만원 이하의 벌금에 처한다(상 제234조). 2017년 개정 상표법{[시행 2017.9.22] [법률 제14689호, 2017.3.21, 일부개정]}은 벌금액을 국민권익위원회의 권고안 및 국회사무처 법제예규의 기준인 징역 1년당 1천만원의 비율로 맞추어 종전의 '2천만원'을 '3천만원'으로 상향조정하였다.

5. 비밀유지명령 위반죄

국내외에서 정당한 사유 없이 비밀유지명령을 위반한 자는 5년 이하의 징역 또는 5천만원 이하의 벌금에 처한다(상 제231조 제1항).

비밀유지명령 위반죄는 비밀유지명령을 신청한 자의 고소가 없으면 공소를 제기할 수 없다(상 제231조 제2항).

6. 양벌규정

법인의 대표자나 법인 또는 개인의 대리인, 사용인, 그 밖의 종업원이 그 법인 또는 개인의 업무에 관하여 제230조(상표권 등 침해죄), 제233조(거짓 표시의 죄) 또는 제234조(거짓

행위의 죄)의 위반행위를 하면 그 행위자를 벌하는 외에 그 법인에는 3억원 이하의 벌금형(상표권 등 침해죄) 내지 6천만원 이하의 벌금형(거짓 표시의 죄 또는 거짓 행위의 죄)을 과(科)하고, 그 개인에게는 해당 조문의 벌금형을 과한다. 다만, 법인 또는 개인이 그 위반행위를 방지하기 위하여 해당 업무에 관하여 상당한 주의와 감독을 게을리하지 아니한 경우에는 그러하지 아니하다(상 제235조).

7. 몰 수

[1] 상표법 제230조(상표권 등 침해죄)의 규정에 따른 상표권 또는 전용사용권의 침해행위에 제공되거나 그 침해행위로 인하여 생긴 상표·포장 또는 상품(이하 이 항에서 "침해물"이라 한다)과 그 침해물 제작에 주로 사용하기 위하여 제공된 제작 용구 또는 재료는 몰수한다(상 제236조 제1항). 하지만, 상품이 기능 및 외관을 해치지 아니하고 상표 또는 포장과 쉽게 분리될 수 있는 경우에는 그 상품은 몰수하지 아니할 수 있다(상 제236조 제2항).

[2] 상표권 침해 관련 형사집행을 위한 몰수대상으로 침해에 사용된 제작용구 이외에 재료도 포함하였다. 이는 한·EU FTA 협정문의 지재권 침해의 형사집행의 절차로서 몰수에 재료 및 도구가 포함된 것을 반영한 것이다.[431]

〈한·EU FTA 협정문 제10.60조〉

국문 협정문	영문 협정문
제10.60조 몰수 1. 제10.54조에 언급된 위법행위에 대하여, 각 당사자는 자신의 권한있는 당국이 모든 상표위조 상품 또는 저작권 불법복제 상품과 상표위조 상품 또는 저작권 불법복제 상품의 제작에 주로 사용된 재료 및 도구, 그리고 침해행위에 기인하거나 침해행위를 통해 직접적 또는 간접적으로 획득된 자산의 몰수 및또는 폐기를 명령할 수 있는 권한을 가지도록 규정한다.	**ARTICLE 10.60** CONFISCATION 1. For the offences referred to in Article 10.54, each Party shall provide that its competent authorities shall have the authority to order confiscation and/or destruction of all counterfeit trademark goods or pirated copyright goods, materials and implements predominantly used in the creation of counterfeit trademark goods or pirated copyright goods and the assets derived from, or obtained directly or indirectly, through the infringing activity.

431) 문병철, 앞의 보고서, 14-15면 (http://likms.assembly.go.kr/bill/jsp/BillDetail.jsp?bill_id=ARC_H1R0Z1J0T2U6U1V7P0E6I3I1C7V1I7)(최종방문일: 2017년 11월 5일).

한·EU FTA 협정 제10.60조는 모든 상표위조 또는 저작권 침해상품, 상표위조 또는 저작권 침해상품의 제작에 주로 사용된 재료 및 도구 그리고 침해행위에 기인하거나 침해행위로부터 직접적 또는 간접적으로 획득된 모든 자산에 대해 몰수 및 폐기를 명령할 수 있도록 하고, 그밖에 몰수 대체조치, 몰수에 따른 보상, 추징 등에 대해 규정하고 있다. 이러한 규정은 지식재산권 집행의 형사절차로 이미 TRIPs에서도 규정되어 있던 내용이다.

〈TRIPs 및 FTA에서의 몰수 비교〉

내 용	TRIPs	한·미 FTA	한·EU FTA
몰수	침해물품, 주로 사용된 재료 및 기구의 몰수, 폐기(제61조)	물품의 몰수·폐기, 재료 및 도구의 몰수·폐기 (제18.10조제27항c호 및 d호)	침해물, 주로 사용된 재료 및 도구, 획득 자산의 몰수·폐기(제10.60조)

대법원 2011. 1. 13. **선고** 2010도5994 **판결 【상표법위반】**

【판시사항】

[1] 타인의 등록상표를 출처표시 외에 서적의 내용 등을 안내·설명하기 위하여 사용한 경우 상표권 침해로 볼 수 있는지 여부(소극) 및 그것이 상표로서 사용되고 있는지 여부의 판단 기준

[2] 피고인이 발행한 "빈틈없는 쓰기·어휘·어법 I" 학원 교재의 앞표지와 세로표지에 표시되어 있는 "EBS" 표장은, EBS 방송강의의 교재로 사용되었다는 교재의 내용 또는 용도를 안내·설명하기 위한 것일 뿐 그 출처를 표시하는 상표로 사용된 것이라고 할 수 없어 상표권 침해가 아니라고 본 원심판단을 수긍한 사례

[3] 원심이 피고인에 대한 상표법 위반의 공소사실을 부정경쟁방지 및 영업비밀보호에 관한 법률 위반으로 공소장 변경을 요구하지 아니하거나, 직권으로 위 부정경쟁방지 및 영업비밀보호에 관한 법률 위반죄의 성립 여부를 판단하지 않은 것이 위법하다는 검사의 상고이유 주장을 모두 배척한 사례

【판결요지】

[1] 타인의 등록상표를 그 지정상품과 동일 또는 유사한 상품에 사용하면 타인의 상표권을 침해하는 행위가 되나, 타인의 등록상표를 이용한 경우라고 하더라도 그것이 상표의 본질적인 기능이라고 할 수 있는 출처표시를 위한 것이 아니라 서적의 내용 등을 안내·설명하기 위하여 사용되는 등으로 상표의 사용으로 인식될 수 없는 경우에는 등록상표의 상표권을 침해한 행위로 볼 수 없고, 그것이 상표로서 사용되고 있는지 여부를 판단하기 위해서는, 상품과의 관계, 당해 표장의 사용 태양(즉 상품 등에 표시된 위치, 크기 등), 등록상표의 주지저명성 그리고 사용자의 의도와 사용경위 등을 종합하

여 실제 거래계에서 그 표시된 표장이 상품의 식별표지로서 사용되고 있는지 여부를 종합하여 판단하여야 한다.

[2] 피고인이 한국교육개발원의 "EBS" 등록상표를 정당한 권한 없이 임의로 자신이 발행한 "빈틈 없는 쓰기·어휘·어법Ⅰ" 교재 표지에 부착하고 약 150부를 논술학원 수강생들에게 배포함으로써 타인의 상표권을 침해하였다는 내용으로 기소된 사안에서, 위 학원 교재의 앞표지와 세로표지에 위 등록상표와 동일한 "EBS" 표장이 그 지정상품과 동일한 상품에 표시되어 있으나 그와 함께 피고인이 운영하는 학원 이름과 학원의 주소, 인터넷 주소, 전화번호 등도 기재되어 있어서 그 출처가 피고인 또는 피고인이 운영하는 학원으로 명확히 인식되는 점, 교재의 내용을 이루는 쓰기·어휘·어법 문제와 그에 대한 해설 등은 피고인이 EBS에서 방송강의를 하면서 제작·사용한 것들로서 교재의 첫 페이지에 이를 명시하고 있는 점, 피고인도 위 교재가 EBS 방송강의의 교재로 사용되었음을 나타내어 자신이 운영하는 학원 수강생들에게만 배포할 의도로 "EBS" 표장을 사용한 점 등 제반 사정들을 고려할 때, 위 "EBS" 표장은 EBS 방송강의의 교재로 사용되었다는 교재의 내용 또는 용도를 안내·설명하기 위한 것일 뿐 그 출처를 표시하는 상표로 사용된 것이라고 할 수 없어 위 등록상표에 관한 상표권을 침해하였다고 할 수 없다는 이유로, 위 상표법 위반의 공소사실에 대하여 무죄를 선고한 원심판단을 수긍한 사례.

[3] 원심이 피고인에 대한 상표법 위반의 공소사실을 부정경쟁방지 및 영업비밀보호에 관한 법률 위반으로 공소장 변경을 요구하지 아니하거나, 직권으로 위 부정경쟁방지 및 영업비밀보호에 관한 법률 위반죄의 성립 여부를 판단하지 않은 것이 위법하다는 검사의 상고이유 주장을 모두 배척한 사례.

1. 대법원 2006. 9. 11.자 2006마232 결정 【상표사용금지등가처분】

[집54(2)민,11;공2006.11.1.(261),1780]

【판시사항】

상표법 제53조에 의하여 저작권자의 동의를 얻지 아니하고는 상표권자가 등록상표를 사용할 수 없는 경우, 자신의 등록상표를 무단으로 사용하는 제3자를 상대로 상표 사용의 금지를 청구할 수 있는지 여부(적극)

【결정요지】

상표법 제53조에서 등록상표가 그 등록출원 전에 발생한 저작권과 저촉되는 경우에 저작권자의 동의 없이 그 등록상표를 사용할 수 없다고 한 것은 저작권자에 대한 관계에서 등록상표의 사용이 제한됨을 의미하는 것이므로, 저작권자와 관계없는 제3자가 등록상표를 무단으로 사용하는 경우에는 상표권자는 그 사용금지를 청구할 수 있다.

【참조조문】

상표법 제53조, 제65조, 민사집행법 제300조 제2항

【전 문】

【재항고인】 이재희

【상 대 방】 황은주외 3인

【원심결정】 서울고법 2006. 2. 3.자 2005라644 결정

【주 문】

재항고를 기각한다.

【이 유】

재항고이유를 본다.

1. 상표권 무단양도를 이유로 한 계약 해지 여부의 점

원심결정 이유에 의하면, 원심은 피신청인 황은주가 이 사건 상표를 무단으로 양도하거나 지정상품 외 상품에 상표를 사용하였다는 점을 소명할 자료가 부족하므로 재항고인이 위 각 사유를 들어 피신청인 황은주에 대하여 한 계약 해지 의사표시는 효력이 없고, 따라서 위 해지를 전제로 한 재항고인의 이 사건 가처분신청은 이유 없다 하여 이를 기각한 제1심결정을 유지하고 재항고인의 항고를 기각하였는바, 기록에 비추어 살펴보면, 원심의 위와 같은 조치는 수긍할 수 있고, 거기에 재항고이유에서 주장하는 바와 같은 심리미진 및 채증법칙 위배에 의한 사실오인이나 상표법 및 계약 해지에 관한 법리오해의 위법 등이 있다고 할 수 없다.

2. 저작권과의 저촉에 따른 제한 여부의 점

원심결정 이유에 의하면, 원심은 상표권자라 하더라도 그 상표등록출원일 전에 발생한 타인의 저작권과 저촉되는 경우에는 지정상품 중 저촉되는 지정상품에 대한 상표의 사용은 저작권자의 동의를 얻지 아니하고는 그 등록상표를 사용할 수 없다 할 것인데(상표법 제53조), 이 사건 상표에 사용된 표장은 1992. 9. 19.경 사망한 미국인 디자이너 망 케네스 로버트 하워드(Kenneth Robert Howard)가 재항고인의 이 사건 상표 등록출원 전에 창작한 '플라잉 아이볼(flying eyeball)'에 망인의 예명인 'Von Dutch'를 부가한 것에 불과하여 위 망인의 저작물과 실질적으로 동일한 것임에도 재항고인이 위 망인의 상속인 등 정당한 저작권자로부터 이를 상표로 사용하는 데 대한 동의를 얻은 적이 없으므로, 재항고인은 이 사건 상표를 사용할 권한이 없어 그 침해에 대한 배제를 구할 수도 없다고 함으로써, 이 점에서도 재항고인에게 이 사건 가처분의 피보전권리가 없다는 취지로 판시하고 있다.

원심의 위와 같은 판단은 다음과 같은 이유로 수긍할 수 없다.

상표법 제53조에서 등록상표가 그 등록출원 전에 발생한 저작권과 저촉되는 경우에 저작권자의 동의 없이 그 등록상표를 사용할 수 없다고 한 것은 저작권자에 대한 관계에서 등록상표의 사용이 제한됨을 의미하는 것이고, 저작권자와 관계없는 제3자가 등록된 상표를 무단으로 사용하는 경우에 그 금지를 구할 수 없다는 의미는 아니라 할 것이다. 따라서 이 사건 상표가 위 망인이 창작한 저작물과 실질적으로 동일한 것이라 하더라도 상표권자인 재항고인으로서는 위 저작물에 대한 저작권자가 아닌 이 사건 가처분의 피신청인들에 대하여는 상표권 침해를 주장할 수 있다 할 것이다. 따라서 원심의 위 판단은 상표법 제53조에 대한 법리를 오해한 위법이 있다 할 것이다.

다만, 재항고인의 이 사건 가처분신청은 이 사건 계약이 적법하게 해지되었음을 전제로 한 것이나 앞서 본 바와 같이 그 해지가 인정되지 아니하여 기각될 수밖에 없으므로, 원심이 그와 같은 이유로 이 사건 가처분신청을 기각한 제1심결정을 유지하고 재항고인의 항고를 기각한 이상, 원심의 위 상표법 제53조에 대한 법리오해의 위법은 재판 결과에 영향을 미치지는 아니하였다 할 것이다.

3. 그러므로 재항고를 기각하기로 하여 관여 대법관의 일치된 의견으로 주문과 같이 결정한다.

대법관 안대희(재판장) 김영란 김황식(주심) 이홍훈

2. 대법원 2006. 11. 23. 선고 2006다29983 판결【가처분이의】

[미간행]

【판시사항】

[1] 임시의 지위를 정하기 위한 가처분의 필요성에 대한 판단 기준 및 상표권침해금지를 구하는 가처분신청에 있어서 장래 그 상표권이 무효로 될 개연성이 높다고 인정되는 등의 특별한 사정이 있는 경우 보전의 필요성 유무(소극)

[2] 표장을 '영어공부 절대로 하지 마라!'로 하고 그 지정상품을 '정기간행물, 학습지, 서적, 연감' 등으로 하는 등록상표는 주지성이 인정되는 피신청인의 선사용상표와 그 표장이 같고, 지정상품 중 가처분신청과 관련된 '정기간행물, 학습지, 서적, 연감'이 피신청인의 선사용상표의 사용상품인 '서적'과 같거나 유사하여 상표법 제7조 제1항 제9호에 의하여 등록무효로 될 개연성이 높다고 보이므로, 위 등록상표의 침해금지를 구하는 가처분신청은 보전의 필요성이 없다고 한 사례

【참조조문】

[1] 민사집행법 제300조 제2항, 상표법 제7조 제1항 제9호 [2] 민사집행법 제300조 제2항,

상표법 제7조 제1항 제9호

【참조판례】

[1] 대법원 1993. 2. 12. 선고 92다40563 판결(공1993상, 971), 대법원 2003. 11. 28. 선고 2003다30265 판결(공2004상, 42)

【전 문】

【신청인, 피상고인】 정찬용(소송대리인 법무법인 나라종합법률사무소 담당변호사 김홍석외 1인)

【피신청인, 상고인】 주식회사 사회평론(소송대리인 법무법인 태평양 담당변호사 이종욱외 2인)

【1차 환송 판결】 대법원 2004. 7. 9. 선고 2002다56024 판결

【2차 환송 판결】 대법원 2005. 8. 25. 선고 2005다22770 판결

【원심 판결】 서울고법 2006. 5. 3. 선고 2005나82491 판결

【주 문】

원심 판결을 파기하고, 사건을 서울고등법원으로 환송한다.

【이 유】

상고이유를 판단한다.

민사집행법 제300조 제2항의 임시의 지위를 정하기 위한 가처분이 필요한지 여부는 당해 가처분신청의 인용 여부에 따른 당사자 쌍방의 이해득실관계, 본안소송에 있어서의 장래의 승패의 예상, 기타의 제반 사정을 고려하여 법원의 재량에 따라 합목적적으로 결정하여야 할 것이고, 더구나 가처분채무자에 대하여 본안 판결에서 명하는 것과 같은 내용의 상표권침해의 금지라는 부작위의무를 부담시키는 이른바 만족적 가처분일 경우에 있어서는, 그에 대한 보전의 필요성 유무를 판단함에 있어서 위에서 본 바와 같은 제반 사정을 참작하여 보다 더욱 신중하게 결정하여야 할 것이므로, 장래 그 상표권이 무효로 될 개연성이 높다고 인정되는 등의 특별한 사정이 있는 경우에는 당사자 간의 형평을 고려하여 그 가처분신청은 보전의 필요성이 없는 것으로 보아야 한다(대법원 1993. 2. 12. 선고 92다40563 판결, 2003. 11. 28. 선고 2003다30265 판결 등 참조).

위 법리와 기록에 비추어 살펴보면, 표장을 '영어공부 절대로 하지 마라!'로 하고 그 지정상품을 '정기간행물, 학습지, 서적, 연감' 등으로 하는 이 사건 등록상표(등록번호 제564818호)는, 이 사건 등록상표의 출원일 이전에 피신청인이 시리즈물로 출판한 '서적'에 사용되어 일반 수요자에게 널리 알려짐으로써 그 상표성과 주지성이 인정되는 선사용상표와 그 표장이 같고, '서적'이라는 상품에 사용된 상표가 가지는 출처표시기능은 저자가 아니라 출판업자를 위한 것이라고 보아야 하므로, 이 사건 등록상표의 지정상품 중 이 사건 가처분신청과 관련된 '정기간행물, 학습지, 서적, 연감'은 피신청인의 선사용상표의 사용

상품인 ‘서적’과 같거나 유사하여 상표법 제7조 제1항 제9호에 의하여 등록무효로 될 개연성이 높다고 보인다.

따라서 이 사건 가처분신청은 보전의 필요성이 없다고 할 것임에도, 이와 달리 판단한 원심에는 가처분의 보전의 필요성 유무에 대한 법리를 오해하여 판결에 영향을 미친 잘못이 있고, 이 점을 지적하는 상고이유의 주장은 이유 있다.

그러므로 원심 판결을 파기하고, 사건을 다시 심리·판단하게 하기 위하여 원심법원으로 환송하기로 하여 관여 법관의 일치된 의견으로 주문과 같이 판결한다.

대법관 김영란(재판장) 김황식 이홍훈(주심) 안대희

3. 대법원 2009. 10. 15. 선고 2009도3929 판결 【의료기기법위반·상표법위반】

[공2009하,1912]

【판시사항】

[1] 등록상표가 표시된 상품의 양수인 등이 원래의 상품과의 동일성을 해할 정도의 가공이나 수선을 하여 상표권자의 권리를 침해하였는지 여부의 판단 기준

[2] 타인의 등록상표가 인쇄된 트럼프 카드의 뒷면에 특수염료로 무늬와 숫자를 인쇄하여 색약보정용 콘택트렌즈를 착용하면 식별할 수 있는 카드를 제조·판매한 사안에서, 상표법 위반죄의 성립을 부정한 사례

【판결요지】

[1] 상표권자 등이 국내에서 등록상표가 표시된 상품을 양도한 경우에는 특별한 사정이 없는 한 당해 상품에 대한 상표권은 그 목적을 달성하여 소진되므로, 양수인 등이 당해 상품을 사용·양도 또는 대여하는 행위 등에는 상표권의 효력이 미치지 않는다. 다만, 양수인 등이 원래의 상품과의 동일성을 해할 정도의 가공이나 수선을 하는 때에는 실질적으로는 생산행위를 하는 것과 마찬가지이어서 새로 생성된 제품에 종전 상품에 표시된 상표를 그대로 유지하게 되면 상품의 출처표시 기능이나 품질보증 기능을 해치게 되므로 이러한 경우에는 상표권자의 권리가 침해된다고 보아야 하는바, 동일성을 해할 정도의 가공이나 수선에 해당하는지 여부는 당해 상품의 객관적인 성질, 이용 형태 및 상표법의 규정 취지와 상표의 기능 등을 종합하여 판단하여야 한다.

[2] 타인의 등록상표가 인쇄된 트럼프 카드를 구입한 후 그 카드의 뒷면에 특수염료로 무늬와 숫자를 인쇄하여 색약보정용 콘택트렌즈 또는 적외선 필터를 사용하면 식별할 수 있지만 육안으로는 식별이 불가능한 카드를 제조·판매한 사안에서, 그 제조·판매 행위가 원래의 상품과의 동일성을 해할 정도의 가공·수선이라고 하거나 상표의 출처표시 기능이나 품질보증 기능을 침해하였다고 볼 수 없다는 이유로 상표법 위반

죄의 성립을 부정한 사례.

【참조조문】

[1] 상표법 제50조, 제66조 제1항 제1호, 제93조 [2] 상표법 제50조, 제66조 제1항 제1호, 제93조

【참조판례】

[1] 대법원 2003. 4. 11. 선고 2002도3445 판결(공2003상, 1218)

【전 문】

【피 고 인】 피고인 1외 1인

【상 고 인】 피고인들

【변 호 인】 변호사 권성연외 3인

【원심 판결】 서울중앙지법 2009. 4. 17. 선고 2008노4518 판결

【주 문】

원심 판결 중 피고인들에 대한 부분을 파기하고, 이 부분 사건을 서울중앙지방법원 합의부에 환송한다.

【이 유】

1. 피고인 2의 상고이유에 관한 판단 및 피고인 1에 대한 직권판단

가. 상표권자 등이 국내에서 등록상표가 표시된 상품을 양도한 경우에는 특별한 사정이 없는 한 당해 상품에 대한 상표권은 그 목적을 달성하여 소진되므로, 양수인 등이 당해 상품을 사용·양도 또는 대여하는 행위 등에는 상표권의 효력이 미치지 않는다. 다만, 양수인 등이 원래의 상품과의 동일성을 해할 정도의 가공이나 수선을 하는 때에는 실질적으로는 생산행위를 하는 것과 마찬가지이어서 새로 생성된 제품에 종전 상품에 표시된 상표를 그대로 유지하게 되면 상품의 출처표시 기능이나 품질보증 기능을 해치게 되므로 이러한 경우에는 상표권자의 권리가 침해된다고 보아야 하는바, 동일성을 해할 정도의 가공이나 수선에 해당하는지 여부는 당해 상품의 객관적인 성질, 이용형태 및 상표법의 규정취지와 상표의 기능 등을 종합하여 판단하여야 한다(대법원 2003. 4. 11. 선고 2002도3445 판결 등 참조).

나. 그런데 피고인 2에 대한 공소사실 및 피고인 1에 대한 상표법 위반 부분 공소사실의 요지는, 피고인들이 타인의 등록상표가 인쇄된 트럼프 카드의 뒷면에 특수염료로 무늬와 숫자를 인쇄하여 색약보정용 콘택트렌즈를 착용하면 식별할 수 있는 이 사건 카드를 제조·판매함으로써 상표권자의 상표권을 각 침해하였다는 것이고, 원심 판결 이유와 기록에 의하면, 이 사건 카드의 제조에 사용된 트럼프 카드는 모두 그

상표권자 등으로부터 적법하게 구입한 것인 사실, 이 사건 카드의 뒷면에 특수염료로 인쇄된 무늬와 숫자는 적외선 카메라 필터로만 식별이 가능할 뿐 육안으로는 식별이 불가능한 사실을 알 수 있다.

이를 앞서 본 법리에 비추어 살펴보면, 피고인들의 이 사건 카드 제조·판매행위가 원래의 상품과의 동일성을 해할 정도의 가공이나 수선이라고 평가되지 않는 한 원래의 트럼프 카드에 사용된 상표권은 상표권자 등이 위와 같이 카드를 양도함으로써 소진되었다 할 것인데, 비록 피고인들이 카드의 뒷면에 특수염료로 무늬와 숫자를 인쇄하였다 하더라도 육안으로는 그 무늬와 숫자를 식별하기 불가능하여 이를 특수한 목적을 가진 사람이 특수한 방법으로 사용하지 않는 이상 여전히 그 본래의 용도대로 사용될 수 있고, 이 사건 카드를 다시 사용·양도 또는 판매하는 경우에도 이를 알고서 취득하는 수요자로서는 그 원래 상품의 출처를 혼동할 염려가 없으며 이를 모르고 취득하는 수요자들로서도 상표권자가 제조한 그대로의 상품을 취득한 것으로 인식하여 그 본래의 기능에 따라 사용하게 될 것이므로, 피고인들의 위와 같은 이 사건 카드 제조·판매행위를 가리켜 원래의 상품과의 동일성을 해할 정도의 가공·수선이라고 하거나 상표의 출처표시 기능이나 품질보증 기능을 침해하였다고 하기 어렵다.

그럼에도 원심은, 그 판시와 같은 가공행위만으로 피고인들이 원래의 카드와 동일성이 없는 새로운 카드를 생산하였다고 단정하여 피고인 2의 공소사실과 피고인 1의 상표법위반 부분 공소사실을 모두 유죄로 판단하였는바, 이와 같은 원심의 판단에는 상표권의 침해에 관한 법리를 오해한 위법이 있고, 이는 판결결과에 영향을 미쳤음이 분명하다. 이 점을 지적하는 피고인 2의 상고이유는 이유 있고, 피고인 1의 상표법 위반 부분에 대하여도 법률의 적용에 관한 공통되는 위법이 있어 그와 형법 제37조 전단의 경합범 관계에 있는 피고인 1의 의료기기법 위반 부분과 함께 파기하기로 한다.

2. 결 론

그러므로 피고인 1의 상고이유에 관한 판단을 생략한 채 원심 판결 중 피고인들에 대한 부분을 파기하고, 이 부분 사건을 다시 심리·판단하게 하기 위하여 원심법원에 환송하기로 하여, 관여 대법관의 일치된 의견으로 주문과 같이 판결한다.

대법관 양승태(재판장) 김지형 전수안(주심) 양창수

4. 대법원 2008. 11. 13. 선고 2006다22722 판결【전용사용권말소등】

[공2008하,1665]

【판시사항】

[1] 상표법상 상표권자의 의미 및 상표법 제65조에 의한 금지청구 인정 여부의 판단 기준시(=사실심 변론종결시)

[2] 부정경쟁행위에도 불구하고 당해 상품표지의 주체 등의 손해 발생이 없는 경우, 침해자가 손해배상책임을 면하는지 여부(적극)

[3] 부정경쟁행위가 인정된다고 하더라도 그 기간 동안 상품표지의 주체 등이 그 상표를 부착한 제품의 생산·판매 등 영업활동을 하지 않았다면, 그에 따른 영업상 손해를 인정할 수 없다고 본 사례

[4] 상표법 제69조 또는 구 부정경쟁방지 및 영업비밀보호에 관한 법률 제6조에 정한 신용회복청구의 인정 요건

【판결요지】

[1] 상표법 제41조 제1항과 제56조 제1항 제1호의 규정에 비추어 보면 상표법상 상표권자라 함은 상표등록원부상의 등록권리자로 기재되어 있는 자를 말하고, 한편 상표법 제65조에 의한 금지청구를 인정할 것인지의 판단은 사실심 변론종결 당시를 기준으로 하여야 한다.

[2] 구 부정경쟁방지 및 영업비밀보호에 관한 법률(2007. 12. 21. 법률 제8767호로 개정되기 전의 것) 제14조의2 제2항은 같은 조 제1항과 마찬가지로 부정경쟁행위에 기한 손해배상청구에 있어서 손해에 관한 피해자의 주장·입증책임을 경감하는 취지의 규정이고, 손해의 발생이 없는 것이 분명한 경우까지 침해자에게 손해배상의무를 인정하는 취지는 아니므로, 부정경쟁행위에도 불구하고 당해 상품표지의 주체 등에게 손해의 발생이 없다는 점이 밝혀지면 침해자는 그 손해배상책임을 면한다.

[3] 부정경쟁행위가 인정된다고 하더라도 그 기간 동안 상품표지의 주체 등이 그 상표를 부착한 제품의 생산·판매 등 영업활동을 하지 않았다면, 그에 따른 영업상 손해를 인정할 수 없다고 본 사례.

[4] 상표권 또는 전용사용권의 침해행위나 구 부정경쟁방지법(2004. 1. 20. 법률 제7095호로 개정되기 전의 것) 제2조 제1호 (가)목에서 정하는 상품주체의 혼동행위가 있었다고 하여도 그것만으로 상표권자 또는 전용사용권자나 상품주체의 영업상의 신용이 당연히 침해되었다고 단언하기 어려우므로, 그와 같은 경우 상표법 제69조 또는 구 부정경쟁방지 및 영업비밀보호에 관한 법률(2007. 12. 21. 법률 제8767호로 개정되기 전의 것) 제6조에 정한 신용회복을 위해 필요한 조치를 명하기 위하여는 상표권 또는 전용사용권의 침해행위나 상품주체혼동행위가 있었다는 것 외에 그와 같은 행위에 의하여 상표권자 또는 전용사용권자나 상품주체의 영업상의 신용이 실추되었음이 인정되어야 한다.

【참조조문】

[1] 상표법 제41조 제1항, 제56조 제1항 제1호, 제65조 [2] 구 부정경쟁방지 및 영업비밀보호에 관한 법률(2007. 12. 21. 법률 제8767호로 개정되기 전의 것) 제14조의2 [3] 구 부정경쟁방지 및 영업비밀보호에 관한 법률(2007. 12. 21. 법률 제8767호로 개정되기 전의 것) 제14조의2 [4] 상표법 제69조, 구 부정경쟁방지 및 영업비밀보호에 관한 법률(2007. 12. 21. 법률 제8767호로 개정되기 전의 것) 제6조

【참조판례】

[1] 대법원 1999. 9. 3. 선고 98후881, 898, 904, 911 판결(공1999하, 2090)대법원 2008. 2. 29. 선고 2006다22043 판결[2] 대법원 2004. 7. 22. 선고 2003다62910 판결

【전 문】

【원고, 피상고인】 세이프티 하이텍 에스.알.엘 (소송대리인 법무법인 세중 담당변호사 이상국외 3인)

【피고, 상고인】 피고 주식회사 (소송대리인 변호사 이수완외 2인)

【원심 판결】 서울고법 2006. 3. 29. 선고 2005나66260 판결

【주 문】

원심 판결의 피고 패소 부분 중 손해배상청구 부분과 해명광고게재청구 부분을 파기하고, 이 부분 사건을 서울고등법원에 환송한다. 나머지 상고를 기각한다.

【이 유】

상고이유를 판단한다.

1. 상표사용금지청구에 대하여

가. 상표법 제41조 제1항은 상표권은 설정등록에 의하여 발생한다고 규정하고 있고, 같은 법 제56조 제1항 제1호는 상표권의 이전(상속 기타 일반승계에 의한 경우를 제외한다)은 이를 등록하지 아니하면 그 효력이 발생하지 아니한다고 규정하고 있어, 상표법상 상표권자라 함은 상표등록원부상의 등록권리자로 기재되어 있는 자를 말한다고 할 것이고(대법원 1999. 9. 3. 선고 98후881, 898, 904, 911 판결 등 참조), 한편 상표법 제65조에 의한 금지청구를 인정할 것인지의 판단은 사실심 변론종결 당시를 기준으로 하여야 한다(대법원 2008. 2. 29. 선고 2006다22043 판결 등 참조).

나. 원심이 인정한 사실과 기록에 의하면, 원고는 1994. 3. 11. 피고와 사이에 원고가 개발한 원심 판시 이 사건 소화제(소화제)의 대한민국 내 독점판매권을 피고에게 주는 계약(이하 '이 사건 계약'이라 한다)을 체결하면서, 피고는 원고 이외의 다른 개인 등으로부터 이 사건 소화제나 이와 경쟁이 되는 제품을 취득하거나 생산·판매하는

데 관심을 갖거나 영업활동을 하여서는 아니 된다고 약정한 점, 'NAF S-Ⅲ' 상표(등록번호: 제386439호)에 관하여 1999. 11. 17. 원고의 지적재산권 관리회사인 라코비아 엔.브이. 명의로 이전등록되었다가, 2003. 12. 8. 원고 앞으로 이전등록된 점, 이 사건 계약은 2002. 12. 31. 종료되었는데, 피고는 이 사건 계약기간 중인 2000. 1.경부터 2002. 12. 31.까지 스스로 제조 또는 원고 이외의 자로부터 수입한 소화제(이하 '유사 소화제'라 한다) 48,275kg에 'NAF S-Ⅲ' 상표를 부착하여 판매하였고, 이 사건 계약 종료 이후인 2003. 1. 2. 'FINENAFS' 상표(출원번호: 제40-2003-0000010호)를 지정상품을 소화제 등으로 하여 출원한 다음, 2003. 1.경부터 2004. 2.경까지 유사 소화제 162,944kg에 'FINENAFS' 상표를 부착하여 판매하였으며, 2004. 1. 이후에도 그 홈페이지 및 소방관련 잡지에 'NAF S-Ⅲ' 상표로 피고 제조의 소화제에 대한 광고를 한 점 등을 알 수 있다.

이러한 사실관계를 앞서 본 법리에 비추어 살펴보면, 비록 피고가 '에이치씨에프씨 블랜드에이 NAFS-Ⅲ'로 구성된 원고의 별개 등록상표(등록번호: 제459524호)에 관하여 전용사용권이 있었다 하더라도, 위 전용사용권의 효력이 'NAF S-Ⅲ' 상표에까지 미친다고 볼 수 없으므로, 피고가 이 사건 계약기간 중 유사 소화제에 'NAF S-Ⅲ' 상표를 부착하여 판매한 행위는 상표권 침해행위에 해당한다 할 것이다. 또한, 피고의 'FINENAFS' 상표 중 'FINE' 부분은 '품질이 좋은' 정도의 뜻을 가지는 전형적인 성질 표시 표장에 해당하여 위 상표는 'NAFS' 부분만으로 호칭·관념될 수 있고, 'NAF S-Ⅲ' 상표 역시 'NAFS' 또는 'NAF' 부분만으로 호칭·관념될 수 있어, 양 상표가 동일·유사한 상품에 함께 사용되는 경우 그 출처에 오인·혼동이 발생할 가능성이 있으므로, 양 상표는 서로 유사하다고 할 것인바, 그렇다면 피고가 이 사건 계약 종료 이후 유사 소화제에 'NAF S-Ⅲ' 상표와 유사한 'FINENAFS' 상표를 사용하였을 뿐 아니라, 2004. 1. 이후에도 그 홈페이지 및 소방관련 잡지에 'NAF S-Ⅲ' 상표로 유사 소화제에 대한 광고를 한 점 등에 비추어, 추후 피고가 'NAF S-Ⅲ' 상표 또는 'FINENAFS' 상표나 'NAF'를 요부로 하는 상표를 사용할 가능성을 배제할 수 없다.

다. 그렇다면 'NAF S-Ⅲ' 상표에 관하여 2003. 12. 8.에 이르러 원고 앞으로 이전등록된 이상, 원심 변론종결시를 기준으로 볼 때 원심이 원고의 권리가 침해될 우려가 있다고 보아 원고의 위 상표 또는 'FINENAFS' 상표나 'NAF'를 요부로 하는 상표의 사용금지청구를 인용하였음은 정당한 것으로 수긍할 수 있고, 거기에 상고이유 제3점 내지 제5점으로 주장하는 바와 같은 판결에 영향을 미친 전용사용권의 효력, 상표의 유사 여부 및 상표사용금지청구권에 관한 법리오해 등의 위법이 없다.

또한, 이와 같이 추후 피고가 'NAF S-Ⅲ' 상표 또는 'FINENAFS' 상표나 'NAF'를 요부로 하는 상표를 사용하여 원고의 권리를 침해할 우려가 있다고 보는 이상, 이와 다른 전제에서 원고가 위 상표의 사용금지를 구하는 것은 권리남용에 해당하여 허용될 수 없다는 취지의 상고이유 제5점의 주장도 받아들일 수 없다.

한편, 선택적으로 병합된 이 사건 계약에 기한 청구, 상표법 제65조에 의한 금지청구 및 구 부정경쟁방지 및 영업비밀보호에 관한 법률(2007. 12. 21. 법률 제8767호로 개정되기 전의 것, 이하 '구 부정경쟁방지법'이라 한다) 제4조에 의한 금지청구 중 상표법 제65조에 의한 금지청구가 인용된 이상 이 사건 계약에 기한 청구 및 구 부정경쟁방지법 제4조에 의한 청구에 대하여 심판할 필요가 없는 것이므로(이러한 경우라도 원심이 다른 청구에 대하여 나아가 심판을 하였다고 하여 이를 중첩적으로 판단한 것이라고 할 수 없는 이상 위법하다고 할 수는 없다), 상표사용금지청구와 관련하여 피고의 이 사건 계약 종료 이후의 'FINENAFS' 상표 사용행위가 부정경쟁행위에 해당하지 않는다는 취지의 상고이유 제4점의 주장에 대하여는 판단을 생략한다.

2. 손해배상청구에 대하여

가. 상표권 침해의 점에 대하여

상표법 제67조에 의한 손해배상청구를 인정할 것인지의 판단은 침해행위 당시를 기준으로 하여야 한다(대법원 2008. 2. 29. 선고 2006다22043 판결 등 참조).

원심 판결 이유에 의하면, 원심은, 라코비아 엔.브이.는 원고의 지적재산권 관리회사에 불과하고 위 상표의 실질적인 상표권자는 원고이며 피고는 이러한 사정을 잘 알고 있었다고 추인되므로 피고가 이 사건 계약기간 중 유사 소화제 48,275kg에 'NAF S-Ⅲ' 상표를 부착하여 판매한 행위는 원고의 상표권을 침해한 것이어서, 실질적인 상표권자인 원고는 직접 피고에 대하여 상표권 침해로 인한 손해배상을 구할 수 있다고 판단하였다.

그러나 앞서 본 바와 같이 'NAF S-Ⅲ' 상표에 관하여 라코비아 엔.브이.로부터 원고 앞으로 이전등록된 2003. 12. 8. 이전은 라코비아 엔.브이.가 위 상표의 상표권자라고 할 것이므로, 피고가 이 사건 계약기간 중 유사 소화제에 위 상표를 부착하여 판매한 행위는 원고의 상표권을 침해한 행위에 해당한다고 볼 수 없고, 비록 라코비아 엔.브이.가 원고의 지적재산권 관리회사에 불과하며 피고 또한 이러한 사정을 잘 알고 있었다 하더라도 달리 볼 것은 아니다.

그럼에도 원심이 피고가 이 사건 계약기간 중 유사 소화제에 'NAF S-Ⅲ' 상표를 부착하여 판매한 행위가 원고의 상표권을 침해한 행위에 해당한다고 판단하고서 피고에 대하여 손해배상책임을 인정한 것은 상표권의 귀속에 관한 법리를 오해하여 판결에 영향을 미친 위법이 있으므로, 이 부분에 대한 상고이유 제1점의 주장은 이유 있다.

나. 부정경쟁행위의 점에 대하여

구 부정경쟁방지법 제14조의2 제2항은 같은 조 제1항과 마찬가지로 부정경쟁행위에 기한 손해배상청구에 있어서 손해에 관한 피해자의 주장·입증책임을 경감하는 취지의 규정이고, 손해의 발생이 없는 것이 분명한 경우까지 침해자에게 손해배상의무를 인정하는 취지는 아니라 할 것이므로 부정경쟁행위에도 불구하고 당해 상품표지의 주체 등에게 손해의 발생이 없다는 점이 밝혀지면 침해자는 그 손해배상책임을 면할 수 있는 것으로 해석함이 상당하다 할 것이다(대법원 2004. 7. 22. 선고 2003다62910 판결 등 참조).

원심 판결 이유에 의하면, 원심은 피고가 이 사건 계약 종료 후인 2003. 1.경부터 2004. 2.경까지 유사 소화제 162,944kg에 국내에 널리 인식된 'NAF S-Ⅲ' 상표와 유사한 'FINENAFS' 상표를 부착, 판매하여 부정경쟁행위를 하였으므로, 원고는 특별한 사정이 없는 한 피고의 부정경쟁행위로 인하여 손해를 입었다고 할 것이고, 비록 원고가 위 기간 동안 국내에서는 영업을 하지 않았다 하더라도, 원고는 그 이전에 9년 가까이 국내 시장에서 영업을 하고 있었고 이 사건 계약 종료 이후에도 영업을 지속하려 하였으나 피고 측에서 FI 인정을 받은 상표를 변경하는 등 영업개시에 지장을 주는 바람에 일시적으로 영업을 중단할 수밖에 없었던 것으로 보이며, 이러한 사정에 비추어 만일 피고가 이 사건 계약 종료 이후에 부정경쟁행위를 하지 않았더라면 원고가 피고 또는 다른 국내 수입상을 통하여 국내 시장에 이 사건 소화제를 계속하여 판매하였을 가능성을 배제할 수 없으므로, 위 기간 동안 피고의 부정경쟁행위로 인하여 원고에게 손해가 발생하지 않았다고 단정할 수는 없다고 판단하였다.

그러나 원심이 인정한 바와 같이 이 사건 계약 종료 후 피고의 'FINENAFS' 상표의 사용기간 동안 원고가 대한민국 내에서 'NAF S-Ⅲ' 상표를 부착한 제품의 생산·판매 등 영업활동을 하지 아니하였다면 그에 따른 영업상 손해도 없었다 할 것이고, 한편 원심 판시와 같이 피고측에서 FI 인정을 받은 상표를 변경하였다는 등의 사정만으로 원고의 영업개시에 지장을 주었다고 볼 수 없으며, 그 밖에 피고의 귀책사유로 인하여 위 기간 동안 원고의 영업개시가 지체되었음을 인정할 자료도 기록상 찾아보기 어렵다.

그럼에도 원심이 피고가 이 사건 계약기간 후 유사 소화제에 'FINENAFS' 상표를 부착하여 판매한 행위로 인하여 원고에게 영업상 손해가 발생하였음을 전제로 피고에 대하여 손해배상책임을 인정한 것은 심리를 다하지 아니하고 부정경쟁행위로 인한 손해배상책임에 관한 법리를 오해하여 판결에 영향을 미친 위법이 있으므로, 이 부분에 대한 상고이유 제2점의 주장도 이유 있다.

3. 해명광고게재청구에 대하여

상표권 또는 전용사용권의 침해행위나 구 부정경쟁방지법(2004. 1. 20. 법률 제7095호로 개정되기 전의 것) 제2조 제1호 (가)목에서 정하는 상품주체의 혼동행위가 있었다고 하여도 그것만으로 상표권자 또는 전용사용권자나 상품주체의 영업상의 신용이 당연히 침해되었다고 단언하기 어려우므로, 그와 같은 경우 상표법 제69조 또는 구 부정경쟁방지법 제6조에 정한 신용회복을 위해 필요한 조치를 명하기 위하여는 상표권 또는 전용사용권의 침해행위나 상품주체혼동행위가 있었다는 것 외에 그와 같은 행위에 의하여 상표권자 또는 전용사용권자나 상품주체의 영업상의 신용이 실추되었음이 인정되어야만 한다.

원심 판결 이유에 의하면, 원심은 원고가 기존의 할론 소화제를 규제하자는 국제적 필요성에 따라 이를 대체하기 위해 이 사건 소화제를 개발한 점, 피고가 이 사건 계약에 따라 원고로부터 이 사건 소화제를 독점 수입하여 대한민국 내에 판매함으로써 2002년 경부터는 'NAF S-Ⅲ' 상표로 판매하는 소화제가 국내 청정소화제 시장에서 80% 이상의 점유율을 차지한 점, 이 사건 소화제의 국내에서의 높은 점유율은 상당 부분 원고 제품의 우수성에서 기인한 것으로 보이는 점, 이 사건 계약 종료 후에도 피고는 원고 제품을 독점판매하면서 구축한 판매망을 이용하여 자체 생산한 소화제를 계속해서 판매하여 위와 같은 높은 점유율을 유지하고 있는 데 반해 원고는 피고의 위 각 위반행위로 말미암아 국내 영업에 부진을 면치 못하고 있는 점 등에 비추어, 피고의 위 각 위반행위로 말미암아 원고의 영업상 신용이 실추되었음을 추인할 수 있고, 손해배상만으로는 그 회복이 불가능하여 적절한 해명광고가 필요하다고 판단하였다.

그러나 위 법리와 기록에 비추어 살펴보면, 비록 피고가 이 사건 계약기간 동안 'NAF S-Ⅲ' 상표의 상표권을 침해하는 행위를 하였고 그 후에도 유사 소화제에 'FINENAFS' 상표를 부착, 판매하였다 하여도, 피고가 판매한 유사 소화제의 품질이 조악하여 거래계에서 원고가 제조·판매한 이 사건 소화제의 신용이 손상되었다는 등의 특별한 사정이 있었음을 인정할 자료를 기록상 찾아보기 어려워, 원심이 들고 있는 위 사정들만으로 원고의 영업상 신용이 실추되었음을 추인하기는 어렵다고 할 것이다.

나아가 민법 제394조는 "다른 의사표시가 없으면 손해는 금전으로 배상한다"고 규정함으로써 이른바 금전배상의 원칙을 규정하고 있으므로, 법률에 다른 규정이 있거나 당사자가 다른 의사표시를 하는 등 특별한 사정이 없는 이상 원상회복청구는 할 수 없다 할 것인데(대법원 1997. 3. 28. 선고 96다10638 판결 등 참조), 원·피고 사이에 이 사건 계약

위반에 대한 배상방법으로 해명광고게재 등 신용회복조치의 이행을 구할 수 있도록 하는 약정이 있었음을 인정할 자료도 기록상 찾아보기 어렵다.

그럼에도 불구하고, 원심이 피고의 이 사건 계약 위반, 'NAF S-Ⅲ' 상표권의 침해행위 또는 부정경쟁행위에 의하여 원고의 영업상의 신용이 실추되었다고 단정하여 해명광고게재청구를 인정한 것은 심리를 다하지 못한 잘못으로 판결에 영향을 미친 위법이 있다 할 것이므로, 이 부분에 대한 상고이유 제6점의 주장도 이유 있다.

4. 결 론

그러므로 원심 판결의 피고 패소 부분 중 손해배상청구 부분과 해명광고게재청구 부분을 파기하고, 이 부분 사건을 원심법원에 환송하며, 나머지 상고를 기각하기로 하여 관여 대법관의 일치된 의견으로 주문과 같이 판결한다.

대법관 김영란(재판장) 이홍훈 안대희(주심) 양창수

5. 대법원 2002. 10. 11. 선고 2002다33175 판결【손해배상(기)】

[집50(2)민,208;공2002.12.1.(167),2705]

【판시사항】

상표권 침해로 인한 손해배상청구에 관한 구 상표법 제67조 제2항의 규정 취지

【판결요지】

구 상표법(2001. 2. 3. 법률 제6414호로 개정되기 전의 것) 제67조 제2항은 같은 조 제1항과 마찬가지로 불법행위에 기한 손해배상청구에 있어서 손해에 관한 피해자의 주장·입증책임을 경감하는 취지의 규정이고 손해의 발생이 없는 것이 분명한 경우까지 침해자에게 손해배상의무를 인정하는 취지는 아니라 할 것이므로, 같은 법 제67조 제2항의 규정에 의하여 상표권자 등이 상표권 등을 침해한 자에 대하여 침해에 의하여 받은 손해의 배상을 청구하는 경우에 상표권자 등은 손해의 발생사실에 관하여 구체적으로 주장·입증할 필요는 없고, 권리침해의 사실과 통상 받을 수 있는 금액을 주장·입증하면 족하다고 할 것이지만, 침해자도 손해의 발생이 있을 수 없다는 것을 주장·입증하여 손해배상책임을 면할 수 있는 것이라고 해석하는 것이 상당하다.

【참조조문】

구 상표법(2001. 2. 3. 법률 제6414호로 개정되기 전의 것) 제67조 제2항(현행 제67조 제3항 참조)

【전 문】

【원고, 상고인】 박덕병 (소송대리인 법무법인 명인 담당변호사 표재진)

【피고, 피상고인】 최재완

【원심 판결】 대전지법 2002. 5. 10. 선고 2001나9777 판결

【주 문】

상고를 기각한다. 상고비용은 원고의 부담으로 한다.

【이 유】

1. 구 상표법(2001. 2. 3. 법률 제6414호로 개정되기 전의 것, 이하 '법'이라 한다) 제67조 제2항은 같은 조 제1항과 마찬가지로 불법행위에 기한 손해배상청구에 있어서 손해에 관한 피해자의 주장·입증책임을 경감하는 취지의 규정이고 손해의 발생이 없는 것이 분명한 경우까지 침해자에게 손해배상의무를 인정하는 취지는 아니라 할 것이므로, 법 제67조 제2항의 규정에 의하여 상표권자 등이 상표권 등을 침해한 자에 대하여 침해에 의하여 받은 손해의 배상을 청구하는 경우에 상표권자 등은 손해의 발생사실에 관하여 구체적으로 주장·입증할 필요는 없고, 권리침해의 사실과 통상 받을 수 있는 금액을 주장·입증하면 족하다고 할 것이지만, 침해자도 손해의 발생이 있을 수 없다는 것을 주장·입증하여 손해배상책임을 면할 수 있는 것이라고 해석하는 것이 상당하다 할 것이다.

원심 판결 이유에 의하면, 원심은 그 채용 증거에 의하여 판시 사실을 인정한 다음, 원고가 1994.경 이래로 수건 제조업 또는 판매업을 하고 있지 않을 뿐 아니라, 1997. 10. 15.부터 1999. 3. 11.까지 김경암에게 원고의 등록상표(이하 '이 사건 상표'라 한다)에 대한 전용사용권을 부여함으로써 위 전용사용권이 미치는 범위 내에서는 이 사건 상표를 사용할 수 없는 점에 비추어 보면, 피고의 이 사건 상표 사용으로 인하여 전용사용권자인 김경암에게 영업상의 손해가 발생하였는지 여부는 별론으로 하고, 상표권자인 원고에게 손해가 발생하였다고는 볼 수 없으므로, 피고가 이 사건 상표를 사용함으로써 원고에게 손해가 발생하였음을 전제로 한 원고의 위 주장은 더 나아가 살필 필요 없이 이유 없다고 판단하고 있는바, 위에서 본 법리와 기록에 비추어 보면 원심의 위와 같은 판단은 그 설시에 있어서 다소 적절하지 못한 점이 없지 아니하나 원심이, 원고가 이 사건 상표를 사용하여 수건 제조업 또는 판매업을 하고 있지 않거나 전용사용권을 설정함으로써 그 범위 내에서는 피고의 이 사건 상표 사용으로 인하여 원고에게 손해가 발생하였다고 볼 수 없다는 이유로 원고의 청구를 배척한 것은 결론에 있어서 정당한 것으로 수긍할 수 있고, 거기에 상고이유로 주장하는 바와 같이 법 제67조 제2항에 관한 법리오해 또는 심리미진으로 인한 이유불비의 위법이 있다고 할 수 없다.

그리고 원심 판결 이유를 보면, 원심이 전용사용권이 설정되어 있지 아니한 기간에 대하여 특별히 명시하지는 아니하였다 하여도 그 기간 동안에 대하여도 원고가 수건 제조업 또는 판매업을 하지 아니하여 손해의 발생이 없다는 이유로 배척한 것임을 넉넉히 엿볼 수 있으므로, 이 부분에 대하여서까지 전용사용권을 이유로 배척한 것으로 볼 것은 아니

라 할 것이며, 또 원고가 일부 지역에 한정하여 전용사용권을 설정한 2000. 7. 24. 이전에 피고가 이미 이 사건 상표의 사용을 종료하였다는 것이므로, 원심 판결 중 이 부분 판단에 상고이유로 주장하는 바와 같이 전용사용권의 시간적·지역적 범위에 대한 심리미진으로 인한 사실오인 또는 판단유탈로 인한 이유불비의 위법이 있다고 할 수 없다.

2. 그러므로 상고를 기각하고, 상고비용은 패소자의 부담으로 하기로 하여 관여 법관의 일치된 의견으로 주문과 같이 판결한다.

대법관 송진훈(재판장) 변재승 윤재식(주심) 이규홍

6. 대법원 2009. 7. 23. 선고 2009도310 판결 【상표법위반】

[미간행]

【판시사항】

[1] 타인의 등록상표를 출처표시 외의 용도로 사용한 경우, 상표권 침해로 볼 수 있는지 여부(소극) 및 해당 표장의 사용이 '상표의 사용'에 해당하는지 여부에 대한 판단 기준

[2] 중국 소재 의류제조업체에 주문제작을 의뢰한 후 납품받아 국내에 판매하는 자가 등록상표 "ice coolup"과 동일한 표장이 인쇄된 종이 태그를 자신이 판매하는 "MENTIS" 작업복에 부착하여 판매한 사안에서, 그 표장은 작업복의 출처표시가 아니라 작업복의 재료가 되는 직물의 출처표시로서 사용되었고 작업복의 재료인 직물이 위 등록상표의 지정상품과 동일 또는 유사한 상품에 해당하므로, 상표법 위반죄가 성립한다고 한 사례

【참조조문】

[1] 상표법 제2조 제1항 6호, 제66조 제1항 제1호 [2] 상표법 제66조 제1항 제1호, 제93조

【참조판례】

[1] 대법원 1997. 2. 14. 선고 96도1424 판결(공1997, 830)대법원 2003. 4. 11. 선고 2002도3445 판결(공2003상, 1218)

【전 문】

【피 고 인】 피고인

【상 고 인】 검사

【변 호 인】 법무법인 미래로 담당변호사 이재철외 3인

【원심 판결】 창원지법 2008. 12. 18. 선고 2008노1729 판결

【주 문】

원심 판결 중 2008. 4. 8.자 상표법 위반 부분을 파기하고, 이 부분 사건을 창원지방법원 본원 합의부로 환송한다. 나머지 상고를 기각한다.

【이 유】

상고이유를 본다.

1. 2007. 10. 17.자 상표법 위반의 점에 대하여

타인의 등록상표를 그 지정상품과 동일 또는 유사한 상품에 사용하면 타인의 상표권을 침해하는 행위가 된다고 할 것이나, 타인의 등록상표를 이용한 경우라고 하더라도 그것이 상표의 본질적인 기능이라고 할 수 있는 출처표시를 위한 것이 아니어서 상표의 사용으로 인식될 수 없는 경우에는 등록상표의 상표권을 침해한 행위로 볼 수 없다고 할 것이고(대법원 1997. 2. 14. 선고 96도1424 판결 참조), 그것이 상표로서 사용되고 있는지의 여부를 판단하기 위하여는, 상품과의 관계, 당해 표장의 사용 태양(즉, 상품 등에 표시된 위치, 크기 등), 등록상표의 주지저명성 그리고 사용자의 의도와 사용 경위 등을 종합하여 실제 거래계에서 그 표시된 표장이 상품의 식별표지로서 사용되고 있는지 여부를 종합하여 판단하여야 할 것이다(대법원 2003. 4. 11. 선고 2002도3445 판결 참조).

원심은, 피고인이 중국 소재 의류제조업체에 주문제작을 의뢰한 후 납품받아 국내에 판매하는 작업복 상의 지퍼 하단의 리테이닝 박스(retaining box)에 원심 판결 별지1 기재 등록상표와 유사한 표장이 표시되어 있지만, 피고인이 그 위치에 위 표장을 표시하여 작업복을 제작·납품하여 달라고 의뢰한 것은 아니고 중국 소재 의류제조업체에서 작업복을 생산하는 과정에서 마음대로 위 표장이 표시된 지퍼를 사용한 것으로 보이는 점, 위 작업복의 상표 부분, 상의 지퍼 슬라이더 손잡이 부분에 피고인 고유의 작업복 상표인 "MENTIS"가 뚜렷이 각 표시되고, 작업복 상의 하단에 위 상표를 의미하는 "M"자가 표시된 단추가 달려 있는 점, 위 등록상표가 주지저명한 상표는 아닌 점 등에 비추어, 피고인이 위 표장을 작업복의 식별표지로서 사용한 것으로 볼 수 없다는 이유로 이 부분 공소사실을 무죄라고 판단하였는바, 앞서 본 법리와 기록에 비추어 살펴보면 이러한 원심의 판단은 수긍이 가고, 거기에 상고이유의 주장과 같은 법리오해 등의 위법이 없다.

2. 2008. 4. 8.자 상표법 위반의 점에 대하여

이 부분 공소사실의 요지는, 피고인은 2008. 4. 8. 주식회사 새울흥업이 상표로 등록한 원심 판결 별지2 기재 등록상표가 인쇄된 종이 태그를 피고인의 작업복 의류 1,500벌에 부착하여 판매함으로써 상표권을 침해하였다고 함에 있다.

이에 대해 원심은, 피고의 제품인 작업복은 위 등록상표의 지정상품인 직물, 직물제품, 침대커버, 테이블커버 등(제24류)과 유사한 상품이 아니므로 피고인이 그 등록상표권을 침해한 것으로 볼 수 없다는 이유로 이 부분 공소사실을 무죄로 인정한 제1심 판결을 그대로 유지하였다.

그러나 위와 같은 원심의 판단은 수긍할 수 없다.

타인의 등록상표와 동일 또는 유사한 상표를 그 지정상품과 동일 또는 유사한 상품에 사용하는 행위는 타인의 등록상표권을 침해하는 것이다(상표법 제66조 제1항 제1호).

제1심 및 원심이 적법하게 채택하여 조사한 증거들에 의하면, 피고인은 원심 판결 별지2 기재 등록상표 "ice coolup"과 동일한 표장이 인쇄된 종이 태그를 피고인이 판매하는 "MENTIS" 상표의 작업복에 부착하여 판매하였음을 알 수 있는바, 그렇다면 피고인은 위 표장을 작업복의 출처표시로 사용한 것이 아니라 작업복의 재료가 되는 직물의 출처표시로서 사용하였다고 보는 것이 경험칙에 부합하고, 작업복의 재료인 직물은 위 등록상표의 지정상품과 동일 또는 유사한 상품에 해당함이 분명하므로, 피고인이 등록상표권을 침해하였다고 인정할 여지가 충분하다. 이를 지적하는 상고이유 주장은 이유 있다.

결국, 이 부분 원심 판결에는 상표의 사용에 관한 법리를 오해함으로써 판결에 영향을 미친 위법이 있으므로 파기를 면할 수 없다.

3. 결 론

그러므로 원심 판결 중 2008. 4. 8.자 상표법 위반 부분을 파기하고, 이 부분 사건을 다시 심리·판단하게 하기 위하여 원심법원으로 환송하기로 하며, 나머지 상고를 기각하기로 하여 관여 대법관의 일치된 의견으로 주문과 같이 판결한다.

대법관 전수안(재판장) 양승태(주심) 김지형 양창수

7. 대법원 2010. 9. 9. 선고 2010도2985 판결 【배임·상표법위반·디자인보호법위반】

[공2010하,1953]

【판시사항】

[1] 상표법 제96조의 '사위 기타 부정한 행위로써 상표등록을 받은 자' 및 디자인보호법 제85조의 '사위 기타 부정한 행위로써 디자인등록을 받은 자'의 의미

[2] 서비스표 및 디자인 등록 출원을 위임받은 자가 위임의 취지에 위배하여 자신의 명의로 등록 출원하였다는 사실만으로 '사위 기타 부정한 행위'가 있었다고 볼 수 있는지 여부(소극)

【판결요지】

[1] 상표법 제96조에서 규정한 '사위 기타 부정한 행위로써 상표등록을 받은 자' 및 디자인보호법 제85조에서 규정한 '사위 기타 부정한 행위로써 디자인등록을 받은 자'란 정상적인 절차에 의하여서는 상표 및 디자인 등록을 받을 수 없는 경우임에도 위계 기타 사회통념상 부정이라고 인정되는 행위로써 상표 및 디자인 등록을 받는 자를 가리킨다.

[2] 상표 및 디자인 등록에서 사위행위죄는 상표 및 디자인 등록 과정에서 허위의 자료나

위조된 자료를 제출하는 등 심사관을 부정한 행위로써 착오에 빠뜨려 등록요건을 결여한 상표 및 디자인에 대하여 등록을 받은 자를 처벌함으로써 국가의 심사권의 적정한 행사를 보장하려는 취지에서 둔 규정이라고 할 것이므로, 서비스표 및 디자인 등록 출원을 위임받은 자가 위임의 취지에 위배하여 자신의 명의로 등록 출원하였다는 사실만으로는 '사위 기타 부정한 행위'가 있었다고 볼 수 없다.

【참조조문】

[1] 상표법 제96조, 디자인보호법 제85조 [2] 상표법 제96조, 디자인보호법 제85조

【참조판례】

[1] 대법원 1983. 12. 27. 선고 82도3238 판결(공1984, 280) 대법원 2004. 2. 27. 선고 2003도6283 판결(공2004상, 574)

【전 문】

【피 고 인】 피고인

【상 고 인】 피고인 및 검사

【원심 판결】 서울동부지법 2010. 2. 4. 선고 2009노1008 판결

【주 문】

상고를 모두 기각한다.

【이 유】

상고이유를 판단한다.

1. 피고인의 상고이유에 대하여

배임죄는 타인의 사무를 처리하는 자가 임무에 위배하는 행위로써 재산상의 이익을 취득하거나 제3자로 하여금 이를 취득하게 하여 그 본인에게 손해를 가한 때에 성립하는 범죄로서, 여기에서 '타인의 사무'라 함은 신임관계에 기초를 둔 타인의 재산의 보호 내지 관리의무가 있을 것을 그 본질적 내용으로 하는 것으로 타인의 재산관리에 관한 사무를 대행하는 경우, 예컨대 위임·고용 등의 계약상 타인의 재산의 관리·보전의 임무를 부담하는데 본인을 위하여 일정한 권한을 행사하는 경우, 등기협력의무와 같이 매매·담보권설정 등 자기의 거래를 완성하기 위한 자기의 사무인 동시에 상대방의 재산보전에 협력할 의무가 있는 경우 따위를 말하고(대법원 1999. 9. 17. 선고 97도3219 판결, 대법원 2005. 3. 25. 선고 2004도6890 판결 등 참조), '임무에 위배하는 행위'라 함은 처리하는 사무의 내용, 성질 등에 비추어 법령의 규정, 계약의 내용 또는 신의칙상 당연히 하여야 할 것으로 기대되는 행위를 하지 않거나 당연히 하지 않아야 할 것으로 기대되는 행위를 함으로써 사무처리를 위임한 본인과의 신임관계를 저버리는 일체의 행위를 포함한다(대법원 2004.

6. 24. 선고 2004도520 판결, 대법원 2008. 5. 29. 선고 2005도4640 판결 등 참조).

원심 판결 이유에 의하면 원심은, 피고인이 공소외인과 사이에 이 사건 서비스표권 및 디자인권에 대하여 전용사용권 및 전용실시권을 설정받기로 하는 계약을 체결하면서 공소외인으로부터 이 사건 서비스표 및 디자인의 등록을 공소외인 명의로 출원해 달라는 위임을 받았음에도 위 임무에 위배하여 피고인의 명의로 각 출원하여 등록결정을 받음으로써 이 사건 서비스표권 및 디자인권의 가액 상당의 재산상 이익을 취득하고 공소외인에게 동액 상당의 손해를 가한 사실을 충분히 인정할 수 있다고 판단하였는바, 원심의 판단은 위 법리에 따른 것으로 기록에 비추어 정당하고, 거기에 상고이유로 주장하는 법리오해 등의 위법이 없다.

2. 검사의 상고이유에 대하여

상표법 제96조에서 규정한 '사위 기타 부정한 행위로써 상표등록을 받은 자' 및 디자인보호법 제85조에서 규정한 '사위 기타 부정한 행위로써 디자인등록을 받은 자'라고 함은 정상적인 절차에 의하여서는 상표 및 디자인 등록을 받을 수 없는 경우임에도 위계 기타 사회통념상 부정이라고 인정되는 행위로써 상표 및 디자인 등록을 받는 자를 가리킨다고 할 것이다(대법원 2004. 2. 27. 선고 2003도6283 판결 참조).

그런데 상표 및 디자인 등록에 있어서 사위행위죄는 상표 및 디자인 등록 과정에서 허위의 자료나 위조된 자료를 제출하는 등 심사관을 부정한 행위로써 착오에 빠뜨려 등록요건을 결여한 상표 및 디자인에 대하여 등록을 받은 자를 처벌함으로써 국가의 심사권의 적정한 행사를 보장하려는 취지에서 둔 규정이라고 할 것이므로, 서비스표 및 디자인 등록 출원을 위임받은 자가 위임의 취지에 위배하여 자신의 명의로 등록 출원하였다는 사실만으로는 '사위 기타 부정한 행위'가 있었다고 볼 수 없다.

같은 취지의 원심의 판단은 정당한 것으로 수긍할 수 있고, 거기에 상고이유로 주장하는 법리오해 등의 위법이 없다.

3. 결 론

그러므로 상고를 모두 기각하기로 하여 관여 대법관의 일치된 의견으로 주문과 같이 판결한다.

대법관 신영철(재판장) 박시환 안대희(주심) 차한성

8. 대법원 2011. 1.13. 선고 2010도5994 판결 【상표법위반】

[공2011상,370]

【판시사항】

[1] 타인의 등록상표를 출처표시 외에 서적의 내용 등을 안내·설명하기 위하여 사용한

경우 상표권 침해로 볼 수 있는지 여부(소극) 및 그것이 상표로서 사용되고 있는지 여부의 판단 기준

[2] 피고인이 발행한 "빈틈없는 쓰기·어휘·어법 I" 학원 교재의 앞표지와 세로표지에 표시되어 있는 "EBS" 표장은, EBS 방송강의의 교재로 사용되었다는 교재의 내용 또는 용도를 안내·설명하기 위한 것일 뿐 그 출처를 표시하는 상표로 사용된 것이라고 할 수 없어 상표권 침해가 아니라고 본 원심판단을 수긍한 사례

[3] 원심이 피고인에 대한 상표법 위반의 공소사실을 부정경쟁방지 및 영업비밀보호에 관한 법률 위반으로 공소장 변경을 요구하지 아니하거나, 직권으로 위 부정경쟁방지 및 영업비밀보호에 관한 법률 위반죄의 성립 여부를 판단하지 않은 것이 위법하다는 검사의 상고이유 주장을 모두 배척한 사례

【판결요지】

[1] 타인의 등록상표를 그 지정상품과 동일 또는 유사한 상품에 사용하면 타인의 상표권을 침해하는 행위가 되나, 타인의 등록상표를 이용한 경우라고 하더라도 그것이 상표의 본질적인 기능이라고 할 수 있는 출처표시를 위한 것이 아니라 서적의 내용 등을 안내·설명하기 위하여 사용되는 등으로 상표의 사용으로 인식될 수 없는 경우에는 등록상표의 상표권을 침해한 행위로 볼 수 없고, 그것이 상표로서 사용되고 있는지 여부를 판단하기 위해서는, 상품과의 관계, 당해 표장의 사용 태양(즉 상품 등에 표시된 위치, 크기 등), 등록상표의 주지저명성 그리고 사용자의 의도와 사용경위 등을 종합하여 실제 거래계에서 그 표시된 표장이 상품의 식별표지로서 사용되고 있는지 여부를 종합하여 판단하여야 한다.

[2] 피고인이 한국교육개발원의 "EBS" 등록상표를 정당한 권한 없이 임의로 자신이 발행한 "빈틈 없는 쓰기·어휘·어법 I" 교재 표지에 부착하고 약 150부를 논술학원 수강생들에게 배포함으로써 타인의 상표권을 침해하였다는 내용으로 기소된 사안에서, 위 학원 교재의 앞표지와 세로표지에 위 등록상표와 동일한 "EBS" 표장이 그 지정상품과 동일한 상품에 표시되어 있으나 그와 함께 피고인이 운영하는 학원 이름과 학원의 주소, 인터넷 주소, 전화번호 등도 기재되어 있어서 그 출처가 피고인 또는 피고인이 운영하는 학원으로 명확히 인식되는 점, 교재의 내용을 이루는 쓰기·어휘·어법 문제와 그에 대한 해설 등은 피고인이 EBS에서 방송강의를 하면서 제작·사용한 것들로서 교재의 첫 페이지에 이를 명시하고 있는 점, 피고인도 위 교재가 EBS 방송강의의 교재로 사용되었음을 나타내어 자신이 운영하는 학원 수강생들에게만 배포할 의도로 "EBS" 표장을 사용한 점 등 제반 사정들을 고려할 때, 위 "EBS" 표장은 EBS 방송강의의 교재로 사용되었다는 교재의 내용 또는 용도를 안내·설명하기 위한 것일

뿐 그 출처를 표시하는 상표로 사용된 것이라고 할 수 없어 위 등록상표에 관한 상표권을 침해하였다고 할 수 없다는 이유로, 위 상표법 위반의 공소사실에 대하여 무죄를 선고한 원심판단을 수긍한 사례.

[3] 원심이 피고인에 대한 상표법 위반의 공소사실을 부정경쟁방지 및 영업비밀보호에 관한 법률 위반으로 공소장 변경을 요구하지 아니하거나, 직권으로 위 부정경쟁방지 및 영업비밀보호에 관한 법률 위반죄의 성립 여부를 판단하지 않은 것이 위법하다는 검사의 상고이유 주장을 모두 배척한 사례.

【참조조문】

[1] 상표법 제2조 제1항 제6호, 제66조 제1항 제1호, 제93조 [2] 상표법 제2조 제1항 제6호, 제66조 제1항 제1호, 제93조 [3] 상표법 제66조 제1항 제1호, 제93조, 구 부정경쟁방지 및 영업비밀보호에 관한 법률(2007. 12. 21. 법률 제8767호로 개정되기 전의 것) 제2조 제1호 (가)목, 제18조 제3항 제1호, 형사소송법 제298조

【참조판례】

[1] 대법원 2003. 4. 11. 선고 2002도3445 판결(공2003상, 1218)대법원 2003. 10. 10. 선고 2002다63640 판결대법원 2004. 10. 15. 선고 2004도5034 판결대법원 2009. 7. 23. 선고 2009도310 판결[3] 대법원 1999. 12. 24. 선고 99도3003 판결(공2000상, 353)대법원 2003. 5. 13. 선고 2003도1366 판결(공2003상, 1411)대법원 2009. 5. 14. 선고 2007도616 판결대법원 2010. 4. 29. 선고 2010도2414 판결(공2010상, 1087)

【전 문】

【피 고 인】 피고인

【상 고 인】 검사

【변 호 인】 변호사 최영동 외 1인

【원심 판결】 서울중앙지법 2010. 4. 30. 선고 2010노239 판결

【주 문】

상고를 기각한다.

【이 유】

상고이유를 판단한다.

1. 상표법 위반의 점에 대한 주장에 관하여

가. 타인의 등록상표를 그 지정상품과 동일 또는 유사한 상품에 사용하면 타인의 상표권을 침해하는 행위가 되나, 타인의 등록상표를 이용한 경우라고 하더라도 그것이 상표의 본질적인 기능이라고 할 수 있는 출처표시를 위한 것이 아니라 서적의 내용

등을 안내·설명하기 위하여 사용되는 등으로 상표의 사용으로 인식될 수 없는 경우에는 등록상표의 상표권을 침해한 행위로 볼 수 없고(대법원 2003. 10. 10. 선고 2002다63640 판결 등 참조), 그것이 상표로서 사용되고 있는지 여부를 판단하기 위해서는, 상품과의 관계, 당해 표장의 사용 태양(즉, 상품 등에 표시된 위치, 크기 등), 등록상표의 주지저명성 그리고 사용자의 의도와 사용경위 등을 종합하여 실제 거래계에서 그 표시된 표장이 상품의 식별표지로서 사용되고 있는지 여부를 종합하여 판단하여야 한다(대법원 2003. 4. 11. 선고 2002도3445 판결 등 참조).

나. 원심이 적법하게 채택한 증거에 의하면, 피고인이 발행한 "빈틈없는 쓰기·어휘·어법 I" 교재(이하 '이 사건 책'이라 한다)의 앞표지에는 중앙 부분 위 아래로 "EBS" 및 "개념 총집합 쓰기·어휘·어법 I"이라는 문자가 기재되어 있고 그 세로표지에도 "EBS 빈틈없는 쓰기·어휘·어법 I"이라는 문자가 기재되어 있어, 지정상품을 "서적, 학습지" 등으로 하는 등록상표 "EBS" (등록번호 제268188호)와 동일한 "EBS" 표장(이하 '이 사건 표장'이라 한다)이 그 지정상품과 동일한 상품에 표시되어 있음을 알 수 있다. 그러나 기록에 비추어 살펴보면, 이 사건 책의 앞표지와 세로표지 및 뒤표지의 하단부에는 피고인이 운영하는 학원 이름인 "○○○국어논술전문학원" 등이 '산' 글자를 도형화한 표장 및 학원의 주소, 인터넷 주소, 전화번호 등과 함께 기재되어 있고, 책의 각 페이지마다 상단에는 피고인의 영문 이름인 "△△△ △△△△△ △△△△"이, 하단에는 '산' 글자를 도형화한 표장 및 학원의 인터넷 주소와 함께 학원 이름 "○○○국어논술전문학원"이 각 기재되어 있으므로, 전체적으로 이 사건 책의 출처가 피고인 또는 피고인이 운영하는 "○○○국어논술전문학원"인 것으로 명확히 인식된다고 할 것이다. 또한 기록에 의하면, 이 사건 책의 내용을 이루는 쓰기·어휘·어법 문제와 그에 대한 해설 등은 피고인이 EBS에서 방송강의를 하면서 제작·사용한 것들인데, 책의 첫 페이지에 "이 책은 EBS에서 방송하고 있는 〈빈틈없는 쓰기 어휘 어법〉 강의 교재입니다."라고 하여 이를 명시하고 있고, 피고인도 이 사건 책이 EBS 방송강의의 교재로 사용되었음을 나타내어 자신이 운영하는 학원의 수강생들에게만 배포할 의도로 이 사건 표장을 위에서 본 바와 같이 사용한 점 등도 알 수 있다. 이와 같은 제반 사정들을 앞서 본 법리에 비추어 종합적으로 고려해 보면, 이 사건 표장은 EBS 방송강의의 교재로 사용되었다는 이 사건 책의 내용 또는 용도를 안내·설명하기 위한 것일 뿐 그 출처를 표시하는 상표로 사용된 것이라고 할 수는 없으므로, 위 등록상표에 관한 상표권을 침해하였다고 할 수 없다.

같은 취지에서 피고인의 상표법 위반의 점에 대하여 무죄를 선고한 원심판단은 정당한 것으로 수긍이 가고, 거기에 상고이유로 주장하는 바와 같은 상표의 사용에 관한 법리오해 등의 위법이 없다.

2. 공소장변경 요구를 하지 않은 위법이 있다는 주장에 관하여

법원이 검사에게 공소장 변경을 요구할 것인지 여부는 재량에 속하는 것이므로, 법원이 검사에게 공소장의 변경을 요구하지 아니하였다고 하여 위법하다고 할 수 없다(대법원 1999. 12. 24. 선고 99도3003 판결 등 참조).

따라서 원심이 이 사건 상표법 위반죄의 공소사실을 부정경쟁방지 및 영업비밀보호에 관한 법률(이하 '부정경쟁방지법'이라 한다) 위반죄로 공소장 변경을 요구하지 아니한 것이 위법하다는 상고이유의 주장은 받아들이지 아니한다.

3. 부정경쟁방지법 위반죄를 직권으로 판단했어야 한다는 주장에 관하여

법원이 공소장의 변경 없이 직권으로 공소장에 기재된 공소사실과 다른 범죄사실을 인정하기 위해서는 공소사실의 동일성이 인정되는 범위 내이어야 할 뿐더러 또한 피고인의 방어권 행사에 실질적 불이익을 초래할 염려가 없어야 한다(대법원 2010. 4. 29. 선고 2010도2414 판결 등 참조).

그런데 상표법 위반의 이 사건 공소사실과 검사 주장의 부정경쟁방지법 위반의 범죄사실은 그 범죄행위의 내용 내지 태양이 서로 달라 이에 대응할 피고인의 방어행위 역시 달라질 수밖에 없어, 공소장 변경 없이 검사 주장과 같은 범죄사실을 인정하는 경우에는 피고인의 방어권 행사에 실질적인 불이익을 초래할 염려가 있다 할 것이므로, 그와 같은 범죄사실을 인정할 증거가 있는지 여부에 관하여 판단할 필요도 없이 이 부분 상고이유의 주장도 받아들이지 아니한다.

4. 결 론

그러므로 상고를 기각하기로 하여 관여 대법관의 일치된 의견으로 주문과 같이 판결한다.

대법관 민일영(재판장) 이홍훈(주심) 김능환 이인복

9. 대법원 2003. 4. 11. 선고 2002도3445 판결 【상표법위반·부정경쟁방지및영업비밀보호에관한법률위반】

[공2003.6.1.(179),1218]

【판시사항】

[1] 상표적 사용의 의미와 사용 여부에 대한 판단 기준

[2] 피고인이 후지필름의 등록상표가 각인된 1회용 카메라의 빈 용기를 수집하여 다시 필름을 장전하고 일부 포장을 새롭게 하여 제조·판매한 행위가 후지필름의 등록상표

를 침해하고 혼동을 야기하였다고 본 사례

[3] 상표권의 소진과 소진의 제한범위 및 그 판단 기준

【판결요지】

[1] 타인의 등록상표를 그 지정상품과 동일 또는 유사한 상품에 사용하면 타인의 상표권을 침해하는 행위가 된다고 할 것이나, 타인의 등록상표를 이용한 경우라고 하더라도 그것이 상표의 본질적인 기능이라고 할 수 있는 출처표시를 위한 것이 아니어서 상표의 사용으로 인식될 수 없는 경우에는 등록상표의 상표권을 침해한 행위로 볼 수 없다고 할 것이고, 그것이 상표로서 사용되고 있는지의 여부를 판단하기 위하여는, 상품과의 관계, 당해 표장의 사용 태양(즉, 상품 등에 표시된 위치, 크기 등), 등록상표의 주지저명성 그리고 사용자의 의도와 사용경위 등을 종합하여 실제 거래계에서 그 표시된 표장이 상품의 식별표지로서 사용되고 있는지 여부를 종합하여 판단하여야 한다.

[2] 피고인이 후지필름의 등록상표가 각인된 1회용 카메라의 빈 용기를 수집하여 다시 필름을 장전하고 일부 포장을 새롭게 하여 제조·판매한 행위가 후지필름의 등록상표를 침해하고 혼동을 야기하였다고 본 사례.

[3] 특별한 사정이 없는 한 상표권자 등이 국내에서 등록상표가 표시된 상품을 양도한 경우에는 당해 상품에 대한 상표권은 그 목적을 달성한 것으로서 소진되고, 그로써 상표권의 효력은 당해 상품을 사용, 양도 또는 대여한 행위 등에는 미치지 않는다고 할 것이나, 원래의 상품과의 동일성을 해할 정도의 가공이나 수선을 하는 경우에는 실질적으로 생산행위를 하는 것과 마찬가지이므로 이러한 경우에는 상표권자의 권리를 침해하는 것으로 보아야 할 것이고, 동일성을 해할 정도의 가공이나 수선으로서 생산행위에 해당하는가의 여부는 당해 상품의 객관적인 성질, 이용형태 및 상표법의 규정취지와 상표의 기능 등을 종합하여 판단하여야 한다.

【참조조문】

[1] 상표법 제66조 제1호 [2] 상표법 제66조 제1호 , 제93조 , 부정경쟁방지및영업비밀보호에관한법률 제2조 제1호 (가)목 , 제18조 제3항 제1호 [3] 상표법 제50조 , 제66조 제1호, 제93조

【참조판례】

[1] 대법원 1997. 2. 14. 선고 96도1424 판결(공1997상, 830)

【전 문】

【피고인】 피고인

【상고인】 피고인

【변호인】 변호사 문철기

【원심 판결】 창원지법 2002. 6. 12. 선고 2001노2235 판결

【주 문】

상고를 기각한다.

【이 유】

1. 원심의 판단

원심 판결 이유에 의하면, 원심은, 피고인은 1회용 카메라의 제조 및 판매업에 종사하는 자인바, (1) 1999. 12.경부터 2000. 10. 17.까지 사이에 서울 송파구 석촌동 에 있는 공장에서 피해자 후지필름 주식회사가 생산한 위 회사의 등록된 상표인 후지필름(FUJIFILM)이 각인된 후지 슈퍼 800 등 1회용 카메라의 빈 용기를 수집하여 위 용기에 다시 필름을 장전하고 일부 포장을 새롭게 하여 제조, 판매하는 방법으로 월평균 3만여 개, 위 기간 동안 30만여 개 시가 약 24억 원 상당을 제조, 판매한 사실, (2) 공소외인과 공모하여, 2000. 10. 18.경부터 2001. 4. 12.경까지 사이에 위 공장에서 전항 기재와 같은 방법으로 1회용 카메라를 제조, 판매하는 방법으로 월평균 3만여 개, 위 기간 동안 18만여 개 시가 약 14억 4천만 원 상당을 제조, 판매하여 각 위 등록된 상표권을 침해하고, 국내에 널리 알려진 위 후지필름의 상표가 각인된 위 용기를 사용하여 미라클이라는 상표로 카메라를 생산, 판매하여 후지필름의 1회용 카메라와 혼동을 일으키게 하였다고 인정한 다음, 후지필름 주식회사가 생산하였다가 사용 후 회수된 1회용 카메라를 매입한 후 이를 재활용하여 'Miracle'이라는 피고인의 상표를 표기하여 시중에 유통시키는 과정에서 이미 각인된 'FUJIFILM' 상표 중 미세한 부분을 미처 지우지 못한 과실이 있을 뿐, 결코 후지필름 주식회사의 등록상표인 'FUJIFILM'으로 오인시켜 유통시키려고 한 것이 아니므로 상표권 침해의 고의가 없었고, 이 사건 재활용 카메라의 포장용기 및 몸체의 종이옷에는 'Miracle' 상표가 선명하고 확연하게 표시되어 있어 위 재활용 카메라가 후지필름 주식회사가 생산한 것이라고 오인시켜 상품의 출처에 대한 오인·혼동을 일으킬 염려가 전혀 없다는 피고인의 주장에 대하여, 피고인의 상표권 침해의 범의를 포함한 이 사건 상표법 위반 및 부정경쟁방지및영업비밀보호에관한법률위반의 범죄사실을 충분히 인정할 수 있다는 이유로 이를 받아들이지 아니하였다.

2. 대법원의 판단

가. 원심 판결 이유에 의하면, 원심은 그 채택 증거를 종합하여 피고인에 대한 상표권 침해의 범의를 포함한 이 사건 공소사실을 유죄로 인정하였는바, 기록과 대조하여 살펴보면 원심의 판단은 정당하고 거기에 상고이유에서 주장하는 바와 같은 채증법

칙 위배로 인한 사실오인 등의 위법이 있다고 할 수 없다. 이 부분 상고이유는 받아들일 수 없다.

나. 타인의 등록상표를 그 지정상품과 동일 또는 유사한 상품에 사용하면 타인의 상표권을 침해하는 행위가 된다고 할 것이나, 타인의 등록상표를 이용한 경우라고 하더라도 그것이 상표의 본질적인 기능이라고 할 수 있는 출처표시를 위한 것이 아니어서 상표의 사용으로 인식될 수 없는 경우에는 등록상표의 상표권을 침해한 행위로 볼 수 없다고 할 것이고(대법원 1997. 2. 14. 선고 96도1424 판결 참조), 그것이 상표로서 사용되고 있는지의 여부를 판단하기 위하여는, 상품과의 관계, 당해 표장의 사용 태양(즉, 상품 등에 표시된 위치, 크기 등), 등록상표의 주지저명성 그리고 사용자의 의도와 사용경위 등을 종합하여 실제 거래계에서 그 표시된 표장이 상품의 식별표지로서 사용되고 있는지 여부를 종합하여 판단하여야 할 것이다.

기록에 비추어 살펴보면, 일본국 후지사진필름 주식회사(이하 '후지필름'이라 한다)는 우리나라 특허청에 필름, 렌즈, 프로세서 카메라 등을 지정상품으로 하여 'FUJIFILM'이라는 상표를 등록한 사실, 후지필름은 1988.경 필름업계 최초로 1회용 카메라 "퀵스냅"을 개발하였고, 1989. 4.경 이를 국내에 도입하여 판매하였으며, 이후 대대적인 광고를 통하여 "퀵스냅"이 1회용 카메라의 고유명사가 될 정도로 소비자 인지도가 높은 상황이었고, 1990.부터는 타사 상품이 나오기는 하였으나 1993.까지 1회용 카메라 시장의 70%이상을 점유한 사실, 후지필름에서 'Quick Snap Super' 또는 'Quick Snap Superia'라는 명칭으로 생산된 1회용 카메라의 몸체에는 렌즈의 좌측에 가로 20mm, 세로 3mm 정도의 비교적 큰 글씨로 1번, 렌즈의 둘레에 가로 8mm, 세로 1mm 정도의 작은 글씨로 3번, 플래쉬 부분에 가로 10mm, 세로 2mm 정도의 작은 글씨로 1번, 잔여 필름 표시 부분에 작은 글씨로 1번 각 'FUJUFI M'이라는 상표가 새겨져 있고, 그 외에 상품명을 표시하는 'QuickSnap Super', 'QuickSnap SUPERIA'의 표시가 종이상자에 여러 군데 기재되어 있는 사실, 피고인은 후지필름에서 생산되었다가 사용 후 회수된 1회용 카메라 몸체의 렌즈 둘레와 플래쉬 부분에 위와 같이 'FUJIFILM'이라는 상표가 새겨져 있음을 알면서도 이를 제거하거나 가리지 아니한 상태에서(일부 제품에는 렌즈 좌측부분의 상표만을 가림) 그 몸체 부분을 'Miracle'이라는 상표가 기재된 포장지로 감싼 후 새로운 1회용 카메라를 생산하여 이를 판매한 사실, "miracle"라는 의미는 "기적, 불가사의한(놀랄 만한) 사물(사람)"을 나타내는 말로 그 자체로 상품의 출처를 나타내는 기능은 없고, 그것이 주지 저명한 것도 아니어서 피고인의 상품임을 나타낸다고 볼 수도 없는 사실을 인정할 수 있는바, 사정이 이와 같다면, 비록 'Miracle'이라는 상표를 별도로 표시하였다거나 'FUJIFILM'이라는 상표가 'Miracle'이라는 상표보다 작거나 색상면에서 식별이 용이하지 아니하다고 할지라도 피고인은 그가 제작·판매하는 이 사건 1회용 카메라에 후지필름의 이 사건 등록상표를 상표로서 사용하였다고 보아야 할 것이고, 또한, 이 사건 1회용 카메라는 후지필름에서 생산되는 'Quicksnap'과 마찬가지로 후지필름에서 생산되는 상품의 일종인 'Miracle'이라고 혼동할 염려가 있고 이는 상품주체의 혼동을 야기하는 행위라고 할 것이므로, 같은 취지에서 피고인이 이 사건 등록상표를 침해하고 혼동을 일으키게 하였다고 본 원심의 판단은 그 이유 설시에 있어서 다소 미흡한 점은 있으나 결론에 있어서 정당한 것으로 수긍이 가고, 거기에 상표의 사용이나 부정경쟁방지및영업비밀보호에관한법률에서의 혼동에 관한 법리오해 등의 위법이 있다고 할 수 없다. 이 부분 상고이유도 받아들일 수 없다.

다. 특별한 사정이 없는 한 상표권자 등이 국내에서 등록상표가 표시된 상품을 양도한 경우에는 당해 상품에 대한 상표권은 그 목적을 달성한 것으로서 소진되고, 그로써 상표권의 효력은 당해 상품을 사용, 양도 또는 대여한 행위 등에는 미치지 않는다고 할 것이나, 원래의 상품과의 동일성을 해할 정도의 가공이나 수선을 하는 경우에는 실질적으로 생산행위를 하는 것과 마찬가지이므로 이러한 경우에는 상표권자의 권리를 침해하는 것으로 보아야 할 것이다. 그리고 동일성을 해할 정도의 가공이나 수선으로서 생산행위에 해당하는가의 여부는 당해 상품의 객관적인 성질, 이용형태 및 상표법의 규정취지와 상표의 기능 등을 종합하여 판단하여야 할 것이다.

기록에 비추어 살펴보면, 후지필름이 제조한 1회용 카메라는 1회 사용을 전제로 하여 촬영이 끝난 후 현상소에 맡겨져 카메라의 봉인을 뜯고 이미 사용한 필름을 제거하여 이를 현상함으로써 그 수명을 다하게 되며, 이에 따라 그 카메라 포장지에도 현상 후 그 몸체는 반환되지 아니한다고 기재되어 있는 사실, 피고인이 이미 수명이 다하여 더 이상 상품으로서 아무런 가치가 남아 있지 아니한 카메라 몸체를 이용하여 1회용 카메라의 성능이나 품질면에서 중요하고도 본질적인 부분인 새로운 필름(후지필름이 아닌 타회사 제품) 등을 갈아 끼우고 새로운 포장을 한 사실을 인정할 수 있는바, 피고인의 이러한 행위는 단순한 가공이나 수리의 범위를 넘어 상품의 동일성을 해할 정도로 본래의 품질이나 형상에 변경을 가한 경우에 해당된다 할 것이고 이는 실질적으로 새로운 생산행위에 해당한다고 할 것이므로, 이 사건 등록상표의 상표권자인 후지필름은 여전히 상표권을 행사할 수 있다고 보아야 할 것이다. 후지필름이 이 사건 등록상표의 상표권을 행사할 수 있음을 전제로 한 원심의 판단은 그 이유 설시에 있어서 다소 미흡한 점은 있으나 결론에 있어서 정당한 것으로 수긍이 가고, 거기에 상표권의 소진 또는 소모이론에 관한 법리오해 등의 위법이 있다고 할 수 없다. 이 부분 상고이유 역시 받아들일 수 없다.

3. 결 론

그러므로 상고를 기각하기로 하여 관여 법관의 일치된 의견으로 주문과 같이 판결한다.

대법관 고현철(재판장) 변재승 윤재식(주심) 강신욱

10. 대법원 2006. 2.23. 선고 2005도476 판결【상표법위반】

[미간행]

【판시사항】

상표권을 침해한 행위가 있은 후에 상표등록무효심결이 확정된 경우, 그 행위가 상표법 제93조에 정한 상표권 침해행위에 해당하는지 여부(소극)

【참조조문】

상표법 제71조 제3항, 제93조

【참조판례】

대법원 1996. 5. 16. 선고 93도839 전원합의체 판결(공1996상, 1783)

【전 문】

【피 고 인】 피고인

【상 고 인】 피고인

【원심 판결】 서울동부지법 2004. 12. 29. 선고 2004노453 판결

【주 문】

원심 판결을 파기하고, 사건을 서울동부지방법원 합의부로 환송한다.

【이 유】

상고이유(상고이유서 제출기간이 경과한 후에 제출된 상고이유보충서는 상고이유를 보충하는 범위 내에서)를 본다.

타인의 등록상표권을 침해하였다는 행위가 그 등록을 무효로 한다는 심결이 확정되기 전에 이루어졌다고 하더라도, 그 후 상표등록을 무효로 한다는 심결이 확정되었다면 상표권은 처음부터 존재하지 아니하였던 것이 되므로, 그와 같은 행위를 상표권 침해행위에 해당한다고 할 수 없다(대법원 1996. 5. 16. 선고 93도839 전원합의체 판결 참조).

이 사건 공소사실의 요지는 피고인이 2001. 12. 6.부터 2003. 2. 27.경까지 특허청에 등록된 피해자 주식회사 장수산업(이하 '장수산업'이라 한다)의 등록상표인 장수돌침대(등록번호 0521717, 이하 '이 사건 상표'라 한다)와 유사한 모양의 상표인 '장수토가돌침대'를 부착한

돌침대 약 110개를 제조하여 판매 또는 소지함으로써 장수산업의 상표권을 침해하였다는 것인데, 기록에 의하면, 피고인 등이 장수산업을 상대로 특허심판원에 이 사건 상표의 무효를 주장하여 2004. 10. 30. 등록무효의 심결을 받았고, 이에 대한 장수산업의 위 무효심결 취소청구의 소가 특허법원 2005. 4. 8. 선고 2004허8015 판결로 기각되고, 그 상고도 대법원 2005. 7. 14. 선고 2005후1196 판결로 기각됨으로써, 원심 판결 이후에 이 사건 상표에 대한 상표등록무효심결이 확정되었음이 명백하다.

그렇다면 이 사건 상표는 처음부터 존재하지 아니하였던 것이 되어, 공소사실 기재와 같은 피고인의 행위가 장수산업의 이 사건 상표권을 침해하였다고 볼 수 없으므로 원심 판결은 더 이상 유지될 수 없고, 이를 지적하는 피고인의 상고이유의 논지는 이유 있다.

나아가 이 사건 상표의 등록일은 2002. 5. 29.이므로 그 상표등록 이전의 행위는 특별한 사정이 없는 한 상표권 침해행위에 해당한다고 볼 수 없을 것임에도, 상표등록 이전의 행위가 포함된 이 사건 공소사실을 모두 그대로 유죄라고 판단한 원심에는 이 점에서도 상표법의 법리를 오해한 잘못이 있음을 밝혀 둔다.

그러므로 원심 판결을 파기하고, 사건을 다시 심리·판단하게 하기 위하여 원심법원으로 환송하기로 하여 관여 대법관의 일치된 의견으로 주문과 같이 판결한다.

대법관 강신욱(재판장) 고현철 양승태(주심) 김지형

11. 대법원 2012. 1.27. 선고 2010도2535 판결【상표법위반】

[미간행]

【판시사항】

[1] 디자인이 될 수 있는 형상이나 모양의 사용을 '상표의 사용'으로 볼 수 있는 경우

[2] 피고인이 갑 주식회사의 등록상표와 동일한 모양의 장식물을 제조하여 그 지정상품과 동일한 상품에 부착·사용함으로써 갑 회사의 상표권을 침해하였다는 내용으로 기소된 사안에서, 피고인이 사용한 표장은 상품의 출처표시를 위하여 사용된 것으로 '상표의 사용'에 해당한다는 이유로, 같은 취지에서 유죄를 인정한 원심판단을 수긍한 사례

【참조조문】

[1] 상표법 제2조 제1항 제6호, 제53조 [2] 상표법 제53조, 제93조

【참조판례】

[1] 대법원 2000. 12. 26. 선고 98도2743 판결(공2001상, 406)
대법원 2009. 5. 14. 선고 2009후665 판결

【전 문】

【피 고 인】 피고인

【상 고 인】 피고인

【원심 판결】 서울동부지법 2010. 1. 28. 선고 2009노892 판결

【주 문】

상고를 기각한다.

【이 유】

상고이유에 대하여 판단한다.

1. 상고이유 제1점에 대하여

상표법은 2007. 1. 3. 법률 제8190호로 개정될 때 제57조의3 규정이 신설되었고, 그 부칙 제7조는 "제57조의3의 개정규정은 2007. 7. 1. 이후 최초로 타인이 상표등록출원을 하여 등록되는 상표에 대하여 선사용자가 동 개정규정의 요건을 갖춘 경우부터 적용한다."라고 정하고 있으므로, 2007. 7. 1. 전에 출원되어 등록된 이 사건 각 등록상표(등록번호 각 생략)에 대하여는 위 규정의 적용이 없다.

그럼에도 원심은 상표법 제57조의3에 의하여 피고인에게 위 조항 소정의 선사용권이 인정되는지 여부를 심리한 끝에 피고인에게 위 조항 소정의 요건이 충족되지 않는다고 판단하였는바, 이러한 원심의 판단에는 상표법 제57조의3의 적용시기에 관한 법리를 오해한 점은 있으나 결과적으로 위 규정의 적용을 배척하였으므로 판결 결과에는 아무런 영향이 없다.

2. 상고이유 제2점에 대하여

피고인이 이 사건 각 등록상표의 출원 전 그 표장과 동일한 모양의 장식물을 창작한 선행 저작권자이므로 상표법 제53조에 비추어 상표권 침해가 성립하지 않는다는 주장은 피고인이 이를 항소이유로 삼거나 원심이 직권으로 심판대상으로 삼은 바가 없는 것을 상고이유에서 비로소 주장하는 것으로서 적법한 상고이유가 되지 못한다.

3. 상고이유 제3점에 대하여

디자인과 상표는 배타적, 선택적인 관계에 있는 것이 아니므로 디자인이 될 수 있는 형상이나 모양이라고 하더라도 그것이 상표의 본질적인 기능이라고 할 수 있는 자타상품의 출처표시를 위하여 사용되는 것으로 볼 수 있는 경우에는 위 사용은 상표로서의 사용이라고 보아야 할 것이다(대법원 2000. 12. 26. 선고 98도2743 판결 참조).

위 법리와 기록에 비추어 보건대, 피고인이 이 사건 각 등록상표와 동일한 모양의 장식물을 제조하여 그 지정상품과 동일한 헤어밴드, 목걸이 등에 사용한 태양, 이 사건 각

등록상표의 주지성 및 피고인의 사용의도 등을 종합하여 보면, 피고인이 그와 같이 사용한 표장은 순전히 장식적으로만 사용된 것이 아니라 상품의 출처표시를 위하여 사용된 것으로서 상표의 사용으로 인정된다고 할 것이다.

같은 취지의 원심판단은 정당한 것으로 수긍할 수 있고, 거기에 상표적 사용에 관한 법리오해의 위법이 없다.

4. 결 론

그러므로 상고를 기각하기로 하여 관여 대법관의 일치된 의견으로 주문과 같이 판결한다.

대법관 김능환(재판장) 안대희 이인복(주심) 박병대

제 11 절 심판, 재심청구 및 소송

Ⅰ. 의 의

[1] 심 판: 결정계 심판 + 당사자계 심판

[2] 심판의 유형: (i) 보정각하결정에 대한 심판(상 제115조), (ii) 거절결정에 대한 심판(상 제116조), (iii) 상표등록 및 지정상품 추가등록의 무효심판(상 제117조), (iv) 상표권의 존속기간갱신등록의 무효심판(상 제118조), (v) 상표등록의 취소심판(상 제119조), (vi) 사용권등록의 취소심판(상 제120조), (vii) 상표권의 권리범위확인심판(상 제121조), (viii) 상품분류전환등록의 무효심판(상 제214조)

[3] 소 송: 위 유형의 심판에 대한 취소를 구하는 심결취소소송 + 민사소송으로서의 상표권침해소송

Ⅱ. 거절결정에 대한 심판

[1] 상표등록거절결정, 지정상품의 추가등록거절결정,[432] 상표권의 존속기간갱신등록

432) 상표법 제87조(지정상품의 추가등록거절결정 및 거절이유통지) ① 심사관은 지정상품추가등록출원이 다음 각 호의 어느 하나에 해당하는 경우에는 그 지정상품의 추가등록거절결정을 하여야 한다.

1. 제54조 각 호의 어느 하나에 해당할 경우
2. 지정상품의 추가등록출원인이 해당 상표권자 또는 출원인이 아닌 경우
3. 등록상표의 상표권 또는 상표등록출원이 다음 각 목의 어느 하나에 해당하게 된 경우
   가. 상표권의 소멸
   나. 상표등록출원의 포기, 취하 또는 무효

거절결정 및 상품분류전환등록거절결정 중 어느 하나에 해당하는 결정을 받은 자가 불복이 있을 때에는 거절결정등본의 송달을 받은 날로부터 30일이내에 심판을 청구할 수 있다(상 제116조).

대법원 2016. 7. 14. 선고 2015후1348 판결【거절결정(상)】[공2016하,1199]

【판시사항】

[1] 상표가 유사한지 판단하는 기준 및 도형상표에서 상표가 유사한지 판단하는 기준 / 상표가 유사한지 판단하는 방법

[2] 특허청 심사관이 가방 등을 지정상품으로 하는 갑 주식회사의 출원상표 ""에 대하여 서류가방 등을 지정상품으로 하는 선등록상표 ""와 표장 및 지정상품이 유사하다는 등의 이유로 거절결정을 하자, 갑 회사가 특허심판원에 불복심판을 청구하였으나 특허심판원이 기각하는 심결을 한 사안에서, 두 표장은 외관이 주는 지배적인 인상이 유사하여 동일·유사한 상품에 다 같이 사용하는 경우 일반 수요자에게 출처에 관하여 오인·혼동을 일으킬 염려가 있으므로 서로 유사하다고 한 사례

【판결요지】

[1] 상표의 유사 여부는 대비되는 상표를 외관, 호칭, 관념의 세 측면에서 객관적, 전체적, 이격적으로 관찰하여 거래상 오인·혼동의 염려가 있는지에 따라 판단하여야 한다. 특히 도형상표들에서는 외관이 주는 지배적 인상이 동일·유사하여 두 상표를 동일·유사한 상품에 다 같이 사용하는 경우 일반 수요자에게 상품의 출처에 관하여 오인·혼동을 일으킬 염려가 있다면 두 상표는 유사하다고 보아야 한다. 또한 상표의 유사 여부의 판단은 두 개의 상표 자체를 나란히 놓고 대비하는 것이 아니라 때와 장소를 달리하여 두 개의 상표를 대하는 일반 수요자에게 상품 출처에 관하여 오인·혼동을 일으킬 우려가 있는지의 관점에서 이루어져야 하고, 두 개의 상표가 외관, 호칭, 관념 등에 의하여 일반 수요자에게 주는 인상, 기억, 연상 등을 전체적으로 종합할 때 상품의 출처에 관하여 오인·혼동을 일으킬 우려가 있는 경우에는 두 개의 상표는 서로 유사하다고 보아야 한다.

다. 상표등록출원에 대한 제54조에 따른 상표등록거절결정의 확정

② 심사관은 제1항에 따라 지정상품의 추가등록거절결정을 하려는 경우에는 출원인에게 거절이유를 통지하여야 한다. 이 경우 출원인은 산업통상자원부령으로 정하는 기간 내에 거절이유에 대한 의견서를 제출할 수 있다.

③ 제2항 후단에 따른 기간 내에 의견서를 제출하지 아니한 출원인은 그 기간의 만료일부터 2개월 이내에 지정상품의 추가등록에 관한 절차를 계속 진행할 것을 신청하고, 그 기간 내에 거절이유에 대한 의견서를 제출할 수 있다.

[2] 특허청 심사관이 가방 등을 지정상품으로 하는 갑 주식회사의 출원상표 ""에 대하여 서류가방 등을 지정상품으로 하는 선등록상표 ""와 표장 및 지정상품이 유사하다는 등의 이유로 거절결정을 하자, 갑 회사가 특허심판원에 불복심판을 청구하였으나 특허심판원이 기각하는 심결을 한 사안에서, 일반 수요자의 직관적 인식을 기준으로 두 상표의 외관을 이격적으로 관찰하면, 두 표장은 모두 검은색 도형 내부에 옆으로 누운 아치형의 도형 2개가 상하로 배치되어 있는 점, 검은색 도형의 왼쪽 부분이 오른쪽 부분보다 2배 정도 두꺼운 점 등에서 공통되고, 알파벳 'B'를 이용하여 도안화한 것으로 보이는 점에서 모티브가 동일하여 전체적인 구성과 거기에서 주는 지배적 인상이 유사하며, 출원상표는 검은색 도형이 오각형이어서 상부가 뾰족한 형상을 이루는 반면 선등록상표는 검은색 도형이 사각형이어서 상부가 평평한 형상인 점 등에서 차이가 있으나 이는 이격적 관찰로는 쉽게 파악하기 어려운 정도의 차이에 불과하여, 두 표장은 외관이 주는 지배적인 인상이 유사하여 동일·유사한 상품에 다 같이 사용하는 경우 일반 수요자에게 출처에 관하여 오인·혼동을 일으킬 염려가 있으므로 서로 유사하다고 한 사례.

【참조조문】

[1] 상표법 제7조 제1항 제7호, 제12호 [2] 상표법 제7조 제1항 제7호, 제12호

【참조판례】

[1] 대법원 2013. 3. 14. 선고 2010도15512 판결(공2013상, 692)

【전 문】

【원고, 피상고인】 삼성물산 주식회사 (소송대리인 특허법인 수 담당변리사 서수진)

【피고, 상고인】 특허청장

【원심 판결】 특허법원 2015. 7. 17. 선고 2015허1874 판결

특허법원 2009. 4. 10. 선고 2008허13954 판결 【거절결정(상)】 상고

【판시사항】

출원상표·서비스표 "ARMANI PRIVĒ"는 선등록상표 "프라이비 PRIVY", "FREEBE 프리비", "FREEBEE 프리비" 및 선출원상표·서비스표 "DECO PRIVÉ"와 유사하지 않다고 한 사례

【판결요지】

출원상표·서비스표 "ARMANI PRIVĒ"는 선등록상표 "프라이비 PRIVY", "FREEBE 프리비", "FREEBEE 프리비" 및 선출원상표·서비스표 "DECO PRIVÉ"와 표장의 외관·호칭·관념이 유사하지 않으므로 일반 수요자들에게 출처의 오인·혼동을 일으킬 염려가 없어 유사하지 않다고 한 사례.

Ⅲ. 보정각하결정에 대한 심판

상표등록출원인은 출원의 보정 신청이 요지변경 등을 이유로 각하된 경우에는 그 결정 등본을 송달받은 날로부터 30일 이내에 특허심판원에 심판을 청구할 수 있다(상 제115조).

Ⅳ. 무효심판

1. 의 의

상표등록무효심판은 상표등록 또는 지정상품추가등록, 존속기간갱신등록이 상표법에 규정된 소정의 무효사유에 해당함을 이유로 일단 유효하게 성립한 상표권을 처음부터 또는 그 사유 발생시부터 소급하여 소멸시키는 심판유형이다.

2. 무효사유(상 제117조 제1항)

(i) 상표등록 또는 지정상품의 추가등록이 상표법 제3조(상표등록을 받을 수 있는 자), 제27조(외국인의 권리능력), 제33조부터 제35조까지(상표등록의 요건, 상표등록을 받을 수 없는 상표, 선출원), 제48조제2항 후단(유사한 지정상품에 대한 상표등록출원시 출원의 이전), 같은 조 제4항(상표등록출원의 공유) 및 제6항부터 제8항까지(업무표장등록출원의 이전, 단체표장등록출원의 이전, 증명표장등록출원의 이전), 제54조제1호·제2호 및 제4호부터 제7호까지의 규정에 위반된 경우 i) 상표, 단체표장, 지리적 표시, 지리적 표시 단체표장, 증명표장, 지리적 표시 증명표장 또는 업무표장의 정의에 맞지 아니하는 경우, ii) 조약에 위반된 경우, iii) 단체표장, 증명표장 및 업무표장의 등록을 받을 수 있는 자에 해당하지 아니한 경우, iv) 지리적 표시 단체표장등록출원의 경우에 그 소속 단체원의 가입에 관하여 정관에 의하여 단체의 가입을 금지하거나 정관에 충족하기 어려운 가입조건을 규정하는 등 단체의 가입을 실질적으로 허용하지 아니한 경우, v) 상표법 제36조제3항에 따른 정관에 대통령령으로 정하는 단체표장의 사용에 관한 사항의 전부 또는 일부를 적지 아니하였거나 같은 조 제4항에

따른 정관 또는 규약에 대통령령으로 정하는 증명표장의 사용에 관한 사항의 전부 또는 일부를 적지 아니한 경우, vi) 증명표장등록출원의 경우에 그 증명표장을 사용할 수 있는 자에 대하여 정당한 사유 없이 정관 또는 규약으로 사용을 허락하지 아니하거나 정관 또는 규약에 충족하기 어려운 사용조건을 규정하는 등 실질적으로 사용을 허락하지 아니한 경우]

(ii) 상표등록 또는 지정상품의 추가등록이 그 상표등록출원에 의하여 발생한 권리를 승계하지 아니한 자가 한 것인 경우

(iii) 지정상품의 추가등록이 상표법 제87조제1항제3호(상표권의 소멸, 상표등록출원의 포기, 취하 또는 무효, 상표등록거절결정의 확정)에 위반된 경우

(iv) 상표등록 또는 지정상품의 추가등록이 조약에 위반된 경우

(v) 상표등록된 후 그 상표권자가 제27조에 따라 상표권을 누릴 수 없는 자로 되거나 그 등록상표가 조약에 위반된 경우

(vi) 상표등록된 후 그 등록상표가 상표법 제33조제1항 각 호(상표등록의 요건과 관련하여 자타상품식별력이 없는 경우)의 어느 하나에 해당하게 된 경우(같은 조 제2항에 해당하게 된 경우는 제외한다)

(vii) 상표법 제82조에 따라 지리적 표시 단체표장등록이 된 후 그 등록단체표장을 구성하는 지리적 표시가 원산지 국가에서 보호가 중단되거나 사용되지 아니하게 된 경우

3. 거절이유와의 차이점

거절이유 중 (i) 1상표 1출원 원칙에 위반된 경우는 실체적 요건의 흠이 아니란 이유로, 그리고(ii) 대리인에 의한 부당등록의 경우는 상표권자 등이 취소심판을 청구할 수 있다는 이유로 무효사유에서 제외하였다.

4. 심판청구인

상표등록의 무효심판은 이해관계인 및 심사관이 이를 청구할 수 있다(상 제117조 제1항).

5. 청구범위

등록상표의 지정상품이 2 이상 있는 경우에는 지정상품마다 청구할 수 있다(상 제117조 제1항 단서).

6. 청구기간

무효심판은 상표권이 소멸된 후에도 이를 청구할 수 있다(상 제117조 제2항). 다만, 상표법 제34조 제1항 제6호부터 제10호까지 및 제16호, 제35조에 해당하는 것을 사유로 하는

상표등록의 무효심판 또는 상표법 제118조 제1항 제1호에 해당하는 것을 사유로 하는 존속기간갱신등록의 무효심판인 경우에는 상표등록일 또는 존속기간갱신등록일부터 5년의 제척기간 내에 청구하여야 한다(상 제122조 제1항). 판례에 따르면, "상표법 제76조 제1항은 제7조 제1항 제7호 등에 해당하는 것을 사유로 하는 상표등록의 무효심판은 상표등록일부터 5년이 경과한 후에는 이를 청구할 수 없도록 규정하고 있는 바, 이는 제척기간이 경과한 후에는 무효심판을 청구할 수 없음은 물론 제척기간의 적용을 받지 않는 무효사유에 의하여 무효심판을 청구한 후 그 심판 및 심결취소소송 절차에서 제척기간의 적용을 받는 무효사유를 새로 주장하는 것은 허용되지 않는다는 취지이다."라고 판시한 바 있다.[433)]

7. 무효심결확정의 효과

상표등록을 무효로 한다는 심결이 확정된 때에는 그 상표권은 처음부터 없었던 것으로 본다. 다만, (i) 상표등록후 그 상표권자가 상표법 제27조에 따라 상표권을 향유할 수 없는 자로 되거나 그 등록상표가 조약에 위반된 경우, (ii) 상표등록이 된 후에 그 등록상표가 상표법 제33조제1항 각 호의 어느 하나에 해당하게 된 경우(제33조제2항에 해당하게 된 경우를 제외한다), (iii) 상표법 제82조의 규정에 따라 지리적 표시 단체표장등록이 된 후에 그 등록단체표장을 구성하는 지리적 표시가 원산지 국가에서 보호가 중단되거나 사용되지 아니하게 된 경우(상 제117조 제1항 제5호 내지 제7호)에 해당하여 상표등록을 무효로 한다는 심결이 확정된 때에는 상표권은 그 등록상표가 동호에 해당하게 된 때부터 없었던 것으로 본다(상 제117조 제3항). (i) 상표등록후 그 상표권자가 상표법 제27조에 따라 상표권을 향유할 수 없는 자로 되거나 그 등록상표가 조약에 위반된 경우, (ii) 상표등록이 된 후에 그 등록상표가 상표법 제33조제1항 각 호의 어느 하나에 해당하게 된 경우(제33조제2항에 해당하게 된 경우를 제외한다), (iii) 상표법 제82조의 규정에 따라 지리적 표시 단체표장등록이 된 후에 그 등록단체표장을 구성하는 지리적 표시가 원산지 국가에서 보호가 중단되거나 사용되지 아니하게 된 경우(상 제117조 제1항 제5호 내지 제7호)에 해당하게 된 때를 특정할 수 없는 경우에는 해당 상표권은 상표등록무효심판이 청구되어 그 청구내용이 등록원부에 공시된 때부터 없었던 것으로 본다(상 제117조 제4항).

8. 전용사용권자 등에 대한 통지

심판장은 상표등록무효심판이 청구된 경우에는 그 취지를 해당 상표권의 전용사용권자 와 그 밖에 상표에 관한 권리를 등록한 자에게 통지하여야 한다(상 제117조 제5항).

433) 대법원 2009. 5. 28. 선고 2008후4691 판결.

Ⅴ. 존속기간갱신등록의 무효심판

[1] 무효사유: (i) 갱신등록이 기간이 도과하였음에도 잘못 등록이 되었을 때에는 상표권 존속기간 갱신등록의 무효심판을 청구할 수 있다. 상표권의 존속기간갱신등록신청서는 상표권의 존속기간 만료 전 1년 이내에 제출하여야 한다. 다만, 이 기간에 상표권의 존속기간갱신등록신청을 하지 아니한 자는 상표권의 존속기간이 끝난 후 6개월 이내에 상표권의 존속기간갱신등록신청을 할 수 있다(상 제84조 제2항). 위 기간을 경과하여 상표권의 존속기간갱신등록이 된 경우에는 상표권의 존속기간갱신등록의 무효심판을 청구할 수 있다(상 제118조 제1항 제1호). 이 경우 존속기간갱신등록일부터 5년이 지난 후에는 청구할 수 없다(상 제122조 제1항).

(ii) 해당 상표권자가 아닌 자가 한 존속기간갱신등록신청에 대하여 등록이 되었을 때에 상표권 존속기간 갱신등록의 무효심판을 청구할 수 있다(상 제118조 제1항 제2호). 이 경우 존속기간갱신등록무효심판청구에 대해서는 제척기간이 없다(상 제122조 제1항).

[2] 청구인: 이해관계인 또는 심사관은 상표권존속기간갱신등록 무효심판을 청구할 수 있다(상 제118조 제1항).

[3] 청구범위: 갱신등록된 등록상표의 지정상품이 둘 이상인 경우에는 지정상품마다 청구할 수 있다(상 제118조 제1항 단서).

[4] 청구기간: 무효심판은 상표권이 소멸된 후에도 이를 청구할 수 있다(상 제118조 제2항).

[5] 무효확정심결의 효력: 상표권의 존속기간갱신등록을 무효로 한다는 심결이 확정된 때에는 상표권의 존속기간갱신등록은 처음부터 없었던 것으로 본다(상 제118조 제3항).

[6] 전용사용권자 등에 대한 통지: 심판장은 상표권 존속기간갱신등록의 무효심판이 청구된 경우에는 그 취지를 해당 상표권의 전용사용권자와 그 밖에 상표에 관한 권리를 등록한 자에게 통지하여야 한다(상 제118조 제4항).

Ⅵ. 상품분류전환등록의 무효심판

[1] (i) 상품분류전환등록이 해당 등록상표의 지정상품이 아닌 상품으로 되거나 지정상품의 범위가 실질적으로 확장된 경우, (ii) 상품분류전환등록이 해당 등록상표의 상표권자가 아닌 자의 신청에 의하여 이루어진 경우, (iii) 상품분류전환등록이 상표법 제209조 제3항[434]에 위반되는 경우 중 어느 하나에 해당하는 경우에 이해관계인 또는 심사관은

---

434) 상표법 제209조 제3항은 "상품분류전환등록신청은 상표권의 존속기간이 만료되기 1년 전부터 존속기간이 만료된 후 6개월 이내의 기간에 하여야 한다."라고 규정하고 있다.

무효심판을 청구할 수 있다(상 제214조 제1항).

[2] 상품분류전환등록의 무효심판은 전환등록된 상표권이 소멸된 후에도 이를 청구할 수 있다(상 제214조 제2항, 제117조 제2항). 심판장은 상품분류전환등록의 무효심판의 청구가 있는 때에는 그 취지를 해당 상표권의 전용사용권자와 그 밖에 상표에 관한 권리를 등록한 자에게 통지하여야 한다(상 제214조 제2항, 제117조 제5항).

[3] 효 력: 상품분류전환등록을 무효로 한다는 심결이 확정된 경우에는 해당 상품분류전환등록은 처음부터 없었던 것으로 본다(상 제214조 제3항).

[4] 제척기간: 상품분류전환등록신청은 상표권의 존속기간이 만료되기 1년 전부터 존속기간이 만료된 후 6개월 이내의 기간에 하여야 한다(상 제209조 제3항). 이 기간을 준수하지 않았음에도 불구하고 해당 상품분류전환이 등록된 경우, 상품분류전환등록의 무효심판은 상품분류전환등록일부터 5년이 지난 후에는 청구할 수 없다(상 제122조 제1항, 제214조 제1항 제3호). (i) 상품분류전환등록이 해당 등록상표의 지정상품이 아닌 상품으로 되거나 지정상품의 범위가 실질적으로 확장된 경우 및 (ii) 상품분류전환등록이 해당 등록상표의 상표권자가 아닌 자의 신청에 의하여 이루어진 경우에는 상품분류전환등록의 무효심판 청구에 대한 제척기간이 없다(상 제122조 제1항).

Ⅶ. 취소심판

1. 의 의

[1] 상표등록취소(내지 사용권 등록취소): 일단 유효하게 상표등록(사용권 등록)이 된 후에 법정된 취소사유에 해당됨을 이유로 그 등록의 효력을 장래에 향하여 소멸시키는 행정처분이다.

[2] 상표등록(내지 사용권 등록)의 취소는 취소사유에 해당되면 반드시 취소하여야 하고, 오로지 민사소송에 준하는 엄격한 심판절차에 의해서만 할 수 있으며, 그 효력이 장래에 향해서만 발생한다는 점에 특색이 있다.

[3] 상표등록의 취소사유: 상표법 제119조 제1항

전용사용권 및 통상사용권의 등록취소사유: 상표법 제120조

[4] 취소심판의 청구인: 원칙적으로 누구든지 청구할 수 있으나(상 제119조 제5항 본문, 제1항), (i) 상표법 제93조 제1항 후단(유사한 지정상품에 대해서는 상표권을 함께 이전하여야 한다는 규정), 같은 조 제2항(상표권이 공유인 경우에는 각 공유자는 다른 공유자 모두의 동의를 받지 아니하면 그 지분을 양도하거나 그 지분을 목적으로 하는 질권을 설정할 수 없다는 규정) 및 같은 조 제4항부터 제7항까지의 규정[435]에 위반된 경우 또는 (ii) 제92조 제2항[436]에 해당

하는 상표가 등록된 경우에 그 상표에 관한 권리를 가진 자가 해당 상표등록일부터 5년 이내에 취소심판을 청구한 경우에는 해당하는 것을 사유로 하는 심판은 이해관계인만이 청구할 수 있다(상 제119조 제1항 제4호 및 제6호).

전용사용권 또는 통상사용권의 취소심판은 누구든지 청구할 수 있다(상 제120조 제3항).

2. 상표등록의 취소심판

가. 취소사유

등록상표가 다음의 어느 하나에 해당하는 경우에는 그 상표등록의 취소심판을 청구할 수 있다(상 제119조 제1항).

(i) 상표권자가 고의로 지정상품에 등록상표와 유사한 상표를 사용하거나 지정상품과 유사한 상품에 등록상표 또는 이와 유사한 상표를 사용함으로써 수요자에게 상품의 품질을 오인하게 하거나 타인의 업무와 관련된 상품과 혼동을 불러일으키게 한 경우

(ii) 전용사용권자 또는 통상사용권자가 지정상품 또는 이와 유사한 상품에 등록상표 또는 이와 유사한 상표를 사용함으로써 수요자에게 상품의 품질을 오인하게 하거나 타인의 업무와 관련된 상품과의 혼동을 불러일으키게 한 경우. 다만, 상표권자가 상당한 주의를 한 경우는 제외한다.

(iii)상표권자·전용사용권자 또는 통상사용권자 중 어느 누구도 정당한 이유 없이 등록상표를 그 지정상품에 대하여 취소심판청구일 전 계속하여 3년 이상 국내에서 사용하고 있지 아니한 경우

(iv) 상표법 제93조제1항 후단, 같은 조 제2항 및 같은 조 제4항부터 제7항까지의 규정[437]에 위반된 경우

---

435) 상표법 제93조 제4항 내지 제7항은 "④ 업무표장권은 양도할 수 없다. 다만, 그 업무와 함께 양도하는 경우에는 그러하지 아니하다.
⑤ 제34조제1항제1호다목 단서, 같은 호 라목 단서 또는 같은 항 제3호 단서에 따라 등록된 상표권은 이전할 수 없다. 다만, 제34조제1항제1호다목·라목 또는 같은 항 제3호의 명칭, 약칭 또는 표장과 관련된 업무와 함께 양도하는 경우에는 그러하지 아니하다.
⑥ 단체표장권은 이전할 수 없다. 다만, 법인의 합병의 경우에는 특허청장의 허가를 받아 이전할 수 있다.
⑦ 증명표장권은 이전할 수 없다. 다만, 해당 증명표장에 대하여 제3조제3항에 따라 등록받을 수 있는 자에게 그 업무와 함께 이전할 경우에는 특허청장의 허가를 받아 이전할 수 있다."라고 규정하고 있다.

436) 상표법 제92조 제2항은 "② 상표권자·전용사용권자 또는 통상사용권자는 그 등록상표의 사용이 「부정경쟁방지 및 영업비밀보호에 관한 법률」 제2조제1호차목에 따른 부정경쟁행위에 해당하는 경우에는 같은 목에 따른 타인의 동의를 받지 아니하고는 그 등록상표를 사용할 수 없다."라고 규정하고 있다.

437) 상표법 제93조(상표권 등의 이전 및 공유) ① 상표권은 그 지정상품마다 분할하여 이전할 수 있다.

(v) 상표권의 이전으로 유사한 등록상표가 각각 다른 상표권자에게 속하게 되고 그 중 1인이 자기의 등록상표의 지정상품과 동일·유사한 상품에 부정경쟁을 목적으로 자기의 등록상표를 사용함으로써 수요자에게 상품의 품질을 오인하게 하거나 타인의 업무와 관련된 상품과 혼동을 불러일으키게 한 경우

(vi) 상표법 제92조 제2항[438]에 해당하는 상표가 등록된 경우에 그 상표에 관한 권리를 가진 자가 해당 상표등록일부터 5년 이내에 취소심판을 청구한 경우

(vii) 단체표장과 관련하여 다음의 어느 하나에 해당하는 경우

i) 소속 단체원이 그 단체의 정관을 위반하여 단체표장을 타인에게 사용하게 한 경우나 소속 단체원이 그 단체의 정관을 위반하여 단체표장을 사용함으로써 수요자에게 상품의 품질 또는 지리적 출처를 오인하게 하거나 타인의 업무와 관련된 상품과 혼동을 불러일으키게 한 경우. 다만, 단체표장권자가 소속 단체원의 감독에 상당한 주의를 한 경우는 제외한다.

ii) 단체표장의 설정등록 후 상표법 제36조 제3항[439]에 따른 정관을 변경함으로써 수요자에게 상품의 품질을 오인하게 하거나 타인의 업무와 관련된 상품과 혼동을 불러일

이 경우 유사한 지정상품은 함께 이전하여야 한다.
② 상표권이 공유인 경우에는 각 공유자는 다른 공유자 모두의 동의를 받지 아니하면 그 지분을 양도하거나 그 지분을 목적으로 하는 질권을 설정할 수 없다.
③ 상표권이 공유인 경우에는 각 공유자는 다른 공유자 모두의 동의를 받지 아니하면 그 상표권에 대하여 전용사용권 또는 통상사용권을 설정할 수 없다.
④ 업무표장권은 양도할 수 없다. 다만, 그 업무와 함께 양도하는 경우에는 그러하지 아니하다.
⑤ 제34조제1항제1호다목 단서, 같은 호 라목 단서 또는 같은 항 제3호 단서에 따라 등록된 상표권은 이전할 수 없다. 다만, 제34조제1항제1호다목·라목 또는 같은 항 제3호의 명칭, 약칭 또는 표장과 관련된 업무와 함께 양도하는 경우에는 그러하지 아니하다.
⑥ 단체표장권은 이전할 수 없다. 다만, 법인의 합병의 경우에는 특허청장의 허가를 받아 이전할 수 있다.
⑦ 증명표장권은 이전할 수 없다. 다만, 해당 증명표장에 대하여 제3조제3항에 따라 등록받을 수 있는 자에게 그 업무와 함께 이전할 경우에는 특허청장의 허가를 받아 이전할 수 있다.
⑧ 업무표장권, 제34조제1항제1호다목 단서, 같은 호 라목 단서 또는 같은 항 제3호 단서에 따른 상표권, 단체표장권 또는 증명표장권을 목적으로 하는 질권은 설정할 수 없다.

438) 상표법 제92조(타인의 디자인권 등과의 관계) ① 상표권자·전용사용권자 또는 통상사용권자는 그 등록상표를 사용할 경우에 그 사용상태에 따라 그 상표등록출원일 전에 출원된 타인의 특허권·실용신안권·디자인권 또는 그 상표등록출원일 전에 발생한 타인의 저작권과 저촉되는 경우에는 지정상품 중 저촉되는 지정상품에 대한 상표의 사용은 특허권자·실용신안권자·디자인권자 또는 저작권자의 동의를 받지 아니하고는 그 등록상표를 사용할 수 없다.
② 상표권자·전용사용권자 또는 통상사용권자는 그 등록상표의 사용이 「부정경쟁방지 및 영업비밀보호에 관한 법률」 제2조제1호차목에 따른 부정경쟁행위에 해당하는 경우에는 같은 목에 따른 타인의 동의를 받지 아니하고는 그 등록상표를 사용할 수 없다.

439) 상표법 제36조 제3항은 "③ 단체표장등록을 받으려는 자는 제1항 각 호의 사항 외에 대통령령으로 정하는 단체표장의 사용에 관한 사항을 정한 정관을 단체표장등록출원서에 첨부하여야 한다."라고 규정하고 있다.

으키게 할 염려가 있는 경우

iii) 제3자가 단체표장을 사용하여 수요자에게 상품의 품질이나 지리적 출처를 오인하게 하거나 타인의 업무와 관련된 상품과 혼동을 불러일으키게 하였음에도 단체표장권자가 고의로 적절한 조치를 하지 아니한 경우

(viii) 지리적 표시 단체표장과 관련하여 다음의 어느 하나에 해당하는 경우

i) 지리적 표시 단체표장등록출원의 경우에 그 소속 단체원의 가입에 관하여 정관에 의하여 단체의 가입을 금지하거나 정관에 충족하기 어려운 가입조건을 규정하는 등 단체의 가입을 실질적으로 허용하지 아니하거나 그 지리적 표시를 사용할 수 없는 자에게 단체의 가입을 허용한 경우

ii) 지리적 표시 단체표장권자나 그 소속 단체원이 상표법 제223조[440]를 위반하여 단체표장을 사용함으로써 수요자에게 상품의 품질을 오인하게 하거나 지리적 출처에 대한 혼동을 불러일으키게 한 경우

(ix) 증명표장과 관련하여 다음의 어느 하나에 해당하는 경우

i) 증명표장권자가 상표법 제36조 제4항[441]에 따라 제출된 정관 또는 규약을 위반하여 증명표장의 사용을 허락한 경우

ii) 증명표장권자가 상표법 제3조 제3항 단서[442]를 위반하여 증명표장을 자기의 상품에 대하여 사용하는 경우

iii) 증명표장의 사용허락을 받은 자가 정관 또는 규약을 위반하여 타인에게 사용하게 한 경우 또는 사용을 허락받은 자가 정관 또는 규약을 위반하여 증명표장을 사용함으로써 수요자에게 상품의 품질, 원산지, 생산방법이나 그 밖의 특성에 관하여 혼동을 불러일으키게 한 경우. 다만, 증명표장권자가 사용을 허락받은 자에 대한 감독에 상당한 주의를 한 경우는 제외한다.

---

440) 상표법 제223조(동음이의어 지리적 표시 등록단체표장의 표시) 둘 이상의 지리적 표시 등록단체표장이 서로 동음이의어 지리적 표시에 해당하는 경우 각 단체표장권자와 그 소속 단체원은 지리적 출처에 대하여 수요자가 혼동하지 아니하도록 하는 표시를 등록단체표장과 함께 사용하여야 한다.

441) 상표법 제36조 제4항은 "④ 증명표장등록을 받으려는 자는 제1항 각 호의 사항 외에 대통령령으로 정하는 증명표장의 사용에 관한 사항을 정한 서류(법인인 경우에는 정관을 말하고, 법인이 아닌 경우에는 규약을 말하며, 이하 "정관 또는 규약"이라 한다)와 증명하려는 상품의 품질, 원산지, 생산방법이나 그 밖의 특성을 증명하고 관리할 수 있음을 증명하는 서류를 증명표장등록출원서에 첨부하여야 한다."라고 규정하고 있다.

442) 상표법 제3조 제3항은 "③ 상품의 품질, 원산지, 생산방법 또는 그 밖의 특성을 증명하고 관리하는 것을 업으로 할 수 있는 자는 타인의 상품에 대하여 그 상품이 정해진 품질, 원산지, 생산방법 또는 그 밖의 특성을 충족하는 것을 증명하는 데 사용하기 위해서만 증명표장을 등록받을 수 있다. 다만, 자기의 영업에 관한 상품에 사용하려는 경우에는 증명표장의 등록을 받을 수 없다."라고 규정하고 있다.

iv) 증명표장권자가 증명표장의 사용허락을 받지 아니한 제3자가 증명표장을 사용하여 수요자에게 상품의 품질, 원산지, 생산방법이나 그 밖의 상품의 특성에 관한 혼동을 불러일으키게 하였음을 알면서도 적절한 조치를 하지 아니한 경우

v) 증명표장권자가 그 증명표장을 사용할 수 있는 자에 대하여 정당한 사유 없이 정관 또는 규약으로 사용을 허락하지 아니하거나 정관 또는 규약에 충족하기 어려운 사용조건을 규정하는 등 실질적으로 사용을 허락하지 아니한 경우

대법원 2016. 7. 27. 선고 2016후717, 724, 731, 748, 755, 762, 779, 786 판결 【등록취소(상)】 [공2016하,1273]

【판시사항】

구 상표법 제23조 제1항 제3호 본문에서 정한 '정당한 이유'가 있는 경우가 상표에 관한 권리를 가진 자가 대리인 등의 상표출원에 명시적·묵시적으로 동의 한 경우 외에 대리인 등이 당해 상표 또는 이와 유사한 상표를 출원하여도 공정한 국제거래질서를 해치지 아니하는 것으로 볼 수 있는 경우를 포함하는지 여부(적극) 및 위 법리가 서비스표에 관하여도 마찬가지로 적용되는지 여부(적극)

【판결요지】

구 상표법(2016. 2. 29. 법률 제14033호로 전부 개정되기 전의 것, 이하 같다) 제73조 제1항 제7호는 구 상표법 제23조 제1항 제3호 본문에 해당하는 경우를 상표등록취소 사유로 정하고 있고, 제23조 제1항 제3호 본문은 "조약당사국에 등록된 상표 또는 이와 유사한 상표로서 그 상표에 관한 권리를 가진 자의 대리인이나 대표자 또는 상표등록출원일 전 1년 이내에 대리인이나 대표자이었던 자(이하 '대리인 등'이라 한다)가 상표에 관한 권리를 가진 자의 동의를 받지 아니하는 등 정당한 이유 없이 그 상표의 지정상품과 동일하거나 이와 유사한 상품을 지정상품으로 상표등록출원을 한 경우"를 규정하고 있다.

조약당사국에서 상표에 관한 권리를 가진 자의 보호를 강화함으로써 공정한 국제거래질서를 확립하고자 하는 위 규정의 입법 취지에 비추어 볼 때, 여기서 '정당한 이유'가 있는 경우란 반드시 상표에 관한 권리를 가진 자가 대리인 등의 상표출원에 명시적으로 동의한 경우에 한정되지 아니하고, 묵시적으로 동의한 경우는 물론 상표에 관한 권리를 가진 자가 우리나라에서 상표를 포기하였거나 권리를 취득할 의사가 없는 것으로 믿게 한 경우와 같이 대리인 등이 당해 상표 또는 이와 유사한 상표를 출원하여도 공정한 국제거래질서를 해치지 아니하는 것으로 볼 수 있는 경우를 포함한다. 그리고 이러한 법리는 구 상표법 제2조 제3항에 의하여 서비스표에 관하여도 마찬가지로 적용된다.

【참조조문】

구 상표법(2016. 2. 29. 법률 제14033호로 전부 개정되기 전의 것) 제2조 제3항, 제23조

제1항 제3호, 제73조 제1항 제7호

【전 문】

【원고, 상고인】 한국만다효소 주식회사 (소송대리인 법무법인(유한) 화우 담당변호사 유인의 외 3인)

【피고, 피상고인】 만다 핫꼬 가부시기가이샤 (소송대리인 법무법인 광장 담당변호사 도두형 외 3인)

【원심 판결】 특허법원 2016. 4. 8. 선고 2015허6022, 6046, 6060, 6084, 6091, 6114, 6145, 6512 판결

[2] 불사용으로 인한 취소심판: 상표권자가 정당한 이유 없이 등록상표를 지정상품 중 하나 이상에 대하여 취소심판청구일 전 3년 이내에 국내에서 사용하고 있지 아니한 경우에 해당하여 취소심판(불사용으로 인한 취소심판)이 청구된 경우, 상표권자는 취소심판청구와 관계되는 지정상품에 관한 상표등록의 취소를 면할 수 없다(상 제119조 제3항). 다만, 피청구인이 사용하지 아니한 것에 대한 정당한 이유를 증명한 경우에는 상표등록의 취소를 면할 수 있다(상 제119조 제3항 단서). 불사용으로 인한 취소심판을 청구하는 경우 등록상표의 지정상품이 둘 이상 있는 경우에는 일부 지정상품에 관하여 취소심판을 청구할 수 있다(상 제119조 제3항).

[3] 다음에 열거하는 상표법 제119조 제1항 제1호, 제2호, 제3호, 제5호, 제7호, 제8호, 제9호에 해당하는 것을 사유로 취소심판을 청구한 후 그 심판청구사유에 해당하는 사실이 없어진 경우에도 취소사유에 영향이 미치지 아니한다(상 제119조 제4항).

(i) 상표권자가 고의로 지정상품에 등록상표와 유사한 상표를 사용하거나 지정상품과 유사한 상품에 등록상표 또는 이와 유사한 상표를 사용함으로써 수요자에게 상품의 품질을 오인하게 하거나 타인의 업무와 관련된 상품과 혼동을 불러일으키게 한 경우(상 제119조 제1항 제1호)

대법원 2016. 8. 18. 선고 2016후663 판결 【등록취소(상)】 〈미등록 유사 상표 부정사용 사건〉 [공2016하,1403]

【판시사항】

[1] 구 상표법 제73조 제1항 제2호의 취지 / 복수의 유사 상표를 사용하다가 그중 일부만 등록한 상표권자가 미등록의 사용상표를 계속 사용하여 등록상표만 사용한 경우에 비하여 수요자가 상품 출처를 오인·혼동할 우려가 더 커지게 된 경우, 구 상표법 제73조 제1항 제2호에 규정된 등록상표와 유사한 상표의 사용으로 볼 수 있는지 여부

(적극) 및 위 조항에서 정한 상표등록 취소사유에 해당하기 위하여 등록상표가 혼동의 대상이 되는 타인의 상표와 유사할 필요가 있는지 여부(소극)

[2] 대상상표들 "Discovery EXPEDITION", "DISCOVERY", "Discovery EXPEDITION"를 사용하고 있는 갑 외국회사가 등록상표·서비스표 "DiCOVERY"의 등록권리자인 을을 상대로 등록상표·서비스표가 구 상표법 제73조 제1항 제2호에 해당한다며 등록취소심판을 청구하자 특허심판원이 심판청구를 인용하는 심결을 한 사안에서, 을이 등록상표·서비스표와 실사용상표들 "DICOVERY", "DICOVERY", "Di DICOVERY"를 사용함으로써 대상상표들과의 관계에서 등록상표·서비스표만 사용한 경우에 비하여 수요자가 상품 출처를 오인·혼동할 우려가 더 커지게 되었으므로 등록상표·서비스표에는 위 조항의 등록취소사유가 있다고 한 사례

【판결요지】

[1] 구 상표법(2016. 2. 29. 법률 제14033호로 전부 개정되기 전의 것) 제73조 제1항 제2호는 상표권자가 고의로 지정상품에 등록상표와 유사한 상표를 사용하거나 지정상품과 유사한 상품에 등록상표 또는 이와 유사한 상표를 사용함으로써 수요자로 하여금 상품의 품질의 오인 또는 타인의 업무에 관련된 상품과의 혼동을 생기게 한 경우에 상표등록의 취소를 구할 수 있도록 규정하고 있다. 이는 상표권자가 상표제도의 본래 목적에 반하여 자신의 등록상표를 사용권의 범위를 넘어 부정하게 사용하지 못하도록 규제함으로써 상품 거래의 안전을 도모하고 타인의 상표의 신용이나 명성에 편승하는 행위를 방지하기 위한 것으로서, 수요자의 이익은 물론 다른 상표를 사용하는 사람의 영업상의 신용과 권익도 아울러 보호하려는 데에 취지가 있다.
이와 같은 위 조항의 문언과 취지에 비추어 보면, 복수의 유사 상표를 사용하다가 그중 일부만 등록한 상표권자가 미등록의 사용상표를 계속 사용하는 경우에도, 그로 인하여 타인의 상표와의 관계에서 등록상표만 사용한 경우에 비하여 수요자가 상품 출처를 오인·혼동할 우려가 더 커지게 되었다면, 이러한 사용도 위 조항에 규정된 등록상표와 유사한 상표의 사용으로 볼 수 있다. 또한 위 조항에서 정한 상표등록 취소사유에 해당하기 위하여 등록상표가 혼동의 대상이 되는 타인의 상표와 반드시 유사할 필요는 없다.

[2] 대상상표들 "Discovery EXPEDITION", "DISCOVERY", "Discovery EXPEDITION"를 사용하고 있는 갑 외국회사가 등록상표·서비스표(이하 '등록상표'라 한다) "DiCOVERY"의 등록권리자인 을을 상대로 등록상표가 구 상표법(2016. 2. 29. 법률 제14033호로 전부 개정되기 전의 것, 이하 같다) 제73조 제1항 제2호에 해당한다며 등록취소심판을 청구하자 특허심판원이 심판청구를 인용하는 심결을 한 사안에서, 갑 회사는 2012. 7.경부터 의류 제품 등에 대상상표들을 사용하고 있었고, 을은 2013. 1.경부터 의류 제품 등에 등록상표와 실사용상표들 "DICOVERY", "DICOVERY", "Di DICOVERY"를 함께 사용해 오

다가 2013. 3. 27. 그중 대상상표들과 비교적 덜 유사한 등록상표를 출원하여 2014. 10. 15. 상표 등록을 받았으며, 대상상표들은 등록상표가 등록된 당시 국내에 널리 인식되어 있었고, 을은 대상상표들의 존재를 알면서 등록상표의 등록 이후에도 실사용상표들을 계속 사용하였는데, 을이 등록상표와 실사용상표들을 사용함으로써 대상상표들과의 관계에서 등록상표만 사용한 경우에 비하여 수요자가 상품 출처를 오인·혼동할 우려가 더 커지게 되었고, 이러한 사용도 구 상표법 제73조 제1항 제2호에 규정된 등록상표와 유사한 상표의 사용으로 보아야 하므로, 등록상표에는 구 상표법 제73조 제1항 제2호의 등록취소사유가 있다고 한 원심판단이 정당하다고 한 사례.

【참조조문】

[1] 구 상표법(2016. 2. 29. 법률 제14033호로 전부 개정되기 전의 것) 제73조 제1항 제2호(현행 제119조 제1항 제1호 참조) [2] 구 상표법(2016. 2. 29. 법률 제14033호로 전부 개정되기 전의 것) 제73조 제1항 제2호(현행 제119조 제1항 제1호 참조)

【참조판례】

[1] 대법원 2005. 6. 16. 선고 2002후1225 전원합의체 판결(공2005하, 1184)

【전 문】

【원고, 상고인】 원고(소송대리인 변리사 안영길)

【피고, 피상고인】 디스커버리 커뮤니케이션즈, 엘엘씨 (소송대리인 변호사 이회기 외 1인)

【원심 판결】 특허법원 2016. 4. 8. 선고 2015허7940 판결

대법원 2015. 10. 15. 선고 2013후1214 판결【등록취소(상)】

【판시사항】

대상상표서비스표 "GIRLS'GENERATION"의 사용자 갑 주식회사가 실사용상표 "GIRLS' GENERATION"을 사용한 등록상표서비스표 "소녀시대"의 등록권리자 을을 상대로 등록상표서비스표가 상표법 제73조 제1항 제2호에 해당한다는 이유로 등록취소심판을 청구하였는데 특허심판원이 인용하는 심결을 한 사안에서, 을의 실사용상표 사용으로 갑 회사의 대상상표서비스표의 사용상품·서비스업 출처의 오인·혼동이 야기될 우려가 객관적으로 존재한다고 한 사례

대법원 2015. 5.28. 선고 2013후1924 판결【등록취소(상)】

【판시사항】

대상상표 "

"의 사용자 갑 주식회사가 등록상표 "꾸이랑"의 상표권

자인 을을 상대로 을이 등록상표를 실사용상표“

”과 같이 변형하여 사용함으로써 갑 회사의 대상상표 사용상품과 혼동을 생기게 하고 있어 등록상표는 상표법 제73조 제1항 제2호에 따라 등록이 취소되어야 한다며 등록취소심판을 청구하였는데 특허심판원이 기각한 사안에서, 을의 제품 포장에 실제 사용된 모습 “”중 실사용상표가 수요자의 입장에서 독립적인 출처 표시로 인식될 수 있다는 전제에서, 실사용상표는 등록상표에 도형 등을 추가하여 변형한 등록상표의 유사상표이고, 실사용상표가 을의 사용상품에 사용될 경우 대상상표가 사용되는 갑 회사의 상품 “

”과 어떤 관계가 있는 것으로 여겨질 수 있어 거래상 상품의 출처에 오인·혼동을 생기게 할 염려가 있다고 한 사례

(ii) 전용사용권자 또는 통상사용권자가 지정상품 또는 이와 유사한 상품에 등록상표 또는 이와 유사한 상표를 사용함으로써 수요자에게 상품의 품질을 오인하게 하거나 타인의 업무와 관련된 상품과의 혼동을 불러일으키게 한 경우. 다만, 상표권자가 상당한 주의를 한 경우는 제외한다(상 제119조 제1항 제2호).

(iii)상표권자·전용사용권자 또는 통상사용권자 중 어느 누구도 정당한 이유 없이 등록상표를 그 지정상품에 대하여 취소심판청구일 전 계속하여 3년 이상 국내에서 사용하고 있지 아니한 경우 (상 제119조 제1항 제3호)

(iv) 상표권의 이전으로 유사한 등록상표가 각각 다른 상표권자에게 속하게 되고 그 중 1인이 자기의 등록상표의 지정상품과 동일·유사한 상품에 부정경쟁을 목적으로 자기의 등록상표를 사용함으로써 수요자에게 상품의 품질을 오인하게 하거나 타인의 업무와 관련된 상품과 혼동을 불러일으키게 한 경우(상 제119조 제1항 제5호)

(v) 단체표장과 관련하여 다음의 어느 하나에 해당하는 경우(상 제119조 제1항 제7호)

i) 소속 단체원이 그 단체의 정관을 위반하여 단체표장을 타인에게 사용하게 한 경우나 소속 단체원이 그 단체의 정관을 위반하여 단체표장을 사용함으로써 수요자에게 상품의 품질 또는 지리적 출처를 오인하게 하거나 타인의 업무와 관련된 상품과 혼동을 불러

일으키게 한 경우. 다만, 단체표장권자가 소속 단체원의 감독에 상당한 주의를 한 경우는 제외한다.

ii) 단체표장의 설정등록 후 상표법 제36조 제3항[443]에 따른 정관을 변경함으로써 수요자에게 상품의 품질을 오인하게 하거나 타인의 업무와 관련된 상품과 혼동을 불러일으키게 할 염려가 있는 경우

iii) 제3자가 단체표장을 사용하여 수요자에게 상품의 품질이나 지리적 출처를 오인하게 하거나 타인의 업무와 관련된 상품과 혼동을 불러일으키게 하였음에도 단체표장권자가 고의로 적절한 조치를 하지 아니한 경우

(vi) 지리적 표시 단체표장과 관련하여 다음의 어느 하나에 해당하는 경우(상 제119조 제1항 제8호)

i) 지리적 표시 단체표장등록출원의 경우에 그 소속 단체원의 가입에 관하여 정관에 의하여 단체의 가입을 금지하거나 정관에 충족하기 어려운 가입조건을 규정하는 등 단체의 가입을 실질적으로 허용하지 아니하거나 그 지리적 표시를 사용할 수 없는 자에게 단체의 가입을 허용한 경우

ii) 지리적 표시 단체표장권자나 그 소속 단체원이 상표법 제223조[444]를 위반하여 단체표장을 사용함으로써 수요자에게 상품의 품질을 오인하게 하거나 지리적 출처에 대한 혼동을 불러일으키게 한 경우

(vii) 증명표장과 관련하여 다음의 어느 하나에 해당하는 경우(상 제119조 제1항 제9호)

i) 증명표장권자가 상표법 제36조 제4항[445]에 따라 제출된 정관 또는 규약을 위반하여 증명표장의 사용을 허락한 경우

ii) 증명표장권자가 상표법 제3조 제3항 단서[446]를 위반하여 증명표장을 자기의 상품

---

443) 상표법 제36조 제3항은 "③ 단체표장등록을 받으려는 자는 제1항 각 호의 사항 외에 대통령령으로 정하는 단체표장의 사용에 관한 사항을 정한 정관을 단체표장등록출원서에 첨부하여야 한다."라고 규정하고 있다.

444) 상표법 제223조(동음이의어 지리적 표시 등록단체표장의 표시) 둘 이상의 지리적 표시 등록단체표장이 서로 동음이의어 지리적 표시에 해당하는 경우 각 단체표장권자와 그 소속 단체원은 지리적 출처에 대하여 수요자가 혼동하지 아니하도록 하는 표시를 등록단체표장과 함께 사용하여야 한다.

445) 상표법 제36조 제4항은 "④ 증명표장등록을 받으려는 자는 제1항 각 호의 사항 외에 대통령령으로 정하는 증명표장의 사용에 관한 사항을 정한 서류(법인인 경우에는 정관을 말하고, 법인이 아닌 경우에는 규약을 말하며, 이하 "정관 또는 규약"이라 한다)와 증명하려는 상품의 품질, 원산지, 생산방법이나 그 밖의 특성을 증명하고 관리할 수 있음을 증명하는 서류를 증명표장등록출원서에 첨부하여야 한다."라고 규정하고 있다.

446) 상표법 제3조 제3항은 "③ 상품의 품질, 원산지, 생산방법 또는 그 밖의 특성을 증명하고 관리하는 것을 업으로 할 수 있는 자는 타인의 상품에 대하여 그 상품이 정해진 품질, 원산지, 생산방법 또는 그 밖의 특성을 충족하는 것을 증명하는 데 사용하기 위해서만 증명표장을 등록받을 수 있다. 다만, 자기의 영업에 관한 상품에 사용하려는 경우에는 증명표장의 등록을 받을 수 없다."라고

에 대하여 사용하는 경우

iii) 증명표장의 사용허락을 받은 자가 정관 또는 규약을 위반하여 타인에게 사용하게 한 경우 또는 사용을 허락받은 자가 정관 또는 규약을 위반하여 증명표장을 사용함으로써 수요자에게 상품의 품질, 원산지, 생산방법이나 그 밖의 특성에 관하여 혼동을 불러일으키게 한 경우. 다만, 증명표장권자가 사용을 허락받은 자에 대한 감독에 상당한 주의를 한 경우는 제외한다.

iv) 증명표장권자가 증명표장의 사용허락을 받지 아니한 제3자가 증명표장을 사용하여 수요자에게 상품의 품질, 원산지, 생산방법이나 그 밖의 상품의 특성에 관한 혼동을 불러일으키게 하였음을 알면서도 적절한 조치를 하지 아니한 경우

v) 증명표장권자가 그 증명표장을 사용할 수 있는 자에 대하여 정당한 사유 없이 정관 또는 규약으로 사용을 허락하지 아니하거나 정관 또는 규약에 충족하기 어려운 사용조건을 규정하는 등 실질적으로 사용을 허락하지 아니한 경우

나. 취소심판의 청구인

원칙적으로 누구든지 청구할 수 있으나(상 제119조 제5항 본문, 제1항), (i) 상표법 제93조 제1항 후단(유사한 지정상품에 대해서는 상표권을 함께 이전하여야 한다는 규정), 같은 조 제2항(상표권이 공유인 경우에는 각 공유자는 다른 공유자 모두의 동의를 받지 아니하면 그 지분을 양도하거나 그 지분을 목적으로 하는 질권을 설정할 수 없다는 규정) 및 같은 조 제4항부터 제7항까지의 규정[447]에 위반된 경우 또는 (ii) 제92조 제2항[448]에 해당하는 상표가 등록된 경우에 그 상표에 관한 권리를 가진 자가 해당 상표등록일부터 5년 이내에 취소심판을 청구한 경우에는 해당하는 것을 사유로 하는 심판은 이해관계인만이 청구할 수 있다(상 제119조 제1항

규정하고 있다.

447) 상표법 제93조 제4항 내지 제7항은 "④ 업무표장권은 양도할 수 없다. 다만, 그 업무와 함께 양도하는 경우에는 그러하지 아니하다.
⑤ 제34조제1항제1호다목 단서, 같은 호 라목 단서 또는 같은 항 제3호 단서에 따라 등록된 상표권은 이전할 수 없다. 다만, 제34조제1항제1호다목·라목 또는 같은 항 제3호의 명칭, 약칭 또는 표장과 관련된 업무와 함께 양도하는 경우에는 그러하지 아니하다.
⑥ 단체표장권은 이전할 수 없다. 다만, 법인의 합병의 경우에는 특허청장의 허가를 받아 이전할 수 있다.
⑦ 증명표장권은 이전할 수 없다. 다만, 해당 증명표장에 대하여 제3조제3항에 따라 등록받을 수 있는 자에게 그 업무와 함께 이전할 경우에는 특허청장의 허가를 받아 이전할 수 있다."라고 규정하고 있다.

448) 상표법 제92조 제2항은 "② 상표권자·전용사용권자 또는 통상사용권자는 그 등록상표의 사용이 「부정경쟁방지 및 영업비밀보호에 관한 법률」 제2조제1호차목에 따른 부정경쟁행위에 해당하는 경우에는 같은 목에 따른 타인의 동의를 받지 아니하고는 그 등록상표를 사용할 수 없다."라고 규정하고 있다.

제4호 및 제6호).

다. 효 력

상표등록을 취소한다는 심결이 확정된 때에는 그 상표권은 그때부터 소멸된다(상 제119조 제6항 본문). 다만 불사용에 인한 취소사유(상표법 제119조 제1항 제3호)에 해당하는 것을 사유로 취소한다는 심결이 확정된 때에는 그 심판청구일에 소멸하는 것으로 본다(상 제119조 제6항 단서).

라. 권리자에 대한 통지

심판장은 상표등록취소심판이 청구된 때에는 그 취지를 해당 상표권의 전용사용권자와 그 밖에 상표에 관한 권리를 등록한 자에게 통지하여야 한다(상 제119조 제7항).

대법원 2013. 4. 25. 선고 2012후3718 판결 【등록취소(상) (다) 파기환송】 (HS HI-BOX와 카탈로그 사건)

【판시사항】

[1] 구 상표법 제2조 제1항 제6호 (다)목의 '광고'에 등록상표가 표시되어 있다고 하더라도 등록상표가 거래사회의 통념상 지정상품과 관련하여 표시된 것이라고 볼 수 없는 경우 위 (다)목의 상표사용행위가 있다고 할 수 있는지 여부(소극)

[2] 갑 주식회사가 등록상표 ' HS HI-BOX '의 등록권리자 을을 상대로 등록상표가 구 상표법 제73조 제1항 제3호에 해당한다는 이유로 등록취소심판을 청구하였고 특허심판원이 갑 회사의 심판청구를 인용하는 심결을 한 사안에서, 위 법 제2조 제1항 제6호 (다)목의 상표사용행위가 있다고 할 수 없음에도 이와 달리 본 원심 판결에 법리오해의 위법이 있다고 한 사례

【판결요지】

[1] 구 상표법(2011. 12. 2. 법률 제11113호로 개정되기 전의 것) 제2조 제1항 제6호 (다)목은 '상품에 관한 광고·정가표·거래서류·간판 또는 표찰에 상표를 표시하고 전시 또는 반포하는 행위'를 상표사용행위의 하나로 규정하고 있는바, 비록 위 (다)목의 '광고'에 등록상표가 표시되어 있다고 하더라도, 그 등록상표가 거래사회의 통념상 지정상품과 관련하여 표시된 것이라고 볼 수 없는 경우에는 위 (다)목에서 말하는 상표사용행위가 있다고 할 수 없다.

[상표가 표시된 형태]

[2] 갑 주식회사가 등록상표 'HS HI-BOX'의 등록권리자 을을 상대로 등록상표가 구 상표법(2011. 12. 2. 법률 제11113호로 개정되기 전의 것, 이하 같다) 제73조 제1항 제3호에 해당한다는 이유로 등록취소심판을 청구하였고 특허심판원이 갑 회사의 심판청구를 인용하는 심결을 한 사안에서, 을로부터 등록상표의 사용을 묵시적으로 허락받은 병 주식회사가 발행한 카탈로그의 뒤표지 중간에 그 지정상품을 '배전함' 등으로 하는 등록상표가 오른쪽 그림과 같은 형태로 표시되어 있다 하더라도, 등록상표는 병 회사가 사용하고 있는 여러 상표 중 하나로서 단순히 나열된 것으로 보이고 거래사회의 통념상 등록상표의 지정상품 중 하나인 '배전함'과 관련하여 표시된 것이라고 볼 수 없다 할 것이어서, 구 상표법 제2조 제1항 제6호 (다)목에서 말하는 상표사용행위가 있다고 할 수 없음에도 이와 달리 본 원심 판결에 법리오해의 위법이 있다고 한 사례.

대법원 2013. 2. 28. 선고 2012후3442 판결【HARRIS 사건】

【판시사항】

상표등록취소심판청구에 있어서의 이해관계는 취소심판청구에 관계되는 지정상품 모두에 있어야 하는지 여부

【판결이유】

"1. 상고이유 제1점에 대하여

판결서의 이유에는 주문이 정당하다는 것을 인정할 수 있을 정도로 당사자의 주장, 그 밖의 공격·방어방법에 관한 판단을 표시하면 되고 당사자의 모든 주장이나 공격·방어방법 관하여 판단할 필요가 없다(민사소송법 제208조).

원심이 "이 사건 취소심판의 심결 이전에 '가사서비스업, 쇼핑대행업, 결혼중개업, 경호업, 경비업, 사설탐정업, 보안서비스업, 소방시설점검업, 운명감정업, 통역업, 종교모임조직업'등의 서비스업을 추가하였음을 등기사항전부증명서 및 사업자등록증을 통하여 확인할 수 있으므로, 피고가 서비스표등록취소심판을 청구할 수 있는 이해관계인에 해당한다고 판단한 심결은 부당하다"는 원고의 주장에 관하여 명시적으로 판단하지 않았다고 하더라도, 피고가 상표등록취소심판청구 전부터 이 사건 등록서비스표 "HARRIS"(서비스표 등록번호 : 생략)의 지정서비스업 중 하나인 '예식장경영업'을 영위하여 왔으므로 서비스표등록의 취소심판을 청구할 수 있는 이해관계인에 해당한다고 판단한 이상, 원고의 위 주장의 당부는 피고가 서비스표등록의 취소심판을 청구할 수 있는 이해관계인에 해당한다는 판결 결과에 아무런 영향이 없으므로, 원심 판결에는 상고이유로 주장하는 바와 같은 판단누락의 위법이 있다고 할 수 없다.

2. 상고이유 제2점에 대하여

상표법 제73조 제1항 제3호, 제3항, 제4항의 규정으로 미루어 볼 때, 심판청구인은 취소할 지정상품의 범위를 지정상품 전부로 할 것인지 아니면 그 일부로 할 것인지 임의로 정하여 상표등록취소심판을 청구할 수 있고, 동시에 수 개의 지정상품에 관하

여 상표등록취소심판이 청구된 경우 심판청구 대상인 지정상품을 불가분일체로 취급하고 전체를 하나의 청구로 간주하여 지정상품 중 하나에 대하여 사용이 입증된 경우에는 그 심판청구는 전체로서 인용될 수 없고 사용이 입증된 지정상품에 대한 심판청구만 기각하고 나머지에 관한 청구를 인용할 것은 아니므로(대법원 2012. 1. 27. 선고 2011후2916 판결 등 참조), 상표등록취소심판청구에 있어서의 이해관계는 취소심판청구에 관계되는 지정상품 중 어느 하나의 지정상품에 관하여 있으면 충분하고, 반드시 취소심판청구에 관계되는 지정상품 각각에 관하여 모두 이해관계가 있을 필요까지는 없다. 그리고 이러한 법리는 상표법 제2조 제3항에 의하여 서비스표의 경우에도 마찬가지로 적용된다.

원심 판결 이유에 의하면, 원심은 이 사건 등록서비스표의 135개의 지정서비스업 중 '가사서비스업, 예식장경영업' 등 63개의 지정서비스업에 관하여 서비스표등록의 취소심판을 청구한 이 사건에서 피고는 심판청구 전부터 '예식장경영업'을 해오고 있으므로 취소심판청구에 관계되는 지정상품에 관하여 등록서비스표의 소멸에 직접적이고도 현실적인 이해관계가 있는 사람에 해당한다고 판단하였다.

앞서 본 법리와 기록에 비추어 살펴보면, 원심의 위와 같은 판단은 앞서 본 법리에 따른 것으로서 정당하고, 거기에 상고이유로 주장하는 바와 같은 상표등록취소심판청구의 이해관계인에 관한 법리오해 등의 위법이 없다."

대법원 2012. 12. 26. 선고 2012후2685 판결

【판시사항】

[1] 상표법 제73조 제1항 제3호, 제4항에서 정하는 '등록상표의 사용'의 의미 및 등록상표에 다른 문자나 도형 부분 등을 결합하여 상표로 사용한 경우에도 등록상표의 사용에 해당할 수 있는지 여부(한정 적극)

[2] 갑 주식회사가 등록상표 "몬테소리"의 상표권자 을을 상대로 등록상표가 상표법 제73조 제1항 제3호에 해당한다는 이유로 상표등록취소심판을 청구한 사안에서, 등록상표의 통상사용권자인 병 주식회사가 실사용상표 "베이비 몬테소리", "베이비 몬테소리"를 사용함으로써 등록상표를 사용하였음에도, 이와 달리 본 원심 판결에 법리오해의 위법이 있다고 한 사례

【판결요지】

[1] 상표법 제73조 제1항 제3호, 제4항에서 규정하는 '등록상표의 사용'에는 등록된 상표와 동일한 상표를 사용하는 경우는 물론 거래사회 통념상 식별표지로서 상표의 동일성을 해치지 않을 정도로 변형하여 사용하는 경우도 포함된다 할 것이고, 이 경우 등록상표가 반드시 독자적으로만 사용되어야 할 이유는 없으므로 상표권자 등이 등록상표에 다른 문자나 도형 부분 등을 결합하여 상표로 사용한 경우라 하더라도 등록상표가 상표로서의 동일성과 독립성을 유지하고 있는 한 이를 들어 등록상표의 사용이

아니라고 할 수 없다.

[2] 갑 주식회사가 등록상표 "몬테소리"의 상표권자 을을 상대로 등록상표가 상표법 제73조 제1항 제3호에 해당한다는 이유로 상표등록취소심판을 청구한 사안에서, 등록상표의 통상사용권자인 병 주식회사가 실제로 사용한 실사용상표 "베이비 몬테소리", "베이비 몬테소리"에는 '몬테소리' 부분이 '베이비' 부분과는 구별되어 동일성과 독립성을 유지한 채 그대로 사용되고 있어, 위 실사용상표들은 거래사회 통념상 등록상표와 동일성 있는 상표에 포함되므로, 병 회사는 실사용상표들을 사용함으로써 등록상표를 사용하였고, 등록상표가 애당초 식별력 없는 상표인지 여부는 상표법 제73조 제1항 제3호, 제4항에서 규정하는 '등록상표의 사용' 여부 판단을 좌우할 사유가 되지 못하며, 을이 실사용상표들과 동일한 형태의 ""를 등록상표와는 별개의 독립된 상표로 등록하여 통상사용권자인 병 회사가 사용하고 있다 하더라도, 위 실사용상표들에 등록상표가 동일성과 독립성을 유지한 채 그대로 사용되고 있어 위 실사용표장들이 일반 수요자나 거래자에게 등록상표와 구별되는 별개의 독립된 상표로만 인식된다고 볼 수 없는 이상, 그와 같은 사정 역시 위와 같은 판단에 장애사유가 되지 아니함에도 이와 달리 본 원심 판결에 법리오해의 위법이 있다고 한 사례.

대법원 2012. 7. 12. 선고 2012후740 판결

【판시사항】

[1] 주문자상표부착생산 방식(OEM 방식)에 의한 수출의 경우, 상표법 제73조 제1항 제3호에 의한 상표등록취소심판에서 상표를 사용한 자(=원칙적으로 주문자)

[2] 갑 등이 등록상표 ""의 등록권리자 을을 상대로 등록상표가 상표법 제73조 제1항 제3호에 해당한다는 이유로 상표등록취소심판청구를 한 사안에서, 주문자상표부착생산 방식에 의한 수출에서 주문자가 통상사용권자에 해당하는지에 관하여 아무런 심리도 하지 아니한 채 수출자가 통상사용권자에 해당하지 않는다는 이유로 등록상표에 취소사유가 있다고 본 원심 판결에 법리오해의 위법이 있다고 한 사례

【판결요지】

[1] 상표법 제2조 제1항 제1호는 "상표"란 상품을 생산·가공 또는 판매하는 것을 업으로 영위하는 자가 자기의 업무에 관련된 상품을 타인의 상품과 식별되도록 하기 위하여 사용하는 다음 각 목의 어느 하나에 해당하는 것을 말한다."라고 규정하고 있는바, 자신의 상표가 아니라 주문자가 요구하는 상표로 상품을 생산하여 주는 주문자상표부착생산 방식(이른바 OEM 방식)에 의한 수출의 경우 상품제조에 대한 품질관리 등 실질적인 통제가 주문자에 의하여 유지되고 있고 수출업자의 생산은 오직 주문자의 주문에만 의존하며 생산된 제품 전량이 주문자에게 인도되는 것이 보통이므로, 상표법 제73조 제1항 제3호에 의한 상표등록취소심판에서 누가 상표를 사용한 것인지를

판단하면서는 특별한 사정이 없는 한 주문자인 상표권자나 사용권자가 상표를 사용한 것으로 보아야 한다.

[2] 갑 등이 등록상표 ""의 등록권리자 을을 상대로 등록상표가 상표법 제73조 제1항 제3호에 해당한다는 이유로 상표등록취소심판청구를 한 사안에서, 실사용상표 ""를 사회통념상 등록상표와 동일하게 볼 수 있는 형태의 상표로 볼 경우 등록상표가 통상사용권자인 병 주식회사에 의하여 정당하게 사용되었다고 볼 여지가 충분한데도, 주문자상표부착생산 방식에 의한 수출에서 주문자인 병 회사가 등록상표의 통상사용권자에 해당하는지에 관하여 아무런 심리도 하지 아니한 채 수출자인 정 주식회사가 통상사용권자에 해당하지 않는다는 이유로 등록상표에 취소사유가 있다고 본 원심 판결에 법리오해의 위법이 있다고 한 사례.

대법원 2013. 12. 26. 선고 2012후1521 판결 【등록취소(상) (자) 상고기각】 ('MSU' **상표 부정사용 취소 사건**)

◇ 부정사용을 이유로 한 상표등록취소심판에서 상표의 동일성 판단기준 ◇

상표법 제73조 제1항 제2호에서 정한 부정사용을 이유로 하는 상표등록취소심판에서 상표권자가 등록상표를 사용한 것인지 아니면 그와 유사한 상표를 사용한 것인지는 상표법 제73조 제1항 제3호에서 정한 불사용을 이유로 하는 상표등록취소심판에서의 상표 동일성 판단기준과 관계없이 상표법 제73조 제1항 제2호의 앞서 본 바와 같은 입법 취지에 따라 독자적으로 판단하여야 한다.

즉, 실제 사용된 상표(이하 '실사용상표'라 한다)가 등록상표를 타인의 상표(이하 '대상상표'라 한다)와 동일 또는 유사하게 보이도록 변형한 것이어서 그 사용으로 인하여 대상상표와의 관계에서 등록상표를 그대로 사용한 경우보다 수요자가 상품 출처를 오인·혼동할 우려가 더 커지게 되었다면 상표법 제73조 제1항 제2호에서 정한 부정사용을 이유로 한 상표등록취소심판에서는 그 실사용상표의 사용을 등록상표와 유사한 상표의 사용으로 볼 수 있다고 할 것이며, 이때 그 대상상표가 주지·저명한 것임을 요하지는 아니한다.

대법원 2013. 11. 28. 선고 2012후1071 판결 【등록취소(상) (카) 파기환송】 ('essie' **서비스표 불사용 취소 사건**)

◇ 불사용을 이유로 한 서비스표등록취소심판에서 서비스표 사용의 의미 ◇

상표법상 '서비스표'란 서비스업을 영위하는 자가 자기의 서비스업을 타인의 서비스업과 식별되도록 하기 위하여 사용하는 표장을 말하므로(상표법 제2조 제2항 제2호), 서비스표의 불사용을 이유로 한 서비스표등록취소심판에서 서비스표의 사용이 인정되려면 서비스표권자 또는 그 사용권자가 서비스표를 자기 서비스업의 출처를 표시하기 위하여 사용하여야 하고, 타인의 상품 또는 서비스업의 출처를 표시하기 위하여 사용한 경우는 불사용을 이유로 한 서비스표 등록의 취소를 면하기 위한 서비스표의 사용에 해당한다고 할 수 없다.

3. 전용사용권 또는 통상사용권 등록의 취소심판

가. 취소사유

전용사용권자 또는 통상사용권자가 지정상품 또는 이와 유사한 상품에 등록상표 또는 이와 유사한 상표를 사용함으로써 수요자로 하여금 상품의 품질의 오인 또는 타인의 업무에 관련된 상품과의 혼동을 생기게 한 경우(다만, 상표권자가 상당한 주의를 한 경우에는 그러하지 아니하다)에는 전용사용권자 또는 통상사용권자가 그 전용사용권 또는 통상사용권 등록의 취소심판을 청구할 수 있다(상 제120조 제1항, 제119조 제1항 제2호). 전용사용권 또는 통상사용권 등록의 취소심판을 청구한 후 그 심판청구사유에 해당하는 사실이 없어진 경우에도 취소사유에 영향이 미치지 아니한다(상 제120조 제2항).

나. 심판청구인

전용사용권 또는 통상사용권의 취소심판은 누구든지 이를 청구할 수 있다(상 제120조 제3항).

다. 효 력

전용사용권 또는 통상사용권 등록을 취소한다는 심결이 확정된 때에는 그 전용사용권 또는 통상사용권은 그때부터 소멸된다(상 제120조 제4항).

라. 통 지

심판장은 전용사용권 또는 통상사용권 등록의 취소심판의 청구가 있는 때에는 그 취지를 해당 전용사용권의 통상사용권자와 그 밖에 전용사용권에 관한여 등록을 한 권리자 또는 해당 통상사용권에 관하여 등록을 한 권리자에게 통지하여야 한다(상 제120조 제5항).

대법원 2011. 1. 27. 선고 2010후2407 판결【등록취소(상)】

【판시사항】

상표법 제73조 제1항 제3호의 불사용을 이유로 상표등록의 취소심판이 청구된 이후 상표권 양수인 또는 전용사용권자를 수익자로 하여 그 상표권 양도계약 또는 전용사용권 설정계약이 사해행위임을 이유로 이를 취소하는 판결이 확정된 경우, 그 사해행위취소 판결의 확정 전 상표권 양수인 또는 전용사용권자의 등록상표의 사용을 위 법조 소정의 상표권자 또는 전용사용권자로서의 등록상표의 사용이라고 할 수 있는지 여부(적극)

【판결요지】

상표법 제73조 제1항 제3호는 상표권자 또는 전용사용권자 등이 정당한 이유 없이 국내에서 등록된 상표를 지정상품에 사용하지 아니한 경우에 그 상표등록을 취소할 수 있도록 규정하고 있는바, 위 규정의 취지는 등록상표의 사용을 촉진함과 동시에 그 불사용에 대한 제재를 가하려는 데에 있다. 한편 채권자가 사해행위의 취소와 함께 수익자 또는 전득자로부터 책임재산의 회복을 명하는 사해행위취소의 판결을 받은 경우 그 취소의 효과는 채권자와 수익자 또는 전득자 사이에만 미치므로, 수익자 또는 전득자가 채권자에 대하여 사해행위의 취소로 인한 원상회복 의무를 부담하게 될 뿐, 채무자와 사이에서 그 취소로 인한 법률관계가 형성되거나 취소의 효력이 소급하여 채무자의 책임재산으로 회복되는 것은 아니다. 위와 같은 상표법 제73조 제1항 제3호의 규정 취지 및 사해행위취소의 효력 등에 비추어 볼 때, 상표법 제73조 제1항 제3호의 불사용을 이유로 상표등록의 취소심판이 청구된 이후 상표권 양수인 또는 전용사용권자를 수익자로 하여 그 상표권 양도계약 또는 전용사용권 설정계약이 사해행위임을 이유로 이를 취소하는 판결이 확정되었다고 하더라도 그 사해행위취소 판결의 확정 전 상표권 양수인 또는 전용사용권자의 등록상표의 사용을 위 법조 소정의 상표권자 또는 전용사용권자로서의 등록상표의 사용이 아니라고 할 수는 없다.

대법원 2010. 10. 28. 선고 2010후1435 판결【등록취소(상)】

【판시사항】

[1] 민법 제406조 채권자취소권의 행사로 인한 사해행위의 취소와 일탈재산의 원상회복에 의하여 채무자가 직접 권리를 취득하는지 여부(소극)

[2] 상표등록취소심판의 보조참가인이 수익자 갑과 전득자 을을 상대로 한 별건 사해행위취소 청구 소송에서 승소확정 판결을 받고 상표등록취소 소송이 대법원에 계속된 후에 그 판결을 집행하여 갑과 을의 상표등록이 말소된 사안에서, 그 효력은 상표등록취소심판 청구인에게 미치지 아니하여 청구인에 대한 관계에서는 갑과 을이 여전히 상표권자로서 상표등록취소심판의 피청구인 적격을 갖는다고 판단한 사례

[3] 실사용 상표들인 "", "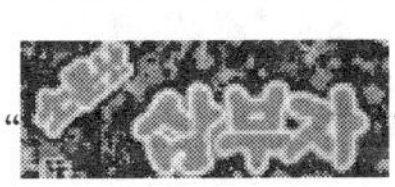", "", "", "", "", "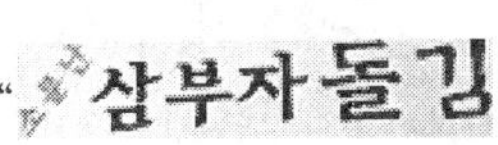"이 일반 수요자나 거래자에게 등록상표인 ""와 구별되는 별개의 독립된 표장으로 인식된다고 볼 수 없으므로, 위 실사용 상표들의 사용은 거래사회의 통념상 등록상표와 동일하게 볼 수 있는 형태의 상표의 사용에 해당함에도 이와 달리 본 원심판단에 상표의 동일성에 관한 법리오해의 위법이 있다고 한 사례

【판결요지】

[1] 민법 제406조의 채권자취소권의 행사로 인한 사해행위의 취소와 일탈재산의 원상회복은 채권자와 수익자 또는 전득자에 대한 관계에 있어서만 그 효력이 발생할 뿐이고 채무자가 직접 권리를 취득하는 것이 아니다.

[2] 상표등록취소심판의 보조참가인이 수익자 갑과 전득자 을을 상대로 한 별건 사해행위취소 청구 소송에서 승소확정 판결을 받고 상표등록취소 소송이 대법원에 계속된 후에 그 판결을 집행하여 갑과 을의 상표등록이 말소된 사안에서, 그 효력은 상표등록취소심판 청구인에게 미치지 아니하여 청구인에 대한 관계에서는 갑과 을이 여전히 상표권자로서 상표등록취소심판의 피청구인 적격을 갖는다고 판단한 사례.

[3] 실사용 상표들인 "
", "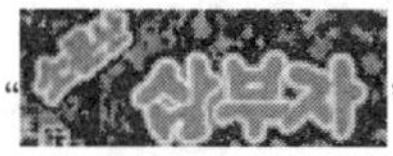", "", "", "", "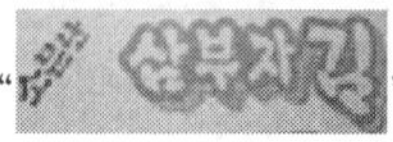", "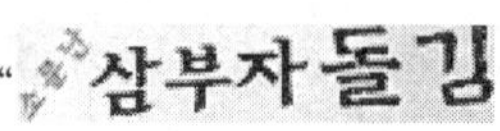
"은 등록상표인 "
"에 '소문난'이라는 문자 부분이 부가된 것인데, 부가된 문자 부분은 위 등록상표 부분보다 글자 크기가 작고, 그 상단에 위치하거나 일정한 간격을 두고 그 좌측에 경사지게 결합되어 있으며, 위 실사용 상표들 중 일부에서는 등록상표 부분과 색깔에 차이가 있는 등 그 사용 태양 자체로 일반 수요자나 거래자에게 부기적인 부분으로 인식될 것으로 보이고, '소문난'은 '사람들의 입에 오르내려 널리 알려져 있음'을 뜻하는 것으로 등록상표의 인지도나 명성 등을 강조하는 부기적인 표현에 불과하여 위 등록상표와 결합하여 등록상표와는 다른 새로운 관념이 형성된다고 볼 수도 없으므로, 위 실사용 상표들의 사용은 거래사회의 통념상 위 등록상표와 동일하게 볼 수 있는 형태의 상표의 사용에 해당함에도 이와 달리 본 원심판단에 상표의 동일성에 관한 법리오해의 위법이 있다고 한 사례.

Ⅷ. 권리범위확인심판

[1] 등록된 상표권을 중심으로 어느 특정상표[이른 바(가)호 표장, 확인대상 표장이라 한다]가 등록상표의 권리범위에 속하는지 여부를 확인하는 심판(상 제121조)

[2] 판 례: 단순히 동일, 유사 여부만을 확인하는 사실 확정을 목적으로 하는 것이 아니고 권리의 효력이 미치는지 여부를 확인하는 권리확정을 목적으로 하는 것

[3] 유 형: 적극적 권리범위확인심판(상표권자 또는 전용사용권자가 상대방이 사용하는 확인대상 표장이 자기의 등록상표권의 권리범위에 속하는 확인을 구하기 위하여 청구하는 심판) + 소극적 권리범위확인심판(이해관계인 측에서 자신이 사용하는 확인대상 표장이 등록상표권의 권리범위에

속하지 않는다는 확인을 구하기 위하여 청구하는 심판)

[4] 상표권자, 전용사용권자 또는 이해관계인이 청구할 수 있다.

[5] 등록 이후 사용에 의한 식별력 취득의 효력: 이 효력의 문제는 (i) '전체로서 식별력이 없던 상표'가 출원심사 미비 등으로 상표등록이 된 이후에 그 상표 전체 또는 구성 중 일부가 사용에 의한 식별력을 취득한 경우와 (ii) '전체로서는 식별력이 있는 상표'가 그 구성 중 등록결정 당시 식별력 없던 부분이 등록 이후 사용에 의한 식별력을 취득한 경우로 구분할 수 있다. (i)의 경우에는 권리범위확인심판사건 및 상표권 침해사건에서 상표 유사 여부 판단시 등록 이후 식별력을 취득한 부분을 등록상표의 요부로 인정할 것인지 뿐만 아니라 등록무효사건 및 상표권 침해사건에서 등록상표의 등록무효사유가 치유된 것으로 볼 것인지도 문제가 되나, (ii)의 경우에는 등록상표가 등록결정 당시 이미 전체로서는 식별력이 있어 등록무효사유가 존재하지 아니하므로, 주로 권리범위확인심판사건이나 상표권 침해사건 등에서 상표 유사 여부 판단시 등록 이후 식별력을 취득한 부분을 등록상표의 요부로 인정할 것인지 여부가 문제된다. 즉 (ii)의 경우에는 해당 등록상표의 식별력 또는 등록상표 구성의 식별력을 일률적으로 그 상표의 등록결정시를 기준으로 판단할 것인지 아니면 각 사건 유형별로 적용되는 판단시기를 기준으로 판단할 것인지 여부가 문제된다.

－'전체로서는 식별력이 있는 상표'가 그 구성 중 등록결정 당시 식별력 없던 부분이 등록 이후 사용에 의한 식별력을 취득한 경우[위 (ii),의 경우], 종전의 학설 및 판례는 대립되어 있다가 대법원 2014. 3. 20. 선고 2011후3698 전원합의체 판결을 통하여 정리되었다.

① 종전의 학설 : i) 등록무효설 [(ii)의 경우 뿐만 아니라 (ii)의 경우에도 사용에 의한 식별력을 취득한 부분은 등록상표의 요부가 될 수 없다는 견해],[449]

ii) 절충설 중 한 견해 [(i)의 경우에는 사용에 의한 식별력을 취득한 부분이 등록상표의 요부가 될 수 없으나, (ii)의 경우에는 등록상표의 요부가 될 수가 있다는 절충설][450]

iii) 절충설 중 또다른 견해 [(i)의 경우에는 식별력 취득 시점을 상표등록원부에 공시할 수 있도록 하는 보완입법을 전제로 사용에 의한 식별력을 취득한 부분이 등록상표의 요부가 될 수 있으나, (ii)의 경우에는 그러한 공시를 할 수 없으므로 제3자의 법적 안정성 보호를 위하여 등록상표의 요부가 될 수 없다는 절충설][451]

---

449) 이해완, "사용에 의하여 식별력을 취득한 상표에 관한 주요 쟁점 연구", 「성균관법학」 제23권 제1호, 2011년 4월, 613-614면.

450) 강동세, "사용에 의한 식별력을 취득한 상표의 효력", 「법조」, 2007년 6월, 133-134면.

451) 김원오, "등록 후 비로소 사용에 의한 식별력을 취득한 상표에 대한 법적 취급 : 하자치유의 인정과

② 종전의 판례 : 긍정설을 지지하는 판례[452]와 부정설을 지지하는 판례[453]로 나뉘었다.

③ 현행 판례(대법원 2014. 3. 20. 선고 2011후3698 전원합의체 판결) : 이 판결의 다수의견은 "상표의 유사 여부는 외관, 호칭 및 관념을 객관적, 전체적, 이격적으로 관찰하여 지정상품의 거래에서 일반 수요자들이 상표에 대하여 느끼는 직관적 인식을 기준으로 상품의 출처에 관하여 오인·혼동을 일으키게 할 우려가 있는지에 따라 판단하여야 한다. 그리고 그 판단에서는 자타상품을 구별할 수 있게 하는 식별력의 유무와 강약이 주요한 고려요소가 된다 할 것인데, 상표의 식별력은 상표가 가지고 있는 관념, 상품과의 관계, 당해 상품이 거래되는 시장의 성질, 거래 실태 및 거래 방법, 상품의 속성, 수요자의 구성, 상표 사용의 정도 등에 따라 달라질 수 있는 상대적·유동적인 것이므로, 이는 상표의 유사 여부와 동일한 시점을 기준으로 그 유무와 강약을 판단하여야 한다.

따라서 상표권의 권리범위확인심판 및 그 심결취소청구 사건에서 등록상표와 확인대상표장의 유사 여부를 판단하기 위한 요소가 되는 등록상표의 식별력은 상표의 유사 여부를 판단하는 기준시인 심결 시를 기준으로 판단하여야 한다. 그러므로 등록상표의 전부 또는 일부 구성이 등록결정 당시에는 식별력이 없거나 미약하였다고 하더라도 등록상표를 전체로서 또는 일부 구성 부분을 분리하여 사용함으로써 권리범위확인심판의 심결 시점에 이르러서는 수요자 사이에 누구의 상품을 표시하는 것인지 현저하게 인식될 정도가 되어 중심적 식별력을 가지게 된 경우에는, 이를 기초로 상표의 유사 여부를 판단하여야 한다."고 하면서, "확인대상표장 " "의 사용자 갑 주식회사가 을 미국회사를 상대로 확인대상표장이 을 회사의 등록상표 " "의 권리범위에 속하지 않는다면서 소극적 권리범위확인심판을 청구하였는데 특허심판원이 이를 받아들이는 심결을 한 사안에서, 등록상표의 전부 또는 일부 구성이 등록결정 당시에는 식별력이 없거나 미약하였으나, 등록상표의 구성 중 " " 부분은 심결 당시에는 수요자 사이에 상품의 출처를 인식할 수 있게 하는 중심적 식별력을 가진 것으로 보아야 할 것이고, 확인대상표장에서도 " " 부분과 동일성이 인정되는 " " 부분이 수요자의 주의를 끄는 중심적 식별력을 가지는 부분이 되므로, 양 표장은 유사한 상표"라고 판시하였다.

무효심판청구 제한의 필요성을 중심으로", 「산업재산권」 제40호, 2013년 4월, 298-307면.

452) 대법원 1996. 5. 13.자 96마217 결정.

453) 대법원 2007. 12. 13. 선고 2005후728 판결.

대법원 2014. 3. 27. 선고 2013후2316 판결【권리범위확인(상)】

【판시사항】

등록상표 '미 정'의 상표권자인 갑 주식회사가 등록상표 '**미 정**'의 상표권자인 을 주식회사를 상대로 을 회사의 확인대상표장 '**화미미정**'이 갑 회사의 등록상표의 권리범위에 속한다는 이유로 적극적 권리범위확인심판을 청구하였고 특허심판원이 이를 인용한 사안에서, 확인대상표장은 상표로서의 동일성과 독립성을 유지하고 있는 을 회사의 등록상표에 '화미'라는 부분이 단순히 부가된 것이므로, 확인대상표장은 을 회사의 등록상표와 동일성 있는 상표에 해당한다고 한 사례

【참조조문】

상표법 제75조

【전 문】

【원고, 상고인】 화미제당 주식회사 (소송대리인 변리사 김영일)
【피고, 피상고인】 대상 주식회사 (소송대리인 변리사 정성종 외 1인)
【원심 판결】 특허법원 2013. 8. 29. 선고 2013허4299 판결

【주 문】

원심 판결을 파기하고, 사건을 특허법원에 환송한다.

【이 유】

상고이유(상고이유서 제출기한 경과 후에 제출된 상고이유보충서의 기재는 상고이유를 보충하는 범위 내에서)를 판단한다.

화미미정

원고의 확인대상표장

미 정

원고의 등록상표

미 정

피고의 이 사건 등록상표

1. 원심 판결 이유에 의하면, 원심은 '요리용 맛술'을 사용상품으로 하는 원고의 확인대상표장을 '소스' 등을 지정상품으로 하는 원고의 등록상표(상표등록번호 1 생략)와 대비하면, 이들 상표는 모두 '미정'으로 호칭될 수 있으나, 바탕색의 유무와 글자색, 글자 수 및 글자 내용 등의 차이로 외관이 현저히 다르므로 확인대상표장은 거래의 통념상 원고의 등록상표와 동일하게 볼 수 있는 형태의 상표에 해당한다고 보기 어렵다는 이유로, 확인대상표장의 사용이 원고의 등록상표를 적법하게 사용한 것에 해당한다는 원고의 주장을 배척한 후, 확인대상표장이 '그레이비' 등을 지정상품으로 하는 피고의 이 사건 등록상표(상표등록번호 2 생략)의 권리범위에 속한다고 판단하였다.

2. 그러나 원심의 위와 같은 판단은 다음과 같은 이유에서 수긍하기 어렵다.

가. 상표권의 권리범위확인심판은 등록된 상표를 중심으로 미등록상표인 확인대상표장이 적극적으로 등록상표의 권리범위에 속한다거나 소극적으로 이에 속하지 아니함을 확인하는 것이므로, 다른 사람의 '등록상표인 확인대상표장'에 관한 적극적 권리범위확인심판은 확인대상표장이 심판청구인의 등록상표와 동일 또는 유사하다고 하더라도 등록무효절차 이외에서 등록된 권리의 효력을 부인하는 결과가 되어 부적법하다고 할 것이다(대법원 1992. 10. 27. 선고 92후605 판결 등 참조). 이때 '등록상표인 확인대상표장'에는 등록된 상표와 동일한 상표는 물론 거래의 통념상 식별표지로서 상표의 동일성을 해치지 않을 정도로 변형된 경우도 포함된다고 할 것이므로, 확인대상표장이 등록상표에 다른 문자나 도형 등을 부가한 형태로 되어 있다고 하더라도 등록상표가 상표로서의 동일성과 독립성을 유지하고 있는 한 이는 등록상표와 동일성이 인정되는 상표라고 할 것이다.

나. 기록에 의하면, 원고는 확인대상표장 사용상품에 별지와 같은 라벨을 부착하였는데, 그 라벨에는 원고의 상호 '화미제당 주식회사' 중 중심적 식별력이 있는 '화미'를 영문자로 표기한 'Hwami'라는 표장, 'Hwami'와 원고 상호의 약칭인 '화미제당(주)'를 이단으로 병기한 표장, '식자재 대표브랜드 화미'라는 문구 등이 포함되어 있고, 확인대상표장은 위 라벨 중앙의 문자 부분을 발췌한 것인 점 등을 알 수 있다.

이러한 사정과 함께, 확인대상표장은 '화미' 부분과 '미정' 부분의 글자색이 달라 일반 수요자나 거래자는 확인대상표장이 원고의 상호 중 중심적 식별력을 가지는 '화미'와 '미정'이라는 문자가 결합한 것임을 쉽게 알 수 있는 점, 그러한 결합으로 확인대상표장 전체에 어떤 새로운 관념이 형성되는 것도 아닌 점, 확인대상표장에서 '미정' 부분은 원고의 등록상표 '**미 정**'과 글자체와 바탕색의 유무에서 차이가 있으나 그러한 차이는 거래의 통념상 원고의 등록상표와 동일하게 볼 수 있는 정도의 변형에 불과한 점 등을 고려하면, 확인대상표장은 상표로서의 동일성과 독립성을 유지하고 있는 원고의 등록상표 '**미 정**'에 '화미'라는 부분이 단순히 부가된 것이므로, 위에서 본 법리에 비추어 보면 확인대상표장은 원고의 등록상표와 동일성 있는 상표에 해당한다고 할 것이다.

다. 그럼에도, 원심이 확인대상표장이 원고의 등록상표와 표장이 동일하지 아니하다고 보아, 확인대상표장은 원고의 등록상표를 사용한 것이라는 원고의 주장을 배척한 데에는 상표의 동일성 판단에 관한 법리를 오해하여 판결에 영향을 미친 위법이 있다. 이 점을 지적하는 상고이유 주장은 이유 있다.

3. 그러므로 나머지 상고이유에 관한 판단을 생략한 채 원심 판결을 파기하고, 사건을 다시 심리·판단하도록 원심법원에 환송하기로 하여, 관여 대법관의 일치된 의견으로 주문과 같이 판결한다.

[[별 지] 확인대상표장이 사용된 원고 제품의 라벨 : 생략]

대법원 2011. 5. 26. 선고 2009후3572 판결 【권리범위확인(상)】

【판시사항】

[1] 상표법 제51조 제1항 제2호의 '상품의 품질·효능·용도 등을 보통으로 사용하는 방법으로 표시하는 상표' 해당 여부의 판단 기준

[2] 확인대상표장 " "은 상표법 제51조 제1항 제2호의 '사용상품의 품질 등을 보통으로 사용하는 방법으로 표시하는 상표'에 해당하므로, 등록상표 " "와의 동일·유사 여부를 대비할 필요 없이 그 권리범위에 속하지 아니한다고 한 사례

【판결요지】

[1] 상표법 제51조 제1항 제2호의 '상품의 품질·효능·용도 등을 보통으로 사용하는 방법으로 표시하는 상표'에 해당하는지는 상표가 지니고 있는 관념, 사용상품과의 관계 및 거래사회의 실정 등을 감안하여 객관적으로 판단하여야 하고, 상표가 도안화되어 있더라도 전체적으로 볼 때 그 도안화의 정도가 일반인의 특별한 주의를 끌어 문자의 기술적 또는 설명적인 의미를 직감할 수 없는 등 새로운 식별력을 가질 정도에 이르지 못하여 일반 수요자나 거래자들이 사용상품을 고려하였을 때 품질·효능·용도 등을 표시하고 있는 것으로 직감할 수 있으면 상표법 제51조 제1항 제2호의 상표에 해당한다.

[2] 확인대상표장 " "은 우리나라의 국어교육 수준을 참작할 때 'ᄎᆞᆷ'은 '참'의 고어로 일반인들에게 어렵지 않게 인식될 것으로 보이고, 전체적으로 볼 때 위와 같은 도안화의 정도만으로는 일반인의 특별한 주의를 끌어 문자의 기술적 또는 설명적인 의미를 직감할 수 없는 등 새로운 식별력을 가질 정도에 이르렀다고 할 수는 없으므로 일반 수요자나 거래자들에게 '참 맑은'이라는 문자로서 인식된다고 할 것이고, '참 맑은'은 확인대상표장의 사용상품인 '녹차(캔음료), 우롱차(캔음료), 둥글레차(캔음료), 홍차(캔음료), 옥수수수염차(캔음료), 배 및 복숭아 과실음료(캔음료), 식혜(캔음료)' 등에 사용될 경우에 일반 수요자나 거래자들에게 '매우 깨끗한, 잡스럽거나 더러운 것이 전혀 섞이지 않은'과 같이 사용상품의 품질 등을 나타내는 의미로 직감될 것으로 보이므로 위 확인대상표장은 상표법 제51조 제1항 제2호의 상표에 해당하여 지정상품을 '과일주스, 비알콜성 음료, 유장(유장)음료' 등으로 하는 등록상표 " "와의 동일·유사 여부를 대비할 필요도 없이 그 권리범위에 속하지 아니한다고 한 사례.

【참조조문】

[1] 상표법 제51조 제1항 제2호 [2] 상표법 제51조 제1항 제2호

【참조판례】

[1] 대법원 1990. 12. 11. 선고 90후175 판결(공1991, 482)
대법원 2002. 6. 11. 선고 2000후2569 판결(공2002하, 1705)
대법원 2010. 5. 13. 선고 2008후4585 판결(공2010상, 1165)

【전 문】

【원고, 피상고인】 주식회사 보성녹차 (소송대리인 특허법인 아주양헌 담당변리사 유공일)

【피고, 상고인】 주식회사 보성에프앤비 (소송대리인 법무법인 광장 담당변호사 김운호 외 1인)

【원심 판결】 특허법원 2009. 9. 4. 선고 2009허3077 판결

대법원 2014. 3. 20. 선고 2011후3698 전원합의체 판결 【권리범위확인(상)】 [공2014상,966] (뉴발란스 상표에 관한 권리범위확인심판 사건 사건)[454]

【판시사항】

[1] 등록상표와 확인대상표장의 유사 여부를 판단하기 위한 요소가 되는 등록상표의 식별력 판단 기준시(=심결 시)

[2] 확인대상표장 " "의 사용자 갑 주식회사가 을 미국회사를 상대로 확인대상표장이 을 회사의 등록상표 " "의 권리범위에 속하지 않는다면서 소극적 권리범위확인심판을 청구하였는데 특허심판원이 이를 받아들이는 심결을 한 사안에서, 등록상표의 전부 또는 일부 구성이 등록결정 당시에는 식별력이 없거나 미약하였으나, 심결 당시에는 등록상표와 확인대상표장이 유사한 상표라고 한 사례

【판결요지】

[1] **[다수의견]** 상표의 유사 여부는 외관, 호칭 및 관념을 객관적, 전체적, 이격적으로 관찰하여 지정상품의 거래에서 일반 수요자들이 상표에 대하여 느끼는 직관적 인식을 기준으로 상품의 출처에 관하여 오인·혼동을 일으키게 할 우려가 있는지에 따라 판단하여야 한다. 그리고 그 판단에서는 자타상품을 구별할 수 있게 하는 식별력의 유무와 강약이 주요한 고려요소가 된다 할 것인데, 상표의 식별력은 상표가 가지고 있는 관념, 상품과의 관계, 당해 상품이 거래되는 시장의 성질, 거래 실태 및 거래 방법, 상품의 속성, 수요자의 구성, 상표 사용의 정도 등에 따라 달라질 수 있는 상대적·유동적인 것이므로, 이는 상표의 유사 여부와 동일한 시점을 기준으로 그 유무와 강약을 판단하여야 한다.

따라서 상표권의 권리범위확인심판 및 그 심결취소청구 사건에서 등록상표와 확인대상표장의 유사 여부를 판단하기 위한 요소가 되는 등록상표의 식별력은 상표의

유사 여부를 판단하는 기준시인 심결 시를 기준으로 판단하여야 한다. 그러므로 등록상표의 전부 또는 일부 구성이 등록결정 당시에는 식별력이 없거나 미약하였다고 하더라도 등록상표를 전체로서 또는 일부 구성 부분을 분리하여 사용함으로써 권리범위확인심판의 심결 시점에 이르러서는 수요자 사이에 누구의 상품을 표시하는 것인지 현저하게 인식될 정도가 되어 중심적 식별력을 가지게 된 경우에는, 이를 기초로 상표의 유사 여부를 판단하여야 한다.

[대법관 신영철, 대법관 민일영의 반대의견] 상표등록이 무효로 될 것임이 명백함에도 권리범위확인심판을 허용하는 것은 상표권에 관한 분쟁을 실효적으로 해결하는 데 도움이 되지 아니하고 당사자로 하여금 아무런 이익이 되지 않는 심판절차에 시간과 비용을 낭비하도록 하는 결과를 초래하며, 상표사용자의 업무상의 신용유지를 도모하여 산업발전에 이바지함과 아울러 수요자의 이익을 보호하려는 상표법의 목적을 달성하기 위하여 권리범위확인심판 제도를 마련한 취지에 부합하지 않는다.

권리범위확인심판이 상표등록이 유효함을 전제로 하여서만 의미를 가질 수 있는 절차이므로 심판절차에서는 등록상표의 무효사유가 있는지를 선결문제로서 심리한 다음 무효사유가 부정되는 경우에 한하여 등록상표의 권리범위에 관하여 나아가 심리·판단하도록 심판구조를 바꿀 필요가 있다.

이러한 사정들을 종합적으로 고려하면, 등록상표에 대한 등록무효심결이 확정되기 전이라고 하더라도 상표등록이 무효심판에 의하여 무효로 될 것임이 명백한 경우라면 그러한 상표등록을 근거로 하여 적극적 또는 소극적 권리범위확인심판을 청구할 이익이 없다고 보아야 하고, 그러한 청구는 부적법하여 각하하여야 한다.

[2] 확인대상표장 " "의 사용자 갑 주식회사가 을 미국회사를 상대로 확인대상표장이 을 회사의 등록상표 " "의 권리범위에 속하지 않는다면서 소극적 권리범위확인심판을 청구하였는데 특허심판원이 이를 받아들이는 심결을 한 사안에서, 등록상표의 전부 또는 일부 구성이 등록결정 당시에는 식별력이 없거나 미약하였으나, 등록상표의 구성 중 " " 부분은 심결 당시에는 수요자 사이에 상품의 출처를 인식할 수 있게 하는 중심적 식별력을 가진 것으로 보아야 할 것이고, 확인대상표장에서도 " " 부분과 동일성이 인정되는 " " 부분이 수요자의 주의를 끄는 중심적 식별력을 가지는 부분이 되므로, 양 표장은 유사한 상표라고 한 사례.

【참조조문】

[1] 구 상표법(1990. 1. 13. 법률 제4210호로 전부 개정되기 전의 것) 제8조 제1항 제7호(현행 제6조 제1항 제7호 참조), 제2항(현행 제6조 제2항 참조), 상표법 제9조 제1항, 제51조 제1항, 제71조 제1항 제1호, 제75조, 제77조의26 [2] 구 상표법(1990. 1. 13. 법률 제4210호로 전부 개정되기 전의 것) 제8조 제1항 제7호(현행 제6조 제1항 제7호 참조), 제2항(현행

제6조 제2항 참조), 상표법 제9조 제1항, 제51조 제1항, 제71조 제1항 제1호, 제75조, 제77조의26

【참조판례】

[1] 대법원 1992. 2. 25. 선고 91후691 판결(공1992, 1169)
대법원 2007. 12. 13. 선고 2005후728 판결(공2008상, 72)(변경)

【전 문】

【원고, 상고인】 뉴우바란스아스레틱슈우 인코포레이팃드 (소송대리인 변리사 차윤근)
【피고, 피상고인】 유니스타 주식회사 (소송대리인 변리사 김영옥)
【원심 판결】 특허법원 2011. 11. 4. 선고 2011허8242 판결

대법원 2013. 12. 12. 선고 2013후2446 판결 【권리범위확인(상) (자) 상고기각】 (매직블럭 사건)

◇ 확인대상표장의 일부가 상표법 제51조 제1항 각 호에 해당하는 경우 등록상표의 권리범위에 속하는지 여부의 판단 방법 ◇

상표권의 권리범위확인심판 청구에서 심판청구인이 심판의 대상으로 삼은 확인대상표장이 둘 이상의 문자·도형 등의 조합으로 이루어진 결합표장인 경우, 그 전체뿐만 아니라 그 중 분리인식될 수 있는 일부만이 상표법 제51조 제1항 각 호에 해당하더라도 거기에 상표권의 효력은 미치지 아니하는 것이고, 이처럼 상표권의 효력이 미치지 아니하는 부분이 확인대상표장에 포함되어 있다면 확인대상표장 중 그 부분을 제외한 나머지 부분에 의하여 등록상표와 사이에 상품출처에 관하여 오인·혼동을 일으키게 할 염려가 있는지를 기준으로 하여 확인대상표장이 등록상표의 권리범위에 속하는지 여부를 판단해야 한다.

Ⅸ. 심결의 효력

일사부재리의 원칙: 심판의 심결이 확정된 때에는 누구든지 동일사실, 동일증거에 의하여 그 심판을 다시 청구할 수 없으며 특허심판원도 그와 저촉되거나 모순되는 판단을

454) 김동규, "등록 이후 사용에 의한 식별력 취득의 효력", 「정보법 판례백선(II.」, 한국정보법학회 편, 박영사, 2016년, 126-134면(이 판결은 상호 배치되었던 선례를 정리하였고, 상표법상 상표의 유사 여부 판단과 부정경쟁방지법상 표지 유사 여부 판단에서 일관성을 도모할 수 있도록 하였다고 한다.). 또한 이 평석은 "대상 판결에 의하면, '전체로서는 식별력이 있는 상표가 그 구성 중 등록결정 당시 식별력이 없던 부분이 등록 이후 사용에 의한 식별력을 취득한 경우'에는 "다시 상표등록을 하지 않더라도 등록 이후 사용에 의한 식별력을 취득한 부분이 유효하게 등록상표의 요부로 인정될 수 있다는 점 및 등록상표 중 일부 구성 부분을 분리하여 사용한 결과 그 부분이 사용에 의한 식별력을 취득한 경우에도 일정한 경우에는 그 부분을 등록상표의 요부로 보아 이를 기초로 상표 유사 여부를 판단할 수 있다고 한 점에서 상표권의 보호범위를 실질적으로 확대하였다."고 한다.

해서는 안되는 원칙이다(상 제150조).

대법원 2006. 5. 26. 선고 2003후427 판결【권리범위확인(상)】

【판시사항】

[1] 일사부재리의 원칙을 규정한 구 특허법 제147조에서 말하는 '동일 사실'의 의미

[2] 등록상표에 대한 적극적 권리범위확인심판의 심결이 확정 등록된 경우, 그 일사부재리의 효력이 소극적 권리범위확인심판 청구에도 그대로 미치는지 여부(적극)

[3] 일사부재리의 원칙에 따라 심판청구가 부적법하게 되는지 여부의 판단 기준시

[4] 원고의 확인대상상표가 피고의 등록상표의 권리범위에 속하지 아니한다고 주장하며 새로이 제기한 소극적 권리범위확인심판 청구가, 피고가 이전에 제기하여 이미 확정 등록된 적극적 권리범위확인심판의 심결에서의 확인대상상표와 동일성 있는 확인대상상표를 대상으로 하는 것이어서 일사부재리의 효력에 의하여 부적법하다고 한 사례

【판결요지】

[1] 구 상표법(1990. 1. 13. 법률 제4210호로 전문 개정되기 전의 것) 제51조에 의하여 준용되는 구 특허법(1990. 1. 13. 법률 제4207호로 전문 개정되기 전의 것) 제147조는 심판 또는 항고심판의 심결이 확정 등록되었을 때에는 누구든지 동일 사실 및 동일 증거에 의하여 그 심판을 청구할 수 없다는 일사부재리의 원칙을 규정하고 있는바, 여기에서 동일 사실이라 함은 원칙적으로 당해 상표권과의 관계에서 확정이 요구되는 구체적 사실이 동일함을 말하는 것이다.

[2] 등록상표에 대한 권리범위확인심판에서 확정이 요구되는 구체적인 사실은 적극적 권리범위확인심판에서의 그것과 소극적 권리범위확인심판에서의 그것을 달리 볼 것이 아니므로 적극적 권리범위확인심판의 심결이 확정 등록된 때에는 그 일사부재리의 효력이 소극적 권리범위확인심판 청구에 대해서도 그대로 미치는 것이라고 볼 것이다.

[3] 일사부재리의 원칙에 따라 심판청구가 부적법하게 되는지 여부를 판단하는 기준시점은 새로운 심판청구에 대한 심결을 할 때이므로, 설령 새로운 심판청구를 제기하던 당시에는 앞선 심판청구에 대한 심결이 확정 등록된 바 없다고 하더라도 새로운 심판청구에 대한 심결을 할 때에는 앞선 심판청구에 대한 심결이 확정 등록되었다면, 새로운 심판청구가 확정 등록된 심결의 일사부재리의 효력에 의하여 부적법하게 될 수 있다고 할 것이다.

[4] 원고의 확인대상상표가 피고의 등록상표의 권리범위에 속하지 아니한다고 주장하며 새로이 제기한 소극적 권리범위확인심판 청구가, 피고가 이전에 제기하여 이미 확정 등록된 적극적 권리범위확인심판의 심결에서의 확인대상상표와 동일성 있는 확인대상상표를 대상으로 하는 것이어서 일사부재리의 효력에 의하여 부적법하다고 한 사례.

대법원 2012. 1. 19. 선고 2009후2234 판결【등록무효(특)】

【판시사항】

구 특허법 제163조에 규정된 '일사부재리의 원칙'에 해당하는지 여부의 판단기준 시점(=심판청구시)

【판결내용】

구 특허법(2001. 2. 3. 법률 제6411호로 개정되기 전의 것. 이하 같다) 제163조는 "심판의 심결이 확정 등록되거나 판결이 확정된 때에는 누구든지 동일사실 및 동일증거에 의하여 그 심판을 청구할 수 없다"라고 하여 일사부재리의 원칙을 규정하고 있다.

종래 대법원은 일사부재리의 원칙에 해당하는지 여부는 심판의 청구시가 아니라 그 심결시를 기준으로 판단되어야 한다고 해석하였다. 그리하여 일사부재리의 원칙은 어느 심판의 심결이 확정 등록되거나 판결이 확정된(이하 두 경우 중 심판의 심결이 확정 등록된 경우만을 들어 설시하기로 한다) 후에 청구되는 심판에 대하여만 적용되는 것은 아니고, 심결시를 기준으로 하여 그 때에 이미 동일사실 및 동일증거에 의한 다른 심판의 심결이 확정 등록된 경우에는 당해 심판의 청구시기가 확정된 심결의 등록 전이었는지 여부를 묻지 아니하고 적용된다고 판시하여 왔다(대법원 2000. 6. 23. 선고 97후3661 판결, 대법원 2006. 5. 26. 선고 2003후427 판결 참조).

이와 같은 종래의 대법원판례에 따르면, 동일특허에 대하여 동일사실 및 동일증거에 의한 복수의 심판청구가 각각 있은 경우에 어느 심판의 심결(이를 '제1차 심결'이라고 한다)에 대한 심결취소소송이 계속하는 동안 다른 심판의 심결이 확정 등록된다면, 법원이 당해 심판에 대한 심결취소의 청구가 이유 있다고 하여 제1차 심결을 취소하더라도 특허심판원이 그 심판청구에 대하여 특허법 제189조 제1항 및 제2항에 의하여 다시 심결을 하는 때에는 일사부재리의 원칙에 의하여 그 심판청구를 각하할 수밖에 없다. 그러나 이는 관련 확정 심결의 등록이라는 우연한 사정에 의하여 심판청구인이 자신의 고유한 이익을 위하여 진행하던 절차가 소급적으로 부적법하게 되는 것으로 헌법상 보장된 국민의 재판청구권을 과도하게 침해할 우려가 있고, 그 심판에 대한 특허심판원의 심결을 취소한 법원의 판결을 무의미하게 하는 불합리가 발생하게 된다.

나아가 구 특허법 제163조의 취지는 심판청구의 남용을 방지하여 심판절차의 경제성을 도모하고 동일한 심판에 대하여 상대방이 반복적으로 심판에 응하여야 하는 번거로움을 면하도록 하는 데에 있다. 그러나 위 규정은 일사부재리의 효력이 미치는 인적 범위에 관하여 "누구든지"라고 정하고 있어서 확정 등록된 심결의 당사자나 그 승계인 이외의 사람이라도 동일사실 및 동일증거에 의하여 동일심판을 청구할 수 없으므로, 함부로 그 적용의 범위를 넓히는 것은 위와 같이 국민의 재판청구권의 행사를 제한하는 결과가 될 것이다. 그런데 구 특허법 제163조는 위와 같이 '그 심판을 청구할 수 없다'라고 규정하고 있어서, 위 규정의 문언에 따르면 심판의 심결이 확정 등록된 후에는 앞선 심판청구와 동일사실 및 동일증거에 기초하여 새로운 심판을 청구하는 것이 허용되지 아니한다고 해석될 뿐이다. 그러함에도 이를 넘어서 심판청구를 제기하던 당시에 다른 심판의 심결이 확정 등록되지 아니하였는데 그 심판청구에 관한 심결을 할 때에 이미 다른 심판의 심결이 확정 등록된 경우에까지 그 심판청구가 일사부재리의 원칙에 의하여 소급적으로 부적법하게 될 수 있다고 하는 것은 합리적인 해석이라고 할 수 없다.

그렇다면 일사부재리의 원칙에 따라 심판청구가 부적법하게 되는지 여부를 판단하는 기준시점은 심판청구를 제기하던 당시로 보아야 할 것이고, 심판청구 후에 비로소 동일 사실 및 동일증거에 의한 다른 심판의 심결이 확정 등록된 경우에는 당해 심판청구를 일사부재리의 원칙에 의하여 부적법하다고 할 수 없다.

이와 달리 구 특허법 제163조에 정한 일사부재리의 원칙에 해당하는지 여부는 심판의 청구시가 아니라 그 심결시를 기준으로 판단되어야 한다고 판시한 대법원 2000. 6. 23. 선고 97후3661 판결과 대법원 2006. 5. 26. 선고 2003후427 판결의 취지는 이와 저촉되는 범위 내에서 변경하기로 한다.

X. 심결에 대한 재심

확정된 심결에 대하여 특별한 재심사유가 있을 때 다시 심판하게 하는 제도(상 제157조 제1항, 제2항 및 민사소송법 제451조, 제453조, 제459조 제1항)이다. 그리고 심판의 당사자가 공모하여 제3자의 권리 또는 이익을 사해할 목적으로 심결을 하게 한 때에는 제3자는 그 확정된 심결에 대하여 재심을 청구할 수 있다(상 제158조 제1항). 사해심결에 대한 재심청구의 경우에 심판의 당사자를 공동피청구인으로 한다(상 제158조 제2항). (i) 상표등록 또는 상표권의 존속기간갱신등록이 무효로 된 후 재심에 의하여 그 효력이 회복된 경우, (ii) 상표등록이 취소된 후 재심에 의하여 그 효력이 회복된 경우, (iii) 상표권의 권리범위에 속하지 아니한다는 심결이 확정된 후 재심에 의하여 이와 상반되는 심결이 확정된 경우 중 어느 하나에 해당하는 경우에는 상표권의 효력은 해당 심결이 확정된 후 재심청구의 등록전에 선의로 해당 등록상표와 동일한 상표를 그 지정상품과 동일한 상품에 사용한 행위, 상표법 제108조 제1항 각 호의 어느 하나 또는 같은 조 제2항 각 호의 어느 하나에 해당하는 행위(침해로 간주되는 행위)에는 미치지 아니한다(상 제160조).

XI. 심결취소소송

특허심판원의 각종 심결이나 각종 심판청구서나 재심청구서에 대한 각하결정에 대하여 불복이 있는 자는 특허법원에 그 취소를 구하는 소를 제기할 수 있다. 이러한 심결취소소송은 특허법원의 전속관할로 되어 있다(상 제162조 제1항).

XII. 비밀유지명령제도(상 227조 이하)

부정경쟁행위 또는 영업비밀 침해행위로 인한 영업상 이익의 침해에 관한 소송에서

법원이 비밀유지명령을 내릴 수 있도록 하고 이를 위반하면 형사벌을 부과할 수 있도록 근거 규정을 두고 있다. 이는 한미 FTA 제18.10조 제11항을 국내법에 반영하기 위한 조문이다.[455)]

대법원 2012. 12. 4.자 2010마817 결정

【판시사항】

오픈마켓 운영자에게 상표권침해행위를 방지해야 할 조리상 의무가 있는지 여부(한정 적극)

【판결요지】

정보통신망 이용촉진 및 정보보호 등에 관한 법률(이하 '정보통신망법'이라고 한다) 제44조 제1항은 "이용자는 사생활 침해 또는 명예훼손 등 타인의 권리를 침해하는 정보를 정보통신망에 유통시켜서는 아니 된다"고 규정하고, 같은 조 제2항은 "정보통신서비스제공자는 자신이 운영·관리하는 정보통신망에 제1항에 따른 정보가 유통되지 아니하도록 노력하여야 한다"고 규정하고 있다.

그런데 위 규정은, 정보통신서비스 이용자 수의 증가와 함께 정보통신망에서 유통되는 정보의 영향력이 매우 커지고 있고, 이에 따라 개인정보의 침해나 각종 명예훼손성 정보의 유통 등으로 인한 사회적 피해도 커지고 있음을 고려하여 이에 대처한다는 취지에서 입법된 것으로서, 일반적으로 "등"이라는 표현은 그 앞에 구체적으로 열거된 단어와 유사한 것을 포괄하는 의미로 사용되는바, 그럼에도 위 규정 중 "등 타인의 권리"라는 문언에 집착하여 이를 제한없이 '타인의 모든 권리'라고 해석할 경우에는 과연 위 조문이 의미하는 "타인의 권리를 침해하는 정보"의 범위가 어디까지인지 매우 불명확하게 되고, 그 결과 이렇듯 불명확한 정보의 유통을 방지하기 위하여 정보통신서비스제공자가 어느 정도의 노력을 기울여야 하는지 또한 모호하게 되어 정보통신서비스제공자에게 지나치게 과중한 부담을 지우게 된다.

이런 점을 고려할 때, 위 법 제44조 제1항의 "사생활 침해 또는 명예훼손 등 타인의 권리를 침해하는 정보"는 '사생활을 침해하는 정보'나 '명예를 훼손하는 정보' 및 '이에 준하는 타인의 권리를 침해하는 정보'만을 의미할 뿐, 거기에서 더 나아가 '타인의 상표권을 침해하는 정보'까지 포함하지는 않는다고 보는 것이 합리적이다.

온라인 쇼핑몰 운영자가 판매자로서 직접 소비자들에게 상품을 판매하는 형태가 아니라, 판매자와 구매자 사이에 거래가 이루어질 수 있는 전자거래 시스템을 제공하고 그

455) 한미 FTA 제18.10조 제11항은 "각 당사국은 사법 당국이 다음의 권한을 가지도록 규정한다.
가. 적절한 경우, 사법 당국이 내린 유효한 명령을 지키지 못한 민사 사법절차의 당사자에게 벌금·구류 또는 구금을 명령할 수 있는 권한, 그리고
나. 소송절차에서 생성되거나 교환된 비밀정보의 보호에 관한 사법명령의 위반에 대하여, 민사 사법절차의 당사자, 변호인, 전문가 또는 법원의 관할권이 미치는 그 밖의 인에게 제재를 부과할 수 있는 권한"이라고 규정하고 있다.

대가로 판매자로부터 서비스 이용료를 받을 뿐 판매자와 구매자 사이의 구체적 거래에는 관여하지 않는 이른바 오픈마켓(Open Market)에서는, 운영자가 제공한 인터넷 게시공간에 타인의 상표권을 침해하는 상품판매정보가 게시되고 그 전자거래 시스템을 통하여 판매자와 구매자 사이에 이러한 상품에 대한 거래가 이루어진다 하더라도, 그러한 사정만으로 곧바로 운영자에게 상표권 침해 게시물에 대한 불법행위책임을 지울 수는 없다.

다만 상표권 침해 게시물이 게시된 목적, 내용, 게시기간과 방법, 그로 인한 피해의 정도, 게시자와 피해자의 관계, 삭제 요구의 유무 등 게시에 관련한 쌍방의 대응태도, 관련 인터넷 기술의 발전 수준, 기술적 수단의 도입에 따른 경제적 비용 등에 비추어, 볼 때, ① 오픈마켓 운영자가 제공하는 인터넷 게시공간에 게시된 상표권 침해 게시물의 불법성이 명백하고, ② 오픈마켓 운영자가 위와 같은 게시물로 인하여 상표권을 침해당한 피해자로부터 구체적·개별적인 게시물의 삭제 및 차단 요구를 받거나, 피해자로부터 직접적인 요구를 받지 않았다 하더라도 그 게시물이 게시된 사정을 구체적으로 인식하였거나 그 게시물의 존재를 인식할 수 있었음이 외관상 명백히 드러나고, ③ 나아가 기술적, 경제적으로 그 게시물에 대한 관리·통제가 가능한 경우에는, 오픈마켓 운영자에게 그 게시물을 삭제하고 향후 해당 판매자가 위 인터넷 게시공간에서 해당 상품을 판매할 수 없도록 하는 등의 적절한 조치를 취할 것이 요구되며, 오픈마켓 운영자가 이를 게을리하여 게시자의 상표권 침해를 용이하게 하였을 때에는 위 게시물을 직접 게시한 자의 행위에 대하여 부작위에 의한 방조자로서 공동불법행위책임을 진다고 할 것이다. 그러나 이러한 경우에도 오픈마켓 운영자에게 요구되는 조치의무에, 타인의 상표권을 침해하는 것으로 의심되는 게시물을 게시한 판매자의 신원정보 및 판매정보를 오픈마켓 운영자가 임의로 상표권자에게 제공할 의무까지 포함된다고 할 것은 아니다.

대법원 2012. 10. 25. 선고 2010다108104 판결 【상표권침해금지등】 [공2012하,1911]

【판시사항】

[1] 변리사법 제8조에 의하여 변리사에게 허용되는 소송대리의 범위(=특허심판원의 심결에 대한 심결취소소송) 및 특허 등 침해를 청구원인으로 하는 침해금지청구 또는 손해배상청구 등과 같은 민사사건에서 변리사의 소송대리가 허용되는지 여부(소극)

[2] 갑 등 변리사들이 상표권 침해를 청구원인으로 하는 민사소송에서 원고의 소송대리인 자격으로 상고장을 작성·제출한 사안에서, 위 상고는 변호사가 아니면서 재판상 행위를 대리할 수 없는 사람이 대리인으로 제기한 것으로 부적법하다고 한 사례

【판결요지】

[1] 민사소송법 제87조는 "법률에 따라 재판상 행위를 할 수 있는 대리인 외에는 변호사가 아니면 소송대리인이 될 수 없다"라고 정하여 이른바 변호사 소송대리의 원칙을 선언하고 있다. 한편 변리사법 제2조는 "변리사는 특허청 또는 법원에 대하여 특허, 실용신안, 디자인 또는 상표에 관한 사항을 대리하고 그 사항에 관한 감정과 그 밖의 사무를 수행하는 것을 업으로 한다"고 정하는데, 여기서 '특허, 실용신안, 디자인 또는 상표에 관한 사항'이란 특허·실용신안·디자인 또는 상표(이하 '특허 등'이라고 줄여 부른

다)의 출원·등록, 특허 등에 관한 특허심판원의 각종 심판 및 특허심판원의 심결에 대한 심결취소소송을 의미한다. 따라서 "변리사는 특허, 실용신안, 디자인 또는 상표에 관한 사항의 소송대리인이 될 수 있다"고 정하는 변리사법 제8조에 의하여 변리사에게 허용되는 소송대리의 범위 역시 특허심판원의 심결에 대한 심결취소소송으로 한정되고, 현행법상 특허 등의 침해를 청구원인으로 하는 침해금지청구 또는 손해배상청구 등과 같은 민사사건에서 변리사의 소송대리는 허용되지 아니한다.

[2] 갑 등 변리사들이 상표권 침해를 청구원인으로 하는 민사소송에서 원고의 소송대리인 자격으로 상고장을 작성·제출한 사안에서, 위 상고는 변호사가 아니면서 재판상 행위를 대리할 수 없는 사람이 대리인으로 제기한 것으로 민사소송법 제87조에 위배되어 부적법하다고 한 사례.

대법원 2011. 2. 24. 선고 2008후4486 판결【권리범위확인(상)】

【판시사항】

[1] 상표에 관한 권리확인심판절차에서 심결을 받은 경우, 심결취소소송의 근거와 소의 이익 판단 기준

[2] 갑 회사가 을 회사를 상대로 특허심판원에 상표권에 관한 소극적 권리범위확인심판을 제기하여 그 청구를 기각하는 심결이 있었는데 이후 을 회사가 갑 회사를 상대로 제기한 등록상표의 상표권 침해금지 등 민사소송에서 갑 회사 승소 판결이 선고되어 그대로 확정된 사안에서, 갑 회사에 유효하게 존속하는 위 심결의 취소를 구할 소의 이익이 여전히 있다고 한 사례

【판결요지】

[1] 상표에 관한 권리범위확인심판의 심결이 확정된 경우 그 심결이 민사·형사 등 침해소송을 담당하는 법원을 기속하지는 못한다고 하더라도, 상표법 제75조가 "상표권자·전용사용권자 또는 이해관계인은 등록상표의 권리범위를 확인하기 위하여 상표권의 권리범위 확인심판을 청구할 수 있다."고 규정하고, 상표법 제86조 제2항에 의하여 준용되는 특허법 제186조 제2항은 "심결에 대한 소는 당사자, 참가인 또는 당해 심판이나 재심에 참가신청을 하였으나 그 신청이 거부된 자에 한하여 이를 제기할 수 있다."고 규정하여 권리범위확인심판과 그 심결취소소송을 명문으로 인정하고 있는 이상, 상표에 관한 권리범위확인심판절차에서 불리한 심결을 받은 당사자가 유효하게 존속하고 있는 심결에 불복하여 심결의 취소를 구하는 것은 위 상표법의 규정에 근거한 것으로서, 상표권이 소멸되거나 당사자 사이의 합의로 이해관계가 소멸하는 등 심결 이후의 사정에 의하여 심결을 취소할 법률상 이익이 소멸되는 특별한 사정이 없는 한 심결의 취소를 구할 소의 이익이 있다.

[2] 갑 회사가 을 회사를 상대로 특허심판원에 상표권에 관한 소극적 권리범위확인심판을 제기하였으나 특허심판원이 확인대상표장이 등록상표의 권리범위에 속한다는 이유로 청구를 기각하는 심결을 하였는데, 이후 을 회사가 위 등록상표의 상표권 침해와 관련하여 제기한 민사소송에서 갑 회사 승소 판결이 선고되었고, 심결취소소송의

상고심 계속 중 위 민사 판결이 그대로 확정된 사안에서, 확정된 위 민사 판결은 위 심결취소소송을 담당하는 법원에 대하여 법적 기속력이 없으므로 갑 회사에 위 민사 판결이 확정되었음에도 불구하고 자신에게 불리한 위 심결을 취소할 법률상 이익이 있고, 달리 위 심결 이후 위 등록상표의 상표권이 소멸되었다거나 당사자 사이의 합의로 이해관계가 소멸되었다는 등 위 심결 이후 심결을 취소할 법률상 이익이 소멸되었다는 사정도 보이지 아니하므로, 갑 회사에 위 심결의 취소를 구할 소의 이익이 있다고 한 사례.

대법원 2002. 11. 26. 선고 2000후2590 판결 【등록무효(상)】

【판시사항】

[1] 심결취소 판결의 특허심판원에 대한 기속력

[2] 등록상표 "PLENITUDE HYDRAMATT"의 요부를 'PLENITUDE'와 'HYDRAMATT'로 인정하고 그 중 'HYDRAMATT'가 인용상표 "MATT"와 동일·유사하다고 할 수 없다는 이유로 종전의 등록무효심결을 취소하는 판결이 확정된 후 다시 진행된 심판절차에서 등록상표의 요부가 'MATT'라는 주장과 그에 관한 증거제출은 위 확정된 심결취소 판결에서 인정한 사실을 번복하기에 족한 정도의 새로운 주장이나 증거제출이라고 할 수 없다고 한 사례

【판결요지】

[1] 심결을 취소하는 판결이 확정된 경우, 그 취소의 기본이 된 이유는 그 사건에 대하여 특허심판원을 기속하는 것인바, 이 경우의 기속력은 취소의 이유가 된 심결의 사실상 및 법률상 판단이 정당하지 않다는 점에 있어서 발생하는 것이므로, 취소 후의 심리과정에서 새로운 증거가 제출되어 기속적 판단의 기초가 되는 증거관계에 변동이 생기는 등의 특단의 사정이 없는 한, 특허심판원은 위 확정된 취소 판결에서 위법이라고 판단된 이유와 동일한 이유로 종전의 심결과 동일한 결론의 심결을 할 수 없다.

[2] 등록상표 "PLENITUDE HYDRAMATT"의 요부를 'PLENITUDE'와 'HYDRAMATT'로 인정하고 그 중 'HYDRAMATT'가 인용상표 "MATT"와 동일·유사하다고 할 수 없다는 이유로 종전의 등록무효심결을 취소하는 판결이 확정된 후 다시 진행된 심판절차에서 등록상표의 요부가 'MATT'라는 주장과 그에 관한 증거제출은 위 확정된 심결취소 판결에서 인정한 사실을 번복하기에 족한 정도의 새로운 주장이나 증거제출이라고 할 수 없다고 한 사례.

○ 심결취소소송

◇ 상표등록무효심판

1. 대법원 2000. 12. 22. 선고 2000후1542 판결【등록무효(상)】

[공2001.2.15.(124),386]

【판시사항】

[1] 행정소송인 심결취소소송에서 자백 또는 의제자백이 인정되는지 여부(적극) 및 자백의 대상

[2] 상표법 제7조 제1항 제11호 소정의 '서비스업의 품질오인을 일으키게 할 염려'가 있는지 여부는 자백의 대상에 해당하지 않는다고 본 사례

【판결요지】

[1] 행정소송인 심결취소소송에서도 원칙적으로 변론주의가 적용되므로 자백 또는 의제자백도 인정되나, 자백의 대상은 사실이고, 이러한 사실에 대한 법적 판단 내지 평가는 자백의 대상이 되지 아니한다.

[2] 상표법 제7조 제1항 제11호 소정의 '서비스업의 품질오인을 일으키게 할 염려'가 있는지 여부는 자백의 대상에 해당하지 않는다고 본 사례.

【참조조문】

[1] 행정소송법 제8조 제2항 , 민사소송법 제139조 제1항 [2] 상표법 제7조 제1항 제11호, 행정소송법 제8조 제2항 , 민사소송법 제139조 제1항

【전 문】

【원고, 상고인】 권광천

【피고, 피상고인】 나여임

【원심 판결】 특허법원 2000. 6. 16. 선고 99허9762 판결

【주 문】

상고를 기각한다. 상고비용은 원고의 부담으로 한다.

【이 유】

상고이유를 본다.

행정소송인 심결취소소송에서도 원칙적으로 변론주의가 적용되고, 따라서 자백 또는 의제자백도 인정된다 함은 상고이유에서 지적하는 바와 같으나, 자백의 대상은 사실이고, 이러한 사실에 대한 법적 판단 내지 평가는 자백의 대상이 되지 아니하는 것이다.

기록에 비추어 보면, 이 사건 등록서비스표가 상표법 제7조 제1항 제11호에서 정하고 있는 서비스업의 품질오인을 일으키게 할 염려가 있다는 원고의 주장에 대하여, 피고는 공시송달에 의하지 아니한 소환을 받고도 사실심 변론기일에 출석하지 않고 답변서 등을 제출하지 아니하였음을 이유로 원심은 행정소송법 제8조 제2항, 민사소송법 제139조 제1항에 따라 이 사건 등록서비스표의 구성('삼보곰탕'), 그 지정서비스업(곰탕전문음식점경영업, 곰탕전문식당체인업, 음식조리대행업, 음식조리지도업) 및 출원등록에 대하여 의제자백에 인한 사실인정을 한 다음, 이 사건 등록서비스표가 상표법에서 규정하는 서비스업의 품질오인을 일으키게 할 염려가 있는지 여부에 대하여는 의제자백으로 처리하지 아니하고 지정서비스업 별로 품질오인의 염려가 있는지 여부를 검토하여 이에 해당하는 '음식조리대행업' 및 '음식조리지도업'에 대한 등록만이 무효라고 본 조치는 정당하고, 거기에 의제자백에 관한 법리오해 등의 위법이 있다고 볼 수 없다. 상고이유에서 들고 있는 대법원 판결은 사안을 달리하여 이 사건에서 원용하기에 적절하지 아니하다.

상고이유는 받아들일 수 없다.

그러므로 상고를 기각하고, 상고비용은 패소자의 부담으로 하기로 하여 관여 법관의 일치된 의견으로 주문과 같이 판결한다.

대법관 이규홍(재판장) 송진훈(주심) 윤재식 손지열

2. 대법원 2010. 12. 23. 선고 2010후2957 판결【등록무효(상)】

[미간행]

【판시사항】

등록상표인 ""와 선등록상표 6인 ""는 외관 및 호칭이 유사하여 양 상표를 동일·유사한 지정상품에 함께 사용할 경우 일반 수요자나 거래자로 하여금 상품의 출처에 관하여 오인·혼동을 일으키게 할 염려가 있으므로, 양 상표는 서로 유사하다고 한 사례

【참조조문】

상표법 제7조 제1항 제7호

【전 문】

【원고, 상고인】 정종규 (소송대리인 변리사 김중효 외 2인)

【피고, 피상고인】 정백규 (소송대리인 변리사 박지호)

【원심 판결】 특허법원 2010. 9. 3. 선고 2010허2261 판결

【주 문】

원심 판결을 파기하고, 사건을 특허법원에 환송한다.

【이 유】

상고이유를 판단한다.

기록에 비추어 살펴보면, 영문자 'BANC'를 두 번째 글자는 알파벳 소문자로, 나머지 3개 글자는 대문자로 도안화하여 구성한 이 사건 등록상표(등록번호 제756073호) "BaNC"와 영문자 'BONC'를 4개 글자 모두 알파벳 대문자로 도안화하여 구성한 원심 판시 선등록상표 6(등록번호 제697290호) "BONC"는 두 번째 글자만 알파벳 소문자 "a"와 대문자 "O"로 다를 뿐 나머지 3개 글자 및 그 배열순서가 그대로 일치하고, 그 도안화된 글자체에도 별다른 차이가 없어 외관이 서로 유사하다. 또한 호칭에 있어서도, 우리나라의 일반 수요자나 거래자의 자연스러운 발음에 따라 이 사건 등록상표는 '뱅크' 또는 '방크'로, 선등록상표 6은 '봉크'로 각 호칭된다고 할 것인데, 양 상표는 첫 음절의 모음만이 'ㅐ' 또는 'ㅏ'와 'ㅗ'로 다를 뿐 첫음절의 초성 및 종성과 끝음절이 동일하여 전체적으로 유사하게 청감되므로, 서로 유사하다.

그렇다면 우리나라의 영어 보급수준에 비추어 일반 수요자나 거래자들이 '판사석'이라는 뜻을 가진 이 사건 등록상표를 보고 특정된 관념을 연상하기 어렵고, 선등록상표 6도 조어상표이어서 관념에 있어서는 서로 대비할 수 없지만, 외관 및 호칭이 유사한 양 상표를 동일·유사한 지정상품에 함께 사용할 경우 일반 수요자나 거래자로 하여금 상품의 출처에 관하여 오인·혼동을 일으키게 할 염려가 있으므로, 양 상표는 서로 유사하다고 할 것이다.

그럼에도 원심은 양 상표가 외관·호칭·관념이 모두 달라 전체적으로 서로 유사하지 않다고 판단하였으니, 원심 판결에는 상표의 유사 여부 판단에 관한 법리를 오해하여 판결에 영향을 미친 위법이 있고, 이 점을 지적하는 상고이유의 주장은 이유 있다.

그러므로 원심 판결을 파기하고, 사건을 다시 심리·판단하게 하기 위하여 원심법원에 환송하기로 하여, 관여 대법관의 일치된 의견으로 주문과 같이 판결한다.

대법관 이인복(재판장) 이홍훈 김능환(주심) 민일영

3. 대법원 2010. 12. 9. 선고 2009후4193 판결【등록무효(상)】

[미간행]

【판시사항】

[1] 상표의 유사 여부의 판단 기준 및 대비되는 상표 사이에 유사한 부분이 있다고 하더

라도 그 부분만으로 분리인식될 가능성이 희박하거나 전체적으로 관찰할 때 명확히 출처의 혼동을 피할 수 있는 경우 유사상표라고 할 수 있는지 여부(소극)

[2] 등록상표인 "좋은엄마프로젝트"와 선등록상표인 "PROJECT"는 동일 또는 유사한 상품에 사용한다고 하더라도 일반 수요자나 거래자로 하여금 상품출처에 관하여 오인·혼동을 일으키게 할 염려가 없으므로, 이들 상표는 서로 유사하지 않다고 한 사례

【참조조문】

[1] 상표법 제7조 제1항 제7호 [2] 상표법 제7조 제1항 제7호

【참조판례】

[1] 대법원 2006. 8. 25. 선고 2005후2908 판결(공2006하, 1637)
대법원 2008. 9. 11. 선고 2008후1739 판결

【전 문】

【원고, 피상고인】 주식회사 오리온(소송대리인 변리사 이병균 외 2인)

【피고, 상고인】 롯데제과 주식회사(소송대리인 변리사 이숙열 외 2인)

【원심 판결】 특허법원 2009. 10. 28. 선고 2009허5264 판결

【주 문】

상고를 기각한다. 상고비용은 피고가 부담한다.

【이 유】

상고이유를 판단한다.

1. 상표의 유사 여부는 그 외관, 호칭 및 관념을 객관적, 전체적, 이격적으로 관찰하여 그 지정상품의 거래에서 일반 수요자나 거래자가 상표에 대하여 느끼는 직관적 인식을 기준으로 하여 그 상품의 출처에 관하여 오인·혼동을 일으키게 할 우려가 있는지 여부에 따라 판단하여야 하므로, 대비되는 상표 사이에 유사한 부분이 있다고 하더라도 그 부분만으로 분리인식될 가능성이 희박하거나 전체적으로 관찰할 때 출처의 혼동을 명확히 피할 수 있는 경우에는 유사상표라고 할 수 없다(대법원 2006. 8. 25. 선고 2005후2908 판결, 대법원 2008. 9. 11. 선고 2008후1739 판결 등 참조).

2. 위 법리와 기록에 비추어 "과자, 캔디, 비스킷, 비의료용 추잉껌, 아이스크림, 초콜릿" 등 187종의 상품을 지정상품으로 하고 "좋은엄마프로젝트"로 구성된 이 사건 등록상표(등록번호 제743056호)와 "비의료용 추잉껌, 식용캔디, 비스킷, 초콜릿, 아이스크림" 등을 지정상품으로 하고 "PROJECT"로 구성된 선등록상표(등록번호 제322355호)

가 유사한지 여부를 살펴본다.

이 사건 등록상표는 '좋은엄마프로젝트'라는 한글 8글자로 구성되어 있음에 비하여 선등록상표는 'PROJECT'라는 영문 7글자로 구성되어 있으므로 그 외관이 현저하게 다르다. 나아가 이 사건 등록상표는 '프로젝트'라는 외래어와 그 앞의 '좋은엄마'란 어구가 결합하여 이루어진 것이기는 하나, 우리나라의 언어관습과 영어교육수준을 고려할 때 '프로젝트'라는 단어는 일반 수요자나 거래자에게 통상 그 앞에 나오는 단어나 어구와 결합하여 'ㅇ계획', 'ㅇ과제'라는 일체화되고 한정적인 의미가 있는 하나의 단어로 인식될 것이고, 지정상품과의 관계에서 '프로젝트' 부분이 '좋은엄마' 부분에 비하여 특별히 식별력이 강한 것도 아니므로, 그 뒷부분에 있는 '프로젝트'만에 의하여 호칭·관념된다기보다는 '좋은엄마프로젝트'와 같이 전체적으로 호칭·관념된다고 봄이 자연스럽다. 그런데 선등록상표는 '프로젝트'라고 호칭되므로 이 사건 등록상표는 선등록상표와 그 호칭이 다르고, 관념에서도 이 사건 등록상표는 '좋은 엄마의 계획', '좋은 엄마를 위한 과제' 등과 같이 구체화된 계획 또는 과제로 관념되나 선등록상표는 구체화되지 않은 일반적이고 포괄적인 의미의 '계획', '과제' 등으로 관념되므로 서로 다르다. 따라서 이 사건 등록상표와 선등록상표를 동일 또는 유사한 상품에 사용한다고 하더라도 일반 수요자나 거래자로 하여금 상품출처에 관하여 오인·혼동을 일으키게 할 염려가 없으므로, 이들 상표는 서로 유사하지 않다.

같은 취지의 원심판단은 정당한 것으로 수긍이 가고, 거기에 상고이유로 주장하는 바와 같은 상표 유사 여부 판단에 관한 법리오해 등의 잘못이 없다.

3. 그러므로 상고를 기각하고, 상고비용은 패소자가 부담하도록 하여, 관여 대법관의 일치된 의견으로 주문과 같이 판결한다.

대법관 이홍훈(재판장) 김능환 민일영(주심) 이인복

4. 대법원 2017. 2. 9. 선고 2015후1690 판결 【등록무효(상)】

[공2017상,591]

【판시사항】

[1] 둘 이상의 문자 또는 도형의 조합으로 이루어진 결합상표의 유사 여부를 판단하는 방법

[2] 상표에서 요부가 존재하는 경우 그 부분이 분리관찰되는지 따질 필요 없이 요부만 대비함으로써 상표의 유사 여부를 판단할 수 있는지 여부(적극) 및 상표의 구성 부분이 요부인지 판단하는 방법 / 이러한 법리가 서비스표에도 마찬가지로 적용되는지 여부(적극)

[3] 선등록서비스표 "자　　생", "자생한의원", "자생한방병원" 등의 서비스표권자 갑이 '한방의료법, 성형외과업' 등을 지정서비스업으로 하는 등록서비스표 "자생초"의 서비스표권자 을을 상대로 등록서비스표가 구 상표법 제7조 제1항 제11호 및 제12호의 등록무효 사유에 해당한다며 등록무효심판을 청구한 사안에서, 선등록서비스표 등과 등록서비스표는 요부인 '자생'을 기준으로 대비하면 호칭과 관념이 동일하여 유사한 서비스표에 해당함에도 이와 달리 본 원심 판결에 서비스표의 유사에 관한 법리를 오해하여 심리를 다하지 않은 잘못이 있다고 한 사례

【판결요지】

[1] 둘 이상의 문자 또는 도형의 조합으로 이루어진 결합상표는 그 구성 부분 전체의 외관, 호칭, 관념을 기준으로 상표의 유사 여부를 판단하는 것이 원칙이나, 상표 중에서 일반 수요자에게 그 상표에 관한 인상을 심어주거나 기억·연상을 하게 함으로써 그 부분만으로 독립하여 상품의 출처표시기능을 수행하는 부분, 즉 요부가 있는 경우 적절한 전체관찰의 결론을 유도하기 위해서는 요부를 가지고 상표의 유사 여부를 대비·판단하는 것이 필요하다.

[2] 상표에서 요부는 다른 구성 부분과 상관없이 그 부분만으로 일반 수요자에게 두드러지게 인식되는 독자적인 식별력 때문에 다른 상표와 유사 여부를 판단할 때 대비의 대상이 되는 것이므로, 상표에서 요부가 존재하는 경우에는 그 부분이 분리관찰이 되는지를 따질 필요 없이 요부만으로 대비함으로써 상표의 유사 여부를 판단할 수 있다.

그리고 상표의 구성 부분이 요부인지는 그 부분이 주지·저명하거나 일반 수요자에게 강한 인상을 주는 부분인지, 전체 상표에서 높은 비중을 차지하는 부분인지 등의 요소를 따져 보되, 여기에 다른 구성 부분과 비교한 상대적인 식별력 수준이나 그와의 결합상태와 정도, 지정상품과의 관계, 거래실정 등까지 종합적으로 고려하여 판단하여야 한다.

이러한 법리는 서비스표에 대하여도 마찬가지로 적용된다.

[3] 지정서비스업이 한의원업 또는 한방병원업 등인 선등록서비스표 "자　　생", "자생한의원", "자생한방병원" 등의 서비스표권자 갑이 '한방의료업, 성형외과업' 등을 지정서비스업으로 하는 등록서비스표 "자생초"의 서비스표권자 을을 상대로 등록서비스표가 구 상표법(2016. 2. 29. 법률 제14033호로 전부 개정되기 전의 것) 제7조 제1항 제11호 및 제12호의 등록무효 사유에 해당한다며 등록

무효심판을 청구한 사안에서, 선등록서비스표 등과 등록서비스표는 모두 요부가 '자생'이므로, '자생'이 분리관찰이 되는지를 따질 필요 없이 위 서비스표들을 '자생'을 기준으로 대비하면 호칭과 관념이 동일하여 유사한 서비스표에 해당함에도 이와 달리 본 원심 판결에 서비스표의 유사에 관한 법리를 오해하여 심리를 다하지 않은 잘못이 있다고 한 사례.

【참조조문】

[1] 구 상표법(2016. 2. 29. 법률 제14033호로 전부 개정되기 전의 것) 제7조 제1항 제7호(현행 제34조 제1항 제7호 참조) [2] 구 상표법(2016. 2. 29. 법률 제14033호로 전부 개정되기 전의 것) 제2조 제3항, 제7조 제1항 제7호(현행 제34조 제1항 제7호 참조), 제11호(현행 제34조 제1항 제11호 참조), 제12호(현행 제34조 제1항 제12호 참조) [3] 구 상표법(2016. 2. 29. 법률 제14033호로 전부 개정되기 전의 것) 제2조 제3항, 제7조 제1항 제7호(현행 제34조 제1항 제7호 참조), 제11호(현행 제34조 제1항 제11호 참조), 제12호(현행 제34조 제1항 제12호 참조)

【참조판례】

[1] 대법원 2006. 1. 26. 선고 2003도3906 판결(공2006상, 356)
대법원 2006. 11. 9. 선고 2006후1964 판결
대법원 2011. 1. 27. 선고 2010도7352 판결
대법원 2014. 6. 26. 선고 2012다12849 판결

【전 문】

【원고, 상고인】 원고(소송대리인 변리사 박영순 외 3인)

【피고, 피상고인】 피고

【원심 판결】 특허법원 2015. 9. 18. 선고 2015허3887 판결

【주 문】

원심 판결을 파기하고, 사건을 특허법원에 환송한다.

【이 유】

상고이유(상고이유서 제출기간이 지난 후에 제출된 상고이유보충서의 기재는 상고이유를 보충하는 범위 내에서)를 판단한다.

1. 둘 이상의 문자 또는 도형의 조합으로 이루어진 결합상표는 그 구성 부분 전체의 외관, 호칭, 관념을 기준으로 상표의 유사 여부를 판단하는 것이 원칙이나, 상표 중에서 일반 수요자에게 그 상표에 관한 인상을 심어주거나 기억·연상을 하게 함으로써 그 부분만으로 독립하여 상품의 출처표시기능을 수행하는 부분, 즉 요부가 있는 경우 적절한 전체 관찰의 결론을 유도하기 위해서는 그 요부를 가지고 상표의 유사 여부를 대비·판단하는

것이 필요하다(대법원 2006. 1. 26. 선고 2003도3906 판결, 대법원 2006. 11. 9. 선고 2006후1964 판결, 대법원 2011. 1. 27. 선고 2010도7352 판결, 대법원 2014. 6. 26. 선고 2012다12849 판결 등 참조).

상표에서 요부는 다른 구성 부분과 상관없이 그 부분만으로 일반 수요자에게 두드러지게 인식되는 독자적인 식별력 때문에 다른 상표와 유사 여부를 판단할 때 대비의 대상이 되는 것이므로, 상표에서 요부가 존재하는 경우에는 그 부분이 분리관찰이 되는지를 따질 필요 없이 요부만으로 대비함으로써 상표의 유사 여부를 판단할 수 있다고 보아야 한다.

그리고 상표의 구성 부분이 요부인지 여부는 그 부분이 주지·저명하거나 일반 수요자에게 강한 인상을 주는 부분인지, 전체 상표에서 높은 비중을 차지하는 부분인지 등의 요소를 따져 보되, 여기에 다른 구성 부분과 비교한 상대적인 식별력 수준이나 그와의 결합상태와 정도, 지정상품과의 관계, 거래실정 등까지 종합적으로 고려하여 판단하여야 한다.

이러한 법리는 서비스표에 대하여도 마찬가지로 적용된다.

2. 위 법리와 기록에 비추어 살펴본다.

원심 판시 이 사건 등록서비스표(서비스표등록번호 제176248호)는 '한방의료업, 성형외과업' 등을 지정서비스업으로 하여 오른쪽과 같이 구성되어 있다. 원심 판시 이 사건 선등록서비스표 1과 2는 각 '한의원업' 등을 지정서비스업으로 하여, 선등록서비스표 3은 '한방병원업' 등을 지정서비스업으로 하여 각 오른쪽과 같이 구성되어 있고, 원심 판시 이 사건 선사용서비스표는 '한의원업' 등의 서비스업에 사용되고 오른쪽과 같이 구성되어 있다.

이 사건 등록서비스표
자생초

선등록서비스표 1
자 생

선등록서비스표 2
자생한의원

선등록서비스표 3
자생한방병원

선사용서비스표
자생한방병원

문자로 이루어진 이 사건 선등록서비스표들과 선사용서비스표(이하, '이 사건 선등록서비스표 등'이라고 한다)가 공통으로 가지고 있는 '자생' 부분은 '자기 자신의 힘으로 살아감', '저절로 나서 자람' 등의 의미를 가진 단어로서 지정서비스업이나 사용서비스업과의 관계에서 본질적인 식별력이 있는 반면, 이 사건 선등록서비스표 2, 3 및 선사용서비스표의 '한의원'이나 '한방병원' 부분은 그 지정서비스업이나 사용서비스업을 나타내는 부분으로서 식별력이 없다. 나아가 기록에 의하여 알 수 있는 '자생한의원'이나 '자생한방병원'이라는 서비스표가 '한방의료업' 등에 사용된 기간, 언론에 소개된 횟수와 내용, 그 홍보의 정도 등에 비추어 볼 때 위 서비스표들에서 식별력이 있는 '자생' 부분은 이 사건 등록서비스표의 지정서비스업과 동일·유사하거나 최소한 경제적 견련성이 있는 '한방의료업' 등과 관련하여 일반 수요자들에게 널리 인식되어 그 식별력이 더욱 강해졌다고 할 수 있다. 이러한 점 등을 종합하여 보면 이 사건 선등록서비스표 등에서 '자생'은 독립적인 식별표지 기능을 발휘하는 요부에 해당한다.

한편 이 사건 등록서비스표의 문자 부분 중 '자생' 부분은 이 사건 선등록서비스표 등의 요부와 동일하여 마찬가지로 강한 식별력을 가지는 반면에 '초' 부분은 약초(약초)나 건초(건초) 등과 같이 '풀'을 의미하는 한자어로 많이 사용되어 그 지정서비스업과 관련하여 약의 재료나 원료 등을 연상시킨다는 점에서 식별력이 높지 않다고 보일 뿐만 아니라, 강한 식별력을 가지는 '자생' 부분과 비교하여 볼 때 상대적인 식별력도 미약하다. 나아가 '자생초'가 '스스로 자라나는 풀' 등의 의미를 가진다고 하더라도 이는 사전에 등재되어 있지 아니한 단어로서 '자생'과 '초' 각각의 의미를 결합한 것 이상의 새로운 의미가 형성되는 것도 아니라는 점 등까지 보태어 보면, 이 사건 등록서비스표의 문자 부분 중 '자생'이 '초'와 결합한 일체로서만 식별표지 기능을 발휘한다고 보기는 어렵다. 또한 이 사건 등록서비스표 중 네모 도형은 별다른 특징이 없는 부분으로서 문자 부분과의 결합상태와 정도 등에 비추어 위와 같은 판단에 아무런 영향을 줄 수 없다. 이러한 사정 등을 종합하여 보면 이 사건 등록서비스표에서는 '자생' 부분이 독립적인 식별표지 기능을 발휘하는 요부라고 할 수 있다.

그렇다면 이 사건 선등록서비스표 등과 이 사건 등록서비스표는 모두 요부가 '자생'이라고 할 것이므로, '자생'이 분리관찰이 되는지를 따질 필요 없이 위 서비스표들을 '자생'을 기준으로 대비하면 그 호칭과 관념이 동일하여 유사한 서비스표에 해당한다고 할 것이다. 그럼에도 원심은 이 사건 선등록서비스표 등과 이 사건 등록서비스표는 호칭과 관념 등이 유사하지 않아 그 표장이 유사하지 않다고 판단하였으니, 이러한 원심 판결에는 서비스표의 유사에 관한 법리를 오해하여 필요한 심리를 다하지 아니하는 등으로 판결에 영향을 미친 잘못이 있다.

3. 그러므로 원심 판결을 파기하고, 사건을 다시 심리·판단하도록 원심법원에 환송하기로 하여, 관여 대법관의 일치된 의견으로 주문과 같이 판결한다.

대법관 이기택(재판장) 김용덕 김신(주심) 김소영

5. 대법원 2017. 3. 16. 선고 2014후1327 판결 【등록무효(상)】

[공2017상,799]

【판시사항】

[1] 구 상표법 제7조 제1항 제8호의 입법 취지 및 위 규정이 정하는 기간의 기산일(=상표권 소멸로 종전 상표권자 등이 종전 상표를 독점적으로 사용할 수 없게 되는 날) / 상표권에 관하여 등록취소심결이 확정되고 그 후 추가로 등록무효심결도 확정된 경우, 위 규정이 정하는 '상표권이 소멸한 날'(=등록취소심결 확정일)

[2] 선등록상표 2 "

", 선등록상표 3 "

"에 대해 2009. 1. 29. 등록취소심결이 확정되고 2009. 8. 1. 등록무효심결이 확정되었는데 그 사이 등록상표 ""가 2009. 6. 1. 출원되었는데, 갑이 등록상표의 상표권자인 을 주식회사를 상대로 등록상표가 구 상표법 제7조 제1항 제8호에 해당한다는 이유로 등록무효심판을 청구한 사안에서, 등록상표 출원 당시 선등록상표 2, 3은 상표권이 소멸한 날부터 1년이 경과하지 아니한 타인의 등록상표에 해당한다고 한 사례

【판결요지】

[1] 구 상표법(2016. 2. 29. 법률 제14033호로 전부 개정되기 전의 것, 이하 같다) 제7조 제1항 제8호는 "상표권이 소멸한 날(상표등록을 무효로 한다는 심결이 있은 경우에는 심결확정일을 말한다)부터 1년을 경과하지 아니한 타인의 등록상표(지리적 표시 등록단체표장을 제외한다)와 동일 또는 유사한 상표로서 그 지정상품과 동일 또는 유사한 상품에 사용하는 상표"는 상표등록을 받을 수 없다고 규정하고 있다. 이 규정은 어떠한 상표권이 소멸하더라도 그로부터 1년 정도는 종전 상표권자 또는 정당한 사용권자(이하 '종전 상표권자 등'이라고 한다)가 자기 상품의 출처표시로 등록상표를 사용함으로써 수요자 사이에 남아 있게 된 그 상표에 관한 기억과 신용으로부터 기인한 상품출처의 혼동을 방지하

고자 하는 데에 주된 취지가 있다.

이렇듯 상표권 소멸로 종전 상표권자 등의 독점적인 상표 사용권능이 사라진 후 1년의 공백을 두고자 한 입법 취지를 고려하면, 이 규정이 정하는 기간의 기산일은 상표권이 소멸함으로써 종전 상표권자 등이 더 이상 종전 상표를 독점적으로 사용할 수 없게 되는 날로 봄이 타당하다.

따라서 어떠한 상표권에 관하여 등록취소심결이 확정되고 그 후 추가로 등록무효심결도 확정된 경우 이미 등록취소심결 확정일부터 종전 상표권자 등이 더 이상 종전 상표를 독점적으로 사용할 수 없게 되는 이상, 구 상표법 제7조 제1항 제8호가 정하는 기간의 기산일인 '상표권이 소멸한 날'은 등록취소심결의 확정일로 보아야 한다.

[2] 선등록상표 2 "
", 선등록상표 3 "
"에 대해 2009. 1. 29. 등록취소심결이 확정되고 2009. 8. 1. 등록무효심결이 확정되었는데 그 사이 등록상표 ""가 2009. 6. 1. 출원되어 등록되자, 갑이 등록상표의 상표권자인 을 주식회사를 상대로 등록상표가 구 상표법(2016. 2. 29. 법률 제14033호로 전부 개정되기 전의 것) 제7조 제1항 제8호에 해당한다는 이유로 등록무효심판을 청구한 사안에서, 등록상표가 위 등록취소심결 확정일부터 1년 이내인 2009. 6. 1. 출원되었으므로, 등록상표의 출원 당시 선등록상표 2, 3은 상표권이 소멸한 날부터 1년이 경과하지 아니한 타인의 등록상표에 해당하여 등록상표 중 선등록상표 2, 3의 지정상품과 동일·유사한 지정상품 부분에 관하여 구 상표법 제7조 제1항 제8호에 해당되어 무효라고 본 원심 판단이 정당하다고 한 사례.

【참조조문】

[1] 구 상표법(2016. 2. 29. 법률 제14033호로 전부 개정되기 전의 것) 제7조 제1항 제8호 [2] 구 상표법(2016. 2. 29. 법률 제14033호로 전부 개정되기 전의 것) 제7조 제1항 제8호

【참조판례】

[1] 대법원 2012. 10. 25. 선고 2012후2470 판결(공2012하, 1975)

【전 문】

【원고, 상고인】 주식회사 도도화장품의 파산관재인 원고(소송대리인 특허법인 신세기 담당변리사 김종윤)

【원고의 소송절차수계신청인】 주식회사 도도화장품

【피고, 피상고인】 피고(소송대리인 변리사 김영도)

【원심 판결】 특허법원 2014. 6. 13. 선고 2013허10188 판결

【주 문】

상고를 기각한다. 소송절차수계신청인의 소송절차수계신청을 기각한다. 상고비용은 원고가 부담하고, 소송절차수계신청으로 생긴 비용은 소송절차수계신청인이 부담한다.

【이 유】

1. 상고이유를 판단한다.

(1) 구 상표법(2016. 2. 29. 법률 제14033호로 전부 개정되기 전의 것, 이하 같다) 제7조 제1항 제8호는 "상표권이 소멸한 날(상표등록을 무효로 한다는 심결이 있은 경우에는 심결확정일을 말한다)부터 1년을 경과하지 아니한 타인의 등록상표(지리적 표시 등록단체표장을 제외한다)와 동일 또는 유사한 상표로서 그 지정상품과 동일 또는 유사한 상품에 사용하는 상표"는 상표등록을 받을 수 없다고 규정하고 있다. 이 규정은 어떠한 상표권이 소멸하더라도 그로부터 1년 정도는 종전 상표권자 또는 정당한 사용권자(이하 '종전 상표권자 등'이라고 한다)가 자기 상품의 출처표시로 등록상표를 사용함으로써 수요자 사이에 남아 있게 된 그 상표에 관한 기억과 신용으로부터 기인한 상품출처의 혼동을 방지하고자 하는 데에 주된 취지가 있다(대법원 2012. 10. 25. 선고 2012후2470 판결 참조).

이렇듯 상표권 소멸로 종전 상표권자 등의 독점적인 상표 사용권능이 사라진 후 1년의 공백을 두고자 한 입법 취지를 고려하면, 이 규정이 정하는 기간의 기산일은 상표권이 소멸함으로써 종전 상표권자 등이 더 이상 종전 상표를 독점적으로 사용할 수 없게 되는 날로 봄이 타당하다.

따라서 어떠한 상표권에 관하여 등록취소심결이 확정되고 그 후 추가로 등록무효심결도 확정된 경우 이미 등록취소심결 확정일부터 종전 상표권자 등이 더 이상 종전 상표를 독점적으로 사용할 수 없게 되는 이상, 구 상표법 제7조 제1항 제8호가 정하는 기간의 기산일인 '상표권이 소멸한 날'은 등록취소심결의 확정일로 보아야 한다.

(2) 원심은 그 판시 선등록상표 2, 3은 2009. 1. 29. 각 등록취소심결이 확정되었고, 2009. 8. 1. 각 등록무효심결이 확정되었으며, 이 사건 등록상표(상표등록번호 제926920호)는 위 등록취소심결 확정일부터 1년 이내인 2009. 6. 1. 출원된 사실을 인정한 후, 이 사건 등록상표의 출원 당시 선등록상표 2, 3은 상표권이 소멸한 날부터 1년이 경과하지 아니한 타인의 등록상표에 해당하므로 이 사건 등록상표 중 선등록상표 2, 3의 지정상품과 동일·유사한 원심 판시 [별지 2] 기재 지정상품 부분에 관하여는 구 상표법 제7조 제1항 제8호에 해당되어 무효라고 판단하였다.

앞서 본 법리와 기록에 의하여 살펴보면, 원심의 위와 같은 판단은 정당하다. 거기에

구 상표법 제7조 제1항 제8호에 관한 법리를 오해하는 등의 잘못이 없다.

2. 소송절차수계신청인의 소송절차수계신청을 본다.
기록에 의하면, 상고이유서 제출기간이 지난 후인 2016. 5. 3. 소송절차수계신청인이 원고로부터 이 사건 등록상표에 관한 권리를 전부 이전등록받은 사실을 알 수 있으나, 상고심의 소송절차가 이와 같은 단계에 이르러 변론 없이 판결을 선고할 때에는 양수인인 소송절차수계신청인으로 하여금 소송절차를 수계하도록 할 필요가 없다(대법원 2015. 10. 15. 선고 2013다3675 판결 참조). 따라서 소송절차수계신청은 받아들이지 않는다.

3. 그러므로 상고와 소송절차수계신청을 각 기각하고, 상고비용은 패소자가 부담하며, 소송절차수계신청으로 생긴 비용은 소송절차수계신청인이 부담하도록 하여, 관여 대법관의 일치된 의견으로 주문과 같이 판결한다.

대법관 박상옥(재판장) 김창석 조희대(주심)

6. 대법원 2017. 3. 9. 선고 2015후932 판결 【등록무효(상)】

[공2017상,662]

【판시사항】

[1] 상표 중에서 요부가 있는 경우, 요부를 가지고 상표의 유사 여부를 대비·판단하는 것이 필요한지 여부(적극) 및 상표의 구성 부분 중 식별력이 없거나 미약한 부분이 요부가 될 수 있는지 여부(소극)

[2] 결합상표 중 일부 구성 부분이 요부로 기능할 수 있는 식별력이 없거나 미약한지 판단하는 방법

[3] 선등록·사용상표 "MONSTERENERGY" 및 선사용상표 "MΦNSTER"의 권리자 및 사용자인 갑이 등록상표 "롯데 몬스터"는 선등록·사용상표 및 선사용상표를 모방하여 부정한 목적으로 출원·등록된 상표이므로 구 상표법 제7조 제1항 제7호, 제11호, 제12호에 해당한다며 등록무효심판을 청구한 사안에서, 등록상표와 선등록·사용상표 및 선사용상표에서 '몬스터'나 'MONSTER'가 독립하여 상품의 출처표시기능을 수행하는 요부에 해당한다고 볼 수 없고, 등록상표와 선등록·사용상표 및 선사용상표는 전체적으로 관찰하면 외관·호칭 및 관념에서 서로 차이가 있어 유사하지 않다고 본 원심판단을 정당하다고 한 사례

【판결요지】

[1] 둘 이상의 문자 또는 도형의 조합으로 이루어진 결합상표는 구성 부분 전체의 외관, 호칭, 관념을 기준으로 상표의 유사 여부를 판단하는 것이 원칙이나, 상표 중에서 일반 수요자에게 그 상표에 관한 인상을 심어주거나 기억·연상을 하게 함으로써 그 부분만으로 독립하여 상품의 출처표시기능을 수행하는 부분, 즉 요부가 있는 경우 적절한 전체관찰의 결론을 유도하기 위해서는 요부를 가지고 상표의 유사 여부를 대비·판단하는 것이 필요하다. 그리고 상표에서 요부는 다른 구성 부분과 상관없이 그 부분만으로 일반 수요자에게 두드러지게 인식되는 독자적인 식별력 때문에 다른 상표와 유사 여부를 판단할 때 대비의 대상이 되는 것이므로, 상표의 구성 부분 중 식별력이 없거나 미약한 부분은 요부가 된다고 할 수 없다.

[2] 결합상표 중 일부 구성 부분이 요부로 기능할 수 있는 식별력이 없거나 미약한지 여부를 판단할 때는 해당 구성 부분을 포함하는 상표가 그 지정상품과 동일·유사한 상품에 관하여 다수 등록되어 있거나 출원공고되어 있는 사정도 고려할 수 있으므로, 등록 또는 출원공고된 상표의 수나 출원인 또는 상표권자의 수, 해당 구성 부분의 본질적인 식별력의 정도 및 지정상품과의 관계, 공익상 특정인에게 독점시키는 것이 적당하지 않다고 보이는 사정의 유무 등을 종합적으로 고려하여 판단하여야 한다.

[3] 선등록·사용상표 "MONSTERENERGY" 및 선사용상표 "MONSTER"의 권리자 및 사용자인 갑이 등록상표 "롯데 몬스터"는 선등록·사용상표 및 선사용상표를 모방하여 부정한 목적으로 출원·등록된 상표이므로 구 상표법(2016. 2. 29. 법률 제14033호로 전부 개정되기 전의 것) 제7조 제1항 제7호, 제11호, 제12호에 해당한다며 등록무효심판을 청구한 사안에서, 등록상표와 선등록·사용상표 및 선사용상표는 모두 '몬스터' 또는 'MONSTER'라는 부분을 포함하고 있지만, 등록상표의 출원일 이전에 지정상품과 동일·유사한 상품에 관하여 '몬스터' 또는 'MONSTER'를 포함하는 다수의 상표들이 등록되어 있는 사정을 고려하면 식별력을 인정하기 곤란하거나 이를 공익상 특정인에게 독점시키는 것이 적당하지 않으므로 등록상표와 선등록·사용상표 및 선사용상표에서 '몬스터'나 'MONSTER'가 독립하여 상품의 출처표시기능을 수행하는 요부에 해당한다고 볼 수 없고, 등록상표와 선등록·사용상표 및 선사용상표는 전체적으로 관찰하면 외관·호칭 및 관념에서 서로 차이가 있어 유사하지 않다고 본 원심 판단을 정당하다고 한 사례.

【참조조문】

[1] 구 상표법(2016. 2. 29. 법률 제14033호로 전부 개정되기 전의 것) 제7조 제1항 제7호(현행 제34조 제1항 제7호 참조) [2] 구 상표법(2016. 2. 29. 법률 제14033호로 전부 개정되기 전의 것) 제7조 제1항 제7호(현행 제34조 제1항 제7호 참조) [3] 구 상표법(2016. 2. 29. 법률 제14033호로 전부 개정되기 전의 것) 제7조 제1항 제7호(현행 제34조 제1항 제7호 참조), 제11호(현행 제34조 제1항 제11호 참조), 제12호(현행 제34조 제1항 제12호 참조)

【참조판례】

[1] 대법원 2001. 12. 14. 선고 2001후1808 판결(공2002상, 321)
대법원 2006. 5. 25. 선고 2004후912 판결(공2006하, 1187)
대법원 2017. 2. 9. 선고 2015후1690 판결(공2017상, 591)

【전 문】

【원고, 상고인】 몬스터 에너지 컴퍼니 (소송대리인 변리사 이지연)

【피고, 피상고인】 롯데제과 주식회사 (소송대리인 한라특허법인(유한) 담당변리사 배지현)

【원심 판결】 특허법원 2015. 4. 30. 선고 2014허8670 판결

【주 문】

상고를 기각한다. 상고비용은 원고가 부담한다.

【이 유】

상고이유를 판단한다.

1. 둘 이상의 문자 또는 도형의 조합으로 이루어진 결합상표는 그 구성 부분 전체의 외관, 호칭, 관념을 기준으로 상표의 유사 여부를 판단하는 것이 원칙이나, 상표 중에서 일반 수요자에게 그 상표에 관한 인상을 심어주거나 기억·연상을 하게 함으로써 그 부분만으로 독립하여 상품의 출처표시기능을 수행하는 부분, 즉 요부가 있는 경우 적절한 전체 관찰의 결론을 유도하기 위해서는 그 요부를 가지고 상표의 유사 여부를 대비·판단하는 것이 필요하다(대법원 2017. 2. 9. 선고 2015후1690 판결 등 참조). 그리고 상표에서 요부는 다른 구성 부분과 상관없이 그 부분만으로 일반 수요자에게 두드러지게 인식되는 독자적인 식별력 때문에 다른 상표와 유사 여부를 판단할 때 대비의 대상이 되는 것이므로, 상표의 구성 부분 중 식별력이 없거나 미약한 부분은 요부가 된다고 할 수 없다(대법원 2001. 12. 14. 선고 2001후1808 판결, 대법원 2006. 5. 25. 선고 2004후912 판결 등 참조).

한편 결합상표 중 일부 구성 부분이 요부로 기능할 수 있는 식별력이 없거나 미약한지 여부를 판단할 때는 해당 구성 부분을 포함하는 상표가 그 지정상품과 동일·유사한 상품에 관하여 다수 등록되어 있거나 출원공고되어 있는 사정도 고려할 수 있으므로, 등록

또는 출원공고된 상표의 수나 출원인 또는 상표권자의 수, 해당 구성 부분의 본질적인 식별력의 정도 및 지정상품과의 관계, 공익상 특정인에게 독점시키는 것이 적당하지 않다고 보이는 사정의 유무 등을 종합적으로 고려하여 판단하여야 한다.

이 사건 등록상표
롯데 몬스터
선등록 · 사용상표
MONSTERENERGY
선사용상표
MONSTER ENERGY

2. 원심 판결 이유에 의하면, 원심은 '건과자, 롤리팝' 등을 지정상품으로 하고 오른쪽과 같이 구성된 이 사건 등록상표(상표등록번호 제1016332호)나 '사이다, 탄산수' 등을 지정상품으로 하고 오른쪽과 같이 구성된 원심 판시 선등록·사용상표 및 '탄산 소프트음료, 에너지 및 스포츠 음료' 등을 사용상품으로 하고 오른쪽과 같이 구성된 원심 판시 선사용상표는 모두 '몬스터' 또는 'MONSTER'라는 부분을 포함하고 있지만, 이 사건 등록상표의 출원일 이전에 그 지정상품과 동일·유사한 상품에 관하여 '몬스터' 또는 'MONSTER'를 포함하는 다수의 상표들이 등록되어 있는 사정을 고려하면 그 식별력을 인정하기 곤란하거나 이를 공익상 특정인에게 독점시키는 것이 적당하지 않으므로, 이 사건 등록상표와 선등록·사용상표 및 선사용상표에서 '몬스터'나 'MONSTER'가 독립하여 상품의 출처표시기능을 수행하는 요부에 해당한다고 볼 수 없고, 이 사건 등록상표와 선등록·사용상표 및 선사용상표는 전체적으로 관찰하면 그 외관·호칭 및 관념에서 서로 차이가 있어 유사하지 않다고 판단하였다.

앞서 본 법리와 기록에 비추어 살펴보면, 원심의 위와 같은 판단은 정당하고, 거기에 상고이유 주장과 같이 상표의 유사 여부 판단에 관한 법리를 오해하고 필요한 심리를 다하지 아니하는 등의 잘못이 없다.

3. 그러므로 상고를 기각하고 상고비용은 패소자가 부담하기로 하여, 관여 대법관의 일치된 의견으로 주문과 같이 판결한다.

대법관 김용덕(재판장) 김신 김소영(주심) 이기택

7. 대법원 2017. 1. 12. 선고 2014후1921 판결 【등록무효(상)】

[공2017상,405]

【판시사항】

[1] 구 상표법 제7조 제1항 제11호에서 정한 수요자를 기만할 염려가 있는 상표에 해당하기 위한 요건 및 판단 기준

[2] 탁구라켓, 스포츠용 가방 등에 사용되고 "Butterfly", "Butterfly", "Butterfly"와 같이 구성된 선사용상표들의 사용자 갑 외국회사가 지정상품을 서류가방, 비귀금속제 지갑 등으로 하고 ""와 같이 구성된 등록상표의 권리자 을을 상대로 등록상표가 선사용상표들과 출처의 오인·혼동을 불러 일으켜 수요자를 기만할 염려가 있으므로 구 상표법 제7조 제1항 제11호에 해당한다고 주장하면서 등록무효심판을 청구하였는데 특허심판원이 인용하는 심결을 한 사안에서, 등록상표가 수요자 기만 상표에 해당한다고 할 수 없다고 한 사례

【판결요지】

[1] 어떤 상표가 구 상표법(2016. 2. 29. 법률 제14033호로 전부 개정되기 전의 것) 제7조 제1항 제11호에서 규정하고 있는 수요자를 기만할 염려가 있는 상표에 해당하려면, 등록상표나 지정상품과 대비되는 선사용상표나 사용상품이 반드시 저명하여야 할 필요까지는 없지만, 국내 수요자에게 상표나 상품이라고 하면 곧 특정인의 상표나 상품이라고 인식될 수 있을 정도로는 알려져 있어야 한다. 이러한 경우 선사용상표와 동일·유사한 상표가 사용상품과 동일·유사한 상품에 사용되고 있거나, 또는 어떤 상표가 선사용상표와 동일·유사하고, 선사용상표의 구체적인 사용실태나 양 상표가 사용되는 상품 사이의 경제적인 견련의 정도 기타 일반적인 거래실정 등에 비추어, 상표가 선사용상표의 사용상품과 동일·유사한 상품에 사용된 경우에 못지않을 정도로 선사용상표의 권리자에 의하여 사용되고 있다고 오인될 만한 특별한 사정이 있어야만 수요자로 하여금 출처의 오인·혼동을 일으켜 수요자를 기만할 염려가 있다고 볼 수 있다.

[2] 탁구라켓, 스포츠용 가방 등에 사용되고 "Butterfly", "Butterfly", "Butterfly"와 같이 구성된 선사용상표들의 사용자 갑 외국회사가 지정상품을 서류가방, 비귀금속제 지갑 등으로 하고 ""와 같이 구성된 등록상표의 권리자 을을 상대로 등록상표가 선사용상표들과 출처의 오인·혼동을 불러 일으켜 수요자를 기만할 염려가 있으므로 구 상표법(2016. 2. 29. 법률 제14033호로 전부 개정되기 전의 것, 이하 같다) 제7조 제1항 제11호에 해당한다고 주장하면서 등록무효심판을 청구하였는데 특허심판원이 인용하는 심결을 한 사안에서, 선사용상표들의 주된 사용상품인 탁구용품은 등록상표의 지정상품인 가방류나 지갑류와 경제적 견련관계조차 미약하고, 스포츠용 가방

과 관련하여서는 선사용상표들이 국내 수요자에게 그다지 알려져 있었다고 보기 어려우며, 등록상표와 선사용상표들이 유사한 정도 또한 높다고 할 수 없는 사정에 비추어 보면, 등록상표가 지정상품인 가방류나 지갑류에 사용될 경우 탁구용품과 동일·유사한 상품에 사용된 경우에 못지않을 정도로 선사용상표들의 권리자에 의하여 사용되고 있다고 오인될 만한 특별한 사정이 있다고 하기는 어려우므로, 등록상표는 선사용상표들과의 관계에서 구 상표법 제7조 제1항 제11호의 수요자 기만 상표에 해당한다고 할 수 없는데도 이와 달리 본 원심판단에 위법이 있다고 한 사례.

【참조조문】

[1] 구 상표법(2016. 2. 29. 법률 제14033호로 전부 개정되기 전의 것) 제7조 제1항 제11호(현행 제34조 제1항 제12호 참조) [2] 구 상표법(2016. 2. 29. 법률 제14033호로 전부 개정되기 전의 것) 제7조 제1항 제11호(현행 제34조 제1항 제12호 참조)

【참조판례】

[1] 대법원 1997. 3. 14. 선고 96후412 판결(공1997상, 1111)
대법원 2010. 1. 28. 선고 2009후3268 판결(공2010상, 462)

【전 문】

【원고, 상고인】 원고(소송대리인 변리사 이정익)

【피고, 피상고인】 가부시키가이샤 다마스(소송대리인 특허법인 아주양헌 담당변리사 김혜인 외 1인)

【원심 판결】 특허법원 2014. 8. 28. 선고 2014허2535 판결

【주 문】

원심 판결을 파기하고, 사건을 특허법원에 환송한다.

【이 유】

상고이유(상고이유서 제출기간이 지난 후에 제출된 상고이유보충서 기재는 상고이유를 보충하는 범위 내에서)를 판단한다.

1. 원심은 다음과 같은 사정을 들어, 지정상품을 '서류가방, 핸드백, 비귀금속제 지갑, 명함지갑, 열쇠케이스, 기저귀가방, 패스포트케이스, 레인지가방, 보스턴백 및 머니벨트(의류)'로 하고 아래 표의 왼쪽과 같이 구성된 이 사건 등록상표(상표등록번호 생략)가 '탁구라켓, 탁구러버, 탁구공, 탁구라켓케이스, 탁구용 의류, 탁구용 신발, 스포츠용 가방' 등에 사용되고 아래 표의 오른쪽과 같이 구성된 이 사건 선사용상표들과의 관계에서 구 상표법(2016. 2. 29. 법률 제14033호로 전부 개정되기 전의 것, 이하 같다) 제7조 제1항 제11호의 수요자 기만 상표에 해당한다고 판단하였다.

이 사건 등록상표	이 사건 선사용상표들		
	1	2	3
MADAM BUTTERFLY WEATHER FRIENDLY LEATHER	Butterfly	Butterfly	Butterfly

가. 이 사건 선사용상표들은 이 사건 등록상표의 등록결정일인 1995. 10. 30. 무렵에 적어도 탁구용품과 관련해서는 국내 수요자에게 특정인의 상표로 인식될 정도로 알려져 있었다.

나. 이 사건 등록상표는 'BUTTERFLY' 부분만으로 약칭되거나 관념될 수 있어 이 사건 선사용상표들과 호칭·관념이 동일하므로 표장이 전체적으로 유사하다.

다. 이 사건 등록상표의 지정상품은 모두 이 사건 선사용상표들의 사용상품과 경제적으로 상당한 견련 관계가 있다.

라. 따라서 이 사건 등록상표가 그 지정상품인 가방류나 지갑류에 사용된다면 이 사건 선사용상표들의 주요 사용상품인 탁구용품과 유사한 상품에 사용된 경우에 못지않을 정도로 이 사건 선사용상표들의 상표권자에 의하여 사용되는 것이라고 오인될 소지가 있어 상품의 출처에 오인·혼동을 일으켜 수요자를 기만할 염려가 있다.

2. 그러나 원심의 이러한 판단은 다음과 같은 이유로 수긍하기 어렵다.

가. 어떤 상표가 구 상표법 제7조 제1항 제11호에서 규정하고 있는 수요자를 기만할 염려가 있는 상표에 해당하려면, 그 등록상표나 지정상품과 대비되는 선사용상표나 그 사용상품이 반드시 저명하여야 할 필요까지는 없지만, 국내 수요자에게 그 상표나 상품이라고 하면 곧 특정인의 상표나 상품이라고 인식될 수 있을 정도로는 알려져 있어야 한다. 이러한 경우 그 선사용상표와 동일·유사한 상표가 그 사용상품과 동일·유사한 상품에 사용되고 있거나, 또는 어떤 상표가 선사용상표와 동일·유사하고, 선사용상표의 구체적인 사용실태나 양 상표가 사용되는 상품 사이의 경제적인 견련의 정도 기타 일반적인 거래실정 등에 비추어, 그 상표가 선사용상표의 사용상품과 동일·유사한 상품에 사용된 경우에 못지않을 정도로 선사용상표의 권리자에 의하여 사용되고 있다고 오인될 만한 특별한 사정이 있어야만 수요자로 하여금 출처의 오인·혼동을 일으켜 수요자를 기만할 염려가 있다고 볼 수 있다(대법원 1997. 3. 14. 선고 96후412 판결, 대법원 2010. 1. 28. 선고 2009후3268 판결 등 참조).

나. 이러한 법리와 기록에 의하여 살펴본다.

(1) 이 사건 선사용상표들이 이 사건 등록상표의 등록결정일인 1995. 10. 30. 무렵에

탁구용품과 관련하여 국내 수요자에게 특정인의 상표로 인식될 정도로 알려져 있었다고 볼 수는 있으나, 탁구용품은 이 사건 등록상표의 지정상품인 가방류나 지갑류와 유사하다고 할 수 없을 뿐만 아니라 경제적 견련관계도 미약하다고 보인다.

(2) 한편 탁구용품 외에 스포츠용 가방(탁구라켓을 수납하기에 적합하도록 탁구라켓의 크기와 모양에 맞게 제작된 것이 아니라 일반적인 스포츠용 가방을 말한다)과 관련하여서는 기록상 이 사건 등록상표의 등록결정일 무렵까지 이 사건 선사용상표들이 부착된 스포츠용 가방이 일부 국내에 수입되었고, 이 사건 선사용상표들 가운데 일부 표장이 부착된 스포츠용 가방이 탁구 잡지 등을 통하여 여러 차례 협찬 상품으로 소개되었다는 사정 정도만을 알 수 있을 뿐이다.

(3) 나아가 이 사건 등록상표와 이 사건 선사용상표들은 아래에서 보는 바와 같이 외관상의 차이점이 현저하다.

(가) 이 사건 등록상표는 타원 안에 위치한 'MADAM BUTTERFLY', 'WEATHER FRINNDLY LEATHER'라는 영문자들이 나비 형상을 둘러싸고 있는 모습이어서 전체에서 도형 부분이 차지하는 비중이 문자 부분에 비하여 훨씬 큰 반면에, 이 사건 선사용상표들은 도형 부분인 외곽선 안에 'Butterfly'라는 영문자가 중앙에 크게 위치하고 있거나(선사용상표 1) 도형 부분이 'Butterfly'라는 문자 부분의 왼쪽에 상대적으로 작게 그려져 있어(선사용상표 3) 이 사건 선사용상표 1, 3에서는 문자 부분이 더 큰 비중으로 강조되어 있고, 이 사건 선사용상표 2는 아예 도형이 없이 영문자로만 이루어져 있다.

(나) 이 사건 등록상표의 도형 ''은 나비 형상을 매우 사실적이고도 장식적으로 표현한 것인 반면에, 이 사건 선사용상표 1, 3의 도형 '', ''은 나비 형상을 모티브로 하였다고 볼 수는 있으나 매우 단순하게 도안화되어 있다.

(4) 이렇듯 이 사건 선사용상표들의 주된 사용상품인 탁구용품은 이 사건 등록상표의 지정상품인 가방류나 지갑류와 경제적 견련관계조차 미약하고, 스포츠용 가방과 관련하여서는 이 사건 선사용상표들이 국내 수요자에게 그다지 알려져 있었다고 보기 어려우며, 이 사건 등록상표와 이 사건 선사용상표들이 유사한 정도 또한 높다고 할 수 없는 사정에 비추어 보면, 비록 이 사건 등록상표의 등록결정일 무렵 스포츠용품업체가 스포츠용구뿐만 아니라 스포츠용 가방 등을 함께 생산·판매하는 등 사업을 다각화하는 추세에 있었고, 이 사건 등록상표가 그 문자 부분 중 'Butterfly' 부분만으로 약칭되거나 관념될 가능성이 있는 점을 고려하더라도, 이 사

건 등록상표가 그 지정상품인 가방류나 지갑류에 사용될 경우 탁구용품과 동일·유사한 상품에 사용된 경우에 못지않을 정도로 이 사건 선사용상표들의 권리자에 의하여 사용되고 있다고 오인될 만한 특별한 사정이 있다고 하기는 어렵다.

(5) 따라서 이 사건 등록상표는 이 사건 선사용상표들과의 관계에서 구 상표법 제7조 제1항 제11호의 수요자 기만 상표에 해당한다고 할 수 없다.

다. 그런데도 원심은 이 사건 등록상표가 구 상표법 제7조 제1항 제11호에 해당하여 그 등록이 무효로 되어야 한다고 판단하였으니, 이러한 원심의 판단에는 수요자 기만 상표에 관한 법리를 오해하여 필요한 심리를 다하지 아니함으로써 판결에 영향을 미친 위법이 있고, 이를 지적하는 상고이유 주장은 이유 있다.

3. 그러므로 원심 판결을 파기하고, 사건을 다시 심리·판단하게 하기 위하여 원심법원에 환송하기로 하여, 관여 대법관의 일치된 의견으로 주문과 같이 판결한다.

대법관 박상옥(재판장) 이상훈 김창석(주심) 조희대

8. 대법원 2015. 1. 29. 선고 2012후3657 판결 【등록무효(상)】

[공2015상,351]

【판시사항】

[1] 구 상표법 제7조 제1항 제10호의 규정 목적과 선사용표장 권리자의 범위 / 경제적·조직적으로 밀접한 관계가 있는 계열사들로 이루어진 기업그룹이 분리된 경우 선사용표장의 권리자

[2] 구 상표법 제7조 제1항 제10호에 의하여 상표등록을 받을 수 없는지를 판단하는 기준시(=상표 등록출원 시)와 위 규정의 타인에 해당하는지를 판단하는 기준시(=상표 등록결정 시) 및 상품의 출처 등에 관한 일반 수요자의 오인·혼동이 있는지를 판단하는 기준

[3] 갑 주식회사 등이 '컴퓨터주변기기' 등을 지정상품으로 하고 "현 대"와 같이 구성된 등록상표의 등록권자 을 주식회사를 상대로 추가등록 지정상품이 선사용표장 '현대' 등과 관계에서 구 상표법 제7조 제1항 제10호 등에 해당한다는 이유로 등록무효심판을 청구하였으나 특허심판원이 기각한 사안에서, 을 회사는 일반 수요자들 사이에 선사용표장에 화체된 신용의 주체로 인식된다거나 선사용표장을 승계하였다고 볼 수 없어 선사용표장의 권리자가 될 수 없고, 위 지정상품 추가등록은 출처에 혼동을 일으키게 할 염려가 있으므로 등록무효가 되어야 한다고 한 사례

【판결요지】

[1] 구 상표법(2014. 6. 11. 법률 제12751호로 개정되기 전의 것) 제7조 제1항 제10호에서 수요

자 간에 현저하게 인식되어 있는 타인의 상품이나 영업과 혼동을 일으키게 할 염려가 있는 상표의 상표등록을 받을 수 없게 하는 것은 일반 수요자에게 저명한 상품이나 영업과 출처에 오인·혼동이 일어나는 것을 방지하려는 데 목적이 있으므로, 위 규정에 따라 상표등록을 받을 수 없는 상표와 대비되는 저명한 상표 또는 서비스표(이하 '선사용표장'이라고 한다)의 권리자는 상표등록 출원인 이외의 타인이어야 한다. 여기서 선사용표장의 권리자는 개인이나 개별 기업뿐만 아니라 그들의 집합체인 사회적 실체도 될 수 있다. 그리고 경제적·조직적으로 밀접한 관계가 있는 계열사들로 이루어진 기업그룹이 분리된 경우에는, 기업그룹의 선사용표장을 채택하여 등록·사용하는 데 중심적인 역할을 담당함으로써 일반 수요자들 사이에 선사용표장에 화체된 신용의 주체로 인식됨과 아울러 선사용표장을 승계하였다고 인정되는 계열사들을 선사용표장의 권리자로 보아야 한다.

[2] 구 상표법(2014. 6. 11. 법률 제12751호로 개정되기 전의 것) 제7조 제1항 제10호에 의하여 상표등록을 받을 수 없는지 여부를 판단하는 기준시는 상표의 등록출원 시이고, 위 규정의 타인에 해당하는지 여부는 등록 결정 시를 기준으로 판단하여야 한다.
나아가 상품의 출처 등에 관한 일반 수요자의 오인·혼동이 있는지 여부는 타인의 상표등록을 받을 수 없는 상표와 대비되는 저명한 상표 또는 서비스표(이하 '선사용표장'이라고 한다)의 저명 정도, 등록상표와 타인의 선사용표장의 각 구성, 상품 혹은 영업의 유사성 또는 밀접성 정도, 선사용표장 권리자의 사업다각화 정도, 이들 수요자층의 중복 정도 등을 비교·종합하여 판단하여야 한다.

[3] 갑 주식회사 등이 '컴퓨터주변기기' 등을 지정상품으로 하고 "현 대"와 같이 구성된 등록상표의 등록권자 을 주식회사를 상대로 등록상표의 지정상품 중 제1, 2차 추가등록 지정상품(가이거계산기, 감열식 프린터 등)이 선사용표장 '현대' 등과 관계에서 구 상표법(2014. 6. 11. 법률 제12751호로 개정되기 전의 것, 이하 '구 상표법'이라 한다) 제7조 제1항 제10호 등에 해당한다는 이유로 등록무효심판을 청구하였으나 특허심판원이 기각한 사안에서, 지정상품 추가등록 출원 당시 갑 회사 등이 자신들의 계열사와 함께 형성한 개별그룹들은 상표등록을 받을 수 없는 상표와 대비되는 저명한 상표 또는 서비스표(이하 '선사용표장'이라고 한다)의 채택과 등록 및 사용에 중심적인 역할을 담당함으로써 일반 수요자들 사이에 선사용표장에 화체된 신용의 주체로 인식됨과 아울러 선사용표장을 승계하였다고 인정되므로 선사용표장의 권리자라고 할 것이나, 을 회사는 일반 수요자들 사이에 선사용표장에 화체된 신용의 주체로 인식된다거나 선사용표장을 승계하였다고 인정된다고 볼 수 없어 선사용표장의 권리자가 될 수 없고, 위 지정상품 추가등록은 일반 수요자로 하여금 추가 지정상품의 출처에 혼동을 일으

키게 할 염려가 있으므로, 등록이 무효로 되어야 한다고 본 원심판단이 정당하다고 한 사례.

【참조조문】

[1] 구 상표법(2014. 6. 11. 법률 제12751호로 개정되기 전의 것) 제7조 제1항 제10호 [2] 구 상표법(2014. 6. 11. 법률 제12751호로 개정되기 전의 것) 제7조 제1항 제10호, 제2항 [3] 구 상표법(2014. 6. 11. 법률 제12751호로 개정되기 전의 것) 제7조 제1항 제10호, 제2항

【참조판례】

[1] 대법원 1995. 10. 12. 선고 95후576 판결(공1995하, 3786)

[2] 대법원 2010. 5. 27. 선고 2008후2510 판결(공2010하, 1293)

【전 문】

【원고, 피상고인】 현대중공업 주식회사 외 1인 (소송대리인 법무법인 세종 담당변호사 문용호 외 1인)

【피고, 상고인】 현대아이비티 주식회사 (소송대리인 변리사 김중효 외 1인)

【원심 판결】 특허법원 2012. 10. 25. 선고 2011허10597 판결

【주 문】

상고를 모두 기각한다. 상고비용은 피고가 부담한다.

【이 유】

상고이유(상고이유서 제출기간이 지난 후에 제출된 상고이유보충서 등의 기재는 상고이유를 보충하는 범위 내에서)를 판단한다.

1. 구 상표법(2014. 6. 11. 법률 제12751호로 개정되기 전의 것, 이하 같다) 제7조 제1항 제10호에서 수요자 간에 현저하게 인식되어 있는 타인의 상품이나 영업과 혼동을 일으키게 할 염려가 있는 상표의 상표등록을 받을 수 없게 하는 것은 일반 수요자에게 저명한 상품이나 영업과 출처에 오인·혼동이 일어나는 것을 방지하려는데 그 목적이 있으므로(대법원 1995. 10. 12. 선고 95후576 판결 참조), 위 규정에 따라 상표등록을 받을 수 없는 상표와 대비되는 저명한 상표 또는 서비스표(이하 '선사용표장'이라고 한다)의 권리자는 상표등록출원인 이외의 타인이어야 한다. 여기서 선사용표장의 권리자는 개인이나 개별 기업뿐만 아니라 그들의 집합체인 사회적 실체도 될 수 있다. 그리고 경제적·조직적으로 밀접한 관계가 있는 계열사들로 이루어진 기업그룹이 분리된 경우에는, 그 기업그룹의 선사용표장을 채택하여 등록·사용하는데 중심적인 역할을 담당함으로써 일반 수요자들 사이에 그 선사용표장에 화체된 신용의 주체로 인식됨과 아울러 그 선사용표장을 승계하였다고 인정되는 계열사들을 선사용표장의 권리자로 보아야 한다.

한편, 구 상표법 제7조 제1항 제10호에 의하여 상표등록을 받을 수 없는지 여부를 판단하는 기준시는 그 상표의 등록출원시이고, 위 규정의 타인에 해당하는지 여부는 등록 결정시를 기준으로 판단하여야 한다(구 상표법 제7조 제2항 참조).

나아가 상품의 출처 등에 관한 일반 수요자의 오인·혼동이 있는지 여부는 타인의 선사용표장의 저명 정도, 등록상표와 타인의 선사용표장의 각 구성, 상품 혹은 영업의 유사성 또는 밀접성 정도, 선사용표장 권리자의 사업다각화 정도, 이들 수요자 층의 중복 정도 등을 비교·종합하여 판단하여야 한다(대법원 2010. 5. 27. 선고 2008후2510 판결 참조).

2. 위 법리와 기록에 따라 살펴본다

(1) 원심 판시 선사용표장 '현대'는 1998년부터 2002년까지 대규모로 계열분리가 이루어지기 이전에는 국내의 대표적인 기업그룹이었던 구(구) 현대그룹 및 그 계열사들이 상표 또는 서비스표 등으로 사용해 온 저명한 표장이었다.

그런데 구 현대그룹의 대규모 계열분리 이후 '컴퓨터주변기기, 워드프로세서, 전자계산기' 등을 지정상품으로 하고 '현 대'와 같이 구성된 이 사건 등록상표(등록번호 생략)의 권리자인 피고가 위 등록상표에 대하여 원심 판시 제1차 지정상품 추가등록을 출원한 2003. 10. 14.(추가 지정상품 : 가이거계산기, 광디스크, 광학식 문자판독장치 등) 및 제2차 지정상품 추가등록을 출원한 2008. 9. 5.(추가 지정상품 : 감열식 프린터, 개인용 컴퓨터, 광스캐너 등) 당시에는 이미 구 현대그룹의 주요 계열사이던 원고 현대중공업 주식회사, 현대자동차 주식회사, 주식회사 현대백화점, 현대산업개발 주식회사 등이 자신들의 계열사와 함께 현대중공업그룹, 현대자동차그룹, 현대백화점그룹, 현대산업개발그룹 등의 개별그룹들을 형성하고 있었고, 그 이후 이들 개별그룹들은 이른바 '범 현대그룹'을 이루고 있다. 이들 개별그룹들은 그 자산규모가 상당한 정도에 이르러 국내 기업순위에서 상당히 상위권에 들고, 해당 각 사업분야를 장기간 선도해 온 대기업들을 중심으로 다수의 계열사를 보유하면서 각자의 상표 및 서비스표 등으로 선사용표장을 계속 사용해 오고 있다.

반면, 피고는 2000. 5.경 상호를 '현대이미지퀘스트 주식회사'로 하여 구 현대그룹의 계열사이던 현대전자산업 주식회사의 자회사로 설립되었는데, 2001. 3.경 '이미지퀘스트 주식회사'로 상호를 변경하였고, 상호를 '주식회사 하이닉스 반도체'로 변경한 현대전자산업 주식회사와 함께 2001. 7.경 구 현대그룹으로부터 계열분리되었다. 피고는 이 사건 제1, 2차 지정상품 추가등록결정일 당시 범 현대그룹을 이루는 개별그룹들과는 경제적·조직적으로 아무런 관계도 맺고 있지 않다.

위와 같은 사정들에 비추어 보면, 범 현대그룹을 이루는 개별그룹들은 구 현대그룹의 주요 계열사들을 중심으로 형성된 기업그룹으로서 선사용표장의 채택과 등록 및 사용에 중심적인 역할을 담당함으로써 일반 수요자들 사이에 그 선사용표장에 화체된 신용의 주체로 인식됨과 아울러 그 선사용표장을 승계하였다고 인정되므로, 이들 개별그룹들은 선사용표장의 권리자라고 할 것이다. 반면, 이 사건 제1, 2차 지정상품 추가등록결정일 당시 구 현대그룹은 계열분리되어 사회적 실체가 없게 되었고, 구 현대그룹의 계열사이던 피고는 선사용표장의 채택과 등록 및 사용에 중심적인 역할을 담당하지 못하였을 뿐만 아니라 '현대'라는 명칭이 포함되지 않은 상호로 변경한 적도 있는 점을 고려할 때, 일반 수요자들 사이에 피고가 그 선사용표장에 화체된 신용의 주체로 인식된다거나 그 선사용표장을 승계하였다고 인정된다고 볼 수 없으므로, 피고는 이 사건 선사용표장의 권리자가 될 수 없다.

(2) 나아가, 선사용표장은 이 사건 제1, 2차 지정상품 추가등록출원일 당시 우리나라의 대표적인 기업그룹들을 나타내는 저명한 상표 또는 서비스표로서 이 사건 등록상표 '현 대'와 그 외관, 호칭, 관념이 동일하거나 유사하고, 범 현대그룹을 이루는 개별그룹들은 수많은 계열사를 거느리고 그 사업영역이 자동차, 건설, 조선, 백화점 등 다양한 분야에 걸쳐 다각화되어 있으며, 실제로 일부 계열사가 이 사건 제1, 2차 추가등록 지정상품들과 밀접한 경제적 견련성을 가지고 있는 IT 관련 사업을 운영하고 있는 점 등에 비추어 보면, 이 사건 제1, 2차 지정상품 추가등록은 일반 수요자로 하여금 그 추가 지정상품이 범 현대그룹을 이루는 개별그룹들이나 그와 특수한 관계에 있는 자에 의하여 생산 또는 판매되는 것으로 그 출처에 혼동을 일으키게 할 염려가 있다.

(3) 따라서 이 사건 제1, 2차 지정상품 추가등록은 구 상표법 제7조 제1항 제10호에 해당하여 그 등록이 무효로 되어야 하므로, 같은 취지의 원심판단은 정당하고, 거기에 논리와 경험의 법칙을 위반하여 자유심증주의의 한계를 벗어난 위법이나 구 상표법 제7조 제1항 제10호에 관한 법리오해, 이유모순 등의 위법이 없다.

3. 그러므로 상고를 모두 기각하고 상고비용은 패소자가 부담하도록 하여, 관여 대법관의 일치된 의견으로 주문과 같이 판결한다.

대법관 이상훈(재판장) 신영철 김창석 조희대(주심)

9. 대법원 2010. 12. 9. 선고 2009후4186 판결 【등록무효(상)】

[미간행]

【판시사항】

[1] 상표의 유사 여부의 판단 기준 및 대비되는 상표 사이에 유사한 부분이 있다고 하더

라도 그 부분만으로 분리인식될 가능성이 희박하거나 전체적으로 관찰할 때 명확히 출처의 혼동을 피할 수 있는 경우 유사상표라고 할 수 있는지 여부(소극)

[2] 등록상표인 "좋은엄마되기프로젝트"와 선등록상표인 "PROJECT"는 동일 또는 유사한 상품에 사용한다고 하더라도 일반 수요자나 거래자로 하여금 상품출처에 관하여 오인·혼동을 일으키게 할 염려가 없으므로, 이들 상표는 서로 유사하지 않다고 한 사례

【참조조문】

[1] 상표법 제7조 제1항 제7호 [2] 상표법 제7조 제1항 제7호

【참조판례】

[1] 대법원 2006. 8. 25. 선고 2005후2908 판결(공2006하, 1637)

대법원 2008. 9. 11. 선고 2008후1739 판결

【전 문】

【원고, 피상고인】 주식회사 오리온(소송대리인 변리사 이병균 외 2인)

【피고, 상고인】 롯데제과 주식회사(소송대리인 변리사 이숙열 외 2인)

【원심 판결】 특허법원 2009. 10. 28. 선고 2009허5257 판결

【주 문】

상고를 기각한다. 상고비용은 피고가 부담한다.

【이 유】

상고이유를 판단한다.

1. 상표의 유사 여부는 그 외관, 호칭 및 관념을 객관적, 전체적, 이격적으로 관찰하여 그 지정상품의 거래에서 일반 수요자나 거래자가 상표에 대하여 느끼는 직관적 인식을 기준으로 하여 그 상품의 출처에 관하여 오인·혼동을 일으키게 할 우려가 있는지 여부에 따라 판단하여야 하므로, 대비되는 상표 사이에 유사한 부분이 있다고 하더라도 그 부분만으로 분리인식될 가능성이 희박하거나 전체적으로 관찰할 때 출처의 혼동을 명확히 피할 수 있는 경우에는 유사상표라고 할 수 없다(대법원 2006. 8. 25. 선고 2005후2908 판결, 대법원 2008. 9. 11. 선고 2008후1739 판결 등 참조).

2. 위 법리와 기록에 비추어 "과자, 캔디, 비스킷, 비의료용 추잉껌, 아이스크림, 초콜릿" 등 187종의 상품을 지정상품으로 하고 "좋은엄마되기프로젝트"로 구성된 이 사건 등록상표(등록번호 제743057호)와 "비의료용 추잉껌, 식용캔디, 비스킷, 초콜릿, 아이스크림" 등을 지정상품으로 하고 "PROJECT"로 구성된 선등록상표(등록번호 제

322355호)가 유사한지 여부를 살펴본다.

이 사건 등록상표는 '좋은엄마되기프로젝트'라는 한글 10글자로 구성되어 있음에 비하여 선등록상표는 'PROJECT'라는 영문 7글자로 구성되어 있으므로 그 외관이 현저하게 다르다. 나아가 이 사건 등록상표는 '프로젝트'라는 외래어와 그 앞의 '좋은엄마되기'란 어구가 결합하여 이루어진 것이기는 하나, 우리나라의 언어관습과 영어교육수준을 고려할 때 '프로젝트'라는 단어는 일반 수요자나 거래자에게 통상 그 앞에 나오는 단어나 어구와 결합하여 'ㅇ계획', 'ㅇ과제'라는 일체화되고 한정적인 의미가 있는 하나의 단어로 인식될 것이고, 지정상품과의 관계에서 '프로젝트' 부분이 '좋은엄마되기' 부분에 비하여 특별히 식별력이 강한 것도 아니므로, 그 뒷 부분에 있는 '프로젝트'만에 의하여 호칭·관념된다기보다는 '좋은엄마되기프로젝트'와 같이 전체적으로 호칭·관념된다고 봄이 자연스럽다. 그런데 선등록상표는 '프로젝트'라고 호칭되므로 이 사건 등록상표는 선등록상표와 그 호칭이 다르고, 관념에서도 이 사건 등록상표는 '좋은 엄마가 되도록 하는 계획', '좋은 엄마가 되기 위한 과제' 등과 같이 구체화된 계획 또는 과제로 관념되나 선등록상표는 구체화되지 않은 일반적이고 포괄적인 의미의 '계획', '과제' 등으로 관념되므로 서로 다르다. 따라서 이 사건 등록상표와 선등록상표를 동일 또는 유사한 상품에 사용한다고 하더라도 일반 수요자나 거래자로 하여금 상품출처에 관하여 오인·혼동을 일으키게 할 염려가 없으므로, 이들 상표는 서로 유사하지 않다.

같은 취지의 원심판단은 정당한 것으로 수긍이 가고, 거기에 상고이유로 주장하는 바와 같은 상표 유사 여부 판단에 관한 법리오해 등의 잘못이 없다.

3. 그러므로 상고를 기각하고, 상고비용은 패소자가 부담하도록 하여, 관여 대법관의 일치된 의견으로 주문과 같이 판결한다.

대법관 이홍훈(재판장) 김능환 민일영(주심) 이인복

10. 대법원 2004. 2. 26. 선고 2001후2689 판결【등록무효(상)】

[공2004.4.1.(199),567]

【판시사항】

별도의 원인으로 등록상표 자체가 소멸하고 이에 따라 구 상표법 제73조 제1항 제3호 사유를 원인으로 상표등록취소심결의 효력을 다툴 이익이 없어져 소가 각하됨으로써 상표등록취소심결이 형식적으로 확정된 데 불과한 경우, 그와 같은 심결 확정을 근거로 같은 법 제7조 제5항이 적용될 수 있는지 여부(소극)

【판결요지】

구 상표법(1998. 7. 22. 법률 제5355호로 개정되기 전의 것) 제73조 제1항 제3호 사유를 원인으로 한 상표등록취소심결이 확정된 경우 3년간 그와 동일·유사한 상표의 등록을 금지하고 있는 같은 법 제7조 제5항은 같은 법 제73조 제1항 제3호 사유에 의한 상표등록취소심결의 확정에 따라 그 상표권이 소멸하는 경우에만 적용되는 것이고, 별도의 원인으로 등록취소를 구하는 등록상표 자체가 소멸하고 이에 따라 위 제73조 제1항 제3호 사유를 원인으로 상표등록취소심결의 효력을 다툴 이익이 없어져 소가 각하됨으로써 상표등록취소심결이 형식적으로 확정된 데 불과한 경우에는 그와 같은 심결 확정을 근거로 같은 법 제7조 제5항이 적용될 수 없다고 보아야 한다.

【참조조문】

구 상표법(1998. 7. 22. 법률 제5355호로 개정되기 전의 것) 제7조 제5항 , 제73조 제1항 제3호

【참조판례】

대법원 2000. 11. 10. 선고 98후2696 판결

【전 문】

【원고,피상고인】 주식회사 슈페리어 (소송대리인 변리사 안진석)

【피고,상고인】 장병도 (소송대리인 변리사 박용환)

【원심 판결】 특허법원 2001. 7. 26. 선고 2001허201 판결

【주 문】

원심 판결을 파기하고, 원고의 청구를 기각한다. 소송총비용은 원고의 부담으로 한다.

【이 유】

1. 원심은 다음과 같이 판단하였다.

즉, 구 상표법(1998. 7. 22. 법률 제5355호로 개정되기 전의 것, 이하 같다) 제73조 제1항 제1호 사유에 해당함을 이유로 피고의 등록번호 제286446호 상표(이하 '제286446호 상표'라고만 한다)의 등록을 취소한 심결(특허심판원 97당157호) 및 같은 항 제3호 사유에 해당함을 이유로 제286446호 상표의 등록을 취소하는 심결(특허심판원 97당257호)은 그 각 심결등본이 같은 날인 1998. 7. 6. 피고의 적법한 대리인에게 송달되었는데, 그 후 97당157호 심결에 대한 취소소송은 당사자 쌍방의 2회 불출석으로 인한 취하간주로 종료되었고, 97당257호 심결에 대한 취소소송은 2000. 11. 10. 대법원이 소각하 판결을 선고함으로써 종료되었으므로, 97당157호 심결과 97당257호 심결은 각각 심결 등본의 송달일(1998. 7. 6.)로부터 30일이 경과한 1998. 8. 6.로 소급하여 동시에 확정되었다고 할 것이다. 따라서 제286446호 상표는 구 상표법 제73조 제1항 제1호 및 제3호 사유에 의하여 소멸한 것이고, 이 사건 등록상표(등록번호 제467875호)는 제286446호 상표와 유사한 상표로서 그 상표의 지정상품과 동일·유사한 상품을 지정상품으로 하여 제286446호 상표의 등록취소심결

확정일(1998. 8. 6.)부터 3년이 경과하기 전인 1998. 11. 2. 출원되어 2000. 4. 10. 등록된 것이므로 이 사건 등록상표에는 상표법 제7조 제5항의 등록무효사유가 있다는 것이다.

2. 이 법원의 판단

그러나 원심의 판단은 다음의 이유로 수긍하기 어렵다.

구 상표법 제73조 제1항 제3호 사유를 원인으로 한 상표등록취소심결이 확정된 경우 3년간 그와 동일·유사한 상표의 등록을 금지하고 있는 구 상표법 제7조 제5항은 구 상표법 제73조 제1항 제3호 사유에 의한 상표등록취소심결의 확정에 따라 그 상표권이 소멸하는 경우에만 적용되는 것이고, 별도의 원인으로 등록취소를 구하는 등록상표 자체가 소멸하고 이에 따라 위 제73조 제1항 제3호 사유를 원인으로 상표등록취소심결의 효력을 다툴 이익이 없어져 소가 각하됨으로써 상표등록취소심결이 형식적으로 확정된 데 불과한 경우에는 그와 같은 심결 확정을 근거로 상표법 제7조 제5항이 적용될 수 없다고 보아야 한다 .

기록에 의하면, 대법원 2001. 11. 10. 선고 98후2696 판결이 97당257호 심결의 취소를 구하는 소를 각하함에 따라 97당257호 심결이 97당157호 심결과 같은 날 확정되었음은 원심이 판시한 바와 같지만, 위 98후2696 판결은, 상표법 제73조 제1항 제1호 사유를 원인으로 하는 상표등록취소심결인 97당157호 심결이 확정됨으로써 제286446호 상표가 소멸함에 따라 피고가 더 이상 97당257호 심결의 효력을 다툴 이익이 없어졌고, 달리 이 사건 소송의 대상인 심결이 외형상 잔존함으로 인하여 피고의 어떠한 법률상의 이익이 침해되었다고 볼 만한 사정이 없다는 이유로 97당257호 심결의 취소를 구하는 소를 각하하였을 뿐, 제286446호 상표에 구 상표법 제73조 제1항 제3호의 등록취소사유가 있는지 여부에 대하여는 심리·판단한 바 없으므로, 위 97당257호 심결은 제286446호 상표에 구 상표법 제73조 제1항 제3호의 등록취소사유가 있음을 확정하는 심결에 해당하지 아니하는 것이어서, 97당257호 심결의 확정일이 97당157호 심결의 확정일과 같다고 하더라도, 제286446호 상표는 97당157호 심결의 확정에 의하여 등록이 취소된 것으로 보아야 하지, 97당257호 심결에 의하여 그 등록이 취소된 것이라고 볼 수는 없다.

그럼에도 불구하고, 원심이 소각하 판결로 심결이 확정되는 경우에 그 소각하 판결의 이유에 관계없이, 그 확정된 심결이 그 심결의 내용 그대로의 효력을 갖는다는 이유로, 제286446호 상표가 상표법 위 97당257호 심결에 의하여 취소된 것으로 볼 수 있다면서, 이 사건 등록상표에 상표법 제7조 제5항이 적용된다고 판단한 것은 소각하로 확정되는 심결의 효력에 관한 법리를 오해한 위법이 있고 이를 지적하는 상고이유의 주장은 이유 있다.

3. 그러므로 나머지 상고이유에 대하여는 살필 것도 없이 원심 판결을 파기하고, 이 사건에

대하여는 자판하기에 충분하므로 대법원이 자판하기로 하는바, 이 사건 등록상표에 구 상표법 제7조 제5항의 등록무효사유가 없다고 판단한 특허심판원 2000. 11. 30.자 2000당1021호 심결은 정당하고 그 취소를 구하는 원고의 청구는 이유 없으므로 이를 기각하기로 하여, 관여 대법관의 일치된 의견으로 주문과 같이 판결한다.

대법관 이용우(재판장) 조무제 이규홍 박재윤(주심)

11. 대법원 2010. 7. 15. 선고 2010후807 판결【등록무효(상)】

[공2010하,1597]

【판시사항】

[1] 구 상표법 제7조 제1항 제12호에서 정한 '부정한 목적을 가지고 사용하는 상표'에 해당하기 위한 요건 및 그 판단 시기(=등록상표 출원시)

[2] 등록상표 "BUTTERFLY 버터플라이"의 출원인이, 선사용상표들인 "Butterfly TAMASU TOKYO" 및 "Butterfly"를 모방하여 부정한 목적을 가지고 사용하기 위하여 위 등록상표를 출원하였다고 한 사례

【판결요지】

[1] 구 상표법(2007. 1. 3. 법률 제8190호로 개정되기 전의 것) 제7조 제1항 제12호는 국내 또는 외국의 수요자 간에 특정인의 상표라고 현저하게 인식되어 있는 이른바 주지상표가 국내에서 등록되어 있지 않음을 기화로 제3자가 이를 모방한 상표를 등록하여 사용함으로써 주지상표에 화체된 영업상의 신용이나 고객흡인력 등의 무형의 가치에 손상을 입히거나 주지상표권자의 국내에서의 영업을 방해하는 등의 방법으로 주지상표권자에게 손해를 가하거나 이러한 모방상표를 이용하여 부당한 이익을 얻을 목적으로 사용하는 상표는 그 등록을 허용하지 않는다는 취지이다. 따라서 위 규정에 해당하기 위하여는 상표 출원인이 특정인의 주지상표와 동일 또는 유사한 상표를 부정한 목적을 가지고 사용하여야 하는바, 특정인의 상표가 주지상표에 해당하는지 여부는 그 상표의 사용기간, 방법, 태양 및 이용범위 등과 거래실정 또는 사회통념상 객관적으로 널리 알려졌느냐의 여부 등이 기준이 되며, 부정한 목적이 있는지 여부는 특정인의 상표의 주지·저명 또는 창작성의 정도, 특정인의 상표와 출원인의 상표의 동일·유사성의 정도, 출원인과 특정인 사이의 상표를 둘러싼 교섭의 유무와 그 내용, 기타 양 당사자의 관계, 출원인이 등록상표를 이용한 사업을 구체적으로 준비하였는지 여부, 상품의 동일·유사성 내지는 경제적 견련관계 유무, 거래 실정 등을 종합적으로

고려하여야 하며, 위 규정에 해당하는지 여부는 등록상표의 출원 당시를 기준으로 판단하여야 한다.

[2] 등록상표인 "BUTTERFLY 버터플라이"와 선사용상표들인 "Butterfly TAMASU TOKYO" 및 "Butterfly"의 유사 정도, 위 선사용상표들의 주지 정도, 등록상표의 지정상품들과 선사용상표들의 사용상품들 사이의 경제적 견련관계, 상표분쟁의 경과 등을 종합적으로 고려하여 보면, 위 등록상표의 출원인은 선사용상표들을 모방하여 선사용상표들에 축적된 양질의 이미지나 선사용상표들이 갖는 고객흡인력에 편승하여 부당한 이익을 얻으려 하거나 선사용상표들의 사용자에게 손해를 가하려고 하는 등 부정한 목적을 가지고 사용하기 위하여 위 등록상표를 출원하였다고 한 사례.

【참조조문】

[1] 구 상표법(2007. 1. 3. 법률 제8190호로 개정되기 전의 것) 제7조 제1항 제12호 [2] 구 상표법(2007. 1. 3. 법률 제8190호로 개정되기 전의 것) 제7조 제1항 제12호

【참조판례】

[1] 대법원 2005. 4. 14. 선고 2004후3379 판결

【전 문】

【원고, 피상고인】 원고(소송대리인 변리사 김중효외 2인)

【피고, 상고인】 가부시키가이샤 다마스(소송대리인 특허법인 아주양헌 담당변리사 정은섭외 2인)

【원심 판결】 특허법원 2010. 1. 27. 선고 2009허3602 판결

【주 문】

원심 판결 중 피고 패소 부분을 파기하고, 이 부분 사건을 특허법원에 환송한다.

【이 유】

상고이유를 판단한다.

1. 구 상표법(2007. 1. 3. 법률 제8190호로 개정되기 전의 것, 이하 같다) 제7조 제1항 제12호는 국내 또는 외국의 수요자 간에 특정인의 상표라고 현저하게 인식되어 있는 이른바 주지상표가 국내에서 등록되어 있지 않음을 기화로 제3자가 이를 모방한 상표를 등록하여 사용함으로써 주지상표에 화체된 영업상의 신용이나 고객흡인력 등의 무형의 가치에 손상을 입히거나 주지상표권자의 국내에서의 영업을 방해하는 등의 방법으로 주지상표권자에게 손해를 가하거나 이러한 모방상표를 이용하여 부당한 이익을 얻을 목적으로 사용하는 상표는 그 등록을 허용하지 않는다는 취지이다. 따라서 위 규정에 해당하기 위하여는 상표 출원인이 특정인의 주지상표와 동일 또는 유사한 상표를 부정한 목적을

가지고 사용하여야 하는바, 특정인의 상표가 주지상표에 해당하는지 여부는 그 상표의 사용기간, 방법, 태양 및 이용범위 등과 거래실정 또는 사회통념상 객관적으로 널리 알려졌느냐의 여부 등이 기준이 되며, 부정한 목적이 있는지 여부는 특정인의 상표의 주지·저명 또는 창작성의 정도, 특정인의 상표와 출원인의 상표의 동일·유사성의 정도, 출원인과 특정인 사이의 상표를 둘러싼 교섭의 유무와 그 내용, 기타 양 당사자의 관계, 출원인이 등록상표를 이용한 사업을 구체적으로 준비하였는지 여부, 상품의 동일·유사성 내지는 경제적 견련관계 유무, 거래 실정 등을 종합적으로 고려하여야 하며, 위 규정에 해당하는지 여부는 등록상표의 출원 당시를 기준으로 판단하여야 한다(대법원 2005. 4. 14. 선고 2004후3379 판결 등 참조).

2. 원심은 채용 증거를 종합하여 그 판시와 같은 사실을 인정한 다음, 피고의 상표 “Butterfly TAMASU TOKYO” 및 “Butterfly”(이하 ‘선사용상표들’이라 한다)는 이 사건 등록상표(등록번호 691722호) “BUTTERFLY 버터플라이”의 출원일인 2005. 8. 4. 무렵 일본의 일반 수요자나 거래자들 사이에서 적어도 탁구용품에 관하여는 특정인의 상표라고 현저하게 인식되었다고 할 것이고, 이들 상표는 전체적으로 유사한 상표에 해당하지만, 이 사건 등록상표의 지정상품들 중 “골프화, 농구화, 등산화, 럭비화, 복싱화, 야구화, 운동화, 육상경기용화, 체조화, 축구화, 하키화, 핸드볼화, 승마바지, 승마화, 수영모자, 수영복, 수영팬츠, 스포츠셔츠, 운동용 유니폼, 트랙슈트, 각반, 운동용 스타킹”을 제외한 나머지 “단화, 부츠, 샌달, 스키화, 반바지, 잠바, T셔츠, 양말, 모자” 등 179종의 지정상품들(이하 ‘이 사건 지정상품들’이라 한다)의 경우에는 원고가 부정한 목적을 가지고 사용하기 위하여 출원하였다고 볼 수 없으므로, 구 상표법 제7조 제1항 제12호에 해당하지 않는다는 취지로 판단하였다.

3. 이와 같은 원심의 판단을 앞서 본 법리와 기록에 비추어 살펴본다.
원심이 적법하게 인정한 사실들에 의하면, 1950. 12. 일본에서 설립된 피고의 선사용상표들은 이 사건 등록상표의 출원일인 2005. 8. 4. 당시 일본에서 ‘탁구라켓, 탁구러버 등의 탁구용품’ 이외에도 ‘탁구화, 탁구복, 양말 등의 탁구 관련 액세서리 제품’에 관하여 수요자 간에 피고의 상표라고 현저하게 인식되어 있는 주지상표임을 인정할 수 있다. 그리고 이 사건 등록상표와 선사용상표들은 공통적으로 ‘나비’의 뜻을 가진 영어단어 ‘Butterfly’를 그 요부로 하고 있으므로 서로 유사하고, 이 사건 지정상품들은 선사용상표들의 사용상품들과 같이 운동용으로 사용될 수 있는 것들이거나 신발류 또는 의류의 일종으로서 서로 경제적 견련관계도 있다고 할 것이다. 또한 원고는 1989. 11. 10.경 ‘버터플라이스포츠'라는 상호로 사업자등록을 마친 후 운동복 등을 생산·판매하기 시작하였는데, 1992년경부터 지정상품들을 신발류나 의류(주로 운동용)로 하여 선사용상표들과 문자 및 도형의 형태까지 거의 동일하거나 유사한 상표들을 우리나라에서 다수 출원하여 이 사건 등록상표의 출원 당시까지 피고와 사이에 여러 차례 상표분쟁이 있었고, 그 대부분은 선사용상표들을 비롯한 피고의 상표들과의 관계에서 '수요자를 기만할 염려가 있는 상표'에 해당한다는 이유로 상표등록이 거절되거나 등록무효가 되었으므로, 원고는 이 사건 등록상표의 출원 당시 선사용상표들의 존재를 충분히 인식하고 있었다고 할 것이다.

위에서 본 바와 같은 선사용상표들의 주지 정도, 이 사건 등록상표와 선사용상표들의 유사 정도, 이 사건 지정상품들과 선사용상표들의 사용상품들 사이의 경제적 견련관계, 원·피고 사이의 상표분쟁의 경과 등을 종합적으로 고려하여 보면, 원고는 일본 내의 주지상표인 선사용상표들을 모방하여 선사용상표들에 축적된 양질의 이미지나 선사용상표들이 갖는 고객흡인력에 편승하여 부당한 이익을 얻으려 하거나 선사용상표들의 사용자인 피고에게 손해를 가하려고 하는 등 부정한 목적을 가지고 사용하기 위하여 이 사건 지정상품들을 그 지정상품들 중 일부로 포함하여 이 사건 등록상표를 출원하였다고 할 것이다.

그런데도 원심은 앞서 본 바와 같이 이 사건 지정상품들에 관한 부분은 원고가 부정한 목적을 가지고 사용하기 위하여 출원한 것으로 인정되지 않는다고 하여 구 상표법 제7조 제1항 제12호에 해당하지 않는다고 판단하였으니, 이러한 원심 판결에는 위 규정의 '부정한 목적'에 관한 법리를 오해하여 판결에 영향을 미친 위법이 있다. 이 점을 지적하는 상고이유의 주장은 이유 있다.

4. 그러므로 원심 판결 중 피고 패소 부분을 파기하고, 이 부분 사건을 다시 심리·판단하도록 원심법원에 환송하기로 관여 대법관의 의견이 일치되어 주문과 같이 판결한다.

대법관 신영철(재판장) 박시환 안대희(주심) 차한성

12. 특허법원 2015. 10. 29. 선고 2015허4392 판결【등록무효(상)】

[미간행]

【전 문】

【원 고】 원고(소송대리인 법무법인 우리하나로 담당변호사 김판묵)

【피 고】 주식회사 반도넷(소송대리인 법무법인 법여울 담당변호사 김병진)

【변론종결】

2015. 10. 8.

【주 문】

1. 원고의 청구를 기각한다.
2. 소송비용은 원고가 부담한다.

【청구취지】

특허심판원이 2015. 6. 5. 2015당202호 사건에 관하여 한 심결을 취소한다.

【이 유】

1. 기초사실

가. 원고의 이 사건 등록상표

1) 출원일/ 등록결정일/ 등록일/ 등록번호 : 2013. 3. 12./ 2014. 1. 27./ 2014. 2. 25./ (상표등록번호 1 생략)

2) 구성 : 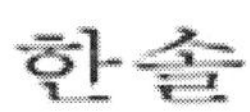

3) 지정상품 : 상품류 구분 제11류의 전기매트리스, 전기매트, 전기보일러매트, 전기시트, 전기장판, 비의료용 전기담요, 비의료용전기방석, 전열식카펫, 전기족온기, 전기보온발싸개, 비의료용 전기온열쿠션, 선풍기, 전기난로, 전기식주전자, 가습기, 가정용 전기식정수기, 전기탈수기, 비의료용 전기이불, 전기식 침대보온기

나. 피고의 선등록상표

1) 출원일/ 등록일/ 등록번호 : 2010. 6. 4./ 2012. 3. 27./ (상표등록번호 3 생략)

2) 구성 : 

3) 지정상품 : 상품류 구분 제11류의 전열식 카펫

다. 이 사건 심결의 경위

1) 피고는 2015. 1. 23. 원고를 상대로 특허심판원에 2015당202호로 원고의 이 사건 등록상표가 선출원에 의한 타인의 등록상표와 동일 또는 유사한 상표로서 그 지정상품과 동일 또는 유사한 상품에 사용하는 상표에 해당하여 상표법 제7조 제1항 제7호, 제71조 제1항 제1호에 의해 무효라고 주장하며 등록무효심판을 청구하였다.

2) 특허심판원은 2015. 6. 5. 이 사건 등록상표가 타인의 선등록상표와 유사하고, 그 지정상품도 동일·유사하여 상표법 제7조 제1항 제7호에 해당하여 그 등록이 무효라는 이 사건 심결을 하였다.

[인정근거] 다툼 없는 사실, 갑 제1, 2호증, 갑 제5호증의 1, 2, 변론 전체의 취지

2. 원고 주장의 요지

이 사건 등록상표의 출원당시에 적용되던 구 상표법(2013. 4. 5. 법률 제11747호로 개정되기 전의 것, 이하 '구 상표법'이라 한다) 제7조 제3항에 의하면 상표등록 출원 시에 출원인과 등록상표권자가 동일하면 그 후 다르게 되더라도 구 상표법 제7조 제1항 제7호에 규정된 타인이 아니고, 이 사건 등록상표와 선등록상표가 동일·유사하지 아니하여 이 사건 등록상표가 상표법 제7조 제1항 제7호에 해당하지 아니하여 그 등록이 무효로 되어서는 아니 됨에도, 이와 달리 판단한 이 사건 심결은 위법하다.

3. 이 사건 등록상표의 등록 여부 결정 시 출원인이 타인에 해당하는지 여부

가. 구 상표법의 규정취지

구 상표법 제7조 제3항은 "제1항 제7호·제7호의2·제8호 및 제8호의2는 상표등록출원 시에 이에 해당하는 것에 대하여 적용한다. 다만, 상표등록출원인(이하 "출원인"이라 한다)이 해당 규정의 타인에 해당하는지 여부에 관하여는 상표등록출원 시를 기준으로 하지 아니한다."고 규정하고 있다.

위 단서 규정의 취지는 어느 상표가 출원 시에 타인의 등록상표와 동일·유사하다 하더라도 등록 여부 결정 시 또는 심결 시에 등록상표의 상표권자와 출원인이 동일하게 된 경우에는 출원된 상표가 등록되어 사용되더라도 일반수요자나 거래자에게 출처의 오인, 혼동을 초래할 염려가 없고 더 이상 등록상표권자의 이익을 해할 우려도 없다는 취지에서 예외적으로 그 등록을 허용하고자 하는 데 있다 할 것이므로, 위 규정에서 타인에 해당하는지 여부에 대하여는 등록 여부 결정 시 또는 심결 시를 기준으로 하여야 할 것이다.

한편, 출원 시에는 출원인과 상표권자가 동일하였으나 등록 여부 결정 시에 출원인과 상표권자가 다르게 된 경우 상표등록을 허용하게 되면 일반수요자나 거래자에게 출처의 오인, 혼동을 초래할 염려가 있고 등록상표권자의 이익을 해할 우려도 있게 되므로, 구 상표법 하에서 출원 시에 출원인과 상표권자가 동일하기만 하면 그 후 다르게 되더라도 출원상표가 등록되어야 한다는 원고의 주장은 받아들이지 아니한다.

나. 이 사건 등록상표의 등록 여부 결정 시 출원인이 타인에 해당하는지 여부

앞서 든 증거들에 의하면, 이 사건 등록상표의 출원일인 2013. 3. 12. 그 출원인은 소외인이었고, 선등록상표의 출원인도 소외인이었던 사실, 이 사건 등록상표의 등록결정일인 2014. 1. 27. 그 권리자는 소외인이었으나 선등록상표의 권리자는 피고이었던 사실이 인정되고, 이러한 사실과 앞서 든 법리에 비추어보면, 이 사건 등록

결정 시 이 사건 등록상표의 출원인인 소외인은 선등록상표의 권리자인 피고에 대하여 구 상표법 제7조 제1항 제7호에서 정한 타인에 해당한다고 할 것이다.

4. 이 사건 등록상표가 상표법 제7조 제1항 제7호에 해당하는지 여부

가. 표장의 동일·유사 여부

1) 판단 기준

상표의 유사 여부는 동종의 상품에 사용되는 두 개의 상표를 그 외관·호칭·관념 등을 객관적, 전체적, 이격적으로 관찰하여 일반 수요자나 거래자가 상표에 대하여 느끼는 직관적 인식을 기준으로 하여 그 어느 한 가지에 있어서라도 거래상 상품의 출처에 관하여 오인·혼동을 초래할 우려가 있는지의 여부에 의하여 판단하여야 하며, 외관·호칭·관념 중 어느 하나가 유사하다 하더라도 다른 점도 고려할 때 전체로서는 명확히 출처의 혼동을 피할 수 있는 경우에는 유사상표라고 할 수 없으나, 반대로 서로 다른 부분이 있어도 그 호칭이나 관념이 유사하여 일반 수요자가 오인·혼동하기 쉬운 경우에는 유사상표라고 보아야 한다(대법원 2012. 1. 26. 선고 2011후1876 판결, 대법원 2006. 10. 26. 선고 2005후1769 판결 등 참조).

2) 구체적인 판단

이 사건 등록상표 “과 선등록상표 ‘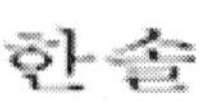’은 구성 문자의 차이와 색상의 차이로 말미암아 외관이 서로 다르다.

이 사건 등록상표는 호칭 면에서 ‘한솔’로 호칭될 것이고, ‘아내와 남편, 부부, 백제 때에 둔 십육품 관등 가운데 다섯째 등급’ 등의 관념을 가진다.

한편, 선등록상표는 그 지정상품인 ‘전열식 카펫’과 관련하여 ‘참숯’, ‘찜질방’, ‘카펫’은 지정상품의 재료, 업종명칭 등을 나타내는 보통명칭 또는 기술적 표장으로서 이러한 부분은 자타 상품의 식별력이 없어서 상표의 요부가 된다고 볼 수 없으므로 이를 제외한 ‘한솔’이 요부를 이룬다.

따라서 이 사건 등록상표와 선등록상표는 모두 ‘한솔’로 호칭되고 관념될 것이어서 양 표장은 유사한 표장에 해당한다.

나. 이 사건 등록상표와 선등록상표의 지정상품 동일·유사 여부

이 사건 등록상표의 지정상품은 상품류 구분 제11류 ‘전기매트리스, 전열식 카펫’ 등이고, 선등록상표의 지정상품은 상품류 구분 제11류 ‘전열식 카펫’이므로 양 표장의 지정상품은 동일·유사하다.

다. 상표법 제7조 제1항 제7호의 해당 여부

이상에서 살펴본 바와 같이 이 사건 등록상표는 선등록상표와 표장 및 지정상품이 동일·유사하므로 상표법 제7조 제1항 제7호에 해당한다.

5. 결 론

그렇다면 이 사건 등록상표는 등록 여부 결정 시 출원인과 선등록상표의 권리자가 다르고, 선등록상표와 표장 및 지정상품이 동일·유사하여 상표법 제7조 제1항 제7호에 의해 그 등록이 무효인바, 이 사건 심결은 이와 결론을 같이 하여 적법하다.

따라서 이 사건 심결의 취소를 구하는 원고의 청구는 이유 없으므로 이를 기각하기로 하여 주문과 같이 판결한다.

판사 김환수(재판장) 곽부규 김부한

13. 대법원 2016. 3. 24. 선고 2015후2020 판결【등록무효(상)】

[공2016상,629]

【판시사항】

구 상표법 제7조 제1항 제7호의 타인에 해당하는지에 관한 판단의 기준 시점(=등록결정 시 또는 거절결정 시) 및 거절결정에 대한 불복 심판에 의하여 등록 허부가 결정되는 경우 판단의 기준 시점(=심결 시)

【판결요지】

구 상표법(2013. 4. 5. 법률 제11747호로 개정되기 전의 것, 이하 같다) 제7조 제1항 제7호는 상표등록을 받을 수 없는 상표의 하나로 선출원에 의한 타인의 등록상표와 동일 또는 유사한 상표로서 그 지정상품과 동일 또는 유사한 상품에 사용하는 상표를 규정하고 있는데, 같은 조 제3항은 '제1항 제7호는 상표등록출원 시에 이에 해당하는 것에 대하여 적용하지만 상표등록출원인이 해당 규정의 타인에 해당하는지 여부에 관하여는 상표등록출원 시를 기준으로 하지 아니한다'고 규정하고 있으므로, 구 상표법 제7조 제1항 제7호의 타인에 해당하는지에 관한 판단의 기준 시점은 일반원칙에 따라 등록결정 시 또는 거절결정 시이고 거절결정에 대한 불복 심판에 의하여 등록 허부가 결정되는 경우에는 심결 시이다.

【참조조문】

구 상표법(2013. 4. 5. 법률 제11747호로 개정되기 전의 것) 제7조 제1항 제7호, 제3항

【전 문】

【원고, 상고인】 원고(소송대리인 법무법인 우리하나로 담당변호사 김판묵 외 2인)

【피고, 피상고인】 주식회사 반도넷

【원심 판결】 특허법원 2015. 10. 29. 선고 2015허4392 판결

【주 문】

상고를 기각한다. 상고비용은 원고가 부담한다.

【이 유】

상고이유를 판단한다.

1. 상표의 유사 여부에 관한 상고이유에 대하여

이 사건 등록상표
한솔
선등록상표

원심은, 지정상품을 '전기매트리스, 전열식 카펫' 등으로 하고 오른쪽 위와 같이 구성된 이 사건 등록상표(상표등록번호 1 생략)를, 지정상품을 '전열식 카펫'으로 하고 오른쪽 아래와 같이 구성된 원심판시 선등록상표와 대비하면, 선등록상표의 요부는 '한솔'이므로 양 상표는 모두 '한솔'로 호칭되고 관념되어 유사하다고 판단하였다.

관련 법리와 기록에 비추어 살펴보면, 원심의 위와 같은 판단은 정당하고, 거기에 상고이유 주장과 같이 상표의 유사 여부에 관한 법리를 오해하고 필요한 심리를 다하지 아니하는 등의 위법이 없다.

2. 구 상표법(2013. 4. 5. 법률 제11747호로 개정되기 전의 것, 이하 같다) 제7조 제1항 제7호의 타인에 해당하는지에 관한 상고이유에 대하여

가. 구 상표법 제7조 제1항 제7호는 상표등록을 받을 수 없는 상표의 하나로 선출원에 의한 타인의 등록상표와 동일 또는 유사한 상표로서 그 지정상품과 동일 또는 유사한 상품에 사용하는 상표를 규정하고 있는데, 같은 조 제3항은 '제1항 제7호는 상표등록출원 시에 이에 해당하는 것에 대하여 적용하지만 상표등록출원인(이하 '출원인'이라 한다)이 해당 규정의 타인에 해당하는지 여부에 관하여는 상표등록출원 시를 기준으로 하지 아니한다'고 규정하고 있으므로, 구 상표법 제7조 제1항 제7호의 타인에 해당하는지 여부에 관한 판단의 기준 시점은 일반원칙에 따라 등록결정 시 또는 거절결정 시이고 거절결정에 대한 불복 심판에 의하여 등록 허부가 결정되는 경우에는 그 심결 시라고 할 것이다.

나. 기록에 의하면, 이 사건 등록상표의 출원일인 2013. 3. 12. 그 출원인과 선등록상표의 상표권자는 소외인으로서 동일인이었으나, 피고가 2013. 12. 2.자로 소외인으로부터 선등록상표에 관한 상표권의 이전등록을 마침으로써 이 사건 등록상표의 등록결정일인 2014. 1. 27. 당시 그 출원인과 선등록상표의 상표권자가 달라졌음을 알 수 있으므로, 위 법리에 비추어 볼 때 이 사건 등록상표에 관한 등록결정 시 그 출원인은 선등록상표의 상표권자에 대하여 타인에 해당한다고 할 것이다.

같은 취지의 원심의 판단은 정당하고, 거기에 상고이유 주장과 같이 구 상표법 제7조 제1항 제7호의 타인에 해당하는지에 관한 법리를 오해하고 필요한 심리를 다하지 아니하는 등의 위법이 없다.

한편 원고가 선등록상표보다 먼저 출원되어 등록된, 지정상품을 '전기매트리스, 전열식 카펫' 등으로 하고 '명품한솔'로 구성된 상표(상표등록번호 2 생략, 양 상표는 그 등록 당시 상표권자가 소외인으로 동일하다)에 관한 상표권을 취득하였다고 하더라도 이러한 사정만으로는 원고만이 '한솔' 부분에 관한 독점적 권리가 있다거나 선등록상표의 요부가 '한솔'이 아니라고 할 수 없으므로, 이에 반하는 내용의 원고의 주장은 받아들일 수 없다.

3. 결 론

그러므로 상고를 기각하고, 상고비용은 패소자가 부담하도록 하여, 관여 대법관의 일치된 의견으로 주문과 같이 판결한다.

대법관 김창석(재판장) 이상훈 조희대 박상옥(주심)

◇ 거절결정불복심판

14. 대법원 2014. 10. 15. 선고 2012후3800 판결【거절결정(상)】

[공2014하,2204]

【판시사항】

[1] 지정상품 또는 그 포장의 입체적 형상으로 된 상표의 경우, 그 입체적 형상이 상표법 제6조 제1항 제3호의 '상품 등의 형상을 보통으로 사용하는 방법으로 표시한 표장만으로 된 상표'에 해당한다고 하기 위한 요건 및 같은 법리가 서비스의 제공에 관한 물건의 입체적 형상으로 된 서비스표에도 적용되는지 여부(적극)

[2] 특허청 심사관이 '블록쌓기(장난감) 도매업 및 블록쌓기(장난감) 소매업' 등을 지정서비스업으로 하는 출원서비스표 "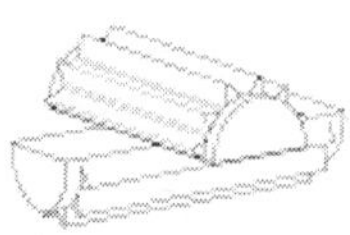"에 대해 상표법 제6조 제1항 제3호에 해당한다는 이유로 등록거절 결정을 하였고, 이에 불복한 갑의 심판청구를 특허심판원이 기각한 사안에서, 위 출원서비스표가 블록의 형상을 보통으로 사용하는 방법으로 표시한 표장만으로 된 서비스표에 해당한다고 한 사례

[3] 구 상표법 제6조 제2항에 의하여 지정상품 또는 그 포장의 입체적 형상으로 된 상표가 사용에 의하여 식별력을 취득하였다고 인정하기 위한 판단 기준 / 지정상품 또는 그 포장에 기호·문자·도형 등으로 된 표장이 함께 부착되는 경우, 지정상품 또는 그 포

장의 입체적 형상이 사용에 의한 식별력을 취득하였다고 보기 위한 요건 및 출원된 상표나 서비스표가 사용에 의한 식별력을 취득하였는지를 판단하는 기준 시점

【판결요지】

[1] 지정상품 또는 그 포장(이하 '상품 등'이라고 한다)의 입체적 형상으로 된 상표의 경우에, 그 입체적 형상이 해당 지정상품이 거래되는 시장에서 그 상품 등의 통상적·기본적인 형태에 해당하거나, 거래사회에서 채용할 수 있는 범위 내에서 이를 변형한 형태에 불과하거나 또는 당해 상품 유형에 일반적으로 잘 알려진 장식적 형태를 단순히 도입하여 이루어진 형상으로서 그 상품의 장식 또는 외장(외장)으로만 인식되는 데에 그칠 뿐, 이례적이거나 독특한 형태상의 특징을 가지고 있는 등으로 수요자가 상품의 출처 표시로 인식할 수 있는 정도의 것이 아니라면, 상표법 제6조 제1항 제3호의 '상품 등의 형상을 보통으로 사용하는 방법으로 표시한 표장만으로 된 상표'에 해당한다고 보아야 한다. 그리고 이러한 법리는 서비스의 제공에 관한 물건의 입체적 형상으로 된 서비스표에 대하여도 마찬가지로 적용된다(상표법 제2조 제3항).

[2] 특허청 심사관이 '블록쌓기(장난감) 도매업 및 블록쌓기(장난감) 소매업' 등을 지정서비스업으로 하는 출원서비스표 ""에 대해 상표법 제6조 제1항 제3호에 해당한다는 이유로 등록거절 결정을 하였고, 이에 불복한 갑의 심판청구를 특허심판원이 기각한 사안에서, 위 출원서비스표는 블록쌓기(장난감) 도매업 및 블록쌓기(장난감) 소매업이라는 그 서비스의 제공에 관한 물건인 블록의 형상을 보통으로 사용하는 방법으로 표시한 표장만으로 된 서비스표로서 상표법 제6조 제1항 제3호에 해당한다고 한 사례.

[3] 구 상표법(2014. 6. 11. 법률 제12751호로 개정되기 전의 것, 이하 '구 상표법'이라 한다) 제6조 제2항에 의하면, 같은 조 제1항 제3호에 해당하는 상표라도 상표등록출원 전에 상표를 사용한 결과 수요자 사이에 그 상표가 누구의 업무에 관련된 상품을 표시하는 것인지 현저하게 인식되어 있는 것은 상표등록을 받을 수 있다. 그런데 이와 같이 사용에 의한 식별력 취득에 따라 상표등록을 받을 수 있도록 하는 제도는 원래 식별력이 없어 특정인에게 독점사용하도록 함이 적당하지 않은 표장에 대하여 대세적 권리를 부여하는 것이므로, 지정상품 또는 그 포장(이하 '상품 등'이라고 한다)의 입체적 형상으로 된 상표가 사용에 의하여 식별력을 취득하였다고 인정하기 위해서는, 그 형상의 특징, 사용시기 및 기간, 판매수량 및 시장점유율, 광고·선전이 이루어진 기간 및 규모, 해당 형상과 유사한 다른 상품 등의 경합적 사용의 정도 및 태양, 상표사용자의 명성과 신용 등을 종합적으로 고려하여, 그 형상이 수요자에게 누구의 상품을 표

시하는 상표라고 현저하게 인식되어 있는지를 엄격하게 해석·적용하여 판단하여야 한다.

한편 상품 등에는 기호·문자·도형 등으로 된 표장이 함께 부착되는 경우가 흔히 있는데, 그러한 사정만으로 곧바로 상품 등의 입체적 형상 자체에 관하여 사용에 의한 식별력 취득을 부정할 수는 없고, 부착되어 있는 표장의 외관·크기·부착 위치·인지도 등을 고려할 때 그 표장과 별도로 상품 등의 입체적 형상이 그 상품의 출처를 표시하는 기능을 독립적으로 수행하기에 이르렀다면 사용에 의한 식별력 취득을 긍정할 수 있다.

그리고 이러한 법리는 서비스의 제공에 관한 물건의 입체적 형상으로 된 서비스표에 대하여도 마찬가지로 적용된다(상표법 제2조 제3항).

또한 출원된 상표나 서비스표가 구 상표법 제6조 제2항의 사용에 의한 식별력을 취득하였는지 여부에 관한 판단의 기준 시점은 원칙적으로 등록결정 시 또는 거절결정 시이고 거절결정에 대한 불복 심판에 의하여 등록 허부가 결정되는 경우에는 그 심결 시라고 할 것이다.

【참조조문】

[1] 상표법 제2조 제3항, 제6조 제1항 제3호 [2] 상표법 제2조 제3항, 제6조 제1항 제3호 [3] 구 상표법(2014. 6. 11. 법률 제12751호로 개정되기 전의 것) 제6조 제1항, 제3호, 제2항, 상표법 제2조 제3항

【참조판례】

[3] 대법원 2003. 5. 16. 선고 2002후1768 판결(공2003상, 1375)

대법원 2008. 9. 25. 선고 2006후2288 판결(공2008하, 1484)

【전 문】

【원고, 상고인】 원고(소송대리인 변리사 김현수 외 1인)

【피고, 피상고인】 특허청장

【원심 판결】 특허법원 2012. 11. 9. 선고 2012허4384 판결

【주 문】

상고를 기각한다. 상고비용은 원고가 부담한다.

【이 유】

상고이유를 판단한다.

1. 상표법 제6조 제1항 제3호 해당 여부에 관한 상고이유에 대하여

가. 상표법 제6조 제1항 제3호에 의하면 지정상품 또는 그 포장(이하 '상품 등'이라고 한다)

의 형상을 보통으로 사용하는 방법으로 표시한 표장만으로 된 상표는 그 상표등록을 거절하도록 규정되어 있다. 그 규정의 취지는 위와 같은 표장은 상품의 특성을 기술하기 위하여 표시되어 있는 기술적 표장으로서 자타 상품을 식별하는 기능을 상실하는 경우가 많을 뿐만 아니라, 설령 상품 식별의 기능이 있는 경우라 하더라도 상품 거래상 누구에게나 필요한 표시이므로 어느 특정인에게만 독점적으로 사용시킨다는 것은 공익상으로 타당하지 아니하다는 데에 있다(대법원 2000. 2. 22. 선고 99후2549 판결, 대법원 2004. 6. 25. 선고 2002후710 판결 등 참조).

이러한 입법 취지에 비추어 볼 때, 상품 등의 입체적 형상으로 된 상표의 경우에, 그 입체적 형상이 해당 지정상품이 거래되는 시장에서 그 상품 등의 통상적·기본적인 형태에 해당하거나, 거래사회에서 채용할 수 있는 범위 내에서 이를 변형한 형태에 불과하거나 또는 당해 상품 유형에 일반적으로 잘 알려진 장식적 형태를 단순히 도입하여 이루어진 형상으로서 그 상품의 장식 또는 외장(외장)으로만 인식되는 데에 그칠 뿐, 이례적이거나 독특한 형태상의 특징을 가지고 있는 등으로 수요자가 상품의 출처 표시로 인식할 수 있는 정도의 것이 아니라면, 위 규정의 '상품 등의 형상을 보통으로 사용하는 방법으로 표시한 표장만으로 된 상표'에 해당한다고 보아야 한다. 그리고 이러한 법리는 서비스의 제공에 관한 물건의 입체적 형상으로 된 서비스표에 대하여도 마찬가지로 적용된다(상표법 제2조 제3항).

또한 출원된 상표나 서비스표가 상표법 제6조 제1항 각 호의 식별력 요건을 갖추고 있는지 여부에 관한 판단의 기준 시점은 원칙적으로 등록결정 시 또는 거절결정 시이고 거절결정에 대한 불복 심판에 의하여 등록 허부가 결정되는 경우에는 그 심결 시라고 할 것이다(대법원 2012. 4. 13. 선고 2011후1142 판결 등 참조).

그리고 법원은 변론 전체의 취지와 증거조사의 결과를 참작하여 사회정의와 형평의 이념에 입각하여 논리와 경험의 법칙에 따라 자유로운 심증으로 사실주장을 판단하므로, 자유심증주의의 한계를 벗어나지 아니하는 한 증거의 가치 판단 및 사실인정은 사실심 법원의 재량에 속하고, 사실심 법원이 적법하게 확정한 사실은 상고법원을 기속한다(행정소송법 제8조 제2항, 민사소송법 제202조, 제432조).

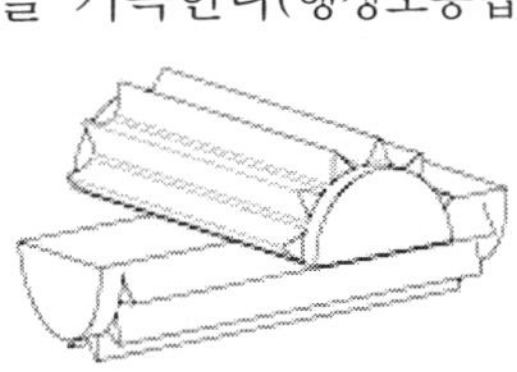

나. 원심은 판시와 같은 이유를 들어, '블록쌓기(장난감) 도매업 및 블록쌓기(장난감) 소매업' 등을 지정서비스업으로 하고 오른쪽과 같이 구성된 이 사건 출원서비스표(서비스표출원번호 생략)는 이 사건 심결일 당시에 수요자에게 톱니 모양의 홈과 돌기를 이용

하여 다른 것과 끼워 맞춤으로써 원하는 사물의 형태를 만들 수 있는 블록의 형상으로 인식될 것이므로, 블록쌓기(장난감) 도매업 및 블록쌓기(장난감) 소매업이라는 그 서비스의 제공에 관한 물건인 블록의 형상을 보통으로 사용하는 방법으로 표시한 표장만으로 된 서비스표로서 상표법 제6조 제1항 제3호에 해당한다는 취지로 판단하고, 그 밖에 이를 다투는 취지의 원고의 주장들을 모두 받아들이지 아니하였다.

다. 원심 판결 이유를 적법하게 채택된 증거들에 비추어 살펴보면, 이러한 원심의 판단은 위 법리에 따른 것으로서, 거기에 상고이유 주장과 같이 서비스표의 식별력 판단에 관한 법리를 오해하거나, 필요한 심리를 다하지 아니하며, 판단을 누락하는 등의 위법이 없다. 그 밖에 원심의 사실인정을 다투는 취지의 상고이유 주장은 실질적으로 사실심의 자유심증에 속하는 증거의 취사 선택과 가치 판단을 탓하는 것에 불과하므로 받아들일 수 없으며, 원심의 판단에 논리와 경험의 법칙에 반하여 자유심증주의의 한계를 벗어나 판결에 영향을 미친 위법이 있다고 할 수 없다.

2. 사용에 의한 식별력 취득 여부에 관한 상고이유에 대하여

가. 구 상표법(2014. 6. 11. 법률 제12751호로 개정되기 전의 것) 제6조 제2항에 의하면, 같은 조 제1항 제3호에 해당하는 상표라도 상표등록출원 전에 상표를 사용한 결과 수요자 사이에 그 상표가 누구의 업무에 관련된 상품을 표시하는 것인지 현저하게 인식되어 있는 것은 상표등록을 받을 수 있다.

그런데 이와 같이 사용에 의한 식별력 취득에 따라 상표등록을 받을 수 있도록 하는 제도는 원래 식별력이 없어 특정인에게 독점사용하도록 함이 적당하지 않은 표장에 대하여 대세적 권리를 부여하는 것이므로, 상품 등의 입체적 형상으로 된 상표가 사용에 의하여 식별력을 취득하였다고 인정하기 위해서는, 그 형상의 특징, 사용시기 및 기간, 판매수량 및 시장점유율, 광고·선전이 이루어진 기간 및 규모, 해당 형상과 유사한 다른 상품 등의 경합적 사용의 정도 및 태양, 상표사용자의 명성과 신용 등을 종합적으로 고려하여, 그 형상이 수요자에게 누구의 상품을 표시하는 상표라고 현저하게 인식되어 있는지를 엄격하게 해석·적용하여 판단하여야 한다(대법원 2008. 9. 25. 선고 2006후2288 판결 등 참조).

한편 상품 등에는 기호·문자·도형 등으로 된 표장이 함께 부착되는 경우가 흔히 있는데, 그러한 사정만으로 곧바로 상품 등의 입체적 형상 자체에 관하여 사용에 의한 식별력 취득을 부정할 수는 없고, 부착되어 있는 표장의 외관·크기·부착 위치·인지도 등을 고려할 때 그 표장과 별도로 상품 등의 입체적 형상이 그 상품의 출처를 표시하는 기능을 독립적으로 수행하기에 이르렀다면 사용에 의한 식별력 취득을 긍정할 수 있다.

그리고 이러한 법리는 서비스의 제공에 관한 물건의 입체적 형상으로 된 서비스표에 대하여도 마찬가지로 적용된다(상표법 제2조 제3항).

또한 출원된 상표나 서비스표가 구 상표법 제6조 제2항의 사용에 의한 식별력을 취득하였는지 여부에 관한 판단의 기준 시점은 원칙적으로 등록결정 시 또는 거절결정 시이고(대법원 2003. 5. 16. 선고 2002후1768 판결 등 참조) 거절결정에 대한 불복 심판에 의하여 등록 허부가 결정되는 경우에는 그 심결 시라고 할 것이다.

나. 원심은 판시와 같은 사실들을 인정한 다음, (1) 원고가 이 사건 출원서비스표와 거의 동일한 형상의 실제 블록 부품인 원심 판시 이 사건 블록 및 이것과 끼워질 수 있는 대응 블록을 비롯하여 톱니 모양의 홈과 돌기를 가진 부분 및 그것이 끼워질 수 있는 부분을 가진 블록 부품으로 구성된 블록 장난감 제품을 'ㅇㅇ'이라는 상표를 사용하여 장기간 판매해오면서 그 블록 장난감 제품에 관한 광고를 하였고, 그러한 블록 장난감 제품 및 그것을 교구로 사용하는 프로그램 등에 관하여 신문기사 등을 통한 보도가 있었던 사정은 알 수 있으나, (2) 이 사건 블록이 원고가 판매하는 블록 장난감 제품에서 차지하는 비중, 그 블록 장난감 제품에 대한 광고 및 보도의 내용 등에 비추어 볼 때 이 사건 블록이 원고가 판매하는 블록 장난감 제품이나 그 판매업에 독특한 개성을 부여하는 수단으로 사용되었다고 보기 어려울 뿐만 아니라, 원고가 운영하는 ㅇㅇ코리아 외에 원심 판시 다수의 업체들도 이 사건 블록의 형상을 가지는 블록 부품을 포함한 블록 장난감 제품을 판매하여 온 사정을 고려할 때, (3) 이 사건 출원서비스표가 수요자 대다수에게 특정인의 서비스업을 표시하는 것으로 인식되기에 이르렀다고 보기 부족하다는 취지로 판단하여, 이 사건 출원서비스표가 구 상표법 제6조 제2항에 따른 사용에 의한 식별력을 취득하였다는 원고의 주장을 받아들이지 아니하였다.

다. 원심 판결 이유를 앞서 본 법리와 적법하게 채택된 증거들에 비추어 살펴보면, 원심의 위와 같은 판단에 상고이유 주장과 같이 서비스표의 사용에 의한 식별력의 취득 및 그 판단에 관한 법리를 오해하거나, 필요한 심리를 다하지 아니하고, 판단을 누락하며, 석명의무를 위반하는 등의 위법이 없다. 그 밖에 원심의 사실인정을 다투는 취지의 상고이유 주장은 실질적으로 사실심의 자유심증에 속하는 증거의 취사 선택과 가치 판단을 탓하는 것에 불과하므로 받아들일 수 없으며, 원심의 판단에 논리와 경험의 법칙에 반하여 자유심증주의의 한계를 벗어나 판결에 영향을 미친 위법이 있다고 할 수 없다.

3. 결 론

그러므로 상고를 기각하고, 상고비용은 패소자가 부담하기로 하여, 관여 대법관의 일치된 의견으로 주문과 같이 판결한다.

대법관 김소영(재판장) 이인복 김용덕(주심) 고영한

15. 대법원 2015. 1. 29. 선고 2014후2283 판결 【거절결정(상)】

[공2015상,355]

【판시사항】

[1] 상표법 제6조 제1항 제4호의 규정 취지와 현저한 지리적 명칭 등이 다른 식별력 없는 표장과 결합에 의하여 본래의 현저한 지리적 명칭 등을 떠나 새로운 관념을 낳거나 새로운 식별력을 형성하는 경우, 상표법 제6조 제1항 제4호의 적용이 배제되는지 여부(적극) / 출원상표가 상표법 제6조 제1항 각 호의 식별력 요건을 갖추고 있는지에 관한 판단의 기준 시점

[2] 특허청 심사관이 지정상품을 농산물이유식 등으로 하는 "서 울 대 학 교"로 구성된 출원상표가 상표법 제6조 제1항 제4호, 제7호에 해당한다는 이유로 상표등록을 거절하는 결정을 한 사안에서, 위 출원상표는 충분한 식별력을 가지므로 상표등록이 허용되어야 한다고 한 사례

【판결요지】

[1] 상표법 제6조 제1항 제4호는 현저한 지리적 명칭·그 약어 또는 지도만으로 된 상표는 등록을 받을 수 없다고 규정하고 있다. 이와 같은 상표는 현저성과 주지성 때문에 상표의 식별력을 인정할 수 없어 어느 특정 개인에게만 독점사용권을 부여하지 않으려는 데 규정의 취지가 있다. 이에 비추어 보면, 상표법 제6조 제1항 제4호의 규정은 현저한 지리적 명칭 등이 다른 식별력 없는 표장과 결합되어 있는 경우에도 적용될 수 있기는 하나, 그러한 결합에 의하여 본래의 현저한 지리적 명칭 등을 떠나 새로운 관념을 낳거나 새로운 식별력을 형성하는 경우에는 위 법조항의 적용이 배제된다. 한편 출원상표가 상표법 제6조 제1항 각 호의 식별력 요건을 갖추고 있는지 여부에 관한 판단의 기준 시점은 원칙적으로 상표에 대하여 등록 여부를 결정하는 결정 시이고, 거절결정에 대한 불복 심판에 의하여 등록 허부가 결정되는 경우에는 심결 시이다.

[2] 특허청 심사관이 지정상품을 농산물이유식 등으로 하는 "서 울 대 학 교"로 구성된 출원상표가 상표법 제6조 제1항 제4호, 제7호에 해당한다는 이유로 상표등록을 거절하는 결정을 한 사안에서, 위 출원상표는 현저한 지리적 명칭인 '서울'과 흔히 있는 명칭인 '대학교'가 불가분적으로 결합됨에 따라, 단순히 '서울에 있는 대학교'라는 의미가 아니라 '서울특별시 관악구 등에 소재하고 있는 국립종합대학교'라는 새로

운 관념이 일반 수요자나 거래자 사이에 형성되어 충분한 식별력을 가지므로 위 지정상품에 대한 상표등록이 허용되어야 한다고 본 원심판단에 법리오해 등의 위법이 없다고 한 사례.

【참조조문】

[1] 상표법 제6조 제1항 [2] 상표법 제6조 제1항 제4호, 제7호, 제2항

【참조판례】

[1] 대법원 2012. 4. 13. 선고 2011후1142 판결(공2012상, 811)

대법원 2012. 12. 13. 선고 2011후958 판결(공2013상, 193)

【전 문】

【원고, 피상고인】 서울대학교산학협력단(소송대리인 특허법인 아주양헌 담당변리사 정은섭 외 1인)

【피고, 상고인】 특허청장

【원심 판결】 특허법원 2014. 9. 18. 선고 2014허2092 판결

【주 문】

상고를 기각한다. 상고비용은 피고가 부담한다.

【이 유】

상고이유를 판단한다.

1. 상표법 제6조 제1항 제4호는 현저한 지리적 명칭·그 약어 또는 지도만으로 된 상표는 등록을 받을 수 없다고 규정하고 있다. 이와 같은 상표는 그 현저성과 주지성 때문에 상표의 식별력을 인정할 수 없어 어느 특정 개인에게만 독점사용권을 부여하지 않으려는 데 그 규정의 취지가 있다. 이에 비추어 보면, 상표법 제6조 제1항 제4호의 규정은 현저한 지리적 명칭 등이 다른 식별력 없는 표장과 결합되어 있는 경우에도 적용될 수 있기는 하나, 그러한 결합에 의하여 본래의 현저한 지리적 명칭 등을 떠나 새로운 관념을 낳거나 새로운 식별력을 형성하는 경우에는 위 법조항의 적용이 배제된다(대법원 2012. 12. 13. 선고 2011후958 판결 등 참조).

   한편 출원상표가 상표법 제6조 제1항 각 호의 식별력 요건을 갖추고 있는지 여부에 관한 판단의 기준 시점은 원칙적으로 상표에 대하여 등록 여부를 결정하는 결정 시이고, 거절결정에 대한 불복 심판에 의하여 등록 허부가 결정되는 경우에는 그 심결 시이다(대법원 2012. 4. 13. 선고 2011후1142 판결 등 참조).

2. 원심은, (1) 판시와 같은 사실관계에 의하여 알 수 있는 사정들에 비추어 보면, 지정상품을 농산물이유식 등 원심 별지 기재 지정상품으로 하고 "**서 울 대 학 교**"로 구성

된 이 사건 출원상표(출원번호 생략)는 현저한 지리적 명칭인 '서울'과 흔히 있는 명칭인 '대학교'가 불가분적으로 결합됨에 따라, 단순히 '서울에 있는 대학교'라는 의미가 아니라 '서울특별시 관악구 등에 소재하고 있는 국립종합대학교'라는 새로운 관념이 일반 수요자나 거래자 사이에 형성되어 충분한 식별력을 가지므로 상표법 제6조 제1항 제4호, 제7호에 모두 해당하지 아니하여, 위 각 지정상품에 대한 상표등록이 허용되어야 하며, (2) 상표법 제6조 제1항 제4호, 제7호에 해당하지 아니하는 이상, 상표법 제6조 제2항에 의하여 각 지정상품에 대하여 개별적으로 사용에 의한 식별력을 취득하였는지 여부를 별도로 따질 필요가 없다는 취지로 판단하였다.

3. 원심 판결 이유를 적법하게 채택된 증거들을 비롯한 기록에 비추어 살펴보면, 위와 같은 원심의 판단은 앞서 본 법리에 기초한 것으로서, 거기에 상고이유 주장과 같이 지정상품에 관한 상표의 식별력 판단과 상표법 제6조 제1항 제4호, 제7호 및 제2항에 관한 법리를 오해하여 필요한 심리를 다하지 아니하는 등의 위법이 없다.
피고가 상고이유에서 들고 있는 대법원 판결은 이 사건과 사안이 다르므로, 이 사건에 원용하기에 적절하지 아니하다.

4. 그러므로 상고를 기각하고, 상고비용은 패소자가 부담하기로 하여, 관여 대법관의 일치된 의견으로 주문과 같이 판결한다.

대법관 김소영(재판장) 이인복 김용덕(주심) 고영한

16. 대법원 2016. 1. 14. 선고 2015후1911 판결 【거절결정(상)】

[미간행]

【판시사항】

[1] 상표법 제6조 제1항 제3호의 규정 이유 및 어느 상표가 이에 해당하는지 판단하는 기준 / 이 법리가 서비스표에 대하여 마찬가지로 적용되는지 여부(적극)

[2] 특허청 심사관이 직업소개업 등을 지정서비스업으로 하는 갑 주식회사의 출원서비스표 "알바천국"이 '부업을 소개하거나 제공하는 곳'의 의미로 인식되는 성질표시에 해당한다는 이유로 등록거절결정을 하였고, 이에 불복한 갑 회사의 심판청구를 특허심판원이 기각한 사안에서, 출원서비스표가 상표법 제6조 제1항 제3호에서 정한 기술적 표장에 해당하지 않는다고 한 사례

【참조조문】

[1] 상표법 제2조 제3항, 제6조 제1항 제3호 [2] 상표법 제2조 제3항, 제6조 제1항 제3호

【참조판례】

[1] 대법원 2006. 1. 26. 선고 2005후2595 판결

【전 문】

【원고, 피상고인】 주식회사 미디어윌네트웍스 (소송대리인 변리사 허용록 외 4인)

【피고, 상고인】 특허청장

【피고보조참가인】 피고보조참가인

【원심 판결】 특허법원 2015. 9. 18. 선고 2015허1614 판결

【주 문】

상고를 기각한다. 상고비용 중 보조참가로 인한 부분은 피고보조참가인이, 나머지는 피고가 각 부담한다.

【이 유】

상고이유를 판단한다.

1. 상표법 제6조 제1항 제3호가 상품의 산지, 품질, 효능, 용도 등을 보통으로 사용하는 방법으로 표시한 표장만으로 된 상표를 등록받을 수 없도록 한 것은 그와 같은 기술적 상표는 통상 상품의 유통과정에서 필요한 표시여서 누구라도 이를 사용할 필요가 있고 그 사용을 원하기 때문에 이를 특정인에게 독점배타적으로 사용하게 할 수 없다는 공익상의 요청과 이와 같은 상표를 허용할 경우에는 타인의 동종 상품과의 관계에서 식별이 어렵다는 점에 그 이유가 있는 것이다. 따라서 어느 상표가 이에 해당하는지는 그 상표가 지니고 있는 관념, 지정상품과의 관계 및 거래사회의 실정 등을 감안하여 객관적으로 판단하여야 하고, 그 상표가 지정상품의 품질, 효능, 용도를 암시 또는 강조하는 것으로 보인다고 하더라도 전체적인 상표의 구성으로 볼 때 일반 수요자가 지정상품의 단순한 품질, 효능, 용도 등을 표시하는 것으로 인식할 수 없는 것은 이에 해당하지 아니한다 (대법원 2006. 1. 26. 선고 2005후2595 판결 등 참조). 이러한 법리는 상표법 제2조 제3항에 의하여 서비스표에 대하여도 마찬가지로 적용된다.

2. 위 법리와 기록에 비추어 살펴보면 다음과 같다.

원고의 이 사건 출원서비스표(출원번호 생략)는 '직업소개업, 직업알선업, 취업정보제공업'을 지정서비스업으로 하고 '알바천국'으로 구성된 것이다. 이 사건 출원서비스표는 '알바'와 '천국'이라는 두 개의 단어가 결합하여 '근무 여건이나 환경이 이상세계(리상세계)처럼 편하여 아르바이트를 하기에 좋은 곳'이라는 관념을 지니는 것으로서, 위 지정서비스업과 관련하여 볼 때 위와 같이 '아르바이트를 하기에 좋은 곳'을 소개·알선하거나 이와 관련된 정보를 제공한다는 암시를 줄 수 있기는 하나, 이를 넘어서 일반

수요자에게 '아르바이트를 소개·알선하거나 이와 관련이 있는 정보를 제공하는 장소' 등과 같이 위 지정서비스업의 성질을 직접적으로 표시하는 것으로 인식된다고 할 수 없다. 또한 거래사회의 실정 등을 감안하더라도, '천국'이라는 단어가 포함된 이 사건 출원서비스표를 특정인에게 독점배타적으로 사용하게 하는 것이 공익상 부당하다는 등 위와 달리 볼 만한 사정이 발견되지 않는다. 따라서 이 사건 출원서비스표는 상표법 제6조 제1항 제3호가 정한 기술적 표장에 해당하지 않는다.

같은 취지의 원심판단은 정당하고, 거기에 상고이유 주장과 같이 기술적 표장에 관한 법리를 오해하여 필요한 심리를 다하지 아니하는 등의 위법이 없다.

3. 그러므로 상고를 기각하고, 상고비용 중 보조참가로 인한 부분은 피고보조참가인이, 나머지는 피고가 각 부담하도록 하여, 관여 대법관의 일치된 의견으로 주문과 같이 판결한다.

대법관 박상옥(재판장) 이상훈 김창석(주심) 조희대

17. 대법원 2016. 3. 24. 선고 2015후1997 판결 【거절결정(상)】

[미간행]

【판시사항】

거절결정불복심판청구 기각 심결의 취소소송절차에서 특허청장이 심사나 심판 단계에서 의견서 제출의 기회를 부여한 사유 및 이와 주요한 취지가 부합하는 사유를 심결의 결론을 정당하게 하는 사유로 주장할 수 있는지 여부(적극) 및 심결취소소송의 법원이 이를 심리·판단하여 심결의 당부를 판단하는 근거로 삼을 수 있는지 여부(적극) / 상표등록이의신청서에 기재되어 출원인에게 송달됨으로써 답변서 제출의 기회가 주어진 사유는 의견서 제출의 기회가 부여된 사유로 볼 수 있는지 여부(적극)

【참조조문】

상표법 제7조 제1항 제11호, 제23조, 제25조, 제27조, 제81조

【참조판례】

대법원 1998. 10. 2. 선고 97후1412 판결(공1998하, 2585)

대법원 2004. 7. 22. 선고 2004후356 판결

대법원 2013. 9. 26. 선고 2013후1054 판결

【전 문】

【원고, 상고인】 주식회사 더블유컨셉 (소송대리인 법무법인(유한) 율촌 담당변호사 김철환 외 1인)

【피고, 피상고인】 특허청장

【피고보조참가인】 주식회사 아이에스이커머스 외 1인(소송대리인 변리사 윤혜진 외 1인)

【원심 판결】 특허법원 2015. 10. 23. 선고 2015허1768 판결

【주 문】

상고를 기각한다. 상고비용은 보조참가로 인한 부분을 포함하여 원고가 부담한다.

【이 유】

상고이유를 판단한다.

1. 상고이유 제1, 2점에 대하여

가. 거절결정불복심판청구 기각 심결의 취소소송절차에서 특허청장은 거절결정의 이유 외에도 심사나 심판 단계에서 의견서 제출의 기회를 부여한 사유 및 이와 주요한 취지가 부합하는 사유를 해당 심결의 결론을 정당하게 하는 사유로 주장할 수 있고, 심결취소소송의 법원은 이를 심리·판단하여 심결의 당부를 판단하는 근거로 삼을 수 있다(대법원 2004. 7. 22. 선고 2004후356 판결, 대법원 2013. 9. 26. 선고 2013후1054 판결 등 참조). 그리고 상표법 제25조, 제27조에 따라 상표등록이의신청서에 기재되어 출원인에게 송달됨으로써 답변서 제출의 기회가 주어진 사유는 의견서 제출의 기회가 부여된 사유로 볼 수 있다(대법원 1998. 10. 2. 선고 97후1412 판결 등 참조).

나. 원심은 판시와 같은 이유로, 피고 보조참가인 주식회사 아이에스이커머스가 원심에서 '이 사건 출원서비스표가 선사용서비스표 1과의 관계에서 상표법 제7조 제1항 제11호에 해당한다'고 주장하고 있고, 이는 위 피고 보조참가인이 상표등록이의신청서에서 주장한 사유와 주요한 취지가 부합하므로 원고에게 실질적으로 의견서 제출의 기회를 준 것으로 볼 수 있어, 이를 근거로 이 사건 심결의 당부를 판단할 수 있다는 취지로 판단하였다.

다. 원심 판결 이유를 적법하게 채택된 증거들에 비추어 살펴보면, 원심의 판단은 위 법리에 기초한 것으로서, 거기에 상고이유 주장과 같이 심결 취소소송의 심리범위 및 의견서 제출의 기회 부여에 관한 법리를 오해하거나 필요한 심리를 다하지 아니하는 등의 위법이 없다.

상고이유로 들고 있는 대법원 판결은 이 사건과 사안이 다르므로 이 사건에 원용하기에 적절하지 아니하다.

2. 상고이유 제3, 4점에 대하여

가. 법원은 변론 전체의 취지와 증거조사의 결과를 참작하여 사회정의와 형평의 이념에 입각하여 논리와 경험의 법칙에 따라 자유로운 심증으로 사실주장을 판단하므로, 자유심증주의의 한계를 벗어나지 아니하는 한 증거의 가치 판단 및 사실인정은 사실

심 법원의 재량에 속하고, 사실심 법원이 적법하게 확정한 사실은 상고법원을 기속한다(행정소송법 제8조 제2항, 민사소송법 제202조, 제432조).

나. 원심은 판시와 같은 이유로, (1) 선사용서비스표 1은 이 사건 심결 시인 2015. 2. 3. 무렵 특정인의 의류판매업이라고 인식될 정도로 알려져 있었다고 인정한 다음, (2) 이 사건 출원서비스표의 지정서비스업인 원단소매업과 선사용서비스표 1의 사용서비스업인 의류판매업은 경제적으로 밀접한 견련성이 있어서 이 사건 출원서비스표가 원단소매업에 사용된다면 선사용서비스표 1의 의류판매업과 동일·유사한 서비스업에 사용된 경우에 못지않을 정도로 선사용서비스표 1의 권리자에 의하여 사용되고 있다고 오인될 수 있다고 인정하여, (3) 이 사건 출원서비스표는 상표법 제7조 제1항 제11호에 해당한다고 판단하였다.

다. 선사용서비스표 1의 인지도에 관한 원심의 판단을 다투는 상고이유 주장은 실질적으로 사실심 법원의 자유심증에 속하는 증거의 취사 선택과 증거가치의 판단 및 이에 기초한 사실인정을 탓하는 것에 불과하다. 그리고 원심 판결 이유를 위 법리와 원심판시 관련 법리 및 적법하게 채택된 증거들에 비추어 살펴보아도, 원심의 판단에 상고이유 주장과 같이 상표법 제7조 제1항 제11호의 적용과 관련하여 '특정인의 서비스표나 서비스업이라고 인식될 수 있는 정도로 알려져 있는지'에 대한 판단 기준, 서비스업의 경제적 견련성 및 출처의 오인·혼동 가능성 등에 관한 법리를 오해하고 필요한 심리를 다하지 아니하거나 논리와 경험의 법칙을 위반하여 자유심증주의의 한계를 벗어난 위법이 없다.

3. 결 론

그러므로 상고를 기각하고, 상고비용은 패소자가 부담하기로 하여, 관여 대법관의 일치된 의견으로 주문과 같이 판결한다.

대법관 이기택(재판장) 이인복 김용덕(주심) 김소영

18. 대법원 2009. 11. 26. 선고 2007후2070 판결 【거절결정(상)】

[미간행]

【판시사항】

[1] 상표의 구성 중 식별력이 없거나 미약한 부분이 그 부분만으로 요부가 될 수 있는지 여부(소극) 및 상표의 구성 부분이 식별력이 없거나 미약한지 여부의 판단 방법

[2] 출원상표 "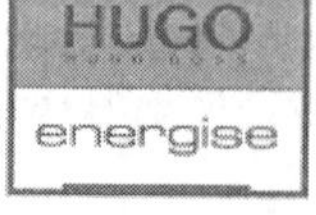

"의 구성 중 'energise' 부분은 지정상품 'Toilet soaps(화장비누),

perfumes(향수)' 등과의 관계에서 식별력이 미약하여 요부에 해당한다고 볼 수 없으므로, 출원상표와 선등록상표 "ENERGIZE"는 표장이 서로 달라 동일·유사 상표에 해당하지 않는다고 판단한 사례

【참조조문】

[1] 상표법 제7조 제1항 제7호 [2] 상표법 제7조 제1항 제7호

【참조판례】

[1] 대법원 2006. 1. 26. 선고 2004후1175 판결(공2006상, 352)
대법원 2006. 5. 25. 선고 2004후912 판결(공2006하, 1187)
대법원 2007. 12. 13. 선고 2005후728 판결(공2008상, 72)

【전 문】

【원고, 피상고인】 후고 보스 트레이드 마크 메니지먼트 게엠베하 운트 코. 카게. (소송대리인 변호사 김상근외 2인)

【피고, 상고인】 특허청장

【원심 판결】 특허법원 2007. 4. 25. 선고 2007허1756 판결

【주 문】

상고를 기각한다. 상고비용은 피고가 부담한다.

【이 유】

상고이유를 판단한다.

상표의 구성 중 식별력이 없거나 미약한 부분은 그 부분만으로 요부가 된다고 할 수없으므로 일반 수요자나 거래자들이 식별력이 없거나 미약한 부분만으로 간략하게 호칭하거나 관념하지는 아니한다고 봄이 상당하고, 이는 그 부분이 다른 문자 등과 결합하여 있는 경우라도 마찬가지이다. 그리고 상표의 구성 부분이 식별력이 없거나 미약한지 여부는 그 구성 부분이 지니고 있는 관념, 지정상품과의 관계 및 거래사회의 실정 등을 감안하여 객관적으로 결정하여야 한다(대법원 2006. 5. 25. 선고 2004후912 판결 등 참조).

위 법리와 기록에 비추어 살펴보면, 원심이 지정상품을 'Toilet soaps(화장비누), perfumes(향수), body lotion(바디로션), skin moisturizers(스킨모이스처라이저), hair gels(헤어겔)' 등으로 하고 "HUGO energise"로 이루어진 이 사건 출원상표(국제등록번호 제832231호)와 지정상품을 '스킨밀크, 화장비누, 향수' 등으로 하고 "ENERGIZE"로 이루어진 원심 판시 선등록상표(등록번호 제499079호)를 대비함에 있어서, 이 사건 출원상표의 구성 중

'energise' 부분은 지정상품과의 관계에서 식별력이 미약하여 요부에 해당한다고 볼 수 없으므로 이 사건 출원상표와 선등록상표는 표장이 서로 달라 동일·유사 상표에 해당하지 않는다고 판단한 것은 정당하고, 거기에 상고이유로 주장하는 바와 같은 상표의 유사 여부 판단에 관한 법리오해 등의 위법이 없다.

그러므로 상고를 기각하고, 상고비용은 패소자가 부담하기로 하여, 관여 대법관의 일치된 의견으로 주문과 같이 판결한다.

대법관 박시환(재판장) 안대희 차한성(주심) 신영철

◇ 권리범위확인심판

19. 대법원 2014. 3. 20. 선고 2011후3698 전원합의체 판결【권리범위확인(상)】

[공2014상,966] (뉴발란스 상표에 관한 권리범위확인심판 사건 사건)

【판시사항】

[1] 등록상표와 확인대상표장의 유사 여부를 판단하기 위한 요소가 되는 등록상표의 식별력 판단 기준시(=심결 시)

[2] 확인대상표장 ""의 사용자 갑 주식회사가 을 미국회사를 상대로 확인대상표장이 을 회사의 등록상표 "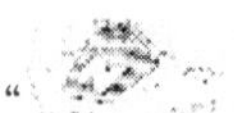"의 권리범위에 속하지 않는다면서 소극적 권리범위확인심판을 청구하였는데 특허심판원이 이를 받아들이는 심결을 한 사안에서, 등록상표의 전부 또는 일부 구성이 등록결정 당시에는 식별력이 없거나 미약하였으나, 심결 당시에는 등록상표와 확인대상표장이 유사한 상표라고 한 사례

【판결요지】

[1] **[다수의견]** 상표의 유사 여부는 외관, 호칭 및 관념을 객관적, 전체적, 이격적으로 관찰하여 지정상품의 거래에서 일반 수요자들이 상표에 대하여 느끼는 직관적 인식을 기준으로 상품의 출처에 관하여 오인·혼동을 일으키게 할 우려가 있는지에 따라 판단하여야 한다. 그리고 그 판단에서는 자타상품을 구별할 수 있게 하는 식별력의 유무와 강약이 주요한 고려요소가 된다 할 것인데, 상표의 식별력은 상표가 가지고 있는 관념, 상품과의 관계, 당해 상품이 거래되는 시장의 성질, 거래 실태 및 거래 방법, 상품의 속성, 수요자의 구성, 상표 사용의 정도 등에 따라 달라질 수 있는 상대적·유동적인 것이므로, 이는 상표의 유사 여부와 동일한 시점을 기준으로 그 유무와 강약을 판단하여야 한다.

따라서 상표권의 권리범위확인심판 및 그 심결취소청구 사건에서 등록상표와 확인대상표장의 유사 여부를 판단하기 위한 요소가 되는 등록상표의 식별력은 상표의 유사 여부를 판단하는 기준시인 심결 시를 기준으로 판단하여야 한다. 그러므로 등록상표의 전부 또는 일부 구성이 등록결정 당시에는 식별력이 없거나 미약하였다고 하더라도 등록상표를 전체로서 또는 일부 구성 부분을 분리하여 사용함으로써 권리범위확인심판의 심결 시점에 이르러서는 수요자 사이에 누구의 상품을 표시하는 것인지 현저하게 인식될 정도가 되어 중심적 식별력을 가지게 된 경우에는, 이를 기초로 상표의 유사 여부를 판단하여야 한다.

[대법관 신영철, 대법관 민일영의 반대의견] 상표등록이 무효로 될 것임이 명백함에도 권리범위확인심판을 허용하는 것은 상표권에 관한 분쟁을 실효적으로 해결하는 데 도움이 되지 아니하고 당사자로 하여금 아무런 이익이 되지 않는 심판절차에 시간과 비용을 낭비하도록 하는 결과를 초래하며, 상표사용자의 업무상의 신용유지를 도모하여 산업발전에 이바지함과 아울러 수요자의 이익을 보호하려는 상표법의 목적을 달성하기 위하여 권리범위확인심판 제도를 마련한 취지에 부합하지 않는다.

권리범위확인심판이 상표등록이 유효함을 전제로 하여서만 의미를 가질 수 있는 절차이므로 심판절차에서는 등록상표의 무효사유가 있는지를 선결문제로서 심리한 다음 무효사유가 부정되는 경우에 한하여 등록상표의 권리범위에 관하여 나아가 심리·판단하도록 심판구조를 바꿀 필요가 있다.

이러한 사정들을 종합적으로 고려하면, 등록상표에 대한 등록무효심결이 확정되기 전이라고 하더라도 상표등록이 무효심판에 의하여 무효로 될 것임이 명백한 경우라면 그러한 상표등록을 근거로 하여 적극적 또는 소극적 권리범위확인심판을 청구할 이익이 없다고 보아야 하고, 그러한 청구는 부적법하여 각하하여야 한다.

[2] 확인대상표장 " "의 사용자 갑 주식회사가 을 미국회사를 상대로 확인대상표장이 을 회사의 등록상표 " "의 권리범위에 속하지 않는다면서 소극적 권리범위확인심판을 청구하였는데 특허심판원이 이를 받아들이는 심결을 한 사안에서, 등록상표의 전부 또는 일부 구성이 등록결정 당시에는 식별력이 없거나 미약하였으나, 등록상표의 구성 중 " " 부분은 심결 당시에는 수요자 사이에 상품의 출처를 인식할 수 있게 하는 중심적 식별력을 가진 것으로 보아야 할 것이고, 확인대상표장에서도 " " 부분과 동일성이 인정되는 " " 부분이 수요자의 주의를 끄는 중심적 식별력을 가지는 부분이 되므로, 양 표장은 유사한 상표라고 한 사례.

【참조조문】

[1] 구 상표법(1990. 1. 13. 법률 제4210호로 전부 개정되기 전의 것) 제8조 제1항 제7호(현행 제6조 제1항 제7호 참조), 제2항(현행 제6조 제2항 참조), 상표법 제9조 제1항, 제51조 제1항, 제71조 제1항 제1호, 제75조, 제77조의26 [2] 구 상표법(1990. 1. 13. 법률 제4210호로 전부 개정되기 전의 것) 제8조 제1항 제7호(현행 제6조 제1항 제7호 참조), 제2항(현행 제6조 제2항 참조), 상표법 제9조 제1항, 제51조 제1항, 제71조 제1항 제1호, 제75조, 제77조의26

【참조판례】

[1] 대법원 1992. 2. 25. 선고 91후691 판결(공1992, 1169)
대법원 2007. 12. 13. 선고 2005후728 판결(공2008상, 72)(변경)

【전 문】

【원고, 상고인】 뉴우바란스아스레틱슈우 인코포레이티드 (소송대리인 변리사 차윤근)

【피고, 피상고인】 유니스타 주식회사 (소송대리인 변리사 김영옥)

【원심 판결】 특허법원 2011. 11. 4. 선고 2011허8242 판결

【주 문】

원심 판결을 파기하고, 사건을 특허법원에 환송한다.

【이 유】

상고이유(상고이유서 제출기간이 경과한 후에 제출된 각 상고이유보충서의 기재는 상고이유를 보충하는 범위 내에서)를 판단한다.

1. 확인대상표장의 특정(상고이유 제1점)에 관하여

상표권의 권리범위확인심판에서 심판청구의 대상이 되는 확인대상표장은 그 표장의 구성과 그 표장이 사용된 상품을 등록상표와 대비할 수 있을 정도로 특정하면 충분하고, 나아가 확인대상표장의 구체적 사용 실태나 확인대상표장을 부착하여 사용하는 상품의 형태까지 특정하여야 하는 것은 아니다.

[확인대상표장]

[이 사건 등록상표]

같은 취지에서 원심이, 사용상품을 '운동화'로 하고 오른쪽 윗부분과 같이 구성된 확인대상표장은 지정상품을 '우산, 지팡이, 부채, 운동화'로 하고 그 아랫부분과 같이 구성된 이 사건 등록상표(등록번호 생략)와 대비할 수 있으므로 적법하게 특정되었다고 판단한 것은 정당하고, 거기에 상고이유 주장과 같은 확인대상표장의 특정에 관한 법리오해 등의 위법은 없다.

2. 상표의 식별력 판단 기준 등(상고이유 제2점)에 관하여

가. 상표의 유사 여부는 그 외관, 호칭 및 관념을 객관적, 전체적, 이격적으로 관찰하여

그 지정상품의 거래에서 일반 수요자들이 상표에 대하여 느끼는 직관적 인식을 기준으로 그 상품의 출처에 관하여 오인·혼동을 일으키게 할 우려가 있는지에 따라 판단하여야 한다(대법원 1992. 2. 25. 선고 91후691 판결 등 참조). 그리고 그 판단에서는 자타상품을 구별할 수 있게 하는 식별력의 유무와 강약이 주요한 고려요소가 된다 할 것인데, 상표의 식별력은 그 상표가 가지고 있는 관념, 상품과의 관계, 당해 상품이 거래되는 시장의 성질, 거래 실태 및 거래 방법, 상품의 속성, 수요자의 구성, 상표 사용의 정도 등에 따라 달라질 수 있는 상대적·유동적인 것이므로, 이는 상표의 유사 여부와 동일한 시점을 기준으로 그 유무와 강약을 판단하여야 한다.

따라서 상표권의 권리범위확인심판 및 그 심결취소청구 사건에서 등록상표와 확인대상표장의 유사 여부를 판단하기 위한 요소가 되는 등록상표의 식별력은 상표의 유사 여부를 판단하는 기준시인 심결 시를 기준으로 판단하여야 한다. 그러므로 등록상표의 전부 또는 일부 구성이 등록결정 당시에는 식별력이 없거나 미약하였다고 하더라도 그 등록상표를 전체로서 또는 일부 구성 부분을 분리하여 사용함으로써 권리범위확인심판의 심결 시점에 이르러서는 수요자 사이에 누구의 상품을 표시하는 것인지 현저하게 인식될 정도가 되어 중심적 식별력을 가지게 된 경우에는, 이를 기초로 상표의 유사 여부를 판단하여야 한다.

이와 달리 권리범위확인심판에서 상표의 유사 여부를 판단하면서 등록상표의 구성 중 등록결정 당시 식별력이 없던 부분은 심결 당시 사용에 의한 식별력을 취득하였다고 하더라도 등록상표에서 중심적 식별력을 가지는 부분이 될 수 없다는 취지로 판시한 대법원 2007. 12. 13. 선고 2005후728 판결은 이 판결의 견해에 배치되는 범위에서 이를 변경하기로 한다.

나. 기록에 의하면 다음과 같은 사정을 알 수 있다.

원고는 1981. 5. 28. 지정상품을 '우산, 지팡이, 부채, 운동화'로 하는 이 사건 등록상표를 출원하여 1984. 9. 15. 등록결정을 받아 1984. 9. 21. 상표등록을 마쳤고, 2004. 7. 13. 2차 존속기간갱신등록까지 마쳤다. 원고는 1975년경부터 세계 각국에서 이 사건 등록상표의 형상과 같이 각종 운동화에 원고 회사 약칭(New Balance)의 첫 글자에서 따온 ' '이라는 상표(이하 '실사용상표'라고 한다)를 부착하여 판매하였으며, 운동화 및 스포츠 의류 등의 국내 매출액이 2009년 약 344억 원, 2010년 약 1,619억 원 등 2004년부터 2010년까지 합계 약 2,820억 원에 달하였다. 또한, 원고 회사의 'New Balance' 상표가 어패럴뉴스사가 선정한 2009년 스포츠 부분 '베스트 브랜드' 및 '올해의 브랜드'로 각각 선정되기도 하였다.

다. 이러한 사정과 앞서 본 법리에 비추어, 사용상품을 '운동화'로 하는 확인대상표장이

[구성 1]

[구성 2]

지정상품이 '운동화'인 이 사건 등록상표와 유사한지를 살펴본다. 이 사건 등록상표의 등록결정 당시 이 사건 등록상표의 구성 중 구성 1과 같은 운동화 형상 부분은 지정상품인 '운동화'와 관련하여 그 형상을 보통으로 사용하는 방법으로 표시한 것이어서 식별력이 없고, 구성 2와 같은 패치 부분은 간단하고 흔한 표장인 영문자 'N'을 평범한 서체로 사다리꼴 모양의 패치에 음각한 것에 지나지 아니하여 식별력이 미약하였다. 그런데 위에서 본 사정들에 비추어 보면, 원고의 실사용상표 ' '은 '운동화' 상품에 관하여 적어도 2009년경부터는 수요자 사이에서 누구의 상품을 표시하는 것인지 현저하게 인식될 수 있을 정도가 되었다고 보이고, 이 사건 등록상표에서 실사용상표와 동일한 ' ' 부분이 다른 구성들과 결합되어 있더라도 그 구성들은 지정상품인 '운동화'의 형상을 보통으로 사용하는 방법으로 표시한 것이거나 ' '을 부각하는 배경에 불과하여 그 때문에 ' ' 부분의 식별력이 감쇄되지는 아니할 것으로 보인다. 따라서 이 사건 등록상표의 구성 중 ' ' 부분은 적어도 이 사건 심결 당시에는 수요자 사이에 상품의 출처를 인식할 수 있게 하는 중심적 식별력을 가진 것으로 보아야 할 것이다.

한편 확인대상표장은 알파벳 'N'을 보통의 서체로 약간 비스듬히 쓴 ' ' 부분 하단에 보통의 서체로 작게 쓴 '**UNISTAR**'라는 문자 부분을 부가한 것에 불과하여 시각적으로 '**UNISTAR**' 부분보다 ' ' 부분이 훨씬 두드러져 보일 뿐만 아니라, 위에서 본 바와 같이 이 사건 등록상표의 구성 중 ' ' 부분이 '운동화' 상품에 관하여 수요자 사이에 누구의 상품을 표시하는 것인지 현저하게 인식되게 되었으므로, '운동화'를 사용상품으로 하는 확인대상표장에서도 위 ' ' 부분과 동일성이 인정되는 ' ' 부분이 수요자의 주의를 끄는 중심적 식별력을 가지는 부분이 된다고 할 것이다.

따라서 이 사건 등록상표와 확인대상표장이 다 같이 '운동화' 상품에 사용될 경우 각각 중심적 식별력을 가지는 ' ' 부분과 ' ' 부분으로 호칭·관념될 수 있고, 그러한 경우 이들은 호칭·관념이 동일하여 일반 수요자로 하여금 '운동화' 상품의 출처에 관하여 오인·혼동을 일으키게 할 염려가 있으므로, 양 표장은 유사한 상표라고 할 것이다.

이와 달리 판단한 원심 판결에는 권리범위확인심판에서 등록상표의 식별력 및 상표의 유사 여부 판단에 관한 법리를 오해하여 판결에 영향을 미친 위법이 있다. 이 점을 지적하는 상고이유 주장은 이유 있다.

3. 결 론

그러므로 원심 판결을 파기하고, 사건을 다시 심리·판단하도록 원심법원에 환송하기로 하여 주문과 같이 판결한다. 이 판결에는 이 사건 심판청구가 적법한지에 대하여 대법관 신영철, 대법관 민일영의 반대의견 및 대법관 박병대의 다수의견에 대한 보충의견, 대법관 신영철의 반대의견에 대한 보충의견이 있는 외에는 관여 법관의 의견이 일치되었다.

4. 대법관 신영철, 대법관 민일영의 반대의견

가. 다수의견은 이 사건 심판청구가 적법함을 전제로 하여 확인대상표장이 이 사건 등록상표의 권리범위에 속하는지를 판단하고 있다. 그러나 이러한 다수의견에는 다음과 같은 이유로 찬성할 수 없다.

나. 상표권의 권리범위확인심판은 상표등록이 유효함을 전제로 하여 등록상표의 권리범위를 확인하는 심판절차이다. 상표권의 권리범위확인에 관한 청구는 현존하는 상표권의 범위를 확정하려는 데 그 목적이 있으므로 등록상표에 등록무효사유가 있어 상표법이 정한 상표등록의 무효심판절차를 거쳐 그 등록이 무효로 된 경우에는 그에 관한 권리범위확인심판을 청구할 이익이 소멸한다[대법원 2008. 12. 11. 선고 2006후3434, 2006후3441(병합), 2006후3458(병합), 2006후3465(병합) 판결, 대법원 2010. 7. 22. 선고 2010후982 판결 등 참조]. 이러한 법리는, 상표는 일단 등록된 이상 비록 등록무효사유가 있다고 하더라도 상표등록의 무효심판절차에서 상표등록을 무효로 한다는 심결이 확정되지 않는 한 대세적(대세적)으로 무효로 되지 아니한다는 법리를 전제로 하고 있는 것으로 이해될 수 있고, 그 결과 등록무효의 심결이 확정되기 전에는 권리범위확인심판을 청구할 이익이 인정되는 것처럼 보인다.

그런데 상표등록에 관하여 상표법이 정한 요건을 충족하지 못하여 등록을 받을 수 없는 상표에 대하여 잘못하여 상표등록이 이루어지는 경우가 있다. 그러한 상표는 등록상표의 외양을 하고 있을 뿐 등록무효사유가 있어 상표법에 의한 보호를 받을 자격이 없고 그 실체가 인정될 여지도 없어 애당초 그 상표권의 권리범위를 상정할 수가 없다. 그러한 상표에 대하여 상표등록의 무효심판절차를 거쳐 그 등록이 무효로 되지 아니하였다는 사정만으로 별다른 제한 없이 권리범위확인심판을 허용하게 되면, 상표등록이 형식적으로 유지되고 있다는 사정만으로 실체 없는 상표권을 마치 온전한 상표권인 양 그 권리범위를 확인해 주는 것이 되어 부당하다. 권리범위는 인정할 수 있지만 정작 그 권리는 부정된다고 하는 결론이 나오더라도 이를 수용하여야 한다고 하는 것은 건전한 상식과 법감정이 납득할 수 있는 한계를 벗어난다. 대법원은 등록상표에 대한 등록무효심결이 확정되기 전이라고 하더라도 그 상표등록이 무효심판에 의하여 무효로 될 것임이 명백한 경우에는 그 상표권에 기초한 침해금지 또는 손해배상 등의 청구가 권리남용에 해당하여 허용되지 아니한다는 법리를 선언한 바 있다(대법원 2012. 10. 18. 선고 2010다103000 전원합의체 판결 참조). 상표등록이 무효심판에 의하여 무효로 될 것임이 명백한 경우라면 상표권의 침해가 인정될 수 없다는 것이 위 전원합의체 판결의 취지이고, 이러한 논리를 상표권의 권리범위확인심판에 대하여 적용하면 상표권의 침해 여부를 판단하기 위한 선결문제로서의 의미를 갖는 권리범위의 확인을 청구할 이익도 부정된다고 보아야 한다. 상표등록이 무효로 될 것임이 명백하여 상표권 침해가 인정될 여지가 없음에도 이를 도외시한 채 상표권의 권리범위에 관하여 심판하는 것은 무효임이 명백한 상표권의 행사를 허용하는 것이나 다름없기 때문이다. 상표등록이 무효로 될 것임이 명백한 경우에는 그 상표권의 행사가 허용되지 아니한다는 법리가 침해금지 또는 손해배상 등의 청구에서만 존중되어야 하고 권리범위확인심판에서는 그럴 필요가 없다고 볼 납득할 만한 이유를 찾을 수 없다.

이와 같이 상표등록이 무효로 될 것임이 명백함에도 권리범위확인심판을 허용하는 것은 상표권에 관한 분쟁을 실효적으로 해결하는 데 도움이 되지 아니하고 당사자로 하여금 아무런 이익이 되지 않는 심판절차에 시간과 비용을 낭비하도록 하는 결과를 초래하며, 상표사용자의 업무상의 신용유지를 도모하여 산업발전에 이바지함과 아울러 수요자의 이익을 보호하려는 상표법의 목적을 달성하기 위하여 권리범위확인심판 제도를 마련한 취지에도 부합하지 않는다. 등록상표에 대한 무효심판이나 권리범위확인심판은 모두 특허심판원이 담당하므로 권리범위확인심판 절차에서 등록상표의 무효사유에 관하여 판단하는 것은 그 판단 주체의 면에서 보아 문제 될 것이 없다. 오히려 권리범위확인심판에서 상표등록이 무효로 될 것임이 명백하다는 이유로 상표권의 권리범위확인을 거절하게 되면, 권리범위확인심판에서는 확인대상표장이 등록상표의 권리범위에 속한다는 심결을 하여 확인대상표장이 상표권을 침해한다는 듯한 판단을 하면서 등록무효심판에서는 상표등록이 무효라는 심결을 하여 확인대상표장의 상표권 침해를 부정하는 듯한 판단을 함으로써 상호 모순되는 심결을 한 것과 같은 외관이 작출되는 불합리를 방지할 수 있다. 보다 근본적으로는 권리범위확인심판이 상표등록이 유효함을 전제로 하여서만 의미를 가질 수 있는 절차이므로 그 심판절차에서는 등록상표의 무효사유가 있는지를 선결문제로서 심리한 다음 그 무효사유가 부정되는 경우에 한하여 등록상표의 권리범위에 관하여 나아가 심리·판단하도록 그 심판구조를 바꿀 필요가 있다.

이러한 사정들을 종합적으로 고려하면, 등록상표에 대한 등록무효심결이 확정되기 전이라고 하더라도 적어도 그 상표등록이 무효심판에 의하여 무효로 될 것임이 명백한 경우라면 그러한 상표등록을 근거로 하여 적극적 또는 소극적 권리범위확인심판을 청구할 이익이 없다고 보아야 하고, 그러한 청구는 부적법하여 각하하여야 한다.

다. 위와 같은 법리를 토대로 하여 이 사건 등록상표에 관하여 권리범위확인심판을 청구할 이익이 인정되는지에 관하여 살펴본다.

구 상표법(1990. 1. 13. 법률 제4210호로 전부 개정되기 전의 것) 제8조 제2항은 상표를 출원 전에 사용한 결과 수요자 사이에 그 상표가 누구의 상표인가가 현저하게 인식되어 있을 경우 같은 조 제1항 제3, 5, 6호의 규정에 불구하고 등록을 받을 수 있도록 규정하고 있다. 이와 같은 사용에 의한 식별력을 취득하였는지 여부는 등록결정 시를 기준으로 하여 판단하여야 하고(대법원 1999. 9. 17. 선고 99후1645 판결, 대법원 2009. 5. 28. 선고 2007후3318 판결 등 참조), 등록결정 시에 식별력이 없어 등록을 받을 수 없었음에도 불구하고 잘못하여 상표등록이 이루어진 경우에는 비록 그 등록 후의 사용에 의하여 식별력을 취득하였더라도 등록무효의 하자가 치유되지 아니한다.

이 사건 등록상표는 구성 1과 같은 운동화 형상에 구성 2와 같은 사다리꼴 패치 도형이 결합된 상표인데, 그 등록결정 당시 구성 1은 이 사건 등록상표의 지정상품 중 운동화에 관하여는 지정상품의 형상을 보통으로 사용하는 방법으로 표시한 것이어서 식별력이 없고, 구성 2는 간단하고 흔한 표장인 영문자 'N'을 평범한 서체로 사다리꼴 모양의 패치에 음각한 것에 지나지 아니하여 식별력이 없다고 보아야 한다. 원심도 이와 같은 취지로 판단하였고, 다수의견도 이 사건 등록상표의 등록결정 당시 이 사건 등록상표에 식별력이 없었다는 점은 부인하지 않고 있다.

따라서 이 사건 등록상표는 지정상품 중 운동화에 관하여는 구 상표법 제8조 제1항 제7호를 위반하여 등록된 것으로서 무효심판에 의하여 그 등록이 무효로 될 것이 명백하다고 볼 여지가 충분하고, 비록 등록결정 이후의 사용에 의하여 식별력을 취득하였다 하더라도 이와 달리 볼 수는 없으므로, 원심으로서는 이 사건 등록상표의 등록결정 당시를 기준으로 등록무효사유가 있는지 여부를 좀 더 심리하여 보고, 그 상표등록이 무효심판에 의하여 무효로 될 것임이 명백하다면 이를 근거로 하여 이 사건 권리범위확인심판을 청구할 이익이 없다는 이유로 이 사건 심결을 취소하여야 했다.

그럼에도 원심은, 이 사건 심결을 취소하지 아니한 채 확인대상표장이 이 사건 등록상표의 권리범위에 속하지 아니한다는 이유로 이 사건 심결이 적법하다고 판단하였는바, 이는 권리범위확인심판에서 심판청구의 이익에 관한 법리를 오해하여 판결 결과에 영향을 미친 것이다. 따라서 원심 판결은 파기되어야 한다.

라. 이러한 의견은 원심 판결이 파기되어야 한다는 점에서는 다수의견과 차이가 없으나, 사건을 환송받은 법원이 판결로써 이 사건 심결을 취소할 경우 그 취소의 기본이 된 이유에 기속되는 특허심판원으로서는 이 사건 권리범위확인심판 청구를 각하하여야 한다는 최종적인 결론에 있어서는 다수의견과 입장을 달리한다.

이상의 이유로 다수의견에 찬성할 수 없음을 밝힌다.

5. 다수의견에 대한 대법관 박병대의 보충의견

가. 상표법은 등록상표의 효력에 관한 쟁송방법으로 상표등록의 효력 자체를 근원적으로 소멸시키기 위한 등록무효심판 제도를 두고서도 이와 별도로 어떤 표장이 등록상표의 권리범위에 속한다거나 속하지 아니한다는 확인을 구하는 권리범위확인심판 제도를 두고 있다. 그중 권리범위확인심판은 등록상표와 확인대상표장을 대비하여 상품 출처의 오인·혼동을 초래할 만한 동일·유사성이 있는지 여부 또는 상표법 제51조 제1항 각 호의 상표권의 효력 제한 사유의 유무 등을 심리하여 확인대상표장이 등록상표의 상표권의 효력이 미치는 객관적인 범위에 속하는지 여부를 확인해 주는 절차로서, 그 심결이 확정되면 누구든지 같은 사실 및 증거에 의하여 다시 심판을 청구할 수 없는 일사부재리의 효력이 생긴다(상표법 제77조의26). 그러나 이는 그 확인대상표장이 당해 등록상표에 관한 상표권의 효력이 미치는 객관적 범위에 속하는지 여부만을 확정하는 것일 뿐 거기에서 나아가 그 등록상표가 유효한지 여부 또는 상표권의 침해를 둘러싼 분쟁 당사자 사이의 권리관계를 확정하는 의미를 가지는 것은 아니다. 또한 권리범위확인심판에서의 판단은 상표권침해소송이나 등록무효심판에 기속력을 미치지도 않는다(대법원 2002. 1. 11. 선고 99다59320 판결 등 참조). 결국 상표법은 권리범위확인심판 제도를 별도로 두고 있기는 하지만 이는 등록상표의 권리범위를 확인해 주는 한정적 기능을 수행할 뿐이고, 등록상표의 등록무효 여부에 대한 최종적인 확정은 등록무효심판 절차에서, 상표권침해를 둘러싼 개별 당사자 사이의 권리관계에 관한 최종적인 판단은 상표권침해소송에서 각각 다루어지도록 한 것이 상표법의 기본 구도라고 할 수 있다.

그러므로 등록상표에 등록무효사유가 존재한다고 하더라도 등록무효심결이 확정되지 아니한 이상 등록상표로서의 효력은 여전히 유지된다고 보아야 한다(대법원 2012. 10. 18. 선고 2010다103000 전원합의체 판결 참조). 판례가, 등록무효사유가 있는 등록상표라 하더라도 등록무효심결이 확정되기 전까지는 선등록상표의 등록무효를 주장하거나 선등록상표로서의 지위를 부인하여 그와 유사한 상표의 등록을 허용할 수는 없다고 한 것은 그 당연한 논리적 귀결이고(대법원 2000. 3. 23. 선고 97후2323 판결 등 참조), 이러한 법리는 권리범위확인심판 절차에서도 마찬가지로 관철되어야 일관성이 있다. 따라서 권리범위확인심판 절차에서는 등록무효심결이 확정되기까지는 등록상표에 등록무효사유가 존재하는지 여부를 고려할 필요 없이 단지 확인대상표장이 그 등록상표의 권리범위에 속하는지 여부에 관해서만 심리·판단하는 것이 맞다. 반대의견처럼 권리범위확인심판 절차에서 권리범위에 속하는지 여부의 본안 판단을 하기에 앞서 등록무효사유의 존부를 선결문제로 심리하도록 하는 것은 등록무효심판 제도와 권리범위확인심판 제도를 목적과 기능을 달리하는 별개의 절차로 병치시켜 둔 상표법의 기본구조 및 확립된 판례의 흐름에 배치된다.

나. 한편 대법원은 등록상표의 상표권에 근거하여 타인이 사용하고 있는 표장의 사용금지나 그 사용으로 인한 손해의 배상을 구하는 상표권침해소송에서, 등록상표에 대한 등록무효심결이 확정되기 전이라고 하더라도 상표등록이 무효심판에 의하여 무효로 될 것임이 명백한 경우에는 특별한 사정이 없는 한 그 상표권에 기초한 침해금지 등의 청구는 권리남용에 해당하여 허용되지 아니한다고 함으로써(위 2010다103000 전원합의체 판결), 등록무효심판 절차가 아닌 절차에서도 등록무효사유의 존부를 판단할 수 있는 길을 열어 두었다.

그러나 위와 같이 상표권침해소송에서 명백한 등록무효사유가 존재한다고 인정되어 권리남용의 항변이 받아들여지더라도, 이는 권리의 부존재나 무효를 확인하거나 확정하는 것이 아니다. 단지 그 사건의 분쟁 당사자 사이에 권리행사의 제한사유가 존재한다는 것을 인정하는 의미를 가질 뿐이고, 그 판결의 효력도 그 소송 당사자 사이에서만 미치므로, 다른 제3자는 그 상표등록에 명백한 무효사유가 존재하지 아니한다고 주장하여 다투는 것이 불가능하지 않다. 반면 권리범위확인심판은 그 심결이 확정되면 심판의 당사자뿐만 아니라 제3자에게도 일사부재리의 효력이 미치는 대세적 효력을 가진다는 점에서 결정적 차이가 있다.

결국 상표권침해소송에서는 권리남용의 항변으로 등록무효사유의 주장을 인정하더라도 이는 그 당사자 사이에 상대적 효력만을 가질 뿐이어서, 등록상표의 대세적 효력은 등록무효심판에 의해서만 부정할 수 있도록 한 상표법의 기본 구조와 상충되는 바가 없다. 그러나 심결에 대세적 효력이 있는 권리범위확인심판에서 상표등록의 무효사유 주장을 인정하게 되면 이는 위와 같은 상표법의 근본 구도를 깨트리는 것이 되므로 상표권침해소송과는 법적 성격과 차원을 달리하는 것이다. 이렇게 보면, 등록무효사유가 존재하는 동일한 등록상표에 근거한 권리 주장에 대하여, 권리범위확인심판에서는 권리범위를 확인하면서도 상표권침해소송에서는 그 상표권의 행사가 권리남용에 해당하여 허용될 수 없다고 함으로써 마치 상반되는 듯한 결론이 내려지는 경우가 있다고 하더라도, 이는 각 제도의 본래 목적과 기능에 따른 것으로서 상호 모순된다고 할 수 없다.

또한 권리범위확인심판은 권리의 범위를 심판하는 것일 뿐 권리의 존재 자체를 확정짓는 것이 아니므로, 권리범위확인심판에서 확인대상표장이 등록상표의 권리범위에 속한다고 판단했다고 해서 그 후 등록무효심판에서 그 등록상표의 상표등록이 무효라고 판단하는 것이 반대의견에서 지적하는 것처럼 서로 모순된다고 할 것도 물론 아니다.

다. 권리범위확인심판 청구의 이익이 있는지는 직권조사사항이다. 따라서 반대의견과 같이 등록상표가 무효로 될 것임이 명백한 경우에 그에 관한 권리범위확인심판 청구의 이익이 없다고 본다면, 등록상표에 등록무효사유가 존재하는지 여부는 당사자의 주장이 없더라도 직권으로 먼저 심리하여야 한다. 그러나 이는 권리범위확인심판 사건의 심리에 과도한 부담을 주게 될 뿐 아니라 당사자의 권리구제 측면에서도 반드시 바람직하다고 할 수 없다. 즉, 반대의견처럼 권리범위확인심판에서 등록무효 여부를 판단할 수 있도록 하더라도 그 판단이 등록무효심판이나 상표권침해소송에 어떠한 기속력도 가지지 못하는 이상 그 판단에 불복하는 당사자는 위와 같은 별도의 절차를 통하여 계속 다툴 수 있으므로, 결국 그 당사자들은 궁극적인 분쟁해결에 도움도 되지 아니하는 절차에 시간과 노력을 낭비하게 될 수 있다. 등록상표에 등록무효사유가 있다고 다투어지는 경우, 그 권리가 유효하다고 주장하는 당사자로서는 적극적 권리범위확인심판을 구하기보다는 차라리 상표권 침해금지의 소를 제기하는 것이 확인대상표장의 계속 사용을 직접적으로 저지할 수 있는 실효적 수단이 될 것이고, 반대로 등록상표의 효력을 부정하는 당사자로서는 소극적 권리범위확인심판을 구하느니 곧바로 등록무효심판을 제기하는 것이 효과적이다. 이러한 점들에 비추어 볼 때 권리범위확인심판 제도는 그 제도의 본래 목적 범위에 한정하여 심리범위를 제한하는 것이 옳고, 반대의견처럼 거기에서 심리할 대상을 등록무효사유의 존부에까지 확장하는 것은 법리적 근거도 없고 현실적 필요도 없다.

라. 위와 같은 점들을 종합하여 보면, 반대의견과 같이 등록상표가 무효로 될 것임이 명백한 경우라도 그에 관한 권리범위확인심판 청구가 심판청구의 이익이 없어 부적법하다고 볼 수는 없다.

이상과 같이 다수의견에 대한 보충의견을 밝힌다.

6. 반대의견에 대한 대법관 신영철의 보충의견

다수의견에 대한 보충의견이 지적하는 것처럼 상표법은 상표등록의 효력을 소멸시키기 위한 등록무효심판 제도를 두고 있으므로, 등록상표에 등록무효사유가 있더라도 등록무효심결이 확정되지 않는 한 상표등록이 무효로 되는 것이 아니다. 그렇다고 하여 그 등록상표에 대하여 예외 없이 등록무효사유가 없는 등록상표와 동일한 법적 지위나 효력을 부여하여야 하는 것은 아니다. 상표등록이 무효심판에 의하여 무효로 될 것임이 명백한 경우에는 그 상표권에 기초한 침해금지 등의 청구가 권리남용에 해당하여 허용되지 아니한다고 판시한 대법원 2012. 10. 18. 선고 2010다103000 전원합의체 판결이 바로 그러한 예외가 인정될 수 있음을 보여주는 예이다. 위 전원합의체 판결은 권리남용의 법리를 적용하여 상표권에 기초한 침해금지 등의 청구를 배척함으로써 마치 상표등록이 무효로 된 것이나 다름없는 효과를 내고 있다. 마찬가지로 권리범위확인심판에서도 상표등록이 무효심판에 의하여 무효로 될 것임이 명백한 경우에는 그 상표권의 효력이 미치는 범위에 관한 확인을 거부하여 위 전원합의체 판결이 추구하는 소송경제와 효율성을 권리범위확인심판에도 보완적용하자는 것이 반대의견의 기본취지이다.

상표권의 권리범위확인심판은 권리범위확인의 대상이 되는 상표권이 존재함을 당연한 논리적 전제로 하고 있다. 상표법이 권리범위확인심판 제도와는 별개로 등록무효심판 제도를 두고 있다고 하여 이러한 논리적 전제가 부정될 수는 없다. 이를 무시하면서까지 실체가 없는 상표권에 관하여도 형식적이나마 권리범위확인심판을 허용하는 것이 두 제도를 병치시켜 둔 상표법의 취지라고 볼 수는 없다.

등록상표에 등록무효사유가 있음이 명백함에도 이러한 사정을 등록무효심판 절차에 미루어 둔 채 확인대상표장이 그 등록상표의 권리범위에 속하는지 여부에 관한 심결을 하게 되면, 심판의 당사자는 물론 제3자조차 등록무효로 되어야 할 상표에 일정한 권리범위가 존재한다거나 상표법의 보호를 받을 수 있다는 그릇된 인식을 하고 이를 토대로 새로운 법률관계를 형성할 수 있어 바람직하지 아니하다. 또한 권리범위확인심판은 심판의 당사자 이외의 제3자에게 일사부재리의 효력이 미치므로(대법원 2012. 3. 15. 선고 2011후3872 판결 참조), 등록상표에 무효사유가 있음이 명백한지를 심리한 후에 그 권리확정에 나아감이 타당하다. 그렇지 아니하면 심판의 당사자는 물론 제3자조차 일사부재리의 효력이 미치는 범위 내에서 권리범위확인심판 청구를 봉쇄당하게 되어 일반 제3자의 이익을 해치게 된다.

다수의견에 대한 보충의견은, 상표권의 권리범위확인심판에서 상표등록이 무효로 될 것이 명백한지를 살펴야 한다면 특허심판원이나 법원에 과도한 심리의 부담을 주게 되고 당사자의 권리구제 측면에서도 바람직하지 않다고 주장한다. 그러나 심판청구의 이익의 유무는 직권조사사항이므로, 권리범위확인심판 사건에서 특허심판원이나 법원은 당사자의 주장 여부와 관계없이 언제나 등록상표에 무효사유가 있음이 명백한지를 심리·판단하여야 한다. 심판청구의 이익이 있는지를 심리하는 데 부담이 따른다고 하여 그 심리를 생략한 채 아무런 이익도 없는 심판청구를 허용할 수는 없으므로, 그러한 부담을 우려하여 권리범위확인심판에서는 등록무효사유에 관한 심리를 하는 것이 부적절하다고 하는 것은 본말이 전도되었다는 비판을 면할 수 없다. 오히려 등록무효심판과 권리범위확인심판을 준별하여 권리범위확인심판 절차에서는 상표등록의 등록무효 여부를 판단할 수 없도록 하는 것이야말로 단일한 분쟁을 여러 개의 소송사건으로 만들 수 있도록 허용하는 것으로서, 그 자체로 시간과 비용의 낭비와 당사자의 불편을 초래하고 특허심판원이나 법원의 부담을 가중시키는 것이 된다.

대법원은 상표가 사용에 의한 식별력을 취득하였는지 여부는 등록결정 시를 기준으로 판단하여야 한다는 입장을 취하고 있고(대법원 2009. 5. 28. 선고 2007후3318 판결 등 참조), 상표법 제71조 제1항 제1호의 규정도 같은 논리를 전제하고 있는 것으로 보인다. 그렇다면 등록결정 당시를 기준으로 식별력이 없던 상표가 등록 이후의 왕성한 사용에 의하여 식별력을 취득하였다고 하여 등록무효사유가 치유되는 것은 아니므로, 그와 같은 상표등록을 받은 사람은 불편을 감수하고서라도 다시 동일한 상표를 출원하여 등록을 받아야 하고, 그 이후에나 상표권의 권리범위확인심판을 받든가 유사한 표장에 대하여 침해금지 등을 청구할 수 있다. 이것이 우리 상표법이 취하고 있는 기본 입장이라고 보아야 한다.

이상과 같이 반대의견에 대한 보충의견을 밝혀 둔다.

대법원장 양승태(재판장) 대법관 양창수 신영철 민일영 이인복 이상훈 박병대(주심) 김용덕 박보영 고영한 김창석 김신 김소영

20. 특허법원 2012. 2.23. 선고 2011허10382 판결【권리범위확인(상)】

[미간행]

【전 문】

【원 고】 주식회사 제주스코텍

【피 고】 주식회사 송이산업

【변론종결】

2012. 2. 2.

【주 문】

1. 원고의 청구를 기각한다.
2. 소송비용은 원고가 부담한다.

【청구취지】

특허심판원이 2011. 10. 6. 2011당769호 사건에 관하여 한 심결을 취소한다.

【이 유】

1. 기초사실

가. 피고의 이 사건 등록상표

1) 출원일/ 등록일/ 등록번호 : 2008. 5. 14./ 2009. 6. 15./ (등록번호 생략)

2) 구성 : 송석

3) 지정상품 : 상품류 구분 제19류의 인조석재, 콘크리트용 비금속제 거푸집널, 건축용 비금속표면 마감재, 건축용 석재(가공하지 않은 것), 도로포장용 비금속제 블록, 시멘트 블록, 콘크리트 블록, 시멘트제 보도판, 건축용 비금속제 타일, 벽돌(시멘트제는 제외), 비금속제 타일, 콘크리트타일, 석재, 가공한 석재

나. 원고의 확인대상표장

1) 구 성 : 송석

2) 사용상품 : 송석타일, 송석벽돌, 송석판재, 송석 보도블록, 생활폐수 정수용 블록

다. 이 사건 심결의 경위

1) 원고는 2011. 4. 5. 특허심판원에 피고를 상대로, 원고에게는 상표법 제57조의3의 규정에 의한 선사용권에 기하여 확인대상표장을 계속 사용할 권리가 있기 때문에, 확인대상표장은 결국 이 사건 등록상표의 권리범위에 속하지 아니한다며 소극적 권리범위확인심판을 청구하였다.

2) 그러자 특허심판원은 이를 2010당769호로 심리한 다음, 2011. 10. 6. 이 사건 등록상표의 출원일 이전에 원고 등에 의하여 확인대상표장이 사용됨으로써 국내 수요자 간에 확인대상표장이 특정인의 상품을 표시하는 것이라고 인식되어 있었다고 볼 수 없다는 이유로, 원고의 심판청구를 기각하는 내용의 이 사건 심결을 하였다.

[인정 근거] 다툼 없는 사실, 갑 제1호증, 갑 제7호증, 변론 전체의 취지

2. 확인대상표장이 이 사건 등록상표의 권리범위에 속하는지 여부

가. 대비 판단

이 사건 등록상표와 확인대상표장은 모두 '송석'이라는 문자로만 이루어져 외관, 관념 및 호칭이 동일·유사하고, 확인대상표장의 사용상품과 이 사건 등록상표의 지정상품 또한 모두 타일, 벽돌 및 블록 등으로 동일·유사하다(이 사건 등록상표와 확인대상표장이 표장 및 그 지정(사용)상품이 유사함에 대하여는 당사자 사이에도 다툼이 없다).

따라서 두 표장이 함께 사용될 경우 일반수요자나 거래자로 하여금 상품의 출처에 관하여 오인·혼동을 일으킬 우려가 있다 할 것이어서, 확인대상표장은 이 사건 등록상표의 권리범위에 속한다 할 것이다.

나. 원고의 주장에 대한 판단

원고는, 확인대상표장의 전 권리자인 소외인과 원고가 이 사건 등록상표의 출원 전부터 부정경쟁의 목적 없이 국내에서 계속하여 확인대상표장을 사용하여 왔고, 그 결과 국내 수요자 간에 확인대상표장이 특정인의 상품을 표시하는 것이라고 인식되어 있었으므로, 상표법 제57조의3의 규정에 의하여 원고에게는 확인대상표장에 대한 선사용권이 인정되고, 따라서 확인대상표장은 이 사건 등록상표의 권리범위에 속하지 아니한다는 취지로 주장한다.

그러나 상표권의 소극적 권리범위확인심판은 등록상표권의 보호범위를 기초로 하여 심판청구인이 심판의 대상으로 삼은 표장(확인대상표장)에 대하여 상표권의 효력이 미치지 않는가 여부를 확인하는 권리확정을 목적으로 하는 것이므로, 설령 원고가 그 주장과 같이 확인대상표장에 대한 선사용권을 가진다 하더라도, 그와 같은 사정은 상표권 침해소송에서 항변으로 주장함은 별론으로 하고, 확인대상표장이 상표권의 권리범위에 속하지 않는다는 확인을 구하는 것과는 아무런 관련이 없어 선사용권이 있음을 이유로 (소극적) 권리범위확인심판을 구할 수는 없다고 할 것이다 (대법원 2010. 12. 9. 선고 2010후289 판결, 대법원 1974. 8. 30. 선고 73후8 판결 등 참조). 따라서 이와 다른 견해를 전제로 한 원고의 위 주장은 더 나아가 살펴볼 필요 없이 이유 없다.

3. 결 론

그렇다면, 원고의 소극적 권리범위확인 심판청구를 기각한 이 사건 심결은 정당하고, 그 취소를 구하는 원고의 청구는 이유 없으므로 이를 기각하기로 하여 주문과 같이 판결한다.

판사 배기열(재판장) 김용덕 박종학

21. 대법원 2013. 2. 14. 선고 2012후1101 판결【권리범위확인(상)】

[공2013상,511]

【판시사항】

소극적 권리범위 확인심판의 청구인이 확인대상표장과 피심판청구인의 등록상표가 표장 및 사용(지정)상품이 동일하거나 유사하다는 점은 다투지 않은 채, 대인적(대인적)인상표권 행사의 제한사유를 주장하면서 확인대상표장이 등록상표의 권리범위에 속하지 않는다는 확인을 구하는 경우, 확인의 이익이 있는지 여부(소극) 및 권리범위 확인심판에서 확인의 이익 유무가 직권조사사항인지 여부(적극)

【판결요지】

상표권의 권리범위 확인심판은 심판청구인이 그 청구에서 심판의 대상으로 삼은 표장(이하 '확인대상표장'이라 한다)에 대하여 상표권의 효력이 미치는가를 확인하는 권리확정을 목적으로 한 것으로 심결이 확정된 경우 각하심결이 아닌 한 심판의 당사자뿐 아니라 제3자에게도 일사부재리의 효력이 미친다. 따라서 소극적 권리범위 확인심판의 청구인이 확인대상표장과 피심판청구인의 등록상표가 표장 및 사용(지정)상품이 동일하거나 유사하다는 점은 다투지 않은 채, 다만 자신은 상표법 제57조의3의 '선사용에 따른 상표를 계속 사용할 권리'(이하 '선사용권'이라고 한다)를 가지고 있다거나, 피심판청구인의 상표등록출원 행위가 심판청구인에 대한 관계에서 사회질서에 위반된 것이라는 등의 대인적(대인적)인 상표권 행사의 제한사유를 주장하면서 확인대상표장이 등록상표의 권리범위에 속하지 않는다는 확인을 구하는 것은 상표권의 효력이 미치는 범위에 관한 권리확정과는 무관하므로 확인의 이익이 없어 부적법하다. 한편 권리범위 확인심판에서 확인의 이익의 유무는 직권조사사항이므로 당사자의 주장 여부에 관계없이 특허심판원이나 법원이 직권으로 판단하여야 한다.

【참조조문】

상표법 제57조의3, 제75조

【참조판례】

대법원 2012. 3. 15. 선고 2011후3872 판결(공2012상, 601)

【전 문】

【원고, 상고인】 주식회사 제주스코텍

【피고, 피상고인】 주식회사 송이산업

【원심 판결】 특허법원 2012. 2. 23. 선고 2011허10382 판결

【주 문】

원심 판결을 파기한다. 특허심판원이 2011. 10. 6. 2010당769호 사건에 관하여 한 심결을 취소한다. 소송총비용은 원고가 부담한다.

【이 유】

직권으로 판단한다.

1. 상표권의 권리범위 확인심판은 심판청구인이 그 청구에서 심판의 대상으로 삼은 표장

(이하 '확인대상표장'이라 한다)에 대하여 상표권의 효력이 미치는가 여부를 확인하는 권리확정을 목적으로 한 것으로 그 심결이 확정된 경우 각하심결이 아닌 한 심판의 당사자뿐 아니라 제3자에게도 일사부재리의 효력이 미친다. 따라서 소극적 권리범위 확인심판의 청구인이 확인대상표장과 피심판청구인의 등록상표가 표장 및 그 사용(지정)상품이 동일하거나 유사하다는 점은 다투지 아니한 채, 다만 자신은 상표법 제57조의3의 '선사용에 따른 상표를 계속 사용할 권리'(이하 '선사용권'이라고 한다)를 가지고 있다거나, 피심판청구인의 상표등록출원 행위가 심판청구인에 대한 관계에서 사회질서에 위반된 것이라는 등의 대인적(對人的)인 상표권 행사의 제한사유를 주장하면서 확인대상표장이 등록상표의 권리범위에 속하지 아니한다는 확인을 구하는 것은 상표권의 효력이 미치는 범위에 관한 권리확정과는 무관하므로 그 확인의 이익이 없어 부적법하다고 할 것이다(대법원 2012. 3. 15. 선고 2011후3872 판결 등 참조). 한편 권리범위 확인심판에서 확인의 이익의 유무는 직권조사사항이므로 당사자의 주장 여부에 관계없이 특허심판원이나 법원이 직권으로 판단하여야 한다.

2. 기록에 의하면, 원고는 사용상품을 송석타일 등으로 하고 "송석"과 같이 구성된 확인대상표장이 지정상품을 건축용 비금속제 타일 등으로 하고 "송석"과 같이 구성된 이 사건 등록상표(등록번호 번호 생략)와 표장 및 그 사용(지정)상품이 동일·유사하다는 점은 다투지 아니한 채, 다만 자신에게 선사용권이 있음을 이유로 확인대상표장이 이 사건 등록상표의 권리범위에 속하지 아니한다는 소극적 권리범위 확인심판을 청구하였음을 알 수 있다.

앞서 본 법리에 비추어 살펴보면, 위와 같은 사유는 대인적인 상표권 행사의 제한사유에 불과할 뿐 상표권의 효력이 미치는 범위에 관한 권리확정과는 무관하므로, 이 사건 권리범위 확인심판 청구는 그 확인의 이익이 없어 부적법하다고 할 것이다. 그렇다면 특허심판원으로서는 당사자의 명시적인 주장이 없더라도 확인의 이익 유무를 직권으로 조사하여 이 사건 심판청구를 각하하였어야 마땅한데도 본안으로 나아가 이 사건 심판청구를 기각하는 심결에 이른 잘못이 있고, 원심 역시 이를 간과한 채 본안에 관하여 판단하였으니, 원심 판결에는 소극적 권리범위 확인심판에서의 확인의 이익에 관한 법리를 오해하여 판결 결과에 영향을 미친 잘못이 있다. 한편 원고는 당심에 이르러 확인대상표장이 이 사건 등록상표의 권리범위에 속하지 아니하는 사유 중의 하나로 피고의 이 사건 등록상표에 대한 등록출원행위가 원고에 대한 관계에서 사회질서에 위반된 것이라는 주장을 추가하였으나, 위와 같은 사유에 기한 권리범위 확인심판 청구 역시 확인의 이익이 없어 부적법함은 마찬가지이다.

3. 그러므로 원심 판결을 파기하되, 이 사건은 이 법원이 직접 재판하기에 충분하므로 이 법원이 직접 판결하기로 하여, 특허심판원이 2011. 10. 6. 2010당769호 사건에 관하여 한 심결을 취소하고, 소송비용의 부담에 관하여는 민사소송법 제99조를 적용하여 관여 대법관의 일치된 의견으로 주문과 같이 판결한다.

대법관 이인복(재판장) 민일영 박보영 김신(주심)

22. 대법원 2002. 6. 25. 선고 2000후2682 판결【권리범위확인(상)】

[공2002.8.15.(160),1853]

【판시사항】

[1] (가)호 표장 "은행나무와 은행잎 도형 + 원형의 테두리 도형"과 등록상표 "은행나무와 은행잎 도형 + 위아래 반원 및 좌우 직선의 테두리 도형"이 상표의 동일성의 범위 내에 있다고 본 사례

[2] (가)호 표장이 사용된 '교자상'과 등록상표의 지정상품인 '식탁'은 서로 동일성이 있는 상품이라고 볼 수 없다고 한 사례

【판결요지】

[1] (가)호 표장 "은행나무와 은행잎 도형 + 원형의 테두리 도형"과 등록상표 "은행나무와 은행잎 도형 + 위아래 반원 및 좌우 직선의 테두리 도형"은 은행나무와 은행잎 도형의 표현에 있어서 미세한 변형이 있을 뿐 전체적으로 보아 일반 수요자나 거래자의 보통의 주의력으로는 동일성의 범위 내에 있다고 봄이 상당하고, 표장의 테두리를 이루는 도형도 흔히 있는 형태로서 식별력이 부족하므로 원형으로 된 테두리의 좌우 면을 직선으로 변형하였다고 하여 거래사회의 통념상 상표의 동일성의 범위를 벗어났다고 보기 어렵고 한 사례.

[2] (가)호 표장이 사용된 '교자상'은 많은 사람들이 모여 바닥에 앉아서 식사를 할 때 사용하는 전통적 양식의 상(상)의 일종으로서 상표법시행규칙상의 상품류 구분 제21류 제8군의 비귀금속제 기타 주방용품에 속하는 물건인데 비하여, 등록상표의 지정상품인 '식탁'은 식사를 할 때 의자와 함께 사용되는 탁자를 말하는 것으로서 같은 상품류 구분 제20류 제17군의 가구에 속하는 별개의 물건이며, 또한 실제 거래계에서도 교자상은 소반이나 함지박 등과 함께 전통 목공예점에서 제작하여 판매하는 데 비하여 식탁은 장롱 등과 함께 현대식 가구점에서 판매하는 경향이 있으므로 양 상품은 거래사회의 통념상 서로 동일성이 있는 상품이라고 볼 수 없다고 한 사례.

【참조조문】

[1] 상표법 제75조 [2] 상표법 제75조

【원고, 피상고인】 이재명

【피고, 상고인】 황동호

【원심 판결】 특허법원 2000. 9. 1. 선고 2000허2507 판결

【주 문】

상고를 기각한다. 상고비용은 피고의 부담으로 한다.

【이 유】

상고이유를 본다.

1. 원심 판결 이유에 의하면, 원심은 원고가, '교자상'에 사용하는 피고의 상표  (이하 '(가)호 표장'이라 한다)는 구 상표법시행규칙(1998. 2. 23. 통상산업부령 제83호로 개정되기 전의 것) 제6조의 [별표 1] 상품류 구분 제18류의 '쟁반, 소반, 함지박' 등을 지정상품으로 하는 원고 소유의 이 사건 등록상표  (등록번호 제297578호, 1993. 8. 27. 출원)의 권리범위에 속한다는 확인을 구하는 이 사건 심판에 있어서, 피고는 위 상품류 구분 제26류의 '식탁'을 지정상품으로 하는 등록 제367165호 상표  (1995. 7. 7. 출원)를 소유하고 있으나, 피고의 등록상표는 (가)호 표장에 비하여 은행잎이 굵고 단순하며 그것이 나무기둥에 붙어 있는 각도가 위로 올라가 있고, 나무기둥 역시 굵고 단순하게 표현되어 있으며, 테두리의 외곽선도 좌우 면이 직선으로 이루어진 점에서 상이한 특징을 가지고 있어 양 표장이 동일하다고 할 수 없고, 한편 (가)호 표장이 사용된 '교자상'은 많은 사람들이 모여 바닥에 앉아서 식사를 할 때 사용하는 전통적 양식의 상(상)의 일종으로서 현행 상표법시행규칙상의 상품류 구분 제21류 제8군의 비귀금속제 기타 주방용품에 속하는 물건인 데 비하여, 피고의 등록상표의 지정상품인 '식탁'은 식사를 할 때 의자와 함께 사용되는 탁자를 말하는 것으로서 같은 상품류 구분 제20류 제17군의 가구에 속하는 별개의 물건이며, 또한 실제 거래계에서도 교자상은 소반이나 함지박 등과 함께 전통 목공예점에서 제작하여 판매하는 데 비하여 식탁은 장롱 등과

함께 현대식 가구점에서 판매하는 경향이 있으므로 양 상품을 서로 동일성이 있는 상품이라고 볼 수 없어, 결국 원고의 이 사건 심판의 청구는 피고의 등록상표를 대상으로 한 것이 아니라 할 것이어서 이와 결론을 달리 한 심결은 어느 모로 보나 위법하다고 판단하였다.

2. 그런데 기록에 의하여 살펴보면, (가)호 표장과 피고의 등록상표는 은행나무와 은행잎 도형의 표현에 있어서 미세한 변형이 있을 뿐 전체적으로 보아 일반 수요자나 거래자의 보통의 주의력으로는 동일성의 범위 내에 있다고 봄이 상당하고, 표장의 테두리를 이루는 도형도 흔히 있는 형태로서 식별력이 부족하므로 원형으로 된 테두리의 좌우 면을 직선으로 변형하였다고 하여 거래사회의 통념상 상표의 동일성의 범위를 벗어났다고 보기 어렵다 할 것이므로, 원심이 양 상표가 동일하다고 볼 수 없다고 판단한 것은 상표의 동일성에 관한 법리를 오해한 위법이 있다 할 것이고, 이 점을 지적하는 상고이유의 주장은 이유 있다.

3. 그러나 더 나아가 기록에 비추어 살펴보면, (가)호 표장이 사용된 '교자상'과 피고의 등록상표의 지정상품인 '식탁'은 상품의 속성과 판매처 등 거래실정을 감안할 때 원심이 적절히 판시한 바와 같이 거래사회의 통념상 동일하게 볼 수 있는 상품이라고 보기 어려워 결국 (가)호 표장은 '교자상'에 관하여 등록된 상표라고 할 수 없으므로, 원고의 이 사건 심판의 청구는 등록상표에 대하여 청구된 것이 아니라 할 것이다.
따라서 원심이 상표의 동일성에 관한 법리를 오해한 위법은 있으나, 위와 같은 취지에서 심판 청구가 등록된 상표에 대하여 청구된 것임을 전제로 심판 청구를 부적법하다 하여 각하한 심결을 위법하다고 판단한 것은 결과적으로 정당하고, 거기에 상고이유로 주장하는 바와 같이 판결에 영향을 미치는 법리오해, 심리미진의 위법이 있다고 할 수 없다.

4. 그러므로 상고를 기각하고 상고비용은 패소자의 부담으로 하기로 하여 관여 대법관의 일치된 의견으로 주문과 같이 판결한다.

대법관 박재윤(재판장) 서성 이용우(주심) 배기원

23. 대법원 2010. 9. 9. 선고 2010후1466 판결【권리범위확인(상)】

[미간행]

【판시사항】

[1] 상표법 제2조 제1항 제6호에서 규정하는 '상품'의 의미 및 등록상표와 대비되는 표장이 상표로서 사용되고 있는지의 여부의 판단 기준

[2] 확인대상표장인 "기독교대한 하나님의성회 총회신문"이 등록상표인 "기독교대한하나님의성회 총회신문"의 권리범위에 속하지 아니한다는 소극적 권리범위확인을 구하는 사안에서, 위 확인대상표장은 상표로서 사용되었다고 본 원심판단을 수긍한 사례

【참조조문】

[1] 상표법 제2조 제1항 제6호, 제75조 [2] 구 상표법(2007. 1. 3. 법률 제8190호로 개정되기 전의 것) 제75조, 상표법 제2조 제1항 제4호, 제6호, 제3항, 제51조 제1항 제1호, 제2호

【참조판례】

[1] 대법원 1999. 6. 25. 선고 98후58 판결(공1999하, 1517)
대법원 2003. 4. 11. 선고 2002도3445 판결(공2003상, 1218)
대법원 2004. 5. 28. 선고 2002후123 판결
대법원 2008. 7. 10. 선고 2006후2295 판결

【전 문】

【원고, 상고인】 원고(소송대리인 변리사 조현석)

【피고, 피상고인】 재단법인 기독교대한하나님의성회 (소송대리인 변호사 김광년)

【원심 판결】 특허법원 2010. 4. 30. 선고 2010허258 판결

【주 문】

상고를 기각한다. 상고비용은 원고가 부담한다.

【이 유】

상고이유를 판단한다.

1. 상고이유 제1점에 대하여

가. 상표의 사용이라고 함은 상품 또는 상품의 포장에 상표를 표시하는 행위 등을 말하고, 여기에서 말하는 '상품'은 그 자체가 교환가치를 가지고 독립된 상거래의 목적물이 되는 물품을 의미한다(대법원 1999. 6. 25. 선고 98후58 판결, 대법원 2004. 5. 28. 선고 2002후123 판결 등 참조). 한편 등록상표와 대비되는 표장이 상표로서 사용되고 있는지의 여부는 사용물품과의 관계, 당해 표장의 사용태양(표시된 위치, 크기 등), 사용자의 의도와 사용경위 등을 종합하여 실제 거래계에서 그 표시된 표장이 상품의 식별표지로서 사용되고 있는지 여부를 종합하여 판단하여야 한다(대법원 2003. 4. 11. 선고 2002도3445 판결, 대법원 2008. 7. 10. 선고 2006후2295 판결 등 참조).

나. 위와 같은 법리에 비추어 기록을 살펴보면, 원고가 이 사건 등록상표

"기독교대한하나님의성회 총회신문"(등록번호 제742067호)의 권리범위에 속하지 않는다는 확인을 구하는 표장인 "기독교대한 하나님의성회 총회신문"(이하 '확인대상표장'이라고 한다)이 상표로서 사용되었다고 하는 원심의 판단은 정당한 것으로 수긍할 수 있고, 거기에 상고이유의 주장과 같이 상표의 사용에 관한 심리미진이나 판단누락 등의 위법이 있다고 할 수 없다.

2. 상고이유 제2점, 제3점에 대하여

원심이, 확인대상표장은 자기의 성명 또는 상호를 보통으로 사용하는 방법으로 표시하는 상표라고 할 수 없고, 사용상품의 보통명칭 또는 품질·효능·용도 등을 나타내는 기술적 표장이라고 할 수 없어서 상표법 제51조 제1항 제1호, 제2호에 해당되지 않는다고 판단한 것은 정당하고, 거기에 상고이유로 주장하는 바와 같은 심리미진 등의 위법이 없다.

3. 상고이유 제4점에 대하여

원고가 상표권자인 피고를 상대로 자신이 사용하는 확인대상표장이 이 사건 등록상표의 권리범위에 속하지 아니한다는 소극적 권리범위확인을 구하는 사건에서 피고가 확인대상표장이 이 사건 등록상표의 권리범위에 속한다고 주장하는 것을 두고 권리남용에 해당한다 할 수는 없으므로, 같은 취지의 원심의 판단은 정당하고, 거기에 상고이유로 주장하는 바와 같은 권리남용에 관한 심리미진 등의 위법이 없다.

4. 그러므로 상고를 기각하고, 상고비용은 패소자가 부담하도록 하여 관여 대법관의 일치된 의견으로 주문과 같이 판결한다.

대법관 김지형(재판장) 양승태 전수안 양창수(주심)

24. 대법원 2011. 2.24. 선고 2008후4486 판결 【권리범위확인(상)】

[공2011상,762]

【판시사항】

[1] 상표에 관한 권리확인심판절차에서 심결을 받은 경우, 심결취소소송의 근거와 소의 이익 판단 기준

[2] 갑 회사가 을 회사를 상대로 특허심판원에 상표권에 관한 소극적 권리범위확인심판을 제기하여 그 청구를 기각하는 심결이 있었는데 이후 을 회사가 갑 회사를 상대로 제기한 등록상표의 상표권 침해금지 등 민사소송에서 갑 회사 승소 판결이 선고되어

그대로 확정된 사안에서, 갑 회사에 유효하게 존속하는 위 심결의 취소를 구할 소의 이익이 여전히 있다고 한 사례

【판결요지】

[1] 상표에 관한 권리범위확인심판의 심결이 확정된 경우 그 심결이 민사·형사 등 침해소송을 담당하는 법원을 기속하지는 못한다고 하더라도, 상표법 제75조가 "상표권자·전용사용권자 또는 이해관계인은 등록상표의 권리범위를 확인하기 위하여 상표권의 권리범위 확인심판을 청구할 수 있다."고 규정하고, 상표법 제86조 제2항에 의하여 준용되는 특허법 제186조 제2항은 "심결에 대한 소는 당사자, 참가인 또는 당해 심판이나 재심에 참가신청을 하였으나 그 신청이 거부된 자에 한하여 이를 제기할 수 있다."고 규정하여 권리범위확인심판과 그 심결취소소송을 명문으로 인정하고 있는 이상, 상표에 관한 권리범위확인심판절차에서 불리한 심결을 받은 당사자가 유효하게 존속하고 있는 심결에 불복하여 심결의 취소를 구하는 것은 위 상표법의 규정에 근거한 것으로서, 상표권이 소멸되거나 당사자 사이의 합의로 이해관계가 소멸하는 등 심결 이후의 사정에 의하여 심결을 취소할 법률상 이익이 소멸되는 특별한 사정이 없는 한 심결의 취소를 구할 소의 이익이 있다.

[2] 갑 회사가 을 회사를 상대로 특허심판원에 상표권에 관한 소극적 권리범위확인심판을 제기하였으나 특허심판원이 확인대상표장이 등록상표의 권리범위에 속한다는 이유로 청구를 기각하는 심결을 하였는데, 이후 을 회사가 위 등록상표의 상표권 침해와 관련하여 제기한 민사소송에서 갑 회사 승소 판결이 선고되었고, 심결취소소송의 상고심 계속 중 위 민사 판결이 그대로 확정된 사안에서, 확정된 위 민사 판결은 위 심결취소소송을 담당하는 법원에 대하여 법적 기속력이 없으므로 갑 회사에 위 민사 판결이 확정되었음에도 불구하고 자신에게 불리한 위 심결을 취소할 법률상 이익이 있고, 달리 위 심결 이후 위 등록상표의 상표권이 소멸되었다거나 당사자 사이의 합의로 이해관계가 소멸되었다는 등 위 심결 이후 심결을 취소할 법률상 이익이 소멸되었다는 사정도 보이지 아니하므로, 갑 회사에 위 심결의 취소를 구할 소의 이익이 있다고 한 사례.

【참조조문】

[1] 상표법 제75조, 제86조 제2항, 특허법 제186조 제2항, 행정소송법 제12조 [2] 상표법 제75조, 제86조 제2항, 특허법 제186조 제2항, 행정소송법 제12조

【참조판례】

[1] 대법원 2009. 5. 28. 선고 2007후3318 판결대법원 2009. 5. 28. 선고 2007후3325 판결

【전 문】

【원고, 상고인】 교촌 에프 엔 비 주식회사 (소송대리인 변호사 황영주 외 1인)

【피고, 피상고인】 주식회사 하림 (소송대리인 법무법인(유한) 태평양 담당변호사 강용현 외 4인)

【원심 판결】 특허법원 2008. 10. 10. 선고 2008허6406 판결

【주 문】

원심 판결을 파기하고, 사건을 특허법원에 환송한다.

【이 유】

상고이유(상고이유서 제출기간이 경과한 후에 제출된 상고이유보충서 등의 기재는 상고이유를 보충하는 범위 내에서)를 판단한다.

상표에 관한 권리범위확인심판의 심결이 확정된 경우 그 심결이 민사·형사 등 침해소송을 담당하는 법원을 기속하지는 못한다고 하더라도, 상표법 제75조가 "상표권자·전용사용권자 또는 이해관계인은 등록상표의 권리범위를 확인하기 위하여 상표권의 권리범위 확인심판을 청구할 수 있다."고 규정하고, 상표법 제86조 제2항에 의하여 준용되는 특허법 제186조 제2항은 "심결에 대한 소는 당사자, 참가인 또는 당해 심판이나 재심에 참가신청을 하였으나 그 신청이 거부된 자에 한하여 이를 제기할 수 있다."고 규정하여 권리범위확인심판과 그 심결취소소송을 명문으로 인정하고 있는 이상, 상표에 관한 권리범위확인심판절차에서 불리한 심결을 받은 당사자가 유효하게 존속하고 있는 심결에 불복하여 심결의 취소를 구하는 것은 위 상표법의 규정에 근거한 것으로서, 상표권이 소멸되거나 당사자 사이의 합의로 이해관계가 소멸하는 등 심결 이후의 사정에 의하여 심결을 취소할 법률상 이익이 소멸되는 특별한 사정이 없는 한 심결의 취소를 구할 소의 이익이 있다(대법원 2009. 5. 28. 선고 2007후3325 판결 참조).

위 법리와 기록에 비추어 살펴보면, 원고가 2007. 3. 21. 피고를 상대로 특허심판원에 이 사건 소극적 권리범위확인심판을 제기하였으나 특허심판원이 2008. 4. 28. 확인대상표장이 이 사건 등록상표(등록번호: 제522414호)의 권리범위에 속한다는 이유로 청구를 기각하는 심결(이하 '이 사건 심결'이라 한다)을 한 점, 비록 피고가 이 사건 등록상표의 상표권 침해와 관련된 민사소송을 2006. 7. 11. 제기하여 2008. 7. 25. 원고 승소 판결이 선고되었고, 그 과정에서 이 사건 심결이 먼저 내려져 위 민사 판결에 고려될 수 있었으며 이 사건 심결취소소송의 상고심 계속 중 위 민사 판결이 2010. 5. 13. 그대로 확정되었다고 하더라도 여전히 원고에게 불리한 이 사건 심결이 유효하게 존속하고 있는 점, 확정된 위 민사 판결은 이 사건 심결취소소송을 담당하는 법원에 대하여 법적 기속력이 없으므로 원고는 위 민사 판결이 확정되었음에도 불구하고 자신에게 불리한 이 사건 심결을 취소할 법률상 이익이 있고, 달리 이 사건 심결 이후 이 사건 등록상표의 상표권이 소멸

되었다거나 당사자 사이의 합의로 이해관계가 소멸되었다는 등 이 사건 심결 이후 심결을 취소할 법률상 이익이 소멸되었다는 사정도 보이지 아니하는 점 등에 비추어 원고는 이 사건 심결의 취소를 구할 소의 이익이 있다고 할 것이다.

그럼에도 불구하고, 원심이 상표권의 권리범위확인심판은 심판청구인이 심판의 대상으로 삼은 구체적인 확인대상표장과의 관계에서 당해 등록상표의 효력이 미치는 범위에 관하여 현실적인 다툼이 계속되고 있고, 동일한 심판 대상에 대하여 가장 유효·적절한 분쟁해결수단인 침해금지청구나 손해배상청구와 같은 민사 본안소송의 판결이 내려지기 전에 그 권리범위의 속부를 확정할 실익이 있는 경우에 확인의 이익 내지 소의 이익이 있다는 전제에서 이 사건 심결취소소송은 소의 이익이 없다고 판단하고 말았으니, 원심 판결에는 권리범위확인심판에 있어서 심결취소소송의 소의 이익에 관한 법리를 오해하여 판결 결과에 영향을 미친 위법이 있고, 이 점을 지적하는 상고이유의 주장은 이유 있다.

그러므로 원심 판결을 파기하고 사건을 다시 심리·판단하도록 원심법원에 환송하기로 하여, 관여 대법관의 일치된 의견으로 주문과 같이 판결한다.

대법관 신영철(재판장) 박시환 안대희(주심) 차한성

25. 대법원 2010. 7. 22. 선고 2010후982 판결【권리범위확인(상)】

[미간행]

【판시사항】

상표등록이 무효가 된 경우, 그에 대한 권리범위확인심판을 청구할 이익은 물론 그 심결의 취소를 구할 소의 이익도 소멸하는지 여부(적극)

【참조조문】

상표법 제71조 제3항, 제75조

【참조판례】

대법원 2008. 12. 11. 선고 2006후3434, 3441(병합)3458(병합)3465(병합) 판결

【전 문】

【원고, 상고인】 원고 주식회사(소송대리인 특허법인 다래 담당변리사 박승문 외 4인)

【피고, 피상고인】 피고

【원심 판결】 특허법원 2010. 3. 5. 선고 2009허8300 판결

【주 문】

원심 판결을 파기하고, 이 사건 소를 각하한다. 소송총비용은 각자가 부담한다.

【이 유】

직권으로 판단한다.

상표권의 권리범위확인에 관한 청구는 현존하는 상표권의 범위를 확정하려는 데 그 목적이 있으므로 상표등록이 무효로 되었다면 그에 대한 권리범위확인심판을 청구할 이익은 물론 그 심결의 취소를 구할 소의 이익도 소멸된다[대법원 2008. 12. 11. 선고 2006후3434, 2006후3441(병합), 2006후3458(병합), 2006후3465(병합) 판결 등 참조].

기록에 의하면, 이 사건 등록상표(등록번호 제729819호)는 이 사건 소가 상고심에 계속 중 그 등록이 무효로 확정되었으므로, 이 사건 상표권은 처음부터 없었던 것으로 되었고, 따라서 이 사건 심판의 심결은 결과적으로 존속하지 않는 상표권을 대상으로 판단한 셈이 되어 위법한 것이라 하겠으나, 한편 이 사건 상표권이 소멸된 결과 이 사건 심판의 심결 취소를 구할 법률상 이익도 없어졌다고 할 것이어서 이 사건 소 자체가 부적법하게 되었다.

그러므로 원심 판결을 파기하고, 이 법원이 직접 재판하기로 하여 이 사건 소를 각하하며, 소송총비용은 각자가 부담하도록 하여 관여 대법관의 일치된 의견으로 주문과 같이 판결한다.

대법관 박시환(재판장) 차한성 신영철(주심)

26. 대법원 2011. 5. 26. 선고 2009후3572 판결【권리범위확인(상)】

[공2011하,1321]

【판시사항】

[1] 상표법 제51조 제1항 제2호의 '상품의 품질·효능·용도 등을 보통으로 사용하는 방법으로 표시하는 상표' 해당 여부의 판단 기준

[2] 확인대상표장 ""은 상표법 제51조 제1항 제2호의 '사용상품의 품질 등을 보통으로 사용하는 방법으로 표시하는 상표'에 해당하므로, 등록상표 ""와의 동일·유사 여부를 대비할 필요 없이 그 권리범위에 속하지 아니한다고 한 사례

【판결요지】

[1] 상표법 제51조 제1항 제2호의 '상품의 품질·효능·용도 등을 보통으로 사용하는 방법으로 표시하는 상표'에 해당하는지는 상표가 지니고 있는 관념, 사용상품과의 관계 및 거래사회의 실정 등을 감안하여 객관적으로 판단하여야 하고, 상표가 도안화되어 있더라도 전체적으로 볼 때 그 도안화의 정도가 일반인의 특별한 주의를 끌어 문자의 기술적 또는 설명적인 의미를 직감할 수 없는 등 새로운 식별력을 가질 정도에 이르

지 못하여 일반 수요자나 거래자들이 사용상품을 고려하였을 때 품질·효능·용도 등을 표시하고 있는 것으로 직감할 수 있으면 상표법 제51조 제1항 제2호의 상표에 해당한다.

[2] 확인대상표장 ""은 우리나라의 국어교육 수준을 참작할 때 'ᄎᆞᆷ'은 '참'의 고어로 일반인들에게 어렵지 않게 인식될 것으로 보이고, 전체적으로 볼 때 위와 같은 도안화의 정도만으로는 일반인의 특별한 주의를 끌어 문자의 기술적 또는 설명적인 의미를 직감할 수 없는 등 새로운 식별력을 가질 정도에 이르렀다고 할 수는 없으므로 일반 수요자나 거래자들에게 '참 맑은'이라는 문자로서 인식된다고 할 것이고, '참 맑은'은 확인대상표장의 사용상품인 '녹차(캔음료), 우롱차(캔음료), 둥글레차(캔음료), 홍차(캔음료), 옥수수수염차(캔음료), 배 및 복숭아 과실음료(캔음료), 식혜(캔음료)' 등에 사용될 경우에 일반 수요자나 거래자들에게 '매우 깨끗한, 잡스럽거나 더러운 것이 전혀 섞이지 않은'과 같이 사용상품의 품질 등을 나타내는 의미로 직감될 것으로 보이므로 위 확인대상표장은 상표법 제51조 제1항 제2호의 상표에 해당하여 지정상품을 '과일주스, 비알콜성 음료, 유장(유장)음료' 등으로 하는 등록상표 ""와의 동일·유사 여부를 대비할 필요도 없이 그 권리범위에 속하지 아니한다고 한 사례.

【참조조문】

[1] 상표법 제51조 제1항 제2호 [2] 상표법 제51조 제1항 제2호

【참조판례】

[1] 대법원 1990. 12. 11. 선고 90후175 판결(공1991, 482)
대법원 2002. 6. 11. 선고 2000후2569 판결(공2002하, 1705)
대법원 2010. 5. 13. 선고 2008후4585 판결(공2010상, 1165)

【전 문】

【원고, 피상고인】 주식회사 보성녹차 (소송대리인 특허법인 아주양헌 담당변리사 유공일)

【피고, 상고인】 주식회사 보성에프앤비 (소송대리인 법무법인 광장 담당변호사 김운호 외 1인)

【원심 판결】 특허법원 2009. 9. 4. 선고 2009허3077 판결

【주 문】

상고를 기각한다. 상고비용은 피고가 부담한다.

【이 유】

상고이유에 대하여 판단한다.

1. 상표법 제51조 제1항 제2호의 '상품의 품질·효능·용도 등을 보통으로 사용하는 방법으로 표시하는 상표'에 해당하는지 여부는 그 상표가 지니고 있는 관념, 사용상품과의 관계 및 거래사회의 실정 등을 감안하여 객관적으로 판단하여야 하는바, 상표가 도안화되어 있더라도 전체적으로 볼 때 그 도안화의 정도가 일반인의 특별한 주의를 끌어 문자의 기술적 또는 설명적인 의미를 직감할 수 없는 등 새로운 식별력을 가질 정도에는 이르지 못하여 일반 수요자나 거래자들이 사용상품을 고려하였을 때 품질·효능·용도 등을 표시하고 있는 것으로 직감할 수 있으면 위 제51조 제1항 제2호의 상표에 해당한다 (대법원 1990. 12. 11. 선고 90후175 판결, 대법원 2002. 6. 11. 선고 2000후2569 판결, 대법원 2010. 5. 13. 선고 2008후4585 판결 등 참조).
2. 위 법리와 기록에 비추어 살펴본다.

확인대상표장 ""은 오돌토돌한 형태의 네모난 테두리 안에, 'ᄎᆞᆷ'이라는 문자를 큰 글씨체로 하여 왼쪽에, '맑은'이라는 문자를 작은 글씨체로 하여 오른쪽에 세로로 각 배치하고, 이들 도형 및 문자를 모두 붉은 색으로 하여 구성한 표장이다. 그런데 우리나라의 국어교육 수준을 참작할 때 'ᄎᆞᆷ'은 '참'의 고어로 일반인들에게 어렵지 않게 인식될 것으로 보이고, 전체적으로 볼 때 위와 같은 도안화의 정도만으로는 일반인의 특별한 주의를 끌어 문자의 기술적 또는 설명적인 의미를 직감할 수 없는 등 새로운 식별력을 가질 정도에 이르렀다고 할 수는 없으므로, 확인대상표장은 일반 수요자나 거래자들에게 '참 맑은'이라는 문자로서 인식된다고 할 것이고, 확인대상표장의 실제 사용태양을 고려하더라도 이와 달리 볼 수 없다. 그리고 '참 맑은'은 확인대상표장의 사용상품인 "녹차(캔음료), 우롱차(캔음료), 둥글레차(캔음료), 홍차(캔음료), 옥수수수염차(캔음료), 배 및 복숭아 과실음료(캔음료), 식혜(캔음료)" 등에 사용될 경우에 일반 수요자나 거래자들에게 '매우 깨끗한, 잡스럽거나 더러운 것이 전혀 섞이지 않은'과 같이 사용상품의 품질 등을 나타내는 의미로 직감될 것으로 보인다.
따라서 확인대상표장은 사용상품의 품질 등을 보통으로 사용하는 방법으로 표시하는 상표법 제51조 제1항 제2호 소정의 상표에 해당하므로, 지정상품을 "과일주스, 비알콜성 음료, 유장(유장)음료" 등으로 하는 이 사건 등록상표 ""(등록번호 제734729호)와의 동일·유사 여부를 대비할 필요도 없이 그 권리범위에 속하지 아니한다.
같은 취지의 원심 판단은 정당한 것으로 수긍이 가고, 거기에 상고이유로 주장하는 바와 같은 상표법 제51조 제1항 제2호에 관한 법리오해 등의 위법이 없다.
그 밖에 피고가 상고이유에서 들고 있는 상표법 제51조 제1항 제1호에 관한 대법원판례들은 상표법 제51조 제1항 제2호가 문제되는 이 사건에 원용하기에 적절하지 아니하고, 원고와 피고 사이의 이 사건 등록상표에 대한 등록무효심판에서 그 등록이 무효가 아니라는 심결(특허심판원 2009. 4. 17.자 2008당3702 심결)이 확정되었다고 하여 그와 심판의 종류 및 원인사실이 다른 이 사건에 어떠한 법적 효력을 미치는 것도 아니다.

3. 그러므로 상고를 기각하고, 상고비용은 패소자가 부담하도록 하여 관여 대법관의 일치된 의견으로 주문과 같이 판결한다.

대법관 김능환(재판장) 이홍훈 민일영 이인복(주심)

27. 특허법원 2012. 8.24. 선고 2012허3008 판결【권리범위확인(상)】

[미간행]

【전 문】

【원 고】 원고(소송대리인 법무법인 여민 담당변호사 신영한 외 1인)

【피 고】 피고(소송대리인 법무법인 일산 담당변호사 이해진)

【변론종결】

2012. 8. 10.

【주 문】

1. 원고의 청구를 기각한다.
2. 소송비용은 원고가 부담한다.

【청구취지】

특허심판원이 2012. 3. 27. 2010당1562호 사건에 관하여 한 심결을 취소한다.

【이 유】

1. 기초사실

가. 이 사건 등록상표

(1) 등록번호/출원일/등록일 : 상표등록 (상표등록번호 생략)/2004. 1. 30./2005. 5. 26.

(2) 구성 :  (색채상표)

(3) 지정상품 : 상품류 구분 제21류의 법랑냄비, 비전기식 가열냄비, 사발, 비전기식 주전자, 화분

나. 확인대상표장

(1) 구성 : 

(2) 사용상품: 법랑냄비

다. 이 사건 심결의 경위

원고가 2010. 6. 17. 특허심판원에 피고를 상대로 확인대상표장이 이 사건 등록상표의 권리범위에 속한다고 주장하면서 권리범위확인심판을 청구하였고, 특허심판원은 이를 2010당1562호로 심리 후 2012. 3. 27. 확인대상표장은 상품의 장식을 위하여 디자인적으로 사용된 것으로서 출처를 나타내기 위한 상표로 사용된 것이 아니므로 이 사건 등록상표의 권리범위에 속하지 아니한다는 이유로 원고의 심판 청구를 기각하는 이 사건 심결을 하였다.

[인정근거] 갑 제1 내지 4호증, 변론의 전 취지

2. 원고의 주장 요지

확인대상표장은 사용상품에 상표법상 상표로서 사용되었고, 확인대상표장의 표장 및 사용상품이 이 사건 등록상표의 표장 및 지정상품과 서로 동일·유사하므로, 피고가 확인대상표장을 그 사용상품에 사용하는 것은 이 사건 등록상표의 권리범위에 속한다.

3. 확인대상표장이 이 사건 등록상표의 권리범위에 속하는지 여부

가. 판단기준

타인의 등록상표와 유사한 표장을 이용한 경우라고 하더라도 그것이 상표의 본질적인 기능이라고 할 수 있는 출처 표시를 위한 것이 아니라 순전히 디자인적으로만 사용되는 등으로 상표의 사용으로 인식될 수 없는 경우에는 등록상표의 상표권을 침해한 행위로 볼 수 없다 할 것인바(대법원 1997. 2. 14. 선고 96도1424 판결 참조), 통상 접시 등의 그릇의 앞면 내지 표면의 무늬나 장식으로 각종 꽃이나 과일 등의 문양이 사실적으로 묘사된 도형이 사용되는 경우가 많고, 이러한 상품의 수요자들은 접시 등을 구입함에 있어서 물건 자체의 형상과 모양뿐만 아니라 접시에 표현되어 있는 이러한 장식 등의 미적인 가치를 평가하여 상품을 선택·구입하며, 접시 등을 생산·판매하는 자들도 그 제조업체를 그릇의 뒷면에 별도로 표시하는 것이 일반적이라고 할 것이므로, 위와 같이 접시 등의 제품에 표현된 도형은 특별한 사정이 없는 한 기본적으로 그릇의 일면을 이루는 디자인이나 장식용 디자인에 불과할 뿐 상품 출처를 표시하기 위하여 사용되는 표장은 아니라고 봄이 상당하다(대법원 2001. 11. 25. 선고 2005후810 판결).

나. 구체적 판단

살피건대, 을 제1호증의 1 내지 6, 을 제2호증의 4, 5, 을 제3호증, 을 제7호증의 1 내지 3의 각 기재 및 영상과 변론의 전 취지에 의하여 인정되는 다음과 같은 사정,

즉, 확인대상표장과 같은 ‘’ 문양은 체코어로 ‘양파꽃’이라는 의미가 있는 ‘쯔비벨무스터(Zwiebelmuster)’라고 불리는 문양으로, 1740년경부터 유럽지역에서 사용되기 시작하여 지금까지 거의 변화없는 디자인으로 유럽 지역을 비롯해 전 세계에서 널리 사용되고 있는 문양으로서 각종 주방용품의 표면에 널리 사용되고 있으며 특히 법랑제품에 많이 사용되는 문양이고, 확인대상표장과 매우 유사하게 구성된 다양한 종류의 문양들이 사용된 각종 주방용품이 ‘쯔비멜무스터 법랑’ 등과 같은 명칭으로 다수 거래되고 있으며, ‘쯔비멜무스터’라는 단어가 이러한 문양이 사용된 각종 주방용품을 통칭하는 보통명사로도 사용되고 있는 점, 확인대상표장이 법랑냄비의 한쪽 손잡이 부분에서부터 다른 한쪽 손잡이 부분에 이르기까지 옆면 거의 전체에 넓게 배치되어 사용되는 점, 피고가 제품의 출처표시를 위하여 법랑냄비의 밑면에 ‘’과 같이 구성된 표장을 별도로 사용하고 있는 점, 접시나 냄비 등 주방용품의 경우 출처표시를 위한 표장은 사용시 눈에 잘 띄지 않는 밑면 등에 작게 표기하는 것이 일반적인 점, 수요자들은 ‘쯔비벨무스터’ 문양이 사용된 냄비 등 주방용품의 출처를 ‘쯔비벨무스터’ 문양이 아니라 주방용품의 밑면 등에 별도로 표시된 제조 또는 판매자의 표장을 통하여 인식할 것으로 보이는 점 등을 종합하여 보면, 확인대상표장은 냄비의 일면을 이루는 디자인이나 장식용 디자인에 불과할 뿐 상품 출처를 표시하기 위하여 사용되는 표장은 아니라고 봄이 상당하다 할 것이다.

다. 소결론

따라서 확인대상표장은 상품 출처를 표시내기 위한 상표로서 사용된 것이 아니므로 이 사건 등록상표의 권리범위에 속하지 아니한다.

4. 결 론

그러므로 이 사건 심결은 이와 결론을 같이 하여 적법하고, 그 취소를 구하는 원고의 청구는 이유 없으므로 이를 기각하기로 하여 주문과 같이 판결한다.

판사 배광국(재판장) 박민정 이헌

28. 대법원 2013. 2. 28. 선고 2012후3206 판결【권리범위확인(상)】

[공2013상,598]

【판시사항】

상표법 제73조 제1항 제3호, 제4항에서 규정하는 '등록상표의 사용' 여부의 판단방법과 상표권의 권리범위확인심판에서 확인대상표장이 상표로서 사용된 것인지 판단하는 방법의 차이

【판결요지】

불사용으로 인한 상표등록취소심판제도는 등록상표의 사용을 촉진하는 한편 그 불사용에 대한 제재를 가하려는 데에 목적이 있으므로, 상표법 제73조 제1항 제3호, 제4항에서 규정하는 '등록상표의 사용' 여부 판단에서는 상표권자 또는 사용권자가 자타상품의 식별표지로서 사용하려는 의사에 터 잡아 등록상표를 사용한 것으로 볼 수 있는지가 문제될 뿐 일반 수요자나 거래자가 이를 상품의 출처표시로서 인식할 수 있는지는 등록상표의 사용 여부 판단을 좌우할 사유가 되지 못한다. 반면에 상표권의 권리범위확인심판에서는 확인대상표장에 대하여 그 표장과 동일 또는 유사한 등록상표의 상표권의 효력이 미치는가를 거래상 상품 출처의 오인·혼동의 염려가 있는지에 의하여 확정하는 것이므로, 애당초 일반 수요자나 거래자가 확인대상표장을 장식용 디자인으로 인식할 뿐 상품의 출처표시로서 인식하기 어렵다면 확인대상표장이 상표로서 사용된 것이라고 볼 수 없다.

【참조조문】

상표법 제73조 제1항 제3호, 제4항, 제75조

【전 문】

【원고, 상고인】 원고(소송대리인 변호사 신영한)

【피고, 피상고인】 피고(소송대리인 법무법인 일산 담당변호사 이해진 외 2인)

【원심 판결】 특허법원 2012. 8. 24. 선고 2012허3008 판결

【주 문】

상고를 기각한다. 상고비용은 원고가 부담한다.

【이 유】

상고이유를 판단한다.

1. 원심은 그 판시의 법랑냄비에 표시된 확인대상표장은 일반 수요자나 거래자가 이를 보고 장식용 디자인으로 인식할 뿐 상품의 출처를 표시하는 것으로 인식하기 어려워 피고가 이를 상표로서 사용한 것이라고 할 수 없으므로, 확인대상표장은 이 사건 등록상표(상표등록번호 생략)의 권리범위에 속하지 않는다고 판단하였다.

   기록에 비추어 살펴보면, 이러한 원심의 판단은 정당한 것으로 수긍할 수 있고, 거기에 상고이유의 주장과 같이 상표권의 권리범위 판단에 관한 법리를 오해하여 필요한 심리

를 다하지 아니한 위법이 없다.

2. 한편 상고이유에서 원심 판결이 이에 상반되는 판결을 하였다고 지적한 대법원 2012. 5. 9. 선고 2011후4004 판결은 불사용으로 인한 상표등록취소심판 사건에 관한 것인바, 불사용으로 인한 상표등록취소심판제도는 등록상표의 사용을 촉진하는 한편 그 불사용에 대한 제재를 가하려는 데에 그 목적이 있으므로, 상표법 제73조 제1항 제3호, 제4항에서 규정하는 '등록상표의 사용' 여부 판단에 있어서는 상표권자 또는 그 사용권자가 자타상품의 식별표지로서 사용하려는 의사에 기하여 등록상표를 사용한 것으로 볼 수 있는지 여부가 문제될 뿐 일반 수요자나 거래자가 이를 상품의 출처표시로서 인식할 수 있는지 여부는 등록상표의 사용 여부 판단을 좌우할 사유가 되지 못한다. 반면에 상표권의 권리범위확인심판에서는 확인대상표장에 대하여 그 표장과 동일 또는 유사한 등록상표의 상표권의 효력이 미치는가 여부를 거래상 상품 출처의 오인·혼동의 염려가 있는지 여부에 의하여 확정하는 것이므로, 애당초 일반 수요자나 거래자가 확인대상표장을 장식용 디자인으로 인식할 뿐 상품의 출처표시로서 인식하기 어렵다면 확인대상표장이 상표로서 사용된 것이라고 볼 수 없다. 따라서 불사용으로 인한 상표등록취소심판 사건에 관한 위 대법원 판결은 이와 같이 상표 사용 여부의 판단방법을 달리하는 상표권의 권리범위확인심판에 관한 이 사건에 원용하기에 적절하지 아니하므로, 원심판결이 대법원 판례에 상반되는 판결을 하였다고 할 수 없다.
3. 그러므로 상고를 기각하고 상고비용은 패소자가 부담하도록 하여 관여 대법관의 일치된 의견으로 주문과 같이 판결한다.

대법관 박병대(재판장) 양창수 고영한 김창석(주심)

◇ 등록취소심판

29. 대법원 2005. 9. 29. 선고 2004후622 판결 【등록취소(상)】

[공2005.11.1.(237),1725]

【판시사항】

[1] 상표법 제73조 제1항 제3호, 제4항에서 말하는, 등록상표를 그 지정상품에 사용한 경우의 의미와 그 범위

[2] '새나라'와 'SAE NA RA'가 상하 2단으로 병기된 등록서비스표의 전용사용권자가 포장상자에 "
"과 "
" 두 표장을 사용한

것은 그 배열위치와 글자체의 차이에도 불구하고 거래통념상 등록서비스표 전체와 동일성이 있는 서비스표를 사용한 것으로 볼 수 있다고 한 사례

【판결요지】

[1] 상표법 제73조 제1항 제3호, 제4항에 의하면, 상표권자·전용사용권자 또는 통상사용권자 중 어느 누구도 정당한 이유 없이 등록상표를 그 지정상품에 대하여 취소심판청구일 전 계속하여 3년 이상 국내에서 사용하지 아니하였을 때에는 심판에 의하여 그 상표등록을 취소하도록 규정되어 있는바, 여기에서 등록상표를 그 지정상품에 사용하는 경우라 함은 등록상표와 동일한 상표를 사용한 경우를 말하고, 동일한 상표라고 함은 등록상표 그 자체뿐만 아니라, 거래 사회통념상 등록상표와 동일하게 볼 수 있는 형태의 상표를 포함하나, 유사상표를 사용한 경우는 포함되지 않고, 위 사용에는 등록된 상표와 동일한 상표를 사용하는 경우는 물론 거래통념상 식별표지로서 상표의 동일성을 해치지 않을 정도로 변형하여 사용하는 경우도 포함한다.

[2] '새나라'와 'SAE NA RA'가 상하 2단으로 병기된 등록서비스표의 전용사용권자가 포장상자에 "

"과 "

" 두 표장을 사용한 것은 그 배열위치와 글자체의 차이에도 불구하고 거래통념상 등록서비스표 전체와 동일성이 있는 서비스표를 사용한 것으로 볼 수 있다고 한 사례.

【참조조문】

[1] 상표법 제73조 제1항 제3호, 제4항[2] 상표법 제73조 제1항 제3호

【참조판례】

[1] 대법원 1992. 11. 10. 선고 92후650 판결(공1993상, 116)
대법원 1993. 5. 25. 선고 92후1950 판결(공1993하, 1884)
대법원 1995. 4. 25. 선고 93후1834 전원합의체 판결(공1995상, 1869)
대법원 2000. 5. 30. 선고 98후2955 판결(2000하, 1570)
대법원 2001. 4. 24. 선고 98후959 판결(공2001상, 1269)

【전 문】

【원고, 상고인】 롯데쇼핑 주식회사(소송대리인 변호사 신정치 외 3인)

【피고, 피상고인】 송민주(소송대리인 변리사 최석원)

【원심 판결】 특허법원 2004. 1. 30. 선고 2003허4863 판결

【주 문】

원심 판결을 파기하고, 사건을 특허법원에 환송한다.

【이 유】

1. 원심의 판단

원심 판결 이유에 의하면, 원심은 피고가 2002. 11. 30.로부터 3년 이내에 '새나라'와 'SAE NA RA'가 상하 2단으로 병기된 이 사건 등록서비스표(등록번호 제10177호)가 사용된 바 없다고 주장하면서 이 사건 등록서비스표의 등록취소를 구함에 대하여 먼저, 원고가 이 사건 등록서비스표의 전용사용권자인 장관순이 이 사건 등록서비스표를 사용하였다는 증거로 제출한 갑 제7, 8, 9호증의 영상에 나타난 포장상자, 비닐백, 냅킨에 인쇄되어 있는 서비스표는 이 사건 등록서비스표와 동일성이 있는 것으로 보이지만 위 포장상자, 비닐백, 냅킨의 각 실제 사용시기가 이 사건 심판청구일로부터 3년 이내의 기간에 해당하는지에 대하여는 이에 부합하는 증인 장관순의 증언은 믿기 어렵고, 달리 이를 인정할 증거가 없으며, 오히려 을 제1호증의 영상과 증인 장관순의 증언(앞에서 배척한 부분 제외)을 종합하면 장관순은 상당한 기간 동안 이 사건 등록서비스표와는 글자체와 문자의 배열 위치 등이 달라 동일성의 범주에 속한다고 하기 힘들고 유사한 표장에 불과하다고 보이는 "새나라치킨" 혹은 "SAE NARA CHICKEN"라고 인쇄되어 있는 포장상자를 사용한 사실을 알 수 있을 뿐이고, 다음으로 이 사건 등록서비스표의 통상사용권자들이 이 사건 등록서비스표를 사용하였다는 취지의 원고의 주장에 부합하는 증거인 갑 제12호증의 1, 갑 제17호증의 1, 갑 제19호증, 갑 제20호증의 각 영상에 나타난 간판 및 포장상자에 인쇄된 표장은 위에서 본 바와 같거나 혹은 이 사건 등록서비스표와는 글자체는 물론 문자의 배열 위치 등이 달라 유사한 표장에 불과하고, 위 각 표장이 인쇄된 간판이나 포장상자 등의 실제 사용시기가 이 사건 심판청구일로부터 3년 이내의 기간에 해당하는지에 대하여 이에 부합하는 증인 장관순의 증언은 믿기 어렵고, 달리 이를 인정할 증거가 없으며, 달리 이 사건 등록서비스표에 관한 통상사용권자들이 이 사건 등록서비스표와 동일성이 있는 표장을 위 기간 내에 닭요리전문점경영업에 사용하였다는 사실을 인정하기에 부족하고 달리 이를 인정할 증거가 없으므로, 이 사건 등록서비스표의 등록이 취소되어야 한다는 취지로 판단하였다.

2. 대법원의 판단

그러나 원심의 위와 같은 판단은 수긍하기 어렵다.

가. 상표법 제73조 제1항 제3호, 제4항에 의하면, 상표권자·전용사용권자 또는 통상사용권자 중 어느 누구도 정당한 이유 없이 등록상표를 그 지정상품에 대하여 취소심판청구일 전 계속하여 3년 이상 국내에서 사용하지 아니하였을 때에는 심판에 의하여

그 상표등록을 취소하도록 규정되어 있는바, 여기에서 등록상표를 그 지정상품에 사용하는 경우라 함은 등록상표와 동일한 상표를 사용한 경우를 말하고, 동일한 상표라고 함은 등록상표 그 자체뿐만 아니라, 거래 사회통념상 등록상표와 동일하게 볼 수 있는 형태의 상표를 포함하나, 유사상표를 사용한 경우는 포함되지 않고(대법원 2001. 4. 24. 선고 98후959 판결 참조), 위 사용에는 등록된 상표와 동일한 상표를 사용하는 경우는 물론 거래통념상 식별표지로서 상표의 동일성을 해치지 않을 정도로 변형하여 사용하는 경우도 포함한다(대법원 1992. 11. 10. 선고 92후650 판결 참조).

나. 원심이 배척하지 아니한 증인 장관순의 증언 부분과 을 제1호증의 영상에 의하면, 이 사건 등록서비스표의 전용사용권자인 장관순이 2001. 1.경부터 2001. 8.경까지 사용한 포장상자의 윗면에 "

"을, 옆면에 "

"을 가까이 인쇄해 놓은 사실이 인정되는바, 위 두 표장은 이 사건 등록서비스표의 한글 및 영문 부분을 어느 정도 도안화하면서 다른 단어를 부기한 것이기는 하지만, 그 도안화의 정도가 일반인의 특별한 주의를 끌 만큼 문자인식력을 압도한다거나 그 호칭과 관념을 직감할 수 없을 정도는 아니고, 위 사용표장의 구성 중 '치킨'이나 'CHInkEN'이라는 부분은 그 사용서비스업과 관련하여 식별력이 없는 구성인 점, 위 두 표장의 배치위치나 상자의 크기 등에 비추어 볼 때 일반 거래자나 수요자가 위와 같이 배치된 두 표장을 한 눈에 인식할 수 있는 점을 종합하면, 장관순이 위 포장상자에 위 표장들을 인쇄하여 사용한 것은 그 배열위치와 글자체의 차이에도 불구하고, 거래통념상 이 사건 등록서비스표 전체와 동일성이 있는 서비스표를 사용한 것이라고 봄이 상당하고 그에 따라 이 사건 등록서비스표는 이 사건 취소심판 청구일(2002. 11. 20.) 전 3년 이내에 국내에서 사용되었다고 보아야 함에도 불구하고, 원심이 위 포장상자에 사용된 표장이 이 사건 등록서비스표와 동일성이 없다면서 이 사건 등록서비스표에 상표법 제73조 제1항 제3호 소정의 등록취소사유가 있다고 판단하였음은 서비스표의 동일성에 관한 법리를 오해하여 판결의 결과에 영향을 미친 위법이 있고 이를 지적하는 상고이유 제2점은 이유 있다.

3. 그러므로 나머지 상고이유에 대하여 나아가 살필 것도 없이 원심 판결을 파기하고, 사건을 다시 심리·판단하게 하기 위하여 원심법원에 환송하기로 하여 관여 법관의 일치된 의견으로 주문과 같이 판결한다.

대법관 고현철(재판장) 윤재식(주심) 김영란

30. 대법원 2006. 10. 26. 선고 2005후2939 판결 【등록취소(상)】

[공2006.12.1.(263),2023]

【판시사항】

[1] 상표법 제73조 제1항 제3호, 제4항에서 규정하는 '등록상표의 사용'의 의미 및 상표권자 등이 등록상표에 다른 부분을 결합하여 상표로 사용한 경우, 그 결합된 부분이 단순히 식별력이 없거나 미약하다고 하여 실사용 상표가 거래사회의 통념상 등록상표와 동일하게 볼 수 있는 형태의 표장이라고 단정할 수 있는지 여부(소극)

[2] 실사용 상표 "POCACHIP" 및 "

"의 사용이 등록상표 "POCA"와 동일한 형태의 표장의 사용인지 여부(소극)

【판결요지】

[1] 상표법 제73조 제1항 제3호, 제4항에서 규정한 '등록상표의 사용'은 등록상표와 동일한 상표를 사용한 경우를 말하고, 여기서 '동일한 상표'는 등록상표 그 자체뿐만 아니라 거래사회의 통념상 등록상표와 동일하게 볼 수 있는 형태의 상표를 포함하는 것인바, 상표권자 등이 등록상표에 식별력이 없거나 미약한 부분을 결합하여 상표로 사용한 경우, 그 결합된 부분이 실제 사용된 상표에서 차지하는 비중, 등록상표와 결합되어 있는 정도, 위치 및 형태와 실사용 상표의 전체적인 구성, 형태, 음절수, 문법적 결합 및 그에 따른 일반 수요자나 거래자의 인식이나 언어습관 등 여러 사정에 의하여 거래사회의 통념상 그 결합 전의 등록상표와 동일하다고 볼 수 없는 외관·호칭·관념이 실사용 상표에 형성될 수 있으므로, 그 결합된 부분이 단순히 식별력이 없거나 미약하다고 하여 실사용 상표가 거래사회의 통념상 등록상표와 동일하게 볼 수 있는 형태의 표장이라고 단정할 수 없다.

[2] 지정상품을 '건과자, 비스킷' 등으로 하고, "POCA"로 구성된 등록상표와 '감자스낵' 제품에 실제로 사용된 실사용 상표 "POCACHIP" 및 "

"을 대비하면, 실사용 상표들의 'CHIP' 부분은 그 자체만으로는 일반 수요자나 거래자의 주의를 끌기 어렵지만 실사용 상표들의 'POCA' 부분과 아무런 간격 없이 동일한 크기와 형태로 일체 불가분적으로 결합되어 사용하고 있고, 그 결합으로 인한 음절수도 비교적 짧은 3음절에 불과하여 실사용 상표들은 일반 수요자나 거래자에 의하여 '포카'와 '칩' 부분으로 분리 호칭·관념되기보다는 '포카칩' 전체로 호칭·관념되어, 실사용 상표들은 'CHIP' 부분의 결합으로 거래사회의 통념상 "POCA"로 구성된 등록상표와 동일하다고 볼 수 없는 외관·호칭·관념을 형성하고 있으므로, 실사용 상표들을 등록상표의 지정상품에 사용한 사실이 있다 하더라도 등록상표와 동일한 형태의 표장의 사용이라고 할 수 없다.

【참조조문】

[1] 상표법 제73조 제1항 제3호, 제4항 [2] 상표법 제73조 제1항 제3호

【참조판례】

[1] 대법원 2005. 7. 15. 선고 2004후1588 판결(공2005하, 1367)

【전 문】

【원고, 피상고인】 롯데제과 주식회사 (소송대리인 유미 특허법인 담당변리사 최현석외 2인)

【피고, 상고인】 오리온스낵인터내셔널 주식회사(변경 전 상호: 오리온프리토레이 주식회사) (소송대리인 변리사 서원호외 3인)

【원심 판결】 특허법원 2005. 9. 29. 선고 2005허5341 판결

【주 문】

상고를 기각한다. 상고비용은 피고가 부담한다

【이 유】

상고이유를 판단한다.

상표법 제73조 제1항 제3호, 제4항에서 규정하는 '등록상표의 사용'이라 함은 등록상표와 동일한 상표를 사용한 경우를 말하고, 여기서 '동일한 상표'라고 함은 등록상표 그 자체뿐만 아니라 거래사회의 통념상 등록상표와 동일하게 볼 수 있는 형태의 상표를 포함한다고 할 것인바, 상표권자 등이 등록상표에 식별력이 없거나 미약한 부분을 결합하여 상표로 사용한 경우, 그 결합된 부분이 실제 사용된 상표(이하 '실사용 상표'라고 한다)에서 차지하는 비중, 등록상표와 결합되어 있는 정도, 위치 및 형태와 실사용 상표의 전체적인 구성, 형태, 음절수, 문법적 결합 및 그에 따른 일반 수요자나 거래자의 인식이나 언어습관 등 여러 사정에 의하여, 거래사회의 통념상 그 결합 전의 등록상표와 동일하다고 볼 수 없는 외관·호칭·관념이 실사용 상표에 형성될 수 있으므로, 그 결합된 부분이 단순히 식별력이 없거나 미약하다는 사정만으로는 실사용 상표가 거래사회의 통념상 등록상표와 동일하게 볼 수 있는 형태의 표장이라고 단정할 수 없다.

위 법리와 기록에 비추어 지정상품을 '건과자, 비스킷' 등으로 하고, "POCA"로 구성된 이 사건 등록상표(등록번호 제170841호)와 '감자스낵' 제품에 실제로 사용된 실사용 상표 "POCACHIP" 및 "

"을 대비하여 보면, 실사용 상표들의 'CHIP' 부분은 '잘게 썰어서 기름에 튀긴 요리'라는 뜻을 가지고 있어 그 자체만을 놓고 볼 때 그와 같은 과자류에 대한 관계에서 일반 수요자나 거래자의 주의를 끌기 어려운 면이 있으나, 실사

용 상표들의 'POCA' 부분과 아무런 간격 없이 동일한 크기와 형태로 일체 불가분적으로 결합되어 사용되고 있고, 그 결합으로 인한 음절수도 비교적 짧은 3음절에 불과하여 실사용 상표들은 일반 수요자나 거래자에 의하여 '포카'와 '칩' 부분으로 분리 호칭·관념되기보다는 '포카칩' 전체로 호칭·관념될 것으로 보이며, 피고 스스로도 실사용 상표 "POCACHIP" 내지 "포카칩 Photo POCACHIP PHOTO" 중 'POCACHIP' 부분의 한글음역에 해당하는 "포카칩"을 이 사건 등록상표와는 별개의 독립된 상표로 등록하여 사용하여 오고 있는 점 등을 종합하여 볼 때, 실사용 상표들은 'CHIP' 부분의 결합으로 인하여 거래사회의 통념상 이 사건 등록상표와 동일하다고 볼 수 없는 외관·호칭·관념을 형성하고 있다고 할 것이다. 따라서 피고가 실사용 상표들을 이 사건 등록상표의 지정상품에 사용한 사실이 있다 하더라도 이를 가리켜 이 사건 등록상표와 동일한 형태의 표장의 사용이라고 할 수 없다.

같은 취지의 원심의 판단은 정당하고, 거기에 상고이유의 주장과 같은 상표의 사용에 관한 법리오해 및 심리미진 등의 위법이 있다고 할 수 없다. 상고이유에서 들고 있는 대법원 판례들은 이 사건과 사안을 달리하는 것들로서 이 사건에 원용하기에 적절하지 않다.

그러므로 상고를 기각하고, 상고비용은 패소자가 부담하기로 하여 관여 대법관의 일치된 의견으로 주문과 같이 판결한다.

대법관 전수안(재판장) 고현철 양승태(주심) 김지형

31. 대법원 2007. 6.14. 선고 2005후1905 판결 【등록취소(상)】

[미간행]

【판시사항】

[1] 상표법 제73조 제1항 제3호에서 규정하는 불사용으로 인한 등록취소심판 사건에서 '지정서비스업'의 해석·판단 기준

[2] 등록서비스표가 상표법 제73조 제1항 제3호에 해당하지 않기 위해서는 소정 기간 내 국내에서 등록서비스표와 동일한 표장을 사용하여야 한다고 할 때, '동일함'의 범위

[3] 서비스표권자가 특정 회사에 자신의 '자동차생활' 월간지에 게재된 기사를 쿽 파일(Quark file)의 형태로 CD에 저장하여 제공하면서 그 CD를 포장한 상자 옆 부분에는 한글 '자동차생활'을, 윗 면에는 영문자 'Car Life'를 각 기재한 것은 등록서비스표 "자동차생활 CARLIFE"와 동일한 범주 내에 속하는 사용이라고 한 사례

【참조조문】

[1] 상표법 제73조 제1항 제3호 [2] 상표법 제73조 제1항 제3호 [3] 상표법 제73조 제1항 제3호

【참조판례】

[2] 대법원 2000. 5. 30. 선고 98후2955 판결(2000하, 1570)
대법원 2001. 4. 24. 선고 98후959 판결(공2001상, 1269)
대법원 2005. 9. 29. 선고 2004후622 판결(공2005하, 1725)

【전 문】

【원고, 피상고인】 원고(소송대리인 변리사 김유)

【피고, 상고인】 주식회사 자동차생활 (소송대리인 한양특허법인 담당변리사 김연수외 1인)

【원심 판결】 특허법원 2005. 6. 17. 선고 2004허4952 판결

【주 문】

원심 판결을 파기하고, 사건을 특허법원에 환송한다.

【이 유】

상고이유를 본다.

1. 피고가 뉴스공급업을 영위하였는지 여부

원심은 피고의 이 사건 등록서비스표 "자동차생활 CARLIFE"(등록번호 제22812호)가 그 지정서비스업 중 '뉴스공급업'에 사용되었는지에 관하여 판단함에 있어서, 통계청장이 고시한 한국표준산업분류에서 뉴스제공업이란 신문 또는 정기 간행물의 발행사, 방송사, 정보제공업자 등에 뉴스리포터, 뉴스사진 등을 공급하는 산업활동을 말하되, 그 사업체의 일상적인 활동으로 수행되는 뉴스제공, 신문 등의 판매활동은 제외하고 있고, 이 사건 뉴스공급업에서의 뉴스란 '새로운 일이나 아직 일반에 알려지지 않은 일 또는 소식'이라 할 것이므로 어느 정도 시사성이 있어야 한다는 점을 전제로 한 다음, 피고가 그 월간 잡지인 '자동차생활'에 기사를 게재하는 것이나, 피고의 자회사인 주식회사 카라이프넷(원심 판시 소외 회사, 이하 '소외 회사'라고만 한다)이 그 인터넷 사이트에 피고로부터 제공받은 기사를 등록하는 행위는 물론 피고가 월간 잡지 '자동차생활'의 발행을 위하여 취재 내지 편집한 기사를 잡지 발행 이후에 제공한 것은 시사성이 없다는 이유로 피고가 소외 회사에 기사를 제공한 행위도 모두 뉴스공급업을 영위한 것이 아니라고 판단하였다. 그러나 상표법 제73조 제1항 제3호에서 규정하는 불사용으로 인한 등록취소심판 사건에서 지정서비스업은 그 서비스의 목적, 성질은 물론 구체적 거래실정 등 거래사회의 통념에 따라 해석·판단하여야 하는바, 이 법리와 사전적(사전적)의미의 '뉴스'에는 '(TV·라디오

등 매스컴의) 뉴스, (새로운 사건의) 보도' 외 '정보, 기사' 등도 포함되는 점, 뉴스통신진흥에 관한 법률 제2조에서는 뉴스분야를 정치, 사회, 시사 분야 외 문화 분야까지 인정하고 있는 한편 기사발생의 시기를 한정하거나 다른 곳에 게재하였던 것은 제외한다는 등의 제한규정을 두고 있지 아니한 점, 또한 기록에 나타난 다음과 같은 구체적 사정, 즉 이 사건에 있어서 피고는 1984년경부터 자동차관련 정보 등을 전달하는 월간 잡지 '자동차생활'을 발행·판매하여 오면서 2000. 7. 18.경 그에 관한 것을 온라인상으로도 대량 보급·활성화하기 위하여 소프트웨어개발, 정보처리 및 정보제공업 등을 주된 사업목적으로 하는 소외 회사를 자회사로 설립한 다음 2001. 4.경 소외 회사와 사이에서 피고의 '자동차생활' 월간 잡지에 게재되었던 자동차관련 기사 등을 매달 정기적으로 제공하는 것에 관한 컨텐츠 제공 및 관련 인터넷 사이트 http://www.carlife.net/에 관한 양도계약을 체결(이하 '이 사건 계약'이라 한다)하고 이에 따라 실제적으로 피고의 '자동차생활'지에 게재되거나 게재하려고 편집해 둔 기사를 소외 회사에 대하여 제공해 온 점, 소외 회사는 이 사건 계약 당시 양수한 인터넷 사이트에 그와 같이 제공받은 기사 등을 올리면서 당해 기사의 머리 부분과 말미에 '자동차생활, Carlife'를 기재하여 기사 제공의 출처가 피고라는 점을 명확히 해 온 점, 또한 피고는 소외 회사로 하여금 피고의 월간지 자동차생활 등의 홍보를 위하여 최선을 다하도록 계약상 의무를 부과하고 제공기사의 저작자는 피고로 하되 대외적으로 이를 판매함에 있어서는 소외 회사의 이름으로 할 수 있도록 약정하고, 그로 인한 이익금은 매 분기말에 그 중 30%를 피고가 배당받기로 약정한 점, 소외 회사는 실제로 이 사건 계약에 따라 그 계약체결일인 2001. 4.경부터 이 사건 심판청구일 직전인 2003. 1.경까지 다수의 제3자들에게 피고로부터 제공받은 기사 등을 유상으로 판매하여 온 점 등을 모두 종합하여 보면, 적어도 피고가 소외 회사에 대하여 피고의 자동차생활 잡지에 게재된 기사 등을 매달 반복하여 제공해 온 행위는 이 사건 지정서비스업인 뉴스공급업을 영위한 것에 해당된다고 보아야 할 것이다.

따라서 이와 달리 판단한 원심은 상표불사용취소제도에 있어서의 지정서비스업에 관한 법리를 오해하였거나 그에 필요한 심리를 다하지 아니한 위법이 있다.

2. 피고의 실사용표장이 이 사건 등록서비스표와 동일한지 여부

등록서비스표가 상표법 제73조 제1항 제3호의 불사용 취소사유에 해당되지 아니하려면 그 소정 기간 내 국내에서 등록서비스표와 동일한 표장을 사용하였어야 하는데, 여기서의 '동일함'이란 등록서비스표 그 자체뿐만 아니라 거래사회 통념상 식별표지로서 서비스표의 동일성을 해치지 아니할 정도로 변형하는 경우도 포함된다(대법원 2005. 9. 29. 선고 2004후622 판결 등 참조).

원심이 적법하게 인정한 사실관계에 의하면, 피고가 소외 회사에 대하여 피고의 '자동차

생활' 월간지에 실렸던 기사를 쿼 파일(Quark file)형태로 CD에 저장하여 제공함에 있어서, 그 CD를 포장한 직사각형 상자곽의 옆 부분에는 한글로 된 '자동차생활'을 한 줄로, 상자곽의 윗면에는 영어로 된 'Car Life'가 포함된 것을 한 줄로 각 기재하였음을 알 수 있는바, CD를 포장한 것에 불과한 상자곽의 크기, 상자곽의 옆 부분을 가득 메울 정도인 한글 크기와 윗면에 단독으로 기재된 영문자의 크기 및 위치, 각 문자의 배열 구조가 한 눈에 들어오는 정도인 점 등에 비추어 보면, 거래사회의 통념상 피고의 위와 같은 표지의 사용은 한글과 영문이 상하 2단으로 결합된 이 사건 등록서비스표와 동일한 범주 내에 속하는 사용이라 할 것이다.

그럼에도 불구하고, 이 사건 등록서비스표가 그 동일성의 범주 내에서 사용된 바 없다고 판단한 원심은 서비스표의 동일성 범주 내의 사용에 관한 법리오해나 이에 필요한 심리를 다하지 아니한 위법이 있다.

3. 결 론

그러므로 원심 판결을 파기하고, 사건을 다시 심리·판단하게 하기 위하여 원심법원에 환송하기로 하여 관여 대법관의 일치된 의견으로 주문과 같이 판결한다.

대법관 안대희(재판장) 김영란 김황식(주심) 이홍훈

32. 대법원 1999. 9. 3. 선고 98후881, 898, 904, 911 판결 【상표등록취소】

[집47(2)특,160;공1999.10.15.(92),2090]

【판시사항】

[1] 상표법상 상표권자의 의미(=상표등록원부상 등록권리자로 기재되어 있는 자)

[2] 상표등록 취소심판청구시에는 불사용기간이 완성되지 아니하였으나 심리중에 불사용기간이 완성되거나 심판청구시에는 등록상표를 사용하고 있었으나 심판청구 후에 사용하지 아니하여 심리종결 전에 불사용기간이 완성된 경우, 당해 심판에서 그 상표등록을 취소할 수 있는지 여부(소극)

[3] 구 상표법 제73조 제1항 제1호 소정의 '상표권자가 타인에게 상표를 사용하게 한 경우'의 의미

【판결요지】

[1] 상표법 제41조 및 제56조 제1항 제1호의 규정에 비추어 보면, 상표법상 상표권자라 함은 상표등록원부상에 등록권리자로 기재되어 있는 자를 말한다고 보아야 할 것이고, 상표권을 양도받았으나 아직 그 이전등록을 마치지 아니한 양수인은 상표권자라고 할 수 없고 그 경우에는 상표등록원부상 등록권리자로 남아있는 양도인이 여전히

상표권자라 할 것이다.

[2] 구 상표법(1997. 8. 22. 법률 제5355호로 개정되기 전의 것) 제73조 제1항 제3호는 그 문언상 등록상표를 취소심판청구일 전 계속하여 3년 이상 국내에서 사용하지 아니한 경우에 적용되는 것이고, 피심판청구인은 그 심판청구일 전 3년 이내에 등록상표를 관계되는 지정상품에 사용하였음을 증명하면 그 상표등록의 취소를 면할 수 있는바(같은 조 제4항), 심판청구시에는 그 불사용의 기간이 완성되지 아니하였으나 심판청구사건의 심리중에 불사용기간이 완성된 경우, 또는 심판청구시에는 등록상표를 사용하고 있었으나 심판청구 후에 사용하지 아니하여 심리종결 전에 불사용기간이 완성되는 경우 그 상표등록은 당해 심판에서는 취소될 수 없다 할 것이다.

[3] 구 상표법(1997. 8. 22. 법률 제5355호로 개정되기 전의 것) 제73조 제1항 제1호에서 말하는 '상표권자가 타인에게 상표를 사용하게 한 경우'라 함은 상표권자가 타인으로 하여금 적극적인 행위로서 사용하게 한 경우를 말하고, 소극적 방임 내지 묵인은 이에 포함되지 아니한다고 할 것이다.

【참조조문】

[1] 상표법 제41조 , 제56조 제1항 제1호 [2] 구 상표법(1997. 8. 22. 법률 제5355호로 개정되기 전의 것) 제73조 제1항 제3호, 제4항 [3] 구 상표법(1997. 8. 22. 법률 제5355호로 개정되기 전의 것) 제73조 제1항 제1호(현행 삭제)

【참조판례】

[2] 대법원 1995. 12. 26. 선고 95후651 판결(공1996상, 562)

【전 문】

【심판청구인,상고인】 박경임 (소송대리인 변리사 류창희)

【피심판청구인,피상고인】 슈어프로덕츠 주식회사 (소송대리인 변리사 송만호 외 1인)

【원심심결】 특허청 항고심판소 1998. 1. 30.자 96항당329, 326, 327, 328 심결

【주 문】

상고를 기각한다. 상고비용은 심판청구인의 부담으로 한다.

【이 유】

상고이유를 판단한다.

1. 제1점에 대하여

구 상표법(1997. 8. 22. 법률 제5355호로 개정되기 전의 것, 이하 같다) 제41조는 상표권은 설정등록에 의하여 발생한다고 규정하고 있고, 같은 법 제56조 제1항 제1호는 상표권의 이전(상속 기타 일반승계에 의한 경우를 제외한다)은 이를 등록하지 아니하면 그 효력이 발생하지

아니한다고 규정하고 있어, 상표법상 상표권자라 함은 상표등록원부상에 등록권리자로 기재되어 있는 자를 말한다고 보아야 할 것이고, 상표권을 양도받았으나 아직 그 이전등록을 마치지 아니한 양수인은 상표권자라고 할 수 없고 그 경우에는 상표등록원부상 등록권리자로 남아있는 양도인이 여전히 상표권자라 할 것이다.

원심심결 이유에 의하면, 원심은 을 제2호증에 의하여 청구외 한국슈어프로덕츠 주식회사가 1992. 9. 9.경 싱가폴 소재 치킨 덴탈 프로덕츠(CHEEK.I.M DENTAL PRODUCTS)에게 이 사건 등록상표들을 부착하여 치과용 충전제 등을 수출한 사실을 인정하고, 여기에 구 상표법 제73조 제4항이 등록상표 또는 그 등록상표의 연합상표 중 어느 하나의 등록상표를 그 지정상품 중 1 이상에 대하여 심판청구일 전 3년 이내에 국내에서 정당하게 사용하였을 경우는 그 등록의 취소를 면할 수 있다고 규정하고 있는 점 등을 종합하여 보면, 이 사건 등록상표들은 이 건 심판청구일 전 3년 내에 사용되었다고 할 것이고, 한편 위 한국슈어프로덕츠 주식회사가 소외 성광수에게 이 사건 등록상표들의 상표권을 양도하였으나 위 성광수 앞으로 이전등록된 날인 1992. 9. 22. 이전은 위 한국슈어프로덕츠 주식회사가 이 사건 등록상표들의 상표권자라고 할 것이므로, 결국 위 한국슈어프로덕츠 주식회사가 위 1992. 9. 9.경 이 사건 등록상표들을 사용한 것은 상표권자에 의한 사용이라는 취지로 판단하였다.

기록에 비추어 살펴보면, 원심의 위와 같은 판단은 옳다고 여겨지고, 거기에 상고이유 주장과 같은 구 상표법 제73조 제1항 제3호에 관한 법리오해 등의 위법이 있다고 할 수 없다. 상고이유의 주장에서 내세우고 있는 대법원 판결들은 이 사건에 적용되는 상표법 시행전의 사안에 관한 것이거나 이 사건과는 사안이 다른 것이어서 원용하기에 적절한 것이 아니다. 상고이유의 주장은 받아들일 수 없다.

2. 제2점에 대하여

구 상표법 제73조 제1항 제3호는 그 문언상 등록상표를 취소심판청구일 전 계속하여 3년 이상 국내에서 사용하지 아니한 경우에 적용되는 것이고, 피심판청구인은 그 심판청구일 전 3년 이내에 등록상표를 관계되는 지정상품에 사용하였음을 증명하면 그 상표등록의 취소를 면할 수 있는바(같은 조 제4항), 심판청구시에는 그 불사용의 기간이 완성되지 아니하였으나 심판청구사건의 심리중에 불사용기간이 완성된 경우, 또는 심판청구시에는 등록상표를 사용하고 있었으나 심판청구 후에 사용하지 아니하여 심리종결 전에 불사용기간이 완성되는 경우 그 상표등록은 당해 심판에서는 취소될 수 없다 할 것이다(대법원 1995. 12. 26. 선고 95후651 판결 참조).

원심이 같은 취지에서 구 상표법 제73조 제1항 제3호가 상표불사용기간의 기산점에 대하여 '취소심판청구일 전'으로 규정하고 있으므로 심판청구 후 심리중에 불사용기간이 완성된 경우 그 등록상표는 취소될 수 없다고 판단한 조치는 옳다고 여겨지고, 거기에 상고이유 주장과 같은 법리오해, 심리미진의 위법이 있다고 할 수 없다.

3. 제3점에 대하여

원심심결 이유에 의하면, 원심은 갑 제3호증(수출면장 사본), 갑 제4호증(상품라벨 사본), 갑 제5호증(팸플릿 및 회원명부)의 각 기재를 종합하여 보면, 사용 당시 전용사용권자나 통상사용권자가 아닌 심판청구인 및 피심판청구인이 1994. 9. 6.경 및 1995. 4. 4.경 2회에 걸쳐 이 사건 등록상표들을 그 지정상품과 동일한 상품에 사용한 사실은 인정되나, 당시 이 사건 등록상표들의 상표권자인 위 한국슈어프로덕츠 주식회사(위 성광수의 오기로 보임)가 심판청구인 및 피심판청구인에게 이 사건 등록상표들을 사용하도록 허락하였다고 인정할 만한 아무런 증거가 없으므로 위 한국슈어프로덕츠 주식회사(역시 위 성광수의 오기로 보임)는 타인에게 이 사건 등록상표들과 동일 또는 유사한 상표를 그 지정상품과 동일·유사한 상품에 6개월 이상 사용하게 하였다고 볼 수 없다고 판단하였다.

기록에 비추어 살펴보면, 원심의 위와 같은 판단은 옳다고 여겨지고, 거기에 상고이유 주장과 같은 구 상표법 제73조 제1항 제1호에 관한 법리오해 등의 위법이 있다고 할 수 없다.

그리고 구 상표법 제73조 제1항 제1호에서 말하는 "상표권자가 타인에게 상표를 사용하게 한 경우"라 함은 상표권자가 타인으로 하여금 적극적인 행위로서 사용하게 한 경우를 말하고, 소극적 방임 내지 묵인은 이에 포함되지 아니한다고 할 것이다.

상고이유 주장은 모두 받아들일 수 없다.

4. 그러므로 상고를 기각하고 상고비용은 패소자인 심판청구인의 부담으로 하기로 관여 법관들의 의견이 일치되어 주문과 같이 판결한다.

대법관 조무제(재판장) 정귀호 김형선(주심) 이용훈

33. 대법원 2010. 9. 9. 선고 2010후1213 판결 【등록취소(상)】

[공2010하,1933]

【판시사항】

[1] 실사용상표 ""와 등록상표 "KATANA GOLF"는 거래사회의 통념상 동일한 상표에 해당하므로, 상표법 제73조 제1항 제3호의 상표등록 취소사유가 없다고 판단한 원심 판결을 수긍한 사례

[2] 심판절차에서 등록상표 중 일부 지정상품에 대하여 상표법 제73조 제1항 제3호의 상표등록 취소사유를 주장하였다가, 그 후의 심결취소소송 절차에서 상표법 제73조 제1항 제2호의 상표등록 취소사유를 추가로 주장할 수 있는지 여부(소극)

【판결요지】

[1] 실사용상표 ""는 등록상표 "KATANA GOLF"와 마찬가지로 '' 도형과 영문자 'KATANA' 및 'GOLF'를 모두 포함하고, 단지 도형과 영문자가 2단 배열에서 3단 배열로 변형된 정도에 불과하여 이들 상표는 거래사회의 통념상 동일한 상표에 해당하므로, 위 등록상표는 상표등록취소심판청구일 전 3년 이내에 국내에서 상표권자에 의하여 그 지정상품인 골프클럽에 사용된 것이어서 상표법 제73조 제1항 제3호의 상표등록 취소사유가 없다고 판단한 원심 판결을 수긍한 사례.

[2] 상표법 제73조 제1항 제2호의 상표등록취소 심판청구는 등록상표의 지정상품 전체에 대하여만 할 수 있고 그 일부에 대한 청구는 허용되지 않으므로, 심판절차에서 등록상표 중 일부 지정상품에 대하여 상표법 제73조 제1항 제3호의 상표등록 취소사유를 주장하였다가 그 후의 심결취소소송 절차에서 상표법 제73조 제1항 제2호의 상표등록 취소사유를 추가로 주장할 수는 없다.

【참조조문】

[1] 상표법 제73조 제1항 제3호 [2] 상표법 제73조 제1항 제2호, 제3호

【전 문】

【원고, 상고인】 주식회사 카타나골프(소송대리인 특허법인 다래 담당변리사 박승문외 4인)

【피고, 피상고인】 판-웨스트(피티이) 리미티드(소송대리인 변리사 박경재)

【원심 판결】 특허법원 2010. 3. 25. 선고 2009허7321 판결

【주 문】

상고를 기각한다. 상고비용은 원고가 부담한다.

【이 유】

상고이유를 판단한다.

1. **상고이유 제1점에 대하여**

원심 판결 이유에 의하면 원심은, 피고가 이 사건 심판청구일 전 3년 이내에 국내에서 ""(이하 '실사용상표'라 한다)를 골프클럽에 사용하였는데, 실사용상표는 이

사건 등록상표(등록번호 제429841호) “KATANA GOLF”와 마찬가지로 ‘ ’ 도형과 영문자 ‘KATANA’ 및 ‘GOLF’를 모두 포함하고 단지 도형과 영문자가 2단 배열에서 3단 배열로 변형된 정도에 불과하여 이들 상표는 거래사회의 통념상 동일한 상표에 해당하므로, 이 사건 등록상표는 이 사건 취소심판청구일 전 3년 이내에 국내에서 상표권자인 피고에 의하여 그 지정상품인 골프클럽에 사용되었다 할 것이어서 상표법 제73조 제1항 제3호의 상표등록 취소사유가 없다고 판단하였다.

기록에 비추어 살펴보면, 원심의 위와 같은 판단은 정당한 것으로 수긍이 가고, 거기에 상고이유로 주장하는 바와 같은 상표법 제73조 제1항 제3호에 관한 법리오해 등의 위법이 없다.

2. 상고이유 제2점에 대하여

상표법 제73조 제1항 제2호의 상표등록취소 심판청구는 등록상표의 지정상품 전체에 대하여만 할 수 있고 그 일부에 대한 청구는 허용되지 않으므로, 심판절차에서 등록상표 중 일부 지정상품에 대하여 상표법 제73조 제1항 제3호의 상표등록 취소사유를 주장하였다가 그 후의 심결취소소송 절차에서 상표법 제73조 제1항 제2호의 상표등록 취소사유를 추가로 주장할 수는 없다 .

위 법리와 기록에 비추어 살펴보면, 원심이 같은 취지에서, 이 사건 심판절차에서 이 사건 등록상표의 지정상품 중 일부인 상품류 구분 제28류의 지정상품에 대하여만 상표법 제73조 제1항 제3호의 상표등록취소심판을 청구하였다가 이 사건 심결취소소송에 이르러 비로소 상표법 제73조 제1항 제2호의 상표등록 취소사유를 추가로 주장할 수는 없다는 이유로, 이 사건 등록상표에 위 제2호의 취소사유가 있다는 원고의 주장은 더 나아가 살펴볼 필요 없이 받아들일 수 없다고 판단한 것은 정당한 것으로 수긍이 가고, 거기에 상고이유로 주장하는 바와 같은 상표법 제73조 제1항 제2호에 관한 법리오해의 위법이 없다.

3. 상고이유 제3점에 대하여

위에서 본 바와 같이 원고가 이 사건 심결취소소송 절차에서 상표법 제73조 제1항 제2호의 상표등록 취소사유를 추가로 주장할 수 없다고 한 원심의 판단이 정당한 이상, 원심이 이 사건 심결취소소송에서 위 취소사유를 추가로 주장할 수 있음을 전제로 하여 가정적으로 이 사건 등록상표에 상표법 제73조 제1항 제2호의 상표등록 취소사유가 없다고 판단한 부분에 대한 원고의 상고이유는 더 나아가 살펴볼 필요 없이 받아들일 수 없다.

4. 결 론

그러므로 상고를 기각하고 상고비용은 패소자가 부담하도록 하여, 관여 대법관의 일치된 의견으로 주문과 같이 판결한다.

대법관 차한성(재판장) 박시환(주심) 안대희 신영철

34. 대법원 2010. 10. 28. 선고 2010후1435 판결【등록취소(상)】

[공2010하,2197]

【판시사항】

[1] 민법 제406조 채권자취소권의 행사로 인한 사해행위의 취소와 일탈재산의 원상회복에 의하여 채무자가 직접 권리를 취득하는지 여부(소극)

[2] 상표등록취소심판의 보조참가인이 수익자 갑과 전득자 을을 상대로 한 별건 사해행위취소 청구 소송에서 승소확정 판결을 받고 상표등록취소 소송이 대법원에 계속된 후에 그 판결을 집행하여 갑과 을의 상표등록이 말소된 사안에서, 그 효력은 상표등록취소심판 청구인에게 미치지 아니하여 청구인에 대한 관계에서는 갑과 을이 여전히 상표권자로서 상표등록취소심판의 피청구인 적격을 갖는다고 판단한 사례

[3] 실사용 상표들인 "
", "", "", "", "", "", "
"이 일반 수요자나 거래자에게 등록상표인 "
"와 구별되는 별개의 독립된 표장으로 인식된다고 볼 수 없으므로, 위 실사용 상표들의 사용은 거래사회의 통념상 등록상표와 동일하게 볼 수 있는 형태의 상표의 사용에 해당함에도 이와 달리 본 원심판단에 상표의 동일성에 관한 법리오해의 위법이 있다고 한 사례

【판결요지】

[1] 민법 제406조의 채권자취소권의 행사로 인한 사해행위의 취소와 일탈재산의 원상회복은 채권자와 수익자 또는 전득자에 대한 관계에 있어서만 그 효력이 발생할 뿐이고 채무자가 직접 권리를 취득하는 것이 아니다.

[2] 상표등록취소심판의 보조참가인이 수익자 갑과 전득자 을을 상대로 한 별건 사해행위취소 청구 소송에서 승소확정 판결을 받고 상표등록취소 소송이 대법원에 계속된 후에 그 판결을 집행하여 갑과 을의 상표등록이 말소된 사안에서, 그 효력은 상표등록취소심판 청구인에게 미치지 아니하여 청구인에 대한 관계에서는 갑과 을이 여전히 상표권자로서 상표등록취소심판의 피청구인 적격을 갖는다고 판단한 사례.

[3] 실사용 상표들인 "소문난 삼부자", "소문난 삼부자", "소문난 삼부자", "소문난 삼부자김", "소문난 삼부자김", "소문난 삼부자김", "소문난 삼부자돌김"은 등록상표인 "삼부자"에 '소문난'이라는 문자 부분이 부가된 것인데, 부가된 문자 부분은 위 등록상표 부분보다 글자 크기가 작고, 그 상단에 위치하거나 일정한 간격을 두고 그 좌측에 경사지게 결합되어 있으며, 위 실사용 상표들 중 일부에서는 등록상표 부분과 색깔에 차이가 있는 등 그 사용 태양 자체로 일반 수요자나 거래자에게 부기적인 부분으로 인식될 것으로 보이고, '소문난'은 '사람들의 입에 오르내려 널리 알려져 있음'을 뜻하는 것으로 등록상표의 인지도나 명성 등을 강조하는 부기적인 표현에 불과하여 위 등록상표와 결합하여 등록상표와는 다른 새로운 관념이 형성된다고 볼 수도 없으므로, 위 실사용 상표들의 사용은 거래사회의 통념상 위 등록상표와 동일하게 볼 수 있는 형태의 상표의 사용에 해당함에도 이와 달리 본 원심판단에 상표의 동일성에 관한 법리오해의 위법이 있다고 한 사례.

【참조조문】

[1] 민법 제406조, 제407조 [2] 민법 제406조, 제407조, 상표법 제8조 제5항, 제73조 제1항 제3호 [3] 상표법 제73조 제1항 제3호

【참조판례】

[1] 대법원 2000. 12. 8. 선고 98두11458 판결(공2001상, 301)

【전 문】

【원고, 상고인】 원고(소송대리인 법무법인 해냄 담당변호사 유주상외 2인)

【피고, 피상고인】 **주식회사 효성코퍼레이션** (소송대리인 변리사 이우권)

【원심 판결】 **특허법원** 2010. 5. 6. **선고** 2010**허**234 **판결**

【주 문】

원심 판결을 파기하고, 사건을 특허법원에 환송한다.

【이 유】

상고이유를 판단한다.

1. 상고이유 제1점에 대하여

기록에 의하면, 피고가 이 사건 등록상표(등록번호 제285848호)의 지정상품인 '김' 등을 제

조·판매하는 영업에 종사하는 자임을 알 수 있으나, 피고가 이 사건 상표권의 공유자 중 1인인 소외 1의 지배 아래에 있는 자이어서 이 사건 상표권의 대항을 받을 염려가 없다고 볼 자료는 없다. 따라서 피고는 상표법 제73조 제1항 제3호의 불사용을 이유로 이 사건 등록상표의 등록취소심판을 청구할 수 있는 이해관계인에 해당한다고 볼 것이다.

한편, 민법 제406조의 채권자취소권의 행사로 인한 사해행위의 취소와 일탈재산의 원상회복은 채권자와 수익자 또는 전득자에 대한 관계에 있어서만 그 효력이 발생할 뿐이고 채무자가 직접 권리를 취득하는 것이 아니다(대법원 2000. 12. 8. 선고 98두11458 판결 등 참조). 따라서 원고가 소외 2 및 소외 1을 상대로 한 사해행위취소 청구 소송에서 승소확정 판결을 받고 이 사건 소송이 대법원에 계속된 후에 그 판결을 집행함에 따라 소외 2 및 소외 1의 이 사건 상표등록이 말소되었다고 하더라도 그 효력은 피고에게 미치지 아니하여 피고에 대한 관계에서는 소외 2 및 소외 1이 여전히 상표권자로서 이 사건 등록취소심판의 피청구인 적격을 가진다고 할 것이다.

이와 다른 취지의 상고이유의 주장은 받아들일 수 없다.

2 상고이유 제2점 및 제3점에 대하여

기록에 비추어 살펴보면, 이 사건 등록상표는 "삼부자"로 구성되어 있고, 원고가 이 사건 심판청구일 전 3년 이내에 상표권자 등에 의하여 사용된 사실이 있다고 주장하는 상표들(이하 '이 사건 실사용 상표들'이라고 한다)은 "소문난 삼부자", "소문난 삼부자", "소문난 삼부자", "소문난 삼부자김", "소문난 삼부자김", "소문난 삼부자김", "소문난 삼부자 돌김"으로 각 구성되어 있다.

이 사건 실사용 상표들은 이 사건 등록상표에 '소문난'이라는 문자 부분이 부가된 것인데, 부가된 문자 부분은 이 사건 등록상표 부분보다 글자 크기가 작고, 그 상단에 위치하거나 일정한 간격을 두고 그 좌측에 경사지게 결합되어 있으며, 이 사건 실사용 상표들 중 일부에서는 이 사건 등록상표 부분과 색깔에 차이가 있는 등 그 사용 태양 자체로 일반 수요자나 거래자에게 부기적인 부분으로 인식될 것으로 보인다. 나아가 '소문난'은 '사람들의 입에 오르내려 널리 알려져 있음'을 뜻하는 것으로 이 사건 등록상표의 인지도나 명성 등을 강조하는 부기적인 표현에 불과하다고 할 것이므로 이 사건 등록상표와 결합하여 이 사건 등록상표와는 다른 새로운 관념이 형성된다고 볼 수도 없다. 그 밖에 이 사건 실사용 상표들 중 일부에 부기된 '김' 내지 '돌김' 부분은 지정상품 자체를 지칭하는 것으로서 그 식별력이 인정되지 않는다.

따라서 이 사건 실사용 상표들이 일반 수요자나 거래자에게 이 사건 등록상표와 구별되는 별개의 독립된 표장으로 인식된다고 볼 수 없으므로, 이 사건 실사용 상표들의 사용은 거래사회의 통념상 이 사건 등록상표와 동일하게 볼 수 있는 형태의 상표의 사용에 해당한다고 할 것이다.

그럼에도 원심은 이 사건 등록상표에 '소문난'이 결합하여 이 사건 등록상표와는 다른 새로운 관념이 형성되었다는 이유로 이 사건 실사용 상표들과 이 사건 등록상표 사이에 동일성이 없다고 판단하였으니, 위와 같은 원심판단에는 상표의 동일성에 관한 법리를 오해하여 판결의 결과에 영향을 미친 위법이 있다고 할 것이다. 이 점을 지적하는 상고이유의 주장은 이유 있다.

3. 결 론

그러므로 원심 판결을 파기하고, 사건을 다시 심리·판단하도록 원심 법원에 환송하기로 하여 관여 대법관의 일치된 의견으로 주문과 같이 판결한다.

대법관 이인복(재판장) 이홍훈 김능환(주심) 민일영

35. 대법원 2011. 1. 27. 선고 2010후2407 판결 【등록취소(상)】

[공2011상,479]

【판시사항】

상표법 제73조 제1항 제3호의 불사용을 이유로 상표등록의 취소심판이 청구된 이후 상표권 양수인 또는 전용사용권자를 수익자로 하여 그 상표권 양도계약 또는 전용사용권 설정계약이 사해행위임을 이유로 이를 취소하는 판결이 확정된 경우, 그 사해행위취소 판결의 확정 전 상표권 양수인 또는 전용사용권자의 등록상표의 사용을 위 법조 소정의 상표권자 또는 전용사용권자로서의 등록상표의 사용이라고 할 수 있는지 여부(적극)

【판결요지】

상표법 제73조 제1항 제3호는 상표권자 또는 전용사용권자 등이 정당한 이유 없이 국내에서 등록된 상표를 지정상품에 사용하지 아니한 경우에 그 상표등록을 취소할 수 있도록 규정하고 있는바, 위 규정의 취지는 등록상표의 사용을 촉진함과 동시에 그 불사용에 대한 제재를 가하려는 데에 있다. 한편 채권자가 사해행위의 취소와 함께 수익자 또는 전득자로부터 책임재산의 회복을 명하는 사해행위취소의 판결을 받은 경우 그 취소의 효과는 채권자와 수익자 또는 전득자 사이에만 미치므로, 수익자 또는 전득자가 채권자에 대하여 사해행위의 취소로 인한 원상회복 의무를 부담하게 될 뿐, 채무자와 사이에서 그 취소로 인한 법률관계가 형성되거나 취소의 효력이 소급하여 채무자의 책임재산으로 회복되는 것은 아니다. 위와 같은 상표법 제73조 제1항 제3호의 규정 취지 및 사해행위취소의 효력 등에 비추어 볼 때, 상표법 제73조 제1항 제3호의 불사용을 이유로 상표등록의 취소심판이 청구된 이후 상표권 양수인 또는 전용사용권자를 수익자로 하여 그 상표권 양도계약 또는 전용사용권 설정계약이 사해행위임을 이유로 이를 취소하는 판결이 확정되었다고 하더라도 그 사해행위취소 판결의 확정 전 상표권 양수인 또는 전용사용권자의 등록상표의 사용을 위 법조 소정의 상표권자 또는 전용사용권자로서의 등록상표의 사용이 아니라고 할 수는 없다.

【참조조문】

상표법 제73조 제1항 제3호, 민법 제406조, 제407조

【참조판례】

대법원 1990. 7. 10. 선고 89후1240, 89후1257 판결(공1990, 1707)

대법원 2007. 4. 12. 선고 2005다1407 판결

【전 문】

【원고, 상고인】 원고 주식회사 (소송대리인 변리사 노완구 외 1인)

【피고, 피상고인】 피고 주식회사 (소송대리인 변리사 황의만 외 1인)

【원심 판결】 특허법원 2010. 7. 28. 선고 2010허1169 판결

【주 문】

상고를 기각한다. 상고비용은 원고가 부담한다.

【이 유】

상고이유에 대하여 판단한다.

1. 상고이유 제1, 2점에 대하여

상표법 제73조 제1항 제3호는 상표권자 또는 전용사용권자 등이 정당한 이유 없이 국내에서 등록된 상표를 지정상품에 사용하지 아니한 경우에 그 상표등록을 취소할 수 있도록 규정하고 있는바, 위 규정의 취지는 등록상표의 사용을 촉진함과 동시에 그 불사용에 대한 제재를 가하려는 데에 있다(대법원 1990. 7. 10. 선고 89후1240, 89후1257 판결 참조). 한편 채권자가 사해행위의 취소와 함께 수익자 또는 전득자로부터 책임재산의 회복을 명하는 사해행위취소의 판결을 받은 경우 그 취소의 효과는 채권자와 수익자 또는 전득자 사이에만 미치므로, 수익자 또는 전득자가 채권자에 대하여 사해행위의 취소로 인한 원상회복 의무를 부담하게 될 뿐, 채무자와 사이에서 그 취소로 인한 법률관계가 형성되거나 취소의 효력이 소급하여 채무자의 책임재산으로 회복되는 것은 아니다(대법원 2007. 4. 12. 선고 2005다1407 판결 참조). 위와 같은 상표법 제73조 제1항 제3호의 규정 취지 및 사해행위취소의 효력 등에 비추어 볼 때, 상표법 제73조 제1항 제3호의 불사용을 이유로 상표등록의 취소심판이 청구된 이후 상표권 양수인 또는 전용사용권자를 수익자로 하여

그 상표권 양도계약 또는 전용사용권 설정계약이 사해행위임을 이유로 이를 취소하는 판결이 확정되었다고 하더라도 그 사해행위취소 판결의 확정 전 상표권 양수인 또는 전용사용권자의 등록상표의 사용을 위 법조 소정의 상표권자 또는 전용사용권자로서의 등록상표의 사용이 아니라고 할 수는 없다.

원심 판결 이유에 의하면, 원심은 소외 1 주식회사가 2005. 5. 3. 피고와 사이의 2005. 4. 13.자 매매계약(이하 '이 사건 매매계약'이라고 한다)을 원인으로 하여 이 사건 등록상표(등록번호 제496543호)에 관한 상표권 이전등록을 마쳤다가 2009. 1. 5. 다시 피고에게 그 이전등록을 마쳐 준 사실, 소외 1 주식회사는 2009. 1. 13. 피고와 사이의 2009. 1. 2.자 전용사용권 설정계약(이하 '이 사건 전용사용권 설정계약'이라고 한다)을 원인으로 하여 이 사건 등록상표에 관한 전용사용권 설정등록을 마친 사실, 소외 1 주식회사는 2006년경부터 이 사건 심판청구일인 2009. 1. 23.까지 국내에서 이 사건 등록상표를 그 지정상품에 계속하여 사용한 사실, 한편 피고의 채권자인 소외 2 외 2인이 소외 1 주식회사를 상대로 이 사건 매매계약이 사해행위임을 이유로 하는 사해행위취소 청구소송을 제기하였고, 그 후 소외 2가 재차 소외 1 주식회사를 상대로 이 사건 전용사용권 설정계약이 사해행위임을 이유로 하는 사해행위취소 청구소송을 제기하였는데, 이 사건 매매계약에 관한 사해행위취소 청구소송의 승소 판결은 이 사건 상표등록의 취소심판이 특허심판원에 계속중 확정되었고, 이 사건 전용사용권 설정계약에 관한 사해행위취소 청구소송의 제1심 승소 판결에 대하여는 항소가 기각되어 상고심에 계속중인 사실을 인정한 다음, 이 사건 매매계약 및 이 사건 전용사용권 설정계약이 각 사해행위임을 이유로 취소되었다고 하더라도 그 취소가 확정되기 전 소외 1 주식회사가 이 사건 등록상표를 사용한 것은 상표권자 또는 전용사용권자로서의 사용이라고 판단하였다.

위 법리와 기록에 비추어 살펴보면, 위와 같은 원심의 판단은 정당한 것으로 수긍이 가고, 거기에 상고이유로 주장하는 바와 같은 사해행위취소의 효력에 관한 법리오해 등의 위법이 없다.

2. 상고이유 제3점에 대하여

원심은 이 사건 전용사용권 설정계약이 주주총회 특별결의를 거치지 않았으므로 무효라는 원고의 주장을 그 판시와 같이 배척하였는바, 위 주장은 원심 변론종결 당시까지 변론에 현출된 바 없고 그 후 제출된 참고서면에 비로소 기재된 내용일 뿐이어서 소송자료가 될 수 없음이 기록상 명백하므로, 이 부분 원심의 판단을 다투는 상고이유의 주장은 적법한 상고이유가 되지 못한다.

3. 결 론

그러므로 상고를 기각하고 상고비용은 패소자가 부담하게 하기로 하여 관여 대법관의 일치된 의견으로 주문과 같이 판결한다.

대법관 김능환(재판장) 이홍훈 민일영 이인복(주심)

36. 특허법원 2009. 8. 13. 선고 2009허2531 판결 【등록취소(상)】 상고

[각공2009하,1694]

【판시사항】

[1] 상표법 제73조 제6항에 정한 상표등록의 취소심판을 청구할 수 있는 '이해관계인'의 의미와 이에 해당하는지 여부의 판단 기준 시기(=심결시) 및 판단 방법

[2] 상표불사용을 원인으로 한 상표등록의 취소심판을 청구할 수 있는 이해관계인의 범위

[3] 상표등록의 취소심판청구 전후에 걸쳐 등록상표 " WHEELER 휠 러 "와 유사한 상표 " WHEELER ", " WHEELER "를 그 지정상품과 동일한 상품을 지정상품으로 하여 출원한 자의 경우, 특별한 사정이 없는 한 그 심판을 청구할 이해관계인에 해당한다고 한 사례

【판결요지】

[1] 상표법 제73조 제6항에서 말하는 '이해관계인'이란 일반적으로 취소되어야 할 등록상표의 존속으로 인하여 상표권자로부터 상표권의 대항을 받아 그 등록상표와 동일 또는 유사한 상표를 사용할 수 없게 됨으로써 피해를 받을 염려가 있거나 법률상 자신의 지위에 영향을 받을 것이 객관적으로 명백하여 그 등록상표의 소멸에 직접적이고도 현실적인 이해관계가 있는 사람을 말하고, 이해관계인에 해당하는지 여부는 심결 당시를 기준으로 판단하여야 한다. 그러나 등록상표의 소멸에 직접적이고도 현실적인 이해관계가 있는 자의 범위는 등록취소사유에 따라 개별적으로 검토하여야 한다.

[2] 상표불사용을 원인으로 한 취소심판에서 이해관계인의 범위에는, 등록상표권자로부터 상표권의 대항을 현실적으로 받은 자뿐 아니라 등록상표의 지정상품과 동종의 상품을 제조 또는 판매하는 영업에 종사하는 자, 등록상표와 동일·유사한 상표를 그 지정상품과 동일·유사한 상품을 지정상품으로 하여 출원한 자 등과 같이 등록상표와 동일 또는 유사한 상표를 그 지정상품과 동일 또는 유사한 상품에 사용하는 것이 객관적으로 추측될 수 있는 자라면, 그 심판청구가 부당한 이익을 얻기 위한 것으로

서 심판청구권의 남용에 해당하는 등의 특별한 사정이 없는 한, 원칙적으로 모두 포함된다.

[3] 상표등록의 취소심판청구 전후에 걸쳐 등록상표 "WHEELER 휠러"와 유사한 상표 "WHEELER", "WHEELER"를 그 지정상품과 동일한 상품을 지정상품으로 하여 출원한 자의 경우, 등록상표와 동일·유사한 상표를 그 지정상품과 동일·유사한 상품에 사용하리라는 것이 객관적으로 넉넉히 추측되므로, 특별한 사정이 없는 한 그 심판을 청구할 이해관계인에 해당한다고 한 사례.

【참조조문】

[1] 상표법 제73조 제6항 [2] 상표법 제3조, 제8조 제5항, 제73조 제6항 [3] 상표법 제73조 제6항

【참조판례】

[1] 대법원 2001. 4. 24. 선고 2001후188 판결(공2001상, 1278)
대법원 2006. 9. 14. 선고 2005후3291 판결(공2006하, 1764)
대법원 2009. 5. 28. 선고 2007후3301 판결(공2009하, 1038)

【전 문】

【원 고】 원고

【피 고】 피고(소송대리인 변리사 김석현)

【변론종결】

2009. 7. 16.

【주 문】

1. 특허심판원이 2009. 2. 27. 2008당2016호 사건에 관하여 한 심결을 취소한다.
2. 소송비용은 피고가 부담한다.

【청구취지】

주문과 같다.

【이 유】

1. 기초사실

가. 심결의 경위

원고는 2008. 7. 10. 피고를 상대로 특허심판원에 아래 나. 기재의 이 사건 등록상표

에 대하여 불사용을 원인으로 그 지정상품 중 제12류 “자전거, 자전거용 새들”에 관한 등록취소심판(이하 ‘이 사건 심판’이라 한다)을 청구하였다.

특허심판원은 이 사건 심판청구 사건을 2008당2016호로 심리한 다음, 2009. 2. 27. 이 사건 심판청구는 이해관계인에 의한 적법한 청구라고 볼 수 없다는 이유로 이를 각하하는 이 사건 심결을 하였다.

나. 이 사건 등록상표

(1) 등록번호/등록일/상표권자 : 제477555호/2000. 9. 20./피고

(2) 표장 : WHEELER 휠 러

(3) 지정상품 : 상품분류 제12류의 “자전거, 자전거용 새들”, 제25류의 “방수피복, 사이클선수운동복”

[인정근거] 다툼 없음

2. 쟁 점

이 사건의 쟁점은 원고가 이 사건 심판을 청구할 수 있는 이해관계인에 해당하는지 여부이다.

3. 쟁점에 대한 판단

가. 상표등록취소심판청구 적격이 있는 이해관계인의 의미

상표법 제73조는 제1항에서 상표등록취소사유를 규정하는 한편, 제6항에서 그 중 상표의 불사용(제3호), 상표권 등의 이전·공유에 관한 규정 위반(제4호) 및 조약당사국 등록 상표권자의 대리인 등에 의한 부당등록(제7호) 등을 원인으로 하는 경우에는 이해관계인에 한하여 취소심판을 청구할 수 있도록 하고 있다. 이 규정에서 말하는 ‘이해관계인’이란 일반적으로 취소되어야 할 등록상표의 존속으로 인하여 상표권자로부터 상표권의 대항을 받아 그 등록상표와 동일 또는 유사한 상표를 사용할 수 없게 됨으로써 피해를 받을 염려가 있거나 법률상 자신의 지위에 영향을 받을 것이 객관적으로 명백하여 그 등록상표의 소멸에 직접적이고도 현실적인 이해관계가 있는 사람을 말하고, 이해관계인에 해당하는지 여부는 심결 당시를 기준으로 판단하여야 한다(대법원 2006. 9. 14. 선고 2005후3291 판결).

그러나 등록상표의 소멸에 직접적이고도 현실적인 이해관계가 있는 자의 범위는 등록취소사유에 따라 개별적으로 검토하여야 한다. 상표법이 제73조 제6항에서 상표의 부정사용을 원인으로 한 취소심판청구(같은 조 제1항 제2호)는 누구든지 할 수 있는 것으로 하면서도 그보다 등록상표의 취소 필요성이 작다고 할 수 없는 상표불

사용의 경우에 취소심판 청구권자를 이해관계인으로 제한한 것은, 상표불사용을 원인으로 한 상표등록취소심결이 확정된 때에는 그 취소심판청구인에게 소멸된 등록상표와 동일 또는 유사한 상표를 그 지정상품과 동일 또는 유사한 상품에 대하여 우선적으로 등록받을 수 있는 권한을 부여하는 점(상표법 제8조 제5항)과 상표등록은 상표를 사용하는 자 또는 사용하고자 하는 자에 한하여 받을 수 있는 점(상표법 제3조)을 고려하여, 취소대상이 된 등록상표와 동일 또는 유사한 상표를 그 지정상품과 동일 또는 유사한 상품에 사용하는 것이 객관적으로 추측될 수 있는 자로 하여금 취소심판을 청구하게 함으로써 상표의 실사용자 아닌 자에 의한 상표등록을 방지하려는 데에 이유가 있다.

따라서 상표불사용을 원인으로 한 취소심판에서 이해관계인의 범위에는, 등록상표권자로부터 상표권의 대항을 현실적으로 받은 자뿐 아니라 등록상표의 지정상품과 동종의 상품을 제조 또는 판매하는 영업에 종사하는 자, 등록상표와 동일·유사한 상표를 그 지정상품과 동일·유사한 상품을 지정상품으로 하여 출원한 자 등과 같이 등록상표와 동일 또는 유사한 상표를 그 지정상품과 동일 또는 유사한 상품에 사용하는 것이 객관적으로 추측될 수 있는 자라면, 그 심판청구가 부당한 이익을 얻기 위한 것으로서 심판청구권의 남용에 해당하는 등의 특별한 사정이 없는 한, 원칙적으로 모두 포함된다고 할 것이다.

나. 원고의 이해관계인 해당 여부

(1) 갑 2, 4호증의 각 기재에 의하면, 원고는 2008. 7. 9. "WHEELER"(지정상품 : 자전거, 자전거용 새들 등)을, 2008. 7. 24. "WHEELER"(지정상품 : 자전거, 저전거용 새들 등)을 각각 출원한 사실이 인정되는바, 위 각 상표는 이 사건 등록상표와 유사하고, 그 지정상품은 이 사건 등록상표의 지정상품 일부와 동일하다.

위 인정사실에 의하면, 원고가 이 사건 등록상표와 동일·유사한 상표를 그 지정상품과 동일·유사한 상품에 사용하리라는 것이 객관적으로 넉넉히 추측되므로, 특별한 사정이 없는 한 원고는 이 사건 심판을 청구할 이해관계인에 해당한다.

(2) 이에 대하여 피고는, 원고가 이 사건 등록상표의 지정상품과 관련한 어떠한 사업도 하고 있지 않기 때문에 상표권자로부터 대항을 받을 염려가 없고, 원고가 이 사건 취소심판을 청구하기 하루 전에 "WHEELER" 상표를 출원한 것만으로는, 가사

그 후에 등록거절 취지의 의견제출통지서를 받았다고 하더라도, 이는 누가 보아도 상표법의 허점을 이용해 피고의 사업을 방해하려는 숨은 의도가 있는 것이므로 이 사건 심판을 청구할 이해관계인에 해당하지 않는다고 주장한다.

살피건대, 원고가 이 사건 심판청구 전후에 걸쳐 이 사건 등록상표와 유사한 상표를 그 지정상품과 동일한 상품을 지정상품으로 하여 출원한 이상 원고로서는 이 사건 등록상표와 동일·유사한 상표를 그 지정상품과 동일·유사한 상품에 사용할 의도를 객관적으로 표명하였다고 할 수 있을 뿐 아니라, 만약 이 출원이 이 사건 등록상표와 유사하다는 이유로 등록거절된다면 원고로서는 이 사건 등록상표의 존속으로 인하여 그 등록상표와 동일·유사한 상표를 그 지정상품과 동일·유사한 상품에 등록하여 사용할 수 없게 되는 피해를 받거나 법률상 자신의 지위에 영향을 받게 되고, 그 출원이 받아들여져 등록된다고 하더라도 선등록상표권자인 피고에 의하여 상표법 제71조 제1항 제1호, 제7조 제1항 제7호에 의한 등록무효심판이 제기됨으로써 상표등록이 무효로 될 수 있는 불안정한 지위에 처하게 되므로, 위 출원의 거절 여하에 따라 원고의 이해관계인 여부가 달라진다고 보는 것은 옳지 않다. 게다가 원고가 이 사건 등록상표와 유사한 상표를 출원한 다음날 이 사건 심판을 청구하였다는 것만으로 원고에게 상표법의 허점을 이용해 피고의 사업을 방해하려는 의도가 있다고 보기도 어렵다. 따라서 피고의 위 주장은 이유 없다.

4. 결 론

그렇다면 이 사건 심판청구는 이해관계인에 의한 적법한 청구임에도 이 사건 심결은 이와 결론을 달리하여 위법하므로, 그 취소를 구하는 원고의 청구는 이유 있어 인용한다.

판사 원유석(재판장) 성창익 곽민섭

37. 대법원 2002. 10. 22. 선고 2000후3647 판결【거절사정(상)】

[집50(2)특,525;공2002.12.15.(168),2903]

【판시사항】

상표등록취소심판 청구일 이전에 상표권자가 등록출원한 상표에 대하여 구 상표법 제7조 제5항이 적용되는지 여부(소극)

【판결요지】

구 상표법(1997. 8. 22. 법률 제5355호로 개정되기 전의 것) 제7조 제5항은 상표등록취소심결이 확정된 경우에는 취소심결의 확정 이전에 상표권자에 의하여 등록출원된 상표라고 하더라도 그 출원이 심판청구일 이후에 이루어졌을 때에는 그 상표의 등록을 허용하지 않음으로써 등록취소심판제도의 실효성을 확보하고자 하는 규정이므로, 등록취소심판청구일 이전에 상표권자가 등록출원한 상표에 대하여는 원칙적으로 위 규정이 적용되지 아니한다.

【참조조문】

구 상표법(1997. 8. 22. 법률 제5355호로 개정되기 전의 것) 제7조 제5항

【참조판례】

대법원 1990. 7. 10. 선고 89후2267 판결(공1990, 1711)

【전 문】

【원고, 피상고인】 마파 게엠베하, 굼미운트프라스틱베르케 (소송대리인 한양특허법인 담당변리사 김연수 외 1인)

【피고, 상고인】 특허청장

【원심 판결】 특허법원 2000. 11. 17. 선고 2000허6127 판결

【주 문】

상고를 기각한다. 상고비용은 피고의 부담으로 한다.

【이 유】

구 상표법(1997. 8. 22. 법률 제5355호로 개정되기 전의 것, 이하 같다) 제7조 제5항은 상표등록취소심결이 확정된 경우에는 취소심결의 확정 이전에 상표권자에 의하여 등록출원된 상표라고 하더라도 그 출원이 심판청구일 이후에 이루어졌을 때에는 그 상표의 등록을 허용하지 않음으로써 등록취소심판제도의 실효성을 확보하고자 하는 규정이므로, 등록취소심판청구일 이전에 상표권자가 등록출원한 상표에 대하여는 원칙적으로 위 규정이 적용되지 아니한다.

기록에 의하면, 롯데제과 주식회사가 1997. 9. 3. "NUK"와 같이 구성된 원고의 등록상표(등록번호 제152243호)에 대하여 구 상표법 제73조 제1항 제3호에 기하여 등록취소심판청구를 한 결과 1998. 5. 7. 위 등록상표의 등록을 취소하는 심결이 확정되었는데, 원고는 위 등록취소심판청구가 있기 전인 1997. 8. 1. "누크"와 같이 구성된 이 사건 출원상표의 등록출원을 한 사실이 인정되므로 구 상표법 제7조 제5항에 의하여 이 사건 출원상표의 등록을 거절할 수는 없다고 할 것이다.

따라서 이와 같은 취지로 판단한 원심은 정당하고 거기에 상고이유에서 주장하는 바와 같은 구 상표법 제7조 제5항에 관한 법리오해 등의 위법이 있다고 할 수 없다(상고이유에서 들고 있는 대법원 1990. 7. 10. 선고 89후2267 판결은 등록취소심결이 확정된 상표권자의 새로운 상표등록출원이 등록취소심판청구일 이후에 행하여진 경우에는 취소심결의 확정일 전에 출원되었다고 하더라도 구 상표법 제7조 제5항의 적용을 배제할 수 없다는 취지이므로 원심의 판단이 위

판례에 위반되지도 않는다).

그러므로 상고를 기각하고 상고비용은 패소자의 부담으로 하기로 하여 관여 대법관의 일치된 의견으로 주문과 같이 판결한다.

대법관 박재윤(재판장) 서성 이용우(주심) 배기원

38. 대법원 2009. 7. 23. 선고 2007후4434 판결【등록취소(상)】

[미간행]

【판시사항】

[1] 상표법 제73조 제1항 제6호에서 정한 상표등록의 취소심판을 청구할 수 있는 '이해관계인'의 의미 및 이에 해당하는지 여부의 판단 시기(=심결시)

[2] 상표법 제73조 제1항 제3호에 정한 '등록상표를 그 지정상품에 사용하고 있지 아니한 경우'의 의미 및 등록상표의 지정상품과 사용상품의 동일성 여부의 판단 기준 및 방법

【참조조문】

[1] 상표법 제73조 제1항 제3호, 제6호 [2] 상표법 제73조 제1항 제3호, 제4항

【참조판례】

[1] 대법원 2001. 4. 24. 선고 2001후188 판결(공2001상, 1278)대법원 2006. 9. 14. 선고 2005후3291 판결(공2006하, 1764)대법원 2009. 5. 28. 선고 2007후3301 판결(공2009하, 1038)[2] 대법원 2001. 1. 19. 선고 2000후3166 판결(공2001상, 572)대법원 2008. 5. 29. 선고 2006후2967 판결

【전 문】

【원고, 상고인】 원고 주식회사 (소송대리인 변리사 오세중)

【피고, 피상고인】 피고 주식회사 (소송대리인 변호사 황영주외 2인)

【원심 판결】 특허법원 2007. 10. 5. 선고 2007허2414 판결

【주 문】

상고를 기각한다. 상고비용은 원고가 부담한다.

【이 유】

상고이유(상고이유서 제출기간이 경과한 후에 제출된 상고이유보충서들은 상고이유를 보충하는 범위 내에서)를 판단한다.

1. 상표법 제73조 제1항 제3호에 따라 상표등록의 취소심판을 청구할 수 있는 같은 조 제6항 소정의 '이해관계인'이라 함은 취소되어야 할 등록상표의 존속으로 인하여 상표권자

로부터 상표권의 대항을 받아 그 등록상표와 동일 또는 유사한 상표를 사용할 수 없게 됨으로써 피해를 받을 염려가 있거나 법률상 자신의 지위에 영향을 받을 것이 객관적으로 명백하여 그 등록상표의 소멸에 직접적이고도 현실적인 이해관계가 있는 사람을 말하고(대법원 2001. 4. 24. 선고 2001후188 판결 참조), 이해관계인에 해당하는지 여부는 심결시를 기준으로 판단하여야 한다(대법원 2006. 9. 14. 선고 2005후3291 판결 참조).

위 법리와 기록에 비추어 살펴보면, 원심이 피고는 이 사건 등록상표(등록번호 제459664호)의 지정상품과 유사한 상품을 제조·판매하는 자로서 이 사건 등록상표와 유사한 상표를 등록받아 사용하고 있고, 원고가 피고의 등록상표에 대하여 무효심판을 청구하였다는 이유로, 피고가 이 사건 등록상표의 취소심판을 청구할 수 있는 이해관계인에 해당한다고 판단한 조치는 옳고, 거기에 상고이유에서 주장하는 바와 같은 상표등록취소심판청구의 이해관계인에 관한 법리오해 등의 위법이 없다.

2. 상표법 제73조 제1항 제3호, 제4항에 의하면, 상표권자·전용사용권자 또는 통상사용권자 중 어느 누구도 정당한 이유 없이 등록상표를 그 지정상품에 대하여 취소심판청구일 전 계속하여 3년 이상 국내에서 사용하지 아니하였을 때에는 심판에 의하여 그 상표등록을 취소하도록 규정하고 있는바, 여기에서 등록상표를 그 지정상품에 사용하고 있지 아니한 경우라 함은 등록상표를 지정상품 그 자체 또는 거래사회의 통념상 이와 동일하게 볼 수 있는 상품에 현실로 사용하지 아니한 때를 말한다 할 것이고, 지정상품과 유사한 상품에 사용한 것만으로는 등록상표를 지정상품에 사용하였다고 볼 수 없다(대법원 2001. 1. 19. 선고 2000후3166 판결 참조). 그리고 거래사회의 통념상 동일성 있는 상품인지 여부는 양 상품의 품질·용도·형상·사용방법·유통경로 및 공급자와 수요자 등 상품의 속성과 거래의 실정을 종합적으로 고려하여 객관적으로 판단하여야 한다(대법원 2008. 5. 29. 선고 2006후2967 판결 참조).

위 법리와 기록에 비추어 살펴보면, 이 사건 등록상표의 지정상품 중 '음료용 야채주스'와 원심 판시의 사용상품은 품질·용도·복용방법·유통경로·수요자의 범위 등 상품의 속성과 거래의 실정에서 동일하다고 할 수 없으므로, 원심이 원고가 원심 판시의 사용상품에 이 사건 등록상표를 사용한 것이 거래사회의 통념상 이 사건 등록상표의 지정상품 중 '음료용 야채주스'와 동일성 있는 물품에 대하여 등록상표를 사용한 것이라고 할 수 없다는 취지로 판단한 것은 정당하고, 거기에 상표등록취소제도에 있어 상품의 동일성에 관한 법리오해 등의 위법이 없다.

3. 원고는 상고이유서에서 이 사건 등록상표의 지정상품 중 '음료용 야채주스'를 제외한 나머지 지정상품(과실액, 생수, 광천수, 인공광천수, 과실시럽)에 대하여는 아무런 상고이유 주장을 하지 않고 있으며, 상고장에도 그 이유의 기재가 없다.

4. 그러므로 상고를 기각하고, 상고비용은 패소자가 부담하기로 하여 관여 대법관의 일치된 의견으로 주문과 같이 판결한다.

대법관 이홍훈(재판장) 김영란 김능환 차한성(주심)

39. 대법원 2010. 4. 15. 선고 2009후3329 판결【등록취소(상)】

[공2010상,936]

【판시사항】

[1] 상표권자가 등록상표에 대한 전용사용권자 또는 통상사용권자의 부정사용행위에 대하여 상당한 주의를 하였다고 하기 위한 요건 및 이에 대한 증명책임자(=상표권자)

[2] 상표권자가 통상사용권자들에게 브랜드 매뉴얼을 교부하고 그 준수 여부를 검사하여 시정을 요청하였다는 사정만으로는 상표법 제73조 제1항 제8호에서 정한 '상당한 주의의무'를 다하였다고 할 수 없다고 한 사례

【판결요지】

[1] 상표권자가 등록상표에 대한 전용사용권자 또는 통상사용권자의 부정사용행위에 대하여 상당한 주의를 하였다고 하기 위해서는 전용사용권자 또는 통상사용권자에게 오인·혼동행위를 하지 말라는 주의나 경고를 한 정도로는 부족하고, 사용실태를 정기적으로 감독하는 등의 방법으로 상표사용에 관하여 전용사용권자 또는 통상사용권자를 실질적으로 그 지배하에 두고 있다고 평가할 수 있을 정도가 되어야 하며, 그에 대한 증명책임은 상표권자에게 있다고 보아야 한다.

[2] 상표권자가 통상사용권자들에게 브랜드 매뉴얼을 교부하고 그 준수 여부를 검사하여 시정을 요청하였다는 사정만으로는 상표사용에 관하여 그들을 실질적으로 지배하에 두고 감독하고 있었다고 보기는 어려우므로, 상표법 제73조 제1항 제8호에서 정한 '상당한 주의의무'를 다하였다고 할 수 없다고 한 사례.

【참조조문】

[1] 상표법 제73조 제1항 제8호 [2] 상표법 제73조 제1항 제8호

【전 문】

【원고, 상고인】 라꼬스뜨(LACOSTE) (소송대리인 법무법인 광장 담당변호사 임성우외 5인)

【피고, 피상고인】 크로코다일 인터내셔날 프라이비트 리미티드 (소송대리인 법무법인 (유한) 태평양외 1인)

【원심 판결】 특허법원 2009. 8. 21. 선고 2009허2951 판결

【주 문】

원심 판결을 파기하고, 사건을 특허법원으로 환송한다.

【이 유】

상고이유(상고이유서 제출기간 경과 후에 제출된 상고이유보충서의 기재는 상고이유를 보충하는 범위 내에서)를 판단한다.

상표법 제73조 제1항 제8호는 전용사용권자 또는 통상사용권자가 지정상품 또는 이와 유사한 상품에 등록상표 또는 이와 유사한 상표를 사용함으로써 수요자로 하여금 상품의 품질의 오인 또는 타인의 업무에 관련된 상품과의 혼동을 생기게 한 경우를 상표등록 취소사유의 하나로 들면서, 다만 상표권자가 상당한 주의를 한 경우에는 그러하지 아니하다고 규정하고 있는바, 위 규정의 취지는 상표권자에게 사용권을 자유롭게 설정할 수 있도록 하는 대신에 사용권자에 대한 감독의무를 부과하여 사용권자에 의한 등록상표의 부정사용행위에 대해서도 그 등록상표를 취소할 수 있도록 함으로써 소비자의 이익을 보호함은 물론 다른 상표를 사용하는 사람의 영업상의 신용과 권익도 보호하려는 데 있다고 할 것이다. 이러한 취지에 비추어 볼 때, 상표권자가 등록상표에 대한 전용사용권자 또는 통상사용권자의 부정사용행위에 대하여 상당한 주의를 하였다고 하기 위해서는 전용사용권자 또는 통상사용권자에게 오인·혼동행위를 하지 말라는 주의나 경고를 한 정도로는 부족하고, 사용실태를 정기적으로 감독하는 등의 방법으로 상표사용에 관하여 전용사용권자 또는 통상사용권자를 실질적으로 그 지배하에 두고 있다고 평가할 수 있을 정도가 되어야 하며, 그에 대한 입증책임은 상표권자에게 있다고 보아야 한다.

원심 판결 이유에 의하면, 원심은 피고가 이 사건 등록상표에서 문자 부분이 빠져 있는 도형 상표를 별도로 등록하였고, 실사용상표가 위 도형 상표에 가까운 점, 통상사용권자들이 제품 라벨 등에 이 사건 등록상표와 동일한 표장을 부착한 점, 피고가 통상사용권자들에게 브랜드 매뉴얼을 교부하고 그 준수 여부를 검사하여 시정을 요청한 점 등을 근거로 피고가 이 사건 등록상표에 대한 통상사용권자들의 부정사용행위에 대하여 상당한 주의를 다하였다고 판단하였다.

그러나 위 법리에 비추어 볼 때, 통상사용권자들이 등록상표와 동일한 표장을 사용하더라도 그것이 부정사용에 해당한다면 위 규정에 의한 상표등록취소사유에 해당하므로, 통상사용권자들이 이 사건 등록상표에서 문자 부분이 빠져 있는 피고가 별도로 등록한 도형 상표에 가까운 상표를 사용하였다는 것이 피고의 사용감독의무 이행 여부를 판단하는 데 고려할 요소가 된다고 볼 수 없고, 통상사용권자들이 대상상표와 혼동을 초래하게 실사용상표를 사용한 이상 제품 라벨 등에 이 사건 등록상표와 동일한 표장을 부착하였다고 하여 대상상표와 혼동이 생길 염려가 없어졌다고 볼 것도 아니며, 통상사용권자들에게 브랜드 매뉴얼을 교부하고 그 준수 여부를 검사하여 시정을 요청하였다는 사정만으로는 상표사용에 관하여 그들을 실질적으로 지배하에 두고 감독하고 있었다고 보기는 어렵다고 할 것이다(오히려 원심이 인정한 사실에 의하면, 원고가 실사용상표 사용행위가 대상상표와 상품의 출처에 관하여 혼동을 생기게 하므로 실사용상표 사용행위를 중지하고 이 사건 등록상표와 같은 형태로 상표를 사용하라고 요구하였음에도 피고가 이에 응하지 않았다는 것이어서 피고가 대상상표의 상품과의 혼동을 방치한 것으로 볼 여지도 있다).

그럼에도 불구하고, 원심은 상표권자인 피고가 이 사건 등록상표에 대한 통상사용권자들의 부정사용행위에 대하여 상당한 주의의무를 다하였다고 판단하였으니, 원심 판결에는 상표법 제73조 제1항 제8호 소정의 상당한 주의의무에 대한 법리를 오해하여 판결에 영향을 미친 잘못이 있고 이를 지적하는 상고이유의 주장은 이유 있다.

그러므로 원심 판결을 파기하고, 사건을 다시 심리·판단하게 하기 위하여 원심법원으로 환송하기로 하여 관여 법관의 일치된 의견으로 주문과 같이 판결한다.

대법관 민일영(재판장) 김영란 이홍훈(주심) 김능환

40. 대법원 2000. 4. 25. 선고 97후3920 판결 【서비스표등록취소】

[공2000.6.15.(108),1304]

【판시사항】

[1] 등록상표의 이전이 있는 경우 상표법 제73조 제1항 제3호의 등록취소 요건인 상표의 불사용 기간은 이전등록시부터 계산하여야 하는지 여부(소극) 및 같은 호 소정의 '정당한 이유'의 의미

[2] 불사용의 상태가 상당기간 계속된 등록상표나 등록서비스표의 이전이 있는 경우, 그 불사용에 대한 '정당한 이유'를 판단함에 있어서 그 이전등록 이전의 계속된 불사용의 사정을 고려하여야 하는지 여부(적극)

【판결요지】

[1] 상표법 제73조 제1항 제3호에 의한 등록취소심판은 등록상표가 계속하여 3년 이상 정당한 이유 없이 사용되지 않음으로써 그 취소의 요건은 충족되고, 상표의 이전이 있는 경우라도 이전등록시부터 불사용의 기간을 계산하여야 하는 것이 아니라 할 것이며, 또 위 규정의 '정당한 이유'라 함은 질병 기타 천재 등의 불가항력에 의하여 영업을 할 수 없는 경우뿐만 아니라 법률에 의한 규제, 판매금지, 또는 국가의 수입제한조치 등에 의하여 부득이 등록상표의 지정상품이 국내에서 일반적, 정상적으로 거래할 수 없는 경우와 같이 상표권자의 귀책사유로 인하지 아니한 상표 불사용의 경우도 포함된다.

[2] 등록상표나 등록서비스표의 이전이 있는 경우, 그 상표나 서비스표의 양수인은 그 양수 당시 당해 상표나 서비스표의 사용상황 등을 조사하여 예컨대, 불사용의 상태가

상당기간 계속된 경우에는 그 등록이 장차 취소될 가능성이 있다는 점을 예상하고 양수하는 것으로 볼 것이고, 따라서 이러한 경우에 그 불사용에 대한 '정당한 이유'를 판단함에 있어서는 단지 당해 상표나 서비스표의 이전등록 이후의 사정만 참작할 것이 아니고 그 이전등록 이전의 계속된 불사용의 사정도 함께 고려함이 상당하다.

【참조조문】

[1] 상표법 제73조 제1항 제3호 [2] 상표법 제73조 제1항 제3호

【참조판례】

[1] 대법원 1982. 2. 23. 선고 80후118 판결(공1982, 383)대법원 1990. 6. 26. 선고 89후599 판결(공1990, 1579)대법원 1991. 12. 27. 선고 91후684 판결(공1992, 787)

【전 문】

【심판청구인,피상고인】 홍영표

【피심판청구인,상고인】 현희영

【참가인】 이명희

【원심심결】 특허청 1997. 10. 31.자 95항당308 심결

【주 문】

상고를 기각한다. 상고비용은 피심판청구인 현희영의 부담으로 한다.

【이 유】

상고이유를 본다.

구 상표법(1997. 8. 22. 법률 제5355호로 개정되기 전의 것, 이하 같다) 제73조 제1항 제3호에 의한 등록취소심판은 등록상표가 계속하여 3년 이상 정당한 이유 없이 사용되지 않음으로써 그 취소의 요건은 충족되고, 상표의 이전이 있는 경우라도 이전등록시부터 불사용의 기간을 계산하여야 하는 것이 아니라 할 것이며(대법원 1982. 2. 23. 선고 80후118 판결 참조), 또 위 규정의 '정당한 이유'라 함은 질병 기타 천재 등의 불가항력에 의하여 영업을 할 수 없는 경우뿐만 아니라 법률에 의한 규제, 판매금지, 또는 국가의 수입제한조치 등에 의하여 부득이 등록상표의 지정상품이 국내에서 일반적, 정상적으로 거래할 수 없는 경우와 같이 상표권자의 귀책사유로 인하지 아니한 상표 불사용의 경우도 포함된다고 할 것이다(대법원 1990. 6. 26. 선고 89후599 판결, 1991. 12. 27. 선고 91후684 판결 등 참조).

그리고 구 상표법 제2조 제2항에 의하여 위 규정은 서비스표에 관하여도 적용이 있다고 할 것이다.

기록에 의하면, 피심판청구인들이 원심에서 제출한 증거들만으로는 피심판청구인들이 이건 등록취소심판청구일 전 계속하여 3년 이상 국내에서 이 사건 등록서비스표(등록번

호 제14351호)를 사용하였다고 보기 어렵고 달리 이를 인정할 만한 증거가 없으며, 한편 피심판청구인 현희영은 1993. 10. 19.경 미국의 누메로 우노 프랜차이즈 코포레이션(NUMERO UNO FRANCHITE CORPORATINN)과의 사이에 한국에서 누메로 우노 피자 전문점을 운영하기로 하는 내용의 계약을 체결하고 같은 해 11월 15일 소외 정수일과 공동으로 소외 정종화로부터 이 사건 등록서비스표를 양도받은 후 소외 누메로우노퍼시픽프랜차이즈 주식회사(이하 '소외 회사'라 한다)를 설립하고 같은 날 그 대표이사가 된 사실, 소외 회사는 위 누메로 우노 피자 전문점(이 사건 등록서비스표의 지정서비스업의 하나이다)을 운영하기 위해 1994년 2월경 소외 서용식에게 서울 강남구 대치동 962의 21. 지상의 지하 1층 지상 3층 건물의 신축공사도급을 주었고, 같은 해 4월 18일경 보건사회부장관 앞으로 위 누메로 우노 프랜차이즈 코포레이션과 체결한 기술도입계약을 신고하여 같은 해 5월 10일 위 신고가 수리되었으며, 같은 해 6월경 피자소스샘플을 수입함과 아울러 같은 해 8월경에는 소외 한국 코카콜라(주)와의 사이에 콜라공급계약을 체결한 사실, 그리고 소외 회사는 이건 등록취소심판청구일(같은 해 8월 23일) 후인 같은 해 10월 7일 이 사건 등록서비스표에 관한 통상사용권설정등록을 마쳤고 같은 해 11월 26일경에는 위 대치동 소재 신축건물에 대한 준공검사를 받았으며 같은 해 12월 12일에는 강남구청장으로부터 일반 음식점 영업허가를 받아 피자 전문점을 운영하여 온 사실 등을 알 수 있는바, 등록상표나 등록서비스표의 이전이 있는 경우, 그 상표나 서비스표의 양수인은 그 양수 당시 당해 상표나 서비스표의 사용상황 등을 조사하여 예컨대, 불사용의 상태가 상당기간 계속된 경우에는 그 등록이 장차 취소될 가능성이 있다는 점을 예상하고 양수하는 것으로 볼 것이고, 따라서 이러한 경우에 그 불사용에 대한 '정당한 이유'를 판단함에 있어서는 단지 당해 상표나 서비스표의 이전등록 이후의 사정만 참작할 것이 아니고 그 이전등록 이전의 계속된 불사용의 사정도 함께 고려함이 상당하다 할 것이므로, 이 사건에 있어 피심판청구인들이 공동으로 이 사건 등록서비스표를 양수한 후 위 현희영이 바로 이 사건 등록서비스표를 사용할 의사로 소외 회사를 설립하여 그 대표이사가 된 다음 그 지정서비스업인 피자전문식당업을 영위하기 위하여 필요한 구체적인 준비행위에 착수하였다고 하여도, 그러한 사정만으로 피심판청구인들에게 그 불사용에 대한 귀책사유가 없다고 할 수는 없다 할 것이어서 이를 서비스표 불사용의 정당한 이유에 해당한다고 볼 수는 없다 할 것이다.

원심의 이유 설시에 다소 적절치 못한 점은 있으나 위와 같은 취지에서 이 사건 등록서비스표가 구 상표법 제73조 제1항 제3호의 규정에 해당하여 취소되어야 한다고 판단한 원심의 조치는 정당하고, 거기에 피심판청구인 현희영이 주장하는 바와 같은 서비스표 불사용의 정당한 이유에 관한 법리오해 등의 위법이 있음을 찾아 볼 수 없다.

그러므로 상고를 기각하고, 상고비용은 패소자의 부담으로 하기로 하여 관여 법관의 일치된 의견으로 주문과 같이 판결한다.

대법관 이임수(재판장) 이돈희 송진훈 윤재식(주심)

41. 대법원 2009. 5. 14. 선고 2009후665 판결【등록취소(상)】

[미간행]

【판시사항】

[1] 디자인이 될 수 있는 형상이나 모양인 상표의 경우, 상표로서의 사용에 해당하는 것으로 보기 위한 요건

[2] 받침접시 등의 상품에 표시된 실사용상표는 디자인이나 장식용 의장으로 사용된 것이 아니라 상품의 출처표시를 위하여 사용된 것으로서 상표의 사용으로 인정된다고 한 사례

[3] 상표법 제73조 제1항 제3호, 제4항에서 정한 '등록상표를 그 지정상품에 사용하는 경우'의 의미와 그 인정 범위

[4] 실사용상표 ""와 등록상표 ""가 단순히 특정의 단위 구성요소가 동일한 방향으로 연속적으로 배열된 원형의 도형상표라는 사정만으로는 서로 동일한 형태의 표장이라고 단정하기 어려우므로, 실사용상표가 등록상표와 동일한 녹색 계통의 색채로 되어 있다는 사정을 고려한다고 하더라도 그 단위 구성요소의 형상과 모양의 차이 등으로 인하여 사회통념상 등록상표와 동일하게 볼 수 있는 형태의 상표라고 할 수 없다고 한 사례

【참조조문】

[1] 상표법 제73조 제1항 제3호 [2] 상표법 제73조 제1항 제3호 [3] 상표법 제73조 제1항 제3호, 제4항 [4] 상표법 제73조 제1항 제3호, 제4항

【참조판례】

[1] 대법원 1997. 2. 14. 선고 96도1424 판결(공1997상, 830)
대법원 2000. 12. 26. 선고 98도2743 판결(공2001상, 406)
대법원 2003. 2. 14. 선고 2002후1324 판결(공2003상, 845)

[3] 대법원 1995. 4. 25. 선고 93후1834 전원합의체 판결(공1995상, 1869)
대법원 2000. 5. 30. 선고 98후2955 판결(공2000하, 1570)
대법원 2005. 9. 29. 선고 2004후622 판결(공2005하, 1725)

【전 문】

【원고, 피상고인】 원고 회사(소송대리인 변리사 박경재)

【피고, 상고인】 피고 주식회사

【주 문】

원심 판결을 파기하고, 사건을 특허법원으로 환송한다.

【이 유】

상고이유를 판단한다.

1. 제1점에 대하여

디자인과 상표는 배타적, 선택적인 관계에 있는 것이 아니므로 디자인이 될 수 있는 형상이나 모양이라고 하더라도 그것이 상표의 본질적인 기능이라고 할 수 있는 자타상품의 출처표시를 위하여 사용되는 것으로 볼 수 있는 경우에는 위 사용은 상표로서의 사용이라고 보아야 할 것이다(대법원 2000. 12. 26. 선고 98도2743 판결 참조).

위 법리와 기록에 비추어 살펴보면, 원심 판시 받침접시 등의 상품에 표시된 실사용상표는 순전히 디자인이나 장식용 의장으로 사용된 것이 아니라 상품의 출처표시를 위하여 사용된 것으로서 상표의 사용으로 인정된다고 본 원심의 판단은, 그 이유 설시에서 다소 적절하지 아니한 부분이 있으나 결과적으로 정당한 것으로 수긍할 수 있고, 거기에 상고이유에서 주장하는 바와 같은 상표적 사용에 관한 법리오해의 위법 등이 없다.

한편, 상고이유에서 들고 있는 대법원 판결들은 이 사건과 사안을 달리하므로 이 사건에 원용하기에 적절하지 않다.

2. 제2점에 대하여

(이 사건 등록상표)

가. 상표법 제73조 제1항 제3호, 제4항에 의하면, 상표권자·전용사용권자 또는 통상사용권자(이하 '상표권자 등'이라 한다) 중 어느 누구도 정당한 이유 없이 등록상표를 그 지정상품에 대하여 취소심판청구일 전 계속하여 3년 이상 국내에서 사용하지 아니하였을 때에는 심판에 의하여 그 상표등록을 취소하도록 규정되어 있는바, 여기에서 등록상표를 그 지정상품에 사용하는 경우라 함은 등록상표와 동일한 상표를 사용한 경우를 말하고, 동일한 상표라고 함은 등록상표 그 자체뿐만 아니라 거래 사회통념

상 등록상표와 동일하게 볼 수 있는 형태의 상표를 포함하나, 유사상표를 사용한 경우는 포함되지 않는다고 할 것이다(대법원 1995. 4. 25. 선고 93후1834 전원합의체 판결 참조).

나. 위 법리와 기록에 비추어 살펴보면, 오른쪽 그림과 같은 도형으로 구성된 이 사건 등록상표(등록번호 제450731호, 지정상품 '비금속제 받침접시, 비금속제 접시, 비금속제 찻잔' 등)의 통상사용권자인 주식회사 한미유나이티드는, 원형의 도형상표인 실사용상표(단, 원형의 도형 내부에 꽃이나 나비 등의 다른 문양이 합체되어 사회통념상 원형의 도형상표 자체로서의 동일성과 독립성이 상실된 표장은 제외됨)를 받침접시 등의 상품에 사용하였는바, 실사용상표를 이 사건 등록상표와 대비하여 보면, 실사용상표는 잎맥이 드러나는 세 갈래 잎 형상의 단위 구성요소 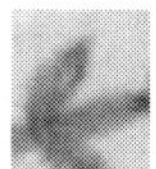 가  와 같이 동일한 방향으로 연속적으로 배열됨으로써 전체적으로 세 갈래 잎이 일렬로 연결되어 원형을 이루는 도형상표인 반면, 이 사건 등록상표는 잎맥이 보이지 않는 겹잎 또는 삼지창 형상의 단위 구성요소  가  와 같이 동일한 방향으로 연속적으로 배열됨으로써 전체적으로 야구공의 봉합선 모양 또는 겹잎이 일렬로 연결되어 원형을 이루는 도형상표로서, 양 상표는 단위 구성요소의 형상과 모양 및 전체적인 인상에서 현저한 차이가 있을 뿐만 아니라, 이 사건 등록상표의 지정상품과 동일 또는 유사한 상품에 관하여 특정의 단위 구성요소가 연속적으로 배열된 원형의 도형을 공통으로 하면서 단위 구성요소의 형상과 모양만을 약간씩 변형한 도형상표가 다수 등록이 되어 있고, 특히 이 사건 등록상표의 상표권자인 원고는 실사용상표와 같은 세 갈래의 잎 형상을 단위 구성요소로 하는 원형의 도형상표에 대하여 이 사건 등록상표와 별개로 상표등록(등록번호 제40520호)을 받은 점에 비추어 볼 때, 실사용상표와 이 사건 등록상표가 단순히 특정의 단위 구성요소가 동일한 방향으로 연속적으로 배열된 원형의 도형상표라는 사정만으로는 서로 동일한 형태의 표장이라고 단정하기 어려우므로, 결국 실사용상표는 그 단위 구성요소의 형상과 모양의 차이 등으로 인하여 거래 사회통념상 이 사건 등록상표와 동일하게 볼 수 있는 형태의 상표라고 할 수 없다.

또 상표법 제91조의2 제1항은 제73조 제1항 제3호의 등록상표에는 그 등록상표와 유사한 상표로서 색채를 등록상표와 동일하게 하면 등록상표와 동일한 상표라고 인정되는 상표를 포함한다고 규정하여 상표권자 등이 등록상표와 색채만 다른 상표를 사용한 경우에도 등록상표와 동일한 상표를 사용한 것으로 보고 있으므로, 원심이 인정한 바와 같이 실사용상표가 이 사건 등록상표와 동일한 녹색 계통의 색채로 되어 있다는 사정을 더 고려한다고 하더라도, 양 상표가 동일한 상표에 해당하지 않는다고 본 앞서의 판단이 달라지는 것은 아니다.

다. 그럼에도, 원심은 이와 달리 그 판시와 같은 이유로 이 사건 등록상표의 지정상품에 사용된 실사용상표가 이 사건 등록상표와 동일하게 볼 수 있는 형태의 표장에 해당한다는 취지로 판단하였는바, 원심의 위와 같은 판단에는 불사용으로 인한 상표등록 취소제도에 있어 등록상표의 사용에 관한 법리를 오해하여 판결에 영향을 미친 위법이 있다. 이를 지적하는 상고이유의 주장은 이유 있다.

3. 결 론

그러므로 나머지 상고이유에 대한 판단을 생략한 채 원심 판결을 파기하고, 사건을 다시 심리·판단하게 하기 위하여 원심법원으로 환송하기로 하여 관여 법관의 일치된 의견으로 주문과 같이 판결한다.

대법관 차한성(재판장) 김영란 이홍훈(주심) 김능환

42. 대법원 2000. 10. 24. 선고 99후345 판결【등록취소(상)】

[공2000.12.15.(120),2464]

【판시사항】

[1] 구 상표법 제73조 제1항 제3호 소정의 '등록상표를 그 지정상품에 사용하고 있지 아니한 경우'의 의미 및 상표권자가 등록상표의 동일성을 해하지 아니하는 범위 내에서 색상이나 글자꼴을 변경한다든가 그 상표에 요부가 아닌 기호나 부기적 부분을 변경하여 사용하는 경우, 동일한 상표의 사용에 해당하는지 여부(적극)

[2] 등록상표의 일부인 "SCABAL"을 "MADE BY J. MOBANG SCABAL"로 기재하여 사용한 경우, 위 "SCABAL"은 거래통념상 등록상표와 동일하게 볼 수 있는 형태의 사용에 해당한다고 한 사례

【판결요지】

[1] 구 상표법(1997. 8. 22. 법률 제5355호로 개정되기 전의 것) 제73조 제1항 제3호에서 등록상표를 그 지정상품에 사용하고 있지 아니한 경우라 함은 상표권자가 등록상표 그 자체 또는 거래사회통념상 등록상표와 동일하게 볼 수 있는 형태의 상표를 현실로 사용하지 아니한 때를 말한다 할 것이고 등록상표와 유사한 상표를 사용하였다는 것만으로는 부족하다 할 것이나, 상표권자가 등록상표의 동일성을 해하지 아니하는 범위 내에서 그 색상이나 글자꼴을 변경한다든가, 그 상표에 요부가 아닌 기호나 부기적 부분

을 변경하여 사용한다 하더라도 이를 동일한 상표의 사용이 아니라고 할 수는 없다.

[2] 등록상표의 일부인 "SCABAL"을 "MADE BY J. MOBANG SCABAL"로 기재하여 사용한 경우, 위 "SCABAL"은 거래통념상 등록상표와 동일하게 볼 수 있는 형태의 사용에 해당한다고 한 사례.

【참조조문】

[1] 구 상표법(1997. 8. 22. 법률 제5355호로 개정되기 전의 것) 제73조 제1항 제3호 , 제4항

[2] 구 상표법(1997. 8. 22. 법률 제5355호로 개정되기 전의 것) 제73조 제1항 제3호

【참조판례】

[1] 대법원 1992. 10. 27. 선고 92후605 판결(공1992, 3302)대법원 1992. 11. 10. 선고 92후650 판결(공1993상, 116)대법원 1993. 11. 12. 선고 92후2083 판결(공1994상, 94)대법원 1994. 11. 8. 선고 93후2059 판결(공1994하, 3275)대법원 1995. 4. 25. 선고 93후1834 전원합의체 판결(공1995상, 1869)대법원 1998. 12. 22. 선고 97후3319, 3326 판결(공1999상, 239)

【전 문】

【원고, 피상고인】 황순택 (소송대리인 변리사 김영화)

【피고, 상고인】 스카발 쏘시에떼 아노님 (소송대리인 변리사 노완구)

【원심 판결】 특허법원 1999. 1. 21. 선고 98허8496 판결

【주 문】

상고를 기각한다. 상고비용은 피고의 부담으로 한다.

【이 유】

상고이유를 본다.

구 상표법(1997. 8. 22. 법률 제5355호로 개정되기 전의 법률) 제73조 제1항 제3호, 제4항에 의하면, 상표권자·전용사용권자 또는 통상사용권자 중 어느 누구도 정당한 이유 없이 등록상표(당해 등록상표와 연합된 다른 등록상표가 있을 때에는 그 중 어느 하나의 등록상표 또는 당해 등록상표)를 그 지정상품에 대하여 취소심판청구일 전 계속하여 3년 이상 국내에서 사용하지 아니하였을 때에는 심판에 의하여 그 상표등록을 취소하도록 규정되어 있는바, 여기에서 등록상표를 그 지정상품에 사용하고 있지 아니한 경우라 함은 상표권자가 등록상표 그 자체 또는 거래사회통념상 등록상표와 동일하게 볼 수 있는 형태의 상표를 현실로 사용하지 아니한 때를 말한다 할 것이고, 위 등록상표와 유사한 상표를 사용하였다는 것만으로는 부족하다 할 것이나(대법원 1992. 12. 22. 선고 92후698 판결, 1993. 11. 12. 선고 92후2083 판결 등 참조), 상표권자가 등록상표의 동일성을 해하지 아니하는 범위 내에서 그 색상이나 글자꼴을 변경한다든가, 그 상표에 요부가 아닌 기호나 부기적 부분을 변경하여 사용한다 하더라도 이를 동일한 상표의 사용이 아니라고 할 수는 없다(대법원

1992. 10. 27. 선고 92후605 판결, 1992. 11. 10. 선고 92후650 판결, 1995. 4. 25. 선고 93후1834 판결 등 참조).

원심 판결 이유에 의하면, 원심은 원고가 1987. 1. 9.부터 현재까지 서울 서초구 서초동에서 "제일모방"이란 상호로 모직물 등의 도매업에 종사하여 오면서 서울 중구 충무로 2가에서 신두호양복점을 경영하는 소외 신두호에게 1997. 1. 10. 가장자리에 "MADE BY J.MOBANG SCABAL"이라고 표시된 양복지 66야드를 대금 1,980,000원(부가가치세 제외, 이하 같다)에, 1997. 2. 19. 같은 양복지 48야드를 대금 1,440,000원에, 1997. 3. 27. 같은 양복지 30야드를 대금 990,000원에 각 판매하였는데 위 양복지는 원고가 양복지를 제조하는 중소업체에게 원고의 상호인 "제일모방"을 의미하는 "J.MOBANG"과 원고의 상표인 이 사건 등록상표 중 일부인 "SCABAL"을 표기하여 주문자상표 부착방식(이른바 OEM 방식)으로 양복지를 제조할 것을 의뢰하여 이를 납품받아 위 신두호에게 판매한 사실을 인정할 수 있고, 원고가 위 양복지를 제조한 중소업체를 밝히지 못한다 하여 위 인정 사실을 뒤집기에는 부족하므로 원고가 위 양복지에 사용한 것은 이 사건 등록상표의 일부인 "SCABAL"이지만, 나머지 부분인 "TEX"는 양복지 등의 직물류에 사용되는 관용명칭이어서, 위 "SCABAL"은 거래사회의 통념상 이 사건 등록상표와 동일하게 볼 수 있는 형태의 사용이라 할 것이고, 이 사건 등록상표의 지정상품 중 하나인 소모직물은 양모의 가느다란 긴 털로 만든 모직물을 말하는 것으로서 일반적으로 양복지로 많이 사용되고, 또한 원고가 행하고 있는 사업종목에 모직물의 도매업이 포함되어 있는 점을 보태어 보면 결국 이 사건 등록상표는 그 지정상품 중 하나인 소모직물에 관하여 사용되었다고 봄이 상당하다고 판단하였다.

기록과 관계 법규에 비추어 살펴보면, 위와 같은 원심의 사실인정과 판단은 정당하고, 거기에 상고이유로 주장하는 바와 같은 채증법칙 위배, 사실오인, 심리미진의 위법이 있다고 할 수 없다(한편 관련사건에 관한 대법원 2000. 1. 18. 선고 97후2927 판결은 권리범위확인 심판사건에 관한 사안으로서 상표의 불사용으로 인한 등록취소 심판사건인 이 사건과는 쟁점을 달리 하므로 이 사건에 원용하기에 적절하지 않다).

그러므로 상고를 기각하고, 상고비용은 패소자의 부담으로 하기로 하여 관여 대법관의 일치된 의견으로 주문과 같이 판결한다.

대법관 유지담(재판장) 서성 배기원 박재윤(주심)

43. 대법원 2001. 1. 19. 선고 2000후3166 판결 【등록취소(상)】

[공2001.3.15.(126),572]

【판시사항】

[1] 구 상표법 제73조 제1항 제3호 소정의 '등록상표를 그 지정상품에 대하여 사용하고

있지 아니한 경우'의 의미

[2] 불사용에 의한 상표등록취소심판청구에 있어서 등록상표의 사용상품이 지정상품과 동일성의 범위 내에 있지 않다고 본 사례

【판결요지】

[1] 구 상표법(1997. 8. 22. 법률 제5355호로 개정되기 전의 것) 제73조 제1항 제3호, 제4항에 의하면, 상표권자·전용사용권자 또는 통상사용권자 중 어느 누구도 정당한 이유 없이 등록상표(당해 등록상표와 연합된 다른 등록상표가 있을 때에는 그 중 어느 하나의 등록상표 또는 당해 등록상표)를 그 지정상품에 대하여 취소심판청구일 전 계속하여 3년 이상 국내에서 사용하지 아니하였을 때에는 심판에 의하여 그 상표등록을 취소하도록 규정되어 있는바, 여기에서 등록상표를 그 지정상품에 사용하고 있지 아니한 경우라 함은 등록상표를 지정상품 그 자체 또는 거래사회의 통념상 이와 동일하게 볼 수 있는 상품에 현실로 사용하지 아니한 때를 말한다 할 것이고, 지정상품과 유사한 상품에 사용한 것만으로는 등록상표를 지정상품에 사용하였다고 볼 수 없다.

[2] 등록상표의 지정상품은 쌀, 보리, 현미, 현미가루, 보리가루 등이고, 그 등록상표가 사용된 상품은 여러 가지 곡물 또는 야채 등의 분말을 일정한 비율로 혼합한 즉석건조건강식품인 경우, 등록상표가 사용된 상품은 거래사회의 통념상 등록상표의 지정상품과 동일성의 범위 내에 있지 않다고 본 사례.

【참조조문】

[1] 구 상표법(1997. 8. 22. 법률 제5355호로 개정되기 전의 것) 제73조 제1항 제3호 , 제4항

[2] 구 상표법(1997. 8. 22. 법률 제5355호로 개정되기 전의 것) 제73조 제1항 제3호 , 제4항

【전 문】

【원고, 피상고인】 주식회사 오행육기 (소송대리인 변리사 송윤기)

【피고, 상고인】 주식회사 오행생식 (소송대리인 변리사 강정만 외 1인)

【원심 판결】 특허법원 2000. 9. 29. 선고 2000허3685 판결

【주 문】

상고를 기각한다. 상고비용은 피고의 부담으로 한다.

【이 유】

상고이유를 판단한다.

구 상표법(1997. 8. 22. 법률 제5355호로 개정되기 전의 것, 이하 같다) 제73조 제1항 제3호, 제4항에 의하면, 상표권자·전용사용권자 또는 통상사용권자 중 어느 누구도 정당한 이유 없이 등록상표(당해 등록상표와 연합된 다른 등록상표가 있을 때에는 그 중 어느 하나의 등록상표 또는 당해 등록상표)를 그 지정상품에 대하여 취소심판청구일 전 계속하여 3년 이상

국내에서 사용하지 아니하였을 때에는 심판에 의하여 그 상표등록을 취소하도록 규정되어 있는바, 여기에서 등록상표를 그 지정상품에 사용하고 있지 아니한 경우라 함은 등록상표를 지정상품 그 자체 또는 거래사회의 통념상 이와 동일하게 볼 수 있는 상품에 현실로 사용하지 아니한 때를 말한다 할 것이고, 지정상품과 유사한 상품에 사용한 것만으로는 등록상표를 지정상품에 사용하였다고 볼 수 없다 할 것이다.

원심 판결 이유에 의하면, 원심은 그 판결에서 채용하고 있는 증거들을 종합하여, 이 사건 등록상표(등록번호 제320471호)의 지정상품은 쌀, 보리, 수수, 현미, 녹두, 옥수수, 콩가루, 감자가루, 현미가루, 보리가루이고, 이 사건 등록상표가 사용된 상품은 여러 가지 곡물 또는 야채 등의 분말을 일정한 비율로 혼합한 이른바 즉석건조건강식품인 사실을 인정한 다음, 이 사건 등록상표가 사용된 상품은, 그 상품의 특성상 성분의 구성 및 비율에 그 특징이 있다는 점에 비추어 볼 때, 이 사건 등록상표의 지정상품 중 일부가 그 식품의 성분의 일부로 포함되어 있다고 하더라도, 거래사회의 통념상 개개의 곡물 내지 곡물가루에 불과한 이 사건 등록상표의 지정상품과 동일성의 범위 내에 있다고 보기는 어렵다 할 것이고, 달리 이 사건 등록상표가 그 지정상품 중 1 이상에 대하여 이 사건 심판청구일 전 3년 이내에 국내에서 정당하게 사용되었음을 인정할 아무런 자료가 없으므로, 이 사건 등록상표는 구 상표법 제73조 제1항 제3호에 의하여 그 등록이 취소됨을 면할 수 없다고 판단하였다.

기록에 비추어 살펴보면, 원심의 위와 같은 판단은 수긍이 가고, 거기에 구 상표법 제73조 제1항 제3호에 관한 법리를 오해하였거나 사실오인으로 판결에 영향을 미친 위법이 없다.

그러므로 상고를 기각하고 상고비용은 상고인인 피고의 부담으로 하기로 관여 법관의 의견이 일치되어 주문과 같이 판결한다.

대법관 이용우(재판장) 조무제 강신욱 이강국(주심)

44. 대법원 2012. 1. 27. 선고 2011후3025 판결【등록취소(상)】

[미간행]

【판시사항】

[1] 갑이 을 외국회사를 상대로 등록상표 "

"이 상표법 제73조 제1항 제3호에 해당한다는 이유로 상표등록취소심판을 청구한 사안에서, 을 회사의 실사용표장 "", "", "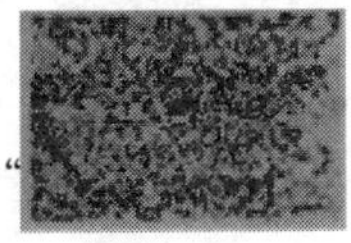"은 상품의

출처표시를 위하여 사용된 것으로 상표로 사용되었다고 보는 것이 타당한데도, 실사용표장들이 디자인으로만 사용되었다고 본 원심 판결에 법리오해의 위법이 있다고 한 사례

[2] 갑이 을 외국회사를 상대로 등록상표 "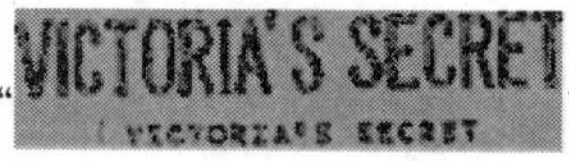

"이 상표법 제73조 제1항 제3호에 해당한다는 이유로 상표등록취소심판을 청구한 사안에서, 등록상표와 을 회사의 실사용표장 "", "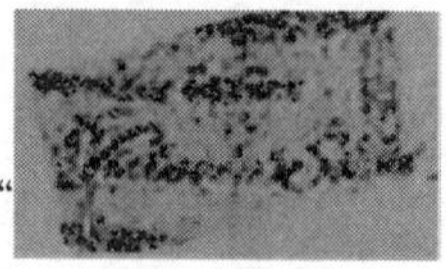", "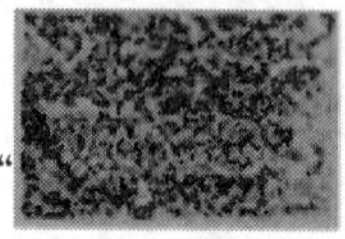" 은 'VICTORIA'S SECRET'으로 된 영문자가 상하 2단으로 구성되어 있는 점에서 동일하여, 실사용표장들이 거래통념상 등록상표와 동일성을 상실하기에 이르렀다고 할 수 없는데도, 이와 달리 본 원심 판결에 법리오해의 위법이 있다고 한 사례

【참조조문】

[1] 상표법 제73조 제1항 제3호, 제4항 [2] 상표법 제73조 제1항 제3호, 제4항

【전 문】

【원고, 상고인】 빅토리아스 씨크릿 스토어즈 브랜드 매니지먼트 인코포레이티드(소송대리인 특허법인 화우 외 1인)

【피고, 피상고인】 피고(소송대리인 변리사 황정현)

【원심 판결】 특허법원 2011. 9. 23. 선고 2011허4202 판결

【주 문】

원심 판결을 파기하고, 사건을 특허법원에 환송한다.

【이 유】

상고이유를 판단한다.

1. 제1점에 대하여

디자인과 상표는 배타적·선택적인 관계에 있는 것이 아니므로, 디자인이 될 수 있는 형상이나 모양이라고 하더라도 그것이 상표의 본질적인 기능이라고 할 수 있는 자타상품의 출처표시를 위하여 사용되는 것으로 볼 수 있는 경우에는 그 사용은 상표로서의 사용이라고 보아야 한다(대법원 2000. 12. 26. 선고 98도2743 판결, 대법원 2009. 5. 14. 선고 2009후665 판결 등 참조). 나아가 그와 같이 상표로서 사용되고 있는지 여부는 상품과의 관계, 상품 등에 표시된 위치, 크기 등 당해 표장의 사용 태양, 등록상표의 알려진 정도 및 사용자의 의도와 사용경위 등을 종합하여, 실제 거래계에서 그 표시된 표장이 상품의

식별표지로서 사용되고 있는지 여부를 종합하여 판단하여야 한다(대법원 2004. 10. 15. 선고 2004도5034 판결 등 참조).

위 법리와 기록에 비추어 살펴보면, 원심 판시 실사용표장들은 '

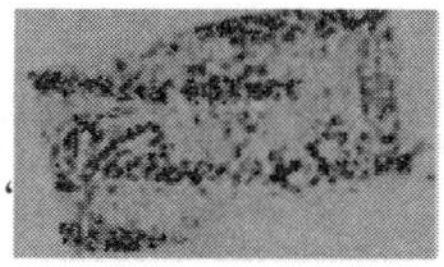(실사용표장 6)', '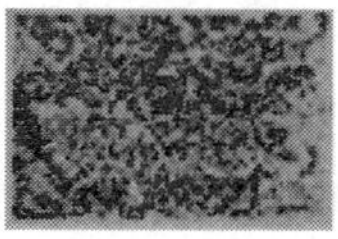(실사용표장 7)' 등과 같이 이 사건 등록상표(등록번호 제254562호)의 지정상품인 '속셔츠, 콤비네이션 내의' 등 의류의 표면 전체에 걸쳐 반복적으로 'VICTORIA'S SECRET', 'Victoria's Secret', 'victoria's secret' 등의 문자가 상당한 크기로 표시되어 있어 의류의 장식적 심미감을 느끼게 하는 기능도 하지만, 또 한편으로는 일반 수요자들은 의류 내부의 라벨을 확인하지 않고도 해당 상품의 출처를 쉽게 식별할 수 있고 원고도 그러한 의도로 실사용표장들을 의류의 표면에 표기한 것으로 보이는 점 등 그 지정상품과의 관계, 상품에 표시된 위치, 크기 등 실사용표장들의 사용 태양, 원고가 실사용표장들을 사용한 의도와 경위 등에 비추어 볼 때 상품의 출처표시를 위하여 사용된 것으로서 상표로 사용되었다고 봄이 상당하다.

그럼에도 원심은 실사용표장들이 디자인적으로만 사용되었다고 판단하였으니, 이러한 원심의 판단에는 상표적 사용에 관한 법리를 오해하여 판결에 영향을 미친 위법이 있고, 이 점을 지적하는 상고이유는 이유 있다.

2. 제2점에 대하여

상표법 제73조 제1항 제3호, 제4항에 의하면, 상표권자·전용사용권자 또는 통상사용권자 중 어느 누구도 정당한 이유 없이 등록상표를 그 지정상품에 대하여 취소심판청구일 전 계속하여 3년 이상 국내에서 사용하지 아니하였을 때에는 심판에 의하여 그 상표등록을 취소하도록 규정되어 있는바, 여기에서 등록상표를 그 지정상품에 사용한다고 함은 등록상표와 동일한 상표를 사용한 경우를 말하고, 동일한 상표라고 함은 등록상표 그 자체뿐만 아니라 거래 사회통념상 등록상표와 동일하게 볼 수 있는 형태의 상표를 말하고 유사상표는 포함되지 않으나, 거래통념상 식별표지로서 상표의 동일성을 해치지 않을 정도로 변형하여 사용하는 경우에는 동일한 상표의 범주에 포함된다(대법원 2005. 9. 29. 선고 2004후622 판결, 대법원 2008. 5. 29. 선고 2008후408 판결 등 참조).

위 법리와 기록에 비추어 살펴보면, 실사용표장 6, 7이 표시된 사진들은 모델이 제품을 착용한 상태로 찍은 것이어서 인체의 굴곡에 따라 상표 전체의 구성이 보이지 않는 부분도 있고 재단에 의해 상표의 일부만 보이는 것도 있지만, 실사용표장 6, 7은 동일한 패턴으로 반복되어 있고 직물지의 특성까지 감안하여 볼 때, 실사용표장 6은 'VICTORIA'S SECRET'이라는 영문자가 상하 2단의 유사한 크기로 서로 엇갈려 색채를 달리하는 등으로 이루어져 있고, 실사용표장 7은 'Victoria's Secret'과 'VICTORIA'S SECRET'이라는 영문자가 상하 2단으로 그 크기와 색채를 달리하는 등으로 이루어져 있음을 알 수 있다. 이 사건 등록상표 '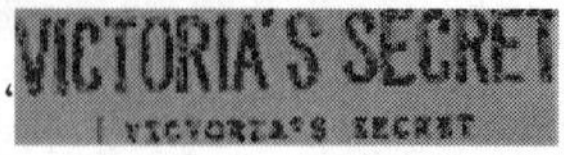

'과 실사용표장 6, 7은 그 글자체, 알파벳 대·소문자 및 색채 등에서 다소 차이가 있기는 하나, 'VICTORIA'S SECRET'으로 된 영문자가 상하 2단으로 구성되어 있는 점에서 동일하여, 위와 같은 변형으로 인하여 실사용표장 6, 7이 거래통념상 이 사건 등록상표와 동일성을 상실하기에 이르렀다고 할 수 없다. 그럼에도 원심은 실사용표장들은 이 사건 등록상표와 동일성이 없다면서 이 사건 등록상표에 상표법 제73조 제1항 제3호 소정의 등록취소사유가 있다고 판단하였으니, 이러한 원심의 판단에는 상표의 동일성에 관한 법리를 오해하여 판결에 영향을 미친 위법이 있고, 이 점을 지적하는 상고이유는 이유 있다.

3. 결 론

그러므로 원심 판결을 파기하고 사건을 다시 심리·판단하도록 원심법원에 환송하기로 하여, 관여 대법관의 일치된 의견으로 주문과 같이 판결한다.

대법관 이상훈(재판장) 전수안(주심) 양창수 김용덕

45. 특허법원 2012. 7. 18. 선고 2012허740 판결 【등록취소(상)】

[미간행]

【전 문】

【원 고】 주식회사 아가월드 (소송대리인 특허법인 이노 담당변리사 권혁성 외 1인)

【피 고】 피고(소송대리인 특허법인 다래 외 1인)

【변론종결】

2012. 6. 20.

【주 문】

1. 특허심판원이 2011. 12. 15. 2011당820호 사건에 관하여 한 심결을 취소한다.
2. 소송비용은 피고가 부담한다.

【청구취지】

주문 기재와 같다.

【이 유】

1. 기초사실

가. 이 사건 등록상표

(1) 출원일/등록일/등록번호 : 1997. 8. 26./1998. 11. 2./ (상표등록번호 1 생략)

(2) 구성 : 몬테소리

(3) 지정상품 : 상품류 구분 제20류의 목제조각, 상품류 구분 제25류의 승마구두, 상품류 구분 제28류의 세트완구, 금속완구, 등제완구, 지제완구, 플라스틱제완구, 다이어몬드게임, 목마, 낚시대

(4) 상표권자 : 피고

나. 실사용상표

(실사용상표 1), 

(실사용상표 2),

(실사용상표 3), 

(실사용상표 4), 

(실사용상표 5), 

(실사용상표 6), 

(실사용상표 7), 

(실사용상표 8), 

(실사용상표 9)

다. 이 사건 심결의 경위

(1) 원고는 2011. 4. 12. 특허심판원에 상표권자인 피고를 상대로 하여, 피고가 이 사건 등록상표를 그 지정상품에 대하여 취소심판청구일 전 계속하여 3년 이상 국내에서 사용한 바가 없어 상표법 제73조 제1항 제3호에 해당한다는 이유로 그 등록의 취소를 구하는 상표등록취소심판을 청구하였다.

(2) 특허심판원은 2011. 12. 15. 2011당820호로 이 사건 등록상표의 통상사용권자인 주식회사 한국몬테소리가 위 취소심판청구일 전 3년 이내에 국내에서 이 사건 등록상표와 동일한 실사용상표 1, 2를 그 지정상품인 '세트완구, 플라스틱제 완구'에 사용한 적이 있다는 이유로 원고의 심판청구를 기각하는 이 사건 심결을 하였다.

[인정근거] 갑 제1, 2호증, 을 제1호증, 을 제5호증의 1 내지 5, 을 제6호증의 1, 2의 각

기재, 변론 전체의 취지

2. 이 사건의 쟁점

실사용상표들의 사용 여부와 실사용상표들이 이 사건 등록상표와 동일한지 여부가 이 사건의 쟁점이다.

3. 판 단

가. 실사용상표들의 사용

을 제3 내지 19호증(가지번호가 있는 것은 각 가지번호를 포함한다)의 각 기재와 영상에 변론 전체의 취지를 종합하면, ① 피고는 2005. 12. 1. 주식회사 한국몬테소리(이하 소외회사라고 한다)에게 계약체결일로부터 5년간(이후에는 자동으로 연장됨) 이 사건 등록상표를 포함한 피고의 등록상표 및 등록서비스표의 사용을 허락한 사실, ② 피고는 2006. 7. 1. 소외회사에게 이 사건 등록상표를 포함한 피고의 등록상표 및 등록서비스표를 대여료 연 296,000,000원에 계약체결일로부터 5년간 대여하는 상표권대여계약을 체결한 사실, ③ 소외회사가 2008. 6.경부터 2010. 12.경까지 실사용상표 1 내지 9를 각 포장박스의 표면에 표시하여 완구세트를 판매한 사실이 인정된다.

나. 실사용상표들과 이 사건 등록상표의 동일성 여부

(1) 판단기준

상표법 제73조 제1항 제3호, 제4항에서 규정한 '등록상표의 사용'은 등록상표와 동일한 상표를 사용한 경우를 말하고, 여기서 '동일한 상표'는 등록상표 그 자체뿐만 아니라 거래사회의 통념상 등록상표와 동일하게 볼 수 있는 형태의 상표를 포함하는 것인바, 상표권자 등이 등록상표에 식별력이 없거나 미약한 부분을 결합하여 상표로 사용한 경우, 그 결합된 부분이 실제 사용된 상표에서 차지하는 비중, 등록상표와 결합되어 있는 정도, 위치 및 형태와 실사용 상표의 전체적인 구성, 형태, 음절수, 문법적 결합 및 그에 따른 일반 수요자나 거래자의 인식이나 언어습관 등 여러 사정에 의하여 거래사회의 통념상 그 결합 전의 등록상표와 동일하다고 볼 수 없는 외관·호칭·관념이 실사용 상표에 형성될 수 있으므로, 그 결합된 부분이 단순히 식별력이 없거나 미약하다고 하여 실사용 상표가 거래사회의 통념상 등록상표와 동일하게 볼 수 있는 형태의 표장이라고 단정할 수 없다(대법원 2006. 10. 26. 선고 2005후2939 판결 등 참조).

또한, 등록상표에 있어 자타상품의 식별력은 그 본질적요소로서 요구되는 것이고, 상표가 식별력이 있는지 여부는 수요자를 기준으로 사회통념에 기하여 판단하여야 하는 이상, 등록상표의 사용 여부도 등록상표의 자타상품의 식별력을 기준으로

해서 거래사회의 통념에 비추어 판단하여야 할 것이다.

(2) 이 사건 등록상표의 식별력 유무

갑 제5 내지 44호증(가지번호가 붙은 것은 각 가지번호를 포함한다)의 각 기재에 변론 전체의 취지를 종합하면, ① 이 사건 등록상표는 이탈리아 교육가(1870~1952)인 Montessori, Maria의 성을 한글로 음역한 표장으로, Montessori, Maria는 아동의 자발성과 자유의 존중, 교육환경 정비와 감각기관의 훈련을 위한 놀이 기구 사용을 중시하는 몬테소리식 교육을 창안함으로써 유아교육의 개혁과 체계 만들기에 공헌하였고, 그녀의 위 교육법은 몬테소리 교육법으로 불리우는 사실, ② 한국몬테소리연구소에서는 1983년 광주몬테소리교육연구회를 창설하여 광주 전남지역 은성유치원에서 몬테소리 유아교육을 실시하고, 1986년 한국몬테소리교육학회가 창설되어 몬테소리 유아교육을 연구하고 몬테소리 교사를 양성하였으며, 1987. 3.경 돈보스꼬 몬테소리교육실천연구소가 설립되어 유아교육을 실시하였고, 사단법인 한국밀알기독교 교육연구소에서는 1988년경 밀알유치원 부설기관으로 '밀알 몬테소리교사교육원'을 설립하여 몬테소리교육을 실시하였으며, 2002년 이를 '밀알 몬테소리 사이버대학'으로 발전시켰고, 한국순교복자수녀회는 1988년경 서강대학교 평생교육원의 몬테소리교사 양성교육을 위탁받아 운영하다가 2003. 1.경 별도의 기관으로서 '복자 몬테소리교육연구소'를 설립하였고, 한국몬테소리교육센터는 1990년경 사단법인 한국기독교평화교육협의회에 소속되어 취학 전 아동을 대상으로 몬테소리 교육을 실시하다가 1996년경 미국몬테소리협회(AMS)의 승인을 받아 국제공인 교사를 양성하였으며, 총신대학교 사회교육원에서는 1992. 2.경 '한국기독교몬테소리교육연구소'를 설립하여 몬테소리 전문교사를 배출하였고, 'AMI국몬테소리연구소'에서는 1993년도부터 몬테소리 교사를 양성하고 있으며, 노틀담수녀회는 1995년경 '노틀담 몬테소리학교'를 개원하여 2 내지 4세 유아를 대상으로 몬테소리 교육을 실시해 오고 있고, 대구가톨릭대학교 평생교육원은 1998년부터 몬테소리 교사 자격증과정을 개설하였으며, 분홍탑 몬테소리연구소는 2000년부터 몬테소리 교사들의 세미나 교재개발을 하고 있고, 가톨릭상지대학은 몬테소리 전문교사를 양성하기 위해 2004년경 '몬테소리교육센터'를 설립하여 경영하고 있으며, 계명문화대학은 2008. 2.경 독일 헬브뤼게 재단 어린이센터와 협약을 맺어 몬테소리 유아교육의 공동연구를 위한 '계명-헬브뤼게 국제몬테소리연구소'를 설립하고 몬테소리 국제교사 자격증 과정을 개설한 사실, ③ 대구가톨릭대학교, 가톨릭상지대학, 대경대학과 한미몬테소리협회, 한미몬테소리부산회 등 19개 단체가 참가하여 2007년경 '한국몬테소리총연합회'가 창설된 사실, ④ 몬테소리 교육법 등과 관련하여 ○ 경향신문 1971. 5. 5.자 - '몬테소리 교육법을 실시', ○ 경향신문 1971. 6. 18.자 - '국제보육원교실에서 국내 최초로 몬테소리식 교육방법을 채택', ○ 경향신문 1979. 11. 26.자 - '몬테소리 치료교육방법을 도입', ○ 경향신문 1980. 1. 23.자 - '몬테소리 교구 이용 조사연구', ○ 경향신문 1982. 1. 13.자 - '상지대에서 실시하는 몬테소리 유아교육', ○ 동아일보 1984. 6. 5.자 - '성원몬테소리유치원 어린이들을 데리고 인형극을 보러..', ○ 동아일보 1989. 11. 15.자 - '어린이 행동지도 몬테소리 유아교육', ○ 동아일보 1991. 7. 14. - '서초구 방배동 몬테소리 대건유치원에서..', ○ 매일경제 1992. 11. 27.자 - '몬테소리 선교원', ○ 동아일보 1994. 6. 16.자 - '한국최초 새 유치원 교육에 맞춰 영역별로 편성한 정통 유아교육시스템 탄생. 몬테소리월드 2000..', ○ 동아일보 1994. 8. 19.자 - '몬테소리 교사 연수…몬테소리 교구 이용', ○ 동아일보 1995. 8. 28.자 - '중앙대학교 교육대학원, 몬테소리 A.M.S. 교사자격과정 교육생 모집', ○ 동아일보 1997. 4. 29.자 - '동화나라, 몬테소리 교구를 낱개로 판매'와 같이 다양한 언론 보도가 있었던 사실, ⑤ 미국 특허상표청은 'montessori' 부분은 옥스퍼드 영어사전에 수록되어 있는 교육시스템의 한 종류에 불과하다는 이유로 식별력을 인정하지 않는 입장을 취하고 있으며, 위 문구를 포함하는 상표가 등록되어 있는 경우에도 상표권자들은 위 문구 부분에 대한 권리를 주장하지 않겠다는 의사표시를 하고 있는 사실, ⑥ 주식회사 발류애드가 실시한 인지도 조사 결과 이 사건 문자에 대해 연상되는 이미지는 아동교육방법·프로그램이 48.1%, 교구가 21.9%, 어린이집·유치원이 15.7%, 기업의 상표·상호는 6.9%인 사실이 인정되는바, 위 인정사실에 의하면 이 사건 등록상표는 피고가 상표출원을 하기 전부터 이미 다수인이 현실적으로 널리 사용해 오던 유아 교육법과 이에 사용되는 교재를 지칭하는 것이어서 누구의 업무에 관련된 상품 또는 서비스업에 관한 것인지를 식별하기 어려울 뿐 아니라, 몬테소리 교육법을 채택하고 이를 이용하는 사람이라면 누구라도 자유롭게 사용할 수 있도록 보장하여야 하고 특정인에게 독점시키는 것은 공익상 적절하지 않다고 판단되므로, 식별력 없는 표장에 해당한다.

(3) 이 사건 등록상표와 실사용상표들의 동일성 여부

살피건대, 실사용상표 1, 8은 이 사건 등록상표인 몬테소리 의 앞이나 위에 베이비 를 결합한 상표들이고, 실시용상표 2는 이 사건 등록상표인 몬테소리 의 앞에 베이비 를, 뒤에 Ⅱ 를 각 결합한 상표이며, 실사용상

표 3은 이 사건 등록상표인 몬테소리 의 앞에 리틀 을 결합한 상표이고, 실사용상표 4는 이 사건 등록상표인 몬테소리 의 위에  를 결합한 상표이며, 실사용상표 5는 이 사건 등록상표인 몬테소리 의 앞에 빅 을 결합한 상표이고, 실사용상표 6은 이 사건 등록상표인 ★★★ 몬테소리 ★★★ 의 아래에 영어만세 를 결합한 상표이며, 실사용상표 7은 이 사건 등록상표인 ☆ 몬테소리 ☆ 아래에 영어만세2 을 결합한 상표이고, 실사용상표 9는 이 사건 등록상표인 몬테소리 의 뒤에 홈 리틀수학 을 결합한 상표로, 실사용상표 1 내지 9를 구성하고 있는 이 사건 등록상표 부분과 나머지 각 결합 부분은 모두 바탕색을 달리하거나, 띄어쓰기를 하는 등으로 일응 구조상 독립성을 가진 것으로 보인다.

그러나, 앞서 살펴본 바와 같이 이 사건 등록상표는 식별력이 없는 상표이고, 위 채용증거에 갑 제3, 4호증, 갑 제45 내지 48호증, 갑 제49호증의 1의 각 기재에 변론 전체의 취지를 종합하면, 피고는 이 사건 등록상표 외에 이 사건 등록상표에 베이비, 리틀, 빅, 영어만세, 홈을 각 결합한 상표들인 **베이비 몬테소리** {(상표등록번호 2 생략), 지정상품 제28류 고무제 완구, 금속제 완구, 등제 완구, 리모트콘트롤을 이용한 작동완구(TV수상기에 부착되는 오락기계는 제외), 목제 완구, 세트완구, 지제 완구, 포제 완구, 플라스틱제 완구, 봉제 인형}, **리틀 몬테소리** {(상표등록번호 3 생략), 지정상품 제28류 고무제 완구, 금속제 완구, 등제 완구, 리모트콘트롤을 이용한 작동완구(TV 수상기에 부착되는 오락기계는 제외), 목제 완구, 세트완구, 지제 완구, 포제 완구, 플라스틱제 완구, 봉제 인형}, **빅 몬테소리** {(상표등록번호 4 생략), 지정상품 제28류 고무제 완구, 금속제 완구, 등제 완구, 리모트콘트롤을 이용한 작동완구(TV수상기에 부착되는 오락기계는 제외), 목제 완구, 세트완구, 지제 완구, 포제 완구, 플라스틱제 완구, 봉제 인형},

몬테소리
영어만세 {(상표등록번호 5 생략), 지정상품 제28류 고무제 완구, 금속제 완구, 등제 완구, 리모트콘트롤을 이용한 작동완구(TV수상기에 부착되는 오락기계는 제외), 목제 완구, 세트완구, 지제 완구, 포제 완구, 플라스틱제 완구, 다이아몬드게임}, **몬테소리 홈** {(상표등록번호 6 생략), 지정상품 제28류 고무제 완구, 금속제 완구, 등제 완구, 리모트콘트롤을 이용한 작동완구(TV수상기에 부착되는 오락기계는 제외), 목제 완구, 세트완구, 지제 완구, 포제 완구, 플라스틱제 완구, 마네킹인형, 어린이용 모형승용차, 어린이용 삼륜차, 완구악기, 완구용 블록, 인형용 방, 장난감 권총, 편자던지기 게임, 미끄럼대}를 별도로 상표등록을 하였고, 이 사건 등록상표의 통상사용권자인 소외회사도 인터넷 홈페이지에 몬테소리 교육프로그램이라는 상위 카테고리 아래에 베이비 몬테소리 I, 베이비 몬테소리 II, 빅 몬테소리, HOME 리틀 영어, HOME 리틀 수학 등으로 하위 카테고리를 만들어 이 사건 실사용상표들이 표시된 상품들을 게재하고 있을 뿐, 이 사건 등록상표만으로 된 하위 카테고리를 갖고 있지 않고 있으며, 교육 이론을 설명하는 항목에서만 몬테소리라는 용어를 독자적으로 사용하고 있는 사실과 일반인들도 대부분 이 사건 상표를 아동교육방법·프로그램으로 인식하고 있고, 기업의 상표 또는 상호로 인식하고 있는 비율은 미미한 사실 등을 종합하여보면, 수요자들로서는 실사용상표들을 **베이비 몬테소리**, **리틀 몬테소리**, **빅 몬테소리**, **몬테소리 영어만세**, **몬테소리 홈** 또는 그 변형으로 인식할 뿐 이 사건 등록상표를 사용한 것으로 인식한다고 보기 어렵다(실사용상표 4의 경우에도 이 사건 등록상표에 결합된 '빅' 부분이 도안화되어 있기는 하나, 도안화 정도에 비추어볼 때 일견하여 빅이라고 인식하기 곤란할 정도에 이르렀다고 보이지는 않는다).

라. 소결론

따라서, 이 사건 등록상표는 이 사건 심판청구일 전 3년 이내에 그 지정상품에 정당하게 사용되었다 할 수 없으므로 상표법 제73조 제1항 제3호에 해당한다.

4. 결 론

그렇다면, 이 사건 등록상표는 그 등록이 취소로 되어야 할 것인데, 이 사건 심결은 이와 결론을 달리하여 부당하고, 그 취소를 구하는 원고의 청구는 이유 있으므로 이를 인용하기로 하여 주문과 같이 판결한다.

판사 변현철(재판장) 곽부규 이다우

46. 대법원 2012. 12. 26. 선고 2012후2685 판결 【등록취소(상)】

[공2013상,268]

【판시사항】

[1] 상표법 제73조 제1항 제3호, 제4항에서 정하는 '등록상표의 사용'의 의미 및 등록상표에 다른 문자나 도형 부분 등을 결합하여 상표로 사용한 경우에도 등록상표의 사용에 해당할 수 있는지 여부(한정 적극)

[2] 갑 주식회사가 등록상표 "**몬테소리**"의 상표권자 을을 상대로 등록상표가 상표법 제73조 제1항 제3호에 해당한다는 이유로 상표등록취소심판을 청구한 사안에서, 등록상표의 통상사용권자인 병 주식회사가 실사용상표 "베이비 몬테소리", "베이비 몬테소리"를 사용함으로써 등록상표를 사용하였음에도, 이와 달리 본 원심 판결에 법리오해의 위법이 있다고 한 사례

【판결요지】

[1] 상표법 제73조 제1항 제3호, 제4항에서 규정하는 '등록상표의 사용'에는 등록된 상표와 동일한 상표를 사용하는 경우는 물론 거래사회 통념상 식별표지로서 상표의 동일성을 해치지 않을 정도로 변형하여 사용하는 경우도 포함된다 할 것이고, 이 경우 등록상표가 반드시 독자적으로만 사용되어야 할 이유는 없으므로 상표권자 등이 등록상표에 다른 문자나 도형 부분 등을 결합하여 상표로 사용한 경우라 하더라도 등록상표가 상표로서의 동일성과 독립성을 유지하고 있는 한 이를 들어 등록상표의 사용이 아니라고 할 수 없다.

[2] 갑 주식회사가 등록상표 "**몬테소리**"의 상표권자 을을 상대로 등록상표가 상표법 제73조 제1항 제3호에 해당한다는 이유로 상표등록취소심판을 청구한 사안에서, 등록상표의 통상사용권자인 병 주식회사가 실제로 사용한 실사용상표 "베이비 몬테소리", "베이비 몬테소리"에는 '몬테소리' 부분이 '베이비' 부분과는 구별되어 동일성과 독립성을 유지한 채 그대로 사용되고 있어, 위 실사용상표들은 거래사회 통념상 등록상표와 동일성 있는 상표에 포함되므로, 병 회사는 실사용상표들을 사용함으로써 등록상표를 사용하였고, 등록상표가 애당초 식별력 없는 상표인지 여부는 상표법 제73조 제1항 제3호, 제4항에서 규정하는 '등록상표의 사용' 여부 판단을 좌우할 사유가 되지 못하며, 을이 실사용상표들과 동일한 형태의 ""를 등록상표와는 별개의 독립된 상표로 등록하여 통상사용권자인 병 회사가 사용하고 있다 하더라도, 위 실사용상표들에 등록상표가 동일성과 독립성을 유지한 채 그대로 사용되고 있어 위 실사용표장들이 일반 수요자나 거래자에게 등록상표와 구별되는 별개의 독립된 상표로만 인식된다고 볼 수 없는 이상, 그와 같은 사정 역시 위와 같은 판단에 장애사유가 되지 아니함에도 이와 달리 본 원심 판결에 법리오해의 위법이 있다고 한 사례.

【참조조문】

[1] 상표법 제73조 제1항 제3호, 제4항 [2] 상표법 제73조 제1항 제3호, 제4항

【참조판례】

[1] 대법원 1998. 6. 9. 선고 97후2118 판결(공1998하, 1890)

【전 문】

【원고, 피상고인】 주식회사 아가월드 (소송대리인 변호사 서영철 외 1인)

【피고, 상고인】 피고(소송대리인 변호사 이수완 외 2인)

【원심 판결】 특허법원 2012. 7. 18. 선고 2012허740 판결

【주 문】

원심 판결을 파기하고, 사건을 특허법원에 환송한다.

【이 유】

상고이유(상고이유서 제출기한 경과 후에 제출된 상고이유보충서의 기재는 상고이유를 보충하는 범위 내에서)를 판단한다.

1. 상표법 제73조 제1항 제3호, 제4항에서 규정하는 '등록상표의 사용'에는 등록된 상표와 동일한 상표를 사용하는 경우는 물론 거래사회 통념상 식별표지로서 상표의 동일성을 해치지 않을 정도로 변형하여 사용하는 경우도 포함된다 할 것이고, 이 경우 등록상표가 반드시 독자적으로만 사용되어야 할 이유는 없으므로 상표권자 등이 등록상표에 다른 문자나 도형 부분 등을 결합하여 상표로 사용한 경우라 하더라도 등록상표가 상표로서의 동일성과 독립성을 유지하고 있는 한 이를 들어 등록상표의 사용이 아니라고 할 수 없다(대법원 1998. 6. 9. 선고 97후2118 판결 등 참조).

2. 위 법리와 기록에 비추어 살펴보면, 피고의 이 사건 등록상표(상표등록번호 제427946호) "몬테소리"의 통상사용권자인 주식회사 한국몬테소리(이하 '소외 회사'라 한다)가 그 지정상품 중 세트완구에 실제로 사용한 원심판시 실사용상표 1, 8은 "베이비 몬테소리", "베이비
몬테소리"와 같이 '몬테소리'의 좌측이나 상단에 '베이비' 부분이 결합된 것이다. 그런데 '베이비' 부분은 지정상품인 세트완구에 흔히 쓰이는 표지일 뿐만 아니라 '몬테소리' 부분과는 바탕색을 달리 하는 사각형 내에 배치되어 있어, '몬테소리' 부분은 위 '베이비' 부분과 일체불가분적으로 결합되어 있다고 할 수 없고 그 결합으로 인하여 새로운 관념을 형성하는 것도 아니어서 그 부분만으로 분리인식될 수 있다. 또한 이 사건 등록상표와 실사용상표 1, 8에서의 '몬테소리' 부분은 그 글자체에 약간 차이가 있으나 이는 거래

사회 통념상 서로 동일하게 볼 수 있는 정도이다. 결국 실사용상표 1, 8에는 이 사건 등록상표인 '몬테소리'에 '베이비' 부분이 결합되어 있지만, '몬테소리' 부분은 '베이비' 부분과는 구별되어 그 동일성과 독립성을 유지한 채 그대로 사용되고 있으므로, 위 실사용상표들은 거래사회 통념상 이 사건 등록상표와 동일성 있는 상표에 포함된다고 할 것이다.

그렇다면 통상사용권자인 소외 회사는 실사용상표 1, 8을 사용함으로써 이 사건 등록상표를 사용하였다고 할 것이다.

한편 이 사건 등록상표가 애당초 식별력 없는 상표인지 여부는 상표법 제73조 제1항 제3호, 제4항에서 규정하는 '등록상표의 사용' 여부 판단을 좌우할 사유가 되지 못한다. 또한 비록 피고가 실사용상표 1, 8과 역시 동일하게 볼 수 있는 형태의 "**베이비 몬테소리**"를 이 사건 등록상표와는 별개의 독립된 상표로 등록(상표등록번호 제506459호)하여 그에 관하여도 통상사용권을 설정받은 소외 회사가 이를 사용하고 있다 하더라도, 실사용상표 1, 8에 이 사건 등록상표가 그 동일성과 독립성을 유지한 채 그대로 사용되고 있어 위 실사용표장들이 일반 수요자나 거래자에게 이 사건 등록상표와 구별되는 별개의 독립된 상표로만 인식된다고 볼 수 없는 이상, 그와 같은 사정 역시 위와 같은 판단에 장애사유가 되지 아니한다.

그럼에도 원심은 이 사건 등록상표는 식별력이 없는 상표이고 피고가 실사용상표 1, 8과 동일한 상표를 이 사건 등록상표와는 별개의 독립된 상표로 등록하여 소외 회사가 이를 사용하고 있는 사정 등에 비추어 위 실사용상표들이 일반 수요자나 거래자에게 이 사건 등록상표와 구별되는 별개의 독립된 표장으로 인식된다는 이유로 위 실사용상표들의 사용은 거래사회의 통념상 이 사건 등록상표와 동일하게 볼 수 있는 형태의 상표의 사용에 해당하지 않는다고 판단하였으니, 이러한 원심의 판단에는 상표의 동일성에 관한 법리를 오해하여 판결에 영향을 미친 위법이 있다. 이 점을 지적하는 상고이유는 이유 있다.

3. 그러므로 원심 판결을 파기하고, 사건을 다시 심리·판단하도록 원심법원에 환송하기로 하여, 관여 대법관의 일치된 의견으로 주문과 같이 판결한다.

대법관 신영철(재판장) 이상훈 김용덕(주심) 김소영

47. 특허법원 2012. 8. 31. 선고 2012허3657 판결 【등록취소(상)】

[미간행]

【전 문】

【원 고】 주식회사 엘지생활건강 (소송대리인 변리사 백인경)

【피 고】 웅진코웨이 주식회사(소송대리인 특허법인 다래 담당변리사 이정은 외 1인)

【변론종결】

2012. 8. 17.

【주 문】

1. 원고의 청구를 기각한다.
2. 소송비용은 원고가 부담한다.

【청구취지】

특허심판원이 2012. 3. 8. 2011당1943호 사건에 관하여 한 심결을 취소한다.

【이 유】

1. 기초사실

가. 이 사건 등록상표

1) 출원일/등록일/등록번호: 2005. 4. 20./2006. 1. 18./(상표등록번호 생략)

2) 구성:

3) 지정상품: 상품류 구분 제3류의 과자용 향미료(정유), 가정용 정전기방지제, 세탁용 유연제, 향수, 립스틱, 볼연지, 볼터치, 탈모제, 매니큐어, 스킨밀크, 아이섀도, 영양크림, 헤어무스, 모발염색제, 모발탈색제, 손톱탈색제, 아이라이너, 일반화장수, 크린싱크림, 헤어에센스, 선스크린로션, 페이스에센스, 헤어스프레이, 파운데이션크림, 바디폼, 나리싱크림, 리퀴드루즈, 마스카라, 마스크팩, 맛사지용 오일, 미용목욕물첨가제, 선밀크, 선탠제, 약용 크림, 콤팩트용 고형분, 라벤더유, 조합향료, 목향, 인조속눈썹, 화장용 로션처리티슈, 인조손톱, 화장용 마스크, 샴푸, 치약, 물비누, 양치액, 가루비누, 목욕비누, 미용비누, 화장비누, 헤어린스, 비의료용 구강세정제, 구두약, 광택왁스, 금강사, 연마포

나. 이 사건 심결의 경위

1) 피고는 2011. 8. 17. 특허심판원에 상표권자인 원고를 상대로 하여, 이 사건 등록상표가 그 지정상품 중 “립스틱, 볼연지, 볼터치, 매니큐어, 스킨밀크, 아이섀도, 손톱탈색제, 아이라이너, 일반화장수, 선스크린로션, 페이스에센스, 파운데이션크림, 리퀴드루즈, 마스카라, 선밀크, 선탠제, 라벤더유, 조합향료, 목향, 인조속눈썹, 인조손톱(이하 ‘이 사건 취소심판청구에 관계되는 지정상품’이라 한다)”에 대하여 정당한 이유 없이 이 사건 취소심판청구일 전 계속하여 3년 이상 국내에서 사용되지 아니하였다는 이유로 이 사건 등록상표의 등록취소심판(2011당1943호)을 청구하였다.

2) 특허심판원은 2012. 3. 8. 원고가 이 사건 등록상표를 이 사건 취소심판청구에 관계

되는 지정상품 중 1 이상에 대하여 그 심판청구일 전 3년 이내에 국내에서 사용하였다거나 사용하지 아니한 데 정당한 이유가 있다는 점을 증명하지 못하였다는 이유로 피고의 심판청구를 인용하는 이 사건 심결을 하였다.

[인정근거] 다툼 없는 사실, 갑 제1, 2호증의 각 기재, 변론 전체의 취지

2. 이 사건 쟁점

이 사건 쟁점은, ① 이 사건 취소심판청구가 이 사건 등록상표의 지정상품 가운데 유사범위에 속하는 상품 중 일부에 대하여만 청구한 것이어서, 가사 이 사건 취소심판청구가 인용되더라도 피고는 이 사건 등록상표와 동일·유사한 상표를 사용하거나 상표등록을 받을 수 없으므로 심판청구의 이익이 없어 각하되어야 하는지 여부 및 ② 피고가 이 사건 취소심판청구 이전에 이미 이 사건 등록상표의 지정상품 일부에 대하여 등록취소심판(특허심판원 2011당525호)을 청구한 바 있음에도 불구하고 그 지정상품의 일부를 변경하여 다시 청구하였으니, 이 사건 취소심판청구는 상표권자의 입증책임 경감에 관한 규정인 상표법 제73조 제4항의 입법취지에 반하여 각하되어야 하는지 여부이다(원고는 제1차 변론기일에 이 사건 소의 이익이 없다는 주장 및 이 사건 취소심판청구가 신의성실의 원칙에 위반되고 권리남용에 해당된다는 주장을 철회하였다).

3. 이 사건 심결의 적법 여부

가. 이 사건 취소심판청구가 심판청구의 이익이 있는지 여부

이 사건 취소심판청구가 심판청구의 이익이 있는지 여부에 관하여 보건대, ① 상표법 제73조 제3항에서 '제1항 제3호에 해당하는 것을 사유로 하여 취소심판을 청구하는 경우 등록상표의 지정상품이 2 이상 있는 경우에는 일부 지정상품에 관하여 취소심판을 청구할 수 있다'라고 규정하고 있을 뿐, 동일·유사 지정상품군 단위로 등록취소심판을 청구하여야 한다는 별도의 규정이 없는 점, ② 상표법 제10조 제3항에 의하면, 상품류 구분은 상품의 유사 범위를 정하는 것이 아니므로 이 사건 등록상표의 지정상품이 모두 상품류 구분 제3류에 속한다고 하더라도 이 사건 취소심판대상 지정상품과 나머지 지정상품이 서로 유사한 상품이라고 단정할 수 없는 점, ③ 상표불사용취소심판제도는 상표의 사용을 촉진하는 한편 불사용상표에 대한 제재적 의미도 포함하는 것이므로, 이 사건 취소심판청구가 인용되더라도 심판청구인인 피고가 후에 이 사건 등록상표와 동일·유사한 상표를 사용할 수 없거나 동일·유사한 상표등록을 받을 수 없다 하여 그러한 사정만으로 피고가 이 사건 취소심판을 청구할 수 없다고 보기 어렵거니와, 이 사건 등록상표와 유사한 상표의 등록을 공익상 허용하지 않을 것인가, 허용할 것인가 하는 문제는 그러한 상표출원이 있을 경우 상표법 소정의 상표등록요건에 관한 각 규정에 의하여 따질 일이지, 상표등록취소

심판 청구사건에서는 이를 고려할 것은 아니라는 점(대법원 1999. 7. 9. 선고 97후3937 판결 참조) 등을 참작하면, 피고가 이 사건 등록상표의 지정상품 중 피고의 취소심판청구 지정상품 이외의 다른 지정상품을 포함하여 취소심판을 청구하지 않았다 하더라도 이 사건 취소심판청구가 심판청구의 이익이 없다고 볼 수 없다.

나. 이 사건 취소심판청구가 상표법 제73조 제4항의 입법취지에 반하는지 여부

이 사건 취소심판청구가 상표법 제73조 제4항의 입법취지에 반하는지 여부에 관하여 보건대, 피고가 2011. 3. 11. 특허심판원에 상표권자인 원고를 상대로 하여, 이 사건 등록상표가 그 지정상품 중 '향수, 립스틱, 볼연지, 볼터치, 매니큐어, 스킨밀크, 아이섀도, 영양크림, 손톱탈색제, 아이라이너, 일반화장수, 크린싱크림, 선스크린로션, 페이스에센스, 파운데이션크림, 바디폼, 나리싱크림, 리퀴드루즈, 마스카라, 마스크팩, 맛사지용 오일, 미용목욕물첨가제, 선밀크, 선탠제, 약용 크림, 콤팩트용 고형분, 라벤더유, 조합향료, 목향, 화장용 로션처리티슈, 화장용 마스크, 미용비누, 화장비누'에 대하여 정당한 이유 없이 위 취소심판청구일 전 계속하여 3년 이상 국내에서 사용되지 아니하였다는 이유로 이 사건 등록상표의 등록취소심판(2011당525호)을 청구(이하 '별건 취소심판청구'라 한다)한 사실, 특허심판원이 2011. 12. 26. 원고가 이 사건 등록상표를 사용하였다는 '모발두피팩'은 이 사건 등록상표의 지정상품 중 '마스크팩'과 동일하다고 볼 수 없다는 이유로 별건 취소심판청구를 인용하는 심결을 하였으나, 특허법원이 2012. 5. 18. 2012허870호로 '모발두피팩'은 이 사건 등록상표의 지정상품 중 '화장용 마스크'에 포함된다는 이유로 원고의 청구를 인용하는 판결을 선고하였고, 피고가 2012. 6. 5. 위 판결에 불복하여 대법원에 상고(2012후2036호)를 제기하여 현재 대법원에 계속중인 사실은, 당사자 사이에 다툼이 없거나 변론 전체의 취지를 종합하여 인정된다.

상표법은 제73조 제1항 제3호에서 등록상표를 3년 이상 국내에서 사용하고 있지 아니함을 이유로 상표등록의 취소심판을 청구할 수 있도록 규정하고, 같은 조 제3항에서는 그 경우 등록상표의 지정상품이 2 이상 있는 경우에는 일부 지정상품에 관하여 취소심판을 청구할 수 있다고 하고 있으나, 한편 같은 조 제4항에서는 3년 이상 불사용하였음을 이유로 상표등록취소심판이 청구된 경우에는 피심판청구인이 그 등록상표를 취소심판청구에 관계되는 지정상품 중 1 이상에 대하여 그 심판청구일 전 3년 이내에 국내에서 정당하게 사용하였음을 증명하지 아니하는 한 상표권자는 취소심판청구와 관계되는 지정상품에 관한 상표등록의 취소를 면할 수 없다고 규정하고 있는바, 이러한 규정으로 미루어 볼 때 동시에 수 개의 지정상품에 대하여 심판청구를 한 경우에는 그 심판청구의 대상인 지정상품을 일체불가분적으로 취급하여

전체를 하나의 청구로 간주해서 지정상품 중의 하나에 대하여 사용이 입증된 경우에는 그 심판청구는 전체로서 인용될 수 없어서[대법원 1993. 12. 28. 선고 93후718, 725(병합), 732(병합), 749(병합) 판결 참조], 결과적으로 사용하지 않은 지정상품도 등록취소를 면하게 된다.

이 사건으로 돌아와 보건대, ① 이 사건 취소심판청구는 별건 취소심판청구와 심판청구일이 다르고, 또 별건 취소심판청구에 관계되는 지정상품 중 '향수, 영양크림, 크린싱크림, 바디폼, 나리싱크림, 마스크팩, 맛사지용 오일, 미용목욕물첨가제, 약용크림, 콤팩트용 고형분, 화장용 로션처리티슈, 화장용 마스크, 미용비누, 화장비누'가 삭제되고 '인조속눈썹, 인조손톱'이 추가되어 일부 지정상품이 동일하더라도 전체적인 지정상품의 구성이 달라서, 심판청구일로부터 기산되는 불사용기간과 등록취소를 구하는 범위가 동일하지 아니하므로, 피고로서는 별건 취소심판청구와는 별도로 이 사건 취소심판청구에 관계되는 지정상품 중 1(특히 별건 취소심판의 대상과 동일한 지정상품 외의 다른 지정상품) 이상에 대하여 상표 사용사실을 증명하기만 하면 지정상품 전체에 관한 상표등록의 취소를 면할 수 있으니, 사정에 따라서는 별건 취소심판의 대상과 동일한 (일부) 지정상품에 대하여 다시 원고가 그 사용사실을 입증하여야 할 경우가 있다고 하더라도 그러한 정도의 입증책임의 부담만으로는 이 사건 취소심판청구가 상표법 제73조 제4항의 입법취지(상표권자의 입증책임 경감)에 (정면으로) 반한다고 보기 어려우며, ② 가사 이 사건 취소심판청구가 상표법 제73조 제4항의 입법취지에 반하는 측면이 있다고 하더라도 그러한 이유가 바로 이 사건 취소심판청구가 부적법하여 각하되어야 한다고 볼 근거가 된다고 보기도 어렵다.

다. 소 결

결국 이 사건 취소심판청구는 적법한바, 원고가 이 사건 등록상표를 이 사건 취소심판청구에 관계되는 지정상품 중 1 이상에 대하여 그 심판청구일 전 3년 이내에 국내에서 사용하였다거나 사용하지 아니한 데 정당한 이유가 있다는 점에 관하여 아무런 주장·입증을 하지 아니하였으므로, 이 사건 취소심판청구에 관계되는 지정상품에 대하여는 상표법 제73조 제1항 제3호에 의하여 상표등록취소가 되어야 한다.

4. 결 론

그렇다면 이 사건 심결은 이와 결론이 같아 적법하므로, 그 취소를 구하는 원고의 청구를 기각한다.

판사 권택수(재판장) 염호준 최종선

48. 대법원 2013. 2. 15. 선고 2012후3220 판결 【등록취소(상)】

[공2013상,513]

【판시사항】

[1] 등록상표 불사용을 이유로 동시에 수 개의 지정상품에 대한 상표등록의 취소를 구하는 심판 계속 중에 심판청구일이나 지정상품의 범위를 달리하여 다시 상표등록취소심판을 청구할 수 있는지 여부(적극)

[2] 등록상표의 불사용을 이유로 한 상표등록취소심판에서 등록상표의 지정상품이 2 이상 있는 경우, 이해관계인이 취소를 필요로 하는 지정상품의 범위를 임의로 정하여 상표등록의 취소심판을 청구할 이익이 있는지 여부(적극)

【판결요지】

[1] 동시에 수 개의 지정상품에 대하여 상표등록취소심판청구를 한 경우에는 심판청구의 대상인 지정상품을 불가분 일체로 취급하여 전체를 하나의 청구로 간주하여 지정상품 중의 하나에 대하여 사용이 증명되면 그 심판청구는 전체로서 인용될 수 없을 뿐 사용이 증명된 지정상품에 대한 심판청구만 기각하고 나머지에 관한 청구를 인용할 것은 아니며, 사용이 증명된 지정상품만에 대한 심판청구의 일부 취하가 허용되는 것도 아니다. 그렇다면 먼저 청구한 상표등록취소심판이 계속 중이라 하더라도 심판청구인으로서는 등록취소 요건의 일부를 이루는 상표 불사용 기간의 역산 기산점이 되는 심판청구일이나 등록취소를 구하는 지정상품의 범위를 달리하여 다시 상표등록취소심판을 청구할 이익이 있으므로, 이 경우 공통으로 포함된 일부 지정상품에 관하여는 상표권자에게 중복하여 그 사용사실에 대한 증명책임을 부담시키는 것이 된다고 하더라도 상표권자 역시 후에 청구된 등록취소심판에서도 지정상품 중의 하나에 대하여 사용을 증명하면 그 심판청구의 대상인 지정상품 전체에 관하여 상표등록의 취소를 면할 수 있는 이상 그러한 정도의 증명책임 부담만으로 후에 청구된 취소심판이 상표법 제73조 제4항의 입법 취지에 반하는 것으로서 부적법하다고 할 수 없다.

[2] 상표법 제73조 제3항은 제1항 제3호에 해당하는 것을 사유로 하여 취소심판을 청구하는 경우 등록상표의 지정상품이 2 이상 있는 경우에는 일부 지정상품에 관하여 취소심판을 청구할 수 있다고 규정하고 있을 뿐, 동일·유사 지정상품군 단위로 등록취소심판을 청구하여야 한다는 규정을 별도로 두고 있지 아니하다. 이러한 규정 내용에, 상품류 구분은 상표등록사무의 편의를 위해 구분한 것으로서 상품의 유사범위를 정한 것은 아니므로 상품구분표의 같은 유별에 속한다고 하여 바로 유사상품이라고 단정할 수 없는 점, 불사용으로 인한 상표등록취소심판 제도는 등록상표의 사용을 촉진하는 한편 그 불사용에 대한 제재를 가하려는 데에 입법 목적이 있고 이러한

불사용에 대한 제재의 실효성을 강화하기 위해 일부 지정상품에 대한 취소심판제도가 도입된 점 등을 아울러 고려해 보면, 등록상표의 지정상품이 2 이상 있는 경우 이해관계인은 취소를 필요로 하는 지정상품의 범위를 임의로 정하여 상표등록의 취소심판을 청구할 수 있고, 등록상표의 지정상품 중 유사범위에 속하는 지정상품을 모두 포함하여 취소심판을 청구하지 않으면 심판청구가 인용되어도 심판청구인이 후에 유사상품에 관하여 등록상표와 동일·유사한 상표를 사용하거나 그 상표등록을 받을 수 없다는 사정을 들어 유사범위에 속하는 일부 지정상품만에 대한 등록취소심판을 청구할 이익이 없다고 할 수 없다.

【참조조문】

[1] 상표법 제73조 제1항 제3호, 제3항, 제4항 [2] 상표법 제73조 제1항 제3호, 제3항

【참조판례】

[1] 대법원 1993. 12. 28. 선고 93후718, 725, 732, 749 판결(공1994상, 541)

대법원 2012. 1. 27. 선고 2011후2916 판결

【전 문】

【원고, 상고인】 주식회사 엘지생활건강(소송대리인 변리사 김용인 외 2인)

【피고, 피상고인】 코웨이 주식회사(소송대리인 특허법인 다래 담당변리사 박승문 외 2인)

【원심 판결】 특허법원 2012. 8. 31. 선고 2012허3657 판결

【주 문】

상고를 기각한다. 상고비용은 원고가 부담한다.

【이 유】

상고이유를 판단한다.

1. 상고이유 제2점에 대하여

상표법은 제73조 제1항 제3호에서 등록상표를 3년 이상 국내에서 사용하고 있지 아니함을 이유로 상표등록의 취소심판을 청구할 수 있도록 규정하고, 제3항에서는 그때 등록상표의 지정상품이 2 이상 있는 경우에는 일부 지정상품에 관하여 취소심판을 청구할 수 있다고 규정하고 있으나, 한편 제4항에서는 3년 이상 불사용하였음을 이유로 상표등록 취소심판이 청구된 경우에는 피청구인이 당해 등록상표를 취소심판청구에 관계되는 지정상품 중 1 이상에 대하여 그 심판청구일 전 3년 이내에 국내에서 정당하게 사용하였음을 증명하지 아니하는 한 상표권자는 취소심판청구와 관계되는 지정상품에 관한 상표등록의 취소를 면할 수 없다고 규정하고 있다. 이러한 규정으로 미루어 볼 때 동시에 수개의 지정상품에 대하여 심판청구를 한 경우에는 그 심판청구의 대상인 지정상품을 불

가분 일체로 취급하여 전체를 하나의 청구로 간주하여 지정상품 중의 하나에 대하여 사용이 증명되면 그 심판청구는 전체로서 인용될 수 없을 뿐 사용이 증명된 지정상품에 대한 심판청구만 기각하고 나머지에 관한 청구를 인용할 것은 아니며(대법원 1993. 12. 28. 선고 93후718, 725, 732, 749 판결, 대법원 2012. 1. 27. 선고 2011후2916 판결 참조), 사용이 증명된 지정상품만에 대한 심판청구의 일부 취하가 허용되는 것도 아니다. 그렇다면 먼저 청구한 상표등록취소심판이 계속 중이라 하더라도 심판청구인으로서는 등록취소 요건의 일부를 이루는 상표 불사용 기간의 역산 기산점이 되는 심판청구일이나 등록취소를 구하는 지정상품의 범위를 달리하여 다시 상표등록취소심판을 청구할 이익이 있다 할 것이므로, 이 경우 공통으로 포함된 일부 지정상품에 관하여는 상표권자에게 중복하여 그 사용사실에 대한 증명책임을 부담시키는 것이 된다 하더라도 상표권자 역시 후에 청구된 등록취소심판에서도 지정상품 중의 하나에 대하여 사용을 증명하면 그 심판청구의 대상인 지정상품 전체에 관하여 상표등록의 취소를 면할 수 있는 이상 그러한 정도의 증명책임의 부담만으로 후에 청구된 취소심판이 상표법 제73조 제4항의 입법 취지에 반하는 것으로서 부적법하다고 할 수 없다.

위 법리와 기록에 비추어 살펴보면, 피고가 2011. 3. 11. 특허심판원에 이 사건 등록상표(상표등록번호 번호 생략)의 지정상품 중 향수 등 33개 상품에 대하여 불사용을 이유로 등록취소심판(2011당525호)을 청구(이하 '별건 취소심판청구'라 한다)하고도, 2011. 8. 17. 특허심판원에 다시 별건 취소심판청구 대상의 일부인 립스틱 등 19개 상품을 포함하여 21개 지정상품에 대하여 불사용을 이유로 이 사건 등록취소심판(2011당1943호)을 청구하여, 이 사건 심결 당시에는 별건 취소심판에 대한 심결취소소송이 특허법원에 계속 중이었다고 하더라도, 이 사건 취소심판청구는 별건 취소심판청구와 심판청구일이 다르고 등록취소를 구하는 지정상품의 범위 또한 동일하지 아니하여 피고로서는 여전히 이 사건 등록취소심판을 청구할 이익이 있다 할 것이므로, 이 사건 취소심판청구가 상표법 제73조 제4항의 입법 취지에 반하는 것으로서 부적법하다고 보기 어렵다.

같은 취지의 원심판단은 옳고, 거기에 상고이유의 주장과 같은 상표법 제73조 제4항에 관한 법리오해의 위법이 없다.

2. 상고이유 제1점에 대하여

상표법 제73조 제3항은 제1항 제3호에 해당하는 것을 사유로 하여 취소심판을 청구하는 경우 등록상표의 지정상품이 2 이상 있는 경우에는 일부 지정상품에 관하여 취소심판을 청구할 수 있다고 규정하고 있을 뿐, 동일·유사 지정상품군 단위로 등록취소심판을 청구하여야 한다는 규정을 별도로 두고 있지 아니하다. 이러한 규정 내용에, 상품류 구분은 상표등록사무의 편의를 위하여 구분한 것으로서 상품의 유사범위를 정한 것은 아니므로 상품구분표의 같은 유별에 속한다고 하여 바로 유사상품이라고 단정할 수 없는 점, 불사용으로 인한 상표등록취소심판 제도는 등록상표의 사용을 촉진하는 한편 그 불사용에 대한 제재를 가하려는 데에 그 입법 목적이 있고 이러한 불사용에 대한 제재의 실효성을 강화하기 위하여 일부 지정상품에 대한 취소심판제도가 도입된 점 등을 아울러 고려하여 보면, 등록상표의 지정상품이 2 이상 있는 경우 이해관계인은 취소를 필요로 하는 지정상품의 범위를 임의로 정하여 그 상표등록의 취소심판을 청구할 수 있다 할 것이고, 등록상표의 지정상품 중 유사범위에 속하는 지정상품을 모두 포함하여 취소심판을 청구하지 않으면 그 심판청구가 인용되어도 심판청구인이 후에 유사상품에 관하여 등록상표와 동일·유사한 상표를 사용하거나 그 상표등록을 받을 수 없다는 사정을 들어 유사범위에 속하는 일부 지정상품만에 대한 등록취소심판을 청구할 이익이 없다고 할 수 없다.

원심 판결 이유를 위 법리와 기록에 비추어 살펴보면, 원심이 같은 취지에서 피고가 이 사건 등록상표의 지정상품 중 이 사건 취소심판청구에 관계되는 지정상품 이외에 그와 유사범위에 속하는 지정상품을 모두 포함하여 취소심판을 청구하지 않았다 하더라도 이 사건 취소심판청구가 심판청구의 이익이 없다고는 할 수 없다고 판단한 것은 옳고, 거기에 상고이유의 주장과 같은 불사용으로 인한 상표등록취소심판에 있어 심판청구의 이익에 관한 법리오해의 위법이 없다.

3. 결 론

그러므로 상고를 기각하고, 상고비용은 패소자가 부담하도록 하여 관여 대법관의 일치된 의견으로 주문과 같이 판결한다.

대법관 김용덕(재판장) 신영철(주심) 이상훈 김소영

49. 특허법원 2013. 2. 1. 선고 2012허8812 판결【등록취소(상)】확정

[각공2013상,229]

【판시사항】

[1] 상표법 제23조 제1항 제3호에서 정한 '대리인이나 대표자'의 의미

[2] 비교대상상표 "ZANDER"의 상표권자 갑 외국회사가 등록상표 "ZANDER"의 상표권자 을을 상대로 등록상표가 상표법 제73조 제1항 제7호에 해당한다는 이유로 등록취소심판을 청구하자 특허심판원이 이를 인용하는 심결을 한 사안에서, 계속적 거래관계를 통해 갑 회사와 특별한 신뢰관계를 형성한 병 주식회사는 상표법 제23조 제1항 제3호에서 정한 '대리인이나 대표자'에 해당하고, 병 회사가 대표이사 을 명의로 등록

상표를 출원한 것은 편의적, 형식적으로 한 것이므로, 을 역시 갑 회사와 관계에서 위 상표법 규정의 '대리인 또는 대표자'에 해당하여 등록이 취소되어야 한다고 한 사례

【판결요지】

[1] 상표법 제73조 제1항 제7호, 제23조 제1항 제3호의 입법 취지에 비추어 볼 때 상표법 제23조 제1항 제3호에서 말하는 '대리인이나 대표자'란 일반적으로 국외에 있는 상표에 관한 권리를 가진 자의 상품을 수입하여 판매·광고하는 대리점, 특약점, 위탁판매업자, 총대리점 등을 가리킨다. 즉 위 '대리인 또는 대표자'는 조약당사국에 등록된 상표에 관한 권리를 가진 자로부터 단순히 해당 상품을 수입하여 판매·광고하는 자가 아니라 위 권리자와 사이에 형성된 계속적 계약관계나 특별한 신뢰관계에 기하여 상품을 수입하여 판매·광고하는 자를 의미한다고 할 수 있다.

[2] 비교대상상표 "ZANDER"의 상표권자 갑 외국회사가 등록상표 "ZANDER"의 상표권자 을을 상대로 등록상표가 상표법 제73조 제1항 제7호에 해당한다는 이유로 등록취소심판을 청구하자 특허심판원이 이를 인용하는 심결을 한 사안에서, 제반 사정에 비추어 비록 정식 대리점계약 체결 전이지만 갑 회사로부터 지속적으로 필터류 제품을 수입·판매해 온 병 주식회사는 출원일 당시 갑 회사로부터 필터류 제품을 일회성으로 구매하는 단순한 수입판매업자였다라기보다는 계속적 거래관계를 통해 갑 회사와 특별한 신뢰관계를 형성한 지위에 있었으므로, 병 회사는 상표법 제23조 제1항 제3호에서 말하는 '조약당사국에 등록된 상표 또는 이와 유사한 상표에 관한 권리를 가진 자의 대리인이나 대표자'에 해당하고, 등록상표는 병 회사가 아닌 대표이사 을 명의로 출원 및 등록되었으나, 제반 사정에 비추어 을 명의로 등록상표를 출원한 것은 병 회사가 위 상표법 규정의 적용을 부당하게 회피하기 위하여 편의적, 형식적으로 한 것에 불과하므로, 을 역시 갑 회사와 관계에서 위 상표법 규정의 '대리인 또는 대표자'에 해당하여 등록이 취소되어야 한다고 한 사례.

【참조조문】

[1] 상표법 제23조 제1항 제3호, 제73조 제1항 제7호 [2] 상표법 제23조 제1항 제3호, 제73조 제1항 제7호

【참조판례】

[1] 대법원 2003. 4. 8. 선고 2001후2146 판결(공2003상, 1110)

【전 문】

【원 고】 원고(소송대리인 변리사 강현석)

【피 고】 파커 하니핀 매뉴팩처링 저머니 게엠베하 운트 코. 카게 (소송대리인 변리사 윤재승)

【변론종결】

2013. 1. 18.

【주 문】

1. 원고의 청구를 기각한다.
2. 소송비용은 원고가 부담한다.

【청구취지】

특허심판원이 2012. 9. 5. 2012당1616호 사건에 관하여 한 심결을 취소한다.

【이 유】

1. 기초 사실

가. 이 사건 등록상표

1) 출원일/등록일/등록번호 : 2006. 4. 3./2007. 6. 20./ 등록번호 생략

2) 표장 :

3) 지정상품 : 상품류 구분 제07류의 비수송기계기구용 라인필터

4) 상표권자 : 원고

나. 비교대상상표

1) 출원일/등록일/등록번호 : 1998. 3. 2./1999. 7. 13./유럽연합 상표등록번호 (상표등록번호 생략)

2) 표장 :

3) 지정상품 : 제7류의 Filters; filtering apparatus, instruments and devices; filter cartridges; filter elements; housings for filters, filter cartridges and filter el-ements; materials separation apparatus, instruments and devices; filters and filtering devices which also act as silencers; parts and fittings for all the af-oresaid goods / 제9류의 Filters; filtering apparatus, instruments and devices; filter cartridges; filter elements; housings for filters, filter cartridges and filt-er elements; materials separation apparatus, instruments and devices; appa-ratus, instruments and devices for use in the purification and sterilisation of liquids and gases; breathing apparatus, respiratory masks, filters and filte-ring devices; parts and fittings for all the aforesaid goods / 제11류의 Filte-rs; filtering apparatus, instrument and devices; filter cartridges; pressure measurement devices; filter elements; housings for filters, filter cartridges and filter elements; materials separation apparatus,

instruments and devices; filters and filtering devices which also act as silencers; apparatus, instrumen-ts and devices for use in the purification and sterilisation of liquids and gases; drying apparatus and installations; parts and fittings for all the afor-esaid goods

4) 상표권자: 잔더 아우프베라이퉁스테히닉 게엠베하(Zander Aufbereitungstechnik GmbH)(독일회사로서 피고에게 합병되었다. 이하 '소외 회사'라고 한다)

다. 심결의 경위

1) 피고는 2012. 6. 12. 특허심판원에 이 사건 등록상표가 상표법 제73조 제1항 제7호에 해당하여 등록이 취소되어야 한다고 주장하면서 이 사건 등록상표에 대한 등록취소심판(2012당1616)을 청구하였다.

2) 특허심판원은 2012. 9. 5. "이 사건 등록상표는 출원 당시 조약당사국에 등록되어 있는 비교대상상표와 표장 및 지정상품이 동일, 유사하고, 원고가 비교대상상표에 관한 권리를 가진 자의 대리인 또는 대표자임에도 불구하고 그 권리자의 동의를 받지 않는 등 정당한 이유 없이 출원한 상표이므로 상표법 제73조 제1항 제7호에 해당하여 등록이 취소되어야 한다."는 이유로 피고의 심판청구를 인용하는 이 사건 심결을 하였다.

[인정 근거] 다툼 없는 사실, 갑 제1, 2, 9호증, 변론 전체의 취지

2. 이 사건 등록상표가 상표법 제73조 제1항 제7호에 해당하는지 여부

가. 상표법 규정 및 요건

[상표법 제73조 제1항] 등록상표가 다음 각 호의 어느 하나에 해당하는 경우에는 그 상표등록의 취소심판을 청구할 수 있다. …… 7. 제23조 제1항 제3호 본문에 해당하는 상표가 등록된 경우에 그 상표에 관한 권리를 가진 자가 당해 상표등록일부터 5년 이내에 취소심판을 청구한 경우 ……

[상표법 제23조 제1항 제3호 본문] 조약당사국에 등록된 상표 또는 이와 유사한 상표로서 그 상표에 관한 권리를 가진 자의 대리인이나 대표자 또는 상표등록출원일전 1년 이내에 대리인이나 대표자이었던 자가 상표에 관한 권리를 가진 자의 동의를 받지 아니하는 등 정당한 이유 없이 그 상표의 지정상품과 동일하거나 이와 유사한 상품을 지정상품으로 상표등록출원을 한 경우

위 규정들은 공업소유권의 보호를 위한 파리협약(Paris Convention for Protection of Industrial Property, 이하 '조약'이라고만 한다) 제6조의7 규정의 취지를 상표법에 반영한 것으로서 외국 상표권자의 국내 대리점, 총판 등 대리인이나 대표자가 동일·유사한 상표를 무단으로 국내에서 등록하는 것을 방지하여 공정한 국제거래질서를 확립하

기 위한 것이다. 상표법 제73조 제1항 제7호에 해당하기 위해서는 ① 취소심판 청구인의 상표(비교대상상표)가 심판대상인 등록상표의 출원 당시 조약당사국에 등록되어 있어야 하고, ② 등록상표와 비교대상상표의 표장 및 지정상품이 동일 또는 유사하여야 하며, ③ 등록상표의 출원인이 출원 당시 또는 출원 전 1년 이내에 비교대상상표에 관한 권리를 가진 자의 대리인이거나 대표자이었어야 하고, ④ 등록상표의 출원인이 그 출원에 대하여 비교대상상표에 관한 권리를 가진 자의 동의를 받지 않는 등 정당한 이유를 가지고 있지 않아야 하며, ⑤ 이 사건 등록상표의 등록일로부터 5년 이내에 취소심판을 청구한 경우여야 한다.

아래에서는 이 사건 등록상표가 위 각 요건을 충족하는지 여부에 대하여 차례대로 살펴본다.

나. 상표법 제73조 제1항 제7호 요건의 충족 여부

1) 비교대상상표가 조약당사국에 등록된 상표인지 여부

위 1.의 나.항에서 본 바와 같이 비교대상상표는 이 사건 등록상표의 출원일(2006. 4. 3.) 이전인 1999. 7. 13. 조약당사국인 독일 등이 속한 유럽연합에 등록되었다.

2) 이 사건 등록상표와 비교대상상표의 표장 및 지정상품의 동일 또는 유사 여부

이 사건 등록상표인 ‘’과 비교대상상표인 ‘’은 색채만 상이할 뿐 그 도형 및 문자가 모두 동일하여 사회통념상 동일한 표장이라고 할 수 있다. 또한 이 사건 등록상표의 지정상품인 ‘비수송기계기구용 라인필터’는 비교대상상표의 지정상품인 ‘Filters’에 속하는 것이어서 비교대상상표의 위 지정상품과 동일 또는 유사한 상품이다.

3) 이 사건 등록상표의 출원인이 비교대상상표 권리자의 대리인 또는 대표자인지 여부

가) ‘대리인 또는 대표자’의 의미

상표법 제73조 제1항 제7호, 제23조 제1항 제3호의 입법 취지에 비추어 볼 때 상표법 제23조 제1항 제3호에서 말하는 ‘대리인이나 대표자’라 함은 일반적으로 국외에 있는 상표에 관한 권리를 가진 자의 상품을 수입하여 판매·광고하는 대리점, 특약점, 위탁판매업자, 총대리점 등을 가리킨다(대법원 2003. 4. 8. 선고 2001후2146 판결 참조). 즉 위 ‘대리인 또는 대표자’는 조약당사국에 등록된 상표에 관한 권리를 가진 자로부터 단순히 해당 상품을 수입하여 판매·광고하는 자가 아니라 위 권리자와 사이에 형성된 계속적 계약관계나 특별한 신뢰관계에 기하여 상품을 수입하여 판매·광고하는 자를 의미한다고 할 수 있다.

나) 사실관계

갑 제1, 5~8호증, 을 제1~9호증에 변론 전체의 취지를 종합하면, 다음과 같은

사실을 인정할 수 있다.

(1) 주식회사 멘에어코리아는 2004. 12.경부터 소외 회사로부터 지속적으로 필터류 제품을 수입하여 국내에서 판매하였고, 소외 회사는 2004. 12. 6., 같은 달 16일, 2005. 1. 27., 같은 해 2. 28., 같은 해 10. 13., 같은 해 12. 20. 주식회사 멘에어코리아가 주문한 필터류 제품과 관련하여 견적송장(proforma invoice) 또는 송장(invoice)을 위 회사에 발송하는 등 주식회사 멘에어코리아와 지속적인 거래관계를 유지하고 있었다.

(2) 원고는 2005. 12. 28. 주식회사 멘에어코리아의 대표이사로 취임한 후 2006. 4. 3. 원고 명의로 이 사건 등록상표를 출원하였다.

(3) 주식회사 멘에어코리아는 그 이후로도 소외 회사로부터 계속하여 필터류 제품을 수입하여 국내에서 판매하다가 2007. 7. 12. 소외 회사와 사이에 주식회사 멘에어코리아가 소외 회사 제품을 국내에서 판매할 권한을 가지는 것을 내용으로 하는 대리점계약(계약기간 2007. 7. 1.부터 3년간)을 정식으로 체결하였다.

(4) 주식회사 멘에어코리아는 소외 회사가 2000. 3., 2002. 3., 2002. 7. 각 발행한 카탈로그를 번역하여 국내에서 발행하기도 하였다.

(5) 위 대리점계약은 그 계약기간이 만료된 이후에도 갱신되었으나, 소외 회사가 2011. 2. 22. 주식회사 멘에어코리아의 계약 위반을 이유로 계약해지를 통지함에 따라 종료하였다.

다) 판 단

위 인정사실에 의하여 알 수 있는 사정, 즉 주식회사 멘에어코리아가 이 사건 등록상표의 출원일(2006. 4. 3.) 이전인 2004. 12.경부터 소외 회사로부터 필터류 제품을 지속적으로 수입하여 국내에서 판매하고 있었던 점, 주식회사 멘에어코리아가 위 출원일 이후로도 계속하여 소외 회사와 거래관계를 유지하다가 2007. 7. 12. 정식으로 소외 회사와 대리점계약을 체결한 점 등에 비추어 볼 때, 비록 정식으로 대리점계약이 체결되기 전이지만 주식회사 멘에어코리아는 이 사건 등록상표의 출원일인 2006. 4. 3. 당시 소외 회사로부터 필터류 제품을 일회성으로 구매하는 단순한 수입판매업자였다고 하기 보다는 계속적 거래관계를 통해 소외 회사와 특별한 신뢰관계를 형성한 지위에 있었다고 판단된다. 따라서 주식회사 멘에어코리아는 이 사건 등록상표의 출원일인 2006. 4. 3. 당시 위 상표법 규정에서 말하는 '조약당사국에 등록된 상표 또는 이와 유사한 상표에 관한 권리를 가진 자의 대리인이나 대표자'에 해당한다.

한편 이 사건 등록상표는 주식회사 멘에어코리아가 아닌 원고 명의로 출원 및 등록되기는 했으나, 원고가 이 사건 등록상표의 출원일 이전부터 위 회사의 대표이사이었고 위 출원일 이후 위 대리점계약을 체결한 것으로 보아 이 사건 등록상표의 출원일 당시 주식회사 멘에어코리아와 소외 회사의 거래관계를 알고 있었던 것으로 보이는 점, 이 사건 등록상표가 그 동일성에 비추어 비교대상상표를 모방한 상표라고 볼 수밖에 없는 점, 원고가 위 회사의 영업이 아닌 개인적 용도로 이 사건 등록상표를 출원한 것으로 볼 사정이 없는 점 등을 고려해 볼 때, 원고 명의로 이 사건 등록상표를 출원한 것은 주식회사 멘에어코리아가 위 상표법 규정의 적용을 부당하게 회피하기 위하여 편의적, 형식적으로 한 것에 불과하다고 할 수 있으므로, 위 상표법 규정의 '대리인 또는 대표자'에 해당하는지 여부를 판단함에 있어 원고를 주식회사 멘에어코리아와 달리 보기 어렵다. 따라서 위 상표법 규정을 적용함에 있어서는 원고 역시 소외 회사와의 관계에서 위 '대리인 또는 대표자'에 해당한다고 할 수 있다.

4) 정당한 이유의 유무

원고가 비교대상상표의 권리자인 소외 회사로부터 동의를 받지 않는 등 정당한 이유 없이 이 사건 등록상표를 출원하였다는 점에 대하여는 원고도 다투지 아니한다.

5) 심판청구기간의 준수 여부

피고는 이 사건 등록상표의 등록일인 2007. 6. 20.부터 5년 이내인 2012. 6. 12. 이 사건 심판을 청구하였다.

다. 소결론

결국 이 사건 등록상표는 상표법 제73조 제1항 제7호의 요건을 모두 충족하므로, 위 규정에 따라 그 등록이 취소되어야 한다.

3. 결 론

그렇다면 이 사건 심결은 이와 결론을 같이하여 적법하고, 그 취소를 구하는 원고의 청구는 이유 없으므로, 이를 기각하기로 하여 주문과 같이 판결한다.

판사 문영화(재판장) 김승곤 김신

50. 특허법원 2012. 8.31. 선고 2012허3657 판결 【등록취소(상)】

[미간행]

【전 문】

【원 고】 주식회사 엘지생활건강 (소송대리인 변리사 백인경)

【피 고】 웅진코웨이 주식회사(소송대리인 특허법인 다래 담당변리사 이정은 외 1인)

【변론종결】

2012. 8. 17.

【주 문】

1. 원고의 청구를 기각한다.
2. 소송비용은 원고가 부담한다.

【청구취지】

특허심판원이 2012. 3. 8. 2011당1943호 사건에 관하여 한 심결을 취소한다.

【이 유】

1. 기초사실

가. 이 사건 등록상표

1) 출원일/등록일/등록번호 : 2005. 4. 20./2006. 1. 18./(상표등록번호 생략)

2) 구성 : 리엔

3) 지정상품 : 상품류 구분 제3류의 과자용 향미료(정유), 가정용 정전기방지제, 세탁용 유연제, 향수, 립스틱, 볼연지, 볼터치, 탈모제, 매니큐어, 스킨밀크, 아이섀도, 영양크림, 헤어무스, 모발염색제, 모발탈색제, 손톱탈색제, 아이라이너, 일반화장수, 크린싱크림, 헤어에센스, 선스크린로션, 페이스에센스, 헤어스프레이, 파운데이션크림, 바디폼, 나리싱크림, 리퀴드루즈, 마스카라, 마스크팩, 맛사지용 오일, 미용목욕물첨가제, 선밀크, 선탠제, 약용 크림, 콤팩트용 고형분, 라벤더유, 조합향료, 목향, 인조속눈썹, 화장용 로션처리티슈, 인조손톱, 화장용 마스크, 샴푸, 치약, 물비누, 양치액, 가루비누, 목욕비누, 미용비누, 화장비누, 헤어린스, 비의료용 구강세정제, 구두약, 광택왁스, 금강사, 연마포

나. 이 사건 심결의 경위

1) 피고는 2011. 8. 17. 특허심판원에 상표권자인 원고를 상대로 하여, 이 사건 등록상표가 그 지정상품 중 "립스틱, 볼연지, 볼터치, 매니큐어, 스킨밀크, 아이섀도, 손톱탈색제, 아이라이너, 일반화장수, 선스크린로션, 페이스에센스, 파운데이션크림, 리퀴드루즈, 마스카라, 선밀크, 선탠제, 라벤더유, 조합향료, 목향, 인조속눈썹, 인조손톱(이하 '이 사건 취소심판청구에 관계되는 지정상품'이라 한다)"에 대하여 정당한 이유 없이 이 사건 취소심판청구일 전 계속하여 3년 이상 국내에서 사용되지 아니하였다는 이유로 이 사건 등록상표의 등록취소심판(2011당1943호)을 청구하였다.

2) 특허심판원은 2012. 3. 8. 원고가 이 사건 등록상표를 이 사건 취소심판청구에 관계

되는 지정상품 중 1 이상에 대하여 그 심판청구일 전 3년 이내에 국내에서 사용하였다거나 사용하지 아니한 데 정당한 이유가 있다는 점을 증명하지 못하였다는 이유로 피고의 심판청구를 인용하는 이 사건 심결을 하였다.

[인정근거] 다툼 없는 사실, 갑 제1, 2호증의 각 기재, 변론 전체의 취지

2. 이 사건 쟁점

이 사건 쟁점은, ① 이 사건 취소심판청구가 이 사건 등록상표의 지정상품 가운데 유사범위에 속하는 상품 중 일부에 대하여만 청구한 것이어서, 가사 이 사건 취소심판청구가 인용되더라도 피고는 이 사건 등록상표와 동일·유사한 상표를 사용하거나 상표등록을 받을 수 없으므로 심판청구의 이익이 없어 각하되어야 하는지 여부 및 ② 피고가 이 사건 취소심판청구 이전에 이미 이 사건 등록상표의 지정상품 일부에 대하여 등록취소심판(특허심판원 2011당525호)을 청구한 바 있음에도 불구하고 그 지정상품의 일부를 변경하여 다시 청구하였으니, 이 사건 취소심판청구는 상표권자의 입증책임 경감에 관한 규정인 상표법 제73조 제4항의 입법취지에 반하여 각하되어야 하는지 여부이다(원고는 제1차 변론기일에 이 사건 소의 이익이 없다는 주장 및 이 사건 취소심판청구가 신의성실의 원칙에 위반되고 권리남용에 해당된다는 주장을 철회하였다).

3. 이 사건 심결의 적법 여부

가. 이 사건 취소심판청구가 심판청구의 이익이 있는지 여부

이 사건 취소심판청구가 심판청구의 이익이 있는지 여부에 관하여 보건대, ① 상표법 제73조 제3항에서 '제1항 제3호에 해당하는 것을 사유로 하여 취소심판을 청구하는 경우 등록상표의 지정상품이 2 이상 있는 경우에는 일부 지정상품에 관하여 취소심판을 청구할 수 있다'라고 규정하고 있을 뿐, 동일·유사 지정상품군 단위로 등록취소심판을 청구하여야 한다는 별도의 규정이 없는 점, ② 상표법 제10조 제3항에 의하면, 상품류 구분은 상품의 유사 범위를 정하는 것이 아니므로 이 사건 등록상표의 지정상품이 모두 상품류 구분 제3류에 속한다고 하더라도 이 사건 취소심판대상 지정상품과 나머지 지정상품이 서로 유사한 상품이라고 단정할 수 없는 점, ③ 상표불사용취소심판제도는 상표의 사용을 촉진하는 한편 불사용상표에 대한 제재적 의미도 포함하는 것이므로, 이 사건 취소심판청구가 인용되더라도 심판청구인인 피고가 후에 이 사건 등록상표와 동일·유사한 상표를 사용할 수 없거나 동일·유사한 상표등록을 받을 수 없다 하여 그러한 사정만으로 피고가 이 사건 취소심판을 청구할 수 없다고 보기 어렵거니와, 이 사건 등록상표와 유사한 상표의 등록을 공익상 허용하지 않을 것인가, 허용할 것인가 하는 문제는 그러한 상표출원이 있을 경우 상표법 소정의 상표등록요건에 관한 각 규정에 의하여 따질 일이지, 상표등록취소

심판 청구사건에서는 이를 고려할 것은 아니라는 점(대법원 1999. 7. 9. 선고 97후3937 판결 참조) 등을 참작하면, 피고가 이 사건 등록상표의 지정상품 중 피고의 취소심판청구 지정상품 이외의 다른 지정상품을 포함하여 취소심판을 청구하지 않았다 하더라도 이 사건 취소심판청구가 심판청구의 이익이 없다고 볼 수 없다.

나. 이 사건 취소심판청구가 상표법 제73조 제4항의 입법취지에 반하는지 여부

이 사건 취소심판청구가 상표법 제73조 제4항의 입법취지에 반하는지 여부에 관하여 보건대, 피고가 2011. 3. 11. 특허심판원에 상표권자인 원고를 상대로 하여, 이 사건 등록상표가 그 지정상품 중 '향수, 립스틱, 볼연지, 볼터치, 매니큐어, 스킨밀크, 아이섀도, 영양크림, 손톱탈색제, 아이라이너, 일반화장수, 크린싱크림, 선스크린로션, 페이스에센스, 파운데이션크림, 바디폼, 나리싱크림, 리퀴드루즈, 마스카라, 마스크팩, 맛사지용 오일, 미용목욕물첨가제, 선밀크, 선탠제, 약용 크림, 콤팩트용 고형분, 라벤더유, 조합향료, 목향, 화장용 로션처리티슈, 화장용 마스크, 미용비누, 화장비누'에 대하여 정당한 이유 없이 위 취소심판청구일 전 계속하여 3년 이상 국내에서 사용되지 아니하였다는 이유로 이 사건 등록상표의 등록취소심판(2011당525호)을 청구(이하 '별건 취소심판청구'라 한다)한 사실, 특허심판원이 2011. 12. 26. 원고가 이 사건 등록상표를 사용하였다는 '모발두피팩'은 이 사건 등록상표의 지정상품 중 '마스크팩'과 동일하다고 볼 수 없다는 이유로 별건 취소심판청구를 인용하는 심결을 하였으나, 특허법원이 2012. 5. 18. 2012허870호로 '모발두피팩'은 이 사건 등록상표의 지정상품 중 '화장용 마스크'에 포함된다는 이유로 원고의 청구를 인용하는 판결을 선고하였고, 피고가 2012. 6. 5. 위 판결에 불복하여 대법원에 상고(2012후2036호)를 제기하여 현재 대법원에 계속중인 사실은, 당사자 사이에 다툼이 없거나 변론 전체의 취지를 종합하여 인정된다.

상표법은 제73조 제1항 제3호에서 등록상표를 3년 이상 국내에서 사용하고 있지 아니함을 이유로 상표등록의 취소심판을 청구할 수 있도록 규정하고, 같은 조 제3항에서는 그 경우 등록상표의 지정상품이 2 이상 있는 경우에는 일부 지정상품에 관하여 취소심판을 청구할 수 있다고 하고 있으나, 한편 같은 조 제4항에서는 3년 이상 불사용하였음을 이유로 상표등록취소심판이 청구된 경우에는 피심판청구인이 그 등록상표를 취소심판청구에 관계되는 지정상품 중 1 이상에 대하여 그 심판청구일 전 3년 이내에 국내에서 정당하게 사용하였음을 증명하지 아니하는 한 상표권자는 취소심판청구와 관계되는 지정상품에 관한 상표등록의 취소를 면할 수 없다고 규정하고 있는바, 이러한 규정으로 미루어 볼 때 동시에 수 개의 지정상품에 대하여 심판청구를 한 경우에는 그 심판청구의 대상인 지정상품을 일체불가분적으로 취급하여 전체를 하나의 청구로 간주해서 지정상품 중의 하나에 대하여 사용이 입증된 경우에는 그 심판청구는 전체로서 인용될 수 없어서[대법원 1993. 12. 28. 선고 93후718, 725(병합), 732(병합), 749(병합) 판결 참조], 결과적으로 사용하지 않은 지정상품도 등록취소를 면하게 된다.

이 사건으로 돌아와 보건대, ① 이 사건 취소심판청구는 별건 취소심판청구와 심판청구일이 다르고, 또 별건 취소심판청구에 관계되는 지정상품 중 '향수, 영양크림, 크린싱크림, 바디폼, 나리싱크림, 마스크팩, 맛사지용 오일, 미용목욕물첨가제, 약용크림, 콤팩트용 고형분, 화장용 로션처리티슈, 화장용 마스크, 미용비누, 화장비누'가 삭제되고 '인조속눈썹, 인조손톱'이 추가되어 일부 지정상품이 동일하더라도 전체적인 지정상품의 구성이 달라서, 심판청구일로부터 기산되는 불사용기간과 등록취소를 구하는 범위가 동일하지 아니하므로, 피고로서는 별건 취소심판청구와는 별도로 이 사건 취소심판청구에 관계되는 지정상품 중 1(특히 별건 취소심판의 대상과 동일한 지정상품 외의 다른 지정상품) 이상에 대하여 상표 사용사실을 증명하기만 하면 지정상품 전체에 관한 상표등록의 취소를 면할 수 있으니, 사정에 따라서는 별건 취소심판의 대상과 동일한 (일부) 지정상품에 대하여 다시 원고가 그 사용사실을 입증하여야 할 경우가 있다고 하더라도 그러한 정도의 입증책임의 부담만으로는 이 사건 취소심판청구가 상표법 제73조 제4항의 입법취지(상표권자의 입증책임 경감)에 (정면으로) 반한다고 보기 어려우며, ② 가사 이 사건 취소심판청구가 상표법 제73조 제4항의 입법취지에 반하는 측면이 있다고 하더라도 그러한 이유가 바로 이 사건 취소심판청구가 부적법하여 각하되어야 한다고 볼 근거가 된다고 보기도 어렵다.

다. 소 결

결국 이 사건 취소심판청구는 적법한바, 원고가 이 사건 등록상표를 이 사건 취소심판청구에 관계되는 지정상품 중 1 이상에 대하여 그 심판청구일 전 3년 이내에 국내에서 사용하였다거나 사용하지 아니한 데 정당한 이유가 있다는 점에 관하여 아무런 주장·입증을 하지 아니하였으므로, 이 사건 취소심판청구에 관계되는 지정상품에 대하여는 상표법 제73조 제1항 제3호에 의하여 상표등록취소가 되어야 한다.

4. 결 론

그렇다면 이 사건 심결은 이와 결론이 같아 적법하므로, 그 취소를 구하는 원고의 청구를 기각한다.

판사 권택수(재판장) 염호준 최종선

51. 대법원 2013. 2. 15. 선고 2012후3220 판결【등록취소(상)】

[공2013상,513]

【판시사항】

[1] 등록상표 불사용을 이유로 동시에 수 개의 지정상품에 대한 상표등록의 취소를 구하는 심판 계속 중에 심판청구일이나 지정상품의 범위를 달리하여 다시 상표등록취소심판을 청구할 수 있는지 여부(적극)

[2] 등록상표의 불사용을 이유로 한 상표등록취소심판에서 등록상표의 지정상품이 2 이상 있는 경우, 이해관계인이 취소를 필요로 하는 지정상품의 범위를 임의로 정하여 상표등록의 취소심판을 청구할 이익이 있는지 여부(적극)

【판결요지】

[1] 동시에 수 개의 지정상품에 대하여 상표등록취소심판청구를 한 경우에는 심판청구의 대상인 지정상품을 불가분 일체로 취급하여 전체를 하나의 청구로 간주하여 지정상품 중의 하나에 대하여 사용이 증명되면 그 심판청구는 전체로서 인용될 수 없을 뿐 사용이 증명된 지정상품에 대한 심판청구만 기각하고 나머지에 관한 청구를 인용할 것은 아니며, 사용이 증명된 지정상품만에 대한 심판청구의 일부 취하가 허용되는 것도 아니다. 그렇다면 먼저 청구한 상표등록취소심판이 계속 중이라 하더라도 심판청구인으로서는 등록취소 요건의 일부를 이루는 상표 불사용 기간의 역산 기산점이 되는 심판청구일이나 등록취소를 구하는 지정상품의 범위를 달리하여 다시 상표등록취소심판을 청구할 이익이 있으므로, 이 경우 공통으로 포함된 일부 지정상품에 관하여는 상표권자에게 중복하여 그 사용사실에 대한 증명책임을 부담시키는 것이 된다고 하더라도 상표권자 역시 후에 청구된 등록취소심판에서도 지정상품 중의 하나에 대하여 사용을 증명하면 그 심판청구의 대상인 지정상품 전체에 관하여 상표등록의 취소를 면할 수 있는 이상 그러한 정도의 증명책임 부담만으로 후에 청구된 취소심판이 상표법 제73조 제4항의 입법 취지에 반하는 것으로서 부적법하다고 할 수 없다.

[2] 상표법 제73조 제3항은 제1항 제3호에 해당하는 것을 사유로 하여 취소심판을 청구하는 경우 등록상표의 지정상품이 2 이상 있는 경우에는 일부 지정상품에 관하여 취소심판을 청구할 수 있다고 규정하고 있을 뿐, 동일·유사 지정상품군 단위로 등록취소심판을 청구하여야 한다는 규정을 별도로 두고 있지 아니하다. 이러한 규정 내용에, 상품류 구분은 상표등록사무의 편의를 위해 구분한 것으로서 상품의 유사범위를 정한 것은 아니므로 상품구분표의 같은 유별에 속한다고 하여 바로 유사상품이라고 단정할 수 없는 점, 불사용으로 인한 상표등록취소심판 제도는 등록상표의 사용을 촉진하는 한편 그 불사용에 대한 제재를 가하려는 데에 입법 목적이 있고 이러한

불사용에 대한 제재의 실효성을 강화하기 위해 일부 지정상품에 대한 취소심판제도가 도입된 점 등을 아울러 고려해 보면, 등록상표의 지정상품이 2 이상 있는 경우 이해관계인은 취소를 필요로 하는 지정상품의 범위를 임의로 정하여 상표등록의 취소심판을 청구할 수 있고, 등록상표의 지정상품 중 유사범위에 속하는 지정상품을 모두 포함하여 취소심판을 청구하지 않으면 심판청구가 인용되어도 심판청구인이 후에 유사상품에 관하여 등록상표와 동일·유사한 상표를 사용하거나 그 상표등록을 받을 수 없다는 사정을 들어 유사범위에 속하는 일부 지정상품만에 대한 등록취소심판을 청구할 이익이 없다고 할 수 없다.

【참조조문】

[1] 상표법 제73조 제1항 제3호, 제3항, 제4항 [2] 상표법 제73조 제1항 제3호, 제3항

【참조판례】

[1] 대법원 1993. 12. 28. 선고 93후718, 725, 732, 749 판결(공1994상, 541)

대법원 2012. 1. 27. 선고 2011후2916 판결

【전 문】

【원고, 상고인】 주식회사 엘지생활건강 (소송대리인 변리사 김용인 외 2인)

【피고, 피상고인】 코웨이 주식회사 (소송대리인 특허법인 다래 담당변리사 박승문 외 2인)

【원심 판결】 특허법원 2012. 8. 31. 선고 2012허3657 판결

【주 문】

상고를 기각한다. 상고비용은 원고가 부담한다.

【이 유】

상고이유를 판단한다.

1. 상고이유 제2점에 대하여

상표법은 제73조 제1항 제3호에서 등록상표를 3년 이상 국내에서 사용하고 있지 아니함을 이유로 상표등록의 취소심판을 청구할 수 있도록 규정하고, 제3항에서는 그때 등록상표의 지정상품이 2 이상 있는 경우에는 일부 지정상품에 관하여 취소심판을 청구할 수 있다고 규정하고 있으나, 한편 제4항에서는 3년 이상 불사용하였음을 이유로 상표등록 취소심판이 청구된 경우에는 피청구인이 당해 등록상표를 취소심판청구에 관계되는 지정상품 중 1 이상에 대하여 그 심판청구일 전 3년 이내에 국내에서 정당하게 사용하였음을 증명하지 아니하는 한 상표권자는 취소심판청구와 관계되는 지정상품에 관한 상표등록의 취소를 면할 수 없다고 규정하고 있다. 이러한 규정으로 미루어 볼 때 동시에 수개의 지정상품에 대하여 심판청구를 한 경우에는 그 심판청구의 대상인 지정상품을 불

가분 일체로 취급하여 전체를 하나의 청구로 간주하여 지정상품 중의 하나에 대하여 사용이 증명되면 그 심판청구는 전체로서 인용될 수 없을 뿐 사용이 증명된 지정상품에 대한 심판청구만 기각하고 나머지에 관한 청구를 인용할 것은 아니며(대법원 1993. 12. 28. 선고 93후718, 725, 732, 749 판결, 대법원 2012. 1. 27. 선고 2011후2916 판결 참조), 사용이 증명된 지정상품만에 대한 심판청구의 일부 취하가 허용되는 것도 아니다. 그렇다면 먼저 청구한 상표등록취소심판이 계속 중이라 하더라도 심판청구인으로서는 등록취소 요건의 일부를 이루는 상표 불사용 기간의 역산 기산점이 되는 심판청구일이나 등록취소를 구하는 지정상품의 범위를 달리하여 다시 상표등록취소심판을 청구할 이익이 있다 할 것이므로, 이 경우 공통으로 포함된 일부 지정상품에 관하여는 상표권자에게 중복하여 그 사용사실에 대한 증명책임을 부담시키는 것이 된다 하더라도 상표권자 역시 후에 청구된 등록취소심판에서도 지정상품 중의 하나에 대하여 사용을 증명하면 그 심판청구의 대상인 지정상품 전체에 관하여 상표등록의 취소를 면할 수 있는 이상 그러한 정도의 증명책임의 부담만으로 후에 청구된 취소심판이 상표법 제73조 제4항의 입법 취지에 반하는 것으로서 부적법하다고 할 수 없다.

위 법리와 기록에 비추어 살펴보면, 피고가 2011. 3. 11. 특허심판원에 이 사건 등록상표(상표등록번호 번호 생략)의 지정상품 중 향수 등 33개 상품에 대하여 불사용을 이유로 등록취소심판(2011당525호)을 청구(이하 '별건 취소심판청구'라 한다)하고도, 2011. 8. 17. 특허심판원에 다시 별건 취소심판청구 대상의 일부인 립스틱 등 19개 상품을 포함하여 21개 지정상품에 대하여 불사용을 이유로 이 사건 등록취소심판(2011당1943호)을 청구하여, 이 사건 심결 당시에는 별건 취소심판에 대한 심결취소소송이 특허법원에 계속 중이었다고 하더라도, 이 사건 취소심판청구는 별건 취소심판청구와 심판청구일이 다르고 등록취소를 구하는 지정상품의 범위 또한 동일하지 아니하여 피고로서는 여전히 이 사건 등록취소심판을 청구할 이익이 있다 할 것이므로, 이 사건 취소심판청구가 상표법 제73조 제4항의 입법 취지에 반하는 것으로서 부적법하다고 보기 어렵다.

같은 취지의 원심판단은 옳고, 거기에 상고이유의 주장과 같은 상표법 제73조 제4항에 관한 법리오해의 위법이 없다.

2. 상고이유 제1점에 대하여

상표법 제73조 제3항은 제1항 제3호에 해당하는 것을 사유로 하여 취소심판을 청구하는 경우 등록상표의 지정상품이 2 이상 있는 경우에는 일부 지정상품에 관하여 취소심판을 청구할 수 있다고 규정하고 있을 뿐, 동일·유사 지정상품군 단위로 등록취소심판을 청구하여야 한다는 규정을 별도로 두고 있지 아니하다. 이러한 규정 내용에, 상품류 구분은 상표등록사무의 편의를 위하여 구분한 것으로서 상품의 유사범위를 정한 것은 아니므로 상품구분표의 같은 유별에 속한다고 하여 바로 유사상품이라고 단정할 수 없는 점, 불사용으로 인한 상표등록취소심판 제도는 등록상표의 사용을 촉진하는 한편 그 불사용에 대한 제재를 가하려는 데에 그 입법 목적이 있고 이러한 불사용에 대한 제재의 실효성을 강화하기 위하여 일부 지정상품에 대한 취소심판제도가 도입된 점 등을 아울러 고려하여 보면, 등록상표의 지정상품이 2 이상 있는 경우 이해관계인은 취소를 필요로 하는 지정상품의 범위를 임의로 정하여 그 상표등록의 취소심판을 청구할 수 있다 할 것이고, 등록상표의 지정상품 중 유사범위에 속하는 지정상품을 모두 포함하여 취소심판을 청구하지 않으면 그 심판청구가 인용되어도 심판청구인이 후에 유사상품에 관하여 등록상표와 동일·유사한 상표를 사용하거나 그 상표등록을 받을 수 없다는 사정을 들어 유사범위에 속하는 일부 지정상품만에 대한 등록취소심판을 청구할 이익이 없다고 할 수 없다.

원심 판결 이유를 위 법리와 기록에 비추어 살펴보면, 원심이 같은 취지에서 피고가 이 사건 등록상표의 지정상품 중 이 사건 취소심판청구에 관계되는 지정상품 이외에 그와 유사범위에 속하는 지정상품을 모두 포함하여 취소심판을 청구하지 않았다 하더라도 이 사건 취소심판청구가 심판청구의 이익이 없다고는 할 수 없다고 판단한 것은 옳고, 거기에 상고이유의 주장과 같은 불사용으로 인한 상표등록취소심판에 있어 심판청구의 이익에 관한 법리오해의 위법이 없다.

3. 결 론

그러므로 상고를 기각하고, 상고비용은 패소자가 부담하도록 하여 관여 대법관의 일치된 의견으로 주문과 같이 판결한다.

대법관 김용덕(재판장) 신영철(주심) 이상훈 김소영

○ 상표권침해소송

52. 대법원 2012. 12. 4.자 2010마817 결정 【상표권침해금지가처분】

[미간행]

【판시사항】

[1] 정보통신망 이용촉진 및 정보보호 등에 관한 법률 제44조 제1항에서 정한 '사생활 침해 또는 명예훼손 등 타인의 권리를 침해하는 정보'의 의미

[2] 이른바 오픈마켓(Open Market)의 운영자가 상표권 침해 게시물에 대한 불법행위책임을 지는 경우 및 이때 오픈마켓 운영자가 타인의 상표권을 침해하는 것으로 의심되는 게시물을 게시한 판매자의 신원정보와 판매정보를 상표권자에게 제공할 의무를 지

는지 여부(소극)

【참조조문】

[1] 정보통신망 이용촉진 및 정보보호 등에 관한 법률 제44조 제1항, 제2항 [2] 민법 제750조, 제760조 제3항

【참조판례】

[2] 대법원 2009. 4. 16. 선고 2008다53812 전원합의체 판결(공2009상, 626)
대법원 2010. 3. 11. 선고 2009다4343 판결(공2010상, 718)

【전 문】

【채권자, 재항고인】 아디다스 악티엔게젤샤프트 외 1인 (소송대리인 변호사 조태연)

【채무자, 상대방】 주식회사 이베이코리아 (소송대리인 법무법인 광장 담당변호사 이규홍 외 3인)

【원심결정】 서울고법 2010. 5. 10.자 2009라1941 결정

【주 문】

재항고를 모두 기각한다. 재항고비용은 채권자들이 부담한다.

【이 유】

재항고이유(재항고이유서 제출기간 경과 후에 제출된 준비서면들의 각 기재는 재항고이유를 보충하는 범위 내에서)를 판단한다.

1. 재항고이유 제1점에 관하여

가. 정보통신망 이용촉진 및 정보보호 등에 관한 법률(이하 '정보통신망법'이라고 한다) 제44조 제1항은 "이용자는 사생활 침해 또는 명예훼손 등 타인의 권리를 침해하는 정보를 정보통신망에 유통시켜서는 아니 된다."고 규정하고, 같은 조 제2항은 "정보통신서비스제공자는 자신이 운영·관리하는 정보통신망에 제1항에 따른 정보가 유통되지 아니하도록 노력하여야 한다."고 규정하고 있다.

그런데 위 규정은, 정보통신서비스 이용자 수의 증가와 함께 정보통신망에서 유통되는 정보의 영향력이 매우 커지고 있고, 이에 따라 개인정보의 침해나 각종 명예훼손성 정보의 유통 등으로 인한 사회적 피해도 커지고 있음을 고려하여 이에 대처한다는 취지에서 입법된 것으로서, 일반적으로 "등"이라는 표현은 그 앞에 구체적으로 열거된 단어와 유사한 것을 포괄하는 의미로 사용되는바, 그럼에도 위 규정 중 "등 타인의 권리"라는 문언에 집착하여 이를 제한 없이 '타인의 모든 권리'라고 해석할 경우에는 과연 위 조문이 의미하는 "타인의 권리를 침해하는 정보"의 범위가 어디까지인지 매우 불명확하게 되고, 그 결과 이렇듯 불명확한 정보의 유통을 방지하기 위하여 정보통신서비스제공자가 어느 정도의 노력을 기울여야 하는지 또한 모호하

게 되어 정보통신서비스제공자에게 지나치게 과중한 부담을 지우게 된다.

이런 점을 고려할 때, 위 법 제44조 제1항의 "사생활 침해 또는 명예훼손 등 타인의 권리를 침해하는 정보"는 '사생활을 침해하는 정보'나 '명예를 훼손하는 정보' 및 '이에 준하는 타인의 권리를 침해하는 정보'만을 의미할 뿐, 거기에서 더 나아가 '타인의 상표권을 침해하는 정보'까지 포함하지는 않는다고 보는 것이 합리적이다.

나. 이 사건에서 원심이, 정보통신망법 제44조 제2항이 채무자와 같은 정보통신서비스제공자에게 상표권 침해행위를 적극적으로 방지하여야 할 작위의무를 부과하고 있는 것으로 볼 수는 없고, 달리 채무자에게 그와 같은 작위의무가 있음을 인정할 법률상 근거가 없으므로, 채무자에게 조리상 일정한 범위 내에서의 작위의무가 있음은 별론으로 하고 법률상 상표권 침해행위를 적극적으로 방지하여야 할 작위의무가 있음을 전제로 한 방조책임은 인정되지 아니한다고 판단한 것은 정당하고, 거기에 정보통신망법의 해석에 관한 법리오해 등의 잘못이 없다.

2. 재항고이유 제2점 및 제3점에 관하여

가. 온라인 쇼핑몰 운영자가 판매자로서 직접 소비자들에게 상품을 판매하는 형태가 아니라, 판매자와 구매자 사이에 거래가 이루어질 수 있는 전자거래 시스템을 제공하고 그 대가로 판매자로부터 서비스 이용료를 받을 뿐 판매자와 구매자 사이의 구체적 거래에는 관여하지 않는 이른바 오픈마켓(Open Market)에서는, 운영자가 제공한 인터넷 게시공간에 타인의 상표권을 침해하는 상품판매정보가 게시되고 그 전자거래 시스템을 통하여 판매자와 구매자 사이에 이러한 상품에 대한 거래가 이루어진다 하더라도, 그러한 사정만으로 곧바로 운영자에게 상표권 침해 게시물에 대한 불법행위책임을 지울 수는 없다.

다만 상표권 침해 게시물이 게시된 목적, 내용, 게시기간과 방법, 그로 인한 피해의 정도, 게시자와 피해자의 관계, 삭제 요구의 유무 등 게시에 관련한 쌍방의 대응태도, 관련 인터넷 기술의 발전 수준, 기술적 수단의 도입에 따른 경제적 비용 등에 비추어 볼 때, ① 오픈마켓 운영자가 제공하는 인터넷 게시공간에 게시된 상표권 침해 게시물의 불법성이 명백하고, ② 오픈마켓 운영자가 위와 같은 게시물로 인하여 상표권을 침해당한 피해자로부터 구체적·개별적인 게시물의 삭제 및 차단 요구를 받거나, 피해자로부터 직접적인 요구를 받지 않았다 하더라도 그 게시물이 게시된 사정을 구체적으로 인식하였거나 그 게시물의 존재를 인식할 수 있었음이 외관상 명백히 드러나고, ③ 나아가 기술적, 경제적으로 그 게시물에 대한 관리·통제가 가능한 경우에는, 오픈마켓 운영자에게 그 게시물을 삭제하고 향후 해당 판매자가 위 인터넷 게시공간에서 해당 상품을 판매할 수 없도록 하는 등의 적절한 조치를 취할 것이 요구되며(대법원 2009. 4. 16. 선고 2008다53812 전원합의체 판결 등 참조), 오픈마켓 운영자가 이를 게을리하여 게시자의 상표권 침해를 용이하게 하였을 때에는 위 게시물을 직접 게시한 자의 행위에 대하여 부작위에 의한 방조자로서 공동불법행위책임을 진다고 할 것이다(대법원 2010. 3. 11. 선고 2009다4343 판결 참조). 그러나 이러한 경우에도 오픈마켓 운영자에게 요구되는 조치의무에, 타인의 상표권을 침해하는 것으로 의심되는 게시물을 게시한 판매자의 신원정보 및 판매정보를 오픈마켓 운영자가 임의로 상표권자에게 제공할 의무까지 포함된다고 할 것은 아니다.

나. 원심결정 이유에 의하면, 원심은, 오픈마켓 운영자인 채무자가 판매회원약관에서 판매회원에게 이 사건 쇼핑몰에서 상표권 침해상품을 판매하지 아니할 의무를 부과하고 있고, 지적재산권 침해 또는 부정판매자를 배제하기 위한 장치로 권리침해신고제도, 상표보호프로그램(Brand Protection Program, BPP)을 시행하고 있으며, 그 밖에도 판매자관리프로그램(Gmarket Sales Manager, GSM)상 경고 또는 계도공지문 게시, 이상거래 블랙리스트에 대한 상시감시(모니터링) 제도까지 운영하고 있는 점 등에 비추어, 이 사건 쇼핑몰에서 이 사건 상표권을 침해하거나 침해할 개연성이 있는 상품이 판매되고 있다는 사정만으로 채무자가 고의 또는 과실로 개별적·구체적 사후방지 의무를 게을리하였다고 보기 어렵고, 채무자가 채권자들의 상표권 내지 전용사용권을 침해하는 것으로 의심되는 상품판매정보를 직접 게시한 판매자 신원정보 및 판매정보를 채권자들에게 제공하여야 할 의무가 있다고 볼 수도 없으므로, 채무자가 그의 의무를 위반하여 그 판매자의 불법행위에 도움을 주었다는 채권자들의 주장은 이유 없다고 판단하였다.

원심결정 이유를 앞서 본 법리와 기록에 비추어 살펴보면, 원심의 위와 같은 판단은 정당하고, 거기에 방조책임에 관한 법리오해 등의 잘못이 없다.

3. 결 론

그러므로 재항고를 모두 기각하고, 재항고비용은 패소자들이 부담하도록 하여, 관여 대법관의 일치된 의견으로 주문과 같이 결정한다.

대법관 박보영(재판장) 민일영(주심) 이인복 김신

53. 의정부지방법원 2010. 2. 18. 선고 2008가합12344 판결 【손해배상및상표침해금지】

[미간행]

【전 문】

【원 고】 주식회사 하이우드 (소송대리인 변호사 이광복)

【피 고】 주식회사 하이우드 (소송대리인 법무법인 다산 담당변호사 서상범)

【변론종결】

2010. 1. 14.

【주 문】

1. 피고는 별지 2. 기재 각 표장을 사용하거나, 별지 2. 기재 각 표장을 사용한 별지 3. 기재 상품 또는 이와 유사한 제품 및 그 포장, 선전광고물을 생산, 판매, 반포 또는 수출, 수입을 하여서는 아니된다.
2. 피고는 피고의 사무소, 공장, 창고, 영업소 및 매장에 보관되어 있는 별지 2. 기재 각 상표를 사용하거나 위 상표를 사용한 별지 3. 기재 상품 또는 이와 유사한 제품 및 그 포장, 선전광고물을 각 폐기하라.
3. 피고는 원고에게 88,279,242원 및 이에 대한 2009. 9. 25.부터 2010. 2. 18.까지 연 5%의, 그 다음날부터 다 갚는 날까지 연 20%의 각 비율에 의한 금원을 지급하라.
4. 원고의 나머지 청구를 기각한다.
5. 소송비용 중 2/3는 원고가, 나머지는 피고가 각 부담한다.
6. 제3항은 가집행할 수 있다.

【청구취지】

주문 제1, 2항 및 피고는 원고에게 329,945,689원 및 이에 대한 2009. 9. 18.자 청구취지 일부 정정신청서 송달 다음날부터 다 갚는 날까지 연 20%의 비율에 의한 금원을 지급하라.

【이 유】

1. 기초사실

가. 원고는 2001. 12. 10. 설립된 법인으로 양주시 (이하 생략)에 본점을 두고 플라스틱발포 건축용 몰딩 생산업 등을 영위하는 회사이고, 피고는 원고와 동일한 상호로 2004. 3. 12. 설립된 법인으로 양산시 (이하 생략)에 본점을 두고 플라스틱 제조업, 건축자재 도·소매업 등을 영위하는 회사이다.

나. 원고는 제19류 비금속제 몰딩 외 9건(별지 3. 기재 상품, 이하 '이 사건 지정상품'이라 한다)을 지정상품으로 하여 별지 1. 제1항 기재 상표에 대하여 2006. 10. 31., 제2항 기재 상표에 대하여 2006. 12. 20., 제3, 4항 기재 각 상표(이하 '이 사건 상표'라 한다)에 대하여 2008. 5. 27. 각 상표등록을 마친 상표권자이다.

다. 피고는 2004. 3. 12. 회사가 설립된 이후부터 별지 2. 기재 각 표장(이하 '이 사건 인용표장'이라 한다)을 사용하여 이 사건 지정상품을 생산, 판매하여 오고 있다.

[인정근거] 다툼 없는 사실, 갑 제1 내지 10호증(각 가지번호 포함)의 각 기재, 변론 전체의 취지

2. 판 단

가. 상표권 침해 여부에 관한 판단

(1) 위 인정사실에 의하면, 이 사건 상표와 이 사건 인용표장은 그 외관, 호칭 및 관념을 객관적, 전체적, 이격적으로 관찰할 때 이 사건 지정상품의 거래에서 일반수요자나 거래자가 그 상품의 출처에 대하여 오인·혼동을 일으키게 할 우려가 있다.

(2) 또한, 위 인정사실에 의하면, 피고는 자신의 상호가 '주식회사 하이우드'임에도 '주식회사'를 생략한 이 사건 인용표장을 자신이 생산한 이 사건 지정상품과 그 광고사진 등에 사용하였고, 이는 단순히 자신의 상호를 표시하는 것이 아닌 자타상품의 구분을 위한 상품출처표시로 사용한 것으로 봄이 상당하다.

(3) 따라서, 피고가 자신이 생산한 이 사건 지정상품에 이 사건 인용표장을 사용한 행위는 원고의 이 사건 등록상표에 대한 상표권을 침해하는 행위이므로, 피고는 이 사건 인용표장을 사용하거나, 이 사건 인용표장을 사용한 이 사건 지정상품 또는 이와 유사한 제품 및 그 포장, 선전광고물을 생산, 판매, 반포 또는 수출, 수입을 하여서는 아니되고, 원고에게 위 각 상표권 침해로 인한 손해를 배상하고, 피고의 사무소, 공장, 창고, 영업소 및 매장에 보관되어 있는 이 사건 인용표장을 사용한 지정상품 또는 이와 유사한 제품 및 그 포장, 선전광고물에 대한 폐기할 의무가 있다.

나. 피고의 주장에 대한 판단

(1) 피고의 주장

(가) 상표권침해소송에서도 상표권의 무효를 주장할 수 있고, 이 사건 상표는 상표법 제6조 제1항 제3호의 "그 상품에 산지·품질·원재료·효능·용도·수량·형상(포장의 형상을 포함한다)·가격·생산방법·가공방법·사용방법 또는 시기를 보통으로 사용하는 방법으로 표시한 표장만으로 된 상표"이거나 상표법 제7조 제1항 제11호 전단의 "상품의 품질을 오인하게 할 염려가 있는 상표"에 해당하여 그 상표등록이 무효인 경우에 해당한다.

(나) 피고는 2004. 3. 12. "주식회사 하이우드"라는 상호로 법인을 설립하여 플라스틱 제조업 등의 영업을 하고 있고, 별지 2. 기재 각 표장은 자신의 상호인 "주식회사 하이우드"를 보통으로 표시하는 방법으로 표시하는 상호에 해당하므로, 상표법 제51조 제1항 제1호에 따라 원고의 상표권의 효력이 미치지 아니한다.

(다) 피고는 원고가 이 사건 상표를 등록하기 이전에 별지 4. 기재 표장을 상표로

등록하고 'HI-WOOD'란 상표를 사용하던 소외인으로부터 그 영업 및 상표권을 양도받아 사용하여 오고 있으므로, 상표법 제57조의 3 제1항에 의한 선사용자로서 계속 상표를 사용할 권리를 가진다.

(2) 상표권침해소송에서 상표권의 무효를 주장할 수 있는지 여부에 대하여 본다.
상표가 등록이 되면 심판에 의하여 무효라고 선언되어 확정되기까지는 등록상표로서의 권리를 보유하게 된다 할 것이므로 심판에 의하여 그 무효가 선언되어 확정되지 아니한 이상 이를 이유로 인용상표의 효력을 부인할 수는 없다(대법원 1996. 9. 10. 선고 96후283 판결 등 참조)고 할 것이므로, 피고의 위 주장은 주장 자체로 이유 없다.

(3) 이 사건 인용표장이 피고의 상호를 보통으로 표시하는 방법으로 표시하는 상호에 해당하는지 여부에 대하여 본다.
법인인 회사가 그 상호를 표시하면서 회사의 종류를 표시하는 부분을 생략한 경우에는 그것이 널리 알려져 있지 않은 이상 일반수요자가 반드시 상호로 인식한다고 할 수 없어 이를 회사의 상호를 보통으로 사용하는 방법으로 표시한 것으로 볼 수 없고, 단지 상호의 약칭에 불과하다고 할 것이고, 이러한 약칭의 표시는 그것이 저명하지 않는 한 특수한 태양으로 표시되어 있지 않다고 하더라도 상표권의 효력이 미친다(대법원 2001. 3. 23. 선고 2000후3708 판결 등 참조)고 할 것이므로, 자신의 상호에서 '주식회사'를 생략한 이 사건 인용표장을 사용하는 것이 피고의 상호를 보통으로 사용하는 방법으로 표시한 것으로 볼 수 없다. 따라서 피고의 위 주장은 이유 없다.

(4) 피고가 선사용자로서의 계속사용권을 가지는지 여부에 대하여 본다.
2007. 1. 3. 신설된 상표법 제57조의 3 제1항의 선사용자로서의 계속사용권은 상표법 부칙 제7조에 따라 2007. 7. 1. 이후 최초로 타인이 상표등록출원을 하여 등록되는 상표에 대하여 선사용자가 동 개정규정의 요건을 갖춘 경우부터 적용되는데, 원고의 별지 1. 제1, 2항 기재 상표권은 2007. 7. 1. 이전에 이미 상표등록이 되었을 뿐 아니라, 원고가 이 사건 등록상표를 등록출원을 할 당시 피고의 이 사건 인용표장이 국내 수요자 간에 그 상표가 특정인의 상품을 표시하는 것이라고 인식되어 있었다고 인정할 만한 증거가 없으므로, 피고의 위 주장은 이유 없다.

다. 손해배상의 범위

(1) 원고의 주장
피고는 2006년에는 매출액 3,524,845,187원, 영업이익 95,787,196원, 당기순이익 42,817,858원을, 2007년에는 매출액 4,555,535,861원, 영업이익 208,742,130원, 당기

순이익 117,600,084원을, 2008년에는 매출액 5,491,292,543원, 영업이익 295,098,183원, 당기순이익 169,527,747원을 각 기록하였는바, 상표법 제67조 제2항은 침해자의 이익을 상표권자의 손해로 추정하고 있으므로, 피고는 원고에게 당기순이익 합계 329,945,689원(=2006년 당기순이익 42,817,858원+2007년 당기순이익 117,600,084원 +2008년 당기순이익 169,527,747원) 및 이에 대한 지연손해금을 지급할 의무가 있다.

(2) 판 단

상표권자가 고의 또는 과실에 의하여 자기의 상표권 또는 전용사용권을 침해한 자에 대하여 그 침해에 의하여 자기가 받은 손해의 배상을 청구하는 경우 권리를 침해한 자가 그 침해행위에 의하여 이익을 받은 때에는 그 이익의 액이 상표권자 손해의 액으로 추정되므로, 원고의 손해액은 특별한 사정이 없는 한 2006년도 당기순이익 가운데 원고가 상표권을 등록한 이후인 11, 12월 분 당기순이익 7,136,309원(=42,817,858원×2/12개월, 원 미만 버림, 이하 같다), 2007년 당기순이익 117,600,084원 및 2008년 당기순이익 169,527,747원 합계 294,264,140원 및 이에 대한 지연손해금 상당액이다.

다만, 위 당기순이익에는 피고가 공급하는 상품의 질, 신용, 판매정책 등도 상당한 영향을 미쳤다고 봄이 상당하므로, 피고가 얻은 이익에 대한 원고의 이 사건 등록상표의 기여도를 약 30% 정도로 평가한 88,279,242원(= 294,264,140원×30/100)이 침해행위와 상당인과관계가 있는 손해라고 본다.

따라서 피고는 특별한 사정이 없는 한 원고에게 88,279,242원 및 이에 대한 이 사건 청구취지 일부 정정신청서 송달 다음날인 2009. 9. 25.부터 피고가 이행의무의 범위에 관하여 항쟁함이 상당한 이 판결 선고일인 2010. 2. 18.까지 민법 소정의 연 5%의, 그 다음날부터 다 갚는 날까지 소송촉진 등에 관한 특례법 소정의 연 20%의 각 비율에 의한 지연손해금을 지급할 의무가 있다.

(3) 피고의 상계항변에 관한 판단

피고는 2009. 6. 30. 소외인으로부터 원고가 2001. 10. 10.부터 2004. 4. 2.까지 소외인의 상표권을 침해함으로 인한 손해배상채권을 양도받았고, 위 손해배상채권액은 적어도 504,438,200원에 달하므로, 이를 자동채권으로 원고의 채권액과 대등액의 범위에서 상계한다고 항변하므로 살피건대, 소외인의 등록상표인 별지 4. 기재 상표와 원고의 이 사건 등록상표는 그 외관, 호칭 및 관념이 전혀 달라 동일 내지 유사한 상표라고 할 수 없으므로 원고가 이 사건 등록상표를 2001. 10. 10.부터 2004. 4. 2.까지 사용하였다고 하여 소외인의 상표권을 침해한 것이라고 볼 수 없고, 달리 원고가 소외인의 상표권을 침해하였다고 인정할 증거가 없으므로, 피고의 위 상계항변은 자동채권의 존재가 인정되지 아니하므로 이유 없다.

3. 결 론

그렇다면, 원고의 청구는 위 인정범위 내에서 이유 있으므로 이를 인용하고, 나머지 청구는 이유 없으므로 이를 기각하기로 하여 주문과 같이 판결한다.

[별지 생략]

판사 강인철(재판장) 조병대 이소연

54. 서울고등법원 2010. 11. 10. 선고 2010나32360 판결【손해배상및상표침해금지】

[미간행]

【전 문】

【원고, 항소인 겸 피항소인】 주식회사 하이우드 (소송대리인 변호사 이광복)

【피고, 피항소인 겸 항소인】 주식회사 하이우드 (소송대리인 법무법인 양지 담당변호사 신성기)

【제1심 판결】 의정부지방법원 2010. 2. 18. 선고 2008가합12344 판결

【변론종결】

2010. 9. 8.

【주 문】

1. 제1심 판결 중 피고 패소 부분을 취소하고, 그에 해당하는 원고의 청구를 기각한다.
2. 원고의 항소를 기각한다.
3. 소송총비용은 원고가 부담한다.

【청구취지】

1. 피고는 별지2 목록 기재 각 표장을 사용하거나, 그 각 표장을 사용한 별지3 목록 기재 상품 및 그 포장, 선전광고물을 생산, 판매, 반포 또는 수출, 수입을 하여서는 아니 된다.
2. 피고는 피고의 사무소, 공장, 창고, 영업소 및 매장에 보관되어 있는 별지2 목록 기재 각 표장을 사용한 별지3 목록 기재 상품 및 그 포장, 선전광고물을 폐기하라.
3. 피고는 원고에게 329,945,689원 및 이에 대한 2009. 9. 18.자 청구취지 일부 정정신청서 송달 다음날부터 다 갚는 날까지 연 20%의 비율에 의한 금원을 지급하라(원고는 당심에 이르러 금지청구 및 폐기청구 중 일부를 감축하였다).

【항소취지】

원고 :

제1심 판결 중 아래에서 추가로 지급을 명하는 원고 패소 부분을 취소한다.

피고는 원고에게 241,666,447원과 이에 대하여 2009. 9. 25.부터 2010. 2. 18.까지 연 5%, 그 다음날부터 다 갚는 날까지 연 20%의 각 비율에 의한 금원을 지급하라.

피고 :

주문 제1항과 같다.

【이 유】

1. 기초사실

【증거】 다툼 없는 사실, 갑 제1 내지 8호증, 을 제1 내지 9, 13 내지 17호증의 각 기재(가지번호 포함), 변론 전체의 취지

가. 원고는, 2001. 12. 10. 설립된 법인으로 양주시 (이하 생략)에 본점을 두고 플라스틱발포 건축용 몰딩 생산업 등을 영위하는 회사로서, 제19류 건축용 비금속제 몰딩 외 9건(별지3 목록 기재 각 상품, 이하 '이 사건 지정상품'이라 한다)을 지정상품으로 하여 별지1 목록 제1항 기재 상표에 대하여 2006. 10. 31., 같은 목록 제3항 및 제4항 기재 각 상표에 대하여 2008. 5. 27. 각각 상표등록을 하고(이하 같은 목록 제1, 3, 4항 기재 각 상표를 통칭하여 '원고 상표들'이라 하고, 같은 목록 제1항 기재 상표를 '원고 제1상표'라 하고, 같은 목록 제3, 4항 기재 상표도 같은 방식으로 호칭한다), 같은 목록 제2항 기재 서비스표(이하 '원고 서비스표'라 한다)에 대하여 2006. 12. 20. 제35류 건축용 몰딩 판매대행업, 건축용 몰딩 판매알선업 등 10건(이하 '이 사건 지정서비스업'이라 한다)을 지정서비스업으로 하여 서비스표등록을 한 상표권자이다.

나. 소외인은 1989. 9. 6.경부터 양산시 (이하 생략)에서 '보성산업사'라는 상호로 합성수지 제조업을 영위하면서 1994. 4. 2. 별지4 목록 기재 상표에 대하여 제33류 건축용 플라스틱 벽제 외 9건을 지정상품으로 하여 상표등록을 하고 그의 영업에 별지4 목록 기재 상표 및 별지2 목록 기재 각 표장(이하 '피고 표장들'이라 한다)을 사용하다가, 2004. 3. 10.경 보성산업사를 폐업하였다.

다. 피고는 2004. 3. 12. 소외인의 사업장 소재지이던 양산시 (이하 생략)을 본점으로 하여 설립된 법인으로서 플라스틱 제조업, 건축자재 도·소매업 등을 영위하고 있는데, 피고는 소외인으로부터 보성산업사의 영업권과 그에 따른 별지4 목록 기재 상표권과 피고 표장들의 사용권을 양수하였다. 그러나 피고가 별지4 목록 기재 상표권에 대하여 상표권 이전등록을 하지 아니하고, 그 관리도 소홀히 하여, 별지4 목록 기재 상표권은 상표권 양수 직후인 2004년 4월경 소멸되었다. 한편, 피고는 회사 설립시부터 피고 표장들을 사용하여 건축용 플라스틱 몰딩 등을 생산·판매하여 오던 중 2007. 3. 26.경부터는 제품 포장지에 피고 표장들의 사용을 중단하고, 2008. 5. 23.경부터는 제품 카탈로그에 피고 표장들의 사용을 중단하는 등 그 때부터 피고 표장들의 사용

을 완전히 중단하였다.

2. 원고의 주장

피고가 원고 상표들 및 원고 서비스표와 유사한 피고 표장들을 이 사건 지정상품 및 이 사건 지정서비스업과 동일·유사한 상품에 사용함으로써 원고의 원고 상표들에 대한 각 상표권 및 원고 서비스표에 대한 서비스표권을 침해하였으므로, 피고는 원고에게 청구취지 기재와 같은 금지청구, 폐기청구 및 손해배상청구에 응할 의무가 있다.

3. 판 단

가. 상표법 제6조제1항제3호의 '상품의 산지·품질·효능·용도·형상 등을 보통으로 사용하는 방법으로 표시한 표장'에 해당하는지 여부는 그 상표가 지니고 있는 관념, 지정상품과의 관계 및 거래사회의 실정 등을 감안하여 객관적으로 판단하여야 하는바, 수요자가 지정상품을 고려하여서 그 품질, 효능, 형상 등의 성질을 표시하고 있는 것으로 직감할 수 있으면 기술적 표장에 해당한다(대법원 2007. 6. 1. 선고 2007후555 판결 등 참조). 또한, 상표법 제7조제1항제11호의 '상품의 품질을 오인하게 할 염려가 있는 상표'라 함은 그 상표의 구성 자체가 그 지정상품이 본래 가지고 있는 성질과 다른 성질을 갖는 것으로 수요자를 오인하게 할 염려가 있는 상표를 말한다(대법원 2007. 6. 1. 선고 2007후555 판결, 대법원 2000. 10. 13. 선고 99후628 판결 등 참조).

나. 원고 상표들과 원고 서비스표는 'HI-WOOD'라는 영문 위에 ""과 같은 무늬를 추가한 형태(원고 제1상표, 원고 서비스표)이거나, '하이우드'라는 국문으로만 구성된 것(원고 제4상표)이거나, 원고 제1상표와 원고 제4상표를 위·아래에 배치한 형태(원고 제3상표)인데, 여기서 '하이우드'나 'HI-WOOD'는 양·정도·품질·크기가 보통보다 높거나 많거나 고도이거나 크다는 의미인 'high'의 줄임말로 국내에서 흔히 사용되는 'hi'와 나무 또는 목재를 의미하는 'wood'를 결합한 것으로서 '좋은 목재'라는 의미로 관념된다.

다. 건축용 목재 몰딩은 이 사건 지정상품 중 "건축용 비금속 몰딩"에 해당하고, 건축용 목재 몰딩의 판매대행업·판매알선업은 이 사건 지정서비스업 중 "건축용 몰딩 판매대행업·판매알선업"에 해당하는데, 위에서 본 '하이우드'나 'HI-WOOD'의 관념에 비추어 '하이우드'나 'HI-WOOD'는 건축용 목재 몰딩과 관련하여 일반수요자나 거래자들에게 '좋은 목재로 만든 몰딩'이라는 의미로 직감될 수 있으므로, 원고 상표들과 원고 서비스표는 건축용 목재 몰딩과 관련하여서는 지정상품의 원재료나 품질 또는 지정서비스업의 성질을 보통으로 사용하는 방법으로 표시한 표장에 해당한다.

한편, 원고 제4상표는 '하이우드'라는 문자로만 구성된 상표이고, 원고 제1상표, 원고

서비스표 및 원고 제3상표 중 영문 부분은 'HI-WOOD'라는 영문 위에 ""과 같은 무늬를 추가한 형태이기는 하나 ""과 같은 무늬는 'HI-WOOD'라는 영문에 부수적으로 부가된 것에 불과하여 전체적으로 보아 'HI-WOOD'로만 관념된다.

따라서 원고 상표들을 건축용 목재 몰딩에 사용하거나 원고 서비스표를 건축용 목재 몰딩의 판매대행·알선업에 사용하는 경우에 원고 상표들과 원고 서비스표는 지정상품의 원재료나 품질 또는 지정서비스업의 성질을 보통으로 사용하는 방법으로 표시한 표장만으로 된 상표 및 서비스표에 해당하므로, 상표법 제6조제1항제3호 소정의 등록무효사유에 해당한다.

라. 또한, 원고 상표들과 원고 서비스표는, 이를 이 사건 지정상품 중 목재가 아닌 건축용 비금속 몰딩이나 이 사건 지정서비스업 중 목재가 아닌 건축용 몰딩의 판매대행·알선업에 사용하는 경우에, 일반수요자나 거래자로 하여금 건축용 목재 몰딩이나 건축용 목재 몰딩의 판매대행·알선업으로 인식하게 함으로써 상품의 성질과 상품 자체 또는 서비스업의 성질이나 서비스업 자체 모두를 오인하게 할 염려가 있는 표장에 해당하므로, 상표법 제7조제1항제11호 소정의 등록무효사유에 해당한다.

마. 이와 같이 원고 상표들을 이 사건 지정상품 중 "건축용 비금속 몰딩"에 사용하거나 원고 서비스표를 이 사건 지정서비스업 중 "건축용 몰딩 판매대행업·판매알선업"에 사용하는 경우에, 원고 상표들 및 원고 서비스표는 지정상품의 원재료나 품질 또는 지정서비스업의 성질을 보통으로 사용하는 방법으로 표시한 표장만으로 된 상표 또는 서비스표에 해당하거나, 상품의 성질과 상품 자체 또는 서비스업의 성질이나 서비스업 자체 모두를 오인하게 할 염려가 있는 상표 또는 서비스표에 해당하여 무효임이 명백하므로, 원고의 청구취지 기재와 같은 금지청구, 폐기청구 및 손해배상청구는 권리남용에 해당하여 허용될 수 없다.

4. 결 론

그렇다면, 원고의 이 사건 청구는 이유 없어 이를 기각하여야 할 것인데, 제1심 판결 중 이와 결론을 달리한 부분은 부당하므로, 피고의 항소를 받아들여 제1심 판결 중 피고 패소 부분을 취소하고 그에 해당하는 원고의 청구를 기각하며, 원고의 항소는 이유 없어 이를 기각하기로 하여, 주문과 같이 판결한다.

[별지 생략]

판사 이기택(재판장) 함석천 김동규

55. 대법원 2012. 10. 18. 선고 2010다103000 전원합의체 판결 【손해배상및상표침해금지】

[공2012하,1880]

【판시사항】

[1] 등록상표 또는 등록서비스표에 대한 등록무효심결이 확정되기 전이라도 상표등록 등이 무효심판에 의하여 무효로 될 것임이 명백한 경우, 상표권 등에 기초한 침해금지 또는 손해배상 등의 청구가 권리남용에 해당하는지 여부(원칙적 적극) 및 이때 상표권 또는 서비스표권 침해소송을 담당하는 법원이 상표등록 등의 무효 여부에 대하여 심리·판단할 수 있는지 여부(적극)

[2] 어떤 상표가 상표법 제6조 제1항 제3호에서 정한 '상품의 품질·효능·용도 등을 보통으로 사용하는 방법으로 표시한 표장만으로 된 상표'에 해당하는지를 판단하는 기준 및 상표법 제7조 제1항 제11호에서 정한 '상품의 품질을 오인하게 할 염려가 있는 상표'의 의미와 그 판단 기준

[3] "HI WOOD", "HI WOOD 하이우드", "하이우드"와 같이 구성된 등록상표 또는 등록서비스표의 상표권자인 갑 주식회사가 을 주식회사를 상대로 상표권 등 침해금지 및 손해배상 등을 구한 사안에서, 위 상표 또는 서비스표는 상표법 제6조 제1항 제3호의 기술적 표장 또는 상표법 제7조 제1항 제11호 전단의 품질오인표장에 해당하여 등록이 무효로 될 것임이 명백하므로, 위 상표권 등에 기초한 갑 회사의 침해금지, 침해제품의 폐기 및 손해배상 청구는 권리남용에 해당하여 허용되지 않는다고 한 사례

【판결요지】

[1] 상표법은 등록상표가 일정한 사유에 해당하는 경우 별도로 마련한 상표등록의 무효심판절차를 거쳐 등록을 무효로 할 수 있도록 규정하고 있으므로, 상표는 일단 등록된 이상 비록 등록무효사유가 있다고 하더라도 이와 같은 심판에 의하여 무효로 한다는 심결이 확정되지 않는 한 대세적(대세적)으로 무효로 되는 것은 아니다. 그런데 상표등록에 관한 상표법의 제반 규정을 만족하지 못하여 등록을 받을 수 없는 상표에 대해 잘못하여 상표등록이 이루어져 있거나 상표등록이 된 후에 상표법이 규정하고 있는 등록무효사유가 발생하였으나 상표등록만은 형식적으로 유지되고 있을 뿐임에도 그에 관한 상표권을 별다른 제한 없이 독점·배타적으로 행사할 수 있도록 하는 것은 상표의 사용과 관련된 공공의 이익을 부당하게 훼손할 뿐만 아니라 상표를 보호함으로써 상표사용자의 업무상 신용유지를 도모하여 산업발전에 이바지함과 아울러 수요자의 이익을 보호하고자 하는 상표법의 목적에도 배치되는 것이다. 또한 상표권도 사적 재산권의 하나인 이상 그 실질적 가치에 부응하여 정의와 공평의 이념에 맞게 행사되어야 할 것인데, 상표등록이 무효로 될 것임이 명백하여 법적으로 보호받

을 만한 가치가 없음에도 형식적으로 상표등록이 되어 있음을 기화로 그 상표를 사용하는 자를 상대로 침해금지 또는 손해배상 등을 청구할 수 있도록 용인하는 것은 상표권자에게 부당한 이익을 주고 그 상표를 사용하는 자에게는 불합리한 고통이나 손해를 줄 뿐이므로 실질적 정의와 당사자들 사이의 형평에도 어긋난다. 이러한 점들에 비추어 보면, 등록상표에 대한 등록무효심결이 확정되기 전이라고 하더라도 상표등록이 무효심판에 의하여 무효로 될 것임이 명백한 경우에는 상표권에 기초한 침해금지 또는 손해배상 등의 청구는 특별한 사정이 없는 한 권리남용에 해당하여 허용되지 아니한다고 보아야 하고, 상표권침해소송을 담당하는 법원으로서도 상표권자의 그러한 청구가 권리남용에 해당한다는 항변이 있는 경우 그 당부를 살피기 위한 전제로서 상표등록의 무효 여부에 대하여 심리·판단할 수 있다고 할 것이며, 이러한 법리는 서비스표권의 경우에도 마찬가지로 적용된다.

[2] 어떤 상표가 상표법 제6조 제1항 제3호에서 정하는 '상품의 품질·효능·용도 등을 보통으로 사용하는 방법으로 표시한 표장만으로 된 상표'에 해당하는지는 그 상표가 지니고 있는 관념, 지정상품과의 관계 및 거래사회의 실정 등을 고려하여 객관적으로 판단하여야 한다. 또한 상표법 제7조 제1항 제11호 전단의 '상품의 품질을 오인하게 할 염려가 있는 상표'라 함은 그 상표의 구성 자체가 그 지정상품이 본래 가지고 있는 성질과 다른 성질을 갖는 것으로 수요자를 오인하게 할 염려가 있는 상표를 말하고, 어느 상표가 품질오인을 생기게 할 염려가 있는지는 일반 수요자를 표준으로 하여 거래통념에 따라 판단하여야 한다. 그리고 이러한 법리들은 상표법 제2조 제3항에 의하여 서비스표의 경우에도 마찬가지로 적용된다.

[3] "HI WOOD", "HI WOOD 하이우드", "하이우드"와 같이 구성된 등록상표 또는 등록서비스표의 상표권자인 갑 주식회사가 을 주식회사를 상대로 상표권 등 침해금지 및 손해배상 등을 구한 사안에서, 위 상표 또는 서비스표가 일반 수요자나 거래자들에게 '고급 목재, 좋은 목재' 등의 의미로 직감되므로, 그 지정상품 또는 지정서비스업 중 '목재'로 되어 있는 상품 또는 이러한 상품의 판매대행업, 판매알선업에 사용될 경우에는 지정상품 또는 지정서비스업의 품질·효능·용도 등을 보통으로 사용하는 방법으로 표시한 표장만으로 된 상표법 제6조 제1항 제3호의 기술적 표장에 해당하고, '목재'로 되어 있지 아니한 상품 또는 이러한 상품의 판매대행업, 판매알선업에 사용될 경우에는 지정상품이 '목재'로 되어 있거나 지정서비스업이 그러한 상품의 판매대행업, 판매알선업인 것으로 수요자를 오인하게 할 염려가 있는 상표법 제7조 제1항 제11호 전단의 품질오인표장에 해당하여 그 등록이 무효로 될 것임이 명백하므로, 위 상표권 등에 기초한 갑 회사의 침해금지, 침해제품의 폐기 및 손해배상 청구는

권리남용에 해당하여 허용되지 않는다고 한 사례.

【참조조문】

[1] 상표법 제1조, 제2조 제3항, 제65조, 제71조, 민법 제2조 [2] 상표법 제2조 제3항, 제6조 제1항 제3호, 제7조 제1항 제11호 [3] 상표법 제2조 제3항, 제6조 제1항 제3호, 제7조 제1항 제11호, 제65조, 민법 제2조

【참조판례】

[1] 대법원 1991. 4. 30.자 90마851 결정(공1991, 1597)(변경)
대법원 1995. 5. 9. 선고 94도3052 판결(공1995상, 2146)(변경)
대법원 1995. 7. 28. 선고 95도702 판결(공1995하, 3030)(변경)
[2] 대법원 2000. 10. 13. 선고 99후628 판결(공2000하, 2358)
대법원 2007. 6. 1. 선고 2007후555 판결
대법원 2007. 9. 20. 선고 2007후1824 판결(공2007하, 1714)
대법원 2011. 4. 28. 선고 2011후33 판결

【전 문】

【원고, 상고인】 주식회사 하이우드(소송대리인 변호사 이광복)

【피고, 피상고인】 주식회사 하이우드(소송대리인 법무법인 양지 담당변호사 신성기)

【원심 판결】 서울고법 2010. 11. 10. 선고 2010나32360 판결

【주 문】

상고를 기각한다. 상고비용은 원고가 부담한다.

【이 유】

상고이유(상고이유서 제출기간 경과 후에 제출된 상고이유보충서의 기재는 상고이유를 보충하는 범위 내에서)를 판단한다.

1. 상표법은 등록상표가 일정한 사유에 해당하는 경우에 별도로 마련한 상표등록의 무효심판절차를 거쳐 그 등록을 무효로 할 수 있도록 규정하고 있으므로, 상표는 일단 등록된 이상 비록 등록무효사유가 있다고 하더라도 이와 같은 심판에 의하여 무효로 한다는 심결이 확정되지 않는 한 대세적(대세적)으로 무효로 되는 것은 아니다.
그런데 상표등록에 관한 상표법의 제반 규정을 만족하지 못하여 등록을 받을 수 없는 상표에 대해 잘못하여 상표등록이 이루어져 있거나 상표등록이 된 후에 상표법이 규정하고 있는 등록무효사유가 발생하였으나 그 상표등록만은 형식적으로 유지되고 있을 뿐임에도 그에 관한 상표권을 별다른 제한 없이 독점·배타적으로 행사할 수 있도록 하는 것은 그 상표의 사용과 관련된 공공의 이익을 부당하게 훼손할 뿐만 아니라 상표를

보호함으로써 상표사용자의 업무상 신용유지를 도모하여 산업발전에 이바지함과 아울러 수요자의 이익을 보호하고자 하는 상표법의 목적에도 배치되는 것이다. 또한 상표권도 사적 재산권의 하나인 이상 그 실질적 가치에 부응하여 정의와 공평의 이념에 맞게 행사되어야 할 것인데, 상표등록이 무효로 될 것임이 명백하여 법적으로 보호받을 만한 가치가 없음에도 형식적으로 상표등록이 되어 있음을 기화로 그 상표를 사용하는 자를 상대로 침해금지 또는 손해배상 등을 청구할 수 있도록 용인하는 것은 상표권자에게 부당한 이익을 주고 그 상표를 사용하는 자에게는 불합리한 고통이나 손해를 줄 뿐이므로 실질적 정의와 당사자들 사이의 형평에도 어긋난다.

이러한 점들에 비추어 보면, 등록상표에 대한 등록무효심결이 확정되기 전이라고 하더라도 그 상표등록이 무효심판에 의하여 무효로 될 것임이 명백한 경우에는 그 상표권에 기초한 침해금지 또는 손해배상 등의 청구는 특별한 사정이 없는 한 권리남용에 해당하여 허용되지 아니한다고 보아야 하고, 상표권침해소송을 담당하는 법원으로서도 상표권자의 그러한 청구가 권리남용에 해당한다는 항변이 있는 경우 그 당부를 살피기 위한 전제로서 상표등록의 무효 여부에 대하여 심리·판단할 수 있다고 할 것이며, 이러한 법리는 서비스표권의 경우에도 마찬가지로 적용된다.

이와 달리 상표등록을 무효로 한다는 심결이 확정되기 전에는 법원이 상표권침해소송 등에서 등록상표의 권리범위를 부정할 수는 없다는 취지로 판시한 대법원 1991. 4. 30.자 90마851 결정, 대법원 1995. 5. 9. 선고 94도3052 판결 및 대법원 1995. 7. 28. 선고 95도702 판결은 이 판결의 견해에 배치되는 범위에서 이를 변경하기로 한다.

2. 위 법리에 따라서, 원심판시 원고 상표들 및 원고 서비스표의 등록이 무효로 될 것임이 명백하여, 이에 관한 각 상표권 및 서비스표권에 기초한 원고의 이 사건 침해금지, 침해제품의 폐기 및 손해배상 청구가 권리남용에 해당하는지를 관련 법리와 기록에 비추어 살펴본다.

어떤 상표가 상표법 제6조 제1항 제3호에서 정하는 '상품의 품질·효능·용도 등을 보통으로 사용하는 방법으로 표시한 표장만으로 된 상표'에 해당하는지는 그 상표가 지니고 있는 관념, 지정상품과의 관계 및 거래사회의 실정 등을 고려하여 객관적으로 판단하여야 한다(대법원 2007. 9. 20. 선고 2007후1824 판결, 대법원 2011. 4. 28. 선고 2011후33 판결 등 참조). 또한 상표법 제7조 제1항 제11호 전단의 '상품의 품질을 오인하게 할 염려가 있는 상표'라 함은 그 상표의 구성 자체가 그 지정상품이 본래 가지고 있는 성질과 다른 성질을 갖는 것으로 수요자를 오인하게 할 염려가 있는 상표를 말하고, 어느 상표가 품질오인을 생기게 할 염려가 있는지는 일반 수요자를 표준으로 하여 거래통념에 따라 판단하여야 한다(대법원 2000. 10. 13. 선고 99후628 판결, 대법원 2007. 6. 1. 선고 2007후555 판결 등 참조). 그리고 이러한 법리들은 상표법 제2조 제3항에 의하여 서비스표의 경우에도 마찬가지로 적용된다 .

원심 판결 이유에 의하면, 원심판시 원고 제1상표(등록번호 1 생략) 및 원고 서비스표(등록번호 2 생략)는 "HI WOOD"와 같이, 원심판시 원고 제3상표(등록번호 3 생략)는 "HI WOOD 하이우드"와 같이, 원심판시 원고 제4상표(등록번호 4 생략)는 "하이우드"와 같이 각 구성되어 있고, 원고 상표들은 각각 "건축용 비금속제 몰딩, 건축용 비금속제 표면마감재, 건축용 비금속제 벽면라이닝, 건축용 비금속제 보강재료, 건축용 비금속제 계단, 건축용 비금속제 난간손잡이, 건축용 비금속제 문틀, 건축용 비금속제 창틀, 건축용 비금속제 천정판, 건축용 비금속제 바닥판"을 지정상품으로 하고 있으며, 원고 서비스표는 "건축용 몰딩 판매대행업, 건축용 몰딩 판매알선업, 건축용 표면마감재 판매대행업, 건축용 표면마감재 판매알선업, 건축용 문틀 판매대행업, 건축용 문틀 판매알선업, 건축용 창틀 판매대행업, 건축용 창틀 판매알선업, 건축용 보강재료 판매대행업, 건축용 보강재료 판매알선업"을 지정서비스업으로 하고 있음을 알 수 있다.

그런데 원고 상표들 또는 원고 서비스표를 구성하고 있는 'HI-WOOD'나 '하이우드' 중 'HI' 또는 '하이'는 '고급의, 상등의, 높은' 등의 뜻을 가진 영어 단어 'high'의 줄임말 또는 그 한글발음이고, 'WOOD' 또는 '우드'는 '나무, 목재' 등의 뜻을 가진 영어 단어 또는 그 한글발음이며, 한편 원고 제1상표 및 제3상표와 원고 서비스표에 부가된 도형은 이들 상표 또는 서비스표의 부수적 또는 보조적 부분에 불과하여 그 문자 부분의 의미를 상쇄, 흡수할 만한 새로운 식별력을 가진다고 볼 수 없으므로, 원고 상표들 및 원고 서비스표는 일반 수요자나 거래자들에게 '고급 목재, 좋은 목재' 등의 의미로 직감된다고 할 것이다. 따라서 원고 상표들 또는 원고 서비스표는 그 지정상품 또는 지정서비스업 중 '목재'로 되어 있는 상품 또는 이러한 상품의 판매대행업, 판매알선업에 사용될 경우에는 지정상품 또는 지정서비스업의 품질·효능·용도 등을 보통으로 사용하는 방법으로 표시한 표장만으로 된 상표법 제6조 제1항 제3호의 기술적 표장에 해당하고, '목재'로 되어 있지 아니한 상품 또는 이러한 상품의 판매대행업, 판매알선업에 사용될 경우에는 그 지정상품이 '목재'로 되어 있거나 그 지정서비스업이 그러한 상품의 판매대행업, 판매알선업인 것으로 수요자를 오인하게 할 염려가 있는 상표법 제7조 제1항 제11호 전단의 품질오인표장에 해당하여, 각 그 등록이 무효로 될 것임이 명백하다. 그러므로 원고 상표들에 관한 각 상표권 또는 원고 서비스표에 관한 서비스표권에 기초한 원고의 이 사건 침해금지, 침해제품의 폐기 및 손해배상 청구는 권리남용에 해당하여 허용되지 아니한다.

같은 취지의 원심판단은 정당하고, 거기에 상고이유로 주장하는 바와 같이 상표권 또는 서비스표권 침해소송을 담당하는 법원이 상표 또는 서비스표 등록의 무효 여부에 대하여 심리·판단할 수 있는지 및 기술적 표장과 품질오인표장에 관한 법리를 오해하는 등의 위법이 없다.

3. 그러므로 상고를 기각하고 상고비용은 패소자가 부담하도록 하여, 관여 법관의 일치된 의견으로 주문과 같이 판결한다.

대법원장 양승태(재판장) 대법관 양창수 신영철(주심) 민일영 이인복 이상훈 박병대 김용덕 박보영 고영한 김창석 김신

56. 서울고등법원 2011. 1. 19. 선고 2010나51989 판결【상표권침해중지등】

[미간행]

【전 문】

【원고, 피항소인】 아가타 디퓨전(소송대리인 법무법인 원 담당변호사 채영호)

【피고, 항소인】 주식회사 스와로브스키코리아(소송대리인 변호사 오관석 외 1인)

【제1심 판결】 서울중앙지방법원 2010. 4. 29. 선고 2008가합130448 판결

【변론종결】

2010. 12. 1.

【주 문】

제1심 판결 중 피고 패소 부분을 취소하고, 그에 해당하는 원고의 청구를 기각한다.
소송총비용은 원고가 부담한다.

【청구취지】

피고는, 별지2 목록 기재 각 제품을 생산, 판매, 반포, 수출 또는 수입하여서는 아니 되고, 피고의 본점, 지점, 영업소, 판매점, 창고 및 기타 장소에 보관 또는 전시하고 있는 별지2 목록 기재 각 제품의 완제품 및 반제품을 폐기하며, 원고에게 1억 원과 이에 대하여 이 사건 소장 송달 다음날부터 다 갚는 날까지 연 20%의 비율에 의한 금원을 지급하라.

【항소취지】

주문과 같다.

【이 유】

1. 기초사실

【증거】 다툼 없는 사실, 갑 제1 내지 4호증의 각 기재, 변론 전체의 취지

가. 당사자의 지위

원고는 프랑스 법률에 따라 설립된 법인으로서 별지1 목록 기재 원고 등록상표의

상표권자(이하 그 상표권을 '원고 상표권'이라 한다)이고, 피고는 크리스털 제품의 도소매업 등을 영위하는 법인으로 아래와 같이 국내에서 크리스털로 만든 미니 펜던트를 판매하였다.

나. 피고의 판매제품

피고가 판매한 제품(이하 '피고 제품'이라 한다)은 다음과 같다.

(1) 상품명 : 목걸이용 펜던트(pendant)

(2) 형상 

2. 원고의 주장

피고 제품은 그 형상이 원고 등록상표와 유사할 뿐만 아니라, 그 상품(목걸이용 펜던트) 역시 원고 상표권의 지정상품과 동일 또는 유사하므로, 피고가 국내에서 피고 제품을 판매하는 것은 원고 상표권을 침해하는 것이다. 따라서 피고는 그 침해행위를 중지하고 침해행위에 의하여 조성된 물품을 폐기하여야 하며, 침해행위로 인하여 얻은 이익을 원고에 대한 손해배상으로서 지급할 의무가 있다.

3. 판 단

가. 원고 등록상표와 피고 제품 형상의 유사 여부

(1) 외관 대비

원고 등록상표  와 피고 제품의 형상  을 외관 면에서 대비하여 보면, 양자는 개 또는 강아지를 형상화한 것인 점, 머리 부분이 몸통에 비하여 비교적 크게 표현되어 있는 점, 강아지 또는 개의 눈, 코, 입, 이빨, 혓바닥, 털 등 구체적인 모습을 생략하고 강아지의 외형을 머리, 몸통, 다리, 꼬리로만 단순화한 점, 좌우 귀 부분이 서로 포개어진 형태라는 점에서 유사하다.

그러나 원고 등록상표의 강아지에는 목줄이 있고 그 목줄의 색상이 몸통의 색상과 구별되는 반면 피고 제품의 강아지에는 목줄이 없는 점, 원고 등록상표는 2차원의 평면 형태인 반면 피고 제품은 크리스털을 커팅하여 제작된 제품의 특성으로 인하여 3차원의 입체감을 주는 형태인 점, 원고 등록상표의 강아지 양발은 지면에 부착되어 가만히 서있는 모습인 반면 피고 제품의 강아지 양발은 서로 벌어져 뛰고 있는 모습인 점, 원고 등록상표의 강아지 꼬리는 끝이 조금 길고 끝이 뾰족하며 거의 수직 방향으로 서있는 반면 피고 제품의 강아지 꼬리는 상당히 짧고 끝이 뭉뚝하며 약 45° 정도 기울어진 형태인 점, 원고 등록상표의 강아지 눈썹(이마) 부위는 돌출되어 얼굴 부분에 굴곡이 있는 반면 피고 제품의 강아지 눈썹(이마) 부위가 평평하여 얼굴 부분이 굴곡이 없이 평평하게 되어 있는 점, 원고 등록상표의 강아지 귀는 끝 부분이 점차 가늘어지고 거의 수직 방향으로 서있는 형태인 반면 피고 제품의 강아지 귀는 짧고 끝 부분이 뭉툭하며 사선 방향으로 기울어진 형태인 점, 원고 등록상표의 강아지 입 부위는 거의 직사각형 형태인 반면 피고 제품의 강아지 입 부위는 사다리꼴 형태인 점, 원고 등록상표의 강아지 엉덩이 부분은 둥근 형태인 반면 피고 제품의 강아지 엉덩이는 수직으로 일자 형태인 점에서 서로 상이하다. 그런데 피고 제품은 목걸이 펜던트로서 크기가 작기 때문에 피고 제품의 형상을 구체적으로 인식할 수 있을 정도로 가까운 거리에서 양자를 대비하여야 하는 점, 을 제6, 8, 34호증의 각 기재 및 변론 전체의 취지에 의하면 원고 상표권의 지정상품과 동일 또는 유사한 상품에 다양한 형태의 개 또는 강아지를 형상화한 등록상표가 존재하고 있음이 인정되는 점, 위와 같은 원고 등록상표와 피고 제품의 형상 사이의 차이점 등에 비추어 보면, 위와 같은 원고 등록상표와 피고 제품의 형상 사이의 유사점만으로는 원고 등록상표와 피고 제품의 형상이 외관 면에서 유사하다고 보기 어렵다.

(2) 관념 및 호칭 대비

원고 등록상표와 피고 제품의 형상을 관념 및 호칭 면에서 대비하여 보면, 양자는 모두 개 또는 강아지를 형상화한 도형으로서 문자 부분이 포함되어 있지 아니하므로, 양자는 모두 '개' 또는 '강아지'로 관념되고, '개 표' 또는 '강아지 표'로 호칭될 것이다. 다만, 을 제1호증의 기재에 의하면 원고 등록상표는 스콧테리어 종의 개를 형상화한 것임이 인정되므로, 원고 등록상표를 이미 알고 있는 사람들에게는 원고 등록상표가 '아가타' 또는 '스콧테리어'로 관념되고, '아가타'로 호칭될 것이어서, 이러한 경우에는 양자의 관념 및 호칭이 상이하다.

(3) 상품의 유사 여부

피고 제품인 목걸이용 펜던트가 원고 상표권의 지정상품에 속한다는 점에는 당사자 사이에 다툼이 없다.

(4) 소 결

원고 등록상표와 피고 제품 형상이 외관상 유사하지 아니하고, 호칭이나 관념 면에서 유사하기는 하나, 원고 등록상표와 같이 도형으로만 이루어진 상표는 수요자들이나 거래관계자들에게 호칭이나 관념보다는 외관이 지배적인 인상을 주는 데다가, 을 제6, 8, 34, 35호증의 각 기재 및 변론 전체의 취지에 의하면 원고 상표권의 지정상품과 동일 또는 유사한 상품에 다양한 형태의 개 또는 강아지를 형상화한 등록상표가 존재하고 있음이 인정되므로 원고 상표권의 지정상품과 동일 또는 유사한 상품에 동일한 관념·호칭을 가진 상표가 다수 존재하여 관념·호칭만으로는 식별이 어려운 점 등에 비추어 보면, 원고 등록상표와 피고 제품 형상은 일반 수요자나 거래자가 양자를 전체적으로 이격하여 접하였을 때 거래상 상품의 출처에 관하여 오인·혼동을 초래할 우려가 있다고 보기 어려우므로, 피고가 피고 제품을 생산·판매하는 행위가 원고 상표권을 침해한다고 볼 수 없다.

따라서 피고가 원고 상표권을 침해하고 있음을 전제로 한 원고의 주장은 이유 없다.

나. 피고 제품 형상이 상표적 사용에 해당하는지 여부

(1) 관련 법리

타인의 등록상표를 그 지정상품과 동일 또는 유사한 상품에 사용하면 타인의 상표권을 침해하는 행위가 된다고 할 것이나, 타인의 등록상표를 이용한 경우라고 하더라도 그것이 상표의 본질적인 기능이라고 할 수 있는 출처표시를 위한 것이 아니어서 상표의 사용으로 인식될 수 없는 경우에는 등록상표의 상표권을 침해한 행위로 볼 수 없다고 할 것이고, 그것이 상표로서 사용되고 있는지의 여부를 판단하기 위하여는, 상품과의 관계, 상품 등에 표시된 위치, 크기 등 당해 표장의 사용 태양, 등록상표의 주지저명성 그리고 사용자의 의도와 사용경위 등을 종합하여 실제 거래계에서 그 표시된 표장이 상품의 식별표지로서 사용되고 있는지 여부를 종합하여 판단하여야 하며, 타인의 등록상표와 유사한 표장을 이용한 경우라고 하더라도 그것이 상표의 본질적인 기능이라고 할 수 있는 출처표시를 위한 것이 아니라 순전히 디자인으로만 사용되는 등으로 상표의 사용으로 인식될 수 없는 경우에는 등록상표의 상표권을 침해한 행위로 볼 수 없다(대법원 1997. 2. 14. 선고 96도1424 판결, 2003. 4. 11. 선고 2002도3445 판결, 2004. 10. 15. 선고 2004도5034 판결 등 참조).

(2) 피고 제품 형상에 대한 검토

갑 제8호증의 2, 제15호증의 1 내지 8, 제17호증의 1 내지 10, 을 제4, 5, 21, 24, 25, 30 내지 33호증의 각 기재 및 변론 전체의 취지에 의하면 일반적으로 목걸이 펜던트의 형상은 디자인으로 인식되고 있을 뿐 상품의 출처표시로서 인식되지 아니하고 있고, 개 또는 강아지 형상의 펜던트가 다수 존재하고 있는 점, 피고 제품 형상은 피고 제품의 일부에 표시된 표장이 아니라 피고 제품 자체의 형상인 점, 갑 제9호증의 1 내지 9, 제11, 12호증, 제13호증의 1 내지 13의 각 기재 및 변론 전체의 취지에 의하면 원고 등록상표가 국내 일반 수요자들에게 어느 정도 알려진 것으로 보이나, 을 제14호증의 1 내지 4, 제17호증의 1, 2의 각 기재 및 변론 전체의 취지에 의하면 피고의 등록상표 역시 국내 일반 수요자들에게 상당히 알려진 것으로 보이는 점, 갑 제10호증의 1 내지 4, 제16호증의 1 내지 6, 제19호증의 1 내지 16, 을 제11호증의 1, 2, 제14호증의 1 내지 4, 제18호증의 1, 2의 각 기재 및 변론 전체의 취지에 의하면 피고 제품 이면에 피고의 등록상표가 표시되어 있고, 피고 제품의 포장 및 보증서에도 피고의 등록상표가 표시되어 있으며, 피고의 주요매장은 모두 피고의 상품들만 판매하는 점포로서 그 상호에 피고의 등록상표를 표시하고 있고, 인터넷 사이트에서도 피고 제품을 비롯한 피고의 상품 판매시 피고의 등록상표를 표기하고 있는 점, 을 제9, 10, 13호증, 제19호증의 1, 2, 제25호증의 각 기재 및 변론 전체의 취지에 의하면 피고는 이전부터 크리스털로 만든 개 또는 강아지를 비롯한 다양한 동물 형상의 펜던트 등을 제작하여 왔으며, 피고 제품은 피고가 판매하는 미니 펜던트 시리즈 제품군 중 한 종류인 점, 갑 제9호증의 1 내지 9의 각 기재 및 변론 전체의 취지에 의하면 원고는 원고 등록상표의 형상의 펜던트를 생산·판매하고 있고, 유명 브랜드인 디오르(Dior)나 샤넬(Chanel)도 그 등록상표와 같은 형상의 펜던트를 생산·판매하고 있음은 인정되나, 그와 같이 등록상표 형상의 펜던트를 생산·판매하는 사례가 많지 아니할 뿐만 아니라 등록상표 형상의 펜던트의 경우에 그 형상은 출처표시로서의 기능보다 디자인으로서의 기능이 우선하는 것으로 보이는 점 등에 비추어 보면, 피고 제품의 강아지 형상은 디자인으로만 사용된 것일 뿐 상품의 출처표시 또는 식별표지로 사용된 것은 아니라고 봄이 타당하다.

(3) 소 결

따라서 이 점에서도 피고가 피고 제품을 생산·판매하는 행위가 원고 상표권을 침해한다고 볼 수 없으므로, 원고의 주장은 이유 없다.

4. 결 론

그렇다면, 원고의 이 사건 청구는 이유 없어 이를 기각하여야 할 것인데, 제1심 판결 중 이와 결론을 달리한 부분은 부당하므로, 피고의 항소를 받아들여 제1심 판결 중 피고 패소 부분을 취소하고, 그에 해당하는 원고의 청구를 기각하기로 하여, 주문과 같이 판결한다.

[별지 생략]

판사 이기택(재판장) 함석천 김동규

57. 대법원 2013. 1. 24. 선고 2011다18802 판결【상표권침해중지등】

[공Z2013상,381]

【판시사항】

[1] 타인의 등록상표와 동일 또는 유사한 표장을 순전히 디자인적으로만 사용하여 상표의 사용으로 인식될 수 없는 경우 상표권 침해로 볼 수 있는지 여부(소극) 및 그것이 상표로서 사용되고 있는지 판단하는 기준

[2] 지정상품을 귀금속제 목걸이 등으로 하는 등록상표 ""의 상표권자인 갑 외국 법인이 "" 형상을 사용하여 목걸이용 펜던트를 판매하는 을 주식회사를 상대로 상표권 침해중지 등을 구한 사안에서, 갑 법인의 등록상표와 을 회사 제품의 형상은 전체적으로 상품출처의 오인·혼동을 피할 수 있는 것이어서 유사하지 않고, 을 회사 제품의 형상은 디자인으로만 사용된 것일 뿐 상품의 식별표지로 사용된 것이라고 볼 수 없다고 한 사례

【판결요지】

[1] 타인의 등록상표와 동일 또는 유사한 표장을 그 지정상품과 동일 또는 유사한 상품에 사용하면 타인의 상표권을 침해하는 행위가 되나, 타인의 등록상표와 동일 또는 유사한 표장을 이용한 경우라고 하더라도 그것이 상표의 본질적인 기능이라고 할 수 있는 출처표시를 위한 것이 아니라 순전히 디자인적으로만 사용되는 등으로 상표의 사용으로 인식될 수 없는 경우에는 등록상표의 상표권을 침해한 행위로 볼 수 없고, 그것이 상표로서 사용되고 있는지를 판단하기 위하여는, 상품과의 관계, 당해 표장의 사용 태양, 등록상표의 주지저명성 그리고 사용자의 의도와 사용경위 등을 종합하여 실제 거래계에서 그 표시된 표장이 상품의 식별표지로서 사용되고 있는지를 종합하여 판단하여야 한다.

[2] 지정상품을 귀금속제 목걸이 등으로 하는 등록상표 ""의 상표권자인 갑 외국 법인이 "" 형상을 사용하여 목걸이용 펜던트를 판매하는 을 주식회사를 상대로 상표권 침해중지 등을 구한 사안에서, 갑 법인의 등록상표와 을 회사 제품의 형상은 모두 강아지를 형상화한 도형으로서 '강아지'로 관념되고 '강아지 표'로 호칭될 수 있으나, 위 등록상표의 지정상품과 동일·유사한 상품에 관하여 강아지를 주제로 한 다

양한 모양의 도형상표가 다수 등록되어 있는데, 수많은 종류의 유사 또는 상이한 형상을 통칭하는 용어에 의하여 호칭되고 관념되는 도형상표의 경우에 그 외관의 유사에 관계없이 호칭과 관념이 유사하다는 이유만으로 대비되는 양 상표가 전체적으로 유사한 상표라고 한다면 상표의 유사 범위가 지나치게 확대되어 제3자의 상표선택의 자유를 부당하게 제한하는 불합리한 결과를 가져오는 점 등에 비추어 볼 때, 통칭적인 호칭 및 관념이 유사하다는 점만으로 서로 유사하다고 단정할 수는 없으므로, 갑 법인의 등록상표와 을 회사 제품의 형상은 전체적으로 상품출처의 오인·혼동을 피할 수 있는 것이어서 유사하지 않고, 한편 목걸이용 펜던트의 특성 및 위 상품을 둘러싼 거래실정, 갑 법인의 등록상표와 을 회사 등록상표의 주지저명의 정도, 을 회사의 의도와 을 회사 제품의 제조·판매 형태 및 경위 등을 종합하여 살펴보면, 을 회사 제품의 형상은 디자인으로만 사용된 것일 뿐 상품의 식별표지로 사용된 것이라고는 볼 수 없다고 한 사례.

【참조조문】

[1] 상표법 제66조 제1항 [2] 상표법 제65조, 제66조 제1항

【참조판례】

[1] 대법원 2004. 10. 15. 선고 2004도5034 판결
대법원 2011. 1. 13. 선고 2010도5994 판결(공2011상, 370)

【전 문】

【원고, 상고인】 아가타 디퓨전(소송대리인 법무법인(유한) 원 담당변호사 채영호 외 2인)

【피고, 피상고인】 주식회사 스와로브스키코리아(소송대리인 변호사 이임수 외 3인)

【원심 판결】 서울고법 2011. 1. 19. 선고 2010나51989 판결

【주 문】

상고를 기각한다. 상고비용은 원고가 부담한다.

【이 유】

상고이유에 대하여 판단한다.

1. 상표의 유사 판단에 관한 법리오해의 점 등에 관하여

기록에 비추어 살펴보면, 지정상품을 귀금속제 목걸이 등으로 하는 원고의 등록상표(등록번호 제554997호) "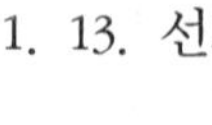"와 원심 판시 피고 제품의 형상 ""은 모두 강아지 또는 개(이하 '강아지'라고만 한다)를 형상화한 것으로 머리 부분이 몸통에 비하여 비교적 크게

표현되어 있고, 강아지의 눈, 코, 입, 털 등 구체적인 모습을 생략하고 그 외형을 머리, 몸통, 다리, 꼬리로만 단순화하였으며, 좌우 귀 부분이 서로 포개어진 형태라는 점에서 서로 유사한 특징이 있으나, 원고 등록상표는 2차원의 평면 형태인 반면 피고 제품의 형상은 크리스털을 커팅하여 제작된 제품의 특성으로 인하여 3차원의 입체감을 주는 형태인 점, 원고 등록상표의 강아지 양발은 지면에 부착되어 가만히 서있는 모습인 반면 피고 제품 형상의 강아지 양발은 서로 벌어져 뛰고 있는 모습인 점, 원고 등록상표의 강아지에는 목줄이 있고 그 목줄의 색상이 몸통의 색상과 구별되는 반면 피고 제품 형상의 강아지에는 목줄이 없는 점에서 차이가 있고, 그 밖에 강아지의 꼬리, 눈썹(이마), 귀, 엉덩이 부위의 형태도 세부적인 점에서 차이가 있어, 원고의 등록상표와 피고 제품의 형상은 그 외관에 있어서 유사하다고 할 수 없다.

다음 호칭 및 관념을 보면, 원고의 등록상표와 피고 제품의 형상은 모두 강아지를 형상화한 도형으로서 '강아지'로 관념되고 '강아지 표'로 호칭될 수 있다. 그러나 원고 등록상표의 지정상품과 동일·유사한 상품에 관하여 강아지를 주제로 한 다양한 모양의 도형상표가 다수 등록되어 있는데, 수많은 종류의 유사 또는 상이한 형상을 통칭하는 용어에 의하여 호칭되고 관념되는 도형상표의 경우에 그 외관의 유사에 관계없이 호칭과 관념이 유사하다는 이유만으로 대비되는 양 상표가 전체적으로 유사한 상표라고 한다면 상표의 유사 범위가 지나치게 확대되어 제3자의 상표선택의 자유를 부당하게 제한하는 불합리한 결과를 가져오는 점 등에 비추어 볼 때, 비록 양자가 모두 '강아지'로 관념되고 '강아지 표'로 호칭될 수 있다 하더라도, 그와 같이 통칭적인 호칭 및 관념이 유사하다는 점만으로 서로 유사하다고 단정할 수는 없을 뿐만 아니라 외관도 차이가 있으므로, 결국 원고의 등록상표와 피고 제품의 형상은 전체적으로 상품출처의 오인·혼동을 피할 수 있는 것이어서 유사하지 아니하다고 할 것이다.

따라서 같은 취지의 원심판단은 정당하고, 거기에 상고이유의 주장과 같은 상표의 유사 판단에 관한 법리오해 등의 위법이 없다.

2. 상표적 사용에 관한 법리오해의 점 등에 관하여

타인의 등록상표와 동일 또는 유사한 표장을 그 지정상품과 동일 또는 유사한 상품에 사용하면 타인의 상표권을 침해하는 행위가 되나, 타인의 등록상표와 동일 또는 유사한 표장을 이용한 경우라고 하더라도 그것이 상표의 본질적인 기능이라고 할 수 있는 출처표시를 위한 것이 아니라 순전히 디자인적으로만 사용되는 등으로 상표의 사용으로 인식될 수 없는 경우에는 등록상표의 상표권을 침해한 행위로 볼 수 없고, 그것이 상표로서 사용되고 있는지의 여부를 판단하기 위하여는, 상품과의 관계, 당해 표장의 사용 태양, 등록상표의 주지저명성 그리고 사용자의 의도와 사용경위 등을 종합하여 실제 거래계에서 그 표시된 표장이 상품의 식별표지로서 사용되고 있는지 여부를 종합하여 판단하여야 한다(대법원 2004. 10. 15. 선고 2004도5034 판결 등 참조).

기록에 비추어 살펴보면, 피고 제품과 같은 목걸이용 펜던트(pendant)에 있어 그 펜던트의 형상은 주로 시각적, 심미적 효과를 통해 소비자의 구매 욕구를 자극하는 요소이고, 펜던트의 형상 자체가 당해 상품의 출처를 표시하기 위한 목적으로 사용되는 것이 일반적이라고 보기 어려운 점, 피고 제품은 피고가 판매하는 미니 펜던트 시리즈 제품군 중 한 종류로서, 피고는 원고 등록상표의 출원 이전부터 강아지를 비롯한 다양한 동물을 형상화한 크리스털 재질의 펜던트 등을 제조·판매하여 왔으며, 피고 이외의 장신구업체들도 강아지 형상을 이용한 목걸이 펜던트 등을 널리 제조·판매하여 오고 있는 점, 원고의 등록상표가 국내 일반 수요자들에게 어느 정도 알려진 것으로 보이기는 하나, 피고의 등록상표 역시 국내 일반 수요자들에게 상당히 알려진 것으로 보이는데, 피고 제품의 이면은 물론 피고 제품의 포장 및 보증서에 피고의 등록상표가 표시되어 있고, 피고의 주요매장은 모두 피고의 상품들만을 판매하는 점포로서 그 간판 등에 피고의 등록상표를 표시하고 있으며, 인터넷 사이트에서도 피고 제품을 비롯한 피고의 상품 판매 시 피고의 등록상표를 표시하고 있는 점 등을 알 수 있다.

앞서 본 법리에 따라 위와 같은 사실관계에 나타난 목걸이용 펜던트의 특성 및 위 상품을 둘러싼 거래실정, 원고 등록상표와 피고 등록상표의 주지저명의 정도, 피고의 의도와 피고 제품의 제조·판매 형태 및 경위 등을 종합하여 살펴보면, 피고 제품의 형상은 디자인으로만 사용된 것일 뿐 상품의 식별표지로 사용된 것이라고는 볼 수 없다 할 것이다. 원심이 같은 취지에서 피고 제품의 형상은 상표로서 사용된 것이라고 할 수 없어 이 점에서도 원고 등록상표의 상표권을 침해한 행위로 볼 수 없다고 판단한 것은 정당하고, 거기에 상고이유의 주장과 같은 상표 사용에 관한 법리오해 등의 위법이 없다.

3. 결 론

그러므로 상고를 기각하고 상고비용은 패소자가 부담하도록 하여 관여 대법관의 일치된 의견으로 주문과 같이 판결한다.

대법관 이인복(재판장) 민일영 박보영 김신(주심)

58. 서울고등법원 2010. 6.23. 선고 2009나117425 판결 【상표사용금지등】

[미간행]

【전 문】

【원고, 항소인】 포트메리온 그룹 유케이 리미티드(소송대리인 변호사 박경재 외 1인)

【피고, 피항소인】 주식회사 세미기획(소송대리인 법무법인 영진 담당변호사 김기수)

【제1심 판결】 서울중앙지방법원 2009. 11. 5. 선고 2007가합83132 판결

【변론종결】

2010. 5. 26.

【주 문】

원고의 항소와 당심에서 추가된 원고의 청구를 모두 기각한다.

항소비용 및 당심에서 추가된 청구로 인한 소송비용은 원고가 부담한다.

【청구취지】

피고는 별지1 피고 사용 표장 목록 기재 각 표장을 포장, 선전광고물에 사용하거나, 이를 사용한 도자기 그릇류를 판매, 반포, 수출하여서는 아니 된다. 피고는 원고에게 500만 원과 이에 대하여 이 사건 소장 부본 송달 다음날부터 다 갚는 날까지 연 20%의 비율에 의한 금원을 지급하라(원고는 당심에 이르러 같은 목록 순번 5 기재 '포트메리온' 표장에 관한 금지청구를 추가하고, 같은 목록 순번 1 내지 4 기재 각 표장에 관한 폐기청구를 취하하였다).

【항소취지】

제1심 판결을 취소한다. 피고는 별지1 피고 사용 표장 목록 순번 1 내지 4 기재 각 표장을 포장, 선전광고물에 사용하거나, 이를 사용한 도자기 그릇류를 판매, 반포, 수출하여서는 아니 되고, 피고의 본점, 지점, 영업소, 공장, 직영판매점, 창고, 차량, 기타 장소에서 보관 또는 사용하고 있는 그 포장 또는 제품을 폐기하라. 피고는 원고에게 500만 원과 이에 대하여 이 사건 소장 부본 송달 다음날부터 다 갚는 날까지 연 20%의 비율에 의한 금원을 지급하라.

【이 유】

1. 기초사실

【증거】 다툼 없는 사실, 갑 제1, 2, 13호증, 을 제1, 3, 4, 8 내지 13, 15호증의 각 기재(가지번호 포함), 변론 전체의 취지

가. 당사자의 지위

(1) 원고는 1960년경 설립되어 고급 생활도자기 그릇 등을 생산·판매하고 있는 영국 법인으로 별지2 원고 등록상표 목록 기재 각 표장(이하 '원고 등록상표들'이라 한다)에 관하여 상표권등록을 마쳤고, 별지3 원고 미술저작물 목록 기재 각 미술저작물(이하 '원고 저작물들'이라 한다)에 관하여 저작권법에 따른 미술저작권 등록을 마쳤으며, 별지4 원고 사용 표장 목록 기재 각 표장(이하 '원고 표장들'이라 한다)을 사용하여 고급 생활도자기 그릇 등을 제조·판매하고 있다.

(2) 피고는 별지1 피고 사용 표장 목록 기재 각 표장(이하 '피고 표장들'이라 한다)을 사용하여 도자기 그릇류의 제품을 생산·판매하고 있다.

나. 관련 사건의 경과

(1) 원고 등록상표들 중 순번 3 기재 표장에 대한 소극적 권리범위확인청구

(가) 피고가 원고를 상대로 피고 표장들 중 순번 3 기재 표장(이하 '피고 표장 3'이라 하고, 다른 표장들도 같은 형식으로 정의한다)을 확인대상표장으로 하여 원고 등록상표들 중 순번 3 기재 표장(이하 '원고 등록상표 3'라 하고, 다른 표장들도 같은 형식으로 정의한다)에 관한 소극적 권리범위확인심판을 청구하였는데, 특허심판원은 2006. 12. 20. 원고 등록상표 3은 야구공 봉합선 모양을 둥그렇게 연결하여 구성한 상표임에 반하여 피고 표장 3은 담쟁이넝쿨과 비슷한 나뭇잎을 둥그렇게 연결한 문양 안에 꽃과 나비, 잠자리 등이 사실적으로 묘사된 꽃 문양을 배치한 표장이어서 상호 유사하지 아니하고, 피고 표장 3은 디자인 또는 장식용 의장에 불과하고 상품의 출처를 표시하기 위하여 사용되는 표장이 아니어서 일반 수요자에게 상품의 출처에 관한 오인·혼동을 일으킬 염려가 없다는 이유로 피고의 심판청구를 인용하였다(특허심판원 2006. 12. 20.자 2006당2096 심결).

(나) 원고는 이에 불복하여 그 심결의 취소를 구하는 소를 제기하였는데, 특허법원은 2007. 8. 16. 원고가 그릇류 제품에 원고 등록상표 3과 같은 나뭇잎 띠 문양의 테두리와 그 안에 꽃과 나비 등의 모양을 사실적으로 묘사하여 이를 자타상품의 식별표지로 사용하고 있고 그러한 출처표시가 국내 소비자들에게 상당한 정도 알려진 점에 비추어 피고 표장 3도 상표적으로 사용되고 있음은 인정되나, 단순히 야구공 봉합선 모양 또는 나뭇잎 모양을 연속적으로 둥글게 연결하여 구성한 원고 등록상표 3과 담쟁이넝쿨과 비슷한 나뭇잎을 둥그렇게 연결한 문양 내에 꽃 문양을 배치한 피고 표장 3은 그 구성이 상이하다는 이유로 원고의 청구를 기각하였고(특허법원 2007. 8. 16. 선고 2007허1657 판결), 그 판결은 그 무렵 확정되었다.

(2) 원고 등록상표 4 에 대한 적극적 권리범위확인청구

(가) 원고는 피고를 상대로 원고 등록상표 4에 기하여 피고 표장 1을 확인대상 표장으로 하는 적극적 권리범위확인심판을 청구하였는데, 특허심판원은 2008. 3. 27. 피고 표장 1이 디자인으로 사용되었을 뿐 상품의 출처를 표시하기 위하여 사용된 것이 아니라는 이유로 원고의 심판청구를 기각하였다(특허심판원 2008. 3. 27.자 2007당3528 심결).

(나) 원고는 이에 불복하여 그 심결의 취소를 구하는 소를 제기하였는데, 특허법원 역시 2008. 9. 5. 피고 표장 1이 상표로 사용된 것이라고 볼 수 없다는 이유로

원고의 청구를 기각하였고(특허법원 2008. 9. 5. 선고 2008허5755 판결), 그 판결은 그 무렵 확정되었다.

(3) 원고 등록상표 3에 대한 불사용취소청구

(가) 피고는 원고를 상대로 원고 등록상표 3에 관한 불사용취소심판을 청구하였는데, 특허심판원은 2008. 5. 28. 원고 등록상표 3은 상표가 아니라 디자인에 해당하고, 설령 상표적으로 사용한 측면이 있더라도 원고가 실제 사용한 표장과 원고 등록상표 3이 동일한 범주에 있지 아니하다는 이유로 피고의 심판청구를 인용하였다(특허심판원 2008. 5. 28.자 2008당111 심결).

(나) 원고는 이에 불복하여 그 심결의 취소를 구하는 소를 제기하였고, 특허법원은 2008. 12. 30. 원고 등록상표 3이 상표로서 사용되고 있고, 원고가 실제 사용한 표장과 원고 등록상표 3이 동일한 범주에 있다는 이유로 원고의 청구를 인용하여 심결을 취소하는 판결을 선고하였다(특허법원 2008. 12. 30. 선고 2008허9559 판결).

(다) 이에 피고가 상고하였는데, 대법원은 2009. 5. 14. 원고가 실제 사용한 표장이 상품의 출처 표시를 위하여 사용된 것이므로 이는 상표의 사용에 해당하기는 하나, 원고가 실제 사용한 표장과 원고 등록상표 3이 동일한 범주에 있지 아니하여 원고가 원고 등록상표 3을 사용한 것으로 볼 수 없다는 이유로 원심 판결을 파기하고 사건을 특허법원으로 환송하는 판결을 선고하였다(대법원 2009. 5. 14. 선고 2009후665 판결).

(라) 환송심에서 원고의 소가 2009. 8. 4. 취하간주되었고, 이로써 원고 등록상표 3에 대한 등록취소심결이 확정되었고, 그에 따라 원고의 원고 등록상표 3에 대한 상표권은 소멸하였다.

2. 상표권 침해 여부

가. 당사자의 주장

(1) 원고의 주장

피고 표장들이 원고 등록상표들과 동일 또는 유사하고, 피고가 피고 표장들을 사용하여 생산·판매하는 제품인 도자기 그릇류 역시 원고 등록상표들의 지정상품과 동일 또는 유사하므로, 피고가 피고 표장들을 사용하여 도자기 그릇류의 제품을 생산·판매하는 것은 원고의 등록상표들에 관한 상표권을 침해한다.

(2) 피고의 주장

원고 등록상표들과 피고 표장들이 다르고, 피고는 피고 표장들을 디자인으로 사용할 뿐 자타상품 식별표지 또는 출처표시, 즉 상표로서 사용하는 것이 아니며, 이는 피고가 자사 제품 그릇류 밑바닥에 별도의 출처표시를 하고 있는 점에 비추어 보아도 분명하다.

나. 판 단

(1) 원고 등록상표 1, 2의 침해 여부

(개) 타인의 등록상표와 유사한 표장을 그 지정상품과 동일 또는 유사한 상품에 사용하면 타인의 상표권을 침해하는 행위가 된다고 할 것이나, 타인의 등록상표와 유사한 표장을 이용한 경우라고 하더라도 그것이 상표의 본질적인 기능이라고 할 수 있는 출처표시를 위한 것이 아니라 순전히 의장적으로만 사용되는 등으로 상표의 사용으로 인식될 수 없는 경우에는 등록상표의 상표권을 침해한 행위로 볼 수 없다(대법원 1997. 2. 14. 선고 96도1424 판결 등 참조).

(내) 통상 접시 등의 그릇의 앞면 내지 표면의 무늬나 장식으로 각종 꽃이나 과일 등의 문양이 사실적으로 묘사된 도형이 사용되는 경우가 많고, 이러한 상품의 수요자들은 접시 등을 구입함에 있어서 물건 자체의 형상과 모양뿐만 아니라 접시에 표현되어 있는 이러한 장식 등의 미적인 가치를 평가하여 상품을 선택·구입하며, 접시 등을 생산·판매하는 자들도 그릇의 뒷면에 그 상호나 상표 등 별도의 출처표시를 하는 것이 일반적이므로, 위와 같이 접시 등의 제품에 표현된 도형은 특별한 사정이 없는 한 기본적으로 그릇의 일면을 이루는 디자인이나 장식용 의장에 불과할 뿐 상품 출처를 표시하기 위하여 사용되는 표장은 아니라는 점에 갑 제4, 18호증의 각 1, 2, 3, 제22호증, 을 제15호증의 1 내지 5의 각 기재 및 변론 전체의 취지에 의하여 인정되는 다음과 같은 사정 즉, 피고 표장들은 ""와 같이 테두리에 나뭇잎을 띠처럼 연속적으로 둥그렇게 연결한 문양을 배치하고 그 안에 "", "", "", "
"와 같이 꽃과 줄기, 잎 및 그 주위의 나비, 잠자리 등을 사실적으로 묘사하고 그 하단에 작은 영문자로 그 꽃의 학명을 표시한 문양을 배치한 표장인데, 피고는 피고 표장들을 그 형태대로만 제품에 사용하는 것이 아니라 제품이 접시일 경우에는 피고 표장들 형태 그대로 사용하고, 제품이 공기나 머그잔일 경우에는 상단 테두리에 나뭇잎 띠 문양을 배치하고, 그릇의 옆면에 꽃 문양을 배치하는 등 그릇의 모양에 따라 나뭇잎 띠 문양과 꽃 문양을 함께 또는 분리하여 배치하는 방식으로 사용하고 있는 점(갑 제5호증의 1, 2, 3의 각 기재에 의하면 원고 역시 원고 등록상표 1, 2와 원고 등록상표 5를 이와 같은 방식으로 결합 또는 분리하여 사용하고 있다), 피고가 제품 뒷면 바닥에 별도로 ""와 같은 출처표시를 하고 있는 점 등을 보태어 보면, 피고 표장들은 디자인으로 사용되었을 뿐 자타상품의 식별표지 또는 상품의 출처표시로 사용된 것은 아니므로, 앞서 본 법리에 비추어 피고 표장들이 원고 등록상표 1, 2의 각 상표권을 침해하였다고 볼 수 없다.

따라서 피고 표장들이 원고 등록상표 1, 2의 상표권을 침해함을 전제로 한 원고의 청구는 더 나아가 살펴 볼 필요 없이 이유 없다.

(2) 원고 등록상표 3, 5의 침해 여부

(가) 상표의 유사 여부는 대비되는 상표를 외관, 호칭, 관념의 세 측면에서 객관적, 전체적, 이격적으로 관찰하여 거래상 오인·혼동의 염려가 있는지의 여부에 의하여 판단하여야 하고, 특히 도형상표들에 있어서는 그 외관이 지배적인 인상을 남기므로 외관이 동일·유사하여 양 상표를 다 같이 동종상품에 사용하는 경우 일반 수요자로 하여금 상품의 출처에 관하여 오인·혼동을 일으킬 염려가 있다면 양 상표는 유사하다고 보아야 하며(대법원 2000. 12. 26. 선고 98도2743 판결 등 참조), 외관이 유사하다는 것은 대비되는 두 개의 상표에 표시된 문자·도형·기호 등 상표의 외관상의 형상을 시각에 호소하여 관찰하였을 경우 그들이 상품의 식별표지로서 서로 혼동되기 쉬운 경우를 말하므로, 외관이 유사한 것인지 여부를 판단할 때는 특히 이격적·직관적인 관찰이 필요하다(대법원 1994. 9. 14. 선고 92후544 판결 참조).

(나) 원고 등록상표 3은 ""와 같이 야구공 봉합선 모양 또는 나뭇잎 모양을 연속적으로 둥그렇게 연결하여 구성한 상표이고, 원고 등록상표 5 역시 "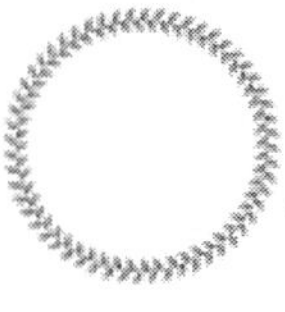"와 같이 나뭇잎 모양을 연속적으로 둥그렇게 연결하여 구성한 상

표임에 반하여, 피고 표장들은 앞서 본 바와 같이 나뭇잎 띠 문양의 원형 테두리 안에 꽃 문양이 있는 표장이다.

외관을 보면, 피고 표장들의 구성 부분 중 나뭇잎 띠 문양이 원고 등록상표 3, 5와 유사하기는 하나, 피고 표장들을 전체적·직관적·이격적으로 관찰하면, 피고 표장들은 나뭇잎 띠 문양의 원형 테두리 안에 각종 색채로 도안화한 꽃 문양이 추가되어 있고 나뭇잎 띠 문양만이 지배적 인상을 주는 것도 아니어서, 꽃 문양 없이 나뭇잎 띠 문양의 원형 테두리로만 구성된 원고 등록상표 3, 5와 외관이 유사하다고 보기 어렵다. 또한, 피고 표장들은 나뭇잎 띠 문양과 꽃 문양이 전체로서 하나의 문양으로 조화를 이루고 있으므로 이를 분리관찰하거나 나뭇잎 띠 문양만을 피고 표장들의 요부로 보아 원고 등록상표 3, 5와 대비할 수도 없다. 관념에 있어서도 원고 등록상표 3, 5는 '나뭇잎 띠 문양' 정도로 관념될 수 있는 반면에 피고 표장들은 그 구성에 비추어 '나뭇잎 테두리 안의 꽃 문양'으로 관념될 수 있으므로, 양자는 관념에 있어서도 서로 다르다.

한편, 원고 등록상표 3, 5는 순수 도형 상표에 해당하고, 피고 표장들도 사실상 도형으로만 이루어져 있는데(피고 표장들은 각 꽃 문양 하단에 작은 영문자로 해당 꽃의 학명이 표기되어 있기는 하나, 글자체의 크기가 도형에 비하여 매우 작고 꽃 이름이 영문자의 학명으로 기재되어 있어 이러한 문자 부분이 일반 수요자들에게 특별한 인상을 주지는 아니할 것으로 보이므로 피고 표장들도 도형 표장에 해당한다), 각각 그 표장으로부터 어떠한 호칭이 자연스럽게 떠오르지 아니하며, 원고 등록상표 3, 5는 물론 피고 표장들도 각 도안의 구성상 거래계나 수요자들에게 특정한 호칭을 연상시키기 어렵고, 원고 등록상표 3, 5가 거래계나 수요자들로부터 특정한 호칭을 얻었음을 인정할 증거도 없으므로, 양자를 호칭 측면에서 대비할 수는 없다.

따라서 원고 등록상표 3, 5와 피고 표장들은 외관, 관념이 서로 달라서 일반수요자로 하여금 상품의 출처에 관하여 오인·혼동하게 할 염려가 없으므로 서로 유사하다고 할 수 없다.

이에 대하여 원고는, 나뭇잎 띠 문양의 원고 등록상표 3, 5가 주지·저명한 것이어서 피고 표장들 중 나뭇잎 띠 문양이 요부에 해당하므로 양자는 유사하다는 취지로 주장한다.

갑 제4 내지 11, 18호증의 각 기재(가지번호 포함) 및 변론 전체의 취지에 의하면 원고 표장들 및 그와 같은 유형의 표장들을 사용한 원고의 보타닉 가든 제품이 1999년경부터 한미유나이티드 주식회사를 통해서 국내에 수입·판매되었고, 그 때부터 2006년경까지 판매된 매출액이 약 552억 원 정도이며, 1998년경부터 약 10년간 각종 잡지, 일간신문, 유명백화점 광고책자 등에서 약 120여회, 공중파

TV 방송으로 약 60여회, 케이블 TV 방송으로 약 7,000여회 광고 등을 한 사실, 인터넷 오픈마켓 등에서 피고 표장들을 사용한 피고의 제품들을 '포트메리★ st', '명품 포트메리*스타일', '명품 포트메리온 st' 등으로 광고하며 판매하고 있는 사실, 원고 등록상표 3, 5와 유사한 "", "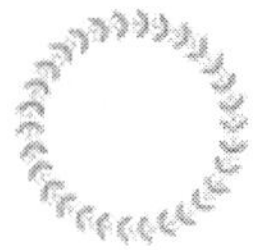", ""와 같은 문양이 상표출원 되었으나 원고 등록상표 3, 5를 포함한 원고의 선등록상표와 외관이 동일 또는 유사하다는 이유로 상표등록이 거절된 사실은 인정되나, 원고의 보타닉 가든 제품의 광고는 원고 등록상표 3, 5를 강조하여 광고한 것이 아니라 나뭇잎 띠 문양과 꽃 문양이 함께 또는 분리하여 사용된 제품들(접시류 제품은 나뭇잎 띠 문양의 원형 테두리 안에 꽃 문양이 있는 형태이고, 공기나 머그잔 제품은 상단 테두리에 나뭇잎 띠 문양을 배치하고 그릇의 옆면에 꽃 문양을 배치한 형태임) 자체를 광고한 것이고, 오픈마켓에서 피고 제품을 광고하면서 언급한 원고 제품 스타일은 나뭇잎 띠 문양 자체가 아니라 나뭇잎 띠 문양과 꽃 문양이 함께 사용된 원고 제품의 전체적인 형태를 의미하는 것으로 보이며, 다른 나뭇잎 띠 문양의 상표등록이 거절된 이유는 상표등록을 신청한 지정상품에 이미 원고의 선등록상표가 있었기 때문이지 원고 등록상표 3, 5가 주지·저명한 상표이기 때문은 아닌 점에 비추어, 그러한 인정사실만으로 원고 등록상표 3, 5가 주지·저명한 상표라고 볼 수 없으므로, 이와 다른 전제에 선 원고의 주장은 이유 없다.

(다) 또한, 피고 표장들 중 나뭇잎 띠 문양은 잎맥이 드러나는 세 갈래 잎 형상의 단위 구성요소 가  와 같이 동일한 방향으로 연속적으로 배열됨으로써 전체적으로 세 갈래 잎이 일렬로 연결되어 원형을 이루는 도형인 반면, 원고 등록상표 3은 잎맥이 보이지 않는 겹잎 또는 삼지창 형상의 단위 구성요소  가 

와 같이 동일한 방향으로 연속적으로 배열됨으로써 전체적으로 야구공 봉합선 모양 또는 겹잎이 일렬로 연결되어 원형을 이루는 도형상표로서, 양자는 단위 구성요소의 형상과 모양 및 전체적인 인상에서 현저한 차이가 있으므로, 결국 피고 표장들 중 나뭇잎 띠 문양은 그 단위 구성요소의 형상과 모양의 차이 등으로 인하여 거래 사회통념상 원고 등록상표 3과 동일·유사하다고 볼 수 없다.

따라서 피고 표장들이 원고 등록상표 3의 상표권을 침해하였다는 원고의 주장은 이점에서도 이유 없다.

설령 피고 표장들이 원고 등록상표 3의 상표권을 침해한다고 보더라도, 기초사실에서 본 바와 같이 원고 등록상표 3이 불사용을 이유로 상표등록이 취소되었으므로, 원고 등록상표 3이 침해되었음을 이유로 하는 원고의 침해금지청구는 더 나아가 살펴 볼 필요 없이 이유 없고, 원고가 원고 등록상표 3을 장기간 사용하지 아니하여 그 등록까지 취소된 이상, 특별한 사정이 없는 한 피고가 피고 표장들을 사용함으로 인하여 원고에게 어떠한 손해가 발생하였다고 보기도 어려우므로 원고 등록상표 3이 침해되었음을 전제로 한 원고의 손해배상청구 역시 이유 없다.

(3) 원고 등록상표 4의 침해 여부

원고 등록상표 4와 피고 표장들은 나뭇잎 띠 문양의 원형 테두리 안에 꽃 문양이 있는 점에서 유사하고, 특히 원고 등록상표 4와 피고 표장 1은 중앙의 꽃 문양의 형태도 상당히 유사하기는 하나, 앞서 본 바와 같이 피고 표장들은 디자인으로 사용되었을 뿐 자타상품의 식별표지 또는 상품의 출처표시로 사용된 것은 아니므로, 피고 표장들이 원고 등록상표 4의 상표권을 침해하였다고 볼 수 없다.

(4) 원고 등록상표 6의 침해 여부

갑 제4, 18호증의 각 1, 2, 3의 각 기재에 변론 전체의 취지를 종합하면 앞서 본 바와 같이 인터넷 오픈마켓 등에서 피고 표장들을 사용한 피고의 제품들을 '포트메리★ st', '명품 포트메리*스타일', '명품 포트메리온 st' 등으로 광고하며 판매하고 있는 사실은 인정되나, 오픈마켓의 판매자가 피고임을 인정할 증거가 없으므로(오히려 앞서 든 증거들에 의하면 오픈마켓 판매자의 상호가 'ㅇㅇㅇㅇ'인 점에 비추어 오픈마켓 판매자는 피고와 별개의 사람 또는 법인으로 보인다), 이에 관한 원고의 주장 역시 더 나아가 살펴 볼 필요 없이 이유 없다.

(5) 소 결

따라서 피고 표장들이 원고 등록상표들의 상표권을 침해하였음을 전제로 한 원고의 청구는 이유 없다.

3. 저작권 침해 여부

가. 원고의 주장

피고 표장들에 사용된 꽃 문양은 원고 저작물들과 실질적으로 동일한 것으로서 원고 저작물들에 대한 원고의 저작권을 침해한 것이다.

나. 판 단

(1) 판단기준

어떤 저작물이 다른 저작물의 저작권을 침해하였다고 인정하기 위해서는 침해 저작물이 피침해 저작물에 의거하여 작성된 것이라는 점과 양자 사이에 실질적 유사성이 있음이 입증되어야 한다.

그런데 저작권의 보호 대상은 학문과 예술에 관하여 사람의 정신적 노력에 의하여 얻어진 사상 또는 감정을 말, 문자, 음, 색 등에 의하여 구체적으로 외부에 표현한 창작적인 표현형식이고, 표현되어 있는 내용 즉 아이디어나 이론 등의 사상 및 감정 그 자체는 설사 그것이 독창성, 신규성이 있다 하더라도 원칙적으로 저작권의 보호 대상이 되지 않는 것이므로, 저작권의 침해 여부를 가리기 위하여 두 저작물 사이에 실질적인 유사성이 있는가의 여부를 판단함에 있어서도 창작적인 표현형식에 해당하는 것만을 가지고 대비하여야 한다(대법원 2009. 5. 28. 선고 2007다354 판결, 대법원 2000. 10. 24. 선고 99다10813 판결 등 참조).

한편, 다른 사람의 저작물을 무단히 복제하면 복제권을 침해하는 것이고 이 경우 저작물을 원형 그대로 복제하지 아니하고 다소의 수정·증감이나 변경을 가하더라도 새로운 창작성을 인정할 수 없는 정도이면 단순한 복제에 해당한다(대법원 2010. 2. 11. 선고 2007다63409 판결, 대법원 1989. 10. 24. 선고 89다카12824 판결 등 참조). 반면에 어떤 저작물이 기존의 저작물을 다소 이용하였더라도 기존의 저작물과 실질적인 유사성이 없는 별개의 독립적인 새로운 저작물이 되었다면, 이는 창작으로서 기존의 저작물의 저작권을 침해한 것이 아니다(대법원 2010. 2. 11. 선고 2007다63409 판결 참조).

(2) 피고 표장 1의 꽃 문양과 원고 저작물들의 대비

(가) 갑 제2호증의 6, 을 제14, 15호증의 각 2의 각 기재 및 변론 전체의 취지를 종합하면, 원고 저작물들 중 순번 1 기재 저작물(이하 '원고 저작물 1'이라 하고, 다른 저작물들도 같은 형식으로 정의한다)은 가든 라일락(Garden Lilac) 나무의 꽃과 이를 중심으로 그 줄기와 나뭇잎 및 주변의 나비, 잠자리 등을 사실적으로 묘사한 것인 반면에, 피고 표장 1은 나뭇잎 띠 문양 테두리 안에 층꽃나무의 꽃과 이를 중심으로 그 줄기와 잎 및 주변의 나비, 잠자리 등을 사실적으로 묘사하고 그 하단에 작은 영문자로 층꽃나무의 학명(Caryopteris incana)을 기재한 사실, 원고 저작물 1과 피고 표장 1의 꽃 문양은 줄기와 나뭇잎의 형태, 나비와 잠자리의 개수와 위치 등에 있어서 유사하나 꽃의 구체적 모양 및 줄기·나뭇잎·나비·잠자리의 색채가 서로 상이한 사실이 인정된다.

(나) 이러한 인정사실 중 줄기와 나뭇잎의 형태, 나비와 잠자리의 개수와 위치 등에 있어서 유사한 점, 앞서 본 바와 같이 원고가 1998년경부터 원고 저작물들을 도안으로 사용한 접시류 등의 제품을 TV 등에 광고하고 판매하여 왔던 점 등에 비추

어 보면, 피고 표장 1의 꽃 문양은 원고 저작물 1을 참조하여 작성하였음이 인정된다.

(다) 그런데 을 제7호증 1, 2, 3의 각 기재에 변론 전체의 취지를 종합하면 예전부터 꽃이나 식물을 사실적으로 묘사하면서 그 주변에 나비, 벌, 잠자리 등의 곤충을 사실적으로 묘사하는 도안 내지 미술저작물이 있어 왔음을 인정할 수 있고, 이러한 점에 비추어 보면 원고 저작물 1 중 이에 해당하는 부분 즉, 꽃 주변에 곤충을 배치하여 이를 사실적으로 묘사한다는 부분은 저작권의 보호대상이 되는 창작적 표현에 해당한다고 볼 수 없다.

또한, 원고 저작물 1에서의 나비, 잠자리 등의 개수 및 위치 역시 저작권의 보호대상에서 제외되는 그림의 구도에 해당하는 것으로 보인다.

이러한 점들에다가 미술저작물에 있어서 그 소재가 되는 사물 자체는 저작권의 보호대상이 되지 아니하므로, 실존하는 사물을 사실적으로 묘사하는 미술저작물은 그러하지 아니한 저작물에 비하여 상대적으로 저작권의 보호범위가 좁을 수밖에 없다는 점을 고려하여 원고 저작물 1과 피고 표장 1을 대비하여 보면, 원고 저작물 1은 가든 라일락 꽃을 사실적으로 묘사한 것이고 피고 표장 1은 층꽃나무 꽃을 사실적으로 묘사한 것이어서 그 자체만으로도 양자가 상이한데다가 그 주변의 나비와 잠자리의 형태와 색채 역시 양자가 상이하고, 그로 인하여 양자가 주는 전체적인 느낌 역시 상이하므로 양자는 실질적으로 유사하지 아니하다.

(라) 앞서 본 (1)항의 판단기준과 (다)항의 고려사항을 고려하여 피고 표장 1과 원고의 나머지 저작물들을 대비하여 보면, 원고 저작물 2는 히아신스 꽃을, 원고 저작물 3은 카네이션(July) 꽃을, 원고 저작물 4는 아프리카 백합 꽃을, 원고 저작물 5는 팬지 꽃을 사실적으로 묘사한 것이고, 피고 표장 1은 층꽃나무 꽃을 사실적으로 묘사한 것이어서 그 자체만으로도 피고 표장 1은 원고 저작물 2 내지 5와 상이한데다가 꽃 주변에 배치된 곤충의 종류·위치·형태·색채와 줄기, 나뭇잎의 형태·색채가 상이하여, 피고 표장 1이 원고 저작물 2 내지 5에 의거하여 작성되었음을 인정하기도 어렵고, 설령 의거성이 인정되더라도 앞서 본 상이점과 피고 표장 1이 주는 전체적인 느낌이 원고 저작물 2 내지 5의 그것과 상이한 점에 비추어 피고 표장 1이 원고 저작물 2 내지 5와 실질적으로 유사하다고 볼 수도 없다.

(3) 피고 표장 2, 3의 각 꽃 문양과 원고 저작물들의 대비

(가) 을 제14, 15호증의 각 3, 4의 기재 및 변론 전체의 취지를 종합하면, 피고 표장 2는 나뭇잎 띠 문양 테두리 안에 댕강나무 꽃과 이를 중심으로 그 줄기와 잎 및 주변의 나비들을 사실적으로 묘사하고, 그 하단에 작은 영문자로 댕강나무 꽃의

학명(Abelia mosanensis)을 기재한 것이고, 피고 표장 3은 나뭇잎 띠 문양 테두리 안에 부처꽃과 이를 중심으로 그 줄기와 잎 및 주변의 나비와 잠자리들을 사실적으로 묘사하고, 그 하단에 작은 영문자로 부처꽃의 학명(Lythrum anceps)을 기재한 것임이 인정된다.

(나) 이러한 인정사실에 앞서 본 (1)항의 판단기준과 (2)의 (다)항의 고려사항을 보태어 보면, 피고 표장 2, 3의 각 꽃 문양이 원고 저작물들에 의거하여 작성되었음을 인정하기 어렵고, 설령 의거성이 인정되더라도 피고 표장 2, 3의 각 꽃 문양과 원고 저작물들은 묘사된 꽃의 종류·형태·색채는 물론 꽃 주변에 배치된 곤충의 종류·위치·형태·색채와 줄기, 나뭇잎의 형태·색채가 상이하고, 그로 인하여 피고 표장 2, 3이 주는 전체적인 느낌 역시 원고 저작물들의 그것과 상이하므로, 피고 표장 2, 3이 원고 저작물들과 실질적으로 유사하다고 볼 수도 없다.

(4) 피고 표장 4의 꽃 문양과 원고 저작물들의 대비

(가) 갑 제2호증의 8, 을 제14, 15호증의 각 1의 각 기재 및 변론 전체의 취지를 종합하면, 원고 저작물 5는 팬지(Pansy) 꽃과 이를 중심으로 그 줄기와 나뭇잎 및 주변의 나비들을 사실적으로 묘사한 것인 반면에, 피고 표장 4는 나뭇잎 띠 문양 테두리 안에 솔체꽃과 이를 중심으로 그 줄기와 잎 및 주변의 나비, 잠자리 등을 사실적으로 묘사하고 그 하단에 작은 영문자로 솔체꽃의 학명(Scabiosa mansenensis)을 기재한 사실, 피고 표장 4의 꽃 문양 중 줄기 부분이 원고 저작물 5의 줄기 부분을 반전시킨 것과 유사하나 꽃의 구체적 모양, 꽃 주변에 배치된 곤충의 종류·위치, 줄기, 나뭇잎, 나비, 잠자리의 형태·색채가 서로 상이한 사실이 인정된다.

(나) 이러한 인정사실 중 피고 표장 4의 꽃 문양 중 줄기 부분이 원고 저작물 5의 줄기 부분을 반전시킨 것과 유사한 점, 앞서 본 바와 같이 원고가 1998년경부터 원고 저작물들을 도안으로 사용한 접시류 등의 제품을 TV 등에 광고하고 판매하여 왔던 점 등에 비추어 보면, 피고 표장 4의 꽃 문양은 원고 저작물 5를 참조하여 작성하였음이 인정된다.

(다) 그러나 (2)의 (다)항에서 본 바와 같은 고려사항을 고려하여 원고 저작물 5와 피고 표장 4를 대비하여 보면, 원고 저작물 5는 팬지꽃을 사실적으로 묘사한 것이고 피고 표장 4는 솔체꽃을 사실적으로 묘사한 것이어서 그 자체만으로도 양자가 상이한데다가 그 주변에 배치된 곤충의 종류·형태·위치·색채 역시 양자가 상이하고, 그로 인하여 양자가 주는 전체적인 느낌 역시 상이하므로, 양자는 실질적으로 유사하지 아니하다.

(라) 또한, 피고 표장 4와 원고 저작물 1 내지 4를 대비하여 보면, 양자는 묘사된 꽃의

종류, 형태, 색채는 물론 꽃 주변에 배치된 곤충의 종류·형태·위치·색채와 줄기, 나뭇잎의 형태·색채가 상이하여 피고 표장 4가 원고 저작물 1 내지 4에 의거하여 작성되었음을 인정하기도 어렵고, 설령 의거성이 인정되더라도 이러한 상이점과 피고 표장 4가 주는 전체적인 느낌이 원고 저작물 1 내지 4의 그것과 상이한 점에 비추어 피고 표장 4가 원고 저작물 1 내지 4와 실질적으로 유사하다고 볼 수도 없다.

(5) 소 결

따라서 피고 표장들이 원고 저작물들과 실질적으로 유사하여 그에 대한 원고의 저작권을 침해하였음을 전제로 한 원고의 청구는 이유 없다.

4. 부정경쟁행위 여부

가. 원고의 주장

(1) 원고의 등록상표들은 주지·저명한 것인데, 피고가 원고의 등록상표들과 동일하거나 유사한 피고 표장들을 사용함으로써 일반 수요자들로 하여금 상품의 출처에 대한 혼동을 초래하였으므로, 피고가 피고 표장들을 사용하는 것은 부정경쟁방지 및 영업비밀보호에 관한 법률(이하 '부정경쟁방지법'이라 한다) 소정의 부정경쟁행위에 해당한다.

(2) 또한, 원고 표장 1, 3, 4, 5와 같이 나뭇잎 띠 문양 테두리 안에 꽃과 곤충들이 사실적으로 묘사된 꽃 문양을 넣은 도안(이하 '이 사건 도안'이라 한다)은 원고의 상품 표지로서 주지성이 있는 것인데, 피고가 이러한 도안과 유사한 형태의 피고 표장들을 사용함으로써 일반 수요자들로 하여금 상품의 출처에 대한 혼동을 초래하였으므로, 피고가 피고 표장들을 사용하는 것은 부정경쟁방지법 소정의 부정경쟁행위에 해당한다.

나. 판 단

(1) 원고의 첫 번째 주장은 결국 피고 표장들이 원고 등록상표의 상표권을 침해하였음을 전제로 하는 것인데, 앞서 상표권 침해 여부의 판단에서 본 바와 같이 피고 표장들이 원고의 등록상표들에 대한 상표권을 침해하였다고 볼 수 없는 이상, 이에 관한 원고의 주장은 더 나아가 살펴 볼 필요 없이 이유 없다.

(2) 앞서 본 바와 같이 1998년경부터 국내에서 이 사건 도안을 사용한 원고 제품들이 광고 및 판매되어 왔음이 인정되고, 이러한 인정사실에 비추어 보면 국내 소비자들에게 원고 제품에 이 사건 도안이 사용되고 있음이 알려져 있을 것으로 보인다. 그러나 ① 오래 전부터 그릇류에 꽃이나 나무, 동물 등의 도안이 디자인으로 사용되어 왔고 상품의 출처표시는 이와 별도로 그릇류 뒷면 바닥에 하는 것이 일반적이

었으므로 일반 수요자들이 이 사건 도안이 사용된 원고 제품을 보더라도 이 사건 도안을 디자인으로 인식하였을 뿐 이를 상품의 출처를 표시하는 상표로 인식하지는 아니하였을 것으로 보이는 점, ② 설령 국내 소비자들이 이 사건 도안이 사용된 제품을 원고의 제품으로 인식하더라도 이는 소비자들이 이 사건 도안의 디자인적 특징으로부터 상품의 출처를 추정하였기 때문이지 소비자들이 이 사건 도안을 상표 내지 원고의 상품 표지로 인식하였기 때문은 아닌 점, ③ 갑 제9호증의 1 내지 6, 10의 각 기재 및 변론 전체의 취지에 의하면 원고 역시 자신의 상품 뒷면 밑바닥에 별도의 출처표시를 하고 있고 광고 시에도 "" 및 "포트메리온"과 같은 별도의 상표를 표기하고 있음이 인정되는 점, ④ 앞서 본 바와 같이 피고도 자신의 상품 뒷면 밑바닥에 별도의 출처표시를 하고 있는 점, ⑤ 을 제7호증의 1, 2, 3의 각 기재에 의하면 원·피고 이외에도 국내외 여러 업체에서 나뭇잎 띠 문양의 테두리를 사용한 도자기 그릇류 제품을 생산·판매하고 있는 점, ⑥ 이 사건 도안이 원고의 모든 상품에 사용되고 있지는 아니하는 점 등에 비추어 보면, 이 사건 도안은 디자인에 해당할 뿐 원고의 상표 또는 상품 표지라고 볼 수 없다[피고가 피고의 표장들을 사용하여 제품을 생산·판매하는 행위는 원고가 제작한 상품의 형태를 모방한 것이고, 이는 부정경쟁방지법 제2조 제1호 자목 소정의 '타인이 제작한 상품의 형태(형상·모양·색채·광택 또는 이들을 결합한 것을 말하며, 시제품 또는 상품소개서상의 형태를 포함한다)를 모방한 상품을 양도·대여 또는 이를 위한 전시를 하거나 수입·수출하는 행위'에 해당하는데, 부정경쟁방지법은 이러한 행위를 같은 법 소정의 부정경쟁행위로 보아 원칙적으로 금지하면서도 상품이 시제품 제작 등 상품의 형태가 갖추어진 날부터 3년이 지난 경우에는 이러한 행위를 부정경쟁행위에서 제외시키고 있고, 앞서 본 바와 같이 원고 제품이 1998년경부터 국내에서 광고 및 판매되어 온 점에 비추어 원고 제품이 시제품 제작 등 상품의 형태가 갖추어진 날부터 이미 3년이 경과하였음이 분명하므로 결국 피고의 모방행위는 부정경쟁방지법 제2조 제1호 자목 소정 모방상품 양도 등의 행위에도 해당하지 아니한다].

또한, 앞서 본 사실만으로 원고 표장들이 개별적으로 일반수요자에게 널리 알려졌다고 인정하기에 부족하고, 달리 이를 인정할 증거도 없다.

따라서 이 사건 도안 또는 이 사건 도안을 적용한 원고 표장들이 원고의 상표 또는 상품 표지로서 일반 수요자들에게 널리 알려져 있음을 전제로 한 원고의 두 번째 주장 역시 이유 없다.

(3) 소 결

따라서 피고의 부정경쟁행위를 원인으로 한 원고의 청구 역시 이유 없다.

5. 결 론

그렇다면, 원고의 청구를 모두 기각하여야 할 것인데, 이와 결론을 같이 한 제1심 판결은 정당하므로 이에 대한 원고의 항소와 당심에서 추가된 원고의 금지청구를 모두기각하기로 하여 주문과 같이 판결한다.

판사 이기택(재판장) 함석천 김동규

59. 대법원 2013. 3. 28. 선고 2010다58261 판결【상표사용금지등】

[공2013상,724]

【판시사항】

[1] 디자인이 될 수 있는 형상이나 모양이 상표로서 사용된 것으로 볼 수 있는 경우 및 그에 관한 판단 기준

[2] 2개 이상의 도형으로 이루어진 결합상표의 구성 부분 중 하나의 도형이 가지는 외관·호칭 및 관념에 의하여 상표의 유사 여부를 판단할 수 있는지 여부(원칙적 적극) 및 도형상표의 경우 상표의 유사 여부 판단 기준

【판결요지】

[1] 디자인과 상표는 배타적·선택적인 관계에 있는 것이 아니므로 디자인이 될 수 있는 형상이나 모양이라고 하더라도 그것이 상표의 본질적인 기능이라고 할 수 있는 자타상품의 출처표시를 위하여 사용되는 것으로 볼 수 있는 경우에는 위 사용은 상표로서의 사용이라고 보아야 할 것이고, 그것이 상표로서 사용되고 있는지는 상품과의 관계, 당해 표장의 사용 태양(즉 상품 등에 표시된 위치, 크기 등), 등록상표의 주지저명성 그리고 사용자의 의도와 사용 경위 등을 종합하여 실제 거래계에서 표시된 표장이 상품의 식별표지로서 사용되고 있는지에 의하여 판단하여야 한다.

[2] 2개 이상의 도형으로 이루어진 결합상표는 각 구성 부분이 분리관찰되면 거래상 자연스럽지 못하다고 여겨질 정도로 불가분적으로 결합되어 있는 것이 아닌 한 구성 부분 중 하나의 도형이 가지는 외관·호칭 및 관념에 의하여 상표의 유사 여부를 판단할 수 있고, 도형상표의 경우 외관이 지배적인 인상을 남긴다 할 것이므로 외관이 동일·유사하여 양 상표를 다 같이 동종 상품에 사용하는 경우 일반 수요자에게 상품의 출처에 관하여 오인·혼동을 일으킬 염려가 있다면 양 상표는 유사하다고 보아야 한다.

【참조조문】

[1] 상표법 제66조 제1항 제1호, 부정경쟁방지 및 영업비밀보호에 관한 법률 제2조 제1호 (가)목 [2] 상표법 제66조 제1항 제1호, 부정경쟁방지 및 영업비밀보호에 관한 법률 제2조 제1호 (가)목

【참조판례】

[1] 대법원 2009. 5. 14. 선고 2009후665 판결
대법원 2012. 3. 29. 선고 2010다20044 판결(공2012상, 643)

[2] 대법원 2000. 12. 26. 선고 98도2743 판결(공2001상, 406)
대법원 2004. 10. 15. 선고 2003후1871 판결(공2004하, 1879)

【전 문】

【원고, 상고인】 포트메리온 그룹 유케이 리미티드 (소송대리인 변호사 박경재)

【피고, 피상고인】 주식회사 세미기획 (소송대리인 법무법인 영진 담당변호사 김기수)

【원심 판결】 서울고법 2010. 6. 23. 선고 2009나117425 판결

【주 문】

원심 판결 중 원심판시 피고 표장 1 내지 4에 관한 원고 패소 부분을 파기하고, 이 부분 사건을 서울고등법원에 환송한다. 나머지 상고를 기각한다.

【이 유】

상고이유를 본다.

1. 상고이유 제1, 4점에 관하여

디자인과 상표는 배타적·선택적인 관계에 있는 것이 아니므로 디자인이 될 수 있는 형상이나 모양이라고 하더라도 그것이 상표의 본질적인 기능이라고 할 수 있는 자타상품의 출처표시를 위하여 사용되는 것으로 볼 수 있는 경우에는 위 사용은 상표로서의 사용이라고 보아야 할 것인바(대법원 2009. 5. 14. 선고 2009후665 판결 등 참조), 그것이 상표로서 사용되고 있는지는 상품과의 관계, 당해 표장의 사용 태양(즉 상품 등에 표시된 위치, 크기 등), 등록상표의 주지저명성 그리고 사용자의 의도와 사용 경위 등을 종합하여 실제 거래계에서 표시된 표장이 상품의 식별표지로서 사용되고 있는지에 의하여 판단하여야 한다(대법원 2012. 3. 29. 선고 2010다20044 판결 등 참조).

원심이 적법하게 채택한 증거들 및 기록에 의하면, ① 원심판시 원고 등록상표 1, 2, 4, 5[그 구성 및 등록번호는 각 ""(등록번호 1 생략), "" (등록번호 2 생략), "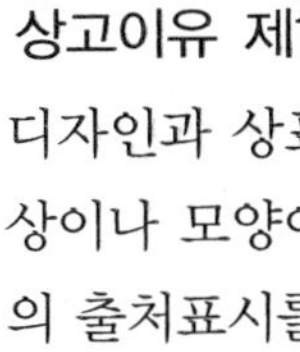"(등록번호 3 생략), "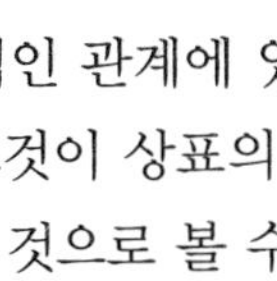"(등록번호 4 생략)와 같다. 이하 순서대로 1, 2, 4, 5를 붙여 '원고 등록상표 1'과 같은 방식으로 부른다] 및 그와 같은 유형의 표장들을

사용한 원고의 보타닉가든 제품은 1999년경부터 한미유나이티드 주식회사를 통하여 국내에 수입·판매되었고, 그때부터 2006년경까지 판매된 매출액이 약 552억 원 정도이며, 1998년부터 약 10여 년간 각종 잡지, 일간신문, 유명백화점 광고책자 등에서 약 120여 회, 공중파 TV방송으로 약 60여 회, 케이블 TV방송으로 약 7,000여 회 광고 등이 되었는데, 2006. 5. 8.자 중앙일보에는 '유럽 명품 도자기 여심 유혹'이라는 제목으로 "야생화, 과일, 나비, 벌 등 자연을 소재로 한 무늬로 유명한 포트메리온은 독특한 마크의 문양 때문에 인기를 얻고 있다. 꽃무늬가 그려진 보타닉가든과 과일이 그려진 포모나는 그림만 봐도 어느 회사 제품인지 알아차릴 정도란다. 230여 가지 모델이 있으며 수집용으로도 인기다."라는 내용의 기사가 게재되기도 한 사실, ② 원고 등록상표 1, 2는 꽃나무나 풀꽃을 잎과 함께 한두 송이를 꺾어 꽃을 중심으로 줄기와 잎을 그 아래로 배치하고 꽃이나 잎 주위에 나비나 잠자리를 2~4마리 배치하여 구성한 도형상표이고, 특히 원고 등록상표 5는 잎맥이 드러나는 세 갈래 잎 형상의 단위 구성요소인 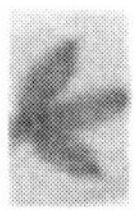 가  와 같이 동일한 방향으로 연속적으로 배열됨으로써 전체적으로 세 갈래 잎이 일렬로 연결되어 원형을 이루는 도형상표로서 이전의 도자기그릇류에서 볼 수 없었던 독특한 문양의 상표인 사실, ③ 원고는 그릇 가운데의 문양을 여러 가지의 꽃 문양으로 다양하게 교체하고 테두리에는 원고 등록상표 5와 같은 나뭇잎 띠 문양을 배치하여 만든 보타닉가든 제품들을 국내에서 주로 판매하여 왔는데, 원심판시 피고 표장 1~4(그 구성은 각 "", "", "", ""와 같다. 이하 순서대로 1, 2, 3, 4를 붙여 '피고 표장 1'과 같은 방식으로 부른다) 제품들에도 원고의 보타닉가든 제품과 동일한 위치에 동일한 크기로 피고 표장 1~4의 나뭇잎 띠 문양과 꽃과 나비 등 문양이 배치되어 있는 사실, ④ 피고 표장 1~4 제품들은 2006년경과 2010년경 인터넷 쇼핑몰인 옥션(Auction), 인터파크, 지마켓(Gmarket)에서 '포트메리★스타일', '포트메리온 st 접시' 또는 '명품' 등으로 선전, 광고되고 판매되어 온 사실을 알 수 있다.

위 사실관계를 앞서 본 법리에 비추어 살펴보면, 도자기그릇에 표현된 디자인은 단순히 디자인으로서만 사용되는 것은 아니고 다른 상품과 구별하는 식별표지로서도 사용되는 것으로 보이고, 원고 등록상표 5와 같은 나뭇잎 띠 문양이나 원고 등록상표 4와 같이 테두리에 나뭇잎 띠 문양을 두르고 가운데에 꽃과 나비 등의 문양을 배치한 문양은 피고 표장 1~4가 사용된 2006년경에는 그 거래자와 수요자에게 현저하게 인식되었다고 할 것이며, 피고 표장 1~4는 원고 등록상표 4 또는 5와 같은 문양이 사용된 원고의 보타닉가든 제품과 거의 동일한 크기와 위치로 제품에 표현되어 있고, 피고 표장 1~4 제품들은 '포트메리온 st 접시' 또는 '명품' 등으로 광고되어 원고의 포트메리온 제품인 것처럼 판매되어 왔으므로, 피고 표장 1~4는 순전히 디자인이나 장식용으로 사용된 것이 아니라 상품의 출처표시를 위하여 사용된 것으로서 상표로서 사용되었다고 할 것이다.

그럼에도 원심은 접시 등 제품에 표현된 도형은 특별한 사정이 없는 한 디자인에 불과하다는 전제에서 상표의 유사 여부에 대하여 나아가 판단하지 아니한 채 피고 표장 1~4는 상표로서 사용된 것이 아니므로 원고 등록상표 1, 2, 4에 대한 상표권을 침해하지 않는다고 판단하였으니, 이러한 원심 판결에는 상표로서의 사용에 대한 법리를 오해하여 판결에 영향을 미친 위법이 있다. 이 점을 지적하는 이 부분 상고이유는 이유 있다.

2. 상고이유 제2점에 관하여

2개 이상의 도형으로 이루어진 결합상표는 각 구성 부분이 분리관찰되면 거래상 자연스럽지 못하다고 여겨질 정도로 불가분적으로 결합되어 있는 것이 아닌 한 그 구성 부분 중 하나의 도형이 가지는 외관·호칭 및 관념에 의하여 상표의 유사 여부를 판단할 수 있고(대법원 2004. 10. 15. 선고 2003후1871 판결 참조), 도형상표에 있어서는 그 외관이 지배적인 인상을 남긴다 할 것이므로 외관이 동일·유사하여 양 상표를 다 같이 동종 상품에 사용하는 경우 일반 수요자로 하여금 상품의 출처에 관하여 오인·혼동을 일으킬 염려가 있다면 양 상표는 유사하다고 보아야 한다(대법원 2000. 12. 26. 선고 98도2743 판결 참조).

원심 판결 이유에 의하면, 피고는 피고 표장 1~4를 그 형태대로만 제품에 사용하는 것이 아니라 제품이 접시일 경우에는 피고 표장 1~4 형태 그대로 사용하고, 제품이 대접이나 머그잔일 경우에는 상단 테두리에 나뭇잎 띠 문양을 배치하고, 그릇의 옆면에 꽃 문양을 배치하는 등 그릇의 모양에 따라 나뭇잎 띠 문양과 꽃 문양을 함께 또는 분리하여 배치하는 방식으로 사용하고 있는 사실을 알 수 있고, 원고 등록상표 5는 피고 표장 1~4가 사용된 2006년경에는 그 거래자와 수요자에게 현저하게 인식된 주지상표에 이르렀음은 앞서 본 바와 같다.

위 사실관계를 앞서 본 법리에 비추어 살펴보면, 피고 표장 1~4는 테두리의 나뭇잎 띠 문양만으로 분리관찰될 수 있다고 할 것이고, 피고 표장 1~4의 나뭇잎 띠 문양(그 테두리의 일부만을 크게 확대해 보면, 각 , , , 와 같다)과 원고 등록상표 5(그 테두리의 일부만을 크게 확대해 보면, 와 같다)는 , 와 같이 그 색채는 녹색 계열이고 그 잎맥이 드러나는 세 갈래 잎 형상의 단위 구성요소가 동일한 방향으로 연속적으로 배열됨으로써 전체적으로 세 갈래 잎이 일렬로 연결되어 원형을 이루고 있는 점에서 공통되는바, 피고 표장 1~4를 나뭇잎 띠 문양만으로 분리관찰하여 원고 등록상표 5와 이격적으로 대비할 때, 양 상표는 그 외관이 극히 유사하여 양 상표를 다 같이 동종 상품에 사용하는 경우 일반 수요자로 하여금 상품의 출처에 관하여 오인·혼동을 일으킬 염려가 있으므로 유사한 상표에 해당한다.

그럼에도 원심은 피고 표장 1~4가 나뭇잎 띠 문양만으로 분리관찰될 수 없다는 전제에서 피고 표장 1~4는 원고 등록상표 5와 유사하지 아니하여 원고 등록상표 5에 대한 상표권을 침해하지 않는다고 판단하였으니, 이러한 원심 판결에는 상표의 유사 여부 판단에 대한 법리를 오해하여 판결에 영향을 미친 위법이 있다. 이 점을 지적하는 이 부분 상고이유는 이유 있다.

3. 상고이유 제5점에 관하여

원심은, 인터넷 쇼핑몰에서 '포트메리온'이라는 문자로만 구성된 피고 표장 5를 표시하여 피고 표장 1~4 제품들을 판매한 자가 피고인지 다투어지는 이 사건에서, 갑 제4, 18호증(각 가지번호 포함)의 각 기재만으로는 인터넷 쇼핑몰에서 피고 표장 1~4 제품을 판매한 자가 피고라고 보기 어렵고 달리 이를 인정할 증거가 없다는 이유로, 피고가 원심판시 원고 등록상표 6(등록번호 5 생략) "포트메리온"에 대한 상표권을 침해하지 않았다는 취지로 판단하였다. 기록에 비추어 살펴보면, 원심의 이러한 사실인정과 판단은 정당한 것으로 수긍이 가고, 거기에 상고이유에서 지적하는 바와 같은 채증법칙 위반 등의 잘못이 있다고 볼 수 없다.

4. 결 론

그러므로 나머지 상고이유에 대한 판단을 생략한 채 원심 판결 중 피고 표장 1 내지 4에 관한 원고 패소 부분을 파기하고, 이 부분 사건을 다시 심리·판단하게 하기 위하여 원심법원으로 환송하며, 나머지 상고를 기각하기로 하여, 관여 대법관의 일치된 의견으로 주문과 같이 판결한다.

대법관 민일영(재판장) 이인복 박보영(주심) 김신

60. 서울고등법원 2010. 10. 13. 선고 2009나42446 판결【손해배상】

[미간행]

【전 문】

【원고, 항소인 겸 피항소인】 원고(소송대리인 법무법인 화우 담당변호사 이주연)

【피고, 피항소인 겸 항소인】 주식회사 원에프씨씨(소송대리인 법무법인 한덕 담당변호사 민한홍)

【제1심 판결】 서울동부지방법원 2009. 4. 8. 선고 2008가합13362 판결

【변론종결】

2010. 9. 29.

【주 문】

1. 제1심 판결을 다음과 같이 변경한다.

가. 피고는 원고에게 159,300,947원과 그 중 115,897,777원에 대하여는 2008. 1. 1.부터, 43,403,170원에 대하여는 2010. 9. 1.부터 각 2010. 10. 13.까지 연 5%, 그 다음날부터 다 갚는 날까지 연 20%의 각 비율에 의한 금원을 지급하라.

나. 원고의 나머지 청구를 기각한다.

2. 소송총비용의 80%는 원고가, 20%는 피고가 각각 부담한다.

3. 제1의 가.항 중 제1심에서 가집행을 선고하지 아니한 부분은 가집행할 수 있다.

【청구취지】

피고는 원고에게 6억 원과 이에 대하여 2008. 1. 1.부터 이 사건 소장 송달일까지 연 5%, 그 다음날부터 다 갚는 날까지 연 20%의 각 비율에 의한 금원을 지급하라.

【항소취지】

원고: 제1심 판결 중 다음에 지급을 구하는 부분에 해당하는 원고 패소 부분을 취소한다. 피고는 원고에게 558,659,020원과 이에 대하여 2008. 1. 1.부터 이 사건 소장 송달일까지 연 5%, 그 다음날부터 다 갚는 날까지 연 20%의 각 비율에 의한 금원을 지급하라.
피고: 제1심 판결 중 피고 패소 부분을 취소하고, 그에 해당하는 원고의 청구를 기각한다.

【이 유】

1. 기초사실

【증거】 갑 제1 내지 6, 22, 30 내지 33, 44, 56호증(가지번호 포함, 갑 제56호증은 을 제4호증과 같다)의 기재 및 영상과 변론 전체의 취지

가. 원고는 'ㅇㅇㅇㅇㅇㅇ'라는 상호로 광고용품의 납품업 등을 하는 사람이고, 피고는 의류제조·도매업, 거래알선업 등을 하는 회사이다.

나. 피고는 2005. 4. 6. 별지 목록 기재 각 등록상표(이하 '이 사건 상표'라고 한다)의 전용사용권자인 주식회사 두루케이(이하 두루케이로 약칭한다)로부터 피고가 이 사건 상표를 부착한 상품의 판매를 제3자에게 위탁할 때에는 두루케이의 동의를 받기로 한 후 사용품목을 수영복으로 정하여 이 사건 상표에 대한 사용허락을 받았고, 그 후 피고는 2006. 3. 30. 위와 같은 사용허락 내용을 그대로 유지하면서 사용품목에 'GYM(휘트니스/요가/이너웨어를 포함한 active collection)'을 추가하고 상표사용기간을 2006. 6. 1.부터 2009. 5. 31.까지로 연장하는 내용으로 다시 이 사건 상표에 대한 사용허락을 받았다[갑 제22호증의 2, 애초 두루케이의 대표이사인 소외 3이 1993. 10. 4. 이 사건 상표의 전용사용권을 설정받고 피고 회사의 대표이사인 소외 4가 대표이사로 있던 우인실업 주식회사(이하 우인실업으로 약칭한다)가 1996. 12. 27. 소외 3으로부터 이 사건 상표의 사용허락을 받았다가, 소외 3이 두루케이를 설립하고 소외 4가 피고 회사를 설립하면서 상표사용계약의 당사자가 두루케이와 피고로 변경되었다, 이하 두루케이의 위와 같은 사용허락을 '두루케이의 사용허락'이라고 한다].

다. 피고 회사의 대표이사이자 우인실업의 대표이사이기도 한 소외 4는 두루케이의 사용허락 무렵부터 국외 의류판매영업은 우인실업을 통해, 국내 의류판매영업은 피고 회사를 통해 각각 운영해 오다가, 2006년 1월부터 2008년 3월까지 피고 회사의 이사로 근무하던 소외 1에게 피고 회사의 국내영업을 총괄하게 하면서 대외적으로 피고 회사의 사장 직함을 사용하게 하였다. 소외 1은 사장 직함을 사용하던 기간 동안 피고 회사의 상품기획부장이던 소외 2에게 지시하여 두루케이의 사용허락서에 기재된 수영복과 GYM용품 외에도 수영용품용 가방을 비롯한 관련 운동용품에도 이 사건 상표를 부착해서 판매하게 하였다.

라. 한편, 소외 1은 두루케이의 동의를 받지 않은 상태에서 자신이 피고 회사의 사장임을 내세워 2006년 11월경 원고에게 판촉물에 이 사건 상표를 부착해서 판매할 수 있도록 구두로 허락하면서 그 대가로 원고로부터 광고용품 생산원가의 10%에 해당하는 상표사용료를 받기로 하였고, 원고는 그 무렵 동서식품 주식회사 등에게 이 사건 상표를 부착한 소형 여행용 가방 5만 개를 광고 판촉물로 제작·판매하였다(이하 이 사건 상표가 부착된 소형 여행용 가방을 '이 사건 가방'이라고 한다). 그 후 원고가 소외 1에게 이 사건 상표에 대한 사용권한을 계약서로 명시하자고 제안함에 따라, 원고는

2007. 1. 17. 소외 1과 사이에 이 사건 상표 사용에 관한 구두 허락을 구체화하여 다음과 같은 내용으로 '레노마 브랜드 사용 및 제품 특판 대행권에 관한 협약'을 체결하였다(갑 제6호증, 협약서에는 피고 회사의 대표이사로 소외 4가 기재되어 있었고 소외 1은 협약서에 피고 회사의 사용인감을 날인하였다, 이하 '이 사건 업무협약'이라고 한다).

(1) 품목: 스포츠 BAG 외 관련 제품

(2) 브랜드: 이 사건 상표

(3) 디자인 및 생산: 자체 디자인 및 생산 진행

(4) 정산: 생산원가의 10%

(5) 생산기간: 이 사건 업무협약일부터 2년

마. 원고는 이 사건 업무협약 체결을 전후하여 소외 1과 피고 회사의 상품기획부장이던 소외 2에게 이 사건 상표에 대한 사용료로 합계 28,096,400원을 지급하였고, 2007. 6. 28. 주식회사 롯데리아(이하 롯데리아로 약칭한다)와 사이에 이 사건 가방 10만 개를 2억 3,500만 원에 납품하기로 하는 물품공급계약을 체결한 것을 비롯하여, 그 무렵부터 롯데리아, 에스케이텔레콤 주식회사(이하 에스케이텔레콤으로 약칭한다), 동서식품 주식회사(이하 동서식품로 약칭한다) 등에 대하여 이 사건 가방을 납품하기 시작하였다.

바. 그런데 두루케이는 2007. 7. 9. 롯데리아에게 이 사건 상표의 무단사용을 금지하라고 경고한 후 소외 1, 소외 2 등을 상표법위반으로 형사고소하는 한편(원고도 형사고소되었으나, 원고가 피고에게 이 사건 상표에 대한 사용허락에 관한 권한이 있는 것으로 알고 이 사건 업무협약을 체결하였다는 이유로 무혐의 처리되었다), 원·피고 등을 상대로 상표권 침해를 원인으로 한 손해배상청구소송을 제기하기 시작하였다.

사. 한편, 원고는 2008. 6. 23. 피고에게 이 사건 상표에 관한 사용허락 권한이 없어서 이 사건 업무협약이 이행불능으로 되어 이 사건 업무협약을 해제한다는 취지를 통지하였고, 그 통지는 그 무렵 피고에게 도달하였다.

2. 피고의 채무불이행 책임

가. 이 사건 업무협약에 따른 계약 책임의 발생

(1) 사장 기타 회사를 대표할 권한이 있는 것으로 인정될 만한 명칭을 사용한 이사의 행위에 대하여는 그 이사가 회사를 대표할 권한이 없는 경우에도 회사는 선의의 제3자에 대하여 그 책임을 진다(상법 제395조).

인정 사실에 따르면, 피고 회사의 대표이사인 소외 4가 2006년 1월경부터 2008년 3월경까지 피고 회사의 이사이던 소외 1에게 피고 회사의 사장 직함을 사용하게 하면서 피고 회사의 영업을 총괄하게 하였고, 그 후 소외 1은 2006년 11월경 피고 회사의 사장임을 밝힌 후 원고와 사이에 이 사건 상표의 사용에 관한 이 사건 업무협약을 체결하기에 이르렀으므로, 소외 1의 이 사건 업무협약 체결행위는 사장 기타 회사를 대표할 권한이 있는 것으로 인정될 만한 명칭을 사용한 이사의 행위에 해당한다고 할 것이어서, 피고는 원고에 대하여 소외 1의 이 사건 업무협약 체결에 따른 책임을 진다.

(2) 이에 대하여 피고는, 원고가 이 사건 상표의 사용료를 피고 회사에게 지급하지 않고 소외 1과 소외 2 개인에게 지급하는가 하면, 상표 사용료를 지급하면서 세금계산서를 발행하지도 않는 등 비정상적인 거래를 하였고, 이 사건 업무협약 체결을 전후하여 소외 1, 소외 2로부터 두루케이의 사용허락서 사본을 교부받았으므로 타인의 상표에 대한 사용허락에 기해 광고용품을 제작·판매해 온 원고로서는 두루케이의 사용허락서 사본을 보고 피고 회사는 단지 이 사건 상표에 관한 통상사용권자에 불과할 뿐 이 사건 상표에 대한 사용허락 권한까지 가지고 있지 않다고 하는 점을 잘 알고 있었다고 할 것이어서, 원고는 소외 1에게 이 사건 업무협약 체결 및 상표의 사용허락과 관련하여 피고 회사를 대표할 권한이 없었음을 알았거나 중대한 과실로 인하여 이를 알지 못하였다고 보아야 하므로 피고 회사는 원고에 대하여 책임을 지지 않는다고 주장한다.

상법 제395조가 규정하는 표현대표이사의 행위로 인한 주식회사의 책임이 성립하기 위하여 제3자의 선의 이외에 무과실까지도 필요로 하는 것은 아니지만, 설령 제3자가 회사의 대표이사가 아닌 이사에게 그 거래행위를 함에 있어 회사를 대표할 권한이 있다고 믿었다고 할지라도 그 믿음에 있어서 중대한 과실이 있는 경우에는 회사는 그 제3자에 대하여는 책임을 지지 아니한다(대법원 2003. 9. 26. 선고 2002다65073 판결 등 참조).

갑 제22호증의 2, 제31호증의 1, 2, 제32, 34 내지 41호증의 기재에 변론 전체의 취지를 종합하면, 원고가 상표 사용료를 지급하면서 세금계산서를 발행하지 않은 사실, 원고가 이 사건 상표 외에도 다른 여러 상표에 대한 사용허락에 기해 광고용품을 제작·판매하는 영업을 해 온 사실 및 소외 1, 소외 2가 이 사건 업무협약 체결을 전후하여 원고에게 두루케이의 사용허락서 사본을 교부한 사실은 인정된다.

그러나 ① 이 사건 업무협약 당시 소외 1이 피고 회사의 대표이사의 허락 아래 사장 직함을 사용하면서 피고 회사의 인감까지 소지하고 있었던 점은 앞에서 본 바와 같고, ② 소외 1과 소외 2가 두루케이의 사용허락서에 기재된 수영복과 GYM 용품 외에도 수영용품용 가방을 비롯한 관련 운동용품 등에도 이 사건 상표를 부착해서 판매하고 있었던 점 역시 앞에서 본 바와 같으며, ③ 갑 제22호증의 2의 기재에 따르면 두루케이의 사용허락서에는 단지 “계약기간 연장과 사용품목 외의 모든 조항은 원래 계약서에 따른다"고 기재되어 있을 뿐이어서 그 사본의 기재만으로는 피고와 두루케이 사이에 구체적으로 어떤 약정이 있었는지 파악하기 어려웠을 것으로 보이는 이상, 앞에서 인정한 사유만으로는 원고가 소외 1에게 이 사건 업무협약 체결 및 상표의 사용허락과 관련하여 피고 회사를 대표할 권한이 없다고 하는 점을 알지 못한 데에 중대한 과실이 있다고 할 수는 없다.

따라서 이 부분 피고의 주장은 이유 없다(피고는, 원고가 상표 사용료를 지급하면서 세금계산서를 발행하지 않았다는 등의 앞에서 든 사유에 근거해 피고 회사 몰래 거래하던 피고 회사 직원들과 음성적인 거래관계를 유지하고 그 거래규모를 확대해 나가다가 분쟁이 생기자 이제 와서 마치 정상적인 거래였던 것처럼 포장하는 것은 반사회질서 행위에 해당하여 허용되어서는 아니된다는 취지로도 주장하나, 원고가 상표 사용료를 지급하면서 세금계산서를 발행하지 않았다는 사유만으로 원고가 반사회질서 행위를 했다고 할 수 없을 뿐만 아니라, 원고의 이 사건 청구가 선량한 풍속 기타 사회질서에 위반한 사항을 내용으로 하는 법률행위에 기초했다고 인정할 아무런 증거도 없다).

(3) 나아가, 두루케이가 2007. 7. 9. 이 사건 상표 사용에 대하여 경고한 이후 원고에 대하여 형사고소와 민사소송을 제기함으로써 그 무렵부터 피고가 원고에 대하여 이 사건 상표를 계속 사용하게 할 의무를 이행할 수 없게 되었음이 명백해진 이상 이 사건 업무협약에 따른 피고의 원고에 대한 의무는 피고의 귀책사유에 의하여 이행불능이 되었다고 할 것이다.

따라서 원고의 2008. 6. 23.자 이 사건 업무협약 해제의 의사표시로 이 사건 업무협약은 적법하게 해제되었으므로, 피고는 원고에게 이 사건 업무협약의 해제에 따른 원상회복 및 채무불이행에 따른 손해배상의무가 있다.

나. 책임의 범위

(1) 원상회복

원고가 이 사건 업무협약 체결을 전후하여 소외 1과 소외 2에게 이 사건 상표에 대한 사용료로 합계 28,096,400원을 지급한 사실은 앞에서 본 바와 같다.

따라서 피고는 원고에게 이 사건 업무협약 해제에 따른 원상회복으로 상표 사용료 28,096,400원을 반환할 의무가 있다.

(2) 채무불이행에 따른 손해배상

갑 제6, 9 내지 12, 23, 24, 25, 61, 66, 68, 69호증의 기재에 변론 전체의 취지를 종합하면, 원고는 이 사건 가방에 관한 납품계약의 이행을 위해 중국업체에 가방 제조를 의뢰하였는데 상표권 침해를 이유로 2007. 7. 1. 이후 제조 의뢰한 가방의 통관이 중단되는 한편 그 전에 납품한 이 사건 가방도 판매하지 못하게 됨에 따라, 원고는 ① 2007. 6. 7. 체결된 하나투어와의 납품계약을 이행하지 못해 137,940,000

원을 지급받지 못하였고, ② 같은 달 8일 체결된 애경유지공업과의 납품계약을 이행하지 못해 118,800,000원을 지급받지 못하였으며, ③ 롯데리아에 납품 예정이던 이 사건 가방 대신에 다른 상표를 부착한 가방을 납품함에 따라 2007년 12월경 상표 탈부착 및 포스터 교체 비용 등으로 16,841,145원을 지출하였고, ④ 2007년 6월경 Y.K.National에 납품한 이 사건 가방 가운데 판매되지 않은 잔량을 재매입하는 한편 2007년 7월경 위약금 대신에 다른 물품을 공급함으로써 105,000,000원을 지출하였으며, ⑤ 2007년 8월경 로제화장품에 납품 예정이던 이 사건 가방 대신에 다른 물품을 납품함에 따라 61,500,000원을 지출하였고, ⑥ 2007년 7월경 하나투어에 납품 예정이던 이 사건 가방 대신에 다른 물품을 납품함에 따라 73,000,000원을 지출한 사실을 인정할 수 있고, 한편 원고가 피고에 대한 상표 사용료 55,954,870원 및 물류·통관에 관한 비용 18,119,388원을 지출하지 아니하게 된 사실은 원고가 자인하고 있다.

결국, 앞에서 본 ① 내지 ⑥의 손해는 피고가 이 사건 업무협약에 따른 의무를 이행하지 않음으로써 발생한 손해로서 피고의 채무불이행과 인과관계가 있으므로, 피고의 채무불이행으로 인하여 원고는 439,006,887원(= 137,940,000원+118,800,000원+16,841,145원+105,000,000원+61,500,000원+73,000,000원-55,954,870원-18,119,388원)의 손해를 입었다고 할 것이다.

피고는 이와 같은 손해 외에도, 이 사건 업무협약이 유효한 것으로 가정할 경우 2007. 7. 1. 이후 이 사건 업무협약 계약기간 만료일인 2009. 1. 17.경까지 이 사건 가방을 제조·판매해서 그에 따른 영업이익 상당액인 415,123,175원을 얻었을 것으로 예상되는데도 피고의 채무불이행으로 인하여 그 이익을 얻지 못하였으므로 그 예상 이익을 손해로써 구한다고도 주장하나, 이 사건 가방의 판매가 2007. 7. 1. 이후 이 사건 업무협약의 계약기간 만료시까지 계속될 것이라거나 그로 인하여 피고가 주장하는 바와 같은 이익이 발생할 것이라는 점을 인정할 증거가 없으므로 원고가 위와 같은 주장은 이유 없다.

(3) 과실상계

채무불이행에 관하여 채권자에게 과실이 있는 때에는 법원은 손해배상의 책임 및 그 금액을 정함에 이를 참작하여야 한다(민법 제396조).

원고는 이 사건 상표를 비롯한 여러 상표에 대한 사용허락에 기해 광고용품을 제작·판매하는 영업을 해 온 상인으로서 이 사건 업무협약과 같은 내용의 상표권 사용거래를 해 왔으면서도, 이 사건 업무협약 체결 당시에 피고 회사의 대표이사로 소외 1이 아닌 소외 4가라고 기재되어 있었는데도 그 경위를 확인하지도 않았고(갑 제5호증의 기재에 따르면 원고가 소외 1의 명함을 교부받은 사실이 인정되어, 원고는 이 사건 업무협약 체결 당시 소외 1과 소외 4가 서로 다른 인물이라고 하는 점을 잘 알고 있었다고 할 것이다), 소외 1로부터 두루케이의 사용허락서 사본을 교부받았으므로 의당 진정한 상표권자가 누구인지, 사용허락의 범위는 어떠한지, 사용허락서 사본에 기재된 상품 범위의 의미는 무엇인지 여부에 관하여 두루케이에게 확인해 보았다면 피고 회사는 통상사용권자에 불과하다는 점을 확인할 수 있었을 것으로 보이는데도 이에 이르지 아니한 채 이 사건 업무협약 체결을 전후하여 줄곧 거래관계를 확대해 왔는데, 이와 같은 원고의 과실로 인하여 채무불이행에 따른 손해가 확대되었다고 볼 수밖에 없으므로 원고의 과실을 이 사건 업무협약 위반에 따른 손해배상의 금액을 정하는 데에 참작하되, 원고의 과실을 80%로 본다.

(4) 과실상계 후의 손해배상 금액

따라서 피고는 이 사건 업무협약의 채무불이행으로 인한 손해로 원고에게 87,801,377원(= 439,006,887원 × 20%, 원 미만 버림, 이하 같다)을 배상할 의무가 있다.

3. 피고의 구상금채무

가. 인정 사실

【증거】 다툼 없는 사실, 갑 제21, 58, 60, 81, 83 내지 93호증의 기재와 변론 전체의 취지

(1) 원고는 두루케이의 사용허락은 받지 않은 채 피고 회사의 이사로서 대표이사의 허락 아래 사장 직함으로 피고의 국내영업을 총괄하던 소외 1로부터 이 사건 상표에 대한 사용허락을 받은 상태에서 2007. 6. 28. 롯데리아와 사이에 이 사건 가방 10만 개를 235,000,000원에 납품하기로 하는 물품공급계약을 체결하고 2007년 6월 말경 이 사건 가방 10만 개를 롯데리아에 납품하였고, 롯데리아는 2007. 7. 1.부터 행사기간을 한 달 간으로 정하여 이 사건 가방을 사은품으로 제공하다가 2007. 7. 9.경 두루케이로부터 상표권 침해중지를 통보받은 후 2007. 7. 10.부터 이 사건 가방의 제공을 중단하였는데, 사은품증정 행사를 중단할 때까지 원고로부터 납품받은 이 사건 가방 10만 개의 대부분을 소비자들에게 배포하였다. 그 후 두루케이는 원·피고 및 롯데리아를 상대로 이들에게 연대하여 10억 원을 지급하고 이 사건 상표 사용을 중단하라는 취지의 손해배상청구소송을 제기하여 제1심 소송이 서울중앙지방법원 2007가합102323호로, 그에 대한 항소심이 이 법원 2008나60317호로 진행된 결과, 최종적으로 금원지급청구 부분에 관하여 원·피고 및 롯데리아는 연대하여 두루케이에게 5,000만 원 및 이에 지연손해금을 지급하라는 판결이 선고되어 그 판결이 2009. 6. 5. 확정되었다(이하 '제1 소송'이라고 한다). 한편, 원고는 제1 소송의 수행을 위해 2009년 6월경 변호사보수 등 소송비용으로 55,318,720원을, 그

리고 판결에서 인용된 손해배상금으로 61,958,904원을 각각 지출하였다(손해배상금은 롯데리아가 지급했지만 같은 금액 상당을 원고가 받을 납품대금에서 정산하는 방식으로 처리되었다).

(2) 원고는 두루케이의 사용허락은 받지 않은 채 피고 회사의 이사로서 대표이사의 허락 아래 사장 직함으로 피고의 국내영업을 총괄하던 소외 1로부터 이 사건 상표에 대한 사용허락을 받은 상태에서 에스케이텔레콤과 사이에 2007. 1. 31. 이 사건 가방 10,920개를 개당 7,500원에, 2007. 2. 26. 이 사건 가방 9,470개를 개당 6,000원에, 2007. 5. 31.경 이 사건 가방 3,141개를 개당 11,640원에 납품하기로 하는 물품공급계약[전체 공급가액은 부가가치세를 포함하여 192,809,364원(= 90,090,000원+62,502,000원+40,217,364원)]을 체결하였고, 에스케이텔레콤은 원고로부터 납품받은 이 사건 가방을 납품받은 직후 가입고객들에게 사은품으로 모두 배포하였다. 두루케이는 원고와 에스케이텔레콤을 상대로 이들에게 연대하여 3억 원을 지급하라는 내용의 손해배상청구소송을 제기하여 제1심 소송이 서울중앙지방법원 2009가합73580호로, 그에 대한 항소심이 이 법원 2010나3799호로 진행된 결과, 최종적으로 원고와 에스케이텔레콤은 연대하여 두루케이에게 4,000만 원 및 이에 지연손해금을 지급하라는 판결이 선고되어 그 판결이 2010. 6. 4. 확정되었다(이하 '제2 소송'이라고 한다). 한편, 원고는 제2 소송의 수행을 위해 2009년 12월경 변호사보수 등 소송비용으로 13,206,040원을, 그리고 판결에서 인용된 손해배상금으로 41,506,848원을 각각 지출하였다.

(3) 원고는 두루케이의 사용허락은 받지 않은 채 피고 회사의 이사로서 대표이사의 허락 아래 사장 직함으로 피고의 국내영업을 총괄하던 소외 1로부터 이 사건 상표에 대한 사용허락을 받은 상태에서 2006. 11. 20. 동서식품과 사이에 이 사건 가방 5만 개를 1억 원에 납품하기로 하는 물품공급계약을 체결하였고, 동서식품은 2006년 12월부터 2007년 4월까지 이 사건 가방을 소비자들에게 사은품으로 무상 배포하였다. 두루케이는 원고와 동서식품을 상대로 이들에게 연대하여 5억 원을 지급하라는 내용의 손해배상청구소송을 제기하여 제1심 소송이 서울중앙지방법원 2009가합73573호로, 그에 대한 항소심이 이 법원 2010나14874호로 진행된 결과, 최종적으로 원고와 동서식품은 연대하여 두루케이에게 2,500만 원 및 이에 지연손해금을 지급하라는 판결이 선고되어 그 판결이 2010. 7. 1. 확정되었다(이하 '제3 소송'이라고 한다). 한편, 원고는 제3 소송을 수행하기 위해 2010. 9. 1.경 변호사보수 등 소송비용으로 13,200,000원을, 그리고 판결에서 인용된 손해배상금으로 31,825,341원을 각각 지출하였다.

나. 판 단

(1) 공동불법행위자 중 1인이 피해자로부터 손해배상청구소송을 당하여 그 판결에서 인용된 손해배상금을 지급함으로써 공동면책된 때에는, 그것이 부당응소라는 등의 특별한 사정이 없는 한 공동면책된 금액 중 다른 공동불법행위자의 과실비율에 상당하는 금액은 물론이고 그에 대한 공동면책일 이후의 법정이자 및 피할 수 없는 비용 기타의 손해배상을 구상할 수 있는바, 이러한 피할 수 없는 비용 기타의 손해배상에는, 소송을 제기당한 공동불법행위자가 피해자에게 지급한 소송비용상환액뿐만 아니라 소송을 수행하는 과정에서 지출한 소송비용도 포함되고, 그가 지출한 변호사보수 중에서 변호사보수의소송비용산입에관한규칙에 의한 보수기준, 소속 변호사회의 규약, 소송물가액, 사건의 난이도, 소송진행과정, 판결 결과 등 여러 가지 사정을 참작하여 합리적으로 판단하여 상당하다고 인정되는 범위 내의 금원은 피할 수 없는 비용 기타의 손해로서 구상할 수 있으며, 이때 공동면책을 시킨 공동불법행위자가 실제로 지출한 변호사보수 중에서 다른 공동불법행위자의 부담 부분에 해당하는 금액에 대하여는 이를 전액 그 다른 공동불법행위자에게 구상할 수 있는 것이고, 실제로 지출한 변호사보수에 소송비용부담률을 곱한 금액의 범위에서만 구상할 수 있는 것은 아니라고 할 것이다(대법원 1997. 4. 8. 선고 96다54232 판결 등 참조).

(2) 기초사실 및 앞에서 인정한 사실에 따르면, 소외 1은 이 사건 상표를 부착한 상품에 관한 피고 회사의 국내영업 부문을 총괄하던 피고 회사의 피용인으로서 원고에게 권한 없이 이 사건 상표에 관한 사용허락을 함으로써 상표권 침해의 결과에 이르게 되었으므로 피고는 소외 1의 행위에 따른 상표권 침해 결과에 대하여 사용자책임을 부담하는 한편, 원고는 이 사건 상표를 비롯한 여러 상표에 대한 사용허락에 기해 광고용품을 제작·판매하는 영업을 해 온 상인으로서 이 사건 업무협약과 같은 내용의 상표권 사용거래를 해 왔으면서도 이 사건 업무협약 체결 당시에 피고 회사의 대표이사로 소외 1이 아닌 소외 4라고 기재되어 있었는데도 그 경위를 확인하지도 않았고, 소외 1로부터 두루케이의 사용허락서 사본을 교부받았으므로 의당 진정한 상표권자가 누구인지, 사용허락의 범위는 어떠한지, 사용허락서 사본에 기재된 상품 범위의 의미는 무엇인지 여부에 관하여 두루케이에게 확인해 보았다면 피고 회사는 통상사용권자에 불과하다는 점을 확인할 수 있었을 것으로 보이는데도 이에 이르지 아니한 채 이 사건 가방을 제조·판매함으로써 상표권 침해의 결과에 이르게 되었는바, 결국 이 사건 상표에 관한 상표권 침해의 결과는 원고와 피고의 공동불법행위로 인하여 발생한 것이다.

(3) 또한, 소송 결과에 따라 원고가 판결에서 인용된 손해배상금을 두루케이에게 모두 지급한 사실은 앞에서 본 바와 같고, 두루케이의 청구금액이 제1 소송에서 10억 원, 제2 소송에서 3억 원, 제3 소송에서 5억 원이었으나 원고의 응소로 인해 제1 소송에서 5,000만 원, 제2 소송에서 4,000만 원, 제3 소송에서 2,500만 원 및 각 이에 대한 지연손해금만이 인용된 정황에 비추어 볼 때 변호사보수 등의 소송비용은 그 전액이 다른 공동불법행위자들을 위해 불가피하게 지출할 수밖에 없었던 손해라고 할 것이므로, 피고는 원고에게 공동불법행위자로서 그 과실비율에 상당하는 내부 분담비율에 따라 원고가 지출한 판결에서 인용된 손해배상금 및 변호사보수 등 소송비용을 지급할 의무가 있다.

(4) 나아가 피고의 공동불법행위에 따른 내부 분담비율에 관하여 보건대, 앞에서 본 바와 같은 원·피고의 과실 내용 및 원고가 이 사건 업무협약 체결 이후 줄곧 거래관계를 확대함으로써 손해가 확대된 것으로 보이는 점 등을 고려하여 원·피고 사이의 책임의 분담비율은 원고 80%, 피고 20%로 본다.

(5) 따라서 피고는 원고에게 공동불법행위자 중 1인의 공동면책에 따른 구상금으로 43,403,170원[= (55,318,720원 + 61,958,904원 + 13,206,040원 + 41,506,848원 + 13,200,000원 + 31,825,341원) × 20%]을 지급할 의무가 있다.

4. 원고의 위자료 청구

원고는 피고의 잘못에 기인한 소송 및 거래업체와의 계약위반 등으로 인하여 정신상 고통을 받았으므로 피고는 원고에게 위자료 1억 원을 지급할 의무가 있다고 주장한다.

일반적으로 정신적인 고통에 대한 손해배상인 위자료는 재산적 손해에 대한 배상이 이루어짐으로써 회복된다고 보아야 하므로 재산적 손해의 배상만으로는 회복될 수 없는 정신적 고통을 입었다는 특별한 사정이 있고, 상대방이 이와 같은 사정을 알았거나 알 수 있었을 경우에 한하여 정신적 고통에 대한 위자료를 인정할 수 있다고 할 것이다(대법원 2005. 3. 24. 선고 2005다213 판결 등 참조).

피고의 채무불이행으로 인하여 원고가 이와 같은 정신상 고통을 입었다고 인정할 특별한 사정에 관한 증거가 없을 뿐만 아니라, 원고에 대하여 소송이 제기되고 원고가 거래업체와의 계약위반 책임을 지게 된 데에는 앞에서 본 바와 같이 피고의 과실보다도 원고의 과실이 더 크게 작용한 이상, 원고의 위자료 청구는 어느 모로 보나 이유 없다.

5. 결 론

그렇다면, 피고는 원고에게 159,300,947원(= 상표 사용료 28,096,400원 + 피고의 채무불이행으로 인한 손해 87,801,377원 + 구상금 43,403,170원)과 그 중 상표 사용료 및 채무불이행으로 인한 손해 합계액인 115,897,777원 대하여는 사용료 지급일 및 채무불이행에 따른 손해 발생일 이후로 원고가 구하는 2008. 1. 1.부터, 구상금 43,403,170원에 대하여는 최종 지급일인 2010. 9. 1.부터 각 이행의무의 존부나 범위에 관하여 항쟁함이 상당하다고 인정되는 이 판결 선고일인 2010. 10. 13.까지 민법이 정한 연 5%, 그 다음날부터 다 갚는 날까지 「소송촉진 등에 관한 특례법」이 정한 연 20%의 각 비율에 의한 지연손해금을 지급할 의무가 있으므로, 원고의 이 사건 청구는 위에서 인정한 범위에서 이유 있어 이를 인용하고 나머지 청구는 이유 없어 이를 기각할 것인데, 제1심 판결은 이와 일부 결론을 달리하여 부당하므로, 제1심 판결을 변경하기로 하여, 주문과 같이 판결한다.

[별지 생략]

판사 이기택(재판장) 함석천 김동규

61. 대법원 2013. 2.14. 선고 2010다91985 판결 【손해배상】

[공2013상,449]

【판시사항】

[1] 제3자가 표현대표이사에게 회사를 대표할 권한이 있다고 믿은 데 중대한 과실이 있는 경우, 회사가 상법 제395조에 따른 책임을 지는지 여부(소극) 및 '제3자의 중대한 과실'의 의미와 판단 기준

[2] 상표의 전용사용권자인 갑 주식회사로부터 상표의 사용허락을 받은 통상사용권자인 을 주식회사의 이사 병이 갑 회사의 동의 없이 정에게 위 상표의 사용권을 부여하는 내용의 업무협약을 체결하였고, 정이 위 상표를 부착하여 상품을 제조·납품하여 오다가 갑 회사로부터 형사고소와 민사소송을 제기당한 사안에서, 정은 업무협약을 해제하고 원상회복으로 을 회사에 지급한 상표 사용료의 반환을 구할 수 있다고 한 사례

[3] 상표의 전용사용권자인 갑 주식회사로부터 상표의 사용허락을 받은 통상사용권자인 을 주식회사의 이사 병이 갑 회사의 동의 없이 정에게 위 상표의 사용권을 부여하는 내용의 업무협약을 체결하였고, 정이 위 상표를 부착하여 상품을 제조·납품하여 오다가 갑 회사로부터 형사고소와 민사소송을 제기당한 사안에서, 정이 상품을 납품하고 수령한 납품대금 상당의 이득을 을 회사가 정에게 배상하여야 할 손해액에서 공제할 수 없다고 한 사례

【판결요지】

[1] 상법 제395조가 표현대표이사의 행위로 인한 주식회사의 책임을 인정하는 취지는, 회사의 대표이사가 아닌 이사가 외관상 회사의 대표권이 있는 것으로 인정될 만한 명칭을 사용하여 거래행위를 하고 그러한 외관이 생겨난 데에 회사의 귀책사유가

있는 경우에 그 외관을 믿은 선의의 제3자를 보호함으로써 상거래의 신뢰와 안전을 도모하려는 데 있다. 따라서 거래의 상대방인 제3자가 대표이사가 아닌 이사에게 그 거래행위를 함에 있어 회사를 대표할 권한이 있다고 믿었다 할지라도 그와 같이 믿은 데에 중대한 과실이 있는 경우에는 회사는 위 규정에 의한 책임을 지지 아니한다. 여기서 제3자의 중대한 과실이라 함은 제3자가 조금만 주의를 기울였더라면 표현대표이사의 행위가 대표권에 기한 것이 아니라는 사정을 알 수 있었음에도 만연히 이를 대표권에 기한 행위라고 믿음으로써 거래통념상 요구되는 주의의무에 현저히 위반하는 것으로서, 공평의 관점에서 제3자를 구태여 보호할 필요가 없다고 봄이 상당하다고 인정되는 상태를 말하고 제3자에게 중과실이 있는지는 거래통념에 비추어 개별적·구체적으로 판단하여야 한다.

[2] 상표의 전용사용권자인 갑 주식회사로부터 상표의 사용허락을 받은 통상사용권자인 을 주식회사의 이사 병이 갑 회사의 동의 없이 정에게 위 상표의 사용권을 부여하는 내용의 업무협약을 체결하였고, 정이 위 상표를 부착하여 상품을 제조·납품하여 오다가 갑 회사로부터 형사고소와 민사소송을 제기당한 사안에서, 을 회사는 업무협약에 따라 정에게 상표의 적법한 사용권을 취득시켜줄 의무를 전혀 이행하지 않았고, 전용사용권자인 갑 회사가 정을 상대로 상표의 전용사용권 침해를 이유로 한 형사고소와 손해배상청구소송을 제기함으로써 그 의무이행이 불능상태에 빠졌음이 명백하게 되었으므로, 정은 업무협약이 계속적 계약의 성질을 갖는다 하더라도 계약관계를 소급적으로 해소하기 위하여 이를 해제하고 원상회복으로 을 회사에 지급한 상표사용료의 반환을 구할 수 있다고 한 사례.

[3] 상표의 전용사용권자인 갑 주식회사로부터 상표의 사용허락을 받은 통상사용권자인 을 주식회사의 이사 병이 갑 회사의 동의 없이 정에게 위 상표의 사용권을 부여하는 내용의 업무협약을 체결하였고, 정이 위 상표를 부착하여 상품을 제조·납품하여 오다가 갑 회사로부터 형사고소와 민사소송을 제기당한 사안에서, 을 회사가 전용사용권자인 갑 회사 등으로부터 정의 상표 사용에 대한 승낙을 받아 줄 의무를 이행하지 아니한 상태에서 정이 업무협약 체결에 따라 상표 사용권을 취득하였다고 믿고 제조한 상품에 상표를 부착한 후 거래처에 납품하여 납품대금을 수령하는 이익을 얻었다 하더라도, 그 이득은 상표에 화체된 신용과 고객흡인력 및 정의 노력과 비용이 투입된 상품의 제조·납품행위로 인하여 생긴 것일 뿐 상표의 적법한 사용권을 정에게 부여한 바 없는 업무협약과 상당인과관계가 있다고 볼 수 없으므로, 그 납품대금 상당의 이득을 을 회사가 정에게 배상하여야 할 손해액에서 공제할 수 없다고 한 사례.

【참조조문】

[1] 상법 제395조 [2] 민법 제546조, 제548조 [3] 민법 제393조

【참조판례】

[1] 대법원 1999. 11. 12. 선고 99다19797 판결(공1999하, 2483)

대법원 2003. 9. 26. 선고 2002다65073 판결(공2003하, 2080)

【전 문】

【원고, 피상고인 겸 부대상고인】 원고(소송대리인 법무법인(유한) 화우 담당변호사 전오영 외 2인)

【피고, 상고인 겸 부대피상고인】 주식회사 윈에프씨씨(소송대리인 변호사 허은강)

【원심 판결】 서울고법 2010. 10. 13. 선고 2009나42446 판결

【주 문】

상고 및 부대상고를 모두 기각한다. 상고비용은 피고가, 부대상고비용은 원고가 각 부담한다.

【이 유】

상고이유 및 부대상고이유를 판단한다.

1. 표현대표이사의 책임 등에 관한 법리오해 등의 점에 대하여

가. 상법 제395조가 표현대표이사의 행위로 인한 주식회사의 책임을 인정하는 취지는, 회사의 대표이사가 아닌 이사가 외관상 회사의 대표권이 있는 것으로 인정될 만한 명칭을 사용하여 거래행위를 하고 그러한 외관이 생겨난 데에 회사의 귀책사유가 있는 경우에 그 외관을 믿은 선의의 제3자를 보호함으로써 상거래의 신뢰와 안전을 도모하려는 데 있다. 따라서 거래의 상대방인 제3자가 대표이사가 아닌 이사에게 그 거래행위를 함에 있어 회사를 대표할 권한이 있다고 믿었다 할지라도 그와 같이 믿은 데에 중대한 과실이 있는 경우에는 회사는 위 규정에 의한 책임을 지지 아니한다고 보아야 할 것이다(대법원 2003. 9. 26. 선고 2002다65073 판결 등 참조). 여기서 제3자의 중대한 과실이라 함은 제3자가 조금만 주의를 기울였더라면 표현대표이사의 행위가 대표권에 기한 것이 아니라는 사정을 알 수 있었음에도 만연히 이를 대표권에 기한 행위라고 믿음으로써 거래통념상 요구되는 주의의무에 현저히 위반하는 것으로서, 공평의 관점에서 제3자를 구태여 보호할 필요가 없다고 봄이 상당하다고 인정되는 상태를 말하고 제3자에게 중과실이 있는지 여부는 거래통념에 비추어 개별적·구체적으로 판단하여야 한다(대법원 1999. 11. 12. 선고 99다19797 판결 등 참조).

나. 원심은 그 채용 증거를 종합하여 그 판시와 같은 사실을 인정한 다음, 이 사건 업무협약 체결 당시 피고의 이사이던 소외 1이 피고 대표이사의 허락 아래 사장 직함을 사용하면서 피고의 영업을 총괄하고 피고의 인감까지 소지하고 있었던 점, 위 소외 1과 피고의 상품기획부장이던 소외 2가 이 사건 상표의 전용사용권자인 주식회사

두루케이(이하 '두루케이')의 사용허락서에 기재된 수영복과 GYM 용품 외에도 수영용품용 가방을 비롯한 관련 운동용품 등에도 이 사건 상표를 부착해서 판매하고 있었던 점, 두루케이의 사용허락서에는 단지 "계약기간 연장과 사용품목 외의 모든 조항은 원래 계약서에 따른다."고 기재되어 있을 뿐이어서 그 사본의 기재만으로는 피고와 두루케이 사이에 구체적으로 어떤 약정이 있었는지 파악하기 어려웠을 것으로 보이는 점 등 여러 사정을 참작하면, 원고가 피고에게 상표 사용료를 지급하면서 세금계산서를 발행하지 않았다거나 원고가 이 사건 상표 외에도 다른 여러 상표에 대한 사용허락을 받고 광고용품을 제작·판매하는 영업을 해 온 경험이 있다는 등의 사정만으로는 원고가 소외 1에게 이 사건 업무협약 체결 및 상표의 사용허락과 관련하여 피고를 대표할 권한이 없다고 하는 점을 알지 못한 데에 중대한 과실이 있다고 할 수는 없다고 판단하였다.

다. 이에 대한 상고이유의 주장은, 피고는 원고와 사이에 이 사건 상표에 관하여 정식으로 사용권을 부여하는 계약을 체결한 바가 없음에도 원심이 이 사건 업무협약을 정식 계약으로 인정한 것은 잘못이고, 또한 원고는 이 사건 업무협약 당시 피고는 이 사건 상표의 통상사용권자에 불과하여 원고에게 상표사용권을 부여할 권한이 없다는 것을 잘 알고 있었음에도 원심이 피고에게 상법 제395조의 책임을 인정한 것은 잘못이라는 취지이다.

그러나 기록을 살펴보아도 원심의 사실인정에 논리와 경험의 법칙을 위반하여 자유심증주의의 한계를 벗어난 위법이 있다고는 인정되지 않는다.

또한 기록에 의하면, 피고는 통상사용권자로서 종전에도 이 사건 상표를 제3자에게 사용하도록 승낙하면서 전용사용권자인 두루케이로부터 승낙을 얻는 등의 절차를 밟아 왔음을 알 수 있고, 피고가 위와 같은 절차를 거쳐 전용사용권자 등의 승낙을 얻으면 제3자는 유효하게 이 사건 상표의 적법한 사용권을 취득하게 된다.

위와 같은 피고의 종전 업무처리 방식과 거래관행, 피고가 이 사건 업무협약에 따라 전용사용권자인 두루케이 등의 승낙을 받아줄 의무를 이행하면 원고는 이 사건 상표의 적법한 사용권을 취득할 수 있는 점 등 여러 사정을 참작하면, 이 사건 업무협약 당시 피고가 통상사용권자로서 독자적으로 이 사건 상표에 대한 사용권을 부여할 권리를 가지고 있지 않았다는 사실을 원고가 알고 있었다 하더라도 그러한 사정만으로 원고가 피고의 사장 직함을 사용하던 이사 소외 1이 피고를 대표하여 원고와 이 사건 업무협약을 체결할 권한이 있다고 믿은 데에 중대한 과실이 있다고 볼 수 없다.

그리고 위와 같이 피고에게 표현대표이사인 소외 1의 행위로 인한 책임이 인정되는 이상, 피고가 그 후 전용사용권자인 두루케이의 승낙을 받는 조치를 취하는 등 원고로 하여금 그 상표를 적법하게 사용할 수 있도록 해 줄 계약상의 의무를 이행하지 아니한 경우 그에 따른 손해배상 등 책임을 지는 것은 당연하다.

그러므로 원고가 상법 제395조의 적용 대상인 선의의 제3자에 해당하지 않는다는 취지의 위 상고이유의 주장 역시 이유 없고, 그 밖에 위 원심판단에 상고이유에서 주장하는 바와 같은 표현대표이사의 책임 등에 관한 법리오해 등의 위법은 없다.

2. 계약해제로 인한 원상회복의무에 관한 법리오해의 점에 대하여

원심 판결 이유에 의하면, 피고는 이 사건 상표의 통상사용권자에 불과하여 원고에게 이 사건 상표의 사용권을 부여할 권한이 없음에도 그 사용권을 부여하는 내용의 이 사건 업무협약을 체결하였고, 그 이후 이 사건 상표의 전용사용권자인 두루케이 등으로부터 원고의 이 사건 상표 사용에 대한 승낙을 받아 주는 조치도 취하지 아니한 채 위 소외 1과 소외 2를 통하여 원고로부터 이 사건 상표에 대한 사용료를 지급받아 왔으며, 원고는 이 사건 업무협약에 의하여 상표 사용권을 취득하였다고 믿고 상품을 제조한 후 이 사건 상표를 부착하여 거래처에 납품하여 오다가 전용사용권자인 두루케이로부터 형사고소와 민사소송을 제기당하게 되었음을 알 수 있다.

위와 같이 피고는 이 사건 업무협약에 따라 원고에게 이 사건 상표의 적법한 사용권을 취득시켜줄 의무를 전혀 이행한 바 없고, 전용사용권자인 두루케이가 원고를 상대로 이 사건 상표의 전용사용권 침해를 이유로 한 형사고소와 손해배상청구소송을 제기함으로써 그 의무이행이 불능상태에 빠졌음이 명백하게 되었으므로, 이러한 경우 원고로서는 이 사건 업무협약이 계속적 계약으로서의 성질을 갖는다 하더라도 그 계약관계를 소급적으로 해소하기 위하여 이를 해제하고 그 원상회복으로서 피고에게 지급한 상표 사용료의 반환을 구할 수 있다고 할 것이다.

같은 취지의 원심의 판단은 정당하고, 거기에 상고이유에서 주장하는 바와 같은 계속적 계약의 해제 및 원상회복의무에 관한 법리오해 등의 위법이 없다.

3. 손익상계에 대한 법리오해의 점에 대하여

가. 손해배상액의 산정에 있어 손익상계가 허용되기 위해서는 손해배상책임의 원인이 되는 행위로 인하여 피해자가 새로운 이득을 얻었고, 그 이득과 손해배상책임의 원인인 행위 사이에 상당인과관계가 있어야 한다(대법원 1992. 12. 22. 선고 92다31361 판결, 대법원 2007. 11. 30. 선고 2006다19603 판결 등 참조).

나. 피고가 전용사용권자인 두루케이 등으로부터 원고의 상표 사용에 대한 승낙을 받아 줄 의무를 이행하지 아니한 상태에서 원고가 이 사건 업무협약 체결에 의하여 상표 사용권을 취득하였다고 믿고 제조한 상품에 이 사건 상표를 부착한 후 다수 거래처에 납품하여 그 납품대금을 수령하는 이익을 얻은 사실이 있다 하더라도, 그 이득은 이 사건 상표에 화체된 신용 및 고객흡인력과 원고의 노력 및 비용이 투입된 상품의

제조·납품행위로 인하여 생긴 것일 뿐 이 사건 상표의 적법한 사용권을 원고에게 부여한 바 없는 이 사건 업무협약과 상당인과관계가 있다고 볼 수 없으므로, 그 납품대금 상당의 이득을 피고가 원고에게 배상하여야 할 손해액에서 공제할 수 없다. 원심이 피고가 원고에게 배상하여야 할 손해액을 산정하면서 위와 같은 납품대금 상당의 이득을 공제하지 아니한 것은 정당하고, 거기에 상고이유에서 주장하는 바와 같은 손익상계에 관한 법리오해나 판단누락의 위법이 없다.

4. 과실상계에 대한 법리오해 등의 점에 대하여

가. 채무불이행으로 인한 손해배상사건에서 채권자에게 손해의 발생이나 확대에 관하여 책임제한 사유가 있어 배상책임의 범위를 정하는 데 이를 참작하여야 할 경우에 책임제한 사유에 관한 사실인정이나 그 비율을 정하는 것은 그것이 형평의 원칙에 비추어 현저하게 불합리하다고 인정되지 아니하는 한 사실심의 전권에 속하는 사항이다(대법원 2002. 1. 8. 선고 2001다62251, 62268 판결 등 참조). 한편 고의로 채무불이행을 야기한 채무자가 채권자의 부주의를 이유로 자신의 책임을 감하여 달라고 주장하는 것은 원칙적으로 허용될 수 없으나, 이는 채무자로 하여금 채무불이행으로 인한 이익을 최종적으로 보유하게 하는 것이 공평의 이념이나 신의칙에 반하는 결과를 초래하기 때문이므로, 위와 같은 결과가 초래되지 않는 경우에는 과실상계나 공평의 원칙에 기한 책임의 제한은 얼마든지 가능하다(대법원 2008. 5. 15. 선고 2007다37721 판결 등 참조).

나. 원심 판결 이유를 위 법리와 기록에 비추어 살펴보면, 원심이 원고가 다수 거래처에 이 사건 상표를 부착하여 납품을 하거나 납품계약을 체결한 후 반품을 당하거나 납품계약을 이행하지 못하게 되는 등의 손해를 입게 되었다고 인정한 후 피고가 원고에게 배상하여야 할 손해액을 산정하면서, 원고가 이 사건 상표의 적법한 사용권 취득 여부에 관하여 확인하지 아니한 채 계속 납품거래를 확대하여 손해의 발생 및 확대를 초래한 점 등 그 판시와 같은 사정들을 과실상계 사유로 참작한 것은 수긍할 수 있고, 나아가 원심이 그 판시와 같이 과실상계 비율을 정한 것이 형평의 원칙에 비추어 현저히 불합리하다고 볼 수 없으므로, 거기에 상고이유 및 부대상고이유에서 주장하는 바와 같은 과실상계에 관한 법리오해 등의 위법이 없다.

5. 결 론

그러므로 상고 및 부대상고를 모두 기각하고, 상고비용은 피고가, 부대상고비용은 원고가 각 부담하기로 하여, 관여 대법관의 일치된 의견으로 주문과 같이 판결한다.

대법관 김창석(재판장) 양창수 박병대(주심) 고영한

62. 대법원 2004. 7. 22. 선고 2003다62910 판결 【손해배상(기)】

[미간행]

【판시사항】

[1] 상표권 침해로 인한 손해배상청구에 관한 상표법 제67조의 규정 취지

[2] 한국에서 위조 상표를 부착한 의류를 일본 보따리상에게 판매함으로써 일본에서의 일본 상표권 침해행위를 용이하게 한 피고의 행위가 침해행위에 대한 방조가 되더라도, 일본 상표법하에서는 상표권이 등록된 나라의 영역 외에서 당해 상표권의 등록국에서의 침해행위를 유도하는 등 이에 관여하는 행위를 불법행위로 해석하지 않고 있으므로 피고의 행위에 대하여 공동불법행위책임을 물을 수 없다고 한 사례

【참조조문】

[1] 상표법 제67조 [2] 국제사법 제24조 , 민법 제750조

【참조판례】

[1] 대법원 1997. 9. 12. 선고 96다43119 판결(공1997하, 3083)대법원 2002. 10. 11. 선고 2002다33175 판결(공2002하, 2705)

【전 문】

【원고, 상고인】 가부시키가이샤 비즈인터내셔날(소송대리인 법무법인 김·신앤드유 담당변호사 이재기 외 3인)

【피고, 피상고인】 박희주(소송대리인 변호사 조태연)

【원심 판결】 서울고법 2003. 10. 29. 선고 2002나65044 판결

【주 문】

상고를 기각한다. 상고비용은 원고가 부담한다.

【이 유】

상고이유를 본다.

1. 먼저 상고이유 제1, 2점에 대하여 본다.

상표법 제67조 제2항, 제3항, 제5항은같은 조 제1항과 마찬가지로 불법행위에 기한 손해배상청구에 있어서 손해에 관한 피해자의 주장·입증책임을 경감하는 취지의 규정이고, 손해의 발생이 없는 것이 분명한 경우까지 침해자에게 손해배상의무를 인정하는 취지는 아니라 할 것이므로 상표권의 침해행위에도 불구하고 상표권자에게 손해의 발생이 없다는 점이 밝혀지면 침해자는 그 손해배상책임을 면할 수 있는 것으로 해석함이 상당하다 할 것이고(대법원 1997. 9. 12. 선고 96다43119 판결, 2002. 10. 11. 선고 2002다33175 판결 등 참조), 위와 같이 상표권자에게 손해의 발생이 인정되지 아니하는 경우에는 민법 제750조에 기한 손해배상청구권 역시 인정될 수 없다 할 것이다.

원심 판결 이유에 의하면, 원심은 서울 중구 신당동 소재 광희시장에서 의류판매업에 종사하는 피고가 2001. 8.경부터 2001. 11. 20.까지 사이에 원고가 의류 등을 지정상품으로 하여 일본 및 대한민국 특허청에 각 등록한 상표인 "X-GIRL"(이하 '이 사건 상표'라고 한다)에 대한 정당한 사용권한 없이 이를 위조한 상표가 부착된 티셔츠 등 의류를 일본 보따리상들에게 판매하여 온 사실, 원고는 피고의 이 사건 판매행위 기간 동안 일본 내에서는 위 상표를 부착한 제품을 생산·판매하여 왔지만 대한민국 내에서는 그 생산·판매 등 영업활동을 하지 아니한 사실 등을 인정한 다음, 피고의 이 사건 판매행위 기간 동안 원고가 대한민국 내에서 위 상표를 사용하여 제품을 생산·판매하는 등의 영업활동을 한 바가 없는 이상 그에 따른 영업상 손해도 없었다 할 것이고, 원고가 대한민국에서 이 사건 상표권을 등록하고 그 침해행위에 대한 단속활동을 벌여 왔다 해도 이를 제품의 생산·판매 또는 그와 유사한 내용의 영업활동에 해당하는 것으로 볼 수 없다 할 것이며, 따라서 피고의 이 사건 판매행위로 인하여 원고에게 영업상 손해가 발생하였음을 전제로 하는 원고의 한국 상표권에 기한 손해배상청구는 이유 없다고 판단한 다음, 나아가 원고가 이 사건 상표에 관한 대한민국 내 위조품 단속을 위하여 지출하였다고 주장하는 비용은 원고 직원들이 대한민국 내에서 불특정 다수인을 상대로 위조품 단속을 하는 과정에서 일반적으로 지출된 것일 뿐 피고의 이 사건 판매행위 단속에 직접 소요된 것이라고 볼 수 없다는 이유로 위 지출비용 상당의 손해배상청구도 배척하였다.

앞서 본 법리를 기초로 이 사건 기록을 살펴보면, 위와 같은 원심의 사실인정 및 판단은 정당한 것으로 수긍할 수 있고 거기에 상고이유에서 주장하는 바와 같은 법리오해 및 심리미진 등의 위법이 있다고 할 수 없다. 이 부분 상고이유의 주장은 이유 없다.

2. 상고이유 제3점에 대하여 본다.

국제사법 제24조에 의하면, 지적재산권의 침해로 인한 불법행위의 준거법은 그 침해지법이 된다 할 것이므로 일본 보따리상들의 일본에서의 일본 상표권 침해행위에 피고가 교사 또는 방조하였음을 이유로 하는 이 부분 손해배상청구의 당부는 침해지법인 일본 상표법 제37조 등의 해석에 따라야 할 것인데, 위조한 상표를 부착한 의류를 일본 보따리상들에게 대량으로 판매함으로써 일본에서의 일본 상표권 침해행위를 용이하게 하여 준 피고의 행위가 위 침해행위에 대한 방조가 될 수 있다 하더라도, 기록에 나타난 지적재산권에 관한 일본 법원의 해석론에 비추어 보면, 속지주의 원칙을 채용하고 있는 일본 상표법하에서는 상표권이 등록된 나라의 영역 외에서 당해 상표권의 등록국에서의 침해행위를 유도하는 등 이에 관여하는 행위는 불법행위를 구성하지 아니하는 것으로 해석됨을 알 수 있으므로 이 부분 원심의 설시에 일부 적절하지 아니한 점은 있으나 피고의 공동불법행위책임의 성립을 인정하지 아니한 그 결론에 있어서는 정당하다 할 것이고 거기에 상고이유에서 주장하는 바와 같은 법리오해 및 심리미진 등의 위법이 있다고 할 수 없다. 이 부분 상고이유의 주장도 이유 없다.

3. 상고이유 제4, 5점에 대하여 본다.

원심 판결 이유에 의하면, 원심은 원고가 피고의 이 사건 판매행위로 인하여 그 주장과 같은 신용훼손 등의 손해를 입었음을 인정할 증거가 없고, 또한 원고의 한국 상표권의 경우 그 손해의 발생사실이, 일본 상표권의 경우 그 손해에 대한 피고의 공동불법행위책임이 각 인정되지 아니한다는 이유로 위 신용훼손에 기한 손해배상청구 및 위 각 상표권 침해에 기한 부당이득반환의 주장을 모두 배척하였는바, 앞서 살펴 본 법리와 기록에 비추어 보면, 위와 같은 원심의 사실인정 및 판단은 모두 정당하고, 거기에 상고이유에서 주장하는 것처럼 법리오해 및 판단유탈 등의 위법이 있다고 할 수 없다. 이 부분 상고이유의 주장도 이유 없다.

4. 그러므로 상고를 기각하고, 상고비용은 패소자가 부담하는 것으로 하여 관여 대법관의 일치된 의견으로 주문과 같이 판결한다.

대법관 박재윤(재판장) 조무제 이용우(주심) 이규홍

63. 서울고등법원 2010. 1. 14. 선고 2009나4116 판결【손해배상(기)】

[미간행]

【전 문】

【원고, 항소인】 한국방송공사 외 4인 (소송대리인 법무법인 남강 담당변호사 차상육)

【피고, 피항소인】 주식회사 산리오코리아 외 1인 (소송대리인 변호사 장상익 외 1인)

【변론종결】

2009. 8. 25.

【제1심 판결】 서울중앙지방법원 2008. 11. 28. 선고 2008가합16993 판결

【주 문】

1. 제1심 판결 중 피고 주식회사 데카리오에 대하여 아래에서 지급을 명하는 금원에 해당하는 원고 한국방송공사, 원고 주식회사 문화방송의 각 패소부분을 취소한다.
2. 피고 주식회사 데카리오는 원고 한국방송공사에게 10,000,000원, 원고 문화방송에게 20,000,000원 및 위 각 금원에 대하여 2009. 8. 25.부터 2010. 1. 14.까지는 연 5%, 그 다음날부터 다 갚는 날까지는 연 20%의 각 비율로 계산한 금원을 지급하라.
3. 가. 피고 주식회사 데카리오에 대한 원고 한국방송공사의 나머지 항소, 원고 주식회사

문화방송의 나머지 항소와 당심에서 확장된 청구 및 나머지 원고들의 항소를 모두 기각한다.

나. 피고 주식회사 산리오코리아에 대한 원고들의 항소를 모두 기각한다.

4. 소송총비용 중 원고 한국방송공사와 피고 주식회사 데카리오 사이에 발생한 부분 중 90%는 위 원고가, 10%는 위 피고가 각 부담하고, 원고 주식회사 문화방송과 위 피고 사이에 발생한 부분 중 95%는 위 원고가, 5%는 위 피고가 각 부담하며, 나머지 원고들과 위 피고 사이에 발생한 부분은 나머지 원고들이 전부 부담하고, 원고들과 피고 주식회사 산리오코리아 사이에 발생한 부분은 원고들이 전부 부담한다.
5. 제2항은 가집행할 수 있다.

【청구취지 및 항소취지】

1. 청구취지

피고들은 각자 원고 한국방송공사에게 159,332,906원, 원고 주식회사 문화방송에게 1,122,576,935원, 원고 주식회사 희원엔터테인먼트, 주식회사 올리브나인에게 각 20,000,000원, 원고 유성글로벌 주식회사에게 100,000,000원 및 위 각 금원에 대하여 2007. 1. 1.부터 이 사건 소장부본 송달일까지는 연 5%, 그 다음날부터 다 갚는 날까지는 연 20%의 각 비율로 계산한 금원을 지급하라(당심에서, 원고 한국방송공사, 주식회사 희원엔터테인먼트, 주식회사 올리브나인, 주식회사 유성글로벌은 각 청구취지를 감축하였고, 원고 주식회사 문화방송은 청구취지를 확장하였다(위 원고의 제1심 청구취지는 5억 원이었고, 이를 전부 기각한 제1심 판결에 대한 항소취지가 2억 원이었으나, 항소취지로 인하여 제1심의 청구가 감축되었던 것으로는 보지 아니한다).

2. 항소취지

제1심 판결을 취소한다. 피고들은 연대하여 원고 한국방송공사, 주식회사 문화방송에게 각 2억 원, 원고 주식회사 희원엔터테인먼트, 주식회사 올리브나인에게 각 2,000만 원, 원고 주식회사 유성글로벌에게 1억 원 및 위 각 금원에 대하여 2005. 1. 1.부터 이 사건 소장부본 송달일까지는 연 5%, 그 다음날부터는 연 20%의 각 비율로 계산한 금원을 지급하라.

【이 유】

1. 기초사실

다음의 사실은 당사자 사이에 다툼이 없거나, 갑 제1 내지 4, 12, 17, 20, 27, 38, 56, 71, 73호증(가지번호 있는 것은 가지번호 포함), 갑 제95호증의 5, 갑 제98, 99, 104, 105호증의 각 1, 을 가 제1호증, 을 나 제11호증의 각 기재에 변론 전체의 취지를 종합하여 인정할 수 있다.

가. 이 사건 각 등록상표

원고 문화방송, 원고 올리브나인은 아래 각 표장(이하 '이 사건 각 상표'라 한다)에 관한 상표권자이다.

상표권자	표장의 구성	출원일/등록일/등록번호	지정상품	약칭
원고 문화방송		2003.11.14./2006.1.13./ 제0647208호	별지 1	대장금 상표
원고 올리브나인	주 몽	2006. 6. 5./ 2007. 6.28./ 제0020378호	별지 2	주몽 상표
원고 올리브나인		2006.6.26./ 2007.12.6/ 제0730401호	칫솔, 칫솔갑, 쓰레기통(휴지통), 물통, 보온백, 보온병, 휴대용 아이스박스(제21류)	삼족오 상표

나. 이 사건 각 드라마의 방영

(1) 원고 한국방송공사는 드라마 '겨울연가'를 제작하여 2002. 1. 14.부터 같은 해 3. 19.까지, 드라마 '황진이'를 제작하여 2006. 10. 11.부터 2006. 12. 28.까지 각 방영하였고, 원고 문화방송은 드라마 '대장금'을 제작하여 2003. 9. 15.부터 2004. 3. 30.까지, 드라마 '주몽'을 제작하여 2006. 5. 15.부터 2007. 3. 6.까지 각 방영하였으며(다만, '황진이'와 '주몽'은 원고 올리브나인 또는 소외 초록뱀미디어라는 상호의 업체와 원고 올리브나인이 제작사로서 원고 한국방송공사, 원고 문화방송과 사이의 각 드라마제작계약에 기하여 위 각 드라마를 제작하고 저작권 등 권리를 양도한 것으로 보인다), 위 각 드라마는 국내에서 큰 호응을 얻은 이후 일본, 중국 등에 수출되어 방송됨으로써 한류 드라마 열풍을 일으키며 인기를 끌었다(이하 위 각 드라마를 통틀어 '이 사건 각 드라마'라 한다).

다. 이 사건 각 드라마에 관한 상품화 사업의 진행

(1) 원고 한국방송공사와 소외 KBS미디어 주식회사의 콘텐츠 사용사업 계약

원고 한국방송공사는 2004. 5. 경 자회사인 소외 KBS미디어 주식회사(이하 'KBS미디어'라 한다)와 사이에 콘텐츠사용 사업계약(갑 제71호증의 1)을 체결하면서, 위 원고의 콘텐츠를 사용하여 국내외에서 각종 사업을 수행할 수 있는 권한을 KBS미디어에게 부여하되, 그 저작권 등은 위 원고에게 유보하며(위 계약서 제1조 제2항) KBS미디어는 위 원고에게 각 사업별로 정한 요율에 따른 사용료(위 계약서 제5조의 '저작권 사용료')를 지급하며, KBS미디어가 제3자에게 포괄적 사업권을 독점적으로 주는 경우에는 위 원고의 승인을 얻기로 약정하였다.

(2) '겨울연가' 상품화 사업

이후 KBS미디어는 다수의 군소 업체와 '겨울연가' 상품화사업계약을 체결하여 위 각 업체가 각 지정상품에 대하여 '겨울연가' 관련 캐릭터 상품화사업을 진행

하였다.

(3) '황진이' 상품화 사업

KBS미디어는 2007. 1. 5. 원고 올리브나인과 사이에 기간을 2007. 1. 8.부터 2012. 1. 7.까지, 사업지역을 국내 및 해외로 정하여, 드라마 '황진이' 상품화에 관한 공동사업계약(갑 제95호증의 5)을 체결하고, 그 무렵 원고 한국방송공사의 승인을 얻었으며(갑 제73호증), 원고 올리브나인은 2006. 12. 20. 원고 유성글로벌과 사이에, 원고 유성글로벌에게 '황진이'의 제명, 특정로고와 부가 캐릭터 등을 사용하여 휴대폰 액세사리, 열쇠고리, 거울 등을 제조·판매할 수 있는 권리를 2년간 부여하고, 원고 유성글로벌로부터 소정의 로얄티를 지급받기로 하는 상품화사업계약을 체결하였다(갑 제43호증).

(4) '대장금' 상품화 사업

원고 문화방송은 2005. 3. 1. 원고 주식회사 희원엔터테인먼트(이하 '원고 희원'이라 한다)에게 드라마 '대장금'에 대하여 국내외에서 전반적인 상품화사업의 진행 및 상품화권자와 생산품 관리의 대리권을 2년간 부여하는 것을 내용으로 하는 에이전트계약(갑 제12호증)을 체결하였는데, 위 계약은 2007. 3. 20.경 원고 문화방송에 의하여 2008. 2. 28.까지로 연장되었다.

원고 희원은 2005. 5. 9. 원고 문화방송을 대리하여 원고 주식회사 유성글로벌(이하 '원고 유성글로벌'이라 한다)과 사이에 사업지역을 대한민국 및 해외(일본 제외), 지정상품을 크리스탈 펜던트 및 장식품, 파우치 등, 계약기간을 2005. 10. 4.로 정하여 원고 유성글로벌이 '대장금' 로고를 비독점적으로 사용하고 출고가의 5%에 해당하는 러닝로열티를 지급하기로 하는 대장금 브랜드 사용계약(갑 제17호증의 2)을 체결하였고, 이후 지정상품에 핸드폰줄, 크리스탈 등을 추가하고, 계약기간을 2008. 3. 8.까지로 연장하는 내용의 계약(갑 제17호증의 3, 4)을 체결하였다.

(5) '주몽' 상품화 사업

원고 문화방송은 2006년경 소외 주식회사 와이쥬 크리에이티브(이하 '와이쥬'라 한다)에게 드라마 '주몽' 캐릭터 상품화사업에 관한 대리권을 부여하여, 와이쥬는 원고 문화방송을 대리하여 2006. 8. 8. 원고 유성글로벌과 사이에 드라마 '주몽'의 제명, 특정로고와 부가 캐릭터에 관하여 지역을 대한민국, 지정상품을 티셔츠, 모자, 쥬얼리 등, 계약기간을 위 계약일부터 2007. 8. 7.까지로 하는 상품화 사업계약(갑 제27호증의 1)을 체결하였고, 지정상품에 펜, 핸드폰고리 등을 순차 추가하였다(갑 제27호증의 2 내지 7).

라. 피고들 사이의 관계

(1) 피고 주식회사 산리오 코리아(이하 '산리오 코리아'라 한다)는 일본국 법인인 가부시키

가이샤 산리오의 국내 법인으로 한국에서 아래 표와 같은 ‘헬로 키티’ 캐릭터에 관한 상품화권을 제3자에게 허여할 수 있는 권한을 가지고 있고, 피고 주식회사 데카리오(이하 ‘피고 데카리오’라 한다)는 2006년경부터 현재까지 피고 산리오 코리아로부터 한국에서 ‘헬로 키티’ 캐릭터를 상품화할 수 있는 독점권을 부여받았다.

	정면도	정면, 측면, 배면도
헬로키티 캐릭터		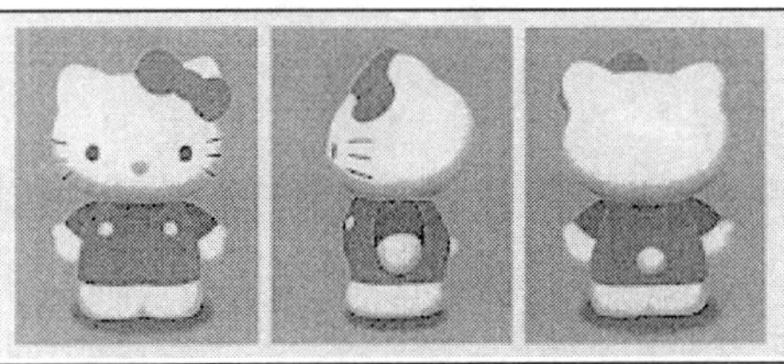

마. 피고 데카리오의 제품 생산·판매

(1) 피고 데카리오는 2005년경부터 헬로 키티 캐릭터에 다양한 의상을 입히거나 소품을 이용하여 변형을 가하여 별지 3 기재와 같은 인형, 손수건, 열쇠고리, 볼펜 등(이하 ‘피고 제품’이라 한다)을 제조·판매하고 있다.

(2) 피고 데카리오는 2007. 8.경 운영을 시작한 그 홈페이지에서 피고 제품에 관하여 “한류 열풍의 주역인 겨울연가, 대장금, 주몽 등 특별한 캐릭터들을 상품화시켜 이미지 변신을 꾀하고 있는데, 이런 멋진 상품들을 파는 매장들은 면세점이나 관광특구 지역에서 판매가 되고 있는데 남대문의 직영매장을 비롯한 명동, 인사동, 동대문에 가면 만날 수가 있습니다”라고 설명하고, 위 홈페이지에서 핸드폰줄, 볼펜, 노트 등 상품명칭에 ‘겨울연가’, ‘황진이’, ‘장금’, ‘주몽’, ‘소서노 주1) ’를 붙여 온라인 판매를 하였다.

바. 원고 유성글로벌과 피고 데카리오의 거래

원고 유성글로벌은 2007. 10.경 피고 데카리오와 사이에, 위 원고가 위 피고로부터 피고 제품을 납품받아 판매하기로 하는 계약(을 나 제11호증)을 체결하고, 피고 제품을 공급받아 면세점 등에 공급하여 오던 중 분쟁이 발생하여 계약관계가 종료되었는데, 위 원고는 위 계약관계가 종료되기 전까지는 피고 제품의 제조·판매행위에 대하여 이의를 제기한 바 없다.

2. 원고들의 주장

원고들은 각 다음과 같은 이유로, 피고들은 피고 제품의 판매로 인하여 얻은 이익(원고들은, 피고 제품 전체의 소비자가로부터 수입가를 공제한 금액의 45%를 피고들의 이익이라고 주장한다)으로, ‘겨울연가’ 및 ‘황진이’ 관련 상품 판매이익 159,332,906원, ‘대장금’ 및 ‘주몽’ 관련 상품 판매이익 1,122,576,935원을 원고들의 손해로써 배상할 의무가 있는바, 원고 한국방송공사 및 원고 문화방송(이하 '원고 방송사들'이라 한다)은 위 각 금원을, 나머지 원고들은 각 일부 청구로써 각 청구취지 기재 금원의 지급을 구한다.

가. 상표권 침해

원고 문화방송은 '대장금 상표'의 상표권자이고, 원고 올리브나인은 '주몽 상표' 및 '삼족오 상표'의 상표권자인바, 피고 데카리오가 위 각 상표가 부착된 제품을 제조·판매하고, 상품에 관한 광고·정가표·거래서류·간판 또는 표찰에 상표를 표시하고 전시 또는 반포함으로써 위 원고들의 상표권을 침해하였다.

나. 부정경쟁방지 및 영업비밀보호에 관한 법률(이하 '부정경쟁방지법'이라 한다) 제2조 제1호 가.목 상품주체 혼동행위

원고들은 드라마 '겨울연가', '황진이', '대장금', '주몽'의 저작권자거나, 그로부터 위 각 캐릭터의 상품화 사업에 관하여 승인을 받은 자들로서, 위 각 드라마에 등장하는 캐릭터, 소품 및 의상 등을 이용한 상품을 생산·판매·광고하여 위 각 캐릭터, 소품, 의상 등이 원고들의 상품표지로서 국내에서 널리 인식되어 있는데, 피고 데카리오가 그 제품에 원고들의 주지·저명한 위 각 상품표지를 사용하는 것은 부정경쟁방지법 제2조 제1호 가.목에서 정한 상품주체 혼동행위로 부정경쟁행위에 해당한다.

다. 부정경쟁방지법 제2조 제1호 자.목 상품형태 모방행위

원고들이 제조, 판매하는 캐릭터, 소품 등 상품형태를 피고 데카리오가 그대로 모방하고 단지 사람을 고양이로 변형하였을 뿐이므로, 부정경쟁방지법 제2조 제1호 자.목의 상품형태 모방행위로 부정경쟁행위에 해당한다.

라. 저작권 침해

원고 방송사들은 이 사건 각 드라마의 각 저작권자인바, 피고 데카리오가 위 각 저작물 중 일부인 주인공 캐릭터, 명장면, 주요배경, 의상 등을 위 피고가 제조하는 제품에 임의로 사용하고, 피고 산리오 코리아가 피고 데카리오의 위와 같은 침해행위에 가담 내지 방조함으로써 위 원고들의 위 각 캐릭터 혹은 영상저작물, 사진저작물, 응용미술저작물에 대한 복제권 및 2차적 저작물 작성권을 침해하였다.

마. 민법 제750조 불법행위

피고 데카리오는 원고들이 드라마 및 상품화사업을 통하여 구축한 캐릭터를 자신의 캐릭터와 결합함으로써, 피고 제품과 어떤 연관관계가 있음을 연상하도록 하는 방법으로 시장질서를 교란하였는바, 이는 이 사건 각 드라마의 인기에 편승하여 부정한 이익을 얻으려는 목적에 의한 것으로서 민법 제750조의 불법행위에 해당한다.

바. 피고 산리오코리아의 공동불법행위책임

피고 데카리오는 피고 주식회사 산리오코리아(이하 '피고 산리오'라 한다)로부터 제품

생산시 매 건마다 제품의 형태나 이미지에 대하여 승인절차를 밟아왔던바, 피고 산리오는 피고 데카리오의 위 각 상표권침해, 부정경쟁행위, 저작권침해 또는 민법 제750조 불법행위에 관하여 가담 내지 방조하였다.

3. 판 단

가. 상표권침해 주장에 대한 판단

(1) 이 사건 등록상표의 상표권자

원고 문화방송은 대장금상표의, 원고 올리브나인은 주몽 및 삼족오상표의 각 상표권자임은 앞에서 본 바와 같으므로, 피고 데카리오가 위 원고들의 상표권을 침해하였는지에 관하여 본다(나머지 원고들에 대하여는 이들이 위 각 상표에 대하여 전용사용권을 설정받았다는 등의 사정도 보이지 아니하므로, 원고들의 상표권침해 주장은 원고 문화방송, 올리브나인에 관하여만 판단한다).

(2) 상표적 사용 여부

타인의 등록상표를 그 지정상품과 동일 또는 유사한 상품에 사용하면 타인의 상표권을 침해하는 행위가 되지만, 타인의 등록상표를 이용한 경우라고 하더라도 그것이 상표의 본질적인 기능이라고 할 수 있는 출처표시를 위한 것이 아니어서 상표의 사용으로 인식될 수 없는 경우에는 등록상표의 상표권을 침해한 행위로 볼 수 없고, 그것이 상표로서 사용되고 있는지의 여부를 판단하기 위하여는, 상품과의 관계, 상품 등에 표시된 위치, 크기 등 당해 표장의 사용 태양, 등록상표의 주지·저명성 그리고 사용자의 의도와 사용경위 등을 종합하여 실제 거래계에서 그 표시된 표장이 상품의 식별표지로서 사용되고 있는지 여부를 종합하여 판단하여야 한다(대법원 2004. 10. 15. 선고 2004도5034 판결 등 참조).

이 사건의 경우 갑 제3호증의 1 내지 6, 제50호증의 1 내지 3의 각 기재에 의하면, 피고 데카리오가 2007. 8.에 홈페이지를 오픈하여 그 무렵부터 2007. 10.경에 이르기까지 피고 제품에 관한 이미지를 게시한 후 그 아래에 '장금키티핸드폰줄', '주몽소서노볼펜' 등의 명칭을 표시한 사실, 롯데면세점 본점, 제주 신라 면세점에서 피고 제품 진열장 혹은 일부 피고 제품 외부에 '대장금'이라고 표시한 사실은 인정되나, 다른 한편, 피고 제품에는 산리오사의 로고, 피고 데카리오의 표시, 'HELLO KITTY' 문구 등과, 피고 산리오 코리아로부터 부여받은 라이센스 스티커가 부착되어 있을 뿐, 이 사건 각 등록상표는 전혀 부착되어 있지 않은 사실은 당사자들 사이에 다툼이 없고, 이에 덧붙여 위 각 면세점에서의 '대장금' 기재는 해당 면세점이 임의로 표시한 것인 점, 피고 데카리오의 홈페이지에는 위 피고가 제조한 헬로키티 캐릭터 상품만이 소개되어 있는 점 등을 종합해 볼 때, 피고 데카리오의 홈페이지에서 사용된 '장금', '주몽' 등의 명칭은 홈페이지 방문자들에게 제품의 모양을 설명·안내하기 위하여 사용한 것으로 보일 뿐, 상품출처의 표시로서 사용된 것으로 볼 수 없다.

한편, 갑 제21호증의 1, 2의 각 기재만으로는 피고 데카리오가 이 사건 각 상표를 상품에 관한 거래서류에 표시함으로써 상표적으로 사용하였다고 인정하기에 부족하고(갑 제21호증의 1은 피고 데카리오가 원고 유성글로벌에게 송부한 주문서로서, 이 사건 각 드라마에 관한 상품화권리를 보유한 위 원고에게 피고 제품을 주문하면서 제품의 특정을 위하여 '겨울연가', '황진이', '장금', '주몽'을 기재한 것을 상품의 출처표시를 위한 것으로 볼 수 없고, 갑 제21호증의 2는 피고 데카리오로부터 피고 제품을 공급받은 소매상이 최종소비자에게 작성하여 준 전표여서 이를 위 피고가 상표를 표시한 거래서류로 볼 수 없을 뿐 아니라, 수기로 가필된 '대장금 키티폰줄'의 진정성립을 인정할 증거도 없다), 달리 이를 인정할 만한 증거가 없는바, 위 각 상표권이 침해되었음을 주장하는 원고 문화방송, 올리브나인의 이 부분 주장은 이유 없다.

나. 부정경쟁방지법 소정의 상품주체 혼동행위 주장에 관한 판단

(1) 이 사건 각 드라마 캐릭터가 상품 표지로서 주지성을 획득했는지 여부

캐릭터가 상품화되어 부정경쟁방지법 제2조 제1호 가.목에 규정된 국내에 널리 인식된 타인의 상품임을 표시한 표지가 되기 위해서는 캐릭터 자체가 국내에 널리 알려져 있는 것만으로는 부족하고, 그 캐릭터에 대한 상품화 사업이 이루어지고 이에 대한 지속적인 선전, 광고 및 품질관리 등으로 그 캐릭터가 이를 상품화할 수 있는 권리를 가진 자의 상품표지이거나 위 상품화권자와 그로부터 상품화 계약에 따라 캐릭터사용허락을 받은 사용권자 및 재사용권자 등 그 캐릭터에 관한 상품화 사업을 영위하는 집단(group)의 상품표지로서 수요자들에게 널리 인식되어 있을 것을 요한다고 할 것인바(대법원 2006. 12. 22. 선고 2005도4002 판결), 이는 비단 만화 또는 만화영화에 등장하는 캐릭터뿐만 아니라, 영화나 드라마의 캐릭터에 관하여도 이와 같다고 할 것이다.

살피건대, 갑 제5 내지 19, 22 내지 제31, 34 내지 39, 44, 50, 51, 53, 54, 59, 71, 73, 110, 113호증의 각 기재는 위 각 드라마에 관한 뉴스 및 추상적인 상품화에 관한 기사이거나 원고들 스스로 작성한 계약현황, 로열티 수입 현황에 불과하여 위 각 증거만으로는 위 각 드라마의 주인공 캐릭터에 관하여 상품화 사업이 이루어지고 있다는 점이 국내 수요자들에게 널리 인식되어 있다고 보기 어렵고, 갑 제76, 78, 82 내지 85, 90호증의 각 기재는 원고들의 캐릭터상품화 사업의 일본에서의 주지성에 관한 증거가 될 수 있는지는 별론으로 하더라도 국내에서의 주지성을 인정할 증거가 될 수 없으며, 달리 국내에서의 주지성을 인정할 만한 증거가 없으

므로, 원고들의 이 부분 주장은 이유 없다.

(2) 이 사건 각 드라마의 의상, 소품이 상품 표지로서 주지성을 획득했는지 여부

가사, 이 사건 각 드라마의 캐릭터가 상품표지로서 주지성을 획득하였다 하더라도 피고 제품은 이 사건 각 드라마의 등장인물의 인적 속성을 배제하고 그 의상, 소품, 배경 등을 연상하게 하는 형상을 이용한 것이어서 위와 같은 의상, 소품이 상품 표지로서 사용되고 또한 주지성을 획득한 것인지에 관하여 본다.

일반적으로 상품의 형태나 모양은 상품의 출처를 표시하는 기능을 가지지 아니하고, 다만 어떤 상품의 형태와 모양 등이 상품에 독특한 개성을 부여하는 수단으로 사용되고, 그것이 장기간 계속적·독점적·배타적으로 사용되거나 지속적인 선전 광고 등에 의하여 그것이 갖는 차별적 특징이 거래자 또는 수요자에게 특정한 출처의 상품임을 연상시킬 정도로 현저하게 개별화되기에 이른 경우에 비로소 부정경쟁방지법 제2조 제1호 가.목에서 정하는 '타인의 상품임을 표시한 표지'에 해당된다(대법원 2002. 10. 25. 선고 2001다59965 판결 참조).

갑 제5 내지 19, 22 내지 31, 34 내지 39호증(각 가지번호 포함)의 각 기재만으로는, 위 각 드라마 및 주연 배우, 촬영 장소, 관련 상품 등에 관하여 인터넷 기사 등이 게재되는 정도를 넘어서, 위 각 의상이나 소품, 배경 등이 원고들이 제조·판매하는 상품을 연상시킬 정도로 현저히 개별화되었다는 점을 인정하기에 부족하고 달리 이를 인정할 증거가 없는 반면, 오히려, 위 각 증거들에 의하여 인정되는 다음과 같은 사정, 즉, 원고들의 상품화사업의 수행하는 주체는 다수의 군소업체여서 제조·판매하는 상품에 각 드라마당 일관된 사진이나 이미지, 캐릭터 등이 사용되지 아니하였고, 위 상품화 사업을 수행한 기간이 짧으며, 위 제품들에 관하여 국내의 수요자들을 겨냥한 직접적인 광고는 거의 이루어지지 아니하였던 점 등에 비추어 볼 때, 위 각 의상이나 배경 등이 원고들이 제조·판매하는 상품을 연상시킬 정도로 현저히 개별화되었다고는 볼 수 없다.

또한 앞서 본 바와 같이 피고 제품의 경우 'HELLO KITTY' 문구 및 헬로 키티 캐릭터가 그 상품표지로서 사용되었고, 위 캐릭터가 입고 있는 의상이나, 소품, 배경 등은 단지 상품의 디자인적 요소로 사용되었을 뿐, 그것이 상품표지로서 사용되었다고는 볼 수 없으므로, 상품출처 혼동 발생을 전제로 하는 원고들의 이 부분 청구는 이유 없다.

다. 부정경쟁방지법 소정의 상품형태 모방행위 주장에 관한 판단

(1) 상품형태 모방행위

부정경쟁방지법 제2조 제1항 자.목은 "타인이 제작한 상품의 형태(형상, 모양, 색채, 광택 또는 이들을 결합한 것을 말하며, 시제품 또는 상품소개서상의 형태를 포함한다)를 모

방한 상품을 양도·대여 또는 이를 위한 전시를 하거나 수입·수출하는 행위"를 부정경쟁행위로서 금지하고 있는바, 여기에서 '모방'이라 함은 '타인의 상품형태에 의거하여 그것과 실질적으로 동일한 형태의 상품을 만드는 것'을 말한다고 할 것이다.

(2) 제품의 비교

갑 제97, 103, 107, 108호증의 각 기재 및 영상에서 드러나는 원고 유성글로벌의 제품과 피고 제품의 형태를 비교하여 보면(피고 제품과의 비교대상은 이 사건 각 드라마의 장면, 의상, 소품이 아니라 위 원고의 제품이라 할 것이다), ① 원고들 상품은 이 사건 각 드라마의 한 장면 또는 드라마 홍보용 스틸사진을 배경으로 사용하거나 또는 배경 없이 등장인물의 특색을 반영한 캐리커쳐 또는 일반적인 인형이나 완구에 등장하는 인물형태에 이 사건 각 드라마를 연상시키는 의상을 결합한 형태이고, 피고 제품은 고양이 모습의 키티 캐릭터에 위 각 드라마의 등장인물을 연상시키는 의상이나 소품을 결합하고 경우에 따라서는 각 드라마의 배경과 유사한 그림을 결합한 형태로서, ② 이 사건 각 드라마의 등장인물이 착용하였던 의상이나 배경이라는 면에서는 공통점이 있으나, 의상의 세부적인 표현이나 색상 및 원고들 제품은 캐릭터가 사람인 반면, 피고 제품은 고양이로서 차이점이 있고, ③ 피고 제품 캐릭터의 얼굴과 신체비율, 키티 캐릭터의 주지성에 비춰 보면, 위와 같은 형태상의 차이점은 보는 사람의 주의를 끄는 주요부분으로서 형태상 강한 인상을 남기며, ④ 피고 제품의 이러한 형태상의 특징은 원고들 상품에 포함되어 있지 아니하여, 원고들 제품과 피고 제품이 실질적으로 동일하다고 단정할 수 없으므로, 원고들의 위 주장도 이유 없다.

라. 저작권 침해 주장에 관한 판단

(1) 이 사건 각 드라마에 관한 저작권의 귀속

위 1.항에서 인정한 사실에 의하면, '겨울연가' 및 '대장금'은 원고 한국방송공사, 원고 문화방송이 각 제작한 것으로서 위 각 방송사에 소속된 자의 창작부분에 관하여는 저작권법 제9조의 업무상 저작물 규정에 의하여, 그 외의 자의 창작부분에 관하여는 동법 제100조 제1항의 권리양도추정 규정 또는 계약에 의하여 위 각 방송사에게 각 저작재산권이 귀속되고(다만, 드라마의 제작에 사용되는 미술저작물 또는 음악저작물 등의 저작재산권에 대하여는 위 권리양도의 추정이 없다), 원고 올리브나인 등이 제작한 '황진이' 및 '주몽'의 경우 같은 원리로 위 원고에게 귀속된 저작재산권이, 위 원고와 원고 한국방송공사, 원고 문화방송 사이의 드라마제작계약에 의하여 위 각 방송사에게 양도된 것으로 봄이 상당하다.

따라서, 이 사건 각 드라마의 저작재산권자는 원고 한국방송공사('겨울연가', '황진이') 및 원고 문화방송('대장금', '주몽')이라 할 것이다(갑 제12, 27, 43, 71, 95호증의 각 기재만으로는, 나머지 원고들 및 KBS미디어가 원고 방송사들로부터 위 각 드라마의 제명이나 이미지 등을 사용할 권한 내지 이 사건 각 드라마의 콘텐츠를 사업화할 권한을 넘어서, 그 저작재산권까지 양도받았다고는 볼 수 없으므로, 이와 다른 전제에 선 피고들 및 나머지 원고들의 각 주장은 모두 이유 없다).

(2) 캐릭터에 관한 복제권 또는 2차적 저작물 작성권 침해 여부

피고 제품이 위 각 드라마 속의 캐릭터를 그대로 복제하거나 이에 의거하여 2차적 저작물을 작성함으로써 원고 한국방송공사, 문화방송의 위 각 캐릭터에 대한 복제권 및 2차적 저작물 작성권을 침해하였는지에 관하여 본다.

영화나 드라마의 캐릭터는 자신만의 독특한 외양을 가진 배우의 실연에 의하여 표현되며, 등장인물의 용모, 행동거지, 명칭, 성격, 목소리, 말투, 상황이나 대사 등을 모두 합한 총체적인 아이덴티티(identity)를 말하는 것이어서, 시각적 요소가 모두 창작에 의하여 만들어지는 만화나 만화영화의 캐릭터보다는 소설, 희곡 등 어문저작물의 캐릭터에 가깝다고 할 것이다.

따라서, 드라마의 등장인물로부터 위와 같은 속성을 배제한 채 그 명칭이나 복장, 사용하는 소품만을 따로 떼어 낸 캐릭터가 원래의 저작물로부터 독립하여 별도로 저작권에 의하여 보호된다고는 보기 어렵다(이 점에서 시각적 요소가 모두 창작에 의하여 만들어진 만화 캐릭터에 관한 대법원 1999. 5. 14. 선고 99도115 판결, 2005. 4. 29. 선고 2005도70 판결은 이 사안에는 부합하지 아니한다).

이 사건에서, ① 드라마 '겨울연가'의 경우, 남녀 주인공이 위 저작물에서 비로소 창작된 캐릭터이긴 하나, 남녀주인공의 성격 및 주요 줄거리 등과 무관하게, 또한 실제 주연 배우를 배제한 채, 남녀주인공이 극중에서 자주 입었던 의상(긴 코트와 목도리)이나 눈이 오는 풍경 등만으로는 일반적인 연인의 모습과 구별되는 위 각 주인공 캐릭터만의 고유한 특징을 찾아볼 수 없어 이를 독자적인 저작물이라 할 수 없고, ② 드라마 '대장금'의 경우 주인공인 '장금'이라는 인물이 조선시대의 실존인물이나 주2) 의녀라는 것 이외에 전혀 알려진 바가 없어, 성격, 주변 인물, 성공과정, 주3) 수랏간 궁녀로서의 생활 등 주인공에 관한 대부분의 내용이 위 저작물에서 비로소 창작되었으나, 극중 인물의 성격, 주변 인물과의 관계, 에피소드나 줄거리 등과 무관하게, 또한 실제 주연 배우를 배제한 채, 주인공이 입었던 의상, 드라마에 등장한 궁중음식인 '신선로' 등만으로는 위 드라마 이전에 등장하였던 의녀와 구별되는 위 주인공 캐릭터 등만의 고유한 특징을 찾아볼 수 없어 이를 독자적인 저작물이라 할 수 없으며, ③ 드라마 '주몽'의 경우 고구려를 건국한 역사

적 인물인 '고주몽'의 일대기를 그린 영상저작물로서, '고주몽'과 그의 부인인 '소서노' 등이 역사적 실존 인물이긴 하지만 구체적인 행적에 관하여 거의 알려진 바가 없어, 주몽의 왕으로서 성장과정, 고구려 건국 과정, 주변 인물과의 관계 등 주인공 캐릭터에 관한 대부분의 내용이 위 저작물에서 창작된 것이나, 이러한 특징들 및 실제 주연 배우들을 배제한 채, 주몽이 입었던 것과 유사한 갑옷, 소서노가 극 중에서 입었던 것과 유사한 의상 등만으로는 타 저작물에서의 장군 등의 모습 등과 구별되는 위 각 캐릭터만의 고유한 특징을 찾아볼 수 없어 이를 독자적인 저작물이라 할 수 없고, ④ 드라마 '황진이'의 경우 조선시대 기녀인 '황진이'가 기녀로 되는 과정, 주변 인물들과의 관계, 황진이의 춤과 거문고 연주 실력, 황진이의 외모와 화려한 복장 및 장신구 등 구체적인 내용들은 모두 위 저작물에서 창작된 것이나, 이러한 특징들 및 실제 주연배우 등을 배제한 채, 극중에서 황진이가 입었던 것과 유사한 한복, 거문고, 큰머리 또는 주4) 어여머리를 올린 헤어스타일 등만으로는 조선시대 기녀의 모습을 묘사한 타 저작물과 구별되는 위 캐릭터만의 고유한 특징을 찾아볼 수 없어 이를 독자적인 저작물이라 할 수 없다.

(3) 영상저작물 또는 사진저작물에 관한 저작권 침해 주장에 관한 판단

피고 제품들이 이 사건 각 드라마라는 영상저작물의 한 장면 혹은 이 사건 각 드라마의 홍보용 스틸컷 등 사진저작물을 복제한 것이거나 이에 의거한 2차적 저작물인지에 관하여 본다.

살피건대, 연속적인 영상의 재생을 특징으로 하는 영상저작물의 장면이나 등장인물 등을 정지된 2차원 또는 3차원 형상으로 만들거나, 사진저작물에 나타난 형태를 3차원 형상으로 만드는 경우 복제권 침해가 되기는 어렵다 하더라도, 그 실질적 유사성을 인정할 수 있다면 2차적 저작물 작성권의 침해가 될 여지가 있다고 할 것이다.

이 사건에서 보건대, 피고 제품들이 헬로 키티 캐릭터가 한복을 입고 있거나, 코트를 입고 목도리를 두른 뒤 눈이 내리는 풍경을 배경으로 서 있거나, 의녀 복장을 하고 신선로를 들고 있는 등의 모습을 하고 있는 사실은 앞서 본 바이나, 고양이 형상의 헬로 키티 캐릭터와 위 각 영상저작물 및 사진저작물의 실제 배우들과는 전혀 달라 전체적 느낌에 있어 실질적 유사성이 인정되지 않고, 더구나 피고 제품에서 사용된 헬로 키티 캐릭터를 제외한 나머지 의상, 소품 등만으로는 위 각 영상저작물의 고유한 특징이 그대로 표현되어 있다고 인정되지 아니하여 피고 제품에 원고들 주장과 일부 유사한 소품이나 의상, 배경 등이 등장한다는 사정만으로 위 영상저작물에 대한 침해가 된다고 보기 어려우므로, 나머지 점에 관하여 더 나아

가 살필 필요 없이 이 부분에 관한 위 원고들의 청구는 이유 없다.

(4) 응용미술저작물에 관한 저작권 침해 주장에 관한 판단

위 각 영상저작물에 등장하는 '겨울연가'의 남녀 주인공이 입은 코트와 목도리(별지 4 ①항), '황진이'의 황진이가 입었던 한복(별지 4 ②항), '대장금'의 장금이 입었던 의녀 복장(별지 4 ③항), '주몽'의 주몽이 입었던 갑옷 및 소서노가 입었던 의상(별지 4 ④항) 등이 응용미술저작물로서, 피고 제품이 이를 그대로 복제한 것이거나 이에 의거한 2차적 저작물인지에 관하여 보건대, ① '겨울연가'의 코트와 목도리의 경우 위 영상저작물에 등장하기 이전에도 흔히 접할 수 있던 색상 및 디자인의 코트와 목도리에 불과하여 그 자체만으로는 창작성을 인정할 수 없고(목도리를 매는 방법에는 다소 독특한 점이 있으나, 이는 아이디어의 영역에 있다고 할 것이다), ② '황진이'가 입었던 한복의 경우, 갑 제58호증의 기재에 의하면 소외 1이 원고 한국방송공사가 제작하는 드라마 '황진이'와 관련하여 한복을 제작·협찬하고 제작된 한복을 공동소유하기로 약정한 사실은 인정되나, 위 인정사실만으로는 위 한복이 응용미술저작물이고 그에 관한 저작권이 위 원고에게 양도되었다거나 위 원고가 공동저작자라는 점을 인정하기에 부족하고, 달리 이를 인정할 만한 증거가 없으며(위 원고가 소외 1로부터 저작물이용허락을 받았다 하더라도 제3자를 상대로 저작권침해에 기한 손해배상을 청구할 권원은 없다고 할 것이다), ③ '대장금'의 의녀 복장의 경우, 소외 주식회사 엠비씨미술센터가 이를 제작하였음은 당사자들 사이에 다툼이 없고, 위 각 증거 및 변론 전체의 취지에 의하면 이와 유사한 모양의 인형옷에 관하여 소외 2가 디자인권을 등록(출원일 2005. 10. 14./ 등록일 2006. 6. 7.)한 사실이 인정되므로, 원고 문화방송을 그 저작권자로 보기 어렵고, 나아가 위 의녀 복장은 머리에 쓰는 사각형의 주5) 가리마 및 한복 위에 입는 소매 없는 가운이 그 특징인데, 가리마는 조선시대에 실제로 존재하였던 것이고, 드라마 '대장금' 방영 이전에 방영된 드라마에서 이미 의녀들이 가리마 및 소매 없는 가운을 착용하여 위 복장이 알려져 있어, 창작성이 인정되기도 어려우며, ④ '주몽'의 갑옷 및 소서노의 의상의 경우, 먼저 갑옷의 형태 및 이마에 띠를 두르고 긴 머리 중 정수리 부분만 묶는 헤어스타일은 위 드라마 방영 이전의 사극에 등장한 무인들에게서 흔히 발견할 수 있던 것에 불과하고, 다만 갑옷의 목 부위의 칼라, 어깨부분의 사자 문양의 금속 장신구, 양각 형태의 구름 모양의 문양, 갑옷 위에 걸치는 붉은 망토 등은 고유한 특징이라 할 수 있으나, 피고 제품에는 목 부위의 칼라 및 망토, 어깨의 금속 장신구가 없어 실질적 유사성을 인정하기 어렵고, 소서노의 복장은 그 특징인 Y자 앞여밈, 옷 전체의 사각형 점 문양이 이미 고구려 벽화 등에서 흔히 볼 수 있는 것으로서 그 시대에 실제로 널리 입었던 복장 형태인 것으로 보여, 이를 창작성 있는 저작물이라 할

수 없으므로, 결국 위 각 응용미술저작물에 관한 저작권 침해 주장 역시 모두 이유 없다.

마. 불법행위 주장에 관한 판단

(1) 민법상 불법행위의 성립요건

법 제750조는 "고의 또는 과실로 인한 위법행위로 타인에게 손해를 가한 자는 그 손해를 배상할 책임이 있다"고 규정하고 있는바, 불법행위는 반드시 저작권 등 실정법에 정하여진 권리가 침해되었을 경우에 한하지 아니하고, 법적으로 보호할 가치가 있는 이익에 대하여 선량한 풍속 기타 사회질서에 위반하는 방법으로 침해 해위가 이루어진 경우에도 성립된다. 따라서 부정하게 스스로의 이익을 꾀할 목적으로 타인이 시간과 노력 및 자본을 투입하여 이룩한 성과물을 그로부터 아무런 동의 없이 이용하거나 그 명성에 부당하게 편승하는 행위가 법적으로 보호할 가치가 있는 상대방의 이익을 침해하는 위법한 행위에 해당하여 불법행위가 성립할 수 있다.

(2) 원고 방송사들의 주장에 대한 판단

이 사건에서 보건대, ① 원고 방송사들은 이 사건 각 드라마의 제작을 위하여 상당한 비용과 인력, 시간을 투입하였으며, 이러한 노력과 홍보에 힘입어 이 사건 각 드라마가 큰 호응을 얻었고 해외에까지 수출되었던 점, ② 드라마 캐릭터에 대한 상품화사업이 활발하게 진행될 경우, 드라마 자체의 수출이나 DVD 판매수익보다 캐릭터 상품화사업이 더 큰 수익을 가져오고 있고, 이는 새로운 드라마나 문화컨텐츠의 개발에 중요한 동인으로 작용하고 있는 점, ③ 드라마가 방영되어 인기를 얻게 되는 시기와 그에 관한 상표등록이나 상품화사업이 주지성을 획득하는 시기까지는 시차가 있어, 상표법이나 부정경쟁방지법에만 의존할 경우 보호에 공백이 생기고, 그로 인하여 아무런 권한이 없는 제3자가 아무런 대가를 치르지 않고 먼저 상품화사업을 벌여 이익을 얻을 경우 시장질서가 크게 훼손되고 결국 문화산업의 발전을 저해하는 결과를 가져오는 점, ④ 국내 드라마에 관한 상품화권리가 국내에서 정당하게 보호되지 아니할 경우, 해외시장에서 한류 드라마를 이용한 사업에도 악영향을 끼칠 것인 점 등에 비추어 보면, 원고 방송사들이 권한없는 제3자의 편승행위에 의하여 방해받음이 없이, 이 사건 각 드라마의 제호, 캐릭터 등을 이용하여 상품화사업을 영위할 수 있는 거래질서는 법적으로 보호할 가치가 있는 이익이라 할 것이다.

더 나아가 보건대, ① 이 사건 각 드라마의 이용을 위한 권리(저작재산권을 포함한다)를 그 방송사인 위 원고들이 보유하고 있어, 이들로부터의 허락없이 상품화사업을 추진하는 것은 위법하다는 점은 일반인이라도 쉽게 알 수 있는 점, ② 그럼에도 불구하고 피고 데카리오는 이 사건 각 드라마가 국내 뿐 아니라 해외에서도 인기를 얻고 해외 관광객들 사이에 이 사건 각 드라마 관련 상품에 관한 수요가 커지자, 원고 방송사들부터 아무런 동의를 얻지 아니한 채 키티 캐릭터를 이 사건 각 드라마의 장면이나 등장인물을 연상케 하는 의상과 소품, 배경으로 꾸며 피고 제품을 만들었고, 피고 데카리오의 홈페이지에서도 이 사건 각 드라마의 제호나 등장인물의 이름을 붙여 판매하였던 점, ③ 피고 데카리오로부터 피고 제품을 납품받은 판매자의 입장에서는 위 피고의 의지와 관계 없이 피고 제품을 이 사건 각 드라마와 연관지어 판매할 여지가 크고, 실제로 일부 판매자가 피고 제품 판매시 대장금 상표 등을 사용하였으며, 피고 데카리오가 앞으로도 피고 제품을 판매할 경우 이와 같은 사례가 재발할 가능성이 있는 점, ④ 피고 데카리오는 이 사건 각 드라마가 인기를 끌고 널리 알려지기 전까지는 별지 3 기재와 같은 피고 제품을 제조·판매한 적이 없는 점, ⑤ 원고 방송사들이 상품화권한을 부여한 업체의 제품 상당수와 피고 제품의 주된 수요자는 한류 드라마를 애호하는 일본 등 외국 관광객이어서 양 제품이 경쟁관계에 있고, 피고 제품의 판매 증가는 위 업체들의 매출감소 및 궁극적으로 원고 방송사들의 라이센스료 감소를 초래할 것으로 보이는 점 등에 비추어 보면, 피고 데카리오는 이 사건 각 드라마의 인기에 편승하여 부당한 이익을 얻고자 이 사건 각 드라마를 연상하게 하는 형태의 제품을 제조·판매하여 상도덕이나 상관습 등 사회질서에 반하는 행위를 하였다고 볼 것이다(위 피고가 최초로 피고 제품을 제조하여 판매하게 된 시기와 피고 제품 개발경위, 이 사건 각 드라마의 상품화사업에 있어서의 원고 유성글로벌의 지위에 비추어 보면, 위 피고가 위 원고와 일시적으로 거래를 하였다는 사정만으로는 위 피고의 행위가 적법하다고 보기 어렵다).

따라서, 피고 데카리오가 피고 제품을 제조·판매한 행위는 원고 방송사들의 법적으로 보호할 가치 있는 이익을 침해하는 위법한 행위로서 불법행위를 구성한다고 할 것이다.

(3) 나머지 원고들의 주장에 관한 판단

한편, 원고 올리브나인과 원고 희원은 KBS미디어를 통하여 원고 한국방송공사로부터 또는 원고 문화방송으로부터 상품화사업을 대행 또는 대리할 권한을 부여받은 자에 지나지 아니함은 앞에서 본 바와 같고, 원고 방송사들과 독립하여 보호할 가치가 있는 이익이 존재한다고 보기 어려우므로(원고 올리브나인이 '황진이', '주몽'을 제작하였다 하더라도 그 저작재산권 등 위 드라마 이용에 관한 권리는 원고 방송사들에게 양도한 것으로 봄이 상당하다), 위 원고들이 피고 데카리오의 불법행위로 인하여 손해를 입었다는 주장은 이유 없다.

원고 유성글로벌은 원고 올리브나인 또는 원고 희원을 통하여 원고 방송사들과 사이에 비독점적인 상품화 권한을 부여받은 자에 지나지 아니하며, 원고 유성글로벌이 그 상품화사업에 관하여 국내에서 주지성을 획득하였다거나 피고 데카리오가 위 원고의 상품형태를 모방하였다고 보기 어려움은 앞에서 본 바와 같고, 위 원고가 2007. 10.경 피고 데카리오로부터 피고 제품을 납품받아 오다가 거래가 중단되었고, 피고 제품으로 인하여 위 원고의 매출에 영향이 있었다는 사정만으로는 위 피고에게 위 원고의 권리 또는 보호할 가치있는 이익을 위법하게 침해한 불법행위책임이 있다고 단정하기 어려우므로, 위 원고의 위 주장도 이유 없다.

(4) 소 결 론

따라서, 원고들의 불법행위로 인한 손해배상책임 주장은 원고 방송사들에 대하여는 이유 있고 나머지 원고들에 대하여는 이유 없다.

바. 피고 산리오의 책임에 관한 판단

피고 데카리오가 원고 한국방송공사 및 원고 문화방송에 대하여 불법행위로 인한 손해배상책임이 있음은 앞에서 본 바와 같은바, 피고 산리오가 위 불법행위에 관한 가담 또는 방조에 따른 공동불법행위책임이 있는지에 관하여 본다.

살피건대, 갑 제1, 91호증의 각 기재만으로는 이를 인정하기에 부족하고 달리 이를 인정할 만한 증거가 없으며, 피고 산리오에게 달리 독자적인 손해배상책임을 물을 근거도 찾을 수 없으므로(갑 제49호증이 위 피고에 의하여 작성되었음을 인정할 자료가 없다), 원고들의 피고 산리오에 대한 청구는 이유 없다.

4. 손해배상의 범위

원고 방송사들이 피고 데카리오의 위와 같은 불법행위로 인하여 입은 손해의 범위에 관하여 본다.

갑 제116호증의 1, 2, 갑 제119 내지 122호증의 각 기재, 당원의 서울세관에 대한 각 사실조회결과에 변론 전체의 취지를 종합하면, 피고 데카리오는 대표이사와 본점소재지가 동일한 소외 주식회사 두보양행을 통하여 중국으로부터 피고 제품에 관한 반제품 또는 완제품을 별지 5 기재와 같이 수입한 사실, 피고 데카리오는 이 중 반제품은 다른 부품과의 결합이나 가공을 거쳐 완제품은 그대로 면세점 등에 도매가로 판매한 사실을 인정할 수 있고, 그 판매수량과 소매가 합계는 별지 5 기재와 같을 것으로 추정된다.

원고 방송사들은 별지 5 기재 품목 외의 다른 제품의 제조·판매행위도 불법행위에 해당한다고 주장하나, 앞에서 본 각 증거만으로는 갑 제119 내지 122호증에 기재된 나머지 제품의 제조·판매행위가 불법행위에 해당한다고 인정하기 어렵다.

피고 데카리오는 위 항목 중 일부는 불량을 고려한 여유분이거나 핸드폰줄의 고리 등

반제품이므로 제외되어야 한다고 주장하나, 위 여유분이라 하여 피고 데카리오가 이를 판매하지 아니하였다고 볼 수 없고, 위 핸드폰 줄이 반제품이라 하더라도 그 모델번호와 피고 제품을 대조하여 보면, 위 피고가 위 반제품을 이 사건 각 드라마를 연상하게 하는 키티 캐릭터와 결합하여 판매하였을 것임은 넉넉하게 추단되므로, 위 피고의 위 주장은 이유 없다.

더 나아가 보건대, 원고 방송사들은 상품화사업권한을 부여하고 라이센스료를 지급받을 뿐 직접 상품화사업을 영위하지 아니하고 있을 뿐 아니라, 불법행위로 인한 손해배상액의 산정에 저작권법 제125조 제1항(침해자가 받은 이익액을 권리자의 손해액으로 추정)의 규정이 준용되지 않는 점을 고려하되, 피고 데카리오가 원고 방송사들과 사이에 각 상품화사업계약을 체결하였더라면 피고 제품의 판매로 인하여 위 원고들에게 지급하였을 라이센스료 수입 및 피고 제품의 판매로 인하여 원고 방송사들로부터 상품화권리를 부여받은 업체 제품은 상대적으로 판매가 감소하여 결과적으로 위 원고들의 라이센스료 수입도 감소되었을 것인 점을 감안하고, 위에서 본 피고 제품의 판매수량과 소매가 합계, 통상적인 캐릭터 상품화사업계약에서 소매가 대비 출고가의 비율(40~45%)과 라이센스요율 및 피고 데카리오는 별지 5에 기재되지 아니한 피고 제품(KNB-14, 15, KGI-32, 34, KBP-26 등)도 제조·판매하였을 것으로 보이는 점 등을 모두 참작하면, 피고 데카리오가 배상하여야 할 손해는 원고 한국방송공사에 대하여 10,000,000원, 원고 문화방송에 대하여 20,000,000원으로 정함이 상당하다.

그러므로, 피고 데카리오는 원고 한국방송공사에게 10,000,000원, 원고 문화방송에게 20,000,000원 및 위 각 금원에 대하여 피고 제품의 제조·판매일 이후로서 위 원고들이 구하는 바에 따라 2009. 8. 24.자 청구취지 및 청구원인 추가적 변경신청서 송달 다음날임이 기록상 명백한 2009. 8. 25.부터 위 피고가 그 지급의무의 존부 및 범위에 관하여 항쟁함이 상당한 이 판결선고일인 2010. 1. 14.까지는 민법이 정한 연 5%, 그 다음날부터 다 갚는 날까지는 소송촉진 등에 관한 특례법이 정한 연 20%의 각 비율로 계산한 지연손해금을 지급할 의무가 있다.

5. 결 론

그렇다면 원고 한국방송공사 및 원고 문화방송의 청구는 각 위 인정범위 내에서 이유 있어 인용하고 위 원고들의 피고 데카리오에 대한 나머지 청구 및 피고 산리오에 대한 청구, 나머지 원고들의 피고들에 대한 청구는 모두 이유 없어 기각하여야 할 것인바, 제1심 판결 중 원고 한국방송공사 및 원고 문화방송의 일부 패소부분은 부당하므로 이 부분에 대한 위 원고들의 항소는 이유 있고, 위 원고들의 나머지 항소 및 당심에서 확장된 원고 문화방송의 청구, 나머지 원고들의 항소는 각 이유 없어 이를 기각하기로 하여 주문과 같이 판결한다.

[별지 생략]

판사 황한식(재판장) 이규홍 이숙연

주1) 드라마 주몽의 여주인공

주2) 조선시대에 궁중의 내의원에 소속되어 부인들의 질병을 구호 진료하기 위하여 두었던 여자 의원

주3) 왕의 수라상(밥상)을 담당하던 곳

주4) 조선시대에 부인이 예장(예장)할 때 머리에 얹은 다리(월자, 예전에 여자들의 머리숱이 많아 보이라고 덧넣었던 딴 머리)로 된 커다란 머리.

주5) 차액(차액)이라고도 한다. 너비 약 65cm의 검거나 붉은 비단을 접어 2겹으로 만들고, 그 사이에 두꺼운 종이를 겹쳐 붙여 만든다. 앞가리마에서부터 뒤집어쓰면 어깨나 등까지 내려간다. 광해군 시대 이후에는 가운데에 솜을 넣어 앞머리 쪽을 족두리 모양으로 오똑하게 만들기도 하였다. 인조(인조) 이후에 자취를 감추었다.

64. 대법원 2012. 3. 29. 선고 2010다20044 판결 【손해배상(기)】

[공2012상,643]

【판시사항】

[1] 타인의 등록상표를 이용하였으나 출처표시를 위한 것이 아닌 경우 상표권 침해행위로 볼 수 있는지 여부(소극) 및 표시된 표장이 상표로서 사용되고 있는지에 관한 판단 기준

[2] 갑 주식회사로부터 국내에서 "HELLO KITTY" 캐릭터를 상품화할 수 있는 독점권을 부여받은 을 주식회사가 자신이 운영하는 홈페이지에 "HELLO KITTY" 캐릭터가 부착 또는 표시된 상품의 이미지 바로 아래에 있는 상품 이름 앞에 "대장금", "장금", "주몽"이라는 표장을 표시한 행위가 등록상표 "", "주 몽", ""의 상표권자인 병 방송사 등의 상표권을 침해하는 행위에 해당하는지 문제된 사안에서, 위 표장이 상표로서 사용되었다고 볼 수 없다고 한 사례

[3] 캐릭터가 상품화되어 부정경쟁방지 및 영업비밀보호에 관한 법률 제2조 제1호 (가)목에 규정된 '국내에 널리 인식된 타인의 상품임을 표시한 표지'가 되기 위한 요건

[4] 상품형태가 부정경쟁방지 및 영업비밀보호에 관한 법률 제2조 제1호 (가)목에 규정된

'국내에 널리 인식된 타인의 상품임을 표시한 표지'로서 보호받기 위한 요건

[5] 부정경쟁방지 및 영업비밀보호에 관한 법률 제2조 제1호 (자)목에서 정한 '모방'의 의미 및 그 판단 기준

[6] 경쟁자가 상당한 노력과 투자에 의하여 구축한 성과물을 자신의 영업을 위하여 무단으로 이용함으로써 부당하게 이익을 얻고 경쟁자의 법률상 보호할 가치가 있는 이익을 침해한 경우, 민법상 불법행위에 해당하는지 여부(적극)

[7] 갑 주식회사가 자신이 운영하는 홈페이지에서 한국방송공사와 을 방송사가 방영한 "겨울연가", "황진이", "대장금", "주몽" 등 제호하에 위 드라마가 연상되는 의상, 소품, 모습, 배경 등으로 꾸민 "HELLO KITTY" 제품을 제조·판매한 사안에서, 갑 회사의 제조·판매 행위는 부정한 경쟁행위로서 민법상 불법행위에 해당한다고 한 사례

【판결요지】

[1] 타인의 등록상표를 그 지정상품과 동일 또는 유사한 상품에 사용하면 타인의 상표권을 침해하는 행위가 되나, 타인의 등록상표를 이용한 경우라고 하더라도 그것이 상표의 본질적인 기능이라고 할 수 있는 출처표시를 위한 것이 아니어서 상표의 사용으로 인식될 수 없는 경우에는 등록상표의 상표권을 침해한 행위로 볼 수 없고, 그것이 상표로서 사용되고 있는지는 상품과 관계, 당해 표장의 사용 태양(즉 상품 등에 표시된 위치, 크기 등), 등록상표의 주지저명성 그리고 사용자의 의도와 사용 경위 등을 종합하여 실제 거래계에서 표시된 표장이 상품의 식별표지로서 사용되고 있는지에 의하여 판단하여야 한다.

[2] 갑 주식회사로부터 국내에서 "HELLO KITTY" 캐릭터를 상품화할 수 있는 독점권을 부여받은 을 주식회사가 자신이 운영하는 홈페이지에 "HELLO KITTY" 캐릭터가 부착 또는 표시된 상품의 이미지 바로 아래에 있는 상품 이름 앞에 "대장금", "장금", "주몽"이라는 표장을 표시한 행위가 등록상표 " ", "주 몽", " "의 상표권자인 병 방송사 등의 상표권을 침해하는 행위에 해당하는지 문제된 사안에서, 위 표장의 사용 태양, 위 등록상표와 "HELLO KITTY" 표장의 주지저명의 정도, 을 회사의 의도와 위 표장의 사용 경위 등을 종합하면 전체적으로 을 회사가 홈페이지에서 광고·판매한 위 상품들의 출처가 갑 회사 또는 동일 상품화 사업을 영위하는 집단인 것으로 명확히 인식되고, "대장금" 등 표장은 상품에 부착 또는 표시된 "HELLO KITTY" 캐릭터가 병 방송사가 제작·방영한 드라마의 캐릭터로 알려진 '대장금', '주몽'을 형상화한 것임을 안내·설명하기 위한 것일 뿐 상품의 식별표지로서 사용되었다고는 볼

수 없으므로, "대장금" 등 표장이 상표로서 사용되었다고 볼 수 없다고 한 사례.

[3] 캐릭터가 상품화되어 부정경쟁방지 및 영업비밀보호에 관한 법률 제2조 제1호 (가)목에 규정된 '국내에 널리 인식된 타인의 상품임을 표시한 표지'가 되기 위해서는 캐릭터 자체가 국내에 널리 알려진 것만으로는 부족하고, 캐릭터에 대한 상품화 사업이 이루어지고 이에 대한 지속적인 선전, 광고 및 품질관리 등으로 캐릭터가 이를 상품화할 수 있는 권리를 가진 자의 상품표지이거나 상품화권자와 그로부터 상품화 계약에 따라 캐릭터사용허락을 받은 사용권자 및 재사용권자 등 캐릭터에 관한 상품화 사업을 영위하는 집단(group)의 상품표지로서 수요자들에게 널리 인식되어 있을 것을 요한다.

[4] 어떤 상품의 형태가 출처표시기능을 가지고 나아가 주지성까지 획득하는 경우에는 부정경쟁방지 및 영업비밀보호에 관한 법률 제2조 제1호 (가)목에 규정된 '국내에 널리 인식된 타인의 상품임을 표시한 표지'에 해당하여 같은 법에 의한 보호를 받을 수 있는데, 이를 위해서는 상품형태가 다른 유사상품과 비교하여 수요자의 감각에 강하게 호소하는 독특한 디자인적 특징을 가지고 있는 등 일반수요자가 일견하여 특정 영업주체의 상품이라는 것을 인식할 수 있는 정도의 식별력을 갖추고 있어야 하며, 나아가 당해 상품형태가 장기간에 걸쳐 특정 영업주체의 상품으로 계속적·독점적·배타적으로 사용되거나 또는 단기간이라도 강력한 선전·광고가 이루어짐으로써 상품형태가 갖는 차별적 특징이 거래자 또는 일반수요자에게 특정 출처의 상품임을 연상시킬 정도로 현저하게 개별화된 정도에 이르러야 한다.

[5] 부정경쟁방지 및 영업비밀보호에 관한 법률 제2조 제1호 (자)목은 부정경쟁행위의 한 유형으로서 타인이 제작한 상품의 형태를 모방한 상품을 양도·대여 또는 이를 위한 전시를 하거나 수입·수출하는 행위를 규정하고 있는데, 여기에서 '모방'이란 타인의 상품형태에 의거하여 이와 실질적으로 동일한 형태의 상품을 만들어 내는 것을 말하며, 형태에 변경이 있는 경우 실질적으로 동일한 형태의 상품에 해당하는지는 당해 변경의 내용·정도, 착상의 난이도, 변경에 의한 형태적 효과 등을 종합적으로 고려하여 판단하여야 한다.

[6] 경쟁자가 상당한 노력과 투자에 의하여 구축한 성과물을 상도덕이나 공정한 경쟁질서에 반하여 자신의 영업을 위하여 무단으로 이용함으로써 경쟁자의 노력과 투자에 편승하여 부당하게 이익을 얻고 경쟁자의 법률상 보호할 가치가 있는 이익을 침해하는 행위는 부정한 경쟁행위로서 민법상 불법행위에 해당한다.

[7] 갑 주식회사가 자신이 운영하는 홈페이지에서 한국방송공사와 을 방송사가 방영한 "겨울연가", "황진이", "대장금", "주몽" 등 제호하에 위 드라마가 연상되는 의상, 소품, 모습, 배경 등으로 꾸민 "HELLO KITTY" 제품을 제조·판매한 사안에서, 제반 사정에

비추어 갑 회사가 드라마를 이용한 상품화 사업 분야에서 경쟁자 관계에 있는 한국방송공사 등의 상당한 노력과 투자에 편승하여 각 드라마의 명성과 고객흡인력을 자신의 영업을 위하여 무단으로 이용하여 법률상 보호할 가치가 있는 한국방송공사 등의 해당 드라마에 관한 상품화 사업을 통한 영업상 이익을 침해하였다고 보아, 갑 회사의 제조·판매 행위는 부정한 경쟁행위로서 민법상 불법행위에 해당한다고 한 사례.

【참조조문】

[1] 상표법 제2조 제1항 제7호, 제66조 제1항 제1호 [2] 상표법 제2조 제1항 제7호, 제66조 제1항 제1호 [3] 부정경쟁방지 및 영업비밀보호에 관한 법률 제2조 제1호 (가)목 [4] 부정경쟁방지 및 영업비밀보호에 관한 법률 제2조 제1호 (가)목 [5] 부정경쟁방지 및 영업비밀보호에 관한 법률 제2조 제1호 (자)목 [6] 민법 제750조 [7] 민법 제750조

【참조판례】

[1] 대법원 2003. 4. 11. 선고 2002도3445 판결(공2003상, 1218)

[3] 대법원 2005. 4. 29. 선고 2005도70 판결(공2005상, 893)

대법원 2006. 12. 22. 선고 2005도4002 판결

[4] 대법원 2007. 7. 13. 선고 2006도1157 판결(공2007하, 1330)

[6] 대법원 2010. 8. 25.자 2008마1541 결정(공2010하, 1855)

【전 문】

【원고, 상고인 겸 피상고인】 한국방송공사 외 1인

【원고, 상고인】 주식회사 희원엔터테인먼트 외 2인(소송대리인 변호사 정희창 외 1인)

【피고, 피상고인】 주식회사 산리오코리아(소송대리인 변호사 장상익)

【피고, 피상고인 겸 상고인】 주식회사 데카리오(소송대리인 법무법인 남명 담당변호사 강인구 외 2인)

【원심 판결】 서울고법 2010. 1. 14. 선고 2009나4116 판결

【주 문】

원고들과 피고 주식회사 데카리오의 상고를 모두 기각한다. 상고비용 중 원고 한국방송공사, 원고 주식회사 문화방송과 피고 주식회사 데카리오 사이에서 생긴 부분은 각자가 부담하고, 원고 주식회사 희원엔터테인먼트, 원고 주식회사 올리브나인, 원고 주식회사 유성글로벌과 피고 주식회사 데카리오 사이에서 생긴 부분은 위 원고들이 부담하며, 원고들과 피고 주식회사 산리오코리아 사이에서 생긴 부분은 원고들이 부담한다.

【이 유】

원고들과 피고 주식회사 데카리오(이하 '데카리오'라고 한다)의 상고이유(상고이유서 제출기

간 경과 후에 제출된 각 상고이유보충서의 기재는 상고이유를 보충하는 범위 내에서)를 함께 판단한다.

1. 원고 주식회사 문화방송(이하 '문화방송' 이라고 한다), 주식회사 올리브나인(이하 '올리브나인' 이라고 한다)의 상표권 침해에 관한 각 상고이유에 대하여

가. 피고 데카리오의 홈페이지에서 상품을 광고·판매한 부분에 대하여

(1) 타인의 등록상표를 그 지정상품과 동일 또는 유사한 상품에 사용하면 타인의 상표권을 침해하는 행위가 되나, 타인의 등록상표를 이용한 경우라고 하더라도 그것이 상표의 본질적인 기능이라고 할 수 있는 출처표시를 위한 것이 아니어서 상표의 사용으로 인식될 수 없는 경우에는 등록상표의 상표권을 침해한 행위로 볼 수 없고, 그것이 상표로서 사용되고 있는지 여부는 상품과의 관계, 당해 표장의 사용태양(즉 상품 등에 표시된 위치, 크기 등), 등록상표의 주지저명성 그리고 사용자의 의도와 사용 경위 등을 종합하여 실제 거래계에서 그 표시된 표장이 상품의 식별표지로서 사용되고 있는지 여부에 의하여 판단하여야 한다(대법원 2003. 4. 11. 선고 2002도3445 판결 등 참조).

(2) 기록에 비추어 살펴보면, 아래와 같은 사실들을 알 수 있다.

원고 문화방송은 등록상표 ""(등록번호 제647208호, 이하 '대장금상표'라고 한다), 원고 올리브나인은 등록상표 "주 몽"(등록번호 제20378호, 이하 '주몽상표'라고 한다) 및 ""(등록번호 제730401호, 이하 '삼족오상표'라고 한다)의 각 상표권자이다. 피고 데카리오는 2007. 8.경부터 2007. 10.경까지 그가 운영하는 홈페이지에 조선 시대 의녀의 복장을 하고 신선로를 들고 있는 HELLO KITTY 캐릭터가 부착 또는 표시된 휴대전화기 줄·손수건 등의 상품, 갑옷을 입고 이마에 띠를 두른 다음 한 손에 칼을 들고 있거나 흰색 바탕에 분홍색의 점무늬가 섞여 있고 손목 부위에 분홍색 띠가 있는 옷을 입고 있는 HELLO KITTY 캐릭터가 부착된 볼펜·볼 매듭 등의 상품(이하 일괄하여 '피고 제품'이라 한다)의 이미지 바로 아래에 있는 상품 이름 앞에 "대장금", "장금", "주몽"이라는 표장(이하 '이 사건 각 표장'이라고 한다)을 표시하였다. 그런데 위 원고들의 등록상표는 그 무렵 주지의 상표는 아니었던 반면에, HELLO KITTY는 일본국 법인인 가부시키가이샤 산리오가 1974. 10.경 고양이 얼굴을 의인화하여 창작한 캐릭터로, 일본은 물론 국내에서도 1979. 2. 14.경부터 그에

관한 상표등록 및 상품화 사업이 이루어진 결과, 2000년경 이미 국내외적으로 저명한 상품표지이었다. 피고 데카리오는 가부시키가이샤 산리오의 국내 법인인 피고 주식회사 산리오코리아(이하 '산리오코리아'라고 한다)로부터 2006년경부터 국내에서 HELLO KITTY 캐릭터를 상품화할 수 있는 독점권을 부여받아 HELLO KITTY 캐릭터에 다양한 의상을 입히거나 소품을 이용해 변형을 가하여 인형, 손수건, 열쇠고리, 볼펜 등을 제조·판매하고 있고, 이 사건 각 표장의 사용 당시 그 홈페이지 왼쪽 상단에는 "데카리오 쇼핑몰", "HELLO KITTY", "ⓒ 1976, 2007 SANRIO CO., LTD."라는 문구가 기재되어 있었으며, 위 각 상품 이미지 중 일부에는 이 사건 각 표장과 함께 그보다 작은 글씨의 "DECCario", "Licensed by Sanrio CO., LTD", "(주)데카리오"라는 문구가 상품 이미지 오른쪽 아래에 표시되어 있었다. 한편 원고 문화방송은 '대장금', '주몽'을 주인공으로 하는 같은 제호의 드라마를 제작·방영하여 큰 호응을 얻었고, 위 드라마들은 해외에도 수출된 바 있다.

(3) 앞서 본 법리에 따라 위와 같은 사실관계에 나타난 이 사건 각 표장의 사용 태양, 대장금상표 또는 주몽상표·삼족오상표와 HELLO KITTY 표장의 주지저명의 정도, 피고 데카리오의 의도와 이 사건 각 표장의 사용 경위 등을 종합하여 살펴보면, 전체적으로 피고 데카리오가 그 홈페이지에서 광고·판매한 위 휴대전화기 줄 등과 같은 상품들의 출처가 가부시키가이샤 산리오 또는 동일 상품화 사업을 영위하는 집단인 것으로 명확히 인식된다고 할 것이다. 또한 이 사건 각 표장은 위와 같은 상품들에 부착 또는 표시된 HELLO KITTY 캐릭터가 원고 문화방송이 제작·방영한 드라마의 캐릭터로 알려진 '대장금', '주몽'을 형상화한 것임을 안내·설명하기 위한 것일 뿐 상품의 식별표지로서 사용된 것이라고는 볼 수 없다. 이는 위 홈페이지 왼쪽 화면 상단에 "대장금"이라는 메뉴 창이 표시되어 있다거나, 일부 상품 이미지와 관련하여서는 이 사건 각 표장 이외에 아무것도 표시되어 있지 않다고 하여 달리 볼 것은 아니다.

원심이 같은 취지에서 이 사건 각 표장은 상표로서 사용된 것이라고 할 수 없다고 판단한 것은 정당하고, 거기에 각 상고이유의 주장과 같은 상표 사용에 관한 법리오해 등의 위법이 없다.

나. 그 이외의 부분에 대하여

원심은 롯데면세점 잠실점('본점'이라고 한 것은 오기로 보인다)과 제주 신라면세점에서 판매된 원심판시 피고 제품의 진열장 혹은 그 제품포장의 일부에 "대장금"이라는 표시가 되어 있었으나 피고 데카리오가 위 표시를 하였음을 인정할 증거가 없고, 피고 데카리오가 원고 주식회사 유성글로벌(이하 '유성글로벌'이라고 한다)에게 송부한 주문서(갑 제21호증의 1)에 기재된 "대장금", "주몽" 표장은 상품의 출처표시라고 할 수 없으며, 피고 제품을 판매한 소매상이 소비자에게 작성하여 준 전표(갑 제21호증의 2) 위의 "대장금 키티폰줄"이라는 수기 부분은 피고 데카리오가 이를 기재하였음을 인정할 증거가 없으므로, 이로써 피고 데카리오가 원고 문화방송의 대장금상표, 원고 올리브나인의 주몽상표 또는 삼족오상표에 관한 각 상표권을 침해하였다고 볼 수 없다는 취지로 판단하였다. 원심 판결 이유를 기록에 비추어 살펴보면 원심의 위와 같은 판단은 정당하고, 거기에 논리와 경험의 법칙에 반하여 자유심증주의의 한계를 벗어나거나 필요한 심리를 다하지 아니하는 등의 위법은 없다.

그 밖에 세관에 제출하는 수입신고서 위에 표시된 "대장금", "주몽" 표장이 원고 문화방송, 올리브나인의 위 각 상표권을 침해하였다는 주장은 상고심에서 처음으로 하는 것으로서 적법한 상고이유가 될 수 없다[위 수입신고서는 상표법 제2조 제1항 제7호 (다)목의 거래서류에 해당하지도 아니한다(대법원 2002. 11. 13.자 2000마4424 결정 참조)].

2. 원고들의 부정경쟁방지 및 영업비밀보호에 관한 법률(이하 '부정경쟁방지법'이라고 한다) 제2조 제1호 (가)목에 관한 각 상고이유에 대하여

캐릭터가 상품화되어 부정경쟁방지법 제2조 제1호 (가)목에 규정된 '국내에 널리 인식된 타인의 상품임을 표시한 표지'가 되기 위해서는 캐릭터 자체가 국내에 널리 알려져 있는 것만으로는 부족하고, 그 캐릭터에 대한 상품화 사업이 이루어지고 이에 대한 지속적인 선전, 광고 및 품질관리 등으로 그 캐릭터가 이를 상품화할 수 있는 권리를 가진 자의 상품표지이거나 위 상품화권자와 그로부터 상품화 계약에 따라 캐릭터사용허락을 받은 사용권자 및 재사용권자 등 그 캐릭터에 관한 상품화 사업을 영위하는 집단(group)의 상품표지로서 수요자들에게 널리 인식되어 있을 것을 요한다(대법원 2005. 4. 29. 선고 2005도70 판결, 대법원 2006. 12. 22. 선고 2005도4002 판결 등 참조). 그리고 어떤 상품의 형태가 출처표시기능을 가지고 나아가 주지성까지 획득하는 경우에는 부정경쟁방지법 제2조 제1호 (가)목에 규정된 '국내에 널리 인식된 타인의 상품임을 표시한 표지'에 해당하여 같은 법에 의한 보호를 받을 수 있는데, 이를 위해서는 상품의 형태가 다른 유사상품과 비교하여, 수요자의 감각에 강하게 호소하는 독특한 디자인적 특징을 가지고 있는 등 일반수요자가 일견하여 특정의 영업주체의 상품이라는 것을 인식할 수 있는 정도의 식별력을 갖추고 있어야 하며, 나아가 당해 상품의 형태가 장기간에 걸쳐 특정의 영업주체의 상품으로 계속적·독점적·배타적으로 사용되거나, 또는 단기간이라도 강력한 선전·광고가 이루어짐으로써 그 상품형태가 갖는 차별적 특징이 거래자 또는 일반수요자에게 특정 출처의 상품임을 연상시킬 정도로 현저하게 개별화된 정도에 이르러야 한다(대법원

2007. 7. 13. 선고 2006도1157 판결 등 참조).

위 법리와 기록에 비추어 살펴보면, 원심이 드라마 '겨울연가', '황진이', '대장금', '주몽'(이하 '이 사건 각 드라마'라고 한다)의 캐릭터가 그 상품화 사업에 대한 지속적인 선전, 광고 및 품질관리 등으로 이를 상품화할 수 있는 권리를 가진 자 또는 그 캐릭터에 관한 상품화 사업을 영위하는 집단의 상품표지로서 국내 수요자들에게 널리 인식되어 있다고 보기 어렵고, 또한 이 사건 각 드라마의 의상, 소품, 배경 등을 상품화한 원고들 상품의 형태도 그 상품형태가 갖는 차별적 특징이 거래자 또는 일반수요자에게 특정 출처의 상품임을 연상시킬 정도로 현저하게 개별화된 정도에 이르렀다고 보기 어렵다고 하는 이유로, 피고 데카리오의 원심판시 피고 제품의 판매행위가 부정경쟁방지법 제2조 제1호 (가)목에 해당하지 않는다는 취지로 판단한 것은 정당하고, 거기에 각 상고이유의 주장과 같은 법리오해 등의 위법이 없다.

3. 원고들의 부정경쟁방지법 제2조 제1호 (자)목에 관한 각 상고이유에 대하여

부정경쟁방지법 제2조 제1호 (자)목은 부정경쟁행위의 한 유형으로서 타인이 제작한 상품의 형태를 모방한 상품을 양도·대여 또는 이를 위한 전시를 하거나 수입·수출하는 행위를 규정하고 있는데, 여기에서 "모방"이라 함은 타인의 상품의 형태에 의거하여 이와 실질적으로 동일한 형태의 상품을 만들어 내는 것을 말하며, 형태에 변경이 있는 경우 실질적으로 동일한 형태의 상품에 해당하는지 여부는 당해 변경의 내용·정도, 그 착상의 난이도, 변경에 의한 형태적 효과 등을 종합적으로 고려하여 판단하여야 한다(대법원 2008. 10. 17.자 2006마342 결정 참조).

위 법리와 기록에 비추어 살펴보면, 원심이 그 판시와 같은 사정을 들어 피고 제품이 원고들 상품과 실질적으로 동일한 형태라고 할 수 없으므로 부정경쟁방지법 제2조 제1호 (자)목에 해당하지 않는다는 취지로 판단한 것은 정당하다. 거기에 각 상고이유의 주장과 같은 법리오해 등의 위법은 없다.

4. 원고 한국방송공사, 문화방송의 복제권, 2차적저작물 작성권 침해에 관한 각 상고이유에 대하여

가. 캐릭터 저작물에 관한 각 상고이유에 대하여

원심 판결 이유를 기록에 비추어 살펴보면, 원심이 이 사건 각 드라마에 등장하는 인물들의 이름, 복장, 소품만으로는 이 사건 각 드라마와 별개로 저작권법에 의하여 보호받을 수 있는 캐릭터 저작물이 된다고 할 수 없다는 취지로 판단한 것은 정당하고, 거기에 각 상고이유로 주장하는 바와 같은 캐릭터의 저작물성에 관한 법리오해 등의 위법이 없다.

그 밖에 피고 제품이 만화영화 "장금이의 꿈"에 등장하는 장금이 캐릭터에 관한 저

작권을 침해하였다는 원고 주식회사 희원엔터테인먼트(이하 '희원'이라고 한다)의 주장은 상고심에서 처음으로 주장된 것으로서 적법한 상고이유가 될 수 없다.

나. 사진저작물, 영상저작물에 관한 각 상고이유에 대하여

원심 판결 이유를 기록에 비추어 살펴보면, 원심이 그 판시와 같은 사정을 들어 피고 제품은 이 사건 각 드라마에 관한 사진저작물, 영상저작물과 실질적 유사성이 없다고 판단한 것은 정당하고, 거기에 각 상고이유로 주장하는 바와 같은 저작물의 실질적 유사성 판단에 관한 법리오해 등의 위법이 없다.

다. 응용미술저작물에 관한 각 상고이유에 대하여

원심 판결 이유를 기록에 비추어 살펴보면, 원심이 그 판시와 같은 사정을 들어, 드라마 '겨울연가' 남녀 주인공의 코트와 목도리, 드라마 '대장금'의 의녀 복장과 드라마 '주몽'의 소서노 의상은 각 저작물로서 보호받기 위해 필요한 창작성이 있다고 할 수 없고, 드라마 '황진이'에서 황진이가 입었던 한복은 그에 관한 저작권이 원고 한국방송공사에게 있음을 인정하기가 어려우며, 드라마 '주몽'에서 주몽이 입었던 갑옷의 경우는 그 실질적 유사성이 없다고 보아, 피고 제품이 원고 한국방송공사, 문화방송의 이에 관한 각 복제권 또는 2차적저작물 작성권을 침해한 것으로 볼 수 없다고 판단한 것은 정당하고, 거기에 각 상고이유의 주장과 같은 법리오해 등의 위법이 없다.

5. 원고 유성글로벌의 저작권 침해에 관한 상고이유에 대하여

기록에 의하면, 원고 유성글로벌이 2009. 6. 1.자 준비서면에서 피고 제품은 원고 유성글로벌이 드라마 '황진이', '대장금' 및 '주몽'에 관하여 상품화 사업계약을 체결하고 제작한 인형, 볼펜, 가방고리, 열쇠고리, 키홀더 등의 물품에 이용된 응용미술저작물에 관한 저작권을 침해하였다는 주장을 하였음에도, 원심이 이 점에 관하여 아무런 판단을 하지 아니하였음은 상고이유의 주장과 같다. 그러나 기록에 비추어 살펴보면, 원고 유성글로벌이 응용미술저작물에 해당한다고 주장하는 것들과 피고 제품을 창작적인 표현형식에 해당하는 것만을 가지고 대비할 때 얼굴 모습, 색채와 무늬, 제품 형태 등 구체적인 디자인에서 큰 차이가 있어 이들 사이에 실질적인 유사성이 있다고 할 수 없으므로, 피고 제품이 원고 유성글로벌의 위 저작권을 침해하였다고 볼 수 없다.

그렇다면 결국 원고 유성글로벌의 위 주장은 이유가 없어 배척될 경우임이 명백하고, 당사자의 주장에 대한 판단누락의 위법이 있다 하더라도 그 주장이 배척될 경우임이 명백한 때에는 판결 결과에 영향이 없으므로, 원심의 이 부분 판단누락에 관한 원고 유성글로벌의 상고이유 주장은 받아들일 수 없다.

6. 불법행위에 관한 원고들 및 피고 데카리오의 각 상고이유에 대하여

가. 원고 한국방송공사, 문화방송에 대하여 불법행위가 성립하지 않는다는 피고 데카리오의 상고이유에 대하여

(1) 경쟁자가 상당한 노력과 투자에 의하여 구축한 성과물을 상도덕이나 공정한 경쟁질서에 반하여 자신의 영업을 위하여 무단으로 이용함으로써 경쟁자의 노력과 투자에 편승하여 부당하게 이익을 얻고 경쟁자의 법률상 보호할 가치가 있는 이익을 침해하는 행위는 부정한 경쟁행위로서 민법상 불법행위에 해당한다(대법원 2010. 8. 25.자 2008마1541 결정 참조).

(2) 위 법리와 기록에 비추어 살펴본다.

(가) 원고 한국방송공사가 방영한 드라마 '겨울연가'와 '황진이' 및 원고 문화방송이 방영한 드라마 '대장금'과 '주몽'은 이들 방송사가 상당한 노력과 투자에 의하여 구축한 성과물로서, 이들 방송사는 각 해당 드라마의 명성과 고객흡인력을 이용하여 그에 관한 상품화 사업을 수행할 수 있는 권한을 타인에게 부여하고 대가를 받는 방식 등으로 영업해 오고 있음을 알 수 있는데, 이러한 영업을 통하여 원고 한국방송공사, 문화방송이 얻는 이익은 법률상 보호할 가치가 있는 이익에 해당한다.

(나) 그리고 이 사건 각 드라마가 국내뿐 아니라 해외에서도 인기를 얻어 국내 수요자나 해외 관광객들 사이에서 이와 관련한 상품에 대한 수요가 커지자, 피고 데카리오는 이 사건 각 드라마를 구축한 원고 한국방송공사, 문화방송으로부터 허락도 받지 아니한 채, 피고 제품을 접한 수요자들로 하여금 이 사건 각 드라마를 직접적으로 연상하도록 하고 그러한 연상으로부터 생겨나는 수요자들의 제품 구매 욕구에 편승하여 피고 제품을 제조·판매하였음이 아래와 같은 사정들에 의하여 넉넉히 인정된다.

먼저 피고 데카리오는 이 사건 각 드라마가 인기를 끌기 전까지는 피고 제품을 제조·판매한 적이 없었고, 또한 자신의 홈페이지에 "한류 열풍의 주역인 겨울연가, 대장금, 주몽 등 특별한 캐릭터들을 상품화시켜 이미지 변신을 꾀하고 있는데, 이런 멋진 상품들을 파는 매장들은 면세점이나 관광특구 지역에서 판매되고 있는데 남대문의 직영매장을 비롯한 명동, 인사동, 동대문에 가면 만날 수가 있습니다."라고 게시하여 피고 제품이 이 사건 각 드라마를 상품화한 것임을 명백히 하였다. 그리고 드라마 '겨울연가'와 관련하여 그 남녀 주인공들과 유사한 자세 및 그들이 착용하였던 것과 유사한 색깔, 스타일의 옷과 목도리, 겨울을 나타내는 눈과 앙상한 가지 등으로 꾸민 헬로키티 제품, 드라마 '황진이'와 관련하여 붉은색의 치마와 꽃무늬 저고리를 입고 어여머리를 올린 헬로키티 제품, 드라마 '대장금'과 관련하여 조선 시대 의녀의 복장을 하고 신선로를 들고 있는 헬로키티 제품, 드라마 '주몽'과 관련하여 갑옷을 입고 이마에 띠를 두른 다음 한 손에 칼을 들고 있거나 흰색 바탕에 분홍색의 점무늬가 섞여 있고 손목 부위에 분홍색 띠가 있는 옷을 입고 있는 헬로키티 제품 등 그 수요자들로 하여금 이 사건 각 드라마를 떠올리도록 하기에 충분한 의상과 소품, 모습, 배경 등으로 꾸민 피고 제품을 제조·판매하였다. 또한 피고 데카리오는 자신의 홈페이지에 게시한 피고 제품의 이름 앞에 '겨울연가', '황진이', '대장금', '주몽' 등 이 사건 각 드라마의 제호를 직접 기재하기까지 하였다.

(다) 그런데 드라마 관련 상품화 사업을 추진하기 위해서는 그에 관한 권리자로부터 허락을 받는 것이 그 거래사회에서 일반적인 관행인 점 등을 고려할 때, 원고 한국방송공사와 원고 문화방송으로부터 허락을 받지 아니한 피고 데카리오의 위와 같은 행위는 상도덕이나 공정한 경쟁질서에 반하는 것이다. 그리고 이러한 행위는 드라마를 이용한 상품화 사업 분야에서 서로 경쟁자의 관계에 있는 위 원고들의 상당한 노력과 투자에 편승하여 이 사건 각 드라마의 명성과 고객흡인력을 자신의 영업을 위하여 무단으로 이용하여, 앞서 본 바와 같이 법률상 보호할 가치가 있는 위 원고들의 각 해당 드라마에 관한 상품화 사업을 통한 영업상의 이익을 침해하는 것이기도 하다.

따라서 피고 데카리오의 위와 같은 피고 제품의 제조·판매 행위는 부정한 경쟁행위로서 민법상 불법행위에 해당한다.

(3) 소 결

이와 같은 취지에서 피고 데카리오의 불법행위가 성립한다고 한 원심판단은 정당하고, 거기에 피고 데카리오가 상고이유로 주장하는 바와 같은 불법행위에 관한 법리오해 등의 위법이 없다.

나. 불법행위 성립에 관한 원고 희원, 올리브나인, 유성글로벌의 각 상고이유에 대하여

기록에 비추어 살펴보면, 원심이 피고 데카리오의 피고 제품 제조·판매행위는 원고 올리브나인, 희원, 유성글로벌에 대한 관계에서 불법행위에 해당하지 아니한다고 판단한 것은 정당하고, 거기에 각 상고이유의 주장과 같은 법리오해 등의 위법이 없다.

다. 손해배상액 산정에 관한 원고 한국방송공사, 문화방송의 상고이유에 대하여

원심 판결 이유에 의하면, 원심은 이 사건 각 드라마 관련 피고 제품의 판매수량과 소매가 합계, 원고 한국방송공사, 문화방송이 직접 상품화 사업을 하지는 아니한 점, 피고 데카리오가 위 원고들과 각 상품화사업 계약을 체결하였다면 지급하였을 사용료 및 이 경우 상품화권리를 부여받은 다른 업체들의 판매 감소로 인해 결과적으로 감소하였을 위 원고들의 사용료 수입, 통상적인 상품화 사업 계약에서 소매가 대비 출고가의 비율과 사용료 요율 등을 참작하여, 피고 데카리오의 원고 한국방송공사에 대한 손해배상액을 10,000,000원으로, 원고 문화방송에 대한 손해배상액을 20,000,000원으로 각 정하였다.

기록에 비추어 살펴보면, 원심의 위와 같은 판단에 상고이유의 주장과 같은 손해배상액의 산정에 관한 법리오해 등의 위법이 있다고 할 것은 아니다.

7. 피고 산리오코리아에 관한 원고들의 각 상고이유에 대하여

기록에 비추어 살펴보면, 원심이 피고 산리오코리아는 피고 데카리오의 피고 제품 제조·판매행위에 가담 또는 방조함으로써 공동으로 불법행위를 하였거나, 독자적으로 불법행위를 하였음을 인정하기 어렵다고 판단한 것은 정당하고, 거기에 각 상고이유의 주장과 같은 법리오해 등의 위법이 없다.

8. 결 론

그러므로 관여 대법관의 일치된 의견으로 원고들과 피고 데카리오의 상고를 모두 기각하고, 상고비용 중 원고 한국방송공사, 문화방송과 피고 데카리오 사이에서 생긴 부분은 각자가 부담하도록 하며, 원고 희원, 올리브나인, 유성글로벌과 피고 데카리오 사이에서 생긴 부분 및 원고들과 피고 산리오코리아 사이에서 생긴 부분은 각 패소자들이 부담하도록 하여, 주문과 같이 판결한다.

대법관 안대희(재판장) 김능환 이인복 박병대(주심)

65. 대법원 2009. 10. 29. 선고 2007다22514, 22521 판결【손해배상(기)】

[공2009하,1968]

【판시사항】

[1] 원고 일부 승소의 제1심 판결에 대하여 원고만이 항소하고 피고는 항소나 부대항소를 하지 않았는데 항소심이 원고의 항소를 일부 인용하는 변경 판결을 한 경우, 이에 불복하는 피고가 제1심 판결의 원고 승소 부분에 대하여 상고를 제기할 수 있는지 여부(소극)

[2] 상표권 침해로 인한 영업상 손해의 배상을 구하기 위한 전제요건인 상표권자의 '등록상표 사용'의 의미

[3] 상표권자가 등록상표를 지정상품 중 일부와 유사한 상품에 사용하였을 뿐 지정상품 자체 또는 거래사회의 통념상 이와 동일하게 볼 수 있는 상품에 현실로 사용하여

제품을 생산·판매하는 등의 영업활동을 하였다고 인정할 수 없어, 상표권의 침해로 상표권자에게 영업상의 손해가 있었다고 보기 어렵다고 한 사례

【판결요지】

[1] 원고의 청구를 일부 인용하는 제1심 판결에 대하여 원고는 항소하였으나 피고들은 항소나 부대항소를 하지 아니한 경우, 제1심 판결의 원고 승소 부분은 원고의 항소로 인하여 항소심에 이심은 되었으나, 항소심의 심판범위에서는 제외되었다 할 것이고, 따라서 항소심이 원고의 항소를 일부 인용하여 제1심 판결의 원고 패소 부분 중 일부를 취소하고 그 부분에 대한 원고의 청구를 인용하였다면, 이는 제1심에서의 원고 패소 부분에 한정된 것이며 제1심 판결 중 원고 승소 부분에 대하여는 항소심이 판결을 한 바 없어 이 부분은 피고들의 상고대상이 될 수 없으므로, 원고 일부 승소의 제1심 판결에 대하여 아무런 불복을 제기하지 않은 피고들은 제1심 판결에서 원고가 승소한 부분에 관하여는 상고를 제기할 수 없다.

[2] 상표법 제67조 제2항, 제5항은 같은 조 제1항과 마찬가지로 불법행위에 기한 손해배상청구에 있어서 손해에 관한 피해자의 주장·입증책임을 경감하는 취지의 규정이고, 손해의 발생이 없는 것이 분명한 경우까지 침해자에게 손해배상의무를 인정하는 취지는 아니므로, 상표권 침해행위로 인하여 영업상의 이익이 침해되었음을 이유로 위 규정에 따라 영업상 손해의 배상을 구하는 상표권자로서는 스스로 업으로 등록상표를 사용하고 있음을 주장·입증할 필요가 있으며, 여기에서 등록상표를 사용하고 있는 경우라 함은 등록상표를 지정상품 그 자체 또는 거래사회의 통념상 이와 동일하게 볼 수 있는 상품에 현실로 사용한 때를 말하고, 지정상품과 유사한 상품에 사용한 것만으로는 등록상표를 사용하였다고 볼 수 없다.

[3] 상표권자가 등록상표를 지정상품 중 일부와 유사한 상품에 사용하였을 뿐 지정상품 자체 또는 거래사회의 통념상 이와 동일하게 볼 수 있는 상품에 현실로 사용하여 제품을 생산·판매하는 등의 영업활동을 하였다고 인정할 수 없어, 상표권의 침해로 상표권자에게 영업상의 손해가 있었다고 보기 어렵다고 한 사례.

【참조조문】

[1] 민사소송법 제415조, 제422조 [2] 상표법 제67조 [3] 상표법 제67조

【참조판례】

[1] 대법원 1998. 5. 22. 선고 98다5357 판결(공1998하, 1724)대법원 2002. 2. 5. 선고 2001다63131 판결(공2002상, 637)대법원 2006. 1. 27. 선고 2005다16591, 16607 판결(공2006상, 325)

【전 문】

【원고, 피상고인 겸 상고인】 원고 주식회사

【피고, 상고인 겸 피상고인】 피고 1 주식회사외 3인 (소송대리인 법무법인 새길법률특허사무소 담당변호사 한정화외 1인)

【원심 판결】 서울고법 2007. 2. 14. 선고 2005나84527, 84534 판결

【주 문】

원심 판결 중 제1심 판결의 원고 승소 부분을 초과하여 추가로 원고의 청구를 인용한 부분을 파기하고, 이 부분 사건을 서울고등법원으로 환송한다. 피고들의 나머지 상고를 모두 각하한다. 원고의 상고를 모두 기각한다.

【이 유】

원고와 피고들의 상고이유를 함께 판단한다.

1. 손해배상청구에 관하여

가. 제1심 판결 중 원고 승소 부분에 대한 피고들 상고의 적법 여부에 관하여 직권으로 본다.

기록에 의하면, 원고가 피고들을 상대로 상표권 침해를 원인으로 1,024,304,841원의 손해액 및 이에 대한 지연손해금의 지급을 구하는 손해배상청구, 금지청구 및 해명광고청구 등 소송을 제기하고, 제1심이 피고들의 손해배상책임을 인정하여 40,000,000원의 손해액 및 이에 대한 지연손해금 부분을 일부 인용하는 판결을 하였는데, 원고만이 항소한 결과 원심이 원고의 항소를 일부 인용하여 피고들로 하여금 원고에게 제1심 판결 원고 패소 부분 중 60,000,000원의 손해액 및 이에 대한 지연손해금의 지급을 명하는 판결을 선고하였음을 알 수 있다.

원고의 청구를 일부 인용하는 제1심 판결에 대하여 원고는 항소하였으나 피고들은 항소나 부대항소를 하지 아니한 경우, 제1심 판결의 원고 승소 부분은 원고의 항소로 인하여 항소심에 이심은 되었으나, 항소심의 심판범위에서는 제외되었다 할 것이고, 따라서 항소심이 원고의 항소를 일부 인용하여 제1심 판결의 원고 패소 부분 중 일부를 취소하고 그 부분에 대한 원고의 청구를 인용하였다면, 이는 제1심에서의 원고 패소 부분에 한정된 것이며 제1심 판결 중 원고 승소 부분에 대하여는 항소심이 판결을 한 바 없어 이 부분은 피고들의 상고대상이 될 수 없다 할 것이므로, 원고 일부 승소의 제1심 판결에 대하여 아무런 불복을 제기하지 않은 피고들은 제1심 판결에서 원고가 승소한 부분에 관하여는 상고를 제기할 수 없다(대법원 2002. 2. 5. 선고 2001다63131 판결, 대법원 2006. 1. 27. 선고 2005다16591, 16607 판결 등 참조).

따라서 이 사건에서 피고들이 제1심에서 원고가 승소한 부분에 관하여 제기한 상고는 상고의 대상이 될 수 없는 부분에 대한 상고로서 부적법하다.

나. 이어서 상고이유를 본다.

(1) 상표의 유사 여부에 관하여

두 개 이상의 기호·문자·도형·색채 등으로 이루어진 이른바 결합상표의 경우에도, 상표의 구성 전체에서 생기는 외관, 호칭, 관념에 의하여 상표의 유사 여부를 판단하는 것이 원칙이나, 각 구성부분이 결합하여 자타상품의 식별표지로 기능할 수 있는 정도의 외관, 호칭 또는 관념이 형성되었거나 각 구성부분이 불가분하게 결합되어 있다고 보는 것이 거래상 자연스럽게 여겨지는 경우 등이 아니라면, 그 전체 구성 중 요부를 이루는 일부만을 분리 내지 추출하여 그 요부에서 생기는 외관, 호칭, 관념에 의하여 상표의 유사 여부를 판단할 수 있다(대법원 1992. 8. 18. 선고 92후254 판결, 대법원 2008. 10. 9. 선고 2008후1470 판결 등 참조).

원심 판결 이유를 위 법리와 기록에 비추어 살펴보면, 원심이 원고의 등록상표인 원심 판시 이 사건 1 내지 4상표와 피고실시표장의 외관은 상이하나, 호칭에 있어서 피고실시표장은 '에떼르니떼(ETERNITE)'와 '이아쏘(EASO)'가 불가분하게 결합된 것이라고 볼 수 없어 '이아쏘'로 간략하게 분리 호칭될 수 있고, 그 경우 '이아소' 혹은 '이아쏘'라고 호칭될 이 사건 1상표 및 '이아스' 또는 '이아쓰'라고 호칭될 이 사건 2, 3, 4상표와 동일 또는 유사하므로, 결국 피고실시표장은 이 사건 1 내지 4상표와 그 표장이 유사하다고 판단한 것은 정당하고, 거기에 피고들의 상고이유의 주장과 같은 상표의 유사 여부 판단에 관한 법리오해 등의 위법이 없다.

(2) 손해의 발생 여부에 관하여

상표법 제67조 제2항, 제5항은 같은 조 제1항과 마찬가지로 불법행위에 기한 손해배상청구에 있어서 손해에 관한 피해자의 주장·입증책임을 경감하는 취지의 규정이고, 손해의 발생이 없는 것이 분명한 경우까지 침해자에게 손해배상의무를 인정하는 취지는 아니라 할 것이므로, 상표권 침해행위로 인하여 영업상의 이익이 침해되었음을 이유로 위 규정에 따라 영업상 손해의 배상을 구하는 상표권자로서는 스스로 업으로 등록상표를 사용하고 있음을 주장·입증할 필요가 있으며 (대법원 1997. 9. 12. 선고 96다43119 판결, 대법원 2004. 7. 22. 선고 2003다62910 판결 등 참조), 여기에서 등록상표를 사용하고 있는 경우라 함은 등록상표를 지정상품 그 자체 또는 거래사회의 통념상 이와 동일하게 볼 수 있는 상품에 현실로 사용한 때를 말한다 할 것이고, 지정상품과 유사한 상품에 사용한 것만으로는 등록상표를 사용하였다고 볼 수 없다.

원심이 적법하게 인정한 사실관계에 의하면, 이 사건 1상표의 지정상품은 의류용 합성세제, 세액, 클랜저, 물비누, 의류용 린스, 변기세정제, 유리용 세정제, 칫솔, 화장비누, 크림비누 등 비누와 세제인데, 실제로 원고는 이 사건 1상표를 사용하여 거래사회의 통념상 위 지정상품과 동일성 있는 상품이라고 보기 어려운 화장품의 제조·판매업을 영위하였음을 알 수 있고, 이 사건 2 내지 4상표의 경우에는 원고가 위 상표들을 사용하여 제품을 생산·판매하는 등의 영업활동을 하였음을 인정할 자료를 기록상 찾아보기 어렵다.

그렇다면 비록 피고들이 공동하여 이 사건 1상표를 부착, 판매하는 원고의 상품과 같은 종류의 상품인 원심 판시 이 사건 화장품에 이 사건 1 내지 4상표와 유사한 피고실시표장을 부착, 판매함으로써 원고의 이 사건 1 내지 4상표권을 침해하였고, 이 사건 1상표가 실제 사용된 상품인 화장품이 이 사건 1상표의 지정상품 중 '화장비누, 크림비누' 등과 유사한 상품에 해당한다 하더라도, 원고가 이 사건 1 내지 4상표를 그 지정상품 자체 또는 거래사회의 통념상 이와 동일하게 볼 수 있는 상품에 현실로 사용하여 제품을 생산·판매하는 등의 영업활동을 하였다고 인정되지 않는 이상, 그에 따른 영업상의 손해가 있었다고 보기는 어렵다.

그럼에도 불구하고 원심은 피고들의 이 사건 화장품 제조·판매행위로 인하여 원고에게 영업상 손해가 발생하였음을 전제로 피고들에 대하여 앞서 본 제1심 판결의 원고 승소 부분을 초과하여 추가로 손해배상책임을 인정하였으니, 이 부분 원심 판결에는 상표권 침해로 인한 손해배상책임에 관한 법리를 오해하여 판결에 영향을 미친 위법이 있다. 이 점을 지적하는 피고들의 상고이유의 주장은 이유 있고, 한편 피고들의 손해배상책임이 인정됨을 전제로 손해배상액 산정의 위법 여부를 다투는 원고의 상고이유의 주장은 더 나아가 살필 필요 없이 이유 없다.

2. 금지청구 및 해명광고청구에 관하여

기록에 의하면, 원고는 원심 판결의 원고 패소 부분 중 200,000,000원 부분에 대하여만 상고를 하였을 뿐 금지청구 및 해명광고청구 부분에 대하여는 상고하지 아니하였음을 알 수 있으므로, 이 부분에 대한 원고의 주장은 적법한 상고이유가 되지 아니한다.

3. 결 론

그러므로 원심 판결 중 제1심 판결의 원고 승소 부분을 초과하여 추가로 원고의 청구를 인용한 부분을 파기하고, 이 부분 사건을 다시 심리·판단하게 하기 위하여 원심법원으로 환송하기로 하며, 피고들의 나머지 상고를 모두 각하하고, 원고의 상고를 모두 기각하기로 하여 관여 대법관의 일치된 의견으로 주문과 같이 판결한다.

대법관 전수안(재판장) 양승태(주심) 김지형 양창수

제12절 국제상표법

Ⅰ. 의 의

[1] 1883년 체결된 산업재산권 보호를 위한 파리협약(Paris Convention for the Protection of Industrial Property of March 20, 1883)

[2] 1891년에 체결된 표장의 국제등록에 관한 마드리드협정(Madrid Agreement Concerning International Registration of Marks)

[3] 상표등록조약(Trademark Registration Treaty) : 본국에서의 등록을 기다리지 않고 곧바로 국제출원을 할 수 있도록 함으로써 실질심사국, 특히 미국과 영국의 반대를 피할 수 있도록 1973년에 창설된 조약이다.

[4] 지식재산권 전반에 걸친 보호의 기본원칙을 선언한 WTO/TRIPs협정도 발효

[5] 상표국제등록제도에 가입을 유인하기 위한 '표장의 국제등록에 관한 마드리드 협약에 대한 의정서'

[6] 1994년 10월 27일에는 스위스 제네바에서 상표법통일화조약(Trademark Law Treaty)이 체결되었다.

[7] 표장의 도형요소의 국제분류 제정을 위한 비엔나협정(Vienna Agreement Establishing an International Classification of the Figurative Elements of Marks)이 1973년 오스트리아 비엔나에서 채택되었다.

[8] 상표법에 관한 싱가포르 조약(Singapore Treaty on the Law of Trademarks)이 2006년 3월 27일 싱가포르에서 개최된 외교회의를 통하여 조약으로 채택되었다. 이 조약은 위치상표를 비롯한 비전통적인 상표를 명시적으로 인정한 최초의 조약이다.

[9] **국제상품분류**: 상품 및 서비스분류를 국제적으로 통일하기 위하여 "표장등록을 위한 상품 및 서비스의 국제분류에 관한 니스협정(Nice Agreement Concerning the International Classification of Goods and Services for the Purposes of the Registration of Marks)"이 1957년 프랑스 니스에서 채택되었다.

[10] **유럽공동체**: 공동체 시장의 성립에 대비하여 이사회 지침(Council Directive) 및 이사회 규칙(Council Regulation)을 정리하여 통일된 상표보호를 도모하고 있다.

[11] 상표에 관한 국제조약 뿐만 아니라 상표에 관한 국제사법적 쟁점을 다루는 분야도 존재하므로 국제상표법은 공사법의 영역을 망라한다. 다만, 아래에서는 편의상 국제공법적 영역을 중심으로 간략히 소개한다.

Ⅱ. 파리협약

[1] 산업재산권의 다국간 체제를 확립한 파리협약은 기존의 속지주의 원칙을 유지하면

서 국제협조체제를 형성하는 기본구조를 취하고 있다.

[2] 상표와 관련하여 파리협약은 그 보호대상으로서 상표를 명기한 제1조 제2항과 제6조 이하의 상표 보호 관련 규정 등을 두고 있으며, 내국민대우의 원칙(national treatment principle), 산업재산권 독립의 원칙(telle quelle)의 채택, 우선권제도 등을 기본원칙으로 채택하고 있다.

[3] 파리협약에서는 상표의 정의에 대해서는 특별히 정하지 않고 각국의 해석에 위임(파리협약 제6조 제1항)하고 있다.

[4] **상표독립의 원칙**: 동일한 상표가 둘 이상의 동맹국에 있어서 등록출원되고 정상적으로 등록된 경우 그들은 상호 독립적이고, 출원절차, 등록요건, 권리의 발생이전효력 등에 대해서 당해 상표등록을 부여하는 각 동맹국의 법제에 따라서 개별적으로 취급된다.

[5] **상표독립원칙의 예외**: 외국등록상표에 대한 특별규정(파리협약 제6조의5)을 두고 있다. 즉 본국에 있어서 정식으로 등록된 상표는 이 조약에서 특별히 규정하는 경우를 제외하고는 다른 동맹국에 있어서도 그대로 (telle quelle)등록이 인정되고 보호된다는 규정을 두어 상표에 대한 국제적 보호를 도모하고 있다. 다만 이 규정은 해석에 있어 방식심사만 행하면 보호를 요구하는 상표의 실체에 대해서는 아무 심사도 하지 않고 등록이 인정된다는 설과 각국의 국내법령에 있어서 상표 개념에까지 영향을 미치는 것은 아니라는 설이 대립하고 있다.

[6] **평 가**: 파리협약은 각국 법제의 상이점을 전제로 속지주의를 인정한 조정법적인 조약에 머물러 있어 당초의 이상인 세계 통일법을 실현하는 것에 미치지 못하고 있다. 조약의 개정에 대해서는 전원일치의 원칙에 기초하고 있기 때문에 특정국간에 합의할 수 있는 경우가 있어도 모든 동의를 얻을 수 없는 경우에는 타협의 산물로서의 개정밖에 할 수 없다. 조약의 탄력적인 운용의 여지를 남겨 산업재산권 보호의 규정에 저촉하지 아니하는 한 별도로 동맹국 상호간에 산업재산권의 보호에 관한 특별동맹의 체결을 행할 권리의 유보를 인정하고 있고(동조약 제19조), 이를 근거로 하여 상표에 관해서도 그 국제적 보호를 강화하기 위하여 몇 개의 특별동맹이 체결되어 있다.

Ⅲ. 표장의 국제등록에 관한 마드리드협정

[1] 파리협약에 의해 각국에서 보호를 받으려면 6개월의 우선권 혜택이 있을지라도 결국 희망하는 개별국가에 일일이 출원하지 않을 수 없다.

[2] **취 지**: 단일기관인 WIPO가 단일 언어와 일원화된 절차를 통하여 동맹국간 상표출원을 관장하도록 함으로서 국가간 상표 출원과 등록을 용이하게 하고자 하는 노력이 시도되었고, 파리협약 제19조의 특별협약으로서 1891년 4월 14일 상표의 국제출원제도를 창설하는 마드리드협정이 체결되었다.

[3] 마드리드협정의 의의 : 체약국의 국민은 본국에 있어서 등록된 표장을 기본등록으로 하여 통일된 절차에 의하여 복수의 가맹국에 표장의 국제등록을 받는 것이 가능하고 각 가맹국에 있어서 해당 표장이 해당국에 직접 출원된 경우와 동일한 보호를 받을 수 있다. 다만 마드리드협정 경로로 출원된 표장이라도 해당국에 직접 출원된 경우에 적용되는 것과 동일한 절차를 거쳐 등록된다. 즉 각국에 있어서 실제로 등록되는지 여부는 각국이 독자의 법률에 기초하여 판단한다.

[4] 단 점 : 일단 자국이든 거주지국이든 본국관청에서 상표등록을 필요로 하므로 지정국가가 등록을 위하여 실질심사를 하는 나라라면 심사기간 때문에 파리협약의 우선권(6개월)을 거의 이용할 수 없다는 문제점이 존재한다. 특히 최초에 출원한 국가, 즉 국제출원의 기초가 된 국가에서 5년 이내에 취소 등으로 실효되면 모든 국제등록이 무효가 되는 집중식 공격방식(central attack)이 본 협약에 대한 가입의 기피원인이 되고 있다.

Ⅳ. 상표등록조약

[1] 상표등록조약(Trademark Registration Treaty) : 본국에서의 등록을 기다리지 않고 곧바로 국제출원을 할 수 있도록 함으로써 실질심사국, 특히 미국과 영국의 반대를 피할 수 있도록 1973년에 창설된 조약이다.

[2] 마드리드협정과 같이 표장의 보호를 요구하는 국가의 국내법령에 의하여 거절할 수 있는 범위에 있어서 해당국의 국내 등록의 효과를 부인할 수 있는 것을 인정한다. 처음에는 미국 특허상표청(USPTO)과 WIPO의 지지를 얻었으나 집중식 공격의 존재와 국제적 심사기준의 미비를 이유로 비준국이 소수이며 그 실질적인 활동이 이루어지고 있지 않다.

Ⅴ. 표장의 국제등록에 관한 마드리드협정에 대한 의정서

1. 공식명칭 및 성립시기

[1] 표장의 국제등록에 관한 마드리드 협정에 대한 의정서(Protocol relating to the Madrid Agreement Concerning the International Registration of Marks)로서 “마드리드 의정서”로 약칭한다.

[2] 1989년 6월 27일에 채택되고, 1995년 12월 1일에 발효되었으며, 동 의정서를 시행하기 위한 하위규정인 공통규칙이 제정됨에 따라 1996년 4월 1일부터 시행되었다.

2. 성립배경

[1] 마드리드 의정서는 마드리드 협정이 가지고 있는 문제점을 극복하여 탄력적 국제등록제도를 창설할 목적으로 마련되었다.

[2] 마드리드 의정서에서는 불어 외에 영어, 스페인어도 공식언어로 채택하여 영어권 국가에 대하여 배려하였다. 국내의 상표등록뿐만 아니라 상표등록출원을 기초로 하여서도 국제출원을 가능하도록 하여 무심사주의 국가와 심사주의 국가간 불균형을 시정하였다.

[3] 거절이유 통지기한도 최대 1년 6월까지로 연장할 수 있도록 하였고, 집중식 공격(Central Attack)으로 인하여 국제출원이 소멸한 경우에도 각국에서 출원인이 국내출원으로 전환할 수 있도록 하여 출원인이 가지게 되는 위험부담을 상당부분 제거하였다.

[4] 국내 상표등록출원에 대한 수수료보다 높지 않은 범위내에서 개별수수료를 징수할 수 있도록 하여 심사주의 국가들이 낮은 수수료로 심사를 수행하여야만 했던 가입부담을 완화시켰다.

[5] 이러한 문제점 극복은 마드리드 협정이 성립한지 100년이 지나도록 프랑스를 비롯한 유럽 및 아프리카의 무심사주의국가 또는 이에 가까운 심사관행을 갖고 있는 국가만 참여함으로써 범세계적인 국제등록제도가 되지 못한 점을 고려한 것으로, 기존 마드리드 협정의 문제점을 상당 부분 해소함으로서 미국, 영국, 일본 등 심사주의 국가의 참여를 유도할 수 있게 한 것이다.

[6] 마드리드 의정서에서는 유럽공동체 또는 아프리카지식재산권기구와 같은 지역상표등록제도와의 연계도 강화하였는 바, 마드리드 의정서 가입자격을 파리협약 가맹국 외에 EU 등 정부간기구(inter-governmental organization)에도 개방함으로써 공동체상표(CTM)를 기초로 국제출원이 가능하게 하였고, 유럽공동체 상표제도와 마드리드 의정서에 의한 국제상표등록제도가 동일시점에서 운영 개시(1996년 4월 1일) 되도록 하였다.

3. 마드리드협정과의 차이점

마드리드협정과 마드리드 의정서의 차이점

구 분	마드리드협정	마드리드 의정서
가입대상	국가	국가 또는 정부간기구
사용언어	불어	영어, 불어 또는 스페인어
수수료	개별수수료 징수 불가	개별 수수료 징수 가능
국제출원의 기초	상표등록에 기초해서만 국제출원 가능	상표등록 또는 상표등록출원에 기초하여 국제출원 가능
거절통지기한	최대한 지정통지를 받은 날부터 1년	최대한 지정통지를 받은 날부터 1년 6월로 연장 가능(원칙적으로 12개월이나 18개월로 대체선언가

		능하며 우리나라의 경우에는 18개월로 함)
국제등록의 존속기간	국제등록일부터 20년	국제등록일부터 10년
집중공격에 의한 국제등록 소멸시의 재출원	불가능	가능

4. 마드리드 의정서의 개요 및 특징

가. 개 요

[1] 본국관청에서의 상표등록 또는 상표등록출원을 기초로 하여 해당 표장을 보호받고자 하는 국가를 지정한 국제출원서를 본국관청을 경유하여 WIPO에 제출하면 국제사무국은 국제출원에 대하여 방식심사를 한 후 이를 국제등록부에 등재하고 국제공보에 공고한 이후에 지정국 관청에 통지한다.

[2] 지정국 관청에서는 국제출원을 심사하고 심사결과 거절이유를 발견한 경우에는 국제등록일부터 12개월(18개월까지 연장선언 가능)이내에 국제사무국에 거절통지를 하여야 하고, 국제사무국에 대한 거절통지가 없을 때에는 지정국은 그 지정국에 등록된 것과 동일한 효력을 해당 표장에 부여하여야 한다.

나. 특 징

[1] 마드리드 의정서는 1개국의 언어로 작성된 하나의 국제출원을 하나의 본국관청에 제출하고 1회의 수수료를 납부함으로써 1개의 번호로 된 1개의 국제등록을 획득하고 다수의 국가에서 보호를 받으며, 1회의 갱신절차에 의하여 갱신을 하는 특징을 가지고 있다.

[2] 마드리드 의정서는 "다국가 1출원 시스템"을 취하고 있다. 즉 마드리드 의정서는 절차의 간소화 및 출원인의 비용절감으로 상표제도의 최종수요자인 기업체의 편익을 제고하고 있다.

5. 마드리드 의정서의 장점

가. 국제출원단계

(1) 해외 상표출원절차의 간편화

출원인은 국적국 또는 거주지국에 영어, 불어 또는 스페인어 중 그 국가에서 정하는 언어로 작성된 하나의 국제출원서에 상표를 등록받고자 하는 국가를 지정하여 제출함으로써 복수의 체약국에 출원한 효과를 얻을 수 있다.

(2) 비용 절감 가능

원칙적으로 국제출원단계에서 각 개별국마다 대리인을 선임할 필요는 없다.

나. 국제등록이후 단계

(1) 권리취득 여부의 명확

지정국관청에서 거절이유를 발견한 경우에는 원칙적으로 국제사무국으로부터 지정통지를 받은 날부터 1년(1년 6월까지 연장 가능, 이의신청의 경우 예외) 이내에 거절통지를 국제사무국에 하고 그 기간 이내에 거절통지를 하지 않으면 그 지정국에서 등록된 것과 동일한 보호를 하여야 하므로, 출원인은 원칙적을 일정 기간 이내에는 각 지정국에서의 상표권 취득 여부를 알 수 있다.

(2) 지정국의 추가 가능

마드리드 의정서에 새로 가입한 국가 또는 기존의 마드리드 의정서에 가입한 국가에서 추가적으로 상표를 보호받고자 하는 경우에 국제등록 후에 그 국가를 지정하는 것이 가능하므로, 상표등록을 받고자 하는 국가를 간편하게 확장시킬 수 있다.

(3) 상표권의 관리의 일원화

WIPO 국제사무국에 비치되어 있는 국제등록부상 권리자의 명의변경 또는 존속기간의 갱신 등에 의하여 다수의 국가에서의 명의변경 또는 존속기간 갱신 등을 할 수 있으므로 상표권을 일원적으로 관리할 수 있다.

6. 마드리드 의정서의 단점

실체심사는 지정국별로 심사하므로 출원시와는 달리 거절이유가 통지되면 다시 현지 대리인을 선임하여야 하며, 반드시 국내의 상표출원 또는 등록을 기초로 하여 출원하여야 하고 집중공격에 의하여 국제등록일후 5년 이내에 기초된 국내출원 또는 국내등록이 거절 또는 무효 등이 되면 지정국의 모든 국제등록이 소멸된다.

7. 가 입

우리나라는 2003년 1월 10일 마드리드 의정서에 가입하여 3개월 후인 2003년 4월 10일부터 마드리드 의정서에 의한 효력이 발생되었다.

8. 재출원에 관한 특례 규정

국제출원의 기초가 되는 출원 또는 등록에 대한 취소등으로 국제등록이 소멸된 경우 또는 외국의 의정서 폐기에 의하여 출원인이 출원인적격을 잃게된 경우에는 재출원을 할 수 있도록 하고, 일정 요건하에 출원일을 소급시키며, 대한민국에서 상표권이었던 재출원에 대하여는 재심사를 하지 아니하고 상표등록결정을 하여야 합니다.※ 재출원에 관한 특례사례 1: 기초출원 또는 기초등록이 소멸한 경우의 재출원외국인(예 일본인)이 한국을 지정국으로 지정한 경우 국제등록일로부터 5년이내에 국제출원의 기초가 되는 상표등록출원에 대한 등록이 거절되거나 상표등록이 취소 또는 무효되어 국제등록이 소멸→한국 특허청에 재출원하면 국제출원의 출원일로 출원일 소급

사례 2: 의정서 가입탈퇴에 따른 재출원 외국(예 일본)이 마드리드 의정서 가입을 탈퇴하여 출원인이 외국인(예 일본인)이 출원인 적격을 상실→한국 특허청에 재출원하면 국제출원의 출원일로 출원일 소급

Ⅵ. 상표법조약(Trademark Law Treaty)

[1] 상표법조약: 상표에 관한 절차의 간소화 및 국제적 조화를 목적으로 1994년 10월 27일 스위스 제네바에서 개최된 외교회의에서 채택된 조약이다.

[2] 각종 증명서 요구의 간소화, 다류 1출원, 다건 1통 방식의 채용, 출원분할, 갱신등록의 실체심사금지 및 등록의 동일한 오류정정, 방식심사의 의견 진술 등을 내용으로 한다.

[3] 가입현황: 2017년 11월 5일 현재 54개국이 가입해 있다. 우리나라는 2002년 11월 25일 가입하여 2003년 2월 25일 이 협약이 발효되었다.

Ⅶ. WTO/TRIPs 협정

[1] GATT/UR의 체결로 인하여 1995년 1월 1일부터 WTO(세계무역기구)가 정식으로 발족하고, 그 부속서로 상품무역에 관한 사항 이외에 서비스, 무역관련 투자조치, 무역관련 지식재산권협정(TRIPs)이 확정되었다.

[2] TRIPs협정: 특허권, 저작권, 컴퓨터프로그램, 반도체칩법, 영업비밀 등 8개 분야의 지식재산권과 관련한 최소한 보호기준을 마련하고 있다.

[3] TRIPs협정 제2장 상표 규정에서는 상표의 의의, 상표권의 내용, 보호기간, 사용의무, 사용권 설정 및 양도 등 규정하고 있다. 특히 동협정 제15조 제1항에서는 상표가 '자타 상품 및 서비스의 식별력을 가진 표시 또는 표시의 결합으로 구성된다고 규정하고 이러한 표시는 '성명, 문자, 숫자, 도형과 색채의 조합 및 이들의 결합은 상표로서 등록될 수 있다'고 규정하고 있다.

[4] 회원국은 자체로서 식별력이 없는 표시도 사용에 의한 식별력을 취득한 경우 등록이

인정된다.

[5] TRIPs협정 제3장에서는 지리적 표시(Geographical Indications)에 대해 규정하고 있다.

[6] TRIPs협정은 음향상표(sound marks)나 냄새상표 등은 인정하지 않는다.

Ⅷ. 상표법에 관한 싱가포르 조약(Singapore Treaty on the Law of Trademarks)

[1] 배 경: 1994년 상표법조약을 마련한 이후, WIPO 회원국은 1998년 3월 특정 주제의 개별적 논의를 위하여 「상표, 산업디자인 및 지리적 표시 관련 법에 관한 세계지적재산권기구 상설위원회(WIPO Standing Committee on the Law of Trademarks, Industrial Designs and Geographical Indications; 이하 'SCT'로 표시)」를 설치하여 표장 등에 관하여 지속적으로 논의하기로 합의하였다. 제2차-제3차 SCT(1999년)에서 "주지상표 보호에 관한 공동권고안"을 마련하여 채택하였고, 제4차-제5차 SCT(2000년)에서 "상표 라이선스(license)에 관한 공동권고안"을 채택하였으며, 제6차-제7차(2001년)에서는 "인터넷에 의한 상표 및 표지에 관련된 산업재산권 보호에 관한 공동권고안"을 채택하였다.

이러한 논의를 진행하면서 회원국은 계속적으로 상표법조약에 빠져 있는 실체요건에 관한 규정 신설의 논의를 제기하면서, 인터넷 등의 정보통신매체의 등장에 따른 상표법조약의 개정을 서둘러야 한다는 점에 의견을 모았다.456) 이에 제8차 SCT(2002년 5월)를 계기로 하여 상표법조약의 개정논의를 시작하면서 제11차 SCT(2003년 11월)를 통하여 조약개정(안)의 대강을 확정하였다. 2004년 4월 제12차 SCT에서 조약(안) 마무리를 위한 논의 후 2004년-2005년 SCT회의에서 조약(안)의 최종적인 조율을 거쳐 2006년 3월 27일 싱가포르에서 개최된 외교회의를 통하여 조약으로 채택되었다.

[2] 내 용: 싱가포르 조약457) 제3조 제5항에서는 "홀로그램 상표, 동작상표, 색채상표, 위치상표"란 표제하에 "표장을 홀로그램상표, 동작상표, 색채상표 또는 위치상표로 하는 취지의 기술(記述)을 출원서에 포함하는 경우에, 체약국은 그 국가의 법에서 정한 바대로 하나 이상의 표장견본과 표장에 관한 상세한 내용을 요구할 수 있다."라고 규정하고 있다.458) 싱가포르조약은 상표출원 및 상표등록에 홀로그램 상표, 동작상표, 색채상표 및

456) 인터넷 등 정보통신매체의 이용은 명실상부하게 세계를 지구촌(global village)으로 바꾸어 놓았으며, 인간을 시간·공간의 제약에서 해방시켜 놓았다. 이러한 점은 상표법조약에 관한 국제적 논의를 위한 중요한 동기로 작용하게 되었다. 2000년에 채택된 특허법조약(Patent Law Treaty : PLT)은 상표법조약의 개정에 많은 영향을 끼쳤다. 특허법조약은 이러한 정보통신매체의 이용에 관한 내용을 적극적으로 수용하였다.

457) 체약국 정보는 http://www.wipo.int/treaties/en/ShowResults.jsp?lang=en&treaty_id=30 (최종방문일: 2017년 11월 5일).

458) http://www.wipo.int/edocs/mdocs/mdocs/en/tlt_r_dc/tlt_r_dc_30.pdf (최종방문일: 2017년 11월 5일).

위치상표, 그리고 비시각적인 표지(non-visible signs)로 이루어진 표장의 견본(reproduction)에 관한 기준 확정을 위하여 다자간 체계를 구축하였다. 이렇듯, 싱가포르 조약은 체약국이 새로운 유형의 상표를 채택할 의무는 없다고 언급하고 있지만, 위치상표를 비롯한 비전통적인 상표를 명시적으로 인정한 최초의 조약이다.459)

[3] 가입 현황: 싱가포르 조약은 2006년 3월에 세계지식재산권기구의 후원으로 1994년 상표법 조약(Trademark Law Treaty : TLT)을 현 상표 실체법에 맞추어 개정한 것이다. 2017년 11월 5일 현재, 전세계적으로 46개국이 가입되어 있다. 호주의 경우, 2007년 3월 26일에 서명하였고 2008년 12월 16일 비준하였으며 2009년 3월 16일부터 시행하게 되었다. 중국의 경우, 2007년 1월 29일 서명하였다. 프랑스의 경우, 2006년 3월 28일에 서명, 2009년 8월 28일에 비준, 2009년 11월 28일 이래 시행하였다. 이태리의 경우, 2006년 3월 28일에 서명, 2010년 6월 21일에 비준, 2010년 9월 21일부터 시행하였다. 영국의 경우, 2006년 3월 28일에 서명, 2012년 3월 21일에 비준, 2012년 6월 21일부터 시행하였다. 미국의 경우, 2006년 3월 28일에 서명, 2008년 10월 1일에 비준, 2009년 3월 16일부터 시행하였다. 우리나라는 2016년 4월 1일 이 조약에 가입하였고, 우리나라에서 2016년 7월 1일 발효되었다.

Ⅸ. 유럽공동체 상표법

[1] 유럽공동체 이사회에서는 1988년 12월 21일, 상표에 관련된 회원국법률을 접근시키기 위한 이사회 지침을 마련하였으며, 1993년 12월 20일 공동체상표의 창설을 위한 이사회 규칙을 발표하였다.

[2] EC지침 의무조항인 제2조: "상표는 어떤 기업의 상품 또는 서비스를 다른 기업의 상품 또는 서비스와 식별하기 위하여 명확히 표현할 수 있는 (capable of being represented graphically) 모든 표시들, 특히 성명을 포함한 단어, 도안, 문자, 숫자 그리고 상품의 형태나 상품포장의 형태로 구성된다. 다만, 그러한 표시는 한 기업의 상품 또는 서비스를 다른 기업의 그것과 식별하기에 적합한 것이어야 한다."라고 규정하고 있다.

Ⅹ. 표장등록을 위한 상품 및 서비스의 국제분류에 관한 니스협정

[1] 국제상품분류: 상품 및 서비스분류를 국제적으로 통일하기 위하여 1957년 프랑스 니스지방에서 체결된 "표장등록을 위한 상품 및 서비스의 국제분류에 관한 니스협정(Nice Agreement Concerning the International Classification of Goods and Services for the Purposes of the Registration of Marks)"에서 정한 상품 및 서비스에 관한 국제분류로서 일명 "니스분류"라고

---

459) Kenneth L. Port, On Nontraditional Trademarks, 38 N. Ky. L. Rev. 1, 4 (2011).

한다.

[2] 우리나라는 1998년 10월 8일 기탁서를 제출하여 1999년 1월8일 발효되었다.

[3] 우리 상품분류체계와 NICE분류체계의 상이로 인하여 내국인의 해외출원시 또는 외국인의 국내출원시 상품을 재분류해야 하는 등의 번잡성을 해소하여 출원인의 편익을 도모하기 위한 것이다.

XI. 표장의 도형요소의 국제분류 제정을 위한 비엔나협정(Vienna Agreement Establishing an International Classification of the Figurative Elements of Marks)

이 비엔나협정은 표장의 도형요소분류의 국제적 통일을 위한 협정으로 1973년 오스트리아 비엔나에서 채택되었다. 우리나라는 2011년 1월 17일 이 조약에 가입(accession)하였고, 2011년 4월 17일 발효하였다. 비엔나협정은 도형으로 구성된 상표에 대한 국제적인 기준 및 표준을 정한 것으로, 도형요소를 29개 대분류와 1,667개 소분류 기준에 따라 분류힘으로써 도형싱표의 김색이 용이해지고 싱표심사의 품질향싱에 기여할 수 있게 되었다.

XII. 형성평가 (Q & A)

1. 마드리드협정과 마드리드 의정서의 차이점을 설명하시오.
2. 마드리드협정의 가입국이 많지 않은 이유는 무엇인가 ?
3. 다음 중 우리나라가 가입하지 않은 국제조약은 ?
   ① 1883년 산업재산권보호를 위한 파리협약
   ② 표장의 국제등록에 관한 마드리드협정
   ③ 표장의 국제등록에 관한 마드리드협정에 대한 의정서
   ④ 상표법조약(Trademark Law Treaty)
   ⑤ WTO/TRIPs협정

1. 대법원 2004. 7. 22. 선고 2003다62910 판결 【손해배상(기)】

[미간행]

【판시사항】

[1] 상표권 침해로 인한 손해배상청구에 관한 상표법 제67조의 규정 취지

[2] 한국에서 위조 상표를 부착한 의류를 일본 보따리상에게 판매함으로써 일본에서의 일본 상표권 침해행위를 용이하게 한 피고의 행위가 침해행위에 대한 방조가 되더라도, 일본 상표법하에서는 상표권이 등록된 나라의 영역 외에서 당해 상표권의 등록국에서의 침해행위를 유도하는 등 이에 관여하는 행위를 불법행위로 해석하지 않고 있으므로 피고의 행위에 대하여 공동불법행위책임을 물을 수 없다고 한 사례

【참조조문】

[1] 상표법 제67조 [2] 국제사법 제24조 , 민법 제750조

【참조판례】

[1] 대법원 1997. 9. 12. 선고 96다43119 판결(공1997하, 3083)대법원 2002. 10. 11. 선고 2002다33175 판결(공2002하, 2705)

【전 문】

【원고, 상고인】 가부시키가이샤 비즈인터내셔날(소송대리인 법무법인 김·신앤드유 담당변호사 이재기 외 3인)

【피고, 피상고인】 박희주(소송대리인 변호사 조태연)

【원심 판결】 서울고법 2003. 10. 29. 선고 2002나65044 판결

【주 문】

상고를 기각한다. 상고비용은 원고가 부담한다.

【이 유】

상고이유를 본다.

1. 먼저 상고이유 제1, 2점에 대하여 본다.

상표법 제67조 제2항, 제3항, 제5항은같은 조 제1항과 마찬가지로 불법행위에 기한 손해배상청구에 있어서 손해에 관한 피해자의 주장·입증책임을 경감하는 취지의 규정이고, 손해의 발생이 없는 것이 분명한 경우까지 침해자에게 손해배상의무를 인정하는 취지는 아니라 할 것이므로 상표권의 침해행위에도 불구하고 상표권자에게 손해의 발생이 없다는 점이 밝혀지면 침해자는 그 손해배상책임을 면할 수 있는 것으로 해석함이 상당하다 할 것이고(대법원 1997. 9. 12. 선고 96다43119 판결, 2002. 10. 11. 선고 2002다33175 판결 등 참조), 위와 같이 상표권자에게 손해의 발생이 인정되지 아니하는 경우에는 민법 제750조에 기한 손해배상청구권 역시 인정될 수 없다 할 것이다.

원심 판결 이유에 의하면, 원심은 서울 중구 신당동 소재 광희시장에서 의류판매업에 종사하는 피고가 2001. 8.경부터 2001. 11. 20.까지 사이에 원고가 의류 등을 지정상품으로 하여 일본 및 대한민국 특허청에 각 등록한 상표인 "X-GIRL"(이하 '이 사건 상표'라고

한다)에 대한 정당한 사용권한 없이 이를 위조한 상표가 부착된 티셔츠 등 의류를 일본 보따리상들에게 판매하여 온 사실, 원고는 피고의 이 사건 판매행위 기간 동안 일본 내에서는 위 상표를 부착한 제품을 생산·판매하여 왔지만 대한민국 내에서는 그 생산·판매 등 영업활동을 하지 아니한 사실 등을 인정한 다음, 피고의 이 사건 판매행위 기간 동안 원고가 대한민국 내에서 위 상표를 사용하여 제품을 생산·판매하는 등의 영업활동을 한 바가 없는 이상 그에 따른 영업상 손해도 없었다 할 것이고, 원고가 대한민국에서 이 사건 상표권을 등록하고 그 침해행위에 대한 단속활동을 벌여 왔다 해도 이를 제품의 생산·판매 또는 그와 유사한 내용의 영업활동에 해당하는 것으로 볼 수 없다 할 것이며, 따라서 피고의 이 사건 판매행위로 인하여 원고에게 영업상 손해가 발생하였음을 전제로 하는 원고의 한국 상표권에 기한 손해배상청구는 이유 없다고 판단한 다음, 나아가 원고가 이 사건 상표에 관한 대한민국 내 위조품 단속을 위하여 지출하였다고 주장하는 비용은 원고 직원들이 대한민국 내에서 불특정 다수인을 상대로 위조품 단속을 하는 과정에서 일반적으로 지출된 것일 뿐 피고의 이 사건 판매행위 단속에 직접 소요된 것이라고 볼 수 없다는 이유로 위 지출비용 상당의 손해배상청구도 배척하였다.

앞서 본 법리를 기초로 이 사건 기록을 살펴보면, 위와 같은 원심의 사실인정 및 판단은 정당한 것으로 수긍할 수 있고 거기에 상고이유에서 주장하는 바와 같은 법리오해 및 심리미진 등의 위법이 있다고 할 수 없다. 이 부분 상고이유의 주장은 이유 없다.

2. 상고이유 제3점에 대하여 본다.

국제사법 제24조에 의하면, 지적재산권의 침해로 인한 불법행위의 준거법은 그 침해지법이 된다 할 것이므로 일본 보따리상들의 일본에서의 일본 상표권 침해행위에 피고가 교사 또는 방조하였음을 이유로 하는 이 부분 손해배상청구의 당부는 침해지법인 일본 상표법 제37조 등의 해석에 따라야 할 것인데, 위조한 상표를 부착한 의류를 일본 보따리상들에게 대량으로 판매함으로써 일본에서의 일본 상표권 침해행위를 용이하게 하여 준 피고의 행위가 위 침해행위에 대한 방조가 될 수 있다 하더라도, 기록에 나타난 지적재산권에 관한 일본 법원의 해석론에 비추어 보면, 속지주의 원칙을 채용하고 있는 일본 상표법하에서는 상표권이 등록된 나라의 영역 외에서 당해 상표권의 등록국에서의 침해행위를 유도하는 등 이에 관여하는 행위는 불법행위를 구성하지 아니하는 것으로 해석됨을 알 수 있으므로 이 부분 원심의 설시에 일부 적절하지 아니한 점은 있으나 피고의 공동불법행위책임의 성립을 인정하지 아니한 그 결론에 있어서는 정당하다 할 것이고 거기에 상고이유에서 주장하는 바와 같은 법리오해 및 심리미진 등의 위법이 있다고 할 수 없다. 이 부분 상고이유의 주장도 이유 없다.

3. 상고이유 제4, 5점에 대하여 본다.

원심 판결 이유에 의하면, 원심은 원고가 피고의 이 사건 판매행위로 인하여 그 주장과 같은 신용훼손 등의 손해를 입었음을 인정할 증거가 없고, 또한 원고의 한국 상표권의 경우 그 손해의 발생사실이, 일본 상표권의 경우 그 손해에 대한 피고의 공동불법행위책임이 각 인정되지 아니한다는 이유로 위 신용훼손에 기한 손해배상청구 및 위 각 상표권 침해에 기한 부당이득반환의 주장을 모두 배척하였는바, 앞서 살펴 본 법리와 기록에 비추어 보면, 위와 같은 원심의 사실인정 및 판단은 모두 정당하고, 거기에 상고이유에서 주장하는 것처럼 법리오해 및 판단유탈 등의 위법이 있다고 할 수 없다. 이 부분 상고이유의 주장도 이유 없다.

4. 그러므로 상고를 기각하고, 상고비용은 패소자가 부담하는 것으로 하여 관여 대법관의 일치된 의견으로 주문과 같이 판결한다.

대법관 박재윤(재판장) 조무제 이용우(주심) 이규홍

2. 대법원 2011. 5.26. 선고 2009다15596 판결【손해배상(지)】

[공2011하,1263]

【판시사항】

[1] 구 섭외사법 제13조에서 정한 '부당이득의 원인된 사실이 발생한 곳'의 의미(=이득이 발생한 곳)

[2] 대한민국에 주소를 둔 갑이 인터넷 도메인이름 "hpweb.com"을 등록·사용하던 중 미국 캘리포니아주에 본사를 둔 을 회사가 미국에 등록되어 있던 "hp"로 구성된 자신의 상표 등에 대한 권리가 침해되었다는 이유로 인터넷주소 분쟁해결기관에 분쟁조정신청을 하여 도메인이름 등록을 이전받자, 갑이 을 회사에 부당이득을 원인으로 도메인이름 반환을 구한 사안에서, 이전등록으로 이득이 발생한 곳은 을 회사 본사 소재지인 미국 캘리포니아주이므로, 부당이득 반환채권의 성립 및 효력에 관하여는 미국 캘리포니아주법이 준거법이 된다고 한 사례

[3] 대한민국에 주소를 둔 갑이 인터넷 도메인이름 "hpweb.com"을 등록·사용하던 중 미국에 본사를 둔 을 회사가 미국에 등록되어 있던 "hp"로 구성된 자신의 상표 등에 대한 권리가 침해되었다는 이유로 인터넷주소 분쟁해결기관에 분쟁조정신청을 하여 도메인이름 등록을 이전받자, 갑이 을 회사에 부당이득을 원인으로 도메인이름 반환을 구한 사안에서, 을 회사의 부당이득이 성립하는지를 판단하기 위해서는 을 회사에 도메인이름 사용금지를 구할 실체법적 권리가 있는지 먼저 살펴야 하는데, 이에 관하여는 구 섭외사법 규정에 따라 부당이득과는 별도로 준거법을 정해야 한다고 한 사례

[4] 대한민국에 주소를 둔 갑이 인터넷 도메인이름 "hpweb.com"을 등록·사용하는 것에

대하여 미국에 본사를 둔 을 회사가 미국에 등록되어 있던 "hp"로 구성된 자신의 상표에 대한 상표권이 침해되었다는 이유로 인터넷주소 분쟁해결기관에 분쟁조정신청을 하여 그 결정에 따라 도메인이름 등록을 이전받기 위한 전제로서, 을 회사에 도메인이름 사용금지를 구할 실체적 권리가 있는지 문제된 사안에서, 사용금지청구권에 대한 준거법은 구 섭외사법 제13조에 따라 불법행위인 상표권 침해행위가 행하여지고 권리 침해의 결과가 발생한 미국법이고, 미국법에 의할 때 갑의 행위는 위법하므로, 을 회사는 갑을 상대로 도메인이름 사용금지를 구할 실체법적 권리가 있다고 한 사례

[5] 대한민국에 주소를 둔 갑이 인터넷 도메인이름 "hpweb.com"을 등록하여 사용하던 중 미국에 본사를 둔 을 회사가 미국에 등록되어 있던 "hp"로 구성된 자신의 상표에 대한 상표권 침해를 이유로 인터넷주소 분쟁해결기관에 분쟁조정신청을 하여 도메인이름 등록을 이전받자, 갑이 을 회사에 부당이득을 원인으로 하여 도메인이름 반환을 구한 사안에서, 갑은 미국 연방법 및 캘리포니아주법상 부당이득을 원인으로 하여 을 회사에 도메인이름의 반환을 구할 수 없다고 한 사례

【판결요지】

[1] 구 섭외사법(2001. 4. 7. 법률 제6465호 국제사법으로 전부 개정되기 전의 것) 제13조에 의하면, 외국적 요소가 있는 섭외사건에서 부당이득으로 인하여 생긴 채권의 성립 및 효력은 원인된 사실이 발생한 곳의 법에 의하여야 하는데, 여기서 부당이득의 원인된 사실이 발생한 곳은 이득이 발생한 곳을 말한다.

[2] 대한민국에 주소를 둔 갑이 인터넷 도메인이름 "hpweb.com"을 등록하여 사용하던 중 미국 캘리포니아주에 본사를 둔 을 회사가 갑의 도메인이름 등록·사용으로 미국에 등록되어 있던 "hp"로 구성된 자신의 상표 등에 대한 권리가 침해되었음을 이유로 국제인터넷주소관리기구(The Internet Corporation for Assigned Names and Numbers, ICANN)의 '통일 도메인이름 분쟁해결정책(Uniform Domain Name Dispute Resolution Policy, UDRP)'에 따라 분쟁해결기관인 미국의 국가중재위원회(National Arbitration Forum)에 분쟁조정신청을 하여 도메인이름의 등록을 이전받자, 갑이 을 회사에 부당이득을 원인으로 하여 도메인이름 반환을 구한 사안에서, 이전등록에 의해 을 회사가 도메인이름에 관한 권리를 보유하게 됨으로써 이득이 발생한 곳은 을 회사 본사 소재지인 미국 캘리포니아주이므로, 부당이득반환채권의 성립 및 효력에 관하여는 미국 캘리포니아주법이 준거법이 된다고 한 사례.

[3] 대한민국에 주소를 둔 갑이 인터넷 도메인이름 "hpweb.com"을 등록하여 사용하던 중 미국에 본사를 둔 을 회사가 미국에 등록되어 있던 "hp"로 구성된 자신의 상표 등에 대한 권리 침해를 이유로 인터넷주소 분쟁해결기관에 분쟁조정신청을 하여 도

메인이름 등록을 이전받자, 갑이 을 회사에 부당이득을 원인으로 하여 도메인이름 반환을 구한 사안에서, 도메인이름 이전등록 당시 을 회사에 도메인이름 사용금지를 구할 실체법적 권리가 인정되지 않는다면 비록 분쟁해결기관의 결정에 따른 이전등록이라 하더라도 그 이전은 법률상 원인이 없어 부당이득이 성립할 여지가 있으므로, 을 회사의 부당이득이 성립하는지를 판단하기 위해서는 을 회사에 도메인이름 사용금지를 구할 실체법적 권리가 있는지 먼저 살펴야 하는데, 이는 부당이득반환채권의 성립 및 효력과는 별개의 문제이므로, 이에 관하여는 구 섭외사법(2001. 4. 7. 법률 제6465호 국제사법으로 전부 개정되기 전의 것) 규정에 따라 부당이득과는 별도로 준거법을 정해야 한다고 한 사례.

[4] 대한민국에 주소를 둔 갑이 인터넷 도메인이름 "hpweb.com"을 등록·사용하는 것에 대하여 미국에 본사를 둔 을 회사가 미국에 등록되어 있던 "hp"로 구성된 자신의 상표에 대한 상표권이 침해되었다는 이유로 인터넷주소 분쟁해결기관에 분쟁조정신청을 하여 그 결정에 따라 도메인이름의 등록을 이전받기 위한 전제로서, 을 회사에 도메인이름 사용금지를 구할 실체적 권리가 있는지 문제된 사안에서, 사용금지청구권은 갑의 도메인이름 등록·사용행위가 을 회사의 상표권을 침해하는 불법행위임을 원인으로 하므로, 준거법은 구 섭외사법(2001. 4. 7. 법률 제6465호 국제사법으로 전부 개정되기 전의 것) 제13조에 따라 원인된 사실이 발생한 곳, 즉 상표권 침해행위가 행하여지고 권리 침해 결과가 발생한 미국법이고, 미국법에 의할 때 갑의 도메인이름 등록·사용행위는 사이버스쿼팅(cybersquatting) 방지에 관한 15 U.S.C. §1125(d)(1)(A)에 해당하는 것으로서 미국에 등록된 을 회사 상표권을 침해하는 위법한 행위이므로, 을 회사는 금지명령구제(injunctive relief)에 관한 15 U.S.C. §1116 규정에 의하여 갑을 상대로 도메인이름 사용금지를 구할 실체법적 권리가 있다고 한 사례.

[5] 대한민국에 주소를 둔 갑이 인터넷 도메인이름 "hpweb.com"을 등록하여 사용하던 중 미국에 본사를 둔 을 회사가 미국에 등록되어 있던 "hp"로 구성된 자신의 상표에 대한 상표권 침해를 이유로 인터넷주소 분쟁해결기관에 분쟁조정신청을 하여 도메인이름 등록을 이전받자, 갑이 을 회사에 부당이득을 원인으로 하여 도메인이름 반환을 구한 사안에서, 도메인이름 등록·사용은 미국 연방법상 15 U.S.C. §1125(d)(1)(A)에 해당하여 위법하므로, 갑은 15 U.S.C. §1116(2)(D)(v) 규정에 의하여 을 회사에 도메인이름 반환을 구할 수 없고, 미국 캘리포니아주법상 부당이득(Unjust Enrichment)은 타인의 손실로 인해 적절한 법적인 근거가 없는 부당한 이득을 얻는 경우에 성립하는데, 미국 연방법상 을 회사에 도메인이름 사용금지를 구할 실체적 권리가 인정되는 이상 도메인이름 등록이 갑에게서 을 회사에 이전된 것을 두고 적절한 법적 근거가

없는 부당한 것이라고도 볼 수 없으므로, 갑은 미국 캘리포니아주법상 부당이득을 원인으로 하여서도 을 회사에 도메인이름 반환을 청구할 수 없다고 한 사례.

【참조조문】

[1] 구 섭외사법(2001. 4. 7. 법률 제6465호 국제사법으로 전부 개정되기 전의 것) 제13조(현행 국제사법 제31조 참조), 민법 제741조 [2] 구 섭외사법(2001. 4. 7. 법률 제6465호 국제사법으로 전부 개정되기 전의 것) 제13조(현행 국제사법 제31조 참조), 민법 제741조 [3] 구 섭외사법(2001. 4. 7. 법률 제6465호 국제사법으로 전부 개정되기 전의 것) 제13조(현행 국제사법 제31조 및 제32조 참조), 민법 제741조, 제750조 [4] 구 섭외사법(2001. 4. 7. 법률 제6465호 국제사법으로 전부 개정되기 전의 것) 제13조(현행 국제사법 제31조 및 제32조 참조), 민법 제741조, 제750조 [5] 구 섭외사법(2001. 4. 7. 법률 제6465호 국제사법으로 전부 개정되기 전의 것) 제13조(현행 국제사법 제31조 및 제32조 참조), 민법 제741조, 제750조

【전 문】

【원고, 상고인】 원고 (소송대리인 변호사 이인수)

【피고, 피상고인】 후렛트-팩커드 컴퍼니 (소송대리인 변호사 주한일 외 4인)

【제1차 환송 판결】 대법원 2005. 1. 27. 선고 2002다59788 판결

【제2차 환송 판결】 대법원 2008. 4. 24. 선고 2005다75071 판결

【원심 판결】 서울고법 2009. 1. 21. 선고 2008나43015 판결

【주 문】

상고를 기각한다. 상고비용은 원고가 부담한다.

【이 유】

상고이유를 본다.

1. 상고이유 제1점에 대하여

가. 구 섭외사법 (2001. 4. 7. 법률 제6465호 국제사법으로 전부 개정되기 전의 것, 이하 같다) 제13조에 의하면, 외국적 요소가 있는 섭외사건에 있어서 부당이득으로 인하여 생긴 채권의 성립 및 효력은 그 원인된 사실이 발생한 곳의 법에 의하여야 할 것인바, 여기서 부당이득의 원인된 사실이 발생한 곳이라 함은 그 이득이 발생한 곳을 말한다.

위 법리와 기록에 비추어 살펴보면, 대한민국에 주소를 둔 원고가 1999. 11. 23. 인터넷 도메인이름 "hpweb.com"(이하 '이 사건 도메인이름'이라고 한다)을 등록하여 사용하던 중 피고가 그로 인하여 미국에 등록되어 있던 자신의 "hp"로 구성된 상표(이하 '이 사건 상표'라고 한다) 등에 대한 권리가 침해되었다는 이유로 국제인터넷주소관리기구

(The Internet Corporation for Assigned Names and Numbers, ICANN)의 '통일 도메인이름 분쟁해결정책(Uniform Domain Name Dispute Resolution Policy, UDRP)'에서 정한 바에 따라 분쟁해결기관인 미국의 국가중재위원회(National Arbitration Forum)에 분쟁조정신청을 하고 그 결정에 따라 2000. 9. 29. 이 사건 도메인이름의 등록기관인 미국 버지니아주 소재 네트워크솔루션 사(Network Solution Inc.)가 그 등록을 원고로부터 피고에게로 이전하였는데, 위 이전등록에 의해 피고가 이 사건 도메인이름에 관한 권리를 보유하게 됨으로써 그 이득이 발생한 곳은 피고의 본사 소재지인 미국 캘리포니아주라고 할 것이므로, 원고의 부당이득반환채권의 성립 및 효력에 관하여는 미국 캘리포니아주의 법이 준거법이 된다.

나. 한편 이 사건 도메인이름의 이전등록 당시 피고에게 위 도메인이름의 사용금지를 구할 실체법적 권리가 인정되지 않는다면 비록 분쟁해결기관의 결정에 따른 이전등록이었다고 하더라도 결국 위 이전은 법률상 원인이 없는 것으로 피고에게 부당이득이 성립할 여지가 있다고 할 것이므로, 이 사건에서 피고의 부당이득이 성립하는지 여부를 판단하기 위해서는 피고에게 원고의 이 사건 도메인이름의 사용금지를 구할 실체법적 권리가 있는지 여부를 먼저 살펴야 하는데, 이는 원고의 부당이득반환채권의 성립 및 효력과는 별개의 문제이므로 이에 관하여는 구 섭외사법의 규정에 따라 부당이득과는 별도의 준거법을 정해야 한다.

그런데 피고의 위 도메인이름 사용금지청구권은 원고가 이 사건 도메인이름을 등록·사용하는 것이 미국에 등록된 이 사건 상표에 대한 피고의 상표권을 침해하는 불법행위임을 원인으로 하는 것이므로 그 준거법은 구 섭외사법 제13조에 따라 정해져야 할 것이고, 여기서 그 원인된 사실이 발생한 곳은 원고의 이 사건 도메인이름의 등록·사용에 의하여 피고의 상표권에 대한 침해행위가 행하여지고 권리침해라는 결과가 발생한 미국이라고 할 것이므로, 미국법이 그 준거법이 된다.

다. 따라서 원심의 이 부분 이유설시에 다소 미흡한 점은 있으나, 피고에게 이 사건 도메인이름의 사용금지를 구할 실체법적 권리가 있는지 여부에 관하여 미국법을 준거법으로 적용하고, 원고의 부당이득반환채권의 성립 여부에 관하여 미국 캘리포니아주의 법을 준거법으로 적용하여 판단한 결론은 정당하다.

원심 판결에는 이에 관하여 상고이유로 주장하는 바와 같이 판결에 영향을 미친 위법이 없다.

이 부분 상고이유의 주장은 이유 없다.

2. 상고이유 제2, 3점에 대하여

가. 미국법에 의할 때 피고에게 이 사건 도메인이름의 사용금지를 구할 실체법적 권리가

인정되는지 여부

기록에 의하면, 원고의 이 사건 도메인이름의 등록·사용행위가 사이버스쿼팅(cybersquatting) 방지에 관한 15 U.S.C. §1125(d)(1)(A)에 해당하여 위법하기 위해서는, ① 이 사건 도메인이름의 등록 당시 이 사건 상표가 식별력을 가질 것, ② 이 사건 상표와 이 사건 도메인이름이 같거나 혼동을 일으킬 정도로 유사할 것, ③ 원고에게 이 사건 상표로부터 이익을 얻으려는 악의가 존재할 것의 세 가지를 요건으로 함을 알 수 있다.

그런데 원심이 적법하게 인정한 사실들에 의하면, 이 사건 상표는 이 사건 도메인이름의 등록 당시 그 등록국인 미국을 포함하여 우리나라를 비롯한 세계 여러 나라에서 식별력을 가짐은 물론 널리 인식되어 있던 상표임을 인정할 수 있다. 그리고 이 사건 도메인이름은 이 사건 상표에 '인터넷 네트워크'를 의미하여 식별력이 미약한 'web'과 일반 최상위 도메인(gTLD) '.com'이 부가된 정도에 불과하여 이 사건 상표와 혼동을 일으킬 정도로 유사하다고 할 것이다. 또한 원고는 이 사건 도메인이름을 상업적 목적으로 운영하는 자신의 "digitalcouple.com"이라는 웹사이트에 포워딩(forwarding)해 놓음으로써 이들 사이에 출처, 후원, 제휴 또는 보증관계에 있는 것과 같은 혼동을 일으켜 인터넷 사용자를 유인할 의도가 있었던 것으로 보일 뿐만 아니라, 이 사건 도메인이름의 등록 당시 이 사건 상표가 우리나라를 비롯한 세계 여러 나라에서 널리 인식되어 있던 상표임을 고려할 때 원고도 그 당시 이 사건 도메인이름이 이 사건 상표와 혼동을 일으킬 정도로 유사함을 알고 있었던 것으로 추정되는 데다가 원고가 이 사건 도메인이름을 포함하여 450여 개의 도메인이름을 등록하여 두고 이를 이메일 주소로 제공하는 외에는 전혀 사용하지 않았으므로, 원고의 이 사건 도메인이름의 등록·사용은 15 U.S.C. §1125(d)(1)(B)(i)에 도메인등록자의 악의를 판단함에 있어 고려할 요소로 규정된 사항들 중 (V)항과 (VIII)항에 해당하여 원고의 악의가 인정되고, 반면 원고가 15 U.S.C. §1125(d)(1)(B)(ii)항에서 정한 바와 같이 이 사건 도메인이름의 사용이 정당하거나 합법적이라고 믿었다거나 그렇게 믿을 만한 합리적인 이유가 있었다고 할 수 없다.

따라서 원고의 이 사건 도메인이름의 등록·사용행위는 15 U.S.C. §1125(d)(1)(A)에 해당하는 것으로서 이 사건 상표에 대한 피고의 상표권을 침해하는 위법한 행위이므로, 피고는 금지명령구제(injunctive relief)에 관한 15 U.S.C. §1116 규정에 의하여 원고를 상대로 이 사건 도메인이름의 사용금지를 구할 실체법적 권리가 있다고 할 것이다.

나. 부당이득을 원인으로 하여 이 사건 도메인이름의 반환을 구할 수 있는지 여부

기록에 의하면, 15 U.S.C. §1114(2)(D)(v)는 '사용금지나 이전등록 등이 된 도메인이름의 등록자는 상표권자를 상대로 자신의 도메인이름의 등록·사용이 이 챕터(chapter) 아래에서 위법이 아님을 입증하여 도메인이름의 반환 등을 구할 수 있다'는 취지로 규정하고 있는데, 위 규정은 분쟁해결기관의 부적절한 도메인이름의 이전등록 결정 등에 의해 발생하는 부당이득에 관한 특칙임을 알 수 있다. 따라서 분쟁해결기관의 이 사건 도메인이름의 이전등록 결정에 의한 피고의 부당이득 여부가 문제되는 이 사건에서 그에 관한 준거법이 미국 캘리포니아주의 법이라고 하더라도 위 연방법 규정에 의한 부당이득의 성립 여부를 먼저 따져봐야 할 것인데, 앞서 본 바와 같이 원고의 이 사건 도메인이름의 등록·사용행위는 15 U.S.C. §1125(d)(1)(A)에 해당하여 위법하므로, 원고는 15 U.S.C. §1114(2)(D)(v) 규정에 의하여서는 피고를 상대로 이 사건 도메인이름의 반환을 구할 수가 없다.

또한 기록에 의하면, 미국 캘리포니아주법상 부당이득(Unjust Enrichment)은 타인의 손실로 인해 적절한 법적인 근거가 없는 부당한 이익을 얻는 경우에 성립함을 알 수 있는데, 앞서 본 바와 같이 미국 연방법상 피고에게 이 사건 도메인이름의 사용금지를 구할 실체법적 권리가 인정되는 이상 그 등록이 원고로부터 피고에게로 이전된 것을 두고 적절한 법적인 근거가 없는 부당한 것이라고 할 수 없으므로, 원고는 미국 캘리포니아주법상의 부당이득을 원인으로 하여서도 피고를 상대로 이 사건 도메인이름의 반환을 구할 수가 없다.

다. 소결론

따라서 같은 취지의 원심판단은 모두 정당한 것으로 수긍이 간다.

원심 판결에는 상고이유로 주장하는 바와 같이 미국 연방법 및 캘리포니아주법을 잘못 해석하여 판결에 영향을 미친 위법이 없다.

이 부분 상고이유의 주장도 이유 없다.

3. 결 론

그러므로 상고를 기각하고, 상고비용은 패소자가 부담하기로 하여, 관여 대법관의 일치된 의견으로 주문과 같이 판결한다.

대법관　양창수(재판장) 김지형(주심) 전수안 이상훈

제 2 장 상표법 기출문제

제 1 절 변리사시험

제37회(2000년) 변리사시험

【제 1 문】 (50점)

입체파 화가로서 세계적으로 주지저명한 스페인 출생의 프랑스 화가인 파블로 루이 피카소(Pablo Ruiz Picasso, 1881년 출생~1973년 사망, 이하 '피카소'라 한다)의 유족(피카소의 딸, 손자)인 甲은, 피카소가 그의 작품들에 표시해 온 널리 알려진 서명(署名)과 동일한 표장이 한국에서 문구류를 제조판매하는 회사인 乙에 의하여 1997. 8. 1. 문구류에 관한 상표로 출원되어 1998. 7. 30. 등록된 사실을 발견하고 이에 대해 등록무효심판을 청구하려고 한다. 이때 甲에게 청구인적격이 있는지를 간단히 언급하고, 甲이 무효심판청구의 근거로 인용할 수 있는 우리 상표법상의 제반 조항을 들고 그 해당이유와 적용상 문제점을 구체적으로 설명하시오.

【제 2 문】 (25점)

입체상표의 실체적 등록요건과 효력의 제한에 대하여 논하시오.

【제 3 문】 (25점)

記述的 標章(성질 표시적 표장)은 상표법상 어떻게 취급되고 있는가?

제38회(2001년) 변리사시험

【제 1 문】 (50점)

갑은 자신이 국내에서 수 년 전부터 사용해오던 상표 A를 출원 · 등록하기 위하여 사전에 검색을 해 본 결과, 을이 그와 유사한 상표 A'를 동일한 상품을 지정상품으로 하여 이미 출원해둔 사실을 알고서 변리사에게 자신이 A상표를 출원하여 등록 받기 위하여 먼저 A'상표의 등록을 저지할 수 있는 법적 근거 및 절차에 대하여 문의하였다.

이 때 변리사의 입장에서 A'상표의 등록을 저지할 수 있는 가장 적절한 법적 근거를 2가지만 설명하되 그 차이점을 언급하고, 1) A'상표가 출원심사 대기중인 경우, 2) A'상표가 출원공고된 직후인 경우, 3) A상표로 인하여 거절사정되고 난 후 을이 거절사정불복심판을 청구한 경우, 4) 위 3)의 심판에서 을의 청구가 기각되고 난 후 을이 특허법원에 소송을 제기한 경우 등 네 가지의 상태에 놓인 각 경우별로 갑이 취할 수 있는 절차가 있는지 여부를 밝히고, 있으면 그 절차에 대하여 각각 약술하시오.

【제 2 문】 (25점)

특허심판원에서 선등록 상표와 유사하다는 이유로 무효심결되고 현재 특허법원에 심결취소소송이 계속중인 등록상표에 관한 효력을 심판청구인인 선등록 상표권자와의 관계를 중심으로 설명하시오.

【제 3 문】 (25점)

상표법상 상표권의 발생에 관하여 약술하시오.

제39회(2002년) 변리사시험

【제 1 문】 (50점)

상표등록출원인 甲은 상표법시행규칙상의 상품류구분 제9류의 '선글라스, 수중안경'을 지정상품으로 하여 상표 'World Cup'(이하 「이 사건 출원상표」라고 한다)을 2002년 3월 5일 출원하였다.

이에 대하여 특허청의 심사관은 2002년 8월 5일 다음과 같은 2가지의 이유로 이 사건 출원상표는 상표법 제23조 제1항의 규정에 의하여 등록받을 수 없다는 취지의 의견제출통지를 하였다.

(1) 이 사건 출원상표는 저명한 국제기관인 국제축구연맹(FIFA)에서 사용하는 명칭 또는 표장과 동일 또는 유사한 것이므로 상표법 제7조 제1항 제1호에 해당됨

(2) 이 사건 출원상표는 국제박람회나 국제전시회 등에서 "World Cup"을 수상(受賞)한 제품으로 일반 수요자나 거래자들이 그 품질에 대하여 오인, 혼동을 일으킬 우려가 있으므로 상표법 제7조 제1항 제11호에 해당됨

위와 같은 사례에 있어서, 변리사의 입장에서 의견서를 제출할 경우, 위 각 법조항의 내용을 검토하고, 이 사건 출원상표의 등록가능성을 설명하시오.

《상표법 참고 판례 요지》

1. 대법원 1997. 6. 13. 선고 96후1774 판결

가. 상표법 제7조 제1항 제1호에서 규정하는 표장들은 공익적 측면에서 존엄성의 정도가 높아, 그 권위훼손 여부를 기준으로 하는 상표법 제7조 제1항 제3호의 규정과는 달리, 상표등록출원의 주체가 누구인가를 가리지 아니하고 이에 해당할 경우에는 상표로서 등록받을 수 없는 것으로 규정한 것이다.

나. 출원서비스표 "OLYMPIC"은 상표법 제7조 제1항 제1호, 제2조 제2항에서 규정하고 있는 올림픽 대회, 올림픽 경기, 국제올림픽 경기대회를 의미하는 '올림픽(OLYMPIC)'과 동일하므로, 그 출원인이 비록 국제올림픽 경기대회를 운영·주관하는 국제올림픽조직위원회(IOC)라 하더라도 등록을 받을 수 없다.

2. 대법원 1998. 6. 26. 선고 97후1443 판결

가. 상표법 제7조 제1항 제1호가 저명한 국제기관의 칭호나 표장과 동일 또는 유사한 상표를 등록받을 수 없는 상표의 하나로 규정한 취지는 그 칭호나 표장과 동일, 유사한 상표의 등록을 인정하게 되면 마치 그 지정상품이 이들 기관과 특수한 관계에 있는 것처럼 오인, 혼동을 일으킬 염려가 있어 그 권위를 해치게 되므로 공익적인 견지에서 국제기관의 존엄을 유지하고 국제적인 신의를 지키고자 하려는데 있다고 할 것인바, 이러한 입법취지에 비추어 볼 때 여기서 말하는 저명한 국제기관이라 함은 원칙적으로 상표등록 사정 당시 존재하는 기관으로서 그 조직이나 활동상황 등에 의해 국제적으로 널리 알려질 것을 요하고, 이미 오래 전에 폐지되어 위 사정 당시에 활동을 하지 않는 경우에는 이에 해당하지 않는다.

나. 따라서 원심으로서는 유럽경제공동체가 위 사정당시에 존재하는 기관으로서 그 조직이나 활동상황 등에 의하여 국제적으로 널리 알려져 있는지 여부를 살펴보고 본원 서비스표의 상표법 제7조 제1항 제1호에의 해당여부를 판단하였어야 할 것임에도 불구하고 이 점을 살펴보지 아니한 채 유럽경제공동체가 바로 저명한 국제기관이라고 판단하고 말았으니 상표법 제7조 제1항 제1호의 법리를 오해한 것이다.

3. 특허법원 2000. 6. 16. 선고 99허9762 판결

가. 상표법 제7조 제1항 제11호에서 정하고 있는 상품의 품질을 오인하게 할 염려가 있는 상표란 그 상표의 구성 자체가 그 지정상품이 본래적으로 가지고 잇는 성질과 다른 성질을 갖는 것으로 수요자를 오인하게 할 염려가 있는 상표를 말하고, 어느 상표가 품질오인을 생기게 할 염려가 있는지의 여부는 일반수요자를 표준으로 하여 거래통념에 따라 판단하여야 할 것이고(대법원 1997. 2. 28. 선고 96후962 판결 등 참조), 한편 어느 상표가 2 이상의 상품을 지정상품으로 하여 등록되어 있는 경우에는 심판청구인이 상표등록 전부의 무효심판을 청구하는 경우라도 지정상품 중 일부에만 무효원인이 있고 다른 지정상품에는 무효사유가 없음이 명백한 때에는 무효원인이 있는 지정상품에 한하여 등록무효의 심판을 하여 그 부분만 말소하게 함이 상당하므로, 지정상품별로 등록무효 여부에 관한 판단을 하여야 할 것이다(대법원 1994. 5. 24. 선고 92후2274 전원합의체 판결 등 참조).

나. 이 사건에 돌아와 이 사건 등록서비스표가 상표법 제7조 제1항 제11호에서 정하고 있는 음식점경영업', '곰탕전문식당체인업', '음식조리대행업'을 그 지정서비스업으로 하고 있는바, 이 사건 등록서비스표는 그 지정서비스업 중 '곰탕전문음식점경영업' 및 '곰탕전문식당체인업'과 관련하여 볼 때 수요자를 오인하게 할 염려가 전혀

없음이 명백하다고 할 수 있으나, '음식조리대행업', '음식조리지도업'과 관련하여 볼 때 이 사건 등록서비스표 중의 "곰탕"이라는 부분에 의하여 그 지정서비스업이 '곰탕'만을 전문으로 하는 '조리대행업'또는 '조리지도업'인 것으로 일반수요자들에게 직감될 수 있다고 할 것이므로, 이 사건 등록서비스표를 '곰탕'이 아닌 다른 음식에 관하여 조리를 대행해 주거나 조리를 지도해 주는 서비스업에 사용할 경우에는 일반수요자들은 '곰탕'과 관련이 있는 것으로 오인할 우려가 있다고 할 것이다.

그렇다면 이 사건 등록서비스표는 그 지정서비스업 중 '음식조리대행업' 및 '음식조리지도업'에 사용할 경우 일반수요자로 하여금 서비스업의 품질을 오인하게 할 염려가 있다고 할 것이므로 이 사건 등록서비스표의 지정서비스업 중 '음식조리대행업' 및 '음식조리지도업'에 대한 등록은 무효로 되어야 할 것이나, 나머지 '곰탕전문음식점경영업', '곰탕전문식당체인업'에 관하여는 이 사건 등록서비스표가 위 지정서비서비스업의 품질의 오인을 일으키게 할 염려가 있는 서비스표에 해당하는지를 살펴본다.

이 사건 등록서비스표는 한글 "삼보곰탕"만으로 구성된 상표로서 '곰탕전문 `업에 사용된다고 하더라도 일반수요자로 하여금 서비스업의 품질을 오인하게 할 염려가 있다고 할 수 없다.

따라서, 이 사건 심결 중 이 사건 등록서비스표의 지정서비스업 중 '음식조리대행업' 및 '음식조리지도업'에 대한 부분은 위법하고, 나머지 지정서비스업에 대한 부분은 정당하다.

《상표법 참고 조문》

제7조(상표등록을 받을 수 없는 상표) ① 다음 각호의 1에 해당하는 상표는 제6조의 규정에 불구하고 상표등록을 받을 수 없다.[개정 93. 12. 10, 97. 8. 22, 2001. 2. 3]

1. 대한민국의 국기 · 국장 · 군기 · 훈장 · 포장 · 기장, 외국의 국기 · 국장, 공업소유권보호를위한파리협약(이하 "파리협약"이라 한다)동맹국 · 세계무역기구회원국 또는 상표법조약 체약국의 훈장 · 포장 · 기장, 적십자 · 올림픽 또는 저명한 국제기관 등의 명칭이나 표장과 동일하거나 이와 유사한 상표, 대한민국 · 파리협약동맹국 · 세계무역기구 회원국 또는 상표법조약 체약국 · 그 국가의 공공기관이 사용하는 감독용이나 증명용 인장 또는 기호와 동일 또는 유사한 상표

2~10 ……………… (생 략) ………………

11. 상품의 품질을 오인하게 하거나 수요자를 기만할 염려가 있는 상표

12~14 ……………… (생 략) ………………

【제2-1문】 (25점)

甲은 자신이 생산하고 있는 맥주에 대하여 저칼로리 또는 저알코올성분이라는 것을 의미하는 영어 단어인 Light를 1996년부터 상표로 사용해 오고 있다. 甲은 이 단어를 상표로서 등록할 수 있는가? 만약 이를 등록할 수 없다면 등록할 수 있는 방법이 있는가? 있다면 甲이 취할 수 있는 조치는?

【제 2-2 문】 (25점)

상표등록이 된 경우라 하더라도 그 상표가 무효사유를 갖는다면 무효심판에 의하여 무효로 될 수 있다. 그러나 상표등록 무효심판은 항상 청구할 수 있는 것이 아니며, 어떤 경우에는 그 등록일로부터 5년이 경과하면 무효심판을 청구할 수 없다. 어떤 경우가 이에 해당하는 것인지 하나씩 열거하면서 모두 설명하고, 이처럼 제척기간을 두고 있는 취지를 설명하시오(존속기간 갱신등록 무효심판과 상품분류전환등록 무효심판의 제척기간에 대하여는 언급하지 마시오).

제40회(2003년) 변리사시험

【제 A-1 문】 (30점)

미국기업 甲은 1980년 경부터 완구류에 있어서 국내는 물론 세계적으로 주지 · 저명한 A상표를 우리 특허청에 제28류 "포제완구"를 지정상품으로 하여 출원, 1995. 3. 10자로 등록받은 상표권자이다.

그러나, 甲은 A상표를 등록한 이후 현재까지 국내에서는 그 지정상품에 이를 사용하지 않고 있다.

한편, 한국의 乙은 甲의 상표와 극히 유사한 A'상표를 甲의 동의없이 제25류 아동복을 지정상품으로 하여 2000. 5. 10. 출원, 2001. 5. 10. 등록받아 현재 乙이 취급하는 아동복의 상표로 사용하고 있다.

이와 같은 경우에 甲이 乙의 등록상표에 대하여 취할 수 있는 모든 법적 수단과 그 논거를 설명하고, 이에 대항하여 乙이 甲의 상표에 대하여 취할 수 있는 법적 수단을 설명하라.

〈참고 판례 요지〉

대법원 1995. 10. 12. 선고 95후576 판결 【상표등록무효】

【판시사항】

가. 상표법 제7조 제1항 제10호가 적용되기 위하여는 양 상표가 유사하여야 하는지 여부

나. "Mickey Mouse"가 저명상표인지 여부

다. 출원상표 "Mickey & Minnie"에서 인용상표 "Mickey Mouse", "Minnie Mouse"가 용이하게 연상되고, 밀접한 관련성이 있는 것으로 인식되어 상품의 출처에 오인 · 혼동을 불러일으킬 염려가 있다고 한 사례

【판결요지】

가. 상표법 제7조 제1항 제10호에서 수요자간에 현저하게 인식되어 있는 타인의 상품이나 영업과 혼동을 일으키게 할 염려가 있는 상표의 등록을 금지하고 있는 것은 일반

수요자에게 저명한 상품이나 영업과 출처에 오인 · 혼동이 일어나는 것을 방지 하려는데 그 목적이 있으므로, 그 상표 자체로서는 그 주지 또는 저명한 상품 등에 사용된 타인의 상표와 유사하지 아니하여도 양 상표 구성의 모티브, 아이디어 등을 비교하여 그 상표에서 타인의 저명상표 또는 상품 등이 용이하게 연상되거나 타인의 상표 또는 상품 등과 밀접한 관련성이 있는 것으로 인정되어 상품의 출처에 오인 · 혼동을 불러일으킬 염려가 있는 경우에는 등록될 수 없다.

나. 인용상표들은 과거 수십년 전부터 텔레비전을 통하여 방영된 만화영화 "Mickey Mouse"로서 또한 그 만화의 주인공들인 암수 생쥐 "Mickey Mouse"와 "Minnie Mouse"로서 세계에 널리 알려져 있고, 우리나라를 비롯한 세계 여러 나라에서 만화에 부착되어 오랫동안 텔레비전 방송 등의 방법으로 사용되고 선전되어 옴으로써, 우리나라의 수요자 간에 널리 인식되어 있는 저명상표라고 보아야 할 것이다.

다. 출원상표 "Mickey & Minnie"에서 인용상표 "Mickey Mouse" "Minnie Mouse"가 용이하게 연상되고, 밀접한 관련성이 있는 것으로 인식되어 상품의 출처에 오인 · 혼동을 불러일으킬 염려가 있다고 한 사례.

【제 A-2 문】 (20점)

甲은 세계적인 면도기 생산업체로서 다음 그림과 같은 3개의 회전날이 부착된 전기 면도기를 제조하였다. 甲은 이 전기면도기 입체적 형상을 표장으로 하여 전기면도기를 지정상품으로 상표등록출원하여 등록을 받았다. 한편, 乙도 전기면도기를 생산하고 있었는데, 최근 乙은 甲의 3개의 회전날 전기면도기와 유사한 전기면도기를 생산 · 판매하기 시작하였다. 이와 동시에 乙은 甲의 상표에 대하여 무효심판을 청구하였다. 乙이 무효심판의 청구이유로서 제시할 수 있는 법리와 그 타당성을 논하라.

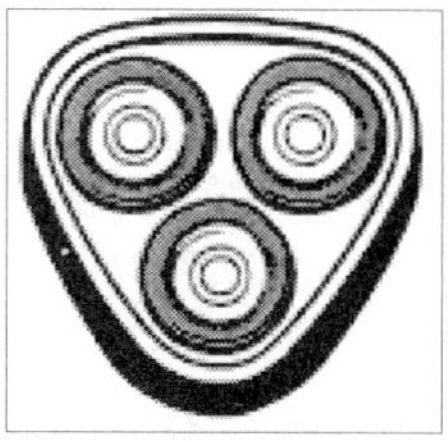

【제 B-1 문】 (30점)

甲은 정원수와 같은 수목에 효과가 아주 좋은 액상의 비료를 개발하였는데, 甲이 개발한 액상의 비료는 죽어가는 나무의 생명을 살릴 수 있을 만큼 효과가 우수하여, 甲은 1980년 특허출원 후부터(1983년 특허등록, 1995년 소멸) 액상의 비료를 제조하여 판매하는 영업을 지금까지 지속하고 있다. 이 액상의 비료의 수요자는 주로 조경업체이다.

甲은 처음부터 위 액상의 비료에 "생명액"이라는 상표를 부착하여 제조 · 판매하였고, 1980년에는 "생명액"이라는 상표를 액상의 비료를 지정상품으로 하여 출원하였으나 1982년에 거절결정되었다.

甲은 1983년 다시 액상의 비료를 지정상품으로 "천지생명액" 상표를 출원하여 1984년 상표등록을 받았고, 이 상표등록은 현재까지도 유효하다. 그런데 甲은 현재까지 지정상품에 "천지생명액"이라고 표시하지 않고, 오직 "생명액"이라고만 표시하여 사용하고 있으며, 자신이 생산하는 제품가운데 특허받은 액상의 비료에 대해서만 "생명액"이라고 사용하고 있다.

1980년부터 2000년까지 甲의 회사에서 근무하던 乙은 그 회사를 퇴직하고, 2001년부터 甲과 동일한 액상의 비료를 제조하여 판매하면서 액상의 비료를 지정상품으로 하여 "동해생명액"이라는 상표를 출원, 2002년 상표등록을 받았다. 乙은 그의 제품 포장지에 "동해생명액"이라 표시하여 그의 등록상표를 사용해오고 있다.
甲이 개발한 액상의 비료를 생산하는 업체는 우리나라에 甲과 乙뿐이다.
甲은 그가 "생명액"을 20년 이상 독점적으로 사용해 왔다고 판단되어 2002년 액상의 비료를 지정상품으로 하여 "생명액"상표를 출원하였고, 乙이 "생명액" 이라는 용어를 그의 상표에 사용하는 것을 금지하기 위하여 2003년 2월에는 乙을 상대로 상표사용금지 청구소송을 법원에 제기하였다.

(1) 1980년에 甲이 상표등록출원한 상표 '생명액'의 거절이유가 무엇인지에 관하여 약술하라. (5점)

(2) 甲이 2002년에 한 상표등록출원에 대하여 등록받을 수 있는 법적 근거와 그 이유는 무엇인가? (5점)

(3) 甲이 2002년에 출원한 상표가 등록받을 수 없는 법적 근거와 그 이유는 무엇인가? (10점)

(4) 甲의 일련의 법률적 조치에 대하여 乙이 능동적으로 취할 수 있는 방어수단(Defences)에 관하여 약술하라. (10점)

【제B-2 문】 (20점)

甲은 「CCD」라는 상품을 상품류 구분 제3류(화장품류)에 속하는 상품을 지정상품으로 하여 출원하였으나, 심사관으로부터 상품의 성질표시로서 식별력이 없다는 이유로 거절되었다 (2003. 5. 1. 의견서제출통지서 수령). 그리하여 甲은 출원상표를 포기하고 상표등록 없이 「CCD」를 화장품의 품질을 설명하는 방법으로 패키지 및 설명서에 사용하고 있었다. 그런데, 甲은 등록상표 「A+CCD」(1999. 3. 5. 등록, 지정상품은 화장품류)의 상표권자 乙로부터 자신의 상표권을 침해하였다는 내용의 경고장을 받았다. 甲이 조사하여 본 결과 乙의 등록상표 「A+CCD」는 그 지정상품에 관하여 사용되고 있지 않음이 확인되었다.
이때, 甲이 乙의 권리행사에 대하여 취할 수 있는 모든 법적 수단과 그 구체적인 이유에 관하여 설명하시오.

〈관련 법조문〉

第6條 (商標登錄의 요건) ① 다음 各號의 1에 해당하는 商標를 제외하고는 登錄을 받을 수 있다. 〈改正 1997.8.22〉

1. 그 商品의 普通名稱을 普通으로 사용하는 방법으로 표시한 標章만으로 된 商標
2. 그 商品에 대하여 慣用하는 商標
3. 그 商品의 産地 · 品質 · 原材料 · 效能 · 用途 · 數量 · 形狀(포장의 形狀을 포함한다) ·

價格·生産方法·加工方法·사용방법 또는 時期를 普通으로 사용하는 방법으로 표시한 標章만으로 된 商標

4. 현저한 地理的 名稱·그 略語 또는 地圖만으로 된 商標
5. 흔히 있는 姓 또는 名稱을 普通으로 사용하는 방법으로 표시한 標章만으로 된 商標
6. 간단하고 흔히 있는 標章만으로 된 商標
7. 第1號 내지 第6號외에 需要者가 누구의 業務에 관련된 商品을 표시하는 것인가를 識別할 수 없는 商標

② 제1항 제3호 내지 제6호에 해당하는 商標라도 第9條의 規定에 의한 商標登錄出願전에 商標를 사용한 결과 需要者間에 그 商標가 누구의 業務에 관련된 商品을 표시하는 것인가 현저하게 認識되어 있는 것은 그 商標를 사용한 商品을 指定商品(第10條第1項 및 第47條第2項第3號의 規定에 의하여 지정한 商品 및 추가로 지정한 商品을 말한다. 이하 같다)으로 하여 商標登錄을 받을 수 있다. 〈개정 2001.2.3〉

第7條 (商標登錄을 받을 수 없는 商標) ① 다음 各號의 1에 해당하는 商標는 6條의 規定에 불구하고 商標登錄을 받을 수 없다. 〈改正 1993.12.10, 1997.8.22, 2001.2.3〉

1. 大韓民國의 國旗·國章·軍旗·勳章·褒章·記章, 外國의 國旗·國章, 공업소유권보호를위한파리협약(이하 "파리협약"이라 한다) 동맹국·세계무역기구 회원국 또는 상표법조약 체약국의 훈장·褒章·記章, 赤十字·올림픽 또는 著名한 國際機關등의 名稱이나 標章과 동일하거나 이와 유사한 商標, 대한민국·파리협약 동맹국·세계무역기구 회원국 또는 상표법조약 체약국·그 國家의 公共機關이 사용하는 監督用이나 證明用 印章 또는 記號와 동일 또는 유사한 商標
2. 國家·人種·民族·公共團體·宗教 또는 著名한 故人과의 관계를 허위로 표시하거나 이들을 誹謗 또는 모욕하거나 이들에 대하여 나쁜 評判을 받게 할 염려가 있는 商標
3. 國家·公共團體 또는 이들의 機關과 公益法人의 營利를 目的으로 하지 아니하는 業務 또는 營利를 目的으로 하지 아니하는 公益事業을 표시하는 標章으로서 著名한 것과 동일 또는 유사한 商標. 다만, 國家·公共團體 또는 이들의 機關과 公益法人 또는 公益事業體에서 자기의 標章을 商標登錄出願한 때에는 그러하지 아니하다.
4. 公共의 秩序 또는 善良한 風俗을 문란하게 할 염려가 있는 商標
5. 政府가 開催하거나 政府의 승인을 얻어 開催하는 博覽會 또는 外國政府가 開催하거나 外國政府의 승인을 얻어 開催하는 博覽會의 賞牌·賞狀 또는 褒章과 동일 또는 유사한 標章이 있는 商標. 다만, 그 賞牌·賞狀 또는 褒章을 받은 者가 당해 博覽會에서 受賞한 商品에 관하여 商標의 일부로서 그 標章을 사용할 때에는 그러하지 아니하다.
6. 著名한 他人의 姓名·名稱 또는 商號·肖像·署名·印章·雅號·藝名·筆名 또는 이들의 略稱을 포함하는 商標. 다만, 그 他人의 승낙을 얻은 경우에는 그러하지 아니하다.
7. 先出願에 의한 他人의 登錄商標와 동일 또는 유사한 商標로서 그 登錄商標의 指定商

品과 동일 또는 유사한 商品에 사용하는 商標

8. 商標權이 消滅한 날(商標登錄을 無效로 한다는 審決이 있은 경우에는 審決 確定日을 말한다)부터 1年을 경과하지 아니한 他人의 登錄商標와 동일 또는 유사한 商標로서 그 指定商品과 동일 또는 유사한 商品에 사용하는 商標
9. 他人의 商品을 표시하는 것이라고 需要者間에 현저하게 認識되어 있는 商標와 동일 또는 유사한 商標로서 그 他人의 商品과 동일 또는 유사한 商品에 사용하는 商標
10. 需要者間에 현저하게 認識되어 있는 他人의 商品이나 營業과 混同을 일으키게 할 염려가 있는 商標
11. 商品의 品質을 誤認하게 하거나 需要者를 欺瞞할 염려가 있는 商標
12. 國內 또는 外國의 需要者간에 特定人의 商品을 표시하는 것이라고 현저하게 認識되어 있는 商標와 동일 또는 유사한 商標로서 부당한 利益을 얻으려하거나 그 特定人에게 損害를 가하려고 하는 등 不正한 目的을 가지고 사용하는 商標
13. 商標登錄을 받고자 하는 商品 또는 그 商品의 포장의 기능을 확보하는데 불가결한 立體的 形狀만으로 된 商標
14. 世界貿易機構 회원국내의 葡萄酒 및 蒸溜酒의 産地에 관한 地理的 표시로서 구성되거나 동 표시를 포함하는 商標로서 葡萄酒·蒸溜酒 또는 이와 유사한 商品에 사용하고자 하는 商標

② 第1項第6號·第9號 및 第10號의 規定에 해당하는 商標라도 商標登錄出願時에 이에 해당하지 아니하는 것에 대하여는 당해 規定은 適用하지 아니한다.

③ 第1項第7號 및 第8號의 規定은 商標登錄出願시에 이에 해당하는 것(他人의 登錄商標가 第71條第3項의 規定에 의하여 無效로 된 경우에도 이에 해당하는 것으로 본다)에 대하여 이를 適用한다. 다만, 商標登錄出願후 商標權者와 商標登錄出願人(이하 "出願人"이라 한다) 이 동일하게 된 경우에는 그러하지 아니하다. 〈改正 1997.8.22〉

④ 第1項第8號의 規定은 다음 各號의 1에 해당하는 경우에는 이를 적용하지 아니한다.〈改正 1993.12.10, 1997.8.22〉

1. 登錄商標가 商標權이 消滅한 날부터 소급하여 1年이상 사용되지 아니한 경우
2. 登錄商標가 第1項第6號·第9號·第10號 및 第12號, 第8條 또는 第73條第1項第7號의 規定에 위반한 것을 사유로 無效 또는 取消의 審決이 확정된 후 그 정당한 出願人이 商標登錄出願한 경우
3. 登錄商標에 대한 商標權의 存續期間更新登錄出願이 되지 아니한 채 第43條第2項 但書의 規定에 의한 6月의 기간이 경과된 후에 商標登錄出願한 경우

⑤ 第73條第1項第2號·第3號·第5號 내지 第9號의 規定에 해당한다는 것을 이유로 商標登錄의 取消審判이 請求되고 그 請求日이후에 다음 各號의 1에 해당하게 된 때에는 商標權者 및 그 商標를 사용한 者는 그 해당하게 된 날부터 3年이 경과한 후에 商標登錄出願을 하지 아니하면 消滅된 登錄商標와 동일 또는 유사한 商標를 그 指定商品과 동일 또는 유사한 商品에 대하여 商標登錄을 받을 수 없다. 〈改正 1997.8.22〉

1. 存續期間의 만료로 인하여 商標權이 消滅한 경우

2. 商標權者가 商標權 또는 指定商品의 일부를 포기한 경우
3. 商標登錄 取消의 審決이 확정된 경우

第23條 (상표등록거절결정 및 拒絶理由通知) ① 審査官은 상표등록출원이 다음 각호의 1에 해당하은 경우에는 그 상표등록출원에 대하여 상표등록 거절결정을 하여야 한다. 〈개정 1997.8.22, 2001.2.3〉

1. 第3條 但書, 第6條 내지 第8條, 第10條第1項, 第12條第2項 後段 · 第5項 · 第7項 내지 第9項 또는 第5條의 規定에 의하여 準用되는 特許法 第25條의 規定에 의하여 商標登錄을 할 수 없는 경우
2. 條約의 規定에 위반된 경우
3. 條約當事國에 登錄된 商標 또는 이와 유사한 商標로서 그 商標에 관한 權利를 가진 者의 代理人이나 代表者 또는 商標登錄出願日전 1年이내에 代理人이나 代表者이었던 者가 商標에 관한 權利를 가진 者의 同意를 받지 아니하는 등 정당한 이유없이 그 商標의 指定商品과 동일하거나 이와 유사한 商品을 指定商品으로 商標登錄出願을 한 경우. 다만, 그 權利者로부터 상표등록이의신청이 있거나 제22조 제3항의 규정에 의한 정보제공이 있는 경우에 한한다.
4. 제2조 제1항 제1호 내지 제4호의 규정에 의한 표장의 정의에 합치하지 아니하는 경우

② 審査官은 第1項의 規定에 의하여 상표등록거절결정을 하고자 할 때에는 그 出願人에게 拒絶理由를 통지하고 期間을 정하여 意見書를 제출할 수 있는 機會를 주어야 한다. 〈개정 2001.2.3〉

제24조의2 (손실보상청구권) ① 출원인은 제24조 제2항(제49조 제3항 및 제81조 제1항의 규정에 의하여 준용되는 경우를 포함한다)의 규정에 의한 출원공고가 있은 후 당해 상표등록출원에 관한 지정상품과 동일하거나 이와 유사한 상품에 대하여 당해 상표등록출원에 관한 상표와 동일하거나 이와 유사한 상표를 사용하는 자에게 서면으로 경고할 수 있다. 다만, 출원인이 당해 상표등록출원의 사본을 제시하는 경우에는 출원공고전이라도 서면으로 경고할 수 있다.

② 제1항의 규정에 의하여 경고를 한 출원인은 경고후 상표권을 설정등록할 때까지의 기간에 발생한 당해 상표의 사용에 관한 업무상 손실에 상당하는 보상금의 지급을 청구할 수 있다.

③ 제2항의 규정에 의한 청구권은 당해 상표등록출원에 대한 상표권의 설정등록이 있은 후가 아니면 이를 행사할 수 없다.

④ 제2항의 규정에 의한 청구권의 행사는 상표권의 행사에 영향을 미치지 아니한다.

⑤ 제52조 · 제66조 · 제69조 및 제70조와 민법 제760조 및 제766조의 규정은 제2항의 규정에 의한 청구권을 행사하는 경우에 이를 준용한다. 이 경우 민법 제766조 제1항중 "被害者나 그 法定代理人이 그 損害 및 加害者를 안 날"은 "당해 상표권의 설정등록일"로 본다.

⑥ 상표등록출원이 다음 각호의 1에 해당하는 때에는 제2항의 규정에 의한 청구권은

처음부터 발생하지 아니한 것으로 본다.

1. 상표등록출원이 포기·취하 또는 무효로 된 때
2. 상표등록출원에 대한 상표등록거절결정이 확정된 때
3. 제71조의 규정에 의하여 상표등록을 무효로 한다는 심결(동조 제1항 제4호 및 제5호의 규정에 의한 경우를 제외한다)이 확정된 때

[본조신설 2001.2.3]

[적용 2001.7.1부터]

第50條 (商標權의 效力) 商標權者는 指定商品에 관하여 그 登錄商標를 사용할 權利를 獨占한다. 다만, 그 商標權에 관하여 專用使用權을 設定한 때에는 第55條第3項의 規定에 의하여 專用 使用權者가 登錄商標를 사용할 權利를 獨占하는 범위안에서는 그러하지 아니하다.

第51條 (商標權의 效力이 미치지 아니하는 범위) 商標權은 다음 各號의 1에 해당하는 경우에는 그 效力이 미치지 아니한다. 〈改正 1997.8.22, 2001.2.3〉

1. 자기의 姓名·名稱 또는 商號·肖像·署名·印章 또는 著名한 雅號·藝名·筆名과 이들의 著名한 略稱을 普通으로 사용하는 방법으로 표시하는 商標. 다만, 商標權의 設定登錄이 있은 후에 不正競爭의 目的으로 그 商標를 사용하는 경우에는 그러하지 아니하다.
2. 登錄商標의 指定商品과 동일 또는 유사한 商品의 普通名稱·産地·品質·原材料·效能·用途·數量·形狀(포장의 形狀을 포함한다)·價格 또는 生産方法·加工方法·사용방법 및 時期를 普通으로 사용하는 방법으로 표시하는 商標
3. 登錄商標의 指定商品과 동일 또는 유사한 商品에 대하여 慣用하는 商標와 현저한 地理的 名稱 및 그 略語 또는 地圖로 된 商標
4. 등록상표의 지정상품 또는 그 지정상품의 포장의 기능을 확보하는데 불가결한 입체적 형상으로 된 상표

第65條 (權利侵害에 대한 禁止請求權등) ① 商標權者 또는 專用使用權者는 자기의 權利를 침해한 者 또는 침해할 우려가 있는 者에 대하여 그 침해의 금지 또는 豫防을 請求할 수 있다.

② 商標權者 또는 專用使用權者가 第1項의 規定에 의한 請求를 할 때에는 침해행위를 조성한 물건의 폐기, 침해행위에 제공된 設備의 제거 기타 침해의 豫防에 필요한 행위를 請求할 수 있다.

第71條 (商標登錄의 無效審判) ① 利害關係人 또는 審査官은 商標登錄 또는 指定商品의 追加登錄이 다음 各號의 1에 해당하는 경우에는 無效審判을 請求할 수 있다. 이 경우 登錄商標의 指定商品이 2이상 있는 경우에는 指定商品마다 請求할 수 있다. 〈改正 1997.8.22, 2001.2.3〉

1. 商標登錄 또는 指定商品의 追加登錄이 第3條 但書, 第6條 내지 第8條, 第12條 第2項 後段·第5項 및 第7項 내지 제9항, 제23조 제1항 제4호 또는 第5條의 規定에 의하여 準用되는 特許法 第25條의 각 規定에 위반된 경우

2. 商標登錄 또는 指定商品의 追加登錄이 條約에 위반된 경우
3. 商標登錄 또는 指定商品의 追加登錄이 그 商標登錄出願에 의하여 발생한 權利를 承繼하지 아니한 者에 의한 경우
4. 商標登錄후 그 商標權者가 第5條의 規定에 의하여 準用되는 特許權 第25條의 規定에 의하여 商標權을 享有할 수 없는 者로 되거나 그 登錄商標가 條約에 위반된 경우
5. 상표등록이 된 후에 그 등록상표가 제6조 제1항 각호의 1에 해당하게 된 경우(제6조 제2항에 해당하게 된 경우를 제외한다)

② 第1項의 規定에 의한 無效審判은 商標權이 消滅된 후에도 이를 請求할 수 있다.

③ 商標登錄을 無效로 한다는 審決이 확정된 때에는 그 商標權은 처음부터 없었던 것으로 본다. 다만, 제1항 제4호 또는 제5호의 規定에 의하여 商標登錄을 無效로 한다는 審決이 확정된 때에는 商標權은 그 登錄商標가 同號에 해당하게 된 때부터 없었던 것으로 본다. 〈개정 2001.2.3〉

④ 제3항 단서의 규정을 적용함에 있어서 등록상표가 제1항 제4호 또는 제5호에 해당하게 된 때를 특정할 수 없는 경우에는 제1항의 규정에 의한 무효심판이 청구되어 그 청구내용이 등록원부에 공시된 때부터 당해 상표권은 없었던 것으로 본다.〈신설 2001.2.3〉

⑤ 審判長은 第1項의 審判의 請求가 있는 때에는 그 취지를 당해 商標權의 專用 使用權者 기타 商標에 관하여 登錄을 한 權利를 가지는 者에게 통지하여야 한다.

第73條 (商標登錄의 取消審判) ① 登錄商標가 다음 各號의 1에 해당하는 경우에는 그 商標登錄의 取消審判을 請求할 수 있다 .〈改正 1997.8.22〉

1. 削除 〈1997.8.22〉
2. 商標權者가 故意로 指定商品에 登錄商標와 유사한 商標를 사용하거나 指定商品과 유사한 商品에 登錄商標 또는 이와 유사한 商標를 사용함으로써 需要者로 하여금 商品의 品質의 誤認 또는 他人의 業務에 관련된 商品과의 混同을 생기게 한 경우
3. 商標權者·專用使用權者 또는 通常使用權者중 어느 누구도 정당한 이유없이 登錄商標를 그 指定商品에 대하여 取消審判請求日전 계속하여 3年이상 國內에서 사용하고 있지 아니한 경우
4. 第54條第1項 後段·第5項·第7項 내지 第9項의 指定에 위반된 경우
5. 團體標章에 있어서 所屬團體員이 定款의 規定에 위반하여 團體標章을 他人에게 사용하게 한 경우
6. 團體標章의 設定登錄을 한 후 第9條第3項의 規定에 의한 定款을 變更함으로써 需要者로 하여금 商品의 品質의 誤認 또는 他誌의 業務에 관련된 商品과의 混同을 생기게 할 염려가 있는 경우
7. 第23條第3號 本文에 해당하는 商標가 登錄된 경우에 그 商標에 관한 權利를 가진 者가 당해 商標登錄日부터 5年이내에 取消審判을 請求한 경우
8. 專用使用權者 또는 通常使用權者가 指定商品 또는 이와 유사한 商品에 登錄商標 또는 이와 유사한 商標를 사용함으로써 需要者로 하여금 商品의 品質의 誤認 또는

他人의 業務에 관련된 商品과의 混同을 생기게 한 경우. 다만, 商標權者가 상당한 주의를 한 경우에는 그러하지 아니하다.

9. 商標權의 移轉으로 인하여 유사한 登錄商標가 각각 다른 商標權者에게 속하게 되고 그 중 1人이 자기의 登錄商標의 指定商品과 동일 또는 유사한 商品에 不正競爭을 目的으로 자기의 登錄商標를 사용함으로써 需要者로 하여금 商品의 品質의 誤認 또는 他人의 業務에 관련된 商品과의 混同을 생기게 한 경우

第75條 (權利範圍 確認審判) 商標權者 또는 利害關係人은 登錄商標의 權利範圍를 확인하기 위하여 商標權의 權利範圍 確認審判을 請求할 수 있다.

제41회(2004년) 변리사시험

【제 A-1 문】 (30점)

주류회사인 甲은 1998. 1. 4. "청주, 소주"를 지정상품으로 하여 "Clean" 클 린 이라는 상표를 출원하였으나 1999. 3. 2. 특허청 심사관으로부터 상표법 제6조 제1항 제3호에 의하여 등록이 될 수 없다는 취지의 거절이유를 통지받았다(이 거절이유 자체는 정당한 것이었다). 甲은 즉시 거절이유에 대한 의견서를 제출함과 동시에, 위 상표를 동해안 심해저에서 채취한 깨끗한 물을 원료로 생산하는 청주와 소주의 상표로 사용하여 광고하고 판매하기 시작하였는 바, 위 상표가 사용된 청주와 소주는 이른바 웰빙 열풍과 심해수에 대한 언론의 관심에 힘입어 출시 직후부터 애주가들 사이에 선풍적인 인기를 끌기 시작하여 1년이 되기도 전에 국내 시장점유율 1위에 오르게 되었다.

한편, 심사관은 1999. 6. 5. 의견서를 검토한 후 최종적으로 거절결정을 통지 하였고, 이에 甲이 즉시 거절결정에 대한 심판을 청구하자 특허심판원은 약 1년 6개월의 심리 끝에 2000. 12. 15. 甲에게 심리 종결 통지를 하기에 이르렀다.

이와 같은 사실관계를 전제로 다음의 설문에 답하시오(각 설문에 부가된 사실관계는 개별적임).

1. 특허심판원이 판례와 법률에 입각하여 합당한 결론을 내린다면 심결의 결론은 어떻게 될 것인지를 그 근거와 함께 설명하시오. [10점]

2. 출원상표의 지정상품이 "청주, 소주, 스포츠 음료, 과일주스"라면 심결의 결론은 어떻게 될 것인지, 이때 귀하가 출원인의 대리인이라면 거절결정이 있은 직후 심판청구에 앞서서 출원인에게 어떻게 조언했을 것인지를 근거와 함께 설명하시오. [10점]

3. 특허심판원에서 청구인용 심결이 나와 甲의 상표가 적법하게 등록이 된 후, 乙은 "Kite-Clean"이라는 상표의 소주를 판매하였다. 이에 甲은 乙에게 침해 금지에 관한 내용증명을 보냈으나 乙은 자신의 상표는 등록상표와 유사하지 아니하고, 상표법 제51조 제2호에 해당하므로 침해가 아니라고 주장한다. 乙의 주장이 정당한 것인지

여부를 상표법 및 판례에 입각하여 설명하시오. [10점]

【제 A-2 문】 (20점)

甲은 A상표를 특허청에 "a, b, c 상품"을 지정하여 2004. 7. 1. 출원하고 그 상표를 "a, b, c 상품"에 대해서 계속 사용하고 있었는데 경쟁업체인 乙이 甲의 A상표와 유사한 A'상표를 "a, b, c 상품"에 대하여 사용함에 따라 甲에게 많은 피해를 주게 되자 甲은 변리사에게 자문을 의뢰하고자 한다. 당신이 그 변리사라면 다음의 사항에 대해 어떻게 자문을 해 줄 수 있는지 서술하시오.

1. 출원계속중인 A상표를 보호하기 위하여 乙의 A'상표의 사용에 대해 경고하고 乙의 사용으로 인한 甲의 A상표가 등록되기 이전의 금전적 피해를 보전하기 위하여 甲에게 인정되는 상표법상의 권리에 대해 서술하시오. [10점]
2. 위 1의 경우에 甲에게 부여된 권리와 甲의 A상표가 등록된 이후의 손해배상 청구권과의 차이점에 대하여 서술하시오. [10점]

【제 B-1 문】 (30점)

국내일간지 신문사인 甲회사는 영어단어 Dream을 노란색으로 하여 구성된 색채상표(이하 '甲상표 1'이라 함)를 상품류구분 제16류의 "신문"을 지정상품으로 하여 2000. 2. 1. 출원, 같은 해 12. 1. 등록받은 상표권자이다.

동종의 업을 영위하는 乙회사는 甲회사의 위 등록상표와 색채만 다르게 영어단어 Dream을 파란색으로 하여 구성된 색채상표(이하 '乙상표'라 함)를 "신문"을 지정상품으로 하여 2001. 3. 2. 특허청에 상표등록출원을 하였다.

그런데 甲회사는 乙회사의 위 "乙상표"의 출원이 특허청에 유효하게 계속되고 있음을 확인하고서도 기업이미지의 통일화와 광고효과의 증대를 위하여 "乙상표"와 동일하게 영어단어 Dream을 파란색으로 하여 구성된 색채상표(이하 '甲상표 2'라 함)를 "신문"을 지정상품으로 하여 2001. 6. 1. 특허청에 상표등록출원을 하였다.

위와 같은 사안을 적용하여 다음의 각 문제에 대해서 답하시오.

1. 乙회사와 甲회사가 한 각각의 출원상표들에 대한 등록가능성 여부를 설명하고, 아울러 甲회사가 2001. 6. 1. 출원한 "甲상표 2"에 대한 1상표1출원 규정의 저촉여부를 언급하시오. [10점]
2. 상표법상 색채상표의 의의와 도입 배경 및 등록요건을 설명하고, 아울러 단순히 색채만으로 된 색채상표에 대해서는 상표등록을 허용하지 않는 이론적 근거를 설명하시오. [12점]
3. 상표법상 등록상표와 색채만 다른 유사한 상표의 취급에 대하여 설명하되,
   (1) 등록상표와 색채만 다른 유사한 상표를 "등록상표"에 포함시키는 경우와
   (2) 등록상표와 색채만 다른 유사한 상표를 "등록상표와 유사한 상표"에 포함시키지 않는 경우를 나누어 설명하시오. [8점]

【제 B-2 문】 (20점)

甲은 1980년대부터 국내에서 주지 · 저명하게 된 등록상표 X(지정상품 : 청바지)의 상표권자이다.

乙은 상표 X'에 대하여 청바지를 지정상품으로 하여 1997. 2. 5. 상표등록출원을 하여 1998. 5. 3. 상표등록을 받은 후 상표 X'를 그대로 사용하지 아니하고 상표 X"를 사용하여 청바지를 제조 · 판매하고 있다. 그런데 상표 X와 상표 X'는 서로 유사하지 아니하나, 상표 X'와 상표 X"는 서로 유사하다. 일반 수요자들은 乙의 청바지 제품이 甲과 특수한 관계에 있는 자가 제조 · 판매하고 있는 것으로 오인 · 혼동하고 있다.

이에 甲은 2003. 12.경 乙에 대하여 상표 X"의 사용을 중지할 것을 요구하는 경고장을 발송하였으나 乙은 현재까지 계속하여 상표 X"를 사용하여 청바지를 제조 · 판매하고 있다.

이 경우 甲이 취할 수 있는 상표법상의 조치에 대하여 설명하시오.

제42회(2005년) 변리사시험

【제 A-1 문】 (30점)

A 농산물의 산지로 유명한 어느 지방의 영농법인 甲은 2005. 5. 2. 현재 "산지명"을 독점 · 배타적으로 사용하고자 특허청에 당해 "산지명"을 상표구성의 요부로 하고 A 농산물과 그 가공품 등을 지정상품으로 한 상표등록출원을 검토하고 있다. 이와 관련하여 다음 물음에 답하시오.

(1) 甲의 상표등록출원은 상표법상 어떠한 부등록사유를 지니고 있는 지를 약술하고, 위 "산지명"이 등록될 수 있는 특수한 조건과 등록 후 효력의 한계에 대해서도 언급하시오. (14점)

(2) 2005. 7. 1. 부터 시행된 개정 상표법을 고려하여 변리사의 입장에서 보다 바람직한 방향으로 권유할 수 있는 제도를 설명하고 이 제도를 이용할 경우 ① 충족해야 할 기본 요건과, ② 설문(1)의 부등록사유와 효력의 한계는 어떻게 극복 가능한 지를 언급하시오. (12점)

(3) 甲이 A 농산물의 특정 품종명을 상표등록출원할 경우 상표등록을 받을 수 있는가? (4점)

【제 A-2 문】 (20점)

가. 甲은 신상품을 출시하면서 식별력 있는 용어로 구성된 상표 A에 대하여 적법하게 상표등록을 받았다. 그 후 그 상품이 공전의 히트상품이 됨에 따라, 상표 A는 거래업자와 일반수요자간에 마치 당해 상품을 대표하는 명칭처럼 널리 사용되었으며, 국어

사전에도 등재되었다.

나. 상표권자 甲은 뒤늦게 관리 소홀의 잘못을 깨닫고 상표권 존속기간갱신등록을 계기로 하여 동종 상품의 상표로 상표 A를 같이 사용하고 있는 乙을 비롯한 제3자들에게 경고장을 보내고 상표권 침해금지청구를 검토하고 있다.

(1) 본문 가.의 경우 甲의 등록상표 A에 대한 상표권 존속기간갱신등록이 가능한지, 상표법 개정연혁을 고려하여 설명하시오. (8점)

(2) 상표권자 甲으로부터 침해경고를 받은 乙이 甲의 상표권 침해 주장에 대한 항변이 가능한지 여부와 보다 적극적으로 대응하기 위한 방안을 설명하시오. (12점)

【제 B-1 문】 (30점)

Gomdori
甲은 "곰 돌 이"로 구성된 서비스표를 과일빙수전문스낵바업을 지정서비스업으로 하여 1987. 4. 4. 등록하고, 같은 해 말부터 "곰 돌 이"로 구성된 표장만을 사용하여 서울을 비롯한 전국 각지에 수십 개의 체인점을 거느리고 영업 및 광고를 해옴으로써 2000년경에는 "곰 돌 이"라는 표장이 전국의 일반 수요자들에게 현저히 알려지게 되었다. 甲은 최근까지도 위와 동일한 방법으로 활발히 영업을 하고 있다.
한편 ㈜곰돌이는 2004. 3. 2. 설립된 회사로 2004. 4. 3.부터 ㈜곰돌이에 대해 상호등기를 필하고 이를 상호등기한 그대로의 평범한 서체로 간판, 거래명세서, 물품영수증 및 카탈로그 등에 표기하여 서울에서 팥빙수전문스낵바업을 경영해 오고 있다. 또한 ㈜신라는 2005. 2. 3.부터 경기도 일대에서 과일빙수전문점을 운영하면서 "제일빙수"라는 표장을 사용하여 영업을 하는 한편, 온라인상에서 "www.gomdory.co.kr"을 도메인 이름으로 하여 홈페이지를 개설 · 운영하고 있다.
甲은 ㈜곰돌이와 ㈜신라의 위와 같은 내용의 영업사실을 알고는 2005. 2. 28. ㈜곰돌이와 ㈜신라에게 각각 자신의 서비스표권 침해금지 등을 요구하는 경고장을 발송하였다.

(1) 이에 ㈜곰돌이는 자신이 사용하는 표장은 단순히 상호적으로 사용된 것에 불과할 뿐 아니라, 자신의 상호를 보통의 서체로 사용하였을 뿐이어서 상표법제51조 제1항 제1호에 해당하여 甲의 서비스표권에 대한 침해가 성립하지 않는다는 취지의 답변을 해 왔다. 이러한 ㈜곰돌이의 항변이 타당한지 여부를 검토하시오. (10점)

(2) ㈜신라가 "www.gomdory.co.kr"을 도메인 이름으로 사용하는 경우, 甲의 서비스표권 침해가능성 여부를 도메인 이름의 사용태양에 따라 검토하시오. (8점)

(3) ㈜곰돌이는 甲을 상대로 상표법 제71조 제1항 제3호에 기한 서비스표등록취소심판을 청구할 것을 검토하고 있다. 이 경우 위에서 밝힌 사실을 전제로 하였을 때, ① 甲의 등록서비스표가 위 조항의 적용요건에 해당하는지 여부(4점) 및 ② (①의 결론과는 무관하게) 문제해결이라는 측면에서 불사용취소심판의 청구라는 수단 자체가 갖는 한계에 대하여 기술하시오. (8점)

【제 B-2 문】 (20점)

미국의 세탁기회사인 甲은 "MASTERS"라는 상표를 세계적으로 널리 사용하여 왔으나 1992년 국내 상표등록 출원시 이미 선등록 된 乙의 MASTER 라는 상표로 인해 상표등록을 받지 못하였다. 이에 甲은 주지·저명성을 근거로 乙의 등록상표에 대한 무효심판을 청구하였으나 기각되었다. 한편 乙의 등록상표는 그 후 1998년 丙을 거쳐 2003년 丁에게 양도 되었으며 丙은 등록상표와 호칭·관념이 동일한 "MASTER"에 지정상품의 성질표시에 해당하는 "SUPER"가 횡으로 결합된 형태로 등록상표를 변형사용 한 바 있다. 한편 甲은 국내에서도 1994년경 이래 "MASTERS" 상표가 부착된 세탁기 등의 독점판매를 하여 오면서 꾸준히 영업영역을 확대하고 광고·선전에 힘써, 丙이 乙로부터 등록상표권을 취득할 당시 국내에서 주지성을 획득하였거나 적어도 '상표의 가치 있는 점유상태'를 유지하고 있었다.

이러한 상황에서 甲이 丙의 부정사용을 이유로 丁의 등록상표에 대한 취소 심판을 청구할 경우 문제되는 쟁점을 논하고 승소가능성 여부에 대하여 판단하시오. (20점)

제43회(2006년) 변리사시험

【제 A-1 문】 (30점)

미국기업 甲은 1990년경부터 신발류에 있어서 국내는 물론 세계적으로 주지·저명한 "A" 상표를 미등록 상태로 우리나라에서 "축구화"에 사용하고 있다. 한편 乙은 "A" 상표와 극히 유사한 "A'" 상표를 甲의 동의 없이 "등산화"를 지정상품으로 하여 2003. 7. 15. 출원, 2004. 7. 15. 등록받아 현재 "등산화"에 사용하고 있다.

이와 관련하여 상표법상 甲이 乙의 등록상표에 대하여 취할 수 있는 법적 조치와 그 근거를 설명하시오.

【제 A-2 문】 (20점)

甲은 가구를 지정상품으로 등록한 상표인 "호마이카"의 상표권자이다. 상표등록시에는 식별력을 지니고 있었던 상표 "호마이카"가 상표등록 후에 상표권자의 상표관리 소홀 등으로 일반수요자 및 동종업자들이 그 상표를 자유롭게 사용하여 일반 거래사회에서 그 상품의 보통명칭으로 인식되고 사용되어 자타상품의 식별력을 상실하였다. 어떤 상표가 보통명칭에 해당 하는지 여부를 판단하기 위한 인적, 지역적 및 시간적 기준을 설명하고, 위 사례의 상표법상 취급에 대해 서술하시오.

【제 B-1 문】 (30점)

의료기계 제조회사인 甲은 1994. 8. 1. 상표 "X"를 "심전계"를 지정상품으로 상표등록출원하여 1995. 4. 1. 특허청에 상표권의 설정등록을 마쳤다. 그러나 甲은 관계당국으로부터 위 지정상품인 "심전계"의 제조허가를 받지 못하여 상품의 제조는 물론, 위 등록상표 "X"를 사용하지 못하고 있던 차에, 등록상표 "X"의 설정등록일로부터 3년이 경과된 시점인 1998. 4. 1. 비로소 관계당국으로부터 위 "심전계"의 제조허가를 취득하였다.
그러던 중 甲은 자금조달이 여의치 않아 심전계의 제조가 어렵게 되자, 1999. 4. 1. 乙에게 그 영업과 함께 상표 "X"를 양도하였다.
그러나 乙 역시 핵심기술자의 퇴직과 자금난으로 인하여 위 지정상품 "심전계"를 제조하지 못하고 있다가, 2001. 9. 1. 비로소 위 "심전계"를 제조하기 시작하였고 동시에 등록상표 "X"도 사용하기 시작하였다.
그런데, 乙이 위 지정상품 "심전계"의 제조 준비에 박차를 가하고 있던 중, 2000. 8. 1. 경쟁회사인 丙은 위 등록상표 "X"에 대하여 불사용취소심판을 청구하였다.
위 심판사건은 담당심판부에 의해 2001. 4. 2. 심리가 종결되었다.

(1) 丙이 청구한 불사용취소심판에서 등록상표 "X"의 취소가능성 여부를 설명하시오. (20점)

(2) 불사용취소심판에서 승소한 청구인에게 인정되는 상표법상 특별지위에 대해서 설명하시오. (5점)

(3) 불사용취소심판에서 등록상표의 취소를 당한 피청구인이 받게 되는 상표법상 불이익에 대해서 설명하시오. (5점)

【제 B-2 문】 (20점)

乙은 2006. 5. 15. "A도형" 표장으로 상표등록출원(지정상품 : 란제리, 브래지어)을 하였고, 아울러 남대문 상가에서 위 상표를 부착한 란제리 및 브래지어 등을 판매하고 있다. 그런데, 최근 乙은 전 세계적으로 저명한 캐릭터를 창작한 저작권자 甲으로부터 "저명한 자신의 캐릭터를 모방하여 위 속옷 등에 사용하여 판매하고 있으므로 부정경쟁행위에 해당하고, 이런 부정경쟁행위를 중지할 것"이라는 내용의 경고장을 받았다. 참고로 甲은 위 저명한 캐릭터를 전 세계적으로 아동용 식기용품, 학용품이나 신발, 인형 등에 사용한 바 있다. 그리고 甲은 상표권 침해를 예상하여 2005. 1. 11. "A도형" 표장에 대하여 상표권 설정등록(지정상품 : 도시락, 물병, 공책, 연필, 신발, 인형)을 받았으나, 현재까지 국내에서는 위 상표를 위 지정상품들에 사용하고 있지는 않은 상태이다.

(1) 乙의 상표등록출원에 대한 상표등록결정 여부를 설명하시오. (10점)

(2) 乙이 甲의 상표에 대하여 권리범위확인심판을 청구한 경우 예상되는 심결결과 및 그에 대한 논거를 구체적으로 기술하시오. (10점)

제44회(2007년) 변리사시험

【제 A-1 문】 (30점)

甲은 2005. 5. 1. 사각형의 도형 안에 영문자 'JAZZ'를 필기체로 매우 특이하게 도안화하여 표기한 상단 부분과 영문자 'CLASSICS'를 특이한 고딕체로 표기한 하단 부분으로 이루어진 결합상표()를 '음악이 녹음된 디스크, 테이프(musical sound recordings)'를 지정상품으로 하여 상표등록출원을 하였다. 갑의 상표는 상표법 제6조 제1항 제3호에 해당하여 식별력이 없다는 이유로 거절결정 되었다가 거절결정불복심판을 거쳐 2006. 2. 1. 상표등록을 받았다.

그런데, 乙은 甲의 상표등록출원이전인 2005. 3. 1. 부터 ㈜재즈음악이라는 음반회사를 설립하여 그 주주겸 대표이사로서 영문자 'JAZZ'를 평범한 고딕체로 표기한 상표를 부착하여 재즈음악 연주곡이 수록된 음반을 출판, 판매하였다. 이에 甲은 자신의 상표가 등록된 직후인 2006. 2. 15. 乙에게 자신의 상표권을 침해하지 말 것을 요구하는 경고장을 발송하였다.

한편 그 후 乙은 2006. 11. 3. 주식 양도의 방식으로 위 음반회사 ㈜재즈음악을 丙에게 양도하였다. 丙은 위 경고장을 보고서 더 이상 甲과의 상표분쟁에 말려들지 않기 위하여 한동안 평이한 명조체 한글로 된 '재즈음악'이라는 상표를 사용하여 재즈음반을 출판하다가 최근에는 발라드 계열의 음반 등 재즈음악 이외의 음반출판에도 같은 상표를 확대 사용하였다. 2006. 12. 31. 현재 대중들의 반응이 너무 좋아 丙이 운영하는 ㈜재즈음악의 주가가 급격히 오르고 매스컴에도 연일 보도되는 등 화제를 불러일으키고 있어 ㈜재즈음악 회사 자체는 물론 그 회사가 사용하는 한글로 된 '재즈음악'이라는 상표의 지명도도 급상승하여 甲의 상표보다 훨씬 유명하게 되었다.

(1) 甲에게 상표등록을 허용한 특허심판원의 판단은 옳은 것인지, 그릇된 것인지에 대한 판단을 하고, 그 근거를 설명하시오. (10점)

(2) 경고장을 받은 乙이 ㈜재즈음악을 운영하는 동안 자신이 사용하던 상표인 영문자 'JAZZ'로 이루어진 위 표장에 대해 ㈜재즈음악 명의로 2006. 4. 1. 甲을 상대로 소극적 권리범위확인심판을 청구하였는데, 특허심판원에서 2007. 2. 1. 심리를 종결하였다면 어떻게 판단하여야 할 것인지 그 근거와 함께 설명하시오. (10점)

(3) 丙이 운영하던 ㈜재즈음악의 인기가 급격히 치솟자 甲은 2006. 12. 1. ㈜재즈음악을 상대로 자신의 상표권침해금지를 청구하는 소송을 제기하였다. 법원에서는 2007. 7. 20. 변론을 종결하였다면 어떻게 판단하여야 할 것인지 그 근거와 함께 설명하시오. (10점)

【제 A-2 문】 (20점)

국내의 화장품 제조회사인 甲회사는 2000. 6. 1. 일반적으로 쓰이는 구호(slogan)에 해당하는 'X'표장을 샴푸, 향수 등 화장품류를 지정상품으로 하여 상표등록출원을 하였다. 이에 대해, 특허청심사관은 2000. 12. 1. "출원상표는 일반적으로 쓰이는 구호에 해당하는 상표로서, 상표법 제6조 제1항 제7호의 규정에 해당하여 상표등록을 받을 수 없다"는 취지의 거절이유를 통지하였다.
그런데 甲회사는 출원상표 'X'를 화장품류에 대하여 상표등록출원을 하기 10년전인 1990년 6월 경부터 현재까지 계속 사용하여 왔고, 특히 TV를 통해 대대적으로 광고·선전을 하여 왔기 때문에 출원상표 'X'는 이미 수요자나 거래자 사이에 甲회사의 화장품류를 표시하는 상표로 현저하게 인식되기에 이르렀다.

(1) 상표법 제6조 제1항 제7호의 규정의 취지 및 법적 성질을 설명하고, 심사실무상 본 호의 규정에 해당하는 것으로 취급되는 상표의 유형에 대하여 설명하시오. (8점)

(2) 甲 회사가 심사관이 지적하는 거절이유를 극복하기 위하여 주장할 수 있는 상표법상 법리와 그 법리에 따를 때 위 상표에 대한 등록적격성 판단 기준시에 관하여 설명하시오. (12점)

【제 B-1 문】 (30점)

甲은 1980년 경부터 상표등록 없이 'A'라는 상표를 사용하여 가구를 생산, 판매하여 왔으며 2000년 경 'A' 상표는 국내에서 상당한 주지성을 획득하였다. 한편 乙은 2001. 6. 1. '가구'를 지정상품으로 하여 'A' 상표를 출원, 2002. 7. 4. 상표등록을 하였다. 乙은 2007. 7. 16. 그 등록상표에 대한 상표권을 가구 생산업자 丙 에게 양도하였다. 丙이 상표권을 양도 받은 이후, 甲이 'A' 상표를 가구에 계속 사용하자 2007. 7. 25. 丙은 甲을 상대로 상표권 침해금지를 구하는 소송을 법원에 제기하였다.

(1) 상표법 제57조의3에 규정되어 있는 선사용권에 대해 설명하고 위 소송에서 甲이 선사용권에 근거한 항변을 하는 경우 법원은 어떻게 판단하여야 하는지 설명하시오. (5점)

(2) 丙이 제기한 위 소송에서 예상되는 판결 결과 및 그에 관한 논거를 구체적으로 설명하시오. (10점)

(3) 甲이 丙을 상대로 취할 수 있는 모든 법률상 조치에 대해 설명하시오. (15점)

【제 B-2 문】 (20점)

甲은 2003년 10월부터 'Y'라는 상표를 사용하여 '티셔츠, 신발'등을 전 세계적으로 판매하였으며 그 결과 'Y' 상표는 2006년 12월말경 한국, 일본 및 동남아 등지에서 일반수요자들에게 널리 인식되었다. 甲이 한국에 상표등록을 하지 않고 있는 사이에, 국내에서 청바지를 판매하고 있던 乙은 甲의 상표와 동일한 표장을 '청바지 도매업'을 지정서비스업으로 하여 서비스표등록출원을 하였다.

(1) 乙의 서비스표등록출원이 2006년 12월 1일에 있었다면, 乙의 서비스표등록출원에는

상표법상 어떤 부등록사유가 있는지 설명하시오. (10점)

(2) 乙의 서비스표등록출원이 2007년 7월 1일에 있었다면, 乙의 서비스표등록출원에는 상표법상 어떤 부등록사유가 있는지 설명하시오. (10점)

제45회(2008년) 변리사시험

【제 A-1 문】 (30점)

甲은 1990년 8월경부터 대전에서 "도나도나"라는 상호 아래 돈까스 전문점을 운영해 오고 있는 바, 이 음식점의 돈까스는 그 맛이 특이하여 전국적으로 유명하게 되었고, 2001년경부터는 인터넷이나 TV의 모든 맛집 소개에서 빠지지 않는 곳이 되었다. 한편, 乙은 2002년 9월경 돈까스 등을 지정상품으로 하는 "돈아돈아"라는 상표를 특허청에 출원하였고, 이 상표는 2003. 5. 11. 등록되었다. 乙은 2005. 7. 2. 이 상표의 전용사용권을 丙에게 10년간 허여하는 계약을 체결하였다.

그런데 丙은 상표등록원부상에 전용사용권자로 등록되지 아니한 채 2005년 10월경부터 지금까지 서울에서 "돈아돈아"라는 상호의 돈까스 전문점을 자기 명의로 운영해 오고 있다.

2007년경 丙은 대전 지역에서도 동일 상호의 돈까스 전문점을 운영하여 전국을 석권할 것을 계획한 후, 상표권자인 乙에게 이 계획에 협조할 것을 요청했다. 이러한 요청에 따라, 乙은 2008년 6월경 대전지방법원에 상표권 침해금지청구소송을 제기하여, 甲이 자신의 상표권을 침해하고 있다고 주장했다.

(1) 甲의 영업행위가 乙의 상표권에 대한 침해행위에 해당하는지 여부를 논하시오. (12점)

(2) 甲이 乙과 丙에 대하여 취할 수 있는 모든 조치에 대하여 논하시오. (18점)

【제 A-2 문】 (20점)

상표는 식별력에 따라 조어표장(coined mark 또는 fanciful mark), 임의선택표장(arbitrary mark), 암시적표장(suggestive mark), 기술적표장(descriptive mark) 및 일반명칭표장(generic mark)으로 분류된다. 이들 각각에 대하여 정의하고, 식별력의 구비정도 및 상표등록적격 여부에 대하여 논하시오.

【제 B-1 문】 (30점)

2001년 5월경부터 인터넷을 이용하여 각종 사무용 컴퓨터 프로그램에 관한 원격 교육업을 하던 甲은 2002년 2월 5일 "오피스 교실"이라는 자사의 온라인 교육서비스의 명칭을 '인터넷을 이용한 원격 교육업' 등을 지정서비스업으로 하여 서비스표 등록출원하고 2004년 3월 5일 서비스표 등록을 받아서 현재까지 원격 교육 사업을 진행하여 왔다.

애초 甲의 위 서비스표 출원에 대하여 심사관은 상표법 제6조 제1항 제3호에 해당한다는 이유로 거절결정을 하였으나(심사관의 이와 같은 결정은 정당한 것이었다) 甲은 거절결정에 대한 불복 심판을 제기하였고, 특허심판원은 심결시를 기준으로 할 때 이 사건 출원서비스표는 상표법 제6조 제2항에 해당하게 되었음을 인정하고(이와 같은 사시인정은 올바른 것이었다), 거절결정을 취소하여 등록이 된 것이다.
그런데 2006년 설립된 "주식회사 오피스 교실"이라는 상호의 乙은 설립 무렵부터 사무용 소프트웨어에 대한 출장교육 및 인터넷을 이용한 온라인 교육 사업을 하면서 자사의 상호 가운데 일부인 "오피스 교실"을 자사의 출장교육 및 온라인 교육에 대한 인터넷 광고 등에 식별력 있는 도형과 결합된 일체로 사용하였다.
甲은 2008년 5월경 乙의 행위가 자사의 서비스표권을 침해하는 행위라고 주장하였고, 이에 대하여 乙은 자신의 행위는 상표법 제51조에 의하여 침해가 아니라고 주장하였다.

(1) 乙의 주장의 당부를 논하시오. (12점)

(2) 乙이 甲의 서비스표에 대하여 출원시를 기준으로 할 때 상표법 제6조 제1항 제3호에 해당함을 이유로 무효심판을 청구하는 경우 그 예상되는 결론과 그 이유를 설명하시오. (8점)

(3) 만약, 甲의 서비스표가 상표법 제6조 제1항 제3호에 해당하는 서비스표로서 그 출원시는 물론 등록여부 결정시 또는 심결시에도 실제로는 상표법 제6조 제2항에 해당하는 거이 아님에도 불구하고 착오로 등록되었으나 乙이 이 사건 서비스표를 사용하기 시작할 무렵에 비로소 사용에 의한 식별력을 취득한 경우에 乙의 주장(무효심판에 관한 것은 제외)의 당부를 논하시오. (10점)

【제 B-2 문】 (20점)

甲의 등록상표 'A'에 관하여 乙이 2006. 12. 3. 상표법 제73조 제1항 제3호(3년간의 불사용으로 인한 취소)에 의한 등록취소심판을 청구하여 2007. 10. 5. 甲의 상표 'A'에 대한 등록취소심결이 내려졌으나, 甲이 불복을 하지 아니하여 위 심결이 확정되었다. 그런데, 甲은 위 등록취소심판이 청구된 이후인 2007. 1. 10. 자신의 등록상표 'A'와 표장이 유사하고, 지정상품도 일부 동일한 상표 'a'를 출원하여 2008. 5. 25. 등록을 받았다. 위 등록취소심결이 확정된 이후인 2007. 12. 10. 乙이 취소된 상표 'A'와 표장이 유사하고, 지정상품도 일부 동일한 상표를 출원하자 특허청에서는 2008. 7. 10. 위 甲의 상표 'a'를 인용하여 거절이유 통지를 하였다. 이러한 상황에서 乙이 자신의 상표권의 확보를 위하여 취할 수 있는 조치는 무엇인지 그 근거와 함께 논하시오.

제46회(2009년) 변리사시험

【제 A-1 문】 (30점)

서울에서 귀금속판매업을 하고 있는 甲은 2001년 3월 23일 "순금당"이라는 상표를 '금, 은, 금도금, 백금, 다이아몬드, 진주'를 지정상품으로 하여 상표등록출원을 하여 2002년 4월 22일 상표등록을 받았다.

부산에서 귀금속판매업을 하고 있는 乙은 2003년경부터 '금, 은, 금도금, 백금, 다이아몬드, 진주' 등 귀금속류 및 보석류 제품을 판매하면서 "백금당"이라는 표장을 사용하고 있다.

이에 甲은 2008년 3월 14일 乙에게 상표권침해행위를 중지할 것을 요구하는 경고장을 발송하였다. 그러자 乙은 2008년 4월 30일 甲상대로 하여 甲의 등록상표 "순금당"에 대한 등록무효심판과 乙이 사용하는 "백금당"이라는 표장이 甲의 등록상표 "순금당"의 권리범위에 속하지 아니한다는 권리범위확인심판을 청구하였다.

한편, 甲은 위 각 심판이 계속 중이던 2009년 1월 5일 甲의 등록상표의 지정상품 중의 일부인 '금도금'에 대한 상표권의 포기등록을 하였다.

위 사례에 기초하여 다음 (1), (2), (3)의 물음에 대하여 답하시오. 만일, 지정상품별로 다른 결론이 내려질 수 있다면, 그 구체적인 지정상품의 범위를 밝히시오. 다만, 甲의 등록상표의 지정상품 중 '금, 은, 금도금, 백금'은 귀금속류 제품이고, '다이아몬드, 진주'는 보석류 제품인데, 귀금속류 제품과 보석류 제품은 소로 유사한 상품이고, 乙은 "백금당"이라는 표장을 자기의 상호로서 사용하는 것이라는 주장은 하지 않는 것으로 한다.

(1) 위 등록무효심판 사건에서 乙이 주장할 수 있는 甲의 등록상표 "순금당"의 등록무효사유를 열거하고, 위 甲의 등록상표가 무효로 될 수 있는지 여부를 판단하시오. (15점)

(2) 위 권리범위확인심판 사건에서 乙이 주장할 수 있는 상표법상의 규정을 들고 乙의 사용표장 "백금당"이 甲의 등록상표 "순금당"의 권리범위에 속하는지 여 부를 판단하시오. (10점)

(3) 상표권의 적극적 효력과 소극적 효력의 내용을 간단히 설명하고, 위 (1)과 (2)의 판단에 따른 그 효력의 차이를 설명하시오. (5점)

【제 A-2 문】 (20점)

甲은 2004년 7월 26일 지정상품을 '애완동물용 의류, 모피' 등으로 하고 ""와 같이 구성된 상표를 등록출원하여 2005년 9월 22일 등록받았으나 실제로는 "TOM & JERRY"라는 문자 부분만을 사용하였다.

한편, 乙은 1980년 2월경데 TOM과 JERRY라는 고양이와 쥐가 주인공으로 나오는 텔레비전용 만화영화를 창작하였고 그 만화영화는 1980년대부터 그 창작국인 미국은 물론 우리나라를 비롯한 세계 각국의 텔레비전에서 어린이를 상대로 방영되어 선풍적인 인기를 끌었고 그 결과 ""와 같이 구성된 캐릭터가 유명하게 되었다.
한편, 乙은 1985년부터 위 캐릭터의 상품화 사업을 시작하여 2001년까지 미국과 우리나라를 포함하여 세계 60여개 국가에서 위 캐릭터와 관련된 450여개의 상표를 등록받아 보유하고 있으며, 전 세계에 걸쳐 5,000여개의 업체(이하 '라이선시'라 한다)들과 캐릭터 사용계약을 체결하여 각국에서 수십억원 상당의 캐릭터 사용료를 징수하는 등 활발한 상품화 사업을 전개하여 왔고 각국의 라이선시들이 이 사건 캐릭터 상표를 각종 '문구용품, 침구류, 애견용품' 등에 사용하여 왔다.

(1) 甲이 乙의 동의 없이 등록상표를 사용하는 경우의 상표법상 취급에 대하여 설명하시오. (5점)

(2) 乙이 甲의 상표에 대하여 취할 수 있는 상표법상 조치에 대하여 설명하시오. (15점)

【제 B-1 문】 (30점)

스위스 법인인 甲은 "마사이 워킹"이라는 상표를 2001년경부터 특수한 형태의 각종 신발 상품에 사용하여 왔으며 2002년경 스위스 상표청에 상표등록을 하였고 2003년경에는 스위스 국내에서 주지·저명한 상표가 되었으나 우리나라에서는 판매되거나 사용된 적이 없어 제대로 알려지지 않았다.
甲으로부터 기능성 신발을 수입하여 판매하려던 A는 동일한 기능의 운동화가 국내에서 판매되는 것을 발견하였고, A를 통하여 이를 알게 된 甲은 2009년 5월 11일 지정상품을 '기능성 운동화'로 하여 "마사이 워킹"이라는 상표에 대하여 상표등록출원을 하였으나 심사관은 "마사이 워킹"은 지정상품의 성질을 표시하는 것일 뿐만 아니라 2008년 1월 7일에 출원되어 2008년 8월 20일에 등록된 乙의 선등록상표 "마싸이(지정상품 : 운동화, 야구화, 기능성 신발)"와 유사하다고 하여 상표법 제6조 제1항 제3호 및 제7조 제1항 제7호를 이유로 거절이유를 통지하였다.
한편, 乙은 2004년경 甲으르부터 위 "마사이 워킹"이라는 상표의 기능성 운동화를 수입하여 판매하려고 협상하였으나 甲이 제시한 단가가 국내 소비자에게는 지나치게 비싸다고 생각하고 甲의 특허된 기능을 모방한 기능성 운동화를 스스로 개발하여 위와 같이 "마싸이"라는 상표를 부착하여 2005년경부터 판매하여 왔다.

(1) 위 각 거절이유의 타당성을 검토하시오. (10점)

(2) 甲이 乙의 등록상표를 소멸시킬 수 있는 방법을 검토하시오. (10점)

(3) 甲의 출원상표의 등록 가능성 및 등록받기 위하여 요구되는 필요한 조치를 설명하시오. (10점)

【제 B-2 문】 (20점)

甲은 국내 굴지의 운동화 제조업자로서 1990년 3월 초 신제품 운동화를 개발하여 아리비아 숫자와 영문자로 구성된 "4U"와 영문자 "FORYOU"가 결합된 "4U FORYOU"라는 상표를 부착하여 판매를 시작하였고, 1991년 6월 14일 '운동화'를 지정상품으로 하여 상표등록을 받아 이를 사용해 오고 있다.
그런데 서울에서 운동화 제조업을 하고 있는 乙이 2008년 8월 22일 "4U Z3000"이라는 상표를 '운동화'를 지정상품으로 상표등록출원을 하여 2009년 3월 23일 상표등록을 받아, 이를 '운동화'에 사용하고 있다.
그러자 甲은 2009년 4월 30일 乙을 상대로 하여 乙의 등록상표 "4U Z3000"에 대한 등록무효심판을 청구하였다.
위 등록무효심판 사건에서 甲이 주장할 수 있는 乙의 등록상표 "4U Z3000"의 등록무효사유를 열거하고, 그 무효 가능 여부를 판단하시오.

제47회(2010년) 변리사시험

【제 A-1 문】 (30점)

甲은 컴퓨터 및 그 주변기기 등을 지정상품으로 하여 "인구 컴퓨터"라는 상표를 2004. 4. 20. 출원하여 같은 해 12. 6.에 등록을 받았다. 甲은 상표출원 전부터 자신의 상표를 사용하여 개인용 컴퓨터, 프린터, 컴퓨터용 스피커, 마우스 등 주변기기를 생산 판매하였고 지속적인 광고, 홍보도 게을리 하지 않았다.
그런데 乙은 이러한 사실을 모른 채, 2006. 1. 1.부터 자신의 상호인 "인구 컴닥터"라는 표장을 도안화하여 컴퓨터 수리 및 컴퓨터관련 주변기기 판매업의 간판으로 사용하면서 2006. 10. 2.에 "컴퓨터 수선업", "컴퓨터 주변기기 판매업" 등을 지정서비스업으로 하여 "인구 컴닥터"라는 표장에 대해 서비스표 등록출원을 하였다.

(1) 甲은 乙의 이와 같은 표장사용행위가 자신의 상표권 침해라고 주장하면서 경고장을 보냈다. 甲의 주장이 타당한지를 설명하시오. (12점)

(2) 乙의 출원서비스표의 등록적격을 논하고, 甲이 乙의 서비스표 등록을 저지하기 위하여 취할 수 있는 상표법상 조치를 설명하시오. (10점)

(3) 乙이 자신의 서비스표가 등록된 이후 그 서비스표를 컴퓨터에 부착하여 판매하는 경우에, 甲이 취할 수 있는 조치에 대하여 설명하시오(단, 무효심판청구는 제외함). (8점)

【제 A-2 문】 (20점)

甲은 a, b 및 c를 지정상품으로 상표 X를 출원하여 2007. 7. 20.에 등록을 받았다. 甲은 2007. 8. 1. 乙에게 통상사용권을 설정하였고, 乙은 X를 지정상품 a에 대하여 일본에서 사용하였으나, 甲은 a에 대해 국내에서는 시장성이 좋지 않다고 판단하여 전혀 사용하지 않고 있다. 그리고 생산을 위하여 인가를 필요로 하는 b에 대해서는 인가가 지연되어 역시 사용하지 않고 있다. 한편 c에 대해서는 출원서에 첨부한 상표와 색채만 다른 X'를 사용해 왔다.
丙은 X상표와 유사한 X"가 부착된 a, b, c를 생산 판매하면서 이를 상표등록출원 하였으나, 甲의 선등록상표로 인하여 거절결정을 받았다.
丙은 2010. 7. 23. 甲의 X상표에 대해 상표불사용으로 인한 일부취소심판을 청구하였다. 일부청구의 대상상품이 각각 a, b, c라고 할 때, 각 경우에 丙의 심판청구가 인용될 가능성에 대하여 판단하시오.

【제 B-1 문】 (30점)

원단업자 甲은 꽃무늬형태로 된 도형상표 A를 상품분류 제24류의 "직물지(직물천)"를 지정상품으로 하여 2001. 4. 2. 출원, 2002. 4. 1.에 등록을 받았으며, 상표출원과 동시에 도형상표 A가 연속적으로 배열된 직물지의 디자인을 디자인등록출원하여 2002. 5. 1.에 등록받았다. 甲의 직물지는 크게 인기를 얻었으며, 2005년 말경에 甲의 A상표는 널리 알려지게 되었다.
乙은 甲의 도형상표 A와 극히 유사한 A'에 대하여 상품분류 제25류의 "티셔츠"를 지정상품으로 하여 2006. 3. 3.에 출원, 2007. 3. 5.에 등록받았다. 乙의 상표등록 후, 甲은 꽃무늬가 그려진 직물지를 생산하여 丙에게 공급하였고, 丙은 甲으로부터 공급받은 직물지를 이용하여 블라우스를 제작, 판매하고 있다.

(1) 乙은 丙을 상대로 A'상표권에 근거한 침해금지청구소송을 제기하였다. 乙의 승소가능성에 대하여 논하시오. (12점)

(2) 甲의 디자인권에도 불구하고 乙이 자신의 등록상표를 합법적으로 사용할 수 있는지 논하시오. (6점)

(3) 甲이 乙의 도형상표 A'의 등록과 사용에 대하여 취할 수 있는 제반 조치와 그 논거를 설명하시오. (12점)

【제 B-2 문】 (20점)

甲은 2009. 12. 10. 도형과 영문단어 'X'가 결합된 '도형+X'를 상표로 하고, a, b를 지정상품으로 하여 상표등록출원을 하였다. 아직 출원공고결정의 등본이 송달되지 않은 상태에서, 甲은 2010. 2. 1. 상표의 구성 중 도형부분에 색채를 새로 결합하고, 지정상품에 c, d를 추가하는 출원보정서를 특허청에 제출하였다.

(1) 甲의 상표 및 지정상품에 대한 보정의 적법여부를 논하고, 심사관의 조치에 대해 설명하시오. (10점)

(2) 甲은 궁극적으로 보정된 상태의 권리를 확보하고자 한다. 甲이 취할 수 있는 상표법상 후속조치에 대해 설명하시오. (10점)

제48회(2011년) 변리사시험

【제 A-1 문】 (30점)

일본국 법인인 甲은 2001. 10. 5. "Butterfly" 상표를 '탁구공, 탁구라켓'을 지정상품으로 상표등록출원하여 2002. 10. 21. 등록을 받았으며(이하 '甲의 등록상표'라 한다), 그 무렵부터 甲은 위 등록상표가 부착된 탁구공, 탁구라켓을 국내에서 판매하였고 일본 내에서는 그 외에 배낭, 서류가방 등에도 위 등록상표를부착하여 판매하였다.

한국 법인인 乙은 2003. 11. 24. "BUTTERFLY 버터플라이" 상표를 '배낭, 서류가방, 핸드백'을 지정상품으로 상표등록출원하여 2004. 10. 7. 등록을 받았다(이하 乙의 등록상표라 한다). 그런데 乙은 위 등록상표가 부착된 배낭, 서류가방, 핸드백뿐만 아니라 2007년 말까지는 "탁구라켓 케이스"에도 위 등록상표를 부착하여 제조 · 판매하였다.
한편, 甲은 乙의 등록상표가 주지 · 저명한 자신의 등록상표와 유사하여 상표법 제7조 제1항 제9호 내지 제11호에 해당한다는 이유로 상표등록무효심판을 청구하였고, 乙은 위 심판절차에서 다투었으나 특허심판원은 결국 2006. 4. 18. 乙의위 등록상표가 상표법 제7조 제1항 제11호에 해당한다는 이유로 원고의 심판청구를 인용하는 심결을 하였다. 그러나 乙은 이에 불복하여 특허법원에 심결취소소송을 제기하여 계류 중에 있다.
한편, 甲은 2007. 11. 7. 특허심판원에 乙의 위 등록상표가 상표법 제73조 제1항 제3호의 규정에 해당함을 이유로 불사용 취소심판을 청구하였으나, 특허심판원은 2009. 1. 26. 乙의 등록상표가 정당하게 사용된 사실이 인정된다는 이유로 원고의 심판청구를 기각하는 심결을 하였다.
이에 甲은 특허법원에 위 심결의 취소를 구하면서 乙의 등록상표의 등록취소사유로서 상표법 제73조 제1항 제3호의 사유는 철회하고 대신 상표법 제73조 제1항 제2호의 사유를 새롭게 주장하였다.

(1) 乙이 특허법원에 제기한 심결취소소송의 승소 가능성에 대하여 논하시오. (10점)

(2) 甲이 심결취소소송 단계에서 위와 같이 상표등록취소사유를 변경하는 것이 적법한 것인지 우리 법원의 실무를 중심으로 논하시오. (10점)

(3) 甲이 특허법원에 제기한 심결취소소송의 승소 가능성에 대하여 논하시오. (10점)

【제 A-2 문】 (20점)

미국인 A는 2011. 1. 5. 미국에서 "Players" 상표가 부착된 티셔츠를 판매하기 시작하였고, 2011. 3. 5. 미국 특허청에 상품류구분 제25류의 '티셔츠'를 지정상품으로 하여 "Players" 상표를 상표등록출원 하였다.
국내 개인인 B는 A로부터 "Players" 상표가 부착된 티셔츠를 수입 · 판매하고자 A와 "Players" 상표에 대한 국내총판대리점계약만을 체결한 상태에서 A의 허락없이 2011. 5. 30. "Players" 상표를 상품류구분 제25류의 '티셔츠'를 지정상품으로 하여 자신의 명의로 한국 특허청에 상표등록출원을 하였다.
B의 상표등록출원 사실을 알게 된 A는 B에게 "Players" 상표출원을 자신에게 양도하여 줄 것을 요청하였으나 B는 이에 응하지 않았다. 이 경우 A가 한국에서 "Players" 상표의 상표권을 확보하기 위하여 취할 수 있는 조치에 관하여 설명하시오.

【제 B-1 문】 (30점)

甲은 X 표장을 서비스업류구분 제35류의 '의류 도소매업'을 지정서비스업으로 하여 서비스표등록을 받았다. 그 후 甲은 의류판매대리점을 모집해서 OEM방식으로 중국에서 생산하여 국내에 들여온 의류(의류에는 X 표장이 부착되어 있다)를 판매하고 있다.
한편, 乙은 甲의 X서비스표가 등록된 사실을 모르고 X 서비스표와 유사한 X' 상표를 상품류구분 제25류의 '청바지'를 지정상품으로 하여 출원한 후에 인터넷 오픈마켓을 통하여 X' 상표가 부착된 청바지를 통신판매 하고 있다.

(1) 乙의 청바지 통신판매 행위가 甲의 X등록서비스표권의 침해에 해당하는지 여부를 논하고 아울러 오픈마켓 운영자의 책임에 대하여도 언급하시오. (14점)

(2) 乙이 출원한 X' 상표의 등록가능성 여부를 논하시오. (8점)

(3) 甲이 X 서비스표를 등록받은 날로부터 3년이 경과한 시점에서 乙이 甲의 X 등록서비스표에 대하여 불사용을 이유로 취소심판을 청구했을 경우, 그 승소 가능성에 대하여 논하시오. (8점)

【제 B-2 문】 (20점)

강원도 양양시에 있는 "양양송이 영농조합법인(이하 '조합법인' 이라 한다)"은 2006. 5. 29. "양양송이" 표장을 상품류구분 제29류의 '송이'를 지정상품으로 한 지리적표시단체표장 등록출원을 하여 2007. 3. 30. 등록받았다.
한편, 양양시에 주소지를 둔 甲은 위 조합법인에 가입하지 않은 채 2011. 5. 20. "나무꾼 양양송이" 상표를 상품류구분 제29류의 '송이'를 지정상품으로 하여 상표등록출원만 한 상태에서 위 상표를 부착한 송이 및 송이가공식품을 판매하고 있다.
한편, 속초시에 사는 乙은 양양시에서 채취해 온 송이를 주원료로 한 '송이가공식품'을 제조 · 판매하는 자로서 "다솔 양양송이" 상표를 상품류구분 제29류의 '송이및 송이가공식품'을 지정상품으로 하여 2004. 6. 3. 상표등록출원하여 2006. 1. 30. 등록받아 사용하고 있다.

(1) 甲이 출원한 "나무꾼 양양송이" 상표의 등록가능성에 대하여 설명하시오. (6점)

(2) 甲의 "나무꾼 양양송이" 상표의 사용이 조합법인의 '양양송이' 단체표장권과 乙의 '다솔 양양송이' 상표권에 저촉되는지 여부에 대하여 각각 설명하시오. (8점)

(3) 乙의 "다솔 양양송이" 상표권과 조합법인의 '양양송이' 단체표장권의 상호관계에 대하여 설명하시오. (6점)

제49회(2012년) 변리사시험

【제 A-1 문】 (30점)

甲은 1900년에 영국에서 설립된 이래 고급 의류 및 핸드백, 가죽제품 등을 제조 · 판매하는 다국적 기업으로서 1988. 8. 8. 영국에서 의류, 핸드백, 가죽제품에 대하여 상표(이하 '이 건 등록상표'라 한다.) 등록을 마친 것을 비롯하여 미국, 일본, 독일에서 동일한 등록상표를 보유하고 있다. 甲은 국내에서도 이 건 등록상표와 동일한 상표를 동일한 상품에 출원하여 2002. 2. 2.에 상표등록을 받았다.
乙은 미국에서 의류 도소매업을 목적으로 설립된 회사로서 2005. 3. 2.에 甲이 영국에서 생산한 의류를 甲으로부터 수입하여 미국내에서만 독점 판매하는 것을 내용으로 하는 이 건 등록상표에 대한 전용사용권을 설정받았으며, 乙은 2005. 5. 1.부터 미국에서 판매하고 있다.
丙은 1999년에 의류수출업 및 도소매업을 목적으로 설립된 국내 회사로서, 2008년부터 甲이 영국에서 생산한 의류와 乙이 전용사용권을 설정 받아 미국에서 판매하고 있는 의류를 수출하여 서울 강남구 삼성동 소재 직영매장에서 판매하고 있다.

(1) 丙이 영국으로부터 甲의 의류를 수입 판매하는 행위가 상표법상 허용되는지, 허용된다면 그 이론적 금거 및 허용요건에 관한 일반론을 논하시오. (20점)

(2) 乙에 의해 미국에서만 판매되고 있는 甲의 의류를 丙이 국내로 수입 판매하는 행위가 허용되는지 여부를 논하시오. (10점)

【제 A-2 문】 (20점)

甲은 2012. 2. 1.에 ''(이하 '이 건 출원상표'라 한다.)를 '스파게티, 피자'에 대하여 특허청에 상표등록출원을 하였다. 한편, 미국인 乙은 미국 네바다 주 라스베가스의 중심가에 식당을 개업한 때인 1980년경부터 지금까지 39여년 간 이 건 출원상표인 '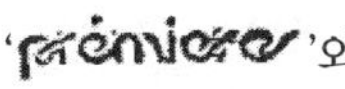'와 동일한 표장인 '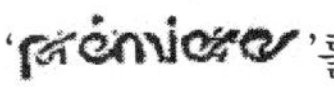'를 자신의 식당의 상호로서 사용함으로써 해당 식당명칭은 미국의 일반수용자 사이에 특정인의 서비스업을 표시하는 서비스표로 인식되게 되었다. 이 사안에서 甲의 이 건 출원상표에 대한 상표등록 가능성 및 그 이유에 대하여 설명하시오(단, 'PREMIER'는 "최고의, 최고급의"라는 의미로 대중에게 인식되고 있음).

【제 B-1 문】 (30점)

甲과 乙은 함께 주유소를 운영하면서 주유소상호를 'X'로 선정하고 '주유소업'을 지정서비스업으로 하면서 甲과 乙의 공동명의로 서비스표등록출원을 하여 2010. 2. 2.에 등록을 받았다. 그 후 甲은 乙과 사업적으로 결별하고 독자적인 사업을 시작하면서 '휘발유, 자동차백미러'를 지정상품으로 하여 상표 'X'를 甲명의로 2011. 3. 3.에 상표등록출원하였다. 그런데 甲은 최근 특허청 심사관으로부터 거절이유가 기재된 의견제출통지서를 수령하였다.

(1) 이 사안에서 거절이유를 초래한 선등록서비스표권의 소유형태에 대하여 설명하시오. (13점)

(2) 심사관의 거절이유에 대하여 서술하고, 그 타당성에 대하여 논하시오. (12점)

(3) 변리사 丙이 甲으로부터 甲의 출원상표에 대한 의견서제출을 의뢰받은 경우 변리사 丙의 입장에서 출원상표의 거절이유를 극복하기 위하여 취할 수 있는 조치에 대하여 논하시오. (5점)

【제 B-2 문】 (20점)

상표권이 상표권자로부터 타인에게 이전되는 여러 가지 경우가 있다. 이와 같이 상표권이 이전되는 특징적 절차, 효과 및 제한에 관하여 설명하시오.

제50회(2013년) 변리사시험

【 A-1 】 (30점)

서적 및 DVD 등의 출판 판매업 등을 목적으로 하는 주식회사 甲은 2009년 2월경 골프와 관련한 국내외의 다양한 자료와 동영상 등을 선별 편집하고 이를 유명인들이 실연하는 동영상을 포함하여 '사장님 나이스 샷!-사나이'라는 명칭의 서적 및 DVD를 제작하고 활발한 선전 광고 활동을 전개하여 100만장(부) 이상을 판매하였다. 뒤이어 '사장님 나이스 샷!-사나이 울리는 100타', '사장님 나이스 샷!-사나이 울리는 티샷', '사장님 나이스 샷!-사나이 울리는 퍼팅' 등 부제를 달리한 후속 제품들도 계속적인 성공을 거두었다. 2010년 말경에는 대중들이 동 제품들을 '사장님 나이스 샷!' 시리즈로 널리 인식하기에 이르렀다(아래 각 설문은 독립적임).

(1) 甲이 '사장님 나이스 샷!'이라는 표장에 관하여 '서적, 정기간행물, 음악이 아닌 것이 수록된 전자매체'를 지정상품으로 하여 상표로 등록출원하는 경우, 등록 허용여부에 대하여 예상되는 결과와 그 근거를 논하시오. (12점)

(2) 甲이 '사장님 나이스 샷!' 시리즈를 기획 제작함에 있어 그에 수록될 자료 및 동영상의 선택과 편집, 실연 유명인의 섭외 과정에 상당 정도 관여해 온 자연인 乙은, 甲의 동의나 허락을 받지 않은 채, 지정상품을 '서적, 정기간행물, 음악이 아닌 것이 수록된 전자매체' 등으로 하여 '사장님 나이스 샷!'을 2011년 5월 16일 상표등록출원하여 2012년 8월 13일 설정등록하였다. 甲은 2013년 3월 1일 및 2013년 5월 9일 각각 '사장님 나이스 샷!-사나이 울리는 벙커', '사장님 나이스 샷!-사나이 싱글싱글'이라는 명칭으로 기획제작하여 출시하였다. 이에 대하여 乙이 취할 수 있는 법적 조치를 서술하고, 귀하가 甲의 변리사라면 어떻게 대응하도록 甲에게 조언할 것인지를 근거와 함께

설명하시오. (18점)

【A-2】(20점)

미국법인 X는 1회용 카메라에 사용하는 상표 'A'를 국내외에서 등록하였으며, Y는 X와 독점적인 수입 판매 대리점 계약을 체결하고 국내에서 활발하게 영업 및 광고활동을 전개하여 수요자들 사이에서 동 제품 및 상표 'A'에 대한 높은 인지도를 형성하는 한편 2012년 12월 말 현재 1회용 카메라 시장의 70% 이상을 점유하게 되었다.

(1) 甲은 우연한 기회에 제3국에서 저렴한 가격에 동 제품을 수입할 수 있게 되어 직영매장 및 판매대리점을 통하여 적극적으로 판매에 나서게 되었다. 甲은 소비자의 인지도가 높은 상표 'A'를 광고 선전에 적극적으로 활용하고자 하는데, X의 상표권 침해 및 부정경쟁행위에 해당할 것을 우려하고 있다. 甲이 상표 'A'를 광고 선전에 사용하는 경우에 甲에게 허용되는 상표 'A'의 사용 태양 및 X가 취할 수 있는 법적 대응방안에 대하여 설명하시오(병행수입 허용여부는 논외로 함). (9점)

(2) 乙은 자신이 독자적으로 생산한 1회용 카메라에 상표 'A'와 유사한 표장을 부착하여 판매하였고 이로 인하여 X의 상표권을 침해한 혐의로 기소되었다. 乙은 동 표장에 대하여 디자인 등록을 받았으므로 상표권 침해가 성립되지 아니한다고 주장한다. 乙 주장의 타당성에 대하여 논하시오. (4점)

(3) 丙은 X가 생산한 1회용 카메라의 빈 용기를 수거하여 필름을 재장전하고 전혀 새로운 상표를 부착하여 판매하고자 한다. 丙의 이러한 행위가 X의 상표권 침해에 해당하는지의 여부에 대하여 논하시오. (7점)

【B-1】(30점)

완구회사 甲은 동물인형들의 귀에 빛나고 광택이 나는 금속별을 부착하여 판매하면서 동물인형 등을 지정상품으로 하여 아래와 같은 상표를 출원하였다. 甲은 그림에 나타나 있는 바와 같이 상표견본에서 곰인형 머리를 점선으로 표시하였다. 아울러 상표출원서의 '상표의 설명'란에는 "빛나고 광택이 나는 금속별이 동물인형의 귀의 정중앙에 위치하며, 그 금속별이 동물인형의 귀보다 작다."라고 기재하였다.

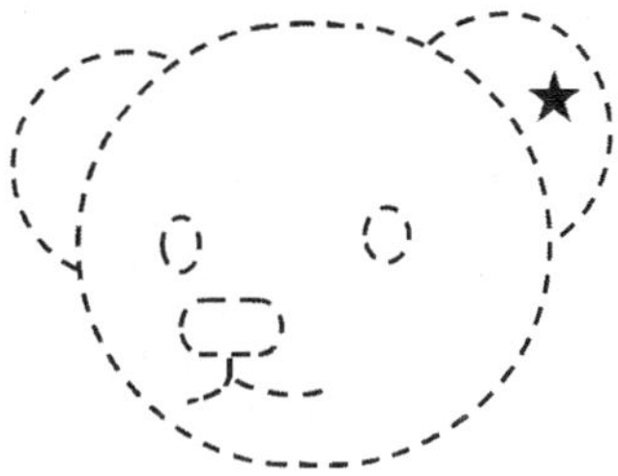

특허청 심사관은 "점선으로 표시된 곰모양의 형상은 그 지정상품의 일반적인 형상을 나타낸 것에 지나지 아니하여 자타상품의 식별력이 있다고 할 수 없고, 별모양은 간단하고 흔히 있는 표장에 해당한다. 출원상표는 지정상품의 일반적인 형상에 간단하고 흔히 있는 표장이 결합된 상표로서 결합에 의해 특별한 식별력이 인정되는 것도 아니어서 상표법 제6조 제1항 제3호에서 규정하는 기술적 표장, 상표법 제6조 제1항 제6호의 간단하고 흔히 있는 표장만으로 된 상표 및 상표법 제6조 제1항 제7호에서 규정하는 기타 식별력 없는 표장에 해당한다."는 거절

이유를 통지하였다. 해당 동물인형은 어린이들 사이에서 선풍적인 인기를 얻었고, 심사관으로부터 거절이유를 통지받을 당시에는 빛나고 광택이 나는 금속별을 귀에 부착한 동물인형이

甲의 상품을 표시하는 것으로 현저하게 인식되어 있었다.

(1) 귀하가 甲의 변리사라면 위 거절이유에 대하여 어떻게 심사관을 설득하여 거절이유를 극복할 수 있을 것인지를 설명하시오. (15점)

(2) 甲의 위 상표가 특허청에 등록된 후 乙은 곰형상 인형의 눈에 빛나고 광택이 나는 금속별을 부착하여 판매하였다. 한편 丙은 토끼형상 인형의 귀에 빛나고 광택이 나는 금속별을 부착하여 판매하였다. 乙과 丙의 행위가 甲의 상표권침해에 해당하는지를 각각 설명하시오. (15점)

【 B-2 】 (20점)

유명 여배우 신나라는 화장품 사업에 관심을 가지고 자신의 이름을 상표로 내건 화장품 판매를 계획하고 있다. 그런데 무명시절 길거리에서 우연히 발견하고 신기해했던 '신나라 화장품'에 대한 기억을 떠올리고 상표검색을 해 본 결과, 다음과 같은 사실을 알게 되었다. 甲은 2010년 3월에 '신나라'라는 문자상표를 화장품 등을 지정상품으로 하여 상표출원을 하였고, 해당 상표는 2011년 7월에 설정등록되었다. 甲은 2011년 8월부터 자신의 등록상표 '신나라'가 부착된 화장품을 제조하여 판매하고 있으나 판매량이 매우 소량이어서 해당 상표의 존재를

알고 있는 사람은 거의 없는 실정이다.

한편, 신나라는 2010년 7월에 '창공'이라는 영화로 데뷔하였고, 이 영화 한 편으로 일약 스타덤에 올라 2011년 7월경에는 유명 여배우의 반열에 올라있었다.

(1) 여배우 신나라가 화장품에 자신의 이름을 상표로 부착하여 판매할 수 있을지의 여부에 대하여 설명하시오. (10점)

(2) 여배우 신나라는 2012년 8월부터 화장품에 자신의 이름을 상표로 부착하여 판매하기 시작하였고, 동 화장품은 2013년 현재 국내 소비자들에게 널리 인식되기에 이르렀다. 이 경우 여배우 신나라가 甲의 '신나라' 상표가 부착된 화장품의 제조 및 판매행위를 금지시킬 수 있을지의 여부에 대하여 설명하시오. (10점)

제51회(2014년) 변리사시험

【 문제-1 】 (30점)

2002년부터 5년간 미국에서 유학을 하고 돌아온 甲은 2007년 12월 말에 커피원두를 의미하는 coffee bean에 cantabile란 용어를 결합하여 "coffee bean cantabile"로 구성된 문자상표를 '과자, 빵, 커피, 가공된 커피, 인스턴트커피, 천연커피원두' 등의 지정상품에

출원하여 2009년 12월 말에 등록결정되었고 최종상표등록을 받아 커피원두와 커피 등의 상표로 사용하고 있다. 한편, 미국을 비롯한 해외에서 오랫동안 "The Coffee Bean"(제1 표장), "The Coffee Bean"(제2 표장) (이하 총칭할 경우 선사용표장들이라 함)이란 표장으로 커피전문점매장을 관리하는 주식회사를 운영하여 온 乙은 한국에 진출기회를 엿보다 2003년 5월 1일 청담점 1호점으로 커피전문점 체인 매장을 개설한 이후, 2007년 말까지는 총 30개, 2008년 말까지는 총 148개, 2009년 말까지는 총 188개의 매장을 전국적으로 개설하였으며 이로써 乙은 국내에서 제2위의 커피체인점업체로서의 지위를 가지게 되었다. 나아가 2009년에 1,112억원의 연매출액을 달성하였고 2008년부터 2011년까지 4년 연속 한국산업 고객만족지수(KCSI) 1위를 수상하기도 하였다. 한편 乙은 한국 진출을 앞두고 2002년 4월 7일 "커피전문점경영업, 커피전문점체인업"을 지정 서비스업으로 하여 2개의 선사용 표장을 모두 서비스표등록 출원하였으나 그 중에서 제2 표장은 거절결정되고 "The Coffee Bean"(제1 표장)에 대해서만 2003년 1월에 등록을 받을 수 있었다.

(1) 乙이 "The Coffee Bean"(제2 표장)을 2014년 7월 현재 "커피전문점경영업, 커피전문점체인업"을 지정 서비스업으로 하여 재출원할 경우, 2002년 최초 출원 시의 거절이유가 극복될 수 있는지 여부를 논하고, 새롭게 어떤 거절이유가 등장할 수 있는지를 논하시오. (10점)

(2) 乙이 甲의 등록상표에 대해 무효심판을 제기한 경우 그 승소가능성에 대하여 논하시오. (8점)

(3) 甲이 등록상표에 기초하여 乙의 제2 표장의 미등록 상태에서의 사용에 대해 상표권을 행사할 수 있는지 여부를 논하고, 반대로 乙의 제2 표장도 서비스표등록을 받았고 甲의 등록상표가 무효로 확정되었다면, 그 후에도 甲이 "coffee bean cantabile"를 빵에 계속 무단으로 사용하는 경우 甲의 표장사용이 乙의 등록서비스표의 금지권의 범위에 속하는지 여부에 대하여 논하시오. (12점)

가. 일본국 법인인 甲은 일본의 2012년 5월 1일자 출원상표 X를 기초출원으로 일본특허청을 본국관청으로 하여 2012년 10월 1일 아래 '나'항 기재의 이 사건 출원상표를 국제출원하였다. 이때 미국과 중국과 우리나라를 지정국으로 지정하였는데, 2012년 11월 1일 지정통보를 받은 우리나라 특허청은 2013년 12월 1일 "이 사건 국제상표등록출원은 그 지정상품 중 운동화와 관련하여 동종상품에 선출원등록된 인용상표 X'와 유사하여 상표법 제7조 제1항 제7호에 해당하므로 상표등록을 받을 수 없다"는 가(假)거절이유를 통지하였다.

나. 이 사건 국제상표등록출원 :

(1) 국제등록번호 : 제12345호

(2) 구성 : X

(3) 지정상품 : 티셔츠(Tee-shirts), 운동화(Athletic footwear)

(상품류 구분 제25류)

【 문제-2 】 (20점)

(1) 지정국인 우리나라에서 이 사건 국제상표등록출원의 실체심사에 착수하게 되기 전까지 이 국제출원에 대한 본국관청의 역할과 절차수행 및 국제사무국의 역할과 절차수행에 대하여 각각 약술하시오. (7점)

(2) 이 사건 국제상표등록출원에 대한 지정국 관청으로서 우리나라 특허청의 가(假)거절이유통지의 적절성(시기와 내용면)에 대하여 판단하시오. (6점)

(3) 본국의 기초출원 X가 일본에서 2014년 1월에 거절결정이 확정된 경우 국제등록에 미치는 효과에 대하여 설명하고 甲이 우리나라에서 일반 상표출원으로 전환하고자 할 경우 그 요건과 효과에 대하여 설명하시오. (7점)

【 문제-3 】 (30점)

프랑스 모(Meaux) 지역과 믈렁(Melun) 지역은 고품질의 원유를 바탕으로 한 브리치즈※인 "브리 드 모(Brie de Meaux)"와 "브리 드 믈렁(Brie de Melun)"의 생산지로 유럽 내에서 알려져 있다.

한국과 유럽연합(EU)이 체결하여 2011년 7월 1일 발효된 자유무역협정(FTA) 부속서에 "브리 드 모(Brie de Meaux)"는 치즈에 대한 지리적 표시로 기재되었으나, "브리 드 믈렁(Brie de Melun)"은 부속서에 포함되지 않았다.

한·EU FTA 발효 후 프랑스 모(Meaux) 지역에서 치즈 등급에 대한 인증업무를 수행하고 있는 甲은 "Brie de Meaux"가 포함된 표장 " " ('인증마크')를 대한민국 특허청에 출원하여 등록권리를 확보하고자 한다.

한편 대한민국 평창의 유가공품 제조업자인 乙은 2012년 1월부터 "평창 Brie de Meaux"(제1 사용표장)와 "평창 Brie de Melun"(제2 사용표장)을 사용하여 치즈를 제조·판매하고 있다.

※ "브리(Brie) 치즈"는 프랑스의 Ile-de-France 지역에서 유래한 치즈의 한 종류이다.

(1) 甲이 대한민국 특허청에 상기 '인증마크'의 등록출원을 의뢰하면서 지리적 표시 단체표장과 지리적 표시 증명표장 중 무엇으로 출원하는 것이 바람직한지를 질의해 왔다. 변리사로서 당신의 의견을 제시하시오. (10점)

(2) (1)의 선택결과에 따라 2013년 5월 상기 '인증마크'에 대한 지리적 표시 단체표장(또는 증명표장) 등록을 받은 후에 甲은 乙의 표장 사용에 대하여 지리적표시 단체표장권(또는 증명표장권) 침해소송을 제기하였다. 甲의 승소가능성에 대하여 논하시오. (10점)

(3) (2)와 같이 甲이 등록을 받은 후에 2014년 1월 乙은 "제1 사용표장"과 "제2 사용표장"

에 대하여 치즈를 지정상품으로 하여 각각 상표등록출원을 하였다. 乙의 각 출원의 등록가능성에 대하여 논하시오. (10점)

【 문제-4 】 (20점)

마이크로칩 전문 제조회사인 甲은 자사의 칩이 내장된 컴퓨터를 부팅할 때 독특한 5음절의 소리가 나도록 설계하여 오랜 기간 사용해 옴으로써 누구나 이 소리를 들으면 甲을 떠올릴 수 있는 정도가 되었다. 甲은 국내에서 소리상표의 등록이 가능해졌다는 소식을 접하고 사용에 의한 식별력 취득을 주장하면서 마이크로칩을 지정상품으로 하여 소리상표출원을 하였다. 甲의 소리상표출원에 대하여 특허청은 (1)시각적 표현의 기재불비(거절이유 제1점)와 (2)기능성이 있는 상표(거절이유 제2점)에 해당하여 상표등록을 받을 수 없다는 거절이유(의견제출 통지)를 통지하였다. 의견서와 보정서 제출을 통하여 거절이유를 극복하고 소리상표 등록을 받은 甲은 타 마이크로칩 제조사인 乙이 등록된 소리상표를 흡사하게 문자로 단순 표현한 "뚱 - 뚜리두둥"이란 문자상표를 사용하고 있는 것을 발견하였다.

(1) 거절이유 제1점의 구체적 적용 법규정에 대해 설명하고 이러한 거절이유가 나오지 않도록 하기 위하여 소리상표 출원 시 甲은 어떤 점에 유의해야 했었는지 설명하시오. (7점)

(2) 거절이유 제2점을 극복하기 위한 의견서 작성의 요지를 약술하시오. (7점)

(3) 乙의 상기 문자상표 사용이 甲의 등록상표의 권리범위에 속하는지 여부에 대하여 논하시오. (6점)

제52회(2015년) 변리사시험

【 문제-1 】 (30점)

甲 회사는 1981. 5. 28. 지정상품을 '우산, 지팡이, 부채, 모자'로 하는 상표 Y를 출원하여 1984. 9. 14. 등록결정을 받아 1984. 9. 21. 상표등록을 마쳤고, 2014. 7. 11. 3차 존속기간 갱신등록까지 마쳤다. 甲 회사는 1975년경부터 세계 각국에서 등록상표 Y의 형상과 같이 각종 모자에 甲 회사 약칭(New Stride)의 첫 글자에서 따온 YN이라는 상표('실사용상표')를 부착하여 판매하였으며, 모자 등의 국내 매출액이 2004년부터 2014년까지 합계 약 5,820억 원에 달하였다. 또한, 甲 회사의 'New Stride'가 어패럴뉴스사가 선정한 2009년 스포츠 부문 '베스트 브랜드'로 선정되기도 하였으며, 甲의 실사용상표 YN은 '모자' 상품에 관하여 적어도 2009년경부터는 수요자 사이에서 누구의 상품을 표시하는 것인지 현저하게 인식될 수
있을 정도가 되었다.

乙 회사는 자신이 생산한 모자에 XN과 그 하단의 'UNITTAR' 문자로 구성된 X 표장을 부착하여 판매하였는데, 甲 회사는 이에 대하여 자신의 상표권을 침해하는 것으로 판단

하고 X 표장의 사용을 중지하도록 경고장을 발송하였다.
이에 乙 회사는, 등록상표 Y가 Y1과 같은 윤곽도형 속에 Y2와 같은 내부도형이 결합된 상표이므로 전체상표인 Y로서 상표의 효력이 발생되는 것이지 도형 내부의 Y2 도형이 상표의 요부로서 분리·관찰되거나 기능하는 것이 아니므로 확인대상표장 X는 등록상표 Y의 권리범위에 속하지 않는다고 주장하면서, 소극적 권리범위확인심판을 청구하였다. 각 표장의 약식 표시는 아래와 같다.

구분	X	XN	Y	Y1	Y2	YN
표시				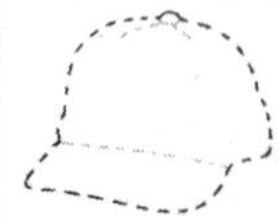		

다음 물음에 답하시오. (단, 이 문제에서 위치상표는 고려하지 아니한다.)

(1) 甲 회사의 등록상표 Y의 등록적격성에 대하여 논하고 이와 관련하여 사용에 의한 식별력 취득의 법리를 설명하시오. (14점)

(2) 甲 회사의 등록상표 Y에 대한 乙 회사의 소극적 권리범위확인심판청구의 인용여부를 판단하고 권리범위확인심판과 상표등록의 무효사유 및 그와 관련된 권리남용 항변의 관계를 논하시오. (16점)

【 문제-2 】 (20점)

케이블TV 채널 'TVent'는 연예프로그램 '아쭈그리(아찔한 주말 그들만의 리그)'를 기획하여 2009년 3월 첫째 주 토요일부터 방송하였다. 네 개의 코너로 나누어진 '아쭈그리' 프로그램은 매 방송분마다 시청률 등을 비교·종합하여 4주 단위로 탈락 코너를 결정하는 등 여러 가지 획기적인 진행방식을 도입하여 시청자들의 주목을 받았으며, 그 여세를 몰아 3주차 방송 시에는 케이블 방송에서 경이적인 10%대 시청률을 기록하기에 이르렀다. 특히 '2B4U'라는 명칭의 코너는, 6인으로 구성된 동명(同名)의 아이돌그룹이 진행하는 각종 소외계층의 생활환경 개선을 위한 봉사프로젝트 코너로서, '아쭈그리' 프로그램 내에서 뿐만 아니라 지상파를 포함한 전체 방송 콘텐츠 중에서 독보적인 인기를 누려오고 있다. 아이돌그룹 '2B4U'는 '아쭈그리' 프로그램의 첫 방송 4주 전부터 공개된 신선하고 화려한 뮤직비디오와 시원한 가창력을 뽐내는 코너 로고송으로 대중의 이목을 집중시킨 바 있으며, 2009년 상반기에만 5차례, 이후 매년 3차례 이상씩 새로운 음원을 발매하는 등 각종 광고, 영화, 공연, 드라마 기타 왕성한 방송 활동으로 현재까지도 국내외적으로 폭발적인 인기를 이어가고 있다. 한편 '2B4U'는 문자 그대로 '(We're) To Be For You! : (우리는) 당신을 위해 존재합니다! 열심히 봉사하겠습니다!'라는 의미와 더불어 구성원 중 다소 거칠고 강한 캐릭터 2인의 2B(2 Bad-guys), 어리숙하고 잘생기지 않은 캐릭터 4인의 4U(4 Ugly-guys)라는 의미로도 활용되어 왔다. 다음 물음에 답하시오.

(1) 甲은 상표의 구성을 '2B4U '로 2009. 12. 1. 출원하였으나 상표법 제7조 제1항 소정의

이유로 등록이 거절되었다. 이러한 거절이유를 추론하여 관련 판단 법리를 설명하시오. (10점)

(2) 한편, 乙은 상표의 구성을 '2B4U '로 2009. 12. 1. 출원하여 등록을 받았다. 만약 乙이 동일한 상표구성으로 2015. 2. 2. 최초 출원하였으나 등록이 거절되었다고 가정하는 경우, 상표법 제7조제1항 소정의 거절이유를 추론하여 관련 판단 법리를 설명하시오. (10점)

【 문제-3 】 (30점)

甲은 조립식 블록 장난감의 기본적인 형상으로서 조립식 블록 장난감의 조립기능을 확보하는 데 불가결한 형상만으로 이루어져 있는 표장인 "  (지정상품 : 조립식 블록 장난감)"을 2013. 11. 5. 입체상표로서 상표등록출원하였고(출원서에 입체상표로 출원함을 표시함), 해당 상표는 2014. 10. 2. 상표등록되었다. 甲은 동종업을 영위하는 경쟁업자인 乙이 甲의 등록상표와 동일한 형상을 조립식 블록 장난감의 입체상표로서 사용하여 해당 장난감을 판매하고 있음을 발견하고, 乙을 상대로 하여 특허심판원에 2015. 7. 1. 권리범위확인심판을 청구하였다. 다음 물음에 답하시오.

(1) 乙은 권리범위확인심판의 답변서에서 자신이 사용하는 상표는 甲의 등록상표의 권리범위에 속하지 않는다고 답변함과 아울러, 특허심판원에 甲의 등록상표에 대한 상표등록무효심판을 청구하였다. 이와 관련된 판단 법리와 그 결과에 대하여 각각 논하시오. (10점)

(2) 甲은 식별력이 있는 문자상표로서 별도로 상표등록까지 받은 등록상표인 "JUNGO"를 결합한 표장인 " 

(지정상품 : 조립식 블록 장난감)"을 역시 입체상표로 출원서에 기재하여 2014. 10. 24. 상표등록출원하였다. 그런데 해당 출원상표가 2015. 6. 30. 출원공고가 되자, 이를 발견한 乙은 앞선 甲의 등록상표에 대한 무효심판청구의 무효사유와 동일한 이유로서 해당 출원상표에 대하여 상표등록이의신청을 하였다. 상표등록이의신청서에서 乙은 해당출원상표에 식별력이 있는 문자상표가 결합되어 있다고 하더라도 해당 출원상표가 입체상표로 출원된 것이어서 문자상표는 고려하면 안되고 입체적 형상 자체만으로 등록적격성을 판단하여야 한다고 주장하였다 . 이러한 주장을 고려하여 이의신청이유와 관련된 판단 법리와 이의신청의 결과에 대하여 논하시오. (13점)

(3) 甲의 동종업자이자 경쟁업자인 丙은 "JUNGO"라는 문자상표만을 '조립식 블록 장난

감'의 포장에 표시해서 동 상품을 판매하고 있다. 丙이 甲의 등록상표인 "JUNGO"와 동일한 상표를 동일한 상품에 사용하고 있다는 이유로, 甲은 丙에게 상표법 제67조제3항의 규정에 따라 상표권 침해로 인한 손해배상청구소송을 제기하였다. 甲은 이 소송에서 첫째, 甲이 丙과 동종의 영업을 하고 있으므로 丙의 상표권 침해에 의하여 甲이 영업상의 손해를 입었음이 사실상 추정되고, 둘째, 丙의 침해행위에 대하여 과실이 추정된다고 주장하고 있다.

이러한 주장의 타당성에 대하여 각각 논하시오. (7점)

【 문제-4 】 (20점)

甲은 "ALM"이라는 등록상표(출원일 : 2014. 6. 12., 등록일 : 2015. 5. 6.)의 상표권자이고 해당 등록상표의 지정상품은 '골프가방'이다. 그런데 미국의 丁 법인은 미국에서 "ALM (지정상품 : 골프가방)"을 2010. 8. 10. 상표등록받은 상표권자이다.

甲은 미국의 丁 법인과 자신이 대표이사인 丙 법인의 명의로 해당 상표가 부착된 '골프가방'을 한국에 독점적으로 수입하여 판매하는 계약을 체결하였다. 그리고 丙 법인은 해당 계약에 근거하여 "ALM"이 부착된 가방 등을 국내로 수입 및 판매하여 왔으며, 甲은 해당 계약 당시는 물론 현재까지도 丙 법인의 대표이사이다. 한편, 乙은 "aim"이라는 등록상표(지정상품 : 골프가방)의 상표권자인데, 이와 같은 乙의 등록상표는 골프가방을 거래하는 수요자 간에 주지·저명하지는 않지만, 2014. 7.경부터 현재까지 특정인의 상품출처로서 인식되어 있을 정도의 인지도를 가지고 있다. 다음 물음에 답하시오.

(1) 甲이 '골프가방'에 관하여 "alm(실사용상표)"의 형태로 2014. 8.경부터 주로 사용하자, 乙은 甲의 등록상표에 대하여 상표법 제73조제1항제2호를 이유로 상표등록취소심판을 청구하였다. 甲은 이에 대하여 첫째, 甲의 실사용상표는 비록 乙의 등록상표와 외관상 유사하여 혼동의 우려가 커지게 되었으나 甲의 등록상표를 소문자로 표시한 것뿐이어서 상표법 제73조제1항제3호 소정의 상표등록취소심판에서의 동일성이 인정되는 범위 내의 사용에 해당하고, 둘째, 乙의 등록상표는 甲의 실사용상표의 사용시점에 국내에서 주지·저명하지는 않았으므로, 동 규정이 적용될 수 없다는 답변서를 제출하였다. 이러한 답변의 타당성에 대하여 논하시오. (12점)

(2) 甲은 丁 법인의 동의없이 상표등록을 받았으며, 해당 등록상표를 개인적 및 별도의 독자적인 용도로는 전혀 사용하지 아니하고 오로지 법인의 영업을 위해서만 사용하였다. 丁 법인은 甲의 등록상표에 대하여 상표법 제73조제1항제7호의 전단 부분인 "상표법 제23조제1항제3호 본문에 해당하는 상표에 해당함"을 이유로 하는 상표등록취소심판을 청구하였다. 해당 심판의 결과에 대하여 논하시오. (8점)

제53회(2016년) 변리사시험

【 문제-1 】 (30점)

A회사는 1974년 10월경 호랑이 얼굴을 의인화하여 'HALLO K.I.MTY'라는 캐릭터를 창작하였다. 이 캐릭터는 국내에서 1979년 2월경부터 그에 관한 상표등록 및 상품화사업이 이루어져서 2000년경 이미 국내외적으로 저명한 상품표지가 되었다. A회사는 'HALLO K.I.MTY' 캐릭터에 다양한 의상을 입히거나 소품을 이용해 변형을 가하여 인형손수건 등을 제조하여 판매하고 있다. 다음 물음에 답하시오

(1) 상표 사용의 개념 및 상표로서 사용되고 있는지에 대한 판단기준을 각각 설명하시오 (8점)

(2) B회사는 인형을 제조 및 판매하고 있는 회사로 호랑이 디자인 모양의 인형을 판매하고 있다. B회사의 인형과 A회사의 등록상표를 대비하여 보면 양자는 전체적인 외관이나 관념에차이가 있으나 B회사의 인형에는 'K.I.MTY'라는 문자부분이 기재되어 있다. 이 경우 B회사의 제품이 A회사의 상표 사용과 관련하여 디자인적으로 사용되는 경우 출처표시와 디자인기능을 함께 수행하는 경우로 나누어 설명하시오. (10점)

(3) C회사는 조선시대의 여자 의원인 '女長今'(여장금을 주인공으로 하는 같은 제목의 드라마를 제작방영하여 큰 호응을 얻었고 '女長今'을 2006년경에 상표등록하였다. A회사는 2007년 8월경부터 2007년 10월경까지 A회사가 운영하는 홈페이지에서 조선시대 의원의 복장을 하고 신선로를 들고 있는 'HALLO K.I.MTY' 캐릭터가 부착된 휴대전화기 줄, 손수건 등의 상품을 판매하였다. A회사의 캐릭터가 부착된 상품 아래에는 C회사가 상표등록한 '女長今'을 표시·광고하였다. C회사의 '女長今' 상표는 2008년경까지 주지의 상표는 아니었다. 이 경우 A회사가 C회사의 '女長今'을 상표로서 사용하였는지에 대하여 설명하고, A회사는 C회사에 대하여 형사상 상표권 침해죄가 성립하는지에 대하여 설명하시오. (12점)

【 문제-2 】 (20점)

A회사의 등록상표 X는 잎맥이 드러나는 세 갈래 잎 형상의 단위 구성요소를 동일한 방향으로 연속적으로 배열하여 전체적으로 세 갈래 잎이 일렬로 연결되어 원형을 이루는 도형상표로서 이전의 도자기 그릇에서 볼 수 없었던 독특한 문양의 상표이다. A회사는 그릇 가운데의 문양을 A회사의 꽃나무 문양이나 풀꽃 문양 등 여러 가지의 꽃문양으로 다양하게 교체하고 테두리에는 등록상표 X와 같은 나뭇잎 띠 문양을 배치하여 2개 이상의 도형을 결합한 상표를 사용한 도자기 그릇제품을 국내에서 판매하여 왔다. B회사는 B회사가 만들어 낸 여러 가지의 꽃 문양을 그 형태대로 제품에 사용하는 것이 아니라 제품이 접시일 경우에는 B회사 자체의 꽃 문양을 사용하고 제품이 대접이나 머그잔일 경우에는 상단 테두리에 나뭇잎 띠 문양을 배치하고 그릇의 옆면에 꽃 문양을 사용하는 등 그릇의 모양에 따라 A회사의 등록상표 X와 같은 나뭇잎 띠 문양과 꽃 문양을 함께 또는 분리하여 배치하는 방식으로 표현된 제품을 판매하고 있다.

B회사는 나뭇잎 띠 문양을 A회사의 제품과 거의 동일한 크기와 위치로 제품에 표현하여 판매하고 있다. 이 경우 B회사의 제품에 표현된 문양은 단순히 디자인으로서만 사용되는 것은 아니고 다른 상품과 구별하는 식별표지로서 사용되고 있다. 이 때 두 표장은 그 외관이 주는 지배적인 인상이 유사하다.
다음 물음에 답하시오.

구 분	A 회사의 등록상표 X	B 회사의 나뭇잎 띠 문양 사용 제품
표 시		

(1) 결합상표의 개념 및 결합상표의 유사 여부 판단기준에 대하여 각각 설명하시오. (8점)

(2) 도형으로 이루어진 결합상표의 경우 일반수요자나 거래자의 직관적 인식을 기준으로 한 구성부분 중 하나의 도형이 가지는 외관·호칭 및 관념에 의하여 상표의 유사 여부를 판단할 수 있는지에 대하여 설명하고, A회사의 등록상표 X와 B회사의 나뭇잎 띠 문양에 대한 유사판단에 대하여 논하시오. (12점)

【 문제-3 】 (30점)

A회사는 의약품개발을 주목적으로 하는 미합중국 내의 법인으로서 심장혈관 치료제인 '바이어그램 (Viagram, 이하 '바이어그램'이라 한다')을 비롯한 다수 의약품을 개발하여 이를 판매하고 있다. A회사는 심장혈관용 약제, 성기능 장애치료용 약제를 지정상품으로 하고, 마름모 도형의 입체적 형상과 푸른색 계열의 색채를 결합하여 구성한" , ,  "표장을 '바이어그램'이라는 상표로 우리나라에 2003.11.6. 상표등록출원하여 2005.2.17.상표등록을 받았고, 동일한 표장에 대하여 미국과 일본에서도 상표등록을 받았다.
한편 B회사는 '백세정 50 밀리그램' 및 '백세정 100 밀리그램'에 대하여 2012.5.18. 의약품 낱알 식별표시 등록을 하여"  ", "  "형태의 발기부전 치료용 약제를 생산·판매·광고하고 있다. 다음 물음에 답하시오.

(1) A회사는 B회사의 제품 형태가 자신의 상표와 유사하다고 주장하면서 B회사를 상대로 상표권침해소송을 제기하고자 한다. A회사 주장의 적법성에 대하여 논하시오. (8점)

(2) A회사는 'Viagram' 및 '바이어그램' 문자 상품 표지와 별도로 'Blue diamond is forever' 문구, 푸른색 다이아몬드 사진, 손바닥 위의 푸른색 마름모 도형 그림 등을 활용하여 해당 등록상표에 대한 지속적인 광고활동을 통해 일반 수요자들에게 주지·저명성을 획득하였다. 그 후 A회사는 B회사를 상대로 상표권 침해소송을 제기하였다. 이에 대한 B회사의 법적 대응 조치 및 이와 관련된 우리나라 대법원 판례의 입장에 대하여 설명하시오. (10점)

(3) [위 (1)문 및 (2)문과 별도] A회사는 우리나라에서 상표등록을 받은 후 국내에서 직접 해당 상표를 사용하지 않고 2005.4.20. 甲과 5년간 국내 독점수입판매권에 관한 계약을 체결하였다. 甲은 A회사가 생산한 의약품을 독점적으로 국내에 수입·판매하여 상당한 매출을올렸고, 甲의 지속적인 광고로 인하여 A회사의 등록상표는 일반 수요자들에 대하여 주지·저명성을 획득하였다. 한편 甲은 2010.5.20.부터 A회사의 동의 없이 해당 등록상표와 유사한 상표를 치료용 약제를 지정상품으로 하여 사용하다가 2010.7.20. 이를 상표등록출원하였다. 甲의 상표등록출원의 등록 여부를 설명하고, 만일 상표등록되었다면 A회사가 취할 수 있는 법적 조치에 대하여 설명하시오. (12점)

【 문제-4 】 (20점)

A 와 B는 2014.3.20. '스포츠 의류'를 지정상품으로 하여 상표 X를 공동으로 상표등록출원한 후 2015.8.20. 상표등록을 받았다. 다음 물음에 답하시오.

(1) A는 2015.10.20. 등록상표 X에 대하여 B의 동의 없이 C와 1년의 통상사용권설정계약을체결하고 반대급부로서 로열티를 받았다. C는 이 계약에 의해 2015.10.21. 특허청에 통상사용권설정등록을 하였고, 그 후 등록상표 X를 '스포츠의류'에 사용한 제품을 생산·판매하고 있다. A, B 및 C의 법률관계에 대하여 설명하시오. (6점)

(2) [위 (1)문과 별도] 공유상표권자 A와 B는 2016.1.20. 등록상표 X에 대하여 D와 2년의 전용사용권설정계약을 체결하였다. 다만, 이를 특허청 상표등록원부에 등록하지는 않았다. 전용사용권자는 2016.2.11. 등록상표 X에 대하여 E와 그 전용사용권을 목적으로 하는 1년의 통상사용권 설정계약을 체결하였고, E는 2016.4.20. F와 통상사용권을 이전하는 계약을 체결하였다(이 때 E와 F는 선의임). D, E 및 F의 법률관계에 대하여 설명하시오. (14점)

제54회(2017년) 변리사시험

【문제-1】(30점)

甲은 가구를 지정상품으로 하여, 1988년 5월 등록되어 1998년 5월 소멸된 선사용상표 1(sun furni 순퍼니), 1989년 1월 등록되어 1999년 1월 소멸된 선사용상표 2(sun furni 순퍼니), 1995년 2월 등록되어 한 차례 갱신을 거쳐 최종적으로 2015년 2월 소멸된 선사용상표 3(순퍼니 SUN FURNI)의 상표권자였다. 그리고 乙은 선사용상표 3이 소멸된 이후 1년 이상 경과한 2016년 9월 SUNFURNI 쑨퍼니 라는 상표를 "선반, 옷장, 탁자, 의자, 책장" 등을 지정상품으로 하여 출원하였고, 2017년 6월 상표 등록을 받았다. 이에 甲은 자신의 선사용상표들에 포함된 SUN FURNI와 乙의 등록상표에 포함된 SUNFURNI가 공통되고, 선사용상표 1, 2, 3은 여전히 국내에서 특정인의 상표로 인식되고 있으며, 乙의 상표는 이들을 모방 출원하여 부정한 목적으로 사용되고 있다고 주장하면서 무효심판을 청구하였다. 하지만 이에 대해 乙은 "선사용상표들은 자신의 상표 출원일 당시 甲이 상표로서 사용하고 있지 않거나 적어도 상표로 계속 사용하려고 하지 않는 것이어서, 자신의 상표는 부정한 목적으로 사용되는 상표에 해당하지 않는다."고 주장하였다. 다만,

선사용상표들이 "바로 이 순퍼니가 sunWuD 순우드가구로 새롭게 탄생했습니다.", "순퍼니의 명성 그대로 순우드가구 sunWuD", "순퍼니의 차세대가구 순우드" 등의 문구로 10년 이상 광고 되었다는 점에 대해서는 다툼이 없다. 다음 물음에 답하시오.

(1) 부정한 목적을 가지고 사용하는 상표에 해당하려면 '등록상표의 출원일 당시 특정인이 그의 선사용상표를 사용하고 있거나 적어도 상표로 계속 사용하려고 하는 경우일 것'이라는 요건이 필요하다는 乙주장의 타당성에 대하여 논하시오. (12점)

(2) 乙의 상표는 선사용상표를 모방 출원하여 부정한 목적으로 사용된 상표라는 甲주장의 타당성에 대하여 논하시오. (18점)

【문제-2】(20점)

甲(주식회사)은 2014년 4월 자사 소속의 아이돌 그룹의 명칭 X를 '커피' 등을 지정상품으로 하여 상표 출원을 하고, 2015년 4월 상표 등록을 받았다. 한편 甲은 상표 출원·등록을 받기 전인 2010년부터 상표 X의 변형인 표장 X'를 사용한 이래 커피 전문점들을 개점하여 전국적인 체인망을 구축하는 한편 2016년 4월까지 30억 원을 투자하여 인터넷, TV, 신문 등에 광고를 하였다. 또한, 위의 커피 전문점들은 그 변형표장 X'가 인쇄된 종이·플라스틱 컵을 사용하였으며 아울러 외부간판, 카탈로그 및 기타 선전광고물에 이를 표시 또는

부착하여 사용함으로써 주지·저명성을 취득하였다.
이와 같은 상황 하에서, 乙은 2016년 9월 '커피' 등을 지정상품으로 하여 상표 X와는 동일·유사하지 않은 상표 Y를 출원하여 2017년 6월 상표등록을 받았다. 이후 乙은 자신의 커피 전문점을 운영하면서, 甲의 변형표장인 X′가 인쇄된 종이·플라스틱 컵의 공급계약을 甲과 체결하여 공급받아 오다가, 이러한 컵이 자신의 광고 및 커피 이미지와 어울리지 않고 아울러 가격도 다른 제품에 비해 비싸다는 것을 이유로 공급계약을 해지하고, 자신이 직접 제작한 컵에 상표 Y의 변형형태로서 X′와 동일·유사한 Y′를 인쇄하여 사용하고 있다.
(단, X와 Y′, Y와 X′는 서로 동일·유사하지 않음)

이러한 경우 甲이 乙을 상대로 취할 수 있는 상표법상의 조치에 대하여 설명하시오.

【문제-3】 (30점)

甲은 지정상품을 '의류' 등으로 하여 2006년 9월 로 구성된 표장을 대한민국에서 출원하여 2007년 5월 상표등록(그 후 1차 갱신등록 하였다.)을 받았으며, 동 상표의 최초 등록 무렵에 乙(미국법인)이 생산하는 '의류' 등을 20년 동안 대한민국으로 수입하여 판매하는 계약을 체결하고 乙의 상표가 부착된 의류 등을 수입·판매하였다. 甲이 로 구성된 상표를 출원·등록하여 동 상표를 사용하기 시작한 것은 乙의 미국에서의 상표권 취득이나 를 포함한 상호로 변경한 시점보다 앞서는 것이었다.
甲은 상표와 동일하거나 유사한 것으로 인정되는 상표들을 추가로 등록 받았으며, 乙은 및 그와 동일하거나 유사한 것으로 인정되는 상표들이 부착된 '의류' 등을 2008년부터 2017년 7월 현재에 이르기까지 대한민국으로 수출·판매하면서 이들 표장들을 사용하여 오고 있다. 이에 대응하여 甲은 해외 공장으로부터 주문자상표부착 생산방식(OEM)으로 가부착된 '의류' 등을 공급받아 대한민국에서 판매하여 오고 있다. 한편, 甲이 추가로 등록받은 와 유사한 상표들의 등록출원일인 2016년 10월 및 2017년 3월 무렵에는, 乙의 이들 표장들이 乙의 사용에 의하여 '의류' 등에 관하여 특정인의 상품을 표시하는 것이라고 인식되기에 이르렀다.

(1) 甲이 등의 상표를 사용하여 의류 등을 대한민국으로 수출·판매하는 乙에 대하여 상표권 침해를 이유로 하는 손해배상을 청구하는 경우, 甲의 상표권 행사는 권리남용에 해당하는지 여부에 대하여 논하시오. (7점)

(2) 乙은, 를 요부로 하는 등록상표와 동일하거나 유사하다고 인정되는 甲의 후행 등록상표들에 대하여, 등록의 무효를 주장하는바 그 타당성 여부를 논하시오. (15점)

(3) 甲의 후행 등록상표인 가 乙이 사용하는 상표와의 관계에서 등록이 무효로 되었다면, 이와 같은 乙의 상표 사용은 甲의 상표권을 침해하는지 여부에 대하여 논하시오. (8점)

【문제-4】 (20점)

목수 甲은 주문받은 사양 그대로만 가구 등을 제조하여 왔으나 최근 자신만의 독창적 기술과 디자인 능력을 확신하고, 자신의 작품이 명품임을 강조하기 위하여 저명한 자동차 브랜드 'MGM-벤츠'의 고급 이미지를 차용하여 의자'MGM-벤치'라는 표장, 편안하다는 점을 강조하기 위하여 침대에는 '자미와-침대'라는 표장을 각각 부착하여 가구를 판매하기 시작하였다. 그런데 얼마 지나지 않아 甲은 MGM코리아 주식회사로부터 자사 상표권의 침해를 중단할 것과 함께 추후 상표권 침해가 계속되는 경우 민·형사상 모든 법적 조치를 취할 것이라는 경고장을 받고 매우 당황하여 어찌할 바를 모르고 있다. 또한 수면제를 지정상품으로 하는 '자미와'라는 상표의 상표권자인 제약회사로부터도 침해중지 경고장을 수령하였다.
이와 관련하여 甲은 귀하에게 1) 권리범위확인심판의 현실적 효용가능성과 한계, 2) 무효사유가 명백한 경우에 권리범위확인심판 청구의 실익이 있는지에 관한 대법원의 입장에 대하여 자문을 구하고 있다. 귀하의 답변을 서술하시오.

[부 록]

* 상표법 시행규칙 제28조 제1항 별표 1

[별표 1]

상품류 구분 (제28조제1항 관련)

1. 총 설

가. 이 표에 명시되지 않은 상품은 「표장의 등록을 위한 상품 및 서비스의 국제분류에 관한 니스협정(Nice Agreement Concerning the International Classification of Goods and Services for the Purposes of the Registration of Marks)」[이하 "니스(Nice)협정"이라 한다] 제1조에 따른 국제분류의 일반주석(General remarks)에 따라 아래의 기준을 적용하여 해당하는 상품류로 구분하는 것을 원칙으로 한다.

1) 완제품은 그 기능 또는 용도에 따라 분류한다. 다만, 이 표에 명시되지 않은 상품은 분류 가능한 다른 완제품으로부터 유추하여 해당하는 상품류로 구분한다.

2) 다용도 복합기능의 완제품은 그 완제품의 주된 기능이나 의도된 용도에 따라 해당하는 상품류로 구분한다.

3) 가공되지 않았거나 부분적으로 가공된 원재료 제품은 그들을 구성하는 원재료가 속하는 상품류로 구분한다.

4) 다른 제품의 일부로 사용되는 제품이 일반적으로는 다른 용도로 사용될 수 없는 경우에는 그 다른 제품이 속하는 상품류로 구분한다.

5) 재료에 따라 구분되어야 하는 제품이 여러 가지 재료로 구성된 경우에는 주된 재료가 속하는 상품류로 구분한다.

6) 어떤 제품을 담기 위해 그 제품에 맞게 만들어진 용기는 그 제품이 속하는 상품류로 구분한다.

7) 임대서비스업은 임대 대상물로 제공되는 서비스업과 같은 서비스업류로 구분한다. 다만, 임대 관련 금융업은 금융서비스업으로 구분한다.

8) 조언, 정보 또는 상담 등을 제공하는 서비스업은 그 조언, 정보 또는 상담의 내용이 속하는 서비스업과 같은 서비스업류로 구분한다.

9) 가맹사업(프랜차이즈) 형태의 서비스업은 일반적으로 가맹본부(프랜차이저)에 의해 제공되는 특정 서비스업과 동일한 서비스업류로 구분한다.

나. 같은 상품류 구분에 속하는 상품 상호간 또는 서로 다른 상품류 구분에 속하는 상품 상호간의 유사범위에 대한 판단기준은 그 상품의 생산부문, 판매부문, 원료 및 품질, 용도, 수요자의 범위와 상품과의 관계 등(서비스의 경우에는 서비스 제공의 수단, 목적, 서비스 제공과 관련된 물품, 서비스 제공을 받는 수요자의 범위, 서비스업의 업무 등을 말한다)을 고려하여 특허청장이 정하여 고시한다.

다. 제2호의 상품류 구분표에 따른 각 상품류에 속하는 구체적인 상품은 특허청장이 정하여 고시한다.

2. 상품류 구분표

가. 제1류

1) 상품 범위	가) 공업용, 과학용, 사진용, 농업용, 원예용 및 임업용 화학제 나) 미(未)가공 인조수지, 미(未)가공 플라스틱 다) 비료 라) 소화제(消火劑) 마) 조질제(調質劑) 및 땜납용 조제 바) 식품보존제 사) 무두질제 아) 공업용 접착제
2) 해당 상품 (예시)	가) 비료, 식물재배용 흙 나) 공업용 곡분, 공업용 전분 다) 공업용 약품, 공업용 및 과학용 화학제, 계면활성제 라) 공업용 접착제 마) 인공감미료 바) 비(非)의료용 미생물 사) 식물성장조절제, 식물용 미량원소제제, 토질개량제 아) 도자기용 유약 자) 고령토, 공업용 돌로마이트(Dolomite), 마그네사이트(Magnesite), 맥반석 차) 새잡이 끈끈이 카) 화학시험지 타) 미가공 인조수지, 미가공 플라스틱 파) 펄프 하) 갈륨(Gallium), 세륨, 수은, 우라늄, 플루토늄 거) 감광지, 미노광(未露光) 감광필름, 사진용 화학제 너) 유압오일 더) 부동액, 브레이크액, 유압회로용액 러) 특수세라믹 제조용 합성물

나. 제2류

1) 상품 범위	가) 페인트, 니스, 래커(Lacquer) 나) 녹 방지제 및 목재보존제 다) 착색제 라) 매염제(媒染劑) 마) 미가공 천연수지 바) 도장용·장식용·인쇄용 및 미술용 금속박(箔)과 금속분(粉)

2) 해당 상품 (예시)	가) 미가공 천연수지, 금속보호제, 목재 보존제, 목재용 매염제, 피혁용 매염제 나) 문신잉크 다) 염료 라) 안료 마) 도료(페인트) 바) 부활절계란 착색용지 사) 인쇄잉크 아) 그림물감 자) 녹방지유

다. 제3류

1) 상품 범위	가) 표백제 및 기타 세탁용 제제 나) 청정제·광택제·연마제 다) 비누 라) 향료, 정유(精油), 화장품, 모발 로션 마) 치약
2) 해당 상품 (예시)	가) 식품향미용 정유(精油) 나) 가정용 탈지제, 세탁용 광택제, 탈색제 다) 세탁용 풀 라) 화장품 마) 향료 바) 인조 손톱, 인조 속눈썹, 화장용 접착제, 화장용 면봉, 화장용 탈지면 사) 가발 고정용 접착제 아) 고형비누(인체용은 제외) 자) 인체용 비누, 미용비누 차) 치약 카) 구두약 타) 광택제 파) 애완동물용 샴푸, 애완동물용 화장품 하) 연마재

라. 제4류

1) 상품 범위	가) 공업용 오일 및 그리스(Grease) 나) 윤활유 다) 먼지흡수제, 먼지습윤제 및 먼지흡착제 라) 연료(자동차 휘발유를 포함한다), 발광체

	마) 조명용 양초 및 심지
2) 해당 상품 (예시)	가) 공업용 유지(油脂) 나) 먼지억제제, 먼지제거제, 윤활제 다) 구두용 그리스 라) 가죽 보존용 오일 마) 램프용 심지 바) 전기에너지 사) 고체연료 아) 기체연료 자) 액체연료 차) 공업용 기름 카) 미가공 왁스, 조명용 왁스 타) 라이터용 연료

마. 제5류

1) 상품 범위	가) 약제 및 수의과용 약제 나) 의료용 위생제 다) 의료용 또는 수의과용 식이요법식품 및 식이요법제, 유아용 식품 라) 인체용 또는 동물용 식이보충제 마) 깁스 및 연고류 바) 치과용 충전재료 및 치과용 왁스 사) 소독제 아) 유해동물 구제제 자) 살균제, 제초제
2) 해당 상품 (예시)	가) 영아용 식품(분유는 제외) 나) 약제용 유당 다) 영아용 분유 라) 약제 및 동물용 약제, 의료용 줄기세포 마) 섬유용 탈취제, 비인체용 방취제 바) 의료용 미생물 사) 두통용 연필, 의료용 팔찌, 류머티즘 방지 반지, 약이 채워진 구급상자 아) 의료용 솜, 의료용 붕대, 의료용 반창고, 생리대, 수유용(授乳用) 패드 자) 치과용 연마제, 치과용 충전재료 차) 유아용 기저귀, 의료용 기저귀 카) 파리잡이용 점착제, 파리잡이용 종이 타) 방충지

바. 제6류

1) 상품 범위	가) 일반금속 및 그 합금 나) 금속제 건축재료 다) 이동식 금속제 건축물 라) 철도노선용 금속재료 마) 일반금속제 케이블 및 와이어(전기용은 제외) 바) 철제품, 소형금속제품 사) 금속관 아) 금고 자) 다른 류에 속하지 아니하는 일반 금속제품 차) 광석
2) 해당 상품 (예시)	가) 금속제 빗자루 손잡이 나) 금속광석 다) 금속제 냄비고리 라) 금속제 바구니 마) 금속제 간판, 금속제 표지판(발광식 및 기계식은 제외), 금속제 표찰 바) 금속제 기념컵, 금속제 기념패 사) 금속제 야생동물용 덫 아) 가축용 체인, 금속제 닭장, 동물용 방울 자) 금속제 사다리 차) 욕조용 금속제 손잡이 바 카) 금속제 열차 및 버스 티켓 홀더 타) 금속제 통 파) 금속제 상자 하) 금속제 마개, 금속제 봉인재료 거) 금속제 금고, 금속제 가구 부속품 너) 구두흙털이용 금속매트 더) 금속제 바람개비, 금속제 우편함, 옥외용 금속제 블라인드 러) 금속제 묘비, 금속제 묘표 머) 지팡이용 금속제 테 버) 벽난로 장작 받침쇠 서) 금속제 나사, 금속제 너트, 금속제 못, 금속제 볼트, 금속제 쐐기 어) 금속제 고리, 금속제 비전기식 자물쇠 저) 금속제 칼자루 처) 모루, 바이스용 금속제 조임구 커) 금속제 줄밥 터) 미가공 또는 반가공 철(鐵), 미가공 또는 반가공 강(鋼)

	퍼) 미가공 또는 반가공 비철금속 허) 땜납, 용접용 금속봉 고) 금속제 건축 또는 구축 전용재료 노) 금속제 타일 도) 금속제 이동식 건축물 로) 금속제 말뚝, 금속제 전주(電柱) 모) 금속제 교통표지(기계식과 발광식은 제외) 보) 와이어용 신장구, 철도용 전차대(轉車臺) 소) 하역용 금속제 팰릿 오) 금속제 계선부표, 금속제 마스트 조) 금속제 바이스작업대 초) 금속제 낫자루 코) 금속제 인공어초(人工魚礁) 토) 페인트분무용 금속제 부스 포) 비기계용 금속제 밸브, 비기계용 금속제 파이프 커플링, 비기계용 금속제 플랜지, 비기계용 금속제 스프링 호) 금속제 로켓발사대 구) 금속제 다이빙 보드 누) 금속제 텐트 팩, 등산용 아이젠(Eisen) 두) 박차 루) 금속제 버클 무) 금속제 로프 부) 금속제 망(網) 수) 금속제 조각품(귀금속제는 제외)

사. 제7류

1) 상품 범위	가) 기계 및 공작기계 나) 모터 및 엔진(육상차량용은 제외) 다) 기계연결기 및 전동장치의 구성부품(육상차량용은 제외) 라) 농업용 기구(수동식은 제외) 마) 부란기(孵卵器) 바) 자동판매기
2) 해당 상품 (예시)	가) 수족관용 공기펌프 나) 기계부품용 전동브러시 다) 스탬프 날인기계, 라벨 부착기 라) 자동판매기

마) 연료펌프용 자동조절장치, 주유소용 연료분배펌프, 주유기기
바) 잔디 깎는 기계(수동식은 제외)
사) 공압식 문 개폐기(기계부품), 수압식 문 개폐기(기계부품), 전기식 문 개폐장치
아) 하역기계, 승강기계, 리프트조작장치, 엘리베이터조작장치
자) 선박용 자동사각갈고리
차) 굴착기, 불도저, 제설기(除雪機)
카) 금속가공기계, 전기아크용접장치, 전기용접장치
타) 광산기계
파) 토목기계, 석재가공기계
하) 농기계, 축산기계(착유기기는 제외)
거) 착유기기
너) 부란기(孵卵器), 육추기(育雛器)
더) 어업용 기계
러) 산업용 화학기계, 전기도금장치
머) 폐기물처리기계
버) 섬유기계
서) 산업용 식음료가공기계
어) 제재기계, 목공기계
저) 펄프가공기계, 제지(製紙)기계
처) 인쇄기계, 제본기계
커) 제봉기계
터) 가죽가공기계
퍼) 담배가공기계
허) 유리가공기계
고) 도장(塗裝)기계
노) 포장(包裝)기계, 전기식 포장용 플라스틱 봉함장치
도) 동력기계(육상차량용은 제외)
로) 급수펌프, 압축기, 송풍기
모) 동력전도장치(육상차량용은 제외)
보) 기계용 완충기기(수송기계용은 제외)
소) 기계용 제동장치(수송기계용은 제외)
오) 기계부품용 링(육상차량용은 제외), 기계부품용 밸브(육상차량용은 제외), 기계부품용 베어링(육상차량용은 제외), 기계부품용 스프링(육상차량용은 제외). 기계부품용 커플링(육상차량용은 제외)
조) 수차(水車), 풍차
초) 세척기계
코) 주차기계

	토) 고무가공기계, 플라스틱가공기계 포) 3D 프린터 호) 발전기, 모터(육상차량용은 제외) 구) 가정용 전기믹서, 가정용 전기세탁기, 가정용 전기청소기 누) 로봇, 자동조종기계, 반도체가공기계 두) 용접기계용 전극 루) 양잠기계

아. 제8류

1) 상품 범위	가) 수공구 및 수동기구 나) 칼붙이류 다) 휴대용 무기 라) 면도칼
2) 해당 상품 (예시)	가) 오렌지 스틱(매니큐어 기구) 나) 국자(수공구), 숟가락, 수동식 채소용 강판 다) 부삽, 부젓가락 라) 다리미, 비전기식 인두 마) 팔레트 나이프 바) 도끼, 송곳, 작살 사) 단검, 도검(刀劍), 총검 아) 렌치(수공구), 스패너(수공구), 해머(수공구) 자) 연마기구, 연마용 강철 차) 끌, 대패, 톱(수공구) 카) 면도날, 비전기식 이발기, 비전기식 손톱깎이 타) 동전삽 파) 경찰봉 하) 수동식 농기구, 가축도살용 기구 거) 구두제조용 구두형(型)(수공구) 너) 수동식 펌프 더) 전기면도기, 전기 손톱깎이, 전기이발기 러) 등산용 피켈(얼음도끼) 머) 골프벙커 정리용 써레

자. 제9류

1) 상품	가) 과학, 항해, 측량, 사진, 영화, 광학, 계량, 측정, 신호, 검사(감시), 구명(救命)

범위	및 교육용 기기 나) 전기의 전도, 전환, 변형, 축적, 조절 또는 통제를 위한 기기 다) 음향 또는 영상의 기록용, 송신용 또는 재생용 장치 라) 자기 정보기억 매체 및 녹음반 마) CD, DVD 및 기타 디지털 기록매체 바) 동전작동식 기계장치 사) 금전등록기, 계산기, 정보처리장치, 컴퓨터 아) 컴퓨터 소프트웨어 자) 소화기(消火器)
2) 해당 상품 (예시)	가) DNA 칩(Chip), 투약용 디스펜서(Dispenser) 나) 비건축용 가공유리 다) 주판, 계산자[尺] 라) 방호용 신발 마) 전기자물쇠 바) 목수용 자[尺] 사) 실험실용 이화학기기 아) 광학기기(안경과 사진기기는 제외), 영화기기 자) 사진기기 차) 기본단위계량기기, 유도단위계량기기, 정밀측정기기, 재료실험기기, 자동조절기기 카) 안경, 콘택트렌즈 타) 계산기구, 금전등록기, 시간기록장치, 화폐계수기 파) 동전작동식 기계장치, 티켓디스펜서 하) 구명장치, 방탄조끼, 안전벨트 거) 소화기, 화재 피난장치, 소방용 호스 너) 경보기기 더) 발광식 교통신호기, 기계식 교통신호기 러) 잠수마스크, 잠수용 귀마개, 잠수용 호흡장치 머) 구명보트, 소방정(消防艇) 버) 인공위성 서) 소방차 어) 전기울타리 저) 검란기(檢卵器) 처) 이온화장치(공기 및 물처리용은 제외), 전해조 커) 배전기기, 전기제어기기, 전기변압기 터) 네온사인 퍼) 전지

	허) 전기측정기기, 자기측정기기, 전파측정기기 고) 전선, 전기케이블, 광섬유 노) 전기식 도어벨 도) 전기음향영상기기 로) 전기통신기기 모) 컴퓨터 소프트웨어 보) 컴퓨터, 전자관, 태블릿 컴퓨터 소) 반도체, 반도체 소자, 집적회로 오) 전기플러그, 전기소켓, 자석 조) 비디오게임 카트리지 초) 다이빙 및 수영용 노즈클립 코) 방호용 장갑 토) 헬멧 포) 방독면, 방호용 마스크 호) 방호용 피복 구) 음반, 음악이 수록된 전자매체 누) 메트로놈 두) 자기식 카드, 음악이 아닌 것이 수록된 전자매체(컴퓨터 소프트웨어는 제외) 루) 내려받기 가능한 티켓 무) 노광(露光)된 필름 부) 내려받기 가능한 전자 출판물

차. 제10류

1) 상품 범위	가) 외과용, 내과용, 치과용 및 수의과용 기계기구, 의지(義肢), 의안(義眼), 의치(義齒) 나) 정형외과용품 다) 봉합용 재료
2) 해당 상품 (예시)	가) 의료기기(치과용은 제외) 나) 치과용 충전기구, 치과용 기초지지구 다) 피임용구 라) 의료용 전기담요, 젖병, 의료용 물주머니, 청각보호용 귀마개, 의료용 봉합재료, 정형외과용 깁스, 지지용 붕대 마) 가정용 전기마사지기 바) 수술복 사) 의료용 장갑 아) 의료용 마스크

카. 제11류

1) 상품 범위	조명용, 가열용, 증기발생용, 조리용, 냉각용, 건조용, 환기용, 급수용 및 위생용 장치
2) 해당 상품 (예시)	가) 치과용 오븐 나) 일회용 살균봉투 다) 가스그릴, 가정용 비전기식 정수기, 요리용 석쇠 장치, 요리용 번철 장치 라) 아이스박스(휴대용은 제외) 마) 버너(실험실용은 제외), 풍로 바) 싱크대 사) 발광성 가옥번호판 아) 휴대용 난로 자) 수족관용 여과장치, 수족관용 히터 차) 변기, 비데 카) 가열다리미용 히터, 직물용 증기발생기 타) 욕조, 샤워기 파) 일광욕 침대. 이동식 터키탕 캐비닛 하) 난로, 난방장치, 난방용 보일러(수송기계용은 제외) 거) 냉동장치 및 설비(수송기계용은 제외) 너) 환풍기, 환풍장치 및 설비 더) 비전기식 조명기기 러) 수도꼭지용 좌금(座金) 머) 급수설비, 배수설비, 위생설비용 도관(導管) 버) 이동식 간이화장실 서) 실험실용 가열기기 어) 선박용 냉난방장치, 선박용 조명기기 저) 항공기용 냉난방장치, 항공기용 조명기기 처) 철도차량용 냉난방장치, 철도차량용 조명기기 커) 자동차용 냉난방장치, 자동차용 조명기기 터) 자전거용 조명기기 퍼) 농업용 건조장치, 농업용 살수장치 퍼) 증류장치, 정수장치, 공기정화장치 및 기계, 가스정화장치 고) 음료냉각장치, 제빙장치 및 설비 노) 공업용 노(爐) 도) 담배용 냉각장치, 담배 로스터(Roaster) 로) 수도조절장치, 가스조절 및 안전용 장치 모) 전기조명기구, 전기조명장치(수송기계용은 제외) 보) 가정용 전기식 식기소독기, 가정용 전기식 정수기, 가정용 전기냉장고, 전자레

	인지, 전기식 압력솥, 전기식 주전자 소) 두발건조기 오) 가스점화기

타. 제12류

1) 상품 범위	가) 수송기계기구 나) 육상, 공중 또는 수상이동장치
2) 해당 상품 (예시)	가) 휠체어 나) 낙하산 다) 견인차, 케이블식 운반장치 및 설비, 전기식 운반기 라) 선박(보트 및 배), 선박의 부품 및 부속품 마) 항공기, 항공기의 부품 및 부속품 바) 철도차량, 철도차량의 부품 및 부속품 사) 자동차, 자동차의 부품 및 부속품 아) 자전거, 자전거의 부품 및 부속품 자) 손수레, 우마차, 짐마차 차) 유모차 카) 타이어, 튜브 타) 수송기계용 완충기 파) 수송기계용 제동장치 하) 농업용 트랙터 거) 육상차량용 동력기계 너) 육상차량용 동력전도장치 더) 육상차량용 베어링, 육상차량용 커플링, 차축 저널 러) 육상차량용 모터

파. 제13류

1) 상품 범위	가) 화기(火器) 나) 총포탄 및 발사체 다) 폭약 라) 불꽃
2) 해당 상품 (예시)	가) 전차(戰車) 나) 총(銃), 포(砲) 다) 총포탄, 화약, 폭약, 화공품(火工品)

하. 제14류

1) 상품 범위	가) 귀금속 및 그 합금과 귀금속제품 또는 귀금속 도금제품(다른 류에 속하는 것은 제외) 나) 장신구, 귀석(貴石) 다) 시계용구
2) 해당 상품 (예시)	가) 보석의 원석 나) 귀금속제 기념컵, 귀금속제 기념패, 주화, 구리 토큰 다) 보석상자, 귀금속제 상자 라) 귀금속제 구두장식 마) 귀금속제 열쇠고리 바) 시계, 시계의 부품 및 부속품 사) 보석, 인조보석 아) 귀금속, 모조 귀금속 자) 귀금속제 장신구, 보석장식품 차) 커프스 단추 카) 귀금속제 조각품

거. 제15류

1) 상품 범위	악기
2) 해당 상품 (예시)	가) 악기 조율기 나) 악기, 연주보조용품

너. 제16류

1) 상품 범위	가) 종이, 판지 및 종이·판지제품(다른 류에 속하지 않는 것만 해당한다) 나) 인쇄물 다) 제본용 재료 라) 사진 마) 문방구용품 바) 문방구 또는 가정용 접착제 사) 미술용 재료 아) 화필(畵筆) 및 도장용 붓 자) 타자기 및 사무용품(가구는 제외) 차) 교육용 재료(장치는 제외)

	카) 포장용 플라스틱 재료(다른 류에 속하는 것은 제외) 타) 인쇄용 활자 파) 프린팅 블록
2) 해당 상품 (예시)	가) 시가용 밴드 나) 가정용 접착제(문방구용은 제외), 가정용 접착테이프 다) 종이제 쓰레기봉투, 플라스틱제 쓰레기봉투 라) 은박지, 주방용 호일 마) 종이제 또는 판지제 간판, 비직물제 라벨 바) 종이제 기(旗) 사) 종이제 화분커버 아) 강아지 훈련용 일회용 대소변 패드 자) 종이제 변기시트커버 차) 자수용 도안형지, 재봉용 초크 카) 종이용지 타) 종이제 수건, 종이제 티슈, 화장지 파) 사진제판용 수정잉크 하) 문방구 거) 포장용 플라스틱제 필름 너) 머니 클립, 여권홀더 더) 종이제 크림용기 러) 종이제 상자, 판지제 상자 머) 포장용 종이제 포대, 포장용 플라스틱제 포대 버) 종이제 식탁장식품, 실내장식용 종이제 커버 서) 페인트용 솔, 가정용 페인트롤러 어) 문풍지 저) 교육용 생물체조직 처) 타자기, 제도기, 주소인쇄기, 잉크 리본 커) 인쇄활자, 제본재료, 프린팅 블록 터) 봉랍 퍼) 종이제 턱받이 허) 묵주 고) 종이제 비자기식 전화카드, 종이제 비자기식 크레디트카드 노) 인쇄물(서적과 정기간행물은 제외) 도) 서화(書畵) 로) 혼응지제 조각품 모) 인화된 사진, 청사진 보) 모형제작용 재료, 건축모형

	소) 서적, 정기간행물

더. 제17류

1) 상품 범위	가) 고무, 구타페르카, 고무액(Gum), 석면, 운모 및 이들로 만든 제품(다른 류에 속하는 것은 제외) 나) 제조용 압출성형 플라스틱 다) 충전용, 마개용 및 절연용 재료 라) 비금속제 신축호스
2) 해당 상품 (예시)	가) 접착테이프(문방구용/의료용/가정용/전기 절연용은 제외) 나) 미가공 또는 반가공 운모 다) 꽃꽂이용 폼서포트(반가공품) 라) 석면지(石綿紙) 마) 반가공 인조수지, 플라스틱 필름(포장용은 제외) 바) 미가공 고무, 반가공 고무 사) 포장용 고무제 포대 아) 고무제 마개, 고무제 봉인재료 자) 석면제 구두밑창 차) 고무제 좌금(座金), 경화섬유제 좌금(座金) 카) 석면제 건축재, 건축용 방습재, 방음재, 보온용 단열재, 틈막이용 조성물 타) 석면제 소방용품 파) 고무제 완충기 하) 개스킷, 고무제 링, 탄성고무제 또는 경화섬유제 밸브, 고무제 패킹, 플라스틱제 패킹, 석면제 패킹 거) 전기절연재료 너) 전기절연용 고무제품, 전기절연테이프 더) 절연용 장갑 러) 비직물용 화학섬유 머) 비직물용 무기섬유 버) 비직물용 화학섬유사(絲), 비직물용 무기섬유사(絲) 서) 석면직물 어) 석면제 펠트 저) 고무끈, 석면제 끈 처) 석면제 망 커) 고무제 소입상

러. 제18류

1) 상품 범위	가) 가죽과 모조 가죽 및 그 제품(다른 류에 속하는 것은 제외) 나) 동물가죽 다) 트렁크 및 여행용 가방 라) 우산과 양산 마) 지팡이 바) 채찍, 마구(馬具)
2) 해당 상품 (예시)	가) 소시지 제조용 창자 나) 휴대용 화장품 케이스(내용물이 없는 것) 다) 동물용 목걸이, 애완동물용 의류 라) 가죽 마) 인조가죽 바) 가방, 지갑 사) 가죽제 상자, 경화섬유제 상자 아) 포장용 가죽제 포대 자) 가구용 가죽제 장식, 가죽제 커버 차) 스케이트화용 가죽끈 카) 우산, 양산 타) 지팡이 파) 가방용 자물쇠 하) 동물용 여물주머니 거) 가죽제 밸브, 스프링용 가죽제 케이싱 너) 마구(馬具), 승마용구 더) 가죽끈

머. 제19류

1) 상품 범위	가) 비금속제 건축재료 나) 건축용 비금속제 경질관(硬質管) 다) 아스팔트, 피치 및 역청 라) 비금속제 이동식 건축물 마) 비금속제 기념물
2) 해당 상품 (예시)	가) 타르, 피치 나) 건축 또는 구축용 비금속광물(가공하지 않은 것) 다) 건축용 유리 라) 비금속제 광고기둥 마) 구조물로 된 수족관

	바) 비금속제 돼지우리, 비금속제 마구간, 비금속제 닭장 사) 건축용 목재, 가공 목재 아) 건축용 덩어리 코르크 자) 석제(石製) 통 차) 옥외용 비금속제 및 비직물제 블라인드, 석제 우편함 카) 비금속제 묘비 타) 시멘트, 시멘트 기초제품 파) 석재, 인조석재 하) 비금속제 건축 및 구축 전용재료 거) 비금속제 타일, 내화재(耐火材), 벽돌 너) 비금속제 이동식 건축물, 비금속제 조립식 건축물 더) 비금속제 침목(枕木), 토사붕괴방지용 식생판, 비금속제 전주(電柱) 러) 비금속제 교통표지(발광식과 기계식은 제외) 머) 계선용 비금속제 부유도크, 계선용 비금속제 정박주, 비금속제 마스트 버) 비금속제 인공어초 서) 페인트분무용 비금속제 부스 어) 급배수용 비금속제 밸브(플라스틱제는 제외) 저) 비금속제 로켓발사대 처) 비금속제 다이빙보드 커) 비금속제 방충망 터) 석제 조각품, 콘크리트제 조각품, 대리석제 조각품

버. 제20류

1) 상품 범위	가) 가구, 거울, 액자 나) 목재, 코르크, 갈대, 등나무, 고리버들, 뿔, 상아, 고래수염, 조개 껍질, 뼈, 호박(琥珀), 진주모(珍珠母), 해포석(海泡石)을 재료로 하는 제품과 이들 재료의 대용품 다) 플라스틱 제품(다른 류에 속하는 것은 제외)
2) 해당 상품 (예시)	가) 비금속제 빗자루 손잡이, 우산꽂이통 나) 미가공 산호, 미가공 해포석, 미가공 호박 다) 비금속제 바구니 라) 목제 간판, 플라스틱제 간판, 비금속제 표찰, 공기팽창식 광고물 마) 깃대, 깃봉 바) 비금속제 기념컵, 비금속제 기념패 사) 초목용 지지목 아) 애완동물용 집(구조물과 새장은 제외), 애완동물용 쿠션, 애완동물용 침대

자) 비금속제 사다리
차) 수틀, 목제 실패
카) 비금속제 욕조가로대
타) 갈대, 밀짚, 볏짚, 보릿짚
파) 죽재(竹材)(건축용은 제외)
하) 고리버들, 등나무 줄기
거) 일본식 목제 음식포장시트(교기)
너) 거북등, 고래수염, 굴 껍질, 동물 발굽, 동물 뿔
더) 비금속제 통(석제는 제외)
러) 목제 상자, 플라스틱제 상자
머) 플라스틱제 우편물 우송용 원통
버) 비금속제 마개(고무제/자기제/유리제는 제외)
서) 가구
어) 동물 박제, 실내용 블라인드, 장식용 주렴(珠簾), 비직물제 벽면장식
저) 액자
처) 비금속제 바람개비, 옥외장식용 윈드차임, 풍경(風磬)
커) 매트리스, 방석, 베개, 요람, 쿠션
터) 관(棺), 봉안단지
퍼) 부채
허) 비금속제 못, 비금속제 볼트, 비금속제 너트, 비금속제 쐐기, 비금속제 리벳(Rivet)
고) 커튼용 링, 커튼용 레일, 커튼용 훅, 비금속제 비전기식 자물쇠
노) 비금속제 칼자루
도) 비금속제 공구손잡이
로) 나무작업대
모) 비금속제 경첩, 비금속제 문부속품
보) 반사경 타일
소) 제도대(製圖臺)
오) 이미용 의자
조) 화차용 비금속제 하역계측봉
초) 하역용 비금속제 팔레트
코) 비금속제 계선부표
토) 비금속제 바이스작업대
포) 사료선반
호) 벌집, 벌통용 재료
구) 급배수용 플라스틱제 밸브(기계부품은 제외)
누) 총가(銃架)

	두) 유아용 놀이틀, 유아용 보행기 루) 비금속제 텐트 팩, 캠핑용 침낭 무) 낚시바구니, 낚시의자 부) 플라스틱제 비자기식 열쇠카드 수) 목제 조각품, 밀랍제 조각품, 석고제 조각품, 플라스틱제 조각품 우) 양복용 인체모형, 재단용 인체모형

서. 제21류

1) 상품 범위	가) 가정용 또는 주방용 기구 및 용기 나) 빗 및 스펀지 다) 솔(회화용과 도장용은 제외) 라) 솔 제조용 재료 마) 청소용구, 쇠수세미(Steel wool) 바) 미가공 또는 반가공 유리(건축용은 제외) 사) 유리제품, 도자기제품 및 토기제품(다른 류에 속하는 것은 제외)
2) 해당 상품 (예시)	가) 화장용구, 향수 분무기, 빗, 화장용 콤팩트 나) 칫솔, 치실 다) 세탁 및 청소용구(전기식은 제외) 라) 비건축용 유리기초제품 마) 비전기식 냄비, 비전기식 밥솥, 비전기식 주전자, 비전기식 프라이팬 바) 식탁용 식기 사) 가정용 식음료 가공기구(전기식은 제외), 식품 저장용기, 밥상, 쟁반, 음료용 빨대 아) 물통, 보온통, 휴대용 비전기식 냉각용기 자) 자기제 간판, 유리제 간판 차) 석탁통 카) 파리채, 포충기 타) 쥐덫 파) 화분, 실내식물 재배용 테라리움, 화분용 물뿌리개 하) 실내수족관 거) 새장, 애완동물용 우리 너) 양복솔 더) 침실용 간이 변기, 화장지 걸이 러) 저금통 머) 다림질대 버) 유아용 휴대식 목욕통

	서) 유리제 상자, 캔디 상자 어) 유리제 마개, 도자기제 마개 저) 병류(꽃병은 제외) 처) 쌀통 커) 도자기, 꽃병, 수반 터) 제기(祭器), 향로 퍼) 구둣솔, 구둣주걱 허) 촛대 고) 공업용 솔, 선박용 솔 노) 안경수건 도) 동물용 구유, 동물용 빗(애완동물용은 제외) 로) 유인살충용 전기장치 모) 전기 빗, 전기 칫솔, 화장제거용 전동 브러시 보) 코펠 소) 가사용 장갑, 광택용 장갑, 원예용 장갑 오) 단추고리 조) 때밀이용 스펀지 초) 브러시용 모(毛) 코) 비절연용 유리섬유, 비직물용 유리섬유 토) 비절연용 유리섬유사, 비직물용 유리섬유사 포) 자기제 조각품, 테라코타제 조각품, 유리제 조각품 호) 인조알

어. 제22류

1) 상품 범위	가) 로프, 끈, 망, 텐트, 차양막, 타폴린(Tarpaulins), 돛, 포대(다른 류에 속하는 것은 제외) 나) 충전용 재료(고무제와 플라스틱제는 제외) 다) 직물용 미가공 섬유
2) 해당 상품 (예시)	가) 충전용 해초 나) 그물형 덫 다) 줄 사다리 라) 충전용 짚 마) 대팻밥, 톱밥 바) 포장용 직물제 포대 사) 짚제 포장재, 가마니 아) 차양(캠핑용은 제외), 천막(캠핑용은 제외)

	자) 해먹 차) 구두꿰매는 실 카) 선박용 돛 타) 어망용 부자 파) 등산 또는 캠핑용 텐트 하) 누에고치 거) 미가공 면(綿)섬유 너) 미가공 견(絹)섬유 더) 미가공 마(麻)섬유 러) 미가공 모(毛)섬유 머) 직물용 화학섬유 버) 직물용 무기섬유 서) 노끈, 비금속제 로프, 비금속제 케이블, 포장용 끈 어) 비금속제 망(석면제는 제외)

저. 제23류

1) 상품 범위	직물용 실[絲]
2) 해당 상품 (예시)	직물용 실, 자수용 금속제 실

처. 제24류

1) 상품 범위	가) 직물 및 직물제품(다른 류에 속하는 것은 제외) 나) 침대커버 다) 테이블커버
2) 해당 상품 (예시)	가) 화장제거용 직물제 티슈 나) 행주 다) 직물제 라벨 라) 비종이제 기(旗) 마) 직물제 변기 시트커버 바) 자수용 도안직물 사) 직물제 샤워커튼, 플라스틱제 샤워커튼 아) 인조가죽직물(부직포는 제외) 자) 직물제 식탁장식품, 직물제 실내장식용품, 직물제 커버

	차) 직물제 족자(簇子) 카) 이불, 침낭, 침대커버, 베갯잇 타) 수의(壽衣) 파) 직물제 수건, 직물제 목욕장갑, 직물제 보자기 하) 직물 거) 메리야스 원단 너) 세폭(細幅)직물 더) 부직포(不織布), 직물펠트

커. 제25류

1) 상품 범위	의류, 신발, 모자
2) 해당 상품 (예시)	가) 머니벨트(의류) 나) 신발 다) 스포츠의류, 스포츠셔츠, 스포츠외투, 축구복, 검도복 라) 겉옷, 외투(스포츠전용 의류 및 한복은 제외) 마) 의사용 가운 바) 한복 사) 속옷, 스웨터, 셔츠 아) 양말, 스타킹, 목도리, 숄, 스카프, 넥타이, 방한용 장갑, 방한용 귀덮개 자) 휴대용 전자터치스크린장치용 전도성 장갑 차) 모자 카) 방한용 마스크(의류) 타) 의복용 벨트 파) 방수용 피복

터. 제26류

1) 상품 범위	가) 레이스 및 자수포(刺繡布), 리본 및 브레이드(Braid) 나) 단추, 갈고리 단추, 핀 및 바늘 다) 조화(造花)
2) 해당 상품 (예시)	가) 머리염색용 캡, 헤어롤 나) 가발, 장식용 수염 다) 경기용 번호표 라) 바늘꽂이, 바늘쌈지, 재봉상자, 재봉용 받침대 마) 러그훅

	바) 구두끈, 비귀금속제 구두장식 사) 커튼상단부용 테이프 아) 바늘(재봉틀용은 제외) 자) 소모기용(梳毛機用) 바늘, 어망제조용 북 차) 재봉틀용 바늘 카) 전기식 헤어컬러(수동식은 제외) 타) 의류용 어깨패드 파) 소매 흐름방지용 탄력밴드 하) 머리장식용품, 의류부착용 셔닐사(絲) 장식 거) 단추, 지퍼 너) 조화(造花) 더) 금자수포(刺繡布), 은자수포(刺繡布), 자수레이스 원단 러) 인조과일

퍼. 제27류

1) 상품 범위	가) 카펫, 융단, 매트, 리놀륨(Linoleum) 및 그 밖의 바닥깔개용 재료 나) 비직물제 벽걸이
2) 해당 상품 (예시)	가) 애완동물용 급식매트 나) 욕실용 매트 다) 돗자리, 거적, 멍석 라) 벽지 마) 매트, 비직물제 벽걸이, 카펫 바) 비직물제 족자 사) 인조 잔디 아) 스포츠용 매트 자) 캠핑용 매트

허. 제28류

1) 상품 범위	가) 오락 및 게임용구 나) 체조용품 및 운동용품(다른 류에 속하는 것은 제외) 다) 크리스마스트리용 장식품
2) 해당 상품 (예시)	가) 곤충채집용 채 나) 애완동물용 장난감 다) 크리스마스트리용 장식품(조명용품과 과자류는 제외) 라) 유원지용 탑승놀이기구

	마) 스키용 왁스 바) 완구, 인형 사) 오락 및 놀이용구 아) 스포츠용구(등산용구/골프용구는 제외) 자) 등산용 안전장착대(安全裝着帶), 등강기(등산장비) 차) 골프공, 골프채, 골프가방 카) 낚시용구 타) 고적대 지휘봉

고. 제29류

1) 상품 범위	가) 육류, 어류, 가금 및 수렵대상이 되는 조수(鳥獸) 나) 육즙(肉汁) 다) 절임, 조림, 냉동, 건조 및 조리된 과실과 채소 라) 젤리, 잼, 설탕에 절인 과실 마) 계란, 우유, 그 밖의 유제품 바) 식용 유지(油脂)
2) 해당 상품 (예시)	가) 냉동한 두류 나) 식용 가공꽃가루 다) 냉동한 채소 라) 채소가공식품, 보존처리한 채소(냉동한 채소는 제외), 과실가공식품, 보존처리한 과실(냉동한 과실은 제외) 마) 요리용 채소주스 바) 두부, 두부 가공식품 사) 두류 가공식품(두부 및 두부 가공식품은 제외), 보존처리한 두류 아) 냉동한 과실 자) 크로켓 차) 식용육 카) 식용란(卵), 난(卵) 가공식품 타) 가공한 식육, 육류 내장품, 육류 가공식품 파) 우유, 알부민우유, 유(乳) 가공식품 하) 식용 유지(油脂), 유지 가공식품 거) 살아 있지 않은 식용 벌레, 벌레 가공식품 너) 살아 있지 않은 어패류(냉동 또는 염장한 것을 포함) 더) 보존처리한 식용 해초, 해초 가공식품 러) 보존처리한 어패류, 어패류 가공식품

노. 제30류

1) 상품 범위	가) 커피, 차, 코코아와 대용커피, 쌀, 타피오카(Tapioca)와 사고(Sago) 나) 곡분(穀粉) 및 곡물 조제품, 빵, 과자 다) 빙과 라) 설탕, 꿀, 당밀(糖蜜) 마) 효모, 베이킹파우더 바) 소금 사) 겨자 아) 식초, 소스(조미료) 자) 향신료 차) 얼음
2) 해당 상품 (예시)	가) 도정(搗精)한 곡물, 발아한 곡물 나) 식용 곡분, 식용 전분 다) 아몬드페이스트, 케이퍼 라) 가공한 곡물, 곡물 가공식품 마) 누룩, 효모 바) 식용 맥아 사) 과자, 빵, 껌, 캔디, 초콜릿, 한과 아) 식용 당(糖)류 자) 떡, 인절미 차) 간장, 고추장, 된장 카) 화학조미료 타) 마요네즈, 식초, 조미용 소스, 케첩 파) 향신료 하) 식용 소금 거) 차(茶) 너) 커피, 코코아 더) 차를 주성분으로 하는 음료, 차음료 러) 얼음 머) 가정용 식육 연화제, 아이스크림 응고제, 생크림용 안정제, 요리용 농화제(濃化劑)

도. 제31류

1) 상품 범위	가) 곡물과 농업, 원예 및 임업 생산물(다른 류에 속하는 것은 제외) 나) 살아 있는 동물 다) 신선한(가공하지 않은) 과실 및 채소

	라) 종자, 자연식물 및 꽃 마) 사료 바) 맥아
2) 해당 상품 (예시)	가) 미가공 곡물, 미가공 두류, 미가공 꽃가루 나) 신선한 채소 다) 신선한 사탕무, 사탕수수 라) 코프라 마) 양조용 및 증류용 맥아 바) 사료 사) 재배용 종자(鐘子), 구근(球根), 버섯 균사 아) 신선한 과실 자) 살아있는 식물 및 꽃 차) 홉(Hop) 카) 미가공 코코아 원두 타) 부화용 수정란 파) 살아 있는 짐승, 살아 있는 조류(鳥類) 하) 살아 있는 벌레 거) 살아 있는 어패류 너) 신선한 해초 더) 애완동물용 모래종이, 애완동물용 향처리 모래 러) 동물용 깔짚, 식물 보온용 짚 머) 통나무 버) 미가공 나무껍질 서) 나무펄프제조용 나무조각 어) 살아 있는 나무로 만든 크리스마스트리 저) 낚시용 떡밥, 낚시용 살아 있는 미끼 처) 생화(生花) 화환, 장식용 건조식물 커) 누에, 누에씨

로. 제32류

1) 상품 범위	가) 맥주 나) 광천수, 탄산수 및 무주정(無酒精) 음료 다) 과실음료 및 과실주스 라) 시럽(Syrup) 및 기타 음료용 조제품(調製品)
2) 해당 상품	가) 맥주 제조용 홉 진액 나) 청량음료, 과실음료 및 과실주스, 채소 또는 과실가공음료

(예시)	다) 발포성 음료용 재료 라) 광천수, 생수 마) 맥주, 맥주용 맥아 즙 바) 음료용 아몬드우유

모. 제33류

1) 상품 범위	알코올 음료(맥주는 제외)
2) 해당 상품 (예시)	가) 소주, 약주, 청주, 법주, 탁주, 막걸리 나) 보드카, 브랜디, 위스키, 진, 딸기주, 매실주, 머루주, 포도주, 사과주 다) 고량주, 노주(老酒), 오가피주, 독사주, 박하주, 송엽주, 벌꿀주, 약미주

보. 제34류

1) 상품 범위	가) 담배 나) 흡연용품 다) 성냥
2) 해당 상품 (예시)	가) 담배(의료용은 제외) 나) 흡연용구 다) 성냥 라) 흡연용 라이터

소. 제35류

1) 상품 범위	가) 광고업 나) 기업관리업 다) 기업경영업 라) 사무처리업
2) 해당 상품 (예시)	가) 라디오광고업, 텔레비전광고업, 옥외광고업 나) 홍보 목적의 패션쇼 개최업 다) 광고물작성업 라) 상품견본배포업, 광고물배포업 마) 마케팅서비스업, 마케팅연구업, 텔레마케팅업, 쇼윈도 장식업, 상품전시업 바) 회계업, 세무대리업 사) 기업경영 및 조직상담업, 사업경영자문업, 인사관리상담업, 기업정보제공업, 상업정보제공업, 시장조사업, 호텔경영지원업

	아) 직업알선업, 직업소개업, 취업정보제공업 자) 정보의 데이터베이스 가공편집업, 정보의 컴퓨터데이터베이스 구축업, 컴퓨터 자료 검색업, 컴퓨터화된 파일 관리업 차) 도매업, 소매업, 판매대행업, 판매알선업, 상품중개업 비고: 도매업, 소매업, 판매대행업, 판매알선업, 상품중개업은 그 서비스업의 대상을 구체적으로 적어야 한다 카) 수출입업무대행업 타) 사무처리업, 사진복사업 파) 경매서비스업 하) 비서업 거) 자동판매기임대업

오. 제36류

1) 상품 범위	가) 보험업 나) 재무업 다) 금융업 라) 부동산업
2) 해당 상품 (예시)	가) 예금접수업, 자금대부업, 내국환거래업, 증권업, 탄소배출권 중개업 나) 보험업 다) 재무가치평가업, 재무관리업, 재무상담업, 삼림재무평가업, 모직물 재무평가업 라) 부동산감정업, 부동산관리업, 부동산중개업, 부동산임대업 마) 금융 관련 신용조사업, 보험 관련 신용조사업 바) 무역대리업, 오퍼업, 통관절차대행업 사) 골동품 감정업, 미술품 감정업 아) 귀금속 감정업, 보석 감정업

조. 제37류

1) 상품 범위	가) 건축물건설업 나) 수선업 다) 설치서비스업
2) 해당 상품 (예시)	가) 종합건설공사업, 도로건설공사업, 토목공사업, 건물방음설비공사업, 건물절연설비공사업, 건축공사상담업, 건설 및 건축장비임대업 나) 조선업 다) 수리업, 수선업, 설치업, 유지관리업

	비고 : 수리업, 수선업, 설치업, 유지관리업은 그 서비스업의 대상을 구체적으로 적어야 한다 라) 경석에 의한 연마처리업, 주석에 의한 재도금업 마) 유정업, 채광업, 채석업, 광산용기계장비임대업 바) 건축물청소업, 청소장비대여업 사) 세차업, 항공기청소업, 세차기계임대업 아) 방역소독업 자) 구두닦이업 차) 세탁업 카) 자동차장식업

초. 제38류

1) 상품 범위	가) 통신업 나) 방송업
2) 해당 상품 (예시)	가) 전화통신업, 이동전화통신업, 밴(VAN)통신업, 전자우편전송업 나) 통신사(通信社)업 다) 통신기기 및 장비의 임대업 라) 라디오방송업, 텔레비전방송업, 유선텔레비전방송업, 인터넷방송업

코. 제39류

1) 상품 범위	가) 운송업 나) 물품의 포장 및 보관업 다) 여행대행업(Travel arrangement)
2) 해당 상품 (예시)	가) 해상운송업, 항공운송업, 철도운송업, 자동차운송업, 선박임대업, 자동차임대업, 운송정보제공업 나) 교통정보제공업 다) 상품보관업, 냉장창고업, 창고임대업, 창고업, 창고임대업, 냉동식품창고임대업, 냉동장치임대업, 화물보관용 컨테이너임대업 라) 위험물보관업, 폐기물보관업 마) 차량보관창고업, 항공기보관업 바) 휠체어임대업 사) 관광안내업, 여행알선업, 여행예약업 아) 전자데이터 및 서류의 물리적 저장업 자) 상품포장업 차) 잠수업(구조업은 제외), 잠수복대여업

토. 제40류

1) 상품 범위	재료처리업
2) 해당 상품 (예시)	가) 고무가공업 나) 플라스틱가공업 다) 석재가공업 라) 광학유리연마업 마) 목공업, 제재업 바) 종이가공업 사) 정제업, 원유가공업 아) 용수처리업, 폐기물재생업 자) 마구(馬具)가공업 차) 에너지생산업, 발전업 카) 금속처리업, 전기도금처리업, 보석 및 귀금속가공업, 자화(磁化)처리업 타) 직물가공업, 염색업 파) 곡물가공업, 수산물가공업 하) 목재벌목업 거) 제판업, 인쇄업, 제본업, 인쇄장비임대업 너) 치기공업(齒技工業) 더) 봉제(縫製)업, 양복점업, 양재업 또는 양장업, 의류재단업, 커튼재단업, 편물기계임대업 러) 사진인화업, 사진필름현상업, 영화필름현상업 머) 공기정화업, 수질오염방지처리업, 분뇨처리업, 산업폐기물 소각업 버) 공기조절장치임대업, 난방장치임대업 서) 발전기임대업 어) 녹음테이프녹음복사업, 영화필름복사업 저) 예술작품표구업

포. 제41류

1) 상품 범위	가) 교육업 나) 훈련제공업 다) 연예업 라) 스포츠 및 문화활동업
2) 해당 상품 (예시)	가) 공연기획업, 연극공연업, 음악공연업 나) 무대장치임대업, 오디오장비임대업 다) 녹음음반대여업, 영화필름대여업

	라) 영농기술지도업, 축산기술지도업, 조림기술지도업 마) 어업기술지도업 바) 교과서출판업, 서적출판업 사) 디스코텍업, 나이트클럽업, 카바레운영업 아) 도서관 운영업 자) 과학관 운영업, 미술관 운영업, 박물관 시설제공업 차) 어학교육지도업, 수능입시학원업 카) 배우학원경영업 타) 보육원업 파) 교육적 행사의 준비 및 진행업 하) 직업재교육업 거) 스포츠시설의 제공 및 운영업 너) 오락시설의 제공 및 운영업 더) 놀이공원 운영업, 동물원 운영업 러) 마이크로필름기록업, 사진촬영업, 비디오녹화촬영업 머) 뉴스보도서비스업 버) 동물훈련업 서) 미인선발대회 개최업, 파티계획업, 연예 목적의 패션쇼 개최업 어) 번역업, 통역업

호. 제42류

1) 상품 범위	가) 과학적, 기술적 서비스업 및 관련 연구, 디자인업 나) 산업분석 및 연구 서비스업 다) 컴퓨터 하드웨어 및 소프트웨어의 디자인 및 개발업
2) 해당 상품 (예시)	가) 약제연구업, 세균연구업, 의학연구업 나) 건축설계업, 건축상담업, 토목설계업 다) 제품설계업, 기계디자인업, 광고디자인업, 포장디자인업, 시각디자인업 라) 의상디자인업, 패션디자인업 마) 컴퓨터시스템의 설계 및 자문업 바) 컴퓨터소프트웨어의 자문 및 개발업 사) 자료 및 문서의 디지털처리업, 컴퓨터프로그램 및 데이터의 자료전환업, 컴퓨터데이터복구업 아) 컴퓨터임대업 자) 환경연구업, 환경보호에 관한 연구업 차) 화장연구업 카) 기상연구업, 기상정보제공업

	타) 농업연구업, 농약안전성평가업, 종자검사업 파) 건설기술연구업, 건축재료분석업 하) 기계연구업, 로켓연구업 거) 생명공학관련연구업, 화학연구업 너) 광산 및 광물탐사업, 지질조사업, 해양연구업

구. 제43류

1) 상품 범위	음식료품을 제공하는 서비스업, 임시숙박업
2) 해당 상품 (예시)	가) 한식점업, 레스토랑서비스업, 제과점업 나) 주점업 다) 하숙서비스업, 모텔서비스업, 유스호스텔업, 호텔서비스업, 숙박시설안내업 라) 야영장장비공급업, 야영장시설제공업, 텐트대여업 마) 방(房)임대업, 이동식가옥임대업 바) 양로원서비스업, 노인복지시설운영업 사) 탁아소서비스업 아) 동물수탁관리업 자) 회의실임대업

누. 제44류

1) 상품 범위	가) 의료서비스업 나) 수의사(獸醫師)업 다) 인간 또는 동물을 위한 위생 및 미용서비스업 라) 농업, 원예 및 임업 서비스업
2) 해당 상품 (예시)	가) 농업서비스업, 원예서비스업, 축산서비스업, 임업서비스업 나) 어업서비스업 다) 약국업 라) 치과서비스업 마) 병의원업(치과업 제외), 의료보건장비임대업, 요양소서비스업 바) 동물병원업, 수의업 사) 휴양소업 아) 이용업, 미용서비스업 자) 위생목적의 대중목욕탕서비스업, 온천업, 찜질방업, 위생시설임대업 차) 건강마사지업, 안마업, 지압업 카) 꽃꽂이업

	타) 정원 또는 화단관리업 파) 애완동물 미용실업, 애완동물 분양업

두. 제45류

1) 상품 범위	가) 법무서비스업 나) 재산 및 개인을 보호하기 위한 보안서비스업 다) 개인의 수요를 충족시키기 위해 타인에 의해 제공되는 사적인 또는 사회적인 서비스업
2) 해당 상품 (예시)	가) 법무서비스업 나) 야회복대여업, 의복대여업, 개인패션상담업 다) 장의업(葬儀業), 묘지관리업, 봉안당관리업, 장례복대여업 라) 애완동물장의업 마) 가사서비스업 바) 사설탐정서비스업, 실종자조사업 사) 경호업, 경비업, 금고대여업 아) 결혼상담업, 결혼중개서비스업 자) 결혼식장업 차) 운명감정업, 작명업 카) 애완동물 돌보기업

■ 상표법 시행규칙 [별지 제3호서식]

특허로(www.patent.go.kr)에서 온라인으로 제출할 수 있습니다.

상표등록출원서

(앞쪽)

【출원 구분】 □ 상표등록출원 □ 상표등록 분할이전출원 □ 상표등록 분할출원
□ 상표등록 변경출원 □ 지정상품 추가등록출원 □ 재출원출원
【권리 구분】 □ 상표 □ 단체표장 □ 증명표장
□ 지리적 표시 단체표장 □ 지리적 표시 증명표장 □ 업무표장
(【참조번호】)
【출원인】
【성명(명칭)】
【특허고객번호】
【대리인】
【성명(명칭)】
【대리인번호】
(【포괄위임등록번호】)
(【원출원의 출원번호(원권리의 등록번호, 국제등록번호)】)
【등록(분할, 분할이전, 추가등록) 대상】
【상품류】
【지정상품】
(【우선권주장】
【출원국명】
【출원번호】
【출원일】
【증명서류】)
(【출원 시의 특례주장】)
(【「농수산물 품질관리법 시행규칙」에 따라 일부서류의 제출생략(지리적 표시만 해당)】) □
【상표 유형】 □ 일반상표 □ 입체상표 □ 색채만으로 된 상표
□ 홀로그램상표 □ 동작상표 □ 그 밖에 시각적으로 인식할 수 있는 상표
□ 소리상표 □ 냄새상표 □ 그 밖에 시각적으로 인식할 수 없는 상표
(【도면(사진)의 개수】)
(【상표의 설명】)
(【상표의 시각적 표현】)
위와 같이 특허청장에게 제출합니다.
출원인(대리인) (서명 또는 인)
【수수료】(기재요령 제14호 참조)
【출원료】 개류 원
(【지정상품 가산금】 개 상품 원)
(【우선권주장료】 개류 원
【합계】 원)
【수수료 자동납부번호】
【첨부서류】 법령에서 정한 서류 각 1통 (기재요령 제16호 참조)

210㎜×297㎜(백상지 80g/㎡)

판례색인

사항색인

(ㄱ)

(ㄴ)

(ㄷ)

(ㅇ)

(ㅈ)

(ㅊ)

(ㅋ)

(ㅌ)

(ㅍ)

(ㅎ)

(기타)

★ 저자 약력 ★

◉ 이 규 호(李圭鎬, Gyooho Lee)

【학 력】

- 1986년-1990년 : 연세대학교 법과대학 법학사
- 1990년-1992년 : 연세대학교 법과대학 법학석사
- 1993년-1994년 : 미국 University of Washington School of Law (Seattle, WA), LL.M. (법학석사)
- 1995년-1998년 : 미국 Washington University School of Law (St. Louis, MO), J.S.D. (법학박사)
- 1994년-1995년 : 미국 Georgetown University Law Center, Visiting Researcher (객원연구원)
- 2014년 : 미국 Washington University School of Law, Visiting Scholar (방문학자)

【경 력】

- 현 중앙대학교 법학전문대학원 교수
- 중앙대학교 법학전문대학원 대외협력부원장
- 중앙대학교 법학전문도서관장
- 중앙대학교 전문법학박사과정(SJD) 주임교수
- 차세대 콘텐츠 재산학회 회장
- 국제문화재법연구회 회장
- 한국정보법학회 수석부회장
- 한국게임법학회 부회장
- 한국국제사법학회 연구이사
- 대법원 국제규범연구위원회 위원
- 국회한류연구회 자문위원
- 대한상사중재원 중재인
- 서울중앙지방법원 조정위원
- 지식재산 미래전략위원회 위원
- 중소기업기술분쟁조정 · 중재위원회 위원
- 중국 위해중재위원회 중재인
- 대한변호사협회 변호사연수원 운영위원
- 대한변호사협회 지식재산연수원 운영위원
- 한국저작권법학회 이사
- 한국지식재산학회 이사
- 한국중재학회 이사
- 한국문예학술저작권협회 부회장
- 한국복제전송저작권협회 이사
- 세계국제법협회 국제지식재산권법위원회 (ILA Committee on IP and PIL) 위원
- 행정자치부 정부 3.0 민간자문단 자문위원
- 행정자치부 지자체합동평가 평가지표개발T/F 위원 (2014-2017년)
- AIPPI Standing Committee on Geographical Indications 위원
- ACHS ICH(무형문화유산) Network Committee 위원
- International Academy of Comparative Law 회원(Associate Member)
- International Association of Procedural Law 회원
- American Society of Comparative Law 회원 (Associate Member)
- 세계국제법협회 한국지부(ILA Korea Branch) 이사
- 국제법연감 편집이사
- 미국 Washington University School of Law, 스페인 University of Valencia Department of Law, 이태리 University of Macerata Department of Law 및 AIPPI Italy에서 강연
- 중앙대학교 법학연구원 문화·미디어·엔터테인먼트법 연구소 소장 겸 편집위원장
- 중앙대학교 법학전문대학원 교무부원장, 한국민사소송법학회 연구이사/재무이사/총무이사/국제관계부회장, 한국국제사법학회 총무이사, 국제문화재법연구회 총무이사, 법무부 규제심사위원회 위원, 저작권선진화 포럼 운영위원회 위원, 사법시험, 행정고시, 변리사시험, 감정평가사시험, 공인노무사시험 위원, NCP 포럼 운영위원회 위원 역임

【저서 및 논문】

- 이규호, 「지명표장 보호법제-지리적 표시 포함」, 한국지식재산연구원, 2016년
- 이규호, 「저작권법-사례·해설-(개정6판)」, 진원사, 2017년
- 이규호, 「특허법-사례·해설-(제4판)」, 진원사, 2017년
- 최정열/이규호, 「부정경쟁방지법-영업비밀보호법제 포함-(제2판)」, 진원사, 2017년

- 이규호, 「지식재산권법강의」, 진원사, 2013년
- 이규호, 카토 키미히토, 카타오카 토모유키, 허중혁, 「엔터테인먼트법의 최신 쟁점」, 진원사, 2011년
- 이규호, 음악저작물에 관한 신탁관리계약에 있어 신탁관리단체, 저작권자와 이용자 상호간의 법률관계, 정보법학, 제20권 제1호, 2016. 4. 30. 35-76면
- 이규호, 특허권의 정당한 행사판단기준: 표준기술 및 표준필수특허, 경쟁저널, 제184호, 2016. 1. 27. 4-25면.
- 이규호, A Comparative Study on Geographical Indications, 과학기술과 법, 제7권 제1호, 2016. 6. 30. 269-330면.
- 이규호, 상표법상 상표의 사용에 의한 식별력 판단기준, 중앙법학 제17권 제1호, 2015. 3. 31. 271-309면.
- 이규호, 지식재산법상 침해자의 부당한 이득의 조정·환수에 관한 연구, 비교사법, 제22집 제4호, 2015. 11. 30. 1829-1864면.
- 이규호, 골프 코스에 대한 저작권법상 쟁점, 법조, 제64집 제12호, 2015. 12.1. 189-237면
- Gyooho Lee, Recent Issues on Digital Gaming and Copyright in Korea, 국제거래와 법, 제13호, 2015. 6. 30. 1-33면.
- 이규호, 국제지적재산소송원칙의 개요와 활용방안에 대한 연구, 지식재산연구, 제9권 제1호, 2014. 3. 31. 119-156면.
- 이규호, 컴퓨터프로그램 저작물에 관한 저작권보호를 위한 적절한 손해배상액 산정방안, 문화미디어엔터테인먼트법, 제8권 제1호, 2014. 6. 30. 161-215면
- James Maxeiner, Gyooho Lee, and Armin Weber, Failures of American Civil Justice in International Perspective (Aug. 2011)(Cambridge University Press)
- Gyooho Lee, Keon-Hyung Ahn and Jacques de Werra, *Euro-Korean Perspectives on the Use of Arbitration and ADR Mechanisms for Solving Intellectual Property Disputes*, Arbitration International, Vol. 30, Issue 1 (2014)
- Gyooho Lee, *South Korea*, in Carlos Esplugues Mota and Silvia Barona Vila eds, Global Perspectives on ADR (Intersentia, 2013)
- Gyooho Lee, *Jurisdiction and Applicable Law in Matters of Intellectual Property: Korean Report*, in Toshiyuki Kono ed., Intellectual Property and Private International Law: Comparative Perspectives (Hart Pub., June 2012)
- Gyooho Lee, *Attorney Fee Arrangements Really Matter in Terms of Access to Justice in Korea*, in Mathias Reimann, Cost and Fee Allocation in Civil Procedure: A Comparative Study (Springer, Nov. 2011)
- Gyooho Lee, *Recognition and Enforcement of Foreign Judgment under the Civil Procedure Act and the Civil Enforcement Act Revised in 2014*, Korean Yearbook of International Law, Vol. 2, 309-322 (2014)
- Gyooho Lee, *Issues of International Private Law*, in Byung-il Kim and Christopher Heath eds, Intellectual Property Law in Korea (2015)
- Gyooho Lee, *Choice of Law*, in Sanna Wolk & Kacper Szkalej eds., Employees' Intellectual Property Rights (Kluwer Law International, September 2015)
- Gyooho Lee, *Republic of Korea*, in Sanna Wolk & Kacper Szkalej eds., Employees' Intellectual Property Rights (Kluwer Law International, September 2015)
- Gyooho Lee, *ADR en Corea*, in Silvia Barona Vilar ed, Mediacion, Arbitraje y Jurisdiccion en Elactual Paradigma de Justicia pp. 197-218 (2016)
- Gyooho Lee, *Legal Issues on FOSS and Other Alternative Licenses in Korea*, in Axel Metzger ed,

Free and Open Source Software (FOSS) and Other Alternative License Models: A Comparative Analysis (Springer, 2016) 등 다수

【포 상】

- 문화체육관광부장관 표창 수상 (2011)
- 중소기업청장 표창 수상(기술보호 분야) (2014)
- 국무총리 표창 수상(행정자치부) (2014)
- 중앙대학교 학술상 (2015)
- Marquis Who's Who in the World (2016년 및 2018년) 등재
- 2000 Outstanding Intellectuals of the 21st Century (2016, IBC) 등재
- Cambridge Certificate for Outstanding Education Achievement (2016, IBC)
- 국가지식재산교육발전 유공자 표창상(국제지식재산연수원장상) 수상 (2016)

[제2판] 상표법 Explanations and Cases

저 자 이 규 호 　 2015년 8월 28일 초 판 발행
발행인 양 진 수 　 2017년 12월 18일 제2판 인쇄
발행처 진 원 사 　 2018년 1월 3일 제2판 발행

서울시 서초구 법원로2길 17-6 (서초3동, 형덕빌딩 1층)
전화 : 02) 916 - 1850 / 팩스 : 02) 916 - 3442
신고번호 제321-2512007002호
http://www.jinwonsa.co.kr
http://www.lawbookstore.co.kr
e-mail : hhansin@hanmail.net

저자와의
협의하에
인지생략

ISBN : 978-89-6346-516-6 　 93360 　 정가 52,000원